2025년

수사 조사 형벌법 실무

편저 : 김 창 범
감수 : 윤 흥 희

〈형법〉

제77조(형의 시효의 효과), 제78조(형의 시효의 기간),
제79조(형의 시효의 정지), 제80조(형의 시효의 중단) 등
최신 개정 법률 수록

이 모든 구성요소를 수록하여 수사 개시에서부터 마무리까지
해결할 수 있는 수사비법과 수사요령까지 모두 제시!

증보개정판을 내면서

인간이 생활하는 곳에는 범죄가 끊임없이 발생하고 있습니다. 인간이 동물과 다른 점은 사회생활을 하면서 인간의 도리에 맞는 사회규범과 법률을 만들어 지키고 이를 어기면 그에 상응한 처벌을 가해 범죄의 발생을 미연에 방지해 가며 서로 어우리고 보살피며 살아간다는 점입니다. 그래서 우리 조상들은 고조선시대부터 팔조금법을 만들었고, 조선시대에서는 경국대전속에 형전을 별도로 두어 이를 지키지 않는 자에게는 상당한 형벌을 부과하였습니다.

경제가 발전하고 사회가 복잡해 갈수록 이에 따라 범죄의 태양도 다양화 되고 있으며, 범죄가 날로 지능화·조직화되면서 이를 규율하는 법령도 그러한 현실에 맞게 수시로 제정, 개정되고 있습니다. 이는 당연한 변화이기도 하지만 현업에 종사하고 있는 실무자들은 바쁜 업무환경 속에서 이를 습득하기에는 벅찬 것이 현실입니다.

이 책은 실무자들의 이러한 고층을 덜어주고자 기획되고 출간된 책입니다. 총 2권으로 출간되었으며, 제1권에서 형법을 다루고 있고, 제2권에서는 형사특별법을 다루고 있습니다. 기본적인 법령의 최신 개정 내용을 실어 놓았고, 판례 또한 최근의 것을 우선적으로 수록하였을 뿐만 아니라 실무에서 활용되는 각종 범죄사실 기재례도 어법이나 단어 등을 현재 추세에 어울리는 내용을 대폭 반영하여 수록하였습니다.

범죄의 태양이 날로 지능화 다양화되면서 형법만으로는 모든 범죄를 규율할 수 없게 되자 새로워지는 범죄의 유형에 대처하기 위하여 많은 부분의 특별법들이 제정되어 형법에 우선하여 적용되고 있는 것이 현실입니다. 그러므로 특히 실무자들은 형법을 적용하기에 앞서 항상 관련특별법에 유념하여야 합니다. 이 책은 이러한 생각에서 형사특별법들을 대폭 수록하였습니다. 1권 형법과 2권 형사특별법에 수록된 최신 법령 및 판례, 범죄사실 기재례들을 참고하여 실무를 처리하면 업무해결에 적지 않은 도움이 될 것입니다.

이 책이 나오기까지 아낌없이 물심양면 지원해 주신 법률미디어 김현호 대표님과 편집을 맡아 고생한 편집부 직원에게 감사드립니다.

2025년

편저자 드림

차 례

제1편 총칙

제1장 형법의 적용범위(제1조~제8조) ········· **1**

제2장 죄(제9조~제40조) ········· **10**

제1절 죄의 성립과 형의 감면 ········· 10
제2절 미수범 ········· 21
제3절 공범 ········· 23
제4절 누범 ········· 27
제5절 경합범 ········· 28

제3장 형(刑)(제41조~제86조) ········· **33**

제1절 형의 종류와 경중 ········· 33
제2절 형의 양정 ········· 38
제3절 형의 선고유예 ········· 44
제4절 형의 집행유예 ········· 46
제5절 형의 집행 ········· 50
제6절 가석방 ········· 52
제7절 형의 시효 ········· 54
제8절 형의 소멸 ········· 57

제4장 기간(제83조~제86조) ········· **58**

제2편 각칙

제1장 내란의 죄(제87조~제91조) **59**

제2장 외환의 죄(제92조~제104조) **62**

제3장 국기에 관한 죄(제105조~제106조) **65**

제4장 국교에 관한 죄(제107조~제113조) **66**

제5장 공안(公安)을 해하는 죄(제114조~제118조) **68**

1. 범죄단체조직죄 68
   제114조【범죄단체 등의 조직】........ 68
2. 소요죄 77
   제115조【소요】........ 77
3. 다중불해산죄 79
   제116조【다중불해산】........ 79
4. 전시공수계약불이행죄 81
   제117조【전시공수계약불이행】........ 81
5. 공무원자격사칭죄 82
   제118조【공무원자격의 사칭】........ 82

제6장 폭발물에 관한 죄(제119조~제121조) **91**

1. 폭발물사용죄·전시폭발물사용죄 91
   제119조【폭발물사용】........ 91

2. 폭발물사용 예비·음모·선동죄 94
제120조【예비, 음모, 선동】 94

3. 전시폭발물 제조·수입·수출·수수·소지죄 95
제121조【전시폭발물제조 등】 95

제7장 공무원의 직무에 관한 죄(제122조~제135조) **97**

1. 직무유기죄 97
제122조【직무유기】 97

2. 직권남용죄 115
제123조【직권남용】 115

3. 불법체포·감금죄 123
제124조【불법체포, 불법감금】 123

4. 폭행·가혹행위죄(독직폭행) 129
제125조【폭행, 가혹행위】 129

5. 피의사실공표죄 133
제126조【피의사실공표】 133

6. 공무상비밀누설죄 139
제127조【공무상비밀의 누설】 139

7. 선거방해죄 146
제128조【선거방해】 146

8. 수뢰죄 147
제129조【수뢰, 사전수뢰】 147

9. 사전수뢰죄 166
제129조【수뢰, 사전수뢰】 166

10. 제삼자뇌물공여죄 ······ 168
제130조【제삼자뇌물제공】 ······ 168

11. 수뢰후부정처사죄, 부정처사후수뢰죄, 사후수뢰죄 ······ 176
제131조【수뢰후부정처사, 사후수뢰】 ······ 176

12. 알선수뢰죄 ······ 181
제132조【알선수뢰】 ······ 181

13. 증뢰죄 ······ 189
제133조【뇌물공여등】 ······ 189

14. 뇌물의 몰수와 추징 ······ 196
제134조【몰수, 추징】 ······ 196

15. 공무원의 직무상범죄에 대한 형의 가중 ······ 200
제135조【공무원의 직무상 범죄에 대한 형의 가중】 ······ 200

16. 뇌물죄에 대한 특별형법 ······ 201
제2조 【뇌물죄의 가중처벌】 ······ 201
제3조 【알선수재】 ······ 202
제4조 【뇌물죄 적용대상의 확대】 ······ 202
제5조【수재 등의 죄】 ······ 202
제6조【증재 등의 죄】 ······ 203
제7조【알선수재의 죄】 ······ 203
제2조【정의】 ······ 203

제8장 공무방해에 관한 죄(제136조~제144조) ······ **205**

1. 공무집행방해죄 ······ 205
제136조【공무집행방해】 ······ 205

2. 직무강요죄·사직강요죄 ······ 222
제136조【공무집행방해】 ······ 222

3. 위계에 의한 공무집행방해죄 ……… 223
제137조【위계에 의한 공무집행방해】 ……… 223

4. 법정·국회회의장모욕죄 ……… 232
제138조【법정 또는 국회회의장모욕】 ……… 232

5. 인권옹호직무방해죄 ……… 236
제139조【인권옹호직무방해】 ……… 236

6. 공무상 봉인 등 표시무효죄·공무상비밀침해죄 ……… 239
제140조【공무상비밀표시무효】 ……… 239

7. 부동산강제집행효용침해죄 ……… 247
제140조의2【부동산강제집행효용침해】 ……… 247

8. 공용서류 등 무효죄 ……… 250
제141조【공용서류 등의 무효, 공용물의 파괴】 ……… 250

9. 공용물파괴죄 ……… 255
제141조【공용서류 등의 무효, 공용물의 파괴】 ……… 255

10. 공무상보관물무효죄 ……… 258
제142조【공무상 보관물의 무효】 ……… 258
제143조【미수범】 ……… 260

11. 특수공무방해죄·특수공무방해치사상죄 ……… 260
제144조【특수공무방해】 ……… 260

제9장 도주와 범인은닉의 죄(제145조~제151조) ……… **268**

1. 도주죄 ……… 268
제145조【도주, 집합명령위반】 ……… 268

2. 집합명령위반죄 ……… 271
제145조【도주, 집합명령위반】 ……… 271

3. 특수도주죄 …… 272
제146조【특수도주】…… 272
4. 도주원조죄 …… 274
제147조【도주원조】…… 274
5. 간수자도주원조죄 …… 277
제148조【간수자의 도주원조】…… 277
6. 범인은닉죄 …… 279
제151조【범인은닉과 친족간의 특례】…… 279
7. 친족간의 특례 …… 290
제151조【범인은닉과 친족간의 특례】…… 290

제10장 위증과 증거인멸의 죄(제152조~제155조) …… **293**

1. 위증죄·모해위증죄 …… 293
제152조【위증, 모해위증】…… 293
2. 자백·자수의 특례 …… 307
제153조【자백, 자수】…… 307
3. 허위감정·통역·번역죄 …… 309
제154조【허위의 감정, 통역, 번역】…… 309
4. 증거인멸죄·증인은닉,도피죄·모해증거인멸죄 …… 312
제155조【증거인멸 등과 친족간의 특례】…… 312

제11장 무고의 죄(제156조~제157조) …… **324**

1. 무고죄 …… 324
제156조【무고】…… 324
제157조【자백·자수】…… 327

제153조【자백, 자수】 ········· 327

제12장 신앙에 관한 죄(제158조~제163조) ········· 339

1. 장례식 등 방해죄 ········· 339
   제158조【장례식등의 방해】 ········· 339
2. 사체 등 오욕죄 ········· 343
   제159조【시체 등의 오욕】 ········· 343
3. 분묘발굴죄 ········· 345
   제160조【분묘의 발굴】 ········· 345
4. 사체 등 손괴·유기·은닉·영득죄 ········· 348
   제161조【시체 등의 유기 등】 ········· 348
5. 변사체검시방해죄 ········· 352
   제163조【변사체 검시 방해】 ········· 352

제13장 방화와 실화의 죄(제164조~제176조) ········· 359

1. 현주건조물 등 방화죄 ········· 359
   제164조【현주건조물 등 방화】 ········· 359
2. 현주건조물 등 방화치사상죄 ········· 368
   제164조【현주건조물등에의 방화】 ········· 368
3. 공용건조물 등 방화죄 ········· 373
   제165조【공용건조물 등 방화】 ········· 373
4. 일반건조물 등 방화죄 ········· 374
   제166조【일반건조물 등 방화】 ········· 374
5. 일반물건방화죄 ········· 376
   제167조【일반물건 방화】 ········· 376

6. 연소죄 ········ 378
제168조【연소】 ········ 378
7. 진화방해죄 ········ 379
제169조【진화방해】 ········ 379
8. 실화죄 ········ 381
제170조【실화】 ········ 381
9. 업무상 실화·중실화죄 ········ 385
제171조【업무상실화, 중실화】 ········ 385
10. 폭발성물건파열죄·폭발성물건파열치사상죄 ········ 390
제172조【폭발성물건파열】 ········ 390
11. 가스·전기 등 방류죄·가스·전기등 방류치사상죄 ········ 393
제172조의2【가스·전기등 방류】 ········ 393
12. 가스·전기등 공급방해죄·가스·전기등 공급방해치사상죄 ········ 395
제173조【가스·전기등 공급방해】 ········ 395
13. 과실폭발성물건파열 등 죄 ········ 397
제173조의2【과실폭발성물건파열등】 ········ 397
14. 미수범·예비·음모 ········ 398
제174조【미수범】 ········ 398
제175조【예비, 음모】 ········ 398
15. 타인의 권리대상이 된 자기의 물건 ········ 400
제176조【타인의 권리대상이 된 자기의 물건】 ········ 400

제14장 일수와 수리에 관한 죄(제177조~제184조) ········ **401**

1. 현주건조물 등 일수죄·현주건조물일수치사상죄 ········ 401
제177조【현주건조물등에의 일수】 ········ 401

2. 공용건조물 등 일수죄(178조)·일반건조물 등 일수죄(179조) ………… 403
제178조【공용건조물 등에의 일수】 …… 403
제179조【일반건조물등에의 일수】 …… 403
3. 방수방해죄 …… 404
제180조【방수방해】 …… 404
4. 과실일수죄 …… 406
제181조【과실일수】 …… 406
5. 미수범·예비,음모 …… 408
제182조【미수범】 …… 408
제183조【예비, 음모】 …… 408
6. 수리방해죄 …… 409
제184조【수리방해】 …… 409

제15장 교통방해의 죄(제185조~제191조) …… **413**

1. 일반교통방해죄 …… 413
제185조【일반교통방해】 …… 413
2. 기차·선박 등 교통방해죄 …… 419
제186조【기차, 선박 등의 교통방해】 …… 419
3. 기차 등 전복죄 …… 421
제187조【기차 등의 전복 등】 …… 421
4. 교통방해치사상죄 …… 424
제188조【교통방해치사상】 …… 424
5. 과실교통방해죄·업무상 과실, 중과실교통방해죄 …… 425
제189조【과실, 업무상과실, 중과실】 …… 425

6. 미수범·예비, 음모 ……… 429
제190조【미수범】……… 429
제191조【예비, 음모】……… 429

제16장 먹는 물에 관한 죄(제192조~제197조) ……… **430**

1. 먹는 물의 사용방해죄·먹는 물의 유해물혼입죄 ……… 430
제192조【먹는 물의 사용방해】……… 430
2. 수돗물의 사용방해죄·수돗물의 유해물혼입죄 ……… 433
제193조【수돗물의 사용방해】……… 433
3. 먹는 물 혼독치사상죄 ……… 435
제194조【먹는 물 혼독치사상】……… 435
4. 수도불통죄 ……… 436
제195조【수도불통】……… 436
5. 미수범·예비, 음모 ……… 437
제196조【미수범】……… 437
제197조【예비, 음모】……… 438

제17장 아편에 관한 죄(제198조~제206조) ……… **439**

1. 아편 등 제조, 수입, 판매, 판매목적소지죄 ……… 439
제198조【아편 등의 제조 등】……… 439
2. 아편흡식기 제조, 수입, 판매, 판매목적소지죄 ……… 441
제199조【아편흡식기의 제조 등】……… 441
3. 세관공무원의 아편 등 수입, 수입허용죄 ……… 442
제200조【세관 공무원의 아편 등의 수입】……… 442

4. 아편흡식죄·아편흡식장소제공죄 443
제201조【아편흡식 등, 동장소제공】 443
5. 미수범·상습범·자격정지 또는 벌금의 병과 445
제202조【미수범】 445
제203조【상습범】 445
제204조【자격정지 또는 벌금의 병과】 445
6. 아편 등 소지죄 446
제205조【아편 등의 소지】 446
7. 몰수·추징 447
제206조【몰수, 추징】 447

제18장 통화에 관한 죄(제207조~제213조) **454**

1. 통화의 위조 등 454
제207조【통화의 위조 등】 454
2. 위조, 변조통화 취득죄 466
제208조【위조통화의 취득】 466
3. 자격정지 또는 벌금의 병과 467
제209조【자격정지 또는 벌금의 병과】 467
4. 위조통화취득후 지정행사죄 468
제210조【위조통화 취득 후의 지정행사】 468
5. 통화유사물제조, 수입, 수출, 판매죄 470
제211조【통화유사물의 제조 등】 470
6. 미수범·예비, 음모 471
제212조【미수범】 471
제213조【예비, 음모】 471

제19장 유가증권, 우표와 인지에 관한 죄(제214조~제224조) ············ **472**

1. 유가증권 위조, 변조죄·기재의 위조, 변조죄 ································ 472
제214조【유가증권의 위조 등】 ································ 472

2. 자격모용에 의한 유가증권작성죄 ································ 485
제215조【자격모용에 의한 유가증권의 작성】 ································ 485

3. 허위유가증권작성죄 ································ 488
제216조【허위유가증권의 작성 등】 ································ 488

4. 위조 등 유가증권 행사, 수입, 수출죄 ································ 492
제217조【위조유가증권 등의 행사 등】 ································ 492

5. 인지, 우표 위조, 변조죄·위조, 변조 인지, 우표 행사, 수입, 수출죄 · 496
제218조【인지·우표의 위조등】 ································ 496

6. 위조, 변조 인지, 우표 취득죄 ································ 498
제219조【위조인지·우표등의 취득】 ································ 498

7. 자격정지 또는 벌금의 병과 ································ 498
제220조【자격정지 또는 벌금의 병과】 ································ 498

8. 소인말소죄 ································ 499
제221조【소인말소】 ································ 499

9. 인지, 우표유사물 제조, 수입, 수출죄 ································ 499
제222조【인지·우표유사물의 제조 등】 ································ 499

10. 미수범, 예비, 음모 ································ 500
제223조【미수범】 ································ 500
제224조【예비, 음모】 ································ 500

제20장 문서에 관한 죄(제225조~제237조의2) …… **501**

1. 공문서 위조, 변조죄 …… 501
제225조【공문서등의 위조·변조】 …… 501
2. 자격모용에 의한 공문서작성죄 …… 514
제226조【자격모용에 의한 공문서 등의 작성】 …… 514
3. 허위공문서작성죄 …… 515
제227조【허위공문서작성등】 …… 515
4. 공전자기록 위작, 변작죄 …… 528
제227조의2【공전자기록위작·변작】 …… 528
5. 공정증서원본 등 불실기재죄 …… 532
제228조【공정증서원본 등의 불실기재】 …… 532
6. 위조, 변조 등 공문서행사죄 …… 544
제229조【위조등 공문서의 행사】 …… 544
7. 공문서부정행사죄 …… 550
제230조【공문서 등의 부정행사】 …… 550
8. 사문서위조, 변조죄 …… 556
제231조【사문서등의 위조·변조】 …… 556
9. 자격모용에 의한 사문서작성죄 …… 576
제232조【자격모용에 의한 사문서의 작성】 …… 576
10. 사전자기록 위작, 변작죄 …… 580
제232조의2【사전자기록위작·변작】 …… 580
11. 허위진단서 등 작성죄 …… 582
제233조【허위진단서등의 작성】 …… 582

12. 위조, 변조, 작성 사문서행사죄 ······ 586
제234조【위조사문서등의 행사】 ······ 586

13. 미수범 ······ 589
제235조【미수범】 ······ 589

14. 사문서부정행사죄 ······ 589
제236조【사문서의 부정행사】 ······ 589

15. 자격정지의 병과 ······ 593
제237조【자격정지의 병과】 ······ 593

16. 문서의 개념 ······ 593
제237조의2【복사문서등】 ······ 593

제21장 인장에 관한 죄(제238조~제240조) ······ **596**

1. 공인 등 위조, 부정사용죄·위조공인 등 행사죄 ······ 596
제238조【공인 등의 위조, 부정사용】 ······ 596

2. 사인 등 위조, 부정사용죄·위조사인 등 행사죄 ······ 602
제239조【사인등의 위조, 부정사용】 ······ 602

3. 미수범 ······ 607
제240조【미수범】 ······ 607

제22장 성풍속에 관한 죄(제241조~제245조) ······ **608**

1. 간통죄 폐지 ······ 608
제241조 삭제 〈2016.1.6.〉 ······ 608

2. 음행매개죄 ······ 608
제242조【음행매개】 ······ 608

3. 음화 등 반포, 판매, 임대, 공연전시죄 ······ 610
제243조【음화반포등】 ······ 610
4. 음화 등 제조, 소지, 수입, 수출죄 ······ 620
제244조【음화제조 등】 ······ 620
5. 공연음란죄 ······ 622
제245조【공연음란】 ······ 622

제23장 도박과 복표에 관한 죄(제246조~제249조) ······ **628**

1. 도박죄·상습도박죄 ······ 628
제246조【도박, 상습도박】 ······ 628
2. 도박장소 등 개설죄 ······ 638
제247조【도박장소 등 개설】 ······ 638
3. 복표발매, 중개, 취득죄 ······ 644
제248조【복표의 발매 등】 ······ 644
4. 벌금의 병과 ······ 647
제249조【벌금의 병과】 ······ 647

제24장 살인의 죄(제250조~제256조) ······ **648**

1. 살인죄 ······ 648
제250조【살인, 존속살해】 ······ 648
2. 존속살해죄 ······ 664
제250조【살인, 존속살해】 ······ 664
3. 영아살해죄 ······ 668
제251조 삭제 〈2024.8.8.〉 ······ 668

4. 촉탁, 승낙살인죄·자살교사, 방조죄 ······ 668
제252조【촉탁, 승낙에 의한 살인 등】······ 668

5. 위계, 위력에 의한 살인죄 ······ 677
제253조【위계 등에 의한 촉탁살인 등】······ 677

6. 미수범 ······ 680
제254조【미수범】······ 680

7. 살인예비, 음모죄 ······ 682
제255조【예비, 음모】······ 682

8. 자격정지의 병과 ······ 685
제256조【자격정지의 병과】······ 685

제25장 상해와 폭행에 관한 죄(제257조~제265조) ······ **686**

1. 상해죄·존속상해죄 ······ 686
제257조【상해, 존속상해】······ 686

2. 중상해죄·존속중상해죄 ······ 697
제258조【중상해, 존속중상해】······ 697

3. 특수상해죄 ······ 700
제258조의2【특수상해】······ 700

4. 상해치사죄·존속중상해치사죄 ······ 702
제259조【상해치사】······ 702

5. 폭행죄·존속폭행죄 ······ 708
제260조【폭행, 존속폭행】······ 708

6. 특수폭행죄 ······ 716
제261조【특수폭행】······ 716

7. 폭행치사상죄 ······ 721
제262조【폭행치사상】 ······ 721
8. 동시범특례 ······ 726
제263조【동시범】 ······ 726
9. 상습상해죄·상습폭행죄 ······ 729
제264조【상습범】 ······ 729
10. 자격정지의 병과 ······ 731
제265조【자격정지의 병과】 ······ 731

제26장 과실치사상의 죄(제266조~제268조) ······ **732**

1. 과실치상죄 ······ 732
제266조【과실치상】 ······ 732
2. 과실치사죄 ······ 736
제267조【과실치사】 ······ 736
3. 업무상과실· 중과실치사상죄 ······ 742
제268조【업무상과실·중과실 치사상】 ······ 742

제27장 낙태의 죄(제269조~제270조) ······ **760**

1. 자기낙태죄 ······ 760
제269조【낙태】 ······ 760
2. 동의낙태죄 ······ 765
제269조【낙태】 ······ 765
3. 낙태치사상죄 ······ 766
제269조【낙태】 ······ 766
제270조【의사 등의 낙태, 부동의낙태】 ······ 766

4. 업무상동의낙태죄 ························ 767
제270조【의사 등의 낙태, 부동의낙태】 ························ 767

5. 부동의낙태죄 ························ 771
제270조【의사 등의 낙태, 부동의낙태】 ························ 771

제28장 유기와 학대의 죄(제271조~제275조) ························ **773**

1. 유기죄·존속유기죄·중유기죄·존속중유기죄 ························ 773
제271조【유기, 존속유기】 ························ 773

2. 영아유기죄 ························ 778
제272조 삭제 〈2024.8.8.〉 ························ 778

3. 학대죄·존속학대죄 ························ 779
제273조【학대, 존속학대】 ························ 779

4. 아동혹사죄 ························ 781
제274조【아동혹사】 ························ 781

5. 유기치사상죄 ························ 783
제275조【유기등 치사상】 ························ 783

제29장 체포와 감금의 죄(제276조~제282조) ························ **786**

1. 체포, 감금죄·존속체포, 감금죄 ························ 786
제276조【체포, 감금, 존속체포, 존속감금】 ························ 786

2. 중체포, 감금죄·존속중체포, 감금죄 ························ 794
제277조【중체포, 중감금, 존속중체포, 존속중감금】 ························ 794

3. 특수체포, 감금죄 ························ 796
제278조【특수체포, 특수감금】 ························ 796

4. 상습범 ········ 797
제279조【상습범】 ········ 797

5. 미수범 ········ 797
제280조【미수범】 ········ 797

6. 체포, 감금치사상죄 ········ 798
제281조【체포·감금등의 치사상】 ········ 798

7. 자격정지의 병과 ········ 800
제282조【자격정지 병과】 ········ 800

제30장 협박의 죄(제283조~제286조) ········ **801**

1. 협박죄·존속협박죄 ········ 801
제283조【협박, 존속협박】 ········ 801

2. 특수협박죄 ········ 815
제284조【특수협박】 ········ 815

3. 상습협박죄 ········ 816
제285조【상습범】 ········ 816

4. 미수범 ········ 817
제286조【미수범】 ········ 817

제31장 약취, 유인 및 인신매매의 죄(제287조~제296조의2) ········ **818**

1 미성년자 약취, 유인죄 ········ 818
제287조【미성년자의 약취, 유인】 ········ 818

2. 추행 등 목적 약취, 유인 등의 죄 ········ 829
제288조【추행 등 목적 약취, 유인 등】 ········ 829

3. 인신매매죄 ······ 835
제289조【인신매매】 ······ 835
제290조【약취, 유인, 매매, 이송 등 상해·치상】 ······ 835
제291조【약취, 유인, 매매, 이송 등 살인·치사】 ······ 836
제292조【약취, 유인, 매매, 이송된 사람의 수수·은닉 등】 ······ 836
제293조 삭제 〈2013.4.5.〉 ······ 836
제294조【미수범】 ······ 836
제295조【벌금의 병과】 ······ 836
제295조의2【형의 감경】 ······ 836
제296조【예비, 음모】 ······ 837
제296조의2【세계주의】 ······ 837

제32장 강간과 추행의 죄(제297조~제306조) ······ **838**

1. 강간죄, 유사강간죄 ······ 838
제297조【강간】 ······ 838
제297조의2【유사강간】 ······ 838

2. 강제추행죄 ······ 851
제298조【강제추행】 ······ 851

3. 준강간죄·준강제추행죄 ······ 859
제299조【준강간, 준강제추행】 ······ 859

4. 미수범 ······ 864
제300조【미수범】 ······ 864

5. 강간상해, 치상죄·강간살인, 치사죄 ······ 866
제301조【강간 등 상해·치상】 ······ 866
제301조의2【강간등 살인·치사】 ······ 867

6. 미성년자, 심신미약자 간음, 추행죄 ········· 875
제302조【미성년자 등에 대한 간음】 ········· 875

7. 업무상 위력 등에 의한 간음죄 ········· 879
제303조【업무상위력 등에 의한 간음】 ········· 879
제304조 삭제 〈2012.12.18.〉 ········· 882

8. 미성년자의제강간, 강제추행죄 ········· 882
제305조【미성년자에 대한 간음, 추행】 ········· 882
제305조의2【상습범】 ········· 882
제305조의3【예비, 음모】 ········· 882
제306조 삭제 〈2012.12.18.〉 ········· 887

제33장 명예에 관한 죄(제307조~제312조) ········· 888

1. 명예훼손죄 ········· 888
제307조【명예훼손】 ········· 888

2. 사자의 명예훼손죄 ········· 903
제308조【사자의 명예훼손】 ········· 903

3. 출판물에 의한 명예훼손죄 ········· 905
제309조【출판물 등에 의한 명예훼손】 ········· 905

4. 위법성 조각 ········· 912
제310조【위법성의 조각】 ········· 912

5. 모욕죄 ········· 919
제311조【모욕】 ········· 919

6. 친고죄·반의사불벌죄 ········· 927
제312조【고소와 피해자의 의사】 ········· 927

제34장 신용, 업무와 경매에 관한 죄(제313조~제315조) ··············· **930**

1. 신용훼손죄 ······ 930
   제313조【신용훼손】 ······ 930
2. 업무방해죄 ······ 933
   제314조【업무방해】 ······ 933
3. 컴퓨터업무방해죄 ······ 947
   제314조【업무방해】 ······ 947
4. 경매, 입찰방해죄 ······ 950
   제315조【경매, 입찰의 방해】 ······ 950

제35장 비밀침해의 죄(제316조~제318조) ······ **957**

1 비밀침해죄 ······ 957
   제316조【비밀침해】 ······ 957
2. 업무상비밀누설죄 ······ 962
   제317조【업무상비밀누설】 ······ 962
3. 친고죄 ······ 965
   제318조【고소】 ······ 965

제36장 주거침입의 죄(제319조~제322조) ······ **966**

1. 주거침입죄 ······ 966
   제319조【주거침입, 퇴거불응】 ······ 966
2. 퇴거불응죄 ······ 979
   제319조【주거침입, 퇴거불응】 ······ 979

3. 특수주거침입죄 ······ 981
제320조【특수주거침입】······ 981

4. 주거, 신체수색죄 ······ 983
제321조【주거·신체 수색】······ 983

5. 미수범 ······ 985
제322조【미수범】······ 985

제37장 권리행사를 방해하는 죄(제323조~제328조) ······ **986**

1. 권리행사방해죄 ······ 986
제323조【권리행사방해】······ 986

2. 강요죄 ······ 995
제324조【강요】······ 995

3. 인질강요죄 ······ 1000
제324조의2【인질강요】······ 1000

4. 인질상해, 치상죄 ······ 1002
제324조의3【인질상해·치상】······ 1002

5. 인질살해, 치사죄 ······ 1003
제324조의4【인질살해·치사】······ 1003

6. 미수범 ······ 1004
제324조의5【미수범】······ 1004

7. 해방감경 ······ 1004
제324조의6【형의 감경】······ 1004

8. 점유강취죄·준점유강취죄 ······ 1005
제325조【점유강취, 준점유강취】······ 1005

9. 중권리행사방해죄 1007
제326조【중권리행사방해】 1007

10. 강제집행면탈죄 1008
제327조【강제집행면탈】 1008

11. 친족상도례 1016
제328조【친족간의 범행과 고소】 1016

제38장 절도와 강도의 죄(제329조~제346조) **1020**

1. 절도죄 1020
제329조【절도】 1020

2. 야간주거침입절도죄 1043
제330조【야간주거침입절도】 1043

3. 특수절도죄 1048
제331조【특수절도】 1048

4. 자동차등불법사용죄 1057
제331조의2【자동차등 불법사용】 1057

5. 상습범 1061
제332조【상습범】 1061

6. 강도죄 1066
제333조【강도】 1066

7. 특수강도죄 1079
제334조【특수강도】 1079

8. 준강도죄·준특수강도죄 1088
제335조【준강도】 1088

9. 인질강도죄 ………………………………………………………………… 1097
제336조【인질강도】 ……………………………………………………………… 1097
10. 강도상해, 치상죄 ………………………………………………………… 1100
제337조【강도상해, 치상】 ……………………………………………………… 1100
11. 강도살인, 치사죄 ………………………………………………………… 1108
제338조【강도살인·치사】 ………………………………………………………… 1108
12. 강도강간죄 ………………………………………………………………… 1115
제339조【강도강간】 ……………………………………………………………… 1115
13. 해상강도죄·해상강도상해, 치상죄·해상강도살인, 치사, 강간죄 … 1122
제340조【해상강도】 ……………………………………………………………… 1122
14. 상습범 ……………………………………………………………………… 1126
제341조【상습범】 ………………………………………………………………… 1126
15. 미수범 ……………………………………………………………………… 1128
제342조【미수범】 ………………………………………………………………… 1128
16. 예비, 음모 ………………………………………………………………… 1129
제343조【예비, 음모】 …………………………………………………………… 1129
17. 친족상도례 ………………………………………………………………… 1132
제344조【친족간의 범행】 ………………………………………………………… 1132
18. 자격정지의 병과 …………………………………………………………… 1136
제345조【자격정지의 병과】 ……………………………………………………… 1136
19. 동력 ………………………………………………………………………… 1136
제346조【동력】 …………………………………………………………………… 1136

제39장 사기와 공갈의 죄(제347조~제354조) ··· 1137

1. 사기죄 ··· 1137
제347조【사기】 ··· 1137
2. 컴퓨터 등 사용사기죄 ··· 1176
제347조의2【컴퓨터등 사용사기】 ··· 1176
3. 준사기죄 ··· 1190
제348조【준사기】 ··· 1190
4. 편의시설부정이용죄 ··· 1193
제348조의2【편의시설부정이용】 ··· 1193
5. 부당이득죄 ··· 1194
제349조【부당이득】 ··· 1194
6. 공갈죄 ··· 1200
제350조【공갈】 ··· 1200
제350조의2【특수공갈】 ··· 1200
7. 상습범 ··· 1214
제351조【상습범】 ··· 1214
8. 미수범 ··· 1217
제352조【미수범】 ··· 1217
9. 자격정지의 병과 ··· 1220
제353조【자격정지의 병과】 ··· 1220
10. 친족상도례·동력 ··· 1220
제354조【친족간의 범행, 동력】 ··· 1220

제40장 횡령과 배임의 죄(제355조~제361조) ······ 1222

1. 횡령죄 ······ 1222
제355조【횡령, 배임】 ······ 1222

2. 배임죄 ······ 1253
제355조【횡령, 배임】 ······ 1253

3. 업무상횡령죄·업무상배임죄 ······ 1280
제356조【업무상의 횡령과 배임】 ······ 1280

4. 배임수재죄·배임증재죄 ······ 1292
제357조【배임수증재】 ······ 1292

5. 자격정지의 병과 ······ 1304
제358조【자격정지의 병과】 ······ 1304

6. 미수범 ······ 1304
제359조【미수범】 ······ 1304

7. 점유이탈물횡령죄 ······ 1304
제360조【점유이탈물횡령】 ······ 1304

8. 친족상도례·동력 ······ 1310
제361조【친족간의 범행, 동력】 ······ 1310

제41장 장물에 관한 죄(제362조~제365조) ······ 1311

1. 장물죄 ······ 1311
제362조【장물의 취득, 알선 등】 ······ 1311

2. 상습범 ······ 1328
제363조【상습범】 ······ 1328

3. 업무상과실, 중과실장물죄 1329
제364조【업무상과실, 중과실】 1329

4. 친족상도례 1333
제365조【친족간의 범행】 1333

제42장 손괴의 죄(제366조~제372조) **1334**

1. 재물손괴죄 1334
제366조【재물손괴등】 1334

2. 공익건조물파괴죄 1346
제367조【공익건조물파괴】 1346

3. 중손괴죄·손괴치사상죄 1348
제368조【중손괴】 1348

4. 특수손괴죄 1350
제369조【특수손괴】 1350

5. 경계침범죄 1352
제370조【경계침범】 1352

6. 미수범 1359
제371조【미수범】 1359

7. 동력 1359
제372조【동력】 1359

부 록

공소장 및 불기소장에 기재할 죄명에 관한 예규 1361

제1편 총칙

제 1 장 형법의 적용범위 (제1조 ~ 제8조)

제1장 형법의 적용범위(제1조 ~ 제8조)

제1조【범죄의 성립과 처벌】

① 범죄의 성립과 처벌은 행위 시의 법률에 따른다.

② 범죄 후 법률이 변경되어 그 행위가 범죄를 구성하지 아니하게 되거나 형이 구법(舊法)보다 가벼워진 경우에는 신법(新法)에 따른다.

③ 재판이 확정된 후 법률이 변경되어 그 행위가 범죄를 구성하지 아니하게 된 경우에는 형의 집행을 면제한다.

[전문개정 2020. 12. 8.]

◆ 판례 - 구 전기통신금융사기 피해 방지 및 피해금 환급에 관한 특별법이 2023. 5. 16. 법률 제19418호로 개정됨에 따라, 같은 법 제15조의2 제1항 제1, 2호에서 형사처벌 대상으로 규정한 '전기통신금융사기를 목적으로, 타인으로 하여금 컴퓨터 등 정보처리장치에 정보 또는 명령을 입력하게 하는 행위, 취득한 타인의 정보를 이용하여 컴퓨터 등 정보처리장치에 정보 또는 명령을 입력하는 행위'가 범죄를 구성하지 아니하게 되어 그에 관한 형이 폐지된 것인지 여부(소극)

구 전기통신금융사기 피해 방지 및 피해금 환급에 관한 특별법(2023. 5. 16. 법률 제19418호로 개정되어 2023. 11. 17. 시행되기 전의 것, 이하 위와 같이 개정되기 전의 것을 '구법'이라 하고, 개정된 것을 '신법'이라 한다)은 제2조 제2호에서 전기통신금융사기란 '전기통신을 이용하여 타인을 기망·공갈함으로써 재산상의 이익을 취하거나 제3자에게 재산상의 이익을 취하게 하는 행위로서, 자금을 송금·이체하도록 하는 행위[(가)목] 및 개인정보를 알아내어 자금을 송금·이체하는 행위[(나)목]를 말한다.'고 규정하면서, 제15조의2 제1항에서 '전기통신금융사기를 목적으로, 타인으로 하여금 컴퓨터 등 정보처리장치에 정보 또는 명령을 입력하게 하는 행위(제1호, 이하 '제1호 행위'라 한다)를 하거나, 취득한 타인의 정보를 이용하여 컴퓨터 등 정보처리장치에 정보 또는 명령을 입력하는 행위(제2호, 이하 '제2호 행위'라 한다)를 한

자'를 '10년 이하의 징역 또는 1억 원 이하의 벌금'에 처하고, 같은 조 제2항은 그 미수범을 처벌하도록 규정하고 있었다. 이후 전기통신금융사기의 처벌 범위를 확대하고 그 법정형을 강화하기 위하여 2023. 5. 16. 법률 제19418호로 개정된 신법은 제2조 제2호에서 전기통신금융사기란 '전기통신을 이용하여 타인을 기망·공갈함으로써 자금 또는 재산상의 이익을 취하거나 제3자에게 자금 또는 재산상의 이익을 취하게 하는 행위로서, 위 (가)목, (나)목의 행위 및 자금을 교부받거나 교부하도록 하는 행위[(다)목], 자금을 출금하거나 출금하도록 하는 행위[(라)목]를 말한다.'고 정하여 대면편취형·출금형 등의 전기통신금융사기를 전기통신금융사기의 정의 규정에 포함하는 한편, 제15조의2 제1항에서 '전기통신금융사기'를 행한 자는 '1년 이상의 유기징역 또는 범죄수익의 3배 이상 5배 이하에 상당하는 벌금에 처하거나 이를 병과'할 수 있고, 같은 조 제2항에서 그 미수범을 처벌하도록 하는 규정을 두면서 처벌 수준을 구법보다 상향하고, 부칙에서 신법 시행 전에 이루어진 구법 위반행위에 대하여는 구법을 그대로 적용할 것인지에 관하여 별도의 경과규정을 두고 있지 않다.

위와 같은 개정 법률 문언의 의미와 개정 취지, 구법과 신법의 벌칙조항(제15조의2 제1, 2항) 규정 방식의 차이(구법은 전기통신금융사기의 수단이 되는 구체적 행위 태양인 제1, 2호 행위를 범죄구성요건으로, 신법은 전기통신금융사기 행위 자체를 범죄구성요건으로 규정하는 방식), 전기통신을 이용하여 타인을 기망·공갈함으로써 자금을 송금·이체하거나 하도록 하는 행위 유형의 전기통신금융사기[구법과 신법의 각 제2조 제2호 (가)목, (나)목]를 행하기 위한 구체적 수단 중에 '컴퓨터 등 정보처리장치에 정보 또는 명령을 입력하거나 하게 하는 것(제1, 2호 행위)'이 당연히 포함되는 점 등을 종합적으로 고려해 보면, 구법 제15조의2 제1, 2항이 형사처벌 대상으로 정한 제1, 2호 행위나 그 미수 범행은 신법 제15조의2 제1, 2항이 형사처벌 대상으로 정한 전기통신금융사기 행위나 그 미수 범행에 충분히 포함된다.

따라서 구법 제15조의2 제1항이 신법 제15조의2 제1항으로 개정됨에 따라 구법에서 정한 제1, 2호 행위가 범죄를 구성하지 아니하게 된다고 보아 제1, 2호 행위에 관한 형이 폐지되었다고 할 수 없다. 다만 제1, 2호 행위에 관한 형이 구법보다 무거워진 경우에 해당하므로 신법 시행 전의 행위는 형법 제1조 제1항에 따라 행위 시의 법률인 구법에 따라 범죄가 성립하고 형사처벌할 수 있다.[대법원 2024. 9. 27. 선고 2024도7516 판결]

제2조【국내법】

본법은 대한민국영역내에서 죄를 범한 내국인과 외국인에게 적용한다.

◆ 판례 - 간통죄를 처벌하지 않는 국가의 국적을 가진 외국인이 국내에서 벌어진 배우자의 간통행위에 대하여 고소권을 가지는지 여부(적극)

형법 제2조는 형법의 적용범위에 관하여 속지주의 원칙을 채택하고 있는바, 대한민국 영역 내에서 배우자 있는 자가 간통한 이상, 그 간통죄를 범한 자의 배우자가 간통죄를 처벌하지 아니하는 국가의 국적을 가진 외국인이라 하더라도 간통행위자의 간통죄 성립에는 아무런 영향이 없고, 그 외국인 배우자는 형사소송법의 규정에 따른 고소권이 있다(대법원 2008. 12. 11., 선고, 2008도3656, 판결).

제3조【내국인의 국외범】

본법은 대한민국영역외에서 죄를 범한 내국인에게 적용한다.

◆ 판례 - 무면허 의료행위 등을 금지·처벌하는 구 의료법 제87조 제1항 제2호, 제27조 제1항이 대한민국 영역 외에서 의료행위를 하려는 사람에게까지 보건복지부장관의 면허를 받을 의무를 부과하고, 이를 위반한 자를 처벌하는 규정인지 여부(소극) / 내국인이 대한민국 영역 외에서 의료행위를 하는 경우, 구 의료법 제87조 제1항 제2호, 제27조 제1항의 구성요건에 해당하는지 여부(소극)

구 의료법(2019. 4. 23. 법률 제16375호로 개정되기 전의 것, 이하 '구 의료법'이라 한다) 제2조 제1항은 의료인을 '보건복지부장관의 면허를 받은 의사·치과의사·한의사·조산사 및 간호사'로 규정하고, 제27조 제1항은 '의료인이 아니면 누구든지 의료행위를 할 수 없다'고 규정하며, 제87조 제1항 제2호는 제27조 제1항을 위반한 자를 처벌하도록 규정하고 있다.

그런데 의료법이 이와 같이 의료인이 되는 자격에 대한 엄격한 요건을 규정하면서 보건복지부장관의 면허를 받은 의료인에게만 의료행위 독점을 허용하는 것은 국민의 건강을 보호하고 증진하려는 목적(의료법 제1조)을 달성하기 위한 것이다. 한편 구 의료법 제27조 제1항 단서 제1호는 '외국의 의료인 면허를 가진 자로서 국내에 체류하는 자'에 대하여 '보건복지부령으로 정하는 범위에서 의료행위를 할 수 있다'고 규정하고 있다. 그러나 구 의료법은 외국의 의료인 면허를 가진 자에 대하여 대한민국 영역 외에서의 의료행위를 허용하는 규정은 두고 있지 않다. 또한 구 의료법 제33조는 제1항에서 '의료인은 이 법에 따른 의료기관을 개설하지 아니하고는 의료업을 할 수 없다'고 규정하면서, 제2항 이하에서 의료기관을 개설하려는 자는 시장·군수·구청장에게 신고하거나(제3항), 시·도지사의 허가를 받아야 한다고(제4항) 규정하는 등 의료기관이 대한민국 영역 내에 소재하는 것을 전제로 개설의 절차 및 요건을 정하고 있다.

이와 같은 의료법의 목적, 우리나라 보건복지부장관으로부터 면허를 받은 의료인에게만 의료행위 독점을 허용하는 입법 취지 및 관련 조항들의 내용 등을 종합하면, 의료법상 의료제도는 대한민국 영역 내에서 이루어지는 의료행위를 규율하기 위하여 체계화된 것으로 이해된다. 그렇다면 구 의료법 제87조 제1항 제2호, 제27조 제1항이 대한민국 영역 외에서 의료행위를 하려는 사람에게까지 보건복지부장관의 면허를 받을 의무를 부과하고 나아가 이를 위반한 자를 처벌하는 규정이라고 보기는 어렵다. 따라서 내국인이 대한민국 영역 외에서 의료행위를 하는 경우에는 구 의료법 제87조 제1항 제2호, 제27조 제1항의 구성요건 해당성이 없다(대법원 2020. 4. 29., 선고, 2019도19130, 판결).

제4조【국외에 있는 내국선박 등에서 외국인이 범한 죄】

본법은 대한민국영역외에 있는 대한민국의 선박 또는 항공기내에서 죄를 범한 외국인에게 적용한다.

제5조【외국인의 국외범】

본법은 대한민국영역외에서 다음에 기재한 죄를 범한 외국인에게 적용한다.

1. 내란의 죄
2. 외환의 죄
3. 국기에 관한 죄
4. 통화에 관한 죄
5. 유가증권, 우표와 인지에 관한 죄
6. 문서에 관한 죄중 제225조 내지 제230조
7. 인장에 관한 죄중 제238조

◆ 판례 - 형법 제6조 본문에서 정한 '대한민국 또는 대한민국 국민에 대하여 죄를 범한 때'의 의미

형법 제5조, 제6조의 각 규정에 의하면, 외국인이 외국에서 죄를 범한 경우에는 형법 제5조 제1호 내지 제7호에 열거된 죄를 범한 때와 형법 제5조 제1호 내지 제7호에 열거된 죄 이외에 대한민국 또는 대한민국 국민에 대하여 죄를 범한 때에만 대한민국 형법이 적용되어 우리나라에 재판권이 있게 되고, 여기서 '대한민국 또는 대한민국 국민에 대하여 죄를 범한 때'란 대한민국 또는 대한민국 국민의 법익이 직접적으로 침해되는 결과를 야기하는 죄를 범한 경우를 의미한다(대법원 2011. 8. 25., 선고, 2011도6507, 판결).

제6조【대한민국과 대한민국국민에 대한 국외범】

본법은 대한민국영역외에서 대한민국 또는 대한민국국민에 대하여 전조에 기재한 이외의 죄를 범한 외국인에게 적용한다. 단 행위지의 법률에 의하여 범죄를 구성하지 아니하거나 소추 또는 형의 집행을 면제할 경우에는 예외로 한다.

◆ 판례 - 법인이 특정 사업의 명목상 주체로 특수목적법인을 설립하여 그 명의로 자금 집행 등 사업진행을 하면서도 자금의 관리·처분에 관하여는 실질적 사업주체인 법인이 의사결정권한을 행사하면서 특수목적법인 명의로 보유한 자금에 대하여 현실적 지배를 하고 있는 경우, 사업주체인 법인의 대표자 등이 특수목적

법인의 보유 자금을 정해진 목적과 용도 외에 임의로 사용하면 위탁자인 법인에 대하여 횡령죄가 성립하는지 여부(적극) / 내국 법인의 대표자인 외국인이 내국 법인이 외국에 설립한 특수목적법인에 위탁해 둔 자금을 정해진 목적과 용도 외에 임의로 사용하여 횡령한 경우, 횡령죄의 피해자(=당해 금전을 위탁한 내국 법인) 및 그 행위가 외국에서 이루어졌더라도 우리 법원에 재판권이 있는지 여부(원칙적 적극)

법인 소유의 자금에 대한 사실상 또는 법률상 지배·처분 권한을 가지고 있는 대표자 등은 법인에 대한 관계에서 자금의 보관자 지위에 있으므로, 법인이 특정 사업의 명목상의 주체로 특수목적법인을 설립하여 그 명의로 자금 집행 등 사업진행을 하면서도 자금의 관리·처분에 관하여는 실질적 사업주체인 법인이 의사결정권한을 행사하면서 특수목적법인 명의로 보유한 자금에 대하여 현실적 지배를 하고 있는 경우에는, 사업주체인 법인의 대표자 등이 특수목적법인의 보유 자금을 정해진 목적과 용도 외에 임의로 사용하면 위탁자인 법인에 대하여 횡령죄가 성립할 수 있다.

이는 법인의 대표자 등이 외국인인 경우에도 마찬가지이므로, 내국 법인의 대표자인 외국인이 내국 법인이 외국에 설립한 특수목적법인에 위탁해 둔 자금을 정해진 목적과 용도 외에 임의로 사용한 데 따른 횡령죄의 피해자는 당해 금전을 위탁한 내국 법인이다. 따라서 그 행위가 외국에서 이루어진 경우에도 행위지의 법률에 의하여 범죄를 구성하지 아니하거나 소추 또는 형의 집행을 면제할 경우가 아니라면 그 외국인에 대해서도 우리 형법이 적용되어(형법 제6조), 우리 법원에 재판권이 있다(대법원 2017. 3. 22, 선고, 2016도17465, 판결).

제7조【외국에서 집행된 형의 산입】

죄를 지어 외국에서 형의 전부 또는 일부가 집행된 사람에 대해서는 그 집행된 형의 전부 또는 일부를 선고하는 형에 산입한다.

[전문개정 2016.12.20.]

[2016. 12. 20. 법률 제14415호에 의하여 2015. 5. 28. 헌법재판소에서 헌법불합치 결정된 이 조를 개정함.]

◆ 판례 – '외국에서 집행된 형의 산입' 규정인 형법 제7조의 취지 / 형법 제7조에서 정한 '외국에서 형의 전부 또는 일부가 집행된 사람'의 의미 및 형사사건으로 외국 법원에 기소되었다가 무죄판결을 받기까지 상당 기간 미결구금된 사람이 이에 해당하는지 여부(소극)와 그 미결구금 기간이 형법 제7조에 의한 산입의 대상이 되는지 여부(소극) / 외국에서 미결구금되었다가 무죄판결을 받은 사람의 미결구금일수를 형법 제7조의 유추적용에 의하여 그가 국내에서 같은 행위로 인하여 선고받는 형에 산입할 수 있는지 여부(소극)

[다수의견] (가) 형법 제7조는 "죄를 지어 외국에서 형의 전부 또는 일부가 집행된

사람에 대해서는 그 집행된 형의 전부 또는 일부를 선고하는 형에 산입한다." 라고 규정하고 있다. 이 규정의 취지는, 형사판결은 국가주권의 일부분인 형벌권 행사에 기초한 것이어서 피고인이 외국에서 형사처벌을 과하는 확정판결을 받았더라도 그 외국 판결은 우리나라 법원을 기속할 수 없고 우리나라에서는 기판력도 없어 일사부재리의 원칙이 적용되지 않으므로, 피고인이 동일한 행위에 관하여 우리나라 형벌법규에 따라 다시 처벌받는 경우에 생길 수 있는 실질적인 불이익을 완화하려는 것이다. 그런데 여기서 '외국에서 형의 전부 또는 일부가 집행된 사람' 이란 문언과 취지에 비추어 '외국 법원의 유죄판결에 의하여 자유형이나 벌금형 등 형의 전부 또는 일부가 실제로 집행된 사람' 을 말한다고 해석하여야 한다.

따라서 형사사건으로 외국 법원에 기소되었다가 무죄판결을 받은 사람은, 설령 그가 무죄판결을 받기까지 상당 기간 미결구금되었더라도 이를 유죄판결에 의하여 형이 실제로 집행된 것으로 볼 수는 없으므로, '외국에서 형의 전부 또는 일부가 집행된 사람' 에 해당한다고 볼 수 없고, 그 미결구금 기간은 형법 제7조에 의한 산입의 대상이 될 수 없다.

(나) 미결구금은 공소의 목적을 달성하기 위하여 어쩔 수 없이 피고인 또는 피의자를 구금하는 강제처분이어서 형의 집행은 아니지만 신체의 자유를 박탈하는 점이 자유형과 유사하기 때문에, 형법 제57조 제1항은 인권 보호의 관점에서 미결구금일수의 전부를 본형에 산입한다고 규정하고 있다.

그러나 외국에서 무죄판결을 받고 석방되기까지의 미결구금은, 국내에서의 형벌권 행사가 외국에서의 형사절차와는 별개의 것인 만큼 우리나라 형벌법규에 따른 공소의 목적을 달성하기 위하여 필수불가결하게 이루어진 강제처분으로 볼 수 없고, 유죄판결을 전제로 한 것이 아니어서 해당 국가의 형사보상제도에 따라 구금 기간에 상응하는 금전적 보상을 받음으로써 구제받을 성질의 것에 불과하다. 또한 형사절차에서 미결구금이 이루어지는 목적, 미결구금의 집행 방법 및 피구금자에 대한 처우, 미결구금에 대한 법률적 취급 등이 국가별로 다양하여 외국에서의 미결구금으로 인해 피고인이 받는 신체적 자유 박탈에 따른 불이익의 양상과 정도를 국내에서의 미결구금이나 형의 집행과 효과 면에서 서로 같거나 유사하다고 단정할 수도 없다. 따라서 위와 같이 외국에서 이루어진 미결구금을 형법 제57조 제1항에서 규정한 '본형에 당연히 산입되는 미결구금' 과 같다고 볼 수 없다.

결국 미결구금이 자유 박탈이라는 효과 면에서 형의 집행과 일부 유사하다는 점만을 근거로, 외국에서 형이 집행된 것이 아니라 단지 미결구금되었다가 무죄판결을 받은 사람의 미결구금일수를 형법 제7조의 유추적용에 의하여 그가 국내에서 같은 행위로 인하여 선고받는 형에 산입하여야 한다는 것은 허용되기 어렵다.

(다) 한편 양형의 조건에 관하여 규정한 형법 제51조의 사항은 널리 형의 양정에 관한 법원의 재량사항에 속하고, 이는 열거적인 것이 아니라 예시적인 것이다. 피고인이 외국에서 기소되어 미결구금되었다가 무죄판결을 받은 이후 다시 그 행위로 국내에서 처벌받는 경우, 공판 과정에서 외국에서의 미결구금 사실이 밝혀진다면, 양형에 관한 여러 사정들과 함께 그 미결구금의 원인이 된 사실과 공소사실의 동일성의

정도, 미결구금 기간, 해당 국가에서 이루어진 미결구금의 특수성 등을 고려하여 필요한 경우 형법 제53조의 작량감경 등을 적용하고, 나아가 이를 양형의 조건에 관한 사항으로 참작하여 최종의 선고형을 정함으로써 적정한 양형을 통해 피고인의 미결구금에 따른 불이익을 충분히 해소할 수 있다. 형법 제7조를 유추적용하여 외국에서의 미결구금을 확정된 형의 집행 단계에서 전부 또는 일부 산입한다면 이는 위 미결구금을 고려하지 아니하고 형을 정함을 전제로 하므로, 오히려 위와 같이 미결구금을 양형 단계에서 반영하여 그에 상응한 적절한 형으로 선고하는 것에 비하여 피고인에게 더 유리하다고 단정할 수 없다.

[대법관 고영한, 대법관 김창석, 대법관 조희대, 대법관 김재형, 대법관 조재연의 반대의견] 형법 제7조의 문언상 외국에서 유죄판결에 의하여 형의 전부 또는 일부가 집행된 사람이 아니라 단순히 미결구금되었다가 무죄판결을 받은 사람에 대하여 위 법조를 직접 적용할 수 없다는 것은 다수의견이 지적하는 바와 같지만, 유추적용을 통하여 그 미결구금일수의 전부 또는 일부를 국내에서 선고하는 형에 산입하여야 한다. 그 이유는 다음과 같다.

(가) 피고인이 외국에서 미결구금되었다가 무죄판결을 받았음에도 다시 국내에서 같은 행위로 기소되어 우리나라 형벌법규에 의하여 처벌받을 때 이를 전혀 고려하지 않는다면 피고인의 신체의 자유에 대한 과도한 침해가 될 수 있다. 이러한 경우에는 형법 제7조를 유추적용하여 그 미결구금일수의 전부 또는 일부를 국내에서 선고하는 형에 산입함으로써 형벌권의 행사를 정당한 한도 내로 제한함이 타당하다. 이렇게 보는 것이 신체의 자유를 보장하기 위하여 적법절차의 원칙을 선언하고 있는 헌법 정신에 부합한다.

또한 형법 제7조의 입법 취지는 국내외에서의 실질적 이중처벌로 인하여 피고인이 입을 수 있는 불이익을 완화함으로써 피고인의 신체의 자유를 최대한으로 보장한다는 것이다. 이는 외국에서 유죄판결에 의하여 형의 집행을 받은 피고인뿐만 아니라 외국에서 미결구금되었다가 무죄판결을 받은 피고인에 대하여도 충분히 고려되어야 할 사항이다. 형법 제7조의 적용 여부가 쟁점이 되었을 때는 그 입법 취지를 최대한 반영하여 해석함이 타당하므로, 피고인이 외국에서 미결구금되었다가 무죄판결을 받은 경우에도 형법 제7조의 유추적용을 긍정할 필요가 있다.

(나) 형법 제57조 제1항에 의하여서는 외국에서 무죄판결을 받고 석방되기까지의 미결구금일수를 국내에서 선고하는 형에 산입할 수 없으므로, 위 조항과 형법 제7조에 공통적으로 담긴 인권 보호의 정신을 살려 외국에서 유죄판결에 의하여 형이 집행된 피고인뿐만 아니라 외국에서 미결구금되었다가 무죄판결을 받은 피고인에 대하여도 다시 같은 행위로 국내에서 형을 선고할 경우에는 형법 제7조를 유추적용하여야 할 필요성이 더욱 크다.

다만 형법 제57조 제1항에 의하여 본형에 산입되는 국내에서의 판결선고 전 구금일수는 공소의 목적을 달성하기 위하여 어쩔 수 없이 이루어진 강제처분기간에 한정된다는 것이 대법원의 일관된 태도이므로, 이러한 해석과의 균형을 위하여, 형법 제7조의 유추적용으로 선고하는 형에 산입할 외국에서의 미결구금은 외국에서 공소의 목적을 달성하기 위하여 이루어진 것에 한정하여야 한다.

(다) 현행 법 체계에 비추어 보면, 판결확정 전의 구금은 형의 내용을 정할 때, 즉 양형 단계에서가 아니라 형의 집행 단계에서 고려하여야 할 사항이라는 것이 입법자의 결단이다. 외국에서의 미결구금 역시 판결확정 전의 구금에 해당하고, 나아가 외국에서의 미결구금이 외국에서의 형 집행과 본질적으로 차이가 없으므로, 외국에서 미결구금된 경우 이를 양형 사유로 참작하는 것보다는 형의 집행 문제로 해결할 수 있도록 형법 제7조를 유추적용하는 것이 현행 법 체계에 부합하고 일관된다.

국내외에서의 이중 처벌에 따른 피고인의 불이익을 완화시킨다는 형법 제7조의 입법 취지를 충분히 달성하기 위하여는 외국에서의 미결구금을 양형인자의 하나로 보아 법관의 양형 판단에 의존하는 방식보다 형법 제7조의 유추적용에 의한 방식이 더 타당하다.

(라) 외국에서 유죄판결이 선고되어 형이 집행된 경우에는 그 집행된 형의 전부 또는 일부를 선고하는 형에 직접 산입해 줌으로써 형기를 단축시켜 주는 방법으로 피고인에게 최대한 유리하게 취급해 주는 반면에, 외국에서 무죄판결로 사건이 종결되었을 경우에는 외국에서 형사보상을 받을 기회가 있었다거나 형사보상을 받았다는 이유만으로 애초부터 그 무죄판결 이전의 미결구금을 형법 제7조에 의한 형 산입의 적용 대상에서 제외시키는 것은 합리적이라고 보기 어렵다(대법원 2017. 8. 24., 선고, 2017도5977, 전원합의체 판결).

> **제8조【총칙의 적용】**
>
> 본법 총칙은 타법령에 정한 죄에 적용한다. 단, 그 법령에 특별한 규정이 있는 때에는 예외로 한다.

◆ 판례 - 피고인이 공무원 甲 등과 공모하여, 지인들에게 특정 정당의 당원 가입을 권유하며 당원 가입신청서를 모집하여 甲에게 전달하였다고 하여 지방공무원법 위반으로 기소된 사안에서, 피고인의 행위에는 행위시법인 구 지방공무원법 제82조가 적용되어야 함에도, 제1심이 개정된 지방공무원법 제82조 제1항을 적용하여 형을 정한 것에 법률적용을 잘못한 위법이 있고, 이에 관하여 직권으로 행위시법을 적용하여 심판하지 아니한 원심판결에는 법령위반의 위법이 있다고 한 사례

구 지방공무원법(2014. 1. 14. 법률 제12235호로 개정되기 전의 것, 이하 같다) 제82조는 법정형이 "1년 이하의 징역 또는 500만 원 이하의 벌금"이나, 2014. 1. 14. 개정되고 같은 날 시행된 지방공무원법 제82조 제1항은 법정형이 "3년 이하의 징역과 3년 이하의 자격정지"로 중하게 변경되었다.

형법 제1조 제1항은 범죄의 성립과 처벌은 행위시의 법률에 의하도록 규정하고 있고, 범죄 후 법률의 변경에 의하여 형이 구법보다 경한 때에 해당하지 아니함이 명백하므로 형법 제8조 본문에 의하여 피고인의 위 지방공무원법위반 행위에 대하여는 구 지방공무원법 제82조가 적용되어야 한다.

그럼에도 제1심은 개정된 지방공무원법 제82조 제1항을 적용하여 처단형의 범위를 '징역 3년 이하 및 자격정지 3년 이하' 로 인정하고 피고인에게 징역형과 자격정지형을 병과하였으므로 법률적용을 잘못한 위법이 있고, 원심은 이 점에 관한 당사자의 주장이 없더라도 형사소송법 제364조 제2항에 의하여 직권으로 행위시법을 적용하여 심판하였어야 함에도 이에 이르지 않은 것은 판결에 영향을 미친 법령위반의 위법이 있다 할 것이다(대법원 2015. 4. 23., 선고, 2015도2423, 판결).

제2장 죄 (제9조 ~ 제40조)

제2장 죄(제9조 ~ 제40조)

제1절 죄의 성립과 형의 감면

제9조【형사미성년자】

14세되지 아니한 자의 행위는 벌하지 아니한다.

◆ **판례 - 음주운전과 관련한 도로교통법 위반죄의 범죄수사를 위하여 미성년자인 피의자의 혈액채취가 필요한 경우, 법정대리인이 의사능력 없는 피의자를 대리하여 채혈에 관한 동의를 할 수 있는지 여부(원칙적 소극)**

형사소송법상 소송능력이란 소송당사자가 유효하게 소송행위를 할 수 있는 능력, 즉 피고인 또는 피의자가 자기의 소송상의 지위와 이해관계를 이해하고 이에 따라 방어행위를 할 수 있는 의사능력을 의미하는데, 피의자에게 의사능력이 있으면 직접 소송행위를 하는 것이 원칙이고, 피의자에게 의사능력이 없는 경우에는 형법 제9조 내지 제11조의 규정의 적용을 받지 아니하는 범죄사건에 한하여 예외적으로 법정대리인이 소송행위를 대리할 수 있다(형사소송법 제26조). 따라서 음주운전과 관련한 도로교통법 위반죄의 범죄수사를 위하여 미성년자인 피의자의 혈액채취가 필요한 경우에도 피의자에게 의사능력이 있다면 피의자 본인만이 혈액채취에 관한 유효한 동의를 할 수 있고, 피의자에게 의사능력이 없는 경우에도 명문의 규정이 없는 이상 법정대리인이 피의자를 대리하여 동의할 수는 없다 (대법원 2014.11.13, 선고, 2013도1228, 판결).

제10조【심신장애인】

① 심신장애로 인하여 사물을 변별할 능력이 없거나 의사를 결정할 능력이 없는 자의 행위는 벌하지 아니한다.

② 심신장애로 인하여 전항의 능력이 미약한 자의 행위는 형을 감경한다. 〈개정 2018. 12. 18.〉

③ 위험의 발생을 예견하고 자의로 심신장애를 야기한 자의 행위에는 전2항의 규정을 적용하지 아니한다.

[제목개정 2014. 12. 30.]

◆ 판례 - 형법 제10조에 규정된 심신장애의 요건 및 심신장애의 유무를 판단하는 방법

형법 제10조에 규정된 심신장애는 생물학적 요소로서 정신병 또는 비정상적 정신상태와 같은 정신적 장애가 있는 외에 심리학적 요소로서 이와 같은 정신적 장애로 말미암아 사물에 대한 변별능력과 그에 따른 행위통제능력이 결여되거나 감소되었음을 요하므로, 정신적 장애가 있는 자라고 하여도 범행 당시 정상적인 사물변별능력이나 행위통제능력이 있었다면 심신장애로 볼 수 없다.

심신장애의 유무는 법원이 형벌제도의 목적 등에 비추어 판단하여야 할 법률문제로서 그 판단에 전문감정인의 정신감정결과가 중요한 참고자료가 되기는 하나, 법원이 반드시 그 의견에 구속되는 것은 아니고, 그러한 감정결과뿐만 아니라 범행의 경위, 수단, 범행 전후의 피고인의 행동 등 기록에 나타난 여러 자료 등을 종합하여 독자적으로 심신장애의 유무를 판단하여야 한다(대법원 2018. 9. 13., 선고, 2018도7658, 2018전도54, 55, 2018보도6, 2018모2593 판결).

제11조【청각 및 언어 장애인】

듣거나 말하는 데 모두 장애가 있는 사람의 행위에 대해서는 형을 감경한다.

[전문개정 2020. 12. 8.]

◆ 판례 - 음주운전과 관련한 도로교통법 위반죄의 범죄수사를 위하여 미성년자인 피의자의 혈액채취가 필요한 경우, 법정대리인이 의사능력 없는 피의자를 대리하여 채혈에 관한 동의를 할 수 있는지 여부(원칙적 소극)

형사소송법상 소송능력이란 소송당사자가 유효하게 소송행위를 할 수 있는 능력, 즉 피고인 또는 피의자가 자기의 소송상의 지위와 이해관계를 이해하고 이에 따라 방어행위를 할 수 있는 의사능력을 의미하는데, 피의자에게 의사능력이 있으면 직접 소송행위를 하는 것이 원칙이고, 피의자에게 의사능력이 없는 경우에는 형법 제9조 내지 제11조의 규정의 적용을 받지 아니하는 범죄사건에 한하여 예외적으로 법정대리인이 소송행위를 대리할 수 있다(형사소송법 제26조). 따라서 음주운전과 관련한 도로교통법 위반죄의 범죄수사를 위하여 미성년자인 피의자의 혈액채취가 필요한 경우에도 피의자에게 의사능력이 있다면 피의자 본인만이 혈액채취에 관한 유효한 동의를 할 수 있고, 피의자에게 의사능력이 없는 경우에도 명문의 규정이 없는 이상 법정대리인이 피의자를 대리하여 동의할 수는 없다(대법원 2014. 11. 13. 선고 2013도1228 판결].

제12조【강요된 행위】

저항할 수 없는 폭력이나 자기 또는 친족의 생명, 신체에 대한 위해를 방어할 방법이 없는 협박에 의하여 강요된 행위는 벌하지 아니한다.

◆ 판례 - 하관에게 상관의 위법 내지 불법한 명령에 따라야 할 의무가 있는지 여부(소극)

공무원이 그 직무를 수행함에 있어 상관은 하관에 대하여 범죄행위 등 위법한 행위를 하도록 명령할 직권이 없는 것이며, 또한 하관은 소속 상관의 적법한 명령에 복종할 의무는 있으나 위와 같이 명백히 위법 내지 불법한 명령인 때에는 이는 벌써 직무상의 지시명령이라 할 수 없으므로 이에 따라야 할 의무는 없다(대법원 1999. 4. 23. 선고 99도636 판결, 대법원 2013. 11. 28. 선고 2011도5329 판결 참조).

원심은, 상명하복 관계가 비교적 엄격한 국정원의 조직특성을 고려하더라도, 이 사건과 같이 허위의 공문서를 작성하라는 지시는 위법한 명령에 해당할 뿐만 아니라, 위와 같은 위법한 명령을 피고인 3이 거부할 수 없는 특별한 상황에 있었다고 보기 어려우므로, 위 2013. 9. 27.자 및 2013. 12. 17.자 허위의 확인서 등 작성 범행이 강요된 행위 등으로서 적법행위에 대한 기대가능성이 없는 경우에 해당한다고 볼 수 없다고 판단하였다.

원심판결 이유를 위 법리와 원심 및 제1심이 적법하게 채택한 증거에 비추어 살펴보면, 위와 같은 원심의 판단은 정당하고, 거기에 상고이유 주장과 같이 논리와 경험의 법칙을 위반하여 자유심증주의의 한계를 벗어나거나 기대가능성에 관한 법리를 오해하는 등의 잘못이 없다(대법원 2015. 10. 29., 선고, 2015도9010, 판결).

제13조【고의】

죄의 성립요소인 사실을 인식하지 못한 행위는 벌하지 아니한다. 다만, 법률에 특별한 규정이 있는 경우에는 예외로 한다.

[전문개정 2020. 12. 8.]

◆ 판례 - 아동학대범죄의 처벌 등에 관한 특례법상 아동학대살해죄에서 살해의 범의의 인정 기준 및 피고인이 범행 당시 살해의 범의가 없다고 다투는 경우, 살해의 범의가 있었는지 판단하는 기준 / 아동학대살해죄에서 피고인이 범행 당시 살해의 범의는 없고 아동학대의 고의만 있었다고 다투는 경우, 아동학대살해의 범의가 인정되는지 판단하는 기준

아동학대범죄의 처벌 등에 관한 특례법(이하 '아동학대처벌법' 이라 한다)은 아동의 양육이 가족구성원 차원의 과제일 뿐만 아니라 사회구성원 모두의 관심이 필요한 사안이라는 인식하에 아동학대에 대한 강력한 대처와 예방을 통해 아동이 건강한 사회구성원으로 성장하도록 하기 위하여 제정되었다. 제정 당시 아동학대처벌법은 아동학대범죄의 처벌에 관한 특례로 아동학대치사죄를 규정하여 아동학대범죄를 범한 사람이 아동을 사망에 이르게 한 때에는 무기 또는 5년 이상의 징역에 처하도록 가중 처벌하였고, 아동을 살해한 경우에는 형법상 살인죄에 해당하여 사형, 무기 또는 5년 이상의 징역에 처하고 있었다. 그 후 2021. 3. 16. 법률 제17932호로 아동학대처벌법이 개정되면서, 아동학대범죄를 범한 사람이 아동을 살해한 경우에는 그 행위의 비난 가능성 등을 고려하여 일반 살인죄보다 중하게 처벌할 필요가 있다고 보고 아동학대살해죄가 신설되었다. 아동학대처벌법 제4조 제1항은 보호자(친권자, 후견인, 아동을 보호·양육·교육하거나 그러한 의무가 있는 자 또는 업무·고용 등의 관계로 사실상 아동을 보호·감독하는 자)에 의한 아동학대로서 형법 제257조 제1항(상해), 제260조 제1항(폭행), 제271조 제1항(유기), 제276조 제1항(체포, 감금) 등 일정한 아동학대범죄를 범한 사람이 아동을 살해한 때에는 사형, 무기 또는 7년 이상의 징역에 처하도록 규정하고 있다.

아동학대살해죄에서 살해의 범의의 인정 기준은 살인죄에서의 범의의 인정 기준과 같다고 보아야 한다. 아동학대살해의 범의는 반드시 살해의 목적이나 계획적인 살해의 의도가 있어야 인정되는 것은 아니고, 자기의 행위로 인하여 아동에게 사망이라는 결과가 발생할 가능성 또는 위험이 있음을 인식하거나 예견하면 족한 것이며, 그 인식이나 예견은 확정적인 것은 물론 불확정적인 것이라도 이른바 미필적 고의로서 살해의 범의가 인정된다. 한편 피고인이 범행 당시 살해의 범의가 없었다고 다투는 경우에는 피고인이 범행에 이르게 된 경위, 범행의 동기, 준비된 흉기의 유무·종류·용법, 공격부위와 반복성, 사망의 결과 발생 가능성 정도, 범행 후 결과 회피 행동의 유무 등 범행 전후의 객관적 사정을 종합하여 살해의 범의가 있었는지를 판단하여야 한다.

그런데 아동은 골격이나 근육, 장기 등이 발달과정에 있어 손상에 취약하고, 심리적·인지적으로도 미성숙하여 자신의 건강상태 등을 제대로 인식하지 못하고 의사표현방식도 성인과 같지 아니하다. 아동의 보호자가 자신에게 의존하는 아동을 학대하는 경우, 아동은 이러한 의존성, 취약성 등으로 인하여 스스로를 방어하거나 다른 사람에게 도움을 요청하는 등으로 이를 회피하기 어렵고, 그 학대 사실이 쉽게 드러나지 아니하여 학대행위가 지속적·반복적으로 저질러지거나 그로 인한 피해가 누적·심화되어 치명적인 결과가 발생하는 경우도 많다. 따라서 아동학대살해죄에서 피고인이 범행 당시 살해의 범의는 없고 아동학대의 고의만 있었다고 다투는 경우에는 이러한 아동과 아동학대범죄의 특성에 비추어 피고인과 피해아동의 관계, 피해아동의 나이·발달정도와 건강상태, 피고인 및 피해아동의 체격과 힘의 차이, 학대행위의 내용과 정도 및 반복성 등에 관한 객관적인 사정을 면밀히 살펴보아야 한다. 나아가 학대행위가 지속적·반복적으로 가하여진 경우 그로 인해 피해아동의 건강상태가 불량하게 변경되어 생활기능의 장애가 이미 심각한 수준에 이르렀는지, 피해아동의 나이·발달정도나 취약해진 건강상태를 고려할 때 중한 학대행위를 다시 가할 경우 피해아동이 사망에 이를 위험이 있다고 인식 또는 예견 가능한 상황이었는지, 피해아동의 사망 결과를 방지할 의무가 있는 보호자인 피고인이 그의 학대범죄로 생명침해의 위험에 이른 피해아동에 대하여 적절한 치료나 실효적인 구호조치를 취하였는지 혹은 피해아동이 사망에 이를 때까지 중한 학대행위를 계속하고 방관하거나 유기하였는지 등 범행 전후의 사정을 종합하여 피고인에게 아동학대살해의 범의가 인정되는지를 판단하여야 한다.(대법원 2024. 7. 11. 선고 2024도2940 판결)

제14조【과실】

정상적으로 기울여야 할 주의(注意)를 게을리하여 죄의 성립요소인 사실을 인식하지 못한 행위는 법률에 특별한 규정이 있는 경우에만 처벌한다.

[전문개정 2020. 12. 8.]

제15조【사실의 착오】

① 특별히 무거운 죄가 되는 사실을 인식하지 못한 행위는 무거운 죄로 벌하지 아니한다.

② 결과 때문에 형이 무거워지는 죄의 경우에 그 결과의 발생을 예견할 수 없었을 때에는 무거운 죄로 벌하지 아니한다.

[전문개정 2020. 12. 8.]

◆ 판례 - 교통방해치사상죄의 성립 요건 및 교통방해 행위와 사상의 결과 사이에 상당인과관계를 인정할 수 있는 경우

형법 제188조에 규정된 교통방해에 의한 치사상죄는 결과적 가중범이므로, 위 죄가 성립하려면 교통방해 행위와 사상(死傷)의 결과 사이에 상당인과관계가 있어야 하고 행위 시에 결과의 발생을 예견할 수 있어야 한다. 그리고 교통방해 행위가 피해자의 사상이라는 결과를 발생하게 한 유일하거나 직접적인 원인이 된 경우만이 아니라, 그 행위와 결과 사이에 피해자나 제3자의 과실 등 다른 사실이 개재된 때에도 그와 같은 사실이 통상 예견될 수 있는 것이라면 상당인과관계를 인정할 수 있다(대법원 2014. 7. 24., 선고, 2014도6206, 판결).

제16조【법률의 착오】

자기의 행위가 법령에 의하여 죄가 되지 아니하는 것으로 오인한 행위는 그 오인에 정당한 이유가 있는 때에 한하여 벌하지 아니한다.

◆ 판례 - 공무집행방해죄에서 공무집행의 적법성에 관한 피고인의 잘못된 법적 평가로 인하여 자신의 행위가 금지되지 않는다고 오인한 경우, 피고인의 오인에 형법 제16조의 '정당한 이유'가 있는지 판단하는 기준

형법 제16조에서 자기가 행한 행위가 법령에 의하여 죄가 되지 아니한 것으로 오인한 행위는 그 오인에 정당한 이유가 있는 때에 한하여 벌하지 아니한다고 규정하고 있으므로, 공무집행방해죄에서 공무집행의 적법성에 관한 피고인의 잘못된 법적 평가로 인하여 자신의 행위가 금지되지 않는다고 오인한 경우에는 그 오인에 정당한 이유가 있는지를 살펴보아야 한다. 이때 피고인의 오인에 정당한 이유가 있는지는 구체적인 행위 정황, 오인에 이르게 된 계기나 원인, 행위자 개인의 인식 능력, 행위자가 속한 사회집단에서 일반적으로 기대되는 오인 회피 노력의 정도와 회피 가능성 등을 고려할 때 피고인이 이러한 오인을 회피할 가능성이 있는지에 따라 판단하여야 한다.(대법원 2024. 7. 25. 선고 2023도16951 판결)

제17조【인과관계】
어떤 행위라도 죄의 요소되는 위험발생에 연결되지 아니한 때에는 그 결과로 인하여 벌하지 아니한다.

◆ 판례 – 의사에게 의료행위로 인한 업무상과실치사상죄를 인정하기 위한 요건 중 '업무상과실과 상해·사망 등 결과 발생 사이에 인과관계가 있음'에 대한 증명책임 소재(=검사) 및 증명 정도(=합리적인 의심의 여지가 없을 정도) / 형사재판에서의 인과관계에 관한 판단이 동일 사안의 민사재판과 달라질 수 있는지 여부(적극)

의사에게 의료행위로 인한 업무상과실치사상죄를 인정하기 위해서는, 의료행위 과정에서 공소사실에 기재된 업무상과실의 존재는 물론 그러한 업무상과실로 인하여 환자에게 상해·사망 등 결과가 발생한 점에 대하여도 엄격한 증거에 따라 합리적 의심의 여지가 없을 정도로 증명이 이루어져야 한다. 따라서 검사는 공소사실에 기재한 업무상과실과 상해·사망 등 결과 발생 사이에 인과관계가 있음을 합리적인 의심의 여지가 없을 정도로 증명하여야 하고, 의사의 업무상과실이 증명되었다는 사정만으로 인과관계가 추정되거나 증명 정도가 경감되는 것은 아니다. 이처럼 형사재판에서는 인과관계 증명에 있어서 '합리적인 의심이 없을 정도'의 증명을 요하므로 그에 관한 판단이 동일 사안의 민사재판과 달라질 수 있다.(대법원 2023. 8. 31. 선고 2021도1833 판결)

◆ 판례 – 사기죄의 구성요건 중 '기망'의 의미 및 고지의무 위반이 거래의 상대방을 기망한 것이 되어 사기죄를 구성하는 경우

사기죄의 요건인 기망은 널리 재산상의 거래관계에서 서로 지켜야 할 신의와 성실의 의무를 저버리는 모든 적극적, 소극적 행위를 말한다. 반드시 법률행위의 중요 부분에 관한 허위표시를 해야 하는 것은 아니고, 상대방을 착오에 빠뜨려 행위자가 희망하는 재산적 처분행위를 하도록 하기 위한 판단의 기초가 되는 사실에 관한 것이면 충분하다. 따라서 거래의 상대방이 일정한 사정에 관한 고지를 받았더라면 거래를 하지 않았을 것이라는 관계가 인정되는 경우에는, 그 거래로 재물을 받는 자에게는 신의성실의 원칙상 사전에 상대방에게 그와 같은 사정을 고지할 의무가 있다. 그런데도 이를 고지하지 않은 것은 고지할 사실을 묵비함으로써 상대방을 기망한 것이 되어 사기죄를 구성한다(대법원 2018. 8. 1.,선고, 2017도20682, 판결).

제18조【부작위범】

위험의 발생을 방지할 의무가 있거나 자기의 행위로 인하여 위험발생의 원인을 야기한 자가 그 위험발생을 방지하지 아니한 때에는 그 발생된 결과에 의하여 처벌한다.

◆ 판례 - 부작위에 의한 업무방해죄가 성립하기 위한 요건

업무방해죄와 같이 작위를 내용으로 하는 범죄를 부작위에 의하여 범하는 부진정 부작위범이 성립하기 위해서는 부작위를 실행행위로서의 작위와 동일시할 수 있어야 한다. [대법원 2017. 12. 22., 선고, 2017도13211, 판결]

◆ 판례 - 피고인이 甲과 토지 지상에 창고를 신축하는 데 필요한 형틀공사 계약을 체결한 후 그 공사를 완료하였는데, 甲이 공사대금을 주지 않는다는 이유로 위 토지에 쌓아 둔 건축자재를 치우지 않고 공사현장을 막는 방법으로 위력으로써 甲의 창고 신축 공사 업무를 방해하였다는 내용으로 기소된 사안에서, 공소사실을 유죄로 인정한 원심판결에 부작위에 의한 업무방해죄의 성립에 관한 법리오해의 잘못이 있다고 한 사례

피고인이 甲과 토지 지상에 창고를 신축하는 데 필요한 형틀공사 계약을 체결한 후 그 공사를 완료하였는데, 甲이 공사대금을 주지 않는다는 이유로 위 토지에 쌓아 둔 건축자재를 치우지 않고 공사현장을 막는 방법으로 위력으로써 甲의 창고 신축 공사 업무를 방해하였다는 내용으로 기소된 사안에서, 피고인이 일부러 건축자재를 甲의 토지 위에 쌓아 두어 공사현장을 막은 것이 아니라 당초 자신의 공사를 위해 쌓아 두었던 건축자재를 공사 완료 후 치우지 않은 것에 불과하므로, 비록 공사대금을 받을 목적으로 건축자재를 치우지 않았더라도, 피고인이 자신의 공사를 위하여 쌓아 두었던 건축자재를 공사 완료 후에 단순히 치우지 않은 행위가 위력으로써 甲의 추가 공사 업무를 방해하는 업무방해죄의 실행행위로서 甲의 업무에 대하여 하는 적극적인 방해행위와 동등한 형법적 가치를 가진다고 볼 수 없는데도, 이와 달리 보아 공소사실을 유죄로 인정한 원심판결에 부작위에 의한 업무방해죄의 성립에 관한 법리오해의 잘못이 있다고 한 사례(대법원 2017.12.22, 선고, 2017도13211, 판결).

제19조【독립행위의 경합】

동시 또는 이시의 독립행위가 경합한 경우에 그 결과발생의 원인된 행위가 판명되지 아니한 때에는 각 행위를 미수범으로 처벌한다.

제20조【정당행위】

법령에 의한 행위 또는 업무로 인한 행위 기타 사회상규에 위배되지 아니하는 행위는 벌하지 아니한다.

◆ 판례 – 학교 교사가 훈육 또는 지도 목적으로 한 행위라도 정신적 폭력이나 가혹행위로서 아동인 학생의 정신건강 또는 복지를 해치거나 정신건강의 정상적 발달을 저해할 정도 혹은 그러한 결과를 초래할 위험을 발생시킬 정도에 이른 경우, 구 아동복지법 제17조 제5호에서 금지하는 '정서적 학대행위'에 해당하는지 여부(한정 적극) / 교사의 위와 같은 행위가 사회상규에 위배되지 아니하는 경우로서 위법성이 조각되는지 판단하는 기준

학교의 교사가 훈육 또는 지도의 목적으로 한 행위이더라도 정신적 폭력이나 가혹행위로서 아동인 학생의 정신건강 또는 복지를 해치거나 정신건강의 정상적 발달을 저해할 정도 혹은 그러한 결과를 초래할 위험을 발생시킬 정도에 이른다면, 초·중등교육법령과 학칙이 허용하는 범위 내에서 그 요건과 절차를 준수하는 등으로 법령과 학칙의 취지를 따른 것이 아닌 이상, 구 아동복지법(2021. 12. 21. 법률 제18619호로 개정되기 전의 것) 제17조 제5호에서 금지하는 '정서적 학대행위'에 해당한다고 보아야 한다.

한편 교사의 위와 같은 행위도 사회상규에 위배되지 아니하는 경우에는 위법성이 조각될 수 있으나, 이에 해당하는지를 판단함에 있어서는 교사의 학생에 대한 악의적·부정적 태도에서 비롯된 것이 아니라 교육상의 필요, 교육활동 보장, 학교 내 질서유지 등을 위한 행위였는지, 학생의 기본적 인권과 정신적·신체적 감수성을 존중·보호하는 범위 내에서 이루어졌는지, 동일 또는 유사한 행위의 반복성이나 지속시간 등에 비추어 교육의 필요성이 인정되는 합리적인 범위 내에서 이루어졌다고 평가되는지, 법령과 학칙의 취지를 준수하지 못할 긴급한 사정이 있었는지, 그 밖에 학생의 연령, 성향, 건강상태, 정신적 발달상태 등이 종합적으로 고려되어야 한다.

제21조【정당방위】

① 현재의 부당한 침해로부터 자기 또는 타인의 법익(法益)을 방위하기 위하여 한 행위는 상당한 이유가 있는 경우에는 벌하지 아니한다.

② 방위행위가 그 정도를 초과한 경우에는 정황(情況)에 따라 그 형을 감경하거나 면제할 수 있다.

③ 제2항의 경우에 야간이나 그 밖의 불안한 상태에서 공포를 느끼거나 경악(驚愕)하거나 흥분하거나 당황하였기 때문에 그 행위를 하였을 때에는 벌하지 아니한다.

[전문개정 2020. 12. 8.]

◆ 판례 – 甲은 관장 乙이 운영하는 복싱클럽에 회원등록을 하였던 자로서 등록을 취소하는 문제로 乙로부터 질책을 들은 다음 약 1시간이 지난 후 다시 복싱클럽을 찾아와 乙에게 항의하는 과정에서 乙이 甲의 멱살을 잡아당기거나 바닥에 넘어뜨린 후 목을 조르는 등 乙과 甲이 뒤엉켜 몸싸움을 벌였는데, 코치인 피고인이 이를 지켜보던 중 甲이 왼손을 주머니에 넣어 불상의 물건을 꺼내 움켜쥐자

甲의 왼손 주먹을 강제로 펴게 함으로써 甲에게 손가락 골절상을 입혔다는 상해의 공소사실로 기소된 사안에서, 피고인이 당시 죄가 되지 않는 것으로 오인한 것에 대해 '정당한 이유'를 부정하여 공소사실을 유죄로 인정한 원심판결에 위법성조각사유의 전제사실에 관한 착오, 정당한 이유의 존부에 관한 법리오해의 잘못이 있다고 한 사례

甲은 관장 乙이 운영하는 복싱클럽에 회원등록을 하였던 자로서 등록을 취소하는 문제로 乙로부터 질책을 들은 다음 약 1시간이 지난 후 다시 복싱클럽을 찾아와 乙에게 항의하는 과정에서 乙이 甲의 멱살을 잡아당기거나 바닥에 넘어뜨린 후 목을 조르는 등 乙과 甲이 뒤엉켜 몸싸움을 벌였는데, 코치인 피고인이 이를 지켜보던 중 甲이 왼손을 주머니에 넣어 불상의 물건을 꺼내 움켜쥐자 甲의 왼손 주먹을 강제로 펴게 함으로써 甲에게 약 4주간의 치료가 필요한 손가락 골절상을 입혔다는 상해의 공소사실로 기소된 사안에서, ① 乙과 甲은 외형상 신체적 차이가 크지 않고, 당시 甲은 제압된 상태였더라도 상당한 정도의 물리력을 행사할 수 있는 능력이 있었을 뿐더러 그 직전까지도 乙과 몸싸움을 하는 등 급박한 상황이 계속되고 있었으며, 몸싸움은 일시적·우발적으로 발생한 것이라기보다는 甲이 乙에 대한 항의 내지 보복의 감정을 가진 상태에서 계획적·의도적으로 다시 찾아옴에 따라 발생하였고, 더구나 코치로서 관장과 회원 사이의 시비를 말리거나 더 커지는 것을 막아야 하는 위치에 있던 피고인의 입장에서, 둘 사이의 몸싸움이 격화되는 과정에서 甲이 왼손을 주머니에 넣어 특정한 물건을 움켜쥔 채 꺼내는 것을 목격하자, 이를 甲이 상대방의 생명·신체에 위해를 가하려는 것으로 충분히 오인할 만한 객관적인 정황이 있었던 점, ② 피고인은 일관하여 '甲이 호신용 작은 칼 같은 흉기를 꺼내는 것으로 오인하여 이를 확인하려고 하였다.'는 취지로 진술하였고, 甲 역시 수사과정에서 '피고인에게 상해의 의도가 있었다기보다는 손에 쥐고 있던 물건이 무엇인지 확인하기 위해서였다고 생각한다.'라고 같은 취지로 진술하였으며, 甲이 가지고 있던 '휴대용 녹음기'와 피고인이 착각하였다고 주장하는 '호신용 작은 칼'은 크기·길이 등 외형상 큰 차이가 없어 이를 쥔 상태의 주먹이나 손 모양만으로는 양자를 구별하는 것이 쉽지 않았으므로, 당시 피고인은 甲의 주먹이나 손 모양만으로 그가 움켜쥔 물건이 무엇인지조차 알기 어려웠던 점, ③ 甲은 당시 왼손으로 휴대용 녹음기를 움켜쥔 상태에서 이를 활용함에 별다른 장애가 없었으므로, 만일 몸싸움을 하느라 신체적으로 뒤엉킨 상황에서 甲이 실제로 위험한 물건을 꺼내어 움켜쥐고 있었다면 그 자체로 乙의 생명·신체에 관한 급박한 침해나 위험이 초래될 우려가 매우 높은 상황이었던 점, ④ 형법 제20조의 사회상규에 의한 정당행위를 인정하기 위한 요건들 중 행위의 '긴급성'과 '보충성'은 다른 실효성 있는 적법한 수단이 없는 경우를 의미하지 '일체의 법률적인 적법한 수단이 존재하지 않을 것'을 의미하지는 않는다는 판례 법리에 비추어, 피고인의 행위는 적어도 주관적으로는 그 정당성에 대한 인식하에 이루어진 것이라고 보기에 충분한 점 등을 종합하면, 피고인이 당시 죄가 되지 않는 것으로 오인한 것에 대해 '정당한 이유'를 부정하여 공소사실을 유죄로 인정한 원심판결에는 위법성조각사유의 전제사실에 관한 착오, 정당한 이유의 존부에 관한 법리오해의 잘못이 있다고 한 사례.(대법원 2023. 11. 2. 선고 2023도10768 판결)

제22조【긴급피난】

① 자기 또는 타인의 법익에 대한 현재의 위난을 피하기 위한 행위는 상당한 이유가 있는 때에는 벌하지 아니한다.

② 위난을 피하지 못할 책임이 있는 자에 대하여는 전항의 규정을 적용하지 아니한다.

③ 전조 제2항과 제3항의 규정은 본조에 준용한다.

◆ 판례 - 공용물건손상 및 국회회의장소동 행위를 위법성이 조각되는 정당행위나 긴급피난의 요건을 갖춘 행위로 평가하기 어렵다고 한 사례

甲 정당 당직자인 피고인들 등이 국회 외교통상 상임위원회 회의장 앞 복도에서 출입이 봉쇄된 회의장 출입구를 뚫을 목적으로 회의장 출입문 및 그 안쪽에 쌓여있던 책상, 탁자 등 집기를 손상하거나, 국회의 심의를 방해할 목적으로 소방호스를 이용하여 회의장 내에 물을 분사한 사안에서, 피고인들의 위와 같은 행위는 공용물건손상죄 및 국회회의장소동죄의 구성요건에 해당하고, 국민의 대의기관인 국회에서 서로의 의견을 경청하고 진지한 토론과 양보를 통하여 더욱 바람직한 결론을 도출하는 합법적 절차를 외면한 채 곧바로 폭력적 행동으로 나아가 방법이나 수단에 있어서도 상당성의 요건을 갖추지 못하여 이를 위법성이 조각되는 정당행위나 긴급피난의 요건을 갖춘 행위로 평가하기 어렵다고 한 사례(대법원 2013. 6. 13., 선고, 2010도13609, 판결).

제23조【자구행위】

① 법률에서 정한 절차에 따라서는 청구권을 보전(保全)할 수 없는 경우에 그 청구권의 실행이 불가능해지거나 현저히 곤란해지는 상황을 피하기 위하여 한 행위는 상당한 이유가 있는 때에는 벌하지 아니한다.

② 제1항의 행위가 그 정도를 초과한 경우에는 정황에 따라 그 형을 감경하거나 면제할 수 있다.

[전문개정 2020. 12. 8.]

◆ 판례 - 형법상 자구행위의 의미

형법상 자구행위라 함은 법정절차에 의하여 청구권을 보전하기 불능한 경우에 그 청구권의 실행불능 또는 현저한 실행곤란을 피하기 위한 상당한 행위를 말하는 것이다(대법원 2007. 3. 15. 선고 2006도9418 판결, 대법원 2007. 5. 11. 선고 2006도4328 판결 등 참조).

원심이 적법하게 채택한 증거들 및 기록에 비추어 살펴보면, 설사 피고인의 주장대로 이 사건 토지에 인접하여 있는 공소외 2 소유의 광주 서구 화정동 1051 소재 건물에 건축법상 위법요소가 존재하고 공소외 2가 그와 같은 위법요소를 방치 내지 조장하고 있다거나, 위 건물의 건축허가 또는 이 사건 토지상의 가설건축물 허가 여부에 관한 관할관청의 행정행위에 하자가 존재한다고 가정하더라도, 그러한 사정만으로 이 사건에 있어서 피고인이 이 사건 토지의 소유자를 대위 또는 대리하여 법정절차에 의하여 이 사건 토지의 소유권을 방해하는 사람들에 대한 방해배제 등 청구권을 보전하는 것이 불가능하였거나 현저하게 곤란하였다고 볼 수 없을 뿐만 아니라, 피고인의 이 사건 행위가 그 청구권의 실행불능 또는 현저한 실행곤란을 피하기 위한 상당한 행위라고 볼 수도 없음을 알 수 있다. 원심이 같은 취지에서 피고인의 자구행위 또는 자력구제 주장을 배척한 조치는 정당하고, 거기에 상고이유에서 주장하는 바와 같은 채증법칙 위반으로 인한 사실오인이나 자구행위 또는 자력구제에 관한 법리오해 등으로 판결 결과에 영향을 미친 위법이 있다고 할 수 없다(대법원 2007. 12. 28., 선고, 2007도7717, 판결).

제24조【피해자의 승낙】

처분할 수 있는 자의 승낙에 의하여 그 법익을 훼손한 행위는 법률에 특별한 규정이 없는 한 벌하지 아니한다.

◆ 판례 - 문서명의인의 승낙이 있거나 승낙이 추정되는 경우 사문서 위·변조죄 성립 여부(소극) 및 명의인의 승낙에 대한 막연한 기대나 예측만으로 승낙이 추정된다고 단정할 수 있는지 여부(소극)

사문서의 위·변조죄는 작성권한 없는 자가 타인 명의를 모용하여 문서를 작성하는 것을 말하므로 사문서를 작성·수정할 때 명의자의 명시적이거나 묵시적인 승낙이 있었다면 사문서의 위·변조죄에 해당하지 않고, 한편 행위 당시 명의자의 현실적인 승낙은 없었지만 행위 당시의 모든 객관적 사정을 종합하여 명의자가 행위 당시 그 사실을 알았다면 당연히 승낙했을 것이라고 추정되는 경우 역시 사문서의 위·변조죄가 성립하지 않는다고 할 것이나, 명의자의 명시적인 승낙이나 동의가 없다는 것을 알고 있으면서도 명의자가 문서작성 사실을 알았다면 승낙하였을 것이라고 기대하거나 예측한 것만으로는 그 승낙이 추정된다고 단정할 수 없다(대법원 2011.9.29, 선고, 2010도14587, 판결).

제2절 미수범

제25조【미수범】

① 범죄의 실행에 착수하여 행위를 종료하지 못하였거나 결과가 발생하지 아니한 때에는 미수범으로 처벌한다.

② 미수범의 형은 기수범보다 감경할 수 있다.

◆ 판례 - 특정범죄 가중처벌 등에 관한 법률 제5조의4 제1항이 적용되는 상습절도죄의 경우, 형법 제25조 제2항에 의한 미수감경이 허용되는지 여부(소극)

"상습적으로 형법 제329조부터 제331조까지의 죄 또는 그 미수죄를 범한 사람은 무기 또는 3년 이상의 징역에 처한다." 는 특정범죄 가중처벌 등에 관한 법률(이하 '특가법' 이라 한다) 제5조의4 제1항이 적용되는 상습절도죄의 경우 형법 제25조 제2항에 의한 형의 미수감경은 허용되지 아니한다고 할 것이다(대법원 2010. 11. 25. 선고 2010도11620 판결 등 참조).

그럼에도 원심은 이와 달리 그 판시와 같은 이유만으로 특가법 제5조의4 제1항이 적용되는 피고인의 이 사건 범죄에 대하여 형법 제25조 제2항에 의한 형의 미수감경을 한 다음 그 처단형의 범위 내에서 선고형을 정하였으니, 이러한 원심판결에는 특가법 제5조의4 제1항 및 형법 제25조 제2항에 관한 법리를 오해함으로써 판결 결과에 영향을 미친 위법이 있다. 이 점을 지적하는 상고이유의 주장은 이유 있다(대법원 2013. 8. 14., 선고, 2013도6018, 판결).

제26조【중지범】

범인이 실행에 착수한 행위를 자의(自意)로 중지하거나 그 행위로 인한 결과의 발생을 자의로 방지한 경우에는 형을 감경하거나 면제한다.

[전문개정 2020. 12. 8.]

◆ 판례 - 다른 공범의 범행을 중지하게 하지 아니한 채 자기만의 범의를 철회·포기한 경우, 중지미수의 인정 여부(소극)

다른 공범의 범행을 중지하게 하지 아니한 이상 자기만의 범의를 철회, 포기하여도 중지미수로는 인정될 수 없는 것인바(대법원 1969. 2. 25. 선고 68도1676 판결 참조), 기록에 의하면, 피고인은 원심 공동피고인과 합동하여 피해자를 텐트 안으로 끌고 간 후 원심 공동피고인, 피고인의 순으로 성관계를 하기로 하고 피고인은 위 텐트 밖으로 나와 주변에서 망을 보고 원심 공동피고인은 피해자의 옷을 모두 벗기고 피해자의 반항을 억압한 후 피해자를 1회 간음하여 강간하고, 이어 피고인이 위 텐트 안으로 들어가 피해자를 강간하려 하였으나 피해자가 반항을 하며 강간을 하지 말아 달라고 사정을 하여 강간을 하지 않았다는 것이므로, 앞서 본 법리에 비추어 보면 위 구본선이 피고인과의 공모하에 강간행위에 나아간 이상 비록 피고인이 강간행위에 나아가지 않았다 하더라도 중지미수에 해당하지는 않는다고 할 것이다.

같은 취지에서, 원심이, 피고인에 대한 판시 행위를 성폭력범죄의처벌및피해자보호등에관한법률 제6조 제1항, 형법 제297조의 기수로 인정하여 처벌한 제1심의 조치를 유지한 것은 정당하고, 거기에 상고이유로 주장하는 바와 같은 중지미수에 관한 법리오해의 위법이 없다(대법원 2005. 2. 25., 선고, 2004도8259, 판결).

제27조【불능범】

실행의 수단 또는 대상의 착오로 인하여 결과의 발생이 불가능하더라도 위험성이 있는 때에는 처벌한다. 단, 형을 감경 또는 면제할 수 있다.

◆ 판례 - 형법 제27조에서 규정한 '불능미수'의 의미 및 여기에서 '결과의 발생이 불가능'하다는 것의 의미

형법 제27조(불능범)는 "실행의 수단 또는 대상의 착오로 인하여 결과의 발생이 불가능하더라도 위험성이 있는 때에는 처벌한다. 단, 형을 감경 또는 면제할 수 있다."라고 규정하고 있다. 불능미수란 행위자에게 범죄의사가 있고 실행의 착수라고 볼 수 있는 행위가 있더라도 실행의 수단이나 대상의 착오로 처음부터 결과발생 또는 법익침해의 가능성이 없지만 다만 그 행위의 위험성 때문에 미수범으로 처벌하는 경우를 말한다(대법원 1998. 10. 23. 선고 98도2313 판결 등 참조). 여기에서 '결과의 발생이 불가능'하다는 것은 범죄행위의 성질상 어떠한 경우에도 구성요건의 실현이 불가능하다는 것을 의미한다(대법원 2019. 5. 16., 선고, 2019도97, 판결).

제28조【음모, 예비】

범죄의 음모 또는 예비행위가 실행의 착수에 이르지 아니한 때에는 법률에 특별한 규정이 없는 한 벌하지 아니한다.

제29조【미수범의 처벌】

미수범을 처벌할 죄는 각칙의 해당 죄에서 정한다.

[전문개정 2020. 12. 8.]

제3절 공범

제30조【공동정범】

2인 이상이 공동하여 죄를 범한 때에는 각자를 그 죄의 정범으로 처벌한다.

◆ 판례 - 마약류 관리에 관한 법률 제40조의2 제2항에 따른 수강명령 또는 이수명령 대상인 '마약류사범'의 의미(=마약류를 스스로 투약, 흡연 또는 섭취함으로써 마약류에 직접 노출된 사람) 및 직접 마약류를 투약, 흡연 또는 섭취하지 않은 사람이 같은 법 위반죄에 관한 공범으로 처벌을 받는 경우, 여기서의 마약류사범에 해당하는지 여부(소극)

마약류 관리에 관한 법률(2019. 12. 3. 법률 제16714호로 개정된 것, 이하 '마약류관리법'이라 한다) 제40조의2 제2항은 '마약류사범'에 대하여 선고유예 외의 유죄판결을 선고하는 경우 재범예방에 필요한 교육의 수강명령이나 재활교육 프로그램의 이수명령을 병과하도록 규정한다. 여기서의 '마약류사범'이란 마약류관리법 제3조, 제4조 또는 제5조를 위반하여 마약류를 투약, 흡연 또는 섭취한 사람을 가리킨다(마약류관리법 제40조의2 제1항).

마약류관리법 제40조의2 제2항에 따른 수강명령 또는 이수명령 대상인 '마약류사범'은 마약류를 스스로 투약, 흡연 또는 섭취함으로써 마약류에 직접 노출된 사람만을 의미한다고 보아야 한다. 수강명령 또는 이수명령은 마약류의 중독성으로 인해 재범 가능성이 높은 사람들에 대한 치료 및 교육을 통하여 그들이 건강한 사회구성원으로 복귀할 수 있도록 지원하는 데에 그 취지가 있기 때문이다. 따라서 직접 마약류를 투약, 흡연 또는 섭취하지 않은 자라면 설령 마약류관리법 위반죄에 관한 공범으로 처벌을 받더라도 여기서의 마약류사범에는 해당하지 않는다. 그러한 경우는 마약류의 중독성으로 인한 재범 가능성이 있다고 할 수 없어 재범예방이나 재활을 위한 교육이 필요한 경우라고 볼 수 없다.(대법원 2024. 9. 12. 선고 2024도5033 판결)

제31조【교사범】

① 타인을 교사하여 죄를 범하게 한 자는 죄를 실행한 자와 동일한 형으로 처벌한다.

② 교사를 받은 자가 범죄의 실행을 승낙하고 실행의 착수에 이르지 아니한 때에는 교사자와 피교사자를 음모 또는 예비에 준하여 처벌한다.

③ 교사를 받은 자가 범죄의 실행을 승낙하지 아니한 때에도 교사자에 대하여는 전항과 같다.

◆ 판례 - 교사범, 방조범의 범죄사실을 적시하는 방법

제1심판결에 형사소송법 제361조의5 제11호의 '판결에 이유를 붙이지 아니하거나 이유에 모순이 있는 때' 의 잘못이 있는 경우에는 직권조사사유에 해당하므로 원심 판결이 이를 간과하여 이러한 잘못이 있는 제1심판결을 유지하였다면 파기를 면할 수 없다(대법원 1973. 11. 6.자 73모70 결정, 대법원 2005. 9. 9. 선고 2005도3782 판결 참조).

정범의 성립은 교사범, 방조범의 구성요건의 일부를 형성하고 교사범, 방조범이 성립함에는 먼저 정범의 범죄행위가 인정되는 것이 그 전제요건이 되는 것은 공범의 종속성에 연유하는 당연한 귀결이며, 따라서 교사범, 방조범의 사실 적시에 있어서도 정범의 범죄 구성요건이 되는 사실 전부를 적시하여야 하고, 이 기재가 없는 교사범, 방조범의 사실 적시는 죄가 되는 사실의 적시라고 할 수 없다(대법원 1981. 11. 24. 선고 81도2422 판결 참조).

◆ 판례 - 범인이 도피를 위하여 타인에게 도움을 요청하는 행위가 도피행위의 범주에 속하는 경우 처벌되는지 여부(소극) 및 이때 범인의 요청에 응하여 범인을 도운 타인의 행위가 범인도피죄에 해당하더라도 마찬가지인지 여부(적극) / 범인이 타인으로 하여금 허위 자백을 하게 하는 등으로 범인도피죄를 범하게 하는 행위와 같이 방어권의 남용으로 볼 수 있을 경우, 범인도피교사죄에 해당하는지 여부(적극) 및 이때 방어권 남용 여부의 판단 기준

형법 제151조가 정한 범인도피죄에서 '도피하게 하는 행위' 란 은닉 이외의 방법으로 범인에 대한 수사, 재판 및 형의 집행 등 형사사법의 작용을 곤란하게 하거나 불가능하게 하는 일체의 행위를 말한다(대법원 2008. 12. 24. 선고 2007도11137 판결 등 참조).

한편 범인 스스로 도피하는 행위는 처벌되지 않으므로, 범인이 도피를 위하여 타인에게 도움을 요청하는 행위 역시 도피행위의 범주에 속하는 한 처벌되지 않으며, 범인의 요청에 응하여 범인을 도운 타인의 행위가 범인도피죄에 해당하더라도 마찬가지이다. 다만 범인이 타인으로 하여금 허위의 자백을 하게 하는 등으로 범인도피죄를 범하게 하는 경우와 같이 방어권의 남용으로 볼 수 있을 때에는 범인도피교사죄에 해당할 수 있다(대법원 2000. 3. 24. 선고 2000도20 판결 등 참조). 이 경우 방어권의 남용이라고 볼 수 있는지는, 범인을 도피하게 하는 것이라고 지목된 행위의 태양과 내용, 범인과 행위자의 관계, 행위 당시의 구체적인 상황, 형사사법의 작용에 영향을 미칠 수 있는 위험성의 정도 등을 종합하여 판단하여야 할 것이다(대법원 2014. 4. 10. 선고 2013도12079 판결 참조).

제32조【종범】

① 타인의 범죄를 방조한 자는 종범으로 처벌한다.

② 종범의 형은 정범의 형보다 감경한다.

◆ 판례 - 전송의 방법으로 공중송신권을 침해하는 게시물이나 그 게시물이 위치한 웹페이지 등에 연결되는 링크를 한 행위자가, 정범이 공중송신권을 침해한다는 사실을 충분히 인식하면서 그러한 링크를 인터넷 사이트에 영리적 · 계속적으로

게시하는 등으로 공중의 구성원이 개별적으로 선택한 시간과 장소에서 침해 게시물에 쉽게 접근할 수 있도록 하는 정도의 링크 행위를 한 경우, 공중송신권 침해의 방조범이 성립하는지 여부(적극)

전송의 방법으로 공중송신권을 침해하는 게시물이나 그 게시물이 위치한 웹페이지 등에 연결되는 링크를 한 행위자가, 정범이 공중송신권을 침해한다는 사실을 충분히 인식하면서 그러한 링크를 인터넷 사이트에 영리적·계속적으로 게시하는 등으로 공중의 구성원이 개별적으로 선택한 시간과 장소에서 침해 게시물에 쉽게 접근할 수 있도록 하는 정도의 링크 행위를 한 경우에는, 침해 게시물을 공중의 이용에 제공하는 정범의 범죄를 용이하게 하므로 공중송신권 침해의 방조범이 성립한다. 이러한 링크 행위는 정범의 범죄행위가 종료되기 전 단계에서 침해 게시물을 공중의 이용에 제공하는 정범의 범죄 실현과 밀접한 관련이 있고 그 구성요건적 결과 발생의 기회를 현실적으로 증대함으로써 정범의 실행행위를 용이하게 하고 공중송신권이라는 법익의 침해를 강화·증대하였다고 평가할 수 있다. 링크 행위자에게 방조의 고의와 정범의 고의도 인정할 수 있다.(대법원 2021. 11. 25., 선고, 2021도10903, 판결)

제33조【공범과 신분】

신분이 있어야 성립되는 범죄에 신분 없는 사람이 가담한 경우에는 그 신분 없는 사람에게도 제30조부터 제32조까지의 규정을 적용한다. 다만, 신분 때문에 형의 경중이 달라지는 경우에 신분이 없는 사람은 무거운 형으로 벌하지 아니한다.

[전문개정 2020. 12. 8.]

◆ 판례 - 업무상의 임무라는 신분관계가 없는 자가 신분관계 있는 자와 공모하여 업무상배임죄를 범한 경우, 신분관계가 없는 공범에 대하여는 형법 제33조 단서에 따라 단순배임죄에서 정한 형으로 처단하여야 하는지 여부(적극)

(1) 업무상배임죄는 업무상 타인의 사무를 처리하는 지위에 있는 사람이 그 임무를 위반하는 행위로써 재산상의 이익을 취득하거나 제3자로 하여금 이를 취득하게 하여 본인에게 손해를 입힌 때에 성립한다. 이는 타인의 사무를 처리하는 지위라는 점에서 보면 단순배임죄에 대한 가중규정으로서 신분관계로 형의 경중이 있는 경우라고 할 것이다. 따라서 그와 같은 업무상의 임무라는 신분관계가 없는 자가 그러한 신분관계 있는 자와 공모하여 업무상배임죄를 저질렀다면, 그러한 신분관계가 없는 공범에 대하여는 형법 제33조 단서에 따라 단순배임죄에서 정한 형으로 처단하여야 한다. 이 경우에는 신분관계 없는 공범에게도 같은 조 본문에 따라 일단 신분범인 업무상배임죄가 성립하고 다만 과형에서만 무거운 형이 아닌 단순배임죄의 법정형이 적용된다(대법원 1986. 10. 28. 선고 86도1517 판결, 대법원 2010. 9. 9. 선고 2010도6507 판결 등 참조).

(2) 이 부분 공소사실은 피고인이 피해자 공소외 2에 대하여 업무상 타인의 사무를 처리하는 자의 지위에 있는 공소외 1의 업무상 배임행위에 공모하였다는 것이므로,

업무상의 임무라는 신분관계가 없는 피고인에 대하여는 형법 제33조 본문에 따라 일단 신분범인 업무상배임죄가 성립하지만, 과형에서는 형법 제33조 단서에 따라 단순배임죄의 법정형을 적용하여야 한다. 그런데도 원심은 이 사건 업무상 배임에 대하여 형법 제356조, 제355조 제2항, 제30조만을 적용하여 업무상배임죄에 해당하는 형법 제356조의 법정형 중 징역형을 선택하였으므로, 원심판결은 형법 제33조 단서를 적용하지 않아 법률을 잘못 적용하였다.

(3) 그러나 원심은 위 업무상배임죄와 경합범 관계에 있으면서 업무상배임죄보다 법정이 더 무거운 피해자 공소외 1에 대한 사기죄에 정한 형에 경합범 가중을 하여 처단형을 정하였으므로, 위 (2)에서 본 원심판결의 잘못은 판결 결과에는 영향이 없다. 이 점에 관한 상고이유 주장은 결국 이유 없다(대법원 2018. 8. 30., 선고, 2018도10047, 판결).

제34조【간접정범, 특수한 교사, 방조에 대한 형의 가중】

① 어느 행위로 인하여 처벌되지 아니하는 자 또는 과실범으로 처벌되는 자를 교사 또는 방조하여 범죄행위의 결과를 발생하게 한 자는 교사 또는 방조의 예에 의하여 처벌한다.

② 자기의 지휘, 감독을 받는 자를 교사 또는 방조하여 전항의 결과를 발생하게 한 자는 교사인 때에는 정범에 정한 형의 장기 또는 다액에 그 2분의 1까지 가중하고 방조인 때에는 정범의 형으로 처벌한다.

◆ 판례 - 피해자를 도구로 삼아 피해자의 신체를 이용하여 추행행위를 한 경우, 강제추행죄의 간접정범에 해당하는지 여부(적극)

강제추행죄는 사람의 성적 자유 내지 성적 자기결정의 자유를 보호하기 위한 죄로서 정범 자신이 직접 범죄를 실행하여야 성립하는 자수범이라고 볼 수 없으므로, 처벌되지 아니하는 타인을 도구로 삼아 피해자를 강제로 추행하는 간접정범의 형태로도 범할 수 있다. 여기서 강제추행에 관한 간접정범의 의사를 실현하는 도구로서의 타인에는 피해자도 포함될 수 있으므로, 피해자를 도구로 삼아 피해자의 신체를 이용하여 추행행위를 한 경우에도 강제추행죄의 간접정범에 해당할 수 있다(대법원 2018. 2. 8., 선고, 2016도17733, 판결).

제4절 누범

제35조【누범】

① 금고(禁錮) 이상의 형을 선고받아 그 집행이 종료되거나 면제된 후 3년 내에 금고 이상에 해당하는 죄를 지은 사람은 누범(累犯)으로 처벌한다.

② 누범의 형은 그 죄에 대하여 정한 형의 장기(長期)의 2배까지 가중한다.

[전문개정 2020. 12. 8.]

◆ 판례 - 2016. 1. 6. 법률 제13717호로 개정 · 시행된 특정범죄 가중처벌 등에 관한 법률 제5조의4 제5항 제1호가 형법 제35조(누범)와는 별개로 새로운 구성요건을 창설한 것인지 여부(적극) 및 위 처벌 규정에 정한 형에 다시 형법 제35조의 누범가중한 형기범위 내에서 처단형을 정하여야 하는지 여부(적극)

2016. 1. 6. 법률 제13717호로 개정 · 시행된 특정범죄 가중처벌 등에 관한 법률 제5조의4 제5항은 "형법 제329조부터 제331조까지, 제333조부터 제336조까지 및 제340조 · 제362조의 죄 또는 그 미수죄로 세 번 이상 징역형을 받은 사람이 다시 이들 죄를 범하여 누범으로 처벌하는 경우에는 다음 각호의 구분에 따라 가중처벌한다."라고 규정하면서, 같은 항 제1호(이하 '처벌 규정'이라고 한다)는 '형법 제329조부터 제331조까지의 죄(미수범을 포함한다)를 범한 경우에는 2년 이상 20년 이하의 징역에 처한다'고 규정하고 있다. 처벌 규정은 입법 취지가 반복적으로 범행을 저지르는 절도 사범에 관한 법정형을 강화하기 위한 데 있고, 조문의 체계가 일정한 구성요건을 규정하는 형식으로 되어 있으며, 적용요건이나 효과도 형법 제35조와 달리 규정되어 있다. 이러한 처벌 규정의 입법 취지, 형식 및 형법 제35조와의 차이점 등에 비추어 보면, 처벌 규정은 형법 제35조(누범) 규정과는 별개로 '형법 제329조부터 제331조까지의 죄(미수범 포함)를 범하여 세 번 이상 징역형을 받은 사람이 그 누범 기간 중에 다시 해당 범죄를 저지른 경우에 형법보다 무거운 법정형으로 처벌한다'는 내용의 새로운 구성요건을 창설한 것으로 해석해야 한다. 따라서 처벌 규정에 정한 형에 다시 형법 제35조의 누범가중한 형기범위 내에서 처단형을 정하여야 한다(대법원 2020. 5. 14., 선고, 2019도18947, 판결).

제36조【판결선고후의 누범발각】

판결선고후 누범인 것이 발각된 때에는 그 선고한 형을 통산하여 다시 형을 정할 수 있다. 단, 선고한 형의 집행을 종료하거나 그 집행이 면제된 후에는 예외로 한다.

제5절 경합범

제37조【경합범】

판결이 확정되지 아니한 수개의 죄 또는 금고 이상의 형에 처한 판결이 확정된 죄와 그 판결확정전에 범한 죄를 경합범으로 한다. 〈개정 2004.1.20.〉

◆ 판례 - 유사수신행위를 금지·처벌하는 유사수신행위의 규제에 관한 법률 제6조 제1항, 제3조 위반죄가 사기죄와 별개의 범죄인지 여부(적극) / 유사수신행위를 한 자가 출자자에게 별도의 기망행위를 하여 유사수신행위로 조달받은 자금의 전부 또는 일부를 다시 투자받는 행위가 유사수신행위의 규제에 관한 법률 위반죄의 불가벌적 사후행위에 해당하는지 여부(소극) 및 별죄인 사기죄를 구성하는지 여부(적극)

유사수신행위의 규제에 관한 법률(이하 '유사수신행위법' 이라 한다) 제6조 제1항, 제3조를 위반한 행위는 그 자체가 사기행위에 해당한다거나 사기행위를 반드시 포함한다고 할 수 없고, 유사수신행위법 위반죄가 형법 제347조 제1항의 사기죄와 구성요건을 달리하는 별개의 범죄로서 서로 보호법익이 다른 이상, 유사수신행위를 한 자가 출자자에게 별도의 기망행위를 하여 유사수신행위로 조달받은 자금의 전부 또는 일부를 다시 투자받는 행위는 유사수신행위법 위반죄와 다른 새로운 보호법익을 침해하는 것으로서 유사수신행위법 위반죄의 불가벌적 사후행위가 되는 것이 아니라 별죄인 사기죄를 구성한다.(대법원 2023. 11. 16. 선고 2023도12424 판결)

◆ 판례 - 형법 제37조 후단 경합범 중 아직 판결을 받지 아니한 죄가 이미 판결이 확정된 죄와 동시에 판결할 수 없었던 경우, 형법 제39조 제1항에 따라 동시에 판결할 경우와 형평을 고려하여 형을 선고하거나 그 형을 감경 또는 면제할 수 있는지 여부(소극)

형법 제37조 후단 및 제39조 제1항의 문언, 입법 취지 등에 비추어 보면, 아직 판결을 받지 아니한 죄가 이미 판결이 확정된 죄와 동시에 판결할 수 없었던 경우에는 형법 제39조 제1항에 따라 동시에 판결할 경우와 형평을 고려하여 형을 선고하거나 그 형을 감경 또는 면제할 수 없다(대법원 2011. 10. 27. 선고 2009도9948 판결, 대법원 2012. 9. 27. 선고 2012도9295 판결, 대법원 2014. 3. 27. 선고 2014도469 판결 등 참조). 한편 공직선거법 제18조 제1항 제3호에서 '선거범' 이라 함은 공직선거법 제16장 벌칙에 규정된 죄와 국민투표법 위반의 죄를 범한 자를 말하는데(공직선거법 제18조 제2항), 공직선거법 제18조 제1항 제3호에 규정된 죄와 다른 죄의 경합범에 대하여는 이를 분리 선고하여야 한다(공직선거법 제18조 제3항 전단). 따라서 판결이 확정된 다른 죄와 확정되지 아니한 선거범죄는 동시에 판결할 수 없었던 경우에 해당하므로 형법 제39조 제1항에 따라 동시에 판결할 경우와의 형평을 고려하여 형을 선고하거나 그 형을 감경 또는 면제할 수 없다고 해석함이 타당하다.

제38조【경합범과 처벌례】

① 경합범을 동시에 판결할 때에는 다음 각 호의 구분에 따라 처벌한다.

1. 가장 무거운 죄에 대하여 정한 형이 사형, 무기징역, 무기금고인 경우에는 가장 무거운 죄에 대하여 정한 형으로 처벌한다.
2. 각 죄에 대하여 정한 형이 사형, 무기징역, 무기금고 외의 같은 종류의 형인 경우에는 가장 무거운 죄에 대하여 정한 형의 장기 또는 다액(多額)에 그 2분의 1까지 가중하되 각 죄에 대하여 정한 형의 장기 또는 다액을 합산한 형기 또는 액수를 초과할 수 없다. 다만, 과료와 과료, 몰수와 몰수는 병과(倂科)할 수 있다.
3. 각 죄에 대하여 정한 형이 무기징역, 무기금고 외의 다른 종류의 형인 경우에는 병과한다.

② 제1항 각 호의 경우에 징역과 금고는 같은 종류의 형으로 보아 징역형으로 처벌한다.

[전문개정 2020. 12. 8.]

◆ 판례 - '선거범'과 '선거범이 아닌 다른 죄'의 경합범에 대하여 이를 분리하여 형을 따로 선고하도록 규정한 공직선거법 제18조 제3항의 취지 / 이때 선거범과 상상적 경합관계에 있는 모든 죄는 통틀어 선거범으로 취급하여야 하는지 여부(적극)

공직선거법 제18조 제3항은 "형법 제38조에도 불구하고 제1항 제3호에 규정된 죄와 다른 죄의 경합범에 대하여는 이를 분리 선고하여야 한다."라고 규정하고 있는바, 그 취지는 선거범이 아닌 다른 죄가 선거범의 양형에 영향을 미치는 것을 최소화하기 위하여 형법상 경합범 처벌례에 관한 조항의 적용을 배제하고 분리하여 형을 따로 선고하여야 한다는 것이다(대법원 2004. 4. 27. 선고 2002도315 판결 참조). 그리고 선거범과 상상적 경합관계에 있는 다른 범죄에 대하여는 여전히 형법 제40조에 의하여 그중 가장 중한 죄에 정한 형으로 처벌해야 하고, 그 처벌받는 가장 중한 죄가 선거범인지 여부를 묻지 않고 선거범과 상상적 경합관계에 있는 모든 죄는 통틀어 선거범으로 취급하여야 한다(대법원 1999. 4. 23. 선고 99도636 판결 참조).

기록과 원심판결에 따르면, 원심이 유죄로 판단한 공소사실 중 2016. 12. 8. 정보통신망법 위반(명예훼손) 부분은 선거범 내지 선거범과 상상적 경합관계에 있는 죄가 아니므로, 나머지 선거범 및 선거범과 상상적 경합관계에 있어 선거범으로 취급되는 부분과 분리하여 형을 따로 선고하였어야 한다. 그럼에도 원심은 위 각 죄에 대하여 형법 제38조를 적용하여 하나의 형을 정하여 선고하였는바, 원심의 위와 같은 조치에는 공직선거법 제18조 제3항의 법리를 오해하여 판결에 영향을 미친 잘못이 있다.(대법원 2021. 7. 21., 선고, 2018도16587, 판결)

제39조【판결을 받지 아니한 경합범, 수개의 판결과 경합범, 형의 집행과 경합범】

① 경합범중 판결을 받지 아니한 죄가 있는 때에는 그 죄와 판결이 확정된 죄를 동시에 판결할 경우와 형평을 고려하여 그 죄에 대하여 형을 선고한다. 이 경우 그 형을 감경 또는 면제할 수 있다. 〈개정 2005.7.29.〉

② 삭제 〈2005.7.29.〉

③ 경합범에 의한 판결의 선고를 받은 자가 경합범 중의 어떤 죄에 대하여 사면 또는 형의 집행이 면제된 때에는 다른 죄에 대하여 다시 형을 정한다.

④ 전 3항의 형의 집행에 있어서는 이미 집행한 형기를 통산한다.

◆ **판례 - 형법 제37조 후단의 경합범 중 아직 판결을 받지 아니한 죄가 이미 판결이 확정된 죄와 동시에 판결할 수 없었던 경우, 형법 제39조 제1항에 따라 동시에 판결할 경우와 형평을 고려하여 형을 선고하거나 형을 감경 또는 면제할 수 있는지 여부(소극) / 판결이 확정된 선거범죄와 확정되지 아니한 다른 죄에 대하여 형법 제39조 제1항이 적용되는지 여부(소극)**

형법 제37조 후단 및 제39조 제1항의 문언, 입법 취지 등에 비추어 보면, 아직 판결을 받지 아니한 죄가 이미 판결이 확정된 죄와 동시에 판결할 수 없었던 경우에는 형법 제39조 제1항에 따라 동시에 판결할 경우와 형평을 고려하여 형을 선고하거나 그 형을 감경 또는 면제할 수 없다. 한편 공직선거법 제18조 제1항 제3호에서 '선거범' 이란 공직선거법 제16장 벌칙에 규정된 죄와 국민투표법 위반의 죄를 범한 자를 말하는데(공직선거법 제18조 제2항), 공직선거법 제18조 제1항 제3호에 규정된 죄와 다른 죄의 경합범에 대하여는 이를 분리 선고하여야 한다(공직선거법 제18조 제3항 전단). 따라서 판결이 확정된 선거범죄와 확정되지 아니한 다른 죄는 동시에 판결할 수 없었던 경우에 해당하므로 형법 제39조 제1항에 따라 동시에 판결할 경우와의 형평을 고려하여 형을 선고하거나 그 형을 감경 또는 면제할 수 없다고 해석함이 타당하다. [대법원 2021. 10. 14., 선고, 2021도8719, 판결]

제40조【상상적 경합】

한 개의 행위가 여러 개의 죄에 해당하는 경우에는 가장 무거운 죄에 대하여 정한 형으로 처벌한다.

[전문개정 2020. 12. 8.]

◆ **판례 - 수 개의 등록상표에 대하여 상표권 침해행위가 계속하여 이루어진 경우의 죄수(罪數)(=등록상표마다 포괄하여 일죄) / 하나의 유사상표 사용행위로 수 개의 등록상표를 동시에 침해한 경우, 각각의 상표법 위반죄의 죄수관계(=상상적**

경합범)

[1] 수 개의 등록상표에 대하여 상표법 제230조의 상표권 침해행위가 계속하여 이루어진 경우에는 등록상표마다 포괄하여 1개의 범죄가 성립한다. 그러나 하나의 유사상표 사용행위로 수 개의 등록상표를 동시에 침해하였다면 각각의 상표법 위반죄는 상상적 경합의 관계에 있다.

[2] 피고인 甲 주식회사의 대표이사인 피고인 乙이 丙 주식회사의 등록상표 ' , ' (이하 차례로 '제1, 2 등록상표' 라 한다)과 유사한 상표인 ' , ' 을 그 지정상품과 동일한 상품에 부착하여 인터넷 쇼핑몰 등에서 판매함으로써 丙 회사의 상표권을 침해하였다는 공소사실이 원심에서 유죄로 인정된 사안에서, 공소사실 중 제1 등록상표의 침해로 인한 상표법 위반죄와 제2 등록상표의 침해로 인한 상표법 위반죄는 각각 포괄일죄의 관계에 있고, 피고인 乙은 하나의 유사상표 사용행위로 제1 등록상표와 제2 등록상표를 동시에 침해하였으므로 이들 포괄일죄 상호 간에는 상상적 경합범 관계가 성립한다(대법원 2020. 11. 12., 선고, 2019도11688 판결).

◆ 판례 - 건축법 위반 및 국토의 계획 및 이용에 관한 법률 위반 공소사실이 각 유죄로 인정된 사안에서, 위 두 죄는 하나의 건물 증축행위라는 사회관념상 1개의 행위를 대상으로 한 것으로서 상상적 경합범 관계에 있으므로, 원심이 위 두 죄를 실체적 경합범 관계에 있다고 본 것은 잘못이나 이러한 죄수 평가의 잘못이 판결 결과에는 영향이 없다고 한 사례

무허가 건축으로 인한 건축법 위반의 점과 군관리계획 결정 없는 기반시설 설치로 인한 국토의 계획 및 이용에 관한 법률 위반의 점은 하나의 건물 증축행위라는 사회관념상 1개의 행위를 대상으로 한 것으로, 1개의 행위가 수 개의 죄에 해당하는 경우로서 형법 제40조의 상상적 경합범 관계에 있다. 따라서 원심이 위 두 죄를 실체적 경합범 관계에 있다고 본 제1심판결의 법령적용을 그대로 유지한 것은 잘못이다. 그러나 위 두 죄와 실체적 경합범 관계에 있고, 형이 중한 업무상횡령죄에 정한 형에 경합범 가중을 하여 처단형을 정한 이 사건에서는, 결과적으로 처단형의 범위에 아무런 차이가 없으므로, 원심의 이러한 죄수 평가의 잘못이 판결 결과에 영향을 미쳤다고 보기 어렵다(대법원 2003. 2. 28. 선고 2002도7335 판결 등 참조)(대법원 2018. 4. 12., 선고, 2018도1490, 판결).

◆ 판례 - 1개의 행위가 공직선거법 제230조 제1항 제4호와 같은 항 제5호의 구성요건을 동시에 충족하는 경우, 두 죄의 죄수관계(=상상적 경합)

공직선거법 제135조 제3항은 공직선거법의 규정에 따라 수당·실비 기타 이익을 제공하는 경우를 제외하고는 명목 여하를 불문하고 선거운동과 관련하여 금품 기타 이익의 제공 또는 그 제공의 의사를 표시하거나 약속하는 등의 행위를 금지하고 있다. 공직선거법 제230조 제1항 제4호는 '공직선거법 제135조 제3항의 규정을 위반하여 수당·실비 기타 자원봉사에 대한 보상 등 명목 여하를 불문하고 선거운동과 관련하여 금품 기타 이익의 제공 또는 그 제공의 의사를 표시하거나 그 제공을 약속한

자' 를 처벌하는 규정을 두고 있다. 같은 항 제5호는 '선거에 영향을 미치게 하기 위하여 이 법에 따른 경우를 제외하고 문자 · 음성 · 화상 · 동영상 등을 인터넷 홈페이지의 게시판 · 대화방 등에 게시하거나 전자우편 · 문자메시지로 전송하게 하고 그 대가로 금품, 그 밖에 이익의 제공 또는 그 제공의 의사표시를 하거나 그 제공을 약속한 자' 를 처벌하는 규정을 두고 있다.

공직선거법 제230조 제1항 제4호와 같은 항 제5호를 비교하면, 제4호는 공직선거법에서 정한 일정한 경우를 제외하고 선거운동과 관련하여 금품 기타 이익을 제공하는 등의 행위를 처벌하기 위한 규정이고, 제5호는 선거에 영향을 미치게 하기 위해 탈법 방법에 의한 문자 전송이나 인터넷 홈페이지의 게시판 게시 등의 행위에 대한 대가로 금품 기타 이익을 제공하는 등의 행위를 처벌하기 위한 규정이다. 위 두 규정은 위반행위의 대상, 대가 관계 유무, 선거에 영향을 미칠 목적의 유무 등 구성요건과 규제대상에 차이가 있다. 따라서 후자가 전자에 대하여 특별법 관계에 있는 것이 아니고, 1개의 행위가 각각의 구성요건을 충족하는 경우에는 두 죄가 상상적 경합의 관계에 있다(대법원 2017. 12. 5., 선고, 2017도13458, 판결).

◆ 판례 - 상상적 경합의 요건 중 '1개의 행위' 의 의미 / 상상적 경합 관계의 경우, 그중 1죄에 대한 확정판결의 기판력이 다른 죄에 대하여도 미치는지 여부(적극)

상상적 경합은 1개의 행위가 수개의 죄에 해당하는 경우를 말한다(형법 제40조). 여기에서 1개의 행위란 법적 평가를 떠나 사회관념상 행위가 사물자연의 상태로서 1개로 평가되는 것을 의미한다. 그리고 상상적 경합 관계의 경우에는 그중 1죄에 대한 확정판결의 기판력은 다른 죄에 대하여도 미친다(대법원 2017.9.21, 선고, 2017도11687, 판결).

제 3 장 형(刑) (제41조 ~ 제86조)

제3장 형(刑)(제41조 ~ 제86조)

제1절 형의 종류와 경중

제41조【형의 종류】

형의 종류는 다음과 같다.

1. 사형
2. 징역
3. 금고
4. 자격상실
5. 자격정지
6. 벌금
7. 구류
8. 과료
9. 몰수

◆ 판례 - 사형의 선고가 허용되는 경우 및 사형을 선고할 것인지 결정할 때 준수할 사항 / 사형의 선고가 정당화될 수 있는 특별한 사정이 있는지를 심리하는 경우, 양형조건 심사에 고려할 사항 / 구체적인 양형요소가 피고인에게 불리한 정상과 유리한 정상을 모두 포함하는 경우, 법원은 양쪽을 구체적으로 비교 확인한 결과를 종합하여 양형에 나아가야 하는지 여부(적극)

사형은 인간의 생명을 박탈하는 냉엄한 궁극의 형벌로서 사법제도가 상정할 수 있는 극히 예외적인 형벌이라는 점을 감안할 때, 사형의 선고는 범행에 대한 책임의 정도와 형벌의 목적에 비추어 누구라도 그것이 정당하다고 인정할 수 있는 특별한 사정이 있는 경우에만 허용된다. 따라서 사형을 선고할 것인지 결정하려면 형법 제51조가 규정한 사항을 중심으로 범인의 나이, 직업과 경력, 성행, 지능, 교육정도, 성장과정, 가족관계, 전과의 유무, 피해자와의 관계, 범행의 동기, 사전계획의 유무, 준비의 정도, 수단과 방법, 잔인하고 포악한 정도, 결과의 중대성, 피해자의 수와 피해

감정, 범행 후의 심정과 태도, 반성과 가책의 유무, 피해회복의 정도, 재범의 우려 등 양형의 조건이 되는 모든 사항을 철저히 심리하여야 하고, 그러한 심리를 거쳐 사형의 선고가 정당화될 수 있는 사정이 밝혀진 경우에 한하여 비로소 사형을 선고할 수 있다.

법원은 이를 위하여 기록에 나타난 양형조건들을 평면적으로만 참작하는 것에서 더 나아가, 피고인의 성행과 환경 등 주관적인 양형요소를 심사할 수 있는 객관적인 자료를 확보하여 심사하여야 할 것은 물론이고, 범행 결의, 준비 및 실행 당시를 전후한 피고인의 정신상태나 심리상태의 변화 등에 대하여서도 관련 분야의 전문적인 의견을 참조하여 깊이 있게 심리를 하여야 한다.

따라서 법원은 양형의 조건이 되는 사항들 중 피고인에게 유리한 정상과 불리한 정상을 충분히 심사하여야 하고, 나아가 구체적인 양형요소가 피고인에게 불리한 정상과 유리한 정상을 모두 포함하는 경우 양쪽을 구체적으로 비교 확인한 결과를 종합하여 양형에 나아가야 한다.

제42조【징역 또는 금고의 기간】

징역 또는 금고는 무기 또는 유기로 하고 유기는 1개월 이상 30년 이하로 한다. 단, 유기징역 또는 유기금고에 대하여 형을 가중하는 때에는 50년까지로 한다. 〈개정 2010.4.15〉

제43조【형의 선고와 자격상실, 자격정지】

① 사형, 무기징역 또는 무기금고의 판결을 받은 자는 다음에 기재한 자격을 상실한다.

1. 공무원이 되는 자격
2. 공법상의 선거권과 피선거권
3. 법률로 요건을 정한 공법상의 업무에 관한 자격
4. 법인의 이사, 감사 또는 지배인 기타 법인의 업무에 관한 검사역이나 재산관리인이 되는 자격

② 유기징역 또는 유기금고의 판결을 받은 자는 그 형의 집행이 종료하거나 면제될 때까지 전항 제1호 내지 제3호에 기재된 자격이 정지된다. 다만, 다른 법률에 특별한 규정이 있는 경우에는 그 법률에 따른다. 〈개정 2016.1.6.〉

[2016.1.6. 법률 제13719호에 의하여 2014.1.28. 헌법재판소에서 위헌 및 헌법불합치 결정된 이 조 제2항을 개정함.]

제44조【자격정지】

① 전조에 기재한 자격의 전부 또는 일부에 대한 정지는 1년 이상 15년 이하로 한다.

② 유기징역 또는 유기금고에 자격정지를 병과한 때에는 징역 또는 금고의 집행을 종료하거나 면제된 날로부터 정지기간을 기산한다.

제45조【벌금】

벌금은 5만원 이상으로 한다. 다만, 감경하는 경우에는 5만원 미만으로 할 수 있다. 〈개정 1995.12.29〉

제46조【구류】

구류는 1일 이상 30일 미만으로 한다.

제47조【과료】

과료는 2천원 이상 5만원 미만으로 한다.〈개정 1995.12.29〉

제48조【몰수의 대상과 추징】

① 범인 외의 자의 소유에 속하지 아니하거나 범죄 후 범인 외의 자가 사정을 알면서 취득한 다음 각 호의 물건은 전부 또는 일부를 몰수할 수 있다.

1. 범죄행위에 제공하였거나 제공하려고 한 물건
2. 범죄행위로 인하여 생겼거나 취득한 물건
3. 제1호 또는 제2호의 대가로 취득한 물건

② 제1항 각 호의 물건을 몰수할 수 없을 때에는 그 가액(價額)을 추징한다.

③ 문서, 도화(圖畵), 전자기록(電磁記錄) 등 특수매체기록 또는 유가증권의 일부 가 몰수의 대상이 된 경우에는 그 부분을 폐기한다.

[전문개정 2020. 12. 8.]

◆ 판례 – 형법 제48조에서 규정한 몰수·추징의 대상인 '범인이 범죄행위로 인하여 취득한 물건'에서 '취득'의 의미

형법 제48조가 규정하는 몰수·추징의 대상은 범인이 범죄행위로 인하여 취득한 물건을 뜻하고, 여기서 '취득'이란 해당 범죄행위로 인하여 결과적으로 이를 취득한 때를 말한다고 제한적으로 해석함이 타당하다. (대법원 2021. 7. 21., 선고, 2020도10970, 판결)

◆ 판례 - 특별법에서 몰수·추징의 성격이나 범위 등에 관하여 형법과 달리 정한 경우, 형법 제48조의 적용이 배제되는지 여부(적극) 및 특별법에 따른 몰수·추징 요건이 구비되지 않고 형법 제48조의 요건이 충족되는 경우 이에 따른 몰수·추징이 가능한지 여부(적극) / 형법 제48조 제1항에 따른 몰수 여부가 법원의 재량에 속하는지 여부(적극))

특별법에서 해당 법률의 입법 목적과 취지 등을 고려하여 몰수·추징의 성격이나 그 범위 등에 관하여 형법과 달리 정한 경우에는 특별법 우선의 원칙상 특별법 규정이 적용되는 한도에서 형법 제48조의 적용이 배제된다. 그러나 특별법에 따른 몰수·추징 요건이 구비되지 않고 형법 제48조의 요건이 충족되는 경우에는 이에 따른 몰수·추징이 가능하다(대법원 1974. 6. 11. 선고 74도352 판결 참조). 다만 형법 제48조 제1항에 따른 몰수는 임의적인 것이므로 그 몰수의 요건에 해당하는 물건이라도 이를 몰수할 것인지는 법원의 재량에 맡겨져 있다(대법원 2002. 9. 4. 선고 2000도515 판결 등 참조).

피고인의 이 사건 범행은 게임산업진흥에 관한 법률(이하 '게임산업법'이라 한다) 제45조 제4호, 제32조 제1항 제2호, 사행행위 등 규제 및 처벌 특례법 제30조 제1항 제1호에 해당하는 범죄로서 필수적 몰수·추징을 정한 게임산업법 제44조 제2항의 적용 대상이 아니다. 압수된 옐로우씨 40대(증 제1호)와 자동진행장치 45대(증 제2호)는 필수적 몰수의 대상이 아닌 형법 제48조 제1항에 따른 임의적 몰수의 대상이다. 원심이 피고인으로부터 압수된 증 제1, 2호에 대한 몰수를 선고하지 않았다고 하더라도 상고이유 주장과 같이 필요한 심리를 다하지 않거나 형법 제48조 제1항에서 정한 몰수에 관한 법리를 오해하여 판결에 영향을 미친 잘못이 있다고 볼 수 없다(대법원 2018. 7. 26., 선고, 2018도8194, 결정).

제49조【몰수의 부가성】

몰수는 타형에 부가하여 과한다. 단, 행위자에게 유죄의 재판을 아니할 때에도 몰수의 요건이 있는 때에는 몰수만을 선고할 수 있다.

◆ 판례 - 형법 제49조 단서에 근거하여 몰수·추징을 선고하려면 몰수·추징의 요건이 공소가 제기된 공소사실과 관련되어 있어야 하는지 여부(적극) 및 공소가 제기되지 아니한 별개의 범죄사실을 법원이 인정하여 그에 관하여 몰수·추징을 선고할 수 있는지 여부(소극) / 이러한 법리는 형법 제48조의 몰수·추징 규정에 대한 특별규정인 범죄수익은닉의 규제 및 처벌 등에 관한 법률 제8조 내지 제10조의 규정에 따른 몰수·추징의 경우에도 마찬가지로 적용되는지 여부(적극)

형법 제49조 단서는 '행위자에게 유죄의 재판을 하지 아니할 때에도 몰수의 요건이 있는 때에는 몰수만을 선고할 수 있다.'고 규정하고 있으므로, 몰수는 물론 이에 갈음하는 추징도 위 규정에 근거하여 선고할 수 있으나, 우리 법제상 공소제기 없이 별도로 몰수·추징만을 선고할 수 있는 제도가 마련되어 있지 아니하므로, 위 규정에 근거하여 몰수·추징을 선고하려면 몰수·추징의 요건이 공소가 제기된 공소사실과 관련되어 있어야 하고, 공소가 제기되지 아니한 별개의 범죄사실을 법원이 인정하여 그에 관하여 몰수·추징을 선고하는 것은 불고불리의 원칙에 위배되어 허용되지 않는다. 이러한 법리는 형법 제48조의 몰수·추징 규정에 대한 특별규정인 범죄수익은닉의 규제 및 처벌 등에 관한 법률 제8조 내지 제10조의 규정에 따른 몰수·추징의 경우에도 마찬가지로 적용된다.(대법원 2022. 12. 29. 선고 2022도8592 판결)

제50조【형의 경중】

① 형의 경중은 제41조 각 호의 순서에 따른다. 다만, 무기금고와 유기징역은 무기금고를 무거운 것으로 하고 유기금고의 장기가 유기징역의 장기를 초과하는 때에는 유기금고를 무거운 것으로 한다.

② 같은 종류의 형은 장기가 긴 것과 다액이 많은 것을 무거운 것으로 하고 장기 또는 다액이 같은 경우에는 단기가 긴 것과 소액이 많은 것을 무거운 것으로 한다.

③ 제1항 및 제2항을 제외하고는 죄질과 범정(犯情)을 고려하여 경중을 정한다.

[전문개정 2020. 12. 8.]

제2절 형의 양정

제51조【양형의 조건】

형을 정함에 있어서는 다음 사항을 참작하여야 한다.

1. 범인의 연령, 성행, 지능과 환경
2. 피해자에 대한 관계
3. 범행의 동기, 수단과 결과
4. 범행후의 정황

◆ 판례 - 피고인이 외국에서 살인죄를 범하였다가 무죄 취지의 재판을 받고 석방된 후 국내에서 다시 기소되어 제1심에서 징역 10년을 선고받게 되자 자신이 외국에서 미결 상태로 구금된 5년여의 기간에 대하여도 '외국에서 집행된 형의 산입' 규정인 형법 제7조가 적용되어야 한다고 주장하며 항소한 사안에서, 피고인의 주장을 배척한 원심판단에 형법 제7조의 적용 대상 등에 관한 법리오해의 위법이 없다고 한 사례

피고인이 필리핀에서 살인죄를 범하였다가 무죄 취지의 재판을 받고 석방된 후 국내에서 다시 기소되어 제1심에서 징역 10년을 선고받게 되자 자신이 필리핀에서 미결 상태로 구금된 5년여의 기간에 대하여도 '외국에서 집행된 형의 산입' 규정인 형법 제7조가 적용되어야 한다고 주장하며 항소한 사안에서, 피고인의 주장을 배척한 원심판단에 형법 제7조의 적용 대상 등에 관한 법리오해의 위법이 없다고 한 사례(대법원 2017.8.24, 선고, 2017도5977, 전원합의체 판결).

제52조【자수, 자복】

① 죄를 지은 후 수사기관에 자수한 경우에는 형을 감경하거나 면제할 수 있다.

② 피해자의 의사에 반하여 처벌할 수 없는 범죄의 경우에는 피해자에게 죄를 자복(自服)하였을 때에도 형을 감경하거나 면제할 수 있다.

[전문개정 2020. 12. 8.]

◆ 판례 - 형법 제52조 제1항에서 말하는 '자수'(自首)의 의미 및 자수감경을 하지 아니하거나 자수감경 주장에 대하여 판단하지 아니한 원심의 조치가 위법한지 여부(소극)

형법 제52조 제1항에서 말하는 '자수'란 범인이 스스로 수사책임이 있는 관서에 자기의 범행을 자발적으로 신고하고 그 처분을 구하는 의사표시이므로, 수사기관의 직무상의 질문 또는 조사에 응하여 범죄사실을 진술하는 것은 자백일 뿐 자수로는 되지 아니하고, 나아가 자수는 범인이 수사기관에 의사표시를 함으로써 성립하는 것이므로 내심적 의사만으로는 부족하고 외부로 표시되어야 이를 인정할 수 있는 것이다. 또한 피고인이 자수하였다 하더라도 자수한 이에 대하여는 법원이 임의로 형을 감경할 수 있음에 불과한 것으로서 원심이 자수감경을 하지 아니하였다거나 자수감경 주장에 대하여 판단을 하지 아니하였다 하여 위법하다고 할 수 없다(대법원 2011. 12. 22., 선고, 2011도12041, 판결).

◆ 판례 - 지방공무원법 제3조 제2항, 지방공무원 복무규정 제8조 제2호에 따라 지방공무원법 제57조 제2항의 주체인 '공무원'으로 보지 않는 '선거에 의하여 취임한 지방자치단체의 장'의 경우에도 신분관계가 있는 다른 공무원의 범행에 가공한 경우에는 같은 법 제82조 제1항, 제57조 제2항 위반죄의 주체가 될 수 있는지 여부(적극)

지방공무원법 제57조 제2항은 처벌대상이 되는 정치운동 행위를 각호로 열거하면서 "공무원은 선거에서 특정정당 또는 특정인을 지지하거나 반대하기 위하여 다음 각호의 어느 하나에 해당하는 행위를 하여서는 아니 된다."라고 규정하여 그 주체를 지방자치단체의 공무원으로 제한하고 있다. 한편 형법 제33조 본문은 "신분관계로 인하여 성립될 범죄에 가공한 행위는 신분관계가 없는 자에게도 전 3조의 규정을 적용한다."라고 규정하고 있으므로 신분범에 있어서 비신분자라 하더라도 신분범의 공범으로 처벌될 수 있다. 따라서 지방공무원법 제3조 제2항, 지방공무원 복무규정 제8조 제2호에 따라 지방공무원법 제57조 제2항의 주체인 '공무원'으로 보지 않는 '선거에 의하여 취임한 지방자치단체의 장'의 경우에도 신분관계가 있는 다른 공무원의 범행에 가공한 경우에는 지방공무원법 제82조 제1항, 제57조 제2항 위반죄의 주체가 될 수 있다.(대법원 2023. 6. 1. 선고 2023도3258 판결)

제53조【정상참작감경】

범죄의 정상(情狀)에 참작할 만한 사유가 있는 경우에는 그 형을 감경할 수 있다.

[전문개정 2020. 12. 8.]

제54조【선택형과 정상참작감경】

한 개의 죄에 정한 형이 여러 종류인 때에는 먼저 적용할 형을 정하고 그 형을 감경한다.

[전문개정 2020. 12. 8.]

◆ 판례 - 판결이유중 법령의 적용에 있어서 형의 선택을 명시하지 아니한 잘못과 상고이유인 판결에 영향을 미친 법률위반이 있는 때

판결이유에 법령의 적용을 명시함에 있어서 피고인의 각 소위가 형법 제129조 제1항에 해당한다고 판시한 다음, 적용할 형으로 징역형을 선택하였음을 명시하지 아니하였다고 하더라도, '피고인의 각 죄가 형법 제37조 전단의 경합범이므로 형법 제38조 제1항 제2호, 제50조에 의하여 경합범가중을 한 형기범위 내에서 피고인을 징역 6월에 처한다' 고 이유를 기재한 이상, 수뢰죄의 소정형 중 징역형을 선택하였음을 판시하였다고 볼 수 있으므로, 이 점에 관하여 법령을 위반하여 판결에 영향을 미친 위법이 있다고 할 수 없다(대법원 1990. 8. 24., 선고, 90도1316, 판결).

제55조【법률상의 감경】

① 법률상의 감경은 다음과 같다. 〈개정 2010.4.15〉

1. 사형을 감경할 때에는 무기 또는 20년 이상 50년 이하의 징역 또는 금고로 한다.
2. 무기징역 또는 무기금고를 감경할 때에는 10년 이상 50년 이하의 징역 또는 금고로 한다.
3. 유기징역 또는 유기금고를 감경할 때에는 그 형기의 2분의 1로 한다.
4. 자격상실을 감경할 때에는 7년 이상의 자격정지로 한다.
5. 자격정지를 감경할 때에는 그 형기의 2분의 1로 한다.
6. 벌금을 감경할 때에는 그 다액의 2분의 1로 한다.
7. 구류를 감경할 때에는 그 장기의 2분의 1로 한다.
8. 과료를 감경할 때에는 그 다액의 2분의 1로 한다.

② 법률상 감경할 사유가 수개있는 때에는 거듭 감경할 수 있다.

◆ 판례 – '임의적 감경의' 의미 / 임의적 감경사유의 존재가 인정되고 법관이 그에 따라 징역형에 대해 법률상 감경을 하는 경우, 형법 제55조 제1항 제3호에 따라 상한과 하한을 모두 2분의 1로 감경하여야 하는지 여부(적극) / 이러한 현재 판례와 실무의 해석이 여전히 타당한지 여부(적극)

[다수의견] 필요적 감경의 경우에는 감경사유의 존재가 인정되면 반드시 형법 제55조 제1항에 따른 법률상 감경을 하여야 함에 반해, 임의적 감경의 경우에는 감경사유의 존재가 인정되더라도 법관이 형법 제55조 제1항에 따른 법률상 감경을 할 수도 있고 하지 않을 수도 있다. 나아가 임의적 감경사유의 존재가 인정되고 법관이 그에 따라 징역형에 대해 법률상 감경을 하는 이상 형법 제55조 제1항 제3호에 따라 상한과 하한을 모두 2분의 1로 감경한다. 이러한 현재 판례와 실무의 해석은 여전히 타당하다. 구체적인 이유는 다음과 같다.

① 형법은 필요적 감경의 경우에는 문언상 형을 '감경한다.' 라고 표현하고, 임의적 감경의 경우에는 작량감경과 마찬가지로 문언상 형을 '감경할 수 있다.' 라고 표현하고 있다. '할 수 있다.' 는 말은 어떠한 명제에 대한 가능성이나 일반적인 능력을 나타내는 말로서 '하지 않을 수도 있다.' 는 의미를 포함한다. '할 수 있

다.’는 문언의 의미에 비추어 보면 입법자는 임의적 감경의 경우 정황 등에 따라 형을 감경하거나 감경하지 않을 수 있도록 한 것이고 그 권한 내지 재량을 법관에게 부여한 것이다. 이러한 해석은 문언상 자연스러울 뿐만 아니라 일상의 언어 사용에 가까운 것으로 누구나 쉽게 이해할 수 있다. 법문과 입법자의 의사에 부합하는 이상, 죄형법정주의 원칙상 허용되지 않는 유추해석에 해당하지도 않는다.

한편 형법 제55조 제1항은 형벌의 종류에 따라 법률상 감경의 방법을 규정하고 있는데, 형법 제55조 제1항 제3호는 “유기징역 또는 유기금고를 감경할 때에는 그 형기의 2분의 1로 한다.”라고 규정하고 있다. 이와 같이 유기징역형을 감경할 경우에는 ‘단기’나 ‘장기’의 어느 하나만 2분의 1로 감경하는 것이 아니라 ‘형기’ 즉 법정형의 장기와 단기를 모두 2분의 1로 감경함을 의미한다는 것은 법문상 명확하다. 처단형은 선고형의 최종적인 기준이 되므로 그 범위는 법률에 따라서 엄격하게 정하여야 하고, 별도의 명시적인 규정이 없는 이상 형법 제56조에서 열거하고 있는 가중·감경할 사유에 해당하지 않는 다른 성질의 감경사유를 인정할 수는 없다. 따라서 유기징역형에 대한 법률상 감경을 하면서 형법 제55조 제1항 제3호에서 정한 것과 같이 장기와 단기를 모두 2분의 1로 감경하는 것이 아닌 장기 또는 단기 중 어느 하나만을 2분의 1로 감경하는 방식이나 2분의 1보다 넓은 범위의 감경을 하는 방식 등은 죄형법정주의 원칙상 허용될 수 없다.

② 법률상 감경사유는 구성요건해당성, 위법성, 책임 등 범죄의 성립요건과 관련이 있거나 불법의 정도나 보호법익의 침해 정도 등과 관련 있는 사유들이 대부분이다. 입법자는 범죄의 성립 및 처벌과 관련된 중요한 사항들을 법률상 감경의 요건으로 정한 뒤 해당 요건이 범죄의 성립 또는 처벌 범위의 결정에 일반적으로 미치는 영향이나 중요성을 종합적으로 고려하여 필요적 감경, 임의적 감경으로 구별하여 규정하였다.

위와 같이 필요적 감경사유와 임의적 감경사유가 구별되어 규정되어 있는 취지를 고려하면 그 법률효과도 명확히 구별되어야 한다.

[대법관 이기택의 별개의견] 임의적 감경은 다음과 같이 새롭게 해석되어야 한다(이하 ‘새로운 해석론’이라 한다).

다수의견은 ‘할 수 있다.’는 문언에 비추어 그 의미가 ‘하거나 하지 않을 수 있는 재량 내지 권한’이라고 해석하는 것이 타당하다고 주장하나 ‘할 수 있다.’라는 말은 문맥에 따라 추측, 능력, 가능성, 허가 등 다양한 의미를 나타내지만 그 기저에는 ‘잠재적 혹은 실제적 가능성’의 의미로 수렴한다.

이와 같이 ‘할 수 있다.’의 의미가 다의적으로 해석되는 이상, 이를 입법자의 의사에 최대한 부합되게 해석해야 한다. ‘할 수 있다.’는 것은 감경을 ‘하는 경우의 범위’와 ‘하지 않는 경우의 범위’ 모두에 걸쳐서 선고형을 정할 수 있다는 의미로 보아야 한다. 즉 감경을 하는 경우와 하지 않는 경우가 모두 가능하다는 점을 고려하여 두 경우의 범위를 합하여 처단형을 정하여야 한다. 그렇다면 감경을 하지 않은 범위의 상한과 감경을 한 범위의 하한 사이의 범위가 임의적 감경의 처단형 범위가 된다. 이를 간단히 법정형의 하한만 감경된다고 이해할 수도 있다.

새로운 해석론에 따른 임의적 감경 방식은 법관의 재량이 개입할 여지가 없이 감경한 구간과 감경하지 않은 구간을 합한 영역이 처단형 범위로 '당연확정' 되고, 그에 따라 처단형의 범위는 감경하지 않은 구간의 상한과 감경한 구간의 하한이라고 보는 것이다. 결과적으로는 법정형의 하한만 2분의 1로 감경하는 것과 동일한 결론에 이른다(대법원 2021. 1. 21., 선고, 2018도5475, 전원합의체 판결).

제56조【가중 · 감경의 순서】

형을 가중 · 감경할 사유가 경합하는 경우에는 다음 각 호의 순서에 따른다.

1. 각칙 조문에 따른 가중
2. 제34조제2항에 따른 가중
3. 누범가중
4. 법률상감경
5. 경합범가중
6. 정상참작감경

[전문개정 2020. 12. 8.]

◆ **판례 – 피고인이 마약류 관리에 관한 법률 위반(향정)죄의 범죄사실로 징역 4년을 선고받아 그 판결이 확정되었는데, 위 판결확정 전에 향정신성의약품을 1회 판매하고 1회 판매하려다 미수에 그쳤다는 내용의 마약류 관리에 관한 법률 위반(향정) 공소사실로 기소된 사안에서, 법정형인 무기 또는 5년 이상의 징역 중에서 유기징역을 선택하고 형법 제37조 후단 경합범에 대한 감경과 작량감경을 한 원심으로서는 형법 제56조 제4호, 제5호, 제6호 및 제55조 제1항 제3호에 따른 처단형인 징역 1년 3개월부터 11년 3개월까지의 범위 내에서 형을 정했어야 하는데도, 이와 달리 형법 제37조 후단 경합범에 대하여 형법 제39조 제1항에서 정한 감경을 할 때에는 형법 제55조 제1항이 적용되지 않는다는 전제에서 위와 같은 법률상 처단형의 하한을 벗어난 징역 6개월을 선고한 원심의 판단에 법리오해의 잘못이 있다고 한 사례**

피고인이 마약류 관리에 관한 법률 위반(향정)죄의 범죄사실로 징역 4년을 선고받아 그 판결이 확정되었는데, 위 판결확정 전에 향정신성의약품을 1회 판매하고 1회 판매하려다 미수에 그쳤다는 내용의 마약류 관리에 관한 법률 위반(향정) 공소사실로 기소된 사안에서, 법정형인 무기 또는 5년 이상의 징역 중에서 유기징역을 선택하고 형법 제37조 후단 경합범에 대한 감경과 작량감경을 한 원심으로서는 형법 제56조가 정한 가중 · 감경의 순서에 따라 형법 제39조 제1항에 따른 감경(제56조 제4호), 경합범 가중(같은 조 제5호), 작량감경(같은 조 제6호)의 순서로 가중 · 감경을 하되, 그 감경은 형법 제55조 제1항 제3호에 따라 '그 형기의 2분의 1' 로 하여야 하므로 그 처단형인 징역 1년 3개월부터 11년 3개월까지의 범위 내에서 피고인에 대한 형을 정했어야 하는데도, 이와 달리 형법 제37조 후단 경합범에 대하여 형법 제39조 제1항에서 정한 감경을 할 때에는 형법 제55조 제1항이 적용되지 않는다는 전제에서 위와 같은 법률상 처단형의 하한을 벗어난 징역 6개월을 선고한 원심의 판단에 형법 제39조 제1항에서 정한 형의 감경에 관한 법리를 오해한 잘못이 있다(대법원 2019. 4. 18., 선고, 2017도14609, 전원합의체 판결).

제57조【판결선고전 구금일수의 통산】

① 판결선고전의 구금일수는 그 전부를 유기징역, 유기금고, 벌금이나 과료에 관한 유치 또는 구류에 산입한다. 〈개정 2014.12.30.〉

② 전항의 경우에는 구금일수의 1일은 징역, 금고, 벌금이나 과료에 관한 유치 또는 구류의 기간의 1일로 계산한다.

[2014.12.30. 법률 제12898호에 의하여 2009.6.25. 위헌 결정된 제57조제1항을 개정함]

제58조【판결의 공시】

① 피해자의 이익을 위하여 필요하다고 인정할 때에는 피해자의 청구가 있는 경우에 한하여 피고인의 부담으로 판결공시의 취지를 선고할 수 있다.

② 피고사건에 대하여 무죄의 판결을 선고하는 경우에는 무죄판결공시의 취지를 선고하여야 한다. 다만, 무죄판결을 받은 피고인이 무죄판결공시 취지의 선고에 동의하지 아니하거나 피고인의 동의를 받을 수 없는 경우에는 그러하지 아니하다. 〈개정 2014.12.30.〉

③ 피고사건에 대하여 면소의 판결을 선고하는 경우에는 면소판결공시의 취지를 선고할 수 있다. 〈신설 2014.12.30.〉

제3절 형의 선고유예

제59조【선고유예의 요건】

① 1년 이하의 징역이나 금고, 자격정지 또는 벌금의 형을 선고할 경우에 제51조의 사항을 고려하여 뉘우치는 정상이 뚜렷할 때에는 그 형의 선고를 유예할 수 있다. 다만, 자격정지 이상의 형을 받은 전과가 있는 사람에 대해서는 예외로 한다.

② 형을 병과할 경우에도 형의 전부 또는 일부에 대하여 선고를 유예할 수 있다.

[전문개정 2020. 12. 8.]

◆ 판례 - 형법 제39조 제1항에 따라 형법 제37조 후단 경합범 중 판결을 받지 아니한 죄에 대하여 형을 선고하는 경우, 형법 제37조 후단에 규정된 '금고 이상의 형에 처한 판결이 확정된 죄'의 형도 형법 제59조 제1항 단서에서 선고유예의 예외사유로 규정한 '자격정지 이상의 형을 받은 전과'에 포함되는지 여부(적극)

형법 제59조 제1항은 "1년 이하의 징역이나 금고, 자격정지 또는 벌금의 형을 선고할 경우에 형법 제51조의 사항을 참작하여 개전의 정상이 현저한 때에는 그 선고를 유예할 수 있다. 단, 자격정지 이상의 형을 받은 전과가 있는 자에 대하여는 예외로 한다."라고 규정하고 있다. 형법 제39조 제1항에 따라 형법 제37조 후단 경합범 중 판결을 받지 아니한 죄에 대하여 형을 선고하는 경우 형법 제37조 후단에 규정된 '금고 이상의 형에 처한 판결이 확정된 죄'의 형도 형법 제59조 제1항 단서에서 규정한 '자격정지 이상의 형을 받은 전과'에 포함된다(대법원 2010. 7. 8. 선고 2010도931 판결 참조).

원판결 이유와 기록에 의하면, 피고인이 2013. 2. 13. 광주고등법원에서 특정경제범죄 가중처벌 등에 관한 법률 위반(사기)죄 등으로 징역 6년을 선고받고 2013. 2. 21. 그 판결이 확정된 사실, 원판결이 피고인에 대하여 징역 1년 6월을 선고하면서 벌금형의 선고를 유예한 사실, 원판결 중 피고인에 대한 각 공소사실은 모두 위 판결 확정 전에 범한 죄를 내용으로 하는 사실, 원판결은 위 확정판결과 동시에 판결할 경우와의 형평을 피고인에게 유리한 양형요소로 고려한 사실을 알 수 있다. 앞서 본 법리에 따라 위 사실관계를 살펴보면, 원판결의 공소사실이 위 판결 확정 전에 범한 죄를 내용으로 하더라도, 위 확정판결의 형은 형법 제59조 제1항 단서에서 규정한 '자격정지 이상의 형을 받은 전과'에 해당하므로, 원판결에서 피고인에 대하여 형의 선고를 유예할 수 없다. 그런데도 원판결이 피고인에 대하여 벌금형의 선고를 유예한 것은 그 심판이 법령에 위반된 경우에 해당한다(대법원 2018. 4. 10., 선고, 2018오1, 판결).

제59조의2【보호관찰】

① 형의 선고를 유예하는 경우에 재범방지를 위하여 지도 및 원호가 필요한 때에는 보호관찰을 받을 것을 명할 수 있다.

② 제1항의 규정에 의한 보호관찰의 기간은 1년으로 한다.

[본조신설 1995.12.29]

제60조【선고유예의 효과】

형의 선고유예를 받은 날로부터 2년을 경과한 때에는 면소된 것으로 간주한다.

◆ 판례 - 형의 선고유예 판결이 확정된 후 선고유예 기간을 경과한 경우, 선고유예 실효 결정을 할 수 있는지 여부(소극) / 이는 원결정에 대한 집행정지의 효력이 있는 즉시항고 또는 재항고로 인하여 아직 선고유예 실효 결정의 효력이 발생하기 전 상태에서 상소심 절차 진행 중에 선고유예 기간이 그대로 경과한 경우에도 마찬가지인지 여부(적극)

형법 제60조, 제61조 제1항, 형사소송법 제335조, 제336조 제1항에 의하면, 형의 선고유예를 받은 자가 유예기간 중 자격정지 이상의 형에 처한 판결을 선고받아 그 판결이 확정되더라도 검사의 청구에 의한 선고유예 실효의 결정에 의하여 비로소 선고유예가 실효된다. 형의 선고유예 판결이 확정된 후 2년을 경과한 때에는 형법 제60조에 따라 면소된 것으로 간주하고, 그 뒤에는 실효의 대상이 되는 선고유예의 판결이 존재하지 않으므로 선고유예 실효의 결정을 할 수 없다. 이는 원결정에 대한 집행정지의 효력이 있는 즉시항고 또는 재항고로 인하여 아직 선고유예 실효 결정의 효력이 발생하기 전 상태에서 상소심 절차 진행 중에 선고유예 기간이 그대로 경과한 경우에도 마찬가지이다(대법원 2007. 6. 28.자 2007모348 결정, 대법원 2016. 5. 13.자 2016모799 결정 등 참조)(대법원 2018. 2. 6., 자, 2017모3459, 결정).

제61조【선고유예의 실효】

① 형의 선고유예를 받은 자가 유예기간 중 자격정지 이상의 형에 처한 판결이 확정되거나 자격정지 이상의 형에 처한 전과가 발견된 때에는 유예한 형을 선고한다. 〈개정 1995.12.29.〉

② 제59조의2의 규정에 의하여 보호관찰을 명한 선고유예를 받은 자가 보호관찰기간중에 준수사항을 위반하고 그 정도가 무거운 때에는 유예한 형을 선고할 수 있다. 〈신설 1995.12.29.〉

제4절 형의 집행유예

제62조【집행유예의 요건】

① 3년 이하의 징역이나 금고 또는 500만원 이하의 벌금의 형을 선고할 경우에 제51조의 사항을 참작하여 그 정상에 참작할 만한 사유가 있는 때에는 1년 이상 5년 이하의 기간 형의 집행을 유예할 수 있다. 다만, 금고 이상의 형을 선고한 판결이 확정된 때부터 그 집행을 종료하거나 면제된 후 3년까지의 기간에 범한 죄에 대하여 형을 선고하는 경우에는 그러하지 아니하다. 〈개정 2005.7.29., 2016.1.6.〉

② 형을 병과할 경우에는 그 형의 일부에 대하여 집행을 유예할 수 있다.

◆ 판례 - 형법 제62조 제1항 단서에서 집행유예 결격사유로 정한 '금고 이상의 형을 선고한 판결이 확정된 때부터 그 집행을 종료하거나 면제된 후 3년까지의 기간에 범한 죄에 대하여 형을 선고하는 경우'의 의미와 범위

형법 제62조 제1항 단서는 집행유예 결격사유로 '금고 이상의 형을 선고한 판결이 확정된 때부터 그 집행을 종료하거나 면제된 후 3년까지의 기간에 범한 죄에 대하여 형을 선고하는 경우'를 정하고 있다. 이는 실형을 선고받고 집행종료나 집행면제 후 3년이 지나지 않은 시점에서 범한 죄에 대하여 형을 선고하는 경우뿐만 아니라, 집행유예 기간 중에 범한 죄에 대하여 형을 선고할 때 이미 집행유예가 실효 또는 취소된 경우와 그 선고 시점에 집행유예 기간이 지나지 않아 형 선고의 효력이 실효되지 않은 채로 남아 있는 경우도 포함한다(대법원 2007. 2. 8. 선고 2006도6196 판결 등 참조).

기록에 따르면, 피고인은 2016. 11. 28. 울산지방법원에서 도로교통법 위반(음주운전)죄로 징역 1년에 집행유예 2년을 선고받아 그 판결이 2017. 4. 1. 확정되었는데, 위 판결에 따른 집행유예 기간 중 이 사건 각 범죄를 저질렀다. 원심은 피고인에게 징역 6개월의 실형을 선고한 제1심판결을 유지하였다. 이러한 원심의 판단에 상고이유 주장과 같이 형법 제62조 제1항 단서에서 정한 집행유예 결격사유에 관한 법리를 오해한 잘못이 없다(대법원 2019. 1. 17., 선고, 2018도17589, 판결).

◆ 판례 - 집행유예를 할 때 집행유예 기간의 시기(始期)(=집행유예를 선고한 판결 확정일)

우리 형법이 집행유예 기간의 시기에 관하여 명문의 규정을 두고 있지는 않지만, 형사소송법 제459조가 "재판은 이 법률에 특별한 규정이 없으면 확정한 후에 집행한다."라고 규정한 취지나 집행유예 제도의 본질 등에 비추어 보면 집행유예를 함에 있어 그 집행유예 기간의 시기는 집행유예를 선고한 판결 확정일로 하여야 한다.

제62조의2【보호관찰, 사회봉사 · 수강명령】

① 형의 집행을 유예하는 경우에는 보호관찰을 받을 것을 명하거나 사회봉사 또는 수강을 명할 수 있다.

② 제1항의 규정에 의한 보호관찰의 기간은 집행을 유예한 기간으로 한다. 다만, 법원은 유예기간의 범위내에서 보호관찰기간을 정할 수 있다.

③ 사회봉사명령 또는 수강명령은 집행유예기간내에 이를 집행한다.

[본조신설 1995.12.29]

◆ 판례 – 법원이 형의 집행을 유예하는 경우 명할 수 있는 '사회봉사'의 의미(=시간 단위로 부과될 수 있는 일 또는 근로활동)

우리 헌법 제12조 제1항은 "모든 국민은 신체의 자유를 가진다. 누구든지 … 법률과 적법한 절차에 의하지 아니하고는 처벌·보안처분 또는 강제노역을 받지 아니한다."라고 규정하여 처벌, 보안처분, 강제노역에 관한 법률주의 및 적법절차원리를 선언하고 있다.

이에 따라 범죄인에 대한 사회 내 처우의 한 유형으로 도입된 사회봉사명령 등에 관하여 구체적인 사항을 정하고 있는 형법 제62조의2 제1항은 "형의 집행을 유예하는 경우에는 보호관찰을 받을 것을 명하거나 사회봉사 또는 수강을 명할 수 있다."라고 규정하고 있다. 나아가 보호관찰 등에 관한 법률 제59조 제1항은 "법원은 형법 제62조의2에 따른 사회봉사를 명할 때에는 500시간 … 의 범위에서 그 기간을 정하여야 한다. 다만 다른 법률에 특별한 규정이 있는 경우에는 그 법률에서 정한 바에 따른다."라고 규정하고 있다.

위 각 규정을 종합하면, 법원이 형의 집행을 유예하는 경우 명할 수 있는 사회봉사는 다른 법률에 특별한 규정이 없는 한 500시간 내에서 시간 단위로 부과될 수 있는 일 또는 근로활동을 의미하는 것으로 해석된다(대법원 2020. 11. 5., 선고, 2017도18291, 판결).

제63조【집행유예의 실효】

집행유예의 선고를 받은 자가 유예기간 중 고의로 범한 죄로 금고 이상의 실형을 선고받아 그 판결이 확정된 때에는 집행유예의 선고는 효력을 잃는다. 〈개정 2005.7.29.〉

◆ 판례 – 피고인이 재심대상판결에서 정한 집행유예의 기간 중 특정범죄 가중처벌 등에 관한 법률 위반(보복협박등)죄로 징역 6개월을 선고받아 그 판결이 확정됨으로써 위 집행유예가 실효되고 피고인에 대하여 유예된 형이 집행

피고인이 재심대상판결에서 정한 집행유예의 기간 중 특정범죄 가중처벌 등에 관한 법률 위반(보복협박등)죄로 징역 6개월을 선고받아 그 판결이 확정됨으로써 위 집행유예가 실효되고 피고인에 대하여 유예된 형이 집행되었는데, 재심판결인 원심판결에서 새로이 형을 정하고 원심판결 확정일을 기산일로 하는 집행유예를 다시 선고한 사안에서, 재심판결에서 피고인에게 또다시 집행유예를 선고할 경우 그 집행유예 기간의 시기는 재심대상판결의 확정일이 아니라 재심판결의 확정일로 보아야 하고, 그로 인하여 재심대상판결이 선고한 집행유예의 실효 효과까지 없어지더라도, 재심판결이 확정되면 재심대상판결은 효력을 잃게 되는 재심의 본질상 당연한 결과이므로, 재심판결에서 정한 형이 재심대상판결의 형보다 중하지 않은 이상 불이익변경금지원칙이나 이익재심원칙에 반하지 않는다고 본 원심판결이 정당하다(대법원 2019. 2. 28., 선고, 2018도13382, 판결).

第64조【집행유예의 취소】

① 집행유예의 선고를 받은 후 제62조 단행의 사유가 발각된 때에는 집행유예의 선고를 취소한다. 〈개정 1995.12.29.〉

② 제62조의2의 규정에 의하여 보호관찰이나 사회봉사 또는 수강을 명한 집행유예를 받은 자가 준수사항이나 명령을 위반하고 그 정도가 무거운 때에는 집행유예의 선고를 취소할 수 있다. 〈신설 1995.12.29.〉

◆ 판례 - 형법 제64조 제2항에 규정된 집행유예취소의 요건에 해당하는지 여부를 심리할 때의 평가 요소

법원이 보호관찰 등에 관한 법률에 의한 검사의 청구에 의하여 형법 제64조 제2항에 규정된 집행유예취소의 요건에 해당하는가를 심리함에 있어, 보호관찰기간 중의 재범에 대하여 따로 처벌받는 것과는 별도로 보호관찰자 준수사항 위반 여부 및 그 정도를 평가하여야 하고, 보호관찰이나 사회봉사 또는 수강=WWWWW=명령은 각각 병과되는 것이므로 사회봉사 또는 수강명령의 이행 여부는 보호관찰자 준수사항 위반 여부나 그 정도를 평가하는 결정적인 요소가 될 수 없다(대법원 2010.5.27, 자, 2010모446, 결정).

第65조【집행유예의 효과】

집행유예의 선고를 받은 후 그 선고의 실효 또는 취소됨이 없이 유예기간을 경과한 때에는 형의 선고는 효력을 잃는다.

◆ 판례 - 징역형의 집행유예를 선고한 판결이 확정된 후 선고의 실효 또는 취소 없이 유예기간을 경과함에 따라 형 선고의 효력이 소멸되어 그 확정판결이 특정범죄 가중처벌 등에 관한 법률 제5조의4 제5항에서 정한 '징역형' 에 해당하지 않음에도, 위 확정판결에 적용된 형벌 규정에 대한 위헌결정 취지에 따른 재심판결에서 다시 징역형의 집행유예가 선고·확정된 후 유예기간이 경과되지 않은

경우, 위 재심판결이 위 조항에서 정한 '징역형'에 포함되는지 여부(소극)

특정범죄 가중처벌 등에 관한 법률(이하 '특정범죄가중법'이라 한다) 제5조의4 제5항은 "형법 제329조부터 제331조까지, 제333조부터 제336조까지 및 제340조 · 제362조의 죄 또는 그 미수죄로 세 번 이상 징역형을 받은 사람이 다시 이들 죄를 범하여 누범으로 처벌하는 경우에는 다음 각호의 구분에 따라 가중처벌한다."라고 규정하고, 같은 항 제1호는 "형법 제329조부터 제331조까지의 죄(미수범을 포함한다)를 범한 경우에는 2년 이상 20년 이하의 징역에 처한다."라고 규정한다. 징역형의 집행유예를 선고한 판결이 확정된 후 선고의 실효 또는 취소 없이 유예기간을 경과함에 따라 형 선고의 효력이 소멸되어 그 확정판결이 특정범죄가중법 제5조의4 제5항에서 정한 "징역형"에 해당하지 않음에도, 위 확정판결에 적용된 형벌 규정에 대한 위헌결정 취지에 따른 재심판결에서 다시 징역형의 집행유예가 선고 · 확정된 후 유예기간이 경과되지 않은 경우라면, 특정범죄가중법 제5조의4 제5항의 입법 취지에 비추어 위 재심판결은 위 조항에서 정한 "징역형"에 포함되지 아니한다. 그 이유는 다음과 같다.

특정범죄가중법 제5조의4 제5항 제1호는 동종 범행으로 세 번 이상 징역형을 받은 사람이 다시 누범기간 내에 범한 절도 범행의 불법성과 비난가능성을 무겁게 평가하여 징벌의 강도를 높여 범죄를 예방하여야 한다는 형사정책적 판단에 따른 것으로, 반복적으로 범행을 저지르는 절도범에 관한 법정형을 강화하기 위하여 새로운 구성요건을 창설한 것이다.

그런데 형의 집행을 유예하는 판결을 선고받아 선고의 실효 또는 취소 없이 유예기간을 도과함에 따라 특정범죄가중법 제5조의4 제5항의 구성요건인 "징역형"에 해당하지 않게 되었음에도, 그 확정판결에 적용된 형벌 규정에 대한 위헌결정에 따른 재심절차에서 다시 징역형의 집행유예가 선고되었다는 우연한 사정변경만으로 위 조항의 구성요건에 해당한다거나 그 입법 취지에 저촉되는 불법성 · 비난가능성이 새로 발생하였다고 볼 수는 없다.

만일 특정범죄가중법 제5조의4 제5항의 구성요건에 포함되지 않던 징역형의 집행유예 전과가 재심절차를 거쳤다는 이유만으로 특정범죄가중법 제5조의4 제5항의 "징역형"을 받은 경우에 포함된다면, 헌법에 위반된 형벌 규정으로 처벌받은 피고인으로 하여금 재심청구권의 행사를 위축시키게 되거나 검사의 청구로 인하여 재심절차가 개시된 피고인에게 예상치 못한 부당한 결과를 초래하게 될 것이고, 이로 인해 위헌 법령이 적용된 부당한 상태를 사실상 존속시키거나 이를 강제하게 될 여지도 있다. [대법원 2022. 7. 28., 선고, 2020도13705, 판결]

제5절 형의 집행

제66조【사형】

사형은 교정시설 안에서 교수(絞首)하여 집행한다.

[전문개정 2020. 12. 8.]

제67조【징역】

징역은 교정시설에 수용하여 집행하며, 정해진 노역(勞役)에 복무하게 한다.

[전문개정 2020. 12. 8.]

제68조【금고와 구류】

금고와 구류는 교정시설에 수용하여 집행한다.

[전문개정 2020. 12. 8.]

제69조【벌금과 과료】

① 벌금과 과료는 판결확정일로부터 30일내에 납입하여야 한다. 단, 벌금을 선고할 때에는 동시에 그 금액을 완납할 때까지 노역장에 유치할 것을 명할 수 있다.

② 벌금을 납입하지 아니한 자는 1일 이상 3년 이하, 과료를 납입하지 아니한 자는 1일 이상 30일 미만의 기간 노역장에 유치하여 작업에 복무하게 한다.

제70조【노역장 유치】

① 벌금이나 과료를 선고할 때에는 이를 납입하지 아니하는 경우의 노역장 유치기간을 정하여 동시에 선고하여야 한다. 〈개정 2020. 12. 8.〉

② 선고하는 벌금이 1억원 이상 5억원 미만인 경우에는 300일 이상, 5억원 이상 50억원 미만인 경우에는 500일 이상, 50억원 이상인 경우에는 1천일 이상의 노역장 유치기간을 정하여야 한다. 〈신설 2014. 5. 14., 2020. 12. 8.〉

[제목개정 2020. 12. 8.]

◆ 판례 - 노역장유치기간의 하한을 정한 형법 제70조 제2항의 시행 전에 행해진 피고인의 범죄행위

1억 원 이상의 벌금형을 선고하는 경우 노역장유치기간의 하한을 정한 형법(2014. 5. 14. 법률 제12575호로 개정되어 같은 날 시행된 것, 이하 같다) 제70조 제2항(이하 '노역장유치조항' 이라 한다)의 시행 전에 행해진 피고인의 범죄행위에 대하여, 원심이 피고인을 징역 5년 6개월과 벌금 13억 1,250만 원에 처하면서 형법 제70조 제1항, 제2항을 적용하여 '벌금을 납입하지 않는 경우 250만 원을 1일로 환산한 기간 노역장에 유치한다' 는 내용의 판결을 선고하였는데, 원심판결 선고 후 헌법재판소가 형법 제70조 제2항을 시행일 이후 최초로 공소 제기되는 경우부터 적용하도록 한 형법 부칙(2014. 5. 14.) 제2조 제1항이 헌법상 형벌불소급원칙에 위반되어 위헌이라고 판단한 사안에서, 헌법재판소의 위헌결정 선고로 위 부칙조항은 헌법재판소법 제47조 제3항 본문에 따라 효력을 상실하였으므로, 노역장유치조항을 적용하여 노역장유치기간을 정한 원심판결은 유지될 수 없다.(대법원 2018. 2. 13., 선고, 2017도17809, 판결).

제71조【유치일수의 공제】

벌금이나 과료의 선고를 받은 사람이 그 금액의 일부를 납입한 경우에는 벌금 또는 과료액과 노역장 유치기간의 일수(日數)에 비례하여 납입금액에 해당하는 일수를 뺀다.

[전문개정 2020. 12. 8.]

◆ 판례 - 피고인이 강타로 인하여 임신 7개월의 피해자가 지상에 전도되어 낙태하고 위 낙태로 유발된 심근경색증으로 죽음에 이르게 된 경우 피고인의 구타행위와 피해자의 사망간에는 인과관계가 있다.

피고인의 강타로 인하여 임신 7개월의 피해자가 지상에 넘어져서 4일후에 낙태하고 위 낙태로 유발된 심근경색증으로 죽음에 이르게 된 경우 피고인의 구타행위와 피해자의 사망간에는 인과관계가 있다. [대법원 1972. 3. 28., 선고, 72도296, 판결]

제6절 가석방

제72조【가석방의 요건】

① 징역이나 금고의 집행 중에 있는 사람이 행상(行狀)이 양호하여 뉘우침이 뚜렷한 때에는 무기형은 20년, 유기형은 형기의 3분의 1이 지난 후 행정처분으로 가석방을 할 수 있다.

② 제1항의 경우에 벌금이나 과료가 병과되어 있는 때에는 그 금액을 완납하여야 한다.

[전문개정 2020. 12. 8.]

제73조【판결선고 전 구금과 가석방】

① 형기에 산입된 판결선고 전 구금일수는 가석방을 하는 경우 집행한 기간에 산입한다.

② 제72조제2항의 경우에 벌금이나 과료에 관한 노역장 유치기간에 산입된 판결선고 전 구금일수는 그에 해당하는 금액이 납입된 것으로 본다.

[전문개정 2020. 12. 8.]

제73조의2【가석방의 기간 및 보호관찰】

① 가석방의 기간은 무기형에 있어서는 10년으로 하고, 유기형에 있어서는 남은 형기로 하되, 그 기간은 10년을 초과할 수 없다.

② 가석방된 자는 가석방기간중 보호관찰을 받는다. 다만, 가석방을 허가한 행정관청이 필요가 없다고 인정한 때에는 그러하지 아니하다.

[본조신설 1995.12.29.]

제74조【가석방의 실효】

가석방 기간 중 고의로 지은 죄로 금고 이상의 형을 선고받아 그 판결이 확정된 경우에 가석방 처분은 효력을 잃는다.

[전문개정 2020. 12. 8.]

제75조【가석방의 취소】

가석방의 처분을 받은 자가 감시에 관한 규칙을 위배하거나, 보호관찰의 준수사항을 위반하고 그 정도가 무거운 때에는 가석방처분을 취소할 수 있다.

[전문개정 1995.12.29]

제76조【가석방의 효과】

① 가석방의 처분을 받은 후 그 처분이 실효 또는 취소되지 아니하고 가석방기간을 경과한 때에는 형의 집행을 종료한 것으로 본다. 〈개정 1995.12.29〉

② 전2조의 경우에는 가석방중의 일수는 형기에 산입하지 아니한다.

제7절 형의 시효

제77조【형의 시효의 효과】

형(사형은 제외한다)을 선고받은 자에 대해서는 시효가 완성되면 그 집행이 면제된다. 〈개정 2023. 8. 8.〉

[전문개정 2020. 12. 8.]

제78조【형의 시효의 기간】

시효는 형을 선고하는 재판이 확정된 후 그 집행을 받지 아니하고 다음 각 호의 구분에 따른 기간이 지나면 완성된다. 〈개정 2017. 12. 12., 2020. 12. 8., 2023. 8. 8.〉

1. 삭제 〈2023. 8. 8.〉
2. 무기의 징역 또는 금고: 20년
3. 10년 이상의 징역 또는 금고: 15년
4. 3년 이상의 징역이나 금고 또는 10년 이상의 자격정지: 10년
5. 3년 미만의 징역이나 금고 또는 5년 이상의 자격정지: 7년
6. 5년 미만의 자격정지, 벌금, 몰수 또는 추징: 5년
7. 구류 또는 과료: 1년

[제목개정 2020. 12. 8.]

◆ 판례 - 과태료의 처벌에 있어 공소시효나 형의 시효 및 예산회계법 제96조 소정의 국가의 금전채권에 관한 소멸시효의 규정이 적용 내지 준용되는지 여부(소극)

과태료의 제재는 범죄에 대한 형벌이 아니므로 그 성질상 처음부터 공소시효(형사소송법 제249조)나 형의 시효(형법 제78조)에 상당하는 것은 있을 수 없고, 이에 상당하는 규정도 없으므로 일단 한번 과태료에 처해질 위반행위를 한 자는 그 처벌을 면할 수 없는 것이며, 예산회계법 제96조 제1항은 "금전의 급부를 목적으로 하는 국가의 권리로서 시효에 관하여 다른 법률에 규정이 없는 것은 5년간 행사하지 아니할 때에는 시효로 인하여 소멸한다."고 규정하고 있으므로 과태료결정 후 징수의 시효, 즉 과태료 재판의 효력이 소멸하는 시효에 관하여는 국가의 금전채권으로서 예산회계법에 의하여 그 기간은 5년이라고 할 것이지만, 위반행위자에 대한 과태료의 처벌권을 국가의 금전채권과 동일하게 볼 수는 없으므로 예산회계법 제96조에서 정해진 국가의 금전채권에 관한 소멸시효의 규정이 과태료의 처벌권에 적용되거나 준용되지는 않는다(대법원 2000. 8. 24., 자, 2000마1350, 결정).

제79조【형의 시효의 정지】

① 시효는 형의 집행의 유예나 정지 또는 가석방 기타 집행할 수 없는 기간은 진행되지 아니한다. 〈개정 2014.5.14.〉

② 시효는 형이 확정된 후 그 형의 집행을 받지 아니한 사람이 형의 집행을 면할 목적으로 국외에 있는 기간 동안은 진행되지 아니한다. 〈신설 2014. 5. 14., 2023. 8. 8.〉

[제목개정 2023. 8. 8.]

제80조【시효의 중단】

시효는 징역, 금고 및 구류의 경우에는 수형자를 체포한 때, 벌금, 과료, 몰수 및 추징의 경우에는 강제처분을 개시한 때에 중단된다.

[전문개정 2023. 8. 8.]

◆ 판례 – 추징형의 집행을 채권에 대한 강제집행의 방법으로 하는 경우, 추징형의 시효중단 효력이 발생하는 시기 / 수형자의 재산이라고 추정되는 채권에 대하여 압류신청을 하였으나 집행불능이 된 경우 또는 채권압류가 집행된 후 해당 채권에 대한 압류가 취소된 경우, 이미 발생한 시효중단 효력이 소멸하는지 여부(소극) / 채권에 대한 압류의 효력이 존속하는 기간 및 채권압류의 집행으로 압류의 효력이 유지되고 있는 동안에는 추징형의 집행이 계속되고 있는지 여부(원칙적 적극) / 피압류채권이 법률상 압류금지채권에 해당하더라도 즉시항고에 의하여 취소되기 전까지는 추징형의 집행이 계속되고 있는지 여부(적극)

가. 추징형의 시효는 강제처분을 개시함으로써 중단되는데(형법 제80조), 추징형은 검사의 명령에 의하여 민사집행법을 준용하여 집행하거나 국세징수법에 따른 국세체납처분의 예에 따라 집행한다(형사소송법 제477조). 추징형의 집행을 채권에 대한 강제집행의 방법으로 하는 경우에는 검사가 집행명령서에 기하여 법원에 채권압류명령을 신청하는 때에 강제처분인 집행행위의 개시가 있는 것이므로 특별한 사정이 없는 한 그때 시효중단의 효력이 발생한다.

나. 시효중단의 효력이 발생하기 위하여 집행행위가 종료하거나 성공할 필요는 없으므로 수형자의 재산이라고 추정되는 채권에 대하여 압류신청을 한 이상 피압류채권이 존재하지 않거나 압류채권을 환가하여도 집행비용 외에 잉여가 없다는 이유로 집행불능이 되었다고 하더라도 이미 발생한 시효중단의 효력이 소멸하지 않는다(대법원 2009. 6. 25. 자 2008모1396 결정 등 참조). 또한 채권압류가 집행된 후 해당 채권에 대한 압류가 취소되더라도 이미 발생한 시효중단의 효력이 소멸하지 않는다(대법원 2001. 7. 27. 선고 2001두3365 판결, 대법원 2017. 7. 12. 자 2017모648 결정 등 참조).

다. 채권에 대한 압류의 효력은 압류채권자가 압류명령의 신청을 취하하거나 압류명령이 즉시항고에 의하여 취소되는 경우 또는 채권압류의 목적인 현금화절차가 종료할 때(추심채권자가 추심을 완료한 때 등)까지 존속한다. 이처럼 채권압류의 집행으로 압류의 효력이 유지되고 있는 동안에는 특별한 사정이 없는 한 추징형의 집행이 계속되고 있는 것으로 보아야 한다(대법원 2017. 7. 12. 자 2017모648 결정 참조).

라. 한편 피압류채권이 법률상 압류금지채권에 해당하더라도 재판으로서 압류명령이 당연무효는 아니므로 즉시항고에 의하여 취소되기 전까지는 역시 추징형의 집행이 계속되고 있는 것으로 보아야 한다.

◆ 판례 - 채권에 대한 강제집행의 방법으로 벌금형을 집행하는 경우 그 벌금에 대하여 시효중단의 효력이 발생하는 시기(=채권압류명령 신청시) 및 수형자의 재산이라고 추정되는 채권에 대하여 압류신청을 하였으나 집행불능이 된 경우 이미 발생한 시효중단의 효력이 소멸하는지 여부(소극)

벌금에 있어서의 시효는 강제처분을 개시함으로 인하여 중단되고(형법 제80조), 여기서 채권에 대한 강제집행의 방법으로 벌금형을 집행하는 경우에는 검사의 징수명령서에 기하여 '법원에 채권압류명령을 신청하는 때'에 강제처분인 집행행위의 개시가 있는 것으로 보아 특별한 사정이 없는 한 그때 시효중단의 효력이 발생하며, 한편 그 시효중단의 효력이 발생하기 위하여 집행행위가 종료되거나 성공하였음을 요하지 아니하고, 수형자에게 집행행위의 개시사실을 통지할 것을 요하지 아니한다. 따라서 일응 수형자의 재산이라고 추정되는 채권에 대하여 압류신청을 한 이상 피압류채권이 존재하지 아니하거나 압류채권을 환가하여도 집행비용 외에 잉여가 없다는 이유로 집행불능이 되었다고 하더라도 이미 발생한 시효중단의 효력이 소멸하지는 않는다(대법원 2009. 6. 25., 자, 2008모1396, 결정).

제8절 형의 소멸

제81조【형의 실효】

징역 또는 금고의 집행을 종료하거나 집행이 면제된 자가 피해자의 손해를 보상하고 자격정지 이상의 형을 받음이 없이 7년을 경과한 때에는 본인 또는 검사의 신청에 의하여 그 재판의 실효를 선고할 수 있다.

제82조【복권】

자격정지의 선고를 받은 자가 피해자의 손해를 보상하고 자격정지 이상의 형을 받음이 없이 정지기간의 2분의 1을 경과한 때에는 본인 또는 검사의 신청에 의하여 자격의 회복을 선고할 수 있다.

◆ 판례 – 공문서위조죄나 허위공문서작성죄의 객체인 '공문서'의 의미 및 계약 등에 의하여 공무와 관련되는 업무를 일부 대행하는 자가 공문서의 작성 주체인 '공무원 또는 공무소'가 될 수 있는지 여부(원칙적 소극)

공문서위조죄나 허위공문서작성죄의 객체인 공문서는 공무원 또는 공무소가 그 직무에 관하여 작성하는 문서이고, 그 행위주체가 공무원과 공무소가 아닌 경우에는 형법 또는 특별법에 의하여 공무원 등으로 의제되는 경우를 제외하고는 계약 등에 의하여 공무와 관련되는 업무를 일부 대행하는 경우가 있더라도 공무원 또는 공무소가 될 수 없다. 그리고 형벌법규의 해석은 엄격하여야 하고 명문규정의 의미를 피고인에게 불리하게 지나치게 확장해석하거나 유추해석하는 것은 죄형법정주의 원칙에 반한다(대법원 1996. 3. 26. 선고 95도3073 판결 등 참조).

제 4 장 기간 (제83조 ~ 제86조)

제4장 기간(제83조 ~ 제86조)

제83조【기간의 계산】
연(年) 또는 월(月)로 정한 기간은 연 또는 월 단위로 계산한다.
[전문개정 2020. 12. 8.]

제84조【형기의 기산】
① 형기는 판결이 확정된 날로부터 기산한다.
② 징역, 금고, 구류와 유치에 있어서는 구속되지 아니한 일수는 형기에 산입하지 아니한다.

◆ 판례 – 사형이 무기징역으로 특별감형된 경우 구금된 사형집행대기기간을 처음부터 무기징역을 받은 경우와 동일하게 가석방요건 중의 하나인 형의 집행기간에 산입할 것인지 여부(소극)

사형집행을 위한 구금은 미결구금도 아니고 형의 집행기간도 아니며 특별감형은 형을 변경하는 효과만 있을 뿐이고 이로 인하여 형의 선고에 의한 기성의 효과는 변경되지 아니하므로 사형이 무기징역으로 특별감형된 경우 사형의 판결확정일에 소급하여 무기징역형이 확정된 것으로 보아 무기징역형의 형기 기산일을 사형의 판결 확정일로 인정할 수도 없고 사형집행대기 기간이 미결구금이나 형의 집행기간으로 변경된다고 볼 여지도 없으며, 또한 특별감형은 수형 중의 행장의 하나인 사형집행대기기간까지를 참작하여 되었다고 볼 것이므로 사형집행대기기간을 처음부터 무기징역을 받은 경우와 동일하게 가석방요건 중의 하나인 형의 집행기간에 다시 산입할 수는 없다(대법원 1991. 3. 4., 자, 90모59, 결정).

제85조【형의 집행과 시효기간의 초일】
형의 집행과 시효기간의 초일은 시간을 계산함이 없이 1일로 산정한다.

제86조【석방일】
석방은 형기종료일에 하여야 한다.

제2편 각칙

제 1 장 내란의 죄 (제87조 ~ 제91조)

제1장 내란의 죄(제87조 ~ 제91조)

제87조【내란】

대한민국 영토의 전부 또는 일부에서 국가권력을 배제하거나 국헌을 문란하게 할 목적으로 폭동을 일으킨 자는 다음 각 호의 구분에 따라 처벌한다.

1. 우두머리는 사형, 무기징역 또는 무기금고에 처한다.
2. 모의에 참여하거나 지휘하거나 그 밖의 중요한 임무에 종사한 자는 사형, 무기 또는 5년 이상의 징역이나 금고에 처한다. 살상, 파괴 또는 약탈 행위를 실행한 자도 같다.
3. 부화수행(附和隨行)하거나 단순히 폭동에만 관여한 자는 5년 이하의 징역이나 금고에 처한다.

[전문개정 2020. 12. 8.]

◆ 판례 - 내란음모죄의 성립 요건

[다수의견] 음모는 실행의 착수 이전에 2인 이상의 자 사이에 성립한 범죄실행의 합의로서, 합의 자체는 행위로 표출되지 않은 합의 당사자들 사이의 의사표시에 불과한 만큼 실행행위로서의 정형이 없고, 따라서 합의의 모습 및 구체성의 정도도 매우 다양하게 나타날 수밖에 없다. 그런데 어떤 범죄를 실행하기로 막연하게 합의한 경우나 특정한 범죄와 관련하여 단순히 의견을 교환한 경우까지 모두 범죄실행의 합의가 있는 것으로 보아 음모죄가 성립한다고 한다면 음모죄의 성립범위가 과도하게 확대되어 국민의 기본권인 사상과 표현의 자유가 위축되거나 그 본질이 침해되는 등 죄형법정주의 원칙이 형해화될 우려가 있으므로, 음모죄의 성립범위도 이러한 확대해석의 위험성을 고려하여 엄격하게 제한하여야 한다.

한편 내란죄의 주체는 국토를 참절하거나 국헌을 문란할 목적을 이룰 수 있을 정도로 조직화된 집단으로서 다수의 자이어야 하고, 그 역할도 수괴, 중요한 임무에 종사한 자, 부화수행한 자 등으로 나뉜다(형법 제87조 각 호 참조). 또한, 실행행위인 폭동행위는 살상, 파괴, 약탈, 단순 폭동 등 여러 가지 폭력행위가 혼합되어 있고, 그 정도가 한 지방의 평온을 해할 정도의 위력이 있음을 요한다.

2인 이상의 자 사이에 어떠한 폭동행위에 대한 합의가 있는 경우에도 공격의 대상과 목표가 설정되어 있지 않고, 시기와 실행방법이 어떠한지를 알 수 없으면 그것이 '내란'에 관한 음모인지를 알 수 없다. 따라서 내란음모가 성립하였다고 하기 위해서는 개별 범죄행위에 관한 세부적인 합의가 있을 필요는 없으나, 공격의 대상과 목표가 설정되어 있고, 그 밖의 실행계획에 있어서 주요 사항의 윤곽을 공통적으로 인식할 정도의 합의가 있어야 한다. 나아가 합의는 실행행위로 나아간다는 확정적인 의미를 가진 것이어야 하고, 단순히 내란에 관한 생각이나 이론을 논의한 것으로는 부족하다. 또한, 내란음모가 단순히 내란에 관한 생각이나 이론을 논의 내지 표현한 것인지 실행행위로 나아간다는 확정적인 의미를 가진 합의인지를 구분하기가 쉽지 않다는 점을 고려하면, 내란음모죄에 해당하는 합의가 있다고 하기 위해서는 단순히 내란에 관한 범죄결심을 외부에 표시·전달하는 것만으로는 부족하고 객관적으로 내란범죄의 실행을 위한 합의라는 것이 명백히 인정되고, 그러한 합의에 실질적인 위험성이 인정되어야 한다. 그리고 내란음모가 실질적 위험성이 있는지 여부는 합의 내용으로 된 폭력행위의 유형, 내용의 구체성, 계획된 실행시기와의 근접성, 합의 당사자의 수와 합의 당사자들 사이의 관계, 합의의 강도, 합의 당시의 사회정세, 합의를 사전에 준비하였는지 여부, 합의의 후속 조치가 있었는지 여부 등을 종합적으로 고려하여 판단하여야 한다.

[대법관 신영철, 대법관 민일영, 대법관 고영한, 대법관 김창석의 반대의견] 내란음모죄에서 실질적 위험성이 있는 합의인지는 단순히 합의된 내용이나 그 구체성만을 놓고 판단할 것이 아니라, 내란 모의에 이르게 된 경위, 모의에 참가한 자들의 경력과 지위, 정치적·이념적 성향과 과거의 활동 전력, 참가자 집단의 규모와 결속 정도, 참가자들이 동원할 수 있는 각종 유·무형의 수단, 모의 과정에서 나온 발언의 진지함이나 내란 실행에 대한 의지, 모의를 위한 정보수집 등 준비행위의 유무, 외부 적대 세력과의 연계 가능성과 모의 당시의 국내외 정세 등 여러 사정을 종합적으로 고려하여 판단하여야 한다.

위와 같이 내란의 모의가 일반적·추상적인 합의를 넘는 실질적 위험성이 있는 합의인지는 단순히 합의의 내용뿐만 아니라 그 합의를 둘러싸고 있는 여러 사정도 함께 고려하여 종합적으로 판단하여야 하는 것이므로, 일정한 시기에 내란을 실행하자는 내용의 의사합치는 이루어졌으나 구체적인 공격의 대상과 목표, 방법 등에 관하여는 확정적인 합의에 이르지 못하고 논의하는 데 그쳐 합의의 구체성이 다소 떨어지는 경우라고 하더라도, 모의 참가자들이 합의한 일정한 시기에 자신들이 논의했던 방법이나 그와 유사한 방식으로 내란의 실행행위로 나아갈 개연성이 크다고 인정되면, 이는 일반적·추상적 합의를 넘어서는 실질적 위험성이 있는 내란 실행에 관한 합의로서 내란음모죄를 구성한다. 따라서 내란음모죄의 성립에 반드시 구체적인 공격의 대상과 목표, 방법 등이 설정되어 있어야 할 필요는 없다. 나아가 내란 실행에 관한 합의가 내란음모죄에서 요구하는 정도의 구체성을 갖추었는지를 판단함에 있어 앞서 본 실질적 위험성 외에도 내란죄가 갖는 특수성을 고려하여야 한다. 즉 내란은 그 피해의 정도가 살인이나 강도 등과는 비교할 수 없을 정도로 중대할 뿐만 아니라,

범행의 구도나 윤곽이 비교적 단순한 살인이나 강도 등과는 달리 한 지방의 평온을 해할 정도의 것이기만 하면 파업이나 시위는 물론 살인, 상해, 강도, 손괴, 방화 등도 포함되는 광범위한 개념이며, 그 전개 양상도 주변 상황에 따라 가변적이고 불확실할 수밖에 없으므로, 내란음모죄에서 요구되는 합의의 구체성을 살인음모죄나 강도음모죄 등의 그것과 동일선상에서 파악할 수는 없다(대법원 2015.1.22, 선고, 2014도10978, 전원합의체 판결).

제88조【내란목적의 살인】

대한민국 영토의 전부 또는 일부에서 국가권력을 배제하거나 국헌을 문란하게 할 목적으로 사람을 살해한 자는 사형, 무기징역 또는 무기금고에 처한다.

[전문개정 2020. 12. 8.]

제89조【미수범】

전2조의 미수범은 처벌한다.

제90조【예비, 음모, 선동, 선전】

① 제87조 또는 제88조의 죄를 범할 목적으로 예비 또는 음모한 자는 3년 이상의 유기징역이나 유기금고에 처한다. 단, 그 목적한 죄의 실행에 이르기 전에 자수한 때에는 그 형을 감경 또는 면제한다.

② 제87조 또는 제88조의 죄를 범할 것을 선동 또는 선전한 자도 전항의 형과 같다.

제91조【국헌문란의 정의】

본장에서 국헌을 문란할 목적이라 함은 다음 각호의 1에 해당함을 말한다.

1. 헌법 또는 법률에 정한 절차에 의하지 아니하고 헌법 또는 법률의 기능을 소멸시키는 것
2. 헌법에 의하여 설치된 국가기관을 강압에 의하여 전복 또는 그 권능행사를 불가능하게 하는 것

제 2 장 외환의 죄 (제92조 ~ 제104조)

제2장 외환의 죄(제92조 ~ 제104조)

제92조【외환유치】

외국과 통모하여 대한민국에 대하여 전단을 열게 하거나 외국인과 통모하여 대한민국에 항적한 자는 사형 또는 무기징역에 처한다.

제93조【여적】

적국과 합세하여 대한민국에 항적한 자는 사형에 처한다.

제94조【모병이적】

① 적국을 위하여 모병한 자는 사형 또는 무기징역에 처한다.

② 전항의 모병에 응한 자는 무기 또는 5년 이상의 징역에 처한다.

제95조【시설제공이적】

① 군대, 요새, 진영 또는 군용에 공하는 선박이나 항공기 기타 장소, 설비 또는 건조물을 적국에 제공한 자는 사형 또는 무기징역에 처한다.

② 병기 또는 탄약 기타 군용에 공하는 물건을 적국에 제공한 자도 전항의 형과 같다.

제96조【시설파괴이적】

적국을 위하여 전조에 기재한 군용시설 기타 물건을 파괴하거나 사용할 수 없게 한 자는 사형 또는 무기징역에 처한다.

제97조【물건제공이적】

군용에 공하지 아니하는 병기, 탄약 또는 전투용에 공할 수 있는 물건을 적국에 제공한 자는 무기 또는 5년 이상의 징역에 처한다.

제98조【간첩】

① 적국을 위하여 간첩하거나 적국의 간첩을 방조한 자는 사형, 무기 또는 7년 이상의 징역에 처한다.

② 군사상의 기밀을 적국에 누설한 자도 전항의 형과 같다.

◆ 판례 - 피고인에 대한 '간첩'의 공소사실은 이를 인정할 만한 증거가 없을 뿐만 아니라, 이미 지득한 관련 문건 등을 보고·누설한 행위에 불과하여 그 자체로서 형법 제98조 제1항에 규정된 간첩행위로 보기 어렵다고 한 사례

피고인에 대한 간첩의 공소사실은 합리적인 의심이 없을 정도로 증명되었다고 보기 어렵고 달리 이를 인정할 만한 증거가 없을 뿐만 아니라, 진보당의 중앙위원장인 피고인이 이미 지득하고 있던 관련 문건 등을 보고·누설한 행위에 불과하여 그 사실 자체로서 형법 제98조 제1항에 규정된 간첩행위로 보기 어렵다고 한 사례 (대법원 2011.1.20. 선고 2008재도11 전원합의체 판결).

제99조【일반이적】

전7조에 기재한 이외에 대한민국의 군사상 이익을 해하거나 적국에 군사상 이익을 공여하는 자는 무기 또는 3년 이상의 징역에 처한다.

제100조【미수범】

전8조의 미수범은 처벌한다.

제101조【예비, 음모, 선동, 선전】

① 제92조 내지 제99조의 죄를 범할 목적으로 예비 또는 음모한 자는 2년 이상의 유기징역에 처한다. 단 그 목적한 죄의 실행에 이르기 전에 자수한 때에는 그 형을 감경 또는 면제한다.

② 제92조 내지 제99조의 죄를 선동 또는 선전한 자도 전항의 형과 같다.

제102조【준적국】

제93조 내지 전조의 죄에 있어서는 대한민국에 적대하는 외국 또는 외국인의 단체는 적국으로 간주한다.

제103조【전시군수계약불이행】

① 전쟁 또는 사변에 있어서 정당한 이유없이 정부에 대한 군수품 또는 군용공작물에 관한 계약을 이행하지 아니한 자는 10년 이하의 징역에 처한다.

② 전항의 계약이행을 방해한 자도 전항의 형과 같다.

제104조【동맹국】

본장의 규정은 동맹국에 대한 행위에 적용한다.

제104조의2 삭제 〈1988.12.31〉

제3장 국기에 관한 죄 (제105조~제106조)

제3장 국기에 관한 죄(제105조~제106조)

제105조【국기, 국장의 모독】

대한민국을 모욕할 목적으로 국기 또는 국장을 손상, 제거 또는 오욕한 자는 5년 이하의 징역이나 금고, 10년 이하의 자격정지 또는 700만원 이하의 벌금에 처한다. 〈개정 1995.12.29.〉

제106조【국기, 국장의 비방】

전조의 목적으로 국기 또는 국장을 비방한 자는 1년 이하의 징역이나 금고, 5년 이하의 자격정지 또는 200만원 이하의 벌금에 처한다. 〈개정 1995.12.29.〉

제 4 장 국교에 관한 죄 (제107조 ~ 제113조)

제4장 국교에 관한 죄(제107조 ~ 제113조)

제107조【외국원수에 대한 폭행등】

① 대한민국에 체재하는 외국의 원수에 대하여 폭행 또는 협박을 가한 자는 7년 이하의 징역이나 금고에 처한다.

② 전항의 외국원수에 대하여 모욕을 가하거나 명예를 훼손한 자는 5년 이하의 징역이나 금고에 처한다.

제108조【외국사절에 대한 폭행등】

① 대한민국에 파견된 외국사절에 대하여 폭행 또는 협박을 가한 자는 5년 이하의 징역이나 금고에 처한다.

② 전항의 외국사절에 대하여 모욕을 가하거나 명예를 훼손한 자는 3년 이하의 징역이나 금고에 처한다.

제109조【외국의 국기, 국장의 모독】

외국을 모욕할 목적으로 그 나라의 공용에 공하는 국기 또는 국장을 손상, 제거 또는 오욕한 자는 2년 이하의 징역이나 금고 또는 300만원 이하의 벌금에 처한다. 〈개정 1995.12.29.〉

제110조【피해자의 의사】

제107조 내지 제109조의 죄는 그 외국정부의 명시한 의사에 반하여 공소를 제기할 수 없다. 〈개정 1995.12.29〉

제111조【외국에 대한 사전】

① 외국에 대하여 사전한 자는 1년 이상의 유기금고에 처한다.

② 전항의 미수범은 처벌한다.

③ 제1항의 죄를 범할 목적으로 예비 또는 음모한 자는 3년 이하의 금고 또는 500만원 이하의 벌금에 처한다. 단 그 목적한 죄의 실행에 이르기 전에 자수한 때에는 감경 또는 면제한다. 〈개정 1995.12.29〉

제112조【중립명령위반】

외국간의 교전에 있어서 중립에 관한 명령에 위반한 자는 3년 이하의 금고 또는 500만원 이하의 벌금에 처한다. 〈개정 1995.12.29.〉

제113조【외교상기밀의 누설】

① 외교상의 기밀을 누설한 자는 5년 이하의 징역 또는 1천만원 이하의 벌금에 처한다. 〈개정 1995.12.29〉

② 누설할 목적으로 외교상의 기밀을 탐지 또는 수집한 자도 전항의 형과 같다.

◆ 판례 - 형법 제113조 제1항 소정의 '외교상의 기밀'의 개념

형법 제113조 제1항 소정의 외교상의 기밀이라 함은, 외국과의 관계에서 국가가 보지해야 할 기밀로서, 외교정책상 외국에 대하여 비밀로 하거나 확인되지 아니함이 대한민국의 이익이 되는 모든 정보자료를 말한다.

◆ 판례 - 외국에 이미 널리 알려진 사항이 '외교상의 기밀'에 해당하는지 여부

외국에 이미 널리 알려져 있는 사항은 특단의 사정이 없는 한 이를 비밀로 하거나 확인되지 아니함이 외교정책상의 이익이 된다고 할 수 없는 것이어서 외교상의 기밀에 해당하지 아니한다.

◆ 판례 - 외국언론에 이미 보도된 바 있는 우리 나라의 외교정책이나 활동에 관련된 사항들에 관하여 정부가 이른바 보도지침의 형식으로 국내언론기관의 보도 여부 등을 통제하고 있다는 사실을 알리는 것이 외교상의 기밀을 누설한 경우에 해당하지 않는다고 한 사례

외국언론에 이미 보도된 바 있는 우리 나라의 외교정책이나 활동에 관련된 사항들에 관하여 정부가 이른바 보도지침의 형식으로 국내언론기관의 보도 여부 등을 통제하고 있다는 사실을 알리는 것이 외교상의 기밀을 누설한 경우에 해당하지 않는다고 한 사례. [대법원 1995. 12. 5., 선고, 94도2379, 판결]

제 5 장 공안을 해하는 죄 (제114조 ~ 제118조)

제5장 공안(公安)을 해하는 죄(제114조 ~ 제118조)

1. 범죄단체조직죄

제114조【범죄단체 등의 조직】
사형, 무기 또는 장기 4년 이상의 징역에 해당하는 범죄를 목적으로 하는 단체 또는 집단을 조직하거나 이에 가입 또는 그 구성원으로 활동한 사람은 그 목적한 죄에 정한 형으로 처벌한다. 다만, 형을 감경할 수 있다.
[전문개정 2013.4.5]

[결사의자유] 헌법21, [반국가단체] 국보2, [국방 · 납세의무] 헌법38 · 39, [공소시효] 목적한 죄의 공소시효 적용

I. 이론

1. 구성요건

(1) 객관적 구성요건

1) 범죄

범죄단체조직죄의 범죄는 모든 범죄를 의미한다. 여기서 범죄란 반드시 형법에 규정된 범죄임을 요하지 않고 특별법에 규정된 범죄도 포함한다. 다만, 단체의 조직과 가입을 처벌하는 조직범죄(국가보안법의 반국가단체 구성·가입죄 등)나 경범죄처벌법이 적용되는 경범죄는 제외한다.

2) 단체

공동목적을 가진 특정다수인의 계속적인 결합체를 의미하고, 최소한의 통솔체계를 갖춘 조직성과 시간적 계속성을 갖추고 있어야 한다.

▣ 근거판례 ▣

형법 제114조에서 정한 '범죄를 목적으로 하는 단체'란 특정 다수인이 일정한 범죄를 수행한다는 공동목적 아래 구성한 계속적인 결합체로서 그 단체를 주도하거나 내부의 질서를 유지하는 최소한의 통솔체계를 갖춘 것을 의미한다(대법원 2020. 8. 20., 선고, 2019도16263, 판결).

3) 조직, 가입

조직은 다수가 의사연락 하에 집합체를 결성하는 것이고, 가입은 이미 조직된 단체에 그 구성원이 되는 것을 의미하며, 방법에는 제한이 없다. 본 죄는 범죄단체를 조직하거나 가입함으로써 기수가 되며, 목적한 범죄의 실행여부는 불문한다는 것이 판례이다(75도2321).

(2) 주관적 구성요건

범죄단체를 조직하거나 가입한다는 점에 대한 고의가 있어야 한다. 그리고 범죄를 목적하거나(형 제114조 1항) 또는 병역·납세의무를 거부할 목적(동조 2항)도 필요하다.

2. 죄수·타죄와의 관계

범죄단체조직죄는 수 개의 반복되는 행위를 전제로 하는 범죄이다. 따라서 수개의 조직·가입행위를 통해서 1개의 큰 조직을 만든 경우에도 수죄가 아닌 일죄가 성립한다고 본다(김일수).

범죄단체를 조직한 후 목적한 범죄를 실행한 경우에 범죄단체조직죄가 성립하는지 아니면 목적한 범죄가 성립하는지 문제 된다. 이에 대하여 양 죄의 실체적 경합이라는 견해(박상기)와 목적한 범죄만 성립한다고 보는 견해(임웅)가 있다.

Ⅱ. 판례

◆ 폭력행위 등 처벌에 관한 법률 제4조가 규정한 '범죄단체'의 의미

(1) 사실관계

(2) 판결요지

사북청년회는 원래 사북 지역에서 폐광 이후 대체산업유치를 위한 대정부투쟁 과정에서 이를 주도한 사북 지역 출신의 청년들에 의하여 자생적으로 조직된 단체로서 2000.부터는 보건복지부로부터 지정을 받아 운영하고 있는 정선자활 후견기관이라는 사회복지기관에 자원봉사단체로 등록을 하고 매주 1, 2회 정기적으로 회원들이 독거노인 목욕 및 사랑의 도시락 배달 등 사회봉사활동을 하여 오고 있었다. 한편, 폐광 이후 피폐했던 위 사북 지역에 강원랜드라는 내국인 상대의 카지노가 들어서게 되어 회원들 중 상당수가 유흥업소나 사채업에 종사하면서 피고인들을 비롯한 일부 회원들이 폭력 범행을 저지르거나 그 후 범행을 저지른 회원들의 도피를 도와주는 등으로 이에 관여하게 되었다. 사북청년회는 회원들 대부분이 사북 지역에서 출생하고 성장하여 같은 중·고등학교를 졸업한 선·후배 사이로서 그와 같은 조직적 특성으로 말미암아 회원들 상호간에 내부 결속력이 비교적 강하고 위 사북 지역에 내국인 카지노가 들어서면서 일부 회원들이 폭력 범행을 저지르거나 관여하게 되었다.

[1] 폭력행위등처벌에관한법률 제4조 소정의 범죄단체는 같은 법 소정의 범죄를 한다는 공동목적하에 특정 다수인에 의하여 이루어진 계속적이고도 최소한의 통솔체제를 갖춘 조직화된 결합체를 의미한다 할 것이므로, 특정 다수인에 의하여 이루어진 계속적이고 통솔체제를 갖춘 조직화된 결합체라 하더라도 그 구성원이 같은 법 소정의 범죄에 대한 공동목적을 갖고 있지 아니하는 한 그 단체를 같은 법 소정의 범죄단체로 볼 수는 없다.

[2] 사북 지역 출신의 청년들에 의하여 자생적으로 조직된 사북청년회라는 단체의 일부 회원들이 사북 지역에 내국인 카지노가 들어서면서 폭력 범행을 저지르거나 관여하게 되었다고 하여 사북청년회 자체가 폭력행위등처벌에관한법률상의 폭력 범행을 목적으로 조직화되었고 사북청년회 자체에서 그러한 폭력 범행을 지시하였거나 의도하였다고 보기 어려워 사북청년회가 폭력행위등처벌에관한법률에서 정한 범죄단체에 해당하지 아니한다(대법원 2004. 7. 8. 선고 2004도2009 판결).

◆ 폭력행위 등 처벌에 관한 법률 제4조에서 말하는 '범죄단체'의 성립에 필요한 단체성의 정도 및 범죄단체활동죄와 집단감금 또는 집단상해행위가 흡수관계인지 여부(소극)

[1] 폭력행위집단은 합법적인 단체와는 달라, 범죄단체의 특성상 단체로서의 계속적인 결집성이 다소 불안정하고 그 통솔체제가 대내외적으로 반드시 명확하지 않은 것처럼 보이더라도 구성원들 간의 관계가 선·후배 혹은 형·아우로 뭉쳐져 그들 특유의 규율에 따른 통솔이 이루어져 단체나 집단으로서의 위력을 발휘하는 경우가 많은 점에 비추어, 폭력행위 등 처벌에 관한 법률 제4조에 정하는 범

죄를 목적으로 하는 단체는 위 법률에 정하는 범죄를 한다는 공동의 목적 아래 특정다수인에 의하여 이루어진 계속적인 결합체로서 그 단체를 주도하거나 내부의 질서를 유지하는 최소한의 통솔체계를 갖추면 되는 것이고, 그 범죄단체는 다양한 형태로 성립·존속할 수 있는 것으로서 정형을 요하는 것이 아니다.

[2] 범죄단체 구성원으로서 활동하는 행위와 집단감금 또는 집단상해행위는 각각 별개의 범죄구성요건을 충족하는 독립된 행위라고 보아야 할 것이므로, 집단감금 또는 집단상해 행위가 범죄단체활동에 흡수된다고 보아 양자가 단순일죄의 관계에 해당한다는 상고이유는 받아들이지 아니한다(대법원 2008.5.29. 선고 2008도1857 판결).

◆ 폭력행위등처벌에관한법률 제4조 소정의 범죄단체의 의미

(1) 사실관계

甲등이 천안시 일대의 유흥업소로 부터 폭행, 협박, 기물손괴 등의 적절한 유형력을 행사하여 금품을 갈취하고, 그 일대 폭력세계의 주도권을 장악할 목적으로 공소 외 1을 수괴로, 甲등을 간부로, 乙등을 행동대원으로 하는 단체를 결성하고, 여러 번에 걸쳐 20명 내지 30명이 합숙하면서 극기 훈련과 행동지침에 대한 교육을 실시하고, 유흥업소로부터 월정금의 형식으로 업소 당 매월 10만원 내지 30만 원씩의 금품을 상납 받고, 명절에 사과를 강매하는 등으로 금품을 갈취하여 왔다.

(2) 판결요지

폭력행위등처벌에관한법률 제4조 소정의 범죄단체는 같은 법 소정의 범죄를 한다는 공동목적하에 특정다수인에 의하여 이루어진 계속적이고도 최소한의 통솔체계를 갖춘 조직화된 결합체를 말한다. 이에 의할 때 위 단체는 폭력행위등처벌에관한법률 제4조 소정의 범죄단체에 해당한다고 할 것이다(대법원 1992.11.24. 선고 92도2432).

◆ 형법 제114조에서 정한 '범죄를 목적으로 하는 집단' 의 의미와 요건

형법 제114조에서 정한 '범죄를 목적으로 하는 집단' 이란 특정 다수인이 사형, 무기 또는 장기 4년 이상의 범죄를 수행한다는 공동목적 아래 구성원들이 정해진 역할분담에 따라 행동함으로써 범죄를 반복적으로 실행할 수 있는 조직체계를 갖춘 계속적인 결합체를 의미한다. '범죄단체' 에서 요구되는 '최소한의 통솔체계' 를 갖출 필요는 없지만, 범죄의 계획과 실행을 용이하게 할 정도의 조직적 구조를 갖추어야 한다(대법원 2020. 8. 20., 선고, 2019도16263, 판결).

◆ 형법 제114조에서 정한 '범죄를 목적으로 하는 단체'의 의미

[1] 형법 제114조에서 정한 '범죄를 목적으로 하는 단체'란 특정 다수인이 일정한 범죄를 수행한다는 공동목적 아래 구성한 계속적인 결합체로서 그 단체를 주도하거나 내부의 질서를 유지하는 최소한의 통솔체계를 갖춘 것을 의미한다.

[2] 형법 제114조에서 정한 '범죄를 목적으로 하는 집단'이란 특정 다수인이 사형, 무기 또는 장기 4년 이상의 범죄를 수행한다는 공동목적 아래 구성원들이 정해진 역할분담에 따라 행동함으로써 범죄를 반복적으로 실행할 수 있는 조직체계를 갖춘 계속적인 결합체를 의미한다. '범죄단체'에서 요구되는 '최소한의 통솔체계'를 갖출 필요는 없지만, 범죄의 계획과 실행을 용이하게 할 정도의 조직적 구조를 갖추어야 한다(대법원 2020. 8. 20. 선고 2019도16263 판결).

◆ 폭력행위 등 처벌에 관한 법률 제4조 제1항의 입법 취지 및 위 조항에서 말하는 '범죄단체 구성원으로서의 활동'의 의미 / 범죄단체를 구성하거나 이에 가입한 자가 더 나아가 구성원으로 활동하는 경우, '범죄단체의 구성이나 가입'과 '범죄단체 구성원으로서의 활동' 사이의 죄수관계(=포괄일죄)

폭력행위 등 처벌에 관한 법률 제4조 제1항은 그 법에 규정된 범죄행위를 목적으로 하는 단체를 구성하거나 이에 가입하는 행위 또는 구성원으로 활동하는 행위를 처벌하도록 정하고 있는데, 이는 구체적인 범죄행위의 실행 여부를 불문하고 범죄행위에 대한 예비·음모의 성격이 있는 범죄단체의 생성 및 존속 자체를 막으려는 데 입법 취지가 있다. 또한 위 조항에서 말하는 범죄단체 구성원으로서의 활동이란 범죄단체의 내부 규율 및 통솔 체계에 따른 조직적·집단적 의사 결정에 기초하여 행하는 범죄단체의 존속·유지를 지향하는 적극적인 행위를 일컫는다. 그런데 범죄단체의 구성이나 가입은 범죄행위의 실행 여부와 관계없이 범죄단체 구성원으로서의 활동을 예정하는 것이고, 범죄단체 구성원으로서의 활동은 범죄단체의 구성이나 가입을 당연히 전제로 하는 것이므로, 양자는 모두 범죄단체의 생성 및 존속·유지를 도모하는, 범죄행위에 대한 일련의 예비·음모 과정에 해당한다는 점에서 범의의 단일성과 계속성을 인정할 수 있을 뿐만 아니라 피해법익도 다르지 않다. 따라서 범죄단체를 구성하거나 이에 가입한 자가 더 나아가 구성원으로 활동하는 경우, 이는 포괄일죄의 관계에 있다(대법원 2015. 9. 10. 선고 2015도7081 판결).

◆ 형법 제114조 제1항 소정의 '범죄를 목적으로 하는 단체'의 의의

형법 제114조 제1항 소정의 '범죄를 목적으로 하는 단체'라 함은 특정다수인이 일정한 범죄를 수행한다는 공동목적 아래 이루어진 계속적인 결합체로서 단순한 다중의 집합과는 달라 단체를 주도하는 최소한의 통솔체제를 갖추고 있어야 함을 요하는 바, 피고인들이 각기 소매치기의 범죄를 목적으로 그 실행행위를 분담하기로 약정하

였으나 위에서 본 계속적이고 통솔체제를 갖춘 단체를 조직하였거나 그와 같은 단체에 가입하였다고 볼 증거가 없다는 이유로 무죄를 선고한 조치는 정당하다(대법원 1981.11.24. 선고 81도2608 판결).

◆ 기존 범죄단체의 두목이 바뀌고 활동 영역과 태양이 변화하였으나 기존의 범죄단체와 동일성이 없는 별개의 단체로 인정하기에는 부족한 경우

기존 범죄단체의 두목이 바뀌고 활동 영역과 태양이 변화하였으나 그 조직이 완전히 변경됨으로써 기존의 범죄단체와 동일성이 없는 별개의 단체로 인정될 수 있을 정도에 이르렀다고 볼 수 없다는 이유로 폭력행위등처벌에관한법률 제4조 제1항 소정의 범죄단체의 구성에 해당하지 않는다(대법원 2000. 3. 24. 선고 2000도102 판결).

◆ 범죄단체조직죄와 목적한 범죄의 관계

형법 제114조 소정 범죄단체조직죄는 범죄를 목적으로 하는 단체를 조직함으로써 성립하는 것이고 그 후 목적한 범죄의 실행행위를 하였는가 여부는 위 죄의 성립에 영향이 없다(대법원 1975.9.23. 선고 75도2321 판결).

Ⅲ. 수사실무

1. 수사포인트

(1) 범죄단체를 조직하려는 목적

(2) 목적한 범죄를 실행했는가의 여부는 범죄성립에 영향을 주지 않는다.

(3) 목적한 범죄를 실행했다면, 이 죄와 그 목적한 죄의 양죄가 성립한다.

(4) 최소한의 통솔체계(두목－행동대장－행동대원 등 조직계보도).

▣ 조직폭력범죄단체의 계보도 작성 예 ▣

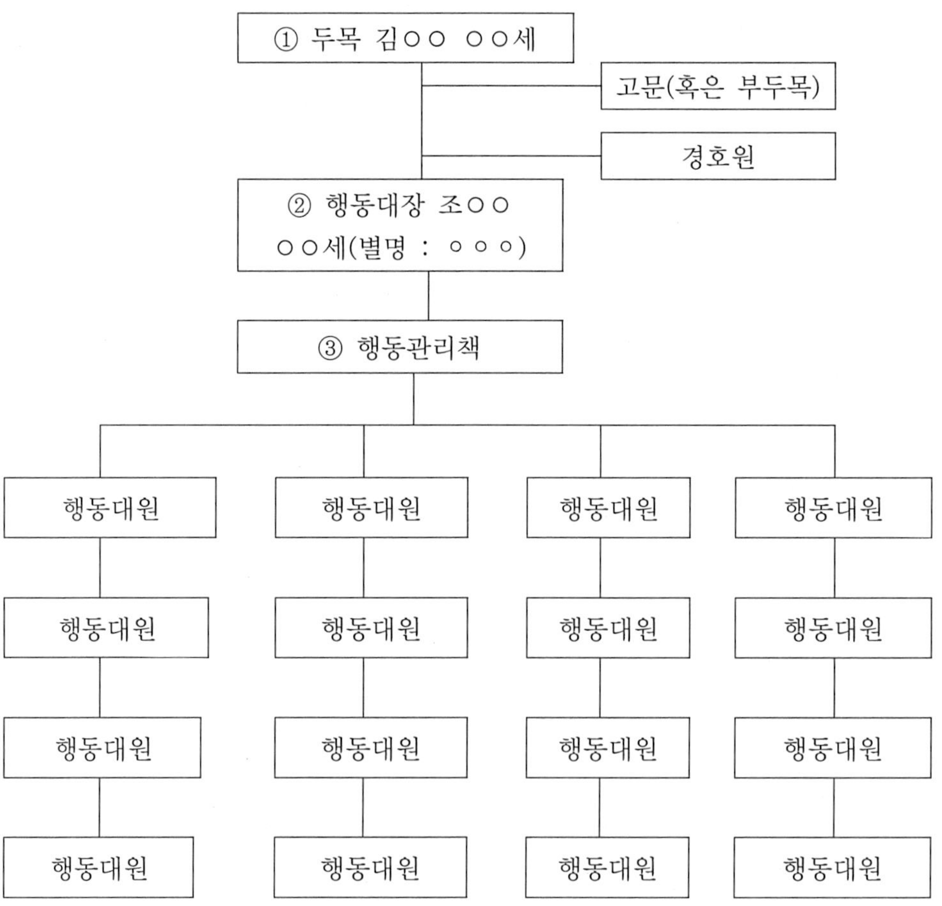

2. 피의자 신문례

(1) 조직의 이름은 무엇인가요

(2) 그렇게 불리는 이유는 무엇인가요

(3) ○○파의 결성시기와 장소는 어디인가요

(4) ○○파를 결성한 이유는 무엇인가요

(5) ○○파에 가입한 이유는 무엇인가요

(6) ○○파가 무엇을 하는 단체로 알고 있는가요

(7) 그와 같은 단체인 것을 알면서도 가입하였는가요

(8) ○○파의 규모는 어떠한가요

(9) 조직원의 이름은 어떻게 되는가요

(10) 그들의 직업은 무엇인가요

(11) 그들의 조직 내 직책은 어떻게 되는가요

(12) 조직내에 환영식과 같은 특별한 의식이 있는가요

(13) ○○파에 가입하기 위해서는 어떠한 방법이 있는가요

(14) 다른 조직과의 충돌은 종종 발생하는가요

(15) 타 조직과의 충돌시 ○○파는 어떻게 대응하는가요

(16) ○○파에서 탈퇴를 시도하는 조직원이 있는가요

(17) 그들에게 보복을 가하는가요

(18) ○○파 조직원간에 회식자리가 있는가요

(19) 주로 어디에서 회식이 이루어지는가요

(20) 비용은 누가 부담하는가요

(21) ○○파 조직원들의 합숙장소가 따로 있는가요

(22) 조직원들은 어떻게 개인생활비를 충당하는가요

(23) 조직원들이 단체로 동원된 일이 있는가요

(24) 동원된 이유는 무엇인가요

3. 범죄사실기재례

【범죄사실 기재례】

피의자 김○○, 피의자 이○○, 피의자 박○○, 피의자 정○○는 소매치기, 날치기, 들치기 등의 수법으로 절도행각을 해왔다. 그러다가 좀 더 능률적이고 조직적인 치기활동을 할 목적으로 20○○. ○. ○. 21 : 00경 서울 ○○구 ○○동 ○○번지에 있는 피의자 김○○의 집에

모여 명칭은 "○○단", 피의자 김○○을 "두목", 피의자 이○○은 "부두목", 피의자 박○○, 피의자 정○○을 행동대원으로 정하고(이익금은 어떻게 분배하고 어떠어떠한 행동지침에 따라 … 하기로 한) 절도를 목적으로 하는 범죄단체를 조직하였다.

4. 적용실례

(1) 강도상해 및 폭력행위를 자행한 단체의 경우

피고인들은 수괴, 간부, 가입자가 따로 있는 지휘통솔체제를 갖춘 단체를 구성, 가입한 후에 피고인 ○○○으로부터 단체생활에 쓸 생활비 등을 제공받고, 싸움에 대비하여 수시로 개인·단체훈련을 해왔다. 또한 피고인 ○○○의 사주를 받거나 고향 후배를 괴롭히는 자들을 응징한다는 등의 명목으로 단체구성 뒤 1년 8개월동안 15회에 걸쳐 강도상해 및 폭력행위(상해, 협박 등)를 자행해 왔다.

➡ 피고인들은 범행과정에서 생활비 절감 등을 위해 단체생활을 한 것이라고 인정할 수도 있고 위 단체의 명칭이 수사단계에서 붙여진 것이라 하더라도 피고인들의 1년 8개월동안의 행적을 검토하면 이는 결국 폭력을 목적으로 하여 범죄단체를 구성하거나 이에 가입한 죄에 해당한다.

(2) 범죄단체조직의 경우

피고인 ○○○외 3명은 남의 재물을 절취할 때 능률을 더 높이기 위해(절도를 목적으로 하는) 단체를 조직하기로 모의하고, 두목, 행동대원, 장물처분책을 분담하였고 식도, 손전등, 장갑, 나이론줄까지 준비해 두었다.

➡ 이는 절도를 목적으로 하여 범죄단체를 조직한 것이라고 볼 수 있어 범죄단체조직의 죄가 성립한다.

2. 소요죄

> **제115조【소요】**
> 다중이 집합하여 폭행, 협박 또는 손괴의 행위를 한 자는 1년 이상 10년 이하의 징역이나 금고 또는 1천500만원 이하의 벌금에 처한다. 〈개정 1995.12.29.〉

[폭행 · 협박 · 손괴] 107 · 136 · 297 · 298 · 324 · 325 · 335 · 336, [특수폭행] 261, [특수협박] 284, [공소시효] 형소249① : 10년

○ 이 죄의 보호법익은 사회공공의 평온으로서 추상적 위험범까지를 그 대상으로 한다. 즉 법질서의 침해가 현실적으로 발생될 것을 반드시 필요로 하지는 않는다.

Ⅰ. 이론

1. 구성요건

(1) 객관적 구성요건

다중이 집합하여 폭행 · 협박 또는 손괴하는 것이다.

1) 다중의 집합

다중은 그것이 조직적인지, 지휘자가 있는지 상관없이 한 지역의 안녕과 공공질서를 해하는 폭행·협박·손괴를 행하는데 적합한 다수인이면 된다.

2) 폭행, 협박, 손괴

폭행이란 사람 또는 물건에 대한 일체의 유형력의 행사를 의미하고, 협박이란 일반적으로 공포심을 생기게 할 만한 해악을 고지하는 것을 말한다. 손괴란 재물의 효용가치를 해하는 일체의 행위를 의미한다.

3) 착수시기

다중이 집합하여 폭행 · 협박 또는 손괴행위를 개시한 때에 실행의 착수가 인정된다.

4) 기수시기

일지방의 공공의 평온을 해할 위험성이 있는 폭행 · 협박 또는 손괴행위가 있

으면 기수가 되며 현실적인 결과발생을 요하지 않는 추상적 위험범이다.

(2) 주관적 구성요건

다중과 공동으로 그 위력을 이용하여 폭행, 협박, 손괴를 행하고자 하는 인식이 있으면 족하며, 구체적인 개개의 폭행, 협박의 고의를 필요로 하지 않으며 다중과 함께 위력으로 위 행위를 하려는 고의만으로 충분하다.

2. 타죄와의 관계

(특수)폭행죄, (특수)협박죄, (특수)손괴죄는 모두 본죄에 흡수된다. 그리고 다수설은 살인죄와 같이 소요죄보다 법정형이 중한 죄는 소요죄에 흡수되지 않고 성립하여 소요죄와 상상적 경합이 되지만, 공무집행방해죄, 업무방해죄와 같이 소요죄보다 형이 경한 죄의 경우에는 법조경합에 의하여 모두 소요죄에 흡수된다고 본다.

Ⅱ. 판례

◆ 소요죄와 포고령위반죄의 죄수관계

피고인의 행위가 수십명의 군중과 함께 정치적 구호를 외치며 거리를 진행하는 등 다중이 집합하여 폭행, 협박, 손괴행위를 한 것이라면 그 행위자체가 포고령 제10호가 금지한 정치목적의 시위를 한 것이라고 보아야 할 것이므로 소요죄와 위 포고령위반죄는 1개의 행위가 동시에 수개의 죄에 해당하는 형법 제40조의 상상적 경합범의 관계에 있다(대법원 1983. 6. 14. 선고 83도424 판결).

Ⅲ. 수사실무

1. 수사포인트

(1) 이 죄는 목적범이 아니기 때문에 처음에는 합법적인 목적으로 집합한 경우라 할지라도 그 모인 군중이 폭행·협박을 하면 성립하게 된다. 내란죄가 성립할 때에는 이 죄는 내란죄에 흡수된다.

(2) 다중이 집합하여 소요행위를 했을 경우에는 이에 가담한 전원이 정범자로 처벌되며, 실제로 폭행, 손괴 등을 하지 않았다고 해도 집합한 사실

만으로 성립된다.

(3) 살인죄, 방화죄는 이 죄와 상상적 경합관계에 있지만 폭행죄, 협박죄, 손괴죄와 공무집행방해죄, 주거침입죄는 이 죄에 흡수된다.

2. 범죄사실기재례

【범죄사실 기재례】

피의자들은 모두 ○○시 ○○동에 있는 ○○상가의 점포에 각각 세를 들어 일용잡화류 등을 도매하는 상인들이다.

피의자들은 20○○. ○. ○. 위 ○○상가 대표 이○○로부터 "다음 달부터 점포임대료를 20% 인상하기로 결정했으니 계약을 갱신하라"는 통고를 받고 같은 날 20:00경 위 상가 상인친목회 회장인 피의자 김○○을 중심으로 그의 점포에 상가 상인 30여명이 모여 경기불황을 이유로 위 이○○의 요구에 불응하기로 결의하였다. 그리고 "임대료인상 반대투쟁위원회"를 결성하였다.

피의자들은 상가대표에 대항하는 실력행사로서 다음날인 ○. ○.부터 모두 철시하기로 결의하고 그 실행에 들어갔으나 총무간사 박○○을 중심으로 회사측을 두둔하는 상인 10여명이 점포를 열고 영업을 계속하였다. 그러자 피의자들은 그들의 영업을 방해하기 위해 같은 날 10:00경 위 상가 주변에 모여서 서성거리고 있다가 위 박○○ 등이 상가에 출근하자 근처에 있는 나무토막과 돌멩이 등을 점포에 집어던져 유리창을 깨뜨리고 기물을 손괴하였으며 위 박○○ 등 7, 8명을 붙잡아 때리는 등 다중이 집합하여 폭행 또는 손괴의 행위를 하였다.

3. 다중불해산죄

제116조【다중불해산】

폭행, 협박 및 손괴의 행위를 할 목적으로 다중이 집합하여 그를 단속할 권한이 있는 공무원으로부터 3회 이상의 해산명령을 받고 해산하지 아니한 자는 2년 이하의 징역이나 금고 또는 300만원 이하의 벌금에 처한다. 〈개정 1995.12.29.〉

[진정부작위범] 319②, [특수폭행] 261, [특수협박] 284, [특수손괴] 369, [선거방해] 공선246, [공소시효] 형소249① : 5년

○ 이 죄는 소요죄 성립의 한단계전과정이지만 그 법익의 중대성에 비추어 독립된 구성요건으로 규정한 것이다. 이 단계에서 더 나아가 집합한 다중이 적극적으로 폭행·협박·손괴의 행위를 했을 경우에는 소요죄가 성립하며 불해산죄는 이에 흡수된다.

Ⅰ. 이론

1. 구성요건

(1) 객관적 구성요건

1) 주체

이 죄의 주체는 폭행·협박·손괴의 행위를 할 목적으로 집합한 다중을 구성하는 구성원 각자이다. 목적을 가졌을 뿐 실행이 없다는 점에서 소요죄와 차이가 난다.

2) 행위

행위는 단속할 권한이 있는 공무원으로부터 3회 이상의 해산명령을 받고 해산하지 않는 것이다.

① 단속할 권한이 있는 공무원 : 해산명령권을 가진 공무원으로 사건의 발생지를 관할하는 치안경찰의 사무에 종사하는 공무원이라야 한다.

② 3회 이상은 최소한 3회를 말하며, 각 회의 명령 사이에는 해산에 필요한 정도의 시간적인 간격이 있어야 한다.

(2) 주관적 구성요건

1) 고의

단속권한 있는 공무원의 3회 이상의 해산명령이 존재하고 이에 불응한다는 사실에 대한 고의가 있어야 한다.

2) 목적

폭행·협박·손괴 등 행위의 목적은 집합의 당초부터 있어야 하는 것은 아니지만 해산명령을 받기 전에는 그러한 목적이 존재해야 한다.

Ⅱ. 수사실무

1. 수사포인트

(1) 이 죄는 해산하지 않음으로써 곧 기수가 되는 진정부작위범이기 때문에 미수범이 성립할 여지가 없다.

(2) 범죄성립 후에 체포를 면하기 위하여 도주하거나 집합된 채로 퇴거하는 것은 해산에 해당하지 않는다.

(3) 일부는 해산하였으나 다른 일부는 해산하지 않은 경우에는 해산하지 않은 다수인에 대해서만 이 죄가 성립한다.

(4) 만일 해산하지 않고 폭행·협박의 행위로까지 이어갔다면 소요죄가 성립된다.

4. 전시공수계약불이행죄

제117조【전시공수계약불이행】

① 전쟁, 천재 기타 사변에 있어서 국가 또는 공공단체와 체결한 식량 기타 생활필수품의 공급계약을 정당한 이유없이 이행하지 아니한 자는 3년 이하의 징역 또는 500만원 이하의 벌금에 처한다. 〈개정 1995.12.29.〉

② 전항의 계약이행을 방해한 자도 전항의 형과 같다.

③ 전2항의 경우에는 그 소정의 벌금을 병과할 수 있다.

[전시] 103 · 119② · 121, 군형2, [계약] 국가를당사자로하는계약에관한법률, [계약불이행] 민544 · 545, [공소시효] : 5년

○ 이 죄는 제103조(전시군수계약불이행죄)와 서로 평행되는 규정으로 성질상 사법상의 계약불이행에 불과한 것이지만, 국가비상사태하에서 국민의 곤궁상태를 악용하는 모리행위를 방지하는 한편, 생활필수품의 원활한 공급으로 국민생활의 안정을 기하려는 데 그 취지가 있다.

Ⅰ. 이론

1. 구성요건

(1) 객관적 구성요건

1) 주체

'국가 또는 공공단체와 식량 기타 생활필수품의 공급계약을 체결한 자' 또는 그 '계약이행을 고의로 방해한 자' 이다.

2) 행위

'정당한 이유 없이 공급계약을 불이행' 하거나, 그 '이행을 방해' 하는 것이다.

(2) 주관적 구성요건

계약의 불이행과 계약이행 방해에 대한 고의가 있어야 한다.

Ⅱ. 수사실무

1. 수사포인트

(1) 계약이행의 방해에 있어서 그 방해하는 방법에는 제한이 없다(기망, 폭행, 협박 등).

(2) "공공단체" 에는 지방조합도 포함된다.

5. 공무원자격사칭죄

제118조【공무원자격의 사칭】

공무원의 자격을 사칭하여 그 직권을 행사한 자는 3년 이하의 징역 또는 700만원 이하의 벌금에 처한다. 〈개정 1995.12.29.〉

경범1, [공무원] 국공2, 지공2, 헌법7, [공소시효] 형소249① : 5년

○ 공무원자격사칭죄는 행위자가 자격을 사칭하고 그 공무원의 직권을 행사함으로써 성립하는 범죄이며, 대개 비공무원이 공무원의 자격을 사칭하는 것을 말하지만, 공무원이 자기의 권한과 전혀 상관이 없는 다른 공무원의 자격을 사칭하는 때에도 성립한다.
○ 단순사항은 경범죄처벌법 제3조 제1호 '관명사칭'에 적용하고, 형사입건시에는 '공무원 자격사칭'으로 해야한다.

경범죄처벌법 제3조(경범죄의 종류)
다음 각 호의 어느 하나에 해당하는 사람은 10만원 이하의 벌금, 구류 또는 과료(科料)의 형으로 처벌한다.
7.(관명사칭등) 국내외의 공직(公職), 계급, 훈장, 학위 또는 그 밖에 법령에 따라 정하여진 명칭이나 칭호 등을 거짓으로 꾸며 대거나 자격이 없으면서 법령에 따라 정하여진 제복, 훈장, 기장 또는 기념장(記念章), 그 밖의 표장(標章) 또는 이와 비슷한 것을 사용한 사람

Ⅰ. 이론

1. 구성요건

(1) 객관적 구성요건

1) 공무원의 자격사칭

공무원은 국가공무원법, 지방공무원법, 특별법상의 공무원을 불문하며, 임시직원도 포함된다는 것이 판례이다(73도884).

자격사칭이란 자격이 없는 자가 공무원의 자격을 가진 것처럼 다른 사람을 오신시키는 행위를 의미하며, 사칭의 방법에는 제한이 없다. 부작위에 의한 사칭도 가능하다.

2) 직권행사

사칭한 공무원의 직무에 관한 권한을 행사해야 한다. 그러므로 직권행사가 사칭한 그 공무원의 직권에 속하지 않을 경우에는 본 죄가 성립하지 않음을 주의해야 한다.

또한 단순한 사칭에 그치고 직권행사가 없는 경우에는 형법상의 공무원자격사칭죄가 아니라 경범죄처벌법에 의한 경범죄(경범죄처벌법 제3조 7호 참조)에 해당할 뿐이다.

▣ 근거판례 ▣

공무원자격사칭죄가 성립하려면 어떤 직권을 행사할 수 있는 권한을 가진공무원임을 사칭하고 그 직권을 행사한 사실이 있어야 하는바, 피고인들이 그들이 위임받은 채권을 용이하게 추심하는 방편으로 합동수사반원임을 사칭하고 협박한 사실이 있다고 하여도 위 채권의 추심행위는 개인적인 업무이지 합동수사반의 수사업무의 범위에는 속하지 아니하므로 이를 공무원자격사칭죄로 처벌할 수 없다(대법원 1981.9.8. 선고 81도1955 판결).

(2) 주관적 구성요건

공무원의 자격사칭과 그 권한행사에 대한 고의가 있어야 한다.

2. 타죄와의 관계

(1) 타인의 공무원신분증을 제시하여 공무원자격사칭죄를 범한 경우에는 공무원자격사칭죄와 공문서 부정행사죄의 상상적 경합이 된다.

(2) 공무원신분증을 위조한 후 이를 제시하여 공무원자격사칭죄를 범한 경우에는 공무원자격사칭죄와 공문서위조죄의 실체적 경합이 된다. 또한 이 경우 위조공문서행사죄와 공무원자격사칭죄는 상상적 경합이 된다.

Ⅱ. 판례

◆ 위임받은 채권을 추심하는 방편으로 합동수사반원임을 사칭하고 협박한 경우에 공무원자격사칭죄의 성부(소극)

(1) 사실관계

피고인은 제 1 심 공동 피고인 1로부터 그의 채무자 김○○에 대한 금 100만원의 채권(차용금)의 추심을 부탁받고 행동대원을 동원 위 김○○을 위협하여 금원을 갈취할 것을 결의하고, 판시 일시 장소에서 피해자 김○○에게 피고인 및 원심 공동 피고인 1, 2, 공소외 1과 같이 합동수사반에서 왔다고 집밖으로 데리고 나와 대기중인 승용차에 태워 해밀턴호텔 커피숍으로 가면서 피고인은 합동수사반 진소령, 원심 공동피고인 2는 동 수사반 강대위, 원심 공동피고인 1

는 치안본부 직원으로 사칭하고 "누구를 구속하여야 겠다." "잠복 근무를 하여야 겠다"는 등 말을 하였다.

(2) 판결요지

공무원자격사칭죄가 성립하려면 어떤 직권을 행사할 수 있는 권한을 가진 공무원임을 사칭하고 그 직권을 행사한 사실이 있어야 하는바, 피고인들 이 그들이 위임받은 채권을 용이하게 추심하는 방편으로 합동수사반원임을 사칭하고 협박한 사실이 있다고 하여도 위 채권의 추심행위는 개인적인 업무이지 합동수사반의 수사업무의 범위에는 속하지 아니하므로 이를 공무원자격사칭죄로 처벌할 수 없다(대법원 1981.9.8. 선고 81도1955 판결).

◆ 사칭된 공무원의 의미

형법 제118조의 소위 공무원 개념에는 공무원 개념에는 공무원 임용령 제43조에 의한 임시직원도 포함된다(대법원 1973.5.22. 선고 73도884 판결).

◆ 중앙정보부 직원의 직권행사에 해당하지 아니한 사례

중앙정보부 직원이 아닌 자가 동 직원임을 사칭하고 청와대에 파견된 감사실장인데 사무실에 대통령사진의 액자가 파손된 채 방치되었다는 사실을 보고받고 나왔으니 자인서를 작성 제출하라고 말한 행위는 중앙정보부 직원의 직권행사에 해당되지 않는다(대법원 1977.12.13. 선고 77도2750 판결).

◆ 청와대민원비서관의 직권행사에 해당하지 아니한 사례

피고인이 전신전화관서의 관계관에게 청와대민원비서관임을 사칭하여 시외전화선로고장 수리를 하라고 말한 사실이 있다고 하더라도 위와 같은 행위는 청와대민원비서관의 직권을 행사하는 요건을 갖춘 것이라고 할 수 없다(대법원 1972.12.26. 선고 72도2552판결).

◆ 공무원자격사칭죄의 구성요건

공무원자격사칭죄는 자격을 사칭한 공무원의 직권에 속한다는 인식하에 그 공무원의 직권을 행사한 경우에 해당한다(대법원 1973.12.24. 선고 73도1945 판결).

Ⅲ. 수사실무

1. 수사포인트

(1) 이 죄는 공무원의 자격을 사칭하고 그 직권을 행사함으로써 범죄가 성립되며, 그 결과 즉 피해나 이익의 유무는 범죄성립에 영향을 주지 않는다.

(2) 사칭행위에는 그 직권을 행사하는 행위가 뒤따라야 한다. 직권을 행사하지 않고 단순한 사칭에 그쳤을 때에는 이 죄가 아니라 경범죄처벌법 제1조 제8호에 해당하게 된다.

(3) 사칭행위는 자기자신이 했을 것을 요하지 않으며 부작위에 의해서도 가능하다.

2. 피의자 신문례

※ 경찰관을 사칭하여 도박판을 덮쳐 도박자금을 가져간 경우

(1) 피의자는 현재 어떠한 일을 하고 있으며 과거에는 무엇을 하였나요

(2) 피의자는 경찰관을 사칭하여 도박판의 돈을 가져온 사실이 있는가요

(3) 언제, 어디서 그렇게 하였는가요

(4) 그곳에서 도박을 하고 있다는 사실을 어떻게 알았는가요

(5) 어떤 방법으로 집에 들어갔는가요

(6) 누구와 함께 들어갔는가요

(7) 도박판에는 어떤 사람 몇 명이 어떤 도박을 하고 있었는가요

(8) 도박판에 들어가서 피의자의 신분을 뭐라고 밝혔는가(경찰관 호칭 명시)요

(9) 가지고 나온 화투와 돈은 어떻게 하였는가요

(10) 왜 이러한 일을 하게 되었는가요

3. 범죄사실 기재례

【범죄사실 기재례】

(1) 피의자는 부동산 중개소를 경영하고 있다.

피의자는 20○○. ○. ○. 10 : 00경 서울 강남구 압구정동 111에 있는 피해자 원○○의 집에서 그에게 얼마전 남대문시장에서 구입하여 가지고 있는 수갑을 내보이며 "강남경찰서에 근무하는 형사인데 당신을 뇌물공여혐의로 조사할 일이 있으니 함께 가자"고 말하고 그를 강남경찰서 부근에 있는 갑을빌딩 지하다방까지 임의동행 형식으로 데리고 가 경찰관의 자격을 사칭하여 그 직권을 행사하였다.

(2) 1. 공문서 위조

피의자는 20○○.○.○. 13:00경 부산 동래구 온천1동에 있는 금강공원에서 동래 경찰서 소속 순경 홍길동 명의의 경찰공무원 신분증 1장을 습득한 후 행사할 목적으로 위 홍길동의 사진을 떼어내고 마음대로 자신의 사진을 부착한 다음 그 주변 상호불상 문방구에서 코팅하였다.

이로써 피의자는 행사할 목적으로 공문서인 동래 경찰서 소속 순경 홍길동 명의의 경찰공무원 신분증 1장을 위조하였다.

2. 공무원자격 사칭

피의자는 20○○.○.○. 18:00경 부산 동래구 온천2동에 있는 지하 이발소인 성광이용원에 찾아가서 업주인 피해자 주○○(44세)에게 전항과 같이 위조한 신분증을 내보이며 자신은 업소 단속을 나온 경찰관이라고 하면서 퇴폐영업단속을 하겠다고 말하였다.

피의자는 경찰관이 아님에도 위와 같이 공무원인 경찰관의 자격을 사칭하여 그 직권을 행사하였다.

3. 공갈

피의자는 같은 때 같은 장소에서 전항과 같은 태도로 위협하여 피해자로 하여금 두려운 생각을 갖게 하였다.

피의자는 이와 같이 피해자를 공갈하여 100,000원을 교부받았다.

4. 적용실례

(1) 경찰관을 사칭하여 도박장에서 금품을 갈취한 경우

전직 순경의 정보원이었던 최○○는 ○○건설주식회사 숙직실에서 도박으로 고스톱을 하고 있던 구○○ 외 4명에게 "○○경찰서 수사과에서 신고를 받고 나왔다"라고 하며 그곳에 있는 화투와 판돈 ○○만원을 압수한다는 명목으로 빼앗고, ○○경찰서까지 동행을 요구하는 등 피해자들을 위협하여 그들로 하여금 두려운 생각을 갖게 하였다. 피의자는 이와 같이 피해자 구○○를 공갈하여 금 ○○만원을 교부받았다.

➡ 최○○는 경찰관의 자격을 사칭하고, 압수하고 동행을 요구하는 등, 그 직권을 행사했으므로 공무원자격 사칭죄가 성립하며, 공갈로 위협하여 재물을 갈취한 점에서는 공갈죄가 성립한다.

(2) 공무원을 사칭하며 주거를 침입한 경우

20○○. ○. ○. 18 : 00경 허○○는 ○○군 ○○면에 있는 김○○의 집에 들어가서 산림과에서 나온 공무원이라 사칭하며, 밖에 베어져 있는 소나무가 당신 것이냐면서종이와 연필을 들고 성명을 묻는 등 부정임산물을 단속하는 공무원인양 행세하며 퇴거요구에도 불응하였다.

➡ 이 경우 허○○에 대해 공무원자격사칭죄와 주거침입죄를 적용할 수 있다.

(3) 군수사관을 사칭하면서 감금한 경우

피의자 김○○는 헌병대 수사관을 사칭하면서 피해자가 지인을 시켜 돈을 가져올 때까지 방 밖으로 나가지 못하게 하고 오후 20 : 30경부터 다음 날 오전 10 : 30경까지 감금하였다.

➡ 이 경우 공무원자격사칭죄와 함께 그 감금시간이 "야간"이기 때문에 폭력행위등처벌에관한법률위반죄를 적용할 수 있다.

(4) 교통경찰관을 사칭하며 면허증제시를 요구한 경우

피의자 운전자는 상대방 운전자와 경쟁운전을 하다가 시비가 붙자 상대방 운전자에게 운전면허증의 제시를 요구하고, 상대방 운전자가 교통경찰관이냐고 묻자 "그렇다"고 대답하였다.

➡ 피의자는 자신이 교통경찰관인 것처럼 행세하면서 상대방 운전자에게 운전면허증의 제시를 요구한 점에서, 그 직권을 행사했다고 할 수 있으므로 공무원자격사칭죄가 성립된다 할 것이다.

(5) 경찰관이라 사칭하고 폭력까지 행사한 경우

피의자는 밤에 길을 가고 있던 피해자 윤○○(여)를 가로막고는 "나 경찰관인데, 아가씨 주민등록증 좀 보여달라" 고 말하고 윤○○가 당신이 뭔데 주민등록증을 보자고 하냐고 반문하자 주먹으로 윤○○의 얼굴과 가슴을 여러차례 때려 약 2주간의 치료를 요하는 상해를 가하였다.

➡ 피의자는 경찰관의 자격을 사칭하여 그 직권을 행사하고 폭력까지 행사했으므로 공무원자격사칭죄와 함께 폭력행위등처벌에관한법률위반죄를 적용해야 한다.

(6) 합동수사반원을 사칭하고 채권추심행위를 한 경우

피의자 김○○는 위임받은 채권을 용이하게 추심하기 위해 자신을 합동수사반원이라고 사칭하고 채무자를 협박하였다.

➡ 채권추심행위는 합동수사반의 수사업무의 범위에는 속하지 않는 개인적인 일이기 때문에 김○○에 대해 공무원자격사칭죄로 처벌할 수 없다.

(7) 청와대민원비서관을 사칭하며 전화수리를 지시한 경우

피의자 ○○○은 전신전화관서의 관계관에게 청와대 민정비서관임을 사칭하여 전화선로 고장을 수리하라고 말하였다.

➡ 청와대비서관은 모든 행정기관의 장을 지휘·감독하는 대통령의 직무를 보좌하는 사람으로, 전화국 업무과장에게 고장난 시외전화선로를 수리하라고 지시하는 행위는 청와대 비서관의 직권을 행사하는 것이라고 볼 수 없기 때문에 이 경우, 공무원자격사칭죄는 성립하지 않는다.

(8) 국가정보원 직원을 사칭하며 자인서 제출을 요구한 경우

피의자 이○○는 국가정보원 직원이 아니면서 동 직원임을 사칭하고 청와대에 파견된 감사실장인데 사무실에 대통령 사진의 액자가 파손된 채 방치되었다는 사실을 보고받고 나왔으니 자인서를 작성·제출하라고 하였다.

➡ 위 행위는 국가정보원 직원의 직권행사에 해당되지 않기 때문에 공무원자격사칭죄는 성립하지 않는다.

(9) 경찰관을 사칭하여

피의자 김○○는 20○○. ○. ○. 16:00경 서울시 ○○구 ○○동에서 ○○경찰서 소속 경사 이○○명의의 경찰공무원 신분증 1매를 습득하여 범행을 목적으로 자신의 사진으로 갈아붙여 집에서 코팅기를 이용하여 코팅하여 신분증을 위조하였다. 그리고 위조한 신분증을 소지한 채 강남구 ○○동 ○○이발소에서 퇴폐 영업을 한다는 사실을 입수하여 20○○. ○. ○. 21:00경 손님을 가장하여 ○○이발소에 들어간 후 주인이 계산을 요구하자 변조된 이○○경사의 신분증을 제시한 후 업소 단속을 나온 경찰관이라고 하면서 단속을 피하려면 알아서 하라고 말하였다. 이로써 피의자는 피해자 조○○를 기망하여 금 500,000원을 교부받았다.

➡ 위 행위는 경찰공무원의 직권행사를 하였기 때문에 공무원자격사칭죄와 함께 경찰공무원의 신분증을 위조하였으므로 공문서위조죄도 적용된다.

(10) 경찰관을 사칭하여 수사한다며 임의동행

피의자 김○○는 20○○. ○. ○. 18:00경 서울시 ○○구 ○○동 123번지 소재 고소인 이○○의 집에서 그에게 위조한 경찰관신분증 1매를 제시하여 ○○경찰서 형사인데 자동차를 절취한 혐의가 있어 조사하러 왔다고 경찰관의 행세를 하면서 위 고소인을 같은동 234번지 ○○커피숍까지 임의동행형식으로 데리고 가는 등 경찰관의 자격을 사칭하여 그 직권을 행사하였다.

제6장 폭발물에 관한 죄 (제119조~제121조)

제6장 폭발물에 관한 죄(제119조~제121조)

1. 폭발물사용죄 · 전시폭발물사용죄

> **제119조【폭발물사용】**
> ① 폭발물을 사용하여 사람의 생명, 신체 또는 재산을 해하거나 그 밖에 공공의 안전을 문란하게 한 자는 사형, 무기 또는 7년 이상의 징역에 처한다.
>
> ② 전쟁, 천재지변 그 밖의 사변에 있어서 제1항의 죄를 지은 자는 사형이나 무기징역에 처한다.
>
> ③ 제1항과 제2항의 미수범은 처벌한다.
>
> [전문개정 2020. 12. 8.]

[공안문란] 87 · 115, [전시] 103 · 117① · 121, 군형2, [미수범] 25, [예비 · 음모등] 120, [공소시효] : 25년

○ 이 죄의 보호법익은 사람의 생명·신체의 안전과 사회의 평온이고 추상적 위험범(수사포인트 1. 참조)이다.

Ⅰ. 이론

[폭발물사용죄(제119조 1항)]

1. 구성요건

(1) 객관적 구성요건

1) 객체 : 폭발물

① 폭발물의 개념은 법률상의 개념으로, 반드시 이화학상의 개념에 의존할 필요는 없다.

② 단지 소주병에 휘발유와 모래를 넣어 점화하는 장치는 여기의 폭발물에 해당하지 않는다(대법원 1968. 3. 5. 선고 66도1056 판결).

2) 행위 : 폭발물을 사용하여 사람의 생명·신체 또는 재산을 해하거나 공안을 문란하는 것

폭발물을 사용하여 일지방의 법질서를 교란케 할 정도에 이른 것을 말한다. 사람의 생명 · 신체 · 재산을 해하는 것은 공안문란의 예시적 규정이다.

(2) 주관적 구성요건

이 죄가 성립하려면 폭발물을 사용한다는 점에 대한 고의와 생명·신체 또는 재산을 해하고 공안을 문란한다는 점에 대한 고의가 필요하다(대법원 1969. 7. 8. 선고 69도832 판결).

[전시폭발물사용죄(제119조 2항)]

본 죄는 전쟁, 천재 기타 사변에 있어서 폭발물사용죄를 범함으로써 성립하는 범죄이다. 즉, 특수한 행위상황으로 인하여 폭발물사용죄보다 불법이 가중되는 가중적 구성요건이다.

Ⅱ. 판례

◆ 형법 제119조 폭발물사용죄에서 '폭발물'의 의미 및 어떠한 물건이 폭발물에 해당하는지 판단하는 기준

형법 제119조 제1항에서 규정한 폭발물사용죄는 폭발물을 사용하여 공안을 문란하게 함으로써 성립하는 공공위험범죄로서 개인의 생명, 신체 등과 아울러 공공의 안전과 평온을 보호법익으로 하는 것이고, 법정형이 사형, 무기 또는 7년 이상의 징역으로 범죄의 행위 태양에 해당하는 생명, 신체 또는 재산을 해하는 경우에 성립하는 살인죄, 상해죄, 재물손괴죄 등의 범죄를 비롯한 유사한 다른 범죄에 비하여 매우 무겁게 설정되어 있을 뿐 아니라, 형법은 제172조에서 '폭발성 있는 물건을 파열시켜 사람의 생명, 신체 또는 재산에 대하여 위험을 발생시킨 자'를 처벌하는 폭발성물건파열죄를 별도로 규정하고 있는데 그 법정형은 1년 이상의 유기징역으로 되어 있다. 이와 같은 여러 사정을 종합해 보면, 폭발물사용죄에서 말하는 폭발물이란 폭발작용의 위력이나 파편의 비산 등으로 사람의 생명, 신체, 재산 및 공공의 안전이나 평온에 직접적이고 구체적인 위험을 초래할 수 있는 정도의 강한 파괴력을 가지는 물건을 의미한다. 따라서 어떠한 물건이 형법 제119조에 규정된 폭발물에 해당하는지는 폭발작용 자체의 위력이 공안을 문란하게 할 수 있는 정도로 고도의 폭발성능을 가지고 있는지에 따라 엄격하게 판단하여야 한다(대법원 2012.4.26. 선고 2011도17254 판결).

◆ 피고인이 자신이 제작한 폭발물을 사용하여 공안을 문란하게 하였다고 하여 폭발물사용으로 기소된 사안에서, 피고인이 제작한 물건의 구조 등에 비추어 그것이 형법 제119조 제1항에 규정된 '폭발물'에 해당한다고 볼 수 없는데도, 이와 달리 보아 폭발물사용죄가 성립한다고 한 원심판결에 법리오해의 위법이 있다고 한 사례

피고인이 자신이 제작한 폭발물을 배낭에 담아 고속버스터미널 등의 물품보관함 안에 넣어 두고 폭발하게 함으로써 공안을 문란하게 하였다고 하여 폭발물사용으로 기소된 사안에서, 피고인이 제작한 물건의 구조, 그것이 설치된 장소 및 폭발 당시의 상황 등에 비추어, 위 물건은 폭발작용 자체에 의하여 공공의 안전을 문란하게 하거나 사람의 생명, 신체 또는 재산을 해할 정도의 성능이 없거나, 사람의 신체 또는 재산을 경미하게 손상시킬 수 있는 정도에 그쳐 사회의 안전과 평온에 직접적이고 구체적인 위험을 초래하여 공공의 안전을 문란하게 하기에는 현저히 부족한 정도의 파괴력과 위험성만을 가진 물건이므로 형법 제172조 제1항에 규정된 '폭발성 있는 물건'에는 해당될 여지가 있으나 이를 형법 제119조 제1항에 규정된 '폭발물'에 해당한다고 볼 수는 없는데도, 위 제작물이 폭발물에 해당한다고 보아 폭발물사용죄가 성립한다고 한 원심판결에 법리오해의 위법이 있다고 한 사례(대법원 2012.4.26. 선고 2011도17254 판결).

Ⅲ. 수사실무

1. 수사포인트

(1) 폭발물의 사용이란 폭발가능성 있는 물건을 그 용법에 따라 폭발시키는 것을 말한다.

(2) 공안의 문란이란 폭발물을 사용하여 한 지방의 법질서를 교란할 정도에 이르는 것을 말한다.

(3) 폭발물을 사용하여 제164조에 기재된 물건(건조물, 기차, 전차, 자동차, 선박, 항공기, 광갱)을 손괴한 경우에는 이 죄와 제172조(폭발성물건파열)의 상상적 경합이 된다.

(4) 고의범만 처벌하고 과실범을 처벌하지 않는다.

(5) 공장, 작업장 또는 연구소에서 안전규칙을 준수한 폭발물의 사용에 대해서는 위법성을 조각한다.

2. 범죄사실 기재례

【범죄사실 기재례】

피의자는 서울 ○○구 ○○동 ○○번지에 있는 ○○피혁공업주식회사 공장의 공원으로 근무하였다.

피의자는 20○○. ○. ○. 위 공장의 가죽폐품을 절취하였다는 이유로 해고된 후 앙심을 품고 있던 중, 같은 달 14일에 위 회사 창립기념행사가 있다는 소식을 듣었다. 그리하여 같은 해 ○○에서 습득, 보관하고 있던 다이나마이트를 사용하여 해고당한 분풀이를 하려고 마음먹고, 같은 달 14일 10:00경 위 다이나마이트 1개를 양복 안쪽 호주머니 속에 숨겨 위 회사 기념식장에 고객으로 가장하고 참석하였다.

피의자는 위 회사 대표이사 정○○이 기념식사를 하고 있는 사이에 숨겨 가지고 간 다이나마이트에 불을 붙인 다음 ○○여명의 축하객이 앉아 있는 연단을 향해 던져서 폭발하게 하여 그 화염과 폭음으로 인하여 그곳에 있던 위 정○○ 외 ○명에게 각각 상해를 가하였다.

2. 폭발물사용 예비 · 음모 · 선동죄

제120조【예비, 음모, 선동】

① 전조제1항, 제2항의 죄를 범할 목적으로 예비 또는 음모한 자는 2년 이상의 유기징역에 처한다. 단, 그 목적한 죄의 실행에 이르기 전에 자수한 때에는 그 형을 감경 또는 면제한다.

② 전조제1항, 제2항의 죄를 범할 것을 선동한 자도 전항의 형과 같다.

[음모 · 예비] 28, [자수] 52, [형의면제] 형소322, [형의감경] 55 · 56, [선동·선전] 국보4①, [자수주장에대한판단] 형소323 ②, [공소시효] 형소249 ① : 10년

○ 여기서 "선동"이란 타인에 대해 정당한 판단을 잃게 하여 범죄실행의 결의를 하게 하거나 이미 되어 있는 결의에 자극을 주는 것을 말한다. 상대방이 이에 따라 결의하였을 것을 요하지 않는다는 점에서 교사와 구별된다.

Ⅰ. 이론

1. 구성요건

(1) 객관적 구성요건

예비란 폭발물을 사용하기 위한 준비행위를 의미하고, 음모란 위 죄를 실행하기 위하여 이루어진 2인 이상의 모의를 의미한다. 선동이란 타인의 정당한 판단을 잃게 하여 범죄실행을 유도하거나 이미 결의한 자의 결의를 조장·자극하는 것을 의미한다.

(2) 주관적 구성요건

예비·음모·선동행위에 대한 고의가 있어야 한다. 그리고 예비·음모의 경우에는 폭발물사용죄(제119조 1항)·전시폭발물사용죄(제119조 2항)를 범할 목적이 있어야 한다.

3. 전시폭발물 제조·수입·수출·수수·소지죄

제121조【전시폭발물제조 등】

전쟁 또는 사변에 있어서 정당한 이유없이 폭발물을 제조, 수입, 수출, 수수 또는 소지한 자는 10년 이하의 징역에 처한다.

[전시] 103·117·119②, 군형2, [공소시효] 형소249① : 10년

Ⅰ. 이론

1. 구성요건

(1) 객관적 구성요건

1) 정당한 이유 없이

법률에 의하지 않거나 국가기관의 허가가 없는 경우와 같이 정당한 이유가 없는 경우를 의미한다.

2) 제조 · 수입 · 수출 · 수수 · 소지

제조는 폭발물을 새로 만드는 것이며, 수입은 국외에서 국내로 폭발물을 반입하는 것, 수출은 국내에서 국외로 폭발물을 반출하는 것을 의미한다. 수수는 폭발물을 주고받는 것으로서 유상 · 무상을 불문한다. 소지는 폭발물을 사실상 자기의 지배하에 두는 것을 의미한다.

3) 전쟁 또는 사변

전쟁 또는 사변이라는 특수한 상황속에서 이러한 행위를 해야 한다.

(2) 주관적 구성요건

정당한 이유없이 폭발물을 제조, 수입, 수출, 수수, 소지한다는 것에 대한 고의가 있어야 한다.

Ⅱ. 수사실무

폭탄제조 사이트의 경우 사이버범죄수사대에 의뢰하고 도메인이 국내인 경우(ex : co.kr)에는 해당 사이트의 폐쇄를 명하고 소환조사하며, 국외사이트의 경우(ex : com, jp…)에는 해당사이트 운영자에게 폐쇄권고를 한 후 그래도 폐쇄가 되지 않으면 도메인 해당국가에 수사협조를 의뢰한다.

제7장 공무원의 직무에 관한 죄 (제122조 ~ 제135조)

제7장 공무원의 직무에 관한 죄(제122조 ~ 제135조)

1. 직무유기죄

> **제122조【직무유기】**
> 공무원이 정당한 이유없이 그 직무수행을 거부하거나 그 직무를 유기한 때에는 1년 이하의 징역이나 금고 또는 3년 이하의 자격정지에 처한다.

[공무원의봉사의무] 헌법7①, 국공1 · 59, 지공47-51, [공무원] 118, [직무유기] 군형24-35, [공소시효] 형소249① : 5년

○ 이 죄는 공무원의 불성실이 국가의 기능을 저해하여 국민의 피해를 야기시키는 것을 방지하려는 데 그 취지가 있다. 그 성격은 유기행위로 인해 국가기능을 위태롭게 하는 구체적 위험범이다.

Ⅰ. 이론

1. 구성요건

(1) 객관적 구성요건

1) 주체 : 공무원(진정신분범)

여기서 공무원은 널리 법령에 의하여 공무에 종사하는 자로서, 노무의 내용이 단순히 기계적·육체적인 것에 제한되어 있지 않은 자를 포함한다.

2) 행위 : 직무수행 거부, 직무유기

① 직무의 범위

본죄에서의 직무란 공무원이 공무원법에 따라 수행해야 할 "고유한 직무"를 의미한다. 또한 공무원이 맡은 바 직무를 제때에 수행하지 않으면 실효를 거둘 수 없는 "구체적 직무"이어야 한다.

② 직무수행거부와 직무유기

직무수행거부란 직무를 능동적으로 수행해야 할 의무 있는 자가 이를 행하지 않는 것을 의미한다. 직무유기라 하는 것은 법령, 내규, 지시 및 통첩에 의한 추상적인 의무를 태만히 하는 경우를 말하지 않으며, 직장의 무단이탈, 직무의 의식적인 포기 등과 같이 국가의 기능을 저해하고 국민에게 피해를 야기시킬 가능성이 있는 경우를 말한다. 그러나 직무를 집행한 때에는 직무집행에 있어서 법정절차를 이행하지 않았다거나 내용이 부실하다 하더라도 이 죄는 성립하지 않는다.

▣ 근거판례 ▣

직무유기죄는 공무원이 법령·내규 등에 의한 추상적 충근의무를 태만히 하는 일체의 경우에 성립하는 것이 아니라, 직장의 무단이탈이나 직무의 의식적인 포기 등과 같이 국가의 기능을 저해하고 국민에게 피해를 야기시킬 구체적 위험성이 있고 불법과 책임비난의 정도가 높은 법익침해의 경우에 한하여 성립하므로, 어떠한 형태로든 직무집행의 의사로 자신의 직무를 수행한 경우에는 그 직무집행의 내용이 위법한 것으로 평가된다는 점만으로 직무유기죄의 성립을 인정할 것은 아니다(대법원 2007.7.12. 선고 2006도1390 판결).

(2) 주관적 구성요건

고의가 요구된다. 즉, 이 죄가 성립하려면 주관적으로 직무를 버린다는 인식과 객관적으로 직무 또는 직장을 벗어나는 행위가 있어야 한다. 따라서 단순히 직무수행과 관련하여 태만, 분망, 착각한 것이거나 일신상 또는 객관적인 사유로 인해 부당한 결과를 초래한 것뿐이라면 직무유기죄는 성립하지 않는다.

2. 타죄와의 관계

(1) 허위공문서작성죄와의 관계

공무원이 위법사실을 은폐할 목적으로 허위공문서를 작성한 경우에는 허위공문서작성죄만 성립한다. 그러나 위법사실에 대한 은폐의 목적이 없는 경우에는 허위공문서작성죄와 직무유기죄의 실체적 경합이 된다는 것이 대법원의 태도이다(99도2240).

> ▣ 근거판례 ▣
>
> 공무원이 어떠한 위법사실을 발견하고도 직무상 의무에 따른 적절한 조치를 취하지 아니하고 위법사실을 적극적으로 은폐할 목적으로 허위공문서를 작성, 행사한 경우에는 직무위배의 위법상태는 허위공문서작성 당시부터 그 속에 포함되는 것으로 작위범인 허위공문서작성, 동행사죄만이 성립하고 부작위범인 직무유기죄는 따로 성립하지 아니한다(대법원 1999. 12. 24. 선고 99도2240 판결).

(2) 수뢰죄와의 관계

공무원이 뇌물을 수수한 후에 직무유기를 한 경우 수뢰죄와 직무유기죄의 실체적 경합이 된다고 본다.

3. 참조조문

(1) 수사기관 종사자 직무유기의 가중처벌(특별규정)

1) 폭력행위등처벌에관한법률 제9조 (사법경찰관리의 직무유기)

① 사법경찰관리로서 이 법에 규정된 죄를 범한 자를 수사하지 아니하거나 범인을 알면서 이를 체포하지 아니하거나 수사상 정보를 누설하여 범인의 도주를 용이하게 한 자는 1년 이상의 유기징역에 처한다.

② 뇌물의 수수요구 또는 약속을 하고 제1항의 죄를 범한 자는 2년이상의 유기징역에 처한다.

2) 특정범죄가중처벌등에관한법률 제15조(특수직무유기)

범죄수사의 직무에 종사하는 공무원이 이 법에 규정된 죄를 범한 자를 인지하고 그 직무를 유기한 때에는 1년이상의 유기징역에 처한다.

(2) 경찰관직무집행법

1조 : 목적 : 국민의 자유와 권리 및 모든 개인이 가지는 불가침의 기본적 인권을 보호하고 사회공공의 질서를 유지하기 위한 경찰관(경찰공무원만 해당한다. 이하 같다)의 직무 수행에 필요한 사항을 규정

2조 : 직무의 범위

3조 : 불심검문 : 7개항(1항. 정지질문, 2항. 동행요구, 3항. 흉기조사, 4

항. 증표제시, 5항. 권리고지, 6항. 6시간을 초과하여 경찰관서에 머물게 할 수 없다, 7항. 답변의 강요금지)

4조 : 보호조치 등 : 7개항(1항. 긴급구호요청, 2항. 긴급구호 요청을 받은 보건의료기관이나 공공구호기관은 긴급구호를 거절할 수 없다, 3항. 피구호자가 휴대한 무기, 흉기 등을 경찰관서에 임시영치, 4항. 통지, 5항. 경찰서장에게 보고, 6항. 통보, 7항. 보호 24시간, 영치 10일)

5조 : 위험발생방지 → 4개항(1항 : 경고, 억류, 피난조치, 2항 : 통행제한, 3항 : 보고, 4항 : 협조조치)

6조 : 범죄의 예방과 제지 → 경고, 제지

7조 : 위험방지를 위한 출입 → 4개항(1항. 출입, 2항. 흥행장, 여관, 음식점, 역 등 다수인이 출입하는 장소의 관리자는 경찰관이 범죄의 예방 및 위해방지를 목적으로 그 장소에 출입할 것을 요구한 때에는 정당한 이유 없이 거절할 수 없다, 3항. 검색, 4항. 증표제시)

8조 : 사실의 확인 등

8조의 2 : 정보의 확인 등

8조의 3 : 국제협력

9조 : 유치장

10조 : 경찰장비의 사용 등

10조의2 : 경찰장구의 사용

10조의3 : 분사기 등의 사용

10조의4 : 무기의 사용

11조 : 사용등록의 보관(살수차, 분사기나 최루탄, 무기를 사용하는 경우)

11조의 2 : 손실보상

11조의 3 : 범인검거 등 공로자 보상

12조 : 벌칙

부칙

Ⅱ. 판례

◆ 공무원이 태만이나 착각 등으로 직무를 성실히 수행하지 않은 경우 또는 직무를 소홀하게 수행하였기 때문에 성실한 직무수행을 못한 데 지나지 않는 경우, 직무유기죄가 성립하는지 여부(소극) 및 근무기간을 정하여 임용된 공무원의 무단이탈로 인한 직무유기죄 성립 여부를 판단할 때 고려할 사항

형법 제122조는 직무유기죄에 관하여 "공무원이 정당한 이유 없이 그 직무수행을 거부하거나 그 직무를 유기한 때에는 1년 이하의 징역이나 금고 또는 3년 이하의 자격정지에 처한다."라고 정한다. 직무유기죄는 구체적으로 직무를 수행해야 할 작위의무가 있는데도 이러한 직무를 저버린다고 인식하고 작위의무를 이행하지 않음으로써 성립한다. 이때 직무를 유기한다는 것은 공무원이 법령, 내규 등에 따른 추상적 성실의무를 게을리하는 일체의 경우를 말하는 것이 아니라 직장의 무단이탈, 직무의 의식적인 포기 등과 같이 국가의 기능을 저해하고 국민에게 피해를 야기할 구체적인 가능성이 있는 경우만을 가리킨다. 따라서 공무원이 태만이나 착각 등으로 인하여 직무를 성실히 수행하지 않은 경우 또는 직무를 소홀하게 수행하였기 때문에 성실한 직무수행을 못한 데 지나지 않는 경우에는 직무유기죄가 성립하지 않는다.

무단이탈로 인한 직무유기죄 성립 여부는 결근 사유와 기간, 담당하는 직무의 내용과 적시 수행 필요성, 결근으로 직무수행이 불가능한지, 결근 기간에 국가기능의 저해에 대한 구체적인 위험이 발생하였는지 등을 종합적으로 고려하여 신중하게 판단해야 한다. 특히 근무기간을 정하여 임용된 공무원의 경우에는 근무기간 안에 특정 직무를 마쳐야 하는 특별한 사정이 있는지 등을 고려할 필요가 있다. [대법원 2022. 6. 30., 선고, 2021도8361, 판결]

◆ 경찰공무원이 지명수배 중인 범인을 발견하고도 직무상 의무에 따른 적절한 조치를 취하지 아니하고 오히려 범인을 도피하게 하는 행위를 한 경우, 범인도피죄 외에 직무유기죄가 따로 성립하는지 여부(소극)

경찰공무원이 지명수배 중인 범인을 발견하고도 직무상 의무에 따른 적절한 조치를 취하지 아니하고 오히려 범인을 도피하게 하는 행위를 하였다면, 그 직무위배의 위법상태는 범인도피행위 속에 포함되어 있다고 보아야 할 것이므로, 이와 같은 경우에는 작위범인 범인도피죄만이 성립하고 부작위범인 직무유기죄는 따로 성립하지 아니한다 (대법원 1996. 5. 10. 선고 96도51 판결, 대법원 2006. 10. 19. 선고 2005도3909 전원합의체 판결 등 참조).

한편, 범인도피죄는 범인을 도피하게 함으로써 기수에 이르지만, 범인도피행위가 계속되는 동안에는 범죄행위도 계속되고 행위가 끝날 때 비로소 범죄행위가 종료된다 (대법원 1995. 9. 5. 선고 95도577 판결, 대법원 2012. 8. 30. 선고 2012도6027 판결 등 참조) (대법원 2017. 3. 15., 선고, 2015도1456, 판결).

◆ 직무유기죄에서 '직무를 유기한 때'의 의미 및 교육기관 등의 장이 교육공무원에 대한 징계의결을 집행하지 못할 법률상·사실상의 장애가 없는데도 징계의 결서를 통보받은 날로부터 법정 시한이 지나도록 집행을 유보하는 행위가 직무유기죄를 구성하는지 여부(한정 적극)

형법 제122조에서 정하는 직무유기죄에서 '직무를 유기한 때'란 공무원이 법령, 내규 등에 의한 추상적 성실의무를 태만히 하는 일체의 경우에 성립하는 것이 아니라 직장의 무단이탈, 직무의 의식적인 포기 등과 같이 국가의 기능을 저해하고 국민에게 피해를 야기시킬 가능성이 있는 경우를 가리킨다. 그리하여 일단 직무집행의 의사로 자신의 직무를 수행한 경우에는 직무집행의 내용이 위법한 것으로 평가된다는 점만으로 직무유기죄의 성립을 인정할 것은 아니고, 공무원이 태만·분망 또는 착각 등으로 인하여 직무를 성실히 수행하지 아니한 경우나 형식적으로 또는 소홀히 직무를 수행한 탓으로 적절한 직무수행에 이르지 못한 것에 불과한 경우에도 직무유기죄는 성립하지 아니한다. 따라서 교육기관·교육행정기관·지방자치단체 또는 교육연구기관의 장이 징계의결을 집행하지 못할 법률상·사실상의 장애가 없는데도 징계의 결서를 통보받은 날로부터 법정 시한이 지나도록 집행을 유보하는 모든 경우에 직무유기죄가 성립하는 것은 아니고, 그러한 유보가 직무에 관한 의식적인 방임이나 포기에 해당한다고 볼 수 있는 경우에 한하여 직무유기죄가 성립한다고 보아야 한다(대법원 2014.4.10, 선고, 2013도229, 판결).

◆ 징계사유를 통보받고도 징계요구를 하지 아니하여 주무부장관으로부터 징계요구를 하라는 직무이행명령을 받았으나 그에 대한 이의의 소를 제기한 경우, 징계사유를 통보받은 날로부터 1개월 내에 징계요구를 하지 않았다는 사정만으로 직무를 유기한 것에 해당하는지 여부(원칙적 소극)

지방자치법은 지방자치단체의 장이 법령의 규정에 따라 그 의무에 속하는 국가위임사무 등의 관리와 집행을 명백히 게을리하고 있다고 인정되면 주무부장관이 그 직무의 이행을 명령할 수 있고, 지방자치단체의 장은 그 이행명령에 이의가 있으면 15일 이내에 대법원에 소를 제기할 수 있다고 규정하고 있는데(제170조 제1항, 제3항), 이 규정은 '지방교육자치에 관한 법률' 제3조에 의하여 지방자치단체의 교육과 학예에 관한 사무에도 준용된다. 따라서 지방자치단체의 교육기관 등의 장이 국가위임사무인 교육공무원에 대한 징계사무를 처리함에 있어 주무부장관의 직무이행명령을 받은 경우에도 이의가 있으면 대법원에 소를 제기할 수 있다 할 것이므로, 수사기관 등으로부터 징계사유를 통보받고도 징계요구를 하지 아니하여 주무부장관으로부터 징계요구를 하라는 직무이행명령을 받았다 하더라도 그에 대한 이의의 소를 제기한 경우에는, 수사기관 등으로부터 통보받은 자료 등으로 보아 징계사유에 해당함이 객관적으로 명백한 경우 등 특별한 사정이 없는 한 징계사유를 통보받은 날로부터 1개월 내에 징계요구를 하지 않았다는 것만으로 곧바로 직무를 유기한 것에 해당한다고 볼 수는 없다(대법원 2013. 6. 27., 선고, 2011도797, 판결).

◆ 직무유기죄 구성요건 중 '직무를 유기한 때'의 의미 및 공무원이 직무집행의 의사로 직무를 수행하였으나 직무집행의 내용이 위법한 경우, 직무유기죄가 성립하는지 여부(소극)

형법 제122조에서 정하는 직무유기죄에서 '직무를 유기한 때'란 공무원이 법령, 내규 등에 의한 추상적 성실의무를 태만히 하는 일체의 경우에 성립하는 것이 아니라 직장의 무단이탈, 직무의 의식적인 포기 등과 같이 국가의 기능을 저해하고 국민에게 피해를 야기시킬 가능성이 있는 경우를 가리킨다. 그리하여 일단 직무집행의 의사로 자신의 직무를 수행한 경우에는 그 직무집행의 내용이 위법한 것으로 평가된다는 점만으로 직무유기죄의 성립을 인정할 것은 아니고, 공무원이 태만·분망 또는 착각 등으로 인하여 직무를 성실히 수행하지 아니한 경우나 형식적으로 또는 소홀히 직무를 수행한 탓으로 적절한 직무수행에 이르지 못한 것에 불과한 경우에도 직무유기죄는 성립하지 아니한다(대법원 2007. 7. 12. 선고 2006도1390 판결, 대법원 2011. 7. 28. 선고 2011도1739 판결 등 참조)(대법원 2013. 4. 26., 선고, 2012도15257, 판결).

◆ 직무유기죄의 성립요건

형직무유기죄는 공무원이 법령·내규 등에 의한 추상적 충근의무를 태만히 하는 일체의 경우에 성립하는 것이 아니라, 직장의 무단이탈이나 직무의 의식적인 포기 등과 같이 국가의 기능을 저해하고 국민에게 피해를 야기시킬 구체적 위험성이 있고 불법과 책임비난의 정도가 높은 법익침해의 경우에 한하여 성립하는 것이므로, 어떠한 형태로든 직무집행의 의사로 자신의 직무를 수행한 경우에는 그 직무집행의 내용이 위법한 것으로 평가된다는 점만으로 직무유기죄의 성립을 인정할 것은 아니고(대법원 2007. 7. 12. 선고 2006도1390 판결 등 참조), 공무원이 태만·분망·착각 등으로 인하여 직무를 성실히 수행하지 아니한 경우나 형식적으로 또는 소홀히 직무를 수행하였기 때문에 성실한 직무수행을 못한 것에 불과한 경우에도 직무유기죄는 성립하지 아니한다(대법원 1997. 8. 29. 선고 97도675 판결 등 참조)(대법원 2012. 8. 30., 선고, 2010도13694, 판결).

◆ 통고처분·고발 권한이 없는 세무공무원이 그 권한자에게 통고처분이나 고발조치를 건의하지 아니한 경우

(1) 사실관계

피고인은 군산세무서 직세과 법인세계 소속 세무공무원으로서 법인의 부가가치세와 관련된 업무를 담당하던 중 A경영의 유한회사 태환의 부가가치세 불성실신고혐의를 인지하고 세금추징을 목적으로 유한회사 태환에 대한 일반 경정조사를 벌인 결과 A가 실물거래 없이 B로부터 허위세금계산서를 교부받은 것을 확인하여 B에 대하여는 관할부서인 부고발하게 하고 유한회사 태환에 대하

> 여는 부당하게 공제받은 부가가치세액 및 이에 대한 불성실신고가산세를 합한 금 40,900,000원을 추징 조치하였다. 그러나 피고인은 A에 대한 통고처분이나 고발조치를 건의하는 등의 조치를 취하지 않았다.

(2) 판결요지

통고처분이나 고발을 할 권한이 없는 세무공무원이 그 권한자에게 범칙사건 조사 결과에 따른 통고처분이나 고발조치를 건의하는 등의 조치를 취하지 않았다고 하더라도, 구체적 사정에 비추어 그것이 직무를 성실히 수행하지 못한 것이라고 할 수 있을지언정 그 직무를 의식적으로 방임 내지 포기하였다고 볼 수 없다(대법원 1997. 4. 11. 선고 96도2753 판결).

◆ 직권남용권리행사방해죄에서 '직권남용'의 의미와 판단 기준 및 어떠한 직무를 '공무원의 일반적 권한에 속하는 사항'으로 인정하기 위한 요건

형법 제123조의 직권남용권리행사방해죄에서 '직권의 남용'이란 공무원이 '일반적 권한'에 속하는 사항을 불법하게 행사하는 것, 즉 형식적, 외형적으로는 직무집행으로 보이나 실질은 정당한 권한 외의 행위를 하는 경우를 의미하고, 남용에 해당하는지는 구체적인 공무원의 직무행위가 그 목적 및 그것이 행하여진 상황에서 볼 때의 필요성·상당성 여부, 직권행사가 허용되는 법령상 요건을 충족했는지 등 제반 요소를 고려하여 결정하여야 한다. 그리고 어떠한 직무가 공무원의 일반적 권한에 속하는 사항이라고 하기 위해서는 그에 관한 법령상의 근거가 필요하지만, 명문이 없는 경우라도 법·제도를 종합적, 실질적으로 관찰해서 그것이 해당 공무원의 직무권한에 속한다고 해석되고, 남용된 경우 상대방으로 하여금 사실상 의무 없는 일을 행하게 하거나 권리를 방해하기에 충분한 것이라고 인정되는 경우에는 직권남용죄에서 말하는 '일반적 권한'에 포함된다고 보아야 한다(대법원 2011.7.28. 선고 2011도1739 판결).

◆ 해군본부 법무실장인 피고인이 국방부 검찰수사관 갑에게 군내 납품비리 수사와 관련한 수사기밀사항을 보고하게 하여 직무상 권한을 남용하였다는 내용으로 기소된 사안에서, 피고인에게 직권남용권리행사방해죄를 인정한 원심판단을 수긍한 사례

해군본부 법무실장인 피고인이 국방부 검찰수사관 갑에게 군내 납품비리 수사와 관련한 수사기밀사항을 보고하게 하여 직무상 권한을 남용하였다는 내용으로 기소된 사안에서, 피고인은 해군 검찰업무뿐 아니라 소송, 징계업무 등 법무업무 전반에 관하여 해군참모총장을 보좌하는 자로서 해군 소속 인원의 사법처리와 관련된 중요 사항에 관하여 보고를 받을 일반적인 직무권한이 있으나, 여기서 나아가 국방부 검찰단의 향후 수사 방향에 대한 내용 등 수사기밀사항에 대한 보고를 요구하는 행위는 형식적, 외형적으로는 직무집행으로 보이나 실질은 일반적 직무권한 범위를 넘어 직무의 행사에 가탁한 부당한 행위이고, 갑으로서는 외부에 유출될 경우 검찰단의 수사 기능에 현저한 장애를 초래할 수 있는 검찰단 내부 수사 내용을 피고인에게 보고할 법률상의 의무가 없었다고 보아, 피고인에게 직권남용권리행사방해죄를 인정한 원심판단을 수긍한 사례(대법원 2011.7.28. 선고 2011도1739 판결).

◆ **공무원이 어떠한 형태로든 직무집행의 의사로 자신의 직무를 수행한 경우, 그 직무집행의 내용이 위법한 것으로 평가된다는 점만으로 직무유기죄가 성립하는지 여부(소극)**

직무유기죄는 공무원이 법령·내규 등에 의한 추상적 충근의무를 태만히 하는 일체의 경우에 성립하는 것이 아니라, 직장의 무단이탈이나 직무의 의식적인 포기 등과 같이 국가의 기능을 저해하고 국민에게 피해를 야기시킬 구체적 위험성이 있고 불법과 책임비난의 정도가 높은 법익침해의 경우에 한하여 성립하므로, 어떠한 형태로든 직무집행의 의사로 자신의 직무를 수행한 경우에는 그 직무집행의 내용이 위법한 것으로 평가된다는 점만으로 직무유기죄의 성립을 인정할 것은 아니다(대법원 2007.7.12. 선고 2006도1390 판결).

◆ **경찰관이 방치된 오토바이가 있다는 신고를 받거나 순찰중 이를 발견하고 오토바이 상회 운영자에게 연락하여 오토바이를 수거해가도록 하고 그 대가를 받은 경우**

경찰관이 장기간에 걸쳐 여러 번 오토바이를 오토바이 상회 운영자에게 보관시키고도 경찰관 스스로 소유자를 찾아 반환하도록 처리하거나 상회 운영자에게 반환 여부를 확인한 일이 전혀 없고, 상회 운영자로부터 오토바이를 보내준 대가 또는 그 처분대가로 돈까지 지급받았다면, 경찰관의 이와 같은 행위는 습득물을 단순히 상회 운영자에게 보관시키거나 소유자를 찾아서 반환하도록 협조를 구한 정도를 벗어나 상회 운영자에게 그 습득물에 대한 임의적인 처분까지 용인한 것으로서 습득물 처리지침에 따른 직무를 의식적으로 방임 내지 포기하고 정당한 사유 없이 직무를 수행하지 아니한 경우에 해당한다(대법원 2002. 5. 17. 선고 2001도6170 판결).

◆ **특수직무유기죄의 구성요건 중 '인지'의 의미**

특정범죄 가중처벌 등에 관한 법률상의 특수직무유기죄는 범죄수사의 직무에 종사하는 공무원이 같은 법에 규정된 죄를 범한 사람을 '인지' 하고 직무를 유기할 것을 구성요건으로 하고 있으므로, 본죄가 성립하기 위해서는 범죄수사의 직무에 종사하는 공무원이 같은 법에 규정된 죄를 범한 자임을 명백히 인식하고 그에 대하여 수사를 개시할 수 있을 정도의 단계에 이르러야 하고, 단순히 확인되지 않은 제보 등에 의하여 이러한 죄를 범하였을 수도 있다는 의심을 품은 것만으로는 위 법에서 규정하고 있는 '인지' 가 있었다고 할 수 없다. (대법원 2011.7.28. 선고 2011도1739 판결)

◆ 공무원이 위법사실을 발견하고도 직무상 의무에 따른 적절한 조치를 취하지 아니하고 위법사실을 적극적으로 은폐할 목적으로 허위공문서를 작성, 행사한 경우, 허위공문서작성, 동행사죄 이외에 직무유기죄가 별도로 성립하는지 여부(소극)

(1)사실관계

수사업무에 종사하는 피고인들이 판시 일시, 장소에서 A등 18명의 도박범행사실을 적발하고 그들의 인적사항을 확인하였음에도 이를 상사인 파출소장에게 즉시 보고하여 그 도금(賭金) 등을 압수하고 A등을 도박죄로 형사입건하는 등 범죄수사에 필요한 조치를 다하지 아니하고 A등으로부터 이를 묵인하여 달라는 부탁을 받고 그 도박사실을 발견하지 못한 것처럼 판시 근무일지를 허위로 작성하고 소속 파출소장에게 이를 허위로 보고하였다.

(2) 판결요지

공무원이 어떠한 위법사실을 발견하고도 직무상 의무에 따른 적절한 조치를 취하지 아니하고 위법사실을 적극적으로 은폐할 목적으로 허위공문서를 작성, 행사한 경우에는 직무위배의 위법상태는 허위공문서작성 당시부터 그 속에 포함되는 것으로 작위범인 허위공문서작성, 동행사죄만이 성립하고 부작위범인 직무유기죄는 따로 성립하지 아니한다(대법원 1999. 12. 24. 선고 99도2240 판결).

◆ 하나의 행위가 부작위범인 직무유기죄와 작위범인 허위공문서작성·행사죄의 구성요건을 동시에 충족하는 경우, 그 중 하나의 죄로만 공소를 제기할 수 있는지 여부(적극)

(1) 사실관계

수원중부경찰서 (이름 생략)파출소 부소장으로 근무하던 위 피고인이 112 순찰을 하고 있던 A경장과 B순경에게 "지동시장 내 동북호프에 불법체류자가 있으니 출동하라" 는 무전지령을 하여 동인들로 하여금 그곳에 있던 불법체류자들인 C등 5명을 (이름 생략)파출소로 연행해 오도록 한 다음, 위 C등이 불법체류자임을 알면서도 이들의 신병을 출입국관리사무소에 인계하지 않고 본서인 수원중부경찰서 외사계에조차도 보고하지 않았을 뿐만 아니라(달리 자진신고 하도록 유도한 것도 아니다), 더 나아가 근무일지에 단지 '지동 복개천 꼬치구이집 밀항한 여자 2명과 남자 2명이 있다는 신고 접한 후, 손님 3명, 여자 2명을 조사한 바 꼬치구이 종업원으로 혐의점 없어 귀가시킴' 이라고 허위의 사실을 기재하고, 이들이 불법체류자라는 사실은 기재하지도 않은 채 자신이 혼자 소내 근무 중임을 이용하여 이들을 훈방하였으며, 훈방을 함에 있어서도 통상의 절차와 달리 이들의 인적사항조차 기재해 두지 아니하였다.

(2) 판결요지

[1] 경찰관이 불법체류자의 신병을 출입국관리사무소에 인계하지 않고 훈방하면서 이들의 인적사항조차 기재해 두지 아니하였다면 직무유기죄가 성립한다고 한 사례.

[2] 하나의 행위가 부작위범인 직무유기죄와 작위범인 허위공문서작성·행사죄의 구성요건을 동시에 충족하는 경우, 공소제기권자는 재량에 의하여 작위범인 허위공문서작성·행사죄로 공소를 제기하지 않고 부작위범인 직무유기죄로만 공소를 제기할 수 있다(대법원 2008.2.14. 선고 2005도4202 판결).

◆ 직무유기죄에서 '직무를 유기한 때'의 의미 및 특수직무유기죄의 경우에도 동일한 법리가 적용되는지 여부(적극)

직무유기죄에서 '직무를 유기한 때'란 공무원이 법령, 내규 등에 의한 추상적 충근의무를 태만히 하는 일체의 경우를 이르는 것이 아니고 직장의 무단이탈, 직무의 의식적인 포기 등과 같이 그것이 국가의 기능을 저해하며 국민에게 피해를 야기시킬 가능성이 있는 경우를 말하는 것으로서, 이는 특정범죄 가중처벌 등에 관한 법률 제15조에서 정한 특수직무유기죄의 경우에도 마찬가지이다(대법원 2011.7.28. 선고 2011도1739 판결).

◆ 해군본부 고등검찰부장인 피고인이 갑의 구 특정범죄 가중처벌 등에 관한 법률 위반(알선수재)의 범죄 혐의사실을 인지하고도 정당한 이유 없이 직무를 유기하였다고 하여 같은 법 위반(특수직무유기)으로 기소된 사안에서, 피고인에게 무죄를 인정한 원심판단을 수긍한 사례

해군본부 고등검찰부장인 피고인이 갑의 구 특정범죄 가중처벌 등에 관한 법률(2010. 3. 31. 법률 제10210호로 개정되기 전의 것, 이하 '특가법'이라고 한다) 위반(알선수재)의 범죄 혐의사실을 인지하고도 정당한 이유 없이 직무를 유기하였다고 하여 특가법 위반(특수직무유기)으로 기소된 사안에서, 검찰이 제출한 증거만으로는 피고인이 갑의 범죄 혐의사실을 실제로 알았다거나 그러고도 구체적으로 직무를 회피하여 수사하지 않았다고 단정할 수 없고, 비록 피고인이 갑의 범죄 혐의사실을 사건이첩이나 인지보고서를 작성하는 등 방법으로 신속, 적절하게 수사하지 않았더라도 특가법 위반(특수직무유기)죄에 해당한다고 할 수 없다고 보아, 피고인에게 무죄를 인정한 원심판단을 수긍한 사례(대법원 2011.7.28. 선고 2011도1739 판결).

◆ 검사로부터 범인을 검거하라는 지시를 받은 경찰관이 범인을 도피케 한 경우에 범인도피죄 외에 직무유기죄가 따로 성립하는지 여부(소극)

피고인이 검사로부터 범인을 검거하라는 지시를 받고서도 그 직무상의 의무에 따른 적절한 조치를 취하지 아니하고 오히려 범인에게 전화로 도피하라고 권유하여 그를 도피케 하였다는 범죄사실만으로는 직무위배의 위법상태가 범인도피행위 속에 포함되어 있는 것으로 보아야 할 것이므로, 이와 같은 경우에는 작위범인 범인도피죄만이 성립하고 부작위범인 직무유기죄는 따로 성립하지 아니한다(대법원 1996. 5. 10. 선고 96도51 판결).

◆ 위계공무집행방해죄와 직무유기죄의 관계

피고인이, 출원인이 어업허가를 받을 수 없는 자라는 사실을 알면서도 그 직무상의 의무에 따른 적절한 조치를 취하지 않고 오히려 부하직원으로 하여금 어업허가 처리기안문을 작성하게 한 다음 피고인 스스로 중간결재를 하는 등 위계로써 농수산국장의 최종결재를 받았다면, 직무위배의 위법상태가 위계에 의한 공무집행방해행위 속에 포함되어 있는 것이라고 보아야 할 것이므로, 이와 같은 경우에는 작위범인 위계에 의한 공무집행방해죄만이 성립하고 부작위범인 직무유기죄는 따로 성립하지 아니한다(대법원 1997. 2. 28. 선고 96도2825 판결).

◆ 경찰관이 압수물을 범죄 혐의의 입증에 사용하도록 하는 등의 적절한 조치를 취하지 아니하고 피압수자에게 돌려주어 증거인멸죄를 범한 경우에 별도로 부작위범인 직무유기죄가 성립하는지 여부(소극)

경찰서 방범과장이 부하직원으로부터 음반·비디오물 및 게임물에 관한 법률 위반 혐의로 오락실을 단속하여 증거물로 오락기의 변조 기판을 압수하여 사무실에 보관 중임을 보고받아 알고 있었음에도 그 직무상의 의무에 따라 위 압수물을 수사계에 인계하고 검찰에 송치하여 범죄 혐의의 입증에 사용하도록 하는 등의 적절한 조치를 취하지 않고, 오히려 부하직원에게 위와 같이 압수한 변조 기판을 돌려주라고 지시하여 오락실 업주에게 이를 돌려준 경우, 작위범인 증거인멸죄만이 성립하고 부작위범인 직무유기(거부)죄는 따로 성립하지 아니한다(대법원 2006.10.19. 선고 2005도3909 전원합의체 판결).

◆ 직무유기죄의 성립요건

[1] 직무유기죄는 구체적으로 그 직무를 수행하여야 할 작위의무가 있는데도 불구하고 이러한 직무를 버린다는 인식하에 그 작위의무를 수행하지 아니하면 성립하는 것이다.

[2] 하나의 행위가 부작위범인 직무유기죄와 작위범인 범인도피죄의 구성요건을 동시에 충족하는 경우 공소제기권자는 재량에 의하여 작위범인 범인도피죄로 공소를 제기하지 않고 부작위범인 직무유기죄로만 공소를 제기할 수도 있다(대법원 1999. 11. 26. 선고 99도1904 판결).

◆ 기타 직무유기죄관련 판례

[1] 학생군사교육단의 당직사관으로 주번근무를 하던 육군중위가 당직근무를 함에 있어서 훈육관실에서 학군사관후보생 2명과 함께 술을 마시고 내무반에서 학군사관후보생 2명 및 애인 등과 함께 화투놀이를 한 다음 애인과 함께 자고 난 뒤 교대할 당직근무자에게 당직근무의 인계, 인수도 하지 아니한 채 퇴근하였다면 직무유기죄가 성립된다(대법원1990. 12. 21. 선고 90도2425 판결).

[2] 가축위생시험소 소속 수의사보인 피고인이 가축도축업체에 배치되어 가축검사원으로 재직하는 공무원으로서 위 도축장에서 소에 대한 강제급수의 방지와 사료의 소화 신선한 육질의 유지를 위해 퇴근시에는 소계류장에 들어온 소의 숫자와 상태를 확인하고 소계류장 출입문의 시정 봉인조치를 이행하고, 부득이 퇴근 후 도축의뢰되는 소를 계류장에 입사시킬 경우에는 검사원이 나가 계류장문을 열고 입사시킨 후 다시 시정 봉인하여 소에 대한 강제급수를 미리 방지하는 등 검사원으로서 직무를 철저히 해야 함에도 불구하고, 퇴근시 소계류장의 시정 봉인조치를 취하지 아니하고 그 관리를 도축장직원에게 방치한 행위는 직무유기죄에 해당된다(대법원 1990. 5. 25. 선고 90도191 판결).

Ⅲ. 수사실무

1. 수사포인트

(1) 주체 : 공무원(언제부터, 어느 직책에서 근무하고 있는지, 맡은 업무 등)

(2) 직무수행거부(직무수행의무 유무, 거부하게된 원인, 그로 인한 피해 등)

(3) 왜 무단이탈(직무유기)하였는가?

(4) 누구의 지시가 있었는가, 그로 인한 피해 등

(5) 주관적으로 직무를 버린다는 인식이 있었는지

(6) 객관적으로 그 직무 또는 직장을 벗어나는 행위가 있었는지

2. 피의자 신문례

(1) 피의자는 현재 어떠한 일을 하고 있는가요

(2) 언제부터 근무하고 있는가요

(3) 피의자는 ○○○을 알고 있는가요

(4) 피의자는 ○○○을 불심검문한 사실이 있는가요

(5) 언제, 어디서 그렇게 하였는가요

(6) 불심검문한 내용은 무엇인가요

(7) 가방에서 무엇을 발견하였는가요

(8) 불심검문 후 어떻게 조치하였는가요

(9) 불심검문시 마약을 발견하였으면 경찰관으로서 어떠한 조치를 취하여야 하는지 알고 있는가요

(10) 왜 마약을 압수하고 신병을 확보하여 수사에 착수하지 않았는가요

(11) ○○○을 돌려보내게 된 이유는 무엇인가요

(12) 뭐라고 사정하기에 입건하지 않았는가요

(13) 피의자는 ○○○로부터 선처명목으로 금품을 받지 않았는가요

3. 범죄사실기재례

【범죄사실 기재례】

(1) 탈세사실 보고 누락

피의자는 서울지방 국세청 ○○세무서 조사과에 근무하면서 그 관내 납세자의 탈세여부 등을 조사하는 업무를 담당하고 있다.

피의자는 20○○. ○. ○. 서울 서초구 서초동 123에 있는 "겨울안개"라는 술집에서 금전출납부 등 모든 장부와 영수증 등의 대조로 그 술집 탈세여부를 조사하던 중 실제 매출액보다 적게 매출한 것처럼 허위 가장하여 탈세한 사실을 발견하였다. 이러한 경우 담당공무원으로서는 이러한 사실을 상사에게 보고하여 그에 대한 적절한 조치를 취했어야 했다.

그럼에도 불구하고 평소 가깝게 지내던 위 술집 지배인 김○○으로부터 묵인하여 달라는 취지의 청탁을 받고 정에 못 이겨 위 사실을 상사에게 보고하지 않는 등 아무런 조치를 취하지 않아 정당한 이유없이 직무를 유기하였다.

(2) 수의사의 도축검사 소홀

피의자는 ○○가축위생시험소 소속 수의사로서 20○○. 2. 10.부터 같은해 12. 31. 까지 가축도축업체인 △△산업에 배치되어 가축을 검사하는 업무를 담당하고 있다.

피의자는 20○○. 3. 10. 경 경기도 ○○시 ○○구 ○○동 123번지에 있는 위 △△산업

도축장의 계류사에서 전날 도축의뢰되어 입사되어 있는 소(牛) 가운데 서울로 반출될 10마리의 배가 볼록하고 오줌을 계속 싸며 몸의 움직임이 둔하고 놀란 눈빛인 데다가 계류사 바닥에 물이 흥건히 젖어있어, 그 날 새벽 무렵 소 계류사의 열쇠를 소지한 다른 성명불상의 직원이 소 계류사의 문을 열고 들어가 소에게 강제 급수를 하였으리라는 것을 알게 되었다. 이러한 경우 가축검사원인 피의자로서는 그 무렵부터 다시 5시간 이상 소들을 계류하여 강제급수한 상태에서 원상태로 회복된 것을 확인한 후 도축토록 해야 한다.

그러나 피의자는 이를 묵인한 채 그냥 생체검사를 마친 것으로 간주 그 시경 도축지시를 하여 강제급수되어 중량이 늘어나 있는 상태에서 그대로 도축케 하고 검사필 도장을 찍어 검사증명서를 발급해 주는 등 정당한 이유없이 검사원으로서의 직무를 유기하였다.

(3) 수재민의 구호양곡배급을 거부한 경우

피의자는 ○○시 ○○구 사회복지과에서 요구호대상자에 대한 구호양곡의 배급 등의 업무를 담당하고 있다.

피의자는 20○○. ○. ○. 위 구청 사회복지과장실에서 사회복지과장 김○○로부터 같은 해 8월에 있는 홍수로 발생한 수재민을 조사하여 구청창고에 보관중인 수재보급품을 9. 31. 까지 모두 배급하라는 명령을 받았다.

그러나 수재민의 정확한 실태조사나 재고현황을 파악하는데 상당한 시간이 필요하다는 이유로 위 명령을 어기고 긴급한 실태조사마저 늦추는 등 정당한 이유 없이 그 직무수행을 거부하였다.

(4) 지적공사소장의 측량(측량법 저촉여부 확인)

피의자는 지방공무원 기술직 3급으로 대한지적공사 ○○출장소장으로서 민원인들로부터 측량신청을 접수 처리하는 총괄 업무를 담당하고 있다.

20○○. 1. 15. ○○시 ○○구 ○○동에 있는 토지 750평방미터를 이○○이 피해자 김○○에게 매도하여 위 피해자가 같은 달 25. 피의자의 사무실에 경계측량을 신청하였다.

피의자는 같은 달 28. 경계측량을 함에 있어서 지적도와 같은 지역을 측량하여야 함에도 불구하고 다른 지역을 측량하는 등 정당한 이유 없이 그 직무를 유기하였다.

(5) 경찰관의 습득오토바이 착복

피의자는 ○○경찰서 ○○지구대소속 경찰관이다.

피의자는 20○○. 3. 5.경 ○○동 123번지에서 순찰을 하던 중 김○○로부터 방치되어 있는 오토바이 1대를 치워 달라는 신고를 받았다. 이러한 경우 경찰관인 피의자로서는 습득물처리지침에 따라 오토바이를 처리하여야 할 직무가 있다.

그럼에도 불구하고, △△오토바이 상회를 운영하는 이○○에게 연락을 하여 오토바이를 가져가 보관하도록 함으로써 정당한 이유 없이 그 직무를 유기하였다.

4. 적용실례

(1) 사법경찰관의 직무유기와 증거인멸의 교사범

사법경찰관인 박○○는 밀수품을 보관하던 피의자 "갑"을 조사함에 있어서 "갑"이, 그 처남인 "을"이 밀수품을 갖고 와서 보관하게 되었다고 사실대로 진술했음에도 불구하고 "갑"을 사주하여 "병"이라는 가공인물을 내세우고 그로부터 동 물품을 받았다고 허위진술하게 하여 피의자신문조서에도 그와 같이 기재하고 "갑"의 처에게도 누가 물으면 남편 친구 부탁으로 받아 놓았다고 말하라고 하였다.

➡ 이 경우, 박○○에 대해 직무유기죄와 함께 증거인멸의 교사범이 성립한다.

(2) 전매청 직원의 선후책을 강구하지 않은 직무유기

전주 전매청의 현장주임인 이○○는 재료창고에서 글리세린이 절취된 사실을 발견하였으나 자기에게 돌아올 죄책이 두려워 그 사실을 숨기고 아무런 조치도 취하지 않았다.

➡ 현장주임으로서 이○○는 사건의 진상을 상관에게 보고하고 원인을 규명하여 상관의 지시에 따라 선후책을 강구해야 할 직무상의 의무를 다하지 않았으므로 직무유기죄가 성립한다.

(3) 몸이 불편하다는 이유로 직무유기한 경우

이○○는 세관감시과 소속공무원으로서 항구에 정박중인 외항선에 있으면서 밀수를 감시, 방지하는 등의 근무명령을 받았음에도 불구하고 감기가 들어 몸이 불편하다는 이유로 위 임무를 도중에 그만두고 집에 들어와 잠을 자버렸다.

➡ 몸이 불편하다는 것은 객관적으로 보았을 때 직무포기의 정당한 이유가 될 수 없으므로, 이 경우 직무유기죄가 성립한다.

(4) 동사무소 공무원이 직무절차를 다하지 않은 직무유기

인감증명서발급사무를 담당하는 공무원이 청탁을 받고 인감증명서의 본적, 주소, 주민등록번호, 성명, 생년월일란에 아무런 기재를 않고 인감란의 인영과 신고한 인감과의 상위여부도 확인하지 않은 채 발행일자 및 동장 명의의 고무인과 동장직인 및 계인을 찍어 증명신청인에게 교부하였다.

➡ 이 공무원은 마땅히 해야 할 직무절차를 정당한 이유없이 다하지 않았으므로 직무유기죄가 성립한다.

(5) 세무서 공무원이 과세자료 정리사무를 방치한 경우

세무서 소득세과 재산세과에 근무하면서 과세자료처리 및 정리 등의 사무를 담당하던 임○○는 같은 과 근무직원인 박○○의 책상서랍 속에 자기담당구역내에 거주하는 이○○에 대한 양도소득세 과세자료전들이 은닉되어 있는 것을 발견하고 그 자료전의 은닉이 이○○에 대한 양도소득세가 부과되지 않도록 하기 위한 고의적 은닉이라는 사정을 알게 되었다. 그러나 임○○는 박○○에게 위 과세자료를 자료정리표에 등재하여 자기에게 넘겨달라고 촉구만 하고 그대로 방치해 두었다.

➡ 이 경우, 임○○는 세무서 공무원으로서 위 박○○으로 하여금 위 자료전을 조속히 정리함으로써 세월을 양성화하여 국가가 적정한 조세 징수권을 행사할 수 있도록 조치할 의무가 있다고 할 것이며, 그 의무는 단순히 논리적·추상적인 의무를 넘어선 구체적인 직무라 할 것이다. 그럼에도 임○○는 의무를 다하지 않고 방치해 두었으므로 직무유기죄가 성립한다 하겠다.

(6) 군인의 위임으로 인한 직무유기

서○○는 소속대 수송관 겸 3종 출납관으로서 소속대 유류수령과 지급 및 그에 따른 결산 등의 업무를 수행할 직무가 있으나 신병치료를 이유로, 상부의 승인 없이 20○○. ○. ○. 초부터 20○○. 2월경까지 3종 출납관 도장과 창고열쇠를 포함한 업무일체를 계원에게 맡겨두고 이에 대한 확인감독조차 하지 않았다.

➡ 서○○의 이 행위는 부대관례에 따른 정당한 위임의 정도를 벗어난 직무의 고의적인 유기라 하겠다.

(7) 농지위원의 직무유기

농지위원장인 김○○는 농지법 소정의 농지취득자격증명원의 경유란에 날인해 줄 것을 요청받았으나 이를 거부하였다.

➡ 이런 경우, 농지위원장의 위와 같은 직무가 공무원법상의 공무원이 맡는 본래의 직무인가가 중요한 문제가 된다. 직무유기죄에 있어서의 공무원이라 함은 널리 법령에 근거하여 공무에 종사하는 자로서, 그 직무의 내용이 단순히 기계적·육체적인 것에 해당하지 않는 자를 의미하는데, 농지위원은 농지법 등의 관계법령에 의하여 규정된 직무를 담당하는 자이

므로, 김○○가 직무수행을 거부했거나 유기한 점이 있는가를 밝혀 판단해야 한다.

(8) **감독자의 감독소홀**

○○고등학교 서무담임으로 있는 김○○는 납입금 수납 사무보조원으로 데리고 있던 서○○에 대한 감독을 철저히 하지 않아 동인이 납입금 8천여만원을 횡령하는 것을 미리 방지하지 못하였다.

➡ 이 경우, 김○○는 납입금 수납사무 외에 일반 서무사항 등 잡다한 업무를 담당하고 있어 서○○가 작성하는 수입일계표와 납입고지서를 일일이 대조할 수가 없었고, 수입일계표와 징수부의 금액이 같아 동인을 믿고 직무를 태만히 한 것에 불과하다고 하겠다. 또한 고의로 직무를 유기했음을 입증할 자료도 없으므로 직무유기로 기소할 수는 없다할 것이다.

(9) **경찰관이 다른 사건의 수사관계로 입건수사하지 못한 경우**

한○○는 수사경찰관으로, 교통사고발생사실을 알게 되었으나 다른 사건의 수사관계로 입건수사하지 못하고 구두로 상사에게 보고하고 운전자를 수사과로 출두하도록 조치를 취했을 뿐이다.

➡ 위에서 본 바와 같이 다른 사건의 수사관계로 입건수사하지 못한 것이라면 그에게 직무유기죄의 범의가 있었다고 볼 수 없다.

(10) **면장이 법적절차를 이행하지 않은 경우**

충남 ○○시 ○○면의 면장 강○○가 면소유물품의 매매와 면경영공사도급 등의 계약을 체결함에 있어서 경쟁입찰에 의하지 않고 수의계약에 의하였다.

➡ 그 직무를 수행함에 있어서 필요로 하는 법적절차를 이행하지 않은 것에 불과한 경우로서 직무유기라고는 할 수 없다.

5. 조사할 사항

(1) **작위의무의 존재여부**

공무원으로서 언제부터 어느 직책에서 어떠한 업무를 맡고 있는가를 확인하여야 한다.

(2) 작위의무 위반행위(주관적 인식)

1) 직무에 관한 의식적인 방임 내지 포기

2) 정당한 사유 없이 직무를 수행하지 아니한 경우

3) 주의할 점

태만, 분망, 착각 등으로 인해 직무를 성실히 수행하지 아니한 경우, 형식적으로 또는 소홀히 직무를 수행한 관계로 성실한 직무수행을 못한 것에 불과한 경우에는 직무유기는 불성립

(3) 위법한 부작위 상태(객관적 행위)

작위의무를 수행하지 않음으로써 구성요건에 해당하는 사실이 있고, 그 후에도 계속하여 그 작위의무를 수행하지 아니한 경우에는 가벌적 위법상태 존재(즉시범)

2. 직권남용죄

제123조【직권남용】
공무원이 직권을 남용하여 사람으로 하여금 의무없는 일을 하게 하거나 사람의 권리행사를 방해한 때에는 5년 이하의 징역, 10년 이하의 자격정지 또는 1천만원 이하의 벌금에 처한다. 〈개정 1995.12.29.〉

[일반인의범죄] 323, [공범과신분] 33, [특별규정] 경직12, 선원131, [국가배상] 헌법29, 국상2, [공소시효] 형소249① : 7년

○ 보호법익은 국가기능의 공정한 행사이다. 국가기능이 현실적으로 침해되어야 한다는 견해(침해범설)가 있으나 현실적인 침해가 필요없다는 견해(추상적 위험범)가 다수설이다.

Ⅰ. 이론

1. 구성요건

(1) 객관적 구성요건

1) 주체

주체는 명령·강제력을 가진 직무를 행하는 공무원이며, 그 강제는 직접적이거나 간접적이거나를 묻지 않는다.

2) 행위

① 직권남용

형식적으로 일반적 직무권한에 속하는 사항에 대하여 실질적으로 부당한 조치를 취하는 것을 의미한다. 그러므로 일반적 직무권한에 속하지 않는 사항이나 일반적 직무권한과 관련이 없는 행위에 대해서는 직권남용죄가 성립하지 않음을 주의해야 한다.

② 의무없는 일을 하게 하거나 권리행사를 방해하는 행위

법률상 전혀 의무가 없는 일을 행하게 하거나 의무이행시기를 재촉하거나 또는 본래의 의무에 조건을 붙이는 등 의무의 상태를 변경하는 것, 법률상 행할 수 있는 권리의 행사를 방해하는 것을 말한다.

(2) 주관적 구성요건

고의가 있어야 한다.

Ⅱ. 판례

◆ 인사위원회 위원들에게 '승진대상자 추천' 이라는 명목으로 제시하여 인사위원회로 하여금 자신이 특정한 후보자들을 승진대상자로 의결하도록 유도하는 행위가 직권남용권리행사방해죄의 구성요건인 '직권의 남용' 및 '의무 없는 일을 하게 한 경우' 에 해당하는지 여부(소극)

지방자치단체의 장이 승진후보자명부 방식에 의한 5급 공무원 승진임용 절차에서 인사위원회의 사전심의 · 의결 결과를 참고하여 승진후보자명부상 후보자들에 대하여 승진임용 여부를 심사하고서 최종적으로 승진대상자를 결정하는 것이 아니라, 미리 승진후보자명부상 후보자들 중에서 승진대상자를 실질적으로 결정한 다음 그 내용을 인사위원회 간사, 서기 등을 통해 인사위원회 위원들에게 '승진대상자 추천' 이라는 명목으로 제시하여 인사위원회로 하여금 자신이 특정한 후보자들을 승진대상자로 의결하도록 유도하는 행위는 인사위원회 사전심의 제도의 취지에 부합하지 않다는 점에서 바람직하지 않다고 볼 수 있지만, 그것만으로는 직권남용권리행사방해죄의 구성요건인 '직권의 남용' 및 '의무 없는 일을 하게 한 경우' 로 볼 수 없다(대법원 2020. 12. 10., 선고, 2019도17879, 판결).

◆ 직권남용권리행사방해죄에서 '직권남용'의 의미와 판단 기준 및 어떠한 직무를 '공무원의 일반적 권한에 속하는 사항'으로 인정하기 위한 요건

형법 제123조의 직권남용권리행사방해죄에서 '직권의 남용'이란 공무원이 '일반적 권한'에 속하는 사항을 불법하게 행사하는 것, 즉 형식적, 외형적으로는 직무집행으로 보이나 실질은 정당한 권한 외의 행위를 하는 경우를 의미하고, 남용에 해당하는지는 구체적인 공무원의 직무행위가 그 목적 및 그것이 행하여진 상황에서 볼 때의 필요성·상당성 여부, 직권행사가 허용되는 법령상 요건을 충족했는지 등 제반 요소를 고려하여 결정하여야 한다. 그리고 어떠한 직무가 공무원의 일반적 권한에 속하는 사항이라고 하기 위해서는 그에 관한 법령상의 근거가 필요하지만, 명문이 없는 경우라도 법·제도를 종합적, 실질적으로 관찰해서 그것이 해당 공무원의 직무권한에 속한다고 해석되고, 남용된 경우 상대방으로 하여금 사실상 의무 없는 일을 행하게 하거나 권리를 방해하기에 충분한 것이라고 인정되는 경우에는 직권남용죄에서 말하는 '일반적 권한'에 포함된다고 보아야 한다(대법원 2011.7.28. 선고 2011도1739 판결).

◆ 직권남용권리행사방해죄에서 말하는 '직권남용'의 의미 및 남용에 해당하는지 판단하는 기준 / 어떠한 직무가 공무원의 일반적 직무권한에 속하는 사항이라고 인정하기 위한 요건

직권남용권리행사방해죄는 공무원이 일반적 직무권한에 속하는 사항에 관하여 직권을 행사하는 모습으로 실질적, 구체적으로 위법·부당한 행위를 한 경우에 성립한다. '직권남용'이란 공무원이 일반적 직무권한에 속하는 사항에 관하여 그 권한을 위법·부당하게 행사하는 것을 뜻한다. 어떠한 직무가 공무원의 일반적 직무권한에 속하는 사항이라고 하기 위해서는 그에 관한 법령상 근거가 필요하다. 법령상 근거는 반드시 명문의 규정만을 요구하는 것이 아니라 명문의 규정이 없더라도 법령과 제도를 종합적, 실질적으로 살펴보아 그것이 해당 공무원의 직무권한에 속한다고 해석되고, 이것이 남용된 경우 상대방으로 하여금 사실상 의무 없는 일을 하게 하거나 권리를 방해하기에 충분한 것이라고 인정되는 경우에는 직권남용죄에서 말하는 일반적 직무권한에 포함된다.

남용에 해당하는가를 판단하는 기준은 구체적인 공무원의 직무행위가 본래 법령에서 그 직권을 부여한 목적에 따라 이루어졌는지, 직무행위가 행해진 상황에서 볼 때 필요성·상당성이 있는 행위인지, 직권행사가 허용되는 법령상의 요건을 충족했는지 등을 종합하여 판단하여야 한다(대법원 2020. 2. 13., 선고, 2019도5186, 판결).

◆ 국가정보원법상 직권남용죄에서 말하는 '직권의 남용'에 해당하기 위한 요건 및 지위를 이용한 불법행위와의 구별 기준

직권남용죄는 공무원이 그 일반적 직무권한에 속하는 사항에 관하여 직권의 행사에 가탁하여 실질적, 구체적으로 위법·부당한 행위를 한 경우에 성립한다. 여기에서 말하는 '직권의 남용'이란 공무원이 일반적 직무권한에 속하는 사항을 불법하게 행사하는 것, 즉 형식적, 외형적으로는 직무집행으로 보이나 실질적으로는 정당한 권한 이외의 행위를 하는 경우를 의미하고, 공무원이 그의 일반적 직무권한에 속하지 않는 행위를 하는 경우인 지위를 이용한 불법행위와는 구별된다. 그리고 어떠한 직무가 공무원의 일반적 권한에 속하는 사항이라고 하기 위해서는 그에 관한 법령상의 근거가 필요하다. 다만 법령상의 근거는 반드시 명문의 근거만을 의미하는 것은 아니고, 명문이 없는 경우라도 법·제도를 종합적, 실질적으로 관찰해서 그것이 해당 공무원의 직무권한에 속한다고 해석되고 그것이 남용된 경우 상대방으로 하여금 의무 없는 일을 행하게 하거나 상대방의 권리를 방해하기에 충분한 것이라고 인정되는 경우에는 직권남용죄에서 말하는 일반적 권한에 포함된다.(대법원 2019. 3. 14., 선고, 2018도18646, 판결).

◆ **직권남용권리행사방해죄에서 '직권의 남용'의 의미 및 남용에 해당하는지 판단하는 기준**

형법 제123조의 직권남용권리행사방해죄에서 '직권의 남용'이란 공무원이 일반적 직무권한에 속하는 사항을 불법하게 행사하는 것, 즉 형식적, 외형적으로는 직무집행으로 보이나 그 실질은 정당한 권한 이외의 행위를 하는 경우를 의미하고, 남용에 해당하는지는 구체적인 직무행위의 목적, 그 행위가 당시의 상황에서 필요성이나 상당성이 있는 것이었는지, 직권행사가 허용되는 법령상의 요건을 충족했는지 등의 여러 요소를 고려하여 결정하여야 한다(대법원 2018. 2. 13., 선고, 2014도11441, 판결).

◆ **해군본부 법무실장인 피고인이 국방부 검찰수사관 갑에게 군내 납품비리 수사와 관련한 수사기밀사항을 보고하게 하여 직무상 권한을 남용하였다는 내용으로 기소된 사안에서, 피고인에게 직권남용권리행사방해죄를 인정한 원심판단을 수긍한 사례**

해군본부 법무실장인 피고인이 국방부 검찰수사관 갑에게 군내 납품비리 수사와 관련한 수사기밀사항을 보고하게 하여 직무상 권한을 남용하였다는 내용으로 기소된 사안에서, 피고인은 해군 검찰업무뿐 아니라 소송, 징계업무 등 법무업무 전반에 관하여 해군참모총장을 보좌하는 자로서 해군 소속 인원의 사법처리와 관련된 중요 사항에 관하여 보고를 받을 일반적인 직무권한이 있으나, 여기서 나아가 국방부 검찰단의 향후 수사 방향에 대한 내용 등 수사기밀사항에 대한 보고를 요구하는 행위는 형식적, 외형적으로는 직무집행으로 보이나 실질은 일반적 직무권한 범위를 넘어 직무의 행사에 가탁한 부당한 행위이고, 갑으로서는 외부에 유출될 경우 검찰단의 수사 기능에 현저한 장애를 초래할 수 있는 검찰단 내부 수사 내용을 피고인에게 보고할 법률상의 의무가 없었다고 보아, 피고인에게 직권남용권리행사방해죄를 인정한 원심판단을 수긍한 사례(대법원 2011.7.28. 선고 2011도1739 판결).

◆ **특수직무유기죄의 구성요건 중 '인지'의 의미**

특정범죄 가중처벌 등에 관한 법률상의 특수직무유기죄는 범죄수사의 직무에 종사하는 공무원이 같은 법에 규정된 죄를 범한 사람을 '인지'하고 직무를 유기할 것을 구성요건으로 하고 있으므로, 본죄가 성립하기 위해서는 범죄수사의 직무에 종사하는 공무원이 같은 법에 규정된 죄를 범한 자임을 명백히 인식하고 그에 대하여 수사를 개시할 수 있을 정도의 단계에 이르러야 하고, 단순히 확인되지 않은 제보 등에 의하여 이러한 죄를 범하였을 수도 있다는 의심을 품은 것만으로는 위 법에서 규정하고 있는 '인지'가 있었다고 할 수 없다(대법원 2011.7.28. 선고 2011도1739 판결).

◆ 직무유기죄에서 '직무를 유기한 때'의 의미 및 특수직무유기죄의 경우에도 동일한 법리가 적용되는지 여부(적극)

직무유기죄에서 '직무를 유기한 때'란 공무원이 법령, 내규 등에 의한 추상적 충근의무를 태만히 하는 일체의 경우를 이르는 것이 아니고 직장의 무단이탈, 직무의 의식적인 포기 등과 같이 그것이 국가의 기능을 저해하며 국민에게 피해를 야기시킬 가능성이 있는 경우를 말하는 것으로서, 이는 특정범죄 가중처벌 등에 관한 법률 제15조에서 정한 특수직무유기죄의 경우에도 마찬가지이다(대법원 2011.7.28. 선고 2011도1739 판결).

◆ 직권남용권리행사방해죄에서 '직권남용'의 의미와 판단 기준 및 '의무 없는 일을 하게 한 때'의 의미

형법 제123조의 직권남용권리행사방해죄에서 '직권의 남용'이란 공무원이 일반적 직무권한에 속하는 사항을 불법하게 행사하는 것, 즉 형식적·외형적으로는 직무집행으로 보이나 실질은 정당한 권한 이외의 행위를 하는 경우를 의미하고, 직권남용에 해당하는가의 판단 기준은 구체적인 공무원의 직무행위가 그 목적, 그것이 행하여진 상황에서 볼 때의 필요성·상당성 여부, 직권행사가 허용되는 법령상의 요건을 충족했는지 등 제반 요소를 고려하여 결정하여야 하며, '의무 없는 일을 하게 한 때'란 '사람'으로 하여금 법령상 의무 없는 일을 하게 하는 때를 의미하고, 직무집행의 기준과 절차가 법령에 구체적으로 명시되어 있고 실무 담당자에게도 직무집행의 기준을 적용하고 절차에 관여할 고유한 권한과 역할이 부여되어 있다면 실무 담당자로 하여금 그러한 기준과 절차를 위반하여 직무집행을 보조하게 한 경우에는 '의무 없는 일을 하게 한 때'에 해당한다(대법원2012.1.27. 선고 2010도11884 판결).

공무원이 자신의 직무권한에 속하는 사항에 관하여 실무 담당자로 하여금 그 직무집행을 보조하는 사실행위를 하도록 하더라도 이는 공무원 자신의 직무집행으로 귀결될 뿐이므로 원칙적으로 직권남용권리행사방해죄에서 말하는 '의무 없는 일을 하게 한 때'에 해당한다고 할 수 없으나, 직무집행의 기준과 절차가 법령에 구체적으로 명시되어 있고 실무 담당자에게도 직무집행의 기준을 적용하고 절차에 관여할 고유한 권한과 역할이 부여되어 있다면 실무 담당자로 하여금 그러한 기준과 절차에 위반하여 직무집행을 보조하게 한 경우에는 '의무 없는 일을 하게 한 때'에 해당한다. (대법원 2011.2.10. 선고 2010도13766 판결)

◆ 시장(시장)인 피고인 갑이 자신의 인사관리업무를 보좌하는 피고인 을과 공동하여, 관련 법령에서 정한 절차에 따라 평정대상 공무원에 대한 평정단위별 서열명

부 및 평정순위가 정해졌는데도 평정권자나 실무 담당자 등에게 특정 공무원들에 대한 평정순위 변경을 구체적으로 지시하여 평정단위별 서열명부를 새로 작성하도록 한 사안에서, 피고인들의 행위가 직권남용권리행사방해죄의 공동정범에 해당한다고 본 원심판단을 수긍한 사례

시장(시장)인 피고인 갑이 자신의 인사관리업무를 보좌하는 행정과장 피고인 을과 공동하여, 관련 법령에서 정한 절차에 따라 평정대상 공무원에 대한 평정단위별 서열명부가 작성되고 이에 따라 평정순위가 정해졌는데도 평정권자나 실무 담당자 등에게 특정 공무원들에 대한 평정순위 변경을 구체적으로 지시하여 평정단위별 서열명부를 새로 작성하도록 한 사안에서, 지방공무원법, 지방공무원 임용령, 지방공무원 평정규칙의 입법 목적에 비추어 평정권자나 확인권자가 아닌 지방자치단체의 장이나 그의 인사관리업무를 보좌하는 자에게는 소속 공무원에게 지시하여 관련 법령에서 정해진 절차에 따라 작성된 평정단위별 서열명부를 특정 공무원에 대한 평정순위를 변경하는 내용으로 재작성하게 할 권한이 없으므로, 피고인들의 행위가 공무원이 일반적 직무권한에 속하는 사항에 관하여 직권을 남용하여 평정권자나 실무 담당자 등으로 하여금 의무 없는 일을 하도록 한 것으로서 직권남용권리행사방해죄에 해당한다고 본 원심판단을 수긍한 사례(대법원2012.1.27. 선고 2010도11884 판결)

◆ 제3자뇌물수수죄에서 '제3자'의 의미 / 공무원 또는 중재인이 부정한 청탁을 받고 제3자에게 뇌물을 제공하게 하고 제3자가 그러한 공무원 또는 중재인의 범죄행위를 알면서 방조한 경우, 제3자뇌물수수방조죄가 성립하는지 여부(적극)

제3자뇌물수수죄에서 제3자란 행위자와 공동정범 이외의 사람을 말하고, 교사자나 방조자도 포함될 수 있다. 그러므로 공무원 또는 중재인이 부정한 청탁을 받고 제3자에게 뇌물을 제공하게 하고 제3자가 그러한 공무원 또는 중재인의 범죄행위를 알면서 방조한 경우에는 그에 대한 별도의 처벌규정이 없더라도 방조범에 관한 형법총칙의 규정이 적용되어 제3자뇌물수수방조죄가 인정될 수 있다(대법원 2017.3.15, 선고, 2016도19659, 판결).

◆ 공무원이 직무관련자에게 제3자와 계약을 체결하도록 요구하여 계약 체결을 하게 한 행위가 제3자뇌물수수죄의 구성요건과 직권남용권리행사방해죄의 구성요건에 모두 해당하는 경우, 제3자뇌물수수죄와 직권남용권리행사방해죄가 각각 성립하는지 여부(적극) 및 두 죄의 죄수관계(=상상적 경합범)

공무원이 직무관련자에게 제3자와 계약을 체결하도록 요구하여 계약 체결을 하게 한 행위가 제3자뇌물수수죄의 구성요건과 직권남용권리행사방해죄의 구성요건에 모두 해당하는 경우에는, 제3자뇌물수수죄와 직권남용권리행사방해죄가 각각 성립하되, 이는 사회 관념상 하나의 행위가 수 개의 죄에 해당하는 경우이므로 두 죄는 형법 제40조의 상상적 경합관계에 있다.(대법원 2017.3.15, 선고, 2016도19659, 판결).

Ⅲ. 수사실무

1. 범죄사실 기재례

【범죄사실 기재례】

(1) 피의자는 ○○시 수도국 ○○수도사업소 공무과장직에 있으면서 수도공사의 도급계약 및 감독사무를 담당하고 있다.

피의자는 20○○. ○. ○. ○○시 ○○동 ○○번지에 있는 위 사업소 사무실에서 ○○동 32-33번지 일대 80여세대의 급수를 위한 수도시설공사를 공개 경쟁입찰함에 있어서 자격을 갖춘 업자는 누구나 소정의 절차에 의하여 입찰장소에 참여, 응찰할 권리가 있음에도 불구하고, 피의자의 친구인 정○○로부터 청탁을 받고 그에게 낙찰시킬 목적으로 입찰장소 입구에 같은 과 직원 김○○ 외 2명을 세워 놓고 정○○만을 입찰장소에 들어가게 하였다. 그리고 나머지 입찰에 참여하러 온 시공업자 박○○, 이○○ 등에게는 입찰자격에 하자가 있다는 등의 이유로 입찰장에 들어가지 못하게 함으로써 응찰을 할 수 없게 하여 그들의 권리행사를 방해하여 직권을 남용하였다.

(2) 피의자는 ○○시 ○○구 ○○동사무소에 근무하고 있는 지방행정서기로서 공무원이다.

피의자는 20○○. ○. ○. 위 사무소에서 동장 이○○로부터 동사무소 주변일대 도로를 청소하라는 지시를 받고 이를 이행하기 위해 미화원을 찾았으나 찾지 못하자 동사무소 마을 방송을 통하여 "급히 전달할 사항이 있으니 동사무소로 빨리 나오시오"라고 하여 김○○외 9인이 동사무소로 모이자 같은날 15:00부터 16:30까지 위 김○○ 등으로 하여금 동사무소 주변도로를 청소하도록 강요하여 청소하게 함으로써 그들로 하여금 의무없는 일을 하게 하여 직권을 남용하였다.

2. 적용실례

(1) 순경이 직권범위를 넘긴 경우

순경이 상사의 명령도 없고 입건되지도 않은 사건에 대해 범죄수사를 빙자하여 서류제출명령서를 발부하고 의무없는 서류제출을 하게 하였다.

➡ 직권남용죄에 해당한다.

(2) 세무서 직원의 개인적 감정으로 인한 과세처분

세무서 직원이 자신의 개인적 감정 때문에 과다한 납세의무를 부담시켰다.

➡ 직권남용죄에 해당한다.

(3) 순경의 도청행위

정보관계를 담당한 순경인 최○○는 증거수집을 위하여 정당의 지구당 집행위원회에서 쓸 회의장에 몰래 도청기를 마련해 놓았다가 회의 개최 전에 들켰다.

➡ 최○○가 도청기를 설치함으로써 자유롭게 정당활동을 하고 동 회의의 의사를 진행하며, 기타 비밀을 침해당하지 않을 권리를 침해당했다는 것은 인정할 수 있으나, 도청장치를 했다가 들켜 도청을 하지 못했다면 그들의 권리가 침해된 현실적인 사실은 없다고 할 것이므로 직권남용죄의 기수로는 처벌할 수 없다. 또한 본죄는 미수처벌규정이 없으므로 형법 제123조를 적용할 수는 없다고 할 것이다.

3. 조사할 사항

(1) 범죄의 주체

강제력을 수반하는 직무를 행하는 공무원에 한하며, 어떠한 직무를 수행하는지 여부와 직무수행과 피해자들의 관계를 밝혀준다.

(2) 범죄행위의 유형

1) 직권남용 행위

공무원의 직무상, 일반적인 권한은 있으나 그 범위를 넘어서 부당한 행위를 한 경우로서 권한의 종류, 직권을 남용한 권한과 원래의 관한과의 관계(남용 여부), 권한을 남용하게 된 원인 등을 조사

2) 의무 없는 일을 행하게 하거나 권리행사를 방해하는 행위

법률상 의무가 있는지 여부를 밝히고, 의무는 있으나 부당하게 그 이행시기를 재촉하거나 조건 등을 붙였는지 여부 또는 법률상 행할 수 있는 권리의 행사를 방해한 경우이다.

(3) 주의할 점

불법체포 · 감금(제124조), 폭행 · 가혹행위(제125조)의 경우에는 본 직권남용죄에 해당하지 않고 각 해당죄에 의율 한다.

3. 불법체포 · 감금죄

제124조【불법체포, 불법감금】

① 재판, 검찰, 경찰 기타 인신구속에 관한 직무를 행하는 자 또는 이를 보조하는 자가 그 직권을 남용하여 사람을 체포 또는 감금한 때에는 7년 이하의 징역과 10년 이하의 자격정지에 처한다.

② 전항의 미수범은 처벌한다.

※ 위 불법체포감금은 공무원의 직무에 관한 죄 중 불법체포·불법감금으로 일반 형법 제29장의 제276조 제1항의 체포와 감금의 죄와 구분하여야 한다.

[신체의자유] 헌법12, [체포감금죄] 276-281, [직무를행하는자등] 헌법29②, 형소70 · 135 · 201, [미수] 25, [공소시효] : 7년

Ⅰ. 이론

1. 구성요건

(1) 객관적 구성요건

1) 주체

이 죄의 주체는 재판·검찰·경찰 기타 인신구속에 관한 직무를 행하는 자 또는 이를 보조하는 자이다. 여기서 보조하는 자란 법률 또는 검찰서기·사법경찰리와 같이 그 직무상 보조자의 지위에 있는 자를 말한다.

2) 행위

직권을 남용하여 사람을 체포·감금하는 것이다.

① 체포란 사람의 신체에 현실적인 구속을 가하여 행동의 자유를 박탈하는 것을 말한다.

② 감금이란 사람을 일정한 장소 밖으로 나가지 못하게 하는 것이다.

(2) 주관적 구성요건

고의가 있어야 한다.

2. 위법성

본 죄에 관한 위법성 조각 사유와 관련하여 국가의 인신 구속의 공정성은 승낙의 대상이 아니기 때문에 피해자의 승낙이 있어도 위법성이 조각되지 않는다고 본다(김○○, 임○).

Ⅱ. 판례

◆ 불법감금죄의 간접정범

(1) 사실관계

> 피고인 A는 상해죄만으로는 구속되기 어려운 B에 대하여 허위의 진술조서를 작성하고, B의 혐의 없음이 입증될 수 있는 유리한 사실의 확인결과, 참고자료 및 공용서류인 C에 대한 참고인 진술조서 등을 구속영장신청기록에 누락시키는 한편, B에게 사문서위조 및 동행사, 360만 원 상당의 신용카드대금 편취, 200만 원 갈취, 4,000만 원 상당의 PC방 갈취의 혐의가 인정된다는 허위내용의 범죄인지보고서를 작성한 다음, 2001. 8. 8. 위와 같은 범죄사실로 구속영장을 신청하여 그 정을 모르는 담당 검사로 하여금 구속영장을 청구하게 하고, 같은 해 8. 9. 수사서류 등이 허위작성되거나 누락된 사실을 모르는 부산지방법원 영장전담판사로부터 구속영장을 발부받아 같은 날부터 B가 검사의 구속취소에 의하여 석방된 같은 해 9. 4.까지 구속·수감되게 하였다.

(2) 판결요지

감금죄는 간접정범의 형태로도 행하여질 수 있는 것이므로, 인신구속에 관한 직무를 행하는 자 또는 이를 보조하는 자가 피해자를 구속하기 위하여 진술조서 등을 허위로 작성한 후 이를 기록에 첨부하여 구속영장을 신청하고, 진술조서 등이 허위로 작성된 정을 모르는 검사와 영장전담판사를 기망하여 구속영장을 발부받은 후 그 영장에 의하여 피해자를 구금하였다면 형법 제124조 제1항의 직권남용감금죄가 성립한다(대법원 2006.5.25. 선고 2003도3945 판결).

◆ 현행범인을 체포하기 위하여 '체포의 필요성'이 있어야 하는지 여부(적극) 및 현행범인 체포 요건을 갖추지 못하여 위법한 체포에 해당하는지의 판단 기준

현행범인은 누구든지 영장 없이 체포할 수 있는데(형사소송법 제212조), 현행범인으로 체포하기 위하여는 행위의 가벌성, 범죄의 현행성·시간적 접착성, 범인·범죄의 명백성 이외에 체포의 필요성 즉, 도망 또는 증거인멸의 염려가 있어야 하고, 이러한 요건을 갖추지 못한 현행범인 체포는 법적 근거에 의하지 아니한 영장 없는 체포로서 위법한 체포에 해당한다. 여기서 현행범인 체포의 요건을 갖추었는지는 체포 당시 상황을 기초로 판단하여야 하고, 이에 관한 검사나 사법경찰관 등 수사주체의 판단에는 상당한 재량 여지가 있으나, 체포 당시 상황으로 보아도 요건 충족 여부에 관한 검사나 사법경찰관 등의 판단이 경험칙에 비추어 현저히 합리성을 잃은 경우에는 그 체포는 위법하다고 보아야 한다 (대법원 2011.5.26. 선고 2011도3682 판결).

◆ 변호인이 되려는 의사를 표시한 자가 객관적으로 변호인이 될 가능성이 있는 경우, 신체구속을 당한 피고인 또는 피의자와 접견하지 못하도록 제한할 수 있는지 여부(소극)

형사소송법 제34조는 "변호인 또는 변호인이 되려는 자는 신체구속을 당한 피고인 또는 피의자와 접견하고 서류 또는 물건을 수수할 수 있으며 의사로 하여금 진료하게 할 수 있다."라고 규정하고 있으므로, 변호인이 되려는 의사를 표시한 자가 객관적으로 변호인이 될 가능성이 있다고 인정되는데도, 형사소송법 제34조에서 정한 '변호인 또는 변호인이 되려는 자'가 아니라고 보아 신체구속을 당한 피고인 또는 피의자와 접견하지 못하도록 제한하여서는 아니 된다(대법원 2017.3.9, 선고, 2013도16162, 판결).

◆ 공무집행방해죄에서 '적법한 공무집행'의 의미 및 현행범인이 경찰관의 불법한 체포를 면하려고 반항하는 과정에서 경찰관에게 상해를 가한 경우 '정당방위'의 성립 여부(적극)

형법 제136조가 규정하는 공무집행방해죄는 공무원의 직무집행이 적법한 경우에 한하여 성립하고, 여기서 적법한 공무집행은 그 행위가 공무원의 추상적 권한에 속할 뿐 아니라 구체적 직무집행에 관한 법률상 요건과 방식을 갖춘 경우를 가리킨다. 경찰관이 현행범인 체포 요건을 갖추지 못하였는데도 실력으로 현행범인을 체포하려고 하였다면 적법한 공무집행이라고 할 수 없고, 현행범인 체포행위가 적법한 공무집행을 벗어나 불법인 것으로 볼 수밖에 없다면, 현행범이 체포를 면하려고 반항하는 과정에서 경찰관에게 상해를 가한 것은 불법체포로 인한 신체에 대한 현재의 부당한 침해에서 벗어나기 위한 행위로서 정당방위에 해당하여 위법성이 조각된다. (대법원 2011.5.26. 선고 2011도3682 판결)

◆ 피고인이 경찰관의 불심검문을 받아 운전면허증을 교부한 후 경찰관에게 큰 소리로 욕설을 하였는데, 경찰관이 피고인을 모욕죄의 현행범으로 체포하려고 하자 피고인이 반항하면서 경찰관에게 상해를 가한 사안에서, 위 행위가 정당방위에 해당한다는 이유로, 피고인에 대한 '상해' 및 '공무집행방해'의 공소사실을 무죄로 인정한 원심판단을 수긍한 사례

피고인이 경찰관의 불심검문을 받아 운전면허증을 교부한 후 경찰관에게 큰 소리로 욕설을 하였는데, 경찰관이 모욕죄의 현행범으로 체포하겠다고 고지한 후 피고인의 오른쪽 어깨를 붙잡자 반항하면서 경찰관에게 상해를 가한 사안에서, 피고인은 경찰관의 불심검문에 응하여 이미 운전면허증을 교부한 상태이고, 경찰관뿐 아니라 인근 주민도 욕설을 직접 들었으므로, 피고인이 도망하거나 증거를 인멸할 염려가 있다고 보기는 어렵고, 피고인의 모욕 범행은 불심검문에 항의하는 과정에서 저지른 일시적, 우발적인 행위로서 사안 자체가 경미할 뿐 아니라, 피해자인 경찰관이 범행현장에서 즉시 범인을 체포할 급박한 사정이 있다고 보기도 어려우므로, 경찰관이 피고인을 체포한 행위는 적법한 공무집행이라고 볼 수 없고, 피고인이 체포를 면하려고 반항하는 과정에서 상해를 가한 것은 불법체포로 인한 신체에 대한 현재의 부당한 침해에서 벗어나기 위한 행위로서 정당방위에 해당한다는 이유로, 피고인에 대한 상해 및 공무집행방해의 공소사실을 무죄로 인정한 원심판단을 수긍한 사례. (대법원 2011.5.26. 선고 2011도3682 판결)

Ⅲ. 수사실무

1. 범죄사실 기재례

【범죄사실 기재례】

피의자는 ○○경찰서 수사과 형사계에서 순경으로 근무하는 경찰공무원이다.

피의자는 20○○. ○. ○. 위 경찰서 ○○순찰지구대에서 그의 친구 이○○로부터 "김○○에게 금 ○○만원을 빌려주었는데 갚지 않으니 이를 좀 받아달라"는 청탁을 받았다. 피의자는 이것이 단순한 민사상의 채무불이행이라는 사실을 알면서도 이를 승낙하고 범죄수사를 핑계로 위 김○○을 소환하여 위 채무를 왜 갚지 않느냐고 따지고 김○○가 "지금은 돈이 없으니 1개월만 참아달라"고 하자 피해자에게 "사기죄의 혐의가 있고 도주의 우려가 있으니 구속영장을 신청해야겠다"고 협박하면서 수갑을 채웠다.

피의자는 20○○. ○. ○. ○시부터 약 2시간을 순찰지구대 대기실에 있게 함으로써 직권을 남용하여 피해자를 체포, 감금하였다

2. 적용실례

(1) 경찰관의 구속영장 없는 구금행위

수사기관이 피의자를 수사하는 과정에 구속영장 없이 피의자를 함부로 구금하여 피의자의 신체의 자유를 억압하였다.

➡ 이는 직권을 남용한 불법 감금에 해당하며 수사의 필요상 피의자를 임의동행한 경우 조사 후 바로 돌려보내지 않고 그의 의사에 반하여 경찰서 조사실이나 보호실 등에 계속 유치함으로써 신체의 자유를 속

박하였다면 이는 구금에 해당한다.

3. 조사할 사항

(1) 범죄의 주체에 관한 점

재판 · 검찰 · 경찰 · 기타 인신구속에 관한 직무를 행하는 자 또는 이를 보조하는 자이어야 한다. 여기에서 보조하는 자란 예를 들면 법원서기, 경찰서기, 사법경찰리 등을 말한다.

(2) 범죄행위

직권을 남용하여 사람을 체포 · 감금하는 것으로, 체포란 사람의 신체에 현실적인 구속을 가하여 행동의 자유를 박탈하는 것을 의미하고, 감금이란 사람을 일정한 장소 밖으로 나가지 못하게 하는 것으로 반드시 물리적 · 유형적 장애를 사용하는 경우 뿐만 아니라 심리적 · 무형적 장애에 의한 경우도 포함한다.

(3) 신문할 사항

1) 어떠한 직무를 수행하고 있는지

2) 피의자들의 직무수행과 피해자들과의 관계

3) 체포와 구금한 장소 및 시간

4) 피해자를 인치한 장소에 어떠한 방법으로 머물게 하였는지

4. 미란다원칙고지

체포, 현행범체포, 긴급체포, 구속 및 체포영장에 의한 체포 등 피의자의 신병을 확보코자 할 경우에는 반드시 범죄사실의 요지 및 체포·구속의 이유와 변호인을 선임할 수 있음을 고지하고 변명의 기회를 준 후, 확인서 작성할 것(일명 미란다원칙 고지로, 피의자의 서명·날인받되 거부시는 그 사유를 기재하고 경찰관이 서명·날인할 것)

5. 체포·구속 유형별 비교

구분	체포			구 속
	체포영장에 의한 체포	긴급체포	현행범인체포	
요건	1. 혐의의 상당성 2. 출석불응(우려) 3. 경미범죄의 제한 (주거부정)	1. 혐의의 중대성 2. 체포의 긴급성 3. 체포의 필요성 (도망 및 증거인멸 우려)	1. (준)현행범인 2. 범인의 명백성 3. 경미범죄의 제한 (주거부정) 4. 체포의 필요성	1. 혐의의 상당성 2. 주거부정 3. 구속의 필요 (도망 또는 증거인멸 우려) 4. 경미한 범죄의 제한(주거부정)
영장청구	1. 체포영장 청구 2. 재체포영장청구 3. 피의자 신문불가			1. 구속영장 청구 2. 청구시간의 제한 3. 재구속영장 청구 4. 피의자 심문가능
체포구속절차	1. 체포영장의 제시 2. 미란다 고지	1. 미란다 고지 2. 긴급체포서 작성	1. 미란다 고지 2. 현행범인체포서 작성	1. 구속영장의 제시 2. 미란다 고지
체포구속 후 절차	1. 체포의 통지 2. 피의자석방 (검사의 승인) 3. 석방보고	1. 긴급체포의 통지 2. 피의자 석방 (검사의 승인) 3. 석방보고	1. 현행범인 인수 2. 현행범인인수서작성 3. 현행범인체포의 통지 4. 피의자 석방 (검사승인 불요) 5. 석방보고	1. 구속의 통지 2. 피의자 석방 (검사의 승인) 3. 석방보고
재체포구속	재체포가능	영장없이는 불가	영장없이는 불가	재구속가능 (다른 중요한 증거 발견)
기간	48시간	48시간	48시간	·경찰10일 ·검찰10일(10일이내 연장가능)

4. 폭행 · 가혹행위죄(독직폭행)

제125조【폭행, 가혹행위】

재판, 검찰, 경찰 그 밖에 인신구속에 관한 직무를 수행하는 자 또는 이를 보조하는 자가 그 직무를 수행하면서 형사피의자나 그 밖의 사람에 대하여 폭행 또는 가혹행위를 한 경우에는 5년 이하의 징역과 10년 이하의 자격정지에 처한다.

[전문개정 2020. 12. 8.]

[피의자] 형소241-245, [인신구속] 67-70, 형소70-73 · 459, [공소시효] : 7년

○ 이 죄는 직권남용죄의 한 형태로서 행위주체인 권력적 지위에 있는 특별공무원이 그 조사 또는 보호감독을 받는 자에 대해 폭행이나 고문 등의 행위를 할 때, 그 인권침해행위를 처벌하려는데 그 취지가 있다. 특히 헌법상 고문금지의 규정은 이 죄의 존재이유를 한층 더 강화해주고 있다.

Ⅰ. 이론

1. 구성요건

(1) 객관적 구성요건

1) 주체

주체는 재판·검찰·경찰 기타 인신구속에 관한 직무를 행하는 자 또는 이를 보조하는 자이다.

① 이 때 보조하는 자란 범죄수사에 있어서의 순경·헌병하사나 법원·검찰의 서기·서기보 등과 같이 법령에 의하여 그 직무상 보조자의 지위에 있는 자를 말한다.

② 현행범인의 체포에 도움을 준 사인은 보조하는 자에 해당하지 않는다.

2) 객체

객체는 형사피의자 또는 기타의 사람이다. 기타의 사람이란 형사피고인, 참고인, 증인과 같이 수사나 재판과정에서 조사대상이 된 사람을 의미한다.

3) 행위

행위는 직무를 행할 때 폭행 또는 가혹한 행위를 하는 것이다.

① 직무를 행한다는 것은 직무를 행하는 모든 기회를 뜻한다.

② 반드시 직무수행의 수단에 한하지 않고, 직무를 행하는 기회에 폭행 등을 하는 이상, 개인적 감정이나 욕망을 만족시키기 위한 것이라도 이 죄에 해당한다.

③ 폭행이란 사람의 신체에 대한 유형력의 행사를 말하며, 그것은 직접적이든 간접적이든 불문한다.

④ 가혹행위는 정신적·육체적 고통을 주는 일체의 행위로, 식사를 제공하지 않거나 필요한 수면을 취하지 못하게 하거나, 추행·간음행위를 하는 것 등이 이에 해당한다.

(2) 주관적 구성요건

고의가 있어야 한다.

Ⅱ. 판례

◆ 검사 및 검찰수사관의 범죄혐의자들에 대한 폭행과 가혹행위가 직권을 남용한 과도한 물리력의 행사로서 사회통념상 용인될 수 있는 정당행위 여부

검사 및 검찰수사관의 범죄혐의자들에 대한 폭행과 가혹행위가 직권을 남용한 과도한 물리력의 행사로서 사회통념상 용인될 수 있는 정당행위에 해당한다고 볼 수 없다(대법원 2005. 5. 26. 선고 2005도945 판결).

◆ 경찰관들의 고문행위에 대하여 유죄로 인정한 사례

국가보안법위반혐의로 수사기관에서 조사받은 피해자가 조사 당시 경찰관들로부터 이른바 물고문, 전기고문, 전기봉고문을 받았다고 하면서 고문방법에 관하여 구체적으로 일관되게 진술하고 있는 점으로 보아 이를 경험하지 아니하고서는 그와 같은 상세한 진술을 할 수 없다고 판단하고 피해자 진술의 신빙성을 인정하여 경찰관들의 고문행위에 대하여 유죄로 인정한 사례(서울고법 1993. 8. 23. 선고 91노976).

◆ 일반교도관의 기결수에 대한 폭행 또는 가혹행위

형법 제125조 소정의 "기타 인신구속에 관한 직무를 행하는 자"라 함은 사법경찰관사의직무를행할자와그직무범위에관한법률에 규정되어 사법경찰관의 직무를 행하는 자를 말하고, "이를 보조하는 자"라 함은 법원, 검찰의 직원 또는 사법경찰사와 같이 그 직무상 보조자의 지위에 있는 자를 말하고 일반교도관들은 위 법률 제5조 제1호에 따른 교도소장의 제청 및 관할 지방검찰청 검사의 지명에 의하여 사법경찰관사의 직무를 행할 자에 해당하게 되며, 나아가 위 법률 제6조 제1호에 의하여 당해 교도소에서 발생하는 범죄에 대한 심사 또는 그 보조업무를 처리하는 경우가 아닌 한 형법 제125조에 규정된 특수공무원의 어느 범주에 속한다고 할 수 없으므로 일반교도관의 기결수에 대한 폭행 또는 가혹행위는 형법 제125조로 의율할 수 없다(광주고법 1992. 11. 21. 선고 92초43).

Ⅲ. 수사실무

1. 수사포인트

(1) 행위주체인 특수공무원의 지위, 권한 등을 분명히 한다.

(2) 직무를 보조하는 자일 경우, 그 직위를 분명히 해둔다.

(3) 행위의 동기와 방법, 정도를 밝힌다.

(4) 이 죄의 행위는 직무집행의 기회에 이루어진 것이어야 한다.

2. 범죄사실 기재례

【범죄사실 기재례】

(1) 피의자는 ○○경찰서 수사과에 근무하는 경찰공무원이다.

피의자는 20○○. ○. ○. 20:00경 ○○군 ○○면에 있는 ○○지구대 안에서 소매치기 혐의로 연행하여 온 ○○시 ○○동 ○○번지에 사는 남○○을 조사함에 있어 그가 계속 범행을 부인한다는 이유로 그를 시멘트바닥에 넘어뜨리고 발로 그의 무릎부분을 여러 차례 걷어차는 등 폭행을 가하였다.

(2) 피의자는 ○○검찰청 수사과에 근무하고 있는 수사관이다.

피의자는 20○○. ○. ○. 13:20경 위 검찰청 수사과 사무실에서 변호사법위반 혐의로 연행된 ○○시 ○○동 123 거주 피해자 피의자 김○○이 혐의사실을 부인한다는 이유로 “자백하지 않으면 그만한 고통이 따른다”라고 소리치면서 오른손으로 그의 뺨을 세게 때리는등 폭행을 가하여 그에게 약 3주간의 치료를 요하는 얼굴찢긴 상처를 입게 하였다.

3. 적용실례

(1) 교도관이 수형자를 폭행한 경우

○○교도소에서 재소자를 감독하는 교도관 조○○는 이 교도소 ○동 ○호에 구금중인 수형자 ○○명에게 실외운동을 시키기 위해 모두 운동장으로 나오도록 지시했으나, 그 중 몇 명이 지시에 따르지 않자, 옆에 있던 각목을 주워들고 재소자 유○○의 어깨와 등을 내리쳤다. 또한 유○○가 도망하자 그를 쫓아가 붙잡고 주먹으로 얼굴을 여러 차례 때리는 등 치료를 요하는 폭행을 가하였다.

➡ 교도소에 구금중인 재소자도 감독보호를 받을 자에 해당하므로 교도관 조○○의 행위는 독직폭행죄를 구성한다 할 것이다.

(2) 경찰관이 범인을 체포한 후 폭행한 경우

경찰관이 현행범을 체포하려고 하다가 동인이 낫을 들고 어깨 부분을 1회 찍자 달아났고, 그 후 주민들이 범인의 낫을 빼앗고 넘어뜨려 놓은 상태에 있을 때 몽둥이로 엉덩이를 여러 차례 때려 2주간의 치료를 요하는 상해를 가하였다.

➡ 경찰관의 행위는 불심검문－동행요구－검거－인지 등 현행범을 체포하는 일련의 공무집행 과정에서 행한 행위임에는 틀림없으나, 이미 현행범으로부터 위험한 물건(낫)을 빼앗았고, 달아나지 못하게 한 상태였음에도 불구하고 그 직전에 동인으로부터 공격당한 화풀이로서 몽둥이로 때린 것이라면 이는 적법한 공무집행행위라고 인정할 수 없을 것이다.

4. 조사할 사항

(1) 범죄의 주체

재판 · 검찰 · 경찰 기타 인신구속에 관한 직무를 행하는 자 또는 이를 보조하는 자이다.

(2) 범죄의 객체

형사피의자 기타 사람이다. 기타 사람이란 증인, 참고인 기타 소송관계인 등 법원 · 검찰 · 경찰의 직무를 수행함에 있어 그 대상이 되는 모든 자를 말한다.

(3) 범죄행위의 유형

1) 폭행

사람의 신체에 대한 일체의 유형력의 행사를 의미한다.

2) 가혹행위

정신적 · 육체적 고통을 주는 일체의 행위를 의미한다. 예를 들어, 잠을 재우지 않는 행위, 부녀자의 옷을 벗겨 수치심을 주는 행위, 식사를 제공하지 않는 행위 등을 들 수 있다.

5. 피의사실공표죄

第126條【피의사실공표】

검찰, 경찰 그 밖에 범죄수사에 관한 직무를 수행하는 자 또는 이를 감독하거나 보조하는 자가 그 직무를 수행하면서 알게 된 피의사실을 공소제기 전에 공표(公表)한 경우에는 3년 이하의 징역 또는 5년 이하의 자격정지에 처한다.

[전문개정 2020. 12. 8.]

[공무상비밀누설] 127, 국공60, [범죄수사] 형소195-198, [공판청구] 형소246 · 254, [수사비밀] 형소198, [공소시효] 형소249① : 5년

○ 이 죄는 국가의 범죄수사권과 피의자의 인권을 보호하기 위한 것이다.

Ⅰ. 이론

1. 구성요건

(1) 객관적 구성요건

1) 주체

주체는 검찰, 경찰 기타 범죄수사에 관한 직무를 행하는 자 또는 이를 감독하거나 보조하는 자(진정직무범죄)이다.

2) 객체

행위의 객체는 직무를 행하는 과정에서 알게 된 피의사실로서 그것이 진실한가 아닌가는 범죄구성에 영향을 주지 않는다. 직무와 관계없이 지득한 사실은 본죄의 객체가 아니다.

3) 행위

공판청구 전에 피의사실을 공표함으로써 이 죄는 성립한다. 이 때 공표란 불특정 또는 다수인에게 그 내용을 알리는 것을 말한다. 공픈청구 전이란 공소제기 전을 의미하므로 공소제기 후에 공표하는 것은 본죄에 해당하지 않는다.

(2) 주관적 구성요건

고의가 있어야 한다.

2, 위법성

피의사실공표죄는 국가적 법익도 그 보호법익으로 하므로 피해자의 승낙은 위법성을 조각할 수 없다고 본다(김○○, 임○ 등).

Ⅱ. 판례

◆ 사기관의 피의사실 공표행위가 허용되기 위한 요건 및 그 위법성 조각 여부의 판단 기준 / 수사기관이 발표한 피의사실에 '범죄를 구성하지 않는 사실관계'까지 포함되어 있고, 발표 내용에 비추어 피의사실은 부수적인 것에 불과하고 '범죄를 구성하지 않는 사실관계'가 주된 것인 경우, 피의사실 공표행위가 위법하다고 보아야 하는지 여부(적극)

수사기관의 피의사실 공표행위는 공권력에 의한 수사 결과를 바탕으로 한 것으로 국민들에게 그 내용이 진실이라는 강한 신뢰를 부여함은 물론 그로 인하여 피의자나 피해자 나아가 주변 인물들에 대하여 큰 피해를 가할 수도 있다는 점을 고려할 때, 수사기관의 발표는 원칙적으로 일반 국민들의 정당한 관심의 대상이 되는 사항에 관하여 객관적이고도 충분한 증거나 자료를 바탕으로 한 사실 발표에 한정되어야 하고, 이를 발표할 때에도 정당한 목적하에 수사 결과를 발표할 수 있는 권한을 가진 자에 의하여 공식의 절차에 따라 행하여져야 하며, 무죄추정의 원칙에 반하여 유죄를 속단하게 할 우려가 있는 표현이나 추측 또는 예단을 불러일으킬 우려가 있는 표현을 피하는 등 내용이나 표현 방법에 대하여도 유념하여야 할 것이므로, 수사기관의 피의사실 공표행위가 위법성을 조각하는지를 판단할 때에는 공표 목적의 공익성과 공표 내용의 공공성, 공표의 필요성, 공표된 피의사실의 객관성 및 정확성, 공표의 절차와 형식, 표현 방법, 피의사실의 공표로 침해되는 이익의 성질, 내용 등을 종합적으로 참작하여야 한다.

한편 수사기관의 피의사실 공표행위의 대상은 어디까지나 피의사실, 즉 수사기관이 혐의를 두고 있는 범죄사실에 한정되는 것이므로, 피의사실과 불가분의 관계라는 등의 특별한 사정이 없는 한 수사기관이 '범죄를 구성하지 않는 사실관계' 까지 피의사실에 포함시켜 수사 결과로서 발표하는 것은 원칙적으로 허용될 수 없다. 따라서 수사기관이 발표한 피의사실에 '범죄를 구성하지 않는 사실관계' 까지 포함되어 있고, 발표 내용에 비추어 볼 때 피의사실은 부수적인 것에 불과하고 오히려 '범죄를 구성하지 않는 사실관계' 가 주된 것인 경우에는 그러한 피의사실 공표행위는 위법하다고 보아야 한다. [대법원 2022. 1. 14., 선고, 2019다282197, 판결]

◆ 피의사실 공표죄에서 '피의사실' 의 의미 및 피의사실을 공표한 것인지 단순한 의견을 표명한 것인지 판단하는 기준

피의사실 공표죄란 검찰, 경찰 기타 범죄수사에 관한 직무를 행하는 자 또는 이를 감독하거나 보조하는 자가 그 직무를 행함에 있어서 알게 된 피의사실을 공판청구 전에 공표함으로써 성립하는 범죄인데, 여기서 '피의사실' 이란 수사기관이 혐의를 두고 있는 범죄사실로서 그 내용이 공소사실에 이를 정도로 구체적으로 특정될 필요는 없지만, 그것이 단순한 의견의 표명에 이르는 정도로는 피의사실을 공표한 것이라고 할 수 없다. 이때 그 발언이 피의사실인가 또는 의견인가를 구별함에 있어서는 언어의 통상적 의미와 용법, 문제 된 발언이 사용된 장소와 문맥, 그 발언이 행하여진 사회적 상황과 배경 등 전체적 정황을 종합적으로 고려하여 판단하여야 한다.

원심은, 이미 원고들에 대하여 국가보안법상 간첩 혐의 등으로 수사가 진행 중이라는 사실이 여러 언론에 보도된 상태에서 조선일보 기자가 피고 1을 찾아가게 된 동기와 계기, 당시 국가정보원장직에서 사퇴의사를 밝힌 피고 1이 위 기자와의 인터뷰를 수차 거절하다가 이에 응하기로 하면서 밝힌 입장과 태도, 인터뷰의 전체적 내용과 그 진행 과정에서 이 사건에서 문제 된 발언을 하게 된 경위와 과정 및 그 맥락, 이후 조선일보에 게재된 관련 기사의 전체적인 취지와 내용 및 이 사건 발언 내용의 비중 등 그 판시와 같은 사정들을 종합하여 피고 1의 이 사건 발언이 피의사실의 공표에 해당한다고 볼 수 없다고 판단하였다.

원심판결 이유를 앞서 본 법리와 기록에 비추어 살펴보면, 원심이 피고 1의 이 사건 발언이 피의사실 공표에 해당하지 않는다고 보아 원고들의 피고들에 대한 이 부분 손해배상청구를 배척한 것은 결과적으로 정당하여 수긍이 가고, 거기에 상고이유 주장과 같이 피의사실 공표에 관한 법리를 오해하여 판결 결과에 영향을 미친 잘못 등이 없다(대법원 2013. 11. 28., 선고, 2009다51271, 판결).

◆ 수사기관의 피의사실 공표행위가 허용되기 위한 요건 및 그 위법성 조각 여부의 판단 기준

일반 국민들은 사회에서 발생하는 제반 범죄에 관한 알권리를 가지고 있고 수사기관이 피의사실에 관하여 발표를 하는 것은 국민들의 이러한 권리를 충족하기 위한 방법의 일환이라 할 것이나, 한편 헌법 제27조 제4항은 형사피고인에 대한 무죄추정의 원칙을 천명하고 있고, 형법 제126조는 검찰, 경찰 기타 범죄수사에 관한 직무를 행하는 자 또는 이를 감독하거나 보조하는 자가 그 직무를 행함에 당하여 지득한 피의사실을 공판청구 전에 공표하는 행위를 범죄로 규정하고 있으며, 형사소송법 제198조는 검사, 사법경찰관리 기타 직무상 수사에 관계 있는 자는 비밀을 엄수하며 피의자 또는 다른 사람의 인권을 존중하여야 한다고 규정하고 있는바, 수사기관의 피의사실 공표행위는 공권력에 의한 수사결과를 바탕으로 한 것으로 국민들에게 그 내용이 진실이라는 강한 신뢰를 부여함은 물론 그로 인하여 피의자나 피해자 나아가 그 주변 인물들에 대하여 치명적인 피해를 가할 수도 있다는 점을 고려할 때, 수사기관의 발표는 원칙적으로 일반 국민들의 정당한 관심의 대상이 되는 사항에 관하여 객관적이고도 충분한 증거나 자료를 바탕으로 한 사실 발표에 한정되어야 하고, 이를 발표함에 있어서도 정당한 목적하에 수사결과를 발표할 수 있는 권한을 가진 자에 의하여 공식의 절차에 따라 행하여져야 하며, 무죄추정의 원칙에 반하여 유죄를 속단하게 할 우려가 있는 표현이나 추측 또는 예단을 불러일으킬 우려가 있는 표현을 피하는 등 그 내용이나 표현 방법에 대하여도 유념하지 아니하면 아니 된다 할 것이므로, 수사기관의 피의사실 공표행위가 위법성을 조각하는지의 여부를 판단함에 있어서는 공표 목적의 공익성과 공표 내용의 공공성, 공표의 필요성, 공표된 피의사실의 객관성 및 정확성, 공표의 절차와 형식, 그 표현 방법, 피의사실의 공표로 인하여 생기는 피침해이익의 성질, 내용등을 종합적으로 참작하여야 한다(대법원 2002. 9. 24. 선고 2001다49692 판결).

◆ 수사기관의 피의사실 공표행위가 허용되기 위한 요건 및 그 판단기준 및 검사의 피의사실 공표행위가 위법하다고 본 사례

가. 일반 국민들은 사회에서 발생하는 제반 범죄에 관한 알권리를 가지고 있고 수사기관이 피의사실에 관하여 발표를 하는 것은 국민들의 이러한 권리를 충족하기 위한 일환이라 할 것이나, 한편 헌법 제27조 제4항은 형사피공인에 대한 무죄추정의 원칙을 천명하고 있고, 형법 제126조는 검찰 경찰 기타 범죄수사에 관한 직무를 행하는 자 또는 이를 감독하거나 보조하는 자가 그 직무를 행함에 당하여 지득한 피의사실을 공판청구 전에 공표하는 행위를 범죄로 규정하고 있으며, 형사소송법 제198조는 검사, 사법경찰관리 기타 직무상 수사에 관계있는 자는 비밀을 엄수하며피의자 또는 다른 사람의 인권을 존중하여야 한다고 규정하고 있는바, 수사기관의 피의사실 공표행위는 공권력에 의한 수사결과를 바탕으로 한 것으로 국민들에게 그 내용이 진실이라는 강한 신뢰를 부여함은 물론 그로 인하여

피의자나 피해자 나아가 그 주변인물들에 대하여 치명적인 피해를 가할 수도 있다는 점을 고려할 때 , 수사기관의 발표는 원칙적으로 일반 국민들의 정당한 관심의 대상이 되는 사항에 관하여 객관적이고도 충분한 증거나 자료를 바탕으로 한 사실 발표에 한정되어야 하고, 이를 발표함에 있어서도 정당한 목적하에 수사결과를 발표할 수 있는 권한을 가진 장에 의하여 공식의 절차에 따라 행하여져야 하며, 무죄추정의 원칙에 반하여 유죄를 속단하게 할 우려가 있는 표현을 피하는 등 그 내용이나 표현방법에 대하여도 유념하지 아니하면 아니 될 것이므로, 수사기관의 피의사실 공표행위가 위법성을 조각하는지의 여부를 판단함에 있어서는 공표목적의 공익성과 공표내용의 공공성, 공표의 필요성, 공표된 피의사실의 객관성 및 정확성, 공표의 절차와 형식, 그 표현방법, 피의사실의 공표로 인하여 생기는 피침해 이익의성질, 내용 등을 종합적으로 참작하여야 한다.

나. 피해자의 진술 외에는 직접 증거가 없고 피의자가 피의사실을 강력히 부인하고 있어 보강수사가 필요한 상황이며, 피의사실의 내용이 국민들에게 급박히 알릴 현실적 필요성이 있다고 보기 어려움에도 불구하고, 검사가 마치 피의자의 범행이 확정된 듯한 표현을 사용하여 검찰청 내부절차를 밟지도 않고 각 언론사의 기자들을 상대로 언론에 의한 보도를 전제로 피의사실을 공표한 경우, 피의사실 공표행위의 위법성이 조각되지 않는다(대법원 2001. 11. 30. 선고 2000다68474 판결).

Ⅲ. 수사실무

1. 수사포인트

(1) 공판청구 전, 즉 공소제기 전에 공표해야 하며, 공소제기 후에 하는 것은 이 죄를 구성하지 않는다.

(2) 피해자의 승낙은 이 죄의 성립에 영향을 미치지 못하며, 수사활동상 필요할 때는 정당행위로서 위법성이 조각된다는 견해도 있지만 공공의 이익을 위한 것이라는 이유만으로 위법성이 조각되지는 않는다.

2. 범죄사실 기재례

【범죄사실 기재례】

피의자는 ○○지방경찰청 형사과 형사계에서 순경으로 근무하다 그 직을 그만둔 후 일정한 직업없이 지내고 있다.

피의자는 위 재직중 형사계에서 범죄수사에 관한 직무를 취급할 즈음, 20○○. ○. ○. 소위

○○공사 독직사건을 수사하라는 명령을 받고 같은 달 14일경 그 수사를 마친 다음 상부에 보고하려 하고 있었다. 위 ○○공사의 총재인 육○○가 사회적 저명인사인데다 사건 자체도 거액의 횡령사건이기 때문에 사회적 관심과 이목이 집중되고 있어 모든 언론기관도 취재에 열을 올리고 있었다. 그러던 중, 20○○. ○. ○. 14 : 00경 ○○신문사 기자 황○○, 이○○ 기자가 피의자를 찾아와 위 사건의 내용을 알려달라고 하자 피의자는 개인적인 공명심에서 사건의 내용을 그들에게 자세히 알려줌으로써 직무를 행하면서 알게 된 피의사실을 공판청구 전에 공표하였다.

3. 조사할 사항

(1) 범죄의 주체

검찰·경찰 기타 범죄수사에 관한 직무를 행하는 자 또는 이를 감독하거나 보조하는 자임을 밝혀야 한다.

(2) 범죄의 객체

직무상 지득한 피의사실에 한한다.

(3) 범죄의 행위

공판청구 전에 피의사실을 공표하는 것이다.

(4) 주의할 점

수사기관의 피의사실 공표행위와 위법성을 조각하는지 여부를 판단함에 있어서는 공표 목적의 공익성과 공표 내용의 공공성, 공표의 필요성, 공표된 피의 사실의 객관성 및 정확성, 공표의 절차와 형식, 그 표현방법, 피의사실의 공표에 의하여 생기는 피침해 이익의 성질, 내용 등을 종합적으로 참작하여야 한다.

6. 공무상비밀누설죄

> **제127조【공무상비밀의 누설】**
> 공무원 또는 공무원이었던 자가 법령에 의한 직무상 비밀을 누설한 때에는 2년 이하의 징역이나 금고 또는 5년 이하의 자격정지에 처한다.

[직무상비밀] 형소198, 국공60, 지공52, 군사기밀보호법13, [특별규정] 국보4①,
[공소시효] 형소249① : 5년

Ⅰ. 이론

1. 구성요건

(1) 객관적 구성요건

1) 주체

주체는 공무원 또는 공무원이었던 자이며, 이 죄는 신분범에 해당한다.

2) 객체

법령에서 정한 직무를 집행하던 중에 알게 된 비밀로, 자기의 직무에 관한 비밀뿐 아니라 타인의 직무에 관한 비밀도 포함한다.

① 비밀

일반적으로 알려져 있지 않은 사실로서 알리지 않는 것이 국가에게 이익 되는 것을 의미한다.

> ▣ 근거판례 ▣
> 형법 제127조는 공무원 또는 공무원이었던 자가 법령에 의한 직무상 비밀을 누설하는 것을 구성요건으로 하고 있고, 동 조에서 법령에 의한 직무상 비밀이란 반드시 법령에 의하여 비밀로 규정되었거나 비밀로 분류 명시된 사항에 한하지 아니하고 정치, 군사, 외교, 경제, 사회적 필요에 따라 비밀로 된 사항은 물론 정부나 공무소 또는 국민이 객관적, 일반적인 입장에서 외부에 알려지지 않는 것에 상당한 이익이 있

는 사항도 포함하는 것이나, 동 조에서 말하는 비밀이란 실질적으로 그것을 비밀로서 보호할 가치가 있다고 인정할 수 있는 것이어야 할 것이다. 그리고 본죄는 기밀 그 자체를 보호하는 것이 아니라 공무원의 비밀엄수의무의 침해에 의하여 위험하게 되는 이익, 즉 비밀의 누설에 의하여 위협받는 국가의 기능을 보호하기 위한 것이다 (대법원 1996. 5. 10. 선고 95도780 판결).

② 직무상 비밀

공무원 또는 공무원이었던 자가 직무수행 중 알게 된 비밀을 의미한다. 직무수행 중 알게 된 비밀인 이상 그것이 자기직무와 관련된 비밀인가 타인의 직무와 관련된 비밀인가는 무관하다.

③ 법령에 의한 비밀

통설과 판례가 대립되는 부분이다.

■ 이견있는 형사사건의 법원판단 ■

[형법 제127조에서의 '법령에 의한 비밀'의 의미]

1. 문제점 : 형법 제127조에서의 '법령에 의한 비밀'의 의미와 관련하여 견해가 대립한다.
2. 학설

(1) 제1설(통설) : 비밀은 법령에 의하여 특히 비밀로 할 것이 요구되는 사항에 한한다는 견해

(2) 제2설 : 법령에 의하여 특히 비밀로 할 것이 요구되는 사항 이외에, 객관적·일반적 입장에서 외부에 알리지 않는 것이 국가에게 상당한 이익이 되는 사항도 비밀에 포함된다는 견해

3. 판례 : 제2설의 태도

동조에서 법령에 의한 직무상 비밀이란 반드시 법령에 의하여 비밀로 규정되었거나 비밀로 분류 명시된 사항에 한하지 아니하고 정치, 군사, 외교, 경제, 사회적 필요에 따라 비밀로 된 사항은 물론 정부나 공무소 또는 국민이 객관적, 일반적인 입장에서 외부에 알려지지 않는 것에 상당한 이익이 있는 사항도 포함하는 것이나, 실질적으로 그것을 비밀로서 보호할 가치가 있다고 인정할 수 있는 것이어야 할 것(대법원 2003. 12. 26. 선고 2002도7339).

3) 행위

직무상 비밀을 타인에게 알리는 누설행위로서 그 방법에는 제한이 없다(비밀 서류를 보여주거나, 볼 수 있도록 놓아두는 것, 사전에 시험문제를 알려주는 것 등).

(2) 주관적 구성요건

고의가 있어야 한다.

2. 타죄와의 관계

공무원이 직무상 알게 된 군사상 기밀을 적국에 누설한 경우에는 간첩죄가 성립하고, 공무원이 외교상 기밀을 누설한 경우에는 외교상기밀누설죄가 성립한다.

Ⅱ. 판례

◆ 담당공무원이 수해복구 공사계약을 수의계약 방식으로 체결하기로 하면서, 미리 선정된 공사업체에게 공사 예정가격을 알려준 행위가 형법 제127조의 공무상 비밀누설죄에 해당하는지 여부

(1) 사실관계

의령군의 공무원인 피고인들이 공모하여 2003년 태풍 매미로 인한 수해복구공사와 관련하여 6억 원 미만의 공사에 대하여는 관내 업체가 참여 하는 수의계약 방식으로 시행할 것을 기안하여 의령군수의 결재를 받아 각 공사를 시행할 공사업체를 미리 선정한 후, 각 해당 공사업체에게 공사 예정가격을 미리 알려주고 이를 기초로 산출된 가격으로 견적서를 제출하게 하여 공사계약을 체결하였다.

(2) 판결요지

가. 구 지방재정법(2005. 8. 4. 법률 제7663호로 전문 개정되기 전의 것) 제63조에 의하여 준용되는 국가를 당사자로 하는 계약에 관한 법률 제7조는, 국가가 당사자로서 계약을 체결하는 경우 계약의 목적·성질·규모 등을 고려하여 필요하다고 인정될 때에는 대통령령이 정하는 바에 의하여 수의계약에 의할 수 있도록 정하고, 같은 법 시행령 제7조의2 제1항은 "각 중앙관서의 장 또는 계약담당공무원은 경쟁입찰 또는 수의계약 등에 부칠 사항에 대하여 당해 규격서 및 설계서 등에 의하여 예정가격을 결정하고, 이를 밀봉하여 미리 개찰장소 또는 가격협상장소 등에 두어야 하며, 예정가격이 누설되지 아니하도록 하여야 한다" 고 규정하고

있으며, 제30조 제1항 본문은 "각 중앙관서의 장 또는 계약담당공무원은 수의계약을 체결하고자 할 때에는 2인 이상으로부터 견적서를 받아야 한다" 고 규정하고 있다. 위 규정들을 종합하면 지방자치단체의 장 또는 계약담당공무원이 수의계약에 부칠 사항에 관하여 당해 규격서 및 설계서 등에 의하여 결정한 '예정가격' 은 형법 제127조의 '공무상 비밀' 에 해당한다.

나. 담당공무원이 수해복구 공사계약을 수의계약 방식으로 체결하기로 하면서, 미리 선정된 공사업체에게 공사 예정가격을 알려준 행위가 형법 제127조의 공무상 비밀누설죄에 해당한다(대법원 2008. 3. 14. 선고 2006도7171 판결).

◆ 공무상비밀누설죄의 구성요건과 보호법익 / 공무상비밀누설죄에서 '법령에 의한 직무상 비밀' 의 의미와 범위

형법 제127조는 공무원 또는 공무원이었던 자가 법령에 의한 직무상 비밀을 누설하는 것을 구성요건으로 하고, 비밀 그 자체를 보호하는 것이 아니라 공무원의 비밀엄수의무의 침해에 의하여 위험하게 되는 이익, 즉 비밀 누설에 의하여 위협받는 국가의 기능을 보호하기 위한 것이다. 여기에서 '법령에 의한 직무상 비밀' 이란 반드시 법령에서 비밀로 규정되었거나 비밀로 분류 명시된 사항에 한정되지 않고, 정치·군사·외교·경제·사회적 필요에 따라 비밀로 된 사항은 물론 정부나 공무소 또는 국민이 객관적, 일반적인 입장에서 외부에 알려지지 않는 것에 상당한 이익이 있는 사항도 포함하나, 실질적으로 그것을 비밀로서 보호할 가치가 있다고 인정할 수 있는 것이어야 한다(대법원 2018. 2. 13., 선고, 2014도11441, 판결).

◆ 공무원 등의 직무상 비밀 누설행위와 대향범 관계에 있는 '직무상 비밀을 누설받은 자' 에 대하여 공범에 관한 형법총칙 규정이 적용되는지 여부(소극)

2인 이상의 서로 대향된 행위의 존재를 필요로 하는 대향범에 대하여는 공범에 관한 형법총칙 규정이 적용될 수 없다. 형법 제127조는 공무원 또는 공무원이었던 자가 법령에 의한 직무상 비밀을 누설하는 행위만을 처벌하고 있을 뿐 직무상 비밀을 누설받은 상대방을 처벌하는 규정이 없는 점에 비추어, 직무상 비밀을 누설받은 자에 대하여는 공범에 관한 형법총칙 규정이 적용될 수 없다. 위와 같은 법리는 구 정보통신망 이용촉진 및 정보보호 등에 관한 법률(2016. 3. 22. 법률 제14080호로 개정되기 전의 것) 제49조의 경우에도 마찬가지로 적용된다(대법원 2017. 6. 19., 선고, 2017도4240, 판결).

◆ 검찰의 고위 간부가 특정 사건에 대한 수사가 계속 진행중인 상태에서 해당 사안에 관한 수사책임자의 잠정적인 판단 등 수사팀의 내부 상황을 확인한 뒤 그 내용을 수사 대상자 측에 전달한 행위가 형법 제127조에 정한 공무상 비밀누설에 해당하는지 여부

형법 제127조는 공무원 또는 공무원이었던 자가 법령에 의한 직무상 비밀을 누설하는 것을 구성요건으로 하고 있는바, 여기서 법령에 의한 직무상 비밀이란 반드시 법령에 의하여 비밀로 규정되었거나 비밀로 분류 명시된 사항에 한하지 아니하고, 정치, 군사, 외교, 경제, 사회적 필요에 따라 비밀로 된 사항은 물론 정부나 공무소 또는 국민이 객관적, 일반적인 입장에서 외부에 알려지지 않는 것에 상당한 이익이 있는 사항도 포함하나, 실질적으로 그것을 비밀로서 보호할 가치가 있다고 인정할 수 있는 것이어야 하고, 한편, 공무상비밀누설죄는 기밀 그 자체를 보호하는 것이 아니라 공무원의 비밀엄수의무의 침해에 의하여 위험하게 되는 이, 즉 비밀의 누설에 의하여 위협받는 국가의 기능을 보호하기 위한 것이다.

검찰 등 수사기관이 특정 사건에 대하여 수사를 진행하고 있는 상태에서, 수사기관이 현재 어떤 자료를 확보하였고 해당 사안이나 피의자의 죄책, 신병처리에 대하여 수사책임자가 어떤 의견을 가지고 있는지 등의 정보는, 그것이 수사의 대상이 될 가능성이 있는 자 등 수사기관 외부로 누설될 경우 피의자 등이 아직까지 수사기관에서 확보하지 못한 자료를 인멸하거나, 수사기관에서 파악하고 있는 내용에 맞추어 증거를 조작하거나, 허위의 진술을 준비하는 등의 방법으로 수사기관의 범죄수사 기능에 장애를 초래할 위험이 있는 점에 비추어 보면, 해당 사건에 대한 종국적인 결정을 하기 전까지는 외부에 누설되어서는 안 될 수사기관 내부의 비밀에 해당한다(대법원 2007. 6. 14. 선고 2004도5561 판결).

◆ 구 정보통신망 이용촉진 및 정보보호 등에 관한 법률 제49조에 규정된 '정보통신망에 의하여 처리·보관 또는 전송되는 타인의 비밀 누설' 에 해당하는 행위의 범위

구 정보통신망 이용촉진 및 정보보호 등에 관한 법률(2016. 3. 22. 법률 제14080호로 개정되기 전의 것, 이하 '정보통신망법' 이라 한다)은 제49조에서 "누구든지 정보통신망에 의하여 처리·보관 또는 전송되는 타인의 정보를 훼손하거나 타인의 비밀을 침해·도용 또는 누설하여서는 아니 된다." 라고 규정하고, 제71조 제11호에서 '제49조를 위반하여 타인의 정보를 훼손하거나 타인의 비밀을 침해·도용 또는 누설한 자' 를 5년 이하의 징역 또는 5천만 원 이하의 벌금에 처하도록 규정하고 있다. 정보통신망법 제49조에 규정된 '정보통신망에 의하여 처리·보관 또는 전송되는 타인의 비밀 누설' 이란 타인의 비밀에 관한 일체의 누설행위를 의미하는 것이 아니라, 정보통신망에 의하여 처리·보관 또는 전송되는 타인의 비밀을 정보통신망에 침입하는 등의 부정한 수단 또는 방법으로 취득한 사람이나, 그 비밀이 위와 같은 방법으로 취득된 것임을 알고 있는 사람이 그 비밀을 아직 알지 못하는 타인에게 이를 알려주는 행위만을 의미하는 것으로 제한하여 해석함이 타당하다. 이러한 해석이 형벌법규의 해석 법리, 정보통신망법의 입법 목적과 규정 체제, 정보통신망법 제49조의 입법 취지, 비밀 누설행위에 대한 형사법의 전반적 규율 체계와의 균형과 개인정보 누설행위에 대한 정보통신망법 제28조의2 제1항과의 관계 등 여러 사정에 비추어 정보통신망법 제49조의 본질적 내용에 가장 근접한 체계적·합리적 해석이기 때문이다.(대법원 2017.6.19, 선고, 2017도4240, 판결).

◆ 구청에서 체납차량 영치 및 공매 등의 업무를 담당하던 공무원인 피고인이 갑의 부탁을 받고 차적 조회 시스템을 이용하여 범죄 현장 부근에서 경찰의 잠복근무에 이용되고 있던 경찰청 소속 차량의 소유관계에 관한 정보를 알아내 갑에게 알려줌으로써 공무상비밀을 누설하였다는 내용으로 기소된 사안

구청에서 체납차량 영치 및 공매 등의 업무를 담당하던 공무원인 피고인이 갑의 부탁을 받고 차적 조회 시스템을 이용하여 을의 유사휘발유 제조 현장 부근에서 경찰의 잠복근무에 이용되고 있던 경찰청 소속 차량의 소유관계에 관한 정보를 알아내 갑에게 알려줌으로써 공무상비밀을 누설하였다는 내용으로 기소된 사안에서, 누구든지 열람이 가능한 부동산등기 사항과 달리 구 자동차관리법(2009. 2. 6. 법률 제9449호로 개정되기 전의 것) 제7조 제4항, 구 자동차등록규칙(2010. 4. 7. 국토해양부령 제239호로 개정되기 전의 것) 제10조, 제12조가 자동차 소유자의 성명까지 기재된 신청서를 제출하여야 자동차등록원부의 열람이나 등본 또는 초본을 발급받을 수 있게 규정하여 자동차 소유자에 관한 정보가 공개되지 아니한 측면을 고려하더라도, 재산의 소유 주체에 관한 정보에 불과한 자동차 소유자에 관한 정보를 정부나 공무소 또는 국민이 객관적, 일반적인 입장에서 외부에 알려지지 않는 것에 상당한 이익이 있는 사항으로서 실질적으로 비밀로 보호할 가치가 있다거나, 그 누설에 의하여 국가의 기능이 위협받는다고 볼 수 없고, 경찰청 소속 차량으로 잠복수사에 이용되는 경우 소속이 외부에 드러나지 말아야 할 사실상의 필요성이 있다는 사정만으로 달리 볼 것이 아니어서, 피고인이 갑에게 제공한 차량 소유관계에 관한 정보가 형법 제127조에서 정한 '법령에 의한 직무상 비밀'에 해당한다고 볼 수 없는데도, 이와 달리 보아 유죄를 인정한 원심판결에 법리오해의 위법이 있다고 한 사례(대법원 2012.03.15. 선고 2010도14734 판결).

Ⅲ. 수사실무

1. 범죄사실 기재례

【범죄사실 기재례】

(1) 피의자는 ○○세무서 조사과 조사계에서 재경서기보로 근무하다가 그 직을 그만둔 후 일정한 직업없이 지내고 있다.

피의자는 위 직에서 일하던 20○○. ○. ○.경 위 조사과 사무실에서 ○○주식회사의 탈세여부를 조사하기 위하여 장부일체를 조사하다가 위 회사가 부채 약 ○○억원을 갚지 못하여 도산상태에 있다는 사실을 알게 되었다. 그리고 같은 달 ○. 8 : 00경 서울 ○○구 ○○동에 있는 "○○정"에서 평소 위 회사와 경쟁관계로 지내던 ○○주식회사 상무 이○○을 만나 이야기하다가 세무조사를 받고 있는 위 ○○주식회사에 대한 이야기가 나오자 "○○주식회사의 장부를 조사하다보니 그 회사는 ○○억원의 부채가 있는데 이를 청산하지 못하여 도산상태에 있더라"는 내용을 그에게 알려줌으로써 법령에 의한 직무상의 비밀을 누설하였다.

(2) 피의자는 국토해양부 도시계획국 ○○○과 행정사무관으로 근무하였다.

피의자는 위 직에 재직 중 도시계획에 관한 Ⅰ급비밀업무를 취급하고 있을 때인 20○○. 4. 10. 경 위 도시계획국에서 입안한 "도시계획구획정리안"에 관한 내용, 특히 어느 위치에 간선도로가 나게 되는지를 알고 있었다.

피의자는 같은 달 15. 20:00경 ○○시 ○○구 ○○동 123 ○○호텔 커피숍에서 부동산업자인 김○○로부터 어느 곳에 주요간선도로가 나게 되는 것인가를 물었을 때 그 내용이 Ⅰ급비밀에 속하는 내용으로서 누설하여서는 아니됨에도 불구하고 ○○시의 주요도시계획내용을 구체적으로 알려주어 법령에 의한 직무상의 비밀을 누설하였다.

2. 적용실례

(1) 도시계획에 관한 정보 누설

피의자인 김○○는 국토해양부 도시계획국에서 행정사무관으로 근무하다 그 직을 그만둔 후 지금은 쉬고 있다. 김○○는 건설부에서 일할 때 도시계획국에서 입안한 도시계획구획정리안에 관한 내용들을 취급하며 새로 날 간선도로의 위치를 알게 되었다. 그 사실을 알게 된 며칠 뒤, 잘 아는 부동산업자인 황○○가 간선도로에 대해 물어오자 김○○는 업무상 알게 된 도시계획내용을 그에게 자세히 알려주었다.

➡ 김○○가 황○○에게 알려준 내용은 일반에게 누설해서는 안되는 법령에 의한 직무상의 비밀에 속하는 사항으로서, 김○○의 행위는 분명 공무상비밀누설죄에 해당한다 할 것이다.

3. 조사할 사항

(1) 범죄의 주체

공무원, 공무원이었던 자로서 어떤 직무를 수행하고 있는지, 언제 무엇 때문에 퇴직했는지 여부를 조사하여야 한다.

(2) 범죄의 객체

법령에 의한 직무상 비밀이다. 법령에 의하여 비밀로 규정되었거나 비밀로 분류 명시된 사항 및 정치 · 군사 · 외교 · 경제 · 사회적 필요에 따라 비밀로 된 사항 및 정부나 공무소 또는 국민이 객관적, 일반적인 입장에서 외부에 알려주지 않는 것에 상당한 이익이 있는 사항도 포함된다. 또한 비밀이란 실질적으로 그것을 비밀로서 보호할 가치가 있다고 인정할 수 있는 것이어야 한다.

(3) 범죄의 행위

비밀을 누설하는 것이다. 누설이란 타인에게 고지하는 것으로 방법에는 제한이 없다.

7. 선거방해죄

제128조【선거방해】
검찰, 경찰 또는 군의 직에 있는 공무원이 법령에 의한 선거에 관하여 선거인, 입후보자 또는 입후보자되려는 자에게 협박을 가하거나 기타 방법으로 선거의 자유를 방해한 때에는 10년 이하의 징역과 5년 이상의 자격정지에 처한다.

[법령에의한선거] 공선1-2, 헌법41① · 67, [선거자유방해] 공선237-239, [협박] 283, [공소시효] 형소249① : 10년

○ 이 죄는 민주주의 국가의 기본이 되는 선거의 자유를 보호하기 위한 것으로, 선거의 적정한 진행자체를 보호하는 것이 아니라 선거원의 자유로운 행사 내지 선거권자의 선거권을 보호하려는 것이다.

Ⅰ. 이론

1. 구성요건

(1) 객관적 구성요건

1) 주체

이 죄의 주체는 검찰, 경찰 또는 군의 직에 있는 공무원이다(진정신분범).

2) 객체

이 죄의 객체는 법령에 의한 선거에서 선거인·입후보자 또는 입후보자가 되려는 사람들이다.

3) 행위

이 죄의 행위는 협박을 가하거나 기타 방법으로 선거의 자유를 방해하는 것으로 수단, 방법에는 제한이 없다. 또 그 행위에 대해 현실적으로 방해의 결과가 발생하지 않아도 이 죄는 성립한다.

(2) 주관적 구성요건

고의가 있어야 한다.

8. 수뢰죄

제129조【수뢰, 사전수뢰】

① 공무원 또는 중재인이 그 직무에 관하여 뇌물을 수수, 요구 또는 약속한 때에는 5년 이하의 징역 또는 10년 이하의 자격정지에 처한다.

[배임수증] 357, [타법의수뢰] 상631, 채무자회생 645, 655, 특정범죄4, [재심이유] 형소420 · 421, [공소시효] 형소249① : 7년(1항), 5년(2항)

○ 이 죄는 직권남용죄·직무위배죄와 함께 공무원의 직무에 관한 범죄의 하나로서 공무원 또는 중재인이 뇌물에 유혹되어 국가기능의 공정성을 해하는 것을 방지하고, 이에 대한 사회의 신뢰를 쌓기 위한 것이다.

◈ 대법원 양형위원회의 양형기준 ◈

1. 제1유형(뇌물액이 1,000만원 미만인 경우)
(1) 기본 : 4월 - 1년 / (2) 감경 : - 6월 / (3) 가중 : 8월 - 2년
2. 제2유형(뇌물액이 1,000만원 이상~3,000만원 미만인 경우)
(1) 기본 : 1년 - 3년 / (2) 감경 : 8월 - 2년 / (3) 가중 : 2년 - 4년
3. 제3유형(뇌물액이 3,000만원 이상~5,000만원 미만인 경우)
(1) 기본 : 3년 - 5년 / (2) 감경 : 2년6월 - 4년 / (3) 가중 : 4년 - 6년
4. 제4유형(뇌물액이 5,000만원 이상~1억원 미만인 경우)
(1) 기본 : 5년 - 7년 / (2) 감경 : 3년6월 - 6년 / (3) 가중 : 6년 - 8년
5. 제5유형(뇌물액이 1억원 이상~5억원 미만인 경우)
(1) 기본 : 7년 - 10년 / (2) 감경 : 5년 - 8년 / (3) 가중 : 9년 - 12년
6. 제6유형(뇌물액이 5억원 이상인 경우)
(1) 기본 : 9년 - 12년 / (2) 감경 : 7년 - 10년 / (3) 가중 : 11년 이상, 무기

Ⅰ. 이론

1. 구성요건

(1) 객관적 구성요건

1) 주체

수뢰죄의 주체는 공무원 또는 중재인이다.

① 여기서 공무원이란 국가나 지방자치단체 및 이에 준하는 공법인의 사무에 종사하는 자로서 단순한 기계적, 육체적인 노무내용에 한정되어 있지 않은 자를 말한다.

② 중재인이란 법령에 의하여 중재직무를 담당하는 자(예를 들어 노동조합 및 노동관계조정법에 의한 중재위원 등)를 말하며, 단순한 사적인 조정자는 포함되지 않음을 주의해야 한다.

▣ 근거판례 ▣

특정범죄 가중처벌 등에 관한 법률 제4조 제1항은 형법 제129조 내지 제132조의 적용에 있어서 뇌물죄의 적용대상을 원래 공무원이 아닌 정부관리기업체의 간부직원에게로 확대 적용한다는 것으로서, 정부관리기업체의 간부직원이 그 직무에 관하여 형법 제129조 내지 제132조의 죄를 범하였을 때에는 그 죄가 성립하는 것으로 하여 그 각 법조의 특정범죄 가중처벌 등에 관한 법률을 적용한다는 뜻임은 문언상 명백하다(대법원 1999. 8. 20. 선고 99도1557 판결).

2) 객체

수뢰죄의 객체는 뇌물이다.

① 뇌물의 개념

직무에 관한 부정한 보수로서의 모든 이익을 뇌물이라고 한다.

② 뇌물의 요건

i) 직무관련성

- 직무 : 법령상 관장하는 직무행위뿐만 아니라 그 직무에 관련하여 사실상 처리하고 있는 행위 및 결정권자를 보좌하거나 영향을 줄 수 있는 직무행위를 포함한다.
- 직무에 관하여

  당해 공무원이 그 지위에 수반하여 공무로서 행하는 일체의 직무를 말하는 것으로서, 직접 권한에 속하는 직무행위뿐만 아니라 이에 밀접한 관계가 있는 경우와 그 직무와 관련하여 사실상 처리하고 있는 행위까지도 포함한다.
- 자기소관 이외의 사무를 일시 대리하는 경우의 직무도 포함된다.

ii) 부정한 보수

뇌물은 직무에 관한 부정한 보수이어야 한다. 그러므로 뇌물과 직무행위 사이에 대가관계가 있어야 한다.

iii) 이익

이익이란 사람의 욕망을 충족시킬 수 있는 일체의 유형·무형의 이익을 의미한다. 이익은 재산적 이익·비재산적 이익을 불문한다. 금융의 이익, 채무의 변제 등은 물론 주식의 향응, 이성간 정교의 알선, 공사의 직무 기타 유리한 지위 등의 알선도 뇌물이 될 수 있다.

3) 행위

수뢰죄의 행위는 직무에 관하여 뇌물을 수수 · 요구 또는 약속하는 것이다.

① **뇌물의 수수**

뇌물을 받는 것으로, 뇌물을 수수한 후 증뢰자를 위해 부당한 편의를 준 일이 없어도 이 죄는 성립한다. 뇌물수수죄가 성립하기 위해서는 영득의사가 있어야 하므로 반환의사로 일시 받아둔 경우에는 수수가 아니지만, 영득의사로 수수한 경우에는 그 후에 반환하였다고 하여도 수수가 된다.

② **뇌물의 요구**

상대방에게 뇌물을 줄 것을 구하는 의사표시를 하는 것으로, 요구가 있을 때 기수가 되어 상대방이 이에 응하지 않더라도 이 죄는 성립한다.

③ **뇌물의 약속**

당사자가 뇌물수수를 합의하는 것으로, 뇌물의 목적물인 이익이 약속당시에 현존할 필요는 없다.

(2) 주관적 구성요건

고의가 있어야 한다. 그러나 뇌물을 받은 대가로서 직무집행을 할 의사는 필요하지 않다.

2. 죄수 및 타죄와의 관계

(1) 죄수(罪數)

1) 피해법익이 하나이고 범의가 하나라면 이에 의해 계속적으로 행해진 수개의 행위는 이를 포괄적으로 평가하여 한 개의 범죄행위로 보아야 할 것이다. 만일 피고인이 2회에 걸쳐 동일인으로부터 뇌물을 받았다면 그 사이에 어느 정도의 시간적인 간격이 있었다고 하더라도 이를 포괄하여 일죄로 볼 수 있어 특정범죄 가중처벌 등에 관한 법률 제2조 제1항 제2호를 적용할 수 있을 것이다.

2) 일반적으로 수뢰죄가 포괄일죄로 파악되는 것은, 수개의 행위가 동일

법익의 침해를 목적으로 하고 있으며, 하나의 구성요건 속에 뇌물의 수수, 요구, 약속이라는 몇 개의 단계적 행위가 일시를 달리하여 여러 차례에 걸쳐 이루어졌을 때 그 포괄적 파악이 가능하고 또 위 복수의 행위가 다같이 동일법익을 침해하고 있기 때문이다. 따라서 이와 같은 포괄적 평가를 떠나 단순히 수개의 뇌물수수행위(즉 수수, 요구, 약속이라는 각기 다른 행위가 아닌)가 있다면 이는 포괄적으로 파악할 수 없으며 각개 행위의 개별적 및 총괄적 성격의 평가에 따라야 한다.

(2) 타죄와의 관계

공무원이 직무집행의 의사나 대가적 성격의 직무처리와는 관계없이 타인에게 공갈하여 재물을 교부하도록 한 경우에는 상대방에게 뇌물을 공여할 의사가 있었다고 하더라도 뇌물수수죄를 구성하지 않고 공갈죄를 구성한다. 그러나 공무원이 직무집행의 의사로 공갈하여 뇌물을 수수한 경우에는 수뢰죄와 공갈죄의 상상적 경합이 된다.

또한 공무원이 직무에 관하여 타인을 기망하여 재물을 교부받은 경우에는 수뢰죄와 사기죄의 상상적 경합이 된다는 것이 판례이다(77도1069).

▣ 근거판례 ▣

공무원이 직무집행의 의사 없이 또는 직무처리와 대가적 관계없이 타인을 공갈하여 재물을 교부하게 한 경우에는 공갈죄만이 성립하고, 이러한 경우 재물의 교부자가 공무원의 해악의 고지로 인하여 외포의 결과 금품을 제공한 것이라면 그는 공갈죄의 피해자가 될 것이고 뇌물공여죄는 성립될 수 없다고 하여야 할 것이다(대법원 1994.12.22. 선고 94도2528 판결).

(3) 특정범죄가중처벌등에관한법률 제2조-뇌물죄의 가중처벌

① 「형법」 제129조·제130조 또는 제132조에 규정된 죄를 범한 사람은 그 수수(收受)·요구 또는 약속한 뇌물의 가액(價額)(이하 이 조에서 "수뢰액"이라 한다)에 따라 다음 각 호와 같이 가중처벌한다.

1호. 수뢰액이 1억원 이상인 경우에는 무기 또는 10년 이상의 징역에 처한다.

2호. 수뢰액이 5천만원 이상 1억원 미만인 경우에는 7년 이상의 유기징역에 처한다.

3호. 수뢰액이 3천만원 이상 5천만원 미만인 경우에는 5년 이상의 유기징역에 처한다.

② 「형법」 제129조·제130조 또는 제132조에 규정된 죄를 범한 사람은 그 죄에 대하여 정한 형(제1항의 경우를 포함한다)에 수뢰액의 2배 이상 5배 이하의 벌금을 병과(併科)한다. [전문개정 2010.3.31.]

[한정위헌, 2011헌바117, 2012.12.27. 형법(1953. 9. 18. 법률 제293호로 제정된 것) 제129조 제1항의 '공무원' 에 구 '제주특별자치도 설치 및 국제자유도시 조성을 위한 특별법' (2007. 7. 27. 법률 제8566호로 개정되기 전의 것) 제299조 제2항의 제주특별자치도통합영향평가심의위원회 심의위원 중 위촉위원이 포함되는 것으로 해석하는 한 헌법에 위반된다.]

부패범죄에 대한 처벌을 강화하는 국제적 흐름에 부합하는 입법의 필요성이 증대하고 있고 기존의 징역형 위주의 처벌 규정만으로는 효율적인 공직 부패 척결에 한계가 있으므로, 공직 비리 사범에 대한 처벌을 강화하여 형법 제129조, 제130조 또는 제132조의 뇌물 사범에 대하여 징역형을 부과할 뿐만 아니라 반드시 수뢰액의 2배 이상 5배 이하의 벌금을 병과하도록 함으로써 부패구조 청산 및 국가 경쟁력 강화에 기여하려는 취지로 신설된 조문이다.

Ⅱ. 판례

◆ 뇌물죄에서 뇌물공여자의 특정 방법 및 금품이나 재산상 이익 등이 반드시 공여자와 수뢰자 사이에 직접 수수되어야 하는지 여부(소극)

[1] 뇌물죄는 공여자의 출연에 의한 수뢰자의 영득의사의 실현으로서, 공여자의 특정은 직무행위와 관련이 있는 이익의 부담 주체라는 관점에서 파악하여야 할 것이므로, 금품이나 재산상 이익 등이 반드시 공여자와 수뢰자 사이에 직접 수수될 필요는 없다.

[2] 공무원인 피고인 甲은 피고인 乙로부터 "선물을 할 사람이 있으면 새우젓을 보내 주겠다." 라는 말을 듣고 이를 승낙한 뒤 새우젓을 보내고자 하는 329명의 명단을 피고인 乙에게 보내 주고 피고인 乙로 하여금 위 사람들에게 피고인 甲의 이름을 적어 마치 피고인 甲이 선물을 하는 것처럼 총 11,186,000원 상당의

새우젓을 택배로 발송하게 하고 그 대금을 지급하지 않는 방법으로 직무에 관하여 뇌물을 교부받고, 피고인 乙은 피고인 甲에게 뇌물을 공여하였다는 내용으로 기소된 사안에서, 피고인 乙은 도내 어촌계장이고, 피고인 甲은 도청 공무원으로 재직하면서 어민들의 어업지도, 보조금 관련 사업과 어로행위 관련 단속 업무 등을 총괄하고 있던 점, 피고인 乙은 이전에도 같은 방식으로 피고인 甲이 재직 중이던 도청 담당과에 새우젓을 보낼 사람들의 명단을 요청하여 직원으로부터 명단을 받아 피고인 甲의 이름으로 새우젓을 발송한 점 등 여러 사정을 종합하면, 피고인 乙은 피고인 甲이 지정한 사람들에게 피고인 甲의 이름을 발송인으로 기재하여 배송업체를 통하여 배송업무를 대신하여 주었을 뿐이고, 새우젓을 받은 사람들은 새우젓을 보낸 사람을 피고인 乙이 아닌 피고인 甲으로 인식하였으며, 한편 피고인 乙과 피고인 甲 사이에 새우젓 제공에 관한 의사의 합치가 존재하고 위와 같은 제공방법에 관하여 피고인 甲이 양해하였다고 보이므로, 피고인 乙의 새우젓 출연에 의한 피고인 甲의 영득의사가 실현되어 형법 제129조 제1항의 뇌물공여죄 및 뇌물수수죄가 성립하고, 공여자와 수뢰자 사이에 직접 금품이 수수되지 않았다는 사정만으로 이와 달리 볼 수 없다는 이유로, 그럼에도 사회통념상 위 329명이 새우젓을 받은 것을 피고인 甲이 직접 받은 것과 같이 평가할 수 있는 관계라고 인정하기에 부족하다고 보아 피고인들에게 무죄를 선고한 원심판단에 뇌물죄의 성립에 관한 법리오해 등의 위법이 있다(대법원 2020. 9. 24., 선고, 2017도12389, 판결).

◆ 직권남용권리행사방해죄에서 말하는 '직권남용'의 의미 및 남용에 해당하는지 판단하는 기준 / 어떠한 직무가 공무원의 일반적 직무권한에 속하는 사항이라고 인정하기 위한 요건

직권남용권리행사방해죄는 공무원이 일반적 직무권한에 속하는 사항에 관하여 직권을 행사하는 모습으로 실질적, 구체적으로 위법·부당한 행위를 한 경우에 성립한다. '직권남용'이란 공무원이 일반적 직무권한에 속하는 사항에 관하여 그 권한을 위법·부당하게 행사하는 것을 뜻한다. 어떠한 직무가 공무원의 일반적 직무권한에 속하는 사항이라고 하기 위해서는 그에 관한 법령상 근거가 필요하다. 법령상 근거는 반드시 명문의 규정만을 요구하는 것이 아니라 명문의 규정이 없더라도 법령과 제도를 종합적, 실질적으로 살펴보아 그것이 해당 공무원의 직무권한에 속한다고 해석되고, 이것이 남용된 경우 상대방으로 하여금 사실상 의무 없는 일을 하게 하거나 권리를 방해하기에 충분한 것이라고 인정되는 경우에는 직권남용죄에서 말하는 일반적 직무권한에 포함된다.

남용에 해당하는가를 판단하는 기준은 구체적인 공무원의 직무행위가 본래 법령에서 그 직권을 부여한 목적에 따라 이루어졌는지, 직무행위가 행해진 상황에서 볼 때 필요성·상당성이 있는 행위인지, 직권행사가 허용되는 법령상의 요건을 충족했는지 등을 종합하여 판단하여야 한다(대법원 2020. 2. 13., 선고, 2019도5186, 판결).

◆ 배임수재자가 배임증재자에게서 무상으로 빌려준 물건을 인도받아 사용하고 있

던 중에 공무원이 되었는데, 배임증재자가 배임수재자에게 뇌물공여의 뜻을 밝히고 물건을 계속하여 배임수재자가 사용할 수 있는 상태로 두는 경우, 뇌물공여죄가 성립하는지 여부(원칙적 소극)

배임수재자가 배임증재자에게서 그가 무상으로 빌려준 물건을 인도받아 사용하고 있던 중에 공무원이 된 경우, 그 사실을 알게 된 배임증재자가 배임수재자에게 앞으로 물건은 공무원의 직무에 관하여 빌려주는 것이라고 하면서 뇌물공여의 뜻을 밝히고 물건을 계속하여 배임수재자가 사용할 수 있는 상태로 두더라도, 처음에 배임증재로 무상 대여할 당시에 정한 사용기간을 추가로 연장해 주는 등 새로운 이익을 제공한 것으로 평가할 만한 사정이 없다면, 이는 종전에 이미 제공한 이익을 나중에 와서 뇌물로 하겠다는 것에 불과할 뿐 새롭게 뇌물로 제공되는 이익이 없어 뇌물공여죄가 성립하지 않는다(대법원 2015.10.15, 선고, 2015도6232, 판결).

◆ 甲 주식회사 대표이사인 피고인이 금융기관에 청탁하여 乙 주식회사가 대출을 받을 수 있도록 알선행위를 하고 그 대가로 용역대금 명목의 수수료를 甲 회사 계좌를 통해 송금받아 특정경제범죄 가중처벌 등에 관한 법률 위반(알선수재)죄가 인정된 사안에서, 위 수수료에 대한 권리가 甲 회사에 귀속되는 경우에도 피고인으로부터 몰수·추징할 수 있다고 본 기준

甲 주식회사 대표이사인 피고인이 금융기관에 청탁하여 乙 주식회사가 대출을 받을 수 있도록 알선행위를 하고 그 대가로 용역대금 명목의 수수료를 甲 회사 계좌를 통해 송금받아 특정경제범죄 가중처벌 등에 관한 법률 위반(알선수재)죄가 인정된 사안에서, 피고인이 甲 회사의 대표이사로서 같은 법 제7조에 해당하는 행위를 하고 당해 행위로 인한 대가로 수수료를 받았다면, 수수료에 대한 권리가 甲 회사에 귀속된다 하더라도 행위자인 피고인으로부터 수수료로 받은 금품을 몰수 또는 그 가액을 추징할 수 있으므로, 피고인이 개인적으로 실제 사용한 금품이 없더라도 마찬가지라고 본 원심판단을 정당하다고 한 사례(대법원 2015.1.15, 선고, 2012도7571, 판결).

◆ 뇌물죄에 있어서 수뢰자로 지목된 자가 수뢰사실을 시종일관 부인하고 있고 이를 뒷받침할 금융자료 등 물증이 없는 경우, 증뢰자의 진술만으로 유죄를 인정하기 위한 요건

(1) 사실관계

> 피고인 A는 인천시교육청 시설과 건축팀장 등으로서 학교 신축공사의 감독업무를 담당하면서 제1심 공동피고인 B, 원심 공동피고인 C및 피고인 D, E, 그리고 공소외 F로부터 수회에 걸쳐 합계 115,000,000원을 수수하였다. 피고인 A는 일관하여 위 각 금전거래는 차용관계에 불과하다고 주장하나, 여러 근거들에 비추어 볼 때, 피고인 A는 위 각 금원을 일시 차용이 아닌 영득의 의사로 교부받았다고 할 것이고, 이와 같은 위 피고인 A의 행위와 그 직무와의 관련성도 인정된다.

(2) 판결요지

가. 뇌물죄는 공무원의 직무집행의 공정과 이에 대한 사회의 신뢰 및 직무행위의 불가매수성을 그 보호법익으로 하고 있고, 직무에 관한 청탁이나 부정한 행위를 필요로 하는 것은 아니기 때문에 수수된 금품의 뇌물성을 인정하는 데 특별한 청탁이 있어야만 하는 것은 아니며, 또한 금품이 직무에 관하여 수수된 것으로 족하고 개개의 직무행위와 대가적 관계에 있을 필요는 없고, 공무원이 그 직무의 대상이 되는 사람으로부터 금품 기타 이익을 받은 때에는 사회상규에 비추어 볼 때에 의례상의 대가에 불과한 것이라고 여겨지거나, 개인적인 친분관계가 있어서 교분상의 필요에 의한 것이라고 명백하게 인정할 수 있는 경우 등 특별한 사정이 없는 한 직무와의 관련성이 없는 것으로 볼 수 없으며, 공무원이 직무와 관련하여 금품을 수수하였다면 비록 사교적 의례의 형식을 빌어 금품을 주고받았다 하더라도 그 수수한 금품은 뇌물이 된다(대법원 2001. 10. 12. 선고 2001도3579 판결 등 참조).

나. 뇌물죄에 있어서 수뢰자로 지목된 피고인이 수뢰사실을 시종일관 부인하고 있고 이를 뒷받침할 금융자료 등 물증이 없는 경우에 증뢰자의 진술만으로 유죄를 인정하기 위하여는 증뢰자의 진술이 증거능력이 있어야 함은 물론 합리적인 의심을 배제할 만한 신빙성이 있어야 하고, 신빙성이 있는지 여부를 판단함에 있어서는 그 진술내용 자체의 합리성, 객관적 상당성, 전후의 일관성 등뿐만 아니라 그의 인간됨, 그 진술로 얻게 되는 이해관계 유무 등도 아울러 살펴보아야 한다 (대법원 2002. 6. 11. 선고 2000도5701 판결 참조).(대법원 2007. 6. 14. 선고 2007도2178 판결).

◆ 공무원이 직접 뇌물을 받지 아니하고 증뢰자로 하여금 다른 사람에게 뇌물을 공여하도록 한 경우, 형법 제129조 제1항의 뇌물수수죄 성립 여부

(1) 사실관계

공소외 A주식회사는 법인등기부상 그 대표이사 명의만을 피고인 甲의 동생인 공소외 B로 하여 두었을 뿐, 실질적으로 피고인 甲이 경영하는 회사인데, 피고인 乙은 그가 실질적으로 경영하는 공소외 C주식회사가 건축하는 이 사건 임대아파트의 조기 사용승인 등과 관련하여 양산시장인 피고인 甲의 협력을 기대하면서 지부용 등을 통하여 부도 지경에 있는 공소외 A주식회사의 어음결제자금에 대한 도움을 요청한 피고인 甲을 위하여 이 사건 금원을 송금하였고, 피고인 甲은 공소외 C주식회사가 애초에 승인받은 사업계획과 달리 입주예정일을 3년이나 앞당겼으며, 그 와중에 일부 건물을 불법 증축하거나 변경 시공하였고, 부대복리시설은 물론이고 아파트 자체 건축공사도 일부 완공하지 못한 상태에서 사용승인을 신청하였으며, 이에 담당 공무원들마저 사용승인을

반대하는 의견을 개진하였음에도 불구하고 전결권자도 배제한 채 이 사건 임대아파트의 사용승인을 하여 주었다.

(2) 판결요지

공무원이 직접 뇌물을 받지 아니하고 증뢰자로 하여금 다른 사람에게 뇌물을 공여하도록 한 경우, 그 다른 사람이 공무원의 사자 또는 대리인으로서 뇌물을 받은 경우나 그 밖에 예컨대, 평소 공무원이 그 다른 사람의 생활비 등을 부담하고 있었다거나 혹은 그 다른 사람에 대하여 채무를 부담하고 있었다는 등의 사정이 있어서 그 다른 사람이 뇌물을 받음으로써 공무원은 그만큼 지출을 면하게 되는 경우 등 사회통념상 그 다른 사람이 뇌물을 받은 것을 공무원이 직접 받은 것과 같이 평가할 수 있는 관계가 있는 경우에는 형법 제130조의 제3자 뇌물제공죄가 아니라, 형법 제129조 제1항의 뇌물수수죄가 성립한다(대법원 2004. 3. 26. 선고 2003도8077 판결).

◆ 뇌물죄에 있어서 직무 및 뇌물의 내용인 이익의 의미

가. 뇌물죄는 직무집행의 공정과 직무행위의 불가매수성을 그의 보호법익으로 하고 있으므로 뇌물성은 의무위반 행위의 유무와 청탁의 유무 등을 가리지 아니하는 것이며, 따라서 과거에 담당하였거나 장래 담당할 직무 그 자체뿐만 아니라 그 직무와 밀접한 관계가 있는 행위 또는 관례상이나 사실상 소관하는 직무행위 및 결정권자를 보좌하거나 영향을 줄 수 있는 직무행위도 포함되며, 뇌물의 내용인 이익이라 함은 금전, 물품 기타의 재산적 이익뿐만 아니라 사람의 수요 욕망을 충족시키기에 족한 일체의 유형·무형의 이익을 포함하는 것이다.

나. 군에서 일차진급 평정권자가 그 평정업무와 관련하여 진급대상자로 하여금 자신의 은행대출금채무에 연대보증하게 한 행위는 직무에 관련하여 이익인 뇌물을 받은 것에 해당된다(대법원 2001. 1. 5. 선고 2000도4714 판결).

◆ 뇌물죄에서 직무관련성 및 뇌물성 / 공무원이 얻는 이익이 뇌물에 해당하는지 판단하는 기준

공무원이 직무의 대상이 되는 사람으로부터 금품 기타 이익을 받은 때에는 그것이 그 사람이 종전에 공무원으로부터 접대 또는 수수받은 것을 갚는 것으로서 사회상규에 비추어 볼 때에 의례상의 대가에 불과한 것이라고 여겨지거나, 개인적인 친분관계가 있어서 교분상의 필요에 의한 것이라고 명백하게 인정할 수 있는 경우 등 특별한 사정이 없는 한 직무와 관련성이 있다고 볼 수 있다. 그리고 공무원의 직무와 관련하여 금품을 주고받았다면 비록 사교적 의례의 형식을 빌어 금품을 주고받았다고 하더라도 수수한 금품은 뇌물이 된다.

공무원이 얻는 어떤 이익이 직무와 대가관계가 있는 부당한 이익으로서 뇌물에 해당하는지 또는 사회상규에 따른 의례상의 대가 혹은 개인적 친분관계에 따른 교분상의 필요에 의한 것으로서 직무와의 관련성이 없는 것인지는 공무원의 직무 내용, 직무와 이익 제공자의 관계, 이익의 수수 경위와 시기 등의 사정과 아울러 제공된 이익의 종류와 가액도 함께 참작하여 이를 판단하여야 한다(대법원 2017.1.12, 선고, 2016도15470, 판결).

◆ 형법 제129조 소정의 '공무원'의 의미

가. 형법 제129조에서의 공무원이라 함은 법령의 근거에 기하여 국가 또는 지방자치단체 및 이에 준하는 공법인의 사무에 종사하는 자로서 그 노무의 내용이 단순한 기계적, 육체적인 것에 한정되어 있지 않는 자를 말한다.

나. 중앙약사심의위원회 소분과위원이 형법상 뇌물죄의 주체로서 공무원에 해당한다(대법원 2002. 11. 22. 선고 2000도4593 판결).

◆ 뇌물죄에서 '직무'의 의미 및 구체적인 행위가 공무원의 직무에 속하는지의 판단 기준

뇌물죄에서 말하는 직무에는 공무원이 법령상 관장하는 직무 그 자체뿐만 아니라 직무와 밀접한 관계가 있는 행위 또는 관례상이나 사실상 관여하는 직무행위도 포함되나, 구체적인 행위가 공무원의 직무에 속하는지는 그것이 공무의 일환으로 행하여졌는가 하는 형식적인 측면과 함께 공무원이 수행하여야 할 직무와의 관계에서 합리적으로 필요하다고 인정되는 것인가 하는 실질적인 측면을 아울러 고려하여 결정하여야 한다. (대법원 2011.5.26. 선고 2009도2453 판결)

◆ 공무원이 얻는 이익이 직무와 대가관계가 있는 부당한 이익으로서 뇌물에 해당하는지 여부의 판단 기준

공무원이 얻는 어떤 이익이 직무와 대가관계가 있는 부당한 이익으로서 뇌물에 해당하는지 혹은 사회상규에 따른 의례상의 대가 혹은 개인적 친분관계에 따른 교분상의 필요에 의한 것으로서 직무와의 관련성이 없는 것인지 여부는 당해 공무원의 직무의 내용, 직무와 이익제공자의 관계, 이익의 수수 경위 및 시기 등의 사정과 아울러 공여되는 이익의 종류 및 가액도 함께 참작하여 이를 판단하여야 한다(대법원 2006. 2. 24. 선고 2005도4737 판결).

◆ 공무원이 자신의 징계 또는 변상책임을 모면하기 위하여 회수하지 못한 선급금을 뇌물공여자로 하여금 대납하게 한 경우 그 대납한 현금의 뇌물성 여부

공무원이 자신의 징계 또는 변상책임을 모면하기 위하여 회수하지 못한 선급금을 뇌물공여자로 하여금 대납하게 한 경우 그 대납한 현금 자체를 뇌물로 볼 수 없다(2004. 4. 16. 선고 2003도1975 판결).

◆ 뇌물죄에서 뇌물의 내용인 이익의 의미 및 뇌물죄의 기수시기

(1) 사실관계

> 피고인A는 재개발주택조합의 조합장으로서 그 재직 중 고소하거나 고소당한 사건의 수사를 담당한 경찰관 B에게 액수 미상의 프리미엄이 예상되는 그 조합아파트 1세대를 분양해 주었다. 그 아파트는 당첨자의 분양권 포기로 조합에서 임의분양하기로 된 것으로서 예상되는 프리미엄의 금액이 불확실하였다.

(2) 판결요지

가. 뇌물죄에서 뇌물의 내용인 이익이라 함은 금전, 물품 기타의 재산적 이익뿐만 아니라 사람의 수요 욕망을 충족시키기에 족한 일체의 유형, 무형의 이익을 포함한다고 해석되고, 투기적 사업에 참여할 기회를 얻는 것도 이에 해당한다.

나. 공무원이 뇌물로 투기적 사업에 참여할 기회를 제공받은 경우, 뇌물수수죄의 기수시기는 투기적 사업에 참여하는 행위가 종료된 때로 보아야 하며, 그 행위가 종료된 후 경제사정의 변동 등으로 인하여 당초의 예상과는 달리 그 사업 참여로 아무런 이득을 얻지 못한 경우라도 뇌물수수죄의 성립에는 영향이 없다.

다. 재개발주택조합의 조합장이 그 재직 중 고소하거나 고소당한 사건의 수사를 담당한 경찰관에게 액수 미상의 프리미엄이 예상되는 조합아파트 1세대를 분양해 준 경우, 뇌물공여죄에 해당한다(2002. 11. 26. 선고 2002도3539 판결).

◆ 의장선거에서의 투표권을 가지고 있는 군의원들이 이와 관련하여 금품 등을 수수할 경우 뇌물죄 성립 여부

가. 뇌물죄에서 뇌물의 내용인 이익이라 함은 금전, 물품 기타의 재산적 이익뿐만 아니라 사람의 수요 욕망을 충족시키기에 족한 일체의 유형, 무형의 이익을 포함한다고 해석되고, 투기적 사업에 참여할 기회를 얻는 것도 이에 해당한다.

나. 공무원이 뇌물로 투기적 사업에 참여할 기회를 제공받은 경우, 뇌물수수죄의 기수 시기는 투기적 사업에 참여하는 행위가 종료된 때로 보아야 하며, 그 행위가 종료된 후 경제사정의 변동 등으로 인하여 당초의 예상과는 달리 그 사업 참여로 인한 아무런 이득을 얻지 못한 경우라도 뇌물수수죄의 성립에는 아무런 영향이 없다.

다. 뇌물죄에 있어서 직무라 함은 공무원이 법령상 관장하는 직무 그 자체뿐만 아니라 그 직무와 밀접한 관계가 있는 행위 또는 관례상이나 사실상 소관하는 직무행위 및 결정권자를 보좌하거나 영향을 줄 수 있는 직무행위도 포함한다.

라. 지방자치법 제42조 제1항의 규정에 의하면 지방의회는 의장을 의원들간의 무기명투표로 선거하도록 되어 있으므로 의장선거에서의 투표권을 가지고 있는 군의원들이 이와 관련하여 금품 등을 수수할 경우 이는 군의원으로서의 직무와 관련된 것이라 할 것이므로 뇌물죄가 성립한다(대법원 2002. 5. 10. 선고 2000도2251 판결).

◆ 뇌물죄에서 수뢰액이 엄격한 증명의 대상인지 여부(적극) 및 수뢰액을 특정할 수 없는 경우, 가액을 추징할 수 있는지 여부(소극)

뇌물죄에서 수뢰액은 다과에 따라 범죄구성요건이 되므로 엄격한 증명의 대상이 되고, 특정범죄 가중처벌 등에 관한 법률에서 정한 범죄구성요건이 되지 않는 단순 뇌물죄의 경우에도 몰수·추징의 대상이 되는 까닭에 역시 증거에 의하여 인정되어야 하며, 수뢰액을 특정할 수 없는 경우에는 가액을 추징할 수 없다. (대법원 2011.5.26. 선고 2009도2453 판결)

◆ 뇌물죄에서 금품의 무상대여를 통하여 위법한 재산상 이익을 취득한 경우, 추징의 대상(=금융이익 상당액) 및 그 산정 방법

형법 제134조의 규정에 의한 필요적 몰수 또는 추징은 같은 법 제129조 내지 133조를 위반한 자에게 제공되거나 공여될 금품 기타 재산상 이익을 박탈하여 그들로 하여금 부정한 이익을 보유하지 못하게 함에 그 목적이 있다. 금품의 무상대여를 통하여 위법한 재산상 이익을 취득한 경우 범인이 받은 부정한 이익은 그로 인한 금융이익 상당액이라 할 것이므로 추징의 대상이 되는 것은 무상으로 대여받은 금품 그 자체가 아니라 위 금융이익 상당액이라고 봄이 상당하다. 한편 여기에서 추징의 대상이 되는 금융이익 상당액은 객관적으로 산정되어야 할 것인데, 범인이 금융기관으로부터 대출받는 등 통상적인 방법으로 자금을 차용하였을 경우 부담하게 될 대출이율을 기준으로 하거나 그 대출이율을 알 수 없는 경우에는 금품을 제공받은 피고인의 지위에 따라 민법 또는 상법에서 규정하고 있는 법정이율을 기준으로 하여, 변제기나 지연손해금에 관한 약정이 가장되어 무효라고 볼 만한 사정이 없는 한 금품수수일로부터 약정된 변제기까지 금품을 무이자로 차용하여 얻은 금융이익의 수액을 산정한 뒤 이를 추징하여야 한다. 나아가 그와 같이 약정된 변제기가 없는 경우에는, 판결 선고일 전에 실제로 차용금을 변제하였다거나 대여자의 변제 요구에 의하여 변제기가 도래하였다는 등의 특별한 사정이 없는 한, 금품수수일로부터 판결 선고시까지 금품을 무이자로 차용하여 얻은 금융이익의 수액을 산정한 뒤 이를 추징하여야 할 것이다(대법원 2014.5.16, 선고, 2014도1547, 판결).

◆ 임명권자에 의하여 임용되어 공무에 종사하여 온 사람이 나중에 임용결격자이었음이 밝혀져 당초의 임용행위가 무효인 경우 형법 제129조에서 규정한 '공무원'에 해당하는지 여부(적극) 및 그가 직무에 관하여 뇌물을 수수한 경우 수뢰죄로 처벌할 수 있는지 여부(적극)

형법이 뇌물죄에 관하여 규정하고 있는 것은 공무원의 직무집행의 공정과 그에 대한 사회의 신뢰 및 직무행위의 불가매수성을 보호하기 위한 것이다. 법령에 기한 임명권자에 의하여 임용되어 공무에 종사하여 온 사람이 나중에 그가 임용결격자이었음이 밝혀져 당초의 임용행위가 무효라고 하더라도, 그가 임용행위라는 외관을 갖추어 실제로 공무를 수행한 이상 공무 수행의 공정과 그에 대한 사회의 신뢰 및 직무행위의 불가매수성은 여전히 보호되어야 한다. 따라서 이러한 사람은 형법 제129조에서 규정한 공무원으로 봄이 타당하고, 그가 그 직무에 관하여 뇌물을 수수한 때에는 수뢰죄로 처벌할 수 있다(대법원 2014.3.27, 선고, 2013도11357, 판결).

◆ 형법 제129조의 구성요건인 뇌물의 '약속' 의 의미

형법 제129조의 구성요건인 뇌물의 '약속'은 양 당사자 사이의 뇌물수수의 합의를 말하고, 여기에서 '합의'란 그 방법에 아무런 제한이 없고 명시적일 필요도 없지만, 장래 공무원의 직무와 관련하여 뇌물을 주고 받겠다는 양 당사자의 의사표시가 확정적으로 합치하여야 한다(대법원 2007. 7. 13. 선고 2004도3995 판결).

Ⅲ. 수사실무

1. 수사포인트

(1) 이 죄는 신분범이기 때문에 먼저 피의자의 신분을 확인해야 한다. 이때, 신분을 확실히 하기 위해 임명의 법적근거, 이력 등을 내사해 두어야 한다.

(2) 이 죄의 수사는 주로 관계자의 진술에 의하는 것이기 때문에 진술조서를 작성할 때 주의를 기울여야 한다.

(3) 피의자 검거와 공범자간의 모의를 방지하기 위해 수사의 보안을 철저히 해야 한다.

(4) 직무에 관해서 받은 뇌물인지 확인한다(직무행위에 대한 대가적 의미 여부).

(5) 청탁이 있었는지 조사한다.

(6) 뇌물의 출처 또는 입수경로를 조사한다.

(7) 반환할 의사가 있었는지, 영득의사가 있었는지 조사한다.

(8) 제131조 사후수뢰와는 구성요건이 다름에 유의한다.

2. 피의자 신문례

(1) 피의자는 언제부터 세무공무원으로 근무하고 있는가요

(2) 어디에서 근무하고 있는가요

(3) 거기에서 어떤 업무를 담당하고 있는가요

(4) ○○○의 부동산 양도세를 실제 조사한 적이 있는가요

(5) ○○○의 매도부동산의 지번과 거래내역 등을 자세히 진술하세요

(6) 이것이 당시 피의자가 작성한 양도세 조사평가서인가요(양도세 조사평가서를 보여 준다)

(7) 당시 사실대로 세액평가서를 작성하였나요(감액한 금액 명시)

(8) 왜 사실대로 평가서를 작성하지 않았나요

(9) ○○○나 그 가족 등으로부터 돈을 받은 일이 있는가요

(10) 돈을 받은 일시, 장소는 어디인가요

(11) ○○○가 뭐라고 말하면서 돈을 주었나요

(12) 받은 돈은 어떻게 하였나요

3. 범죄사실 기재례

【범죄사실 기재례】

(1) 1. 피의자 김○○

피의자는 서울 지방국세청 ○○세무서 재산세과에 근무하는 세무주사로서 양도소득세 부과 등 업무를 담당하고 있다.

피의자 김○○은 20○○. ○. ○. 서울 강남구 개포동에 있는 현대아파트 100동 333호 피의자의 집에서 위 이○○으로부터 위 대지 100평의 양도 사실에 관하여 그 양도소득세를 적게 부과하여 달라는 청탁을 받고, 그 사례금 명목의 현금 300만원을 교부받았다.

이로써 피의자는 그 직무에 관하여 뇌물을 수수하였다.

2. 피의자 이○○

피의자는 같은 일시 장소에서 위 김○○에게 위와 같이 청탁하면서 그 사례금 명목으로 현금 300만원을 교부하여 공무원의 직무에 관하여 뇌물을 공여하였다.

(2) 1. 피의자 김○○

피의자는 20○○. ○. ○.부터 ○○동 소재 인천 ○○세관의 통관지원과장(4급)으로 근무

하면서 수출입 물품의 통관을 위한 검사와 보세창고 관리 등의 업무를 담당하고 있다.

피의자는 20○○. ○. ○.경 ○○세관 뒤편에 있는 ○○식당에서 같은 달 7.경 공동피의자 이○○로부터 건외 홍○○이 중국으로부터 수입한 건고추 20만톤 등의 물품을 통관함에 있어서 편의를 제공해 달라는 청탁을 받고, 출고보류중이던 위 물품을 즉시 반출하여 준 것에 대한 사례금 명목으로 액면금 농협발행 10만원권 자기앞수표 50매 합계 500만원을 받았다.

이로써 피의자는 그 직무에 관하여 뇌물을 수수하였다.

2. 피의자 이○○

피의자는 같은 일시, 장소에서 위 김○○에게 위와 같은 편의제공에 대한 사례금 명목으로 금 500만원을 교부하여 공무원의 직무에 관하여 뇌물을 공여하였다.

(3) 피의자는 20○○. ○. 경부터 20○○. ○.경까지 한국도로공사건설사업소장(처장급)으로 재직하였다. 피의자는 재직기간 중 시공업체들에 대하여 공사시공, 설계변경, 준공검사승인 등 공사일체를 관리감독하는 직무를 수행하여 오던 특정범죄가중처벌등에관한법률에 의하여 공무원으로 의제되는 자이다.

피의자는 20○○. ○.경 경기도 ○○시 ○○동 ○○ 일식집에서 고속도로공사 시공업체인 ○○주식회사 현장소장 건외 최○○으로부터 설계변경, 품질시험 등 원만한 공사감독에 대한 사례명목으로 금 500만원을 교부받아 직무에 관하여 뇌물을 수수하였다.

(4) 피의자는 20○○. ○.경부터 20○○. ○.경까지 사이에 중앙약사심의위원회 신약분과위원회 독성평가소분과위원, 진단용의약품소분과위원, 대사성의약품소분과위원 등의 지위에 있는 자이다.

피의자는 ○○제약회사 사장 건외 홍○○로부터 "○○제약회사 및 그 모회사등 관계회사의 의약품에 대하여 중앙약사심의위원회 심의시 잘 봐달라."라는 취지의 부탁을 받고 20○○. ○.부터 20○○. ○.까지 총 24회에 걸쳐 합계 2억4천5백만원을 그 직무와 관련하여 뇌물을 수수하였다.

4. 적용실례

(1) 일용잡급직의 금원 수수

○○시청 환경정비 단속반에서 일용잡급직으로 일하는 이○○는 법을 위반하여 세워진 건축물을 적발했으나 그 건물건축주의 부탁으로 이를 묵인해 준다는 조건하에 건축주로부터 돈 10만원을 교부 받았다.

➡ 이○○가 속해있는 일용잡급직도 지방공무원법에 의한 공무원에 해당

되므로 이 사건에는 뇌물수수죄를 적용하는 것이 맞겠다(일용잡급직에 대한 오해로, 배임수재죄로 의율하는 경우가 있을 수 있다).

(2) 시장 청원경찰이 노점상인들로부터 금품을 받은 경우

ㅇㅇ상가의 청원경찰관인 서ㅇㅇ, 이ㅇㅇ이 상가주변 노점상들이 노점상을 묵인해 달라는 취지로 서ㅇㅇ와 이ㅇㅇ에게 제공한 돈과 향응을 받았다.

➡ 청원경찰법 제10조 제2항에 의하면 "청원경찰업무에 종사하는 자는 형법 기타 법령에 의한 벌칙의 적용에 있어서는 공무원으로 본다" 고 되어 있으며, 사건에서 볼 때 청원경찰이 노점상 단속 등의 직무에 관하여 금품을 받은 것이므로 뇌물수수죄로 의율해야 한다.

(3) 10만원 내의 식사 접대

근로청 해외근로국장으로서 해외취업자 국외송출허가 등을 업무내용으로 하고 있던 자가 ㅇㅇ직업소개소 소장으로부터 접대부 등의 국외송출을 부탁받고 시가 80,000원 상당의 식사 등을 접대 받았다.

➡ 이 경우처럼 접대의 규모가 그리 크지 않아도 그 이유만으로는 이를 단순한 사교적 의례로 생각할 수는 없어 뇌물의 범위에 속한다고 봐야 한다.

(4) 학교환경정화위원회 위원이 당구장 허가와 관련하여 금품을 수수한 경우

학교환경정화위원회 위원이면서 구청 환경위생과장직을 맡고 있던 피고인이 당구장 허가사무를 처리하면서 금품을 수수하였다.

➡ 이는 직무와 관련하여 증여받은 것이 분명하므로 사회상규에 반하여 뇌물수수혐의로 의율할 수 있겠다.

(5) 재정경제원의 보험과장이 뇌물을 수수한 경우

재정경제원의 보험과장인 김ㅇㅇ는 보험회사의 감독에 관한 실무를 맡고있던 자로서, ㅇㅇ보험회사로부터 주식 등을 인수할 수 있도록 노력해준 데 대한 대가로서의 의미와 앞으로도 동 보험회사의 운영과정에서 감독관청의 실무책임자로서 선처를 해주기 바란다는 취지에서 제공하는 금원을 받았다.

➡ 그 직무에 관하여 뇌물을 수수한 경우에 해당한다.

(6) 문광부편수국 공무원이 교과서의 개편과 관련하여 뇌물을 수수한 경우

문광부편수국 공무원인 이○○ 외 2명은 피고인들이 교과서 내용의 검토 및 개편수정작업을 의뢰받고 그에 소요되는 비용을 받았다.

➡ 교과서의 내용검토 및 개편수정은 발행자나 저작자의 책임에 속하는 것으로, 피의자들의 직무에 속한다고 할 수 없다. 따라서 이는 직무에 관한 뇌물로서 부정하게 수수한 것이라고 할 수 없다.

(7) 업무결과 얻은 지식과 직무와의 관계

피고인 강○○가 ○○시의 도시과 구획정리계에서 측량기술원으로 오랜 기간 환지측량업무에 종사하게 된 결과 얻은 지식과 경험을 바탕으로 체비지에 관한 공개경쟁입찰에서 입찰예정가격이 대략 어느 정도 될 것이라고 추측하고, 그 내용을 이○○에게 알려주었다.

➡ 이는 강○○의 직무와 밀접하게 관련된 행위라고 볼 수 없어 이○○에게 받기로 약속한 이익도 뇌물죄에서 말하는 직무에 관련된 대가라고 보기 어렵다.

(8) 권한을 위임받은 자의 지위

광주 81다1234호 화물차에 대하여 매매계약서를 작성하다가 단속권한을 위임받은 자동차 매매업협회 광주광역시 지부 직원에게 적발당하자 이 직원에게 고발당하지 않도록 해달라고 부탁하며 10만원을 전해주려 하였다.

➡ 이 경우 위 단속직원은 도로운송차량법의 규정에 따라 광주광역시장으로부터 무허가 영업행위자를 단속하는 권한을 위임받았다고 해도 뇌물죄에서 규정하는 공무원에 준하는 지위를 취득하는 것은 아니기 때문에 공무원 또는 공무원에 준하는 지휘를 전제로 한 뇌물공여의사표시죄의 혐의는 인정할 수 없다. 다만 단속과 고발권한을 가지고 있는 직원에게 고발하지 말아 달라는 부정한 청탁을 하고 금원을 교부하려 한 것이므로 배임중재미수로 의율하는 것이 타당할 것이다.

5. 조사할 사항

(1) 범죄의 주체

공무원 또는 중재인, 특가법 제4조 1항 및 동법 시행령 제2조, 제3조에 규정된 자, 특경법 제5조 내지 제8조에 규정된 자등 이다.

형법 제129조 소정의 공무원이라 함은 법령의 근거에 기하여 국가 또는 지방자치단체 및 이에 준하는 공법인의 사무에 종사하는 자로서 그 노무의 내용이 단순한 기계적 · 육체적인 것에 한정되어 있지 않는 자를 의미한다.

(2) 범죄의 객체

뇌물이다. 공무원이 받은 금원이 직무와 대가 관계가 있는 뇌물에 해당하는지 여부는 당해 공무원의 직무의 내용, 직무와 이익제공자와의 관계, 쌍방 간에 특수한 사적인 친분관계가 존재하는지의 여부, 이익의 다과, 이익을 수수한 경위와 시기 등의 제반 사정을 참작하여 결정하여야 한다.

뇌물죄에서 뇌물의 내용인 '이익' 이라 함은 금전, 물품 기타의 재산적 이익뿐만이 아니라 사람의 수요, 욕망을 충족시키기에 족한 일체의 유형 · 무형의 이익을 포함한다고 해석되고 투기적 사업에 참여한 기회를 얻는 것도 이에 해당한다.

(3) 범죄행위 유형

수수 · 요구 · 약속이다.

1) 수수란 뇌물을 취득하는 것으로 현실적으로 받은 때에 수수가 완성된다.

2) 요구란 뇌물을 수수할 의사로서 상대방에게 그 교부를 청구하는 것이다.

3) 약속이란 당사자들이 장래에 뇌물을 수수하기로 합의하는 것을 의미한다.

9. 사전수뢰죄

제129조【수뢰, 사전수뢰】

② 공무원 또는 중재인이 될 자가 그 담당할 직무에 관하여 청탁을 받고 뇌물을 수수, 요구 또는 약속한 후 공무원 또는 중재인이 된 때에는 3년 이하의 징역 또는 7년 이하의 자격정지에 처한다.

[한정위헌, 2011헌바117, 2012.12.27. 형법(1953. 9. 18. 법률 제293호로 제정된 것) 제129조 제1항의 '공무원'에 구 '제주특별자치도 설치 및 국제자유도시 조성을 위한 특별법'(2007. 7. 27. 법률 제8566호로 개정되기 전의 것) 제299조 제2항의 제주특별자치도통합영향평가심의위원회 심의위원 중 위촉위원이 포함되는 것으로 해석하는 한 헌법에 위반된다.]

○ 이 죄는 취직 전의 비공무원의 수뢰행위라는 점에서 수뢰죄보다 불법이 감경되는 감경적 구성요건이다.

◈ 대법원 양형위원회의 양형기준 ◈

1. 제1유형(뇌물액이 1,000만원 미만인 경우)
(1) 기본 : 4월 - 1년 / (2) 감경 : - 6월 / (3) 가중 : 8월 - 2년
2. 제2유형(뇌물액이 1,000만원 이상~3,000만원 미만인 경우)
(1) 기본 : 1년 - 3년 / (2) 감경 : 8월 - 2년 / (3) 가중 : 2년 - 4년
3. 제3유형(뇌물액이 3,000만원 이상~5,000만원 미만인 경우)
(1) 기본 : 3년 - 5년 / (2) 감경 : 2년6월 - 4년 / (3) 가중 : 4년 - 6년
4. 제4유형(뇌물액이 5,000만원 이상~1억원 미만인 경우)
(1) 기본 : 5년 - 7년 / (2) 감경 : 3년6월 - 6년 / (3) 가중 : 6년 - 8년
5. 제5유형(뇌물액이 1억원 이상~5억원 미만인 경우)
(1) 기본 : 7년 - 10년 / (2) 감경 : 5년 - 8년 / (3) 가중 : 9년 - 12년
6. 제6유형(뇌물액이 5억원 이상인 경우)
(1) 기본 : 9년 - 12년 / (2) 감경 : 7년 - 10년 / (3) 가중 : 11년 이상, 무기

Ⅰ. 이론

1. 구성요건

(1) 객관적 구성요건

1) 주체

공무원 또는 중재인이 될 자이다. 채용시험 합격 후의 발령 대기자 등을 예로 들 수 있다.

2) 객체

뇌물이다(뇌물의 개념은 수뢰죄부분 참조).

3) 행위

담당할 직무에 관하여 청탁을 받고 뇌물을 수수 · 요구 또는 약속하는 것이다.

① 담당할 직무란 장치 공무원 · 중재인이 되었을 때 담당할 것으로 예정되어 있는 직무를 의미하고, 직무행위와 뇌물과의 사이에 대가관계가 인정되어야 한다.

② 청탁은 명시적 · 묵시적을 불문한다는 것이 판례이다(99도1911).

③ 수수 · 요구 · 약속은 수뢰죄에서와 동일하다.

(2) 주관적 구성요건

고의가 있어야 한다.

2. 객관적 처벌조건

사전수뢰죄는 공무원 · 중재인이 될 자가 뇌물을 수수 · 요구 · 약속하면 성립하지만, 나아가 현실적으로 공무원 · 중재인이 되었을 대 처벌할 수 있다는 것이 통설이다.

Ⅱ. 판례

◆ 사전수뢰죄에 있어서 청탁의 의미와 방법

형법 제129조 제2항의 사전수뢰는 단순수뢰의 경우와는 달리 청탁을 받을 것을 요건으로 하고 있는바, 여기에서 청탁이라 함은 공무원에 대하여 일정한 직무행위를 할 것을 의뢰하는 것을 말하는 것으로서 그 직무행위가 부정한 것인가 하는 점은 묻지 않으며 그 청탁이 반드시 명시적이어야 하는 것도 아니라고 할 것이다(대법원 1999. 7. 23. 선고 99도1911 판결).

Ⅲ. 수사실무

1. 피의자 신문례

(1) 피의자는 공무원인가요

(2) 언제 공무원 시험에 합격하였나요

(3) 현재 임용예정인가요

(4) 언제 어느 부서에서 어떠한 업무를 맡아할 예정인가요

(5) ○○○을 알고 있나요

(6) 언제, 어디서, 어떤 조건으로 금전을 받았나요

(7) 무엇 때문에 금전을 받았나요

(8) 받은 금전은 어떻게 하였나요

10. 제삼자뇌물공여죄

제130조【제삼자뇌물제공】

공무원 또는 중재인이 그 직무에 관하여 부정한 청탁을 받고 제3자에게 뇌물을 공여하게 하거나 공여를 요구 또는 약속한 때에는 5년 이하의 징역 또는 10년 이하의 자격정지에 처한다.

[몰수추징] 134, [가중처벌] 특정범죄2, [처벌대상확대] 특정범죄4, [공소시효] 형소249① : 7년

○ 이 죄의 성질에 관해서는 뇌물을 받은 자가 제3자라는 점에서 실질적인 간접수뢰를 규정하는 것이라고 보는 견해(다수설)와 간접수뢰와는 엄격히 구별되어야 한다는 견해가 대립하고 있다. 간접수뢰란 제3자에게 뇌물을 공여하게 한 것이 간접적으로 행위자에게 수뢰한 결과가 되는 경우를 의미하며, 그것이 공무원에게 간접적인 이익이 될 것을 요한다. 공무원과 제3자 사이에 이해관계가 없어도 이 죄는 성립하므로 이 죄는 간접수뢰죄와는 구별된다고 본다.

Ⅰ. 이론

1. 구성요건

(1) 객관적 구성요건

1) 주체

이 죄의 주체는 공무원 또는 중재인이다.

2) 행위

이 죄는 뇌물공여자로부터 직접 뇌물을 수수·요구·약속하는 것이 아니라 제3자에게 제공할 것을 요구·약속하거나 제공하게 함으로써 성립한다. 제3자에 대해 뇌물공여를 하도록 요구·약속하는 것으로 충분하며 실제로 피의자가 이득을 얻었는가 하는 것은 묻지 않는다.

3) 제3자

① 여기서 제3자는 행위자와 공동정범자 이외의 사람으로, 교사자나 방조자도 제3자에 해당한다. 단, 공무원의 처자나 가족은 제3자가 될 수 없다.

② 제3자에는 자연인 뿐 아니라 법인이나 법인격 없는 단체(향우회, 동창회 등)도 포함된다.

▣ 근거판례 ▣

공무원이 직접 뇌물을 받지 아니하고 증뢰자로 하여금 다른 사람에게 뇌물을 공여하도록 한 경우, 그 다른 사람이 공무원의 사자 또는 대리인으로서 뇌물을 받은 경우나 그 밖에 예컨대, 평소 공무원이 그 다른 사람의 생활비 등을 부담하고 있었다거나 혹은 그 다른 사람에 대하여 채무를 부담하고 있었다는 등의 사정이 있어서 그 다른 사람이 뇌물을 받음으로써 공무원은 그만큼 지출을 면하게 되는 경우 등 사회통념상 그 다른 사람이 뇌물을 받은 것을 공무원이 직접 받은 것과 같이 평가할 수 있는 관계가 있는 경우에는 형법 제130조의 제3자 뇌물제공죄가 아니라, 형법 제129조 제1항의 뇌물수수죄가 성립한다(대법원 2004. 3. 26. 선고 2003도8077 판결).

4) 부정한 청탁

사전수뢰죄와는 달리 청탁의 내용이 부정해야 한다.

■ 근거판례 ■

형법 제130조의 제3자 뇌물공여죄에 있어서 '부정한 청탁'이라 함은, 그 청탁이 위법하거나 부당한 직무집행을 내용으로 하는 경우는 물론, 비록 청탁의 대상이 된 직무집행 그 자체는 위법·부당한 것이 아니라 하더라도 당해 직무집행을 어떤 대가관계와 연결시켜 그 직무집행에 관한 대가의 교부를 내용으로 하는 청탁이라면 이는 의연 '부정한 청탁'에 해당한다고 보아야 한다(대법원 2006.6.15. 선고 2004도3424 판결).

(2) 주관적 구성요건

고의가 있어야 한다.

Ⅱ. 판례

◆ 제3자뇌물수수죄에서 '제3자'의 의미 / 공무원 또는 중재인이 부정한 청탁을 받고 제3자에게 뇌물을 제공하게 하고 제3자가 그러한 공무원 또는 중재인의 범죄행위를 알면서 방조한 경우, 제3자뇌물수수방조죄가 성립하는지 여부(적극)

[1] 제3자뇌물수수죄는 공무원 또는 중재인이 직무에 관하여 부정한 청탁을 받고 제3자에게 뇌물을 공여하게 하는 행위를 구성요건으로 하고 있고, 그중 부정한 청탁은 명시적인 의사표시뿐만 아니라 묵시적인 의사표시로도 가능하며 청탁의 대상인 직무행위의 내용도 구체적일 필요가 없다. 이러한 점에 비추어 살펴보면, 제3자뇌물수수죄의 공소사실은 범죄의 일시, 장소를 비롯하여 구성요건사실이 다른 사실과 구별되어 공소사실의 동일성의 범위를 구분할 수 있고, 피고인의 방어권 행사에 지장이 없는 정도로 기재되면 특정이 되었다고 보아야 하고, 그중 부정한 청탁의 내용은 구체적으로 기재되어 있지 않더라도 공무원 또는 중재인의 직무와 제3자에게 제공되는 이익 사이의 대가관계를 인정할 수 있을 정도로 특정되면 충분하다.

[2] 제3자뇌물수수죄에서 제3자란 행위자와 공동정범 이외의 사람을 말하고, 교사자나 방조자도 포함될 수 있다. 그러므로 공무원 또는 중재인이 부정한 청탁을 받고 제3자에게 뇌물을 제공하게 하고 제3자가 그러한 공무원 또는 중재인의 범죄행위를 알면서 방조한 경우에는 그에 대한 별도의 처벌규정이 없더라도 방조범에 관한 형법총칙의 규정이 적용되어 제3자뇌물수수방조죄가 인정될 수 있다(대법원 2017. 3. 15., 선고, 2016도19659 판결).

◆ 공무원이 직접 뇌물을 받지 않고 증뢰자로 하여금 다른 사람에게 뇌물을 공여하도록 한 경우, 형법 제129조 제1항의 뇌물수수죄가 성립하기 위한 요건

[1] 형법 제129조 제1항의 뇌물수수죄는 공무원이 직무에 관하여 뇌물을 수수한 때에 적용되는 것으로서, 이와 별도로 형법 제130조에서 공무원이 직무에 관하여

부정한 청탁을 받고 제3자에게 뇌물을 공여하게 한 때에는 제3자뇌물제공죄로 처벌하도록 규정하고 있는 점에 비추어 보면, 공무원이 직접 뇌물을 받지 않고 증뢰자로 하여금 다른 사람에게 뇌물을 공여하도록 한 경우에는 다른 사람이 공무원의 사자(使者) 또는 대리인으로서 뇌물을 받은 경우 등과 같이 사회통념상 다른 사람이 뇌물을 받은 것을 공무원이 직접 받은 것과 같이 평가할 수 있는 관계가 있는 경우에 한하여 형법 제129조 제1항의 뇌물수수죄가 성립한다.

[2] 해군참모총장인 피고인 甲이 피고인 乙과 공모하여, 방위산업물자를 공급하는 丙 그룹 관련 회사들로 하여금 피고인 乙이 33%의 지분을 보유한 丁 주식회사에 후원금을 지급하게 하는 방법으로 뇌물을 수수하였다고 하여 특정범죄 가중처벌 등에 관한 법률 위반(뇌물)으로 기소된 사안에서, 丁 회사가 후원금을 받은 것을 피고인들이 직접 받은 것과 동일하게 평가할 수 없다는 이유로 후원금에 대한 단순수뢰죄가 성립하지 않는다고 보는 이상, 丁 회사가 공무원이나 그 공동정범자 이외의 제3자 지위에서 후원금을 공여받음으로써 피고인 乙이 그 주주로서 간접적으로 이익을 얻게 되더라도 그러한 사실상의 경제적 이익에 관하여 피고인들을 뇌물의 귀속주체로 하여 단순수뢰죄가 별도로 성립한다고 볼 수 없으므로, 피고인 乙이 33% 지분을 보유한 주주로서 丁 회사와 밀접한 이해관계를 맺고 있더라도 丁 회사가 후원금을 받은 것을 피고인 乙이 직접 받은 것과 동일하게 평가할 수 없는 이상 그 금품에서 파생하는 경제적 이익을 뇌물로 직접 수수하였다고 인정하여 단순수뢰죄가 성립하였다고 볼 수 없음에도, 공소장 변경절차를 거치지 않고 직권으로 피고인들이 받은 뇌물의 내용을 후원금이 아닌 '주요 주주로서 얻게 되는 경제적 이익' 이라고 인정하고 그에 관하여 형법 제129조 제1항의 뇌물수수죄가 성립한다고 본 원심판결에 뇌물의 내용이나 귀속주체에 관한 법리오해의 위법이 있다(대법원 2016. 6. 23., 선고, 2016도3540 판결).

◆ 형법 제130조의 제3자 뇌물제공죄에서 '뇌물', '부정한 청탁' 의 의미와 판단 기준

형법 제130조의 제3자 뇌물제공죄에 있어서 뇌물이란 공무원의 직무에 관하여 부정한 청탁을 매개로 제3자에게 교부되는 위법 혹은 부당한 이익을 말하고, '부정한 청탁' 이란 위법한 것뿐만 아니라 사회상규나 신의성실의 원칙에 위배되는 부당한 경우도 포함하는 것인바, 부정한 청탁이 있었는지 여부를 판단함에 있어서는 그 직무 혹은 청탁의 내용, 이익 제공자와의 관계, 이익의 다과 및 수수경위와 시기 등의 제반 사정과 아울러 직무집행의 공정과 이에 대한 사회의 신뢰 및 직무수행의 불가매수성이라고 하는 뇌물죄의 보호법익에 비추어 그 이익의 수수로 인하여 사회 일반으로부터 직무집행의 공정성을 의심받게 되는지 여부도 판단 기준이 된다(대법원 1999. 7. 23. 선고 99도1911 판결, 2002. 3. 15. 선고 2001도970 판결 등 참조). 따라서 비록 청탁의 대상이 된 직무집행 그 자체는 위법·부당한 것이 아니라 하더라도 당해 직무집행을 어떤 대가관계와 연결시켜 그 직무집행에 관한 대가의 교부를 내용으로 하는 청탁이라면 이는 '부정한 청탁' 에 해당하는 것으로 볼 수 있고(대법원 2006. 6. 15. 선고 2004도3424 판결 참조), 이러한 청탁은 명시적으로는 물론 묵시적으로도 행하여질 수 있으며, 공무원이 부정한 청탁에 따라 부정한 행위를 하였을 것을 요하지도 않는다(대법원 2007. 11. 16. 선고 2004도4959 판결).

◆ 공무원의 직무와 관련하여 사교적 의례의 형식을 빌어 금품을 주고 받은 경우

공무원이 그 직무의 대상이 되는 사람으로부터 금품 기타 이익을 받는 때에는 그것이 그 사람의 종전에 공무원으로부터 접대 또는 수수받은 것을 갚는 것으로서 사회상규에 비추어 볼 때에 의례상의 대가에 불과한 것이라고 여겨지거나, 개인적인 친분관계가 있어서 교분상의 필요에 의한 것이라고 명백하게 인정할 수 있는 경우 등 특별한 사정이 없는 한 직무와의 관련성이 없는 것으로 볼 수 없고, 공무원의 직무와 관련하여 금품을 수수하였다면 비록 사교적 의례의 형식을 빌어 금품을 주고 받았다 하더라도 그 수수한 금품은 뇌물이 된다(대법원 2002. 7. 26. 선고 2001도6721 판결).

◆ 알선수재죄에서 '알선'의 의미 및 알선과 수수한 금품 사이에 대가관계가 있는지 판단하는 기준 / 알선자가 받은 금품에 알선행위에 대한 대가로서의 성질과 그 밖의 행위에 대한 대가로서의 성질이 불가분적으로 결합되어 있는 경우, 전부가 알선행위에 대한 대가로서의 성질을 가지는지 여부(적극)

알선수재죄는 '공무원의 직무에 속한 사항을 알선한다는 명목'으로 '금품 등을 수수'함으로써 성립하는 범죄이다. 여기에서 '알선'이란 공무원의 직무에 속하는 일정한 사항에 관하여 당사자의 의사를 공무원 측에 전달하거나 편의를 도모하는 행위 또는 공무원의 직무에 관하여 부탁을 하거나 영향력을 행사하여 당사자가 원하는 방향으로 결정이 이루어지도록 돕는 등의 행위를 의미한다. 이 경우 공무원의 직무는 정당한 직무행위인 경우도 포함되고 알선의 상대방인 공무원이나 직무내용이 구체적으로 특정되어 있을 필요도 없다. 또한 알선의 명목으로 금품을 받았다면 실제로 어떤 구체적인 알선행위를 하였는지와 상관없이 범죄는 성립한다. 그리고 공무원의 직무에 속한 사항의 알선과 수수한 금품 사이에 대가관계가 있는지는 알선의 내용, 알선자와 이익 제공자 사이의 친분관계, 이익의 다과, 이익을 주고받은 경위와 시기 등 여러 사정을 종합하여 결정하되, 알선과 주고받은 금품 사이에 전체적·포괄적으로 대가관계가 있으면 충분하다. 한편 알선자가 받은 금품에 알선행위에 대한 대가로서의 성질과 그 밖의 행위에 대한 대가로서의 성질이 불가분적으로 결합되어 있는 경우에는 그 전부가 불가분적으로 알선행위에 대한 대가로서의 성질을 가진다. (대법원 2017.1.12, 선고, 2016도15470, 판결).

◆ 제3자뇌물제공죄에서 묵시적 의사표시에 의한 '부정한 청탁'을 인정하기 위한 요건 및 '대가관계에 관한 양해' 없이 단지 나중에 제3자에 대한 금품제공이 있었다는 사정만으로 소급하여 '청탁의 부정성'을 인정할 수 있는지 여부(소극)

형법 제130조의 제3자뇌물제공죄는 공무원이 직무에 관하여 부정한 청탁을 받고 제3자에게 뇌물을 제공하게 하면 성립하는 죄로서, 이때 '부정한 청탁'이란 의뢰한 직무집행 자체가 위법·부당한 경우뿐 아니라 의뢰한 직무집행 자체는 위법하거나 부당하지 않더라도 당해 직무집행을 어떤 대가관계와 연결시켜 이에 관한 대가의 교부를 내용으로 하는 청탁이면 되고 반드시 명시적 의사표시에 의해서뿐 아니라 묵시적 의사표시에 의해서도 가능하지만, 묵시적 의사표시에 의한 부정한 청탁이 있다고 하기 위하여는 청탁의 대상이 되는 직무집행의 내용과 제3자에게 제공되는 금품이 그 직무집행에 대한 대가라는 점에 대하여 당사자 사이에 공통의 인식이나 양해가 있어야 한다. 따라서 그러한 인식이나 양해 없이 막연히 선처하여 줄 것이라는 기대나 직무집행과는 무관한 다른 동기에 의하여 제3자에게 금품을 공여한 경우에는 묵시적 의사표시에 의한 부정한 청탁이 있다고 볼 수 없고, 이는 공무원이 먼저 제3자에게 금품을 공여할 것을 요구하였다고 하여 달리 볼 것도 아니다. 한편 형법상 수뢰죄의 경우 공무원의 직무와 금품의 수수가 전체적으로 대가관계에 있으면 성립하는 것과는 달리, 제3자뇌물제공죄의 경우 '부정한 청탁'을 범죄성립의 구성요건으로 하고 있고 이는 처벌의 범위가 불명확해지지 않도록 하려는 데 취지가 있으므로, 당사자 사이에 청탁의 부정성을 규정짓는 대가관계에 관한 양해가 없었다면 단지 나중에 제3자에 대한 금품제공이 있었다는 사정만으로 어떠한 직무가 소급하여 부정한 청탁에 의한 것이라고 평가될 수는 없다(대법원 2011.4.14, 선고, 2010도12313, 판결).

◆ 제3자뇌물공여죄에서 묵시적인 의사표시에 의한 '부정한 청탁'을 인정하기 위한 요건

형법 제130조의 제3자뇌물공여죄에서 '부정한 청탁'을 요건으로 하는 취지는 처벌의 범위가 불명확해지지 않도록 하기 위한 것으로서, 이러한 '부정한 청탁'은 명시적인 의사표시에 의한 것은 물론 묵시적인 의사표시에 의한 것도 가능하다. 묵시적인 의사표시에 의한 부정한 청탁이 있다고 하기 위하여는, 당사자 사이에 청탁의 대상이 되는 직무집행의 내용과 제3자에게 제공되는 금품이 그 직무집행에 대한 대가라는 점에 대하여 공통의 인식이나 양해가 존재하여야 하고, 그러한 인식이나 양해 없이 막연히 선처하여 줄 것이라는 기대에 의하거나 직무집행과는 무관한 다른 동기에 의하여 제3자에게 금품을 공여한 경우에는 묵시적인 의사표시에 의한 부정한 청탁이 있다고 보기 어렵다. 공무원이 먼저 제3자에게 금품을 공여할 것을 요구한 경우에도 마찬가지이다(대법원 2009.1.30. 선고 2008도6950 판결).

Ⅲ. 수사실무

1. 수사포인트

(1) 제3자가 뇌물이라는 사실을 모르고 있어도 이 죄는 성립하며, 그 요구나 약속으로써 죄가 성립하기 때문에 제3자가 수수를 거절하는 것은 이 죄의 성립에 영향을 주지 않는다.

(2) 공무원 등의 현실적인 이익취득이 없어도 이 죄는 성립한다.

(3) 행위자와 제3자의 관계를 조사해 둘 필요가 있다.

2. 피의자 신문례

(1) 피의자는 어느 부서에서 어떠한 업무를 담당하고 있나요

(2) 언제, 어디에서 청탁을 받았나요

(3) 누구로부터 어떠한 부탁(청탁)을 받았나요

(4) 부탁 받은 내용이 정당하였나요

(5) 어떠한 조건으로 청탁을 받았나요

(6) 왜 이러한 부정한 청탁을 받았나요

(7) 누구에게(제3자) 뇌물을 공여하도록 하였나요

(8) 언제, 어디에서 이러한 약속을 하였나요

(9) 어떻게 그 장소에서 만나기로 하였나요

(10) 얼마를, 어떠한 방법으로 전달하도록 하였나요

(11) 제3자가 받은 돈은 어떻게 하였나요

(12) 전달받았던 돈은 반환하였나요

3. 범죄사실기재례

【범죄사실 기재례】

피의자는 ○○시 ○○국 ○○과 사무관으로서 ○○출장소장으로 근무하면서 식품위생법위반사범을 적발하는 등의 사무를 처리하고 있던 공무원이다.

피의자는 20○○. ○. ○. 서울 ○○구 ○○동에 있는 위 출장소에서 식품위생법위반혐의로 적발된 ○○주식회사 사장 정○○로부터 "식품위생법위반사실을 묵인하여 달라"는 뜻의 부정한 청탁을 받았다. 그리고 부정한 청탁에 대한 사례금 명목으로 위 출장소 직원들의 친목단체이며 피의자가 총무로 있는 "○○회"에 기부하는 형식으로 금 ○○만원을 제공하도록 요구하였다.

피의자는 같은 달 ○. 위 출장소에서 위 정○○로 하여금 위 "○○회"에 위 돈을 기부하게 하여 제3자에게 뇌물을 공여하게 하였다.

4. 적용실례

(1) 친구 장인의 양도소득세 감액을 위해 그에게서 돈을 교부받은 경우

이○○는 자신의 숙부에게 양도소득세 2,000여 만원이 부과될 것이라는 사실을 알고 친구인 김○○에게 위 세금을 적게 낼 수 있는 방법을 물었다. 이에 대해 김○○는 담당세무서 공무원에게 알아보겠다고 약속한 후, 세무서 공무원에게 제공할 사례비가 필요하다며 금 300만원을 이○○로부터 받아두었다.

➡ 이 경우 대검 제정 형법 죄명표에 의하여 "행위에 공할 목적으로 제3자에게 금품을 교부한 자"는 "제3자 뇌물교부" 죄에 해당되나, "그 정을 알면서 교부를 받은 자"는 "제3자 뇌물수교부죄"에 해당하여, 이○○에 대해서는 제3자 뇌물교부죄를, 김○○에 대해서는 제3자뇌물수교부죄를 적용한다.

5. 조사할 사항

(1) 범죄의 주체

형법 제129조 제1항과 같다.

(2) 부정한 청탁의 존재

사전수뢰죄의 청탁과 달리 내용이 부정해야 한다.

(3) 제3자의 뇌물에 대한 인식여부

제3자란 행위자와 공동정범자 이외의 자로서 제3자가 뇌물임을 알거나 수수를 거절하여도 성립한다.

(4) 범죄행위의 유형

뇌물의 공여 · 요구 · 약속이다.

11. 수뢰후부정처사죄, 부정처사후수뢰죄, 사후수뢰죄

제131조【수뢰후부정처사, 사후수뢰】

① 공무원 또는 중재인이 전2조의 죄를 범하여 부정한 행위를 한 때에는 1년 이상의 유기징역에 처한다.

② 공무원 또는 중재인이 그 직무상 부정한 행위를 한 후 뇌물을 수수, 요구 또는 약속하거나 제삼자에게 이를 공여하게 하거나 공여를 요구 또는 약속한 때에도 전항의 형과 같다.

③ 공무원 또는 중재인이었던 자가 그 재직 중에 청탁을 받고 직무상 부정한 행위를 한 후 뇌물을 수수, 요구 또는 약속한 때에는 5년 이하의 징역 또는 10년 이하의 자격정지에 처한다.

④ 전3항의 경우에는 10년 이하의 자격정지를 병과할 수 있다.

[자격정지의병과] 44②, [처벌대상확대] 특정범죄4, [몰수추징] 134, [중재인] 중재법2 · 4, [공소시효] 형소249① : 10년(1 · 2항), 7년(3항)

○ 이 조는 공무원 또는 중재인이 수뢰행위를 한 후 그것에 그치지 않고 부정한 행위를 하여 국가기능의 공정성에 구체적으로 위험을 가져오게 될 때를 고려하여 형을 가중한 것이다.

◈ 대법원 양형위원회의 양형기준 ◈

1. 제1유형(뇌물액이 1,000만원 미만인 경우)
(1) 기본 : 4월 - 1년 / (2) 감경 : - 6월 / (3) 가중 : 8월 - 2년
2. 제2유형(뇌물액이 1,000만원 이상~3,000만원 미만인 경우)
(1) 기본 : 1년 - 3년 / (2) 감경 : 8월 - 2년 / (3) 가중 : 2년 - 4년
3. 제3유형(뇌물액이 3,000만원 이상~5,000만원 미만인 경우)
(1) 기본 : 3년 - 5년 / (2) 감경 : 2년6월 - 4년 / (3) 가중 : 4년 - 6년
4. 제4유형(뇌물액이 5,000만원 이상~1억원 미만인 경우)
(1) 기본 : 5년 - 7년 / (2) 감경 : 3년6월 - 6년 / (3) 가중 : 6년 - 8년
5. 제5유형(뇌물액이 1억원 이상~5억원 미만인 경우)
(1) 기본 : 7년 - 10년 / (2) 감경 : 5년 - 8년 / (3) 가중 : 9년 - 12년
6. 제6유형(뇌물액이 5억원 이상인 경우)
(1) 기본 : 9년 - 12년 / (2) 감경 : 7년 - 10년 / (3) 가중 : 11년 이상, 무기

Ⅰ. 이론

[수뢰후부정처사죄(第131조 제1항)]

수뢰후부정처사죄는 공무원 또는 중재인이 수뢰죄 · 사전수뢰죄 또는 제3자 뇌물공여죄를 범한 후 부정한 행위를 함으로써 성립하는 범죄이다.

(1) 수뢰후부정처사죄는 수뢰 후 다시 부정행위를 하여 공무의 공정을 구체적으로 침해하였기 때문에 불법이 가중되는 가중적 구성요건이다. 제131조 제2항의 부정처사후수뢰죄와 함께 가중수뢰죄라고도 불린다.

(2) 부정행위란 직무에 위배하는 일체의 행위를 의미한다. 위법 · 부당한 행위 뿐만이 아니라 직권남용행위도 포함된다.

[부정처사후수뢰죄(第131조 제2항)]

부정처사후수뢰죄는 공무원 또는 중재인이 그 직무상 부정한 행위를 한 후 뇌물을 수수 · 요구 · 약속하거나 제3자에게 이를 공여하게 하거나 공여를 요구 · 약속함으로써 성립하는 범죄이다. 일반적으로 제131조 제3항의 죄와 합하여 사후수뢰죄라고 한다.

[사후수뢰죄(第131조 제3항)]

사후수뢰죄는 공무원 또는 중재인이었던 자가 그 재직중에 청탁을 받고 직무상 부정한 행위를 한 후 뇌물을 수수 · 요구 · 약속함으로써 성립하는 범죄이다. 재직중에 부정행위를 할 것을 요하므로, 재직 중 정당한 행위를 한 다음 퇴직 후에 수뢰한 경우에는 본죄가 성립하지 않음을 주의해야 한다.

Ⅱ. 판례

◆ 수뢰후부정처사죄 관련 판례

(1) '부정한 행위' 의 의미

뇌물죄는 직무집행의 공정과 이에 대한 사회의 신뢰에 기하여 직무행위의 불가매수성을 그 직접의 보호법익으로 하고 있으므로 뇌물성은 의무위반 행위나 청탁의 유무 및 금품수수 시기와 직무집행 행위의 전후를 가리지 아니한다 할 것이고, 따라서 뇌물죄에서 말하는 '직무' 에는 법령에 정하여진 직무뿐만 아니라 그와 관련 있는 직무, 과거에 담당하였거나 장래에 담당할 직무 외에 사무분장에 따라 현실적으로 담당하지 않는 직무라도 법령상 일반적인 직무권한에 속하는 직무 등 공무원이 그 직위에 따라 공무로 담당할 일체의 직무를 포함한다 할 것이고, 수뢰후부정처사죄에서 말하는 '부정한 행위' 라 함은 직무에 위배되는 일체의 행위를 말하는 것으로 직무행위 자체는 물론 그것과 객관적으로 관련 있는 행위까지를 포함한다(대법원 2003. 6. 13. 선고 2003도1060 판결).

(2) 부정행위를 긍정한 사례

예비군 중대장이 그 소속예비군으로부터 금원을 교부받고 그 예비군이 예비군훈련에 불참하였음에도 불구하고 참석한 것처럼 허위내용의 중대학급편성명부를 작성, 행사한 경우라면 수뢰후 부정처사죄 외에 별도로 허위공문서작성 및 동행사죄가 성립하고 이들 죄와 수뢰후 부정처사죄는 각각 상상적 경합관계에 있다고 할 것이다(대법원 1983.7.26. 선고 83도1378 판결).

◆ 부정처사후수뢰죄 관련 판례

(1) 뇌물죄에서 '직무' 의 의미 및 공무원이었던 자가 재직 중에 청탁을 받고 직무상 부정한 행위를 한 후 뇌물의 수수 등을 할 당시 이미 공무원의 지위를 떠난 경우, 형법 제129조 제1항의 수뢰죄로 처벌할 수 있는지 여부(소극)

뇌물죄에서 직무란 공무원이 그 지위에 수반하여 공무로서 처리하는 일체의 직무를 말하며, 과거에 담당하였거나 또는 장래 담당할 직무 및 사무분장에 따라 현실적으로 담당하지 않는 직무라고 하더라도 법령상 일반적인 직무권한에 속하는 직무 등 공무원이 그 직위에 따라 공무로 담당할 일체의 직무를 말한다. 다만 형법은 공무원이었던 자가 재직 중에 청탁을 받고 직무상 부정한 행위를 한 후 뇌물을 수수, 요구 또는 약속을 한 때에는 제131조 제3항에서 사후수뢰죄로 처벌하도록 규정하고 있으므로, 뇌물의 수수 등을 할 당시 이미 공무원의 지위를 떠난 경우에는 제129조 제1항의 수뢰죄로는 처벌할 수 없고 사후수뢰죄의 요건에 해당할 경우에 한하여 그 죄로 처벌할 수 있을 뿐이다(대법원 2013.11.28, 선고, 2013도10011, 판결).

(2) 수뢰후부정처사죄를 정한 형법 제131조 제1항의 구성요건 중 '형법 제129조 및 제130조의 죄를 범하여' 의 의미 / 단일하고도 계속된 범의 아래 일정 기간 반복하여 일련의 뇌물수수 행위와 부정한 행위가 행하여졌고 뇌물수수 행위와 부정한 행위 사이에 인과관계가 인정되며 피해법익도 동일한 경우, 최후의 부정한 행위 이후에 저질러진 뇌물수수 행위도 최후의 부정한 행위 이전의 뇌물수수 행위 및 부정한 행위와 함께 수뢰후부정처사죄의 포괄일죄로 처벌하여야 하는지 여부(적극)

수뢰후부정처사죄를 정한 형법 제131조 제1항은 공무원 또는 중재인이 형법 제129조(수뢰, 사전수뢰) 및 제130조(제3자뇌물제공)의 죄를 범하여 부정한 행위를 하는 것을 구성요건으로 하고 있다. 여기에서 '형법 제129조 및 제130조의 죄를 범하여' 란 반드시 뇌물수수 등의 행위가 완료된 이후에 부정한 행위가 이루어져야 함을 의미하는 것은 아니고, 결합범 또는 결과적 가중범 등에서의 기본행위와 마찬가지로 뇌물수수 등의 행위를 하는 중에 부정한 행위를 한 경우도 포함하는 것으로 보아야 한다. 따라서 단일하고도 계속된 범의 아래 일정 기간 반복하여 일련의 뇌물수수 행위와 부정한 행위가 행하여졌고 그 뇌물수수 행위와 부정한 행위 사이에 인과관계가 인정되며 피해법익도 동일하다면, 최후의 부정한 행위 이후에 저질러진 뇌물수수 행위도 최후의 부정한 행위 이전의 뇌물수수 행위 및 부정한 행위와 함께 수뢰후부정처사죄의 포괄일죄로 처벌함이 타당하다.(대법원 2021.2.4., 선고, 2020도12103, 판결).

(3) 뇌물죄에 있어서 '직무' 및 수뢰후부정처사죄에 있어서 '부정한 행위'의 의미

뇌물죄는 직무집행의 공정과 이에 대한 사회의 신뢰에 기하여 직무행위의 불가매수성을 그 직접의 보호법익으로 하고 있으므로 뇌물성은 의무위반 행위나 청탁의 유무 및 금품수수 시기와 직무집행 행위의 전후를 가리지 아니한다 할 것이고, 따라서 뇌물죄에서 말하는 '직무'에는 법령에 정하여진 직무뿐만 아니라 그와 관련 있는 직무, 과거에 담당하였거나 장래에 담당할 직무 외에 사무분장에 따라 현실적으로 담당하지 않는 직무라도 법령상 일반적인 직무권한에 속하는 직무 등 공무원이 그 직위에 따라 공무로 담당할 일체의 직무를 포함한다 할 것이고, 수뢰후부정처사죄에서 말하는 '부정한 행위'라 함은 직무에 위배되는 일체의 행위를 말하는 것으로 직무행위 자체는 물론 그것과 객관적으로 관련 있는 행위까지를 포함한다(대법원 2003.6.13, 선고, 2003도1060, 판결).

Ⅲ. 수사실무

1. 피의자신문례(수뢰후부정처사죄의 경우)

(1) 어느 부서에서 어떠한 업무를 담당하였나요

(2) ㅇㅇ사항을 조사한 일이 있나요

(3) 당시 사실대로 조사하였나요

(4) 누구로부터 어떠한 부탁을 받았나요

(5) 부탁 받은 내용이 정당하였나요

(6) 어떠한 조건으로 부탁을 받았나요

(7) 왜 이러한 부정한 부탁을 받았나요

(8) 얼마의 돈을 어떠한 방법으로 받았나요

(10) 받은 돈은 어떻게 하였나요

(11) 받은 돈은 반환하였나요

2. 범죄사실 기재례

【범죄사실 기재례】

(1) 피의자는 ○○경찰서 수사과 형사계 ○반장으로서 수사의 직무를 담당하고 있다.

피의자는 20○○. ○. ○. 서울 ○○구 ○○동 ○○번지에서 중고기기 판매점을 경영하는 김○○의 장물취득 사건에 관하여 ○○지방법원 판사 이○○가 발포한 압수 수색영장에 근거, 같은 날 15 : 00경 동 김○○의 위 가게를 수색하였다. 그 결과 장물인 ○○카메라 ○○개와 ○○손목시계 ○개 중 손목시계만을 압수하고 카메라는 그대로 김○○에게 두었다. 피의자는 그러한 선처에 대한 사례금인 줄 알면서도 위 가게에서 위 김○○로부터 현금 ○○만원을 받았다.

이로써 피의자는 직무상 해야 할 압수조치를 하지 않고, 직무에 관하여 뇌물을 수수하였다.

(2) 피의자는 ○○구청건설도시국 도시과에서 토지분할, 지목변경, 합병, 지적고시에 따른 도시계획도 지적선의 정리, 토지이용계획확인원 발급업무를 담당하고 있다.

피의자는 20○○. ○. 초순 11:00경 위 구청민원실에서 건축사 사무실 직원인 공동피의자로부터 같은 구 소재 다세대주택의 부지 경계선이 8m 도시계획선과 90cm 떨어져 평행으로 되어 있어서 위 다세대주택의 건축에 에로가 있으니 위 지번의 토지경계선과 도시계획도로선을 일치시켜 달라는 부탁을 받았다.

그리하여 같은 달 20. 19:00경 위 민원실에서 행사할 목적으로 권한없이 지우개로 위 지번의 토지경계선과 90cm 떨어져 평행으로 그어져 있는 위 도시계획도로선을 지우고 붉은색 먹으로 위 지번의 경계선과 일치되도록 8m 도시계획도로선을 새로 그어 도시계획도를 고쳐 구청의 공도화인 도시계획도를 변조함과 아울러 부정한 행위를 하였다.

그리고 같은 일시경 구청지적서고에서 위와 같이 변조한 도시계획도를 비치함으로써 변조한 공도화를 행사하였다.

결국 피의자는 20○○. ○. 초순경 위 구청민원실에서 위 공동피의자로부터 위 대지 등의 분할에 따라 도시계획도를 신속하게 작성하여 달라는 부탁을 받고 그로부터 금 300만원을 교부받아 공무원이 그 직무에 관하여 뇌물을 수수하였다.

3. 적용실례

(1) **공사의 직원이 공사의 입찰예정가격을 알려준 경우**

공사의 입찰업무를 맡고 있는 직원이 특정입찰자에게 그 공사의 입찰예정가격을 미리 알려주고 그 후 1개월여가 지난 후 직원이 자리를 옮기게 되어 그에 따른 전별금 명목으로 돈을 받았다.

➡ 당연히 비밀로 해야 할 입찰예정가격을 알린 것은 직무에 위배되는 행위로서 본조 제2항의 부정한 행위에 해당한다할 것이다. 또한 입찰이 끝나고 상당기간이 경과한 후 특정한 명목으로 금원을 받았다 하더라도 이는 직무행위의 부정행위일 것이어서 직무와 관련된 금품의 수수에 해당하므로 사후수뢰죄를 구성한다.

(2) **국립대학교수가 직무상 알게 된 구술시험문제를 누설한 경우**

➡ 공무상 비밀의 누설과 함께 형법 제131조 제1항의 부정한 행위를 한 때에 해당한다.

12. 알선수뢰죄

제132조【알선수뢰】

공무원이 그 지위를 이용하여 다른 공무원의 직무에 속한 사항의 알선에 관하여 뇌물을 수수, 요구 또는 약속한 때에는 3년 이하의 징역 또는 7년 이하의 자격정지에 처한다.

[알선수재] 특정범죄3, [몰수추징] 134, [가중처벌] 특정범죄2, [공소시효] 형소249① : 5년

○ 이 죄는 공무원의 뇌물수수죄라는 점에서는 다른 뇌물죄와 같지만, 당해 공무원이 아니라 다른 공무원의 직무에 관한 뇌물의 수수를 대상으로 한다는 점에서 차이가 있다. 보호법익은 다른 뇌물죄와 마찬가지로 공무원의 직무의 공정과 그에 대한 사회의 신뢰라고 할 수 있다.

Ⅰ. 이론

1. 구성요건

(1) 객관적 구성요건

1) 주체

이 죄의 주체는 공무원에 한하며 중재인은 포함하지 않는다. 이 때 공무원의 신분을 가졌다는 사실만으로는 부족하고 적어도 그 직무를 처리하는 공무원과 직무상 직접·간접의 연관관계를 가지며 법률적으로나 현실로나 어떠한 영향력을 미칠 수 있는 지위에 있는 공무원이라야 한다.

2) 객체

행위의 객체는 뇌물이며 이 죄의 객체로서의 뇌물이란 알선행위와 대가관계에 있는 모든 이익을 의미한다.

3) 행위

이 죄의 행위는 지위를 이용하여 다른 공무원의 직무에 속한 사항의 알선에 관하여 뇌물을 수수·요구 또는 약속하는 것이다.

① 지위를 이용한다는 것은 다른 공무원의 직무에 영향력을 미칠 수 있는 신분 · 지위를 이용하는 것을 의미한다. 그 의미에 대하여 다수설과 판례(94도852)는 다른 공무원의 직무에 직무상 일반적 · 구체적으로 영향을 미칠 수 있는 관계에 있어야 한다고 이해한다.

▣ 근거판례 ▣

형법 제132조 소정의 알선수뢰죄에 있어서 "공무원이 그 지위를 이용하여"라고 함은 친구, 친족관계 등 사적인 관계를 이용하는 경우이거나 단순히 공무원으로서의 신분이 있다는 것만을 이용하는 경우에는 여기에 해당한다고 볼 수 없으나, 다른 공무원이 취급하는 업무처리에 법률상 또는 사실상으로 영향을 줄 수 있는 공무원이 그 지위를 이용하는 경우에는 여기에 해당하고 그 사이에 반드시 상하관계, 협동관계, 감독권한 등의 특수한 관계에 있거나 같은 부서에 근무할 것을 요하는 것은 아니다(대법원 1994.10.21. 선고 94도852 판결).

② 알선이란 일정한 사항을 중개하여 당사자 사이에 교섭이 성립하도록 편의를 제공하는 것을 의미한다. 정당한 직무행위를 알선한 경우에도 본죄가 상립한다는 것이 판례의 태도이다(94도2687).

(2) 주관적 구성요건

고의가 있어야 한다.

Ⅱ. 판례

◆ 알선수뢰죄에 있어서 '공무원이 그 지위를 이용하여'의 의미

가. 알선수뢰죄는 공무원이 그 지위를 이용하여 다른 공무원의 직무에 속한 사항의 알선에 관하여 뇌물을 수수, 요구 또는 약속하는 것을 그 성립 요건으로 하고 있고, 여기서 '공무원이 그 지위를 이용하여'라 함은 친구, 친족관계 등 사적인 관계를 이용하는 경우에는 이에 해당한다고 할 수 없으나, 다른 공무원이 취급하는 사무의 처리에 법률상이거나 사실상으로 영향을 줄 수 있는 관계에 있는 공무원이 그 지위를 이용하는 경우에는 이에 해당하고, 그 사이에 상하관계, 협동관계, 감독권한 등의 특수한 관계가 있음을 요하지 않는다.

나. 공소사실의 특정은 공소제기된 범죄의 성격에 비추어 그 공소의 원인이 된 사실을 다른 공소사실과 구별할 수 있을 정도로 그 일시, 장소, 방법, 목적 등을 적시하여 특정하면 족하고, 그 일부가 다소 불명확하더라도 그와 함께 적시된 다른 사항들에 의하여 그 공소사실을 특정할 수 있고, 그리하여 피고인의 방어권 행사에 지장이 없다면, 공소제기의 효력에는 영향이 없다.

다. 특정범죄가중처벌등에관한법률 제13조의 규정에 의한 필요적 몰수 또는 추징은, 범인이 취득한 당해 재산을 범인으로부터 박탈하여 범인으로 하여금 부정한 이익을 보유하지 못하게 함에 그 목적이 있는 것으로서, 이 점은 공무원범죄에관한몰수특례법 제6조의 경우도 마찬가지이므로, 공무원의 직무에 속한 사항의 알선에 관하여 금품을 받고 그 금품 중의 일부를 받은 취지에 따라 청탁과 관련하여 관계 공무원에게 뇌물로 공여하거나 다른 알선행위자에게 청탁의 명목으로 교부한 경우에는 그 부분의 이익은 실질적으로 범인에게 귀속된 것이 아니어서 이를 제외한 나머지 금품만을 몰수하거나 그 가액을 추징하여야 하지만, 공무원의 직무에 속한 사항의 알선에 관하여 금품을 받은 자가 그 금품 중의 일부를 다른 알선행위자에게 청탁의 명목으로 교부하였다 하더라도 당초 금품을 받을 당시 그와 같이 사용하기로 예정되어 있어서 그 받은 취지에 따라 그와 같이 사용한 것이 아니라, 법인의 독자적인 판단에 따라 경비로 사용한 것이라면 이는 법인이 받은 금품을 소비하는 방법의 하나에 지나지 아니하므로, 그 가액 역시 법인으로부터 추징하지 않으면 안된다(대법원 1999. 6. 25. 선고 99도1900 판결).

◆ 형법 제132조에서 말하는 '다른 공무원의 직무에 속한 사항의 알선에 관하여 뇌물을 수수한다'는 의미 / 알선뇌물수수죄가 성립하기 위하여 뇌물을 수수할 당시 상대방에게 알선에 의하여 해결을 도모하여야 할 현안이 반드시 존재하여야 하는지 여부(소극) 및 '알선할 사항'의 특정 정도

형법 제132조에서 말하는 '다른 공무원의 직무에 속한 사항의 알선에 관하여 뇌물을 수수한다' 라고 함은, 다른 공무원의 직무에 속한 사항을 알선한다는 명목으로 뇌물을 수수하는 행위로서 반드시 알선의 상대방인 다른 공무원이나 그 직무의 내용을 구체적으로 특정할 필요까지는 없다. 알선행위는 장래의 것이라도 무방하므로, 뇌물을 수수할 당시 상대방에게 알선에 의하여 해결을 도모하여야 할 현안이 반드시 존재하여야 할 필요는 없지만, 알선뇌물수수죄가 성립하려면 알선할 사항이 다른 공무원의 직무에 속하는 사항으로서 뇌물수수의 명목이 그 사항의 알선에 관련된 것임이 어느 정도는 구체적으로 나타나야 한다. 단지 상대방으로 하여금 뇌물을 수수하는 자에게 잘 보이면 어떤 도움을 받을 수 있다거나 손해를 입을 염려가 없다는 정도의 막연한 기대감을 갖게 하는 정도에 불과하고, 뇌물을 수수하는 자 역시 상대방이 그러한 기대감을 가질 것이라고 짐작하면서 수수하였다는 사정만으로는 알선뇌물수수죄가 성립하지 않는다(대법원 2017.12.22, 선고, 2017도12346, 판결).

◆ 공무원이 제3자를 초대하여 함께 향응을 접대받은 경우, 뇌물수수액의 산정 방법

[1] 지방공기업법 제83조는 지방공사의 임원 및 직원을 형법 제129조 내지 제132조의 적용에 있어서 공무원으로 보도록 규정하고 있으며, 서울시 지하철공사는 위 규정이 적용되는 지방공사의 하나이므로, 피고인이 서울시 지하철공사의 임직원의 직무에 속한 사항의 알선에 관하여 뇌물을 수수하였다면 이는 형법 제132조에 해당하는 것이며, 한편 알선수뢰죄는 공무원이 그 지위를 이용하여 다른 공무원의 직무에 속한 사항의 알선에 관하여 뇌물을 수수, 요구 또는 약속하는 것을 그 성립요건으로 하고 있고, 여기서 '공무원이 그 지위를 이용하여'라 함은 친구, 친족관계 등 사적인 관계를 이용하는 경우에는 이에 해당한다고 할 수 없으나, 다른 공무원이 취급하는 사무의 처리에 법률상이거나 사실상으로 영향을 줄 수 있는 관계에 있는 공무원이 그 지위를 이용하는 경우에는 이에 해당하고, 그 사이에 상하관계, 협동관계, 감독권한 등의 특수한 관계가 있음을 요하지 않는다.

[2] <u>피고인이 증뢰자와 함께 향응을 하고 증뢰자가 이에 소요되는 금원을 지출한 경</u>

우 이에 관한 피고인의 수뢰액을 인정함에 있어서는 먼저 피고인의 접대에 요한 비용과 증뢰자가 소비한 비용을 가려내어 전자의 수액을 가지고 피고인의 수뢰액으로 하여야 하고 만일 각자에 요한 비용액이 불명일 때에는 이를 평등하게 분할한 액을 가지고 피고인의 수뢰액으로 인정하여야 할 것이고, 피고인이 향응을 제공받는 자리에 피고인 스스로 제3자를 초대하여 함께 접대를 받은 경우에는, 그 제3자가 피고인과는 별도의 지위에서 접대를 받는 공무원이라는 등의 특별한 사정이 없는 한 그 제3자의 접대에 요한 비용도 피고인의 접대에 요한 비용에 포함시켜 피고인의 수뢰액으로 보아야 한다(대법원 2001. 10. 12. 선고 99도5294 판결).

◆ 알선수뢰죄에 있어서 "공무원이 그 지위를 이용하여"의 의미

(1) 사실관계

피고인A는 1989.7.10.부터 1990.2.16.까지 전라북도경찰국 면허계 기능반 경찰공무원(경장)으로 근무를 하였고, 이 사건 당시 전라북도경찰국 산하 진안경찰서 수사과 수사계장으로서 근무하고 있었다. 피고인A가 1991.8.10.경부터 같은 해 11. 초순경까지 사이에 전주시 완산구 중앙동 소재 카네기룸싸롱 등에서 운전면허 발급담당공무원에게 부탁하여 운전면허증을 발급 받게 해달라는 부탁을 받고 수회에 걸쳐 위 강○○으로부터 술값 등 접대 명목으로 금 500만원 상당의 향응을 제공받았다.

(2) 판결요지

형법 제132조 소정의 알선수뢰죄에 있어서 "공무원이 그 지위를 이용하여"라 함은 친구, 친족관계 등 사적인 관계를 이용하는 경우에는 여기에 해당한다고 할 수 없으나, 다른 공무원이 취급하는 사무처리에 법률상이거나 사실상으로 영향을 줄 수 있는 관계에 있는 공무원이 그 지위를 이용하는 경우에는 여기에 해당하고 그 사이에 반드시 상하관계, 협동관계, 감독권한 등의 특수한 관계에 있음을 요하지 않는다(대법원 1995. 1. 12. 선고 94도2687 판결).

◆ 피고인이 지위를 이용하여 다른 공무원에게 사실상의 영향력을 행사함으로써 그의 직무에 관한 사항에 관하여 알선을 하고 그에 관하여 뇌물을 교부받은 경우

구청 지역경제과 지역경제계장인 피고인이 "갑"으로부터 직전에 피고인이 그 계장으로 근무하였던 지적과 지정계의 담당직원들에게 부탁하여 규제구역 안에 있는 토지 등의 거래계약허가를 받도록 알선하여 달라는 청탁을 받고, 그에게 그에 관한 업무를 취급하는 지정계장인 "을"을 소개하여 주고, "을"에게 허가를 받을 수 있는 것인지의 여부를 알아 본 다음 그와 함께 현장에 가서 그 점을 확인하기까지 하였을 뿐더러, "을"이 뇌물을 받은 후 토지 등의 거래허가가 되자 피고인은 "갑"으로부터 위와 같이 알선하여 준 데 대한 사례비의 명목으로 금 1,400,000원을 교부받았다면 피고인이 지위를 이용하여 다른 공무원에게 사실상의 영향력을 행사함으로써 그의 직무에 관한 사항에 관하여 알선을 하고 그에 관하여 뇌물을 교부받은 것이라고 보아야 한다(대법원 1990. 7. 27. 선고 90도890 판결).

Ⅲ. 수사실무

1. 수사포인트

(1) 행위자(알선공무원)의 지위와 직무범위, 다른 공무원과의 관계 및 영향을 줄 수 있는 구체적인 내용을 조사한다. "공무원의 지위를 이용" 한 것이 아니고, 단순히 친구나 친척 등 사적인 관계를 이용한 경우에는 이 죄가 되지 않는다.

(2) 다른 공무원의 구체적인 직무내용을 알아야 한다. 이 때 관련법령 및 내규, 관행, 명령 등의 검토가 필요하다.

(3) 알선의 방법을 조사한다. 구두, 소개장 등의 구체적인 명시가 없이 선처를 바란다는 정도로 알선이 성립한다.

(4) 특정범죄가중처벌등에관한법률에 해당하는지 확인한다.

2. 피의자 신문례

(1) 어느 부서에서 일하는가요

(2) 어떠한 업무를 담당하고 있는가요

(3) ○○○을 아는가요

(4) ○○○의 직업은 무엇인가요

(5) ○○○으로부터 청탁을 받은 일이 있는가요

(6) 어떠한 청탁을 받았는가요

(7) 언제, 어디에서 이러한 청탁을 받았는가요

(8) 청탁을 받고 어떻게 하였는가요

(9) 공무원 △△△과는 어떠한 관계인가요

(10) 공무원 △△△은 어느 부서에서 어떠한 일을 담당하고 있는가요

(11) ○○○의 청탁과 공무원 △△△의 업무와는 관계가 있는가요

(12) ○○○의 부탁을 받고 공무원 △△△에게 알선을 부탁하였는가요

(13) 공무원 △△△에게 뭐라고 부탁하였는가요

(14) 공무원 △△△은 피의자의 부탁을 받고 어떻게 하였는가요

(15) 알선의 대가로 ○○○으로부터 무엇을 받았는가요

(16) 받은 금전은 어떻게 하였는가요

3. 범죄사실 기재례

【범죄사실 기재례】

피의자는 ○○도 ○○국 국장으로 있는 공무원이다.

피의자는 20○○. ○. ○.경 ○○도 ○○시 ○○동에 있는 피의자의 사무실에서 같은 시 ○○동 일대의 도로시설공사 추진위원장인 신○○로부터 "공사 예상액이 너무 적어 재정경제원의 보조금이 공사하는데 많이 부족하니 특별히 ○○도 보조금 지원을 좀 받을 수 있게 알선하여 달라"는 청탁을 받았다.

피의자는 이를 승낙한 후 같은 달 ○.경 같은 시 ○○동에 있는 "○○정"에서 위 ○○도 기획관리실 토목담당관으로 있는 정○○에게 위 ○○동 도로시설공사에 대해 보조금을 더 지원하여 주도록 알선하였다.

그리고 다음 날 피의자가 위 알선을 한 데 대한 사례의 뜻으로 준다는 사실을 알면서 현금 ○○만원을 받아 뇌물을 수수하였다.

4. 적용실례

(1) 서울시 공무원이 체비지를 불하받도록 약속하고 뇌물을 수수한 경우

서울시 공무원으로 12년을 근무하고 5급 별정직의 직급으로 서울시 부시장의 비서관으로 재직하고 있던 이○○는, 박○○에게 청탁을 받고 시청 관재과소속 공무원에게 부탁하여 체비지를 불하받도록 해 주겠다고 약속하고 그 일에 필요하다며 교제비로 ○○만원을 교부받았다.

➡ 이○○는 체비지 불하업무를 취급하는 시청 관재과소속 공무원과의

사이에 직무상 연관관계를 가지고 어떤 영향력을 미칠 수 있는 지위에 있으며, 이를 이용하여 그 공무원의 직무에 속하는 내용을 알선하면서 뇌물을 수수한 것이라고 보는 것이 타당하다.

(2) 교육청 관계자가 학교교장에게 청탁하며 고용원을 취직시켜주고 뇌물수수한 경우

배○○는 ○○군 교육청 ○○과에서 근무하는 ○○계장으로서 학교 고용원의 임용권한을 가진 ○○초등학교 교장에게 청탁하여 홍○○를 취직시켜주고 그 대가로 홍○○로부터 ○○만원을 받았다.

➡ 이 경우 배○○는 자기의 직무에 관하여 뇌물을 수수한 것으로 보기 어렵기 때문에 단순뇌물죄가 아니라 알선뇌물수수로 의율해야 한다.

(3) 서울시 공무원이 거래허가를 알선하고 사례비를 받은 경우

서울시 ○○구청 ○○과 계장으로 있는 조○○는 이전에 지적과에서 지정계장의 자리에 있었다. 이를 알고 있는 이○○가 "전에 조선생이 근무했던 지적과 직원들에게 토지거래계약허가에 대해서 청탁좀 해달라"며 부탁하자 조○○는 이○○에게 지적과 지정계장을 소개해 주었고, 지정계장이 이○○로부터 뇌물을 받은 후 이○○가 원하는대로 거래허가가 나자 이를 알선해준 조○○는 알선해준 데 대한 사례비로 ○○만원을 받아 챙겼다.

➡ 이 경우 이○○와 지정계장의 범죄는 별론으로 하고 조○○는 그 지위를 이용해서 다른 공무원에 대해 사실상의 영향력을 행사하며, 그 직무에 관한 사항을 알선해 주었으므로 이에 대해 알선수수죄를 적용할 수 있다.

5. 조사할 사항

(1) 범죄의 주체

공무원이다. 당해 직무를 처리하는 공무원과 직무상 직접·간접의 연관관계를 가지고 법률상이거나 사실상이거나를 막론하고 어떠한 영향력을 줄 수 있는 지위에 있어야 한다.

(2) 지위이용

지위를 이용하여 다른 공무원이 취급하는 사무처리에 영향을 줄 수 있는 관계에 있으면 족하고 반드시 상하관계, 협동관계, 감독관계 등의 특수한 지위에 있음을 요하지 아니한다.

(3) **다른 공무원의 직무에 속한 사항의 알선행위**
그 공무원의 직무에 속하는 사항에 관한 것이면 되는 것이지, 그것이 반드시 부정행위라거나 그 직무에 고나해 결재권한이나 최종 결재권한까지 갖고 있어야 하는 것은 아니다.

(4) **범죄행위의 유형**
알선의 보수로서 뇌물을 수수 · 요구 · 약속하는 것이다.

13. 증뢰죄

제133조【뇌물공여등】
① 제129조부터 제132조까지에 기재한 뇌물을 약속, 공여 또는 공여의 의사를 표시한 자는 5년 이하의 징역 또는 2천만원 이하의 벌금에 처한다.
② 제1항의 행위에 제공할 목적으로 제3자에게 금품을 교부한 자 또는 그 사정을 알면서 금품을 교부받은 제3자도 제1항의 형에 처한다.
[전문개정 2020. 12. 8.]

[독직죄] 상630② · 631②, 파373, 화73, [공소시효] 형소249① : 7년

○ 수뢰죄가 직무위반행위에 관한 공무원 또는 중재인이라는 신분범인데 반해, 이 죄는 그러한 신분요소는 없지만 수뢰행위를 교사방조하는 성격을 가지고 있기 때문에 그 위법성을 부인할 수 없어서 이를 처벌하려는 데 그 취지를 두고 있다.

◈ 대법원 양형위원회의 양형기준 ◈

1. 제1유형(뇌물액이 3,000만원 미만인 경우)
(1) 기본 : 4월 - 10월 / (2) 감경 : - 6월 / (3) 가중 : 6월 - 1년6월
2. 제2유형(뇌물액이 3,000만원 이상~5,000만원 미만인 경우)

(1) 기본 : 10월 - 1년6월 / (2) 감경 : 6월 - 1년 / (3) 가중 : 1년 - 3년
3. 제3유형(뇌물액이 5,000만원 이상~1억원 미만인 경우)
(1) 기본 : 1년6월 - 2년6월 / (2) 감경 : 1년 - 2년 / (3) 가중 : 2년 - 4년
4. 제4유형(뇌물액이 1억원 이상인 경우)
(1) 기본 : 2년6월 - 3년6월 / (2) 감경 : 2년 - 3년 / (3) 가중 : 3년 - 5년

Ⅰ. 이론

1. 구성요건

(1) 객관적 구성요건

1) 주체

이 죄의 주체는 보통 비공무원이 되겠지만 공무원이라도 직무에 관계되지 않는 범위 내에서 행위를 했다면 여기에 해당될 수 있다.

2) 행위

공여·약속·공여의 의사표시, 이러한 행위에 공할 목적으로 제3자에게 금원을 교부하거나 그 정을 알면서 교부받는 것이다.

① 약속은 공무원의 요구를 승낙하는 경우와 장차 뇌물을 공여할 것을 자진하여 약속하는 경우를 포함한다.

② 공여는 뇌물을 취득하게 하는 것을 말하며, 상대방이 뇌물을 수수할 수 있는 상태에 두면 충분하고 현실적인 취득을 요하는 것은 아니다.

▣ 근거판례 ▣

뇌물증여죄가 성립되기 위하여서는 뇌물을 공여하는 행위와 상대방측에서 금전적으로 가치가 있는 그 물품 등을 받아들이는 행위(부작위 포함)가 필요할 뿐이지 반드시 상대방측에서 뇌물수수죄가 성립되어야만 한다는 것을 뜻하는 것은 아니다(대법원 1987.12.22. 선고 87도1699 판결).

③ 공여의 의사표시는 상대방에게 뇌물을 공여할 의사를 표시하는 것을 말하며, 명시 또는 묵시의 방법으로 뇌물을 공여할 의사를 표시하면 충분하고 공여할 금액을 표시할 것도 요하지 않는다.

④ 증뢰물 전달이란 증뢰에 공할 목적으로 제3자에게 금품을 교부하거나 그 정을 알면서 교부를 받는 것이다. 제3자가 수뢰할 자에게 금품을 전달하였는가는 불문한다.

(2) 주관적 구성요건

고의가 있어야 한다.

2. 죄수

(1) 1개의 행위로 수인의 공무원에게 증뢰한 경우에는 공무원의 수에 따라 수개의 증뢰죄의 상상적 경합이 된다.

(2) 약속·공여의 의사표시를 한 후 공여한 경우에는 공여죄 1죄가 성립한다.

Ⅱ. 판례

◆ 증뢰물을 교부받은 제3자가 수뢰자에게 이를 전달한 행위가 증뢰물전달죄 외에 별도로 뇌물공여죄를 구성하는지 여부(소극)

(1) 사실관계

피고인 A가 제1심 공동피고인 B로부터 그가 이천군 건축계 공무원인 공소외인에게 비위사실을 묵인해 준 데 대한 사례금으로 공여하는 뇌물이란 정을 알면서도 금 200만 원을 교부받은 다음 그 돈을 위 공소외인에게 교부하였다.

(2) 판결요지

형법 제133조 제2항은 증뢰자가 뇌물에 공할 목적으로 금품을 제3자에게 교부하거나 또는 그 정을 알면서 교부받는 증뢰물전달행위를 독립한 구성요건으로 하여 이를 같은 조 제1항의 뇌물공여죄와 같은 형으로 처벌하는 규정으로서, 제3자의 증뢰물전달죄는 제3자가 증뢰자로부터 교부받은 금품을 수뢰할 사람에게 전달하였는지 여부에 관계 없이 제3자가 그 정을 알면서 금품을 교부받음으로써 성립하는 것이며, 나아가 제3자가 그 교부받은 금품을 수뢰할 사람에게 전달하였다고 하여 증뢰물전달죄 외에 별도로 뇌물공여죄가 성립하는 것은 아니다(대법원 1997. 9. 5. 선고 97도1572 판결).

◆ 뇌물죄에서 뇌물공여자의 특정 방법 및 금품이나 재산상 이익 등이 반드시 공여자와 수뢰자 사이에 직접 수수되어야 하는지 여부(소극)

[1] 뇌물죄는 공여자의 출연에 의한 수뢰자의 영득의사의 실현으로서, 공여자의 특

정은 직무행위와 관련이 있는 이익의 부담 주체라는 관점에서 파악하여야 할 것이므로, 금품이나 재산상 이익 등이 반드시 공여자와 수뢰자 사이에 직접 수수될 필요는 없다.

[2] 공무원인 피고인 甲은 피고인 乙로부터 "선물을 할 사람이 있으면 새우젓을 보내 주겠다."라는 말을 듣고 이를 승낙한 뒤 새우젓을 보내고자 하는 329명의 명단을 피고인 乙에게 보내 주고 피고인 乙로 하여금 위 사람들에게 피고인 甲의 이름을 적어 마치 피고인 甲이 선물을 하는 것처럼 총 11,186,000원 상당의 새우젓을 택배로 발송하게 하고 그 대금을 지급하지 않는 방법으로 직무에 관하여 뇌물을 교부받고, 피고인 乙은 피고인 甲에게 뇌물을 공여하였다는 내용으로 기소된 사안에서, 피고인 乙은 도내 어촌계장이고, 피고인 甲은 도청 공무원으로 재직하면서 어민들의 어업지도, 보조금 관련 사업과 어로행위 관련 단속 업무 등을 총괄하고 있던 점, 피고인 乙은 이전에도 같은 방식으로 피고인 甲이 재직 중이던 도청 담당과에 새우젓을 보낼 사람들의 명단을 요청하여 직원으로부터 명단을 받아 피고인 甲의 이름으로 새우젓을 발송한 점 등 여러 사정을 종합하면, 피고인 乙은 피고인 甲이 지정한 사람들에게 피고인 甲의 이름을 발송인으로 기재하여 배송업체를 통하여 배송업무를 대신하여 주었을 뿐이고, 새우젓을 받은 사람들은 새우젓을 보낸 사람을 피고인 乙이 아닌 피고인 甲으로 인식하였으며, 한편 피고인 乙과 피고인 甲 사이에 새우젓 제공에 관한 의사의 합치가 존재하고 위와 같은 제공방법에 관하여 피고인 甲이 양해하였다고 보이므로, 피고인 乙의 새우젓 출연에 의한 피고인 甲의 영득의사가 실현되어 형법 제129조 제1항의 뇌물공여죄 및 뇌물수수죄가 성립하고, 공여자와 수뢰자 사이에 직접 금품이 수수되지 않았다는 사정만으로 이와 달리 볼 수 없다는 이유로, 그럼에도 사회통념상 위 329명이 새우젓을 받은 것을 피고인 甲이 직접 받은 것과 같이 평가할 수 있는 관계라고 인정하기에 부족하다고 보아 피고인들에게 무죄를 선고한 원심판단에 뇌물죄의 성립에 관한 법리오해 등의 위법이 있다(대법원 2020. 9. 24., 선고, 2017도12389 판결).

◆ 형법 제133조 제2항에서 말하는 제3자 증뢰물 전달죄의 성립요건

형법 제133조 제2항은 증뢰자가 뇌물에 공할 목적으로 금품을 제3자에게 교부하거나 또는 그 정을 알면서 교부받는 증뢰물 전달행위를 독립한 구성요건으로 하여 이를 같은 조 제1항의 뇌물공여죄와 같은 형으로 처벌하는 규정으로서, 그 중 제3자의 증뢰물 전달죄는 증뢰자나 수뢰자가 아닌 제3자가 증뢰자로부터 수뢰할 사람에게 전달될 금품이라는 정을 알면서 그 금품을 받은 때에 성립한다고 할 것이다(대법원 2008. 3. 14. 선고 2007도10601 판결).

◆ 뇌물의 내용인 '이익'의 의미 및 투기적 사업에 참여할 기회를 얻는 것이 '이익'에 해당하는지 여부

뇌물죄에서 뇌물의 내용인 이익이라 함은 금전, 물품 기타의 재산적 이익뿐만 아니라 사람의 수요 욕망을 충족시키기에 족한 일체의 유형, 무형의 이익을 포함한다고 해석되고, 투기적 사업에 참여할 기회를 얻는 것도 이에 해당한다(대법원 2002. 11. 26. 선고 2002도3539 판결).

◆ 뇌물죄에 있어서 수뢰자로 지목된 자가 수뢰사실을 시종일관 부인하고 있고 이를 뒷받침할 금융자료 등 물증이 없는 경우, 증뢰자의 진술만으로 유죄를 인정하기 위한 요건

뇌물죄에 있어서 수뢰자로 지목된 피고인이 수뢰사실을 시종일관 부인하고 있고 이를 뒷받침할 금융자료 등 물증이 없는 경우에 증뢰자의 진술만으로 유죄를 인정하기 위하여는 증뢰자의 진술이 증거능력이 있어야 함은 물론 합리적인 의심을 배제할 만한 신빙성이 있어야 하고, 신빙성이 있는지 여부를 판단함에 있어서는 그 진술내용 자체의 합리성, 객관적 상당성, 전후의 일관성 등뿐만 아니라 그의 인간됨, 그 진술로 얻게 되는 이해관계 유무, 특히 그에게 어떤 범죄의 혐의가 있고 그 혐의에 대하여 수사가 개시될 가능성이 있거나 수사가 진행중인 경우에는 이를 이용한 협박이나 회유 등의 의심이 있어 그 진술의 증거능력이 부정되는 정도에까지 이르지 않는 경우에도 그로 인한 궁박한 처지에서 벗어나려는 노력이 진술에 영향을 미칠 수 있는지 여부 등도 아울러 살펴보아야 한다(대법원 2002. 6. 11. 선고 2000도5701 판결).

◆ 도시개발법상 도시개발구역의 토지 소유자가 도시개발을 위하여 설립한 조합의 임직원 등이 직무에 관하여 부당한 이익을 얻은 경우, 그러한 이익을 약속, 공여 또는 공여의 의사를 표시한 자에게 형법 제133조 제1항에 의한 뇌물공여죄가 성립하는지 여부(적극)

도시개발법 제84조는 "조합의 임직원, 제20조에 따라 그 업무를 하는 감리원은 형법 제129조부터 제132조까지의 규정에 따른 벌칙을 적용할 때 공무원으로 본다." 고 규정하고 있으므로, 도시개발구역의 토지 소유자가 도시개발을 위하여 설립한 조합(이하 '도시개발조합' 이라 한다)의 임직원 등은 형법 제129조 내지 제132조가 정한 죄의 주체가 된다. 이에 따라 도시개발조합의 임직원 등이 그 직무에 관하여 부당한 이익을 얻었다면 그러한 이익도 형법 제133조 제1항에 규정된 "제129조 내지 제132조에 기재한 뇌물" 에 해당하므로, 그 뇌물을 약속, 공여 또는 공여의 의사를 표시한 자에게는 형법 제133조 제1항에 의한 뇌물공여죄가 성립한다(대법원 2014.6.12, 선고, 2014도2393, 판결).

◆ 형사소송법 제253조 제2항의 '공범'을 해석할 때 고려하여야 할 사항 / 이른바 대향범 관계에 있는 자 사이에서 각자 상대방 범행에 대하여 형법 총칙의 공범규정이 적용되는지 여부(소극) / 형사소송법 제253조 제2항의 '공범'에 뇌물공여죄와 뇌물수수죄 사이와 같은 대향범 관계에 있는 자가 포함되는지 여부(소극)

형사소송법 제248조 제1항, 제253조 제1항, 제2항에서 규정하는 바와 같이, 형사소송법은 공범 사이의 처벌에 형평을 기하기 위하여 공범 중 1인에 대한 공소의 제기로 다른 공범자에 대하여도 공소시효가 정지되도록 규정하고 있는데, 위 공범의 개념이나 유형에 관하여는 아무런 규정을 두고 있지 아니하다. 따라서 형사소송법 제253조 제2항의 공범을 해석할 때에는 공범 사이의 처벌의 형평이라는 위 조항의 입법 취지, 국가형벌권의 적정한 실현이라는 형사소송법의 기본이념, 국가형벌권 행사의 대상을 규정한 형법 등 실체법과의 체계적 조화 등의 관점을 종합적으로 고려하여야 하고, 특히 위 조항이 공소제기 효력의 인적 범위를 확장하는 예외를 마련하여 놓은 것이므로 원칙적으로 엄격하게 해석하여야 하고 피고인에게 불리한 방향으로 확장하여 해석해서는 아니 된다.

뇌물공여죄와 뇌물수수죄 사이와 같은 이른바 대향범 관계에 있는 자는 강학상으로는 필요적 공범이라고 불리고 있으나, 서로 대향된 행위의 존재를 필요로 할 뿐 각자 자신의 구성요건을 실현하고 별도의 형벌규정에 따라 처벌되는 것이어서, 2인 이상이 가공하여 공동의 구성요건을 실현하는 공범관계에 있는 자와는 본질적으로 다르며, 대향범 관계에 있는 자 사이에서는 각자 상대방의 범행에 대하여 형법 총칙의 공범규정이 적용되지 아니한다.

이러한 점들에 비추어 보면, 형사소송법 제253조 제2항에서 말하는 '공범'에는 뇌물공여죄와 뇌물수수죄 사이와 같은 대향범 관계에 있는 자는 포함되지 않는다(대법원 2015.2.12, 선고, 2012도4842, 판결).

Ⅲ. 수사실무

1. 수사포인트

(1) 행위자가 약속, 공여, 공여의 의사표시를 한 상대방은 누구인가 조사한다.

(2) 행위자와 상대방과의 관계(특히 증뢰자의 직업과의 관계)를 밝힌다.

(3) 청탁이 있었는가 밝힌다.

(4) 행위의 방법, 태양을 조사한다.

(5) 타죄와의 관계 : 공갈죄 또는 사기죄

(6) 협박에 의한 뇌물공여의 경우에는 공갈죄만이 성립한다.

2. 피의자 신문례

(1) 교통법규를 위반해 경찰관으로부터 단속을 당한 일이 있나요

(2) 언제, 어디에서 어떠한 법규를 위반하였는가요

(3) 누구로부터 단속을 당하였는가요

(4) 위반사실을 인정하였는가요

(5) 단속 경찰관이 단속과정에서 뭐라고 하였는가요

(6) 무엇 때문에 돈을 주려고 하였는가요

(7) 얼마의 돈을 어떠한 방법으로 주었는가

(8) 단속 경찰관이 먼저 요구하였는가

(9) 경찰관이 피의자가 주는 돈을 받았는가요

(10) 받지 않아서 어떻게 하였는가요

3. 범죄사실 기재례

【범죄사실 기재례】

(1) 피의자는 회사원으로서 01가1234호 NF소나타 승용차를 자가운전하는 사람이다. 피의자는 20○○. ○. ○. 14:00 서울 중구 명동에 있는 ○○백화점 앞길에서 교통정리를 하고 있던 서울 중부경찰서 교통과 교통지도계 소속 경장 김○○으로부터 교통신호를 위반하여 위 차를 운행하였다는 이유로 운전면허증의 제시를 요구받았다. 그러자 그에게 잘 봐달라고 말하면서 현금 20,000원을 그의 호주머니에 넣어주려고 하여 위 경찰관의 직무에 관하여 뇌물공여의 의사표시를 하였다.

(2) 피의자 이○○은 위 일시장소에서 위와 같이 청탁하면서 그 사례금 명목으로 현금 500만원과 200만원 상당의 향응을 위 홍○○에게 제공하여 그의 직무에 관하여 뇌물을 공여하였다.

4. 적용실례

(1) 경찰관의 아내에게 뇌물을 공여한 경우

이○○가 폭행혐의로 경찰서에서 조사를 받고 있던 중, 그 아내 전○○는 그 조사를 맡은 경찰관이 남○○경찰관이라는 것을 알고, 선처를 부탁할

목적으로 남○○경찰관의 집에 찾아가서 그 아내에게 사정을 얘기한 후 가지고 갔던 현금 ○○만원이 들어있는 과일바구니를 놓고 나왔다.

➡ 이는 남○○경찰관의 직무에 대해 뇌물을 공여했다는 혐의를 피할 수 없다.

(2) 음주·무면허운전으로 단속되자 단속경찰관에게 돈을 주려고 한 경우

피의자는 음주·무면허 운전행위를 하다가 교통경찰관에게 적발된 후 한번만 봐 달라며 10만원권 자기앞수표 1매를 경찰관에게 주려고 하였으나 경찰관은 이를 거절하였다.

➡ 이 경우 뇌물공여죄를 적용할 수도 있는데, 위와 같이 경찰관이 그 자리에서 거절한 경우에는 뇌물공여 의사표시죄로 의율하는 것이 더 나을 것이다.

5. 조사할 사항

(1) 범죄의 주체

단순수뢰, 사전수뢰, 제3자의 뇌물제공, 수뢰후부정처사, 사후수뢰, 알선수뢰에 있어서 각 각 뇌물을 제공하는 자 및 이를 전달하는 자이다.

(2) 범죄의 행위 유형

뇌물의 약속, 공여, 공여의 의사표시를 하거나, 이에 공할 목적으로 제3자에게 금품을 교부하거나 그 정을 알면서 교부를 받는 것이다.

14. 뇌물의 몰수와 추징

제134조【몰수, 추징】

범인 또는 사정을 아는 제3자가 받은 뇌물 또는 뇌물로 제공하려고 한 금품은 몰수한다. 이를 몰수할 수 없을 경우에는 그 가액을 추징한다.

[전문개정 2020. 12. 8.]

[집행규정] 상633, 채무자회생 645, 655,

○ 이 조는 제48조에 대한 특칙이다.

Ⅰ. 이론

1. 필요적 몰수와 추징

뇌물의 몰수와 추징은 필요적이다. 따라서 법관에게 자유재량이 인정되지 않는다. 따라서 제48조에 대한 특칙이다.

2. 몰수 · 추징의 대상

범인 또는 정을 아는 제3자가 받은 뇌물 또는 뇌물에 공할 금품이 몰수 · 추징의 대상이다. 수수한 뇌물 뿐만 아니라 공여하였으나 수수되지 않은 뇌물과 공여를 약속한 뇌물도 포함하지만, 뇌물을 요구만 한 경우에는 몰수할 수 없다는 것이 다수설과 판례(83도2783)의 태도이다.

3. 몰수 · 추징의 상대방

뇌물을 현재 보유하고 있는 자로부터 몰수 · 추징해야 한다.

(1) 수뢰자가 뇌물을 보관하다가 증뢰자에게 반환한 경우

증뢰자로부터 몰수 · 추징한다.

(2) 수뢰자가 뇌물을 소비 · 예금한 후 같은 액수의 금원을 반환한 경우

수뢰자로부터 추징한다.

(3) 수뢰자가 뇌물을 다시 타인에게 뇌물로 공여한 경우

수뢰자로부터 추징한다. 그러나 뇌물 중의 일부를 받은 취지에 따라 청탁과 관련하여 관계 공무원에게 뇌물로 공여한 경우에는 그 부분의 이익은 실질적으로 범인에게 귀속된 것이 아니어서 이를 제외한 나머지 금품만을 몰수 · 추징하여야 한다는 것이 판례이다(2002도1283).

4. 몰수 · 추징의 방법

(1) 공동수수의 경우

각자가 분배받은 금품을 몰수 · 추징한다. 그러나 분배율이 불명한 경우에는 평등하게 추징한다.

(2) 비재산적 무형이익을 제공받은 경우, 몰수가 불가능한 경우
그 가액을 추징한다. 그러나 가액산정이 처음부터 불가능한 경우에는 추징할 수 없다.

5. 추징가액산정의 기준시기

몰수할 수 없는 사유가 발생한 때를 기준으로 해야 한다는 견해가 통설이다. 그러나 판례는 재판선고시의 가격이 기준이 된다고 한다(91도352).

Ⅱ. 판례

◆ 공무원이 뇌물을 받는 데에 지출한 필요 경비 또는 뇌물을 받는 주체가 아닌 자가 수고비로 받은 부분이나 뇌물을 받기 위하여 형식적으로 체결된 용역계약에 따른 비용으로 사용된 부분이 뇌물의 가액과 추징액에서 공제할 항목에 해당하는지 여부(소극) / 피고인이 영득의 의사로 뇌물을 받은 것인지 판단하는 기

공무원이 뇌물을 받는 데에 필요한 경비를 지출한 경우 그 경비는 뇌물수수의 부수적 비용에 불과하여 뇌물의 가액과 추징액에서 공제할 항목에 해당하지 않는다. 뇌물을 받는 주체가 아닌 자가 수고비로 받은 부분이나 뇌물을 받기 위하여 형식적으로 체결된 용역계약에 따른 비용으로 사용된 부분은 뇌물수수의 부수적 비용에 지나지 않는다. 뇌물을 받는다는 것은 영득의 의사로 금품을 받는 것을 말하므로, 뇌물인지 모르고 받았다가 뇌물임을 알고 즉시 반환하거나 또는 증뢰자가 일방적으로 뇌물을 두고 가므로 나중에 기회를 보아 반환할 의사로 어쩔 수 없이 일시 보관하다가 반환하는 등 영득의 의사가 없었다고 인정되는 경우라면 뇌물을 받았다고 할 수 없다. 그러나 피고인이 먼저 뇌물을 요구하여 증뢰자로부터 돈을 받았다면 피고인에게는 받은 돈 전부에 대한 영득의 의사가 인정된다. (대법원 2017. 3. 22., 선고, 2016도21536, 판결)

◆ 뇌물수수나 알선수재에 이용된 공급계약이 형식적 계약에 불과하여 부가가치세 과세대상이 아니나 부가가치세 명목의 금전을 포함한 대가를 받은 경우, 추징의 대상(=수수한 금액 전부) 및 그 후 그 일부를 부가가치세로 신고·납부하였더라도 마찬가지인지 여부(적극)

뇌물수수나 알선수재에 이용된 공급계약이 실제 공급이 없는 형식적 계약에 불과하여 부가가치세 과세대상이 아니라면 그에 관한 납세의무가 없으므로, 설령 부가가치세 명목의 금전을 포함한 대가를 받았다고 하더라도 그 일부를 부가가치세로 거래

징수하였다고 할 수 없어 수수한 금액 전부가 범죄로 얻은 이익에 해당하여 추징대상이 되며, 그 후에 이를 부가가치세로 신고·납부하였다고 하더라도 달리 볼 수 없다(대법원 2015.1.15, 선고, 2012도7571, 판결).

◆ 공무원으로 의제되는 정비사업전문관리업자의 임·직원이 자신이 아닌 정비사업전문관리업자 또는 제3자에게 뇌물을 공여하도록 한 경우, 임·직원에게 뇌물수수죄가 성립하기 위한 요건

형법 제129조 제1항 뇌물수수죄는 공무원이 직무에 관하여 뇌물을 수수한 때에 적용되는 것으로서, 공무원이 직접 뇌물을 받지 아니하고 증뢰자로 하여금 다른 사람에게 뇌물을 공여하도록 한 경우라도 다른 사람이 공무원의 사자 또는 대리인으로서 뇌물을 받은 경우 등과 같이 사회통념상 다른 사람이 뇌물을 받은 것을 공무원이 직접 받은 것과 같이 평가할 수 있는 관계가 있는 경우에는 형법 제129조 제1항 뇌물수수죄가 성립하고, 이러한 법리는 공무원으로 의제되는 정비사업전문관리업자의 임·직원이 직무에 관하여 자신이 아닌 정비사업전문관리업자 또는 그 밖의 제3자에게 뇌물을 공여하게 하는 경우에도 마찬가지이다(대법원 2011.11.24, 선고, 2011도9585, 판결).

◆ 공무원이 뇌물을 받음에 있어서 그 취득을 위하여 상대방에게 뇌물의 가액에 상당하는 금원의 일부를 비용으로 지출하거나 그 밖에 경제적 이익을 제공한 경우, 몰수·추징의 범위

공무원이 뇌물을 받음에 있어서 그 취득을 위하여 상대방에게 뇌물의 가액에 상당하는 금원의 일부를 비용의 명목으로 출연하거나 그 밖에 경제적 이익을 제공하였다 하더라도, 이는 뇌물을 받는 데 지출한 부수적 비용에 불과하다고 보아야 할 것이지, 이로 인하여 공무원이 받은 뇌물이 그 뇌물의 가액에서 위와 같은 지출액을 공제한 나머지 가액에 상당한 이익에 한정되는 것이라고 볼 수는 없으므로, 그 공무원으로부터 뇌물죄로 얻은 이익을 몰수·추징함에 있어서는 그 받은 뇌물 자체를 몰수하여야 하고, 그 뇌물의 가액에서 위와 같은 지출을 공제한 나머지 가액에 상당한 이익만을 몰수·추징할 것은 아니다(대법원 1999. 10. 8. 선고 99도1638 판결).

◆ 뇌물죄에서 수뢰액이 엄격한 증명의 대상인지 여부(적극) 및 수뢰액을 특정할 수 없는 경우, 가액을 추징할 수 있는지 여부(소극)

뇌물죄에서 수뢰액은 다과에 따라 범죄구성요건이 되므로 엄격한 증명의 대상이 되고, 특정범죄 가중처벌 등에 관한 법률에서 정한 범죄구성요건이 되지 않는 단순 뇌물죄의 경우에도 몰수·추징의 대상이 되는 까닭에 역시 증거에 의하여 인정되어야 하며, 수뢰액을 특정할 수 없는 경우에는 가액을 추징할 수 없다.(대법원 2011.5.26. 선고 2009도2453 판결)

◆ 여러 사람이 공동으로 뇌물을 수수한 경우 가액 추징의 방법 및 공동수수자가 아닌 교사범 또는 종범에게 뇌물 중 일부를 사례금 등의 명목으로 교부한 경우 추징하여야 할 금액(=수뢰액 전부)

여러 사람이 공동으로 뇌물을 수수한 경우 그 가액을 추징하려면 실제로 분배받은 금품만을 개별적으로 추징하여야 하고 수수금품을 개별적으로 알 수 없을 때에는 평등하게 추징하여야 하며 공동정범뿐 아니라 교사범 또는 종범도 뇌물의 공동수수자에 해당할 수 있으나, 공동정범이 아닌 교사범 또는 종범의 경우에는 정범과의 관계, 범행 가담 경위 및 정도, 뇌물 분배에 관한 사전약정의 존재 여부, 뇌물공여자의 의사, 종범 또는 교사범이 취득한 금품이 전체 뇌물수수액에서 차지하는 비중 등을 고려하여 공동수수자에 해당하는지를 판단하여야 한다. 그리고 뇌물을 수수한 자가 공동수수자가 아닌 교사범 또는 종범에게 뇌물 중 일부를 사례금 등의 명목으로 교부하였다면 이는 뇌물을 수수하는 데 따르는 부수적 비용의 지출 또는 뇌물의 소비행위에 지나지 아니하므로, 뇌물수수자에게서 수뢰액 전부를 추징하여야 한다(대법원 2011.11.24, 선고, 2011도9585, 판결).

◆ 금품의 무상차용시 추징액의 산정방법

금품의 무상차용을 통하여 위법한 재산상 이익을 취득한 경우 범인이 받은 부정한 이익은 그로 인한 금융이익 상당액이므로 <u>추징의 대상이 되는 것은 무상으로 대여받은 금품 그 자체가 아니라 위 금융이익 상당액</u>이다. 여기에서 추징의 대상이 되는 금융이익 상당액은 객관적으로 산정되어야 할 것인데, 범인이 금융기관으로부터 대출받는 등 통상적인 방법으로 자금을 차용하였을 경우 부담하게 될 <u>대출이율을 기준</u>으로 하거나, <u>그 대출이율을 알 수 없는 경우</u>에는 금품을 제공받은 범인의 지위에 따라 민법 또는 상법에서 규정하고 있는 <u>법정이율을 기준</u>으로 하여, 변제기나 지연손해금에 관한 약정이 가장되어 무효라고 볼 만한 사정이 없는 한, 금품수수일로부터 약정된 변제기까지 금품을 무이자로 차용으로 얻은 금융이익의 수액을 산정한 뒤 이를 추징하여야 한다(대법원 2008.9.25. 선고 2008도2590 판결)

15. 공무원의 직무상범죄에 대한 형의 가중

제135조【공무원의 직무상 범죄에 대한 형의 가중】

공무원이 직권을 이용하여 본장 이외의 죄를 범한 때에는 그 죄에 정한 형의 2분의 1까지 가중한다. 단 공무원의 신분에 의하여 특별히 형이 규정된 때에는 예외로 한다.

[신분범과형의가중] 33 · 42 · 56, [가중사유주장에대한판단] 형소323②, [가중의한도] 42

■ 공무원의 구분

ㅇ세무직 공무원
ㅇ경찰직 공무원
ㅇ행정직 공무원
ㅇ소방직 공무원
ㅇ공무원 신분에 준하는 사람 — 국영기업체의 과장, 대리급 이상
— 별정직 공무원
— 공무 보조원

16. 뇌물죄에 대한 특별형법

1. 특정범죄 가중처벌 등에 관한 법률

제2조 【뇌물죄의 가중처벌】

① 「형법」 제129조·제130조 또는 제132조에 규정된 죄를 범한 사람은 그 수수(收受)·요구 또는 약속한 뇌물의 가액(價額)(이하 이 조에서 "수뢰액"이라 한다)에 따라 다음 각 호와 같이 가중처벌한다.

1. 수뢰액이 1억원 이상인 경우에는 무기 또는 10년 이상의 징역에 처한다.
2. 수뢰액이 5천만원 이상 1억원 미만인 경우에는 7년 이상의 유기징역에 처한다.
3. 수뢰액이 3천만원 이상 5천만원 미만인 경우에는 5년 이상의 유기징역에 처한다.

② 「형법」 제129조·제130조 또는 제132조에 규정된 죄를 범한 사람은 그 죄에 대하여 정한 형(제1항의 경우를 포함한다)에 수뢰액의 2배 이상 5배 이하의 벌금을 병과(倂科)한다. [전문개정 2010.3.31.]

[한정위헌, 2011헌바117, 2012.12.27. 형법(1953. 9. 18. 법률 제293호로 제정된 것) 제129조 제1항의 '공무원'에 구 '제주특별자치도 설치 및 국제자유도시 조성을 위한 특별법'(2007. 7. 27. 법률 제8566호로 개정되기 전의 것) 제299조 제2항의 제주특별자치도통합영향평가심의위원회 심의위원 중 위촉위원이 포함되는 것으로 해석하는 한 헌법에 위반된다.]

제3조 【알선수재】

공무원의 직무에 속한 사항의 알선에 관하여 금품이나 이익을 수수·요구 또는 약속한 사람은 5년 이하의 징역 또는 1천만원 이하의 벌금에 처한다. [전문개정 2010.3.31.]

제4조 【뇌물죄 적용대상의 확대】

① 다음 각 호의 어느 하나에 해당하는 기관 또는 단체로서 대통령령으로 정하는 기관 또는 단체의 간부직원은 「형법」 제129조부터 제132조까지의 규정을 적용할 때에는 공무원으로 본다.

1. 국가 또는 지방자치단체가 직접 또는 간접으로 자본금의 2분의 1 이상을 출자하였거나 출연금·보조금 등 그 재정지원의 규모가 그 기관 또는 단체 기본재산의 2분의 1 이상인 기관 또는 단체
2. 국민경제 및 산업에 중대한 영향을 미치고 있고 업무의 공공성(公共性)이 현저하여 국가 또는 지방자치단체가 법령에서 정하는 바에 따라 지도·감독하거나 주주권의 행사 등을 통하여 중요 사업의 결정 및 임원의 임면(任免) 등 운영 전반에 관하여 실질적인 지배력을 행사하고 있는 기관 또는 단체

② 제1항의 간부직원의 범위는 제1항의 기관 또는 단체의 설립목적, 자산, 직원의 규모 및 해당 직원의 구체적인 업무 등을 고려하여 대통령령으로 정한다.

[전문개정 2010. 3. 31.]

2. 특정경제범죄 가중처벌 등에 관한 법률

제5조【수재 등의 죄】

① 금융회사등의 임직원이 그 직무에 관하여 금품이나 그 밖의 이익을 수수(收受), 요구 또는 약속하였을 때에는 5년 이하의 징역 또는 10년 이하의 자격정지에 처한다.

② 금융회사등의 임직원이 그 직무에 관하여 부정한 청탁을 받고 제3자에게 금품이나 그 밖의 이익을 공여(供與)하게 하거나 공여하게 할 것을 요구 또는 약속하였을 때에는 제1항과 같은 형에 처한다.

③ 금융회사등의 임직원이 그 지위를 이용하여 소속 금융회사등 또는 다른 금융회사등의 임직원의 직무에 속하는 사항의 알선에 관하여 금품이나 그 밖의 이익을 수수, 요구 또는 약속하였을 때에는 제1항과 같은 형에 처한다.

④ 제1항부터 제3항까지의 경우에 수수, 요구 또는 약속한 금품이나 그 밖의 이익의 가액(이하 이 조에서 "수수액"이라 한다)이 3천만원 이상일 때에는 다음 각 호의 구분에 따라 가중처벌한다.

1. 수수액이 1억원 이상일 때: 무기 또는 10년 이상의 징역
2. 수수액이 5천만원 이상 1억원 미만일 때: 7년 이상의 유기징역
3. 수수액이 3천만원 이상 5천만원 미만일 때: 5년 이상의 유기징역

⑤ 제1항부터 제4항까지의 경우에 수수액의 2배 이상 5배 이하의 벌금을 병과한다.

[전문개정 2012.2.10.]

제6조【증재 등의 죄】

① 제5조에 따른 금품이나 그 밖의 이익을 약속, 공여 또는 공여의 의사를 표시한 사람은 5년 이하의 징역 또는 3천만원 이하의 벌금에 처한다.

② 제1항의 행위에 제공할 목적으로 제3자에게 금품을 교부하거나 그 정황을 알면서 교부받은 사람은 제1항과 같은 형에 처한다.

[전문개정 2012.2.10.]

제7조【알선수재의 죄】

금융회사등의 임직원의 직무에 속하는 사항의 알선에 관하여 금품이나 그 밖의 이익을 수수, 요구 또는 약속한 사람 또는 제3자에게 이를 공여하게 하거나 공여하게 할 것을 요구 또는 약속한 사람은 5년 이하의 징역 또는 5천만원 이하의 벌금에 처한다.

[전문개정 2012.2.10.]

3. 공무원범죄에 관한 몰수 특례법

제2조【정의】

이 법에서 사용하는 용어의 뜻은 다음과 같다.

1. "특정공무원범죄"란 다음 각 목의 어느 하나에 해당하는 죄[해당 죄와 다른 죄가 「형법」 제40조에 따른 상상적 경합(想像的 競合) 관계인 경우에는 그 다른 죄를 포함한다]를 말한다.

   가. 「형법」 제129조부터 제132조까지의 죄

나. 「회계관계직원 등의 책임에 관한 법률」 제2조제1호 · 제2호 또는 제4호(같은 조 제1호 또는 제2호에 규정된 사람의 보조자로서 그 회계사무의 일부를 처리하는 사람만 해당한다)에 규정된 사람이 국고(國庫) 또는 지방자치단체에 손실을 입힐 것을 알면서도 그 직무에 관하여 범한 「형법」 제355조의 죄

다. 「특정범죄가중처벌 등에 관한 법률」 제2조 및 제5조의 죄

2. "불법수익"이란 특정공무원범죄의 범죄행위로 얻은 재산을 말한다.

3. "불법수익에서 유래한 재산"이란 불법수익의 과실(果實)로서 얻은 재산, 불법수익의 대가로서 얻은 재산, 이들 재산의 대가로서 얻은 재산 등 불법수익이 변형되거나 증식되어 형성된 재산(불법수익이 불법수익과 관련 없는 재산과 합하여져 변형되거나 증식된 경우에는 불법수익에서 비롯된 부분으로 한정한다)을 말한다.

4. "불법재산"이란 불법수익과 불법수익에서 유래한 재산을 말한다.

[전문개정 2009.11.2]

제8장 공무방해에 관한 죄 (제136조 ~ 제144조)

제8장 공무방해에 관한 죄(제136조 ~ 제144조)

1. 공무집행방해죄

> **제136조【공무집행방해】**
> ① 직무를 집행하는 공무원에 대하여 폭행 또는 협박한 자는 5년 이하의 징역 또는 1천만 원 이하의 벌금에 처한다. 〈개정 1995.12.29.〉

[폭행 · 협박] 107 · 115 · 144 · 260 · 283 · 297 · 298 · 324 · 325 · 333 · 335, [특별규정] 총포도검72, 조세범13, [공소시효] 형소249① : 7년

- 이 조는 공무원에 의하여 집행되는 국가의 기능을 보호하기 위한 것이다. 여기에서 폭행·협박의 대상이 되는 것은 공무원이지만, 공무원이라는 권력적 신분보다는 공무 그 자체를 보호법익으로 하고 있다. 이런 의미에서 이 죄는 행위의 객체와 보호의 객체가 구분되는 범죄라고 할 수 있다.
- 주간에 공무원에 대하여 폭행, 협박의 수단으로 공무집행을 방해한 경우에는 그 폭행·협박이 공무집행방해죄의 수단에 불과하여 별도의 죄로 논할 수 없는 포괄일죄이므로 공무집행방해(형법 제136조 제1항)로만 의율하고, 이 때 공무원에게 상해까지 가했다면 공무집행방해 및 상해죄의 상상적경합범으로 그 범죄사실은 가, 나항으로 나누지 않고 한 항목으로 설시하되 법적용시나 사건송치서 죄명란에는 처벌이 중한 순으로 해서 '가. 상해, 나. 공무집행방해'를 동시에 의율
- 야간에 공무원에 대하여 폭행·협박 및 상해 등의 폭력행위등에 열거된 8가지 범죄를 수반했을 경우에도 "공무집행방해" 죄와 폭력행위등처벌에관한법률위반과 양죄의 상상적경합 관계에 있으므로 범죄사실 작성시 한 항목으로 설시하되 적용법조를 붙일 때에는 법익이 다를 뿐 아니라 보충법 관계에 해당하는 공무집행방해, 폭력행위등(상해)의 두 가지 죄명을 모두 붙이고 아울러 형법 제40조(상상적경합) 법조문까지 모두 기재토록 하고, 송치서 표지의 죄명란에는 처벌이 중한 순으로 해서 '가. 폭력행위등처벌에관한법률위반, 나. 공무집행방해'로 기재할 것.

※ 주의할 점
민간인에게 상해를 가한 후 출동한 경찰관을 폭행한 경우는 민간인에 대한 상해와 경찰관에 대한 공무집행방해의 경합범이며, 경합범의 범죄사실 설시는 항목을 나누어 주어야 하므로 이러한 경우는 민간인 피해사실에 대하여는 가항으로 경찰관에 대한 공무집행방해 사실에 대해서는 나항으로 범죄사실을 기재할 것.

※ 공무집행방해 현행범 긴급체포시 필히 미란다원칙 고지해야 하며 → 미고지시 적법이 아니어서 본 범죄 성립 안됨(특히 경찰 및 의경 공무집방해사건 수사시 이 원칙 고지 여부에 유념해야 함).

Ⅰ. 이론

1. 구성요건

(1) 객관적 구성요건

1) 주체

이 죄의 주체에는 제한이 없어서 공무원이나 제3자 모두를 포함한다.

2) 객체

직무를 집행하는 공무원이다. 여기서 공무원이란 법령에 의하여 국가 또는 지방자치단체 및 이에 준하는 공법인의 사무에 종사하는 자로서 그 노무의 내용이 단순한 기계적·육체적인 것에 한정되어 있지 않은 자를 말한다.

① 직무집행의 범위 : 직무는 공무원의 직무면 되고 그 종류 및 성질을 가리지 않는다.

i) 집행이란 공무원이 그 직무에 속하는 일체의 사무를 처리하는 것을 말한다. 이는 법령을 집행하거나 공무소의 명령을 집행하는 경우에 한정되는 것이 아니며, 강제적 성격을 띤 사무의 집행임을 요하지도 않는다.

ii) "집행하는" 이란 직무에 종사 중임을 의미한다. 즉, 현재의 직무집행을 대상으로 하며, 앞으로 있을 직무집행을 예상하여 폭행·협박을 하는 것은 포함하지 않는다.

■ 근거판례 ■

형법 제136조 제1항 소정의 공무집행방해죄에 있어서 '직무를 집행하는'이라 함은 공무원이 직무수행에 직접 필요한 행위를 현실적으로 행하고 있는 때만을 가리키는 것이 아니라 공무원이 직무수행을 위하여 근무중인 상태에 있는 때를 포괄한다 할 것이고, 직무의 성질에 따라서는 그 직무수행의 과정을 개별적으로 분리하여 부분적으로 각각의 개시와 종료를 논하는 것이 부적절하고 여러 종류의 행위를 포괄하여 일련의 직무수행으로 파악함이 상당한 경우가 있다(대법원 1999. 9. 21. 선고 99도383 판결).

② 직무집행의 적법성 : 공무의 집행은 적법한 것이어야 한다.

i) 행위가 그 공무원의 일반적 직무권한에 속해야 한다.

ii) 행위는 법령이 정한 방식과 절차에 따른 것이어야 한다.

■ 이견있는 형사사건의 법원판단 ■

[제136조에서 직무집행의 적법성 요부]

1. 문제점 : 공무집행방해죄(법 제136조)에서 규정하고 있는 직무집행의 의미와 관련하여 적법성이 요구되는지가 문제된다.

2. 학설

(1) 필요설(통설) : 위법한 직무집행에 대해서는 국민에게 복종의무가 없고, 형법은 적법한 직무집행만을 보호하므로 공무원의 직무집행이 적법한 경우에만 공무집행방해죄가 성립할 수 있다는 견해

(2) 불요설 : 직무집행이 공무원의 추상적 권한에 속하는 행위이고 구체적인 행위가 공무를 집행하는 공무원의 그것이라고 인정되는 한 사소한 적법, 부적법, 유효, 무효는 문제시되지 않는다는 견해

3. 판례 : 필요설의 태도

현행범인으로서의 요건을 갖추고 있었다고 인정되지 않는 상황에서 경찰관들이 동행을 거부하는 자를 체포하거나 강제로 연행하려고 하였다면, 이는 적법한 공무집행이라고 볼 수 없고, 그 체포를 면하려고 반항하는 과정에서 경찰관에게 상해를 가한 것은 불법 체포로 인한 신체에 대한 현재의 부당한 침해에서 벗어나기 위한 행위로서 정당방위에 해당하여 위법성이 조각된다(대판 2002. 5. 10, 2001도310).

3) 행위

이 죄의 행위는 폭행 또는 협박이다.

① 폭행이란 공무원에 대한 불법적인 유형력의 행사로, 공무원의 신체에 직접 가해졌을 필요는 없으며 공무원을 목표로 하는 이상 물건 또는 제3자에 가해진 것이라도 무방하다.

② 협박이란 공포심을 일으키기에 충분한 일체의 해악의 고지를 말하며, 현실적으로 공포심이 생겼는가 아닌가는 상관없다(추상적 위험범). 또한 직접적으로 공무원에 대하여 가해졌을 필요는 없고, 제3자에 대한 협박이라도 공무원의 직무집행을 방해할 만한 것이었으면 충분하다.

▣ 근거판례 ▣

형법 제136조에 규정된 공무집행방해죄에 있어서의 폭행은 공무를 집행하는 공무원에 대하여 유형력을 행사하는 행위를 말하는 것으로 그 폭행은 공무원에 직접적으로나 간접적으로 하는 것을 포함한다고 해석되며(당원 1970.5.12. 선고 70도561 판결참조) 또 동 조에 규정된 협박이라 함은 사람을 공포케할 수 있는 해악을 고지함을 말하는 것이나 그 방법도 언어, 문서, 직접, 간접 또는 명시, 암시를 가리지 아니한다고 해석된다(대법원 1981.3.24. 선고 81도326 판결).

(2) 주관적 구성요건

상대가 공무원이고 직무집행 중이었던 것을 인식해야 하는데, 공무원이 공무집행과정에서 신분증 또는 영장을 제시했거나 제복을 입고 있었다면 그 고의를 인정할 수 있을 것이다.

2. 죄수 및 타죄와의 관계

(1) 죄수

통설은 '공무의 수'를 기준으로 죄수를 판단하지만, 판례는 '공무원의 수'를 기준으로 죄수를 판단한다(4291형상415).

(2) 타죄와의 관계

이 죄가 성립하면 폭행, 협박죄는 별도로 성립하지 않지만(법조경합), 단순한 폭행, 협박의 수준을 넘어 상해, 살인, 강도, 소요죄를 구성하는 경우에는 상상적 경합범이 된다.

Ⅱ. 판례

◆ 시청 청사 내 주민생활복지과 사무실에 술에 취한 상태로 찾아가 소란을 피우던 피고인을 소속 공무원 甲과 乙이 제지하며 밖으로 데리고 나가려 하자, 피고인이 甲과 乙의 멱살을 잡고 수회 흔든 다음 휴대전화를 휘둘러 甲의 뺨을 때림으로써 시청 공무원들의 주민생활복지에 대한 통합조사 및 민원 업무에 관한 정당한 직무집행을 방해하였다는 공소사실로 기소된 사안에서, 피고인의 행위는 시청 소속 공무원들의 적법한 직무집행을 방해한 행위에 해당하므로 공무집행방해죄를 구성한다고 한 사례

시청 청사 내 주민생활복지과 사무실에 술에 취한 상태로 찾아가 소란을 피우던 피고인을 소속 공무원 甲과 乙이 제지하며 밖으로 데리고 나가려 하자, 피고인이 甲과 乙의 멱살을 잡고 수회 흔든 다음 휴대전화를 휘둘러 甲의 뺨을 때림으로써 시청 공무원들의 주민생활복지에 대한 통합조사 및 민원 업무에 관한 정당한 직무집행을 방해하였다는 공소사실로 기소된 사안에서, 지방공무원법 제51조, 제75조의2, 민원 처리에 관한 법률 제5조 제2항 등에 비추어 시청 주민생활복지과 소속 공무원이 주민생활복지과 사무실에 방문한 피고인에게 민원 내용을 물어보며 민원 상담을 시도한 행위, 피고인의 욕설과 소란으로 정상적인 민원 상담이 이루어지지 않고 다른 민원 업무 처리에 장애가 발생하는 상황이 지속되자 피고인을 사무실 밖으로 데리고 나간 행위는 민원 안내 업무와 관련된 일련의 직무수행으로 포괄하여 파악함이 타당한 점, 행위 당시의 구체적 상황에 기초를 두고 객관적·합리적으로 판단해 보면, 담당 공무원이 피고인을 사무실 밖으로 데리고 나가는 과정에서 피고인의 팔을 잡는 등 다소의 물리력을 행사했더라도, 이는 피고인의 불법행위를 사회적 상당성이 있는 방법으로 저지한 것에 불과하므로 위법하다고 볼 수 없는 점, 소란을 피우는 민원인을 제지하거나 사무실 밖으로 데리고 나가는 행위도 민원 담당 공무원의 직무에 수반되는 행위로 파악함이 타당하고 직무권한의 범위를 벗어난 행위라고 볼 것은 아닌 점 등을 종합하면, 피고인의 행위는 시청 소속 공무원들의 적법한 직무집행을 방해한 행위에 해당하므로 공무집행방해죄를 구성하는데도, 이와 달리 본 원심판결에 법리오해의 잘못이 있다고 한 사례.(대법원 2022. 3. 17., 선고, 2021도13883, 판결)

◆ 공무집행방해죄에서 '적법한 공무집행'의 의미와 판단 기준 / 공무원이 구체적 상황에 비추어 그 인적·물적 능력의 범위 내에서 적절한 조치라는 판단에 따라 직무를 수행한 경우, 그 위법 여부(한정 소극)

공무집행방해죄는 공무원의 직무집행이 적법한 경우에 성립한다. 여기서 적법한 공무집행이란 그 행위가 공무원의 추상적 권한에 속할 뿐 아니라 구체적으로도 그 권한 내에 있어야 하고 직무행위로서의 중요한 방식을 갖추어야 한다. 추상적인 권한에 속하는 공무원의 어떠한 공무집행이 적법한지 여부는 행위 당시의 구체적 상황에 기하여 객관적·합리적으로 판단하여야 한다. 한편 공무원이 구체적 상황에 비추어 그 인적·물적 능력의 범위 내에서 적절한 조치라는 판단에 따라 직무를 수행한 경우에는, 그러한 직무수행이 객관적 정당성을 상실하여 현저하게 불합리한 것으로 인정되지 않는 한 이를 위법하다고 할 수 없다.(대법원 2021. 9. 16., 선고, 2015도12632, 판결)

◆ 공무집행방해죄에서 말하는 '폭행'의 의미 및 구체적으로 직무집행의 방해라는 결과발생을 요하는지 여부(소극) / 공무집행방해죄에서 말하는 '직무를 집행하는'의 의미와 판단 방법

형법 제136조에서 정한 공무집행방해죄는 직무를 집행하는 공무원에 대하여 폭행 또는 협박한 경우에 성립하는 범죄로서 여기서의 폭행은 사람에 대한 유형력의 행사로 족하고 반드시 그 신체에 대한 것임을 요하지 아니하며, 또한 추상적 위험범으로서 구체적으로 직무집행의 방해라는 결과발생을 요하지도 아니한다. 한편 공무집행방해죄에서 '직무를 집행하는'이란 공무원이 직무수행에 직접 필요한 행위를 현실적으로 행하고 있는 때만을 가리키는 것이 아니라 공무원이 직무수행을 위하여 근무 중인 상태에 있는 때를 포괄하고, 직무의 성질에 따라서는 직무수행의 과정을 개별적으로 분리하여 부분적으로 각각의 개시와 종료를 논하는 것이 부적절하고 여러 종류의 행위를 포괄하여 일련의 직무수행으로 파악함이 상당한 경우가 있다(대법원 2018. 3. 29., 선고, 2017도21537, 판결).

◆ 형법 제136조의 공무집행방해죄에서 적법한 공무집행의 의미 및 경찰관이 현행범인을 체포한 후에 범죄사실의 요지 등을 고지한 경우에도 적법한 공무집행에 해당하는지 여부

[1] 형법 제136조의 공무집행방해죄는 공무원의 직무집행이 적법한 경우에 한하여 성립하고, 그 공무집행이 적법하려면 그 행위가 당해 공무원의 추상적 직무권한에 속할 뿐 아니라 구체적으로도 그 권한 내에 있어야 하며, 또한 직무행위의 중요한 방식을 갖추어야 한다. 한편, 구 형사소송법(2007. 12. 21. 법률 제8730호로 개정되기 전의 것) 제213조의2, 제72조의 규정 등에 의하면 사법경찰관리가 현행범인을 체포하는 경우에는 반드시 범죄사실의 요지, 체포의 이유와 변호인을 선임할 수 있음을 말하고 변명할 기회를 주어야 하고, 이와 같은 고지는 체포를 위한 실력행사에 들어가기 이전에 미리 하여야 하는 것이 원칙이나, 달아나는 피의자를 쫓아가 붙들거나 폭력으로 대항하는 피의자를 실력으로 제압하는 경우에는 붙들거나 제압하는 과정에서 하거나, 그것이 여의치 않은 경우에라도 일단 붙들거나 제압한 후에 지체없이 행하였다면 경찰관의 현행범인 체포는 적법한 공무집행이라고 할 수 있다.

[2] 경찰관의 현행범인 체포경위 및 그에 관한 현행범인체포서와 범죄사실의 기재에 다소 차이가 있더라도, 그것이 논리와 경험칙상 장소적·시간적 동일성이 인정되는 범위 내라면 그 체포행위가 공무집행방해죄의 요건인 적법한 공무집행에 해당한다(대법원 2008. 10. 9. 선고 2008도3640 판결).

◆ 공무집행방해죄에 있어서 폭행·협박의 정도

공무집행방해죄에 있어서의 폭행·협박은 성질상 공무원의 직무집행을 방해할 만한 정도의 것이어야 하므로, 경미하여 공무원이 개의치 않을 정도의 것이라면 여기의 폭행·협박에는 해당하지 아니한다고 할 것이다(대법원 1972. 9. 26. 선고 72도1783 판결 등 참조).(대법원 2007. 6. 1. 선고 2006도4449 판결).

◆ 공무집행방해죄에서 적법한 공무집행의 의미 및 경찰관이 적법절차를 준수하지 아니한 채 실력으로 현행범인을 연행하려고 한 것이 적법한 공무집행인지 여부

(1) 사실관계

> 피고인A가 2005. 8. 25. 18:10경 김해시 한림면 병동리 소재 (상호 생략)산업앞길에서 부산지방경찰청 외사3계 소속 경사 공소외 B, C에게 출입국관리법 위반죄 등의 현행범인으로 체포되어 피고인A의 승용차에 승차하여 이동하던 중 피고인A가 뒷좌석 유리창을 내리고 도주하려는 것을 위 공소외 B가 수갑을 채우면서 제지하려고 하자 주먹으로 위 공소외 B의 얼굴을 1회 때리는 등 폭행하여 그의 범죄수사에 관한 정당한 직무집행을 방해함과 동시에 그에게 약 2주간의 치료를 요하는 안면부 다발성좌상및찰과상 등을 가하였다. 그러나 위 공소외 B가 피고인A를 출입국관리법 위반죄 등의 현행범으로 체포하면서 지체없이 피의사실의 요지, 체포이유, 변호인선임권 등을 고지하는 등의 절차를 밟지 않았다.

(2) 판결요지

형법 제136조가 규정하는 공무집행방해죄는 공무원의 직무집행이 적법한 경우에 한하여 성립하는 것이고, 여기서 적법한 공무집행이라고 함은 그 행위가 공무원의 추상적 권한에 속할 뿐 아니라 구체적 직무집행에 관한 법률상 요건과 방식을 갖춘 경우를 가리키는 것이며, 한편 헌법 제12조 제5항 전문, 형사소송법 제213조의2, 제72조의 규정 등에 의하면 사법경찰관리가 현행범인을 체포하는 경우에는 반드시 범죄사실의 요지, 구속의 이유와 변호인을 선임할 수 있음을 말하고 변명할 기회를 주어야 할 것임이 명백하므로, 경찰관이 위 적법절차를 준수하지 아니한 채 실력으로 현행범인을 연행하려고 하였다면 적법한 공무집행이라고 할 수 없고(대법원 2000. 7. 4. 선고 99도4341 판결, 2004. 11. 26. 선고 2004도5894 판결 등 참조), 경찰관의 현행범 체포행위가 적법한 공무집행을 벗어나 불법하게 체포한 것으로 볼 수밖에 없다면, 현행범이 그 체포를 면하려고 반항하는 과정에서 경찰관에게 상해를 가한 것은 불법 체포로 인한 신체에 대한 현재의 부당한 침해에서 벗어나기 위한 행위로서 정당방위에 해당하여 위법성이 조각된다(대법원 2000. 7. 4. 선고 99도4341 판결 참조).(대법원 2006. 11. 23. 선고 2006도2732 판결).

◆ 현행범인으로서의 요건을 갖추지 못한 자에 대한 경찰관의 체포를 면하려고 반항하는 과정에서 경찰관에게 상해를 가한 경우, 정당방위가 성립되는지 여부

현행범인으로서의 요건을 갖추고 있었다고 인정되지 않는 상황에서 경찰관들이 동행을 거부하는 자를 체포하거나 강제로 연행하려고 하였다면, 이는 적법한 공무집행이라고 볼 수 없고, 그 체포를 면하려고 반항하는 과정에서 경찰관에게 상해를 가한 것은 불법 체포로 인한 신체에 대한 현재의 부당한 침해에서 벗어나기 위한 행위로서 정당방위에 해당하여 위법성이 조각된다(대법원 2002. 5. 10. 선고 2001도300 판결).

◆ 甲 정당 당직자인 피고인들 등이 국회 외교통상 상임위원회 회의장 앞 복도에서 출입이 봉쇄된 회의장 출입구를 뚫을 목적으로 회의장 출입문 및 그 안쪽에 쌓여 있던 집기를 손상하거나, 국회 심의를 방해할 목적으로 회의장 내에 물을 분사한 사안에서, 피고인들의 공용물건손상 및 국회회의장소동 행위를 위법성이 조각되는 정당행위나 긴급피난의 요건을 갖춘 행위로 평가하기 어렵다고 한 경우

甲 정당 당직자인 피고인들 등이 국회 외교통상 상임위원회 회의장 앞 복도에서 출입이 봉쇄된 회의장 출입구를 뚫을 목적으로 회의장 출입문 및 그 안쪽에 쌓여있던 책상, 탁자 등 집기를 손상하거나, 국회의 심의를 방해할 목적으로 소방호스를 이용하여 회의장 내에 물을 분사한 사안에서, 피고인들의 위와 같은 행위는 공용물건손상죄 및 국회회의장소동죄의 구성요건에 해당하고, 국민의 대의기관인 국회에서 서로의 의견을 경청하고 진지한 토론과 양보를 통하여 더욱 바람직한 결론을 도출하는 합법적 절차를 외면한 채 곧바로 폭력적 행동으로 나아가 방법이나 수단에 있어서도 상당성의 요건을 갖추지 못하여 이를 위법성이 조각되는 정당행위나 긴급피난의 요건을 갖춘 행위로 평가하기 어렵다고 한 사례.(대법원 2013.6.13, 선고, 2010도13609, 판결).

◆ 국회의 경호 업무 등을 담당하는 국회 경위가 상임위원회 위원의 회의장 출입을 막는 행위가 적법한지 여부(원칙적 소극)

헌법 제49조가 국회에서의 다수결 원리를 선언하고 있으나, 이는 어디까지나 통지가 가능한 국회의원 모두에게 회의에 출석할 기회가 부여된 바탕 위에서 재적의원 과반수의 출석과 출석의원 과반수의 찬성으로 그 결의가 이루어질 것을 전제로 하고 있다고 해석되는 점, 국회 상임위원회의 의사·의결정족수를 규정한 국회법 제54조의 규정 또한 실질적으로 모든 위원회의 구성원에게 출석의 기회가 보장된 상태에서 자유로운 토론의 기회가 부여되는 것을 전제조건으로 하고 있는 점 등에 비추어 보면 누구든지 국회의원이 본회의 또는 위원회에 출석하기 위하여 본회의장 또는 위원회 회의장에 출입하는 것을 방해하여서는 아니 되며, 특히 국회의 경호 업무 등을 담당하는 국회 경위가 상임위원회 위원의 회의장 출입을 막는 것은 이를 정당화할 만한 특별한 사정이 없는 한 위법하다.(대법원 2013.6.13, 선고, 2010도13609, 판결).

◆ 甲 정당 당직자인 피고인들 등이 국회 외교통상 상임위원회 회의장 출입문 앞에 배치되어 출입을 막고 있던 국회 경위들을 밀어내기 위해 경위들의 옷을 잡아당기거나 밀치는 등의 행위를 한 사안에서, 피고인들의 행위는 적법성이 결여된 직무행위를 하는 공무원에게 대항하여 한 것에 지나지 아니하여 공무집행방해죄가 성립하지 않는다고 한 경우

한미FTA 비준동의안에 대한 국회 외교통상 상임위원회(이하 '외통위' 라 한다)의 처리 과정에서, 甲 정당 당직자인 피고인들이 甲 정당 소속 외통위 위원 등과 함께 외통위 회의장 출입문 앞에 배치되어 출입을 막고 있던 국회 경위들을 밀어내기 위해 국회 경위들의 옷을 잡아당기거나 밀치는 등의 행위를 한 사안에서, 제반 사정에 비추어 외통위 위원장이 乙 정당 소속 외통위 위원들이 위원장실에 이미 입실한 상태에서 회의장 출입구를 폐쇄하고 출입을 봉쇄하여 다른 정당 소속 외통위 위원들의 회의장 출입을 막은 행위는 상임위원회 위원장의 질서유지권 행사의 한계를 벗어난 위법한 조치이고, 회의장 근처에 배치된 국회 경위들이 甲 정당 소속 외통위 위원들의 회의장 출입을 막은 행위는 외통위 위원장의 위법한 조치를 보조한 행위에 지나지 아니하여 역시 위법한 직무집행이며, 피고인들이 甲 정당 소속 외통위 위원들을 회의장으로 들여보내기 위하여 그들과 함께 국회 경위들을 밀어내는 과정에서 경위들의 옷을 잡아당기는 등의 행위를 하였더라도, 이러한 행위는 적법성이 결여된 직무행위를 하는 공무원에게 대항하여 한 것에 지나지 아니하여 공무집행이 적법함을 전제로 하는 공무집행방해죄는 성립하지 않는데도, 이와 달리 보아 피고인들에게 유죄를 인정한 원심판결에 공무집행방해죄에 관한 법리오해의 위법이 있다고 한 사례(대법원 2013.6.13, 선고, 2010도13609, 판결).

◆ 피고인이, 국민권익위원회 운영지원과 소속 기간제근로자로서 청사 안전관리 및 민원인 안내 등의 사무를 담당한 甲의 공무집행을 방해하였다는 내용으로 기소된 사안에서, 甲은 법령의 근거에 기하여 국가 등의 사무에 종사하는 형법상 공무원이라고 보기 어렵다고 한 사례

피고인이, 국민권익위원회 운영지원과 소속 기간제근로자로서 청사 안전관리 및 민원인 안내 등의 사무를 담당한 甲의 공무집행을 방해하였다는 내용으로 기소된 사안에서, 甲은 국민권익위원회 위원장과 계약기간 1년의 근로계약을 체결한 점, 공무원으로 임용된 적이 없고 공무원연금이 아니라 국민연금에 가입되어 있는 점, 국민권익위원회 훈령으로 '무기계약근로자 및 기간제근로자 관리운용 규정' 이 있으나 국민권익위원회 내부규정으로 그 내용도 채용, 근로조건 및 퇴직 등 인사에 관한 일반적인 사항을 정하는 것에 불과하고, 달리 甲이 법령의 근거에 기하여 위 사무에 종사한 것이라고 볼 만한 자료가 없는 점 등 제반 사정에 비추어 甲은 법령의 근거에 기하여 국가 등의 사무에 종사하는 형법상 공무원이라고 보기 어려운데도, 甲이 공무집행방해죄에서 공무원에 해당한다고 단정한 원심판단에 형법상 공무원에 관한 법리오해의 잘못이 있다고 한 사례(대법원 2015.5.29, 선고, 2015도3430, 판결).

◆ 피고인이 甲 시청 옆 도로의 보도에서 철야농성을 위해 천막을 설치하던 중 이를 제지하는 甲 시청 소속 공무원들에게 폭행을 가한 사안에서, 도로관리권에 근거한 공무집행을 하는 공무원에 대하여 폭행을 가한 피고인의 행위는 공무집행방해죄를 구성여부

피고인이 甲 시청 옆 일반국도인 도로의 보도에서 철야농성을 위해 천막을 설치하던 중 이를 제지하는 甲 시청 소속 공무원들에게 폭행을 가한 사안에서, 정당한 사유 없이 보도에 천막을 설치하여 교통에 지장을 끼치는 등 도로법 제45조에 규정된 금지행위를 하는 데 대하여 도로 관리청 소속 공무원이 도로 관리의 목적으로 이를 제지하고 시설물의 설치를 완성하지 못하도록 막는 등의 행위는 도로의 본래 목적을 달성하도록 하기 위한 합리적 상당성이 있는 조치로서 포괄적인 도로관리권의 행사 범주에 속하므로, 도로관리권에 근거한 공무집행을 하는 공무원에 대하여 폭행 등을 가한 피고인의 행위는 공무집행방해죄를 구성한다고 한 사례(대법원 2014.2.13, 선고, 2011도10625, 판결).

◆ 경찰관 甲이 도로를 순찰하던 중 벌금 미납으로 지명수배된 피고인과 조우하게 되어 벌금 미납 사실을 고지하고 벌금납부를 유도하였으나 피고인이 이를 거부하자 벌금 미납으로 인한 노역장 유치의 집행을 위하여 구인하려 하였는데, 피고인이 이에 저항하여 甲을 폭행함으로써 벌금수배자 검거를 위한 경찰관의 공무집행을 방해하였다는 내용으로 기소된 사안에서, 甲이 피고인을 구인하는 과정에서 형집행장이 발부되어 있는 사실은 고지하지 않았던 사정에 비추어 甲의 직무집행은 위법하다고 보아 공소사실을 무죄로 판단한 원심판결이 정당하다고 한 사례

경찰관 甲이 도로를 순찰하던 중 벌금 미납으로 지명수배된 피고인과 조우하게 되어 벌금 미납 사실을 고지하고 벌금납부를 유도하였으나 피고인이 이를 거부하자 벌금 미납으로 인한 노역장 유치의 집행을 위하여 구인하려 하였는데, 피고인이 이에 저항하여 甲의 가슴을 양손으로 수차례 밀침으로써 벌금수배자 검거를 위한 경찰관의 공무집행을 방해하였다는 내용으로 기소된 사안에서, 피고인에 대하여 확정된 벌금형의 집행을 위하여 형집행장이 이미 발부되어 있었으나, 甲이 피고인을 구인하는 과정에서 형집행장이 발부되어 있는 사실은 고지하지 않았던 사정에 비추어 甲의 위와 같은 직무집행은 위법하다고 보아 공소사실을 무죄로 판단한 원심판결이 정당하다고 한 사례(대법원 2014.2.13, 선고, 2011도10625, 판결).

◆ 공무집행방해죄에 있어서 '직무를 집행하는'의 의미

(1) 사실관계

부산북부 노동사무소 소속 근로감독관인 피해자 B가 동남알루미늄의 3~4평 정도 되는 경비실 안에 들어가자 직원 6, 7명과 피고인 A 등 민주노총 관계자 약 15명이 서로 멱살을 잡고 가슴을 밀고 당기는 등 실랑이를 하고 있어, 피해

자 B가 '저는 노동부 소속 근로감독관입니다. 여러분 질서를 지킵시다. 신분증 제시하는 것이 어려운 것도 아닌데 회사 요구대로 신분이 확인되면 들어가도록 합시다.'고 하자, 한진중공업 노동조합위원장 공소외 C가 피해자의 멱살을 잡고 '네가 근로감독관이면 근로감독관이지, 네가 그 따위로 말할 수 있어.'라고 하고, 다른 민주노총 관계자들도 공소외 C를 거들어 큰 소리를 쳤으며, 이에 옆에 있던 D가 '당신네들 너무하는 것 아니요.'라고 하여 다시 실랑이가 벌어지는 사이에 피해자 B가 경비실을 나가자, 피고인A와 공소외 C가 피해자 B 뒤를 따라나가 팔을 한 쪽씩 잡아 경비실 부근의 동남알루미늄 노동조합원들이 모인 곳으로 끌고 가려 하여 피해자 B가 뿌리치자 피고인 A가 '이 새끼 너 죽을래.' 라고 욕설을 하고 주먹으로 얼굴을 때렸다.

(2) **판결요지**

[1] 형법 제136조 제1항에 규정된 공무집행방해죄에서 '직무를 집행하는'이라 함은 공무원이 직무수행에 직접 필요한 행위를 현실적으로 행하고 있는 때만을 가리키는 것이 아니라 공무원이 직무수행을 위하여 근무중인 상태에 있는 때를 포괄하고, 직무의 성질에 따라서는 그 직무수행의 과정을 개별적으로 분리하여 부분적으로 각각의 개시와 종료를 논하는 것이 부적절하고 여러 종류의 행위를 포괄하여 일련의 직무수행으로 파악함이 상당한 경우가 있으며, 나아가 현실적으로 구체적인 업무를 처리하고 있지는 않다 하더라도 자기 자리에 앉아 있는 것만으로도 업무의 집행으로 볼 수 있을 때에는 역시 직무집행 중에 있는 것으로 보아야 하고, 직무 자체의 성질이 부단히 대기하고 있을 것을 필요로 하는 것일 때에는 대기 자체를 곧 직무행위로 보아야 할 경우도 있다.

[2] 공무집행방해죄는 공무원의 적법한 공무집행이 전제가 되고, 그 공무집행이 적법하기 위하여는 그 행위가 당해 공무원의 추상적인 직무권한에 속할 뿐 아니라 구체적으로도 그 권한 내에 있어야 하며, 또한 직무행위로서의 중요한 방식을 갖추어야 한다.

[3] 노동조합관계자들과 사용자측 사이의 다툼을 수습하려 하였으나 노동조합측이 지시에 따르지 않자 경비실 밖으로 나와 회사의 노사분규 동향을 파악하거나 파악하기 위해 대기 또는 준비 중이던 근로감독관을 폭행한 행위는 공무집행방해죄를 구성한다(대법원 2002. 4. 12. 선고 2000도3485 판결).

◆ 공무집행방해죄에서 '공무집행'의 의미 및 수사기관에 자진출석한 사람이 긴급체포의 요건을 갖추지 못하였음에도 실력으로 자신을 체포하려고 한 검사나 사법경찰관에게 폭행을 가한 경우 공무집행방해죄의 성립 여부(소극)

[1] 긴급체포는 영장주의원칙에 대한 예외인 만큼 형사소송법 제200조의3 제1항의 요건을 모두 갖춘 경우에 한하여 예외적으로 허용되어야 하고, 요건을 갖추지 못한 긴급체포는 법적 근거에 의하지 아니한 영장 없는 체포로서 위법한 체포에

해당하는 것이고, 여기서 긴급체포의 요건을 갖추었는지 여부는 사후에 밝혀진 사정을 기초로 판단하는 것이 아니라 체포 당시의 상황을 기초로 판단하여야 하고, 이에 관한 검사나 사법경찰관 등 수사주체의 판단에는 상당한 재량의 여지가 있다고 할 것이나, 긴급체포 당시의 상황으로 보아서도 그 요건의 충족 여부에 관한 검사나 사법경찰관의 판단이 경험칙에 비추어 현저히 합리성을 잃은 경우에는 그 체포는 위법한 체포라 할 것이다.

[2] 형법 제136조가 규정하는 공무집행방해죄는 공무원의 직무집행이 적법한 경우에 한하여 성립하고, 여기서 적법한 공무집행은 그 행위가 공무원의 추상적 권한에 속할 뿐 아니라 구체적 직무집행에 관한 법률상 요건과 방식을 갖춘 경우를 가리키므로, 검사나 사법경찰관이 수사기관에 자진출석한 사람을 긴급체포의 요건을 갖추지 못하였음에도 실력으로 체포하려고 하였다면 적법한 공무집행이라고 할 수 없고, 자진출석한 사람이 검사나 사법경찰관에 대하여 이를 거부하는 방법으로써 폭행을 하였다고 하여 공무집행방해죄가 성립하는 것은 아니다.

[3] 검사가 참고인 조사를 받는 줄 알고 검찰청에 자진출석한 변호사사무실 사무장을 합리적 근거 없이 긴급체포하자 그 변호사가 이를 제지하는 과정에서 위 검사에게 상해를 가한 것이 정당방위에 해당한다(대법원 2006.9.8. 선고 2006도148 판결).

◆ 적법성이 결여된 직무행위를 하는 공무원에게 대항하여 폭행이나 협박을 가한 경우, 공무집행방해죄가 성립하는지 여부(소극)

형법 제136조가 정하는 공무집행방해죄는 공무원의 직무집행이 적법한 경우에 한하여 성립하는 것으로, 이러한 적법성이 결여된 직무행위를 하는 공무원에게 대항하여 폭행이나 협박을 가하였더라도 이를 공무집행방해죄로 다스릴 수는 없다. 이때 '적법한 공무집행'이란 그 행위가 공무원의 추상적 권한에 속할 뿐 아니라 구체적 직무집행에 관한 법률상 요건과 방식을 갖춘 경우를 가리킨다(대법원 2011.4.28. 선고 2007도7514 판결).

◆ 법외 단체인 전국공무원노동조합의 지부가 당초 공무원 직장협의회의 운영에 이용되던 군(군) 청사시설인 사무실을 임의로 사용하자, 지방자치단체장이 자진폐쇄 요청 후 행정대집행법에 따라 행정대집행을 하였는데, 피고인들과 위 지부 소속 공무원들이 위 집행을 행하던 공무원들에게 대항하여 폭행 등 행위를 한 사안에서, 피고인들에게 특수공무집행방해죄를 인정한 원심판단의 결론을 정당하다고 한 사례

법외 단체인 전국공무원노동조합의 지부가 당초 공무원 직장협의회의 운영에 이용되던 군(군) 청사시설인 사무실을 임의로 사용하자 지방자치단체장이 자진폐쇄 요청 후 행정대집행법에 따라 행정대집행을 하였는데, 지부장 등인 피고인들과 위 지부 소속 군청 공무원들이 위 집행을 행하던 공무원들에게 대항하여 폭행 등 행위를 한 사안에서, 위 행정대집행은 주된 목적이 조합의 위 사무실에 대한 사실상 불법사용을 중지시키기 위하여 사무실 내 조합의 물품을 철거하고 사무실을 폐쇄함으로써 군(군) 청사의 기능을 회복하는 데 있으므로, 전체적으로 대집행의 대상이 되는 대체적 작위의무인 철거의무를 대상으로 한 것으로 적법한 공무집행에 해당한다고 볼 수 있고, 그에 대항하여 피고인 등이 폭행 등 행위를 한 것은 단체 또는 다중의 위력으로 공무원들의 적법한 직무집행을 방해한 것에 해당한다는 이유로, 피고인들에게 특수공무집행방해죄를 인정한 원심판단의 결론을 정당하다고 한 사례.(대법원 2011.4.28. 선고 2007도7514 판결)

◆ 피고인이 집회금지 장소에서 개최된 옥외집회에 참가하였다가 전투경찰순경 갑에게 현행범으로 체포되어 바로 호송버스에 탑승하게 되면서 경찰관 을에게서 피의사실의 요지 등을 고지받은 사안에서, 집회의 개최 상황, 현행범 체포의 과정 등에 비추어 형사소송법 제200조의5에 규정된 고지가 이루어졌다고 한 사례

피고인이 집회금지 장소에서 개최된 옥외집회에 참가하였는데, 당시 경찰이 70명 가량의 전투경찰순경을 동원하여 집회 참가자에 대한 체포에 나서 9명을 현행범으로 체포하고, 그 과정에서 피고인은 전투경찰순경 갑에게 체포되어 바로 호송버스에 탑승하게 되면서 경찰관 을에게서 피의사실의 요지 및 현행범인 체포의 이유와 변호인을 선임할 수 있음을 고지받고 변명의 기회를 제공받은 사안에서, 집회의 개최 상황, 현행범 체포의 과정, 미란다 원칙을 고지한 시기 등에 비추어 현행범 체포 과정에서 형사소송법 제200조의5에 규정된 고지가 이루어졌다고 한 사례(대법원 2012.02.09. 선고 2011도7193 판결).

◆ 피해 신고를 받고 출동한 두 명의 경찰관에게 욕설을 하면서 순차로 폭행을 하여 신고 처리 및 수사 업무에 관한 정당한 직무집행을 방해한 사안에서, 위 공무집행방해죄가 상상적 경합의 관계에 있다고 한 사례

범죄 피해 신고를 받고 출동한 두 명의 경찰관에게 욕설을 하면서 차례로 폭행을 하여 신고 처리 및 수사 업무에 관한 정당한 직무집행을 방해한 사안에서, 동일한 장소에서 동일한 기회에 이루어진 폭행 행위는 사회관념상 1개의 행위로 평가하는 것이 상당하다는 이유로, 위 공무집행방해죄는 형법 제40조에 정한 상상적 경합의 관계에 있다고 한 사례(대법원 2009.06.25. 선고 2009도3505 판결).

◆ 경찰관들이 피고인의 주거지에 임의로 출입한 것은 적법한 공무집행행위로 볼 수 없으므로, 피고인이 이에 대항하여 경찰관들을 폭행하였더라도 공무집행방해죄에 해당하지 않는다고 한 사례

피고인과 같은 아파트의 주민으로부터 피고인의 집에서 싸우는 소리가 들린다는 112 신고를 받고 현장에 출동한 경찰관 甲, 乙이 피고인의 집에 허락 없이 들어가 현관문 앞에서 피고인에게 사건 경위를 추궁하자, 피고인이 "너것들이 뭐냐" 라고 소리를 지르며 주방에 있던 빈 유리병(10cm×16cm) 1개를 甲을 향해 던지고 주먹으로 甲의 뺨과 턱 부위를 때리는 등 폭행함으로써 경찰관들의 112 신고 사건 처리에 관한 직무집행을 방해하였다는 내용으로 기소된 사안이다.

경찰관들은 당시 피고인에 대한 영장을 소지하거나 제시한 적이 없는 점, 피고인의 주거지를 범행 직후의 장소로 볼 만한 사정이 없고, 더욱이 압수·수색·검증에 대한 사후 영장이 발부되지도 않은 점, 경찰관들이 피고인의 주거지 앞에 도착했을 때 아무런 인기척이 들리지 않았고, 이는 '지금도 다투는 소리와 개 짖는 소리가 들리고 있다'는 신고자의 신고 내용과 달랐으며, 신고자가 경찰관 甲의 신원 파악 요청에 불응하는 등 신고의 진정성 자체가 의문이 드는 상황이었으므로 신고가 있었다는 이유만으로 위험한 사태가 발생하여 인명·신체 또는 재산에 대한 위해가 임박한 때에 해당한다고 보기 어려운 점, 그 외에 피고인의 방문 요청이나 주거지 출입 동의가 있었다고 볼 수도 없는 점 등을 종합하면, 경찰관들이 피고인의 주거지에 임의로 출입한 것은 법률에서 정한 강제처분의 요건 또는 예외 사유에 해당하지 않아 적법한 공무집행행위로 볼 수 없으므로, 피고인이 이에 대항하여 경찰관들을 폭행하였더라도 공무집행방해죄에 해당하지 않는다고 한 사례이다(대구지법 2019. 3. 26., 선고, 2018노4026, 판결 : 상고).

Ⅲ. 수사실무

1. 수사포인트

(1) 어떤 직무를 집행하는 공무원인가.

(2) 어떤 법령에 의한 직무집행인가.

(3) 그 집행이 적법한 것인가를 먼저 밝힌다.

(4) 범인이 공무집행중 이라는 사실을 알고 있었으며 방해할 의사가 있었는지 조사한다. 방해과정에서 폭행 또는 협박을 행했다면 그 방법과 정도를(상해발생의 유무－별도로 상해죄가 성립한다) 조사한다.

2. 피의자 신문례

(1) 피의자는 직무중인 경찰관에게 상해를 가한 일이 있나요

(2) 언제, 어디서 그렇게 했나요

(3) 왜 그렇게 했는가요

(4) 그 경위를 구체적으로 진술하세요

(5) 당시 피의자로부터 폭행을 당한 김○○은 경찰관 정복과 정모를 착용하고 있었나요

(6) 그렇다면 경찰관이 직무를 집행하는 중이었다는 사실도 알았나요

(7) 그러한 사정을 알고도 경찰관을 구타했다는 말인가요

(8) 경찰관 김ㅇㅇ은 피의자로부터 구타를 당하고 요치 2주간의 상해를 입었다는데 알고있는가요

(9) 피해자와 합의는 했나요

3. 범죄사실 기재례

【범죄사실 기재례】

(1) 피의자는 20○○. ○. ○. 20:30경 음주를 기화로 서울 ○○구 ○○○동 ○○○의○○소재 "○○호프"에서 동 호프 주인 피해자 김○○(40세 여)가 탁자를 정리하고 있을 때 그녀의 뒤에서 어깨를 감싸쥐며 "왁"하고 고함을 질렀다. 이에 놀란 피해자가 왜 이러냐며 나무란다는 이유로 발로 피해자의 다리를 1회 걷어찬 후 "너 한번 맞아 죽어볼래 ○○○야" 등 계속 욕설을 하는 등으로 폭행하였다.

또한 같은 일시, 장소에서 피의자의 전항 기재행위에 대한 신고를 받고 출동한 ○○경찰서 ○○순찰지구대 근무 순경 이○○(28세)등 경찰관 3명이 112 순찰차를 타고 사건현장에 도착하여 피의자를 현행범인으로 체포하려하자 "너희들이 뭐냐" "야 이 ○○○들 죽여버린다"고 욕설을 하면서 상의를 제쳐들고 상처를 내보이며 계속 행패를 부렸다. 그리고 이러한 피의자를 체포하려던 피해자 이○○의 얼굴을 주먹으로 세게 때려 그에게 전치 10일간의 우측 눈확부위 타박상 및 얼굴 타박상을 가하였다. 또한 안경을 바닥에 떨어뜨려 시가 100,000원 상당의 재물을 손괴시켜 그 효용을 해하였으며, 순찰지구대로 동행 과정에서도 112순찰차량 내 룸미러(차량내 후사경)를 발로 차서 파손하고, 현행범인 체포를 위한 수사업무 집행을 방해하는 등 약 2시간 동안 경찰관의 정당한 업무를 방해하였다.

※ 강·절도, 폭력, 기타형사범 등 현행범인을 체포하려 할 때, 다중의 위력, 흉기(칼) 또는 위험한 물건을 휴대하고, 공무집행을 방해하면 형법 제144조 제1항(특수공무집행방해)죄로, 그 공무원에게 상처까지 입혔다면 형법 제144조 제2항(특수공무집행방해치상)으로 의율해야 함에도, 폭력행위등처벌에관한법률 제3조 제2항, 제1항 등으로 적용하는 것은 잘못임.

(2) 피의자는 20○○. ○. ○. 14:00경 ○○경찰서 수사과에 근무하는 경장 홍○○가 강도현행범인을 체포할 목적으로 체포영장을 발부받아 ○○동 123 소재 피의자의 집에 가서 현관문을 열고 상체를 기울려 그 안쪽을 살펴보는 등 피의자의 수색에 착수하자, 위 홍○○ 경장에게 갑자기 달려들어 "무슨일이냐? 용무가 있으면 영장을 제시하라"고 소리치면서

위 홍경장의 멱살을 잡고 박치기를 하는 등 공무를 집행하는 경찰관은 폭행하여 현행범인의 체포를 위한 수사업무를 방해하였다.

(3) 피의자는 20○○. ○. ○. 15:00경 ○○동에 있는 ○○빌딩 앞 노상에서 운전하는 80노 1234 포터1톤화물차를 주차가 금지된 장소에 주차시킨데 대하여 ○○구청 소속 공무원으로서 불법주차단속원인 피해자(여, 27세) 이○○가 위 화물차 운전석 유리에 불법주차 과태료 스티커를 붙였다는 이유로 피해자의 모자를 잡아서 피해자에게 던지고, 피해자를 발로 걸어 넘어지게하였고, 피해자에게 2주간의 치료를 요하는 왼쪽다리에 멍의 상해를 입힘과 동시에 피해자의 정당한 주차단속업무를 방해하였다.

(4) 피의자 홍길동, 피의자 성돌쇠, 피의자 유돌쇠 등은 일정한 직업없이 ○○동 일대를 떠돌아다니는 자칭 "쪽파"라는 조직폭력배의 소속원들이다.

피의자 홍길동은 20○○. 6. 25. 00:30경 서울 성북구 ○○동 100번지에 있는 피해자 이남자(남, 00세)가 경영하는 홀짝포장마차에서 피의자 성돌쇠, 피의자 유돌쇠와 술을 마시던 중 음식이 맛이 없다는 이유로 탁자1개(시가50,000)를 발로 차서 손괴하고 멱살을 잡아 흔드는 등 폭행하였다.

피의자 홍길동, 피의자 성돌쇠, 피의자 유돌쇠는 공동하여 위 일시장소에 폭력신고를 받고 출동한 ○○지구대 근무 순경 이용감, 경사 박용감이 위 피의자1)에 대하여 폭력사건의 현행범으로 인지하고 체포전 범죄사실의 요지 등 미란다원칙을 고지하고 체포하려 하였다. 그러자 피의자 홀길동은 팔꿈치로 순경 이용감의 가슴을 치고 경사 박용감에게 "눈을 빼버리겠다 나를 구속시키지 못하면 칼로 너의 배를 찔러 죽여버리겠다. 구속되면 2년동안 살고 나온 후 찾아가 가족과 함께 죽이겠다"라며 해악을 고지하였다. 또한 피의자 성돌쇠는 오른손으로 순경 이용감의 얼굴을 쳐서 끼고 있던 안경을 손괴하고 피의자 유돌쇠는 피의자 홍길동, 피의자 성돌쇠를 체포하려는 경사 박용감의 몸을 밀치는 등 폭행을 하여 동 경찰관들의 정당한 공무집행을 방해하였다.

(5) 피의자 홍길동(남, 34세)은 20○○. 1. 1. 00:30경 서울 성북구 ○○동 100번지 앞에서 폭행으로 신고되어 출동한 ○○경찰서 ○○지구대 근무 순경 이용감이 법적인 절차에 의해 피의자를 현행범으로 체포하여 순찰차에 태워 연행하려 할 때 "이 개새끼들 내가 죄인이냐"고 하면서 순경 이용감의 얼굴을 주먹으로 2회 세게 때리는 등 정당하게 공무집행 중인 위 경찰관을 폭행하여 2주간의 치료를 요하는 측 두부좌상 등 상해를 가하였다. 또한 지구대에 와서도 심한 욕설과 함께 "이용감 너 모가지 짤릴 줄 알어"라고 협박하며 난동을 피우는 등 약 1시간동안 경찰관의 공무집행을 방해하였다.

(6) 피의자 홍길동(남, 30세)은 20○○. 1. 1. 23:30경 서울 성북구 ○○동 100번지 앞길에서 종암경찰서 ○○지구대 근무 경사 하용감과 경장 이용감이 박돌쇠를 상해죄의 현행범으로 체포하자, 위 경장 이용감의 팔을 붙들고 "형님 좀 봐주쇼. 내가 데리고 갈테니 이 손 놓으라"고 하며 강제로 잡은 손을 풀어서 그 즉시 현행범인 박돌쇠가 경찰관을 떠

밀고 도망가게 함으로서 정당하게 공무집행중인 경찰관의 피의자 체포를 방해하였다.

(7) 피의자는 20○○. ○. ○. 15:00경 ○○에 있는 △△단란주점 앞 신호등 있는 횡단보도에 이르러 차량정지선을 무시하고 46거1234호 택시를 운전하여 그대로 진행하였다. 그러다가 ○○경찰서 교통계 경사 이○○로부터 위와 같은 도로교통법위반 사실로 적발되어 운전면허증의 제시를 요구받게 되자 다른 차량은 단속하지 아니하고 피의자 차량만 단속한다고 항의하면서 갑자기 주먹으로 위 이○○의 얼굴을 1회 가격하고 발로 그의 옆구리를 1회 걷어차는 등 폭력을 행사하여 위 이○○의 교통단속에 관한 정당한 직무집행을 방해함과 동시에 그에게 요치 2주간의 얼굴타박상 등을 가하였다.

4. 적용실례

(1) 직무를 행하고 있지는 않으나 자리에 앉아 있는 공무원을 폭행한 경우

법원 서무과장이 특별히 사무를 처리하고 있지 않은 상태로 그의 자리에 앉아있을 때, 이를 폭행하였다.

➡ 공무원이 그 직무집행기간 중 어떠한 구체적 사무를 현실적으로 집행하고 있지 않았다 하더라도 그의 자리에 착석하고 있는 이상 감독사무집행 중에 있다고 할 것이므로 이러한 경우에도 공무집행방해죄가 성립한다.

5. 조사할 사항

(1) 직무집행의 내용파악

(2) 법령의 근거있는 공무여부

(3) 적법한 직무집행 여부

(4) 공무원의 직무 집행에 관한 피의자의 인식여부

(5) 폭행, 협박의 방법정도

(6) 공무원에 대한 직·간접의 폭력행위

(7) 폭행에 의한 부상, 협박에 의한 두려움의 정도

(8) 범행의 우발성, 계획성, 범행의 동기, 방해의 결과 발생 여부

2. 직무강요죄 · 사직강요죄

제136조【공무집행방해】
② 공무원에 대하여 그 직무상의 행위를 강요 또는 조지하거나 그 직을 사퇴하게 할 목적으로 폭행 또는 협박한 자도 전항의 형과 같다.

[폭행 · 협박] 107 · 115 · 144 · 260 · 283 · 297 · 298 · 324 · 325 · 333 · 335, [특별규정] 총포도검72, 조세범13, [공소시효] 형소249① : 7년

Ⅰ. 이론

1. 구성요건

(1) 객관적 구성요건

1) 주체

특별한 제한이 없다.

2) 객체

'공무원' 이다. 다만, 공무집행방해죄에서와 달리 직무를 집행하는 공무원일 것을 요하지 않는다.

3) 행위

폭행 · 협박으로서 그 의미는 공무집행방해죄에서와 동일하다.

(2) 주관적 구성요건

공무원에 대하여 폭행 · 협박을 가한다는 고의가 필요하다. 또한 직무상의 행위를 강요 · 저지하거나 그 직을 사퇴하게 할 목적이 있어야 한다.

2. 타죄와의 관계

수단인 폭행 · 협박은 직무 · 사직강요죄에 흡수된다.

3. 위계에 의한 공무집행방해죄

제137조【위계에 의한 공무집행방해】
위계로써 공무원의 직무집행을 방해한 자는 5년 이하의 징역 또는 1천만원 이하의 벌금에 처한다. 〈개정 1995.12.29.〉

[위계] 253 · 302-304 · 313 · 315, [공무집행방해] 136, [공소시효] 형소249① : 7년

○ 위계에 의한 공무집행방해죄는 위계에 의하여 공무원의 공무집행을 방해함으로써 성립하는 범죄이다. 공무집행방해의 수단이 폭행·협박이 아닌 위계일 뿐이며 그 대상에 있어서도 현재 직무를 집행하고 있는 공무원일 것을 요하지 않고 장래의 직무집행을 예상한 경우도 포함한다는 점에서 제136조의 공무집행방해죄와는 구별된다.

Ⅰ. 이론

1. 구성요건

(1) 객관적 구성요건

1) 주체

제한이 없다.

2) 객체

직무집행중인 공무원뿐만 아니라 장래 직무집행이 예상되는 공무원, 직무집행과 관련 있는 비공무원인 제3자도 포함된다고 본다.

3) 행위

위계로써 공무집행을 방해하는 것이다.

① 위계

i) 위계란 타인의 부지 또는 착오를 이용하는 일체의 행위를 말한다. 기망뿐만 아니라 유혹의 경우도 포함한다.

ii) 판례에 의하면 시험문제를 사전에 입수하거나 답안쪽지를 전달하는 경우, 운전면허시험에 대리응시하는 경우, 수료증명서를 허위작성·제출하는 경우 등이 위계에 의하여 공무집행을 방해하는 경우에 해당한다고 할 수 있다.

▣ 근거판례 ▣

행정관청이 출원에 의한 인·허가처분을 함에 있어서는 그 출원사유가 사실과 부합하지 아니하는 경우가 있음을 전제로 하여 인·허가할 것인지의 여부를 심사, 결정하는 것이므로 행정관청이 사실을 충분히 확인하지 아니한 채 출원자가 제출한 허위의 출원사유나 허위의 소명자료를 가볍게 믿고 인가 또는 허가를 하였다면 이는 행정관청의 불충분한 심사에 기인한 것으로서 출원자의 위계가 결과 발생의 주된 원인이었다고 할 수 없어 위계에 의한 공무집행방해죄를 구성하지 않는다고 할 것이지만, 출원자가 행정관청에 허위의 출원사유를 주장하면서 이에 부합하는 허위의 소명자료를 첨부하여 제출한 경우 허가관청이 관계 법령이 정한 바에 따라 인·허가요건의 존부 여부에 관하여 나름대로 충분히 심사를 하였으나 출원사유 및 소명자료가 허위임을 발견하지 못하여 인·허가처분을 하게 되었다면 이는 허가관청의 불충분한 심사가 그의 원인이 된 것이 아니라 출원인의 위계행위가 원인이 된 것이어서 위계에 의한 공무집행방해죄가 성립된다(대법원 2002. 9. 4. 선고 2002도2064 판결).

② **공무집행방해**

위계에 의하여 공무집행을 방해해야 한다. 직무집행 방해의 결과가 현실로 발생할 것을 요하지 않으며 그 위험이 있으면 죄는 완성된다.

▣ 이견있는 형사사건의 법원판단 ▣

[위계에 의한 공무집행방행죄의 기수시기]

1. 문제점 : 위계에 의한 공무집행방행죄의 기수시기와 관련하여 견해가 나뉜다.
2. 학설
(1) 제1설 : 공무집행방해의 현실적 결과가 발생한 때라는 견해
(2) 제2설(다수설) : 방해의 결과가 현실적으로 발생할 필요는 없고 공무를 방해할 위험성만 있으면 본죄는 기수가 된다는 견해
3. 판례 : 제1설의 태도

위계에 의한 공무집행방해죄에 있어서 위계라 함은 행위자의 행위목적을 이루기 위하여 상대방에게 오인, 착각, 부지를 일으키게 하여 그 오인, 착각, 부지를 이용하는 것을 말하는 것으로 상대방이 이에 따라 그릇된 행위나 처분을 하여야만 이 죄가 성립하는 것이고, 만약 범죄행위가 구체적인 공무집행을 저지하거나 현실적으로 곤란하게 하는 데까지는 이르지 아니하고 미수에 그친 경우에는 위계에 의한 공무집행방해죄로 처벌할

수 없다(대법원 2003. 2. 11. 선고 2002도4293 판결).

(2) 주관적 구성요건

본죄의 고의는 위계로써 공무집행을 방해한다는 인식 이외에 방해의사를 포함한다는 것이 다수설이다. 이 점에서 공무집행방해죄와 차이가 있다. 판례도 방해의사를 요구하고 있다(74도2841).

▣ 근거판례 ▣

자가용차를 운전하다가 교통사고를 낸 사람이 경찰관서에 신고함에 있어 가해차량이 자가용일 경우 피해자와 합의하는데 불리하다고 생각하여 영업용택시를 운전하다가 사고를 내었다고 허위신고를 하였다 하더라도 이 사실만으로 공무원의 직무집행을 방해할 의사가 있었다고 단정하기 어려우므로 위계로 인한 공무집행방해죄가 성립하지 않는다(대법원 1974.12.10. 선고 74도2841 판결).

Ⅱ. 판례

◆ 법령에서 일정한 행위를 금지하면서 이를 위반하는 행위에 대한 벌칙을 정하고 공무원으로 하여금 금지규정의 위반 여부를 감시·단속하도록 한 경우, 공무원의 감시·단속을 피하여 금지규정을 위반한 행위가 위계에 의한 공무집행방해죄에 해당하는지 여부(소극)

법령에서 일정한 행위를 금지하면서 이를 위반하는 행위에 대한 벌칙을 정하고 공무원으로 하여금 금지규정의 위반 여부를 감시·단속하도록 한 경우 공무원에게는 금지규정 위반행위의 유무를 감시하여 확인하고 단속할 권한과 의무가 있으므로 구체적이고 현실적으로 감시·단속 업무를 수행하는 공무원에 대하여 위계를 사용하여 업무집행을 못하게 하였다면 위계에 의한 공무집행방해죄가 성립하지만, 단순히 공무원의 감시·단속을 피하여 금지규정을 위반한 것에 지나지 않는다면 그에 대하여 벌칙을 적용하는 것은 별론으로 하고 그 행위가 위계에 의한 공무집행방해죄에 해당한다고 할 수 없다. 피고인이 금지규정을 위반하여 감시·단속을 피하는 것을 공무원이 적발하지 못하였다면 이는 공무원이 감시·단속이라는 직무를 소홀히 한 결과일 뿐 위계로 공무집행을 방해한 것이라고 볼 수 없다(대법원 2022. 3. 31., 선고, 2018도15213, 판결).

◆ 피의자 등이 수사기관에 조작된 허위의 증거를 제출함으로써 수사기관의 수사활동을 적극적으로 방해한 경우, 위계공무집행방해죄가 성립하는지 여부(적극)

수사기관이 범죄사건을 수사함에 있어서는 피의자 등의 진술 여하에 불구하고 피의자를 확정하고 그 피의사실을 인정할 만한 객관적인 모든 증거를 수집 · 조사할 권한과 의무가 있다. 한편 피의자는 진술거부권 및 자기에게 유리한 진술을 할 권리와 유리한 증거를 제출할 권리를 가질 뿐이고, 수사기관에 대하여 진실만을 진술하여야 할 의무가 있는 것은 아니다. 따라서 피의자 등이 수사기관에 대하여 허위사실을 진술하거나 피의사실 인정에 필요한 증거를 감추고 허위의 증거를 제출하였더라도, 수사기관이 충분한 수사를 하지 않은 채 이와 같은 허위의 진술과 증거만으로 증거의 수집 · 조사를 마쳤다면, 이는 수사기관의 불충분한 수사에 의한 것으로서 피의자 등의 위계에 의하여 수사가 방해되었다고 볼 수 없어 위계에 의한 공무집행방해죄가 성립된다고 할 수 없다. 그러나 피의자 등이 적극적으로 허위의 증거를 조작하여 제출하고 그 증거 조작의 결과 수사기관이 그 진위에 관하여 나름대로 충실한 수사를 하더라도 제출된 증거가 허위임을 발견하지 못할 정도에 이르렀다면, 이는 위계에 의하여 수사기관의 수사행위를 적극적으로 방해한 것으로서 위계공무집행방해죄가 성립된다(대법원 2019. 3. 14., 선고, 2018도18646, 판결).

◆ 위계에 의한 공무집행방해죄에 있어서 '공무원의 직무집행'의 의미

위계에 의한 공무집행방해죄는 행위목적을 이루기 위하여 상대방에게 오인, 착각, 부지를 일으키게 하여 이를 이용함으로써 법령에 의하여 위임된 공무원의 적법한 기무에 관하여 그릇된 행위나 처분을 하게 하는 경우에 성립하고, 여기에서 <u>공무원의 직무집행이란 법령의 위임에 따른 공무원의 적법한 직무집행인 이상 공권력의 행사를 내용으로 하는 권력적 작용뿐만 아니라 사경제주체로서의 활동을 비롯한 비권력적 작용도 포함되는 것</u>으로 봄이 상당하다(대법원 2003. 12. 26. 선고 2001도6349 판결).

◆ 법령에서 명한 금지행위의 위반과 위계에 의한 공무집행방해죄의 성립 여부(소극)

(1) 사실관계

서울구치소의 수용자인 피고인 B가 교도관인 피고인 A또는 공소외 E나 공소외 F등과 공모하여 그들로부터 담배를 교부받아 이를 흡연하거나 같은 수용자인 피고인 C, 피고인 D에게 건네주어 피우게 하거나 공소외 E로부터 휴대폰을 건네받아 외부와 전화통화를 하였다.

(2) 판결요지

[1] 법령에서 어떤 행위의 금지를 명하면서 이를 위반하는 행위에 대한 벌칙을 두는 한편, 공무원으로 하여금 그 금지규정의 위반 여부를 감시, 단속하게 하고 있는 경우 그 공무원에게는 금지규정 위반행위의 유무를 감시하여 확인하고 단속할 권

한과 의무가 있으므로 단순히 공무원의 감시, 단속을 피하여 금지규정에 위반하는 행위를 한 것에 불과하다면 그에 대하여 벌칙을 적용하는 것은 별론으로 하고 그 행위가 위계에 의한 공무집행방해죄에 해당하는 것이라고는 할 수 없다.

[2] 법령에서 교도소 수용자에게는 흡연하거나 담배를 소지·수수·교환하거나 허가 없이 전화 등의 방법으로 다른 사람과 연락하는 등의 규율위반행위를 하여서는 아니될 금지의무가 부과되어 있고, 교도관은 수용자의 규율위반행위를 감시, 단속, 적발하여 상관에게 보고하고 징벌에 회부되도록 하여야 할 일반적인 직무상 권한과 의무가 있다고 할 것인바, 구체적이고 현실적으로 감시, 단속업무를 수행하는 교도관에 대하여 위계를 사용하여 그 업무집행을 못하게 한다면 이에 대하여 위계에 의한 공무집행방해죄가 성립한다고 할 것이지만, 수용자가 교도관의 감시, 단속을 피하여 규율위반행위를 하는 것만으로는 단순히 금지규정에 위반되는 행위를 한 것에 지나지 아니할 뿐 이로써 위계에 의한 공무집행방해죄가 성립한다고는 할 수 없고, 수용자가 아닌 자가 교도관의 검사 또는 감시를 피하여 금지물품을 교도소 내로 반입되도록 하였다고 하더라도 교도관에게 교도소 등의 출입자와 반출·입 물품을 단속, 검사하거나 수용자의 거실 또는 신체 등을 검사하여 금지물품 등을 회수하여야 할 권한과 의무가 있는 이상, 그러한 수용자 아닌 자의 행위를 위계에 의한 공무집행방해죄에 해당하는 것으로는 볼 수 없으며, 교도관이 수용자의 규율위반행위를 알면서도 이를 방치하거나 도와주었더라도, 이를 다른 교도관 등에 대한 관계에서 위계에 의한 공무집행방해죄가 성립하는 것으로 볼 수는 없다(대법원 2003. 11. 13. 선고 2001도7045 판결).

◆ 신고인이 신고서에 허위사실을 기재하거나 허위의 소명자료를 행정청에 제출한 행위만으로 위계에 의한 공무집행방해죄를 구성하는지 여부(원칙적 소극) / 출원자나 신청인이 제출한 허위의 소명자료 등을 담당 공무원이 충분히 심사하였으나 발견하지 못하여 인허가처분을 하거나 신청을 수리한 경우, 위계에 의한 공무집행방해죄가 성립하는지 여부(적극)

위계에 의한 공무집행방해죄는 상대방의 오인, 착각, 부지를 일으키고 이를 이용하는 위계에 의하여 상대방이 그릇된 행위나 처분을 하게 함으로써 공무원의 구체적이고 현실적인 직무집행을 방해하는 경우에 성립한다. 따라서 행정청에 대한 일방적 통고로 효과가 완성되는 '신고'의 경우에는 신고인이 신고서에 허위사실을 기재하거나 허위의 소명자료를 제출하였더라도, 그것만으로는 담당 공무원의 구체적이고 현실적인 직무집행이 방해받았다고 볼 수 없어 특별한 사정이 없는 한 허위 신고가 위계에 의한 공무집행방해죄를 구성한다고 볼 수 없다. 그러나 행정관청이 출원에 의한 인허가처분 여부를 심사하거나 신청을 받아 일정한 자격요건 등을 갖춘 때에 한하여 그에 대한 수용 여부를 결정하는 등의 업무를 하는 경우에는 위 '신고'의 경우와 달리, 출원자나 신청인이 제출한 허위의 소명자료 등에 대하여 담당 공무원이 나름대로 충분히 심사를 하였으나 이를 발견하지 못하여 인허가처분을 하게 되거나 신청을 수리하게 되었다면, 출원자나 신청인의 위계행위가 원인이 되어 행정관청이 그릇된 행위나 처분에 이르게 된 것이어서 위계에 의한 공무집행방해죄가 성립한다.

◆ 등기신청인이 제출한 허위의 소명자료 등을 등기관이 충분히 심사하였음에도 발견하지 못하여 등기가 마쳐진 경우, 위계에 의한 공무집행방해죄가 성립할 수 있는지 여부(적극) 및 등기관에게 등기신청이 실체법상 권리관계와 일치하는지 심사할 실질적인 심사권한이 없더라도 마찬가지인지 여부(적극)

등기신청은 단순한 '신고' 가 아니라 신청에 따른 등기관의 심사 및 처분을 예정하고 있으므로, 등기신청인이 제출한 허위의 소명자료 등에 대하여 등기관이 나름대로 충분히 심사를 하였음에도 이를 발견하지 못하여 등기가 마쳐지게 되었다면 위계에 의한 공무집행방해죄가 성립할 수 있다. 등기관이 등기신청에 대하여 부동산등기법상 등기신청에 필요한 서면이 제출되었는지 및 제출된 서면이 형식적으로 진정한 것인지를 심사할 권한은 갖고 있으나 등기신청이 실체법상의 권리관계와 일치하는지를 심사할 실질적인 심사권한은 없다고 하여 달리 보아야 하는 것은 아니다(대법원 2016.1.28, 선고, 2015도17297, 판결).

◆ 피의자 등이 수사기관에 조작된 증거를 제출함으로써 수사활동을 방해한 경우, 위계에 의한 공무집행방해죄의 성립 여부(적극)

수사기관이 범죄사건을 수사할 때에는 피의자 등의 진술 여하에 불구하고 피의자를 확정하고 그 피의사실을 인정할 만한 객관적인 모든 증거를 수집 · 조사하여야 할 권리와 의무가 있고, 한편 피의자는 진술거부권과 자기에게 유리한 진술을 할 권리와 유리한 증거를 제출할 권리를 가질 뿐이고 수사기관에 대하여 진실만을 진술하여야 할 의무가 있는 것은 아니다. 따라서 피의자 등이 수사기관에 대하여 허위사실을 진술하거나 피의사실 인정에 필요한 증거를 감추고 허위의 증거를 제출하였다고 하더라도, 수사기관이 충분한 수사를 하지 아니한 채 이와 같은 허위의 진술과 증거만으로 증거의 수집 · 조사를 마쳤다면, 이는 수사기관의 불충분한 수사에 의한 것으로서 피의자 등의 위계에 의하여 수사가 방해되었다고 볼 수 없어 위계에 의한 공무집행방해죄가 성립된다고 할 수 없다. 그러나 피의자 등이 적극적으로 허위의 증거를 조작하여 제출하고 그 증거 조작의 결과 수사기관이 그 진위에 관하여 나름대로 충실한 수사를 하더라도 제출된 증거가 허위임을 발견하지 못할 정도에 이르렀다면, 이는 위계에 의하여 수사기관의 수사행위를 적극적으로 방해한 것으로서 위계에 의한 공무집행방해죄가 성립된다(대법원 2011.2.10, 선고, 2010도15986, 판결).

◆ 교정시설 소장에 의하여 허용된 범위를 넘어 사진 또는 그림 등을 부착한 수용자에 대해 교도관이 부착물의 제거를 지시한 행위가 적법한 직무집행에 해당하는지 여부(원칙적 적극)

형의 집행 및 수용자의 처우에 관한 법률(이하 '형집행법' 이라고 한다) 제32조 제1항, 제105조 제1항, 제3항, 형의 집행 및 수용자의 처우에 관한 법률 시행규칙 제214조 제17호와 같은 수용자의 청결의무와 규율준수의무에 관한 규정의 취지와 아울러, 수용자가 교정시설의 소장이 허용한 범위를 넘어 수용시설에 사진 또는 그림 등을 부착하는 행위는 교정시설의 소장이 유지하려는 수용시설 본래의 청결상태를 훼손하는 본질적 성격을 가지는 점, 수용시설에 부착될 부착물의 허용 기준 설정은 수용시설의 관리자인 교정시설 소장의 권한에 속하는 사항으로서 허용 기준 설정 자체를 두고 형집행법상 수용자의 인권 존중 조항(제4조)이나 헌법상 과잉금지의 원칙에 위배된다고 볼 수 없는 점, 수용자의 위와 같은 개인적·임의적 부착 행위는 수용시설 자체의 청결유지뿐만 아니라 교정시설 내 공동생활의 질서유지를 저해할 우려가 크다고 보이는 점 등을 종합하면, 수용자에게 부착물의 내용, 부착의 경위 등에 비추어 교정시설의 소장에 의하여 허용된 범위를 넘은 부착 행위를 하게 된 정당한 사유가 인정되는 등의 특별한 사정이 없는 한, 교정시설의 소장에 의하여 허용된 범위를 넘어 사진 또는 그림 등을 부착한 수용자에 대하여 교도관이 부착물의 제거를 지시한 행위는 수용자가 복종하여야 할 직무상 지시로서 적법한 직무집행이라고 보아야 한다(대법원 2014.9.25, 선고, 2013도1198, 판결).

◆ 민사소송을 제기하면서 피고의 주소를 허위기재하여 소송서류를 허위주소로 송달케 한 경우, 위계에 의한 공무집행방해죄의 성부(소극)

(1) 사실관계

피고인A가 공소외 B등 망 C의 상속인들을 상대로 소유권이전등기청구의 소를 제기하면서 피고들의 주소를 허위로 기재한 다음, 피고인의 여동생인 공소외 D로 하여금 위 B인 양 가장하여 B 등에게 송달된 변론기일소환장의 영수인란을 그 판시와 같은 방법으로 위조하고 이를 행사함으로써, 송달이 적법하게 된 것으로 믿은 법원으로 하여금 의제자백에 의한 피고인 승소판결을 선고하게 하였다.

(2) 판결요지

민사소송을 제기함에 있어 피고의 주소를 허위로 기재하여 법원공무원으로 하여금 변론기일소환장 등을 허위주소로 송달케 하였다는 사실만으로는 이로 인하여 법원공무원의 구체적이고 현실적인 어떤 직무집행이 방해되었다고 할 수는 없으므로, 이로써 바로 위계에 의한 공무집행방해죄가 성립한다고 볼 수는 없다(대법원 1996. 10. 11. 선고 96도312 판결).

◆ 법외 단체인 전국공무원노동조합의 지부가 당초 공무원 직장협의회의 운영에 이용되던 군(郡) 청사시설인 사무실을 임의로 사용하자, 지방자치단체장이 자진폐쇄 요청 후 행정대집행법에 따라 행정대집행을 하였는데, 피고인들과 위 지부 소속 공무원들이 위 집행을 행하던 공무원들에게 대항하여 폭행 등 행위를 한 사안에서, 피고인들에게 특수공무집행방해죄를 인정한 원심판단의 결론을 정당하다고 한 경우

법외 단체인 전국공무원노동조합의 지부가 당초 공무원 직장협의회의 운영에 이용되던 군(郡) 청사시설인 사무실을 임의로 사용하자 지방자치단체장이 자진폐쇄 요청 후 행정대집행법에 따라 행정대집행을 하였는데, 지부장 등인 피고인들과 위 지부 소속 군청 공무원들이 위 집행을 행하던 공무원들에게 대항하여 폭행 등 행위를 한 사안에서, 위 행정대집행은 주된 목적이 조합의 위 사무실에 대한 사실상 불법사용을 중지시키기 위하여 사무실 내 조합의 물품을 철거하고 사무실을 폐쇄함으로써 군(郡) 청사의 기능을 회복하는 데 있으므로, 전체적으로 대집행의 대상이 되는 대체적 작위의무인 철거의무를 대상으로 한 것으로 적법한 공무집행에 해당한다고 볼 수 있고, 그에 대항하여 피고인 등이 폭행 등 행위를 한 것은 단체 또는 다중의 위력으로 공무원들의 적법한 직무집행을 방해한 것에 해당한다는 이유로, 피고인들에게 특수공무집행방해죄를 인정한 원심판단의 결론을 정당하다고 한 사례(대법원 2011.4.28, 선고, 2007도7514, 판결).

◆ 가처분신청 시 당사자가 허위의 주장을 하거나 허위의 증거를 제출한 경우, 위계에 의한 공무집행방해죄가 성립하는지 여부(소극)

법원은 당사자의 허위 주장 및 증거 제출에도 불구하고 진실을 밝혀야 하는 것이 그 직무이므로, 가처분신청 시 당사자가 허위의 주장을 하거나 허위의 증거를 제출하였다 하더라도 그것만으로 법원의 구체적이고 현실적인 어떤 직무집행이 방해되었다고 볼 수 없으므로 이로써 바로 위계에 의한 공무집행방해죄가 성립한다고 볼 수 없다(대법원 2012.04.26. 선고 2011도17125 판결).

Ⅲ. 수사실무

1. 수사포인트

(1) 위계의 방법수단을 밝힌다.

(2) 결과발생의 유무를 조사하여 현실적으로 방해가 있었는지를 확정한다(결과발생에 따라 미수를 규정하고 있는 것은 아니다).

(3) 조세범처벌법, 약사법, 관세법에 위계 등에 의한 공무방해의 처벌규정이 있음에 유의한다.

2. 피의자 신문례

(1) 피의자는 ○○시험에 응시한 일이 있는가요

(2) 언제, 어디에서 실시하는 시험이었나요

(3) 피의자는 이번에 시행한 시험의 자격증이 없는가요

(4) 자격증이 있다면 무엇 때문에 그 시험에 응시한 것인가요

(5) 왜 ○○○를 대리하여 시험을 보게 되었나요

(6) 어떠한 조건으로 대리시험을 보았나요

(7) 어떠한 방법으로 대리시험을 치렀나요

(8) ○○○와 약속대로 대리시험을 보았는가요

(9) 왜 이러한 행위를 하였나요

3. 범죄사실 기재례

【범죄사실 기재례】

범죄사실

1. 피의자 김○○, 피의자 배○○ 공동 범행

가. 위계에 의한 공무집행 방해

피의자 김○○는 20○○년도 ○급 ○○직 국가공무원 채용시험에서 배○○를 합격시키기 위해 김○○이 배○○의 앞자리에 앉아 같이 시험을 보면서 배○○에게 답을 알려주기로 공모하였다.

20○○. ○. ○. 10 : 00부터 12 : 00사이에 ○○학교에 마련된 제1시험장에서, 수험번호를 앞뒤로 연결되게 받은 피의자 김○○(수험번호 228)와 피의자 배○○(수험번호 229)는 피의자 김○○가 배○○의 앞에 앉아 시험을 보던 중 피의자 김○○가 작성한 답안을 배○○에게 보여주고, 답을 적은 쪽지를 넘겨주는 등의 방법으로 배○○의 답안을 부정으로 작성하게 함으로써 공정한 시험을 위하여 시험감독의 직무를 집행중인 ○○청주사 이○○ 외 2명의 직무집행을 위계로 방해하였다.

2. 피의자 김○○, 피의자 이○○ 공동 범행

가. 위계에 의한 공무집행 방해

피의자 김○○는 같은 이○○와 공모하여 20○○. ○. ○. 서울시 ○○구청 교통행정과에서 질병이 있는 노숙자로 하여금 개인택시 운전사인 같은 이○○를 대신하여 의사의 진료를 받게 하였다. 그리고 발급받은 허위진단서를 첨부하여 위 이○○가 1년 이상의 치료를 요하는 질병에 걸려 있음을 이유로 그 개인택시운송사업에 대한 양도·양수 인가신청을 하는 등으로 위계로써 담당 공무원의 개인택시운송사업 양도·양수 인가업무를 방해하였다.

4. 적용실례

(1) 간호보조원 교육과정수료증명서를 허위로 작성하여 시험에 응시한 경우

간호보조원자격시험에 응시하기 위해 그 응시자격을 증명하는 간호보조원 교육과정수료증명서를 허위로 작성, 그것을 제출하여 시험에 응시하였다.

➡ 사문서인 위 증명서의 허위작성은 무형위조로서 처벌대상이 되지 않고 이들의 행위가 허위작성 및 교부로 끝났다고 하더라도, 이들이 위 문서의 용도와 그 사용의 결과를 인식하고 있었으며 공소외인들로 하여금 사용하게 할 의도로 작성교부한 것이고 또한 위 문서를 진정한 문서인 것처럼 시험관리당국에 제출하여 응시자격을 인정받아 응시함으로써 그 시험관리의 공무집행을 방해하는 결과가 되었기 때문에 이들은 공무집행방해죄의 죄책을 지게 되고 무형위조의 사후행위로서 처벌의 대상이 될 것이다.

(2) 운전면허시험에 대리로 응시한 경우

피고인이 마치 그의 형인 양 시험감독관을 속이고 원동기장치자전거 운전면허시험에 대리로 응시하였다.

➡ 피고인의 행위는 공무집행방해죄를 구성한다.

4. 법정 · 국회회의장모욕죄

제138조【법정 또는 국회회의장모욕】

법원의 재판 또는 국회의 심의를 방해 또는 위협할 목적으로 법정이나 국회회의장 또는 그 부근에서 모욕 또는 소동한 자는 3년 이하의 징역 또는 700만원 이하의 벌금에 처한다. 〈개정 1995.12.29.〉

[법원의재판] 헌27 · 109, 법조56-66, [국회의심의] 헌50, 국회72-114, [법정경찰권] 법조58-61, [경호권] 국회143-154, [모욕죄] 311, [공소시효] 형소249① : 5년

○ 이 조는 법정과 국회의 기능을 특히 보호하기 위한 것이다. 이 죄는 목적범으로서 피의자가 법원의 재판이나 국회의 심의를 방해·위협할 목적으로 모욕하거나 소동을 피우는 것만으로 성립하며, 그 결과는 죄의 성립에 영향을 주지 않는다.

Ⅰ. 이론

1. 구성요건

(1) 객관적 구성요건

1) 주체

이 죄의 주체에는 제한이 없어서 피고인·증인·방청인뿐만 아니라 검사·변호인 또는 국회의원도 그 주체가 될 수 있다.

2) 행위

행위는 법정이나 국회의장 또는 그 부근에서 모욕이나 소동을 하는 것이다.

① 모욕이란 경멸의 의사를 표시하는 것을 말한다. 그 대상에는 법관이나 국회의원뿐 아니라 증인이나 검사도 포함된다.

② 소동이란 재판 또는 심의를 방해할 정도로 소음을 내는 문란한 행위를 말한다.

③ 모욕 또는 소동은 법정이나 국회의장 또는 그 부근에서 행한 것이어야 한다. 부근이란 심리나 심의에 영향을 미칠 수 있는 장소를 말한다.

④ 원칙적으로 심리 또는 심의가 진행중이어야 하지만, 심리의 개시직전과 전후의 기간, 휴식중의 기간도 포함된다고 본다.

⑤ 모욕 · 소동함으로써 기수가 되며, 현실적 방해결과는 요하지 않는 추상적 위험범이다.

(2) 주관적 구성요건

이 죄가 성립하려면 고의 이외에 법원의 재판 또는 국회의 심의를 방해·협박할 목적(목적범)이 있어야 한다.

2. 타죄와의 관계

(1) 법정 · 국회회의장모욕죄의 모욕행위가 동시에 법관, 의원 등 개인에 대한 모욕행위가 되는 경우에는 법조경합으로서 법정 · 국회회의장모욕죄만 성립된다고 본다(김일수, 이재상).

(2) 법정 · 국회회의장모욕죄는 공무집행방해죄에 대하여는 법조경합 중 특별관계에 있다.

Ⅱ. 판례

◆ 甲 정당 당직자인 피고인들 등이 국회 외교통상 상임위원회 회의장 앞 복도에서 출입이 봉쇄된 회의장 출입구를 뚫을 목적으로 회의장 출입문 및 그 안쪽에 쌓여있던 집기를 손상하거나, 국회 심의를 방해할 목적으로 회의장 내에 물을 분사한 사안에서, 피고인들의 공용물건손상 및 국회회의장소동 행위를 위법성이 조각되는 정당행위나 긴급피난의 요건을 갖춘 행위로 평가하기 어렵다고 한 경우

甲 정당 당직자인 피고인들 등이 국회 외교통상 상임위원회 회의장 앞 복도에서 출입이 봉쇄된 회의장 출입구를 뚫을 목적으로 회의장 출입문 및 그 안쪽에 쌓여있던 책상, 탁자 등 집기를 손상하거나, 국회의 심의를 방해할 목적으로 소방호스를 이용하여 회의장 내에 물을 분사한 사안에서, 피고인들의 위와 같은 행위는 공용물건손상죄 및 국회회의장소동죄의 구성요건에 해당하고, 국민의 대의기관인 국회에서 서로의 의견을 경청하고 진지한 토론과 양보를 통하여 더욱 바람직한 결론을 도출하는 합법적 절차를 외면한 채 곧바로 폭력적 행동으로 나아가 방법이나 수단에 있어서도 상당성의 요건을 갖추지 못하여 이를 위법성이 조각되는 정당행위나 긴급피난의 요건을 갖춘 행위로 평가하기 어렵다고 한 사례(대법원 2013.6.13, 선고, 2010도13609, 판결).

◆ 피고인들의 소동행위가 재판장이 법정내의 질서회복을 위하여 휴정을 선언하고 법관대기실로 퇴정 한 뒤 곧 자행된 경우 법정모욕죄의 성립여부

법정모욕죄의 구성요건인 법원의 재판을 방해할 목적으로 행하여진 소동행위는 재판이 진행중일 때 뿐 아니라 재판개시 직전에 행하여지는 경우도 포함된다고 풀이되므로 피고인들의 소동행위가 재판장이 법정내의 질서회복을 위하여 휴정을 선언하고 법관대기실로 퇴정 한 뒤 곧 자행되었다면 이는 재판이 개시될 상황에서 행하여진 것으로서 법정모욕죄의 구성요건에 해당한다(서울고법 1989. 6. 12. 선고 89노974 판결).

Ⅲ. 수사실무

1. 피의자 신문례

(1) 법정 재판에 참석한 적이 있나요

(2) 언제 참석했으며, 어디에 있는 법원이었나요

(3) 그 재판과 어떤 관계에 있나요

(4) 그 법정에서 소란을 피운 적이 있나요

(5) 어떠한 소란이었나요

(6) 소란을 피운 이유는 무엇인가요

(7) 당시 증언한 증인과는 어떤 관계인가요

(8) 증인의 증언이 옳지 않다고 생각한 것인가요

(9) 피의자의 행위로 법정이 소란스러워졌다고 생각하지 않는가요

2. 범죄사실 기재례

【범죄사실 기재례】

(1) 피의자는 ○○일대에서 사람을 상해하고 구속, 기소되어 20○○. ○. ○. ○○지방법원 제○호 법정에서 제○단독 황○○판사의 심리로 재판을 받았다.

피의자는 ○○지방검찰청의 강○○검사가 피의자에 대해 징역 3년을 구형하자 그 구형이 부당하게 무겁다고 생각하여 위 강○○검사를 협박하여 재판을 방해하기 위해, 자리에서 일어나 검사에게 "○○○ 장난치지 마라. 내가 3년이나 썩고 나오면 너는 무사할 줄 아냐"는 등의 폭언을 하면서 피고인석의 의자를 집어던지는 등 재판중인 법정에서 소동하였다.

(2) 피의자는 ○○조합 이사이다.

피의자는 20○○. ○. ○. 제○○차 임시국회가 열리고 있는 국회의사당 방청석에서 그 회의를 방청하다가 국회의원 박○○의 발언차례가 되어 그가 위 ○○조합의 부정사실을 들춰내면서 그에 대한 특별감사를 실시해야 한다고 발언하는 것을 듣었다. 그러자 그의 발언을 막아 국회가 심의를 하지 못하게 하기 위해 "저놈은 우리 조합을 적대시하는 ○○조합에서 사주받아 돈을 처먹고 허위사실을 말하고 있다"라고 일어서서 고함을 지르는 등 개회중인 국회의장에서 모욕하였다.

5. 인권옹호직무방해죄

> **제139조【인권옹호직무방해】**
> 경찰의 직무를 행하는 자 또는 이를 보조하는 자가 인권옹호에 관한 검사의 직무집행을 방해하거나 그 명령을 준수하지 아니한 때에는 5년 이하의 징역 또는 10년 이하의 자격정지에 처한다.

[경찰직무를행하는자] 경직2-11, 형소196-197, [검사지휘] 형소196, 검찰4, [준수사항] 형소198, 경직1②, [인권옹호에관한검사의직무] 형소198의2, [공무집행방해] 136, [공소시효] 형소249① : 7년

○ 이 조는 국가의 기능 중에서 검사의 인권옹호에 관한 직무집행기능을 보호하기 위해 있는 것이다. 이에 대해 검사의 직무집행을 방해하는 것은 공무집행방해죄에 해당하며, 경찰관이 상명하복관계에 있는 검사의 명령을 준수하지 않는 것만으로는 처벌해야 할 불법에 해당한다고 할 수 없으므로 이 죄는 삭제하는 것이 입법론상 타당하다고 주장하는 견해도 있다.

Ⅰ. 이론

1. 구성요건

(1) 객관적 구성요건

1) 주체

이 죄의 주체는 경찰의 직무를 행하는 자 또는 이를 보조하는 자로서, 검사의 지휘를 받아 수사를 행하는 사법경찰관과 이를 보조하는 사법경찰리가 된다.

2) 행위

행위는 인권옹호에 관한 검사의 직무를 방해하거나 명령을 따르지 않는 것이다.

① 폭행이나 협박 또는 위계에 의한 것인가를 묻지 않는다.

② 인권옹호에 관한 검사의 직무란 강제처분에 대한 검사의 집행지휘, 검사의 수사지휘와 구속장소감찰 등을 말한다.

③ 검사의 명령이 위법하다고 판단할 현저한 사유가 없는 한 명령의 적법여부를 불문한다고 본다.

(2) 주관적 구성요건

고의가 필요하다.

Ⅱ. 판례

◆ 형법 제139조에 규정된 '인권옹호에 관한 검사의 명령'의 의미와 요건

1. 인권침해의 소지가 가장 많은 수사 분야에서 국민의 인권과 자유를 보호하기 위하여 우리 헌법과 법률은 검사 제도를 두어 검사에게 준사법기관으로서의 지위를 부여하고 철저한 신분보장과 공익의 대변자로서 객관의무를 지워 사법경찰관리의 수사에 대한 지휘와 감독을 맡게 함과 동시에 전속적 영장청구권(헌법 제12조 제3항), 수사주재자로서 사법경찰관리에 대한 수사지휘(형사소송법 제196조), 체포·구속 장소 감찰(형사소송법 제198조의2) 등의 권한을 부여하여 절차법적 차원에서 인권보호의 기능을 수행하게 하고 있다. 이러한 측면에서 검사의 수사에 관한 지휘는 수사과정에서의 인권침해를 방지하는 '인권옹호'를 당연히 포함한다. 따라서 형법 제139조의 입법 취지 및 보호법익, 그 적용대상의 특수성 등을 고려하면 여기서 말하는 '인권'은 범죄수사 과정에서 사법경찰관리에 의하여 침해되기 쉬운 인권으로서, 주로 헌법 제12조에 의한 국민의 신체의 자유 등을 그 내용으로 한다. 인권의 내용을 이렇게 볼 때 형법 제139조에 규정된 '인권옹호에 관한 검사의 명령'은 사법경찰관리의 직무수행에 의하여 침해될 수 있는 인신 구속 및 체포와 압수수색 등 강제수사를 둘러싼 피의자, 참고인, 기타 관계인에 대하여 헌법이 보장하는 인권 가운데 주로 그들의 신체적 인권에 대한 침해를 방지하고 이를 위해 필요하고도 밀접 불가분의 관련성 있는 검사의 명령 중 '그에 위반할 경우 사법경찰관리를 형사처벌까지 함으로써 준수되도록 해야 할 정도로 인권옹호를 위해 꼭 필요한 검사의 명령'으로 보아야 하고 나아가 법적 근거를 가진 적법한 명령이어야 한다 (헌법재판소 2007. 3. 29. 선고 2006헌바69 전원재판부 결정 참조).
한편 사법경찰관이 검사에게 긴급체포된 피의자에 대한 긴급체포 승인 건의와 함께 구속영장을 신청한 경우, 검사는 긴급체포의 승인 및 구속영장의 청구가 피의자의 인권에 대한 부당한 침해를 초래하지 않도록 긴급체포의 적법성 여부를 심사하면서 수사서류 뿐만 아니라 피의자를 검찰청으로 출석시켜 직접 대면조사할 수 있는 권한을 가진다고 보아야 한다. 따라서 이와 같은 목적과 절차의 일환으로 검사가 구속영장 청구 전에 피의자를 대면조사하기 위하여 사법경찰관리에게 피의자를 검찰청으로 인치할 것을 명하는 것은 적법하고 타당한 수사지휘 활동에 해당하고, 수사지휘를 전달받은 사법경찰관리는 이를 준수할 의무를 부담한다. 다만 체포된 피의자의 구금 장소가 임의적으로 변경되는 점, 법원에 의한 영장실질심사 제도를 도입하고 있는 현행 형사소송법하에서 체포된 피의자의 신속한 법관 대면권 보장이 지연될 우려가 있는 점 등을 고려하면, 위와 같은 검사의 구속영장 청구 전 피의자 대면조사는 긴급체포의 적법성을 의심할 만한 사유가 기록 기타 객

관적 자료에 나타나고 피의자의 대면조사를 통해 그 여부의 판단이 가능할 것으로 보이는 예외적인 경우에 한하여 허용될 뿐, 긴급체포의 합당성이나 구속영장 청구에 필요한 사유를 보강하기 위한 목적으로 실시되어서는 아니 된다. 나아가 검사의 구속영장 청구 전 피의자 대면조사는 강제수사가 아니므로 피의자는 검사의 출석 요구에 응할 의무가 없고, 피의자가 검사의 출석 요구에 동의한 때에 한하여 사법경찰관리는 피의자를 검찰청으로 호송하여야 한다.

그리고 형법 제139조에 규정된 인권옹호직무명령불준수죄와 형법 제122조에 규정된 직무유기죄의 각 구성요건과 보호법익 등을 비교하여 볼 때, 인권옹호직무명령불준수죄가 직무유기죄에 대하여 법조경합 중 특별관계에 있다고 보기는 어렵고 양 죄를 상상적 경합관계로 보아야 한다.

2. 위 법리와 원심이 판시한 사정들을 종합하면, 긴급체포된 피의자에 대한 긴급체포의 승인 및 구속영장 청구 여부를 심사한 검사가 이 사건 긴급체포 등 강제처분의 적법성에 의문을 갖고 수사서류 외에 피의자를 대면조사할 충분한 사유가 있었던 것으로 보이므로, 2회에 걸친 검사의 이 사건 명령은 적법하고 타당한 수사지휘권의 행사에 해당하고, 사법경찰관리의 체포 등 강제수사 과정에서 야기될 수 있는 피의자의 신체적 인권에 대한 침해를 방지하기 위하여 사법경찰관리를 형사처벌까지 함으로써 준수되도록 해야 할 정도로 인권옹호를 위해 꼭 필요한 검사의 명령으로 봄이 상당하다. 또한 원심이 인정한 이 사건 명령의 외관, 형식 및 내용, 이 사건 명령이 발하여진 시기와 경위 등을 종합하면, 사법경찰관인 피고인으로서는 이 사건 명령이 강제수사 과정에서의 인권옹호에 관한 것임을 충분히 알고 있었던 것으로 보인다.

따라서 원심이 같은 취지에서 피고인에 대한 이 사건 인권옹호직무명령불준수 및 직무유기의 공소사실을 모두 유죄로 인정하고 양 죄를 상상적 경합관계로 처리한 것은 그 이유 설시에 다소 미흡한 점이 있으나 결론에 있어서는 정당하다. 거기에 상고이유와 같은 형법 제139조의 해석 및 적용, 형법 제139조와 형법 제122조에 규정된 양 죄 사이의 죄수에 관한 법리오해 등의 위법이 없다(대법원 2010. 10. 28., 선고, 2008도11999, 판결).

Ⅲ. 수사실무

1. 범죄사실 기재례

【범죄사실 기재례】

피의자는 ○○경찰서 수사과 수사계장이다.

피의자는 20○○. ○. ○. 15 : 30경 위 경찰서 수사과에서 유치장 감찰을 나온 ○○지방검찰청 검사 현○○로부터 위 ○○경찰서 보호실에서 구속영장 없이 48시간 이상 불법감금되어 있는 사기피의자 임○○를 즉시 보호조치에서 해제하라는 지시를 받았으나 그 지시에 따르지 않고 임○○를 그대로 감금상태에 둠으로써 인권옹호에 관한 검사의 직무명령을 준수하지 아니하였다.

6. 공무상 봉인 등 표시무효죄·공무상비밀침해죄

제140조【공무상비밀표시무효】

① 공무원이 그 직무에 관하여 실시한 봉인 또는 압류 기타 강제처분의 표시를 손상 또는 은닉하거나 기타 방법으로 그 효용을 해한 자는 5년 이하의 징역 또는 700만원 이하의 벌금에 처한다. 〈개정 1995.12.29.〉

② 공무원이 그 직무에 관하여 봉함 기타 비밀장치한 문서 또는 도화를 개봉한 자도 제1항의 형과 같다. 〈개정 1995.12.29.〉

③ 공무원이 그 직무에 관하여 봉함 기타 비밀장치한 문서, 도화 또는 전자기록등 특수매체기록을 기술적 수단을 이용하여 그 내용을 알아낸 자도 제1항의 형과 같다. 〈신설 1995.12.29.〉

[봉인] 민소527, 국세징39, [강제처분의표시] 민소527①·709, [미수] 143, [공소시효] 형소249①: 7년

○ 이 조는 공무원이 특정직무를 행함에 있어서, 그 직무 후 발생할 효력을 저해하는 행위를 처벌하려는데 그 취지를 두고 있다.

Ⅰ. 이론

[공무상 봉인 등 표시무효죄(제140조 1항)]

1. 구성요건

(1) 객관적 구성요건

1) 주체

이 죄의 주체에는 제한이 없으므로 공무원도 주체가 될 수 있다.

2) 객체

공무원이 그 직무에 관하여 실시한 봉인 또는 압류 기타 강제처분의 표시이다.

① 봉인이란 어떤 물건에 대해 임의로 처분하지 못하도록 봉함 등의 설비를 해놓은 것을 말한다. 봉인은 인영을 사용한 것에 한하지 않아서 물건명·연월일·집행관의 성명 및 소속법원 등을 기입한 종이를 감아두는 것도 봉인이 되지만 그 물건에 원래 달려있던 자물통을 잠그는 것만으로는 봉인이 되지 않는다. 일단 봉인이 되면 물건의 점유는 공무원에게 이전된다.

② 압류란 공무원이 그 직무상 보관할 물건을 자기의 점유로 옮기는 강제처분을 말한다. 민사소송법에 의한 유체동산의 압류처분은 물론 가압류·가처분 및 다른 법률에서 규정하는 이와 동일한 성질을 가진 처분을 포함한다.

▣ 근거판례 ▣

공무상표시무효죄가 성립하기 위하여는 행위 당시에 강제처분의 표시가 현존할 것을 요한다.

③ 강제처분의 유효성 : 강제처분의 표시는 강제처분이 유효할 것을 전제로 한다. 그 유효성이 인정되는 한 그 결정의 정당·부당은 불문한다.

④ 강제처분의 적법성 : 봉인·압류 기타 강제처분의 표시는 적법해야 한다. 그러나 공무집행절차상의 하자는 공무상비밀표시무효죄의 성립에 영향이 없다는 것이 판례의 태도이다(2000도1757).

▣ 근거판례 ▣

공무원이 그 직권을 남용하여 위법하게 실시한 봉인 또는 압류 기타 강제처분의 표시임이 명백하여 법률상 당연무효 또는 부존재라고 볼 수 있는 경우에는 그 봉인 등의 표시는 공무상표시무효죄의 객체가 되지 아니하여 이를 손상 또는 은닉하거나 기타 방법으로 그 효용을 해한다 하더라도 공무상표시무효죄가 성립하지 아니한다 할 것이지만 공무원이 실시한 봉인 등의 표시에 절차상 또는 실체상의 하자가 있다고 하더라도 객관적·일반적으로 그것이 공무원이 그 직무에 관하여 실시한 봉인 등으로 인정할 수 있는 상태에 있다면 적법한 절차에 의하여 취소되지 아니하는 한 공무상표시무효죄의 객체로 된다.

3) 행위

이 죄의 행위는 봉인 또는 압류 기타 강제처분의 표시를 손상하거나 은닉, 기타 방법으로 효용을 해하는 것이다.

① 손상은 표시를 물리적으로 파괴하여 그 효용을 상실하게 하는 것이다.

② 은닉이란 그 소재를 알기 어렵게 하는 것을 말한다.

③ 기타 방법이란 손상·은닉 이외의 방법으로 표시의 효용을 해하게 하는 일체의 행위를 의미 한다.

④ 효용을 해한다는 것은 압류 등의 법률상의 효력을 상실시키는 것은 아니다.

(2) 주관적 구성요건

앞의 객체에 대해 앞의 행위를 한다는 인식(고의)이 있어야 한다. 강제처분의 유효성과 적법성에 대한 인식이 필요한가에 대하여는 필요설(이재상, 김일수)과 불요설(배종대)의 견해대립이 있다.

[공무상비밀침해죄(제140조 2항, 3항)]

본죄는 공무원이 그 직무에 관하여 봉함 기타 비밀장치한 문서 또는 도화를 개봉하거나, 공무원이 그 직무에 관하여 봉함 기타 비밀장치한 문서, 도화 또는 전자기록 등 특수매체기록을 기술적 수단을 이용하여 그 내용을 알아냄으로써 성립하는 범죄이다. 이러한 공무상비밀침해죄는 행위객체로 인하여 형법 제316조의 비밀침해죄보다 불법이 가중된 가중적 구성요건이다.

Ⅱ. 판례

◆ 형법 제140조 제1항의 공무상표시무효죄 중 '공무원이 그 직무에 관하여 실시한 압류 기타 강제처분의 표시를 기타 방법으로 그 효용을 해하는 것'의 의미

형법 제140조 제1항 규정의 공무상표시무효죄 중 '공무원이 그 직무에 관하여 실시한 압류 기타 강제처분의 표시를 기타 방법으로 그 효용을 해하는 것'이라 함은 손상 또는 은닉 이외의 방법으로 그 표시 자체의 효력을 사실상으로 감살 또는 멸각시키는 것을 의미한다(대법원 2004. 10. 28. 선고 2003도8238 판결 등 참조). 한편, 2인 이상이 범죄에 공동 가공하는 공범관계에서 공모는 법률상 어떤 정형을 요구하는 것이 아니고 2인 이상이 공모하여 어느 범죄에 공동 가공하여 그 범죄를 실현하려는 의사의 결합만 있으면 되는 것으로서, 비록 전체의 모의과정이 없었다고 하더라도 수인 사이에 순차적으로 또는 암묵적으로 상통하여 그 의사의 결합이 이루어지면 공모관계가 성립하고, 이러한 공모가 이루어진 이상 실행행위에 직접 관여하지 아니한 자라도 다른 공모자의 행위에 대하여 공동정범으로서의 형사책임을 지고(대법원 1994. 3. 8. 선고 93도3154 판결, 대법원 2000. 11. 10. 선고 2000도3483 판결 등 참조), 피고인이 공모의 점과 함께 범의를 부인하는 경우에는, 이러한 주관적 요소로 되는 사실은 사물의 성질상 범의와 상당한 관련성이 있는 간접사실 또는 정황사실을 증명하는 방법에 의하여 이를 입증할 수밖에 없으며, 이 때 무엇이 상당한 관련성이 있는 간접사실에 해당할 것인가는 정상적인 경험칙에 바탕을 두고 치밀한 관찰력이나 분석력에 의하여 사실의 연결 상태를 합리적으로 판단하는 방법에 의하여야 한다(대법원 2003. 1. 24. 선고 2002도6103 판결, 대법원 2006. 2. 23. 선고 2005도8645 판결 등 참조)(대법원 2007. 7. 27. 선고 2007도4378 판결).

◆ 형법 제140조 제1항의 공무상표시무효죄 중 '공무원이 그 직무에 관하여 실시한 압류 기타 강제처분의 표시를 기타 방법으로 그 효용을 해하는 것' 의 의미

형법 제140조 제1항이 정한 공무상표시무효죄 중 '공무원이 그 직무에 관하여 실시한 압류 기타 강제처분의 표시를 기타 방법으로 그 효용을 해하는 것'이란 손상 또는 은닉 이외의 방법으로 그 표시 자체의 효력을 사실상으로 감쇄 또는 멸각시키는 것을 의미하는 것이지, 그 표시의 근거인 처분의 법률상 효력까지 상실케 한다는 의미는 아니다(대법원 2018. 7. 11., 선고, 2015도5403, 판결).

◆ 집행관이 영업방해금지 가처분결정의 취지를 고시한 공시서를 게시하였을 뿐 구체적인 집행행위를 하지 않은 상태에서 위 가처분에 의하여 부과된 부작위명령을 피고인이 위반한 사안에서, 공무상 표시의 효용을 해하는 행위를 하였다고 볼 수 없다고 본 원심판단을 수긍한 사례

집행관이 영업방해금지 가처분결정의 취지를 고시한 공시서를 게시하였을 뿐 어떠한 구체적 집행행위를 하지 않은 상태에서 위 가처분에 의하여 부과된 부작위명령을 피고인이 위반한 사안에서, 공무상 표시의 효용을 해하는 행위를 하였다고 볼 수 없다고 하여, 공무상표시무효의 공소사실에 대하여 무죄를 선고한 원심판단을 수긍한 사례(대법원 2010.9.30, 선고, 2010도3364, 판결).

◆ 채무자가 불가피한 사정으로 채권자의 승낙을 얻어 압류물을 이동시켰으나 집행관의 승인은 얻지 못한 경우, 공무상표시무효죄의 성립 여부(소극)

(1) 사실관계

피고인 A는 당초 그가 경영하는 자동차용품점 내에서 집행관이 압류하고 그 뜻을 기재한 후 피고인에게 보관을 맡긴 이 사건 압류물을 보관하던 중 오산시장으로부터 2002. 3. 21. 위 자동차용품점 부지 일대는 교통체계개선사업으로 인한 도로확장예정지로 선정되어 2002. 4. 15.부터 2002. 12.경까지 도로공사를 시행하게 되니 위 가게를 이전하여 달라는 공문을 받고, 압류채권자인 B에게 도로공사로 인하여 위 가게를 용인시 기흥읍 소재 기흥초등학교 앞으로 이전하게 될 것이라는 사정을 말하였고, 이에 대하여 B가 이의를 제기하지 아

> 니하자 피고인은 2002. 4. 15.경 위 가게를 기흥초등학교 앞으로 이전하면서 가게 안에서 보관하고 있던 이 사건 압류물을 같이 이동시켰다. 그 후 피고인은 2002. 5. 7.경 B를 만나 이전한 가게의 전화번호를 알려 주었고, 피고인 A와 B는 위 가게의 이전 전후로 계속하여 연락을 취하고 있었다.

(2) 판결요지

집행관이 그 점유를 옮기고 압류표시를 한 다음 채무자에게 보관을 명한 유체동산에 관하여 채무자가 이를 다른 장소로 이동시켜야 할 특별한 사정이 있고, 그 이동에 앞서 채권자에게 이동사실 및 이동장소를 소지하여 승낙을 얻은 때에는 비록 집행관의 승인을 얻지 못한 채 압류물을 이동시켰다 하더라도 형법 제140조 제1항 소정의 '기타의 방법으로 그 효용을 해한' 경우에 해당한다고 할 수 없다(대법원 2004. 7. 9. 선고 2004도3029 판결).

◆ 집행관이 부작위를 명하는 가처분 발령사실을 고시하였을 뿐 구체적인 집행행위를 하지 않은 상태에서 채무자가 부작위명령을 위반한 경우, 형법 제140조 제1항 공무상표시무효죄가 성립하는지 여부(소극)

형법 제140조 제1항의 공무상 표시무효죄는 공무원이 그 직무에 관하여 봉인, 동산의 압류, 부동산의 점유 등과 같은 구체적인 강제처분을 실시하였다는 표시를 손상 또는 은닉하거나 기타 방법으로 그 효용을 해함으로써 성립하는 범죄이다. 따라서 집행관이 법원으로부터 피신청인에 대하여 부작위를 명하는 가처분이 발령되었음을 고시하는 데 그치고 나아가 봉인 또는 물건을 자기의 점유로 옮기는 등의 구체적인 집행행위를 하지 아니하였다면, 단순히 피신청인이 위 가처분의 부작위명령을 위반하였다는 것만으로는 공무상 표시의 효용을 해하는 행위에 해당하지 않는다(대법원 2008.12.24, 선고, 2006도1819, 판결).

◆ 압류물을 원래의 보관장소로부터 다른 장소로 이동시킨 경우, 공무상 비밀표시무효죄의 성부

(1) 사실관계

> 집달관이 서울 영등포구 영등포동 2가 94의 212에 있는 샘여관에서 압류집행을 하고 그 표시를 한 칼라텔레비젼 1대와 브이.티.알(V.T.R) 녹화기1대를 피고인이 서울 강서구 공항동 210에 있는 에어포트여관으로 옮김으로서 그뒤 위 압류물의 소재불명으로 경매의 집행을 불능케 하였다.

(2) 판결요지

압류물을 채권자나 집달관 몰래 원래의 보관장소로부터 상당한 거리에 있는 다른 장소로 이동시킨 경우에는 설사 그것이 집행을 면탈할 목적으로 한 것이 아니라 하여도 객관적으로 집행을 현저히 곤란하게 한 것이 되어 형법 제140조 제1항 소정의 "기타의 방법으로 그 효용을 해한" 경우에 해당된다(대법원 1986.3.25. 선고 86도69 판결).

◆ 제3자가 건축주를 상대로 건축공사중지가처분집행을 한 후에 건축허가 명의를 피고인이 자기가 대표이사로 있는 "을"회사로 변경하여 건축공사를 계속한 경우에 압류표시의 효용을 해한 것으로 되는지 여부

(1) 사실관계

피고인이 대표이사로 있는 A주식회사가 1971.9.7 B주식회사로부터 본건 건물 신축공사를 수급하여 시공중 공소외 이○○이 위 B주식회사를 상대로하여 대구지방법원에 공작물설치 공사정지가처분신청을 하여 1972.6.2 "법원으로부터 피신청인은 대구시 중구 동문동 26의1 대 633평8홉지상에 시공중인 건물 기타 공작물의 건축공사를 중지하여야 한다. 집달리는 위 명령의 실효를 거두기 위하여 적당한 패말조치를 하여야 한다"라는 가처분판결을 받아 그 해 7.1 집달리로 하여금 공사현장에 위 가처분내용을 패말로서 고시하게 하여 그 집행을 하였는 바 그후 피고인이 대표이사로 있는 위 A주식회사는 건축주인 위 B주식회사에 대한 공사보수금채권의 지급확보를 위하여 본건 시공중인 건물에 대한 건축허가명의를 위 A주식회사로 변경한 다음 같은해 7.21부터 25까지 사이에 위 가처분집행으로서 설치한 표말을 그대로 둔 채 위 건축공사를 진행하였다.

(2) 판결요지

제3자가 법원으로부터 받은 건축공사중지명령의 가처분집행은어디까지나 "갑"회사에 대하여 부작위 명령을 집행한데 불과한 것이므로 위 가처분집행이 완료된 뒤 피고인이 본건 시공중인 건축허가 명의를 자기가 대표이사로 있는 "을"회사로 변경하여 위 가처분집행을 그대로 둔 채 그 건축공사를 계속하였다는 사실자체만으로는 위와 같은 내용의 가처분집행표시의 효용을 해한 것이라고는 할 수 없으므로 형법 140조 1항 소정 공무상표시무효죄가 성립하지 아니한다(대법원 1976.7.27. 선고 74도1896 판결).

◆ 온천수 사용금지 가처분결정이 있기 전부터 온천이용허가권자인 가처분 채무자로부터 이를 양수하고 임대차계약의 형식을 빌어 온천수를 이용하여 온 제3자가 위 금지명령을 위반하여 계속 온천수를 사용한 행위가 공무상표시무효죄를 구성하지 않는다고 한 경우

온천수 사용금지 가처분결정이 있기 전부터 온천이용허가권자인 가처분 채무자로부터 이를 양수하고 임대차계약의 형식을 빌어 온천수를 이용하여 온 제3자가 위 금지명령을 위반하여 계속 온천수를 사용한 경우, 위 제3자가 위 가처분 사건 당사자 사이의 권리관계 내용을 잘 알고 있었다거나 그가 실질적으로는 가처분 채무자와 같은 당사자 위치에 있었다는 등의 사정이 있다 하여도 위 위반행위가 공무상표시무효죄를 구성하지 않는다고 한 사례(대법원 2007.11.16, 선고, 2007도5539, 판결).

Ⅲ. 수사실무

1. 수사포인트

(1) 적법한 직무에 의한 봉인, 압류, 기타의 강제처분인지를 확인한다.

(2) 표시에 대한 적법성 인식의 착오유무와 함께 동기의 고의성을 밝힌다.

(3) 표시의 효용을 해하게 한 방법과 손실상태를 조사한다.

2. 피의자신문례

(1) 피의자는 고소인 ㅇㅇㅇ을 알고 있는가요

(2) 고소인에게 돈을 빌려 사용한 일이 있는가요

(3) 이와 관련하여 공정증서를 작성한 일이 있는가요

(4) 법원으로부터 피의자의 유체동산에 대한 가압류집행을 당한 적이 있는가요

(5) 언제, 누가 이러한 가압류를 하였나요

(6) 가압류한 물건은 무엇인가요

(7) 그 때 가압류한 물건이 이것이 맞는가요

(8) 가압류한 물건에 집행관이 어떤 표시를 하였는가요

(9) 이 가압류한 물건을 어떻게 하였는가요

(10) 언제, 어디에서, 어떻게 처분하였는가요

(11) 왜 이러한 행위를 한 것인가요

3. 범죄사실 기재례

【범죄사실 기재례】

(1) 피의자는 20○○. ○. ○. 14 : 00경 서울 용산구 이태원동 222에 있는 피의자의 집에서 서울중앙지방법원 소속 집행관 박○○가 피의자 소유의 냉장고 1대 등 시가 합계 500만원 상당의 가구 및 가재도구 20점을 압류하고 그 물건에 부착한 압류표시를 자기마음대로 제

거함으로써 그 효용을 해하였다.

이 압류표시는 채권자 김○○(123-4567)의 집행위임을 받아 위 법원 20051234호 유체동산압류결정정본에 의하여 압류하였던 것이다.

(2) 피의자는 0○○. ○. ○. 14:00경 서울 용산구 이태원동 123번지 피의자 집에서 서울중앙지방법원 소속 집행관 이○○이 채권자 김○○(123-4567)의 위임을 받아 공증인가 △△합동법률사무소 작성 2005증4321호 집행력 있는 정본에 의하여 피의자 소유인 프로젝션텔레비젼 등 별지와 같이 8점의 동산을 가압류하고 그 뜻을 기재한 표시를 하여 피의자에게 보관시킨 것을, 같은 해 3. 4.경 서울 관악구 신림동 345번지 피의자의 동생 이△△의 집으로 가압류 동산을 옮겨 은닉함으로서 가압류표시의 효용을 해하였다.

(3) 피의자는 20○○. ○. ○. △△은행에서 2년을 기한으로 1억원을 대출받아 사용하였으나 이를 변제치 못하였다. 이에 따라 위 은행에서 ○○법원에 경매신청하여, 20○○. ○. ○. 건외 최○○가 이를 낙찰받아 같은 해 ○. ○. 소유권이전과 동시에 위 최○○에게 명도되었으나 이사비용 300만원을 요구하여 이를 받지 못했다는 이유로 위 부동산 입구를 장롱 등을 쌓는 방법으로 막아 강제집행의 효용을 해하였다.

4. 적용실례

(1) 가압류 물건을 은닉한 경우

가압류해 놓은 물건을 임의로 다른 곳으로 옮겨 은닉하였다.

➡ 강제집행면탈죄로 의율할 수도 있으나 공무상표시무효죄로 의율하는 것이 타당하다.

(2) 고소인과 합의하여 압류물건을 처분한 경우

전자제품 판매점을 경영하던 성○○는 채권자인 김○○의 고소로 전자제품 점포에 있던 상품들을 모두 압류 당했다. 그 후 김○○와 합의한 결과 물건들을 처분하기로 하고, 압류를 해제하지 않은 상태에서 위 압류물건들을 팔아서 처분해 버렸다.

➡ 고소인과 합의하에 처분한 것이라는 이유로 무혐의로 할 수는 없다. 원래 공무상표시무효죄는 압류, 가압류, 가처분 등 국가사법작용의 침해를 방지하는 것을 목적으로 하기 때문에 적법한 압류해제절차를 거치지 않은 위 행위는 비록 압류신청인과의 합의에 의한 것이라고 해도 범죄가 성립되는 것이다.

(3) **직접점유자가 간접점유자에게 목적물의 점유를 이전한 경우**

직접점유자에 대해 점유이전금지 가처분결정이 집행된 후 그 피신청인인 직접점유자가 목적물의 간접점유자에게 그 점유를 이전하였다.

➡ 이 경우에도 역시 가처분표시의 효용을 해한 혐의를 면할 수 없다.

(4) **집행관과 채권자가 알지 못하는 사이에 압류물건을 옮긴 경우**

집행관이 물건의 점유를 옮기고 압류표시를 한 다음 피고인 서○○에게 보관을 명했고, 서○○는 그 물건들을 집행관과 채권자가 알지 못하는 사이에 몰래 원래의 장소에서 좀 떨어져 있는 다른 장소로 옮겼다.

➡ 이 경우 피고인이 집행을 면탈케 하기 위해 옮긴 것이 아니라 할지라도 객관적으로 볼 때 집행을 현저히 곤란하게 한 경우에 해당하므로 본조 제1항의 "…… 기타 방법으로 그 효용을 해한 자"에 적용할 수 있다.

7. 부동산강제집행효용침해죄

제140조의2【부동산강제집행효용침해】
강제집행으로 명도 또는 인도된 부동산에 침입하거나 기타 방법으로 강제집행의 효용을 해한 자는 5년 이하의 징역 또는 700만원 이하의 벌금에 처한다.
[본조신설 1995.12.29.]

[공소시효] : 7년

○ 본죄는 판결의 집행력과 강제집행의 효력을 보호하기 위해 1995년 형법 개정시 신설된 구성요건이다.

Ⅰ. 이론

1. 구성요건

(1) 객관적 구성요건

1) 주체

제한이 없다.

2) 객체

강제집행으로 명도 또는 인도된 부동산이다.

① 강제집행이란 민사집행법에 의한 강제집행을 의미한다.

② 명도는 거주자 또는 동산을 부동산으로부터 배제하고 완전한 지배를 채권자에게 넘겨주는 것을 의미하고, 인도란 부동산의 점유만 이전하는 것을 뜻한다.

③ 동산은 본죄의 객체가 아니다.

3) 행위

침입하거나 기타 방법으로 강제집행의 효용을 해하는 것이다.

① 침입이란 권리자의 의사에 반하게 부동산의 경계 안으로 들어가는 것을 뜻한다.

② 기타 방법이란 권리자가 강제집행으로 명도 또는 인도받은 부동산을 사용·수익하는데 지장을 주는 행위를 의미한다.

(2) 주관적 구성요건

고의가 있어야 한다.

2. 타죄와의 관계

본죄가 성립하는 경우 주거침입죄나 손괴죄는 별도로 성립하지 않는다고 본다(김일수, 이재상, 임웅). 즉, 주거침입죄나 손괴죄는 부동산강제집행효용침해죄에 대하여 불가벌적 사전행위로서 보충관계에 있다.

Ⅱ. 판례

◆ 형법 제140조의2 소정의 부동산강제집행효용침해죄에 있어 '강제집행으로 명도 또는 인도된 부동산'에 퇴거집행된 부동산이 포함되는지 여부

상고이유를 판단한다.

형법 제140조의2의 부동산강제집행효용침해죄는 강제집행으로 명도 또는 인도된 부동산에 침입하거나 기타 방법으로 강제집행의 효용을 해함으로써 성립한다. 여기서 '기타 방법' 이란 강제집행의 효용을 해할 수 있는 수단이나 방법에 해당하는 일체의 방해행위를 말하고, '강제집행의 효용을 해하는 것' 이란 강제집행으로 명도 또는 인도된 부동산을 권리자가 그 용도에 따라 사용·수익하거나 권리행사를 하는 데 지장을 초래하는 일체의 침해행위를 말한다(대법원 2002. 11. 8. 선고 2002도4801 판결 참조).

원심판결 이유 및 원심이 채택한 증거에 의하면, 소외인은 2011. 9. 29. 전남 완도군 (주소 1 생략) 토지 및 건물(이하 '이 사건 토지 및 건물' 이라 한다)을 강제경매절차에서 매수하고 2012. 2. 29. 인도집행을 마친 사실, 이 사건 토지 및 건물에서 어린이집을 운영하던 피고인은 2012. 3. 12.경 이 사건 건물의 정문 쪽 철제 울타리 부분에 가로 1,550cm, 세로 120cm(공소장 및 원심판결의 '가로 120cm, 세로 1,550cm' 는 오기로 본다)의 시멘트 벽돌담(이하 '이 사건 벽돌담' 이라 한다)을 설치한 사실, 피고인이 이 사건 벽돌담을 설치한 곳은 이 사건 토지와 접하는 피고인 소유의 (주소 2 생략) 대 17㎡, (주소 3 생략) 대 3㎡와 완도군 소유의 (주소 4 생략) 대 41㎡ 지상으로, 위 각 토지는 공중이 통행하는 도로로 이용되고 있는데, 이 사건 벽돌담이 이 사건 건물의 정문을 가로막는 위치와 방향으로 설치됨으로써 이 사건 건물의 이용자들은 이 사건 건물과 그 옆 건물 사이에 생긴 좁은 공간을 통하여 출입할 수밖에 없었던 사실 등을 알 수 있다. 이러한 사실관계를 앞서 본 법리에 비추어 살펴보면, 피고인의 이 사건 벽돌담 설치행위는 강제집행으로 인도된 이 사건 토지 및 건물을 권리자인 소외인이 그 용도에 따라 사용·수익하거나 권리행사를 하는 데 지장을 초래하는 침해행위에 해당한다고 봄이 상당하고, 이 사건 벽돌담이 피고인이 어린이집을 운영하면서 어린이들의 안전을 위해 설치한 기존의 철제 울타리를 따라 설치되었다고 하더라도, 소외인이 위 철제 울타리의 존속을 전제로 제한된 범위에서만 이 사건 토지 및 건물을 사용·수익하는 것은 아니므로, 위와 같은 사정은 피고인의 강제집행효용 침해행위를 인정하는 데 방해가 되지 않는다 할 것이다. 그럼에도 원심이 그 판시와 같은 이유로 피고인의 이 사건 벽돌담 설치행위를 이 사건 부동산에 대한 강제집행의 효용을 침해하는 행위에 해당하지 않는다고 판단한 데에는 부동산강제집행효용침해죄에 관한 법리를 오해하여 판결에 영향을 미친 위법이 있다. 이 점을 지적하는 상고이유 주장은 이유 있다. 그러므로 원심판결을 파기하고, 사건을 다시 심리·판단하도록 원심법원에 환송하기로 하여 관여 대법관의 일치된 의견으로 주문과 같이 판결한다(대법원 2014.1.23, 선고, 2013도38, 판결).

◆ 형법 제140조의2 소정의 부동산강제집행효용침해죄에 있어 '강제집행으로 명도 또는 인도된 부동산'에 퇴거집행된 부동산이 포함되는지 여부

형법 제140조의2 부동산강제집행효용침해죄의 입법취지와 체제 및 내용과 구조를 살펴보면, <u>부동산강제집행효용침해죄의 객체인 강제집행으로 명도 또는 인도된 부동산에는 강제집행으로 퇴거집행된 부동산을 포함</u>한다고 해석된다(대법원 2003. 5. 13. 선고 2001도3212 판결).

Ⅲ. 수사실무

1. 피의자 신문례

(1) ○○은행에서 대출을 받은 적이 있나요

(2) 그 대출금은 변제하였나요

(3) 대출시 담보로 제공된 것은 무엇이었나요

(4) 대출금을 변제하지 못하여 ○○은행으로부터 담보물(부동산)이 경매된 적이 있나요

(5) 언제, 누구에게 명도되었나요

(6) 그 부동산이 명도 된 후 부동산에 침입한 사실이 있나요

(7) 언제, 어떻게 침입하였나요

(8) 왜 이러한 행위를 한 것인가요

2. 범죄사실 기재례

【범죄사실 기재례】

피의자는 1997. 3. ○○은행에서 2년을 기한으로 1억원을 대출 받아 사용하였다. 그러나 이를 변제하지 못하여 위 은행에서 ○○법원에 경매 신청을 하였고, 2004. 10. 12. ○○○가 이를 낙찰 받아 같은 해 12. 30. 소유권 이전과 동시에 명도받았다. 그러나 피의자는 이사비용 300만원을 요구하며 이를 받지 못했다는 이유로 위 부동산의 입구를 ( )한 방법으로 막아 강제집행의 효용을 해하였다.

8. 공용서류 등 무효죄

제141조【공용서류 등의 무효, 공용물의 파괴】

① 공무소에서 사용하는 서류 기타 물건 또는 전자기록등 특수매체기록을 손상 또는 은닉하거나 기타 방법으로 그 효용을 해한 자는 7년 이하의 징역 또는 1천만원 이하의 벌금에 처한다. 〈개정 1995.12.29.〉

> ② 공무소에서 사용하는 건조물, 선박, 기차 또는 항공기를 파괴한 자는 1년 이상 10년 이하의 징역에 처한다.

[공무소] 142 · 156 · 225 · 226 · 230 · 238, [손괴의죄] 366 · 367, [군법] 군형66, 68

[공소시효] 249① : 7년(1항), 10년(2항)

○ 이 죄는 공무소에서 사용하는 서류나 물건, 전자기록 등 특수매체기록을 손상·은닉하는 등의 방법으로 그 효용을 해함으로써 성립하는 범죄이다. 이것은 원래 손괴죄의 일종으로 파악되던 범죄였으나 소유권과는 관계없이 공무를 보호하기 위한 공무방해죄의 일종으로 구성되어 있다는 점에서 그 특색을 찾을 수 있다.

Ⅰ. 이론

1. 구성요건

(1) 객관적 구성요건

1) 주체

제한이 없다.

2) 객체

이 죄의 객체는 공무소에서 사용하는 서류, 기타 물건 및 전자기록 등의 특수매체기록이다.

① 공무소란 공무원이 직무를 집행하는 곳을 의미한다. 유형적 장소나 건조물을 의미하는 것이 아니라 제도로서의 관공서 기타 조직체를 뜻하는 것이다.

② '사용하는' 이란 공무소에서 공무수행상 비치, 보관, 점유, 이용하는 것을 의미한다.

③ 서류는 공문서나 사문서를 불문하며, 정식절차를 밟아 작성되었는지도 묻지 않는다. 아직 완성되지 않은 피의자신문조서의 경우도 공용서류무효죄의 객체라는 것이 판례이다(86도2799).

> ▣ 근거판례 ▣
>
> 형법 제141조 제1항이 규정한 공용서류무효죄에 있어서의 범의란 피고인에게 공무소에서 사용하는 서류라는 사실과 이를 손상 또는 은닉하거나 기타 방법으로 그 효

용을 해한다는 사실의 인식이 있음으로써 족하고 경찰이 작성한 진술서가 미완성의 문서라 해서 공무소에서 사용하는 서류가 아니라고 할 수 없으며 피고인과 경찰관 사이의 공모관계의 유무나 피고인의 강제력행사의 유무가 서류의 효용을 해한다는 인식에 지장을 주는 사유가 되지도 아니한다(대법원 1987.4.14. 선고 86도2799 판결).

④ 기타 물건이란 서류를 제외한 일체의 물건을 의미한다.

⑤ 전자기록 등 특수매체기록이란 전자적 기록, 자기적 기록, 레이저 기술 등을 이용한 기록을 말한다.

3) 행위

이 죄의 행위는 손상·은닉 기타 방법으로 물건의 효용을 해하는 것이다.

(2) 주관적 구성요건

이 죄가 성립하려면 공무소에서 사용하는 서류 또는 물건이라는 사실과 이를 손상·은닉하는 등의 방법으로 그 효용을 해한다는 인식이 있어야 한다.

Ⅱ. 판례

◆ 공용전자기록 등 손상죄에서 말하는 '공무소에서 사용하는 서류 기타 전자기록'에 공문서로서의 효력이 생기기 이전의 서류, 정식의 접수 및 결재절차를 거치지 않은 문서, 결재 상신 과정에서 반려된 문서 등이 포함되는지 여부(적극) 및 미완성의 문서라도 본죄가 성립하는지 여부(적극)

형법 제141조 제1항은 공무소에서 사용하는 서류 기타 물건 또는 전자기록 등 특수매체기록을 손상 또는 은닉하거나 기타 방법으로 그 효용을 해한 자를 처벌하도록 규정하고 있다. '공무소에서 사용하는 서류 기타 전자기록'에는 공문서로서의 효력이 생기기 이전의 서류라거나, 정식의 접수 및 결재 절차를 거치지 않은 문서, 결재 상신 과정에서 반려된 문서 등을 포함하는 것으로, 미완성의 문서라고 하더라도 본죄의 성립에는 영향이 없다(대법원 2020. 12. 10., 선고, 2015도19296, 판결).

◆ 공용서류무효죄의 객체

공용서류무효죄에 있어서의 객체는 그것이 공무소에서 사용하는 서류인 이상 공문서이거나 사문서이거나 또는 정식절차를 밟아 접수 또는 작성된 것이거나 완성된 것이거나를 묻지 않는다고 할 것이므로 세무공무원이 상속세신고서 및 세무서 작성의 부과결정서 등을 임의로 반환할 경우에는 위 죄에 해당한다(대법원 1981. 8. 25. 선고 81도1830 판결).

◆ 공용서류무효죄에 있어서의 범의

본조 제1항이 규정한 공용서류무효죄에 있어서의 범의란 피고인에게 공무소에서 사용하는 서류라는 사실과 이를 손상 또는 은닉하거나 기타 방법으로 그 효용을 해한다는 사실의 인식이 있음으로써 족하고 경찰이 작성한 진술서가 미완성의 문서라 해서 공무소에서 사용하는 서류가 아니라고 할 수 없으며 피고인과 경찰관 사이의 공모관계의 유무나 피고인의 강제력행사의 유무가 서류의 효용을 해한다는 인식에 지장을 주는 사유가 되지도 아니한다(대법원 1987. 4. 14. 선고 86도2799 판결).

◆ 공용서류은닉죄에 있어서 범의 및 경찰 작성의 진술조서가 미완성이고 작성자와 진술자가 서명·날인 또는 무인한 것이 아니어서 공문서로서의 효력이 없는 경우 '공무소에서 사용하는 서류'로 볼 수 있는지 여부(적극)

형법 제141조 제1항이 규정하고 있는 공용서류은닉죄에 있어서의 범의란 피고인에게 공무소에서 사용하는 서류라는 사실과 이를 은닉하는 방법으로 그 효용을 해한다는 사실의 인식이 있음으로써 족하고, 경찰이 작성한 진술조서가 미완성이고 작성자와 진술자가 서명·날인 또는 무인한 것이 아니어서 공문서로서의 효력이 없다고 하더라도 공무소에서 사용하는 서류가 아니라고 할 수는 없다(대법원 2006.05.25. 선고 2003도3945 판결).

Ⅲ. 수사실무

1. 피의자 신문례

(1) 피의자는 운전하다가 차선위반으로 단속당한 일이 있나요

(2) 언제, 어디에서 단속을 당하였나요

(3) 어떠한 사항을 위반한 것인가요

(4) 단속경찰관으로부터 범칙금적발보고서를 발부 받았는가요

(5) 범칙금적발보고서에 서명 날은 하였나요

(6) 적발보고서를 찢어버렸나요

(7) 그 이유는 무엇인가요

(8) 그 범칙금적발보고서가 공용서류인지 알고 있는가요

2. 범죄사실 기재례

【범죄사실 기재례】

피의자는 ○○운수에 소속되어 택시운전업무에 종사하는 사람이다.

피의자는 20○○. ○. ○. 19:00경 ○○시 ○○동 ○○로에서 "○○33너 ○○○○호" 피의자의 작업택시를 운전하고 가다가 신호를 위반하여 그곳 근무자였던 교통순경 나○○에게 적발되었다. 그리고 ○○경찰서 ○○순찰지구대에 연행되어 신호를 위반하지 않았다며 위 순경과 시비하다가 위 순찰지구대 책상 위에 있던 전화통과 서류함을 집어던져 깨뜨리는 등 공무소에서 사용하는 물건을 손상하여 그 효용을 해하였다.

3. 적용실례

(1) 방범초소의 물건을 고의로 손괴한 경우

경찰 방범초소에서 소란을 피우다가 고의로 유리창 2장과 전화기 1대를 손괴하였다.

➡ 건조물의 유리창을 손괴했으므로 공용건조물파괴죄로 의율할 수도 있으나, 유리창 2장과 전화기 1대는 건조물의 일부일 뿐, 주요부분이 아니기 때문에 공용물건손상으로 의율하는 것이 타당하다.

(2) 경찰관이 사건관련서류를 손괴한 경우

○○경찰서에서 근무하는 경찰관 장○○는 경찰서 근처 주택에서 발생한 절도사건을 수사하던 중 피해자로부터 도둑맞았던 물건과 돈을 돌려받았으니 사건을 무마해 달라는 청탁을 받고, 이미 작성한 피해자에 대한 진술조서 등 사건관련서류를 찢고, 그 상태로 사건을 종결하였다.

➡ 경찰관 장○○에 대해서 공용서류손상죄와 직무유기죄를 함께 적용할 수 있다.

(3) 피의자가 피해자 진술조서를 찢고 사건수사를 방해한 경우

경찰서에서 조사를 받던 피의자가 자기에게는 죄가 없다고 하며 경찰관이 작성한 피해자 진술조서를 찢고, 이를 제지하는 경찰관을 신발로 때리며 어깨를 미는 등 사건수사를 방해하였다.

➡ 이런 경우를 특수공용서류손상으로 의율한 사례도 있으나, 여기서는 피의자가 피해자 진술조서를 찢은 사실만이 인정되어 단체 또는 다중의 위력을 보이거나 위험한 물건의 휴대를 요하는 특수공용서류손상죄의 구성요건에는 모자람이 있다. 따라서 위 피의자의 행위에 대해서는 공용서류손상죄와 공무집행방해죄를 함께 적용하는 것이 타당하다.

(4) **순찰지구대에서 전화기 등을 손괴한 경우**

피의자가 야간에 주점에서 사람들에게 폭행을 가하고, 바로 순찰지구대로 임의동행되어 조사를 받던 중 그곳에 있는 전화기와 꽃병 등을 집어 던져 손괴하였다.

➡ 이에 대하여 폭력행위등처벌에관한법률 위반 및 공용물건손상으로 의율할 수 있다.

(5) **공공운동장의 물건을 두들겨 파손한 경우**

김ㅇㅇ와 조ㅇㅇ는 서울ㅇㅇ운동장에서 프로야구를 관전하다가 자신들이 응원하던 ㅇㅇ팀이 패하자 함께 응원하던 이름도 모르는 다른 관중들과 함께 돌과 쇠파이프로 운동장의 유리 등을 두들겨 파손하였다.

➡ 서울ㅇㅇ운동장은 시에서 관리하는 공용물이므로 위 행동에 대해서는 공용물건손상죄를 적용할 수 있다.

9. 공용물파괴죄

제141조【공용서류 등의 무효, 공용물의 파괴】

② 공무소에서 사용하는 건조물, 선박, 기차 또는 항공기를 파괴한 자는 1년 이상 10년 이하의 징역에 처한다.

ㅇ 이 죄는 손괴죄의 일종이나 행위객체의 특수성으로 인하여 공무를 보호하기 위한 공무방해죄의 일종으로 규정된 것으로서 가중적 구성요건이다.

Ⅰ. 이론

1. 구성요건

(1) 객관적 구성요건

1) 주체

제한이 없다.

2) 객체

공무소에서 사용하는 건조물, 선박, 기차 또는 항공기이다. 주의할 것은 자동차의 경우에는 본 죄의 객체가 아니라 제141조 1항의 공용서류등무효죄의 객체이다.

3) 행위

파괴이다. 파괴는 손괴보다 물질적 훼손의 정도가 큰 경우를 의미한다.

(2) 주관적 구성요건

고의가 있어야 한다.

Ⅱ. 판례

◆ 형법 제141조 제1항에서 정한 '공무소에서 사용하는 서류'의 의미 및 공용서류은닉죄에서 범의의 내용

형법 제141조 제1항의 '공무소에서 사용하는 서류'란 공무소에서 사용 또는 보관 중인 서류이면 족하고, 그 범의란 피고인에게 공무소에서 사용하는 서류라는 사실과 이를 은닉하는 방법으로 그 효용을 해한다는 사실의 인식이 있음으로써 충분하며 반드시 그에 관한 계획적인 의도나 적극적인 희망이 있어야 하는 것은 아니다(대법원 1998. 8. 21. 선고 98도360 판결, 대법원 2006. 5. 25. 선고 2003도3945 판결 등 참조).

원심은, 채택 증거에 의하여 인정되는 판시와 같은 사정을 들어, '공소외 1에 대한 불법 내사'의 수사 대상자이었던 ○○○○○○○실 1팀장 공소외 4는 수사기관에 입수될 경우 유죄 입증의 증거가 될 문건들을 추려서, 당시까지 수사선상에 올라 있지 않던 피고인 3에게 보관하게 하였고, 피고인 3도 그러한 사정을 잘 알면서 이 사건 서류 등을 ○○○○○○○실 밖으로 반출하였음을 인정할 수 있으므로 피고인 3에게 공용서류은닉의 범의가 있다고 판단하였다.

원심의 판단은 위 법리에 따른 것으로 정당하고, 거기에 상고이유로 주장하는 법리오해나 논리와 경험의 법칙에 반하여 자유심증주의의 한계를 벗어나는 등의 위법이 없다.

그 밖에 이 사건 서류가 이미 효용을 상실하여 공용서류은닉죄의 객체가 되지 않는다는 상고이유의 주장은 독자적인 주장으로서 받아들일 수 없다. 또한 검사의 이 부분 공소제기는 차별적 공소제기로서 공소권 남용에 해당한다는 상고이유의 주장 역시 상고심에서 내세운 새로운 주장으로서 적법한 상고이유가 될 수 없을 뿐만 아니라, 기록에 의하여 살펴보더라도 이 사건 공소제기를 공소권의 남용으로 볼 만한 사정을 찾아볼 수 없다(대법원 2013. 11. 28., 선고, 2011도5329, 판결).

Ⅲ. 수사실무

1. 피의자 신문례

(1) 피의자는 경찰 지구대에서 조사 받은 일이 있나요

(2) 언제, 어디에서 조사받았나요

(3) 조사받은 이유는 무엇인가요

(4) 지구대까지는 어떻게 가게 되었는가요

(5) 피의자는 지구대에서 조사받는 과정에서 그 시설물을 파괴한 일이 있나요

(6) 어떤 시설물을 파괴하였나요

(7) 그 이유는 무엇인가요

2. 범죄사실 기재례

【범죄사실 기재례】

피의자는 2000. 4. 3. 11시경 ○○앞길에서 술에 만취되어 그 곳을 지나가는 대학생 김○○(여, 24세)에게 추태를 부리다가 순찰 중이던 ○○경찰서 ○○지구대 경사 김○○에게 적발되어 위 지구대로 연행되었다.

피의자는 연행된 후에 위 범행에 대하여 추궁당하자 "내가 무엇을 잘못하였는데 나를 붙잡아 조사를 하느냐"면서 지구대 출입문을 발로 차 유리를 깨뜨리고 문기둥을 넘어뜨려서 공무소에서 사용하는 건조물을 파괴하였다.

10. 공무상보관물무효죄

제142조【공무상 보관물의 무효】
공무소로부터 보관명령을 받거나 공무소의 명령으로 타인이 관리하는 자기의 물건을 손상 또는 은닉하거나 기타 방법으로 그 효용을 해한 자는 5년 이하의 징역 또는 700만원 이하의 벌금에 처한다. 〈개정 1995.12.29.〉

[손괴죄] 366 · 367, [이 죄의목적물의예] 형소130, [공소시효] 형소249① : 7년

○ 이 조는 권리행사방해죄(제323조)에 대한 특별규정이라고 할 수 있으며, 소유권 이외의 재산권을 보호하는 재산범죄가 아니라 공무방해에 중점을 두는 특징이 있다.

Ⅰ. 이론

1. 구성요건

(1) 객관적 구성요건

1) 주체

공무소로부터 보관명령을 받거나 공무소의 명령으로 타인이 관리하는 물건의 소유권자이다.

2) 객체

이 죄의 객체는 공무소로부터 보관명령을 받았거나, 공무소의 명령으로 타인이 간수하는 자기의 물건이다.

① 예컨대 물건을 압류한 집행관이 그 물건을 채무자에게 보관하도록 명한 경우가 여기에 해당한다.

② 물건에 대한 보관명령을 받았을 것을 요하므로 단순히 채무압류결정의 정본을 송달받은 것만으로는 이 죄의 객체가 될 수 없다.

3) 행위

손상·은닉하거나 기타 방법으로 효용을 해하는 것이다.

(2) 주관적 구성요건

고의가 있어야 한다.

Ⅱ. 판례

◆ 채권가압류 명령의 송달이 공무상 보관명령에 해당하는지 여부(소극) / 제3채무자인 은행이 전부명령을 받은 채권자에게 예금액을 지급하는 행위가 타인의 사무의 처리에 해당하는지 여부(소극)

가. 제3채무자는 채무자에 대한 채무의 지급을 하여서는 아니된다는 내용 등의 가압류결정 정본의 송달을 받은 것이 형법 제142조 소정의 공무소로부터 보관명령을 받은 경우에 해당한다고 할 수 없다.

나. 채권가압류명령이 송달된 후에는 제3채무자는 채무자에게 지급이 금지되고 제3채무자가 이에 위반하여 채무자에게 지급하거나 그 후에 취득한 자동채권으로 상계하더라도 채권자에게 대항할 수 없고, 추심 또는 전부명령을 받은 채권자로부터 변제의 청구를 받으면 이를 거절할 수 없으나 그 지급을 금지당하였다가 추심 또는 전부명령을 받은 채권자에게 지급하는 은행의 행위는 자신의 사무처리행위이지 채권자의 사무처리행위라고 볼 수 없으므로 전부명령을 받은 채권자에게 예금액을 지급하지 않았다 하여 배임죄가 성립하지 않는다 (대법원 1983.7.12, 선고, 83도1405, 판결).

◆ 실질적으로는 원고가 소유 운행하는 자동차라 할지라도 자동차등록부상 특정회사의 명의로 소유권 등록이 되어 있는 경우

실질적으로 피고인이 소유 운행하는 지입자동차라 할지라도 자동차등록부상 특정회사명의로 소유등록되어 있는 이상 이를 위 회사 소유의 자동차라 할 것이고 피고인의 소유라고는 할 수 없다(대법원 1970. 8. 31. 선고 70도1328 판결).

Ⅲ. 수사실무

1. 피의자 신문례

(1) 공무소로부터 보관명령을 받은 일이 있나요

(2) 언제, 누구로부터 보관명령을 받았는가요

(3) 보관명령을 받은 물건을 어떻게 하였나요

(4) 그 물건을 언제, 어떻게 손상하였나요

(5) 손상시킨 이유는 무엇인가요

2. 범죄사실 기재례

【범죄사실 기재례】

피의자는 ○○도 ○○군 ○○면 ○○리 ○○번지에 거주하는 사람이다.

피의자는 20○○. ○. ○. 14:00경 ○○군청 사법경찰직무취급 산림보호주사 김○○로부터 그의 집 뒷산에 있는 산림에 대해 즉시 보관명령을 받았다. 그럼에도 불구하고 피의자는 그 무렵부터 다음 해 ○○.까지 사이에 위 보관명령을 받은 산림 중에서 ○○평방미터 가량을 땔감으로 소비해버림으로써 공무상 보관물의 효용을 해하였다.

3. 적용실례

(1) 압류당한 물건을 마음대로 사용한 경우

김ㅇㅇ는 그의 굴삭기 1대를 집행관에게 압류당하고, 그의 명령에 의해 박ㅇㅇ가 보관하도록 된 것을 알면서도 박ㅇㅇ가 보관하고 있던 위 굴삭기를 마음대로 끌고 나와 다른 공사장에서 사용하였다.

➡ 이 사건 굴삭기에는 특별히 봉인이나 압류 등의 강제처분표시가 되어 있지 않았기 때문에 단순히 공무상 보관물무효죄만 적용된다. 위 표시들이 있었다면 공무상 표시무효죄가 적용될 것이다.

제143조【미수범】

제140조 내지 전조의 미수범은 처벌한다.

[공소시효] 각 본죄 적용

11. 특수공무방해죄 · 특수공무방해치사상죄

제144조【특수공무방해】

① 단체 또는 다중의 위력을 보이거나 위험한 물건을 휴대하여 제136조, 제138조와 제140조 내지 전조의 죄를 범한 때에는 각조에 정한 형의 2분의 1까지 가중한다.

> ② 제1항의 죄를 범하여 공무원을 상해에 이르게 한 때에는 3년 이상의 유기징역에 처한다. 사망에 이르게 한 때에는 무기 또는 5년 이상의 징역에 처한다. 〈개정 1995.12.29.〉

[가중사유의주장에대한판단] 형소323②, [범죄의형태] 261 · 278 · 284 · 320 · 369, [소요죄] 145, [폭행치사죄] 262, [공소시효] 형소249① : 5년,7년,10년(1항) 10년,15년(2항)

Ⅰ. 이론

[특수공무방해죄]

특수공무방해죄는 단체 또는 다중의 위력을 보이거나 위험한 물건을 휴대하여 공무집행방해죄 · 직무강요죄(제136조), 법정 · 국회회의장모욕죄(제138조), 공무상비밀표시무효죄(제140조), 공용서류 등 무효죄 · 공용물파괴죄(제141조), 공무상 보관물 무효죄(제142조) 및 그 미수의 죄(제143조)를 범함으로써 성립한다. 본 죄는 행위방법의 위험성으로 인하여 불법이 가중되는 가중적 구성요건이다.

[특수공무방해치사상죄]

특수공무방해치사상죄는 특수공무방해죄(제144조 1항)를 범하여 공무원을 상해 또는 사망에 이르게 함으로써 성립하는 범죄로서 특수공무방해죄에 대한 결과적 가중범이다. 특수공무방해치상죄는 부진정결과적 가중범이나, 특수공무방해치사죄는 진정결과적 가중범이다.

Ⅱ. 판례

◆ 경찰관 직무집행법 제6조에 따른 경찰관의 제지 조치가 적법한 직무집행으로 평가되기 위한 요건 및 경찰관의 제지 조치가 적법한지 판단하는 기준

경찰관 직무집행법은 경찰관이 국민의 자유와 권리를 보호하고 사회공공의 질서를 유지하기 위하여 직무 수행에 필요한 사항을 정하면서 경찰관의 직권은 직무 수행에 필요한 최소한도에서 행사되어야 한다고 정하고 있다(제1조). 경찰관 직무집행법 제2조는 경찰관 직무의 범위로 국민의 생명·신체·재산의 보호(제1호), 범죄의 예방·진압·수사(제2호), 범죄피해자 보호(제2호의2), 공공의 안녕과 질서 유지(제7호)를 포함하고 있다.

경찰관 직무집행법 제6조는 "경찰관은 범죄행위가 목전에 행하여지려고 하고 있다고 인정될 때에는 이를 예방하기 위하여 관계인에게 필요한 경고를 하고, 그 행위로 인하여 사람의 생명·신체에 위해를 끼치거나 재산에 중대한 손해를 끼칠 우려가 있어 긴급한 경우에는 그 행위를 제지할 수 있다."라고 정하고 있다. 위 조항 중 경찰관의 제지에 관한 부분은 범죄 예방을 위한 경찰 행정상 즉시강제, 즉 눈앞의 급박한 경찰상 장해를 제거할 필요가 있고 의무를 명할 시간적 여유가 없거나 의무를 명하는 방법으로는 그 목적을 달성하기 어려운 상황에서 의무불이행을 전제로 하지 않고 경찰이 직접 실력을 행사하여 경찰상 필요한 상태를 실현하는 권력적 사실행위에 관한 근거조항이다. 경찰관 직무집행법 제6조에 따른 경찰관의 제지 조치가 적법한 직무집행으로 평가되기 위해서는, 형사처벌의 대상이 되는 행위가 눈앞에서 막 이루어지려고 하는 것이 객관적으로 인정될 수 있는 상황이고, 그 행위를 당장 제지하지 않으면 곧 인명·신체에 위해를 미치거나 재산에 중대한 손해를 끼칠 우려가 있는 상황이어서, 직접 제지하는 방법 외에는 위와 같은 결과를 막을 수 없는 절박한 사태이어야 한다. 다만 경찰관의 제지 조치가 적법한지는 제지 조치 당시의 구체적 상황을 기초로 판단하여야 하고 사후적으로 순수한 객관적 기준에서 판단할 것은 아니다(대법원 2018. 12. 13., 선고, 2016도19417, 판결).

◆ 특수공무집행방해치상죄를 규정한 형법 제144조 제2항 전단과 집단적 폭행 등을 규정한 폭력행위 등 처벌에 관한 법률 제3조 제1항이 법정형을 3년 이상의 유기징역으로 정한 부분이 헌법에 위배되는지 여부

형법 제144조 제2항 전단의 "단체 또는 다중의 위력을 보이거나 위험한 물건을 휴대하여 형법 제136조(공무집행방해)의 죄를 범하여 공무원을 상해에 이르게 한 자는 3년 이상의 유기징역에 처한다"는 부분과 폭력행위 등 처벌에 관한 법률 제3조 제1항 중 "단체나 다중의 위력으로써 또는 흉기 기타 위험한 물건을 휴대하여 형법 제257조 제1항(상해)의 죄를 범한 자는 3년 이상의 유기징역에 처한다"는 부분이 책임과 형벌의 비례성의 원칙에 위배된다거나, 형벌체계의 정당성과 균형을 잃은 것으로서 헌법상 인간으로서의 존엄과 가치 및 행복추구권을 정한 헌법 제10조, 평등의 원칙을 정한 헌법 제11조, 과잉금지원칙을 정한 제37조 제2항 및 법관에 의한 적정한 재판을 받을 권리를 정한 헌법 제27조 제1항에 위배된다고 할 수 없다(대법원 2008. 6. 26. 자 2008초기202,2007도6188 결정).

◆ **도심광장인 '서울광장'에서, 행정대집행법이 정한 계고 및 대집행영장에 의한 통지절차를 거치지 아니한 채 위 광장에 무단설치된 천막의 철거대집행을 행하는 공무원들에 대항하여 피고인들이 폭행·협박을 가하였더라도, 특수공무집행방해죄는 성립하지 않는다고 본 원심판단을 수긍한 경우**

도심광장으로서 '서울특별시 서울광장의 사용 및 관리에 관한 조례'에 의하여 관리되고 있는 '서울광장'에서, 서울시청 및 중구청 공무원들이 행정대집행법이 정한 계고 및 대집행영장에 의한 통지절차를 거치지 아니한 채 위 광장에 무단설치된 천막의 철거대집행에 착수하였고, 이에 피고인들을 비롯한 '광우병위험 미국산 쇠고기 전면 수입을 반대하는 국민대책회의' 소속 단체 회원들이 몸싸움을 하거나 천막을 붙잡고 이를 방해한 사안에서, 위 서울광장은 비록 공부상 지목이 도로로 되어 있으나 도로법 제65조 제1항 소정의 행정대집행의 특례규정이 적용되는 도로법상 도로라고 할 수 없으므로 위 철거대집행은 구체적 직무집행에 관한 법률상 요건과 방식을 갖추지 못한 것으로서 적법성이 결여되었고 따라서 피고인들이 위 공무원들에 대항하여 폭행·협박을 가하였더라도 특수공무집행방해죄는 성립되지 않는다는 이유로, 같은 취지에서 피고인들에 대해 무죄를 선고한 원심판단을 수긍한 사례(대법원 2010.11.11, 선고, 2009도11523, 판결).

◆ **노동조합 지부장 등 피고인들이 자동차공장 점거파업 과정에서 벌어진 노조원들의 폭행, 체포, 상해 등의 범죄행위들 중 일부에 대하여 구체적으로 모의하거나 이를 직접 분담·실행한 바가 없었더라도, 각 범행에 대한 암묵적인 공모는 물론 그 범행들에 대한 본질적 기여를 통한 기능적 행위지배를 한 자에 해당한다고 보아 폭력행위 등 처벌에 관한 법률 위반 등의 공소사실을 유죄로 인정한 원심판단을 수긍한 경우**

전국금속노동조합 쌍용자동차 지부(이하 '쌍용자동차 노동조합'라 한다)의 자동차공장 점거파업 과정에서의 피고인들의 지위, 역할, 점거파업 과정에서 벌어진 집단폭력행위의 성격과 경위, 그 규모와 형태, 구체적인 방법과 진행 과정, 위 노동조합의 지휘체계 등 여러 사정을 종합할 때, 위 노동조합 지부장 등 피고인들이 위 점거파업 과정에서 벌어진 노조원들의 폭행, 체포, 상해 등의 범죄행위들 중 일부에 대하여 구체적으로 모의하거나 이를 직접 분담하여 실행한 바가 없었더라도, 각 범행에 대한 암묵적인 공모는 물론 그 범행들에 대한 본질적 기여를 통한 기능적 행위지배를 한 자에 해당한다고 보아, 이들에 대한 폭력행위 등 처벌에 관한 법률 위반 등의 공소사실을 유죄로 인정한 원심판단을 수긍한 사례(대법원 2011.1.27, 선고, 2010도11030, 판결).

◆ **법외 단체인 전국공무원노동조합의 지부가 당초 공무원 직장협의회의 운영에 이용되던 군(군) 청사시설인 사무실을 임의로 사용하자, 지방자치단체장이 자진폐쇄 요청 후 행정대집행법에 따라 행정대집행을 하였는데, 피고인들과 위 지부 소속 공무원들이 위 집행을 행하던 공무원들에게 대항하여 폭행 등 행위를 한 사안에서, 피고인들에게 특수공무집행방해죄를 인정한 원심판단의 결론을 정당하다고 한 사례**

법외 단체인 전국공무원노동조합의 지부가 당초 공무원 직장협의회의 운영에 이용되던 군(군) 청사시설인 사무실을 임의로 사용하자 지방자치단체장이 자진폐쇄 요청 후 행정대집행법에 따라 행정대집행을 하였는데, 지부장 등인 피고인들과 위 지부 소속 군청 공무원들이 위 집행을 행하던 공무원들에게 대항하여 폭행 등 행위를 한 사안에서, 위 행정대집행은 주된 목적이 조합의 위 사무실에 대한 사실상 불법사용을 중지시키기 위하여 사무실 내 조합의 물품을 철거하고 사무실을 폐쇄함으로써 군(군) 청사의 기능을 회복하는 데 있으므로, 전체적으로 대집행의 대상이 되는 대체적 작위의무인 철거의무를 대상으로 한 것으로 적법한 공무집행에 해당한다고 볼 수 있고, 그에 대항하여 피고인 등이 폭행 등 행위를 한 것은 단체 또는 다중의 위력으로 공무원들의 적법한 직무집행을 방해한 것에 해당한다는 이유로, 피고인들에게 특수공무집행방해죄를 인정한 원심판단의 결론을 정당하다고 한 사례.(대법원 2011.4.28. 선고 2007도7514 판결)

Ⅲ. 수사실무

1. 피의자신문례

(1) 피의자는 현재 무허가 건물에 거주하고 있는가요

(2) 왜 허가가 나지 않았나요

(3) 피의자는 무허가 건물을 철거하겠다는 통지를 받았나요

(4) 자진철거를 하지 않은 이유는 무엇인가요

(5) 무허가 건물을 철거하러 나온 ○○시청 직원과 인부 10여명에 대해 철거를 방해하였는가요

(6) 누구와 같이 방해하였는가요

(7) 어떠한 방법을 사용하였나요

(8) 공무원과 인부들이 철거를 위한 공무수행중이라는 사실을 알고 있었나요

(9) 어떠한 방법으로 폭행한 것인가요

(10) 그렇다면 여러 사람의 위력을 이용하여 폭행한 것인가요

2. 범죄사실 기재례

【범죄사실 기재례】

(1) 피의자는 서울 ○○구 ○○동 산○번지에 있는 무허가 건물에 거주하는 사람이다.

피의자는 20○○. ○. ○. 11 : 30경 피의자가 사는 위 건물을 포함해 마을의 무허가 건물들을 철거하러 나온 서울시청 ○○과 직원 오○○와 인부 10여명에 대해, 위 마을주민 이○○, 김○○와 함께 그 철거를 제지하였다.

피의자는 또한 포크레인 1대에 석유를 붓고 해머를 빼앗는 등 작업을 방해하다가 오○○가 이를 말리자 그의 목덜미를 잡아 인부들에게서 50m 가량 떨어진 곳에 끌고 간 다음, 그곳 주민 30여명과 합세하여 그를 협박하고 다중의 위력을 과시하여 약 1시간 가량 위 오○○의 무허가건물 철거작업의 집행을 방해하였다.

(2) 피의자 김○○는 한국조폐공사의 노동조합 부위원장이다.

피의자는 전국민주노동조합총연맹의 행동지침을 받아 대정부투쟁을 벌이기로 조합원들과 공모하여, 20○○. ○. ○. 20:00경부터 같은 달 ○. 15:00경까지 조합원들로 하여금 파업을 하게 하였다.

피의자는 20○○. ○. ○. 서울 영등포구 소재 여의도공원, 서울 중구에 있는 시민광장 등에서 개최된 민주노총 주최의 '민주노총 공공금융부문 일방적 구조조정 등 반대 결의대회' 집회에 참가하게 함으로써 다중의 위력으로 공사의 업무를 방해하였다.

피의자는 쟁의행위는 근로조건의 유지 개선을 위해서만 할 수 있을 뿐이고 공사가 구조조정의 일환으로 시행하려는 ○○조폐창의 ○○조폐창으로의 통폐합 방침은 공사의 경영에 관한 문제로서 쟁의행위의 대상이 되지 아니함에도 불구하고, 조폐창통폐합 방침을 철회시키기 위한 목적으로 파업을 벌이기로 조합원들과 공모하여, 20○○. ○. ○. 09:00경부터 20○○. ○. ○. 12:00경까지 12회에 걸쳐 조합원들로 하여금 파업을 하게 하였다. 또한, 공사 본사 앞 등에서 조폐창통폐합에 반대하는 집회를 개최하여 다중의 위력으로 공사의 업무를 방해하였다.

(3) 범죄사실

1. 피의자 이○○, 피의자 김○○, 피의자 박○○의 공동 범행

가. 특수공무집행방해

○○군 군수인 피의자 이○○은 같은 군 내무과장인 김○○이 같은 군 부군수인 박○○ 등과 함께 "○○○○한 이유를" 경위로, ○○군의회에서 군수불신임결의안을 채택하려는 군의회 의원들의 직무집행을 군청 직원들을 동원하여 실력으로 저지하기로 공모하였다.

피의자 김○○이 구내방송을 통하여 청사내에 있는 직원 50여명을 동원하여 그들로 하

여금 의원들이 본회의장에 들어가려는 것을 계단에서부터 가로막아 입장하지 못하게 하였다. 그리고 의원들이 소회의실로 들어가 의사를 진행하려 하자 다시 직원 30여명으로 하여금 그 곳에 난입, 회의장을 점거하게 하여 의사진행을 못하게 함으로써, 공무원이 공무외의 일로 집단행위를 함과 동시에 다중의 위력으로 ○○군 의회 의원들의 정당한 공무집행을 방해하고 그들이 점유하는 방실은 ○○군의회 소회의실에 침입하였다.

3. 적용실례

(1) 경찰차를 손괴하고 경찰관을 위협한 경우

○○공원에서 30센티미터 가량의 칼을 소지하고 싸움을 벌이던 장○○는 그들을 체포하기 위해 출동한 경찰차의 타이어 2개를 위 칼로 내리쳐 손괴하고 유리를 깨뜨리는 등 경찰관을 위협, 협박하였다.

➡ 특수공무집행방해와 특수공용물건손상의 상상적 경합이 된다.

(2) 공무원에게 상처를 입힌 경우

피의자가 하우스 옆에 지은 불법건축물을 철거하기 위해 면사무소 소속 공무원이 나오자 그에게 위험한 물건인 농기기를 휘둘러 이를 제지하려다가 요치 2주의 상처를 입혔다.

➡ 이 사건에서 피의자가 사용한 농기구는 사람에게 위험한 것이어서 이러한 위험한 물건을 휴대하고 공무집행을 방해하다가 해당 공무원에게 상해를 입힌 것이라면 형법 제144조, 제136조 제1항에 따라 특수공무집행방해치상죄로 의율해야 할 것이다.

(3) 공무집행중인 경찰관을 구타한 경우

피의자가 야구공만한 크기의 보도블럭 조각으로 공무집행중인 경찰관을 구타하여 공무집행을 방해하고 상처를 입혔다.

➡ 이를 폭력행위등처벌에관한법률 위반으로 의율할 수 있겠으나, 피의자가 사용한 위 보도블럭 조각은 위험한 물건이라 할 수 있으므로 형법 제144조 소정의 특수공무집행방해치상죄로 의율하는 것이 타당할 것이다.

(4) 사립학교의 물건을 손괴하고 경찰을 협박한 경우

피의자는 ○○실업고등학교의 1층 유리창 20여개와 2층 유리창 10여개 시가 ○○만원 상당을 손괴하고, 신고를 받아 그를 체포하려 출동한 ○○경찰서 근무 경장 방○○ 등에 대해 허리띠에 매달아 소지하고 있던 길이 약 30cm의 식칼을 휘두르면서 협박하고 동인의 공무집행을 방해하였다.

➡ 피의자는 위험한 물건인 식칼을 가지고 공무를 집행중인 공무원을 협박한 것이므로 특수공무집행방해죄가 적용되며, 한편 유리창 손괴에 대해서는 위 ○○실업고등학교는 사립학교로서 공무소의 범주에 들어가지 않기 때문에 재물손괴죄를 적용할 수 있을 것이다.

제9장 도주와 범인은닉의 죄 (제145조~제151조)

제9장 도주와 범인은닉의 죄(제145조~제151조)

1. 도주죄

> **제145조【도주, 집합명령위반】**
> ① 법률에 따라 체포되거나 구금된 자가 도주한 경우에는 1년 이하의 징역에 처한다.

[법에의해체포구금된자] 헌12, 형소201 · 212-214 · 473-475, 형66-68, 형의 집행 및 수용자의 처우에 관한 법률2, [천재등으로인한해금시] 형의 집행 및 수용자의 처우에 관한 법률102, [도주원조] 147 · 148, [미수범] 149, [공소시효] 형소249① : 5년

○ 국가는 그 형사사법권에 의하여 개인을 체포 또는 구금할 수 있는데 이를 국가의 구금권의 발동이라 하므로 도주는 구금권에 대한 침해라고 할 수 있을 것이다. 이 죄의 보호법익은 국가의 구금기능을 보호함에 있고 그 보호받을 정도는 침해범이다.

Ⅰ. 이론

1. 구성요건

(1) 객관적 구성요건

1) 주체

법률에 의하여 체포 또는 구금된 자로서, 적법하게 신체의 자유를 구속받고 있는 자를 말한다.

① 이미 유죄의 확정판결을 받고 교도소에 구금되어 있는 자뿐만 아니라, 재판확정 전에 피고인 또는 피의자로 구속되어 있는 자를 포함한다.

② 영장에 의한 구속에 한하지 않으며 긴급체포나 현행범으로 체포된 자도 포함한다.

③ 사인에 의해 현행범으로 체포된 자가 이 죄를 범한 경우는 국가의 구금권이 침해된 것으로 볼 수 없어 이 죄의 주체라고 할 수 없다(반대설 있음).

④ 보안처분의 집행을 받고 있는 자가 도주한 경우에는 사회보호법 등에 의해 처벌하므로 주체가 안된다.

⑤ 여기서 구금이란 현실적으로 구금되었을 것을 요하므로 가석방 또는 보석 중에 있거나 형집행 정지 중인 자는 여기서 제외된다.

2) 행위

도주하는 것이다.

① 도주는 구금상태로서 이탈하는 것을 말한다. 일시적인 이탈도 도주로 보며, 작위뿐만 아니라 부작위에 의한 도주도 이에 포함한다.

② 이 죄는 간수자의 실력적 지배에서 벗어났을 때 기수가 된다. 따라서 교도소의 외벽을 넘었더라도 추적을 받고 있는 때에는 기수가 된다고 할 수 없다.

(2) 주관적 구성요건

고의가 있어야 한다.

Ⅱ. 판례

◆ 피고인이 불법체포된 자로서 도주죄의 주체가 될 수 있는지 여부

사법경찰관이 피고인을 수사관서까지 동행한 것이 사실상의 강제연행, 즉 불법 체포에 해당하고, 불법 체포로부터 6시간 상당이 경과한 후에 이루어진 긴급체포 또한 위법하므로 피고인이 불법체포된 자로서 형법 제145조 제1항에 정한 '법률에 의하여 체포 또는 구금된 자'가 아니어서 도주죄의 주체가 될 수 없다(대법원 2006. 7. 6. 선고 2005도6810 판결).

◆ 도주죄의 기수시기 및 도주행위가 기수에 이른 후에 도주죄의 범인의 도피를도와주는 행위가 도주원조죄에 해당하는지 여부(소극)

도주죄는 즉시범으로서 범인이 간수자의 실력적 지배를 이탈한 상태에 이르렀을 때에 기수가 되어 도주행위가 종료하는 것이고, 도주원조죄는 도주죄에 있어서의 범인의 도주행위를 야기시키거나 이를 용이하게 하는 등 그와 공범관계에 있는 행위를 독립한 구성요건으로 하는 범죄이므로, 도주죄의 범인이 도주행위를 하여 기수에 이른 이후에 범인의 도피를 도와주는 행위는 범인도피죄에 해당할 수 있을 뿐 도주원조죄에는 해당하지 아니한다(대법원 1991. 10. 11. 선고 91도1656 판결).

Ⅲ. 수사실무

1. 피의자 신문례

(1) 언제 구금되었나요

(2) 구금된 이유는 무엇인가요

(3) 수감중인 교도소는 어디였나요

(4) 공판을 받기 위해 법원으로 가던 중 도주한 사실이 있나요

(5) 언제, 어떠한 방법으로 도주했는가요

(6) 도주 후 어떻게 하였나요

(7) 누구에게 도움을 요청했나요

(8) 도주하려던 이유는 무엇인가요

2. 범죄사실 기재례

【범죄사실 기재례】

(1) 피의자는 ○○지방법원 판사 김○○이 발부한 구속영장에 의해 ××××. ×. ×.부터 서울○○구치소에 구금되어 있는 사기 피의자로서, 같은 달 ×. ○○지방법원에 기소되어 공판계속중인 미결수이다.

피의자는 다음달인 ○. ○. 10 : 00경 공판을 위해 ○○구치소 교도관 이○○와 문○○의 감시를 받으며 ○○지방법원 제○호 법정에 가던 중, 위 법원 1층 화장실 옆 복도에서 위 두 교도관의 감시가 허술한 틈을 이용해 화장실로 들어가 그 열려있던 창문을 넘어 법원으로부터 도주하였다.

(2) 피의자는 20○○. ○. ○. 강도피의자로서 ○○법원 판사 김○○이 발부한 구속영장에 의해 ○○경찰서 유치장에 구금되어 있었다.

피의자는 같은 달 15. 위 피의사건의 신문을 받기 위하여 위 경찰서 수사과에 근무하는 경장 이○○외 1명의 경찰관 계호하에 ○○검찰청 제401호 검사실에 연행되어 위 검찰청 검사 최○○로부터 신문을 받았다. 그 후 같은 날 14:00경 위 검찰청 4층 복도를 돌아 나오는 도중 위 계호 경찰관들이 주의를 소홀히 한 틈을 이용하여 갑자기 복도를 뛰쳐나가 위 검찰청 후문을 통하여 청사 밖으로 도주하였다.

2. 집합명령위반죄

> **제145조【도주, 집합명령위반】**
> ② 제1항의 구금된 자가 천재지변이나 사변 그 밖에 법령에 따라 잠시 석방된 상황에서 정당한 이유없이 집합명령에 위반한 경우에도 제1항의 형에 처한다.
> [전문개정 2020. 12. 8.]

○ 이 죄는 잠시 해금된 자가 정당한 이유없이 집합명령에 따르지 않음으로써 성립하는 진정부작위범이며, 침해사실이 다소 시간적 계속을 요하는 계속범이다.

Ⅰ. 이론

1. 구성요건

(1) 객관적 구성요건

1) 주체

법률에 의해 구금되었으나 천재·사변 및 기타 법령에 의해 잠시 해금된 자이다. '천재·사변 및 기타 법령에 의해 잠시 해금된 경우'의 의미에 대해서 '천재·사변 또는 법령에 의해' 잠시 해금된 경우를 의미한다는 견해와 '천재·사변 또는 이에 준하는 상태에서 법령에 의해' 잠시 해금된 경우를 의미한다는 견해가 주장되고 있으나 후자가 다수설이다. 판례도 다수설과 입장을 같이하고 있다고 평가된다(4287형상45).

2) 행위

이 죄의 행위는 집합명령에 위반하는 것이다.

① 집합명령이란 다수자에 대하여 일정한 장소로 집결하라는 구체적인 명령이다.

② 교도소 또는 소년교도소장 등이 수형자에게 일시 귀휴허가를 하면서 내리는 소정기간내에 귀소하라는 작위명령을 포함한다.

(2) 주관적 구성요건

고의가 있어야 한다.

Ⅱ. 판례

◆ 집합명령위반죄의 주체

6.25사변시 각 교도소 및 경찰서에 구금되었다가 불법출소하여 그 후 법무부장관이 공고한 기일 내에 자수치 않은 자에 대하여 도주죄를 인정하였음은 정당하다(대판 1954. 7. 3. 4287형상45).

3. 특수도주죄

제146조【특수도주】
수용설비 또는 기구를 손괴하거나 사람에게 폭행 또는 협박을 가하거나 2인 이상이 합동하여 전조제1항의 죄를 범한 자는 7년 이하의 징역에 처한다.

[폭행협박] 260① · 283①, [합동] 331② · 334②, [수용설비] 행형2 · 62, [도주죄] 145,
[공소시효] 형소249① : 7년

○ 이 죄는 단순도주죄에서 형이 가중되는 가중도주죄라 할 수 있다.

Ⅰ. 이론

1. 구성요건

(1) 객관적 구성요건

1) 주체

주체는 단순도주죄와 마찬가지로 법률에 의하여 체포·구금된 자이다.

2) 객체

이 죄의 객체는 수용설비, 기구 또는 사람이다.

① 수용설비란 사람의 신체를 계속적으로 구속하기 위한 설비로서 교도소·구치소·경찰서의 유치장 등의 구속장소가 여기에 해당한다.

② 기구란 신체를 직접 구속하는 기구로서 포승·수갑 등이 여기에 해당한다.

③ 사람은 간수자에 한한다는 것이 통설이나, 간수자 외에도 도주방해에 협력하는 제3자도 포함한다는 주장도 있다.

3) 행위

이 죄의 행위는 손괴하거나 폭행·협박을 가하거나 2인 이상이 합동하여 도주하는 것이다.

① 손괴란 물리적 훼손을 의미하는데 손괴죄의 그것과는 달라서 설비나 기구의 효용을 해하는 것과는 상관없으며 설비 또는 기구의 물리적 손괴만을 문제로 한다. 따라서 단순히 수갑을 풀고 달아나는 것만으로는 이 죄에 해당하지 않게 된다.

② 폭행·협박은 도주의 수단으로서 사람에 대하여 행해지는 것으로 직접 신체에 대하여 가해졌을 것을 요하지 않는다.

③ 합동이란 시간적·장소적 협동을 의미하며 합동한 2인 이상의 자는 모두 법률에 의하여 구금된 자이어야 한다.

(2) 주관적 구성요건

고의가 있어야 한다.

Ⅱ. 수사실무

1. 피의자 신문례

(1) 언제 구금되었나요

(2) 구금되었던 이유는 무엇인가요

(3) 도주를 위해 공범○○○와 언제, 어떻게 모의를 하였는가요

(4) 공범○○○역시 도주할 생각을 갖고 있었나요

(5) 도주를 위해 역할분담을 어떻게 하였나요

(6) 언제, 어디로 도주하였나요

(7) 간수자는 그 시간에 무엇을 하고 있었나요

(8) 어떠한 방법으로 도주한 것인가요

(9) 도주 후에는 어떻게 하였나요

(10) 외부인의 도움이 있었나요

(11) 도주하려는 생각을 한 이유는 무엇인가요

2. 범죄사실 기재례

【범죄사실 기재례】

피의자 임○○는 20○○. ○. ○. ○○지방법원에서 강도죄로 징역 2년을 선고받고 항소하여 위 법원 항소 ○부에 사건이 계류중이다.

피의자 최○○는 같은 해 ○. ○. 절도죄로 기소되어 같은 법원 제○단독 판사 강○○의 심리로 공판계속중에 있다.

피의자들은 모두 ○○구치소 ○○호 미결수 방에 함께 구금되어 있는 사람들이었다. 피의자들은 구치소에서 도망하기로 공모하여, 20○○. ○. ○. 23:30경 위 방 왼편에 있는 화장실 철책을 뜯어내고 밖으로 나와 구치소 이불을 이어 미리 만들어 두었던 줄을 타고 마당으로 내려온 후 별지표시의 구치소 담장을 넘어 도주함으로써 2인 이상이 공모하여 수용설비를 손괴하고 도주하였다(별지 생략).

4. 도주원조죄

제147조【도주원조】

법률에 의하여 구금된 자를 탈취하거나 도주하게 한 자는 10년 이하의 징역에 처한다.

[도주] 145, [미수] 49, [예비 · 음모] 150, [공소시효] 형소249① : 10년

○ 이 죄는 도주를 용이하게 하는 행위를 독립죄로 하여 형을 가중한 것이다.

Ⅰ. 이론

1. 구성요건

(1) 객관적 구성요건

1) 주체

이 죄의 주체에는 제한이 없으며, 다만 법률에 의하여 구금되어 있는 자는 주체가 될 수 없다.

2) 객체

법률에 의하여 구금된 자로, 체포되어 연행중인 자는 이에 해당하지 않는다.

> ▣ 근거판례 ▣
>
> 도주죄는 즉시범으로서 범인이 간수자의 실력적 지배를 이탈한 상태에 이르렀을 때에 기수가 되어 도주행위가 종료하는 것이고, 도주원조죄는 도주죄에 있어서의 범인의 도주행위를 야기시키거나 이를 용이하게 하는 등 그와 공범관계에 있는 행위를 독립한 구성요건으로 하는 범죄이므로, 도주죄의 범인이 도주행위를 하여 기수에 이르른 이후에 범인의 도피를 도와 주는 행위는 범인도피죄에 해당할 수 있을 뿐 도주원조죄에는 해당하지 아니한다(대법원 1991.10.11. 선고 91도1656 판결).

3) 행위

탈취, 도주하게 하는 것

① 탈취란 피구금자를 간수자로부터 이탈시켜 자기 또는 제3자에게로 옮기는 것을 말한다. 간수자로부터 이탈시켜 단순히 달아나게 하는 것은 탈취가 아니라 도주하게 하는 것이다.

② 도주하게 한다는 것은 피구금자에게 도주의 의사를 생기게 하거나 도주할 의사가 있는 피구금자에게 그 실행을 용이하도록 도와주는 것을 말한다.

③ 탈취는 탈취의 결과가 나타남으로써 기수가 되며, 도주하게 하는 것은 피구금자가 간수자의 실력적 지배를 벗어났을 때에 기수가 된다.

(2) 주관적 구성요건

고의가 있어야 한다.

Ⅱ. 판례

◆ 도주죄의 기수시기 및 도주행위가 기수에 이른 후에 도주죄의 범인의 도피를 도와주는 행위가 도주원조죄에 해당하는지 여부(소극)

(1) 사실관계

> 피고인A의 동생인 공소외인B는 수감되어 있던 서산시 소재 용병원에서 간수자를 폭행하고 병원에서 탈주하였다. 피고인A는 그 후 일단 구금시설로부터의 탈주에 성공한 공소외인B가 보다 멀리 서울로 도피할 수 있도록 B소유의 승용차를 인도하여 주었다.

(2) 판결요지

도주죄는 즉시범으로서 범인이 간수자의 실력적 지배를 이탈한 상태에 이르렀을 때에 기수가 되어 도주행위가 종료하는 것이고, 도주원조죄는 도주죄에 있어서의 범인의 도주행위를 야기시키거나 이를 용이하게 하는 등 그와 공범관계에 있는 행위를 독립한 구성요건으로 하는 범죄이므로, 도주죄의 범인이 도주행위를 하여 기수에 이른 이후에 범인의 도피를 도와 주는 행위는 범인도피죄에 해당할 수 있을 뿐 도주원조죄에는 해당하지 아니한다(대법원 1991.10.11. 선고 91도1656 판결).

Ⅲ. 수사실무

1. 피의자 신문례

(1) 피의자는 ㅇㅇ파의 조직원인가요

(2) 조직에서 어떤 역할을 맡고 있나요

(3) ㅇㅇ파의 행동대장인 한ㅇㅇ를 알고 있는가요

(4) 한ㅇㅇ이 경찰에 검거된 것을 알고 있나요

(5) 피의자는 한ㅇㅇ을 탈취한 일이 있나요

(6) 언제, 어디에서 탈취한 것인가요

(7) 어떤 방법으로 탈취하였나요

(8) 한ㅇㅇ을 탈취하기 위하여 누구와 모의 하였나요

2. 범죄사실 기재례

【범죄사실 기재례】

피의자는 폭력조직 ○○파의 조직원이다.

피의자는 20○○. ○. ○. 23 : 00경 서울 ○○구 ○○동에 있는 ○○주점에서, ○○사건으로 ○○경찰서 형사계 소속경찰관 소○○와 같은 김○○에게 위 ○○파의 행동대장 한○○가 체포되는 것을 보고, 그가 위 경찰서에 연행되는 도중에 그를 탈취하기로 계획하였다.

피의자는 같은 조직원 1명과 함께 위 주점을 빠져나와 20미터 가량 떨어진 골목에 숨어 있다가 같은 날 23 : 30경 위 소○○와 김○○가 위 한○○를 연행하여 골목 앞을 지나갈 때, 뛰어나와 위 두 경찰의 얼굴과 배 등을 주먹으로 치고 발로 차서 그들이 쓰러지자, 위 한○○를 데리고 도주하여 구금된 자를 탈취하였다.

5. 간수자도주원조죄

제148조【간수자의 도주원조】
법률에 의하여 구금된 자를 간수 또는 호송하는 자가 이를 도주하게 한 때에는 1년 이상 10년 이하의 징역에 처한다.

[간수호송] 행형14-17, [도주원조] 147, [예비 · 음모] 150, [미수] 149, [공소시효] : 10년

○ 이 죄는 법률에 의하여 구금된 자를 간수 또는 호송하는 자가 도주하게 함으로써 성립하는 범죄로 신분범이다.

Ⅰ. 이론

1. 구성요건

(1) 객관적 구성요건

1) 주체

이 죄의 주체는 법률에 의하여 구금된 자를 간수 또는 호송하는 자이다(신분범). 간수 또는 호송의 임무시, 도주하게 하는 행위시에 그러한 지위에 있으면 충분하며 반드시 공무원일 필요는 없다.

2) 객체

법률에 의하여 구금된 자이다.

3) 행위

피구금자를 도주하게 하는 것이다.

(2) 주관적 구성요건

고의가 있어야 한다.

Ⅱ. 수사실무

1. 피의자 신문례

(1) 어느 교도소에서 근무하고 있나요

(2) 현재 직급, 직책은 무엇인가요

(3) 김○○을 호송하였나요

(4) 언제, 어디에서, 어디로 호송하였나요

(5) 어떤 방법으로 호송하였나요

(6) 당시 호송인원과 교도관은 몇 명이었나요

(7) 호송도중 김○○을 도주하게 하였나요

(8) 김○○이 도주하도록 어떠한 방법으로 도움을 주었나요

2. 범죄사실 기재례

【범죄사실 기재례】

피의자는 ○○경찰서 형사계에 근무하는 순경이다.

피의자는 위 ○○경찰서 유치장에 구금되어 있는 강도사건 피의자 양○○의 친형 양○○으로부터 위 피의자 양○○에게 도주의 기회를 제공하여 달라는 내용의 간절한 청탁을 받아 이를 승낙하였다.

그 후 20○○. ○. ○. 18:50경 ○○지방검찰청에서 신문을 마친 양○○를 호송하는 도중

○○시 ○○동을 지날 때에 일부러 호송차량을 세우고 동료 순경 김○○을 유도하여 근처 포장마차에 들어가 그 틈을 이용하여 위 양○○으로 하여금 호송차로부터 도주하게 하였다.

6. 범인은닉죄

> **제151조【범인은닉과 친족간의 특례】**
> ① 벌금 이상의 형에 해당하는 죄를 범한 자를 은닉 또는 도피하게 한 자는 3년 이하의 징역 또는 500만원 이하의 벌금에 처한다. 〈개정 1995.12.29.〉

[본범과의관련] 형소11, [친족] 민767 · 777, [가족] 민779, [본항의주장에대한판단] 형소323②, [무죄언도] 형소325, [공소시효] 형소249① : 5년

○ 이 죄는 증거인멸죄와 같이 국가의 형사사법기능을 보호법익으로 하며, 그 보호받을 정도는 위험범이다. 처벌대상행위는 형사사건의 수사·심판·형의 집행 등을 방해하는 행위이다.

Ⅰ. 이론

1. 구성요건

(1) 객관적 구성요건

1) 주체

주체에는 제한이 없으나 범인 자신의 은닉 또는 도피행위는 이 죄를 구성하지 않는다. 범인 아닌 자이면 주체가 되므로 공동정범 중의 한 사람이 다른 공동정범을 도피하게 한 경우에도 이 죄가 성립한다.

> ▣ 근거 판례 ▣
>
> 형법 제151조 제1항 소정의 범인 도피죄에 있어서 공동정범중의 1인이 타 공동정범인을 도피시킴에 대하여 동조 제2항과 같은 불처벌의 특례를 규정한바 없으므로 공동정범중의 1인인 소외 1이 타 공동정범인인 소외 2외1인을 도피시킴은 범인도피죄의 죄책을 면치 못하고 따라서 피고인이 위 소외 1의 도피행위를 용이케 함은 동방조죄를 구성한다고 해석함이 타당하다(대법원 1958.1.14. 4290형상393).

■ 이견있는 형사사건의 법원판단 ■

[자기은닉·도피의 교사]

1. 문제점 : 범인이 제3자를 교사하여 자기를 은닉·도피하게 한 경우에 그 범인을 범인은닉죄의 교사범으로 처벌할 수 있는지에 대하여 견해가 대립한다.
2. 학설
(1) 긍정설 : 이 경우는 자기비호권의 한계를 일탈한 것으로서 기대가능성이 인정되기 때문에 교사범이 성립한다는 견해
(2) 부정설(다수설) : 이 경우는 자기비호의 연장에 불과하므로 교사범도 될 수 없다는 견해
3. 판례 : 긍정설의 태도

범인이 자신을 위하여 타인으로 하여금 허위의 자백을 하게 하여 범인도피죄를 범하게 하는 행위는 방어권의 남용으로 범인도피교사죄에 해당한다(대판 2000. 3. 24, 2000도20).

2) 객체

벌금 이상의 형에 해당하는 죄(법정형)를 범한 자이다.

① 소추나 처벌이 불가능한 경우는 여기에 해당되지 않지만, 친고죄에 있어서는 고소가 없어도 죄를 범한 자에 포함된다.

② 검사에 의해 불기소처분을 받은 자는 이 죄의 객체에 포함되지 않는다(반대설 있음).

③ 진범인이어야 하는가에 관해서는 그래야 한다는 견해가 유력하지만 판례는 진범인이 아니더라도 범죄의 혐의를 받고 수사 또는 소추중인 자이면 족하다고 한다(대법원 1982. 1. 16. 선고 81도1931 판결).

■ 이견있는 형사사건의 법원판단 ■

[본 죄의 객체가 진범인이어야 하는지 여부]

1. 문제점 : 본 죄의 객체가 진범인이어야 하는지에 관하여 견해가 나뉜다.
2. 학설

(1) 적극설 : 형법은 '죄를 범한 자'라고 규정하고 있으므로 본죄의 객체는 진범인을 의미한다는 견해
(2) 소극설(다수설) : 진범여부는 확정판결이 있기 전까지는 알 수 없는데, 적극설에 의하면 그 전에는 범인은닉죄를 적용할 수 없다는 문제가 있으므로 진범인 이외에 범죄혐의로 수사, 소추중인 자도 포함한다는 견해
(3) 절충설 : 수사개시 이전에는 진범인이어야 하지만, 수사단계에서는 진범인이거나 객관적으로 판단하여 진범인 이라고 강하게 의심되는 자를, 그리고 소추·재판·형집행 단계에서는 진범여부를 불문한다는 견해

3. 판례 : 소극설의 태도

범인은닉죄는 형사사법에 관한 국권의 행사를 방해하는 자를 처벌하고자 하는 것이므로 형법 제151조 제1항 소정의 '죄를 범한 자'라 함은 범죄의 혐의를 받아 수사 대상이 되어 있는 자를 포함한다. 따라서 구속수사의 대상이 된 소송외인이 그 후 무혐의로 석방되었다 하더라도 위 죄의 성립에 영향이 없다(대법원 1982. 1. 26. 선고 81도1931 판결).

3) 행위

은닉 또는 도피하게 하는 것이다.

① 은닉이란 장소를 제공하여 범인을 감추어 주는 행위를 말한다.

② 도피하게 하는 것은 은닉 이외의 방법으로 수사기관의 체포, 발견을 곤란 또는 불가능하게 하는 것을 말한다.

(2) 주관적 구성요건

고의가 있어야 한다. 그러나 범인의 성명이나 범죄의 구체적 내용까지 인식할 필요는 없다.

2. 죄수

동일 범인을 은닉하고 도피하게 한 경우에는 포괄일죄가 성립한다.

Ⅱ. 판례

◆ 범인도피죄에서 '도피하게 하는 행위'의 의미 / 공범을 도피하게 하는 경우에 범인도피죄가 성립할 수 있는지 여부(적극) 및 범인 스스로 도피하는 행위도 처벌되는지 여부(소극)

형법 제151조가 정한 범인도피죄에서 '도피하게 하는 행위'란 은닉 이외의 방법으로 범인에 대한 수사, 재판, 형의 집행 등 형사사법의 작용을 곤란하게 하거나 불가능하게 하는 일체의 행위를 말한다.

범인도피죄는 타인을 도피하게 하는 경우에 성립할 수 있는데, 여기에서 타인에는 공범도 포함되나 범인 스스로 도피하는 행위는 처벌되지 않는다. 또한 공범 중 1인이 그 범행에 관한 수사절차에서 참고인 또는 피의자로 조사받으면서 자기의 범행을 구성하는 사실관계에 관하여 허위로 진술하고 허위 자료를 제출하는 것은 자신의 범행에 대한 방어권 행사의 범위를 벗어난 것으로 볼 수 없다. 이러한 행위가 다른 공범을 도피하게 하는 결과가 된다고 하더라도 범인도피죄로 처벌할 수 없다. 이때 공범이 이러한 행위를 교사하였더라도 범죄가 될 수 없는 행위를 교사한 것에 불과하여 범인도피교사죄가 성립하지 않는다(대법원 2018. 8. 1., 선고, 2015도20396, 판결).

◆ 범인이 도피를 위하여 타인에게 도움을 요청하는 행위가 범인도피교사죄를 구성하는 경우와 그 경우 방어권 남용 여부의 판단 기준

범인 스스로 도피하는 행위는 처벌되지 아니하므로, 범인이 도피를 위하여 타인에게 도움을 요청하는 행위 역시 도피행위의 범주에 속하는 한 처벌되지 아니하며, 범인의 요청에 응하여 범인을 도운 타인의 행위가 범인도피죄에 해당한다고 하더라도 마찬가지이다. 다만 범인이 타인으로 하여금 허위의 자백을 하게 하는 등으로 범인도피죄를 범하게 하는 경우와 같이 그것이 방어권의 남용으로 볼 수 있을 때에는 범인도피교사죄에 해당할 수 있다. 이 경우 방어권의 남용이라고 볼 수 있는지 여부는, 범인을 도피하게 하는 것이라고 지목된 행위의 태양과 내용, 범인과 행위자의 관계, 행위 당시의 구체적인 상황, 형사사법의 작용에 영향을 미칠 수 있는 위험성의 정도 등을 종합하여 판단하여야 한다(대법원 2014.4.10, 선고, 2013도12079, 판결).

◆ 범인이 기소중지자임을 알고도 범인의 부탁으로 다른 사람의 명의로 대신 임대차계약을 체결해 준 행위가 범인도피죄에 해당하는지 여부

(1) 사실관계

마약류관리법위반죄로 기소중지된 공소외 B는 그와 같이 기소중지를 당하는 바람에 집에 들어갈 수 없다며 피고인 A에게 방 값이 싼 데를 알아봐 달라거나 계약서를 대신 작성해 달라는 부탁을 하여 피고인이 그 처의 이름으로 대신 계약을 체결하여 주었다.

(2) 판결요지

범인도피죄는 범인은닉 이외의 방법으로 범인에 대한 수사, 재판 및 형의집행등 형사사법의 작용을 곤란 또는 불가능하게 하는 행위를 말하는 것으로서, 그 방법에는 어떠한 제한이 없고, 위험범으로서 현실적으로 형사사법의 작용을 방해하는 결과가 초래될 것이 요구되지 아니한다. 범인이 기소중지자임을 알고도 범인의 부탁으로 다른 사람의 명의로 대신 임대차계약을 체결해 준 경우, 비록 임대차계약서가 공시되는 것은 아니라 하더라도 수사기관이 탐문수사나 신고를 받아 범인을 발견하고 체포하는 것을 곤란하게 하여 범인도피죄에 해당한다(대법원 2004. 3. 26. 선고 2003도8226 판결).

◆ 형법 제151조 소정의 범인도피죄의 의의, 같은 조 소정의 '벌금 이상의 형에 해당하는 죄를 범한 자'의 의미와 그에 대한 인식 여부의 판단 기준 및 범인이 아닌 자가 수사기관에 범인임을 자처하고 허위사실을 진술하여 진범의 체포와 발견에 지장을 초래한 경우, 범인도피죄의 성립 여부

(1) 사실관계

피고인 A가 1999. 1. 5. 08:00경 영동고속도로 신갈기점 159.5km 지점에서 공소외인 B 운전의 승용차에 동승하여 가던 중 공소외인이 교통사고를 야기하여 벌금 이상의 형에 해당하는 교통사고처리특례법위반죄를 범하였다는 것을 알면서도 공소외인으로 하여금 형사처벌을 면하게 할 목적으로 위 교통사고에 관한 조사를 담당한 경장 채○○에게 피고인 자신이 위 승용차를 운전하다가 교통사고를 발생하게 하였다는 허위의 사실을 진술함으로써 공소외인을 도피시켰다.

(2) 판결요지

[1] 형법 제151조에서 규정하는 범인도피죄는 범인은닉 이외의 방법으로 범인에 대한 수사, 재판 및 형의 집행 등 형사사법의 작용을 곤란 또는 불가능하게 하는 행위를 말하는 것으로서, 그 방법에는 어떠한 제한이 없고, 또한 위 죄는 위험범으로서 현실적으로 형사사법의 작용을 방해하는 결과가 초래될 것이 요구되지 아니할 뿐만 아니라, 같은 조 소정의 '벌금 이상의 형에 해당하는 죄를 범한 자'라 함은 범죄의 혐의를 받아 수사 대상이 되어 있는 자도 포함하고, 벌금 이상의 형에 해당하는 자에 대한 인식은 실제로 벌금 이상의 형에 해당하는 범죄를 범한 자라는 것을 인식함으로써 족하고 그 법정형이 벌금 이상이라는 것까지 알 필요는 없으며, 범인이 아닌 자가 수사기관에 범인임을 자처하고 허위사실을 진술하여 진범의 체포와 발견에 지장을 초래하게 한 행위는 위 죄에 해당한다.

[2] 범인에 대하여 적용 가능한 죄가 도로교통법위반죄로부터 교통사고처리특례법위반죄를 거쳐 상해죄에 이르기까지 다양하고, 그 죄들은 모두 벌금 이상의 형을 정하고 있으며 범인에게 적용될 수 있는 죄가 교통사고처리특례법위반죄에 한정된다고 하더라도 자동차종합보험 가입사실만으로 범인의 행위가 형사소추 또는 처벌을 받을 가능성이 없는 경우에 해당한다고 단정할 수 없을 뿐 아니라, 피고인이 수사기관에 적극적으로 범인임을 자처하고 허위사실을 진술함으로써 실제 범인을 도피하게 하였다는 이유로 범인도피죄의 성립을 인정한 사례(대법원 2000. 11. 24. 선고 2000도4078 판결).

◆ 범인도피죄에서 '도피하게 하는 행위' 의 의미

형법 제151조의 범인도피죄에서 '도피하게 하는 행위' 는 은닉 이외의 방법으로 범인에 대한 수사, 재판 및 형의 집행 등 형사사법의 작용을 곤란 또는 불가능하게 하는 일체의 행위를 말하는 것으로서 그 수단과 방법에는 어떠한 제한이 없다. 또한, 위 죄는 위험범으로서 현실적으로 형사사법의 작용을 방해하는 결과를 초래할 것이 요구되지 아니하지만, 같은 조에 함께 규정되어 있는 은닉행위에 비견될 정도로 수사기관의 발견·체포를 곤란하게 하는 행위, 즉 직접 범인을 도피시키는 행위 또는 도피를 직접적으로 용이하게 하는 행위에 한정된다. 그 자체로는 도피시키는 것을 직접적인 목적으로 하였다고 보기 어려운 어떤 행위의 결과 간접적으로 범인이 안심하고 도피할 수 있게 한 경우까지 포함하는 것은 아니다(대법원 2008.12.24, 선고, 2007도11137, 판결).

◆ 형법 제151조에서 규정하는 범인도피죄의 의의

형법 제151조에서 규정하는 범인도피죄는 범인은닉 이외의 방법으로 범인에 대한 수사재판 및 형의 집행 등 형사사법의 작용을 곤란 또는 불가능하게 하는 행위를 말하는 것으로서 그 방법에는 아무런 제한이 없고, 또한 범인도피죄는 위험범으로서 현실적으로 형사사법의 작용을 방해하는 결과가 초래되어야만 하는 것은 아니다(대법원 2006. 5. 26. 선고 2005도7528 판결).

◆ 공범자의 범인도피행위 도중에 기왕의 범인도피상태를 이용하여 스스로 범인도피행위를 계속한 경우 범인도피죄의 공동정범이 성립하는지 여부(적극) 및 이때 공범자의 범행을 방조한 종범의 경우에도 동일한 법리가 적용되는지 여부(적극)

범인도피죄는 범인을 도피하게 함으로써 기수에 이르지만, 범인도피행위가 계속되는 동안에는 범죄행위도 계속되고 행위가 끝날 때 비로소 범죄행위가 종료된다. 따라서 공범자의 범인도피행위 도중에 그 범행을 인식하면서 그와 공동의 범의를 가지고 기왕의 범인도피상태를 이용하여 스스로 범인도피행위를 계속한 경우에는 범인도피죄의 공동정범이 성립하고, 이는 공범자의 범행을 방조한 종범의 경우도 마찬가지이다(대법원 2012.8.30, 선고, 2012도6027, 판결).

◆ 공무원 등의 직무상 비밀 누설행위와 대향범 관계에 있는 '비밀을 누설받은 행위' 에 대하여 공범에 관한 형법총칙 규정을 적용할 수 있는지 여부(소극)

2인 이상 서로 대향된 행위의 존재를 필요로 하는 대향범에 대하여는 공범에 관한 형법총칙 규정이 적용될 수 없는데, 형법 제127조는 공무원 또는 공무원이었던 자가 법령에 의한 직무상 비밀을 누설하는 행위만을 처벌하고 있을 뿐 직무상 비밀을 누설받은 상대방을 처벌하는 규정이 없는 점에 비추어, 직무상 비밀을 누설받은 자에 대하여는 공범에 관한 형법총칙 규정이 적용될 수 없다고 보는 것이 타당하다(대법원 2011.4.28, 선고, 2009도3642, 판결).

◆ 수사기관에서의 참고인의 허위진술과 범인도피죄의 성립 여부(한정 적극)

(1) 사실관계

피고인A는 2002. 3. 7. 21:30경 이천경찰서 교통사고처리계 사무실에서, 도로교통법위반(음주운전) 등으로 현행범 체포된 공소외 B가 C의 인적 사항을 모용하면서 타인 행세를 하고 있다는 사실을 알면서도 평소 외우고 있던 타인의 주민등록번호 및 허위의 주소 등을 신원보증서에 기재하고 공소외 B의 신원을 보증하여 같은 날 23:30경 동인이 석방되도록 함으로써 범인을 도피하게 하였다.

(2) 판결요지

[1] 형법 제151조 소정의 범인도피죄에서 '도피하게 하는 행위'는 은닉 이외의 방법으로 범인에 대한 수사, 재판 및 형의 집행 등 형사사법의 작용을 곤란 또는 불가능하게 하는 일체의 행위를 말하는 것으로서 그 수단과 방법에는 어떠한 제한이 없고, 또한 위 죄는 위험범으로서 현실적으로 형사사법의 작용을 방해하는 결과가 초래될 것이 요구되지 아니하지만, 같은 조에 함께 규정되어 있는 은닉행위에 비견될 정도로 수사기관의 발견·체포를 곤란하게 하는 행위 즉 직접 범인을 도피시키는 행위 또는 도피를 직접적으로 용이하게 하는 행위에 한정된다고 해석함이 상당하고, 그 자체로는 도피시키는 것을 직접적인 목적으로 하였다고 보기 어려운 어떤 행위의 결과 간접적으로 범인이 안심하고 도피할 수 있게 한 경우까지 포함되는 것은 아니다.

[2] 원래 수사기관은 범죄사건을 수사함에 있어서 피의자나 참고인의 진술 여하에 불구하고 피의자를 확정하고 그 피의사실을 인정할 만한 객관적인 제반 증거를 수집·조사하여야 할 권리와 의무가 있는 것이므로, 참고인이 수사기관에서 범인에 관하여 조사를 받으면서 그가 알고 있는 사실을 묵비하거나 허위로 진술하였다고 하더라도, 그것이 적극적으로 수사기관을 기만하여 착오에 빠지게 함으로써 범인의 발견 또는 체포를 곤란 내지 불가능하게 할 정도의 것이 아니라면 범인도피죄를 구성하지 않는다.

[3] 수사절차에서 작성되는 신원보증서는 체포된 피의자 석방의 필수적인 요건이거나 어떠한 법적 효력이 있는 것은 아니고, 다만 피의사건이 비교적 경미한 경우 피의자와 일정한 관계에 있는 신원보증인이 수사기관에 대하여 피의자의 신분, 직업, 주거 등을 보증하고 향후 수사기관이나 법원의 출석요구에 사실상 협조하겠다는 의사를 표시하는 것으로서 피의자나 신원보증인에게 심리적인 부담을 줌으로써 수사기관이나 재판정에의 출석 또는 형 집행 등 형사사법절차상의 편의를 도모하는 것에 불과하여 보증인에게 법적으로 진실한 서류를 작성·제출할 의무가 부과된 것은 아니므로, 신원보증서를 작성하여 수사기관에 제출하는 보증인이 피의자의 인적 사항을 허위로 기재하였다고 하더라도, 그로써 적극적으로 수사기관을 기망한 결과 피의자를 석방하게 하였다는 등 특별한 사정이 없

는 한, 그 행위만으로 범인도피죄가 성립되지 않는다(대법원 2003. 2. 14. 선고 2002도5374 판결).

◆ **범인도피죄의 의의 및 성립요건**

형법 제151조에서 규정하는 범인도피죄는 범인은닉 이외의 방법으로 범인에 대한 수사, 재판 및 형의 집행 등 형사사법의 작용을 곤란 또는 불가능하게 하는 행위를 말하는 것으로서 그 방법에는 어떠한 제한이 없고, 또 위 죄는 위험범으로서 현실적으로 형사사법의 작용을 방해하는 결과가 초래될 것이 요구되지 아니하므로, 형법 제151조 제1항의 이른바, 죄를 범한 자라 함은 범죄의 혐의를 받아 수사대상이 되어 있는 자를 포함하며, 나아가 벌금 이상의 형에 해당하는 죄를 범한 자라는 것을 인식하면서도 도피하게 한 경우에는 그 자가 당시에는 아직 수사대상이 되어 있지 않았다고 하더라도 범인도피죄가 성립한다고 할 것이고, 한편, 증거인멸죄에 관한 형법 제155조 제1항의 이른바 타인의 형사사건이란 인멸행위시에 아직 수사절차가 개시되기 전이라도 장차 형사사건이 될 수 있는 것까지 포함한다(대법원 2003.12.12, 선고, 2003도4533, 판결).

◆ **공범자의 범인도피행위 도중에 기왕의 범인도피상태를 이용하여 스스로 범인도피행위를 계속한 경우 범인도피죄의 공동정범이 성립하는지 여부(적극) 및 이때 공범자의 범행을 방조한 종범의 경우에도 동일한 법리가 적용되는지 여부(적극)**

갑이 수사기관 및 법원에 출석하여 을 등의 사기 범행을 자신이 저질렀다는 취지로 허위자백하였는데, 그 후 갑의 사기 피고사건 변호인으로 선임된 피고인이 갑과 공모하여 진범 을 등을 은폐하는 허위자백을 유지하게 함으로써 범인을 도피하게 하였다는 내용으로 기소된 사안에서, 피고인이 변호인으로서 단순히 갑의 이익을 위한 적절한 변론과 그에 필요한 활동을 하는 데 그치지 아니하고, 갑과 을 사이에 부정한 거래가 진행 중이며 갑 피고사건의 수임과 변론이 거래의 향배와 불가결한 관련이 있을 것임을 분명히 인식하고도 을에게서 갑 피고사건을 수임하고, 그들의 합의가 성사되도록 도왔으며, 스스로 합의금의 일부를 예치하는 방안까지 용인하고 합의서를 작성하는 등으로 갑과 을의 거래관계에 깊숙이 관여한 행위를 정당한 변론권의 범위 내에 속한다고 평가할 수 없고, 나아가 변호인의 비밀유지의무는 변호인이 업무상 알게 된 비밀을 다른 곳에 누설하지 않을 소극적 의무를 말하는 것일 뿐 진범을 은폐하는 허위자백을 적극적으로 유지하게 한 행위가 변호인의 비밀유지의무에 의하여 정당화될 수 없다고 하면서, 한편으로 피고인의 행위는 정범인 갑에게 결의를 강화하게 한 방조행위로 평가될 수 있다는 이유로 범인도피방조죄를 인정한 원심판단을 정당하다고 한 사례(대법원 2012.08.30. 선고 2012도6027 판결).

Ⅲ. 수사실무

1. 수사포인트

(1) 객체가 피고인인가, 피의자인가, 수사개시전인가, 후인가 조사해 둔다.

(2) 본범의 구금사유 및 상태 그리고 도주의 시기와 방법을 조사한다.

(3) 본범(피은닉자)을 소추하거나 처벌하는 것이 불가능한 것은 아닌가 밝힌다.

(4) 은닉 및 도피의 사실과 수사권 또는 구금력에 대한 침해의 사실과의 관계를 밝힌다.

(5) 행위자와 본범과의 관계를 밝힌다.

(6) 인식유무에 대한 입증자료가 있어야 한다.

2. 피의자신문례

(1) ○○○을 알고 있나요

(2) ○○○이 도피 중이라는 것을 알고 있나요

(3) ○○○이 도피 중이라는 것을 언제 어떻게 알게 되었나요

(4) ○○○을 집에 숨겨 준 적이 있나요

(5) 언제 숨겨 주었나요

(6) 그 당시 도피중이라는 것을 알면서도 숨겨 준 것인가요

3. 범죄사실 기재례

【범죄사실 기재례】

(1) 범인도피의 예(살인사건 피의자에게 도피자금을 대준 경우)

피의자는 친구인 조○○이 20○○. ○. ○. 04:00시경 수원 ○○구 ○○동 62의3 이○○(23세)를 살해한 살인사건 피의자로서 경찰관들이 그를 체포하려고 수색을 하고

있음을 알고 있었다. 그럼에도 위 조○○의 체포를 면하게 할 목적으로 위 같은 날 21:30경 ○○구 ○○동에 있는 ○○커피숍에서 그에게 도피하는데 사용하라는 명목으로 현금 3,000,000원을 건네주어 그를 그곳으로부터 도피하게 하였다.

(2) 범인은닉의 경우(살인사건 피의자를 자기집에 숨겨준 경우)

피의자는 김○○가 20○○. ○. ○. 밤에 서울 ○○구 ○○동 987에 있는 ○○모텔에서 발생한 살인사건의 피의자로 구속영장이 발부되어 있음을 알고 있었다. 그럼에도 피의자는 그의 체포를 면하게 하려고, 같은 달 ○○. 06:30경부터 다음날인 ○○ 19:00경까지의 사이에 수원 ○○구 ○○동 123의2에 있는 피의자의 집 다락방에 그를 은닉하였다.

(3) 범인은닉(1)

피의자는 20○○. 2. 22. 20 : 00경부터 같은 달 25. 20 : 00경까지 사이에 서울 강남구 개포동에 있는 경남아파트 222동 333호 피의자의 집에서 ○○세무서 법인세과에 근무하는 친구 김○○이 그 직무에 관하여 뇌물을 수수한 사실로 도피중에 있음을 알면서도 그를 피의자의 집에 머무르게 하여 범인을 은닉하였다.

(4) 범인은닉(2)

피의자는 20○○. 1. 20. 01:00경부터 같은 달 25. 14:00경까지 사이에 ○○시 ○○동 123번지 피의자 집에서 ○○주식회사 ○○과에 근무하고 있는 친구 이○○가 강도사건의 범인으로 수배중이며, 도피중인 사실을 알면서도 그를 피의자의 집에 머무르게 하여 범인을 은닉하였다.

(5) 범인도피(1)

피의자는 김○○ 소유의 서울 11가2222호 뉴그랜져 승용차 운전업무에 종사하는 사람이다.

피의자는 20○○. 2. 22. 14 : 00경 서울 강남구 삼성동에 있는 강남경찰서 형사과 사무실에서 사실은 위 김○○이 같은 달 21. 23 : 00경 위 승용차를 운전하다가 교통사고를 일으키고 피해자를 구호조치하지 아니한 채 도주한 사실을 알고 있으면서 위 사건을 수사중인 위 경찰서 형사과 경장 민○○에게 피의자가 교통사고를 일으킨 것처럼 허위신고하여 범인을 도피하게 하였다.

(6) 범인도피(2)

피의자는 20○○. 1. 5. 20:00경 ○○경찰서 교통사고처리계 사무실에서, 도로교통법위반(음주운전) 등으로 현행범 체포된 건외 최○○가 홍○○의 인적사항을 모용하면서 타인행세를 하고 있다는 사실을 알고 있었다.

그럼에도 피의자는 평소 외우고 있던 타인의 주민등록번호 및 허위의 주소 등을 신원보증서에 기재하고 건외 최○○의 신원을 보증하여 같은 날 23:00경 동인이 석방되도록 함으로써 범인을 도피하게 하였다.

4. 적용실례

(1) 범인이 아님에도 범인임을 자처한 경우

이○○가 운전도중 지나가던 사람을 치었으나, 실제로는 조수석에 앉아있던 그의 친구가 범인임을 자처해서, 수사 중 범인의 발견·체포에 지장을 초래하였다.

➡ 범인은닉 또는 도피죄에 해당된다.

(2) 범인 아닌 자를 범인으로 가장시켜 수사받게 한 경우

범인(벌금 이상의 형에 해당하는 자)으로 혐의를 받아 수사를 받으러 가면서 범인이 아닌 다른 자로 하여금 범인으로 가장케 하여 수사를 받도록 함으로써, 범인의 발견·체포에 지장을 초래하였다.

➡ 범인은닉 또는 도피에 해당된다.

(3) 사제의 범인은닉행위

사제가 죄를 지어 수배중인 범인에게 숨을 곳을 마련해 주고, 다른 나라로 도망할 수 있도록 비행기삯 등을 제공하였다.

➡ 성직자라고 해서 초법규적인 존재가 될 수는 없다. 성직자의 직무상 행위에 적법성이 부여되는 것은 그것이 성직자의 행위이기 때문이 아니라 그 직무로 인한 행위에 정당·적법성을 인정하기 때문이다. 따라서 사제가 범인을 고발하지 않는 정도에 그치지 않고 은신처마련, 도피자금제공 등으로 범인의 도피를 적극적으로 도왔다면 이는 사제의 정당한 직무에 속하는 것이라고 할 수 없다.

(4) 돈을 받고 밀입국자를 숨겨준 경우

배를 타고 우리나라에 밀입국한 필리핀인 3명에 대해 미리 계약한 대로 그들에게서 1인당 ○○만원의 대가를 받아 챙기고 그들을 1개월간 자기 집에 숨겨주었다.

➡ 이들의 입국은 불법으로, 그 사정을 알면서도 이들을 숨겨주었다면 이는 범인은닉의 죄를 면할 수 없을 것이다.

7. 친족간의 특례

제151조【범인은닉과 친족간의 특례】

② 친족 또는 동거의 가족이 본인을 위하여 전항의 죄를 범한 때에는 처벌하지 아니한다. 〈개정 2005.3.31.〉

[본범과의관련] 형소11, [친족] 민767 · 777, [가족] 민779, [본항의주장에대한판단] 형소323②, [무죄언도] 형소325, [공소시효] 형소249① : 5년

Ⅰ. 이론

1. 법적성질

친족간의 도의 및 인정의 관점에서 본 책임조각사유설(무죄판결)과 범죄자체의 성립은 인정하지만 신분이라는 일신의 사유에 기한 인적처벌조각사유설(형면제판결)의 두 가지가 있다. 책임조각사유설이 다수설이다.

2. 적용범위

(1) 적용요건

친족의 개념은 민법 제777조에 의한 8촌 이내의 혈족, 4촌 이내의 인척, 배우자 및 내연관계에 있는 자와 그 출생자이다.

■ 근거판례 ■

형법 제151조 제2항 및 제155조 제4항은 친족, 호주 또는 동거의 가족이 본인을 위하여 범인도피죄, 증거인멸죄 등을 범한 때에는 처벌하지 아니한다고 규정하고 있는바, 사실혼관계에 있는 자는 민법 소정의 친족이라 할 수 없어 위 조항에서 말하는 친족에 해당하지 않는다(대법원 2003. 12. 12. 선고 2003도4533 판결).

(2) 목적

친족 또는 동거의 가족이 본인을 위하여 본죄를 범해야 한다.

(3) 특례와 공범관계

친족이 친족아닌 자와 공범으로서 이 죄를 범한 경우에는 친족에게만 특

례가 적용된다. 친족이 제3자를 교사하여 이 죄를 범하게 한 경우에 친족은 교사범이 성립한다는 것이 통설이다.

Ⅱ. 판례

◆ 정치자금법 제45조 제1항 단서의 '친족'에 이복형제가 포함되는지 여부(적극)

[1] 정치자금법 제45조 제1항은 "이 법에 정하지 아니한 방법으로 정치자금을 기부하거나 기부받은 자는 5년 이하의 징역 또는 1천만 원 이하의 벌금에 처한다. 단만, 정치자금을 기부하거나 기부받은 자의 관계가 민법 제777조의 규정에 의한 친족인 경우에는 그러하지 아니하다" 라고 규정하고 있는바, 위 조항의 단서 규정은 정치자금을 기부하는 자와 받는 자 사이에 민법상 친족관계가 있는 경우에는 친족 간의 정의(情誼)를 고려할 때 정치자금법에서 정한 방법으로 돈을 주고받으리라고 기대하기 어려움을 이유로 책임이 조각되는 사유를 정한 것이지 범죄의 구성요건해당성이 조각되는 사유를 정한 것이 아니므로, 정치자금을 기부받는 자와 민법 제777조의 규정에 의한 친족관계에 있는 자가 그러한 친족관계 없는 자와 공모하여 정치자금법에 정하지 아니한 방법으로 정치자금을 기부한 경우에는 형법 제33조 본문에서 말하는 '신분관계로 인하여 성립될 범죄에 가공한 행위'에 해당한다고 볼 수 없으며, 친족관계에 있는 자의 책임은 조각된다.

[2] 친족 간의 정치자금 기부행위 불처벌을 규정한 정치자금법 제45조 제1항 단서 규정이 같은 법 제45조 제1항 위반죄를 범한 공동정범 중에서 실제로 자금을 출연하여 기부를 실행한 자t에 대해서만 적용되고 사실상 기부의 알선에 가까운 행위를 한 공동정범에게는 적용되지 않는다고 해석할 수는 없다.

[3] 혈족의 범위를 정한 민법 제768조에서 말하는 '형제자매'라 함은 부계 및 모계의 형제자매를 모두 포함하므로, 이복형제가 정치자금법 제45조 제1항 단서의 '친족'에서 제외되는 것은 아니다(대법원 2007.11.29. 선고 2007도7062 판결).

◆ 범인이 자신을 위하여 형법 제151조 제2항에 의하여 처벌을 받지 아니하는 친족 등으로 하여금 허위의 자백을 하게 하여 범인도피죄를 범하게 하는 경우, 범인도피교사죄의 성립 여부(적극)

(1) 사실관계

무면허 상태로 프라이드 승용차를 운전하고 가다가 화물차를 들이받는 사고를 일으켜 경찰에서 조사를 받게 된 피고인A가 무면허로 운전한 사실 등이 발각되지 않기 위해, 동생인 공소외B에게 "내가 무면허상태에서 술을 마시고 차를 운전하다가 교통사고를 내었는데 운전면허가 있는 네가 대신 교통사고를 내었다고 조사를 받아 달라" 고 부탁하여, 이를 승낙한 위 공소외인으로 하여

금 대전동부경찰서 교통사고조사계 사무실에서 자신이 위 프라이드 승용차를 운전하고 가다가 교통사고를 낸 사람이라고 허위 진술로 피의자로서 조사를 받도록 하였다.

(2) 판결요지

[1] 범인이 자신을 위하여 타인으로 하여금 허위의 자백을 하게 하여 범인도피죄를 범하게 하는 행위는 방어권의 남용으로 범인도피교사죄에 해당하는바, 이 경우 그 타인이 형법 제151조 제2항에 의하여 처벌을 받지 아니하는 친족, 호주 또는 동거 가족에 해당한다 하여 달리 볼 것은 아니다.

[2] 무면허 운전으로 사고를 낸 사람이 동생을 경찰서에 대신 출두시켜 피의자로 조사받도록 한 행위는 범인도피교사죄를 구성한다(대법원 2006.12.7. 선고 2005도3707 판결).

◆ 범인도피죄에서 '도피하게 하는 행위'의 의미 / 공범을 도피하게 하는 경우에 범인도피죄가 성립할 수 있는지 여부(적극) 및 범인 스스로 도피하는 행위도 처벌되는지 여부(소극) / 공범 중 1인이 그 범행에 관한 수사절차에서 참고인 또는 피의자로 조사받으면서 자기의 범행을 구성하는 사실관계에 관하여 허위로 진술하고 허위 자료를 제출하는 경우, 범인도피죄로 처벌할 수 있는지 여부(소극) 및 이때 공범이 이러한 행위를 교사한 경우, 범인도피교사죄가 성립하는지 여부(소극)

형법 제151조가 정한 범인도피죄에서 '도피하게 하는 행위'란 은닉 이외의 방법으로 범인에 대한 수사, 재판, 형의 집행 등 형사사법의 작용을 곤란하게 하거나 불가능하게 하는 일체의 행위를 말한다.

범인도피죄는 타인을 도피하게 하는 경우에 성립할 수 있는데, 여기에서 타인에는 공범도 포함되나 범인 스스로 도피하는 행위는 처벌되지 않는다. 또한 공범 중 1인이 그 범행에 관한 수사절차에서 참고인 또는 피의자로 조사받으면서 자기의 범행을 구성하는 사실관계에 관하여 허위로 진술하고 허위 자료를 제출하는 것은 자신의 범행에 대한 방어권 행사의 범위를 벗어난 것으로 볼 수 없다. 이러한 행위가 다른 공범을 도피하게 하는 결과가 된다고 하더라도 범인도피죄로 처벌할 수 없다. 이때 공범이 이러한 행위를 교사하였더라도 범죄가 될 수 없는 행위를 교사한 것에 불과하여 범인도피교사죄가 성립하지 않는다. [대법원 2018. 8. 1., 선고, 2015도20396, 판결]

제 10장 위증과 증거인멸의 죄 (제152조~제155조)

제10장 위증과 증거인멸의 죄(제152조~제155조)

1. 위증죄 · 모해위증죄

제152조【위증, 모해위증】

① 법률에 의하여 선서한 증인이 허위의 진술을 한 때에는 5년 이하의 징역 또는 1천만원 이하의 벌금에 처한다. 〈개정 1995.12.29.〉

② 형사사건 또는 징계사건에 관하여 피고인, 피의자 또는 징계혐의자를 모해할 목적으로 전항의 죄를 범한 때에는 10년 이하의 징역에 처한다.

[선서한증인] 형소156 · 159, 민소290 · 292, 비송10, 변호101조의2, [본범과관련] 형소11

[공소시효] 형소249① : 7년(1항), 10년(2항)

○ 위증죄의 보호법익은 국가의 사법작용과 징계작용이라고 할 수 있다. 이에 따른다면 위증죄의 특수한 불법은 증인의 허위진술에 의하여 법원 또는 심판기관의 진실발견을 위한 심리를 해하여 정당한 판단을 위태롭게 하는 데 있다고 하겠다.

○ 위증죄의 보호법익이 보호받을 정도는 추상적 위험범으로서 증언이 판결에 영향을 미쳤는가의 여부는 물론, 그것이 판결에 중요한 의미를 갖는 사항에 관한 것이기 때문에 사법기능에 관한 구체적 위험이 있을 것도 요하지 않는다.

○ 위증죄가 법률에 의하여 선서한 증인이라는 신분을 요하는 신분범일 뿐만 아니라, 이러한 신분을 가진 자가 스스로 허위의 증언을 할 때에만 성립하는 자수범이라는 점에 대해서는 견해가 일치하고 있다. 따라서 이 죄의 정범은 스스로 허위의 증언을 하는 자일 것을 요하며, 간접정범이나 공동정범의 형태는 이에 해당하지 않게 된다.

◈ 대법원 양형위원회의 양형기준 ◈

1. 제1유형(위증)

(1) 기본 : 6월 - 1년6월 / (2) 감경 : - 10월 / (3) 가중 : 10월 - 3년

2. 제2유형(모해위증)
(1) 기본 : 10월 - 2년 / (2) 감경 : 6월 - 1년6월 / (3) 가중 : 1년6월 - 4년

Ⅰ. 이론

[위증죄]

1. 구성요건

(1) 객관적 구성요건

1) 주체

법률에 의하여 선서한 증인이다. 그러므로 선서하지 않고 증언한 자는 본죄의 주체가 아니다.

① 법률에 의한 선서

선서는 선서를 하게 할 권한이 있는 기관에 대한 것이어야 하며, 선서무능력자(16세 미만의 자, 선서의 취지를 이해하지 못하는 자 : 형소법 제159조)가 한 선서는 선서로서의 효력을 갖지 못한다.

② 증인

증언거부권자가 증언거부권을 행사하지 않고 위증을 하면 이 죄가 성립한다.

▣ 근거판례 ▣

증인으로 선서한 이상 진실대로 진술한다고 하면 자신의 범죄를 시인하는 진술을 하는 것이 되고 증언을 거부하는 것은 자기의 범죄를 암시하는 것이 되어 증인에게 사실대로의 진술을 기대할 수 없다고 하더라도 형사소송법상 이러한 처지의 증인에게는 증언을 거부할 수 있는 권리를 인정하여 위증죄로부터의 탈출구를 마련하고 있는 만큼 적법행위의 기대 가능성이 없다고 할 수 없으므로 선서한 증인이 증언거부권을 포기하고 허위의 진술을 하였다면 위증죄의 처벌을 면할 수 없다(대법원 1987.7.7. 선고, 86도1724 전원합의체 판결).

2) 행위

위증죄에 있어서의 행위는 허위의 진술을 하는 것이다.

① 진술의 허위성

가. 주관설(통설, 판례 : 대법원 1988. 5. 24. 선고 88도350 판결) : 증인의 주관을 기준으로, 기억에 반하여 진술하는 것을 허위의 진술이라 한다. 따라서 증인이 기억한대로 진술하는 한 진술내용이 객관적 진실에 반하는 경우라도 위증이 되지 않으며, 반대로 기억에 반하여 진술하면 우연히 그 내용이 객관적 진실과 합치되더라도 허위의 진술이 된다. 이 설은 증인이 기억에 반하는 진술을 하는 경우에는 그 진술이 이미 심판을 그르치게 할 추상적 위험을 내포한다는 것을 근거로 한다.

나. 객관설 : 진술의 내용이 객관적 진실에 반하는 경우를 허위의 진술이라 한다. 따라서 증인이 기억에 반하여 스스로 경험한 바와 다른 사실을 진술하더라도 우연히 그것이 객관적 진실과 합치되는 때에는 허위죄는 성립하지 않게 된다. 이는 증인이 기억에 반하는 진술을 하더라도 그 내용이 객관적 진실과 합치되는 이상 심판을 그르칠 객관적 위험은 존재하지 않는다는 것을 근거로 한다.

② 허위의 진술

증인이 자기의 기억에 맞지 않는 말을 하는 것을 말한다.

③ 기수시기

이 죄는 선서한 증인이 고의로 자기의 기억에 반하는 사실을 진술함으로써 기수에 이르고, 그 진술이 재판의 결과에 영향을 미쳤는지의 여부는 이 죄의 성부와 관계없다.

④ 선서한 증인이 일단 기억에 반하는 진술을 하였더라도 그 1회의 신문절차가 끝나기 전에 이를 철회·시정한 경우에는 위증이 되지 않는다.

▣ 근거판례 ▣

증인의 증언은 그 전부를 일체로 관찰 판단하는 것이므로 선서한 증인이 일단 기억에 반하는 허위의 진술을 하였더라도 그 신문이 끝나기 전에 그 진술을 철회 시정한 경우 위증이 되지 아니한다(대법원 1993.12.7. 선고 93도2510 판결).

▣ 이견있는 형사사건의 법원판단 ▣

[허위의 의의]

1. 문제점 : 위증죄에서 규정하고 있는 허위의 진술과 관련하여 허위의 의의에 대한 견해대립이 있다.
2. 학설

(1) 객관설 : 허위란 증인의 진술내용이 객관적 진실에 반하는 것을 의미하며, 그 진술이 증인의 기억과 일치하는가는 불문한다는 견해

(2) 주관설 : 증인의 기억에 반하는 진술만으로도 이미 국가의 사법기능을 해할 추상적 위험이 있으므로 허위란 증인이 자기의 기억에 반하는 진술을 하는 것을 의미하며, 그 진술내용이 객관적 진실과 일치되는가는 불문한다는 견해

3. 판례 : 주관설의 태도

위증죄에 있어서의 허위의 공술이란 증인이 자기의 기억에 반하는 사실을 진술하는 것을 말하는 것으로서 그 내용이 개관적 사실과 부합한다고 하여도 위증죄의 성립에 장애가 되지 않는다(대판 1989. 1. 17, 88도580).

(2) 주관적 구성요건

이 죄는 고의범이므로 객관적 구성요건요소에 대한 고의를 필요로 한다. 확정적 고의일 것을 요하지 않고 미필적 고의로 족하다. 허위의 사실을 진실이라고 믿고 증언한 때에는 구성요건적 착오로서 고의가 조각되지만, 진실을 증언할 의무가 없다고 오신한 때에는 법률의 착오에 해당한다.

2. 공범관계

(1) 비신분자가 신분자에게 가공한 경우

법률에 의하여 선서한 증인 이외의 자는 위증죄의 간접정범, 공동정범이 될 수 없다는 것이 통설이다. 위증죄는 자수범이기 때문이다. 그러나 선서한 증인이 아닌 자라도 공범은 될 수 있으므로 비신분자가 선서한 증인의 위증을 교사하거나 방조하면 위증죄의 교사범 또는 방조범이 성립한다.

(2) 자기의 형사사건에 대한 위증교사

형사피고인이 자신의 형사사건에 대하여 타인을 교사하여 위증하게 한 경우에 위증죄의 교사범이 성립할 수 있는지와 관련하여 적극설과 소극설(다수설)이 주장된다. 판례는 적극설의 입장이다(2003도5114).

■ 이견있는 형사사건의 법원판단 ■

[자기의 형사사건에 대한 위증교사]

1. 문제점 : 형사피고인이 자기의 형사사건에 관하여 타인을 교사하여 위증하게 한 경우에 본죄의 교사범이 성립할 수 있는지가 문제된다.
2. 학설
(1) 적극설 : 타인에게 위증을 교사하는 경우까지 기대가능성이 없다고 할 수 없고, 교사에는 새로운 범인창조라는 특수한 반사회성이 있으므로 번호권의 남용이라고 해야 하며, 피교사자가 처벌됨에도 이를 교사한 자가 죄책을 면한다는 것은 국민도의 관념에 반하므로 교사범이 성립한다는 견해
(2) 소극설(다수설) : 정범으로 처벌할 수 없는 피고인을 교사범으로 처벌하는 것은 부당하고, 형사피고인의 위증교사도 자기비호의 연장이며, 기대가능성이 없으므로 교사범이 성립하지 않는다는 견해
3. 판례 : 적극설의 태도

피고인이 자기의 형사사건에 관하여 허위의 진술을 하는 행위는 피고인의 형사소송에 있어서의 방어권을 인정하는 취지에서 처벌의 대상이 되지 않으나, 법률에 의하여 선서한 증인이 타인의 형사사건에 관하여 위증을 하면 형법 제152조 제1항의 위증죄가 성립되므로 자기의 형사사건에 관하여 타인을 교사하여 위증죄를 범하게 하는 것은 이러한 방어권을 남용하는 것이라고 할 것이어서 교사범의 죄책을 부담케 함이 상당하다(대법원 2004. 1. 27. 선고 2003도5114 판결).

3. 죄수

하나의 사건에 관하여 한 번 선서한 증인이 같은 기일에 여러 가지 사실에 관하여 기억에 반하는 허위의 진술을 한 경우에 포괄하여 1개의 위증죄를 구성한다고 본다.

▣ 근거판례 ▣

하나의 사건에 관하여 한 번 선서한 증인이 같은 기일에 여러 가지 사실에 관하여 기억에 반하는 허위의 진술을 한 경우 이는 하나의 범죄의사에 의하여 계속하여 허위의 진술을 한 것으로서 포괄하여 1개의 위증죄를 구성하는 것이고 각 진술마다 수 개의 위증죄를 구성하는 것이 아니므로, 당해 위증 사건의 허위진술 일자와 같은 날짜에 한 다른 허위진술로 인한 위증 사건에 관한 판결이 확정되었다면, 비록 종전 사건 공소사실에서 허위의 진술이라고 한 부분과 당해 사건 공소사실에서 허위의 진술이라고 한 부분이 다르다 하여도 종전 사건의 확정판결의 기판력은 당해 사건에도 미치게 되어 당해 위증죄 부분은 면소되어야 한다(대법원 1998. 4. 14. 선고 97도3340 판결).

[모해위증죄]

모해위증죄는 형사사건 또는 징계사건에 관하여 피고인, 피의자 또는 징계혐의자를 모해할 목적으로 위증죄를 범함으로써 성립하는 범죄를 말한다. 위증죄의 가중적 구성요건이다.

Ⅱ. 판례

◆ 형법 제152조 제2항의 모해위증죄에 있어서 '모해할 목적'의 의미

형법 제152조 제2항의 모해위증죄에 있어서 '모해할 목적'이란 피고인·피의자 또는 징계혐의자를 불리하게 할 목적을 말하고, 허위진술의 대상이 되는 사실에는 공소 범죄사실을 직접, 간접적으로 뒷받침하는 사실은 물론 이와 밀접한 관련이 있는 것으로서 만일 그것이 사실로 받아들여진다면 피고인이 불리한 상황에 처하게 되는 사실도 포함된다. 그리고 이러한 모해의 목적은 허위의 진술을 함으로써 피고인에게 불리하게 될 것이라는 인식이 있으면 충분하고 그 결과의 발생까지 희망할 필요는 없다(대법원 2007. 12. 27. 선고 2006도3575 판결).

◆ 자기의 형사피고사건에 관하여 타인을 교사하여 위증하게 한 경우, 위증교사죄의 성립 여부(적극)

피고인이 자기의 형사사건에 관하여 허위의 진술을 하는 행위는 피고인의 형사소송에 있어서의 방어권을 인정하는 취지에서 처벌의 대상이 되지 않으나, 법률에 의하여 선서한 증인이 타인의 형사사건에 관하여 위증을 하면 형법 제152조 제1항의 위증죄가 성립되므로 자기의 형사사건에 관하여 타인을 교사하여 위증죄를 범하게 하는 것은 이러한 방어권을 남용하는 것이라고 할 것이어서 교사범의 죄책을 부담케 함이 상당하다(대법원 2004. 1. 27. 선고 2003도5114 판결).

◆ 피고인이 '甲 등과 공동하여 乙을 폭행하고, 피고인은 乙을 때려 사망에 이르게 하였다'는 내용의 유죄판결이 확정된 후, 관련 형사사건의 증인으로 출석하여 '乙을 때린 사실이 없고, 피고인과 甲은 乙의 사망과 관련이 없다'는 취지로 위증하였다는 내용으로 기소된 사안에서, 유죄 확정판결의 결정적 증거인 피고인과 甲의 자백 진술은 제반 사정에 비추어 신빙성을 인정하기 어렵다고 보아 무죄를 인정한 원심판단을 수긍한 경우

피고인이 '甲 등과 공동하여 乙을 폭행하고, 피고인은 乙을 마구 때려 사망에 이르게 하였다'는 내용의 유죄판결이 확정된 후, 관련 형사사건의 증인으로 출석하여 '乙을 때린 사실이 없고, 피고인과 甲은 乙의 사망과 관련이 없다'는 취지로 허위 진술을 하여 위증하였다는 내용으로 기소된 사안에서, 유죄 확정판결이 내려지게 된 결정적 증거인 피고인과 甲의 수사기관 및 제1심 법정에서의 자백 진술과 甲의 항소심 증언은 범행에 이르게 된 동기, 범행 장소까지 가게 된 경위 내지 과정, 범행 장소에 도착한 이후부터 사건 현장에 이르기까지 이동 방식 및 경로, 폭행 당시 구체적인 행동 양태와 범행 이후의 제반 정황, 폭행 시각과 사망추정 시각의 불일치, 피고인과 甲이 자백을 번복하게 된 경위 등 여러 사정에 비추어 신빙성을 인정하기 어렵고, 달리 피고인의 증언이 허위라고 인정할 만한 증거가 없다고 보아 무죄를 인정한 원심판단을 수긍한 사례(대법원 2012.6.14, 선고, 2011도15653, 판결).

◆ 위증죄에 있어 위증의 전제사실에 관한 공소사실과 다른 전제사실을 인정하는 경우, 공소장변경절차의 요부(한정 소극)

검사가 위증죄로 공소를 제기하면서, 공소사실에 피고인이 어떤 사실에 관하여 허위의 진술을 하였다는 허위가 문제되는 당해 사실 이외에 그 전제사실을 기재한 경우에 그 전제사실이 피고인의 증언이 허위가 되는 이유에 관하여 설시한 것에 불과한 것이라면, 법원은 심리 결과 피고인의 증언이 허위가 문제되는 당해 사실에 관하여 기억에 반하는 허위의 진술을 한 것으로 인정되기만 한다면 법원은 공소장변경의 절차 없이 공소장기재의 전제사실과 다른 전제사실을 인정하여 유죄판결을 할 수 있다(대법원 2004.1.27, 선고, 2003도5114, 판결).

◆ 자기의 형사피고사건에 관하여 타인을 교사하여 위증하게 한 경우, 위증교사죄의 성립 여부(적극)

피고인이 자기의 형사사건에 관하여 허위의 진술을 하는 행위는 피고인의 형사소송에 있어서의 방어권을 인정하는 취지에서 처벌의 대상이 되지 않으나, 법률에 의하여 선서한 증인이 타인의 형사사건에 관하여 위증을 하면 형법 제152조 제1항의 위증죄가 성립되므로 자기의 형사사건에 관하여 타인을 교사하여 위증죄를 범하게 하는 것은 이러한 방어권을 남용하는 것이라고 할 것이어서 교사범의 죄책을 부담케 함이 상당하다(대법원 2004.1.27, 선고, 2003도5114, 판결).

◆ 심문절차로 진행되는 가처분 신청사건에서 증인으로 선서를 하고 허위의 공술을 한 경우, 위증죄가 성립하는지 여부(소극)

가처분사건이 변론절차에 의하여 진행될 때에는 제3자를 증인으로 선서하게 하고 증언을 하게 할 수 있으나 심문절차에 의할 경우에는 법률상 명문의 규정도 없고, 또 구 민사소송법(2002. 1. 26. 법률 제6626호로 전문 개정되기 전의 것)의 증인신문에 관한 규정이 준용되지도 아니하므로 선서를 하게 하고 증언을 시킬 수 없다고 할 것이고, 따라서 제3자가 심문절차로 진행되는 가처분 신청사건에서 증인으로 출석하여 선서를 하고 진술함에 있어서 허위의 공술을 하였다고 하더라도 그 선서는 법률상 근거가 없어 무효라고 할 것이므로 위증죄는 성립하지 않는다(대법원 2003. 7. 25. 선고 2003도180 판결).

◆ 유죄판결이 확정된 피고인이 공범의 형사사건에서 사실대로 자신의 범행을 시인하는 증언을 할 것이라는 기대가능성이 있는지 여부(적극)

피고인에게 적법행위를 기대할 가능성이 있는지 여부를 판단하기 위하여는 행위 당시의 구체적인 상황하에 행위자 대신에 사회적 평균인을 두고 이 평균인의 관점에서 그 기대가능성 유무를 판단하여야 한다. 또한, 자기에게 형사상 불리한 진술을 강요당하지 아니할 권리가 결코 적극적으로 허위의 진술을 할 권리를 보장하는 취지는 아니며, 이미 유죄의 확정판결을 받은 경우에는 일사부재리의 원칙에 의해 다시 처벌되지 아니하므로 증언을 거부할 수 없는바, 이는 사실대로의 진술 즉 자신의 범행을 시인하는 진술을 기대할 수 있기 때문이다. 이러한 점 등에 비추어 보면, 이미 유죄의 확정판결을 받은 피고인은 공범의 형사사건에서 그 범행에 대한 증언을 거부할 수 없을 뿐만 아니라 나아가 사실대로 증언하여야 하고, 설사 피고인이 자신의 형사사건에서 시종일관 그 범행을 부인하였다 하더라도 이러한 사정은 위증죄에 관한 양형참작사유로 볼 수 있음은 별론으로 하고 이를 이유로 피고인에게 사실대로 진술할 것을 기대할 가능성이 없다고 볼 수는 없다(대법원 2008.10.23, 선고, 2005도10101, 판결).

◆ 위증죄의 구성요건인 '법률에 의하여 선서한 증인'의 의미

위증죄와 형사소송법의 취지, 정신과 기능을 고려하여 볼 때, 형법 제152조 제1항에서 정한 '법률에 의하여 선서한 증인'이라 함은 '법률에 근거하여 법률이 정한 절차에 따라 유효한 선서를 한 증인'이라는 의미이고, 그 증인신문은 법률이 정한 절차 조항을 준수하여 적법하게 이루어진 경우여야 한다고 볼 것이다 (대법원 2010.1.21, 선고, 2008도942, 전원합의체 판결).

◆ 피고인으로부터 위증의 교사를 받은 甲이 관련사건의 제1심 제9회 공판기일에 증인으로 출석하여 한 허위 진술이 철회 · 시정된 바 없이 증인신문절차가 종료되었다가, 그 후 증인으로 다시 신청 · 채택된 甲이 위 관련사건의 제21회 공판기일에 다시 출석하여 종전 선서의 효력이 유지됨을 고지받고 증언하면서 종전 기일에 한 허위 진술을 철회한 사안에서, 甲의 위증죄는 이미 기수에 이르렀음에도 이와 달리 본 원심판단에 법리오해의 위법이 있는지 여부

피고인으로부터 위증의 교사를 받은 甲이 관련사건의 제1심 제9회 공판기일에 증인으로 출석하여 한 허위 진술이 철회 · 시정된 바 없이 증인신문절차가 그대로 종료되었다가, 그 후 증인으로 다시 신청 · 채택된 甲이 위 관련사건의 제21회 공판기일에 다시 출석하여 종전 선서의 효력이 유지됨을 고지받고 증언하면서 종전 기일에 한 진술이 허위 진술임을 시인하고 이를 철회하는 취지의 진술을 한 사안에서, 甲의 위증죄는 이미 기수에 이른 것으로 보아야 하고, 그 후 다시 증인으로 신청 · 채택되어 종전 신문절차에서 한 허위 진술을 철회하였더라도 이미 성립한 위증죄에 영향을 미친다고 볼 수는 없음에도, 이와 달리 본 원심판단에 법리오해의 위법이 있다고 한 사례(대법원 2010.9.30, 선고, 2010도7525, 판결).

◆ 위증죄에 있어 증언이 기억에 반하는 허위진술인지 여부의 판단 방법 및 증언의 의미가 불분명하거나 다의적으로 이해될 수 있는 경우 증언의 허위성 여부의 판단 방법

증인의 증언이 기억에 반하는 허위진술인지의 여부는 그 증언의 단편적인 구절에 구애될 것이 아니라 당해 신문절차에 있어서의 증언 전체를 일체로 파악하여 판단하여야 할 것이고, 증언의 의미가 그 자체로 불분명하거나 다의적으로 이해될 수 있는 경우에는 언어의 통상적인 의미와 용법, 문제된 증언이 나오게 된 전후문맥, 신문의 취지, 증언이 행하여진 경위 등을 종합하여 당해 증언의 의미를 명확히 한 다음 허위성을 판단하여야 한다(대법원 2001. 12. 27. 선고 2001도5252 판결).

◆ 유가증권위조·위조유가증권행사·위증

[1] 형법 제214조의 유가증권이란 증권상에 표시된 재산상의 권리의 행사와 처분에 그 증권의 점유를 필요로 하는 것을 총칭하는 것으로서 재산권이 증권에 화체된다는 것과 그 권리의 행사와 처분에 증권의 점유를 필요로 한다는 두 가지 요소를 갖추면 족하지 반드시 유통성을 가질 필요는 없고, 또한 위 유가증권은 일반인이 진정한 것으로 오신할 정도의 형식과 외관을 갖추고 있으면 되므로 증권이 비록 문방구 약속어음 용지를 이용하여 작성되었다고 하더라도 그 전체적인 형식·내용에 비추어 일반인이 진정한 것으로 오신할 정도의 약속어음 요건을 갖추고 있으면 당연히 형법상 유가증권에 해당한다.

[2] 검사가 위증죄로 공소를 제기하면서, 공소사실에 피고인이 어떤 사실에 관하여 허위의 진술을 하였다는 허위가 문제되는 당해 사실 이외에 그 전제사실을 기재한 경우에 그 전제사실이 피고인의 증언이 허위가 되는 이유에 관하여 설시한 것에 불과한

것이라면, 법원은 심리 결과 피고인의 증언이 허위가 문제되는 당해 사실에 관하여 기억에 반하는 허위의 진술을 한 것으로 인정되기만 한다면 법원은 공소장변경의 절차 없이 공소장기재의 전제사실과 다른 전제사실을 인정하여 유죄판결을 할 수 있다.

[3] 형법 제37조 후단에 의하면 판결이 확정된 죄와 그 판결 확정 전에 범한 죄를 경합범으로 한다고 규정하고 있고, 여기서 말하는 '판결'에는 약식명령도 포함된다(대법원 2001. 8. 24. 선고 2001도2832 판결).

◆ 형법 제152조 제2항의 모해위증죄에 있어서 '모해할 목적'의 의미

형법 제152조 제2항의 모해위증죄에 있어서 '모해할 목적'이란 피고인·피의자 또는 징계혐의자를 불리하게 할 목적을 말하고, 허위진술의 대상이 되는 사실에는 공소 범죄사실을 직접, 간접적으로 뒷받침하는 사실은 물론 이와 밀접한 관련이 있는 것으로서 만일 그것이 사실로 받아들여진다면 피고인이 불리한 상황에 처하게 되는 사실도 포함된다. 그리고 이러한 모해의 목적은 허위의 진술을 함으로써 피고인에게 불리하게 될 것이라는 인식이 있으면 충분하고 그 결과의 발생까지 희망할 필요는 없다(대법원 2007.12.27, 선고, 2006도3575, 판결).

◆ 민사소송의 당사자인 법인의 대표자가 선서하고 증언한 경우, 위증죄의 주체가 될 수 있는지 여부(소극)

(1) 사실관계

○○○은 A회사의 대표이사이다. ○○○은 A회사가 당사자인 민사소송에서 소송절차 중에 증인으로 선서하고 허위사실을 진술하였다.

(2) 판결요지

민사소송의 당사자는 증인능력이 없으므로 증인으로 선서하고 증언하였다고 하더라도 위증죄의 주체가 될 수 없고, 이러한 법리는 민사소송에서의 당사자인 법인의 대표자의 경우에도 마찬가지로 적용된다(대법원 1998. 3. 10. 선고 97도1168 판결).

◆ 민사소송법상 재판장에게 증언거부권 고지의무가 인정되는지 여부(소극) 및 민사소송절차에서 적법하게 선서한 증인이 증언거부권을 고지받지 아니한 상태에서 허위진술을 한 경우, 위증죄가 성립하는지 여부(원칙적 적극)

형사소송법은 증언거부권에 관한 규정(제148조, 제149조)과 함께 재판장의 증언거부권 고지의무에 관하여도 규정하고 있는 반면(제160조), 민사소송법은 증언거부권 제도를 두면서도(제314조 내지 제316조) 증언거부권 고지에 관한 규정을 따로 두고 있지 않다. 우리 입법자는 1954. 9. 23. 제정 당시부터 증언거부권 및 그 고지 규정을 둔 형사소송법과는 달리 그 후인 1960. 4. 4. 민사소송법을 제정할 때 증언거부권 제도를 두면서도 그 고지 규정을 두지 아니하였고, 2002. 1. 26. 민사소송법을 전부 개정하면서도 같은 입장을 유지하였다. 이러한 입법 경위 및 규정 내용에 비추어 볼 때, 이는 양 절차에 존재하는 목적·적용원리 등의 차이를 염두에 둔 입법적 선택으로 보인다. 더구나 민사소송법은 형사소송법과 달리, '선서거부권 제도' (제324조), '선서면제 제도' (제323조) 등 증인으로 하여금 위증죄의 위험에서 벗어날 수 있도록 하는 이중의 장치를 마련하고 있어 증언거부권 고지 규정을 두지 아니한 것이 입법의 불비라거나 증언거부권 있는 증인의 침묵할 수 있는 권리를 부당하게 침해하는 입법이라고 볼 수도 없다. 그렇다면 민사소송절차에서 재판장이 증인에게 증언거부권을 고지하지 아니하였다 하여 절차위반의 위법이 있다고 할 수 없고, 따라서 적법한 선서절차를 마쳤는데도 허위진술을 한 증인에 대해서는 달리 특별한 사정이 없는 한 위증죄가 성립한다고 보아야 한다. (대법원 2011.07.28. 선고 2009도14928 판결).

Ⅲ. 수사실무

1. 수사포인트

(1) 다툼중인 사건의 내용을 파악한다.

(2) 증언내용은 증인신문조서와 소송의 전후사정, 신문의 취지, 증언참관자의 진술을 모두 검토해서 판단한다.

(3) 증인의 기억과 증언내용의 어느 부분에 차이가 나는가 조사한다.

(4) 위증의 동기와 목적을 조사한다.

(5) 증인과 소송관계인의 관계를 파악하고 위증의 배후에 누군가 있는지 조사한다.

(6) 위증이 재판의 어떤 부분에 대한 것인지, 재판결과에 미친 영향은 무엇인지 조사한다.

2. 피의자 신문례

(1) 피의자는 김○○와 이○○을 아는가요

(2) 피의자는 김○○가 이○○을 상대로 낸 손해배상청구소송에서 증언한 일이 있는가요

(3) 증인으로 선서했나요

(4) 언제, 어디서 증언하였나요

(5) 누구의 질문에 대하여 답변했는가요

(6) 증언내용은 무엇이었나요

(7) 이○○가 김○○를 구타하는 것을 보았나요

(8) 사건당시 그 장소에 있었나요

(9) 직접 보지도 않았으면서 본 것처럼 증언한 이유는 무엇인가요

(10) 이○○에게 허위증언을 해달라는 부탁을 받지 않았나요

(11) 이○○가 허위증언을 부탁한 것은 언제, 어디서인가요

(12) 허위증언의 대가로 이○○로부터 무엇을 받기로 하였는가요

(13) 재판의 결과는 어떻게 되었나요

(14) 허위증언을 한 후 이제 와서 진술을 번복하는 이유는 무엇인가요

3. 범죄사실 기재례

【범죄사실 기재례】

(1) 피의자는 20○○. ○. ○. 14:00경 서울 서초구 서초동에 있는 서울중앙지방법원 제333호 법정에서 위 법원 2005고단444호 김○○에 대한 절도피고사건의 증인으로 출석하여 선서하였다.

피의자는 증언함에 있어 사실은 김○○이 20○○. ○. ○. 19:00경 위 법원 앞길을 운행중인 버스 안에서 소매치기하는 것을 직접 목격하였음에도 불구하고, 위 사건을 심리중인 위 법원 제7단독 판사 명판결에게 위 김○○이 소매치기하는 것을 전혀 본 일이 없다고 기억에 반하는 허위의 진술을 하여 위증하였다.

(2) 피의자는 20○○. ○. ○. 14:00경 서울 서초구 서초동에 있는 서울중앙지방법원 제222호 법정에서 위 법원 2005고합111호 원고 김○○ 피고 홍○○ 사이의 대금청구 사건의 원고측 증인으로 출석하여 선서하였다.

피의자는 증언함에 있어 사실은 원고 김○○이 피고 홍○○에게 돈을 빌려 주는 것을 본 사실이 없음에도 불구하고 그 인식에 반하여 “당시 김○○이가 피고 홍○○에게 돈 1억원을 빌려주고 영수증까지 받는 것을 보았다”라고 허위의 사실을 진술하여 위증하였다.

(3) 피의자는 20○○. ○.경부터 서울시 ○○구 ○○동 소재 △△주식회사 구매담당 과장으로 재직하다가 20○○. ○. ○. 퇴직한 사람이다.

피의자는 20○○. ○. ○. 13:30경 서울중앙지방법원 제123호 법정에서 고소인(원고) 김○○가 위 회사 대표이사 이○○(피고)를 상대로 부품 납품대금 등 1억5천만원 청구소송 사건과 관련 사건 2004가합1234호 증인으로 출석하여 선서하고 증언하였다.

피의자는 증언함에 있어 사실은 고소인으로부터 납품을 거부한 이유는 피의자측 회사에서 시기적으로 자동방제기를 생산판매함에 따라 고소인이 납품하기로 한 반자동방제기는 시기적으로 적절하지 않아 판매부진이 주원인이었으며 또한 고소인으로부터 부품납품을 받을 때 사전 샘플을 납품받아 아무 이상이 없었기 때문에 다음 부품을 계속 받았음에도 "날짜는 정확한 기억을 하지 못하지만 납품 받은 것을 거부한 이유는 샘플과 맞지 않는 부분이 있었기 때문이다" 라고 기억에 어긋나는 허위의 진술을 하여 위증하였다.

4. 적용실례

(1) 범행을 목격하고도 그 사실을 부인한 경우

송○○는 안○○가 전철 안에서 승객의 가방을 찢어 소매치기 하는 것을 목격하고 경찰에 신고하여 안○○는 체포되었다. 그러나 이 사건을 다루는 재판에서는 증인으로 출석해 선서하고 "전철 안에서 안○○가 소매치기하는 것을 전혀 본 적이 없습니다"라고 진술하였다.

➡ 이 경우, 송○○는 기억에 반하는 허위의 진술을 한 것이므로 위증죄가 성립한다.

(2) 경험사실이 아닌 것을 경험한 것처럼 진술한 경우

소○○는 사건피고인의 형 이○○가 작성해놓은 진술서를 보고, 법정에서 그 진술서의 내용대로 증언하였다.

➡ 위증죄는 자기의 기억에 반한 허위의 진술을 함으로써 성립하는 것이기 때문에 이 경우처럼 자기의 경험사실이 아니라 타인의 진술서 기재사실을 마치 자기가 경험한 것인양 진술했다면, 이는 허위로 진술한 것이므로 위증죄가 인정된다.

(3) 확실하지 않은 사실을 확실한 것처럼 증언한 경우

이○○는 증인으로 출석한 법정 심리에서 피고인을 만난 것이 10시 전이었는지 후였는지 잘 기억나지 않았지만, 그냥 10시 후였다고 확실하게 증언하였다.

➡ 이러한 경우에는 기억이 확실하지 못하다는 사실을 밝혀야 함에도, 그러지 않았으므로 위증죄가 성립한다.

(4) 범행을 보지 못했음에도 직접 본 것처럼 허위의 진술을 한 경우

김○○는 동네에서 일어난 폭력사건에 대해 주위 사람들에게서 얘기만 전해들었을 뿐으로, 직접 목격하지는 못했으면서도 위 사건에 대한 재판에 증인으로 출석해서 마치 직접 본 것처럼 증언을 하였다.

➡ 이 경우는 경험의 경위에 관하여 기억에 반하는 허위의 진술을 한 것에 해당한다.

(5) 허위의 진술을 한 경우

증인으로 출석한 이○○는 방에서 진행되었던 회의광경을 그집 마당에서 구경했을 뿐 참석한 사실이 없으면서, 그 회의에 직접 참석하였다고 증언하였다.

➡ 이것은 기억에 반한 허위의 진술이므로 위증이 된다.

(6) 신문내용을 파악하지 못했으면서 긍정하는 취지의 답변을 한 경우

남○○는 ○○사기사건에 대한 증인으로 법정에 출석해, 변호사가 신문하는 내용에 대해 잘 파악하지 못했지만 무조건 "네"라고 대답하였다.

➡ 신문내용을 파악하지 못했으면서 긍정하는 취지의 답변을 했다면 이는 기억에 반하여 허위진술을 한 것이라 할 수 있다.

(7) 위증의 주체가 고소인인 경우

자신이 고소한 사건의 형사재판에 증인으로 출석하여 선서한 후 허위의 진술을 하였다.

➡ 위증죄는 법정에서 선서한 증인이 그 기억에 반하는 허위의 진술을 함으로써 성립하는 것으로, 증언의 주체는 고소인이든 피해자이든, 제3자이든 관계없으므로 위증자가 고소인이라고 해도 위증죄는 성립하게 된다.

(8) 위증의 효력이 나타나지 않은 경우

살인피고사건의 증인으로서 법정에 출석했던 직장동료 B와 C는, 살해추정시각인 8시부터 9시까지 사이에 A와 함께 있지 않았음에도 불구하고, A의 부탁을 받아 함께 사무실에서 일을 하고 있었다고 증언했는데, 다른 증거들이 맞아떨어져 A는 유죄가 되고 말았다.

➡ 먼저 B와 C에 대해 위증죄가 성립하는데는 문제가 없다. 위증의 효과가 없이 A는 유죄가 되어버렸지만, 위증죄는 추상적 위험범이기 때문에 그 효과와는 관계없이 성립한다. 다음으로 A의 죄책을 보면, 형사피고인은 증인적격을 가지고 있지 않기 때문에 위증죄는 범할 수 없다. 하지만 타인에게 위증을 의뢰하는 위증교사죄를 범하는 것은 별문제다. 따라서 B와 C에게는 위증죄가, A에게는 위증교사죄가 성립한다.

2. 자백 · 자수의 특례

제153조【자백, 자수】
전조의 죄를 범한 자가 그 공술한 사건의 재판 또는 징계처분이 확정되기 전에 자백 또는 자수한 때에는 그 형을 감경 또는 면제한다.

[재판의확정] 84, 형소343 · 358 · 374 · 453 · 457 · 459, 민소366 · 395, [자수] 52, [본조의주장에대한판단] 형소323②, [형의면제] 형소322, [특별규정] 상표94②, 특허227②, 신안47, 디보83

○ 이 조는 위증에 의한 오판을 방지하기 위한 정책적 규정이다.

Ⅰ. 이론

1. 자백의 개념

자백이란 허위의 공술을 한 사실을 고백하는 것이므로, 위증을 한 자가 스스로 고백하는 경우뿐 아니라 법원 또는 수사기관의 심문을 받아 자백하는 경우도 포함한다.

2. 자수의 개념

자수란 범인이 자발적으로 자기의 범죄사실을 수사기관에 신고하여 소추를 구하는 의사표시를 뜻한다. 따라서 자발성을 전제하지 않는 자백과 구별된다. 또한 자백이 법원에 대하여 고백하는 것도 포함하는 것과 달리 법원에 대한 자수는 불가능하다.

3. 자백 · 자수의 시기

자백과 자수는 증언한 사건의 재판 또는 징계처분이 확정되기 전에 해야 한다. 재판 또는 징계처분이 확정되기 전이라면 법원 또는 징계기관에 의하여 이미 공술이 허위라는 사실이 간파된 뒤라도 관계없다.

4. 자백 · 자수의 주체

자백 · 자수는 정범뿐만 아니라 공범에도 적용된다. 따라서 교사범이 이를 자백 또는 자수한 때에도 형을 감경·면제해야 한다. 이 때 형의 감면은 자백 또는 자수한 자에게만 적용된다.

5. 자백 · 자수의 효과

그 형을 반드시 감경 또는 면제하여야 한다. 즉, 필요적 감면이다.

Ⅱ. 판례

◆ 무고죄의 경우 재판확정 전의 자백을 필요적 감경 또는 면제사유로 정한 형법 제157조, 제153조에서 자백의 범위 / 형법 제153조에서 정한 '재판이 확정되기 전'에 피고인의 고소사건 수사 결과 피고인의 무고 혐의가 밝혀져 피고인에 대한 공소가 제기되고 피고소인에 대해서는 불기소결정이 내려져 재판절차가 개시되지 않은 경우가 포함되는지 여부(적극)

형법 제157조, 제153조는 무고죄를 범한 자가 그 신고한 사건의 재판 또는 징계처분이 확정되기 전에 자백 또는 자수한 때에는 그 형을 감경 또는 면제한다고 하여 이러한 재판확정 전의 자백을 필요적 감경 또는 면제사유로 정하고 있다. 위와 같은 자백의 절차에 관해서는 아무런 법령상의 제한이 없으므로 그가 신고한 사건을 다루는 기관에 대한 고백이나 그 사건을 다루는 재판부에 증인으로 다시 출석하여 전에 그가 한 신고가 허위의 사실이었음을 고백하는 것은 물론 무고 사건의 피고인 또는 피의자로서 법원이나 수사기관에서의 신문에 의한 고백 또한 자백의 개념에 포함된다.

형법 제153조에서 정한 '재판이 확정되기 전'에는 피고인의 고소사건 수사 결과 피고인의 무고 혐의가 밝혀져 피고인에 대한 공소가 제기되고 피고소인에 대해서는 불기소결정이 내려져 재판절차가 개시되지 않은 경우도 포함된다(대법원 2018. 8. 1., 선고, 2018도7293, 판결).

◆ 별도의 증인 신청 및 채택 절차를 거쳐 그 증인이 다시 신문을 받는 과정에서 종전 신문절차에서의 진술을 철회·시정한 경우, 이미 종결된 종전 증인신문절차에서 행한 위증죄의 성립에 영향을 미치는지 여부(소극)

증인의 증언은 그 전부를 일체로 관찰·판단하는 것이므로 선서한 증인이 일단 기억에 반하는 허위의 진술을 하였더라도 그 신문이 끝나기 전에 그 진술을 철회·시정한 경우 위증이 되지 아니한다고 할 것이나, 증인이 1회 또는 수회의 기일에 걸쳐 이루어진 1개의 증인신문절차에서 허위의 진술을 하고 그 진술이 철회·시정된 바 없이 그대로 증인신문절차가 종료된 경우 그로써 위증죄는 기수에 달하고, 그 후 별도의 증인 신청 및 채택 절차를 거쳐 그 증인이 다시 신문을 받는 과정에서 종전 신문절차에서의 진술을 철회·시정한다 하더라도 그러한 사정은 형법 제153조가 정한 형의 감면사유에 해당할 수 있을 뿐, 이미 종결된 종전 증인신문절차에서 행한 위증죄의 성립에 어떤 영향을 주는 것은 아니다. 위와 같은 법리는 증인이 별도의 증인신문절차에서 새로이 선서를 한 경우뿐만 아니라 종전 증인신문절차에서 한 선서의 효력이 유지됨을 고지 받고 진술한 경우에도 마찬가지로 적용된다(대법원 2010. 9. 30., 선고, 2010도7525, 판결).

3. 허위감정·통역·번역죄

제154조【허위의 감정, 통역, 번역】

법률에 의하여 선서한 감정인, 통역인 또는 번역인이 허위의 감정, 통역 또는 번역을 한 때에는 전2조의 예에 의한다.

[선서한감정인등] 민소290, 형소156·170, 민소305-314의2, [통역·번역] 180-183, 국회에서의증언·감정등에관한법률, [본범과의관련] 형소11, [공소시효] : 10년

Ⅰ. 이론

1. 구성요건

(1) 객관적 구성요건

1) 주체

이 죄의 주체는 법률에 의하여 선서한 감정인(통역·번역인)이며, 감정인이란 특수한 지식이나 경험에 의해 얻은 법칙 또는 그 법칙을 적용해 얻은 판단을 법원이나 법관에게 보고하는 자이다.

2) 행위

허위의 감정·통역·번역을 하는 것이다.

① 지기의 소신에 어긋나는 허위의 감정·통역 또는 번역을 했어야 하며, 이는 의견·판단이 객관적 사실과 부합하더라도 성립한다.

② 감정서 등을 제출하는 때에는 그것을 제출했을 때 기수가 된다.

(2) 주관적 구성요건

고의가 있어야 한다.

Ⅱ. 판례

◆ 허위감정죄에 있어서 감정내용의 허위성에 대한 인식을 요하는지 여부(적극)

(1) 사실관계

> 피고인A는 건축설계사로 대구지법 경주지원 95가합6922 부당이득금 사건에서 감정인 선서를 한 다음 경주시 용강동 소재 장미타워맨션 103동에 대한 "건축설계서와 현재의 시공상태를 점검하고 건축설계서와 미시공부분을 확인하며, 건축설계서와 달리 시공된 부분의 유무를 확인하고, 위와 같은 부분이 있다면 그 부분을 재시공할 경우의 공사비용 또는 차액을 산출 감정하여 그 결과를 서면으로 보고하라"는 감정명령을 받고 그 감정을 함에 있어 위 사건의 원고 윤○○ 외 89명에게 이익이 되게 할 의도로, 1996. 8. 6. 위 법원에 제2차 감정보고서를 제출하면서 통기관은 설계도면상 주방 쪽에서 각 세대별 지하층부터 2, 3층 중간지점까지 사이에 설치하도록 되어 있고, 욕실 쪽에서는 설치하도록 되어 있지 않음에도 불구하고, 제1차 감정보고서에 기재된 유비알(UBR) 천정 철거공사비를 살리기 위하여 통기관에 오배수관이 연결되어 있지 않으므로 유비알천정을 철거한 후 오배수관을 통기관에 연결하여야 한다고 설시하고, 이어 위 법원에 1996. 10. 30. 제3차 감정보고서를, 1997. 7. 15. 제4차 감정보고서를 각 제출하면서도 목욕탕 천장부분에 있어서 통기관에 오배수관이 연결되어 있지 않다고 설시하여 허위감정을 하였다.

(2) 판결요지

[1] 허위감정죄는 고의범이므로, 비록 감정내용이 객관적 사실에 반한다고 하더라도 감정인의 주관적 판단에 반하지 않는 이상 허위의 인식이 없어 허위감정죄로 처벌할 수 없다.

[2] 감정인이 감정사항의 일부를 타인에게 의뢰하여 그 감정 결과를 감정인 명의로

법원에 제출한 경우, 그 타인은 감정인의 업무보조자에 불과하고 감정의견은 감정인 자신의 의견과 판단을 나타내는 것이므로 감정인으로서는 그 감정 결과의 적정성을 당연히 확인하였다고 볼 것인데 제반 사정에 비추어 보면 감정인에게 허위성의 인식이 있었다는 이유로 허위감정죄의 성립을 인정한 사례.

[3] 하나의 소송사건에서 동일한 선서 하에 이루어진 법원의 감정명령에 따라 감정인이 동일한 감정명령사항에 대하여 수차례에 걸쳐 허위의 감정보고서를 제출하는 경우에는 각 감정보고서 제출행위시마다 각기 허위감정죄가 성립한다 할 것이나, 이는 단일한 범의 하에 계속하여 허위의 감정을 한 것으로서 포괄하여 1개의 허위감정죄를 구성한다(대법원 2000. 11. 28. 선고 2000도1089 판결).

Ⅲ. 수사실무

1. 피의자 신문례

(1) 피의자는 김○○을 알고 있나요

(2) 위 김○○의 △△사건에 대하여 법원에서 감정한 일이 있나요

(3) 감정인으로서 선서하였나요

(4) 언제, 어디에서 선서하였나요

(5) 감정한 내용은 무엇인가요

(6) 감정은 사실대로 하였나요

(7) 허위로 감정한 이유는 무엇인가요

(8) 허위 감정의 대가를 받았나요

(9) 누구에게, 무엇을 받았나요

2. 범죄사실 기재례

【범죄사실 기재례】

피의자는 20○○. ○. ○. ○○지방법원 제○○호 법정에서 심리한 오○○에 대한 절도피고사건에 있어서, 위 법원 제○단독 판사 김○○ 앞에서 감정인으로서 선서를 하였다.

피의자는 위 오○○을 풀려나게 할 목적으로 범행현장의 유리창에서 채취한 지문과 위 피고인 오○○의 지문이 일치함에도 불구하고 다르다고 감정하여 허위감정을 하였다.

4. 증거인멸죄 · 증인은닉,도피죄 · 모해증거인멸죄

제155조【증거인멸 등과 친족간의 특례】

① 타인의 형사사건 또는 징계사건에 관한 증거를 인멸, 은닉, 위조 또는 변조하거나 위조 또는 변조한 증거를 사용한 자는 5년 이하의 징역 또는 700만원 이하의 벌금에 처한다. 〈개정 1995.12.29.〉

② 타인의 형사사건 또는 징계사건에 관한 증인을 은닉 또는 도피하게 한 자도 제1항의 형과 같다. 〈개정 1995.12.29.〉

③ 피고인, 피의자 또는 징계혐의자를 모해할 목적으로 전2항의 죄를 범한 자는 10년 이하의 징역에 처한다.

④ 친족 또는 동거의 가족이 본인을 위하여 본조의 죄를 범한 때에는 처벌하지 아니한다. 〈개정 2005.3.31.〉

[본범과의관계] 형소11, [친족가족] 151②, 민767 · 769, [구속사유] 헌12③, 형소70①, [본항의주장에대한판단] 형소323②, [공소시효] 형소249④ : 7년(1 · 2항), 10년(3항)

○ 이 죄와 범인은닉죄는 물증이냐 인증이냐에 차이가 있을 뿐 그 사후종범 또는 범인 비호죄로서는 그 성격을 같이한다. 따라서 이 죄의 보호법익 역시 국가의 형사사법기능이며, 그 보호받을 정도는 추상적 위험범이다.

Ⅰ. 이론

[증거인멸죄]

1. 구성요건

(1) 객관적 구성요건

1) 주체

주체에는 제한이 없다.

2) 객체

이 죄의 객체는 타인의 형사사건 또는 징계사건에 관한 증거이다.

① 타인의 형사·징계사건이어야 하므로, 자기의 사건에 관한 증거는 이 죄의 객체가 되지 않는다.

② 공범자의 형사피고사건에 관해서는 타인의 사건이 아니라고 해서 이 죄의 성립을 부인하는 견해, 타인의 사건으로 보아 이 죄의 성립을 인정하는 견해 등이 대립하고 있다.

▣ 이견있는 형사사건의 법원판단 ▣

[공범자의 형사사건에 관한 증거]

1. 문제점 : 증거인멸죄의 객체에 공범자의 형사사건에 관한 증거가 포함되는지와 관련하여 견해가 나뉜다.
2. 학설

(1) 긍정설 : 공범자와 자기에게 공통되는 증거는 타인의 형사사건에 관한 증거가 된다는 견해

(2) 부정설 : 공범자의 사건은 타인의 사건이라고 할 수 없으므로 본죄의 객체가될 수 없다는 견해

(3) 절충설 : 공범자를 위한 의사로 한 때에는 타인사건이 되어 본죄가 성립하지만, 자기만을 위하거나 자기와 공범자의 이익을 위한 때에는 본죄가 성립하지 않는다는 견해

3. 판례 : 절충설의 태도

증거인멸죄는 타인의 형사사건 또는 징계사건에 관한 증거를 인멸하는 경우에 성립하는 것으로서, 피고인 자신이 직접 형사처분이나 징계처분을 받게 될 것을 두려워한 나머지 자기의 이익을 위하여 그 증거가 될 자료를 인멸하였다면, 그 행위가 동시에 다른 공범자의 형사사건이나 징계사건에 관한 증거를 인멸한 결과가 된다고 하더라도 이를 증거인멸죄로 다스릴 수 없고, 이러한 법리는 그 행위가 피고인의 공범자가 아닌 자의 형사사건이나 징계사건에 관한 증거를 인멸한 결과가 된다고 하더라도 마찬가지이다(대법원 1995.9.29. 선고 94도2608 판결).

③ 증거는 타인의 "형사사건 또는 징계사건"에 관한 것이므로 민사·행정·비송사건은 포함되지 않는다.

i) 형사사건은 소송제기된 사건뿐만 아니라 피의사건도 포함하며, 장래 피의사건이 될 수 있는 것도 포함된다고 본다.

ii) 확정판결 후라도 재심·비상상고의 가능성이 있다면 여기의 형사사건에 포함된다.

iii) 징계사건의 경우에도 징계의결이나 기타 징계절차가 개시되었음을 요하지 않고, 사안의 경중이나 궁극적으로 징계의결이 되었는지의 여부도 묻지 않는다.

■ 근거판례 ■

형법 제155조 제1항은 '타인의 형사사건 또는 징계사건에 관한 증거를 인멸, 은닉, 위조 또는 변조하거나 위조 또는 변조한 증거를 사용한 자'를 처벌한다고 규정하고 있는바, 증거인멸 등 죄는 위증죄와 마찬가지로 국가의 형사사법작용 내지 징계작용을 그 보호법익으로 하므로, 위 법조문에서 말하는 '징계사건'이란 국가의 징계사건에 한정되고 사인(私人) 간의 징계사건은 포함되지 않는다(대법원 2007.11.30. 선고 2007도4191 판결).

④ 증거란 범죄의 성부·태양·경중 및 정상 등을 인정할 수 있는 일체의 자료를 말한다.

⑤ 증인에는 형사소송법상의 증인뿐만 아니라 수사기관에서 조사하는 참고인도 포함된다.

3) 행위

이 죄의 행위는 증거를 인멸·은닉·위조 또는 변조하거나 위조·변조한 증거를 사용하는 것이다.

① 인멸이란 증거를 물리적으로 멸실시키거나 그 가치를 멸실·감소시키는 일체의 행위이다.

② 위조는 새로운 증거의 창조이다.

③ 변조는 진정한 증거에 가공하여 그 효과를 변경하는 것이다.

④ 사용은 위조·변조된 증거를 진정한 증거로서 제공하는 것이다. 적극적인 제공뿐 아니라 요구에 따라 제출하는 것도 사용에 포함된다.

(2) 주관적 구성요건

이 죄가 성립하려면 타인의 형사 또는 징계사건에 관한 증거를 인멸·은닉·위조·변조 또는 사용한다는 점에 대한 인식이 필요하다.

2. 타죄와의 관계

(1) 증거인멸죄와 위증죄

위증죄는 증거인멸죄에 대하여 특별관계에 있으므로 위증죄가 성립하는 경우에는 증거인멸죄는 성립하지 않는다는 것이 다수설이다.

(2) 증거인멸죄와 직무유기죄

작위범인 증거인멸죄만이 성립하고 부작위범인 직무유기(거부)죄는 따로 성립하지 않는다는 것이 판례이다(2005도3909참조).

> ▣ 근거판례 ▣
>
> 경찰서 방범과장이 부하직원으로부터 음반·비디오물 및 게임물에 관한 법률 위반 혐의로 오락실을 단속하여 증거물로 오락기의 변조 기판을 압수하여 사무실에 보관중임을 보고받아 알고 있었음에도 그 직무상의 의무에 따라 위 압수물을 수사계에 인계하고 검찰에 송치하여 범죄 혐의의 입증에 사용하도록 하는 등의 적절한 조치를 취하지 않고, 오히려 부하직원에게 위와 같이 압수한 변조 기판을 돌려주라고 지시하여 오락실 업주에게 이를 돌려준 경우, 작위범인 증거인멸죄만이 성립하고 부작위범인 직무유기(거부)죄는 따로 성립하지 아니한다(대법원 2006.10.19. 선고 2005도3909 전원합의체 판결).

[증인은닉·도피죄]

1. 구성요건

(1) 객관적 구성요건

1) 객체

타인의 형사사건 또는 징계사건에 관한 증인이다. 형사소송법상의 증인 뿐만 아니라 수사상의 참고인도 포함된다는 것이 통설이다.

> ▣ 근거판례 ▣
>
> 형법 제155조 제2항 소정의 증인도피죄는 타인의 형사사건 또는 징계사건에 관한 증인을 은닉·도피하게 한 경우에 성립하는 것으로서, 피고인 자신이 직접 형사처분이나 징계처분을 받게 될 것을 두려워한 나머지 자기의 이익을 위하여 증인이 될 사람을 도피하게 하였다면, 그 행위가 동시에 다른 공범자의 형사사건이나 징계사건에 관한 증인을 도피하게 한 결과가 된다고 하더라도 이를 증인도피죄로 처벌할 수 없다 (대법원 2003. 3. 14. 선고 2002도6134 판결).

2) 행위

증인을 은닉 또는 도피하게 하는 것이다.

① 은닉이란 증인의 출석을 방해하는 일체의 행위를 말한다.

② 도피하게 하는 것이란 증인의 도피를 야기하거나 방조하는 일체의 행위를 말한다.

(2) 주관적 구성요건

고의가 있어야 한다.

[모해증거인멸죄]

모해증거일멸죄는 피고인, 피의자 또는 징계혐의자를 모해할 목적으로 증거인멸죄와 증인은닉·도피죄를 범함으로써 성립하는 범죄이다. 즉, 목적으로 인하여 불법이 가중되는 가중적 구성요건이다.

Ⅱ. 판례

◆ 증거위조죄에서 말하는 '증거'의 의미 / 형 또는 징계의 경중에 관계있는 정상을 인정하는 데 도움이 될 자료가 증거위조죄의 증거에 포함되는지 여부(적극)

[1] 형법 제155조 제1항의 증거위조죄에서 말하는 '증거'란 타인의 형사사건 또는 징계사건에 관하여 수사기관이나 법원 또는 징계기관이 국가의 형벌권 또는 징계권의 유무를 확인하는 데 관계있다고 인정되는 일체의 자료를 뜻한다. 따라서 범죄 또는 징계사유의 성립 여부에 관한 것뿐만 아니라 형 또는 징계의 경중에 관계있는 정상을 인정하는 데 도움이 될 자료까지도 본조가 규정한 증거에 포함된다.

[2] 형법 제155조 제1항은 타인의 형사사건 또는 징계사건에 관한 증거를 인멸, 은닉, 위조 또는 변조하거나 위조 또는 변조한 증거를 사용한 자를 처벌하고 있고, 여기서의 '위조'란 문서에 관한 죄의 위조 개념과는 달리 새로운 증거의 창조를 의미한다. 그러나 사실의 증명을 위해 작성된 문서가 그 사실에 관한 내용이나 작성명의 등에 아무런 허위가 없다면 '증거위조'에 해당한다고 볼 수 없다. 설령 사실증명에 관한 문서가 형사사건 또는 징계사건에서 허위의 주장에 관한 증거로 제출되어 그 주장을 뒷받침하게 되더라도 마찬가지이다(대법원 2021. 1. 28., 선고, 2020도2642, 판결).

◆ 형법 제155조 제1항의 증거변조죄가 적용되는 '징계사건'에 사인(사인) 간의 징계사건이 포함되는지 여부

형법 제155조 제1항은 '타인의 형사사건 또는 징계사건에 관한 증거를 인멸, 은닉, 위조 또는 변조하거나 위조 또는 변조한 증거를 사용한 자'를 처벌한다고 규정하고 있는바, 증거인멸 등 죄는 위증죄와 마찬가지로 국가의 형사사법작용 내지 징계작용을 그 보호법익으로 하므로, 위 법조문에서 말하는 '징계사건' 이란 국가의 징계사건에 한정되고 사인(사인) 간의 징계사건은 포함되지 않는다(대법원 2007. 11. 30. 선고 2007도4191 판결).

◆ 살인(이른바 '이태원 살인사건')

【판시사항】

[1] 형사소송절차에서 두 죄 사이에 공소사실이나 범죄사실의 동일성이 있는지 판단하는 기준

[2] 피고인이 '1997. 4. 3. 21:50경 서울 용산구 이태원동에 있는 햄버거 가게 화장실에서 피해자 甲을 칼로 찔러 乙과 공모하여 甲을 살해하였다' 는 내용으로 기소되었는데, 선행사건에서 '1997. 2. 초순부터 1997. 4. 3. 22:00경까지 정당한 이유 없이 범죄에 공용될 우려가 있는 위험한 물건인 휴대용 칼을 소지하였고, 1997. 4. 3. 23:00경 乙이 범행 후 햄버거 가게 화장실에 버린 칼을 집어 들고 나와 용산 미8군영 내 하수구에 버려 타인의 형사사건에 관한 증거를 인멸하였다' 는 내용의 범죄사실로 유죄판결을 받아 확정된 사안에서, 살인죄의 공소사실과 선행사건에서 유죄로 확정된 증거인멸죄 등의 범죄사실 사이에 기본적 사실관계의 동일성이 없다고 한 사례

[3] 형사재판에서 유죄를 인정하기 위한 증거의 증명력 정도 및 법관이 범죄사실에 대한 증명이 있는지 판단하는 방법

[4] 피고인이 '1997. 4. 3. 21:50경 서울 용산구 이태원동에 있는 햄버거 가게 화장실에서 피해자 甲을 칼로 찔러 乙과 공모하여 甲을 살해하였다' 는 내용으로 기소된 사안에서, 피고인과 乙은 서로 상대방이 甲을 칼로 찔렀고 자신은 우연히 그 장면을 목격하였을 뿐이라고 주장하나, 제반 사정을 종합하면 피고인이 甲을 칼로 찔러 살해하였음이 합리적인 의심을 할 여지가 없을 정도로 증명되었다고 본 원심판단이 정당하다고 한 사례

【판결요지】

[1] 형사소송절차에서 두 죄 사이에 공소사실이나 범죄사실의 동일성이 있는지는 기본적 사실관계가 동일한지에 따라 판단하여야 한다. 이는 순수한 사실관계의 동일성이라는 관점에서만 파악할 수 없고, 피고인의 행위와 자연적·사회적 사실관계 이외에 규범적 요소를 고려하여 기본적 사실관계가 실질적으로 동일한지에 따라 결정해야 한다.

[2] 피고인이 '1997. 4. 3. 21:50경 서울 용산구 이태원동에 있는 햄버거 가게 화장실에서 피해자 甲을 칼로 찔러 乙과 공모하여 甲을 살해하였다' 는 내용으로 기소되었는데, 선행사건에서 '1997. 2. 초순부터 1997. 4. 3. 22:00경까지 정당한 이유 없이 범죄에 공용될 우려가 있는 위험한 물건인 휴대용 칼을 소지하였고, 1997. 4. 3. 23:00경 乙이 범행 후 햄버거 가게 화장실에 버린 칼을 집어 들고 나와 용

산 미8군영 내 하수구에 버려 타인의 형사사건에 관한 증거를 인멸하였다' 는 내용의 범죄사실로 유죄판결을 받아 확정된 사안에서, 살인죄의 공소사실과 선행사건에서 유죄로 확정된 폭력행위 등 처벌에 관한 법률 위반(우범자)죄와 증거인멸죄(이하 '증거인멸죄 등' 이라고 한다)는 범행의 일시, 장소와 행위 태양이 서로 다르고, 살인죄는 폭력행위 등 처벌에 관한 법률 위반(우범자)죄나 증거인멸죄와는 보호법익이 서로 다르며 죄질에서도 현저한 차이가 있으므로, 살인죄의 공소사실과 증거인멸죄 등의 범죄사실 사이에 기본적 사실관계의 동일성이 없다고 한 사례.

[3] 형사재판에서 유죄의 인정은 법관으로 하여금 합리적인 의심을 할 여지가 없을 정도로 공소사실이 진실한 것이라는 확신을 갖도록 할 수 있는 증명력을 가진 증거에 의하여야 한다. 여기에서 말하는 합리적 의심이란 모든 의문이나 불신을 말하는 것이 아니라 논리와 경험법칙에 기하여 증명이 필요한 사실과 양립할 수 없는 사실의 개연성에 대한 합리적인 의문을 의미한다. 따라서 단순히 관념적인 의심이나 추상적인 가능성에 기초한 의심은 합리적 의심에 포함되지 않는다. 법관은 반드시 직접증거로만 범죄사실에 대한 증명이 있는지를 판단하는 것은 아니고, 직접증거와 간접증거를 종합적으로 고찰하여 논리와 경험의 법칙에 따라 범죄사실에 대한 증명이 있는 것으로 판단할 수 있다.

[4] 피고인이 '1997. 4. 3. 21:50경 서울 용산구 이태원동에 있는 햄버거 가게 화장실에서 피해자 甲을 칼로 찔러 乙과 공모하여 甲을 살해하였다' 는 내용으로 기소된 사안에서, 甲은 피고인과 乙만 있던 화장실에서 칼에 찔려 사망하였고, 피고인과 乙은 서로 상대방이 甲을 칼로 찔렀고 자신은 우연히 그 장면을 목격하였을 뿐이라고 주장하나, 범행 현장에 남아 있던 혈흔 등에 비추어 乙의 주장에는 특별한 모순이 발견되지 않은 반면 피고인의 주장에는 쉽사리 해소하기 힘든 논리적 모순이 발생하는 점, 범행 이후의 정황에 나타난 여러 사정들 역시 피고인이 甲을 칼로 찌르는 것을 목격하였다는 乙의 진술의 신빙성을 뒷받침하는 점 등 제반 사정을 종합하면, 피고인이 甲을 칼로 찔러 살해하였음이 합리적인 의심을 할 여지가 없을 정도로 충분히 증명되었다고 본 원심판단이 정당하다고 한 사례.(대법원 2017. 1. 25., 선고, 2016도15526, 판결)

◆ 참고인이 타인의 형사사건 등에 관하여 제3자와 대화를 하면서 허위로 진술하고 그 진술이 담긴 대화 내용을 녹음한 녹음파일 또는 이를 녹취한 녹취록을 만들어 수사기관 등에 제출하는 행위가 증거위조죄를 구성하는지 여부(적극)

참고인이 타인의 형사사건 등에 관하여 제3자와 대화를 하면서 허위로 진술하고 위와 같은 허위 진술이 담긴 대화 내용을 녹음한 녹음파일 또는 이를 녹취한 녹취록은 참고인의 허위진술 자체 또는 참고인 작성의 허위 사실확인서 등과는 달리 그 진술내용만이 증거자료로 되는 것이 아니고 녹음 당시의 현장음향 및 제3자의 진술 등이 포함되어 있어 그 일체가 증거자료가 된다고 할 것이므로, 이는 증거위조죄에서 말하는 '증거' 에 해당한다. 또한 위와 같이 참고인의 허위 진술이 담긴 대화 내용을 녹음한 녹음파일 또는 이를 녹취한 녹취록을 만들어 내는 행위는 무엇보다도 그 녹음의 자연스러움을 뒷받침하는 현장성이 강하여 단순한 허위진술 또는 허위의 사실확인서 등에 비하여 수사기관 등을 그 증거가치를 판단함에 있어 오도할 위험성을 현저히 증대시킨다고 할 것이므로, 이러한 행위는 허위의 증거를 새로이 작출하는 행위로서 증거위조죄에서 말하는 '위조'에도 해당한다고 봄이 상당하다. 따라서 참고인이 타인의 형사사건 등에 관하여 제3자와 대화를 하면서 허위로 진술하고 위와 같은 허위 진술이 담긴 대화 내용을 녹음한 녹음파일 또는 이를 녹취한 녹취록을 만들어 수사기관 등에 제출하는 것은, 참고인이 타인의 형사사건 등에 관하여 수사기관에 허위의 진술을 하거나 이와 다를 바 없는 것으로서 허위의 사실확인서나 진술서를 작성하여 수사기관 등에 제출하는 것과는 달리, 증거위조죄를 구성한다(대법원 2013.12.26, 선고, 2013도8085,2013전도165, 판결).

Ⅲ. 수사실무

1. 수사포인트

(1) 형사·징계사건의 내용과 증거(증인)의 내용을 파악한다.

(2) 증인의 은닉, 도피(제2항)일 경우에는 그 증인과 행위자와의 관계를 조사할 필요가 있다.

(3) 증거인멸 등의 행위가 법원에 대한 것인가, 수사기관에 대한 것인가 조사한다.

(4) 행위의 범의, 동기, 목적 등을 조사한다.

(5) 범인과 형사사건 또는 징계사건의 범인과의 관계가 공범관계인가 또는 친족관계인가 조사한다.

(6) 국가보안법 제12조

◦ 제1항－ "타인으로 하여금 형사처분을 받게 할 목적으로 이 법의 죄에 대하여 무고 또는 위증을 하거나 증거를 변조, 인멸, 은닉한 자는 그 각 조에 정한 형에 처한다"

◦ 제2항－ "범죄수사 또는 정보의 직무에 종사하는 공무원이나 이를 보조하는 자 또는 이를 지휘하는 자가 직권을 남용하여 제1항의 행위를 한 때에도 제1항의 형과 같다. 다만, 그 법정형의 최저가 2년 미만인 때에는 이를 2년으로 한다"

2. 피의자 신문례

(1) 김○○을 알고 있나요

(2) 위 김○○이 경찰조사를 받고 있는 사실을 알고 있나요

(3) 위 김○○의 혐의가 무엇인지 알고 있나요

(4) 피의자는 김○○으로부터 △△사건 관련 서류를 없애달라는 부탁을 받은 일이 있나요

(5) 그 부탁을 받고 서류를 없애버렸나요

(6) 어떤 서류인가요

(7) 어떤 방법으로 없앴는가요

(8) 그 서류가 김○○의 형사사건관련 증거서류인 것을 알고 있었나요

(9) 알면서도 그와 같은 일을 한 이유가 무엇인가요

(10) 김○○으로부터 서류를 없애주는 대가로 무엇을 받았나요

3. 범죄사실 기재례

【범죄사실 기재례】

(1) 증거인멸(1)

피의자는 서울 서초구청 건축과 주사로 근무하고 있다.

피의자는 직장 동료인 김○○이 서울 서초경찰서 형사계에서 뇌물수수 사건 피의자로 조사를 받고 있는 사실을 알고 그에게 불리한 증거를 없애기로 마음먹었다.

그리하여 20○○. ○. ○. 15:00경 서울 서초구 서초동에 있는 서초구청 건축과 사무실에서 위 김○○의 부탁을 받아 보관중이던 그의 금전출납에 관한 메모수첩 1권을 태워버려 타인의 형사 사건에 관한 증거를 인멸하였다.

(2) 증거인멸(2)

피의자는 피의자가 속해있는 범죄단체인 ○○파의 두목 이○○가 살인사건의 용의자로 ○○경찰서에 체포되었음을 알고 그를 위하여 불리한 증거를 은닉하기로 하였다.

피의자는 20○○. ○. ○. 03:00경 ○○시 ○○구 ○○동 ○○○번지에 있는 위 이○○의 집에 숨겨놓은 생선용 칼 1자루를 찾아서 같은 구 ○○○동 ○○의 ○○에 있는 피의

자의 내연의 처 김○○의 집에 가지고 가서 즉시 그녀의 집 마당에 묻어서 타인의 형사사건에 관한 증거를 은닉하였다.

(3) 증거위조

피의자는 ○○지방법원에서 공판심리가 계속되고 있는 친구 이○○에 대한 사기피고사건에 대하여 그의 내연녀인 김○○의 부탁을 받고 위 이○○에게 유리한 판결을 받게 하기로 마음먹었다.

피의자는 20○○. ○. ○. 13:30경 ○○시 ○○동에 있는 피의자 집에서 그 피고사건에 관하여 위 법원에 제출한 증거서류로서 그로부터 합의금으로 금 1,000만원을 수령한 취지의 허위영수증 1통을 작성하여 바로 같은 날 위 법원에 제출함으로써 타인의 형사사건에 관한 증거를 위조하였다.

(4) 증인도피

피의자는 중개업자인 김○○이 20○○. ○. ○. 이○○를 공갈한 사건으로 ○○경찰서에서 조사받고 있음을 알고 위 이○○의 동생 이△△가 그 사건에 대하여 내용을 잘 알고 있어 그도 곧 참고인으로 조사를 받아야할 것이라는 사실을 알았다.

그럼에도 같은 달 28.경부터 2. 15.까지의 사이에 그로 하여금 그 사실을 모르는 ○○동에 있는 홍○○의 집으로 보내 그곳에 머무르게 함으로써 위 이○○의 형사사건에 관한 증인을 도피하게 하였다.

4. 수사참조사항

(1) 참고인

1) 피의자 이외의 자로 범죄사건에 관한 조사를 받는 사람을 말한다.

2) 참고인의 예

피해자, 목격자, 사체를 검안, 해부하는 의사, 감정, 통역, 번역자 고소·고발인, 기타 사건관계자를 들 수 있다.

3) 참고인 소환 조사 근거법

① 형소법 제221조(제3자의 출석요구)관련

② 범죄수사규칙 제102조(피의자, 참고인출석요구)

③ 사법경찰관집무규칙 제16조(참고인 출석요구), 동법 제18조(참고인진술) 등

(2) 참고인등에 대한 비용지급규칙(경찰청 훈령 제968호, 2020. 6. 19.)

범죄수사상 필요에 의하여 사법경찰관인 경찰공무원으로부터 출석을 요

구받고 경찰관서에 출석한 참고인과 사체의 검안·부검, 사체의 운구·안치, 감정 및 통역·번역을 위촉받은 자에 대한 일당과 그 비용 등의 지급기준과 절차를 규정한 규칙

- 사법경찰관으로부터 출석을 요구받고 지정된 장소에 출석한 자 중 피의자·고소인·법령상 신고의무자를 제외한 제3자에게 지급할 여비, 숙박료, 식비
- 사법경찰관으로부터 사체의 검안·부검, 사체의 운구·안치, 감정 및 통역·번역을 위촉받은 자에게 지급할 검안비, 부검비, 운구비, 안치비, 감정료 및 통역·번역료와 여비, 숙박료, 식비
- 참고인등의 여비, 숙박료, 식비는 소요비용을 참작하여 상당한 금액을 지급한다.
- 사체의 검안·부검, 사체의 운구·안치, 감정 및 통역·번역에 대한 비용은 소요비용과 내용을 참작하여 상당한 금액을 지급한다.
- 비용지급 하지 않는 경우

① 참고인이 허위진술을 하였다고 인정할 만한 명백한 이유가 있을 때

② 허위의 검안 또는 감정 등을 하였다고 인정할 만한 상당한 이유가 있거나 검안 또는 감정 등을 거부하였을 때

③ 의사 또는 감정인 자신의 귀책사유로 검안이나 감정 등의 목적을 달성하지 못하였을 때

(3) 압수조서와 압수목록(검사와 사법경찰관의 상호협력과 일반적 수사준칙에 관한 규정 제40조)

- 검사 또는 사법경찰관은 증거물 또는 몰수할 물건을 압수했을 때에는 압수의 일시·장소, 압수 경위 등을 적은 압수조서와 압수물건의 품종 · 수량 등을 적은 압수목록을 작성해야 한다. 다만, 피의자신문조서, 진술조서, 검증조서에 압수의 취지를 적은 경우에는 그렇지 않다.

(4) 압수조서등(경찰수사규칙 제64조)

- 제1항

수사준칙 제40조 본문에 따른 압수조서는 별지 제66호서식에 따르고, 압수목록은 별지 제67호서식에 따른다.

○ 제2항

법 제219조에서 준용하는 법 제129조에 따라 압수목록을 교부하는 경우에는 별지 제68호서식의 압수목록 교부서에 따른다. 이 경우 수사준칙 제41조제1항에 따른 전자정보에 대한 압수목록 교부서는 전자파일의 형태로 복사해 주거나 전자우편으로 전송하는 등의 방식으로 교부할 수 있다.

○ 제3항

수사준칙 제42조제2항 후단에 따른 삭제·폐기·반환 확인서는 별지 제69호서식에 따른다. 다만, 제2항에 따른 압수목록 교부서에 삭제·폐기 또는 반환했다는 내용을 포함시켜 교부하는 경우에는 삭제·폐기·반환 확인서를 교부하지 않을 수 있다.

제 11 장 무고의 죄 (제156조 ~ 제157조)

제11장 무고의 죄(제156조 ~ 제157조)

1. 무고죄

> **제156조【무고】**
> 타인으로 하여금 형사처분 또는 징계처분을 받게 할 목적으로 공무소 또는 공무원에 대하여 허위의 사실을 신고한 자는 10년 이하의 징역 또는 1천500만원 이하의 벌금에 처한다. 〈개정 1995.12.29.〉

[형사처분] 41, 형소321, [신고] 형소234, [특별규정] 경범1, 국보12, [공소시효] 형소249① : 10년

- 무고죄는 단순히 개인적 법익을 보호하는 것이 아니라 공공의 법익도 보호한다는 전제 하에서 피무고자의 승낙을 받은 경우에도 성립한다고 본다. 따라서 무고죄를 순수한 개인적 법익을 침해하는 범죄만으로 볼 수는 없다.
- 무고죄의 본질에 관해서는 학설이 대립되는데, 국가의 심판기능 또는 처분권의 적절한 발동이라는 국가적 법익의 침해와 부차적으로 피무고자가 부당한 형사 또는 징계처분을 받지 않는다는 개인적 법익의 침해를 동시에 인정하는 결합설이 우리나라의 다수설이다.
- 무고죄의 보호법익은 국가의 심판기능 또는 처분권의 적정한 발동 및 피무고자의 법률적 안정성이며 그 보호받을 정도는 추상적 위험범이다.

◈ 대법원 양형위원회의 양형기준 ◈

1. 제1유형(일반 무고)
 (1) 기본 : 6월 - 2년 / (2) 감경 : - 1년 / (3) 가중 : 1년 - 4년
2. 제2유형(특가법상 무고)
 (1) 기본 : 2년 - 4년 / (2) 감경 : 1년 - 3년 / (3) 가중 : 3년 - 6년

Ⅰ. 이론

1. 구성요건

(1) 객관적 구성요건

1) 주체

이 죄의 주체에는 제한이 없어서 공무원도 이 죄의 주체가 될 수 있으며, 따라서 직무상 고발의 경우에도 이 죄가 성립할 수 있다.

2) 객체

무고죄의 객체는 타인이다.

① 자기 자신으로 하여금 형사 또는 징계처분을 받게 할 목적으로 하는 자기무고(falsche Selbstbezichtigung), 사자나 허무인에 대한 무고는 이 죄에 해당하지 않는다.

② 타인은 실재인인 이상 자연인이든 법인이든 불문하며, 또 책임무능력자나 징계의 기본인 신분이 없는 자라도 무고의 대상이 된다.

③ 허위신고의 대상은 반드시 특정되어야 한다. 특정은 누구를 무고하였나를 인식할 수 있는 정도이면 족하다. 예컨대 "某시의원 전부가 뇌물을 수수하고 있다"는 등의 허위신고는 너무 막연하여 무고죄가 성립되지 않는다고 보아야 할 것이다.

3) 행위

허위의 사실을 신고하는 것이다.

① 무고사실의 일부가 진실이고 나머지가 허위인 때에는 그 허위부분에 대해서만 이 죄가 성립한다.

② 허위의 "사실"은 피신고자가 형사처분 또는 징계처분을 받기에 족한 사실이어야 한다. 신고자가 신고내용을 허위라고 오신한 경우에도 그것이 객관적 진실에 부합할 경우에는 무고가 아니다.

i) 신고내용이 허위라 할지라도 처벌조항이 없어 범죄행위가 되지 않는 때에는 이 죄가 성립되지 않는다.

ii) 범죄사실은 허구이더라도 그 사실이 사면되어 공소권이 소멸한 것이 분명하거나, 공소시효가 완성되었음이 분명한 경우에는 국가기관의 직무를 그르치게 할 위험성이 없으므로 이 죄가 성립되지 않는다.

■ 근거판례 ■

무고죄는 타인으로 하여금 형사처분 등을 받게 할 목적으로 신고한 사실이 객관적 진실에 반하는 허위사실인 경우에 성립되는 범죄로서, 신고자가 그 신고내용을 허위라고 믿었다 하더라도 그것이 객관적으로 진실한 사실에 부합할 때에는 허위사실의 신고에 해당하지 않아 무고죄는 성립하지 않는 것이며, 한편 위 신고한 사실의 허위 여부는 그 범죄의 구성요건과 관련하여 신고사실의 핵심 또는 중요내용이 허위인가에 따라 판단하여 무고죄의 성립 여부를 가려야 한다(대법원 1991.10.11. 선고 91도1950 판결).

③ 신고란 자발적으로 사실을 고지하는 것으로, 당국의 신문이나 조사에 대하여 허위의 사실을 진술하는 것은 무고가 아니다.

④ 신고의 방법에는 제한이 없어서 구두·서면·고소·고발형식에 의하든, 기명·익명, 자기명의·타인명의에 의하든 관계 없다.

⑤ 신고가 공무소 또는 공무원에게 도달한 때 기수가 된다. 문서로 우송하는 경우에는 발송할 때가 아니라 도달했을 때 기수가 된다.

⑥ 행위의 상대방은 공무소 · 공무원이다. 다만, 모든 공무소 · 공무원이 아니라, 형사처분 또는 징계처분에 대하여 직권행사를 할 수 있는 관서 또는 그 소속 공무원이어야 한다.

(2) 주관적 구성요건

1) 고의

공무소 또는 공무원에 대하여 허위의 사실을 신고한다는 인식이 있어야 한다. 허위사실에 대한 인식의 정도에 대해서는 미필적 인식으로 충분하다는 견해와 확정적으로 인식해야 한다는 견해가 대립된다. 판례는 미필적 고의로서도 족하다는 입장이다(96도2417).

■ 근거판례 ■

무고죄에 있어서 범의는 반드시 확정적 고의임을 요하지 아니하고 미필적 고의로서도 족하다 할 것이므로, 무고죄는 신고자가 진실하다는 확신 없는 사실을 신고함으로써 성립하고 그 신고사실이 허위라는 것을 확신함을 필요로 하지 않는다(대법원 1997. 3. 28. 선고 96도2417 판결).

2) 목적

이 죄는 타인으로 하여금 형사처분 또는 징계처분을 받게 할 목적이 있을 것을 요하는 목적범이다.

2. 죄수

무고죄는 피무고자의 수를 기준으로 죄수를 결정한다.

3. 자백 · 자수의 특례

제157조【자백·자수】

제153조는 전조에 준용한다.

제153조【자백, 자수】

전조의 죄를 범한 자가 그 공술한 사건의 재판 또는 징계처분이 확정되기 전에 자백 또는 자수한 때에는 그 형을 감경 또는 면제한다.

[감경례] 53 · 54, [면제선고] 형소322, [본조의주장에대한판단] 형소323②

▣ 근거판례 ▣

무고죄에 있어서 형의 필요적 감면사유에 해당하는 자백이란 자신의 범죄사실, 즉 타인으로 하여금 형사처분 또는 징계처분을 받게 할 목적으로 공무소 또는 공무원에 대하여 허위의 사실을 신고하였음을 자인하는 것을 말하고, 단순히 그 신고한 내용이 객관적 사실에 반한다고 인정함에 지나지 아니하는 것은 이에 해당하지 아니한다 (대법원 1995.9.5. 선고 94도755 판결).

Ⅱ. 판례

◆ 무고죄의 성립요건 / 신고사실의 진실성을 인정할 수 없다는 소극적 증명만으로 그 신고사실을 허위로 단정하여 무고죄를 인정할 수 있는지 여부(소극) / 신고내용에 일부 객관적 진실에 반하는 내용이 포함되어 있으나 단지 신고사실의 정황을 과장하는 데 불과한 경우, 무고죄가 성립하는지 여부(소극)

무고죄는 타인으로 하여금 형사처분이나 징계처분을 받게 할 목적으로 신고한 사실이 객관적인 진실에 반하는 허위사실인 경우에 성립하는 범죄이므로, 신고한 사실이 객관적 진실에 반하는 허위사실이라는 요건은 적극적 증명이 있어야 하고, 신고사실의 진실성을 인정할 수 없다는 소극적 증명만으로 곧 그 신고사실이 객관적 진실에 반하는 허위의 사실이라 단정하여 무고죄의 성립을 인정할 수는 없으며, 신고내용에 일부 객관적 진실에 반하는 내용이 포함되어 있더라도 그것이 범죄의 성부에 영향을 미치는 중요한 부분이 아니고 단지 신고사실의 정황을 과장하는 데 불과하다면 무고죄는 성립하지 않는다(대법원 2019. 7. 11., 선고, 2018도2614, 판결).

◆ 무고죄의 경우 재판확정 전의 자백을 필요적 감경 또는 면제사유로 정한 형법 제157조, 제153조에서 자백의 범위

형법 제157조, 제153조는 무고죄를 범한 자가 그 신고한 사건의 재판 또는 징계처분이 확정되기 전에 자백 또는 자수한 때에는 그 형을 감경 또는 면제한다고 하여 이러한 재판확정 전의 자백을 필요적 감경 또는 면제사유로 정하고 있다. 위와 같은 자백의 절차에 관해서는 아무런 법령상의 제한이 없으므로 그가 신고한 사건을 다루는 기관에 대한 고백이나 그 사건을 다루는 재판부에 증인으로 다시 출석하여 전에 그가 한 신고가 허위의 사실이었음을 고백하는 것은 물론 무고 사건의 피고인 또는 피의자로서 법원이나 수사기관에서의 신문에 의한 고백 또한 자백의 개념에 포함된다.

형법 제153조에서 정한 '재판이 확정되기 전'에는 피고인의 고소사건 수사 결과 피고인의 무고 혐의가 밝혀져 피고인에 대한 공소가 제기되고 피고소인에 대해서는 불기소결정이 내려져 재판절차가 개시되지 않은 경우도 포함된다(대법원 2018. 8. 1., 선고, 2018도7293 판결).

◆ 무고죄에서 '허위사실의 신고'의 의미

무고죄에 있어서 신고사실이 객관적 사실과 일치하지 않는 것이라도 신고자가 진실이라고 확신하고 신고하였을 때에는 무고죄가 성립하지 않는다고 할 것이나, 진실이라고 확신한다 함은 신고자가 알고 있는 객관적인 사실관계에 의하더라도 신고사실이 허위라거나 또는 허위일 가능성이 있다는 인식을 하지 못하는 경우를 말하는 것이지, 신고자가 알고 있는 객관적 사실관계에 의하여 신고사실이 허위라거나 허위일 가능성이 있다는 인식을 하면서도 이를 무시한 채 무조건 자신의 주장이 옳다고 생각하는 경우까지 포함되는 것은 아니다(대법원 2008. 5. 29. 선고 2006도6347 판결).

◆ 신고된 범죄사실이 이미 공소시효가 완성되어 무고죄가 성립하지 않는 경우인지 여부를 판단하기 위한 기준시점(=신고시)

무고죄는 타인으로 하여금 형사처분 등을 받게 할 목적으로 공무소 등에 허위의 사실을 신고함으로써 성립하는 범죄이므로, 그 신고 된 범죄사실이 이미 공소시효가 완성된 것이어서 무고죄가 성립하지 아니하는 경우에 해당하는지 여부는 그 신고시를 기준으로 하여 판단하여야 한다고 할 것이다.

범행일시를 특정하지 않은 고소장을 제출한 후, 고소보충진술시에 범죄사실의 공소시효가 아직 완성되지 않은 것으로 진술한 피고인이 그 이후 검찰이나 제1심 법정에서 다시 범죄의 공소시효가 완성된 것으로 정정 진술한 사안에서, 이미 고소보충진술시에 무고죄가 성립하였다(대법원 2008. 3. 27. 선고 2007도11153 판결).

◆ 신고한 허위사실 자체가 형사범죄를 구성하지 않는 경우, 무고죄의 성립 여부

타인에게 형사처분을 받게 할 목적으로 허위의 사실을 신고한 행위가 무고죄를 구성하기 위하여는 신고된 사실 자체가 형사처분의 원인이 될 수 있어야 할 것이어서, 가령 허위의 사실을 신고하였다 하더라도 그 사실 자체가 형사범죄로 구성되지 아니한다면 무고죄는 성립하지 아니한다(대법원 2008. 1. 24. 선고 2007도9057 판결).

◆ 무고죄에 있어서의 범의

무고죄에 있어서 범의는 반드시 확정적 고의임을 요하지 아니하고 미필적 고의로서도 족하다 할 것이므로, 무고죄는 신고자가 진실하다는 확신 없는 사실을 신고함으로써 성립하고 그 신고사실이 허위라는 것을 확신함을 필요로 하지 않는다고 할 것이고(대법원 2006. 5. 25. 선고 2005도4642 판결 참조), 또 고소를 한 목적이 상대방을 처벌받도록 하는 데 있지 않고 시비를 가려달라는 데에 있다고 하여 무고죄의 범의가 없다고 할 수는 없다(대법원 2007. 4. 26. 선고 2007도1423 판결).

◆ 무고죄에 있어서 '허위의 사실'의 의미

무고죄에 있어서 허위의 사실이라 함은 그 신고된 사실로 인하여 상대방이 형사처분이나 징계처분 등을 받게 될 위험이 있는 것이어야 하고 비록 신고내용에 일부 객관적 진실에 반하는 내용이 포함되었다 하더라도 그것이 독립하여 형사처분 등의 대상이 되지 아니하고 단지 신고사실의 정황을 과장하는 데 불과하거나 허위의 일부사실의 존부가 전체적으로 보아 범죄사실의 성부에 직접 영향을 줄 정도에 이르지 아니하는 내용에 관계되는 것이라면 무고죄가 성립하지 아니한다(대법원 2006. 9. 28. 선고 2006도2963 판결).

◆ 일부 허위사실을 포함한 신고가 무고죄에 해당하는지 여부

(1) 사실관계

> 피고인A는 1999. 6.경 도박현장에서 공소외 1에게 도박자금으로 120만 원을 빌려주었다가 이를 돌려받지 못하게 되자(그 중 100만 원을 수표로 받았으나, 그 수표가 사고수표임이 밝혀져 결국 변제받지 못하였다), 2001. 6. 27. 위 금원을 도박자

> 금으로 빌려주었다는 사실을 감추고 단순한 대여금인 것처럼 하여 공소외 1이 120만 원을 빌려 간 후 변제하지 아니하고 있으니 처벌하여 달라는 취지로 고소하였고, 은평경찰서에서 고소보충 진술을 하면서 금전의 대여경위에 대하여 공소외 1이 사고가 나서 급해서 그러니 120만 원을 빌려주면 다음날 아침에 카드로 현금서비스를 받아 갚아 주겠다고 하여 금전을 빌려준 것이라고 허위로 진술하였다.

(2) 판결요지

[1] 무고죄는 타인으로 하여금 형사처분 또는 징계처분을 받게 할 목적으로 공무소 또는 공무원에 대하여 허위의 사실을 신고하는 때에 성립하는 것으로, 여기에서 허위사실의 신고라 함은 신고사실이 객관적 사실에 반한다는 것을 확정적이거나 미필적으로 인식하고 신고하는 것을 말하는 것이므로, 신고사실의 일부에 허위의 사실이 포함되어 있다고 하더라도 그 허위부분이 범죄의 성부에 영향을 미치는 중요한 부분이 아니고, 단지 신고한 사실을 과장한 것에 불과한 경우에는 무고죄에 해당하지 아니하지만, 그 일부 허위인 사실이 국가의 심판작용을 그르치거나 부당하게 처벌을 받지 아니할 개인의 법적 안정성을 침해할 우려가 있을 정도로 고소사실 전체의 성질을 변경시키는 때에는 무고죄가 성립될 수 있다.

[2] 도박자금으로 대여한 금전의 용도에 대하여 허위로 신고한 것이 무고죄의 허위신고에 해당한다(대법원 2004. 1. 16. 선고 2003도7178 판결).

◆ 무고죄에 있어서 고소사실의 허위성에 대한 인식 요부(적극) 및 고소내용이 사실에 기초하여 그 정황을 다소 과장한 경우, 무고죄의 성립 여부

무고죄는 타인으로 하여금 형사처분 또는 징계처분을 받게 할 목적으로 공무소 또는 공무원에 대하여 허위의 사실을 신고하는 때에 성립하는 것인데, 여기에서 허위사실의 신고라 함은 신고사실이 객관적 사실에 반한다는 것을 확정적이거나 미필적으로 인식하고 신고하는 것을 말하는 것으로서, 설령 고소사실이 객관적 사실에 반하는 허위의 것이라 할지라도 그 허위성에 대한 인식이 없을 때에는 무고에 대한 고의가 없다 할 것이고, 고소내용이 터무니없는 허위사실이 아니고 사실에 기초하여 그 정황을 다소 과장한 데 지나지 아니한 경우에는 무고죄가 성립하지 아니한다(대법원 2003. 1. 24. 선고 2002도5939 판결).

◆ 형법 제156조에서 정한 '징계처분'의 의미 / 학교법인 등의 사립학교 교원에 대한 인사권의 행사로서 징계 등 불리한 처분의 성격(=사법적 법률행위) 및 사립학교 교원에 대한 학교법인 등의 징계처분이 형법 제156조의 '징계처분'에 포함되는지 여부(소극)

형법 제156조는 타인으로 하여금 형사처분 또는 징계처분을 받게 할 목적으로 공무소 또는 공무원에 대하여 허위의 사실을 신고한 자를 처벌하도록 정하고 있다. 여기서 '징계처분'이란 공법상의 감독관계에서 질서유지를 위하여 과하는 신분적 제재를 말한다.

그런데 사립학교 교원은 학교법인 또는 사립학교경영자가 임면하고(사립학교법 제53조, 제53조의2), 그 임면은 사법상 고용계약에 의하며, 사립학교 교원은 학생을 교육하는 대가로 학교법인 등으로부터 임금을 지급받으므로 학교법인 등과 사립학교 교원의 관계는 원칙적으로 사법상 법률관계에 해당한다. 비록 임면자가 사립학교 교원의 임면에 대하여 관할청에 보고하여야 하고, 관할청은 일정한 경우 임면권자에게 해직 또는 징계를 요구할 수 있는 등(사립학교법 제54조) 학교법인 등에 대하여 국가 등의 지도·감독과 지원 및 규제가 행해지고, 사립학교 교원의 자격, 복무 및 신분을 공무원인 국·공립학교 교원에 준하여 보장하고 있지만, 이 역시 이들 사이의 법률관계가 사법상 법률관계임을 전제로 신분 등을 교육공무원의 그것과 동일하게 보장한다는 취지에 다름 아니다. 따라서 학교법인 등의 사립학교 교원에 대한 인사권의 행사로서 징계 등 불리한 처분은 사법적 법률행위의 성격을 가진다.

한편 형벌법규의 해석은 엄격하여야 하고, 명문의 형벌법규의 의미를 피고인에게 불리한 방향으로 지나치게 확장해석하거나 유추해석하는 것은 죄형법정주의의 원칙에 어긋나는 것으로서 허용되지 않는다.

위와 같은 법리를 종합하여 보면, 사립학교 교원에 대한 학교법인 등의 징계처분은 형법 제156조의 '징계처분'에 포함되지 않는다고 해석함이 옳다. (대법원 2014.7.24, 선고, 2014도6377, 판결).

◆ 피고인이 사립대학교 교수인 피해자들로 하여금 징계처분을 받게 할 목적으로 범정부 국민포털인 국민신문고에 민원을 제기한 사안에서, 피해자들은 사립학교 교원이므로 피고인의 행위가 무고죄에 해당하지 않음에도, 이와 달리 보아 유죄를 인정한 원심판결에 법리오해의 잘못이 있다고 한 사례

피고인이 사립대학교 교수인 피해자들로 하여금 징계처분을 받게 할 목적으로 국민권익위원회에서 운영하는 범정부 국민포털인 국민신문고에 민원을 제기한 사안에서, 피해자들은 사립학교 교원이므로 피고인의 행위가 무고죄에 해당하지 않음에도, 이와 달리 보아 유죄를 인정한 원심판결에 무고죄의 '징계처분'에 관한 법리를 오해한 잘못이 있다고 한 사례(대법원 2014.7.24, 선고, 2014도6377, 판결).

◆ 피무고자의 승낙이 있는 경우 무고죄의 성립 여부(적극) 및 무고죄에 있어서 '형사처분 또는 징계처분을 받게 할 목적'의 의미

(1) 사실관계

피고인들은 공소외인과 그로부터 피해를 당한 사람들 사이의 합의를 주선하기 위하여 자신들도 피해자인 것처럼 행세하기 위한 방편으로 공소외인을 고소하기로 하고 이러한 취지를 공소외인에게도 미리 알린 후 공소외인으로부터 차

> 용금 피해를 당한 것처럼 허위사실을 기재하여 공소외인을 고소하였다. 피고인들의 공소외인에 대한 고소 사실은 피고인들이 각자 공소외인에게 2002. 4. 22. 금 5,000만 원을 변제기 2002. 5. 19., 이자 월 5부로 정하여 매주 원리금을 균등 상환받기로 하는 약정하에 대여하였는데 공소외인이 위 변제기를 경과한 2002. 5. 22.까지 원리금을 전혀 변제하지 않고 있으니 엄벌하여 달라는 것이고 고소장에 그와 같은 내용의 허위의 차용증을 작성하여 첨부하였다. 피고인들은 바로 공소외인에게 합의서를 작성하여 교부해 주는 한편 수사기관의 고소인 출석요구에 응하지 않았고, 결국 피고인들의 고소사건은 고소장 각하로 종결되었다.

(2) **판결요지**

무고죄는 국가의 형사사법권 또는 징계권의 적정한 행사를 주된 보호법익으로 하고 다만, 개인의 부당하게 처벌 또는 징계받지 아니할 이익을 부수적으로 보호하는 죄이므로, 설사 무고에 있어서 피무고자의 승낙이 있었다고 하더라도 무고죄의 성립에는 영향을 미치지 못한다 할 것이고, 무고죄에 있어서 형사처분 또는 징계처분을 받게 할 목적은 허위신고를 함에 있어서 다른 사람이 그로 인하여 형사 또는 징계처분을 받게 될 것이라는 인식이 있으면 족한 것이고 그 결과발생을 희망하는 것까지를 요하는 것은 아니므로, 고소인이 고소장을 수사기관에 제출한 이상 그러한 인식은 있었다고 보아야 한다(대법원 2005. 9. 30. 선고 2005도2712 판결).

◆ 무고죄에 있어서 허위의 사실

(1) **사실관계**

> 피고인A는 공소외 B와 1994. 9. 2. 06：40경 서울지방경찰청 교통관리대 주차장에서 다투는 과정에서 시비가 되어 서로 허리띠나 옷을 잡고 밀고 당기면서 평소에 좋은 상태가 아니던 요추부에 경도의 염좌증세가 발생하였다. 피고인은 이에 B가 피고인의 오른쪽 어깨를 떠밀면서 피고인을 구타하여 요치 약 10일간의 요추부염좌상을 가하였다는 내용의 허위사실을 기재한 고소장을 작성하여 같은 해 10. 19. 서울 성동경찰서에 접수시켰다.

(2) **판결요지**

[1] 무고죄에 있어서 허위의 사실이라 함은 그 신고된 사실로 인하여 상대방이 형사처분이나 징계처분 등을 받게 될 위험이 있는 것이어야 하고, 비록 신고내용에 일부 객관적 진실에 반하는 내용이 포함되었다고 하더라도 그것이 독립하여 형사처분 등의 대상이 되지 아니하고 단지 신고사실의 정황을 과장하는 데 불과

하거나 허위의 일부 사실의 존부가 전체적으로 보아 범죄사실의 성립 여부에 직접 영향을 줄 정도에 이르지 아니하는 내용에 관계되는 것이라면 무고죄가 성립하지 아니한다.

[2] 폭행을 당하지는 않았더라도 그와 다투는 과정에서 시비가 되어 서로 허리띠나 옷을 잡고 밀고 당기면서 평소에 좋은 상태가 아니던 요추부에 경도의 염좌증세가 생겼을 가능성이 충분히 있다면 피고인의 구타를 당하여 상해를 입었다는 내용의 고소는 다소 과장된 것이라고 볼 수 있을지언정 이를 일컬어 무고죄의 처벌대상인 허위사실을 신고한 것이라고 단정하기는 어렵다(대법원 1996. 5. 31. 선고 96도771 판결).

◆ 무고죄의 보호법익 / 허위로 신고한 사실 자체가 신고 당시 형사범죄를 구성하지 않는 경우, 무고죄가 성립하는지 여부(소극) 및 허위로 신고한 사실이 무고행위 당시 형사처분의 대상이 될 수 있었으나 이후 형사범죄가 되지 않는 것으로 판례가 변경된 경우, 이미 성립한 무고죄에 영향을 미치는지 여부(원칙적 소극)

타인으로 하여금 형사처분 또는 징계처분을 받게 할 목적으로 공무소 또는 공무원에 대하여 허위의 사실을 신고하는 때에 무고죄가 성립한다(형법 제156조). 무고죄는 부수적으로 개인이 부당하게 처벌받거나 징계를 받지 않을 이익도 보호하나, 국가의 형사사법권 또는 징계권의 적정한 행사를 주된 보호법익으로 한다.

타인에게 형사처분을 받게 할 목적으로 '허위의 사실'을 신고한 행위가 무고죄를 구성하기 위해서는 신고된 사실 자체가 형사처분의 대상이 될 수 있어야 하므로, 가령 허위의 사실을 신고하였더라도 신고 당시 그 사실 자체가 형사범죄를 구성하지 않으면 무고죄는 성립하지 않는다. 그러나 허위로 신고한 사실이 무고행위 당시 형사처분의 대상이 될 수 있었던 경우에는 국가의 형사사법권의 적정한 행사를 그르치게 할 위험과 부당하게 처벌받지 않을 개인의 법적 안정성이 침해될 위험이 이미 발생하였으므로 무고죄는 기수에 이르고, 이후 그러한 사실이 형사범죄가 되지 않는 것으로 판례가 변경되었더라도 특별한 사정이 없는 한 이미 성립한 무고죄에는 영향을 미치지 않는다(대법원 2017.5.30, 선고, 2015도15398, 판결).

◆ 피고인이 변호사인 피해자로 하여금 징계처분을 받게 할 목적으로 서울지방변호사회에 허위 내용의 진정서를 제출한 사안에서, 무고죄를 인정한 원심판단을 수긍한 사례

[1] 형법 제156조는 타인으로 하여금 형사처분 또는 징계처분을 받게 할 목적으로 공무소 또는 공무원에 대하여 허위의 사실을 신고한 자를 처벌하도록 정하고 있다. 여기서 '징계처분'이란 공법상의 특별권력관계에 기인하여 질서유지를 위하여 과하여지는 제재를 의미하고, 또한 '공무소 또는 공무원'이란 징계처분에 있어서는 징계권자 또는 징계권의 발동을 촉구하는 직권을 가진 자와 그 감독기관 또는 그 소속 구성원을 말한다.

[2] 구 변호사법(2008. 3. 28. 법률 제8991호로 개정되기 전의 것, 이하 '구 변호사법'이라 한다) 제92조, 제95조, 제96조, 제100조 등 관련 규정에 의하면 변호사에 대한 징계가 대한변호사협회 변호사징계위원회를 거쳐 최종적으로 법무부의 변호사징계위원회에서 결정되고 이에 불복하는 경우에는 행정소송을 할 수 있는 점, 구 변호사법 제93조, 제94조, 제101조의2 등은 판사 2명과 검사 2명이 위원으로 참여하여 대한변호사협회 변호사징계위원회나 법무부의 변호사징계위원회를 구성하고, 서류의 송달, 기일의 지정이나 변경 및 증인·감정인의 선서와 급여에 관한 사항에 대하여 '형사소송법'과 '형사소송비용 등에 관한 법률'의 규정을 준용하도록 정하고 있는 점, 위와 같은 절차를 마련한 것은 변호사의 공익적 지위에 기인하여 공법상의 특별권력관계에 준하여 징계에 관하여도 공법상의 통제를 하려는 의도로 보여지는 점 등을 고려하여 보면, 변호사에 대한 징계처분은 형법 제156조에서 정하는 '징계처분'에 포함된다고 봄이 상당하고, 구 변호사법 제97조의2 등 관련 규정에 의하여 그 징계 개시의 신청권이 있는 지방변호사회의 장은 형법 제156조에서 정한 '공무소 또는 공무원'에 포함된다.

[3] 피고인이 변호사인 피해자로 하여금 징계처분을 받게 할 목적으로 서울지방변호사회에 위 변호사회 회장을 수취인으로 하는 허위 내용의 진정서를 제출한 사안에서, 무고죄를 인정한 원심판단을 수긍한 사례(대법원 2010.11.25. 선고 2010도10202 판결).

Ⅲ. 수사실무

1. 수사포인트

(1) 피무고자의 승낙이 무고죄의 위법성을 없애지는 못한다.

(2) 신고의 동기나 목적이 있었는지 조사한다.

(3) 신고된 고소, 고발장, 진정서 등의 서면원본을 확보하고 신고서의 작성 및 제출경위를 파악한다.

(4) 신고자가 허위임을 인식하고 신고했는지 또는 확신없이 신고했는지 조사한다.

(5) 신고받은 공무소 또는 공무원에게 형사 또는 징계처분의 권한이 있는지, 신고 후 공무소 또는 공무원이 어떤 조치를 취했는지 조사한다.

2. 피의자 신문례

(1) 피의자는 행정안전부장관 앞으로 고발장을 제출한 일이 있나요.

(2) 고발장의 내용은 어떤가요.

(3) 토지형질변경을 한 경과를 알고 있나요.

(4) 피고발자 김○○는 어떻게 알게 되었나요.

(5) 김○○도 행정안전부소속 공무원인가요.

(6) 김○○로부터 피해를 본 일이 있나요.

(7) 피해를 보지 않았는데 불법건축이라 신고한 이유는 무엇인가요.

(8) 불법건축물이 아니라는 사실을 알면서도 신고한 데에 어떠한 목적이 있었나요.

(9) 불법건축이 아니라는 것은 어떻게 판명되었나요.

(10) 그 후 김○○와 합의를 했나요.

3. 범죄사실 기재례

【범죄사실 기재례】

(1) 피의자는 평소 서울서초경찰서 형사과 근무 순경 강○○에게 원한을 품고, 강○○로 하여금 형사처분 또는 징계처분을 받게 할 마음을 먹었다.

그리하여 20○○. 4. 27. 10:00경 서울 서초구 서초동 33에 있는 피의자 집에서 강○○가 직무와 관련하여 수뢰하였다는 소문만 듣고 그 진위를 알아보지도 않고 서울지방경찰청장 앞으로 "강○○는 20○○. 3월 초순경 그 회사 직원이 일으킨 폭행사건을 잘봐달라는 명목으로 1,000만원을 받아 그 직무에 관하여 수뢰하였다"는 취지의 진정서 1통을 작성하였다.

그리고 이를 같은 날 14:00경 피의자의 집 앞에 있는 우체통에 넣어 같은 달 30. 위 경찰청에 도달하게 함으로써 위 강○○를 무고하였다.

(2) 피의자는 20○○. 1. 5. 경 피해자 김○○로부터 그가 농협에서 2,000만원을 대출받는데 연대보증인이 되어 달라는 부탁을 받고 이를 승낙하여 연대보증인으로 서명날인까지 하여 주었다.

피의자는 위 김○○이 대출원금을 상환하지 아니하여 보증채무를 부담하게 될 상황에 이르자 그 보증채무를 면하고 위 김○○로 하여금 형사처벌을 받게 할 목적으로. 20○○. 5. 15. 09:00경 ○○읍 소재 피의자의 집에서 위 김○○가 피의자의 승낙을 받지 아니하고 연대보증인란에 피의자의 이름을 함부로 기재한 후 도장을 찍어 피의자 명의의 연대보증서 1매를 위조하여 행사하고 금 2,000만원을 대출받았다는 내용의 허위사실을 기재한 고소장을 작성 같은 날 14:00경 ○○경찰서 민원실에 이를 제출하여 위 김○○를 무고하였다.

(3) 피의자는 20○○. 2. 4. 피해자 김○○로부터 ○○동에 있는 ○○다방을 임차하여 그와 내연의 관계에 있던 피해자 이○○로 하여금 위 다방을 운영하도록 하였다. 그러던 중 같은 달 19. 임대차계약의 임차인을 피의자 명의에서 위 이○○ 명의로 변경하도록 승낙한 사실이 있음에도 불구하고, 김○○을 상대로 임대차보증금반환청구의 소를 제기하였다가 패소하였다.

그러자 김○○와 이○○로 하여금 형사처벌을 받게 할 목적으로, 20○○. 5. 13. ○○동 123번지 ○○식당에서 '김○○와 이○○가 통정하여 20○○. 2. 19. 고소인 모르게 임차인을 이○○로 하는 임대차계약서를 다시 작성하여 고소인의 임대차보증금 3,000만원과 권리금 2,500만원 합계 5,500만원을 편취하였다.'는 취지의 고소장을 작성한 후 같은 달 14. ○○경찰서 민원실에서 같은 경찰서장 앞으로 이를 제출·접수하게 하여 공무소에 대하여 허위의 사실을 신고하였다.

4. 적용실례

(1) 사실을 확인해 보지도 않은 채 횡령죄로 신고한 경우

○○회의 회원인 장○○는 위 단체의 금전출납장부를 보던 중, 입금기재가 안되어 있는 것을 이상히 여겨, 위 장부를 관리하는 ○○회의 총무인 오○○가 그 돈을 유용한 것이라고 생각하고 달리 확인해 보지도 않은 채 그를 횡령죄로 신고하였다.

➡ 무고죄의 성립은 타인으로 하여금 형사 또는 징계처분을 받게 할 목적으로 진실함의 확신없는 사실을 신고함으로써 족하고 신고자가 그 신고사실이 허위라는 것을 확신할 것을 요하지 않으므로 위 장○○의 행위는 무고죄에 해당한다.

(2) 형사처분을 받게 할 목적으로 수사기관에 허위의 사실을 신고한 경우

서○○는 검찰수사기관에 영수증을 제시하면서 그 영수증에 기재된 금액은 관계기관에 대한 청탁금 명목으로 홍○○ 변호사에게 교부한 것이라고 허위의 사실을 말하며 홍○○에 대한 변호사법위반죄의 혐의를 인정하게 한 다음 위 검찰수사기관으로부터 그와 같은 내용으로 진술조서를 받게 되자 홍○○에 대한 처벌을 요구하는 진술을 하였다.

➡ 서○○의 위와 같은 진술행위는 수사기관의 요청에 의해 이루어진 범죄의 정보제공이라고는 볼 수 없고 자진하여 타인으로 하여금 형사처분을 받게 할 목적으로 수사기관에 허위의 사실을 신고한 것으로 볼 수 있어 무고죄에 있어서의 신고에 해당한다.

5. 참고사항

(1) 고소의 수사기간

○ 특별사법경찰관리에 대한 검사의 수사지휘 및 특별사법경찰관리의 수사준칙에 관한 규칙 제95조 --------------- 2개월 이내

※ 2개월 경과시 법무부령인 특별사법경찰관리에 대한 검사의 수사지휘 및 특별사법경찰관리의 수사준칙에 관한 규칙에 따라 검사지휘를 받아야 함.

(2) 고소사건 수사시 주의사항

○ 무고 혐의가 있는지에 유념

○ 자기 또는 배우자의 직계존속은 고소하지 못함. 단 가정폭력, 성폭력범죄등과 같이 특별법으로 제정된 것은 고소가능

○ 처벌의사를 철회한 경우 → 고소취소장을 제출하게 하여야 함.

○ 고소취소한 자는 다시 고소하지 못한다. 예를 들어 합의 이행이 안된다고 재고소 해오면 '공소권없음'으로 처리할 것.

○ 고소를 취소하면서 합의서, 화해서 등으로 제출하더라도 그 명칭여하를 불문하고 법률상 '고소취소'로 해석하여야 함.

○ 친고죄의 고소취소는 제1심 판결 선고전까지 하여야 함.

○ 공소제기 후의 고소취소는 법원에 할 수 있음(검찰, 경찰에 접수되면 즉시 해당 재판부로 추송 송부하여 주어야 함).

○ 공범1인 또는 수인에 대한 고소 취소는 다른 공범에게도 그 효력이 발생한다.

○ 공범1인에 대하여 제1심 판결이 선고되어 고소를 취소할 수 없게 되었을 때 다른 1심 판결 선고전의 공범에 대한 고소취소 문제는 고소의 주관적 불가분의 원칙에 반하고, 고소권자의 선택에 의하여 불공평한 결과를 초래하는 것이므로 고소를 취소할 수 없을 뿐만 아니라 고소취소가 있어도 효력이 없다(통설, 판례 — 대법원 1995. 6. 10. 선고 75도204 판결).

○ 대리고소는 위임장을 제출하게 하여야 함.

○ 피해자가 사망한 때에는 그 배우자, 직계친족 또는 형제자매는 고소할 수 있음(단, 피해자의 명시한 의사에 반하지 못한다).

○ 피해자의 법정대리인(미성년자의 친권자, 후견자, 금치산자의 후견인 또는 범인의 대표, 무능력자의 대리인 등)은 독립하여 고소할 수 있음.

○ 사망한 자의 명예훼손죄에 대한 고소는 그 친족 또는 자손이 고소할 수 있음.

○ 친고죄의 고소는 범인을 알게 된 날로부터 6개월 이내에 하여야 함.

다만, 고소할 수 없는 불가항력의 사유가 있는 때에는 그 사유가 없어진 날로부터 기산한다.

제 12 장 신앙에 관한 죄 (제158조~제163조)

제12장 신앙에 관한 죄(제158조~제163조)

1. 장례식 등 방해죄

제158조【장례식등의 방해】
장례식, 제사, 예배 또는 설교를 방해한 자는 3년 이하의 징역 또는 500만원 이하의 벌금에 처한다. 〈개정 1995.12.29.〉

[종교의자유] 헌20, [공소시효] 형소249①, 경범1 : 5년

○ 헌법에서 보장하고 있는 국민의 종교의 자유와 감정, 기타 종교상의 풍습을 보호법익으로 한다.

Ⅰ. 이론

1. 구성요건

(1) 객관적 구성요건

1) 객체

이 죄의 객체는 장례식·제사·예배·설교 등이다.

① 이 죄의 객체에 세례식이나 결혼식 등도 모두 포함해야 한다는 견해가 있지만 죄형법정주의 원칙상 위 내용에 국한하는 것이 타당하다고 본다. 따라서 이 조에서 규정하는 의식 이외의 것에 대한 방해행위는 경범죄처벌법 제1조에 의해 처벌되게 된다.

② 장례식이란 죽은 사람을 장사지내는 의식으로, 뱃속에서 죽은 태아 또는 동물을 장사지내는 의식은 포함하지 않는다.

③ 제사의식에는 종교적 의식도 포함된다.

④ 예배는 신불 등에게 종교적 숭경심을 바치는 것을 말하며, 장소적 제한이 없어서 실외에서 하는 모든 예배도 포함한다.

⑤ 설교는 宗旨·敎義의 해설이므로 종교행정·종교정치에 관한 연설이나 종교에 관한 학술강연 등은 제외된다고 본다.

2) 행위

이 죄의 행위는 방해하는 것으로, 장례식·제사·예배 또는 설교의 평온에 지장을 주는 일체의 행위를 포함한다.

① 방해의 수단방법에는 제한이 없으며 반드시 폭행이나 협박에 의할 필요는 없다.

② 일시적이라도 무방하다. 예컨대 망부의 장례식을 하기 위해 파놓은 땅을 메워버려 이장하기까지 시간을 지연시킨 경우나, 목사승려를 감금하여 장례진행을 방해한 경우에도 이 죄는 성립한다.

③ 방해는 구체적인 설교 등을 대상으로 하는 것이어야 하므로 문서를 반포하여 일정한 종교를 공격함으로써 그 설교를 곤란하게 하는 행위는 이 죄를 구성하지 않는다.

(2) 주관적 구성요건

이 죄가 성립하려면 위 객체와 행위에 대한 인식과 의사가 있어야 한다. 즉, 고의가 있어야 한다. 방해의 목적은 필요하지 않다.

Ⅱ. 판례

◆ 장례식방해죄의 성립 요건 및 장례식의 절차와 평온을 저해할 위험이 초래된 방해행위가 있었다는 사실에 대한 증명책임 소재(=검사)

장례식방해죄는 장례식의 평온과 공중의 추모감정을 보호법익으로 하는 이른바 추상적 위험범으로서 범인의 행위로 인하여 장례식이 현실적으로 저지 내지 방해되었다고 하는 결과의 발생까지 요하지 않고 방해행위의 수단과 방법에도 아무런 제한이 없으며 일시적인 행위라 하더라도 무방하나, 적어도 객관적으로 보아 장례식의 평온한 수행에 지장을 줄 만한 행위를 함으로써 장례식의 절차와 평온을 저해할 위험이 초래될 수 있는 정도는 되어야 비로소 방해행위가 있다고 보아 장례식방해죄가 성립한다고 할 것이다.

한편 형사재판에서 공소가 제기된 범죄사실에 대한 입증책임은 검사에게 있는 것이므로, 장례식방해죄에 있어서 장례식의 절차와 평온을 저해할 위험이 초래된 방해행위가 있었음에 대해서도 그 입증책임은 검사에게 있다고 할 것이다(대법원 2013. 2. 14., 선고, 2010도13450 판결)

◆ '예배' 에 해당하는지 여부

소속 교단으로부터 목사면직의 판결을 받은 목사가 일부 신도들과 함께 소속 교단을 탈퇴한 후 아무런 통보나 예고도 없이, 부활절 예배를 준비 중이던 종전 교회 예배당으로 들어와 찬송가를 부르고 종전 교회의 교인들로부터 예배당을 비워달라는 요구를 받았으나 이를 계속 거부한 사안에서, 위 목사와 신도들의 행위는 종전 교회의 교인들의 예배를 방해하는 것으로서 형법 제158조 예배방해죄에서 보호하는 '예배' 에 해당한다고 보기는 어렵다고 한 사례(대법원 2008. 2. 28. 선고 2006도4773 판결)

◆ 형법 제158조 예배방해죄의 성립요건

(1) 사실관계

> 피고인이 2004. 11.경 ○○교회를 떠난 후 공소외인이 이 사건 예배당 건물을 점유ㆍ관리하고 있음에도, 피고인이 2004. 6. 2. 공소외인의 의사에 반하여 ○○교회 교인들의 총유인 ○○교회 현판, 나무십자가 등을 떼어 내고 위 예배당 건물에 들어가서 예배의자를 밀쳐 내고 피고인의 장롱을 들여 놓은 후 교인들의 출입을 막았다. 또한 피고인이 2005. 6. 2. 이 사건 예배당 건물에 침입한 후 출입문 자물쇠를 교체하여 교인들의 출입을 막음으로써 그 때부터 2006. 1. 12.까지 무려 7개월 이상 공소외인 등 교인들의 예배를 방해하였다.

(2) 판결요지

[1] 형법 제158조에 규정된 예배방해죄는 공중의 종교생활의 평온과 종교감정을 그 보호법익으로 하는 것이므로, 예배중이거나 예배와 시간적으로 밀접불가분의 관계에 있는 준비단계에서 이를 방해하는 경우에만 성립한다.

[2] 교회의 교인이었던 사람이 교인들의 총유인 교회 현판, 나무십자가 등을 떼어 내고 예배당 건물에 들어가 출입문 자물쇠를 교체하여 7개월 동안 교인들의 출입을 막은 사안에서, 장기간 예배당 건물의 출입을 통제한 위 행위는 교인들의 예배 내지 그와 밀접불가분의 관계에 있는 준비단계를 계속하여 방해한 것으로 볼 수 없어 예배방해죄가 성립하지 않는다(대법원 2008. 2. 1. 선고 2007도5296 판결).

◆ 제전방해죄의 성립요건

형법 제158조에 규정된 제전방해죄는 제전의 평온을 그 보호법익으로 하는 것이므로 제전이 집행중이거나 제전의 집행과 시간적으로 밀접 불가분의 관계에 있는 준비단계에서 이를 방해하는 경우에만 성립한다 할 것이다(대법원 1982. 2. 23. 선고 81도2691 판결).

◆ 예배방해등

정식절차를 밟은 위임 목사가 아닌 자가 당회의 결의에 반하여 설교와 예배인도를 한 경우라 할지라도 그가 그 교파의 목사로서 그 교의를 신봉하는신도 약 350여명 앞에서 그 교지에 따라 설교와 예배인도를 한 것이라면 다른 특별한 사정이 없는한 그 설교와 예배인도는 형법상 보호를 받을 가치가 있고, 이러한 설교와 예배인도의 평온한 수행에 지장을 주는 행위를 하면 형법 제158조의 설교 또는 예배방해죄가 성립한다(대법원 1971. 9. 28., 선고, 71도1465, 판결).

Ⅲ. 수사실무

1. 수사포인트

(1) 범행이 사전에 계획된 것인지, 우발적으로 행해진 것인지를 먼저 조사한다.

(2) 의식의 진행을 어떻게 방해했는지 그 정도를 구체적으로 밝힌다.

(3) 범인은 흔히 신앙에 대한 집착으로 자기가 신봉하지 않는 다른 신앙에 대해 반발하거나 또는 자기의 신앙에 대한 확신 등에 의해 우발적으로 다른 의식을 방해하는 경우가 있으므로 전문적인 정신의학자의 감정을 받아야 한다.

2. 피의자 신문례

(1) 피의자는 ㅇㅇ교회 목사의 설교를 방해하였나요

(2) 언제, 어떻게 방해하였나요

(3) 목사가 설교할 당시 신도들은 어느 정도 있었나요

(4) 피의자의 방해행위로 목사의 설교는 중단 되었나요

(5) 이러한 행위를 한 이유는 무엇인가요

3. 범죄사실 기재례

【범죄사실 기재례】

피의자는 20○○. ○. ○. 11 : 30경 ○○시 ○○동 ○○번지에 있는 ○○교회에서 그 교회 목사 김○○가 200여명의 교인 앞에서 설교를 하고 있을 때 갑자기 문을 열고 들어와 강대상으로 뛰어

올라가 그를 밀치면서 "네가 뭔데 내 마누라를 꼬셔서 빼앗아 가느냐, 이따위 교회 때려 부수면 그만이다"는 등 고함을 지르고 소란을 피워 위 목사 김○○의 설교를 방해하였다.

2. 사체 등 오욕죄

> **제159조【시체 등의 오욕】**
> 시체, 유골 또는 유발(遺髮)을 오욕한 자는 2년 이하의 징역 또는 500만원 이하의 벌금에 처한다.
> [전문개정 2020. 12. 8.]

[공소시효] 형소249① : 5년

Ⅰ. 이론

1. 구성요건

(1) 객관적 구성요건

1) 객체

사체, 유골 또는 유발이다.

① 사체란 사람모양의 통일체로 결합되어 있는 사람의 시체를 말한다.

i) 인체의 형태를 갖춘 사태(死胎)도 사체에 포함된다고 해석하고 있다.

ii) 사체의 전부뿐만 아니라 일부도 포함한다. 따라서 머리나 팔·다리는 물론 장기와 뇌장도 여기에 해당된다. 또한 금니와 금속뼈 같은 가공물도 사체에 포함된다고 본다. 단 사체에서 뽑아낸 혈액은 사체라고 보기 어렵다.

② 유골이란 화장 기타의 방법에 의하여 백골이 된 사체의 일부분을 말하며, 유발은 死者를 기념하기 위해 보존한 모발을 말한다.

i) 화장하고 버려진 재는 유골에 포함되지 않는다.

ii) 유골과 유발은 사자를 제사기념하기 위해 보존하고 있는 것이어야 한다.

2) 행위

행위는 오욕하는 것이며, 오욕이란 폭행 등의 유형력을 행사하여 모욕적인 의사를 표현하는 것으로, 사체에 침을 뱉거나 방뇨하는 것, 시간(屍姦)이 여기에 해당한다.

(2) 주관적 구성요건

고의가 있어야 한다.

Ⅱ. 판례

◆ 장례식방해죄의 성립 요건 및 장례식의 절차와 평온을 저해할 위험이 초래된 방해행위가 있었다는 사실에 대한 증명책임 소재(=검사)

사체오욕의 점에 관한 상고이유의 주장은 피고인이 피해자가 사망하였다는 점을 몰랐더라도 준강제추행의 고의에는 사체오욕의 고의도 포함되어 있으므로 주거침입 후 준강제추행의 불능미수죄와 사체오욕죄가 모두 성립한다는 취지이다. 그러나 피해자의 사망 사실을 인식하지 못한 피고인이 사체오욕의 고의를 가질 수 없음은 명백하므로, 원심이 같은 이유에서 사체오욕죄는 성립할 수 없다고 하여 무죄라고 판단한 것도 정당하다(대법원 2013. 7. 11. 선고 2013도5355 판결)

Ⅲ. 수사실무

1. 피의자 신문례

(1) 피의자는 이○○을 알고 있나요

(2) 그렇다면 이○○이 사망한 것을 알고 있나요

(3) 사망한 이○○의 사체에 인분을 투기한 일이 있나요

(4) 언제, 어디에서 그러한 행동을 하였나요

(5) 왜 그러한 행동을 하였나요

2. 범죄사실 기재례

【범죄사실 기재례】

피의자는 이웃에 사는 이○○과 금전문제로 마찰이 있었다. 이○○이 질병으로 사망하자 이○○의 부인은 피의자에게 당신 때문에 자신의 남편이 병에 걸려 사망한 것이라고 말했고, 이를 이유로 피의자는 20○○.○.○. 장례를 치르기 위해 ○○장례식장에 안장되어 있는 위 이○○의 사체에 인분을 투기하여 사체를 오욕하였다.

3. 분묘발굴죄

> **제160조【분묘의 발굴】**
> 분묘를 발굴한 자는 5년 이하의 징역에 처한다.

[검증에있어서의분묘의발굴] 형소140 · 141④173, [미수] 162, [영득죄] 161, [공소시효] : 7년

○ 이 죄는 분묘의 평온을 유지하여 사자에 대한 종교적 감정을 보호하기 위한 것이다. 판례는 이 죄의 보호법익을 종교감정의 공서양속이라고 해석하고 있다.

Ⅰ. 이론

1. 구성요건

(1) 객관적 구성요건

1) 객체

이 죄의 객체는 분묘이다. 분묘란 사람의 사체·유골·유발을 매장하여 사자를 제사 또는 기념하는 장소를 말한다.

① 분묘에 대한 소유권자나 관리자가 현존하거나 묘표가 있을 것을 요하지 않는다. 왜냐하면 이 죄가 분묘에 대한 소유권을 보호하기 위한 범죄는 아니기 때문이다.

② 적법하게 매장된 분묘일 것도 요하지 않는다.

③ 제사나 예배의 대상이 되지 않는 고분은 분묘에 해당되지 않는다.

2) 행위

발굴이다. 발굴이란 복토의 전부 또는 일부를 제거하거나 묘비 등을 파괴하여 분묘를 손괴하는 것을 말한다.

본죄의 기수시기에 대하여 외부인지설(통설)과 복토제거설이 대립한다. 판례는 복토제거설의 입장이다(4294형상539).

(2) 주관적 구성요건

고의가 있어야 한다.

2. 위법성

검증과 감정에 의한 경우처럼 법에 근거한 분묘발굴의 경우에는 위법성이 조각된다. 또한 개장이나 이장등을 위하여 관리자나 수호봉사자의 동의를 얻은 경우에도 위법성이 조각된다.

Ⅱ. 판례

◆ 분묘발굴행위의 위법성이 조각되기 위한 요건

분묘발굴죄는 그 분묘에 대하여 아무런 권한 없는 자나 또는 권한이 있는 자라도 사체에 대한 종교적 양속에 반하여 함부로 이를 발굴하는 경우만을 처벌대상으로 삼는 취지라고 보아야 할 것이므로, 법률상 그 분묘를 수호, 봉사하며 관리하고 처분할 권한이 있는 자 또는 그로부터 정당하게 승낙을 얻은 자가 사체에 대한 종교적, 관습적 양속에 따른 존숭의 예를 갖추어 이를 발굴하는 경우에는 그 행위의 위법성은 조각된다고 할 것이고, 한편 분묘에 대한 봉사, 수호 및 관리, 처분권은 종중이나 그 후손들 모두에게 속하여 있는 것이 아니라 오로지 그 분묘에 관한 호주상속인에게 전속한다(대법원 2007. 12. 13. 선고 2007도8131 판결).

◆ 분묘발굴 행위의 위법성이 조각되는 경우

[1] 분묘발굴죄는 그 분묘에 대하여 아무런 권한 없는 자나 또는 권한이 있는 자라도 사체에 대한 종교적 양속에 반하여 함부로 이를 발굴하는 경우만을 처벌대상으로 삼는 취지라고 보아야 할 것이므로 법률상 그 분묘를 수호, 봉사하며 관리하고 처분할 권한이 있는 자 또는 그로부터 정당하게 승낙을 얻은 자가 사체에 대한 종교적, 관습적 양속에 따른 존숭의 예를 갖추어 이를 발굴하는 경우에는 그 행위의 위법성은 조각된다고 할 것이고, 한편 분묘에 대한 수호봉사(守護奉祀) 및 관의 처분권은 종중이나 그 후손들 모두에게 속하여 있는 것이 아니라 오로지 그 분묘에 관한 호주상속인에게 전속하는 것으로서 이와 같은 법리는 사후양자로서 그 가를 계승한 경우에도 다르지 아니하다.

[2] 사실상 분묘를 관리, 수호하고 망인의 봉제사를 행하여 오던 피고인이 실질상 손이 끊겨 수호 관리하기 힘든 조상들의 묘를 화장 방식으로 바꾸기로 한 종중의 결의에 따라 망인의 사망 호주의 사후양자로 그를 호주상속하여 망인의 가를 계승한 양손자의 승낙하에 종교적 예를 갖추어 그 분묘를 발굴하였다면, 비록 그 발굴 전에 망인의 출가한 양손녀들인 승낙을 얻지 아니하였다 하더라도 이를 위법한 행위라고 단정할 수 없다(대법원 1995. 2. 10. 선고 94도1190 판결).

◆ 사자가 누구인지 불명한 경우

분묘발굴죄의 객체인 분묘는 사람의 사체, 유골, 유발 등을 매장하여 제사나 예배 또는 기념의 대상으로 하는 장소를 말하는 것이고, 사체나 유골이 토괴화하였을 때에도 분묘인 것이며, 그 사자가 누구인지 불명하다고 할지라도 현재 제사 숭경하고 종교적 예의의 대상으로 되어 있고 이를 수호봉사하는 자가 있으면 여기에 해당한다고 할 것이다(대법원 1990. 2. 13. 선고 89도2061 판결).

◆ 토지구획정리사업시행자의 개장명령에 의한 분묘개장에 있어서도 이장및묘지등에관한법률 제5조 제2항 소정의 개장신고가 필요한지 여부

토지구획정리사업시행자로부터 분묘의 개장명령을 받았다 하더라도 분묘주의 허락없이 한 분묘발굴행위는 위법하다(대법원 1978. 5. 9. 선고 77도3588 판결).

◆ 매장된 시체나 유골이 토괴화한 것을 화장하여 다시 묻는 경우, 그 시설을 분묘로 볼 수 있는지 여부(한정 적극)

분묘는 시체나 유골을 매장하여 제사나 예배 또는 기념의 대상으로 삼기 위하여 만든 시설이므로, 여기에 매장된 시체나 유골이 후에 토괴화되었더라도 이는 여전히 분묘라 할 것이고, 이를 개장하여 토괴화한 유골을 화장하여 다시 묻는 경우에도 그 시설이 자연장의 요건을 갖추었다는 등의 사정이 없는 한 제사나 예배 또는 기념의 대상으로 삼기 위하여 만든 분묘로 보아야 한다(대법원 2012.10.25. 선고 2010도5112).

Ⅲ. 수사실무

1. 수사포인트

(1) 보존자가 있는 분묘인지, 고분인지를 확인하고 현장약도 및 사진을 촬영해 두어야 한다.

(2) 소위 "명당자리" 다툼에 의한 경우가 많기 때문에 범행자와 보존자와의 관계를 분명히 하고 그 동기를 밝혀야 한다.

(3) 범행에 사용한 기구 등을 압수해 둔다.

(4) 분묘를 발굴한 자가 사체·유골 등을 손괴하거나 유기한 때에는 형법 제161조 제2항의 가중일죄가 적용된다.

2. 범죄사실 기재례

【범죄사실 기재례】

(1) 피의자는 오래전부터 ○○도 ○○군 ○○면 ○○리에 사는 김○○가, 자기 소유의 임야에 분묘를 설치했다고 해서 그와 자주 다투어왔다.

그러던 중 피의자는 20○○. ○. ○. 2:30경 위 주소지에 있는 자기 임야내에서, 철제 지렛대를 사용하여 그곳에 설치되어 있는 위 김○○의 망부 김○○의 분묘 주위의 묘비를 넘어뜨렸다. 그리고 분묘를 발굴하여 안치되어 있는 고인의 유골을 꺼내어 위 김○○의 집에까지 운반함으로써 분묘를 발굴하여 유골을 손괴하였다.

(2) 피의자는 마을에서 변사사건이 일어나는 등 불상사가 자주 발생하자 이것이 임○○가 그 마을 뒷산에 그의 조부모 유골을 매장한 탓이라고 생각하였다.

피의자는 20○○. ○. ○. 13:30분경 마을회관에 그 마을 사람들 30여명을 모이게 하고 전시분묘의 발굴 여부를 물어보았다. 대다수의 사람들이 발굴에 찬성하자 피의자는 그 동민들과 같이 ○○리 뒷산에 있는 위 임○○의 조부 망 임○○ 및 조모 망 정○○의 묘를 어떻게(구체적 행위 설시) 발굴하고 그 유골을 그 자리에 유기하였다.

4. 사체 등 손괴 · 유기 · 은닉 · 영득죄

제161조【시체 등의 유기 등】

① 시체, 유골, 유발 또는 관 속에 넣어 둔 물건을 손괴(損壞), 유기, 은닉 또는 영득(領得)한 자는 7년 이하의 징역에 처한다.

② 분묘를 발굴하여 제1항의 죄를 지은 자는 10년 이하의 징역에 처한다.

[전문개정 2020. 12. 8.]

[개장] 이장등4③④ · 5 · 16, [사체해부] 형소140 · 141④ · 173, [미수] 162,

[공소시효] 형소249① : 7년(1항) · 10년(2항)

○ 이 죄는 이장에 관한 종교상의 양속에 반하는 행위를 처벌하려는 데 있다. 따라서 일반적인 손괴 및 재산죄에 대하여 특별죄로서의 성격을 갖는다. 보호법익은 종교적 감정이다.

Ⅰ. 이론

1. 구성요건

(1) 객관적 구성요건

1) 주체

이 죄의 주체에는 제한이 없으며, 사자의 후손도 주체가 될 수 있다.

2) 객체

이 죄의 객체는 사체·유골·유발 또는 관내에 장치한 물건이다.

① 사체란 사람의 시체이며 여기에는 사태도 포함된다고 본다.

② 유골이란 사자를 제사·기념하기 위해 보존하는 골해(骨骸)이다.

i) 사체를 화장한 경우 그곳에 남은 재 등은 유족이 풍속·습관에 따라 정당하게 유류처분한 것이므로 이 죄의 객체가 되지 않는다.

ii) 학술표준으로 된 유골 등도 제사·기념의 대상이 아니므로 객체가 되지 않는다.

③ 유발이란 사자를 제사·기념하기 위하여 보존하는 모발을 말한다.

④ 관내에 장치한 물건이란 그 사체와 같이 기념으로 관속에 둔 일체를 말하며, 관 자체는 이에 포함되지 않는다.

3) 행위

이 죄의 행위는 손괴·유기·은닉 또는 영득하는 것이다.

① 손괴란 물리적으로 파괴하는 것을 말한다.

② 유기란 사체 등을 있던 장소에서 다른 장소로 이전하여 아무데나 버려놓는 것을 말한다.

i) 장소적 이전이 없었더라도 법령, 관습, 계약 등에 의해 사체를 관리할 의무가 있는 자가 이를 그대로 방치하는 경우에도 사체유기죄가 성립한다.

ii) 관청의 허가를 받지 않고 장의도 치르지 않은 채 몰래 사체를 매몰한 때에는 묘지이거나 묘지 외이거나를 불문하고 사체유기죄가 성립한다. 따라서 이러한 경우 사체를 장지에 운반하고 합장하여 사자의 명복을 빌면서 매장했다고 하더라도 사체유기가 성립된다.

iii) 사람을 죽인 후 그 사체를 다른 곳에 운반한 때에는 살인과 사체유기의 양죄가 성립하며 양자는 실체적 경합범의 관계에 있게 된다.

③ 은닉이란 사체 등의 발견을 불가능하게 하거나 심히 곤란하게 하는 일체의 행위를 말한다.

④ 영득이란 사체 또는 관속에 장치한 물건 등을 불법으로 취득하는 것을 말한다. 취득의 방법에 대해 직접이거나 간접이거나 매수한 것이거나 절취한 것이거나를 묻지 않는다.

(2) 주관적 구성요건

고의가 있어야 한다.

Ⅱ. 판례

◆ 살인 · 사체유기

제1심이 당시 18세로서 소년에 해당하는 피고인에 대하여 살인죄 및 사체유기죄를 유죄로 인정하면서 소년법 제60조 제1항 단서에 대한 특칙에 해당하는 특정강력범죄의 처벌에 관한 특례법 제4조 제2항에서 정한 장기와 단기의 최상한인 징역 장기 15년, 단기 7년의 부정기형을 선고하였고, 이에 대하여 피고인만이 항소하였는데, 피고인이 원심 선고 이전에 19세에 이르러 성년에 도달하자 원심이 직권으로 제1심판결을 파기하고 정기형을 선고하면서 불이익변경금지 원칙상 제1심이 선고한 부정기형의 단기인 징역 7년을 초과하는 징역형을 선고할 수 없다는 이유로 피고인에게 징역 7년을 선고한 사안에서, 원심이 제1심에서 선고한 징역 장기 15년, 단기 7년의 부정기형 대신 정기형을 선고함에 있어 불이익변경금지 원칙 위반 여부를 판단하는 기준은 부정기형의 장기인 15년과 단기인 7년의 중간형, 즉 징역 11년[=(15+7)/2]이 되어야 한다는 이유로, 이와 달리 제1심에서 선고한 부정기형의 단기인 징역 7년을 기준으로 불이익변경금지 원칙 위반 여부를 판단한 원심판결에 불이익변경금지 원칙에 관한 법리오해의 잘못이 있다(대법원 2020. 10. 22., 선고, 2020도4140, 전원합의체 판결).

◆ 피고인들 3인이 공모하여 피해자들을 계획적으로 살해한 후 사체를 유기하였다는 공소사실에 대하여 일부 피고인들의 공모 가담 사실을 인정하기 어렵고 그 정황으로 보아 계획적인 범행인지 여부

피고인들 3인이 공모하여 피해자들을 계획적으로 살해한 후 사체를 유기하였다는 공소사실에 대하여 일부 피고인들의 공모 가담 사실을 인정하기 어렵고 그 정황으로 보아 계획적인 범행으로 보기도 어렵다고 한 사례(대법원 2002.7.26, 선고, 2002도1766, 판결).

◆ 사람을 살해한 자의 사체유기 행위가 불가벌적 사후행위인지 여부(소극)

사람을 살해한 자가 그 사체를 다른 장소로 옮겨 유기하였을 때에는 별도로 사체유기죄가 성립하고, 이와 같은 사체유기를 불가벌적 사후행위로 볼 수는 없다(대법원 1997.7.25, 선고, 97도1142, 판결).

Ⅲ. 수사실무

1. 수사포인트

(1) 먼저 객체가 무엇인지, 그 대상과 수를 밝히고 필요한 사진을 촬영해 둔다.

(2) 객체가 장치물일 때에는 관계기관에 감정을 의뢰한다.

(3) 객체를 보존하는 사람은 누구인가, 그 보존인과 범인은 어떤 관계가 있는가, 범행의 동기는 무엇인가를 밝힌다.

(4) 유기인 경우, 그것이 부작위에 의한 것이라면 작위의무의 근거를 명기해야 한다.

(5) 분묘를 발굴하여 사체 등을 영득하거나 관속의 장치물을 절취했다면, 분묘발굴죄(제160조)와 본조 제1항의 죄가 경합하여 성립하겠지만 본조 제2항은 이를 묶어서 일죄로 처벌하고 있으며, 이 죄가 성립하면 따로 절도죄가 성립하지 않게 된다(이것은 관내장치물은 재산죄의 목적이 되지 않는다고 해석하기 때문이다).

2. 범죄사실 기재례

【범죄사실 기재례】

(1) 피의자는 20○○. ○. ○. ○○도 ○○산 중턱에 산장을 개업하였다.

피의자는 20○○. ○. ○. 9 : 00경 위 산장 202호에서 그 전날 산장에 묵으러 왔던 강○○가 죽은 채로 누워있는 것을 발견하고, 자기가 살인혐의를 받아 조사를 받을 것과 그에 따라 산장의 평판이 나빠질 것을 염려하였다.

그리하여 피의자는 같은 날 23 : 00경 몰래 위 강○○의 사체를 산장에서 300미터 가량 떨어진 곳에 운반하여 허가도 받지 않은 채 위 사체를 위 장소에 매장하여 사체를 유기하였다.

(2) 피의자는 ○○군 ○○면 ○○리 산 ○○번지에 있는 이○○의 가족묘지에 매장된 그의 망처 김○○의 관속에 값나가는 장신구 등 보석이 함께 묻혔다는 소문을 듣고 이를 파헤쳐 부장품을 훔치기로 마음을 먹었다.

피의자는 20○○. ○. ○. 23 : 30경 그 묘역 안에 들어가 삽과 괭이를 사용하여 위 묘를 파헤친 다음 관뚜껑을 열고 그 속에 들어있던 다이아반지 등 시가 약 ○○만원 상당의 장신구를 꺼내 챙김으로써 분묘를 발굴하여 관내에 장치한 물건을 영득하였다.

(3) 피의자는 유부남인 김○○과 정교하여 임신되어 20○○. 1. 25. 10:00경 ○○동 에 있는 피의자의 집에서 임신 7개월의 사산아(여)를 분만하였다.

그러나 주변의 풍문이 두려워 그 사체를 처치하는데 고민하다가 같은 달 26. 22:00경 그 사산아를 비닐자루에 넣어 다시 모포에 싼 다음 남몰래 이를 ○○동 ○○산에 운반하여 구덩이에 넣음으로써 사체를 유기하였다.

3. 적용실례

(1) 묘를 발굴해 얻은 골동품이라는 사실을 알면서 매매한 경우

A는 B의 가족묘에 死者가 생전에 애용했던 값비싼 골동품이 유골과 함께 매장되어 있다는 것을 알고 묘를 파헤쳐 물건을 꺼낸 후, 이것을 C에게 팔았다. 이 때, C가 그 사정을 알고도 위 물건을 산 것이라면 C의 죄책은?

➡ 이 경우 A와 B에게 사체 등의 영득죄가 성립한다는 것은 의문의 여지가 없으며, C에게 있어서도 물건이 묘에서 파낸 것이라는 사실을 알면서도 그것을 구매한 것이므로 위 죄가 성립한다 하겠다.

5. 변사체검시방해죄

제163조【변사체 검시 방해】

변사자의 시체 또는 변사(變死)로 의심되는 시체를 은닉하거나 변경하거나 그 밖의 방법으로 검시(檢視)를 방해한 자는 700만원 이하의 벌금에 처한다.

[전문개정 2020. 12. 8.]

[검시] 형소222, [특별규정] 경범1, [공소시효 : 5년]

○ 이 죄는 성질상 경찰목적 또는 범죄수사의 목적에 의한 일종의 행정형벌법규이며 편의상 본장에 규정한 것으로 종교적 감정의 보호와는 무관하다.

Ⅰ. 이론

1. 구성요건

(1) 객관적 구성요건

1) 객체

이 죄의 객체는 변사자의 사체 또는 변사의 의심 있는 사체이다. 즉, 사망의 원인이 분명하지 않은 사체 또는 범죄로 인한 사망의 의심이 있는 사체를 말한다.

① 변사자란 자연사 또는 통상의 병사(病死)를 하지 않은 사체로서 범죄로 인한 사망이라는 의심이 있는 것을 말한다.

② 사망의 원인이 불명한 자이어야 하므로 질병으로 치료받다 사망한 자는 변사자가 될 수 없고 범죄에 의해 사망한 것이 명백한 자도 변사자에 포함되지 않는다.

2) 행위

이 죄의 행위는 사체를 은닉 또는 변경하거나 기타 방법으로 검시를 방해하는 것이다. 은닉이란 변사체의 발견을 곤란하게 하는 행위를 의미하고, 변경이란 사체에 변경을 가하는 것이다.

(2) 주관적 구성요건

고의가 있어야 한다.

Ⅱ. 판례

◆ 범죄로 인하여 사망한 것이 명백한 자의 사체가 형법 제163조 소정의 변사체검시방해죄의 객체가 될 수 있는지 여부(소극)

형법 제163조의 변사자라 함은 부자연한 사망으로서 그 사인이 분명하지 않은자를 의미하고 그 사인이 명백한 경우는 변사자라 할 수 없으므로, 범죄로 인하여 사망한 것이 명백한 자의 사체는 같은 법조 소정의 변사체검시방해죄의 객체가 될 수 없다 (대법원 2003. 6. 27. 선고 2003도1331 판결).

◆ 변사체검시방해죄의 공모공동정범으로 처단한 사례

한총련 의장인 피고인이 주도한 한총련 중앙상임위원회에서 경찰에 대한 요구조건을 내걸고 그와 같은 요구조건이 받아들여지지 아니하면 변사체검사에 응하지 아니한다는 방침을 결정하였는데, 피고인에 대한 보고를 하지 아니한 채 한총련 산하 남총련 의장 등이 위 방침에 따라 변사체검시방해행위를 한 경우, 피고인에 대하여 변사체검시방해죄의 공모공동정범으로 처단한 사례(대법원 1998. 7. 28. 선고 98도1395 판결)

◆ 형법 제163조의 '변사자' 의 의미

본조의 변사자라함은 부자연한 사망으로서 그 사인이 분명하지 않는 자를 의미하고 그 사인이 명백한 것은 변사자라 할 수 없다(대법원 1970.2.24, 선고, 69도2272, 판결).

Ⅲ. 수사실무

1. 피의자 신문례

(1) 이○○(변사자)을 알고 있나요

(2) 이○○은 언제 사망하였나요

(3) 사망한 원인은 무엇인가요

(4) 그렇다면 그 사체를 어떻게 하였나요

(5) 언제 매장하였나요

(6) 매장한 장소는 어디인가요

(7) 누구와 함께 이○○을 매장하였나요

2. 범죄사실 기재례

【범죄사실 기재례】

피의자는, 20○○. ○. ○. 7：30경 피의자와 동거생활중이던 하○○(당○○세)가 서울 ○○구 ○○동 ○○번지에 있는 피의자의 집 침실에서 수면제를 먹고 죽어있는 것을 발견하였다. 그러나 피의자는 이를 신고하여 소정의 검시를 받지 않고, 위 사체를 같은 날 23：00경 ○○도 ○○군 ○○면 ○○리에 있는 공동묘지에 몰래 매장하여 변사자의 검시를 방해하였다.

3. 참고사항

(1) 변사사건 발생시 처리방법

1) 변사사건발생보고 및 지휘품신(발생당일 보고분 2부작성)

2) 종합수사보고서

3) 검사지휘서

— 일반지휘 : 사체를 유족에게 인도하라는 일반적인 지휘의 경우 담당 형사가 검사지휘서 2부 작성하여 1부는 변사기록에, 나머지 1부는 유족에게 전달함.

— 부검지휘 : 사체부검하여 사인규명 후 사체를 유족에게 인도하라는 등 부검지휘가 있을 경우 담당형사가 검사지휘서 3부 작성하여 부검을 실시한 집도의사 1부, 유족에게 2부 전달함.

※ 유족에게 2부를 주는 이유는 1부는 가족관계등록부등 공적부상 사망신고 및 매·화장 신고할 때 필요하고, 1부는 매·화장하는 곳에서 사체화장, 매장 접수하는 곳에서 필요하기 때문임.

4) 사망진단서(부검의사 혹은 병원에서 1부 발부받아 변사기록에 첨부).

※ 부검지휘의 경우 주로 부검직후 부검의사로부터 사망진단서를 받음.

5) 검증조서(검시조서 및 부검결과 보고로 갈음 가능함)

6) 부근약도, 현장약도

7) 사진(변사현장 및 최초발견시 및 부검시 촬영사진)에 주서를 달아야 함.

8) 유가족 진술조서 및 합의조서

9) 발견자, 목격자 등 참고인조서(안전사고시 안전교육일지 첨부)

10) 사체인수 및 소지금품 인수증 1부

※ 가장 가까운 유족에게 위 인수증 받아야 함.

11) 감정의뢰시 국과수 남부분소와 법의감정위원회에 위액, 혈액 및 조직에 대해 감정의뢰후 그 결과를 받아 첨부, 부검현장에 갈 때 국과수 남부분소로 가는 감정의뢰 공문을 가지고 가서 경찰공의에게 전달해

주면 그 공문과 부검시 채취한 혈액을 부검의사가 남부분소로 보내주고 있으며, 담당형사가 그 감정회보를 받아 부검한 의사에게 보내주고 있으며, 담당형사가 그 감정회보를 받아 부검한 의사에게 보내주고 부검의사는 국과수 감정회보 내용과 조직 검사한 것을 분석하여 위 감정내용을 취합 부검사진과 같이 법의감정위원회로 보내고 법의감정위원회에는 부검결과에 대한 종합 감정서 작성 경찰에 보내옴(약 10~15일 소요됨).

그러면 변사처리 담당형사는 변사사건 종합수사보고서 작성 및 검찰지휘분인 변사사건 지휘건의 각 2부 작성 내부결재 후 검사지휘 받아 종결 처리함.

12) 종합수사보고 수결후 변사사건 처리결과 보고 및 지휘건의에 의해 검사지휘 득하여 내사종결 처리함.

※ 타살(살인, 상해치사, 폭행치사 등)로 판명되어 피의자를 검거 송치한 경우에는 부검결과에 대한 종합감정서 오는 대로 즉시 추송하고, 위 종합감정서 사본은 별도로 처리해야 하는 변사사건 기록에 첨부한다.

13) 변사사건 처리부 작성 후 형사관리계에 주고 하명부에 서명받고 검사지휘 받아 종결 처리(이때 변사사건 처리결과 보고서에 기록목록작성 1부는 변사사건 처리결과 보고와 기록목록 1장은 검찰에, 나머지 기록전부는 검사 서명받아 형사관리계 제출 경찰서 문서고에 보관함).

※ 참고사항

○ 변사사건처리결과보고 우측상단에 사법경찰관이 날인하여 보내느냐 아니면 경찰서장 관인하여 최종지휘 받느냐 논란이 있는데, 이는 특별한 규정이나 검찰지시가 없으나 대외적으로 보내는 최종수사 서류이므로 다른 서류 발송방법에 유추해석하여 경찰서장의 관인을 찍어 최종지휘 받음을 원칙으로 하고 있으며, 사법경찰관(경위)의 날인 후 발송하는 것도 틀린 것은 아님.

※ 변사사건은 사법경찰관집무규칙 제33조에 의거 즉시 검사에게 보고하도록 되어 있음.

(2) 검시(檢視)와 검시(檢屍)의 구분

1) 검시(檢視)

변사체가 있을 때 검사, 사법경찰관이 변사체의 사인 및 범죄혐의 여부를 조사하는 것

2) 검시(檢屍)

의사가 검사의 지휘를 받은 사법경찰관의 보조행위자로서 사체를 검사하는 것으로 검안이라고도 함

(3) 경찰공의와 법의의 차이점

- 경찰공의 : 사체를 검안한 후 자신 명의로 사망진단서, 사체검안서 등을 발급할 수 있는 의사 자격이 있는 사람으로 경찰서장이 지정한 자.
- 법의 : 경찰공의로서의 자격은 물론 사체해부 자격증까지 구비하여 사체검안 및 사체부검이 가능한 자 중 지방경찰청장이 지정한 자.
- 경찰공의가 사체1구 검안할 경우 → 관할경찰서 형사과의 서류 확인을 거쳐 30,000원 지급(금전의 출납은 경리계를 통함).
- 법의가 사체1구 부검할 경우 → 관할지방경찰청 수사과 내지 형사과에서 서류확인을 거쳐 200,000원, 관할경찰서 형사과에서 부대 경비조로 15,000원등 총215,000원 지급(각 시도 예산에 따라 다소 차이 있음).
- 변사자 등 지문채취시 유의사항

  올바른 지문채취로 신속한 신원확인을 위해 신원불상의 변사체 지문을 채취할 경우 "지문규칙" 별지6호 서식(신원조회)에 의거, 좌수시지, 중지, 환지, 소지, 무지 및 우수시지, 중지, 환지, 소지 무지 순으로 삼각도가 현출되도록 180도 돌려서 채취한 뒤, 평면 압날도 실시할 것이며, 이때 3매이상 채취하여 가매장 하더라도 업무는 충실히 할 수 있도록 지문자료를 남기도록 할 것(채취관서에도 1매 이상 남길 것).
- 전통보고대상 변사체

— 익사, 소사, 감전사, 추락사, 약물 또는 가스중독사, 산업재해사, 교통사고사체(다만, 도주차량에 의한 사고사, 표류익사체, 암장사체

등은 제외)

— 의사의 소견과 유족, 발견자, 목격자 등 관계인의 진술 및 경찰관의 현장조사 결과에 의하여 범죄에 기인되지 아니하였거나(예 : 자살, 자기과실사 등), 범죄사실이 특정되는 고의 또는 타인의 과실에 기인한 변사체(예 : 교통사고 사체, 유람선의 전복으로 인한 익사체, 방화 또는 실화로 인한 소사체, 각종 안전사고 등 산업재해사체 등)로서 부검의 필요가 없고, 유족이 그 사인을 다루지 아니하는 변사체.

◦ 전통보고대상 변사체는 신고접수 12시간내에 사체를 유족에게 인도해야 함.

◦ 전통보고서는 현장에서 관계인등의 조사를 완료한 후 동조사가 검사에게 직접 전통보고해야 함.

제 13 장 방화와 실화의 죄 (제164조~제176조)

제13장 방화와 실화의 죄(제164조~제176조)

1. 현주건조물 등 방화죄

> 제164조【현주건조물 등 방화】
> ① 불을 놓아 사람이 주거로 사용하거나 사람이 현존하는 건조물, 기차, 전차, 자동차, 선박, 항공기 또는 지하채굴시설을 불태운 자는 무기 또는 3년 이상의 징역에 처한다.

[미수] 174, [예비 · 음모] 175, [특별규정] 국보4①, 군형66 · 67,

[공소시효] 형소249① : 15년(1항), 25년(2항)

○ 이 죄는 방화로 인한 공중의 생명·신체·재산 등에 대해 위험을 야기할 뿐만 아니라 자기소유의 물건에 대한 방화죄도 인정하고 있으므로 공공의 질서 및 평온을 해하는 공공위험죄(gemein gefä hrliche Verbrechen)이며 부차적으로 방화함으로써 재산적인 침해를 가져올 것을 요하는 재산죄이기도 하다.
즉 이 죄의 보호법익은 제1차적으로는 공공의 질서·평온이며 부차적으로는 목적물의 소유권이라 할 수 있다(통설, 판례 : 대법원 1983. 1. 18. 선고 82도2341 판결).

Ⅰ. 이론

1. 구성요건

(1) 객관적 구성요건

1) 객체

이 죄의 객체는 사람이 주거에 사용하거나 사람이 현존하는 건조물·기차·전차·자동차·선박·항공기 또는 광갱이다.

① "사람" 이란 범인 이외의 사람을 말하며, 범인만 제외되므로 그 가족 등은 여기에 포함된다. 따라서 자기의 아내와 같이 살고 있는 집에 방화하더라도 이 죄가 성립한다.

② 방화할 때 주거자가 없었다 하더라도 사실상 주거에 사용되는 주택이면 이 죄가 성립하며, 건조물의 일부분이 주거에 사용되는 때에도 전체에 대하여 이 죄가 성립한다.

③ 건조물이란 가옥 기타 이에 준하는 공작물로서 토지에 정착하여 내부에 사람이 출입할 수 있는 것을 말한다(주택, 점포, 창고, 학교, 외양간 등).

④ 전차란 전기에 의하여 궤도를 진행하는 차량을 말한다. 케이블카도 전차에 해당된다고 본다.

⑤ 광갱이란 광물을 채취하기 위한 지하시설을 말한다. 광업권에 의하지 않고 불법 설치한 것도 이에 포함된다.

2) **행위**

이 죄의 행위는 불을 놓아 목적물을 소훼하는 것이다.

① 목적물을 소훼하는 일체의 행위를 방화라고 하며, 방화의 방법에는 제한이 없다. 방화죄는 목적물에 직접 점화한 경우뿐만 아니라, 매개물에 발화한 경우에도 목적물에 불이 옮겨 붙지 않아도 실행의 착수가 인정된다는 것이 판례이다(2001도6441).

▣ 근거판례 ▣

매개물을 통한 점화에 의하여 건조물을 소훼함을 내용으로 하는 형태의 방화죄의 경우에, 범인이 그 매개물에 불을 켜서 붙였거나 또는 범인의 행위로 인하여 매개물에 불이 붙게 됨으로써 연소작용이 계속될 수 있는 상태에 이르렀다면, 그것이 곧바로 진화되는 등의 사정으로 인하여 목적물인 건조물 자체에는 불이 옮겨 붙지 못하였다고 하더라도, 방화죄의 실행의 착수가 있었다고 보아야 할 것이고, 구체적인 사건에 있어서 이러한 실행의 착수가 있었는지 여부는 범행 당시 피고인의 의사 내지 인식, 범행의 방법과 태양, 범행 현장 및 주변의 상황, 매개물의 종류와 성질 등의 제반 사정을 종합적으로 고려하여 판단하여야 한다(대법원 2002. 3. 26. 선고 2001도6641 판결).

② 방화 또는 점화가 있어야만 방화죄의 실행의 착수를 인정할 수 있다.

③ 소훼한 화력에 의한 목적물의 손괴를 의미한다. 이러한 소훼의 결과가 발생함으로써 방화죄는 기수가 되는데, 어느 정도의 손괴를 의미하는지에 대하여 독립연소설, 효용상실설, 중요부분연소개시설, 일부손괴설 등의 견해대립이 있다. 판례는 독립연소설의 입장을 취하고 있다(70도330).

▣ 이견있는 형사사건의 법원판단 ▣

[기수시기]

1. 문제점 : 소훼의 결과가 발생함으로써 방화죄는 기수가 된다. 그러나 구체적으로 어느 정도의 손괴가 소훼로 되어 기수가 될 것인가에 대해서 견해가 대립한다.
2. 학설
(1) 독립연소설 : 불이 방화의 매개물을 떠나서 목적물에 옮겨 붙어 스스로 연소를 계속할 수 있는 상태에 이르면 공공의 위험은 발생한 것이므로 이 때 소훼가 있고 방화죄는 기수가 된다는 견해
(2) 효용상실설 : 독립연소로는 부족하고 목적물의 중요부분이 소실되어 그 본래의 효용을 상실한 때 소훼가 있고 방화죄는 기수가 된다는 견해
(3) 절충설 : 중요부분연소개시설과 일부손괴설 등이 주장된다.
3. 판례 : 독립연소설의 태도
방화죄는 화력이 매개물을 떠나 스스로 연소할 수 있는 상태에 이르렀을 때에 기수가 된다(대법원 1970. 3. 24. 선고, 70도330 판결).

(2) **주관적 구성요건**

이 죄가 성립하려면 불을 놓아 주거에 사용하거나 사람이 현존하는 건조물 등을 소훼한다는 것에 대한 고의가 있어야 한다. 이것은 반드시 확정적 고의일 필요는 없고 미필적 고의로도 충분하다.

2. 죄수

본 죄의 죄수는 행위객체의 수가 아니라 공공의 안전이라는 법익을 기준으로 판단하므로 1개의 방화행위로 수개의 건조물을 소훼한 경우에도 수개의 방화죄의 상상적 경합이 아니라 1개의 방화죄가 성립한다고 본다. 마찬가지로 동일구역 내의 수개의 건조물을 순차로 방화한 경우에도 수개의 방화죄의 실체적 경합이 아니라 1개의 방화죄가 성립한다(김일수).

Ⅱ. 판례

◆ 매개물을 통한 현존건조물방화죄의 실행의 착수시기 및 그 판단 방법

(1) 사실관계

피고인 A는 노환을 앓고 있는 노모의 부양문제로 처B와 부부싸움을 자주 하는 등 가정불화와 최근 직장 승진대상에서 누락되는 등의 문제로 심한 정신적 갈등을 겪어오던 중, 2000. 9. 20. 23:00경 마산시 두척동 418 소재 피고인의 집에서 위와 같은 사유로 처인 B와 심한 부부싸움을 하다가 격분하여 "집을 불태워 버리고 같이 죽어 버리겠다."며 그 곳 창고 뒤에 있던 18ℓ 들이 플라스틱 휘발유통을 들고 나와 처와 자녀 2명이 있는 피고인의 집 주위에 휘발유를 뿌리고, 1회용 라이터를 켜 불을 놓아 사람이 현존하는 건조물을 소훼하려고 하였으나, 불길이 번지지 않는 바람에 그 뜻을 이루지 못한 채 미수에 그치고, 이로 인하여 피고인을 만류하던 앞집 거주 C(남, 51세)로 하여금 약 4주간의 치료를 요하는 경부 및 체부 3도 화상을 입게 하였다.

(2) 판결요지

[1] 매개물을 통한 점화에 의하여 건조물을 소훼함을 내용으로 하는 형태의 방화죄의 경우에, 범인이 그 매개물에 불을 켜서 붙였거나 또는 범인의 행위로 인하여 매개물에 불이 붙게 됨으로써 연소작용이 계속될 수 있는 상태에 이르렀다면, 그것이 곧바로 진화되는 등의 사정으로 인하여 목적물인 건조물 자체에는 불이 옮겨 붙지 못하였다고 하더라도, 방화죄의 실행의 착수가 있었다고 보아야 할 것이고, 구체적인 사건에 있어서 이러한 실행의 착수가 있었는지 여부는 범행 당시 피고인의 의사 내지 인식, 범행의 방법과 태양, 범행 현장 및 주변의 상황, 매개물의 종류와 성질 등의 제반 사정을 종합적으로 고려하여 판단하여야 한다.

[2] 피고인이 방화의 의사로 뿌린 휘발유가 인화성이 강한 상태로 주택주변과 피해자의 몸에 적지 않게 살포되어 있는 사정을 알면서도 라이터를 켜 불꽃을 일으킴으로써 피해자의 몸에 불이 붙은 경우, 비록 외부적 사정에 의하여 불이 방화 목적물인 주택 자체에 옮겨 붙지는 아니하였다 하더라도 현존건조물방화죄의 실행의 착수가 있었다고 봄이 상당하다(대법원 2002. 3. 26. 선고 2001도6641 판결).

◆ 현주건조물방화치사 · 현주건조물방화치상

모텔 방에 투숙하여 담배를 피운 후 재떨이에 담배를 끄게 되었으나 담뱃불이 완전히 꺼졌는지 여부를 확인하지 않은 채 불이 붙기 쉬운 휴지를 재떨이에 버리고 잠을 잔 과실로 담뱃불이 휴지와 침대시트에 옮겨 붙게 함으로써 화재가 발생한 사안에서, 위 화재가 중대한 과실 있는 선행행위로 발생한 이상 화재를 소화할 법률상 의무는 있다 할 것이나, 화재 발생 사실을 안 상태에서 모텔을 빠져나오면서도 모텔 주인이나 다른 투숙객들에게 이를 알리지 아니하였다는 사정만으로는 화재를 용이하게 소화할 수 있었다고 보기 어렵다는 이유로, 부작위에 의한 현주건조물방화치사상죄의 공소사실에 대해 무죄를 선고한 원심의 판단을 수긍한 사례(대법원 2010. 1. 14., 선고, 2009도12109,2009감도38, 판결).

◆ 방화 후 불길이 치솟는 것을 보고 겁이 나서 불을 끈 경우를 중지미수에 해당하는 것으로 볼 수 있는지 여부(소극)

피고인이 장롱 안에 있는 옷가지에 불을 놓아 건물을 소훼하려 하였으나 불길이 치솟는 것을 보고 겁이 나서 물을 부어 불을 끈 것이라면, 위와 같은 경우 치솟는 불길에 놀라거나 자신의 신체안전에 대한 위해 또는 범행 발각시의 처벌 등에 두려움을 느끼는 것은 일반 사회통념상 범죄를 완수함에 장애가 되는 사정에 해당한다고 보아야 할 것이므로, 이를 자의에 의한 중지미수라고는 볼 수 없다(대법원 1997.6.13, 선고, 97도957, 판결).

Ⅲ. 수사실무

1. 수사포인트

(1) 목적물의 소유자 또는 사용자가 누구인가, 그 건조물 안에 범인 이외의 자가 현존하고 있었는가를 분명히 해야 한다.

(2) 목적물이 압류 또는 강제처분을 받았거나 타인의 권리 또는 보험의 목적물이 아닌지 조사해야 한다.

(3) 목적물이 범인의 소유이거나 무주물이거나 혹은 소유자의 승낙있는 방화일 경우에는 "공공의 위험발생"을 가려야 할 것이다.

(4) 가구, 창문 등 가옥으로부터 분리할 수 있는 것은 가옥의 일부가 아니기 때문에 이것들의 독립연소의 정도에 이르렀다 하더라도 방화의 기수는 안되며 방화미수가 된다.

(5) 발화지점과 방화수단을 파악하기 위해 처음 발견한 자, 목격자, 소방원 등 관계자들의 진술에 따라 증거 수집하고, 타다 남은 매개재료, 파편 등을 찾아서 증거를 확보해야 한다.

(6) 발화가옥의 화기유무 및 누전가능성의 조사에 있어서는 감정을 의뢰한다.

2. 피의자 신문례

(1) 피의자는 고의로 건물에 불을 낸 사실이 있나요

(2) 언제, 어디서 불을 내었나요

(3) 어떻게 불을 내었나요

(4) 그 건물에 사람들이 생활하거나 활동하고 있다는 사실을 알고 있었나요

(5) 왜 불을 내게 되었나요

(6) 불을 내고 난 다음에 피의자가 어떻게 하였나요

(7) 화재의 결과 건물안에 있던 사람이 어떤 피해를 입었는지 알고 있나요

(8) 피해자들과 합의하였나요

(9) ㅇㅇ건물에 대하여 보험에 가입하였나요

(10) 언제, 어느 보험에 가입하였나요

(11) 가입금액은 어떠한가요

(12) 보험에 가입한 이유는 무엇인가요

3. 범죄사실 기재례

【범죄사실 기재례】

(1) 현주건조물방화(원한관계)

피의자는 서울 강남구 논현동 222에 있는 피해자 김○○의 집에서 가정부로 일하는 사람이다.

피의자는 20○○. ○. ○. 10 : 00경 위 김○○의 집에서 그로부터 3일전 강간을 당한데 원한을 품고 그의 집에 방화하여 복수하려고 마음먹었다.

그리하여 그 거실에 휴지 등을 쌓아놓고 석유를 뿌린 다음 성냥으로 불을 붙여 그 불이 판자벽을 거쳐 벽돌조 기와 2층 건물 전체에 번지게 하여 위 김○○ 등 4명이 현재 주거로 사용하고 있는 그 건물을 모두 태워 이를 소훼하였다.

(2) 현주건조물방화(화재보험가입 가옥 방화)

피의자는 자기가 거주하고 있는 가옥이 ○○화재보험회사와 3억원의 화재보험계약이 체결되어 있음을 기화로 이를 방화하여 소실시켜 그 보험금을 수령하기로 마음먹었다.

피의자는 20○○. ○. ○. 23:00경 ○○동 123번지 목조 기와지붕 1층 주택1채(면적 약 60평방미터)의 안방 벽장안에 화장지를 구겨 쌓아 신나를 뿌리고 성냥으로 불을 붙여 그 불이 그 벽장 안으로부터 천장을 태우면서 곧 온 건물을 모두 태워서 이를 소훼하였다.

(3) 현주건조물방화미수

피의자는 20○○. ○. ○. 21:00경 ○○에 있는 김○○의 집 동쪽 앞길에 이르러 술이 몹시 취하여 잠깐 쉬고 있을 때 호기심이 발동하였다. 피의자는 위 김○○이 주거에 사용하고 있는 목조 기와지붕 단층주택 1채(면적 80평방미터)에 불이 번지리라는 것을 예상하면서도 그 집 동쪽 창 밖에 쳐놓은 갈대발 밑에 주변에 있던 휴지들을 모아 라이타를 이용 불을 붙였다. 그러나 그 발이 타오르자 마침 그곳을 지나가던 이○○가 이를 발견하고 곧 진화하여 그 발의 3분의 1가량만 태웠을 뿐 그 집의 소훼에 이르지 못하고 미수에 그쳤다.

(4) 방화예비

피의자는 20○○. ○. ○.부터 ○○동에 있는 ○○소년원 123호실에 수용되어 있었는데, 위 소년원에 방화하여 그 혼란을 틈타 도주하기로 하였다.

피의자는 20○○. ○. ○. 22:00경 소지하고 있던 성경책을 찢어 그 방 천장환기통에 집어넣고 점화하면 현재 사람의 주거로 사용하고 있는 위 소년원 건물에 쉽게 번져 탈 수 있도록 장치함으로써 방화의 예비를 하였다.

(5) 현주건조물방화(음식점에서 싫은 소리를 했다는 이유로 방화)

피의자는 20○○. 10. 10. 16:00경 서울 성북구 ○○동 100번지 먹자식당 안에서 술을 마시고 있을 때 업주인 피해자 나여자(여, 00세)로부터 싫은 소리를 들었다.그러자 그 집에 불이 붙을 것을 알면서도 그 집 실내의 창문 커튼에 성냥으로 불을 질러 기둥에서 천정으로 타올라가게 하였다. 그 건물은 홍길동의 소유이고, 소실된 면적은 위 나여자가 현주하는 목조양철지붕(면적 118.85평방미터)의 식당내 작은방과 기둥 및 천정 일부 등 면적합계 약 9평방미터이다.

(6) 업무상 실화(전력수용가에 대한 절연측정시험을 소홀히 한 경우

피의자는 20○○. 10. 10일자로 ○○시 ○○동 소재 ○○전력주식회사 ○○지점 내선계장으로 전임되어 근무하고 있다.

피의자는 평소 각 전력수용가에 대한 절연측정시험을 실시하여 2년간 유효한 안전보안을 기하여야 할 업무상 의무가 있음에도 불구하고, 의무를 해태하여 동 측정시험을 소홀히 하였다.

그리하여 2006. 01. 10. 01:38경 ○○시 ○○동 5가 66번지 홍길동 집 2층에 시설된 집 입구 배선의 합류발호로 동인 소유 목조건물 2층 천정부 등 시가 금300,000원 상당을 소훼케 하였다.

4. 적용실례

(1) 살해후 사체가 있는 주거에 방화한 경우

김○○는 부부싸움을 하다 잘못해서 아내가 죽자, 그 사실을 감추기 위해 아내의 사체를 집 안에 둔채 집에 방화를 하였다.

➡ 이 경우 방화의 죄는 당연 성립하겠고, 그 방화로 인하여 사체가 그 형태를 알아볼 수 없을 정도로 심하게 훼손되었다면, 위 방화의 점 외에 사체손괴죄(형법 제161조 제1항)도 성립한다.

(2) 사람의 주거에 방화한 경우

남○○는 신문배달원들이 거주하는 신문보급소 기숙사에 불을 질러, 그 결과 그 곳에서 잠을 자고 있던 이○○, 정○○ 등 2명에게 상해를 입게 하였다.

➡ 이는 형법 제164조 후단의 현주건조물방화치상죄에 해당하며, 현주건조물방화죄는 이에 당연히 흡수되게 된다.

(3) 본인의 실수로 불이났으나, 책임 회피를 위해 방화를 방치한 경우

혼자 사무실에 남아있던 한○○는 자기가 피우고 버린 담배꽁초의 불이 양탄자에 옮겨붙어 타고 있는 것을 발견하고, 그 때는 막 발화하기 시작한 때라 불을 쉽게 끌 수 있었음에도 불구하고 그대로 방치하여 불이 크게 번지자, 자기가 방화한 것을 숨기기 위해 아무런 조치도 취하지 않고 달아나 버렸다.

➡ 한○○가 적극적으로 방화를 한 것은 아니지만, 자기의 실수로 시작된 불을 소화할 의무(작위의무)가 있었음에도, 또 그것을 충분히 끌 수 있는 상황(작위의 가능성)에 있었으면서도 그대로 방치해 사무실 전체를 타게 한 것은 방화죄를 구성하기에 충분하다.

5. 조사할 사항

(1) 참고

조문	(객 체)	
제164조 현주건조물방화 (주택방화)	사람 주거사용 또는 사람의 현존하는 건조물	공공의 위험에 대한 인식불요
제165조 공용건조물방화 (비주택방화)	공용 또는 공익에 공하는 건조물	
제166조 일반건조물방화	전2조와 동일하나 비현주, 비공용	자기소유인 경우는 공공위험발생을 요
제167조 일반물건방화	전2조 이외의 물건	공공의 위험에 대한 인식필요

(2) 방화의 동기가 보험금을 받기 위한 것이었다는 심증이 갈 때에는 다음 사항을 조사한다.

1) 보험계약의 시기가 방화직전은 아닌가

2) 방화자가 보험료 납부의 능력이 있는 자인가

3) 방화당시에 방화자가 경제적으로 궁핍하지는 않았는가

4) 발화당시 보험계약서 등은 어디에 보관되어 있었는가

5) 보험금을 받은 후 그 돈을 어떻게 사용하였는가

6) 발화당시 방화자가 가재 등을 반출한 일이 있었는가 등의 발화당시의 범인의 거동

(3) 방화의 동기가 증거인멸일 것이라는 심증이 갈 때에는 다음 사항을 조사한다.

1) 인멸하려는 증거가 어떤 것인가

2) 그것을 인멸하려는 동기가 무엇인가

3) 발화직후의 범인의 거동

(4) 방화의 동기가 원한인 경우에는 다음의 가능성을 조사한다.

1) 고용주 등의 처사에 대한 보복이 아닌가
2) 모욕·폭행 등에 대한 보복이 아닌가
3) 영업을 방해당한 앙심은 아닌가
4) 가정불화에서 온 것은 아닌가

2. 현주건조물 등 방화치사상죄

제164조【현주건조물등에의 방화】

② 제1항의 죄를 지어 사람을 상해에 이르게 한 경우에는 무기 또는 5년 이상의 징역에 처한다. 사망에 이르게 한 경우에는 사형, 무기 또는 7년 이상의 징역에 처한다.

[전문개정 2020. 12. 8.]

○ 본 죄는 현주건조물방화죄를 범하여 사람을 사상케 함으로써 성립하는 범죄이다. 본 죄는 결과에 대해서 고의가 있는 경우에도 성립한다(부진정결과적 가중범).

Ⅰ. 이론

1. 구성요건

(1) 객관적 구성요건

1) 기본범죄

본 죄의 기본범죄는 현주건조물방화죄(제164조 1항)이며, 기수·미수를 불문한다.

2) 중한결과

사람을 상해 또는 사망에 이르게 하는 것이다.

3) 인과관계 및 예견가능성

본 죄는 결과적 가중범이므로 일반원리에 따라 기본범죄와 중한 결과 사이에 인과관계 및 객관적 귀속, 중한 결과에 대한 예견가능성이 인정되어야 한다.

(2) 주관적 구성요건

부진정결과적 가중범이므로 기본범죄인 현주건조물방화에 대한 고의와 중한결과인 사상의 결과에 대한 과실 또는 고의가 있어야 한다.

Ⅱ. 판례

◆ 현주건조물방화죄의 기수시기

현주건조물방화죄는 화력이 매개물을 떠나 목적물인 건조물 스스로 연소할 수 있는 상태에 이름으로써 기수가 된다.

원심이 적법하게 채택한 증거들을 종합하여 판시한 바와 같이, 피고인이 판시 제2의 범행에 있어 피해자의 사체 위에 옷가지 등을 올려놓고 불을 붙인 천조각을 던져 그 불길이 방안을 태우면서 천정에까지 옮겨 붙었다면, 설령 그 불이 완전연소에 이르지 못하고 도중에 진화되었다고 하더라도, 일단 천정에 옮겨 붙은 이상 그 때에 이미 현주건조물방화죄는 기수에 이르렀다고 할 것이므로 같은 취지의 원심판결은 옳고, 거기에 상고이유의 주장과 같은 채증법칙 위반으로 인한 사실오인이나 법리오해 등의 위법이 없다(대법원 2007. 3. 16., 선고, 2006도9164, 판결).

◆ 재물을 강취한 후 피해자를 살해할 목적으로 현주건조물에 방화하여 사망에 이르게 한 경우, 강도살인죄와 현주건조물방화치사죄의 관계(=상상적 경합)

피고인들이 피해자들의 재물을 강취한 후 그들을 살해할 목적으로 현주건조물에 방화하여 사망에 이르게 한 경우, 피고인들의 행위는 강도살인죄와 현주건조물방화치사죄에 모두 해당하고 그 두 죄는 상상적 경합범관계에 있다.(대법원 1998. 12. 8. 선고 98도3416 판결)

◆ 방화 후 불길이 치솟는 것을 보고 겁이 나서 불을 끈 경우를 중지미수에 해당하는 것으로 볼 수 있는지 여부(소극)

피고인이 장롱 안에 있는 옷가지에 불을 놓아 건물을 소훼하려 하였으나 불길이 치솟는 것을 보고 겁이 나서 물을 부어 불을 끈 것이라면, 위와 같은 경우 치솟는 불길에 놀라거나 자신의 신체안전에 대한 위해 또는 범행 발각시의 처벌 등에 두려움을 느끼는 것은 일반 사회통념상 범죄를 완수함에 장애가 되는 사정에 해당한다고 보아야 할 것이므로, 이를 자의에 의한 중지미수라고는 볼 수 없다.(대법원 1997. 6. 13., 선고, 97도957, 판결)

◆ 방화행위를 하던 집단 중 1인이 피해자에게 화염병을 던져 화상을 입힌 경우, 공모에 참여한 집단원 모두가 현존건조물방화치상의 죄책을 지는지 여부

피고인을 비롯한 30여 명의 공범들이 화염병 등 소지 공격조와 쇠파이프 소지 방어조로 나누어 이 사건 건물을 집단방화하기로 공모하고 이에 따라 공격조가 위 건물로 침입하여 화염병 수십 개를 1층 민원실 내부로 던져 불을 붙여 위 건물 내부를 소훼케 하는 도중에 공격조의 일인이 위 건조물 내의 피해자를 향하여 불이 붙은 화염병을 던진 사실을 알 수 있는바, 이와 같이 공격조 일인이 방화대상 건물 내에 있는 피해자를 향하여 불붙은 화염병을 던진 행위는, 비록 그것이 피해자의 진화행위를 저지하기 위한 것이었다고 하더라도, 공격조에게 부여된 임무 수행을 위하여 이루어진 일련의 방화행위 중의 일부라고 보아야 할 것이고, 따라서 피해자의 화상은 이 사건 방화행위로 인하여 입은 것이라 할 것이므로 피고인을 비롯하여 당초 공모에 참여한 집단원 모두는 위 상해 결과에 대하여 현존건조물방화치상의 죄책을 면할 수 없다. 가사 피해자의 상해가 이 사건 방화 및 건물소훼로 인하여 입은 것이라고 보기 어렵다고 하더라도 형법(1995. 12. 29. 법률 제5057호로 개정되기 전의 것) 제164조 후단이 규정하는 현존건조물방화치상죄와 같은 이른바 부진정결과적가중범은 예견가능한 결과를 예견하지 못한 경우뿐만 아니라 그 결과를 예견하거나 고의가 있는 경우까지도 포함하는 것이므로 이 사건에서와 같이 사람이 현존하는 건조물을 방화하는 집단행위의 과정에서 일부 집단원이 고의행위로 살상을 가한 경우에도 다른 집단원에게 그 사상의 결과가 예견 가능한 것이었다면 다른 집단원도 그 결과에 대하여 현존건조물방화치사상의 책임을 면할 수 없는 것인바, 피고인을 비롯한 집단원들이 당초 공모시 쇠파이프를 소지한 방어조를 운용하기로 한 점에 비추어 보면 피고인으로서는 이 사건 건물을 방화하는 집단행위의 과정에서 상해의 결과가 발생하는 것도 예견할 수 있었다고 보이므로, 이 점에서도 피고인을 현존건조물방화치상죄로 의율할 수 있다(대법원 1996. 4. 12. 선고 96도215 판결).

◆ 살인이나 상해의 고의로 현주건조물을 소훼하여 사람을 사상에 이르게 한 경우, 형법 제164조 후단 소정의 현주건조물 방화치사상죄의 성립여부 및 현주건조물에 방화하여 동 건조물에서 탈출하려는 사람을 막아 소사케 한 경우, 현주건물방화죄와 살인죄와의 관계

(1) 사실관계

> 피고인A는 그의 부 공소외B가 사찰의 주지인 피해자 1때문에 피고인과 공소외인등 가족이 거주하여 오던 암자에서 쫓겨난데 대하여 원한을 품고 동인을 살해하기로 결의하고, 1982.3.31 소속대로부터 외박허가를 얻고 외출하여 동년 4.1. 00:30 경 안면에 마스크를 하고 위 피해자 1의 집에 침입하여 그 집 부엌의 석유곤로 석유를 프라스틱 바가지에 따라 마루에 놓아두고 큰 방에 들어가자 피해자 1은없고 동인의 처 피해자 2와 딸 피해자 3(19세), 피해자 4(11세), 피해자 5(8세) 등이 깨어 피해자 3이 피고인을 알아보기 때문에 마당에 있던 절구방망이를 가져와 피해자 2와 3의 머리를 각 2회씩 강타하여 실신시킨 후 이불로 뒤집어씌우고 위 바가지의 석유를 뿌리고 성냥불을 켜 대어 피해자 1및 동인가족들이 현존하는 집을 전소케 하고, 불이 붙은 동가에서 빠져나오려는 위 피해자 4와 5가탈출하지 못하도록 방문 앞에 버티어 서서 지킨 결과 실신하였던 피해자 2와탈출하지 못한 피해자 4와 5를 현장에서 소사케 하고, 탈출한 피해자 3은3도 화상을 입고 입원가료 중 동년 4.10 사망에 이르게 하여 동인들을 살해하였다.

(2) 판결요지

[1] 형법 제164조 후단이 규정하는 현주건조물 방화치사상죄는 그 전단에 규정하는 죄에 대한 일종의 가중처벌규정으로서 불을 놓아 사람의 주거에 사용하거나 사람이 현존하는 건조물을 소훼함으로 인하여 사람을 사상에 이르게 한 때에 성립되며 동 조항이 사형, 무기 또는 7년 이상의 징역의 무거운 법정형을 정하고 있는 취의에 비추어 보면 과실이 있는 경우 뿐만 아니라 고의가 있는 경우도 포함된다고 볼 것이므로, 현주건조물내에 있는 사람을 강타하여 실신케 한 후 동 건조물에 방화하여 소사케 한 피고인을 현주건조물에의 방화죄와 살인죄의 상상적 경합으로 의율할 것은 아니다.

[2] 형법 제164조 전단의 현주건조물에의 방화죄는 공중의 생명, 신체, 재산 등에 대한 위험을 예방하기 위하여 공공의 안전을 그 제1차적인 보호법익으로 하고 제2차적으로는 개인의 재산권을 보호하는 것이라고 할 것이나, 여기서 공공에

대한 위험은 구체적으로 그 결과가 발생됨을 요하지 아니하는 것이고 이미 현주건조물에의 점화가 독립연소의 정도에 이르면 동 죄는 기수에 이르러 완료되는 것인 한편, 살인죄는 일신전속적인 개인적 법익을 보호하는 범죄이므로, 이 사건에서와 같이 불을 놓은 집에서 빠져 나오려는 피해자들을 막아 소사케 한 행위는 1개의 행위가 수개의 죄명에 해당하는 경우라고 볼 수 없고, 위 방화행위와 살인행위는 법률상 별개의 범의에 의하여 별개의 법익을 해하는 별개의 행위라고 할 것이니, 현주건조물방화죄와 살인죄는 실체적 경합관계에 있다(대법원 1983.1.18. 선고 82도2341 판결).

Ⅲ. 수사실무

1. 피의자 신문례

(1) ㅇㅇ건물을 방화한 사실이 있나요

(2) 언제 방화하였나요

(3) 위 건물에 사람이 거주하고 있는 것을 알고 있었나요

(4) 어떠한 방법으로 방화한 것인가요

(5) 방화한 이유는 무엇인가요

(6) 피의자의 방화행위로 인하여 이ㅇㅇ이 화상을 입은 것을 알고 있나요

(7) 화상을 입을 것이라는 것을 알고 있었나요

2. 범죄사실 기재례

【범죄사실 기재례】

(1) 현주건조물방화(살인)

피의자는 아내인 이○○의 독단적인 성격과 피의자 부모형제와의 불화 등으로 그와 좋지 아니한 관계에 있었다. 그러던 중 아내 이○○이 김○○와 불륜관계에 있는 것을 눈치 채고, 아내가 출산한 최○○이 피의자의 친자가 아닐지도 모른다고 의심하는 등 아내 이○○에 대한 감정이 매우 악화된 상태에 있었다.

피의자는 20○○. ○. ○. 21:30경부터 같은 날 23:00경까지 사이에 피의자의 집에서 아내 이○○와 다투다가 그 동안 쌓인 감정이 폭발하여 거실 베란다의 거튼 줄을 잘라 그의 목을 졸라 살해하고, 이어 다른 줄로 최○○의 목을 졸라 살해한 다음, 사건 당일 23:30경 안방 장롱안의 옷에 불을 놓아 주거로 사용하는 건조물을 소훼하였다.

(2) 현주건조물방화(방화치상)

피의자는 노환을 앓고있는 노모의 부양문제로 처와 부부싸움을 자주 하는 등 가정불화와 최근 직장 승진대상에서 누락되는 등의 문제로 심한 정신적 갈등을 겪어왔다.

피의자는 20○○. ○. ○. 22:30경 ○○동 123번지 피의자의 집에서 위와 같은 사유로 처인 건외 김○○와 심한 부부싸움을 하다가 격분하여 "집을 불태워 버리고 같이 죽어버리겠다."며 그 곳 창고뒤에 있던 18ℓ 들이 플라스틱 휘발유통을 들고 나와 처와 자녀 2명이 있는 피의자의 집 주위에 휘발유를 뿌리고, 성냥으로 불을 놓아 사람이 현존하는 건조물을 소훼하려고 하였다.

그러나 불길이 번지지 않는 바람에 그 뜻을 이루지 못한 채 미수에 그치고, 이로 인하여 피의자를 만류하던 옆집 거주 피해자 최○○(남, 43세)로 하여금 약 4주간의 치료를 요하는 경부 및 체부 3도 화상을 입게 하였다.

3. 적용실례

(1) 사람의 주거에 방화한 경우

남○○는 신문배달원들이 거주하는 신문보급소 기숙사에 불을 질러, 그 결과 그 곳에서 잠을 자고 있던 이○○, 정○○ 등 2명에게 상해를 입게 하였다.

➡ 이는 형법 제164조 후단의 현주건조물방화치상죄에 해당하며, 현주건조물방화죄는 이에 당연히 흡수되게 된다.

3. 공용건조물 등 방화죄

제165조【공용건조물 등 방화】

불을 놓아 공용(公用)으로 사용하거나 공익을 위해 사용하는 건조물, 기차, 전차, 자동차, 선박, 항공기 또는 지하채굴시설을 불태운 자는 무기 또는 3년 이상의 징역에 처한다.

[전문개정 2020. 12. 8.]

[미수] 174, [예비·음모] 175, [자수] 175, [특별규정] 국보4①, 군형66, [본조준용] 문화재94, [공소시효] 형소249① : 15년

○ 여기에서 공용 또는 공익에 공한다는 것은 개인의 목적이 아닌 공중의 이익을 위하여 사용된다는 것을 말하며 공용 또는 공익에 공하는 이상 그 소유자는 누구라도 상관없다.

Ⅰ. 이론

1. 구성요건

(1) 객관적 구성요건

1) 객체

공용 또는 공익에 공하는 건조물, 기차, 전차, 자동차, 선박, 항공기 또는 광갱이다.

① '공용에 공하는' 이란 것은 국가 또는 공공단체에서 사용하는 것을 의미한다.

② '공익에 공하는' 이란 것은 일반공중의 이익을 위하여 사용되는 것을 의미한다.

2) 행위

불을 놓아 소훼하는 것이다.

(2) 주관적 구성요건

본죄는 고의범이므로 불을 놓아 공용 또는 공익에 공하는 건조물, 기차, 전차, 자동차, 선박, 항공기 또는 광갱을 소훼한다는 사실에 대한 인식과 의사가 있어야 한다.

4. 일반건조물 등 방화죄

제166조【일반건조물 등 방화】

① 불을 놓아 제164조와 제165조에 기재한 외의 건조물, 기차, 전차, 자동차, 선박, 항공기 또는 지하채굴시설을 불태운 자는 2년 이상의 유기징역에 처한다.

② 자기 소유인 제1항의 물건을 불태워 공공의 위험을 발생하게 한 자는 7년 이하의 징역 또는 1천만원 이하의 벌금에 처한다.

[전문개정 2020. 12. 8.]

[미수범] 174, [예비 · 음모] 175, [자기소유물건] 176, [공공위험] 167 · 170② · 173 · 179② · 181, [공소시효] 형소249① : 10년(1항), 7년(2항)

○ 이 죄는 불을 놓아 사람의 주거에 사용하거나 사람이 현존하지 않고 공용 또는 공익에 공하지 않는 일반건조물에 속하지 않는 건조물을 소훼한 때에 성립하는 범죄이다(제166조 제1항).
○ 자기소유에 속하는 이 조 1항의 물건을 소훼한 때에는 공공의 위험이 발생한 때에 한하여 이 죄가 성립한다(제166조 제2항). 이 때, 자기소유물건이라도 그것이 압류 또는 강제처분을 받거나 타인의 권리 또는 보험의 목적물이 된 때에는 타인의 물건으로 간주된다(제176조)는 점을 주의 해야 한다.

Ⅰ. 이론

1. 구성요건

(1) 객관적 구성요건

1) 객체

본죄의 객체는 '사람이 주거로 사용하거나 사람이 현존하지 않고 공용 또는 공익에 공하지 않는 건조물, 기차, 전차, 자동차, 선박, 항공기 또는 광갱' 이다.

2) 행위

불을 놓아 소훼하는 것이다. 자기소유물인 경우(제166조 제2항)에는 공공의 위험이 발생해야 한다는 점에서 타인소유물인 경우(제166조 제1항)와 비교된다.

(2) 주관적 구성요건

고의가 있어야 한다. 타인소유인 경우(제166조 제1항)에는 공공의 위험을 인식할 필요가 없다. 그러나 자기소유인 경우(제166조 제2항)는 공공의 위험을 인식해야 한다. 즉, 타인소유인 경우에는 추상적 위험범이나, 자기소유인 경우에는 구체적 위험범이다.

Ⅱ. 판례

◆ 방화죄의 객체인 '건조물' 의 개념

형법상 방화죄의 객체인 건조물은 토지에 정착되고 벽 또는 기둥과 지붕 또는 천장으로 구성되어 사람이 내부에 기거하거나 출입할 수 있는 공작물을 말하고, 반드시 사람의 주거용이어야 하는 것은 아니라도 사람이 사실상 기거·취침에 사용할 수 있는 정도는 되어야 한다.

원심은, 이 사건 폐가는 지붕과 문짝, 창문이 없고 담장과 일부 벽체가 붕괴된 철거대상 건물로서 사실상 기거·취침에 사용할 수 없는 상태의 것이므로 형법 제166조의 건조물이 아닌 형법 제167조의 물건에 해당하고, 피고인이 이 사건 폐가의 내부와 외부에 쓰레기를 모아놓고 태워 그 불길이 이 사건 폐가 주변 수목 4~5그루를 태우고 폐가의 벽을 일부 그을리게 하는 정도만으로는 방화죄의 기수에 이르렀다고 보기 어려우며, 일반물건방화죄에 관하여는 미수범의 처벌 규정이 없다는 이유로 제1심의 유죄판결을 파기하고 피고인에게 무죄를 선고하였다.

위 법리에 비추어 기록을 살펴보면, 원심의 위와 같은 사실인정과 판단은 정당하고, 거기에 방화죄에 있어 건조물에 관한 개념을 오해하거나 논리와 경험의 법칙에 반하여 자유심증주의의 한계를 벗어난 잘못이 없다.(대법원 2013. 12. 12., 선고, 2013도3950, 판결).

Ⅲ. 수사실무

1. 범죄사실 기재례

【범죄사실 기재례】

피의자는 ○○주식회사 대리로 근무하고 있다.

피의자는 평소 처 김○○로부터 가정을 돌보지 않고 회사출장을 핑계로 자신의 차로 지방을 다니면서 다른 여자와 불륜관계를 갖는다고 의심을 받고 있었다.

그러던 중, 20○○. ○. ○. 17:30경 서울 ○○구 ○○에 있는 ○○공원 주변도로에서 위 김○○가 재차 이를 추궁하자 피의자 소유의 서울 ○○가 ○○○○호 EF소나타 승용차를 신문지 등 종이를 쌓아놓고 미리 준비해둔 시너를 뿌린 후 1회용 가스 라이터로 불을 붙여 소훼하여 공공의 위험을 발생하게 하였다.

5. 일반물건방화죄

제167조【일반물건 방화】

① 불을 놓아 제164조부터 제166조까지에 기재한 외의 물건을 불태워 공공의 위험을 발생하게 한 자는 1년 이상 10년 이하의 징역에 처한다.

② 제1항의 물건이 자기 소유인 경우에는 3년 이하의 징역 또는 700만원 이하의 벌금에 처한다.

[전문개정 2020. 12. 8.]

[특별규정] 산림53, 국보4①, 문화재94, [공공위험] 166②·170②·173·179②·181, [손괴죄] 366, [자기소유물건] 176, [공소시효] 형소249①: 10년(1항), 5년(2항)

○ 이 죄는 불을 놓아 제164조 내지 166조에 기재된 이외의 물건을 소훼하여 공공의 위험을 발생하게 함으로써 성립하는 구체적 위험범이다. 구체적 위험범이기 때문에 이 죄가 성립하려면 공공의 위험이라는 구체적 위험이 발생해야 한다. 따라서 불을 놓아 위 물건을 소훼했더라도 공공의 위험이 발생하지 않았다면 재물손괴죄만이 성립하게 된다.

Ⅰ. 이론

1. 구성요건

(1) 객관적 구성요건

1) 객체

본죄의 객체는 '제164조 내지 제166조의 목적물을 제외한 일체의 물건'이다.

2) 행위

불을 놓아 소훼함으로써 공공의 위험을 발생하게 하는 것이다. 만약 공공의 위험이 발생하지 않으면 미수처벌규정이 없으므로 처벌되지 않는다. 다만, 타인소유물인 경우에 한하여 손괴죄가 성립할 수 있다.

(2) 주관적 구성요건

고의가 있어야 한다.

Ⅱ. 판례

◆ 불을 놓아 '무주물'을 소훼하여 공공의 위험을 발생하게 한 경우, 형법 제167조 제2항을 적용하여 처벌할 수 있는지 여부(적극)

형법 제167조 제2항은 방화의 객체인 물건이 자기의 소유에 속한 때에는 같은 조 제1항보다 감경하여 처벌하는 것으로 규정하고 있는바, 방화죄는 공공의 안전을 제1차적인 보호법익으로 하지만 제2차적으로는 개인의 재산권을 보호하는 것이라고 볼 수 있는 점, 현재 소유자가 없는 물건인 무주물에 방화하는 경우에 타인의 재산권을 침해하지 않는 점은 자기의 소유에 속한 물건을 방화하는 경우와 마찬가지인 점, 무주의 동산을 소유의 의사로 점유하는 경우에 소유권을 취득하는 것에 비추어(민법 제

252조) 무주물에 방화하는 행위는 그 무주물을 소유의 의사로 점유하는 것이라고 볼 여지가 있는 점 등을 종합하여 보면, 불을 놓아 무주물을 소훼하여 공공의 위험을 발생하게 한 경우에는 '무주물' 을 '자기 소유의 물건' 에 준하는 것으로 보아 형법 제167조 제2항을 적용하여 처벌하여야 한다(대법원 2009.10.15, 선고, 2009도7421, 판결).

◆ 형법 제167조의 방화행위로 인하여 동법 제164조의 건조물이 연소된 경우와 그 건조물에 대한 방화인식의 존부

절취한 물건의 용기에 점화한 목적이 절도의 증거인멸에 있다 할지라도 점화의 수단방법이 인화력이 강한 석유를 사용하여 건물에 연소되기 용이한 방법으로 점화한 결과 건물을 연소케 한 경우에는 건조물 방화의 고의를 인정할 수 있다.(대법원 1954. 1. 16., 4287형상47, 판결).

6. 연소죄

제168조【연소】

① 제166조제2항 또는 전조제2항의 죄를 범하여 제164조, 제165조 또는 제166조제1항에 기재한 물건에 연소한 때에는 1년 이상 10년 이하의 징역에 처한다.

② 전조제2항의 죄를 범하여 전조제1항에 기재한 물건에 연소한 때에는 5년 이하의 징역에 처한다.

[특별규정] 국보4①, 군형66, [공소시효] 형소249① : 10년(1항), 7년(2항)

○ 이 죄는 자기소유건조물이나 물건에 한 방화가 확대되어 현주건조물, 공용건조물 또는 타인소유의 건물, 물건에 연소하게 된 경우를 처벌하기 위한 자기소유물에 대한 방화죄의 결과적 가중범이다.
○ 연소란 행위자가 예상하지 않은 물체에 불이 옮겨붙어 소훼하게 되는 것을 말한다. 이 죄는 자기소유건조물등방화죄나 자기물건방화죄의 성립을 전제로 하기 때문에 자기물건이 소훼되었을 뿐 아니라 이로 인해 공공의 위험이 발생했어야 한다.
○ 이 죄는 진정결과적 가중범이므로 중한 결과에 대해 과실이 있는 때에만 적용한다.

Ⅰ. 이론

1. 구성요건

(1) 객관적 구성요건

1) 제168조 제1항

제168조 제1항은 자기소유일반건조물 등 방화죄(제166조 2항) 또는 자기소유일반물건방화죄(제167조 2항)를 범하여 현주건조물 등 방화죄(제164조), 공용건조물 등 방화죄(제165조), 타인소유일반건조물 등 방화죄(제166조 1항)의 객체에 연소하여야 한다.

2) 제168조 제2항

제168조 제2항은 자기소유일반물건방화죄(제167조 2항)를 범하여 타인소유일반물건방화죄(제167조 1항)의 객체에 연소하여야 한다.

(2) 주관적 구성요건

기본범죄에 대한 고의와 중한 결과에 대한 과실이 있어야 한다.

7. 진화방해죄

> **제169조【진화방해】**
> 화재에 있어서 진화용의 시설 또는 물건을 은닉 또는 손괴하거나 기타 방법으로 진화를 방해한 자는 10년 이하의 징역에 처한다.

[특별규정] 소방71 · 80, [은닉손괴] 366, [공소시효] 형소249① : 10년

○ 이 죄는 화재시 진화를 방해하는 행위를 방화죄에 준하여 처벌하려는 것으로, 방화죄의 보충규정으로서의 의미를 갖는다.

Ⅰ. 이론

1. 구성요건

(1) 객관적 구성요건

1) 객체

이 죄의 객체는 화재시 진화에 사용되는 시설 또는 물건이다.

① 진화용의 시설 또는 물건이란 직접 소화활동에 쓰이는 기구들로서, 본래 소방용인 것에 한하고 임시로 사용된 소방도구는 포함하지 않는다고 본다.

② 그러나 진화용의 시설 또는 물건인 이상 그것이 공유이건 사유이건 법인의 소유물이건 상관없이 이 죄의 객체가 된다.

2) 행위

이 죄의 행위는 은닉·손괴·기타의 방법으로 진화를 방해하는 것이다.

① 은닉이란 진화용 시설 또는 물건을 찾지 못하게 하거나 찾기 어렵게 하는 행위이고, 손괴란 위 물건의 물질적 효용을 해하는 일체의 행위이다.

② 소방차의 진행을 방해하거나 소방관을 폭행·협박하는 것도 진화를 방해하는 행위라고 할 수 있다.

③ 이 죄는 위험범이므로 진화방해의 행위만 있으면 충분하여 실제 진화방해의 결과가 발생하지 않아도 성립한다.

(2) 주관적 구성요건

이 죄가 성립하려면 행위자가 화재시라는 행위상황을 인식하고 있어야 하며 진화를 방해한다는 사실에 대한 고의가 있어야 한다.

Ⅱ. 수사실무

1. 피의자 신문례

(1) 윤○○의 집에 화재가 발생한 사실을 알고 있었나요

(2) 어떻게 알게 되었나요

(3) 화재가 발생하였다는 것을 듣고 구경 갔었다는 것인가요

(4) 화재현장에서 소방차가 소방하는 것을 보았나요

(5) 소방호스를 이용하여 진화하고 있는 것도 보았나요

(6) 피의자는 그 위에 시멘트제 쓰레기통을 넘어뜨린 일이 있는가요

(7) 언제, 무엇 때문에 그러한 행동을 한 것인가요

(8) 그러한 행위로 인하여 소방호스의 송수압력이 저하된 것을 알고 있나요

(9) 이러한 이유로 진화가 늦어졌다는 것도 알고 있나요

2. 범죄사실 기재례

【범죄사실 기재례】

피의자는 20○○. ○. ○. 19 : 00경 피의자가 사는 주소지 근처에서 화재가 발생한 것을 알고, 그것을 구경하러 나갔다. 그런데 화재가 발생한 집이 평소 피의자와 앙숙관계에 있는 윤○○의 집이라는 사실을 알고, 진화를 방해하기로 마음먹었다.

그리하여 ○○소방서 소방대원들이 위 소화작업에 사용중인 목면재 호스 위에 무게 약 60kg의 시멘트제 쓰레기통을 넘어뜨려서 그 호스의 송수압력을 저하시킴으로써 진화를 방해하였다.

8. 실화죄

제170조【실화】

① 과실로 제164조 또는 제165조에 기재한 물건 또는 타인 소유인 제166조에 기재한 물건을 불태운 자는 1천500만원 이하의 벌금에 처한다.

② 과실로 자기 소유인 제166조의 물건 또는 제167조에 기재한 물건을 불태워 공공의 위험을 발생하게 한 자도 제1항의 형에 처한다.

[전문개정 2020. 12. 8.]

[과실범] 14, [특별규정] 경범1, 산림53, [자기소유물건] 176, [공소시효] 형249① : 5년

ㅇ 이 죄는 화력이 가지고 있는 특수한 위험을 고려하여 과실범을 처벌하는 것으로서, 고의 대신 과실을 요건으로 하는 점이 방화죄와 다를 뿐이다.

Ⅰ. 이론

1. 구성요건

1) 행위

이 죄의 행위는 과실로 불을 내는 것이다. 과실이란 일반인이 당연히 지킬 수 있을 만한 주의의무를 지키지 않는 것을 말하는데, 이 때 그 주의의무위반이 어떤 점에 있었는가를 명확히 해야 한다.

① 업무상 실화 : 업무상 필요한 주의를 태만히 함으로써 화재를 일으키는 것으로, 업무상 실화는 행위주체가 업무자이기 때문에 그 구체적인 주의능력은 도외시되고, 오직 업무상 요구되는 객관적 주의의무에 의해 과실의 유무를

판단한다(업무자의 예견의무 소홀로 인하여 책임이 가중).

② 중실화 : 약간의 주의의무를 지켰더라면 발화를 방지할 수 있었을 경우로 주의의무위반의 정도가 큰 때를 말한다.

2) 공공의 위험

제170조 1항의 죄는 추상적 위험범이므로 공공의 위험의 발생이 요구되지 않으나, 2항의 죄는 구체적 위험범이므로 공공의 위험 발생이 요구된다.

3) 인과관계

과실과 화재 사이에 합리적인 인과관계가 있어야 한다.

Ⅱ. 판례

◆ 함께 술을 마신 후 만취된 피해자를 촛불이 켜져 있는 방안에 혼자 눕혀 놓고 촛불을 끄지 않고 나오는 바람에 화재가 발생하여 피해자가 사망한 경우 과실치사책임을 인정한 경우

함께 술을 마신 후 만취된 피해자를 촛불이 켜져 있는 방안에 혼자 눕혀 놓고 촛불을 끄지 않고 나오는 바람에 화재가 발생하여 피해자가 사망한 경우 과실치사책임을 인정한 사례(대법원 1994.8.26, 선고, 94도1291, 판결).

◆ 화염병을 던진 사실을 인정할 수 없다고 판단하여 무죄를 선고한 원심판결을 파기할 수 있는지 여부

화염병을 던진 사실을 인정할 수 없다고 판단하여 무죄를 선고한 원심판결을 심리미진 및 채증법칙 위배를 이유로 파기한 사례(대법원 1996.3.8, 선고, 94도2991, 판결).

◆ 가. 업무상 실화죄에 있어서의 의무의 범위/나. 공동과실의 경합에 의한 화재발생과 실화죄의 죄책인정/다. 유죄로 하기 위한 증거의 증명력의 정도

가. 업무상 실화죄에 있어서의 업무에는 그 직무상 화재의 원인이 된 화기를 직접 취급하는 것에 그치지 않고 화재의 발견 방지 등의 의무가 지워진 경우를 포함한다.

나. 공동의 과실이 경합되어 화재가 발생한 경우에 적어도 각 과실이 화재의 발생에 대하여 하나의 조건이 된 이상은 그 공동적 원인을 제공한 각자에 대하여 실화죄의 죄책을 물어야 한다.

다. 유죄로 하기 위한 증거의 증명력은 합리적인 의심을 제거할 정도의 확신을 가져올 수 있는 것이어야 하며 단지 반대증거보다 우월한 정도의 증명력으로써는 부족하다(대법원 1983.5.10, 선고, 82도2279, 판결).

Ⅲ. 수사실무

1. 수사포인트

(1) 범인이 사실은 방화이면서 실화인 것처럼 넘기는 경우도 있다. 따라서 사건을 수사할 때는 과실의 구체적내용을 조사하고, 사회의 통념에 따라 그 주의의 정도를 철저히 조사해야 할 것이다.

(2) 목격자가 있으면 좋지만 없는 경우가 많고 물적증거도 소실되는 경우가 많기 때문에 객관적사실을 종합하여 과실과의 인과관계를 밝혀야 한다.

(3) 소훼한 건조물, 물건 등의 부위와 정도(현장사진 등 첨부), 손해액을 파악한다.

(4) 보험가입의 유무도 알아둔다.

2. 피의자 신문례

(1) 어떻게 화재가 발생하게 했나요

(2) 화재발생 상황을 자세히 진술하세요

(3) 화재의 원인은 무엇인가요

(4) 어떤 점을 주의하지 않았나요

(5) 이웃집에는 피해가 없었나요

(6) 불에 탄 가옥의 건평은 얼마나 되나요

(7) 피해액은 얼마나 되는가요

(8) 화재보험에는 가입했나요

(9) 방화의 의심은 전혀 없는가요

(10) 피의자에게 이익이 될만한 증거나 할말이 있는가요

3. 범죄사실 기재례

【범죄사실 기재례】

(1) 피의자는 ○○도 ○○시 ○○동에 있는 ○○대학교 학생으로 학교 안에 있는 남학생 기숙사 ○○호실에서 같은 학생 홍○○와 함께 살고 있다.

피의자는 20○○. ○. ○. 06 : 30경 위 ○○호 방에서 담배를 피우다가 담배꽁초의 불을 빈담배갑에 비벼 뭉개는 정도로만 하고 완전히 끄지 않은 채, 그 방에 있던 쓰레기통에 버리고 나가버렸다. 그 과실로 인하여 같은 날 06 : 40경 그 담배꽁초에 남아있던 불씨가 발화하여 그 방에 번져서 ○○호를 태우고 그 옆방 ○○호까지 태워 위 학교 남학생 기숙사 중 ○○평 가량을 소훼하였다.

(2) 피의자는 서울 구로구 구로동 333에 있는 산흥목재 주식회사의 공원으로서 그곳에 있는 목조스레트 지붕 2층 건물인 그 회사 공원기숙사 104호실에서 생활하고 있다.

피의자는 20○○. ○. ○. 08 : 00경 위 기숙사 104호실에서 담배를 피우다가 그 담배꽁초를 버리게 되었는바, 이러한 경우 담배꽁초의 불을 완전히 꺼서 쓰레기통에 버리는 등의 조치를 취하여 화재 발생을 미리 막아야 할 주의의무가 있음에도 불구하고 이를 게을리하여 그 담배꽁초의 불을 빈 담배갑에 비벼 뭉개기만하고 완전히 끄지 아니한 채 그 방에 있던 쓰레기통에 버리고 나갔다.

이러한 과실로 같은 날 08 : 30경 그 담배꽁초에 남아 있던 불씨에서 발화하여 그 불이 그 건물전체에 번지게 하여 위 회사 공원 55명의 주거로 사용하는 위 회사소유의 공원기숙사 시가 11억원 상당을 모두 태워 이를 소훼하였다.

4. 적용실례

(1) 실화하여 상해를 입힌 경우

과실로 건물에 불을 내고 그 건물에서 잠을 자던 피해자 2명에게 상해를 입혔다.

➡ 독일처럼 실화치사상죄가 없는 현행 형법에서는 실화죄(형법 제170조 제1항)와 과실치상죄(형법 제266조)의 상상적 경합범(형법 제40조)이 된다.

(2) 난로과열로 인한 화재

회사의 야간경비원이 직원 회식에서 술을 마신 후 야간경비를 하면서 석유난로의 심지를 높이 해서 불을 붙여 놓고 난로 옆 소파에서 잠이 들었는데 난로가 과열되어 그 옆 소파에 인화되고 이것이 계속 퍼져 큰 화재가 되었다.

➡ 이런 경우 종업원에 대한 일반적 지휘감독자 및 회사대표에게도 일반적인 감독책임을 물을 수는 있겠지만, 화재발생에 대한 직접적인 주의의무 위반의 책임은 위 경비원에게만 물을 수 있다.

5. 참고사항

경범죄처벌법에도 실화의 위험이 있는 경우에 제1조 제27호에 「위험한 불씨 사용」의 규정이 있는바, 피해가 경미한 실화자에 대하여는 이를 적용한다.

9. 업무상 실화 · 중실화죄

제171조【업무상실화, 중실화】

업무상과실 또는 중대한 과실로 인하여 제170조의 죄를 범한 자는 3년 이하의 금고 또는 2천만원 이하의 벌금에 처한다. 〈개정 1995.12.29.〉

[업무상과실 · 중과실] 189② · 268 · 364, [공소시효] : 5년

Ⅰ. 이론

업무상 실화는 업무자의 예견의무로 인해 책임이 가중되는 죄이며, 중실화는 중대한 과실이라는 불법이 가중되는 죄이다.

Ⅱ. 판례

◆ 중실화를 유죄로 인정한 원심판결을 화재발생원인의 인정에 있어 심리미진의 위법이 있다 하여 파기한 사례

전기석유난로를 켜 놓은 채 귀가하여 전기석유난로 과열로 화재가 발생하였다 하여 중실화를 유죄로 인정한 원심판결을 화재발생원인의 인정에 있어 심리미진의 위법이 있다 하여 파기한 사례(대법원 1994. 3. 11. 선고 93도3001 판결).

◆ 성냥불이 꺼진 것을 확인하지 아니한 채 플라스틱 휴지통에 던진 것이 중대한 과실에 해당하는지 여부

성냥불이 꺼진 것을 확인하지 아니한 채 플라스틱 휴지통에 던진 것이 중대한 과실에 해당한다(대법원 1993. 7. 27. 선고 93도135 판결).

◆ 유조차운전사가 석유구판점의 위험물취급주임의 지시를 받아 유조차의 석유를 구판점 탱크로 급유하다가 탱크주입구에서 급유호스가 빠지는 바람에 화기에 인화되어 화재가 발생한 경우 운전사의 업무상과실 유무(소극)

(1) 사실관계

> 백유사 석유구판점(이하 위 구판점이라고 한다)은 당국으로부터 제4류 위험물판매취급허가를 받은 위험물판매취급소이고, 임차경영인인 공소외 성○○은 위 구판점의 위험물취급 주임으로 당국에 선정, 신고된 자이며, 피고인A는 부일석유주식회사 소속 부산 7가6250호 4.5톤 유조차의 운전사로서 위 유조차에 석유 30드럼을 싣고 운전하여 위 구판점에 이르렀다. 위 성○○은 위 구판점의 지하석유탱크에 위 석유를 공급받기 위하여 위 구판점에 비치해 두고 사용해 오던 급유호스(내경 5센티미터, 외경 5.5센티미터, 길이 5미터 가량)의 한쪽 끝부분을 피고인으로 하여금 위 유조차의 커플링(급유배출구)에 연결하게 하고 자신은 위 급유호스의 다른 한쪽 끝부분을 위 구판점의 지하석유탱크(깊이 약 1.5미터)의 주입구(직경 9센티미터 가량) 속에 집어넣은 다음 위 차량의 운전석에 앉아 있던 피고인에게 신호를 보내어 위 유조차에 설치된 급유장치인 석유주입펌프 기어와 급유속도조절장치인 슬로우보턴을 가동하게 하여 위 유조차에 싣고 온 30드럼(6000리터)의 석유를 공급받게 되었다. 이 때에 위 성○○은 위 구판점의 사무실 안에 피워져 있던 석유난로를 끄지 아니하고, 위 유조차의 커플링과 지하석유탱크의 주입구 사이의 거리가 3미터 정도밖에 떨어지지 아니하여 2미터가량이나 여유가 남아있던 위 급유호스의 한쪽 끝부분을 위 지하석유탱크의 주입구속에 너무 얕게 집어 넣었을 뿐만 아니라, 급유 도중 위 지하석유탱크주입구에 집어넣은 위 급유호스에 대하여 아무런 고정장치도 취하지 아니한 과실로, 급유개시후 약 6분이 경과할 무렵 위 지하석유탱크주입구에 깊이 넣어지지 아니한 급유호스의 한쪽 끝부분이 그 주입구를 빠져나와 튕기면서 그 급유호스 끝부분으로 계속 분출된 석유가 위 구판점 내 사방으로 비산되어 위 사무실 안에 피워놓은 석유난로에 인화되어 이 사건 화재가 발생하였고, 이로 인하여 위 성○○과 공소외 김○○, 김○○이 사망하였다.

(2) 판결요지

소방법 제18조, 같은법시행규칙 제54조, 소방시설의 설치, 유지및위험물제조소등 시설의 기준에 관한 규칙 제279조 제6호에 비추어 보면 유조차의 석유를 구판점의 지하석유탱크에 공급하는 작업은 위험물취급주임의 참여하에 하여야 하고, 작업자는 그의 보안에 관한 지시와 감독하에 일을 하여야 하는 것이며, 그 보안에 관한 책임은 위험물취급주임에게 있는 것이라고 보아야 할 것인바, 유조차의 운전사에게 위험물취급주임의 지시 없이도 석유가 제대로 급유되는지, 어떠한 사유로 인하여 급유장애가 발생하는지 여부를 확인하기 위하여 급유가 끝날 때까지 그와 함께 또는 그와 교대로 계속 급유과정을 잘 살펴보고 있다가 만약에 급유호스가 주입구에서 빠지려고 할 때는 즉시 대응조치를 할 수 있는 자세를 갖추어야 할 업무상의 주의의무가 있다고 할 수는 없으므로, 유조차 운전사가 석유구판점의 위험물취급주임의 지시를 받아 유조차의 석유를 구판점탱크로 급유하다가 급유호스가 탱크주입구에서 빠지는 바람에 분출된 석유가 화기에 인하되어 화재가 발생한 경우 운전사가 위험물취급주임이 탱크주입구부분을 이탈하였음을 보고서도 유조차 운전석에 앉아 다른 일을 보고 있었다고 하여 운전사에게 화재발생에 대하여 과실이 있다고 책임을 물을 수는 없다(대법원 1990. 11. 13. 선고 90도2011 판결).

◆ 중실화죄 및 중과실치사상죄에 있어서 중대한 과실이 아니라고 본 사례

호텔오락실의 경영자가 그 오락실 천정에 형광등을 설치하는 공사를 하면서 그 호텔의 전기보안담당자에게 아무런 통고를 하지 아니한 채 무자격전기기술자로 하여금 전기공사를 하게 하였더라도, 전기에 관한 전문지식이 없는 오락실경영자로서는 시공자가 조인터박스를 설치하지 아니하고 형광등을 천정에 바짝 붙여 부착시키는 등 부실하게 공사를 하였거나 또는 전기보안담당자가 전기공사사실을 통고받지 못하여 전기설비에 이상이 있는지 여부를 점검하지 못함으로써 위와 같은 부실공사가 그대로 방치되고 그로 인하여 전선의 합선에 의한 화재가 발생할 것 등을 쉽게 예견할 수 있었다고 보기는 어려우므로 위 오락실경영자에게 위와 같은 과실이 있었더라도 사회통념상 이를 화재발생에 관한 중대한 과실이라고 평가하기는 어렵다(대법원 1989. 10. 13. 선고 89도204 판결).

◆ 중실화죄에 있어서의 "중대한 과실"의 판단기준

연탄아궁이로부터 80센티미터 떨어진 곳에 쌓아둔 스폰지요, 솜 등이 연탄아궁이 쪽으로 넘어지면서 훈소현상에 의한 화재가 발생한 경우라고 하더라도 그 스폰지요, 솜 등을 쌓아두는 방법이나 상태 등에 관하여 아주 작은 주의만 기울였더라면 스폰지요나 솜 등이 넘어지고 또 그로 인하여 화재가 발생할 것을 예견하여 회피할 수 있었음에도 불구하고 부주의로 이를 예견하지 못하고 스폰지와 솜 등을 쉽게 넘어질 수 있는 상태로 쌓아둔 채 방치하였기 때문에 화재가 발생한 것으로 판단되어야만, "중대한 과실" 로 인하여 화재가 발생한 것으로 볼 수 있다(대법원 1989. 1. 17. 선고 88도643 판결).

◆ 중실화를 유죄로 인정한 원심판결을 화재발생원인의 인정에 있어 심리미진의 위법이 있다 하여 파기한 사례

전기석유난로를 켜 놓은 채 귀가하여 전기석유난로 과열로 화재가 발생하였다 하여 중실화를 유죄로 인정한 원심판결을 화재발생원인의 인정에 있어 심리미진의 위법이 있다 하여 파기한 사례(대법원 1994. 3. 11. 선고 93도3001 판결).

◆ 업무상 실화죄에 있어서의 업무의 범위

업무상 실화죄에 있어서의 업무에는 그 직무상 화재의 원인이 된 화기를 직접 취급하는 것에 그치지 않고 화재의 발견 방지 등의 의무가 지워진 경우를 포함한다(대법원 1983. 5. 10. 선고 82도2279 판결).

◆ 자동차 운전자의 주의의무

자동차 운전업무에 종사하는 자는 자동차 충돌로 인한 사고발생을 미리 방지하여야 할 의무가 있다고 하는 것은 몰라도, 일반적으로 그 자동차 운전중 충돌로 인한 기름탱크의 파열로 발생할지 모를 화재를 미리 방지하여야 할 업무상의 주의의무는 없다고 할 것이다(대법원 1972.2.22. 선고 71도2231 판결).

Ⅲ. 수사실무

1. 범죄사실 기재례

【범죄사실 기재례】

피의자는 20○○. ○. ○. 06:00경 ○○도 ○○시 ○○동에 있는 ○○농장내 피해자 홍○○ 소유 비닐하우스를 관리하던 중 비닐하우스(약 100평방미터)안에 난로를 피워놓았다. 당시 위 비닐하우스 안에는 볏짚 등이 깔려있었다.

이러한 경우 위 비닐하우스를 관리하는 업무에 종사하고 있는 피의자로서는 위 난로가 과열하여 주위에 있는 볏짚에 불이 옮겨 붙을 것을 예상하여 볏짚을 치운 후에 난로를 피워야할 업무상 주의의무가 있음에도 불구하고 이를 게을리 한 채 위 난로를 피운 과실로 위 난로가 과열하여 난로 옆에 있던 볏짚에 불이 옮아 붙어 피해자 소유 비닐하우스 1채 시가 200만원 상당을 전소하게 하였다.

2. 적용실례

(1) 업무상 실화와 단순실화

허○○는 까페 종업원으로 근무하면서 주방에서 사용하는 알콜램프에 화기가 다 가시지 않은 상태에서, 알코올을 주입하다가 램프에 불이 붙어 화재를 발생하게 하였다.

➡ 허○○는 업무로서 위 알콜램프를 취급한 것이므로 업무상실화죄를 적용해야 할 것이다.

(2) 화재 위험이 있는 곳에서 습관적으로 담배를 피우다 인화된 경우

오○○는 직업의 성격상 솔벤트가 가득한 작업장에서 근무를 하는데 습관적으로 담배를 피우기 위해 라이터를 키자 그것이 가스에 인화되어 작업장을 모두 태우고, 함께 일하던 공원 3명은 화상을 입고 말았다.

➡ 오○○는 중실화죄 및 중과실치상죄의 상상적 경합범이 된다.

(3) 업무상 부주의로 화재가 발생한 경우

○○회사 구내식당을 경영하는 서○○는 주방에서 우동을 석유버너로 조리하다가 버너에서 유출된 석유가 인화되어 위 식당주방을 소훼하고 말았다.

➡ 서○○의 버너사용은 식당경영행위의 일환으로 한 것이어서 업무상 버너를 사용한 것으로 보여지고 버너를 부주의하게 사용함으로써 화재가 발생한 것이므로 이 경우 업무상실화죄를 적용해야 한다.

(4) 업무상 과실로 화재가 발생한 경우

피의자의 지시하에 가마솥 작업을 하던 중 가마 옆 종이상자를 제거하지 않고 작업을 한 과실로 화재가 발생하였다.

➡ 위 피의자에 대하여 업무상실화죄를 적용해야 한다.

(5) 인화성이 높은 목조의 취급부주의로 화재가 발생한 경우

공원에서 노숙을 하던 정○○는 날씨가 추워지자 추위를 피할 곳을 찾다가 아직 완공되지 않은 목조건물을 발견하고 그곳에 몰래 들어가 주위에 있던 나무를 모아 모닥불을 피워, 그로 인해 화재가 발생하였다.

➡ 비록 바닥은 나무가 아니었다고 해도, 아직 건축중인 목조건물 안에는 대패밥과 나무들이 많은 것에 주의를 기울였어야 했음에도 그 주의의무를 다하지 않는 정○○에 대해서는 단순실화죄에 가중해서 중실화죄를 적용할 수 있을 것이다.

(6) 방에서 자기 의류를 태운 후 완전소화하지 못한 경우

김○○는 잘 아는 박○○로부터 구타당하고 돈을 뺏긴 화풀이로 방안에서, 자기 옷 1벌을 태운 후 이를 완전하게 소화하지 않은 채 외출해 그 불씨가 방안의 카펫트에 인화되어 위 김○○의 집을 태우고, 이로 인해 안방에서 잠을 자던 전○○가 사망하고 말았다.

➡ 중실화·중과실치사죄로 의율해야 한다.

(7) 페인트공의 인화물질 취급 잘못으로 화재가 발생한 경우

페인트공인 박○○는 작업중 인화물질을 다루다가 잘못해서 작업장에 불을 내 재물을 소훼하고 함께 일하던 손○○에게 화상(4도)을 입혔다.

➡ 업무상 실화와 업무상 과실치상의 상상적 경합이 된다.

10. 폭발성물건파열죄 · 폭발성물건파열치사상죄

제172조【폭발성물건파열】

① 보일러, 고압가스 기타 폭발성있는 물건을 파열시켜 사람의 생명, 신체 또는 재산에 대하여 위험을 발생시킨 자는 1년 이상의 유기징역에 처한다.

② 제1항의 죄를 범하여 사람을 상해에 이르게 한 때에는 무기 또는 3년 이상의 징역에 처한다. 사망에 이르게 한 때에는 무기 또는 5년 이상의 징역에 처한다.

[전문개정 1995.12.29.]

[폭발물사용] 119, 국보4①, 총포도검, [예비 · 음모] 175, [미수범] 174,

[공소시효] : 10년(1항), 15년(2항)

Ⅰ. 이론

[폭발성물건파열죄(제172조 1항)]

1. 구성요건

(1) 객관적 구성요건

1) 객체

이 죄의 객체는 보일러, 고압가스 기타 폭발성 있는 물건이다. 폭발성있는 물건이란 급격하게 파열하는 성질을 가진 물질을 말한다. 총포 등은 폭발물과 관계는 있지만 그 자체로 파열되지는 않기 때문에 이에 해당하지 않는다.

2) 행위

파열이다. 파열이란 물체의 급격한 팽창력을 이용하여 폭발에 이르게 하는 것을 뜻한다.

(2) 주관적 구성요건

이 죄가 성립하려면 보일러 등 폭발성 있는 물건을 파열시켜 사람의 생명, 신체 또는 재산에 대하여 위험을 발생시킨다는 사실에 대한 고의가 있어야 한다.

[폭발성물건파열치사상죄(제172조 2항)]

본 죄는 폭발성물건파열죄를 범하여 사람을 상해에 이르게 하거나 사망에 이르게 함으로써 성립하는 범죄로서 폭발성물건파열죄의 결과적 가중범이다.

Ⅱ. 판례

◆ 형법 제119조 폭발물사용죄에서 '폭발물'의 의미 및 어떠한 물건이 폭발물에 해당하는지 판단하는 기준

형법 제119조 제1항에서 규정한 폭발물사용죄는 폭발물을 사용하여 공안을 문란하게 함으로써 성립하는 공공위험범죄로서 개인의 생명, 신체 등과 아울러 공공의 안전과 평온을 보호법익으로 하는 것이고, 법정형이 사형, 무기 또는 7년 이상의 징역으로 범죄의 행위 태양에 해당하는 생명, 신체 또는 재산을 해하는 경우에 성립하는 살인죄, 상해죄, 재물손괴죄 등의 범죄를 비롯한 유사한 다른 범죄에 비하여 매우 무겁게 설정되어 있을 뿐 아니라, 형법은 제172조에서 '폭발성 있는 물건을 파열시켜 사람의 생명, 신체 또는 재산에 대하여 위험을 발생시킨 자'를 처벌하는 폭발성물건파열죄를 별도로 규정하고 있는데 그 법정형은 1년 이상의 유기징역으로 되어 있다. 이와 같은 여러 사정을 종합해 보면, 폭발물사용죄에서 말하는 폭발물이란 폭발작용의 위력이나 파편의 비산 등으로 사람의 생명, 신체, 재산 및 공공의 안전이나 평온에 직접적이고 구체적인 위험을 초래할 수 있는 정도의 강한 파괴력을 가지는 물건을 의미한다. 따라서 어떠한 물건이 형법 제119조에 규정된 폭발물에 해당하는지는 폭발작용 자체의 위력이 공안을 문란하게 할 수 있는 정도로 고도의 폭발성능을 가지고 있는지에 따라 엄격하게 판단하여야 한다.(대법원 2012. 4. 26., 선고, 2011도17254, 판결).

◆ 과실폭발성물건파열 · 과실치사 · 과실치상

임차인이 자신의 비용으로 설치 · 사용하던 가스설비의 휴즈콕크를 아무런 조치 없이 제거하고 이사를 간 후 가스공급을 개별적으로 차단할 수 있는 주밸브가 열려져 가스가 유입되어 폭발사고가 발생한 경우, 구 액화석유가스의안전및사업관리법상의 관련 규정 취지와 그 주밸브가 누군가에 의하여 개폐될 가능성을 배제할 수 없다는 점 등에 비추어 그 휴즈콕크를 제거하면서 그 제거부분에 아무런 조치를 하지 않고 방치하면 주밸브가 열리는 경우 유입되는 가스를 막을 아무런 안전장치가 없어 가스 유출로 인한 대형사고의 가능성이 있다는 것은 평균인의 관점에서 객관적으로 볼 때 충분히 예견할 수 있다는 이유로 임차인의 과실과 가스폭발사고 사이의 상당인과관계를 인정한 사례.(대법원 2001. 6. 1., 선고, 99도5086, 판결).

Ⅱ. 수사실무

1. 범죄사실 기재례

【범죄사실 기재례】

피의자는 김○○는 서울 ○○구 ○○동 123번지 다가구주택의 소유자이고, 피의자 이○○은 20○○. 3.경 위 다가구주택의 2층 201호에 입주하여 거주하다가 20○○. 4. 20.경 이사간 사람이다.

피의자 이○○은 20○○. 4. 20.경 이사를 가면서 외부에 설치된 가스용기로부터 분배되어 실내까지 연결된 가스호스의 끝 부분에 자신의 비용으로 설치하여 사용하던 중간밸브를 떼어

가면서 적절한 조치를 취하지 아니하였다.

또한 소유자인 피의자 김○○은 세입자가 이사를 가게 되면 새로 이사오는 세입자가 새로이 설치하지 않아도 되는 가스사용시설과 같은 고정시설에 대한 이상 유무를 점검하지 아니하였다.

이러한 피의자들의 과실이 경합하여 같은 달 21. 위 201호로 이사온 피해자 최○○(남, 35세)가 홍○○가 위 주택에 설치된 가스이용시설을 사용하지 않고 휴대용 연소기를 사용하던 중, 같은 달 30. 23:00경 위 203호로 유입되는 가스를 개별적으로 차단하는 메인밸브가 알 수 없는 원인으로 개방됨으로써 액화석유가스가 위 203호 실내로 유입되었다. 그리고 피해자 최○○가 화장실 전등을 켜는 순간 점화되어 폭발하게 하여 액화석유가스를 파열시켜 사람의 생명, 신체 또는 재산에 대하여 위험을 발생시키고, 이로 인하여 피해자 최○○로 하여금 전신 3도 화상으로 즉시 사망에 이르게 하였으며, 피해자 문○○등 6인으로 하여금 상해를 입게 하였다.

2. 적용실례

(1) 근무태만으로 보일러를 방치해 보일러가 폭발한 경우

A는 보일러 기사로서 B회사에 고용되어 일하고 있는데 오래전부터 급료에 대해 불만을 가지고 있었다. A는 상사에게 월급을 올려달라고 몇 번 부탁했지만 계속 거절당했다. 그러던 중 A는 보일러의 압력을 조절하지 않고, 압력이 높아지는 것을 방치해 보일러가 폭발해 버렸다. 그리고 그 결과 B회사의 건물 지층이 손괴되었다.

➡ A는 사람이 현존하고 있는 건물을 손괴한 것이므로 이 조 1항의 죄책을 면할 수 없다.

11. 가스·전기 등 방류죄·가스·전기등 방류치사상죄

제172조의2【가스·전기등 방류】

① 가스, 전기, 증기 또는 방사선이나 방사성 물질을 방출, 유출 또는 살포시켜 사람의 생명, 신체 또는 재산에 대하여 위험을 발생시킨 자는 1년 이상 10년 이하의 징역에 처한다.

> ② 제1항의 죄를 범하여 사람을 상해에 이르게 한 때에는 무기 또는 3년 이상의 징역에 처한다. 사망에 이르게 한 때에는 무기 또는 5년 이상의 징역에 처한다.
> [본조신설 1995.12.29.]

[공소시효] : 10년(1항), 15년(2항)

○ 전기, 가스, 증기 등은 사람의 생명이나 신체, 재산에 큰 손해를 가져올 수도 있고 화재나 폭발을 일으키거나 그 비슷한 결과를 가져올 가능성이 있기 때문에, 따로 규정한 것이다.

○ 이 조에서 주의할 점은, 이 범죄는 반드시 공공의 위험을 발생시킬 것을 요하지 않으며 소수의 생명, 신체, 재산에 구체적으로 위험을 가져오는 것만으로도 성립한다는 것이다. 그렇다고 해서 개인법익에 대한 범죄로만 볼 수는 없으며, 가스 등의 방류는 불특정다수인에게 위협이 되기 때문에 공공위험죄가 된다.

Ⅰ. 이론

[가스 · 전기 등 방류죄(제172조의2 1항)]

1. 구성요건

(1) 객관적 구성요건

1) 객체

본 죄의 객체는 가스, 전기, 증기 또는 방사선이나 방사선물질이다.

2) 행위

방출, 유출 또는 살포하는 것이다.

① 방출이란 전기, 방사선 등을 외부로 노출시키는 것을 말한다.

② 유출이란 가스, 증기 등을 밀폐된 용기 밖으로 새어나가게 하는 것을 의미한다.

③ 살포한 분말상태나 미립자상태의 방사성물질을 흩어 뿌리는 것 및 방사성물질을 방치하여 자연히 흩어지게 내버려두는 것을 뜻한다.

(2) 주관적 구성요건

고의가 있어야 한다.

[가스 · 전기 등 방류치사상죄[제172조의2 2항)]

본 죄는 가스 · 전기 등 방류죄를 범하여 사람을 상해 또는 사망에 이르게 함으로써 성립하는 범죄로서 가스 · 전기 등 방류죄의 결과적 가중범이다.

Ⅱ. 수사실무

1. 적용실례

(1) 자살을 하기 위해 가스누출했으나 폭발하지 않은 경우

A는 자살을 하기 위해 자기 방 문을 닫고 도시가스를 누출시켜 방에 가스를 가득차게 하여 타인의 생명, 신체, 재산에 위험을 발생시켰다. 그러나 다행히도 이것이 폭발하지는 않았다.

➡ A의 행위는 본조의 죄에 해당한다. 가스를 실내에 가득 채우면 본인 이외에 타인의 생명을 침해할 위험이 있기 때문이다. 만일 폭발했다면 제172조(폭발성물건파열)를 적용할 수 있을 것이다.

12. 가스·전기등 공급방해죄·가스·전기등 공급방해치사상죄

제173조【가스·전기등 공급방해】

① 가스, 전기 또는 증기의 공작물을 손괴 또는 제거하거나 기타 방법으로 가스, 전기 또는 증기의 공급이나 사용을 방해하여 공공의 위험을 발생하게 한 자는 1년 이상 10년 이하의 징역에 처한다. 〈개정 1995.12.29.〉

② 공공용의 가스, 전기 또는 증기의 공작물을 손괴 또는 제거하거나 기타 방법으로 가스, 전기 또는 증기의 공급이나 사용을 방해한 자도 전항의 형과 같다. 〈개정 1995.12.29.〉

③ 제1항 또는 제2항의 죄를 범하여 사람을 상해에 이르게 한 때에는 2년 이상의 유기징역에 처한다. 사망에 이르게 한 때에는 무기 또는 3년이상의 징역에 처한다. 〈개정 1995.12.29.〉

[특별규정] 전기사66, [미수범] 174, [공공위험] 166② · 167 · 170② · 179② · 181, [상해죄] 257-259, [공소시효] 형소249① : 10년(1 · 2 · 3항 전단), 15년(3항 후단)

- 이 죄는 가스나 전기 또는 증기의 공작물을 손괴·제거하거나 기타의 방법으로 그 공급 또는 사용을 방해함으로써 성립하는 범죄이다.
- 폭발물파열죄의 화력에 준하는 파괴력을 가진 가스 등의 공작물을 손괴, 제거하여 그 목적대로 사용하는 것을 방해함으로써 공공의 위험을 발생시키는 것을 처벌하려는 것이다. 이 죄를 범해서 사상의 결과가 생기면 결과적 가중범이 된다.

Ⅰ. 이론

[가스 · 전기 등 공급방해죄(제173조 1항, 2항)]

1. 구성요건

(1) 객관적 구성요건

1) 객체

제1항의 죄의 경우에는 가스, 전기 또는 증기의 공작물이고, 제2항의 경우에는 공공용의 가스, 전기 또는 증기의 공작물이다.

2) 행위

손괴, 제거 기타의 방법으로 위 객체의 공급이나 사용을 방해하는 것이다. 제1항의 경우에는 공공의 위험이 발생해야 기수가 되지만, 제2항의 경우에는 공공의 위험발생을 요건으로 하지 않는다.

(2) 주관적 구성요건

·고의가 있어야 한다.

[가스 · 전기 등 공급방해치사상죄(제173조 3항)]

본 죄는 가스 · 전기 등 공급방해죄를 범하여 사람을 상해에 이르게 하거나 사망에 이르게 함으로써 성립하는 범죄로서, 가스 · 전기 등 공급방해죄의 결과적 가중범이다.

13. 과실폭발성물건파열 등 죄

제173조의2【과실폭발성물건파열등】

① 과실로 제172조제1항, 제172조의2제1항, 제173조제1항과 제2항의 죄를 범한 자는 5년 이하의 금고 또는 1천500만원 이하의 벌금에 처한다.

② 업무상과실 또는 중대한 과실로 제1항의 죄를 범한 자는 7년 이하의 금고 또는 2천만원 이하의 벌금에 처한다. [본조신설 1995.12.29.]

[공소시효] : 7년

Ⅰ. 이론

본 죄는 개정형법이 신설한 과실범처벌규정으로서 과실 또는 업무상 과실, 중과실로 인하여 폭발성물건파열죄, 가스·전기 등 방류죄, 가스·전기 등 공급방해죄를 범함으로써 성립하는 범죄이다.

Ⅱ. 판례

◆ 임차인이 자신의 비용으로 설치·사용하던 가스설비의 휴즈콕크를 아무런 조치 없이 제거하고 이사를 간 후 가스공급을 개별적으로 차단할 수 있는 주밸브가 열려져 가스가 유입되어 폭발사고가 발생한 경우, 임차인의 과실과 가스폭발사고 사이의 상당인과관계를 인정한 사례

임차인이 자신의 비용으로 설치·사용하던 가스설비의 휴즈콕크를 아무런 조치 없이 제거하고 이사를 간 후 가스공급을 개별적으로 차단할 수 있는 주밸브가 열려져 가스가 유입되어 폭발사고가 발생한 경우, 구 액화석유가스의안전및사업관리법상의 관련 규정 취지와 그 주밸브가 누군가에 의하여 개폐될 가능성을 배제할 수 없다는 점 등에 비추어 그 휴즈콕크를 제거하면서 그 제거부분에 아무런 조치를 하지 않고 방치하면 주밸브가 열리는 경우 유입되는 가스를 막을 아무런 안전장치가 없어 가스 유출로 인한 대형사고의 가능성이 있다는 것은 평균인의 관점에서 객관적으로 볼 때 충분히 예견할 수 있다는 이유로 임차인의 과실과 가스폭발사고 사이의 상당인과관계를 인정한 사례(대법원 2001. 6. 1. 선고 99도5086 판결).

14. 미수범 · 예비 · 음모

제174조【미수범】

제164조제1항, 제165조, 제166조제1항, 제172조제1항, 제172조의2제1항, 제173조제1항과 제2항의 미수범은 처벌한다.

[전문개정 1995.12.29.]

[미수범] 25 · 29

제175조【예비, 음모】

제164조제1항, 제165조, 제166조제1항, 제172조제1항, 제172조의2제1항, 제173조제1항과 제2항의 죄를 범할 목적으로 예비 또는 음모한 자는 5년 이하의 징역에 처한다. 단 그 목적한 죄의 실행에 이르기 전에 자수한 때에는 형을 감경 또는 면제한다. 〈개정 1995.12.29.〉

[형의감면] 54 · 55, [면제선고] 형소322, [공소시효] : 7년

Ⅰ. 이론

[예비죄]

예비란 실행에 착수하기 전의 준비행위를 말한다.

1. 점화하기 위해 방화재료를 쌓아 올리거나 목적물에 기름을 붓는 등의 행위가 여기에 해당한다.
2. 예비·음모에 대한 교사나 방조는 성립할 수 없다.
3. 예비행위로 끝나지 않고 실행에 착수한 때에는 기수 또는 미수가 성립하며 예비는 별도로 성립하지 않는다.

[음모죄]

음모란 2인 이상이 모여 범죄를 의논하여 일을 꾸미는 행위를 말한다.

1. 음모는 예비단계에 이르기 전에 그 범죄의 실행을 결의함에 그치는 정도이다.
2. 예비단계에 이르면 음모는 이에 흡수되어 별도로 성립하지 않는다.

Ⅱ. 수사실무

1. 피의자 신문례

(1) ㅇㅇ건물을 방화하려고 한 일이 있나요

(2) 방화를 위해 어떤 준비를 하였나요

(3) 언제, 어떠한 행위를 하였나요

2. 범죄사실 기재례

【범죄사실 기재례】

(1) 피의자는 ○○시 ○○동 ○○번지에서 "○○상회"라는 상호를 걸고 식료품 등을 판매해오고 있다.

피의자는 그곳에서 100미터 가량 떨어진 곳에 "○○공판장"이 생겨 손님들이 모두 그곳을 찾는 바람에 장사가 잘 되지 않자, 위 "○○공판장"에 방화를 하기로 마음먹고 200○. ○. ○. 01 : 00경 준비해 두었던 휘발유 ○리터를 스피아관 1통에 담아, 위 점포 앞에 운반하여 방화하려고 준비함으로써 방화의 예비를 하였다.

(2) 피의자는 서울 성북구 ○○동 100번지 공공상점의 점원으로 일하고 있다.

피의자는 상점의 주인 홍길동으로부터 해고당한 것에 화가 나서 그 점포에 방화할 것을 마음먹었다.

피의자는 20○○. 10. 10. 11:50경 위 홍길동 등 8명이 살고 있는 벽돌조 슬레이트 지붕 2층 겸 주택1채(면적 00평방미터)에 방화할 목적으로 같은 동 71번지에 있는 기름주유소에서 휘발유 4리터를 스피아관 1통에 담아가 그 점포의 1층 계단 창고 앞에 운반하여 불을 지르려고 준비함으로서 방화의 예비를 하였다.

3. 적용실례

(1) 불을 붙이려는 순간 제지당하여 불을 붙이지 못한 경우

이ㅇㅇ는 집주인과 말다툼을 하다 홧김에 집에 석유를 붓고, 성냥불을 켜서 붙이려는 순간에 집주인의 완력에 의한 제지로 미처 불을 붙이지 못하였다.

➡ 이○○가 성냥불까지 켰다고 해도 방화의 목적물 내지 매개물에 불을 붙이지 않은 이상은 방화죄의 실행에 착수했다고 볼 수 없기 때문에(대법원 1960. 7. 22. 선고 4293형상213 판결), 위 이○○의 행위에 대해서는 현주건조물방화예비죄만을 적용할 수 있을 것이다. 하지만 성냥을 방화의 매개물로 보아 현주건조물방화죄의 실행의 착수를 인정할 여지도 있다.

15. 타인의 권리대상이 된 자기의 물건

제176조【타인의 권리대상이 된 자기의 물건】

자기의 소유에 속하는 물건이라도 압류 기타 강제처분을 받거나 타인의 권리 또는 보험의 목적물이 된 때에는 본장의 규정의 적용에 있어서 타인의 물건으로 간주한다.

[압류기타강제처분] 170, [타인의권리의예] 민279 · 303 · 320 · 329 · 356, [보험] 상665 · 693

제14장 일수와 수리에 관한 죄 (제177조~제184조)

제14장 일수와 수리에 관한 죄(제177조~제184조)

1. 현주건조물 등 일수죄 · 현주건조물일수치사상죄

> 제177조【현주건조물등에의 일수】
> ① 물을 넘겨 사람이 주거에 사용하거나 사람이 현존하는 건조물, 기차, 전차, 자동차, 선박, 항공기 또는 광갱을 침해한 자는 무기 또는 3년 이상의 징역에 처한다.
> ② 제1항의 죄를 범하여 사람을 상해에 이르게 한 때에는 무기 또는 5년 이상의 징역에 처한다. 사망에 이르게 한 때에는 무기 또는 7년 이상의 징역에 처한다.
> [전문개정 1995.12.29.]

[상해죄] 257 · 259, [특별규정] 국보4①, [공소시효] : 15년

○ 이 죄의 보호법익은 사회공공의 평온으로서 수력에 의한 파괴력을 예방함으로써 공공의 위험범을 처벌하려는 규정이다.

Ⅰ. 이론

[현주건조물 등 일수죄(제177조 1항)]

1. 구성요건

(1) 객관적 구성요건

1) 객체

이 죄의 객체는 사람이 주거에 사용하거나 현존하는 건조물, 기차, 자동차, 선박, 항공기, 광갱 등이다.

2) 행위

행위는 물을 넘겨 현주건조물 등을 침해하는 것이다.

① 물을 넘긴다는 것은 제한되어 있는 물의 자연력을 해방시켜 경계 밖으로 넘치게 하는 것을 말한다. 이 때 그 물이 流水인가 貯水인가는 묻지 않는다.

② 침해란 수력에 의해 물건을 파괴하여 그 목적물의 효용을 상실 또는 감소시키는 것을 말한다. 침해의 방법에는 제한이 없다.

③ 목적물의 중요부분의 효용이 상실된 정도에 이르렀을 때 기수가 된다.

④ 사람을 사상에 이르게 한 때에는 결과적 가중범이 성립한다.

(2) 주관적 구성요건

물을 넘겨 사람의 주거에 사용하거나 사람의 현존하는 건조물 등을 침해한다는 고의가 있어야 한다.

[현주건조물일수치사상죄(제177조 2항)]

본 죄는 현주건조물 등 일수죄를 범하여 사람을 상해 또는 사망에 이르게 함으로써 성립하는 범죄로서, 현주건조물방화치사상죄(제164조 2항)에 상응하는 범죄로서 부진정결과적 가중범이다.

Ⅱ. 수사실무

1. 피의자 신문례

(1) 피의자는 물을 넘겨 김○○의 주택을 침해하게 한 일이 있나요

(2) 언제, 어디에서 물을 넘겼나요

(3) 어떠한 방법을 사용한 것인가요

(4) 어떠한 도구를 이용하였나요

(5) 이러한 피해를 예상하였었나요

(6) 이러한 행위를 한 이유는 무엇인가요

2. 범죄사실 기재례

【범죄사실 기재례】

피의자는 ○○도 ○○면 ○○리에서 농업에 종사하고 있다.

피의자는 20○○. ○. ○. 위 마을 ○○천에 홍수가 났을 때, 피의자 소유의 축사가 침수되는 것을 막기 위하여 같은 날 22:30경 삽과 괭이를 가지고 피의자의 축사에서 약 50m 떨어져 있는 ○○천 하류의 제방에 가, 위 도구로 둑을 무너뜨려 물줄기를 다른 방향으로 돌렸다. 이로 인하여 ○○천이 넘쳐 그 하류에 있는 김○○ 등 ○○명이 살고 있는 가옥 ○○채를 침해하였다.

2. 공용건조물 등 일수죄(178조) · 일반건조물 등 일수죄(179조)

제178조【공용건조물 등에의 일수】

물을 넘겨 공용 또는 공익에 공하는 건조물, 기차, 전차, 자동차, 선박, 항공기 또는 광갱을 침해한 자는 무기 또는 2년 이상의 징역에 처한다.

[미수범] 182, [예비 · 음모] 183, [특별규정] 국보4①, [공소시효] 형소249① : 15년

- 이 죄는 공용건조물 등 방화죄(제165조)에 상응하는 범죄이며, 그 객체는 공용 또는 공익에 공하는 건조물 등이다.

이 죄는 물을 넘겨 공용 또는 공익에 공하는 건조물, 기차, 전차, 자동차, 선박, 항공기 또는 광갱을 침해함으로써 성립하는 범죄로서 공용건조물 등 방화죄(제165조)에 상응하는 범죄이다.

제179조【일반건조물등에의 일수】

① 물을 넘겨 전2조에 기재한 이외의 건조물, 기차, 전차, 자동차, 선박, 항공기 또는 광갱 기타 타인의 재산을 침해한 자는 1년 이상 10년 이하의 징역에 처한다.

② 자기의 소유에 속하는 전항의 물건을 침해하여 공공의 위험을 발생하게 한 때에는 3년 이하의 징역 또는 700만원 이하의 벌금에 처한다.〈개정 1995.12.29.〉

③ 제176조의 규정은 본조의 경우에 준용한다.

[타인의권리대상이된자기의물건] 176, [특별규정] 국보4①, 문화재 94-96, [예비 · 음모] 183, [공소시효] : 10년(1항), 5년(2항)

○ 이 조 제1항은 추상적 위험범이며 제2항, 즉 객체가 자기소유의 물건인 때에는 구체적 위험범이다. 이 때는 공공의 위험이 구체적으로 발생했어야 하며 이에 대한 인식도 고의의 내용이 된다. 단 자기소유의 물건이라도 압류 또는 강제처분을 받거나 타인의 권리 또는 보험의 목적물이 된 때에는 타인의 물건으로 간주한다.

이 죄는 물을 넘겨 현주건조물, 공용건조물 등 이외의 건조물, 기차, 전차, 자동차, 선박, 항공기 또는 광갱 기타 타인의 재산을 침해함으로써 성립하는 범죄로서, 일반건조물 등 방화죄(제166조)에 상응하는 범죄이다. 다만, 일반건조물 방화죄에서와 달리 '타인의 재산'이라는 것이 객체로 추가되어 있다.

3. 방수방해죄

제180조【방수방해】

수재에 있어서 방수용의 시설 또는 물건을 손괴 또는 은닉하거나 기타 방법으로 방수를 방해한 자는 10년 이하의 징역에 처한다.

[손괴 · 은닉] 366, [특별규정] 소방50, 경범1조 22호, [공소시효] 형소249① : 10년

○ 이 조는 제169조 진화방해죄와 평행되는 규정으로서 그 취지도 동일하게 해석된다. 이 죄는 구체적인 수해의 발생을 전체로 한다. "수재"에 대해서는 현재 침해가 발생해서 그것이 계속되고 있는 동안 뿐 아니라 수해가 발생할 것 같은 상태에 있으면 족하다고 본다. 수해의 원인은 묻지 않으며, 불가항력적인 수해도 당연히 포함된다.

Ⅰ. 이론

1. 구성요건

(1) 객관적 구성요건

1) 상황

본죄는 '수재에 있어서'라는 상황이어야 한다. 수재발생의 위험이 있는 상태를 포함한다.

2) 객체

방수용 시설 또는 물건이다. 방수용 시설 또는 물건이란 방수하기 위해 만든

일체의 물체 또는 시설로서 사유이거나 공유이거나 자기소유이거나 타인 소유이거나를 묻지 않는다.

3) 행위

손괴 또는 은닉하거나 기타 방법으로 방수를 방해하는 것이다.

① 방수의 방해는 그 결과가 현실로 나타날 것을 필요로 하지 않고 방해행위를 한 것만으로 성립한다.

② 부작위에 의한 방수방해 및 단순한 협력의무위반은 이 죄에 해당하지 않는다.

(2) 주관적 구성요건

고의가 있어야 한다.

Ⅱ. 수사실무

1. 피의자 신문례

(1) 집중호우로 ○○군 ○○면 ○○천의 제방 일부가 무너지려는 것을 알고 있었나요

(2) ○○천 제방을 보수하기 위해 소방대 및 예비군이 출동하여 방수활동을 한 것을 알고 있나요

(3) 이들이 제방 보수를 위해 목재 및 모래가마니 등을 운반하고 있었는데 이를 방해한 적이 있나요

(4) 어떠한 방법으로 방해하였나요

(5) 그 이유는 무엇인가요

2. 범죄사실 기재례

【범죄사실 기재례】

피의자는 ○○지역의 민방위대원이다.

피의자는 20○○. ○. ○.경 집중호우로 인해 ○○군 ○○면 ○○천의 제방 일부가 무너지려

하여 위 ○○면의 소방대 및 예비군이 긴급 출동하여 방수활동으로 제방을 보수하기 위해 목재 및 모래가마니 등을 운반하고 있었을 때, 그 기회를 이용하여 피의자와 평소에 자주 다투었던 소방대원 김○○에 대한 분풀이로 위 자재 등의 운반을 방해하기로 마음먹었다.

피의자는 김○○가 자재운반을 위해 지나다니는 같은 면 ○○리 앞길에 위 예비군 등이 운반하여 놓은 것처럼 꾸며 직경 약 20센티미터, 길이 약 2.5미터 가량의 육송 원목 8개를 쌓아 놓아 위 자재운반을 할 때 곤란하게 함으로써 방수를 방해하였다.

4. 과실일수죄

제181조【과실일수】

과실로 인하여 제177조 또는 제178조에 기재한 물건을 침해한 자 또는 제179조에 기재한 물건을 침해하여 공공의 위험을 발생하게 한 자는 1천만원 이하의 벌금에 처한다. 〈개정 1995.12.29.〉

[과실범] 14, [특별규정] 문화재94, [공소시효] : 5년

○ 원래 과실에 의한 재물손괴는 처벌하지 않지만 수력의 파괴력이 큰 점을 고려해서 溢水로 인한 공공의 위험이 인정되거나 그 위험이 발생한 경우에는 과실범을 처벌하는 것이다.

Ⅰ. 이론

본 죄는 과실로 인하여 현주건조물 등 일수죄(제177조) 또는 공용건조물 등 일수죄(제178조)에 기재한 물건을 침해하거나, 일반건조물 등 일수죄(제179조)에 기재한 물건을 침해하여 공공의 위험을 발생하게 함으로써 성립하는 범죄로서, 실화죄(제170조)에 상응하는 범죄이다.

Ⅱ. 수사실무

1. 피의자 신문례

(1) 피의자는 ○○도 ○○면 ○○리에 있는 ○○저수지 도수로 및 방수로의 관리와 수량조절 업무를 보고 있는가요

(2) 언제부터 업무를 보고 있나요

(3) 맡고 있는 업무는 정확하게 어떠한 것인가요

(4) 호우로 물이 갑자기 불어났을 경우 어떠한 조치를 취해야 하나요

(5) 개방스위치와 폐쇄스위치의 조작은 구별이 가능한가요

(6) 피의자는 왜 이 두 스위치를 혼동한 것인가요

(7) 좀 더 주의를 하였다면 혼동하지 않을수도 있지 않나요

(8) 이러한 실수로 어떠한 결과가 발생하였는지 알고 있나요

2. 범죄사실 기재례

【범죄사실 기재례】

피의자는 ○○도 ○○면 ○○리에 있는 ○○저수지의 도수로 및 방수로의 관리와 수량조절 업무에 종사하고 있다.

피의자는 20○○. ○. ○. 21 : 30경 호우로 물이 갑자기 불어나자 이러한 경우 … 주의의무가 있는바(… 게을리 하여, … 과실로) 저수지의 수량을 조절하기 위하여 열어 두었던 수문을 닫으려고 기계를 조작하였다. 그러던 중 개방스위치를 폐쇄스위치로 잘못 알고 눌러 그 과실로 인하여 물이 방수로의 제방을 넘쳐 하류에 범람하여 같은 면 ○○리의 낮은 지대에 있는 김○○ 외 ○○명이 살고 있는 주택 ○○채를 침해하였다.

3. 적용실례

(1) 제방 개선사업후 자연재해로 제방이 파손되어 인명피해가 발생한 경우

A시는 태풍으로 인해 홍수가 났을 때 항구주변의 주택이 침수되는 것을 막기 위해 그 시설을 개선하려는 취지에서, 제방의 개선사업을 추진해 왔다. 시는 B회사에 공사를 의뢰했고 B사는 C를 공사관리자로 하여 작업을 진행해 거의 완성단계에 있었다. 그러나 이 개량공사가 끝난 후, 예상할 수도 없었던 큰 태풍이 몰아닥쳐 그 폭풍우에 의해 제방이 파손되고 항구주변은 물론 많은 주택을 침수시켜 사망자와 부상자가 속출하는 피해가 발생했다. 이 경우 C의 형사책임.

➡ 위 행위는 과실에 의한 일수이다. 따라서 행위자가 범람의 원인이 되는

행위를 한 때, 그 범람의 객관적인 예견가능성이 있었음에도 그것을 예견하지 못하고 적절한 회피조치를 취하지 않았다는 주의의무위반이 있어야 한다. 이 경우가 태풍 등의 자연재해를 대처하려고 계획하면서, 위와 같은 이상 상태를 생각하지 못해 피해가 발생한 것이긴 하지만, 그것이 예상을 넘은 것일 경우에는 이 죄의 과실행위가 있었다고 인정되지 않는다고 본다. 따라서 C에 대해서는 이 조의 형사책임을 물을 수 없게 된다.

5. 미수범 · 예비,음모

제182조【미수범】

제177조 내지 제179조제1항의 미수범은 처벌한다.

[미수범] 25-29, [특별규정] 문화재97

1. 현주건조물 등 일수죄(제177조 1항), 공용건조물 등 일수죄(제178조), 타인소유 일반건조물 등 일수죄(제179조 1항)의 경우 미수범을 처벌한다.
2. 제182조의 규정상 부진정결과적 가중범인 현주건조물일수치사상죄(제177조 2항)의 경우에도 미수범을 처벌하는 것으로 규정되어 있다. 이러한 형법 규정에 대하여 현행 형법상으로도 부진정결과적 가중범의 미수를 인정할 수 있다고 이해하는 견해(임웅, 박상기)와 부진정결과적 가중범이면서도 미수범 처벌규정을 두지 않고 있는 현주건조물방화치사상죄(제174조 참조)와의 균형상 제182조는 현주건조물일수죄(제177조 1항)에만 적용된다고 해석하는 견해(이재상)가 주장되고 있다.

제183조【예비, 음모】

제177조 내지 제179조제1항의 죄를 범할 목적으로 예비 또는 음모한 자는 3년 이하의 징역에 처한다.

[예비·음모] 28, [공소시효] : 5년

○ 일수의 예비·음모는 방화죄의 경우와 달리 실행에 이르기 전에 자수한 자에게 형을 감경하거나 면제하는 규정(제175조)을 두지 않는다. 이는 입법의 부비(不備)라 할 수 있다.

6. 수리방해죄

> **제184조【수리방해】**
> 둑을 무너뜨리거나 수문을 파괴하거나 그 밖의 방법으로 수리(水利)를 방해한 자는 5년 이하의 징역 또는 700만원 이하의 벌금에 처한다.
> [전문개정 2020. 12. 8.]

[공소시효] : 7년

○ 이 죄의 보호법익은 수리권이므로 피해자에게 현존하는 수리의 이익이 있어야 하며, 이 때 그 수리권은 법령·계약에 근거를 둔 것뿐만 아니라 관습에 의한 것도 가능하다. 수리권자인 타인은 불특정 다수인이거나 특정한 1인이거나를 불문하여 타인의 수리권을 방해한 이상 범인이 그 수리권공유자 중의 한사람인가 아닌가도 불문한다.

Ⅰ. 이론

1. 구성요건

(1) 객관적 구성요건

1) 객체

제방 또는 수문이다.

2) 행위

제방을 결궤하거나 수문을 파괴하거나 기타 방법으로 수리를 방해하는 것이다.

① 결궤한 제방을 헐어 물이 흘러나오도록 하는 것을 뜻한다.

② 수리란 관개·목축·수차·발전 등 물을 이용하는 일체를 말한다. 그 물은 자연수·인공적 유수를 불문하며, 그 이용 방법·종류도 불문한다.

③ 교통에 물을 이용하는 것은 여기에 포함되지 않고 교통방해죄에 해당한다(제185조).

④ 수도에 의한 음료수의 이용도 이 죄에서 말하는 수리에 해당하지 않으며 수도불통죄(제195조)의 대상이 된다. 그러나 수도 이외의 음료수의 이용은 이 죄의 수리에 해당된다.

⑤ 수리권을 방해할 만한 행위만 있으면 그로써 이 죄는 기수가 된다. 따라서 반드시 실제로 수리권이 침해되었을 필요는 없다. 그러나 판례는 본죄가 성립하기 위해서는 현존하는 수리이익을 침해하여야 한다고 본다(4293형상522).

⑥ 이 죄는 미수범을 처벌하지 않는다.

(2) 주관적 구성요건

이 죄가 성립하기 위해서는 수리권을 방해하게 될 것이라는 사실의 인식만 있으면 된다.

Ⅱ. 판례

◆ 형법 제184조 수리방해죄에 있어 '수리(水利)'와 '수리를 방해'의 의미 및 수리방해죄의 성립 요건

(1) 사실관계

피고인이 피해자들의 집(농촌주택)에서 배출되는 생활하수의 배수관(소형 PVC관)을 토사로 막아 하수가 내려가지 못하게 하였다.

(2) 판결요지

[1] 형법 제184조는 '제방을 결궤(決潰, 무너뜨림)하거나 수문을 파괴하거나 기타 방법으로 수리를 방해'하는 것을 구성요건으로 하여 수리방해죄를 규정하고 있는바 여기서 수리(水利)라 함은, 관개용 · 목축용 · 발전이나 수차 등의 동력용 · 상수도의 원천용 등 널리 물이라는 천연자원을 사람의 생활에 유익하게 사용하는 것을 가리키고(다만, 형법 제185조의 교통방해죄 또는 형법 제195조의 수도불통죄의 경우 등 다른 규정에 의하여 보호되는 형태의 물의 이용은 제외될 것이다), 수리를 방해한다 함은 제방을 무너뜨리거나 수문을 파괴하는 등 위 조문에 예시된 것을 포함하여 저수시설, 유수로(流水路)나 송 · 인수시설 또는 이들에 부설된 여러 수리용 장치를 손괴 · 변경하거나 효용을 해침으로써 수리에 지장을 일으키는 행위를 가리키며, 나아가 수리방해죄는 타인의 수리권을 보호법익으로 하므로 수리방해죄가 성립하기 위하여는 법령, 계약 또는 관습 등에 의하여 타인의 권리에 속한다고 인정될 수 있는 물의 이용을 방해하는 것이어야 한다.

[2] 원천 내지 자원으로서의 물의 이용이 아니라, 하수나 폐수 등 이용이 끝난 물을 배수로를 통하여 내려보내는 것은 형법 제184조 소정의 수리에 해당한다고 할 수 없고, 그러한 배수 또는 하수처리를 방해하는 행위는, 특히 그 배수가 수리용의 인수(引水)와 밀접하게 연결되어 있어서 그 배수의 방해가 직접 인수에까지 지장

을 초래한다는 등의 특수한 경우가 아닌 한, 수리방해죄의 대상이 될 수 없다.

[3] 농촌주택에서 배출되는 생활하수의 배수관(소형 PVC관)을 토사로 막아 하수가 내려가지 못하게 한 경우, 수리방해죄에 해당하지 아니한다(대법원 2001. 6. 26. 선고 2001도404 판결).

◆ 유지의 몽리민들이 계속하여 20년이상 평온 공연하게 유지의 물을 사용하여 소유 농지를 경작한 경우의 동 몽리 농민들의 유지의 저수사용권

계속하여 20년 이상 평온 공연하게 본건 유지의 물을 사용하여 소유농지를 경작하여 왔다면 그 유지의 물을 사용할 권리가 있다고 할 것이므로 그 권리를 침해하는 행위는 수리방해죄를 구성한다할 것이다(1968. 2. 20. 선고 67도1677 판결).

Ⅲ. 수사실무

1. 수사포인트

(1) 긴급피난과 정당방위의 경우에는 위법성이 조각되어 방해죄가 성립되지 않는다.

(2) 수리권이 없어 자기가 경작하는 전답의 고갈, 멸실을 피하기 위해 남의 수리를 사용함으로써 수리를 방해했다고 하더라도 이에 대해 상당성이 인정될 경우에는 긴급피난으로서 위법성이 조각된다.

2. 범죄사실 기재례

【범죄사실 기재례】

피의자는 ○○도 ○○면 ○○리에 있는 ○○평방미터의 논을 가지고 있으면서 농업에 종사하고 있다.

피의자는 20○○. ○. ○. 05 : 00경 그의 논 가까이 서쪽에 관개용 소류지가 생겨 저수되어 있었다. 그런데 그 구역내에 있는 전답을 가진 위 같은 마을 이○○ 외 ○○명이 모두 그 물을 이용할 수 있는 관습상의 유수사용권이 있음에도 불구하고 앞으로 닥칠지도 모를 가뭄으로 물이 계속 줄어들 것을 걱정하였다. 그래서 피의자의 논으로만 그 물을 흐르게 하려고 위 소류지의 수로를 흙으로 막아 물이 흐르지 못하게 함으로써 위 이○○ 외 ○○명의 수리권을 침해하여 수리를 방해하였다.

3. 적용실례

(1) 종래대로 용수를 확보하기 위해 다른 쪽으로 가는 배수로를 막았을 경우

하천상류의 B마을은, 지금까지 해 왔던 것과는 달리 배수로를 따로 만들어 많은 양을 송수했기 때문에 여름이 되면 하류의 A마을에 흘러드는 물이 적어져 벼를 키우는데 어려움이 생겼다. A마을은 이대로는 벼가 모두 말라죽겠다 싶어 종래대로의 물을 확보하기 위해 B마을에서 만들어 놓은 새 배수로를 막아 B마을로 많은 물이 흘러드는 것을 저지했다.

➡ 이 경우 A마을의 행위는 작물의 손해를 막아보려는 것으로, 정당방위라고 볼 수 있겠다. 따라서 그 행위의 위법성은 조각되어 수리방해죄를 구성하지 않게 된다.

(2) 수몰지역에 경작한 뒤 수몰로 농작물을 망치자(소류지를 파헤쳐) 수리를 방해한 경우

이○○는 자기의 밭을 가지고 있었는데, 그 마을에 수리를 위한 소류지가 새로 생기면서 그의 밭이 소류지 수몰구역으로 편입되어 버렸다. 그러나 그의 밭은 높은 지대에 있어 경작을 할 수 있을 것이라고 생각했는데 그 소류지에 물을 가득 채우는 바람에 이○○의 밭이 침수되어 농작물을 망치게 되었다. 이○○는 홧김에 소류지의 일부를 괭이로 파헤쳐 수리를 방해하였다.

➡ 이○○의 밭은 이미 수몰구역으로 편입된 것이기 때문에 위 행위를 정당방위 등으로는 볼 수 없겠다. 따라서 이○○는 수리방해의 혐의를 피할 수 없다.

제 15 장 교통방해의 죄 (제185조~제191조)

제15장 교통방해의 죄(제185조 ~ 제191조)

1. 일반교통방해죄

제185조【일반교통방해】
육로, 수로 또는 교량을 손괴 또는 불통하게 하거나 기타 방법으로 교통을 방해한 자는 10년 이하의 징역 또는 1천500만원 이하의 벌금에 처한다. 〈개정 1995.12.29.〉

[손괴] 366, [미수범] 190, [특별규정] 도로교148-157, [공소시효] 형소249① : 10년

○ 이 죄의 본질은 1차적으로 사회공공의 교통의 안전을 해하는 점에 있으며 부차적으로 불특정 다수인의 생명·신체·재산에 위험을 야기시키는 점에 있다.

Ⅰ. 이론

1. 구성요건

(1) 객관적 구성요건

1) 객체

육로·수로 또는 교량이다

① 육로는 반드시 도로법의 적용을 받는 도로에 국한할 필요는 없고 사실상 사람이나 차가 지나 다니는 육상의 길이면 된다.

▣ 근거판례 ▣

형법 제185조의 일반교통방해죄는 일반공중의 교통의 안전을 보호법익으로 하는 범죄로서 여기서의 '육로'라 함은 사실상 일반공중의 왕래에 공용되는 육상의 통로를 널리 일컫는 것으로서 그 부지의 소유관계나 통행권리관계 또는 통행인의 많고 적음 등을 가리지 않는다(대법원 2002. 4. 26. 선고 2001도6903 판결).

② 수로란 선박이 항행에 사용하는 하천·운하·湖沼·항구 등을 말한다.

③ 교량이란 하천 등에 가설된 다리를 말하며, 그 형태·대소·재질이나 공·사유 여하를 불문한다.

2) 행위

위 객체를 손괴 또는 불통하게 하거나 기타 방법으로 교통을 방해하는 것이다.

① 손괴란 교통을 방해할 정도의 물질적 훼손을 의미하며, 불통하게 하는 것은 장애물을 사용하여 왕래를 방해하는 일체의 행위를 말한다.

② 권한없는 자가 허위의 표시를 세우거나 폭력으로 통행을 차단하여 교통을 방해하는 것이 기타의 방법에 해당하는가에 관해서는 긍정설과 부정설이 대립하는데 이는 손괴나 불통 이외에 교통을 방해할 수 있는 대표적인 방법이므로 긍정설이 타당하다고 본다.

③ 교통의 방해란 교통을 불가능하게 하는 경우뿐만 아니라 교통을 현저히 곤란하게 하는 경우를 포함한다. 이러한 상태가 발생하면 이 죄는 기수가 되며, 교통방해의 결과가 현실적으로 발생해야 하는 것은 아니다(추상적 위험범).

(2) 주관적 구성요건

이 죄가 성립하려면 행위자에게 교통을 방해한다는 고의가 있어야 하며 미필적 고의로도 족하다. 추상적 위험범이므로 공공의 위험에 대한 인식은 고의의 내용이 되지 않는다.

Ⅱ. 판례

◆ 일반교통방해죄의 보호법익 및 처벌대상 행위 / 일반교통방해죄에서 말하는 '육로'의 의미

형법 제185조는 일반교통방해죄에 관하여 "육로, 수로 또는 교량을 손괴 또는 불통하게 하거나 기타 방법으로 교통을 방해한 자는 10년 이하의 징역 또는 1천 500만원 이하의 벌금에 처한다."라고 정하고 있다. 일반교통방해죄는 일반 공중의 교통안전을 보호법익으로 하는 범죄로서 육로 등을 손괴 또는 불통하게 하는 경우뿐만 아니라 그 밖의 방법으로 교통을 방해하여 통행을 불가능하게 하거나 현저하게 곤란하게 하는 일체의 행위를 처벌하는 것을 목적으로 한다(대법원 2003. 10. 10. 선고 2003도4485 판결 등 참조). 그리고 여기에서 '육로'라 함은 일반 공중의 왕래에 공용된 장소, 즉 특정인에 한하지 않고 불특정 다수인 또는 차마가 자유롭게 통행할 수 있는 공공성을 지닌 장소를 말한다(대법원 2010. 2. 25. 선고 2009도13376 판결 등 참조).

집회와 시위의 자유는 헌법상 보장된 국민의 기본권이므로 형법상 일반교통방해죄를 집회와 시위의 참석자에게 적용할 경우에는 집회와 시위의 자유를 부당하게 제한하는 결과가 발생할 우려가 있다. 그러나 일반교통방해죄에서 교통을 방해하는 방법을 위와 같이 포괄적으로 정하고 있는 데다가 도로에서 집회와 시위를 하는 경우 일반 공중의 교통안전을 직접적으로 침해할 위험이 있는 점을 고려하면 집회나 시위의 경우에도 교통방해행위를 수반한다면 특별한 사정이 없는 한 일반교통방해죄가 성립할 수 있다(대법원 2019. 4. 23., 선고, 2017도1056, 판결).

◆ 피고인이 고속도로 2차로를 따라 자동차를 운전하다가 1차로를 진행하던 甲의 차량 앞에 급하게 끼어든 후 곧바로 정차하여, 甲의 차량 및 이를 뒤따르던 차량 두 대는 급정차하였으나, 그 뒤를 따라오던 乙의 차량이 앞의 차량들을 연쇄적으로 추돌케 하여 乙을 사망에 이르게 하고 나머지 차량 운전자 등 피해자들에게 상해를 입힌 사안에서, 피고인에게 일반교통방해치사상죄를 인정한 원심판단이 정당한지 여부

피고인이 고속도로 2차로를 따라 자동차를 운전하다가 1차로를 진행하던 甲의 차량 앞에 급하게 끼어든 후 곧바로 정차하여, 甲의 차량 및 이를 뒤따르던 차량 두 대는 연이어 급제동하여 정차하였으나, 그 뒤를 따라오던 乙의 차량이 앞의 차량들을 연쇄적으로 추돌케 하여 乙을 사망에 이르게 하고 나머지 차량 운전자 등 피해자들에게 상해를 입힌 사안에서, 편도 2차로의 고속도로 1차로 한가운데에 정차한 피고인은 현장의 교통상황이나 일반인의 운전 습관·행태 등에 비추어 고속도로를 주행하는 다른 차량 운전자들이 제한속도 준수나 안전거리 확보 등의 주의의무를 완전하게 다하지 않을 수도 있다는 점을 알았거나 충분히 알 수 있었으므로, 피고인의 정차 행위와 사상의 결과 발생 사이에 상당인과관계가 있고, 사상의 결과 발생에 대한 예견가능성도 인정된다는 이유로, 피고인에게 일반교통방해치사상죄를 인정한 원심판단이 정당하다고 한 사례(대법원 2014.7.24, 선고, 2014도6206, 판결).

◆ 예인선 정기용선자의 현장소장 甲은 사고의 위험성이 높은 시점에 출항을 강행할 것을 지시하였고, 예인선 선장 乙은 甲의 지시에 따라 사고의 위험성이 높은 시점에 출항하는 등 무리하게 예인선을 운항한 결과 예인되던 선박에 적재된 물건이 해상에 추락하여 선박교통을 방해한 사안에서, 甲과 乙을 업무상과실일반교통방해죄의 공동정범으로 처벌한지 여부

예인선 정기용선자의 현장소장 甲은 사고의 위험성이 높은 해상에서 철골 구조물 및 해상크레인 운반작업을 함에 있어 선적작업이 지연되어 정조시점에 맞추어 출항할 수 없게 되었음에도, 출항을 연기하거나 대책을 강구하지 않고 예인선 선장 乙의 출항연기 건의를 묵살한 채 출항을 강행하도록 지시하였고, 예인선 선장 乙은 甲의 지시에 따라 사고의 위험이 큰 시점에 출항하였고 해상에 강조류가 흐르고 있었음에도 무리하게 예인선을 운항한 결과 무동력 부선에 적재된 철골 구조물이 해상에 추락하여 해상의 선박교통을 방해한 사안에서, 甲과 乙을 업무상과실일반교통방해죄의 공동정범으로 처벌한 사례 (대법원 2009.6.11, 선고, 2008도11784, 판결).

◆ 피고인이 야간옥외집회에 참가하여 교통을 방해하였다는 취지로 공소제기된 사안에서, '집회 및 시위에 관한 법률 위반죄' 와 '일반교통방해죄' 가 실체적 경합관계에 있다는 전제에서 각 별개의 형을 정한 원심판결에 죄수에 관한 법리오해의 위법 여부

피고인이 야간옥외집회에 참가하여 교통을 방해하였다는 취지로 공소제기된 사안에서, 집회 및 시위와 그로 인하여 성립하는 일반교통방해는 상상적 경합관계에 있다고 보는 것이 타당하므로, 이와 달리 피고인에 대한 '집회 및 시위에 관한 법률 위반죄' 와 '일반교통방해죄' 가 실체적 경합관계에 있다는 전제에서 각 별개의 형을 정한 원심판결에 죄수에 관한 법리오해의 위법이 있다고 한 사례 (대법원 2011.8.25, 선고, 2008도10960, 판결).

◆ 형법 제185조 일반교통방해죄에서 말하는 '육로' 의 의미

(1) 사실관계

이 사건 토지는 당초에 한국수자원공사에서 합천댐을 건설하기 위하여 모래적치장으로 사용한 곳이었는데 그 공사가 진행됨에 따라 모래가 점점 줄어들자 인근의 산으로 등산을 하는 사람들과 농사를 짓는 사람들이 그 곳을 통행하기 시작하였고, 공소외 문○○가 1995. 5.경 이 사건 토지 위쪽으로 아리랑여관 및 식당 건물을 신축하면서 공사차량이 국도에서 진입하기 가까운 그 곳의 일부를 통행로로 이용하기 시작한 이후로 공소외 이○○가 운영하는 벤엘버섯농장의 작업차량과 위 여관 및 식당의 손님들도 그 곳을 진입로로 이용하여 왔다. 피고인이 1996. 8. 30. 한국수자원공사로부터 이 사건 토지를 매입한 이후 1997. 3.경부터 그 곳의 평탄작업을 하게 되었는데, 문○○는 자신의 비용으로 공사업자인 권○○으로 하여금 그 곳의 일부인 이 사건 통행로부분(이하 '이 사건 도로'라고 한다)을 도로로 만들게 하였다. 그 이후 계속 위 여관 및 식당과 버섯농장의 차량이나 손님, 등산객, 인근 주민들이 이 사건 도로를 통행로로 이용하여 왔다. 그러나 피고인은 그 도로의 중간에 바위를 놓아두거나 이를 파헤침으로써 차량의 통행을 못하게 하였다.

(2) 판결요지

[1] 형법 제185조의 일반교통방해죄는 일반공중의 교통의 안전을 보호법익으로 하는 범죄로서 여기서의 '육로'라 함은 사실상 일반공중의 왕래에 공용되는 육상의 통로를 널리 일컫는 것으로서 그 부지의 소유관계나 통행권리관계 또는 통행인의 많고 적음 등을 가리지 않는다.

[2] 불특정 다수인의 통행로로 이용되어 오던 도로의 토지 일부의 소유자라 하더라도 그 도로의 중간에 바위를 놓아두거나 이를 파헤침으로써 차량의 통행을 못하게 한 행위는 일반교통방해죄 및 업무방해죄에 해당한다(대법원 2002. 4. 26. 선고 2001도6903 판결).

◆ 집회 또는 시위가 형법상 교통방해죄를 구성하는 경우

[1] 구 집회 및 시위에 관한 법률(2007. 5. 11. 법률 제8424호로 전문 개정되기 전의 것) 제6조 제1항 및 입법 취지에 비추어, 적법한 신고를 마치고 도로에서 집회나 시위를 하는 경우 도로의 교통이 어느 정도 제한될 수밖에 없으므로, 그 집회 또는 시위가 신고된 범위 내에서 행해졌거나 신고된 내용과 다소 다르게 행해졌어도 신고된 범위를 현저히 일탈하지 않는 경우에는, 그로 인하여 도로의 교통이 방해를 받았다고 하더라도 특별한 사정이 없는 한 형법 제185조의 일반교통방해죄가 성립한다고 볼 수 없다. 그러나 그 집회 또는 시위가 당초 신고된 범위를 현저히 일탈하거나 구 집회 및 시위에 관한 법률(2007. 5. 11. 법률 제8424호로 전문 개정되기 전의 것) 제12조에 의한 조건을 중대하게 위반하여 도로 교통을 방해함으로써 통행을 불가능하게 하거나 현저하게 곤란하게 하는 경우에는 일반교통방해죄가 성립한다.

[2] 전국민주노동조합총연맹 준비위원회가 주관한 도로행진시위가 사전에 구 집회 및 시위에 관한 법률(2007. 5. 11. 법률 제8424호로 전문 개정되기 전의 것)에 따라 옥외집회신고를 마쳤어도, 신고의 범위와 위 법률 제12조에 따른 제한을 현저히 일탈하여 주요도로 전차선을 점거하여 행진 등을 함으로써 교통소통에 현저한 장해를 일으켰다면, 일반교통방해죄를 구성한다(대법원 2008.11.13. 선고 2006도755 판결).

◆ 형법 제185조의 일반교통방해죄에서 말하는 '육로'의 의미 및 어떤 도로가 일반 공중의 통행에 제공된 도로에 해당하는 경우, 일반 공중의 교통안전 등 자유로운 통행이 형법상 일반교통방해죄의 보호법익으로 보장되는지 여부(적극)

형법 제185조는 일반교통방해죄에 관하여 "육로, 수로 또는 교량을 손괴 또는 불통하게 하거나 기타 방법으로 교통을 방해한 자를 10년 이하의 징역 또는 1천 500만원 이하의 벌금에 처한다."라고 규정하고 있다. 여기에서 '육로'란 일반 공중의 통행에 공용된 장소, 즉 특정인에 한하지 않고 불특정 다수인 또는 차마가 자유롭게 통행할 수 있는 공공성을 지닌 장소를 말하고, 부지의 소유관계나 통행권리관계 또는 통행인의 많고 적음 등은 가리지 않으며, 부지의 소유자라 하더라도 도로의 중간에 장애물을 놓아두거나 파헤치는 등의 방법으로 통행을 불가능하게 한 행위는 일반교통방해죄에 해당한다. 따라서 어떤 도로가 일반 공중의 통행에 제공된 도로, 즉 공로에 해당하는 경우에는 일반 공중의 교통안전 등 자유로운 통행이 형법상 일반교통방해죄의 보호법익으로 보장된다고 볼 수 있다. [대법원 2021. 10. 14., 선고, 2021다242154, 판결]

Ⅲ. 수사실무

1. 피의자 신문례

(1) 교통을 방해한 사실이 있나요

(2) 언제, 어디에서 교통을 방해한 것인가요

(3) 어떠한 교통을 방해한 것인가요

(4) 어떠한 방법을 사용하였나요

(5) 그 행위로 어떠한 결과가 발생하였나요

(6) 이러한 행위를 한 이유는 무엇인가요

2, 범죄사실 기재례

【범죄사실 기재례】

(1) 피의자는 20○○. ○. ○. 18 : 00경 ○○시 ○○구 ○○동 ○○빌딩앞 폭 약 4m의 도로에 차체 길이 약 4.5m의 대형트럭 1대를 비스듬히 주차하고 열쇠를 걸어놓아 둠으로써 육로를 막아 교통을 방해하였다(도로교통법 제148조 제1항, 제5조의 노상시비, 다툼 등으로 차의 통행방해행위와 다툼에 유의).

(2) 피의자는 20○○. ○. ○. 16:00경 서울 ○○구 ○○동 소재 피의자 경영 ○○포장마차 앞길에서 통행중인 자동차들이 먼지를 내며 지나다닌다는 이유로 생선상자 30개를 가져다가 그 길의 한복판에 쌓아 놓음으로써 일반 차량들이 통행하는 육로의 교통을 방해하였다.

3. 적용실례

(1) 토사채취를 하려다 도로를 손괴한 경우

토사채취 작업을 하는 강○○는 토사채취장에서 자갈을 채취하면서 채취장이 있는 마을 앞 도로를 폭 약 2m , 길이 약 9.5m, 깊이 약 2m에 걸쳐서 굴착하였다.

➡ 강○○는 위 도로를 도로로 사용할 수 없도록 굴착하여 차들이 지나다니지 못하도록 했으므로 교통방해죄의 혐의를 면할 수 없다.

2. 기차 · 선박 등 교통방해죄

제186조【기차, 선박 등의 교통방해】
궤도, 등대 또는 표지를 손괴하거나 기타 방법으로 기차, 전차, 자동차, 선박 또는 항공기의 교통을 방해한 자는 1년 이상의 유기징역에 처한다.

[미수범] 190, [예비 · 음모] 191, [특별규정] 국보4①, 철도80, 항공156, 항로표지법42, 도로교통 149, [공소시효] 형소249① : 10년

○ 이 죄는 객체가 기차·전차·자동차·선박 또는 항공기라는 중요한 교통기관에 제한되어 있다는 점에서 불법이 가중되는 죄라고 볼 수 있다. 이러한 교통수단은 일시에 많은 사람 또는 물건을 수송하는 것이기 때문에 이를 침해한 때에는 예견할 수 없는 중대한 위험을 초래할 수 있다는 점을 고려한 것이다.

Ⅰ. 이론

1. 구성요건

(1) 객관적 구성요건

1) 객체

이 죄의 객체는 궤도·등대 또는 표지이다.

① 궤도란 일반교통에 이용하기 위하여 지상에 부설한 궤도(궤도사업법 제3조)를 말하며, 반드시 철도법에서 규정하고 있는 철의 궤도를 뜻하는 것은 아니다.

② 등대란 선박교통의 안전을 도모하기 위하여 세운 등화를 말한다.

③ 표지는 교통의 신호관계 등을 명백히 하기 위한 표지이다.

2) 행위

손괴하거나 기타 방법으로 기차, 전차, 자동차, 선박 또는 항공기의 교통을 방해하는 것이다.

① 손괴 또는 기타의 방법

i) 손괴는 물질적 훼손을 뜻하므로 물건 자체에 손실을 가져오지 않고 효용을 해하지 않는 것은 손괴가 아니다.

ii) 기타의 방법이란 궤도에 장애물을 놓아두거나 등대의 등화를 소화하는 것을 말한다.

iii) 교통신호를 가리거나 신호등의 불을 끄거나 거짓 등대를 만드는 것도 기타의 방법에 해당한다(통설).

② **교통을 방해하는 행위를 하면 족하며 교통방해의 實害가 발행했거나 공공의 위험이 발행했을 것을 요하지 않는다(추상적 위험범).**

(2) 주관적 구성요건

궤도, 등대, 표지를 손괴하거나 기타 방법으로 기차, 전차, 자동차, 선박 또는 항공기의 교통을 방해한다는 사실에 대한 고의가 있어야 한다.

Ⅱ. 수사실무

1. 피의자 신문례

(1) ㅇㅇ시 ㅇㅇ청에서 근무하다가 해고된 사실이 있나요

(2) 해고사유는 무엇인가요

(3) ㅇㅇ역으로 향해 가던 전동차의 교통을 방해한 일이 있나요

(4) 언제, 어디에서 방해하였나요

(5) 어떤 방법을 사용하였나요

(6) 콘크리트 덩어리 2개는 어디에서 구하였나요

(7) 왜 이런 생각을 하게 되었나요

(8) 피의자의 행위로 어떤 결과가 발생하였는지 아는가요

2. 범죄사실 기재례

【범죄사실 기재례】

피의자는 OO시 OO청에서 근무했었는데, 피의자의 과실로 OO청에서 해고되자 해고된 데에 앙심을 품고 교통을 방해하기로 하였다.

피의자는 20○○. ○. ○. 19 : 00경 ○○시 ○○역 서남쪽 약 1,200m의 상행선 궤도 부근에 있던 무게 약 20kg의 콘크리트 덩어리 2개를 놓아둠으로써 ○○역으로 향해 가던 전동차의 교통을 방해하였다.

3. 기차 등 전복죄

제187조【기차 등의 전복 등】 사람의 현존하는 기차, 전차, 자동차, 선박 또는 항공기를 전복, 매몰, 추락 또는 파괴한 자는 무기 또는 3년 이상의 징역에 처한다.

[미수범] 190, [예비 · 음모] 191, [특별규정] 국보4①, 항공157, [공소시효] 형소249① : 15년

○ 이 죄는 사람이 현존하는 기차 등을 전복·매몰·추락 또는 파괴한 때에는 교통안전과 공공의 위험을 침해하는 정도가 현저히 커지기 때문에 기차·선박 등 교통방해죄(제186조)에 대하여 가중범으로 규정해 놓은 것이다. 이 죄도 추상적 위험범이다.

Ⅰ. 이론

1. 구성요건

(1) 객관적 구성요건

1) 객체

사람이 현존하는 기차, 전차, 자동차, 선박, 항공기 등이다.

① 여기서 사람이란 행위자 이외의 사람을 말하며 실행행위시에 사람이 있으면 족하다.

② 기차 등은 반드시 현재 움직이고 있을 것을 요하지 않으므로 교통기관으로서의 기능이 유지되고 있는 이상 차고에 들어가 있거나 정차 또는 정박중이거나를 묻지 않는다.

2) 행위

전복, 매몰, 추락 또는 파괴하는 것이다.

① 전복이란 교통기관을 탈선시켜 넘어지게 하는 것으로, 단순히 탈선시킨 것만으로는 전복시켰다고 할 수 없다.

② 매몰은 선박을 침몰시키는 것을 말한다. 침몰은 좌초와 구별된다. 따라서 침몰의 의사로 좌초하게 한 경우는 이 죄의 미수에 불과하며, 좌초로 인해 선박이 파괴된 경우는 파괴에 해당한다.

③ 추락이란 자동차와 항공기를 높은 곳에서 아래로 떨어지게 하는 것을 말한다. 이로 인해 파괴되었을 것은 요하지 않는다.

④ 파괴란 교통기관으로서의 기능의 전부 또는 일부를 불가능하게 할 정도로 손괴할 것을 요한다.

(2) 주관적 구성요건

사람이 현존하는 기차, 전차, 자동차, 선박, 항공기를 전복, 매몰, 추락 또는 파괴한다는 고의가 있어야 한다.

Ⅱ. 판례

◆ 선박매몰죄의 고의가 성립하기 위한 인식의 정도 및 사람의 현존하는 선박에 대해 매몰행위의 실행을 개시하여 선박을 매몰시켰으나 그 결과발생시 사람이 현존하지 않았거나 범인이 선박에 있는 사람을 안전하게 대피시킨 경우, 선박매몰죄의 기수로 볼 것인지 여부

(1) 사실관계

피고인 A는 선주로서 자신의 선박을 침몰시킨 후 보험금을 타기로 마음먹고 선원들이 승선하고 있는 선박의 밑바닥에 구멍을 낸 후, 배가 가라앉기 시작하자 선원들을 다른 선박으로 대피시켰다.

(2) 판결요지

선박매몰죄의 고의가 성립하기 위하여는 행위시에 사람이 현존하는 것이라는 점에 대한 인식과 함께 이를 매몰한다는 결과발생에 대한 인식이 필요하며, 현존하는 사람을 사상에 이르게 한다는 등 공공의 위험에 대한 인식까지는 필요하지 않고, 사람의 현존하는 선박에 대해 매몰행위의 실행을 개시하고 그로 인하여 선박을 매몰시켰다면 매몰의 결과발생시 사람이 현존하지 않았거나 범인이 선박에 있는 사람을 안전하게 대피시켰다고 하더라도 선박매몰죄의 기수로 보아야 할 것이지 이를 미수로 볼 것은 아니다(대법원 2000. 6. 23. 선고 99도4688 판결).

◆ 형법 제187조 선박파괴죄에서 말하는 '파괴'의 의미

형법이 제187조를 교통방해의 죄 중 하나로서 그 법정형을 높게 정하는 한편 미수, 예비·음모까지도 처벌 대상으로 삼고 있는 사정에 덧붙여 '파괴' 외에 다른 구성요건 행위인 전복, 매몰, 추락 행위가 일반적으로 상당한 정도의 손괴를 수반할 것이 당연히 예상되는 사정 등을 고려해 볼 때, 형법 제187조에서 정한 '파괴'란 다른 구성요건 행위인 전복, 매몰, 추락 등과 같은 수준으로 인정할 수 있을 만큼 교통기관으로서의 기능·용법의 전부나 일부를 불가능하게 할 정도의 파손을 의미하고, 그 정도에 이르지 아니하는 단순한 손괴는 포함되지 않는다(대법원 2009.4.23, 선고, 2008도11921, 판결).

Ⅲ. 수사실무

1. 피의자 신문례

(1) ㅇㅇ선박의 선주인가요

(2) 피의자는 ㅇㅇ선박을 침몰시킨 일이 있나요

(3) 언제, 어디에서 그러한 행위를 하였나요

(4) 사람이 타고 있었나요

(5) 어떠한 방법으로 침몰시켰나요

(6) 왜 그러한 행위를 하였나요

(7) ㅇㅇ선박은 보험에 가입되어 있나요

(8) 그렇다면 선박 침몰로 보험금이 지급되었나요

(9) 보험금을 수령하기 위해 고의로 선박을 침몰시킨 것인가요

2. 범죄사실 기재례

【범죄사실 기재례】

피의자는 20○○. ○. ○. 17:00경 발동기선인 ○○호를 조종하여 인천시 앞바다에서 ○○도를 향해 항행하던 소○○가 조종하는 발동기선 ○○호와 추월 경쟁을 하다가 고의로 자기 배의 선수를 위 ○○호의 우현 후부에 충돌시켜 위 배의 선현을 약 6m에 걸쳐 파괴하고 위 배를 침수시켜 항행을 불능케 함으로써 사람이 현존하는 선박을 파괴하였다.

4. 교통방해치사상죄

> **제188조【교통방해치사상】**
> 제185조 내지 제187조의 죄를 범하여 사람을 상해에 이르게 한 때에는 무기 또는 3년 이상의 징역에 처한다. 사망에 이르게 한 때에는 무기 또는 5년 이상의 징역에 처한다.
> [전문개정 1995.12.29.]

[상해죄] 257-259, [특별규정] 국보4①, 항공158, [공소시효] 형소249① : 15년

○ 이 죄는 일반교통방해죄(제185조), 기차·선박등교통방해죄(제186조), 기차등전복죄(제187조)를 범해 사람을 사상에 이르게 한 때 성립하는 결과적 가중범이다. 치사죄는 진정결과적 가중범이고 치상죄는 부진정결과적 가중범으로서, 살인의 고의로 교통을 방해하여 사람을 살해한 때에는 살인죄와 교통방해죄의 상상적 경합이 되며 상해한 경우에는 교통방해치상죄와 상해죄의 상상적 경합이 된다.
여기서 사람은 교통기관 안에 있던 사람뿐 아니라 보행자와 주변에 있던 다른 사람들도 포함한다.

Ⅰ. 판례

◆ 교통방해치사상죄의 성립 요건 및 교통방해 행위와 사상의 결과 사이에 상당인과관계를 인정할 수 있는 경우

형법 제188조에 규정된 교통방해에 의한 치사상죄는 결과적 가중범이므로, 위 죄가 성립하려면 교통방해 행위와 사상(死傷)의 결과 사이에 상당인과관계가 있어야 하고 행위 시에 결과의 발생을 예견할 수 있어야 한다. 그리고 교통방해 행위가 피해자의 사상이라는 결과를 발생하게 한 유일하거나 직접적인 원인이 된 경우만이 아니라, 그 행위와 결과 사이에 피해자나 제3자의 과실 등 다른 사실이 개재된 때에도 그와 같은 사실이 통상 예견될 수 있는 것이라면 상당인과관계를 인정할 수 있다(대법원 2014. 7. 24., 선고, 2014도6206, 판결).

5. 과실교통방해죄 · 업무상 과실, 중과실교통방해죄

제189조【과실, 업무상과실, 중과실】
① 과실로 인하여 제185조 내지 제187조의 죄를 범한 자는 1천만원 이하의 벌금에 처한다. 〈개정 1995.12.29.〉
② 업무상과실 또는 중대한 과실로 인하여 제185조 내지 제187조의 죄를 범한 자는 3년 이하의 금고 또는 2천만원 이하의 벌금에 처한다. 〈개정 1995.12.29.〉

[업무상과실 · 중과실] 171 · 268 · 364, [특별규정] 항공160, [과실범] 14, [공소시효] 형소249①:5년

○ 교통방해죄는 다수인의 생명에 위험을 초래한다는 점을 고려하여 예외적으로 과실범을 처벌하는 것임.
○ 업무란 사회 생활상의 지위에서 계속해서 행하는 사무를 말하며, 여기서의 업무는 주로 직·간접적으로 기차, 전차 등 교통에 종사하는 자의 업무를 말함.

Ⅰ. 이론

[과실교통방해죄(제189조 1항)]

본 죄는 과실로 인하여 일반교통방해죄(제185조), 기차 · 선박 등 교통방해죄(제186조) 또는 기차등전복죄(제187조)를 범함으로써 성립하는 범죄로서 일반과실범이다.

[업무상 과실 · 중과실 교통방해죄(제189조 2항)]

본 죄는 업무상 과실 또는 중대한 과실로 인하여 일반교통방해죄(제185조), 기차 · 선박 등 교통방해죄(제186조) 또는 기차 등 전복죄(제187조)를 범함으로써 성립하는 범죄이다.
업무상 과실 교통방해죄는 업무자라는 신분으로 인하여 불법 및 책임이 가중되는 범죄이고, 중과실 교통방해죄는 중대한 과실로 인하여 과실교통방해죄보다 불법 및 책임이 가중되는 범죄로서 가중적 구성요건이다.

Ⅱ. 판례

◆ 성수대교 붕괴사고에서 교량 건설회사의 트러스 제작 책임자, 교량공사 현장감독, 발주 관청의 공사감독 공무원 등에게 업무상과실치사상, 업무상과실일반교통방해, 업무상과실자동차추락죄 등의 유죄를 인정한 사례

[1] 성수대교 붕괴사고에서 교량 건설회사의 트러스 제작 책임자, 교량공사 현장감독, 발주 관청의 공사감독 공무원 등에게 업무상과실치사상, 업무상과실일반교통방해, 업무상과실자동차추락죄 등의 유죄를 인정한 사례.

[2] 구 형법(1995. 12. 29. 법률 제5057호로 개정되기 전의 것) 제189조 제2항, 제185조에서 업무상과실일반교통방해의 한 행위태양으로 규정한 '손괴'라고 함은 물리적으로 파괴하여 그 효용을 상실하게 하는 것을 말하므로, 이 사건 성수대교의 건설 당시의 부실제작 및 부실시공행위 등에 의하여 트러스가 붕괴되는 것도 위 '손괴'의 개념에 포함된다.

[3] 구 형법(1995. 12. 29. 법률 제5057호로 개정되기 전의 것) 제189조 제2항에서 말하는 '업무상과실'의 주체는 기차, 전차, 자동차, 선박, 항공기나 기타 일반의 '교통왕래에 관여하는 사무'에 직접·간접으로 종사하는 자이어야 할 것인바, 성수대교는 차량 등의 통행을 주된 목적으로 하여 건설된 교량이므로, 그 건설 당시 제작, 시공을 담당한 자도 '교통왕래에 관여하는 사무'에 간접적으로 관련이 있는 자에 해당한다.

[4] 업무상과실로 인하여 교량을 손괴하여 자동차의 교통을 방해하고 그 결과 자동차를 추락시킨 경우에는 구 형법(1995. 12. 29. 법률 제5057호로 개정되기 전의 것) 제189조 제2항, 제185조 소정의 업무상과실일반교통방해죄와 같은 법 제189조 제2항, 제187조 소정의 업무상과실자동차추락죄가 성립하고, 위 각 죄는 형법 제40조 소정의 상상적 경합관계에 있다.

[5] 성수대교와 같은 교량이 그 수명을 유지하기 위하여는 건설업자의 완벽한 시공, 감독공무원들의 철저한 제작시공상의 감독 및 유지·관리를 담당하고 있는 공무원들의 철저한 유지·관리라는 조건이 합치되어야 하는 것이므로, 위 각 단계에서의 과실 그것만으로 붕괴원인이 되지 못한다고 하더라도, 그것이 합쳐지면 교량이 붕괴될 수 있다는 점은 쉽게 예상할 수 있고, 따라서 위 각 단계에 관여한 자는 전혀 과실이 없다거나 과실이 있다고 하여도 교량붕괴의 원인이 되지 않았다는 등의 특별한 사정이 있는 경우를 제외하고는 붕괴에 대한 공동책임을 면할 수 없다.

[6] 2인 이상이 상호의사의 연락이 없이 동시에 범죄구성요건에 해당하는 행위를 하였을 때에는 원칙적으로 각인에 대하여 그 죄를 논하여야 하나, 그 결과발생의 원인이 된 행위가 분명하지 아니한 때에는 각 행위자를 미수범으로 처벌하고(독립행위의 경합), 이 독립행위가 경합하여 특히 상해의 경우에는 공동정범의 예

에 따라 처단(동시범)하는 것이므로, 상호의사의 연락이 있어 공동정범이 성립한다면, 독립행위경합 등의 문제는 아예 제기될 여지가 없다.

[7] 공소시효의 기산점에 관하여 규정한 형사소송법 제252조 제1항에 정한 '범죄행위'에는 당해 범죄행위의 결과까지도 포함하는 취지로 해석함이 상당하므로, 교량붕괴사고에 있어 업무상과실치사상죄, 업무상과실일반교통방해죄 및 업무상과실자동차추락죄의 공소시효도 교량붕괴사고로 인하여 피해자들이 사상에 이른 결과가 발생함으로써 그 범죄행위가 종료한 때로부터 진행한다고 보아야 한다(대법원 1997. 11. 28. 선고 97도1740 판결).

◆ 정기용선계약의 법적 성질 및 정기용선된 선박의 선장이 항행상의 과실로 충돌사고를 일으켜 제3자에게 손해를 가했을 때 정기용선자가 민·형사책임을 지는 경우

정기용선계약은 선박소유자 또는 선체용선자(이하 '선주')가 용선자에게 선원이 승무하고 항해장비를 갖춘 선박을 일정한 기간 동안 항해에 사용하게 할 것을 약정하고 용선자가 이에 대하여 기간으로 정한 용선료를 지급할 것을 약정하는 계약으로서 용선자가 선주에 의해 선임된 선장 및 선원의 행위를 통하여 선주가 제공하는 서비스를 받는 것을 요소로 한다. 이는 선박 자체의 이용이 계약의 목적이 되어 선주로부터 인도받은 선박에 자기의 선장 및 선원을 탑승시켜 마치 그 선박을 자기 소유의 선박과 마찬가지로 이용할 수 있는 지배관리권을 가진 채 운항하는 선체용선계약과는 본질적으로 차이가 있다. 한편, 정기용선된 선박의 선장이 항행상의 과실로 충돌사고를 일으켜 제3자에게 손해를 가한 경우 용선자가 아니라 선주가 선장의 사용자로서 구 상법(2007. 8. 3. 법률 제8581호로 개정되기 전의 것) 제845조 또는 제846조에 의한 배상책임을 부담한다. 그러나 정기용선자에게 민법상의 일반 불법행위책임 내지는 사용자책임을 부담시킬 만한 귀책사유가 인정되는 때에는 정기용선자도 그에 따른 배상책임을 별도로 부담할 수 있고, 정기용선된 선박의 항해와 관련하여 용선자에게 업무상 과실이 인정되는 경우에는 그에 따른 형사책임을 부담한다(대법원 2009. 6. 11., 선고, 2008도11784, 판결).

◆ 승객이 탄 헬리콥터의 조종사가 엔진 고장시에 긴급시의 항법으로서 정해진 절차에 따라 운행하지 못한 과실로 위 항공기를 해상에 추락시킨 경우 형법 제187조의 업무상과실항공기추락죄에 해당하는지 여부(적극)

형법 제187조에서 말하는 항공기의 "추락"이라 함은 공중에 떠 있는 항공기를 정상시 또는 긴급시의 정해진 항법에 따라 지표 또는 수면에 착륙 또는 착수시키지 못하고, 그 이외의 상태로 지표 또는 수면에 낙하시키는 것을 말하는 것인바, 헬리콥터에 승객 3명을 태우고 운항하던 조종사가 엔진고장이 발생한 경우에 위 항공기를 긴급시의 항법으로서 정해진 절차에 따라 운항하지 못한 과실로 말미암아 사람이 현존하는 위 항공기를 안전하게 비상착륙시키지 못하고 해상에 추락시켰다면 업무상과실항공기추락죄에 해당한다(대법원 1990. 9. 11. 선고 90도1486 판결).

◆ 풍랑 중에 종선에 조업제시한 선단의 책임선의 선장에게 업무상 과실선박매몰죄의 성립을 부정한 사례

피고인이 선단의 책임선인 제1봉림호의 선장으로 조업중이었다 하더라도 피고인으로서는 종선의 선장에게 조업상의 지시만 할 수 있을 뿐 선박의 안전관리는 각 선박의 선장이 책임지도록 되어 있었다면 그 같은 상황하에서 피고인이 풍랑중에 종선에 조업지시를 하였다는 것만으로는 종선의 풍랑으로 인한 매몰사고와의 사이에 인과관계가 성립할 수 없다고 한 원심의 판단은 타당하다(대법원 1989.9.12. 선고 89도1084 판결).

Ⅲ. 수사실무

1. 피의자 신문례

(1) 피의자는 헬리콥터 조종사인가요

(2) 어느 기종을 조종하는가요

(3) 그 헬리콥터를 조종하다가 추락한 일이 있나요

(4) 언제, 어디쯤에서 추락하였나요

(5) 그 당시 몇 명이 탑승하고 있었나요

(6) 추락한 이유는 무엇인가요

(7) 어떤 고장인지 알고 있나요

(8) 그러한 경우 어떤 조치를 취해야 하는가요

(9) 그렇다면 피의자는 긴급시의 항법으로 정해진 절차에 따라 운항하지 못했다는 것인가요

6. 미수범 · 예비, 음모

제190조【미수범】

제185조 내지 제187조의 미수범은 처벌한다.

[미수범] 25 · 29 [공소시효] 형소249① : 각 본죄 적용

일반교통방해죄(제185조), 기차 · 선박 등 교통방해죄(제186조), 기차 등 전복죄(제187조)의 경우 미수범 처벌규정이 있다.

제191조【예비, 음모】

제186조 또는 제187조의 죄를 범할 목적으로 예비 또는 음모한 자는 3년 이하의 징역에 처한다.

[예비·음모] 28, [공소시효] 형소249① : 5년

기차 · 선박 등 교통방해죄(제186조), 기차 등 전복죄(제187조)의 경우 예비, 음모를 처벌한다.

제 16 장 먹는 물에 관한 죄 (제192조 ~ 제197조)

제16장 먹는 물에 관한 죄(제192조 ~ 제197조)

1. 먹는 물의 사용방해죄 · 먹는 물의 유해물혼입죄

> 제192조【먹는 물의 사용방해】
> ① 일상생활에서 먹는 물로 사용되는 물에 오물을 넣어 먹는 물로 쓰지 못하게 한 자는 1년 이하의 징역 또는 500만원 이하의 벌금에 처한다.
> ② 제1항의 먹는 물에 독물(毒物)이나 그 밖에 건강을 해하는 물질을 넣은 사람은 10년 이하의 징역에 처한다.
> [전문개정 2020. 12. 8.]

[상해죄] 194 · 258, [미수범] 196, [공소시효] 형소249① : 5년(1항), 10년(2항)

○ 이 죄는 공공위험죄로서 공공위생의 관점에서 공중의 보건을 보호법익으로 하며, 그 보호받는 정도는 추상적 위험범으로서의 보호이다. 이 죄의 주체에는 제한이 없어 소유자나 관리자 등도 주체가 될 수 있다.

○ 본죄의 성립에도 고의가 필요하다. 고의의 내용은 정수에 오물을 혼입하여 음용하지 못하게 하는 것에 대한 인식과 의사이다.

○ 일상음용에 공하는 정수에 독물 기타 건강을 해할 물건을 혼입함으로써 성립하는 범죄로, 음용수 사용방해죄에 대하여 불법이 가중되는 구성요건이다. 따라서 본죄는 음용수 사용방해죄에 대하여 특별법의 관계에 있다.
본죄의 행위는 독물 기타 건강을 해할 물건을 혼입하는 것이다. 독물이란 소량을 인체에 넣으면 건강에 장애를 가져올 수 있는 물체(황산니코틴, 청산가리 등)를 말하고, 기타 건강을 해할 물건이란 傳染病菌과같이 음용에 의하여 사람의 건강에 장애를 줄 만한 유해물(무기물, 유기물)을 말한다(병균).

Ⅰ. 이론

[먹는 물 사용방해죄(제192조 1항)]

1. 구성요건

(1) 객관적 구성요건

1) 객체

일상음용에 공하는 정수이다.

① 일상음용에 공하는 정수란 불특정 또는 다수인이 반복·계속해서 사용하는 정수를 의미한다.

② 특정인이 마시기 위해 담아둔 정수나 계곡에 흐르는 물은 여기에 포함되지 않는다.

③ 정수란 사람이 마시기에 적합할 정도로 깨끗한 물을 말한다. 반드시 음용수가 아니어도 되며 공업용 등에 사용되는 것이라도 상관없다.

④ 자연수인가 인공수인가를 불문하며, 그 정수의 소유자나 관리자가 누구인가도 묻지 않는다.

2) 행위

행위는 오물을 섞어 넣어 마시지 못하게 하는 것이다. 오물을 넣었더라도 마실 수 없는 정도에까지 이르지 않은 때에는 경범죄처벌법만이 적용될 뿐이다.

(2) 주관적 구성요건

고의가 있어야 한다.

[먹는 물의 유해물혼입죄(제192조 2항)]

본 죄는 일상음용에 공하는 정수에 독물 기타 건강을 해하는 물건을 혼입함으로써 성립하는 범죄로서, 제92조 제1항(음용수사용방해죄)에 대하여 특별법의 관계에 있다. 따라서 이 경우에는 음용수사용방해죄는 성립하지 않는다. 본 죄는 행위방법으로 인하여 음용수사용방해죄보다 불법이 가중된 가중적 구성요건이다.

Ⅱ. 수사실무

1. 피의자 신문례

(1) ○○마을 주민들이 사용하는 우물에 오물을 투입한 일이 있나요

(2) 언제, 어떠한 우물에 오물을 투입하였나요

(3) 투입한 오물은 어떠한 것인가요

(4) 어떠한 방법을 사용하였나요

(5) 오물을 투입한 이유는 무엇인가요

(6) 오물로 인하여 그 우물을 마을 사람들이 사용할 수 있었나요

2. 범죄사실 기재례

【범죄사실 기재례】

피의자는 20○○. ○. ○. 17 : 00경 ○○ 마을주민 50여명이 일상음용으로 사용하는 공동우물에 평소 주민들로부터 따돌림을 받는데 대한 화풀이로 설사약으로 사용되는 ○○을 100정 정도를 투입하여 음용으로 사용하지 못하게 하였다.

3. 적용실례

(1) 많은 양의 음료수에 세제를 투입했으나 거품이 사라졌을 경우

A는 일정지역 사람들이 음료수로서 사용하는 물에 장난으로 가정용 세제를 투입하고 거품을 일으키면서 놀았다. 물의 양이 많았기 때문에 거품은 금새 사라지고 곧 정상으로 되었다.

➡ 음용수사용방해죄에서는 오염상태의 시간적인 장단을 묻지 않는다. 따라서 위 경우처럼 세제의 거품이 금방 사라졌다고 해도 이 죄의 죄책을 면할 수는 없다.

2. 수돗물의 사용방해죄 · 수돗물의 유해물혼입죄

제193조【수돗물의 사용방해】

① 수도(水道)를 통해 공중이 먹는 물로 사용하는 물 또는 그 수원(水原)에 오물을 넣어 먹는 물로 쓰지 못하게 한 자는 1년 이상 10년 이하의 징역에 처한다.

② 제1항의 먹는 물 또는 수원에 독물 그 밖에 건강을 해하는 물질을 넣은 자는 2년 이상의 유기징역에 처한다.

[전문개정 2020. 12. 8.]

[상해죄] 194 · 258, [미수범] 196, [예비 · 음모] 197, [공소시효] 형소249① : 10년

- 수도에 의한 정수는 공급의 범위가 넓고 공중의 신뢰가 크기 때문에 이에 대해 사용을 침해한 때에는 불법이 가중된다.
- 수도(水道)에 의하여 공중의 음용(飮用)에 공하는 정수 또는 그 수원(水源)에 독물 기타 건강을 해할 물건을 혼입함으로써 성립하는 범죄로서, 수도음용수 사용방해죄에 대하여 행위의 방법이 독물 기타 건강을 해할 물건을 혼입하는 것이기 때문에 불법이 가중되는 것이다.

Ⅰ. 이론

[수돗물의 사용방해죄(제193조 1항)]

1. 구성요건

(1) 객관적 구성요건

1) 객체

수도에 의하여 공중의 음용에 공하는 정수 또는 그 수원이다.

① 수도란 음용정수를 공급하기 위한 인공적 설비(연관뿐 아니라 양수기를 포함)를 말하며, 공·사설을 불문하나 인공적 설비를 요하므로 천연유수는 수도라 할 수 없고, 또 수도는 물의 유통로를 말하므로 정화 또는 저수를 위한 설비나 정수지 또는 저수지에 인수하는 수로에 대해서는 수도라 할 수 없다. 그러나 수도인 이상 반드시 적법절차를 밟아 가설될 필요는

없고, 정수를 일정한 수로에 따라 흘러내리게 함에 필요한 최소한의 설비를 갖추되, 그 시설이 다소 불완전하더라도 관계없을 것이다.

② 공중이란 불특정 또는 다수인으로 어느 정도의 다수가 아니라 상당한 다수임을 요한다고 본다. 따라서 자기 또는 가족만이 이용하는 전용수도는 본조의 객체에서 제외되고, 음용수사용방해죄(제192조)의 객체가 된다.

③ 공중의 음용에 공하는 정수는 공급 도중의 정수만을 의미하는 것이므로 이미 공급이 끝나 개인집의 물통에 담겨진 상태의 것은 여기에 포함되지 않는다.

④ 水源이란 水道에 들기 이전의 물로서 저수지의 물 또는 水流이다.

2) 행위

오물을 혼입하여 음용하지 못하게 하는 것이다.

(2) 주관적 구성요건

고의가 있어야 한다.

[수돗물의 유해물혼입죄(제193조 2항)]

본 죄는 수도에 의하여 공중의 음용에 공하는 정수 또는 그 수원에 독물 기타 건강을 해하는 물건을 혼입함으로써 성립하는 범죄로서 행위방법으로 인하여 수돗물의 사용방해죄보다 불법이 가중된 가중적 구성요건이다.

Ⅱ. 수사실무

1. 피의자 신문례

(1) ㅇㅇ마을 주민들이 사용하는 수원지에 오물을 혼입한 일이 있나요

(2) 언제, 어디에서 그랬나요

(3) 혼입한 오물은 무엇인가요

(4) 어떠한 방법으로 혼입하였나요

(5) 오물을 혼입한 이유는 무엇인가요

2. 범죄사실 기재례

【범죄사실 기재례】

피의자는 20○○. ○. ○. 15시경 ○○시 ○○군에 위치한 ○○마을 주민 100여명의 수원에 주민들로부터 따돌림을 받은 것에 대한 분풀이로 인분 500리터를 혼입하였다. 이로써 이를 음용하지 못하게 하였다.

3. 적용실례

(1) 수도저수지에 비료용 오염물을 빠뜨렸을 경우

A는 휴일에 피크닉을 갔다가 돌아오는 길에 수도저수지 옆 농지에 쌓여 있던 비료용 오염물을 장난삼아 발로 차서 위 수도저수지에 빠뜨렸다.

➡ 많은 사람이 이용하는 수도저수지에 대해서 이러한 행위를 하면, 그것이 위험한 결과를 가져오지 않았다고 해도 형사책임을 져야 할 것이다.

3. 먹는 물 혼독치사상죄

제194조【먹는 물 혼독치사상】

제192조제2항 또는 제193조제2항의 죄를 지어 사람을 상해에 이르게 한 경우에는 무기 또는 3년 이상의 징역에 처한다. 사망에 이르게 한 경우에는 무기 또는 5년 이상의 징역에 처한다.

[전문개정 2020. 12. 8.]

[상해죄] 257 · 258, [예비 · 음모] 197, [공소시효] 형소249① : 15년

○ 본 죄는 먹는 물의 유해물혼입죄(제192조 2항) 또는 수돗물 유해물혼입죄(제193조 2항)를 범하여 사람을 상해 또는 사망에 이르게 함으로써 성립하는 범죄로서 치사의 경우에는 진정결과적 가중범이고, 치상의 경우에는 부진정결과적 가중범이다.

4. 수도불통죄

제195조【수도불통】

공중이 먹는 물을 공급하는 수도 그 밖의 시설을 손괴하거나 그 밖의 방법으로 불통(不通)하게 한 자는 1년 이상 10년 이하의 징역에 처한다.

[전문개정 2020. 12. 8.]

[손괴] 366, [미수범] 196, [예비 · 음모] 197, [공소시효] 형소249① : 10년

- 객체가 水道 기타 시설이고 행위의 태양이 손괴 기타의 방법으로 불통하게 하는 것이라는 점에서 먹는 물의 사용방해죄가 가중된 구성요건이며, 정수의 공급시설의 효용을 해하여 간접적으로 음용을 방해하는 점에 특색이 있다.
- 행위의 객체는 공중의 먹는 물의 공급하는 수도 기타 시설이다. 공중의 먹는 물이 공급하는 수도는 먹는 물을 공급하는 인공적 시설을 말하며, 수도음용수사용방해죄의 「수도에 의하여 공중의 음용에 공하는 정수」와 같은 의미이다. 반드시 적법한 절차를 밟은 수도임을 요하지 않는다. 공중에게 먹는 물을 공급하는 수도임을 요하므로 불법이용자에 대한 관계에서의 사설 특수가압수도시설은 본죄의 객체가 되지 않는다.
- 기타 시설은 공중의 먹는 물을 공급하는 수도 이외의 시설을 말한다. 예컨대 불특정 또는 다수인에 의하여 이용되는 우물이 이에 해당한다.

Ⅰ. 이론

1. 구성요건

(1) 객관적 구성요건

1) 객체

공중에게 먹는 물을 공급하는 수도 기타 시설이다.

2) 행위

손괴 또는 기타의 방법으로 불통하게 하는 것이다.

① 손괴란 행위의 객체를 물리적으로 훼손하여 효용을 해하는 것을 말하고, 불통하게 한다는 것은 손괴 이외의 방법으로 수도의 유통을 제지하여 정수(淨水)의 공급을 불가능하게 하는 것을 말한다.

② 정수의 공급을 불가능하게 할 정도에 이르지 않을 때에는 경범죄처벌법 또는 수도법에 의한 제재를 받는 데 불과하다.

(2) 주관적 구성요건

고의가 있어야 한다.

Ⅱ. 판례

◆ 수리방해죄에 있어 '수리(水利)'와 '수리를 방해'의 의미 및 수리방해죄의 성립 요건

형법 제184조는 '제방을 결궤(決潰, 무너뜨림)하거나 수문을 파괴하거나 기타 방법으로 수리를 방해'하는 것을 구성요건으로 하여 수리방해죄를 규정하고 있는바 여기서 수리(水利)라 함은, 관개용·목축용·발전이나 수차 등의 동력용·상수도의 원천용 등 널리 물이라는 천연자원을 사람의 생활에 유익하게 사용하는 것을 가리키고(다만, 형법 제185조의 교통방해죄 또는 형법 제195조의 수도불통죄의 경우 등 다른 규정에 의하여 보호되는 형태의 물의 이용은 제외될 것이다), 수리를 방해한다 함은 제방을 무너뜨리거나 수문을 파괴하는 등 위 조문에 예시된 것을 포함하여 저수시설, 유수로(流水路)나 송·인수시설 또는 이들에 부설된 여러 수리용 장치를 손괴·변경하거나 효용을 해침으로써 수리에 지장을 일으키는 행위를 가리키며, 나아가 수리방해죄는 타인의 수리권을 보호법익으로 하므로 수리방해죄가 성립하기 위하여는 법령, 계약 또는 관습 등에 의하여 타인의 권리에 속한다고 인정될 수 있는 물의 이용을 방해하는 것이어야 한다(대법원 2001.6.26, 선고, 2001도404, 판결).

5. 미수범·예비, 음모

제196조【미수범】

제192조제2항, 제193조제2항과 전조의 미수범은 처벌한다.

[미수범] 25-29

음용수유해물혼입죄(제192조 2항), 수도음용수유해물혼입죄(제193조 2항), 수도불통죄(제195조)의 경우 미수범 처벌규정이 있다.

제197조【예비, 음모】

제192조 제2항, 제193조 제2항 또는 제195조의 죄를 범할 목적으로 예비 또는 음모한 자는 2년 이하의 징역에 처한다.

[예비·음모] 28, [공소시효] 형소249① : 5년

먹는 물의 유해물혼입죄(제192조 2항), 수돗물유해물혼입죄(제193조 2항), 수도불통죄(제195조)를 범할 목적으로 예비 또는 음모한 자는 예비, 음모죄로 처벌하는 규정이다.

제 17 장 아편에 관한 죄 (제198조 ~ 제206조)

제17장 아편에 관한 죄(제198조 ~ 제206조)

1. 아편 등 제조, 수입, 판매, 판매목적소지죄

제198조【아편 등의 제조 등】
아편, 몰핀 또는 그 화합물을 제조, 수입 또는 판매하거나 판매할 목적으로 소지한 자는 10년 이하의 징역에 처한다.

[상습범] 203 [공소시효] 형소249① : 10년

- ○ 이 조는 제201조(아편흡식 등, 동장소제공)에 대한 가중적 구성요건이며 공중의 보건위생을 보호법익으로 하고 있다.
- ○ 아편에 관한 죄에 대하여는 특별법으로 마약류관리에관한법률이 있고, 이에 대하여는 특정범죄가중처벌등에관한법률에 가중처벌규정을 두고 있다.
- ○ 대마초 및 향정신성의약품에 관해서도 마약류관리에관한법률에서 다룬다.
- ○ 항공편에 의한 수입의 경우 영공내에 들어왔을 때 기수라는 설, 세관수속이 완료되었을 때 기수라는 설, 착륙했을 때 기수라는 설 등이 있으나 해로에 준하여 착륙항공기에서 반출되었을 때 기수가 된다고 본다.
- ○ 판매란 불특정·다수인에 대하여 행사할 목적으로 행하는 유상양도이며, 1회의 매각이라도 그러한 의사를 가지고 행하는 이상 매매이다. 수익의 유무는 묻지 않는다.
- ○ 소지란 목적물을 자기의 사실상의 지배하에 두는 것을 말하지만 刑法上占有의 개념보다는 포괄적이며, 판매의 목적(주관적 위법요소)이 있어야 한다. 판매의 목적이 없는 단순한 소지는 아편 등 단순소지죄(제205조)로 처벌될 뿐이다.

Ⅰ. 이론

1. 구성요건

(1) 객관적 구성요건

1) 객체

아편·몰핀 또는 그 화합물이다.

2) 행위

위 객체를 제조·수입·판매하거나 판매목적으로 소지하는 것이다.

① 제조란 아편, 몰핀 또는 그 화합물을 만드는 것을 의미한다.

② 수입이란 국외에서 국내로 반입하는 것을 의미한다.

③ 판매란 계속적, 반복적 의사로 유상양도하는 것을 뜻한다.

④ 소지란 자기의 사실상의 지배하에 두는 것을 의미한다. 판매목적이 있어야 함을 주의해야 한다.

(2) 주관적 구성요건

고의가 있어야 한다. 다만, 소지의 경우에는 고의 이외에 판매할 목적이 있어야 한다.

Ⅱ. 수사실무

1. 수사포인트

(1) 아편 등의 종류, 품질(要鑑定), 수량을 파악하고 그것을 몰수하거나 상당가액을 추징한다.

(2) 행위의 동기 또는 목적을 파악한다.

(3) 특정범죄가중처벌등에관한법률 제11조에 이 죄에 대한 가중규정이 있다.

2. 적용실례

(1) 발각될 것이 겁나 아편을 바다에 버렸을 경우

원양어업을 하는 A는 동료의 권유로 작업을 마치고 돌아오면서 외국인 어부로부터 아편을 받아 귀항한 후, 이 아편을 팔아 돈을 벌려고 했다. 그러나 우리나라 영해에 들어오자 갑자기 발각될 것이 겁나서 아편을 모두 바다에 던져 버렸다.

➡ A의 행위는 아직 국내에 아편을 수입한 것이라고 볼 수 없어 처벌의 대상이 되지 않는다.

2. 아편흡식기 제조, 수입, 판매, 판매목적소지죄

제199조【아편흡식기의 제조 등】
아편을 흡식하는 기구를 제조, 수입 또는 판매하거나 판매할 목적으로 소지한 자는 5년 이하의 징역에 처한다.

[상습범] 203, [자격정지등의병과] 204, [미수범] 202, [몰수] 206, 형소332 · 483 · 484,
[공소시효] 형소249① : 7년

Ⅰ. 이론

1. 구성요건

(1) 객관적 구성요건

1) 객체

아편을 흡식하는 기구이다.

① 아편을 흡식하는 기구란 아편의 흡식에 사용하기 위해 특별히 제조한 기구를 말한다.

② 아편의 흡식에 사용되더라도 이 목적으로 만든 것이 아닌 때에는 여기에 해당되지 않는다. 따라서 아편을 주사한 주사기는 아편을 흡식하는 기구가 될 수 없다.

2) 행위

아편 흡식기를 제조·수입·판매하거나 판매목적으로 소지하는 것이다(제198조와 같음). 제조·수입·판매 등이 차례로 행해진 때는 포괄일죄가 된다

(2) 주관적 구성요건

고의가 있어야 한다. 다만, 소지의 경우에는 고의 이외에 판매할 목적이 있어야 한다.

3. 세관공무원의 아편 등 수입, 수입허용죄

제200조【세관 공무원의 아편 등의 수입】
세관의 공무원이 아편, 몰핀이나 그 화합물 또는 아편흡식기구를 수입하거나 그 수입을 허용한 때에는 1년 이상의 유기징역에 처한다.

[상습범] 203, [자격정지등의병과] 204, [미수범] 202, [공소시효] : 10년

- 이 죄는 일반유입죄(제198·199조)에 대하여 세관공무원이라는 신분으로 형이 가중되는 가중적 규범이며 신분범이다.

Ⅰ. 이론

1. 구성요건

(1) 객관적 구성요건

1) 주체

이 죄의 주체는 세관공무원으로서 신분범이다. 여기서 세관공무원이란 세관에서 수입 사무에 종사하는 공무원만을 말한다.

2) 객체

아편, 몰핀이나 그 화합물, 아편흡식기구이다.

3) 행위

아편, 몰핀이나 그 화합물 또는 아편흡식기구를 수입하거나 수입을 허용하는 것이다.

(2) 주관적 구성요건

고의가 있어야 한다.

2. 총칙상 공범규정의 적용여부

(1) 수입죄

공범과 신분에 관한 제33조 적용된다. 그러므로 신분자와 비신분자가 함

께 수입한 경우 신분자에게는 세관공무원의 아편 등 수입죄(제200조), 비신분자에게는 일반수입죄(제198조, 제199조)가 적용된다.

(2) **수입허용죄**

총칙상의 공범에 관한 규정이 적용안된다. 수입죄의 공범을 독립범죄로 규정한 것이기 때문이다. 따라서 세관공무원의 허용을 받아 수입한 자는 수입죄로 처벌받으며 세관공무원의 아편 등 수입죄의 공범이 되는 것은 아니다.

Ⅱ. 수사실무

1. 적용실례

(1) **아편수입을 세관직원이 허용해주다 발각되었을 경우**

세관직원인 김○○의 권유로, 이○○는 아편을 수입해 팔아 돈을 벌기로 했다. 그리고 김○○의 원조 아래 동남아시아에서 구입한 아편을 공항을 거쳐 밀수입하려고 했다. 그런데 공항세관에서, 이○○의 행동을 수상하게 여긴 다른 세관직원에게 발각되어, 둘의 계획은 실패하고 말았다. 이 때 김○○의 행위는 이 죄에 해당될까?

➡ 김○○의 수입허용죄의 기수는, 이○○의 수입이 기수가 되었을 때 성립한다. 사례의 경우 이○○의 행위는 수입죄로서 이미 기수가 되었고, 김○○는 허용해준 것과 같이 되어 세관직원인 김○○의 행위는 이 조의 수입허용죄로 처벌되어야 할 것이다.

4. 아편흡식죄 · 아편흡식장소제공죄

제201조【아편흡식 등, 동장소제공】

① 아편을 흡식하거나 몰핀을 주사한 자는 5년 이하의 징역에 처한다.

② 아편흡식 또는 몰핀 주사의 장소를 제공하여 이익을 취한 자도 전항의 형과 같다.

[상습범] 203, [자격정지등의병과] 204, [공소시효] : 7년

○ 아편 등 소지죄와의 관계에서, 흡식 또는 주사를 위해 일시 소지한 때에는 소지행위는 필연적인 것이므로 아편흡식죄(제1항)에 흡수되고, 아편 등을 소지하고 있던 자가 후에 흡식한 때에는 양죄의 경합범이 된다.
○ 아편흡식 등 장소제공 죄(제2항)는, 아편흡식 등 죄의 방조에 해당하는 행위를 흡식·주사에 못지않게 위험한 것으로 보아 독립범죄로 규정한 것이다.
○ 이 죄는 이익을 취득하는 것이 구성요건 요소이므로 이익을 취득한 결과가 있어야 한다. 이 때 이익이란 장소제공의 대가를 취득하는 것을 말한다.

Ⅰ. 이론

[아편흡식죄(제201조 1항)]

1. 구성요건

(1) 객관적 구성요건

1) 객체

아편, 몰핀(morphine)이다.

2) 행위

흡식하거나 주사하는 것이다.

① 흡식이란 아편을 호흡기 또는 소화기에 의하여 소비하는 것을 의미한다.

② 주사란 주사기에 의하여 신체에 주입하는 것을 뜻한다.

(2) 주관적 구성요건

고의가 있어야 한다. 흡식이나 주사의 목적은 불문하므로 의사의 적법한 처방에 의한 것이 아니라면 약용으로 흡식, 주사한 경우에도 본죄가 성립한다.

2. 아편 등 소지죄(제205조)와의 관계

흡식 또는 주사를 위한 일시 소지의 경우에는 본죄에 흡수된다. 그러나 아편, 몰핀 또는 아편흡식기구를 소지하고 있던 자가 후에 흡식이나 주사한 경우에는 양죄의 실체적 경합이 된다.

[아편흡식장소제공죄(제201조 2항)]

본 죄는 아편흡식 또는 몰핀 주사의 장소를 제공하여 이익을 취득함으로써 성립하는 범죄이다. 이익취득이란 장소제공의 대가를 얻는 것을 의미하는데, 재산상의 이익에 한정되지 않는다.

5. 미수범 · 상습범 · 자격정지 또는 벌금의 병과

제202조【미수범】

전4조의 미수범은 처벌한다.

[미수범] 25-29, [상습범] 203

아편 등 제조, 수입, 판매, 판매목적소지죄(제198조), 아편흡식기 제조, 수입, 판매, 판매목적소지죄(제199조), 세관공무원의 아편 등 수입, 수입허용죄(제200조), 아편흡식죄, 아편흡식장소제공죄(제201조)의 미수범은 처벌한다.

제203조【상습범】

상습으로 전5조의 죄를 범한 때에는 각조에 정한 형의 2분의 1까지 가중한다.

[가중순서] 56, [자격정지등의병과] 204 [공소시효] 형소249①251 : 7년, 10년

상습으로 아편 등 제조, 수입, 판매, 판매목적소지죄(제198조), 아편흡식기 제조, 수입, 판매, 판매목적소지죄(제199조), 세관공무원의 아편 등 수입, 수입허용죄(제200조), 아편흡식죄, 아편흡식장소제공죄(제201조) 및 그 미수범(제202조)을 범한 경우 상습범으로 처벌된다. 상습성으로 책임이 가중되는 것이다.

제204조【자격정지 또는 벌금의 병과】

제198조 내지 제203조의 경우에는 10년 이하의 자격정지 또는 2천만원 이하의 벌금을 병과할 수 있다. 〈개정 1995.12.29.〉

[공소시효] 249① · 250 : 10년

아편 등 제조, 수입, 판매, 판매목적소지죄(제198조), 아편흡식기 제조, 수입, 판매, 판매목적소지죄(제199조), 세관공무원의 아편 등 수입, 수입허용죄(제200조), 아편흡식죄, 아편흡식장소제공죄(제201조) 및 그 미수범(제202조), 상습범(제203조)의 경우에는 10년 이하의 자격정지 또는 2천만원 이하의 벌금을 병과할 수 있다.

6. 아편 등 소지죄

제205조【아편 등의 소지】

아편, 몰핀이나 그 화합물 또는 아편흡식기구를 소지한 자는 1년 이하의 징역 또는 500만원 이하의 벌금에 처한다. 〈개정 1995.12.29.〉

[특별규정] 마약2 · 4, [몰수] 206, [공소시효] 249① : 5년

Ⅰ. 이론

본 죄는 아편, 몰핀이나 그 화합물 또는 아편흡식기구를 소지함으로써 성립하는 범죄이다. 여기에서 소지는 판매할 목적이 없는 경우에 제한된다. 판매할 목적으로 소지한 때에는 제198조와 제199조의 죄가 성립하기 때문이다.

Ⅱ. 수사실무

1. 적용실례

(1) 장식용으로 아편흡식기를 구입했을 경우

A는 잘 알려진 배우로서, 영화제작을 위해 동남아시아에 갔다가 길에서 예쁘게 장식해서 팔고 있는 아편흡식기를 하나 샀다. 그리고 귀국한 뒤에 자기 집 거실에 장식용으로 놓아두었다.

➡ 아편흡식기를 장식용 골동품으로 쓸 생각으로 국내에 반입한 것으로, 판매목적소지가 아니므로 단순히 아편흡식기구소지에 해당한다.

7. 몰수 · 추징

제206조【몰수, 추징】
본장의 죄에 제공한 아편, 몰핀이나 그 화합물 또는 아편흡식기구는 몰수한다. 그를 몰수하기 불능한 때에는 그 가액을 추징한다.

[몰수대상과추징] 48
아편에 관한 죄의 아편, 몰핀이나 그 화합물, 아편흡식기는 필요적 몰수의 대상이다.

Ⅰ. 이론

1. 몰수의 종류

(1) 임의적 몰수(형법 제48조)

범인 이외의 자의 소유에 속하지 아니하거나 범죄 후 범인 이외의 자가 정을 알면서 취득한 ⅰ)범죄행위에 제공하였거나 제공하려고 한 물건, ⅱ)범죄행위로 인하여 생하였거나 이로 인하여 취득한 물건, ⅲ) ⅰ)ⅱ)의 대가로 취득한 물건은 전부 또는 일부를 몰수할 수 있다. 임의적 몰수의 경우에 몰수여부는 법관의 자유재량에 의하여 결정한다.

(2) 필요적 몰수

뇌물죄의 뇌물(제134조), 아편에 관한 죄의 아편, 몰핀이나 그 화합물, 아편흡식기(제206조), 배임수재죄의 재물(제357조 3항)은 반드시 몰수해야 한다.

Ⅱ. 수사실무

1. 참고사항

(1) 천연마약(아편)

아편계열의 천연마약은 양귀비의 설익은 열매껍질에서 얻어지는 물질로 생아편, 몰핀, 헤로인, 코데인 등이 있다.

1) **양귀비**(앵속 : Opium Poppy)

열대 및 아열대 기후에서 자라는 양귀비속 일년생 식물로서 통증완화, 기침, 이질 등의 치료에 사용되어 왔다. 양귀비는 열매뿐만 아니라 잎, 줄기에도 아편알카로이드 성분을 다량 함유하고 있으나 대부분 열매에서 아편을 추출하기 위하여 재배되고 있다.

2) **아편**(Opium)

앵속의 설익은 열매 꼬투리에 흠집을 내어 흘러나오는 우유같은 수액을 3~4회 채취한 후 자연상태에서 하룻밤 정도 건조시켜 생성되는 암갈색의 고무질 형태의 덩어리를 말한다. 아편에는 몰핀, 코데인, 데바인 등 30여종의 알카로이드가 함유되어 있어 모든 아편제제의 제조원료로 사용되고 있다.

3) **몰핀**(Morphine)

몰핀은 중추신경계와 위장계에 주로 효과를 나타낸다. 몰핀은 극적이라고도 할 수 있는 뛰어난 진통작용을 가지고 있어 말기 암환자의 아픔을 덜어주기도 하고 외과수술이나 화상으로 인한 고통을 진정시키는 데 없어서는 안될 의약품으로 널리 사용되고 있다.

진통제로 사용되기 전에는 오랫동안 기침과 설사를 치료하기 위한 진해제, 지사제로 사용되었다.

4) **헤로인**(Heroin)

몰핀을 화학적으로 변형하여 보다 강력하게 만든 것으로 냄새가 없고 쓴맛을 지니며 물에 잘 녹는 흰 분말이다. 헤로인이 신체에 미치는 약리작용은 기본적으로 몰핀과 같은 진통과 쾌감이다. 하지만 몰핀이 헤로인으로 바뀜으로써 그 효과가 3,4배 정도 비약적으로 상승하게 된다. 남용자들은 주로 정맥주사하거나 코로 흡입 흡연하는 방법으로 사용한다.

(2) **천연마약(코카인)**

중남미의 산악지방에서 자라는 Erythroxylon Coca라는 다년생의 관목잎으로부터 추출되는 중추신경 흥분제다.

코카인은 강력한 중추신경 흥분제로서 흥분 효과는 암페타민과 유사하며 혈관과 신경체제에 심각한 영향을 준다.

이외에 간세포를 파괴하여 물질을 분해하는 중요한 기능을 저해하고 허파에 액체가 채워져 호흡기능을 상실시키며 비선세포를 손상시켜 후각기능을 상실시키고 생식기관에도 손상을 준다.

(3) 합성마약

몰핀과 유사효과를 갖는 강력한 진통제 개발의 필요성에 따라 화학적으로 합성된 마약으로 천연마약과 같은 강한 의존성을 갖지는 않으나 내성과 의존성 등 금단증상을 유발한다. 화학분자구조의 유사성에 따라 페치딘, 메사돈, 모르피난, 아미노부텐, 벤조모르판 등으로 분류하고 있으며 현재 73종이 알려져 있으나 페치딘과 메사돈이 주로 남용되고 있다.

1) 페치딘계(Pethidine)

최초로 개발된 합성마약으로서 진통제로 가장 널리 사용되고 있다. 통상 Pehadol, Demerol등으로 유통되며 중국교포들이 밀반입하고 있는 도냉정(度冷丁)도 이에 속한다. 페치딘은 주로 주사방법에 의해 남용되나 경구투여도 이용된다. 구입이 용이하기 때문에 주로 의료직 종사자들이 많이 남용하고 있다.

2) 메사돈계(Methadone)

제2차 세계대전 중에 독일에서 몰핀대용 마약으로 개발되어 1946년부터 사용되고 있다. 그 성분은 몰핀이나 헤로인과 유사한데 반감기와 약효작용시간(24시간)이 길어 아편제에 의한 마약중독치료에 사용되어 왔으며 1960년대 우리나라에서는 메사돈 파동문제를 야기한 바 있다. 메사돈계는 위장흡수가 좋아 주사방법과 경구투여 방법으로도 남용하며 내성과 의존성을 야기한다.

메사돈 치료는 아편계열의 약물중독이 심각하고 널리 퍼져 있는 나라에서는 마약중독환자를 치료하기 위해 사용되는 방법이다.

(4) 향정신성물질

1) 암페타민

암페타민은 매우 강력한 중추신경 흥분제로서 1887년 처음으로 합성되었으며 1932년 의료계에 소개되어 기관지 천식, 비만증, 우울증, 파킨스씨병, 간질, 수면발작 등 치료에 사용되어 왔다. 암페타민류중에서 사회적으로 가장 문제되는 것은 메스암페타민인 필로폰(Philpone : 히로뽕)이다.

2) 메스암페타민(필로폰)

메스암페타민이란 암페타민 유사 화학물질로서 제2차 세계대전 중 일본의 한 제약회사에서 개발된 것으로 약리 효과가 대단히 강력해 일본의 군수공장 및 전선의 군인들에게 피로를 없애주고 용기를 북돋아 주는 약으로 널리 사용하게 되었다. 당시의 상품명이 정신을 맑게 해준다는 의미의 필로폰(히로뽕)으로서 오늘날까지 일본뿐만 아니라 우리 나라에서도 남용되는 대표적인 마약류이다.

메스암페타민은 미국의 경우 "speed", "meth", "chalk", "ice", "crystal", "crank", "glass" 등으로 우리 나라의 경우에는 "히로뽕", "뽕" 등으로 불려지고 있다. 이 약물은 물이나 알콜에 쉽게 녹는 흰색의 냄새가 없고 쓴맛의 결정체형 가루이다.

메스암페타민의 화학구조는 암페타민의 화학구조와 비슷하지만 중추신경계에 더욱 강력한 효과를 갖고 있다. 암페타민과 같이 활동을 증대시키고 입맛을 감소시키며 행복감을 높인다.

3) 바비튜레이트

1903년 바비튜레이트가 개발되어 오늘날의 시장에는 30여종이 넘는 제제들이 유통되고 있다. 약효가 초속효성인 치오펜탈 소디움은 마취제로, 어느 정도 완화된 속효성을 보이는 펜토바르비탈은 간질약으로 사용되는 등 다양한 제제가 있다. 작용시간에 따라 3가지로 분류되는데, 약효가 3시간 이내의 단시간형, 약효가 3~6시간의 중간형, 6시간 이상의 장시간형 등이다.

4) 벤조디아제핀류

신경안정제에 속하는 약으로서 대표적으로는 메프로바이메이트와 벤조디아제핀 계열이 있다. 메트로바메이트는 1950년대 초기에 근육 이완제로 처음 합성된 이래 항불안약으로 아주 널리 사용되었던 과거의 대표적인 신경안정제였으며 다량 복용시 치명적이라는 것이 알려졌고 1933년 처음 합성된 벤조디아제핀이 소개됨에 따라 현재는 벤조디아제핀이 대표적인 신경안정제로 사용되고 있다. 대표적인 약물로는 리브리움, 바리움, 옥사제팜, 로라제팜, 아티반 등이 있다.

5) LSD(Lyscrgic Acid Dicthulamide)

1943년 알버트 호프만박사가 맥각균에서 우연히 합성한 물질로서 무색, 무미, 무취한 백색분말이다. LSD는 주로 강하고 기묘한 정신적 반응을 일으키고 시각, 촉각, 청각 등 감각을 왜곡시키는 가장 강력한 물질이다. 액체상태의 LSD는 극소량(체중의 7억분의 1)으로도 정신적 효과를 나타낸다. 주로 각설탕, 껌, 과자, 압지, 우표 뒷면 등에 묻혀서 사용한다. 또한 정제, 캡슐, 액체 등 다양한 방법으로 유통되며 주사로도 사용한다.

6) 메스칼린(Mescaline)

1988년 멕시코산 선인장 윗 부분의 함유 성분이 환각성분이 있다는 것이 처음 발견되고 이 성분이 메스칼린이라고 알려졌다. 천연 메스칼린은 짙은 갈색 분말이며 합성 메스칼린은 흰색 결정성 분말로서 이것을 물에 녹여서 먹기도 하고 주사를 할 수도 있다. 효과는 2~3시간내에 나타나고 4~12시간까지 지속된다.

7) 실로사이빈(Psliacybin)

멕시코 습지대에서 자라는 버섯에 들어있는 활성물질이다. 이 버섯의 환각 알카로이드는 1958년 분리되어 LSD의 발견자였던 알버트 호프만에 의해 화학적으로 합성된 것이다. 화학적 구조는 LSD와 거의 비슷한다.

8) PCP(Phencyclidine)

"천사의 가루" 라고도 불리며 1950년대 말 외과 수술용 마취제로 개발된 약물이다. 섬망증, 의식장애, 환각, 우울증과 같은 부작용 때문에 동물용 마취제로만 사용되고 있다.

PCP는 실험실에서 쉽게 밀조될 수 있기 때문에 거의 모두 불법적으로 만들어지고 있다. 남용자들은 대마초, 박하잎 등에 섞어서 흡연하는 방법으로 사용하고 있다.

9) MDMA(일명 도리도리, ECSTASY)

메칠렌디옥시멧암페타민은 통상 MDMA, 엑스터시라 불리우는 것으로 최근에 유럽, 미주, 동남아 등지에서 널리 남용되는 신종 마약류로 대부분의 MDMA는 네덜란드에서 밀제조된 것으로 정제, 분말, 액체 등의 형태로 밀거래되며 정제형태는 크기·모양·색상 등이 매우 다양하며 정제에 여러 가지 문양(튤립, 호박, 유니콘, 나비, 비둘기, 피노키오, 햄버거, 두개골, 슈퍼맨, 스파이더맨, 악어, 사과, 망치와 낫 등)이 각인되어 있으며 투약 후 20~30분 경과 후 효과가 나타나며 통상 4~6시간 가량 지속되며 많은 발한작용이 생기며 이와 병행 물을 마시게 된다.

약효는 환각, 흥분작용을 일으키며 식욕상실, 정신착란, 혼수, 자제력상실의 부작용이 있다.

10) 펜플루라민(Femfluramine)·암페프라몬(Amfepramone)

펜플루라민·암페프라몬은 암페타민류 각성제의 일종으로 최근 중국 등지로부터 소규모 행상, 여행객을 통해 국내로 밀반입되어 비만치료제 의약품으로 불법

유통되고 있는 향정신성 의약품이다.

주요약리작용은 중추신경계를 각성, 흥분감을 주고 장기간·다량 복용시 식욕을 감퇴시켜 체중을 감량시키며 환각·우울증·정신분열증을 유발하며 펜플루라민은 분기납명편·펜플루라민정·F정으로 암페프라몬은 안비납동편 등의 명칭을 가진 소위 "살빼는 약"으로 위장되어 수입품판매점, 한약 판매점, 노점상, 행상 등에서 불법유통되고 있다.

(5) 대마

대마(Cannabis Sativa L)의 잎과 꽃에서 얻어지는 물질로서, 400여종 이상의 화학물질로 구성되어 있는데, 특히 대마초에만 존재하는 60여종의 카나비노이드를 함유하고 있다. 이들 화학물질 중 가장 두드러진 것은 델타나인 테트라하이드로카나비놀(delta-9 tetrahydrocannabinol)로 약칭해서 THC라 한다. 이 THC의 효능은 1만분의 1그램만으로 환각상태를 일으킬 수 있어, THC를 많이 함유한 대마초일수록 인체에 미치는 해는 크다.

해시시(대마수지)는 대마의 상부에서 얻어지는 진한 갈색의 수지로 대마초보다 THC성분을 5~10배 정도 많이 함유하고 있기 때문에 약용효과도 훨씬 강하다. 대마유는 인체에 유해한 카나비노이드 화학물질이 가장 많이 농축되어 있는 물질로 약 50%의 THC까지 함유하고 있다.

(6) 흡입제

1) 휘발성 솔벤트

접착제, 에어로졸(헤어 스프레이 페인트, 탈취제), 솔벤트와 가스(페인트 신너, 가솔린, 담배라이터액, 수정액, 메니큐어 제거제) 세척제(드라이클리닝용액, 얼룩 제거제)등

2) 아질산염(nitrites)

실내방향제

3) 마취제(anesthetics)

할로탄, 웃음가스로 알려진 니트로옥사이드

분류	종류	약리작용	의약용도	투여방법	남용효과	작용시간(시간)
천연마약	아편	중추신경 억제	진정, 진통	경구, 주사	도취감, 신체조정력상실, 간염, 사망	3~6
	모르핀	〃	〃	〃		
	헤로인	〃	〃	〃	흥분, 정신혼동, 사망	2
	코카인	중추신경 흥분	국소마취	주사, 코흡입		
합성마약	메사돈	중추신경 억제	진정, 진통	경구, 주사	아편과 동일	12~14
	염산페치딘	〃	〃	주사	〃	3~6
향정신성물질	메스암페타민(필로폰)	중추신경 흥분	식욕억제	경구, 주사, 코흡입	환시, 환청, 의처증, 사망	12~34
	바르비탈류	중추신경 억제	진정, 수면	경구, 주사	취한행동, 뇌손상, 호흡기장애, 감각상실 등	1~6

제 18 장 통화에 관한 죄 (제207조 ~ 제213조)

제18장 통화에 관한 죄(제207조 ~ 제213조)

1. 통화의 위조 등

> 제207조【통화의 위조 등】
> ① 행사할 목적으로 통용하는 대한민국의 화폐, 지폐 또는 은행권을 위조 또는 변조한 자는 무기 또는 2년 이상의 징역에 처한다.
> ② 행사할 목적으로 내국에서 유통하는 외국의 화폐, 지폐 또는 은행권을 위조 또는 변조한 자는 1년 이상의 유기징역에 처한다.
> ③ 행사할 목적으로 외국에서 통용하는 외국의 화폐, 지폐 또는 은행권을 위조 또는 변조한 자는 10년 이하의 징역에 처한다.
> ④ 위조 또는 변조한 전3항 기재의 통화를 행사하거나 행사할 목적으로 수입 또는 수출한 자는 그 위조 또는 변조의 각 죄에 정한 형에 처한다.

[외국인의국외범] 5, [미수범] 212, [예비 · 음모] 213, [자수] 213, [공소시효] 형소249① : 15년(1·4항 국내), 10년(2·3·4항 외국)

○ 이 조는 화폐의 진정에 대한 공공의 신용과 거래의 안전을 보호하기 위한 규정이다.

Ⅰ. 이론

[내국통화 위조, 변조죄(제207조 1항)]

1. 구성요건

(1) 객관적 구성요건

1) 객체

통용하는 대한민국의 화폐, 지폐 또는 은행권이다. 통용이란 법률에 의하여 강제통용력이 인정되는 것을 의미한다. 이는 사실상 국내에서 사용되고 있는 유통과 구별해야 한다.

2) 행위

위조 또는 변조하는 것이다.

① 위조란 통화를 제조·발행할 권한이 없는 자가 임의로 통화의 외관을 갖춘 물건을 만들어 내는 것으로, 그 정도는 얼핏 보아 진실한 화폐로 잘못 알 수 있을 정도면 충분하다. 한편 통화와 유사하지만 그 정도가 위조에까지 이르지 못한 때는 모조라 하여 통화유사물제조죄(제211조)의 대상물이 된다.

▣ 근거판례 ▣

위조통화행사죄의 객체인 위조통화는 객관적으로 보아 일반인으로 하여금 진정통화로 오신케 할 정도에 이른 것이면 족하고 그 위조의 정도가 반드시 진물에 흡사하여야 한다거나 누구든지 쉽게 그 진부를 식별하기가 불가능한 정도의 것일 필요는 없으나, 이 사건 위조지폐인 한국은행 10,000원권과 같이 전자복사기로 복사하여 그 크기와 모양 및 앞뒤로 복사되어 있는 점은 진정한 통화와 유사하나 그 복사된 정도가 조잡하여 정밀하지 못하고 진정한 통화의 색채를 갖추지 못하고 흑백으로만 되어 있어 객관적으로 이를 진정한 것으로 오인할 염려가 전혀 없는 정도의 것인 경우에는 위조통화행사죄의 객체가 될 수 없다(대법원 1985.4.23. 선고 85도570 판결).

② 변조란 정당한 권한없이 진정한 화폐에 가공하여 그 가치를 변경하는 것이다.

▣ 근거판례 ▣

피고인들이 한국은행발행 500원짜리 주화의 표면 일부를 깎아내어 손상을 가하였지만 그 크기와 모양 및 대부분의 문양이 그대로 남아 있어, 이로써 기존의 500원짜리 주화의 명목가치나 실질가치가 변경되었다거나, 객관적으로 보아 일반인으로 하여금 일본국의 500￥짜리 주화로 오신케 할 정도의 새로운 화폐를 만들어 낸 것이라고 볼 수 없고, 일본국의 자동판매기 등이 위와 같이 가공된 주화를 일본국의 500￥짜리 주화로 오인한다는 사정만을 들어 그 명목가치가 일본국의 500￥으로 변경되었다거나 일반인으로 하여금 일본국의 500￥짜리 주화로 오신케 할 정도에 이르렀다고 볼 수도 없다(대법원 2002. 1. 11. 선고 2000도3950 판결).

(2) 주관적 구성요건

본 죄가 성립하기 위해서는 고의 이외에 행사할 목적이 요구된다. 행사할 목적이란 위조, 변조한 통화를 진화로서 유통하게 하려는 목적을 뜻한다. 따라서 아이들의 장난감으로 사용하기 위해 위조·변조하는 것이나 전시의 목적으로 위조·변조하는 것은 행사의 목적이 없는 경우로, 이 요건을 충족시키지 않는다고 하겠다.

2. 타죄와의 관계

통화 위조 후 이를 행사한 경우 통화위조죄와 위조통화행사죄의 실체적 경합이 된다는 것이 다수설이다.

[내국유통 외국통화 위조, 변조죄(제207조 2항)]

1. 구성요건

(1) 객관적 구성요건

1) 객체

내국에서 유통하는 외국의 화폐, 지폐 또는 은행권이다. 내국유통이란 내국(대한민국의 영역 내를 의미한다. 북한도 포함된다고 보는 것이 판례이다.)에서 사실상 사용되고 있는 것을 의미한다.

▣ 근거판례 ▣

스위스 화폐로서 1998년까지 통용되었으나 현재는 통용되지 않고 다만 스위스 은행에서 신권과의 교환이 가능한 진폐(眞幣)가 형법 제207조 제2항 소정의 내국에서 '유통하는' 외국의 화폐에 해당하지 아니한다(대법원 2003. 1. 10. 선고 2002도3340 판결).

2) 행위

위조 또는 변조하는 것이다.

(2) 주관적 구성요건

고의 이외에 행사할 목적이 있어야 한다.

[외국통용 외국통화 위조, 변조죄(제207조 3항)]

1. 구성요건

(1) 객관적 구성요건

1) 객체

외국에서 통용하는 외국의 화폐, 지폐 또는 은행권이다. 모든 외국통화가 아니라 외국에서 통용, 즉 외국에서 법률상 강제통용력이 인정되고 있는 것이어야 한다.

▣ 근거판례 ▣

형법 제207조 제3항은 "행사할 목적으로 외국에서 통용하는 외국의 화폐, 지폐 또는 은행권을 위조 또는 변조한 자는 10년 이하의 징역에 처한다."고 규정하고 있는바, 여기에서 외국에서 통용한다고 함은 그 외국에서 강제통용력을 가지는 것을 의미하는 것이므로 외국에서 통용하지 아니하는 즉, 강제통용력을 가지지 아니하는 지폐는 그것이 비록 일반인의 관점에서 통용할 것이라고 오인할 가능성이 있다고 하더라도 위 형법 제207조 제3항에서 정한 외국에서 통용하는 외국의 지폐에 해당한다고 할 수 없고, 만일 그와 달리 위 형법 제207조 제3항의 외국에서 통용하는 지폐에 일반인의 관점에서 통용할 것이라고 오인할 가능성이 있는 지폐까지 포함시키면 이는 위 처벌조항을 문언상의 가능한 의미의 범위를 넘어서까지 유추해석 내지 확장해석하여 적용하는 것이 되어 죄형법정주의의 원칙에 어긋나는 것으로 허용되지 않는다(대법원 2004. 5. 14. 선고 2003도3487 판결).

2) 행위

위조 또는 변조하는 것이다.

(2) 주관적 구성요건

고의 이외에 행사할 목적이 요구된다.

[위조, 변조통화 행사 등 죄(제207조 4항)]

1. 구성요건

(1) 객관적 구성요건

1) 객체

위조 또는 변조한 내국통화, 내국유통 외국통화, 외국통용 외국통화이다.

2) 행위

행사하거나 행사할 목적으로 수입 또는 수출하는 것이다.

① 행사는 위조·변조한 통화를 진정한 통화처럼 타인에 대하여 사용하는 것, 즉 유통시키는 것이다. 따라서 직접 거래를 하는 것뿐 아니라 공중전화나 자동판매기에 쓰는 것도 행사에 포함된다. 단, 유통하지 않고 다른 목적으로 교부하는 것은 행사라 할 수 없다.

② 수입은 외국에서 국내로 반입하는 것, 수출은 국내에서 외국으로 반출하는 것을 의미한다.

(2) 주관적 구성요건

고의가 있어야 한다. 다만, 수입, 수출의 경우에는 행사의 목적이 추가적으로 요구된다.

2. 타죄와의 관계

(1) 위조통화를 수입, 수출한 후 행사한 경우

수입, 수출죄와 행사죄의 실체적 경합이 된다.

(2) 위조통화를 행사하여 재물을 편취한 경우

다수설은 위조통화행사죄와 사기죄가 상상적 경합관계라고 보나, 판례는 실체적 경합을 인정하고 있다(79도840참조).

▣ 근거판례 ▣

[1] 통화위조죄에 관한 규정은 공공의 거래상의 신용 및 안전을 보호하는 공공적인 법익을 보호함을 목적으로 하고 있고, 사기죄는 개인의 재산법익에 대한 죄이어서 양죄는 그 보호법익을 달리하고 있으므로 위조통화를 행사하여 재물을 불법영득한 때에는 위조통화행사죄와 사기죄의 양죄가 성립된다.

[2] 무죄부분에 파기사유가 있을 때에는 위 무죄부분과 원심판결 유죄부분은 형법 제37조 전단의 경합범 관계에 있으므로 원판결 전부를 파기한다(대법원 1979.7.10. 선고 79도840 판결).

Ⅱ. 판례

◆ 행사할 목적으로 내국에서 유통하는 외국의 화폐, 지폐 또는 은행권을 위조 또는 변조하는 행위를 처벌하는 특정범죄 가중처벌 등에 관한 법률 제10조 중 형법 제207조 제2항에 관한 부분이 형법 제207조 제2항과의 관계에서 형벌체계상의 정당성과 균형성을 제대로 갖추지 못하여 헌법의 기본원리나 평등원칙에 어긋나는지 여부(적극)

특정범죄가중법 제10조 중 형법 제207조 제2항에 관한 부분(이하 '이 사건 특정범죄가중법 조항' 이라 한다)은, 형법 제207조 제2항(이하 '이 사건 형법 조항' 이라 한다)의 범죄를 범한 사람, 즉 "행사할 목적으로 내국에서 유통하는 외국의 화폐, 지폐 또는 은행권을 위조 또는 변조한 자"를 이 사건 형법 조항에서 정한 법정형보다 중하게 처벌한다는 취지이다.그런데 이 사건 특정범죄가중법 조항은 이 사건 형법 조항에서 정한 구성요건 외에 특별한 가중적 구성요건의 표지를 전혀 추가하지 않고 법정형만을 가중함으로써 그 법적용을 오로지 검사의 기소재량에만 맡기고 있어 법적용에 대한 혼란을 낳게 되고 더욱이 그 법정형은 이 사건 형법 조항에서 정한 형과 달리 사형을 추가하고 유기징역형의 하한도 5배나 가중하고 있어 형벌체계상의 정당성과 균형성을 제대로 갖추지 못하였다고 할 수 있으므로, 결국 기소 재량에 의하여 어느 규정이 적용되는지 여부에 따라 심각한 형의 불균형이 초래되어 헌법의 기본원리나 평등원칙에 어긋날 수 있다.

따라서 이 사건 형법 조항에 해당하는 범죄를 범한 위 공소사실에 대하여 이 사건 특정범죄가중법 조항을 적용하여 기소된 이 사건에서, 원심으로서는 이 사건 특정범죄가중법 조항의 위헌 여부 내지는 그 적용에 따른 위헌적 결과를 피하기 위한 공소장변경절차 등의 필요 유무 등에 관하여 심리·판단하였어야 함에도, 이를 살펴보지 아니한 채 이 사건 특정범죄가중법 조항을 위반한 공소사실로서의 유죄로 인정함으로써 판결에 영향을 미친 위법이 있다(대법원 2015. 2. 16., 선고, 2014도14843, 판결).

◆ 위조된 외국의 화폐, 지폐 또는 은행권이 외국에서 강제통용력이 없고 국내에서 사실상 거래 대가의 지급수단이 되지 않는 경우, 그 화폐 등을 행사한 행위가 위조통화행사죄를 구성하는지 여부(소극) 및 이 경우 위조사문서행사죄 또는 위조사도화행사죄로 의율할 수 있는지 여부(적극)

형법상 통화에 관한 죄는 문서에 관한 죄에 대하여 특별관계에 있으므로 통화에 관한 죄가 성립하는 때에는 문서에 관한 죄는 별도로 성립하지 않는다. 그러나 위조된 외국의 화폐, 지폐 또는 은행권이 강제통용력을 가지지 않는 경우에는 형법 제207조 제3항에서 정한 '외국에서 통용하는 외국의 화폐 등' 에 해당하지 않고, 나아가 그 화폐 등이 국내에서 사실상 거래 대가의 지급수단이 되고 있지 않는 경우에는 형법 제207조 제2항에서 정한 '내국에서 유통하는 외국의 화폐 등' 에도 해당하지 않으므로, 그 화폐 등을 행사하더라도 형법 제207조 제4항에서 정한 위조통화행사죄를 구성하지 않는다고 할 것이고, 따라서 이러한 경우에는 형법 제234조에서 정한 위조사문서행사죄 또는 위조사도화행사죄로 의율할 수 있다고 보아야 한다(대법원 2013.12.12, 선고, 2012도2249, 판결).

◆ 형법 제207조 통화위조죄 등에서 '행사할 목적' 의 의미 및 자신의 신용력을 증명하기 위하여 타인에게 보일 목적으로 통화를 위조한 경우, 행사할 목적이 인정되는지 여부(소극)

형법 제207조에서 정한 '행사할 목적' 이란 유가증권위조의 경우와 달리 위조 · 변조한 통화를 진정한 통화로서 유통에 놓겠다는 목적을 말하므로, 자신의 신용력을 증명하기 위하여 타인에게 보일 목적으로 통화를 위조한 경우에는 행사할 목적이 있다고 할 수 없다. (대법원 2012.3.29. 선고 2011도7704 판결)

◆ 일본국의 자동판매기 등에 투입하여 일본국의 500￥짜리 주화처럼 사용하기 위하여 한국은행발행 500원짜리 주화의 표면 일부를 깎아내어 손상을 가한 경우, 통화변조에 해당하는지 여부(소극)

(1) 사실관계

한국은행발행 500원짜리 주화와 일본국의 500￥짜리 주화는 그 재질 및 크기가 유사하여 한국은행발행 500원짜리 주화의 표면을 깎아내어 일본국의 500￥짜리 주화의 무게와 같도록 하면 이를 일본국의 자동판매기 등에 투입하여 일본국의 500￥짜리 주화처럼 사용할 수 있다는 사실에 착안한 피고인들은 한국은행발행 500원짜리 주화를 매집한 다음, 일부는 앞면의 학 문양 부분을 선반으로 깎아내고 그 나머지는 일본에서 가공하기로 하여 그 전부를 일본국에 밀반출하였다.

(2) 판결요지

피고인들이 한국은행발행 500원짜리 주화의 표면 일부를 깎아내어 손상을 가하였지만 그 크기와 모양 및 대부분의 문양이 그대로 남아 있어, 이로써 기존의 500원짜리 주화의 명목가치나 실질가치가 변경되었다거나, 객관적으로 보아 일반인으로 하여금 일본국의 500￥짜리 주화로 오신케 할 정도의 새로운 화폐를 만들어 낸 것이라고 볼 수 없고, 일본국의 자동판매기 등이 위와 같이 가공된 주화를 일본국의 500￥짜리 주화로 오인한다는 사정만을 들어 그 명목가치가 일본국의 500￥으로 변경되었다거나 일반인으로 하여금 일본국의 500￥짜리 주화로 오신케 할 정도에 이르렀다고 볼 수도 없다(대법원 2002. 1. 11. 선고 2000도3950 판결).

◆ 스위스 화폐로서 1998년까지 통용되었으나 현재는 통용되지 않고 다만 스위스 은행에서 신권과의 교환이 가능한 진폐(眞幣)가 형법 제207조 제2항 소정의 내국에서 '유통하는' 외국의 화폐에 해당하지 아니한다고 한 사례

[1] 형법 제207조 제2항 소정의 내국에서 '유통하는'이란, 같은 조 제1항, 제3항 소정의 '통용하는'과 달리, 강제통용력이 없이 사실상 거래 대가의 지급수단이 되고 있는 상태를 가리킨다.

[2] 스위스 화폐로서 1998년까지 통용되었으나 현재는 통용되지 않고 다만 스위스 은행에서 신권과의 교환이 가능한 진폐(眞幣)가 형법 제207조 제2항 소정의 내국에서 '유통하는' 외국의 화폐에 해당하지 아니한다고 한 사례.

[3] 위조통화임을 알고 있는 자에게 그 위조통화를 교부한 경우에 피교부자가 이를 유통시키리라는 것을 예상 내지 인식하면서 교부하였다면, 그 교부행위 자체가 통화에 대한 공공의 신용 또는 거래의 안전을 해할 위험이 있으므로 위조통화행사죄가 성립한다(대법원 2003. 1. 10. 선고 2002도3340 판결).

◆ 일반인의 관점에서 통용할 것이라고 오인할 가능성이 있는 외국의 지폐가 형법 제207조 제3항에서 규정한 '외국에서 통용하는 외국의 지폐'에 해당하는지 여부

(1) 사실관계

> 피고인A는 공소외 1과 공모하여, 행사할 목적으로, 2001. 9. 6. 17:00경 서울 강서구 화곡동에 있는 상호불상의 커피숍에서 미합중국 100만 달러 지폐 6장과 10만 달러 지폐 6장 등 합계 660만 달러(한화 약 73억 원 상당)가 위조지폐라는 정을 알면서도 공소외 2로부터 교부받아 이를 취득하였다.

(2) 판결요지

[1] 형법 제207조 제3항은 "행사할 목적으로 외국에서 통용하는 외국의 화폐, 지폐 또는 은행권을 위조 또는 변조한 자는 10년 이하의 징역에 처한다."고 규정하고 있는바, 여기에서 외국에서 통용한다고 함은 그 외국에서 강제통용력을 가지는 것을 의미하는 것이므로 외국에서 통용하지 아니하는 즉, 강제통용력을 가지지 아니하는 지폐는 그것이 비록 일반인의 관점에서 통용할 것이라고 오인할 가능성이 있다고 하더라도 위 형법 제207조 제3항에서 정한 외국에서 통용하는 외

국의 지폐에 해당한다고 할 수 없고, 만일 그와 달리 위 형법 제207조 제3항의 외국에서 통용하는 지폐에 일반인의 관점에서 통용할 것이라고 오인할 가능성이 있는 지폐까지 포함시키면 이는 위 처벌조항을 문언상의 가능한 의미의 범위를 넘어서까지 유추해석 내지 확장해석하여 적용하는 것이 되어 죄형법정주의의 원칙에 어긋나는 것으로 허용되지 않는다.

[2] 미국에서 발행된 적이 없이 단지 여러 종류의 관광용 기념상품으로 제조, 판매되고 있는 미합중국 100만 달러 지폐와 과거에 발행되어 은행 사이에서 유통되다가 현재는 발행되지 않고 있으나 화폐수집가나 재벌들이 이를 보유하여 오고 있는 미합중국 10만 달러 지폐가 막연히 일반인의 관점에서 미합중국에서 강제통용력을 가졌다고 오인할 수 있다는 이유로 형법 제207조 제3항의 외국에서 통용하는 지폐에 포함된다고 판단한 원심판결을 파기한 사례(대법원 2004. 5. 14. 선고 2003도3487 판결).

◆ 통화위조죄와 위조통화행사죄의 객체인 '위조통화'가 유통과정에서 일반인이 진정한 통화로 오인할 정도의 외관을 갖추어야 하는지 여부(적극)

통화위조죄와 위조통화행사죄의 객체인 위조통화는 유통과정에서 일반인이 진정한 통화로 오인할 정도의 외관을 갖추어야 한다.(대법원 2012.3.29. 선고 2011도7704 판결)

Ⅲ. 수사실무

1. 수사포인트

(1) 범행의 동기와 목적을 확실히 해야 한다.

(2) 행사할 목적이 누구를 상대로 사용하려 한 것인지, 스스로 사용할 목적이었는지 타인에게 사용시킬 목적이었는지를 밝혀야 한다.

(3) 통화의 성격에 따라 적용법조가 다르므로 주의해야 한다.

→ 우리나라에서 통용되는 통화인가(제207조 제1항), 우리나라에서 유통되는 외국통화인가(제207조 제2항), 외국에서 통용되는 외국통화인가(제207조 제3항).

(4) 위조·변조통화 및 그에 사용한 재료와 기계 등을 즉시 압수한다.

(5) 특히 이 죄는 범행의 착수전이라도 器材·原料를 준비하면 예비·음모죄가 성립하므로 주의해야 한다(제213조).

(6) 이 죄는 기술적인 면에서 조각업자·인쇄업자·사진업자·동판 및 석판업자

가 공범으로 가담하는 것이 보통이므로 이에 대해서도 조사한다.

(7) 통화행사의 태양과 거래처 및 피해자를 조사한다. 이 때 상대방이 위조·변조한 정을 알고 있었는지 여부는 불문한다.

(8) 수출 또는 수입행위라면 그 경로와 조직에 대해서도 수사한다.

(9) 통화위조행위와 그 행사행위 간에는 별개의 죄가 성립함에 주의한다.

2. 피의자 신문례

(1) 한국은행에서 발행한 화폐를 위조한 사실이 있나요

(2) 어떤 화폐를 위조하였나요

(3) 언제, 어디에서 위조하였나요

(4) 위조를 위해 무엇을 이용하였나요

(5) 스캐너는 언제, 어디에서 구입하였나요

(6) 위조는 어떠한 방법으로 하였나요

(7) 함께 위조한 사람은 누구인가요

(8) 원본화폐는 어떻게 하였나요

(9) 위조한 화폐를 언제, 어디에서 사용하였나요

(10) 나머지 위조화폐는 어디에 있나요

3. 범죄사실 기재례

【범죄사실 기재례】

(1) 피의자는 통용하는 한국은행권 5,000원권 10매를 1조의 재료로 하여, 각 오른쪽 끝의 첫번째장은 폭 약 10분의 1로 오려내고, 두번째장은 폭 약 10분의 2, 세번째장은 폭 약 10분의 3, 이런 식으로 차례로 그 폭을 차츰 배로 하여 오려냈다. 그런 다음, 그 첫 번째장 왼쪽 부분에는 그 오른쪽 끝에 좁은 백지를, 두번째장 왼쪽 부분에는 그 오른쪽 끝에서 오려낸 첫번째장 오른쪽 끝을, 세번째장에는 그 오른쪽 끝에서 오려낸 두 번째장의 오른쪽 끝을, 이러한 차례로 똑같은 방법으로 이어 맞추어 뒷면에서 풀칠을 하고 마지막의

열번째장의 오른쪽 부분에는 그 왼쪽에 좁은 백지를 이어 맞추어 뒷면에서 이어 붙였다.

결국 피의자는 위와 같은 방법으로 통용되는 한국은행권을 위조할 것을 마음먹고 행사할 목적으로, 20○○. ○. ○.경 서울 ○○구 ○○동 ○○번지에 있는 피의자 집 2층 3평짜리 방에서 미리 준비한 내국통용의 금액 5천원의 한국은행권과 백지, 판자, 가위, 풀, 면도날 등을 사용하여 전기와 같은 방법으로 내국통용의 한국은행이 발행하는 5천원짜리 은행권 4매를 각 위조하였다.

그리고 피의자는 같은 달 ○. 22 : 40경 서울 ○○구 ○○동 ○○번지에 있는 ○○담배가게에서 한라산 담배 1갑을 사면서, 위와 같이 위조한 한국은행권 중 1매를 그 정을 모르는 위 가게의 종업원 염○○에게 그 담배 1갑의 대금으로 제시하여 이를 행사하였다.

※ 형법 제207조 제1항 및 특정범죄가중처벌등에관한법률 제10조에 해당할 것이나 형법상 통화위조죄는 특가법 제10조에서 가중처벌 범죄로 수용하므로 사문화되어 그 죄명을 「특정범죄가중처벌등에관한법률위반(통화위조)」로 해야 할 것임.

(2) 피의자는 행사할 목적으로 20○○. ○. ○. 경 ○○동 소재 ○○커피숍에서 미합중국 100만달러 지폐6장과 10만달러 지폐 6장 등 합계 660만달러(한화 약 72억5천만원 상당)가 위조지폐라는 정을 알면서도 김○○로부터 교부받아 이를 취득하였다.

4. 적용실례

(1) 위조지폐인지 모르고 사용한 경우

A는 만원권 위조지폐 한장을 B에게 주며 담배를 사오라고 시켰다. 그 때 B는 그것이 위조지폐라는 것을 알지 못했고, A도 B에게 가르쳐주지 않았다.

➡ 위조·변조통화라는 것을 상대방에게 알리지 않고 교부한 경우로, 자동판매기에 위조통화를 사용한 행위와 같이 보아 A의 행위는 위조통화의 "행사"라고 하는 것이 다수설이다.

5. 참고사항

(1) 통화위조의 유형

1) 전자복사(칼라)기로 통화를 복사하여 위조한 경우

2) 지폐(돈)를 오리고 붙이는 방법으로 위조한 경우

3) 미국화폐인 달러를 옵셋인쇄기 등으로 인쇄하여 위조한 경우

4) 주물공장 등에서 금형을 만들어 통화(주화 : 동전)를 만드는 경우

5) 컴퓨터와 스캐너를 이용하여 컬러프린터로 인쇄하여 위조한 경우

(2) 위조지폐 식별방법

항목 / 구분	진짜지폐	위조지폐
1. 숨은그림 (공통)	지폐 전면 좌측 부분을 밝은 빛에 비추어 보면 세종대왕, 이이, 이황의 초상화가 숨은그림으로 들어있음	컬러복사한 경우 초상화가 보이지 않음
2. 볼록인쇄 (공통)	지폐의 전면 우측 하단에 숫자(10000, 5000, 1000원)나 좌측하단의 문양(맹인부호)등이 볼록하게 인쇄되어 있어 손으로 만지면 느낄 수 있음	위조지폐는 볼록인쇄가 되지 않음
3. 미세문자 (만원)	지폐 전면 좌중간의 물시계 받침 하단에 한국은행이라는 미세문자가 있으며 돋보기로 확인가능	복사한 위조지폐의 경우 돋보기로 봐도 미세문자가 나타나지 않음
4. 부분노출은선 (만원)	'만' 자와 '원' 자 사이에 알미늄 호일을 넣어 은선으로 나타남	'만' 자와 '원' 자 사이의 은선을 칼라 복사시 흑색으로 나타남
5. 숨은숫자 (만원)	지폐 전면 우측편에 인쇄된 숨은 숫자는 위쪽 또는 아래쪽에서 비스듬이 보면 10000자가 세로로 선명하게 나타남	위조지폐는 숨은숫자인 10000자가 잘 나타나지 않음
6. 광간섭무늬 (만원)	지폐 전면 좌측 숨은그림 부분의 나선형 무늬가 들어있음	지폐 전면 좌측 숨은그림 부분의 나선형 무늬가 깨어짐
7. 앞뒷판맞춤 (공통)	지폐의 전면 우측 상단과 후면의 좌측상단 같은 위치에 같은 도안을 인쇄하여 밝은 곳에서 비추어 보면 일치	위조 지폐는 지폐전면 우측상단과 후면 좌측상단의 도안이 일치하지 않음
8. 시변각잉크 (만원)	보는 방향에 따라서 황금색에서 연두색으로 바뀜	보는 방향에 따라 색상변화가 없거나 색상변화가 다름

※ 외환(달러, 엔화 등)의 위, 변조 관계는 외환은행에 문의.

2. 위조, 변조통화 취득죄

제208조【위조통화의 취득】
행사할 목적으로 위조 또는 변조한 제207조 기재의 통화를 취득한 자는 5년 이하의 징역 또는 1천500만원 이하의 벌금에 처한다. 〈개정 1995.12.29.〉

[취득후의지정행사] 210, [외국인의국외범] 5, [미수] 212, 국보4①, [공소시효] : 7년

Ⅰ. 이론

1. 구성요건

(1) 객관적 구성요건

1) 객체

위조 또는 변조한 내국통화, 내국유통 외국통화, 외국통용 외국통화이다.

2) 행위

취득이다. 즉, 자기의 점유로 옮기는 일체의 행위를 의미한다.

(2) 주관적 구성요건

고의 이외에 행사할 목적이 필요하다.

2. 죄수

위조통화를 취득한 후에 행사한 경우에는 위조통화취득죄(제208조)와 위조통화행사죄(제207조 4항)의 실체적 경합관계가 된다.

Ⅱ. 수사실무

1. 피의자 신문례

(1) 피의자는 이○○으로부터 일본 화폐를 구입하였나요

(2) 언제, 어디에서 구입한 것인가요

(3) 구입한 화폐는 어떤 화폐인가요

(4) 거래가격은 어떠하였나요

(5) 구입당시 위조화폐라는 것을 알고 있었나요

(6) 그렇다면 위조화폐를 구입한 이유는 무엇인가요

(7) 구입한 위조화폐를 사용하였나요

2. 범죄사실 기재례

【범죄사실 기재례】

피의자는, 20○○. ○. ○.경 부산 ○○구 ○○동 ○○번지에 있는 모○○의 집에서 그가 전부터 내국에서 유통하는 외국지폐인 미합중국 발행의 100달러 표시 군표 1장을 습득 소지하고 있다가 그것이 위조화폐인 것을 알면서도 그 정을 모르는 위 오○○에게 제시하여 한국은행권 10만원과 교환함으로써 이를 행사하였다.

3. 적용실례

(1) 훔친 화폐가 위조권인 것을 알면서도 사용한 경우

A는, B의 집에서 1만원권 50매를 훔쳤는데 나중에 그것이 위조지폐라는 것을 알았다. 그리고 그것을 알면서도, 그 사정을 모르는 C에게 그 중 20매를 교부하였다. 위조통화취득후의 지정행사죄에 해당하는가?

➡ 위조통화를 모르고 취득한 이상 취득의 적법·위법은 문제되지 않으므로 위조통화취득후의 지정행사죄에 해당한다.

3. 자격정지 또는 벌금의 병과

제209조【자격정지 또는 벌금의 병과】

제207조 또는 제208조의 죄를 범하여 유기징역에 처할 경우에는 10년 이하의 자격정지 또는 2천만원 이하의 벌금을 병과할 수 있다. 〈개정 1995.12.29.〉

[공소시효] 형소249① : [공소시효] : 5년

내국통화 위조, 변조죄(제207조 1항), 내국유통 외국통화 위조, 변조죄(제207조 2

항), 외국통용 외국통화 위조, 변조죄(제207조 3항), 위조, 변조통화 행사 등 죄(제207조 4항), 위조, 변조통화취득죄(제208조)의 죄를 범하여 유기징역에 처할 경우에는 10년 이하의 자격정지 또는 2천만원 이하의 벌금을 병과할 수 있다.

4. 위조통화취득후 지정행사죄

제210조【위조통화 취득 후의 지정행사】
제207조에 기재한 통화를 취득한 후 그 사정을 알고 행사한 자는 2년 이하의 징역 또는 500만원 이하의 벌금에 처한다.
[전문개정 2020. 12. 8.]

[외국인의국외범] 5, [공소시효] : 5년

○ 이 죄는 위조통화취득죄(제208조)에 비해 가볍게 처벌하고 있는데, 이는 동기에 있어서 유혹적이며 기대가능성이 적기 때문이다.

Ⅰ. 이론

1. 구성요건

(1) 객관적 구성요건

1) 객체

위조 또는 변조한 내국통화, 내국유통 외국통화, 외국통용 외국통화이다.

2) 행위

이 죄의 행위는 위조·변조한 통화를 모르고 취득한 후 그 정을 알면서 행사하는 것이다.

① 취득이란 자기의 소지로 옮기는 일체의 행위이며, 여기에서의 취득은 僞貨라는 정을 모르고 취득한 것이라는 조건이 필요하다.

② 처음부터 위화라는 것을 알고 취득한 다음 이것을 행사했다면 위조통화취득죄(제208조)와 위조통화행사죄(제207조 제4항)가 성립하고 양죄는 실체적 경합의 관계에 선다.

(2) 주관적 구성요건

행사의 고의는 자기 자신이 행사하는 것뿐만 아니라 다른 사람에게 교부하여 그로 하여금 행사하게 하는 것도 포함한다.

Ⅱ. 수사실무

1. 피의자 신문례

(1) 피의자는 이○○으로부터 미국 화폐를 구입한 일이 있나요

(2) 언제, 어디에서 구입하였나요

(3) 구입한 화폐는 어떤 화폐인가요

(4) 얼마에 거래하였나요

(5) 구입당시 그 화폐가 위조화폐라는 것을 알고 있었나요

(6) 그렇다면 언제 그 화폐가 위조화폐라는 것을 알게 되었나요

(7) 위조화폐라는 것을 알게 된 후 그 화폐를 사용하였나요

(8) 언제, 어디에서 사용한 것인가요

2. 범좌사실 기재례

【범죄사실 기재례】

피의자는, 20○○. ○. ○.경 부산 ○○구 ○○동 ○○번지에 있는 모○○의 집에서 그가 전부터 내국에서 유통하는 외국지폐인 미합중국 발행의 100달러 표시 군표 1장을 습득소지하고 있다가 그것이 위조화폐인 것을 알면서도 그 정을 모르는 위 오○○에게 제시하여 한국은행권 10만원과 교환함으로써 이를 행사하였다.

3. 적용실례

(1) 훔친 화폐가 위조권인 것을 알면서도 사용한 경우

A는, B의 집에서 1만원권 50매를 훔쳤는데 나중에 그것이 위조지폐라는

것을 알았다. 그리고 그것을 알면서도, 그 사정을 모르는 C에게 그 중 20매를 교부하였다. 위조통화취득후의 지정행사죄에 해당하는가?

➡ 위조통화를 모르고 취득한 이상 취득의 적법·위법은 문제되지 않으므로 위조통화취득후의 지정행사죄에 해당한다.

5. 통화유사물제조, 수입, 수출, 판매죄

제211조【통화유사물의 제조 등】

① 판매할 목적으로 내국 또는 외국에서 통용하거나 유통하는 화폐, 지폐 또는 은행권에 유사한 물건을 제조, 수입 또는 수출한 자는 3년 이하의 징역 또는 700만원 이하의 벌금에 처한다. 〈개정 1995.12.29.〉

② 전항의 물건을 판매한 자도 전항의 형과 같다.

[외국인의국외범] 5, [미수범] 212, [공소시효] : 5년

Ⅰ. 이론

1. 구성요건

(1) 객관적 구성요건

1) 객체

이 죄의 객체는 내국 또는 외국에서 통용하거나 유통하는 화폐, 지폐 또는 은행권에 유사한 물건, 즉 통화유사물이다.

① 통화와 유사한 물건이란 진화와 유사하기는 하지만 위조의 정도에는 이르지 않은, 즉 일반인으로 하여금 진화로 오인케 할 정도에 이르지 않는 모조품을 말한다.

② 우리나라의 통화는 물론이고 실재하는 외국 어느 나라의 통화와도 유사한 물건이면 이에 해당한다.

2) 행위

행위는 제조·수입·수출 또는 판매하는 것이다.

(2) 주관적 구성요건

제조, 수입, 수출의 경우에는 고의 외에도 판매의 목적이 있어야 한다. 판매의 경우에는 고의만 있으면 된다.

6. 미수범 · 예비, 음모

제212조【미수범】

제207조, 제208조와 전조의 미수범은 처벌한다.

[미수범] 25-29

내국통화 위조, 변조죄(제207조 1항), 내국유통 외국통화 위조, 변조죄(제207조 2항), 외국통용 외국통화 위조, 변조죄(제207조 3항), 위조, 변조통화 행사 등 죄(제207조 4항), 위조, 변조통화취득죄(제208조), 통화유사물제조, 수입, 수출, 판매죄(제211조)의 미수범은 처벌한다.

제213조【예비, 음모】

제207조제1항 내지 제3항의 죄를 범할 목적으로 예비 또는 음모한 자는 5년 이하의 징역에 처한다. 단, 그 목적한 죄의 실행에 이르기 전에 자수한 때에는 그 형을 감경 또는 면제한다.

[외국인의국외범] 5, [단서의주장에대한판단] 형소323②, [공소시효] : 7년

내국통화 위조, 변조죄(제207조 1항), 내국유통 외국통화 위조, 변조죄(제207조 2항), 외국통용 외국통화 위조, 변조죄(제207조 3항)를 범할 목적으로 예비 또는 음모한 자를 처벌하는 규정이다. 다만, 그 목적한 죄의 실행에 이르기 전에 자수한 때에는 그 형을 감경 또는 면제한다(필요적 감면).

▣ 근거판례 ▣

행사할 목적으로 미리 준비한 물건들과 옵세트인쇄기를 사용하여 한국은행권 1,000원 짜리를 사진찍어 그 필름 원판 7매와 이를 확대하여 현상할 인화지 7매를 만들었음에 그쳤다면 아직 통화위조의 착수에는 이르지 아니하였고 그 예비단계에 불과하다(대법원 1966. 12. 6. 선고 66도1317 판결).

제 19 장 유가증권, 우표와 인지에 관한 죄 (제214조 ~ 제224조)

제19장 유가증권, 우표와 인지에 관한 죄(제214조 ~ 제224조)

1. 유가증권 위조, 변조죄 · 기재의 위조, 변조죄

> **제214조【유가증권의 위조 등】**
> ① 행사할 목적으로 대한민국 또는 외국의 공채증서 기타 유가증권을 위조 또는 변조한 자는 10년 이하의 징역에 처한다.
> ② 행사할 목적으로 유가증권의 권리의무에 관한 기재를 위조 또는 변조한 자도 전항의 형과 같다.

[수표등의변조의민사책임] 수50 · 어69, [공채] 헌58, 국채, 지자124, [유가증권] 우편환법, 어, 수, 상155-168 · 469-512 · 813-820, [위조등의표시] 형소485, [미수범] 223, [공소시효] : 10년

○ 이 조는 경제거래에 있어서 유가증권은 통화에 가까운 유통성을 가지므로 유가증권에 관한 법적 거래의 신용과 안전을 보호하고자 하는 것이다.

Ⅰ. 이론

[유가증권 위조, 변조죄(제214조 1항)]

1. 구성요건

(1) 객관적 구성요건

1) 객체

대한민국 또는 외국의 공채증서 기타 유가증권이다. 공채증서란 국가 또는 지방자치단체가 발행하는 국공채 또는 지방채의 증권을 의미한다. 그리고 유가증권이란 사법상의 재산권을 表彰하는 증권으로서, 증권상에 표시된 재산상의 권리를 행사할 때 반드시 제시해야 하는 것을 총칭한다. 유가증권은 반드시

유통성을 가질 필요는 없으며 재산권이 증권에 化體된다는 것과 그 권리의 행사와 처분에 증권의 점유를 필요로 한다는 두가지 요소를 갖추어야 한다. 따라서 재산권이 증권에 화체된 신용카드는 유가증권에 해당하지만 재산권이 화체되었다고 볼 수 없는 물품구입증이나 영수증과 같은 증거증권, 증서의 점유가 권리행사의 요건이 되지 않는 면책증권은 유가증권이 될 수 없다. 유가증권은 어음, 수표, 화물상환증, 선하증권, 창고증권과 같은 법률상의 유가증권뿐 아니라, 승차권, 상품권과 같은 사실상의 유가증권도 포함한다.

▣ 근거판례 ▣

신용카드업자가 발행한 신용카드는 이를 소지함으로써 신용구매가 가능하고 금융의 편의를 받을 수 있다는 점에서 경제적 가치가 있다 하더라도, 그 자체에 경제적 가치가 화체되어 있거나 특정의 재산권을 표창하는 유가증권이라고 볼 수 없고, 단지 신용카드회원이 그 제시를 통하여 신용카드회원이라는 사실을 증명하거나 현금자동지급기 등에 주입하는 등의 방법으로 신용카드업자로부터 서비스를 받을 수 있는 증표로서의 가치를 갖는 것이어서, 이를 사용하여 현금자동지급기에서 현금을 인출하였다 하더라도 신용카드 자체가 가지는 경제적 가치가 인출된 예금액만큼 소모되었다고 할 수 없으므로, 이를 일시 사용하고 곧 반환한 경우에는 불법영득의 의사가 없다(대법원 1999. 7. 9. 선고 99도857 판결).

구 분	요 지
의 미	(대한민국 또는 외국의 공채증서 기타의 유가증권) ㉮ 공채증서—국가·지방자치단체에서 발행하는 국채나 공채(유가증권의 일례) ㉯ 유가증권—재산권이 체화되어 표시된 증권으로서 증권 점유를 요하는 것
내 용	㉮ 재산권이라면 물권·가권·사원권을 불문한다. ㉯ 재산권의 주체도 사인·국가·외국을 불문한다(§ 214). ㉰ 기명식·무기명식·지시식을 불문한다.
종 류	㉮ 유가증권에 해당할 것 a) 법률상의 것—약속어음·환어음·수표·주식회사의 주권·사채권·화물상환증·창고증권·선하증권 등

	b) 사실상의 것—철도·전차·자동차 등의 승차권·상품권·복권·극장이나 흥행장의 입장권·관람권 등 ㈏ 유가증권이 아닌 것—증명증권(신용증서), 증거증권(영수증), 면책증권(공중접객업소가 발행하는 신발표, 수·소화물상환표), 금액권(우표·수입인지·지폐), 물품구입권, 무기명정기예금증서 등
유통성의 유무	유가증권에 유통성이 있음을 요하는가? 일반인으로 하여금 일견진정한 유가증권임을 인정할 정도의 형식을 구비할 것이라면 유통성의 유무는 불필요하다는 것이 통설, 판례이다(황산덕「名論」126면 : 유기천「名論」(下)202면 : 진계호「名論」548면 : 1972. 12. 26. 한대판), 대표이사의 날인 없는 주권(1974. 12. 24. 한대판), 허무인 명의로 작성된 유가증권(1971. 7. 27. 한대판) 등도 유가증권임에 변함이 없다.

2) 행위

위조 또는 변조하는 것이다.

① 유가증권의 위조란 작성권이 없는 자가 타인명의를 모용하여 유가증권의 외관을 가지는 증권을 작성하는 것을 말한다.

② 위조의 정도는 외관상 일반인으로 하여금 진정한 유가증권이라고 오신케 할 정도이면 충분하고 반드시 실체법상 유효할 정도의 요건을 구비할 필요는 없다. 따라서 타인명의를 모용하여 발행일자의 기재가 없는 수표를 작성한 경우, 발행인의 날인이 없는 수표를 발행한 경우, 대표이사의 날인이 없는 주권을 발행한 경우 등과 같이 실체법상 무효인 경우라도 그것이 외관상 일반인으로 하여금 진정한 것으로 신용하게 할 정도이면 위조는 기수가 된다. 그러나 그 작성기술이 졸렬하여 일반인이 오신할 정도의 외관을 갖추지 못한 때에는 미수에 불과할 것이다.

③ 위조의 작성·방법에는 제한이 없다. 진정한 증권으로서의 외관을 갖춘 것이라면 약속어음의 파지면을 모아서 조합하거나, 기간이 경과한 정기승차권의 종기를 고치는 것 등도 모두 위조가 된다. 약속어음·수표를 완성시키는 행위도 위조의 한 형태이다. 예컨대 백지약속어음의 액면란에 보충권의 범위를 초월한 금액을 기입한 경우, 타인이 위조한 백지어음의 액면란에 금액을 기입하는 경우가 이에 해당한다.

④ 유가증권의 변조란 진정하게 성립된 타인명의 유가증권의 기재에 권한 없이 변경을 가하는 것을 말한다.

(2) 주관적 구성요건

유가증권을 위조 또는 변조한다는 점에 대한 고의 외에 행사의 목적이 있을 것을 필요로 한다.

2. 죄수

유가증권 위조, 변조죄의 죄수는 유가증권의 수를 기준으로 결정한다.

▣ 근거판례 ▣

유가증권위조죄의 죄수는 원칙적으로 위조된 유가증권의 매수를 기준으로 정할 것이므로, 약속어음 2매의 위조행위는 포괄일죄가 아니라 경합범이다(대법원 1983.4.12. 선고 82도2938 판결).

3. 타 범죄와의 관계

(1) 사기죄

위조된 약속어음을 진정한 약속어음인 것처럼 속여 채권자에게 교부하였다고 해도 어음이 결제되지 않는 한 물품대금채무가 소멸되지 않으므로 사기죄는 성립하지 않는다. 그러나 위조된 약속어음을 진정한 약속어음인 것처럼 속여 물품을 편취하거나 할인을 받은 경우에는 당연히 사기죄가 성립한다.

(2) 부정수표단속법위반

수표를 위조 또는 변조한 경우에는 특별법인 부정수표단속법 제5조가 적용된다.

(3) 인장위조죄

유가증권을 위조하는 방법으로 인장을 위조한 때에는 인장위조죄는 유가증권위조죄에 흡수된다.

[기재의 위조, 변조죄(제214조 2항)]

1. 구성요건

(1) 객관적 구성요건

1) 객체

본 죄의 객체는 유가증권의 권리, 의무에 관한 기재이다. 즉, 배서, 인수, 보증과 같은 부수적 증권행위의 기재사항이 본 죄의 객체이다.

2) 행위

위조 또는 변조하는 것이다.

① 이 죄의 위조는 기본적 증권행위가 유효하게 성립한 후 부수적 증권행위에 대하여 작성명의를 모용하는 것을 말한다.

② 변조는 부수적 증권행위에 관한 내용을 변경하는 것을 말한다.

(2) 주관적 구성요건

고의와 행사할 목적이 있어야 한다.

2. 문서손괴와 구별

약속어음의 발행인이 소지인에게 어음의 액면과 지급기일을 개서해 주겠다고 하여 위 어음을 교부받은 후 위 어음의 수취인란에 타인의 이름을 추가로 기입하여 위 어음배서의 연속성을 상실하게 함으로써 그 효용을 해하는 경우는 문서손괴죄가 된다.

Ⅱ. 판례

◆ 주식회사의 대표이사가 대표 자격을 표시하는 방식으로 문서를 작성한 행위가 위조에 해당하는지 판단하는 기준(=작성권한의 유무)

주식회사의 대표이사가 그 대표 자격을 표시하는 방식으로 작성한 문서에 표현된 의사 또는 관념이 귀속되는 주체는 대표이사 개인이 아닌 주식회사이므로 그 문서의 명의자는 주식회사라고 보아야 한다. 따라서 위와 같은 문서 작성행위가 위조에 해당하는지는 그 작성자가 주식회사 명의의 문서를 적법하게 작성할 권한이 있는지에 따라 판단하여야 하고, 문서에 대표이사로 표시되어 있는 사람으로부터 그 문서 작성에 관하여 위임 또는 승낙을 받았는지에 따라 판단할 것은 아니다(대법원 2008. 12. 24. 선고 2008도7836 판결 참조).

원래 주식회사의 적법한 대표이사는 회사의 영업에 관하여 재판상 또는 재판외의 모든 행위를 할 권한이 있으므로, 대표이사가 직접 주식회사 명의의 문서를 작성하는 행위는 자격모용사문서작성 또는 위조에 해당하지 않는 것이 원칙이다. 이는 그 문서의 내용이 진실에 반하는 허위이거나 대표권을 남용하여 자기 또는 제3자의 이익을 도모할 목적으로 작성된 경우에도 마찬가지이다(대법원 2010. 5. 13. 선고 2010도1040 판결 참조).

이러한 법리는 주식회사의 대표이사가 대표 자격을 표시하는 방식으로 약속어음 등 유가증권을 작성하는 경우에도 마찬가지로 적용된다(대법원 2015. 11. 27., 선고, 2014도17894, 판결).

◆ 유가증권의 내용 중 이미 변조된 부분을 다시 권한 없이 변경한 경우, 유가증권변조죄가 성립하는지 여부(소극)

유가증권변조죄에서 '변조'는 진정하게 성립된 유가증권의 내용에 권한 없는 자가 유가증권의 동일성을 해하지 않는 한도에서 변경을 가하는 것을 의미하고, 이와 같이 권한 없는 자에 의해 변조된 부분은 진정하게 성립된 부분이라 할 수 없다. 따라서 유가증권의 내용 중 권한 없는 자에 의하여 이미 변조된 부분을 다시 권한 없이 변경하였다고 하더라도 유가증권변조죄는 성립하지 않는다(대법원 2012.9.27, 선고, 2010도15206, 판결).

◆ 유가증권위조죄의 공범 사이에서의 위조유가증권 교부행위가 위조유가증권행사죄에 해당하는지 여부(소극)

위조유가증권행사죄의 처벌목적은 유가증권의 유통질서를 보호하는 데 있는 만큼 단순히 문서의 신용성을 보호하고자 하는 위조공·사문서행사죄의 경우와는 달리 교부자가 진정 또는 진실한 유가증권인 것처럼 위조유가증권을 행사하였을 때뿐만 아니라 위조유가증권임을 알고 있는 자에게 교부하였더라도 피교부자가 이를 유통시킬 것임을 인식하고 교부하였다면, 그 교부행위 그 자체가 유가증권의 유통질서를 해할 우려가 있어 처벌의 이유와 필요성이 충분히 있으므로 위조유가증권행사죄가 성립한다고 보아야 할 것이지만, 위조유가증권의 교부자와 피교부자가 서로 유가증권위조를 공모하였거나 위조유가증권을 타에 행사하여 그 이익을 나누어 가질 것을 공모한 공범의 관계에 있다면, 그들 사이의 위조유가증권 교부행위는 그들 이외의 자에게 행사함으로써 범죄를 실현하기 위한 전단계의 행위에 불과한 것으로서 위조유가증권은 아직 범인들의 수중에 있다고 볼 것이지 행사되었다고 볼 수는 없다(대법원 2010.12.9, 선고, 2010도12553, 판결).

◆ 갑(甲)이 백지 약속어음의 액면란 등을 부당 보충하여 위조한 후 을(乙)이 갑(甲)과 공모하여 금액란을 임의로 변경한 사안에서, 을(乙)의 행위는 유가증권위조나 변조에 해당여부

갑(甲)이 백지 약속어음의 액면란 등을 부당 보충하여 위조한 후 을(乙)이 갑(甲)과 공모하여 금액란을 임의로 변경한 사안에서, 을(乙)의 행위는 유가증권위조나 변조에 해당하지 않는다고 한 사례(대법원 2008.12.24, 선고, 2008도9494, 판결).

◆ 수표위조·변조에 의한 부정수표단속법 제5조 위반죄의 성립에 '행사할 목적'이 필요한지 여부(소극)

유가증권위조·변조죄에 관한 형법 제214조 제1항은 "행사할 목적으로 대한민국 또는 외국의 공채증서 기타 유가증권을 위조 또는 변조한 자는 10년 이하의 징역에 처한다"라고 규정하고 있는 반면, 수표위조·변조죄에 관한 부정수표단속법 제5조는 "수표를 위조 또는 변조한 자는 1년 이상의 유기징역과 수표금액의 10배 이하의 벌금에 처한다"라고 규정하고 있는바, 이러한 부정수표단속법 제5조의 문언상 본조는 수표의 강한 유통성과 거래수단으로서의 중요성을 감안하여 유가증권 중 수표의 위·변조행위에 관하여는 범죄성립요건을 완화하여 초과주관적 구성요건인 '행사할 목적'을 요구하지 아니하는 한편, 형법 제214조 제1항 위반에 해당하는 다른 유가증권위조·변조행위보다 그 형을 가중하여 처벌하려는 취지의 규정이라고 해석하여야 한다(대법원 2008.2.14, 선고, 2007도10100, 판결).

◆ 폐공중전화카드의 자기기록 부분에 전자정보를 기록하여 사용가능한 공중전화카드를 만든 행위가 유가증권위조죄에 해당한다고 본 사례

(1) 사실관계

> 피고인A는 원심 공동피고인 박○○과 폐공중전화카드의 자기기록 부분을 조작하여 사용가능한 공중전화카드로 만들어 이를 판매하기로 공모하고, 폐공중전화카드의 자기기록 부분에 전자정보를 기록하여 사용가능한 공중전화카드로 만들어 이를 사용하였다.

(2) 판결요지

형법 제214조에서 유가증권이라 함은, 증권상에 표시된 재산상의 권리의 행사와 처분에 그 증권의 점유를 필요로 하는 것을 총칭하는 것인바, 공중전화카드는 그 표면에 전체 통화가능 금액과 발행인이 문자로 기재되어 있고, 자기(磁氣)기록 부분에는 당해 카드의 진정성에 관한 정보와 잔여 통화가능 금액에 관한 정보가 전자적 방법으로 기록되어 있어, 사용자가 카드식 공중전화기의 카드 투입구에 공중전화카드를 투입하면 공중전화기에 내장된 장치에 의하여 그 자기정보가 해독되어 당해 카드가 발행인에 의하여 진정하게 발행된 것임이 확인된 경우 잔여 통화가능 금액이 공중전화기에 표시됨과 아울러 그 금액에 상당하는 통화를 할 수 있도록 공중전화기를 작동하게 하는 것이어서, 공중전화카드는 문자로 기재된 부분과 자기기록 부분이 일체로써 공중전화 서비스를 제공받을 수 있는 재산상의 권리를 화체하고 있고, 이를 카드식 공중전화기의 카드 투입구에 투입함으로써 그 권리를 행사하는 것으로 볼 수 있으므로, 공중전화카드는 형법 제214조의 유가증권에 해당한다(대법원 1998. 2. 27. 선고 97도2483 판결).

◆ 위조 유가증권에 대한 유가증권변조죄의 성립 여부(소극)

약속어음의 액면금액을 권한 없이 변경하는 것은 유가증권변조에 해당할 뿐 유가증권위조는 아니므로, 약속어음의 액면금액을 권한 없이 변경하는 행위가 당초의 위조와는 별개의 새로운 유가증권위조로 된다고 할 수 없다(대법원 2006.1.26, 선고, 2005도4764, 판결).

◆ 약속어음의 발행인으로부터 어음금액이 백지인 약속어음의 할인을 위임받은 자가 위임 범위 내에서 어음금액을 기재한 후 어음할인을 받으려고 하다가 그 목적을 이루지 못하자 유통되지 아니한 당해 약속어음을 원상태대로 발행인에게 반환하기 위하여 어음금액의 기재를 삭제하는 것은 그 권한 범위 내에 속한다고 할 것이므로, 이를 유가증권변조라고 볼 수 있는지 여부

약속어음의 발행인으로부터 어음금액이 백지인 약속어음의 할인을 위임받은 자가 위임범위 내에서 어음금액을 기재한 후 어음할인을 받으려고 하다가 그 목적을 이루지 못하자 유통되지 아니한 당해 약속어음을 원상태대로 발행인에게 반환하기 위하여 어음금액의 기재를 삭제하는 것은 그 권한 범위 내에 속한다고 할 것이므로, 이를 유가증권변조라고 볼 수 없다고 한 사례(대법원 2006.1.13, 선고, 2005도6267, 판결).

◆ 위조유가증권행사죄에 있어서의 '유가증권'의 의미

위조유가증권행사죄에 있어서의 유가증권이라 함은 위조된 유가증권의 원본을 말하는 것이지 전자복사기 등을 사용하여 기계적으로 복사한 사본은 이에 해당하지 않는다(대법원 1998.2.13, 선고, 97도2922, 판결).

◆ 백지어음보충권의 한도가 특정되어 있지 아니하고 그 행사방법에 대하여도 특별한 정함이 없는 경우 결과적으로 그 범위를 일탈한 보충권의 행사와 유가증권위조죄

백지어음에 대하여 취득자가 발행자와의 합의에 의하여 정하여진 보충권의 한도를 넘어 보충을 한 경우에는 발행인의 서명날인 있는 기존의 약속어음 용지를 이용하여 새로운 약속어음을 발행하는 것에 해당하므로 위와 같은 보충권의 남용행위는 유가증권위조죄를 구성하는 것이나, 그 보충권의 한도자체가 처음부터 일정한 금액 등으로 특정되어 있지 아니하고 그 행위방법에 대하여도 특별한 정함이 없어서 다툼이 있는 경우에는 결과적으로 보충권의 행사가 그 범위를 일탈하게 되었다 하더라도 그 점만 가지고 바로 백지보충권의 남용 또는 그에 대한 범의가 있다고 단정할 수 없다 할 것이고 그 보충권일탈의 정도, 보충권행사의 원인 및 경위 등에 관한 심리를 통하여 신중히 이를 인정하여야 한다(대법원 1989. 12. 12. 선고 89도1264 판결).

◆ 가. 형법 제214조 소정의 유가증권의 의의 / 나. "할부구매전표"를 '가' 항의 유가증권으로 본 사례

가. 형법 제214조의 유가증권이란 증권상에 표시된 재산상의 권리의 행사와 처분에 그 증권의 점유를 필요로 하는 것을 총칭하는 것으로서 그 명칭에 불구하고 재산권이 증권에 화체된다는 것과 그 권리의 행사와 처분에 증권의 점유를 필요로 한다는 두가지 요소를 갖추면 족하고, 반드시 유통성을 가질 필요도 없다.

나. "할부구매전표"가 그 소지인이 판매회사의 영업소에서 그 취급상품을 그 금액의 한도 내에서 구매할 수 있는 권리가 화체된 증권으로서 그 권리의 행사와 처분에 증권의 점유를 필요로 하는 것임이 인정된다면, 이를 유가증권으로 봄이 정당하다고 한 사례(대법원 1995.3.14, 선고, 95도20, 판결).

◆ 수표에 기재되어야 할 수표행위자의 명칭

(1) 사실관계

피고인A가 공소외 이○○ 발행의 이 사건 가계수표에 피고인의 본명이 아닌 '김정우'로 배서를 하였다. 그러나 피고인은 1992. 8.경부터 경산시 사동 589에서 '농수산물직판장'이라는 상호로 농수산물 등의 판매업을 경영하면서 이 사건 발생시까지 약 2년간 계약서 영수증 등에 '김정우'라는 가명을 사용하여 거래관계를 계속해 오면서 약속어음, 가계수표 등에 '김정우'로 배서를 해 왔다. 또한 이 사건이 발생하기 전까지 구○○, 배○○, 전○○, 정○○ 등 이 사건 피해자들뿐만 아니라 다른 사람들도 모두 피고인을 김정우로 알고 거래를 계속해 왔다.

(2) 판결요지

수표에 기재되어야 할 수표행위자의 명칭은 반드시 수표행위자의 본명에 한하는 것은 아니고 상호, 별명 그 밖의 거래상 본인을 가리키는 것으로 인식되는 칭호라면 어느 것이나 다 가능하다고 볼 것이므로, 비록 그 칭호가 본명이 아니라 하더라도 통상 그 명칭을 자기를 표시하는 것으로 거래상 사용하여 그것이 그 행위자를 지칭하는 것으로 인식되어 온 경우에는 그것을 수표상으로도 자기를 표시하는 칭호로 사용할 수 있다(대법원 1996. 5. 10. 선고 96도527 판결).

◆ 형법 제214조 소정의 '유가증권'의 개념 및 그 판단 방법

형법 제214조의 유가증권이란 증권상에 표시된 재산상의 권리의 행사와 처분에 그 증권의 점유를 필요로 하는 것을 총칭하는 것으로서 재산권이 증권에 화체된다는 것과 그 권리의 행사와 처분에 증권의 점유를 필요로 한다는 두 가지 요소를 갖추면 족하지 반드시 유통성을 가질 필요는 없고, 또한 위 유가증권은 일반인이 진정한 것으로 오신할 정도의 형식과 외관을 갖추고 있으면 되므로 증권이 비록 문방구 약속어음 용지를 이용하여 작성되었다고 하더라도 그 전체적인 형식·내용에 비추어 일반인이 진정한 것으로 오신할 정도의 약속어음 요건을 갖추고 있으면 당연히 형법상 유가증권에 해당한다(대법원 2001.8.24, 선고, 2001도2832, 판결).

◆ 약속어음에 발행인의 날인 대신 발행인 아닌 피고인의 무인만이 있으며 그 작성방식에 비추어 보아도 형식과 외관을 갖춘 약속어음이라 보기 어려워 형법 제214조 소정의 유가증권으로 볼 수 있는지 여부

피고인은 인쇄된 약속어음용지를 사용하기는 하였으나 유가증권인 약속어음을 발행할 의도로 약속어음을 작성한 것이라기 보다는 소비대차의 증표로서 발행한 것으로 보이고, 피고인이 위조한 것이라는 위 약속어음은 발행인의 날인이 없고, 발행인 아닌 피고인이 임의로 날인한 무인만이 있으며, 그 작성방식에 비추어 보아도 일반인이 진정하고 유효한 약속어음으로 오신할 정도의 형식과 외관을 갖춘 약속어음이라고 보기 어려우므로 이는 형법 제214조 소정의 유가증권으로 볼 수 없다고 한 사례(대법원 1992.6.23, 선고, 92도976, 판결).

Ⅲ. 수사실무

1. 수사포인트

(1) 행사할 목적이 무엇이며, 누구에게 사용하려 했는가.

(2) 유가증권의 종류, 형식, 내용, 통수, 발행일시, 발행권자, 서명날인의 유무 등을 밝힌다.

(3) 위조와 행사를 분담하는 경우가 많으므로 위조물의 입수경로, 입수원인, 동기, 지정여부 등을 확인한다.

(4) 이른바 유형위조의 예비·음모만을 처벌하고, 허위유가증권작성죄에 관한 예비·음모는 벌하지 않는 것에 주의해야 한다.

(5) 1매의 유가증권에 수개의 위조 또는 변조가 있을 때에는 포괄적으로 1죄만이 성립한다.

(6) 유가증권위조죄의 죄수는 원칙적으로 위조된 유가증권의 매수를 기준으로 하기 때문에 약속어음 2매의 위조행위는 포괄일죄가 아니라 경합범이 된다.

2. 피의자 신문례

(1) 피의자는 약속어음을 위조한 일이 있나요

(2) 언제 위조를 하였나요

(3) 어떠한 방법을 사용하여 위조하였나요

(4) 약속어음을 위조한 이유는 무엇인가요

(5) 위조하기 위한 스캐너는 언제, 어디에서 구입하였나요

(6) 위조한 약속어음을 어떻게 하였나요

3. 범죄사실 기재례

【범죄사실 기재례】

(1) 피의자는 20○○. 6. 30. 10 : 00경 서울 종로구 인사동 444에 있는 한영전자 종로대리점에서 행사할 목적으로 함부로 소지하고 있던 ○○은행 종로지점의 약속어음 용지에 검정색 볼펜을 사용하여 액면란에 "이백만원정", 발행일란에 "2009. 5. 30", 지급기일란에 "2009. 7. 30", 발행인란에 "김○○"라고 각 기재하였다. 그리고 그 이름 옆에 가짜로 새겨 가지고 있던 그의 인장을 찍어 유가증권인 김○○ 명의의 약속어음 1장을 위조하였다.

피의자는 같은 날 16 : 00경 서울 동대문구 제기동 455에 있는 동성전자 대리점에서 그 정을 모르는 위 대리점 종업원 심○○에게 위와 같이 위조한 약속어음을 마치 진정하게 발행된 것처럼 교부하여 이를 행사하였다.

(2) 피의자는 ○○목재라는 상호로 목재상을 운영하는 사람이다.

피의자는 20○○. 1. 5. ○○○동 123 소재 피의자의 집에서 행사할 목적으로 검정색 볼팬을 사용하여 약속어음용지의 "금액란에 금 2,000만원, 지급기일 3. 4. 발행인 김○○의 주소, 성명"을 마음대로 기재하였다. 그리고 다음 발행인 이름 아래 미리 마련한 김○○이라 새긴 둥근 도장을 찍어서 위 김○○ 명의의 약속어음 1매를 위조하였다.

4. 적용실례

(1) 당첨복권을 위조한 경우

구두점을 운영하는 도○○는 많은 부채를 지고 있어, 이의 변제방법에 대해 고민하다 복권을 위조하기로 마음먹었다. 도○○는 그 주 당첨번호가 35조722421호인 것을 확인하고, 미리 사두었으나 이미 당첨번호가 틀려

버린 32조742431호와 55조174322호의 복권을 꺼내 앞의 복권에서 2, 4, 3의 숫자를 긁어내고, 그 위에 뒤 복권에서 오려낸 3, 4, 2의 숫자를 끼워넣었다. 이렇게 해서 당첨복권을 위조하였다.

➡ 복권도 이 죄의 객체가 되어 유가증권위조죄가 성립한다.

(2) **공중전화카드를 위조해서 다시 사용한 경우**
A는 행사할 목적으로 이미 다 사용해버린 공중전화카드의 자기선 부분을 고쳐서 다시 사용할 수 있는 상태로 만들었다.

➡ 자기선 부분만 따로 떼어 생각하면 다르겠지만, 전화카드 전체를 놓고 보면 이것은 카드식 공중전화기를 이용할 수 있는 재산상의 권리를 표시해 놓은 것이고, 권리를 행사하기 위해 점유해야 하는 것이다. 따라서 자기선 부분만 따로 생각할 것 없이 전화카드 자체가 유가증권에 해당된다고 본다(선불식 전화카드의 경우를 말한다). 또 전화카드의 작성명의는 한국통신에 있고, A의 행위는 한국통신 명의의 유가증권을 위조(변조가 아님)한 것으로 인정된다.

(3) **카드 금액을 타인에게 정정하도록 했을 경우**
이○○는 양복을 사면서 상점점원에게 카드를 제시하고, 그 카드의 금액란을 정정할 권리가 자기에게 있는 것처럼 속여, 상점점원으로 하여금 카드의 금액란을 정정기재하도록 하였다.

➡ 유가증권변조죄는 정을 모르는 제3자를 통해 간접정범의 형태로도 범할 수 있다. 따라서 이○○에게는 간접정범에 의한 유가증권변조죄를 적용할 수 있을 것이다.

5. 참조사항

(1) 위조 자기앞수표 식별방법

항목 / 구분	진짜수표·어음	위조수표·어음
1. 숨은그림	밝은빛에 비추면 수표의중앙부분에 가로로 3개의 무궁화 무늬가 나타남	칼라복사시는 무궁화 무늬가 나타나지 않음
2. 광간섭무늬	액면주위에 나선형 광간섭무늬가 있음	위조시 색변화 및 물결모양의 무늬로 나타남
3. 미세문자	발행은행 마크 좌측에서 우측 끝까지 폭 1㎝에 자기앞수표 라는 미세한 문자가 있음	칼라복사시 자기앞수표라는 미세문자가 나타나지 않음
4. 색변화기법	수표 중앙하단에 수표의 비표인 “수표”라는 문자가 나타남	칼라복사시 비표인 “수표”문자가 나타나지 않고 노란색으로 변함
5. 숨은숫자	수표 우측 3칸의 결재란에 비표(×)가 크게 2개 숨어 있음	칼라복사시 결재란에 비표(×) 2개가 선명하고 크게 나타남(일부 복사기종과 프린터에서는 나타나지 않는 경우가 있음)
6. 이색성형광	자외선 형광램프를 비추면 원색과 다른 고유의 색상이 나타남	칼라복사시 자외선 형광램프를 비추더라도 원색 그대로의 색상만 나타남

※ 가계수표, 당좌수표 및 약속어음의 위조 식별방법은 약간씩 다름.

2. 자격모용에 의한 유가증권작성죄

제215조【자격모용에 의한 유가증권의 작성】
행사할 목적으로 타인의 자격을 모용하여 유가증권을 작성하거나 유가증권의 권리 또는 의무에 관한 사항을 기재한 자는 10년 이하의 징역에 처한다.

[위조등의표시] 형소485, [예비·음모] 224, [공소시효] : 10년

- 이 조의 주체는 대리·대표권이 없는 자이므로 대리·대표권이 있는 자의 경우에는 그 권한을 남용하여 유가증권을 발행하는 것(예 : 백지어음의 보충권을 남용하여 과다한 금액을 적어 넣은 것)은 이 죄에 해당하지 않고 허위유가증권작성죄에 해당한다. 대리·대표권이 있더라도 권한남용이 아닌 권한범위를 일탈 또는 초과하여 유가증권을 발행하면 이 죄에 해당한다.
- 유가증권의 작성이라 함은 유가증권의 발행과 같은 기본적 증권행위를 말한다. 유가증권의 권리 또는 의무에 관한 사항을 기재하는 행위라 함은 전단에 관하여 일정한 대리·대표명의를 가지고 있는 자가 배서·보증 등과 같이 부수적 증권행위에 관하여 상술한 위조행위를 하는 것을 말한다.

Ⅰ. 이론

1. 구성요건

(1) 객관적 구성요건

1) 객체

유가증권이다.

2) 행위

타인의 자격을 모용하여 유가증권을 작성하거나, 유가증권의 권리 또는 의무에 관한 사항을 기재하는 것이다.

① 타인의 자격모용이란 대리권, 대표권이 없는 자가 타인의 대리인, 대표자로서의 자격을 사칭하여 유가증권을 작성하는 것을 뜻한다.

② 유가증권의 작성이란 발행과 같은 기본적 증권행위를 의미하고, 권리 또는 의무에 관한 사항의 기재란 배서, 인수, 보증과 같은 부수적 증권행위를 의미한다.

(2) 주관적 구성요건

고의뿐만 아니라 행사할 목적이 필요하다.

Ⅱ. 판례

◆ 직무집행정지가처분결정을 받은 대표이사가 대표이사 명의의 유가증권을 작성한 행위의 자격모용유가증권작성 등에 해당하는지의 여부

(1) 사실관계

가처분결정이 송달되어 일체의 직무집행이 정지됨으로써 직무집행의 권한이 없게 된 대표이사가 그 권한 밖의 일인 대표이사 명의의 유가증권을 작성 행사하였다. 그러나 이는 회사업무의 중단을 막기 위하여 긴급한 인수인계행위로 인한 것이었다.

(2) 판결요지

대표이사 직무집행정지가처분결정은 대표이사의 직무집행만을 정지시킬 뿐 대표이사의 자격까지 박탈하는 것은 아니나 가처분결정이 송달되어 일절의 직무집행이 정지됨으로써 직무집행의 권한이 없게 된 대표이사가 그 권한 밖의 일인 대표이사 명의의 유가증권을 작성행사하는 행위는 비록 회사업무의 중단을 막기 위한 긴급한 인수인계행위라 하더라도 합법적인 권한행사라 할 수 없으므로 이는 자격모용유가증권작성 및 동 행사죄에 해당한다(대법원 1987. 8. 18. 선고 87도145 판결).

◆ 주식회사의 전임 대표이사가 대표이사의 권한을 실질적으로 행사하는 자로서 후임 대표이사의 승낙을 얻어 잠정적으로 이전부터 사용하여 오던 자기 명의로 된 위 회사 대표이사의 명판을 이용하여 자신을 위 회사의 대표이사로 표시하여 약속어음을 발행 행사한 경우 자격모용 유가증권 작성 및 동행사죄에 해당하는지 여부(적극)

주식회사 대표이사로 재직하던 피고인이 대표이사가 타인으로 변경되었음에도 불구하고 이전부터 사용하여 오던 피고인 명의로 된 위 회사 대표이사의 명판을 이용하여 여전히 피고인을 위 회사의 대표이사로 표시하여 약속어음을 발행, 행사하였다면, 설사 약속어음을 작성, 행사함에 있어 후임 대표이사의 승낙을 얻었다거나 위 회사의 실질적인 대표이사로서의 권한을 행사하는 피고인이 은행과의 당좌계약을 변경하는 데에 시일이 걸려 잠정적으로 전임 대표이사인 그의 명판을 사용한 것이라 하더라도 이는 합법적인 대표이사로서의 권한 행사라 할 수 없어 자격모용유가증권작성 및 동 행사죄에 해당한다(대법원 1991.2.26. 선고 90도577 판결).

◆ 피고인이 망부의 사망 후 그 명의를 거래상 자기를 표시하는 명칭으로 사용하여 온 경우 그 망부 명의의 어음발행이 타인명의를 모용한 어음의 위조에 해당하는지 여부(소극)

어음에 기재되어야 할 어음행위자의 명칭은 반드시 어음행위자의 본명에 한하는 것은 아니고 상호, 별명 그 밖의 거래상 본인을 가리키는 것으로 인식되는 칭호라면 어느 것이나 다 가능하다고 볼 것이므로 비록 그 칭호가 타인의 명칭이라도 통상 그 명칭은 자기를 표시하는 것으로 거래상 사용하여 그것이 그 행위자를 지칭하는 것으로 인식되어 온 경우에는 그것을 어음상으로도 자기를 표시하는 칭호로 사용할 수 있다 할 것이므로 피고인이 그 망부의 사망 후 그의 명의를 거래상 자기를 표시하는 명칭으로 사용하여 온 경우에는 피고인에 의한 망부 명의의 어음발행은 피고인 자신의 어음행위라고 볼 것이고 이를 가리켜 타인의 명의를 모용하여 어음을 위조한 것이라고 할 수 없다(대법원 1982.9.28, 선고, 82도296, 판결).

Ⅲ. 수사실무

1. 범죄사실 기재례

【범죄사실 기재례】

피의자는 ○○시청에서 지방재무서기로 근무하다 20○○. ○. ○. 해임되었다.

피의자는 20○○. ○. ○. 위 시청 일반회계 출납담당공무원이 아니면서 행사할 목적으로 ○○시 일반회계 출납담당공무원의 자격을 모용하여 "피의자 명의 20○○. ○. ○. ○○시 농업협동조합, 지불금 3,000만원정의 당좌수표 1매"를 작성 자격을 모용 유가증권 1매를 작성하였다.

그 무렵 ○○에 거주하고 있는 최○○의 집에서 정을 모르는 그에게 위 어음이 마치 진정하게 성립된 것처럼 속이고 교부하여 이를 행사하였다.

2. 적용실례

(1) 권한없이 대표이사 명의의 유가증권을 작성한 경우

가처분결정(대표이사직무집행정지가처분결정)이 송달되어 일체의 직무집행이 정지됨으로써 대표이사 명의의 유가증권의 권한이 없게 된 대표이사가 그 권한 밖의 일인 대표이사 명의의 유가증권을 작성 행사하였다.

➡ 회사 업무의 중단을 막기 위한 긴급한 인수인계 행위로서 한 것이라

도 합법적인 권한 행사라고 할 수 없으므로 이는 자격모용유가증권작성 및 자격모용작성유가증권행사죄에 해당한다.

(2) **명의가 변경되었음에도 그 명의를 사용해서 약속어음을 발행한 경우**
주식회사 대표이사로 재직하던 서○○은 대표이사가 타인으로 변경되었음에도 불구하고 이전부터 사용해 오던 피고인 명의로 된 위 회사 대표이사의 명판을 이용하여 여전히 피고인을 위 회사의 대표이사로 표시하여 약속어음을 발행 행사하였다.

➡ 설사 약속어음을 작성, 행사함에 있어 후임 대표이사의 승낙을 얻었다거나 위 회사의 실질적인 대표이사로서 권한을 행사하는 서○○이 은행과의 당좌계약을 변경하는 데에 시일이 걸려 잠정적으로 전임 대표이사인 그의 명판을 사용한 것이라 하더라도 이는 합법적인 대표이사로서의 권한 행사라 할 수 없다. 따라서 서○○에 대해 이 죄를 적용할 수 있겠다.

3. 허위유가증권작성죄

제216조【허위유가증권의 작성 등】
행사할 목적으로 허위의 유가증권을 작성하거나 유가증권에 허위사항을 기재한 자는 7년 이하의 징역 또는 3천만원 이하의 벌금에 처한다. 〈개정 1995.12.29.〉

[외국인의국외범] 5, [미수범] 223, [공소시효] : 7년

- 이것은 문서에 관한 죄에 있어서의 무형위조에 해당한다고 볼 수 있다. 따라서 허위의 유가증권을 작성한다는 것은 작성권한 있는 자가 작성명의를 모용하지 않고 단순히 유가증권에 허위의 내용을 기재하는 것을 말하며, 허위의 사항을 기재하는 것은 기재권한 있는 자가 기존의 유가증권에 진실에 반하는 사항을 기재하는 것을 말한다.
- 작성권한이 없는 자가 타인의 작성명의를 모용한 때에는 유가증권위조죄가 성립한다. 허위의 내용을 기재하는 것이 기본적 증권행위에 속하는가 부수적 증권행위에 속하는가는 불문하며, 기존의 유가증권에 허위의 기재를 하는 경우뿐 아니라 자기명의로 새로 유가증권을 작성하면서 허위의 기재를 하는 경우도 포함한다.

Ⅰ. 이론

1. 구성요건

(1) 객관적 구성요건

1) 객체

유가증권이다.

2) 행위

유가증권을 작성하거나 기재할 권한이 있는 자가 허위의 유가증권을 작성하거나 유가증권에 허위사항을 기재하는 것이다.

(2) 주관적 구성요건

고의 이외에 행사할 목적이 필요하다.

Ⅱ. 판례

◆ 허위작성유가증권행사죄 또는 위조유가증권행사죄에서 유가증권의 의미

정허위작성유가증권행사죄 또는 위조유가증권행사죄에 있어서의 유가증권이라 함은 허위작성 또는 위조된 유가증권의 원본을 말하는 것이지 전자복사기 등을 사용하여 기계적으로 복사한 사본은 이에 해당하지 않는다(대법원 1998. 2. 13. 선고 97도2922 판결 등 참조).

원심은, 이 사건 품의서에 첨부되어 제출된, 선하증권 12장의 팩스(모사전송기) 사본은 허위작성유가증권행사죄에 있어서의 유가증권에 해당하지 않는다는 이유로 이 사건 허위작성유가증권행사의 공소사실을 무죄로 인정하였는바, 위와 같은 원심의 조치는 앞서 본 법리에 따른 것으로서 옳고, 거기에 상고이유의 주장과 같은 허위작성유가증권행사죄에 관한 법리오해의 위법이 있다고 할 수 없다(대법원 2007. 2. 8., 선고, 2006도8480, 판결).

◆ 정기예탁금증서가 유가증권인지 여부(소극)

정기예탁금증서는 예탁금반환채권의 유통이나 행사를 목적으로 작성된 것이 아니고 채무자가 그 증서 소지인에게 변제하여 책임을 면할 목적으로 발행된 이른바 면책증권에 불과하여 위 증서의 점유가 예탁금반환채권을 행사함에 있어 그 조건이 된다고 볼 수 없는 것이라면 위 증권상에 표시된 권리가 그 증권에 화체되었다고 볼 수 없을 것이므로 위 증서는 형법 제216조, 제217조에서 규정된 유가증권에 해당하지 아니한다(대법원 1984.11.27, 선고, 84도2147, 판결).

◆ 자기앞수표의 발행인이 수표의뢰인으로부터 수표자금을 입금받지 아니한 채 자기앞수표를 발행한 경우, 허위유가증권작성죄의 성립 여부(소극)

형법 제216조 전단의 허위유가증권작성죄는 작성권한 있는 자가 자기 명의로 기본적 증권행위를 함에 있어서 유가증권의 효력에 영향을 미칠 기재사항에 관하여 진실에 반하는 내용을 기재하는 경우에 성립하는바, 자기앞수표의 발행인이 수표의뢰인으로부터 수표자금을 입금받지 아니한 채 자기앞수표를 발행하더라도 그 수표의 효력에는 아무런 영향이 없으므로 허위유가증권작성죄가 성립하지 아니한다(대법원 2005. 10. 27. 선고 2005도4528 판결).

◆ 은행을 통하여 지급이 이루어지는 약속어음의 발행인이 그 발행을 위하여 은행에 신고된 것이 아닌 발행인의 다른 인장을 날인한 경우, 허위유가증권작성죄의 성립 여부(소극)

은행을 통하여 지급이 이루어지는 약속어음의 발행인이 그 발행을 위하여 은행에 신고된 것이 아닌 발행인의 다른 인장을 날인하였다 하더라도 그것이 발행인의 인장인 이상 그 어음의 효력에는 아무런 영향이 없으므로 허위유가증권작성죄가 성립하지 아니한다(대법원 2000. 5. 30. 선고 2000도883 판결).

◆ 어음배서인의 주소를 허위기재 한 것이 허위유가증권작성죄에 해당하는지 여부

배서인의 주소기재는 배서의 요건이 아니므로 약속어음 배서인의 주소를 허위로 기재하였다고 하더라도 그것이 배서인의 인적 동일성을 해하여 배서인이 누구인지를 알 수 없는 경우가 아닌 한 약속어음상의 권리관계에 아무런 영향을 미치지 않는다 할 것이고, 따라서 약속어음상의 권리에 아무런 영향을 미치지 않는 사항은 그것을 허위로 기재하더라도 형법 제216조 소정의 허위유가증권작성죄에 해당되지 않는다(대법원 1986.6.24. 선고 84도547 판결).

◆ 선하증권 기재의 화물을 인수하거나 확인하지도 아니하고 또한 선적할 선편조차 예약하거나 확보하지도 않은 상태에서 수출면장만을 확인한 채 실제로 선적한 사실이 없는 화물을 선적하였다는 내용의 선하증권을 발행였다면 허위유가증권작성죄가 성립한다고 한 사례

(1) 사실관계

피고인들이 선하증권 기재의 각 화물을 인수하거나 확인하지도 아니하고 또한 선적할 선편조차 예약하거나 확보하지도 않은 상태에서 수출면장만을 확인한 채

> 공소외 A의 요청대로 위 얀셍 298더블류호에 실제로 선적한 일이 없는 알루미늄호일 등 미화 200,000불 상당의 화물을 선적하였다는 내용의 선하증권과 위 오우션프린스 31엔호에 실제로 선적한 일이 없는 폴리우드 등 미화 999,936불 상당의 화물을 선적하였다는 내용의 각 선하증권을 발행, 교부하였다.

(2) **판결요지**

선하증권 기재의 화물을 인수하거나 확인하지도 아니하고 또한 선적할 선편조차 예약하거나 확보하지도 않은 상태에서 수출면장만을 확인한 채 실제로 선적한 일이 없는 화물을 선적하였다는 내용의 선하증권을 발행, 교부하였다면 피고인들은 위 선하증권을 작성하면서 진실에 반하는 허위의 기재를 하였음이 명백할 뿐만 아니라 위 선하증권이 허위라는 사실을 인식하였다고 볼 것이고, 피고인들이 진실에 반하는 선하증권을 작성하면서 곧 위 물품이 선적될 것이라고 예상하였다고 하여 위 각 선하증권의 허위성의 인식이 있었다고 할 수 없으며, 화물이 선적되기도 전에 이른바 선선하증권은 이를 가리켜 정상적인 행위라거나 그 목적과 수단의 관계에서 보아 사회적 상당성이 있다고 할 수는 없으므로 피고인들이 위 행위가 죄가 되지 아니한다고 그릇 인식하였다고 하더라도 거기에 정당한 이유가 있는 경우라고 할 수 없으므로 허위유가증권작성죄의 죄책을 면할 수 없다(대법원 1995. 9. 29. 선고 95도803 판결).

◆ 주권발행 전에 주식을 양도받은 자에 대한 주권발행과 허위유가증권 작성죄의 성부

[1] 피고인이 1974. 8. 31.까지 회사대표이사로 있었다면 그 후인 1975. 3.경에 대표이사 아닌 피고인이 회사주권을 작성 교부한 행위는 허위유가증권작성이나 업무상배임죄를 구성할 수 없다.

[2] 피고인이 주권발행 전에 주식을 양도받은 자에 대하여 주권을 발행한 경우에 가사 그 주식양도가 주권발행 전에 이루어진 것이어서 상법 제335조에 의하여 무효라 할지라도 권리의 실체관계에 부합되어 허위의 주권발행의 범의가 있다고 할 수 없다(대법원 1982. 6. 22. 선고 81도1935 판결).

Ⅲ. 수사실무

1. 피의자 신문례

(1) 약속어음을 허위로 작성한 일이 있나요

(2) 언제 허위로 작성한 것인가요

(3) 약속어음 용지는 어디에서 구입하였나요

(4) 어떠한 내용을 허위로 작성하였나요

(5) 허위로 작성한 약속어음을 어떻게 하였나요

(6) 언제, 어디에서, 누구에게 사용하였나요

2. 적용실례

(1) 실재하지 않는 회사명의 약속어음을 발행한 경우

구○○는 어음에 실재하지 않는 유령회사의 대표라고 기재하고 자기 명의의 인장을 찍어서 회사명의의 약속어음을 발행하였다.

➡ 실재하지 않는 회사명의의 어음을 작성한 이상 허위유가증권작성죄가 성립한다.

4. 위조 등 유가증권 행사, 수입, 수출죄

제217조【위조유가증권 등의 행사 등】

위조, 변조, 작성 또는 허위기재한 전3조 기재의 유가증권을 행사하거나 행사할 목적으로 수입 또는 수출한 자는 10년 이하의 징역에 처한다.

[외국인의국외범] 5, [예비·음모] 224, [미수범] 223, [공소시효] 형소249① : 10년

○ 행사란 위조, 변조, 작성 또는 허위기재된 유가증권을 진정하게 작성된 진정한 내용의 유가증권으로서 사용하는 것을 말한다.

○ 위조유가증권행사죄의 처벌목적은 유가증권의 유통질서를 보호하려는데 있다. 따라서 단순히 문서의 신용성을 보호하고자 하는 공·사문서위조행사죄의 경우와는 달리 교부자가 진정 또는 진실한 유가증권인 것처럼 위조유가증권을 행사했을 뿐만 아니라 위조 유가증권임을 알고 있는 자에게 그것을 교부하는 때도, 그 자체가 유가증권의 유통질서를 해할 우려가 있어 처벌의 이유와 필요성이 충분히 있다고 할 것이다.

Ⅰ. 이론

1. 구성요건

(1) 객관적 구성요건

1) 객체

위조, 변조, 작성 또는 허위기재된 유가증권이다.

2) 행위

행사, 수입, 수출하는 것이다. 행사란 위조, 변조, 작성 또는 허위기재된 유가증권을 진정하게 작성된 진실한 내용의 유가증권으로 사용하는 것을 뜻한다.

(2) 주관적 구성요건

고의가 있어야 한다. 다만, 수입, 수출의 경우에는 행사할 목적이 있어야 한다.

Ⅱ. 판례

◆ 유가증권위조죄의 공범 사이에서의 위조유가증권 교부행위가 위조유가증권행사죄에 해당하는지 여부(소극)

위조유가증권행사죄의 처벌목적은 유가증권의 유통질서를 보호하는 데 있는 만큼 단순히 문서의 신용성을 보호하고자 하는 위조공·사문서행사죄의 경우와는 달리 교부자가 진정 또는 진실한 유가증권인 것처럼 위조유가증권을 행사하였을 때뿐만 아니라 위조유가증권임을 알고 있는 자에게 교부하였더라도 피교부자가 이를 유통시킬 것임을 인식하고 교부하였다면, 그 교부행위 그 자체가 유가증권의 유통질서를 해할 우려가 있어 처벌의 이유와 필요성이 충분히 있으므로 위조유가증권행사죄가 성립한다고 보아야 할 것이지만, 위조유가증권의 교부자와 피교부자가 서로 유가증권위조를 공모하였거나 위조유가증권을 타에 행사하여 그 이익을 나누어 가질 것을 공모한 공범의 관계에 있다면, 그들 사이의 위조유가증권 교부행위는 그들 이외의 자에게 행사함으로써 범죄를 실현하기 위한 전단계의 행위에 불과한 것으로서 위조유가증권은 아직 범인들의 수중에 있다고 볼 것이지 행사되었다고 볼 수는 없다(대법원 2010.12.9, 선고, 2010도12553, 판결).

◆ 허위작성유가증권행사죄의 공동정범이 성립되는 경우

허위작성된 유가증권을 피교부자가 그것을 유통하게 한다는 사실을 인식하고 교부한 때에는 허위작성유가증권행사죄에 해당하고, 행사할 의사가 분명한 자에게 교부하여 그가 이를 행사한 때에는 허위작성유가증권행사죄의 공동정범이 성립된다(대법원 1995.9.29, 선고, 95도803, 판결).

◆ 주식회사의 전임 대표이사가 대표이사의 권한을 실질적으로 행사하는 자로서 후임 대표이사의 승낙을 얻어 잠정적으로 이전부터 사용하여 오던 자기 명의로 된 위 회사 대표이사의 명판을 이용하여 자신을 위 회사의 대표이사로 표시하여 약속어음을 발행 행사한 경우 자격모용 유가증권 작성 및 동행사죄에 해당하는지 여부(적극)

주식회사 대표이사로 재직하던 피고인이 대표이사가 타인으로 변경되었음에도 불구하고 이전부터 사용하여 오던 피고인 명의로 된 위 회사 대표이사의 명판을 이용하여 여전히 피고인을 위 회사의 대표이사로 표시하여 약속어음을 발행, 행사하였다면, 설사 약속어음을 작성, 행사함에 있어 후임 대표이사의 승낙을 얻었다거나 위 회사의 실질적인 대표이사로서의 권한을 행사하는 피고인이 은행과의 당좌계약을 변경하는데에 시일이 걸려 잠정적으로 전임 대표이사인 그의 명판을 사용한 것이라 하더라도 이는 합법적인 대표이사로서의 권한 행사라 할 수 없어 자격모용유가증권작성 및 동행사죄에 해당한다(대법원 1991.2.26, 선고, 90도577, 판결).

Ⅲ. 수사실무

1. 범죄사실 기재례

【범죄사실 기재례】

(1) 피의자는 20○○. ○. ○.경 ○○시 ○○동 ○○번지에 있는 위 피의자의 집에서, 행사할 목적으로 손○○이 한빛은행 ○○지점과 당좌개설을 하여 거래하는 약속어음(번호 바 00306100번) 용지 1매를 습득하여 보관하고 있다가 이 어음 금액란에 "삼백오십만원정", 발행인란에 "손○○"이라고 새겨진 고무인 등을 찍고 발행일자란에 볼펜으로 "20○○. 3. 24."이라고 기재하고 그 이름 옆에 가지고 있던 손○○의 둥근 도장을 찍어서 손○○ 명의의 유가증권 1매를 위조하였다.

피의자는 다음날 16 : 30경 서울 ○○동 ○○번지에 있는 이건 고소인 김○○(남, 28세)가 근무하는 목재상사에서 위 위조한 약속어음을 그 정을 모르는 위 김○○에게 이를 제시하여 행사하였다.

피의자는 즉석에서 이에 속은 그로부터 동어음 액면 350만원을 교부받아 이를 편취하였다.

(2) 피의자는 컨테이너 제작 판매업에 종사하고 있다.

피의자는 20○○. ○. ○. 11:00경 ○○에 있는 피의자 경영의 ○○제작 사무실에서 행사할 목적으로 같은 날 건외 이○○로부터 받은 위 이○○ 발행의 20○○. ○. ○. 자 액면

20,000,000원 약속어음 1장의 액면란을 세척제로 지우고 금액란에 "120,000,000"원이라고 미리 새겨놓은 고무인을 찍고 그 옆에 일부인을 이용하여 "120,000,000"원이라고 찍어서 유가증권인 위 약속어음 1장을 변조하였다.

피의자는 같은 달 8. 13:00경 피해자 최○○가 경영하는 ○○파이프 대리점에서 위변조한 약속어음이 마치 진정하게 성립된 것처럼 물품대금으로 교부하여 이를 행사하였다.

2. 적용실례

(1) 위조수표에 타인의 인장을 부정하게 사용한 경우

이○○는 장○○의 인장을 보관하고 있음을 기회로 그가 발행한 당좌수표의 이면에 그 정을 모르는 오○○으로 하여금 장○○의 주소, 성명을 기재하도록 시키고 위 장○○의 인장을 압날한 후 이 수표를 교부·행사하였다.

➡ 이 사건은 수표의 배서를 위조한 것으로 인장을 부정사용한 점은 위 수표의 위조행위에 흡수된다고 할 것이다. 따라서 간혹 형법 제239조의 인장부정행사로 의율하는 경우도 있으나 이것은 오류이며, 또 위와 같이 배서를 위조한 수표를 교부하여 행사한 사실이 있으므로 위조유가증권행사죄를 인지, 입건해야 한다.

(2) 수표를 위조하여 행사한 경우

박○○는 100만원짜리 수표 1매를 위조해 ○○백화점 귀금속 코너에서 반지를 구입한 뒤 그 수표를 지불했다.

➡ 수표는 유가증권이므로 이를 위조하면 유가증권위조가 되지만 특별히 수표에 대해서는 특별법인 부정수표단속법위반(제5조)으로 의율하여야 하며, 이를 행사하였을 경우에는 위 특별법상에는 처벌규정이 없기 때문에 형법의 위조유가증권행사죄로 의율해야 한다.

(3) 타인의 인장을 도용하여 영농자금을 편취한 경우

○○마을 어촌계장인 송○○는 다른 어촌계원들의 인장을 도용하여 약속어음과 어음거래 약정서들을 만들고 이를 수협에 제출하여 영농자금을 편취하였다.

➡ 위 행위에 대해 사문서에 관한 죄로만 의율할 수도 있으나, 약속어음

은 유가증권임이 명백하므로 유가증권위조, 위조유가증권행사로 입건해야 한다.

(4) 타인의 인감도장을 사용해 약속어음을 작성하고 돈을 차용한 경우

김○○는 박○○의 인감도장을 보관하고 있으면서, 이것을 이용해 동인 명의의 약속어음을 작성해 주고 돈을 차용하였다.

➡ 위 행위는 유가증권위조 및 위조유가증권행사로 의율하는 것이 타당하겠다. 이 때 인장부정행사에 관한 것은 유가증권위조죄에 흡수된다.

(5) 사전승인 없이 인장을 날인하여 교부한 경우

신○○는 돈 100만원을 빌리면서 그 담보로 약속어음 1매를 발행하고 배서를 자기 형 이름으로 하고(보증인으로) 형의 인장을 승낙없이 날인하여 이를 교부해주었다.

➡ 유가증권의 부수적 증권행위인 배서나 보증 등을 위조하는 것은 형법 제214조 제2항의 "행사할 목적으로 유가증권의 권리의무에 관한 기재를 위조 또는 변조한" 것에 해당하므로 위 행위는 유가증권위조, 위조유가증권행사로 의율하는 것이 타당하다. 그러나 착오로 이를 형법 제215조의 "자격모용에 의한 유가증권작성"으로 의율할 수도 있음에 주의한다.

5. 인지, 우표 위조, 변조죄 · 위조, 변조 인지, 우표 행사, 수입, 수출죄

제218조【인지·우표의 위조등】

① 행사할 목적으로 대한민국 또는 외국의 인지, 우표 기타 우편요금을 표시하는 증표를 위조 또는 변조한 자는 10년 이하의 징역에 처한다. 〈개정 1995.12.29.〉

② 위조 또는 변조된 대한민국 또는 외국의 인지, 우표 기타 우편요금을 표시하는 증표를 행사하거나 행사할 목적으로 수입 또는 수출한 자도 제1항의 형과 같다. 〈개정 1995.12.29.〉

[제목개정 1995. 2. 29.]

[미수범] 223, [외국인의국외범] 5, [공소시효] 형소249① : 10년

○ 본죄의 객체는 대한민국 또는 외국의 우표 또는 인지이다. 우표·인지도 일종의 유가증권이나 그 특수성을 인정하여 별개의 구성요건으로 한 것이다.
우표라 함은 정부(우표법 제21조 제1항은 정부의 발행권만을 인정) 기타 발행권자가 일반인에게 우편요금을 납부용으로 첨부사용하게 하기 위하여 일정한 금액의 券面에 표시하여 발행한 증표이고, 인지라 함은 인지법이나 인세법 등에 정한 바에 따른 일정한 수수과 또는 인지세 등을 납부하는 방법으로 첨부사용하게 하기 위하여 정부(수입인지에 의한 세입금납부에 관한 법률 제2조는 정부만의 발행권을 인정) 기타 발행권자가 일정한 금액을 券面에 표시하여 발행한 증표이다.

Ⅰ. 이론

[인지, 우표 위조 · 변조죄(제218조 1항)]

1. 구성요건

(1) 객관적 구성요건

1) 객체

대한민국 또는 외국의 인지, 우표 기타 우편요금을 표시하는 증표이다.

2) 행위

위조 또는 변조하는 것이다.

(2) 주관적 구성요건

고의 이외에 행사할 목적이 요구된다.

[위조, 변조 인지 · 우표 행사, 수입, 수출죄(제218조 2항)]

본 죄는 위조 또는 변조된 대한민국 또는 외국의 인지, 우표 기타 우편요금을 표시하는 증표를 행사하거나 행사할 목적으로 수입 또는 수출함으로써 성립하는 범죄이다.

Ⅱ. 판례

◆ 형법 제218조 및 제219조의 "행사"의 의미와 위조우표를 수집의 대상으로 매매하는 경우를 포함하는지 여부(적극)

[1] 위조우표취득죄 및 위조우표행사죄에 관한 형법 제219조 및 제218조 제2항 소정의 "행사"라 함은 위조된 대한민국 또는 외국의 우표를 진정한 우표로서 사용하는 것으로 반드시 우편요금의 납부용으로 사용하는 것에 한정되지 않고 우표수집의 대상으로서 매매하는 경우도 이에 해당된다.

[2] 위조된 우표를 그 정을 알고 있는 자에게 교부하더라도 그 자가 이를 진정하게 발행된 우표로서 사용할 것이라는 정을 인식한다면 위조우표행사죄의 "행사할 목적"에 해당된다(대법원 1989. 4. 11. 선고 88도1105 판결).

6. 위조, 변조 인지, 우표 취득죄

제219조【위조인지·우표등의 취득】

행사할 목적으로 위조 또는 변조한 대한민국 또는 외국의 인지, 우표 기타 우편요금을 표시하는 증표를 취득한 자는 3년 이하의 징역 또는 1천만원 이하의 벌금에 처한다. 〈개정 1995.12.29.〉

[공소시효] : 5년

본 죄는 행사할 목적으로 위조 또는 변조한 대한민국 또는 외국의 인지, 우표 기타 우편요금을 표시하는 증표를 취득함으로써 성립하는 범죄이다.

7. 자격정지 또는 벌금의 병과

제220조【자격정지 또는 벌금의 병과】

제214조 내지 제219조의 죄를 범하여 징역에 처하는 경우에는 10년 이하의 자격정지 또는 2천만원 이하의 벌금을 병과할 수 있다.

[전문개정 1995.12.29.]

[공소시효] 형소249①, 250 : 10년

유가증권 위조, 변조죄(제214조 1항), 기재의 위조, 변조죄(제214조 2항), 자격모용에 의한 유가증권작성죄(제215조), 허위유가증권작성죄(제216조), 위조 등 유가증권 행사, 수입, 수출죄(제217조), 인지, 우표 위조, 변조죄(제218조 1항), 위조, 변조 인지, 우표 행사, 수입, 수출죄(제218조 2항), 위조, 변조 인지, 우표 취득죄(제219조)를 범하여 징역에 처하는 경우 10년 이하의 자격정지 또는 2천만원 이하의 벌금을 병과할 수 있다.

8. 소인말소죄

제221조【소인말소】

행사할 목적으로 대한민국 또는 외국의 인지, 우표 기타 우편요금을 표시하는 증표의 소인 기타 사용의 표지를 말소한 자는 1년 이하의 징역 또는 300만원 이하의 벌금에 처한다.

[전문개정 1995. 12. 29.]

[공소시효] 형소249① : 5년

소인을 무효하게 한다는 것은 우표, 인지 등에 진정하게 찍혀있는 소인의 흔적을 소멸시켜서 그 우표 또는 인지를 다시 사용할 수 있게 하는 일체의 행위를 말한다. 그 소멸방법은 묻지 않으며, 주관적 구성요건으로 행사할 목적이 있어야 한다.

9. 인지, 우표유사물 제조, 수입, 수출죄

제222조【인지·우표유사물의 제조 등】

① 판매할 목적으로 대한민국 또는 외국의 공채증서, 인지, 우표 기타 우편요금을 표시하는 증표와 유사한 물건을 제조, 수입 또는 수출한 자는 2년 이하의 징역 또는 500만원 이하의 벌금에 처한다. 〈개정 1995.12.29.〉

② 전항의 물건을 판매한 자도 전항의 형과 같다.

[제목개정 1995. 2. 29.]

[공소시효] 형소249① : 5년

본죄는 판매할 목적으로 대한민국 또는 외국의 공채증서·우표 또는 인지, 기타 우편요금을 표시하는 증표에 유사한 물건을 제조·수입 또는 수출하거나 이를 판매함으로써 성립한다. 공채증서·우표 또는 인지, 기타 우편요금을 표시하는 증표의 유사물이란 진정한 공채증서·우표 또는 인지, 우편요금을 표시하는 증표라고 오신할 정도의 외관을 갖추지 않은 모조품을 말한다.

10. 미수범, 예비, 음모

제223조【미수범】

제214조 내지 제219조와 전조의 미수범은 처벌한다.

[미수범] 25-29

유가증권 위조, 변조죄(제214조 1항), 기재의 위조, 변조죄(제214조 2항), 자격모용에 의한 유가증권작성죄(제215조), 허위유가증권작성죄(제216조), 위조 등 유가증권 행사, 수입, 수출죄(제217조), 인지, 우표 위조, 변조죄(제218조 1항), 위조, 변조 인지, 우표 행사, 수입, 수출죄(제218조 2항), 위조, 변조 인지, 우표 취득죄(제219조), 인지, 우표유사물 제조, 수입, 수출죄(제222조)의 미수범은 처벌한다.

제224조【예비, 음모】

제214조, 제215조와 제218조제1항의 죄를 범할 목적으로 예비 또는 음모한 자는 2년 이하의 징역에 처한다.

[예비 · 음모] 28, [공소시효] : 5년

- 유가증권위조 등에 관한 죄 가운데 유형위조에 대해서만 예비와 음모를 처벌하고 있다. 통화에 관한 죄의 경우와는 달리 자수에 대한 특별규정이 없어 이에 대한 입법론상의 규정이 요구된다.

유가증권 위조, 변조죄(제214조 1항), 기재의 위조, 변조죄(제214조 2항), 자격모용에 의한 유가증권작성죄(제215조), 인지, 우표 위조, 변조죄(제218조 1항)를 범할 목적으로 예비 또는 음모한 자를 처벌하는 규정이다.

제 20 장 문서에 관한 죄 (제225조 ~ 제237조의2)

제20장 문서에 관한 죄(제225조 ~ 제237조의2)

1. 공문서 위조, 변조죄

> **제225조【공문서등의 위조·변조】**
> 행사할 목적으로 공무원 또는 공무소의 문서 또는 도화를 위조 또는 변조한 자는 10년 이하의 징역에 처한다. 〈개정 1995. 12. 29.〉

[중벌] 국보4, [외국인의국외범] 5, [미수범] 235, [공소시효] 형소249① : 10년

- ○ 문서에 관한 죄에 의하여 보호되는 것은 문서 자체가 아니라 문서의 증명력과 문서에 화체된 사상에 대한 안전과 신용이라고 할 수 있다.
- ○ 문서에 관한 죄는 재산죄 특히 사기죄를 위한 수단으로 이용되는 경우가 있다. 문서위조죄는 추상적 위험범이다. 따라서 문서에 대한 거래의 안전과 신용의 추상적 위험이 있으면 이 죄는 성립한다.

Ⅰ. 이론

1. 구성요건

(1) 객관적 구성요건

1) 객체

공문원 또는 공무소의 문서 또는 도화이다.

① 공문서란 공무소 또는 공무원이 직무상 작성한 문서를 말한다(예 : 주민등록증·자동차운전면허증 등).

▣ 근거판례 ▣

형법 제225조의 공문서변조나 위조죄의 객체인 공문서는 공무원 또는 공무소가 그 직무에 관하여 작성하는 문서이고, 그 행위주체가 공무원과 공무소가 아닌 경우에는 형법 또는 기타 특별법에 의하여 공무원 등으로 의제되는 경우(예컨대 정부투자기관관리기본법 제18조, 지방공기업법 제83조, 한국은행법 제112조의2, 특정범죄가중처벌등에관한법률 제4조)를 제외하고는 계약 등에 의하여 공무와 관련되는 업무를 일부 대행하는 경우가 있다 하더라도 공무원 또는 공무소가 될 수는 없고, 특히 형벌법규의 구성요건을 법률의 규정도 없이 유추 확대해석하는 것은 죄형법정주의원칙에 반한다(대법원 1996. 3. 26. 선고 95도3073 판결).

② 형법 제141조 제1항의 공용서류와는 다르다. 공용서류란 공무소의 사용에 제공되는 문서로 공무소에서 사용할 목적으로 보관하는 문서를 말한다. 따라서 사문서라도 공무소에서 사용할 목적으로 보관하는 것이라면 공용서류가 된다.

i) 자동차운전면허증 사진란에 붙어있는 사진을 다른 것으로 바꿔 첨부한 경우에는 공문서변조에 해당한다.

ii) 행사할 목적으로 타인의 주민등록증에 자신의 사진을 부착하여 사용한 경우에는 공문서위조이다.

③ 공도화란 공무소가 발행한 지적도와 같이 공무원 또는 공무소가 직무상 작성한 도화를 뜻한다.

2) 행위

위조 또는 변조하는 것이다.

① 위조

위조란 작성명의를 바꾸어서 전혀 새로운 문서를 만드는 것을 말한다. 문서의 내용이 진실에 합치하는 경우라도 공무소 또는 공무원의 작성명의를 모용하면 위조가 된다(유형위조).

위조에 대하여 그 작성명의의 공무소 또는 공무원이 실제로 존재할 것을 요하는가 하는 점이 문제된다. 이에 관하여 통설·판례는 일반인으로 하여금 공무소 또는 공무원의 권한 내에서 작성된 것으로 믿을 수 있도록 하는 정도의 형식·외관을 갖추고 공문서의 신용을 해할 위험이 있는 경우라면 작성명의인이 실재하지 않더라도 위조죄가 성립한다고 해석하고 있다.

▣ 근거판례 ▣

피고인이 행사할 목적으로 타인의 주민등록증에 붙어있는 사진을 떼어내고 그 자리에 피고인의 사진을 붙였다면 이는 기존 공문서의 본질적 또는 중요 부분에 변경을 가하여 새로운 증명력을 가지는 별개의 공문서를 작성한 경우에 해당하므로 공문서위조죄를 구성한다(대법원 1991.9.10. 선고 91도1610 판결).

② 변조

변조란 권한 없는 자가 이미 진정하게 성립한 타인명의의 문서의 내용일부를 동일성을 해하지 않는 범위에서 권한없이 변경하는 것을 말한다. 위조와의 구별에서 기존문서의 기재를 증감하여 그 증명력을 변경하는 것은 변조이고 새로운 증명력을 발생하는 문서를 작성하는 것은 위조가 된다. 즉, 변조는 기존문서의 가치는 그대로 유지하면서 일부변형을 가져오는 것이다.

변조는 손괴와도 혼돈하기 쉬우나 손괴란 그 문서의 가치의 효용을 해하는 행위로 행사의 목적이 없다는 것이다. 따라서 문서내용의 일부를 함부로 변경하더라도 행사의 목적이 따르지 않을 때에는 손괴가 된다.

▣ 근거판례 ▣

공문서변조라 함은 권한없이 이미 진정하게 성립된 공무원 또는 공무소명의의 문서내용에 대하여 그 동일성을 해하지 아니할 정도로 변경을 가하는 것을 말한다 할 것이므로 이미 허위로 작성된 공문서는 형법제225조 소정의 공문서변조죄의 객체가 되지 아니한다(대법원 1986.11.11. 선고 86도1984 판결).

(2) 주관적 구성요건

공무원 또는 공무소의 문서 또는 도화를 위조 또는 변조한다는 점에 대한 인식, 즉 고의가 있어야 한다. 그것이 타인명의의 문서라는 인식도 고의의 내용이 된다.

이 죄는 또한 행사할 목적을 필요로 한다. 행사할 목적이란 위조 또는 변조된 문서를 진정한 문서로서 효력을 발생하게 하려는 목적을 말한다.

Ⅱ. 판례

◆ 공문서변조죄의 성립 요건 / 공문서변조죄 성립에 필요한 문서의 작성 정도 및 이에 해당하는지 판단하는 기준

공문서변조죄는 권한 없는 자가 공무소 또는 공무원이 이미 작성한 문서내용에 대하여 동일성을 해하지 않을 정도로 변경을 가하여 새로운 증명력을 작출케 함으로써 공공적 신용을 해할 위험성이 있을 때 성립한다. 이때 일반인으로 하여금 공무원 또는 공무소의 권한 내에서 작성된 문서라고 믿을 수 있는 형식과 외관을 구비한 문서를 작성하면 공문서변조죄가 성립하는 것이고, 일반인으로 하여금 공무원 또는 공무소의 권한 내에서 작성된 문서라고 믿게 할 수 있는지 여부는 그 문서의 형식과 외관은 물론 그 문서의 작성경위, 종류, 내용 및 일반거래에 있어서 그 문서가 가지는 기능 등 여러 가지 사정을 종합적으로 고려하여 판단하여야 한다.(대법원 2021. 2. 25., 선고, 2018도19043, 판결)

◆ 공문서변조죄의 성립 요건 및 최종 결재권자를 보조하여 문서의 기안업무를 담당한 공무원이 이미 결재를 받아 완성된 공문서의 내용을 적법한 절차를 밟지 않고 변경한 경우, 공문서변조죄가 성립하는지 여부(원칙적 적극)

공문서변조죄는 권한 없는 자가 행사할 목적으로 공무소 또는 공무원이 이미 작성한 문서내용에 대하여 동일성을 침해하지 않을 정도로 변경을 가하여 새로운 증명력을 만들어 냄으로써 공공적 신용을 해칠 위험성이 있을 때 성립한다(대법원 2003. 12. 26. 선고 2002도7339 판결 등 참조). 최종 결재권자를 보조하여 문서의 기안업무를 담당한 공무원이 이미 결재를 받아 완성된 공문서에 대하여 적법한 절차를 밟지 않고 그 내용을 변경한 경우에도 특별한 사정이 없는 한 공문서변조죄가 성립한다.

피고인이 범죄구성요건의 주관적 요건인 고의를 부인하는 경우, 범의 자체를 객관적으로 증명할 수는 없으므로 사물의 성질상 범의와 관련성이 있는 간접사실 또는 정황사실을 증명하는 방법으로 이를 증명할 수밖에 없다. 이때 무엇이 관련성이 있는 간접사실 또는 정황사실에 해당하는지는 정상적인 경험칙에 바탕을 두고 치밀한 관찰력이나 분석력으로 사실의 연결상태를 합리적으로 판단하는 방법으로 판단하여야 한다(대법원 2017. 6. 8., 선고, 2016도5218, 판결).

◆ 공무원의 문서작성을 보조하는 직무에 종사하는 공무원이 허위공문서를 기안하여 임의로 작성권자의 직인 등을 부정 사용함으로써 공문서를 완성한 경우, 공문서위조죄가 성립하는지 여부(적극)

허위공문서작성죄의 주체는 문서를 작성할 권한이 있는 명의인인 공무원에 한하고 그 공무원의 문서작성을 보조하는 직무에 종사하는 공무원은 허위공문서작성죄의 주체가 될 수 없다. 따라서 보조 직무에 종사하는 공무원이 허위공문서를 기안하여 허위임을 모르는 작성권자의 결재를 받아 공문서를 완성한 때에는 허위공문서작성죄의 간접정범이 될 것이지만, 이러한 결재를 거치지 않고 임의로 작성권자의 직인 등을 부정 사용함으로써 공문서를 완성한 때에는 공문서위조죄가 성립한다. 이는 공문서의 작성권한 없는 사람이 허위공문서를 기안하여 작성권자의 결재를 받지 않고 공문서를 완성한 경우에도 마찬가지이다.

나아가 작성권자의 직인 등을 보관하는 담당자는 일반적으로 작성권자의 결재가 있는 때에 한하여 보관 중인 직인 등을 날인할 수 있을 뿐이다. 이러한 경우 다른 공무원 등이 작성권자의 결재를 받지 않고 직인 등을 보관하는 담당자를 기망하여 작성권자의 직인을 날인하도록 하여 공문서를 완성한 때에도 공문서위조죄가 성립한다(대법원 2017. 5. 17., 선고, 2016도13912, 판결).

◆ 권한 없는 자가 임의로 인감증명서의 사용용도란의 기재를 고쳐 쓴 경우, 공문서변조죄 및 변조공문서행사죄의 성립 여부(소극)

인감증명법 제12조 제1항, 동법시행령(2002. 12. 31. 대통령령 제17867호로 개정되기 전의 것) 제13조 등 인감증명의 신청과 인감증명서의 발급에 관한 법령의 규정에 의하면, 인감의 증명을 신청함에 있어서 그 용도가 부동산매도용일 경우에는 부동산매수자란에 매수자의 성명(법인인 경우에는 법인명), 주소 및 주민등록번호를 기재하여 신청하여야 하지만 그 이외의 경우에는 신청 당시 사용용도란을 기재하여야 하는 것은 아니고, 필요한 경우에 신청인이 직접 기재하여 사용하도록 되어 있으며, 사용용도에 따른 인감증명서의 유효기간에 관한 종전의 규정도 삭제되어 유효기간의 차이도 없으므로 인감증명서의 사용용도란의 기재는 증명청인 동장이 작성한 증명문구에 의하여 증명되는 부분과는 아무런 관계가 없다고 할 것이므로, 권한 없는 자가 임의로 인감증명서의 사용용도란의 기재를 고쳐 썼다고 하더라도 공무원 또는 공무소의 문서 내용에 대하여 변경을 가하여 새로운 증명력을 작출한 경우라고 볼 수 없으므로 공문서변조죄나 이를 전제로 하는 변조공문서행사죄가 성립되지는 않는다(대법원 2004. 8. 20. 선고 2004도2767 판결).

◆ 공문서 작성의 행위주체

(1) 사실관계

피고인A는 행사할 목적으로 진해시 국고수납대리점인 상업은행 진해지점에 주민세를 납부하고 받은 납세자보관용 영수증상의 금액을 변조하고, 또한 이를 관계 서류에 첨부하였다.

(2) 판결요지

[1] 형법 제225조의 공문서변조나 위조죄의 객체인 공문서는 공무원 또는 공무소가 그 직무에 관하여 작성하는 문서이고, 그 행위주체가 공무원과 공무소가 아닌 경우에는 형법 또는 기타 특별법에 의하여 공무원 등으로 의제되는 경우(예컨대

정부투자기관관리기본법 제18조, 지방공기업법 제83조, 한국은행법 제112조의2, 특정범죄가중처벌등에관한법률 제4조)를 제외하고는 계약 등에 의하여 공무와 관련되는 업무를 일부 대행하는 경우가 있다 하더라도 공무원 또는 공무소가 될 수는 없고, 특히 형벌법규의 구성요건을 법률의 규정도 없이 유추 확대해석하는 것은 죄형법정주의원칙에 반한다.

[2] 지방세의 수납업무를 일부 관장하는 시중은행의 직원이나 은행이 형법 제225조 소정의 공무원 또는 공무소가 되는 것은 아니고 세금수납영수증도 공문서에 해당하지 않는다는 이유로 공문서변조죄 및 동 행사죄를 유죄로 인정한 원심판결을 파기한 사례(대법원 1996. 3. 26. 선고 95도3073 판결).

◆ 공무원 아닌 자가 관공서에 허위내용의 증명원을 제출하여 그 정을 모르는 공무원으로부터 그 증명원 내용과 같은 증명서를 발급받은 경우, 공문서위조죄의 간접정범이 성립하는지 여부

(1) 사실관계

피고인 A, B는 각기 공소외 1주식회사와 공소외 2주식회사의 대표이사인바, 1998. 6. 25. 제1시종합건설본부에서 발주하는 연구단지진입도로 확장공사에 위 각 회사가 공동으로 입찰하여 적격심사 1순위자로 선정되었으나, 위 건설본부에서 요구하는 공사실적이 부족하여 최종 낙찰에 탈락될 위기에 처하자, 관공서 등에서 발급하는 공사실적증명서를 위조하여 위 건설본부에 제출하기로 마음먹고, 공모하여, 행사할 목적으로 1998. 6. 30. 제2시구청에서, 공소외 2 주식회사가 위 구에서 발주한 공원내지하주차장 공사의 기본 및 실시 설계 용역만을 수주하였음에도 불구하고 마치 보수공사 전체를 수주한 것처럼 실적증명서의 사업명을 '공원내지하주차장 보수공사'라고 허위기재한 다음, 그 정을 모르는 위 구청의 담당직원에게 제출하여 동인으로부터 위의 사실을 증명한다는 취지로 위 구청장의 직인을 날인받아 위 구청장명의의 공사실적증명서 1장을 위조한 것을 비롯하여, 총 12회에 걸쳐 공문서인 공사실적증명서 18장을 각 위조하고, 1998. 7. 초순 일자 미상경 제1시종합건설본부에서, 그 정을 모르는 담당직원에게 위와 같이 위조한 공사실적증명서 18장을 일괄 제출하여 이를 행사하였다.

(2) 판결요지

어느 문서의 작성권한을 갖는 공무원이 그 문서의 기재 사항을 인식하고 그 문서를 작성할 의사로써 이에 서명날인하였다면, 설령 그 서명날인이 타인의 기망으로 착오에 빠진 결과 그 문서의 기재사항이 진실에 반함을 알지 못한 데 기인한다고 하여도, 그 문서의 성립은 진정하며 여기에 하등 작성명의를 모용한 사실이 있다고 할 수는 없으므로, 공무원 아닌 자가 관공서에 허위 내용의 증명원을 제출하여 그 내용이 허위인

정을 모르는 담당공무원으로부터 그 증명원 내용과 같은 증명서를 발급받은 경우 공문서위조죄의 간접정범으로 의율할 수는 없다(대법원 2001. 3. 9. 선고 2000도938 판결).

◆ 공도화변조죄에 있어서 변조의 의미

[1] 공도화변조죄에 있어서의 변조라 함은 공무소 또는 공무원의 도화 내용에 동일성을 해하지 않을 정도로 변경을 가하여 새로운 증명력을 작출케 함으로써 공도화에 대한 공공적 신용을 해할 위험성이 있는 행위를 말한다.

[2] 인낙조서에 첨부되어 있는 도면 및 그 사본에 임의로 그은 점선은 인낙조서 본문이나 도면에서 그에 대한 설명이 없는 이상 특정한 의미 내용을 갖지 아니한 단순한 도형에 불과하여 그 자체로서 새로운 증명력이 작출케 된다고 할 수 없다는 이유로 그와 같은 점선을 그은 행위가 문서의 손괴에 해당할 수 있음은 별론으로 하고, 공도화로서의 공공적 신용을 해할 위험이 있는 공도화변조죄에 해당한다고 할 수 없다고 한 사례(대법원 2000. 11. 10. 선고 2000도3033 판결).

◆ 사서증서 인증서 중 사서증서의 기재 내용을 일부 변조한 경우의 죄책

공증인이 공증인법 제57조 제1항의 규정에 의하여 사서증서에 대하여 하는 인증은 당해 사서증서에 나타난 서명 또는 날인이 작성명의인에 의하여 정당하게 성립하였음을 인증하는 것일 뿐 그 사서증서의 기재 내용을 인증하는 것은 아닌바, 사서증서 인증서 중 인증기재 부분은 공문서에 해당한다고 하겠으나, 위와 같은 내용의 인증이 있었다고 하여 사서증서의 기재 내용이 공문서인 인증기재 부분의 내용을 구성하는 것은 아니라고 할 것이므로, 사서증서의 기재 내용을 일부 변조한 행위는 공문서변조죄가 아니라 사문서변조죄에 해당한다(대법원 2005.3.24, 선고, 2003도2144, 판결).

◆ 수뢰후부정처사죄와 각각 상상적 경합 관계에 있는 공도화변조, 동행사죄의 경합범 가중의 당부(소극)

형법 제131조 제1항의 수뢰후부정처사죄에 있어서 공무원이 수뢰후 행한 부정행위가 공도화변조 및 동행사죄와 같이 보호법익을 달리하는 별개 범죄의 구성요건을 충족하는 경우에는 수뢰후부정처사죄 외에 별도로 공도화변조 및 동행사죄가 성립하고 이들 죄와 수뢰후부정처사죄는 각각 상상적 경합 관계에 있다고 할 것인바, 이와 같이 공도화변조죄와 동행사죄가 수뢰후부정처사죄와 각각 상상적 경합범 관계에 있을 때에는 공도화변조죄와 동행사죄 상호간은 실체적 경합범 관계에 있다고 할지라도 상상적 경합범 관계에 있는 수뢰후부정처사죄와 대비하여 가장 중한 죄에 정한 형으로 처단하면 족한 것이고 따로이 경합범 가중을 할 필요가 없다(대법원 2001.2.9, 선고, 2000도1216, 판결).

◆ 공무원의 문서작성을 보조하는 직무에 종사하는 공무원이 허위공문서를 기안하여 임의로 작성권자의 직인 등을 부정 사용함으로써 공문서를 완성한 경우, 공문서위

조죄가 성립하는지 여부(적극) 및 공문서의 작성권한 없는 사람이 허위공문서를 기안하여 공문서를 완성한 경우에도 마찬가지인지 여부(적극) / 공문서의 작성권한 없는 공무원 등이 작성권자의 결재를 받지 않고 직인 등을 보관하는 담당자를 기망하여 작성권자의 직인을 날인하도록 하여 공문서를 완성한 경우, 공문서위조죄가 성립하는지 여부(적극)

자허위공문서작성죄의 주체는 문서를 작성할 권한이 있는 명의인인 공무원에 한하고 그 공무원의 문서작성을 보조하는 직무에 종사하는 공무원은 허위공문서작성죄의 주체가 될 수 없다. 따라서 보조 직무에 종사하는 공무원이 허위공문서를 기안하여 허위임을 모르는 작성권자의 결재를 받아 공문서를 완성한 때에는 허위공문서작성죄의 간접정범이 될 것이지만, 이러한 결재를 거치지 않고 임의로 작성권자의 직인 등을 부정 사용함으로써 공문서를 완성한 때에는 공문서위조죄가 성립한다. 이는 공문서의 작성권한 없는 사람이 허위공문서를 기안하여 작성권자의 결재를 받지 않고 공문서를 완성한 경우에도 마찬가지이다.

나아가 작성권자의 직인 등을 보관하는 담당자는 일반적으로 작성권자의 결재가 있는 때에 한하여 보관 중인 직인 등을 날인할 수 있을 뿐이다. 이러한 경우 다른 공무원 등이 작성권자의 결재를 받지 않고 직인 등을 보관하는 담당자를 기망하여 작성권자의 직인을 날인하도록 하여 공문서를 완성한 때에도 공문서위조죄가 성립한다 (대법원 1997.3.28, 선고, 97도30, 판결).

◆ 전사복사기 등을 사용하여 복사한 문서의 사본을 다시 복사한 문서의 재사본이 문서위조죄 및 동 행사죄의 객체인 문서에 해당하는지 여부(적극) 및 진정한 문서의 사본을 전자복사기를 이용하여 복사하면서 일부 조작을 가하여 그 사본 내용과 전혀 다르게 만드는 행위가 문서위조행위에 해당하는지 여부(적극)

형법 제237조의2에 따라 전자복사기, 모사전송기 기타 이와 유사한 기기를 사용하여 복사한 문서의 사본도 문서원본과 동일한 의미를 가지는 문서로서 이를 다시 복사한 문서의 재사본도 문서위조죄 및 동 행사죄의 객체인 문서에 해당한다 할 것이고, 진정한 문서의 사본을 전자복사기를 이용하여 복사하면서 일부 조작을 가하여 그 사본 내용과 전혀 다르게 만드는 행위는 공공의 신용을 해할 우려가 있는 별개의 문서사본을 창출하는 행위로서 문서위조행위에 해당한다(대법원 2000.9.5, 선고, 2000도2855, 판결).

◆ 법원이 이혼의사확인서등본 뒤에 이혼신고서를 첨부하고 간인하여 교부하였는데 당사자가 이를 떼어내고 다른 내용의 이혼신고서를 붙여 호적관서에 제출한 경우, 공문서변조 및 변조공문서행사죄가 성립하는지 여부(소극)

구 호적법(2007. 5. 17. 법률 제8435호로 폐지) 제79조 제1항 및 구 호적법 시행규칙(2007. 11. 28. 대법원규칙 제2119호로 폐지) 등을 종합하여 볼 때, <u>가정법원의 서기관 등이 이혼의사확인서등본을 작성한 뒤 이를 이혼의사확인신청 당사자 쌍방에게 교부하면서 이혼신고서를 확인서등본 뒤에 첨부하여 그 직인을 간인</u>하였다고 하더라도, 그러한 사정만으로 이혼신고서가 공문서인 이혼의사확인서등본의 일부가 되었다고 볼 수 없다. 따라서 당사자가 이혼의사확인서등본과 간인으로 연결된 이혼신고서를 떼어내고 원래 이혼신고서의 내용과는 다른 이혼신고서를 작성하여 이혼의사확인서등본과 함께 호적관서에 제출하였다고 하더라도, 공문서인 이혼의사확인서등본을 변조하였다거나 변조된 이혼의사확인서등본을 행사하였다고 할 수 없다(대법원 2009.1.30. 선고 2006도7777 판결).

◆ 종량제 쓰레기봉투에 인쇄할 시장 명의의 문안이 새겨진 필름을 제조하는 행위에 그친 경우에는 아직 위 시장 명의의 공문서인 종량제 쓰레기봉투를 위조하는 범행의 실행의 착수에 이르지 아니한 것으로서 그 준비단계에 불과한 것으로 보아 무죄를 선고한 원심판결을 수긍한 사례

피고인이 행사할 목적으로 위조하여 진정한 것으로 판매하려고 하였던 것은 부천시장 명의의 공문서인 쓰레기봉투이지, 쓰레기봉투를 위조하는 과정에 필요한 것으로서 쓰레기봉투에 인쇄할 부천시장 명의의 문안이 새겨진 필름이라고 볼 수 없는 점, 쓰레기봉투 비닐에 부천시장 명의의 문안을 인쇄하기 위하여는 위 필름만으로는 불가능하고 위 필름에 근거한 동판을 제작하여야 비로소 가능한 점 등에 비추어 보면, 피고인이 위 동판 제작 이전 단계에 불과한 위 필름을 제조하는 행위에 그쳤다면 이는 아직 부천시장 명의의 공문서인 쓰레기봉투를 위조하는 범행의 실행의 착수에 이르지 아니한 것으로 그 준비단계에 불과한 것으로 보아야 하며, 또한 쓰레기봉투에 인쇄할 부천시장 명의의 문안이 위 필름에 그대로 복사되어 있다고 하더라도, 위 필름은 오로지 쓰레기봉투 비닐에 부천시장 명의의 문안을 인쇄하기 위한 작업에 필요한 동판 제작을 위한 공정에 투입할 용도에서 일시적으로 제작되는 물건일 뿐이어서, 피고인에게 위 필름을 진정한 공문서로 행사할 범의가 있었다고 볼 수 없고 달리 이를 인정할 만한 증거가 없다(대법원 2007.2.23. 선고 2005도7430 판결).

Ⅲ. 수사실무

1. 수사포인트

(1) 범행동기를 자세히 조사한다.

1) 무슨 이유로, 누구에게 사용하려고 하였는가.

2) 행사의 목적은 무엇인가.

(2) 범행일시 및 장소를 조사한다.

위조·변조 및 작성·신고일시, 장소 및 행사의 일시, 장소 등.

(3) 행위의 객체 및 종류가 무엇인지 조사한다.

사문서인가(권리의무 또는 사실증명), 공문서인가(공무원 또는 공무소),

사문서와 공문서가 병존한 문서인가, 진단서인가, 공정증서인가, 도화인가 등.

(4) 작성명의인이 누구인지 조사한다.

실존인물인가, 허무인인가, 이미 사망한 자인가 여부 등.

(5) 문서의 내용을 조사한다.

(6) 범행의 방법을 상세하게 조사한다.

1) 위조·변조 및 행사 등의 구체적 방법

2) 사용된 용지 및 기계의 입수방법

3) 인장의 도용 여부 등

(7) 행위의 태양에 대하여 조사한다.

위조, 변조, 허위작성, 자격모용에 의한 작성, 부실기재, 행사, 부정행사 등.

(8) 작성명의인의 묵시의 승낙이 있었는지에 대하여 조사한다.

(9) 實害의 유무에 대하여 조사한다.

1) 이 죄의 경우 공공의 신용을 해할 위험이 발생하면 족하지만 실해가 발생한 경우, 그 내용을 조사해야 한다.

2) 아울러 이익취득이 있을 경우에 그 이익이 무엇인가에 대하여도 조사한다.

(10) 행사의 상대방과는 어떤 관계가 있는지 조사한다.

(11) 다른 범행의 수단으로 사용하였을 경우, 그 범행과의 관계에 대하여도 상세히 조사한다.

2. 피의자 신문례

(1) 일반적 신문사항

1) 피의자는 나○○ 작성 명의의 이력서를 위조(변조)한 사실이 있나요

2) 언제 어디서 했나요

3) 그 경위를 진술하세요

4) 위와 같이 위조(변조)한 목적이 무엇인가요

5) 이것이 피의자가 위조한 이력서인가요(나○○ 명의의 이력서 사본을 보여주며)

6) 왜 나○○ 명의의 이력서를 위조하게 되었나요

7) 나○○는 실존하는 인물인가요

8) 위와 같이 위조하여 어떻게 하였는가요

(2) 행사의 목적

1) 거짓 문서를 작성한 이유는 무엇인가요

2) 어디에 사용하려고 하였나요

(3) 범행준비

1) 범행을 위해 어떤 준비를 한 것인가요

2) 범행에 사용한 용지와 인장은 언제, 어떻게 구한것인가요

(4) 범행상황

1) 작성한 사람과, 시간, 장소를 말하세요

2) 도움을 준 사람은 누구인가요

3) 그에게 어떠한 도움을 받았나요

4) 기존문서는 언제, 어디에서, 어떻게 입수한 것인가요

5) 위조(변조)의 구체적 방법을 말하세요

6) 문서 위조를 위해 사용한 재료는 무엇인가요

7) 재료는 어디에서, 어떻게 구입하였나요

8) 거짓 작성된 문서는 누구에게 행사하였나요

9) 언제, 어디에서 행사한 것인가요

10) 진정한 문서로 속이기 위하여 어떠한 방법을 사용하였나요

11) 작성권한을 악용하여 위조(변조)한 것인가요

(5) 문서의 내용

1) 작성명의인은 누구인가요

2) 승낙을 받았나요

3) 권리, 의무에 관한 문서인가요

4) 그렇다면 사실증명에 관한 문서인가요

5) 명의인은 실존하고 있나요

(6) 공범관계

1) 문서를 위조하는데 있어 누구의 도움을 받았나요

2) 그들과 분담은 어떻게 하였나요

3) 대가를 지급하였나요

3. 범죄사실 기재례

【범죄사실 기재례】

(1) 피의자는 20○○. 4. 4. 12:00경 서울 서초구 서초동 123에 있는 피의자의 집 안방에서 행사할 목적으로 멋대로 전날 집앞에서 주워 가지고 이○○의 주민등록증에 붙어 있는 그의 사진을 떼어내고 그 자리에 피의자의 사진을 붙여 서울특별시장 명의의 공문서인 주민등록증 1장을 위조하였다.

피의자는 같은 달 22. 22:00경 서울 강남구 역삼동 역삼아파트 앞길에서 그곳에서 일제 검문검색 근무를 하고 있던 서울 서초경찰서 소속 경장 황○○로부터 불심검문을 받으면서 그 정을 모르는 그에게 위와 같이 위조한 주민등록증을 마치 진정하게 성립한 것처럼 제시하여 이를 행사하였다.

(2) 피의자 김○○는 A주식회사 대표이사이다.

피의자는 20○○. 1. 20. ○○시 종합건설본부에서 발주하는 연구단지진입도로 확장공사에 위 각 회사가 공동으로 입찰하여 적격심사 1순위자로 선정되었으나, 위 건설본부에서 요구하는 공사실적이 부족하여 최종낙찰에 탈락될 위기에 처하였다.

그러자 관공서 등에서 발급하는 공사실적증명서를 위조하여 위 건설본부에 제출하기로 마음먹고 행사할 목적으로 20○○. 2. 10. △△구청에서, B주식회사가 위 구에서 발주한 공원내지하주차장 공사의 기본 및 실시 설계용역만을 수주하였음에도 불구하고 마치 보수공사 전체를 수주한 것처럼 실적증명서의 사업명을 '공원내 지하주차장 보수공사'라고 허위 기재하였다.

그리고 그 정을 모르는 위 구청의 담당직원에게 제출하여 동인으로부터 위의 사실을 증명한다는 취지로 위 구청장의 직인을 날인 받아 위 구청장명의의 공사실적증명서 10장을 각 위조하고, 2005. 2. 20.경 ○○시 종합건설본부에서, 그 정을 모르는 담당직원에게 위와 같이 변조한 공사실적증명서 10장을 일괄 제출하여 이를 행사하였다.

(3) 피의자는 20○○. ○. ○. 00:30경 ○○경찰서 ○○지구대에서 폭력행위등처벌에관한법률 위반 현행범으로 연행되어 조사를 받던 중 피해자인 김○○의 진술조서가 피의자에게 불리하게 작용할 것이라는 생각하였다.

그래서 지구대 소속 경장 최○○이 책상위에 놓아 둔 위 김○○에 대한 진술조서 1매를 찢어 버림으로써 공무소에서 사용하는 서류를 손상하여 그 효용을 해하였다(문서내용의 일부를 함부로 변경하더라도 행사의 목적이 따르지 않을 때에는 손괴가 된다).

4. 적용실례

(1) 신분증에 "청와대 비서실"을 적어넣고 행사한 경우

임○○는 민주평화통일자문위원 신분증의 사진 밑에 기재되어 있던 "대구 서구"라는 글자를 칼로 긁어 지우고 그 자리에 청와대 비서실이라고 함부로 적어 넣은 뒤 이를 행사하였다.

➡ 이 경우, 자문위원신분증이라는 표제는 그대로 두고 "청와대 비서실"이라는 문구만 추가한 정도의 행위는 기존 문서의 동일성을 해하였다고 보기 어려우므로 공문서변조, 변조공문서행사로 의율하는 것이 상당하겠다.

(2) 미완성 증인신문조서의 등본을 작성한 경우

법원의 서기사무를 보조하고 있는 정○○는 서기의 서명날인만 있고 법관의 서명날인은 없는 미완성 증인신문조서의 등본을 작성하였다.

➡ 공문서위조에 해당한다.

(3) 양곡인도서를 임의로 작성한 경우

손○○는 시장으로부터 시의 양곡인도사무를 전결사항으로 위임받아 양곡인도지령서를 작성할 권한까지 갖게 되었다. 그 후 손○○는 양곡인도서 1통을 임의로 작성하였다.

➡ 손○○가 위 권한을 부여받았다 하더라도 양곡인도의 지령을 받지 않고 그 양곡인도서를 작성한 것은 사무위임자 또는 문서작성을 위탁한 사람의 의사에 반하여 위탁의 범위를 넘어선 행위로서 공문서위조죄가 성립한다.

● **수사사례**

- 병역수첩 기재란 변경 병역수첩의 현역입영대상자라고 기재되어 있는 부분을 함부로 민방위대상자라고 기재하여 행사한 경우 공문서변조 및 동행사 성립.
- 권한 없어진 후 기재내용 변경 구청 세무과의 지방세무주사보로서 부동산 취득세의 과세 및 징수업무에 종사하면서 과세대장의 작성 권한이 있던 자가 인사이동되어 그 권한이 없어진 후 그 기재내용을 변경 한 경우에 공문서변조죄에 해당.

2. 자격모용에 의한 공문서작성죄

제226조【자격모용에 의한 공문서 등의 작성】

행사할 목적으로 공무원 또는 공무소의 자격을 모용하여 문서 또는 도화를 작성한 자는 10년 이하의 징역에 처한다. 〈개정 1995. 12. 29.〉

[미수범] 235, [공소시효] : 10년

○ 공무소 또는 공무원의 자격을 모용하여 공문서를 작성한다는 것은 일정한 지위를 허위로 기재한다는 것을 의미한다. 이 때 타인의 자격만이 아니라 명의까지 모용하여 공문서를 작성한 때에는 공문서위조죄가 성립한다.

Ⅰ. 이론

1. 구성요건

(1) 객관적 구성요건

1) 객체

문서 또는 도화이다.

2) 행위

공무원 또는 공무소의 자격을 모용하여 문서 또는 도화를 작성하는 것이다.

(2) 주관적 구성요건

고의와 행사할 목적이 요구된다.

Ⅱ. 판례

◆ 공문서의 작성권한 없는 자가 공무원의 자격을 모용하여 공문서를 작성한 경우의 죄책(=자격모용공문서작성죄)

공문서위조죄는 공문서의 작성권한 없는 자가 공무소, 공무원의 명의를 이용하여 문서를 작성하는 것을 말하고, 공문서의 작성권한 없는 자가 공무원의 자격을 모용하여 공문서를 작성하는 경우에는 자격모용공문서작성죄가 성립한다(대법원 2008. 1. 17. 선고 2007도6987 판결).

◆ 자격모용에 의한 문서작성죄의 성립요건

정당한 대표권이나 대리권이 없는 자가 마치 대표권이나 대리권이 있는 것처럼 가장하여 타인의 자격을 모용하여 문서를 작성하는 경우 자격모용에 의한 문서작성죄가 성립한다(대법원 1993.7.27, 선고, 93도1435, 판결).

3. 허위공문서작성죄

제227조【허위공문서작성등】

공무원이 행사할 목적으로 그 직무에 관하여 문서 또는 도화를 허위로 작성하거나 변개한 때에는 7년 이하의 징역 또는 2천만원 이하의 벌금에 처한다.

[전문개정 1995. 12. 29.]

[미수범] 235, [특별규정] 병역91, [공소시효] : 7년

○ 이 죄는 직무상문서를 작성할 권한이 있는 공무원이 그 직무에 관하여 행사의 목적을 가지고 진실에 반하는 문서 등을 작성하는 것으로서, 공무원의 이른바 무형위조이다.

○ 이 죄의 취지는 공문서가 사문서에 비하여 사회적 신용도가 높기 때문에 사문서와는 달리 무형위조(허위문서의 작성)도 유형위조와 같이 일반적으로 처벌하려는 데 있다.

○ 이 죄의 보호법익은 공문서에 대한 공공의 신용 및 안전이다. 이 죄는 공무원이 그 문서의 작성권한을 남용하여 범하는 것이므로 직권남용설로 파악하려는 견해도 있으나, 기본적으로는 역시 공문서에 대한 공공의 신용을 보호하려는 점에 그 핵심이 있기 때문에 작성자가 공무원인가 아닌가에 따라서 신분에 의한 보호의 경중을 인정한 것이 아니다.

Ⅰ. 이론

1. 구성요건

(1) 객관적 구성요건

1) 주체

행위의 주체는 직무상 당해 문서 또는 도화를 작성할 권한이 있는 공무원이다. 이런 의미에서 이 죄는 신분범이다. 공무원이라 하더라도 그 문서의 작성권한이 없는 경우 허위문서를 작성한 때에는 공문서위조죄가 성립할 뿐이다.

▣ 근거판례 ▣

인감증명서 발급업무를 담당하는 공무원이 발급을 신청한 본인이 직접 출두한 바 없음에도 불구하고 본인이 직접 신청하여 발급받은 것처럼 인감증명서에 기재하였다면, 이는 공문서위조죄가 아닌 허위공문서작성죄를 구성한다(대법원 1997. 7. 11. 선고 97도1082 판결).

2) 객체

이 죄의 객체는 공무원이 직무상 작성하는 문서 또는 도화이다. 다만 이 죄의 객체인 공문서가 공무원의 직무권한에 속하는 사항에 관하여 허위내용을 작성하고, 공문서로서 일반인을 오신케 하기에 족한 이상 설사 형식에 다소 하자가 있어도 문제가 되지 않는다.

3) 행위

이 죄의 행위는 문서·도화를 허위로 작성하거나 變改하는 것이다.

① 문서의 허위작성이란 문서의 작성권자가 진실에 반하는 허위내용의 문서를 작성하는 것, 즉 문서의 작성명의는 진정하지만 문서의 내용이 사실과 부합하지 않는 경우를 말한다.

② 작성권한이 없는 자가 문서를 작성하는 것은 유형위조이고, 비록 그 내용이 허위라고 하더라도 허위문서의 작성이 되지 않는다.

③ 문서의 내용이 진실과 일치하는 때에는 그 기재내용이 위법하여 무효라도 허위문서를 작성한 경우에 해당하지 않는다.

④ 변개란 문서를 작성할 권한있는 공무원이 진정하게 작성된 문서의 내용을 허위로 변경하는 것을 말한다. 기존문서를 전제로 한다는 점에서는 변조와 유사하나, 작성권한 있는 자의 행위임을 요하는 점에서 양자는 구별된다.

▣ 이견있는 형사사건의 법원판단 ▣

[공무원이 형식적 심사권을 가진 경우]

1. 문제점 : 공무원이 허위신고임을 알면서 기재한 경우에 공무원이 '실질적 심사권'을 가진 경우(예를 들어 가옥대장, 토지대장)에는 허위임을 알면서 그대로 기재한 경우 본죄가 성립한다. 그러나 공무원이 '형식적 심사권'을 가진 경우(예룰 둘어 등기부)에는 어떠한지 견해가 나뉜다.

2. 학설

(1) 부정설 : 신고가 일정한 형식·요건을 구비하면 문서를 작성해야 할 의무가있으므로 본죄가 성립하지 않는다는 견해

(2) 긍정설 : 이 경우 공무원은 그 기재를 거부할 수 있고, 허위임을 알면서 기재하면 문서에 대한 공공의 신용이 저해되므로 본죄가 성립한다는 견해

(3) 중간설 : 신고인과 공모한 경우에는 본죄가 성립하지만, 우연히 허위임을 알게 된 경우에는 본죄가 성립하지 않는다는 견해

3. 판례 : 긍정설의 태도

신고사항이 허위인 것이 명백한 경우에는 호적리는 그 기재를 거부할 수 있다고 해석할 것이므로 허위임을 알고 있으면서 이를 호적부에 기재하였다면 허위공문서 작성죄가 성립한다(대법원 1977. 12. 27. 선고 77도2155 판결).

(2) **주관적 구성요건**

1) 이 죄가 성립하려면 당해 문서의 작성 또는 변개가 그의 직무에 관한 것이어야 하고, 그 내용이 허위임을 인식·인용하여야 한다.

2) 허위내용의 문서를 그 내용이 진실한 것처럼 오신케 하려는 목적이 있어야 한다. 이러한 목적은 행위 당시에 존재하면 충분하고 그 후에 행사하였는지의 여부는 불문한다.

2. 간접정범

작성권한 있는 공무원이 권한없는 자를 이용하거나 작성권한 있는 다른 공무원을 이용하여 허위공문서를 작성한 때에는 허위공문서작성죄의 간접정범이 성립한다고 본다. 문제는 문서의 작성권한이 없는 자가 이 죄의 간접정

범이 될 수 있는가에 있다.

(1) **공무원 아닌 자의 경우 : 간접정범 부인**

공무원 아닌 자가 공무원을 이용하여 간접정범으로 이 죄를 범할 수 있는가에 대하여 판례를 변경한 이래(대법원 1961. 12. 14. 선고 4292형상645 판결) 일관하여 간접정범이 될 수 없다고 판시하고 있으며(대법원 1976. 8. 24. 선고 76도261 판결 등 다수 판결), 학설도 부정설이 통설이다.

(2) **공무소 내의 공무원인 경우 : 간접정범 인정**

문서의 작성권한은 없지만 당해 사무를 담당하는 공무원이 상사에게 허위보고를 하여 허위공문서를 작성한 경우에 이 죄의 간접정범이 성립할 수 있는가에 관하여 판례는 기안담당 공무원이 행사할 목적으로 허위공문서를 기안하여 그 정을 모르는 상사의 서명날인을 받아 공문서를 완성한 경우에는 허위공문서작성죄의 간접정범이 성립한다고 하며(대법원 1990. 10. 30. 선고 90도1912 판결), 학설도 이를 인정한다(통설).

(3) **간접정범의 공범(공동정범)**

공문서의 작성권한이 있는 공무원의 직무를 보조하는 자가 그 직위를 이용하여 행사할 목적으로 허위의 내용이 기재된 문서초안을 그 정을 모르는 상사에게 제출하여 결제하도록 하는 등의 방법으로 작성권한이 있는 공무원으로 하여금 허위의 공문서를 작성하게 한 경우에는 간접정범이 성립되고, 이와 공모한 자 역시 그 간접정범의 공범으로서의 죄책을 면할 수 없는 것이고, 여기서 말하는 공범은 반드시 공무원의 신분이 있는 자로 한정되는 것은 아니라고 할 것이다(대법원 1992. 1. 17. 선고 91도2837 판결).

※ 위 세 판례를 혼동하지 않도록 주의

▣ 이견있는 형사사건의 법원판단 ▣

[공문서 작성보조자가 작성권자를 이용한 경우]

1. 문제점 : 공문서 작성보조자가 작성권자를 이용한 경우에 본죄의 간접정점이 성립할

수 있는지 문제된다.

2. 학설

(1) 긍정설 : 기안을 담당하는 보조공무원은 문서의 작성명의인은 아니지만 사실상 또는 실질적으로 작성권한을 갖고 있으므로 간접정범이 성립한다는 견해

(2) 부정설 : 본죄는 그 주체가 작성권한 있는 공무원에 엄격히 제한되는 진정신분범이므로 비신분자가 신분 있는 자를 이용한 긴접정범은 성립할 수 없기 때문에 기안담당공무원이 작성명의자인 공무원을 이용한 간접정범이 될 수 없다는 견해

3. 판례 : 긍정설의 태도

허위공문서작성죄의 주체는 직무상 그 문서를 작성할 권한이 있는 공무원에 한하고 작성권자를 보조하는 직무에 종사하는 공무원은 허위공문서작성죄의 주체가 되지 못하나 이러한 보조직무에 종사하는 공무원이 허위공문서를 기안하여 허위인 정을 모르는 작성권자에게 제출하고 그로 하여금 그 내용이 진실한 것으로 오신케 하여 서명 또는 기명날인케 함으로써 공문서를 완성한 때에는 허위공문서작성죄의 간접정범이 성립된다 할 것인바, 면의 호적계장 이 정을 모른 면장의 결재를 받아 허위내용의 호적부를 작성한 경우 허위공문서작성, 동행사죄의 간접정범이 성립된다(대법원 1990. 10. 30. 선고 90도1912 판결).

3. 타죄와의 관계

(1) 허위진단서작성죄와의 관계

공무원인 의사가 공무소의 명의로 허위진단서를 발행한 경우에 판례는 허위공무서작성죄만을 인정한다(2003도7762). 그러나 다수설은 허위공문서작성죄와 허위진단서작성죄의 상상적 경합을 인정한다.

▣ 근거판례 ▣

형법이 제225조 내지 제230조에서 공문서에 관한 범죄를 규정하고, 이어 제231조 내지 제236조에서 사문서에 관한 범죄를 규정하고 있는 점 등에 비추어 볼 때 형법 제233조 소정의 허위진단서작성죄의 대상은 공무원이 아닌 의사가 사문서로서 진단서를 작성한 경우에 한정되고, 공무원인 의사가 공무소의 명의로 허위진단서를 작성한 경우에는 허위공문서작성죄만이 성립하고 허위진단서작성죄는 별도로 성립하지 않는다(대법원 2004. 4. 9. 선고 2003도7762 판결).

(2) 직무유기죄와의 관계

대법원은 공무원이 위법사실을 적극적으로 은폐할 목적으로 허위공문서를 작성한 경우에는 허위공문서작성죄만 성립하지만(82도2210), 이와 달리 위법사실에 대한 은폐목적이 없는 경우에는 허위공문서작성죄와 직무유기죄의 실체적 경합이 된다고 본다(92도3334).

▣ 근거판례 ▣

공무원이 어떠한 위법사실을 발견하고도 직무상 의무에 따른 적절한 조치를 취하지 아니하고 위법사실을 적극적으로 은폐할 목적으로 허위공문서를 작성·행사한 경우에는 직무위배의 위법상태는 허위공문서작성 당시부터 그 속에 포함되는 것으로 작위범인 허위공문서작성, 동행사죄만이 성립하고 부작위범인 직무유기죄는 따로 성립하지 아니하나, 위 복명서 및 심사의견서를 허위작성한 것이 농지일시전용허가를 신청하자 이를 허가하여 주기 위하여 한 것이라면 직접적으로 농지불법전용 사실을 은폐하기 위하여 한 것은 아니므로 위 허위공문서작성, 동행사죄와 직무유기죄는 실체적 경합범의 관계에 있다(대법원 1993.12.24. 선고 92도3334 판결).

Ⅱ. 판례

◆ 허위공문서작성죄의 객체가 되는 '문서'

허위공문서작성죄의 객체가 되는 문서는 문서상 작성명의인이 명시된 경우뿐 아니라 작성명의인이 명시되어 있지 않더라도 문서의 형식, 내용 등 문서 자체에 의하여 누가 작성하였는지를 추지할 수 있을 정도의 것이면 된다(대법원 22019. 3. 14., 선고, 2018도18646, 판결).

◆ 피고인들을 비롯한 경찰관들이 피의자들을 현행범으로 체포하거나 현행범인체포서를 작성할 때 체포사유 및 변호인선임권을 고지하였다는 내용의 허위의 현행범인체포서와 확인서를 작성한 사안에서, 피고인들에게 허위공문서작성에 대한 범의가 있었다고 보아야 함에도 이와 다른 판단을 한 원심판결에 사실오인의 잘못이 있는지 여부

피고인들을 비롯한 경찰관들이 피의자 4명을 현행범으로 체포하거나 현행범인체포서를 작성할 때 체포사유 및 변호인선임권을 고지하지 아니하였음에도 불구하고, '체포의 사유 및 변호인 선임권 등을 고지 후 현행범인 체포한 것임' 이라는 내용의 허위의 현행범인체포서 4장과 '현행범인으로 체포하면서 범죄사실의 요지, 구속의 이유와 변호인을 선임할 수 있음을 고지하고 변명의 기회를 주었다' 는 내용의 허위의 확인서 4장을 각 작성한 사안에서, 당시 피고인들에게 허위공문서작성에 대한 범의도 있었다고 보아야 함에도 이와 다른 판단을 한 원심판결에 사실오인의 잘못이 있다고 한 사례(대법원 2010.6.24, 선고, 2008도11226, 판결).

◆ 공무원인 의사가 공무소의 명의로 허위진단서를 작성한 경우의 죄책

(1) 사실관계

피고인은 국립병원의 내과과장 겸 진료부장으로 근무하는 의사로서 보건복지부 소속 의무서기관이다. 피고인은 공소외인의 부탁을 받고 허위의 진단서를 작성해주고 그 사례 명목으로 금품을 수수하였다.

(2) 판결요지

[1] 형법이 제225조 내지 제230조에서 공문서에 관한 범죄를 규정하고, 이어 제231조 내지 제236조에서 사문서에 관한 범죄를 규정하고 있는 점 등에 비추어 볼 때 형법 제233조 소정의 허위진단서작성죄의 대상은 공무원이 아닌 의사가 사문서로서 진단서를 작성한 경우에 한정되고, 공무원인 의사가 공무소의 명의로 허위진단서를 작성한 경우에는 허위공문서작성죄만이 성립하고 허위진단서작성죄는 별도로 성립하지 않는다.

[2] 공무원인 의사가 허위의 진단서를 작성한 행위에 대하여 허위공문서작성죄와 허위진단서작성죄의 상상적 경합을 인정한 원심의 판단이 법률 적용을 그르친 잘못이 있다고 할 것이나, 원심이 이와 실체적 경합범 관계에 있으며 형이 중한 부정처사후수뢰죄에 정한 형에 경합범 가중을 하여 처단형을 정하였으므로, 원심의 죄수 평가의 잘못이 판결 결과에 영향을 미쳤다고 보기 어렵다고 한 사례(대법원 2004. 4. 9. 선고 2003도7762 판결).

◆ 외부 전문기관이 작성·보고하고 지방자치단체의 장 또는 계약담당자가 결재·승인한 '검사조서'가 공문서에 해당하는지 여부(적극)

지방자치단체를 당사자로 하는 계약의 이행완료에 관한 검사는 지방자치단체의 장 또는 계약담당자의 직무권한에 속하는 사항으로서 이를 전문기관에 위임하여 수행하게 한다고 하여 그 직무 소관이 달라지는 것은 아니고 다만 이때에는 전문기관으로부터 검사결과를 문서로 통보받아 확인하는 방법으로 그 직무를 집행하게 되는 것이므로, 지방자치단체의 장 또는 계약담당자가 그 검사를 위임받아 수행한 전문기관으로부터 검사결과를 검사조서로 작성·보고받고 이를 확인하여 승인하는 의미로 검사조서에 결재하였다면 그와 같이 결재된 검사조서는 공무원이 그 직무권한 내에서 작성한 문서로서 허위공문서작성죄의 객체인 공문서에 해당한다(대법원 2010.4.29, 선고, 2010도875, 판결).

◆ 방위사업청 함정사업부 상륙함사업팀장 피고인 甲과 함정사업부장 피고인 乙이 차기수상함구조함(ATS-Ⅱ, 통영함)에 탑재할 선체고정음탐기 구매사업을 진행하면서 공모하여, 丙 주식회사의 제안서 평가결과 작전운용성능 등 성능입증자료의 제출이 없어 요구조건 미충족임에도 업무상 임무에 위반하여 평가결과를 모두 '충족' 이라고 기재하여 음탐기 기종결정(안)을 허위로 작성·행사함으로써 방위사업청으로 하여금 丙 회사와 성능 미달의 음탐기 납품계약을 체결하게 하여 대한민국에 손해를 가하였다고 하여 허위공문서작성 및 동행사, 특정경제범죄 가중처벌 등에 관한 법률 위반(배임)으로 기소된 사안에서, 피고인들에 대한 공소사실을 무죄로 판단한 원심판결이 정당하다고 한 사례

방위사업청 함정사업부 상륙함사업팀장 피고인 甲과 함정사업부장 피고인 乙이 차기수상함구조함(ATS-Ⅱ, 통영함)에 탑재할 선체고정음탐기 구매사업을 진행하면서 공모하여, 丙 주식회사의 제안서 평가결과 작전운용성능 등 성능입증자료의 제출이 없어 요구조건 미충족임에도 업무상 임무에 위반하여 평가결과를 모두 '충족' 이라고 기재하여 음탐기 기종결정(안)을 허위로 작성·행사함으로써 방위사업청으로 하여금 丙 회사와 성능 미달의 음탐기 납품계약을 체결하게 하여 대한민국에 손해를 가하였다고 하여 허위공문서작성 및 동행사, 특정경제범죄 가중처벌 등에 관한 법률 위반(배임)으로 기소된 사안에서, 제반 사정을 종합하면 검사가 제출한 증거들만으로는 피고인들에게 허위공문서작성의 범의가 있었다거나 배임의 범의로 임무위배행위를 하였다는 사실이 합리적 의심을 배제할 정도로 증명되었다고 보기 어려우므로, 피고인들에 대한 공소사실을 무죄로 판단한 원심판결이 정당하다고 한 사례(대법원 2016.9.23, 선고, 2016도3957, 판결).

◆ 공무원의 문서작성을 보조하는 직무에 종사하는 공무원이 허위공문서를 기안하여 임의로 작성권자의 직인 등을 부정 사용함으로써 공문서를 완성한 경우, 공문서위조죄가 성립하는지 여부(적극) 및 공문서의 작성권한 없는 사람이 허위공문서를 기안하여 공문서를 완성한 경우에도 마찬가지인지 여부(적극) / 공문서의 작성권한 없는 공무원 등이 작성권자의 결재를 받지 않고 직인 등을 보관하는 담당자를 기망하여 작성권자의 직인을 날인하도록 하여 공문서를 완성한 경우, 공문서위조죄가 성립하는지 여부(적극)

준허위공문서작성죄의 주체는 문서를 작성할 권한이 있는 명의인인 공무원에 한하고 그 공무원의 문서작성을 보조하는 직무에 종사하는 공무원은 허위공문서작성죄의 주체가 될 수 없다. 따라서 보조 직무에 종사하는 공무원이 허위공문서를 기안하여 허위임을 모르는 작성권자의 결재를 받아 공문서를 완성한 때에는 허위공문서작성죄의 간접정범이 될 것이지만, 이러한 결재를 거치지 않고 임의로 작성권자의 직인 등을 부정 사용함으로써 공문서를 완성한 때에는 공문서위조죄가 성립한다. 이는 공문서의 작성권한 없는 사람이 허위공문서를 기안하여 작성권자의 결재를 받지 않고 공문서를 완성한 경우에도 마찬가지이다.

나아가 작성권자의 직인 등을 보관하는 담당자는 일반적으로 작성권자의 결재가 있는 때에 한하여 보관 중인 직인 등을 날인할 수 있을 뿐이다. 이러한 경우 다른 공무원 등이 작성권자의 결재를 받지 않고 직인 등을 보관하는 담당자를 기망하여 작성권자의 직인을 날인하도록 하여 공문서를 완성한 때에도 공문서위조죄가 성립한다 (대법원 2017.5.17, 선고, 2016도13912, 판결).

◆ 공증인이 사서증서 인증서를 작성함에 있어, 당사자가 공증인의 면전에서 사서증서에 서명 또는 날인을 하거나 당사자 본인이나 그 대리인으로 하여금 사서증서의 서명 또는 날인이 본인의 것임을 확인하게 한 바가 없음에도 불구하고 마치 그렇게 한 것처럼 인증서에 기재한 경우, 허위공문서작성죄의 성립 여부(적극)

사서증서 인증을 촉탁받은 공증인이 사서증서 인증서를 작성함에 있어, 당사자가 공증인의 면전에서 사서증서에 서명 또는 날인을 하거나 당사자 본인이나 그 대리인으로 하여금 사서증서의 서명 또는 날인이 본인의 것임을 확인하게 한 바가 없음에도 불구하고, 당사자가 공증인의 면전에서 사서증서에 서명 또는 날인을 하거나 본인이나 그 대리인이 사서증서의 서명 또는 날인이 본인의 것임을 확인한 것처럼 인증서에 기재하였다면, 허위공문서작성죄의 죄책을 면할 수 없다 (대법원 2007.1.25, 선고, 2006도3844, 판결).

◆ 공무원이 위법사실을 발견하고도 직무상 의무에 따른 적절한 조치를 취하지 아니하고 위법사실을 적극적으로 은폐할 목적으로 허위공문서를 작성, 행사한 경우, 허위공문서작성, 동행사죄 이외에 직무유기죄가 별도로 성립하는지 여부

공무원이 어떠한 위법사실을 발견하고도 직무상 의무에 따른 적절한 조치를 취하지 아니하고 위법사실을 적극적으로 은폐할 목적으로 허위공문서를 작성, 행사한 경우에는 직무위배의 위법상태는 허위공문서작성 당시부터 그 속에 포함되는 것으로 작위범인 허위공문서작성, 동행사죄만이 성립하고 부작위범인 직무유기죄는 따로 성립하지 아니한다(대법원 1999. 12. 24. 선고 99도2240 판결).

◆ 당사자로부터 뇌물을 받고 고의로 적용하여서는 안 될 조항을 적용하여 과세표준을 결정하고 그 과세표준에 기하여 세액을 산출한 경우 허위공문서작성죄의 성립 여부(소극)

허위공문서작성죄란 공문서에 진실에 반하는 기재를 하는 때에 성립하는 범죄이므로, 고의로 법령을 잘못 적용하여 공문서를 작성하였다고 하더라도 그 법령적용의 전제가 된 사실관계에 대한 내용에 거짓이 없다면 허위공문서작성죄가 성립될 수 없는바 당사자로부터 뇌물을 받고 고의로 적용하여서는 안될 조항을 적용하여 과세표준을 결정하고 그 과세표준에 기하여 세액을 산출하였다고 하더라도, 그 세액계산서에 허위내용의 기재가 없다면 허위공문서작성죄에는 해당하지 않는다(대법원 1996. 5. 14. 선고 96도554 판결).

◆ 교통사고 가해자의 사고 후의 행동이 기재된 가해자 및 피해자의 관련자 진술서만 첨부하고 교통사고 실황조사서의 사고원인기재란 중 사고도주 표시란에는 아무런 표시를 하지 않은 것이 허위공문서작성에 해당하는지 여부

교통사고 가해자가 사고발생 후 즉시 피해자를 구호조치하지 않고 사고현장으로부터 약 600m 정도 도주한 후 다시 사고현장으로 되돌아 와 경찰관에게 자신이 사고야기자라고 말한 사안에서, 교통사고 가해자의 사고 후의 행동이 기재된 가해자 및 피해자의 관련자 진술서만 첨부하고 교통사고 실황조사서의 사고원인기재란 중 사고도주 표시란에는 아무런 표시를 하지 않은 것이 허위공문서작성에 해당하지 않는다고 본 사례(대법원 1997.3.11, 선고, 96도2329, 판결).

◆ 공무원이 여러 차례의 출장반복의 번거로움을 회피하고 민원사무를 신속히 처리한다는 방침에 따라 사전에 출장조사한 다음 출장조사내용이 변동없다는 확신하에 출장복명서를 작성하고 다만 그 출장일자를 작성일자로 기재한 경우, 허위공문서작성의 범의를 인정할 수 있는지 여부(소극)

공무원이 여러 차례의 출장반복의 번거로움을 회피하고 민원사무를 신속히 처리한다는 방침에 따라 사전에 출장조사한 다음 출장조사내용이 변동없다는 확신하에 출장복명서를 작성하고 다만 그 출장일자를 작성일자로 기재한 것이라면 허위공문서작성의 범의가 있었다고 볼 수 없다(대법원 2001. 1. 5. 선고 99도4101 판결).

◆ 하나의 행위가 부작위범인 직무유기죄와 작위범인 허위공문서작성·행사죄의 구성요건을 동시에 충족하는 경우, 그 중 하나의 죄로만 공소를 제기할 수 있는지 여부(적극)

하나의 행위가 부작위범인 직무유기죄와 작위범인 허위공문서작성·행사죄의 구성요건을 동시에 충족하는 경우, 공소제기권자는 재량에 의하여 작위범인 허위공문서작성·행사죄로 공소를 제기하지 않고 부작위범인 직무유기죄로만 공소를 제기할 수 있다(대법원 2008.2.14, 선고, 2005도4202, 판결).

◆ 공무원이 아닌 자가 허위공문서작성죄의 간접정범이나 공동정범이 될 수 있는지 여부

공무원이 아닌 자는 형법 제228조의 경우를 제외하고는 허위공문서작성죄의 간접정범으로 처벌할 수 없으나(대법원 1971. 1. 26. 선고 70도2598 판결 등), 공무원이 아닌 자가 공무원과 공동하여 허위공문서작성죄를 범한 때에는 공무원이 아닌 자도 형법 제33조, 제30조에 의하여 허위공문서작성죄의 공동정범이 된다(대법원 2006.5.11. 선고 2006도1663 판결).

◆ **폐기물처리사업계획이 관계 법령의 규정에 적합하지 아니함을 알면서 적합하다는 내용으로 통보서를 작성한 경우, 그 통보서가 허위의 공문서에 해당하는지 여부(적극)**

폐기물관리법 제26조 제2항에 의한 폐기물처리사업계획 적합 통보서는 단순히 폐기물처리사업을 관계 법령에 따라 허가한다는 내용이 아니라, 폐기물처리업을 하려는 자가 폐기물관리법 제26조 제1항에 따라 제출한 폐기물처리사업계획이 폐기물관리법 및 관계 법령의 규정에 적합하다는 사실을 확인하거나 증명하는 것이라 할 것이므로, 그 폐기물처리사업계획이 관계 법령의 규정에 적합하지 아니함을 알면서 적합하다는 내용으로 통보서를 작성한 것이라면 그 통보서는 허위의 공문서라고 보지 아니할 수 없다(대법원 2003.2.11, 선고, 2002도4293, 판결).

◆ **토지·하천 등의 경계나 면적을 측량하지 않은 채 지적도상의 그 경계를 정정한 경우, 허위공도화 작성의 범의가 있는지 여부**

임야도와 지적도상의 경계가 부합하지 아니하여 지적도의 경계 표시에 오류가 있음을 쉽게 확인할 수 있고 또 측량을 하지 않고서도 그 정정이 가능한 경우에 해당한다고 볼 수 없는 경우, 피고인 등이 임야도를 기준으로 하였다 하더라도 토지 및 하천 등의 경계나 면적을 측량하지도 아니한 채 지적도상의 토지 및 하천 등의 경계를 정정한 것은 결코 적법한 업무처리라고 할 수 없고, 따라서 피고인에게 허위공도화 작성 등의 범의가 있다고 본 사례(대법원 1997.12.26, 선고, 96도3057, 판결).

Ⅲ. 수사실무

1. 수사포인트

(1) 주체가 권한 있는 공무원인지, 그 권한의 내용과 근거는 어떤지 조사한다.

(2) 무엇 때문에, 언제 범행을 결의했는지, 누구에게 사용하려 했는지, 또 공무원과 의뢰인의 관계는 어떤지 밝힌다.

(3) 배임이나 횡령 등 타죄의 형적을 감추기 위해 이 죄를 범하는 일이 많으므로, 특히 주의해야 한다.

2. 피의자 신문례

(1) 피의자는 공무원인가요

(2) 근무하고 있는 부서는 어디인가요

(3) 직급은 어떻게 되는가요

(4) 현재 맡고 있는 업무는 무엇인가요

(5) 피의자는 ㅇㅇ서류를 작성한 사실이 있나요

(6) 그 서류를 작성할 당시 사실대로 작성한 것인가요

(7) 그렇다면 허위로 작성하였나요

(8) 어느 부분이 허위라는 것인가요

(9) 허위로 서류를 작성한 이유는 무엇인가요

(10) 이렇게 허위로 작성한 문서를 어떻게 하였나요

3. 범죄사실 기재례

【범죄사실 기재례】

(1) 피의자는, 20○○. ○. ○. ○○시 지방행정서기보로 임용되어 ○○구 ○○동사무소에 근무하면서 주민등록에 관한 사무를 취급하고 있다.

피의자는 20○○. ○. ○. 14:30경 위 같은 동사무소에서 위 같은 동 ○○번지에 거주하다가 다른 곳으로 이사를 가서 지금은 실제로 위 주소에 거주하지 않는 전○○로부터 내가 이사한 새 전입지로는 주민등록전입신고를 할 수 없는 형편이니 다시 다른 곳으로 이사하여 전입신고를 할 때까지만 이곳의 주민등록이 직권말소되지 않도록 해달라고 하는 부탁을 받았다.

피의자는 이를 승낙하여 같은 날 15:30경 위 같은 곳에서 행사할 목적으로, 위 전○○의 주민등록표에 그가 20○○. ○. ○.자로 같은 동 ○○호로 전입한 사실이 없음에도 위 주소지에 전입한 것처럼 함부로 기재하여 공문서인 위 주민등록표를 허위로 작성하고 그 때쯤부터 같은 동사무소에 비치해서 허위작성된 공문서를 행사하였다.

(2) 피의자는 ○○구청건설도시국 도시과에서 토지분할, 지목변경, 합병, 지적고시에 따른 도시계획도 지적선의 정리, 토지이용계획확인원 발급업무를 담당하고 있다.

피의자는 20○○. ○. ○. 11:00경 위 구청민원실에서 건축사 사무실 직원인 공동피의자로부터 같은 구 소재 다세대주택의 부지경계선이 10m 도시계획선과 120cm 떨어져 평행으로 되어 있어서 위 다세대주택의 건설에 애로가 있으니 위 지번의 토지경계선과 도시계획도로선을 일치시켜 달라는 부탁을 받고 그로부터 금 500만원 교부받아 공무원이

그 직무에 관하여 뇌물을 수수하였다.

피의자는 같은 달 중순 20:00경 위 민원실에서 행사할 목적으로 권한없이 지우개로 위 지번의 토지경계선과 120cm 떨어져 평행으로 그어져 있는 위 도시계획도로선을 지우고 붉은색 먹으로 위 지번의 경계선과 일치되도록 10m 도시계획도로선을 새로 그어 도시계획도를 고쳐 구청의 공도화인 도시계획도를 위와 같이 변조하였다.

피의자는 같은 일시경 구청지적서고에서 위와 같이 변조한 도시계획도를 비치함으로써 변조한 공도화를 행사하였다.

피의자는 20○○. ○. ○.경 위 구청민원실에서 위 공동피의자로부터 위 대지 등의 분할에 따라 도시계획도를 신속하게 작성하여 달라는 부탁을 받고 그로부터 금 200만원을 교부받아 공무원이 그 직무에 관하여 뇌물을 수수하였다.

(3) 피의자는 ○○시청 사회과 위생계에 근무하면서 식품접객업소 단속등의 업무를 담당하였다. 피의자는 20○○. ○. ○. 식품접객업소 일제점검을 하던 중에 청소년에게 술을 파는 김○○ 경영의 ○○주점을 적발하였음에도 불구하고 이를 묵인해 달라는 위 김○○의 부탁을 받았다.

피의자는 20○○. ○. ○. 11:00경 ○○시청 사회과 사무실에서 식품접객업소 점검보고서를 작성함에 있어서 인쇄된 "식품접객업소점검보고서" 용지에 검정색 볼펜을 사용하여 "20○○. ○. ○. 22:00경 ○○소재 김○○ 경영의 ○○주점을 점검한 결과 위법사항을 발견하지 못하였음" 이라고 기재하고 단속공무원란에 행정서기보 최○○라고 쓴 후 그의 도장을 찍음으로써 ○○시청 사회과 위생계 공무원인 최○○명의의 식품접객업소점검보고서 1매를 허위로 작성하였다.

피의자는 그 시간 같은 장소에서 그 정을 모르는 위 ○○시청 사회과장 박○○에게 위 허위작성한 공문서인 식품접객업소점검보고서를 마치 진정하게 작성된 것처럼 제출하여 이를 행사하였다.

4. 적용실례

(1) 우체국장이 타인의 예금통장에 허위로 환불기재를 한 경우

우체국장으로서 우체국 사무를 모두 관장하고 있는 민○○는 국장인, 일부인, 금액인을 관리하고 있으며, 가끔 고객이 맡겨놓는 우편예금통장도 보관하고 있다. 그러던 중 민○○는 이○○가 맡아달라고 내미는 예금통장을 받고, 그곳 환불금란, 일자란, 주무자확인란에 그가 관리하고 있던 금액인, 일부인, 국장인을 차례로 마음대로 찍어, 그 통장에서 금 200만원을 환불한 것처럼 허위기재를 하였다.

➡ 위 민○○의 행위는 명백히 공무원의 권한에 입각한 것이고, 위 문제도 공문서로서 그 내용이 일반적으로 사람을 속이기에 충분하므로, 민○○의 행위는 허위공문서작성죄를 구성하기에 충분하다.

(2) **부탁으로 무허가 건물임을 표시하지 않았을 때**

부탁을 받고, 가옥세 과세대장에 무허가건물임을 표시하지 않았다.

➡ 건설교통부장관과 행정자치부장관의 지시에 의해 가옥세 과세대장에 무허가건물임을 표시하는 것이 관행으로 지켜져 왔음에도 불구하고 일부러 이를 표시하지 않은 것은 가옥세 과세대장의 공신력을 해한 것이므로 허위공문서를 작성한 것으로 보아야 한다.

(3) **토지 실수요자 증명 발급확인서에 동인이 소유자라고 기재 확인인을 받아 행사했을 때**

피의자는 행사할 목적으로 20○○. ○. ○. 토지 실수요자 증명 발급확인서 용지에 고○○이 소유자가 아님에도 동인이 소유자라고 기재하여 그 내용이 허위인 정을 모르는 면장의 확인인을 받아 이를 행사하였다.

➡ 이에 대해 사문서위조죄로 의율할 수도 있지만 위 증명발급확인서는 작성명의인이 면장인 공문서이기 때문에 일단 허위공문서작성죄로 의율하는 것이 상당하다. 그러나 위의 경우 허위공문서작성죄의 간접정범은 성립되지 않는 것이 판례상 명백하여 범죄혐의없다 할 것이다.

4. 공전자기록 위작, 변작죄

제227조의2【공전자기록위작·변작】

사무처리를 그르치게 할 목적으로 공무원 또는 공무소의 전자기록등 특수매체기록을 위작 또는 변작한 자는 10년 이하의 징역에 처한다.

[본조신설 1995. 12. 29.]

[공소시효] 형소249①: 10년

- "공무원 또는 공무소의 전자기록 등"이란 주민등록이나 자동등록의 파일 등과 같이 공무원 또는 공무소의 직무수행상 만들어지도록 되어 있거나 이미 만들어진 전자기록 등 특수매체기록을 말한다.
- 위작이란 처음부터 허위의 전자기록을 만드는 것을 말하고 변작이란 기존의 기록을 부분적으로 고치거나 말소하여 기록의 내용을 변경하는 것을 말한다.
- 전자기록 등을 위작한 후 이를 출력하여 별도로 공문서를 위조하면 양죄는 경합범이 된다.

Ⅰ. 이론

1. 구성요건

(1) 객관적 구성요건

1) 객체

공무원 또는 공무소의 전자기록 등 특수매체기록이다.

① 전자기록이란 전자적 방식과 자기적 방식에 의하여 만들어진 기록을 의미한다.

② 특수매체기록이란 사람의 지각으로는 인식할 수 없는 방법에 의하여 만들어진 기록을 의미한다.

2) 행위

위작 또는 변작이다. 위작·변작의 개념 속에 유형위조(권한이 없는 자가 명의를 사칭하는 것) 이외에 무형위조(권한이 있는 자가 허위내용을 작성하는 것)가 포함되는가에 대해서 견해가 대립하는데, 대법원은 긍정설의 태도이다(2004도6132).

▣ 이견있는 형사사건의 법원판단 ▣

[위작·변작의 개념에 허위작성이 포함되는지 여부]

1. 문제점 : 위작·변작의 개념 속에 유형위조(권한이 없는 자가 명의를 사칭하는 것) 이외에 무형위조(권한이 있는 자가 허위내용을 작성하는 것)가 포함되는가에 대해서 견해가 대립한다.

2. 학설

(1) 긍정설 : 공문서의 경우에는 유형위조와 무형위조를 모두 처벌하므로 공전자기록의 경우에도 유형위조 이외에 무형위조도 포함하는 것으로 보아야 한다는 견해

(2) 부정설 : 문서의 위조·변조개념과의 관계에 비추어 볼 때 본죄의 위작·변작의 개념은 유형위조만을 의미한다는 견해

3. 판례 : 긍정설의 태도

권한이 없는 사람이 전자기록을 작출하거나 전자기록의 생성에 필요한 단위 정보의 입력을 하는 경우는 물론 시스템의 설치·운영 주체로부터 각자의 직무 범위에서 개개의 단위정보의 입력 권한을 부여받은 사람이 그 권한을 남용하여 허위의 정보를 입력함으로써 시스템 설치·운영 주체의 의사에 반하는 전자기록을 생성하는 경우도 형법 제227조의2에서 말하는 전자기록의 '위작'에 포함된다(대법원 2005. 6. 9. 선고 2004도6132 판결).

(2) 주관적 구성요건

고의 뿐만 아니라 사무처리를 그르치게 할 목적이 요구된다.

Ⅱ. 판례

◆ 형법 제227조의2에서 정한 전자기록의 '위작' 및 '사무처리를 그르치게 할 목적'의 의미

형법 제227조의2는 "사무처리를 그르치게 할 목적으로 공무원 또는 공무소의 전자기록 등 특수매체기록을 위작 또는 변작한 자는 10년 이하의 징역에 처한다." 고 규정하고 있는데, 여기에서 정하는 전자기록의 "위작" 이란 전자기록에 관한 시스템을 설치 · 운영하는 주체와의 관계에서 전자기록의 생성에 관여할 권한이 없는 사람이 전자기록을 작출하거나 전자기록의 생성에 필요한 단위 정보의 입력을 하는 경우는 물론이고, 시스템의 설치 · 운영 주체로부터 각자의 직무 범위에서 개개의 단위정보의 입력 권한을 부여받은 사람이 그 권한을 남용하여 허위의 정보를 입력함으로써 시스템 설치 · 운영 주체의 의사에 반하는 전자기록을 생성하는 경우도 포함하는데, 여기서 '허위의 정보' 라고 함은 진실에 반하는 내용을 의미하며, "사무처리를 그르치게 할 목적" 이란 위작 또는 변작된 전자기록이 사용됨으로써 시스템을 설치 · 운용하는 주체의 사무처리를 잘못되게 하는 것을 말한다(대법원 2013. 11. 28., 선고, 2013도9003, 판결).

◆ 공전자기록등위작죄에서 '위작' 및 '허위의 정보' 의 의미

형법 제227조의2에서 정하는 전자기록의 '위작' 이란 전자기록에 관한 시스템을 설치 · 운영하는 주체와의 관계에서 전자기록의 생성에 관여할 권한이 없는 사람이 전자기록을 작출하거나 전자기록의 생성에 필요한 단위 정보의 입력을 하는 경우는 물론이고, 시스템의 설치 · 운영 주체로부터 각자의 직무 범위에서 개개의 단위 정보의 입력 권한을 부여받은 사람이 그 권한을 남용하여 허위의 정보를 입력함으로써 시스템 설치 · 운영 주체의 의사에 반하는 전자기록을 생성하는 경우도 포함한다. 이 때 '허위의 정보' 라 함은 진실에 반하는 내용을 의미하는 것으로서, 관계 법령에 의

하여 요구되는 자격을 갖추지 못하였음에도 불구하고 고의로 이를 갖춘 것처럼 단위 정보를 입력하였다고 하더라도 그 전제 또는 관련된 사실관계에 대한 내용에 거짓이 없다면 허위의 정보를 입력하였다고 볼 수 없다(대법원 2011.5.13, 선고, 2011도1415, 판결).

◆ 공전자기록위작죄에서의 '위작'의 의미

(1) 사실관계

○○경찰서 조사계 소속 경찰관인 피고인이 2002. 7. 31.경 위 경찰서 조사계에서 사무처리를 그르칠 목적으로, 사실은 공소외 1에 대한 고소사건을 처리하지 아니하였음에도 불구하고, 조사계 소속 일용직으로서 그 정을 모르는 공소외 2를 통하여 경찰범죄정보시스템에 같은 사건을 같은 날 검찰에 송치한 것으로 허위사실을 입력하여 공무소의 전자기록인 경찰범죄정보기록을 위작한 것을 비롯하여, 그 때부터 2003. 4. 4.경까지 총 7회에 걸쳐 같은 방법으로 경찰범죄정보시스템에 허위사실을 입력하여 공무소의 전자기록인 경찰범죄정보기록을 위작하였다.

(2) 판결요지

[1] 형법 제227조의2에서 위작의 객체로 규정한 전자기록은, 그 자체로는 물적 실체를 가진 것이 아니어서 별도의 표시·출력장치를 통하지 아니하고는 보거나 읽을 수 없고, 그 생성 과정에 여러 사람의 의사나 행위가 개재됨은 물론 추가 입력한 정보가 프로그램에 의하여 자동으로 기존의 정보와 결합하여 새로운 전자기록을 작출하는 경우도 적지 않으며, 그 이용 과정을 보아도 그 자체로서 객관적·고정적 의미를 가지면서 독립적으로 쓰이는 것이 아니라 개인 또는 법인이 전자적 방식에 의한 정보의 생성·처리·저장·출력을 목적으로 구축하여 설치·운영하는 시스템에서 쓰임으로써 예정된 증명적 기능을 수행하는 것이므로, 위와 같은 시스템을 설치·운영하는 주체와의 관계에서 전자기록의 생성에 관여할 권한이 없는 사람이 전자기록을 작출하거나 전자기록의 생성에 필요한 단위 정보의 입력을 하는 경우는 물론 시스템의 설치·운영 주체로부터 각자의 직무 범위에서 개개의 단위정보의 입력 권한을 부여받은 사람이 그 권한을 남용하여 허위의 정보를 입력함으로써 시스템 설치·운영 주체의 의사에 반하는 전자기록을 생성하는 경우도 형법 제227조의2에서 말하는 전자기록의 '위작'에 포함된다.

[2] 경찰관이 고소사건을 처리하지 아니하였음에도 경찰범죄정보시스템에 그 사건을 검찰에 송치한 것으로 허위사실을 입력한 행위가 공전자기록위작죄에서 말하는 위작에 해당한다고 한 사례(대법원 2005. 6. 9. 선고 2004도6132 판결).

5. 공정증서원본 등 불실기재죄

제228조【공정증서원본 등의 불실기재】

① 공무원에 대하여 허위신고를 하여 공정증서원본 또는 이와 동일한 전자기록등 특수매체기록에 부실의 사실을 기재 또는 기록하게 한 자는 5년 이하의 징역 또는 1천만원 이하의 벌금에 처한다. 〈개정 1995. 12. 29.〉

② 공무원에 대하여 허위신고를 하여 면허증, 허가증, 등록증 또는 여권에 부실의 사실을 기재하게 한 자는 3년 이하의 징역 또는 700만원 이하의 벌금에 처한다. 〈개정 1995. 12 .29.〉

[외국인의국외범] 5, [공정증서원본] 부등 14-26, [미수범] 235, [특별규정] 상625, 선박34, [공소시효] : 7년(1항), 5년(2항)

○ 이 죄는 공무원에 대하여 허위신고를 하여 공정증서원본 또는 이에 준하는 신빙성이 인정되는 공문서에 불실의 사실을 기재하게 함으로써 성립하는 범죄이다. 허위공문서작성죄에 의한 처벌의 결함을 보충하기 위한 규정이기도 하다.

Ⅰ. 이론

1. 구성요건

(1) 객관적 구성요건

1) 주체

행위의 주체는 작성권한 있는 공무원에 대하여 그 작성을 신청하는 자이다. 그 신분은 제한이 없으므로 공무원도 주체가 될 수 있지만 신청을 받은 공무원은 이 죄의 주체가 되지 못한다.

2) 객체

공정증서원본 또는 이와 동일한 전자기록 등 특수매체기록, 면허증, 허가증, 등록증, 여권이다.

① 공정증서원본

공정증서란 공무원이 직무상 작성하는 문서로 권리의무에 관한 사실을 증명하는 효력을 가진 것을 의미한다. 여기의 권리의무는 재산상의 권리의무에 한하지 않고 신분상의 그것도 포함한다. 예컨대 가족관계등록부, 부동산등기부, 상업등기부 또는 화해조서 등이 해당한다. 그러나 주민등록부나 인감대장, 토지대장 또는 가옥대장은 공정증서가 아니며(대법원 1969. 3. 25. 선고 69도163 판결, 대법원 1988. 5. 24. 선고 87도2696 판결, 대법원 1971. 8. 23. 선고 74도2715 판결), 공증인이 인증한 사서증서는 사실을 증명하는 것에 불과하여 공정증서라 할 수 없다(대법원 1984. 10.23. 선고 84도1217 판결). 공정증서원본임을 요하므로 등본·사본 또는 초본은 여기에 해당되지 않는다.

② 면허증

면허증이란 특정인에게 특정된 기능을 부여하기 위하여 공무원이 작성하는 증서를 말한다. 의사면허증, 자동차운전면허증, 狩獵免許證 또는 鍼師資格證이 여기에 해당한다. 이에 반하여 단순히 일정한 자격을 표시함에 불과한 시험합격증이나 고시자격증은 면허증이 아니다.

③ 허가증

허가증이란 일정한 영업 또는 업무를 허가하였다는 사실을 증명하는 공무소의 증서를 말한다. 고물상 또는 주류판매의 영업허가증이 여기에 해당한다.

④ 등록증

등록증이란 일정한 자격을 취득한 자에게 그 활동에 상응한 권능을 부여하기 위하여 공무원 또는 공무소가 작성하는 증서를 말한다. 변호사·공인회계사·법무사 등록증이 이에 해당한다.

▣ 근거판례 ▣

형법 제228조는 공무원이 아닌 자가 그 정을 모르는 공무원을 이용하여 공문서에 허위의 사실을 기재하게 하는 이른바 간접적 무형위조를 처벌하면서 모든 공문서를 객체로 하지 않고 '공정증서원본 또는 이와 동일한 전자기록 등 특수매체기록'(제1항), '면허증, 허가증, 등록증 또는 여권'(제2항)으로 그 객체를 제한하고 있는바, 그 취지는 공문서 중 일반사회생활에 있어서 특별한 신빙성을 요하는 공문서에 대한 공공의 신용을 보장하고자 하는 것이므로 위 형법 제228조 제2항의 '등록증'은 공무원이 작성한 모든 등록증을 말하는 것이 아니라, 일정한 자격이나 요건을 갖춘 자에게 그 자격이나 요건에 상응한 활동을 할 수 있는 권능 등을 인정하기 위하여 공무원이 작성한 증서를 말한다(대법원 2005. 7. 15. 선고 2003도6934 판결).

⑤ 여권

공무소가 여행자에게 발행하는 허가증을 말한다. 허위사실을 기재한 여권신청서에 의하여 여권을 발급받은 때에는 이 죄와 여권법위반죄의 상상적 경합이 된다(대법원 1974. 4. 9. 선고 73도2334 판결).

⑥ 공정증서원본과 동일한 전자기록 등 특수매체기록

공정증서원본과 같은 법적 효력을 증명할 수 있는 전자기록 등의 특수매체기록으로서 권리의무에 관한 일정한 사항을 기록하고 있는 전산자료화한 각종 파일을 말한다. 가족관계등록부, 부동산전산등기부 등이 있다.

3) 행위

이 죄의 행위는 공무원에게 허위신고를 하여 불실의 사실을 기재하게 하는 것이다.

① 착수시기는 허위신고시이며, 허위신고에 의하여 공정증서원본 등에 불실의 기재가 된 때에 기수가 된다. 따라서 허위신고를 했지만 기재되지 않았을 때에는 이 죄의 미수에 해당한다. 불실의 기재를 하면 족하며 이로 인하여 실해가 발생했을 것을 요하는 것은 아니다. 사후에 기재내용이 객관적 권리관계와 일치하게 되었더라도 본 죄의 성립에는 영향이 없다.

② 만일 공무원에게 신고내용이 허위라는 것을 알리고 불실기재를 하게 했다면, 기재를 한 공무원에게는 허위공문서작성죄가 성립하고 신고인은 정황에 따라 공동정범, 교사 또는 방조행위가 성립한다.

(2) 주관적 구성요건

불실의 사실을 기재한다는 것에 대한 고의가 있어야 한다.

Ⅱ. 판례

◆ 공정증서원본에 기재된 사항이 부존재하거나 외관상 존재하더라도 무효에 해당하는 하자가 있는 경우, 공정증서원본불실기재죄가 성립하는지 여부(적극)

공정증서원본불실기재죄는 공무원에 대하여 허위신고를 함으로써 공정증서원본에 불실의 사실을 기재하게 하는 경우에 성립한다. 공정증서원본에 기재된 사항이 부존재하거나 외관상 존재한다고 하더라도 무효에 해당되는 하자가 있다면, 그 기재는 불실기재에 해당한다. 그러나 기재된 사항이나 그 원인된 법률행위가 객관적으로 존재하고, 다만 거기에 취소사유인 하자가 있을 뿐인 경우, 취소되기 전에 공정증서원본에 기재된 이상, 그 기재는 공정증서원본의 불실기재에 해당하지는 않는다(대법원 2018. 6. 19., 선고, 2017도21783, 판결).

◆ **부동산 거래당사자가 '거래가액'을 시장 등에게 거짓으로 신고하여 받은 신고필증을 기초로 사실과 다른 내용의 거래가액이 부동산등기부에 등재되도록 한 경우, 공전자기록등불실기재죄 및 불실기재공전자기록등행사죄가 성립하는지 여부(소극)**

부동산등기법이 2005. 12. 29. 법률 제7764호로 개정되면서 매매를 원인으로 하는 소유권이전등기를 신청하는 경우에는 등기신청서에 거래신고필증에 기재된 거래가액을 기재하고, 신청서에 기재된 거래가액을 부동산등기부 갑구의 권리자 및 기타사항란에 기재하도록 하였는데, 이는 부동산거래 시 거래당사자나 중개업자가 실제 거래가액을 시장, 군수 또는 구청장에게 신고하여 신고필증을 받도록 의무화하면서 거짓신고 등을 한 경우에는 과태료를 부과하기로 하여 2005. 7. 29. 법률 제7638호로 전부 개정된 '공인중개사의 업무 및 부동산 거래신고에 관한 법률'과 아울러 부동산 종합대책의 일환으로 실시된 것으로서, 그 개정 취지는 부동산거래의 투명성을 확보하기 위한 데에 있을 뿐이므로, 부동산등기부에 기재되는 거래가액은 당해 부동산의 권리의무관계에 중요한 의미를 갖는 사항에 해당한다고 볼 수 없다. 따라서 부동산의 거래당사자가 거래가액을 시장 등에게 거짓으로 신고하여 신고필증을 받은 뒤 이를 기초로 사실과 다른 내용의 거래가액이 부동산등기부에 등재되도록 하였다면, '공인중개사의 업무 및 부동산 거래신고에 관한 법률'에 따른 과태료의 제재를 받게 됨은 별론으로 하고, 형법상의 공전자기록등불실기재죄 및 불실기재공전자기록등행사죄가 성립하지는 아니한다(대법원 2013.1.24, 선고, 2012도12363, 판결).

◆ **발행인과 수취인이 통모하여 진정한 어음채무 부담이나 어음채권 취득 의사 없이 단지 발행인의 채권자에게서 채권 추심이나 강제집행을 받는 것을 회피하기 위하여 형식적으로만 약속어음의 발행을 가장한 후 공증인에게 마치 진정한 어음발행행위가 있는 것처럼 허위로 신고하여 어음공정증서원본을 작성·비치하게 한 경우, 공정증서원본불실기재 및 동행사죄가 성립하는지 여부(적극)**

형법 제228조 제1항의 공정증서원본불실기재죄는 공무원에 대하여 진실에 반하는 허위신고를 하여 공정증서원본 또는 이와 동일한 전자기록 등 특수매체기록에 실체관계에 부합하지 않는 불실의 사실을 기재 또는 기록하게 함으로써 성립한다. 그런데 발행인과 수취인이 통모하여 진정한 어음채무 부담이나 어음채권 취득에 관한 의사 없이 단지 발행인의 채권자에게서 채권 추심이나 강제집행을 받는 것을 회피하기 위하여 형식적으로만 약속어음의 발행을 가장한 경우 이러한 어음발행행위는 통정허위표시로서 무효이므로, 이와 같이 발행인과 수취인 사이에 통정허위표시로서 무효인 어음발행행위를 공증인에게는 마치 진정한 어음발행행위가 있는 것처럼 허위로 신고함으로써 공증인으로 하여금 어음발행행위에 대하여 집행력 있는 어음공정증서원본을 작성케 하고 이를 비치하게 하였다면, 이러한 행위는 공정증서원본불실기재 및 불실기재공정증서원본행사죄에 해당한다고 보아야 한다(대법원 2012.4.26, 선고, 2009도5786, 판결).

◆ 민사조정법상의 조정절차에서 작성되는 '조정조서'가 공정증서원본 불실기재죄의 객체인 '공정증서원본'에 해당하는지 여부(소극)

형법 제228조 제1항이 규정하는 공정증서원본 불실기재죄는 공무원에 대하여 진실에 반하는 허위신고를 하여 공정증서원본에 그 증명하는 사항에 관하여 실체관계에 부합하지 아니하는 불실의 사실을 기재하게 함으로써 성립하는 범죄로서, 위 죄의 객체인 공정증서원본은 그 성질상 허위신고에 의해 불실한 사실이 그대로 기재될 수 있는 공문서이어야 한다고 할 것인바, 민사조정법상 조정신청에 의한 조정제도는 원칙적으로 조정신청인의 신청 취지에 구애됨이 없이 조정담당판사 등이 제반 사정을 고려하여 당사자들에게 상호 양보하여 합의하도록 권유·주선함으로써 화해에 이르게 하는 제도인 점에 비추어, 그 조정절차에서 작성되는 조정조서는 그 성질상 허위신고에 의해 불실한 사실이 그대로 기재될 수 있는 공문서로 볼 수 없어 공정증서원본에 해당하는 것으로 볼 수 없다(대법원 2010.6.10, 선고, 2010도3232, 판결).

◆ 형법 제228조 제2항에 정한 '등록증'의 의미

형법 제228조는 공무원이 아닌 자가 그 정을 모르는 공무원을 이용하여 공문서에 허위의 사실을 기재하게 하는 이른바 간접적 무형위조를 처벌하면서 모든 공문서를 객체로 하지 않고 '공정증서원본 또는 이와 동일한 전자기록 등 특수매체기록'(제1항), '면허증, 허가증, 등록증 또는 여권'(제2항)으로 그 객체를 제한하고 있는바, 그 취지는 공문서 중 일반사회생활에 있어서 특별한 신빙성을 요하는 공문서에 대한 공공의 신용을 보장하고자 하는 것이므로 위 형법 제228조 제2항의 '등록증'은 공무원이 작성한 모든 등록증을 말하는 것이 아니라, 일정한 자격이나 요건을 갖춘 자에게 그 자격이나 요건에 상응한 활동을 할 수 있는 권능 등을 인정하기 위하여 공무원이 작성한 증서를 말한다(대법원 2005. 7. 15. 선고 2003도6934 판결).

◆ 소유권이전등기나 보존등기에 절차상 하자가 있거나 등기원인이 실제와 다르다 하더라도 그 등기가 실체적 권리관계에 부합하는 유효한 등기인 경우, 공정증서원본 불실기재 및 동행사죄의 성립 여부(소극) 및 위와 같은 죄로 공소가 제기된 경우, 당해 등기가 실체적 권리관계에 부합하는 유효한 등기라는 주장의 소송상 의미

부동산에 관하여 경료된 소유권이전등기나 보존등기가 절차상 하자가 있거나 등기원인이 실제와 다르다 하더라도 그 등기가 실체적 권리관계에 부합하는 유효한 등기인 경우에는 공정증서원본불실기재, 동행사죄의 구성요건 해당성이 없게 되고, 그와 같은 죄로 공소가 제기된 경우 피고인이 당해 등기가 실체적 권리관계에 부합하는 유효한 등기라고 주장하는 것은 공소사실에 대한 적극부인에 해당한다(대법원 2000. 3. 24. 선고 98도105 판결).

◆ 공정증서원본의 기재사항에 취소사유에 해당하는 하자가 있는 경우, 공정증서원본불실기재죄의 성립 여부(소극)

[1] 공정증서원본에 기재된 사항이 외관상 존재하는 사실이라 하더라도, 이에 무효나 부존재에 해당되는 흠이 있다면 그 기재는 부실기재에 해당된다. 그러나 그것이 객관적으로 존재하는 사실이고 이에 취소사유에 해당되는 하자가 있을 뿐인 경우에는 그 취소 전에 그 사실의 내용이 공정증서원본에 기재된 이상, 그 기재가 공정증서원본불실기재죄를 구성하지 않는다.

[2] 주주총회의 소집절차 등에 관한 하자가 주주총회결의의 취소사유에 불과하여 그 취소 전에 주주총회의 결의에 따른 감사변경등기를 한 것이 공정증서원본불실기재죄를 구성하지 않는다고 본 사례(대법원 2009.2.12, 선고, 2008도10248, 판결).

◆ '자동차운전면허대장' 이 형법 제228조 제1항의 '공정증서원본' 에 해당하는지 여부(소극)

도로교통법 시행령 제94조와 같은 법 시행규칙 제38조, 제77조, 제78조, 제80조, 제98조 등의 규정 취지를 종합하여 보면, 자동차운전면허대장은 운전면허 행정사무집행의 편의를 위하여 범칙자, 교통사고유발자의 인적사항·면허번호 등을 기재하거나 운전면허증의 교부 및 재교부 등에 관한 사항을 기재하는 것에 불과하며, 그에 대한 기재를 통해 당해 운전면허 취득자에게 어떠한 권리의무를 부여하거나 변동 또는 상실시키는 효력을 발생하게 하는 것으로 볼 수는 없고, 따라서 자동차운전면허대장은 사실증명에 관한 것에 불과하므로 형법 제228조 제1항에서 말하는 공정증서원본이라고 볼 수 없다. (대법원 2010.6.10. 선고 2010도1125 판결)

◆ 신주발행이 판결로써 무효로 확정되기 이전에 그 신주발행사실을 담당 공무원에게 신고하여 법인등기부에 기재하게 한 경우, 공정증서원본불실기재죄에 해당하는지 여부(소극)

주식회사의 신주발행의 경우 신주발행에 법률상 무효사유가 존재한다고 하더라도 그 무효는 신주발행무효의 소에 의해서만 주장할 수 있고, 신주발행무효의 판결이 확정되더라도 그 판결은 장래에 대하여만 효력이 있으므로(상법 제429조, 제431조 제1항), 그 신주발행이 판결로써 무효로 확정되기 이전에 그 신주발행사실을 담당 공무원에게 신고하여 공정증서인 법인등기부에 기재하게 하였다고 하여 그 행위가 공무원에 대하여 허위신고를 한 것이라거나 그 기재가 불실기재에 해당하는 것이라고 할 수는 없다(대법원 2007.5.31. 선고 2006도8488 판결).

◆ 부부관계를 설정할 의사 없이 중국 내 조선족 여자들의 국내 취업을 위한 입국을 목적으로 형식상 혼인신고를 한 경우, 공정증서원본불실기재죄로 처벌한 사례

(1) 사실관계

> 피고인 A는 제1심 공동피고인, 공소외 1등과 공모하여 1995. 10. 중순 일자불상경 중국 흑룡강성 목단강시 서안구에서 위 제1심 공동피고인의 소개로 만난 중국 조선족 여자인 위 공소외 1로 하여금 국내에 취업할 수 있도록 입국시켜 줄 목적으로 위 공소외 1과 위장결혼하기로 약속하여 그 무렵 결혼사진을 촬영하고 위 목단강시청에 가서 위 사진을 첨부하여 혼인신고를 하고 결혼증을 발급받아 위 목단강시 공증처에서 혼인공증을 받은 다음, 같은 해 11. 4. 귀국하여 같은 달 25. 위 피고인의 본적지인 전남 신안군 압해면 사무소에서 위 면사무소 호적담당 공무원에게 마치 위 공소외 1과 결혼한 것처럼 허위내용의 혼인신고서를 제출하여 위 공무원으로 하여금 공정증서원본인 호적부에 불실의 사실을 기재하게 하고, 그 무렵 위 사무소에 이를 비치하게 하여 행사하였다.

(2) 판결요지

피고인들이 중국 국적의 조선족 여자들과 참다운 부부관계를 설정할 의사 없이 단지 그들의 국내 취업을 위한 입국을 가능하게 할 목적으로 형식상 혼인하기로 한 것이라면, 피고인들과 조선족 여자들 사이에는 혼인의 계출에 관하여는 의사의 합치가 있었으나 참다운 부부관계의 설정을 바라는 효과의사는 없었다고 인정되므로 피고인들의 혼인은 우리 나라의 법에 의하여 혼인으로서의 실질적 성립요건을 갖추지 못하여 그 효력이 없고, 따라서 피고인들이 중국에서 중국의 방식에 따라 혼인식을 거행하였다고 하더라도 우리 나라의 법에 비추어 그 효력이 없는 혼인의 신고를 한 이상 피고인들의 행위는 공정증서원본불실기재 및 죄의 죄책을 면할 수 없다고 한 사례(대법원 1996. 11. 22. 선고 96도2049 판결).

◆ 위장결혼의 당사자 및 브로커와 공모한 피고인이 허위로 결혼사진을 찍고 혼인신고에 필요한 서류를 준비하여 위장결혼의 당사자에게 건네준 것만으로는 공전자기록등불실기재죄의 실행에 착수한 것으로 볼 수 있는지 여부

상고이유를 판단한다.

공전자기록등불실기재죄에 있어서의 실행의 착수 시기는 공무원에 대하여 허위의 신고를 하는 때라고 보아야 할 것인바, 이 사건 피고인이 위장결혼의 당사자 및 중국측 브로커와의 공모 하에 허위로 결혼사진을 찍고, 혼인신고에 필요한 서류를 준비하여 위장결혼의 당사자에게 건네준 것만으로는 아직 공전자기록등불실기재죄에 있어서 실행에 착수한 것으로 보기 어렵다고 판단한 환송 후 원심의 조치는 정당하고, 거기에 상고이유로 주장하는 바와 같은 법리오해 등의 위법이 없다.

그러므로 상고를 기각하기로 하여 관여 대법관의 일치된 의견으로 주문과 같이 판결한다(대법원 2009.9.24, 선고, 2009도4998, 판결).

◆ 공정증서원본 등에 기재된 사항이 부존재하거나 외관상 존재한다고 하더라도 무효에 해당하는 하자가 있는 경우, 공정증서원본불실기재죄의 유죄성립 여부(적극)

자동차운전면허증 재교부신청서의 사진란에 본인의 사진이 아닌 다른 사람의 사진을 붙여 제출함으로써 담당공무원으로 하여금 자동차운전면허대장에 불실의 사실을 기재하여 이를 비치하게 하였다는 내용의 공소사실에 대하여, 자동차운전면허대장이 공정증서원본임을 전제로 이를 모두 유죄로 인정한 원심판단에 법리오해의 위법이 있다고 한 사례(대법원 2010.6.10. 선고 2010도1125 판결).

◆ 매매계약에 따른 잔금을 모두 지급하기 전에 소유권이전등기신청을 위임받은 법무사를 기망하여 소유권이전등기를 경료한 경우 공정증서원본불실기재죄의 성부(소극)

(1) 사실관계

> 피고인이 1994. 2. 14. 15 : 00경 경기 용인군 기흥읍 신갈리 71의 8 심재은 법무사 사무실에서 서○○과 동인 소유의 같은 읍 서천리 63 전 988㎡를 매매대금 63,000,000원에 매매계약을 체결하고, 즉석에서 계약금으로 10,000,000원, 1994. 2. 17. 중도금으로 30,000,000원을 각 교부하고, 1994. 3. 21. 11 : 00경 위 법무사 사무실에서 잔금 중 10,000,000원을 교부하고, 나머지 잔금 13,000,000원에 대하여는 위 서○○이 부동산소유권이전등기에 필요한 서류 일체를 위 심○○ 법무사에게 맡겨 놓고 위 잔금을 지불한 후에 위 서류들을 찾아서 피고인 앞으로 소유권이전등기를 마치도록 하였음에도, 1994. 3. 22. 10 : 00경 위 심○○에 대하여 위 서○○에게 위 잔금을 모두 지불하였다고 거짓말하여 그 무렵 위 심○○으로 하여금 수원지방법원 용인등기소에서 성명불상 등기공무원에게 위 등기서류들을 제출하게 하여 피고인 앞으로 소유권이전등기를 경료케 하였다.

(2) 판결요지

피고인과 매도인과의 사이에 매매계약이 이루어졌고 그 계약금과 대부분의 중도금이 지급되었으며 매도인이 법무사에게 소유권이전등기에 필요한 서류 일체를 맡기고 나중에 잔금지급이 되면 그 등기신청을 하도록 위임하였는데, 피고인이 법무사를 기망하였고 그가 피고인에게 기망당하여 잔금이 모두 지급된 것으로 잘못 알고 등기신청을 하여 그 소유권이전등기를 경료한 것이라면 위 법무사의 등기신청 행위에 하자가 있다고 할 수는 있으나(위 신청이 무효라고는 할 수 없다), 위 소유권이전등기의 원인이 되는 법률관계인 매매 내지는 물권적 합의가 객관적으로 존재하지 아니하는 것이라고는 할 수 없으니, 피고인이 위 법무사를 통하여 등기공무원에게 허위의 사실을 신고하여 등기부에 불실의 사실을 기재하게 한 것이라고는 할 수 없다(대법원 1996. 6. 11. 선고 96도233 판결).

◆ 토지거래 허가구역 안의 토지에 관하여 실제로는 매매계약을 체결하고서도 처음부터 토지거래허가를 잠탈하려는 목적으로 등기원인을 '증여'로 하여 소유권이전등기를 경료한 경우, 공정증서원본불실기재죄에 해당한다고 한 사례

토지거래 허가구역 안의 토지에 관하여 실제로는 매매계약을 체결하고서도 처음부터 토지거래허가를 잠탈하려는 목적으로 등기원인을 '증여'로 하여 소유권이전등기를 경료한 경우, 비록 매도인과 매수인 사이에 실제의 원인과 달리 '증여'를 원인으로 한 소유권이전등기를 경료할 의사의 합치가 있더라도, 허위신고를 하여 공정증서원본에 불실의 사실을 기재하게 한 때에 해당한다고 한 사례(대법원 2007.11.30. 선고 2005도9922 판결).

◆ 공정증서원본 등에 기재된 사항이 부존재하거나 외관상 존재한다고 하더라도 무효에 해당하는 하자가 있는 경우, 공정증서원본불실기재죄의 성립 여부(적극)

형법 제228조 제1항의 공정증서원본불실기재죄는 특별한 신빙성이 인정되는 공문서에 대한 공공의 신용을 보장함을 보호법익으로 하는 범죄로서 공무원에 대하여 진실에 반하는 허위신고를 하여 공정증서원본 또는 이와 동일한 전자기록 등 특수매체기록에 실체관계에 부합하지 아니하는 불실의 사실을 기재 또는 등록하게 함으로써 성립하는 것이므로, 공정증서원본 등에 기재된 사항이 존재하지 아니하거나 외관상 존재한다고 하더라도 무효에 해당하는 하자가 있다면 그 기재는 불실기재에 해당한다(대법원 2007.5.31, 선고, 2006도8488, 판결).

◆ 유상증자 등기의 신청시 발행주식 총수 및 자본의 총액이 증가한 사실이 허위임을 알면서 증자등기를 신청하여 상업등기부원본에 그 기재를 하게 한 경우 공정증서원본불실기재죄의 성립 여부(적극)

공정증서원본불실기재죄는 공무원에 대하여 허위신고를 하여 공정증서원본에 진실에 반하는 사실을 기재하게 함으로써 성립하는 것이므로, 유상증자 등기의 신청시 발행주식 총수 및 자본의 총액이 증가한 사실이 허위임을 알면서 증자등기를 신청하여 상업등기부원본에 그 기재를 하게 한 경우, 등기신청서류로 제출된 주금납입금보관증명서가 위조된 것임을 몰랐다고 하더라도 공정증서원본불실기재죄가 성립한다(대법원 2006.10.26, 선고, 2006도5147, 판결).

◆ 부동산 매수인이 매도인과 사이에 부동산의 소유권이전에 관한 물권적 합의가 없는 상태에서, 소유권이전등기신청에 관한 대리권이 없이 단지 소유권이전등기에 필요한 서류를 보관하고 있을 뿐인 법무사를 기망하여 매수인 명의의 소유권

이전등기를 신청하게 한 경우, 공정증서원본불실기재죄를 구성할 수 있는지 여부

부동산 매수인이 매도인과 사이에 부동산의 소유권이전에 관한 물권적 합의가 없는 상태에서, 소유권이전등기신청에 관한 대리권이 없이 단지 소유권이전등기에 필요한 서류를 보관하고 있을 뿐인 법무사를 기망하여 매수인 명의의 소유권이전등기를 신청하게 한 경우, 이는 단지 소유권이전등기신청절차에 하자가 있는 것에 불과한 것이 아니라 허위의 사실을 신고한 것이라고 보아야 하고, 위 소유권이전등기는 원인무효의 등기로서 불실기재에 해당한다는 이유로, 공정증서원본불실기재죄가 성립한다고 한 사례(대법원 2006.3.10, 선고, 2005도9402, 판결).

Ⅲ. 수사실무

1. 수사포인트

(1) 허위신고의 방법과 내용을 밝혀둔다.

→ 신고서를 압수하고, 불실기재된 공문서원본의 본을 마련한다.

(2) 행사할 때 진정한 문서로 믿게 하려고 한 고의가 있었는가를 명백히 한다.

(3) 그 행사로 인해 실제로 피해가 있었는가를 조사한다.

2. 범죄사실 기재례

【범죄사실 기재례】

(1) 피의자는 ○○시 ○○동 ○○번지에 사는 김○○(○○세)에게 두차례에 걸쳐 청혼한 바 있으나 이를 거절당하자 그녀 몰래 혼인신고를 하기로 계획하였다.

그리하여 행사할 목적으로 피의자의 본적지인 ○○구청 ○○계에서 20○○. ○. ○. 10:00경 위 김○○와 혼인한 것처럼 혼인신고서의 각란을 마음대로 기재한 다음 미리 김○○라고 새겨놓은 도장을 찍어 위 김○○ 명의의 혼인신고서 1통을 위조하였다.

그리고 즉시 그곳에서 앞서 발급받아 가지고 있던 그녀의 가족관계증명서를 붙여서 그 정을 모르는 위 ○○구청 ○○계 직원 이○○에게 위 허위의 혼인신고서를 제출하여 행사하고, 위 직원으로 하여금 가족관계등록부원본에 위 허위의 혼인신고서 내용을 불실기재하게 하고 이를 같은 구청 ○○계 내에 비치하게 하여 행사하였다.

(2) 피의자는 피의자의 부친 김○○ 소유의 부동산을 임의로 처분하는데 사용할 목적으로 20○○. ○. ○. 경 ○○동 소재 법무사 조○○사무소에서 위 김○○을 대리하여 그 소유의

부동산을 처분할 권한이 있는 것처럼 가장 하였다.

그리하여 그 정을 모르는 위 조○○로 하여금 등기신청에 관한 행위를 위임한다는 취지가 인쇄된 위임장과 매도증서 용지의 "부동산표시란에 ○○동 소재 전 2,000평방미터, 등기목적 소유권이전 매도인 ○○시 ○○동 123번지 김○○, 매수인 △△시 △△동 456번지 이○○"이라고 검정색 볼펜을 기재한 후 피의자가 미리 절취하여 가지고 있던 위 김○○의 인장을 그 이름 옆에 함부로 각 날인하여 권리의무에 관한 사문서인 위 김○○ 명의의 위임장 및 매도증서 각 1통을 위조하였다.

피의자는 같은 달 ○. 11:00경 ○○동에 있는 ○○등기소에서 그 정을 모르는 위 김○○으로 하여금 위와 같이 위조한 위임장, 매도증서를 등기공무원 ○○○에게 제출하게 하여 이를 행사하였다.

피의자는 같은 일시장소에서 위와 같이 허위사실을 신고하여 그 정을 모르는 등기공무원 ○○○으로 하여금 등기부원본에 위 부동산에 대하여 이○○ 앞으로 매매를 원인으로 한 소유권이전등기를 경료하게 함으로써 공정증서원본에 불실의 사실을 기재하게 하고, 이를 즉시 그곳에 비치하게 하여 행사하였다.

3. 적용실례

(1) 사망자 명의로 소유권이전등기를 기재한 경우

부동산등기부에 사망한 사람 명의로 소유권이전등기의 사유를 기재하도록 하였다.

➡ 사망한 사람은 권리의무의 주체가 될 수 없고 따라서 사망자 앞으로 소유권이전등기를 하는 것은 실체관계에 부합하는 유효한 등기로 볼 수 없으므로 위 행위는 공정증서원본불실기재죄를 구성한다.

(2) 국유지를 자신의 명의로 이전했을 경우

장○○는 국유지로서 누구에게도 농지분배된 사실이 없는 토지를 부정한 방법으로 김○○이 분배받은 것같이 하여 소유권이전등기를 거친 후 그 부정을 은폐할 목적으로 자기 명의로 등기하였다.

➡ 위 등기가 비록 김○○의 의사에 따른 것이라 하더라도 김○○은 이 토지의 소유권자가 아니고 동인 명의의 등기는 원인무효의 등기이며 그러한 정을 알면서 장○○ 명의로 이전등기를 한 것이므로 그의 행위는 본조의 죄에 해당한다.

(3) **위장혼인을 하여 혼인신고한 경우**

해외이주의 목적으로 위장혼인을 하고 혼인신고를 하여 그 사실이 가족관계등록부에 기재되었다.

➡ 공정증서원본불실기재죄를 구성한다.

(4) **허위의 보증서를 작성하여 제출한 경우**

허○○는 허위의 보증서를 작성하여 ○○지방법원 ○○등기소에 제출. 담당공무원으로 하여금 이를 믿게 하고 그 명의로 소유권이전등기를 하게 하였다.

➡ 사기죄 외에 공정증서원본불실기재, 불실기재공정증서원본행사죄로도 의율해야 한다.

(5) **남의 주민등록증 사진을 떼어 여권을 발급받은 경우**

박○○와 문○○가 공모하여 여○○의 주민등록증에 붙은 그의 사진을 떼어내고 문○○의 사진을 붙여 문○○가 마치 피해자인 것처럼 가장하고 여권을 발급받았다.

➡ ① 주민등록증에 붙은 사진을 떼어내고 다른 사람의 사진을 붙이는 것은 중요부분의 변경에 해당되어 공문서위조죄로 의율해야 하고,

② 여권에 불실의 사실을 기재하는 것은 여권불실기재에 해당하고 공정증서원본불실기재로 의율하지 말아야 한다.

(6) **일부를 매수하고 전부를 매수한 것처럼 소유권이전등기를 한 경우**

임○○는 대지 200평중 120평만 매수했으면서 전부(200평)를 매수한 것처럼 소유권이전등기를 마치고 등기부에 등재하여 등기소에 비치하도록 하였다.

➡ 공정증서원본불실기재죄와 함께 죄를 의율해야 하며, 양죄는 실체적 경합(형법 제37·38조)이 된다.

(7) **건물관계서류를 위조한 경우**

피의자가 자기 소유의 건물을 관계서류를 위조하여 피의자 소유명의로 등기를 경료하였다.

➡ 위 경우에 대해 사기죄로 의율할 수도 있으나, 등기사무원에게는 부동

산의 소유권에 대한 처분권한이 없으므로 기망에 의한 처분행위가 있어야 하는 사기죄의 구성요건에 해당하지 않고 위 행위는 공정증서원본불실기재 불실기재공정증서원본행사죄와 구성요건에 해당하므로 공정증서원본불실기재죄 및 불실기재공정증서원본행사죄로 의율해야 한다.

● **수사사례**

- 등기부에 허위 근저당 설정 등기부에 허위의 근저당을 설정하여 등기부를 비치케 하였다면 공정증서원본부실기재와 불실기재 공정증서원본행사 성립.
- 허위의 보증서 작성 제출 허위의 보증서를 작성하여 등기소에 제출하여 이를 받은 담당공무원이 피의자명의로 소유권이전등 기케 하였다면 사기죄, 공정증서원본불실기재, 동행사죄가 성립.
- 여권허위 발급 여권발급신청서류에 허위사실을 기재하여 허위내용의 상용여권을 발급받은 경우 여권불실 기재가 성립.
- 허위신고 사업자등록증 교부 주민등록증을 위조하여 자신의 신분을 허위로 대고 그 정을 모르는 공무원으로부터 사업자 등록증을 발부받았다면 공정증서원본불실기재죄에 해당.
- 허위혼인신고 피해자 모르게 혼인신고서류를 위조한 다음 일방적으로 혼인신고를 한 경우 사문서위조 및 위조사 문서행사, 공정증서원본불실기재, 불실공정증서원본 행사등에 해당
- 허위사망신고 타인 명의의 인감증명서를 위조하여 이를 사망신고서에 첨부하여 그 정을 모르는 호적계원 에게 제출하여 동인으로 하여금 호적부에 허위의 사실을 기재하여 비치하게 한 경우 사문 서위조, 위조사 문서행사, 공정증서원본불실기재, 불실공정증서원본행사죄 성립

6. 위조, 변조 등 공문서행사죄

제229조【위조등 공문서의 행사】

제225조 내지 제228조의 죄에 의하여 만들어진 문서, 도화, 전자기록등 특수매체기록, 공정증서원본, 면허증, 허가증, 등록증 또는 여권을 행사한 자는 그 각 죄에 정한 형에 처한다.

[전문개정 1995. 12. 29.]

[미수범] 235, [외국인의국외범] 5, [공소시효] : 5년, 7년, 10년

○ 위·변조한 공문서를 행사한 경우 → 가항 공문서위조 나항 위조공문서행사죄 등에 대한 경합범으로 항목을 반드시 나누어 줄 것. 그외 공문서를 위조하고 나서 이를 행사하여 금원을 사취했다면 다항 사기죄로 의율함.

Ⅰ. 이론

1. 구성요건

(1) 객관적 구성요건

1) 주체

제한이 없다.

2) 객체

공문서 위조 · 변조죄(제225조), 자격모용에 의한 공문서 작성죄(제226조), 허위공문서 작성죄(제227조), 공전자기록 위작 · 변작죄(제227조의2), 공정증서원본 부실기재죄(제228조)에 의하여 만들어진 문서, 도화, 전자기록 등 특수매체기록, 공정증서원본, 면허증, 허가증, 등록증 또는 여권이다.

3) 행위

행사하는 것이다.

① 위조·변조·허위작성·불실기재된 문서, 도화, 공정증서원본 등을 진정한 문서 또는 내용이 진실한 문서인 것처럼 사용하는 것을 말한다.

② 행사는 상대방에게 제시, 교부하거나 일정한 장소에 비치하는 등의 방법으로 그 내용을 인식하거나 인식할 수 있는 상태에 두는 것으로도 충분하다(예컨대, 등기부는 등기소에 비치, 영업허가증은 가게 내에 걸어두고 영업한 것으로 기수가 된다).

③ 타인의 청탁에 따라 허위문서를 작성교부한 자는 그 문서가 행사된 경우 행사죄의 죄책도 함께 부담한다(판례).

④ 위조문서인 사실을 알고 있는 위조문서의 공범자나 대리인 또는 사용자에게 위조문서를 교부한 행위는 행사죄가 되지 않는다(판례). 수사기관에 제출하는 것도 행사가 된다.

(2) 주관적 구성요건

고의가 있어야 한다.

Ⅱ. 판례

◆ 유한회사의 사원이 상법 등 법령에 정한 회사설립의 요건과 절차에 따라 회사설립등기를 함으로써 회사가 성립하였다고 볼 수 있는 경우, 회사설립등기와 그 기재 내용이 공정증서원본 불실기재죄나 공전자기록 등 불실기재죄에서 말하는 '불실의 사실' 에 해당하는지 여부(원칙적 소극)

유한회사의 사원이 상법 등 법령에 정한 회사설립의 요건과 절차에 따라 회사설립등기를 함으로써 회사가 성립하였다고 볼 수 있는 경우 회사설립등기와 그 기재 내용은 특별한 사정이 없는 한 공정증서원본 불실기재죄나 공전자기록 등 불실기재죄에서 말하는 불실의 사실에 해당하지 않는다. 유한회사의 사원 등 회사설립에 관여하는 사람이 회사를 설립할 당시 회사를 실제로 운영할 의사 없이 회사를 이용한 범죄 의도나 목적이 있었다거나, 회사로서의 인적·물적 조직 등 영업의 실질을 갖추지 않았다는 이유만으로는 불실의 사실을 법인등기부에 기록하게 한 것으로 볼 수 없다 (대법원 2020. 3. 26., 선고, 2019도7729, 판결).

◆ 피고인이 허위의 신고를 하였다고 할 수 없는데도, 이와 달리 피고인에게 공전자기록등불실기재죄 및 그 행사죄를 인정한 원심판단에 법리오해의 위법이 있는지 여부

중고자동차매매업자인 피고인이 여객자동차 운수사업법상 차량충당연한 규정에 위배되어 여객자동차운수사업에 충당될 수 없는 차량인 것을 알면서 영업용으로 변경 및 이전등록신청을 하였으나, 구체적 등록내용인 최초등록일 등은 사실대로 기재한 사안에서, 자동차등록원부상 '영업용으로의 용도변경 및 이전' 에 관한 등록정보가 확인·공시하는 내용에 자동차가 영업용으로 용도변경되어 이전되었다는 사실 외에 변경 및 이전등록에 필요한 법령상 자격의 구비 사실까지 포함한다고 볼 법령상의 근거가 없고, 최초등록일 등 등록과 관련된 사실관계에 대한 내용에 거짓이 있다고 볼 수 없는 이상, 피고인이 허위의 신고를 하였다고 할 수 없는데도, 이와 달리 피고인에게 공전자기록등불실기재죄 및 그 행사죄를 인정한 원심판단에 법리오해의 위법이 있다고 한 사례(대법원 2011.5.13, 선고, 2011도1415, 판결)

◆ 불실기재 여권행사죄에서 '허위신고' 및 '불실(不實)의 사실' 의 의미 / 여권 등 공정증서원본에 기재된 사항이 불실기재에 해당하는지 판단하는 기준

형법 제229조, 제228조 제2항에 정한 불실기재 여권행사죄에서 '허위신고' 는 진실에 반하는 사실을 신고하는 것이고, '불실(不實)의 사실' 은 '권리의무관계에 중요한 의미를 갖는 사항이 객관적인 진실에 반하는 것' 을 말한다. 여권 등 공정증서원본에 기재된 사항이 존재하지 않거나 외관상 존재하더라도 무효사유에 해당하는 흠이 있다면 불실기재에 해당한다. 그러나 기재된 사항이나 원인된 법률행위가 객관적으로 존재하고 취소사유에 해당하는 흠이 있을 뿐이라면 취소되기 전에 공정증서 원본에 기재된 사항은 불실기재에 해당하지 않는다. [대법원 2022. 4. 28., 선고, 2020도12239, 판결]

◆ **외국인 여자가 대한민국에 입국하여 취업 등을 하기 위한 방편으로 대한민국 국민인 남자와 혼인신고를 하였으나 당사자 사이에 혼인의 합의가 없는 경우, 구 국적법 제3조 제1호에 따라 대한민국 국적을 취득하는지 여부(소극) / 이때 대한민국 국적을 취득한 것처럼 인적 사항을 기재하여 대한민국 여권을 발급받은 다음 이를 출입국심사 담당공무원에게 제출한 경우, 위계에 의한 공무집행방해죄 및 불실기재 여권행사죄가 성립하는지 여부(적극)**

구 국적법(1997. 12. 13. 법률 제5431호로 전부 개정되기 전의 것, 이하 '구 국적법'이라 한다) 제3조 제1호는 대한민국 국적의 법정 취득 사유로 '대한민국 국민의 처가 된 자'를 정하고 있다. 여기서 '대한민국 국민의 처가 된 자'에 해당하려면 대한민국 국민인 남자와 혼인한 배우자로서 당사자 사이에 혼인의 합의, 즉 사회관념상 부부라고 인정되는 정신적·육체적 결합을 생기게 할 의사의 합치가 있어야 한다. 그런데 외국인 여자가 대한민국에 입국하여 취업 등을 하기 위한 방편으로 대한민국 국민인 남자와 혼인신고를 하였더라도 위와 같은 혼인의 합의가 없다면 구 국적법 제3조 제1호에서 정한 '대한민국 국민의 처가 된 자'에 해당하지 않으므로 대한민국 국적을 취득할 수 없다.

구 국적법 제3조 제1호에 따라 대한민국 국적을 취득하지 않았는데도 대한민국 국적을 취득한 것처럼 인적 사항을 기재하여 대한민국 여권을 발급받은 다음 이를 출입국심사 담당공무원에게 제출하였다면 위계로써 출입국심사업무에 관한 정당한 직무를 방해함과 동시에 불실의 사실이 기재된 여권을 행사한 것으로 볼 수 있다. [대법원 2022. 4. 28., 선고, 2020도12239, 판결]

Ⅲ. 수사실무

1. 범죄사실 기재례

【범죄사실 기재례】

(1) 피의자는 행사할 목적으로, 20○○. ○. ○.경 ○○시 ○○동 ○○번지에 있는 피의자의 집에서 20○○. ○. ○.자 ○○시 ○○동장이 발행한 ○○시 ○○동 ○○번지에 사는 공○○의 인감증명서 1통의 발행일자란에 기재되어 있는 "1"을 펜을 사용하여 "4"자로 고쳐 써서 위 ○○시 ○○동장의 작성명의인 공문서를 변조하였다.

그리고 그 다음날 ○○주식회사 사무실에서 신○○으로 하여금 그것이 진정하게 성립된 인감증명서인 것처럼 속여 이를 믿게 하고 그에게 교부하여 행사하였다.

(2) 피의자는 20○○. ○. ○. 서울시 ○○동 123번지 피의자의 집에서 행사할 목적으로 권한 없이 컴퓨터를 이용하여 백지위에 '지방세 세목별과세증명서, 납세자 이○○ 660000-1111111, 과세물건 △△동 123-4, 234-5, ○○/2 정기분 재산세 65,000원 등 계 87,500원, 20○○. ○. ○. 신청인 이○○'이라는 위지의 내용을 인쇄하였다. 그리고 그 위에 임의로 조각하여 소지하고 있던 '위와 같이 증명합니다. 20○○. ○. ○. ○○시장' 이라는 고무명판과 ○○시장의 직인을 날인하여, 사실증명에 관한 공문서인 ○○시장 명의의 지방세 세목별과세증명서 1부를 위조하였다.

피의자는 같은 날 ○○동에 있는 ○○은행 ○○지점에서 그 정을 모르는 위 지점 최○○에게 위와 같이 위조된 지방세세목별과세증명서를 마치 진정하게 성립된 것처럼 대출용 재산증빙서류로 제출하여 이를 행사하였다.

(3) 피의자는. 20○○. ○. ○. ○○시 ○○동 123 피의자의 집에서, 행사할 목적으로 권한없이 검정색 볼펜을 사용하여 ○○시장으로부터 발급받은 김○○소유의 ○○시 ○○동 456 소재 임야 10,000평방미터에 대한 토지가격확인원의 평방미터당 토지가격란의 '3,000원'을 '13,000원'으로 고쳐 ○○시장 명의의 공문서인 토지가격확인원 1매를 변조하였다.

피의자는 같은 달 ○.경 ○○동에 있는 ○○새마을금고에서 위 금고 이사장인 최○○에게 위와 같이 변조된 토지가격확인원을 마치 진정하게 성립된 것처럼 대출용 재산증빙서류로 제출하여 이를 행사하였다.

그리하여 이에 속은 위 금고로 하여금 즉석에서 위 임야에 대하여 채권최고금액 금 100,000,000원의 근저당권을 설정하게하고 금 80,000,000원을 대출받아 이를 편취하였다.

(4) 피의자는 20○○. ○. ○. ○○시 ○○동 123번지 피의자의 집에서, 행사할 목적으로 권한없이 백지와 복사기를 이용하여 ○○법원 등기과에서 발급받은 등기부등본 갑구(소유권)란의 "3. 소유권이전청구권가등기, 접수 20○○년 ○월 ○일, 제12345호, 원인 20○○년 ○월 ○일 매매계약, 권리자 김○○, 650000-1111111, ○○시 ○○동 345"로된 기재사항을 가리고 복사하였다. 그리고 그 사본을 위 등기부등본 중간에 삽입하여 마치 위 부동산에 대하여 위 김○○ 명의로 소유권이전청구권가등기가 경료되지 않은 것처럼, 권리의무에 관한 공문서인 위 법원등기과 등기공무원 최○○ 명의의 부동산등기부등본 1통을 위조하였다.

피의자는 같은 달 ○.경 △△대출사무실에서 그 정을 모르는 홍○○에게 위와 같이 위조된 등기부등본을 마치 진정하게 성립된 것처럼 대출용 담보서류로 제출하여 이를 행사하고, 이에 속은 위 회사로부터 3,000만원을 교부받아 이를 편취하였다.

2. 적용실례

(1) 불실기재한 등기부를 등기소에 비치하여 행사한 경우

허위등기신청자가 불실의 사실을 기재한 등기부를 등기관이 법원과 등기소에 비치하여 행사하였다.

➡ 허위등기신청자가 등기관의 직무상 당연히 할 행위를 이용하여 간접으로 이를 실행한 것으로 보여지고 자기가 직접 그 행위에 관여하지 않았다 하더라도 위 행위로 불실기재의 등기부를 행사한 등기관은 그에 대한 형사상의 책임을 면할 수 없다.

(2) 금원을 받고 허위문서를 작성한 경우

예비군중대장이 예비군훈련에 불참한 예비군으로부터 금원을 교부받고 그 예비군이 훈련에 참석한 것처럼 허위내용의 중대학급편성명부를 작성 행사하였다.

➡ 수뢰후부정처사죄와 함께 허위공문서작성 및 허위작성공문서행사죄가 성립하고 이들 죄와 수뢰후부정처사죄는 각각 상상적 경합관계에 있다.

허위공문서작성죄와 허위작성공문서행사죄가 수뢰후부정처사죄와 각각 상상적 경합관계에 있을 때에는 허위공문서작성죄와 죄는 실체적 경합관계에 있다고 할지라도 상상적 경합관계에 있는 수뢰후부정처사죄와 대비하여 가장 중한 죄에 정한 형으로 처단하면 족하고 따로 경합가중을 할 필요가 없다.

● 수사사례

<u>타인 운전면허증 제시</u>

- 주취상태에서 운전하다 단속되자, 타인 명의 운전면허증을 제시할 경우 공문서부정행사죄 성립

<u>주민등록증 변조 부정사용</u>

- 피의자가 자신의 주민등록증번호를 고쳐 경찰관에게 제시하고 이00 명의의 운전면허증을 자신의 것인 양 경찰관에게 제시하여 공문서를 부정사용한 경우 공문서변조, 동행사, 공문 서 부정사용죄 성립

7. 공문서부정행사죄

제230조【공문서 등의 부정행사】
공무원 또는 공무소의 문서 또는 도화를 부정행사한 자는 2년 이하의 징역이나 금고 또는 500만원 이하의 벌금에 처한다. 〈개정 1995. 12. 29.〉

[외국인의국외범] 5, [미수범] 235, [공소시효] : 5년

○ 부정행사죄의 행사는 진정하게 성립된 문서에 대하여, 그것을 사용할 정당한 권한이 없는 자가 부정하게 사용하는 것을 말한다.
○ 문서의 사용목적이 특정되어 있는 문서를 사용명의자 아닌 자가 사용명의자인 것처럼 가장하여 행사하는 것이다.
○ 인감증명서, 등기필증 등과 같이 사용권자가 특정되어 있지도 않고 용도가 다양한 문서는 관련없는 자가 가장하고 이를 행사하더라도 부정행사죄가 성립하지 않는다.

Ⅰ. 이론

1. 구성요건

(1) 객관적 구성요건

1) 주체

제한이 없다. 그러므로 공무원이나 사인을 불문한다.

2) 객체

이미 진정하게 성립된 공문서이다. 다만, 모든 공문서가 아니라 사용권한자와 사용목적이 특정된 공문서여야 한다는 것이 판례이며(98도1701), 주민등록증, 여권, 국립대학도서관출입증, 운전면허증 등을 말한다.

▣ 근거판례 ▣

공문서부정행사죄는 사용권한자와 용도가 특정되어 작성된 공문서 또는 공도화를 사용권한 없는 자가 사용권한이 있는 것처럼 가장하여 부정한 목적으로 행사하거나 또는 권한 있는 자라도 정당한 용법에 반하여 부정하게 행사하는 경우에 성립되는 것이다(대법원 1998. 8. 21. 선고 98도1701 판결).

3) 행위

부정행사이다.

① 사용권한이 있는 자의 경우

i) 용도 내의 사용에 대하여는 본죄가 성립하지 않는다.

ii) 사용권한이 있는 자의 용도 외의 사용의 경우 부정행사에 해당하는지에 대하여 긍정설(다수설)과 부정설이 대립된다. 판례는 긍정설의 입장이다(98도1701).

② 사용권한이 없는 자의 경우

i) 용도 내의 사용의 경우에는 본죄가 성립한다.

▣ 근거판례 ▣

자동차운전면허증은 운전면허시험에 합격하여 자동차의 운전이 허락된 자임을 증명하는 공문서로서 운전중에 휴대하도록 되어 있고, 자동차대여약관상 대여회사는 운전면허증 미소지자에게는 자동차 대여를 거절할 수 있도록 되어 있으므로, 자동차를 임차하려는 피고인들이 자동차 대여업체의 담당직원들로부터 임차할 자동차의 운전에 필요한 운전면허가 있고 또 운전면허증을 소지하고 있는지를 확인하기 위한 운전면허증의 제시 요구를 받자 타인의 운전면허증을 소지하고 있음을 기화로 자신이 타인의 자동차운전면허를 받은 사람들인 것처럼 행세하면서 자동차 대여업체의 직원들에게 이를 제시한 것이라면, 피고인들의 위와 같은 행위는 단순히 신분확인을 위한 것이라고는 할 수 없고, 이는 운전면허증을 사용권한이 없는 자가 사용권한이 있는 것처럼 가장하여 부정한 목적으로 사용한 것이기는 하나 운전면허증의 본래의 용도에 따른 사용행위라고 할 것이므로 공문서부정행사죄에 해당한다(대법원 1998. 8. 21. 선고 98도1701 판결).

ii) 사용할 권한이 없는 자의 용도 외의 사용의 경우에는 긍정설과 부정설(다수설)이 대립한다. 판례는 부정설의 입장이다(96도1733).

▣ 이견있는 형사사건의 법원판단 ▣

[사용권한 없는 자의 용도이외의 사용]

1. 문제점 : 진정한 공무서를 사용할 권한이 없는 자가 그 문서의 본래의 용도대로 사용

한 경우에는 당연히 본죄가 성립한다. 그러나 사용할 권한이 없는 자가 그 문서의 본래의 용도 이외의 다른 용도로 사용한 경우가 부정행사에 포함될 것인지가 문제된다.

2. 학설

(1) 긍정설 : 이러한 경우에도 문서의 증명기능에 대한 공공의 신뢰가 침해될 위험성이 있으므로 부정행사에 포함된다는 견해

(2) 부정설 : 부정행사에의 사용은 본래의 사용용도에 따른 공문서의 사용만을 지칭하는 것으로 축소해석해야 하므로 이 경우는 부정행사가 될 수 없다는 견해

3. 판례 : 부정설의 태도

피고인이 기왕에 습득한 타인의 주민등록증을 피고인 가족의 것이라고 제시하면서 그 주민등록증상의 명의 또는 가명으로 이동전화 가입신청을 한 경우, 타인의 주민등록증을 본래의 사용용도인 신분확인용으로 사용한 것이라고 볼 수 없어 공문서부정행사죄가 성립하지 않는다(대판 2003. 2. 26, 2002도4935).

(2) 주관적 구성요건

고의가 있어야 한다.

Ⅱ. 판례

◆ 이동전화기를 구입하면서 신분증 제시를 요구받자 타인의 운전면허증을 자신의 것인양 제시한 경우, 공문서부정행사죄에 해당하는지 여부(소극)

이동전화기를 구입하면서 점포 직원으로부터 인적사항을 확인하기 위하여 신분증의 제시를 요구받고 소지하고 있던 타인의 운전면허증을 제시한 행위는 타인의 운전면허증을 그 사용용도에 따라 행사한 것이라고 할 수 없어 형법 제230조 소정의 공문서부정행사죄가 성립되지 아니한다(대법원 2000.2.11, 선고, 99도1237, 판결).

◆ 제3자로부터 신분확인을 위하여 신분증명서의 제시를 요구받고 다른 사람의 운전면허증을 제시한 경우, 공문서부정행사죄에 해당하는지 여부

(1) 사실관계

폭력행위 등 처벌에 관한 법률 위반죄의 피의자인 피고인A는 경찰공무원에게 자신의 인적사항을 속이기 위하여 다른 사람의 운전면허증을 제시하였다.

(2) **판결요지**

운전면허증은 운전면허를 받은 사람이 운전면허시험에 합격하여 자동차의 운전이 허락된 사람임을 증명하는 공문서로서, 운전면허증에 표시된 사람이 운전면허시험에 합격한 사람이라는 '자격증명'과 이를 지니고 있으면서 내보이는 사람이 바로 그 사람이라는 '동일인증명'의 기능을 동시에 가지고 있다. 운전면허증의 앞면에는 운전면허를 받은 사람의 성명·주민등록번호·주소가 기재되고 사진이 첨부되며 뒷면에는 기재사항의 변경내용이 기재될 뿐만 아니라, 정기적으로 반드시 갱신교부되도록 하고 있어, 운전면허증은 운전면허를 받은 사람의 동일성 및 신분을 증명하기에 충분하고 그 기재 내용의 진실성도 담보되어 있다. 그럼에도 불구하고 운전면허증을 제시한 행위에 있어 동일인증명의 측면은 도외시하고, 그 사용목적이 자격증명으로만 한정되어 있다고 해석하는 것은 합리성이 없다. 인감증명법상 인감신고인 본인 확인, 공직선거및선거부정방지법상 선거인 본인 확인, 부동산등기법상 등기의무자 본인 확인 등 여러 법령에 의한 신분 확인절차에서도 운전면허증은 신분증명서의 하나로 인정되고 있다. 또한 주민등록법 자체도 주민등록증이 원칙적인 신분증명서이지만, 주민등록증을 제시하지 아니한 사람에 대하여 신원을 증명하는 증표나 기타 방법에 의하여 신분을 확인하도록 규정하는 등으로 다른 문서의 신분증명서로서의 기능을 예상하고 있다. 한편 우리 사회에서 운전면허증을 발급받을 수 있는 연령의 사람들 중 절반 이상이 운전면허증을 가지고 있고, 특히 경제활동에 종사하는 사람들의 경우에는 그 비율이 훨씬 더 이를 앞지르고 있으며, 금융기관과의 거래에 있어서도 운전면허증에 의한 실명확인이 인정되고 있는 등 현실적으로 운전면허증은 주민등록증과 대등한 신분증명서로 널리 사용되고 있다. 따라서, 제3자로부터 신분확인을 위하여 신분증명서의 제시를 요구받고 다른 사람의 운전면허증을 제시한 행위는 그 사용목적에 따른 행사로서 공문서부정행사죄에 해당한다고 보는 것이 옳다(대법원 2001. 4. 19. 선고 2000도1985 전원합의체 판결).

◆ 갑선박에 의해 발생한 사고를 마치 을선박에 의해 발생한 것처럼 허위신고를 하면서 그에 대한 검정용 자료로서 을선박의 선박국적증서와 선박검사증서를 제출한 경우, 공문서부정행사죄가 성립하는지 여부(소극)

선박법 제8조 제2항, 제10조, 선박법 시행규칙 제11조 제1항, 제12조, 선박안전법 제8조 제2항, 제17조 제1항, 제2항 등 관계 법령의 규정에 의하면, 선박국적증서는 한국선박으로서 등록하는 때에 선박번호, 국제해사기구에서 부여한 선박식별번호, 호출부호, 선박의 종류, 명칭, 선적항 등을 수록하여 발급하는 문서이고, 선박검사증서는 선박정기검사 등에 합격한 선박에 대하여 항해구역 · 최대승선인원 및 만재흘수선의 위치 등을 수록하여 발급하는 문서이다. 위 각 문서는 당해 선박이 한국선박임을 증명하고, 법률상 항행할 수 있는 자격이 있음을 증명하기 위하여 선박소유자에게 교부되어 사용되는 것이다. 따라서 어떤 선박이 사고를 낸 것처럼 허위로 사고신고를 하면서 그 선박의 선박국적증서와 선박검사증서를 함께 제출하였다고 하더라도, 선박국적증서와 선박검사증서는 위 선박의 국적과 항행할 수 있는 자격을 증명하기 위한 용도로 사용된 것일 뿐 그 본래의 용도를 벗어나 행사된 것으로 보기는 어려우므로, 이와 같은 행위는 공문서부정행사죄에 해당하지 않는다(대법원 2009.2.26. 선고 2008도10851 판결).

◆ 사용권한자와 용도가 특정되어 있는 공문서 본래의 용도에 따른 사용이 아닌 경우, 공문서부정행사죄의 성립 여부(소극)

(1) 사실관계

> 피고인A가 이동전화기대리점 직원에게 기왕에 습득한 B의 주민등록증을 내보이고 B가 피고인의 어머니인데 어머니의 허락을 받았다고 속여 동인의 이름으로 이동전화 가입신청을 하거나, 습득한 C의 주민등록증을 내보이면서 C가 피고인의 누나인데 이동전화기를 구해오라고 하였다고 속이고 피고인의 이름을 가명으로 하여 이동전화 가입신청을 하면서 그 때마다 이동전화기를 교부받았다.

(2) 판결요지

[1] 사용권한자와 용도가 특정되어 있는 공문서를 사용권한 없는 자가 사용한 경우에도 그 공문서 본래의 용도에 따른 사용이 아닌 경우에는 형법 제230조의 공문서부정행사죄가 성립되지 아니한다.

[2] 피고인이 기왕에 습득한 타인의 주민등록증을 피고인 가족의 것이라고 제시하면서 그 주민등록증상의 명의 또는 가명으로 이동전화 가입신청을 한 경우, 타인의 주민등록증을 본래의 사용용도인 신분확인용으로 사용한 것이라고 볼 수 없어 공문서부정행사죄가 성립하지 않는다고 한 사례(대법원 2003. 2. 26. 선고 2002도4935 판결)

◆ 공문서부정행사죄의 성립요건

공문서부정행사죄는 사용권한자와 용도가 특정되어 작성된 공문서 또는 공도화를 사용권한 없는 자가 사용권한이 있는 것처럼 가장하여 부정한 목적으로 행사하거나 또는 권한 있는 자라도 정당한 용법에 반하여 부정하게 행사하는 경우에 성립되는 것이다.(대법원 1998.8.21, 선고, 98도1701, 판결).

◆ 자동차를 임차하면서 타인의 운전면허증을 자신의 것인 양 자동차 대여업체 직원에게 제시한 것이 공문서부정행사죄에 해당하는지 여부(적극)

자동차운전면허증은 운전면허시험에 합격하여 자동차의 운전이 허락된 자임을 증명하는 공문서로서 운전중에 휴대하도록 되어 있고, 자동차대여약관상 대여회사는 운전면허증 미소지자에게는 자동차 대여를 거절할 수 있도록 되어 있으므로, 자동차를 임차하려는 피고인들이 자동차 대여업체의 담당직원들로부터 임차할 자동차의 운전에 필요한 운전면허가 있고 또 운전면허증을 소지하고 있는지를 확인하기 위한 운전면허증의 제시 요구를 받자 타인의 운전면허증을 소지하고 있음을 기화로 자신이 타인의 자동차 운전면허를 받은 사람들인 것처럼 행세하면서 자동차 대여업체의 직원들에게 이를 제시한 것이라면, 피고인들의 위와 같은 행위는 단순히 신분확인을 위한 것이라고는 할 수 없고, 이는 운전면허증을 사용권한이 없는 자가 사용권한이 있는 것처럼 가장하여 부정한 목적으로 사용한 것이기는 하나 운전면허증의 본래의 용도에 따른 사용행위라고 할 것이므로 공문서부정행사죄에 해당한다(대법원 1998.8.21, 선고, 98도1701, 판결).

◆ 타인의 주민등록등본을 그와 아무런 관련 없는 사람이 마치 자신의 것인 양 행사한 경우, 공문서부정행사죄의 성립 여부(소극)

[1] 공문서부정행사죄는 사용권한자와 용도가 특정되어 작성된 공문서 또는 공도화를 사용권한 없는 자가 사용권한이 있는 것처럼 가장하여 부정한 목적으로 행사하거나 또는 권한 있는 자라도 정당한 용법에 반하여 부정하게 행사하는 경우에 성립되는 것이다.

[2] 주민등록표등본은 시장·군수 또는 구청장이 주민의 성명, 주소, 성별, 생년월일, 세대주와의 관계 등 주민등록법 소정의 주민등록사항이 기재된 개인별·세대별 주민등록표의 기재 내용 그대로를 인증하여 사본·교부하는 문서로서 그 사용권한자가 특정되어 있다고 할 수 없고, 또 용도도 다양하며, 반드시 본인이나 세대원만이 사용할 수 있는 것이 아니므로, 타인의 주민등록표등본을 그와 아무런 관련 없는 사람이 마치 자신의 것인 것처럼 행사하였다고 하더라도 공문서부정행사죄가 성립되지 아니한다(대법원 1999. 5. 14. 선고 99도206 판결).

Ⅲ. 수사실무

1. 피의자 신문례

(1) 피의자는 20○○. ○. ○. 22：00경 서울 서초구 반포2동 반포주공2단지 아파트 입구 고가도로 밑 사거리에서 경찰로부터 운전면허증 제시를 요구받은 일이 있나요

(2) 무슨 사유로 운전면허증 제시를 요구받은 것인가요

(3) 그 당시 누구의 운전면허증을 제시하였나요

(4) 어떻게 형의 운전면허증을 제시하였는가요

(5) 누구 면허증이라고 하면서 제시하였나요

(6) 경찰이 의심하지 않았나요

2. 범죄사실 기재례

【범죄사실 기재례】

피의자는 20○○. ○. ○. 22 : 00경 서울 서초구 반포2동 반포주공2단지 아파트 입구 고가도로 밑 사거리에서 피의자 소유의 21가1234호 NF소나타 승용차 운전중 신호 위반으로 적발되어 서초경찰서 교통과 소속 경장 김○○으로부터 운전면허증 제시를 요구받았다. 그러자 가지고 있던 서울특별시지방경찰청장 발행의 공문서인 피의자의 형 ○○○의 공문서를 부정행사하였다.

3. 적용실례

(1) 타인명의의 주민등록증을 위조해서 자신의 것인양 사용한 경우

이○○는 자기가 장○○인 것처럼 허위신고하여 이○○의 사진과 지문이 찍힌 장○○ 명의의 주민등록증을 발급받고 이를 검문중인 경찰관에게 제시하였다.

➡ 주민등록증의 발급목적상 이○○에게 위 주민등록증에 부착된 사진의 인물이 장○○의 신원사항을 가진 사람이라는 허위의 사실을 증명하는 용도로 이를 사용할 수 있는 권한이 없다는 사실을 인식하고 있었다고 할 것이므로 이를 검문경찰관에게 제시하여 이러한 허위사실을 증명하는 용도로 사용한 것은 당연히 공문서부정행사죄를 구성한다는 것이 대법원의 판례이다(82도1297). 그러나 위 주민등록증은 허위내용의 공문서이므로 허위작성공문서행사죄가 성립한다고 보는 것이 타당하다는 비판이 있다.

8. 사문서위조, 변조죄

제231조【사문서등의 위조·변조】

행사할 목적으로 권리·의무 또는 사실증명에 관한 타인의 문서 또는 도화를 위조 또는 변조한 자는 5년 이하의 징역 또는 1천만원 이하의 벌금에 처한다. 〈개정 1995.12.29.〉
[제목개정 1995. 2. 29.]

[미수범] 235, [상속인등의결격사유] 민1004 · 1064, [공소시효] : 7년

○ 일반적으로 문서에는 영속성, 작성명의인의 존재, 증명적 기능이라는 세가지 기능이 있는데, 특히 사문서는 공문서와는 달리 객관적 신용이 보장되려면 증명적 기능이 강조되어야 한다. 따라서 형법은 권리의무 또는 사실증명에 관한 것이므로 대상문서를 제한하고 있다.

Ⅰ. 이론

1. 구성요건

(1) 객관적 구성요건

1) 객체

행위의 객체는 권리·의무 또는 사실증명에 관한 타인의 문서 또는 도화이다.

① 권리·의무에 관한 문서란 권리의무의 발생, 변경, 소멸에 관한 사항을 기재한 문서로 법률행위에 관한 위임장, 전보의뢰지, 매매계약서, 차용증서 등이 이에 해당한다.

② 사실증명에 관한 문서란 권리의무에 관한 문서 외의 문서로서 거래상 중요한 사실을 증명하는 문서로 사회단체의 신분증, 이력서, 의원후보추천서, 신용장에 날인된 은행의 접수일부인 등이 이에 해당한다. 그러나 단순한 명함이나 극장, 여관, 식당, 기타 장소에서 발행하는 신표는 사문서라고 할 수 없다.

2) 행위

위 객체를 위조 또는 변조하는 것이다. 위조란 작성권한 없는 자가 타인명의를 모용하여 문서를 작성하는 것을 뜻한다. 변조란 권한 없는 자가 이미 진정하게 성립된 타인명의의 문서내용에 동일성을 해하지 않을 정도의 변경을 가하는 것을 의미한다.

① 이 죄의 행위에 타인에 대한 재산상 손해 발생이 반드시 따를 필요는 없다.

② 문서를 작성한 경우 그 행위가 문서위조죄를 구성하는가 여부는 그 문서의 작성명의로 타인의 명의를 모용하였지 여부에 의하여 결정되는 것으로서, 그 문서내용의 진실성 여부는 특별한 처벌규정이 없는 한 상관없다.

③ 고무명판만 찍히고 서명날인은 없는 문서라도 외관상 그 명의자가 작성한 사문서로 볼 수 있을 정도의 형식과 외관을 갖추었으면 사문서위조죄는 성립한다.

④ 사문서 작성명의자의 인장이 찍히지 않고 주민등록번호가 기재되지 않았더라도 일반인으로 하여금 그 작성명의자가 진정하게 작성한 사문서로 믿게 하기에 충분한 정도의 형식과 외관을 갖추었으면 사문서위조죄 및 죄의 객체가 되는 사문서라고 보아야 한다.

(2) 주관적 구성요건

사문서변조의 주관적 요건으로서 타인명의의 사문서에 권한없이 변경을 가한다는 인식이 있어야 한다. 또한 행사할 목적도 있어야 한다.

2. 죄수

문서에 관한 죄의 죄수를 결정하는 기준에 대하여 견해가 나뉜다.

명의인의 수를 기준으로 하는 주관설, 문서의 수를 기준으로 하는 물체설, 범죄의사를 표준으로 하는 의사설, 위조행위의 수를 기준으로 파악하는 행위설 등이 있으나, 보호법익을 기준으로 하면서도 행위, 범죄의사도 모두 고려하는 종합설이 다수설이다. 다만, 판례는 명의인 수를 기준으로 한다.

▣ 근거판례 ▣

문서에 2인 이상의 작성명의인이 있을 때에는 각 명의자 마다 1개의 문서가 성립되므로 2인 이상의 연명으로 된 문서를 위조한 때에는 작성명의인의 수대로 수개의 문서위조죄가 성립하고 또 그 연명문서를 위조하는 행위는 자연적 관찰이나 사회통념상 하나의 행위라 할 것이어서 위 수개의 문서위조죄는 형법 제40조가 규정하는 상상적 경합범에 해당한다(대법원 1987.7.21. 선고 87도564 판결).

Ⅱ. 판례

◆ 사문서변조죄에서 '변조'의 의미 / 문서의 내용 중 권한 없는 자에 의하여 이미 변조된 부분을 다시 권한 없이 변경한 경우, 사문서변조죄가 성립하는지 여부(소극)

사문서변조죄에서 '변조'는 진정하게 성립된 문서의 내용에 권한 없는 자가 문서의 동일성을 해하지 않는 한도에서 변경을 가하여 새로운 증명력을 작출하는 것을 의미하고, 이와 같이 권한 없는 자에 의해 변조된 부분은 진정하게 성립된 부분이라 할 수 없다. 따라서 문서의 내용 중 권한 없는 자에 의하여 이미 변조된 부분을 다시 권한 없이 변경하였다고 하더라도 사문서변조죄는 성립하지 않는다(대법원 2020. 6. 4., 선고, 2020도3809, 판결).

◆ 이사가 이사회 회의록에 서명 대신 서명거부사유를 기재하고 그에 대한 서명을 하였는데 이사회 회의록의 작성권한자인 이사장이 임의로 이를 삭제한 경우, 사문서변조에 해당하는지 여부(원칙적 적극)

이사회 회의록에 관한 이사의 서명권한에는 서명거부사유를 기재하고 그에 대해 서명할 권한이 포함된다. 이사가 이사회 회의록에 서명함에 있어 이사장이나 다른 이사들의 동의를 받을 필요가 없는 이상 서명거부사유를 기재하고 그에 대한 서명을 함에 있어서도 이사장 등의 동의가 필요 없다고 보아야 한다. 따라서 이사가 이사회 회의록에 서명 대신 서명거부사유를 기재하고 그에 대한 서명을 하면, 특별한 사정이 없는 한 그 내용은 이사회 회의록의 일부가 되고, 이사회 회의록의 작성권한자인 이사장이라 하더라도 임의로 이를 삭제한 경우에는 이사회 회의록 내용에 변경을 가하여 새로운 증명력을 가져오게 되므로 사문서변조에 해당한다(대법원 2018. 9. 13., 선고, 2016도20954, 판결).

◆ 문서명의인의 승낙이 있거나 승낙이 추정되는 경우 사문서 위·변조죄 성립 여부(소극) 및 명의인의 승낙에 대한 막연한 기대나 예측만으로 승낙이 추정된다고 단정할 수 있는지 여부(소극)

사문서의 위·변조죄는 작성권한 없는 자가 타인 명의를 모용하여 문서를 작성하는 것을 말하므로 사문서를 작성·수정할 때 명의자의 명시적이거나 묵시적인 승낙이 있었다면 사문서의 위·변조죄에 해당하지 않고, 한편 행위 당시 명의자의 현실적인 승낙은 없었지만 행위 당시의 모든 객관적 사정을 종합하여 명의자가 행위 당시 그 사실을 알았다면 당연히 승낙했을 것이라고 추정되는 경우 역시 사문서의 위·변조죄가 성립하지 않는다고 할 것이나, 명의자의 명시적인 승낙이나 동의가 없다는 것을 알고 있으면서도 명의자가 문서작성 사실을 알았다면 승낙하였을 것이라고 기대하거나 예측한 것만으로는 그 승낙이 추정된다고 단정할 수 없다(대법원 2011.9.29, 선고, 2010도14587, 판결).

◆ 문서명의인의 추정적 승낙이 예상되는 경우 사문서변조죄의 성립 여부(소극) 및 명의자의 승낙에 대한 막연한 기대나 예측만으로 추정적 승낙을 인정할 수 있는지 여부(소극)

사문서의 위·변조죄는 작성권한 없는 자가 타인 명의를 모용하여 문서를 작성하는 것을 말하는 것이므로 사문서를 작성·수정함에 있어 그 명의자의 명시적이거나 묵시적인 승낙이 있었다면 사문서의 위·변조죄에 해당하지 않고, 한편 행위 당시 명의자의 현실적인 승낙은 없었지만 행위 당시의 모든 객관적 사정을 종합하여 명의자가 행위 당시 그 사실을 알았다면 당연히 승낙했을 것이라고 추정되는 경우 역시 사문서의 위·변조죄가 성립하지 않는다고 할 것이나(대법원 1993. 3. 9. 선고 92도3101 판결, 대법원 2003. 5. 30. 선고 2002도235 판결 등 참조), 명의자의 명시적인 승낙이나 동의가 없다는 것을 알고 있으면서도 명의자 이외의 자의 의뢰로 문서를 작성하는 경우 명의자가 문서작성 사실을 알았다면 승낙하였을 것이라고 기대하거나 예측한 것만으로는 그 승낙이 추정된다고 단정할 수 없다.

특히, 법무사법 제25조에 의하면 법무사가 사건의 위임을 받은 경우에는 주민등록증·인감증명서 등 법령에 의하여 작성된 증명서의 제출이나 제시 기타 이에 준하는 확실한 방법으로 위임인이 본인 또는 그 대리인임을 확인하여야 하는바, 법무사가 타인의 권리의무에 중대한 영향을 미칠 수 있는 문서를 작성함에 있어 이 규정에 위반하여 문서명의자 본인의 동의나 승낙이 있었는지에 대한 아무런 확인절차를 거치지 아니하고 오히려 명의자 본인의 동의나 승낙이 없음을 알면서도 권한 없이 문서를 작성한 경우에는 사문서위조 및 동 행사죄의 고의를 인정할 수 있다(대법원 2008. 4. 10. 선고 2007도9987 판결).

◆ 구 주민등록법 제21조 제2항 제1호의 주민등록법 위반죄와 형법 제231조, 제234조의 사문서위조죄 및 위조사문서행사죄의 관계

구 주민등록법(2007. 5. 11. 법률 제8422호로 전문 개정되기 전의 것)은 시, 군 또는 구의 주민을 등록하게 함으로써 주민의 거주관계 등 인구의 동태를 상시로 명확히 파악하여 주민생활의 편익을 증진시키고 행정사무의 적정한 처리를 도모함에 그 입법목적이 있고(제1조), 같은 법 제21조 제2항은 다음 각 호의 어느 하나에 해당하는 자는 3년 이하의 징역 또는 1천만 원 이하의 벌금에 처한다고 규정한 다음, 같은 항 제1호에서 '주민등록 또는 주민등록증에 관하여 허위의 사실을 신고 또는 신청한 자'를 규정하고 있는바, 주민등록법위반죄는 문서의 진정에 대한 공공의 신용을 그 직접적 보호법익으로 하는 사문서위조죄 및 위조사문서행사죄와 그 보호법익 및 구성요건의 내용을 서로 달리하는 것이므로, 위 구 주민등록법 규정이 형법 제231조, 제234조의 규정에 흡수되는 관계라기보다는 각기 독립된 별개의 구성요건이라 할 것이다(대법원 2007. 8. 23. 선고 2007도2551 판결).

◆ 주식회사의 지배인이 권한을 남용하여 허위로 회사 명의의 문서를 작성한 경우, 사문서위조 또는 자격모용사문서작성죄에 해당하는지 여부(소극)

원래 주식회사의 지배인은 회사의 영업에 관하여 재판상 또는 재판 외의 모든 행위를 할 권한이 있으므로, 지배인이 직접 주식회사 명의 문서를 작성하는 행위는 위조나 자격모용사문서작성에 해당하지 않는 것이 원칙이고, 이는 그 문서의 내용이 진실에 반하는 허위이거나 권한을 남용하여 자기 또는 제3자의 이익을 도모할 목적으로 작성된 경우에도 마찬가지이다(대법원 2010.5.13, 선고, 2010도1040, 판결).

◆ 사서증서 인증서 중 사서증서의 기재 내용을 일부 변조한 경우의 죄책

(1) 사실관계

피고인은 지하수 개발업에 종사하는 자인바, 1998. 3. 3.경 오○○이 소유하고 있는 창원시 귀현동 산 25 소재 임야 30,000평에서 온천수가 나올 것으로 알고, 오○○과 위 임야에 온천개발을 하는 데 필요한 공사비는 피고인이 전액 부담하고 온천수가 나오면 위 임야의 절반을 피고인이 가지기로 하는 계약을 체결하고, 같은 날 마산시 석전동 소재 경남공증인합동사무소에서 합의내용 제1조에 '갑은 시공에 필요한 비용의 전액을 부담한다. 온천구 시공 전에 필요한 환경영향평가 등 준비비용 일체와 온천구 허가 취득비용 및 예상치 못했던 일체의 비용을 전액 부담한다.'('갑'은 피고인이다)라고 기재한 온천수개발합의서를 작성하여 인증서를 각 교부받은 후, 위 임야에 대하여 임○○에게 도급을 주어 온천수개발공사를 완료하였으나 온천수가 나오지 않았고, 임○○에게 공사비도 지급하지 못하게 되자, 위 인증합의서를 변조하여 오○○을 상대로 공사대금청구소송을 제기하여 공사비 및 기타 투자비용을 사취하기로 마음먹고, 위 인증서를 교부받은 1998. 3. 3. 이후 일자 불상경 장소 불상지에서, 행사할 목적으로, 권한 없이, 위 인증합의서의 '온천구 허가 취득비용 및 예상치 못했던 일체의 비용을 전액 부담한다.' 부분 중 '예상치 못했던 일체의 비용을' 부분을 위 인증합의서의 다른 부분에서 '시공', '와', '필요한', '일체의', '비용은', '을이'라는 글자를 복사하여 오려 붙이고 '온천구 허가 취득비용' 부분의 '온천구' 다음에 '시공'이라고 적어 넣고, '허가' 다음에 '권'이라고 적어 '온천구 시공 허가권 취득 비용 및 시공 외 필요한 일체의 비용은 을이 전액 부담한다.'라는 내용으로 고쳐 공문서인 위 인증합의서를 변조하였다. 또한 2001. 6. 26.경 창원지방법원 민사과에 오○○을 피고로 하는 공사대금청구소송을 제기하면서 소장에 위와 같이 변조한 인증서를 첨부하여 제출함으로써 이를 행사하였다. 그리고 같은 일시, 장소에서 '피고가 토지소유자의 임대차계약서를 받아 주지 않아 공사를 중단하게 되었으니 이미 소요된 공사비와 시공 외 필요한 비용인 투자자들에 대한 교제비, 도로사용료, 온천탐사비 등 합계 5,000만 원을 지급하라.'는 취지의 소장을 작성하여 위와 같이 '시공 외 필요한 일체의 비용은 오○○이 부담한다.'는 취지로 변조한 인증합의서와 함께 제출함으로써 오○○으로부터 5,000만 원을 사취하려고 하였으나 2002. 3. 28. 소취하 간주됨으로써 미수에 그쳤다.

(2) 판결요지

[1] 공증인이 공증인법 제57조 제1항의 규정에 의하여 사서증서에 대하여 하는 인증은 당해 사서증서에 나타난 서명 또는 날인이 작성명의인에 의하여 정당하게 성립하였음을 인증하는 것일 뿐 그 사서증서의 기재 내용을 인증하는 것은 아닌바, 사서증서 인증서 중 인증기재 부분은 공문서에 해당한다고 하겠으나, 위와 같은 내용의 인증이 있었다고 하여 사서증서의 기재 내용이 공문서인 인증기재 부분의 내용을 구성하는 것은 아니라고 할 것이므로, 사서증서의 기재 내용을 일부 변조한 행위는 공문서변조죄가 아니라 사문서변조죄에 해당한다.

[2] 피고인이 피해자와 사이에 온천의 시공에 필요한 비용을 포함한 일체의 비용을 자신이 부담하기로 약정하였음에도 피해자를 상대로 공사대금청구의 소를 제기하면서 시공 외의 비용은 모두 피해자가 부담한다는 내용으로 변조한 인증합의서를 소장에 첨부하여 제출한 경우, 소송사기의 실행에 착수하였다(대법원 2005. 3. 24. 선고 2003도2144 판결).

◆ 허무인·사망자 명의의 사문서를 위조한 경우, 사문서위조죄의 성립 여부

문서위조죄는 문서의 진정에 대한 공공의 신용을 그 보호법익으로 하는 것이므로 행사할 목적으로 작성된 문서가 일반인으로 하여금 당해 명의인의 권한 내에서 작성된 문서라고 믿게 할 수 있는 정도의 형식과 외관을 갖추고 있으면 문서위조죄가 성립하는 것이고, 위와 같은 요건을 구비한 이상 그 명의인이 실재하지 않는 허무인이거나 또는 문서의 작성일자 전에 이미 사망하였다고 하더라도 그러한 문서 역시 공공의 신용을 해할 위험성이 있으므로 문서위조죄가 성립한다고 봄이 상당하며, 이는 공문서뿐만 아니라 사문서의 경우에도 마찬가지라고 보아야 한다(대법원 2005. 2. 24. 선고 2002도18 판결).

◆ 형법상 문서에 관한 죄에 있어서 문서의 의미/문서변조죄에 있어서 행사할 목적의 의미

[1] 형법상 문서에 관한 죄에 있어서 문서라 함은, 문자 또는 이에 대신할 수 있는 가독적 부호로 계속적으로 물체 상에 기재된 의사 또는 관념의 표시인 원본 또는 이와 사회적 기능, 신용성 등을 동시할 수 있는 기계적 방법에 의한 복사본으로서 그 내용이 법률상, 사회생활상 주요 사항에 관한 증거로 될 수 있는 것을 말한다.

[2] 문서변조죄에 있어서 행사할 목적이란 변조된 문서를 진정한 문서인 것처럼 사용할 목적을 말하는 것으로 적극적 의욕이나 확정적 인식을 요하지 아니하고 미필적 인식이 있으면 족하다(대법원 2006.1.26, 선고, 2004도788, 판결).

◆ 문서명의인의 추정적 승낙이 예상되는 경우 사문서변조죄의 성립 여부(소극)

사문서의 위·변조죄는 작성권한 없는 자가 타인명의를 도용하여 문서를 작성하는 것을 말하는 것이므로 사문서를 작성·수정함에 있어 그 명의자의 명시적이거나 묵시적인 승낙이 있었다면 사문서의 위·변조죄에 해당하지 않고, 한편 행위 당시 명의자의 현실적인 승낙은 없었지만 행위 당시의 모든 객관적 사정을 종합하여 명의자가 행위 당시 그 사실을 알았다면 당연히 승낙했을 것이라고 추정되는 경우 여기 사문서의 위·변조죄가 성립하지 않는다(대법원 2003. 5. 30. 선고 2002도235 판결).

◆ 수사기관이 피의자의 신원을 특정하고 지문대조조회를 하기 위하여 직무상 작성하는 십지지문 지문대조표가 사문서인지 여부

십지지문 지문대조표는 수사기관이 피의자의 신원을 특정하고 지문대조조회를 하기 위하여 직무상 작성하는 서류로서 비록 자서란에 피의자로 하여금 스스로 성명 등의 인적사항을 기재하도록 하고 있다 하더라도 이를 사문서로 볼 수는 없다(대법원 2000. 8. 22. 선고 2000도2393 판결).

◆ 사문서변조죄의 성립요건 및 이미 진정하게 성립된 타인 명의의 문서가 존재하지 않는 경우, 사문서변조죄가 성립하는지 여부(소극)

사문서변조죄는 권한 없는 자가 이미 진정하게 성립된 타인 명의의 문서 내용에 대하여 동일성을 해하지 않을 정도로 변경을 가하여 새로운 증명력을 작출케 함으로써 공공적 신용을 해할 위험성이 있을 때 성립한다. 따라서 이미 진정하게 성립된 타인 명의의 문서가 존재하지 않는다면 사문서변조죄가 성립할 수 없다.(대법원 2017.12.5, 선고, 2014도14924, 판결).

◆ '문서가 원본인지 여부' 가 중요한 거래에서 문서 사본을 진정한 원본인 것처럼 행사할 목적으로 다른 조작을 가함이 없이 문서 원본을 그대로 컬러복사기로 복사한 후 복사한 문서 사본을 원본인 것처럼 행사한 행위가 사문서위조죄 및 동행사죄에 해당하는지 여부(적극) / 사문서위조죄가 성립하기 위한 위조의 정도

문서위조 및 동행사죄의 보호법익은 문서에 대한 공공의 신용이므로 '문서가 원본인지 여부' 가 중요한 거래에서 문서의 사본을 진정한 원본인 것처럼 행사할 목적으로 다른 조작을 가함이 없이 문서의 원본을 그대로 컬러복사기로 복사한 후 복사한 문서의 사본을 원본인 것처럼 행사한 행위는 사문서위조죄 및 동행사죄에 해당한다.

또한 사문서위조죄는 명의자가 진정으로 작성한 문서로 볼 수 있을 정도의 형식과 외관을 갖추어 일반인이 명의자의 진정한 사문서로 오신하기에 충분한 정도이면 성립한다(대법원 2016.7.14, 선고, 2016도2081, 판결).

◆ 회사 명의의 합의서를 임의로 작성·교부하여 회사에 재산상 손해를 가한 경우, 사문서위조·동 행사죄와 업무상배임죄의 죄수관계(=상상적 경합)

회사 명의의 합의서를 임의로 작성·교부한 행위에 대하여 약식명령이 확정된 사문서위조 및 그 행사죄의 범죄사실과 그로 인하여 회사에 재산상 손해를 가하였다는 업무상 배임의 공소사실은 그 객관적 사실관계가 하나의 행위이므로 1개의 행위가 수개의 죄에 해당하는 경우로서 형법 제40조에 정해진 상상적 경합관계에 있다(대법원 2009.4.9, 선고, 2008도5634, 판결).

◆ 문서에 관한 죄의 객체인 '문서 또는 도화' 의 의미 및 문서 등에 작성명의인의 날인 등이 없더라도 그 객체가 될 수 있는지 여부(한정 적극)/ '담뱃갑' 이 문서 등 위조죄의 대상인 '도화' 에 해당하는지 여부(적극)/중국산 가짜 담배를 밀수입하여 판매하면서 그 담뱃갑을 위조 및 행사였다는 공소사실에 대하여, 무죄를 선고한 원심판단에 사문서 등 위조죄의 대상인 '도화' 에 관한 법리오해의 위법이 있다고 한 사례

[1] 형법상 문서에 관한 죄로써 보호하고자 하는 것은 구체적인 문서 그 자체가 아니라, 문서에 화체된 사람의 의사표현에 관한 안전성과 신용이다. 그리고 그 객체인 '문서 또는 도화' 라고 함은 문자나 이에 준하는 가독적 부호 또는 상형적 부호로써 어느 정도 계속적으로 물체 위에 고착된 어떤 사람의 의사 또는 관념의 표현으로서, 그 내용이 법률상 또는 사회생활상 의미 있는 사항에 관한 증거가 될 수 있는 것을 말한다. 또한 그 문서 등에 작성명의인의 날인 등이 없다고 하여도 그 명의자의 문서 등이라고 믿을 만한 형식과 외관을 갖춘 경우에는 그 죄의 객체가 될 수 있다.

[2] 담뱃갑의 표면에 그 담배의 제조회사와 담배의 종류를 구별·확인할 수 있는 특유의 도안이 표시되어 있는 경우에는 일반적으로 그 담뱃갑의 도안을 기초로 특정 제조회사가 제조한 특정한 종류의 담배인지 여부를 판단하게 된다는 점에 비추어서도 그 담뱃갑은 적어도 그 담뱃갑 안에 들어 있는 담배가 특정 제조회사가 제조한 특정한 종류의 담배라는 사실을 증명하는 기능을 하고 있으므로, 그러한 담뱃갑은 문서 등 위조의 대상인 도화에 해당한다.

[3] 피고인이 밀수입한 담배는 '길림연초공업유한책임공사' 가 제조하는 '장백산' 담배의 정품 담뱃갑에 표시된 'CHANGBAISHAN' 'JILIN TOBACCO INDUSTRY CO. LTD.' 등의 문자 및 성문(城門)의 문양 등과 같은 모양의 도안이 표시된 담뱃갑 및 '북경시연초질량감독검측참' 이 제조하는 '중남해' 담배의 정품 담뱃갑에 표시된 '中南海', 'BEIJING CIGARETTE FACTORY' 등의 문자 및 홀로그램 문양 등과 같은 모양의 도안이 표시된 담뱃갑에 들어 있고, 피고인은 위 중국산 담배를 밀수입하여 판매하면서 그 담뱃갑을 위조 및 행사였다는 공소사실에 대하여, 위 담뱃갑은 그 안에 있는 담배가 '길림연초공업유한책임공사' 가 제조하는 '장백산' 담배 또는 '북경시연초질량감독검측참' 이 제조하는 '중남해' 담배라는 사실을 증명하는 것으로서 각 사문서 등 위조의 대상이 되는 도화에 해당한다는 이유로, 위 공소사실을 무죄로 인정한 원심판단에 법리오해의 위법이 있다고 한 사례(대법원 2010.7.29, 선고, 2010도2705, 판결).

◆ 대표이사로부터 권한을 위임받은 사람이 회사 명의로 문서를 작성하는 행위가 적법하기 위한 요건(=개별적·구체적 위임 또는 승낙)

(1) 사실관계

피고인A는 투자자로부터 받은 투자금 중 일부로 주식회사 화동으로부터 그 회사 소유인 오피스텔 등을 구입하고 나머지는 다른 용도로 사용하였는데, 투자자측으로부터 사기 등으로 고소를 당하자 유리한 자료로 제출하기 위하여 공소외 1에게 위 투자금을 모두 오피스텔 구입 및 공사대금 등으로 지급받은

> 것처럼 허위 내용의 영수증과 세금계산서를 작성해달라고 부탁하였고, 당시 주식회사 송강종합건설의 대표이사이면서, 한편으로는 주식회사 화동의 대표이사 공소외 2로부터 포괄적인 위임을 받아 두 회사의 대표이사 업무를 처리하고 있던 공소외 1은, 위 매매계약 건을 원만하게 마무리할 생각으로 임의로 '주식회사 화동 대표이사 공소외 2' 또는 '주식회사 송강종합건설 대표이사 공소외 3(공소외 3은, 이미 퇴임한 전 대표이사이다)'으로 표시하여, 마치 피고인이 투자금 전부를 오피스텔 구입 및 공사대금으로 위 회사들에게 지급한 것처럼 기재한 허위 내용의 영수증과 세금계산서에 위 회사들의 직인을 날인해 주었고, 피고인은 이를 경찰에 제출하였다.

(2) **판결요지**

[1] 주식회사의 대표이사가 그 대표 자격을 표시하는 방식으로 작성한 문서에 표현된 의사 또는 관념이 귀속되는 주체는 대표이사 개인이 아닌 주식회사이므로, 그 문서의 명의자는 주식회사이다. 위와 같은 문서 작성행위가 위조에 해당하는지는 그 작성자가 주식회사 명의의 문서를 적법하게 작성할 권한이 있는지에 따라 판단하여야 하고, 문서에 대표이사로 표시되어 있는 사람으로부터 그 문서 작성에 관하여 위임 또는 승낙을 받았는지에 따라 판단할 것은 아니다.

[2] 원래 주식회사의 적법한 대표이사는 회사의 영업에 관하여 재판상 또는 재판외의 모든 행위를 할 권한이 있으므로, 대표이사가 직접 주식회사 명의 문서를 작성하는 행위는 자격모용사문서작성 또는 위조에 해당하지 않는 것이 원칙이다. 이는 그 문서의 내용이 진실에 반하는 허위이거나 대표권을 남용하여 자기 또는 제3자의 이익을 도모할 목적으로 작성된 경우에도 그러하다.

[3] 주식회사의 적법한 대표이사라 하더라도 그 권한을 포괄적으로 위임하여 다른 사람으로 하여금 대표이사의 업무를 처리하게 하는 것은 허용되지 않는다. 따라서 대표이사로부터 포괄적으로 권한 행사를 위임받은 사람이 주식회사 명의로 문서를 작성하는 행위는 원칙적으로 권한 없는 사람의 문서 작성행위로서 자격모용사문서작성 또는 위조에 해당하고, 대표이사로부터 개별적·구체적으로 주식회사 명의의 문서 작성에 관하여 위임 또는 승낙을 받은 경우에만 예외적으로 적법하게 주식회사 명의로 문서를 작성할 수 있다.

[4] A회사의 대표이사 갑이 B회사의 대표이사 을로부터 포괄적 위임을 받아 두 회사의 대표이사 업무를 처리하면서 두 회사 명의로 허위 내용의 영수증과 세금계산서를 작성한 사안에서, B회사 명의 부분은 을의 개별적·구체적 위임 또는 승낙 없는 행위로서 사문서위조 및 위조사문서행사죄가 성립하지만, A회사 명의 부분은 이미 퇴직한 종전의 대표이사를 승낙 없이 대표이사로 표시하였더라도 이에 해당하지 않는다(대법원 2008.11.27. 선고 2006도2016 판결).

◆ 복사문서가 문서위조죄 및 동 행사죄의 객체인 문서에 해당하는지 여부

복사기나 사진기, 모사전송기(facsimile) 등을 사용하여 기계적인 방법에 의하여 원본을 복사한 문서인 이른바 복사문서는 사본이라고 하더라도 문서위조죄 및 동 행사죄의 객체인 문서에 해당한다(대법원 1995. 12. 26. 선고 95도2389 판결).

◆ 아무런 부담도 지워지지 않은 채 재산을 명의신탁한 신탁자가 수탁자로부터 개별적인 승낙을 받지 않고 수탁자 명의로 신탁재산의 처분에 필요한 서류를 작성한 경우, 사문서위조 · 동행사죄가 성립하는지 여부(원칙적 소극) 및 신탁재산의 처분 기타 권한행사에 관하여 신탁자의 수탁자 명의사용이 허용되지 않는 경우

신탁자에게 아무런 부담이 지워지지 않은 채 재산이 수탁자에게 명의신탁된 경우에는 특별한 사정이 없는 한 재산의 처분 기타 권한행사에 관해서 수탁자가 자신의 명의사용을 포괄적으로 신탁자에게 허용하였다고 보아야 하므로, 신탁자가 수탁자 명의로 신탁재산의 처분에 필요한 서류를 작성할 때에 수탁자로부터 개별적인 승낙을 받지 않았더라도 사문서위조 · 동행사죄가 성립하지 않는다. 이에 비하여 수탁자가 명의신탁 받은 사실을 부인하여 신탁자와 수탁자 사이에 신탁재산의 소유권에 관하여 다툼이 있는 경우 또는 수탁자가 명의신탁 받은 사실 자체를 부인하지 않더라도 신탁자의 신탁재산 처분권한을 다투는 경우에는 신탁재산에 관한 처분 기타 권한행사에 관해서 신탁자에게 부여하였던 수탁자 명의사용에 대한 포괄적 허용을 철회한 것으로 볼 수 있어 명의사용이 허용되지 않는다. [대법원 2022. 3. 31., 선고, 2021도17197, 판결]

Ⅲ. 수사실무

1. 수사포인트

(1) 무엇 때문에 위조·변조하려 했는가, 누구에게 사용하려 했는가 밝힌다.

(2) 작성명의를 바꾼 이상 내용이 진실에 부합하더라도 이 죄는 성립한다.

(3) 사전에 명의인이 명시로든 묵시로든 승낙을 했으면 이 죄는 성립하지 않는다.

(4) 인장위조죄는 이 죄에 흡수된다.

(5) 문서작성을 부탁한 사람이 문맹자가 아닌가. 이 경우에 그 문맹에 편승하여 부탁한 사항 외의 문항을 문서에 기재하고 그 내용을 알리지 않은 채 서명·날인하게 했다면 이 죄를 구성한다.

(6) 문서의 입수경로를 조사한다.

(7) 위조 또는 변조에 의한 실해가 있었는지, 있었다면 어떤 상태인지 조사한다.

2. 피의자 신문례

(1) 일반적 신문사항

1) 피의자는 나○○ 작성 명의의 이력서를 위조(변조)한 사실이 있나요

2) 언제 어디서 했나요

3) 그 경위를 진술하세요

4) 위와 같이 위조(변조)한 목적이 무엇인가요

5) 이것이 피의자가 위조한 이력서인가요(나○○ 명의의 이력서 사본을 보여주며)

6) 왜 나○○ 명의의 이력서를 위조하게 되었나요

7) 나○○는 실존하는 인물인가요

8) 위와 같이 위조하여 어떻게 하였는가요

(2) 행사의 목적

1) 거짓 문서를 작성한 이유는 무엇인가요

2) 어디에 사용하려고 하였나요

(3) 범행준비

1) 범행을 위해 어떤 준비를 한 것인가요

2) 범행에 사용한 용지와 인장은 언제, 어떻게 구한것인가요

(4) 범행상황

1) 작성한 사람과, 시간, 장소를 말하세요

2) 도움을 준 사람은 누구인가요

3) 그에게 어떠한 도움을 받았는가요

4) 기존문서는 언제, 어디에서, 어떻게 입수한 것인가요

5) 위조(변조)의 구체적 방법을 말하세요

6) 문서 위조를 위해 사용한 재료는 무엇인가요

7) 재료는 어디에서, 어떻게 구입하였나요

8) 거짓 작성된 문서는 누구에게 행사하였나요

9) 언제, 어디에서 행사한 것인가요

10) 진정한 문서로 속이기 위하여 어떠한 방법을 사용하였나요

11) 작성권한을 악용하여 위조(변조)한 것인가요

(5) 문서의 내용

1) 작성명의인은 누구인가요

2) 승낙을 받았나요

3) 권리, 의무에 관한 문서인가요

4) 그렇다면 사실증명에 관한 문서인가요

5) 명의인은 실존하고 있나요

(6) 공범관계

1) 문서를 위조하는데 있어 누구의 도움을 받았나요

2) 그들과 분담은 어떻게 하였나요

3) 대가를 지급하였나요

3. 범죄사실 기재례

【범죄사실 기재례】

(1) 피의자는 행사할 목적으로 20○○. ○. ○.경 ○○시 ○○구 ○○동사무소에서 피의자가 강○○으로부터 그의 인감증명서를 발급받을 수 있는 권한을 위임받은 것처럼 인감증명서

용지의 뒷면 위임자란에 함부로 "같은 구 ○○동 75의 43 강○○"이라고 기재하고 그 밑에 강○○이라고 새겨진 둥근 도장을 찍어서 그 명의의 위임장 1통을 위조하였다.

그리고 그 위조한 위임장 앞면의 인감증명발급신청서 신청인란에 "같은 구 ○○동 75의 43 강○○"이라고 기입하고 그 밑에도 강○○이라고 새겨진 둥근 도장을 찍어 강○○ 명의의 인감증명서 2통을 신청하는 내용의 발급신청서 1통을 위조하였다.

그리고 즉석에서 그 정을 모르는 위 동사무소 담당직원인 정○○에게 마치 진정하게 성립한 인감증명발급신청서처럼 제출하여 이를 행사하였다.

(2) 피의자는 행사할 목적으로 20○○. ○. ○. 15:30경 피의자의 아파트 응접실에서 태국교통국장이 건외 홍○○에게 발행한 국제운전면허증에 붙어있던 홍○○의 사진을 떼어내고 그 자리에 피의자의 사진을 붙여 태국 교통국장 명의의 사문서인 국제운전면허증 1장을 위조하였다.

(3) 피의자는 20○○. ○. ○. ○○동에 있는 △△호텔에서 ○○회사 이사회에서 채권양도 결의를 한 사실이 없었음에도 불구하고 행사할 목적으로 권한없이 위 회사가 지급 받아야할 최○○에 대한 25,000,000원의 채권 등 총 4건 합계 135,000,000원의 채권을 피의자 김○○에게 양도한 것처럼 채권양도양수계약서상의 양도인란에 "○○주식회사 대표이사 송○○, ○○시 ○○구 ○○동 123" 양수인란에 "△△시 △△구 △△동 456 김○○" 금액란에 "135,000,000원" 날짜란에 "20○○. ○. ○."로 각각 기재하였다. 그리고 소지하고 있던 위 회사 대표이사 직인을 날인하여 권리 의무에 관한 사문서인 위 회사 명의의 채권양도양수계약서 1매를 위조하였다.

피의자는 같은 일시 장소에서 임무에 위배하여 위와 같이 위조된 채권양도양수예약서에 따라 위 채권을 김○○에게 양도함으로써 동인으로 하여금 동액 강당의 재산상 이익을 취득하게 하고, 위 회사에 동액 상당의 재산상 손해를 가하였다.

(4) 피의자는 20○○. ○. ○. ○○동에 있는 ○○금융사무실에서 행사할 목적으로 권한없이, 검정색 볼펜을 사용하여 인쇄된 전세계약서 용지의 부동산표시란에 "○○시 ○○구 ○○동 123번지 대 342㎡, 시멘트벽돌슬래브지붕 및 시멘트기와지붕 2층, 주택 1층 85㎡, 2층 63㎡, 전세금 및 지급방법란에 전세금 1억원, 계약금 5백만원, 잔금 9천5백만원, 전세기간 20○○. ○. ○. ~ 20○○. ○. ○. 작성일자란에 20○○. ○. ○. 전세권설정자란에 김○○, 전세권자란에 홍○○"라고 기재한 후 그 전에 절취하여 소지하고 있던 위 김○○의 인감도장을 동인의 이름 옆에 날인하여 권리의무에 관한 사문서인 동인 명의의 전세계약서 1매를 위조하였다.

피의자는 같은 시간 같은 장소에서 그 정을 모르는 ○○금융사무실 직원인 건외 이○○에게 위와 같이 위조된 전세계약서를 마치 진정하게 성립된 것처럼 교부하여 이를 행사하고, 이에 속은 위 이○○로부터 위 전세계약서를 담보로 5,000만원을 차용금 명목으로 교부받아 이를 편취하였다.

(5) 피의자는 행사할 목적으로, 20○○. ○. ○. 13:00경 ○○동에 있는 ○○새마을금고 사무실에서, 백지에 검정색 볼펜을 사용하여 "차용증서, 금2천만원정, 위 금액을 정히 차용하며 20○○. ○. ○. 까지 틀림없이 변제할 것을 확약함. 20○○. ○. ○. 채무자 김○○, ○○새마을금고 귀하"라고 기재한 후 위 김○○의 이름 밑에 피의자가 임의로 소지하고 있던 위 김○○의 인장을 날인하여 권리의무에 관한 사문서인위 김○○ 명의의 차용증서 1매를 위조하였다.

그리고 즉석에서 그 정을 모르는 위 금고의 직원 ○○○에게 위 위조된 차용증서가 마치 진정한 것인 양 교부하여 이를 행사하였다.

(6) 피의자는 ○○동에 있는 소규모주택 건설을 목적으로 설립된 (주)△△건설의 이사이다.

피의자는 소규모주택단지 입찰 시에 사용하도록 되어 있는 위 회사 인감증명서와 인감도장을 위 목적에 사용한다면서 고소인 김○○으로부터 교부받아 소지하고 있음을 기화로 가. 20○○. ○. ○. ○○소재 건설조합에서, 행사할 목적으로 위 회사 대표이사 김○○으로부터 대출받을 수 있는 권한을 위임받은 것처럼 대출서류를 작성 대출금을 수령함에 있어 차용금신청서에 함부로 "주소 : ○○시 ○○구 ○○동 123번지, 상호 : (주)△△건설 대표이사 김○○, 신청금액 : 3억원, 상환기간 : 20○○. ○. ○. 연대보증인 ○○시 ○○구 ○○동 456번지 김○○, 20○○. ○. ○."라고 기재하였다.

그리고 김○○의 개인 인감도장을 각각 날인하여 권리의무에 관한 그의 명의의 차용금신청서 1매를 위조하였다.

피의자는 같은 날 ○○동에 있는 건설조합에 위 차용금증서가 마치 진정한 명의의 차용금신청서인양 제출하여 이를 행사하였다.

(7) 피의자는 신용불량으로 인해 자신 명의로 신용카드를 발급 받을 수 없다. 이에 따라 본인의 형 김○○ 명의로 신용카드를 발급받아 사용하기 위해, 20○○. ○. ○. ○○동 ○○카드○○지점에서 ○○카드회원가입신청서를 작성함에 있어, "성명 김○○, 주소 ○○시 ○○구 ○○동 123, 직업 ○○산업주식회사, 결제계좌 ○○은행 123-45-6789 등"라고 기재한 다음 신청인 성명란에 김○○라고 날인하였다.

결국 피의자는 행사할 목적으로 허락없이 권리의무에 관한 김○○ 명의의 ○○카드회원가입신청서 1매를 위조하였다.

피의자는 같은 날 즉석에서 위 카드사 직원에게 위 신청서가 마치 진정한 명의의 신청서인양 제출하여 이를 행사하여 같은 해 ○. ○. ○○카드(카드번호 : ○○○○ - ○○○○ - ○○○○ - ○○○○)를 교부받아 이를 소지하고 있었다.

피의자는 같은 해 ○. ○. ○○동에 있는 "○○단란주점"에서 500,000만원 상당의 술값을 지불한 것을 비롯하여 20○○. ○. ○.까지 총 41회에 걸쳐 별지 범죄일람표(1) 내용과 같이 4,356,560원 상당의 금품을 편취하고, 같은 해 ○. ○. ○○동에 있는 ○○은행 현금자동인출기에서 현금 200만원을 인출 한 것을 비롯하여 20○○. ○. ○.까지 총 6회에 걸쳐 별지 범죄일람표(2) 내용과 같이 1,000만원을 절취하였다.

4. 적용실례

(1) 사망자 명의의 문서를 생존당시 작성한 것처럼 위조한 경우

사망자의 명의로 된 문서를 작성함에 있어 사망자의 처로부터 사망자의 인장을 교부받아 생존당시 작성한 것처럼 문서의 작성일자를 그 명의자가 생존했던 때의 일자로 소급하여 작성하였다.

➡ 작성명의인의 승낙이 있었다고 볼 수 없으므로 사문서위조죄에 해당한다.

(2) 차용위탁을 받고 차용금액보다 많이 영수증을 작성했을 경우

백○○는 변○○으로부터 금 5천만원의 차용위탁을 받고 백지의 대출신청서 및 영수증에 동인의 날인을 받은 차용금액을 금 1억원으로 기입하여 변○○ 명의의 대출신청서 및 영수증을 작성하였다.

➡ 위탁된 권한을 초월하여 위탁자 명의의 문서를 작성하거나 위탁자의 서명날인이 정당하게 작성된 것이라고 하더라도 그 서명날인자의 의사에 반하는 문서를 작성한 경우에는 사문서위조죄가 성립한다. 이 경우 백○○는 위탁자의 의사에 반하는 문서를 작성했으므로 사문서위조죄가 성립한다.

(3) 함부로 예금수불기재를 증감변경한 경우

농업협동조합지소의 직장마을금고 출납원은 보통예금통장의 예금수불기재의 증감변경에 관한 일반적인 권한이 없고 다만 그 권한이 있는 지소장의 승낙이나 위임받은 범위 내에서만 그 기계적 보조자로서 예금수불기재를 증감변경할 수 있음에 불과한데도 그 출납원이 그 위임 범위를 넘어서 함부로 예금수불기재를 증감변경하였다.

➡ 사문서변조죄를 구성한다.

(4) 여권발급신청서의 보증인란을 위조한 경우

여권발급신청서의 보증인란에 보증인을 멋대로 기재하고 그 밑에 도장을 새겨 찍었다.

➡ 사문서위조·위조사문서행사죄가 성립한다.

(5) 실존하는 타인명의로 문서를 작성했을 경우

손○○는 실존하는 김○○로 가장하고 이력을 속여 회사에 취직한 후 서약서, 근로계약서 등도 모두 김○○ 명의로 작성하였다.

➡ 본명 대신 가명 또는 위명을 사용한 경우에 위조죄가 되지 않는 것은 그 작성명의자의 인격 자체의 동일성이 그대로 유지되기 때문이다. 그러나 위명자와 본명자의 인격이 상이할 때에는 위조죄가 성립하게 된다. 따라서 위 손○○의 행위는 본명 대신에 가명을 사용한 경우와는 달라서 각각 사문서위조에 해당한다.

(6) 타인 명의의 여권을 위조한 후 합의한 경우

손○○는 김○○ 명의의 여권을 위조하고, 그 후 김○○의 합의를 얻어내었다.

➡ 사문서위조죄나 사기죄가 일단 성립한 후에는 사후에 피해자와 합의하여 승인을 받았다 하더라도 동 범죄의 성립이 취소되는 것은 아니다.

(7) 퇴임후 회원들로부터 날인받은 백지를 사용한 경우

정○○는 분회장 재임당시 회원들로부터 날인받은 백지를 사용하여 퇴임후 회원 등 명의의 결의문과 진정서 등을 작성하여 관계당국에 제출하였다.

➡ 이 경우 정○○는 위 회원 등의 의사에 반하여 동인 등 명의의 문서를 위조, 행사했다고 할 것이어서 이 죄 및 죄가 성립한다.

(8) 토지 일부분을 전부인양(이전등기문서에) 날인한 경우

김○○는 노○○의 토지 1,650평중 1,050평만을 매수한 후 그 토지전부에 대하여 이전등기를 받을 생각으로 등기부상 소유명의자인 노○○에게 위 1,050평 부분의 이전등기에 필요하다고 말하여 위 토지전부에 대한 이전등기문서에 날인을 받았다.

➡ 날인을 받음으로써 작성명의자의 의사와 다른 내용의 문서를 작성한 것이 되므로 김○○의 행위는 사문서위조에 해당한다.

(9) 문맹자가 증서의 기재사항을 인식하지 못하고 부동산을 이전등기한 경우

문맹자의 의뢰를 받아 그의 의사에 반하여 사문서를 작성하고 그 내용을 모르는 문맹자의 서명날인을 받아 문맹자 소유의 부동산을 이전등기 하였다.

➡ 이 경우 처분행위가 없으므로 사기죄는 성립하지 않고 사문서위조, 위조사문서행사, 공정증서원본불실기재, 불실기재공정증서원본행사죄만 성립한다.

(10) 문맹자가 증서의 기재사항을 인식하고 서명한 경우

문맹자의 의뢰를 받아 그의 의사에 반하여 사문서를 작성하고, 서명자(문맹자)가 증서의 기재사항을 인식하고 그것을 작성할 의사로 서명하였다.

➡ 비록 다른 사람의 사술에 의하여 착오에 빠져 증서의 기재사항이 진실에 반하는 것이라는 점을 모르고 서명했다고 하더라도, 증서의 성립은 진정한 것이고 작성명의를 도용한 사실이 없으므로 문서위조로는 볼 수 없다. 다만 위와 같이 작성한 문서로 부동산의 소유권을 넘겨간 경우에는 사기죄만 성립한다.

(11) 고소인 명의의 문서를 만들어 행사한 경우

고소인의 승낙도 없이 고소인의 인장으로 고소인 명의의 문서를 만들어 행사한 경우.

➡ 이에 대해 형법 제239조 소정 "인장부정사용죄"로 의율할 수도 있지만, 타인의 인장을 부정사용하여 사문서를 작성한 경우에는 인장에 관한 죄는 문서에 관한 죄에 흡수되는 것이므로 사문서위조, 위조사문서행사죄로 의율하는 것이 상당하다.

(12) 직인을 남용 지점장 명의의 확인서를 만든 경우

한전직원이 한전ㅇㅇ지점장의 직인을 남용하여 지점장 명의의 확인서를 만들었다.

➡ 이는 인장을 부정사용하여 새로운 문서를 만든 행위이므로 사문서위조죄로 의율해야 한다.

(13) 타인의 인장을 부정사용한 경우

한○○는 같은 마을에 사는 이○○를 처벌받게 하는데 행사할 목적으로 마을정화위원인 김○○ 등 6명에게 면사무소에 제출할 정화위원명단을 작성하는데 필요하니 도장을 달라고 하여 이를 그들의 이름이 쓰여진 백지에 날인한 후 백지 윗부분에 "이○○는 마을에서 말썽만 부리니 처벌해 달라"고 기재하여 위 정화위원들 명의의 탄원서 1통을 위조하고, 이것을 순찰지구대에 제출하였다.

➡ 사문서위조 및 위조사문서행사죄로 의율해야 한다. 이 때 사인부정사용 및 부정사용사인행사죄는 이 죄에 흡수된다.

(14) 지사장이 본사장 명의를 도용한 경우

지사장이 본사장 명의의 사원신분증을 발행하였다.

➡ 사문서위조, 위조사문서행사의 혐의가 인정된다.

(15) 사립학교장 명의를 도용, 문서를 위조 행사한 경우

사립학교인 수도전기공업고등학교장 명의의 졸업증명서 1매를 위조 행사하였다.

➡ 위 고등학교는 사립고등학교이므로 사문서위조, 위조사문서행사로 의율해야 한다. 만일 국립 또는 공립학교라면 공문서위조, 위조공문서행사죄로 의율하는 것이 옳다.

(16) 진정서에 동의 없이 주소, 성명을 적고 날인한 경우

아파트의 같은 동에 사는 주민들이 진정서 문안내용에 관한 협의를 거친 후 그 중 1인에 의하여 작성된 진정서에 연명날인을 받는 과정에서 합의에 참석하지 않은 고소인의 주소, 성명과 날인을 무단히 현출시켜 이를 행사하였다.

➡ 사인부정사용 및 부정사용사인행사죄로 의율할 수도 있지만, 사문서위조 및 위조사문서행사죄로 의율하는 것이 옳다.

(17) 농협예금통장에 임의로 예입금액을 변경한 경우

노○○는 채권자로부터 빌린 돈에 대하여 몇차례에 걸쳐 변제독촉을 받고 고심 끝에 초등학교에 다니는 그의 딸의 농협예금통장에 저금이 되어 있는 것처럼 볼펜으로 예입란에 기입하여 채권자에게 보여 주었다.

➡ 발행자로서의 농협이 따로 있고 예입란에 임의로 금액을 기재한 이상 그 표시방법이 졸렬하여 쉽사리 변조사실을 알 수 있었다고 하더라도 위 노○○의 행위는 사문서위조죄를 구성한다고 할 것이다.

(18) 부친 몰래 인감을 훔쳐 부동산을 본인 앞으로 증여받은 경우

이○○는 아버지가 사업자금을 원조해 주지 않아 자신의 사업계획이 무산되기에 이르자 아버지 몰래 인감을 빼내 그의 부동산을 자기 앞으로 증여받은 것처럼 인감신청서를 작성하였다. 인감을 몰래 빼낼 당시 그의 어머니가 옆에 있었다.

➡ 비록 어머니가 보고있는 상태에서 아버지 인감을 가지고 갔다 하더라도 전혀 그 용도와 경위를 모르는 어머니의 묵인하에 가져 간 것이기 때문에 위 인감신청서의 작성은 그 인감에 대하여 정당한 권한있는 자의 권한 외 사용에 해당된다거나 그 인감명의자로 행세하여 사용한 것이라고 할 수 없다. 따라서 이○○의 위 행위는 사문서위조 및 위조사문서행사죄에 해당한다 할 것이다.

● 수사사례

<u>명의자의 허락없는 인감증명서 발급</u>

- 인감증명서를 명의자의 허락없이 발급받아 사용하는 경우에 사문서위조, 위조사문서행사 성립

<u>자기명의 문서에 허위사실기재</u>

- 확인서는 그 작성명의자가 자신으로 허위사실을 기재하였더라도 처벌할 수 없음

<u>허무인 명의의 문서위조</u>

- 실존하지 않은 사람의 명의를 도용한 문서를 작성한 경우 사문서위조죄는 성립하지 않음

<u>여권위조</u>

- 조미국여권은 대한민국 공무원 또는 공무소에서 작성된 문서가 아니므로 이를 위조한 것은 사문서위조죄

9. 자격모용에 의한 사문서작성죄

제232조【자격모용에 의한 사문서의 작성】
행사할 목적으로 타인의 자격을 모용하여 권리·의무 또는 사실증명에 관한 문서 또는 도화를 작성한 자는 5년 이하의 징역 또는 1천만원 이하의 벌금에 처한다. 〈개정 1995.12.29.〉

[미수범] 235, [공소시효] : 7년

○ 대리권 또는 대표권 없는 자가 타인의 대리인으로 타인 명의의 문서를 작성하거나, 대리권 또는 대표권이 있다고 해도 그 권한 밖의 사항에 관하여 대리권자 또는 대표권자 명의로 문서를 작성한 때에는 이 죄를 구성한다.

Ⅰ. 이론

1. 구성요건

(1) 객관적 구성요건

1) 객체

권리, 의무 또는 사실증명에 관한 문서 또는 도화이다.

2) 행위

타인의 자격을 모용하여 문서 또는 도화를 작성하는 것이다. 타인의 자격을 모용한다는 것은 대리권이나 대표권이 없는 자가 타인의 대리자격, 대표자격을 사칭하여 문서 또는 도화를 작성하는 것을 의미한다.

(2) 주관적 구성요건

고의와 행사할 목적이 있어야 한다.

Ⅱ. 판례

◆ 주주총회 의장의 선임에 관한 법령 및 정관의 규정을 준수하지 않고 대주주가 임시의장이 되어 임시주주총회 의사록을 작성한 사안에서, 해당 주주총회 결의가 유효함을 전제로 의장의 지위에 관한 자격모용사문서작성죄 및 동행사죄의 성립을 부정한 사례

원심은 그 채용 증거들을 종합하여 판시와 같은 사실들, 특히 위 회사의 정관에는 대표이사가 주주총회를 소집하고 의장이 되며, 대표이사 유고시에는 이사회에서 선임한 다른 이사가 이를 대행하도록 규정되어 있는 사실, 그런데 위 임시주주총회일인 2002. 1. 2. 당시 위 회사의 법인등기부상 대표이사는 공소외 6이었지만 그는 이미 사망한 사실 등을 인정한 다음, 피고인이 임시의장으로서 이사 및 감사의 해임, 선임을 결의한 내용으로 임시주주총회 의사록을 작성한 것이 위 정관의 규정에 어긋나는 것이기는 하지만, 위 주주총회 결의가 유효하다고 보는 이상, 위 회사 주식의 과반수를 소유한 대주주로서 그 유효한 결의가 있었던 주주총회에 유일하게 참석한 것으로 기재되어 있는 피고인에게 그 주주총회의 의사진행권한을 가진 의장의 자격이 없다고 할 수 없고, 따라서 피고인이 위 주주총회 의사록을 작성함에 있어 의장의 자격을 모용하였다고 할 수는 없다고 판단하였는바, 앞서 살펴본 상법 규정 및 기록에 비추어 살펴보면 원심의 위와 같은 인정과 판단은 옳고, 거기에 자격모용사문서작성 및 동 행사죄에 관한 법리를 오해하는 등의 위법이 없다(대법원 2008. 6. 26. 선고 2008도1044 판결).

◆ 자격모용에 의한 사문서작성죄의 성립요건

[1] 자격모용에 의한 사문서작성죄는 문서위조죄와 마찬가지로 문서의 진정에 대한 공공의 신용을 그 보호법익으로 하는 것으로서, 행사할 목적으로 타인의 자격을 모용하여 작성된 문서가 일반인으로 하여금 당해 명의인의 권한 내에서 작성된 문서라고 믿게 할 수 있는 정도의 형식과 외관을 갖추고 있으면 성립하는 것이고, 자격모용에 의한 사문서작성죄에서의 '타인'에는 자연인뿐만 아니라 법인, 법인격 없는 단체를 비롯하여 거래관계에서 독립한 사회적 지위를 갖고 활동하고 있는 존재로 취급될 수 있으면 여기에 해당된다.

[2] 부동산중개사무소를 대표하거나 대리할 권한이 없는 사람이 부동산매매계약서의 공인중개사란에 '○○부동산 대표 △△△(피고인의 이름)' 라고 기재한 사안에서, '○○부동산' 이라는 표기는 단순히 상호를 가리키는 것이 아니라 독립한 사회적 지위를 가지고 활동하는 존재로 취급될 수 있으므로 자격모용사문서작성죄의 '명의인' 에 해당한다고 본 사례(대법원 2008. 2. 14. 선고 2007도9606 판결)

◆ 자격모용에 의한 사문서작성죄에 있어서 '행사할 목적' 과 고의의 의미

자격모용에 의한 사문서작성죄는 행사할 목적으로 타인의 자격을 모용하여 권리·의무 또는 사실증명에 관한 문서를 작성함으로써 성립하는 것인바, 여기에서 '행사할 목적' 이라 함은 다른 사람으로 하여금 그 문서가 정당한 권한에 기하여 작성된 것으로 오신하게 할 목적을 말하므로, 사문서를 작성하는 자가 다른 사람의 대리인 또는 대표자로서의 자격을 모용하여 문서를 작성한다는 것을 인식·용인하면서 이를 진정한 문서로서 어떤 효용에 쓸 목적으로 사문서를 작성하였다면, 자격모용에 의한 사문서작성죄의 행사의 목적과 고의가 있는 것으로 보아야 한다(대법원 2007. 7. 27. 선고 2006도2330 판결).

◆ 종중의 신임 대표자 등이 선임되고 전임 대표자에 대한 직무집행정지가처분결정이 있은 후 위 가처분결정이 취소된 경우

종중의 신임 대표자 등이 선임되고 전임 대표자에 대한 직무집행정지가처분결정이 있은 후 위 가처분결정이 취소된 경우, 신임 대표자 선임결의가 무효라 하더라도 전임 대표자가 위 가처분결정을 알면서 가처분결정시부터 취소시 사이에 대표자 자격으로 작성한 이사회 의사록 등은 자격을 모용하여 작성한 문서라고 한 사례(대법원 2007.7.26, 선고, 2005도4072, 판결).

◆ 회사의 실질적 운영자인 1인 주주에 의해 대표이사의 대표권이 사실상 제한된 경우, 1인 주주의 위임 또는 승낙 없이 대표이사가 대표권을 행사한 것이 적법한지 여부(적극)

[주식회사 대표이사의 대표권은 정관이나 주주총회 또는 이사회 결의 등에 의하여 적법하게 제한할 수 있지만, 회사의 운영을 실질적으로 장악·통제하고 있는 1인 주주가 적법한 대표이사의 권한 행사를 사실상 제한하고 있다는 것만으로는 대표이사의 대표권을 적법하게 제한하였다고 할 수 없으므로, 대표이사가 권한을 행사하는 과정에서 단순히 그 1인 주주의 위임 또는 승낙을 받지 않았다고 하여 그 대표권 행사가 권한을 넘어서는 행위가 되는 것은 아니다(대법원 2008.11.27, 선고, 2006도9194, 판결).

◆ 자격모용에 의한 사문서작성죄의 성립요건 / 대표자 또는 대리인의 자격으로 임대차 등 계약을 하는 경우, 위 죄의 성립에 필요한 대표 또는 대리관계의 표시 정도 및 판단 방법

자격모용에 의한 사문서작성죄는 문서위조죄와 마찬가지로 문서의 진정에 대한 공공의 신용을 보호법익으로 하는 것으로, 행사할 목적으로 타인의 자격을 모용하여 작성된 문서가 일반인으로 하여금 명의인의 권한 내에서 작성된 문서라고 믿게 할 수 있는 정도의 형식과 외관을 갖추고 있으면 성립한다.

대표자 또는 대리인의 자격으로 임대차 등 계약을 하는 경우 그 자격을 표시하는 방법에는 특별한 규정이 없다. 피고인 자신을 위한 행위가 아니고 작성명의인을 위하여 법률행위를 한다는 것을 인식할 수 있을 정도의 표시가 있으면 대표 또는 대리관계의 표시로서 충분하다. 일반인이 명의인의 권한 내에서 작성된 문서로 믿게 하기에 충분한 정도인지는 문서의 형식과 외관은 물론 문서의 작성 경위, 종류, 내용과 거래에서 문서가 가지는 기능 등 여러 사정을 종합하여 판단해야 한다(대법원 2017.12.22, 선고, 2017도14560, 판결).

Ⅲ. 수사실무

1. 적용실례

(1) 타인(양식계 계장) 명의로 사실 증명에 관한 문서를 작성 행사할 경우

양식계 계장도 아니고 그 직무를 대행하지도 않으면서 양식계 계장 명의의 내수면사용동의신청서 계장란에 자신의 이름을 쓰게 하고 그 옆에 자신의 도장을 날인하여 사실증명에 관한 문서인 내수면사용동의신청서를 작성하여 행사하였다.

➡ 자격모용사문서작성, 자격모용작성사문서행사죄를 구성한다.

(2) 의사면허번호를 도용, 진단서를 작성한 경우

이미 인쇄된 진단서 용지에 내용을 기재한 후 그 끝의 "면허번호" 또는 "의면"란에는 "243호"라고 쓰고 그 옆에 이미 인쇄된 "의사" 또는 "의사성명"이라는 문자 옆에는 "ㅇㅇ의원 원장 남ㅇㅇ"로 된 고무인을 찍고 피고인 남ㅇㅇ의 사인을 압날함으로써 외관상 면허번호 243호의 의사 남ㅇㅇ이 발행한 것처럼 진단서를 작성하였다.

➡ 위 행위는 의사면허번호 243의 진정한 소지자의 의사자격을 모용하여 위 진단서 등을 작성한 것이라 할 것이고, 의사자격의 면허번호만 표시되어 있다고 해서 구체적인 의사자격이 특정되지 않았다고 할 수는 없으므로 위 행위는 자격모용에 의한 사문서작성죄를 구성한다고 보아야 한다.

10. 사전자기록 위작, 변작죄

> **제232조의2【사전자기록위작·변작】**
> 사무처리를 그르치게 할 목적으로 권리·의무 또는 사실증명에 관한 타인의 전자기록등 특수매체기록을 위작 또는 변작한 자는 5년 이하의 징역 또는 1천만원 이하의 벌금에 처한다.
> [본조신설 1995. 12. 29.]

[공소시효] : 7년

○ 전자기록 등 특수매체기록은 컴퓨터 등 정보처리기기의 데이터를 의미한다. 문자의 축소나 기계적 확대에 의한 재생에 불과한 마이크로 필름은 특수매체기록에 포함되지 않는다.

○ 위작은 권한없이 전자기록 등을 만들거나 권한있는 자가 허위내용의 전자기록 등을 만드는 것을 말하고, 변작은 권한없이 기록을 허위내용으로 변경하는 것을 말한다.

Ⅰ. 이론

1. 구성요건

(1) 객관적 구성요건

1) 객체

권리, 의무 또는 사실증명에 관한 타인의 전자기록 등 특수매체기록이다.

> ▣ 근거판례 ▣
> 형법 제232조의2의 사전자기록위작ㆍ변작죄에서 말하는 권리의무 또는 사실증명에 관한 타인의 전자기록 등 특수매체기록이라 함은 일정한 저장매체에 전자방식이나 자기방식에 의하여 저장된 기록을 의미한다고 할 것인데, 비록 컴퓨터의 기억장치 중 하나인 램(RAM, Random Access Memory)이 임시기억장치 또는 임시저장매체이기는 하지만, 형법이 전자기록위ㆍ변작죄를 문서위ㆍ변조죄와 따로 처벌하고자 한 입법취지, 저장매체에 따라 생기는 그 매체와 저장된 전자기록 사이의 결합강도와 각 매체별 전자기록의 지속성의 상대적 차이, 전자기록의 계속성과 증명적 기능과의 관계, 본죄의 보호법익과 그 침해행위의 태양 및 가벌성 등에 비추어 볼 때, 위 램에 올려진 전자기록 역시 사전자기록위작ㆍ변작죄에서 말하는 전자기록 등 특수매체기록에 해당한다(대법원 2003. 10. 9. 선고 2000도4993 판결).

2) 행위

위작 또는 변작이다.

(2) 주관적 구성요건

고의와 사무처리를 그르치게 할 목적이 있어야 한다.

Ⅱ. 판례

◆ 사전자기록위작·변작죄에서 '사무처리를 그르치게 할 목적'의 의미

[1] 형법 제232조의2에 정한 전자기록은 그 자체로서 객관적 · 고정적 의미를 가지면서 독립적으로 쓰이는 것이 아니라 개인 또는 법인이 전자적 방식에 의한 정보의 생성 · 처리 · 저장 · 출력을 목적으로 구축하여 설치 · 운영하는 시스템에서 쓰임으로써 예정된 증명적 기능을 수행하는 것이므로, '사무처리를 그르치게 할 목적'이란 위작 또는 변작된 전자기록이 사용됨으로써 위와 같은 시스템을 설치 · 운영하는 주체의 사무처리를 잘못되게 하는 것을 말한다.

[2] 새마을금고의 예금 및 입 · 출금 업무를 총괄하는 직원이 전 이사장 명의 예금계좌로 상조금이 입금되자 전 이사장에 대한 금고의 채권확보를 위해 내부 결재를 받아 금고의 예금 관련 컴퓨터 프로그램에 접속하여 전 이사장 명의 예금계좌의 비밀번호를 동의 없이 입력한 후 위 금원을 위 금고의 가수금계정으로 이체한 사안에서, 위 금고의 내부규정이나 여신거래기본약관의 규정에 비추어 이는 위 금고의 업무에 부합하는 행위로서 피해자의 비밀번호를 임의로 사용한 잘못이 있다고 하더라도 사전자기록위작 · 변작죄의 '사무처리를 그르치게 할 목적'을 인정할 수 없다(대법원 2008.6.12. 선고 2008도938 판결).

◆ 컴퓨터의 기억장치 중 하나인 램(RAM, Random Access Memory)에 올려진 전자기록이 형법 제232조의2의 사전자기록위작 · 변작죄에서 말하는 권리의무 또는 사실증명에 관한 타인의 전자기록 등 특수매체기록에 해당하는지 여부(적극)

형법 제232조의2의 사전자기록위작 · 변작죄에서 말하는 권리의무 또는 사실증명에 관한 타인의 전자기록 등 특수매체기록이라 함은 일정한 저장매체에 전자방식이나 자기방식에 의하여 저장된 기록을 의미한다고 할 것인데, 비록 컴퓨터의 기억장치 중 하나인 램(RAM, Random Access Memory)이 임시기억장치 또는 임시저장매체이기는 하지만, 형법이 전자기록위 · 변작죄를 문서위 · 변조죄와 따로 처벌하고자 한 입법취지, 저장매체에 따라 생기는 그 매체와 저장된 전자기록 사이의 결합강도와 각 매체별 전자기록의 지속성의 상대적 차이, 전자기록의 계속성과 증명적 기능과의 관계, 본죄의 보호법익과 그 침해행위의 태양 및 가벌성 등에 비추어 볼 때, 위 램에 올려진 전자기록 역시 사전자기록위작 · 변작죄에서 말하는 전자기록 등 특수매체기록에 해당한다(대법원 2003.10.9, 선고, 2000도4993, 판결).

11. 허위진단서 등 작성죄

제233조【허위진단서등의 작성】

의사, 한의사, 치과의사 또는 조산사가 진단서, 검안서 또는 생사에 관한 증명서를 허위로 작성한 때에는 3년 이하의 징역이나 금고, 7년 이하의 자격정지 또는 3천만원 이하의 벌금에 처한다.

[전문개정 1995.12.29.]

[의사등] 의료2 · 5, [진단서등의작성] 의료17, [특별규정] 민97, 상635, 채무자회생649, [신분범과 공범] 33, [공소시효] : 5년

○ 의사 등이 작성하는 이러한 문서는 사문서이지만 그 신뢰도가 높기 때문에 사문서의 무형위조를 예외적으로 처벌하는 것이다.

Ⅰ. 이론

1. 구성요건

(1) 객관적 구성요건

1) 주체

이 죄의 주체는 의사, 한의사, 치과의사 또는 조산사이며 간접정범에 의해서는 성립할 수 없는 자수범이다.

2) 객체

행위의 객체는 진단서·검안서·생사에 관한 증명서이다.

① 진단서란 의사 등이 진찰 결과에 대한 판단을 기재한 것으로, 사람의 건강상태를 증명하기 위하여 작성하는 문서이다(의료법 제17조).

② 검안서란 의사가 사체에 대하여, 사망사실을 의학적으로 확인한 결과를 기재한 문서를 말한다. 사체에 관한 경우에는 사망후 처음으로 그 사체를 검사한 의사가 작성한 것에 한한다.

③ 생사에 관한 증명서란 출산 또는 사망의 사실과 사망의 원인을 증명하는 문서를 말한다(의료법 제17조 제2항).

3) 행위

허위의 내용을 기재하는 것이다.

① 진단서, 검안서, 출생 또는 사망증명서를 허위로 작성하는 행위로, 그 작

성 명의는 사실과 같으나 그 내용에 허위가 있는 것이므로 무형위조이다.

② 허위내용은 사실에 관한 것뿐만 아니라 판단에 관한 것도 포함한다. 의사가 진찰결과 알게 된 사실과 다른 내용의 기재를 해도 이 죄가 성립하는 것이다.

③ 진찰을 소홀히 하거나 착오를 일으켜 잘못 진단함으로써 진실에 어긋나는 진단서를 작성한 것이라면 이 죄를 물을 수 없다.

(2) 주관적 구성요건

고의가 있어야 한다.

① 행위자는 자기자신의 신분과 그가 다루는 것이 진단서, 검안서 또는 생사에 관한 증명서라는 것을 인식해야 하고 그 문서의 내용이 허위라는 사실을 알고 있어야 한다.

② 의료법에 위배하여 의사자신이 진찰 또는 검안하지 않고 이러한 문서를 작성했다고 하더라도 그 내용이 진실하다면 의료법에 의한 처벌은 별문제로 하고 이 죄는 성립하지 않는다고 본다.

③ 허위인 줄 알고 기록했으나 진실이었다면, 위증죄와는 달리 이 죄를 구성하지 않는다.

▣ 근거판례 ▣

허위진단서작성죄에 있어서 허위의 기재는 사실에 관한 것이건 판단에 관한 것이건 불문하는 것이나, 본죄는 원래 허위의 증명을 금지하려는 것이므로 그 내용이 허위라는 의사의 주관적 인식이 필요함은 물론, 실질상 진실에 반하는 기재일 것이 필요하다(대법원 1990.3.27. 선고 89도2083).

Ⅱ. 판례

◆ 허위진단서작성죄의 객체인 '진단서'의 의미와 그 판단 기준

[1] 형법 제233조의 허위진단서작성죄에서 '진단서'란 의사가 진찰의 결과에 관한 판단을 표시하여 사람의 건강상태를 증명하기 위하여 작성하는 문서를 말하고, 위 조항에서 규율하는 진단서에 해당하는지 여부는 서류의 제목, 내용, 작성목적 등을 종합적으로 고려하여 판단하여야 한다.

[2] 의사인 피고인이 환자의 인적사항, 병명, 입원기간 및 그러한 입원사실을 확인하

는 내용이 기재된 '입퇴원 확인서'를 허위로 작성하였다고 하여 허위진단서작성으로 기소된 사안에서, 위 '입퇴원 확인서'는 문언의 제목, 내용 등에 비추어 의사의 전문적 지식에 의한 진찰이 없더라도 확인 가능한 환자들의 입원 여부 및 입원기간의 증명이 주된 목적인 서류로서 환자의 건강상태를 증명하기 위한 서류라고 볼 수 없어 허위진단서작성죄에서 규율하는 진단서로 보기 어려운데도, 이와 달리 보아 유죄를 인정한 원심판결에 허위진단서작성죄의 진단서에 관한 법리를 오해한 위법이 있다고 한 사례(대법원 2013.12.12, 선고, 2012도3173, 판결).

◆ 허위진단서작성죄의 성립요건 / 형사소송법 제471조 제1항 제1호에서 정한 형집행정지 요건인 '형의 집행으로 인하여 현저히 건강을 해할 염려가 있는 때'에 해당하는지에 대한 판단 주체(=검사) 및 판단 방법 / 의사가 진단서에 환자에 대한 진단 결과 또는 향후 치료 의견 등을 함께 제시하고 그와 결합하여 수형생활 또는 수감생활의 가능 여부에 대하여 판단한 경우, 그 전체가 환자의 건강상태를 나타내고 있는 의료적 판단에 해당하는지 여부(적극) 및 이때 그러한 판단에 결합된 진단 결과 내지 향후 치료 의견이 허위가 아님에도 수형생활 또는 수감생활의 가능 여부에 관한 판단을 허위라고 할 수 있기 위한 요건

형법 제233조는 의사가 진단서를 허위로 작성한 경우에 처벌하도록 규정하고 있다. 여기서 진단서는 의사가 진찰의 결과에 관한 판단을 표시하여 사람의 건강상태를 증명하기 위하여 작성하는 문서를 말한다.

허위진단서작성죄는 원래 허위의 증명을 금지하려는 것이므로, 진단서의 내용이 실질상 진실에 반하는 기재여야 할 뿐 아니라 그 내용이 허위라는 의사의 주관적 인식이 필요하며, 그러한 인식은 미필적 인식으로도 충분하나, 이에 대하여는 검사가 증명책임을 진다.

그리고 허위진단서 작성에 해당하는 허위의 기재는 사실에 관한 것이건 판단에 관한 것이건 불문하므로, 현재의 진단명과 증상에 관한 기재뿐만 아니라 현재까지의 진찰 결과로서 발생 가능한 합병증과 향후 치료에 대한 소견을 기재한 경우에도 그로써 환자의 건강상태를 나타내고 있는 이상 허위진단서 작성의 대상이 될 수 있다.

진단서에는 의료법 시행규칙 제9조 제1항, 제2항에서 정한 사항을 반드시 기재하여야 하나 그 밖의 사항은 반드시 기재하여야 하는 것이 아니다. 그리고 형사소송법 제471조 제1항 제1호에서 정하고 있는 형집행정지의 요건인 '형의 집행으로 인하여 현저히 건강을 해할 염려가 있는 때'에 해당하는지에 대한 판단은 검사가 직권으로 하는 것이고, 그러한 판단 과정에 의사가 진단서 등으로 어떠한 의견을 제시하였더라도 검사는 그 의견에 구애받지 아니하며, 검사의 책임하에 규범적으로 형집행정지 여부의 판단이 이루어진다. 그렇지만 이 경우에 의사가 환자의 수형(受刑)생활 또는 수감(收監)생활의 가능 여부에 관하여 기재한 의견이 환자의 건강상태에 기초한 향후 치료 소견의 일부로서 의료적 판단을 기재한 것으로 볼 수 있다면, 이는 환자의 건강상태를 나타내고 있다는 점에서 허위진단서 작성의 대상이 될 수 있다. 따라서 의사가 진단서에 단순히 환자의 수형생활 또는 수감생활의 가능 여부에 대한 의견만

기재한 것이 아니라, 그 판단의 근거로 환자에 대한 진단 결과 또는 향후 치료 의견 등을 함께 제시하였고 그와 결합하여 수형생활 또는 수감생활의 가능 여부에 대하여 판단한 것이라면 그 전체가 환자의 건강상태를 나타내고 있는 의료적 판단에 해당한다. 그리고 그러한 판단에 결합된 진단 결과 또는 향후 치료 의견이 허위라면 수형생활 또는 수감생활의 가능 여부에 대한 판단 부분도 허위라고 할 수 있다. 그러나 그러한 판단에 결합된 진단 결과 내지 향후 치료 의견이 허위가 아니라면, 수형생활 또는 수감생활의 가능 여부에 관한 판단을 허위라고 할 수 있기 위해서는 먼저 환자가 처한 구체적이고 객관적인 수형생활 또는 수감생활의 실체를 확정하고 위 판단에 결합된 진단 결과 내지 향후 치료 의견에 의한 환자의 현재 및 장래 건강상태를 거기에 비추어 보아 환자의 실제 수형생활 또는 수감생활 가능 여부가 위 판단과 다르다는 것이 증명되어야 하고 또한 그에 대한 의사의 인식이 인정될 수 있어야 한다(대법원 2017.11.9, 선고, 2014도15129, 판결).

Ⅲ. 수사실무

1. 수사포인트

(1) 주체의 신분과 객체의 종류를 확인한다.

(2) 허위기재의 내용을 구체적으로 파악한다.

(3) 허위기재를 부탁한 사람이 있는지, 있다면 누구인지 조사한다.

(4) 실제로 발생한 피해는 어느 정도인지 조사한다.

2. 범죄사실 기재례

【범죄사실 기재례】

피의자는 ○○시 ○○동 ○○번지에서 내과병원을 운영하고 있는 의사이다.

피의자는 당뇨병으로 위 병원에 입원하고 있던 이○○의 치료를 맡고 있던 중, 가. 20○○. ○. ○. 3:10경 이○○가 위 병원에서 사망했음에도 불구하고, 같은 날 그의 사망 후, 그의 내연의 처 양○○로부터 "유산상속을 위해 입적할 사정이 있으니 그이의 사망시간을 같은 날 18시경으로 해서 사망진단서를 작성해 달라"는 부탁을 받고 이를 승낙하였다.

피의자는 그 날 위 병원에서 사망신고서 및 환자인가신청서에 각각 첨부하여 ○○구청에 제출해야 할 위 이○○ 사망에 대한 피의자 작성의 사망진단서 2통에 그가 같은 날 18:25경에 사망했다는 내용의 허위기재를 함으로써 허위의 사망진단서 2통을 차례로 작성하였다. 그리고 그곳에서 위 허위사망진단서를 마치 진정으로 작성된 것처럼 가장하고 위 양○○의 자형인 양○○에게 일괄 교부하여 이를 행사하였다.

3. 적용실례

(1) 추측만으로 진단서를 작성한 경우

의학상의 확실한 증거 없이 추측만으로 사인을 간암이라고 해서 진단서를 작성하였다.

➡ 피고인에게 허위진단서를 작성한다는 범의가 없었다고 할 수 없으므로 허위진단서작성죄를 적용할 수 있을 것이다.

12. 위조, 변조, 작성 사문서행사죄

제234조【위조사문서등의 행사】

제231조 내지 제233조의 죄에 의하여 만들어진 문서, 도화 또는 전자기록등 특수매체기록을 행사한 자는 그 각 죄에 정한 형에 처한다.

[전문개정 1995. 12. 29.]

[미수범] 235

○ 이 죄는 사문서위조·변조죄에 의하여 위조·변조되거나 자격모용에 의한 사문서작성죄에 의하여 작성된 사문서 또는 허위진단서 등을 행사함으로써 성립하는 범죄이다. 위조등문서행사죄의 기본적 구성요건이다.

Ⅰ. 이론

1. 구성요건

(1) 객관적 구성요건

1) 주체

제한이 없다. 따라서 위조, 변조한 자가 행사한 경우에만 본 죄가 성립하는 것은 아니다.

2) 객체

위조, 변조 또는 자격모용에 의하여 작성된 사문서, 사도화, 허위로 작성된 진단서, 검안서, 생사에 관한 증명서, 위작, 변작된 전자기록 등 특수매체기록이다.

3) 행위

이 죄의 행위는 행사하는 것이다. 행사란 위조·변조 등의 문서를 그 용법에 따라 진정한 것으로 사용하는 것을 말한다.

① 그것이 위조나 허위라는 정을 알고서 행사해야 하며, 또한 위조문서 그 자체를 행사해야 한다. 따라서 그 등본을 타인에게 제시하는 것이나 내용을 구두나 서면으로 고지하는 것은 행사가 아니다.

▣ 근거판례 ▣

위조, 변조, 허위작성된 문서의 행사죄는 이와 같은 문서를 진정한 것 또는 그 내용이 진실한 것으로 각 사용하는 것을 말하는 것이므로, 그 문서가 위조, 변조, 허위작성되었다는 정을 아는 공범자등에게 제시, 교부하는 경우등에 있어서는 행사죄가 성립할 여지가 없다(대법원 1986.2.25. 선고 85도2798 판결).

② 행사의 상대방에 대해서는 특별한 제한이 없으나, 위조자 상호간에만 사용하는 것은 행사가 아니다.

③ 위조문서의 행사는 공범자 이외의 자에게 그 문서가 진정한 것처럼 보이는 행위이면 족하다. 물론 위조문서를 맹인 또는 문맹자에게 교부하는 것도 행사가 된다.

④ 행사의 방법은 제시·교부·비치 등 상대방이 열람할 수 있는 상태에 두기만 하면 된다(등기부의 경우에는 이를 비치함으로써 행사가 되고, 공증인에 대한 행사는 이를 진정한 것으로서 공증인에게 제출하는 것이며, 우편으로 행사할 때에는 우편물을 발송하는 것만으로는 부족하고 위조문서의 내용이 인식할 수 있는 상태에 도달해야 한다).

⑤ 위조문서의 행사는 반드시 현실적으로 문서의 신용을 해하는 결과가 일어날 것을 요하지 않고 그 침해가 일어날 위험성이 있으면 족하다.

(2) 주관적 구성요건

고의가 있어야 한다.

Ⅱ. 판례

◆ 약식명령에 대하여 피고인만이 정식재판을 청구하였는데, 검사가 당초 사문서위조 및 위조사문서행사의 공소사실로 공소제기하였다가 제1심에서 사서명위조 및 위조사서명행사의 공소사실을 예비적으로 추가하는 내용의 공소장변경을 신청한 사안에서, 불이익변경금지 원칙 등을 이유로 공소장변경을 불허한 채 원래의 공소사실에 대하여 무죄를 선고한 제1심판결을 그대로 유지한 원심의 조치에 법리오해의 위법이 있다고 한 경우

약식명령에 대하여 피고인만이 정식재판을 청구하였는데, 검사가 당초 사문서위조 및 위조사문서행사의 공소사실로 공소제기하였다가 제1심에서 사서명위조 및 위조사서명행사의 공소사실을 예비적으로 추가하는 내용의 공소장변경을 신청한 사안에서, 두 공소사실은 기초가 되는 사회적 사실관계가 범행의 일시와 장소, 상대방, 행위태양, 수단과 방법 등 기본적인 점에서 동일할 뿐만 아니라, 주위적 공소사실이 유죄로 되면 예비적 공소사실은 주위적 공소사실에 흡수되고 주위적 공소사실이 무죄로 될 경우에만 예비적 공소사실의 범죄가 성립할 수 있는 관계에 있어 규범적으로 보아 공소사실의 동일성이 있다고 보이고, 나아가 피고인에 대하여 사서명위조와 위조사서명행사의 범죄사실이 인정되는 경우에는 비록 사서명위조죄와 위조사서명행사죄의 법정형에 유기징역형만 있다 하더라도 형사소송법 제457조의2에서 규정한 불이익변경금지 원칙이 적용되어 벌금형을 선고할 수 있으므로, 위와 같은 불이익변경금지 원칙 등을 이유로 공소장변경을 불허할 것은 아닌데도, 이를 불허한 채 원래의 공소사실에 대하여 무죄를 선고한 제1심판결을 그대로 유지한 원심의 조치에 공소사실의 동일성이나 공소장변경에 관한 법리오해의 위법이 있다고 한 사례(대법원 2013.2.28, 선고, 2011도14986, 판결).

◆ 위조문서행사죄에서 말하는 '행사'의 방법

(1) 사실관계

피고인은 2006. 11. 25.경 진주시에 있는 ㅇㅇ피씨방에서 인터넷 쇼핑사이트인 'ㅇ-마켓'에 들어가 휴대전화기 구입신청을 하면서, 인터넷상에 게시된 케이.티. 에프.(KTF) 신규 가입신청서 양식에 컴퓨터를 이용하여 공소외 1의 인적사항 및 그 계좌번호, 청구지 주소 등을 각 입력하고 이를 출력한 다음, 그 신청서 용지 하단 고객명란과 서명란에 '공소외 1'이라고 각 기재함으로써, 행사할 목적으로 권한 없이 권리의무에 관한 사문서인 공소외 1 명의로 된 휴대전화 신규 가입신청서 1장을 위조하고, 위와 같은 일시, 장소에서 위와 같이 위조한 휴대전화 가입신청서를 사본, 이미지화한 다음, 이메일로 그 위조사실을 모르는 공소외 2에게 마치 진정하게 성립된 것처럼 그 신청서를 전송하여 위조한 사문서를 행사하였다.

(2) **판결요지**

[1] 위조문서행사죄에 있어서 행사라 함은 위조된 문서를 진정한 문서인 것처럼 그 문서의 효용방법에 따라 이를 사용하는 것을 말하고, 위조된 문서를 제시 또는 교부하거나 비치하여 열람할 수 있게 두거나 우편물로 발송하여 도달하게 하는 등 위조된 문서를 진정한 문서인 것처럼 사용하는 한 그 행사의 방법에 제한이 없다. 또한, 위조된 문서 그 자체를 직접 상대방에게 제시하거나 이를 기계적인 방법으로 복사하여 그 복사본을 제시하는 경우는 물론, 이를 모사전송의 방법으로 제시하거나 컴퓨터에 연결된 스캐너(scanner)로 읽어 들여 이미지화한 다음 이를 전송하여 컴퓨터 화면상에서 보게 하는 경우도 행사에 해당하여 위조문서행사죄가 성립한다.

[2] 휴대전화 신규 가입신청서를 위조한 후 이를 스캔한 이미지 파일을 제3자에게 이메일로 전송한 사안에서, 이미지 파일 자체는 문서에 관한 죄의 '문서' 에 해당하지 않으나, 이를 전송하여 컴퓨터 화면상으로 보게 한 행위는 이미 위조한 가입신청서를 행사한 것에 해당하므로 위조사문서행사죄가 성립한다(대법원 2008.10.23. 선고 2008도5200).

13. 미수범

제235조【미수범】

제225조 내지 제234조의 미수범은 처벌한다. 〈개정 1995. 12. 29.〉

[미수범] 25-29

14. 사문서부정행사죄

제236조【사문서의 부정행사】

권리·의무 또는 사실증명에 관한 타인의 문서 또는 도화를 부정행사한 자는 1년 이하의 징역이나 금고 또는 300만원 이하의 벌금에 처한다. 〈개정 1995. 12. 29.〉

[공소시효] : 5년

○ 부정행사란 권리의무 또는 사실증명에 대하여 진정하게 성립된 타인의 사문서를 권한 없는 자가 문서명의인으로 행세하여 사용하거나, 권한이 있더라도 본래의 사용목적 외의 다른 사실을 증명하는 데 이를 사용하는 것을 말한다. 객체가 진정한 사문서라는 점에서 위조·변조등사문서작성죄(제234조)와 구별된다.

Ⅰ. 이론

1. 구성요건

(1) 객관적 구성요건

1) 객체

권리, 의무 또는 사실증명에 관한 타인의 진정한 사문서 또는 도화이다.

2) 행위

부정행사하는 것이다. 부정행사란 사용할 권한이 없는 자가 문서명의자로 가장하여 이를 사용하거나 또는 사용할 권한이 있더라도 그 문서를 본래의 작성목적 이외의 다른 사실을 증명하는 용도에 사용하는 것을 의미한다.

(2) 주관적 구성요건

고의가 있어야 한다.

Ⅱ. 판례

◆ 사문서부정행사죄의 성립요건

(1) 사실관계

피고인은 2003년 초경부터 피해자 공소외 1 · 공소외 2가 운영하고 있던 과천시 소재 공소외 3 주식회사의 법률자문 역할을 담당하던 중 2004. 2. 16.경 위 공소외 1 · 공소외 4간의 파산선고사건과 관련하여 재산목록을 작성하여 제출할 상황이 되자 '편의상 채권채무가 있는 것처럼 해 두자' 는 취지로 제의하여 '금 5천만 원' 차용인 '공소외 1' 연대보증인 '공소외 2' 로 된 '차용증 및 이행각서' 를 작성하여 이를 소지하고 있음을 기화로, 2005. 9. 9. 서울 서초구 서초동 소재 서울중앙지방법원 종합민원실에서 사실은 피해자 공소외 1,

공소외 2에게 금원을 대여한 사실이 없음에도 불구하고, 위와 같이 소지하게 된 '차용증 및 이행각서'를 첨부하여 금 5천만 원 및 이에 대한 이자를 구하는 취지로 대여금청구소장을 제출하면서, '차용증 및 이행각서'를 마치 진정하게 성립한 문서인 것처럼 위 법원 직원 성명불상자에게 제출하였다.

(2) **판결요지**

[1] 형법 제236조 소정의 사문서부정행사죄는 사용권한자와 용도가 특정되어 작성된 권리의무 또는 사실증명에 관한 타인의 사문서 또는 사도화를 사용권한 없는 자가 사용권한이 있는 것처럼 가장하여 부정한 목적으로 행사하거나 또는 권한 있는 자라도 정당한 용법에 반하여 부정하게 행사하는 경우에 성립한다.

[2] 실질적인 채권채무관계 없이 당사자 간의 합의로 작성한 '차용증 및 이행각서'는 그 작성명의인들이 자유의사로 작성한 문서로 그 사용권한자가 특정되어 있다고 할 수 없고 또 그 용도도 다양하므로, 설령 피고인이 그 작성명의인들의 의사에 의하지 아니하고 위 '차용증 및 이행각서' 상의 채권이 실제로 존재하는 것처럼 그 지급을 구하는 민사소송을 제기하면서 소지하고 있던 위 '차용증 및 이행각서'를 법원에 제출하였다고 하더라도 그것이 사문서부정행사죄에 해당하지 않는다(대법원 2007. 3. 30. 선고 2007도629 판결).

◆ 증거로서 사문서를 법원에 제출하는 행위가 사문서의 부정행사에 해당되는지 여부(소극)

사문서부정행사죄에 있어서의 부정사용이란 사문서를 권한없는 자가 그 문서명의자로 가장행세하여 사용하거나 또는 사용할 권한이 있다 하더라도 문서를 본래의 작성목적 이외의 다른 사실을 직접 증명하는 용도에 사용하는 것을 말하는 것이므로 현금보관증이 자기 수중에 있다는 사실자체를 증명키 위하여 증거로서 법원에 제출한 행위는 사문서의 부정행사에 해당되지 아니한다(대법원 1985. 5. 28. 선고 84도2999 판결).

◆ 절취한 후불식 전화카드를 사용하여 공중전화를 건 행위가 사문서부정행사죄에 해당하는지 여부(적극)

행자 등이 문자로 인쇄된 플라스틱 카드에 부착되어 있는 전화카드의 경우 그 자기띠 부분은 카드의 나머지 부분과 불가분적으로 결합되어 전체가 하나의 문서를 구성하므로, 전화카드를 공중전화기에 넣어 사용하는 경우 비록 전화기가 전화카드로부터 판독할 수 있는 부분은 자기띠 부분에 수록된 전자기록에 한정된다고 할지라도, 전화카드 전체가 하나의 문서로서 사용된 것으로 보아야 하고 그 자기띠 부분만 사용된 것으로 볼 수는 없으므로 절취한 전화카드를 공중전화기에 넣어 사용한 것은 권리의무에 관한 타인의 사문서를 부정행사한 경우에 해당한다(대법원 2002. 6. 25. 선고 2002도461 판결).

Ⅲ. 수사실무

1. 범죄사실 기재례

【범죄사실 기재례】

피고인은 2002. 6. 5. 광주지방법원에서 자격모용사문서작성·무고죄 등으로 징역1년을 선고받고 같은 해 12. 24. 그 형의 집행을 종료한 후 공소외 8 변호사 사무실의 사무장 명함을 가지고 다니면서 사건 수임 알선·법률자문 등을 해오던 속칭 '법조브로커'(무등록사무장)이었던 자인 바, 2003. 초순경부터 초등학교 동창인 피해자 공소외 1· 공소외 2가 운영하고 있던 과천시 소재공소외 3 주식회사의 법률자문 역할을 담당하던 중 2004. 2. 16. 경 공소외 1· 공소외 4 간의 재산명시사건(서울중앙지방법원 (사건번호 생략))과 관련하여 재산목록을 작성하여 제출할 상황이 되자 피의자가 "편의상 채권채무가 있는 것처럼 해두자"는 취지로 제의하여 '금 5천만 원' 차용인 ' 공소외 1' 연대보증인 ' 공소외 2'로 된 '차용증 및 지불각서'를 작성하여 이를 소지하고 있음을 기화로,

1. 2005. 9. 9. 서울 서초구 서초동 소재 서울중앙지방법원 종합민원실에서 사실은 피해자 공소외 1, 2에게 금원을 대여한 사실이 없음에도 불구하고 위와 같이 소지하게 된 '차용증 및 이행각서'를 첨부하여 금 5천만 원 및 이에 대한 이자를 구하는 취지로 대여금청구소송을 제기하였으나 피해자들이 이에 응소하여 다툼으로써 그 뜻을 이루지 못하여 미수에 그치고,
2. 위와 같은 일시, 장소에서 제1항 기재 소장을 제출하면서, 위와 같이 작성하여 소지하고 있던 '차용증 및 이행각서'를 마치 진정하게 성립한 문서인 것처럼 위 법원 직원 성명불상자에게 제출하여 권리의무에 관한 사무서인 공소외 1, 2 명의의 위 각 문서를 부정사용하였다.

15. 자격정지의 병과

제237조【자격정지의 병과】
제225조 내지 제227조의2 및 그 행사죄를 범하여 징역에 처할 경우에는 10년 이하의 자격정지를 병과할 수 있다. 〈개정 1995. 12. 29.〉

[공소시효] 형소249①·250, [자격정지] 44

16. 문서의 개념

제237조의2【복사문서등】
이 장의 죄에 있어서 전자복사기, 모사전송기 기타 이와 유사한 기기를 사용하여 복사한 문서 또는 도화의 사본도 문서 또는 도화로 본다.
[본조신설 1995. 12. 29.]

Ⅰ. 의의

개정형법은 제237조의2를 신설하여 명문으로 복사문서의 문서성을 인정하였다.

Ⅱ. 판례

◆ 전사복사기 등을 사용하여 복사한 문서의 사본을 다시 복사한 문서의 재사본이 문서위조죄 및 동 행사죄의 객체인 문서에 해당하는지 여부 및 진정한 문서의 사본을 전자복사기를 이용하여 복사하면서 일부 조작을 가하여 그 사본 내용과 전혀 다르게 만드는 행위가 문서위조행위에 해당하는지 여부

[1] 형법 제237조의2에 따라 전자복사기, 모사전송기 기타 이와 유사한 기기를 사용하여 복사한 문서의 사본도 문서원본과 동일한 의미를 가지는 문서로서 이를 다시 복사한 문서의 재사본도 문서위조죄 및 동 행사죄의 객체인 문서에 해당한다 할 것이고, 진정한 문서의 사본을 전자복사기를 이용하여 복사하면서 일부 조작을 가하여 그 사본 내용과 전혀 다르게 만드는 행위는 공공의 신용을 해할 우려가 있는 별개의 문서사본을 창출하는 행위로서 문서위조행위에 해당한다.

[2] 타인의 주민등록증사본의 사진란에 피고인의 사진을 붙여 복사하여 행사한 행위가 공문서위조죄 및 동행사죄에 해당한다고 한 사례(대법원 2000. 9. 5. 선고 2000도2855 판결).

Ⅲ. 수사실무

1. 범죄사실 기재례

【범죄사실 기재례】

(1) 피고인 1(피고인 및 검사)

살피건대, ○○사와 △△사에 대한 지원이 실제로 집행되지 않은 점, 피고인이 30여년 이상 비교적 성실하게 공직생활을 해온 점 등의 사정이 있으나 한편, 피고인은 ○○사 및 △△사에 대하여는 지방교부세법령상 요건을 갖추지 못하여 특별교부세를 지원할 수 없음을 잘 알면서도 이들 사찰의 증개축 비용을 지급하기 위하여 자신의 직권을 남용하여 특별교부세제도의 목적과 취지를 잠탈하는 편법을 사용하였는바, 이러한 행위는 관련 공무원들의 의무이행 및 권한 행사를 방해하는 행위일 뿐 아니라 국민의 세금으로 조성된 국고를 아무런 법률적 근거도 없이 특정 사찰의 건축비에 사용되게 한 것이어서 전체 국민의 봉사자라는 공무원의 직무의무를 저버린 행위이고 국민의 납세의무 이행의욕까지 저해하는 행위로서 죄질이 좋지 않은 점, 그밖에 피고인의 연령, 성행, 가정환경, 범행의 동기와 경위, 범행수단 및 결과, 범행 후의 정황 등 모든 양형조건을 고려해 보면, 피고인에 대한 원심의 위 선고형이 너무 무겁다거나 가벼워서 부당하다고 할 수는 없으므로, 검사 및 피고인의 주장은 모두 이유 없다.

(2) 피고인 신정아(피고인 및 검사)

피고인 신정아의 학력위조 관련 사문서위조·행사 부분 중 각 박사학위기 행사 부분에 관한 피고인 신정아의 주장이 위 1. 다. (6)에서 본 바와 같이 이유 있으므로, 피고인 신정아에 대한 유죄부분은 파기되어야 할 것이어서, 피고인 신정아 및 검사의 피고인 신정아에 대한 양형부당 주장에 대한 판단은 생략하고, 아래에서 별도로 양형의 이유를 판시하기로 한다.

(3) 피고인 3

피고인이 초범인 점, 이 사건 특별교부세로 교부된 돈이 ○○사에 집행되지 않은 점의 사정이 있긴 하나, 피고인은 자신이 음식점을 개조하여 창건한 ○○사의 건물신축에 대하여는 법령상 특별교부세가 지원될 수 없음을 잘 알면서도 피고인 1에게 부탁하여 그의 직무상 권한을 이용하여 편법으로 건축비 등을 지원받으려고 하였는바, 이는 고위공직자를 이용하여 국민의 세금을 사적 용도에 사용하려고 한 점에서 그 범행 동기 및 죄질이 좋지 않은 점, 그밖에 범행의 동기와 경위, 범행수단 및 결과, 범행 후의 정황 등 모든 양형조건을 참작해 보면, 원심의 위 선고형이 너무 무거워서 부당하다고 할 수는 없다.

(4) 피고인 4

피고인이 성곡미술문화재단 및 올리브플래닝에 횡령액을 모두 변제한 점 등의 사정은 인정되나, 피고인은 성곡미술관 관장으로서 피고인 신정아와 공모하여 조형연구소의 수입 중 1억여 원을 횡령하였을 뿐 아니라, 자신의 아들이 대주주로 있는 회사의 자금 2억 6,000만 원을 횡령하였는바, 그 범행 수법 및 횡령액 등에 나타난 죄질이 좋지 않고, 당심에 이르기까지 일부 사실을 부인하는 등 범행 후의 정상도 그리 좋지 않은 점, 그밖에 피고인의 연령, 성행, 환경 등 모든 양형조건을 참작하여 보면, 원심의 위 선고형이 너무 무거워서 부당하다고 할 수는 없다.

(5) 피고인 5

피고인이 수사기관 이래 범행을 시인하고 잘못을 깊이 반성하고 있는 점, 피고인은 피고인 4에게 위 돈을 모두 전달하고 개인적인 이득을 취하지 않은 점 등의 사정은 인정되나, 피고인은 주식회사의 대표이사로서 아무런 근거도 없이 피고인 4가 요구한다는 이유로 거액의 회사의 자금 2억 6,000만 원을 인출하여 피고인 4에게 교부하여 이를 횡령하였는바, 이는 회사에 대하여 충실의무를 부담하는 대표이사의 직무를 방기한 것으로 그 죄질이 좋지 않은 점, 그밖에 피고인의 연령, 성행, 가정환경, 범행의 동기와 경위, 범행수단 및 결과, 범행 후의 정황 등 모든 양형조건을 참작하여 보면, 원심의 위 선고형이 너무 무거워서 부당하다고 할 수 없다.

제 21 장 인장에 관한 죄 (제238조 ~ 제240조)

제21장 인장에 관한 죄(제238조 ~ 제240조)

1. 공인 등 위조, 부정사용죄 · 위조공인 등 행사죄

제238조【공인 등의 위조, 부정사용】

① 행사할 목적으로 공무원 또는 공무소의 인장, 서명, 기명 또는 기호를 위조 또는 부정사용한 자는 5년 이하의 징역에 처한다.

② 위조 또는 부정사용한 공무원 또는 공무소의 인장, 서명, 기명 또는 기호를 행사한 자도 전항의 형과 같다.

③ 전 2항의 경우에는 7년 이하의 자격정지를 병과할 수 있다.

[외국인의국외범] 5, [미수범] 240, [자격정지의병과] 43 · 44②, [위조등의표시] 형소485②, [공소시효] : 7년

○ 인장·서명·기명·기호 등은 특정인의 인격을 상징하고 그 동일성을 증명하는 데 사용되는 까닭에 이러한 객체를 위조하거나 부정사용하는 것은 그 자체 사회경제생활에 있어서 공공의 신용 및 거래상의 안전을 해할 위험이 있다. 형법이 인장에 관한 죄를 독립된 범죄로 규정한 이유가 여기에 있다.

○ 이 죄의 보호법익은 문서·유가증권 및 통화에 관한 죄에 있어서와 마찬가지로 인장·서명 등에 대한 공공의 신용 및 거래상의 안전이다. 보호받을 정도는 추상적 위험범으로서의 보호이다.

○ 이 죄는 인장·서명 등의 성립의 진정만을 보호법익으로 하고, 내용의 진위여부는 묻지 않는다. 이 점은 문서·유가증권에 관한 죄와는 다르고, 통화에 관한 죄와 비슷하다.

○ 공무원의 인장이란 공무원이 공무상 사용하는 모든 인장을 말하며 공무소의 인장이란 공무소가 그 사무에 관하여 문서에 사용하는 인장을 말한다.

Ⅰ. 이론

1. 구성요건

(1) 객관적 구성요건

1) 객체

이 죄의 객체는 공무소의 인장·서명·기명 또는 기호이다.

① 인장이란 특정인의 동일성을 증명하기 위해 사용되는 일정한 상징으로 문자·성명에 국한하지 않고 특정인의 동일성을 증명하는 한 무인(지장)도 인장이 된다.

② 인장은 위조에 의하여 공공의 신용이 해하여질 것을 요하므로, 반드시 권리의무에 관한 것일 필요는 없다고 하더라도 법률상 또는 거래상 중요한 것이어야 하며, 이러한 중요성을 갖지 않는 인장은 이 죄의 객체가 될 수 없다. 예컨대 기념스탬프 등은 여기서 말하는 인장이라 할 수 없으나, 서화에 사용되는 인장은 도화가 상품으로서 매매의 객체가 될 수 있고 그 진정을 증명하는 것으로서 법률상·거래상 중요성을 갖는 것이므로 여기서 말하는 인장이라 할 수 있다.

③ 서명이란 특정인이 자기를 표시하는 문자로서 성명 기타의 칭호를 표기하는 것을 말한다. 한편 형법은 서명과 기명을 열거하여 규정하고 있으므로 서명은 자서(自署)에 한한다고 본다.

④ 기명이란 서명과 같이 특정인의 동일성을 표시하는 문자로서 자서 이외의 것, 즉 대필이나 인쇄 등에 의한 것을 말한다.

⑤ 기호란 광의로는 인장의 일종으로서, 특정인의 동일성을 표시하기 위한 象形을 말한다.

2) 행위

인장에 관한 죄의 행위는 위조·부정사용(제238조 1항) 또는 행사(제238조 2항)이다.

① 위조란 무권한자가 함부로 타인의 인장·서명 등을 작성하거나 기재하는 것을 말한다. 대리권·대표권 없는 자가 대리·대표명의로 서명하거나, 대리권·대표권 있는 자가 그 권한의 범위를 넘어 대리·대표명의로 서명한 경우에는 서명의 위조가 된다. 위조의 정도는 일반인으로 하여금 그 명

의인의 진정한 것으로서 오신케 할 정도의 것이어야 한다.

② 부정사용이란 타인의 진정한 인장·서명 등을 권한 없이 또는 권한을 초월하여 문서 기타의 물건 위에 부당하게 현출하는 행위이다.

③ 행사란 위조한 인장·서명 등을 진정한 것으로서 타인에 대하여 사용하는 것으로, 타인이 열람할 수 있는 상태에 두는 것이 필요하다.

(2) 주관적 구성요건

공인 등 위조, 부정사용죄(제238조 1항)의 경우에는 고의와 행사할 목적이 필요하고, 위조공인 등 행사죄(제238조 2항)의 경우에는 고의가 필요하다.

Ⅱ. 판례

◆ 공기호부정사용과 부정사용공기호행사의 의미

(1) 사실관계

피고인은 1996. 1. 30. 09:00경 서울 종로구 종로3가에 있는 종묘주차장에서, 피고인이 소외 삼성렌트카 북창영업소로부터 빌린 대전 1허6450호 뉴그랜져 승용차의 앞·뒤 번호판을 떼어 낸 다음 이미 절취하여 가지고 있던 서울 1누9342호 스텔라 승용차의 앞·뒤 번호판을 위 뉴그랜져 승용차에 부착하고 그 날 02:00경 서울 강남구 신사동 587에 있는 션사이호텔 주차장에 이르기까지 위 뉴그랜져 승용차를 운전하여 운행하였다.

(2) 판결요지

[1] 형법 제238조 제1항에서 규정하고 있는 공기호인 자동차등록번호판의 부정사용이라 함은 진정하게 만들어진 자동차등록번호판을 권한 없는 자가 사용하든가, 권한 있는 자라도 권한을 남용하여 부당하게 사용하는 행위를 말하는 것이고, 같은 조 제2항에서 규정하고 있는 그 행사죄는 부정사용한 공기호인 자동차등록번호판을 마치 진정한 것처럼 그 용법에 따라 사용하는 행위를 말하는 것으로 그 행위개념을 달리하고 있다.

[2] 부정사용한 공기호인 자동차등록번호판의 용법에 따른 사용행위인 행사라 함은 이를 자동차에 부착하여 운행함으로써 일반인으로 하여금 자동차의 동일성에 관한 오인을 불러일으킬 수 있는 상태 즉 그것이 부착된 자동차를 운행함을 의미한다고 할 것이고, 그 운행과는 별도로 부정사용한 자동차등록번호판을 타인에게 제시하는 등 행위가 있어야 그 행사죄가 성립한다고 볼 수 없다(대법원 1997. 7. 8. 선고 96도3319 판결).

◆ 자동차관리법 제71조, 제78조가 형법 제238조 제1항 소정의 공기호부정사용죄의 특별법 관계인지 여부(소극)

형법 제238조 제1항은 인장에 관한 죄의 한 태양으로서 인장·서명·기명·기호 등의 진정에 대한 공공의 신용, 즉 거래상의 신용과 안정을 그 보호법익으로 하고 있는 반면, 자동차관리법의 입법취지는 자동차를 효율적으로 관리하고 자동차의 성능과 안정을 확보함으로써 공공의 복리를 증진함을 그 목적으로 하고 있어(특히 같은 법 제78조, 제71조는 이러한 자동차의 효율적인 관리를 저해하는 행위를 규제하기 위한 것으로 보인다) 그 보호법익을 달리 하고 있을 뿐 아니라 그 주관적 구성요건으로서 형법상의 위 공기호부정사용죄는 고의와 더불어 '행사할 목적'이 있음을 요하는 반면 위 자동차관리법은 '행사할 목적'을 그 주관적 구성요건으로 하지 아니하고 있는 점에 비추어 보면, 자동차관리법 제78조, 제71조가 형법 제238조 제1항 소정의 공기호부정사용죄의 특별법 관계에 있다고는 보여지지 아니한다(대법원 1997.6.27, 선고, 97도1085, 판결).

◆ 택시미터기의 검정납봉을 임의로 재봉인 부착한 행위가 공기호부정사용에 해당하는지 여부(적극)

택시미터기의 수리는 계량법시행규칙에 의하여 검정의무가 면제되는 간이수리에 해당하나, <u>택시미터기에 적법하게 부착된 검정납봉의 봉인철사를 일단 절단한 후에는 소관 검정기관만이 이를 다시 부착할 수 있는 것</u>이므로 피고인이 임의로 한 검정납봉 재봉인부착행위는 본조 제2항 소정의 공무소기호 부정사용에 해당한다(대법원 1982. 6. 8. 선고 82도138 판결).

◆ 형법상 인장에 관한 죄에서 인장과 기호의 의미 및 형법 제238조의 공기호에 해당하기 위한 요건

형법상 인장에 관한 죄에서 인장은 사람의 동일성을 표시하기 위하여 사용하는 일정한 상형을 의미하고, 기호는 물건에 압날하여 사람의 인격상 동일성 이외의 일정한 사항을 증명하는 부호를 의미한다. 그리고 형법 제238조의 공기호는 해당 부호를 공무원 또는 공무소가 사용하는 것만으로는 부족하고, 그 부호를 통하여 증명을 하는 사항이 구체적으로 특정되어 있고 해당 사항은 그 부호에 의하여 증명이 이루어질 것이 요구된다.(대법원 2024. 1. 4. 선고 2023도11313 판결)

Ⅲ. 수사실무

1. 수사포인트

(1) 범행의 동기와 목적을 수사한다.

(2) 위조와 부정사용의 착수시기를 조사한다(미수범을 처벌하기 때문).

(3) 인장등의 조각, 주조에는 특별한 기술이 필요하기 때문에 공범에 대한 수사를 해야 한다.

(4) 부정사용한 인장 등이 절취한 것이면 별죄를 구성한다.

(5) 월권사용의 경우에는 그 본래의 권한의 범위와 본인에게 명시 또는 묵시의 승낙이 있었는지 조사한다.

2. 범죄사실 기재례

【범죄사실 기재례】

(1) 피의자는 ○○시 ○○동 ○○번지에 있는 주식회사 "○○생선통조림"의 대표이사이다.
피의자는 그 회사에 제조, 판매하는 통조림의 수량을 실제보다 적게 관할세무서에 신고하여 그 출고수량에 따라 부과되는 물품세의 일부를 면하려고 마음먹고, 20○○. ○. ○. 그 정을 모르는 같은 동 ○○번지에 있는 인장업자 서○○에게 의뢰하여 조각한 "물품세 납세필"이라는 고무인을 그 회사의 라벨 약 10,000매에 마음대로 찍었다. 이로써 피의자는 행사할 목적으로 공무소의 기호를 위조하였다.

(2) 피의자는 20○○. ○. ○. 경 ○○동에 있는 김○○이 운용하는 △△인장에서 행사할 목적으로 그 정을 모르는 위 김○○에게 허가증에 찍을 "○○시장인"과 그 시장의 성명인 "최○○"이라는 각 인장의 조각을 맡겨서 다음날 그곳에서 그로 하여금 위 각 인장의 조각을 하게 하여 공인을 위조하였다.

(3) 피의자는 20○○. ○. ○. 경 ○○동에 있는 ○○자동차정비공장에서 수리하고 있던 뉴그랜져 승용차에서 떼어놓은 ○○가○○○○호 자동차등록번호판 2장을 행사할 목적으로 피의자가 폐차장에서 사놓은 EF쏘나타승용차에 마치 서울시장으로부터 위 차량에 대하여 교부한 정당한 것처럼 가장하여 붙이고 그때쯤부터 같은 해 ○. ○. 까지 ○○일대를 운행하여 공기호를 부정하게 사용하였다.

(4) 피의자는 20○○. ○. ○. 10:00경 ○○시 ○○구 ○○동 123번지에 있는 ○○주차장에서, 피의자가 ○○렌트카에서 빌린 ○○허○○○○호 NF쏘나타 승용차의 앞·뒤 번호판을 떼어 내었다. 그리고 이미 절취하여 가지고 있던 △△도△△△△호 SM5승용차의 앞·뒤 번호판을 위 NF쏘나타 승용차에 부착하고 그 날 20:00경 ○○동에 있는 ○○호텔 주차장에 이르기까지 위 NF쏘나타 승용차를 운전하여 운행함으로써 부정사용한 공기호를 행사하였다.

3. 적용실례

(1) 공기호를 부정으로 사용, 운행한 경우

버려진 오토바이를 집에 가져와 그 오토바이의 번호판을 떼어내고 자신의 오토바이 번호판을 마음대로 달아 운행하였다.

➡ 위 사건의 행위는 공무소에서 교부한 번호판을 사용한 것이므로 이에 대해 공기호부정사용죄(형법 제238호)를 적용하는 것이 상당하겠고, 봉인을 손상한 점은 위 죄를 범하는 과정에 흡수된다고 보여지므로 특별히 논의할 실익이 없다고 할 것이다.

(2) 공기호부정사용, 부착운행한 경우

피의자가 횡령한 승용차의 번호판을 떼어 내고, 피의자 소유의 승용차 번호판을 부착 운행하였다.

➡ 이 경우 봉인된 자동차 등록번호판을 떼어낸 행위에 대해서는 자동차관리법위반죄가 성립되며 이것과는 별도로 위 피의자의 행위는 형법상의 공기호부정사용죄도 구성한다.

(3) 운행정지 당한 버스의 번호판을 변조 사용한 경우

버스운전사가 버스를 운행하던 중 법규위반으로 운행정지처분을 당하자, 이미 폐차된 버스의 번호판을 떼어내 운행정지 당한 버스의 번호판으로 각자 변조하여 사용하였다.

➡ 이에 대해 공인위조죄를 적용하는 경우도 있으나 그보다는 자동차관리법 제70조 3호, 제60조의 특별규정이 있으므로 위 법 위반으로 의율하는 것이 더 타당하다.

2. 사인 등 위조, 부정사용죄 · 위조사인 등 행사죄

제239조【사인등의 위조, 부정사용】

① 행사할 목적으로 타인의 인장, 서명, 기명 또는 기호를 위조 또는 부정사용한 자는 3년 이하의 징역에 처한다.

② 위조 또는 부정사용한 타인의 인장, 서명, 기명 또는 기호를 행사한 때에도 전항의 형과 같다.

[미수범] 240, [공소시효] 형소249① : 5년

Ⅰ. 이론

1. 구성요건

(1) 객관적 구성요건

1) 객체

이 죄의 객체는 타인의 인장·서명·기명 또는 기호이다(제238조 참조).

2) 행위

위조 또는 부정사용(제239조 1항), 행사(제239조 2항)하는 것이다.

① 위조란 권한 없이 타인의 인장, 서명, 기명, 기호를 작출하거나 기재하는 것을 뜻한다.

② 부정사용이란 진정한 인장 등을 권한 없이 사용하거나, 권한 있는 자가 권한을 남용하여 부당하게 사용하는 것을 뜻한다.

③ 행사란 위조된 인장을 진정한 것처럼 용법에 따라 사용하는 것을 뜻한다.

(2) 주관적 구성요건

사인 등 위조, 부정사용죄(제238조 1항)의 경우에는 고의와 행사할 목적이 필요하고, 위조사인 등 행사죄(제238조 2항)의 경우에는 고의가 필요하다.

Ⅱ. 판례

◆ 타인의 인장을 조각할 당시에 명의자로부터 명시적이거나 묵시적인 승낙 내지 위임을 받은 경우, 인장위조죄가 성립하는지 여부(소극)

형법 제239조 제1항의 사인위조죄는 그 명의인의 의사에 반하여 위법하게 행사할 목적으로 권한 없이 타인의 인장을 위조한 경우에 성립하므로, 타인의 인장을 조각할 당시에 그 명의자로부터 명시적이거나 묵시적인 승낙 내지 위임을 받았다면 인장위조죄가 성립하지 않는다고 할 것이다.

원심판결 이유와 기록에 의하면, 피고인은 공소외 3, 4, 5와 공모하여 피고인이 중고자동차 매매상사에 중개상으로 위장 취업한 다음 신용등급이 좋은 사람 명의로 대출을 신청하는 과정에서 대출신청자의 인감이 도용되었다는 등 트집을 잡아 대출신청자의 대출금 상환 채무는 면하게 하면서 중개상인 피고인에게 직접 송금되는 대출금을 횡령하기로 하는 속칭 '공대출' 범행을 모의한 사실, 공소외 3은 2012. 11. 하순경 부친인 공소외 2에게 할부금융회사로부터 대출을 받아 중고자동차를 구입하겠다고 하여 승낙을 받고 공소외 2로부터 인감증명서, 운전면허증사본, 사원증사본, 통장사본, 주민등록등본, 소득자별근로소득원천징수부, 세목별 과세증명서를 교부받은 사실, 2012. 11. 30. 공소외 3은 피고인을 통해 벤츠 S500L 중고자동차를 매수하기로 하고 공소외 1 회사 직원 공소외 6에게 7,000만 원을 대출받겠다고 하면서 공소외 2 명의의 위 대출관련서류를 교부한 사실, 공소외 6은 공소외 2와 통화하여 아들인 공소외 3에게 대출관련서류를 교부한 사실이 있는지, 벤츠 차량을 구입하는 것이 맞는지를 확인하였고, 추가로 '건강보험자격득실확인서'를 요구하여 팩스로 직접 송부받기도 한 사실, 할부금융기관인 HK저축은행 본사 직원은 공소외 2에게 전화하여 구입차종과 차량인수여부, 할부신청금액과 개월 수 및 당일 대출약정서상의 입금계좌에 대출금을 입금하였을 경우 입금시점에서 대출금을 수령한 것으로 간주되어 채무의 효력이 발생됨을 확인하였고, 그 과정에서 공소외 2는 차량구매를 위해 선인할부를 직접 방문하여 시승도 해 보았다는 취지의 거짓진술까지 한 점, 공소외 2의 대출의사가 확인되자 공소외 1 회사는 중개상인 피고인의 계좌로 7,000만 원을 입금한 사실, 그 후 피고인과 공소외 3은 HK저축은행에 교부할 대출약정서를 작성하는 과정에서 모의한 대로 공소외 2의 인감도장을 가져오지 않았다고 하면서 공소외 6에게 부친 명의의 인감증명서상의 인영과 흡사하게 도장을 새겨 사용하여도 된다고 말하였고, 이에 공소외 6은 공소외 2의 인장 1개를 새겨 대출약정서에 날인한 후 그 인장은 휴지통에 버려 폐기한 사실을 알 수 있다.

위 사실관계, 특히 공소외 2가 공소외 3에게 중고자동차 매수 및 대출을 위한 일체의 서류를 교부하였고, 공소외 1 회사와 HK저축은행에 할부금융 대출을 받을 의사를 명확히 밝힌 점, 공소외 2와 공소외 3의 관계, 공소외 3이 공소외 2의 인감도장을 소지하지 않은 경위, 대출약정서의 내용이 공소외 2가 확인한 대출조건과 일치하는 점 등을 종합하여 앞서 본 법리에 비추어 보면, 공소외 2는 벤츠 자동차의 구입을 위한 대출과 관련한 권한을 공소외 3에게 포괄적으로 위임하면서 대출약정서 작성을 위하여 필요한 인장을 제작하여 사용할 권한도 공소외 3에게 묵시적으로 위임하였거나 묵시적으로 승낙한 것이라고 봄이 상당하다고 할 것이다. 따라서 피고인이 공소외 3의 동의하에 공소외 2의 인장을 만들어 사용한 이 사건에서 사인위조죄가 성립하지 않는다고 볼 여지가 충분하다.

그럼에도 원심은 그 판시와 같은 이유만으로 피고인의 행위가 사인위조죄에 해당함을 전제로 위조사인행사죄까지 모두 유죄로 판단하였으므로, 원심판결에는 사인위조죄의 성립에 관한 법리 등을 오해하여 판결에 영향을 미친 위법이 있다(대법원 2014. 9. 26., 선고, 2014도9213, 판결).

◆ 사서명(私署名) 등 위조죄가 성립하려면 서명 등이 일반인으로 하여금 특정인의 진정한 서명 등으로 오신하게 할 정도에 이르러야 하는지 여부(적극) 및 일반인이 특정인의 진정한 서명 등으로 오신하기에 충분한 정도인지 판단하는 기준

사서명(私署名) 등 위조죄가 성립하려면 서명 등이 일반인으로 하여금 특정인의 진정한 서명 등으로 오신하게 할 정도에 이르러야 하고, 일반인이 특정인의 진정한 서명 등으로 오신하기에 충분한 정도인지 여부는 서명 등의 형식과 외관, 작성 경위뿐만 아니라 서명 등이 기재된 문서에 서명 등을 할 필요성, 문서의 작성 경위, 종류, 내용 그리고 일반거래에서 문서가 가지는 기능 등도 함께 고려하여 판단하여야 한다(대법원 2005. 12. 23. 선고 2005도4478 판결 참조).

◆ 사인위조죄가 형법 제6조의 대한민국 또는 대한민국국민에 대하여 범한 죄에 해당하는지 여부

형법 제239조 제1항의 사인위조죄는 형법 제6조의 대한민국 또는 대한민국국민에 대하여 범한 죄에 해당하지 아니하므로 중국 국적자가 중국에서 대한민국 국적 주식회사의 인장을 위조한 경우에는 외국인의 국외범으로서 그에 대하여 재판권이 없다(대법원 2002. 11. 26. 선고 2002도4949 판결).

◆ 사망자 명의의 인장을 위조, 행사한 경우 사인위조 동행사죄 성부(소극)

이미 사망한 사람 명의의 문서를 위조하거나 이를 행사하더라도 사문서위조나 동 행사죄는 성립하지 않는다는 문서위조죄의 법리에 비추어 이와 죄질을 같이하는 인장위조죄의 경우에도 사망자 명의의 인장을 위조, 행사하는 소위는 사인위조 및 동 행사죄가 성립하지 않는다(대법원 1984. 2. 28. 선고 82도2064 판결).

※ 그러나 최근 사자명의의 문서도 문서가 된다는 전원합의체판결(2002도18)에 의하면 위의 82도2064판결의 결론과 달리 사자명의의 인장도 인장이 된다고 보아야 할 것이다.

◆ 완성되지 않은 문서에 권한 없는 자가 타인의 서명 등을 기재한 경우, 문서 완성과 상관없이 서명 등 위조죄가 성립하는지 여부(적극)

사서명 등 위조죄가 성립하기 위하여는 그 서명 등이 일반인으로 하여금 특정인의 진정한 서명 등으로 오신하게 할 정도에 이르러야 할 것이고, 일반인이 특정인의 진정한 서명 등으로 오신하기에 충분한 정도인지 여부는 그 서명 등의 형식과 외관, 작성경위 등을 고려하여야 할 뿐만 아니라 그 서명 등이 기재된 문서에 있어서의 서명 등 기재의 필요성, 그 문서의 작성경위, 종류, 내용 및 일반거래에 있어서 그 문서가 가지는 기능 등도 함께 고려하여 판단하여야 할 것이다. 한편 어떤 문서에 권한 없는 자가 타인의 서명 등을 기재하는 경우에는 그 문서가 완성되기 전이라도 일반인으로서는 그 문서에 기재된 타인의 서명 등을 그 명의인의 진정한 서명 등으로 오신할 수도 있으므로, 일단 서명 등이 완성된 이상 문서가 완성되지 아니한 경우에도 서명 등의 위조죄는 성립한다.

그리고 수사기관이 수사대상자의 진술을 기재한 후 진술자로 하여금 그의 면전에서 조서의 말미에 서명 등을 하도록 한 후 그 자리에서 바로 회수하는 수사서류의 경우에는 그 진술자가 그 문서에 서명 등을 하는 순간 바로 수사기관이 열람할 수 있는 상태에 놓이게 되는 것이므로, 그 진술자가 마치 타인인 양 행세하며 타인의 서명 등을 기재한 경우 그 서명 등을 수사기관이 열람하기 전에 즉시 파기하였다는 등의 특별한 사정이 없는 이상 그 서명 등 기재와 동시에 위조사서명 등 행사죄가 성립하는 것이며, 그와 같이 위조사서명 등 행사죄가 성립된 직후에 수사기관이 위 서명 등이 위조된 것임을 알게 되었다고 하더라도 이미 성립한 위조사서명 등 행사죄를 부정할 수 없다(대법원 2005. 12. 23. 선고 2005도4478 판결 참조)

기록에 의하면, 피고인은 공소외인으로 행세하면서 피의자로서 조사를 받은 다음 신분이 탄로나기 전에 이미 경찰관에 의하여 작성된 피의자신문조서의 말미에 공소외인의 서명 및 무인을 하고, 공소외인의 이름이 기재된 수사과정확인서에 무인을 하였음을 알 수 있다. 그렇다면 원심이 피고인의 위와 같은 행위에 대하여 사서명 등 위조죄 및 위조사서명 등 행사죄를 인정한 것은 앞서 본 법리에 비추어 정당하고, 거기에 상고이유 주장과 같은 법리 오해의 위법이 있다고 할 수 없다.

◆ 위조된 인과자체를 타인에게 교부한 것만으로 위조인장 행사죄를 구성하는지 여부(소극)

본조 제2항의 위조인장행사죄에 있어서 행사라 함은 위조된 인장을 진정한 것처럼 용법에 따라 사용하는 행위를 말한다 할 것이므로 위조된 인영을 타인에게 열람할 수 있는 상태에 두든지, 인과의 경우에는 날인하여 일반인이 열람할 수 있는 상태에 두면 그것으로 행사가 되는 것이고, 위조된 인과 그 자체를 타인에게 교부한 것만으로는 위조인장행사죄를 구성한다고 할 수 없다(대법원 1984. 2. 28. 선고 84도90 판결).

◆ 문서의 구성부분이 아닌 인과(印顆) 자체의 위조행위가 독립한 사인위조죄를 구성하는지 여부와 형법 제239조 제2항 소정의 위조인장행사죄의 기수 시기

[1] 인장이란 통상적으로 특정인의 인격을 상징하고 그 동일성을 증명하기 위하여 사용하는 일정한 상형(象形)을 가리키며 사인위조죄의 보호법익이 인장 또는 서명의 진정에 대한 공공의 신용에 있는 점 등에 비추어 볼 때, 사인위조죄의 객체가 되는 인장에는 어떠한 물체 위에 현출시킨 문자 또는 부호의 영적(影迹)을 뜻하는 인영만이 아니라 인영을 현출시키는 데에 필요한 문자 또는 부호를 조각한 물체인 인과(印顆)도 포함된다고 할 것이고, 이러한 인과를 제작하는 방법에 의하여 성립하는 사인위조죄는 그 인과의 제작을 완료한 때에 기수에 이른다고 볼 것이고, 문서위조죄에 불가벌적으로 흡수된다고 보는 사인위조죄는 당해 문서의 구성부분이 되는 인영의 위조행위일 뿐이고 문서의 구성부분이 아닌 인과 그 자체의 위조행위는 문서위조죄에 흡수되는 것이 아니라 이와 별도로 독립한 사인위조죄를 구성한다.

[2] 형법 제239조 제1항의 사인위조죄에 있어서 위조라 함은 권한 없이 타인의 인장을 작성하는 것을 말하므로 인영의 현출에 관하여 그 명의인으로부터 권한을 위임받지 아니한 이상, 설사 당해 인영이 현출된 물체가 명의인 본인에 의하여 직접 제작되었거나 그 의사에 합치한 것이라고 할지라도 여전히 인장위조죄가 성립한다.

[3] 형법 제239조 제2항 소정의 위조인장행사죄는 위조된 인영을 타인에게 열람할 수 있는 상태에 두거나 인과를 날인하여 일반인이 열람할 수 있는 상태에 두면 그것으로 성립한다(전주지법 1999. 10. 1. 선고 99노546 판결 : 확정).

◆ 명의인의 승낙을 얻어 명의인의 문서를 작성하는 데 사용할 의도로 인장을 조각하였으나 승낙을 얻지 못하여 사용하지 않고 명의인에게 돌려 준 경우 인장위조죄의 성부

형법 제239조 제1항 소정의 인장위조죄는 그 명의인의 의사에 반하여 위법하게 행사할 목적이 인정되어야 하며, 타인의 인장을 조각할 당시에는 미처 그 명의인의 승낙을 얻지 아니하였다고 하더라도 인장을 조각하여 그 명의인의 승낙을 얻어 그 명의인의 문서를 작성하는 데 사용할 의도로 인장을 조각하였으나 그 명의인의 승낙을 얻지 못하여 이를 사용하지 아니하고 명의인에게 돌려 주었다면, 특별한 사정이 없는 한 행사의 목적이 있었다고 인정할 수 없다(대법원 1992.10.27. 선고 92도1578 판결).

Ⅲ. 수사실무

1. 피의자 신문례

(1) 피의자는 20○○. ○. ○. 경찰에서 피의자로서 조사를 받은 사실이 있나요

(2) 어떤 내용의 조사를 받았나요

(3) 조사한 경찰관은 누구였나요

(4) 조사를 받을 당시 누구의 명의로 조사를 받았나요

(5) 본인의 이름이 아닌 김○○의 이름으로 조사를 받았다는 것인가요

(6) 이유는 무엇인가요

(7) 김○○과는 어떠한 관계인가요

(8) 조사를 받은 후 피의자신문조서의 말미에도 김○○의 이름으로 서명을 하였나요

2. 범죄사실 기재례

【범죄사실 기재례】

피의자는 ○○시 ○○동 ○○번지에서 "○○골동품"을 운영하고 있다.

피의자는 20○○. ○. ○. 서울 ○○구 ○○동 ○○번지에 있는 임○○의 집에서 그 정을 모르는 위 임○○에게 서○○의 필적을 모사하여 "역전봉년(歷傳逢年)"이라는 족자 한 폭을 쓰게 하였다. 그리고 글씨가 서○○의 진필인 것처럼 속여 행사할 목적으로 그 족자에 그의 아호인 ○○를 쓴 다음, 그 밑에 이름과 아호를 새긴 2매의 인장을 찍어 그의 낙관을 작성하여 위 서○○의 인장과 서명을 위조하였다.

3. 미수범

제240조【미수범】
본장의 미수범은 처벌한다.

[미수범] 25-29

제 22 장 성풍속에 관한 죄 (제241조 ~ 제245조)

제22장 성풍속에 관한 죄(제241조 ~ 제245조)

1. 간통죄 폐지

제241조 삭제 〈2016.1.6.〉
[2016. 1. 6. 법률 제13719호에 의하여 2015. 2. 26. 헌법재판소에서 위헌 결정된 이 조를 삭제함.]

2. 음행매개죄

제242조【음행매개】
영리의 목적으로 사람을 매개하여 간음하게 한 자는 3년 이하의 징역 또는 1천500만원 이하의 벌금에 처한다. 〈개정 1995. 12. 29., 2012. 12. 18.〉

[미성년자] 민4, [공소시효] : 5년

○ 이 죄는 사회의 성도덕이나 성풍속뿐 아니라 부차적으로 개인의 정조도 보호하는 침해범이다. 18세 미만자에게 음행을 시키거나 음행을 매개하면 아동복지법에 해당하며(아동복지법 제29조, 제40조), 윤락행위를 하게 한 때에는 성매매알선등행위의처벌에관한법률에 의하여 처벌받는다(성매매알선등행위의처벌에관한법률 제4조, 제19조).

Ⅰ. 이론

1. 구성요건

(1) 객관적 구성요건

1) 주체

이 죄의 주체는 제한이 없다. 다만 매개되어 음행행위를 행한 사람과 그 상대방은 이 죄의 주체가 될 수 없다.

2) 객체

미성년 또는 음행의 상습 없는 부녀였으나, 형법 개정으로 객체는 사람으로 확대되었다.

3) 행위

사람을 매개하여 간음하게 하는 것이다.

① 매개란 간음을 권유하는 일체의 행위를 말하며, 반드시 교사행위일 것은 요하지 않고, 간음하도록 알선하는 것을 말한다. 따라서 간음의 의사가 있었는가는 문제되지 않는다.

② 간음이란 부부사이에서 하는 성교 외의 성교를 말한다. 이 죄는 침해범으로, 간음이라는 결과가 발생해야 하므로 간음을 매개했지만 이에 응하지 않거나 간음하기로 했다가 실행에 이르지 않은 때는 성립하지 않는다. 1회의 간음이 있을 때마다 1개의 죄가 성립한다.

(2) 주관적 구성요건

위의 구성요건에 대한 고의와 영리의 목적이 있어야 한다. 그러나 실제로 이익을 얻었는가는 죄의 성립에 영향을 주지 않는다.

Ⅱ. 판례

◆ 미성년자에 대한 음행매개죄와 그 성립 요건

본조 소정의 미성년자에 대한 음행매개죄의 성립에는 그 미성년자가 음행의 상습이 있거나 그 음행에 자진 동의한 사실은 하등 영향을 미치지 않는다(대법원 1955. 7. 8. 선고 55도37 판결).

Ⅲ. 수사실무

1. 수사포인트

(1) 범인의 경력과 상대방과의 관계, 매개의 방법을 조사한다.

(2) 성교의 장소, 일시, 횟수를 확실히 한다.

(3) 평소 생활태도와 경력, 성교경험의 유무를 조사한다.

(4) 영리의 목적과 그 내용은 무엇인지, 이득자는 누구인지 밝힌다.

2. 범죄사실 기재례

【범죄사실 기재례】

피의자는 서울 ○○구 ○○동 ○○번지에 있는 요정을 경영하고 있다.

피의자는 20○○. ○. ○.경 요정에서 영리를 목적으로 그 요정 종업원 정○○(당○○세)에 대하여 "김○○ 사장님은 단골손님이니까 잘 모셔야 된다. 그렇게 하지 않으면 내일부터 나오지 마라"라고 음행을 권유하고 이에 응하지 않으면 그녀를 해고시킬 듯한 태도를 보여서 그녀로 하여금 음행하도록 마음먹게 하였다. 그날 밤 23:30경 그 요정의 2층 침실에서 위 김○○로 하여금 금 ○○만원을 그 대가로 지급하도록 하고 위 정○○를 상대로 음행하게 하여 음행의 상습없는 그녀를 간음하게 하였다.

→ 본사항은 성매매알선등행위의처벌에관한법률 제18조 제1항에 의거 10년이하의 징역 또는 1억원이하의 사항에 해당한다.

3. 음화 등 반포, 판매, 임대, 공연전시죄

제243조【음화반포등】

음란한 문서, 도화, 필름 기타 물건을 반포, 판매 또는 임대하거나 공연히 전시 또는 상영한 자는 1년 이하의 징역 또는 500만원 이하의 벌금에 처한다.

[전문개정 1995. 12. 29.]

[공소시효] 형소249① : 5년

○ 이 죄는 음란한 문서나 도화 등의 무책임한 반포로부터 선량한 성풍속을 보호하기 위한 추상적 위험범이다.

Ⅰ. 이론

1. 구성요건

(1) 객관적 구성요건

1) 객체

음란한 문서, 도화, 필름 기타 물건 등이다.

① 일반적으로 음란이란 "공연히 성욕을 흥분 또는 자극시켜 보통인의 정상적인 성적 수치심을 해하고, 나아가 선량한 성적 도의관념에 반하는 것"이라고 정의되고 있다. 음란성을 판단할 때에는 사회통념에 따라 객관적으로 판단하고, 정상적인 성관념을 가진 보통인을 기준으로 하여야 한다. 또한 작품 전체를 평가하는 전체적 고찰방법에 의하여야 한다.

▣ 이견있는 형사사건의 법원판단 ▣

[주관적 의도 포함여부]

1. 문제점 : 음란성의 판단시 주관적 의도도 포함되는지 문제된다.
2. 학설

(1) 주관설 : 행위자의 주관적 의도를 중시하여 행위 당시 행위자의 목적이 성지식의 계몽이나 교육목적에 의하는 경우에는 객관적으로 사회일반의 성에 관한 도덕감정의 순결성을 침해할 위험성이 있더라도 음란성을 인정할 수 없다고 하는 견해

(2) 객관설 : 행위자의 주관적 의도와는 관계없이 객관적으로 판단하되 건전한 사회상규 또는 사회통념에 의해 판단되어야 한다는 견해

3. 판례 : 객관설의 태도

형법 제243조에 규정된 음란한 문서 또는 도화라 함은 성욕을 자극하여 흥분시키고 일반인의 정상적인 성적정서와 선량한 사회풍속을 해칠 가능성이 있는 도서를 말하며 그 음란성의 존부는 작성자의 주관적 의도가 아니라 객관적으로 도서 자체에 의하여 판단되어야 한다(대법원 1991.9.10. 선고 91도1550 판결).

▣ 근거판례 ▣

형법 제243조에 규정된 '음란한 도화'라 함은 일반 보통인의 성욕을 자극하여 성적 흥분을 유발하고 정상적인 성적 수치심을 해하여 성적 도의관념에 반하는 것을 가리킨다고 할 것이고, 이는 당해 도화의 성에 관한 노골적이고 상세한 표현의 정도와 그 수법, 당해 도화의 구성 또는 예술성, 사상성 등에 의한 성적 자극의 완화의 정

도, 이들의 관점으로부터 당해 도화를 전체로서 보았을 때 주로 독자의 호색적 흥미를 돋구는 것으로 인정되느냐의 여부 등 을 검토, 종합하여 그 시대의 건전한 사회통념에 비추어 판단하여야 할 것이며, 예술성과 음란성은 차원을 달리하는 관념이므로 어느 예술작품에 예술성이 있다고 하여 그 작품의 음란성이 당연히 부정되는 것은 아니라 할 것이고, 다만 그 작품의 예술적 가치, 주제와 성적 표현의 관련성 정도 등에 따라서는 그 음란성이 완화되어 결국은 형법이 처벌대상으로 삼을 수 없게 되는 경우가 있을 수 있을 뿐이다(대법원 2002. 8. 23. 선고 2002도2889 판결).

▣ 이견있는 형사사건의 법원판단 ▣

[과학서·예술작품과 음란성]

1. 문제점 : 과학서·예술작품 등은 남녀의 성 또는 성행태를 주제로 삼은 경우가 많은데, 이 경우에도 과학서·예술작품 등이 음란성 평가의 대상이 되는지가 문제된다. 이는 학술적 가치와 예술성 및 음란성 사이의 한계의 문제이다.
2. 학설
(1) 적극설 : 학문성·예술성과 음란성은 차원을 달리하는 관념이므로 학술연구서나 예술작품이라고 해서 음란성이 당연히 부정되는 것은 아니라는 견해
(2) 소극설 : 학문성·예술성과 음란성은 결코 양립할 수 없고, 서로 배제되는 개념이므로 고도의 학문성·예술성을 지니는 작품에 대한 음란성은 부정해야 한다는 견해
3. 판례 : 적극설의 태도

예술성과 음란성은 차원을 달리하는 관념이므로 어느 예술작품에 예술성이 있다고 하여 그 작품의 음란성이 당연히 부정되는 것은 아니라 할 것이고, 다만 그 작품의 예술적 가치, 주제와 성적 표현의 관련성 정도 등에 따라서는 그 음란성이 완화되어 결국은 형법이 처벌대상으로 삼을 수 없게 되는 경우가 있을 수 있을 뿐이다(대법원 2002. 8. 23. 선고 2002도2889 판결).

② 필름은 1995년의 개정형법에서 객체로 추가된 것이다.

③ 본 죄의 객체와 관련하여 대법원은 컴퓨터 프로그램파일의 경우 본 죄의 객체가 아니라고 한다(98도3140).

▣ 근거판례 ▣

형법 제243조는 음란한 문서, 도화, 필름 기타 물건을 반포, 판매 또는 임대하거나 공연히 전시 또는 상영한 자에 대한 처벌 규정으로서 컴퓨터 프로그램파일은 위 규정에서 규정하고 있는 문서, 도화, 필름 기타 물건에 해당한다고 할 수 없으므로, 음란한 영상화면을 수록한 컴퓨터 프로그램파일을 컴퓨터 통신망을 통하여 전송하는 방법으로 판매한 행위에 대하여 전기통신기본법 제48조의2의 규정을 적용할 수 있음은 별론으로 하고, 형법 제243조의 규정을 적용할 수 없다(대법원 1999. 2. 24. 선고 98도3140 판결).

2) 행위

이 죄의 행위는 반포·판매·임대 또는 공연히 전시 또는 상영하는 것이다.

① 반포란 불특정 또는 다수인에 대한 무상의 교부행위이다. 유상이면 판매가 된다.

② 교부행위는 현실로 상대방에게 교부되었을 것을 요한다. 따라서 예컨대 음화 등을 우송했으나 상대방에게 도달하지 않았다면 반포죄를 구성하지 않는다.

③ 판매는 유상의 양도이지만 매매·교환 등에 한하지 않는다. 예컨대 술값이 부족해서 음화를 주거나, 조직회원에 대하여 음화문서인 기관지 기타의 자료를 배부하는 것도 대가관계가 인정되는 한 이에 해당한다.

④ 임대란 유상의 대여를 말하며 반드시 영업으로서 행할 것을 요하지 않는다.

⑤ 공연전시란 불특정 또는 다수인이 관람할 수 있는 상태에 두는 것을 말하며, 현실로 지각되었음을 요하지 않고 그 가능성이 있음으로써 족하다.

⑥ 공연상영이란 불특정 또는 다수인에게 필름 등 영상자료를 화면에 비추어 보여주는 것을 의미한다.

(2) 주관적 구성요건

이 죄가 성립하려면 문서·도화 기타 물건을 반포·판매·임대 또는 공연전시 또는 공연상영 한다는 점에 대한 인식과 문서의 음란성에 대한 인식을 내용으로 하는 고의가 있어야 한다.

Ⅱ. 판례

◆ 형법 제243조에서 정한 '음란'의 의미 및 '음란한 물건'으로 평가되기 위한 표현의 정도

형법 제243조에서 규정하고 있는 '음란'이란 사회통념상 일반 보통인의 성욕을 자극하여 성적 흥분을 유발하고 정상적인 성적 수치심을 해하여 성적 도의관념에 반하는 것을 뜻한다. 따라서 어떠한 물건을 음란하다고 평가하려면 그 물건을 전체적으로 관찰하여 볼 때 단순히 저속하다는 느낌을 주는 정도를 넘어 사람의 존엄성과 가치를 심각하게 훼손·왜곡하였다고 평가할 수 있을 정도로 노골적으로 사람의 특정 성적 부위 등을 적나라하게 표현 또는 묘사하는 것이어야 할 것이다.

기록에 의하여 알 수 있는 다음과 같은 사정들, 즉 ① 이 사건 물건은 남성용 자위기구로서 그 일부는 성인 여성의 엉덩이 윗부분을 본 떠 실제 크기에 가깝게 만들어졌고 그 재료로는 사람의 피부에 가까운 느낌을 주는 색깔의 실리콘을 사용함으로써 여성의 신체 부분을 실제와 비슷하게 재현하고 있기는 하나, 부분별 크기와 그 비율 및 채색 등에 비추어 그 전체적인 모습은 실제 사람 형상이라기보다는 조잡한 인형에 가까워 보이는 점, ② 이 사건 물건 가운데 여성의 성기를 형상화한 부분에 별도로 선홍색으로 채색한 것이 있으나, 그 모양과 색상 등 전체적인 형상에 비추어 여성의 외음부와 지나치게 흡사하도록 노골적인 모양으로 만들어졌다고 할 수 없고, 오히려 여성의 성기를 사실 그대로 표현하였다고 하기에는 크게 부족해 보이는 점 등을 종합하여 보면, 이 사건 물건이 사회통념상 일반 보통인의 성욕을 자극하여 성적 흥분을 유발하고 정상적인 성적 수치심을 해하여 성적 도의관념에 반하는 것이라고 보기 어렵고, 이 사건 물건을 전체적으로 관찰하여 볼 때 그 모습이 상당히 저속한 느낌을 주는 것은 사실이지만 이를 넘어 사람의 존엄성과 가치를 심각하게 훼손·왜곡하였다고 평가할 수 있을 정도로 노골적으로 사람의 특정 성적 부위를 적나라하게 표현 또는 묘사한 것으로 보기는 어렵다.

그럼에도 원심은 이 사건 물건이 사회통념상 그것을 보는 것 자체만으로도 성욕을 자극하거나 흥분시킬 수 있고 일반인의 정상적인 성적 수치심을 해함으로써 선량한 성적 도의관념에 반하는 음란한 물건에 해당한다고 본 제1심판결을 그대로 유지하였으니, 이러한 원심판결에는 음란물에 관한 법리를 오해하여 판결에 영향을 미친 위법이 있다(대법원 2014. 7. 24., 선고, 2013도9228, 판결).

◆ 형법 제243조에서 정한 '음란'의 의미 및 어떠한 물건의 음란 여부를 판단하는 기준

형법 제243조에서 규정하고 있는 '음란'이란 사회통념상 일반 보통인의 성욕을 자극하여 성적 흥분을 유발하고 정상적인 성적 수치심을 해하여 성적 도의관념에 반하는 것을 의미한다. 따라서 어떠한 물건을 음란하다고 평가하려면 그 물건을 전체적으로 관찰·평가하여 볼 때 단순히 저속하다거나 문란한 느낌을 주는 정도를 넘어 사람의 존엄성과 가치를 심각하게 훼손·왜곡하였다고 평가할 수 있을 정도로 노골적인 방법에 의하여 성적 부위 등을 적나라하게 표현 또는 묘사하는 것이어야 하고, 음란 여부를 판단함에 있어서는 행위자의 주관적 의도 등이 아니라 그 사회의 평균인의 입장에서 그 시대의 건전한 사회통념에 따라 객관적이고 규범적으로 평가하여야 한다(대법원 2008. 3. 13. 선고 2006도3558 판결 등 참조).

그런데 기록에 의하면, 이 사건 물건은 사람의 피부에 가까운 느낌을 주는 실리콘을 소재로 하여 여성의 음부, 항문, 엉덩이 부위를 재현하였다고는 하나, 여성 성기의 일부 특징만을 정교하지 아니한 형상으로 간략하게 표현한 것에 불과하고 그 색상 또한 사람의 실제 피부색과는 차이가 있는 점 등을 알 수 있다.

사정이 이와 같다면, 이 사건 물건은 전체적으로 관찰·평가하여 볼 때 그 모습이 상당히 저속한 느낌을 주는 것은 사실이지만 이를 넘어서서 형사법상 규제의 대상으로 삼을 만큼 사람의 존엄성과 가치를 심각하게 훼손·왜곡하였다고 평가할 수 있을 정도로 노골적인 방법에 의하여 사람의 특정 성적 부위를 적나라하게 표현 또는 묘사한 것이라고 단정할 수 없다.

따라서 이 사건 물건이 사회통념상 일반 보통인의 성욕을 자극하여 성적 흥분을 유발하고 정상적인 성적 수치심을 해하여 성적 도의관념에 반하는 물건에 해당한다고 보기 어렵다(대법원 2014. 6. 12., 선고, 2013도6345, 판결).

◆ 형법 제243조 소정의 '음란한 물건'의 의미 및 그 판단 기준

[1] 음란한 물건이라 함은 성욕을 자극하거나 흥분 또는 만족케 하는 물건들로서 일반인의 정상적인 성적 수치심을 해치고 선량한 성적 도의관념에 반하는 것을 의미하며(대법원 2001. 6. 12. 선고 2001도1144 판결 등 참조), 어떤 물건이 음란한 물건에 해당하는지 여부는 행위자의 주관적인 의도나 반포, 전시 등이 행하여진 상황에 관계없이 그 물건자체에 관하여 객관적으로 판단하여야 한다.

[2] 남성용 자위기구인 모조여성성기가 음란한 물건에 해당한다(대법원 2003. 5. 16. 선고 2003도988 판결).

◆ 형법 제243조 소정의 '음란한 도화'의 의미 및 음란성의 판단 기준

형법 제243조에 규정된 '음란한 도화' 라 함은 일반 보통인의 성욕을 자극하여 성적 흥분을 유발하고 정상적인 성적수치심을 해야여 선적 도의관념에 반하는 것을 가리킨다고 할 것이고, 이는 당해 도화의 성에 관한 노골적이고 상세한 표현의 정도와 그 수법, 당해 도화의 구성 또는 예술성, 사상성 등에 의한 성적 자극의 완화의 정도, 이들의 관점으로부터 당해 도화를 전체로서 보았을 때 주로 독자의 호색적 흥미를 돋구는 것으로 인정되느냐의 여부 등을 검토, 종합하여 그 시대의 건전한 사회통념에 비추어 판단하여야 할 것이며, 예술성과 음란성은 차원을 달리하는 관념이므로 어느 예술작품에 예술성이 있다고 하여 그 작품의 음란성이 당연히 부정되는 것은 아니라 할 것이고, 다만 그 작품의 예술적 가치, 주제와 성적표현의 관련성 정도 등에 따라서는 그 음란성이 완화되어 결국은 형법이 처벌의 대상으로 삼을 수 없게 되는 경우가 있을 뿐이다(대법원 2002. 8. 23. 선고 2002도2889 판결).

◆ 형법 제243조 소정 "음란"의 판단 규준과 최종적인 판단의 주체

형법 제243조 소정의 "음란"이라는 개념 자체가 사회와 시대적 변화에 따라변동하는 상대적이고도 유동적인 것이고, 그 시대에 있어서 사회의 풍속, 윤리, 종교 등과도 밀접한 관계를 가지는 추상적인 것이므로 결국 구체적인 판단에 있어서는 사회통념상 일반 보통인의 정서를 그 판단의 규준으로 삼을 수밖에 없다고 할지라도, 이는 법관이 일정한 가치판단에 의하여 내릴 수 있는 규범적인 개념이라 할 것이어서 그 최종적인 판단의 주체는 어디까지나 당해 사건을 담당하는 법관이라 할 것이니, 음란성을 판단함에 있어 법관이 자신의 정서가 아닌 일반 보통인의 정서를 규준으로 하여 이를 판단하면 족한 것이지 법관이 일일이 일반 보통인을 상대로 과연 당해 문서나 도화 등이 그들의 성욕을 자극하여 성적 흥분을 유발하거나 정상적인 성적 수치심을 해하여 성적 도의관념에 반하는 것인지의 여부를 묻는 절차를 거쳐야만 되는 것은 아니라고 할 것이다(대법원 1995. 2. 10. 선고 94도2266 판결).

◆ 형법 제243조 소정의 음란한 문서 또는 도화의 의의 및 그 음란성 존부의 판단 기준

[1] 형법 제243조의 음화등의반포등죄 및 형법 제244조의 음화등의제조등죄에 규정한 음란한 문서라 함은 일반 보통인의 성욕을 자극하여 성적 흥분을 유발하고 정상적인 성적 수치심을 해하여 성적 도의관념에 반하는 것을 가리키고, 문서의 음란성의 판단에 있어서는 당해 문서의 성에 관한 노골적이고 상세한 묘사서술의 정도와 그 수법, 묘사·서술이 문서 전체에서 차지하는 비중, 문서에 표현된 사상 등과 묘사·서술과의 관련성, 문서의 구성이나 전개 또는 예술성·사상성 등에 의한 성적 자극의 완화의 정도, 이들의 관점으로부터 당해 문서를 전체로서 보았을 때 주로 독자의 호색적 흥미를 돋우는 것으로 인정되느냐의 여부 등의 여러 점을 검토하는 것이 필요하고, 이들의 사정을 종합하여 그 시대의 건전한 사회통념에 비추어 그것이 공연히 성욕을 흥분 또는 자극시키고 또한 보통인의 정상적인 성적수치심을 해하고, 선량한 성적 도의관념에 반하는 것이라고 할 수 있는가의 여부에 따라 결정되어야 한다.

[2] 소설 "즐거운 사라"가 음란한 문서에 해당한다.

[3] 헌법 제22조 제1항, 제21조 제1항에서 기본권으로 보장되는 문학에 있어서의 표현의 자유도 헌법 제21조 제4항, 제37조 제2항에서 공중도덕이나 사회윤리를 침해하는 경우에는 이를 제한할 수 있도록 하였으며, 이에 따라 형법에서는 건전한 성적 풍속 내지 성도덕을 보호하기 위하여 제243조에서 음란한 문서를 판매한 자를, 제244조에서 음란한 문서를 제조한 자를 각 처벌하도록 규정하고 있으므로, 문학작품이라고 하여 무한정의 표현의 자유를 누려 어떠한 성적 표현도 가능하다고 할 수는 없고 그것이 건전한 성적 풍속이나 성도덕을 침해하는 경우에는 형법규정에 의하여 이를 처벌할 수 있다(대법원 1991. 9. 10. 선고 91도1550 판결).

◆ '음란' 개념의 종국적인 판단 주체

'음란' 이라는 개념은 사회와 시대적 변화에 따라 변동하는 상대적이고도 유동적인 것이고, 그 시대에 있어서 사회의 풍속, 윤리, 종교 등과도 밀접한 관계를 가지는 추상적인 것이므로, 구체적인 판단에 있어서는 사회통념상 일반 보통인의 정서를 그 판단의 기준으로 삼을 수밖에 없다고 할지라도, 이는 일정한 가치판단에 기초하여 정립할 수 있는 규범적인 개념이므로, '음란' 이라는 개념을 정립하는 것은 물론 구체적인 표현물의 음란성 여부도 종국적으로는 법원이 이를 판단하여야 한다(대법원 2008.3.13, 선고, 2006도3558, 판결).

◆ 음란한 물건의 의미 및 여성용 자위기구나 돌출콘돔이 음란한 물건에 해당하는지 여부(소극)

음란한 물건이라 함은 성욕을 자극하거나 흥분 또는 만족케 하는 물품으로서 일반인의 정상적인 성적 수치심을 해치고 선량한 성적 도의관념에 반하는 것을 가리킨다고 할 것인바, 여성용 자위기구나 돌출콘돔의 경우 그 자체로 남성의 성기를 연상케 하는 면이 있다 하여도 그 정도만으로 그 기구 자체가 성욕을 자극, 흥분 또는 만족시키게 하는 물건으로 볼 수 없을 뿐만 아니라 일반인의 정상적인 성적 수치심을 해치고 선량한 성적 도의관념에 반한다고도 볼 수 없으므로 음란한 물건에 해당한다고 볼 수 없다(대법원 2000. 10. 13. 선고 2000도3346 판결).

◆ 컴퓨터 프로그램파일이 형법 제243조 소정의 문서, 도화, 필름 기타 물건에 해당하는지 여부(소극)

(1) 사실관계

피고인들이 컴퓨터통신정보제공자로 일하고 있는 공소외 1과 공모하여, 1997. 4.경부터 같은 해 12.경까지 컴퓨터정보통신회사인 공소외 2 주식회사를 설립하여 'BIG'이라는 사설게시판을 개설하여 수수료를 받고서 음란한 영상화면을 수록한 컴퓨터 프로그램파일 73개를 컴퓨터 통신망을 통하여 전송하는 방법으로 판매하였다.

(2) 판결요지

형법 제243조는 음란한 문서, 도화, 필름 기타 물건을 반포, 판매 또는 임대하거나 공연히 전시 또는 상영한 자에 대한 처벌 규정으로서 컴퓨터 프로그램파일은 위 규정에서 규정하고 있는 문서, 도화, 필름 기타 물건에 해당한다고 할 수 없으므로, 음란한 영상화면을 수록한 컴퓨터 프로그램파일을 컴퓨터 통신망을 통하여 전송하는 방법으로 판매한 행위에 대하여 전기통신기본법 제48조의2의 규정을 적용할 수 있음은 별론으로 하고, 형법 제243조의 규정을 적용할 수 없다(대법원 1999. 2. 24. 선고 98도3140 판결).

◆ 출판사및인쇄소의등록에관한법률 제5조의2 제5호 소정의 '음란 또는 저속한 간행물'인지 여부의 결정 기준

출판사및인쇄소의등록에관한법률 제5조의2 제5호 소정의 '음란 또는 저속한 간행물'이란 성에 관련된 의미에 있어서는 '음란'이란 개념으로 포괄할 수 있고, 간행물의 음란성을 판단함에 있어서는 당해 간행물의 성에 관한 노골적이고 상세한 표현의 정도와 그 수법, 성에 관한 표현이 간행물 전체에서 차지하는 비중 및 관련성, 간행물의 구성이나 전개 또는 예술성·학문성 등에 의한 성적 자극의 완화 정도, 이들의 관점으로부터 당해 간행물을 전체로서 보았을 때 주로 독자의 호색적 흥미를 돋우는 것으로 인정되는지의 여부 등의 여러 점을 검토하는 것이 필요하고, 이들의 사정을 종합하여 그 시대의 건전한 사회통념에 비추어서 그것이 공연히 성욕을 흥분 또는 자극시키고 또한 보통인의 정상적인 성적 수치심을 해하고, 선량한 성적 도의관념에 반하는 것이라고 할 수 있는가의 여부에 따라 결정되어야 한다(대법원 1997.12.26, 선고, 97누11287, 판결).

◆ 형법 제243조 소정의 '음란한 도화'의 의미 및 그 판단 기준

[1] 형법 제243조에 규정된 '음란한 도화'라 함은 일반 보통인의 성욕을 자극하여 성적 흥분을 유발하고 정상적인 성적 수치심을 해하여 성적 도의관념에 반하는 것을 가리킨다고 할 것이고, 이는 당해 도화의 성에 관한 노골적이고 상세한 표현의 정도와 그 수법, 당해 도화의 구성 또는 예술성, 사상성 등에 의한 성적 자극의 완화의 정도, 이들의 관점으로부터 당해 도화를 전체로서 보았을 때 주로 독자의 호색적 흥미를 돋구는 것으로 인정되느냐의 여부 등을 검토, 종합하여 그 시대의 건전한 사회통념에 비추어 판단하여야 한다.

[2] 사진첩에 남자 모델이 전혀 등장하지 아니하고 남녀간의 정교 장면에 관한 사진이나 여자의 국부가 완전히 노출된 사진이 수록되어 있지 않다 하더라도, 이들 사진들은 모델의 의상 상태, 자세, 촬영 배경, 촬영 기법이나 예술성 등에 의하여 성적 자극을 완화시키는 요소는 발견할 수 없고, 오히려 사진 전체로 보아 선정적 측면을 강조하여 주로 독자의 호색적 흥미를 돋구는 것으로서 일반 보통인의 성욕을 자극하여 성적 흥분을 유발하고 정상적인 성적 수치심을 해하는 것으로서 성적 도의관념에 반하는 것이므로, 그 사진첩은 음란한 도화에 해당한다고 본 원심판결을 수긍한 사례(대법원 1997.8.22, 선고, 97도937, 판결).

Ⅲ. 수사실무

1. 수사포인트

(1) 음화 등을 압수하고 그 종류와 수량을 확인한다.

(2) 음화 등의 출처를 조사한다.

(3) 소지의 목적을 조사한다.

(4) 배포·판매한 일시, 장소, 구체적인 행위를 조사한다.

2. 범죄사실 기재례

【범죄사실 기재례】

피의자는 20○○. ○. ○.경 서울 ○○구 ○○동 ○○번지에 있는 ○○아파트 ○○호 피의자의 집에서 이○○에게 남녀의 성교장면 등을 노골적으로 촬영한 "밤의 ○○"이라는 제목의 천연색 도색영화 CDROM ○장을 ○만원에 판매하였다.

3. 적용실례

(1) 만화대여점에서 음란만화를 소지한 경우

음란만화를 소지하고 있는 만화대여점을 단속했으나 피의자가 만화임대사실을 자백하지 않았다.

➡ 음란한 문서 임대에 관한 증거는 없으므로 임대에 제공할 목적으로 음란만화를 소지하고 있었다는 것만으로 음란한 문서소지죄로 의율하는 것이 상당하다.

(2) 서점에서 음란서적을 판매한 경우

서점을 경영하면서 음란한 내용의 서적을 소지하고 고객들에게 판매하였다.

➡ 죄명을 음란한 문서전시로 적용하는 경우가 있으나, 서점에 책을 비치한 것 자체가 전시한 것이라고 볼 수 없을 뿐만 아니라 피의자는 그 책을 하루에 일정량씩 판매하고 있으므로 죄명을 음란한 문서판매로 적용하는 것이 더욱 타당하겠다.

4. 참고사항

(1) 음화반포등(형법 제243조)으로 단속하는 경우

1) 음란물판매 — 음경모양의 성행위기구판매(성인용품판매점, 러브샵)

2) 성교장면사진을 주어 음화를 반포하는 경우

3) 성교장면이 노골적으로 촬영된 도색영화를 상영하는 경우

4) 음화제조 — 인쇄소에서 음화판매업자의 부탁을 받고 제조하면 공모한 공범으로 입건

5) 음란문서판매 — 길거리에서 에로책자 판매

6) 음화판매 — 도색사진, 도색영화

7) 성교장면을 속칭 "몰래카메라"로 촬영한 테이프를 복제하여 판매한 경우 → 이 경우 음반·비디오물및게임물에관한법률을 함께 적용할 것.

4. 음화 등 제조, 소지, 수입, 수출죄

> **제244조【음화제조 등】**
> 제243조의 행위에 공할 목적으로 음란한 물건을 제조, 소지, 수입 또는 수출한 자는 1년 이하의 징역 또는 500만원 이하의 벌금에 처한다. 〈개정 1995. 12. 29.〉
> [제목개정 1995. 2. 29.]

[공소시효] : 5년

○ 이 죄는 반포·판매·임대 또는 공연전시할 목적으로 음란한 물건을 제조·소지·수입 또는 수출함으로써 성립하는 범죄이다. 따라서 이 죄는 음화판매 등의 죄를 범할 목적이 있어야 하는 목적범이다.

Ⅰ. 이론

1. 구성요건

(1) 객관적 구성요건

1) 객체

음란한 물건이다. 본 죄에서의 음란한 물건이란 제243조에서의 물건보다 넓은 개념이다. 따라서 문서, 도화까지도 포함하는 개념이다.

2) 행위

제조, 소지, 수입 또는 수출하는 것이다.

(2) 주관적 구성요건

고의가 있어야 한다. 그리고 음화등 판매죄(제243조)의 행위에 공할 목적이 있어야 한다.

Ⅱ. 판례

◆ 형법 제243조 및 제244조 소정의 '음란'의 의미 및 그 판단 기준

형법 제243조 및 제244조에서 말하는 '음란'이라 함은 정상적인 성적 수치심과 선량한 성적 도의관념을 현저히 침해하기에 적합한 것을 가리킨다 할 것이고, 이를 판단함에 있어서는 그 시대의 건전한 사회통념에 따라 객관적으로 판단하되 그 사회의 평균인의 입장에서 문서 전체를 대상으로 하여 규범적으로 평가하여야 할 것이며, 문학성 내지 예술성과 음란성은 차원을 달리하는 관념이므로 어느 문학작품이나 예술작품에 문학성 내지 예술성이 있다고 하여 그 작품의 음란성이 당연히 부정되는 것은 아니라 할 것이고, 다만 그 작품의 문학적·예술적 가치, 주제와 성적 표현의 관련성 정도 등에 따라서는 그 음란성이 완화되어 결국은 형법이 처벌대상으로 삼을 수 없게 되는 경우가 있을 수 있을 뿐이다(대법원 2000. 10. 27., 선고, 98도679, 판결).

◆ 형법 제243조 소정 "음란"의 판단 규준과 최종적인 판단의 주체

형법 제243조 소정의 "음란"이라는 개념 자체가 사회와 시대적 변화에 따라 변동하는 상대적이고도 유동적인 것이고, 그 시대에 있어서 사회의 풍속, 윤리, 종교 등과도 밀접한 관계를 가지는 추상적인 것이므로 결국 구체적인 판단에 있어서는 사회통념상 일반 보통인의 정서를 그 판단의 규준으로 삼을 수밖에 없다고 할지라도, 이는 법관이 일정한 가치판단에 의하여 내릴 수 있는 규범적인 개념이라 할 것이어서 그 최종적인 판단의 주체는 어디까지나 당해 사건을 담당하는 법관이라 할 것이니, 음란성을 판단함에 있어 법관이 자신의 정서가 아닌 일반 보통인의 정서를 규준으로 하여 이를 판단하면 족한 것이지 법관이 일일이 일반 보통인을 상대로 과연 당해 문서나 도화 등이 그들의 성욕을 자극하여 성적 흥분을 유발하거나 정상적인 성적 수치심을 해하여 성적 도의관념에 반하는 것인지의 여부를 묻는 절차를 거쳐야만 되는 것은 아니라고 할 것이다(대법원 1995.2.10, 선고, 94도2266, 판결).

◆ 음란한 도화의 개념과 음란성의 판단기준

형법 제243조의 음화등의반포등죄 및 제244조의 음화등의제조등죄에 규정한 음란한 도화라 함은 일반 보통인의 성욕을 자극하여 성적 흥분을 유발하고 정상적인 성적 수치심을 해하여 성적 도의관념에 반하는 것을 가리키고, 도화의 음란성의 판단에 있어서는 당해 도화의 성에 관한 노골적이고 상세한 표현의 정도와 그 수법, 당해 도화의 구성 또는 예술성·사상성 등에 의한 성적 자극의 완화의 정도, 이들의 관점으로부터 당해 도화를 전체로서 보았을 때 주로 독자의 호색적 흥미를 돋우는 것으로 인정되느냐의 여부 등을 검토하는 것이 필요하고 이들의 사정을 종합하여 그 시대의 건전한 사회통념에 비추어 그것이 공연히 성욕을 흥분 또는 자극시키고 또한 보통인의 정상적인 성적 수치심을 해하고 선량한 성적 도의관념에 반하는 것이라고 할 수 있는가의 여부를 결정하여야 한다(대법원 1995. 6. 16. 선고 94도1758 판결).

◆ 변태적인 성행위를 선동적인 필치로 노골적, 구체적으로 상세하게 묘사하고 있는 소설 "즐거운 사라"가 음란문서에 해당여부

소설 "즐거운 사라"는 때와 장소, 상대방을 가리지 않은 각종의 난잡하고 변태적인 성행위를 선동적인 필치로 노골적, 구체적으로 상세하게 묘사하고 있는 데다가 나아가 그러한 묘사부분이 양적, 질적으로 문서의 중추를 차지하고 있을 뿐만 아니라 그 구성이나 전개에 있어서도 문예성, 예술성, 사상성 등에 의한 성적 자극 완화의 정도가 별로 크지 아니하여 주로 독자의 호색적 흥미를 돋구는 것으로밖에 볼 수 없는 점 등을 종합 고찰하여 볼 때 위 소설은 문학작품에 있어서의 표현의 자유의 최대한 보장이라는 명제와 오늘날의 개방된 성문화 및 작가가 주장하는 '성 논의의 해방'이라는 전체적인 주제를 고려한다 하더라도 형법 제243조, 제244조에서 말하는 음란한 문서에 해당된다(서울형사지법 1992.12.28, 선고, 92고단10092, 판결 : 항소).

5. 공연음란죄

제245조【공연음란】

공연히 음란한 행위를 한 자는 1년 이하의 징역, 500만원 이하의 벌금, 구류 또는 과료에 처한다. 〈개정 1995.12.29.〉

[공소시효] : 5년

※ 본죄에 대한 음란행위 등을 하도록 직업의 소개·알선할 목적으로 광고(각종 간행물 · 유인물 · 전화 · 인터넷 그 밖의 매체를 통한 행위를 포함한다)를 한 자는 3년이하의 징역 또는 3천만원 이하의 벌금에 처한다(성매매알선등행위의처벌에관한법률 제20조 제1항 제1호).

○ 음란물죄가 음란한 물건에 대한 범죄임에 대해 이 죄는 음란한 행위 자체를 처벌하는 것이다. 음란행위를 하여 공분을 야기할 것을 요건으로 하는 입법례도 있으

나(독일·오스트리아형법), 형법에는 이러한 제한이 없다. 이 죄가 의사에 반하여 음란행위를 봐야 하는 개인의 이익을 보호하기 위한 범죄라고 해석하는 견해도 있으나, 건전한 성풍속 내지 성도덕이라는 일반의 이익을 보호법익으로 한다고 보는 것이 옳다고 본다.

Ⅰ. 이론

1. 구성요건

(1) 객관적 구성요건

1) 행위상황

공연성을 요한다.

① 공연성이란 불특정 또는 다수인이 인식할 수 있는 상태를 뜻한다.

② 추상적 위험범이므로 불특정 또는 다수인이 현실적으로 인식할 필요는 없고, 인식할 수 있는 가능성이 있으면 족하다.

2) 행위

음란한 행위를 하는 것이다. 음란행위란 성욕을 자극 또는 흥분하게 하여 성적수치심과 성도덕을 침해하는 행위를 말한다. 따라서 음란행위는 성행위일 것을 요한다(다수설). 성행위인가 아닌가는 외적 상황을 기준으로 판단해야 하지만 반드시 성교행위를 말하는 것은 아니다. 그러나 판례는 다수설과 달리 반드시 성행위일 것을 요구하는 것은 아니다(2005도1264).

▣ 근거판례 ▣

형법 제245조 소정의 '음란한 행위'라 함은 일반 보통인의 성욕을 자극하여 성적 흥분을 유발하고 정상적인 성적 수치심을 해하여 성적 도의관념에 반하는 행위를 가리키는 것이고, 그 행위가 반드시 성행위를 묘사하거나 성적인 의도를 표출할 것을 요하는 것은 아니다(대법원 2006.1.13. 선고 2005도1264 판결).

(2) 주관적 구성요건

공연히 음란한 행위를 한다는 고의가 있어야 한다. 따라서 공연성에 대한 인식이 없는 때에는 음란행위에 대한 고의가 있더라도 이 죄가 성립하지 않는다.

Ⅱ. 판례

◆ 형법 제245조 공연음란죄에서의 '음란한 행위'의 의미

(1) 사실관계

피고인들과 공소외 1, 공소외 2가 ○○협동조합이 새로 개발하여 시판하는 요구르트 제품의 홍보를 위하여 전라의 여성 누드모델들을 출연시켜 공연을 하기로 순차 공모한 후, 2003. 1. 26. 16:10경부터 16:20경까지 사이에(실제공연시간은 약 3분간임), 화랑인 인사아트플라자갤러리에서, 일반 관람객 70여 명 및 기자 10여 명 등을 입장시켜 관람하게 하면서, 여성 누드모델인 피고인 2, 3, 4가 알몸에 밀가루를 바르고 무대에 나와 분무기로 요구르트를 몸에 뿌려 밀가루를 벗겨내는 방법으로 알몸을 완전히 드러내어 음부 및 유방 등이 노출된 상태에서 무대를 돌며 관람객들을 향하여 요구르트를 던져 주었다.

(2) 판결요지

[1] 형법 제245조 소정의 '음란한 행위'라 함은 일반 보통인의 성욕을 자극하여 성적 흥분을 유발하고 정상적인 성적 수치심을 해하여 성적 도의관념에 반하는 행위를 가리키는 것이고, 그 행위가 반드시 성행위를 묘사하거나 성적인 의도를 표출할 것을 요하는 것은 아니다.

[2] 요구르트 제품의 홍보를 위하여 전라의 여성 누드모델들이 일반 관람객과 기자 등 수십명이 있는 자리에서, 알몸에 밀가루를 바르고 무대에 나와 분무기로 요구르트를 몸에 뿌려 밀가루를 벗겨내는 방법으로 알몸을 완전히 드러낸 채 음부 및 유방 등이 노출된 상태에서 무대를 돌며 관람객들을 향하여 요구르트를 던진 행위가 공연음란죄에 해당한다(대법원 2006. 1. 13. 선고 2005도1264 판결).

◆ 신체의 노출행위가 단순히 다른 사람에게 부끄러운 느낌이나 불쾌감을 주는 정도에 불과하다고 인정되는 경우, 형법 제245조 소정의 음란행위에 해당하는지 여부(소극)

(1) 사실관계

피고인은 2003. 3. 5. 23:20경 대전 동구 소제동 소재 공소외 1경영의 상점내에서, 자신의 동서인 공소외 2가 위 상점 앞에 주차한 차량으로 인하여 공소외 1과 말다툼하였을 때, 공소외 1이 자신에게 "술을 먹었으면 입으로 먹었지 똥구멍으로 먹었냐"라며 말하였다는 이유로, 다시 위 상점으로 찾아가 가게를 보고 있던 공소외 1의 딸인 피해자 공소외 3(여, 23세)에게 소리 지르면서, 그 앞에서 바지와 팬티를 무릎까지 내린 후 엉덩이를 들이밀며 "내 항문에 술을 부어라"라고 말하였다.

(2) **판결요지**

[1] 형법 제245조 소정의 '음란한 행위'라 함은 일반 보통인의 성욕을 자극하여 성적 흥분을 유발하고 정상적인 성적 수치심을 해하여 성적 도의관념에 반하는 것을 가리킨다고 할 것이고, 위 죄는 주관적으로 성욕의 흥분, 만족 등의 성적인 목적이 있어야 성립하는 것은 아니고 그 행위의 음란성에 대한 의미의 인식이 있으면 족하다.

[2] 경범죄처벌법 제1조 제41호가 '여러 사람의 눈에 뜨이는 곳에서 함부로 알몸을 지나치게 내놓거나 속까지 들여다 보이는 옷을 입거나 또는 가려야 할 곳을 내어놓아 다른 사람에게 부끄러운 느낌이나 불쾌감을 준 사람'을 처벌하도록 규정하고 있는 점 등에 비추어 볼 때, 신체의 노출행위가 있었다고 하더라도 그 일시와 장소, 노출 부위, 노출 방법·정도, 노출 동기·경위 등 구체적 사정에 비추어, 그것이 일반 보통인의 성욕을 자극하여 성적 흥분을 유발하고 정상적인 성적 수치심을 해하는 것이 아니라 단순히 다른 사람에게 부끄러운 느낌이나 불쾌감을 주는 정도에 불과하다고 인정되는 경우 그와 같은 행위는 경범죄처벌법 제1조 제41호에 해당할지언정, 형법 제245조의 음란행위에 해당한다고 할 수 없다.

[3] 말다툼을 한 후 항의의 표시로 엉덩이를 노출시킨 행위가 음란한 행위에 해당한다고 판단한 원심판결을 파기한 사례(대법원 2004. 3. 12. 선고 2003도6514 판결).

◆ 공연음란죄의 음란한 행위의 의미 및 그 주관적 요건

[1] 형법 제245조 소정의 '음란한 행위'라 함은 일반 보통인의 성욕을 자극하여 성적 흥분을 유발하고 정상적인 성적 수치심을 해하여 성적 도의관념에 반하는 것을 가리킨다고 할 것이고, 위 죄는 주관적으로 성욕의 흥분 또는 만족 등의 성적인 목적이 있어야 성립하는 것은 아니지만 그 행위의 음란성에 대한 의미의 인식이 있으면 족하다.

[2] 고속도로에서 승용차를 손괴하거나 타인에게 상해를 가하는 등의 행패를 부리던 자가 이를 제지하려는 경찰관에 대항하여 공중 앞에서 알몸이 되어 성기를 노출한 경우, 음란한 행위에 해당하고 그 인식도 있었다고 한 사례(대법원 2000. 12. 22. 선고 2000도4372 판결).

◆ 강제추행죄 구성요건 중 '추행'의 의미와 그 판단 기준

형법 제298조는 "폭행 또는 협박으로 사람에 대하여 추행을 한 자"를 강제추행죄로

벌할 것을 정한다. 그런데 강제추행죄는 개인의 성적 자유라는 개인적 법익을 침해하는 죄로서, 위 법규정에서의 '추행' 이란 일반인에게 성적 수치심이나 혐오감을 일으키고 선량한 성적 도덕관념에 반하는 행위인 것만으로는 부족하고 그 행위의 상대방인 피해자의 성적 자기결정의 자유를 침해하는 것이어야 한다. 따라서 건전한 성풍속이라는 일반적인 사회적 법익을 보호하려는 목적을 가진

형법 제245조의 공연음란죄에서 정하는 '음란한 행위' (또는 이른바 과다노출에 관한 경범죄처벌법 제1조 제41호에서 정하는 행위)가 특정한 사람을 상대로 행하여졌다고 해서 반드시 그 사람에 대하여 '추행' 이 된다고 말할 수 없고, 무엇보다도 문제의 행위가 피해자의 성적 자유를 침해하는 것으로 평가될 수 있어야 한다. 그리고 이에 해당하는지 여부는 피해자의 의사 · 성별 · 연령, 행위자와 피해자의 관계, 그 행위에 이르게 된 경위, 구체적 행위태양, 주위의 객관적 상황 등을 종합적으로 고려하여 정하여진다(대법원 2012. 7. 26., 선고, 2011도8805, 판결).

◆ 연극공연행위의 음란성 유무가 행위자의 주관적 의사에 따라 좌우되는지 여부(소극)

형법 제245조의 공연음란죄에 규정한 음란한 행위라 함은 일반 보통의 성욕을 자극하여 성적 흥분을 유발하고 정상적인 성적 수치심을 해하여 성적도의관념에 반하는 것을 가리키는바, 연극공연행위의 음란성의 판단에 있어서는 당해 공연행위의 성에 관한 노골적이고 상세한 묘사·서술의 정도와 그 수법, 묘사·서술이 행위전체에서 차지하는 비중, 공연행위에 표현된 사상 등과 묘사·서술과의 관련성, 연극작품의 구성이나 전개 또는 예술성·사상성 등에 의한 성적 자극의 완화의 정도, 이들의 관점으로부터 당해 공연행위를 전체로서 보았을 때 주로 관람객들의 호색적 흥미를 돋구는 것으로 인정되느냐 여부 등의 사정을 종합하여 그 시대의 건전한 사회통념에 비추어 그것이 공연히 성욕을 흥분 또는 자극시키고 또한 보통인의 정상적인 성적 수치심을 해하고, 선량한 성적 도의관념에 반하는 것이라고 할 수 있는가 여부에 따라 결정되어야 한다. 연극공연행위의 음란성의 유무는 그 공연행위 자체로서 판단해야 할 것이고, 그 행위자의 주관적인 의사에 따라 좌우되는 것은 아니다(대법원 1996. 6. 11. 선고 96도980 판결).

Ⅲ. 수사실무

1. 수사포인트

(1) 행위의 일시, 장소, 주위상황 등에 대해 검증한다.

(2) 목격자를 탐문, 행위의 입증자료를 수집한다.

(3) 경범죄에 해당하는 정도의 것은 아닌지 조사한다.

2. 범죄사실 기재례

【범죄사실 기재례】

피의자는 20○○. ○. ○. 23:00경 서울 ○○구 ○○동 ○○번지에 있는 윤○○가 경영하는 "○○단란주점"에서 이○○ 등 50여명의 손님 앞에서 허리부분에는 노랑색 수건 1장을 감고 가슴에 유방을 가리는 헝겊 1장만을 걸쳤을 뿐 벌거벗은 몸을 흔들며 째즈곡에 맞추어 소위 "스트립 댄스"를 추었다. 춤을 추던 도중 그 가슴에 붙은 헝겊마져 떼어 버린 다음 또 다시 허리에 감은 수건을 벗어 던짐으로써 완전히 나체가 되어 음부를 내놓은 채 계속해서 약 2분동안 그 춤을 추어 공연히 음란한 행위를 하였다.

3. 참고사항

(1) 야간에 으슥한 산길 도로변에 승용차를 주차시킨 상태에서 청춘남녀가 전라의 상태로 카섹스를 하는 경우 단속할 근거 법률은?

⇒ 카섹스족의 단속을 하기 위해서 우선 형법 245조 "공연음란", 경범죄처벌법 제1조 41호 "과다노출" 등을 관련법규로 떠올리게 된다.

먼저 공연음란 행위로 의율코자 했으나 야간에 은밀한 곳에서 이루어지는 것으로 공연성이 결여되고, 과다노출 행위로 저촉하고자 해도 입법취지상 카섹스족을 단속코자 함이 아니므로, 이 모두 법 적용이 난해하므로 단속상황에 따라서 합리적으로 위법 조치해야 할 것이나, 공연성 내지 과다노출에 대한 구증자료 없이는 무죄 받을 가능성이 많으므로 계도함이 원칙이나, 일선에서는 괘씸죄 적용 경범죄처벌법상(과다노출)죄를 적용 즉심에 회부하는 실정이다.

제 23 장 도박과 복표에 관한 죄 (제246조 ~ 제249조)

제23장 도박과 복표에 관한 죄(제246조 ~ 제249조)

1. 도박죄 · 상습도박죄

제246조【도박, 상습도박】

① 도박을 한 사람은 1천만원 이하의 벌금에 처한다. 다만, 일시오락 정도에 불과한 경우에는 예외로 한다.

② 상습으로 제1항의 죄를 범한 사람은 3년 이하의 징역 또는 2천만원 이하의 벌금에 처한다.

[전문개정 2013. 4. 5.]

[병과] 249, [특별규정] 증거, 사행규제, [상습범과 공범] 33, [공소시효] : 5년

- 도박은 국민의 사행심을 조장하여 근로에 의한 재산형성이라는 건전한 경제적 풍속을 해할 뿐 아니라, 그 자금획득 등을 위하여 인신·재산 등에 대한 부차적 범죄를 유발시킬 우려가 있기 때문에 법은 이를 금하고 있다.
- 상습도박은 단순도박죄에 대하여 행위자의 상습성으로 인해 책임이 가중되는 신분적 가중유형이며, 그 성질상 행위자의 일정한 행위의 속성을 그 신분적 요소로 하고 도박에 습벽화된 행위자인격의 범죄경향이 책임을 가중시킴으로써 형이 가중되는 부진정신분범이다.
- 이 죄는 구성요건상 처음부터 수 개의 행위가 예상되어 있으므로 상습자가 1회 도박한 때에도 이 죄가 되나 수회에 걸쳐 도박한 때에도 역시 1개의 이 죄를 구성한다. 이런 의미에서 이 죄는 일종의 집합범이라 할 수 있다.

Ⅰ. 이론

[도박죄(제246조 1항)]

1. 구성요건

(1) 객관적 구성요건

1) 주체

제한이 없다.

2) 행위

도박죄의 행위는 재물 뿐 아니라 재산상의 이익도 포함되며 개정형법은 이를 명확하게 하기 위하여 도박죄의 구성요건 중 '재물로써' 부분을 삭제하였다. 즉, 2인 이상의 자가 재물 뿐 아니라 재산상의 이익을 걸고 우연한 승부에 의하여 그 재물 또는 재산상의 득실을 결정하는 것을 말한다.

① 도박이기 위해서는 당사자 전원에 대하여 승패가 불확실할 것을 요한다. 당사자 일부는 승패를 예견·지배하고 타인은 이를 알지 못한 채 행해지는 이른바 사기도박의 경우에는, 기망행위를 해서 재물을 편취한 자에게만 사기죄가 성립할 뿐 피기망자에게는 아무런 범죄도 성립하지 않는다.

② 우연한 승부에 의하여 패자가 승자에게 재물을 교부할 것을 약속하고 승부를 결정하기 위한 행위를 개시하면 기수가 되며, 현실적으로 승패 또는 재물의 득실이 결정될 것을 요하지 않는다.

(2) 주관적 구성요건

고의가 있어야 한다.

2. 위법성

제246조 제1항 단서는 "단, 일시 오락의 정도에 불과한 때에는 예외로 한다" 고 규정하고 있는데, 이 규정은 도박죄에 있어서의 위법성의 한계를 규정한 것으로서 일시오락의 정도에 불과하다고 인정되는 때에는 위법성을 조각한다. '일시오락의 정도' 인지 여부는 도박의 시간과 장소, 도박에 건 재물의 가액, 도박에 가담한 자들의 사회적 지위나 재산정도 및 도박으로 인한 이득의 용도 등 여러 가지 사정을 참작해서 판단해야 한다.

[상습도박죄(제246조 2항)]

본 죄는 상습으로 도박죄를 범함으로써 성립하는 범죄로서, 상습성으로 인하여 책임이 가중되는 가중적 구성요건이다.

Ⅱ. 판례

◆ 상습도박죄에서 '상습성'의 의미 및 상습성 유무를 판단하는 기준

상습도박죄에 있어서의 상습성이라 함은 반복하여 도박행위를 하는 습벽으로서 행위자의 속성을 말하는데, 이러한 습벽의 유무를 판단함에 있어서는 도박의 전과나 도박횟수 등이 중요한 판단자료가 되나, 도박전과가 없다 하더라도 도박의 성질과 방법, 도금의 규모, 도박에 가담하게 된 태양 등의 제반 사정을 참작하여 도박의 습벽이 인정되는 경우에는 상습성을 인정할 수 있다(대법원 1995. 7. 11. 선고 95도955 판결, 대법원 2001. 2. 9. 선고 2000도5645 판결 등 참조).

원심판결 이유를 적법하게 채택한 증거들에 비추어 살펴보면, 원심이 그 판시와 같은 이유를 들어 피고인이 상습으로 2015. 1. 24.경 필리핀 마닐라에 있는 ○○○호텔 내 공소외 1, 공소외 2 운영 정켓방에서, 페소화 단위로 통용되는 카지노 칩을 그 표시액 상당의 홍콩달러로 계산하는 일명 '홍콩달러게임' 방식으로 상호 대금을 정산키로 합의하고, 그들로부터 제공받은 3,000만 홍콩달러 상당의 카지노 칩(한화 약 45억 원, 카지노 칩 표시는 3,000만 페소)을 이용하여 바카라 도박을 하였다는 이 부분 공소사실이 유죄로 인정된다고 판단한 것은 정당하고, 거기에 상고이유 주장과 같이 도금 액수와 관련하여 논리와 경험의 법칙을 위반하여 자유심증주의의 한계를 벗어나 사실을 잘못 인정하거나 증거능력 및 상습성에 관한 법리를 오해한 위법이 없다(대법원 2017. 4. 13., 선고, 2017도953, 판결).

◆ 사기도박에서 실행의 착수 시기(=사기도박을 위한 기망행위를 개시한 때) 및 실행의 착수 후에 사기도박을 숨기기 위하여 한 정상적인 도박이 사기죄의 실행행위에 포함되는지 여부(적극)

사기죄는 편취의 의사로 기망행위를 개시한 때에 실행에 착수한 것으로 보아야 하므로, 사기도박에서도 사기적인 방법으로 도금을 편취하려고 하는 자가 상대방에게 도박에 참가할 것을 권유하는 등 기망행위를 개시한 때에 실행의 착수가 있는 것으로 보아야 하고, 그 후에 사기도박을 숨기기 위하여 정상적인 도박을 하였더라도 이는 사기죄의 실행행위에 포함된다(대법원 2011. 1. 13. 선고 2010도9330 판결 참조). 한편 사기죄에서 동일한 피해자에 대하여 수회에 걸쳐 기망행위를 하여 금원을 편취한 경우에 그 범의가 단일하고 범행 방법이 동일하다면 사기죄의 포괄일죄만이 성립한다(대법원 2002. 7. 12. 선고 2002도2029 판결, 대법원 2006. 2. 23. 선고 2005도8645 판결 등 참조). 따라서 피해자의 도박이 피고인들의 기망행위에 의하여 이루어졌다면 그로써 사기죄는 성립하며, 이로 인하여 피고인들이 취득한 재물이나 재산상 이익은 도박 당일 피해자가 잃은 도금 상당액이라 할 것이다(대법원 2015. 10. 29., 선고, 2015도10948, 판결).

◆ 이른바 '사기도박'의 경우 사기죄 외에 도박죄가 별도로 성립하는지 여부(소극)

도박이란 2인 이상의 자가 상호간에 재물을 도(賭)하여 우연한 승패에 의하여 그 재물의 득실을 결정하는 것이므로, 이른바 사기도박과 같이 도박당사자의 일방이 사기의 수단으로써 승패의 수를 지배하는 경우에는 도박에서의 우연성이 결여되어 사기죄만 성립하고 도박죄는 성립하지 아니한다(대법원 2011.1.13, 선고, 2010도9330, 판결).

◆ 도박의 전과 없는 피고인이 연말과 연초에 친지들과 어울려 "도리짓고땡" 도박을 2회 한 경우의 상습성 유무(소극)

(1) 사실관계

피고인 및 원심공동피고인이 공소외 1, 2, 3과 함께 1989.12.30.경부터 다음날 05:00경까지 사이에 경북 상주군 화북면 용유리 소재 식당 내실에서 화투 48매 중 비, 오동을 제외한 화투쪽지 20매를 사용하여 1회에 금 10,000원 내지 50,000원씩을 걸고 수십회에 걸쳐 속칭 도리짓고땡이라는 도박을 하고, 공소외 1및 공소외 4와 함께 1990.1.3. 18:00경부터 다음날 15:00경까지 사이에 같은리 소재 여관 209호실에서 화투 48매중 비, 오동을 제외한 화투쪽지 20매를 사용하여 1회에 금 10,000원 내지 50,000원씩을 걸고 수십회에 걸쳐 속칭 도리짓고땡이라는 도박을 하였다.

(2) 판결요지

[1] 상습도박죄에 있어서 도박성과 상습성의 개념은 구별하여 해석하여야 하며, 여기에서 상습성이라 함은 반복하여 도박행위를 하는 습벽으로서 행위자의 속성을 말하는 것이므로 이러한 습벽의 유무를 판단함에 있어서 도박의 전과나 전력 유무 또는 도박 횟수 등이 중요한 판단자료가 된다.

[2] 도박의 전과가 전혀 없고 이 사건 외에 도박을 한 전력이 전혀 나타나 있지 않은 피고인이 연말과 연초에 단 두차례에 한하여 평소 잘 아는 사이의 사람들과 어울려서 "도리짓고땡"이라는 도박을 한 경우 피고인에게 도박의 습벽 즉 상습성을 인정하기는 어렵다(대법원 1990. 12. 11. 선고 90도2250 판결).

◆ 도박 전과가 없는 피고인이 유실물인 자기앞수표 금 1,000,000원권 10매로 1회 도금 최고 금 100,000원씩을 걸고 약 200회에 걸쳐 속칭 '모이쪼'라는 도박을 한 차례한 것에 대하여 도박의 상습성을 인정할 수 없다고 본 사례

상 피고인이 사용해 보라고 건네주는 과실물인 자기앞수표 금 1,000,000원권 10매를 건네받은, 도박 전과가 없는 피고인이 21 : 00경부터 이튿날 09 : 00경까지 그 사이에 위 수표를 가지고 공소외 4인과 함께 화투를 사용하여 1회 도금 최고 금 100,000원씩을 걸고 약 200회에 걸쳐 속칭 "모이쪼"라는 도박을 하였다면, 도박에 제공된 돈의 액수가 다소 많은 것은 사실이나 그 돈의 출처, 도박하기에 이른 경위 등에 비추어 도박의 상습성을 인정할 수 없다(대법원 1991. 10 .8. 선고 91도1894 판결).

◆ 피고인들이 각자 핸디캡을 정하고 속칭 스트로크 방식과 계 방식으로 총 26 내지 32회에 걸쳐 합계 최고 8억여 원 상당의 내기골프를 한 사안에서, 내기골프는 도박죄의 구성요건이 요구하는 행위의 정형성을 갖추고 있고 그 정도가 일시오락에 불과하지 않는 한 도박죄의 보호법익을 침해하는 행위로 도박에 해당여부

피고인들이 각자 핸디캡을 정하고 속칭 스트로크 방식과 계 방식으로 총 26 내지 32회에 걸쳐 합계 최고 8억여 원 상당의 내기골프를 한 사안에서, 골프를 비롯한 운동경기와 화투, 카드, 카지노 등 사이에 승패의 결정에 경기자의 기능과 기량이라는 요인과 이와 무관한 우연이라는 요인이 영향을 미치는 정도는 매우 상대적인 것으로, 전자인 운동경기에 있어서는 기량이라는 요인이 지배적이고 후자인 화투 등에 있어서는 그렇지 않다고 단정할 수 없고, 우연의 속성이 인정되는 한 승패를 가름할 우연성의 정도는 도박죄의 성립에 원래 영향이 없는 것이기도 하며, 한편 도박죄를 처벌하는 이유는 정당한 근로에 의하지 아니한 재물의 취득을 처벌함으로써 경제에 관한 건전한 도덕법칙을 보호하기 위한 것인데 내기골프의 승금은 정당한 근로에 의한 재물의 취득이라고 볼 수 없고, 내기골프를 방임할 경우 경제에 관한 도덕적 기초가 허물어질 위험이 충분하므로, 내기골프는 도박죄의 구성요건이 요구하는 행위의 정형성을 갖추고 있고 그 정도가 일시오락에 불과하지 않는 한 도박죄의 보호법익을 침해하는 행위로 도박에 해당한다고 본 사례(서울고법 2006.1.11, 선고, 2005노2065, 판결 : 상고).

◆ 상습도박죄에 있어서 상습성 인정의 자료

상습도박죄에 있어서 상습성이라 함은 반복하여 도박행위를 하는 습벽으로서 행위자의 속성을 말하는 것이므로 이러한 습벽의 유무를 판단함에 있어서는 도박의 전과나 도박횟수 등이 중요한 판단자료가 된다(대법원 1994. 3. 8. 선고 93도3608 판결).

◆ 상습도박죄에 있어서 상습성의 판단

상습도박죄에 있어서의 상습성이라 함은 반복하여 도박행위를 하는 습벽으로서 행위자의 속성을 말하는데, 이러한 습벽의 유무를 판단함에 있어서는 도박의 전과나 도박횟수 등이 중요한 판단자료가 되나 도박전과가 없다 하더라도 도박의 성질과 방법, 도금의 규모, 도박에 가담하게 된 태양 등의 제반 사정을 참작하여 도박의 습벽이 인정되는 경우에는 상습성을 인정하여도 무방하다(대법원 1995. 7. 11. 선고 95도955 판결).

◆ 풍속영업자가 풍속영업소에서 일시 오락 정도에 불과한 도박을 하게 한 경우, 풍속영업의규제에관한법률 제3조 제3호 위반죄로 처벌할 수 있는지 여부(소극)

(1) 사실관계

피고인은 그가 운영하는 여관 카운터에서 같은 동네에 거주하는 친구들과 함께 저녁을 시켜 먹은 후 그 저녁값을 마련하기 위하여 속칭 '훌라'라는 도박을 하다가 적발되어 도박죄로 기소되었다.

(2) 판결요지

[1] 풍속영업자가 풍속영업소에서 도박을 하게 한 때에는 그것이 일시 오락 정도에 불과하여 형법상 도박죄로 처벌할 수 없는 경우에도 풍속영업자의 준수사항 위반을 처벌하는 풍속영업의규제에관한법률 제10조 제1항, 제3조 제3호의 구성요건 해당성이 있다고 할 것이나, 어떤 행위가 법규정의 문언상 일단 범죄 구성요건에 해당된다고 보이는 경우에도, 그것이 정상적인 생활형태의 하나로서 역사적으로 생성된 사회생활 질서의 범위 안에 있는 것이라고 생각되는 경우에는 사회상규에 위배되지 아니하는 행위로서 그 위법성이 조각되어 처벌할 수 없다.

[2] 일시 오락 정도에 불과한 도박행위의 동기나 목적, 그 수단이나 방법, 보호법익과 침해법익과의 권형성 그리고 일시 오락 정도에 불과한 도박은 그 재물의 경제적 가치가 근소하여 건전한 근로의식을 침해하지 않을 정도이므로 건전한 풍속을 해할 염려가 없는 정도의 단순한 오락에 그치는 경미한 행위에 불과하고, 일반 서민대중이 여가를 이용하여 평소의 심신의 긴장을 해소하는 오락은 이를 인정함이 국가 정책적 입장에서 보더라도 허용된다.

[3] 풍속영업자가 자신이 운영하는 여관에서 친구들과 일시 오락 정도에 불과한 도박을 한 경우, 형법상 도박죄는 성립하지 아니하고 풍속영업의규제에관한법률위반죄의 구성요건에는 해당하나 사회상규에 위배되지 않는 행위로서 위법성이 조각된다(대법원 2004. 4. 9. 선고 2003도6351 판결).

◆ 형법 제246조의 도박행위의 요건인 '우연성'의 의미

[1] 형법 제246조에서 도박죄를 처벌하는 이유는 정당한 근로에 의하지 아니한 재물의 취득을 처벌함으로써 경제에 관한 건전한 도덕법칙을 보호하는 데 있다. 그리고 도박은 '재물을 걸고 우연에 의하여 재물의 득실을 결정하는 것'을 의미하는바, 여기서 '우연'이란 주관적으로 '당사자에 있어서 확실히 예견 또는 자유로이 지배할 수 없는 사실에 관하여 승패를 결정하는 것'을 말하고, 객관적으로 불확실할 것을 요구하지 아니한다. 따라서, 당사자의 능력이 승패의 결과에 영향을 미친다고 하더라도 다소라도 우연성의 사정에 의하여 영향을 받게 되는 때에는 도박죄가 성립할 수 있다.

[2] 피고인들이 각자 핸디캡을 정하고 홀마다 또는 9홀마다 별도의 돈을 걸고 총 26 내지 32회에 걸쳐 내기 골프를 한 행위가 도박에 해당한다(대법원 2008.10.23. 선고 2006도736).

◆ 도박죄를 처벌하지 않는 외국 카지노에서의 도박행위의 위법성 여부(적극)

형법 제3조는 "본법은 대한민국 영역 외에서 죄를 범한 내국인에게 적용한다."고 하여 형법의 적용 범위에 관한 속인주의를 규정하고 있고, 또한 국가 정책적 견지에서 도박죄의 보호법익보다 좀더 높은 국가이익을 위하여 예외적으로 내국인의 출입을 허용하는 폐광지역개발지원에관한특별법 등에 따라 카지노에 출입하는 것은 법령에 의한 행위로 위법성이 조각된다고 할 것이나, 도박죄를 처벌하지 않는 외국 카지노에서의 도박이라는 사정만으로 그 위법성이 조각된다고 할 수 없다(대법원 2004. 4. 23. 선고 2002도2518 판결).

Ⅲ. 수사실무

1. 수사포인트

(1) 도박의 구체적 방법과 우연성의 유무를 조사한다.

(2) 사기도박이 아닌가 조사한다.

(3) 재물의 가액을 조사한다.

(4) 도박장소에 모이게 된 사정 및 경과를 밝힌다(누가, 언제, 어디서, 어떠한 방법으로 유인했으며 그 결과 누가 누구와 어떠한 도박을 하게 됐는가).

(5) 도구와 도장의 소유자와 입수방법 및 그 사용료를 조사한다(賭錢과 賭具는 압수한다).

(6) 범인의 전과와 상습성의 유무를 조사한다. 특히 상습범으로서 이른바 "노름꾼"으로 인정될 때는 그 계보, 세력권 및 도박장에서의 역할이 무엇인지 조사한다.

(7) 112신고 등 신고자를 존중하여 철저히 수사하고, 일시오락정도에 지나지 않는 행위로 쉽게 단정하여서는 안된다.

(8) 도박의 유형과 종류도 평소 알아둔다(예 : 도리짓고땡, 아도사키, 바둑이, 훌라 등)

2. 피의자 신문례

(1) 피의자는 다른 사람들과 돈을 걸고 도박을 한 사실이 있나요

(2) 언제, 어디서 했나요

(3) 누구와 어떤 도박을 했는가요

(4) 피의자는 고스톱과 아도사키 중 어떤 도박을 하였나요

(5) 아도사키라는 도박은 어떻게 하는 것인가요

(6) 고스톱은 누가 하였나요

(7) 아도사키는 누가 하였나요

(8) 아도사키의 경우 1회 판돈이 얼마나 되었나요

(9) 피의자는 어떻게 위 도박판에 가게 되었나요

(10) 고스톱 및 아도사키는 어떻게 하게 되었나요

(11) 상 피의자 김○○은 어떻게 하였나요

(12) 다른 사람들은 상 피의자 이○○으로부터 약속어음을 얼마씩 바꿨나요

(13) 상 피의자 박○○도 아도사키를 하였나요

(14) 피의자는 당시 돈을 얼마나 가지고 도박을 시작하였나요

(15) 피의자는 돈을 얼마나 잃거나 땄나요

(16) 피의자는 한 달 수입이 어느 정도인가요

(17) 피의자는 상 피의자들과 전에도 같이 도박을 하였나요

(18) 왜 이런 짓을 하였나요

3. 범죄사실 기재례

【범죄사실 기재례】

(1) 피의자 김○○ 피의자 이○○ 피의자 박○○ 피의자 정○○

피의자 김○○, 피의자 이○○, 피의자 박○○은 20○○. ○. ○. 20 : 00경부터 다음날 14 : 00경까지 서울 서대문구 합정동 22에 있는 피의자 정○○ 경영의 삼미장여관에서

화투 50매를 사용하여 1점에 돈 1,000원짜리 속칭 "고스톱"이라는 도박을 하였다.

피의자 정○○는 같은 일시 장소에서 피의자 김○○ 등 3명이 위와 같이 도박을 한다는 것을 알면서도 그 장소와 화투 등을 제공함으로써 그들의 도박행위를 용이하게 하여 이를 방조하였다.

(2) 피의자들은 20○○. ○. ○. 20:00경부터 다음 날인 03:00까지 ○○동에 있는 ○○모텔 201호실에서 카드 52매를 사용하여 각 1,000원을 걸고 카드3매를 분배한 후 카드 1매를 추가할 때마다 판돈의 반을 거는 방식(속칭 '하프배팅')으로 일명 '쎄븐포카'라는 도박을 하였다.

(3) 피의자는 20○○. ○. ○. 20:00경부터 다음날 03:00경까지 사이에 ○○동 123에 있는 ○○부동산 사무실에서 화투 50매를 사용하여 1회에 10,000원씩 돈을 걸고 모두 ○○○회에 걸쳐 속칭 '도리짓고땡'이라는 도박을 하였다.

(4) 피의자 홍길동 피의자 유돌쇠 피의자 최돌쇠

피의자들은 함께 20○○. 1. 10. 00:30경부터 같은 날 02:00경까지 서울 성북구 ○○동 100번지 퐁퐁단란주점 안에서 카드 52매로 1회에 1,000원씩 걸고 1시간 30분동안 수십회에 걸쳐 속칭 "훌라"라는 도박을 하였다.

4. 적용실례

(1) 계원들이 점심식대를 각출코자 화투놀이를 한 경우

가정주부들이 모여 친목계를 치른 후 점심값을 각출하고자 약 1시간 정도 민화투를 쳐서 14,200원을 모았다.

➡ 피의자들의 사회적 위치, 화투방법 등으로 보아 일시적 오락에 불과하다 할 것이므로 도박죄는 성립하지 않는다.

5. 참고사항

(1) 도박죄 관련 죄명표시할 경우 유의점

1) 도박범죄관련 죄명표(형법편)에 도박, 상습도박, 도박개장 3가지 뿐이지만 도박판에서 화투나 모포를 준비하여 주거나 술, 담배 등 심부름을 해주는 방조자에 대하여 형법 제32조(방조), 같은법 제246조 제1항(도박) 해당범죄로 법적용하고 그 죄명을 표시할 때에는 형법 총칙 관

련 죄명표시 방법에 따라 "도박방조"로 표기해야 함

2) 외국에서의 도박행위 : 외국여행시 카지노나 기타의 도박사실이 입증되면 국내법인 도박죄로 다루지 않고 외국환거래법위반 혐의로 조사한다.

3) 외국환거래법은 기준액 초과의 액수가 반출된 경우를 기준으로 한다(해당법률참조 바람).

4) 도박 집합범의 경우 공동정범과 같이 하나의 문장으로 종합하여 기재하되 "공모하여"라는 표현은 사용하지 않는다.

(2) 도박의 종류

화투를 이용한 도박	카드를 이용한 도박	기타
고스톱, 삼봉, 섯다, 도리짓고땡, 알로, 아도사끼 등	포커(세븐오디), 블랙잭, 훌라, 바둑이, 바카라 등	투견, 투계 등

(3) 도금 압수시 소유권 포기서 작성여부

형법상 뇌물죄, 배임수증죄 2가지와 특별법상 특가법, 마약법, 국가보안법, 관세법위반 등이 필요적 몰수 사안이나, 도박죄는 임의적 몰수 사안으로 피의자 신문시 소유권 포기서 여부를 물어보고 포기할 경우에 한하여 소유권 포기서 작성하고 그렇지 않으면 이를 작성하지 말아야 한다. 그러나 압수한 도금에 대하여는 판사가 선고시 거의다 몰수를 병과 하므로 강요해서 소유권포기서를 받을 필요가 없지만 간혹 몰수의 선고를 빠트리는 경우에 압수금품의 반환신청이 있으면 이를 되돌려 주어야 하는 것에 대비하여 소유권포기서를 받아두면 좋다.

(4) 도박판에서 쓰이는 용어

- 타짜 : 화투속임수 기술자
- 꽁지 : 사채업자
- 마귀 : 카드 속임수 기술자
- 하우스 : 도박장

- 뽀찌 : 개평
- 놋돈 : 도리짓고땡시 처음 놓은 돈
- 문방 : 문지기
- 앞마이 : 일정액의 돈을 놓고 하는 것
- 탄 : 패가 순서대로 나오도록 미리 준비해둔 화투
- 공장목 : 공장에서 만들 때 화투 뒷면에 패를 구분할 수 있는 표시를 하여 제작된 사기 도박용 화투
- 캉튀기기 : 서로 가진 패를 비밀리에 알려주기
- 오가리 : 화투를 약간 구부려 놓고 패를 구분하는 기술
- 십가리 : 화투장 뒷면에 손톱으로 표시하여 패를 구분하는 기술
- 꽁알기리 : 화투 가운데의 곳곳에서 한 장씩 뽑아 위에 올려놓는 방식의 기리
- 도쪼 : 화투를 한 두장 더 가진 뒤, 숨겨놓고 필요시 꺼내 쓰는 기술
- 앞전 : 실제로 도박하는 사람
- 뒷전 : 구경하는 사람

2. 도박장소 등 개설죄

제247조【도박장소 등 개설】

영리의 목적으로 도박을 하는 장소나 공간을 개설한 사람은 5년 이하의 징역 또는 3천만 원 이하의 벌금에 처한다.

[전문개정 2013. 4. 5.]

[공소시효] : 7년

○ 이 죄의 취지는 도박행위가 있는 것을 전제로 도박행위를 교사하거나 혹은 준비시키는 예비행위에 불과하나 형법은 인간의 사행본능을 이용하여 도박범을 유인하거

나 이를 촉진시킴으로써 영리를 도모하는 것은 도박범보다 더 큰 반도덕적인 요소가 있다고 보아서 도박죄와는 별도로 독립된 규정을 둔 것이다. 도박죄를 벌하지 않는 외국의 입법례도 이를 금지하고 있는 것이 보통이다.

Ⅰ. 이론

1. 구성요건

(1) 객관적 구성요건

1) 행위

도박을 하는 장소나 공간을 개설하는 것이다.

① '도박장을 개장' 한 경우를 처벌하도록 규정되어 있어 인터넷상에 도박사이트를 개설하는 등 사이버 공간을 제공한 경우에는 처벌되지 않는 것으로 비추어 질 수 있던 본 조문을 2013. 4. 5. 개정하였다.

② 도박을 하는 장소나 공간을 개설하면 충분하고 도박할 사람을 끌어들이거나 도박죄 자체가 성립했을 것을 요하지 않는다.

(2) 주관적 구성요건

이 죄가 성립하기 위해서는 고의 외에 영리의 목적이 있어야 한다. 영리의 목적이란 재산상의 이익을 얻을 목적을 말하며 입장료, 수수료 등과 같이 도박장을 연 대가로서 도박을 함으로써 얻는 것을 의미하지 않는다. 영리의 목적이 있으면 족하며 현실로 재산상의 이익을 얻었는가는 문제되지 않는다.

Ⅱ. 판례

◆ 영리를 목적으로 도박공간을 개설한 행위가 인정되는지 여부(적극) 및 영리를 목적으로 아동·청소년이용음란물을 공연히 전시한 행위도 인정되는지 여부(적극)

구 아동·청소년의 성보호에 관한 법률(2020. 6. 2. 법률 제17338호로 개정되기 전의 것) 제11조 제2항은 영리를 목적으로 아동·청소년이용음란물을 공연히 전시한 자는 10년 이하의 징역에 처한다고 규정한다.

위 조항에서 규정하는 '영리의 목적'이란 위 법률이 정한 구체적 위반행위를 함에 있어서 재산적 이득을 얻으려는 의사 또는 이윤을 추구하는 의사를 말하며, 이는 널리 경제적인 이익을 취득할 목적을 말하는 것으로서 반드시 아동·청소년이용음란물 배포 등 위반행위의 직접적인 대가가 아니라 위반행위를 통하여 간접적으로 얻게 될 이익을 위한 경우에도 영리의 목적이 인정된다.

따라서 사설 인터넷 도박사이트를 운영하는 사람이, 먼저 소셜 네트워크 서비스 앱에 오픈채팅방을 개설하여 아동·청소년이용음란 동영상을 게시하고 1:1 대화를 통해 불특정 다수를 위 오픈채팅방 회원으로 가입시킨 다음, 그 오픈채팅방에서 자신이 운영하는 도박사이트를 홍보하면서 회원들이 가입 시 입력한 이름, 전화번호 등을 이용하여 전화를 걸어 위 도박사이트 가입을 승인해주는 등의 방법으로 가입을 유도하고 그 도박사이트를 이용하여 도박을 하게 하였다면, 영리를 목적으로 도박공간을 개설한 행위가 인정됨은 물론, 나아가 영리를 목적으로 아동·청소년이용음란물을 공연히 전시한 행위도 인정된다(대법원 2020. 9. 24., 선고, 2020도8978, 판결).

◆ 형법 제247조 도박개장죄의 성립 요건

형법 제247조의 도박개장죄는 영리의 목적으로 스스로 주재자가 되어 그 지배하에 도박장소를 개설함으로써 성립하는 도박죄와는 별개의 독립된 범죄이고, '도박'이라 함은 참여한 당사자가 재물을 걸고 우연한 승부에 의하여 재물의 득실을 다투는 것을 의미하며, '영리의 목적'이란 도박개장의 대가로 불법한 재산상의 이익을 얻으려는 의사를 의미하는 것이다(대법원 2002. 4. 12. 선고 2001도5802 판결 등 참조).

원심은 그 채택 증거에 의하여 그 판시와 같은 사실을 인정한 다음, 이 사건 각 사설 사이트를 통한 거래는 주가 변동 등 미래의 우연한 결과에 따라 수익과 손실이 결정되는 것으로서 그 거래행위 자체에 사행성이 있다는 점 등을 이유로 이 부분 각 공소사실을 유죄로 인정하였다.

원심판결 이유를 위 법리와 기록에 비추어 살펴보면 원심의 위와 같은 판단은 정당한 것으로 수긍할 수 있고, 거기에 상고이유 주장과 같이 도박개장죄와 자본시장법 제10조 제2항의 적용 범위나 위법성의 인식에 관한 법리를 오해한 위법이 없다(대법원 2013. 11. 28., 선고, 2012도14725, 판결).

◆ 관광진흥법이 전용영업장 등 엄격한 시설과 기구를 갖춘 경우에만 카지노업을 허가하면서 무허가로 카지노업을 경영한 행위를 도박개장죄보다 중하게 처벌하도록 규정한 취지

관광진흥법이 전용영업장(전문영업장) 등 엄격한 시설과 기구를 갖춘 경우에만 카지노업을 허가할 수 있도록 하면서 무허가로 카지노업을 경영한 행위에 대하여 도박개장죄(형법 제247조)보다 중한 형에 처하도록 규정하고 있는 것은, 같은 법 및 그 시행규칙이 요구하는 제반 요건을 모두 갖춘 경우는 물론 이러한 요건을 모두 갖추지는 못하였다고 하더라도 사실상 전용영업장에 준하는 시설과 기구를 갖추고서 허가를 받지 아니한 채 카지노영업을 한 경우에는 관광진흥법위반죄로 엄하게 처벌하고, 이에 미치지 못 하는 경우 즉 전용영업장에 준하는 시설과 기준을 사실상 갖추지 아니한 채 도박을 하게 한 경우에는 도박개장죄로만 처벌하려는 취지인 것으로 해석함이 상당하다. 그리고 전용영업장에 준하는 시설과 기준을 사실상 갖추었는지 여부는 기구 및 시설의 규모, 영업장의 위치 및 면적, 영업을 한 기간의 장단, 종업원들의 역할 분담 여부 등을 종합적으로 고려하여 판단하여야 한다(대법원 2009.12.10, 선고, 2009도11151, 판결).

◆ 수인이 공모하여 도박개장행위로 이익을 얻은 경우, 실질적으로 귀속된 이익이 없는 사람에 대하여도 추징할 수 있는지 여부(소극)

인터넷 도박사이트 운영자가 도박프로그램 개발자, 가맹점 업주 등과 공모하여 일반게임장을 운영하면서 게임 이용자들에게 인터넷 도박프로그램을 제공하는 방식으로 도박개장행위를 하고 이용자들이 지불한 환전수수료, 딜러비 등 명목의 돈 일부를 가맹점으로부터 지급받은 사안에서, 위 사이트 운영자에게 실질적으로 귀속된 이익금을 기준으로 추징액을 정하여야 한다(대법원 2007. 10. 12. 선고 2007도6019 판결).

◆ 형법 제247조 소정의 도박개장죄의 성립 요건

(1) 사실관계

공소외 주식회사의 설립자 겸 대표이사와 인터넷 사업팀장인 피고인들은 위 회사가 운영하는 인터넷 고스톱게임 사이트를 유료로 전환하는 과정에서 사이트를 홍보하기 위하여 2000. 11. 20. 이 사건 공소사실 기재와 같은 공지사항을 게시하여 '1차 고스톱 고별대회'를 개최하였다. 대회에는 129명이 참가하였고, 참가자 1인당 3만 원씩 합계 387만 원의 참가비가 회사에 송금되었다. 피고인들은 2000. 12. 8.부터 같은 달 13.까지 참가자들로 하여금 인터넷을 통해 사이트에서 제공하는 고스톱게임을 하게 하여 1등부터 9등까지를 선발하여, 대회 참가자들로부터 참가비 합계 387만 원의 수입을 얻는 데 비하여 대회 입상자에 대한 상금으로 1등 200만 원, 2등 80만 원, 3등 50만 원, 4 내지 6등 각 20만 원, 7 내지 9등 각 10만 원 합계 420만 원을 지출하였다.

(2) 판결요지

[1] 형법 제247조의 도박개장죄는 영리의 목적으로 스스로 주재자가 되어 그 지배하에 도박장소를 개설함으로써 성립하는 것으로서 도박죄와는 별개의 독립된 범죄이고, '도박'이라 함은 참여한 당사자가 재물을 걸고 우연한 승부에 의하여 재물의 득실을 다투는 것을 의미하며, '영리의 목적'이란 도박개장의 대가로 불법한 재산상의 이익을 얻으려는 의사를 의미하는 것으로, 반드시 도박개장의 직접적 대가가 아니라 도박개장을 통하여 간접적으로 얻게 될 이익을 위한 경우에도 영리의 목적이 인정되고, 또한 현실적으로 그 이익을 얻었을 것을 요하지는 않는다.

[2] 인터넷 고스톱게임 사이트를 유료화하는 과정에서 사이트를 홍보하기 위하여

고스톱대회를 개최하면서 참가자들로부터 참가비를 받고 입상자들에게 상금을 지급한 행위에 대하여 도박개장죄를 인정한 사례(대법원 2002. 4. 12. 선고 2001도5802 판결).

◆ 형법 제247조에 정한 도박개장죄의 성립 요건

(1) 사실관계

피고인은 2007. 2. 16.경부터 같은 달 26.경까지 이 사건 실내낚시터를 운영하면서, 물고기 1,700여 마리를 구입하여 그 중 600마리의 등지느러미에 1번부터 600번까지의 번호표를 달고 나머지는 번호표를 달지 않은 채 대형 수조에 넣고, 손님들로부터 시간당 3만 원 내지 5만 원의 요금을 받고 낚시를 하게 한 후, 손님들이 낚은 물고기에 부착된 번호가 시간별로 우연적으로 변동되는 프로그램상의 시상번호와 일치하는 경우 손님들에게 5천 원 내지 3백만 원 상당의 문화상품권이나 주유상품권을 지급하는 방식으로 영업하였다.

(2) 판결요지

[1] 형법 제247조의 도박개장죄는 영리의 목적으로 스스로 주재자가 되어 그 지배하에 도박장소를 개설함으로써 성립하는 것으로서, 도박죄와는 별개의 독립된 범죄이다. 이때 '도박'이란 참여한 당사자가 재물을 걸고 우연한 승부에 의하여 재물의 득실을 다투는 것을 의미하고, '영리의 목적'이란 도박개장의 대가로 불법한 재산상의 이익을 얻으려는 의사를 의미한다.

[2] 유료낚시터를 운영하는 사람이 입장료 명목으로 요금을 받은 후 물고기에 부착된 시상번호에 따라 경품을 지급한 사안에서, 도박개장죄를 인정한 사례(대법원 2009.2.26. 선고 2008도10582).

◆ 영리의 목적으로 인터넷 도박게임 사이트를 개설하여 운영하는 경우, 형법 제247조 도박개장죄의 기수 시기

형법 제247조의 도박개장죄는 영리의 목적으로 도박을 개장하면 기수에 이르고, 현실로 도박이 행하여졌음은 묻지 않는다. 따라서 영리의 목적으로 속칭 포커나 바둑이, 고스톱 등의 인터넷 도박게임 사이트를 개설하여 운영하는 경우, 현실적으로 게임이용자들로부터 돈을 받고 게임머니를 제공하고 게임이용자들이 위 도박게임 사이트에 접속하여 도박을 하여, 위 게임으로 획득한 게임머니를 현금으로 환전해 주는 방법 등으로 게임이용자들과 게임회사 사이에 있어서 재물이 오고갈 수 있는 상태에 있으면, 게임이용자가 위 도박게임 사이트에 접속하여 실제 게임을 하였는지 여부와 관계없이 도박개장죄는 '기수'에 이른다(대법원 2009.12.10. 선고 2008도5282 판결).

Ⅲ. 수사실무

1. 수사포인트

(1) 도박장 개설의 동기를 조사한다.

(2) 도박물 소유주와 개장자와의 관계를 밝힌다.

(3) 이득의 수수와 공범자와의 분배방법을 조사한다.

2. 범죄사실 기재례

【범죄사실 기재례】

(1) 피의자는, 20○○. ○. ○. 20 : 00경부터 다음날 11 : 30경까지의 사이에 서울 ○○구 ○○동 ○○번지에 있는 피의자의 오피스텔에서 영리의 목적으로 도박장을 개장하려고 마음먹고 카드를 준비하였다. 그리고 손○○ 등 ○명을 오피스텔 안으로 불러들여 돈을 걸고 그 카드를 사용하여 도박을 하게 하고 피의자는 그 곳에서 장소료를 징수하거나 판돈을 빌려주는 고리대금을 함으로써 금 ○○만원 상당의 이익을 취득하여 도박을 개장하였다.

(2) 피의자 홍여자 피의자 성돌쇠 피의자 김돌쇠 피의자 우돌쇠 피의자 이돌쇠

피의자들은 함께 20○○. 1. 10. 00:30경부터 같은날 02:00까지 서울 성북구 ○○동 100번지 퐁퐁부동산에서 화투 50매로 1회에 3점당 1,000원씩 걸고 수십회에 걸쳐 속칭 "고스톱"이란 도박을 하였다.

3. 적용실례

(1) 도박하도록 화투와 방을 제공하고 술을 판 경우

도박을 할 수 있도록 화투와 방을 제공하고 술을 팔아 이익을 보았다.

➡ 스스로 주재자가 되어 적극적으로 도박장소를 개설하였다는 점이 나타나지 않으면 도박방조죄로 의율한다.

4. 참고사항

(1) 식품접객업소(식당등)에서 도박, 사행행위 조장, 묵인했을 경우
식품위생법 제44조(영업자의 준수사항) 동법 시행규칙 제57조(식품접객영업자등의 준수사항등)에 의율할 것

1) 위 제57조 관련 별표 제17에 대한 설명
업소내에서는 도박기타 사행행위나 풍기문란행위를 방지하여야 하며, 배달판매 등 영업행위중 종업원의 이러한 행위를 조장하거나 묵인하여서는 아니된다.

2) 식품위생법시행규칙 제89조(행정처분기준)
1차 : 행정1월, 2차 : 행정2월, 3차 : 행정3월, 4차 : 허가취소

(2) 풍속영업소(유흥주점, 단란주점등)에서 도박, 사행행위 조장, 묵인했을 경우
풍속영업법 제10조 제2항, 제3조 제4호에 의율

(3) 위생접객업소(숙박업, 목욕장업 등)에서 도박, 사행행위 조장, 묵인했을 경우
구공중위생법 제42조 제3항 제3호, 같은 법 제12조 제2항 제1호 "다"목 위 범죄사실 해당업소를 단속한 경우 관할구청에 통보할 것

(4) PC를 이용한 도박사이트 개설 및 대회개최의 경우
도박개장죄를 적용한다.

3. 복표발매, 중개, 취득죄

제248조【복표의 발매 등】

① 법령에 의하지 아니한 복표를 발매한 사람은 5년 이하의 징역 또는 3천만원 이하의 벌금에 처한다.

② 제1항의 복표발매를 중개한 사람은 3년 이하의 징역 또는 2천만원 이하의 벌금에 처한다.

③ 제1항의 복표를 취득한 사람은 1천만원 이하의 벌금에 처한다.

[전문개정 2013. 4. 5]

[특별규정] 시행규제2① · 5②, [형의병과] 259, [병과] 249, [공소시효] : 7년(1항), 5년(2,3항)

○ 법령에 의하지 않은 복표를 발매, 발매중개 또는 취득함으로써 성립하는 범죄이며, 복표의 발행은 사행행위등규제및처벌특례법의 적용을 받게 된다.

Ⅰ. 이론

1. 구성요건

(1) 객관적 구성요건

1) 객체

법령에 의하지 아니한 복표이다. 복표란 특정한 표찰을 발매하여 다수인으로부터 금품을 모은 후 추천 등의 방법에 의하여 당첨된 자에게는 재산상의 이익을 주고 다른 참가자에게는 손실을 가져오게 하는 것을 말한다. 법령에 의해 발행된 복표(주택복권 등)는 이 죄의 객체가 되지 않는다.

2) 행위

발매·발매중개·취득이다.

① 발매란 구매자에게 복표를 파는 것을 말하고, 발매중개란 발매자와 구매자의 중간에서 알선하는 일체의 행위를 말한다. 그 행위가 직접적인가 간접적인가는 묻지 않으며 보수를 받는지 받지 않는지도 불문한다.

② 취득이란 법령에 의하지 않고 복표를 갖게 되는 것으로, 중개행위를 위한 것이 아닌 일체의 소지를 말한다.

(2) 주관적 구성요건

고의가 있어야 한다.

Ⅱ. 판례

◆ 형법 제248조가 규정하는 복표의 개념요소 및 판단 기준

(1) 사실관계

피고인 A는 한국광고복권 주식회사의 감사 겸 사실상 운영자이고, 피고인 B는 위 회사의 이사로서, 법령에 의하지 아니한 복표를 발매하여서는 아니됨에도 공모하여, 2001. 11.경부터 2002. 12.경까지 사이에 위 회사 사무실에서 복표명을

'광고복권'으로 하고 당첨방법은 복권 유효기간인 4주 내에 회차에 상관없이 주택복권의 매회 1등 당첨번호와 일치하면 5,000만 원을, 2등 당첨번호와 일치하면 500만 원을, 3등 당첨번호와 일치하면 40만 원을, 행운상 당첨번호와 일치하면 100만 원을 주는 것으로 정하여 복표를 발행한 다음, 복표 1장당 200원 내지 300원씩을 받고 지사를 통하여 슈퍼마켓, 주유소, 식당, 편의점 등에 위 복표 2,856,000장 시가 623,224,500원 상당을 판매하여 무허가로 복표를 발매하였다.

(2) **판결요지**

[1] 형법은 각칙 제23장에서 '도박과 복표에 관한 죄'라는 제목 아래 도박죄와 함께 복표발매죄 등을 규정하고 있는바, 복표도 우연에 의하여 승패가 결정된다는 의미에서 도박에 유사한 측면이 있으므로, 건전한 국민의 근로관념과 사회의 미풍양속을 보호하려는 데에 그 발매 등의 행위를 제한하고 처벌할 이유가 있는 것이고, 여기에다가 사행행위등규제및처벌특례법 제2조 제1항 제1호 (가)목의 규정 취지를 종합하여 보면, 형법 제248조가 규정하는 복표의 개념요소는 ① 특정한 표찰일 것, ② 그 표찰을 발매하여 다수인으로부터 금품을 모을 것, ③ 추첨 등의 우연한 방법에 의하여 그 다수인 중 일부 당첨자에게 재산상의 이익을 주고 다른 참가자에게 손실을 줄 것의 세 가지로 파악할 수 있으며, 이 점에서 경제상의 거래에 부수하는 특수한 이익의 급여 내지 가격할인에 불과한 경품권이나 사은권 등과는 그 성질이 다른 것이지만, 어떠한 표찰이 형법 제248조 소정의 복표에 해당하는지 여부는 그 표찰 자체가 갖는 성질에 의하여 결정되어야 하고, 그 기본적인 성질이 위와 같은 개념요소를 갖추고 있다면, 거기에 광고 등 다른 기능이 일부 가미되어 있는 관계로 당첨되지 않은 참가자의 손실을 그 광고주 등 다른 사업주들이 대신 부담한다고 하더라도, 특별한 사정이 없는 한 복표로서의 성질을 상실하지는 않는다.

[2] 이른바 '광고복권'은 통상의 경우 이를 홍보 및 판촉의 수단으로 사용하는 사업자들이 당첨되지 않은 참가자들의 손실을 대신 부담하여 주는 것일 뿐, 그 자체로는 추첨 등의 우연한 방법에 의하여 일부 당첨자에게 재산상의 이익을 주고 다른 참가자에게 손실을 주는 복표로서의 성질을 갖추고 있다고 보아 형법 제248조 소정의 복표에 해당한다고 한 사례(대법원 2003. 12. 26. 선고 2003도5433 판결)

Ⅲ. 수사실무

1. 수사포인트

(1) 복표를 압수한다.

(2) 복표발매의 방법과 취득액을 조사한다.

(3) 공범자가 있는지 조사한다.

2. 범죄사실 기재례

【범죄사실 기재례】

○은 위 회사의 이사이다.

피의자들은 법령에 의하지 아니한 복표를 발매하여서는 아니됨에도 공모하여, 20○○. ○.경부터 20○○. ○.경까지 사이에 위 회사 사무실에서 복표명을 '○○복권'으로 하고 당첨방법은 복권유효기간인 6주 내에 회차와 상관없이 로또복권의 매회 1등당첨번호와 일치하면 1억원을, 2등번호와 일치하면 3,000만원을 지급하는 것으로 정하였다. 그리고 복표를 발행한 후, 복표 1장에 500원씩을 받고 지사와 인터넷을 통하여 구매자를 모집하고 복표 1,265,000장 시가 632,500,000원 상당을 판매하여 무허가로 복표를 발매하였다.

4. 벌금의 병과

제249조【벌금의 병과】

제246조제2항, 제247조와 제248조제1항의 죄에 대하여는 1천만원 이하의 벌금을 병과할 수 있다.

[전문개정 2013.4.5.]

상습도박죄(제246조 2항), 도박개장죄(제247조), 복표발매죄(제248조 1항)의 경우에는 1천만원 이하의 벌금을 병과할 수 있다.

제 24 장 살인의 죄 (제250조 ~ 제256조)

제24장 살인의 죄(제250조 ~ 제256조)

1. 살인죄

제250조【살인, 존속살해】
① 사람을 살해한 자는 사형, 무기 또는 5년 이상의 징역에 처한다.

[미수범] 254, [예비 · 음모] 255, [특별규정] 군형53① · 59① · 국보4①, [직계존속] 민768-770, [공범과 신분] 33, [공소시효] : 적용안됨

○ 이 죄는 고의로 타인의 생명을 단절시키는 행위를 내용으로 하는 범죄이며 사람의 생명을 보호대상으로 하고 있다.

◈ 대법원 양형위원회의 양형기준 ◈

1. 제1유형(동기에 있어서 특히 참작할 사유가 있는 살인)
동기에 있어서 특히 참작할 사유가 있는 살인범행이란 극도의 생계 곤란으로 삶을 비관하여 살인에 이른 경우, 피해자로부터 장기간 가정폭력, 성폭력, 스토킹 등 지속적인 육체적, 정신적 피해를 당한 경우, 수차례 실질적인 살해의 위협을 받은 경우, 그 밖에 이에 준하는 경우를 의미한다.
(1) 기본 : 4년- 6년 / (2) 감경 : 3년 - 5년 / (3) 가중 : 5년 - 8년
2. 제2유형(보통 동기에 의한 살인)
보통 동기에 의한 살인이란 제1유형 또는 제3유형에 속하지 않는 살인범행을 의미한다.
(1) 기본 : 10년 - 16년 / (2) 감경 : 7년 - 12년 / (3) 가중 : 15년이상, 무기 이상
3. 제3유형(동기에 있어서 특히 비난할 사유가 있는 살인)
동기에 있어서 특히 비난할 사유가 있는 살인이란 살해욕의 발로인 경우, 재산적 탐욕에 기인한 경우, 다른 범죄를 실행하기 위한 수단인 경우, 다른 범죄를 은폐하기 위한 수단인 경우, 경제적 대가 등을 목적으로 청부살인을 한 경우, 조직폭력집단 간의 세력 다툼에 기인한 경우, 별다른 이유 없이 무작위로 살인한 경우, 그

밖에 이에 준하는 경우를 의미한다.
(1) 기본 : 15년 - 20년 / (2) 감경 : 10년 - 16년 / (3) 가중 : 18년 이상, 무기 이상

4. **제4유형(중대범죄 결합 살인)**
(1) 기본 : 20년 이상, 무기 / (2) 감경 : 17년 - 22년 / (3) 가중 : 25년 이상, 무기 이상

5. **제5유형(극단적 인명경시 살인)**
(1) 기본 : 25년 이상, 무기 / (2) 감경 : 20년-25년 / (3) 가중 : 무기 이상

※ 살인미수범죄의 권고 형량범위는 위 형량범위의 하한을 1/3로, 상한을 2/3로 각 감경하여 적용. 단, '무기'는 '20년 이상'으로, '무기 이상'은 '20년 이상, 무기'로 각 감경하여 적용

Ⅰ. 이론

1. 구성요건

(1) 객관적 구성요건

1) 주체

피해자 이외의 모든 자연인이다.

2) 객체

행위자 이외의 생명이 있는 자연인이다.

① 살아있는 사람이어야 하므로 자연인이 아닌 법인은 포함하지 않는다.

② 살아있는 사람인 이상 생존능력의 유무는 묻지 않는다. 따라서 빈사상태에 있는 환자, 기형아, 불구자, 사형판결이 확정된 사람도 이 죄의 객체가 된다.

③ 사람의 시기 : 자연인으로서의 자격을 갖추는 때

가. 진통설(분만개시설) : 진통을 개시한 때(우리 형법상 통설, 판례)

나. 일부노출설 : 태아신체 일부가 모체에서 노출된 때(일본의 통설, 판례)

다. 전부노출설 : 분만이 완료되어 모체에서 분리된 때(영미, 우리 민법상 통설, 판례)

라. 독립호흡설 : 모태에서 완전히 분리되어 폐로 호흡을 시작한 때

▣ 이견있는 형사사건의 법원판단 ▣

[사람의 시기]

1. 문제점 : 살인죄의 객체와 관련하여 사람의 시기가 언제부터인지 문제된다.
2. 학설

(1) 진통설(통설) : 분만을 위하여 자궁경부와 자궁구가 열리기 시작하는 개방진통시에 사람이 된다는 견해

(2) 일부노출설 : 태아의 신체의 일부가 모체에서 노출된 때에 사람이 된다는 견해

(3) 전부노출설 : 분만이 완료되어 태아가 모체로부터 완전히 분리된 때에 사람이 된다는 견해

(4) 독립호흡설 : 태아가 모체에서 완전히 분리되어 태반에 의해 호흡을 그치고 독립하여 폐에 의한 호흡을 개시한 때에 사람이 된다는 견해

3. 판례 : 진통설의 태도

사람의 생명과 신체의 안전을 보호법익으로 하고 있는 형법상의 해석으로서는 사람의 시기는 규칙적인 진통을 동반하면서 태아가 태반으로부터 이탈하기 시작한때 다시 말하여 분만이 개시된 때(소위 진통설 또는 분만개시설)라고 봄이 타당하며 이는 형법 제251조(영아살해)에서 분만 중의 태아도 살인죄 의 객체가 된다고 규정하고 있는 점을 미루어 보아도 그 근거를 찾을 수 있는 바이니 조산원이 분만 중인 태아를 질식사에 이르게 한 경우에는 업무상 과실치사죄가 성립한다(대법원 1982. 10. 12. 선고 81도2621 판결).

④ 사람의 종기 : 사망한 때

가. 호흡종지설 : 폐호흡의 영구적인 정지를 죽음으로 인정

나. 맥박종지설 : 심장박동의 영구적인 정지를 죽음으로 인정

다. 뇌사설(1968, Sydney선언) : 뇌기능의 영구적인 정지를 죽음으로 인정

3) 행위

사람을 살해하는 것이다.

① 살해의 수단·방법에는 제한이 없다. 타살·독살·사살·교살과 같은 유형적인 방법에 의하건, 정신적 고통이나 충격과 같은 무형적인 방법에 의하건 묻지 않는다.

② 미신적 방법에 의한 행위는 살인의 의사를 실현하기 위한 행위라고 평가할 수 없으므로 살해행위에 속하지 않는다(통설).

③ 부작위에 의한 살인도 가능하다. 어머니가 유아에게 젖을 주지 않아 죽게 한 경우, 감금한 자가 탈진 상태에 빠져 있는 피해자를 구조하지 않아 죽게 한 경우 등이 여기에 해당한다.

④ 기수시기 : 살인행위에 의해 사망이라는 결과가 발생하면 기수가 된다(침해범).

⑤ 살해행위와 사망 사이에는 인과관계가 있어야 하며 인과관계가 없을 때에는 미수가 된다. 그러나 그 행위가 사망에 대한 유일한 원인이 되어야만 인과관계가 인정되는 것은 아니다.

(2) 주관적 구성요건

사람을 살해한다는 사실에 대한 고의가 있어야 한다. 고의는 확정적 고의뿐 아니라 미필적 고의도 포함한다.

2. 위법성

(1) 일반적 위법성조각사유

정당방위의 경우에는 위법성이 조각될 수 있지만 피해자의 승낙이나 긴급피난에 의해서는 위법성이 조각되지 않는다.

(2) 안락사

안락사란 격렬한 고통에 허덕이는 불치 또는 瀕死의 환자에게 그 고통을 제거 또는 감경하기 위하여 그를 사망하게 하는 것을 말한다. 이러한 안락사가 정당한가에 대해서는 견해의 대립이 있지만 ① 환자가 불치의 병으로 사망이 임박하였고, ② 환자의 격심한 육체적 고통을 제거 또는 완화하기 위한 것이고, ③ 환자의 진지한 촉탁 또는 고통이 있고, ④ 원칙적으로 의사에 의해 시행되고 그 방법이 윤리적으로 정당하다고 인정되는 등의 조건이 충족되는 때에는 사회상규에 반하지 않는 정당행위로서 위법성이 조각된다고 본다(통설).

(3) 존엄사

존엄사란 죽음에 직면한 환자가 품위있는 죽음을 맞을 수 있도록 생명유지 조치를 중지하는 것을 말하는 것으로, 불치의 환자가 자연적으로 죽을 수 있도록 생명유지 장치를 제거하거나 치료를 중지하는 경우가 여기에 해당한다. 이 경우에도 위법성이 조각된다고 본다.

3. 죄수

생명은 전속적 법익이므로 살인죄의 죄수는 피해자의 수에 따라 결정되어야 한다. 따라서 1개의 행위로 수인을 살해한 때에는 수개의 살인죄가 성립하여 상상적 경합관계에 있게 된다. 또한 살인 과정에서의 의복의 손괴는 불가벌적 수반행위로서 손괴죄는 살인죄에 흡수된다.

4. 공범

타인을 교사하여 자기의 부를 살해하게 한 경우 타인은 살인죄의 정범이 되고 교사자는 존속살해죄의 교사범이 되며, 반대로 타인을 교사하여 타인의 부를 살해하게 한 때에는 타인은 존속살해죄의 정범이 되고 교사자는 살인죄의 교사범이 된다.

Ⅱ. 판례

◆ 사람의 시기

(1) 사실관계

피고인A는 조산원으로서 임산부인 B의 해산을 조력함에 있어 동인의 골반이 태아에 비하여 협소할 뿐 아니라 분만진통의 통증이 극심하고 또 양수가 파수되고 대변이 나오는 등 난산으로 정상분만이 어려운 상태임에도 불구하고 정상분만 할 수 있으리라고 경신하여 지도 내지 전문의사의 지시나 진찰을 받게 하지 아니하고 수십회에 걸쳐 산모의 배를 훑어 내리고 자궁수축제를 10여회 시주한 결과 분만 중인 태아를 질식사에 이르게하고 위 산모에게 폐혈증에 감염되도록 하였다.

(2) 판결요지

사람의 생명과 신체의 안전을 보호법익으로 하고 있는 형법상의 해석으로서는 사람의 시기는 규칙적인 진통을 동반하면서 태아가 태반으로부터 이탈하기 시작한 때 다시 말하여 분만이 개시된 때(소위 진통설 또는 분만개시설)라고 봄이 타당하며 이는 형법 제251조(영아살해)에서 분만 중의 태아도 살인죄의 용체가 된다고 규정하고 있는 점을 미루어 보아도 그 근거를 찾을 수 있는 바이니 조산원이 분만 중인 태아를 질식사에 이르게 한 경우에는 업무상 과실치사죄가 성립한다(대법원 1982. 10. 12. 선고 81도2621 판결).

◆ 피고인이 외국에서 살인죄를 범하였다가 무죄 취지의 재판을 받고 석방된 후 국내에서 다시 기소되어 제1심에서 징역 10년을 선고받게 되자 자신이 외국에서 미결상태로 구금된 5년여의 기간에 대하여도 '외국에서 집행된 형의 산입' 규정인 형법 제7조가 적용되어야 한다고 주장하며 항소한 사안에서, 피고인의 주장을 배척한 원심판단에 형법 제7조의 적용 대상 등에 관한 법리오해의 위법이 없다고 한 사례

피고인이 필리핀에서 살인죄를 범하였다가 무죄 취지의 재판을 받고 석방된 후 국내에서 다시 기소되어 제1심에서 징역 10년을 선고받게 되자 자신이 필리핀에서 미결상태로 구금된 5년여의 기간에 대하여도 '외국에서 집행된 형의 산입' 규정인 형법 제7조가 적용되어야 한다고 주장하며 항소한 사안에서, 피고인의 주장을 배척한 원심판단에 형법 제7조의 적용 대상 등에 관한 법리오해의 위법이 없다고 한 사례(대법원 2017.8.24, 선고, 2017도5977, 전원합의체 판결).

◆ 피고인이 피해자 甲과 혼인한 후 피보험자를 甲, 수익자를 피고인으로 하는 다수의 생명보험에 가입하였다가, 경제적 상황이 어려워지자 거액의 보험금을 지급받을 목적으로 자신의 승합차 조수석에 甲을 태우고 고속도로를 주행하던 중 갓길 우측에 정차되어 있던 화물차량의 후미 좌측 부분에 피고인 승합차의 전면

우측 부분을 고의로 추돌시키는 방법으로 교통사고를 위장하여 甲을 살해하였다는 내용으로 주위적으로 기소된 사안에서, 피고인이 고의로 甲을 살해하였다는 점이 합리적 의심을 배제할 정도로 증명되었다고 보아 유죄를 인정한 원심판결에 법리오해 등의 잘못이 있다고 한 사례

피고인이 피해자 甲과 혼인한 후 피보험자를 甲, 수익자를 피고인으로 하는 다수의 생명보험에 가입하였다가, 경제적 상황이 어려워지자 거액의 보험금을 지급받을 목적으로 자신의 승합차 조수석에 甲을 태우고 고속도로를 주행하던 중 갓길 우측에 정차되어 있던 화물차량의 후미 좌측 부분에 피고인 승합차의 전면 우측 부분을 고의로 추돌시키는 방법으로 교통사고를 위장하여 甲을 살해하였다는 내용으로 주위적으로 기소된 사안에서, 졸음운전인지 고의사고인지 단언할 수 있는 객관적 증거가 없으므로, 충분히 가능성이 있는 여러 의문을 떨쳐내고 고의사고라고 확신할 수 있을 만큼 간접증거나 정황증거가 충분하다거나 그러한 증거들만으로 살인의 공소사실을 인정할 수 있을 정도의 종합적 증명력을 가진다고 보기에는 더 세밀하게 심리하고 확인해야 할 부분이 많은데도, 피고인에게 충분히 수긍할 만한 살인의 동기가 존재하였는지, 범행방법의 선택과 관련하여 제기될 수 있는 의문점을 해소할 만한 특별한 사정이 있는지, 사고 당시의 상황이 고의로 유발되었다는 과학적 근거가 충분한지 등에 대한 치밀하고도 철저한 검증 없이, 피고인이 고의로 甲을 살해하였다는 점이 합리적 의심을 배제할 정도로 증명되었다고 보아 유죄를 인정한 원심판결에 형사재판에서 요구되는 증명의 정도에 관한 법리를 오해하여 필요한 심리를 다하지 아니하거나 논리와 경험의 법칙에 반하여 자유심증주의의 한계를 벗어난 잘못이 있다고 한 사례.(대법원 2017.5.30, 선고, 2017도1549, 판결).

◆ 형사재판에서 유죄를 인정하기 위한 증거의 증명력 정도 및 법관이 범죄사실에 대한 증명이 있는지 판단하는 방법

형사재판에서 유죄의 인정은 법관으로 하여금 합리적인 의심을 할 여지가 없을 정도로 공소사실이 진실한 것이라는 확신을 갖도록 할 수 있는 증명력을 가진 증거에 의하여야 한다. 여기에서 말하는 합리적 의심이란 모든 의문이나 불신을 말하는 것이 아니라 논리와 경험법칙에 기하여 증명이 필요한 사실과 양립할 수 없는 사실의 개연성에 대한 합리적인 의문을 의미한다. 따라서 단순히 관념적인 의심이나 추상적인 가능성에 기초한 의심은 합리적 의심에 포함되지 않는다. 법관은 반드시 직접증거로만 범죄사실에 대한 증명이 있는지를 판단하는 것은 아니고, 직접증거와 간접증거를 종합적으로 고찰하여 논리와 경험의 법칙에 따라 범죄사실에 대한 증명이 있는 것으로 판단할 수 있다(대법원 2017.1.25, 선고, 2016도15526, 판결).

◆ 살인죄에 있어서 범의의 인정 기준 및 피고인이 살인의 범의를 자백하지 않고 상해 또는 폭행의 범의만이 있었을 뿐이라고 다투는 경우, 살인의 범의에 대한 판단 기준

[1] 살인죄에 있어서의 범의는 반드시 살해의 목적이나 계획적인 살해의 의도가 있어야만 인정되는 것은 아니고 자기의 행위로 인하여 타인의 사망의 결과를 발생시킬 만한 가능 또는 위험이 있음을 인식하거나 예견하면 족한 것이고 그 인식

또는 예견은 확정적인 것은 물론 불확정적인 것이라도 이른바 미필적 고의로도 인정되는 것인데, 피고인이 살인의 범의를 자백하지 아니하고 상해 또는 폭행의 범의만이 있었을 뿐이라고 다투고 있는 경우에 피고인에게 범행 당시 살인의 범의가 있었는지 여부는 피고인이 범행에 이르게 된 경위, 범행의 동기, 준비된 흉기의 유무·종류·용법, 공격의 부위와 반복성, 사망의 결과발생가능성 정도, 범행 후에 있어서의 결과회피행동의 유무 등 범행 전후의 객관적인 사정을 종합하여 판단할 수밖에 없다.

[2] 인체의 급소를 잘 알고 있는 무술교관 출신의 피고인이 무술의 방법으로 피해자의 울대(聲帶)를 가격하여 사망케 한 행위에 살인의 범의가 있다고 본 사례(대법원 2000. 8. 18. 선고 2000도2231 판결).

◆ 살인죄에서 살인의 범의의 인정 기준 및 피고인이 범행 당시 살인의 범의는 없었고 상해 또는 폭행의 범의만 있었을 뿐이라고 다투는 경우, 살인의 범의에 대한 판단 기준

살인죄에서 살인의 범의는 반드시 살해의 목적이나 계획적인 살해의 의도가 있어야 인정되는 것은 아니고, 자기의 행위로 인하여 타인의 사망이라는 결과를 발생시킬 만한 가능성 또는 위험이 있음을 인식하거나 예견하면 족한 것이며 그 인식이나 예견은 확정적인 것은 물론 불확정적인 것이라도 이른바 미필적 고의로 인정되는 것인바, 피고인이 범행 당시 살인의 범의는 없었고 단지 상해 또는 폭행의 범의만 있었을 뿐이라고 다투는 경우에 피고인에게 범행 당시 살인의 범의가 있었는지 여부는 피고인이 범행에 이르게 된 경위, 범행의 동기, 준비된 흉기의 유무·종류·용법, 공격의 부위와 반복성, 사망의 결과발생가능성 정도 등 범행 전후의 객관적인 사정을 종합하여 판단할 수밖에 없다(대법원 2006.4.14. 선고 2006도734 판결).

◆ 제왕절개 수술의 경우 '의학적으로 제왕절개 수술이 가능하였고 규범적으로 수술이 필요하였던 시기(時期)' 를 분만의 시기(始期)로 볼 수 있는지 여부(소극)

(1) 사실관계

> 2001. 8. 11. 00:30경 출산을 위해 피고인A의 조산원에 입원할 당시 B는 임신성 당뇨증상 및 이미 두 번의 제왕절개 출산 경험이 있는 37세의 고령의 임산부이었고, 분만예정일을 14일이나 넘겨 이 사건 태아가 5.2kg까지 성장한 상태이어서 의학적으로 자연분만이 부적절하여 제왕절개 수술이 유일한 출산 방법이었다. 그러나 A는 태아의 자연분만을 시도하다가 업무상과실로 인하여 태아를 사망에 이르게 하였다.

(2) 판결요지

[1] 사람의 생명과 신체의 안전을 보호법익으로 하고 있는 형법의 해석으로는 규칙적인 진통을 동반하면서 분만이 개시된 때(소위 진통설 또는 분만개시설)가 사람의 시기(始期)라고 봄이 타당하다.

[2] 제왕절개 수술의 경우 '의학적으로 제왕절개 수술이 가능하였고 규범적으로 수술이 필요하였던 시기(時期)'는 판단하는 사람 및 상황에 따라 다를 수 있어, 분만개시 시점 즉, 사람의 시기(始期)도 불명확하게 되므로 이 시점을 분만의 시기(始期)로 볼 수는 없다.

[3] 현행 형법이 사람에 대한 상해 및 과실치사상의 죄에 관한 규정과는 별도로 태아를 독립된 행위객체로 하는 낙태죄, 부동의 낙태죄, 낙태치상 및 낙태치사의 죄 등에 관한 규정을 두어 포태한 부녀의 자기낙태행위 및 제3자의 부동의 낙태행위, 낙태로 인하여 위 부녀에게 상해 또는 사망에 이르게 한 행위 등에 대하여 처벌하도록 한 점, 과실낙태행위 및 낙태미수행위에 대하여 따로 처벌규정을 두지 아니한 점 등에 비추어 보면, 우리 형법은 태아를 임산부 신체의 일부로 보거나, 낙태행위가 임산부의 태아양육, 출산 기능의 침해라는 측면에서 낙태죄와는 별개로 임산부에 대한 상해죄를 구성하는 것으로 보지는 않는다고 해석된다. 따라서 태아를 사망에 이르게 하는 행위가 임산부 신체의 일부를 훼손하는 것이라거나 태아의 사망으로 인하여 그 태아를 양육, 출산하는 임산부의 생리적 기능이 침해되어 임산부에 대한 상해가 된다고 볼 수는 없다(대법원 2007.6.29. 선고 2005도3832 판결).

◆ 선장은 승객 등 선박공동체가 위험에 직면할 경우 선박공동체 전원의 안전이 종국적으로 확보될 때까지 적극적·지속적으로 구조조치를 취할 법률상 의무가 있는지 여부(적극) 및 선장이나 승무원은 선박 위험 시 조난된 승객이나 다른 승무원을 적극적으로 구조할 의무가 있는지 여부(적극) / 조난사고로 승객이나 다른 승무원들이 스스로 생명에 대한 위협에 대처할 수 없는 급박한 상황에서 선장이나 선원들의 부작위가 작위에 의한 살인행위와 동등한 형법적 가치를 가지는 경우 / 부작위와 사망의 결과 사이에 인과관계가 인정되는 경우

선장의 권한이나 의무, 해원의 상명하복체계 등에 관한 해사안전법 제45조, 구 선원법(2015. 1. 6. 법률 제13000호로 개정되기 전의 것) 제6조, 제10조, 제11조, 제22조, 제23조 제2항, 제3항은 모두 선박의 안전과 선원 관리에 관한 포괄적이고 절대적인 권한을 가진 선장을 수장으로 하는 효율적인 지휘명령체계를 갖추어 항해 중인 선박의 위험을 신속하고 안전하게 극복할 수 있도록 하기 위한 것이므로, 선장은 승객 등 선박공동체의 안전에 대한 총책임자로서 선박공동체가 위험에 직면할 경우 그 사실을 당국에 신고하거나 구조세력의 도움을 요청하는 등의 기본적인 조치뿐만 아니라 위기상황의 태양, 구조세력의 지원 가능성과 규모, 시기 등을 종합적으로 고려하여 실현가능한 구체적인 구조계획을 신속히 수립하고 선장의 포괄적이고 절대적인 권한을 적절히 행사하여 선박공동체 전원의 안전이 종국적으로 확보될 때까지 적극적 · 지속적으로 구조조치를 취할 법률상 의무가 있다. 또한 선장이나 승무원은 수난구호법 제18조 제1항 단서에 의하여 조난된 사람에 대한 구조조치의무를 부담하고, 선박의 해상여객운송사업자와 승객 사이의 여객운송계약에 따라 승객의 안전에 대하여 계약상 보호의무를 부담하므로, 모든 승무원은 선박 위험 시 서로 협력하여 조난된 승객이나 다른 승무원을 적극적으로 구조할 의무가 있다. 따라서 선박침몰 등과 같은 조난사고로 승객이나 다른 승무원들이 스스로 생명에 대한 위협에 대처할 수 없는 급박한 상황이 발생한 경우에는 선박의 운항을 지배하고 있는 선장이나 갑판 또는 선내에서 구체적인 구조행위를 지배하고 있는 선원들은 적극적인 구호활동을 통해 보호능력이 없는 승객이나 다른 승무원의 사망 결과를 방지하여야 할 작위의무가 있으므로, 법익침해의 태양과 정도 등에 따라 요구되는 개별적 · 구체적인 구호의무를 이행함으로써 사망의 결과를 쉽게 방지할 수 있음에도 그에 이르는 사태의 핵심적 경과를 그대로 방관하여 사망의 결과를 초래하였다면, 부작위는 작위에 의한 살인행위와 동등한 형법적 가치를 가지고, 작위의무를 이행하였다면 결과가 발생하지 않았을 것이라는 관계가 인정될 경우에는 작위를 하지 않은 부작위와 사망의 결과 사이에 인과관계가 있다(대법원 2015.11.12, 선고, 2015도6809, 전원합의체 판결).

◆ 피고인이 배우자 甲의 목을 졸라 살해하였다는 내용으로 기소된 사안에서, 甲의 사망원인이 손에 의한 목눌림 질식사(액사, 縊死)인지와 범인이 피고인인지에 관하여 치밀한 검증 없이 여러 의문점이 있는 부검소견이나 자료에만 의존하여 유죄를 인정한 원심판결에 법리오해 등 위법이 있다고 한 경우

대학 부속병원 전공의인 피고인이 자신의 집에서 배우자 甲의 목을 졸라 살해하였다는 내용으로 기소된 사안에서, 사건의 쟁점인 甲의 사망원인이 손에 의한 목눌림 질식사(액사, 縊死)인지와 피고인이 사건 당일 오전 집을 나서기 전에 甲을 살해하였다고 볼 수 있는 정황이나 증거가 존재하는지에 관하여 치밀한 검증 없이 여러 의문점이 있는 부검소견이나 자료에만 의존하여 공소사실이 합리적 의심을 배제할 정도로 증명되었다고 보아 유죄를 인정한 원심판결에 형사재판에서 요구되는 증명의 정도에 관한 법리를 오해하여 필요한 심리를 다하지 아니하는 등 위법이 있다고 한 사례(대법원 2012.6.28, 선고, 2012도231, 판결).

◆ 피고인이 자신의 처(妻)를 교통사고를 가장하여 살해하기로 마음먹고, 도로 옆에 설치된 대전차 방호벽의 안쪽 벽면을 차량의 우측 부분으로 들이받은 후, 재차 차량 앞범퍼 부분으로 위 방호벽 중 돌출된 부분의 모서리를 들이받아 그를 살해하였다는 내용으로 기소되었는데, 피고인이 범행을 강력히 부인하고 있고 달리 그에 관한 직접증거가 없는 사안에서, 피고인에게 살인죄를 인정한 원심판결에 증거의 증명력에 관한 법리오해 또는 논리와 경험법칙을 위반한 위법이 있다고 한 경우

피고인이 자신의 처(妻)인 피해자를 승용차 조수석에 태우고 운전하던 중 교통사고를 가장하여 살해하기로 마음먹고, 도로 옆에 설치된 대전차 방호벽의 안쪽 벽면을 차량 우측 부분으로 들이받아 피해자가 차에서 탈출하거나 저항할 수 없는 상태가 되자(이하 '1차 사고'라 한다), 사고 장소로 되돌아와 다시 차량 앞범퍼 부분으로 위 방호벽 중 진행방향 오른쪽에 돌출된 부분의 모서리를 들이받아(이하 '2차 사고'라 한다) 피해자를 살해하였다는 내용으로 기소되었는데, 피고인이 범행을 강력히 부인하고 있고 달리 그에 관한 직접증거가 없는 사안에서, 제1심과 원심이 들고 있는 간접증거와 그에 기초한 인정 사실만으로는 위 공소사실 인정의 전제가 되는 '살인의 범의에 기한 1차 사고'의 존재가 합리적인 의심을 할 여지가 없을 정도로 증명되었다고 보기 어려운데도, 피고인에게 살인죄를 인정한 원심판결에 객관적 · 과학적인 분석을 필요로 하는 증거의 증명력에 관한 법리를 오해하거나 논리와 경험법칙을 위반한 위법이 있다고 한 사례(대법원 2011.5.26, 선고, 2011도1902, 판결).

Ⅲ. 수사실무

1. 수사포인트

(1) 범행동기와 목적을 밝힌다. 범행동기를 철저히 조사하지 않으면 나중에 증거불충분으로 무죄가 될 수도 있기 때문에 다음 사항에 유의해야 한다. 만일 범인에게 범의가 없었다면 과실치사나 폭행치사, 상해치사죄가 된다. 또 살인의 동기를 부여한 제3자관계에도 주의해야 한다.

1) 우발적인가, 계획적인가.

2) 범행의 직접·간접원인

3) 원한, 痴情, 세력쟁탈, 보험금사취, 상속재산, 횡령, 생활고

4) 왜 살해했으며 언제 어떠한 계획을 세웠는가

(2) 피해자와 범인에 대해 조사한다(성별·연령·직업·건강상태·성품 및 경제력·사회적 지위·둘 사이의 관계).

(3) 검증조서를 작성해야 한다. 그 기재할 사항은 다음과 같다.

1) 검증의 목적

2) 현장의 위치 또는 부근의 개황

3) 사체의 위치·착의·창상부위와 정도 등의 상황

4) 흉기의 유무, 발견장소와 그 상태

(4) 정당방위나 긴급피난 등이 아닌지를 조사한다.

(5) 폭행 또는 상해와 사망사이의 인과관계를 명백히 한다.

2. 피의자 신문례

(1) 피의자는 김○○을 알고 있나요

(2) 어떻게 알게 된 사이인가요

(3) 피의자는 김○○을 사망하게 한 사실이 있나요

(4) 언제 어디서 그렇게 하였나요

(5) 살해할 당시 누구와 함께 있었나요

(6) 김○○을 살해한 이유는 무엇인가요

(7) 언제부터 김○○을 살해할 것을 결심하였나요

(8) 무엇을 이용하여 살해하였나요

(9) 흉기는 언제 어디서 구입하였나요

(10) 흉기를 어떠한 방법으로 김○○에게 사용하였나요

(11) 김○○을 살해한 후 피의자는 어떻게 하였나요

(12) 김○○의 사망사실을 어떻게 알았나요

3. 범죄사실 기재례

【범죄사실 기재례】

(1) 피의자는 20○○. ○. ○. 20:00경 ○○동 ○○아파트 신축현장에서 같은 건축공사장 인부로 일하고 있는 피해자 강○○(남, 45세)과 평소 ○○아파트 신축현장에서 ○○식당을 운영하고 있는 최○○(여, 42세)를 사이에 두고 서로 좋아 하고 있어 잦은 다툼을 하고 있었다. 그러던 중 피해자가 최○○와 잠을 자고 있는 것을 알고 미리 준비한 낚시용칼(칼날길이 12센티미터)로 “계속 참아왔지만 이번만은 참지 못하겠다. 내가 이꼴을 보느니 너를 죽여버리겠다”라고 하면서 피해자의 왼편 가슴과 복부를 각 2회 찔러 왼쪽가슴찔린 상처로 인한 심장손상으로 사망에 이르게 함으로써 그를 살해하였다.

(2) 피의자는 평소에 남편인 피해자와 사이가 좋지 않아 자주 부부싸움을 하여 왔다. 20○○. ○. ○. 01:00경 주거지에서 경영하던 기사식당 내실에서 피해자 김○○와 또다시 부부싸움을 하다가 피해자로부터 모욕적인 말을 듣고 나가려고 하였다. 그런데 피해자가 웃옷을 잡자 순간 이에 격분하여 피해자를 칼로 찔러 살해하기로 마음먹고, 출입구쪽 도마위에 있던 조리용칼(칼날길이 23센티미터)을 손에 들고 피해자의 왼쪽 가슴을 3회 깊이 찔러

피해자로 하여금 심장찔린상처로 인하여 사망하게 하였다.

(3) 피의자는 평소 처인 피해자 양○○(여, 32세)가 독단적인 성격으로 피의자를 무시하고 집안의 금전관리를 도맡아 하면서 가정 일을 마음대로 처리하여 피의자의 부모형제와 심한 불화를 빚어 왔다. 그런데다가 이○○와 불륜관계를 맺어온 것을 눈치채고 그에 따라 위 피해자 양○○가 출산한 정○○(남, 1세)가 피의자의 친자가 아닐지도 모른다고 의심하게 됨으로써 처에 대한 감정이 극도로 악화되어 있었다.

그러던 중 피의자는 20○○. ○. ○. 21:00경부터 같은 날 23:30경 사이에 피의자가 피해자 양○○, 정○○과 함께 거주하여 오던 ○○동 123 소재 ○○아파트에서 피의자의 누나인 정△△를 피의자가 개업하는 ○○변호사 사무실의 사무장으로 채용하는 문제와 관련하여 양○○과 다투다가 누적된 감정이 폭발하였다. 그래서 아파트 베란다에 설치된 커텐줄을 잘라서 양○○을 살해하고, 이어 피해자 정○○도 같은 줄을 사용하여 목졸라 살해하였다. 그리고 사망시간을 조작하여 수사에 혼선을 주고자 하는 목적에서 피해자들의 사체를 더운물을 채워놓은 욕조에 집어넣고, 전기 스위치위에 옷을 걸어두고 기름을 부은 후 초를 옷위에 두어 세시간 가량이 지난 후 집안에 화재가 일어나게 하여두고, 바로 집을 나가 본인의 자가용승용차(○○도○○○○ 뉴그랜져XG)로 일부러 술을 마신후 교통사고 낸 후 경찰서에 검거되어 화재 발생시간에 사고가 발생한 것처럼 위장하였다.

(4) 피의자는 20○○. 10. 10. 15:00경 서울 성북구 ○○동 100번지에 있는 친구 홍길동의 집에소 우돌쇠(남, 00세), 안돌쇠(남, 00세), 윤돌쇠(남, 00세)들로부터 "말버릇이 나쁘다"라는 등의 욕설을 듣게 된 연유로 그들과 다툰 일이 있었다. 이 일로 인해 위 3명과 싸움으로 승부를 겨루기로 하고 같은달 18. 14:30경 서울 성북구 ○○동 산8의 ○○숲속을 그 장소로 하여 그곳에서 맞섰을 때, 위 3명이 피의자를 둘러 싼 가운데 윤돌쇠는 피의자 오른편 허벅지를 발로 한번 차고 또 다시 3명이 함께 덤벼들려고 하는 것에 격분하여 피의자는 그들을 살해하려고 결심하기에 이르렀다. 그리하여 길이 약 11센티미터의 휴대용 등산 나이프를 오른손에 거꾸로 쥐고 겨누므로 이에 놀라 도망가려다 그곳에 넘어진 위 우돌쇠의 왼쪽 배와 가슴을 각각 한 차례씩 찔러서 그에 대하여 심장천통찧은상처, 좌복부찔린상처 등의 상해를 입혀 위 상해로 인하여 잠시 후 그 자리에서 사망에 이르게 하여 그를 살해하였다.

4. 적용실례

(1) 한순간의 화를 못이기고 살인을 했을 경우

오○○는 서○○와 동거를 하다 지방에 일자리가 생겨 회사기숙사에서 얼마동안 지냈다. 그러다가 오○○와 동거하는 집에 올라와 3일동안 회사를 무단결근하자, 서○○는 회사를 나가지 않는 오○○에게 "너같은 게으름뱅이와는 살 수 없으니 당장 나가버려라. 나는 돈 없는 놈하고는 살고 싶지도 않다. 꺼져버려라." 라고 폭언을 했고, 오○○는 홧김에 넥타이를 풀어 양 끝을 잡고 뒤돌아 서있던 서○○의 목을 감아 강하게 조여, 서○○는 질식사하고 말았다.

➡ 우발적인 살의로 사람을 살해해도 살인죄를 구성하는데는 영향이 없으므로 오○○의 위 행위는 말할 것도 없이 살인죄에 해당한다.

(2) 품행이 나쁜 아들을 몽둥이로 때려서 죽였을 경우

시골에서 축산업을 하고 있는 피의자는 그의 셋째 아들 임○○의 품행이 나쁘고, 조금만 마음에 들지 않는 일이 있어도 물건을 둘러엎거나, 주먹으로 유리창을 부수거나, 벽을 제 머리로 치는 등 난폭한 행동을 많이 해서 그 문제로 고민이 많았다. 그러던 어느날 외출했다가 집으로 돌아와보니 집의 축사 부근에서 임○○가 칸막이 목재를 몽둥이로 마구 때려 부러뜨리고 있었다. 피의자가 이를 제지하자, 그는 "왜 그렇게 말이 많아" 하면서 피의자의 멱살을 잡아 리어카 위에 떠밀어서 넘어뜨리고 위 몽둥이를 피의자에게 주면서 "이걸로 날 때려 봐" 하고 고함을 질렀다. 피의자는 갑자기 그를 죽여서 집안의 화근을 없애야겠다는 마음이 생겨 두 손으로 위 몽둥이를 쥐고, 임○○의 머리와 허리께를 두어번 사정없이 때려서 머리뼈 및 얼굴머리뼈 개방골절, 뇌내출혈(뇌속출혈)을 수반한 뇌멍 등의 상해를 입혔고 조금 뒤에 임○○는 그 자리에서 위 상해로 인해 사망하였다.

➡ 살인죄의 범의는 범인이 자기의 행위로 인해 타인이 사망할 가능성 또는 위험있음을 인식하거나 또는 예견하면 충분하고, 그 사망을 목적 또는 희망할 것은 필요로 하지 않을 뿐만 아니라 그 인식 또는 예견은 확정적인 것만이 아니라, 불확정적인 것이라도 소위 미필적 범의가 있었다고 할 수 있다. 따라서 위 행위가 확정적 고의로 인한 것이 아니라 해서 살인죄의 성립에 영향을 미치지는 않을 것이다.

(3) **사람을 살해하려고 동일한 방법으로 수회기도하다 드디어 살해한 사례**

피의자는 자기 몰래 다른 여자와 살림을 차린 남편을 독살하기로 마음먹고 소주병에 농약을 넣어 남편이 마시도록 했으나 다른 사람이 치워버려 살해의 목적을 달성하지 못했다. 그리고 다음날 다시 이를 기도하여 결국 남편을 살해하였다.

➡ 이 경우와 같이 동일한 사람을 살해하려고 동일한 방법으로 기도하다 결국 살해의 목적을 달성한 경우에는 살인죄는 당연히 성립하지만 살인미수죄는 살인죄에 흡수되어 별죄를 구성하지 않는다.

5. 참고사항

(1) 자타살의 구별

1) 일반적인 방법

자　　살	타　　살
기일이나 기념일 택함	일시와 관계 없음
자살가능장소(벽, 묘소, 다리 등)	장소에 관계 없음
조상의 영전에 분향, 꽃차려 놓은 흔적	근친자 범인인 경우 가능성 있음
사망한 자세가 자연스럽다.	근친자 범인인 경우, 사체의 눈을 감겨 주거나 옷을 정리
문을 안으로 잠금	외부로 잠근 경우 많음
깨끗한 옷으로 갈아 입거나 몸단장 함	평소와 다름없다.
대부분 옷을 입고 있다.	옷이 벗겨져 있는 경우가 많다.
잠옷차림으로 자살은 드물다.	착의와 관계없다.
신발, 소지품이 정돈됨	산란함(※위장에 주의)
본인유서, 일기, 편지에 자살예견 내용을 알아볼 수 없을 경우－병원·대학교 심리학 교수 등에게 판독의뢰	글을 남길 여유 없다(※위장에 주의).

2) 손상자의 경우

자 살	타 살
혼자서 가능한 부위에 창상	혼자서 안되는 부위에도 창상
목부위, 복부, 심장, 손목 등 급소 선택	뒤통수부위, 등부위, 복부, 음부 등 신체 각 부위
흉기가 손에 있거나 사체 주위에 있음. 흉기 종류가 한 종류이고 잘 들도록 갈아져 있다. 흉기는 보통 예기를 사용	흉기가 사체에서 상당한 거리에 있거나 손에 쥐고 있어도 혈흔이 묻은 상태가 부자연하고 흉기가 둔기이거나, 칼날이 갈아 있지 않음
자기집 용구 많음 치명상은 1개	제한없음 치명상이 2개소 이상
의복 위로 찌르는 일이 드물고 피부면에 직접 흉기를 사용	착의에 손상이 있거나 부근이 가구, 책상 등에 손상이 있는 경우
창상의 기점은 흉기를 든 팔의 반대쪽에서 시작되어 동일방향으로 그 깊이를 달리한다.	창상의 기점이 일정하지 않고 방향도 일정치 않으며 사체의 손에 방어창이 있는 경우가 많음
치명상 주위에 동일방향으로 거의주저흔이 다수 발견	주저흔이 없다.
손에 혈액이 묻어있다.	보통 손에 묻어 있지 않음(※위장주의)
혈액의 흐름상태가 창상의 부위와 자세에 따라 자연스럽다.	사체와 혈액의 흐름상태가 일치하지 않고 부자연스럽다.
유서, 일기 등이 발견	기록이 전혀 없다.
방어흔이 없고, 흉기가 사체에 꽂혀 있음이 보통	손바닥, 손등, 손가락 및 앞가슴부위 방어흔이 있는 경우가 많음

2. 존속살해죄

제250조【살인, 존속살해】

② 자기 또는 배우자의 직계존속을 살해한 자는 사형, 무기 또는 7년 이상의 징역에 처한다. 〈개정 1995. 12. 29.〉

○ 존속살해죄는 자기 또는 배우자의 직계존속을 살해함으로써 성립하는 범죄로서 신분관계로 인해 형이 가중되는 부진정신분범이다.

○ 존속살해죄의 형을 살인죄에 비해 가중한 것은 직계비속이라는 신분을 이유로 차별대우한 것이기 때문에 평등의 원칙을 규정한 헌법 제11조 제1항에 위반하는 것이 아닌가하는 문제가 제기되고 있는데, 이에 대해서는 합헌설(다수설)과 위헌설이 대립하고 있다.

Ⅰ. 이론

1. 구성요건

(1) 객관적 구성요건

1) 주체

피해자의 직계비속 또는 그 직계비속의 배우자이다.

2) 객체

자기 또는 배우자의 직계존속이다.

① 직계존속이란 법률상의 개념이다. 따라서 사실상 부자관계일지라도 법적으로 인지절차를 마치지 않았으면 직계존속이 아니고, 타인 사이라도 합법적인 입양관계가 이루어졌으면 직계존속이 된다. 여기서 법률상의 개념이란 민법에 의한 친자관계를 말하며 반드시 가족관계등록부의 기재가 그 기준이 되는 것은 아니다. 따라서 양자가 양친을 살해하거나 혼인외 출생자가 그 생모를 살해한 때에는 존속살해죄가 되지만, 혼인외 출생자가 그 생부를 살해하거나, 버려진 아이를 양자로 입적해도 양친자관계를 창설하려는 명백한 의사가 없는 한 직계존비속관계가 성립하지 않으므로 이 죄에 해당하지 않는다.

■ 근거판례 ■

피살자(여)가 그의 문전에 버려진 영아인 피고인을 주어다 기르고 그 부와의 친생자인 것처럼 출생신고를 하였으나 입양요건을 갖추지 아니하였다면 피고인과의 사이에 모자관계가 성립될 리 없으므로, 피고인이 동녀를 살해하였다고 하여도 존속살인죄로 처벌할 수 없다(대법원 1981.10.13. 선고 81도2466 판결).

② 배우자는 살아있는 법률상의 배우자를 의미하는 것으로 사실혼 관계에 있는 자는 해당되지 않는다. 따라서 사망한 배우자의 직계존속을 살해한 때에는 이 죄가 성립하지 않는다. 다만 그 신분관계는 살해행위에 착수했을 때 있었으면 되므로 한 기회에 배우자를 먼저 살해하고 연이어 그의 직계존속을 살해한 때에는 이 죄가 성립한다(통설).

3) 행위

위 객체를 살해하는 것이다.

(2) 주관적 구성요건

자기 또는 배우자의 직계존속을 살해한다는 고의가 있어야 하므로 이를 인식하지 못한 때에는 이 죄는 성립하지 않는다.

Ⅱ. 판례

◆ 아동학대범죄의 처벌 등에 관한 특례법상 아동학대살해죄에서 살해의 범의의 인정 기준 및 피고인이 범행 당시 살해의 범의가 없다고 다투는 경우, 살해의 범의가 있었는지 판단하는 기준 / 아동학대살해죄에서 피고인이 범행 당시 살해의 범의는 없고 아동학대의 고의만 있었다고 다투는 경우, 아동학대살해의 범의가 인정되는지 판단하는 기준

아동학대살해죄에서 살해의 범의의 인정 기준은 살인죄에서의 범의의 인정 기준과 같다고 보아야 한다. 아동학대살해의 범의는 반드시 살해의 목적이나 계획적인 살해의 의도가 있어야 인정되는 것은 아니고, 자기의 행위로 인하여 아동에게 사망이라는 결과가 발생할 가능성 또는 위험이 있음을 인식하거나 예견하면 족한 것이며, 그 인식이나 예견은 확정적인 것은 물론 불확정적인 것이라도 이른바 미필적 고의로서 살해의 범의가 인정된다. 한편 피고인이 범행 당시 살해의 범의가 없다고 다투는 경우에는 피고인이 범행에 이르게 된 경위, 범행의 동기, 준비된 흉기의 유무·종류·용법, 공격 부위와 반복성, 사망의 결과 발생 가능성 정도, 범행 후 결과 회피 행동의 유무 등 범행 전후의 객관적 사정을 종합하여 살해의 범의가 있었는지를 판단하여야 한다.

그런데 아동은 골격이나 근육, 장기 등이 발달과정에 있어 손상에 취약하고, 심리적·인지적으로도 미성숙하여 자신의 건강상태 등을 제대로 인식하지 못하고 의사표현방식도 성인과 같지 아니하다. 아동의 보호자가 자신에게 의존하는 아동을 학대하는 경우, 아동은 이러한 의존성, 취약성 등으로 인하여 스스로를 방어하거나 다른 사람에게 도움을 요청하는 등으로 이를 회피하기 어렵고, 그 학대 사실이 쉽게 드러나지 아니하여 학대행위가 지속적·반복적으로 저질러지거나 그로 인한 피해가 누적·심화되어 치명적인 결과가 발생하는 경우도 많다. 따라서 아동학대살해죄에서 피고인이 범행 당시 살해의 범의는 없고 아동학대의 고의만 있었다고 다투는 경우에는 이러한 아동과 아동학대범죄의 특성에 비추어 피고인과 피해아동의 관계, 피해아동의 나이·발달정도와 건강상태, 피고인 및 피해아동의 체격과 힘의 차이, 학대행위의 내용과 정도 및 반복성 등에 관한 객관적인 사정을 면밀히 살펴보아야 한다. 나아가 학대행위가 지속적·반복적으로 가하여진 경우 그로 인해 피해아동의 건강상태가 불량하게 변경되어 생활기능의 장애가 이미 심각한 수준에 이르렀는지, 피해아동의 나이·발달정도나 취약해진 건강상태를 고려할 때 중한 학대행위를 다시 가할 경우 피해아동이 사망에 이를 위험이 있다고 인식 또는 예견 가능한 상황이었는지, 피해아동의 사망 결과를 방지할 의무가 있는 보호자인 피고인이 그의 학대범죄로 생명침해의 위험에 이른 피해아동에 대하여 적절한 치료나 실효적인 구호조치를 취하였는지 혹은 피해아동이 사망에 이를 때까지 중한 학대행위를 계속하고 방관하거나 유기하였는지 등 범행 전후의 사정을 종합하여 피고인에게 아동학대살해의 범의가 인정되는지를 판단하여야 한다.(대법원 2024. 7. 11. 선고 2024도2940 판결)

Ⅲ. 수사실무

1. 피의자 신문례

(1) 피의자는 아버지를 살해한 일이 있나요

(2) 언제, 어디에서 살해하였나요

(3) 살해한 이유는 무엇인가요

(4) 언제, 어떻게 계획을 세운것인가요

(5) 언제 살해를 위한 결의를 한 것인가요

(6) 살해를 위해 어떤 준비를 하였나요

(7) 흉기를 어떻게 사용하였나요

(8) 당시 사용한 흉기는 어떻게 하였나요

2. 범죄사실 기재례

【범죄사실 기재례】

피의자는 20○○. ○. ○. 14 : 00경 서울 ○○구 ○○동 ○○번지에 사는 어머니 장○○(당 ○○세)의 집에 가족들이 없는 틈에 들어가, 장농서랍을 열고 금반지 등을 찾고 있었다. 그러던 중 마침 집에 돌아온 어머니가 피의자를 꾸중하자 이에 화가나서 그 집의 부엌에 있던 식칼(칼날 길이 14센티미터)을 가져와 오른손에 들고 "잔소리하면 찔러 죽일거야"라고 말하였다. 이에 그녀가 "부모를 죽이는 놈이 다 있느냐, 어디 죽여봐라"라고 달려들자 격분하여 갑자기 그녀를 살해하기로 마음먹고 그녀의 왼편 가슴을 한 번 찔러서 그녀로 하여금 잠시 후 그 자리에서 왼쪽 가슴부위 찔린상처로 인한 심장손상으로 실혈하여 사망에 이르게 함으로써 그녀를 살해하였다.

● 수사사례

- 죄사람의 시기는 산모가 규칙적인 진통을 수반하면서 태아가 태반으로부터 분리되기 시작한 때부터이며, 종기는 사람의 맥박이 그쳤을 때를 말함
- 남편이 다른 여자와 불륜의 관계에 빠지자 남편이 잠든 사이 주방에 있던 식칼로 가슴등을 찔러 살해한 경우 살인죄 성립
- 친구끼리 술값 등의 문제로 서로 다투다 상대방이 죽인다며 욕설을 하자 그에게 살해당하기 전에 먼저 죽여야겠다고 마음먹고 소지하고 있던 칼로 찔러 살해한 경우 살인죄 성립
- 불량소년끼리 서로 결투를 하다가 칼을 꺼내어 상대방이 도주하자 이를 쫓아가 칼로 찔러 살해한 경우 살인죄 성립
- 교도소 안에서 복역자 끼리 말다툼을 하다 소지하고 있던 날카로운 흉기로 가슴을 찔러 상대방이 도주하자 다시 쫓아가 가슴등을 찔러 상해를 입힌 경우 살인미수죄 성립
- 자신의 처와 간통한 고용주의 집에 칼을 소지하고 찾아가 고용주의 가슴을 칼로 1회 찌른 후 계속하여 팔과 다리등을 찔렀으나 그의 처가 살려달라고 애원하자 중지하여 상해를 가한 경우 살인미수죄 성립

3. 영아살해죄

제251조 삭제 〈2024.8.8.〉

4. 촉탁, 승낙살인죄 · 자살교사, 방조죄

제252조【촉탁, 승낙에 의한 살인 등】
① 사람의 촉탁이나 승낙을 받아 그를 살해한 자는 1년 이상 10년 이하의 징역에 처한다.
② 사람을 교사하거나 방조하여 자살하게 한 자도 제1항의 형에 처한다.
[전문개정 2020. 12. 8.]

[미수범] 254, [교사 · 방조] 31 · 32, [피해자의승낙] 24, [공소시효] : 10년

- 사람의 촉탁 또는 승낙을 받아 그를 살해함으로써 성립하는 범죄로서 동의살인죄라고도 한다. 살인죄에 대하여 형을 감경하는 근거에 대해서는 책임이 감경되기 때문이라고 하는 견해와 자살과 유사한 성질을 갖는 것이므로 불법이 감경되기 때문이라고 하는 견해가 있다. 형법은 자살은 벌하지 않지만 타인의 자살에 관여하는 행위는 타인의 생명을 침해하는 행위라고 보아 이를 처벌하는 것이다.
- 자살을 권장하는 인터넷사이트의 운영자를 수사할 때는 본조를 적용하여 수사한다.

Ⅰ. 이론

[촉탁, 승낙살인죄(제252조 1항)]

1. 구성요건

(1) 객관적 구성요건

1) 객체

본 죄의 객체는 자신에 대한 살해를 촉탁 또는 승낙을 한 자이다.

2) 행위

피해자의 촉탁 또는 승낙을 받아 살해하는 것이다.

① 촉탁(Verlangen)이란 죽기로 마음 먹은 피해자의 요청에 의해 살해를 결의하는 것을 말한다. 촉탁은 직접적·명시적으로 행해져야 한다.

② 승낙(Einwilligung)이란 살해를 결의한 자가 피해자로부터 이에 대한 동의를 받는 것을 말한다. 승낙은 촉탁과는 달리 반드시 명시적으로 행해질 것을 요하지 않는다.

③ 촉탁과 승낙은 살해행위 이전에 있어야 하며, 이는 언제든지 취소할 수 있다.

④ 촉탁과 승낙은 진지한 것이어야 한다. 즉 피해자의 자유의사에 의해 생명의 가치와 무가치를 판단한 것이어야 한다.

(2) 주관적 구성요건

이 죄가 성립하려면 촉탁이나 승낙에 의하여 사람을 살해한다는 고의가 있어야 한다. 촉탁이나 승낙이 없음에도 불구하고 있다고 오인한 때에는 형법 제15조(사실의 착오) 제1항에 의하여 이 죄의 죄책을 지게 된다. 촉탁이나 승낙이 있었음에도 없는 것으로 오인하고 사람을 살해한 때에는 이 죄가 성립한다는 견해와 살인죄가 성립한다는 견해가 대립한다.

[자살교사, 방조죄(제252조 2항)]

1. 구성요건

(1) 객관적 구성요건

1) 주체

자살자를 제외한 자연인이다.

2) 객체

행위자 이외의 자연인이다. 자기 또는 배우자의 직계존속도 이 죄의 사람에 해당한다. 따라서 존속을 교사 또는 방조하여 자살하게 한 때에는 이 죄만이 성립할 뿐이다. 다만 자살이란 자유로운 의사결정에 의하여 생명을 끊는 것이므로 의사

결정 능력이 없는 유아나 정신병자는 이 죄의 객체가 될 수 없다.

▣ 근거판례 ▣

피고인이 7세, 3세 남짓된 어린자식들에 대하여 함께 죽자고 권유하여 물속에 따라 들어오게 하여 결국 익사하게 하였다면 비록 피해자들을 물속에 직접 밀어서 빠뜨리지는 않았다고 하더라도 자살의 의미를 이해할 능력이 없고 피고인의 말이라면 무엇이나 복종하는 어린 자식들을 권유하여 익사하게 한 이상 살인죄의 범의는 있었음이 분명하다(대법원 1987.1.20. 선고 86도2395 판결).

3) 행위

자살을 교사 또는 방조하는 것이다.

① 자살의 교사란 자살의사가 없는 자에게 자살을 마음먹게 하는 것을 말한다.

② 자살의 방조란 이미 자살하려고 마음먹은 자를 도와 자살을 용이하게 하는 것을 말한다.

③ 자살의 교사·방조는 촉탁·승낙에 의한 살인과 구별된다. 자살의 교사·방조는 타인의 자살에 공범의 형식으로 가담하는 것인데 대해 촉탁·승낙에 의한 살인은 살인죄의 정범에 해당한다 할 것이므로 정범과 공범의 판단기준인 행위지배의 유무에 따라 구별할 수 있다.

④ 교사 또는 방조에 의해 자살행위까지 했으나 자살에 실패한 경우, 교사·방조와 자살사이에 인과관계가 없는 때에는 이 죄의 미수가 된다.

⑤ 자살을 교사 또는 방조했으나 피교사자 또는 피방조자가 자살하지 않은 때에 대해서는 견해가 나뉘지만, 이 역시 미수에 해당한다고 본다(통설).

2. 합의동사

합의에 의한 공동자살 내지 이른바 정사를 기도했으나 그 가운데 한 사람이 살았을 경우 생존자를 처벌할 수 있는가가 문제된다. 통설은 이를 두가지 경우로 나누어 판단한다.

(1) 자기는 죽을 의사도 없으면서 같이 죽자고 상대방을 속여 자살하게 한 때에는 형법 제253조의 위계에 의한 살인죄가 성립하고,

(2) 같이 죽을 의사로 자살을 기도했다가 우연히 살아난 것일 때에는 자살방조죄가 성립한다고 한다.

Ⅱ. 판례

◆ 피고인이 甲 명의의 유서(遺書)를 대필하여 주는 방법으로 甲의 자살을 방조하였다는 공소사실로 유죄판결을 받아 확정되었는데, 그 후 재심이 개시된 사안에서, 국립과학수사연구소 감정인 乙이 작성한 감정서 중 유서와 피고인의 필적이 동일하다는 부분은 그대로 믿기 어렵고, 나머지 증거만으로는 공소사실이 증명되었다고 볼 수 있는지 없는지 여부

피고인이 甲 명의의 유서(遺書)를 대필하여 주는 방법으로 甲의 자살을 방조하였다는 공소사실로 유죄판결을 받아 확정되었는데, 그 후 재심이 개시된 사안에서, 국립과학수사연구소 감정인 乙이 유서와 피고인의 필적이 동일하다고 판단하는 근거로 내세우는 특징들 중 일부는 항상성 있는 특징으로 볼 수 없는 점 등 제반 사정을 종합하면 乙이 작성한 감정서 중 유서와 피고인의 필적이 동일하다는 부분은 그대로 믿기 어렵고, 나머지 증거만으로는 공소사실이 합리적 의심의 여지가 없을 정도로 충분히 증명되었다고 볼 수 없다는 이유로 무죄를 선고한 원심판단을 정당하다고 한 사례(대법원 2015.5.14, 선고, 2014도2946, 판결).

◆ 형법 제252조 제2항의 자살방조죄의 성립 요건

형법 제252조 제2항의 자살방조죄는 자살하려는 사람의 자살행위를 도와주어 용이하게 실행하도록 함으로써 성립되는 것으로서, 이러한 자살방조죄가 성립하기 위해서는 그 방조 상대방의 구체적인 자살의 실행을 원조하여 이를 용이하게 하는 행위의 존재와 그 점에 대한 행위자의 인식이 요구된다(대법원 1992. 7. 24. 선고 92도1148 판결, 대법원 2005. 6. 10. 선고 2005도1373 판결 등 참조).

원심판결 이유에 의하면 원심은, 적법하게 채택한 판시 증거에 의하여 피해자가 이 사건 당일 새벽에 피고인과 말다툼을 하다가 죽고 싶다 또는 같이 죽자고 하며 피고인에게 기름을 사오라는 말을 하였고, 이에 따라 피고인이 피해자에게 휘발유 1병을 사다주었는데 그 직후에 피해자가 몸에 휘발유를 뿌리고 불을 붙여 자살한 사실을 인정한 후 위와 같은 피해자의 자살경위에 피해자의 자녀문제와 고부갈등, 경제적 어려움 등으로 인한 피고인과 피해자 사이의 가정불화 등을 보태어 보면, 피고인이 이 사건 당시 피해자에게 휘발유를 사다주면 이를 이용하여 자살할 수도 있다는 것을 충분히 예상할 수 있었음에도 피해자에게 휘발유를 사다주어 피해자가 자살하도록 방조한 것이라고 판단하였는바, 원심이 판시한 제반 사정에 비추어 보면 원심판단은 위 법리에 따른 것으로서 정당하고, 거기에 자살방조죄의 범의에 관한 법리를 오해한 위법 등이 없다(대법원 2010. 4. 29., 선고, 2010도2328 판결).

◆ 7세, 3세 남짓된 어린자식들에게 함께 죽자고 권유하여 익사하게 한 경우 자살교사죄의 성부(소극)

피고인이 7세, 3세 남짓된 어린자식들에 대하여 함께 죽자고 권유하여 물속에 따라 들어오게 하여 결국 익사하게 하였다면 비록 피해자들을 물속에 직접 밀어서 빠뜨리지는 않았다고 하더라도 자살의 의미를 이해할 능력이 없고 피고인의 말이라면 무엇이나 복종하는 어린 자식들을 권유하여 익사하게 한 이상 살인죄의 범의는 있었음이 분명하다(대법원 1987.1.20. 선고 86도2395 판결).

◆ 판매대금 편취의 목적으로 인터넷 자살사이트에 청산염 등 자살용 유독물 판매광고의 글을 게시한 행위가 자살방조에 해당하지 않는다고 한 사례

(1) 사실관계

B와 C는 2004. 3. 9.경 동반 자살하기에 앞서 '자살에 관하여' 등 인터넷 사이트 내 자살 관련 카페(동호회) 등지에서 자살에 사용할 청산염 등 유독물의 구입처와 동반 자살자를 물색하여 오던 중 2004. 2. 18.경부터 같은 해 2. 25.경까지 위 카페 게시판에 청산염 등 자살용 유독물의 일반적 효능 소개를 곁들인 판매 광고용 글을 올린 피고인 A와 사이에 위 청산염 구입을 위한 상담용 이메일을 주고받고 통화까지 하였으나, 피고인은 실제로는 위 청산염을 소지한 바도 없이 단지 금원 편취의 의도로 위 판매광고 등을 한 것이었다. B또한 2004. 2. 25.경 이를 알아채고서 그 후 피고인과의 접촉을 중단하고 다른 불상의 경로를 통해 청산염을 입수한 다음 C를 그의 소재지로 불러 모아 동반 자살하였다.

(2) 판결요지

[1] 형법 제252조 제2항의 자살방조죄는 자살하려는 사람의 자살행위를 도와주어 용이하게 실행하도록 함으로써 성립되는 것으로서, 그 방법에는 자살도구인 총, 칼 등을 빌려주거나 독약을 만들어 주거나 조언 또는 격려를 한다거나 기타 적극적, 소극적, 물질적, 정신적 방법이 모두 포함된다 할 것이나, 이러한 자살방조죄가 성립하기 위해서는 그 방조 상대방의 구체적인 자살의 실행을 원조하여 이를 용이하게 하는 행위의 존재 및 그 점에 대한 행위자의 인식이 요구된다.

[2] 피고인이 인터넷 사이트 내 자살 관련 카페 게시판에 청산염 등 자살용 유독물의 판매광고를 한 행위가 단지 금원 편취 목적의 사기행각의 일환으로 이루어졌고, 변사자들이 다른 경로로 입수한 청산염을 이용하여 자살한 사정 등에 비추어, 피고인의 행위는 자살방조에 해당하지 않는다고 한 사례(대법원 2005. 6. 10. 선고 2005도1373 판결).

◆ 분신자살한 경위, 증거물인 수첩, 업무일지, 메모지 등이 피고인에 의하여 사후에 조작되었다는 점, 분신자살 전후에 나타난 피고인의 행적 및 진술 등에 비추어 피고인은 망인이 자살하려는 정을 알고 그 유서를 대필해 주었으며 그 후 그 사실을 은폐하려 한 것이라고 보아 자살방조의 범죄사실을 인정한 사례

형법 제252조 제2항의 자살방조죄는 자살하려는 사람의 자살행위를 도와주어 용이하게 실행하도록 함으로써 성립되는 것으로서, 그 방법에는 자살도구인 총·칼 등을 빌려주거나 독약을 만들어 주거나, 조언 또는 격려를 한다거나 기타 적극적·소극적·물질적·정신적 방법이 모두 포함된다(대법원 1992. 7. 24. 선고 92도1148 판결).

Ⅲ. 수사실무

1. 수사포인트

(1) 死者가 죽음에 대해 인식할 수 있는 능력이 있었는가 또는 의사결정의 능력이 있는 사람인가를 조사한다.

(2) 자살의 동기, 특히 촉탁살인에 있어서는 진지한 요청을 한 것인지의 여부를 분명히 해야 할 것이다.

(3) 유서가 있는지, 그것이 진정한 유서인지 조사한다.

(4) 범인에 대해 범의를 일으키게 된 동기, 특히 촉탁살인에 있어서는 사자의 요청과의 인과관계를 밝혀야 한다.

(5) 교사, 방조 등의 수단과 방법을 조사한다.

2. 피의자 신문례

(1) 김○○을 알고 있나요

(2) 언제부터, 어떻게 알고 있었나요

(3) 어떤 관계인가요

(4) 김○○와 동반자살하려고 한 일이 있나요

(5) 언제, 어디에서, 어떤 방법으로 동반자살하려고 하였나요

(6) 그 유독물은 어디에서 구입하였나요

(7) 누구에게 얼마에 구입한 것인가요

(8) 김○○와 피의자 중에 누가 자살하자고 제의한 것인가요

3. 범죄사실 기재례

【범죄사실 기재례】

(1) 피의자는 20○○. ○. ○. 09 : 00경부터 ○○시 ○○동에 있는 ○○여관 213호 방에서 유부녀인 피해자 윤○○과 간통한 사실에 대하여 죄의식을 느낀 나머지 동녀에게 동반자살할 것을 제의하여 동녀에게 이를 결심시켰다.

그리하여 집에서 미리 준비해간 농약 1병을 컵 2개에 나누어 그 위에 맥주를 채워 그 중 1컵을 동녀에게 마시게 하였으나 동녀로 하여금 구토증을 일으키게 하는데 그쳐 그 뜻을 이루지 못하고 미수에 그쳤다.

(2) 피의자는 20○○. ○. ○. 22:00경 귀가하여 보니 말기위암으로 투병중인 김○○이 면도칼로 손의 동맥을 베어 자살을 하려다가 그 뜻을 이루지 못하고 있는 것을 목격하고 병원으로 후송하려 하였다. 그러자 김○○이 "의사를 불러도 낳지 못하는 병에 걸려있으니 제발 나를 즉여서 편히 가게 해달라"라고 사정하므로 매일 고통받는 것을 애처롭다고 생각하였다. 그래서 그곳에 있던 목도리를 사용하여 김○○의 목을 감고 졸라메어서 즉시 그곳에서 그로 하여금 숨막히게 하여 김○○의 촉탁을 받아 그를 살해하였다.

(3) 피의자는 20○○. ○. ○. 23:00경 피의자가 평소 가입해 활동하던 '자살에 관해 생각하는 사람들의 모임' 이란 인터넷 까페에서 회원으로 활동하던 김○○(여, 23세), 최○○(남, 21세)로부터 자신들이 사랑하여 함께 하려고 하는데 집안에서 반대가 심하여 죽어서라도 같이하고 싶어서 약품을 구하고 있는데 구할 수 있겠냐는 연락을 받았다.

그리고 김○○과 최○○이 원하는 대로 약품공급과 뒤처리를 하여주는 조건으로 금 200만원을 받기로 약속하고, 본인이 운영하는 ○○화공약품상에서 극독물인 ○○○○ 300밀리그램을 위 김○○과 최○○가 투숙하고 있는 ○○시 ○○구 ○○동 ○○모텔 304호실에 가져다주었다. 그리고 약속한 금액을 받은 뒤, 김○○과 최○○가 약품을 먹고 숨진 것을 확인한 후 부탁받은 대로 뒷정리를 하여주고 유서를 손에 쥐어준 뒤 방을 빠져나와 자살을 방조하였다.

(4) 피의자는 20○○. ○. ○. 19:00경 ○○동에 있는 ○○모텔 202호실에서 유부남인 홍○○과 간통한 사실에 대하여 죄의식을 느낀 나머지 그에게 동반자살할 것을 제의하여 그에게 이를 결심하게 하고 미리 구입하여 가지고 있던 ○○○을 각 30밀리그램씩 나누어 먹기로 하였다. 피의자는 우선 홍○○에게 먼저 먹이고 자신도 먹으려고 하였으나 홍○○가 괴로워하는 모습을 보이자 피의자는 먹지 아니하고 구급차를 불러 홍○○를 치료케 하여 위 홍○○로 하여금 전신경련증을 일으키게 하는데 그쳐 그 뜻을 이루지 못하고 미수에 그쳤다.

4. 적용실례

(1) 자살의 실패로 괴로워하는 형의 부탁을 받고 그를 목졸라 죽인 경우

지○○는 심장판막증으로 고생하고 있는 형과 자취하고 있는 자로서, 어느 날 퇴근하여 집에 돌아와 보니 그의 형이 면도칼로 목을 베어 자살하려다가 그 아픔에 고통스러워하는 것을 발견했다. 지○○가 깜짝 놀라 그에게 다가가자 그는 "괴롭다. 의사를 불러도 소용없으니까 이대로 나를 죽여다오. 한시라도 빨리 가서 쉬고 싶다" 라고 부탁하므로 이를 승낙하고 그곳에 있던 넥타이로 형의 목을 감고 힘껏 졸라 즉시 형은 질식사하고 말았다.

➡ 피해자의 의사에 중대한 하자가 있다거나 범인의 기망이 있었다고 할 수 없고 피해자의 자유스런 진의에 의한 것이기 때문에 촉탁살인으로 보는 것이 타당하겠다.

(2) 불구가 된 큰딸에게 권유하여 자살시킨 경우

이○○는 큰딸이 교통사고로 한쪽 다리를 잃어 마음대로 움직이지도 못하고 더구나 약혼자로부터 버림받아 슬픔으로 하루하루를 보내는 것을 보면서 큰딸의 장래를 염려하여 항상 자기가 죽을 때는 그녀와 같이 죽으리라고 생각했었는데 얼마 후 병원에서 암진단이 내려지자 자기의 생명이 얼마 남지 않았음을 알고 딸에게 함께 자살하자고 권유했다. 그녀가 동반자살의 제의를 받아들이자 미리 준비해 두었던 청산가리 한 봉지를 물에 타서 마시게 하여 큰딸은 죽고 말았다.

➡ 위 이○○의 행위에 대해서는 자살교사죄를 적용할 수 있을 것이다.

(3) 사고로 움직이지 못하는 친구의 자살을 도왔을 경우

강○○와 이○○는 새벽에 오토바이를 타고 과속으로 달리며 스릴을 즐기던 중 강○○가 넘어지며 중상을 입게 되었다. 이○○가 강○○를 구조하려고 그에게 다가가자 그는 "눈도 안보이고 팔 다리에도 감각이 없다. 이대로는 살아가고 싶지 않으니 ○○강에 나를 던져 죽게 해달라" 고 부탁하였다. 이○○가 이를 승낙하여 움직이지 못하는 강○○를 안아 ○○강에 던져 죽게 하였다.

➡ 위 이○○가 강○○의 부탁을 받아들여 움직이지 못하는 그를 안아 강에 던진 행위는 직접 자살의 실행에 손을 빌려준 것이라고 할 수 있다. 따라서 이 행위는 촉탁살인죄로 의율할 수 있을 것이다.

(4) **동반자살을 기도하다 상대방만 죽게하고 도망한 경우**

유부남인 한○○는 정○○와 불륜관계를 맺어오다가 이를 청산하기 위해 정○○에게 헤어지자고 말했으나 그녀의 사랑이 깊은 것에 감동해서 함께 동반자살을 하기로 했다. 인적이 드문 산속에서 정○○가 "내가 먼저 죽을테니, 그 후에 따라 오라" 고 하자 동반자살의 의지를 잃고, 그 기회를 이용해서 그녀와의 관계를 청산하기로 마음먹고 정○○에게 다량의 수면제를 먹게 한 후 도망하여 정○○는 사망하였다.

➡ 통설·판례는 정○○의 자살이 자유로운 의사결정에 근거한 것인가, 그렇지 않은가에 중심을 둔다. 만일 기망이 그 결의의 본질적인 요소를 형성하고, 결의에 중대한 하자가 있다면 자살관여죄가 아닌 살인죄가 성립한다. 이에 대해 죽음의 의미를 알고 결의한 이상 죽은 것 자체는 착오가 아니며, 따라 죽으라고 한 사실은 동기의 착오에 지나지 않기 때문에 자살관여죄가 된다는 주장도 있다. 여기서는 통설과 판례에 따라 살인죄를 적용해야 할 것이다.

● **수사사례**

- 해심장판막증으로 고생하고 있는 자가 자신의 집에서 면도칼을 이용하여 자살하려 하였으나 그 뜻을 이루지 못하고 찾아온 친구에게 의사도 소용이 없으니 제발 자신을 죽여달라며 애걸하여 너무 안타까워한 나머지 넥타이로 친구의 목을 졸라 살해한 경우 촉탁살해죄 성립
- 양가 집안의 반대로 결혼을 할 수 없게 된 것을 비관하여 함께 죽기로 결심한 뒤, 수면제를 다량 복용하였으나 그뜻을 이루지 못하자 다른 방법으로 자살을 결심하던 중 피해여성이 치마끈으로 자살하겠다며 자신의 목에 치마끈을 감고 당겨달라고 부탁하자 이를 승낙하고 살해한 경우 승낙살해죄 성립

5. 위계, 위력에 의한 살인죄

> **제253조【위계 등에 의한 촉탁살인 등】**
> 전조의 경우에 위계 또는 위력으로써 촉탁 또는 승낙하게 하거나 자살을 결의하게 한 때에는 제250조의 예에 의한다.

[미수범] 254, [예비 · 음모] 255, [공소시효] : 적용안됨

○ 이 죄는 수단으로 위계·위력을 사용하고 있다는 점에서 자유로운 의사결정을 전제로 한 촉탁·승낙살인 및 자살관여자와는 본질적으로 다르고 살인죄와 유사한 성질을 갖는다. 즉 형법상으로는 촉탁·승낙을 하거나 자살을 결의하고 있는 것처럼 보이더라도 처음부터 기망 또는 협박 등의 방법으로 의사의 자유를 구속한 상태에서 한 것이므로 살인죄와 같이 처벌하는 것이다.

Ⅰ. 이론

1. 구성요건

(1) 객관적 구성요건

1) 주체

제한이 없다.

2) 객체

행위자 이외의 모든 자연인이다.

3) 행위

위계 또는 위력으로써 사람의 촉탁, 승낙을 받아 살해하거나 자살하게 하는 것이다.

① 위계란 목적이나 수단을 상대방에게 알리지 않고 그의 부지나 착오를 이용해서 그 목적을 달성하는 것을 말하며, 거짓말은 물론 유혹도 포함한다. 정사의 의사가 없음에도 불구하고 정사할 것처럼 가장하여 상대방을 자살하게 하는 경우가 여기에 해당한다.

② 위력이란 사람의 의사를 제압할 수 있는 유형, 무형의 힘을 말하는 것으로, 폭행·협박은 물론 사회·경제적 지위를 이용하는 경우도 여기에 해당한다.

(2) 주관적 구성요건

위계 또는 위력으로써 사람의 촉탁, 승낙을 받아 그를 살해하거나 자살하게 한다는 사실에 대한 인식과 의사를 내용으로 하는 고의가 있어야 한다.

Ⅱ. 판례

◆ 위력자살결의죄로 공소제기된 사건에서 공소장변경 절차를 거치지 아니하고 직권으로 자살교사죄를 유죄로 인정한 원심의 조치를 수긍한 사례

기록에 비추어 살펴보면, 원심이, 피고인에 대하여 공소제기 된 위력자살결의의 범죄사실 중에는 판시 자살교사의 범죄사실이 포함되어 있고, 피고인이 피해자로 하여금 자살을 하도록 한 경위 등에 대한 충분한 심리가 이루어졌으므로 피고인을 위 공소사실에 포함된 자살교사죄로 처벌하더라도 피고인에게 불의의 처벌을 가하거나 그 방어권 행사에 실질적인 불이익을 초래할 염려가 있다고 볼 수 없다는 이유로 공소장변경절차를 거치지 아니하고 직권으로 피고인에 대하여 공소제기 된 위력자살결의죄와 일죄 관계에 있는 자살교사죄를 유죄로 인정한 조치는 수긍할 수 있고, 거기에 상고이유의 주장과 같은 공소장변경에 관한 법리를 오해한 위법이 없다(대법원 2005. 9. 28., 선고, 2005도5775, 판결).

◆ 위력자살결의죄에 있어서 위력의 정도

위력자살결의죄는 자살의 의사가 없는 사람으로 하여금 위력을 이용하여 자살하도록 결의하게 함으로써 성립되는 것이고 그 법정형이 살인죄에 준하도록 규정되어 있음에 비추어 살인에 버금갈 정도의 죄책을 질 경우이어야 하므로 자신의 처와 정을 통한 피해자를 수일간에 걸쳐 폭행 · 협박하고 심하게 책임추궁을 하여 피해자가 죄책감에 괴로워하던 끝에 자살을 결의하게 되었다 하더라도 그러한 사정만으로는 위력자살결의죄가 성립되지 아니한다(서울고법 1989.2.24, 선고, 88노3543, 제1형사부판결 : 상고기각).

Ⅲ. 수사실무

1. 수사포인트

(1) 위계 등에 의한 촉탁살인일 경우에는 범인이 사용한 수단 및 그의 경제적·사회적 지위 등과 사자의 결의결과가 발생한 인과관계를 분명히 해야 한다.

(2) 위계 등에 의한 촉탁살인죄는 예비, 음모, 미수도 처벌한다는데 유의한다.

2. 범죄사실 기재례

【범죄사실 기재례】

피의자는 20○○. ○. ○.경부터 동네 사람들로부터 피의자의 아내 전○○가 ○○읍 번지미상에 사는 김○○(당○○세)의 “첫사랑이라더라”, “둘이 매일 만난다더라”는 등의 불미스러운 소문이 퍼졌다. 피의자는 그러한 말이 들릴 때마다 수치와 분노를 참지 못해 위 전○○를 몹시 때리는 등 싸움이 잦아지고 가정불화가 끊이지 않았다. 그러던 중 20○○. ○. ○. 21 : 00경 또 다시 말다툼을 하다가 위 전○○가 “정말 아무 일 없다. 당신도 내 마음을 몰라주니 억울해서 못살겠다”며 자기의 결백함을 주장하자 이에 화가 나서 전○○에 대하여 “그렇다면 별 수 없다. 죽음으로 너의 결백함을 증명해라. 자식들 앞에서 나도 부끄러워 못살겠다. 스스로 죽지 못하겠으면 내가 죽여주마”라는 등 협박하여 전○○에게 자살할 것을 강요하고 그녀로 하여금 그 뜻을 결심하게 하였다.

그리하여 다음날인 ○. 02 : 00경 그곳에서 자식들에 대하여 “너희 엄마는 억울하게 죽는다. 결코 나쁜 여자가 아니다. 너희 아버지가 강요하여 결백을 증명하려 죽는다”라는 내용의 유서를 쓰고, 그 집 부엌에 들어가 평소 사용하던 세탁용 가성소오다 용액 1컵을 들이마시고 잠시 후 그곳에서 가성소오다 중독으로 인한 장파열로 죽음에 이르게 하여 위력으로써 그녀의 자살을 결의하게 하였다.

● 수사사례

- 피해자인 아내의 불륜사실을 알고 자식들에게 부끄러운 일이니 스스로 죽으라고 강요하며 자살하지 않으면 자신이 죽인다며 협박후, 아내에게 유서를 쓰게하고 독극물을 마셔 자살케 한 경우 위력에 의한 촉탁살인죄 성립
- 불구가 된 딸의 처지를 안타까워한 나머지 자살을 권유하여 그 뜻을 받아들이게 한 다음 청산가리를 마셔 숨지게 한 경우 자살교사죄 성립
- 애인과 결혼을 약속하였으나 부모가 반대하여 이를 비관중 그녀와 함께 자살하기로 약속 하고 그녀에게 청산가리 한 봉지를 주면서 물에 타 마시기를 권유하여 그녀가 자살을 결심 후 청산가리를 마셔 사망케 한 경우 자살방조죄성립

6. 미수범

제254조【미수범】

제250조, 제252조 및 제253조의 미수범은 처벌한다.

[전문개정 2023. 8. 8.]

[미수범] 25-29

Ⅰ. 이론

보통살인죄(제250조 1항), 존속살해죄(제250조 2항), 영아살해죄(제251조), 촉탁·승낙살인죄(제252조 1항), 자살교사·방조죄(제252조 2항), 위계·위력에 의한 살인죄(제253조)의 경우 미수범을 처벌한다.

Ⅱ. 판례

◆ **배에 남아있던 피해자들을 익사하게 하고, 나머지 피해자들의 사망을 용인하였으나 구조되었다고 하여 살인 및 살인미수로 기소된 사안**

[다수의견] 항해 중이던 선박의 선장 피고인 甲, 1등 항해사 피고인 乙, 2등 항해사 피고인 丙이 배가 좌현으로 기울어져 멈춘 후 침몰하고 있는 상황에서 피해자인 승객 등이 안내방송 등을 믿고 대피하지 않은 채 선내에 대기하고 있음에도 아무런 구조조치를 취하지 않고 퇴선함으로써, 배에 남아있던 피해자들을 익사하게 하고, 나머지 피해자들의 사망을 용인하였으나 해경 등에 의해 구조되었다고 하여 살인 및 살인미수로 기소된 사안에서, 피고인 乙, 丙은 간부 선원이기는 하나 나머지 선원들과 마찬가지로 선박침몰과 같은 비상상황 발생 시 각자 비상임무를 수행할 현장에 투입되어 선장의 퇴선명령이나 퇴선을 위한 유보갑판으로의 대피명령 등에 대비하다가 선장의 실행지휘에 따라 승객들의 이동과 탈출을 도와주는 임무를 수행하는 사람들로서, 임무의 내용이나 중요도가 선장의 지휘 내용이나 구체적인 현장상황에 따라 수시로 변동될 수 있을 뿐 아니라 퇴선유도 등과 같이 경우에 따라서는 승객이나 다른 승무원에 의해서도 비교적 쉽게 대체 가능하고, 따라서 승객 등의 퇴선을 위한 선장의 아무런 지휘·명령이 없는 상태에서 피고인 乙, 丙이 단순히 비상임무 현장에 미리 가서 추가 지시에 대비하지 아니한 채 선장과 함께 조타실에 있었다거나 혹은 기관부 선원들과 함께 3층 선실 복도에서 대기하였다는 사정만으로, 선장과 마찬가지로 선내 대기 중인 승객 등의 사망 결과나 그에 이르는 사태의 핵심적 경과를 계획적으로 조종하거나 저지·촉진하는 등 사태를 지배하는 지위에 있었다고 보기

어려운 점 등 제반 사정을 고려하면, 피고인 乙, 丙이 간부 선원들로서 선장을 보좌하여 승객 등을 구조하여야 할 지위에 있음에도 별다른 구조조치를 취하지 아니한 채 사태를 방관하여 결과적으로 선내 대기 중이던 승객 등이 탈출에 실패하여 사망에 이르게 한 잘못은 있으나, 그러한 부작위를 작위에 의한 살인의 실행행위와 동일하게 평가하기 어렵고, 또한 살인의 미필적 고의로 피고인 甲의 부작위에 의한 살인행위에 공모 가담하였다고 단정하기도 어려우므로, 피고인 乙, 丙에 대해 부작위에 의한 살인의 고의를 인정하기 어렵다고 한 원심의 조치는 정당하다고 한 사례.

[피고인 乙, 丙의 살인·살인미수 무죄판단 부분에 대한 대법관 박보영, 대법관 김소영, 대법관 박상옥의 반대의견] 위 사안에서, 피고인 乙, 丙은 선박이 조난사고를 당한 비상상황에서 선장을 보좌하여 선원들을 지휘하고 유사시 선장의 직무를 대행할 책임을 지고 있어 조난을 당한 승객 등의 생명·신체의 안전을 보호할 법적 지위와 작위의무에서 선장에 준하는 것으로 평가되는 점, 사고 당시 긴박한 상황 전개와 피고인 甲의 모든 대응을 직접 목격함으로써 피고인 甲이 승객의 인명구조와 관련된 선장의 역할을 전면적으로 포기·방기하는 비정상적 상황임을 인식한 점, 피고인 乙, 丙에게는 비상상황에서 선장을 보좌하여 현장을 지휘할 의무 외에도 선장의 직무 포기라는 비정상적 상황이 지속됨으로 인하여 선장을 대행하여 구조조치를 지휘할 의무가 현실적으로 발생한 점, 피고인 乙, 丙은 당시 상황에 부합하는 자신들의 의무를 이행함으로써 승객 등의 사망이라는 결과발생을 직접적으로 용이하게 저지할 수 있을 정도로 사태를 지배하고 있었음에도 어떠한 의무도 이행하지 않고 방관한 점, 구조정이 도착한 이후에 승객 등에게 퇴선하라는 아무런 명령·조치도 없이 선내에 그대로 방치한 채 선장 및 다른 갑판부 선원들과 함께 먼저 퇴선함으로써, 그 후 승객 등이 사망할 가능성이 크지만 사망해도 어쩔 수 없다는 의사, 즉 결과발생을 인식·용인하였고, 이러한 피고인 乙, 丙의 부작위는 작위에 의한 살인의 실행행위와 동일하게 평가할 수 있는 점, 피고인 甲의 부작위에 의한 살인행위에 암묵적, 순차적으로 공모 가담한 공동정범이라고 보아야 하는 점 등을 종합할 때, 피고인 乙, 丙은 부작위에 의한 살인 및 살인미수죄의 공동정범으로서의 죄책을 면할 수 없다(대법원 2015. 11. 12., 선고, 2015도6809, 전원합의체 판결).

◆ 일정량 이상을 먹으면 사람이 죽을 수도 있는 '초우뿌리' 나 '부자' 달인 물을 마시게 하여 피해자를 살해하려다 미수에 그친 행위가 불능범이 아닌 살인미수죄에 해당한다고 본 사례

불능범은 범죄행위의 성질상 결과발생 또는 법익침해의 가능성이 절대로 있을 수 없는 경우를 말하는 것이다(대법원 1998. 10. 23. 선고 98도2313 판결 참조).

기록에 의하면 '초우뿌리' 나 '부자' 는 만성관절염 등에 효능이 있으나 유독성 물질을 함유하고 있어 과거 사약(死藥)으로 사용된 약초로서 그 독성을 낮추지 않고 다른 약제를 혼합하지 않은 채 달인 물을 복용하면 용량 및 체질에 따라 다르나 부작용으로 사망의 결과가 발생할 가능성을 배제할 수 없는 사실을 알 수 있는바, 원심이 그 설시 증거를 종합하여 피고인이 원심 공동피고인 공소외 1과 공모하여 일정량 이상을 먹으면 사람이 사망에 이를 수도 있는 '초우뿌리' 또는 '부자' 달인 물을 피해자(공소외 1의 남편)에게 마시게 하여 피해자를 살해하려고 하였으나 피해자가 이를 토해버림으로써 미수에 그친 행위를 불능범이 아닌 살인미수죄로 본 제1심의 판단을 유지한 것은 정당하고 거기에 앞서 본 불능범에 관한 법리오해 또는 채증법칙 위배 등의 위법이 없다(대법원 2007. 7. 26., 선고, 2007도3687, 판결).

◆ 살인미수죄

피고인이 원심 상피고인에게 피해자를 살해하라고 하면서 준 원비-디 병에 성인 남자를 죽게 하기에 족한 용량의 농약이 들어 있었고, 또 피고인이 피해자 소유 승용차의 브레이크호스를 잘라 브레이크액을 유출시켜 주된 제동기능을 완전히 상실시킴으로써 그 때문에 피해자가 그 자동차를 몰고 가다가 반대차선의 자동차와의 충돌을 피하기 위하여 브레이크 페달을 밟았으나 전혀 제동이 되지 아니하여 사이드 브레이크를 잡아 당김과 동시에 인도에 부딪치게 함으로써 겨우 위기를 모면하였다면 피고인의 위 행위는 어느 것이나 사망의 결과발생에 대한 위험성을 배제할 수 없다 할것이므로 각 살인미수죄를 구성한다(대법원 1990. 7. 24. 선고 90도149 판결).

◆ 살인의 실행행위에 착수하였다고 본 사례

피고인이 격분하여 피해자를 살해할 것을 마음먹고 밖으로 나가 낫을 들고 피해자에게 다가서려고 하였으나 제3자가 이를 제지하여 그틈을 타서 도망감으로써 살인의 목적을 이루지 못한 경우, 피고인이 낫을 들고 피해자에게 접근함으로써 살인의 실행행위에 착수하였다고 할 것이므로 이는 살인미수에 해당한다(대법원 1986. 2. 25. 선고 85도2773 판결).

7. 살인예비, 음모죄

제255조【예비, 음모】

제250조와 제253조의 죄를 범할 목적으로 예비 또는 음모한 자는 10년 이하의 징역에 처한다.

[예비 · 음모] 28, [특별규정] 경범, [공소시효] : 10년

○ 이 죄는 형법 제28조(음모·예비)에 대한 특별규정이며, 보통살인죄, 존속살해죄 및 위계·위력에 의한 살인죄의 법익의 중대성과 행위의 위험성을 고려하여 이러한 죄에 대한 사전준비나 2인 이상이 모의하는 행위를 처벌하기 위한 것이다.

Ⅰ. 이론

보통살인죄(제250조 1항), 존속살해죄(제250조 2항), 위계, 위력에 의한 살인죄(제253조)를 범할 목적으로 예비 또는 음모한 자를 처벌하는 규정이다.

예비란 범죄실행을 위한 준비행위로서 실행에 아직 착수하지 않은 것을 말하고, 음모란 2인 이상의 자 사이에 성립한 범죄실행의 합의를 말한다.

Ⅱ. 판례

◆ 살인예비죄의 성립 요건

[1] 형법 제255조, 제250조의 살인예비죄가 성립하기 위하여는 형법 제255조에서 명문으로 요구하는 살인죄를 범할 목적 외에도 살인의 준비에 관한 고의가 있어야 하며, 나아가 실행의 착수까지에는 이르지 아니하는 살인죄의 실현을 위한 준비행위가 있어야 한다. 여기서의 준비행위는 물적인 것에 한정되지 아니하며 특별한 정형이 있는 것도 아니지만, 단순히 범행의 의사 또는 계획만으로는 그것이 있다고 할 수 없고 객관적으로 보아서 살인죄의 실현에 실질적으로 기여할 수 있는 외적 행위를 필요로 한다.

[2] 甲이 乙을 살해하기 위하여 丙, 丁 등을 고용하면서 그들에게 대가의 지급을 약속한 경우, 甲에게는 살인죄를 범할 목적 및 살인의 준비에 관한 고의뿐만 아니라 살인죄의 실현을 위한 준비행위를 하였음을 인정할 수 있다는 이유로 살인예비죄의 성립을 인정한 사례(대법원 2009.10.29, 선고, 2009도7150, 판결).

◆ 존속살인,살인미수 여부

피고인이 격분하여 피해자를 살해할 것을 마음먹고 밖으로 나가 낫을 들고 피해자에게 다가서려고 하였으나 제3자 이를 제지하여 그틈을 타서 피해자가 도망함으로써 살인의 목적을 이루지 못한 경우, 피고인이 낫을 들고 피해자에게 접근함으로써 살인의 실행행위에 착수하였다고 할 것이므로 이는 살인미수에 해당한다(대법원 1986.2.25, 선고, 85도2773, 판결).

3. 살인대상의 특정

살인예비죄가 성립하려면 살인대상이 특정되어야 한다(대법원 1959. 7. 31. 선고 4292형상308 판결).

Ⅲ. 수사실무

1. 범죄사실 기재례

【범죄사실 기재례】

(1) 피의자는 OO교도소에서 복역중이다.

피의자는 같이 복역중인 홍길동(남, 00세)의 말투를 항상 불쾌하게 여기던 중, 20OO. 10. 10. 10:45경 위 교도소 안 작업장에서 피의자가 홍길동의 작업용 줄판을 무단히 사용한 것 때문에 말다툼이 되자 갑자기 그를 살해하려고 결심하였다. 그리하여 왈칵 그에게 달려들어 가지고 있던 말썽이 난 작업용 줄판으로 그의 얼굴을 찌르고 또다시 머리를 세게 치고 그곳에서 피하려는 그를 쫓아가면서 등과 팔 등을 네 차례에 걸쳐 찔러서 그에 대하여 전치 약 3주일을 요하는 앞머리찔린상처의 상해를 입히는데 그치고 앞에 옆에 있던 같은 복역수들에게 제지당하여 그 살해의 뜻을 이루지 못하고 미수에 그쳤다.

(2) 피의자는 그의 처 김여자(당00세)가 그의 고용주 홍길동과 간통한 사실 때문에 자기 가정에 파탄된 것에 분개하여 위 홍길동을 만나 보고 경우에 따라서는 신체에 위해를 가할 목적으로 길이 약15센티미터의 칼을 지니고 2006. 10. 10. 22:00경 서울 성북구 OO동 100번지에 있는 홍길동의 집에 찾아 갔다.

피의자는 그와 이야기하던 중 그의 불손한 언동에 격분하여 순간적으로 그를 살해하고 피의자 자신도 자살하여 버리겠다는 마음먹고, 같은 날 23:30경 그 집 안방에서 별안간 가지고 간 칼을 꺼내어 오른손에 들고 홍길동의 오른쪽 가슴을 한번 힘껏 찌르고 또 다시 왼팔, 왼쪽 앞머리 등을 찔렀다. 그러나 이를 말리는 그의 처 김여자가 앞을 가로막고 달려들며 "나를 죽여도 좋으니 이 사람만은 살려달라" 라고 울며 매달려 이로 인하여 위 홍길동에게 전치 약 2개월을 요하는 우측허리부위, 왼쪽아래팔, 머리에 벤상처의 상해만을 입히고 중지함으로 그 살해의 뜻을 이루지 못하고 미수에 그쳤다.

피의자는 위 일시 및 장소에서 위 칼을 든 채 위 홍길동에 대하여 "내 옷에 피가 묻었으니 갈아입을 옷을 내놔라. 그리고 보상금 500만원을 내놓지 않으면 너희들 모두 죽여버리겠다"라는 등 그를 협박하여 그 반항을 할 수 없도록 하고, 다음 날 02:00경 그곳에서 홍길동 소유의 양복 1벌 외 2점(시가50만원 상당)과 현금 500만원을 그로부터 건네받아 이를 강취하였다.

● **수사사례**

- 친구에게 맞은 보복으로 그를 죽이려고 칼을 들고 그의 집으로 찾아간 경우 살인예비죄 성립

8. 자격정지의 병과

제256조【자격정지의 병과】
제250조, 제252조 또는 제253조의 경우에 유기징역에 처할 때에는 10년 이하의 자격정지를 병과할 수 있다.

[공소시효] 형소249①·250, [자격정지] 44

보통살인죄(제250조 1항), 존속살해죄(제250조 2항), 촉탁·승낙살인죄(제252조 1항), 자살교사·방조죄(제252조 2항), 위계·위력에 의한 살인죄(제253조)의 경우 유기징역에 처할 때에는 10년 이하의 자격정지를 병과할 수 있다.

제 26 장 상해와 폭행에 관한 죄 (제257조 ~ 제265조)

제25장 상해와 폭행에 관한 죄(제257조 ~ 제265조)

1. 상해죄 · 존속상해죄

제257조【상해, 존속상해】
① 사람의 신체를 상해한 자는 7년 이하의 징역, 10년 이하의 자격정지 또는 1천만원 이하의 벌금에 처한다. 〈개정 1995.12.29.〉
② 자기 또는 배우자의 직계존속에 대하여 제1항의 죄를 범한 때에는 10년 이하의 징역 또는 1천500만원 이하의 벌금에 처한다. 〈개정 1995.12.29.〉
③ 전2항의 미수범은 처벌한다.

[상습범] 264, [동시범] 263, [이죄와의비교] 275-281, [특별규정] 폭력행위2, [과실상해] 266, [자상] 병역86, 국보4①, [공소시효] : 7년(1항), 10년(2항)

○ 고의로 타인의 신체를 침해하는 범죄로서 전형적인 공격범이다. 침해의 정도에 차이가 있고 살의가 없는 점에서 살인죄와 구별된다.

Ⅰ. 이론

[상해죄(제257조 1항)]

1. 구성요건

(1) 객관적 구성요건

1) 객체

사람의 신체이다.

① 사람이 아닌 동물을 상해한 때에는 그 효용을 해한 경우에 한하여 손괴죄가 성립하고, 사체를 상해한 때에는 사체손괴죄가 성립한다.

② 自傷은 이 죄에는 해당없고 특별법에 의하여 처벌되는 경우가 있다(병역법, 군형법 등). 그러나 강요나 기망에 의한 자상의 경우에는 상해죄의 간접정범이 될 수 있음을 주의해야 한다(70도1638).

▣ 근거판례 ▣

피고인이 피해자를 협박하여 그로 하여금 자상케 한 경우에 피고인에게 상해의 결과에 대한 인식이 있고 또 그 협박의 정도가 피해자의 의사결정의 자유를 상실케 함에 족한 것인 이상 피고인에게 대하여 상해죄를 구성한다(대법원 1970.9.22. 선고 70도1638 판결).

③ 태아의 상해 : 사람이란 살아있는 사람을 의미하기 때문에 상해죄의 객체는 출생한 사람으로 제한된다. 따라서 태아는 이 죄의 객체가 될 수 없다(그러나 임신중인 태아를 약물 등으로 기형아로 출산되게 한 경우에 출생한 사람에 대해 상해의 죄를 적용할 수 있는가는 문제가 된다).

2) 행위

상해하는 것이다.

① 상해에 대해 생리적 기능의 훼손이라는 견해, 신체의 완전성을 침해하는 것이라는 견해, 생리적 기능의 훼손과 신체외모에 대한 중대한 변화라고 하는 견해 등이 대립하고 있다. 판례는 대체로 양자결합설의 입장에서 외관상 상처가 없더라도 성병감염, 처녀막 파열은 물론, 보행불능, 수면장애, 식욕감퇴 등 기능장애 등을 일으킨 때에도 상해에 해당한다고 한다.

▣ 이견있는 형사사건의 법원판단 ▣

[상해의 개념]

1. 문제점 : 상해죄에서의 상해의 개념에 대하여 견해가 나뉜다.
2. 학설

(1) 신체의 완전성설 : 상해개념을 광의로 파악하여 신체내부에 대한 침해는 물론 신체의 외부적 완전성을 침해하는 행위만으로 상해가 된다는 견해
(2) 생리적 기능훼손설(통설) : 상해개념을 협의로 파악하여 사람의 생리적 기능을 훼손하거나 건강을 해치는 것이 상해라고 보는 견해
(3) 절충설 : 상해를 생리적 기능의 훼손과 신체외모의 중대한 변화라고 보는 견해

3. 판례 : 생리적 기능훼손설의 태도

난소의 제거로 이미 임신불능 상태에 있는 피해자의 자궁을 적출했다 하더라도 그 경우 자궁을 제거한 것이 신체의 완전성을 해한 것이 아니라거나 생활기능에 아무런 장애를 주는 것이 아니라거나 건강상태를 불량하게 변경한 것이 아니라고 할 수 없고 이는 업무상 과실치상죄에 있어서의 상해에 해당한다(대법원 1993. 7. 27. 선고 92도2345 판결).

② 상해의 태양 : 상해의 수단·방법에는 아무런 제한이 없다.

(2) 주관적 구성요건

이 죄가 성립하려면 상해의 고의, 즉 사람의 생리적 기능을 훼손한다는 인식과 의사가 있어야 한다. 상해의 고의 없이 폭행의 의사로 상해의 결과를 발생한 때에는 폭행치상죄(제262조)가 성립한다.

2. 위법성

(1) 피해자의 승낙

피해자의 승낙이 있으면 위법성이 조각되나 이에는 사회상규 또는 공서양속에 의한 사회윤리적 제한에 따라야 한다. 스포츠에 의한 상해, 자동차 동승자의 사고에 의한 상해, 의사의 치료행위 등이 이에 해당된다.

(2) 치료행위

의사의 치료행위는 그 성공여부를 불문하고 상해죄의 구성요건에 해당한다. 그러나 상해죄의 성립여부와 관련하여 업무로 인한 정당행위로서 위법성이 조각된다는 견해, 피해자의 승낙에 의하여 위법성이 조각된다는 견해, 구성요건해당성이 없다는 견해가 주장되고 있다. 또 본인의 의사에 반하는 경우라도 그것이 정당한 치료행위라면 위법성이 조각된다고 보는 것이 통설의 입장이다.

(3) 징계행위

징계권자의 징계행위는 객관적으로 징계의 목적을 달성하는데 불가피하고 주관적으로 교육의 목적을 달성하기 위한 것이면 위법성이 조각된다. 그러나 징계권의 행사로 상해를 가져오면 원칙적으로 위법성이 조각되지 않는다.

▣ 근거판례 ▣

부하를 훈계하기 위한 것이라 하여도 폭행행위가 징계권의 범위를 넘었다고 보여지고 그로 인해 상해를 입은 이상 그 행위를 사회상규에 위배되지 아니한 행위로서 위법성이 조각된다고 할 수 없다(대법원 1984. 6. 26. 선고 84도603 판결).

3. 죄수

상해를 입힌 행위가 동일한 일시, 장소에서 동일한 목적으로 저질러진 것이라고 하더라도 피해자를 달리하고 있으면 피해자별로 각각 별개의 상해죄를 구성한다. 따라서 실체적 경합범으로 보아야 할 것이고, 1개의 행위가 수개의 죄에 해당하는 상상적 경합범이라고 볼 수 없다.

[존속상해죄(제257조 2항)]

본 죄는 자기 또는 배우자의 직계존속의 신체를 상해함으로써 성립하는 범죄이다. 객체가 직계존속이라는 신분관계로 인해 상해죄에 대하여 책임을 가중하는 가중적 구성요건이다.

▣ 근거판례 ▣

친자관계라는 사실은 호적상의 기재여하에 의하여 좌우되는 것은 아니며 호적상 친권자라고 등재되어 있다 하더라도 사실에 있어서 그렇지 않은 경우에는 법률상 친자관계가 생길 수 없다 할 것인바, 피고인은 호적부상 피해자 와 모 사이에 태어난 친생자로 등재되어 있으나 피해자가 집을 떠난 사이 모가 타인과 정교관계를 맺어 피고인을 출산하였다면 피고인과 피해자 사이에는 친자관계가 없으므로 존속상해죄는 성립될 수 없다(대법원 1983.6.28. 선고 83도996 판결).

Ⅱ. 판례

◆ 안수기도가 정당행위로 인정될 수 있는 한도 및 통상적인 안수기도라 할 수 없는 유형력의 행사로 상해를 입힌 것이 정당행위인지 여부

종교적 기도행위의 일환으로서 기도자의 기도에 의한 염원 내지 의사가 상대방에게 심리적 또는 영적으로 전달되는 데 도움이 된다고 인정할 수 있는 한도 내에서 상대방의 신체의 일부에 가볍게 손을 얹거나 약간 누르면서 병의 치유를 간절히 기도하는 행위는 그 목적과 수단면에서 정당성이 인정된다고 볼 수 있지만, 그러한 종교적 기도행위를 마치 의료적으로 효과가 있는 치료행위인 양 내세워 환자를 끌어들인 다음, 통상의 일반적인 안수기도의 방식과 정도를 벗어나 환자의 신체에 비정상적이거나 과도한 유형력을 행사하고 신체의 자유를 과도하게 제압하여 환자의 신체에 상해까지 입힌 경우라면, 그러한 유형력의 행사가 비록 안수기도의 명목과 방법으로 이루어졌다 해도 사회상규상 용인되는 정당행위라고 볼 수 없다(대법원 2008. 8. 21. 선고 2008도2695 판결).

◆ 태아를 사망에 이르게 하는 행위가 임산부에 대한 상해에 해당하는지 여부

현행 형법이 사람에 대한 상해 및 과실치사상의 죄에 관한 규정과는 별도로 태아를 독립된 행위객체로 하는 낙태죄, 부동의 낙태죄, 낙태치상 및 낙태치사의 죄 등에 관한 규정을 두어 포태한 부녀의 자기낙태행위 및 제3자의 부동의 낙태행위, 낙태로 인하여 위 부녀에게 상해 또는 사망에 이르게 한 행위 등에 대하여 처벌하도록 한 점, 과실낙태행위 및 낙태미수행위에 대하여 따로 처벌규정을 두지 아니한 점 등에 비추어 보면, 우리 형법은 태아를 임산부 신체의 일부로 보거나, 낙태행위가 임산부의 태아양육, 출산 기능의 침해라는 측면에서 낙태죄와는 별개로 임산부에 대한 상해죄를 구성하는 것으로 보지는 않는다고 해석된다. 따라서 태아를 사망에 이르게 하는 행위가 임산부 신체의 일부를 훼손하는 것이라거나 태아의 사망으로 인하여 그 태아를 양육, 출산하는 임산부의 생리적 기능이 침해되어 임산부에 대한 상해가 된다고 볼 수는 없다(대법원 2007. 6. 29. 선고 2005도3832 판결).

◆ 상해진단서의 증명력

상해죄의 피해자가 제출하는 상해진단서는 일반적으로 의사가 당해 피해자의 진술을 토대로 상해의 원인을 파악한 후 의학적 전문지식을 동원하여 관찰·판단한 상해의 부위와 정도 등을 기재한 것으로서 거기에 기재된 상해가 곧 피고인의 범죄행위로 인하여 발생한 것이라는 사실을 직접 증명하는 증거가 되기에 부족한 것이지만, 그 상해에 대한 진단일자 및 상해진단서 작성일자가 상해 발생시점과 시간상으로 근접하고 상해진단서 발급 경위에 특별히 신빙성을 의심할 만한 사정이 없으며 거기에 기재된 상해의 부위와 정도가 피해자가 주장하는 상해의 원인 내지 경위와 일치하는 경우에는, 그 무렵 피해자가 제3자로부터 폭행을 당하는 등으로 달리 상해를 입을 만한 정황이 발견되거나 의사가 허위로 진단서를 작성한 사실이 밝혀지는 등의 특별한 사정이 없는 한, 그 상해진단서는 피해자의 진술과 더불어 피고인의 상해사실에 대한 유력한 증거가 되고, 합리적인 근거 없이 그 증명력을 함부로 배척할 수 없다고 할 것이다(대법원 2007. 5. 10. 선고 2007도136 판결).

◆ 특수상해죄 및 특수협박죄의 구성요건 중 위험한 물건을 '휴대하여'의 의미 / 이때 범행 현장에서 위험한 물건을 사용하려는 의도가 있었는지 판단하는 기준 및 위험한 물건을 실제로 범행에 사용하였을 것까지 요구되는지 여부(소극) / 위험한 물건을 휴대하였다고 하기 위하여, 그 물건을 현실적으로 손에 쥐고 있는 등 피고인과 그 물건이 반드시 물리적으로 부착되어 있어야 하는지 여부(소극)

형법 제258조의2 제1항, 제257조 제1항, 제284조, 제283조 제1항은 위험한 물건을 휴대하여 사람의 신체를 상해한 자를 특수상해죄로, 사람을 협박한 자를 특수협박죄로 각 처벌하도록 규정하고 있다. 여기서 위험한 물건을 '휴대하여'는 범행 현장에서 사용하려는 의도 아래 위험한 물건을 소지하거나 몸에 지니는 경우를 의미한다. 범행 현장에서 위험한 물건을 사용하려는 의도가 있었는지는 피고인의 범행 동기, 위험한 물건의 휴대 경위 및 사용 방법, 피고인과 피해자와의 인적 관계, 범행 전후의 정황 등 모든 사정을 합리적으로 고려하여 판단하여야 한다. 피고인이 범행 현장에서 범행에 사용하려는 의도 아래 위험한 물건을 소지하거나 몸에 지닌 이상 피고인이 이를 실제로 범행에 사용하였을 것까지 요구되지는 않는다. 또한 위험한 물건을 휴대하였다고 하기 위하여는, 피고인이 범행 현장에 있는 위험한 물건을 사실상 지배하면서 언제든지 그 물건을 곧바로 범행에 사용할 수 있는 상태에 두면 충분하고, 피고인이 그 물건을 현실적으로 손에 쥐고 있는 등 피고인과 그 물건이 반드시 물리적으로 부착되어 있어야 하는 것은 아니다.(대법원 2024. 6. 13. 선고 2023도18812 판결)

◆ 피고인이 폭력행위등처벌에관한법률위반(집단·흉기등재물손괴등)죄 등으로 징역형을 선고받아 판결이 확정되었는데, 그 집행을 종료한 후 3년 내에 상해죄 등을 범하였다는 이유로 제1심 및 원심에서 누범으로 가중처벌된 사안에서, 피고인이 누범전과인 확정판결에 대해 재심을 청구하여 재심대상판결 전부에 대하여 재심개시결정이 이루어졌고, 상해죄 등 범행 이후 진행된 재심심판절차에서 징역형을 선고한 재심판결이 확정됨으로써 확정판결은 당연히 효력을 상실하였으므로, 더 이상 상해죄 등 범행이 확정판결에 의한 형의 집행이 끝난 후 3년 내에 이루어진 것이 아니라고 한 사례

피고인이 폭력행위등처벌에관한법률위반(집단·흉기등재물손괴등)죄 등으로 징역 8월을 선고받아 판결이 확정되었는데(이하 '확정판결'이라고 한다), 그 집행을 종료한 후 3년 내에 상해죄 등을 범하였다는 이유로 제1심 및 원심에서 누범으로 가중처벌된 사안에서, 피고인이 누범전과인 확정판결에 대해 재심을 청구하여, 재심개시절차에서 재심대상판결 중 헌법재판소가 위헌결정을 선고하여 효력을 상실한 구 폭력행위 등 처벌에 관한 법률(2014. 12. 30. 법률 제12896호로 개정된 것) 제3조 제1항, 제2조 제1항 제1호, 형법 제366조를 적용한 부분에 헌법재판소법 제47조 제4항의 재심사유가 있다는 이유로 재심대상판결 전부에 대하여 재심개시결정이 이루어졌고, 상해죄 등 범행 이후 진행된 재심심판절차에서 징역 8월을 선고한 재심판결이 확정됨으로써 확정판결은 당연히 효력을 상실하였으므로, 더 이상 상해죄 등 범행이 확정판결에 의한 형의 집행이 끝난 후 3년 내에 이루어진 것이 아니라고 한 사례(대법원 2017.9.21, 선고, 2017도4019, 판결).

◆ 상대방 일행이 서로 합세하여 甲을 구타하였고, 甲은 이를 벗어나기 위하여 손을 휘저으며 발버둥치는 과정에서 상대방 등에게 상해를 가하게 된 사안에서, 甲의 행위의 위법성이 조각된다고 판단한 원심판결을 수긍한 경우

甲과 자신의 남편과의 관계를 의심하게 된 상대방이 자신의 아들 등과 함께 甲의 아파트에 찾아가 현관문을 발로 차는 등 소란을 피우다가, 출입문을 열어주자 곧바로 甲을 밀치고 신발을 신은 채로 거실로 들어가 상대방 일행이 서로 합세하여 甲을 구타하기 시작하였고, 甲은 이를 벗어나기 위하여 손을 휘저으며 발버둥치는 과정에서 상대방 등에게 상해를 가하게 된 사안에서, 상대방의 남편과 甲이 불륜을 저지른 것으로 생각하고 이를 따지기 위하여 甲의 집을 찾아가 甲을 폭행하기에 이른 것이라는 것만으로 상대방 등의 위 공격행위가 적법하다고 할 수 없고, 甲은 그러한 위법한 공격으로부터 자신을 보호하고 이를 벗어나기 위한 사회관념상 상당성 있는 방어행위로서 유형력의 행사에 이르렀다고 할 것이어서 위 행위의 위법성이 조각된다고 판단한 원심판결에 법리오해의 위법이 없다고 한 사례(대법원 2010.2.11, 선고, 2009도12958, 판결).

◆ 경찰관들이 체포영장을 소지하고 메트암페타민(일명 필로폰) 투약 등 혐의로 피고인을 체포하려고 하자, 피고인이 이에 거세게 저항하는 과정에서 경찰관들에게 상해를 가하였다고 하여 공무집행방해 및 상해의 공소사실로 기소된 사안에서, 경찰관들이 체포를 위한 실력행사에 나아가기 전에 체포영장을 제시하고 미란다 원칙을 고지할 여유가 있었음에도 애초부터 미란다 원칙을 체포 후에 고지할 생각으로 먼저 체포행위에 나선 행위는 적법한 공무집행이라고 보기 어렵다는 등의 이유로 무죄를 선고한 원심판단이 정당하다고 한 사례

사법경찰관 등이 체포영장을 소지하고 피의자를 체포하기 위해서는 체포영장을 피의자에게 제시하고(형사소송법 제200조의6, 제85조 제1항), 피의사실의 요지, 체포의 이유와 변호인을 선임할 수 있음을 말하고 변명할 기회를 주어야 한다(형사소송법 제200조의5). 이와 같은 체포영장의 제시나 고지 등은 체포를 위한 실력행사에 들어가기 이전에 미리 하여야 하는 것이 원칙이다. 그러나 달아나는 피의자를 쫓아가 붙들거나 폭력으로 대항하는 피의자를 실력으로 제압하는 경우에는 붙들거나 제압하는 과정에서 하거나, 그것이 여의치 않은 경우에는 일단 붙들거나 제압한 후에 지체 없이 하여야 한다.(대법원 2017.9.21, 선고, 2017도10866, 판결).

Ⅲ. 수사실무

1. 수사포인트

(1) 범행동기와 고의의 유무를 밝힌다.

(2) 피해의 부위와 정도를 조사한다.

(3) 범행 경위와 수단, 방법을 조사한다.

(4) 범행의 상습성이 있지는 않은지 조사한다.

(5) 위법성이 조각되는지 밝힌다.

(6) 피해자에게 합의 및 처벌의사가 있는지 조사한다.

2. 피의자 신문례

(1) 피의자는 신○○와 싸운 사실이 있나요

(2) 언제 어디서 싸웠나요

(3) 싸움할 당시 피의자는 혼자서 싸웠나요

(4) 싸움하게 된 동기를 상세히 진술하세요

(5) 그 때 그 곳에는 사람들이 많이 있었나요

(6) 싸울 때 본 사람이 있는가요

(7) 그 후 피의자는 어떻게 하였나요

(8) 피해자 신○○에게 어느 정도 상처를 입혔는지 알고 있는가요

(9) 진단서에는 약 4주간의 치료를 요하는 상치아 탈구 2개로 되어 있는데 어떤가요

(10) 피해자에게 피해 변상을 해 주었나요

(11) 피의자의 주량은 어느 정도인가요

(12) 피의자는 그 당시 어느 정도 술을 마셨으며 피해자도 술에 취해있었나요

(13) 유리한 증거나 더 할 말이 있는가요

3. 범죄사실 기재례

【범죄사실 기재례】

(1) 피의자 김○○은 20○○. ○. ○. 17 : 00경 서울 서초구 잠원동 555에 있는 술집 "르망까페" 앞길에서 길을 걷다가 위 이○○과 어깨를 부딪히자 그에게 "눈 똑바로 뜨고 다녀 임마"라고 소리치면서 주먹으로 그의 얼굴을 2회 세게 때려 그에게 약 2주간의 치료를 요하는 구순부열 찢긴상처 등을 가하였다. 그러자 피의자 이○○은 즉석에서 김○○으로부터 위와 같이 구타당한데 대항하여 주먹으로 그의 가슴을 1회 세게 때리고 멱살을 잡고 그의 다리를 걸어 땅에 넘어뜨려 그에게 약 3주간의 치료를 요하는 마루부위찢긴상처 등을 가하였다.

(2) 피의자는 20○○. ○. ○. 12:30경 ○○동 ○○은행 앞길에서 피해자 박○○(여, 30세)와 피의자가 20○○. ○.경 구입한 컴퓨터의 외상대금 불입영수증 문제로 시비하였다. 그러던 중 위 피해자가 "○○○야"라고 하였다는 이유로 들고 있던 핸드백으로 위 박○○의 얼굴을 때리고, 머리채를 잡아 흔들며 손톱으로 얼굴을 할퀴어 위 피해자 박○○에게 약3주간의 치료를 요하는 얼굴상처 등의 상해를 가하였다.

(3) 피의자는 20○○. ○. ○. 20:00경 ○○시 ○○구 ○○동 123번지 피의자의 집에서 시어머니인 홍○○와 말다툼을 하다가 시아버지인 피해자 최△△(70세)이 시어머니의 편을 들어 나무라자 거실에 있던 청소용 나무빗자루(길이 약 50센티미터)를 들고 피해자 최△△의 어깨부분을 때려 약 2주간의 치료를 요하는 왼쪽어깨멍 등의 상해를 입게 하여 배우자의 직계존속을 상해하였다.

4. 적용실례

(1) 상해사실은 인정되지만 진단서가 없는 경우

피의자 진술로 보면, 코피가 났다고 하여 상해사실이 인정되지만 진단서가 없었다.

➡ 비출혈이 인정되는 경우에는 진단서가 없어도 "치료일수미상의 비출혈상을 가한 것이다" 라고 적시하고 상해로 의율해야 할 것이다.

(2) 가족관계증명서에 없는 생모에 흉기를 사용한 경우

가족관계등록부에 기재되어 있지 않은 생모에게 흉기를 사용해 상해를 입혔다.

➡ 이에 대해 자칫 폭력행위 등 처벌에 관한 법률(제3조 제1항, 주간흉기 폭력) 위반을 적용할 수도 있겠지만 가족관계증명서에 없는 생모도 직계존속이므로 존속상해로 의율하는 것이 타당하다.

(3) 의치를 탈락시키는 경우

길을 가다 상대방과 시비가 붙어 사람을 때려 의치가 부러졌다.

➡ 이 경우 의치가 재물인가 신체인가에 따라 적용할 수 있는 죄가 달라진다. 의치를 재물로 본다면 재물손괴죄가 되겠지만, 의치도 신체의 일부이므로 상해로 의율하는 것이 타당하다.

(4) 계모의 존속 포함여부

계모를 때려 상해를 입혔다.

➡ 이 경우 계모가 존속에 포함되는가 아닌가에 따라 죄책이 달라진다. 계모를 존속이 아니라고 보면 폭행치상죄로 성립하겠지만, 계모는 법률상 존속에 해당되므로 존속상해죄로 의율하는 것이 타당하다.

(5) 개가한 생모에 상해를 가한 경우

개가한 생모에 대하여 위험한 물건으로 상해를 가하였다

➡ 생모는 직계존속이므로 위 행위는 존속상해에 해당하고 폭력행위 등 처벌에 관한 법률에는 존속상해죄를 가중처벌하는 조항은 없으므로 결국 존속상해죄로 의율해야 한다.

(6) 어깨가 부딪혔다고 폭행을 가한 경우

윤○○는 길을 가다 맞은 편에서 오던 이○○와 어깨를 부딪히자 왜 미냐며 시비를 걸어 주먹으로 이○○의 얼굴을 구타하는 등 폭행을 가하여 그에게 약 5일간의 치료를 요하는 얼굴개갠상처의 상해를 가하였다.

➡ 상해죄에 필요한 범의는 사람에 대하여 폭행을 가할 것을 인식하는 것으로써 족하고, 그 폭행으로 인해 상해가 발생할 것을 인식할 필요가 없다. 따라서 위 윤○○의 행위는 명백한 상해가 될 것이다.

5. 참고사항

(1) 상해의 사례

1) 피의자의 진술에 상해사실이 인정되는데 진단서 없는 경우

예 : "진단서 없이 코피났다. 이 경우 치료일수미상의 비출혈상을 가한 것이다." 라고 기재할 것

2) 때려서 의치를 탈락시킨 경우

사람을 때려서 의치를 탈락케 한 경우 재물손괴로 의율하지 말고 의치도 신체의 일부분이므로 상해로 의율할 것

3) 간음(강간)의 결과 성병감염 또는 성병(매독, 임질등) 있음에도 성관계를 가져 성병을 감염시킨 경우

4) 강간으로 처녀막 파열

5) 수면제를 먹여 두통을 일으키게 한 경우

6) 타격, 강압, 마찰에 의하여 피부밑출혈이 있는 경우

7) 폭행으로 인한 식욕감퇴, 수면장애, 보행불능

8) 의사가 수술하여 부작용이 생겼더라도 상해죄는 성립하지 않고, 다만 업무상 과실치상죄가 성립한다.

9) 존속상해(형법 제257조 제2항)

가정폭력사범, 야간에 발생된 범행일지라도 폭처법으로 의율하지 않는다. 존속상해죄는 반의사불벌죄도 아니고, 친고죄도 아니다. 가족관계등록부에 없는 생모, 개가한 생모 등 모두 법률상 존속에 해당한다.

2. 중상해죄 · 존속중상해죄

제258조【중상해, 존속중상해】
① 사람의 신체를 상해하여 생명에 대한 위험을 발생하게 한 자는 1년 이상 10년 이하의 징역에 처한다.
② 신체의 상해로 인하여 불구 또는 불치나 난치의 질병에 이르게 한 자도 전항의 형과 같다.
③ 자기 또는 배우자의 직계존속에 대하여 전2항의 죄를 범한 때에는 2년 이상 15년 이하의 징역에 처한다. 〈개정 2016.1.6.〉

[상습범] 264, [동시범] 263, [직계존속] 민768-770, 형소224, [상해죄] 257, [공소시효] : 10년

- 상해와 중상해는 그 기준을 정하기가 어렵지만 중상해는 중한 결과, 즉 생명에 대한 위험, 불구, 불치 또는 질병이라는 결과를 발생시켜야 한다.
- 판례를 보면, 하치구 2개의 탈락은 중상해에 해당되지 않으며 안부에 폭력을 가해 실명케 한 경우는 중상해가 된다.
- 의학적으로 전치 3주 이상을 중상이라고 하나, 상해의 진단기간이 중상해로 의율하는 기준은 아니다.

I. 이론

[중상해죄(제258조 1항, 2항)]

1. 구성요건

(1) 객관적 구성요건

1) 기본범죄

본 죄의 기본범죄는 상해이다. 상해의 개념은 상해죄에서의 개념과 동일하다.

2) 중한결과

사람의 신체를 상해하여 생명에 대한 위험을 발생하게 하거나, 불구 또는 불치나 난치의 질병에 이르게 한 경우이다.

① 생명에 대한 위험

치명상을 의미한다.

② 불구

신체의 중요부분이 절단되거나 또는 고유한 기능이 상실된 경우를 뜻한다. 중요부분인가의 판단의 기준과 관련하여 피해자의 구체적인 생활관계(예 : 직업 등)를 고려하여 규범적으로 판단해야 한다는 주관설과 피해자 개인의 사정을 고려함이 없이 객관적으로 판단하여 결정해야 한다는 객관설(다수설)이 주장되고 있다.

③ 불치 또는 난치의 질병

치료의 가능성이 없거나 현저히 곤란한 질병을 의미한다.

(2) 주관적 구성요건

상해에 대한 고의와 중한 결과인 중상해에 대한 과실 또는 고의가 있어야 한다(부진정결과적 가중범).

[존속중상해죄(제258조 3항)]

본 죄는 자기 또는 배우자의 직계존속에 대하여 중상해죄를 범함으로써 성립하는 범죄이다. 신분관계로 인하여 중상해죄에 비하여 책임이 가중되는 가중적 구성요건이다.

Ⅱ. 판례

◆ 중상해죄의 성립요건

[1] 형법 제258조 제1항, 제2항에서 정하는 중상해는 사람의 신체를 상해하여 생명에 대한 위험을 발생하게 하거나, 신체의 상해로 인하여 불구 또는 불치나 난치의 질병에 이르게 한 경우에 성립한다.

[2] 1 ~ 2개월간 입원할 정도로 다리가 부러진 상해 또는 3주간의 치료를 요하는 우측흉부자상이 중상해에 해당하지 않는다(대법원 2005. 12. 9. 선고 2005도7527 판결).

Ⅲ. 수사실무

1. 범죄사실 기재례

【범죄사실 기재례】

피의자는 20○○. ○. ○. 11 : 00경 서울 ○○구 ○○동 ○○번지에 있는 건축주 이○○의 건축 공사장에서 위 건축의 도급업자인 피해자 김○○에게 그가 노임을 중간에서 가로채고 지불하지 않는다며 시비를 다투었다.

그러던 중, 피해자가 노임을 지불할 의사도 보이지 않고 그 자리를 피하려고만 하자 옆에 있던 길이 1m 가량의 각목토막으로 뒤돌아 걸어가는 피해자의 뒤에서 머리를 한 번 세게 내리쳐서 피해자로 하여금 뇌멍으로 인한 혼수상태에 빠지게 하여 그의 생명에 대한 위험을 발생하게 하였다.

2. 적용실례

(1) 바람피우는 남편의 성기를 절단한 경우

박○○는 남편이 날마다 다른 여자를 만나며 바람 피우는 사실을 알고 남편이 잠든 사이에 남편의 성기를 절단했다.

➡ 칼로 남성기를 절단하여 성불구에 이르게 한 것은 중상해에 해당하므로 폭력행위등처벌에관한법률 위반으로 의율할 수 없으며 형법의 중상해로 의율해야 한다.

(2) 조모를 때려 실명에 이르게 한 경우

피의자는 술에 취해 자기 말을 듣지 않는다며 피의자의 아이들을 구타하다가 직계존속인 조모가 이를 만류하자 그녀의 눈을 주먹으로 여러 차례 때려 실명에 이르게 하였다.

➡ 실명에 이르게 한 것은 중상해이므로 단순히 존속상해(1년 이상 10년 이하)로 의율할 것이 아니라 존속중상해(2년 이상)로 의율하는 것이 타당하다.

3. 특수상해죄

> **제258조의2【특수상해】**
> ① 단체 또는 다중의 위력을 보이거나 위험한 물건을 휴대하여 제257조제1항 또는 제2항의 죄를 범한 때에는 1년 이상 10년 이하의 징역에 처한다.
> ② 단체 또는 다중의 위력을 보이거나 위험한 물건을 휴대하여 제258조의 죄를 범한 때에는 2년 이상 20년 이하의 징역에 처한다.
> ③ 제1항의 미수범은 처벌한다.
> [본조신설 2016. 1. 6.]

Ⅰ. 판례

◆ 형법 제262조의 규정 중 '제257조 내지 제259조의 예에 의한다'의 의미 / 특수폭행치상의 경우, 형법 제258조의2의 신설에도 불구하고 종전과 같이 형법 제257조 제1항의 예에 의하여 처벌하는 것으로 해석하여야 하는지 여부(적극)

특수폭행치상죄의 해당규정인 형법 제262조, 제261조는 형법 제정 당시부터 존재하였는데, 형법 제258조의2 특수상해죄의 신설 이전에는 형법 제262조의 "전 2조의 죄를 범하여 사람을 사상에 이르게 한 때에는 제257조 내지 제259조의 예에 의한다."라는 규정 중 '제257조 내지 제259조의 예에 의한다'의 의미는 형법 제260조(폭행, 존속폭행) 또는 제261조(특수폭행)의 죄를 범하여 상해, 중상해, 사망의 결과가 발생한 경우, 그 결과에 따라 상해의 경우에는 형법 제257조, 중상해의 경우에는 형법 제258조, 사망의 경우에는 형법 제259조의 예에 준하여 처벌하는 것으로 해석·적용되어 왔고, 따라서 특수폭행치상죄의 경우 법정형은 형법 제257조 제1항에 의하여 '7년 이하의 징역, 10년 이하의 자격정지 또는 1천만 원 이하의 벌금'이었다.

그런데 2016. 1. 6. 형법 개정으로 특수상해죄가 형법 제258조의2로 신설됨에 따라 문언상으로 형법 제262조의 '제257조 내지 제259조의 예에 의한다'는 규정에 형법 제258조의2가 포함되어 특수폭행치상의 경우 특수상해인 형법 제258조의2 제1항의 예에 의하여 처벌하여야 하는 것으로 해석될 여지가 생기게 되었다. 이러한 해석을 따를 경우 특수폭행치상죄의 법정형이 형법 제258조의2 제1항이 정한 '1년 이상 10년 이하의 징역'이 되어 종래와 같이 형법 제257조 제1항의 예에 의하는 것보다 상향되는 결과가 발생하게 된다.

그러나 형벌규정 해석에 관한 법리와 폭력행위 등 처벌에 관한 법률의 개정 경과 및 형법 제258조의2의 신설 경위와 내용, 그 목적, 형법 제262조의 연혁, 문언과 체계 등을 고려할 때, 특수폭행치상의 경우 형법 제258조의2의 신설에도 불구하고 종전과 같이 형법 제257조 제1항의 예에 의하여 처벌하는 것으로 해석함이 타당하다(대법원 2018. 7. 24., 선고, 2018도3443, 판결).

◆ 형법 제257조 제2항의 가중적 구성요건을 규정하고 있던 구 폭력행위 등 처벌에 관한 법률 제3조 제1항을 삭제하는 대신에 같은 구성요건을 형법 제258조의2 제1항에 신설하면서 법정형을 구 폭력행위 등 처벌에 관한 법률 제3조 제1항보다 낮게 규정한 것이 종전의 형벌규정이 과중하다는 데에서 나온 반성적 조치로서 형법 제1조 제2항의 '범죄 후 법률의 변경에 의하여 형이 구법보다 경한 때'에 해당하는지 여부(적극))

구 폭력행위처벌법은 제3조 제1항에서 "단체나 다중의 위력으로써 또는 단체나 집단을 가장하여 위력을 보임으로써 제2조 제1항 각호에 규정된 죄를 범한 사람 또는 흉기나 그 밖의 위험한 물건을 휴대하여 그 죄를 범한 사람은 제2조 제1항 각호의 예에 따라 처벌한다."라고 정하고, 제2조 제1항에서 "상습적으로 다음 각호의 죄를 범한 사람은 다음의 구분에 따라 처벌한다."라고 정하면서 그 제3호에서 형법 제257조 제1항(상해), 형법 제257조 제2항(존속상해)에 대하여 3년 이상의 유기징역에 처하도록 규정하였다. 그런데 2016. 1. 6. 법률 제13718호로 개정·시행된 「폭력행위 등 처벌에 관한 법률」에는 제3조 제1항이 삭제되고, 같은 날 법률 제13719호로 개정·시행된 형법에는 제258조의2(특수상해)가 신설되어 그 제1항에서 "단체 또는 다중의 위력을 보이거나 위험한 물건을 휴대하여 제257조 제1항 또는 제2항의 죄를 범한 때에는 1년 이상 10년 이하의 징역에 처한다."라고 규정하였다.

이러한 법률 개정을 통하여 형법 제257조 제2항의 가중적 구성요건을 규정하고 있던 구 폭력행위처벌법 제3조 제1항을 삭제하고 그 대신에 위와 같은 구성요건을 형법 제258조의2 제1항에 신설하면서 그 법정형을 구 폭력행위처벌법 제3조 제1항보다 낮게 규정하였다. 이는 위 가중적 구성요건의 표지가 가지는 일반적인 위험성을 고려하더라도 개별 범죄의 범행 경위, 구체적인 행위의 모습과 법익침해의 정도 등이 매우 다양한데도 일률적으로 3년 이상의 유기징역으로 가중 처벌하도록 한 종전의 형벌 규정이 과중하다는 데에서 나온 반성적 조치라고 보아야 할 것이므로, 형법 제1조 제2항의 '범죄 후 법률의 변경에 의하여 형이 구법보다 경한 때'에 해당한다. 그렇다면 피고인이 위험한 물건인 대나무를 휴대하여 피해자들에게 상해를 입힌 행위는 형법 제1조 제2항에 따라 행위시법인 구 폭력행위처벌법의 규정으로 가중 처벌할 수 없고 신법인 형법 제258조의2 제1항으로 처벌할 수 있을 뿐이므로, 구 폭력행위처벌법의 규정을 적용한 원심판결은 더 이상 유지할 수 없다(대법원 2017. 12. 28., 선고, 2015도5854, 판결).

4. 상해치사죄 · 존속중상해치사죄

제259조【상해치사】

① 사람의 신체를 상해하여 사망에 이르게 한 자는 3년 이상의 유기징역에 처한다. 〈개정 1995.12.29.〉

② 자기 또는 배우자의 직계존속에 대하여 전항의 죄를 범한 때에는 무기 또는 5년 이상의 징역에 처한다.

[이 죄와의비교] 275 · 281, [동시범] 263, [상속인등의결격사유] 민992 · 1004 · 1064,
[공소시효] : 10년(1항), 15년(2항)

Ⅰ. 이론

1. 구성요건

(1) 객관적 구성요건

1) 기본범죄

고의의 기본범죄인 상해죄 또는 존속상해죄가 성립해야 한다.

2) 중한결과의 발생

과실로 인하여 사망의 중한 결과가 발생해야 한다.

3) 인과관계와 객관적 귀속

상해와 사망사이에 인과관계와 객관적 귀속이 인정되어야 한다.

(2) 주관적 구성요건

기본범죄인 상해에 대한 고의와, 중한 결과인 사망에 대한 예견가능성이 인정되어야 한다.

2. 공동정범의 인정여부

결과적 가중범인 이 죄의 공동정범이 가능한가에 대해 판례는 상해치사죄의 공동정범은 죽일 의사없이 폭행 기타 신체침해 행위를 공동으로 할 의사가 있으면 성립되고 결과를 공동으로 할 의사는 필요없다는 이유로 공동정범의 성립을 인정하고 있다. 그러나 이 죄의 공동정범을 인정하기 위해서는 공동정범 각자가 사망의 결과를 예견할 수 있어야 할 것이다.

Ⅱ. 판례

◆ 상해행위를 피하려고 하다가 차량에 치어 사망한 경우 상해행위와 피해자의 사망 사이에 상당인과관계가 인정되는지 여부

(1) 사실관계

> 피고인A는 계속 교제하기를 원하는 자신의 제의를 피해자가 거절한다는 이유로 얼굴을 주먹으로 수회 때리자 피해자는 이에 대항하여 피고인의 손가락을 깨물고 목을 할퀴게 되었다. 이에 격분한 피고인이 다시 피해자의 얼굴을 수회 때리고 발로 배를 수회 차는 등 폭행을 하므로 피해자는 이를 모면하기 위하여 도로 건너편의 추어탕 집으로 도망가 도움을 요청하였으나, 피고인은 이를 뒤따라 도로를 건너간 다음 피해자의 머리카락을 잡아 흔들고 얼굴 등을 주먹으로 때리는 등 폭행을 가하였고, 이에 견디지 못한 피해자가 다시 도로를 건너 도망하자 피고인은 계속하여 쫓아가 주먹으로 피해자의 얼굴 등을 구타하는 등 폭행을 가하여 전치 10일간의 흉부피하출혈상 등을 가하였고, 피해자가 위와 같이 계속되는 피고인의 폭행을 피하려고 다시 도로를 건너 도주하다가 차량에 치여 사망하였다.

(2) 판결요지

상해행위를 피하려고 하다가 차량에 치어 사망한 경우 상해행위와 피해자의 사망 사이에 상당인과관계가 있다고 하여 상해치사죄로 처단한 원심판결을 수긍한 사례(대법원 1996. 5. 10. 선고 96도529 판결).

◆ 상해 또는 중상해를 교사하였는데 피교사자가 살인을 실행한 경우 교사자의 죄책

교사자가 피교사자에 대하여 상해 또는 중상해를 교사하였는데 피교사자가 이를 넘어 살인을 실행한 경우에, 일반적으로 교사자는 상해죄 또는 중상해죄의 죄책을 지게 되는 것이지만 이 경우에 교사자에게 피해자의 사망이라는 결과에 대하여 과실 내지 예견가능성이 있는 때에는 상해치사죄의 죄책을 지울 수 있다(대법원 2002. 10. 25. 선고 2002도4089 판결).

◆ 이혼소송중인 남편이 찾아와 가위로 폭행하고 변태적 성행위를 강요하는 데에 격분하여 처가 칼로 남편의 복부를 찔러 사망에 이르게 한 경우, 그 행위는 정당방위나 과잉방위에 해당하는지 여부

이혼소송중인 남편이 찾아와 가위로 폭행하고 변태적 성행위를 강요하는 데에 격분하여 처가 칼로 남편의 복부를 찔러 사망에 이르게 한 경우, 그 행위는 방위행위로서의 한도를 넘어선 것으로 사회통념상 용인될 수 없다는 이유로 정당방위나 과잉방위에 해당하지 않는다고 본 사례(대법원 2001. 5. 15. 선고 2001도1089 판결).

◆ 결과적 가중범인 상해치사죄의 공동정범 성립에 결과를 공동으로 할 의사가 필요한지 여부(소극) 및 수인이 상해의 범의로 범행 중 한 사람이 중한 상해를 가하여 피해자가 사망에 이르게 된 경우, 나머지 사람들도 상해치사의 죄책을 지는지 여부(원칙적 적극)

결과적 가중범인 상해치사죄의 공동정범은 폭행 기타의 신체침해 행위를 공동으로 할 의사가 있으면 성립되고 결과를 공동으로 할 의사는 필요 없으며, 여러 사람이 상해의 범의로 범행 중 한 사람이 중한 상해를 가하여 피해자가 사망에 이르게 된 경우 나머지 사람들은 사망의 결과를 예견할 수 없는 때가 아닌 한 상해치사의 죄책을 면할 수 없다(대법원 2000. 5. 12. 선고 2000도745 판결 등 참조).

이와 같은 법리를 제1심 및 원심이 적법하게 채택한 증거들에 비추어 살펴보면, 원심이 그 판시와 같이 피고인이 냄비뚜껑을 피해자의 이마에 던지고 소주병이 깨질 때까지 피해자의 머리 부위를 수차례 가격한 점, 계속하여 흉기인 과도와 식칼을 이용하여 피해자의 머리 부위를 반복하여 때리거나 피해자를 협박한 점, 원심 공동피고인이 식칼로 피해자의 발등 동맥을 절단하는 것을 보고서도 이를 제지하지 아니한 점, 당시 피해자가 입은 상해의 부위가 전신에 걸쳐 광범위했고 상해 정도 또한 심히 중했던 점 등을 근거로 원심 공동피고인이 피해자에게 식칼로 상해를 가하는 과정에서 잘못하면 피해자를 사망에 이르게 할 수도 있다는 것을 피고인도 충분히 예견할 수 있었다고 본 것은 정당하고, 거기에 상고이유의 주장과 같이 경험의 법칙을 위반하여 사망의 결과에 관한 예견가능성을 잘못 인정하는 등의 위법이 없다(대법원 2013. 4. 26., 선고, 2013도1222, 판결).

◆ 수인이 상해의 범의로 범행 중 한 사람이 중한 상해를 가하여 피해자가 사망에 이르게 된 경우, 나머지 사람들도 상해치사의 죄책을 지는지 여부(한정 적극)

결과적 가중범인 상해치사죄의 공동정범은 폭행 기타의 신체침해 행위를 공동으로 할 의사가 있으면 성립되고 결과를 공동으로 할 의사는 필요 없으며, 여러 사람이 상해의 범의로 범행 중 한 사람이 중한 상해를 가하여 피해자가 사망에 이르게 된 경우 나머지 사람들은 사망의 결과를 예견할 수 없는 때가 아닌 한 상해치사의 죄책을 면할 수 없다(대법원 2000.5.12, 선고, 2000도745, 판결).

◆ 피고인의 구타행위로 상해를 입은 피해자가 정신을 잃고 빈사상태에 빠지자 사망한 것으로 오인하고, 자신의 행위를 은폐하고 피해자가 자살한 것처럼 가장하기 위하여 피해자를 베란다 아래의 바닥으로 떨어뜨려 사망케 하였다면, 피고인의 행위는 포괄하여 단일의 상해치사죄에 해당한다고 한 사례

피고인이 피해자에게 우측 흉골골절 및 늑골골절상과 이로 인한 우측 심장벽좌상과 심낭내출혈 등의 상해를 가함으로써, 피해자가 바닥에 쓰러진 채 정신을 잃고 빈사상태에 빠지자, 피해자가 사망한 것으로 오인하고, 피고인의 행위를 은폐하고 피해자가 자살한 것처럼 가장하기 위하여 피해자를 베란다로 옮긴 후 베란다 밑 약 13m

아래의 바닥으로 떨어뜨려 피해자로 하여금 현장에서 좌측 측두부 분쇄함몰골절에 의한 뇌손상 및 뇌출혈 등으로 사망에 이르게 하였다면, 피고인의 행위는 포괄하여 단일의 상해치사죄에 해당한다(대법원 1994. 11. 4. 선고 94도2361 판결).

◆ 자상행위가 다른 원인과 결합하여 사망의 결과를 야기한 경우 인과관계의 존부(적극)

(1) 사실관계

피고인 길이 39센티미터(2중손잡이 길이는 13센티미터임), 너비 4.8센티미터의 서독제 식도로 피해자의 하복부를 찔러 직경 5센티, 깊이 15센티미터 이상의 자창을 입혀 복강내 출혈로 인한 혈복증으로 의식이 불명하고 혈압이 촉진되지 아니하는 위급한 상태에서 병원에서 지혈을 위한 응급개복수술을 한바 우측외장골동·정맥 등의 완전 파열로 인한 다량의 출혈이 있어 지혈시술과 함께 산소호흡을 시키고, 다량의 수혈을 하였으나 사건 후 약 1개월만에 패혈증과 급성심부전증의 합병증을 일으켜 사망하였다.

(2) 판결요지

피고인의 자상행위가 피해자를 사망하게 한 직접적 원인은 아니었다 하더라도 이로부터 발생된 다른 간접적 원인이 결합되어 사망의 결과를 발생하게 한 경우라도 그 행위와 사망간에는 인과관계가 있다고 할 것인바, 이 사건 진단서에는 직접사인 심장마비, 호흡부전, 중간선행사인 패혈증, 급성심부전증, 선행사인 자상, 장골정맥파열로 되어 있으며, 피해자가 부상한 후 1개월이 지난 후에 위 패혈증 등으로 사망하였다 하더라도 그 패혈증이 위 자창으로 인한 과다한 출혈과 상처의 감염 등에 연유한 것인 이상 자상행위와 사망과의 사이에 인과관계의 존재를 부정할 수 없다(대법원 1982.12.28. 선고 82도2525 판결).

Ⅲ. 수사실무

1. 피의자 신문례

(1) 이○○을 알고 있나요

(2) 피의자는 위 이○○을 때려 상처를 입힌 사실이 있나요

(3) 언제, 어디에서 상해를 가하였나요

(4) 혼자서 한 것인가요

(5) 때린 이유는 무엇인가요

(6) 피해자를 때리기 위하여 어떠한 방법을 사용하였나요

(7) 목격자가 있나요

(8) 피해자의 어떤 부위에 어느 정도의 상처를 입혔나요

(9) 피해자가 그 후 병원에서 치료를 받다가 사망한 사실을 알고 있나요

(10) 피해자를 때릴 당시 피해자가 사망할 수도 있을거라는 생각을 하지 않았나요

2. 범죄사실 기재례

【범죄사실 기재례】

(1) 피의자의 어버지 김○○는 평소 술을 몹시 좋아하고 가정을 돌보지 않았는데 최근에 와서는 더욱 술만 마시고 가족들에게도 난폭하게 대하였다

피의자는 20○○. ○. ○. 22 : 30경 역시 피해자가 술에 몹시 취하여 집에 돌아왔음에도 화가 나는 마음을 참으면서 공손히 맞았으나 피해자 김○○가 "눈을 깔고 있으면 모를 줄 아느냐? 주먹을 휘두르고 싶으면 휘둘러 봐라!"라고 소리치며 피의자의 얼굴을 주먹으로 가격하였다. 화가 난 피의자는 마침 현관에 있던 우산을 들어 피해자의 얼굴과 머리 등을 여러 차례 때리고 그가 넘어지자 다시 그의 가슴, 배 등을 발로 차는 등 심하게 때려 다음날 10 : 00경 ○○동 ○○번지에 있는 ○○외과의원에서 배안출혈로 김○○로 하여금 사망에 이르게 하였다.

(2) 피의자는 20○○. ○. ○. 15:00경 서울시 ○○동 123번지 피해자가 최○○가 운영하는 ○○공업사 앞에서 "왜 맨날 내가 기술을 가르쳐서 쓸만하게 된 기술자를 빼가느냐"는 등의 이유로 시비되어 언쟁하였다. 그러면서 피해자 최○○의 머리를 수회구타하고, 주위에 있던 3홉 크기의 깨진 맥주병으로 왼쪽 가슴을 찔러 약 3주간의 치료를 요하는 머리개갠 상처를 가하고 그 다음날 ○○동에 있는 ○○종합병원에서 위 상해로 인하여 뇌출혈로 피해자 최○○을 사망에 이르게 하였다.

3. 적용실례

(1) 행패부린다는 이유로 담장에 끌고가서 쳐박고 때린 경우

피의자가 먼저 행패를 부린다는 이유로 피의자가 주먹으로 피해자의 얼굴을 여러번 때리고, 손으로 그의 머리카락을 잡고 그의 머리를 콘크리트 담벽에 2~3회 쳐박고, 계속해서 발로 그의 배를 2~3회 차서 그에게 간

장터짐, 머리덮개밑출혈, 거미막밑출혈 등을 입게 하고 간장터짐으로 인한 배안출혈로 사망에 이르게 하였다.

➡ 피의자의 행위와 상해의 부위를 보면 피의자에게는 상해에 대한 고의가 있었음이 분명하다.

(2) 기술자를 빼갔다는 이유로 시비를 하여 의자 등으로 구타하여 사망한 경우

이○○는 경쟁회사의 구○○에 대해 2년동안 가르쳐 놓은 기술자를 빼갔다는 이유로 시비를 걸며 말다툼하다가 의자로 그의 머리를 여러 차례 치고, 약 10센티미터 길이의 재크나이프로 그의 왼쪽 뺨을 긋는 등 그에게 약 10일간의 치료를 요하는 왼쪽볼부위 벤상처와 마루부위멍 등의 상해를 가했다. 그런데 구○○는 위 상해로 인한 뇌내출혈로 사망하고 말았다.

➡ 상해치사죄에 있어서는 범인이 상해에 대한 인식이 있음으로써 족하고, 치사에 대한 고의는 필요로 하지 않는다. 따라서 위 이○○의 행위는 상해치사죄를 구성하기에 충분하다.

(3) 만취해 주정하는 아내를 넘어뜨려 사망케 한 경우

이○○는 그의 아내가 술에 만취해 돌아와 술주정을 하자 화를 못이기고 주먹으로 그녀의 얼굴을 몇 번 치고 세게 떠밀어 넘어뜨렸다. 이로 인해 그녀는 이마부위, 안면타박상 등의 상해를 입고 다음날 아침 외상성거미막밑출혈로 인해 사망하고 말았다.

➡ 상해치사죄에 있어서는 상해에 대한 인식이 있으면 족하고 치사에 대한 고의는 필요없다. 또 치사의 결과를 예견했을 것을 요하지도 않는다. 따라서 위 이○○에 대해서는 마땅히 상해치사로 의율해야 할 것이다.

5. 폭행죄 · 존속폭행죄

제260조【폭행, 존속폭행】

① 사람의 신체에 대하여 폭행을 가한 자는 2년 이하의 징역, 500만원 이하의 벌금, 구류 또는 과료에 처한다. 〈개정 1995.12.29.〉

② 자기 또는 배우자의 직계존속에 대하여 제1항의 죄를 범한 때에는 5년 이하의 징역 또는 700만원 이하의 벌금에 처한다. 〈개정 1995.12.29.〉

③ 제1항 및 제2항의 죄는 피해자의 명시한 의사에 반하여 공소를 제기할 수 없다. 〈개정 1995.12.29.〉

[상습범] 264, [특별규정] 폭력행위2, [공소기각] 형소327, [공소시효] : 5년(1항), 7년(2항)

○ 이 죄의 보호법익은 사람의 신체의 완전성이며, 그 보호받는 정도는 형식범이다. 따라서 신체의 완전성을 침해할 가능성이 있는 행위만을 여기의 폭행행위라 하고 구체적인 결과발생 가능성 여부는 묻지 않는다.

Ⅰ. 이론

[폭행죄(제260조 1항)]

1. 구성요건

(1) 객관적 구성요건

1) 객체

폭행의 객체는 사람의 신체이다.

① 사람이란 자연인인 타인을 의미한다.

② 다만 외국원수에 대한 폭행의 경우에는 외국원수에 대한 폭행죄(제107조 제1항), 외국사절에 대한 폭행의 경우에는 외국사절에 대한 폭행죄(제108조 제1항)가 성립하고 근로자에 대한 사용자의 폭행은 근로기준법위반(제107조, 제8조)에 해당한다.

2) 행위

이 죄의 행위는 폭행을 가하는 것이다.

① 폭행죄에서의 폭행이란 일반적으로 사람의 신체에 대해 유형력을 행사하는 것을 말한다(협의의 폭행).

② 형법상 폭행의 개념

i) 최광의 : 대상이 무엇인가를 묻지 않고 유형력을 행사하는 모든 경우(소요죄, 다중불해산죄)

ii) 광의 : 사람에 대한 직접, 간접의 유형력의 행사(공무집행방해죄, 특수도주죄, 강요죄)

iii) 협의 : 사람의 신체에 대한 유형력의 행사(특수공무원폭행죄 : 제125조 독직폭행, 폭행죄)

iv) 최협의 : 상대방의 반항을 불가능하게 하거나 현저히 곤란하게 할 정도의 유형력의 행사(강도죄, 강간죄)

③ 폭행의 방법에는 제한이 없다. 다만 2인 이상이 공동하여 폭행을 하거나, 단체나 다중의 위력으로써 또는 단체나 다중의 위력을 가장하여 위력을 보이거나 흉기 기타 위험한 물건을 휴대하여 폭행한 때에는 폭력행위등처벌에관한법률위반이 된다. 이 죄의 폭행은 사람의 신체에 따른 것을 요하므로 단순히 물건에 대한 유형력의 행사는 폭행이라고 할 수 없다. 즉 남의 집 마당에 인분을 던지거나, 남의 집 방문을 발로 차는 것만으로는 폭행이라고 할 수 없다.

i) 사람의 신체에 대한 유형력의 행사가 생리적 기능을 훼손하거나 건강을 해칠 정도는 필요없고, 그런 경우에는 상해에 해당한다. 즉 사람에게 돌을 던지거나, 뺨을 때리거나, 침을 뱉거나, 손이나 옷을 잡아 당기거나 미는 경우는 물론 머리털이나 수염을 자르는 것도 이 죄의 폭행에 해당한다.

ii) 폭행을 가하면서 그 사실을 협박한 때에는 협박죄는 폭행죄에 흡수된다.

(2) 주관적 구성요건

상해의 고의로 때렸으나 폭행의 정도에 그쳤을 때에는 상해미수가 되며, 반대로 폭행의 고의로 상해의 결과가 발생한 때에는 폭행치상이 된다.

2. 소추조건

본 죄는 피해자의 명시한 의사에 반하여 공소를 제기할 수 없는 반의사불벌죄이다. 처벌을 희망하지 않는 의사표시가 있거나 처벌을 희망하는 의사표시를 철회했을 때에는 공소를 제기할 수 없고, 공소를 제기한 때에는 공소기각의 판결을 선고해야 한다(형사소송법 제327조 제6호).

다만, 폭행이 '폭력행위 등 처벌에 관한 법률'에 해당할 경우에는 형법상 폭행죄의 경우와 달리 반의사불벌죄가 아니다(폭력행위 등 처벌에 관한 법률 제2조 4항).

[존속폭행죄(제260조 2항)]

본 죄는 자기 또는 배우자의 직계존속의 신체에 대하여 폭행을 가함으로써 성립하는 범죄로서, 폭행죄에 대하여 신분관계로 인하여 책임이 가중되는 가중적 구성요건이다.

Ⅱ. 판례

◆ 폭행죄에 있어서 유형력의 행사에 신체의 청각기관을 자극하는 음향도 포함되는지 여부

(1) 사실관계

> 피고인이, (1) 1996. 4. 일자불상경 피해자의집으로 전화를 하여 피해자에게 "트롯트 가요앨범진행을 가로챘다, 일본노래를 표절했다, 사회에 매장시키겠다." 라고 수회에 걸쳐 폭언을 하고 그 무렵부터 1997. 12.경까지 위와 같은 방법으로 일주일에 4 내지 5일 정도, 하루에 수십 회 반복하여 그 피해자에게 "강도 같은 년, 표절가수다."라는 등의 폭언을 하면서 욕설을 하고, (2) 1998. 3. 일자불상경 피해자의 바뀐 전화번호를 알아낸 후 그 피해자의 집으로 전화하여 그 피해자에게 "전화번호 다시 바꾸면 가만 두지 않겠다."라는 등으로 폭언을 하였다. 그리고 (3) 1998. 8. 일자불상경 같은 장소로 전화하여 그 피해자에게 "미친년, 강도 같은 년, 매장될 줄 알아라."라는 등으로 폭언을 하면서 심한 욕설을 하고, (4) 1999. 9. 1. 00:40경 그 피해자의 집 자동응답전화기에 "제가 가수 피고인이라는 사람인데 공소외1이라는 분이 서울음반에 전화를 해 가지고 말도 안되는 소리를 했던 사람인가, 피해자가 살인 청부교사범 맞아, 남의 작품

> 을 빼앗아 간 여자, 피해자도둑년하고 살면서, 미친년 정신 똑바로 차려."라는 욕설과 폭언을 수회에 걸쳐 녹음하고, (5) 1999. 9. 2. 일시불상경 전항과 같은 방법으로 "또라이년, 병신 같은 년, 뒷구녁으로 다니면서 거짓말을 퍼뜨리고 있어, 사기꾼 같은 년, 강도년, 피해자이 또라이년" 이라고 녹음하였다.

(2) 판결요지

[1] 형법 제260조에 규정된 폭행죄는 사람의 신체에 대한 유형력의 행사를 가리키며, 그 유형력의 행사는 신체적 고통을 주는 물리력의 작용을 의미하므로 신체의 청각기관을 직접적으로 자극하는 음향도 경우에 따라서는 유형력에 포함될 수 있다.

[2] 피해자의 신체에 공간적으로 근접하여 고성으로 폭언이나 욕설을 하거나 동시에 손발이나 물건을 휘두르거나 던지는 행위는 직접 피해자의 신체에 접촉하지 아니하였다 하더라도 피해자에 대한 불법한 유형력의 행사로서 폭행에 해당될 수 있는 것이지만, 거리상 멀리 떨어져 있는 사람에게 전화기를 이용하여 전화하면서 고성을 내거나 그 전화 대화를 녹음 후 듣게 하는 경우에는 특수한 방법으로 수화자의 청각기관을 자극하여 그 수화자로 하여금 고통스럽게 느끼게 할 정도의 음향을 이용하였다는 등의 특별한 사정이 없는 한 신체에 대한 유형력의 행사를 한 것으로 보기 어렵다(대법원 2003. 1. 10. 선고 2000도5716 판결).

◆ 특수강도의 공소사실은 인정할 수 없으나 공동 폭행·협박 또는 특수강도의 종범에 관한 범죄사실은 인정할 수 있다 하더라도 이를 유죄로 인정하지 아니한 원심의 조치가 위법하지는 않다고 한 사례

[1] 형법 제334조 제2항 소정의 합동범에 있어서의 공모나 모의는 반드시 사전에 이루어진 것만을 필요로 하는 것이 아니고, 범행현장에서 암묵리에 의사상통하는 것도 포함되나, 이와 같은 공모나 모의는 그 '범죄될 사실'이라 할 것이므로 이를 인정하기 위하여는 엄격한 증명에 의하지 않으면 안된다.

[2] 피고인의 특수강도에 관한 공모의 의사를 부정한 원심의 조치를 수긍한 사례

[3] 법원은 공소사실의 동일성이 인정되는 범위 내에서 공소가 제기된 범죄사실에 포함된 보다 가벼운 범죄사실이 인정되는 경우에 심리의 경과에 비추어 피고인의 방어권행사에 실질적 불이익을 초래할 염려가 없다고 인정되는 때에는 공소장이 변경되지 않았더라도 직권으로 공소장에 기재된 공소사실과 다른 범죄사실을 인정할 수 있지만, 이와 같은 경우라고 하더라도 공소가 제기된 범죄사실과 대비하여 볼 때 실제로 인정되는 범죄사실의 사안이 중대하여 공소장이 변경되지 않았다는 이유로 이를 처벌하지 않는다면 적정절차에 의한 신속한 실체적 진실의 발견이라는 형사소송의 목적에 비추어 현저히 정의와 형평에 반하는 것으로 인정되는 경우가 아닌 한 법원이 직권으로 그 범죄사실을 인정하지 아니하였다고 하여 위법한 것이라고까지 볼 수는 없다.

[4] 특수강도의 공소사실은 인정할 수 없으나 공동 폭행·협박 또는 특수강도의 종범에 관한 범죄사실은 인정할 수 있다 하더라도 이를 유죄로 인정하지 아니한 원심의 조치가 위법하지는 않다고 한 사례(대법원 2001. 12. 11. 선고 2001도4013 판결)

◆ 폭력행위 등 처벌에 관한 법률 제7조에서 말하는 위험한 물건의 '휴대'의 의미 / 정당한 이유 없이 같은 법에 규정된 범죄에 공용될 우려가 있는 흉기를 휴대하고 있었다는 사실만으로 같은 법 위반(우범자)죄의 구성요건을 충족하는지 여부(적극) 및 흉기나 그 밖의 위험한 물건을 소지하고 있다는 사실만으로 같은 법에 규정된 범죄에 공용될 우려가 있는 것으로 추정되는지 여부(소극) / 피고인이 같은 법에 규정된 범죄에 공용될 우려가 있는 흉기나 그 밖의 위험한 물건을 휴대하였다는 점에 대한 증명책임 소재(=검사)

폭력행위 등 처벌에 관한 법률(이하 '폭력행위처벌법'이라 한다) 제7조에서 말하는 위험한 물건의 '휴대'란 범죄현장에서 사용할 의도 아래 위험한 물건을 몸 또는 몸 가까이에 소지하는 것을 말하고, 정당한 이유 없이 폭력행위처벌법에 규정된 범죄에 공용될 우려가 있는 흉기를 휴대하고 있었다면 다른 구체적인 범죄행위가 없더라도 그 휴대행위 자체에 의하여 폭력행위처벌법위반(우범자)죄의 구성요건을 충족하는 것이지만, 흉기나 그 밖의 위험한 물건을 소지하고 있다는 사실만으로 폭력행위처벌법에 규정된 범죄에 공용될 우려가 있는 것으로 추정된다고 볼 수는 없다. 그리고 형사재판에서 공소가 제기된 범죄의 구성요건을 이루는 사실에 대한 증명책임은 검사에게 있다. 따라서 피고인이 폭력행위처벌법에 규정된 범죄에 공용될 우려가 있는 흉기나 그 밖의 위험한 물건을 휴대하였다는 점은 검사가 증명하여야 한다(대법원 2017.9.21, 선고, 2017도7687, 판결).

◆ 시정된 방문을 발로 찬 행위의 폭행죄에 해당여부

(1) 사실관계

피고인A는 공소외 1외 2인의 녹원다방 종업원 숙소에 이르러 여러 종업원들중 공소외 2가 피고인을 만나주지 않는다는 이유로 시정된 탁구장문과 주방문을 부수고 주방으로 들어가 방문을 열어주지 않으면 모두 죽여 버린다고 폭언하면서 시정된 방문을 수회 발로 찼다.

(2) 판결요지

공소외인이 피고인을 만나주지 않는다는 이유로 시정된 탁구장문과 주방문을 부수고 주방으로 들어가 방문을 열어주지 않으면 모두 죽여버린다고 폭언하면서 시정된 방문을 수회 발로 찬 피고인의 행위는 재물손괴죄 또는 숙소안의 자에게 해악을 고지하여 외포케 하는 단순 협박죄에 해당함은 별론으로 하고, 단순히 방문을 발로 몇번

찼다고 하여 그것이 피해자들의 신체에 대한 유형력의 행사로는 볼 수 없어 폭행죄에 해당한다 할 수 없다(대법원 1984.2.14. 선고 83도3186,83감도535 판결).

◆ 동일한 피해자에 대한 폭행행위가 업무방해죄의 수단이 된 경우, 폭행행위가 이른바 '불가벌적 수반행위'에 해당하여 업무방해죄에 대하여 흡수관계에 있는지 여부(소극)

업무방해죄와 폭행죄는 구성요건과 보호법익을 달리하고 있고, 업무방해죄의 성립에 일반적·전형적으로 사람에 대한 폭행행위를 수반하는 것은 아니며, 폭행행위가 업무방해죄에 비하여 별도로 고려되지 않을 만큼 경미한 것이라고 할 수도 없으므로, 설령 피해자에 대한 폭행행위가 동일한 피해자에 대한 업무방해죄의 수단이 되었다고 하더라도 그러한 폭행행위가 이른바 '불가벌적 수반행위'에 해당하여 업무방해죄에 대하여 흡수관계에 있다고 볼 수는 없다(대법원 2012.10.11, 선고, 2012도1895, 판결).

◆ 폭행죄에서 말하는 '폭행'의 의미와 판단 기준 / 자신의 차를 가로막는 피해자를 부딪칠 듯이 차를 조금씩 전진시키는 것을 반복하는 행위가 '폭행'에 해당하는지 여부(적극)

폭행죄에서 말하는 폭행이란 사람의 신체에 대하여 육체적·정신적으로 고통을 주는 유형력을 행사함을 뜻하는 것으로서 반드시 피해자의 신체에 접촉함을 필요로 하는 것은 아니고, 그 불법성은 행위의 목적과 의도, 행위 당시의 정황, 행위의 태양과 종류, 피해자에게 주는 고통의 유무와 정도 등을 종합하여 판단하여야 한다(대법원 2003. 1. 10. 선고 2000도5716 판결, 대법원 2008. 7. 24. 선고 2008도4126 판결, 대법원 2009. 9. 24. 선고 2009도6800 판결 등 참조). 따라서 자신의 차를 가로막는 피해자를 부딪친 것은 아니라고 하더라도, 피해자를 부딪칠 듯이 차를 조금씩 전진시키는 것을 반복하는 행위 역시 피해자에 대해 위법한 유형력을 행사한 것이라고 보아야 한다.

원심은, 피고인이 자신의 차를 가로막고 서 있는 피해자를 향해 차를 조금씩 전진시키고 피해자가 뒤로 물러나면 다시 차를 전진시키는 방식의 운행을 반복하였는데, 이는 그 자체로 피해자에 대한 유형력의 행사에 해당하고, 피고인 주장의 사정만으로는 차 앞에 서 있는 사람을 향해 차를 전진시킨 행위가 정당방위나 정당행위에 해당하지 않는다는 이유로 이 사건 변경된 공소사실이 유죄로 인정된다고 판단하였다.

원심의 판단은 정당하고 상고이유 주장과 같이 논리와 경험의 법칙에 반하여 자유심증주의의 한계를 벗어나거나 폭행죄에서의 폭행이나 그 고의, 정당행위와 정당방위 등에 관한 법리를 오해한 잘못이 없다(대법원 2016.10.27, 선고, 2016도9302, 판결).

Ⅲ. 수사실무

1. 수사포인트

(1) 피해자와의 관계, 피해자가 폭행을 유발했는지 여부를 조사한다.

(2) 피해정도, 공범의 유무를 조사한다.

(3) 이 죄는 피해자(타인 또는 부모 등)가 사실을 명시하지 않고 묵인할 경우에는 처벌할 수 없다는 것에 주의해야 한다.

2. 피의자 신문례

(1) 피해자 박ㅇㅇ을 알고 있나요

(2) 박ㅇㅇ에게 폭행을 가한 사실이 있나요

(3) 언제, 어디에서 때렸나요

(4) 혼자서 때린것인가요

(5) 왜 폭행을 하였나요

(6) 어떠한 방법으로 폭행을 하였나요

3. 범죄사실 기재례

【범죄사실 기재례】

(1) 피의자는 20○○. ○. ○. 20 : 30경 ○○역을 발차하여 갈 때 그 전철 ○째칸에서 담배를 피우던 중 같은 칸에 탄 승객 진○○(남, 당○○세)가 "사람들이 함께 타고 있는 전철 내에서 담배를 피우면 안된다. 상식도 없이 그러지 말고 담배를 꺼라"라고 주의를 주었다. 그러자 화를 참지 못하고 "네가 무슨 상관이냐. 너나 잘해라"라고 소리치며 주먹으로 위 진○○의 안면을 여러 차례 때리는 등 폭행을 가하였다.

(2) 피의자는 20○○. 10. 10. 10:00경 서울 성북구 ○○동 100번지 앞 노상에서 약 8개월간 사귀어온 피해자 김여자(여, 00세)에게 다른 남자와 놀아난다는 이유로 오른손바닥으로 피해자의 왼쪽뺨을 1회 때리고, 오른발로 대퇴부를 1회 차는 등 폭행하였다.

(3) 피의자 홍길동은 20○○. 01. 01. 00:30경 서울 성북구 ○○동 100번지 자신의 집 대문 앞에서 자녀 2명과 함께 집 나간 처를 기다리던 중, 그의 처가 피해자인 장모 김여자(여, 00세)와 함께 오는 것을 보았다. 그리고 피해자에게 이야기 좀 하자고 하면서 집안으로 들어가 "딸을 데려 갔으면 같이 살 것이지 왜 데려 왔느냐"면서 피해자의 왼팔을 물어뜯고 머리채를 잡아 흔들며 주먹으로 가슴을 1회 때리고 이를 제지하던 위 피의자의 왼쪽뺨을 1회 때리며 낭심을 잡아당기는 등 폭행하였다.

(4) 피의자 홍길동은 20○○. 10. 10. 10:00경 서울 성북구 ○○동 100번지 책책서적 앞 노상에서 자판대를 운영하는 피해자 조여자에게 다가가 외상을 안 준다는 이유로 피해자에게 "이년 죽여버리겠다"며 자판대를 진열된 물통·빵·순대 등을 집어던지고 목을 1회 때리는 등 폭행하였다.

(5) 피의자 홍길동은 20○○. 10. 10. 00:10경 서울 성북구 ○○동 100번지 술술단란주점에서 술을 마시던 중, 자신이 엎질러 놓은 물컵을 피해자인 동 업소 종업원 박돌쇠(남, 00세)가 치우려고 하자 "넌 뭐야 이새끼야" 하면서 손으로 얼굴부위를 2회 때리는 등 폭행하였다.

(6) 피의자 홍길동은 20○○. 10. 10. 00:10경 서울 성북구 ○○동 100번지 술술단란주점에서 종업원인 ○○○에게 "구청직원인데 허가증 가져와" 라고 하였다. ○○○이 신분증을 확인하지 않고 허가증을 보여줄 수 없다고 대답하자 피의자는 분개하여 발로 피해자의 낭심 부분을 1회 걷어차고 머리로 얼굴을 박는 등 폭행하였다.

4. 적용실례

(1) 공동으로 주거에 침입, 폭행한 경우

두사람이 함께 남의 집에 침입해 폭행을 가하였다.

➡ 이에 대해 단순한 주거침입으로 할 것이 아니라 폭력행위등처벌에관한법률위반으로 의율해야 한다.

(2) 인지하지 아니한 생모를 폭행한 경우

아들이 인지하지 않은 생모를 폭행하였다.

➡ 혼인외의 출생한 자와 생모간에는 그 생모의 인지나 출생신고가 없어도 자의 출생으로 당연히 법률상의 친족관계가 생기는 것이므로, 이 경우에는 존속폭행으로 의율해야 한다.

5. 참고사항

(1) 폭행 및 상해의 행위가 이루어진 경우 범죄경력 및 수사자료 조회상 전과 습벽등으로 미루어 상습성이 인정되면 관련 상습범을 처벌하는 특별법인 폭처법 2조 1항에서 말하는 상습에 해당하므로 폭처법 2조 1항(형법 제260조 1항 또는 257조 1항)으로 의율하여야 한다.

(2) 서로 시비 하다가 밀어 넘어뜨려서 바닥유리에 찔려 상처를 냈을 경우 상해가 아니고 폭행치상으로 의율한다.

6. 특수폭행죄

제261조【특수폭행】

단체 또는 다중의 위력을 보이거나 위험한 물건을 휴대하여 제260조제1항 또는 제2항의 죄를 범한 때에는 5년 이하의 징역 또는 1천만원 이하의 벌금에 처한다. 〈개정 1995. 12. 29.〉

[상습범] 264, [범죄의형태] 144 · 278 · 284 · 320 · 369, [소요죄] 115, [특별규정] 폭력행위3, [공소시효] : 7년

○ 폭행죄에 대해 행위방법의 위험성으로 인한 불법이 가중되는 죄이다.

I. 이론

1. 구성요건

(1) 객관적 구성요건

1) 단체 또는 다중의 위력

이 죄는 다중의 위력을 보이거나 위험한 물건을 휴대하여 폭행함으로써 성립한다.

① 단체란 공동의 목적을 가진 다수인의 계속적·조직적인 결합체를 말한다. 공동목적이 반드시 불법일 필요는 없으며 단체의 구성원이 한 곳에 모여 있을 필요도 없이 연락에 의해 집합이 가능하면 된다.

② 다중이란 단체를 이루지 못한 다수인의 집합을 말하며, 집단적 위력을

보일 수 있을 정도면 충분하다.

▣ 근거판례 ▣

본조 소정의 "다중"이라함은 단체를 이루지 못한 다수인의 중합을 지칭하는 것이므로 불과 3인의 경우에는 그것이 어떤 집단의 힘을 발판 또는 배경으로 한다는 것이 인정되지 않는 한 "다중의 위력"을 보인 것이라고는 할 수 없다(대법원 1971.12.21. 선고 71도1930 판결).

③ 위력이란 사람의 의사를 제압하기에 충분한 세력을 말한다.

④ 위력을 보인다는 것은 사람의 의사를 제압할 세력을 상대방에게 인식시키는 것을 말한다. 위력을 보이는 방법에는 제한이 없지만 위력을 인식하게 하는 행위가 있어야 한다. 폭행의 현장에 단체 또는 다중이 있을 것을 요하지는 않지만 단체 또는 다중은 실제로 존재해야 한다.

2) 위험한 물건의 휴대

① 위험한 물건이란 그 물건의 객관적 성질과 사용방법에 따라서는 사람을 살상할 수도 있는 물건을 말하며, 그 물건이 처음부터 殺傷用으로 제조되었을 것을 요하지 않는다.

② 위험한 물건 자체에는 화학물질이나 동물도 포함된다고 보지만 “위험한 물건을 휴대하여” 라고 규정하고 있으므로 동산에 한한다고 하겠다.

③ 위험한 물건은 물체이어야 하므로 사람의 신체의 일부는(주먹, 발 등) 위험한 물건이라고 할 수 없다.

④ 대법원은 위험한 물건이란 무기 등과 같이 강력한 파괴력을 지닌 물건만을 뜻하는 것이 아니라 면도칼, 맥주병, 음료수병, 드라이버, 쪽가위 등도 해당한다고 한다.

⑤ 휴대한다는 것은 몸에 지니는 것을 의미한다. 반드시 범행 이전부터 몸에 지니고 있을 필요는 없고 범행현장에서 이를 소지하게 된 경우도 포함한다.

▣ 이견있는 형사사건의 법원판단 ▣

[휴대의 의미]

1. 문제점 : 특수폭행죄에서의 휴대의 의미와 관련하여 견해가 대립한다.
2. 학설

(1) 협의설 : 휴대란 범행 현장에서 몸에 지니거나, 몸에 지니고 이용하는 것으로서 소지보다 좁은 개념이라는 견해

(2) 중간설 : 휴대란 몸에 지닌다는 뜻이지만 반드시 몸에 부착할 필요는 없으며, 몸 가까이 두고 쉽게 사용할 수 있는 위치에 두면 족하지만, 이용행위 또는 사용행위와는 구별해야 한다는 견해

(3) 광의설 : 위험한 물건의 휴대는 위험한 물건을 위험한 방법으로 사용하는 것을 의미한다는 견해

3. 판례 : 광의설의 태도

폭력행위등 처벌에 관한 법률 제3조 제1항에서 말하는 위험한 물건의 휴대라 함은 반드시 몸에 지니고 다니는 것만을 뜻한다고는 할 수 없고 범행현장에서 범행에 사용할 의도 아래 이를 소지하거나 몸에 지니는 경우도 포함한다(대법원 1982. 2. 23. 선고 81도3074 판결).

⑥ 위험한 물건을 휴대하고 폭행하면 충분하므로 위험한 물건을 상대방에게 인식하게 할 필요는 없다.

(2) 주관적 구성요건

단체, 다중의 위력을 보이거나 위험한 물건을 휴대하고 폭행한다는 사실에 대한 인식과 의사를 내용으로 하는 고의가 필요하다. 고의는 미필적 고의로도 충분하다. 그러나 행위자가 위험한 물건을 휴대했다고 하더라도 그 사실을 인식하지 못한 때에는 이 죄는 성립하지 않는다.

Ⅱ. 판례

◆ 폭력행위 등 처벌에 관한 법률 제3조 제1항에서의 '다중의 위력'의 의미

폭력행위 등 처벌에 관한 법률 제3조 제1항 소정의 '다중'이라 함은 단체를 이루지 못한 다수인의 집합을 말하는 것으로, 이는 결국 집단적 위력을 보일 정도의 다수 혹은 그에 의해 압력을 느끼게 해 불안을 줄 정도의 다수를 의미한다 할 것이고, 다중의 '위력'이라 함은 다중의 형태로 집결한 다수 인원으로 사람의 의사를 제압하기에 족한 세력을 지칭하는 것으로서 그 인원수가 다수에 해당하는가는 행위 당시의 여러 사정을 참작하여 결정하여야 할 것이며, 이 경우 상대방의 의사가 현실적으로 제압될 것을 요하지는 않는다고 할 것이지만 상대방의 의사를 제압할 만한 세력을 인식시킬 정도는 되어야 한다(대법원 2006.2.10. 선고 2005도174 판결).

◆ 형법상 특수폭행치사방조죄의 공소사실에 대하여 특수폭행의 방조사실만 인정된 경우, 법원이 폭력행위등처벌에관한법률 제3조 제2항 위반의 방조로 처벌할 수 있는지 여부

검사가 특수폭행치사방조죄로 공소를 제기하면서 그에 관한 형법상 해당 법조의 적용을 청구한 경우에 법원이 심리한 결과 특수폭행의 방조사실만이 인정된다면, 피고인의 방어권 행사를 고려하여 형법상의 특수폭행의 방조로 인정할 수 있을 뿐이고, 그보다 형이 중한 폭력행위등처벌에관한법률 제3조 제2항 위반의 방조로 다스릴 수는 없다(대법원 1998. 9. 4. 선고 98도2061 판결).

◆ 칼의 자루부분으로 피해자의 머리를 가볍게친 행위가 폭력행위등처벌에관한법률 제3조 제1항에 해당되지 않는다고 본 사례

폭력행위등처벌에관한법률 제3조 제1항 소정의 위험한 물건의 위험성 여부는 구체적인 사안에 따라서 사회통념에 비추어 그 물건을 사용하면 그 상대방이나 제3자가 곧 위험성을 느낄 수 있으리라고 인정되는 물건인가의 여부에 따라 이를 판단하여야 할 것인바, 피해자가 먼저 식칼을 들고 나와 피고인을 찌르려다가 피고인이 이를 저지하기 위하여 그 칼을 빼앗은 다음 피해자를 훈계하면서 위 칼의 칼자루 부분으로 피해자의 머리를 가볍게 쳤을 뿐이라면 피해자가 위험성을 느꼈으리라고는 할 수 없다(대법원 1989.12.22. 선고 89도1570 판결).

◆ 피해자에게 농약을 먹이려 하고 당구큐대로 폭행한 사안에서, 농약과 당구큐대가 폭력행위등처벌에관한법률 제3조 제1항 소정의 위험한 물건에 해당하는지 여부

(1) 사실관계

> 피고인은 피해자가 전화를 끊어버렸다는 이유로 피해자에게 "똑바로 살아라, 다른 남자와 잠자리를 했는지 몸 검사를 해야겠다"라고 소리치면서 강제로 피해자의 옷을 벗겨 알몸을 만든 다음 맥주잔에 바스타액제(농약, 제초제)를 부어 들고서 위 피해자에게 "피해자 때문에 너무 괴로워 죽고 싶다", "죽으려면 네가 먼저 죽어야 한다"라면서 왼손으로 위 피해자의 어깨를 잡고 오른손으로 위 맥주잔을 위 피해자의 입에 들이대면서 먹이려다가 위 피해자가 완강히 반항하자 그 곳에 있던 당구큐대(약 70cm)로 위 피해자의 무릎과 엉덩이를 수회 때려 위 피해자에게 약 2주간의 치료를 요하는 골반둔부타박상 등을 가하였다.

(2) 판결요지

[1] 폭력행위등처벌에관한법률 제3조 제1항에 있어서 '위험한 물건'이라 함은 흉기는 아니라고 하더라도 널리 사람의 생명, 신체에 해를 가하는 데 사용할 수 있는

일체의 물건을 포함한다고 풀이할 것이므로, 본래 살상용·파괴용으로 만들어진 것뿐만 아니라 다른 목적으로 만들어진 칼, 가위, 유리병, 각종 공구, 자동차 등은 물론 화학약품 또는 사주된 동물 등도 그것이 사람의 생명·신체에 해를 가하는 데 사용되었다면 본조의 '위험한 물건'이라 할 것이며, 한편 이러한 물건을 '휴대하여'라는 말은 소지뿐만 아니라 널리 이용한다는 뜻도 포함하고 있다.

[2] 피해자에게 농약을 먹이려 하고 당구큐대로 폭행한 사안에서, 농약과 당구큐대가 폭력행위등처벌에관한법률 제3조 제1항 소정의 위험한 물건에 해당한다(대법원 2002. 9. 6. 선고 2002도2812 판결).

◆ 폭력행위등처벌에관한법률 제3조 제1항의 '위험한 물건' 및 '휴대'의 의미

(1) 사실관계

> 피고인은 견인료납부를 요구하면서 피고인 운전의 광주 1라8700호 캐피탈 승용차의 앞을 가로막고 있는 교통관리직원인 피해자 이○○의 다리 부분을 위 승용차 앞범퍼 부분으로 들이받고 약 1m 정도 진행하여 동인을 땅바닥에 넘어뜨려 폭행하였다.

(2) 판결요지

[1] 폭력행위등처벌에관한법률 제3조 제1항에 있어서 '위험한 물건'이라 함은 흉기는 아니라고 하더라도 널리 사람의 생명, 신체에 해를 가하는 데 사용할 수 있는 일체의 물건을 포함한다고 풀이할 것이므로, 본래 살상용·파괴용으로 만들어진 것뿐만 아니라 다른 목적으로 만들어진 칼·가위·유리병·각종공구·자동차 등은 물론 화학약품 또는 사주된 동물 등도 그것이 사람의 생명·신체에 해를 가하는 데 사용되었다면 본조의 '위험한 물건'이라 할 것이며, 한편 이러한 물건을 '휴대하여'라는 말은 소지뿐만 아니라 널리 이용한다는 뜻도 포함하고 있다.

[2] 견인료납부를 요구하는 교통관리직원을 승용차 앞범퍼 부분으로 들이받아 폭행한 사안에서, 승용차가 폭력행위등처벌에관한법률 제3조 제1항 소정의 '위험한 물건'에 해당한다(대법원 1997. 5. 30. 선고 97도597 판결).

Ⅲ. 수사실무

1. 수사포인트

(1) 상습범일 때에는 형이 가중된다.

(2) 특수폭행죄는 공공의 평온을 보호법익으로 하는 소요죄와 구별된다. 즉 공공의 안녕을 해할 정도에 이르지 않는 경우가 이에 해당된다.

2. 범죄사실 기재례

【범죄사실 기재례】

피의자 배○○는, 그의 동생 배○○(당○○세)이 20○○. ○. ○. 11:00경 직장의 화물자동차를 운전하여 함께 가던 중 ○○로 ○○거리 교차점에서 최○○(당○○세)가 운전하는 용달차가 갑자기 오른쪽에서 튀어나오자 접촉사고가 날 뻔 했다는 이유로 위 최○○의 차의 백미러를 스패너로 깨뜨리고 그와 말다툼을 한 뒤 일단 그 곳에서 돌아갔다.

그리고 피의자는 같은 날 14:00경 피의자 배○○을 뒤쫓아 온 위 최○○ 외 수명에게 서울 ○○동 ○○번지의 ○○약국 앞길에서 포위당하여 위 최○○ 등으로부터 주먹으로 안면을 수회 구타당하고 머리부위, 등, 가슴부위 등을 발길로 채이는 등 폭행을 당하자 이에 더욱 분하여 이를 복수할 것을 마음먹고 구속기소된 윤○○(당○○세) 외 5명과 공모하여, 같은 달 ○. 22:30경 단도 및 곤봉 등을 준비하여 ○○동 ○○번지 ○○공원 입구에 집합하고, 그시경 위 최○○ 일행들이 오자 행동을 개시하여 싸우던 중 최○○의 가슴부위, 배부위 등 모두 6개소를 찔러 심장찔린상처에 의한 과다출혈로 그대로 그곳에서 즉시 사망하게 하였다.

7. 폭행치사상죄

제262조【폭행치사상】

제260조와 제261조의 죄를 지어 사람을 사망이나 상해에 이르게 한 경우에는 제257조부터 제259조까지의 예에 따른다.

[전문개정 2020. 12. 8.]

Ⅰ. 이론

1. 성립

이 죄는 폭행 또는 특수폭행의 죄를 범해 사람을 사상에 이르게 하는 결과적 가중범이다. 따라서 이 죄는 폭행 또는 특수폭행의 고의가 있는 경우에만 성립할 수 있다. 또 결과적 가중범이므로 폭행의 고의 이외에 치사상의 결과에 대한 예견가능성, 즉 과실이 있어야 하며 다시 폭행과 사상의 결과 사이에는 인과관계가 있어야 한다.

2. 처벌

폭행치사상죄는 발생한 결과에 따라 상해죄(제257조 1항), 존속상해죄(제257조 2항), 중상해죄(제258조 1항, 2항), 존속중상해죄(제258조 3항), 상해치사죄(제259조)에 정한 형으로 처벌된다.

Ⅱ. 판례

◆ 속칭 '생일빵'을 한다는 명목 하에 피해자를 가격하여 사망에 이르게 한 사안에서, 폭행과 사망 간에 인과관계는 인정되지만 폭행 당시 피해자의 사망을 예견할 수 없었다는 이유로 폭행치사의 공소사실에 대하여 무죄를 선고한 원심판단을 수긍한 사례

폭행치사죄는 결과적 가중범으로서 폭행과 사망의 결과 사이에 인과관계가 있는 외에 사망의 결과에 대한 예견가능성 즉 과실이 있어야 하고, 이러한 예견가능성의 유무는 폭행의 정도와 피해자의 대응상태 등 구체적 상황을 살펴서 엄격하게 가려야 한다(대법원 1990. 9. 25. 선고 90도1596 판결 등 참조).

원심판결 이유에 의하면 원심은, 비록 피고인의 폭행과 피해자의 사망 간에 인과관계는 인정되지만 판시와 같은 폭행의 부위와 정도, 피고인과 피해자의 관계, 피해자의 건강상태 등 제반 사정을 고려하여 볼 때 피고인이 폭행 당시 피해자가 사망할 것이라고 예견할 수 없었다는 이유로 피고인에 대한 공소사실 중 폭행치사의 점은 범죄의 증명이 없는 경우로서 무죄라고 판단하였는바, 원심이 들고 있는 제반 사정을 위 법리에 비추어 보면 원심의 위와 같은 판단은 옳은 것으로서 수긍할 수 있고, 거기에 상고이유 주장과 같은 폭행치사죄의 성립 내지 예견가능성에 관한 법리를 오해한 위법 등이 없다(대법원 2010. 5. 27., 선고, 2010도2680, 판결).

◆ 살인죄의 공소사실에 대하여 공소장변경 없이 폭행치사죄로 처단할 수 있는지 여부

공소가 제기된 살인죄의 범죄사실에 대하여는 그 증명이 없으나 폭행치사죄의 증명이 있는 경우에도 살인죄의 구성요건이 반드시 폭행치사 사실을 포함한다고 할 수 없고, 따라서 공소장의 변경 없이 폭행치사죄를 인정함은 결국 폭행치사죄에 대한 피고인의 방어권 행사에 불이익을 주는 것이므로, 법원은 위와 같은 경우에 검사의 공소장변경 없이는 이를 폭행치사죄로 처단할 수는 없다(대법원 2001. 6. 29. 선고 2001도1091 판결).

◆ 폭행치사사건에 있어서 피해자에 대한 의사의 수술지연과 인과관계

피고인이 주먹으로 피해자의 복부를 1회 강타하여 장파열로 인한 복막염으로 사망케 하였다면, 비록 의사의 수술지연 등 과실이 피해자의 사망의 공동원인이 되었다 하더라도 피고인의 행위가 사망의 결과에 대한 유력한 원인이 된 이상 그 폭력행위와 치사의 결과간에는 인과관계가 있다 할 것이어서 피고인의 폭행치사의 죄책을 면할 수 없다(대법원 1984. 6. 26. 선고 84도831 판결).

◆ 특수체질자였기 때문에 가벼운 폭행으로 인한 충격으로 사망한 경우 사망에 대한 예견가능성이 없다고 보아 폭행치사죄의 성립을 부정한 사례

피고인의 폭행정도가 서로 시비하다가 피해자를 떠밀어 땅에 엉덩방아를 찧고 주저앉게 한 정도에 지나지 않은 것이었고 또 피해자는 외관상 건강하여 전혀 병약한 흔적이 없는 자인데 사실은 관상동맥경화 및 협착증세를 가진 특수체질자이었기 때문에 위와 같은 정도의 폭행에 의한 충격에도 심장마비를 일으켜 사망하게 된 것이라면 피고인에게 사망의 결과에 대한 예견가능성이 있었다고 보기 어려워 결과적가중범인 폭행치사죄로 의율할 수는 없다(대법원 1985. 4. 23. 선고 85도303 판결).

◆ 안수기도에 수반한 신체적 행위를 폭행으로 인정한 사례

안수기도는 환자의 환부나 머리에 손을 얹고 또는 약간 누르면서 환자를 위해 병을 낫게 하여 달라고 하나님께 간절히 기도함으로써 병의 치유함을 받는다는 일종의 종교적 행위이고 그 목적 또한 정당하겠으나, 기도행위에 수반하는 신체적 행위가 단순히 손을 얹거나 약간 누르는 정도가 아니라 그것이 지나쳐서 가슴과 배를 반복하여 누르거나 때려 그로 인하여 사망에 이른 것과 같은 정도의 것이라면 이는 사람의 신체에 대한 유형력의 행사로서 폭행의 개념에 속하는 행위이고, 비록 안수기도의 방법으로 행하여졌다고 하더라도 신체에 대하여 유형력을 행사한다는 인식과 의사가 있으면 폭행에 대한 인식과 의사 즉 고의가 있는 것이며, 이를 적법한 행위라고 오인했다고 하더라도 그 오인에 정당성을 발견할 수 없다(대법원 1994. 8. 23. 선고 94도1484 판결).

◆ 피고인들로부터 폭행을 당하고 당구장 3층 화장실에 숨어 있던 피해자가 다시 피고인들로부터 폭행당하지 않으려고 창문 밖으로 숨으려다가 실족하여 사망한 경우 폭행과 사망 사이의 인과관계를 인정한 사례

피고인들이 공동하여 피해자를 폭행하여 당구장 3층에 있는 화장실에 숨어 있던 피해자를 다시 폭행하려고 피고인 갑은 화장실을 지키고, 피고인 을은 당구치는 기구로 문을 내려쳐 부수자 위협을 느낀 피해자가 화장실 창문 밖으로 숨으려다가 실족하여 떨어짐으로써 사망한 경우에는 피고인들의 위 폭행행위와 피해자의 사망 사이에는 인과관계가 있다고 할 것이므로 폭행치사죄의 공동정범이 성립된다(대법원 1990.10.16. 선고 90도1786 판결).

◆ 공장에서 동료 사이에 말다툼을 하던 중 피고인의 삿대질을 피하려고 뒷걸음치던 피해자가 장애물에 걸려 넘어져 두개골절로 사망한 경우 사망의 결과에 대한 예견가능성 유무(소극)

(1) 사실관계

피고인과 피해자는 삼해공업주식회사 총무부창고계에 근무하던 직장 동료들로서 1988.12.24. 15:40경 위 회사 창고내의 탈의실에서 다른 직원 5명과 함께 소주 2리터들이 1병을 나누어 마신 후 피해자는 창고내에서 철로프에 실을 감는 스빙기계작업을 하고 피고인등 나머지 직원은 창고밖에서 포장작업을 하던 중, 같은 회사 연사부 직원인 김○○이 같은 연사부직원 원○○의 결혼 댕기풀이로 소주와 돼지고기 안주를 가지고 와서 피해자에게 맡겨두고 간 뒤에 피고인이 창고 안으로 들어와 피해자에게 연사부에서 소주와 돼지고기를 가져왔더냐고 물었으나 피해자가 소주와 김치만 가져왔더라고 대답하자 창고 내를 뒤지다가 피해자가 마지못해 내놓은 박스 안에 돼지고기 등이 들어있는 것을 보고 그 돼지고기를 손에 들고 "이래도 고기가 아니냐, 너 혼자 다 먹으려고 숨겨두었다가 이제야 내놓는가"라고 소리치며 피해자의 얼굴에 대고 삿대질을 하자 이를 피하기 위해 피해자가 뒷걸음질로 두세 발짝 물러서다가 한 시간 전에 마신 술로 취해 있던 관계로 위 창고 내에 설치되어 바닥에 가까운 높이에서 수평으로 회전 중이던 십자형 스빙기계 철받침대(받침대 직경 98센치미터, 폭 12.5센치미터,두께 6.5센치미터)에 발이 걸려 뒤로 넘어지면서 머리 부분이 시멘트 바닥에 부딪쳐 두정부좌상과 두개골골절로 소뇌와 대뇌에 지주막하출혈이 생기는 상해를 입고, 그 날 저녁 부산 동구 좌천동 소재 신경외과에 입원가료중 1989.1.3. 09:40경 뇌좌상중증 등으로 사망하였다.

(2) 판결요지

폭행치사죄는 결과적 가중범으로서 폭행과 사망의 결과 사이에 인과관계가 있는 외에 사망의 결과에 대한 예견가능성 즉 과실이 있어야 하고 이러한 예견가능성의 유무는 폭행의 정도와 피해자의 대응상태 등 구체적 상황을 살펴서 엄격하게 가려야 하는 것인바, 피고인이 피해자에게 상당한 힘을 가하여 넘어뜨린 것이 아니라 단지 공장에서 동료 사이에 말다툼을 하던 중 피고인이 삿대질하는 것을 피하고자 피해자 자신이 두어걸음 뒷걸음치다가 회전 중이던 십자형 스빙기계 철받침대에 걸려 넘어진 정도라면, 당시 바닥에 위와 같은 장애물이 있어서 뒷걸음치면 장애물에 걸려 넘어질 수 있다는 것까지는 예견할 수 있었다고 하더라도 그 정도로 넘어지면서 머리를 바닥에 부딪쳐 두개골절로 사망한다는 것은 이례적인 일이어서 통상적으로 일반인이 예견하기 어려운 결과라고 하지 않을 수 없으므로 피고인에게 폭행치사죄의 책임을 물을 수 없다(대법원 1990.9.25. 선고 90도1596 판결).

Ⅲ. 수사실무

1. 피의자 신문례

(1) 피의자는 김ㅇㅇ을 때린 사실이 있나요

(2) 언제, 어디에서 폭행한 것인가요

(3) 폭행을 한 이유는 무엇인가요

(4) 어떠한 방법으로 폭행을 하였나요

(5) 피해자 김ㅇㅇ은 어디를 얼마나 다쳤나요

(6) 피의자의 행위로 인하여 피해가 김ㅇㅇ가 죽을 수도 있을거란 생각은 하지 않았나요

2. 범죄사실 기재례

【범죄사실 기재례】

피의자 甲, 피의자 乙은 ○○시 ○○동에 있는 공사장 옆에 있는 ○○식당에 들어가서 소주 등을 먹다가, 피해자가 술이 취하여 김○○에게 나이가 몇이냐며 시비를 하자 김○○은 기분이 나빠 그 자리를 떠났다. 이어 피해자와 같이 위 공사장으로 가는 중에 피의자 甲은 "당신 오늘 아저씨한테 잘못했어. 혼좀 나 볼래"하면서 우측발로 복부 등을 5회정도 차고 피해자가 뒤쪽에 있는 방범초소에 뛰어가서 신고를 한다고 하자 피의자 甲, 피의자 乙은 피해자의 팔을 잡고 끌고 가서 공사장에 이르렀다. 피의자 乙은 "이거 아주 치사한 놈이네, 잘못을 했으면 맞아야지"하면서 피해자의 다리를 발로 차 넘어뜨리고 피의자 甲은 피해자의 머리를 잡고 수차례 벽돌에 부딪히게 하는 등 폭행을 가하였다.

피의자들은 그로 인하여 피해자 손○○(○○세)에게 뇌출혈을 일으키게 함으로써 20○○. ○. ○. 00 : 30경 ○○시 ○○동에서 사망하게 하였다.

8. 동시범특례

> **제263조【동시범】**
> 독립행위가 경합하여 상해의 결과를 발생하게 한 경우에 있어서 원인된 행위가 판명되지 아니한 때에는 공동정범의 예에 의한다.

[공동정범] 30, [독립행위경합시의미수범에대한예외] 19

Ⅰ. 이론

1. 의의

2인 이상의 자가 의사연락 없이 개별적으로 동시에 죄를 범하는 것을 동시범이라고 한다. 동시범은 공동정범과는 달리 각자가 단독정범이므로 자기의 행위에 따른 결과에 대해서만 책임을 지게 된다. 형법 제19조에 규정한 "독립행위의 경합"은 이를 의미한다. 이 조는 상해죄에 관해 동시범의 특례를 인정하고 공동정범으로 처벌할 수 있게 하여 형법 제19조의 예외를 인정하고 있다. 이것은 입증의 곤란을 구제하기 위한 정책적 예외규정이라고 볼 수 있다.

2. 특례의 적용요건

(1) 독립행위의 경합이란 두 개 이상의 행위가 서로 의사연락 없이 같은 객체에 대하여 행하여지는 것을 말한다. 따라서 방해행위 내지 폭행을 한 것 자체가 불명한 경우에는 본조는 적용되지 아니한다(1984.5.15. 84도488).

(2) 상해의 결과가 발생하기만 하면 되므로 그 결과가 상해행위에 의한 것이건 폭행행위에 의한 것이건(폭행치상) 묻지 않는다.

(3) 원인행위가 판명된 때에는 각자가 자기행위로 발생한 결과에 대해서만 책임을 진다.

3. 특례의 적용범위

(1) 상해치사죄·폭행치사죄

가. 여러 견해가 대립하고 있으나 대법원은 이에 특례가 적용된다고 판시하고 있다.

나. 폭행의 독립행위가 경합하여 사망의 결과가 발생한 경우(폭행치사)는 형법 제263조에 따라 공동정범의 예에 의해 처벌한다.

다. 異時의 상해의 독립행위가 경합해 사망의 결과가 일어난 경우(상해치사)에도 그 원인된 행위가 판명되지 않은 때에는 공동정범의 예에 의한다.

(2) 강간치상죄·강도치상죄

가. 상해 또는 폭행치상의 요소를 포함하더라도 폭행·상해죄와 보호법익을 달리하는 강간치상죄나 강도치상죄에는 적용되지 않는다.

나. 형법 제263조의 동시범은 강간치상죄에 적용할 수 없다.

Ⅱ. 판례

◆ 시간적 차이가 있는 독립된 상해행위나 폭행행위가 경합하여 사망의 결과가 일어나고 그 사망의 원인된 행위가 판명되지 않는 경우, 공동정범의 예에 의하여 처벌할 것인지 여부

시간적 차이가 있는 독립된 상해행위나 폭행행위가 경합하여 사망의 결과가 일어나고 그 사망의 원인된 행위가 판명되지 않은 경우에는 공동정범의 예에 의하여 처벌할 것이다(대법원 2000. 7. 28. 선고 2000도2466 판결).

◆ 공범들의 행위중 결과발생의 원인된 행위가 불명한 경우, 동시범 규정의 적용여부

2인 이상이 상호의사의 연락없이 동시에 범죄구성요건에 해당하는 행위를 하였을 때에는 원칙적으로 각인에 대하여 그 죄를 논하여야 하나 그 결과 발생의 원인이 된 행위가 분명하지 아니한 때에는 각 행위자를 미수범으로 처벌하고(독립행위의 경합), 이 독립행위가 경합하여 특히 상해의 결과를 발생하게 하고 그 결과발생의 원인이 된 행위가 밝혀지지 아니한 경우에는 공동정범의 예에 따라 처단(동시범)하는 것이므로 공범관계에 있어 공동가공의 의사가 있었다면 이에는 도시 동시범등의 문제는 제기될 여지가 없다(대법원 1985.12.10, 선고, 85도1892, 판결).

Ⅲ. 수사실무

1. 수사포인트

(1) 상습범인가, 상습적으로 2인 이상이 공동하여 죄를 범한 것인가, 단체나 다중의 위력으로써 또는 단체나 집단을 가장하여 위력을 보인 것인가, 상해할 목적으로 단체 또는 집단을 구성한 것인가를 조사해야 한다.

2. 범죄사실 기재례

【범죄사실 기재례】

피의자 황○○은 20○○. ○. ○. 20 : 00경 ○○시 ○○동 ○○번지 앞길에 있는 공중전화부스에서 전화를 하던 중, 피의자가 연이어 세통째의 전화를 할 때 뒤에서 기다리던 피해자 이○○가 "뒷사람 좀 생각합시다"라고 말하였다. 그러자 화가 나서 그의 안면을 주먹으로 세번 구타하였고, 피의자 안○○은 때마침 이○○의 옆에 서 있다가 그들의 싸움을 말렸으나 피해자가 듣지 않는다고 하여 위 이○○의 안면을 주먹으로 수회 구타하여 그에게 약 10일간의 치료를 요하는 왼쪽볼부위타박상의 상해를 가하였다. 그러나 위 상해가 누구의 폭행에 의해서 가해졌는지를 알 수 없었다.

3. 적용실례

(1) 상해치사를 폭행치사로 의율한 사례

각자 술을 마시다가 시비가 붙어 피의자가 주먹으로 때리고, 발로 찬 결과 피해자가 뒤통수부위 경질막밑출혈, 얼굴 타박상 등의 상해를 입고 이로 인해 다음날 사망하기에 이르렀다.

➡ 이는 피해자가 상해를 입은 부위로 보아 상해치사에 해당되며, 폭행치사로 의율할 수 없다.

(2) 두사람이 한사람을 찔러 상해를 입힌 경우

김○○는 유○○와 말다툼으로 시비를 하다가 칼로 유○○의 얼굴과 배를 몇 번 찔렀고, 그 때 마침 그곳을 지나가던 최○○은 정부문제로 원한을 품고 있었던 위 유○○가 얻어맞고 있는 것을 보고 함께 달려들어 등산용 칼로 그의 얼굴과 배 등을 여러번 찔렀다. 결국 약 1개월간의 치료를 요하는 얼굴벤상처의 상해를 입었는데 그것이 위 둘 중 누구의 행위에 의한 것인지 알 수 없었다.

➡ 폭행자상호간에 의사의 연락이 없어 공동정범으로써 논할 수 없는 때라고 해도 상해의 경중을 알지 못하거나 그 상해를 입게 한 자를 알지 못한 때에 폭행자각자로 하여금 그 상해의 결과에 대하여 전부의 책임을 지도록 하고 있다. 따라서 김○○, 최○○ 모두에게 죄책이 돌아간다.

9. 상습상해죄 · 상습폭행죄

제264조【상습범】

상습으로 제257조, 제258조, 제258조의2, 제260조 또는 제261조의 죄를 범한 때에는 그 죄에 정한 형의 2분의 1까지 가중한다. 〈개정 2016. 1. 6.〉

[본조의주장에대한판단] 형소323②, [형의가중] 42 · 56, [자격정지의병과] 265, 폭력행위2·3

Ⅰ. 이론

이 죄는 상습으로 상해죄, 존속상해죄, 중상해죄, 존속중상해죄, 폭행죄, 존속폭행죄, 특수폭행죄를 범한 때에 성립한다. 다만 상습적으로 상해죄 또는 폭행죄를 범한 때에는 폭력행위등처벌에관한법률 제2조 제1항에 해당되고 이 죄가 적용되지 않는다. 상습범은 집합범에 해당하므로 이에 해당하면 포괄일죄가 된다는 것이 통설, 판례이다.

Ⅱ. 판례

◆ **상해죄 및 폭행죄의 상습범에 관한 형법 제264조에서 말하는 '상습'의 의미 및 위 규정에 열거되지 아니한 다른 유형의 범죄까지 고려하여 상습성의 유무를 결정할 수 있는지 여부(소극)**

상해죄 및 폭행죄의 상습범에 관한 형법 제264조는 "상습으로 제257조, 제258조, 제258조의2, 제260조 또는 제261조의 죄를 범한 때에는 그 죄에 정한 형의 2분의 1까지 가중한다."라고 규정하고 있다. 형법 제264조에서 말하는 '상습'이란 위 규정에 열거된 상해 내지 폭행행위의 습벽을 말하는 것이므로, 위 규정에 열거되지 아니한 다른 유형의 범죄까지 고려하여 상습성의 유무를 결정하여서는 아니 된다(대법원 2018. 4. 24., 선고, 2017도21663, 판결).

◆ 범죄에 있어서의 상습의 의미

[1] 제1심 공판기일에서의 피고인의 진술이 공소사실 중 일부를 부인하거나 또는 최소한 피고인에게 폭력의 습벽이 있음을 부인하는 취지라고 보임에도, 간이공판절차에 의하여 상습상해 내지 폭행의 공소사실을 유죄로 인정한 제1심판결을 유지한 원심판결에 간이공판절차에 관한 법리를 오해하거나 증거 없이 유죄로 인정한 위법이 있다.

[2] 범죄에 있어서의 상습이란 범죄자의 어떤 버릇, 범죄의 경향을 의미하는 것으로서 행위의 본질을 이루는 성질이 아니고, 행위자의 특성을 이루는 성질을 의미하는 것이므로, 구 폭력행위 등 처벌에 관한 법률(2006. 3. 24. 법률 제7891호로 개정되기 전의 것) 제2조 제1항에서 정한 상습성의 유무는 피고인의 연령·성격·직업·환경·전과사실, 범행의 동기·수단·방법 및 장소, 전에 범한 범죄와의 시간적 간격, 그 범행의 내용과 유사성 등 여러 사정을 종합하여 판단하여야 한다(대법원 2006. 5. 11. 선고 2004도6176 판결).

◆ 직계존속에 대한 폭행과 상해를 상습으로 범한 경우의 죄책

직계존속인 피해자를 폭행하고, 상해를 가한 것이 존속에 대한 동일한 폭력습벽의 발현에 의한 것으로 인정되는 경우, 그 중 법정형이 더 중한 상습존속상해죄에 나머지 행위들을 포괄시켜 하나의 죄만이 성립한다(대법원 2003. 2. 28. 선고 2002도7335 판결).

◆ 폭력행위등처벌에관한법률 제2조 제1항 소정의 '상습'의 의미

폭력행위등처벌에 관한 법률 제2조 제1항에서 말하는 '상습'이라 함은 동 법조항에 게기한 형법각조에 해당하는 각개 범죄행위의 상습성만을 의미하는 것이 아니고, 위 각개 범죄행위를 포괄한 폭력행위를 하는 습벽도 포함한다(대법원 1981. 4. 14. 선고 81도69 판결).

◆ 형법 제264조는 상습특수상해죄를 범한 때에 형법 제258조의2 제1항에서 정한 법정형의 단기와 장기를 모두 가중하여 1년 6개월 이상 15년 이하의 징역에 처한다는 의미인지 여부(적극)

형법은 제264조에서 상습으로 제258조의2의 죄를 범한 때에는 그 죄에 정한 형의 2

분의 1까지 가중한다고 규정하고, 제258조의2 제1항에서 위험한 물건을 휴대하여 상해죄를 범한 때에는 1년 이상 10년 이하의 징역에 처한다고 규정하고 있다. 위와 같은 형법 각 규정의 문언, 형의 장기만을 가중하는 형법 규정에서 그 죄에 정한 형의 장기를 가중한다고 명시하고 있는 점, 형법 제264조에서 상습범을 가중처벌하는 입법 취지 등을 종합하면, 형법 제264조는 상습특수상해죄를 범한 때에 형법 제258조의2 제1항에서 정한 법정형의 단기와 장기를 모두 가중하여 1년 6개월 이상 15년 이하의 징역에 처한다는 의미로 새겨야 한다.(대법원 2017.6.29, 선고, 2016도18194, 판결).

10. 자격정지의 병과

제265조【자격정지의 병과】

제257조제2항, 제258조, 제258조의2, 제260조제2항, 제261조 또는 전조의 경우에는 10년 이하의 자격정지를 병과할 수 있다. 〈개정 2016. 1. 6.〉

[자격정지] 4, [공소시효] 형소249①250

존속상해죄(제257조 2항), 중상해죄(제258조 1항, 2항), 존속중상해죄(제258조 3항), 존속폭행죄(제260조 2항), 특수폭행죄(제261조), 상습범(제264조)의 경우에는 10년 이하의 자격정지를 병과할 수 있다.

제 26 장 과실치사상의 죄 (제266조 ~ 제268조)

제26장 과실치사상의 죄(제266조 ~ 제268조)

1. 과실치상죄

제266조【과실치상】

① 과실로 인하여 사람의 신체를 상해에 이르게 한 자는 500만원 이하의 벌금, 구류 또는 과료에 처한다. 〈개정 1995. 12. 29.〉

② 제1항의 죄는 피해자의 명시한 의사에 반하여 공소를 제기할 수 없다. 〈개정 1995. 12. 29.〉

[피해자의 의사] 형소223 · 232, [공소시효] : 5년

○ 이 죄가 성립하기 위해서는 사람의 신체를 상해한 결과가 발생해야 하고, 나아가 신체의 상해가 과실로 인한 것이어야 한다. 상해의 고의나 폭행의 고의로 상해의 결과를 발생한 경우에는 상해죄나 폭행치상죄가 성립한다. 이 죄는 반의사불벌죄이며, 보호법익은 사람의 생명과 신체이다.

Ⅰ. 이론

1. 구성요건

(1) 주관적 구성요건

과실로 인한 것이어야 한다. 이 죄는 상해와 폭행에 대한 고의가 없는 경우에만 인정되며, 과실행위는 작위에 의한 것이든 부작위에 의한 것이든 묻지 않는다.

(2) 객관적 구성요건

1) 행위

과실로 인하여 상해하는 것이다.

2) 인과관계

상해의 결과와 과실행위 사이에 인과관계가 있어야 하는데, 대법원은 과실이 결과발생의 직접적인 원인이 된 때에만 인과관계를 인정하고 있다.

2. 소추조건

과실치상죄는 피해자의 명시한 의사에 반하여 공소를 제기할 수 없는 반의사불벌죄이다. 과실치사죄가 반의사불벌죄가 아닌 것과 비교된다.

Ⅱ. 판례

◆ 공사현장에서 일어난 안전사고에 관하여 시공회사의 사장에게 세부적인 안전대책을 강구하여야 할 주의의무가 없다고 본 사례

시공회사의 상무이사인 현장소장이 현장에서의 공사감독을 전담하였고 사장은 그와 같은 감독을 하게 되어 있지 않았다면 사장으로서는 그 공사의 진행에 관하여 직접적인 지휘·감독을 받지 않는 회사직원 혹은 고용한 노무자들이 그 공사시행상의 안전수칙을 위반하여 사고를 저지를지 모른다고 하여 이에 대비하여 각개의 별개작업에 대하여 일일이 세부적인 안전대책을 강구하여야 하는 구체적이고 직접적인 주의의무가 있다고 하기 어렵다(대법원 1989. 11. 24. 선고 89도1618 판결).

◆ 정맥에 주사하다가 근육에 새면 조직괴사등의 부작용을 일으킬 수 있는 마취제 에폰톨을 주사함에 있어서의 의사의 주의의무

주사약인 에폰톨은 3, 4분 정도의 단시간형 마취에 흔히 이용되는 마취제로서 점액성이 강한 유액성분이어서 반드시 정맥에 주사하여야 하며, 정맥에 투여하다가 근육에 새면 유액성분으로 인하여 조직괴사, 일시적인 혈관수축 등의 부작용을 일으킬 수 있으므로 위와 같은 마취제를 정맥주사할 경우 의사로서는 스스로 주사를 놓던가 부득이 간호사나 간호조무사에게 주사케 하는 경우에도 주사할 위치와 방법 등에 관한 적절하고 상세한 지시를 함과 함께 스스로 그 장소에 입회하여 주사시행과정에서의 환자의 징후 등을 계속 주시하면서 주사가 잘못 없이 끝나도록 조치하여야 할 주의의무가 있고, 또한 위와 같은 마취제의 정맥주사방법으로서는 수액세트에 주사침을 연결하여 정맥 내에 위치하게 하고 수액을 공급하면서 주사제를 기존의 수액세트를 통하여 주사하는 이른바 사이드 인젝션(Side Injection) 방법이 직접주사 방법보다 안전하고 일반적인 것이라 할 것인 바, 산부인과 의사인 피고인이 피해자에 대한 임신중절수술을 시행하기 위하여 마취주사를 시주함에 있어 피고인이 직접 주사하지 아니하고, 만연히 간호조무사로 하여금 직접 방법에 의하여 애폰톨 500밀리그램이 함유된 마취주사를 피해자의 우측 팔에 놓게 하여 피해자에게 상해를 입혔다면 이에는 의사로서의 주의의무를 다하지 아니한 과실이 있다고 할 것이다(대법원 1990. 5. 22. 선고 90도579 판결).

◆ 업무상과실치상죄에서 말하는 '업무'의 의미와 범위 / 건물 소유자가 안전배려나 안전관리 사무에 계속적으로 종사하거나 그러한 계속적 사무를 담당하는 지위를 가지지 않은 채 단지 건물을 비정기적으로 수리하거나 건물의 일부분을 임대한 행위가 업무상과실치상죄의 '업무'에 해당하는지 여부(소극)

업무상과실치상죄의 '업무'란 사람의 사회생활면에서 하나의 지위로서 계속적으로 종사하는 사무를 말한다. 여기에는 수행하는 직무 자체가 위험성을 갖기 때문에 안전배려를 의무의 내용으로 하는 경우는 물론 사람의 생명·신체의 위험을 방지하는 것을 의무의 내용으로 하는 업무도 포함된다. 그러나 건물 소유자가 안전배려나 안전관리 사무에 계속적으로 종사하거나 그러한 계속적 사무를 담당하는 지위를 가지지 않은 채 단지 건물을 비정기적으로 수리하거나 건물의 일부분을 임대하였다는 사정만으로는 건물 소유자의 위와 같은 행위가 업무상과실치상죄의 '업무'에 해당한다고 보기 어렵다(대법원 2017.12.5, 선고, 2016도16738, 판결).

◆ 과실치상죄에서 골프 등 개인 운동경기 참가자의 주의의무

(1) 사실관계

피고인이 골프장에서 골프경기를 하던 중 피고인의 등 뒤 8m 정도 떨어져 있던 경기보조원A를 골프공으로 맞혀 상해를 입혔다. 이 당시 피해자A가 경기보조원으로서 통상 공이 날아가는 방향이 아닌 피고인 뒤쪽에서 경기를 보조하는 등 경기보조원으로서의 기본적인 주의의무를 마친 상태였다.

(2) 판결요지

[1] 골프와 같은 개인 운동경기에 참가하는 자는 자신의 행동으로 인해 다른 사람이 다칠 수도 있으므로, 경기 규칙을 준수하고 주위를 살펴 상해의 결과가 발생하는 것을 미연에 방지해야 할 주의의무가 있다. 이러한 주의의무는 경기보조원에 대하여도 마찬가지로 부담한다.

[2] 운동경기에 참가하는 자가 경기규칙을 준수하는 중에 또는 그 경기의 성격상 당연히 예상되는 정도의 경미한 규칙위반 속에 제3자에게 상해의 결과를 발생시킨 것으로서, 사회적 상당성의 범위를 벗어나지 아니하는 행위라면 과실치상죄가 성립하지 않는다. 그러나 골프경기를 하던 중 골프공을 쳐서 아무도 예상하지 못한 자신의 등 뒤편으로 보내어 등 뒤에 있던 경기보조원(캐디)에게 상해를 입힌 경우에는 주의의무를 현저히 위반하여 사회적 상당성의 범위를 벗어난 행위로서 과실치상죄가 성립한다(대법원 2008.10.23. 선고 2008도6940).

◆ 운동경기 도중 참가자가 제3자에게 상해의 결과를 발생시킨 경우 위법성이 조각되기 위한 요건 및 골프경기 중 골프공으로 경기보조원을 맞혀 상해를 입힌 행위가 이에 해당하는지 여부

운동경기에 참가하는 자가 경기규칙을 준수하는 중에 또는 그 경기의 성격상 당연히 예상되는 정도의 경미한 규칙위반 속에 제3자에게 상해의 결과를 발생시킨 것으로서, 사회적 상당성의 범위를 벗어나지 아니하는 행위라면 과실치상죄가 성립하지 않는다. 그러나 골프경기를 하던 중 골프공을 쳐서 아무도 예상하지 못한 자신의 등 뒤편으로 보내어 등 뒤에 있던 경기보조원(캐디)에게 상해를 입힌 경우에는 주의의무를 현저히 위반하여 사회적 상당성의 범위를 벗어난 행위로서 과실치상죄가 성립한다(대법원 2008.10.23, 선고, 2008도6940, 판결).

Ⅲ. 수사실무

1. 수사포인트

(1) 이 죄는 반의사불벌죄로 피해자의 의사에 반하여 처벌할 수 없다.

(2) 범의가 있지는 않았는지 조사한다.

(3) 다른 과실행위가 경합되어 있지 않은가 조사한다(예컨대 피해자 과실, 고용주의 과실).

(4) 과실과 치상과의 인과관계 여부를 확실히 한다.

(5) 치상결과에 대해 인식이나 예견이 있었는가 조사한다.

(6) 그 과실이 업무상이거나 중과실이 아닌지 조사한다(업무상이거나 중과실인 경우에는 이 죄가 아닌 제268조의 죄가 된다).

2. 범죄사실 기재례

【범죄사실 기재례】

피의자는 서울 ○○구 ○○동 ○○번지에 있는 ○○식당에서 일하고 있다.

피의자는 20○○. ○. ○. 16：00경 손님이 뜸한 틈을 타 위 식당 앞길에서 같은 종업원 이○○(○○세) 등과 야구공 던지기 놀이를 하였다. 길에서 야구공 던지기를 할 때에는 공이 통행인에게 맞을 위험이 많으므로 위험의 발생을 미리 막아야 할 주의의무가 있다. 그럼에도 불구하고 이를 게을리하여 함부로 야구공을 던진 과실로 피의자가 던진 공이 세게 날아가는 순간 때마침 그곳을 지나가던 신○○(당○○세)의 머리에 맞아 그녀로 하여금 약 2주일간의 치료를 요하는 뒷머리부분 찢긴 상처 등의 상해를 입혔다.

3. 적용실례

(1) 뛰어가다 부딪쳐 상해를 입힌 경우

박○○는 바쁜 출근길에 막 출발하려는 버스를 잡아타기 위해 마구 뛰다가 앞에서 걸어오던 사람을 피하지 못해 몸을 부딪쳤다. 이로 인해 그 사람은 10일 정도의 상해를 입고 말았다.

➡ 이 경우 박○○는 폭행이나 상해를 가하려는 고의가 없이 뛰어가던 관성 때문에 어쩔 수 없이 피해자와 부딪치게 된 것이므로 과실치상으로 보아야 한다.

(2) 제3자와 언쟁하고 있는 것을 말리다가 얼굴을 부딪친 경우

조○○는 마을사람 둘이 말다툼하고 있는 것을 발견하고 말리기 위해 그 중 한 사람인 소○○의 허리를 감싸안고 집으로 끌어당겼는데, 그러다 소○○의 얼굴이 시멘트 담장에 부딪쳐 소○○는 전치 10일의 개갠상처를 입게 되었다.

➡ 위 조○○는 상해를 가하고자 한 것이 아니라 둘의 싸움을 말리기 위해 허리를 잡아 당겨 떼어 놓으려 한 것뿐임이 인정된다. 따라서 이 행위를 폭행으로 볼 수도 없어 과실치상이나 중과실치상으로 의율하는 것이 상당하겠다.

2. 과실치사죄

제267조【과실치사】

과실로 인하여 사람을 사망에 이르게 한 자는 2년 이하의 금고 또는 700만원 이하의 벌금에 처한다. 〈개정 1995. 12. 29.〉

[군법] 군형4, [공소시효] : 5년

○ 이 죄는 과실로 사람을 치사하게 했을 때 성립하는 범죄로서, 사망의 결과에 대하여 고의가 없고 과실로 인한 것이며, 사망의 결과에 대한 예견가능성이 있을 것을 요한다.

Ⅰ. 이론

1. 구성요건

(1) 주관적 구성요건

사망의 결과에 대해 고의가 없어야 하고 과실로 인한 것이라야 한다.

1) 과실이란 행위 당시 당연히 알고 있어야 할 범죄사실을, 주의를 게을리 했기 때문에 인식하지 못한 것을 말한다(주의의무 위반).

2) 주의의무의 기준은 보통사람의 주의능력을 표준으로 하여 결정해야 하며, 그 판단은 객관적이어야 한다.

(2) 객관적 구성요건

1) 행위

과실로 인하여 사람을 사망에 이르게 하는 것이다.

2) 인과관계

사망의 결과와 과실행위 사이에 인과관계가 있어야 한다.

2. 반의사불벌죄가 아님

과실치상죄(제266조 1항)와 달리 반의사불벌죄가 아님을 주의해야 한다.

Ⅱ. 판례

◆ 산후조리원에 입소한 신생아가 계속하여 잦은 설사 등의 이상증세를 보임에도 불구하고, 산후조리원의 신생아 집단관리를 맡은 책임자가 의사 등의 진찰을 받도록 하지 않아 신생아가 사망한 사안에서, 위 집단관리 책임자에게 업무상 과실치사의 죄책을 인정한 사례

[1] 산후조리원의 주된 업무는 입소한 산모들에게 적절한 음식과 운동방법 등을 제공하여 몸을 회복할 수 있도록 하고, 산모가 대동한 신생아를 대신 관리하여 줌으로써 산모가 산후조리에 집중할 수 있도록 도와주는 것이고, 산모와 신생아의

집단관리는 산후조리서비스 제공에 필연적으로 부수되는 업무로서 그 자체가 치료행위는 아니다. 하지만, 면역력이 취약하여 다른 사람과 접촉이 바람직하지 아니한 신생아를 집단으로 수용하여 관리함으로써 질병의 감염으로 인한 생명·신체에 대한 위해가능성이 높아지는 특성상 보건분야 업무로서의 성격을 갖고 있으므로, 일반인에 의해 제공되는 산후조리 업무와는 달리 신생아의 집단관리 업무를 책임지는 사람으로서는 신생아의 건강관리나 이상증상에 관하여 일반인보다 높은 수준의 지식을 갖추어 신생아를 위생적으로 관리하고 건강상태를 면밀히 살펴 이상증세가 보이면 의사나 한의사 등 전문가에게 진료를 받도록 하는 등 적절한 조치를 취하여야 할 업무상 주의의무가 있다.

[2] 산후조리원에 입소한 신생아가 출생 후 10일 이상이 경과하도록 계속하여 수유량 및 체중이 지나치게 감소하고 잦은 설사 등의 이상증세를 보임에도 불구하고, 산후조리원의 신생아 집단관리를 맡은 책임자가 의사나 한의사 등의 진찰을 받도록 하지 않아 신생아가 탈수 내지 괴사성 장염으로 사망한 사안에서, 위 집단관리 책임자가 산모에게 신생아의 이상증세를 즉시 알리고 적절한 조치를 구하여 산모의 지시를 따른 것만으로는 업무상 주의의무를 다하였다고 볼 수 없다며 신생아 사망에 대한 업무상 과실치사의 죄책을 인정한 사례(대법원 2007. 11. 16. 선고 2005도1796 판결).

◆ 타인의 팔을 잡아당겨 도로를 횡단하게 만든 자는 그 횡단중에 타인이 당한 교통사고에 대하여 과실치사상죄의 죄책을 진다고 한 사례

중앙선에 서서 도로횡단을 중단한 피해자의 팔을 갑자기 잡아끌고 피해자로 하여금 도로를 횡단하게 만든 피고인으로서는 위와 같이 무단횡단을 하는 도중에 지나가는 차량에 충격당하여 피해자가 사망하는 교통사고가 발생할 가능성이 있으므로, 이러한 경우에는 피고인이 피해자의 안전을 위하여 차량의 통행 여부 및 횡단 가능 여부를 확인하여야 할 주의의무가 있다 할 것이므로, 피고인으로서는 위와 같은 주의의무를 다하지 않은 이상 교통사고와 그로 인한 피해자의 사망에 대하여 과실책임을 면할 수 없다(대법원 2002. 8. 23. 선고 2002도2800 판결).

◆ 임차목적물인 방의 균열로 스며든 연탄가스에 의한 사고에 대하여 임대인의 과실을 부정한 사례

대차목적물인 방에 약간의 실금 형태로 균열이 가 있고 외벽에 금이 가 있을 정도라면 그 방을 사용할 수 없을 정도의 파손상태라고 할 수 없고, 반드시 임대인에게 수선의무가 있는 대규모의 것이라고도 할 수 없어 임차인의 통상의 수선 및 관리의무에 속하므로, 위 균열로 인하여 스며든 연탄가스에 피해자가 중독되어 사망한 사고는 임대인의 과실로 인한 것이라고 볼 수 없다(대법원 1989. 9. 26. 선고 89도703 판결).

◆ 함께 술을 마신 후 만취된 피해자를 촛불이 켜져 있는 방안에 혼자 눕혀 놓고 촛불을 끄지 않고 나오는 바람에 화재가 발생하여 피해자가 사망한 경우 과실치사책임 인정여부

함께 술을 마신 후 만취된 피해자를 촛불이 켜져 있는 방안에 혼자 눕혀 놓고 촛불을 끄지 않고 나오는 바람에 화재가 발생하여 피해자가 사망한 경우 과실치사책임을 인정한 사례(대법원 1994. 8. 26. 선고 94도1291 판결)

◆ 임차인이 문틈으로 새어든 연탄가스에 중독되어 사망하였으나 임대인에게 그 책임을 물을 수 없다고 한 예

부엌과 창고홀로 통하는 방문이 상단부의 문틈과 벽사이에 약 1.2센티미터 내지 2센티미터나 벌어져 있고 그 문틈과 문자체 사이도 두군데나 0.5센티미터의 틈이 있는 정도의 하자는 임차목적물을 사용할 수 없을 정도의 것이거나 임대인에게 수선의무가 있는 대규모의 것이 아니고 임차인의 통상의 수선 및 관리의무의 범위에 속하는 것이어서 비록 임차인이 위 문틈으로 새어든 연탄가스에 중독되어 사망하였다 하더라도 임대인에게 그 책임을 물을 수 없다(대법원 1986.7.8, 선고, 86도383, 판결).

◆ 학생이 교실 유리창을 닦다가 추락사한 경우 담임교사의 형사상 책임을 부정한 사례

담임교사가 학교방침에 따라 학생들에게 교실청소를 시켜왔고 유리창을 청소할 때는 교실안쪽에서 닦을 수 있는 유리창만을 닦도록 지시하였는데도 유독 피해자만이 수업시간이 끝나자마자 베란다로 넘어 갔다가 밑으로 떨어져 사망하였다면 담임교사에게 그 사고에 대한 어떤 형사상의 과실책임을 물을 수 없다(대법원 1989.3.28. 선고 89도108 판결).

◆ 파도가 치는 바닷가 바위 위에서 곧 전역할 병사를 헹가레쳐서 장난삼아 바다에 빠뜨리려고 하다가 그가 발버둥치는 바람에 그의 발을 붙잡고 있던 피해자가 미끄러져 익사한 경우 헹가레치려 했던 동료 내무반원에게 과실치사책임을 인정한 사례

(1) 사실관계

피고인들이 공동하여 1990.14.10. 09:00부터 10:35까지 소속대 내무반에서 부대원들과 함께 공소외 하사 이○○의 전역기념회식을 하던 중 고참병인 피고인 1이 장난삼아 똥차(위 이○○) 마지막 가는 길인데 바닷물에 빠뜨려 깨끗하게 씻어 주자라는 취지로 제의하자 피고인등 내무반원 9명이 이에 동조하여 서로 위 이○○을 번갈아 둘러메고서 위 내무반 동남방 110m지점에 이르렀는바, 당시 위 지점은 암반위로서 곧바로 수직 급경사의 바다가 이어지고 이끼가 많으며 바닷물에 씻겨 매우 미끄럽고 더구나 같은 날 03:00 이후 폭풍주의보(풍속 15m/초, 파고 3m)가 발효 중이었다. 피고인 1은 나머지 피고인들의 행위를 부추기고, 피고인 2는 위 이○○의 우측팔을, 피고인 3은 우측다리를, 피해자 김○○(이병)은 좌측다리를 각각 잡아 헹가레를 쳐 바닷물에 빠뜨리려고 하였으나 위 이○○이 완강히 거부하면서 물에 빠지지 않기 위하여 오른손으로 피고인 2의 멱살을 잡고 발버둥 치자, 피고인 3은 잡고 있던 우측다리를 슬그머니 놓아버리고 동시에 피고인 2는 두손으로 위 이○○이 발버둥 치면서 멱살을 잡은 오른손목을 비틀어 뿌리치자 순간적으로 위 이○○이 미끄러운 사고지점 바위위에 떨어져 그대로 바닷 속으로 빠지면서 그때까지 위 이○○의 좌측다리를 잡고 있던 피해자 김○○이 같이 끌려 들어가게 한 과실로 위 피해자로 하여금 파도에 휩쓸려 익사케하였다.

(2) **판결요지**

바다에 면한 수직경사의 암반 위로 이끼가 많이 끼어 매우 미끄러운 곳에서 당시 폭풍주의보가 발효 중이어서 평소보다 높은 파도가 치고 있던 상황 하에 피해자와 같은 내무반원인 피고인등 여러 사람이 곧 전역할 병사 갑을 손발을 붙잡아 헹가레를 쳐서 장난삼아 바다에 빠뜨리려고 하다가 그가 발버둥치자 동인의 발을 붙잡고 있던 피해자의 몸의 중심을 잃고 미끄러지면서 바다에 빠져 사망한 경우 갑을 헹가레쳐서 바다에 빠뜨리려고 한 행위와 피해자가 바다에 빠져 사망한 결과와의 사이에는 인과관계가 있다고 할 것이고, 또 위와 같은 경우 결과발생에 관한 예견가능성도 있다고 할 것이므로 갑을 붙들고 헹가레치려고 한 피고인들로서는 비록 피해자가 위와 같이 헹가레치려고 한 일행 중의 한 사람이었다고 하여도 동인의 사망에 대하여 과실책임을 면할 수 없다(대법원 1990. 11. 13. 선고 90도2106 판결).

◆ 의료사고에서 의료종사자의 과실을 인정하기 위한 요건과 판단 기준

[1] 의료사고에서 의료종사자의 과실을 인정하기 위해서는 의료종사자가 결과발생을 예견할 수 있고 또 회피할 수 있었는데도 이를 예견하거나 회피하지 못한 과실이 인정되어야 하고, 그러한 과실 유무를 판단할 때에는 같은 업무와 직무에 종사하는 보통인의 주의 정도를 표준으로 하여야 하며, 이에는 사고 당시의 일반적인 의학 수준과 의료 환경 및 조건, 의료행위의 특수성 등이 고려되어야 한다.

[2] 병원 인턴인 피고인이, 응급실로 이송되어 온 익수(익수)환자 갑을 담당의사 을의 지시에 따라 구급차에 태워 다른 병원으로 이송하던 중 산소통의 산소잔량을 체크하지 않은 과실로 산소 공급이 중단된 결과 갑을 폐부종 등으로 사망에 이르게 하였다는 내용으로 기소된 사안에서, 을에게서 이송 도중 갑에 대한 앰부 배깅(ambu bagging)과 진정제 투여 업무만을 지시받은 피고인에게 일반적으로 구급차 탑승 전 또는 이송 도중 구급차에 비치되어 있는 산소통의 산소잔량을

확인할 주의의무가 있다고 보기는 어렵고, 다만 피고인이 갑에 대한 앰부 배깅 도중 산소 공급 이상을 발견하고도 구급차에 동승한 의료인에게 기대되는 적절한 조치를 취하지 아니하였다면 업무상 과실이 있다고 할 것이나, 피고인이 산소부족 상태를 안 후 취한 조치에 어떠한 업무상 주의의무 위반이 있었다고 볼 수 없는데도, 피고인에게 산소잔량을 확인할 주의의무가 있음을 전제로 업무상 과실치사죄를 인정한 원심판단에 응급의료행위에서 인턴의 주의의무 범위에 관한 법리오해 또는 심리미진의 위법이 있다고 한 사례(대법원 2011.09.08. 선고 2009도13959 판결).

Ⅲ. 수사실무

1. 범죄사실 기재례

【범죄사실 기재례】

피의자는 20○○. ○. ○. 22 : 40경 ○○시 ○○구 ○○동 ○○번지에 있는 그의 집 안방에서 생후 2개월 된 영아 박○○(여)를 피의자의 왼편에 눕히고 위 영아에게 젖을 먹이다가 잠을 자게 되었다. 이런 경우 산모로는 영아를 다시 안전하게 눕히고 잠을 청해야 할 주의의무가 있음에도 불구하고 이를 게을리하여 영아에게 젖을 물린 채 깊은 잠을 잔 과실로 다음날 01 : 30경 그곳에서 피의자의 유방에 위 영아의 코와 입이 압박을 받아 숨을 쉴 수 없도록 하여 그 영아로 하여금 질식사에 이르게 하였다.

2. 적용실례

(1) 술취한 사람을 일으키려다 놓쳐 사망케 한 경우

우○○는 술에 취해 담에 기대어 앉아 있는 김○○를 발견하고 일으키려고 하다가 김○○가 술에 취해 있었기 때문에 무거워서 그를 놓치고 말았다. 그런데 김○○는 넘어지며 머리를 벽에 부딪쳐 죽었다.

➡ 우○○에게 폭행의 고의가 있었다고 할 수 없으므로, 이 경우 폭행치사로 의율할 것이 아니라 과실치사로 의율해야 한다.

(2) 굴뚝보수공사 1개월 후 새어 나온 가스에 중독되어 사망한 경우

임대인이 연탄아궁이의 외부 굴뚝보수공사를 마친 뒤 송○○는 1개월 동안 아무런 이상없이 그 방을 사용해 왔다. 그런데 어느날 부엌에서 출입문과 환기창을 모두 닫아놓고 연탄아궁이에 연탄불을 피워놓은 채 목욕을 하다가 연탄아궁이에서 새어나온 연탄가스에 중독되어 사망하였다.

➡ 비록 임대인이 위 외부 굴뚝보수공사를 함에 있어 연통이음새로 시멘트가 내부로 흘러 들어가게 해 연통내부의 하단부분을 메우게 한 과실이 있었다 하더라도 송○○의 사망이 위와 같은 과실에 기인한 것이라고는 보기 어렵다.

3. 업무상과실 · 중과실치사상죄

제268조【업무상과실·중과실 치사상】

업무상과실 또는 중대한 과실로 사람을 사망이나 상해에 이르게 한 자는 5년 이하의 금고 또는 2천만원 이하의 벌금에 처한다.

[전문개정 2020. 12. 8.]

[중과실의예] 171 · 189 · 364, [원자로등의부당조작] 원자114, [군법] 군형4, [공소시효] : 7년

○ 업무상 과실치사상죄는 업무상의 과실로 인해 사람을 치상에 이르게 함으로써 성립하는 범죄이다. 이 죄는 과실치사상죄에 대한 가중적 구성요건으로서, 업무자라는 신분으로 인해 형이 가중되는 이른바 부진정신분범이다.

Ⅰ. 이론

[업무상과실치사상죄]

1. 구성요건

(1) 객관적 구성요건

1) 주체

일정한 업무에 종사하는 자이다.

2) 행위

사람을 사상에 이르게 하는 것이다.

(2) 주관적 구성요건

사상의 결과는 업무상 과실로 인한 것이어야 한다.

1) 업무

① 일반적으로 업무란 "사람이 사회생활상의 지위에 기하여 계속하여 행하는 사무"를 말한다.

② 대법원은 "업무상과실치사상죄에서의 업무란 사람의 사회생활면에 있어서의 하나의 지위로서 계속적으로 종사하는 사무를 말하고 반복계속의 의사 또는 사실이 있는 한 그 사무에 대한 각별한 경험이나 법규상의 면허를 필요로 하지 아니한다"고 하였다. 그러므로 면허없이 자동차를 운전한 자, 법정자격을 갖추지 않은 광산보안관리책임자, 기술자 면허없이 자가발전기의 작동작업을 담당한 자 등도 이 죄의 업무자에 해당한다.

③ 업무는 "객관적으로 상당한 횟수 반복하여" 행해지거나 "반복계속할 의사로" 행해진 것이어야 한다. 따라서 앞으로 반복해서 행할 의사로 행한 때에는 단 1회의 행위라도 업무에 해당한다(의사가 개업 첫날 의료사고를 낸 경우, 승용차를 구입한 다음날 사람을 사상하게 한 경우).

2) 업무상과실의 내용(업무상 주의의무의 유형)

업무상 과실이란 업무상 필요한 주의를 게을리 하는 것을 말한다. 업무자의 주의능력의 정도는 행위주체가 위험한 업무에 종사하는 자이므로 그만큼 보통인의 그것보다 높다.

① 자동차운전자의 주의의무

가. 사고방지의무

자동차 운전자에게는 자동차 운전으로 인한 사고를 방지할 주의의무가 있다. 따라서 자동차 운전자는 ① 운전하기 전에 차체를 정비·점검하여 고장여부를 조사·수리하여야 하고, ② 통행 중에는 교통수칙을 준수해야 하며, ③ 전방좌우를 잘 살펴 언제나 급제동할 준비를 취하고 전방에 사람이 있을 때에는 경적을 울리고 서행하거나 일단정지하는 등 사고를 방지하기 위한 모든 조치를 취해야 한다.

나. 신뢰의 원칙

스스로 교통수칙을 준수한 운전자는 다른 교통운전자가 교통수칙을 준수할 것을 신뢰하면 족하고 그가 교통규칙을 위반할 것까지 예견하여 그에 대한 방어조치까지 취할 의무는 없다(신뢰의 원칙).

대법원은 자동차와 자동차, 자동차와 자전거의 충돌사고에 대해서는 신뢰의 원칙을 엄격하게 적용하고 있다고 할 수 있다. 즉, ① 상대방이 차선을 침범하여 운행하는 것까지 예상하여 대비할 주의의무는 없고(대법원 1984. 4. 24. 선고 84도240 판결), ② 우선통행권을 가진 자동차의 운전자는 상대방차가 대기할 것을 신뢰하면 족하다(대법원 1984. 4. 24. 선고 84도185 판결), ③ 진행신호에 따라 진행하는 차는 신호를 무시하고 진행하는 차가 있을 것을 예상하여 사고의 발생을 방지할 주의의무가 없고(대법원 1983. 2. 22. 선고 82도3071 판결), ④ 무모하게 앞지르려는 차를 위해 서행해야 할 주의의무도 없다(대법원 1984. 5. 29. 선고 84도483 판결).

이에 반하여 보행자에 대한 사고에 대해서는 원칙적으로 신뢰의 원칙을 적용하지 않는다. 다만, ① 고속도로상을 횡단하는 보행자를 충격한 경우에는 운전자의 과실이 부정되고(대법원 1981. 12. 8. 선고 81도1808 판결), ② 육교 밑을 횡단하는 보행자를 충격한 경우나(대법원 1985. 9. 10. 선고 84도1572 판결), ③ 갑자기 차도에 뛰어든 사람을 충격한 경우(대법원 1983. 9. 13. 선고 83도1473 판결)등은 운전자의 과실을 부정하는 등 사람에 대한 관계에서도 예외적으로 신뢰의 원칙을 적용할 수 있다.

② 의사의 주의의무

의사의 오진이 있는 때에는 원칙적으로 과실을 인정해야 한다. 그리고 치료수단의 선택은 의학적으로 인정된 일반원칙에 따라야 한다. 그러나 의술의 일반원칙에 따라 의사로서 취할 수 있는 몇 가지 합리적인 조치 가운데 어느 방법을 선택할 것인가는 의사 자신의 전문지식과 경험에 따라 판단할 것이므로 다른 조치를 취하지 않았다고 해서 의사에게 과실이 있었다고는 할 수 없다.

③ 교사의 주의의무

교사는 학생에 대하여 체육·과학실험·각종의 실습작업 기타 위험을 수반하는 교육활동을 하는 경우, 혹은 징계처분을 하는 경우 학생의 심신의 상황을 충분히 배려해야 한다. 또한 위험한 물품을 취급하거나 위험한 작업을 시킬 경우에는 사고방지에 대한 충분한 사전교육을 철저히 하는 등 주의를 기울이고 또 교외활동에 있어서는 위험지대의 출입이나 유해한 행위를 제지하는 등 사상사고를 야기하지 않도록 적절한 교육적 조치, 경고조치를 취할 주의의무가 있다.

[중과실치사상죄]

1. 구성요건

(1) 객관적 구성요건

1) 주체

제한이 없다.

2) 행위

사람을 사상에 이르게 하는 것이다.

(2) 주관적 구성요건

중과실로 인한 것이어야 한다. 중과실이란 주의의무위반의 정도가 현저한 경우를 의미한다. 이는 사회통념을 고려하여 판단한다.

Ⅱ. 판례

◆ 의료사고에서 의사의 과실 유무를 판단하는 기준 및 이 때 고려하여야 할 사항

의료사고에서 의사의 과실 유무를 판단할 때에는 같은 업무와 직종에 종사하는 일반적 보통인의 주의 정도를 표준으로 하고, 사고 당시의 일반적인 의학 수준과 의료환경 및 조건, 의료행위의 특수성 등을 고려하여야 한다(대법원 2015. 12. 10. 선고 2015도8165 판결 참조).

원심은 피고인이 피해자에게 사용한 속박장치가 피해자의 호흡운동을 제한하였다고 보기 어렵고, 피해자에 대한 관찰을 게을리하여 심폐정지 사실을 뒤늦게 발견하였다고 볼 수 없다고 판단하였다. 또한 원심은 피해자에게 이상 징후가 발생한 직후 피고인이 실시한 산소공급, 인공호흡, 심폐소생술 등의 응급처치에 부적절한 면이 있다고 볼 수 없고, 위와 같은 응급처치를 시행하면서 피해자를 인근 병원 응급실로 이송한 피고인에게 당시 기도 확보를 위한 후두경, 암부백, 제세동기 등 응급처치 장비와 약물을 갖추고 있지 못한 것 그 자체만으로 어떠한 과실이 있다고 보기는 어렵다고 판단하였다.

이 사건 사고 당시 피고인과 같이 주로 소아 환자를 치료하는 개원 치과의사의 통상적인 주의 정도와 의료 환경 및 조건 등을 고려하여 기록을 살펴볼 때, 피고인이 피해자에 대한 속박장치를 과도하게 사용하였다거나, 피해자에 대한 관찰 및 응급처치가 부적절하였다고 볼 수 없다. 또한 피고인이 행한 응급처치와 후속조치의 적절성을 고려하지 않은 채 피고인과 같은 개원 치과의원에 호흡정지를 대비한 응급장비 등을 갖추지 못하였다는 이유만으로 피해자에게 발생한 악결과에 관하여 어떠한 과실이 있다고 보기도 어렵다.

따라서 위와 같은 원심의 판단은 정당하고, 거기에 상고이유 주장과 같이 채증법칙을 위반하고 자유심증주의의 한계를 벗어나 사실을 오인하거나 업무상 과실에 관한 법리를 오해한 잘못이 없다(대법원 2018. 5. 15., 선고, 2016도13089, 판결).

◆ 의료과오사건에서 의사의 과실을 인정하기 위한 요건 및 의사의 과실이 있는지 판단하는 기준 / 의사가 진찰·치료 등의 의료행위를 할 때 요구되는 주의의무의 내용 및 의사에게 진단상 과실이 있는지 판단하는 기준

의료과오사건에서 의사의 과실을 인정하려면 결과 발생을 예견할 수 있고 또 회피할 수 있었는데도 예견하거나 회피하지 못한 점을 인정할 수 있어야 한다. 의사의 과실이 있는지는 같은 업무 또는 분야에 종사하는 평균적인 의사가 보통 갖추어야 할 통상의 주의의무를 기준으로 판단하여야 하고, 사고 당시의 일반적인 의학 수준, 의료환경과 조건, 의료행위의 특수성 등을 고려하여야 한다.

의사가 진찰·치료 등의 의료행위를 할 때는 사람의 생명·신체·건강을 관리하는 업무의 성질에 비추어 환자의 구체적 증상이나 상황에 따라 위험을 방지하기 위하여 요구되는 최선의 조치를 해야 한다. 의사에게 진단상 과실이 있는지를 판단할 때는 의사가 비록 완전무결하게 임상진단을 할 수는 없을지라도 적어도 임상의학 분야에서 실천되고 있는 진단 수준의 범위에서 전문직업인으로서 요구되는 의료상의 윤리, 의학지식과 경험에 기초하여 신중히 환자를 진찰하고 정확히 진단함으로써 위험한 결과 발생을 예견하고 이를 회피하는 데에 필요한 최선의 주의의무를 다하였는지를 따져 보아야 한다. 나아가 의사는 환자에게 적절한 치료를 하거나 그러한 조치를 하기 어려운 사정이 있다면 신속히 전문적인 치료를 할 수 있는 다른 병원으로 전원시키는 등의 조치를 하여야 한다(대법원 2018. 5. 11., 선고, 2018도2844, 판결).

◆ 의료과오사건에서 의사의 과실을 인정하기 위한 요건 및 그 판단 기준

의료과오사건에 있어서 의사의 과실을 인정하려면 결과 발생을 예견할 수 있고 또 회피할 수 있었음에도 이를 하지 못한 점을 인정할 수 있어야 하고, 위 과실의 유무를 판단함에는 같은 업무와 직무에 종사하는 일반적 보통인의 주의 정도를 표준으로 하여야 하며, 이때 사고 당시의 일반적인 의학의 수준과 의료환경 및 조건, 의료행위의 특수성 등을 고려하여야 한다(대법원 2006. 10. 26. 선고 2004도486 판결 등 참조). 또한, 의사는 진료를 행함에 있어 환자의 상황과 당시의 의료수준 그리고 자기의 지식경험에 따라 적절하다고 판단되는 진료방법을 선택할 상당한 범위의 재량을 가진다고 할 것이고, 그것이 합리적인 범위를 벗어난 것이 아닌 한 진료의 결과를 놓고 그중 어느 하나만이 정당하고 이와 다른 조치를 취한 것은 과실이 있다고 말할 수는 없다(대법원 2007. 5. 31. 선고 2005다5867 판결 등 참조).

◆ 업무상과실치사상죄에 있어서 '업무'의 의미

업무상과실치사상죄에 있어서의 업무란 사람의 사회생활 면에 있어서의 하나의 지위로서 계속적으로 종사하는 사무를 말하고, 여기에는 수행하는 직무 자체가 위험성을 갖기 때문에 안전배려를 의무의 내용으로 하는 경우는 물론 사람의 생명신체의 위험을 방지하는 것을 의무내용으로 하는 업무도 포함된다 할 것이다(대법원 2007. 5. 31. 선고 2006도3493 판결).

◆ 의료사고에 대한 의료종사자의 과실

야간 당직간호사가 담당 환자의 심근경색 증상을 당직의사에게 제대로 보고하지 않음으로써 당직의사가 필요한 조치를 취하지 못한 채 환자가 사망한 경우, 병원의 야간당직 운영체계상 당직간호사에게 환자의 사망을 예견하거나 회피하지 못한 업무상 과실이 있고, 당직의사에게는 업무상 과실을 인정하기 어렵다고 한 사례(대법원 2007. 9. 20. 선고 2006도294 판결).

◆ 건설회사가 건설공사 중 타워크레인의 설치작업을 전문업자에게 도급주어 타워크레인 설치작업을 하던 중 발생한 사고

건설회사가 건설공사 중 타워크레인의 설치작업을 전문업자에게 도급주어 타워크레인 설치작업을 하던 중 발생한 사고에 대하여 건설회사의 현장대리인에게 업무상과실치사상의 죄책을 물을 수 없다고 한 원심의 판단을 수긍한 사례(대법원 2005. 9. 9. 선고 2005도3108 판결).

◆ 의료사고에 있어서 의사의 과실을 인정하기 위한 요건 및 그 판단 기준

[1] 의료사고에 있어서 의사의 과실을 인정하기 위해서는 의사가 결과발생을 예견할 수 있었음에도 불구하고 그 결과 발생을 예견하지 못하였고, 그 결과 발생을 회피할 수 있었음에도 불구하고 그 결과 발생을 회피하지 못한 과실이 검토되어야 하고, 그 과실의 유무를 판단함에는 같은 업무와 직무에 종사하는 일반적 보통인의 주의 정도를 표준으로 하여야 하며, 이에는 사고 당시의 일반적인 의학의 수준과 의료환경 및 조건, 의료행위의 특수성 등이 고려되어야 한다.

[2] 내과의사가 신경과 전문의에 대한 협의진료 결과와 환자에 대한 진료 경과 등을 신뢰하여 뇌혈관계통 질환의 가능성을 염두에 두지 않고 내과 영역의 진료행위를 계속하다가 환자의 뇌지주막하출혈을 발견하지 못하여 식물인간 상태에 이르게 한 경우, 내과의사의 업무상과실을 부정한 사례(대법원 2003. 1. 10. 선고 2001도3292 판결)

◆ 산모의 태반조기박리에 대한 대응조치로서 응급 제왕절개 수술을 하는 산부인과 의사에게 수혈용 혈액을 미리 준비하여야 할 업무상 주의의무가 있다고 한 사례

산부인과 의사가 산모의 태반조기박리에 대한 대응조치로서 응급 제왕절개 수술을 시행하기로 결정하였다면 이러한 경우에는 적어도 제왕절개 수술 시행 결정과 아울러 산모에게 수혈을 할 필요가 있을 것이라고 예상되는 특별한 사정이 있어 미리 혈액을 준비하여야 할 업무상 주의의무가 있다(대법원 2000. 1. 14. 선고 99도3621 판결).

◆ 강제도선구에서의 선장의 주의의무

[1] 도선사는 법률에 의하여 상당히 고도의 주의의무가 부과되어, 해도에 표시된 장애물 뿐 아니라 해도에 표시되어 있지 않고 외관상 쉽게 발견되지 않는 위험물을 포함하여 지방수역에 관한 지식을 가지고 있어야 하며 이를 활용할 의무가 있고 더욱이 강제도선사는 전문지식이 있다고 판단하여 선임된 자이기 때문에 선박이 임의로 승선시킨 도선사보다 고도의 주의의무를 부담하고 있는 점을 고려하여 볼 때, 강제도선사인 피고인이 선택한 항로로 운항중이던 유조선의 수중암초 충돌로 인한 업무상과실치상 및 해양오염방지법위반 사건에 관하여 피고인이 해도를 믿고 항행을 하였다 하여 면책될 수 없다.

[2] 선장이 강제도선구에서의 도선사인 조선지휘사항에 일일이 간섭할 수는 없다하더라도, 도선사의 운항로선택 등 조선지휘상황이 통상의 예에서 벗어난 위험한 것임을 알았음에도 조기에 이를 시정토록 촉구하여 안전한 운항로선택 및 안정운항조치를 취하도록 적극적인 조치를 취하지 아니한 것은 잘못이다(대법원 1995. 4. 11. 선고 94도3302 판결).

◆ 놀이방 경영주가 생후 3개월 20일된 여아를 푹신한 요 위에 엎어서 재웠는데 그 여아가 사망한 경우, 그 경영주의 업무상 과실로 질식사하였다는 공소사실이 유죄로 인정되기 위하여 필요한 증명

놀이방 경영주가 생후 3개월 20일된 여아를 푹신한 요위에 엎어서 재웠는데 그 여아가 사망한 경우, 그 경영주의 업무상 과실로 피해자가 질식사 하였다는 공소사실이 유죄로 인정되기 위하여는, 우선 피해자의 사망원인이 질식사임이 밝혀져야 하고, 다음으로는 피해자가 당시 스스로 목을 가누지 못하였기 때문에 엎어서 자는 동안에 고개를 뒤척이는 등의 사유로 우연히 발생한 호흡곤란상태를 벗어나지 못하였거나, 일반적으로 엎어 재우는 것 자체가 질식사의 원인이 될 수 있고, 그 개연성 또한 상당히 높다는 점이 증명되어야 하며, 그렇지 않으면 피해자의 기도가 막혀 질식사에 이르게 된 구체적 사정, 예컨대 당시 피해자의 건강상태에 비추어 엎어 재우는 것만으로도 호흡곤란이 올 수 있었다거나 푹신한 요 위에 엎어 재워서 호흡곤란이 발생할 위험성이 아주 높았다는 점 등이 증명되어야 할 것이다(대법원 1994. 12. 27. 선고 94도2580 판결).

◆ 건설현장의 자생적 임시조직의 팀장에게 같은 팀원이 작업중 사망한 데 대하여 업무상 과실치사죄의 책임이 있는지 여부

피고인이 피해자 등과 함께 구성한 팀의 성격이 건설현장에서의 인부조달 및 그 관리의 원활화와 성과급에 따른 작업의 효율화의 필요성에서 자생된 임시조직에 불과하며, 그 팀장인 피고인은 그 팀의 섭외자 내지 대표자로서 일정부분의 공사를 수주하여 팀원과 함께 일을 하여 성과급으로 지급된 임금을 그 숙련도에 따라 자신 및 팀원에 분배하고, 비숙련 팀원에게 업무상의 조언을 하는 등의 역할을 할 뿐이고 작업인부에 대한 지휘, 감독은 당해 공사에 대한 책임을 지는 시공자 내지 하도급자에 고용된 현장소장, 안전관리책임자 내지 작업반장이 한다면, 피고인은 팀장으로서 그 지휘, 감독자들로부터 받은 작업지시를 팀원들에게 전달하면서 그 업무분담을 조정하는 지위에 있는데 불과하며 같은 팀원인 피해자를 지휘, 감독할 지위에 있다고 볼 수 없다는 이유로, 피고인에게 업무상 주의의무가 있음을 전제로 같은 팀원의 작업중 사망에 관한 업무상 과실치사의 공소사실에 대하여 무죄를 선고한 원심판결을 수긍한 사례(대법원 1994. 10. 25. 선고 94도1549 판결).

◆ 수영장에 배치된 안전요원이 성인풀 쪽을 지키고 있는 사이에 피해자(9세)가 유아풀로 내려가는 미끄럼틀을 타고 내려가 끝부분에 다다랐을 때 다가오는 어린아이에게 부딪치지 않으려고 몸을 틀다가 미끄럼틀 손잡이에 부딪쳐 상해를 입은 사고에 대하여 수영장 경영자에게 형사상 과실이 있다고 하기는 어렵다고 본 사례

수영장의 경영자인 피고인이 수영장 내의 미끄럼틀에 안전요원을 배치하여 안전사고를 당하지 않도록 보살피도록 하였는데, 안전요원이 성인풀 쪽을 지키고 있는 사이에 피해자(9세)가 유아풀로 내려가는 미끄럼틀을 타고 내려 끝부분에 다다랐을 때 다가오는 어린아이에게 부딪치지 않으려고 몸을 틀다가 미끄럼틀 손잡이에 입부분을 부딪쳐 상해를 입었다면, 안전요원이 사고방지조치의무를 제대로 이행하지 않을 것에 대비하여 피고인이 안전조치지시 외에 안전요원의 지시에 따르지 아니하면 미끄럼틀을 이용할 수 없도록 쇠사슬을 설치하거나, 낙하지점 부근에 다른 사람들이 접근하여 오지 않도록 안전시설을 설치하고, 수영장 내에 안전요원을 충분히 배치하여 미끄럼틀 낙하지점에 다른 사람이 접근하지 못하게 하여 충돌을 방지하게 할 구체적이고 직접적인 업무상 주의의무가 있다고 할 수 없다(대법원 1992. 11. 13. 선고 92도610 판결).

◆ 정신병동에 입원 중인 환자가 완전감금병동의 화장실 창문을 열고 탈출하려다가 떨어져 죽은 사고에 있어서 위 병동의 당직간호사에게 그 업무상 주의의무를 게을리 한 과실이 있다고 유죄로 인정한 원심판결을 그 업무상 주의의무에 관한 법리오해 등 위법으로 파기한 사례

정신병동에 입원중인 환자가 완전감금병동의 화장실 창문을 열고 탈출하려다가 떨어져 죽은 사고에 있어서 위 병동의 당직간호사인 피고인이 피해자에 대한 동태관찰의무 및 자물쇠의 시정상태 점검의무를 게을리한 과실이 있다고 유죄로 인정한 원심판결에 대하여 그 증거만으로는 당시 위 창문이 잠겨 있지 않았다고 단정하기 어렵고 (단순히 시정장치의 시정여부를 확인하는 것을 넘어 이를 설치 관리하는 일까지 간호사의 업무로 보기는 어렵다) 또한 피고인이 피해자가 화장실에 가는 시간을 기록하여 두고 10여분 후에 간호보조사로부터 피해자가 병실 침대에 없다는 보고를 받은 즉시 그를 찾아 나섰다면 그것을 가리켜 환자동태관찰의무를 게을리 한 것이라고 단정할 수도 없다고 하여 이를 사실오인 아니면 간호사의 업무상 주의의무에 관한 법리오해의 위법으로 파기한 사례(대법원 1992. 4. 28. 선고 91도1346 판결).

◆ 내리막길에서 버스의 브레이크가 작동되지 않아 인도로 돌진하여 보행자를 사망에 이르게 한 피고인에게 과실이 없다고 본 사례

내리막길에서 버스의 브레이크가 작동되지 아니하여 대형사고를 피하기 위하여 인도 턱에 버스를 부딪쳐 정차시키려고 하였으나 버스가 인도 턱을 넘어 돌진하여 보행자를 사망에 이르게 한 사안에서 피고인에게 과실이 있다고 인정한 원심판결을 심리미진 내지 체증법칙 위반을 이유로 파기한 사례(대법원 1996. 7. 9. 선고 96도1198 판결).

◆ 좌회전 금지구역에서 좌회전한 행위와 사고발생 사이에 상당인과관계가 인정되지 않는다고 보아 피고인의 행위가 도주차량에 해당하지 않는다고 본 사례

피고인이 좌회전 금지구역에서 좌회전한 것은 잘못이나 이러한 경우에도 피고인으로서는 50여 미터 후방에서 따라오던 후행차량이 중앙선을 넘어 피고인 운전차량의 좌측으로 돌진하는 등 극히 비정상적인 방법으로 진행할 것까지를 예상하여 사고발생 방지조치를 취하여야 할 업무상 주의의무가 있다고 할 수는 없고, 따라서 좌회전 금지구역에서 좌회전한 행위와 사고발생 사이에 상당인과관계가 인정되지 아니한다는 이유로 피고인의 과실로 사고가 발생하였음을 전제로 하는 특정범죄가중처벌등에관한법률위반(도주차량)의 점에 관하여 무죄를 선고한 원심판결을 수긍한 사례(대법원 1996. 5. 28. 선고 95도1200 판결).

◆ 무단횡단하던 보행자가 중앙선 부근에 서 있다가 마주 오던 차에 충격당하여 자신이 운전하던 택시 앞으로 쓰러지는 것을 피하지 못하고 역과시킨 경우, 업무상 과실이 없다고 판단한 원심판결을 파기한 사례

운전자가 택시를 운전하고 제한속도가 시속 40km인 왕복 6차선 도로의 1차선을 따라 시속 약 50km로 진행하던 중, 무단횡단하던 보행자가 중앙선 부근에 있다가 마주 오던 차에 충격당하여 택시 앞으로 쓰러지는 것을 피하지 못하고 역과시킨 경우, 원심이 운전자가 통상적으로 요구되는 주의의무를 다하였는지 여부를 심리하지 아니한 채 업무상 과실이 없다고 판단한 것은 법리오해, 심리미진의 위법을 저질렀다는 이유로 원심판결을 파기 사례(대법원 1995. 12. 26. 선고 95도715 판결).

◆ 반대차선에 연결된 소로에서 주도로로 진입하는 차량이 황색중앙선을 침범하여 자기 진행차선으로 진입할 것까지 예상하여 운행할 주의의무가 있는지 여부

두 줄의 황색중앙선 표시가 있는 직선도로상을 운행하는 차량의 운전자로서는 특별한 사정이 없는 한 상대방향에서 운행하여 오는 차량이 도로중앙선을 넘어 자기가 진행하는 차선에 진입하지 않으리라고 믿는 것이 우리의 경험법칙에 합당하고, 또 반대차선에 연결된 소로에서 주도로로 진입하는 차량이 있다고 하더라도 그 차량이 법률상 금지된 중앙선을 침범하여 자기가 진행하는 차선에 진입하는 범법행위까지를 예상하여 자기가 운전하는 차량을 서행하거나 일일이 그 차량의 동태를 예의주시할 의무가 있다고 할 수 없다(대법원 1995. 7. 11. 선고 95도382 판결).

◆ 바퀴에 구멍이 나서 불가항력적으로 교통사고가 발생하였다고 보고 무죄를 선고한 원심판결에 심리미진·채증법칙위반의 위법이 있다고 한 사례

피고인이 운전하던 15t 덤프트럭이 반대차선에서 마주 오던 1t 포터트럭 등과 충돌한 교통사고에서, 사고차량 바퀴에 구멍이 난 것은 그 차량이 중앙선을 침범하여 피해차량과 충돌하면서 피해차량으로부터 충격을 받았기 때문으로 보는 것이 제반증거와 경험칙에 부합되는 것임에도 불구하고, 피고인 운전의 덤프트럭이 사고 전에 바퀴에 구멍이 나서 불가항력적으로 중앙선을 침범하게 되어 그 교통사고가 발생한 것이라고 보고 제1심판결을 파기하여 피고인에 대하여 무죄를 선고한 원심판결에 심리를 제대로 다하지 아니하고 채증법칙을 위반한 위법이 있다(대법원 1994. 11. 8. 선고 94도2393 판결).

◆ 운전자가 음주운전 단속중인 경찰관의 정지신호를 무시하고 상당한 속도로 계속 진행함으로써 정차시키기 위하여 차체를 치는 경찰관으로 하여금 상해를 입게 한 경우, 운전자의 업무상 과실을 인정한 사례

음주운전을 단속하는 경찰관이 약 10미터 전방에서 음주운전자가 운행하는 것으로 의심되는 차량이 동료 경찰관의 정지신호를 무시하고 계속 진행하여 오는 것을 보고 그 차량에 대하여 다시 정지신호를 하여도 이에 계속 불응하면서 도주하려 하는 경우 그 를 강력히 요구하는 표시로 차체를 두드려 주의를 환기시키거나 경각심을 일으키는 등 차량에 접근하는 행동을 하는 경우가 있을 수 있음은 충분히 예상할 수 있으므로, 정지신호를 보내오고 있는 경찰관을 발견한 운전자로서는 마땅히 차량을 정차시켜야 하고, 만일 계속 진행하더라도 속도를 줄이고 경찰관의 동태를 잘 살펴 안전하게 진행하여야 할 업무상 주의의무가 있다고 할 것인데, 그럼에도 불구하고 이에 위배하여 상당한 속도로 계속 진행함으로써 정차를 시키기 위하여 차체를 치는 경찰관으로 하여금 상해를 입게 한 운전자에게는 업무상 주의의무를 다하지 못한 과실이 있다(대법원 1994. 10. 14. 선고 94도2165 판결).

◆ 횡단보도의 신호가 적색인 상태에서 반대차선에 정지중인 차량 뒤에서 보행자가 건너오는 경우 신뢰의 원칙이 적용되는지 여부(적극)

차량의 운전자로서는 횡단보도의 신호가 적색인 상태에서 반대차선상에 정지하여 있는 차량의 뒤로 보행자가 건너오지 않을 것이라고 신뢰하는 것이 당연하고 그렇지 아니할 사태까지 예상하여 그에 대한 주의의무를 다하여야 한다고는 할 수 없다(대법원 1993. 2. 23. 선고 92도2077 판결).

◆ 신호등이 있는 교차로를 녹색등화에 따라 직진하는 운전자에게 대향차선의 차량이 신호를 위반하여 자기 앞을 가로질러 좌회전할 경우까지 예상하여 특별한 조치를 강구하여야 할 업무상 주의의무가 있는지 여부 및 직진차량 운전자가 과속운전한 경우 과속운전과 교통사고 사이의 상당인과 관계 유무(소극)

신호등에 의하여 교통정리가 행하여지고 있는 ㅏ자형 삼거리의 교차로를 녹색등화에 따라 직진하는 차량의 운전자는 특별한 사정이 없는 한 다른 차량들도 교통법규를 준수하고 충돌을 피하기 위하여 적절한 조치를 취할 것으로 믿고 운전하면 족하고, 대향차선 위의 다른 차량이 신호를 위반하고 직진하는 자기 차량의 앞을 가로질러 좌회전할 경우까지 예상하여 그에 따른 사고발생을 미리 방지하기 위한 특별한 조치까지 강구하여야 할 업무상의 주의의무는 없고, 위 직진차량 운전자가 사고지점을 통과할 무렵 제한속도를 위반하여 과속운전한 잘못이 있었다 하더라도 그러한 잘못과 교통사고의 발생과의 사이에 상당인과관계가 있다고 볼 수 없다(대법원 1993. 1. 15. 선고 92도2579 판결).

◆ 교차로에 먼저 진입한 운전자에게 다른 차량이 자신의 진행속도보다 빠른 속도로 교차로에 진입하여 자신의 차량과 충격할지 모른다는 것까지 예상하고 대비하여 운전하여야 할 주의의무가 있는지 여부

운전자가 교차로를 사고 없이 통과할 수 있는 상황에서 그렇게 인식하고 교차로에 일단 먼저 진입하였다면 특별한 사정이 없는 한 그에게 과실이 있다고 할 수 없고, 교차로에 먼저 진입한 운전자로서는 이와 교차하는 좁은 도로를 통행하는 피해자가 교통법규에 따라 적절한 행동을 취하리라고 신뢰하고 운전한다고 할 것이므로 특별한 사정이 없는 한 피해자가 자신의 진행속도보다 빠른 속도로 무모하게 교차로에 진입하여 자신이 운전하는 차량과 충격할지 모른다는 것까지 예상하고 대비하여 운전하여야 할 주의의무는 없다고 할 것이다(대법원 1992. 8. 18. 선고 92도934 판결).

◆ 중앙선이 표시되어 있지 아니한 비포장도로를 운행하는 자동차운전자의 마주 오는 차에 대한 주의의무

중앙선이 표시되어 있지 아니한 비포장도로라고 하더라도 승용차가 넉넉히 서로 마주보고 진행할 수 있는 정도의 너비가 되는 도로를 정상적으로 진행하고 있는 자동차의 운전자로서는, 특별한 사정이 없는 한 마주 오는 차도 교통법규(도로교통법 제12조 제3항 등)를 지켜 도로의 중앙으로부터 우측부분을 통행할 것으로 신뢰하는 것이 보통이므로, 마주 오는 차가 도로의 중앙이나 좌측부분으로 진행하여 올 것까지 예상하여 특별한 조치를 강구하여야 할 업무상 주의의무는 없는 것이 원칙이고, 다만 마주 오는 차가 이미 비정상적으로 도로의 중앙이나 좌측부분으로 진행하여 오고 있는 것을 목격한 경우에는, 그 차가 그대로 도로의 중앙이나 좌측부분으로 진행하여 옴으로써 진로를 방해할 것에 대비하여 그 차의 동태에 충분한 주의를 기울여 경음기를 울리고 속도를 줄이면서 도로의 우측 가장자리로 진행하거나 일단 정지하여 마주 오는 차가 통과한 다음에 진행하는 등, 자기의 차와 마주 오는 차와의 접촉충돌에 의한 위험의 발생을 미연에 방지할 수 있는 적절한 조치를 취하여야 할 업무상 주의의무가 있다고 할 것이지만, 그와 같은 경우에도 자동차의 운전자의 중대한 과실로 인하여 충돌사고의 발생을 방지할 수 없었던 것으로 인정되는 때에는 자동차의 운전자에게 과실이 있다고 할 수 없다(대법원 1992. 7. 28. 선고 92도1137 판결).

◆ 버스정류장에서 버스가 출발하던 과정에서 넘어진 승객에 대하여 버스운전사의 과실을 인정하지 아니한 사례

안내원이 없는 시내버스의 운전사가 버스정류장에서 일단의 승객을 하차시킨 후 통상적으로 버스를 출발시키던 중 뒤늦게 버스 뒷편 좌석에서 일어나 앞쪽으로 걸어나오던 피해자가 균형을 잃고 넘어진 경우, 위 운전사로서는 승객이 하차한 후 다른 움직임이 없으면 차를 출발시키는 것이 통례이고 특별한 사정이 없는 한 착석한 승객 중 더 내릴 손님이 있는지, 출발 도중 넘어질 우려가 있는 승객이 있는지 등의 여부를 일일이 확인하여야 할 주의의무가 없다는 이유로 운전사의 과실을 인정하지 아니한 사례(대법원 1992. 4. 28. 선고 92도56 판결).

◆ 교통사고 피해자를 진료하면서 적절한 진단 방법을 시행하지 않은 일반외과 전문의의 과실을 인정한 원심판결을 수긍한 사례

일반외과 전문의인 피고인이 피해자의 후복막 전체에 형성된 혈종을 발견한 지 14일이 지나도록 전산화단층촬영 등 후복막 내의 장기 손상이나 농양 형성 여부를 확인하기에 적절한 진단방법을 시행하지 않은 채, 피해자가 보인 염증 증상의 원인을 단순히 장간막 봉합수술에 따른 후유증 정도로만 생각하고 필요한 적절한 진단 및 치료조치를 취하지 아니한 것은 진단 및 치료상의 주의의무를 다하지 아니한 것으로서 과실이 있다고 본 원심판결을 수긍한 사례(대법원 1996. 9. 24. 선고 95도245 판결).

◆ 의사와 담당간호사들의 업무상과실여부

갑상선아전절제술 및 전경부임파절청소술을 받은 환자가 기도부종으로 인한 호흡장애로 뇌기능 부분손상상태(식물인간상태)에 이르게 된 경우, 환자의 호흡곤란을 알고도 00 : 30경부터 09 : 00까지 환자의 상태를 확인하지 아니한 주치의 겸 당직의사와 그의 활력체크지시를 제대로 이행하지 아니하고 의사를 불러달라는 환자 보호자의 요청을 듣지 아니한 담당간호사들을 업무상과실치상죄로 처단한 사례(대법원 1994. 12. 22. 선고 93도3030 판결).

◆ 마취환자의 마취회복업무를 담당한 의사의 주의의무

마취환자의 마취회복업무를 담당한 의사로서는 마취환자가 수술 도중 특별한 이상이 있었는지를 확인하여 특별한 이상이 있었던 경우에는 보통 환자보다 더욱 감시를 철저히 하고, 또한 마취환자가 의식이 회복되기 전에는 호흡이 정지될 가능성이 적지 않으므로 피해자의 의식이 완전히 회복될 때까지 주위에서 관찰하거나 적어도 환자를 떠날 때는 피해자를 담당하는 간호사를 특정하여 그로 하여금 환자의 상태를 계속주시하도록 하여 만일 이상이 발생한 경우에는 즉시 응급조치가 가능하도록 할 의무가 있다(대법원 1994. 4. 26. 선고 92도3283 판결).

◆ 공휴일 또는 야간에 구치소 소장을 대리하는 당직간부에게 수용자들의 생명·신체에 대한 위험을 방지할 의무가 있는지 여부(적극) 및 교도관들의 업무가 업무상과실치사죄에서 말하는 업무에 해당하는지 여부(적극)

[1] 업무상과실치사상죄에 있어서의 업무란 사람의 사회생활면에 있어서의 하나의 지위로서 계속적으로 종사하는 사무를 말하고, 여기에는 수행하는 직무 자체가 위험성을 갖기 때문에 안전배려를 의무의 내용으로 하는 경우는 물론 사람의 생명·신체의 위험을 방지하는 것을 의무내용으로 하는 업무도 포함된다 할 것이다.

[2] 행형법 및 교도관직무규칙의 규정과 구치소라는 수용시설의 특성에 비추어 보면, 공휴일 또는 야간에는 소장을 대리하는 당직간부에게는 구치소에 수용된 수용자들의 생명·신체에 대한 위험을 방지할 법령상 내지 조리상의 의무가 있다고 할 것이고, 이와 같은 의무를 직무로서 수행하는 교도관들의 업무는 업무상과실치사죄에서 말하는 업무에 해당한다(대법원 2007.5.31. 선고 2006도3493 판결).

◆ 고속도로를 운행하는 자동차 운전자에게 고속도로를 무단횡단하는 보행자가 있을 것을 예견하여 운전할 주의의무가 있는지 여부(한정 소극)

고속도로를 운행하는 자동차의 운전자로서는 일반적인 경우에 고속도로를 횡단하는 보행자가 있을 것까지 예견하여 보행자와의 충돌사고를 예방하기 위하여 급정차 등의 조치를 취할 수 있도록 대비하면서 운전할 주의의무가 없고, 다만 고속도로를 무단횡단하는 보행자를 충격하여 사고를 발생시킨 경우라도 운전자가 상당한 거리에서 보행자의 무단횡단을 미리 예상할 수 있는 사정이 있었고, 그에 따라 즉시 감속하거나 급제동하는 등의 조치를 취하였다면 보행자와의 충돌을 피할 수 있었다는 등의 특별한 사정이 인정되는 경우에만 자동차 운전자의 과실이 인정될 수 있다(대법원 2000. 9. 5. 선고 2000도2671 판결).

◆ 간호사가 다른 환자에게 수혈할 혈액을 당해 환자에게 잘못 수혈하여 환자가 사망한 경우, 간호사에게 환자에 대한 수혈을 맡긴 의사의 과실 유무(적극)

[1] 수혈은 종종 그 과정에서 부작용을 수반하는 의료행위이므로, 수혈을 담당하는 의사는 혈액형의 일치 여부는 물론 수혈의 완성 여부를 확인하고, 수혈 도중에도 세심하게 환자의 반응을 주시하여 부작용이 있을 경우 필요한 조치를 취할 준비를 갖추는 등의 주의의무가 있다. 그리고 의사는 전문적 지식과 기능을 가지고 환자의 전적인 신뢰 하에서 환자의 생명과 건강을 보호하는 것을 업으로 하는 자로서, 그 의료행위를 시술하는 기회에 환자에게 위해가 미치는 것을 방지하기 위하여 최선의 조치를 취할 의무를 지고 있고, 간호사로 하여금 의료행위에 관여하게 하는 경우에도 그 의료행위는 의사의 책임 하에 이루어지는 것이고 간호사는 그 보조자에 불과하므로, 의사는 당해 의료행위가 환자에게 위해가 미칠 위험이 있는 이상 간호사가 과오를 범하지 않도록 충분히 지도·감독을 하여 사고의 발생을 미연에 방지하여야 할 주의의무가 있고, 이를 소홀히 한 채 만연히 간호사를 신뢰하여 간호사에게 당해 의료행위를 일임함으로써 간호사의 과오로 환자에게 위해가 발생하였다면 의사는 그에 대한 과실책임을 면할 수 없다.

[2] 피고인이 근무하는 병원에서는 인턴의 수가 부족하여 수혈의 경우 두 번째 이후의 혈액봉지는 인턴 대신 간호사가 교체하는 관행이 있었다고 하더라도, 위와 같이 혈액봉지가 바뀔 위험이 있는 상황에서 피고인이 그에 대한 아무런 조치도 취함이 없이 간호사에게 혈액봉지의 교체를 일임한 것이 관행에 따른 것이라는 이유만으로 정당화될 수는 없다(대법원 1998. 2. 27. 선고 97도2812 판결).

◆ 3층 건물의 소유자로서 건물 각 층을 임대한 피고인이, 건물 2층으로 올라가는 계단참의 전면 벽이 아크릴 소재의 창문 형태로 되어 있고 별도의 고정장치가 없는데도 안전바를 설치하는 등 낙하사고 방지를 위한 관리의무를 소홀히 함으로써, 건물 2층에서 나오던 甲이 신발을 신으려고 아크릴 벽면에 기대는 과정에서 벽면이 떨어지고 개방된 결과 1층으로 추락하여 상해를 입었다고 하여 업무상과실치상으로 기소된 사안에서, 업무상과실치상의 공소사실을 이유에서 무죄로 판단하고 축소사실인 과실치상 부분을 유죄로 인정한 원심판결이 정당하다고 한 사례

3층 건물의 소유자로서 건물 각 층을 임대한 피고인이, 건물 2층으로 올라가는 계단참의 전면 벽이 아크릴 소재의 창문 형태로 되어 있고 별도의 고정장치가 없는데도 안전바를 설치하는 등 낙하사고 방지를 위한 관리의무를 소홀히 함으로써, 건물 2층에서 나오던 甲이 신발을 신으려고 아크릴 벽면에 기대는 과정에서 벽면이 떨어지고 개방된 결과 약 4m 아래 1층으로 추락하여 상해를 입었다고 하여 업무상과실치상으로 기소된 사안에서, 피고인이 건물에 대한 수선 등의 관리를 비정기적으로 하였으나 그 이상의 안전배려나 안전관리 사무에 계속적으로 종사하였다고 인정하기 어렵다고 보아 업무상과실치상의 공소사실을 이유에서 무죄로 판단하고 축소사실인 과실치상 부분을 유죄로 인정한 원심판결이 정당하다고 한 사례(대법원 2017.12.5, 선고, 2016도16738, 판결).

◆ **교통사고처리 특례법 제3조 제1항, 제2항 단서, 형법 제268조를 적용하여 공소가 제기된 사건에서, 심리 결과 같은 법 제3조 제2항 단서에서 정한 사유가 없고, 같은 법 제3조 제2항 본문이나 제4조 제1항 본문의 사유로 공소를 제기할 수 없으며, 피고인이 같은 법 제3조 제1항의 죄를 범하였다고 인정되지 않는 경우, 피고인의 이익을 위하여 공소기각판결이 아닌 무죄판결을 선고할 수 있는지 여부(적극)**

교통사고처리 특례법 제3조 제1항, 제2항 단서, 형법 제268조를 적용하여 공소가 제기된 사건에서, 심리 결과 교통사고처리 특례법 제3조 제2항 단서에서 정한 사유가 없고 같은 법 제3조 제2항 본문이나 제4조 제1항 본문의 사유로 공소를 제기할 수 없는 경우에 해당하면 공소기각의 판결을 하는 것이 원칙이다. 그런데 사건의 실체에 관한 심리가 이미 완료되어 교통사고처리 특례법 제3조 제2항 단서에서 정한 사유가 없는 것으로 판명되고 달리 피고인이 같은 법 제3조 제1항의 죄를 범하였다고 인정되지 않는 경우, 같은 법 제3조 제2항 본문이나 제4조 제1항 본문의 사유가 있더라도, 사실심법원이 피고인의 이익을 위하여 교통사고처리특례법 위반의 공소사실에 대하여 무죄의 실체판결을 선고하였다면, 이를 위법이라고 볼 수는 없다(대법원 2015.5.14, 선고, 2012도11431, 판결).

Ⅲ. 수사실무

1. 수사포인트

(1) 업무의 내용, 업무관계의 발생 및 종기를 조사한다.

(2) 업무에 관한 주의의무의 내용과 그 주의의무를 인식하고 있었는지 조사한다.

(3) 주의의무를 게을리 한 구체적 사실을 상세히 조사한다(현장상황, 참고인

진술과 합치 여부 등).

(4) 피의자만의 단독책임인가, 과실행위가 경합되어 있지 않은가 조사한다.

(5) 사고발생을 예견하고 피의자가 취한 구체적인 방지행위는 있었는지 조사한다.

(6) 과실행위와 결과와의 인과관계를 조사한다.

2. 범죄사실 기재례

【범죄사실 기재례】

(1) 피의자는 ○○택배 소속 화물자동차(서울 80마○○○○) 운전사로 운전업무에 종사하고 있다.

피의자는 20○○. ○. ○. 16:20경 ○○시 ○○동 ○○번지 앞 도로를 시속 약 45km로 운행하던 중 전방 약 23m의 제방 밑 도로우측에 같은 동 ○○에 사는 강○○의 독자 강○○(만○세)가 서 있는 것을 보았다. 그 제방 위에는 또 다른 두 어린이가 놀고 있고 그 반대쪽의 길 좌측에도 임○○(만○○세)가 우측을 향해 서 있는 상황을 보았는데, 이러한 경우에는 자동차운전자로서는, 어린아이는 사려가 얕아서 도로 위로 갑자기 달려드는 등 예기치 못한 행동을 하는 일을 예상하여 경적을 울려서 경고함과 아울러 즉시 속도를 감속하여 운행하면서 그 안전을 확인한 뒤에 진행하여야 할 업무상 주의의무가 있다.

그럼에도 불구하고 피의자는 이를 게을리하여 시속을 약 40km로 줄이기만 하고 진행한 과실로 인하여 약 3m까지 접근한 때에 위 강○○가 우측으로부터 좌측으로 달려들어오는 것을 발견하고 급제동조치를 취하였으나 뜻대로 멈추지 못하여 우측 앞바퀴를 그에게 충돌하게 하여 땅에 넘어뜨린 다음 우측 뒷바퀴로 차깔림하여 그로 하여금 전신으깬손상으로 인하여 즉시 그 곳에서 사망하게 하였다.

(2) 피의자는 ○○시 ○○구 ○○동 123번지 ○○대학교병원 내과 인턴으로서 간경화, 식도정맥류 출혈 등으로 치료받던 피해자 김○○(남, 53세)의 주치의인 피의자 홍○○을 보좌하여 피해자의 치료를 맡은 자이다.

피의자는 수혈을 할 때에는 직접 혈액봉지를 확인하여야 할 뿐만 아니라 수형 도중에 부작용이 발생하는 등 만일의 사태에 대비하여야 하고, 간호사에 대하여는 의사의 참여없이는 수혈을 하지 아니하도록 지도·교육하여야 하며, 자신의 참여하에 간호사로 하여금 수혈을 하게 하더라도 그 환자에게 수혈할 혈액봉지가 맞는지 여부를 확인하여야할 업무상의 주의의무가 있다.

그러나 피의자는 20○○. ○. ○. 12:00경부터 같은 병원 신관병동 503호실에서 피해자에게 신선 냉동혈장 3봉지(320㎖) 및 농축적혈구 1봉지(200㎖)를 수혈하면서, 간호사인 공동피의자 전○○로 하여금 단독으로 수혈을 하도록 내버려두었다. 그리하여 공동피의자 전○○이 같은 날 13:30경 혈액봉지의 라벨을 확인하지 아니하여 간호처치대 위에 놓여 있던 건외 김○○에게 수혈할 혈액봉지를 피해자에 대한 혈액봉지로 오인하고서, 혈액형이 O형인 피해자에 대하여 B형 농축적혈구 약 60㎖를 수혈하여, 피해자로 하여금 같은 달 ○. 23:30경 급성용혈성 수혈부작용 등으로 사망에 이르게 하였다.

3. 적용실례

(1) 운전자가 가스배달을 위해 잠시 정차한 때 일어난 사고의 경우

이ㅇㅇ와 안ㅇㅇ는 가스를 배달하는 배달원이다. 이ㅇㅇ가 차를 운전하고 안ㅇㅇ과 함께 가스배달을 가서 차를 일시 정차하기 위해 사이드브레이크를 작동시키지 않고 뒷바퀴에 받침대를 받쳐 놓은 채 가스를 배달하러 들어갔다. 그런데 그 사이에 피의자 안ㅇㅇ이 위 받침대를 빼어내 차가 내리막길을 따라 미끄러져 내려가면서 길가던 사람을 치어 상해를 입히고 말았다.

➡ 이 경우 이ㅇㅇ은 그 당시 차를 운전하지 않았지만 위 차를 운전하던 중 배달을 위해 잠시 정차한 때 일어난 사고이므로 이는 차량의 운행의 범위에 속한다 할 것이다. 따라서 교통사고처리특례법 위반으로 의율하는 것이 상당하고, 피의자 안ㅇㅇ은 과실치상으로 의율할 수 있을 것이다.

(2) 업무에 관한 법리를 오해한 사례

피의자들이 함께 가구를 운반하다가 보행자를 보지 못하고 들이받아 상처를 입게하였다.

➡ 업무란 사람의 사회생활면에 있어서의 하나의 지위로서 그들이 계속적으로 종사하는 사무를 말한다. 그런데 이 경우, 피의자들은 일시 전축을 자신의 집으로 운반하던 것이었으므로 이는 업무라 볼 수 없으며, 이에 대해서는 과실치상죄로 의율하는 것이 타당하겠다.

(3) 교통사고처리특례법 위반을 업무상과실치상으로 의율한 사례

트럭운전자가 내리막길에 트럭을 세워둔 채 짐을 내리다가 트럭의 사이드브레이크가 풀리면서 굴러내려가 차와 사람을 들이받았다.

➡ 이에 대해 업무상과실치상죄로 의율할 수도 있겠지만 이 경우, 결국 차의 운전자가 범한 과실치상죄이고(교통사고처리특례법 제3조 제1항) 차의 교통으로 인한 행위로 볼 수 있으므로 교통사고처리특례법 위반죄로 의율하는 것이 좋겠다.

(4) 과실의 업무성의 유무

날마다 오토바이로 출근을 하던 A는, 무면허임에도 불구하고 친구의 자동차를 무단으로 운전해서 회사에 가다가 전방을 살피는 주의의무를 게을리 해서 횡단보도에 있던 사람과 충돌하게 되었다. 그런데 그 때 브레이크를 밟는다는 것이 악셀을 밟아 그 사람은 중상을 입었다.

➡ 여기서는 A의 무면허운전행위를 업무로 볼 것인가가 문제된다. 업무성의 요건으로는 반복성과 계속성이 얘기되는데, A가 무면허로 종종 운전을 했다면 업무성이 긍정되며, 업무상과실치상죄가 적용된다. 그러나, 그것이 처음이라면 업무성은 부정되고 무면허인 점, 전방주의의무 및 오조작이 고려되어 중과실치상죄가 된다.

제 27 장 낙태의 죄 (제269조 ~ 제270조)

제27장 낙태의 죄(제269조 ~ 제270조)

1. 자기낙태죄

> **제269조【낙태】**
> ① 부녀가 약물 기타 방법으로 낙태한 때에는 1년 이하의 징역 또는 200만원 이하의 벌금에 처한다. 〈개정 1995.12.29.〉

[상해죄] 257-259, [공소시효] : ①②항 : 5년, ③항 : 7년

○ 낙태의 죄란 태아를 자연적인 분만기에 앞서서 인위적으로 모체 밖으로 배출하거나 태아를 모체내에서 죽게함으로써 성립하는 범죄이다. 오늘날 세계각국은 모체와 태아의 생명·신체의 안전을 지키기 위해 낙태를 원칙적으로 처벌하면서도 의학·위생학·윤리·경제 등 여러 가지 견지에서 일정한 요건하에 낙태를 제한적으로 인정하는 추세에 있다.

○ 이 죄의 보호법익에 대해서는, 모체의 신체안전을 보호한다는 견해, 태아의 생명·신체안전을 보호한다는 견해, 태아의 생명·신체의 안전을 주된 보호법익으로 하지만 부차적으로는 모체의 생명·신체의 안전도 보호한다는 견해 등이 있다. 이 중 우리나라의 다수설은 태아모체보호설이다.

Ⅰ. 이론

1. 구성요건

(1) 객관적 구성요건

1) 주체

임신한 부녀이다. 임부가 아닌 사람은 간접정범에 의해서도 이 죄의 주체가 되지 못한다. 다만, 부동의낙태죄의 정범이 될 뿐이다.

2) 객체

모체 내에 살아있는 태아이다.

① 태아가 되는 시기는 수정된 때가 아니라 수정란이 자궁에 착상한 때로 보아야 한다.

② 死胎는 이 죄의 객체가 될 수 없다.

3) 행위

낙태이다.

① 낙태란 자연분만기에 앞서 태아를 모체 밖으로 배출하거나 모체 내에서 태아를 죽게 만드는 것을 말한다.

② 태아를 모체 밖으로 배출시키는 이상 태아가 사망하지 않더라도 죄가 성립한다는 것이 통설이지만 배출 결과 태아가 사망할 것을 요한다는 유력설이 있다.

▣ 근거판례 ▣

낙태죄는 태아를 자연분만기에 앞서서 인위적으로 모체 밖으로 배출하거나 모체 안에서 살해함으로써 성립하고, 그 결과 태아가 사망하였는지 여부는 낙태죄의 성립에 영향이 없다(대법원 2005. 4. 15. 선고 2003도2780 판결).

③ 낙태의 수단·방법에는 제한이 없으며, 임부가 타인을 이용해 간접정범으로 이 죄를 범할 수도 있다.

④ 행위의 성격

가. 통설은 이 죄를 위험범이라고 본다. 따라서 태아를 모체 밖으로 배출한 후 살해한 때에는 낙태죄와 살인죄(또는 영아살해죄)가 경합이 된다고 한다. 판례도 이와 같다(2003도2780).

▣ 근거판례 ▣

산부인과 의사인 피고인이 약물에 의한 유도분만의 방법으로 낙태시술을 하였으나 태아가 살아서 미숙아 상태로 출생하자 그 미숙아에게 염화칼륨을 주입하여 사망하게 한 사안에서, 염화칼륨 주입행위를 낙태를 완성하기 위한 행위에 불과한 것으로 볼 수 없고, 살아서 출생한 미숙아가 정상적으로 생존할 확률이 적다고 하더라도 그 상태에 대한 확인이나 최소한의 의료행위도 없이 적극적으로 염화칼륨을 주입하여 미숙아를 사망에 이르게 하였다면 피고인에게는 미숙아를 살해하려는 범의가 인정된다(대법원 2005. 4. 15. 선고 2003도2780 판결).

나. 이에 반하여 이 죄는 태아를 살해함으로써 성립하는 침해범이므로 태아를 살해한 때에 기수가 된다는 유력설이 있다. 이에 따르면 모체 밖에 배출된 살아있는 태아를 살해한 때에는 낙태미수와 살인죄의 상상적 경합이 되지만 낙태미수는 처벌하지 않으므로 살인죄에 의해서 처벌하게 된다.

▣ 이견있는 형사사건의 법원판단 ▣

[자기낙태죄의 기수시기]

1. 문제점 : 자기낙태죄(제269조 1항)의 미수범은 처벌하지 아니하는바, 자연적인 분만기 전에 태아를 모체 밖으로 배출시켰으나 태아가 살아 있는 경우 본죄의 기수 혹은 미수를 인정할 것인가가 문제된다.
2. 학설

(1) 침해범설 : 본죄는 침해범이므로 낙태란 임신중절을 함으로써 태아를 살해하는 것으로 이해하여 태아가 모체 밖으로 배출되었더라도 이로 인하여 태아가 사망하여야 낙태기수가 된다는 견해

(2) 위험범설 : 본죄는 위험범이므로 자연적인 분만기 전에 태아를 모체 밖으로 배출시키기만 하면 태아의 사망여부에 관계없이 낙태기수가 된다는 견해

3. 판례 : 위험범설의 태도

낙태죄는 태아를 자연분만기에 앞서서 인위적으로 모체 밖으로 배출하거나 모체 안에서 살해함으로써 성립하고, 그 결과 태아가 사망하였는지 여부는 낙태죄의 성립에 영향이 없다(대법원 2005. 4. 15. 선고 2003도2780 판결).

(2) 주관적 구성요건

낙태에 대한 고의가 있어야 한다. 미필적 고의로도 충분하지만 과실로 인한 낙태는 처벌하지 않는다.

Ⅱ. 판례

◆ 산부인과 의사인 피고인이 약물에 의한 유도분만의 방법으로 낙태시술을 하였으나 태아가 살아서 미숙아 상태로 출생하자 그 미숙아에게 염화칼륨을 주입하여 사망하게 한 사안에서 피고인에게 살해의 범의가 인정된다고 한 원심의 판단을 수긍한 사례

[1] 낙태죄는 태아를 자연분만기에 앞서서 인위적으로 모체 밖으로 배출하거나 모체 안에서 살해함으로써 성립하고, 그 결과 태아가 사망하였는지 여부는 낙태죄의 성립에 영향이 없다.

[2] 산부인과 의사인 피고인이 약물에 의한 유도분만의 방법으로 낙태시술을 하였으나 태아가 살아서 미숙아 상태로 출생하자 그 미숙아에게 염화칼륨을 주입하여 사망하게 한 사안에서, 염화칼륨 주입행위를 낙태를 완성하기 위한 행위에 불과한 것으로 볼 수 없고, 살아서 출생한 미숙아가 정상적으로 생존할 확률이 적다고 하더라도 그 상태에 대한 확인이나 최소한의 의료행위도 없이 적극적으로 염화칼륨을 주입하여 미숙아를 사망에 이르게 하였다면 피고인에게는 미숙아를 살해하려는 범의가 인정된다고 한 원심의 판단을 수긍한 사례(대법원 2005. 4. 15. 선고 2003도2780 판결).

◆ 낙태교사죄 성립 여부

피고인이 결혼을 전제로 교제하던 여성 甲의 임신 사실을 알고 수회에 걸쳐 낙태를 권유하였다가 거부당하자, 甲에게 출산 여부는 알아서 하되 더 이상 결혼을 진행하지 않겠다고 통보하고, 이후에도 아이에 대한 친권을 행사할 의사가 없다고 하면서 낙태할 병원을 물색해 주기도 하였는데, 그 후 甲이 피고인에게 알리지 아니한 채 자신이 알아본 병원에서 낙태시술을 받은 사안에서, 피고인은 甲에게 직접 낙태를 권유할 당시뿐만 아니라 출산 여부는 알아서 하라고 통보한 이후에도 계속 낙태를 교사하였고, 甲은 이로 인하여 낙태를 결의·실행하게 되었다고 보는 것이 타당하며, 甲이 당초 아이를 낳을 것처럼 말한 사실이 있다는 사정만으로 피고인의 낙태교사행위와 甲의 낙태결의 사이에 인과관계가 단절되는 것은 아니라는 이유로, 피고인에게 낙태교사죄를 인정한 원심판단을 정당하다고 한 사례(대법원 2013.9.12, 선고, 2012도2744, 판결).

Ⅲ. 수사실무

1. 수사포인트

(1) 낙태의 시기와 개월수는 임부의 월경정지와 복부상태 등 외형적인 판단과 감정의 방법으로 명확히 하여 낙태행위당시에 태아가 모체에 살아 있었는지의 여부를 가려야 한다.

(2) 낙태의 동기는 고의를 필요로 하므로 범죄의 동기를 구체적으로 밝혀야 한다.

(3) 낙태방법과 함께 그 수단의 입수경로를 분명히 하고 그것이 물품이면 압수해야 한다. 또 특수방법일 때에는 전문의사의 감정을 받아야 한다.

(4) 낙태 후에도 태아가 살아 있었을 경우 그 태아를 살해하였다면 살인죄 또는 영아살해죄와의 경합관계가 성립한다.

2. 피의자 신문례

(1) 아이를 임신한 일이 있나요

(2) 언제 임신하였나요

(3) 낙태한 사실이 있나요

(4) 언제, 어디에서 낙태하였나요

(5) 어떤 방법으로 낙태한 것인가요

(6) 낙태한 태아는 어떻게 하였나요

3. 범죄사실 기재례

【범죄사실 기재례】

미혼인 피의자는 유부남인 박○○와 정교하여 임신하게 되자 고민을 하다 낙태할 것을 마음먹었다. 피의자는 20○○.○.○. 10시경 집에서 자신의 자궁 속에 ○○을 집어넣어 임신 4개월의 태아를 몸 밖으로 배출하여 낙태하였다.

2. 동의낙태죄

제269조【낙태】
② 부녀의 촉탁 또는 승낙을 받어 낙태하게 한 자도 제1항의 형과 같다.
〈개정 1995.12.29.〉

Ⅰ. 이론

1. 구성요건

(1) 객관적 구성요건

1) 주체

형법 제270조 제1항에 규정된 자(의사, 한의사, 조산사, 약제사, 약종상) 이외의 사람이다.

2) 객체

태아이다.

3) 행위

임부의 촉탁 또는 승낙을 받아 낙태하는 것이다. 촉탁 또는 승낙을 받은 자가 스스로 낙태행위를 해야 하므로 임부에게 낙태를 교사하거나 방조하는 것은 이 죄에 해당하지 않으며, 제269조 제1항의 공범에 지나지 않는다.

(2) 주관적 구성요건

촉탁, 승낙의 존재 및 낙태에 대한 고의가 있어야 한다. 그러므로 촉탁이나 승낙의 존재를 할지 못하고 낙태시킨 경우에는 부동의낙태죄(제270조 2항)가 성립한다.

Ⅱ. 수사실무

1. 범죄사실 기재례

【범죄사실 기재례】

피의자는 김○○(당○○세)와 정교를 계속하여 오다가 그녀가 임신하게 된 사실을 알고 주변의 이목이 두려워 낙태시키기로 마음먹었다. 피의자는 그녀로부터 승낙을 받아서, 20○○. ○. ○. 20 : 30경 서울 ○○구 ○○동 ○○번지에 있는 김○○의 집에서 위 그녀의 자궁 속에 "훼루모린정제"를 넣는 방법으로 낙태를 시도하여, 다음날 11 : 30경 그 곳에서 임신 5개월 된 태아를 그녀의 몸 밖으로 배출시켜 낙태하게 하였다.

2. 적용실례

(1) 낙태시술을 하다 생명에 위험이 생겨 의사에게 부탁해서 낙태수술을 마친 경우

임산부인 김○○에게서 낙태를 의뢰받은 송○○는 시술을 하다가 그녀의 생명에 위험이 생기자, 의사 정○○에게 부탁해서 낙태수술을 마저 끝냈다.

➡ 이 경우, 김○○에 대해 자기 낙태죄가 성립하는 데는 문제가 없다. 또 의사인 정○○의 낙태행위는 김○○의 생명을 보호하기 위한 긴급피난이기 때문에 낙태죄의 요건을 충족시키지 못하고 위법성을 조각한다. 문제는 송○○의 행위인데, 판례의 입장에 따르면 정범자의 행위가 위법하지 않으면 공범은 성립하지 않기 때문에 정범자인 의사 정○○의 행위가 적법한 이 경우에는 송○○에 대해 교사범의 성립을 인정할 수 없고, 의사 정○○의 적법행위를 이용한 간접정범이라고 할 수 있어 송○○에게는 동의낙태죄가 성립한다.

3. 낙태치사상죄

제269조【낙태】

③ 제2항의 죄를 범하여 부녀를 상해에 이르게 한때에는 3년 이하의 징역에 처한다. 사망에 이르게 한때에는 7년 이하의 징역에 처한다. 〈개정 1995.12.29.〉

[헌법불합치, 2017헌바127, 2019. 4. 11. 형법(1995. 12. 29. 법률 제5057호로 개정된 것) 제269조 제1항, 제270조 제1항 중 '의사'에 관한 부분은 모두 헌법에 합치되지 아니한다. 위 조항들은 2020. 12. 31.을 시한으로 입법자가 개정할 때까지 계속 적용된다]

제270조【의사 등의 낙태, 부동의낙태】

③ 제1항 또는 제2항의 죄를 범하여 부녀를 상해에 이르게 한때에는 5년 이하의 징역에

처한다. 사망에 이르게 한때에는 10년 이하의 징역에 처한다.
〈개정 1995.12.29.〉

- 낙태치사상죄는 동의낙태죄(제269조 2항), 업무상동의낙태죄(제270조 1항), 부동의낙태죄(제270조 2항)를 범하여 부녀를 상해에 이르게 하거나 사망에 이르게 함으로써 성립하는 범죄이다. 동의낙태죄, 업무상동의낙태죄, 부동의낙태죄의 결과적 가중범이다.

Ⅰ. 이론

1. 구성요건

(1) 객관적 구성요건

1) 주체

동의낙태죄, 업무상동의낙태죄, 부동의낙태죄의 주체이다.

2) 행위

동의낙태죄, 업무상동의낙태죄, 부동의낙태죄를 범하여 부녀를 상해 또는 사망에 이르게 하는 것이다.

(2) 주관적 구성요건

기본범죄인 낙태에 대한 고의와 중한 결과인 상해나 사망에 대한 과실이 있어야 한다.

4. 업무상동의낙태죄

제270조【의사 등의 낙태, 부동의낙태】

① 의사, 한의사, 조산사, 약제사 또는 약종상이 부녀의 촉탁 또는 승낙을 받어 낙태하게 한 때에는 2년 이하의 징역에 처한다. 〈개정 1995.12.29.〉

④ 전 3항의 경우에는 7년 이하의 자격정지를 병과한다.

[헌법불합치, 2017헌바127, 2019. 4. 11. 형법(1995. 12. 29. 법률 제5057호로 개정된 것)

제269조 제1항, 제270조 제1항 중 '의사'에 관한 부분은 모두 헌법에 합치되지 아니한다. 위 조항들은 2020. 12. 31.을 시한으로 입법자가 개정할 때까지 계속 적용된다]

[신분범과공범] 33, [의사·한의사·조산원] 의료2 · 5, [약제사·약종상] 약사2 · 3 · 26, [상해죄] 257-259, [특별규정] 모자보건, [공소시효] : 5년(1 · 2항), 7년(3항 치상), 10년(3항 치사)

Ⅰ. 이론

1. 구성요건

(1) 객관적 구성요건

1) 주체

의사, 한의사, 조산사, 약제사, 약종상이다. 본죄의 주체는 열거된 자에 한한다.

① 이들에 대해서는 그 업무의 성질상 낙태를 행할 위험성이 많기 때문에 제269조에 비해 특히 법정형을 가중하고 있다.

② 모두 면허 있는 자 이어야 한다.

③ 의사는 반드시 산부인과 전문의에 제한되지 않는다. 다만, 치과의사나 수의사는 제외된다고 본다.

2) 행위

임부의 촉탁 또는 동의를 받아 낙태하는 것이다.

① 임부의 촉탁이란 임부가 자진해서 의뢰하는 것을 말한다.

② 임부의 승낙이란 의사 등이 임부의 동의를 요구하는 것을 말한다.

③ 촉탁이나 승낙은 모두 의사능력이 있는 임부의 진의에서 나온 것이어야 한다.

(2) 주관적 구성요건

자신이 업무상의 신분자라는 것과 촉탁, 승낙의 존재, 낙태에 대한 인식과 의사를 내용으로 하는 고의가 있어야 한다.

2. 위법성

모자보건법 제14조에 해당하는 때에는 이 죄의 위법성이 조각된다.

(1) 특별법인 모자보건법은 산모의 생명과 건강을 보호하고 건전한 자녀의 출산·양육을 도모하기 위해 다음과 같은 허용한계를 규정하고 있다.

① 임산부나 그 배우자에게 우생학적 또는 유전학적 정신장애나 신체질환이 있는 경우

② 임산부 또는 그 배우자가 제1종·제2종·제3종의 전염성 질환이 있는 경우

③ 강간 또는 준강간에 의하여 임신된 경우

④ 법률상 혼인할 수 없는 혈족 또는 인척 간에 임신된 경우

⑤ 임신의 지속이 보건의학적 이유로 모체의 건강을 심히 해하고 있거나 해할 우려가 있는 경우

(2) 그러나 위 경우에도 의사는 반드시 임산부 및 배우자(사실상의 배우자 포함)의 동의를 얻어야만 한다. 다만, 배우자의 사망 · 실종 · 행방불명, 그 밖에 부득이한 사유로 동의를 받을 수 없으면 본인의 동의만으로 그 수술을 할 수 있다(모자보건법 제14조 제2항).

(3) 모자보건법상의 규정에 의하여 인공임신중절수술이 허용되는 경우에는 형법 제269조 제1,2항 및 형법 제270조 제1항의 적용은 배제되어 이를 처벌할 수 없다(모자보건법 제28조). 그러나 형법 제269조 제3항의 "촉탁·승낙 낙태치사상"의 경우와 형법 제270조 제2항의 "不同意 낙태", 형법 제270조 제3항의 "업무상낙태(부동의 낙태)치사상"의 경우에는 모자보건법상의 적용이 배제되어 형법상 그 죄책을 면할 수 없게 된다.

Ⅱ. 판례

◆ 낙태시술 결과 태아의 사망 여부가 낙태죄의 성립에 영향이 있는지 여부(소극)

[1] 낙태죄는 태아를 자연분만기에 앞서서 인위적으로 모체 밖으로 배출하거나 모체 안에서 살해함으로써 성립하고, 그 결과 태아가 사망하였는지 여부는 낙태죄의 성립에 영향이 없다.

[2] 산부인과 의사인 피고인이 약물에 의한 유도분만의 방법으로 낙태시술을 하였으

나 태아가 살아서 미숙아 상태로 출생하자 그 미숙아에게 염화칼륨을 주입하여 사망하게 한 사안에서, 염화칼륨 주입행위를 낙태를 완성하기 위한 행위에 불과한 것으로 볼 수 없고, 살아서 출생한 미숙아가 정상적으로 생존할 확률이 적다고 하더라도 그 상태에 대한 확인이나 최소한의 의료행위도 없이 적극적으로 염화칼륨을 주입하여 미숙아를 사망에 이르게 하였다면 피고인에게는 미숙아를 살해하려는 범의가 인정된다고 한 원심의 판단을 수긍한 사례(대법원 2005. 4. 15., 선고, 2003도2780, 판결).

◆ 모체의 건강을 해칠 우려가 현저하고 기형아 내지 불구아를 출산할 가능성마저 있어 부득이 취한 낙태수술행위와 위법성의 유무

임신의 지속이 모체의 건강을 해칠 우려가 현저할 뿐더러 기형아 내지 불구아를 출산할 가능성마저도 없지 않다는 판단 아래 부득이 취하게 된 산부인과 의사의 낙태수술행위는 정당행위 내지 긴급피난에 해당되어 위법성이 없는 경우에 해당한다(대법원 1976. 7. 13. 선고 75도1205 판결).

◆ 의사가 부녀의 촉탁 또는 승락을 받아 낙태행위를 한 것이 사회상규에 위배되지 않는 것인지 여부

인간의 생명은 잉태된 때부터 시작되는 것이고 그 자신이 이를 인식하고 있든지 또 스스로를 방어할 수 있는지에 관계없이 침해되지 않도록 보호되어야 한다 함이 헌법 아래에서 국민일반이 지니는 건전한 도의적 감정과 합치되는 바이므로 비록 모자보건법이 특별한 의학적, 우생학적 또는 윤리적 적응이 인정되는 경우에 임산부와 배우자의 동의 아래 인공임신중절수술을 허용하고 있다 하더라도 이로써 의사가 임부의 촉탁 또는 승낙을 받으면 일체의 낙태행위가 정상적인 행위이고 제270조 제1항 소정의 업무상촉탁낙태죄에 의한 처벌은 무가치하게 되었다고 할 수는 없으며, 임산부의 촉탁이 있으면 의사로서 낙태를 거절하는 것이 보통의 경우 도저히 기대할 수 없게 되었다고 할 수도 없다(대법원 1985. 6. 11. 선고 84도1958 판결).

Ⅲ. 수사실무

1. 수사포인트

(1) 행위자(의사 등)의 업무개시 시기, 낙태수단과 그 기술의 습득 및 경력에 대해 조사한다.

(2) 임부의 촉탁이 있었다면 그것이 진의인지 확인하고 교사가 있지는 않았는지 밝혀야 한다.

(3) 위법성 조각의 요건이 갖추어져 있는지 조사한다.

2. 범죄사실 기재례

【범죄사실 기재례】

피의자는 ○○시 ○○동 ○○번지에서 "○○산부인과"를 경영하고 있는 의사이다.

피의자는 20○○. ○. ○.경 이○○(당○○세)가 위 병원에 찾아가 낙태수술을 하여 달라고 의뢰하자 이를 승낙하였다.

피의자는 그 3일 뒤인 23일 10:00경 위 병원 수술실에서 그녀에게 자궁확장기인 "뿌지" 등을 사용하여 낙태수술을 하여 그녀로 하여금 임신 2개월의 태아를 모체 밖으로 배출시켜 낙태하게 하였다.

3. 수사시 유의할 점

(1) 이러한 사건 수사 시 낙태수술한 부녀의 진술을 받고 압수수색검증영장 발부받아 의사 진료일지 등 압수하여 구증을 명확히 하여야 한다.

(2) 의사들은 모자보건법 제14조(인공임신중절수술의 허용한계)를 들추며 인공임신중절수술을 아니하면 모체의 건강을 해치거나, 기형아 내지 불구아를 출산할 가능성이 현저하여 수술하였다는 등 정당행위 내지 긴급피난에 해당하는 위법성이 조각사유를 주장할 것임에 대비하여 모자보건법, 의료법상의 법률에 대한 사전지식과 판례 등을 연구·검토한 후 수사에 임하여야 한다.

5. 부동의낙태죄

제270조【의사 등의 낙태, 부동의낙태】

② 부녀의 촉탁 또는 승낙없이 낙태하게 한 자는 3년 이하의 징역에 처한다.

④ 전3항의 경우에는 7년 이하의 자격정지를 병과한다.

Ⅰ. 이론

1. 구성요건

(1) 객관적 구성요건

1) 주체

제한이 없다.

2) 행위

부녀의 촉탁 또는 승낙 없이 낙태하게 하는 것이다.

(2) 주관적 구성요건

고의가 있어야 한다.

Ⅱ. 수사실무

1. 범죄사실 기재례

【범죄사실 기재례】

유부남인 피의자는 문○○(당○○세)와 정교관계를 맺어오다가 그녀로부터 임신하였다는 사실을 들어 알게 되자, 주위의 이목이 두렵고, 원 가정이 파괴될 것이 분명하다고 생각하였다. 그리하여 고민 끝에 그녀가 알지 못하는 사이에 낙태시키기로 마음먹고, 20○○. ○. ○. 21:00경 ○○시 ○○동 ○○번지에 있는 그녀의 아파트에서 그녀에게 영양제라고 속이고 미리 준비해 온 "수은제" 약 10g을 삼키게 하여 그녀로 하여금 수은중독증을 일으켜 임신 2개월의 태아를 모체 밖으로 배출하게 함으로써 그녀의 촉탁이나 승낙없이 낙태하게 하였다.

제 28 장 유기와 학대의 죄 (제271조~제275조)

제28장 유기와 학대의 죄(제271조~제275조)

1. 유기죄 · 존속유기죄 · 중유기죄 · 존속중유기죄

제271조【유기, 존속유기】

① 나이가 많거나 어림, 질병 그 밖의 사정으로 도움이 필요한 사람을 법률상 또는 계약상 보호할 의무가 있는 자가 유기한 경우에는 3년 이하의 징역 또는 500만원 이하의 벌금에 처한다.

② 자기 또는 배우자의 직계존속에 대하여 제1항의 죄를 지은 경우에는 10년 이하의 징역 또는 1천500만원 이하의 벌금에 처한다.

③ 제1항의 죄를 지어 사람의 생명에 위험을 발생하게 한 경우에는 7년 이하의 징역에 처한다.

④ 제2항의 죄를 지어 사람의 생명에 위험을 발생하게 한 경우에는 2년 이상의 유기징역에 처한다.

[전문개정 2020. 12. 8.]

[상해죄와의비교] 275, [생활무능력자의보호] 헌34, 생활보, [보호의무자의예] 민913 · 974,
[공소시효] : 5년(1항), 7년(3항), 10년(2 · 4항)

Ⅰ. 이론

[유기죄(제271조 1항)]

1. 구성요건

(1) 객관적 구성요건

1) 주체

이 죄의 주체는 부조를 요하는 자를 보호할 법률상 또는 계약성 의무있는 자, 즉 보호의무자이다.

① 법률상의 보호의무란 그 의무의 근거가 법령에 규정되어 있는 것을 말하며, 법령은 공법인가 사법인가를 불문한다(경찰관직무집행법상의 경찰관의 보호조치의무, 도로교통법상의 사고운전자의 구호의무 등은 공법상 보호의무이고, 민법상의 친족관계에 의한 부양의무는 사법상 보호의무이다).

② 보호의무의 근거 : 통설은 법률상 또는 계약상의 의무뿐만 아니라 널리 사무관리·관습 또는 조리에 의해서도 보호의무가 발생한다고 한다.

▣ 이견있는 형사사건의 법원판단 ▣

[보호의무의 발생근거]

1. 문제점 : 제271조 1항은 보호의무의 발생근거를 법률과 계약으로 한정하고 있다. 여기서 법률고 계약 이외에 사무관리·관습·조리에 근거한 보호의무를 인정할 것인지가 문제된다.

2. 학설

(1) 긍정설 : 법률상·계약상의 의무는 예시적인 것에 지나지 않고, 본죄의 보호의무는 부진정부작위범의 보증인의무와 동일한 것이므로 사무관리·관습·조리에 의해서도 보호의무가 발생한다는 견해

(2) 부정설 : 형법 제271조가 보호의무의 근거를 법률·계약으로 제한하고 있음에도 불구하고 이를 사무관리·관습·조리에까지 확대하는 것은 죄형법정주의에 반하므로 보호의무의 발생근거는 법률 또는 계약으로 제한해야 한다는 견해

3. 판례 : 부정설의 태도

법률상 또는 계약상의 의무있는 자만을 유기죄의 주체로 규정하고 있어 명문상 사회상규상의 보호책임을 관념할 수 없다고 하겠으니 유기죄의 죄책을 인정하려면 보호책임이 있게 된 경위 사정관계등을 설시하여 구성요건이 요구하는 법률상 또는 계약상 보호의무를 밝혀야 하고 설혹 동행자가 구조를 요하게 되었다 하여도 일정거리를 동행한 사실만으로서는 피고인에게 법률상 계약상의 보호의무가 있다고 할 수 없으니 유기죄의 주체가 될 수 없다(대법원 1977. 1. 11. 선고 76도3419 판결).

2) **객체**

노유·질병 기타의 사정으로 인해 부조를 요하는 자이다.

3) **행위**

유기이다.

① 유기란 要扶助者를 보호없는 상태에 둠으로써 그 생명·신체에 위험을 가져오는 행위를 말한다.

② 이 죄는 추상적 위험범이다. 따라서 이 죄는 유기행위로 인해 생명·신체에 대한 추상적 위험만 발생하면 기수가 된다.

(2) 주관적 구성요건

자기가 보호의무자이며 요부조자를 유기한다는 인식과 의사가 있어야 한다.

[존속유기죄(제271조 2항)]

본 죄는 자기 또는 배우자의 직계존속을 유기함으로써 성립하는 범죄로서, 단순유기죄에 비하여 신분으로 인하여 책임이 가중되는 가중적 구성요건이다.

[중유기죄(제271조 3항)]

본 죄는 유기죄를 범하여 사람의 생명에 대한 위험을 발생하게 함으로써 성립하는 범죄로서, 사람의 생명에 대한 구체적 위험의 발생을 요하는 구체적 위험범이다. 이 죄는 부진정 결과적 가중범으로서 생명에 대한 구체적 위험을 과실로 발생하게 한 경우뿐만 아니라 고의가 있을 때에도 성립한다.

[존속중유기죄(제271조 4항)]

본 죄는 존속유기죄를 범하여 사람의 생명에 대한 위험을 발생케 함으로써 성립하는 범죄로서, 사람의 생명에 대한 구체적 위험의 발생을 요하는 구체적 위험범이다. 이 죄는 부진정 결과적 가중범으로서 생명에 대한 구체적 위험을 과실로 발생하게 한 경우뿐만 아니라 고의가 있을 때에도 성립한다.

Ⅱ. 판례

◆ 유기치사죄의 성립 요건 / 유기죄에 관한 형법 제271조 제1항에서 말하는 '법률상 보호의무'에 부부간의 부양의무가 포함되는지 여부(적극)

유기죄를 범하여 사람을 사망에 이르게 하는 유기치사죄가 성립하기 위해서는 먼저 유기죄가 성립하여야 하므로, 행위자가 유기죄에 관한 형법 제271조 제1항이 정하고 있는 것처럼 "노유, 질병 기타 사정으로 인하여 부조를 요하는 자를 보호할 법률상 또는 계약상 의무 있는 자"에 해당하여야 한다. 여기에서 말하는 법률상 보호의무에는 민법 제826조 제1항에 근거한 부부간의 부양의무도 포함된다(대법원 2018. 5. 11., 선고, 2018도4018, 판결).

◆ 유기죄의 성립요건

[1] 유기죄가 성립하기 위하여는 행위자가 형법 제271조 제1항이 정한 바에 따라 '노유, 질병 기타 사정으로 인하여 부조를 요하는 자를 보호할 만한 법률상 또는 계약상 의무 있는 자'에 해당하여야 할 뿐만 아니라, 요부조자에 대한 보호책임의 발생원인이 된 사실이 존재한다는 것을 인식하고, 이에 기한 부조의무를 해태한다는 의식이 있음을 요한다.

[2] 형법 제271조 제1항에서 말하는 법률상 보호의무 가운데는 민법 제826조 제1항에 근거한 부부간의 부양의무도 포함되며, 나아가 법률상 부부는 아니지만 사실혼 관계에 있는 경우에도 위 민법 규정의 취지 및 유기죄의 보호법익에 비추어 위와 같은 법률상 보호의무의 존재를 긍정하여야 하지만, 사실혼에 해당하여 법률혼에 준하는 보호를 받기 위하여는 단순한 동거 또는 간헐적인 정교관계를 맺고 있다는 사정만으로는 부족하고, 그 당사자 사이에 주관적으로 혼인의 의사가 있고 객관적으로도 사회관념상 가족질서적인 면에서 부부공동생활을 인정할 만한 혼인생활의 실체가 존재하여야 한다.

[3] 동거 또는 내연관계를 맺은 사정만으로는 사실혼관계를 인정할 수 없고, 내연녀가 치사량의 필로폰을 복용하여 부조를 요하는 상태에 있었음을 인식하였다는 점을 인정할 증거가 부족하다는 이유로 유기치사죄의 성립을 부정한 사례(대법원 2008. 2. 14. 선고 2007도3952 판결).

◆ 유기죄에 관한 형법 제271조 제1항의 '계약상 의무'가 계약에 기한 주된 급부의무가 부조를 제공하는 것인 경우에 한정되는지 여부(소극) 및 '계약상의 부조의무' 유무를 판단하는 기준

유기죄에 관한 형법 제271조 제1항은 그 행위의 주체를 "노유, 질병 기타 사정으로 부조를 요하는 자를 보호할 법률상 또는 계약상 의무 있는 자"라고 정하고 있다. 여기서의 '계약상 의무'는 간호사나 보모와 같이 계약에 기한 주된 급부의무가 부조를 제공하는 것인 경우에 반드시 한정되지 아니하며, 계약의 해석상 계약관계의 목적이 달성될 수 있도록 상대방의 신체 또는 생명에 대하여 주의와 배려를 한다는 부수적 의무의 한 내용으로 상대방을 부조하여야 하는 경우를 배제하는 것은 아니라고 할 것이다. 그러나 그 의무 위반의 효과로서 주로 손해배상책임이 문제되는 민사영역에서와는 달리 유기죄의 경우에는 당사자의 인적 책임에 대한 형사적 제재가 문제된다는 점 등을 고려하여 보면, 단지 위와 같은 부수의무로서의 민사적 부조의무 또는 보호의무가 인정된다고 해서 형법 제271조 소정의 '계약상 의무'가 당연히 긍정된다고는 말할 수 없고, 당해 계약관계의 성질과 내용, 계약당사자 기타 관련자들 사이의 관계 및 그 전개양상, 그들의 경제적·사회적 지위, 부조가 필요하기에 이른 전후의 경위, 필요로 하는 부조의 대체가능성을 포함하여 그 부조의 종류와 내용, 달리 부조를 제공할 사람 또는 설비가 있는지 여부 기타 제반 사정을 고려하여 위 '계약상의 부조의무'의 유무를 신중하게 판단하여야 한다. (대법원 2011.11.24. 선고 2011도12302 판결)

◆ 실신한 강간치상죄의 피해자를 현장에 그대로 방치한 경우와 유기죄의 성부

강간치상의 범행을 저지른 자가 그 범행으로 인하여 실신상태에 있는 피해자를 구호하지 아니하고 방치하였다고 하더라도 그 행위는 포괄적으로 단일의 강간치상죄만을 구성한다(대법원 1980. 6. 24. 선고 80도726 판결).

◆ 유기의 개념

(1) 사실관계

피고인 A는 전격성간염에 걸려 장내출혈의 증세까지 생긴 만11세 남짓한 그 딸을 병원으로 데리고 다니면서 치료를 받게 함에 있어 의사들이 당시의 의료기술상 최선의 치료방법이라고 하면서 권유하는 수혈을 자신이 믿는 종교인 여호와의 증인의 교리에 어긋난다는 이유로 시종일관 완강히 거부하는 언동을 하여 그 딸로 하여금 의학상의 적정한 치료를 받지 못하도록 하여 유기하고 그로인해 동인으로 하여금 장내출혈 때문에 실혈사하게 하였다.

(2) 판결요지

생모가 사망의 위험이 예견되는 그 딸에 대하여는 수혈이 최선의 치료방법이라는 의사의 권유를 자신의 종교적 신념이나 후유증 발생의 염려만을 이유로 완강하게 거부하고 방해하였다면 이는 결과적으로 요부조자를 위험한 장소에 두고 떠난 경우와 다름이 없다 할 것이고 그 때 사리를 변식할 지능이 없다고 보아야 마땅한 11세 남짓한 환자 본인 역시 수혈을 거부하였다고 하더라도 생모의 수혈거부행위가 위법한 점에 영향을 미치지 않는다(대법원 1980. 9. 24. 선고 79도1387 판결).

◆ 유기죄의 주관적 요건

유기죄에 있어서는 행위자가 요부조자에 대한 보호책임의 발행원인이 된 사실이 존재한다는 것을 인식하고 이에 기한 부조의무를 해태한다는 의식이 있음을 요한다(대법원 1988.8.9, 선고, 86도225, 판결).

Ⅲ. 수사실무

1. 수사포인트

(1) 법률상 또는 계약상의 보호의무 근거가 무엇인지 밝힌다.

(2) 범인의 자산, 지위, 생활능력을 조사한다.

(3) 보호책임유무에 대한 인식이 있었는지 조사한다(범의).

(4) 피보호자가 사망한 경우에는 감정이 필요하다.

2. 범죄사실 기재례

【범죄사실 기재례】

피의자는 20○○. ○. ○. 정○○와 결혼하여 ○○시 ○○동 ○○번지에 거주하고 있다.

피의자는 위 정○○의 어머니인 피해자 강○○(당○○세)와 함께 살다가 평소에 그녀가 피의자와 남편인 정○○와의 사이에 끼어들어 이간질하여 가정싸움이 자주 일어나고, 피해자가 20○○. ○.경 쓰러져 반신불수가 되어 치료비도 많이 들어가고 그 뒷바라지가 곤란하게 되자 위 정○○와 피해자를 유기하기로 하였다.

같은 해 ○. ○.경 그녀에게는 치료받으러 병원에 간다고 속이고 정○○의 차에 태워 그날 18:30경 ○○시 ○○동 ○○시장 골목에 데리고 가서 그녀를 그곳에 내려둔 채 음식의 제공 등 기타 그녀의 생존에 필요한 보호조치를 하지 않음으로써 존속을 유기하였다.

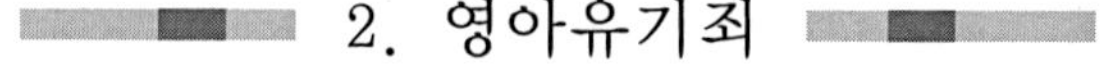

2. 영아유기죄

제272조 삭제 〈2024.8.8.〉

3. 학대죄 · 존속학대죄

> **제273조【학대, 존속학대】**
> ① 자기의 보호 또는 감독을 받는 사람을 학대한 자는 2년 이하의 징역 또는 500만원 이하의 벌금에 처한다. 〈개정 1995.12.29.〉
> ② 자기 또는 배우자의 직계존속에 대하여 전항의 죄를 범한 때에는 5년 이하의 징역 또는 700만원 이하의 벌금에 처한다. 〈개정 1995.12.29.〉

[보호감독을받는자의예] 민913 · 945 · 947, [노령·질병자등보호] 생활보,

[공소시효] : 5년(1항), 7년(2항)

○ 학대죄는 자기의 보호·감독을 받는 사람을 학대함으로써 사람의 생명·신체에 위험을 가져오는 행위를 처벌하기 위한 것으로, 유기죄와 마찬가지로 사람의 생명·신체에 대한 안전을 보호법익으로 한다. 존속학대죄는 학대죄에 대하여 신분으로 인해 책임이 가중되는 가중적 요건이다.

Ⅰ. 이론

[학대죄(제273조 1항)]

1. 구성요건

(1) 객관적 구성요건

1) 주체

타인을 보호 또는 감독하는 자이다. 보호·감독의 근거에는 유기죄와는 달리 널리 사무관리·조리 또는 관습에 의한 경우도 포함된다.

2) 객체

이 죄의 객체는 보호 또는 감독을 받는 자이다. 이 때 18세 미만자에 대해서는 아동복지법이 적용된다.

3) 행위

학대하는 것으로서 학대란 육체적, 정신적으로 고통을 가하는 행위를 말한다(예

: 일상생활에 필요한 음식·휴식·수면을 허용하지 않거나 폭행을 가하는 것 등).

(2) 주관적 구성요건

자기의 보호 또는 감독을 받는 사람을 학대한자는 점에 대한 인식과 의사를 내용으로 하는 고의가 있어야 한다. 또한 초과주관적 불법요소로 학대성향이 있어야 한다.

[존속학대죄(제273조 2항)]

본 죄는 자기 또는 배우자의 직계존속을 학대함으로써 성립하는 범죄로서, 학대죄에 비하여 신분관계로 책임이 가중되는 가중적 구성요건이다.

Ⅱ. 판례

◆ 형법 제273조 제1항에서 말하는 '학대'의 의미

[1] 구 아동복지법(2000. 1. 12. 법률 제6151호로 전문 개정되기 전의 것) 제18조 제5호는 '아동에게 음행을 시키는' 행위를 금지행위의 하나로 규정하고 있는바, 여기에서 '아동에게 음행을 시킨다'는 것은 행위자가 아동으로 하여금 제3자를 상대방으로 하여 음행을 하게 하는 행위를 가리키는 것일 뿐 행위자 자신이 직접 그 아동의 음행의 상대방이 되는 것까지를 포함하는 의미로 볼 것은 아니다.

[2] 형법 제273조 제1항에서 말하는 '학대'라 함은 육체적으로 고통을 주거나 정신적으로 차별대우를 하는 행위를 가리키고, 이러한 학대행위는 형법의 규정체제상 학대와 유기의 죄가 같은 장에 위치하고 있는 점 등에 비추어 단순히 상대방의 인격에 대한 반인륜적 침해만으로는 부족하고 적어도 유기에 준할 정도에 이르러야 한다(대법원 2000. 4. 25. 선고 2000도223 판결).

◆ 수회에 걸친 일련의 학대행위의 일부에 대하여 위법성이 조각된다는 이유로 무죄를 선고할 수 있는지 여부

학대죄는 자기의 보호 또는 감독을 받는 사람에게 육체적으로 고통을 주거나 정신적으로 차별대우를 하는 행위가 있음과 동시에 범죄가 완성되는 상태범 또는 즉시범이라 할 것이고 비록 수십회에 걸쳐서 계속되는 일련의 폭행행위가 있었다 하더라도 그중 친권자로서의 징계권의 범위에 속하여 위 위법성이 조각되는 부분이 있다면 그 부분을 따로 떼어 무죄의 판결을 할 수 있다(대법원 1986. 7. 8. 선고 84도2922 판결).

Ⅲ. 수사실무

1. 범죄사실 기재례

【범죄사실 기재례】

(1) 피의자는 ○○시 ○○동 ○○번지에 사는 이○○(당○○세)의 처이다.

피의자는 20○○. ○.경부터 20○○. ○.경까지 피의자가 보호하고 있는 그의 시아버지인 박○○(당○○세)가 중풍으로 병석에 누워 있으므로 간병과 치료에 힘쓸 의무가 있었다. 그러나 아무런 조치도 취하지 않을 뿐 아니라 남편인 이○○과의 싸움이 있을 때마다 시아버지의 식사를 고의로 차리지 않은 등 시아버지를 학대하였다.

(2) 피의자는 남○○의 후처로 들어가 행상을 하면서 근근히 생활을 하는 자이다.

피의자는 20○○. ○. ○.경부터 같은 해 ○. ○.경까지 서울 ○○구 ○○동 ○○번지에 있는 피의자의 집에서 피의자가 보호하고 있는 남○○(당○세)에게 집안 청소를 시키고 날마다 약 500m 가량 떨어져 있는 우물에서 물을 길어 오도록 시키고, 빨래를 하도록 하는 등 심한 노동을 시켰다. 그리고 이에 잘 응하지 아니하면 몹시 때리기까지 하는 등 피해자를 학대하였다.

4. 아동혹사죄

제274조【아동혹사】

자기의 보호 또는 감독을 받는 16세 미만의 자를 그 생명 또는 신체에 위험한 업무에 사용할 영업자 또는 그 종업자에게 인도한 자는 5년 이하의 징역에 처한다. 그 인도를 받은 자도 같다.

[보호·감독을받는자의예] 민913 · 945 · 947, [아동보호] 아동복, [연소자근로보호] 헌32⑤, 근기51 · 109, [공소시효] : 7년

○ 이 죄는 아동의 복지를 보호하기 위한 형식범이며 그 보호법익은 아동의 복지권이다.

Ⅰ. 이론

1. 구성요건

(1) 객관적 구성요건

1) 주체

16세 미만의 자를 위험한 업무에 사용할 영업자, 인도·인수자이다. 인도하는 자와 인수하는 자는 필요적 공범관계에 있다.

2) 객체

행위의 객체는 16세 미만의 자이다.

3) 행위

생명 또는 신체에 위험한 업무에 사용할 영업자 또는 그 종업자에게 위 객체를 인도하거나 이를 인수하는 것이다.

① 단순히 인도계약을 체결한 것만으로는 부족하고 현실적인 인도가 있어야 한다. 그러나 인도·인수된 아동이 위험한 업무에 종사하였는가 여부는 죄의 성립에 영향이 없다.

② 이 죄의 업무는 신체·생명에 위험한 업무에 한정된다.

(2) 주관적 구성요건

16세 미만자를 생명, 신체에 위험한 업무에 사용할 자에게 인도하거나, 인수한다는 것에 대한 고의가 있어야 한다. 또한 행위자에게 위험한 행위경향이 있어야 한다고 본다.

Ⅱ. 판례

◆ 피고인은 피해자에게 생명 또는 신체에 대한 위해가 발생하지 아니하도록 필요한 조치를 강구하여야 할 계약상의 부조의무를 부담한다고 판단하여 유기치사죄를 인정한 원심판결을 수긍한 사례

피고인이 자신이 운영하는 주점에 손님으로 와서 수일 동안 식사는 한 끼도 하지 않은 채 계속하여 술을 마시고 만취한 피해자를 주점 내에 그대로 방치하여 저체온증 등으로 사망에 이르게 하였다는 내용으로 예비적으로 기소된 사안에서, 피해자가 피고인의 지배 아래 있는 주점에서 3일 동안 과도하게 술을 마시고 추운 날씨에 난방이 제대로 되지 아니한 주점 내 소파에서 잠을 자면서 정신을 잃은 상태에 있었다면, 피고인은 주점의 운영자로서 피해자의 생명 또는 신체에 대한 위해가 발생하지 아니하도록 피해자를 주점 내실로 옮기거나 인근에 있는 여관에 데려다 주어 쉬게 하거나 피해자의 지인 또는 경찰에 연락하는 등 필요한 조치를 강구하여야 할 계약상의 부조의무를 부담한다고 판단하여 유기치사죄를 인정한 원심판결을 수긍한 사례 (대법원 2011. 11. 24., 선고, 2011도12302, 판결).

Ⅲ. 수사실무

1. 범죄사실 기재례

【범죄사실 기재례】

피의자는 서울 ○○구 ○○동 ○○번지에서 "○○식당"을 경영하는 사람이다.

피의자는 위 식당에서 종업원으로 일하는 이○○(당○○세)가 평소에 일을 게을리하는데 불만을 품고 있었다.

그러던 중 20○○. ○. ○. 21:00경 위 피의자의 식당에서 같은 구 ○○동 ○○번지에서 "○○목재"를 경영하는 강○○(당○○세)로부터 그 목재소에서 일하던 종업원 한 사람이 갑자기 그만두게 되어 일손이 모자라 걱정이라는 말을 들었다.

피의자는 위 이○○가 나이는 어리지만 힘이 세고 건강해서 목재소에서도 일할 수 있다고 얘기하고, 위 강○○가 "그럼 어디 한번 써 보자"고 하면서 위 이○○를 데리고 갈 뜻을 비추자 이를 승낙하였다.

그리하여 다음날 08:00경 강○○로 하여금 이○○를 데리고 가게 함으로써 위험하고 힘든 목재소에서 일을 하도록 16세 미만의 아동을 위 정미소업자 강○○에게 인도하였다.

5. 유기치사상죄

제275조【유기등 치사상】

① 제271조 또는 제273조의 죄를 범하여 사람을 상해에 이르게 한 때에는 7년 이하의 징역에 처한다. 사망에 이르게 한 때에는 3년 이상의 유기징역에 처한다.

② 자기 또는 배우자의 직계존속에 대하여 제271조 또는 제273조의 죄를 범하여 상해에 이르게 한 때에는 3년 이상의 유기징역에 처한다. 사망에 이르게 한 때에는 무기 또는 5년이상의 징역에 처한다.

[전문개정 1995. 12. 29.]

[제목개정 2023. 8. 8.]

[상해죄] 257-259

○ 이 죄는 아동혹사죄를 제외한 모든 유기의 죄를 범해 사람을 사상에 이르게 한 경우에 가중처벌을 하는 결과적 가중범이다. 따라서 사상의 결과에 대해 고의는 없으나 예견하지 못한 것에 대한 과실은 있어야 한다. 만일 과실도 없는 경우에는 단순한 유기죄 등으로 처벌될 뿐이다. 처음부터 살상의 의사가 있었다면 살인죄 또는 상해죄가 성립하며 유기죄·학대죄 등은 이에 흡수된다.

Ⅰ. 이론

본 죄는 유기죄, 존속유기죄, 영아유기죄, 학대죄, 존속학대죄를 범하여 사람을 사상에 이르게 함으로써 성립하는 범죄이다.

Ⅱ. 판례

◆ 유기행위와 피해자의 사망과의 사이에 상당인과 관계가 없다고 판단한 실례

치사량의 청산가리를 음독했을 경우 미처 인체에 흡수되기 전에 지체 없이 병원에서 위세척을 하는 등 응급 치료를 받으면 혹 소생할 가능은 있을지 모르나 이미 이것이 혈관에 흡수되어 피고인이 피해자를 변소에서 발견했을 때의 피해자의 증상처럼 환자의 안색이 변하고 의식을 잃었을 때는 우리의 의학기술과 의료시설로서는 그 치료가 불가능하여 결국 사망하게 되는 것이고 또 일반적으로 병원에서 음독환자에게 위세척 호흡촉진제 강심제주사 등으로 응급가료를 하나 이것이 청산가리 음독인 경우에는 아무런 도움도 되지 못하는 것이므로 피고인의 유기행위와 피해자의 사망 간에는 상당인과 관계가 없다 할 것이다(대법원 1967.10.31. 선고 67도1151 판결).

◆ 의료법상 "의료기관을 점거한 자"의 의미

생모가 사망의 위험이 예견되는 그 딸에 대하여는 수혈이 최선의 치료방법이라는 의사의 권유를 자신의 종교적 신념이나 후유증 발생의 염려만을 이유로 완강하게 거부하고 방해하였다면 이는 결과적으로 요부조자를 위험한 장소에 두고 떠난 경우나 다름이 없다고 할 것이고 그때 사리를 변식할 지능이 없다고 보아야 마땅한 11세 남짓의 환자본인 역시 수혈을 거부하였다고 하더라도 생모의 수혈거부 행위가 위법한 점에 영향을 미치는 것이 아니다(대법원 1980.9.24, 선고, 79도1387, 판결).

◆ 유기치사죄의 성립 요건 / 유기죄에 관한 형법 제271조 제1항에서 말하는 '법률상 보호의무' 에 부부간의 부양의무가 포함되는지 여부(적극)

유기죄를 범하여 사람을 사망에 이르게 하는 유기치사죄가 성립하기 위해서는 먼저 유기죄가 성립하여야 하므로, 행위자가 유기죄에 관한 형법 제271조 제1항이 정하고 있는 것처럼 "노유, 질병 기타 사정으로 인하여 부조를 요하는 자를 보호할 법률상 또는 계약상 의무 있는 자" 에 해당하여야 한다. 여기에서 말하는 법률상 보호의무에는 민법 제826조 제1항에 근거한 부부간의 부양의무도 포함된다. [대법원 2018. 5. 11., 선고, 2018도4018, 판결]

Ⅲ. 수사실무

1. 적용실례

(1) 종교상의 문제로 수혈을 거부해 자식이 사망한 경우

이○○가 앓는 전격성간염은 치사율이 높고 위중하긴 하지만, 수혈을 하고 지속적으로 치료하면 얼마간의 회복 가능성이 있었다. 회복을 위해 수혈 외에 다른 방법은 없었기 때문에 의사가 적극 권유했지만, 이○○의 보호자인 어머니 박○○는 종교상의 문제로 수혈을 거부해 결국 이○○는 사망하고 말았다.

➡ 피의자의 사망을 가져온 위 수혈거부가 박○○가 믿는 종교상의 교리로 인한 것으로 신앙의 자유권에 기한 권리행사라고는 하지만, 그것이 생명의 존엄성을 해한 이상 정당화 될 수는 없다. 따라서 위 박○○에 대해 유기치사죄를 적용할 수 있겠다.

제 29 장 체포와 감금의 죄 (제276조 ~ 제282조)

제29장 체포와 감금의 죄(제276조 ~ 제282조)

1. 체포, 감금죄 · 존속체포, 감금죄

> **제276조【체포, 감금, 존속체포, 존속감금】**
> ① 사람을 체포 또는 감금한 자는 5년 이하의 징역 또는 700만원 이하의 벌금에 처한다. 〈개정 1995.12.29.〉
> ② 자기 또는 배우자의 직계존속에 대하여 제1항의 죄를 범한 때에는 10년 이하의 징역 또는 1천500만원 이하의 벌금에 처한다. 〈개정 1995.12.29.〉

[신체의자유] 헌12, [가중범] 124 · 277 · 278, [상습범] 279, [특별규정] 폭력행위2, [상해죄] 281, [직권남용] 124, [공소시효] : 7년(1항), 10년(2항)

○ 이 죄의 보호법익은 사람의 신체의 자유 또는 신체적 활동의 자유이다. 일반적으로 사람의 자유는 의사결정의 자유와 그 자유로운 의사결정에 기하여 행동하는 자유로 나눌 수 있다. 이 중 전자를 보호법익으로 하는 것이 협박죄라면 후자를 보호법익으로 하는 것이 체포·감금죄라고 할 수 있다.

○ 공무원 직무에 관한 죄 중 불법체포, 불법감금과 다름에 유의할 것

Ⅰ. 이론

[체포, 감금죄(제276조 1항)]

1. 구성요건

(1) 객관적 구성요건

1) 주체

피해자 이외의 모든 자연인이다. 다만, 재판, 검찰, 경찰, 기타 인신구속에 관한 직무를 행하는 자 및 그 보조자는 형법 제124조의 불법체포, 감금죄의 주체가 되므로 주의해야 한다.

2) 객체

이 죄의 객체는 사람이다.

① 여기서 사람이란 자연적·잠재적 의미에서 행동의 의사를 가질 수 있는 모든 자연인을 말한다(통설).

② 따라서 정신병자·명정자·수면자·불구자는 이 죄의 객체가 되지만 이전의 자유를 가지지 못하는 乳兒는 객체가 되지 않는다.

> ▣ 근거판례 ▣
>
> 정신병자도 감금죄의 객체가 될 수 있다(대법원 2002. 10. 11. 선고 2002도4315 판결).

3) 행위

체포 또는 감금하는 것이다.

① 체포 : 체포란 사람의 신체에 대하여 직접적·현실적인 구속을 가함으로써 행동의 자유를 빼앗는 것이다. 체포의 수단·방법은 묻지 않으며, 손발을 묶는 것과 같은 유형적 방법에 의하는 것뿐 아니라 경찰관을 사칭하거나 협박하는 무형적 방법으로 행하는 것도 포함한다. 작위, 부작위, 간접정범에 의해서도 행할 수 있다.

체포는 신체에 대한 현실적인 구속이 있어야 하므로 예컨대 일정한 장소에 나오지 않으면 끌어오겠다고 협박해 나오게 하는 것은 강요죄에 해당할 뿐 체포라고 할 수 없다.

② 감금 : 감금이란 사람을 일정한 장소 밖으로 나가지 못하게 하여 신체적 활동의 자유를 장소적으로 제한하는 것이다. 장소적 제한이라는 점에서 체포와 구별된다. 감금의 방법에는 제한이 없어 문을 잠그거나 감시인을 두어 출입구를 봉쇄하거나 협박 또는 기망과 같은 무형적 방법에 의하거나 묻지 않는다. 작위, 부작위, 간접정범에 의해서도 행할 수 있다.

탈출하면 생명 또는 신체에 위험을 받게 되는 경우는 물론 수치심 때문에 밖으로 나가지 못하게 된 때에도 감금이 성립한다(예 : 목욕하고 있는 여자의 옷을 가져가서 나가지 못하게 하는 것).

③ 기수시기 : 객관적으로 피해자의 잠재적인 행동의 자유를 침해한 사실이 있으면 기수가 되며, 피해자가 자유박탈에 대한 인식을 했는가 아닌가는 이 죄의 성립에 영향이 없다. 따라서 외출의사가 없는 사람의 방문을 잠갔다가 그가 모르는 사이에 문을 열어준 때에도 이 죄는 기수에 이르렀다고 해야 한다. 체포와 감금은 그 성질상 어느 정도의 시간적 계속성이 필요하다.

(2) 주관적 구성요건

고의가 있어야 한다.

2. 위법성

(1) 정당행위

1) 검사 또는 사법경찰관의 영장에 의한 구속

2) 현행범인의 체포

3) 치료를 위한 정신병자의 감금 등은 형법 제20조에 의해 위법성이 조각된다.

(2) 피해자의 승낙

피해자의 동의를 얻어서 행한 체포, 감금의 경우 구성요건해당성이 조각된다는 견해와 위법성이 조각된다는 견해가 대립하고 있다.

3. 죄수

(1) 사람을 체포한 자가 감금까지 한 때에는 포괄하여 하나의 감금죄가 성립될 뿐이다.

(2) 피해자를 체포·감금함으로써 이 죄는 기수에 이르지만 자유가 회복되어야 종료된다(계속범).

[존속체포, 감금죄(제276조 2항)]

본 죄는 자기 또는 배우자의 직계존속을 체포, 감금함으로써 성립하는 범죄로서, 신분관계로 인하여 책임이 가중되는 가중적 구성요건이다.

Ⅱ. 판례

◆ 감금행위가 강도상해 범행의 수단에 그치지 아니하고 강도상해의 범행이 끝난 뒤에도 계속된 경우, 감금죄와 강도상해죄의 죄수

(1) 사실관계

> 피고인은 공소외 1, 2, 3과 공모하여 2000. 1. 24. 15:00경 고양시 덕양구 행신동 722 소재 단란주점 앞길에서 그 주점 종업원인 피해자를 승용차에 태우고 가다가 공소외 1이 주먹으로 피해자를 때려 반항을 억압한 다음 그로부터 현금 35만 원 등이 들어 있는 가방을 빼앗아 강취하고, 피해자에게 약 2주간의 치료를 요하는 안면부타박상 등의 상해를 가하였다.

(2) 판결요지

감금행위가 단순히 강도상해 범행의 수단이 되는 데 그치지 아니하고 강도상해의 범행이 끝난 뒤에도 계속된 경우에는 1개의 행위가 감금죄와 강도상해죄에 해당하는 경우라고 볼 수 없고, 이 경우 감금죄와 강도상해죄는 형법 제37조의 경합범 관계에 있다(대법원 2003. 1. 10. 선고 2002도4380 판결).

◆ 체포죄의 실행의 착수 시기

체포죄는 사람의 신체에 대하여 직접적이고 현실적인 구속을 가하여 신체활동의 자유를 박탈하는 죄로서, 그 실행의 착수 시기는 체포의 고의로 타인의 신체적 활동의 자유를 현실적으로 침해하는 행위를 개시한 때이다.(대법원 2020. 3. 27., 선고, 2016도18713, 판결).

◆ 체포죄의 기수 시기 및 체포죄의 미수범이 성립하는 경우

체포죄는 계속범으로서 체포의 행위에 확실히 사람의 신체의 자유를 구속한다고 인정할 수 있을 정도의 시간적 계속이 있어야 기수에 이르고, 신체의 자유에 대한 구속이 그와 같은 정도에 이르지 못하고 일시적인 것으로 그친 경우에는 체포죄의 미수범이 성립할 뿐이다.(대법원 2020. 3. 27., 선고, 2016도18713, 판결).

◆ 체포치상죄에서 '상해'의 의미 / 피해자가 입은 상처가 체포치상죄의 상해에 해당하지 아니하는 경우

체포치상죄의 상해는 피해자 신체의 건강상태가 불량하게 변경되고 생활기능에 장애가 초래되는 것을 말한다. 피해자가 입은 상처가 극히 경미하여 굳이 치료할 필요가 없고 치료를 받지 않더라도 일상생활을 하는 데 아무런 지장이 없으며 시일이 경과

함에 따라 자연적으로 치유될 수 있는 정도라면, 그로 인하여 피해자의 신체의 건강상태가 불량하게 변경되었다거나 생활기능에 장애가 초래된 것으로 보기 어려워 체포치상죄의 상해에 해당한다고 할 수 없다(대법원 2020. 3. 27., 선고, 2016도18713, 판결).

◆ 체포죄에서 말하는 '체포'의 의미 / 체포죄가 계속범인지 여부(적극) 및 체포죄의 기수 시기와 실행의 착수 시기

형법 제276조 제1항의 체포죄에서 말하는 '체포'는 사람의 신체에 대하여 직접적이고 현실적인 구속을 가하여 신체활동의 자유를 박탈하는 행위를 의미하는 것으로서 수단과 방법을 불문한다. 체포죄는 계속범으로서 체포의 행위에 확실히 사람의 신체의 자유를 구속한다고 인정할 수 있을 정도의 시간적 계속이 있어야 하나, 체포의 고의로써 타인의 신체적 활동의 자유를 현실적으로 침해하는 행위를 개시한 때 체포죄의 실행에 착수하였다고 볼 것이다(대법원 2018. 2. 28., 선고, 2017도21249, 판결).

◆ 감금 행위와 혈전이 폐동맥을 막아 사망한 결과 사이에 상당인과관계가 있다고 인정한 사례

4일 가량 물조차 제대로 마시지 못하고 잠도 자지 아니하여 거의 탈진 상태에 이른 피해자의 손과 발을 17시간 이상 묶어 두고 좁은 차량 속에서 움직이지 못하게 감금한 행위와 묶인 부위의 혈액 순환에 장애가 발생하여 혈전이 형성되고 그 혈전이 폐동맥을 막아 사망에 이르게 된 결과 사이에는 상당인과관계가 있다고 인정한 사례(대법원 2002. 10. 11. 선고 2002도4315 판결).

◆ 피해자를 강제로 승용차에 태운 뒤 운전하여 가자 겁에 질린 피해자가 차에서 뛰어 내리다가 상해를 입은 경우, 감금 및 감금치상죄를 인정한 사례

피해자를 강제로 승용차에 태운 뒤 운전하여 가자 겁에 질린 피해자가 차에서 뛰어내리다가 상해를 입은 경우, 감금 및 감금치상죄를 인정한 사례(대법원 2000. 5. 26. 선고 2000도440 판결)

◆ 감금죄의 성립요건

감금죄는 사람의 행동의 자유를 그 보호법익으로 하여 사람이 특정한 구역에서 나가는 것을 불가능하게 하거나 또는 심히 곤란하게 하는 죄로서 이와 같이 사람이 특정한 구역에서 나가는 것을 불가능하게 하거나 심히 곤란하게 하는 그 장해는 물리적, 유형적 장해뿐만 아니라 심리적, 무형적 장해에 의하여서도 가능하고, 또 감금의 본질은 사람의 행동의 자유를 구속하는 것으로 행동의 자유를 구속하는 그 수단과 방법에는 아무런 제한이 없어서 유형적인 것이거나 무형적인 것이거나를 가리지 아니하며, 감금에 있어서의 사람의 행동의 자유의 박탈은 반드시 전면적이어야 할 필요도 없다(대법원 2000. 2. 11. 선고 99도5286 판결).

◆ 심리적, 무형적 장애에 의한 감금행위의 성부

(1) 사실관계

> 피의자들이 A를 1989.7.21. 14 : 00경 신병인수시부터 같은 해 7.24.경 A에 대한 구속영장의 집행시까지 약 82시간 동안 위 경찰서 조사계 사무실 및 형사피의자 대기실 등에 있게 하면서 조사를 하였다. 그러나 피의자들은 A가 조사실이나 대기실 등에서 비교적 자유스럽게 활동하도록 해주었다.

(2) 판결요지

감금죄에 있어서의 감금행위는 사람으로 하여금 일정한 장소 밖으로 나가지 못하도록 하여 신체의 자유를 제한하는 행위를 가리키는 것으로서 그 방법은 반드시 물리적, 유형적 장애를 사용하는 경우 뿐만 아니라 심리적, 무형적 장애에 의하는 경우도 포함되는 것인 바, 설사 피해자가 경찰서안에서 자유스럽게 활동하였다 하여도 피해자를 경찰서 밖으로 나가지 못하도록 그 신체의 자유를 제한하는 유형, 무형의 억압이 있었다면, 이는 바로 감금행위에 해당할 수 있다(대법원 1994. 3. 16. 선고 94모2 판결).

◆ 모가 승낙한 정신병자에 대한 감금행위

정신병자의 어머니의 의뢰 및 승낙 아래 그 감호를 위하여 그 보호실 문을 야간에 한해서 3일간 열쇠를 채워 출입을 못하게 한 행위는 그 병자의 신체적 안전과 보호를 위하여 사회통념상 부득이한 조처로서 수긍될 수 있으면 위법성이 없다(대법원 1980. 2. 12. 선고 79도1349 판결).

◆ 감금행위가 강간죄나 강도죄의 수단이 된 경우, 감금죄가 별죄를 구성하는지 여부(적극)

[1] 감금행위가 강간죄나 강도죄의 수단이 된 경우에도 감금죄는 강간죄나 강도죄에 흡수되지 아니하고 별죄를 구성한다.

[2] 강취한 신용카드를 가지고 자신이 그 신용카드의 정당한 소지인인양 가맹점의 점주를 속이고 그에 속은 점주로부터 주류 등을 제공받아 이를 취득한 것이라면 신용카드부정사용죄와 별도로 사기죄가 성립한다(대법원 1997. 1. 21. 선고 96도2715 판결).

◆ 감금수단으로써 한 단순협박의 경우 협박죄 구성여부(소극)

감금을 하기 위한 수단으로서 행사된 단순한 협박행위는 감금죄에 흡수되어 따로 협박죄를 구성하지 아니한다(대법원 1982. 6. 22. 선고 82도705 판결).

◆ 정신의료기관의 장이 자의(自意)로 입원 등을 한 환자로부터 퇴원 요구가 있는데도 구 정신보건법에 정해진 절차를 밟지 않은 채 방치한 경우, 위법한 감금행위에 해당하는지 여부(적극)

구 정신보건법(2015. 1. 28. 법률 제13110호로 개정되기 전의 것, 이하 같다) 제23조 제2항은 '정신의료기관의 장은 자의(自意)로 입원 등을 한 환자로부터 퇴원 신청이 있는 경우에는 지체 없이 퇴원을 시켜야 한다' 고 정하고 있다(2016. 5. 29. 법률 제14224호로 전부 개정된 정신건강증진 및 정신질환자 복지서비스 지원에 관한 법률 제41조 제2항은 '정신의료기관 등의 장은 자의입원 등을 한 사람이 퇴원 등을 신청한 경우에는 지체 없이 퇴원 등을 시켜야 한다' 고 정하고 있다). 환자로부터 퇴원 요구가 있는데도 구 정신보건법에 정해진 절차를 밟지 않은 채 방치한 경우에는 위법한 감금행위가 있다(대법원 2017.8.18, 선고, 2017도7134, 판결).

Ⅲ. 수사실무

1. 수사포인트

(1) 체포·감금의 목적과 불법여부를 조사한다.

(2) 범인과 피해자와의 관계(특히 존속이 아닌지)를 밝힌다.

(3) 체포·감금이 계속된 시간을 조사한다.

(4) 체포·감금에서 폭행이나 협박이 있었는지 조사한다.

(5) 피해자가 저항이나 탈출기도를 했는지 조사한다.

(6) 범인의 행위에 상습성이 있는지 조사한다.

(7) 치사상인 경우에는 그 인과관계를 밝힌다.

2. 피의자 신문례

(1) 피해자 이ㅇㅇ과 어떠한 관계인가요

(2) 피해자를 감금한 일이 있나요

(3) 언제, 어디에서 감금하였나요

(4) 언제까지 감금하였나

(5) 감금시 폭행이나 협박을 한 사실이 있나요

3. 범죄사실 기재례

【범죄사실 기재례】

피의자는 20○○. ○. ○. 14:00경 피의자의 아버지인 정○○(당○○세)가 만취된 채 집에 들어오자 "노인네가 이제 대낮부터 술주정을 한다"고 하며 그의 두손과 두발을 나일론끈으로 함께 묶어 꼼짝 못하게 하고 14:00부터 17:00경까지 약 3시간 동안 그를 체포하였다.

4. 적용실례

(1) 자동차에 태워 내리지 못하게하고 질주하여 감금한 경우

최○○는 자기의 부하직원인 서○○를 강간하기로 마음먹고, 그녀에게 집까지 태워다 주겠다고 해서 그녀를 자기 차에 타게 했다. 얼마 후 다른 길로 가고 있다는 것을 안 서○○가 내리겠다고 했지만 이를 무시하고 계속 달렸다.

➡ 판례는, 피해자에 대해 위계를 이용해 착오를 일으키는 방법으로도 감금할 수 있다고 한다. 그런데 이 경우 위계는 피해자를 자동차에 태운 수단에 지나지 않기 때문에 자동차를 달리며 그를 내려주지 않은 데에서 감금이 성립한다고 볼 수 있다. 따라서 최○○의 말에 응해서 서○○가 승차한 시점에서는 아무런 죄도 성립하지 않게 된다. 그러나 서○○가 차에서 내리기 위해 차를 세워달라고 요구한 후에도 계속 질주한 행위는, 질주하는 차에서 뛰어내리면 생명이나 신체에 중대한 위험을 초래할 수 있어 그 탈출을 불가능, 혹은 현저히 곤란하게 한 것이므로 최○○의 행위는 감금죄에 포함시킬 수 있겠다.

(2) 감금죄와 협박죄의 관계

이○○는 자기의 집을 경락받은 모○○에게 사람들을 이끌고 몰려가 맥주병을 깨어 협박하면서 그 집을 9,000만원에 자기들에게 다시 매도하라고 하며, 그 내용의 계약서를 작성할 때까지는 집밖으로 나갈 수 없다고 하고 위 모○○를 약 2시간 동안 감금하였다.

➡ 협박이 감금의 수단으로 이용되었을 경우에는 감금죄만이 성립되고 협박은 별도의 죄를 구성하지 않는다. 따라서 이 경우도 감금죄만이 성립하게 된다.

2. 중체포, 감금죄 · 존속중체포, 감금죄

제277조【중체포, 중감금, 존속중체포, 존속중감금】
① 사람을 체포 또는 감금하여 가혹한 행위를 가한 자는 7년 이하의 징역에 처한다.
② 자기 또는 배우자의 직계존속에 대하여 전항의 죄를 범한 때에는 2년 이상의 유기징역에 처한다.

[신체의자유] 헌12, [가혹행위] 125, [가중범] 124·278, [상해죄] 281, [직권남용] 125,
[공소시효] : 7년(1항), 10년(2항)

Ⅰ. 이론

1. 구성요건

(1) 객관적 구성요건

1) 가혹한 행위

여기서 가혹한 행위란 생명·신체에 위험을 줄 수 있는 육체적 또는 정신적 고통을 가하는 일체의 행위를 말한다. 폭행을 가하거나 여자를 발가벗겨 수치심을 일으키거나 기타 음란한 행위를 하는 유형적 방법에 의하건, 협박을 하거나 일상생활에 필요한 의식주를 공급하지 않거나 적당한 수면을 허용하지 않는 등 무형적 방법에 의하건 상관없다.

(2) 주관적 구성요건

고의가 있어야 한다. 본 죄의 고의는 처음부터 체포 또는 감금하여 가혹한 행위를 하려고 한 경우 뿐 만이 아니라, 체포 또는 감금한 후에 가혹한 행위를 하려는 의사가 생긴 경우도 포함된다고 본다.

Ⅱ. 판례

◆ 아파트 안방에 감금된 피해자가 가혹행위를 피하려고 창문을 통하여 아파트 아래 잔디밭에 뛰어 내리다가 사망한 경우, 중감금행위와 피해자의 사망 사이에 인과관계가 있어 중감금치사죄가 성립된다고 본 사례

피고인이 아파트 안방에서 안방문에 못질을 하여 동거하던 피해자가 술집에 나갈 수 없게 감금하고, 피해자를 때리고 옷을 벗기는 등 가혹한 행위를 하여 피해자가 이를 피하기 위하여 창문을 통해 밖으로 뛰어 내리려 하자 피고인이 이를 제지한 후, 피고인이 거실로 나오는 사이에 갑자기 안방 창문을 통하여 알몸으로 아파트 아래 잔디밭에 뛰어 내리다가 다발성 실질장기파열상 등을 입고 사망한 경우, 피고인의 중감금행위와 피해자의 사망 사이에는 인과관계가 있어 피고인은 중감금치사죄의 죄책을 진다(대법원 1991.10.25. 선고 91도2085 판결).

Ⅲ. 수사실무

1. 범죄사실 기재례

【범죄사실 기재례】

피의자는 20○○. ○. ○. 19 : 30경 서울 ○○구 ○○동 ○○번지에 사는 피해자 고○○(당 ○○세)가 피의자로부터 6개월 전에 빌려간 돈 ○○만원을 그동안 여러차례에 걸쳐 갚기를 요구했음에도 이를 갚지 못하였다. 그리고 계속해서 변제기일을 연기하자, 그를 밖으로 불러내 ○○구 ○○동 ○○번지에 있는 피의자의 집 지하실로 끌고 들어가 붙잡아 두어 밖으로 나가지 못하게 하고 그 때부터 다음날 00 : 30경까지 피해자를 그곳에 감금하였다. 그리고 피해자에게 언제 어떻게 그 돈을 갚겠느냐고 독촉하였으나 피해자가 확실한 대답을 하지 아니하자, 바늘로 피해자의 손등과 어깨부분을 찌르면서 폭행을 하여 가혹한 행위를 하였다.

2. 적용실례

(1) 피해자에게 옷을 벗기고 가혹행위를 한 경우

피의자들이 1. 피해자를 감금하고 옷을 벗기는 등 가혹행위를 하고 2. 위험한 물건인 쇠파이프 등으로 피해자의 질내를 쑤셔서 상처를 입히는 등 상해를 가하였다.

➡ 위 제1항의 경우에는 중감금죄(형법 제277조 제1항)를, 위 제2항의 경우에는 폭력행위등처벌에관한법률 위반(제3조 제2항)을 적용해야 한다. 형법 제288조의 감금치상의 경우는 감금행위로 인해 상해를 입은 경우를 의미한다.

3. 특수체포, 감금죄

제278조【특수체포, 특수감금】

단체 또는 다중의 위력을 보이거나 위험한 물건을 휴대하여 전 2조의 죄를 범한 때에는 그 죄에 정한 형의 2분의 1까지 가중한다.

[가중의순서] 56, [특별규정] 폭력행위3, [본조의주장에대한판단] 형소323②, [공소시효] : 7년, 10년

Ⅰ. 이론

이 죄는 단체 또는 다중의 위력을 보이거나 위험한 물건을 휴대하여 체포·감금죄, 존속체포·감금죄, 중체포·감금죄, 존속중체포·감금죄를 범함으로써 성립한다. 본 죄는 체포, 감금의 죄에 대하여 행위방법으로 인해 불법이 가중된 가중적 구성요건이다.

Ⅱ. 수사실무

1. 범죄사실 기재례

【범죄사실 기재례】

피의자는 주식회사 ○○제작공사의 노동조합 집행요원이다.

피의자는 20○○. ○. ○. 울산 ○○구 ○○동 ○○번지에 있는 ○○전자주식회사 ○○공장에서 일어난 일일 태업을 지원하기 위하여 그 공장안에서 그 회사의 노동조합원 40여명과 함께 태업제지 등을 경계하고 있었다.

피의자는 그날 14:30경, 마침 그 공장사무실에서 발생한 현금분실사고를 수사하러 그 사무실에 왔던 ○○경찰서 순경 권○○(당○○세)의 모습을 보고, 위 회사에서 태업을 제지하기 위해 경찰관을 부른 것으로 생각하였다.

그래서 위 40여명의 노동조합원과 공동으로 위 순경을 체포하여 그 회사 공장으로 연행하고, 그곳에서 다중의 위력을 보이면서 위 순경의 생명·신체에 대하여 위해를 가하려는 기세로 그 순경을 힐난하고, 강요하여 "상사의 명령으로 노동조합의 태업운동을 탄압하기 위하여 이 공장에 온 것은 잘못한 일입니다"는 뜻의 반성문을 쓰게 하였다. 그리고 데모대원속으로 끌어들여 스크럼을 짜고 가는 데모대원속의 진행속에서 탈출할 수 없게 하고 그 공장에서부터 ○○까지 연행하여 약 3시간동안 그를 감금하고 아울러, 그의 공무집행을 방해하였다.

4. 상습범

제279조【상습범】

상습으로 제276조 또는 제277조의 죄를 범한 때에는 전조의 예에 의한다.

[가중의순서] 56, [특별규정] 폭력행위3, [본조의주장에대한판단] 형소323②

○ 폭력행위등처벌에관한법률 제2조 제1항에 의하여 상습으로 체포·감금죄를 범한 때에는 2년 이상의 유기징역에 처하고, 상습으로 존속체포·존속감금죄를 범한 때에는 3년 이상의 유기징역에 처한다.

본 죄는 상습으로 체포·감금죄(제276조 1항), 존속체포·감금죄(제276조 2항) 또는 중체포·감금죄(제277조 1항), 존속중체포·감금죄(제277조 2항)를 범함으로써 성립하는 범죄로서, 상습성으로 인하여 책임이 가중되는 가중적 구성요건이다.

5. 미수범

제280조【미수범】

전4조의 미수범은 처벌한다.

[미수범] 25-29

체포·감금죄(제276조 1항), 존속체포·감금죄(제276조 2항), 중체포·감금죄(제277조 1항), 존속중체포·감금죄(제277조 2항), 특수체포·감금죄(제278조), 상습체포·감금죄(제279조)의 경우 미수범을 처벌한다.

6. 체포, 감금치사상죄

제281조【체포·감금등의 치사상】

① 제276조 내지 제280조의 죄를 범하여 사람을 상해에 이르게 한 때에는 1년 이상의 유기징역에 처한다. 사망에 이르게 한 때에는 3년 이상의 유기징역에 처한다.

② 자기 또는 배우자의 직계존속에 대하여 제276조 내지 제280조의 죄를 범하여 상해에 이르게 한 때에는 2년 이상의 유기징역에 처한다. 사망에 이르게 한 때에는 무기 또는 5년이상의 징역에 처한다.

[전문개정 1995. 12. 29.]

[형의경중] 41 · 50 [공소시효] : 10년(1항,2항), 15년(2항)

○ 이 죄는 체포와 감금의 죄를 범하면서 사람을 상해에 이르게 함으로써 성립하는 결과적 가중범이다.

Ⅰ. 이론

본 죄는 체포 · 감금죄(제276조 1항), 존속체포 · 감금죄(제276조 2항), 중체포 · 감금죄(제277조 1항), 존속중체포 · 감금죄(제277조 2항), 특수체포 · 감금죄(제278조), 상습체포 · 감금죄(제279조), 그리고 그 미수범(제280조)을 범하여 사람을 상해 또는 사망에 이르게 함으로써 성립하는 범죄로서, 체포 · 감금의 죄의 결과적 가중범이다.

Ⅱ. 판례

◆ **승용차로 피해자를 가로막아 승차하게 한 후 피해자의 하차 요구를 무시한 채 당초 목적지가 아닌 다른 장소를 향하여 시속 약 60km 내지 70km의 속도로 진행하여 피해자를 차량에서 내리지 못하게 한 경우, 감금죄에 해당하는지 여부(적극) 및 피해자가 그와 같은 감금상태를 벗어날 목적으로 차량을 빠져 나오려다가 길바닥에 떨어져 상해를 입고 그 결과 사망한 경우, 감금치사죄에 해당하는지 여부(적극)**

[1] 감금죄는 사람의 행동의 자유를 그 보호법익으로 하여 사람이 특정한 구역에서 나가는 것을 불가능하게 하거나 또는 심히 곤란하게 하는 죄로서 이와 같이 사람이 특정한 구역에서 나가는 것을 불가능하게 하거나 심히 곤란하게 하는 그 장해는 물리적, 유형적 장해뿐만 아니라 심리적, 무형적 장해에 의하여서도 가

능하고, 또 감금의 본질은 사람의 행동의 자유를 구속하는 것으로 행동의 자유를 구속하는 그 수단과 방법에는 아무런 제한이 없어서 유형적인 것이거나 무형적인 것이거나를 가리지 아니하며, 감금에 있어서의 사람의 행동의 자유의 박탈은 반드시 전면적이어야 할 필요도 없다.

[2] 승용차로 피해자를 가로막아 승차하게 한 후 피해자의 하차 요구를 무시한 채 당초 목적지가 아닌 다른 장소를 향하여 시속 약 60km 내지 70km의 속도로 진행하여 피해자를 차량에서 내리지 못하게 한 행위는 감금죄에 해당하고, 피해자가 그와 같은 감금상태를 벗어날 목적으로 차량을 빠져 나오려다가 길바닥에 떨어져 상해를 입고 그 결과 사망에 이르렀다면 감금행위와 피해자의 사망 사이에는 상당인과관계가 있다고 할 것이므로 감금치사죄에 해당한다(대법원 2000. 2. 11. 선고 99도5286 판결).

◆ 아파트 안방에 감금된 피해자가 가혹행위를 피하려고 창문을 통하여 아파트 아래 잔디밭에 뛰어 내리다가 사망한 경우, 중감금행위와 피해자의 사망 사이에 인과관계가 있어 중감금치사죄가 성립된다고 본 사례

(1) 사실관계

피고인이 피해자(당시 19세)와 동거하고 있던 아파트에서 피해자가 술집에 다시 나가 일을 하겠다고 한다는 이유로 위 아파트 안방에서 피해자를 데리고 들어가 거실로 통하는 안방 문에 못질을 하여 밖으로 나갈 수 없게 감금한 후, 피해자가 술집에 나가기 위하여 준비해 놓은 화장품 및 화장품 휴대용가방 등을 창문 밖으로 던져 버리고, 피해자를 때리고 옷을 벗긴 다음 가위로 모발을 자르는 등 가혹한 행위를 하여 피해자가 이를 피하기 위하여 창문을 통해 밖으로 뛰어 내리려 하자 피고인이 2회에 걸쳐 이를 제지한 바 있다. 이때 피해자가 죽는다고 소리치며 울다가 피고인이 밖에서 걸려온 인터폰을 받으려고 방문에 뚫은 구멍을 통하여 거실로 나오는 사이에 갑자기 안방 창문을 통하여 알몸으로 아파트 아래 잔디밭에 뛰어 내리다가 다발성실질장기파열상 등을 입고 사망하였다.

(2) 판결요지

피고인이 아파트 안방에서 안방 문에 못질을 하여 동거하던 피해자가 술집에 나갈 수 없게 감금하고, 피해자를 때리고 옷을 벗기는 등 가혹한 행위를 하여 피해자가 이를 피하기 위하여 창문을 통해 밖으로 뛰어 내리려 하자 피고인이 이를 제지한 후, 피고인이 거실로 나오는 사이에 갑자기 안방 창문을 통하여 알몸으로 아파트 아래 잔디밭에 뛰어 내리다가 다발성 실질장기파열상 등을 입고 사망한 경우, 피고인의 중감금행위와 피해자의 사망 사이에는 인과관계가 있어 피고인은 중감금치사죄의 죄책을 진다고 본 사례(대법원 1991. 10. 25. 선고 91도2085 판결)

Ⅲ. 수사실무

1. 적용실례

(1) 야간 노상에서 여학생을 차에 태워 감금한 경우

피의자는 밤에 길을 걷고 있던 여학생을 잡아채 대기하고 있던 봉고차에 태우고 내려달라는 애원을 무시하고 그대로 달렸다. 여학생은 위험을 느끼고 달리는 차의 문을 열고 뛰어내렸는데, 그 과정에서 상해를 입고 말았다.

➡ 이 경우 폭력행위 등 처벌에 관한 법률 위반으로 의율할 수도 있지만, 폭력행위 등 처벌에 관한 법률 제2조 제1항에는 형법 제276조 제1항(체포, 감금)에 대한 가중처벌조항만을 두고 있을 뿐으로 제281조(감금치상)에 대한 가중처벌조항은 없기 때문에 위 사건에서는 감금치상을 적용하는 것이 타당하겠다.

(2) 택시운전사가 목적지가 아닌 길로 가서 추행, 하차요구에 불응하는 경우

택시운전사인 전○○는 혼자 차를 탄 여자 승객에게 음란한 소리를 하면서 목적지에 가다가 갑자기 방향을 틀어 한적한 길로 방향을 바꾼 다음 차 안의 불을 어둡게 하고 피해자의 치마밑으로 손을 넣었다. 그러자 이에 놀란 피해자가 차비를 내면서 하차를 요구했는데 이에 불응하고 약 200m가량 더 달리다가 피해자가 차문을 열고 뛰어내려 그녀는 상해를 입고 말았다.

➡ 이 경우, 피해자의 하차요구를 거절하고 200미터가량 주행한 것은 감금죄에 해당되며 피해자는 탈출하는 과정에서 상처를 입은 것이므로 감금치상죄에 해당된다. 또 이와 함께 강제추행죄도 적용할 수 있을 것이다.

7. 자격정지의 병과

제282조【자격정지 병과】

본장의 죄에는 10년 이하의 자격정지를 병과할 수 있다.

[공소시효] 249① · 250

제 30 장 협박의 죄 (제283조 ~ 제286조)

제30장 협박의 죄(제283조 ~ 제286조)

1. 협박죄 · 존속협박죄

> **제283조【협박, 존속협박】**
> ① 사람을 협박한 자는 3년 이하의 징역, 500만원 이하의 벌금, 구류 또는 과료에 처한다. 〈개정 1995. 12. 29.〉
> ② 자기 또는 배우자의 직계존속에 대하여 제1항의 죄를 범한 때에는 5년 이하의 징역 또는 700만원 이하의 벌금에 처한다. 〈개정 1995. 12. 29.〉
> ③ 제1항 및 제2항의 죄는 피해자의 명시한 의사에 반하여 공소를 제기할 수 없다. 〈개정 1995. 12. 29.〉

[미수범] 286, [특수범] 284, [상습범] 285, [공소기각] 형소327, [피해자의의사] 형소223 · 232, [군법] 군형48-51, 54-57, [공소시효] : 5년(1항), 7년(2항)

Ⅰ. 이론

[협박죄(제283조 1항)]

1. 구성요건

(1) 객관적 구성요건

1) 객체

객체는 사람이다.

① 사람이란 자연인을 말하며 법인을 포함하지 않는다.

② 이 죄는 침해범이므로 사람은 협박에 의해 공포심을 일으킬만한 정신적 능력이 있어야 한다. 따라서 영아·명정자·정신병자 또는 수면자는 이 죄의 객체가 되지 않는다(통설).

2) 행위

이 죄의 행위는 협박이다.

① 협박이란 해악을 고지하여 상대방에게 공포심을 일으키는 것을 말한다. 단순한 욕설은 협박에 해당하지 않는다.

② 해악이 반드시 현실적으로 발생가능하거나, 행위자에게 실현의사가 있을 필요는 없으며 객관적으로 행위자에게 해악의 실현의사가 있다는 인상을 주고 상대방이 그럴 것이라고 인식하면 족하다. 그러나 행위자에게 해악을 실현할 의사가 없는 것이 명백한 때에는 협박이라고 할 수 없다.

③ 단순히 자연발생적인 길흉화복이나 천재지변의 도래를 알리는 것은 경고에 지나지 않아서 협박이라고 할 수 없다.

④ 고지된 해악의 내용에는 제한이 없어 생명, 신체, 자유, 명예, 재산에 대한 해악뿐만 아니라 정조, 업무, 신용 등에 대한 일체의 해악이 이에 해당된다. 또 본인뿐만 아니라 본인과 밀접한 관계에 있는 제3자에 대한 해악도 이에 포함된다.

⑤ 해악을 고지하는 방법에는 제한이 없다.

⑥ 기수시기 : 의사의 자유를 침해해야 완성되는 침해범이므로 해악의 고지로 상대방에게 공포심이 일어났을 때 기수가 되며, 해악을 고지했으나 전혀 공포심을 느끼지 않은 때에는 미수가 된다는 것이 통설이다. 그러나 대법원은 협박죄를 위험범으로 파악하여 해악을 고지함으로써 상대방이 그 의미를 인식한 이상, 상대방이 현실적으로 공포심을 일으켰는지를 불문하고 협박죄는 기수가 된다고 본다(2007도606).

▣ 근거판례 ▣

[1] 협박죄가 성립하려면 고지된 해악의 내용이 행위자와 상대방의 성향, 고지 당시의 주변 상황, 행위자와 상대방 사이의 친숙의 정도 및 지위 등의 상호관계, 제3자에 의한 해악을 고지한 경우에는 그에 포함되거나 암시된 제3자와 행위자 사이의 관계 등 행위 전후의 여러 사정을 종합하여 볼 때에 일반적으로 사람으로 하여금 공포심을 일으키게 하기에 충분한 것이어야 하지만, 상대방이 그에 의하여 현실적으로 공포심을 일으킬 것까지 요구하는 것은 아니며, 그와 같은 정도의 <u>해악을 고지함으로써 상대방이 그 의미를 인식한 이상, 상대방이 현실적으로 공포심을 일으켰는지 여부와 관계없이 그로써 구성요건은 충족되어 협박죄의 기수</u>

> 에 이르는 것으로 해석하여야 한다.
> [2] 결국, 협박죄는 사람의 의사결정의 자유를 보호법익으로 하는 위험범이라 봄이 상당하고, 협박죄의 미수범 처벌조항은 해악의 고지가 현실적으로 상대방에게 도달하지 아니한 경우나, 도달은 하였으나 상대방이 이를 지각하지 못하였거나 고지된 해악의 의미를 인식하지 못한 경우 등에 적용될 뿐이다(대법원 2007.9.28. 선고 2007도606 전원합의체 판결).

3) 참고 : 형법상의 협박

① 광의의 협박 : 공포심을 일으킬 목적으로 상대방에게 해악을 고지하는 것을 말하며, 그에 의해 상대방에게 공포심이 일어났는가 아닌가는 상관없다. 소요죄(제115조), 공무집행방해죄(제136조), 특수도주죄(제146조)의 협박이 이에 해당한다.

② 협의의 협박 : 상대방의 반항을 불가능하게 하거나 현저히 곤란하게 할 정도는 아니라도 상대방이 현실로 공포심을 느낄 수 있을 정도의 해악을 고지하는 것이다. 이 죄와 공갈죄(제350조)의 협박이 이에 해당한다.

③ 최협의의 협박 : 상대방의 반항을 불가능하게 하거나 현저히 곤란하게 할 정도의 해악을 고지하는 것을 말한다. 강도죄(제333조)와 강간죄(제297조)의 협박이 이에 해당한다.

(2) 주관적 구성요건

이 죄의 고의는 상대방에게 해악을 고지하여 공포심을 일으킨다는 인식과 의사를 내용으로 한다. 해악실현가능성을 인식하면 족하고 현실로 해악을 실현할 의사를 가질 것은 요하지 않는다.

2. 위법성

(1) 권리를 행사하기 위한 수단으로 협박을 한 경우

해악의 고지가 합법적인 권리의 행사로서 사회상규에 반하지 않는 때에는 이 죄가 성립하지 않지만, 권리행사를 넘어 실질적으로 사회상규에 반하는 때에는 이 죄가 성립한다. 즉, 채무의 변제를 독촉하면서 고소하여 구속시키겠다고 말한 경우는 협박이 아니지만 채무의 변제를 독촉하면서 생명·신체에 대한 위해를 고지하는 때에는 협박이 된다.

(2) 형사고소를 고지하여 협박을 한 경우

고소권이 남용된 경우에는 협박죄가 성립한다. 예를 들면 회사의 돈을 횡령한 여사원에게 고소하겠다고 하면서 성교를 요구한 경우가 여기에 해당한다.

3. 소추조건

반의사불벌죄이므로 피해자의 명시한 의사에 반하여 공소를 제기하지 못한다.

[존속협박죄(제283조 2항)]

본 죄는 자기 또는 배우자의 직계존속을 협박함으로써 성립하는 범죄로서, 신분으로 인하여 협박죄보다 책임이 가중되는 가중적 구성요건이다. 본 죄 역시 반의사불벌죄이다.

Ⅱ. 판례

◆ 친권자가 자에게 야구방망이로 때릴 듯한 태도를 취하면서 "죽여 버린다."고 말한 경우, 협박죄를 구성하는지 여부(적극)

친권자는 자를 보호하고 교양할 권리의무가 있고(민법 제913조) 그 자를 보호 또는 교양하기 위하여 필요한 징계를 할 수 있기는 하지만(민법 제915조) 인격의 건전한 육성을 위하여 필요한 범위 안에서 상당한 방법으로 행사되어야만 할 것인데, 스스로의 감정을 이기지 못하고 야구방망이로 때릴 듯이 피해자에게 "죽여 버린다."고 말하여 협박하는 것은 그 자체로 피해자의 인격 성장에 장해를 가져올 우려가 커서 이를 교양권의 행사라고 보기도 어렵다(대법원 2002. 2. 8. 선고 2001도6468 판결).

◆ 피해자에게 "입을 찢어 버릴라" 라고 한 말이 단순한 욕설에 지나지 않아 협박에 해당하지 않는다고 본 사례

피해자와 언쟁중 "입을 찢어 버린다" 라고 한 말은 당시의 주위사정 등에 비추어 단순한 감정적인 욕설에 불과하고 피해자에게 해악을 가할 것을 고지한 행위라고 볼 수 없어 협박에 해당하지 않는다(대법원 1986. 7. 22. 선고 86도1140 판결).

◆ 피고인이 고속도로에서 자동차를 운전 중 인접 차량의 운전자 甲과 시비를 벌이면서 甲의 차량 주변에서 난폭운전을 하고, 甲의 차량 앞에 급하게 끼어든 후 급감속

하여 정차함으로써 甲을 비롯한 다수의 후속 차량 탑승자들을 연쇄 추돌로 사망 또는 상해에 이르게 하였다고 하여 폭력행위 등 처벌에 관한 법률 위반(집단·흉기등협박) 및 일반교통방해치사상으로 기소된 사안에서, 피고인에게 모두 유죄 성립여부

피고인이 고속도로에서 자동차를 운전 중 인접 차량의 운전자 甲과 시비를 벌이면서 甲의 차량 주변에서 난폭운전을 하는 등으로 위험한 물건인 자동차를 휴대하여 甲을 협박하고, 甲의 차량 앞에 급하게 끼어든 후 급감속하여 자동차를 정차함으로써 甲을 비롯한 다수의 후속 차량 탑승자들을 연쇄 추돌로 사망 또는 상해에 이르게 하였다고 하여 폭력행위 등 처벌에 관한 법률 위반(집단·흉기등협박) 및 일반교통방해치사상으로 기소된 사안에서, 피고인이 차량을 운전하여 甲의 차량 앞에 빠른 속도로 끼어들어 속력을 줄이거나 甲이 이를 피하여 운전하여 가면 쫓아가는 등 진로방해를 하고, 甲의 차량 옆을 주행하면서 창문을 내려 욕설을 하고 정차를 종용하기도 하였으며, 이러한 피고인의 행위가 법정 최고시속 110km로 주행하는 고속도로 상에서 약 10여 분간 계속된 점 등에 비추어 피고인의 행위는 해악의 고지에 해당하고, 피고인이 교통방해의 고의로 고속도로 1차로 상에 차량을 정차하여 甲 등이 탑승한 후행 차량들이 정차하거나 추돌하여 사고가 발생하였으며, 피고인 스스로도 사상의 결과 발생을 예견하였다는 이유로 모두 유죄를 선고한 사례(청주지법 2014.1.9, 선고, 2013고합192, 판결 : 항소).

◆ 특정범죄가중처벌 등에 관한 법률 제3조 제1항에 해당하는 범죄에 대하여 형법 제283조 제3항(반의사불벌규정)이 적용되는지 여부

형법 제283조 제3항은 피해자의 명시한 의사에 반하여 공소를 제기할 수 없는 대상범죄로서 같은 조 제1항 및 제2항에 규정된 형법상 단순협박죄와 존속협박죄만을 규정하고 있을 뿐이므로, 형법 제284조에서 규정하는 단체 또는 다중의 위력을 보이거나 위험한 물건을 휴대한 특수협박죄의 경우에는 형법 제283조 제3항이 적용될 수 없으며, 피고인의 이 사건 협박행위에 적용되는 폭력행위 등 처벌에 관한 법률 제3조 제1항에 있어서도 단체나 다중의 위력으로써 또는 단체나 집단을 가장하여 위력을 보임으로써 위 법률 제2조 제1항에 열거된 죄를 범한 자 또는 흉기 기타 위험한 물건을 휴대하여 그 죄를 범한 자를 가중처벌 하도록 규정하고 있을 뿐 형법 제283조 제3항의 적용에 관하여 아무런 규정을 두고 있지 아니하므로 형법 제283조 제3항이 적용될 여지는 없다고 해석된다(대법원 2008. 7. 24. 선고 2008도4658 판결).

◆ 협박죄의 기수에 이르기 위하여 상대방이 현실적으로 공포심을 일으킬 것을 요하는지 여부

[1] [다수의견]

(가) 협박죄가 성립하려면 고지된 해악의 내용이 행위자와 상대방의 성향, 고지 당시의 주변 상황, 행위자와 상대방 사이의 친숙의 정도 및 지위 등의 상호관계, 제3자에 의한 해악을 고지한 경우에는 그에 포함되거나 암시된 제3자와 행위자

사이의 관계 등 행위 전후의 여러 사정을 종합하여 볼 때에 일반적으로 사람으로 하여금 공포심을 일으키게 하기에 충분한 것이어야 하지만, 상대방이 그에 의하여 현실적으로 공포심을 일으킬 것까지 요구하는 것은 아니며, 그와 같은 정도의 해악을 고지함으로써 상대방이 그 의미를 인식한 이상, 상대방이 현실적으로 공포심을 일으켰는지 여부와 관계없이 그로써 구성요건은 충족되어 협박죄의 기수에 이르는 것으로 해석하여야 한다.

(나) 결국, 협박죄는 사람의 의사결정의 자유를 보호법익으로 하는 위험범이라 봄이 상당하고, 협박죄의 미수범 처벌조항은 해악의 고지가 현실적으로 상대방에게 도달하지 아니한 경우나, 도달은 하였으나 상대방이 이를 지각하지 못하였거나 고지된 해악의 의미를 인식하지 못한 경우 등에 적용될 뿐이다.

[대법관 김영란, 박일환의 반대의견]

(가) 해악의 고지에 의해 현실적으로 공포심을 일으켰는지 여부나 그 정도는 사람마다 다를 수 있다고 하더라도 이를 판단할 수 없다거나 판단을 위한 객관적인 척도나 기준이 존재하지 않는다고 단정할 것은 아니며, 사람이 현실적으로 공포심을 일으켰는지 여부를 판단할 만한 객관적인 기준 및 개별 사건에서 쌍방의 입증과 그에 의하여 인정되는 구체적인 사정 등을 모두 종합하여, 당해 협박행위로 상대방이 현실적으로 공포심을 일으켰다는 점이 증명된다면 협박죄의 기수에 이르렀다고 인정하고, 이에 대한 증명이 부족하거나 오히려 상대방이 현실적으로 공포심을 일으키지 않았다는 점이 증명된다면 협박죄의 미수에 그친 것으로 인정하면 될 것이다. 기수에 이르렀는지에 대한 의문을 해결하기 어렵다고 하여 모든 경우에 기수범으로 처벌하는 것은 오히려 "의심스러울 때는 피고인의 이익으로"라는 법원칙 등 형사법의 일반원칙과도 부합하지 아니하며 형벌과잉의 우려를 낳을 뿐이다.

(나) 결국, 현행 형법의 협박죄는 침해범으로서 일반적으로 사람으로 하여금 공포심을 일으킬 수 있는 정도의 해악의 고지가 상대방에게 도달하여 상대방이 그 의미를 인식하고 나아가 현실적으로 공포심을 일으켰을 때에 비로소 기수에 이르는 것으로 보아야 한다.

[2] 정보보안과 소속 경찰관이 자신의 지위를 내세우면서 타인의 민사분쟁에 개입하여 빨리 채무를 변제하지 않으면 상부에 보고하여 문제를 삼겠다고 말한 사안에서, 객관적으로 상대방이 공포심을 일으키기에 충분한 정도의 해악의 고지에 해당하므로 현실적으로 피해자가 공포심을 일으키지 않았다 하더라도 협박죄의 기수에 이르렀다고 본 사례.

[3] 권리행사나 직무집행의 일환으로 상대방에게 일정한 해악을 고지한 경우, 그 해악의 고지가 정당한 권리행사나 직무집행으로서 사회상규에 반하지 아니하는 때에는 협박죄가 성립하지 아니하나, 외관상 권리행사나 직무집행으로 보이더라도 실질적으로 권리나 직무권한의 남용이 되어 사회상규에 반하는 때에는 협박죄가 성립한다고 보아야 할 것인바, 구체적으로는 그 해악의 고지가 정당한 목적을 위한 상당한 수단이라고 볼 수 있으면 위법성이 조각되지만, 위와 같은 관련성

이 인정되지 아니하는 경우에는 그 위법성이 조각되지 아니한다.

[4] 정보보안과 소속 경찰관이 자신의 지위를 내세우면서 타인의 민사분쟁에 개입하여 빨리 채무를 변제하지 않으면 상부에 보고하여 문제를 삼겠다고 말한 사안에서, 상대방이 채무를 변제하고 피해 변상을 하는지 여부에 따라 직무집행 여부를 결정하겠다는 취지이더라도 정당한 직무집행이라거나 목적 달성을 위한 상당한 수단으로 인정할 수 없어 정당행위에 해당하지 않는다고 한 사례(대법원 2007. 9. 28. 선고 2007도606 전원합의체 판결).

◆ 공갈죄의 수단으로서 협박의 의미

(1) 사실관계

> 피고인은 폭력조직인 속칭 '향촌동파' 추종세력인 공소외 1등 스포츠 머리를 한 건장한 폭력배들과 함께 특별히 하는 일 없이 대구 수성구 두산동 소재 피해자 1 주식회사가 운영하는 아리아나호텔의 커피숍 등에 모여 앉아 시간을 보내는 등 어울려 다니면서 그들로 하여금 피고인에게 "형님"이라면서 90도로 인사를 하게 하는 등 피고인이 조직폭력배 두목인 것처럼 과시하여 이에 겁을 먹은 피해자 2, 3, 4등 위 호텔 프론트 직원으로 하여금 호텔 객실을 내어주게 하고, 호텔 측에서 객실요금을 지불해 줄 것을 요구하면 어깨에 힘을 주면서 "나중에 주겠다."거나 "알았다."고 말하고 그냥 가버리는 등 호텔 직원들의 신체에 어떠한 위해를 가할 듯한 태도를 취하여 그 요금 청구를 단념하게 하는 등의 방법으로, 2001. 5. 28.부터 2002. 2. 11.까지 사이에 위 호텔에 투숙하면서 40회에 걸쳐 위 호텔을 이용한 후 그 이용료 합계 9,875,258원의 지급을 하지 않음으로써 그 금액 상당의 재산상 이득을 취득하였다.

(2) 판결요지

[1] 공갈죄의 수단으로서 협박은 사람의 의사결정의 자유를 제한하거나 의사실행의 자유를 방해할 정도로 겁을 먹게 할 만한 해악을 고지하는 것을 말하고, 해악의 고지는 반드시 명시의 방법에 의할 것을 요하지 아니하며 언어나 거동에 의하여 상대방으로 하여금 어떠한 해악에 이르게 할 것이라는 인식을 갖게 하는 것이면 족한 것이고, 또한 직접적이 아니더라도 피공갈자 이외의 제3자를 통해서 간접적으로 할 수도 있으며, 행위자가 그의 직업, 지위 등에 기하여 불법한 위세를 이용하여 재물의 교부나 재산상 이익을 요구하고 상대방으로 하여금 그 요구에 응하지 아니한 때에는 부당한 불이익을 초래할 위험이 있다는 위구심을 야기하게 하는 경우에도 해악의 고지가 된다.

[2] 폭력배와 잘 알고 있다는 지위를 이용하여 불법한 위세를 보임으로써 해악의 고지를 하였다(대법원 2003. 5. 13. 선고 2003도709 판결).

◆ "앞으로 수박이 없어지면 네 책임으로 한다" 고 말한 것은 해악의 고지라고 보기 어렵고, 가사 다소간의 해악의 고지에 해당한다고 가정하더라도 위법성이 없다고 한 사례

(1) 사실관계

> 피고인은 1992.7.7. 20:00경 전남 무안군 일로읍(이하 생략)소재 피고인의 집 옆 수박밭에서, 그 이전부터 수박이 없어지는 것을 수상하게 여기고 수박밭에 숨은 채 지키고 있던 중 마침 은행나무 잎을 따기 위하여 위 수박밭 부근을 서성대는 피해자 A(13세, 여)를 발견하게 되자 피해자가 그 동안 수박을 들고 간 것으로 경신한 나머지, 위 피해자를 불러세운 다음 피해자에게 "도둑 잡았다", "어제도 그제도 네가 수박을 따갔지", "학교에 전화를 하겠다"는 등으로 말하면서 자신의 소행이 아님을 극구 변명하는 피해자를 윽박지르고, 이어 "가자" 라고 말하면서 피해자를 앞세우고 위 부락 버스종점을 거쳐 위 수박밭에서 약 50m 떨어진 공소 외 이○○의 집까지 간 다음 피해자의 손목을 잡고 위 공소외인의 집 안으로 끌고 들어가 위 공소외인에게 "이것이 수박밭에 들어왔더라" 라고 말하고 계속하여 위 공소외인의 만류로 피해자를 돌려보내면서도 피해자에게 "앞으로 수박이 없어지면 네 책임으로 한다" 는 등으로 말하면서 마치 피해자에게 어떠한 위해를 가할 듯한 태도를 보였다.

(2) 판결요지

[1] 협박죄에 있어서 협박이라 함은 일반적으로 보아 사람으로 하여금 공포심을 일으킬 수 있을 정도의 해악을 고지하는 것을 의미하므로, 그러한 해악의 고지는 구체적이어서 해악의 발생이 일응 가능한 것으로 생각될 수 있을 정도일 것을 필요로 한다.

[2] "앞으로 수박이 없어지면 네 책임으로 한다." 고 말하였다고 하더라도 그것만으로는 구체적으로 어떠한 법익에 어떠한 해악을 가하겠다는 것인지를 알 수 없이 이를 해악의 고지라고 보기 어렵고, 가사 위와 같이 말한 것이 다소간의 해악의 고지에 해당한다고 가정하더라도, 피고인이 전에도 여러 차례 수박을 절취당하여 그 범인을 붙잡기 위해 수박밭을 지키고 있던 중 마침 같은 마을에 거주하며 피고인과 먼 친척간이기도 한 피해자가 피고인의 수박밭에 들어와 두리번거리는 것을 발견하자 피해자가 수박을 훔치려던 것으로 믿은 나머지 피해자를 훈계하려고 위와 같이 말하였으며 그 과정에서 폭행을 가하거나 달리 유형력을 행사한 바는 없었다면, 가사 피고인이 위와 같이 말한 것으로 인하여 피해자가 어떤 공포심을 느꼈다고 하더라도 피고인이 위와 같은 말을 하게 된 경위, 피고인과 피해자의 나이 및 신분관계 등에 비추어 볼 때 이는 정당한 훈계의 범위를 벗어나는 것이 아니어서 사회상규에 위배되지 아니하므로 위법성이 없다고 봄이 상당하고, 그 후 피해자가 스스로 음독 자살하기에 이르렀다 하더라도 이는 피해자가

자신의 결백을 밝히려는 데 그 동기가 있었던 것으로 보일 뿐 그것이 피고인의 협박으로 인한 결과라고 보기도 어려우므로 그와 같은 결과의 발생만을 들어 이를 달리 볼 것은 아니라고 한 사례(대법원 1995. 9. 29. 선고 94도2187 판결)

◆ 협박죄에 있어서 '협박'의 의미 및 제3자로 하여금 해악을 가하도록 하겠다는 방식으로 해악을 고지하는 경우 협박죄를 구성하기 위한 요건

협박죄에 있어서의 협박이라 함은 사람으로 하여금 공포심을 일으킬 수 있을 정도의 해악을 고지하는 것을 의미하고(대법원 2006. 8. 25. 선고 2006도546 판결 등 참조), 행위자가 직접 해악을 가하겠다고 고지하는 것은 물론 제3자로 하여금 해악을 가하도록 하겠다는 방식으로도 해악의 고지는 가능한바, 고지자가 제3자의 행위를 사실상 지배하거나 제3자에게 영향을 미칠 수 있는 지위에 있는 것으로 믿게 하는 명시적·묵시적 언동을 하였거나 제3자의 행위가 고지자의 의사에 의하여 좌우될 수 있는 것으로 상대방이 인식한 경우에는 고지자가 직접 해악을 가하겠다고 고지한 것과 마찬가지의 행위로 평가할 수 있다(대법원 2006. 12. 8. 선고 2006도6155 판결 참조).(대법원 2007. 6. 1. 선고 2006도1125 판결).

◆ 보복목적 등으로 형법상 폭행죄·협박죄 등을 범한 경우를 가중처벌하는 구 특정범죄 가중처벌 등에 관한 법률 제5조의9 제2항에서 행위자에게 '보복의 목적 등'이 있었는지 판단하는 기준

구 특정범죄 가중처벌 등에 관한 법률(2010. 3. 31. 법률 제10210호로 개정되기 전의 것) 제5조의9 제2항은 '자기 또는 타인의 형사사건의 수사 또는 재판과 관련하여 고소·고발 등 수사단서의 제공, 진술, 증언 또는 자료제출에 대한 보복의 목적' 또는 '고소·고발 등 수사단서의 제공, 진술, 증언 또는 자료제출을 하지 못하게 하거나 고소·고발을 취소하게 하거나 거짓으로 진술·증언·자료제출을 하게 할 목적'으로 형법상 폭행죄, 협박죄 등을 범한 경우 형법상의 법정형보다 더 무거운 1년 이상의 유기징역에 처하도록 하고 있다. 여기에서 행위자에게 그러한 목적이 있었는지 여부는 행위자의 나이, 직업 등 개인적인 요소, 범행의 동기 및 경위와 수단·방법, 행위의 내용과 태양, 피해자와의 인적 관계, 범행 전후의 정황 등 여러 사정을 종합하여 사회통념에 비추어 합리적으로 판단하여야 한다(대법원 2013.6.14. 선고, 2009도12055, 판결).

◆ 피해자에 대한 금전채권이 있다 하더라도 사회통념상 용인되기 어려운 협박 수단을 이용한 경우 공갈죄가 성립한다고 본 사례

[1] 피고인이 피해자와의 동거를 청산하는 과정에서 피해자에 대하여 금전채권이 있다고 하더라도, 그 권리행사를 빙자하여 사회통념상 용인되기 어려운 정도를 넘는 협박을 수단으로 사용하였다면, 공갈죄가 성립한다고 본 사례

[2] 공갈죄의 수단으로서 한 협박은 공갈죄에 흡수될 뿐 별도로 협박죄를 구성하지

않으므로, 그 범죄사실에 대한 피해자의 고소는 결국 공갈죄에 대한 것이라 할 것이어서 그 후 고소가 취소되었다 하여 공갈죄로 처벌하는 데에 아무런 장애가 되지 아니하며, 검사가 공소를 제기할 당시에는 그 범죄사실을 협박죄로 구성하여 기소하였다 하더라도, 그 후 공판 중에 기본적 사실관계가 동일하여 공소사실을 공갈미수로 공소장 변경이 허용된 이상 그 공소제기의 하자는 치유된다(대법원 1996. 9. 24. 선고 96도2151 판결).

◆ 조상천도제를 지내지 아니하면 좋지 않은 일이 생긴다는 취지의 해악의 고지가 공갈죄의 수단으로써의 협박으로 평가될 수 없다고 한 사례

(1) 사실관계

피고인이 그의 처인 공소외 1과 공모하여 1997. 11. 15.경 피고인의 집에서 공소외 1은 전화로 피해자 A에게 "작은 아들이 자동차를 운전하면 교통사고가 나 크게 다치거나 죽거나 하게 된다. 조상천도를 하면 교통사고를 막을 수 있고 보살(피해자A 지칭)도 아픈 곳이 낫고 사업도 잘 되고 모든 것이 잘 풀려 나간다. 조상천도비용으로 795,000원을 내라."고 말하여 만일 피해자 A가 조상천도를 하지 아니하면 피해자 A와 그의 가족의 생명과 신체에 어떤 위해가 발생할 것처럼 겁을 주어 이에 외포된 피해자 A로부터 같은 달 16일 같은 장소에서 795,500원을 건네받아 이를 갈취하였다. 또한 1997년 12월 중순경 같은 장소에서 공소외 1은 피해자 B에게 전화로 "묘소에 있는 시아버지 목뼈가 왼쪽으로 돌아가 아들이 형편없이 빗나가 학교에도 다니지 못하게 되고 부부가 이별하게 되고 하는 사업이 망하고 집도 다른 사람에게 넘어가게 된다. 조상천도를 하면 모든 것이 다 잘 된다. 조상천도를 하지 않으면 큰일난다."고 말하여 만일 조상천도를 하지 아니하면 피해자 B와 그의 가족의 생명과 신체 등에 어떤 위해가 발생할 것처럼 겁을 주고 이에 외포된 피해자 B로부터 1998. 1. 5. 피고인의 예금계좌로 835,000원을 송금 받아 이를 갈취하였다.

(2) 판결요지

[1] 공갈죄의 수단으로써의 협박은 객관적으로 사람의 의사결정의 자유를 제한하거나 의사실행의 자유를 방해할 정도로 겁을 먹게 할 만한 해악을 고지하는 것을 말하고, 그 해악에는 인위적인 것뿐만 아니라 천재지변 또는 신력이나 길흉화복에 관한 것도 포함될 수 있으나, 다만 천재지변 또는 신력이나 길흉화복을 해악으로 고지하는 경우에는 상대방으로 하여금 행위자 자신이 그 천재지변 또는 신력이나 길흉화복을 사실상 지배하거나 그에 영향을 미칠 수 있는 것으로 믿게 하는 명시적 또는 묵시적 행위가 있어야 공갈죄가 성립한다.

[2] 조상천도제를 지내지 아니하면 좋지 않은 일이 생긴다는 취지의 해악의 고지

는 길흉화복이나 천재지변의 예고로서 행위자에 의하여 직접, 간접적으로 좌우될 수 없는 것이고 가해자가 현실적으로 특정되어 있지도 않으며 해악의 발생가능성이 합리적으로 예견될 수 있는 것이 아니므로 협박으로 평가될 수 없다(대법원 2002. 2. 8. 선고 2000도3245 판결).

◆ 폭력행위 등 처벌에 관한 법률 제7조에서 말하는 위험한 물건의 '휴대'의 의미 / 정당한 이유 없이 같은 법에 규정된 범죄에 공용될 우려가 있는 흉기를 휴대하고 있었다는 사실만으로 같은 법 위반(우범자)죄의 구성요건을 충족하는지 여부(적극) 및 흉기나 그 밖의 위험한 물건을 소지하고 있다는 사실만으로 같은 법에 규정된 범죄에 공용될 우려가 있는 것으로 추정되는지 여부(소극) / 피고인이 같은 법에 규정된 범죄에 공용될 우려가 있는 흉기나 그 밖의 위험한 물건을 휴대하였다는 점에 대한 증명책임 소재(=검사)

폭력행위 등 처벌에 관한 법률(이하 '폭력행위처벌법'이라 한다) 제7조에서 말하는 위험한 물건의 '휴대'란 범죄현장에서 사용할 의도 아래 위험한 물건을 몸 또는 몸 가까이에 소지하는 것을 말하고, 정당한 이유 없이 폭력행위처벌법에 규정된 범죄에 공용될 우려가 있는 흉기를 휴대하고 있었다면 다른 구체적인 범죄행위가 없더라도 그 휴대행위 자체에 의하여 폭력행위처벌법위반(우범자)죄의 구성요건을 충족하는 것이지만, 흉기나 그 밖의 위험한 물건을 소지하고 있다는 사실만으로 폭력행위처벌법에 규정된 범죄에 공용될 우려가 있는 것으로 추정된다고 볼 수는 없다. 그리고 형사재판에서 공소가 제기된 범죄의 구성요건을 이루는 사실에 대한 증명책임은 검사에게 있다. 따라서 피고인이 폭력행위처벌법에 규정된 범죄에 공용될 우려가 있는 흉기나 그 밖의 위험한 물건을 휴대하였다는 점은 검사가 증명하여야 한다(대법원 2017.9.21, 선고, 2017도7687, 판결).

◆ 협박이 상해사실과 같은 시간 같은 장소에서 동일한 피해자에게 가해진 경우에 경합범으로 볼 것인지 여부

피고인의 협박사실행위가 피고인에게 인정된 상해사실과 같은 시간 같은 장소에서 동일한 피해자에게 가해진 경우에는 특별한 사정이 없는 한 상해의 단일범의 하에서 이루어진 하나의 폭언에 불과하여 위 상해죄에 포함되는 행위라고 봄이 상당하다(대법원 1976.12.14. 선고 76도3375 판결).

◆ 슈퍼마켓 사무실에서 식칼을 들고 피해자를 협박한 행위와 식칼을 들고 매장을 돌아다니며 손님을 내쫓아 그의 영업을 방해한 행위의 죄수 관계(=실체적경합범)

피고인이 슈퍼마켓사무실에서 식칼을 들고 피해자를 협박한 행위와 식칼을 들고 매장을 돌아다니며 손님을 내쫓아 그의 영업을 방해한 행위는 별개의 행위이다(대법원 1991.1.29. 선고 90도2445 판결).

Ⅲ. 수사실무

1. 수사포인트

(1) 범인과 피해자와의 관계를 밝힌다.

(2) 협박의 내용이 무엇에 관한 것인지, 범인이 권리실행의 의사없이 피해자를 畏怖시킬 목적으로 협박한 것인지 등을 밝힌다. 고지한 해악이 진실인지도 동시에 밝혀야 한다.

(3) 해악의 고지를 받고도 피해자가 공포심을 일으키지 않았으면 미수범이 된다.

(4) 피해자의 약점유무 및 그로 인한 외포상태를 조사한다.

(5) 범인의 소행, 경력과 함께 범인이 피해자를 외포시킬 것이라는 인식이 있었는지 조사한다.

(6) 다음의 경우에는 특별법이 적용된다.

1) 단체 또는 다중의 협력에 의한 협박

2) 2인 이상의 공동협박

3) 상습적인 협박

4) 흉기 기타 위험한 물건을 휴대하고 한 협박

2. 피의자 신문례

(1) 피의자는 피해자 박○○과 어떤 관계인가요

(2) 최근 피해자 박○○이 피의자를 멀리하고 만나주지 않아 피의자는 이에 앙심을 품고 "밤길 조심해, 아무도 모르게 죽여버리겠다" 라는 등의 위협을 한 사실이 있나요

(3) 언제, 어디에서 위협을 한 것인가요

(4) 어떻게 위협을 하였나요

(5) 왜 그와 같이 협박을 하게 되었나요

(6) 피의자는 당시 흉기를 소지하고 있지 않았나요
(7) 피해자가 그와 같은 말을 들었을 때 어떤 행동을 취하던가요
(8) 피해자가 그와 같은 말을 들어 며칠동안 잠을 자지도 못하고 외출도 하지 못했다는 사실을 알고 있나요
(9) 피해자와 합의를 하였나요

3. 범죄사실 기재례

【범죄사실 기재례】

(1) 피의자는 20○○. ○. ○. 14 : 20경, 평소 함께 다니던 형이 서울 ○○구 ○○동 ○○번지에 있는 룸살롱 "○○"을 경영하는 피해자의 점포에서 무전취식한 혐의로 체포되었다는 말을 들었다.

피의자는 룸살롱 "○○"에 찾아가 피해자에 대하여 "네가 뭔데 우리 형님한테 콩밥을 먹이냐, 밀고한 걸 곧 후회하게 될 것이다. 형님이 풀려나오면 가만 두지 않겠다"고 떠들면서 위 피해자의 신체 등에 어떻게 위해를 가할지도 모른다는 뜻을 고지하여 그녀를 협박하였다.

(2) 피의자는 그의 아버지 강○○가 사업자금을 주지 않고 그의 사업계획을 무시하자, 20○○. ○. ○. 18 : 00경 ○○시 ○○동 ○○번지에 있는 피의자의 집 안방에서 위 강○○에게 "8. 4. 10 : 00까지 돈 ○○만원을 책상 첫 번째 서랍에 넣어두시오. 만약 서랍에 돈이 없으면 집에 불을 질러 모두 태워 없애버리겠소"라는 내용의 협박장을 썼다.

그리고 이를 위 강○○가 볼 수 있도록 그의 서재 책상 위에 놓아 두어서 그로 하여금 이것을 같은 날인 8. 2. 20 : 30경 읽게 함으로써 존속을 협박하였다.

(3) 피의자는 불륜관계 여자를 협박 금원을 갈취하기로 마음먹고 그 대상을 물색하던 중 20○○. ○. ○. 16:00경 ○○시 ○○동 소재 ○○모텔에서 피해자 김○○(여, 40세)가 내연남자의 차량을 타고 나오는 것을 발견 불륜관계로 판단하였다.

그리하여 동 차량을 미행하여 피해자가 집으로 들어가는 것을 확인하고 우편함에서 휴대전화요금청구서 1부를 절취하여 피해자의 휴대전화번호를 알아낸 후, 공중전화를 이용 10여회에 걸쳐 피해자에게 불륜사실을 폭로하겠다고 협박하여 같은달 ○. 14:30경 ○○시 ○○동 ○○백화점앞에서 500만원을 갈취하였다.

4. 적용실례

(1) 개가한 생모에게 죽이겠다고 협박한 경우

서○○는 자기의 어머니가 개가를 하자 그녀에게 찾아가 칼로 죽이겠다고 말하며 생명이나 신체에 위해를 가할 것처럼 협박을 하였다.

➡ 위 서○○의 생모는 개가하며 이미 다른 가족관계등록부에 등록되어 있기 때문에 단순협박죄로 의율할 수도 있겠지만, 비록 다른 가족관계등록부에 등록되어 있더라도 서○○와 그 생모간에는 출산이라는 사실로 인한 법률상의 친족관계가 이미 성립되어 있으므로, 위 서○○의 행위에 대해서는 존속협박죄로 의율하는 것이 타당하겠다.

(2) 술값을 빼앗고, 술병을 깨서 협박한 경우

피의자 두 명이 동료들과 함께 술집에서 나와 막 헤어진 피해자에게 자신들의 술값을 내라고 협박해 4만5천원의 돈을 받아내고, 손에 들고 있던 술병을 깨며 신고하면 죽여버리겠다고 협박하였다.

➡ 이 경우 공갈죄와 협박죄는 경합범이 되지 않으며 공갈죄만 성립한다.

(3) 식도를 들고 생모를 협박한 경우

피의자는 용돈을 주지 않는다는 이유로 3회에 걸쳐 식도를 들고 어머니 정○○을 협박하고 재물을 손괴하였다.

➡ 이에 대해 존속협박과 폭력행위등처벌에관한법률위반죄를 적용하는 수도 있겠지만, 존속을 협박할 때 위험한 물건을 휴대하고 협박한 것은 특수존속협박죄에 해당한다(고소가 취소되더라도 특수협박죄이므로 공소권이 있다).

5. 참고사항

(1) 수사시 유의사항

1) 협박의 죄명이 엄연히 있으므로 협박과 폭행은 범죄사실을 나누어 기재해야 한다.

2) 사람을 협박하여 금품을 갈취한 경우 별도로 협박죄가 성립되지 않고

이때 협박은 공갈죄에 포함된다.

3) 과도를 겨누고 찌를 듯이 행동하면 폭행이 아니고 협박에 해당한다.

— 협박죄의 협박은 피해자의 반항을 억압하지 않을 정도의 해악고지로 족함

— 목격자가 없을 경우를 대비하여 당시 상황 등 피해자의 진술을 상세하게 조사

2. 특수협박죄

제284조【특수협박】

단체 또는 다중의 위력을 보이거나 위험한 물건을 휴대하여 전조제1항, 제2항의 죄를 범한 때에는 7년 이하의 징역 또는 1천만원 이하의 벌금에 처한다. 〈개정 1995. 12. 29.〉

[소요죄] 115, [특별규정] 폭력행위3, [공소시효] : 7년

○ 협박죄와 존속협박죄에 대해 행위방법의 위험성을 이유로 불법이 가중되는 가중적 구성요건이다.

Ⅰ. 이론

본 죄는 단체 또는 다중의 위력을 보이거나 위험한 물건을 휴대하여 협박죄(제283조 1항), 존속협박죄(제283조 2항)를 범함으로써 성립하는 범죄로서, 행위방법의 위험성 때문에 불법이 가중된 가중적 구성요건이다. 협박죄나 존속협박죄와 달리 반의사불벌죄가 아니다(2008도4658).

Ⅱ. 판례

◆ 특수협박죄에서 말하는 위험한 물건을 '휴대하여' 및 '협박'의 의미

형법 제284조, 제283조 제1항은 위험한 물건을 휴대하여 사람을 협박한 자를 특수협박죄로 처벌하도록 규정하고 있는바, 여기서 위험한 물건을 '휴대하여'는 범행현장에서 사용하려는 의도 아래 위험한 물건을 소지하거나 몸에 지니는 경우를 가리키고, '협박'은 일반적으로 그 상대방이 된 사람으로 하여금 공포심을 일으키기에 충분한 정도의 해악을 고지하는 것을 말한다(대법원 2017. 3. 30., 선고, 2017도771, 판결).

◆ 실탄이 장전되지 아니한 공기총이 '위험한 물건'에 해당한다고 한 사례

[1] 폭력행위등처벌에관한법률 제3조 제1항에서 말하는 '흉기 기타 위험한 물건'이라 함은 사람을 살상할 수 있는 특성을 갖춘 총이나 칼과 같은 것은 물론, 그 밖의 물건이라도 사회통념상 이를 이용하면 상대방이나 제3자가 살상의 위험을 느낄 수 있는 것을 포함한다.

[2] 피고인이 공기총에 실탄을 장전하지 아니하였다고 하더라도 범행 현장에서 공기총과 함께 실탄을 소지하고 있었고 피고인으로서는 언제든지 실탄을 장전하여 발사할 수도 있으므로 공기총이 '위험한 물건'에 해당한다(대법원 2002. 11. 26. 선고 2002도4586 판결).

Ⅲ. 수사실무

1. 범죄사실 기재례

【범죄사실 기재례】

피의자는 20○○. ○. ○.경 평소 알고 지내는 노○○으로부터 정○○(당○○세)에게 빌려준 돈을 받아 달라고 부탁받고 같은 날 21 : 00경 ○○시 ○○동 ○○번지에 있는 정○○의 집에 찾아가 그를 근처 공원으로 데리고 갔다.

거기에서 그에게 "당신은 왜 노○○에게 빌린돈을 갚지 않는가. 갚을 생각은 있는가, 갚겠다면 지금부터 돈을 돌려 내일 저녁 6시까지 우리 집으로 가지고 오라"고 말했다.

그러나 정○○이 아무 말도 하지 않자, 바지의 허리띠 뒤쪽에 가지고 있던 길이 10cm 되는 칼을 꺼내 이리저리 만지작거리면서 "이것을 사용하고 싶지는 않지만 당신이 계속 벙어리 행세를 하면 할 수 없다"라고 말하여, 정○○가 피의자의 요구에 응하지 아니할 때에는 그의 생명 또는 신체에 대하여, 어떠한 위해를 가할 듯한 태도를 보여서 그를 협박하였다.

3. 상습협박죄

제285조【상습범】

상습으로 제83조제1항, 제2항 또는 전조의 죄를 범한 때에는 그 죄에 정한 형의 2분의 1까지 가중한다.

[형의가중] 42 · 56, [특별규정] 폭력행위2 · 3, [본조의주장에대한판단] 형소323②

본 죄는 상습으로 협박죄(제283조 1항), 존속협박죄(제283조 2항), 특수협박죄(제284조)를 범함으로써 성립하는 범죄로서, 상습성으로 인하여 책임이 가중되는 가중적 구성요건이다.

4. 미수범

제286조【미수범】

전3조의 미수범은 처벌한다.

[미수범] 25-29

협박죄(제283조 1항), 존속협박죄(제283조 2항), 특수협박죄(제284조), 상습협박죄(제285조)의 미수범은 처벌한다.

제 31 장 약취, 유인 및 인신매매의 죄 (제287조 ~ 제296조의2)

제31장 약취, 유인 및 인신매매의 죄(제287조 ~ 제296조의2)

1. 미성년자 약취, 유인죄

제287조【미성년자의 약취, 유인】
미성년자를 약취 또는 유인한 사람은 10년 이하의 징역에 처한다.
[전문개정 2013. 4. 5]

[미성년자] 민4 · 826의2, [수수 · 은닉] 292② · 293, [약취강도] 336, 국보4, [공소시효] : 10년

○ 이 죄의 보호법익은 미성년자의 자유를 보호하고 동시에 감호권자의 감호권을 보호하는 데 있다.

Ⅰ. 이론

1. 구성요건

(1) 객관적 구성요건

1) 주체

이 죄의 주체에는 제한이 없어서 실부모라 하더라도 주체가 될 수 있다. 다만 미성년자 본인은 이 죄의 정범은 물론 공범도 되지 못한다.

▣ 근거판례 ▣

미성년자를 보호감독하는 자라 하더라도 다른 보호감독자의 감호권을 침해하거나 자신의 감호권을 남용하여 미성년자 본인의 이익을 침해하는 경우에는 미성년자 약취 · 유인죄의 주체가 될 수 있다(대법원 2008.1.31. 선고 2007도8011).

2) 객체

미성년자로서 민법상의 미성년자(19세 미만)를 말한다. 그러나 미성년자가 혼인한 때에는 성년의제가 되므로(민법 제826조의2) 이 죄의 객체가 되지 않는 것은 아닌

지 견해가 대립한다. 다수설은 민법상의 성년의제규정은 민법 이외의 법률에서는 적용될 수 없으므로 혼인한 미성년자라도 본죄의 객체가 된다고 본다.

3) 행위

이 죄의 행위는 약취 또는 유인이다. 약취와 유인을 합하여 인취행위라고 한다.

① 약취란 폭행 또는 협박을 사용해 어떤 사람을 현재 보호되고 있는 상태에서 벗어나게 하여 자기 또는 제3자의 실력지배 아래로 옮기는 것을 말한다. 이 때 폭행이나 협박은 미성년자뿐 아니라 그 보호자나 감독자에게 가해지는 경우도 포함한다.

② 유인이란 기망 또는 유혹을 사용해 어떤 사람을 현재 보호되고 있는 상태에서 벗어나게 하여 자기 또는 제3자의 실력지배 아래로 옮기는 것을 말한다.

③ 계속범 : 이 죄를 상태범이라고 보는 견해도 있지만, 이 죄가 완성하려면 어느 정도의 시간적 계속이 필요하고 또 기수가 된 후에도 구성요건에 해당하는 행위에 의해 그 상태가 유지된다는 점에서 계속범이라고 해야 한다. 약취·유인한 자가 계속해서 피인취자를 감금한 때에는 이 죄 이외의 감금죄가 성립하지만, 이 경우에는 특정범죄가중처벌등에관한법률(제5조의2)이 적용된다.

④ 자기 또는 제3자의 실력지배 아래로 옮기는 때에 바로 기수가 된다.

(2) 주관적 구성요건

1) 피인취자가 미성년자라는 인식과 폭행, 협박, 기망 또는 유혹에 의해 이를 약취·인수한다는 인식이 있어야 한다.

2) 약취·유인의 동기나 목적은 묻지 않기 때문에 미성년자를 보호·양육하기 위해 약취·유인한 때에도 이 죄가 성립한다.

3) 추행·간음·영리·결혼 또는 국외이송을 목적으로 미성년자를 약취·유인한 때에는 형법 제288조, 제289조 및 제291조의 죄가 성립한다.

2. 위법성

(1) 정당방위, 긴급피난, 정당행위

본 죄도 일반적 위법성조각사유에 의하여 위법성이 조각될 수 있다.

(2) **피해자의 승낙**

이 죄의 보호법익을 바탕으로 한 통설에 따르면 미성년자의 승낙(동의)만으로는 위법성이 조각되지 않는다. 보호자의 감독권도 보호법익이 되기 때문이다.

▣ 근거판례 ▣

형법 제287조에 규정된 미성년자약취죄의 입법 취지는 심신의 발육이 불충분하고 지려와 경험이 풍부하지 못한 미성년자를 특별히 보호하기 위하여 그를 약취하는 행위를 처벌하려는 데 그 입법의 취지가 있으며, 미성년자의 자유 외에 보호감독자의 감호권도 그 보호법익으로 하고 있다는 점을 고려하면, 피고인과 공범들이 미성년자를 보호 · 감독하고 있던 그 아버지의 감호권을 침해하여 그녀를 자신들의 사실상 지배하로 옮긴 이상 미성년자약취죄가 성립한다 할 것이고, 약취행위에 미성년자의 동의가 있었다 하더라도 본죄의 성립에는 변함이 없다(대법원 2003. 2. 11. 선고 2002도7115 판결).

3. 죄수

(1) 이 죄는 사람을 자기 또는 제3자의 실력지배 아래에 옮겨두고 시간적으로 다소 계속할 것을 필요로 한다. 이 때 실력지배 아래로 옮긴 후 다시 주거를 변경해도 그 때마다 1개의 범죄를 구성하는 것은 아니고, 포괄해서 1개의 죄를 구성하게 된다.

(2) 약취와 유인의 두가지 수단을 사용하더라도 1죄를 구성할 뿐이지만 약취·유인한 다음 체포·감금한 때에는 체포·감금죄가 따로 성립한다.

4. 타죄와의 관계

(1) 특정범죄가중처벌등에관한법률(제5조의2)의 적용(목적범)

1) 어떤 이득이나 재물을 탈취할 목적 또는 살해할 목적으로 이 죄를 범한 자에 대해 그 품성이나 죄질로 보아 가중처벌하기 위해 특정범죄가중처벌등에관한법률 제5조의2에 특별규정을 둔 것이다.

2) 위 법률에 해당하는 이러한 목적범에 대해서는 형법상의 미성년자 약취·유인죄를 적용할 여지가 없다.

3) 약취·유인한 미성년자를 살해할 목적이 있었거나 살해한 경우에는 제250조의 살인 및 제254조의 살인미수죄가 특별법으로 적용되는데 그 유형은 다음과 같다.

가. 미성년자의 부모 또는 그 미성년자의 안전을 염려하는 자의 우려를 이용해 재산상의 이익을 얻을 목적으로 약취·유인한 자(제1항 1호), 재물이나 재산상의 이익을 취득한 자와 이를 요구한 자(제2항 1호)

나. 미성년자를 살해할 목적으로 약취·유인한 자(제1항 2호)와 그 미성년자를 살해한 자(제2항 2호)

다. 위와 같은 죄를 범하기 위해 예비·음모한 자(제8항)

라. 약취·유인한 미성년자를 폭행, 상해, 감금, 유기 또는 가혹한 행위를 한 자(제2항 3호)와 이로 인해 그를 치사한 자(제2항 4호)

마. 위와 같은 각 죄를 범한 피의자를 방조하여 약취·유인된 미성년자를 숨겨두거나 집에 가지 못하게 한 자(제3항)

바. 위 각 죄의 미수범(제6항)

사. 위 각 죄를 범한 피의자를 감춰주거나 도피하게 한 자(제7항)

Ⅱ. 판례

◆ 형법상 미성년자약취죄의 약취행위에서 장소적 이전이 갖는 의미

(1) 사실관계

피고인은 범행 당일 14:30경 아파트 현관문을 열고 집안으로 들어서는 피해자 A를 발견하고 위 피해자에게 달려들어 옆구리에 칼을 들이대고 뒤따라 집안으로 침입한 후 집안을 뒤져 물품을 강취하고, 현금이 발견되지 않자 더 나아가 위 피해자를 인질로 삼아 그의 부모로부터 현금을 취득하기로 마음먹고 위 피해자를 결박시킨 다음 두 시간 남짓 부모의 귀가를 기다렸다. 그 후 19:00경 피해자의 모가 위 아파트 안으로 들어오자, 거실에서 앉아 포박된 위 피해자의 옆구리에 부엌칼을 들이대면서 “아들을 살리려면 이리 와서 앉아” 라고 위협하여 이에 놀란 피해자의 모가 황급히 밖으로 도망치자, 수회 전화를 걸어 “아들을 살리려면 돈 300만 원을 지금 마련해서 올라와라, 경찰에는 절대 알리지 마라, 만약 신고하면 아들을 죽이겠다” 고 하는 등 수차례 협박하여 19:58경 피해자의 부모로부터 아파트 현관 입구에서 금품 50만 원을 전달받았으나 그 무렵 문밖에서 대기 중이던 경찰관에게 체포되었다.

(2) **판결요지**

[1] 형법 제287조에 규정된 약취행위는 폭행 또는 협박을 수단으로 하여 미성년자를 그 의사에 반하여 자유로운 생활관계 또는 보호관계로부터 이탈시켜 범인이나 제3자의 사실상 지배하에 옮기는 행위를 말하는 것이다. 물론, 여기에는 미성년자를 장소적으로 이전시키는 경우뿐만 아니라 장소적 이전 없이 기존의 자유로운 생활관계 또는 부모와의 보호관계로부터 이탈시켜 범인이나 제3자의 사실상 지배하에 두는 경우도 포함된다고 보아야 한다. 다만, 미성년자와 보호자의 일상생활의 장소적 중심인 주거에서 장소적 이전을 전제로 하지 아니한 채 폭행 또는 협박이 이루어진 경우에는, 그로 인하여 미성년자와 부모의 보호관계가 제한 혹은 박탈되는 모든 경우에 형법 제287조의 미성년자약취죄가 성립하는 것으로 볼 수는 없고, 무엇보다 미성년자를 기존의 생활관계 및 보호관계로부터 이탈시킬 의도가 없는 경우에는 실행의 착수조차 인정하기 어려우며, 범행의 목적과 수단, 시간적 간격 등을 고려할 때 사회통념상 실제로 기존의 생활관계 및 보호관계로부터 이탈시킨 것으로 인정되어야만 기수가 성립한다.

[2] 미성년자가 혼자 머무는 주거에 침입하여 그를 감금한 뒤 폭행 또는 협박에 의하여 부모의 출입을 봉쇄하거나, 미성년자와 부모가 거주하는 주거에 침입하여 부모만을 강제로 퇴거시키고 독자적인 생활관계를 형성하기에 이르렀다면 비록 장소적 이전이 없었다 할지라도 형법 제287조의 미성년자약취죄에 해당함이 명백하지만, 강도 범행을 하는 과정에서 혼자 주거에 머무르고 있는 미성년자를 체포·감금하거나 혹은 미성년자와 그의 부모를 함께 체포·감금, 또는 폭행·협박을 가하는 경우, 나아가 주거지에 침입하여 미성년자의 신체에 위해를 가할 것처럼 협박하여 부모로부터 금품을 강취하는 경우와 같이, 일시적으로 부모와의 보호관계가 사실상 침해·배제되었다 할지라도, 그 의도가 미성년자를 기존의 생활관계 및 보호관계로부터 이탈시키는 데 있었던 것이 아니라 단지 금품 강취를 위하여 반항을 제압하는 데 있었다거나 금품 강취를 위하여 고지한 해악의 대상이 그곳에 거주하는 미성년자였던 것에 불과하다면, 특별한 사정이 없는 한 미성년자를 약취한다는 범의를 인정하기 곤란할 뿐 아니라, 보통의 경우 시간적 간격이 짧아 그 주거지를 중심으로 영위되었던 기존의 생활관계로부터 완전히 이탈되었다고 평가하기도 곤란하다.

[3] 미성년자 혼자 머무는 주거에 침입하여 강도 범행을 하는 과정에서 미성년자와 그 부모에게 폭행·협박을 가하여 일시적으로 부모와의 보호관계가 사실상 침해·배제되었더라도, 미성년자가 기존의 생활관계로부터 완전히 이탈되었다거나 새로운 생활관계가 형성되었다고 볼 수 없고 범인의 의도도 위와 같은 생활관계의 이탈이 아니라 단지 금품 강취를 위한 반항 억압에 있었으므로, 형법 제287조의 미성년자약취죄가 성립하지 않는다(대법원 2008. 1. 17. 선고 2007도8485 판결).

◆ 미성년자약취죄의 구성요건 중 '약취'의 의미와 판단 기준

형법 제287조의 미성년자약취죄의 구성요건요소로서 약취란 폭행, 협박 또는 불법적인 사실상의 힘을 수단으로 사용하여 피해자를 그 의사에 반하여 자유로운 생활관계 또는 보호관계로부터 이탈시켜 자기 또는 제3자의 사실상 지배하에 옮기는 행위를 의미하고, 구체적 사건에서 어떤 행위가 약취에 해당하는지 여부는 행위의 목적과 의도, 행위 당시의 정황, 행위의 태양과 종류, 수단과 방법, 피해자의 상태 등 관련 사정을 종합하여 판단하여야 한다(대법원 2009. 7. 9. 선고 2009도3816 판결 등 참조).

한편 미성년자를 보호·감독하는 사람이라고 하더라도 다른 보호감독자의 보호·양육권을 침해하거나 자신의 보호·양육권을 남용하여 미성년자 본인의 이익을 침해하는 때에는 미성년자에 대한 약취죄의 주체가 될 수 있으므로(대법원 2008. 1. 31. 선고 2007도8011 판결 등 참조), 부모가 이혼하였거나 별거하는 상황에서 미성년의 자녀를 부모의 일방이 평온하게 보호·양육하고 있는데, 상대방 부모가 폭행, 협박 또는 불법적인 사실상의 힘을 행사하여 그 보호·양육 상태를 깨뜨리고 자녀를 탈취하여 자기 또는 제3자의 사실상 지배하에 옮긴 경우, 그와 같은 행위는 특별한 사정이 없는 한 미성년자에 대한 약취죄를 구성한다(대법원 2013. 6. 20. 선고 2010도14328 전원합의체 판결)(대법원 2017. 12. 13., 선고, 2015도10032, 판결).

◆ 미성년자약취죄, 국외이송약취죄 등의 구성요건 중 '약취'의 의미와 그 판단 기준 및 미성년자를 보호·감독하는 사람이 해당 미성년자에 대한 약취죄의 주체가 될 수 있는지 여부(한정 적극)와 미성년 자녀의 부모 일방에 대하여 자녀에 대한 약취죄가 성립하기 위한 요건

[다수의견] 형법 제287조의 미성년자약취죄, 제288조 제3항 전단[구 형법(2013. 4. 5. 법률 제11731호로 개정되기 전의 것을 말한다. 이하 같다) 제289조 제1항에 해당한다]의 국외이송약취죄 등의 구성요건요소로서 약취란 폭행, 협박 또는 불법적인 사실상의 힘을 수단으로 사용하여 피해자를 그 의사에 반하여 자유로운 생활관계 또는 보호관계로부터 이탈시켜 자기 또는 제3자의 사실상 지배하에 옮기는 행위를 의미하고, 구체적 사건에서 어떤 행위가 약취에 해당하는지 여부는 행위의 목적과 의도, 행위 당시의 정황, 행위의 태양과 종류, 수단과 방법, 피해자의 상태 등 관련 사정을 종합하여 판단하여야 한다. 한편 미성년자를 보호·감독하는 사람이라고 하더라도 다른 보호감독자의 보호·양육권을 침해하거나 자신의 보호·양육권을 남용하여 미성년자 본인의 이익을 침해하는 때에는 미성년자에 대한 약취죄의 주체가 될 수 있는데, 그 경우에도 해당 보호감독자에 대하여 약취죄의 성립을 인정할 수 있으려면 그 행위가 위와 같은 의미의 약취에 해당하여야 한다. 그렇지 아니하고 폭행, 협박 또는 불법적인 사실상의 힘을 사용하여 그 미성년자를 평온하던 종전의 보호·양육 상태로부터 이탈시켰다고 볼 수 없는 행위에 대하여까지 다른 보호감독자의 보호·양육권을 침해하였다는 이유로 미성년자에 대한 약취죄의 성립을 긍정하는 것은 형벌법규의 문언 범위를 벗어나는 해석으로서 죄형법정주의의 원칙에 비추어 허용될

수 없다. 따라서 부모가 이혼하였거나 별거하는 상황에서 미성년의 자녀를 부모의 일방이 평온하게 보호·양육하고 있는데, 상대방 부모가 폭행, 협박 또는 불법적인 사실상의 힘을 행사하여 그 보호·양육 상태를 깨뜨리고 자녀를 탈취하여 자기 또는 제3자의 사실상 지배하에 옮긴 경우, 그와 같은 행위는 특별한 사정이 없는 한 미성년자에 대한 약취죄를 구성한다고 볼 수 있다. 그러나 이와 달리 미성년의 자녀를 부모가 함께 동거하면서 보호·양육하여 오던 중 부모의 일방이 상대방 부모나 그 자녀에게 어떠한 폭행, 협박이나 불법적인 사실상의 힘을 행사함이 없이 그 자녀를 데리고 종전의 거소를 벗어나 다른 곳으로 옮겨 자녀에 대한 보호·양육을 계속하였다면, 그 행위가 보호·양육권의 남용에 해당한다는 등 특별한 사정이 없는 한 설령 이에 관하여 법원의 결정이나 상대방 부모의 동의를 얻지 아니하였다고 하더라도 그러한 행위에 대하여 곧바로 형법상 미성년자에 대한 약취죄의 성립을 인정할 수는 없다(대법원 2013. 6. 20., 선고, 2010도14328, 전원합의체 판결).

◆ 미성년자 약취 후 재물을 요구하였으나 취득하지는 못한 경우, 특정범죄 가중처벌 등에 관한 법률 제5조의2 제2항 제1호의 '재물요구죄'가 아닌 같은 조 제6항의 '재물취득 미수죄'로도 기소할 수 있는지 여부(적극)

영리약취·유인등에 관한 특정범죄 가중처벌 등에 관한 법률 제5조의2 제2항 제1호는 '취득'과 '요구'를 별도의 행위태양으로 규정하고 있으므로, 미성년자를 약취한 자가 그 부모에게 재물을 요구하였으나 취득하지 못한 경우 검사는 이를 '재물요구죄'로 기소할 수 있음은 물론, '재물취득'의 점을 중시하여 '재물취득 미수죄'로 기소할 수도 있다(대법원 2008.7.10, 선고, 2008도3747, 판결).

◆ 甲이 乙과 공모하여 가출 청소년 丙을 유인하고 성매매 홍보용 나체사진을 찍은 후, 자신이 별건으로 체포되어 수감 중인 동안 丙이 乙의 관리 아래 성매수의 상대방이 된 대가로 받은 돈을 丙, 乙 및 甲의 처 등이 나누어 사용한 사안에서, 甲은 乙과 함께 미성년자유인죄, 구 청소년의 성보호에 관한 법률 위반죄의 책임을 진다고 본 원심판단을 수긍한 경우

甲이 乙과 공모하여 가출 청소년 丙(여, 16세)에게 낙태수술비를 벌도록 해 주겠다고 유인하였고, 乙로 하여금 丙의 성매매 홍보용 나체사진을 찍도록 하였으며, 丙이 중도에 약속을 어길 경우 민형사상 책임을 진다는 각서를 작성하도록 한 후, 자신이 별건으로 체포되어 구치소에 수감 중인 동안 丙이 乙의 관리 아래 12회에 걸쳐 불특정 다수 남성의 성매수 행위의 상대방이 된 대가로 받은 돈을 丙, 乙 및 甲의 처 등이 나누어 사용한 사안에서, 丙의 성매매 기간 동안 甲이 수감되어 있었다 하더라도 위 甲은 乙과 함께 미성년자유인죄, 구 청소년의 성보호에 관한 법률(2009. 6. 9. 법률 제9765호 아동·청소년의 성보호에 관한 법률로 전부 개정되기 전의 것) 위반죄의 책임을 진다고 한 원심판단을 수긍한 사례(대법원 2010.9.9, 선고, 2010도6924, 판결).

◆ 미성년자유인죄에 있어서 유혹의 의미

미성년자유인죄라 함은 기망 또는 유혹을 수단으로 하여 미성년자를 꾀어 현재의 보호상태로부터 이탈케 하여 자기 또는 제3자의 사실적 지배하로 옮기는 행위를 말하고, 여기서의 유혹이라 함은 기망의 정도에는 이르지 아니하나 감언이설로써 상대방을 현혹시켜 판단의 적정을 그르치게 하는 것이므로 반드시 그 유혹의 내용이 허위일 것을 요하지는 않는다(대법원 1996. 2. 27. 선고 95도2980 판결).

◆ 장기간의 형 집행 및 그에 부수하여 전자장치 부착 등의 처분이 예정된 사람에 대하여 '성폭력범죄자의 성충동 약물치료에 관한 법률' 에 의한 약물치료명령을 부과하기 위한 요건

'성폭력범죄자의 성충동 약물치료에 관한 법률' 에 의한 약물치료명령(이하 '치료명령' 이라고만 한다)은 사람에 대하여 성폭력범죄를 저지른 성도착증 환자로서 성폭력범죄를 다시 범할 위험성이 있다고 인정되는 19세 이상의 사람에 대하여 약물투여 및 심리치료 등의 방법으로 도착적인 성기능을 일정기간 동안 약화 또는 정상화하는 치료를 실시하는 보안처분이다. 이러한 치료명령은 성폭력범죄의 재범을 방지하고 사회복귀의 촉진 및 국민의 보호 등을 목적으로 한다는 점에서 특정 범죄자에 대한 보호관찰 및 전자장치 부착 등에 관한 법률과 치료감호법이 각 규정한 전자장치 부착명령 및 치료감호처분과 취지를 같이 하지만, 원칙적으로 형 집행 종료 이후 신체에 영구적인 변화를 초래할 수도 있는 약물의 투여를 피청구자의 동의 없이 강제적으로 상당 기간 실시하게 된다는 점에서 헌법이 보장하고 있는 신체의 자유와 자기결정권에 대한 가장 직접적이고 침익적인 처분에 해당한다고 볼 수 있다. 따라서 앞서 본 바와 같은 치료명령의 내용 및 특성과 최소침해성의 원칙 등을 요건으로 하는 보안처분의 성격 등에 비추어 장기간의 형 집행 및 그에 부수하여 전자장치 부착 등의 처분이 예정된 사람에 대해서는 위 형 집행 및 처분에도 불구하고 재범의 방지와 사회복귀의 촉진 및 국민의 보호를 위한 추가적인 조치를 취할 필요성이 인정되는 불가피한 경우에 한하여 이를 부과함이 타당하다.(대법원 2014.2.27, 선고, 2013도12301,2013전도252,2013치도2, 판결).

◆ 미성년자를 보호감독하는 사람이 당해 미성년자에 대한 약취·유인죄의 주체가 될 수 있는지 여부(한정 적극)

(1) 사실관계

피해자의 아버지인 피고인 A가 피해자의 어머니이자 피고인의 처인 B가 교통사고로 사망하자 피해자의 외조부인 C에게 피해자의 양육을 맡겨 왔으나, 교통사고 배상금 등을 둘러싸고 C 등과 사이에 분쟁이 발생하자 자신이 직접 피

해자를 양육하기로 마음먹고, 피고인 D와 공모하여 학교에서 귀가하는 피해자를 본인의 의사에 반하여 강제로 차에 태우고 할아버지에게 간다는 등의 거짓말로 속인 후 고아원에 데려갔다.

(2) **판결요지**

[1] 미성년자를 보호감독하는 자라 하더라도 다른 보호감독자의 감호권을 침해하거나 자신의 감호권을 남용하여 미성년자 본인의 이익을 침해하는 경우에는 미성년자 약취 · 유인죄의 주체가 될 수 있다.

[2] 외조부가 맡아서 양육해 오던 미성년인 자(자)를 자의 의사에 반하여 사실상 자신의 지배하에 옮긴 친권자에 대하여 미성년자 약취 · 유인죄를 인정한 사례(대법원 2008.1.31. 선고 2007도8011).

Ⅲ. 수사실무

1. 수사포인트

(1) 미성년자와 친권자 또는 감독자와의 관계, 미성년자와 범인과의 관계, 미성년자의 친권자·감독자와 범인과의 관계 등을 조사한다.

(2) 약취·유인의 동기 또는 목적을 조사한다.

(3) 범행의 방법과 태양을 조사한다.

(4) 범인이 이익을 취득했는지 조사한다.

(5) 미성년자가 범인과 혼인한 관계인 때에는 혼인의 유무 또는 취소의 재판이 확정되기 전에는 고소의 효력이 없다.

(6) 의사능력이 없는 미성년자에게는 고소능력이 없기 때문에 독립고소권자인 친권자의 고소를 요구해야 한다.

2. 피의자 신문례

(1) 김○○을 알고 있나요

(2) 김○○과는 어떠한 관계인가요

(3) 김○○을 유인한 사실이 있나요

(4) 언제, 어디에서 유인하였나요

(5) 왜 김○○을 대상으로 한 것인가요

(6) 무슨 목적으로 김○○을 유인한 것인가요

(7) 어떠한 방법을 사용하였나요

3. 범죄사실 기재례

【범죄사실 기재례】

(1) 피의자는 20○○. ○. ○. 1 : 30경 서울 ○○구 ○○동 ○○번지에 있는 ○○아파트 단지를 통과하다가 ○○동 앞 놀이터에서 놀고 있던 오○○의 차녀인 오○○(당○○세)를 보고 그가 1년전에 사고로 죽은 피의자의 장녀 박○○의 생전 모습과 비슷하여 위 오○○에게 "아저씨가 맛있는 피자를 사 줄테니 따라오라"는 말로 그녀가 미성년자임을 알면서도 꾀었다.

그리하여 그녀를 그 때부터 같은 달 ○. 16 : 00경까지 같은 시내 등으로 데리고 다녀 그녀의 부모로부터 이유없이 끌어내 미성년자인 그녀를 유인하였다.

(2) 피의자는 유흥비를 마련하기 위하여 20○○. ○.경 ○○시의 시장인 김○○의 아들을 유인하여 위 김○○으로부터 그 아들과 서로 바꾸는 조건으로 돈을 받으려고 마음 먹었다.

그 후 피의자는 같은 달 ○. 14 : 30경 ○○시 ○○동에 있는 ○○초등학교 부근에서 기다리고 있다가 집에 돌아가려는 위 김○○의 장남 김○○(당○○세)를 불러서 그에게 "아저씨는 시청에서 아빠하고 같이 근무하는 사람인데, 지금 아빠하고 엄마가 급히 여행을 가게 되어서 빨리 너를 데려다 달라고 하신다. 아저씨와 같이 가자"라고 거짓말을 하였다.

피의자는 이렇게 아직 어려서 사리판단을 잘 하지 못하는 그를 속여 그곳에서 그를 택시에 태워 ○○시 ○○동 ○○번지에 있는 피의자의 집으로 데리고 가서 같은 달 ○.경까지 그 집에 머물게 함으로써 재물을 취득할 목적으로 그를 유인하였다.

4. 적용실례

(1) 보호자가 안보는 틈을 타 아기를 데려간 경우

잠자고 있는 아기를 보호자가 안 보는 틈을 타 안고 갔다.

➡ 미성년자 약취죄에 해당한다.

(2) 약취가 아니고 유인에 해당되는 경우

아동보호소에서 보호 양육중인 피해자에게 서울 형이 부유하게 살고 있으니 그곳에 가면 구경도 할 수 있고 학교도 보내주며 아무 걱정 없이 지낼 수 있다고 유혹해 그를 피의자의 집으로 유인해냈다.

➡ 폭행 또는 협박의 수단으로 미성년자인 피해자를 현재 보호되고 있는 상태에서 이탈케한 것이 아니고, 감언으로 동인을 꾀어 낸 것이므로 미성년자 약취가 아니라 미성년자 유인으로 의율하는 것이 타당하다.

(3) 죄명의율을 잘못한 사례

피의자는 골목에 숨어있다가 피해자(미성년자)가 나타나자 갑자기 뛰어나와 손으로 입을 막고 움직이지 못하게 하여 자기의 실력지배 아래로 옮겨두었다.

➡ 이러한 경우는 유혹을 수단으로 한 것이 아니기 때문에 미성년자 약취로 의율해야 한다.

(4) 이혼 후 친권자가 아내인 아이를 데리고 갔다가 다시 데려다 준 경우

주○○는 아내 이○○와 이혼하면서, 아직 어렸던 아이의 친권자를 이○○로 하기로 정했다. 그 후 이○○의 집 근처에서 놀고있는 아이를 우연히 보고 갑자기 자기 집으로 데려가고 싶어 가까이 다가갔다. 아버지인 주○○를 본 아이는 그에게 달려 갔고, 그것을 기회로 주○○는 아이를 데리고 자기 집으로 갔다. 그런데 다음날 생각이 바뀌어 그를 이○○의 집에 다시 데려다 주었다. 주○○의 죄책은?

➡ 미성년자 약취·유인죄가 성립한다. 그 아이가 주○○의 아이이긴 하지만 그는 친권자가 아니기 때문에 이○○의 승낙없이 아이를 데려가는 것은 허용되지 않는다. 아이가 그의 집으로 가는 것을 승낙했다고 해도, 이것은 죄의 성립에 영향을 미치지 않는다. 또한 주○○의 행위는 이미 기수에 이르렀기 때문에 중지범도 되지 않는다.

2. 추행 등 목적 약취, 유인 등의 죄

제288조【추행 등 목적 약취, 유인 등】

① 추행, 간음, 결혼 또는 영리의 목적으로 사람을 약취 또는 유인한 사람은 1년 이상 10년 이하의 징역에 처한다.

② 노동력 착취, 성매매와 성적 착취, 장기적출을 목적으로 사람을 약취 또는 유인한 사람은 2년 이상 15년 이하의 징역에 처한다.

③ 국외에 이송할 목적으로 사람을 약취 또는 유인하거나 약취 또는 유인된 사람을 국외에 이송한 사람도 제2항과 동일한 형으로 처벌한다.

[전문개정 2013. 4. 5.]

[수수은닉] 292① · 293, [성매매알선 등 행위의 처벌에 관한 법률] 2 · 4 · 19, 296, 형소 223-226, [공소시효] : 10년

Ⅰ. 이론

[추행, 간음, 결혼, 영리목적 약취, 유인죄(제288조 1항)]

1. 구성요건

(1) 객관적 구성요건

1) 주체와 객체

이 죄의 주체는 제한이 없으며, 객체는 사람이다.

2) 행위

사람을 약취·유인하는 것이다.

① 약취·유인의 의미에 대해서는 위 제287조의 약취·유인 참조.

② 추행 또는 간음할 목적으로 유인했으나 후에 영리의 목적으로 다른 사람에게 넘겨준 때에는 포괄해서 일죄가 성립할 뿐이다.

③ 기수시기 : 영리 등을 목적으로 사람을 약취·유인하면 기수에 이르며 그 목적을 달성했는지는 죄의 성립에 영향을 주지 않는다. 다만 어느 정도 시간적 계속이 있어야 하기 때문에 간음하기 위해 여자를 숲으로 끌고

간 것만으로는 이 죄가 성립하지 않는다고 본다.

▣ 근거판례 ▣
피고인이 11세에 불과한 어린 나이의 피해자를 유혹하여 위 모텔 앞길에서부터 위 모텔 301호실까지 데리고 간 이상, 그로써 피고인은 피해자를 자유로운 생활관계로부터 이탈시켜 피고인의 사실적 지배 아래로 옮겼다고 할 것이고, 이로써 간음목적유인죄의 기수에 이른 것으로 보아야 할 것이다(대법원 2007.5.11. 선고 2007도2318 판결).

(2) 주관적 구성요건

1) 고의

사람을 약취, 유인한다는 사실에 대한 인식과 의사를 내용으로 하는 고의가 있어야 한다.

2) 목적

추행·간음·결혼, 또는 영리의 목적이 있어야 한다.

① 영리의 목적이란 재물 또는 재산상의 이익을 취득하고자 하는 것을 말한다. 여기에서의 이익은 꼭 불법적이어야 하는 것이 아니고 정당한 것이라도 약취·유인의 수단에 의한 이익이면 된다(예 : 부녀를 유혹하여 자기의 실력 지배아래에 두고 여급, 작부, 가사 등의 노역에 종사할 것을 승낙하게 하고 그 선급금 등을 취득한 경우).

② 처음에는 적법하게 자기의 지배 아래 두었으나 나중에 영리의 목적으로 이를 제3자의 지배 아래로 이전할 때에는 영리유인죄가 성립한다.

③ 추행의 의미에 관해서는 다음 제298조 "강제추행" 참조.

④ 간음의 의미에 관해서는 다음 제297조 "강간" 참조.

2. 형의 감경

본 죄를 범한 사람이 약취, 유인, 매매 또는 이송된 사람을 안전한 장소로 풀어준 때에는 그 형을 감경할 수 있다(제295조의2).

[노동력 착취, 성매매 등 목적의 약취 유인 (제288조 2항)]

1. 구성요건

(1) 객관적 구성요건

1) 주체

주체는 제한이 없으며, 필요적 공범으로서 매도인과 매수인이 모두 이 죄에 의하여 처벌받는다.

2) 객체

행위의 객체는 사람으로서 성년, 미성년, 기혼, 미혼을 불문한다.

3) 행위

매매하는 것이다.

① 여기서 매매란 사람의 신체를 유상으로 물건처럼 상대방에게 교부하고 그 상대방이 이에 대해 사실상의 지배를 취득하는 것을 말한다.

② 이 죄는 사람의 신체에 대한 사실상의 지배의 이전이 있어야 기수로 되며, 계약은 체결하였으나 인도하지 아니한 때에는 미수가 된다.

(2) 주관적 구성요건

1) 고의

사람을 매매한다는 사실에 대한 인식과 의사를 내용으로 하는 고의가 있어야 한다.

2) 목적

노동력 착취, 성매매와 성적 착취, 장기적출의 목적이 있어야 한다. 2013. 4. 5. 법 개정으로 인신매매 관련 처벌조항이 신설되었으며, 종래 목적범 형태의 약취, 유인 등의 죄에 '추행, 간음 결혼, 영리, 국외이송 목적' 이외에도 '노동력 착취, 성매매와 성적 착취, 장기적출' 등 신종범죄를 목적으로 하는 경우를 추기하였다.

2. 친고죄가 아님

친고죄가 아님을 주의해야 한다.

Ⅱ. 판례

◆ 형법 제288조에 정한 '유인'의 의미

형법 제288조에서 말하는 '유인'이란 기망 또는 유혹을 수단으로 사람을 꾀어 그 하자 있는 의사에 따라 그 사람을 자유로운 생활관계 또는 보호관계로부터 이탈하게 하여 자기 또는 제3자의 사실적 지배 아래로 옮기는 행위를 말하고(대법원 1976. 9. 14. 선고 76도2072 판결, 1996. 2. 27. 선고 95도2980 판결 등 참조), 여기서 사실적 지배라고 함은 미성년자에 대한 물리적·실력적인 지배관계를 의미한다고 할 것이다(대법원 1998. 5. 15. 선고 98도690 판결 참조)(대법원 2007. 5. 11. 선고 2007도2318 판결).

◆ 구 특정범죄 가중처벌 등에 관한 법률 제5조의2 제4항의 삭제가 '추행 목적의 유인죄'를 가중처벌하도록 한 종전의 조치가 과중하다는 데서 나온 반성적 조치로서 형법 제1조 제2항에 따라 신법이 적용되는 경우에 해당하는지 여부(적극)

구 특정범죄 가중처벌 등에 관한 법률(2013. 4. 5. 법률 제11731호로 개정되기 전의 것) 제5조의2 제4항은 "형법 제288조 · 제289조 또는 제292조 제1항의 죄를 범한 사람은 무기 또는 5년 이상의 징역에 처한다."고 규정하고, 구 형법(2013. 4. 5. 법률 제11731호로 개정되기 전의 것) 제288조 제1항은 "추행, 간음 또는 영리의 목적으로 사람을 약취 또는 유인한 자는 1년 이상의 유기징역에 처한다."고 규정하였으나, 원심판결 선고 전 시행된 특정범죄 가중처벌 등에 관한 법률(2013. 4. 5. 법률 제11731호로 개정된 것)에는 제5조의2 제4항이 삭제되고, 형법(2013. 4. 5. 법률 제11731호로 개정된 것) 제288조 제1항은 "추행, 간음, 결혼 또는 영리의 목적으로 사람을 약취 또는 유인한 사람은 1년 이상 10년 이하의 징역에 처한다."고 규정하여 추행 목적의 유인죄에 대한 법정형이 변경되었는데, 그 취지는 추행 목적의 유인의 형태와 동기가 다양함에도 불구하고 무기 또는 5년 이상의 징역으로 가중처벌하도록 한 종전의 조치가 과중하다는 데서 나온 반성적 조치라고 보아야 할 것이어서, 이는 형법 제1조 제2항의 '범죄 후 법률의 변경에 의하여 그 행위가 범죄를 구성하지 아니하거나 형이 구법보다 경한 때'에 해당한다(대법원 2013. 7. 11., 선고, 2013도4862,2013전도101, 판결).

◆ 간음하기 위하여 일시적으로 장소를 이동할 때 기망 또는 유혹의 수단을 사용한 것에 불과한 경우, 간음목적유인죄의 '유인행위'에 해당하는지 여부(소극)

간음목적유인죄는 실질적으로 보아 간음행위로 나아가기 전 단계에 해당하는 범죄인데, 그 목적을 달성하였다고 볼 수 있는 청소년 준강간 또는 위계 · 위력에 의한 청소년 간음을 내용으로 하는 아동 · 청소년의 성보호에 관한 법률 위반(강간등)죄의 법정형이 5년 이상의 징역형인 데 비하여, 특정범죄 가중처벌 등에 관한 법률 제5조의2 제4항에서 정한 간음의 목적으로 사람을 약취, 유인한 자에 대한 법정형이 무기 또는 5년 이상의 징역형인 점을 고려하면, 형법 제288조가 규정하고 있는 '유인'의 의미는 엄격하게 해석되어야 한다. 따라서 간음하기 위하여 일시적으로 장소를 이동할 때 기망 또는 유혹의 수단을 사용한 것에 불과하다면 간음목적유인죄의 유인행위에 해당하지는 않는다고 보는 것이 타당하다(서울고법 2011.5.26, 선고, 2011노573,2011전노68, 판결 : 상고).

◆ 피고인이 간음 목적으로 미성년자인 피해자를 약취하였다는 내용으로 기소된 사안에서, 고소능력 있는 피해자 본인의 구술에 의한 적법한 고소가 있고, 본인의 고소가 취소되지 아니한 이상 친고죄의 공소제기 요건은 여전히 충족된다는 이유로, 피고인에 대한 간음 목적 약취의 공소사실을 유죄로 인정한 원심판단을 정당여부

피고인이 간음할 목적으로 미성년자인 피해자를 범행 당일 02:30경 주차장으로 끌고 간 다음 같은 날 02:40경 다시 부근의 빌딩 2층으로 끌고 가 약취하였다는 내용으로 기소된 사안에서, 당시 피해자는 11세 남짓한 초등학교 6학년생으로서 피해입은 사실을 이해하고 고소에 따른 사회생활상의 이해관계를 알아차릴 수 있는 사실상의 의사능력이 있었던 것으로 보이고, 경찰에서 일죄의 관계에 있는 범죄사실 중 범행 당일 02:30경의 약취 범행 등을 이유로 피고인을 처벌하여 달라는 의사표시를 분명히 하여 그 의사표시가 피해자 진술조서에 기재되었으므로, 고소능력 있는 피해자 본인이 고소를 하였다고 보아야 하며, 피고인 제출의 합의서에 피해자 성명이 기재되어 있으나 피해자의 날인은 없고, 피해자의 법정대리인인 부(父)의 무인 및 인감증명서가 첨부되어 있을 뿐이어서 피해자 본인의 고소 취소의 의사표시가 여기에 당연히 포함되어 있다고 볼 수 없으므로, 설령 피해자 법정대리인의 고소는 취소되었다고 하더라도 본인의 고소가 취소되지 아니한 이상 친고죄의 공소제기 요건은 여전히 충족된다는 이유로 같은 취지에서 피고인에 대한 간음 목적 약취의 공소사실을 유죄로 인정한 원심판단을 정당하다고 한 사례(대법원 2011.6.24, 선고, 2011도4451,2011전도76, 판결).

◆ 형법 제288조 소정의 약취행위에 있어서의 폭행 또는 협박의 정도

형법 제288조에 규정된 약취행위는 피해자를 그 의사에 반하여 자유로운 생활관계 또는 보호관계로부터 범인이나 제3자의 사실상 지배하에 옮기는 행위를 말하는 것으로서 폭행 또는 협박을 수단으로 사용하는 경우에 그 폭행 또는 협박의 정도는 상대방을 실력적 지배하에 둘 수 있을 정도면 족하고 반드시 상대방의 반항을 억압할 정도의 것임을 요하지 않는다(대법원 1990. 2. 13. 선고 89도2558 판결).

Ⅲ. 수사실무

1. 수사포인트

(1) 부녀의 지위, 연령, 성향, 부녀와 범인과의 관계, 부녀의 약취·유인에 대한 승낙유무에 대해 조사한다.

(2) 범인의 상습성유무와 동기를 조사한다.

(3) 약취·유인의 방법과 태양을 조사한다.

(4) 범인이 피약취·유인자를 간음한 사실이 있는지도 조사한다.

(5) 매매행위일 경우는 그 계약내용을 밝힌다.

2. 범죄사실 기재례

【범죄사실 기재례】

(1) 피의자는 20○○. ○. ○. 14:00경 ○○역 광장을 배회하다가 의자에 혼자 앉아있는 전○○(당○○세)를 보고 그녀를 꾀어서 간음하기로 마음먹고 그녀에게 마치 피의자가 T.V. 예능프로의 프로듀서인 것처럼 꾸민 다음 "나는 ○○프로를 위해 평범한 얼굴을 찾으러 나온 P.D인데 이제야 사람을 찾은 것 같다. 탤런트 해 볼 생각 없느냐"고 하면서 달콤한 말로 그녀를 유혹하였다.

그리하여 다음날 14:00에 만나 ○○역 부근의 ○○여관 ○○호실로 데리고 들어가 그녀를 간음함으로써 간음의 목적으로 그녀를 유인하였다.

(2) 피의자 김○○는 직업소개소를 경영하고 있고, 동 박○○는 주점을 경영하고 있다.

피의자 김○○는 20○○. ○. ○. ○○시 ○○동 ○○번지에 있는 피의자가 경영하는 직업소개소에 아직 학생티를 벗지 못한 이○○(당○○세)와 정○○(당○○세)가 찾아오자 이들을 박○○가 경영하는 ○○동 ○○번지에 있는 술집 "○○○"에 팔기로 마음먹었다.

피의자는 박○○가 이들을 접대부로 사용할 것이라는 사실을 알면서도 그로부터 현금 ○○만원을 받고 이들을 인도하여 주어 취업에 사용할 목적으로 부녀를 팔았다.

3. 적용실례

(1) 사람을 납치, 돈을 전해 받는 과정에서 경찰이 덮쳐 실패한 경우

피의자는 ㅇㅇ회사의 사장을 납치하고, 그 회사가 간부에 대해 사장을 돌려보내는 조건으로 1억원의 현금 교부를 요구했지만, 그 돈을 전해 받는 과정에서 그 현장을 경찰이 덮쳐 돈을 받는 일을 실패하고 말았다. 피의자의 죄책은?

➡ 영리 등을 위한 약취·유인죄가 성립한다. 피의자의 금품을 요구한 대상이 가족이나 친족이 아닌 회사의 간부이긴 하지만, 이들도 위 피해자의 신체나 생명에 위험이 가지 않기를 자기 일처럼 희망하는 사람들이기 때문에 범죄의 성립에는 영향을 주지 않는다.

3. 인신매매죄

제289조【인신매매】

① 사람을 매매한 사람은 7년 이하의 징역에 처한다.

② 추행, 간음, 결혼 또는 영리의 목적으로 사람을 매매한 사람은 1년 이상 10년 이하의 징역에 처한다.

③ 노동력 착취, 성매매와 성적 착취, 장기적출을 목적으로 사람을 매매한 사람은 2년 이상 15년 이하의 징역에 처한다.

④ 국외에 이송할 목적으로 사람을 매매하거나 매매된 사람을 국외로 이송한 사람도 제3항과 동일한 형으로 처벌한다.

[전문개정 2013. 4. 5]

제290조【약취, 유인, 매매, 이송 등 상해·치상】

① 제287조부터 제289조까지의 죄를 범하여 약취, 유인, 매매 또는 이송된 사람을 상해한 때에는 3년 이상 25년 이하의 징역에 처한다.

② 제287조부터 제289조까지의 죄를 범하여 약취, 유인, 매매 또는 이송된 사람을 상해에 이르게 한 때에는 2년 이상 20년 이하의 징역에 처한다.

[전문개정 2013. 4. 5]

제291조【약취, 유인, 매매, 이송 등 살인·치사】

① 제287조부터 제289조까지의 죄를 범하여 약취, 유인, 매매 또는 이송된 사람을 살해한 때에는 사형, 무기 또는 7년 이상의 징역에 처한다.

② 제287조부터 제289조까지의 죄를 범하여 약취, 유인, 매매 또는 이송된 사람을 사망에 이르게 한 때에는 무기 또는 5년 이상의 징역에 처한다.

[전문개정 2013. 4. 5.]

제292조【약취, 유인, 매매, 이송된 사람의 수수·은닉 등】

① 제287조부터 제289조까지의 죄로 약취, 유인, 매매 또는 이송된 사람을 수수(授受) 또는 은닉한 사람은 7년 이하의 징역에 처한다.

② 제287조부터 제289조까지의 죄를 범할 목적으로 사람을 모집, 운송, 전달한 사람도 제1항과 동일한 형으로 처벌한다.

[전문개정 2013. 4. 5]

제293조 삭제 〈2013.4.5.〉

제294조【미수범】

제287조부터 제289조까지, 제290조제1항, 제291조제1항과 제292조제1항의 미수범은 처벌한다.

[전문개정 2013. 4. 5]

제295조【벌금의 병과】

제288조부터 제291조까지, 제292조제1항의 죄와 그 미수범에 대하여는 5천만원 이하의 벌금을 병과할 수 있다.

[전문개정 2013. 4. 5]

제295조의2【형의 감경】

제287조부터 제290조까지, 제292조와 제294조의 죄를 범한 사람이 약취, 유인, 매매 또는 이송된 사람을 안전한 장소로 풀어준 때에는 그 형을 감경할 수 있다.

[전문개정 2013. 4. 5]

제296조【예비, 음모】

제287조부터 제289조까지, 제290조제1항, 제291조제1항과 제292조제1항의 죄를 범할 목적으로 예비 또는 음모한 사람은 3년 이하의 징역에 처한다.

[전문개정 2013. 4. 5.]

제296조의2【세계주의】

제287조부터 제292조까지 및 제294조는 대한민국 영역 밖에서 죄를 범한 외국인에게도 적용한다.

[본조신설 2013. 4. 5]

Ⅰ. 인신매매법의 처벌

「인신매매방지의정서」의 이행입법으로 장(章)명을 "약취와 유인의 죄"에서 "약취, 유인 및 인신매매의 죄"로 변경하고 인신매매 관련 처벌조항을 신설하였었고 또한 목적범 형태의 약취, 유인 등의 죄에 "추행, 간음, 결혼, 영리, 국외이송 목적" 외에도 "노동력 착취, 성매매와 성적 착취, 장기적출" 등 신종범죄를 목적으로 하는 경우를 추가하였다. 또한 결과적가중범을 신설하되 상해와 치상, 살인과 치사 등의 법정형을 구분하여 책임주의에 부합하도록 하고, 종래 방조범 형태로 인정되던 약취, 유인, 인신매매 등을 위하여 사람을 모집, 운송, 전달하는 행위를 독자적인 구성요건으로 처벌하도록 하였다. 그리고 인류에 대한 공통적인 범죄인 약취, 유인과 인신매매의 규정이 대한민국 영역 밖에서 죄를 범한 외국인에게도 적용될 수 있도록 세계주의 규정을 도입하였다.

인신매매죄는 사람을 매매하거나, 추행 등의 목적으로 '사람'을 매매하거나 매매된 사람을 국외로 이송함으로써 성립하는 범죄이다. 필요적 공범이므로 매도인과 매수인 모두 본죄에 의하여 처벌받는다.

제 32 장 강간과 추행의 죄 (제297조 ~ 제306조)

제32장 강간과 추행의 죄(제297조 ~ 제306조)

※ 성폭력범죄자에 대한 전자팔찌 착용(2008년 9월 1일부터 시행)

시행대상자(검사가 법원에 청구함 - 전자장치 부착등에 관한 법률 제5조 제1항)

1. 성폭력범죄로 징역형의 실형을 선고받은 사람이 그 집행을 종료한 후 또는 집행이 면제된 후 10년 이내에 성폭력범죄를 저지른 때
2. 성폭력범죄로 이 법에 따른 전자장치를 부착받은 전력이 있는 사람이 다시 성폭력범죄를 저지른 때
3. 성폭력범죄를 2회 이상 범하여(유죄의 확정판결을 받은 경우를 포함한다) 그 습벽이 인정된 때
4. 19세 미만의 사람에 대하여 성폭력범죄를 저지른 때
5. 신체적 또는 정신적 장애가 있는 사람에 대하여 성폭력범죄를 저지른 때

위반시 7년이하의 징역 또는 2,000만원 이하의 벌금

1. 강간죄, 유사강간죄

제297조【강간】

폭행 또는 협박으로 사람을 강간한 자는 3년 이상의 유기징역에 처한다.
〈개정 2012. 12. 18.〉

제297조의2【유사강간】

폭행 또는 협박으로 사람에 대하여 구강, 항문 등 신체(성기는 제외한다)의 내부에 성기를 넣거나 성기, 항문에 손가락 등 신체(성기는 제외한다)의 일부 또는 도구를 넣는 행위를 한 사람은 2년 이상의 유기징역에 처한다.

[본조신설 2012. 12. 18]

[폭행협박] 107 · 115 · 136 · 298 · 324 · 325 · 333 · 335, [준강간] 299, [치사상] 301, [미성년자에대한간음] 305, [강도강간] 339, [결과범] 301, [군법] 군형84, [공소시효] : 10년

○ 폭행 또는 협박으로 사람을 강간함으로써 성립하는 범죄로 강제추행죄에 대해 불법이 가중되는 가중적 구성요건이다.

◈ 대법원 양형위원회의 양형기준 ◈

유형	구분	감경	기본	가중
1	일반강간	1년6월-3년	2년6월-5년	4년-7년
2	친족관계에 의한 강간/주거침입 등 강간/특수강간	3년-5년6월	5년-8년	6년-9년
3	강도강간	5년-9년	8년-12년	10년-15년

◈ 성년 유사강간은 1유형에 포섭하되, 형량범위의 상한과 하한을 2/3로 감경
◈ 청소년 강간/유사강간(위계·위력간음/유사성교 포함)은 2유형에 포섭
◈ 특정강력범죄(누범)에 해당하는 경우에는 형량범위의 상한과 하한을 1.5 배 가중
◈ 강도강간죄의 특정범죄가중(누범)에 해당하는 경우에는 형량범위의 상한 과 하한을 1.5배 가중

Ⅰ. 이론

1. 구성요건

(1) 객관적 구성요건

1) 주체

이 죄는 신분범도 자수범도 아니어서 주체는 제한이 없다.

2) 객체

형법 개정으로 행위의 객체는 사람으로 변경되었고, 그에 따라 성전환수술을 받은 자의 객체성 여부에 대한 논의는 더 이상 별 의미를 갖지 않게 되었다.

▣ 이견있는 형사사건의 법원판단 ▣

[법률상의 처가 본죄의 객체인지 여부]

1. 문제점 : 법률상의 처가 본죄의 객체가 될 것인지 여부에 대하여 견해가 대립한다.

2. 학설

(1) 긍정설 : 혼인계약의 내용에 강요된 동침까지 포함된다고 해석할 수는 없으므로 처에 대한 강간죄의 성립을 인정하는 견해

(2) 부정설 : 부부관계의 특수성을 고려할 때 처는 본죄의 객체가 될 수 없다는

(3) 절충설 : 부부간에는 강간죄가 성립하지 않지만, 별거중이거나 사실상 부부관계를 지속하고 있지 않은 경우에는 성립한다는 견해

3. 판례 : 실질적인 부부관계가 존재하는지의 여부에 따라 판단하다가 최근 전원합의체 판결로 긍정설의 입장으로 변경

(1) 기존입장

혼인관계가 존속하는 상태에서 남편이 처의 의사에 반하여 폭행 또는 협박으로 성교행위를 한 경우 강간죄가 성립하는지 여부는 별론으로 하더라도, 적어도 당사자 사이에 혼인관계가 파탄되었을 뿐만 아니라 더 이상 혼인관계를 지속할 의사가 없고 이혼의사의 합치가 있어 실질적인 부부관계가 인정될 수 없는 상태에 이르렀다면, 법률상의 배우자인 처도 강간죄의 객체가 된다(대법원 2009.2.12. 선고 2008도8601).

(2) 변경된 입장

헌법이 보장하는 혼인과 가족생활의 내용, 가정에서의 성폭력에 대한 인식의 변화, 형법의 체계와 그 개정 경과, 강간죄의 보호법익과 부부의 동거의무의 내용 등에 비추어 보면, 형법 제297조가 정한 강간죄의 객체인 '부녀'에는 법률상 처가 포함되고, 혼인관계가 파탄된 경우뿐만 아니라 혼인관계가 실질적으로 유지되고 있는 경우에도 남편이 반항을 불가능하게 하거나 현저히 곤란하게 할 정도의 폭행이나 협박을 가하여 아내를 간음한 경우에는 강간죄가 성립한다고 보아야 한다(대법원 2013.05.16. 선고 2012도14788 전원합의체 판결).

3) 행위

폭행 또는 협박에 의해 강간하는 것이다.

① 폭행·협박 : 이 죄의 폭행·협박은 상대방의 반항을 현저하게 곤란하게 할 정도면 족하다. 그러나 그 폭행 또는 협박이 피해자의 항거를 불능하게 하거나 현저히 곤란하게 할 정도의 것이었는지 여부는 유형력을 행사한 당해 폭행 및 협박의 내용과 정도, 유형력을 행사하게 된 경위, 피해자와의 관계, 성교 당시의 정황 등을 종합하여 판단해야 한다.

② 강간 : 강간이란 폭행이나 협박에 의해 상대방의 반항을 곤란하게 하고 간음하는 것을 말하며, 행위자가 실행에 착수하기 전에 상대방이 동의하면(화간) 구성요건해당성이 조각되며, 실행의 착수 후에 동의하면 강간미수가 된다.

③ 유사강간 : 성기 이외의 구강, 항문 등 신체의 내부에 성기를 넣거나 성기, 항문에 성기 이외의 손가락 등 신체의 일부 또는 도구를 넣는 행위를 말한다.

(2) 주관적 구성요건

고의가 있어야 한다.

2. 죄수 및 타죄와의 관계

(1) 같은 폭행·협박을 이용하여 여러 번 간음한 때에는 단순일죄가 성립할 뿐이다.

(2) 이 죄와 폭행·협박죄는 법조경합관계에 있다. 따라서 강간죄가 성립하면 별도로 폭행죄나 협박죄가 성립할 여지가 없다.

(3) 강간을 위해 부녀를 감금하면 강간죄와 감금죄의 경합범이 된다.

(4) 유사강간행위를 하다가 강간으로 나아간 경우에는 포괄하여 강간죄만 성립한다.

Ⅱ. 판례

◆ 강간죄의 성립요건으로서 폭행·협박의 정도 및 그 판단 기준

강간죄가 성립하려면 가해자의 폭행·협박은 피해자의 항거를 불가능하게 하거나 현저히 곤란하게 할 정도의 것이어야 하고, 그 폭행·협박이 피해자의 항거를 불가능하게 하거나 현저히 곤란하게 할 정도의 것이었는지 여부는 그 폭행·협박의 내용과 정도는 물론, 유형력을 행사하게 된 경위, 피해자와의 관계, 성교 당시와 그 후의 정황 등 모든 사정을 종합하여 판단하여야 한다(대법원 2007. 1. 25. 선고 2006도5979 판결).

◆ 형법 제32장에 규정된 '강간과 추행의 죄'의 보호법익인 '성적 자유', '성적 자기결정권'의 의미 / 미성년자 등 추행죄에서 말하는 '미성년자', '심신미약자'의 의미 / 위 죄에서 말하는 '추행'의 의미 및 추행에 해당하는지 판단하는 기준 / 위 죄에서 말하는 '위력'의 의미 및 위력으로써 추행한 것인지 판단하는 기준

형법 제302조는 "미성년자 또는 심신미약자에 대하여 위계 또는 위력으로써 간음 또는 추행을 한 자는 5년 이하의 징역에 처한다."라고 규정하고 있다. 형법은 제2편 제32장에서 '강간과 추행의 죄'를 규정하고 있는데, 이 장에 규정된 죄는 모두 개인의 성적 자유 또는 성적 자기결정권을 침해하는 것을 내용으로 한다. 여기에서 '성적 자유'는 적극적으로 성행위를 할 수 있는 자유가 아니라 소극적으로 원치 않는 성행위를 하지 않을 자유를 말하고, '성적 자기결정권'은 성행위를 할 것인가 여부, 성행위를 할 때 상대방을 누구로 할 것인가 여부, 성행위의 방법 등을 스스로 결정할 수 있는 권리를 의미한다. 형법 제32장의 죄의 기본적 구성요건은 강간죄(제297조)나 강제추행죄(제298조)인데, 이 죄는 미성년자나 심신미약자와 같이 판단능력이나 대처능력이 일반인에 비하여 낮은 사람은 낮은 정도의 유·무형력의 행사에 의해서도 저항을 제대로 하지 못하고 피해를 입을 가능성이 있기 때문에 범죄의 성립요건을 보다 완화된 형태로 규정한 것이다.

이 죄에서 '미성년자'는 형법 제305조 및 성폭력범죄의 처벌 등에 관한 특례법 제7조 제5항의 관계를 살펴볼 때 '13세 이상 19세 미만의 사람'을 가리키는 것으로 보아야 하고, '심신미약자'란 정신기능의 장애로 인하여 사물을 변별하거나 의사를 결정할 능력이 미약한 사람을 말한다. 그리고 '추행'이란 객관적으로 피해자와 같은 처지에 있는 일반적·평균적인 사람으로 하여금 성적 수치심이나 혐오감을 일으키게 하고 선량한 성적 도덕관념에 반하는 행위로서 구체적인 피해자를 대상으로 하여 피해자의 성적 자유를 침해하는 것을 의미하는데, 이에 해당하는지 여부는 피해자의 의사, 성별, 연령, 행위자와 피해자의 관계, 행위에 이르게 된 경위, 피해자에 대하여 이루어진 구체적 행위태양, 주위의 객관적 상황과 그 시대의 성적 도덕관념 등을 종합적으로 고려하여 판단하여야 한다. 다음으로 '위력'이란 피해자의 성적 자유의사를 제압하기에 충분한 세력으로서 유형적이든 무형적이든 묻지 않으며, 폭행·협박뿐 아니라 행위자의 사회적·경제적·정치적인 지위나 권세를 이용하는 것도 가능하다. 위력으로써 추행한 것인지 여부는 피해자에 대하여 이루어진 구체적인 행위의 경위 및 태양, 행사한 세력의 내용과 정도, 이용한 행위자의 지위나 권세의 종류, 피해자의 연령, 행위자와 피해자의 이전부터의 관계, 피해자에게 주는 위압감 및 성적 자유의사에 대한 침해의 정도, 범행 당시의 정황 등 여러 사정을 종합적으로 고려하여 판단하여야 한다(대법원 2019. 6. 13., 선고, 2019도3341, 판결).

◆ 강간치상죄를 범하여 징역형의 집행유예를 선고받은 경우, 개인택시운송사업 운전자격을 취소하여야 하는 죄를 범한 경우에 해당하는지 여부(적극)

여객자동차 운수사업법 제87조 제1항 제3호, 제24조 제4항 제2호, 제1호 (가)목, 제3항 제1호 (가)목, 제75조 제2항, 제1항, 여객자동차 운수사업법 시행령 제16조 제1항, 제37조 제2항 제15호의2에 따르면, 국토교통부장관 또는 시·도지사와 그로부터 위임을 받은 시장·군수 또는 구청장은 개인택시운송사업의 운전자격을 취득한 사람이 특정강력범죄의 처벌에 관한 특례법 제2조 제1항 각호에 따른 죄를 범하여 금고 이상의 형의 집행유예를 선고받고 집행유예기간 중에 있는 사람에 해당하게 된 경우 자격을 취소하여야 한다.

특정강력범죄의 처벌에 관한 특례법은 기본적 윤리와 사회질서를 침해하는 특정강력범죄에 대한 처벌과 절차에 관한 특례를 규정하는 법률로서, 제2조 제1항 각호에서 형법, 성폭력범죄의 처벌 등에 관한 특례법, 폭력행위 등 처벌에 관한 법률 등에서 규정한 죄 중 특정강력범죄를 열거하고 있다.

형법 제301조, 제297조에 따른 강간치상죄가 특정강력범죄의 처벌에 관한 특례법 제2조 제1항 제3호에 해당하는 특정강력범죄로 규정되어 있는 이상, 강간치상죄를 범하여 징역형의 집행유예를 선고받은 사람은 개인택시운송사업 운전자격을 취소하여야 하는 죄를 범한 경우에 해당한다(대법원 2019. 5. 10., 선고, 2018두58769, 판결).

◆ 강간죄가 성립하기 위한 폭행·협박의 정도 및 폭행·협박이 피해자의 항거를 불가능하게 하거나 현저히 곤란하게 할 정도였는지 판단하는 기준 / 강간죄에서 폭행·협박과 간음 사이에 인과관계가 있어야 하는지 여부(적극) 및 폭행·협박이 반드시 간음행위보다 선행되어야 하는지 여부(소극)

강간죄가 성립하려면 가해자의 폭행·협박은 피해자의 항거를 불가능하게 하거나 현저히 곤란하게 할 정도의 것이어야 한다. 폭행·협박이 피해자의 항거를 불가능하게 하거나 현저히 곤란하게 할 정도의 것이었는지 여부는 폭행·협박의 내용과 정도는 물론, 유형력을 행사하게 된 경위, 피해자와의 관계, 성교 당시와 그 후의 정황 등 모든 사정을 종합하여 판단하여야 한다. 또한 강간죄에서의 폭행·협박과 간음 사이에는 인과관계가 있어야 하나, 폭행·협박이 반드시 간음행위보다 선행되어야 하는 것은 아니다.(대법원 2017.10.12, 선고, 2016도16948, 2016전도156, 판결).

◆ 강간치상죄나 강제추행치상죄에서 '상해'의 의미 / 수면제와 같은 약물을 투약하여 피해자를 일시적으로 수면 또는 의식불명 상태에 이르게 한 것이 강간치상죄나 강제추행치상죄에서 말하는 상해에 해당하는 경우 및 판단 기준

강간치상죄나 강제추행치상죄에 있어서의 상해는 피해자의 신체의 완전성을 훼손하거나 생리적 기능에 장애를 초래하는 것, 즉 피해자의 건강상태가 불량하게 변경되고 생활기능에 장애가 초래되는 것을 말하는 것으로, 여기서의 생리적 기능에는 육체적 기능뿐만 아니라 정신적 기능도 포함된다.

따라서 수면제와 같은 약물을 투약하여 피해자를 일시적으로 수면 또는 의식불명 상태에 이르게 한 경우에도 약물로 인하여 피해자의 건강상태가 불량하게 변경되고 생활기능에 장애가 초래되었다면 자연적으로 의식을 회복하거나 외부적으로 드러난 상처가 없더라도 이는 강간치상죄나 강제추행치상죄에서 말하는 상해에 해당한다. 그리고 피해자에게 이러한 상해가 발생하였는지는 객관적, 일률적으로 판단할 것이 아니라 피해자의 연령, 성별, 체격 등 신체 · 정신상의 구체적인 상태, 약물의 종류와 용량, 투약방법, 음주 여부 등 약물의 작용에 미칠 수 있는 여러 요소를 기초로 하여 약물 투약으로 인하여 피해자에게 발생한 의식장애나 기억장애 등 신체, 정신상의 변화와 내용 및 정도를 종합적으로 고려하여 판단하여야 한다(대법원 2017.6.29, 선고, 2017도3196, 판결).

◆ 강간죄에 있어서 폭행 · 협박의 정도 및 그 판단 기준

강간죄가 성립하려면 가해자의 폭행·협박은 피해자의 항거를 불가능하게 하거나 현저히 곤란하게 할 정도의 것이어야 하고, 폭행·협박이 피해자의 항거를 불가능하게 하거나 현저히 곤란하게 할 정도의 것이었는지 여부는 그 폭행·협박의 내용과 정도는 물론, 유형력을 행사하게 된 경위, 피해자와의 관계, 성교 당시와 그 후의 정황 등 모든 사정을 종합하여 판단하여야 한다(대법원 2001. 10. 13. 선고 2001도4462 판결).

◆ 성전환자가 강간죄의 객체가 될 수 있는지 여부(적극)

강간죄의 객체는 부녀로서 여자를 가리키는 것이므로, 강간죄의 성립을 인정하기 위하여는 피해자를 법률상 여자로 인정할 수 있어야 한다. 종래에는 사람의 성을 성염색체와 이에 따른 생식기성기 등 생물학적인 요소에 따라 결정하여 왔으나 근래에 와서는 생물학적인 요소뿐 아니라 개인이 스스로 인식하는 남성 또는 여성으로의 귀속감 및 개인이 남성 또는 여성으로서 적합하다고 사회적으로 승인된 행동태도성격적 특징 등의 성역할을 수행하는 측면, 즉 정신적사회적 요소들 역시 사람의 성을 결정하는 요소 중의 하나로 인정받게 되었으므로, 성의 결정에 있어 생물학적 요소와 정신적사회적 요소를 종합적으로 고려하여야 한다. 성전환증을 가진 사람의 경우에도, 남성 또는 여성 중 어느 한쪽의 성염색체를 보유하고 있고 그 염색체와 일치하는 생식기와 성기가 형성발달되어 출생하지만 출생 당시에는 아직 그 사람의 정신적사회적인 의미에서의 성을 인지할 수 없으므로, 사회통념상 그 출생 당시에는 생물학적

인 신체적 성징에 따라 법률적인 성이 평가될 것이다. 그러나 출생 후의 성장에 따라 일관되게 출생 당시의 생물학적인 성에 대한 불일치감 및 위화감혐오감을 갖고 반대의 성에 귀속감을 느끼면서 반대의 성으로서의 역할을 수행하며 성기를 포함한 신체 외관 역시 반대의 성으로서 형성하기를 강력히 원하여, 정신과적으로 성전환증의 진단을 받고 상당기간 정신과적 치료나 호르몬치료 등을 실시하여도 여전히 위 증세가 치유되지 않고 반대의 성에 대한 정신적사회적 적응이 이루어짐에 따라 일반적인 의학적 기준에 의하여 성전환수술을 받고 반대 성으로서의 외부 성기를 비롯한 신체를 갖추고, 나아가 전환된 신체에 따른 성을 가진 사람으로서 만족감을 느끼며 공고한 성정체성의 인식 아래 그 성에 맞춘 의복, 두발 등의 외관을 하고 성관계 등 개인적인 영역 및 직업 등 사회적인 영역에서 모두 전환된 성으로서의 역할을 수행함으로써 주위 사람들로부터도 그 성으로서 인식되고 있으며, 전환된 성을 그 사람의 성이라고 보더라도 다른 사람들과의 신분관계에 중대한 변동을 초래하거나 사회에 부정적인 영향을 주지 아니하여 사회적으로 허용된다고 볼 수 있다면, 이러한 여러 사정을 종합적으로 고려하여 사람의 성에 대한 평가 기준에 비추어 사회통념상 신체적으로 전환된 성을 갖추고 있다고 인정될 수 있는 경우가 있다 할 것이며, 이와 같은 성전환자는 출생시와는 달리 전환된 성이 법률적으로도 그 성전환자의 성이라고 평가받을 수 있을 것이다(대법원 2009. 9.10. 2009도3580).

◆ 법률상 혼인관계에 있기는 하나 혼인관계가 파탄에 이르고 실질적인 부부관계를 인정할 수 없는 경우, 처가 강간죄의 객체가 되는지 여부(적극)

(1) 사실관계

피고인과 피해자는 서로 별거를 하다가 이 사건 발생 전날 의정부지방법원 고양지원에 협의이혼신청서를 제출하였다. 이러한 상황에서 피고인이 피해자의 의사에 반하여 강제로 성관계를 가졌다.

(2) 판결요지

혼인관계가 존속하는 상태에서 남편이 처의 의사에 반하여 폭행 또는 협박으로 성교행위를 한 경우 강간죄가 성립하는지 여부는 별론으로 하더라도, 적어도 당사자 사이에 혼인관계가 파탄되었을 뿐만 아니라 더 이상 혼인관계를 지속할 의사가 없고 이혼의사의 합치가 있어 실질적인 부부관계가 인정될 수 없는 상태에 이르렀다면, 법률상의 배우자인 처도 강간죄의 객체가 된다(대법원 2009.2.12. 선고 2008도8601 판결).

◆ 강간죄의 실행의 착수시기

강간죄는 부녀를 간음하기 위하여 피해자의 항거를 불능하게 하거나 현저히 곤란하게 할 정도의 폭행 또는 협박을 개시한 때에 그 실행의 착수가 있다고 보아야 할 것이고, 실제로 그와 같은 폭행 또는 협박에 의하여 피해자의 항거가 불능하게 되거나 현저히 곤란하게 되어야만 실행의 착수가 있다고 볼 것은 아니다(대법원 2000. 6. 9. 선고 2000도1253 판결).

◆ 아동·청소년의 성보호에 관한 법률 위반(강간등) 사건의 피고인에게 법원이 국민참여재판 여부에 관한 의사를 확인하지 아니한 사안에서, 위 사건은 국민참여재판 대상사건에 해당하지 아니하여, 제1심법원이 피고인에게 국민참여재판 여부에 관하여 의사를 확인하지 아니하거나 원심법원이 그에 대하여 직권으로 판단하지 아니한 것에 피고인의 국민참여재판을 받을 권리를 침해한 위법이 있다고 볼 수 없다고 한 사례

아동·청소년의 성보호에 관한 법률 위반(강간등) 사건의 피고인에게 법원이 국민참여재판 여부에 관한 의사를 확인하지 아니한 사안에서, 위 사건은 국민의 형사재판 참여에 관한 법률 제5조에서 정한 국민참여재판 대상사건에 해당하지 아니하여, 제1심법원이 피고인에게 국민참여재판 여부에 관하여 의사를 확인하지 아니하거나 원심법원이 그에 대하여 직권으로 판단하지 아니한 것에 피고인의 국민참여재판을 받을 권리를 침해한 위법이 있다고 볼 수 없다고 한 사례. (대법원 2012.2.23. 선고 2011도15608 판결)

◆ 형법 제297조에서 규정한 강간죄의 객체인 '부녀'에 법률상 처(처)가 포함되는지 여부(적극) 및 혼인관계가 실질적으로 유지되고 있더라도 남편이 반항을 불가능하게 하거나 현저히 곤란하게 할 정도의 폭행이나 협박을 가하여 아내를 간음한 경우 강간죄가 성립하는지 여부(적극)와 남편의 아내에 대한 폭행 또는 협박이 피해자의 반항을 불가능하게 하거나 현저히 곤란하게 할 정도에 이른 것인지 판단하는 기준

(가) 형법(2012. 12. 18. 법률 제11574호로 개정되기 전의 것, 이하 같다) 제297조는 부녀를 강간한 자를 처벌한다고 규정하고 있는데, 형법이 강간죄의 객체로 규정하고 있는 '부녀'란 성년이든 미성년이든, 기혼이든 미혼이든 불문하며 곧 여자를 가리킨다. 이와 같이 형법은 법률상 처를 강간죄의 객체에서 제외하는 명문의 규정을 두고 있지 않으므로, 문언 해석상으로도 법률상 처가 강간죄의 객체에 포함된다고 새기는 것에 아무런 제한이 없다. 한편 1953. 9. 18. 법률 제293호로 제정된 형법은 강간죄를 규정한 제297조를 담고 있는 제2편 제32장의 제목을 '정조에 관한 죄'라고 정하고 있었는데, 1995. 12. 29. 법률 제5057호로 형법이 개정되면서 그 제목이 '강간과 추행의 죄'로 바뀌게 되었다. 이러한 형법의 개정은 강간죄의 보호법익이 현재 또는 장래의 배우자인 남성을 전제로 한 관념으로 인식될 수 있는 '여성의 정조' 또는 '성적 순결'이 아니라, 자유롭고 독립된 개인으로서 여성이 가지는 성적 자기결정권이라는 사회 일반의 보편적 인식과 법감정을 반영한 것으로 볼 수 있다. 부부 사이에 민법상의 동거의무가 인정된다고 하더라도 거기에 폭행, 협박에 의하여 강요된 성관계를 감내할 의무가 내포되어 있다고 할 수 없다. 혼인이 개인의 성적 자기결정권에 대한 포기를 의미한다고 할 수 없고, 성적으로 억압된 삶을 인내하는 과정일 수도 없기 때문이다.

(나) 결론적으로 헌법이 보장하는 혼인과 가족생활의 내용, 가정에서의 성폭력에 대한 인식의 변화, 형법의 체계와 그 개정 경과, 강간죄의 보호법익과 부부의 동거의무의 내용 등에 비추어 보면, 형법 제297조가 정한 강간죄의 객체인 '부녀'에는 법률상 처가 포함되고, 혼인관계가 파탄된 경우뿐만 아니라 혼인관계가 실질적으로 유지되고 있는 경우에도 남편이 반항을 불가능하게 하거나 현저히 곤란하게 할 정도의 폭행이나 협박을 가하여 아내를 간음한 경우에는 강간죄가 성립한다고 보아야 한다. 다만 남편의 아내에 대한 폭행 또는 협박이 피해자의 반항을 불가능하게 하거나 현저히 곤란하게 할 정도에 이른 것인지 여부는, 부부 사이의 성생활에 대한 국가의 개입은 가정의 유지라는 관점에서 최대한 자제하여야 한다는 전제에서, 그 폭행 또는 협박의 내용과 정도가 아내의 성적 자기결정권을 본질적으로 침해하는 정도에 이른 것인지 여부, 남편이 유형력을 행사하게 된 경위, 혼인생활의 형태와 부부의 평소 성행, 성교 당시와 그 후의 상황 등 모든 사정을 종합하여 신중하게 판단하여야 한다(대법원 2013.05.16. 선고 2012도14788 전원합의체 판결).

◆ 유사강간죄의 실행의 착수시기

강간죄는 사람을 강간하기 위하여 피해자의 항거를 불능하게 하거나 현저히 곤란하게 할 정도의 폭행 또는 협박을 개시한 때에 그 실행의 착수가 있다고 보아야 할 것이지, 실제 간음행위가 시작되어야만 그 실행의 착수가 있다고 볼 것은 아니다. 유사강간죄의 경우도 이와 같다.(대법원 2021. 8. 12., 선고, 2020도17796, 판결)

Ⅲ. 수사실무

1. 수사포인트

(1) 범죄행위가 우발적이었는지 계획적이었는지 조사한다.

(2) 폭행 또는 협박의 내용을 상세하게 조사한다(폭행·협박의 방법, 흉기사용여부 등). → 2인이상, 흉기사용시 특별법(성폭력) 적용

(3) 피해자가 어떻게 반항을 했는지, 억압된 정도는 어땠는지 조사한다.

(4) 강간의 장소와 현장 상황을 검증한다.

(5) 피의자가 부인할 경우 피의자의 정액, 혈액, 모발 등을 채취하여 감정을 의뢰한다.

(6) 강간행위로 말미암아 치상·치사의 결과가 초래하였는지에 대하여도 조사해야 하며, 이러한 경우 강간과 치상·치사 등과 인과관계가 있는지의 여부에 대해서도 살펴본다.

(7) 강간을 주장하면서 사실은 화간일 경우가 적지 않으므로 가해자와 피해자의 관계, 피해자의 나이, 신분 등을 철저히 조사한다.

(8) 범인을 알게 된 날로부터 6개월을 경과하면 고소할 수 없다.

2. 피의자 신문례

(1) 피의자는 피해자와 강제로 성교하려 한 일이 있나요

(2) 피해자는 전부터 알고 있던 사람인가요

(3) 언제, 어디서 강제로 성교했나요

(4) 어떤 방법으로 했나요

(5) 피의자 혼자서 하였는가요

(6) 피해자에게 상처를 입혔나요

(7) 이것이 당시 피해자를 위협하는데 사용했던 칼인가요(이 때 압수된 증제○호 칼을 보여준다)

(8) 피해자는 어떤 반응을 보였나요

(9) 어디에 있다가 붙잡혔나요

(10) 왜 이런 일을 했나요

(11) 합의는 했나요

3. 범죄사실 기재례

【범죄사실 기재례】

(1) 피의자는 20○○. ○. ○. 23:20경 ○○시 ○○동 ○○번지의 골목길에서 집으로 가려고 그 곳을 지나가던 피해자 배○○(당○○세)에게 간음할 목적으로 다가가 갑자기 뒤에서 그녀의 목을 조르고 그 옆 공원의 화장실 뒤로 끌고가 주먹으로 그녀의 얼굴과 배를 때리는 등 폭행하여 반항을 못하게 하였다. 그리고 그 곳에서 그녀를 강제로 간음하여 강간하고, 즉석에서 무서워 떨고 있는 그녀의 지갑에 있던 그녀 소유인 돈 30만원을 강취하였다.

(2) 피의자 윤○○은 20○○. ○. ○. 17 : 30경 서울 ○○구 ○○동에 있는 피의자 윤○○의 자취방으로 피해자 이○○(당○○세)를 (어떻게) 유인한 다음, 피의자 윤○○은 바닥에 앉아있던 그녀를 넘어뜨리고 얼굴을 때리고 다리를 잡아 누르는 등 폭행을 하여 반항을 억압한 다음 강제로 성교하여 강간하였다.

(3) 피의자는 20○○. ○. ○. 23:30경 ○○동에 있는 ○○도로상에 주차한 피의자 소유의 ○○가○○○○ NF쏘나타 조수석에서 함께 타고간 ○○동 ○○다방종업원인 피해자 이○○(여, 21세)에게 성관계를 요구하며 옷을 벗으라고 하였다. 그러나 피해자가 이를 거절하자 심한 욕설을 하며 조수석으로 넘어가 의자를 뒤로 젖혀 피해자를 눕히고 피의자의 무릎으로 피해자의 허벅지를 내리눌러 반항을 억압한 다음 상, 하의를 벗기고 간음하였다.

4. 적용실례

(1) 별거중 아내를 폭행, 간음한 경우

공○○는 그의 아내 최○○와 별거중인데, 어느 날 최○○에게 이혼서류문제를 처리하자고 하며 그녀의 집으로 들어와 폭행을 가하고 그녀를 간음했다.

➡ 부부는 서로 성교를 요구하고 응하는 관계에 있지만, 이 경우와 같이 실질적으로 혼인관계가 파탄되어 있는 때에는 남편이라도 강간죄를 범한 것이 된다.

(2) 항거불능상태에 있는 자를 강간하고, 재물을 절취한 경우

피해자가 술에 취해 의식불명상태에 있을 때 그녀를 강간하고 가방을 열어 지갑과 시계 등을 절취하였다.

➡ 절도범행당시 피해자가 항거불능한 상태에 있었다고 해도 준강간 및 절도죄가 성립한다 할 것이다.

(3) 주거에 침입, 강간한 경우

피해자의 방에 침입하여 강간하였다.

➡ 강간이 고소취소되는 경우 주거침입 부분을 따로 입건해두지 않으면 죄질이 나쁜 강간범을 처벌하지 못하는 경우도 발생하기 때문에 주거침입 후 강간한 경우는 강간과 함께 주거침입도 의율하는 것이 타당하겠다.

(4) **술에 취해 잠자던 중 이상을 느껴 반항한 경우**

술에 취해 자던 중 느낌이 이상해 깨어나 보니 피의자가 피해자의 옷을 벗기고 성기를 삽입하여 간음하고 있었다. 깜짝놀라 피의자를 밀어내며 반항했지만 피의자는 피해자의 빰을 때리는 등 폭행하고 간음을 계속하였다.

➡ 이 경우 준강간으로 의율할 수도 있겠지만 그것은 착오이고, 피해자의 행위를 전체적으로 보면 강간죄를 성립시킨다고 해야 한다.

5. 참고사항

(1) 수사시 유의사항

1) 단순 강간, 강제추행의 경우 고소기간의 연장(6월 → 1년)등 절차상 문제에 있어 성폭력범죄의 범위에 포함되나 사건취급시 고소장을 받아야 하고, 죄명표시를 함에 있어서는 강간, 강제추행으로 기재할 것(후술, 성폭력범죄의 처벌 등에 관한 법률 참조)

2) 차량에 태워가 강간한 경우 체포, 감금부분(야간일 경우 폭력등) 경합여부를 수사할 것이며 체포 감금부분이 구증되면 면허취소토록 교통계로 통보

3) 13세미만의 여아를 폭행·협박하여 강간해서 처녀막 파열상을 입힌 경우 강간치상으로 의율해야함

4) 11세의 어린 피해자를 과자 사준다고 꼬셔 방으로 데리고 가 피해자의 옷을 벗겨 추행한 경우 미성년자의 강제추행이지 미성년자간음추행이 아님

5) 동생의 애인을 11시간 30분 동안 감금하면서 3회 걸쳐 강간한 경우는 강간죄와 감금죄가 동시에 성립함

6) 강간사건 발생시 피해자를 단시간 내에 가까운 병원으로 데려가서 면봉3~4개를 이용하여 질내용물과 피해자의 혈액 5㎖가량을 채취하여 정액의 'DNA 지문' 을 분석하도록 감정의뢰하여 이를 보존한 뒤, 용의자 발견시 보존된 'DNA 지문'과 그 패턴을 대조하여 동일 유전자로 친생자감정 등에 사용되는 유전자 감식방법임

2. 강제추행죄

제298조【강제추행】
폭행 또는 협박으로 사람에 대하여 추행을 한 자는 10년 이하의 징역 또는 1천500만원 이하의 벌금에 처한다. 〈개정 1995. 12. 29.〉

[준강제추행] 299, [치사상] 301, [미성년자에대한추행] 302, [결과범] 361,
[공소시효] : 10년

○ 이 죄는 사람의 성적 자유, 즉 성적 자기결정의 자유를 침해하는 가장 일반적인 범죄이다. 이 죄도 강간죄와 마찬가지로 기본적으로는 개인의 성적 자유를 보호법익으로 하지만 부차적으로는 신체의 불가침성, 특히 신체의 건재성 내지 의사결정의 자유도 보호법익으로 하며 보호의 정도는 침해범으로서의 보호라고 본다.

◈ 대법원 양형위원회의 양형기준 ◈

유형	구분	감경	기본	가중
1	일반강제추행	~1년	6월~2년	1년6월-3년
2	친족관계에 의한 강제추행/주거침입 등 강제추행/특수강제추행	1년6월~3년	2년6월~5년	4년~7년
3	특수강도강제추행	5년~8년	7년~11년	9년~13년

◈ 청소년 강제추행(위계 · 위력추행 포함)은 2유형에 포섭하되, 형량범위의 상한과 하한을 2/3로 감경

◈ 특정강력범죄(누범)에 해당하는 경우에는 형량범위의 상한과 하한을 1.5배 가중

Ⅰ. 이론

1. 구성요건

(1) 객관적 구성요건

1) 주체

이 죄는 신분범도 목적범도 아니어서 주체에는 제한이 없다.

① 남자는 물론 여자도 단독정범이나 공동정범이 될 수 있다.

② 이 죄는 남자와 여자 사이에만 범해지는 것이 아니고 동성사이에도 범할 수 있다.

2) **객체**

객체는 사람이다. 기혼·미혼, 남녀, 연령의 여하도 묻지 않는다. 부부의 경우에도 인정하는 견해도 있지만 강요죄가 문제될 뿐 이 죄는 성립하지 않는다고 본다.

3) **행위**

폭행 또는 협박을 하여 추행하는 것이다.

① 추행이란 성욕의 흥분 또는 만족을 목적으로 하는 행위로서 상식있는 보통 사람의 성적 수치심·혐오심을 자극하는 행위를 말한다. 이 때 수치·혐오를 실제로 느끼게 했어야 한다.

▣ 근거판례 ▣

추행이라 함은 객관적으로 일반인에게 성적 수치심이나 혐오감을 일으키게 하고 선량한 성적 도덕관념에 반하는 행위로서 피해자의 성적 자유를 침해하는 것이라고 할 것인데, 이에 해당하는지 여부는 피해자의 의사, 성별, 연령, 행위자와 피해자의 이전부터의 관계, 그 행위에 이르게 된 경위, 구체적 행위태양, 주위의 객관적 상황과 그 시대의 성적 도덕관념 등을 종합적으로 고려하여 신중히 결정되어야 한다(대법원 2002. 4. 26. 선고 2001도2417 판결).

② 강제로 키스하는 행위, 유방을 만지거나 음부를 만지는 행위, 질내에 손가락을 삽입하는 행위, 상대방을 나체로 만드는 행위, 타인의 주거에 침입하여 취침중인 부녀의 신체를 포옹하는 행위 등이 이에 해당하며, 그 범위는 점점 넓어지고 있다.

③ 추행에는 간음은 포함되지 않는다(간음을 하면 강간죄가 성립한다).

④ 동성끼리의 행위도 추행이 될 수 있다.

⑤ 폭행·협박의 개념은 강간죄의 그것과 같다(다수설). 즉, 다수설은 본 죄의 폭행 · 협박은 상대방의 반항을 불가능하게 하거나 현저히 곤란하게 할 정도에 이를 것을 요한다고 본다. 그러나 판례는 폭행의 경우 상대방의 의사에 반하는 유형력의 행사가 있는 이상 그 힘의 대소강약을 불문하고(2001도2417), 협박의 경우 피해자의 항거를 곤란하게 할 정도의 것이어야 한다고 본다(2006도5979).

■ 이견있는 형사사건의 법원판단 ■

[폭행·협박의 정도]

1. 문제점 : 강제추행죄에서의 폭행·협박의 정도와 관련하여 견해가 나뉜다.
2. 학설

(1) 제1설 : 강간죄와 폭행죄·협박죄의 중간정도의 폭행·협박으로서 일반인으로 하여금 반항에 곤란을 느끼게 할 정도이거나 상대방의 의사의 임의성을 잃게 하는 정도이면 족하다는 견해

(2) 제2설(다수설) : 본죄의 폭행·협박은 상대방의 반항을 불가능하게 하거나 현저히 곤란하게 할 정도에 이른 것을 요한다는 견해

3. 판례

강제추행죄는 상대방에 대하여 폭행 또는 협박을 가하여 항거를 곤란하게 한 뒤에 추행행위를 하는 경우뿐만 아니라 폭행행위 자체가 추행행위라고 인정되는 경우도 포함되는 것이며, 이 경우에 있어서의 폭행은 반드시 상대방의 의사를 억압할 정도의 것임을 요하지 않고 상대방의 의사에 반하는 유형력의 행사가 있는 이상 그 힘의 대소강약을 불문한다(대법원 2002. 4. 26. 선고 2001도2417 판결).

(2) 주관적 구성요건

폭행, 협박에 의하여 부녀를 추행한다는 사실에 대한 인식과 의사를 내용으로 하는 고의가 있어야 한다.

Ⅱ. 판례

◆ 강제추행죄의 성립요건으로서 '추행'의 의미 및 판단 기준

강제추행죄는 상대방에 대하여 항거를 곤란하게 할 정도의 폭행 또는 협박을 가하여 추행행위를 하는 경우에 성립하고, 이 경우의 '추행'은 객관적으로 일반인에게 성적 수치심이나 혐오감을 일으키게 하고 선량한 성적 도덕관념에 반하는 행위로서 피해자의 성적 자유를 침해하는 것이라고 할 것인데, 이에 해당하는지 여부는 피해자의 의사, 성별, 연령, 행위자와 피해자의 이전부터의 관계, 그 행위에 이르게 된 경위, 구체적 행위태양, 주위의 객관적 상황과 그 시대의 성적 도덕관념 등을 종합적으로 고려하여 결정되어야 한다(대법원 2007. 1. 25. 선고 2006도5979 판결 및 2002. 4. 26. 선고 2001도2417 판결 등 참조)(대법원 2008. 3. 13. 선고 2007도10050 판결).

◆ 강제추행죄에 폭행행위 자체가 추행행위라고 인정되는 경우가 포함되는지 여부(적극) 및 이때 요구되는 '폭행'의 정도 / '추행'의 의미 및 판단 기준

강제추행죄는 상대방에 대하여 폭행 또는 협박을 가하여 항거를 곤란하게 한 뒤에 추행행위를 하는 경우뿐만 아니라 폭행행위 자체가 추행행위라고 인정되는 경우도 포함된다. 이 경우 폭행은 반드시 상대방의 의사를 억압할 정도의 것임을 요하지 않고, 상대방의 의사에 반하는 유형력의 행사가 있는 이상 힘의 대소강약을 불문한다. 추행은 객관적으로 일반인에게 성적 수치심이나 혐오감을 일으키게 하고 선량한 성적 도덕관념에 반하는 행위로서, 피해자의 성적 자유를 침해하는 것이다. 이에 해당하는지 여부는 피해자의 의사, 성별, 연령, 행위자와 피해자의 이전부터의 관계, 행위에 이르게 된 경위, 구체적 행위태양, 주위의 객관적 상황과 그 시대의 성적 도덕관념 등을 종합적으로 고려하여 신중히 결정되어야 한다(대법원 2002. 4. 26. 선고 2001도2417 판결 등 참조)(대법원 2020. 7. 23., 선고, 2019도15421, 판결).

◆ 미성년자인 피해자가 자신을 보호·감독하는 지위에 있는 친족으로부터 성범죄를 당하였다고 진술하는 경우에 그 진술의 신빙성을 함부로 배척해서는 아니 되는 경우 / 친족관계에 의한 성범죄를 당하였다는 미성년자인 피해자가 법정에서 수사기관에서의 진술을 번복하는 경우, 어느 진술에 신빙성이 있는지 판단하는 기준

미성년자인 피해자가 자신을 보호·감독하는 지위에 있는 친족으로부터 강간이나 강제추행 등 성범죄를 당하였다고 진술하는 경우에 그 진술의 신빙성을 판단함에 있어서, 피해자가 자신의 진술 이외에는 달리 물적 증거 또는 직접 목격자가 없음을 알면서도 보호자의 형사처벌을 무릅쓰고 스스로 수치스러운 피해 사실을 밝히고 있고, 허위로 그와 같은 진술을 할 만한 동기나 이유가 분명하게 드러나지 않을 뿐만 아니라, 진술 내용이 사실적·구체적이고, 주요 부분이 일관되며, 경험칙에 비추어 비합리적이거나 진술 자체로 모순되는 부분이 없다면, 그 진술의 신빙성을 함부로 배척해서는 안 된다.

특히 친족관계에 의한 성범죄를 당하였다는 미성년자 피해자의 진술은 피고인에 대한 이중적인 감정, 가족들의 계속되는 회유와 압박 등으로 인하여 번복되거나 불분명해질 수 있는 특수성을 갖고 있으므로, 피해자가 법정에서 수사기관에서의 진술을 번복하는 경우, 수사기관에서 한 진술 내용 자체의 신빙성 인정 여부와 함께 법정에서 진술을 번복하게 된 동기나 이유, 경위 등을 충분히 심리하여 어느 진술에 신빙성이 있는지를 신중하게 판단하여야 한다(대법원 2020. 5. 14., 선고, 2020도2433, 판결).

◆ 강제추행죄에 포함되는 이른바 '기습추행'의 경우, 추행행위와 동시에 저질러지는 폭행행위의 정도 / '추행'의 의미 및 이에 해당하는지 판단하는 기준

강제추행죄는 상대방에 대하여 폭행 또는 협박을 가하여 항거를 곤란하게 한 뒤에 추행행위를 하는 경우뿐만 아니라 폭행행위 자체가 추행행위라고 인정되는 이른바 기습추행의 경우도 포함된다. 특히 기습추행의 경우 추행행위와 동시에 저질러지는 폭행행위는 반드시 상대방의 의사를 억압할 정도의 것임을 요하지 않고 상대방의 의사에 반하는 유형력의 행사가 있기만 하면 그 힘의 대소강약을 불문한다는 것이 일관된 판례의 입장이다. 이에 따라 대법원은, 피해자의 옷 위로 엉덩이나 가슴을 쓰다듬는 행위, 피해자의 의사에 반하여 그 어깨를 주무르는 행위, 교사가 여중생의 얼굴에 자신의 얼굴을 들이밀면서 비비는 행위나 여중생의 귀를 쓸어 만지는 행위 등에 대하여 피해자의 의사에 반하는 유형력의 행사가 이루어져 기습추행에 해당한다고 판단한 바 있다.

나아가 추행은 객관적으로 일반인에게 성적 수치심이나 혐오감을 일으키게 하고 선량한 성적 도덕관념에 반하는 행위로서 피해자의 성적 자유를 침해하는 것으로, 이에 해당하는지 여부는 피해자의 의사, 성별, 연령, 행위자와 피해자의 이전부터의 관계, 그 행위에 이르게 된 경위, 구체적 행위태양, 주위의 객관적 상황과 그 시대의 성적 도덕관념 등을 종합적으로 고려하여 신중히 결정되어야 한다(대법원 2020. 3. 26., 선고, 2019도15994, 판결).

◆ 강제추행죄 구성요건 중 '추행'의 의미와 그 판단 기준 및 '폭행·협박'의 정도와 그 판단 기준

[1] 형법 제298조는 "폭행 또는 협박으로 사람에 대하여 추행을 한 자"를 강제추행죄로 벌할 것을 정한다. 그런데 강제추행죄는 개인의 성적 자유라는 개인적 법익을 침해하는 죄로서, 위 법규정에서의 '추행'이란 일반인에게 성적 수치심이나 혐오감을 일으키고 선량한 성적 도덕관념에 반하는 행위인 것만으로는 부족하고 그 행위의 상대방인 피해자의 성적 자기결정의 자유를 침해하는 것이어야 한다. 따라서 건전한 성풍속이라는 일반적인 사회적 법익을 보호하려는 목적을 가진 형법 제245조의 공연음란죄에서 정하는 '음란한 행위'(또는 이른바 과다노출에 관한 경범죄처벌법 제1조 제41호에서 정하는 행위)가 특정한 사람을 상대로 행하여졌다고 해서 반드시 그 사람에 대하여 '추행'이 된다고 말할 수 없고, 무엇보다도 문제의 행위가 피해자의 성적 자유를 침해하는 것으로 평가될 수 있어야 한다. 그리고 이에 해당하는지 여부는 피해자의 의사·성별·연령, 행위자와 피해자의 관계, 그 행위에 이르게 된 경위, 구체적 행위태양, 주위의 객관적 상황 등을 종합적으로 고려하여 정하여진다.

[2] 강제추행죄는 폭행 또는 협박을 가하여 사람을 추행함으로써 성립하는 것으로서 그 폭행 또는 협박이 항거를 곤란하게 할 정도일 것을 요한다. 그리고 그 폭행 등이 피해자의 항거를 곤란하게 할 정도의 것이었는지 여부는 그 폭행 등의 내용과 정도는 물론, 유형력을 행사하게 된 경위, 피해자와의 관계, 추행 당시와 그 후의 정황 등 모든 사정을 종합하여 판단하여야 한다.

[3] 피고인이 피해자 갑(여, 48세)에게 욕설을 하면서 자신의 바지를 벗어 성기를 보여주는 방법으로 강제추행하였다는 내용으로 기소된 사안에서, 갑의 성별·연령, 행위에 이르게 된 경위, 갑에 대하여 어떠한 신체 접촉도 없었던 점, 행위장

소가 사람 및 차량의 왕래가 빈번한 도로로서 공중에게 공개된 곳인 점, 피고인이 한 욕설은 성적인 성질을 가지지 아니하는 것으로서 '추행' 과 관련이 없는 점, 갑이 자신의 성적 결정의 자유를 침해당하였다고 볼 만한 사정이 없는 점 등 제반 사정을 고려할 때, 단순히 피고인이 바지를 벗어 자신의 성기를 보여준 것만으로는 폭행 또는 협박으로 '추행' 을 하였다고 볼 수 없는데도, 이와 달리 보아 유죄를 인정한 원심판결에 강제추행죄의 추행에 관한 법리오해의 위법이 있다고 한 사례(대법원 2012.7.26. 선고 2011도8805 판결).

◆ 채팅 어플을 통해 채팅을 주고받다가 피해자를 만나게 된 피고인이 피해자에게 중요하게 할 얘기가 있다며 피해자를 모텔에 데리고 들어가 저항하는 피해자의 옷을 벗긴 후 강제로 추행하였다는 공소사실로 기소된 사안에서, 제반 사정을 종합하면, 피해자 진술의 신빙성을 인정할 수 있음에도, 이와 달리 본 원심판결에 진술의 신빙성 판단의 기준이 되는 경험법칙과 증거법칙을 위반하여 자유심증주의의 한계를 벗어남으로써 판결에 영향을 미친 잘못이 있다고 한 사례

채팅 어플을 통해 채팅을 주고받다가 피해자를 만나게 된 피고인이 피해자에게 중요하게 할 얘기가 있다며 피해자를 모텔에 데리고 들어가 저항하는 피해자의 옷을 벗긴 후 강제로 추행하였다는 공소사실로 기소된 사안에서, 피해자의 진술은 그 진술 내용의 주요한 부분이 일관되고 구체적이며, 진술 자체로 모순되는 부분이 없는 점, 피해자는 최초 진술 당시부터 자신에게 불리할 수 있는 내용들까지 모두 숨김없이 진술하였고 사건 전후에 피해자가 피고인 및 친구와 주고받은 메시지의 내용 등 객관적인 정황들도 피해자의 진술에 부합하는 점, 사건 당시 피고인의 신체에 대한 피해자의 진술은 그 진술 자체로 다분히 주관적이고 감정적인 것임을 알 수 있고 법원의 검증 결과를 토대로 피해자 진술의 증명력을 배척하는 것은 합리적이라고 보기 어려운 점, 원심이 '강제추행을 당한 피해자라고 하기에는 수긍하기 어려운 측면' 이라고 판단한 피해자의 태도는 여러 사정을 고려할 때 충분히 납득할 만하고, 이러한 사정을 들어 피해자 진술의 신빙성을 배척하는 것은 잘못된 통념에 따라 통상의 성폭력 피해자라면 마땅히 보여야 할 반응을 상정해 두고 이에 어긋나는 행동을 하였다는 이유로 피해자 진술의 합리성을 부정한 것으로 정의와 형평의 이념에 입각하여 논리와 경험의 법칙에 따른 증거판단이라고 볼 수 없는 점 등을 종합하면, 피해자 진술의 신빙성을 인정할 수 있음에도, 이와 달리 본 원심판결에 진술의 신빙성 판단의 기준이 되는 경험법칙과 증거법칙을 위반하여 자유심증주의의 한계를 벗어남으로써 판결에 영향을 미친 잘못이 있다고 한 사례. [대법원 2022. 8. 19., 선고, 2021도3451, 판결]

◆ 강제추행죄에서 '폭행' 의 형태와 정도 및 '추행' 의 의미와 판단 기준 / 추행의 고의로 폭행행위를 하여 실행행위에 착수하였으나 추행의 결과에 이르지 못한 경우, 강제추행미수죄가 성립하는지 여부(적극) 및 이러한 법리는 폭행행위 자체가 추행행위라고 인정되는 '기습추행' 의 경우에도 마찬가지로 적용되는지 여부(적극)

강제추행죄는 상대방에 대하여 폭행 또는 협박을 가하여 항거를 곤란하게 한 뒤에 추행행위를 하는 경우뿐만 아니라 폭행행위 자체가 추행행위라고 인정되는 경우도 포함되며, 이 경우의 폭행은 반드시 상대방의 의사를 억압할 정도의 것일 필요는 없다. 추행은 객관적으로 일반인에게 성적 수치심이나 혐오감을 일으키게 하고 선량한 성적 도덕관념에 반하는 행위로서 피해자의 성적 자유를 침해하는 것을 말하며, 이에 해당하는지는 피해자의 의사, 성별, 연령, 행위자와 피해자의 이전부터의 관계, 행위에 이르게 된 경위, 구체적 행위태양, 주위의 객관적 상황과 그 시대의 성적 도덕관념 등을 종합적으로 고려하여 신중히 결정되어야 한다.

그리고 추행의 고의로 상대방의 의사에 반하는 유형력의 행사, 즉 폭행행위를 하여 실행행위에 착수하였으나 추행의 결과에 이르지 못한 때에는 강제추행미수죄가 성립하며, 이러한 법리는 폭행행위 자체가 추행행위라고 인정되는 이른바 '기습추행'의 경우에도 마찬가지로 적용된다(대법원 2015.9.10, 선고, 2015도6980,2015모2524, 판결).

Ⅲ. 수사실무

1. 수사포인트

(1) 범인과 피해자와의 관계를 조사한다.

(2) 피해자의 반항상황과 외포의 정도를 조사한다.

(3) 범행의 장소와 현장의 상황을 검증한다.

(4) 고소기간과 고소권자를 분명히 한다.

2. 피의자 신문례

(1) ㅇㅇ주점에서 술을 마신 일이 있나요

(2) 누구와 함께 마셨나요

(3) 그 곳에 일하는 종업원 이ㅇㅇ을 알고 있나요

(4) 술을 마시면서 이ㅇㅇ을 추행한 일이 있나요

(5) 언제, 어디에서 추행한 것인가요

(6) 어떤 방법으로 추행한 것인가요

(7) 이ㅇㅇ가 반항하지 않았나요

3. 범죄사실 기재례

【범죄사실 기재례】

(1) 피의자는 20○○. ○. ○. 15 : 30경 ○○군 ○○면 ○○리를 지나던 중 ○○산 기슭에 있는 밭에서 피해자 이○○(당○○세)가 밭일을 하고 있는 것을 보고 갑자기 그녀에게 달려들어 끌어안고 땅에 넘어뜨렸다. 그리고 그녀의 배 위에 걸터 앉아 얼굴을 때리는 등 폭행을 가하고 그녀의 치마를 찢고 손으로 음부와 유방을 만지는 등 강제로 추행하였다.

(2) 피의자 심○○은 20○○. ○. ○. 11 : 00경 ○○시 ○○동 ○○번지에서 영업을 하다가 늦은 아침을 먹으려고 "○○식당"에 들어갔다. 그런데 그 집 여주인 방○○(당○○세)가 마침 낮잠을 자고 있는 것을 발견하고 그녀에게 다가가 그녀의 손과 유방을 만지고 속옷으로 손을 넣어 손가락으로 음부를 후비는 등 그녀가 반항할 수 없는 상태에서 강제로 추행하였다.

(3) 피의자는 20○○. ○. ○. 20:00경 서울 ○○동에 있는 ○○단란주점에서 그 주점 종업원 최○○(여, 23세)와 술을 먹다 순간적으로 욕정을 일으켜 그녀를 끌어안고 유방과 음부를 손으로 만져서 그녀를 강제로 추행하였다.

4. 적용실례

(1) 추행하려다 실패한 뒤 피해자가 고소 후 취소한 경우

피의자는 강제로 추행하기 위해 피해자의 옷을 잡아당기다가 피해자가 도망가는 바람에 옷만 찢고 추행은 실패하였다. 그런데 처음에 고소를 했던 피해자가 나중에 그 고소를 취소하였다.

➡ 강제추행을 하기 위해 피해자의 옷을 잡아 당기다가 이를 찢은 경우 재물손괴의 점은 강제추행의 수단으로 보아야 할 것이므로 이를 별도로 강제추행미수와 분리하여 처벌할 수는 없다. 그리고 위 사건에서는 피해자가 강제추행미수에 대한 고소를 취소했으므로 공소권없음으로 송치해야 할 것이다.

(2) 추행을 당해 반항하다 상처를 입은 경우

이○○는 박○○에게 술을 먹여 그녀가 정신을 잃으면 강간하기로 마음먹고, 여러 술집을 데리고 다니다가 그녀가 술에 취하지 않아 계획대로 되지 않자 위 박○○를 도로에 억지로 눕히고 반항하는 고소인의 유방을 만지고 키스를 하였다. 그 과정에서 박○○는 도로에 눕혀져 위와 같은 추행을 당하지 않으려고 반항을 하다가 이○○의 팔꿈치, 손 등에 이마, 목 등이 부딪쳐 상처를 입었다.

➡ 이 경우 단순히 강제추행죄로 의율하는 것이 아니라 강제추행치상죄로 의율해야 한다.

(3) 야간에 추행하고 폭행한 경우

피의자는 야간에 피해자의 목을 조이고 젖가슴을 만지다가 피해자가 대항하자 주먹으로 배를 때리는 등 구타하여 상해를 가하였다.

➡ 강제로 추행하고 상해를 가한 사안이므로 강제추행치상으로 의율하는 것이 타당하겠다.

3. 준강간죄 · 준강제추행죄

제299조【준강간, 준강제추행】

사람의 심신상실 또는 항거불능의 상태를 이용하여 간음 또는 추행을 한 자는 제297조, 제297조의2 및 제298조의 예에 의한다. 〈개정 2012. 12. 18.〉

[미수범] 300, [치사상] 301, [강도강간] 339, [공소시효] : 10년

○ 이 죄는 사람의 심신상실 또는 항거불능의 상태를 이용하여 간음 또는 추행함으로써 성립하는 범죄로, 성적 자유를 가지지 못하는 사람은 성욕의 객체나 도구가 되는 것으로부터 보호하는데 그 취지가 있다.

Ⅰ. 이론

1. 구성요건

(1) 객관적 구성요건

1) 객체

심신상실 또는 항거불능의 상태에 있는 사람이다.

① 이 죄에서 심신상실은 심신장애라는 생물학적 기초에 제한되지 않으며,

수면 중 일시적으로 의식을 잃고 있는 경우도 포함한다. 이에 비해 형법 제10조에서는 심신상실을 생물학적 기초에서 사물을 변별하거나 의사를 결정할 능력이 없는 것을 말한다.

② 항거불능이란 심신상실 이외의 사유로 인해 심리적 또는 육체적으로 반항이 불가능한 경우를 말한다. 의사가 자기를 신뢰한 여자환자를 치료하는 것처럼 하면서 간음하거나 추행하는 경우가 심리적으로 항거불가능한 경우에 해당한다.

③ 행위자가 간음 또는 추행을 행하기 위해 이러한 상태를 야기한 때(수면제나 마취제를 먹이는 경우 등)에는 이 죄가 성립하지 않고 강간죄 또는 강제추행죄가 성립한다.

2) 행위

심신상실 또는 항거불능의 상태를 이용하여 간음 또는 추행하는 것이다.

(2) 주관적 구성요건

심신상실 또는 항거불능상태를 이용하여 간음 또는 추행한다는 사실에 대한 고의가 있어야 한다.

Ⅱ. 판례

◆ 의붓아버지와 의붓딸의 관계가 성폭력범죄의 처벌 등에 관한 특례법 제5조 제4항에서 규정한 '4촌 이내의 인척'으로서 친족관계에 해당하는지 여부(적극)

성폭력범죄의 처벌 등에 관한 특례법(이하 '성폭력처벌법' 이라 한다) 제5조 제3항은 "친족관계인 사람이 사람에 대하여 형법 제299조(준강간, 준강제추행)의 죄를 범한 경우에는 제1항 또는 제2항의 예에 따라 처벌한다."라고 규정하고 있고, 같은 조 제1항은 "친족관계인 사람이 폭행 또는 협박으로 사람을 강간한 경우에는 7년 이상의 유기징역에 처한다."라고 규정하고 있으며, 같은 조 제4항은 "제1항부터 제3항까지의 친족의 범위는 4촌 이내의 혈족·인척과 동거하는 친족으로 한다."라고 규정하고 있다. 한편 민법 제767조는 "배우자, 혈족 및 인척을 친족으로 한다."라고 규정하고 있고, 같은 법 제769조는 "혈족의 배우자, 배우자의 혈족, 배우자의 혈족의 배우자를 인척으로 한다."라고 규정하고 있으며, 같은 법 제771조는 "인척은 배우자의 혈족에 대하여는 배우자의 그 혈족에 대한 촌수에 따르고, 혈족의 배우자에 대하여는 그 혈족에 대한 촌수에 따른다."라고 규정하고 있다. 따라서 의붓아버지와 의붓딸의 관계는 성폭력처벌법 제5조 제4항이 규정한 4촌 이내의 인척으로서 친족관계에 해당한다(대법원 2020. 11. 5., 선고, 2020도10806, 판결).

◆ 준강간죄에서 '고의'의 내용

형법 제297조는 "폭행 또는 협박으로 사람을 강간한 자는 3년 이상의 유기징역에 처한다."라고 규정하고, 제299조는 "사람의 심신상실 또는 항거불능의 상태를 이용하여 간음 또는 추행을 한 자는 제297조, 제297조의2 및 제298조의 예에 의한다."라고 규정하고 있다. 형법은 폭행 또는 협박의 방법이 아닌 심신상실 또는 항거불능의 상태를 이용하여 간음한 행위를 강간죄에 준하여 처벌하고 있으므로, 준강간의 고의는 피해자가 심신상실 또는 항거불능의 상태에 있다는 것과 그러한 상태를 이용하여 간음한다는 구성요건적 결과 발생의 가능성을 인식하고 그러한 위험을 용인하는 내심의 의사를 말한다(대법원 2019. 3. 28., 선고, 2018도16002, 전원합의체 판결).

◆ 강간치상으로 공소가 제기된 경우 공소장변경절차 없이 준강제추행죄로 인정할 수 있는지 여부

강간치상으로 공소가 제기되었다고 하더라도 준강제추행죄는 강간치상죄의 공소사실과 동일성이 인정되고 공소제기된 범죄사실에 포함되어 충분히 심리되었으므로 별도의 공소장변경절차 없이 준강제추행죄를 인정할 수 있다고 한 사례(대법원 2008.5.29, 선고, 2007도7260, 판결).

◆ 형법 제299조 소정의 '항거불능의 상태'의 의미

형법 제299조에서의 항거불능의 상태라 함은 같은 법 제297조, 제298조와의 균형상 심신상실 이외의 원인때문에 심리적 또는 물리적으로 반항이 절대적으로 불가능하거나 현저히 곤란한 경우를 의미한다(대법원 2000. 5. 26. 선고 98도3257 판결).

◆ 간음행위 당시 피해자가 심신상실상태에 있었다고 볼 수 없다고 한 사례

(1) 사실관계

피고인이 술에 취하여 안방에서 잠을 자고 있던 피해자를 발견하고 갑자기 욕정을 일으켜 피해자의 옆에 누워 피해자의 몸을 더듬다가 피해자의 바지를 벗기려는 순간 피해자가 어렴풋이 잠에서 깨어났으나 피해자는 잠결에 자신의 바지를 벗기려는 피고인을 자신의 애인으로 착각하여 반항하지 않고 응함에 따라 피해자를 1회 간음하였다. 이 당시 피해자는 안방에서 잠을 자고 있던 중 피고인이 안방에 들어오자 피고인을 자신의 애인으로 잘못 알고 불을 끄라고 말하였고, 피고인이 자신을 애무할 때 누구냐고 물었으며, 피고인이 여관으로 가자고 제의하자 그냥 빨리 하라고 말하였다.

(2) 판결요지

피해자가 잠결에 피고인을 자신의 애인으로 잘못 알았다고 하더라도 피해자의 위와 같은 의식상태를 심신상실의 상태에 이르렀다고 보기 어렵다(대법원 2000. 2. 25. 선고 98도4355 판결).

◆ 준강간죄의 실행에 착수하였다고 한 사례

(1) 사실관계

피고인은 피해자가 잠을 자는 사이에 피해자의 바지와 팬티를 발목까지 벗기고 웃옷을 가슴 위까지 올린 다음, 피고인의 바지를 아래로 내린 상태에서 피해자의 가슴, 엉덩이, 음부 등을 만지고 피고인이 성기를 피해자의 음부에 삽입하려고 하였으나 피해자가 몸을 뒤척이고 비트는 등 잠에서 깨어 거부하는 듯한 기색을 보이자 더 이상 간음행위에 나아가는 것을 포기하였다.

(2) 판결요지

피고인이 잠을 자고 있는 피해자의 옷을 벗긴 후 자신의 바지를 내린 상태에서 피해자의 음부 등을 만지고 자신의 성기를 피해자의 음부에 삽입하려고 하였으나 피해자가 몸을 뒤척이고 비트는 등 잠에서 깨어 거부하는 듯한 기색을 보이자 더 이상 간음행위에 나아가는 것을 포기한 경우, 준강간죄의 실행에 착수하였다고 본 사례(대법원 2000. 1. 14. 선고 99도5187 판결).

Ⅲ. 수사실무

1. 수사포인트

(1) 범행이 우발적인 것이었는지 계획된 것이었는지 조사한다.

(2) 범행의 일시와 장소, 상황 등을 밝힌다.

(3) 피해자의 범행전 상태를 조사한다.

(4) 행위당시의 상황과 피해자의 태도에 대해 조사한다.

(5) 피해자와 신분관계를 조사한다.

(6) 피의자의 정신상태를 조사한다.

2. 범죄사실 기재례

【범죄사실 기재례】

(1) 피의자는 ○○건강관리라는 상호로 소위 기치료를 하는 사람이다.

피의자는 20○○. ○. ○.경 서울 ○○구 ○○동 ○○번지에 있는 김○○의 집에 찾아가서 그의 처 전○○(당○○세)에게 "당신이 임신되지 않는다고 당신 남편이 좀 봐달라고 해서 기치료를 해주려고 왔다"고 거짓말을 하였다. 그리고 그녀에게 피의자가 시키는대로 기모으는 자세를 취하고 5분동안 있게 하여 피의자의 말을 믿게 한 다음 그녀로 하여금 옷을 벗고 그 자리에 누워 두 다리를 벌리게 하고 그녀의 음부에 손가락을 넣는 등 강제로 추행하였다.

(2) 피의자는 20○○. 10. 10. 23:00경 서울 성북구 ○○동 100번지에 있는 홍길동이 경영하는 음식점 명월관 3호실에서 피해자 박여자(여, 00세)와 술을 마시다가 그녀가 술에 취하여 의식불명이 되자 이와 같은 그녀의 항거불능상태를 이용하여 그녀를 간음하였다

3. 적용실례

(1) 의사가 진찰중 간음한 경우

산부인과 의사가 진찰을 받으러 병원에 온 환자를 진찰대에 눕히고 중간에 커튼을 쳐 자신의 행동을 못보게 한 후 진찰하는 것처럼 그녀의 다리를 벌리게 하고 갑자기 달려들어 간음하였다.

➡ 피해자가 심리적으로 항거불능인 상태에 있을 때 간음한 경우로, 준강간죄를 적용해야 한다.

(2) 여인이 깊이 잠든 틈에 남편인 것처럼 간음한 경우

고○○의 집에서 하숙을 하고 있는 남○○는, 고○○가 집에 들어오지 않아 그의 아내가 혼자 잠든 것을 알고 그 방에 들어가 그녀의 옆에 누웠다. 그녀가 눈을 떴다 감으며, 위 남○○를 남편으로 알고 그대로 잠을 자자, 그는 그녀의 잘못된 신뢰를 이용해 그녀를 간음하였다.

➡ 이 경우, 피해자의 항거불능상태를 이용해 간음한 것이기 때문에 준강간으로 의율하는 것이 상당하겠다.

(3) 만취로 의식불명인 사람을 간음한 경우

피의자는 그의 자취방에서 피해자와 술을 마시다가 그녀가 술에 취해 의식불명이 되자 욕정을 느껴 그녀를 간음하였다.

➡ 피의자가 간음의 의도로 피해자에게 일부러 술을 먹인 것이라면 그가 항거불능의 상태를 야기시킨 것이므로 강간죄가 되겠지만, 이 경우는 피의자가 항거불능의 상태를 야기했다고 볼 수 없어 단순히 항거불능상태에 빠진 피해자를 간음한 것이기 때문에 준강간죄로 의율해야 한다.

(4) **항거불능상태에 있는 자를 강간하고, 재물을 절취한 경우**

피의자가 피해자의 방에 들어가, 수면제를 먹고 깊이 잠들어 있는 그녀를 강간한 다음 그 곳에 놓여있는 목걸이와 반지 등을 발견하고 절도범행을 결의, 그것을 절취하였다.

➡ 절도범행 당시 피해자가 항거불능 상태에 있었다 해서 강도죄로 의율할 것이 아니라 준강간 및 절도죄로 의율해야 한다.

4. 미수범

제300조【미수범】

제297조, 제297조의2, 제298조 및 제299조의 미수범은 처벌한다. 〈개정 2012. 12. 18.〉

[미수범] 25-29,

Ⅰ. 이론

1. 미수범 처벌

강간죄(제297조), 유사강간죄(제297조의2), 강제추행죄(제298조), 준강간·준강제추행죄(제299조)의 경우 미수범을 처벌한다.

Ⅱ. 판례

◆ 강간미수

형법 제300조는 준강간죄의 미수범을 처벌한다. 또한 형법 제27조는 "실행의 수단 또는 대상의 착오로 인하여 결과의 발생이 불가능하더라도 위험성이 있는 때에는 처벌한다. 단, 형을 감경 또는 면제할 수 있다."라고 규정하여 불능미수범을 처벌하고 있다.

따라서 피고인이 피해자가 심신상실 또는 항거불능의 상태에 있다고 인식하고 그러한 상태를 이용하여 간음할 의사로 피해자를 간음하였으나 피해자가 실제로는 심신상실 또는 항거불능의 상태에 있지 않은 경우에는, 실행의 수단 또는 대상의 착오로 인하여 준강간죄에서 규정하고 있는 구성요건적 결과의 발생이 처음부터 불가능하였고 실제로 그러한 결과가 발생하였다고 할 수 없다. 피고인이 준강간의 실행에 착수하였으나 범죄가 기수에 이르지 못하였으므로 준강간죄의 미수범이 성립한다. 피고인이 행위 당시에 인식한 사정을 놓고 일반인이 객관적으로 판단하여 보았을 때 준강간의 결과가 발생할 위험성이 있었으므로 준강간죄의 불능미수가 성립한다(대법원 2019. 3. 28., 선고, 2018도16002, 전원합의체 판결).

◆ 군형법상 강제추행죄와 준강간미수죄가 형법상 강제추행죄와 준강간미수죄에 대해 가중처벌되는 죄로서 성폭력범죄의 처벌 등에 관한 특례법 제2조 제2항에서 정한 '성폭력범죄'에 포함되는지 여부(적극)

성폭력범죄의 처벌 등에 관한 특례법(이하, '성폭력특례법'이라고 한다) 제2조 제1항은 각 호의 어느 하나에 해당하는 죄를 "성폭력범죄"로 규정하고 있는데, 제3호에는 형법 제298조(강제추행), 제299조(준강간, 준강제추행), 제300조(미수범)의 죄 등이 포함되어 있고, 같은 법 제2조 제2항은 '제1항 각 호의 범죄로서 다른 법률에 따라 가중처벌되는 죄'는 "성폭력범죄"로 본다고 규정하고 있다.

한편 군형법은 제92조의3에서 강제추행죄, 제92조의4에서 준강간죄와 준강제추행죄, 제92조의5에서 위 각 죄의 미수범에 관하여 규정하고 있는데, ① 2009. 11. 2. 법률 제9820호로 개정된 군형법은 군대 내 여군의 비율이 확대되고 군대 내 성폭력문제가 심각해지자 여군을 성폭력범죄로부터 보호하고 군대 내 군기확립을 위한 목적으로 제15장에 강간과 추행의 죄에 관한 장을 신설하면서 위 강제추행죄, 준강간죄 등을 처음으로 규정한 점, ② 군형법의 강제추행죄와 준강간미수죄는 행위주체가 군형법 제1조에 규정된 자로 제한되고 행위대상이 군형법 제1조 제1항 내지 제3항에 규정된 자로 제한되는 점 외에는 형법의 강제추행죄와 준강간미수죄와 구성요건이 그대로 동일한 점, ③ 군형법의 강제추행죄와 준강간미수죄는 군인을 상대로 한 성폭력범죄를 가중처벌하기 위한 것으로서 형법의 강제추행죄와 준강간미수죄와 본질적인 차이가 없어 이를 성폭력특례법의 "성폭력범죄"에서 제외할 합리적인 이유가 없는 점 등을 종합하여 보면, 군형법의 강제추행죄와 준강간미수죄는 형법의 강제추행죄와 준강간미수죄에 대하여 가중처벌하는 죄로서 성폭력특례법 제2조 제2항 소정의 "성폭력범죄"에 포함된다고 해석함이 타당하다.

그럼에도 원심은 이와 달리 군형법의 강제추행죄와 준강간미수죄가 성폭력특례법의 성폭력범죄에 해당하지 않는다고 보아 피고인에 대하여 신상정보의 공개, 고지를 명할 수 없다고 판단하였다. 이러한 원심의 판단에는 성폭력특례법의 성폭력범죄의 범위에 관한 법리를 오해한 잘못이 있다.

나아가 성폭력특례법 등에 의한 공개명령, 고지명령은 대상 성폭력범죄 사건의 판결과 동시에 선고하는 부수처분이므로, 그 공개명령, 고지명령에 관한 판단에 잘못이 있는 경우 나머지 성폭력범죄 사건 부분에 잘못이 없더라도 그 부분까지 전부 파기하여야 한다(대법원 2014. 12. 24., 선고, 2014도2585, 판결).

◆ 미성년자의제강간 · 강제추행죄를 규정한 형법 제305조에 의하여 미수범도 처벌할 수 있는지 여부(적극)례

미성년자의제강간 · 강제추행죄를 규정한 형법 제305조가 "13세 미만의 부녀를 간음하거나 13세 미만의 사람에게 추행을 한 자는 제297조, 제298조, 제301조 또는 제301조의2의 예에 의한다" 로 되어 있어 강간죄와 강제추행죄의 미수범의 처벌에 관한 형법 제300조를 명시적으로 인용하고 있지 아니하나, 형법 제305조의 입법 취지는 성적으로 미성숙한 13세 미만의 미성년자를 특별히 보호하기 위한 것으로 보이는 바 이러한 입법 취지에 비추어 보면 동조에서 규정한 형법 제297조와 제298조의 '예에 의한다' 는 의미는 미성년자의제강간 · 강제추행죄의 처벌에 있어 그 법정형 뿐만 아니라 미수범에 관하여도 강간죄와 강제추행죄의 예에 따른다는 취지로 해석되고, 이러한 해석이 형벌법규의 명확성의 원칙에 반하는 것이거나 죄형법정주의에 의하여 금지되는 확장해석이나 유추해석에 해당하는 것으로 볼 수 없다(대법원 2007. 3. 15., 선고, 2006도9453, 판결).

◆ 준강간죄의 실행에 착수하였다고 한 사례

피고인이 잠을 자고 있는 피해자의 옷을 벗긴 후 자신의 바지를 내린 상태에서 피해자의 음부 등을 만지고 자신의 성기를 피해자의 음부에 삽입하려고 하였으나 피해자가 몸을 뒤척이고 비트는 등 잠에서 깨어 거부하는 듯한 기색을 보이자 더 이상 간음행위에 나아가는 것을 포기한 경우, 준강간죄의 실행에 착수하였다고 본 사례(대법원 2000. 1. 14. 선고 99도5187 판결).

◆ 강간은 미수이나 상해의 결과가 발생한 경우 강간치상죄의 성부

강간미수의 경우에도 그 행위와 치상의 결과간에 인과관계가 인정되면 강간치상죄가 성립한다고 할 것이므로, 설령 피고인의 생식기가 피해자의 성기에 합입되지 아니하였다 하여도 피해자를 협박하여 억지로 성교하려 하고 그로 인하여 피해자에게 요치 1주일 간의 좌둔부 찰과상을 입게 한 피고인의 행위는 강간치상죄에 해당한다(대법원 1984. 7. 24. 선고 84도1209 판결).

5. 강간상해, 치상죄 · 강간살인, 치사죄

제301조【강간 등 상해·치상】

제297조, 제297조의2 및 제298조부터 제300조까지의 죄를 범한 자가 사람을 상해하거나 상해에 이르게 한 때에는 무기 또는 5년 이상의 징역에 처한다. 〈개정 2012.12.18.〉

[전문개정 1995. 12. 29.]

제301조의2【강간등 살인·치사】

제297조, 제297조의2 및 제298조부터 제300조까지의 죄를 범한 자가 사람을 살해한 때에는 사형 또는 무기징역에 처한다. 사망에 이르게 한 때에는 무기 또는 10년 이상의 징역에 처한다. 〈개정 2012. 12. 18.〉

[본조신설 1995. 12. 29.]

[상해죄] 257-259, [공소시효] : 15년(살인관련 적용안됨)

○ 강간상해, 강간살인죄는 고의범의 결합범이지만, 강간치상, 강간치사죄는 결과적 가중범이므로 사상의 결과에 대한 인식이 없었다는 과실이 있어야 한다. 강간 등이 기수가 되었을 필요는 없으며 미수에 그친 경우에도 이 죄는 성립한다.

◈ 대법원 양형위원회의 양형기준 ◈

Ⅰ. 상해의 결과가 발생한 경우

1. 13세 이상 대상 상해 · 치상

[1] 제1유형(일반강제추행)

(1) 기본 : 3년 - 5년 / (2) 감경 : 2년6월 - 4년 / (3) 가중 : 4년 - 6년

[2] 제2유형(일반강간)

(1) 기본 : 4년 - 7년 / (2) 감경 : 2년6월 - 5년 / (3) 가중 : 6년 - 9년

[3] 제3유형(친족관계에 의한 강제추행)

(1) 기본 : 5년 - 8년 / (2) 감경 : 3년6월 - 6년 / (3) 가중 : 7년 - 10년

[4] 제4유형(친족관계에 의한 강간)

(1) 기본 : 6년 - 9년 / (2) 감경 : 4년 - 7년 / (3) 가중 : 8년 - 12년

[5] 제5유형(주거침입 등 강제추행/특수강제추행)

(1) 기본 : 7년 - 11년 / (2) 감경 : 5년 - 8년 / (3) 가중 : 10년 - 14년

[6] 제6유형(주거침입 등 강간/특수강간)

(1) 기본 : 8년 - 13년 / (2) 감경 : 6년 - 9년 / (3) 가중 : 12년 - 16년

2. 13세 미만 대상 상해 · 치상

[1] 1유형(의제강제추행)

(1) 기본 : 8월 - 2년 / (2) 감경 : - 10월 - / (3) 가중 : 1년6월 - 3년

[2] 제2유형(의제강간)
(1) 기본 : 2년6월- 5년 / (2) 감경 : 1년6월 - 3년 / (3) 가중 : 4년 - 6년
[3] 제3유형(강제추행)
(1) 기본 : 4년 - 7년 / (2) 감경 : 2년6월 - 5년 / (3) 가중 : 6년 - 9년
[4] 제4유형(유사강간)
(1) 기본 : 6년 - 9년 / (2) 감경 : 4년 - 7년 / (3) 가중 : 8년 - 12년
[5] 제5유형(강간)
(1) 기본 : 8년 - 12년 / (2) 감경 : 6년 - 9년 / (3) 가중 : 11년 - 15년

Ⅱ. 장애인(13세 이상) 또는 13세 미만 대상 상해/치상

[1] 1유형(의제강제추행)
(1) 기본 : 3년-5년6월 / (2) 감경 : 2년6월-4년 / (3) 가중 : 1년6월 - 3년
[2] 제2유형(의제강간)
(1) 기본 : 4년~7년 / (2) 감경 : 2년6월~5년 / (3) 가중 : 6년~9년
[3] 제3유형(강제추행)
(1) 기본 : 7년~11년 / (2) 감경 : 5년~8년 / (3) 가중 : 10년~14년
[4] 제4유형(유사강간)
(1) 기본 : 8년~12년 / (2) 감경 : 5년~9년 / (3) 가중 : 11년~15년
[5] 제5유형(강간)
(1) 기본 : 9년~14년 / (2) 감경 : 6년~10년 / (3) 가중 : 13년 이상, 무기

Ⅰ. 이론

1. 구성요건

(1) 객관적 구성요건

1) 주체

강간죄, 강제추행죄, 준강간·준강제추행죄, 미성년자의제강간·강제추행죄 및 그 미수범을 범한 자이다.

2) 객체

사람이다.

3) 행위

이 죄의 행위는 강간 또는 강제추행 등의 범죄를 범하여 사람을 상해·살해하거나 상해·사망에 이르게 하는 것이다.

① 상해는 상해죄의 그것과 동일하다.

② 처녀막파열상, 외음부개갠상처와 같은 외상은 물론, 보행불능, 수면장애, 식욕감퇴, 성병감염 등 기능장애를 일으킨 경우, 나아가 히스테리증을 야기하는 경우 등도 모두 상해에 해당한다.

4) 인과관계

死傷의 결과발생과 그 원인인 간음·추행·폭행·협박 또는 이에 수반되는 행위와의 사이에는 인과관계가 있어야 한다.

① 사상의 결과가 i) 강간 등의 행위자체에서 일어나거나, ii) 그 수단인 폭행·협박에 의해서 발생한 경우는 물론, iii) 강간행위 등에 수반되어 일어난 경우에도 인과관계가 인정된다.

② 피해자가 강간당한 것에 대해 수치심을 느껴 자살하거나 강간으로 인해 임신이 되어 분만하다가 사망한 때에는 이 죄가 성립하지 않는다.

(2) 주관적 구성요건

기본적으로 강간, 강제추행에 대한 고의가 있어야 한다.

1) 강간상해, 강간살인죄

본 죄의 경우에는 상해 또는 살인에 대한 고의도 있어야 한다.

2) 강간치상, 강간치사죄

이 죄는 결과적 가중범이므로 행위자에게 사상의 결과에 대한 과실이 있어야 하며, 고의가 있을 것을 요하지 않는다. 1995년 형법 개정 전에는 행위자에게 살인 또는 상해의 고의가 있는 경우에 대해서 강간치사상죄를 부진정결과적 가중범으로 해석하여 사상의 결과에 대해 고의가 있는 때에는 이 죄와 살인죄 또는 상해죄의 상상적 경합이 된다고 해석하였었다. 그러나 1995년 형법 개정을 통하여 강간살인, 강간상해죄가 신설됨으로써 이제는 강간치상, 강간치사죄를 진정결과적 가중범으로 해석한다.

2. 비친고죄

이 죄는 친고죄가 아니므로 피해자가 고소를 취소해도 처벌에는 영향을 주지 않는다.

Ⅱ. 판례

◆ 강간 등에 의한 치사상죄에 있어서 사상의 결과가 간음행위 자체나 강간에 수반하는 행위에서 발생한 경우도 포함하는지 여부

[1] 강간 등에 의한 치사상죄에 있어서 사상의 결과는 간음행위 그 자체로부터 발생한 경우나 강간의 수단으로 사용한 폭행으로부터 발생한 경우는 물론 강간에 수반하는 행위에서 발생한 경우도 포함한다(대법원 1995. 1. 12. 선고 94도2781 판결 등 참조).

[2] 피고인들이 의도적으로 피해자를 술에 취하도록 유도하고 수차례 강간한 후 의식불명 상태에 빠진 피해자를 비닐창고로 옮겨 놓아 피해자가 저체온증으로 사망한 사안에서, 위 피해자의 사망과 피고인들의 강간 및 그 수반행위와의 인과관계 그리고 피해자의 사망에 대한 피고인들의 예견가능성이 인정되므로, 위 비닐창고에서 피해자를 재차 강제추행, 강간하고 하의를 벗겨 놓은 채 귀가한 피고인이 있다 하더라도 피고인들은 피해자의 사망에 대한 책임을 면한다고 볼 수 없어 강간치사죄가 인정된다고 한 사례(대법원 2008. 2. 29. 선고 2007도10120 판결).

◆ 강간치상죄에 있어서 상해의 판단 기준

[1] 강간행위에 수반하여 생긴 상해가 극히 경미한 것으로서 굳이 치료할 필요가 없어서 자연적으로 치유되며 일상생활을 하는 데 아무런 지장이 없는 경우에는 강간치상죄의 상해에 해당되지 아니한다고 할 수 있을 터이나, 그러한 논거는 피해자의 반항을 억압할 만한 폭행 또는 협박이 없어도 일상생활 중 발생할 수 있는 것이거나 합의에 따른 성교행위에서도 통상 발생할 수 있는 상해와 같은 정도임을 전제로 하는 것이므로 그러한 정도를 넘는 상해가 그 폭행 또는 협박에 의하여 생긴 경우라면 상해에 해당된다고 할 것이며, 피해자의 건강상태가 나쁘게 변경되고 생활기능에 장애가 초래된 것인지는 객관적, 일률적으로 판단될 것이 아니라 피해자의 연령, 성별, 체격 등 신체, 정신상의 구체적 상태를 기준으로 판단되어야 한다.

[2] 피해자가 소형승용차 안에서 강간범행을 모면하려고 저항하는 과정에서 피고인과의 물리적 충돌로 인하여 입은 '우측 슬관절 부위 찰과상' 등이 강간치상죄의 상해에 해당하지 않는다고 본 원심판결을 파기한 사례(대법원 2005. 5. 26. 선고 2005도1039 판결).

◆ 부녀의 음모를 1회용 면도기로 일부 깎은 것이 강제추행치상죄에 있어서의 상해에 해당하는지 여부

[1] 강제추행치상죄에 있어서의 상해는 피해자의 신체의 건강상태가 불량하게 변경되고 생활기능에 장애가 초래되는 것을 말하는 것으로서, 신체의 외모에 변화가

생겼다고 하더라도 신체의 생리적 기능에 장애를 초래하지 아니하는 이상 상해에 해당한다고 할 수 없다.

[2] 음모는 성적 성숙함을 나타내거나 치부를 가려주는 등의 시각적·감각적인 기능 이외에 특별한 생리적 기능이 없는 것이므로, 피해자의 음모의 모근(毛根) 부분을 남기고 모간(毛幹) 부분만을 일부 잘라냄으로써 음모의 전체적인 외관에 변형만이 생겼다면, 이로 인하여 피해자에게 수치심을 야기하기는 하겠지만, 병리적으로 보아 피해자의 신체의 건강상태가 불량하게 변경되거나 생활기능에 장애가 초래되었다고 할 수는 없을 것이므로, 그것이 폭행에 해당할 수 있음은 별론으로 하고 강제추행치상죄의 상해에 해당한다고 할 수는 없다(대법원 2000. 3. 23. 선고 99도3099 판결).

◆ 강간치상죄에서 '상해'의 의미 및 판단 기준 / 수면제 등 약물을 투약하여 피해자를 일시적으로 수면 또는 의식불명 상태에 이르게 한 경우, '상해'에 해당하는지 여부(한정 적극) 및 이때 피해자에게 상해가 발생하였는지 판단하는 방법

강간치상죄에서 상해는 피해자의 건강상태가 불량하게 변경되고 생리적 기능이나 생활기능에 장애가 초래되는 것을 말하는 것으로 육체적 기능뿐만 아니라 정신적 기능에 장애가 생기는 경우도 포함된다. 이는 객관적, 일률적으로 판단할 것이 아니라 피해자의 연령, 성별, 체격 등 신체·정신상의 구체적 상태를 기준으로 판단하여야 한다(대법원 2003. 9. 26. 선고 2003도4606 판결, 대법원 2011. 12. 8. 선고 2011도7928 판결 등 참조).

수면제 등 약물을 투약하여 피해자를 일시적으로 수면 또는 의식불명 상태에 이르게 한 경우에 약물로 인하여 피해자의 건강상태가 나쁘게 변경되고 생활기능에 장애가 초래되었다면 이는 상해에 해당한다. 피해자가 자연적으로 의식을 회복하거나 후유증이나 외부적으로 드러난 상처가 없더라도 마찬가지이다. 이때 피해자에게 상해가 발생하였는지는 피해자의 연령, 성별, 체격 등 신체·정신상의 구체적인 상태, 약물의 종류·용량·효과 등 약물의 작용에 영향을 미칠 수 있는 여러 요소에 기초하여 약물 투약으로 피해자에게 발생한 의식장애나 기억장애 등 신체·정신상 변화의 내용이나 정도를 종합적으로 고려하여 판단하여야 한다(대법원 2017. 7. 11., 선고, 2015도3939, 판결).

◆ 강제추행 과정에서 피해자가 젖가슴에 약 10일 요치의 좌상을 입고, 그 압통과 종창을 치료하기 위하여 주사를 맞고 3일간 투약한 경우, 강제추행치상죄의 상해에 해당한다고 한 사례

피해자가 강제추행 과정에서 가해자로부터 왼쪽 젖가슴을 꽉 움켜잡힘으로 인하여 왼쪽 젖가슴에 약 10일간의 치료를 요하는 좌상을 입고, 심한 압통과 약간의 종창이 있어 그 치료를 위하여 병원에서 주사를 맞고 3일간 투약을 한 경우, 피해자는 위와 같은 상처로 인하여 신체의 건강상태가 불량하게 변경되고 생활기능에 장애가 초래되었다 할 것이어서 이는 강제추행치상죄에 있어서의 상해의 개념에 해당한다고 한 사례(대법원 2000. 2. 11. 선고 99도4794 판결).

◆ 강간치상죄나 강제추행치상죄에서 '상해' 의 의미 / 수면제와 같은 약물을 투약하여 피해자를 일시적으로 수면 또는 의식불명 상태에 이르게 한 것이 강간치상죄나 강제추행치상죄에서 말하는 상해에 해당하는 경우 및 판단 기준

강간치상죄나 강제추행치상죄에 있어서의 상해는 피해자의 신체의 완전성을 훼손하거나 생리적 기능에 장애를 초래하는 것, 즉 피해자의 건강상태가 불량하게 변경되고 생활기능에 장애가 초래되는 것을 말하는 것으로, 여기서의 생리적 기능에는 육체적 기능뿐만 아니라 정신적 기능도 포함된다.

따라서 수면제와 같은 약물을 투약하여 피해자를 일시적으로 수면 또는 의식불명 상태에 이르게 한 경우에도 약물로 인하여 피해자의 건강상태가 불량하게 변경되고 생활기능에 장애가 초래되었다면 자연적으로 의식을 회복하거나 외부적으로 드러난 상처가 없더라도 이는 강간치상죄나 강제추행치상죄에서 말하는 상해에 해당한다. 그리고 피해자에게 이러한 상해가 발생하였는지는 객관적, 일률적으로 판단할 것이 아니라 피해자의 연령, 성별, 체격 등 신체·정신상의 구체적인 상태, 약물의 종류와 용량, 투약방법, 음주 여부 등 약물의 작용에 미칠 수 있는 여러 요소를 기초로 하여 약물 투약으로 인하여 피해자에게 발생한 의식장애나 기억장애 등 신체, 정신상의 변화와 내용 및 정도를 종합적으로 고려하여 판단하여야 한다(대법원 2017.6.29, 선고, 2017도3196, 판결).

◆ 성경험을 가진 여자의 특이체질로 인해 새로 형성된 처녀막의 파열이 강간치상죄를 구성하는 상처에 해당되는지 여부

처녀막은 부녀자의 신체에 있어서 생리조직의 일부를 구성하는 것으로서, 그것이 파열되면 정도의 차이는 있어도 생활기능에 장애가 오는 것이라고 보아야 하고, 처녀막 파열이 그와 같은 성질의 것인 한 비록 피해자가 성경험을 가진 여자로서 특이체질로 인해 새로 형성된 처녀막이 파열되었다 하더라도 강간치상죄를 구성하는 상처에 해당된다(대법원 1995. 7. 25. 선고 94도1351 판결).

◆ 단순 강간 행위에 의한 강간 등 상해·치상의 죄가 2010. 3. 31. 개정된 특정강력범죄의 처벌에 관한 특례법 제2조 제1항 제3호에 규정된 '특정강력범죄' 에 해당하는지 여부(소극)

2010. 3. 31. 법률 제10209호로 개정된 특정강력범죄의 처벌에 관한 특례법(이하 '개정 후 특례법' 이라고 한다) 제2조 제1항 제3호에서 규정한 각 해당 조문의 배열순서와 체계, 개정 전 특례법 제2조 제1항 제3호의 해석상 강간 등에 의한 치사상죄가 흉기 기타 위험한 물건을 휴대하거나 2인 이상이 합동하여 저질러진 경우뿐만 아니라 단순 강간 행위에 의하여 저질러진 경우로서 사안이 매우 경미한 경우에도

특정강력범죄에 해당하는 것으로 보아 위 특례법을 적용하는 것이 바람직스럽지 못하다는 비판이 존재했던 사정 등에 비추어 보면, 위 '흉기나 그 밖의 위험한 물건을 휴대하거나 2인 이상이 합동하여 범한' 이라는 요건은 개정 전 특례법에서의 해석과 달리 형법 제301조에도 요구되는 것으로 보는 것이 합리적인 해석이다. 나아가 개정 후 특례법 부칙에서 그에 관한 별도의 경과규정을 두지 아니하였지만, 위 개정된 조항의 의미와 취지 등에 비추어 피고인에게 유리하게 이루어진 것으로 형법 제1조 제2항에 규정된 범죄 후 법률의 변경에 해당한다. 따라서 위 특례법 개정 전에 이루어진 강간 등 상해·치상의 행위가 흉기나 그 밖의 위험한 물건을 휴대하거나 2인 이상이 합동하여 저질러진 경우가 아니라 단순 강간 행위에 의하여 저질러진 경우에는 그 범죄행위에 의하여 상해라는 중한 결과가 발생하였더라도 그 강간 등 상해·치상의 죄(형법 제301조의 죄)는 개정 후 특례법 제2조 제1항 제3호에 규정된 '특정강력범죄' 에 해당하지 않는다. (대법원 2010.10.28. 선고 2010도7997 판결)

◆ 피고인이 특정강력범죄의 처벌에 관한 특례법상 '특정강력범죄' 인 강도상해죄로 징역형을 선고받아 그 형의 집행을 마친 때로부터 10년이 경과되기 전에 단순 강간 행위로 강간상해죄를 저질러 기소된 사안에서, 위 강간상해죄가 '특정강력범죄' 에 해당한다는 이유로 집행유예를 선고할 수 없다고 본 원심판단에 법률의 적용을 그르친 위법이 있다고 한 사례

피고인이 특정강력범죄의 처벌에 관한 특례법상 '특정강력범죄' 인 강도상해죄로 징역형을 선고받아 그 형의 집행을 마친 때로부터 10년이 경과되기 전에 흉기나 그 밖의 위험한 물건을 휴대함이 없이 단독으로 강간상해죄를 저질러 기소된 사안에서, 위 강간상해죄는 2010. 3. 31.자 개정 전의 위 특례법을 적용할 경우 '특정강력범죄' 에 해당한다고 볼 수 있지만, 위 개정 후의 같은 법을 적용하면 '특정강력범죄' 에 해당하지 아니하여 같은 법 제5조에 따라 집행유예 결격자라고 볼 수 없게 되므로, 피고인에게 유리한 위 개정 후의 같은 법에 따라 집행유예 결격자에 해당하는지 여부를 판단하였어야 함에도, 위 강간상해죄가 '특정강력범죄' 에 해당한다는 이유로 집행유예를 선고할 수 없다고 본 원심판단에 법률의 적용을 그르친 위법이 있다고 한 사례. (대법원 2010.10.28. 선고 2010도7997 판결)

Ⅲ. 수사실무

1. 수사포인트

(1) 결과에 대한 인식이 있었는지 조사한다.

(2) 강간 등의 범행과 결과사이의 인과관계를 밝힌다.

(3) 임신여부와 고소시기의 적부를 조사해둔다.

2. 범죄사실 기재례

【범죄사실 기재례】

(1) 피의자 이○○은 20○○. ○. ○. 12:30쯤 경기도 ○○시 ○○놀이동산에서 알게된 정○○(당○○세)를 강간하기로 하고, 그녀와 함께 놀이기구 등을 타며 즐긴 후 같은 날 16:00쯤 드라이브하자고 감언이설을 하였다. 그리하여 자신의 차를 타고 놀이동산을 벗어나 같은 시 ○○동 ○○산에서 내려, 정○○을 데리고 위 산의 입구에서 왼쪽으로 들어가 주위에 아무도 없게 되자 그녀를 밀어눕혀 올라타고 음부와 유방 등을 주무르고 주먹으로 안면을 구타하는 등 폭행을 가하였다. 그러나 그녀의 저항으로 그 목적을 이루지 못하고 그녀에게 전치 10일의 상해를 입혔다.

(2) 피의자는 20○○. ○. ○. 17:20 서울 ○○기차역에서 친구를 배웅하고 돌아나오던 현○○(당○○세)에게 접근하여 "나는 ○○대학 사진학과에 다니는 학생인데, 졸업작품을 만들기 위해 나왔다. 모델이 되어 달라"고 거짓말을 하고 작업실로 가자며 그녀를 유인하여 그가 묵고 있는 ○○여관 ○○호실로 데리고 갔다.

피의자는 거기에서 그녀를 밀어 눕히고 그 위에 올라탔고, 그녀가 저항을 하며 소리를 지르자 두 손으로 그녀의 목을 졸라 반항을 하지 못하도록 하고 간음하였고, 그 때 위 폭력에 의하여 그녀를 질식사시켰다.

3. 적용실례

(1) 강간하려다 상해만 입힌 경우

피의자는 밤늦게 집에 들어가다가 골목에서 피해자 혼자 걸어가고 있는 것을 보고 주위를 살핀 뒤 강간하기로 마음먹고 그녀를 덮쳐 마을 작은 공터로 끌고 가 넘어뜨렸으나 그녀의 반항으로 인해 간음하지 못하고, 그 과정에서 피해자에게 상해만을 입히고 말았다.

➡ 강간치상죄로 의율할 수 있다. 이 죄는 범죄의 기수와 미수에 영향을 받지 않기 때문에 피의자가 간음의 뜻을 이루지 못했더라도 죄가 성립하는 것이다.

(2) 차례로 강간하여 처녀막파열상을 입었을 경우

피의자 송○○와 김○○는 공원벤치에 앉아있는 조○○에게 접근하여 그녀와 이야기를 나누다 공원 후문쪽에 있는 나무숲으로 유인하여 그녀를 넘어뜨리고 위 송○○가 그녀의 상체를 눌러 반항하지 못하게 하고 김○○가 간음한 후, 당시 같은 방법으로 송○○가 간음하였다. 조○○는 처녀막파열상을 입었다.

➡ 처녀막파열도 상해이므로 단순 강간이 아닌 강간치상죄로 의율해야 한다.

(3) 강간 후 피해자가 고소하겠다고 하자 몸싸움으로 옥상에서 떨어져 사망한 경우

피의자는 경비원으로서, 순찰을 하다가 옥상에서 혼자 있는 피해자를 발견하고 갑작스런 욕정을 못이겨 그녀에게 달려들어 밀어 넘어뜨리고 그 위에 타고 앉아 반항하지 못하도록 얼굴을 여러 번 때리고 두 팔을 누른 뒤 강간하였다. 그 직후 그녀가 고소하겠다고 하자 그녀를 협박하며 몸싸움을 하다 피해자가 옥상 밑으로 떨어져 죽고 말았다.

➡ 위 행위는 강간행위에 부수한 협박에서 일어난 것이므로 강간치사죄로 의율해야 할 것이다.

(4) 살인할 용의를 가지고 강간하다 사망한 경우

피의자는 피해자를 강간하기로 마음먹고, 소란을 피우면 없애버리면 된다고 생각하며 그녀에게 접근해 그녀를 밀어 넘어뜨리고 올라탔다. 피해자가 크게 소리를 지르자 얼굴을 손으로 눌렀는데, 그 힘에 피해자는 죽고 말았다.

➡ 강간치사죄는 결과적 가중범이다. 즉 강간범인이 죽음의 결과를 인식하지 못한 경우라야 이 죄가 성립하는 것이다. 따라서 위의 경우처럼 범인이 살의를 가진 경우에는 강간살인죄로 처리해야 할 것이다.

6. 미성년자, 심신미약자 간음, 추행죄

제302조【미성년자 등에 대한 간음】

미성년자 또는 심신미약자에 대하여 위계 또는 위력으로써 간음 또는 추행을 한 자는 5년 이하의 징역에 처한다.

[미성년자] 민4, [심신미약자] 10②, [공소시효] : 7년

Ⅰ. 이론

1. 구성요건

(1) 객관적 구성요건

1) 객체

미성년자 또는 심신미약자이다.

① 미성년자는 만 20세 미만의 사람이지만 만 13세 미만에 대해서는 미성년자 의제강간(추행)죄가 성립되므로, 이 죄의 객체로서의 미성년자는 만 13세부터 만 19세까지가 된다.

② 심신미약의 정도는 객관적으로 판단할 수 있을 정도 즉, 미성년자 정도의 의사능력밖에 없다고 인정되는 정도이면 된다.

2) 행위

위계 또는 위력에 의해 간음 또는 추행하는 것이다.

① 위계란 행위자가 이루려는 목적과 수단을 상대방에게 정확하게 알리지 않고 자기의 목적을 이루려고 하는 것을 말하며, 반드시 피해자가 착각해야 하는 것은 아니다. 여기에서 오인, 착각, 부지는 간음행위 자체에 대한 것을 의미한다고 본다.

▣ 근거판례 ▣

형법 제302조의 위계에 의한 미성년자간음죄에 있어서 위계라 함은 행위자가 간음의 목적으로 상대방에게 오인, 착각, 부지를 일으키고는 상대방의 그러한 심적 상태를 이용하여 간음의 목적을 달성하는 것을 말하는 것이고, 여기에서 오인, 착각, 부지란 간음행위 자체에 대한 오인, 착각, 부지를 말하는 것이지, 간음행위와 불가분적 관련성이 인정되지 않는 다른 조건에 관한 오인, 착각, 부지를 가리키는 것은 아니다(대법원 2001. 12. 24. 선고 2001도5074 판결).

② 위력은 일반적인 폭행·협박 외에 정신적인 위압을 주는 것을 포함한다.

(2) 주관적 구성요건

고의가 있어야 한다.

Ⅱ. 판례

◆ 간음목적유인죄를 성립여부

피고인이 피해자 甲(여, 15세)을 다른 장소로 옮긴 후 그곳에서 간음하기로 마음먹고, 술에 취한 甲에게 '드라이브 가자' 라는 취지로 속여 승용차에 태운 다음 경찰관에 의하여 검거될 때까지 약 1시간 동안 운전하여 간음 목적으로 미성년자 甲을 유인하였다는 내용으로 기소된 사안에서, 피고인이 甲을 승용차에 태운 것은 당시 甲과 일회적인 성교를 위하여 다른 장소로 이동할 의도였고, 나아가 계속적인 성관계 그 밖의 다른 목적을 달성하거나 지속적으로 사실적 지배관계를 설정할 의사는 없었던 것으로 보이며, 피고인의 위와 같은 의사와 甲이 승차한 승용차의 특성, 甲의 나이와 신분 등 사건의 제반 경위에 비추어, 위 승용차가 이동수단의 의미를 넘어 물리적·실력적 지배라는 측면에서 甲을 장소적으로 지배하는 의미까지 지니고 있다고는 보이지 않는 등의 사정을 종합할 때, 피고인이 드라이브하자고 甲을 기망 또는 유혹하여 승용차에 태우기는 하였으나 그로 인하여 甲이 피고인의 사실적 지배 아래 놓였다고 보기 어려우므로 甲을 유인하였다고 할 수 없고, 달리 이를 인정할 만한 증거가 없는데도, 피고인에게 간음목적유인죄를 인정한 제1심판결에 법리오해 내지 사실오인의 위법이 있다고 한 사례 (서울고법 2011.5.26, 선고, 2011노573,2011전노68, 판결 : 상고).

◆ 피해자에게 남자를 소개시켜 준다고 거짓말을 하여 여관으로 유인하여 간음한 경우, 형법 제302조 소정의 위계에 해당하는지 여부(소극)

(1) 사실관계

피고인A는 B와 공모하여, 2001. 1. 26. 01:00경 및 같은 달 31. 01:00경 2회에 걸쳐, 서울 도봉구 방학동 소재 무지개카페 부근 상호불상 여관 객실에서, 정신지체로 심신미약상태인 피해자C에게 남자를 소개해 준다며 동녀를 위 장소까지 유인하여 피고인A가 먼저 동녀와 1회 성교하고, 계속하여 B가 동녀와 1회 성교하여 위계로써 동녀를 간음하였다.

(2) 판결요지

[1] 형법 제302조 소정의 위계에 의한 심신미약자간음죄에 있어서 위계라 함은 행위자가 간음의 목적으로 상대방에게 오인, 착각, 부지를 일으키고는 상대방의 그러한 심적 상태를 이용하여 간음의 목적을 달성하는 것을 말하는 것이고, 여기에서 오인, 착각, 부지란 간음행위 자체에 대한 오인, 착각, 부지를 말하는 것이지, 간음행위와 불가분적 관련성이 인정되지 않는 다른 조건에 관한 오인, 착

각, 부지를 가리키는 것은 아니다.

[2] 피고인이 피해자를 여관으로 유인하기 위하여 남자를 소개시켜 주겠다고 거짓말을 하고 피해자가 이에 속아 여관으로 오게 되었고 거기에서 성관계를 하게 되었다 할지라도, 그녀가 여관으로 온 행위와 성교행위 사이에는 불가분의 관련성이 인정되지 아니하는 만큼 이로 인하여 피해자가 간음행위 자체에 대한 착오에 빠졌다거나 이를 알지 못하였다고 할 수는 없다 할 것이어서, 피고인의 위 행위는 형법 제302조 소정의 위계에 의한 심신미약자간음죄에 있어서 위계에 해당하지 아니한다(대법원 2002. 7. 12. 선고 2002도2029 판결).

Ⅲ. 수사실무

1. 수사포인트

(1) 미성년자인지 여부를 조사한다.

(2) 심신미약자에 대해 확실히 감정한다.

(3) 범인이 피해자에 대해 어떻게 인식하고 있었는지 조사한다.

(4) 위계, 위력의 방법을 조사한다.

2. 범죄사실 기재례

【범죄사실 기재례】

(1) 피의자는 ○○주식회사 ○○공장에서 공장장으로 재직하고 있다.

피의자는 위 회사 위 공장의 공원인 오○○(당○○세)가 20○○. ○. ○. 19 : 00경 위 피의자에게 찾아와 “동생 등록금을 내야 하는데 ○○만원만 빌려달라”고 간청하자, 이를 쾌히 승낙하고 이를 기회로 그녀를 간음하기로 마음먹었다. 그리고 그녀를 데리고 서울 ○○동 ○○번지에 있는 “○○주점”에 가서 ○○양주 ○잔을 억지로 마시게 하면서 “앞으로 돈걱정은 일체 하지 말라. 모두 내가 책임지겠다”라는 등 거짓말로 그녀를 유혹하여 이를 믿게 한 다음, 같은 날 21 : 30경 술에 취한 그녀를 위 주점 근처의 “○○모텔” ○○호실로 유인하여 미성년자인 그녀를 간음하였다.

(2) 피의자는 20○○. ○. ○. 01:00경 ○○시 ○○동에 있는 ○○모텔 201호실에서, 정신지체로 심신미약상태인 피해자 최○○에게 남자를 소개해 준다며 동녀를 위 장소까지 유인하여 동녀와 1회 성교하여 위계로써 동녀를 간음하게 하였다.

7. 업무상 위력 등에 의한 간음죄

제303조【업무상위력 등에 의한 간음】

① 업무, 고용 기타 관계로 인하여 자기의 보호 또는 감독을 받는 사람에 대하여 위계 또는 위력으로써 간음한 자는 5년 이하의 징역 또는 1천500만원 이하의 벌금에 처한다. 〈개정 1995. 12. 29., 2012. 12. 18., 2018. 10. 16.〉

② 법률에 의하여 구금된 사람을 감호하는 자가 그 사람을 간음한 때에는 7년 이하의 징역에 처한다. 〈개정 2012. 12. 18.〉

[법률에의하여구금된자] 헌12, 형소66-69 · 201, [공소시효] : 7년

◦ 제1항은 보호·감독을 받는 상태에서 권위에 눌려 성적 자유를 부당하게 침해받는 것을 보호하려는데 그 의의가 있다.

◦ 제2항은 피구금자의 성적 자기 결정의 자유를 보호함과 동시에 감호자의 청렴성에 대한 일반의 신뢰도 함께 보호하려는 것이다.

Ⅰ. 이론

[업무상 위력 등에 의한 간음죄(제303조 제1항)]

1. 구성요건

(1) 객관적 구성요건

1) 주체

업무, 고용 기타 관계로 사람을 보호 또는 감독하는 지위에 있는 자이다.

2) 객체

업무·고용 기타 관계로 인해 행위자의 보호·감독을 받는 사람이다.

① 업무란 개인의 업무와 공적 업무를 포함하며, 고용이란 사용자와 피용자의 관계를 말한다.

② 기타 관계로 인하여 보호·감독을 받는 사람이란 고용은 되지 않았으나 사실상 보호·감독을 받는 관계에 있는 사람을 말하며 그 원인은 문제되지 않는다. 처가 경영하는 술집에 고용된 부녀 등이 여기에 해당한다.

3) 행위

위계 또는 위력으로써 간음하는 것이다.

(2) 주관적 구성요건

고의가 있어야 한다.

[업무상 위력 등에 의한 간음죄(제303조 제2항)]

1. 구성요건

(1) 객관적 구성요건

1) 주체

법률에 의하여 구금된 사람을 감호하는 자이다. 검찰, 경찰공무원 등을 예로 들 수 있다. 즉, 이 죄는 신분범이며 간접정범에 의해 범해질 수 없는 자수범이다.

2) 객체

이 죄의 객체는 법률에 의하여 구금된 사람이다. 이는 형사소송법에 의하여 구금된 사람을 말하며, 확정판결을 받고 형의 집행을 받고 있는 자, 노역장에 유치된 자, 구금된 형사피의자 및 피고인이 포함된다.

3) 행위

행위는 간음하는 것이다.

① 간음은 특별한 수단을 필요로 하지 않는다. 감호자가 폭행·협박을 사용하여 간음한 경우에는 강간죄가 될 수 있다.

② 피해자의 승낙이 있는 경우에도 이 죄는 성립한다. 구금된 사람은 공포 또는 심리적 미약감으로 인하여 특별한 수단을 사용하지 않더라도 감호자에게 위압을 받을 것이며 또 승낙을 거부할 수 없는 입장에 있기 때문이다.

(2) 주관적 구성요건

고의가 있어야 한다.

Ⅱ. 판례

◆ 업무상 위력에 의한 간음죄의 피해자가 해고될 것이 두려워 고소를 하지 않는 것이 형사소송법 제230조 제1항 단서 소정의 "고소할 수 없는 불가항력의 사유"에 해당하는지 여부

자기의 피용자인 부녀를 간음하면서 불응하는 경우 해고할 것을 위협하였다 하더라도 이는 업무상 위력에 의한 간음죄의 구성요건일 뿐 그 경우 해고될 것이 두려워 고소를 하지 않은 것이 고소할 수 없는 불가항력적 사유에 해당한다고 할 수 없다(대법원 1985. 9. 10. 선고 85도1273 판결).

◆ 형법 303조 1항 규정중 기타 관계로 자기의 보호 또는 감독을 받는 부녀 중에는 사실상의 보호 또는 감독을 받는 상황에 있는 부녀도 포함되는지 여부

형법 303조 1항 규정중 기타 관계로 자기의 보호 또는 감독을 받는 부녀라 함은 사실상의 보호 또는 감독을 받는 상황에 있는 부녀인 경우도 이에 포함되는 것으로 보는 것이 우리의 일반사회통념이나 실정 그리고 동 법조를 신설하여 동 법조 규정상 황하에 있는 부녀의 애정의 자유가 부당하게 침해되는 것을 보호하려는 법의 정신에 비추어 타당하다(대법원 1976.2.10. 선고 74도1519 판결).

Ⅲ. 수사실무

1. 피의자 신문례

(1) 피의자는 공무원인가요

(2) 임용은 언제 되었나요

(3) 현재 직책과 직급은 어떻게 되나요

(4) 맡고 있는 업무는 구체적으로 무엇인가요

(5) 이○○를 상담한 일이 있나요

(6) 언제, 어디에서 상담하였나요

(7) 상담하면서 이○○를 간음한 일이 있나요

2. 범죄사실 기재례

【범죄사실 기재례】

피의자는 ○○산업 ○○공장의 공장장이다.

피의자는 20○○. ○. ○. 21 : 30경 야근을 마치고 동료 여공들과 함께 귀가하려고 준비중이던 피의자의 감독아래 있는 여공인 피해자 양○○(당○○세)를 불러 근처 약국에 가서 소독약좀 사다 줄 것을 요청하였다. 그리고 그녀가 약을 사가지고 오자 그 공장안에 다른 사람이 없는 기회를 이용하여 그녀를 간음하기로 마음먹고, 그녀를 숙직실로 불러들여 "내 말을 잘 들으면 잔업에서도 빼주고 감독으로 승진시키겠지만 만약 안들으면 내일 당장 해고시켜버리겠다"고 위계와 협박을 하여 공장장의 위력으로써 그녀를 간음하였다.

제304조 삭제 〈2012.12.18.〉

[2012. 12. 18. 법률 제11574호에 의하여 2009. 11. 26. 위헌 결정된 이 조를 삭제함.]

8. 미성년자의제강간, 강제추행죄

제305조【미성년자에 대한 간음, 추행】

13세 미만의 사람에 대하여 간음 또는 추행을 한 자는 제297조, 제297조의2, 제298조, 제301조 또는 제301조의2의 예에 의한다. 〈개정 1995. 12. 29., 2012. 12. 18.〉

제305조의2【상습범】

상습으로 제297조, 제297조의2, 제298조부터 제300조까지, 제302조, 제303조 또는 제305조의 죄를 범한 자는 그 죄에 정한 형의 2분의 1까지 가중한다. 〈개정 2012. 12. 18.〉
[본조신설 2010. 4. 15.]

제305조의3【예비, 음모】

제297조, 제297조의2, 제299조(준강간죄에 한정한다), 제301조(강간 등 상해죄에 한정한다) 및 제305조의 죄를 범할 목적으로 예비 또는 음모한 사람은 3년 이하의 징역에 처한다.
[본조신설 2020. 5. 19.]

[공소시효] 305: 10년, 15년(살인관련 적용 안됨), 305조의2: 7년, 10년

○ 13세 미만의 사람에게는 간음 또는 추행에 대한 동의능력이 없다고 보아 그 동의가 있는 때에도 강간죄 또는 강제추행죄의 예에 의하여 처벌한다.

Ⅰ. 이론

(1) 객관적 구성요건

1) 객체

13세 미만의 사람이다.

2) 행위

이 죄의 행위는 위 객체를 간음 또는 추행하는 것이다.

① 폭행·협박을 요건으로 하지 않는다.

② 폭행·협박을 이용해 반항을 억압한 후 간음 또는 추행하면 강간죄(제297조)나 강제추행죄(제298조)가 성립한다.

(2) 주관적 구성요건

13세 미만자를 간음, 추행한다는 고의가 있어야 한다.

1) 피해자가 13세 이상인 것으로 알았으나 사실은 13세 미만인 때에는 사실의 착오로서 고의를 조각한다.

2) 피해자가 13세 미만인 것으로 알았으나 사실은 13세 이상인 때에는 불능범으로서 죄가 성립하지 않는다.

Ⅱ. 판례

◆ 미성년자의제강간·강제추행죄를 규정한 형법 제305조에 의하여 미수범도 처벌할 수 있는지 여부

미성년자의제강간·강제추행죄를 규정한 형법 제305조가 "13세 미만의 부녀를 간음하거나 13세 미만의 사람에게 추행을 한 자는 제297조, 제298조, 제301조 또는 제301조의2의 예에 의한다"로 되어 있어 강간죄와 강제추행죄의 미수범의 처벌에 관한 형법 제300조를 명시적으로 인용하고 있지 아니하나, 형법 제305조의 입법 취지는 성적으로 미성숙한 13세 미만의 미성년자를 특별히 보호하기 위한 것으로 보이는바 이러한 입법 취지에 비추어 보면 동조에서 규정한 형법 제297조와 제298조의 '예에 의한다'는 의미는 미성년자의제강간·강제추행죄의 처벌에 있어 그 법정형뿐만 아니라 미수범에 관하여도 강간죄와 강제추행죄의 예에 따른다는 취지로 해석되고, 이러한 해석이 형벌법규의 명확성의 원칙에 반하는 것이거나 죄형법정주의에 의하여 금지되는 확장해석이나 유추해석에 해당하는 것으로 볼 수 없다(대법원 2007. 3. 15. 선고 2006도9453 판결).

◆ 형법 제305조의 미성년자의제강제추행죄의 성립요건

[1] 형법 제305조의 미성년자의제강제추행죄는 '13세 미만의 아동이 외부로부터의 부적절한 성적 자극이나 물리력의 행사가 없는 상태에서 심리적 장애 없이 성적 정체성 및 가치관을 형성할 권익'을 보호법익으로 하는 것으로서, 그 성립에 필요한 주관적 구성요건요소는 고의만으로 충분하고, 그 외에 성욕을 자극·흥분·만족시키려는 주관적 동기나 목적까지 있어야 하는 것은 아니다.

[2] 초등학교 4학년 담임교사(남자)가 교실에서 자신이 담당하는 반의 남학생의 성기를 만진 행위가 미성년자의제강제추행죄에서 말하는 '추행'에 해당한다고 한 원심의 판단을 수긍한 사례(대법원 2006. 1. 13. 선고 2005도6791 판결).

◆ 미성년자의제 강간추행죄의 성립에 있어서 위계 또는 위력이나 폭행 또는 협박 등의 행사요부 및 피해자의 동의가 있으면 위 죄가 불성립하는지 여부

본조에 규정된 13세 미만 부녀에 대한 의제강간, 추행죄는 그 성립에 있어 위계 또는 위력이나 폭행 또는 협박의 방법에 의함을 요하지 아니하며 피해자의 동의가 있었다고 하여도 성립하는 것이다(대법원 1982. 10. 12. 선고 82도2183 판결).

◆ 성추행 피해 아동이 한 진술의 신빙성 유무를 판단하는 방법

강제추행죄는 상대방에 대하여 폭행 또는 협박을 가하여 항거를 곤란하게 한 뒤에 추행행위를 하는 경우뿐만 아니라 폭행행위 자체가 추행행위라고 인정되는 경우도 포함되며, 이 경우의 폭행은 반드시 상대방의 의사를 억압할 정도의 것임을 요하지 않고 상대방의 의사에 반하는 유형력의 행사가 있는 이상 그 힘의 대소강약을 불문한다. 추행은 객관적으로 일반인에게 성적 수치심이나 혐오감을 일으키게 하고 선량한 성적 도덕관념에 반하는 행위로서 피해자의 성적 자유를 침해하는 것이라고 할 것인데, 이에 해당하는지 여부는 피해자의 의사, 성별, 연령, 행위자와 피해자의 이전부터의 관계, 그 행위에 이르게 된 경위, 구체적 행위태양, 주위의 객관적 상황과 그 시대의 성적 도덕관념 등을 종합적으로 고려하여 신중히 결정되어야 할 것이다(대법원 2012. 6. 14., 선고, 2012도3893,2012감도14,2012전도83, 판결).

◆ 미성년자의제강간치상죄의 경우 고소의 요부(소극)

형법 제305조의 미성년자에 대한 추행에는 이로 인한 치상이 있게 되면 같은 법 제301조의 강간 등에 의한 치사상의 예에 의하여 처벌하므로 고소가 없거나 고소가 취소되어도 이를 논할 수 있다(대법원 1990. 4. 10 선고 90도335 판결).

Ⅲ. 수사실무

1. 수사포인트

(1) 범인과 피해자와의 관계를 조사한다.

(2) 피해자가 13세 미만임을 범인이 인식하고 있었는지 조사한다.

(3) 피해자의 나이를 가족관계등명서 등으로 확인해야 한다.

2. 범죄사실 기재례

【범죄사실 기재례】

(1) 피의자는 ○○시 ○○동 ○○번지에 있는 ○○속셈학원 선생이다.

피의자는 20○○. ○. ○. 15 : 40경 위 속셈학원 ○○호 교실에 피해자 유○○(당○○세)가 혼자 있는 것을 보고 갑자기 욕정을 일으켜 그녀의 손목을 잡고 시원한 음료수를 마시자고 하며 자기방으로 유인하였다. 그리고 그녀를 자기 의자에 앉히고 그녀의 팬티를 발목까지 걷어내려 음부를 손가락으로 후비고 피의자의 음경을 꺼내어 그녀의 음부나 복부에 비벼대는 등 강제로 추행하였다.

(2) 피의자는 20○○. ○. ○. 15 : 00경 술을 먹고 ○○시 ○○동 ○○번지에 있는 평소 알지 못하는 조○○(○○세)의 집에 들어갔다. 그곳에서 그의 딸 조△△(○○세)가 마침 혼자 있는 것을 보고 그녀에게 "나는 네 아빠의 친구다. 너 참 예쁘구나"라고 거짓말을 하며 그녀를 껴안고 팬티 속에 손을 집어넣어 음부를 문지르는 등 추행을 하고, 다시 강제로 간음하려 하였다. 그러다가 그녀의 할머니 손○○가 집에 들어오는 바람에 그 목적을 이루지 못하고 미수에 그쳤으나 그 때 위 추행 등으로 인하여 그녀에가 약 1주일간의 치료를 요하는 외음부개갠상처를 입게 하였다.

3. 적용실례

(1) 미성년자를 억압하고 강간한 경우

피의자가 미성년자인 피해자(당12세)를 폭행하여 억압하고 강간하였다.

➡ 미성년자를 폭행하거나 협박하여 반항을 억압한 후 강간하는 것은 미

성년자 간음죄가 아닌 강간죄를 성립시킨다. 따라서 이 경우 강간죄로 의율해야 한다.

(2) 미성년자를 폭행, 간음한 경우

13세인 여학생을 폭행, 협박으로 간음하였다.

➡ 폭행, 협박의 정도가 반항을 억압할 정도이면 강간죄, 그 정도에 이르지 못했으면 미성년자간음죄에 해당된다. 따라서 피해자의 연령, 체격, 행위장소 등 제반사정을 종합하여 판단해야 할 것이다.

(3) 이웃에 사는 12세 여아를 간음한 경우

피의자가 12세 된 여자아이를 유인하여 피의자의 음경을 피해자의 음부에 삽입하였다.

➡ 13세 미만의 미성년자를 간음(음경 삽입)한 것이므로 미성년자의제강간으로 의율해야 한다.

(4) 13세 여학생을 간음하려 했으나 미수에 그친 경우

피의자가 13세의 여학생을 유인하여, 말을 듣지 않으면 죽이겠다고 협박하고 팔을 눌러 강제로 간음하려 했으나 피해자가 반항하며 소리를 질러 미수에 그쳤다.

➡ 피해자가 미성년자(13세 미만)라도 폭행·협박 등의 강제수단으로 간음하면 미성년자의제강간이 아니라 강간으로 의율해야 한다. 따라서 이 경우, 강간미수로 의율해야 한다.

(5) 미성년자를 간음하려다 미수에 그친 경우

산속에서 11세의 피해자를 간음하려고 성기를 삽입하다가 등산객들이 올라오는 바람에 이루지 못하였다.

➡ 강간은 성기가 삽입되었을 때 기수가 된다. 이 경우는 성기를 완전히 삽입하지 못해 강간의 기수에 이르지 못했으므로 형법 제305조에 의하여 미수범도 처벌할 수 있다는 대법원 판례(2006도9435)에 의할 때 미성년자의제강간에 대한 미수죄로 의율해야 한다.

(6) **미성년자와 합의하에 성관계를 맺음으로써 상처를 입힌 경우**

대학생인 피의자가 평소 자신을 좋아하는 이웃집 여학생(12세)과 합의하여 성교를 하고 그 결과 음부 등에 상처를 입혔다.

➡ 합의하여 성교를 했다고 해도 피해자는 미성년자이기 때문에 미성년자의제강간치상으로 의율해야 할 것이다.

(7) **13세 소녀를 추행한 경우**

주민등록상으로 13세 3개월된 소녀를 추행하였다.

➡ 피해자가 13년 3개월이 되었다면 미성년자의제강제추행이 아니라, 미성년자추행으로 의율해야 한다. 만일 피해자가 13세 미만이라면 미성년자의제강제추행이 될 것이다.

4. 참고사항

(1) 수사시 유의사항

1) 13세미만의 여아를 폭행, 협박하여 강간하고 그로 인해 처녀막파열상을 가한 경우는 미성년자의제강간이 아니라 강간치상으로 의율해야 함

2) 13세미만의 부녀에게 과자를 사주고 가슴을 만지는 추행행위는 동의를 구했다하더라도 미성년자강제추행으로 의율할 것. 가끔 미성년자간음, 추행(이는 법조문임)으로 죄명을 잘못기재하는 경우가 있음

3) 13세미만의 여아를 강제로 추행하다가 상해를 입힌 경우 "미성년자강제추행치상" 죄로 의율할 것. "미성년자의제강제추행상해" 가 아님에 유의할 것

제306조 삭제 〈2012.12.18.〉

제 33 장 명예에 관한 죄 (제307조 ~ 제312조)

제33장 명예에 관한 죄(제307조 ~ 제312조)

1. 명예훼손죄

> 제307조【명예훼손】
> ① 공연히 사실을 적시하여 사람의 명예를 훼손한 자는 2년 이하의 징역이나 금고 또는 500만원 이하의 벌금에 처한다. 〈개정 1995.12.29.〉
> ② 공연히 허위의 사실을 적시하여 사람의 명예를 훼손한 자는 5년 이하의 징역, 10년 이하의 자격정지 또는 1천만원 이하의 벌금에 처한다. 〈개정 1995.12.29.〉

[공소기각] 형소232③ · 327, [손해배상] 민764, [군법] 군형64 · 65, [국교에관한죄] 107 · 108, [출판물등] 309①, [저작인격권의침해] 저작136, [위법성조각] 310, [공소시효] : 5년, 7년

Ⅰ. 이론

1. 구성요건

(1) 객관적 구성요건

1) 명예의 주체

명예의 주체는 사람이다. 법인도 명예의 주체가 된다는 데에는 異論이 없으며, 나아가 법인격없는 단체라 할지라도 법에 의하여 인정된 사회적기능을 담당하고 통일된 의사를 형성할 수 있는 이상 명예의 주체가 된다고 할 것이다.

2) 객체

사람의 명예이다.

3) 행위

공연히 사실을 적시하거나 허위의 사실을 적시하여 명예를 훼손하는 것이다.

① 공연성이란 불특정 또는 다수인이 직접 인식할 수 있는 상태를 의미한다.

■ 이견있는 형사사건의 법원판단 ■

[공연성의 의미]

1. 문제점 : 제307조 이하 명예에 관한 죄에서 규정된 공연성의 의미와 관련하여 통설과 판례는 불특정 또는 다수인이 인식할 수 있는 상태를 의미한다고 한다. 여기서 '인식할 수 있는 상태'의 의미에 대하여 견해가 나뉜다.

2. 학설

(1) 전파성이론 : 개별적으로 한 사람에게 한 말도 그것이 결과적으로 불특정 또는 다수인에게 전파될 가능성이 있으면 공연성이 인정된다는 견해

(2) 직접인식가능성설(다수설) : 불특정 또는 다수인이 직접으로 인식할 수 있는 상태가 공연성이라는 견해

3. 판례 : 전파성이론의 태도

형법 제307조 제2항의 허위사실적시에 의한 명예훼손죄에 있어서의 공연성은 불특정 또는 다수인이 인식할 수 있는 상태를 의미하므로 비록 개별적으로 한 사람에 대하여 사실을 유포하더라도 이로부터 불특정 또는 다수인에게 전파될 가능성이 있으면 공연성이 있고, 반면에 그와 같은 가능성이 없으면 공연성이 없다(대법원 1998. 9. 8. 선고 98도1949 판결).

② 사실의 적시란 사람의 사회적 가치 내지 평가를 저하시키는데 충분한 사실을 지적하는 것을 말한다.

③ 기수시기 : 불특정 또는 다수인이 인식할 수 있는 상태에 이르면 기수가 되고, 현실적으로 상대방이 인지할 것을 요하지는 않는다(추상적 위험범).

(2) 주관적 구성요건

이 죄가 성립하기 위해서는 타인의 명예를 훼손할만한 사실 또는 허위사실을 적시한다는 고의가 있어야 한다. 이것은 미필적 고의로도 족하다.

2. 위법성

(1) 일반적 위법성조각사유

피해자의 승낙이 있는 경우에는 위법성이 조각된다고 본다. 또한 법령에 의한 행위, 업무로 인한 행위의 경우에는 정당행위로서 위법성이 조각된다.

▣ 근거판례 ▣

피고인이 소속한 교단협의회에서 조사위원회를 구성하여 피고인이 목사로 있는 교회의 이단성 여부에 대한 조사활동을 하고 보고서를 그 교회 사무국장에게 작성토록 하자, 피고인이 조사보고서의 관련 자료에 피해자를 명예훼손죄로 고소했던 고소장의 사본을 첨부한 경우, 이는 자신의 주장의 정당성을 입증하기 위한 자료의 제출행위로서 정당한 행위로 볼 것이지, 고소장의 내용에 다소 피해자의 명예를 훼손하는 내용이 들어 있다 하더라도 이를 이유로 고소장을 첨부한 행위가 위법하다고까지는 할 수 없다고 한 사례(대법원 1995.3.17. 선고 93도923 판결).

(2) 형법 제310조에 의한 위법성조각

진정한 사실로서 공공의 이익에 관한 것이면 위법성이 조각된다(제310조).

3. 소추조건

이 죄는 피해자의 명시한 의사에 반하여 공소를 제기할 수 없다(제312조 2항).

Ⅱ. 판례

◆ 명예훼손죄에 있어서 공연성의 의미

[1] 명예훼손죄의 구성요건인 공연성은 불특정 또는 다수인이 인식할 수 있는 상태를 말하고, 비록 개별적으로 한 사람에 대하여 사실을 적시하더라도 그로부터 불특정 또는 다수인에게 전파될 가능성이 있다면 공연성의 요건을 충족한다.

[2] 전파가능성을 이유로 명예훼손죄의 공연성을 인정하는 경우에는 적어도 범죄구성요건의 주관적 요소로서 미필적 고의가 필요하므로 전파가능성에 대한 인식이 있음은 물론 나아가 그 위험을 용인하는 내심의 의사가 있어야 하고, 그 행위자가 전파가능성을 용인하고 있었는지의 여부는 외부에 나타난 행위의 형태와 행위의 상황 등 구체적인 사정을 기초로 하여 일반인이라면 그 전파가능성을 어떻게 평가할 것인가를 고려하면서 행위자의 입장에서 그 심리상태를 추인하여야 한다(대법원 2004. 4. 9. 선고 2004도340 판결)

◆ 명예훼손죄의 구성요건인 '공연성'의 의미 / 명예훼손죄가 추상적 위험범인지 여부(적극)

[1] 명예훼손죄의 구성요건으로서 공연성은 '불특정 또는 다수인이 인식할 수 있는 상태'를 의미하고, 개별적으로 소수의 사람에게 사실을 적시하였더라도 그 상대방이 불특정 또는 다수인에게 적시된 사실을 전파할 가능성이 있는 때에도 공연

성이 인정된다. 개별적인 소수에 대한 발언을 불특정 또는 다수인에게 전파될 가능성을 이유로 공연성을 인정하기 위해서는 막연히 전파될 가능성이 있다는 것만으로 부족하고, 고도의 가능성 내지 개연성이 필요하며, 이에 대한 검사의 엄격한 증명을 요한다. 특히 발언 상대방이 직무상 비밀유지의무 또는 이를 처리해야 할 공무원이나 이와 유사한 지위에 있는 경우에는 그러한 관계나 신분으로 인하여 비밀의 보장이 상당히 높은 정도로 기대되는 경우로서 공연성이 부정되고, 공연성을 인정하기 위해서는 그러한 관계나 신분에도 불구하고 불특정 또는 다수인에게 전파될 수 있다고 볼 만한 특별한 사정이 존재하여야 한다(대법원 2020. 11. 19. 선고 2020도5813 전원합의체 판결 참조).

원심은 이 사건 공소사실 중 2013. 4. 19. 명예훼손의 점에 대하여, 피고인들과 피해자는 골프장의 경기도우미(캐디)인데 경기도우미들은 자율규정을 위반한 경기도우미에 대한 징계를 스스로 결정한 후 골프장 운영 회사의 접수 직원인 공소외인에게 전달하고, 위 회사 내부의 검토·보고를 거쳐 시행하는 점, 이 부분 공소사실에서 문제 된 요청서는 허위사실에 기초한 것이기는 하나 피해자가 자율규정을 위반하여 징계하였으니 골프장에 출입금지를 시켜 달라는 내용으로 절차에 따라 공소외인에게 전달되어 위 회사에 의해 피해자에 대한 출입금지조치가 있었던 점을 인정한 다음, 피고인들이 피해자에 대한 허위사실을 적시하여 공소외인를 통하여 위 회사에 전달한 사실이 인정된다 하더라도, 이는 피해자에 대한 출입금지처분을 요청하기 위하여 그 담당자에게 요청서를 제출한 것이므로, 피고인들이 적시한 허위사실이 담당자인 공소외인를 통하여 불특정 또는 다수인에게 전파될 가능성이 있다고 보이지 않는다는 이유를 들어 공연성을 부정하고 무죄로 판단하였다.

앞서 본 법리에 원심이 확정한 사실관계를 비추어 살펴보면, 위와 같은 원심의 판단에 상고이유 주장과 같이 명예훼손죄의 공연성에 관한 법리를 오해한 잘못이 없다.

[2] 명예훼손죄는 추상적 위험범으로 불특정 또는 다수인이 적시된 사실을 실제 인식하지 못하였다고 하더라도 인식할 수 있는 상태에 놓인 것으로도 명예가 훼손된 것으로 보아야 한다(위 대법원 2020도5813 전원합의체 판결 참조). 발언 상대방이 이미 알고 있는 사실을 적시하였더라도 공연성 즉 전파될 가능성이 없다고 볼 수 없다(대법원 1993. 3. 23. 선고 92도455 판결 등 참조).

원심은 이 사건 공소사실 중 2013. 6. 18.경 명예훼손의 점에 대하여, 피고인들이 피해자에 대한 허위사실을 적시한 서명자료를 만들어 여러 명의 동료들에게 읽게 하고 서명을 받았다면 불특정 또는 다수인이 인식할 수 있는 상태에 해당하고, 설령 그 내용이 동료들 사이에 만연한 소문이었다고 하더라도 명예훼손죄를 구성한다고 판단하였다.

앞서 본 법리에 원심이 확정한 사실관계를 비추어 살펴보면, 위와 같은 원심의 판단에 상고이유 주장과 같이 명예훼손죄의 공연성에 관한 법리를 오해한 잘못이 없다. 또한 원심의 판단에 논리와 경험의 법칙을 위반하여 자유심증주의의 한계를 벗어나거나 명예훼손죄의 허위사실에 관한 법리, 공소사실 특정에 관한 법리를 오해한 잘못 등이 없다(대법원 2020. 12. 30., 선고, 2015도15619, 판결).

◆ 형법 제307조 제2항에 정한 '허위의 사실' 해당 여부의 판단 기준

(1) 사실관계

> 피고인이 2005. 5. 11. 11:00경 경기도 용인군 양지면 소재 총신대학교 신학대학원 100주년 기념관 채플실에서 1,200여 명의 학생들이 모인 가운데 위 대학교수이자 목사로서 예배를 인도하면서 대한예수교장로회 ㅇㅇ교회 목사인 고소인 A에 대해 "ㅇㅇ교회 A는 이단 중에 이단입니다. 그는 피가름을 실천에 옮겨야 된다고 가르치는 사람, 그것도 비밀리에 가르치고 있습니다." 라고 공연히 허위의 사실을 적시하여 그의 명예를 훼손하였다.

(2) 판결요지

[1] 형법 제307조 제2항을 적용하기 위하여 적시된 사실이 허위의 사실인지 여부를 판단하는 경우, 적시된 사실의 내용 전체의 취지를 살펴볼 때 중요한 부분이 객관적 사실과 합치되면 세부에 있어서 진실과 약간 차이가 나거나 다소 과장된 표현이 있다 하더라도 이를 허위의 사실이라고 볼 수 없다.

[2] 명예훼손죄에 있어서의 '사실의 적시'란 가치판단이나 평가를 내용으로 하는 의견표현에 대치되는 개념으로서 시간과 공간적으로 구체적인 과거 또는 현재의 사실관계에 관한 보고 내지 진술을 의미하는 것이며, 그 표현내용이 증거에 의한 입증이 가능한 것을 말한다. 또한, 판단할 진술이 사실인가 또는 의견인가를 구별할 때는 언어의 통상적 의미와 용법, 입증가능성, 문제된 말이 사용된 문맥, 그 표현이 행하여진 사회적 상황 등 전체적 정황을 고려하여 판단하여야 한다.

[3] 목사가 예배중 특정인을 가리켜 "이단 중에 이단이다" 라고 설교한 부분이 명예훼손죄에서 말하는 '사실의 적시' 에 해당하지 않는다고 한 사례(대법원 2008. 10. 9. 선고 2007도1220 판결).

◆ 명예훼손죄의 성립요건 / 불미스러운 소문의 진위를 확인하고자 질문을 하는 과정에서 타인의 명예를 훼손하는 발언을 한 경우, 명예훼손의 고의를 인정할 수 있는지 여부(소극)

[1] 명예훼손죄가 성립하기 위해서는 주관적 구성요소로서 타인의 명예를 훼손한다는 고의를 가지고 사람의 사회적 평가를 저하시키는 데 충분한 구체적 사실을 적시하는 행위를 할 것이 요구된다. 따라서 불미스러운 소문의 진위를 확인하고자 질문을 하는 과정에서 타인의 명예를 훼손하는 발언을 하였다면 이러한 경우에는 그 동기에 비추어 명예훼손의 고의를 인정하기 어렵다.

[2] 명예훼손죄의 구성요건인 공연성은 불특정 또는 다수인이 인식할 수 있는 상태를 말한다. 비록 개별적으로 한 사람에 대하여 사실을 유포하였더라도 그로부터

불특정 또는 다수인에게 전파될 가능성이 있다면 공연성의 요건을 충족하지만 이와 달리 전파될 가능성이 없다면 특정한 한 사람에 대한 사실의 유포는 공연성이 없다고 할 것이다. 한편 위와 같이 전파가능성을 이유로 명예훼손죄의 공연성을 인정하는 경우에는 적어도 범죄구성요건의 주관적 요소로서 미필적 고의가 필요하므로 전파가능성에 대한 인식이 있음은 물론 나아가 그 위험을 용인하는 내심의 의사가 있어야 한다. 행위자가 전파가능성을 용인하고 있었는지 여부는 외부에 나타난 행위의 형태와 상황 등 구체적인 사정을 기초로 일반인이라면 그 전파가능성을 어떻게 평가할 것인가를 고려하면서 행위자의 입장에서 그 심리상태를 추인하여야 한다.(대법원 2018. 6. 15., 선고, 2018도4200, 판결).

◆ 언론매체의 기사가 명예를 훼손하는 내용인지 여부의 판단 기준

[1] 신문 등 언론매체가 특정인에 대한 기사를 게재한 경우 그 기사가 특정인의 명예를 훼손하는 내용인지의 여부는 기사의 객관적인 내용과 아울러 일반 독자가 기사를 접하는 통상의 방법을 전제로 기사의 전체적인 흐름, 사용된 어휘의 통상적인 의미, 문구의 연결 방법 등을 종합적으로 고려하여 그 기사가 독자에게 주는 전체적인 인상도 그 판단 기준으로 삼아야 한다.

[2] 언론매체의 보도를 통한 명예훼손에 있어서 행위자가 보도 내용이 진실이라고 믿을 만한 상당한 이유가 있는지의 여부는 적시된 사실의 내용, 진실이라고 믿게 된 근거나 자료의 확실성과 신빙성, 사실 확인의 용이성, 보도로 인한 피해자의 피해 정도 등 여러 사정을 종합하여 행위자가 보도 내용의 진위 여부를 확인하기 위하여 적절하고도 충분한 조사를 다하였는가, 그 진실성이 객관적이고도 합리적인 자료나 근거에 의하여 뒷받침되는가 하는 점에 비추어 판단하여야 한다.

[3] 사실을 적시하는 표현행위뿐만 아니라 의견 또는 논평을 표명하는 표현행위도 그와 동시에 묵시적으로라도 그 전제가 되는 사실을 적시하고 있다면 그에 의하여 민사상의 명예훼손이 성립할 수 있다(대법원 2001. 1. 19. 선고 2000다10208 판결).

◆ 피해자를 집합적 명사로 표현한 경우, 명예훼손죄가 성립하는지 여부

(1) 사실관계

피고인이 작성하여 배포한 보도자료에는 피해자의 이름을 직접적으로 적시하고 있지는 않으나, 3.19 동지회 소속 교사들이 학생들을 선동하여 무단하교를 하게 하였다고 적시하고 있다. 이 사건 고등학교의 교사는 총 66명으로서 그 중 약 37명이 3.19 동지회 소속 교사들인 사실, 위 학교의 학생이나 학부모, 교육청 관계자들은 3.19 동지회 소속 교사들이 누구인지 알고 있다.

(2) 판결요지

명예훼손죄는 어떤 특정한 사람 또는 인격을 보유하는 단체에 대하여 그 명예를 훼손함으로써 성립하는 것이므로 그 피해자는 특정한 것임을 요하고, 다만 서울시민 또는 경기도민이라 함과 같은 막연한 표시에 의해서는 명예훼손죄를 구성하지 아니한다 할 것이지만, 집합적 명사를 쓴 경우에도 그것에 의하여 그 범위에 속하는 특정인을 가리키는 것이 명백하면, 이를 각자의 명예를 훼손하는 행위라고 볼 수 있다(대법원 2000. 10. 10. 선고 99도5407 판결).

◆ 형법 제307조 제2항 소정의 '허위사실 적시에 의한 명예훼손죄'의 성립 요건

[1] 형법 제307조 제2항이 정하는 허위사실 적시에 의한 명예훼손죄가 성립하기 위하여는 범인이 공연히 사실의 적시를 하여야 하고, 그 적시한 사실이 사람의 사회적 평가를 저하시키는 것으로서 허위이어야 하며, 범인이 그와 같은 사실이 허위라고 인식하였어야 한다.

[2] 형법 제307조 제2항을 적용하기 위하여 적시된 사실이 허위의 사실인지 여부를 판단함에 있어서는 적시된 사실의 내용 전체의 취지를 살펴볼 때 중요한 부분이 객관적 사실과 합치되는 경우에는 세부(細部)에 있어서 진실과 약간 차이가 나거나 다소 과장된 표현이 있다 하더라도 이를 허위의 사실이라고 볼 수는 없다(대법원 2000. 2. 25. 선고 99도4757 판결).

◆ 피고인이 경찰관을 상대로 진정한 사건이 혐의인정되지 않아 내사종결 처리되었음에도 불구하고 공연히 "사건을 조사한 경찰관이 내일부로 검찰청에서 구속영장이 떨어진다."고 말한 것은 현재의 사실을 기초로 하거나 이에 대한 주장을 포함하여 장래의 일을 적시한 것으로 볼 수 있어 명예훼손죄에 있어서의 사실의 적시에 해당한다고 한 사례

(1) 사실관계

> 피고인은 2001. 8. 중순 일자불상 14:00경 경북도청 2층 감사관 사무실에서 사실은 피해자 1에 대한 직무유기 등의 진정사건이 혐의인정되지 않아 내사종결 처리되었음에도 불구하고 경산시청 공무원 김○○ 등 6명이 듣고 있는 가운데 "사건을 조사한 경산경찰서 경찰관인 피해자 1, 피해자 2가 내일부로 대구지방검찰청에서 구속영장이 떨어진다."고 소리쳤다.

(2) 판결요지

[1] 명예훼손죄가 성립하기 위하여는 사실의 적시가 있어야 하는데, 여기에서 적시의 대상이 되는 사실이란 현실적으로 발생하고 증명할 수 있는 과거 또는 현재의 사실을 말하며, 장래의 일을 적시하더라도 그것이 과거 또는 현재의 사실을

기초로 하거나 이에 대한 주장을 포함하는 경우에는 명예훼손죄가 성립한다고 할 것이고, 장래의 일을 적시하는 것이 과거 또는 현재의 사실을 기초로 하거나 이에 대한 주장을 포함하는지 여부는 그 적시된 표현 자체는 물론 전체적인 취지나 내용, 적시에 이르게된 경위 및 전후 상황, 기타 제반 사정을 종합적으로 참작하여 판단하여야 한다.

[2] 피고인이 경찰관을 상대로 진정한 사건이 혐의인정되지 않아 내사종결 처리되었음에도 불구하고 공연히 "사건을 조사한 경찰관이 내일부로 검찰청에서 구속영장이 떨어진다." 고 말한 것은 현재의 사실을 기초로 하거나 이에 대한 주장을 포함하여 장래의 일을 적시한 것으로 볼 수 있어 명예훼손죄에 있어서의 사실의 적시에 해당한다(대법원 2003. 5. 13. 선고 2002도7420 판결).

◆ "애꾸눈, 병신" 이라는 발언내용이 구체적 사실을 적시한 것인지 여부

[1] 명예훼손죄가 성립하기 위하여는 사실의 적시가 있어야 하고 적시된 사실은 이로써 특정인의 사회적 가치 내지 평가가 침해될 가능성이 있을 정도로 구체성을 띠어야 한다.

[2] "애꾸눈, 병신" 이라는 발언 내용은 피고인이 피해자를 모욕하기 위하여 경멸적인 언사를 사용하면서 욕설을 한 것에 지나지 아니하고, 피해자의 사회적 가치나 평가를 저하시키기에 충분한 구체적 사실을 적시한 것이라고는 보기 어렵다(대법원 1994. 10. 25. 선고 94도1770 판결).

◆ 일부 허위사실이 포함된 기사를 작성한 신문기자에게 비방의 목적이나 허위라는 인식이 없었다는 이유로 명예훼손의 위법성을 부인한 원심판결을 수긍한 사례

내용중에 일부 허위사실이 포함된 신문기사를 보도한 사안에서, 기사 작성의 목적이 공공의 이익에 관한 것이고 그 기사 내용을 작성자가 진실하다고 믿었으며 그와 같이 믿은 데에 객관적인 상당한 이유가 있다는 이유로 명예훼손의 위법성을 부인한 원심판결을 수긍한 사례(대법원 1996. 8. 23. 선고 94도3191 판결).

◆ 언론에 의한 명예훼손과 위법성조각사유

신문 등 언론매체가 개인의 명예를 훼손하는 행위를 한 경우에도 그것이 공공의 이해에 관한 사항으로서 그 목적이 오로지 공공의 이익을 위한 것일 때에는 그 기사 등 보도내용의 진실성이 증명되거나 그 증명이 없더라도 행위자가 그것을 진실이라고 믿을 만한 상당한 이유가 있는 경우에는 위법성이 없다(대법원 1996. 5. 28. 선고 94다33828 판결).

◆ 명예훼손 사실을 발설하였는지에 관한 질문에 대답하는 과정에서 명예훼손사실을 발설한 경우, 명예훼손죄의 성립 여부(소극)

[1] 명예훼손죄의 구성요건인 '공연성'은 불특정 또는 다수인이 인식할 수 있는 상태를 말하고, 비록 개별적으로 한 사람에 대하여 사실을 유포하였다고 하더라도 그로부터 불특정 또는 다수인에게 전파될 가능성이 있다면 공연성의 요건을 충족하지만 이와 달리 전파될 가능성이 없다면 특정한 한 사람에 대한 사실의 유포는 공연성을 결한다고 할 것이며(대법원 1996. 7. 12. 선고 96도1007 판결, 대법원 2000. 5. 16. 선고 99도5622 판결 등 참조), 한편 위와 같이 전파가능성을 이유로 명예훼손죄의 공연성을 인정하는 경우에는 적어도 범죄구성요건의 주관적 요소로서 미필적 고의가 필요하므로, 전파가능성에 대한 인식이 있음은 물론, 나아가 그 위험을 용인하는 내심의 의사가 있어야 하고, 그 행위자가 전파가능성을 용인하고 있었는지의 여부는 외부에 나타난 행위의 형태와 행위의 상황 등 구체적인 사정을 기초로 하여 일반인이라면 그 전파가능성을 어떻게 평가할 것인가를 고려하면서 행위자의 입장에서 그 심리상태를 추인하여야 할 것이다.

[2] 명예훼손사실을 발설한 것이 사실이냐는 질문에 대답하는 과정에서 타인의 명예를 훼손하는 사실을 발설하게 된 것이라면, 그 발설내용과 동기에 비추어 명예훼손의 범의를 인정할 수 없고, 질문에 대한 단순한 확인대답이 명예훼손에서 말하는 사실적시라고도 할 수 없다(대법원 2008.10.23. 선고 2008도6515 판결).

◆ 허위사실의 보도로 인한 형법 제307조, 구 정보통신망 이용촉진 및 정보보호 등에 관한 법률 제61조 명예훼손죄의 성립 여부나 형법 제310조 위법성조각사유의 존부 등을 판단하는 방법

(1) 사실관계

> 피고인은 "2005. 9. 23. 15:00경 대구 동구 신천동 소재 ○○호텔 지하 1층에 있는 B가 운영하는 '럭셔리' 바에서, 전날 밤 대구고등검찰청과 대구지방검찰청에 대한 국회 국정감사가 끝난 후 국회 법제사법위원회 소속 국회의원인 피해자A가 같은 위원회 소속 국회의원들 및 대구지방검찰청 소속 검사들과 위 바에서 술을 마시면서 B등에게 욕설을 하였다"는 제보를 받고 매일신문, 연합뉴스 등 다른 언론매체의 기자들과 함께 B를 인터뷰하면서, 사실은 B로부터 단순히 '피해자가 심한 욕설을 하여 모욕감을 느꼈다'는 취지의 말을 들은 사실이 있을 뿐, '피해자가 여성 성기를 비유한 욕설을 하여 성희롱을 당하고 성적 모욕감을 느꼈다'는 취지의 말은 들은 사실이 없음에도 불구하고, 같은 날 17:30경 ○○호텔 건너편에 있는 상호불상 피씨방에서, 오마이뉴스의 '기사쓰기' 란에 「칵테일바 여사장 H씨(여)는 23일 오마이뉴스 기자와 만나

'주의원이 술을 마시는 도중 계속적으로 여성 성기를 비유한 욕설을 하면서 추태를 부렸다.' 면서 '차마 말로 옮기지 못할 정도로 심한 성적 모욕감을 느꼈다.' 고 주장했다」는 내용의 기사를 게재하여 위 기사가 오마이뉴스의 메인화면에 게재되고 불특정 다수의 사람들이 볼 수 있게 함으로써, 마치 피해자A가 단순히 욕설을 하는 차원을 넘어 여성에 대하여 성희롱을 가하고 성적 모욕감을 느끼게 하는 행위를 한 것처럼 인식될 소지가 있도록 공연히 허위의 사실을 적시하여 피해자의 명예를 훼손하였다. 그 후 2005. 9. 25. 21:30경 B와 전화통화를 하면서 사실은 위 기사의 내용에 대하여 항의를 받았을 뿐, B가 위 기사의 내용처럼 '피해자가 여성 성기를 비유한 욕설 등 성적 폭언을 한 것이 맞다' 는 취지로 그 내용을 확인해 준 사실이 전혀 없음에도 불구하고, 2005. 9. 26. 12:36경 ○○호텔 부근에 있는 상호불상 모텔 객실에서, 오마이뉴스 '기사쓰기' 란에 「22일 밤 '술자리 추태' 사건이 벌어졌던 대구 모 호텔 지하 L 칵테일바의 H사장(여)은 이번 사건의 발단이 됐던 A 한나라당 의원의 추태가 사실이라고 재확인했다. · · · H사장은 25일 밤 9시 30분경 오마이뉴스 기자에게 전화를 걸어와 이같이 밝혔다. · · · H사장이 전화를 걸어와 밝힌 이 같은 내용은 '진실 논란' 이 일었던 A의원의 '성적 폭언' 이 사실이었음을 재확인하는 한편 · · ·」이라는 내용의 기사를 게재하여 위 기사가 오마이뉴스 메인화면에 게재하였다.

(2) **판결요지**

객관적으로 피해자의 사회적 평가를 저하시키는 사실에 관한 보도내용이 <u>소문이나 제3자의 말, 보도를 인용하는 방법으로 단정적인 표현이 아닌 전문 또는 추측한 것을 기사화한 형태로 표현하였지만, 그 표현 전체의 취지로 보아 그 사실이 존재할 수 있다는 것을 암시하는 방식으로 이루어진 경우에는 사실을 적시한 것</u>으로 보아야 한다. 그리고 이러한 보도내용으로 인한 형법 제307조 제1항, 제2항과 구 정보통신망 이용촉진 및 정보보호 등에 관한 법률(2007. 12. 21. 법률 제8778호로 개정되기 전의 것) 제61조 제1항, 제2항 등에 의한 명예훼손죄의 성립 여부나 형법 제310조의 위법성조각사유의 존부 등을 판단할 때, 객관적으로 피해자의 명예를 훼손하는 보도내용에 해당하는지, 그 내용이 진실한지, 거기에 피해자를 비방할 목적이 있는지, 보도내용이 공공의 이익에 관한 것인지 여부 등은 <u>원칙적으로 그 보도내용의 주된 부분인 암시된 사실 자체를 기준으로 살펴보아야 한다.</u> 그 보도내용에 인용된 소문 등의 내용이나 표현방식, 그 신빙성 등에 비추어 암시된 사실이 무엇이고, 그것이 진실인지 여부 등에 대해 구체적으로 심리 · 판단하지 아니한 채 그러한 소문, 제3자의 말 등의 존부에 대한 심리 · 판단만으로 바로 이를 판단해서는 안된다(대법원 2008.11.27. 선고 2007도5312).

◆ 이혼소송 계속중인 처가 남편의 친구에게 서신을 보내면서 남편의 명예를 훼손하는 문구가 기재된 서신을 동봉한 경우, 공연성이 결여되었다고 본 사례

[1] 명예훼손죄에 있어서 공연성은 불특정 또는 다수인이 인식할 수 있는 상태를 의미하므로 비록 개별적으로 한 사람에 대하여 사실을 유포하더라도 이로부터 불특정 또는 다수인에게 전파될 가능성이 있다면 공연성의 요건을 충족한다 할 것이지만, 이와 달리 전파될 가능성이 없다면 특정한 한 사람에 대한 사실의 유포는 공연성을 결한다 할 것이다.

[2] 이혼소송 계속중인 처가 남편의 친구에게 서신을 보내면서 남편의 명예를 훼손하는 문구가 기재된 서신을 동봉한 경우, 공연성이 결여되었다고 본 사례(대법원 2000. 2. 11. 선고 99도4579 판결).

◆ 기자를 통하여 사실을 적시함에 있어 기자가 취재를 한 상태에서 아직 기사화하여 보도하지 않은 경우, 공연성 여부(소극)

[1] 명예훼손죄의 구성요건인 공연성은 불특정 또는 다수인이 인식할 수 있는 상태를 의미하고, 비록 개별적으로 한사람에 대하여 사실을 유포하였다고 하더라도 그로부터 불특정 또는 다수인에게 전파될 가능성이 있다면 공연성의 요건을 충족하지만 이와 달리 전파될 가능성이 없다면 특정한 한 사람에 대한 사실의 유포는 공연성을 결한다.

[2] 통상 기자가 아닌 보통 사람에게 사실을 적시할 경우에는 그 자체로서 적시된 사실이 외부에 공표되는 것이므로 그 때부터 곧 전파가능성을 따져 공연성 여부를 판단하여야 할 것이지만, 그와는 달리 기자를 통해 사실을 적시하는 경우에는 기사화되어 보도되어야만 적시된 사실이 외부에 공표된다고 보아야 할 것이므로 기자가 취재를 한 상태에서 아직 기사화하여 보도하지 아니한 경우에는 전파가능성이 없다고 할 것이어서 공연성이 없다고 봄이 상당하다(대법원 2000. 5. 16. 선고 99도5622 판결).

◆ 우리나라 유명 소주회사가 일본의 주류회사에 지분이 50% 넘어가 일본 기업이 되었다고 하는 사실적시는 가치중립적 표현으로서 명예훼손적 표현이 아니라고 한 사례

명예훼손죄가 성립하기 위하여는 특정인의 사회적 가치 내지 평가가 침해될 가능성이 있는 구체적인 사실을 적시하여야 하는바, 어떤 표현이 명예훼손적인지 여부는 그 표현에 대한 사회통념에 따른 객관적 평가에 의하여 판단하여야 하고, 가치중립적인 표현을 사용하였다 하여도 사회통념상 그로 인하여 특정인의 사회적 평가가 저하되었다고 판단된다면 명예훼손죄가 성립할 수 있으나(대법원 2007. 10. 25. 선고 2007도5077 판결 참조), 원심이 피고인의 판시 발언 중 사실을 적시한 부분인 '(주)진로가 일본 아사히 맥주에 지분이 50% 넘어가 일본 기업이 됐다' 는 부분은 가치중립적인 표현으로서, 우리나라와 일본의 특수한 역사적 배경과 소주라는 상품의 특수성 때문에 '참이슬' 소주를 생산하는 공소사실 기재 피해자 회사의 대주주 내지 지배주주가 일본 회사라고 적시하는 경우 일부 소비자들이 '참이슬' 소주의 구매에 소극적이 될 여지가 있다 하더라도 이를 사회통념상 공소사실 기재 피해자 회사의 사회적 가치 내지 평가가 침해될 가능성이 있는 명예훼손적 표현이라고 볼 수 없을 뿐만 아니라, 한편 판시 증거들만으로는 피고인의 판시 발언이 공연히 이루어졌다거나, 피고인이 판시 발언이 허위라고 인식하였다고 인정하기에 부족하고 달리 이를 인정할 증거가 없다는 등의 이유로, 이 부분 공소사실을 무죄로 인정한 제1심판결을 그대로 유지하였는바, 위 법리 및 기록에 의하여 살펴보면, 원심의 조치는 정당하고, 상고이유의 주장과 같이 채증법칙을 위반하거나, 명예훼손죄에 관한 법리를 오해한 위법 등이 없다(대법원 2008.11.27. 선고 2008도6728).

◆ 명예훼손죄 성립에 필요한 '사실의 적시' 의 의미 및 판단할 진술이 사실인가 또는 의견인가를 구별하는 방법 / 다른 사람의 말이나 글을 비평하면서 사용한 표현이 겉으로 보기에 증거에 의해 입증 가능한 구체적인 사실관계를 서술하는 형태를 취하고 있더라도, 명예훼손죄에서 말하는 '사실의 적시' 에 해당하지 않는 경우 및 어떠한 의견을 주장하기 위해 다른 사람의 견해나 그 근거를 비판하면서 사용한 표현의 경우에도 같은 법리가 적용되는지 여부(적극)

명예훼손죄가 성립하기 위해서는 사실의 적시가 있어야 하고, 적시된 사실은 이로써 특정인의 사회적 가치 내지 평가가 침해될 가능성이 있을 정도로 구체성을 띠어야 한다. 이때 사실의 적시란 가치판단이나 평가를 내용으로 하는 의견표현에 대치되는 개념으로서 시간과 공간적으로 구체적인 과거 또는 현재의 사실관계에 관한 보고 내지 진술을 의미하며, 그 표현내용이 증거에 의한 입증이 가능한 것을 말하고, 판단할 진술이 사실인가 또는 의견인가를 구별할 때에는 언어의 통상적 의미와 용법, 입증가능성, 문제 된 말이 사용된 문맥, 그 표현이 행하여진 사회적 상황 등 전체적 정황을 고려하여 판단하여야 한다.

다른 사람의 말이나 글을 비평하면서 사용한 표현이 겉으로 보기에 증거에 의해 입증 가능한 구체적인 사실관계를 서술하는 형태를 취하고 있더라도, 글의 집필의도, 논리적 흐름, 서술체계 및 전개방식, 해당 글과 비평의 대상이 된 말 또는 글의 전체적인 내용 등을 종합하여 볼 때, 평균적인 독자의 관점에서 문제 된 부분이 실제로는 비평자의 주관적 의견에 해당하고, 다만 비평자가 자신의 의견을 강조하기 위한 수단으로 그와 같은 표현을 사용한 것이라고 이해된다면 명예훼손죄에서 말하는 사실의 적시에 해당한다고 볼 수 없다. 그리고 이러한 법리는 어떠한 의견을 주장하기 위해 다른 사람의 견해나 그 근거를 비판하면서 사용한 표현의 경우에도 다를 바 없다(대법원 2017.12.5, 선고, 2017도15628, 판결).

◆ 피고인이 인터넷 유튜브 사이트에 甲 회사의 상표인 '정관장'에 관하여 "정관장은 1940년 조선총독부에서 세금수탈을 위하여 만든 홍삼상표, 1940년 일제 강점기 조선총독부는 세금수탈을 목적으로 정관장 상표를 만들었습니다."라는 내용의 영상물을 게재하여 공연히 사실을 적시하여 甲 회사의 명예를 훼손하였다는 내용으로 기소된 사안에서, 피고인의 행위는 형법 제310조에 따라 위법성이 조각된다는 이유로 무죄를 선고한 사례

피고인이 인터넷 유튜브 사이트에 甲 회사의 상표인 '정관장'에 관하여 "정관장은 1940년 조선총독부에서 세금수탈을 위하여 만든 홍삼상표, 1940년 일제 강점기 조선총독부는 세금수탈을 목적으로 정관장 상표를 만들었습니다."라는 내용의 영상물을 게재하여 공연히 사실을 적시하여 甲 회사의 명예를 훼손하였다는 내용으로 기소된 사안에서, 피고인이 게재한 영상물에는 '1940년 조선총독부가 만든 정관장'이라고만 기재되어 있을 뿐 甲 회사가 현재 판매하고 있는 홍삼 제품 '정관장'을 연상할 수 있는 부가적인 표현은 기재되어 있지 않아 영상물의 내용이 홍삼 제품 '정관장'을 지칭하는 것이 아니라 '정관장'이라는 상표의 유래에 관한 것으로 볼 여지가 상당한 점, '정관장'이라는 용어는 1940년대 초 사제홍삼 및 위조 고려삼이 범람하자 조선총독부 전매국이 진품 관제홍삼을 사제홍삼 및 위조 고려삼과 구별하기 위하여 만든 것인데, 그 순수한 단어의 의미는 '정부가 관할하는 공장에서 제조, 포장된 진짜 관제품'이라는 의미인 점, 조선총독부가 '정관장'이라는 용어를 통하여 관제홍삼을 사제홍삼 등과 구별하려 한 궁극적인 목적은 관제홍삼의 판매를 통한 세수확보였고, 이러한 내용은 언론에 기사화되기도 한 점, 甲 회사가 사용하는 상표 '정관장'은 1986. 10. 13. 등록된 상표이므로 조선총독부가 만든 용어인 '정관장'과는 구분되나, 피고인은 甲 회사의 홈페이지에 소개된 '정관장'이라는 용어의 유래와 '정관장' 상표에 대한 인터넷 자료를 통하여 '정관장'이라는 상표가 조선총독부가 1940년경 만든 것을 이어받아 계속하여 사용하여 왔다고 생각하였던 점 등 여러 사정을 종합하면, 피고인의 행위는 형법 제310조에 따라 위법성이 조각된다는 이유로 무죄를 선고한 사례(전주지법 2017.6.8, 선고, 2016고정167, 판결 : 확정)

Ⅲ. 수사실무

1. 수사포인트

(1) 명예를 훼손하는 동기·목적을 조사한다(자기의 명예 등).

(2) 범행이 계획적이었는지, 우발적이었는지 조사한다.

(3) 피해자의 사회적 위치 등을 조사한다.

(4) 피해자와의 관계를 밝힌다.

(5) 범행에 사용한 문서 등을 어디에서 입수했는지 조사한다.

(6) 왜 범행을 행한 그 때, 그 장소를 택했는지 조사한다.

(7) 범행의 방법을 조사한다.

(8) 명예훼손 내용이 이미 공지된 사실은 아닌가 조사한다.

(9) 그 내용이 피해자의 명예를 손상시킬 우려가 있다는 인식이 있는가 조사한다.

(10) 적시된 사실이 공공의 이익에 관계되는 것인가, 그 목적이 이익을 위한 것인가 조사한다. 위법성 조각사유가 될 수도 있기 때문이다.

2. 피의자 신문례

(1) 피의자는 김○○과는 어떤 관계로 아는 사이인가요

(2) 20○○. ○. ○. 건물에 불이 났을 때 피의자는 언제부터 그 자리에 있었나요

(3) 김○○가 방화하는 것을 보았나요

(4) 보지도 못했으면서 왜 고소인이 방화했다고 했나

(5) 여러 사람 앞에서 사실이든 거짓이든 그 사람의 명예를 훼손시키면 법에 의하여 처벌받는다는 것을 알고 있나

(6) 피의자에게 고소인을 모함하라고 시킨 사람이 있나

(7) 피의자에게 유리한 증거나 더 할말이 있나

3. 범죄사실 기재례

【범죄사실 기재례】

(1) 피의자는 ○○부동산을 경영하고 있다.

피의자는 ○○당의 시의원 후보 이○○를 지지하여 선거운동을 하였다. 피의자는 20○○. ○. ○. ○○시 ○○동 ○○번지에 있는 자신의 부동산에서 같은 시 같은 지역구에서, 시의원으로 출마한 여○○를 낙선시키기 위하여 여러 사람에게 "여○○는 ○○시에서 작은댁을 얻어 살았던 적이 있는 사람이니, 그에게 우리 시를 맡길 수는 없다"라고 말하여 공연히 사실을 적시하여 위 여○○의 명예를 훼손하였다.

(2) 피의자는 20○○. ○. ○. 21 : 30경 서울 ○○구 ○○동 ○○번지에 있는 피의자의 집 3층 방에서 그곳으로부터 약 50미터 거리의 길가에 주차되어 있던 승용차가 불타고 있는 것을 발견하고 곧 불을 끄고자 뛰어갔다.

그 때 그곳에서 서성거리고 있던 같은 동네에 사는 오○○를 보고, 그를 의심하여 아무런 확증이 없음에도 같은 달 16일 20 : 00경 피의자의 집에서 이웃에 사는 남○○, 정○○, 박○○ 등에 대하여 "경찰이 아직도 방화범을 잡지 못하는 것은 다 이유가 있다. 그 범인은 바로 옆 골목에 사는 오○○인데 그가 경찰관들과 친하기 때문에 잡지 않는 것이다"라는 등으로 말하며 공연히 사실을 적시하여 위 오○○의 명예를 훼손하였다.

(3) 피고인은 20○○. ○. ○. 15:00경 서울 ○○구 ○○동에 있는 ○○빌딩 지하다방에서 사실은 피해자 김○○이 피의자의 자전거를 훔쳐 간 사실이 없음에도 불구하고, 손님 50여명이 듣고 있는 자리에서 김○○에게 "자전거를 훔쳐간 도둑년아, 빨리 자전거를 내 놓아라!"라고 소리쳐 공연히 허위 사실을 적시하여 피해자의 명예를 훼손하였다.

4. 적용실례

(1) 타인의 말을 그대로 전한 경우

피의자는 고소인에 대해 "이○○는 왕년에 노래방비디오 누드모델이었다더라" 고 말하고 다니다 고소를 당하였다. 그는 "나는 남에게 들은 말을 그대로 전했을 뿐" 이라고 주장했다.

➡ 명예훼손죄는 타인의 명예를 훼손할 만한 말을 하면 족하며, 그 내용이 다른 사람으로부터 전해 들은 것이라고 해도 공연히 구체적 사실을 적시한 것이라면 남에게서 전해들은 것이라는 사실이 명예훼손죄의 성립에는 아무런 영향을 미치지 않는다.

(2) 보험금 일부를 착복한다는 사실을 전한 경우

보험회사 사원인 피의자가 같은 회사 사원인 피해자에 대해 "김○○는 보험금을 받아서 모두 회사에 납입해야 하는데도 일부를 회사에 납입하지 않고 착복한다" 는 내용의 사실을 적시하였다.

➡ 이런 경우, 자칫 신용훼손으로 의율할 수도 있겠으나 신용훼손은 사람의 재산적 의무 이행에 관하여 그 지급의사, 능력에 대한 사회적 신용도를 해하는 내용의 허위사실을 유포하는 경우에 성립한다 할 것이므로 위 피의자의 행위에 대해서는 명예훼손으로 의율하는 것이 상당하다.

(3) **고소인만 있는 자리에서 허위사실을 말했으나 다른 사람들까지 알게 된 경우**

사람이 있는 자리에서 고소인이 다른 남자와 정을 통했다는 허위의 사실을 말했는데 그것이 점점 퍼져 다른 사람들까지 진전하여 알게 되었다.

➡ 공연성이란 불특정 또는 다수인이 의식할 수 있는 상태를 의미한다. 따라서 비록 개별적으로 한 사람에 대하여 사실을 유포하였다고 해도 이로부터 불특정 또는 다수인에게 전파될 가능성이 있다면 공연성의 요건을 충족한다고 할 수 있다. 이 경우도 한 사람에게 말한 것이지만 공연성이 있다고 보아 명예훼손죄를 적용할 수 있을 것이다.

2. 사자의 명예훼손죄

제308조【사자의 명예훼손】
공연히 허위의 사실을 적시하여 사자의 명예를 훼손한 자는 2년 이하의 징역이나 금고 또는 700만원 이하의 벌금에 처한다. 〈개정 1995. 12. 29.〉

[친고죄] 312, [공소시효] : 5년

○ 이 죄의 보호법익은 역사적 존재로서의 사자의 인격적 가치이다.

Ⅰ. 이론

1. 구성요건

(1) 객관적 구성요건

1) 객체

사자(死者)의 명예이다. 이 경우 사자가 과연 명예의 주체가 될 수 있는지 문제되는데, 사자도 역사적 존재자로서의 인격적 자치는 보호받아야 하므로 명예의 주체가 된다는 것이 다수설이다.

▣ 이견있는 형사사건의 법원판단 ▣

[사자가 명예의 향유주체가 될 수 있는지 여부]

1. 문제점 : 사자가 명예의 향유주체가 될 수 있는가에 대하여 견해가 나뉜다.
2. 학설
(1) 긍정설(통설) : 역사적 가치로서의 사자의 외적 명예도 보호법익이 되고, 사자도 명예의 주체가 될 수 있다는 견해
(2) 부정설 : 사자는 사람이 아니므로 명예의 주체가 될 수 없고, 따라서 사자의 명예훼손죄의 보호법익은 유족의 명예 또는 유족이 사자에 대하여 가지는 존경심이라는 견해
3. 판례 : 긍정설의 태도
사자 명예훼손죄는 사자에 대한 사회적, 역사적 평가를 보호법익으로 하는 것이므로 그 구성요건으로서의 사실의 적시는 허위의 사실일 것을 요하는 바 피고인이 사망자의 사망사실을 알면서 위 망인은 사망한 것이 아니고 빚 때문에 도망다니며 죽은 척 하는 나쁜 놈이라고 함은 공연히 허위의 사실을 적시한 행위로서 사자의 명예를 훼손하였다고 볼 것이다(대법원 1983. 10. 25. 선고 83도1520 판결).

2) 행위

공연히 허위사실을 적시하여 사자의 명예를 훼손하는 것이다. 진실한 사실을 적시한 경우에는 본 죄가 성립하지 않음을 주의해야 한다.

(2) 주관적 구성요건

이 죄가 성립하기 위해서는 사자의 명예를 훼손하기에 적합한 허위의 사실을 적시한다는 고의가 있어야 한다. 이 경우 적시한 사실이 허위라는 점에 대하여는 확정적 고의를 요하고 단순한 미필적 고의로는 족하지 않는다(이재상, 배종대).

2. 소추조건

이 죄는 친고죄(제312조 1항)이며, 고소권자는 사자의 친족 또는 자손(형소법 제227조)이다.

Ⅱ. 판례

◆ 형법 제307조 제2항의 '허위사실 적시에 의한 명예훼손죄'에서 적시된 사실이 허위인지, 행위자가 그 허위성을 인식하였는지 판단하는 기준과 위 죄가 미필적 고의에 의하여 성립하는지 여부(적극) 및 형법 제308조의 '사자명예훼손죄' 판단에서도 같은 법리가 적용되는지 여부(적극)

형법 제307조 제2항의 허위사실 적시에 의한 명예훼손죄에서 적시된 사실이 허위인지 여부를 판단함에 있어서는 적시된 사실의 내용 전체의 취지를 살펴볼 때 세부적인 내용에서 진실과 약간 차이가 나거나 다소 과장된 표현이 있는 정도에 불과하다면 이를 허위라고 볼 수 없으나, 중요한 부분이 객관적 사실과 합치하지 않는다면 이를 허위라고 보아야 한다. 나아가 행위자가 그 사항이 허위라는 것을 인식하였는지 여부는 성질상 외부에서 이를 알거나 증명하기 어려우므로, 공표된 사실의 내용과 구체성, 소명자료의 존재 및 내용, 피고인이 밝히는 사실의 출처 및 인지 경위 등을 토대로 피고인의 학력, 경력, 사회적 지위, 공표 경위, 시점 및 그로 말미암아 예상되는 파급효과 등의 여러 객관적 사정을 종합하여 판단할 수밖에 없으며, 범죄의 고의는 확정적 고의뿐만 아니라 결과 발생에 대한 인식이 있고 그를 용인하는 의사인 이른바 미필적 고의도 포함하므로 허위사실 적시에 의한 명예훼손죄 역시 미필적 고의에 의하여도 성립하고, 위와 같은 법리는 형법 제308조의 사자명예훼손죄의 판단에서도 마찬가지로 적용된다(대법원 2014.3.13, 선고, 2013도12430, 판결).

◆ 역사드라마가 그 소재가 된 역사적 인물의 명예를 훼손할 수 있는 허위사실을 적시하였는지 여부에 대한 판단 기준

역사적 인물을 모델로 한 드라마(즉, 역사드라마)가 그 소재가 된 역사적 인물의 명예를 훼손할 수 있는 허위사실을 적시하였는지 여부를 판단할 때에는 적시된 사실의 내용, 진실이라고 믿게 된 근거나 자료의 신빙성, 예술적 표현의 자유로 얻어지는 가치와 인격권의 보호에 의해 달성되는 가치의 이익형량은 물론 역사드라마의 특성에 따르는 여러 사정과 드라마의 주된 제작목적, 드라마에 등장하는 역사적 인물과 사건이 이야기의 중심인지 배경인지 여부, 실존인물에 의한 역사적 사실과 가상인물에 의한 허구적 이야기가 드라마 내에서 차지하는 비중, 드라마상에서 실존인물과 가상인물이 결합된 구조와 방식, 묘사된 사실이 이야기 전개상 상당한 정도 허구로 승화되어 시청자의 입장에서 그것이 실제로 일어난 역사적 사실로 오해되지 않을 정도에 이른 것으로 볼 수 있는지 여부 등을 종합적으로 고려하여야만 한다(대법원 2010.4.29, 선고, 2007도8411, 판결).

3. 출판물에 의한 명예훼손죄

제309조【출판물 등에 의한 명예훼손】

① 사람을 비방할 목적으로 신문, 잡지 또는 라디오 기타 출판물에 의하여 제307조제1항의 죄를 범한 자는 3년 이하의 징역이나 금고 또는 700만원 이하의 벌금에 처한다. 〈개정 1995.12.29.〉

② 제1항의 방법으로 제307조제2항의 죄를 범한 자는 7년 이하의 징역, 10년 이하의 자격정지 또는 1천500만원 이하의 벌금에 처한다. 〈개정 1995.12.29.〉

[공소시효] : 5년, 7년

○ 이 죄는 명예훼손죄에 대하여 행위태양을 고려해 불법이 가중되는 가중적 구성요건이며 반의사불벌죄이다. “기타 출판물” 이란 적어도 인쇄한 물건의 정도에 이를 것을 요하고 단순히 프린트하거나 손으로 쓴 것은 여기에 해당하지 않는다.

Ⅰ. 이론

1. 구성요건

(1) 객관적 구성요건

1) 신문, 잡지 또는 라디오 기타 출판물

① 신문, 잡지, 라디오는 출판물의 예시라고 보는 것이 다수설이다.

② 출판물은 적어도 인쇄한 물건의 정도에 이를 것을 요하고 단순히 프린트하거나 손으로 쓴 것은 여기에 해당하지 않는다.

> ▣ 근거판례 ▣
>
> 형법 제309조 제1항 소정의 '기타 출판물'에 해당한다고 하기 위하여는, 사실적시의 방법으로서 출판물 등을 이용하는 경우 그 성질상 다수인이 견문할 수 있는 높은 전파성과 신뢰성 및 장기간의 보존가능성 등 피해자에 대한 법익침해의 정도가 더욱 크다는 데 그 가중처벌의 이유가 있는 점에 비추어 보면, 그것이 등록 · 출판된 제본 인쇄물이나 제작물은 아니라고 할지라도 적어도 그와 같은 정도의 효용과 기능을 가지고 사실상 출판물로 유통 · 통용될 수 있는 외관을 가진 인쇄물로 볼 수 있어야 한다(대법원 1998. 10. 9. 선고 97도158 판결).

2) 행위

사실 또는 허위사실을 적시하는 것을 의미한다.

(2) 주관적 구성요건

1) 고의

출판물 등에 의하여 사실 또는 허위사실을 적시한다는 점에 대한 고의가 있어야 한다.

2) 목적

본 죄는 목적범으로서 비방의 목적이 있어야 한다.

2. 위법성

본 죄에 대하여는 제310조의 위법성조각사유가 적용되지 않는다는 것이 통설의 태도이다.

3. 소추조건

본 죄는 피해자의 명시한 의사에 반하여 공소를 제기할 수 없는 반의사불벌죄이다(제312조 2항).

Ⅱ. 판례

◆ 형법 제309조 제2항에 정한 '사람을 비방할 목적'의 의미 및 판단 방법

형법 제309조 제2항 소정의 '사람을 비방할 목적'이란 가해의 의사 내지 목적을 요하는 것으로서, 사람을 비방할 목적이 있는지 여부는 당해 적시 사실의 내용과 성질, 당해 사실의 공표가 이루어진 상대방의 범위, 그 표현의 방법 등 그 표현 자체에 관한 제반 사정을 감안함과 동시에 그 표현에 의하여 훼손되거나 훼손될 수 있는 명예의 침해 정도 등을 비교, 고려하여 결정하여야 하는데(대법원 2003. 12. 26. 선고 2003도6036 판결, 대법원 2006. 8. 25. 선고 2006도648 판결 등 참조), 피고인이 주관적 구성요건 등을 다투는 경우 피고인이 표현행위를 할 당시에 구체적으로 인식하고 있었던 사실관계, 그 지위 및 업무 등과 같은 개별적인 사정을 종합적으로 고려하여 그 범죄의 성립 여부를 판단하여야 한다(대법원 2007. 7. 13. 선고 2006도6322 판결).

◆ 형법 제309조 제1항에 정한 출판물에 의한 명예훼손죄에 있어서 '비방할 목적'의 의미

(1) 사실관계

사단법인 한국여성의전화 대구지부의 공동대표인 피고인들이 대구여성의 전화 인터넷 홈페이지의 여성인권란에 "ㅇㅇ대학 B에 의한 제자 성추행사건 - 성명서"라는 제목하에 "2000년 7월 ㅇㅇ대학 B가 같은 학과 여학생을 성추행한 사건이 발생하였다. 가해자B는 같은 학과 여학생 A에게 지속적으로 전화와 이메일 등으로 성희롱을 일삼았으며, 여름방학 중 과외를 해주겠다고 자신의 연구

실로 불러 강제로 껴안고 자신의 성기를 만지게 하려 하고 키스를 하려고 할 때 거부하는 피해자에게 완력으로 강제로 얼굴과 목 등에 키스를 하였다. 또한 소파에 강제로 눕히는 등의 행동을 하여 놀라 비명을 지르며 나오는 피해자A를 위협하였다. 가해자B는 자신의 잘못을 시인하기는커녕 이 사실을 전면 부인하다가 일부의 사실만을 인정하며 피해자 A양이 자신을 유혹하여 합의가 이뤄진 애정행각이었다는 허위사실을 유포하고 있다."라는 취지의 글을 게재하였다. 그리고 B를 비방할 목적으로 공동대표인 피고인들 발행의 소식지 대구여성의 전화 45호의 인권소식란에 "○○대학 ○○학과 B에 의한 제자 성추행사건"이라는 제목하에 위와 같은 내용을 포함한 글을 게재한 다음 위 소식지 1,500권을 제작하여 대구여성의 전화 성명불상의 회원, 여성의 전화 각 지부 및 대구지역 시민단체 등에 배포하였다.

(2) 판결요지

[1] 형법 제309조 제1항 소정의 출판물에 의한 명예훼손죄는 타인을 비방할 목적으로 신문, 잡지 또는 라디오 기타 출판물에 의하여 사실을 적시하여 타인의 명예를 훼손할 경우에 성립되는 범죄로서, 여기서 '비방할 목적'이란 가해의 의사 내지 목적을 요하는 것으로서 공공의 이익을 위한 것과는 행위자의 주관적 의도의 방향에 있어 서로 상반되는 관계에 있다고 할 것이므로, 적시한 사실이 공공의 이익에 관한 것인 경우에는 특별한 사정이 없는 한 비방할 목적은 부인된다고 봄이 상당하다.

[2] 국립대학교 교수가 자신의 연구실 내에서 제자인 여학생을 성추행하였다는 내용의 글을 지역 여성단체가 자신의 인터넷 홈페이지 또는 소식지에 게재한 사안에서, 국립대학교 교수인 피해자의 지위, 적시사실의 내용 및 성격, 표현의 방법, 동기 및 경위 등 제반 사정을 종합하여 볼 때, 비록 성범죄에 관한 내용이어서 명예의 훼손정도가 심각하다는 점까지를 감안한다 할지라도 인터넷 홈페이지 또는 소식지에 위와 같은 내용을 게재한 행위는 학내 성폭력 사건의 철저한 진상조사와 처벌 그리고 학내 성폭력의 근절을 위한 대책마련을 촉구하기 위한 목적으로 공공의 이익을 위한 것으로서 달리 비방의 목적이 있다고 단정할 수 없다(대법원 2005. 4. 29. 선고 2003도2137 판결).

◆ 형법 제309조 제1항과 제310조와의 관계

[1] 형법 제309조 제1항, 제2항 소정의 '사람을 비방할 목적'이란 가해의 의사 내지목적을 요하는 것으로서 사람을 비방할 목적이 있는지 여부는 당해 적시 사실의 내용과 성질, 당해 사실의 공표가 이루어진 상대방의 범위, 그 표현의 방법 등 그 표현 자체에 관한 제반사정을 감안함과 동시에 그 표현에 의하여 훼손되

거나 훼손될 수 있는 명예의 침해 정도 등을 비교, 고려하여 결정하여야 한다.

[2] 형법 제309조 제1항 소정의 '사람을 비방할 목적'이란 가해의 의사 내지 목적을 요하는 것으로서 공공의 이익을 위한 것과는 행위자의 주관적 의도의 방향에 있어 서로 상반되는 관계에 있다고 할 것이므로, 형법 제310조의 공공의 이익에 관한 때에는 처벌하지 아니한다는 규정은 사람을 비방할 목적이 있어야 하는 형법 제309조 제1항 소정의 행위에 대하여는 적용되지 아니하고 그 목적을 필요로 하지 않는 형법 제307조 제1항의 행위에 한하여 적용되는 것이고, 반면에 적시한 사실이 공공의 이익에 관한 것인 경우에는 특별한 사정이 없는 한 비방 목적은 부인된다고 봄이 상당하므로 이와 같은 경우에는 형법 제307조 제1항 소정의 명예훼손죄의 성립 여부가 문제될 수 있고 이에 대하여는 다시 형법 제310조에 의한 위법성 조각 여부가 문제로 될 수 있다.

[3] 출판물에 의한 명예훼손죄에 있어서 비방의 목적이 있다고 보기 어렵고, 나아가 형법 제307조 제1항의 명예훼손죄에 해당한다고 하더라도 형법 제310조에 의하여 위법성이 조각된다고 한 사례(대법원 2003. 12. 26. 선고 2003도6036 판결).

◆ 언론매체의 기사가 명예를 훼손하는 내용인지 여부의 판단 기준

[1] 신문 등 언론매체가 특정인에 대한 기사를 게재한 경우 그 기사가 특정인의 명예를 훼손하는 내용인지의 여부는 기사의 객관적인 내용과 아울러 일반 독자가 기사를 접하는 통상의 방법을 전제로 기사의 전체적인 흐름, 사용된 어휘의 통상적인 의미, 문구의 연결 방법 등을 종합적으로 고려하여 그 기사가 독자에게 주는 전체적인 인상도 그 판단 기준으로 삼아야 한다.

[2] 언론매체의 보도를 통한 명예훼손에 있어서 행위자가 보도 내용이 진실이라고 믿을 만한 상당한 이유가 있는지의 여부는 적시된 사실의 내용, 진실이라고 믿게 된 근거나 자료의 확실성과 신빙성, 사실 확인의 용이성, 보도로 인한 피해자의 피해 정도 등 여러 사정을 종합하여 행위자가 보도 내용의 진위 여부를 확인하기 위하여 적절하고도 충분한 조사를 다하였는가, 그 진실성이 객관적이고도 합리적인 자료나 근거에 의하여 뒷받침되는가 하는 점에 비추어 판단하여야 한다.

[3] 사실을 적시하는 표현행위뿐만 아니라 의견 또는 논평을 표명하는 표현행위도 그와 동시에 묵시적으로라도 그 전제가 되는 사실을 적시하고 있다면 그에 의하여 민사상의 명예훼손이 성립할 수 있다(대법원 2001. 1. 19. 선고 2000다10208 판결).

◆ 과거의 역사적 사실관계 등에 대하여 민사판결을 통하여 어떠한 사실인정이 있었다는 3이후 그와 반대되는 사실의 주장이나 견해의 개진 등을 형법상 명예훼손죄 등에서 '허위의 사실 적시'라는 구성요건에 해당한다고 단정할 수 있는지 여부(원칙적 소극)

민사재판에서 법원은 당사자 사이에 다툼이 있는 사실관계에 대하여 처분권주의와 변론주의, 그리고 자유심증주의의 원칙에 따라 신빙성이 있다고 보이는 당사자의 주장과 증거를 받아들여 사실을 인정하는 것이어서, 민사판결의 사실인정이 항상 진실한 사실에 해당한다고 단정할 수는 없다. 따라서 다른 특별한 사정이 없는 한, 그 진실이 무엇인지 확인할 수 없는 과거의 역사적 사실관계 등에 대하여 민사판결을 통하여 어떠한 사실인정이 있었다는 이유만으로, 이후 그와 반대되는 사실의 주장이나 견해의 개진 등을 형법상 명예훼손죄 등에 있어서 '허위의 사실 적시'라는 구성요건에 해당한다고 쉽게 단정하여서는 아니 된다. 판결에 대한 자유로운 견해 개진과 비판, 토론 등 헌법이 보장한 표현의 자유를 침해하는 위헌적인 법률해석이 되어 허용될 수 없기 때문이다(대법원 2017.12.5, 선고, 2017도15628, 판결).

◆ 명예훼손죄에서 '사실의 적시'의 의미 및 판단할 진술이 사실인가 또는 의견인가 판단하는 3/ 다른 사람의 말이나 글을 비평하면서 사용한 표현이 겉으로 보기에 증거에 의해 입증 가능한 구체적인 사실관계를 서술하는 형태를 취하고 있으나, 명예훼손죄에서 말하는 사실의 적시에 해당하지 않는 경우

명예훼손죄에서의 사실의 적시란 가치판단이나 평가를 내용으로 하는 의견표현에 대치되는 개념으로서 시간과 공간적으로 구체적인 과거 또는 현재의 사실관계에 관한 보고 내지 진술을 의미하며, 그 표현내용이 증거에 의한 입증이 가능한 것을 말하고, 판단할 진술이 사실인가 또는 의견인가를 구별할 때에는 언어의 통상적 의미와 용법, 입증가능성, 문제된 말이 사용된 문맥, 그 표현이 행하여진 사회적 상황 등 전체적 정황을 고려하여 판단하여야 한다.

다른 사람의 말이나 글을 비평하면서 사용한 표현이 겉으로 보기에 증거에 의해 입증 가능한 구체적인 사실관계를 서술하는 형태를 취하고 있더라도, 글의 집필의도, 논리적 흐름, 서술체계 및 전개방식, 해당 글과 비평의 대상이 된 말 또는 글의 전체적인 내용 등을 종합하여 볼 때, 평균적인 독자의 관점에서 문제 된 부분이 실제로는 비평자의 주관적 의견에 해당하고, 다만 비평자가 자신의 의견을 강조하기 위한 수단으로 그와 같은 표현을 사용한 것이라고 이해된다면 명예훼손죄에서 말하는 사실의 적시에 해당한다고 볼 수 없다(대법원 2017.5. 11., 선고, 2016도19255, 판결).

◆ 형법 제309조 제1항 소정의 '기타 출판물'에 해당하기 위한 요건

[1] 형법이 출판물 등에 의한 명예훼손죄를 일반 명예훼손죄보다 중벌하는 이유는 사실적시의 방법으로서의 출판물 등의 이용이 그 성질상 다수인이 견문할 수 있는 높은 전파성과 신뢰성 및 장기간의 보존가능성 등 피해자에 대한 법익침해의 정도가 더욱 크다는 데 있는 점에 비추어 보면, 형법 제309조 제1항 소정의 '기타 출판물'에 해당한다고 하기 위하여는 그것이 등록·출판된 제본인쇄물이나 제작물은 아니라고 할지라도 적어도 그와 같은 정도의 효용과 기능을 가지고 사실

상 출판물로 유통·통용될 수 있는 외관을 가진 인쇄물로 볼 수 있어야 한다.

[2] 컴퓨터 워드프로세서로 작성되어 프린트된 A4 용지 7쪽 분량의 인쇄물이 형법 제309조 제1항 소정의 '기타 출판물'에 해당하지 않는다고 본 사례(대법원 2000. 2. 11. 선고 99도3048 판결).

◆ 소비자가 자신이 겪은 객관적 사실을 바탕으로 인터넷에 사업자에게 불리한 내용의 글을 게시하는 행위에 정보통신망 이용촉진 및 정보보호 등에 관한 법률 제70조 제1항에서 정한 '사람을 비방할 목적'이 있는지 판단하는 방법

[1] 국가는 건전한 소비행위를 계도(계도)하고 생산품의 품질향상을 촉구하기 위한 소비자보호운동을 법률이 정하는 바에 따라 보장하여야 하며(헌법 제124조), 소비자는 물품 또는 용역을 선택하는 데 필요한 지식 및 정보를 제공받을 권리와 사업자의 사업활동 등에 대하여 소비자의 의견을 반영시킬 권리가 있고(소비자기본법 제4조), 공급자 중심의 시장 환경이 소비자 중심으로 이전되면서 사업자와 소비자의 정보 격차를 줄이기 위해 인터넷을 통한 물품 또는 용역에 대한 정보 및 의견 제공과 교환의 필요성이 증대되므로, 실제로 물품을 사용하거나 용역을 이용한 소비자가 인터넷에 자신이 겪은 객관적 사실을 바탕으로 사업자에게 불리한 내용의 글을 게시하는 행위에 비방의 목적이 있는지는 해당 적시 사실의 내용과 성질, 해당 사실의 공표가 이루어진 상대방의 범위, 표현의 방법 등 표현 자체에 관한 제반 사정을 두루 심사하여 더욱 신중하게 판단하여야 한다.

[2] 갑 운영의 산후조리원을 이용한 피고인이 인터넷 카페나 자신의 블로그 등에 자신이 직접 겪은 불편사항 등을 후기 형태로 게시하여 갑의 명예를 훼손하였다고 하여 정보통신망 이용촉진 및 정보보호 등에 관한 법률 위반으로 기소된 사안에서, 제반 사정에 비추어 볼 때 피고인에게 갑을 비방할 목적이 있었다고 보기 어려운데도, 이와 달리 보아 유죄를 인정한 원심판결에 '사람을 비방할 목적'에 관한 법리오해의 위법이 있다고 한 사례(대법원 2012.11.29. 선고 2012도10392 판결).

Ⅲ. 수사실무

1. 피의자 신문례

(1) 피의자는 현재 출판사를 운영하고 있나요

(2) 어디에서 어떤 출판사를 운영하고 있나요

(3) 현재 맡고 있는 직책은 무엇인가요

(4) 박○○에 대한 기사를 월간지 ○○에 게재한 사실이 있나요

(5) 언제, 어떠한 내용을 게재한 것인가요

(6) 게재한 내용이 모두 사실인가요

(7) 누구의 명의로 게재한 것인가요

(8) 그 기사 내용이 사실인지 여부를 당사자에게 확인해 보았나요

2. 범죄사실 기재례

【범죄사실 기재례】

(1) 피의자 김○○는 ○○에 소재하는 월간지 "○○시대"의 발행인 겸 편집인이다.

피의자는 20○○. ○. ○.자 월간지 "○○시대" 제205호의 254면에 평소 감정이 좋지 않은 ○○대학의 교수 박○○를 비방할 목적으로 "어용교수 박○○의 행태를 통해 본 대학교육의 허상"이라는 제목아래 "박교수는……"라는 허위의 기사를 게재한 월간지 약 5,000부를 그 무렵 ○○시내 및 주변지역 독자들에게 보급하여 공연히 허위의 사실을 적시하여 그의 명예를 훼손하였다.

(2) 피의자 윤○○는 ○○시 ○○동에 있는 월간지 "○○논단"의 발행인겸 편집인이다.

피의자는 20○○. ○. ○.자 월간지 "○○논단" ○○호의 64면에 평소 감정이 좋지 않은 서울 ○○대학의 교수 노○○(당○○세)를 비방할 목적으로 그의 사진을 싣고 "대학교수도 돈으로 된다?"라는 제목 아래 노○○는 ○○대학 교수채용심사에서 돈 ○○만원을 주고 자리를 샀다는 허위의 기사를 게재한 월간지 약 ○○천부를 그 무렵 그 시내 및 주변지역 독자들에게 보급하여 공연히 허위의 사실을 적시하여 그의 명예를 훼손하였다.

4. 위법성 조각

제310조【위법성의 조각】

제307조제1항의 행위가 진실한 사실로서 오로지 공공의 이익에 관한 때에는 처벌하지 아니한다.

[본조의주장에대한판단] 형소323②, [무죄선고] 형소325

Ⅰ. 이론

1. 제310조 위법성조각 요건

(1) 진실한 사실

적시된 사실은 진실한 사실이어야 한다. 그러므로 허위의 사실을 대상으로 하는 제307조 2항에 대해서는 제310조는 적용되지 않는다. 다만, 적시된 사실의 중요부분이 진실과 합치되면 충분하다는 것이 판례이다(2001도3594).

▣ 근거판례 ▣

공연히 사실을 적시하여 사람의 명예를 훼손하는 행위가 진실한 사실로서 오로지 공공의 이익에 관한 때에는 형법 제310조에 따라 처벌할 수 없는데, 여기에서 '진실한 사실'이란 그 내용 전체의 취지를 살펴볼 때 중요한 부분이 객관적 사실과 합치되는 사실이라는 의미로서 일부 자세한 부분이 진실과 약간 차이가 나거나 다소 과장된 표현이 있다고 하더라도 무방하고, '공공의 이익'이라 함은 널리 국가·사회 기타 일반 다수인의 이익에 관한 것뿐만 아니라 특정한 사회집단이나 그 구성원의 관심과 이익에 관한 것도 포함한다(대법원 2001. 10. 9. 선고 2001도3594 판결).

(2) 공공의 이익 관련

사실의 적시가 오로지 공공의 이익에 관한 것이어야 제310조에 의하여 위법성이 조각될 수 있다. 공공의 이익이라 함은 널리 국가·사회 기타 일반 다수인의 이익에 관한 것뿐만 아니라 특정한 사회집단이나 그 구성원의 관심과 이익에 관한 것도 포함한다는 것이 판례이다(2001도3594 판결).

(3) 주관적 정당화 요소

진실한 사실을 공공의 이익을 위하여 적시한다는 동기, 목적이 있어야 한다.

2. 효과

(1) 위법성 조각

법 조문상 '처벌되지 아니한다' 라고 규정되어 있어 실체법상 효과가 무엇인지에 대하여 처벌조각사유설, 구성요건해당성조각설, 위법성조각설 등이 주장된다. 그 가운데 위법성조각설이 통설이고 판례의 입장이다.

(2) **소송법적 효과**

제310조에 의하여 거증책임이 검사가 아닌 피고인에게 전환되는지에 대하여 긍정설과 부정설(다수설)의 대립이 있다. 판례는 긍정설의 태도이다(95도1473).

▣ 이견있는 형사사건의 법원판단 ▣

[제310조에 의해 거증책임이 피고인에게 전환되는지 여부]

1. 문제점 : 제310조에 의해서 거증책임이 피고인에게 전환되는지와 관련하여 견해가 나뉜다.
2. 학설

(1) 긍정설 : 적시사실의 진실성·공익성에 대한 거증책임을 피고인이 부담한다는 견해

(2) 부정설(다수설) : 적시사실이 진실성·공익성이 없다는 점에 대해서 검사가 거증책임을 부담한다는 견해

3. 판례 : 긍정설의 태도

형법 제310조의 규정에 따라서 위법성이 조각되어 처벌대상이 되지 않기 위하여는 그것이 진실한 사실로서 오로지 공공의 이익에 관한 때에 해당된다는 점을 행위자가 증명하여야 하는 것이다(대법원 1996. 10. 25. 선고 95도1473 판결).

Ⅱ. 판례

◆ 형법 제310조에 정한 '오로지 공공의 이익에 관한 때'의 의미 및 그 판단 기준

형법 제310조에서 '오로지 공공의 이익에 관한 때'라 함은 적시된 사실이 객관적으로 볼 때, 공공의 이익에 관한 것으로서 행위자도 주관적으로 공공의 이익을 위하여 그 사실을 적시한 것이어야 하는 것인데, 여기의 공공의 이익에 관한 것에는 널리 국가사회 기타 일반 다수인의 이익에 관한 것뿐만 아니라 특정한 사회집단이나 그 구성원 전체의 관심과 이익에 관한 것도 포함하는 것이고, 적시된 사실이 공공의 이익에 관한 것인지 여부는 당해 적시사실의 내용과 성질, 당해 사실의 공표가 이루어진 상대방의 범위, 그 표현의 방법 등 그 표현 자체에 관한 제반 사정을 감안함과 동시에 그 표현에 의하여 훼손되거나 훼손될 수 있는 명예의 침해 정도 등을 비교·고려하여 결정하여야 한다(대법원 2004. 10. 15. 선고 2004도3912 판결 참조).(대법원 2008. 3. 14. 선고 2006도6049 판결)

◆ 형법 제310조의 위법성조각사유에 해당하기 위한 요건인 '진실한 사실', '오로지 공공의 이익에 관한 때'의 의미와 그 판단 기준

공연히 사실을 적시하여 사람의 명예를 훼손하는 행위가 진실한 사실로서 오로지 공

공의 이익에 관한 때에는 형법 제310조에 따라 처벌할 수 없는데, 여기서 '진실한 사실' 이란 그 내용 전체의 취지를 살펴볼 때 중요한 부분이 객관적 사실과 합치되는 사실이라는 의미로서 세부(세부)에 있어 진실과 약간 차이가 나거나 다소 과장된 표현이 있더라도 무방하고, '오로지 공공의 이익에 관한 때' 라 함은 적시된 사실이 객관적으로 볼 때 공공의 이익에 관한 것으로서 행위자도 주관적으로 공공의 이익을 위하여 그 사실을 적시한 것이어야 하는 것인데, 여기의 공공의 이익에 관한 것에는 널리 국가·사회 기타 일반 다수인의 이익에 관한 것뿐만 아니라 특정한 사회집단이나 그 구성원 전체의 관심과 이익에 관한 것도 포함하는 것이고, 적시된 사실이 공공의 이익에 관한 것인지 여부는 당해 적시 사실의 내용과 성질, 당해 사실의 공표가 이루어진 상대방의 범위, 그 표현의 방법 등 그 표현 자체에 관한 제반 사정을 감안함과 동시에 그 표현에 의하여 훼손되거나 훼손될 수 있는 명예의 침해 정도 등을 비교·고려하여 결정하여야 하며, 행위자의 주요한 동기 내지 목적이 공공의 이익을 위한 것이라면 부수적으로 다른 사익적 목적이나 동기가 내포되어 있더라도 형법 제310조의 적용을 배제할 수 없다(대법원 1997. 4. 11. 선고 97도88 판결, 대법원 1998. 10. 9. 선고 97도158 판결, 대법원 2001. 10. 9. 선고 2001도3594 판결 등 참조). 그리고 형법 제310조의 규정은 인격권으로서의 개인의 명예의 보호와 헌법 제21조에 의한 정당한 표현의 자유의 보장이라는 상충되는 두 법익의 조화를 꾀한 것이라고 보아야 할 것이므로, 두 법익간의 조화와 균형을 고려한다면 적시된 사실이 진실한 것이라는 증명이 없더라도 행위자가 진실한 것으로 믿었고 또 그렇게 믿을 만한 상당한 이유가 있는 경우에는 위법성이 없다고 보아야 할 것이다(대법원 1993. 6. 22. 선고 92도3160 판결 등 참조).(대법원 2007. 12. 14. 선고 2006도2074 판결)

◆ 형법 제310조에서 정한 '진실한 사실' 과 '오로지 공공의 이익에 관한 때' 의 의미 및 판단 기준 / 적시된 사실이 진실한 것이라는 증명이 없더라도 행위자가 진실한 것으로 믿었고 그렇게 믿을 만한 상당한 이유가 있는 경우 형법 제310조에 따라 위법성이 조각되는지 여부(적극)

공연히 사실을 적시하여 사람의 명예를 훼손하는 행위가 진실한 사실로서 오로지 공공의 이익에 관한 때에는 형법 제310조에 따라 처벌할 수 없다. 여기서 '진실한 사실' 이란 그 내용 전체의 취지를 살펴볼 때 중요한 부분이 객관적 사실과 합치되는 사실이라는 의미로서 세부에 있어 진실과 약간 차이가 나거나 다소 과장된 표현이 있더라도 무방하다. '오로지 공공의 이익에 관한 때' 라 함은 적시된 사실이 객관적으로 볼 때 공공의 이익에 관한 것으로서 행위자도 주관적으로 공공의 이익을 위하여 그 사실을 적시한 것이어야 한다. 여기의 공공의 이익에 관한 것에는 널리 국가·사회 기타 일반 다수인의 이익에 관한 것뿐만 아니라 특정한 사회집단이나 그 구성원 전체의 관심과 이익에 관한 것도 포함한다. 적시된 사실이 공공의 이익에 관한 것인지 여부는 당해 적시 사실의 내용과 성질, 당해 사실의 공표가 이루어진 상대방의 범위, 그 표현의 방법 등 그 표현 자체에 관한 제반 사정을 감안함과 동시에 그 표현에 의하여 훼손되거나 훼손될 수 있는 명예의 침해 정도 등을 비교·고려하여 결정하여야 하며, 행위자의 주요한 동기 내지 목적이 공공의 이익을 위한 것이라면 부수적으로 다른 사익적 목적이나 동기가 내포되어 있더라도 형법 제310조의 적용을 배제할 수 없다(대법원 1997. 4. 11. 선고 97도88 판결, 대법원 1998. 10. 9. 선고 97도158 판결, 대법원 2001. 10. 9. 선고 2001도3594 판결 등 참조). 그리고 형법 제310조의 규정은 인격권으로서의 개인의 명예의 보호와 헌법 제21조에 의한 정당한 표현의 자유의 보장이라는 상충되는 두 법익의 조화를 꾀한 것이므로, 두 법익 간의 조화와 균형을 고려한다면 적시된 사실이 진실한 것이라는 증명이 없더라도 행위자가 진실한 것으로 믿었고 또 그렇게 믿을 만한 상당한 이유가 있는 경우에는 위법성이 없다고 보아야 한다(대법원 2007. 12. 14. 선고 2006도2074 판결 등 참조)(대법원 2020. 8. 13., 선고, 2019도13404, 판결).

◆ 아파트 동대표인 피고인이 자신에 대한 부정비리 의혹을 해명하기 위하여 그 의혹제기자가 명예훼손죄로 입건된 사실 등을 기재한 문서를 아파트 입주민들에게 배포한 행위가 형법 제310조의 위법성조각사유에 해당한다고 한 사례

아파트 동대표인 피고인이 자신에 대한 부정비리 의혹을 해명하기 위하여 그 의혹제기자가 명예훼손죄로 입건된 사실 등을 기재한 문서를 아파트 입주민들에게 배포한 사안에서, 문서에 기재된 내용이 대체로 객관적인 사실과 일치하고, 배포가 이루어진 상대방의 범위가 제한되며, 그 표현방법도 위 의혹제기자를 비방하는 표현이 없는 점 등 제반 사정에 비추어, 위 문서 배포행위가 오로지 공공의 이익을 위하여 진실한 사실을 적시한 경우로서 형법 제310조의 위법성조각사유에 해당한다고 한 사례(대법원 2005. 7. 15. 선고 2004도1388 판결).

◆ 공공의 이익을 위하여 사실을 적시한 것으로 볼 수 없어 명예훼손행위의 위법성이 조각되지 아니한다고 한 사례

(1) 사실관계

> 피고인은 ○○주식회사의 대표이사인 A에게 압력을 가하여 단체협상에서 양보를 얻어내기 위한 방법의 하나로 위 회사의 다른 직원들과 함께 "○○주식회사사장 A는 체불임금 지급하고 단체교섭에 성실히 임하라.", "노동임금 갈취하는 악덕업주 사장 A는 각성하라."는 등의 내용이 기재된 현수막과 피켓을 들고 확성기를 사용하여 위와 같은 내용을 반복해서 불특정다수의 행인을 상대로 소리치면서 위 회사의 정문을 출발하여 부산광역시청을 경유, 부산지방경찰청 앞 인도까지 거리행진을 하였다.

(2) 판결요지

[1] 형법 제310조에서 '오로지 공공의 이익에 관한 때'라 함은 적시된 사실이 객관적으로 볼 때, 공공의 이익에 관한 것으로서 행위자도 주관적으로 공공의 이익을 위하여 그 사실을 적시한 것이어야 하는 것인데, 여기의 공공의 이익에 관

한 것에는 널리 국가·사회 기타 일반 다수인의 이익에 관한 것뿐만 아니라 특정한 사회집단이나 그 구성원 전체의 관심과 이익에 관한 것도 포함하는 것이고, 적시된 사실이 공공의 이익에 관한 것인지 여부는 당해 적시사실의 내용과 성질, 당해 사실의 공표가 이루어진 상대방의 범위, 그 표현의 방법 등 그 표현자체에 관한 제반 사정을 감안함과 동시에 그 표현에 의하여 훼손되거나 훼손될 수 있는 명예의 침해 정도 등을 비교·고려하여 결정하여야 한다.

[2] 회사의 대표이사에게 압력을 가하여 단체협상에서 양보를 얻어내기 위한 방법의 하나로 현수막과 피켓을 들고 확성기를 사용하여 반복해서 불특정다수의 행인을 상대로 소리치면서 거리행진을 함으로써 위 대표이사의 명예를 훼손한 행위가 공공의 이익을 위하여 사실을 적시한 것으로 볼 수 없어 위법성이 조각되지 아니한다고 한 사례(대법원 2004. 10. 15. 선고 2004도3912 판결).

◆ 형법 제310조 소정의 위법성조각사유에 대한 판단 기준

[1] 근로자의 단체행동이 형법상 정당행위가 되기 위하여는 첫째 그 주체가 단체교섭의 주체로 될 수 있는 자이어야 하고, 둘째 그 목적이 근로조건의 향상을 위한 자치적 교섭을 조성하는 데에 있어야 하며, 셋째 사용자가 근로자의 근로조건 개선에 관한 구체적인 요구에 대하여 단체교섭을 거부하였을 때 개시하되 특별한 사정이 없는 한 조합원의 찬성결정 등 필요한 절차를 거쳐야 하고, 넷째 그 수단과 방법이 사용자의 재산권과 조화를 이루어야 하며 폭력의 행사나 제3자의 권익을 침해하는 것이 아니어야 한다.

[2] 공연히 사실을 적시하여 사람의 명예를 훼손한 행위가 형법 제310조에 따라서 위법성이 조각되기 위하여는 적시된 사실이 객관적으로 공공의 이익에 관한 것으로서 행위자도 공공의 이익을 위하여 그 사실을 적시한 것이어야 하고, 적시된 사실이 공공의 이익에 관한 것인지 여부는 그 구체적 내용, 공표가 이루어진 상대방의 범위, 표현의 방법 등 그 표현 자체에 관한 모든 사정을 감안하고 그에 의하여 훼손되거나 훼손될 수 있는 사람의 명예의 침해의 정도를 비교·고려하여 결정하여야 한다.

[3] 공직선거및선거부정방지법 제251조의 '후보자가 되고자 하는 자'에는 선거에 출마할 예정인 사람으로서 정당에 공천신청을 하거나 일반 선거권자로부터 후보자 추천을 받기 위한 활동을 벌이는 등 입후보의사가 확정적으로 외부에 표출된 사람뿐만 아니라 그 신분·접촉대상·언행 등에 비추어 선거에 입후보할 의사를 가진 것을 객관적으로 인식할 수 있을 정도에 이른 사람도 포함된다(대법원 2001. 6. 12. 선고 2001도1012 판결).

◆ 형법 제310조 소정의 위법성조각사유에 대한 판단

피고인이 작성·발송한 청원서의 내용이 진실한 사실로서 시정되어야 할 연구소의 사정이 포함되어 있기는 하나 상대방을 비방하는 취지가 그 내용의 주조를 이루고 있는 점 등 그 표현의 방법 외에도 피고인이 위 청원서를 그의 주장을 심사할 수 있는 권한을 가진 사람들에게 발송하여 그 시정을 구하였음에도 불구하고 그러한 조치가 제대로 이루어지지 않았다면 모르되 감독관청인 과기처장관에게 보냄과 더불어 막바로 그러한 권한과는 무관한 정치인에게 발송하는 것을 시발로 하여 약간의 시차를 두고 정치인, 언론인, 언론기관 등에게 광범위하게 발송한 사정에 비추어 볼 때, 피고인의 범행이 오로지 공공의 이익에 관한 것이라고는 할 수 없다(대법원 1995. 11. 10. 선고 94도1942 판결).

◆ 명예훼손죄의 위법성조각사유

공연히 사실을 적시하여 사람의 명예를 훼손한 행위가 형법 제310조에 따라서 위법성이 조각되어 처벌받지 않기 위하여는 적시된 사실이 객관적으로 볼 때 공공의 이익에 관한 것으로서 행위자도 공공의 이익을 위하여 그 사실을 적시한 것이어야 될 뿐만 아니라, 그 적시된 사실이 진실한 것이거나 적어도 행위자가 그 사실을 진실한 것으로 믿었고 또 그렇게 믿을 만한 상당한 이유가 있어야 한다(대법원 1994. 8. 26. 선고 94도237 판결).

◆ 형법 제307조 제1항에서 말하는 '사실'의 의미 / 형법 제307조 제1항의 명예훼손죄는 적시된 사실이 진실한 사실인 경우이든 허위의 사실인 경우이든 모두 성립할 수 있는지 여부(적극) 및 적시된 사실이 허위의 사실이나 행위자에게 허위성에 대한 인식이 없는 경우, 제307조 제1항의 명예훼손죄가 성립하는지 여부(적극)

형법 제307조 제1항, 제2항, 제310조의 체계와 문언 및 내용에 의하면, 제307조 제1항의 '사실'은 제2항의 '허위의 사실'과 반대되는 '진실한 사실'을 말하는 것이 아니라 가치판단이나 평가를 내용으로 하는 '의견'에 대치되는 개념이다. 따라서 제307조 제1항의 명예훼손죄는 적시된 사실이 진실한 사실인 경우이든 허위의 사실인 경우이든 모두 성립될 수 있고, 특히 적시된 사실이 허위의 사실이라고 하더라도 행위자에게 허위성에 대한 인식이 없는 경우에는 제307조 제2항의 명예훼손죄가 아니라 제307조 제1항의 명예훼손죄가 성립될 수 있다. 제307조 제1항의 법정형이 2년 이하의 징역 등으로 되어 있는 반면 제307조 제2항의 법정형은 5년 이하의 징역 등으로 되어 있는 것은 적시된 사실이 객관적으로 허위일 뿐 아니라 행위자가 그 사실의 허위성에 대한 주관적 인식을 하면서 명예훼손행위를 하였다는 점에서 가벌성이 높다고 본 것이다(대법원 2017.4.26, 선고, 2016도18024, 판결).

◆ 명예훼손죄의 위법성조각사유에 대한 거증책임 및 형사소송법 제310조의2의 적

용 여부(소극)

[1] 공연히 사실을 적시하여 사람의 명예를 훼손한 행위가 형법 제310조의 규정에 따라서 위법성이 조각되어 처벌대상이 되지 않기 위하여는 그것이 진실한 사실로서 오로지 공공의 이익에 관한 때에 해당된다는 점을 행위자가 증명하여야 하는 것이나, 그 증명은 유죄의 인정에 있어 요구되는 것과 같이 법관으로 하여금 의심할 여지가 없을 정도의 확신을 가지게 하는 증명력을 가진 엄격한 증거에 의하여야 하는 것은 아니므로, 이때에는 전문증거에 대한 증거능력의 제한을 규정한 형사소송법 제310조의2는 적용될 여지가 없다.

[2] 형법 제310조에서 '오로지 공공의 이익에 관한 때'라 함은 적시된 사실이 객관적으로 볼 때 공공의 이익에 관한 것으로서 행위자도 공공의 이익을 위하여 그 사실을 적시한 것이어야 하고, 이 경우에 적시된 사실이 공공의 이익에 관한 것인지 여부는 당해 적시 사실의 구체적인 내용, 당해 사실의 공표가 이루어진 상대방의 범위, 그 표현의 방법 등 그 표현 자체에 관한 제반 사정을 감안함과 동시에 그 표현에 의하여 훼손되거나 훼손될 수 있는 명예의 침해 정도 등을 비교·고려하여 결정하여야 하며, 행위자의 주요한 목적이나 동기가 공공의 이익을 위한 것이라면 부수적으로 다른 사익적 목적이나 동기가 내포되어 있더라도 형법 제310조의 적용을 배제할 수 없다(대법원 1996. 10. 25. 선고 95도1473 판결).

5. 모욕죄

제311조【모욕】

공연히 사람을 모욕한 자는 1년 이하의 징역이나 금고 또는 200만원 이하의 벌금에 처한다. 〈개정 1995. 12. 29.〉

[모욕] 105 · 107② · 108②, [친고죄] 312, [국교에관한죄] 107 · 108, [군법] 군형64 · 65,

[공소시효] : 5년

○ 모욕죄와 명예훼손죄는 행위방법에서 사실의 적시여부에 의하여 구별된다.

Ⅰ. 이론

1. 구성요건

(1) 객관적 구성요건

1) 객체

사람이다.

2) 행위

공연히 모욕하는 것이다.

① 모욕이란, 구체적인 사실을 적시하지 않고 외부적 명예를 훼손할 만한 추상적인 가치판단을 표시하는 것을 말한다. 사실의 적시없이 경멸의 의사를 표시하면 모욕이 된다.

② 이 죄는 표현범이므로 단순한 무례·불친절만으로는 모욕이 되지 않으나 침을 뱉거나 빰을 때리는 것은 거동에 의한 모욕이 될 수 있는데 이러한 경우는 폭행죄와의 상상적 경합이 된다.

(2) 주관적 구성요건

공연히 모욕한다는 사실에 대한 고의가 있어야 한다.

2. 위법성

일반적인 위법성조각사유에 의해서는 위법성이 조각될 수 있다. 다만, 형법 제310조가 모욕죄에도 적용되어 위법성이 조각될 수 있는지에 대하여 긍정설, 부정설(다수설), 절충설 등이 주장되고 있다. 판례는 부정설을 취하고 있다.

▣ 이견있는 형사사건의 법원판단 ▣

[제310조의 적용여부]

1. 문제점 : 모욕죄에 형법 제310조가 적용되는지와 관련하여 견해가 나뉜다.
2. 학설

(1) 긍정설 : 정치·학문 또는 예술분야의 비판 내지 논평에 있어서 어느 정도의 경멸적 판단이 포함되는 것이 일반적이며 그것이 공익성을 가질 때에는 위법성이 조각된다는 견해

(2) 부정설 : 정치·학문 또는 예술분야의 비판 내지 논평의 경우는 사회상규에 반하지 않는 행위라는 이유로 정당행위에 의하여 위법성이 조각되므로 제310조를 적용할 필요가 없다는 견해

3. 판례 : 부정설의 태도

모욕죄에 있어서는 사실이 진실하더라도 위법성을 조각하지 아니한다고 해석해야 함은 형법 제310조의 위치로 보아 명백하다(대판 1959. 12. 23, 4291형상539).

3. 소추조건

본 죄는 고소가 있어야 공소를 제기할 수 있는 친고죄이다(제312조 1항).

(1) 모욕을 당한 자의 고소가 있어야 한다.

(2) 명예훼손죄는 반의사불벌죄이지만, 사자명예훼손과 모욕죄는 친고죄이다.

4. 타죄와의 관계

외국원수 또는 외국사절에 대한 모욕에 대하여는 형법 제107조 제2항 또는 제108조 제2항이 적용되며 이 때에는 "공연성"을 요건으로 하지 않는다.

Ⅱ. 판례

◆ 모욕죄에서 말하는 모욕의 의미 및 위법성조각사유

모욕죄에서 말하는 모욕이란, 사실을 적시하지 아니하고 사람의 사회적 평가를 저하시킬 만한 추상적 판단이나 경멸적 감정을 표현하는 것으로, 어떤 글이 특히 모욕적인 표현을 포함하는 판단 또는 의견의 표현을 담고 있는 경우에도 그 시대의 건전한 사회통념에 비추어 그 표현이 사회상규에 위배되지 않는 행위로 볼 수 있는 때에는 형법 제20조에 의하여 예외적으로 위법성이 조각된다(대법원 2008. 7. 10. 선고 2008도1433 판결).

◆ 피고인이 방송국 홈페이지의 시청자 의견란에 작성·게시한 글 중 일부의 표현이 모욕적 언사이기는 하나, 형법 제20조의 사회상규에 위배되지 아니하는 행위로서 위법성이 조각된다고 한 사례

(1) 사실관계

> 피고인은 2002. 2. 21. 23:47경 강릉시 금학동 77에 있는 리버플 호프집에서, 같은 날 MBC 방송 '우리시대'라는 프로그램에서 피해자A를 대상으로 하여 방영한 '엄마의 외로운 싸움'을 시청한 직후 위 프로그램이 위 피해자A의 입장에서 편파적으로 방송하였다는 이유로 그 곳에 설치된 컴퓨터를 이용하여 MBC 홈페이지(http://www.imbc.com)에 접속하여 위 '우리시대' 프로그램 시청자 의견란에 불특정 다수인이 볼 수 있도록 "오선생님 대단하십니다", "학교 선생

> 님이 불법주차에 그렇게 소중한 자식을 두고 내리시다니…….그렇게 소중한 자식을 범법행위의 변명의 방패로 쓰시다니 정말 대단하십니다. 한가지 더 견인을 우려해 아이를 두고 내리신 건 아닌지……."라는 글을 작성、게시하였다.

(2) **판결요지**

[1] 모욕죄에서 말하는 모욕이란 사실을 적시하지 아니하고 사람의 사회적 평가를 저하시킬 만한 추상적 판단이나 경멸적 감정을 표현하는 것이다.

[2] 피고인이 방송국 시사프로그램을 시청한 후 방송국 홈페이지의 시청자 의견란에 작성·게시한 글 중 특히, "그렇게 소중한 자식을 범법행위의 변명의 방패로 쓰시다니 정말 대단하십니다."는 등의 표현은 그 게시글 전체를 두고 보더라도, 그 출연자인 피해자에 대한 사회적 평가를 훼손할 만한 모욕적 언사라고 한 사례.

[3] 피고인이 방송국 홈페이지의 시청자 의견란에 작성·게시한 글 중 일부의 표현은 이미 방송된 프로그램에 나타난 기본적인 사실을 전제로 한 뒤, 그 사실관계나 이를 둘러싼 문제에 관한 자신의 판단과 나아가 이러한 경우에 피해자가 취한 태도와 주장한 내용이 합당한가 하는 점에 대하여 자신의 의견을 개진하고, 피해자에게 자신의 의견에 대한 반박이나 반론을 구하면서, 자신의 판단과 의견의 타당함을 강조하는 과정에서 부분적으로 그와 같은 표현을 사용한 것으로서 사회상규에 위배되지 않는다고 봄이 상당하다고 한 사례(대법원 2003. 11. 28. 선고 2003도3972 판결).

◆ 모욕죄의 보호법익(=외부적 명예) 및 '모욕'의 의미 / 어떠한 표현이 모욕죄의 모욕에 해당하는지 판단하는 기준 / 상대방을 불쾌하게 할 수 있는 무례하고 예의에 벗어난 정도의 표현이거나 상대방에 대한 부정적·비판적 의견이나 감정을 나타내면서 경미한 수준의 추상적 표현이나 욕설이 사용된 경우, 모욕죄의 구성요건에 해당하는지 여부(원칙적 소극) / 모욕죄의 구성요건을 해석·적용할 때 고려하여야 할 사항

형법 제311조 모욕죄는 사람의 인격적 가치에 대한 사회적 평가를 의미하는 '외부적 명예'를 보호법익으로 하는 범죄로서, 여기서 '모욕'이란 사실을 적시하지 아니하고 사람의 외부적 명예를 침해할 만한 추상적 판단이나 경멸적 감정을 표현하는 것을 의미한다. 어떠한 표현이 모욕죄의 모욕에 해당하는지는 상대방 개인의 주관적 감정이나 정서상 어떠한 표현을 듣고 기분이 나쁜지 등 명예감정을 침해할 만한 표현인지를 기준으로 판단할 것이 아니라 당사자들의 관계, 해당 표현에 이르게 된 경위, 표현방법, 당시 상황 등 객관적인 제반 사정에 비추어 상대방의 외부적 명예를 침해할 만한 표현인지를 기준으로 엄격하게 판단하여야 한다.

어떠한 표현이 개인의 인격권을 심각하게 침해할 우려가 있는 것이거나 상대방의 인격을 허물어뜨릴 정도로 모멸감을 주는 혐오스러운 욕설이 아니라 상대방을 불쾌하게 할 수 있는 무례하고 예의에 벗어난 정도이거나 상대방에 대한 부정적·비판적 의견이나 감정을 나타내면서 경미한 수준의 추상적 표현이나 욕설이 사용된 경우 등이라면 특별한 사정이 없는 한 외부적 명예를 침해할 만한 표현으로 볼 수 없어 모욕죄의 구성요건에 해당된다고 볼 수 없다.

개인의 인격권으로서의 명예 보호와 민주주의의 근간을 이루는 기본권인 표현의 자유는 모두 헌법상 보장되는 기본권으로 각자의 영역 내에서 조화롭게 보호되어야 한다. 따라서 모욕죄의 구성요건을 해석·적용할 때에도 개인의 인격권과 표현의 자유가 함께 고려되어야 한다. [대법원 2022. 8. 31., 선고, 2019도7370, 판결]

◆ 상대방의 인격적 가치에 대한 사회적 평가를 저하시킬 만한 것이 아닌 표현이 다소 무례한 방법으로 표시된 경우, 모욕죄의 구성요건에 해당하는지 여부(소극)

형법 제311조의 모욕죄는 사람의 가치에 대한 사회적 평가를 의미하는 외부적 명예를 보호법익으로 하는 범죄로서, 모욕죄에서 말하는 모욕이란 사실을 적시하지 아니하고 사람의 사회적 평가를 저하시킬 만한 추상적 판단이나 경멸적 감정을 표현하는 것을 의미한다. 따라서 어떠한 표현이 상대방의 인격적 가치에 대한 사회적 평가를 저하시킬 만한 것이 아니라면 설령 그 표현이 다소 무례한 방법으로 표시되었다 하더라도 이를 두고 모욕죄의 구성요건에 해당한다고 볼 수 없다(대법원 2015. 9. 10. 선고 2015도2229 판결 참조).

기록에 의하면, 피고인이 공소외인이 인터넷 포털 사이트 '○○'의 다른 카페에서 다른 회원을 강제탈퇴시킨 후 보여준 태도에 대하여 불만을 가지고 댓글을 게시하게 된 사실, 피고인이 게시한 댓글 내용은 '선무당이 사람 잡는다, 자승자박, 아전인수, 사필귀정, 자업자득, 자중지란, 공황장애 ㅋ'라고 되어 있는 사실을 알 수 있다.

위 사실관계에 나타난 피고인의 댓글 게시 경위, 댓글의 전체 내용과 표현 방식, 공황장애의 의미(뚜렷한 근거나 이유 없이 갑자기 심한 불안과 공포를 느끼는 공황 발작이 되풀이해서 일어나는 병) 등을 종합하면, 피고인이 댓글로 게시한 '공황장애 ㅋ'라는 표현이 상대방을 불쾌하게 할 수 있는 무례한 표현이기는 하나, 상대방의 인격적 가치에 대한 사회적 평가를 저하시킬 만한 표현에 해당한다고 보기는 어렵다.

그런데도 원심이 그 판시와 같은 이유만으로 이 사건 공소사실을 유죄로 인정한 데에는 모욕죄에 관한 법리를 오해한 잘못이 있다(대법원 2018. 5. 30., 선고, 2016도20890, 판결).

◆ 모욕죄의 보호법익(=외부적 명예) 및 '모욕'의 의미 / 모욕죄가 성립하기 위하여 피해자의 외부적 명예가 현실적으로 침해되거나 구체적·현실적으로 침해될 위험이 발생하여야 하는지 여부(소극)

모욕죄는 공연히 사람을 모욕하는 경우에 성립하는 범죄로서(형법 제311조), 사람의 가치에 대한 사회적 평가를 의미하는 외부적 명예를 보호법익으로 하고, 여기에서 '모욕' 이란 사실을 적시하지 아니하고 사람의 사회적 평가를 저하시킬 만한 추상적 판단이나 경멸적 감정을 표현하는 것을 의미한다. 그리고 모욕죄는 피해자의 외부적 명예를 저하시킬 만한 추상적 판단이나 경멸적 감정을 공연히 표시함으로써 성립하므로, 피해자의 외부적 명예가 현실적으로 침해되거나 구체적·현실적으로 침해될 위험이 발생하여야 하는 것도 아니다(대법원 2016.10.13, 선고, 2016도9674, 판결).

◆ 국가나 지방자치단체가 명예훼손죄 또는 모욕죄의 피해자가 될 수 있는지 여부(소극)

형법이 명예훼손죄 또는 모욕죄를 처벌함으로써 보호하고자 하는 사람의 가치에 대한 평가인 외부적 명예는 개인적 법익으로서, 국민의 기본권을 보호 내지 실현해야 할 책임과 의무를 지고 있는 공권력의 행사자인 국가나 지방자치단체는 기본권의 수범자일 뿐 기본권의 주체가 아니고, 정책결정이나 업무수행과 관련된 사항은 항상 국민의 광범위한 감시와 비판의 대상이 되어야 하며 이러한 감시와 비판은 그에 대한 표현의 자유가 충분히 보장될 때에 비로소 정상적으로 수행될 수 있으므로, 국가나 지방자치단체는 국민에 대한 관계에서 형벌의 수단을 통해 보호되는 외부적 명예의 주체가 될 수는 없고, 따라서 명예훼손죄나 모욕죄의 피해자가 될 수 없다(대법원 2016.12.27, 선고, 2014도15290, 판결).

Ⅲ. 수사실무

1. 수사포인트

(1) 행위자와 피해자와의 관계를 조사한다.

(2) 공연히 한 행위인지 여부를 조사한다.

(3) 모욕의 동기가 무엇인가 밝힌다.

(4) 모욕의 방법과 그 내용을 조사한다.

(5) 결과적으로 피해자에게 준 영향이 무엇이며 어느 정도인지 조사한다.

(6) 고소의 목적을 밝힌다.

2. 피의자 신문례

(1) 피의자는 최○○과 이○○를 아는가요

(2) 그들을 언제 어디서 만났나요

(3) 그 때 이○○는 무엇을 하고 있었나요

(4) 피의자가 이○○에게 어떻게 하였는지 상세히 진술하세요

(5) 피의자는 이○○에게 "너도 남편과 똑같이 도둑년이다. 더러운 년놈들" 이라고 모욕적인 욕설을 하였나요

(6) 왜 그런 욕설을 하였나요

(7) 피의자가 이○○에게 욕설을 할 때 그 곳에 있던 아주머니들은 어떻게 하던가요

(8) 그 당시 4~5명의 아주머니가 있었다고 했는데 그 중에 아는 사람이 있었나요

(9) 다른 사람 앞에서 상대방에게 모욕적인 언동을 하면 법에 의해 처벌받는다는 것을 알고 있는가요

(10) 참고로 더 할 말이 있으면 하세요

3. 범죄사실 기재례

【범죄사실 기재례】

(1) 피의자는 20○○. ○. ○. 19:00경 ○○동 ○○번지에 있는 하○○(여, ○○세)가 경영하는 가게에서 평소 피해자가 피의자에게 외상을 해주지 않는다는 이유로 사건외 박○○, 김○○ 등 마을사람 10여명이 있는 가운데 위 하○○에게 "이 돼지같은 년아, 네가 혼자 잔뜩 처먹고 배두드리며 사나 보자"라고 큰소리로 말하여 공연히 그녀를 모욕하였다.

(2) 피의자는 ○○상사를 경영하고 있다.

피의자는 20○○. ○. ○. 11:00경 ○○시 ○○동 ○○번지에 있는 ○○주식회사의 회의실에서 열린 그 회사의 채권단회의 석상에서 정○○ 등 ○○명이 모인 앞에서 "이 회사의 김○○ 상무는 허수아비노릇만 하는 바보새끼다. 그런 놈은 당장 사표를 써야 한다"라고 큰 소리를 질러 공연히 김○○를 모욕하였다.

(3) 피의자는 20○○. ○. ○. 15:00경 서울 ○○구 ○○동에 있는 ○○고기 식당에서 친구인 김○○ 등 7명과 함께 식사를 하던 중 피해자 이○○과 평소의 금전거래 관계로 말다툼을 하다가 피해자에게 "악질적인 고리대금업자!"라고 큰소리로 말하여 공연히 피해자를 모욕하였다.

4. 적용실례

(1) 빨갱이라고 다수인 앞에서 말한 경우

피해자에게 다수인이 있는 자리에서 "이 빨갱이 같은 놈아, 이북에나 가서 살아라"라고 말하였다.

➡ 이러한 경우 자칫 명예훼손죄로 의율할 수도 있으나, 위 말은 허위사실의 적시라고 보기 어려워 모욕죄로 의율하는 것이 타당하겠다.

(2) 도둑놈의 첩이라고 말한 경우

공연히 피해자에게 "도둑놈의 첩년"이라고 말하였다.

➡ 위 말은 구체적인 사실을 적시한 것이 아니라 단순히 사람의 외부적인 명예를 훼손할만한 추상적인 판단을 표시한 경우에 해당하므로 구체적인 사실적시를 구성요건으로 하는 명예훼손죄로 의율할 것이 아니라 모욕죄로 의율하는 것이 타당하다.

(3) 모욕에 대한 고소의 경우

전○○는 우○○에 대해 "우○○는 질이 나쁜 사람이다"라는 내용의 말을 하고 다녔고, 우○○는 이에 대해 전○○를 명예훼손죄로 고소하였다.

➡ 이 경우 명예훼손죄를 적용한다면, 위 피의자의 말은 구체적 사실이 아니어서 피의자의 의사를 개진한 것에 불과하므로 범죄혐의없음이 될 것이지만, 주관적인 의사를 개진한 것이라 하더라도 그 내용이 피해자의 사회적 평가를 저하시킬 위험성이 있다면 모욕죄가 성립할 것이다. 따라서 이 경우, 모욕죄로 의율하는 것이 타당할 것이다.

(4) 고소되지 않은 모욕죄를 인지한 경우

피의자가 피해자 경영의 맥주집에서 동인을 구타하고 유리창을 손괴하고 동인에게 욕설을 하여 모욕하였다는 것으로 모두 기소의견으로 송치하였다.

➡ 모욕죄는 친고죄이기 때문에 고소가 있어야 하는데 이 경우 피해자의 고소가 없으므로 고소의사 여부를 확인한 후 고소의사가 없다면 모욕죄로 입건할 수 없고, 인지한 이상 공소권이 없는 의견으로 송치해야 한다.

(5) **아내가 불륜을 맺고 있다는 전화를 받았으나, 그 사실이 허위라 신고하지 않은 경우**

피해자 윤○○의 남편은 어느날 밤 윤○○가 그 동네의 이○○와 불륜관계를 맺고 있다는 전화를 받았다. 그 사실은 허위였으나, 피해자는 신고하지 않았다.

➡ 우선 위 행위는 구체적으로 허위사실을 유포한 것이기 때문에 내용상으로는 모욕죄가 아닌 명예훼손죄로 의율할 수 있겠고, 명예훼손죄는 친고죄가 아니고 반의사불벌죄여서 피해자인 윤○○가 처벌을 원하지 않는다는 의사를 명시하지 않는 한 처벌할 수 있겠다. 그러나 전화상으로 피해자의 남편에게 불륜관계를 이야기한 것은 전파가능성이 희박하기 때문에 공연성이 없어 결국 범죄혐의없다 할 것이다.

6. 친고죄 · 반의사불벌죄

> **제312조【고소와 피해자의 의사】**
> ① 제308조와 제311조의 죄는 고소가 있어야 공소를 제기할 수 있다. 〈개정 1995. 12. 29.〉
> ② 제307조와 제309조의 죄는 피해자의 명시한 의사에 반하여 공소를 제기할 수 없다. 〈개정 1995. 12. 29.〉

[고소] 형소223-226, [공소기각] 형소327

Ⅰ. 이론

명예훼손죄(제307조)와 출판물에 의한 명예훼손죄(제309조)는 반의사불벌죄이고, 사자명예훼손죄(제308조)와 모욕죄(제311조)는 친고죄이다.

Ⅱ. 판례

◆ 반의사불벌죄에 있어서 피해자가 처벌을 희망하지 아니하는 의사표시나 처벌을 희망하는 의사표시의 철회를 하였다고 인정하기 위한 요건

반의사불벌죄에 있어서 피해자가 처벌을 희망하지 아니하는 의사표시나 처벌을 희망하는 의사표시의 철회를 하였다고 인정하기 위해서는 피해자의 진실한 의사가 명백하고 믿을 수 있는 방법으로 표현되어야 한다(대법원 2001. 6. 15. 선고 2001도1809 판결).

◆ 인터넷 종합 정보제공 사업자의 명예훼손 게시물에 대한 삭제 및 차단 의무의 발생 요건

[다수의견] 명예훼손적 게시물이 게시된 목적, 내용, 게시 기간과 방법, 그로 인한 피해의 정도, 게시자와 피해자의 관계, 반론 또는 삭제 요구의 유무 등 게시에 관련한 쌍방의 대응태도 등에 비추어, 인터넷 종합 정보제공 사업자가 제공하는 인터넷 게시공간에 게시된 명예훼손적 게시물의 불법성이 명백하고, 위 사업자가 위와 같은 게시물로 인하여 명예를 훼손당한 피해자로부터 구체적·개별적인 게시물의 삭제 및 차단 요구를 받은 경우는 물론, 피해자로부터 직접적인 요구를 받지 않은 경우라 하더라도 그 게시물이 게시된 사정을 구체적으로 인식하고 있었거나 그 게시물의 존재를 인식할 수 있었음이 외관상 명백히 드러나며, 또한 기술적, 경제적으로 그 게시물에 대한 관리·통제가 가능한 경우에는, 위 사업자에게 그 게시물을 삭제하고 향후 같은 인터넷 게시공간에 유사한 내용의 게시물이 게시되지 않도록 차단할 주의의무가 있고, 그 게시물 삭제 등의 처리를 위하여 필요한 상당한 기간이 지나도록 그 처리를 하지 아니함으로써 타인에게 손해가 발생한 경우에는 부작위에 의한 불법행위책임이 성립한다.

[대법관 박시환, 김지형, 전수안의 별개의견] 인터넷 종합 정보제공 사업자의 명예훼손 게시물에 대한 삭제의무는 특별한 사정이 없는 한 위 사업자가 피해자로부터 명예훼손의 내용이 담긴 게시물을 '구체적·개별적으로 특정' 하여 '삭제하여 달라는 요구' 를 받았고, 나아가 그 게시물에 명예훼손의 불법성이 '현존' 하는 것을 '명백' 히 인식하였으며, 그러한 삭제 등의 조치를 하는 것이 '기술적·경제적으로 가능' 한 경우로 제한하는 것이 합리적이고 타당하다(대법원 2009.4.16, 선고, 2008다53812, 판결).

◆ 친고죄에서 고소를 취소하거나 반의사불벌죄에서 처벌을 희망하는 의사표시를 철회할 수 있는 시기(=제1심판결 선고 전까지) 및 그 상대방

형사소송법 제232조 제1항,

제3항에 의하면 친고죄에서 고소의 취소 및 반의사불벌죄에서 처벌을 희망하는 의사표시의 철회는 제1심판결 선고 전까지만 할 수 있고, 따라서 제1심판결 선고 후에 고소가 취소되거나 처벌을 희망하는 의사표시가 철회된 경우에는 효력이 없으므로

형사소송법 제327조 제5호 내지
제6호의 공소기각 재판을 할 수 없다. 그리고 고소의 취소나 처벌을 희망하는 의사표시의 철회는 수사기관 또는 법원에 대한 법률행위적 소송행위이므로 공소제기 전에는 고소사건을 담당하는 수사기관에, 공소제기 후에는 고소사건의 수소법원에 대하여 이루어져야 한다.(대법원 2012.2.23, 선고, 2011도17264, 판결).

◆ 피고인이 甲의 명예를 훼손하고 甲을 모욕하였다는 내용으로 기소된 사안에서, 공소제기 후에 피고인에 대한 다른 사건의 검찰 수사과정에서 피고인에 대한 이전의 모든 고소 등을 취소한다는 취지가 기재된 합의서가 작성되었으나 그것이 제1심판결 선고 전에 법원에 제출되었다거나, 그 밖에 甲이 고소를 취소하고 처벌의사를 철회하였다고 볼 만한 자료가 없는데도, 이와 달리 보아 공소를 기각한 원심판결에 법리오해의 위법이 있다고 한 사례

피고인이 甲의 명예를 훼손하고 甲을 모욕하였다는 내용으로 기소된 사안에서, 공소제기 후에 피고인에 대한 다른 사건의 검찰 수사과정에서 피고인에 대한 이전의 모든 고소 등을 취소한다는 취지가 기재된 합의서가 작성되었으나 그것이 제1심판결 선고 전에 법원에 제출되었다고 볼 자료가 없고, 오히려 甲이 제1심법정에서 증언하면서 위 합의건은 기소된 사건과 별개이고 피고인의 처벌을 원한다고 진술하여, 고소취소 및 처벌의사의 철회가 있었다고 할 수 없는데도, 이와 달리 적법한 고소취소 및 처벌의사의 철회가 있었다고 보아 공소를 기각한 원심판결에 법리오해의 위법이 있다고 한 사례(대법원 2012.2.23, 선고, 2011도17264, 판결).

제 34 장 신용, 업무와 경매에 관한 죄 (제313조 ~ 제315조)

제34장 신용, 업무와 경매에 관한 죄(제313조 ~ 제315조)

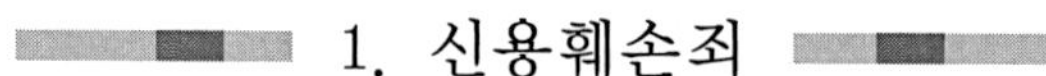

1. 신용훼손죄

제313조【신용훼손】
허위의 사실을 유포하거나 기타 위계로써 사람의 신용을 훼손한 자는 5년 이하의 징역 또는 1천500만원 이하의 벌금에 처한다. 〈개정 1995. 12. 29.〉

[위계] 253·302-304·315, [공소시효] : 7년

○ 이 죄의 보호법익은 사람의 신용이다. 여기에서의 신용은 경제적 신용을 말하는 것으로, 명예에 관한 다른 죄가 인격에 대한 사회적 평가를 침해하는 것을 내용으로 하는데 반해, 이 죄는 경제에 대한 사회적 평가를 침해하는 것을 내용으로 한다.

Ⅰ. 이론

1. 구성요건

(1) 객관적 구성요건

1) 객체

이 죄의 객체는 사람의 신용인데 이것은 행위객체이며 동시에 보호법익이기도 하다.

① 신용이란 사람의 경제적 지위에 대한 사회적 평가, 즉 사람의 지불능력과 지불의사에 대한 사회적 신뢰를 의미한다.

② 신용의 주체로서 사람은 자연인은 물론 법인과 법인격없는 단체도 포함한다.

2) 행위

이 죄의 행위는 허위사실을 유포하거나 기타 위계로써 신용을 훼손하는 것이다.

① 허위사실의 유포는 객관적 진실에 반하는 사실을 불특정 또는 다수인에게 전파하는 것이다.

② 위계는 상대방의 착오나 부지를 이용하는 일체의 행위이며, 이에는 유혹도 포함된다.

③ 신용을 훼손한다는 것은 사람의 지불능력이나 지불의사에 대한 사회적 신뢰를 저하시킬 우려가 있는 상태로 만드는 것을 말한다.

④ 이러한 신용을 훼손하는 결과는 현실적으로 발생하였을 것을 요하지 않는다(추상적위험범).

(2) 주관적 구성요건

허위사실유포 또는 위계로써 특정인의 신용을 훼손한다는 사실에 대한 고의가 필요하다.

2. 타죄와의 관계

(1) 공연히 허위의 사실을 적시하여 명예와 신용을 훼손한 경우

1) 제1설 : 명예훼손죄와 신용훼손죄의 상상적 경합

2) 제2설 : 신용훼손죄만 성립(특별관계)

(2) 사실을 적시하여 사람의 명예와 신용을 훼손한 경우

명예훼손죄만 성립한다.

Ⅱ. 판례

◆ 형법 제313조의 신용훼손죄에서 '허위사실의 유포' 및 '위계' 의 의미와 그 범의

(1) 사실관계

> 피고인은 조흥은행 본점 앞으로 'A가 대출금 이자를 연체하여 위 은행의 수락지점장인 B가 3,000만 원의 연체이자를 대납하였다' 는 등의 내용을 기재한 편지를 보냈다. 그러나 실제로는 B가 위 연체이자를 대납한 적이 없다.

(2) 판결요지

[1] 형법 제313조의 신용훼손죄는 허위의 사실을 유포하거나 기타 위계로써 사람의

신용을 저하시킬 염려가 있는 상태를 발생시키는 경우에 성립하는 것으로서, 여기서 '허위사실의 유포'라 함은 객관적으로 보아 진실과 부합하지 않는 과거 또는 현재의 사실을 불특정 또는 다수인에게 전파시키는 것을 말하고, '위계'라 함은 행위자의 행위목적을 달성하기 위하여 상대방에게 오인·착각 또는 부지를 일으키게 하여 이를 이용하는 것을 말한다. 그리고 신용훼손죄에 있어서의 범의는 반드시 확정적인 고의를 요하는 것은 아니고, 허위사실을 유포하거나 기타 위계를 사용한다는 점과 그 결과 다른 사람의 신용을 저하시킬 염려가 있는 상태가 발생한다는 점에 대한 미필적 인식으로도 족하다 할 것이다.

[2] 피고인이 위 편지를 조흥은행 본점에 송부한 행위가 그 내용을 불특정 또는 다수인에게 전파시킨 경우에 해당한다고 보기는 어려우나, 그로써 조흥은행의 오인 또는 착각 등을 일으켜 위계로써 피해자의 신용을 훼손한 경우에는 해당한다 할 것이다. 또한, 위 편지의 내용 중 기본적인 사실이 진실이라 하더라도, 위와 같이 상당부분의 허위내용을 부가시킴으로써 신용훼손의 정도가 증가된 이상 신용훼손죄의 성립에 영향이 생기는 것도 아니다(대법원 2006. 12. 7. 선고 2006도3400 판결).

◆ 퀵서비스 운영자인 피고인이 허위사실을 유포하여 손님들로 하여금 불친절하고 배달을 지연시킨 사업체가 경쟁관계에 있는 피해자 운영의 퀵서비스인 것처럼 인식하게 한 사안에서, 위 행위가 신용훼손죄에 해당하지 않는다고 본 원심판단을 수긍한 사례

퀵서비스 운영자인 피고인이 배달업무를 하면서, 손님의 불만이 예상되는 경우에는 평소 경쟁관계에 있는 피해자 운영의 퀵서비스 명의로 된 영수증을 작성·교부함으로써 손님들로 하여금 불친절하고 배달을 지연시킨 사업체가 피해자 운영의 퀵서비스인 것처럼 인식하게 한 사안에서, 퀵서비스의 주된 계약내용이 신속하고 친절한 배달이라 하더라도, 그와 같은 사정만으로 위 행위가 피해자의 경제적 신용, 즉 지급능력이나 지급의사에 대한 사회적 신뢰를 저해하는 행위에 해당한다고 보기는 어렵다는 이유로, 피고인에 대한 신용훼손의 주위적 공소사실을 무죄로 인정한 원심판단을 수긍한 사례. (대법원 2011.5.13. 선고 2009도5549 판결)

◆ 신용훼손죄에서 '신용'의 의미

형법 제313조의 신용훼손죄에서 '신용'은 경제적 신용, 즉 사람의 지급능력 또는 지급의사에 대한 사회적 신뢰를 의미한다(대법원 2011.5.13. 선고 2009도5549 판결).

Ⅲ. 수사실무

1. 수사포인트

(1) 허위사실의 출처와 내용을 조사한다.

(2) 위계를 사용했다면 위계의 방법과 내용·결과를 조사한다.

(3) 범인의 인식과 인과관계를 밝힌다.

(4) 피해의 정도를 조사한다.

2. 범죄사실 기재례

【범죄사실 기재례】

(1) 피의자는 서울 ○○동 ○○번지에서 ○○컴퓨터의 컴퓨터판매점을 경영하고 있다. 피의자는 20○○. ○. ○.경 판매점 근처의 같은 지역안에서 ○○회사의 컴퓨터를 판매하는 오○○가 연일 사은행사를 진행하여 손님을 끌자 그것을 시기하여 상점 등에서 만나는 사람들에게 "오○○가 저렇게 날마다 행사를 하는 것은 부도를 막기 위한 마지막 발악이다. 오○○는 개인적으로도 여러 곳에 빚투성이고 지금까지 장사도 잘 안돼서, 행사를 한다고 해도 일어서기 힘들 것이다"라고 하여, 오○○가 많은 부채를 지고 있으며, 그의 판매점이 경제적으로 위기에 빠져 있는 것처럼 허위의 사실을 유포하여 그의 신용을 훼손하였다.

(2) 피의자는 시사잡지 "주간○○"의 편집·발행자이다.

피의자는 20○○. ○. ○.경 위 같은 시에 있는 ○○조합에 기부금을 얻으려고 갔다가 이를 거절당하자 그 조합의 신용을 떨어뜨려 분을 풀기로 마음먹었다.

그리하여 그 달 24일자 위 "주간○○" ○○호 지상에 위 ○○조합 경영관리의 부실을 들어 "○○조합의 중진간부 김○○ 외 수명이 부정을 일으켜 공금을 횡령해 개인재산을 쌓고 있다는 사실이 판명되어 그 조합원들이 이에 분개하고 있다. 피해액만도 약 ○억원 이상이고 그 조합의 신용도는 하락일로에 있어 금명간 그 업무가 정지될지도 모른다"라는 내용의 허위사실을 게재하고 그 잡지를 약 ○천부를 인쇄·발행하여, 그 달 26일경 손○○ 외 약 ○천명에게 발송하여 위계로써 그 조합의 신용을 훼손하였다.

2. 업무방해죄

제314조【업무방해】

① 제313조의 방법 또는 위력으로써 사람의 업무를 방해한 자는 5년 이하의 징역 또는 1천500만원 이하의 벌금에 처한다. 〈개정 1995. 12. 29.〉

[공소시효] : 7년

○ 이 죄는 경제적 활동에 있어서의 업무를 포함한 사회적 활동의 모든 업무를 보호하기 위한 범죄이므로 재산죄적 성질도 포함하는 인격죄적 범죄, 즉 사람의 사회적 활동의 자유를 경제적 측면에서 보호하려는 범죄라 할 수 있다. 그러므로 이 죄의 보호법익은 인격적 활동의 자유와 재산적 이익이며, 보호받는 정도는 추상적 위험범으로서의 보호이다.

Ⅰ. 이론

1. 구성요건

(1) 객관적 구성요건

1) 객체

사람의 업무이다.

① 업무란 사람이 그 사회적 지위에 있어서 계속적으로 종사하는 사무 또는 사업을 말한다.

▣ 근거판례 ▣

업무방해죄의 보호대상이 되는 "업무"라 함은 직업 또는 사회생활상의 지위에 기하여 계속적으로 종사하는 사무나 사업을 말하고 이러한 주된 업무와 밀접불가분의 관계에 있는 부수적인 업무도 이에 포함된다(대법원 1993.2.9. 선고 92도2929 판결).

② 이 죄의 업무는 업무상과실범에 있어서의 업무와는 달라서 정당한 업무수행이라고 할 수 없는 행위에 대해서는 성립하지 않는다.

▣ 근거판례 ▣

형법상 업무방해죄의 보호대상이 되는 '업무'는 직업 또는 계속적으로 종사하는 사무나 사업으로서 일정 기간 사실상 평온하게 이루어져 사회적 활동의 기반이 되는 것을 말하며, 그 업무의 기초가 된 계약 또는 행정행위 등이 반드시 적법하여야 하는 것은 아니지만 타인의 위법한 행위에 의한 침해로부터 보호할 가치가 있는 것이어야 한다. 따라서 어떠한 업무의 양도·양수 여부를 둘러싸고 분쟁이 발생한 경우에 양수인의 업무에 대한 양도인의 업무방해죄가 인정되려면, 당해 업무에 관한 양도·양수

> 합의의 존재가 인정되어야 함은 물론이고, 더 나아가 그 합의에 따라 당해 업무가 실제로 양수인에게 양도된 후 사실상 평온하게 이루어져 양수인의 사회적 활동의 기반이 됨으로써 타인, 특히 양도인의 위법한 행위에 의한 침해로부터 보호할 가치가 있는 업무라고 볼 수 있을 정도에 이르러야 한다(대법원 2007.8.23. 선고 2006도3687 판결).

2) 행위

허위사실을 유포하거나 위계 또는 위력으로써 업무를 방해하는 것이다.

① 허위사실의 유포와 위계는 신용훼손죄의 그것과 같다.

② 위력이란 사람의 의사의 자유를 제압할 만한 일체의 세력을 말하며, 유형인가 무형인가를 묻지 않는다.

③ 여기서 업무를 방해한다는 것은 업무집행 자체를 방해하는 것에 한하지 않고 널리 업무의 경영을 저해하는 모든 경우를 포함한다.

④ 업무방해의 결과는 반드시 발생할 필요는 없으며 그 위험만 있으면 족하다(추상적위험범).

(2) 주관적 구성요건

허위사실유포, 위계, 위력으로써 타인의 업무를 방해한다는 사실에 대한 고의가 있어야 한다.

2. 위법성

정당방위, 긴급피난, 자구행위, 피해자의 승낙, 정당행위와 같은 일반적인 위법성 조각사유에 의하여 위법성이 조각된다.

Ⅱ. 판례

◆ 허위사실 유포에 의한 업무방해죄와 명예훼손죄의 죄수관계(=상상적 경합관계)

허위사실을 유포한 1개의 행위가 형법 제314조 제1항의 허위사실 유포에 의한 업무방해죄 뿐 아니라 형법 제307조 제2항의 허위사실적시에 의한 명예훼손죄에도 해당하는 경우 그 2개의 죄는 상상적 경합관계에 있다(대법원 2007. 2. 23. 선고 2005도10233 판결 참조)(대법원 2007. 11. 15. 선고 2007도7140 판결).

◆ 인터넷 자유게시판 등에 실제의 객관적인 사실을 게시하는 행위가 형법 제314조 제1항에 정한 위계에 의한 업무방해죄에 있어서의 '위계'에 해당하는지 여부

형법 제314조 제1항 소정의 위계에 의한 업무방해죄에 있어서의 '위계'라 함은 행위자의 행위목적을 달성하기 위하여 상대방에게 오인·착각 또는 부지를 일으키게 하여 이를 이용하는 것을 말하므로, 인터넷 자유게시판 등에 실제의 객관적인 사실을 게시하는 행위는, 설령 그로 인하여 피해자의 업무가 방해된다고 하더라도, 위 법조항 소정의 '위계'에 해당하지 않는다(대법원 2007. 6. 29. 선고 2006도3839 판결).

◆ 업무방해죄에 있어서 '업무' 및 '업무방해'의 의미

형법 제314조 제1항의 업무방해죄는 위계 또는 위력으로서 사람의 업무를 방해한 경우에 성립하는 것이고, 여기서의 '위계'라 함은 행위자의 행위목적을 달성하기 위하여 상대방에게 오인·착각 또는 부지를 일으키게 하여 이를 이용하는 것을 말하고, '위력'이라 함은 사람의 자유의사를 제압·혼란케 할 만한 일체의 세력으로, 유형적이든 무형적이든 묻지 아니하므로 폭행·협박은 물론, 사회적, 경제적, 정치적 지위와 권세에 의한 압박 등도 이에 포함된다(대법원 2005. 3. 25. 선고 2003도5004 판결 등 참조). 또한, 업무방해죄에 있어서의 업무란 직업 또는 사회생활상의 지위에 기하여 계속적으로 종사하는 사무나 사업의 일체를 의미하고, 그 업무가 주된 것이든 부수적인 것이든 가리지 아니하며, 일회적인 사무라 하더라도 그 자체가 어느 정도 계속하여 행해지는 것이거나 혹은 그것이 직업 또는 사회생활상의 지위에서 계속적으로 행하여 온 본래의 업무수행과 밀접불가분의 관계에서 이루어진 경우에도 이에 해당하며(대법원 2005. 4. 15. 선고 2004도8701 판결 등 참조), 한편 업무방해죄에 있어 업무를 '방해한다' 함은 업무의 집행 자체를 방해하는 것은 물론이고 널리 업무의 경영을 저해하는 것도 포함한다 할 것이다(대법원 1999. 5. 14. 선고 98도3767 판결 참조)(대법원 2007. 6. 14. 선고 2007도2178 판결).

◆ 회사의 공장이전과 관련한 제반 업무가 업무방해죄에 의한 보호의 대상이 되는 업무에 해당하는지 여부(적극)

(1) 사실관계

A회사는 회사 정상화를 위한 기업구조개선작업의 일환으로 서울공장의 매각대금으로 1,773억 원의 부채를 변제하는 한편 안산공장을 신축, 이전하여 그 사업을 계속하고자 2000. 11.경 당시 노조집행부의 동의하에 안산공장 부지를 확정하고, 2001. 7.경까지 서울공장의 장비이전과 안산공장의 완공 및 생산가동을 목표로, 서울공장 내의 종합사무실에서 관리직 사원 30여 명이 서울공장의 시설물보호 및 재고파악, 안산공장 이전에 따른 생산 및 인원수급 계획수립

등의 업무를 추진하면서 그 업무의 일환으로 다른 회사에 처분한 일부 노후 장비와 안산공장에 옮겨 설치할 그 밖의 장비의 반출 및 이전사무를 실시하다가 피고인을 비롯한 피해 회사 노조원들의 실력행사로 말미암아 위 장비의 반출에 실패함은 물론 종합사무실에서마저 쫓겨 나오는 바람에 위 장비의 이전 설치와 병행하여 추진되던 안산공장의 완공 및 정상가동 등 위 공장이전과 관련한 회사의 제반 업무가 약 1개월 내지 1개월 보름 가량 지연되어 그로 말미암아 적지 않은 영업상 손실을 입게 되었다.

(2) **판결요지**

[1] 업무방해죄에 있어서의 업무란 직업 또는 사회생활상의 지위에 기하여 계속적으로 종사하는 사무나 사업의 일체를 의미하고, 그 업무가 주된 것이든 부수적인 것이든 가리지 아니하며, 일회적인 사무라 하더라도 그 자체가 어느 정도 계속하여 행해지는 것이거나 혹은 그것이 직업 또는 사회생활상의 지위에서 계속적으로 행하여 온 본래의 업무수행과 밀접불가분의 관계에서 이루어진 경우에도 이에 해당한다 할 것이며, 한편 업무방해죄의 업무방해는 널리 그 경영을 저해하는 경우에도 성립하는데, 업무로서 행해져 온 회사의 경영행위에는 그 목적 사업의 직접적인 수행뿐만 아니라 그 확장, 축소, 전환, 폐지 등의 행위도 정당한 경영권 행사의 일환으로서 이에 포함된다.

[2] 회사가 사업장의 이전을 계획하고 그 이전을 전후하여 사업을 중단 없이 영위할 목적으로 이전에 따른 사업의 지속적인 수행방안, 새 사업장의 신축 및 가동개시와 구 사업장의 폐쇄 및 가동중단 등에 관한 일련의 경영상 계획의 일환으로서 시간적·절차적으로 일정기간의 소요가 예상되는 사업장 이전을 추진, 실시하는 행위는 그 자체로서 일정기간 계속성을 지닌 업무의 성격을 지니고 있을 뿐만 아니라 회사의 본래 업무인 목적 사업의 경영과 밀접불가분의 관계에서 그에 수반하여 이루어지는 것으로 볼 수 있으므로 이 점에서도 업무방해죄에 의한 보호의 대상이 되는 업무에 해당한다(대법원 2005. 4. 14. 선고 2004도8701 판결).

◆ 신고한 옥외집회에서 고성능 확성기 등을 사용하여 소음을 발생시킨 행위가 인근 상인 및 사무실 종사자들에 대한 업무방해죄를 구성한다고 한 사례

신고한 옥외집회에서 고성능 확성기 등을 사용하여 발생된 소음이 82.9dB 내지 100.1dB에 이르고, 사무실 내에서의 전화통화, 대화 등이 어려웠으며, 밖에서는 부근을 통행하기조차 곤란하였고, 인근 상인들도 소음으로 인한 고통을 호소하는 정도에 이르렀다면 이는 위력으로 인근 상인 및 사무실 종사자들의 업무를 방해한 업무방해죄를 구성한다고 한 사례(대법원 2004. 10. 15. 선고 2004도4467 판결).

◆ 주한외국영사관에 비자발급을 신청함에 있어 신청인이 제출한 허위의 자료 등에 대하여 업무담당자가 충분히 심사하였으나 신청사유 및 소명자료가 허위임을 발견하지 못하여 그 신청을 수리하게 된 경우, 위계에 의한 업무방해죄가 성립하는지 여부(적극)

(1) 사실관계

> 피고인이 A의 미국방문비자를 주한미국대사관 영사부에 신청함에 있어서 허위의 사실을 기재하여 신청서를 제출한 것에 그치지 않고, 그 소명을 위하여 허위로 작성한 서류를 제출하고 A로 하여금 비자 면접 때 그에 맞추어 허위의 답변을 하도록 연습을 시켜 그와 같이 면접을 하게 하고 A의 회사 재직 여부를 묻는 미국대사관 직원의 문의 전화에 대하여 허위 답변을 하였다.

(2) 판결요지

[1] 업무방해죄의 성립에 있어서 업무방해의 결과가 실제로 발생함을 요하는 것은 아니고 업무방해의 결과를 초래할 위험이 발생하면 족하다.

[2] 주한외국영사관의 비자발급업무와 같이 상대방으로부터 신청을 받아 일정한 자격요건 등을 갖춘 경우에 한하여 그에 대한 수용 여부를 결정하는 업무에 있어서는 신청서에 기재된 사유가 사실과 부합하지 않을 수 있음을 전제로 하여 그 자격요건 등을 심사·판단하는 것이므로, 그 업무담당자가 사실을 충분히 확인하지 아니한 채 신청인이 제출한 허위의 신청사유나 허위의 소명자료를 가볍게 믿고 이를 수용하였다면 이는 업무담당자의 불충분한 심사에 기인한 것으로서 신청인의 위계가 업무방해의 위험성을 발생시켰다고 할 수 없어 위계에 의한 업무방해죄를 구성하지 않는다고 할 것이지만, 신청인이 업무담당자에게 허위의 주장을 하면서 이에 부합하는 허위의 소명자료를 첨부하여 제출한 경우 그 수리 여부를 결정하는 업무담당자가 관계 규정이 정한 바에 따라 그 요건의 존부에 관하여 나름대로 충분히 심사를 하였으나 신청사유 및 소명자료가 허위임을 발견하지 못하여 그 신청을 수리하게 될 정도에 이르렀다면 이는 업무담당자의 불충분한 심사가 아니라 신청인의 위계행위에 의하여 업무방해의 위험성이 발생된 것이어서 이에 대하여 위계에 의한 업무방해죄가 성립된다(2004. 3. 26. 선고 2003도7927 판결).

◆ 불특정 다수인의 통행로로 이용되어 오던 도로의 토지 일부의 소유자라 하더라도 그 도로의 중간에 바위를 놓아두거나 이를 파헤침으로써 차량의 통행을 못하게 한 행위는 일반교통방해죄 및 업무방해죄에 해당한다고 한 사례

불특정 다수인의 통행로로 이용되어 오던 도로의 토지 일부의 소유자라 하더라도 그 도로의 중간에 바위를 놓아두거나 이를 파헤침으로써 차량의 통행을 못하게 한 행위는 일반교통방해죄 및 업무방해죄에 해당한다(대법원 2002. 4. 26. 선고 2001도6903 판결).

◆ 피해자가 대표이사인 회사의 소방사업부장이 소속 직원들에게 허위의 사실을 유포하는 등의 방법을 사용하여 직원들로부터 사표를 제출받은 경우, 업무방해죄가 성립된다고 한 사례

[1] 업무방해죄의 성립에 있어서 업무방해의 결과가 실제로 발생함을 요하는 것은 아니고 업무방해의 결과를 초래할 위험이 발생하면 족하다고 할 것이며, 업무를 '방해한다'함은 업무의 집행 자체를 방해하는 것은 물론이고 널리 업무의 경영을 저해하는 것도 포함한다.

[2] 피해자가 대표이사인 회사의 소방사업부장이 소속 직원들에게 허위의 사실을 유포하는 등의 방법을 사용하여 직원들로부터 사표를 제출받은 경우, 직원들이 집단적으로 사표를 제출함으로써 일시적으로나마 소방사업부의 업무에서 이탈하거나 업무를 중단할 위험이 생겼고 그로 인하여 피해자의 소방사업부 업무의 경영을 저해할 위험성이 발생하였다고 볼 것이므로, 업무방해죄가 성립된다고 한 사례(대법원 2002. 3. 29. 선고 2000도3231 판결).

◆ 甲 항공사 부사장인 피고인이 외국 공항에서 국내로 출발 예정인 자사 여객기에 탑승하였다가, 담당 승무원의 객실서비스 방식에 화가 나 폭언하면서 승무원을 비행기에서 내리도록 하기 위해, 기장으로 하여금 계류장의 탑승교에서 분리되어 푸시백 중이던 비행기를 다시 탑승구 쪽으로 돌아가게 함으로써 위력으로 운항 중인 항공기의 항로를 변경하게 하였다고 하여 항공보안법 위반으로 기소된 사안에서, 피고인이 푸시백 중이던 비행기를 탑승구로 돌아가게 한 행위가 항공기의 항로를 변경하게 한 것에 해당하지 않는다고 한 사례

甲 항공사 부사장인 피고인이 외국 공항에서 국내로 출발 예정인 자사 여객기에 탑승하였다가, 담당 승무원이 일등석 승객인 자신에게 견과를 대접하는 방식이 자기가 알고 있는 객실서비스 설명서에 규정된 방법과 다르다는 이유로 화가 나 폭언하면서 승무원을 비행기에서 내리도록 하기 위해, 기장으로 하여금 계류장의 탑승교에서 분리되어 푸시백(Pushback, 계류장의 항공기를 차량으로 밀어 유도로까지 옮기는 것) 중이던 비행기를 다시 탑승구 쪽으로 돌아가게 함으로써 위력으로 운항 중인 항공기의 항로를 변경하게 하였다고 하여 항공보안법 위반으로 기소된 사안에서, 피고인이 푸시백 중이던 비행기를 탑승구로 돌아가게 한 행위가 항공기의 항로를 변경하게 한 것에 해당하지 않는다는 이유로, 같은 취지에서 피고인에게 무죄를 선고한 원심판단이 정당하다고 한 사례(대법원 2017.12.21, 선고, 2015도8335, 전원합의체 판결).

◆ 부작위에 의한 업무방해죄가 성립하기 위한 요건

업무방해죄와 같이 작위를 내용으로 하는 범죄를 부작위에 의하여 범하는 부진정 부작위범이 성립하기 위해서는 부작위를 실행행위로서의 작위와 동일시할 수 있어야 한다(대법원 2017.12.22, 선고, 2017도13211, 판결).

◆ 피고인이 甲과 토지 지상에 창고를 신축하는 데 필요한 형틀공사 계약을 체결한 후 그 공사를 완료하였는데, 甲이 공사대금을 주지 않는다는 이유로 위 토지에 쌓아 둔 건축자재를 치우지 않고 공사현장을 막는 방법으로 위력으로써 甲의 창고 신축 공사 업무를 방해하였다는 내용으로 기소된 사안에서, 공소사실을 유죄로 인정한 원심판결에 부작위에 의한 업무방해죄의 성립에 관한 법리오해의 잘못이 있다고 한 사례

피고인이 甲과 토지 지상에 창고를 신축하는 데 필요한 형틀공사 계약을 체결한 후 그 공사를 완료하였는데, 甲이 공사대금을 주지 않는다는 이유로 위 토지에 쌓아 둔 건축자재를 치우지 않고 공사현장을 막는 방법으로 위력으로써 甲의 창고 신축 공사 업무를 방해하였다는 내용으로 기소된 사안에서, 피고인이 일부러 건축자재를 甲의 토지 위에 쌓아 두어 공사현장을 막은 것이 아니라 당초 자신의 공사를 위해 쌓아 두었던 건축자재를 공사 완료 후 치우지 않은 것에 불과하므로, 비록 공사대금을 받을 목적으로 건축자재를 치우지 않았더라도, 피고인이 자신의 공사를 위하여 쌓아 두었던 건축자재를 공사 완료 후에 단순히 치우지 않은 행위가 위력으로써 甲의 추가 공사 업무를 방해하는 업무방해죄의 실행행위로서 甲의 업무에 대하여 하는 적극적인 방해행위와 동등한 형법적 가치를 가진다고 볼 수 없는데도, 이와 달리 보아 공소사실을 유죄로 인정한 원심판결에 부작위에 의한 업무방해죄의 성립에 관한 법리오해의 잘못이 있다고 한 사례(대법원 2017.12.22, 선고, 2017도13211, 판결).

◆ 상상적 경합의 요건 중 '1개의 행위'의 의미 / 상상적 경합 관계의 경우, 그 중 1죄에 대한 확정판결의 기판력이 다른 죄에 대하여도 미치는지 여부(적극)

상상적 경합은 1개의 행위가 수개의 죄에 해당하는 경우를 말한다(형법 제40조). 여기에서 1개의 행위란 법적 평가를 떠나 사회관념상 행위가 사물자연의 상태로서 1개로 평가되는 것을 의미한다. 그리고 상상적 경합 관계의 경우에는 그중 1죄에 대한 확정판결의 기판력은 다른 죄에 대하여도 미친다(대법원 2017.9.21, 선고, 2017도11687, 판결).

◆ 업무방해죄에서 '허위사실의 유포'의 의미 및 유포한 대상이 사실인지 또는 의견인지를 구별하는 방법 / 여기서 '허위사실'에 해당하는지 판단하는 기준

업무방해죄에서 '허위사실의 유포'라고 함은 객관적으로 진실과 부합하지 않는 사실을 유포하는 것으로서 단순한 의견이나 가치판단을 표시하는 것은 이에 해당하지 아니한다. 유포한 대상이 사실인지 또는 의견인지를 구별할 때는 언어의 통상적 의미와 용법, 증명가능성, 문제된 말이 사용된 문맥, 당시의 사회적 상황 등 전체적 정황을 고려하여 판단하여야 한다(대법원 1998. 3. 24. 선고 97도2956 판결, 대법원 2011. 9. 2. 선고 2010도17237 판결 등 참조). 그리고 여기서 허위사실은 기본적 사실이 허위여야만 하는 것은 아니고, 기본적 사실은 허위가 아니라도 이에 허위사실을 상당 정도 부가시킴으로써 타인의 업무를 방해할 위험이 있는 경우도 포함된다. 그러나 그 내용의 전체 취지를 살펴볼 때 중요한 부분은 객관적 사실과 합치되는데 단지 세부적인 사실에 약간 차이가 있거나 다소 과장된 정도에 불과하여 타인의 업무를 방해할 위험이 없는 경우는 이에 해당하지 않는다(대법원 2006. 9. 8. 선고 2006도1580 판결 등 참조).(대법원 2017.4. 13., 선고, 2016도19159, 판결).

◆ 피고인이 '2015. 4. 16. 13:10경부터 14:30경까지 甲 업체 사무실에서 직원 6명가량이 있는 가운데 직원들에게 행패를 하면서 피해자 乙의 업무를 방해하였다' 는 공소사실로 기소되었는데, 피고인은 '2015. 4. 16. 13:30경부터 15:00경 사이에 甲 업체 사무실에 찾아와 피해자 丙, 丁과 일반직원들이 근무를 하고 있음에도 피해자들에게 욕설을 하는 등 큰소리를 지르고 돌아다니며 위력으로 업무를 방해하였다' 는 등의 범죄사실로 이미 유죄판결을 받아 확정된 사안에서, 업무방해의 공소사실과 확정판결 중 업무방해죄의 범죄사실은 상상적 경합 관계에 있고, 확정판결의 기판력이 업무방해의 공소사실에 미친다고 한 사례

피고인이 '2015. 4. 16. 13:10경부터 14:30경까지 甲 업체 사무실에서 직원 6명가량이 있는 가운데 직원들에게 행패를 하면서 피해자 乙의 업무를 방해하였다' 는 공소사실로 기소되었는데, 피고인은 '2015. 4. 16. 13:30경부터 15:00경 사이에 甲 업체 사무실에 찾아와 피해자 丙, 丁과 일반직원들이 근무를 하고 있음에도 피해자들에게 욕설을 하는 등 큰소리를 지르고 돌아다니며 위력으로 업무를 방해하였다' 는 등의 범죄사실로 이미 유죄판결을 받아 확정된 사안에서, 업무방해의 공소사실과 확정판결 중 업무방해죄의 범죄사실은 범행일시와 장소가 동일하고, 범행시간에 근소한 차이가 있으나 같은 시간대에 있었던 일이라고 보아도 무리가 없으며, 각 범행 내용 역시 업무방해의 공소사실은 '직원들을 상대로 행패를 부렸다' 는 것이고, 확정판결의 범죄사실은 '직원들이 근무를 하고 있는데도 욕설을 하는 등 큰소리를 지르고 돌아다녔다' 는 것으로 본질적으로 다르지 않아, 결국 양자는 동일한 기회에, 동일한 장소에서 다수의 피해자를 상대로 한 위력에 의한 업무방해행위로서 사회관념상 1개의 행위로 평가할 여지가 충분하므로 상상적 경합 관계에 있고, 확정판결의 기판력이 업무방해의 공소사실에 미침에도, 이를 간과하여 업무방해의 공소사실을 유죄로 인정한 원심판결에 상상적 경합 관계, 확정판결의 기판력 등에 관한 법리오해의 잘못이 있다고 한 사례(대법원 2017.9.21, 선고, 2017도11687, 판결).

◆ 피고인이 제주 서귀포시 강정동 민·군복합항 건설공사 현장의 출입구 앞에서 공사차량 앞을 막아서거나 도로 가운데에 앉아있거나 의자에 연좌하는 방법으로 공사차량들의 진·출입을 방해함으로써 위력으로 공사 시공자 甲 주식회사 및 공사 협력업체 乙 주식회사 등의 공사업무를 방해하였다는 내용으로 기소된 사안에서, 피고인에게 무죄를 선고한 사례

피고인이 제주 서귀포시 강정동 민·군복합항 건설공사(이하 '공사' 라고 한다) 현장의 출입구 앞에서 공사차량 앞을 막아서거나 도로 가운데에 앉아있거나 의자에 연좌하는 방법으로 공사차량들의 진·출입을 방해함으로써 위력으로 공사 시공자 甲 주식회사 및 공사 협력업체 乙 주식회사 등의 공사업무를 방해하였다는 내용으로 기소된 사안에서, 피고인은 공사에 반대하는 의사를 표현하고자 공사현장에서의 종교행사에 참석하였고, 의사 표현이 부당하게 제압된다고 생각하자 이에 항의하는 의미의 행동을 하였으므로, 피고인의 행위는 정치적 표현의 자유를 행사하는 과정에서 발생한 것으로 평가할 수 있고, 위 행위가 甲 회사 및 乙 회사 등의 자유의사를 제압·혼란케 할 만한 유형력의 행사에 해당한다거나, 위 행위로 공사 주체의 공사업무에 구체적이고 현실적인 위험이 발생하였다고 보기 어렵다는 이유로 무죄를 선고한 사례(제주지법 2016.2.18, 선고, 2014노589, 판결 : 상고).

◆ 쟁의행위로서 파업이 '위력'에 해당하여 업무방해죄를 구성하는 경우

쟁의행위로서 파업은 근로자가 사용자에게 압력을 가하여 그 주장을 관철하고자 집단적으로 노무제공을 중단하는 실력행사여서 업무방해죄에서의 위력으로 볼 만한 요소를 포함하고 있지만, 근로자에게는 원칙적으로 헌법상 보장된 기본권으로서 근로조건 향상을 위한 자주적인 단결권·단체교섭권 및 단체행동권이 있으므로, 이러한 파업이 언제나 업무방해죄의 구성요건을 충족한다고 할 것은 아니며, 전후 사정과 경위 등에 비추어 전격적으로 이루어져 사용자의 사업운영에 심대한 혼란 내지 막대한 손해를 초래할 위험이 있는 등의 사정으로 사용자의 사업계속에 관한 자유의사가 제압·혼란될 수 있다고 평가할 수 있는 경우 비로소 그러한 집단적 노무제공의 거부도 위력에 해당하여 업무방해죄를 구성한다고 보는 것이 타당하다(대법원 2014.8.20, 선고, 2011도468, 판결).

◆ 철도노동조합과 산하 지방본부 간부인 피고인들이 한국철도공사의 경영권에 속하는 사항을 주장하면서 업무 관련 규정을 철저히 준수하는 등의 방법으로 안전운행투쟁을 전개함으로써 한국철도공사의 업무를 방해하였다는 내용으로 기소된 사안에서, 안전운행투쟁의 주된 목적이 정당하지 않다는 이유만으로 업무방해죄가 성립한다고 단정한 원심판단에 법리오해 등 위법이 있다고 한 사례

철도노동조합과 산하 지방본부 간부인 피고인들이 '구내식당 외주화 반대' 등 한국철도공사의 경영권에 속하는 사항을 주장하면서 업무 관련 규정을 지나치게 철저히 준수하는 등의 방법으로 안전운행투쟁을 전개하여 열차가 지연 운행되도록 함으로써 한국철도공사의 업무를 방해하였다는 내용으로 기소된 사안에서, 열차 지연 운행 횟수나 정도 등에 비추어 안전운행투쟁으로 말미암아 한국철도공사의 사업운영에 심대한 혼란 내지 막대한 손해가 초래될 위험이 있었다고 하기 어렵고, 그 결과 한국철도공사의 사업계속에 관한 자유의사가 제압·혼란될 수 있다고 평가할 수 있는 경우에 해당하지 않는다고 볼 여지가 충분한데도, 이와 달리 안전운행투쟁의 주된 목적이 정당하지 않다는 이유만으로 업무방해죄가 성립한다고 단정한 원심판단에 업무방해죄의 위력에 관한 법리오해 및 심리미진의 위법이 있다고 한 사례(대법원 2014.8.20, 선고, 2011도468, 판결).

Ⅲ. 수사실무

1. 수사포인트

(1) 업무의 종류와 내용, 그 업무가 합법한 것인가 조사한다.

(2) 피해자의 사회적 지위와 능력을 확인한다.

(3) 위력을 사용한 경우에는 피해자의 의사를 제압·외포했는지 여부와 그 영향을 조사한다.

(4) 피해내용과 정도를 밝힌다.

2. 범죄사실 기재례

【범죄사실 기재례】

(1) 피의자는 20○○. ○.경 ○○운수 소속 ○○번 버스를 타면서 요금을 적게 내 위 버스 운전사 남○○에게 망신을 당하자, 이를 복수하기로 마음먹었다.

피의자는 같은 달 ○. ○. 21 : 00경 서울 ○○동 ○○번지 앞길에서 지키고 서 있다가 위 버스가 승객 ○○여명을 태우고 그곳을 지나가자 위 버스의 앞을 가로막고 서서 정차시킨 다음, 침을 뱉으며 차체를 발로 차고 그 차안에 올라타서 위 남○○의 멱살을 잡아 운전대에서 끌어내려 "잘못했다고 사과하고 꿇어 앉아 빌어라"라고 말하며 붙들고 시비하여 약 10분동안 위 버스의 운전을 못하게 함으로써 위력을 사용하여 버스운행의 업무를 방해하였다.

(2) 피의자는 20○○. ○. ○. 20:00경부터 같은 날 22:00경까지 사이에 서울 ○○구 ○○동에 있는 피해자 김○○(여, 43세) 경영의 ○○호프집에서 그곳 여종업원인 최○○(여. 23세)를 피의자의 옆자리에 동석시켜달라고 요구하였으나 들어주지 않는다는 이유로 테이블에 앉아서 큰소리로 떠들며 재떨이를 마루바닥에 던지는 등 소란을 피워 그 호프집에 들어오려던 손님들이 들어오지 못하게 함으로써 위력으로 위 김○○의 일반음식점영업업무를 방해하였다.

(3) 피의자는 서울시 ○○동 123번지에 있는 ○○아파트의 재건축조합장이다.

피의자가 20○○. ○. ○.자로 사표를 제출하자 위 조합에서는 임원 중 연장자가 직무대행을 하도록 되어 있는 정관의 규정에 따라 김○○을 조합장직무대행으로 선출하여 20○○. ○. ○.부터 동인이 조합장의 업무를 수행하여 왔다

피의자는 20○○. ○. ○. 15:30경 위 조합 사무실에서, 피해자가 20○○. ○. ○.자로 대의원회의를 소집하여 새로운 조합장을 선출하려는 것을 방해하려고, 심부름센터 직원 및 ○○건설회사 직원등 수십여명을 동원하여 위 사무실의 컴퓨터 1대 등 물품 32개와 조합관련서류 25점 등을 다른 사무실로 옮기면서 김○○에게 "네가 직무대리지 조합장이냐 ○○○ 죽여버리겠다."며 멱살을 잡고 흔들어 위력으로 위 김○○의 조합장직무대행 업무를 방해하였다.

3. 적용실례

(1) 영업집에 복수를 위해 전화를 수차례 걸어 업무를 방해한 경우

이○○는 최○○와 평소 사이가 좋지 않았는데, 얼마 전 말다툼을 하다가 온 동네사람이 보는 앞에서 크게 모욕을 당하고 그에게 복수하기로 결심하고, 최○○가 운영하는 중국음식점을 이용하기로 하였다. 이○○는 위 음식점에 전화를 걸어, 최○○가 전화를 받으면 시종 아무 말도 하지 않고, 그가 전화를 끊으면 다시 전화를 걸어 최○○가 전화를 받을 때까지 기다렸다가 그가 받으면 또 말을 하지 않는 방법으로 한 달동안 천 회 가량 같은 전화를 걸어 최○○의 중국음식점에 걸려오는 전화주문과 그의 영업을 방해하였다.

➡ 위 이○○의 행위는, 전화가 걸려오면 그것이 주문전화일 것이라고 생각하는 최○○의 착오를 이용해 전화를 걸었고, 그 목적·양태·회수에 있어서 사회생활상 수용할 수 있는 한계를 넘어서 부당하게 상대방을 곤혹스럽게 하는 정도에 이르러 있다. 그리고 그 행동의 결과로 위 음식점의 경영에 방해를 가져왔기 때문에 이는 위계에 의한 업무방해죄로 의율해야 하겠다.

(2) 노동쟁의를 하며 출입문을 막아 타회사 직원들의 출입을 방해한 경우

근로자들이 노동쟁의를 하며 회사건물의 출입문을 막아, 그 회사 직원과 같은 건물 안에 있는 다른 회사의 직원들이 드나들지 못하게 하고, 건물의 전기를 차단하는 등으로 한 행위를 업무방해로 볼 수 있는가?

➡ 위 열거한 행위를 노동쟁의중의 수단으로 볼 것인가 아닌가에 핵심이

있다. 공장사업장 등 직장에 대한 안전보호시설의 정상유지운영을 방해하는 행위는 정당한 쟁의행위로서 인정되지 않고, 그 행위로 인해 타회사의 업무까지 방해할 수 없는 것이어서 위 행위는 노동쟁의로서 정당화될 수 없겠다. 따라서 업무방해죄로 의율하는 것이 타당할 것이다.

(3) 주점에서 기물 손괴하고 구타한 경우

피의자들이 주점에서 탁자와 의자 등을 부수고 종업원들을 구타하는 등 행패를 부렸다.

➡ 이 경우 폭력행위등처벌에관한법률위반죄가 성립하는 것은 물론이며, 자칫 그대로 지나칠 수도 있으나, 위 행위로 주점영업에 방해를 가져왔을 것이기 때문에 업무방해죄를 추가로 의율하는 것이 타당하겠다.

(4) 업무방해를 폭행으로 의율한 사례

음식점에서 음식이 빨리 나오지 않는다는 이유로 큰소리로 욕을 하며 유리컵을 집어던지고 의자 등을 쓰러뜨렸다.

➡ 폭행죄 등으로 의율할 수도 있겠으나 그것은 잘못된 것으로, 업무방해죄로 의율하는 것이 타당하겠다.

(5) 임대료를 내지 않아 출입문을 막은 경우

건물주인 임○○는 고○○가 건물의 임대료를 제 때 지급하지 않자, 임대한 건물의 출입문을 막아버렸다.

➡ 업무방해죄로 의율할 수 있겠다. 위 사례를 보고 권리행사방해죄를 적용하려는 사람도 있겠지만, 권리행사방해죄는 타인의 점유 또는 권리의 목적이 된 자기 물건을 취거, 은닉, 손괴하여 타인의 권리행사를 방해하는 경우에 성립한다. 그런데 위 행위는 취거, 은닉, 손괴의 어느 행위에도 해당되지 않으므로 결국 업무방해죄로 의율하는 것이 가장 적합할 것이다.

(6) 인분을 다방문 앞에 뿌려 영업을 방해한 경우

피의자는 다방의 여주인이 평소 그에게 불친절하게 대한다는 이유로 인분을 다방입구에 뿌려서 그 결과 다방에 있던 손님들이 차를 먹지 않고 나가고 그 뒤로도 3일간 영업을 하지 못했다.

➡ 폭력행위등처벌에관한법률 위반 등의 죄를 우선 떠올리기 쉽지만, 이건은 다방영업을 방해할 의도하에 인분을 뿌린 행위이므로 업무방해로 의율하는 것이 상당하다.

(7) 업무방해를 재물손괴로 의율한 사례

레스토랑의 원주인인 피의자가, 피해자가 경영하는 레스토랑에서 욕을 하면서 약 20분에 걸쳐 출입문과 탁자 등을 몽둥이로 때려 파손하는 등 소란을 피워 영업을 하지 못하게 하였다.

➡ 이를 재물손괴로 의율할 수도 있으나 위 레스토랑은 피해자가 피의자로부터 임차하여 경영하는 것이며 달리 위 손괴된 재물이 피해자의 소유라는 점을 인정할만한 자료도 없으므로 이에 대해 업무방해죄로 의율하는 것이 상당할 것이다.

(8) 임대료 문제로 점포내 의류를 강제로 점포뒤로 밀어낸 경우

김○○는 건물주로부터 임차한 악세사리 점포를 박○○에게 1년 기간으로 전대차했으나 박○○의 영업이 저조하여 예상보다 적은 임대료를 받게 되자 박○○에게 점포를 다시 넘겨 달라고 했고 여러 차례에 걸친 독촉에도 불구하고 박○○가 이를 거절하자 점포에 있던 박○○의 물건들을 강제로 점포뒤로 밀어 버리고 그곳에 자신의 악세사리를 진열하고 영업하였다.

➡ 우선 권리행사방해죄가 성립할 수 있는지 보면, 권리행사방해죄는 타인의 점유 또는 권리의 목적이 된 자기의 물건을 취거, 은닉 또는 손괴하는 행위가 있어야 하는데 위 사례에서는 점포가 김○○의 소유가 아니고 김○○는 다만 임차인의 지위에 있을 뿐이므로 결국 위 행위는 권리행사방해로 의율할 수 없다. 그러나 강제로 악세사리 판매업을 방해한 행위가 인정되므로 "업무방해"로 의율할 수 있을 것이다.

(9) 급료를 주지 않는다고 멱살을 잡고 흔든 경우

급료를 주지 않는다고 해서 피해자의 멱살을 잡고 흔드는 등 행위를 하였다.

➡ 폭행으로 의율해야 하고 업무방해죄로 의율할 수 없다.

3. 컴퓨터업무방해죄

제314조【업무방해】

② 컴퓨터등 정보처리장치 또는 전자기록등 특수매체기록을 손괴하거나 정보처리장치에 허위의 정보 또는 부정한 명령을 입력하거나 기타 방법으로 정보처리에 장애를 발생하게 하여 사람의 업무를 방해한 자도 제1항의 형과 같다. 〈신설 1995.12.29.〉

Ⅰ. 이론

1. 구성요건

(1) 객관적 구성요건

1) 객체

컴퓨터 등 정보처리장치와 전자기록 등 특수매체기록이다.

① 컴퓨터 등 정보처리장치는 자동적으로 계산이나 데이터처리를 할 수 있는 전자장치로서, 사람의 업무에 사용되는 것이면 되고, 소유권의 귀속은 불문한다. 따라서 그것이 행위자 자신의 소유인 경우에도 이 죄가 성립한다.

② 전자기록 등 특수매체기록은 사람의 지각으로 인식할 수 없는 방식으로 만들어진 것으로서 정보처리장치에 의하여 정보처리에 사용되는 것을 뜻한다.

2) 행위

컴퓨터 등 정보처리장치 또는 전자기록 등 특수매체기록을 손괴하거나, 정보처리장치에 허위의 정보 또는 부정한 명령을 입력하거나, 기타 방법으로 정보처리에 장애를 발생하게 하는 것이다.

3) 정보처리에 장애 발생

컴퓨터의 정상적인 기능을 저해하는 것이다.

4) 업무방해

업무를 방해할 우려가 있는 상태가 발생한 때 기수가 되고, 업무방해의 현실적 결과는 요하지 않는다(추상적 위험범).

(2) 주관적 구성요건

고의가 있어야 한다.

2. 타죄와의 관계

(1) 이 죄가 성립하면 업무방해죄는 성립할 여지가 없다.

(2) 컴퓨터를 손괴하여 업무를 방해하면 이 죄와 손괴죄의 상상적 경합이 된다는 견해와 컴퓨터업무방해죄만 성립한다는 견해가 주장된다.

Ⅱ. 판례

◆ 권한 없는 자가 정보처리장치에 입력되어 있는 관리자의 아이디와 비밀번호를 무단으로 변경하는 행위가 컴퓨터 등 장애 업무방해죄를 구성하는지 여부

[1] 정보처리장치를 관리 운영할 권한이 없는 자가 그 정보처리장치에 입력되어 있던 관리자의 아이디와 비밀번호를 무단으로 변경하는 행위는 정보처리장치에 부정한 명령을 입력하여 정당한 아이디와 비밀번호로 정보처리장치에 접속할 수 없게 만드는 행위로서 정보처리에 장애를 현실적으로 발생시킬 뿐 아니라 이로 인하여 업무방해의 위험을 초래할 수 있으므로, 컴퓨터 등 장애 업무방해죄를 구성한다.

[2] 대학의 컴퓨터시스템 서버를 관리하던 피고인이 전보발령을 받아 더 이상 웹서버를 관리 운영할 권한이 없는 상태에서, 웹서버에 접속하여 홈페이지 관리자의 아이디와 비밀번호를 무단으로 변경한 행위는, 피고인이 웹서버를 관리 운영할 정당한 권한이 있는 동안 입력하여 두었던 홈페이지 관리자의 아이디와 비밀번호를 단지 후임자 등에게 알려 주지 아니한 행위와는 달리, 정보처리장치에 부정한 명령을 입력하여 정보처리에 현실적 장애를 발생시킴으로써 피해 대학에 업무방해의 위험을 초래하는 행위에 해당하여 컴퓨터 등 장애 업무방해죄를 구성한다고 한 사례(대법원 2006. 3. 10. 선고 2005도382 판결)

◆ 메인컴퓨터의 비밀번호를 후임자에게 알려주지 않은 시스템관리자의 행위가 컴퓨터등장애업무방해죄에 해당하는지 여부(소극)

[1] 형법 제314조 제2항은 '컴퓨터 등 정보처리장치 또는 전자기록 등 특수매체기록을 손괴하거나 정보처리장치에 허위의 정보 또는 부정한 명령을 입력하거나 기타 방법으로 정보처리에 장애를 발생하게 하여 사람의 업무를 방해한 자'를

처벌하도록 규정하고 있는바, 여기에서 '컴퓨터 등 정보처리장치'란 자동적으로 계산이나 데이터처리를 할 수 있는 전자장치로서 하드웨어와 소프트웨어를 모두 포함하고, '기타 방법'이란 컴퓨터의 정보처리에 장애를 초래하는 가해수단으로서 컴퓨터의 작동에 직접·간접으로 영향을 미치는 일체의 행위를 말하며, 위 죄가 성립하기 위해서는 위와 같은 가해행위의 결과 정보처리장치가 그 사용목적에 부합하는 기능을 하지 못하거나 사용목적과 다른 기능을 하는 등 정보처리의 장애가 현실적으로 발생하였을 것을 요한다.

[2] 메인 컴퓨터의 비밀번호는 시스템관리자가 시스템에 접근하기 위하여 사용하는 보안 수단에 불과하므로, 단순히 메인 컴퓨터의 비밀번호를 알려주지 아니한 것만으로는 정보처리장치의 작동에 직접 영향을 주어 그 사용목적에 부합하는 기능을 하지 못하게 하거나 사용목적과 다른 기능을 하게 하였다고 볼 수 없어 형법 제314조 제2항에 의한 컴퓨터등장애업무방해죄로 의율할 수 없다 할 것이다(대법원 2004. 7. 9. 선고 2002도631 판결).

◆ 포털사이트 운영회사의 통계집계시스템 서버에 허위의 클릭정보를 전송하여 그 정보가 검색순위 결정 과정에 반영된 경우, '컴퓨터 등 장애 업무방해죄'가 성립하는지 여부(적극)

형법 제314조 제2항의 '컴퓨터 등 장애 업무방해죄'가 성립하기 위해서는 가해행위 결과 정보처리장치가 그 사용목적에 부합하는 기능을 하지 못하거나 사용목적과 다른 기능을 하는 등 정보처리에 장애가 현실적으로 발생하였을 것을 요하나, 정보처리에 장애를 발생하게 하여 업무방해의 결과를 초래할 위험이 발생한 이상, 나아가 업무방해의 결과가 실제로 발생하지 않더라도 위 죄가 성립한다. 따라서 포털사이트 운영회사의 통계집계시스템 서버에 허위의 클릭정보를 전송하여 검색순위 결정 과정에서 위와 같이 전송된 허위의 클릭정보가 실제로 통계에 반영됨으로써 정보처리에 장애가 현실적으로 발생하였다면, 그로 인하여 실제로 검색순위의 변동을 초래하지는 않았다 하더라도 '컴퓨터 등 장애 업무방해죄'가 성립한다(대법원 2009.04.09. 선고 2008도11978 판결).

Ⅲ. 수사실무

1. 범죄사실 기재례

【범죄사실 기재례】

(1) 피의자는 서울 ○○구 ○○동 123번지 ○○정형외과 재활과에서 근무하고 있는 전공의이다.

피의자는 의약분업후 약사들의 동향을 파악하기 위하여 약사회 사이트를 해킹하기로 마음먹고, 20○○. ○. ○. 22:00경 서울 ○○구 ○○동 456번지 피의자의 주거지에서 한국통신으로 전산망(인터넷)에 연결된 개인용 컴퓨터를 이용 대한약사회 홈페이지(http://www.kpanet.or.kr)에 접속하였다. 그리고 관리자 연락용으로 게시된 전자우편 주소 kpifmagi@kpanet.or.kr을 보고 동 ID의 비밀번호를 알아내기 위하여 이미 인터넷 해킹 사이트에서 다운받아 놓았던 메일크랙(전자우편의 비밀번호를 찾아주는 프로그램)을 실행시켜 부정한 방법으로 "○○○○"라는 비밀번호를 알아냈다.

피의자는 같은 날 23:30경 부당하게 취득한 ID와 비밀번호로 회원들만이 접속할 수 있는 대한약사통신 서버에 부정접속 하였다. 그리고 관리자메뉴를 사용하여, 회원전용게시판에 글을 등록한 회원ID farm119등 200개의 ID와 비밀번호를 알아내어 비밀번호를 변경하는 등 다음날 02:00경까지 총 25회에 걸쳐 위와 같은 방법으로 대한약사통신(주) 회원들의 접속을 방해하고, 전자상거래를 못하도록 관련파일을 삭제하는 방법으로 피해자로 하여금 평균매출 차액 5억3,000만원 상당의 손해를 입히는 등 정상적인 업무를 방해하였다.

4. 경매, 입찰방해죄

제315조【경매, 입찰의 방해】
위계 또는 위력 기타 방법으로 경매 또는 입찰의 공정을 해한 자는 2년 이하의 징역 또는 700만원 이하의 벌금에 처한다. 〈개정 1995. 12. 29.〉

[담합입찰] 건설산업기본법95, [경매] 민소535-551 · 601-666 · 724-735, [입찰] 국가를당사자로하는계약에관한법률, [공소시효] : 5년

○ 이 죄의 보호법익은 경매·입찰의 공정이다. 이 죄도 위력적 방법을 사용하는 경우가 있으므로 재산죄적 성질과 자유에 대한 죄의 성질을 가진 것으로 본다. 그리고 보호받는 정도는 추상적 위험범으로서의 보호이다.

Ⅰ. 이론

1. 구성요건

(1) 객관적 구성요건

1) 객체

이 죄의 객체는 경매와 입찰이다.

① 경매란 매도인이 다수인에 대하여 구술로 매수인의 청약을 촉진하고 최고가격의 청약자에게 승낙을 하여 매매를 성립시키는 것을 말한다.

② 입찰이란 경쟁계약에 있어서 경쟁에 참가한 다수인으로 하여금 문서로 계약의 내용을 표시하게 하고 가장 유리한 청약자를 상대방으로 하여 계약을 체결하는 것을 말한다.

③ 경매와 입찰의 종류는 불문한다. 따라서 국가나 공공단체가 행하는 것뿐만 아니라 사인이 행하는 것도 포함된다.

2) 행위

이 죄의 행위는 위계 또는 위력, 기타 방법으로 경매, 입찰의 공정을 해하는 것이다.

① 경매·입찰의 공정이란 적정한 가격을 형성하는 공정한 자유경쟁을 말한다.

② 공정을 해한다는 것은 적정한 가격을 형성하는 공정한 자유경쟁이 방해될 우려가 있는 상태를 발생시키는 것을 말한다.

③ 위계나 위력 등의 방법으로 경매·입찰의 공정을 해하는 행위가 있으면 바로 기수가 되고, 그 결과 현실적으로 공정이 해하여지는가 아닌가는 영향을 미치지 않는다(추상적 위험범).

3) 담합행위

① 담합행위란 경매·입찰의 경쟁에 참가하는 사람들이 서로 모의하여 특정한 자에게 경매·낙찰되도록 하기 위해 나머지 참가자는 일정한 가격 이상 또는 그 이하로 호가 또는 입찰하지 않을 것을 협정하는 것을 말한다.

② 담합행위가 공정한 가격을 해하거나 부정한 이익을 목적으로 행해진 이상 위계에 의한 경매·입찰방해죄가 성립한다.

③ 담합 후 이익금을 분배했는가 여부는 범죄의 성립에 영향을 주지 않는다.

(2) 주관적 구성요건

위계, 위력, 기타 방법으로 경매, 입찰의 공정을 해한다는 사실에 대한 고의가 있어야 한다.

Ⅱ. 판례

◆ 건설산업기본법 제95조 제2호와 형법 제315조의 관계

건설산업기본법 제95조는, 건설공사의 입찰에 있어 다음 각 호의 1에 해당하는 행위를 한 자는 5년 이하의 징역 또는 5천만 원 이하의 벌금에 처한다고 규정하고, 제2

호에서 "다른 건설업자의 견적을 제출한 자"를 들고 있는바, 건설공사의 적정한 시공과 건설산업의 건전한 발전을 도모하고자 하는 건설산업기본법의 목적과 연혁, 위와 같은 처벌규정을 두게 된 입법 취지를 종합하여 볼 때, 이는 같은 호의 '다른 건설업자'라는 법문이나 이와 병렬관계에 있는 같은 조 제1호 및 제3호의 규정 내용에서도 알 수 있듯이 건설공사의 입찰에 있어 입찰의 공정을 해치는 행위를 하는 건설업자들을 특별히 가중 처벌하기 위한 것으로서 입찰방해죄를 규정한 형법 제315조의 특별규정이라 할 것이고(대법원 2007. 7. 26. 선고 2007도2032 판결 참조), 한편 건설산업기본법 제2조 제5호는 '건설업자'라 함은 이 법 또는 다른 법률에 의하여 등록 등을 하고 건설업을 영위하는 자를 말한다고 규정하고 있는바, 이를 종합하여 보면 건설산업기본법 제95조 제2호 위반의 주체는 위 법 소정의 건설업자로 한정된다고 해석하여야 할 것이다(대법원 2008. 9. 11. 선고 2008도3932 판결).

◆ 건설산업기본법 제95조 제3호에서 정한 '입찰행위'의 의미(=형법상 입찰방해죄의 '입찰'과 동일한 개념) 및 위 규정에서 정한 '다른 건설업자의 입찰행위를 방해한 자'에 입찰에 참가할 가능성이 있는 다른 건설업자의 입찰 참가 여부 결정 등에 영향을 미침으로써 입찰행위를 방해한 자가 포함되는지 여부(적극)

건설산업기본법 제95조는, 건설공사의 입찰에서 다음 각 호의 어느 하나에 해당하는 행위를 한 자는 5년 이하의 징역 또는 5천만 원 이하의 벌금에 처한다고 규정하고, 제3호에서 '위계 또는 위력, 그 밖의 방법으로 다른 건설업자의 입찰행위를 방해한 자'를 들고 있다. 건설공사의 적정한 시공과 건설산업의 건전한 발전을 도모하고자 하는 건설산업기본법의 목적과 위와 같은 처벌규정을 두게 된 입법 취지를 종합하여 볼 때, 이는 같은 조 제1호와 제2호에서 들고 있는 사유 이외에도 건설공사의 입찰에서 입찰의 공정을 해치는 행위를 하는 건설업자들을 특별히 가중 처벌하기 위한 것으로서 형법 제315조 소정의 입찰방해죄의 특별규정이라 할 것이고, 여기서 '입찰행위'를 방해한다고 함은 형법상의 입찰방해죄의 구성요건을 충족함을 의미하는 것이므로 건설산업기본법 제95조 제3호 소정의 '입찰행위'의 개념은 형법상의 입찰방해죄에 있어 '입찰'과 동일한 개념이라고 할 것이다(대법원 2001. 11. 30. 선고 2001도2423 판결, 대법원 2013. 10. 17. 선고 2013도6966 판결 등 참조).

따라서 건설산업기본법 제95조 제3호 소정의 '다른 건설업자의 입찰행위를 방해한 자'에는 입찰에 참가한 다른 건설업자의 입찰행위를 방해한 자뿐만 아니라 입찰에 참가할 가능성이 있는 다른 건설업자의 입찰 참가 여부 결정 등에 영향을 미침으로써 입찰행위를 방해한 자도 포함된다고 보아야 한다. 나아가 형법상의 입찰방해죄와 마찬가지로 건설산업기본법 제95조 제3호 위반죄는 건설공사의 입찰에서 위계 또는 위력, 그 밖의 방법으로 다른 건설업자의 입찰행위를 방해하는 경우에 성립하는 위태범이므로, 다른 건설업자의 입찰행위를 방해할 행위를 하면 그것으로 족하고 현실적으로 다른 건설업자의 입찰행위가 방해되는 결과가 발생할 필요는 없다.

원심판결 이유를 위 법리와 적법하게 채택된 증거들에 비추어 살펴보면, 비록 원심판결 이유 설시에 일부 적절하지 아니한 부분이 있으나, 피고인 4 주식회사 등 8개 사가 이 사건 4대강 살리기 사업공사의 공구를 배분하고 그 공구배분을 실현하기 위하여 입찰절차에서 경쟁사로 하여금 설계도면을 수정하여 제출하게 한 행위가 공구배분행위에 가담하지 않은 다른 건설사들의 입찰 참여를 방해한 것으로 건설산업기본법 제95조 제3호 위반죄를 구성한다는 취지로 판단한 원심의 결론은 정당한 것으로 수긍할 수 있고, 거기에 상고이유 주장과 같이 건설산업기본법 제95조 제3호 위반죄의 구성요건 해당성에 관한 법리를 오해하거나 논리와 경험의 법칙을 위반하여 자유심증주의의 한계를 벗어나는 등으로 판결에 영향을 미친 위법이 없다(대법원 2015. 12. 24., 선고, 2015도13946, 판결).

◆ 입찰방해죄의 대상인 재입찰 절차가 처음부터 존재하였다고 할 수 없는 경우 입찰방해죄의 성부

입찰방해죄의 대상인 재입찰 절차가 처음부터 존재하였다고 할 수 없다는 이유로, 입찰방해죄의 성립을 부정한 사례(대법원 2005. 9. 9. 선고 2005도3857 판결).

◆ 형법 제315조의 입찰방해죄 소정의 '입찰의 공정을 해한'의 의미 및 입찰방해미수죄의 처벌 여부(소극)

형법 제315조의 입찰방해죄는 입찰의 공정을 해하는 죄인바, 입찰의 공정을 해하는 행위란 '공정한 자유경쟁을 방해할 염려가 있는 상태를 발생시키는 것, 즉, 공정한 자유경쟁을 통한 적정한 가격형성에 부당한 영향을 주는 상태를 발생시키는 것'을 의미하며 한편, 입찰방해미수죄는 따로 처벌규정이 없어 처벌되지 아니한다(대법원 2003. 9. 26. 선고 2002도3924 판결).

◆ 형법 제315조 소정의 입찰방해죄에 있어 '위력'의 의미

형법 제315조 소정의 입찰방해죄에 있어 '위력'이란 사람의 자유의사를 제압, 혼란케 할 만한 일체의 유형적 또는 무형적 세력을 말하는 것으로서 폭행, 협박은 물론 사회적, 경제적, 정치적 지위와 권세에 의한 압력 등을 포함하는 것이다(대법원 2000. 7. 6. 선고 99도4079 판결).

◆ 실제로는 수의계약을 체결하면서 입찰절차를 거쳤다는 증빙을 남기기 위하여 입찰을 전혀 시행하지 아니한 채 형식적인 입찰서류만을 작성하여 입찰이 있었던 것처럼 조작한 경우, 건설산업기본법 제95조 제3호 소정의 '입찰방해 행위'에 해당하는지 여부(소극)

건설산업기본법 제95조 제3호에서 규정하고 있는 입찰방해 행위가 있다고 인정하기

위하여는 그 방해의 대상인 입찰이 현실적으로 존재하여야 한다고 볼 것이므로, 실제로 실시된 입찰절차에서 실질적으로는 단독입찰을 하면서 마치 경쟁입찰을 한 것처럼 가장하는 경우와는 달리, 실제로는 수의계약을 체결하면서 입찰절차를 거쳤다는 증빙을 남기기 위하여 입찰을 전혀 시행하지 아니한 채 형식적인 입찰서류만을 작성하여 입찰이 있었던 것처럼 조작한 행위는 위 규정에서 말하는 입찰방해 행위에 해당한다고 할 수 없다(대법원 2001. 2. 9. 선고 2000도4700 판결).

◆ 건설산업기본법 제95조 제1호 소정의 '부당한 이득'과 '공정한 가격'의 의미 및 건설업자들이 이른바 연고권을 주장하여 자신들끼리 낙찰을 받을 업자를 정하고 나머지 건설업자들은 미리 결정된 건설업자가 낙찰받을 수 있도록 높은 가격으로 입찰하는 경우, 건설산업기본법 제95조 제1호 위반죄에 해당하는지 여부(적극)

건설산업기본법 제95조 제1호는 구 건설업법(1996. 12. 30. 법률 제5230호로 개정되기 전의 것) 제59조 제1호와 그 행위 태양을 같이 하면서 다만 '부당한 이득을 취득할 목적' 또는 '공정한 가격결정을 저해할 목적'을 요구하고 있는바, 여기서의 '부당한 이득'이나 '공정한 가격' 등은 모두가 건설업자들 사이에 담합행위를 하지 아니한 가운데 자유로운 경쟁입찰을 통하여 결정되는 낙찰가를 전제로 하는 것으로서 그와 같은 자유로운 경쟁입찰을 통하여 결정되는 낙찰가를 '공정한 가격'으로 보고, 담합행위를 통하여 그와 같은 '공정한 가격'보다 높은 가격으로 낙찰을 받는 경우 그 차액 상당은 '부당한 이득'으로 보는 것이라고 해석되므로, 건설업자들이 이른바 연고권을 주장하여 자신들끼리 낙찰을 받을 업자를 정하고, 나머지 건설업자들은 미리 결정된 건설업자가 낙찰을 받을 수 있도록 미리 결정된 건설업자가 입찰할 가격보다 높은 가격으로 입찰하기로 공모하여 그에 따라 입찰을 함으로써 실질적으로는 단독입찰인 것을 마치 경쟁입찰인 것같이 가장하는 행위는 설령 그와 같이 미리 결정된 낙찰가가 적자 수주를 막기 위한 최저한의 금액이라는 등의 사정이 있다 하더라도 특별한 사정이 없는 한 '부당한 이득을 취득할 목적' 또는 '공정한 가격결정을 저해할 목적'으로 한 것으로 보아야 할 것이다(대법원 1999. 10. 12. 선고 99도2309 판결).

◆ 동업자 사이의 무모한 출혈경쟁을 방지하기 위한 수단으로 실질적으로 단독입찰을 하면서 경쟁입찰인 것같이 가장하였다면 입찰방해죄에 해당하는지 여부

입찰방해죄는 위험범으로서 결과의 불공정이 현실적으로 나타나는 것을 요하는 것이 아니며, 그 행위에는 가격을 결정하는데 있어서 뿐 아니라 적법하고 있는 공정한 경쟁방법을 해하는 행위도 포함되므로, 그 행위가 설사 동업자 사이의 무모한 출혈경쟁을 방지하기 위한 수단에 불과하여 입찰가격에 있어 입찰실시자의 이익을 해하거나 입찰자에게 부당한 이익을 얻게 하는 것이 아니었다 하더라도 실질적으로는 단독입찰을 하면서 경쟁입찰인 것같이 가장하였다면 그 입찰가격으로서 낙찰하게 한 점에서 경쟁입찰의 방법을 해한 것이 되어 입찰의 공정을 해한 것으로 되었다 할 것이다(대법원 1994. 11. 8. 선고 94도2142 판결).

◆ 입찰방해죄의 성립에 있어서 현실적으로 입찰의 공정을 해한 결과가 발생함을 요하는지 여부

입찰방해죄는 위계 또는 위력 기타의 방법으로 입찰의 공정을 해하는 경우에 성립하는 위험범으로서, 입찰의 공정을 해할 행위를 하면 그것으로 족한 것이지 현실적으로 입찰의 공정을 해한 결과가 발생할 필요는 없다(대법원 1994. 5. 24. 선고 94도600 판결).

1

◆ 입찰장소의 주변을 에워싸고 사람들의 출입을 막는 등 위력을 사용하여 입찰에 참가하려는 사람을 참석하지 못하도록 한 행위가 입찰방해죄를 구성한다고 한 사례

[1] 입찰방해죄는 위계 또는 위력 기타의 방법으로 입찰의 공정을 해하는 경우에 성립하는 것으로서, 입찰의 공정을 해할 행위를 하면 족하고 현실적으로 입찰의 공정을 해한 결과가 발생할 필요가 없으며, 위력의 사용은 폭행·협박의 정도에 이르러야만 되는 것도 아니다.

[2] 입찰장소의 주변을 에워싸고 사람들의 출입을 막는 등 위력을 사용하여 입찰에 참가하려는 사람을 참석하지 못하도록 한 행위가 입찰방해죄를 구성한다고 한 사례(대법원 1993.2.23. 선고 92도3395 판결).

Ⅲ. 수사실무

1. 범죄사실 기재례

【범죄사실 기재례】

(1) 피의자는 서울 ○○동 ○○번지에서 주식회사 ○○토건을 경영하고 있다.

피의자는 20○○. ○. ○. 위 동이 소속된 구청에서 문화센터로 사용할 구민회관의 신축공사를 위해 경쟁입찰을 한다는 공고를 하자, 위 경쟁입찰 지명업자로 지명을 받은 ○○주식회사의 대표이사 이○○, ○○산업의 대표이사 여○○ 등 두 회사의 대표를 자신의 회사로 오도록 하여 그들에게 "이번 공사는 내가 맡아야 한다. 내가 ○○원을 쓸테니 당신들은 그 이상으로 써 달라. 만일 이번 공사를 내가 따내지 못하면 좋은 일이 없을테니, 알아서 처리해 달라"는 등의 말을 하였다. 그러면서 그들이 이 요구를 받아들이지 않으면 어떠한 위해를 가할지 모른다는 태도를 보여 그들로 하여금 위 피의자의 ○○토건을 위 구청의 공개입찰의 경락자로 한다는 뜻의 담합에 응하게 함으로써 위력을 사용하여 공공의 입찰의 공정을 해하는 행위를 하였다.

(2) 피의자는 ○○교육청 경리과장이다.

피의자는 20○○. ○. ○. 위 교육청에서 실시한 ○○시 ○○구 ○○동 산12번지 ○○고등학교 증축공사의 입찰에 있어서 그 교육청의 지명입찰자인 건축도급업자 김○○에게 위 교육청 사무실에서 전화로 그 입찰내정 최저한도가격 등을 알려주었다. 그리하여 그로 하여금 서로 짠 내용대로 예정과 같이 입찰하게 하여 다른 10명의 같은 업자보다 우선하여 낙찰자로 결정하게 함으로써 위계를 사용하여 공정한 입찰을 방해하였다.

2. 적용실례

(1) 입찰내정 최저가를 알려줘서 낙찰자로 결정된 경우

교육감의 지위에 있는 서○○는 시청회의실에서 실시하고 있는 ○○고등학교체육관 건설공사의 입찰에서 응찰하고 있는 친척 서○○에게 전화로 입찰내정 최저가 한도액을 알려주어, 결국 그가 낙찰자로 결정되었다.

➡ 위와 같은 공사에서는 내정가에 가장 가까운 사람이 낙찰자로 결정되는 것이어서, 위 서○○의 행위는 명백히 입찰방해죄가 성립하는 것이다.

3. 참고사항

(1) 수사시 유의할 점

구형법에서는 공적 기관이 행하는 경매·입찰의 방해만을 한정하여 공무집행방해죄의 하나라 규정하였으나 현행법은 이러한 제한을 두지 않았으므로 私人이 행하는 경매·입찰도 본죄의 대상이 된다.

제 35 장 비밀침해의 죄 (제316조~제318조)

제35장 비밀침해의 죄(제316조~제318조)

1. 비밀침해죄

제316조【비밀침해】

① 봉함 기타 비밀장치한 사람의 편지, 문서 또는 도화를 개봉한 자는 3년 이하의 징역이나 금고 또는 500만원 이하의 벌금에 처한다. 〈개정 1995. 12. 29.〉

② 봉함 기타 비밀장치한 사람의 편지, 문서, 도화 또는 전자기록등 특수매체기록을 기술적 수단을 이용하여 그 내용을 알아낸 자도 제1항의 형과 같다.

〈신설 1995. 12. 29.〉

[문서손괴등] 366, [통신의비밀] 헌18, 우편3, [우편물의압수] 형소107, [편지개봉] 우편28, [특별규정] 우편48-51, [친고죄] 318, [공소시효] : 5년

○ 이 죄의 보호법익은 개인의 비밀이며, 비밀의 주체는 자연인뿐 아니라 법인과 법인격없는 단체를 포함한다. 비밀에는 국가 또는 공공단체의 비밀도 포함된다.

Ⅰ. 이론

1. 구성요건

(1) 객관적 구성요건

1) 객체

이 죄의 객체는 봉함 기타 비밀장치한 타인의 편지·문서 또는 도화, 전자기록등 특수매체기록이다.

① 편지란 특정인으로부터 다른 특정인에게 의사를 전달하는 문서를 말하고 우편물에 한하지 않는다.

② 문서는 문자, 발음부호 등에 의하여 특정인의 의사를 표시한 것으로서 편지 이외의 것을 뜻한다.

③ 도화는 그림에 의하여 사람의 의사가 표시된 것을 뜻한다.

④ 전자기록 등 특수매체기록이란 디스켓이나 CD롬과 같이 사람의 지각으로 인식할 수 없는 방식에 의하여 만들어진 기록을 뜻한다.

⑤ 비밀장치를 하지 않은 우편엽서·무봉서장 등은 이 죄의 객체가 되지 않는다.

2) **행위**

개봉(제316조 1항)하거나 기술적 수단을 이용하여 그 내용을 알아내는 것(제316조 2항)이다.

① 개봉이란 봉함 기타 비밀장치를 뜯어 편지, 문서 또는 도화의 내용을 알 수 있는 상태에 두는 것을 말한다.

② 편지를 개봉한 이상 그 내용을 읽었는가 아닌가를 묻지 않고 이 죄는 기수가 된다(추상적 위험범).

③ 기술적 수단을 이용하여 내용을 알아내는 것이란 본 죄의 객체를 개봉하지 않고서도 기술적 수단을 이용하여 그 내용을 알아내는 것을 의미한다. 단순히 불빛을 비추어 내용을 알아내는 것으로는 부족하고 기술적 수단을 이용해야 한다.

(2) **주관적 구성요건**

고의가 있어야 한다.

2. 위법성

(1) 피해자의 승낙은 위법성을 조각한다.

(2) 편지를 개봉할 권한이 법령에 규정되어 있는 경우에는 위법성이 조각된다(임시우편물단속법, 행형법, 형사소송법, 우편법 등 참조).

(3) 친권자가 친권의 행사로서 그 자녀에게 온 편지를 개봉해도 위법성이 조각된다.

(4) 배우자는 상대방의 편지를 개봉할 권한이 없지만 상대방의 추정적 승낙에 해당될 때에는 위법성이 조각된다.

3. 소추조건

본 죄는 고소가 있어야 공소를 제기할 수 있는 친고죄이다(제318조). 누가 고소권자가 되느냐에 관해서 견해가 대립하지만 발송인뿐 아니라 수신인도 함께 피해자가 되므로 양자 모두 고소권자가 된다고 본다.

4. 타죄와의 관계

편지 등을 절취 또는 횡령하여 개봉한 때에는 절도죄 또는 횡령죄와 이 죄의 실체적 경합이 된다.

Ⅱ. 판례

◆ 2단 서랍의 아랫칸에 잠금장치가 되어 있는 경우 형법 제316조 제1항의 '비밀장치'에 해당한다고 한 사례

형법 제316조 제1항의 비밀침해죄는 봉함 기타 비밀장치한 사람의 편지, 문서 또는 도화를 개봉하는 행위를 처벌하는 죄이고, 이때 '봉함 기타 비밀장치가 되어 있는 문서'란 '기타 비밀장치'라는 일반 조항을 사용하여 널리 비밀을 보호하고자 하는 위 규정의 취지에 비추어 볼 때, 반드시 문서 자체에 비밀장치가 되어 있는 것만을 의미하는 것은 아니고, 봉함 이외의 방법으로 외부 포장을 만들어서 그 안의 내용을 알 수 없게 만드는 일체의 장치를 가리키는 것으로, 잠금장치 있는 용기나 서랍 등도 포함한다고 할 것인바, 이 사건과 같이 서랍이 2단으로 되어 있어 그 중 아랫칸의 윗부분이 막혀 있지 않아 윗칸을 밖으로 빼내면 아랫칸의 내용물을 쉽게 볼 수 있는 구조로 되어 있는 서랍이라고 하더라도, 피해자가 아랫칸에 잠금장치를 하였고 통상적으로 서랍의 윗칸을 빼어 잠금장치 된 아랫칸 내용물을 볼 수 있는 구조라거나 그와 같은 방법으로 볼 수 있다는 것을 예상할 수 없어 객관적으로 그 내용물을 쉽게 볼 수 없도록 외부에 의사를 표시하였다면, 형법 제316조 제1항의 규정 취지에 비추어 아랫칸은 윗칸에 잠금장치가 되어 있는지 여부에 관계없이 그 자체로서 형법 제316조 제1항에 규정하고 있는 비밀장치에 해당한다고 할 것이다(대법원 2008.11.27. 선고 2008도9071).

◆ 아들과 이름이 같은 채무자승계인 앞으로 송달된 대체집행결정정본을 개봉한 집행채권자에게 신서개피의 고의를 인정한 사례

피고인이 대체집행사건의 채무자의 승계인 갑 앞으로 우송된 결정정본을 평소 같은 이름으로 불리는 자기의 장남 앞으로 온 편지인 줄 알고서 개봉하였다고 변명하나, 피고인이 당초 건물철거 등의 대체집행신청을 하면서 갑의 주소로 표기한 장소에서는 피고인의 장남이 이미 10여년 전에 다른 곳으로 이사하여 버렸고, 위 봉함우편물이 바로 피고인 신청의 대체집행사건을 처리한 법원의 소송서류였다는 점, 그 수신인 또한 피고인이 대체집행신청을 한 사건의 상대방 주소와 성명으로 표시되어 발송된 문서라는 점을 고려해볼 때 피고인은 위 서류가 바로 갑에게 송달되는 소송서류라는 사실을 능히 알고 있었다고 봄이 경험칙에 합치된다고 할 것이어서 피고인에게 편지개봉의 고의가 있었음을 부정할 수 없다(대법원 1984. 6. 12. 선고 84도620 판결).

◆ 사생활과 관련된 사항의 공개에 관하여 위법성이 조각되기 위한 요건 및 초상권 또는 사생활의 비밀과 자유를 침해하는 행위의 위법성을 판단할 때 고려하여야 할 요소와 위법성조각에 관한 증명책임의 소재

개인의 사생활과 관련된 사항의 공개가 사생활의 비밀을 침해하는 것이더라도, 사생활과 관련된 사항이 공공의 이해와 관련되어 공중의 정당한 관심의 대상이 되는 사항에 해당하고, 공개가 공공의 이익을 위한 것이며, 표현내용·방법 등이 부당한 것이 아닌 경우에는 위법성이 조각될 수 있다. 초상권이나 사생활의 비밀과 자유를 침해하는 행위를 둘러싸고 서로 다른 두 방향의 이익이 충돌하는 경우에는 구체적 사안에서의 사정을 종합적으로 고려한 이익형량을 통하여 침해행위의 최종적인 위법성이 가려진다. 이러한 이익형량과정에서, 첫째 침해행위의 영역에 속하는 고려요소로는 침해행위로 달성하려는 이익의 내용 및 중대성, 침해행위의 필요성과 효과성, 침해행위의 보충성과 긴급성, 침해방법의 상당성 등이 있고, 둘째 피해이익의 영역에 속하는 고려요소로는 피해법익의 내용과 중대성 및 침해행위로 인하여 피해자가 입는 피해의 정도, 피해이익의 보호가치 등이 있다. 그리고 일단 권리의 보호영역을 침범함으로써 불법행위를 구성한다고 평가된 행위가 위법하지 아니하다는 점은 이를 주장하는 사람이 증명하여야 한다(대법원 2013.6.27, 선고, 2012다31628, 판결).

◆ 회사의 이익을 빼돌린다는 소문을 확인할 목적으로, 피해자가 사용하면서 비밀번호를 설정하여 비밀장치를 한 전자기록인 개인용 컴퓨터의 하드디스크를 검색한 행위가, 형법 제20조의 '정당행위'에 해당되는지 여부

'회사의 직원이 회사의 이익을 빼돌린다'는 소문을 확인할 목적으로, 비밀번호를 설정함으로써 비밀장치를 한 전자기록인 피해자가 사용하던 '개인용 컴퓨터의 하드디스크'를 떼어내어 다른 컴퓨터에 연결한 다음 의심이 드는 단어로 파일을 검색하여 메신저 대화 내용, 이메일 등을 출력한 사안에서, 피해자의 범죄 혐의를 구체적이고 합리적으로 의심할 수 있는 상황에서 피고인이 긴급히 확인하고 대처할 필요가 있었고, 그 열람의 범위를 범죄 혐의와 관련된 범위로 제한하였으며, 피해자가 입사 시 회사 소유의 컴퓨터를 무단 사용하지 않고 업무 관련 결과물을 모두 회사에 귀속시키겠다고 약정하였고, 검색 결과 범죄행위를 확인할 수 있는 여러 자료가 발견된 사정 등에 비추어, 피고인의 그러한 행위는 사회통념상 허용될 수 있는 상당성이 있는 행위로서 형법 제20조의 '정당행위'라고 본 원심의 판단을 수긍한 사례(대법원 2009.12.24, 선고, 2007도6243, 판결).

Ⅲ. 수사실무

1. 수사포인트

(1) 편지, 문서, 도화는 누구의 소유인가, 적법한 고소권자에 의한 고소인가 조사한다.

(2) 편지 등의 발신인과 수신인은 누구인가 조사한다.

(3) 봉함 기타 비밀장치의 시기와 방법을 조사한다.

(4) 개봉목적과 그 동기를 밝힌다.

(5) 편지 등을 개봉하여 읽었는가, 그 후 어떻게 처분했는가 조사한다.

(6) 개봉권한의 유무 또는 권리자의 동의유무를 조사하여 위법성이 조각되는지 확인한다.

2. 피의자 신문례

(1) 고소인 이○○와 어떠한 관계인가요

(2) 이○○에게 온 편지를 받은 적이 있나요

(3) 이를 뜯어서 본 일이 있나요

(4) 언제, 누구에게서 온 편지였나요

(5) 받은 편지는 어떻게 하였나요

(6) 언제, 어디에서 개봉한 것인가요

(7) 어떠한 방법을 사용하여 개봉하였나요

(8) 편지를 뜯어서 본 이유는 무엇인가요

(9) 그 후 어떻게 처리하였나요

(10) 피의자 본인에게 그 편지를 개봉할 권한이 있다고 생각하나요

3. 범죄사실 기재례

【범죄사실 기재례】

피의자는 ○○시 ○○동 ○○번지에서 하숙집을 운영하고 있다.

피의자는 20○○. ○.경 위 집에서 하숙을 하는 김○○ 앞으로 우○○로부터 온 봉함된 편지 1통을 받아, 이를 위 김○○에게 전해주려고 가다가 호기심이 생겨 위 편지의 윗부분을 물에 적셔 개봉하여 읽어서, 봉함한 타인의 편지를 개봉한 것이다.

2. 업무상비밀누설죄

제317조【업무상비밀누설】

① 의사, 한의사, 치과의사, 약제사, 약종상, 조산사, 변호사, 변리사, 공인회계사, 공증인, 대서업자나 그 직무상 보조자 또는 차등의 직에 있던 자가 그 직무처리중 지득한 타인의 비밀을 누설한 때에는 3년 이하의 징역이나 금고, 10년 이하의 자격정지 또는 700만원 이하의 벌금에 처한다. 〈개정 1995. 12. 29., 1997. 12. 13.〉

② 종교의 직에 있는 자 또는 있던 자가 그 직무상 지득한 사람의 비밀을 누설한 때에도 전항의 형과 같다.

[증언거부] 민소286, 형소149, [신분범과공범] 33, [공소시효] : 5년

○ 이 죄는 개인이 숨김없이 비밀을 이야기 하고 일반이 신뢰하는 사회에서 중요한 직업에 종사하는 사람에 의하여 침해되어서는 안되는 개인의 비밀을 보호법익으로 한다.

Ⅰ. 이론

1. 구성요건

(1) 객관적 구성요건

1) 주체

① 이 죄의 주체는 법문에 열거되어 있는 자들 즉 의사, 한의사, 치과의사, 약제사, 약종상, 조산사, 변호사, 변리사, 공인회계사, 공증인, 대서업자나 그 직무상 보조자 또는 차등의 직에 있던자와 종교의 직에 있는자 또는 있던 자이다.

② 이 죄는 진정신분범이며 자수범(긍정설과 부정설 견해 대립 있음)이므로

이 죄의 주체 이외의 자가 알게 된 타인의 비밀을 누설하였을 때에는 경우에 따라 명예훼손죄를 구성할 수 있을 것이다.

③ 공무원이나 공무원이었던 자가 법령에 의한 직무상 비밀을 누설한 때에는 공무상비밀누설죄(제127조)가 성립하고, 외교상의 비밀을 누설한 때에는 외교상비밀누설죄(제113조)가 성립한다.

④ 업무상비밀누설죄와 증언거부

업무상비밀누설 (형법 제317조)	의사, 한의사, 치과의사, 약제사, 약종상, 조산사, 변호사, 변리사, 공인회계사, 공증인, 대서업자, 종교인
업무상비밀과 증언거부 (형소법 제149조)	변호사, 변리사, 공인회계사, 공증인, 세무사, 대서업자, 의사, 한의사, 치과의사, 약사, 약종상, 조산사, 간호사, 종교직

2) 객체

이 죄의 객체는 업무처리 중 또는 직무상 알게 된 타인의 비밀이다.

① 비밀이란 일반적으로 알려지지 않은 사실로서 이를 타인에 알리지 않음으로써 본인에게 일정한 이익이 있는 것을 말한다.

② 비밀의 주체인 사람은 자연인은 물론 법인·법인격없는 단체를 묻지 않지만 국가나 공공단체는 제외된다고 본다.

③ 업무처리 중 또는 직무상 지득한 것임을 요하므로 업무처리나 직무와 관계없이 알게 된 비밀은 본죄의 보호대상이 아니다.

3) 행위

이 죄의 행위는 비밀을 누설하는 것이다.

① 누설이란 비밀을 아직 알지 못하는 타인에게 그 비밀을 알게 하는 것을 말하며, 그 방법에는 제한이 없다.

② 비밀이 기재된 서면을 방치, 제3자가 열람하도록 하는 부작위에 의한 누설도 이 죄의 구성행위가 된다.

(2) 주관적 구성요건

신분에 대한 인식과 비밀을 누설한다는 고의가 포함된다.

2. 소추조건

본 죄는 고소가 있어야 공소를 제기할 수 있는 친고죄이다(제318조).

Ⅱ. 판례

◆ 불법행위를 구성하는 사생활의 비밀과 자유 또는 초상권에 대한 부당한 침해가 공개된 장소에서 이루어졌다거나 민사소송의 증거를 수집할 목적으로 이루어졌다고 하여 정당화되는지 여부(소극)

헌법 제10조 제1문, 제17조, 제21조 제4항, 형법 제316조, 제317조 등 여러 규정을 종합하여 보면, 사람은 자신의 사생활의 비밀에 관한 사항을 함부로 타인에게 공개당하지 아니할 법적 이익을 가진다고 할 것이므로, 개인의 사생활의 비밀에 관한 사항은 그것이 공공의 이해와 관련되어 공중의 정당한 관심의 대상이 되는 사항이 아닌 한, 비밀로서 보호되어야 한다. 또한 사람은 누구나 자신의 얼굴 기타 사회통념상 특정인임을 식별할 수 있는 신체적 특징에 관하여 함부로 촬영 또는 그림묘사되거나 공표되지 아니하며 영리적으로 이용당하지 아니할 권리를 가지는데, 이러한 초상권도 헌법 제10조 제1문에 의하여 헌법적으로 보장되는 권리이다. 그러므로 사생활의 비밀과 자유 또는 초상권에 대한 부당한 침해는 불법행위를 구성하고, 그 침해는 그것이 공개된 장소에서 이루어졌다거나 민사소송의 증거를 수집할 목적으로 이루어졌다는 사유만으로는 정당화되지 아니한다(대법원 2013. 6. 27., 선고, 2012다31628, 판결).

◆ 병원에서 분실된 진료기록의 일부를 당사자가 증거로 제출하는 것이 형법 제317조 제1항 소정의 업무상비밀누설죄에 해당하는지 여부(소극)

병원에서 분실된 진료기록의 일부를 당사자가 증거로 제출하는 것이 형법 제317조 제1항 소정의 업무상 비밀누설죄에 해당된다고 볼 수 없다(대법원 1992. 5. 22. 선고 91다39320 판결).

Ⅲ. 수사실무

1. 수사포인트

(1) 이 죄는 증거를 찾기가 매우 어렵기 때문에 범죄에는 물론 참고인 등 증거수집에 힘써야 한다.

(2) 누설이 공연, 불특정다수에게 행해진 때에는 명예훼손죄와 경합한다.

2. 범죄사실 기재례

【범죄사실 기재례】

(1) 피의자는 ○○시 ○○동 ○○번지에 "○○한의원"을 개업하고 있는 한의사이다.

피의자는 20○○. ○. ○. 14 : 00경 위 의원을 찾아와 진찰을 받고 약을 지어간 같은 동 ○○번지에 사는 환자 구○○(당○○세)에게 몽유병이 있다는 사실을 알고 다음날 19 : 30경 위 피의자의 집에서 친구인 전○○에게 "학교 선생이라는 구○○가 이제 약을 지어갔는데, 몽유병이더라"라고 말하여 의사로서 그 업무중에 알게 된 타인의 비밀을 누설하였다.

(2) 피의자는 ○○천주교 ○○신부이다.

피의자는 20○○. ○. ○. 19:00경 서울시 ○○동 217에 있는 ○○성당에서 그 성당의 신자인 조○○로부터 고백성사를 받을 때 그가 이전에 길에서 현금 ○○만원을 주워가지고 이것으로 방탕한 생활에 소비하면서 임질에 걸린 사실을 알고 같은 해 ○. ○. 12:00경 그 성당에서 위 조○○의 처 한○○에게 이 사실을 말하여 그 직무상 알게 된 타인의 비밀을 누설하였다.

(3) 피의자는 ○○교회의 목사이다.

피의자는 20○○. ○. ○.경 서울시 ○○구 ○○동 123 ○○교회에서, 그 신자인 이○○로부터 참회를 듣고 그가 이전에 지득한 현금 500만원을 착복하여 유부녀와 간통하여 즐기는데 사용된 사실을 알았는데, 같은 해 ○. ○. 위 교회에서 위 이○○의 내연의 처 김○○에게 이 사실을 말함으로써 직무상 알게 된 타인의 비밀을 누설하였다.

3. 친고죄

제318조【고소】

본장의 죄는 고소가 있어야 공소를 제기할 수 있다. 〈개정 1995. 12. 29.〉

비밀침해죄(제316조), 업무상비밀누설죄(제317조)는 고소가 있어야 공소를 제기할 수 있는 친고죄이다.

제 36 장 주거침입의 죄 (제319조~제322조)

제36장 주거침입의 죄(제319조 ~ 제322조)

1. 주거침입죄

제319조【주거침입, 퇴거불응】

① 사람의 주거, 관리하는 건조물, 선박이나 항공기 또는 점유하는 방실에 침입한 자는 3년 이하의 징역 또는 500만원 이하의 벌금에 처한다. 〈개정 1995. 12. 29.〉

[주거의자유] 헌16, [특별규정] 경범1, 폭력행위2, [순정부작위범] 18, [법원에의한수색] 형소109, [공소시효] : 5년

○ 주거침입죄의 보호법익은 주거권이라는 법적개념이 아니고 사적생활관계에 있어서의 사실상 주거의 자유와 평온으로서 그 주거에서 공동생활을 하고 있는 전원이 평온을 누릴 권리에 있다.

Ⅰ. 이론

1. 구성요건

(1) 객관적 구성요건

1) 객체

사람의 주거, 관리하는 건조물, 선박이나 항공기, 점유하는 방실이다.

① 사람의 주거는 사람이 기거하면서 침식에 사용되는 장소를 말하는 것으로서 주거의 적법성 여부 및 영구적 · 일시적임은 불문한다. 주거 그 자체를 위한 건조물 외에 부속물이나 위요지 등을 포함한다(절도를 위해 정원에 침입한 경우도 주거침입죄가 된다).

▣ 근거판례 ▣

주거침입죄는 사실상의 주거의 평온을 보호법익으로 하는 것으로 거주자가 누리는

사실상의 주거의 평온을 해할 수 있는 정도에 이르렀다면 범죄구성요건을 충족하는 것이라고 보아야 하고, 주거침입죄에 있어서 주거라 함은 단순히 가옥 자체만을 말하는 것이 아니라 그 위요지를 포함한다(대법원 2001. 4. 24. 선고 2001도1092 판결).

② 건조물이란 주거를 제외한 일체의 건물을 말한다. 공장·창고 또는 관공서의 청사가 여기에 해당한다.

▣ 근거판례 ▣

선박건조자재운반용으로 도크에 고정되어 82m 높이에 설치되어 있으며 약 10평 정도되는 방실 등이 있고 평소 그 운전을 위해 1, 2명의 직원이 근무하며 인가자 이외의 출입이 금지되는 "골리앗크레인"에 출입통제를 위해 출입문이 잠긴 채 간수인이 없었다 하여도 피고인 등 70명 정도의 근로자가 함께 위 "골리앗크레인"에 들어가서 농성을 하였다면, 피고인 등이 다중의 위력을 보여 간수하는 건조물에 침입한 것이라고 본 사례(대법원 1991.6.11. 선고 91도753 판결).

③ 선박은 그 크기를 묻지 않지만 적어도 주거에 사용될 수 있을 정도이어야 한다.

④ 점유하는 방실은 건물내에서 사실상 지배·관리하는 구획을 말한다. 점포·사무실·연구실·여관의 투숙중인 방이 여기에 해당한다.

2) 행위

이 죄의 행위는 침입이다.

① 침입이란 주거권자의 의사에 반하여 들어가는 것이다.

② 주거권자란 주거출입과 그 체재를 결정할 권리가 있는 사람이다. 임대차한 집에 대해서는 제3자는 물론 소유자에 대한 관계에서도 주거권은 임차인에게 있다. 따라서 임대차기간이 종료되었다 하더라도 임차인이 계속 점유하고 있는 건물에 대하여 소유자가 마음대로 출입한 때에는 이 죄가 성립하지만, 반대로 임차인이 소유자가 폐쇄한 출입구를 뜯고 그 건물에 들어갔다고 해서 이 죄가 성립하는 것은 아니다.

③ 주거권자는 그 주거권의 행사를 타인에게 위탁할 수 있다. 자녀나 가정부에게 집을 보게 하는 경우가 여기에 해당한다.

④ 주거권자의 의사(동의, 승낙)에 따라 들어간 때에는 침입이 아니다. 절

도, 강도 등과 같이 범죄를 행할 목적으로 주거에 들어간 때에는 일반적으로 주거권자의 동의가 없다고 해야 한다.

▣ 이견있는 형사사건의 법원판단 ▣

[부부 중 일방과 간통의 목적으로 주거에 들어간 경우 주거침입죄의 성부]

1. 문제점 : 복수의 주거권자가 있는 경우 한 사람의 승낙이 다른 거주자의 의사에 직접, 간접으로 반하는 경우에 주거침입이 성립하는지 문제된다.
2. 학설
(1) 적극설 : 다른 거주자의 동의를 기대할 수 없을 때에는 단독으로 출입을 허락할 수 없으므로 본죄가 성립한다는 견해
(2) 소극설 : 거주자 1인의 승낙이 있는 경우에는 주거의 사실상 평온을 침해한 것으로 볼 수 없기 때문에 본죄가 성립하지 않는다는 견해
3. 판례 : 적극설의 태도

남편이 일시 부재중 간통의 목적하에 그 처의 승낙을 얻어 주거에 들어간 경우라도 남편의 주거에 대한 지배관리관계는 여전히 존속한다고 봄이 옳고 사회통념상 간통의 목적으로 주거에 들어오는 것은 남편의 의사에 반한다고 보여지므로 처의 승낙이 있었다 하더라도 남편의 주거의 사실상의 평온은 깨어졌다 할 것이므로 이러한 경우에는 주거침입죄가 성립한다고 할 것이다(대법원 1984. 6. 26. 선고 83도685 판결).

▣ 이견있는 형사사건의 법원판단 ▣

[공개된 장소에 범죄목적으로 들어간 경우 주거침입죄의 성부]

1. 문제점 : 공개된 장소에 범죄목적으로 들어간 경우 본죄의 성립여부가 문제된다.
2. 학설
(1) 긍정설 : 주거자의 의사를 중시하는 견해로서 추정적 의사에 반하므로 범죄의 목적으로 들어간 때에는 주거침입죄가 성립한다는 견해
(2) 부정설(통설) : 주거자의 승낙에 의해 들어갔으므로 사실상의 평온을 침해한 바가 없어서 주거침입이 아니라는 견해
3. 판례 : 긍정설의 태도

일반인의 출입이 허용된 음식점이라 하더라도 영업주의 명시적 또는 묵시적 의사에 반

하여 들어간 것이라면 주거침입죄가 성립한다(대판 1997. 3. 28, 95도2674).

⑤ 부작위에 의한 침입 : 형법은 주거침입죄 이외에 별도로 진정부작위범인 퇴거불응죄를 규정하고 있지만 부작위에 의해 이 죄를 범하는 것도 가능하다(부진정부작위범, 예 : 허가를 받고 들어온 자가 그 시간을 지나서 머무르거나, 주거권자의 의사에 반하여 침입한 것을 사후에 알고도 그대로 있는 경우). 부작위에 의한 침입은 주거권자의 퇴거요구를 받을 것을 요건으로 하지 않는 점에서 퇴거불응죄와 구별된다.

⑥ 기수시기와 관련하여 전부침입설(다수설), 일부침입설이 대립한다. 판례는 일부침입설을 취하고 있다(94도2561).

▣ 이견있는 형사사건의 법원판단 ▣

[기수시기]

1. 문제점 : 주거침입죄에서의 침입이란 신체적 침입을 말하므로 행위자의 신체가 주거에 들어가야 하는데, 이때 어느 정도 신체적 침입이 있어야 기수가 되는지에 관하여 견해가 대립한다.

2. 학설

(1) 일부침입설 : 신체의 일부가 들어가도 기수가 성립한다는 입장으로서 사실상 주거의 평온의 교란 여부로 기수여부를 파악하는 견해

(2) 전부침입설 : 미수범 규정을 이유로 전부침입을 요한다는 견해

3. 판례 : 일부침입설의 태도

주거침입죄는 사실상의 주거의 평온을 보호법익으로 하는 것이므로, 반드시 행위자의 신체의 전부가 범행의 목적인 타인의 주거 안으로 들어가야만 성립하는 것이 아니라 신체의 일부만 타인의 주거 안으로 들어갔다고 하더라도 거주자가 누리는 사실상의 주거의 평온을 해할 수 있는 정도에 이르렀다면 범죄구성요건을 충족하는 것이라고 보아야 하고, 따라서 주거침입죄의 범의는 반드시 신체의 전부가 타인의 주거 안으로 들어간다는 인식이 있어야만 하는 것이 아니라 신체의 일부라도 타인의 주거 안으로 들어간다는 인식이 있으면 족하다(대법원 1995. 9. 15. 선고 94도2561 판결).

(2) 주관적 구성요건

주거자의 의사에 반하여 들어간다는 고의가 있어야 한다.

2. 타죄와의 관계

주거침입죄는 주거침입을 수단으로 범한 죄(주거침입하기 위하여 유리창을 깬 경우, 못들어가게 하는 사람을 때리고 주거침입한 경우)와 상상적 경합이 된다. 그러나 주거침입시에 범한 다른 범죄와는 경합범이 된다. 즉 절도, 강도, 강간 또는 살인하기 위하여 주거에 침입한 경우는 물론, 주거에 침입하여 강간 또는 폭행한 때에도 경합범의 관계가 된다.

Ⅱ. 판례

◆ 주거침입죄의 실행의 착수시기

주거침입죄의 실행의 착수는 주거자, 관리자, 점유자 등의 의사에 반하여 주거나 관리하는 건조물 등에 들어가는 행위 즉 구성요건의 일부를 실현하는 행위까지 요구하는 것은 아니지만, 주거침입의 범의로 예컨대, 주거로 들어가는 문의 시정장치를 부수거나 문을 여는 등 침입을 위한 구체적 행위를 시작함으로써 범죄구성요건의 실현에 이르는 현실적 위험성을 포함하는 행위를 개시할 것을 요한다(대법원 2003. 10. 24. 선고 2003도4417 판결 등 참조)(대법원 2008. 3. 27. 선고 2008도917 판결).

◆ 건조물침입죄의 보호법익과 성립요건 / 건조물의 거주자나 관리자와의 관계 등으로 평소 건조물에 출입이 허용된 사람이 거주자나 관리자의 명시적 또는 추정적 의사에 반하여 건조물에 들어간 경우, 건조물침입죄가 성립하는지 여부(적극)

건조물침입죄는 건조물의 사실상 평온을 보호법익으로 하고 있으므로 건조물 관리자의 의사에 반하여 건조물에 침입함으로써 성립한다. 건조물의 거주자나 관리자와의 관계 등으로 평소 건조물에 출입이 허용된 사람이라 하더라도 건조물에 들어간 행위가 거주자나 관리자의 명시적 또는 추정적 의사에 반함에도 불구하고 감행된 것이라면 건조물침입죄가 성립한다(대법원 2021. 1. 14., 선고, 2017도21323, 판결).

◆ 주거침입죄에 있어서 침입행위의 객체인 건조물의 의미와 그 범위

주거침입죄에 있어서 침입행위의 객체인 건조물은 주위벽 또는 기둥과 지붕 또는 천정으로 구성된 구조물로서 사람이 기거하거나 출입할 수 있는 장소를 말하고, 또한 단순히 건조물 그 자체만을 말하는 것이 아니고 위요지를 포함한다고 할 것이나 위요지가 되기 위하여는 건조물에 인접한 그 주변 토지로서 관리자가 외부와의 경계에 문과 담 등을 설치하여 그 토지가 건조물의 이용을 위하여 제공되었다는 것이 명확히 드러나야 한다(대법원 2005. 10. 7. 선고 2005도5351 판결).

◆ 대학교의 강의실이 일반인에게 개방되어 자유롭게 출입할 수 있는 건조물인지 여부(소극)

일반적으로 대학교의 강의실은 그 대학 당국에 의하여 관리되면서 그 관리업무나 강의와 관련되는 사람에 한하여 출입이 허용되는 건조물이지 널리 일반인에게 개방되어 누구나 자유롭게 출입할 수 있는 곳은 아니다(대법원 1992. 9. 25. 선고 92도1520 판결).

◆ 야간에 타인의 집 창문을 열고 얼굴을 들이미는 등의 행위에 관하여 주거침입죄의 기수를 인정한 사례

야간에 타인의 집의 창문을 열고 집 안으로 얼굴을 들이미는 등의 행위를 하였다면 피고인이 자신의 신체의 일부가 집안으로 들어간다는 인식하에 하였더라도 주거침입죄의 범의는 인정되고, 또한 비록 신체의 일부만이 집 안으로 들어갔다고 하더라도 사실상 주거의 평온을 해하였다면 주거침입죄는 기수에 이르렀다(대법원 1995. 9. 15. 선고 94도2561 판결).

◆ 거주자의 의사와 주거침입죄의 성립

주거침입죄는 사실상의 주거의 평온을 보호법익으로 하는 것이므로 그 거주자 또는 관리자가 건조물 등에 거주 또는 관리할 권한을 가지고 있는가 여부는 범죄의 성립을 좌우하는 것이 아니고, 그 거주자나 관리자와의 관계 등으로 평소 그 건조물에 출입이 허용된 사람이라 하더라도 주거에 들어간 행위가 거주자나 관리자의 명시적 또는 추정적 의사에 반함에도 불구하고 감행된 것이라면 주거침입죄는 성립하며, 출입문을 통한 정상적인 출입이 아닌 경우 특별한 사정이 없는 한 그 침입 방법 자체에 의하여 위와 같은 의사에 반하는 것으로 보아야 한다(대법원 2007. 8. 23. 선고 2007도2595 판결).

◆ 주거침입죄에 있어서 거주자의 반대의사가 추정될 수 있는지 여부(적극)

(1) 사실관계

피고인은 2002. 8. 18. 01:55경 안양시 만안구 안양7동 144 소재 애향공원에서 그 곳 여자화장실에 들어간 A(여, 44세)를 발견하고 순간적으로 욕정을 일으켜 그녀를 강간하기로 마음먹고 피해자가 있던 여자화장실 내 용변칸으로 침입하여 A에게 "조용히 해, 가만히 있어."라고 말하며 한손으로 A의 입을 막고, 다른 손으로는 그녀의 몸통 부분을 붙잡아 그녀의 반항을 억압한 후 그녀를 간음하려 하였으나, 그 곳 남자화장실에 있던 A의 남편 B가 달려오자 뜻을 이루지 못하고 미수에 그친 채, A에게 약 2주간의 치료를 요하는 좌족관절부좌상 등을 입게 하였다.

(2) 판결요지

[1] 타인의 주거에 거주자의 의사에 반하여 들어가는 경우는 주거침입죄가 성립하며 이 때 거주자의 의사라 함은 명시적인 경우뿐만 아니라 묵시적인 경우도 포함되고 주변사정에 따라서는 거주자의 반대의사가 추정될 수도 있다.

[2] 피고인이 피해자가 사용중인 공중화장실의 용변칸에 노크하여 남편으로 오인한 피해자가 용변칸 문을 열자 강간할 의도로 용변칸에 들어간 것이라면 피해자가 명시적 또는 묵시적으로 이를 승낙하였다고 볼 수 없어 주거침입죄에 해당한다고 한 사례(대법원 2003. 5. 30. 선고 2003도1256 판결).

◆ 주거침입죄의 성립 요건 및 주거침입죄에 있어서 '주거'의 의미

[1] 주거침입죄는 사실상의 주거의 평온을 보호법익으로 하는 것으로 거주자가 누리는 사실상의 주거의 평온을 해할 수 있는 정도에 이르렀다면 범죄구성요건을 충족하는 것이라고 보아야 하고, 주거침입죄에 있어서 주거라 함은 단순히 가옥 자체만을 말하는 것이 아니라 그 위요지를 포함한다.

[2] 이미 수일 전에 2차례에 걸쳐 피해자를 강간하였던 피고인이 대문을 몰래 열고 들어와 담장과 피해자가 거주하던 방 사이의 좁은 통로에서 창문을 통하여 방안을 엿본 경우, 주거침입죄에 해당한다고 본 사례(대법원 2001. 4. 24. 선고 2001도1092 판결).

◆ 일반적으로 개방된 장소에서 건조물침입죄를 구성하는 경우

건조물침입죄는 사실상의 주거의 평온을 그 보호법익으로 하는 것이므로 건조물 관리자의 의사에 반하여 건조물에 침입함으로써 성립하는 것이고, 일반적으로 개방되어 있는 장소라 하더라도 관리자가 필요에 따라 그 출입을 제한할 수 있는 것이므로 관리자의 출입제지에도 불구하고 다중이 고함이나 소란을 피우면서 건조물에 출입하는 것은 사실상의 주거의 평온을 해하는 것으로서 건조물침입죄를 구성한다(대법원 1996. 5. 10. 선고 96도419 판결).

◆ 피고인들이 건물신축 공사현장에 무단으로 들어간 뒤 타워크레인에 올라가 이를 점거한 사안에서, 주거침입죄가 성립하지 않는다고 한 원심의 판단을 수긍한 사례

(1) 사실관계

피고인의 지시를 받은 파업참가 근로자들이 야간이나 이른 아침에 경비원의 통제를 피하여 담을 넘는 등의 방법으로 공사현장에 무단으로 들어간 뒤 타워크레인 1대에 3명 내지 5명 정도씩 조를 편성하여 몰려 올라가 이를 전면·배

타적으로 점거하고 농성에 돌입하였다. 그 점거농성기간도 주·야간을 포함하여 이틀이 넘었다. 이로 인하여 사용자나 시공회사측이 타워크레인에 출입하거나 합법적인 대체근로를 하는 것도 사실상 불가능해지고 각 건축공사 현장에서 크레인과 연관된 시공작업도 모두 정지될 수밖에 없었다. 각 공사현장에는 각 시공회사가 각 공사현장의 외곽에 담장(펜스)을 설치하고 경비를 두어 외부에서의 공사현장에로의 출입을 통제하고 있었고, 위 각 공사현장에서는 컨테이너 박스 등으로 가설된 현장사무실 또는 경비실이 설치되어 있었다.

(2) **판결요지**

[1] 주거침입죄에 있어서 침입행위의 객체인 건조물은 주위벽 또는 기둥과 지붕 또는 천정으로 구성된 구조물로서 사람이 기거하거나 출입할 수 있는 장소를 말하고, 또한 단순히 건조물 그 자체만을 말하는 것이 아니고 위요지를 포함한다고 할 것이나 위요지가 되기 위하여는 건조물에 인접한 그 주변 토지로서 관리자가 외부와의 경계에 문과 담 등을 설치하여 그 토지가 건조물의 이용을 위하여 제공되었다는 것이 명확히 드러나야 한다.

[2] 피고인들이 건물신축 공사현장에 무단으로 들어간 뒤 타워크레인에 올라가 이를 점거한 사안에서, 타워크레인은 건설기계의 일종으로서 작업을 위하여 토지에 고정되었을 뿐이고 운전실은 기계를 운전하기 위한 작업공간 그 자체이지 건조물침입죄의 객체인 건조물에 해당하지 아니하고, 피고인들이 위 공사현장에 컨테이너 박스 등으로 가설된 현장사무실 또는 경비실 자체에 들어가지 아니하였다면, 피고인들이 위 공사현장의 구내에 들어간 행위를 위 공사현장 구내에 있는 건조물인 위 각 현장사무실 또는 경비실에 침입한 행위로 보거나, 위 공사현장 구내에 있는 건축 중인 건물에 침입한 행위로 볼 수 없다고 한 원심의 판단을 수긍한 사례(대법원 2005.10.7. 선고 2005도5351 판결).

◆ 부동산에 관한 자력탈환권을 규정한 민법 제209조 제2항 전단에서 '직시(直時)'의 의미 및 자력탈환권의 행사가 '직시'에 이루어졌는지 판단하는 기준

민법 제209조 제2항 전단은 '점유물이 침탈되었을 경우에 부동산일 때에는 점유자는 침탈 후 직시(直時) 가해자를 배제하여 이를 탈환할 수 있다' 고 하여 자력구제권 중 부동산에 관한 자력탈환권에 관하여 규정하고 있다. 여기에서 '직시(直時)' 란 '객관적으로 가능한 한 신속히' 또는 '사회관념상 가해자를 배제하여 점유를 회복하는 데 필요하다고 인정되는 범위 안에서 되도록 속히' 라는 뜻으로, 자력탈환권의 행사가 '직시' 에 이루어졌는지는 물리적 시간의 장단은 물론 침탈자가 확립된 점유를 취득하여 자력탈환권의 행사를 허용하는 것이 오히려 법적 안정 내지 평화를 해하거나 자력탈환권의 남용에 이르는 것은 아닌지 함께 살펴 판단하여야 한다(대법원 2017.9.7, 선고, 2017도9999, 판결).

◆ 집행관이 집행채권자 甲 조합 소유 아파트에서 유치권을 주장하는 피고인을 상대로 부동산인도집행을 실시하자, 피고인이 이에 불만을 갖고 아파트 출입문과 잠금장치를 훼손하며 강제로 개방하고 아파트에 들어갔다고 하여 재물손괴 및 건조물침입으로 기소된 사안에서, 점유를 실력에 의하여 탈환한 피고인의 행위가 민법상 자력구제에 해당하지 않는다고 보아 유죄를 인정한 원심판단을 수긍한 사례

집행관이 집행채권자 甲 조합 소유 아파트에서 유치권을 주장하는 피고인을 상대로 부동산인도집행을 실시하자, 피고인이 이에 불만을 갖고 아파트 출입문과 잠금 장치를 훼손하며 강제로 개방하고 아파트에 들어갔다고 하여 재물손괴 및 건조물침입으로 기소된 사안에서, 피고인이 아파트에 들어갈 당시에는 이미 甲 조합이 집행관으로부터 아파트를 인도받은 후 출입문의 잠금 장치를 교체하는 등으로 그 점유가 확립된 상태여서 점유권 침해의 현장성 내지 추적가능성이 있다고 보기 어려워 점유를 실력에 의하여 탈환한 피고인의 행위가 민법상 자력구제에 해당하지 않는다고 보아 유죄를 인정한 원심판단을 수긍한 사례(대법원 2017.9.7, 선고, 2017도9999, 판결).

◆ 특정범죄 가중처벌 등에 관한 법률 제5조의4 제6항에 규정된 상습절도 등 죄를 범한 범인이 그 범행의 수단으로 주거침입을 한 경우, 주거침입행위가 별개로 주거침입죄를 구성하는지 여부(소극) / 위 상습절도 등 죄를 범한 범인이 그 범행 외에 상습적인 절도의 목적으로 주거침입을 하였다가 절도에 이르지 아니하고 주거침입에 그친 경우, 주거침입행위가 상습절도 등 죄와 별개로 주거침입죄를 구성하는지 여부(한정 소극)

특정범죄 가중처벌 등에 관한 법률 제5조의4 제6항에 규정된 상습절도 등 죄를 범한 범인이 그 범행의 수단으로 주거침입을 한 경우에 주거침입행위는 상습절도 등 죄에 흡수되어 위 조문에 규정된 상습절도 등 죄의 1죄만이 성립하고 별개로 주거침입죄를 구성하지 않으며, 또 위 상습절도 등 죄를 범한 범인이 그 범행 외에 상습적인 절도의 목적으로 주거침입을 하였다가 절도에 이르지 아니하고 주거침입에 그친 경우에도 그것이 절도상습성의 발현이라고 보이는 이상 주거침입행위는 다른 상습절도 등 죄에 흡수되어 위 조문에 규정된 상습절도 등 죄의 1죄만을 구성하고 상습절도 등 죄와 별개로 주거침입죄를 구성하지 않는다(대법원 2017.7.11, 선고, 2017도4044, 판결).

◆ 주거침입죄의 실행의 착수시기 및 출입문이 열려 있으면 안으로 들어가겠다는 의사 아래 출입문을 당겨보는 행위를 주거침입의 실행에 착수한 것으로 볼 수 있는지 여부(적극)

주거침입죄의 실행의 착수는 주거자, 관리자, 점유자 등의 의사에 반하여 주거나 관리하는 건조물 등에 들어가는 행위, 즉 구성요건의 일부를 실현하는 행위까지 요구하는 것은 아니고 범죄구성요건의 실현에 이르는 현실적 위험성을 포함하는 행위를 개시하는 것으로 족하므로, 출입문이 열려 있으면 안으로 들어가겠다는 의사 아래 출입문을 당겨보는 행위는 바로 주거의 사실상의 평온을 침해할 객관적인 위험성을 포함하는 행위를 한 것으로 볼 수 있어 그것으로 주거침입의 실행에 착수한 것으로 보아야 한다(대법원 2006.9.14. 선고 2006도2824 판결).

◆ 침입 대상인 아파트에 사람이 있는지 확인하기 위해 초인종을 누른 행위가 주거침입죄의 실행의 착수에 해당하는지 여부(소극)

(1) 사실관계

아파트의 초인종을 누르다가 사람이 없으면 만능키 등을 이용하여 문을 열고 안으로 들어가 물건을 훔치기로 모의한 A, B는 함께 다니다가 A는 C의 집 초인종을 누르면서 "자장면 시키지 않았느냐" 라고 말하였으나 집 안에 있던 C가 "시킨 적 없다" 고 대답하자 계단을 이용하여 아래층으로 이동하였다.

(2) 판결요지

주거침입죄의 실행의 착수는 주거자, 관리자, 점유자 등의 의사에 반하여 주거나 관리하는 건조물 등에 들어가는 행위, 즉 구성요건의 일부를 실현하는 행위까지 요구하는 것은 아니고 범죄구성요건의 실현에 이르는 현실적 위험성을 포함하는 행위를 개시하는 것으로 족하다고 할 것이나(대법원 2003. 10. 24. 선고 2003도4417 판결, 대법원 2006. 9. 14. 선고 2006도2824 판결 등 참조), 침입 대상인 아파트에 사람이 있는지를 확인하기 위해 그 집의 초인종을 누른 행위만으로는 침입의 현실적 위험성을 포함하는 행위를 시작하였다거나, 주거의 사실상의 평온을 침해할 객관적인 위험성을 포함하는 행위를 한 것으로 볼 수 없다 할 것이다(대법원 2008.4.10. 선고 2008도1464).

Ⅲ. 수사실무

1. 수사포인트

(1) 왜 침입했는가 하는 범행동기를 밝힌다.

(2) 어떠한 방법으로 어디로 침입했는가 조사한다.

(3) 침입후 어떤 행동을 했는가 조사한다.

(4) 퇴거의 요구를 받았는가, 그것을 인식하고 있었는가 조사한다.

(5) 퇴거요구를 받고 퇴거하지 않았다면 그 이유는 무엇인가 조사한다.

(6) 범인에게 침입할 권리가 있었는가 조사한다(지배권자의 허락의 유무,

허락예상의 유무).

(7) 공범관계(유무, 분담임무, 방법 등)를 조사한다.

(8) 교사자, 방조자는 없었는가 조사한다.

2. 피의자 신문례

(1) 이○○의 주거에 침입한 일이 있나요

(2) 언제, 어떠한 방법으로 침입한 것인가요

(3) 침입한 이유는 무엇인가요

(4) 어디로 침입을 하였나요

(5) 침입당시 주거에 누가 있었나요

(6) 침입 후 무엇을 하였나요

(7) 퇴거요구를 받은 일이 있나요

3. 범죄사실 기재례

【범죄사실 기재례】

(1) 피의자는 20○○. ○. ○. 15 : 00경 ○○시 ○○동 ○○번지의 피해자 박○○의 집 앞을 지나다가 그 집 대문이 10cm쯤 열려있는 것을 보고, 그 자리에서 절도를 하기로 마음먹고 주위를 살피며 위 대문을 열고 그 집 거실까지 들어가 그의 주거에 침입하였다.

(2) 피의자는 20○○. ○. ○. 14:00경 서울 ○○구 ○○동 123에 있는 피해자 박○○의 집에 이르러 재물을 훔칠 생각으로 열린 대문을 통하여 집 안방까지 들어가 그녀의 주거에 침입하였다

4. 적용실례

(1) 가출후 친구들과 절도를 위해 자기집에 들어간 경우

신○○는 1주쯤 전에, 집에 있던 돈을 몰래 가지고 가출했는데 그 돈을 다 쓰고 말았다. 그래서 친구 두명과 함께 자기 집에서 다시 돈을 훔치기 위해 밤에 집에 몰래 들어갔다. 자기집에 들어간 신○○에 대해 주거침입

죄를 물을 수 있을까?

➡ 판례는, 일반적으로 주거자의 승낙이 있으면 주거침입죄의 위법성이 조각되어 죄가 성립하지 않는다고 하고 있다. 그러나 이 경우와 같이 얼마 전까지 가족의 일원이었다고 해도 강도의 목적으로 들어온 자의 침입을 승낙하는 것은 있을 수 없는 일이다. 따라서 위 신○○의 행위는 주거침입죄를 구성한다고 하겠다.

(2) 병원 입원실에 침입한 경우

피의자가 병원의 입원실에 침입하였다.

➡ 병원의 입원실은 "사람이 일상생활을 영위하기 위하여 점거하는 장소" 또는 "사람의 기거침식에 사용되는 장소"의 개념인 주거로 볼 수 없지만, 환자가 병치료를 위하여 일시 거주하는 형법 제319조 소정의 점유하는 방실로 볼 수 있으므로 위 병실침입 행위에 대해 방실침입으로 의율할 수 있을 것이다.

(3) 하숙집에 침입, 절도한 경우

방이 8개인 하숙집에서, 하숙생이 주인집 안방에 침입하여 현금과 수표 등을 절취하였다.

➡ 이 경우 일단 절도죄와 침입죄는 성립할 것인데 그 죄명을 무엇으로 할지에 대해 생각하면 다음과 같다. 주거란 사람의 침식에 사용되고 있는 장소 또는 일상생활을 영위하기 위해 점유하는 장소이고, 방실이란 건조물내에서 사실상 지배, 관리하는 일구획, 예컨대 빌딩내의 사무소나 여관 및 호텔의 일실같은 것을 말한다. 이렇게 볼 때 아파트나 하숙집에 있어서 주인집 안방은 주거로 보아야 할 것이므로 위 사례의 죄명은 방실침입이 아닌 주거침입으로 해야 할 것이다.

(4) 주거침입죄에 있어서 주거의 개념을 혼동한 사례

소송판결에 의하여 강제집행된 주거에 전 점유자가 무단으로 들어갔다.

➡ 판례는 소송판결에 의해 명도 집행된 방실에 전 점유자가 들어간 경우도 주거침입죄로 인정하고 있다. 따라서 이 경우도 주거침입의 기소의견으로 송치해야 한다.

(5) **무단침입이니 나가라고 했으나 듣지 않은 경우**

주○○는 심○○가 무단히 자기 집에 들어와 있는 것을 발견하고 나가라고 했지만, 심○○는 이를 듣지 않았다.

➡ 이 경우, 주거침입죄와 퇴거불응죄를 생각할 수 있다. 그런데 주거침입죄는 퇴거하거나 주거권자의 승낙이 있을 때까지 불법한 상태가 계속되는 것이므로 이 경우, 퇴거불응죄를 따로 의율할 수는 없다. 따라서 주거침입죄로 의율하는 것이 상당하겠다.

(6) **상습적으로 주거침입, 절도한 경우**

피의자가 여관의 남의 방이나 남의 사무실, 집 등을 침입하여 상습적으로 절도를 왔다.

➡ 이 경우, 주거침입죄는 상습절도죄에 흡수되어 별죄를 구성하지 않게 된다. 의율은 특정범죄가중처벌등에관한법률위반(제5조의4 참조)으로 하여야 한다(대법원 1984. 12. 26. 선고 84도1573 판결).

(7) **대리시험을 치기로 공모하고, 1인만 시험장에 들어간 경우**

김○○와 이○○는 돈을 받고 대리시험을 치기로 공모하고, 김○○가 대리시험을 치기 위해 면허시험장에 들어갔다.

➡ 공무집행방해 등의 혐의를 생각하지 않고, 주거침입죄만을 놓고 보면 김○○는 시험장에 직접 침입한 것이므로 건조물침입죄로 의율할 수 있다. 이에 대해 이○○는 직접 침입하지는 않았지만, 건조물침입죄의 공모공동정범이라고 할 것이어서, 이○○에 대해서도 건조물침입죄를 적용하는 것이 상당하겠다.

5. 참고사항

(1) 수사시 유의할 점

1) 주거침입이 성립되면 퇴거불응은 자동적으로 이에 흡수됨

2) 주거침입죄를 2인 이상이 범한 경우에는 폭력등 제2조 제2항, 제1항을 적용하고, 흉기 또는 위험한 물건을 휴대하고 주거침입죄를 범한 경우에는 폭력등 제3조 제1항, 제2조 제1항을 적용해야 한다.

2. 퇴거불응죄

제319조【주거침입, 퇴거불응】
② 전항의 장소에서 퇴거요구를 받고 응하지 아니한 자도 전항의 형과 같다.

Ⅰ. 이론

1. 구성요건

(1) 객관적 구성요건

1) 주체

사람의 주거 등에 적법하게 또는 과실로 들어간 자이다. 주의할 것은 처음부터 고의로 위법하게 들어간 자는 주거침입죄의 주체일 뿐이지 퇴거불응죄의 주체는 아니다.

2) 객체

주거침입죄의 경우와 같다.

3) 행위

퇴거요구를 받고 불응하는 것이다.

① 퇴거요구는 1회로도 충분하다.

② 퇴거요구는 명시적으로 뿐만 아니라 묵시적으로도 가능하다.

③ 기수시기와 관련하여 퇴거요구를 받고 즉시 응하지 않음으로써 기수가 된다는 견해(다수설)와 퇴거에 필요한 시간이 경과하여야만 기수가 된다는 견해가 주장된다.

(2) 주관적 구성요건

고의가 있어야 한다.

Ⅱ. 판례

◆ 사용자의 직장폐쇄가 정당한 쟁의행위로 인정되기 위한 요건 및 적법한 쟁의행위로 사업장을 점거한 근로자가 부당한 직장폐쇄에 대항하여 퇴거요구에 불응한 것이 퇴거불응죄를 구성하는지 여부(소극)

[1] 사용자의 직장폐쇄는 노사간의 교섭태도, 경과, 근로자측 쟁의행위의 태양, 그로 인하여 사용자측이 받는 타격의 정도 등에 관한 구체적 사정에 비추어 형평상 근로자측의 쟁의행위에 대한 대항·방위 수단으로서 상당성이 인정되는 경우에 한하여 정당한 쟁의행위로 평가받을 수 있는 것이고, 사용자의 직장폐쇄가 정당한 쟁의행위로 인정되지 아니하는 때에는 적법한 쟁의행위로서 사업장을 점거 중인 근로자들이 직장폐쇄를 단행한 사용자로부터 퇴거 요구를 받고 이에 불응한 채 직장점거를 계속하더라도 퇴거불응죄가 성립하지 아니한다.

[2] 사용자측의 노사간 교섭에 소극적인 태도, 노동조합의 파업이 노사간 교섭력의 균형과 사용자측 업무수행에 미치는 영향 등에 비추어 노동조합이 파업을 시작한 지 불과 4시간 만에 사용자가 바로 직장폐쇄 조치를 취한 것은 정당한 쟁의행위로 인정되지 아니하므로, 사용자측 시설을 정당하게 점거한 조합원들이 사용자로부터 퇴거요구를 받고 이에 불응하였더라도 퇴거불응죄가 성립하지 아니한다고 한 사례(대법원 2007.12.28. 선고 2007도5204).

◆ **교회의 예배를 방해할 목적으로 교회에 출입하는 자에 대하여 교회의당회가 출입금지의결을 하고 퇴거를 요구하였는데도 이에 불응한 행위가 퇴거불응죄에 해당하는지 여부(적극)**

[1] 피고인이 예배의 목적이 아니라 교회의 예배를 방해하여 교회의 평온을 해할 목적으로 교회에 출입하는 것이 판명되어 위 교회 건물의 관리주체라고 할 수 있는 교회당회에서 피고인에 대한 교회출입금지의결을 하고, 이에 따라 위 교회의 관리인이 피고인에게 퇴거를 요구한 경우 피고인의 교회출입을 막으려는 위 교회의 의사는 명백히 나타난 것이기 때문에 이에 기하여 퇴거요구를 한 것은 정당하고 이에 불응하여 퇴거를 하지 아니한 행위는 퇴거불응죄에 해당한다.

[2] 사회통념상 현관도 건물의 일부임이 분명한 것이므로 피고인이 교회 건물의 현관에 들어간 이상 그 곳에서 교회 관리인의 퇴거요구를 받고 이에 응하지 않았다면 퇴거불응죄가 성립한다(대법원 1992.4.28. 선고 91도2309 판결).

Ⅲ. 수사실무

1. 범죄사실 기재례

【범죄사실 기재례】

피의자는 20○○.○.○. 13:00경 서울 ○○구 ○○동 123에 있는 피해자 홍○○의 집 마당에서 피해자에게 그 집에 사글세로 살다 약 5개월 전에 이사를 간 오○○의 소재를 알려달라고 요구하다가 피해자로부터 나가 달라는 요구를 받았다. 그러나 피의자는 이에 응하지 아니하고 같은 날 13:30경 피해자의 신고를 받고 출동한 경찰관이 도착할 때까지 집 현관에 버티고 앉아 있어 정당한 이유 없이 피해자의 퇴거요구에 불응하였다.

3. 특수주거침입죄

제320조【특수주거침입】

단체 또는 다중의 위력을 보이거나 위험한 물건을 휴대하여 전조의 죄를 범한 때에는 5년 이하의 징역에 처한다.

[특별규정] 폭력행위3, [공소시효] : 7년

○ 이 죄는 주거침입죄와 퇴거불응죄에 대하여 범죄실행 방법의 위험성 때문에 불법이 가중되는 가중적 구성요건이다.

Ⅰ. 이론

1. 구성요건

(1) 객관적 구성요건

1) 단체 또는 다중의 위력

① 단체란 공동목적을 이루기 위한 다수인의 계속적 결합체를 말하고 다중이란 단체를 이루지 못한 다수인을 가리킨다.

② 단체 또는 다중의 경우에는 1인만 침입한 때에도 성립한다.

③ 단체 또는 다중의 위력을 이용하여 주거 등에 침입했다 하더라도 그것이 노동쟁의 등과 같은 합법적인 단체 행동인 경우에는 그 허용된 한계내에서는 위법성이 조각된다.

2) 위험한 물건의 휴대

위험한 물건을 휴대한 경우는 처음부터 가지고 들어가는 때에 한하지 않고 주거침입 등의 범죄가 계속하는 동안 가지고 있으면 된다. 또 그것을 외부에 꺼내어 보이거나, 피해자가 이를 인식할 필요도 없다.

(2) 주관적 구성요건

고의가 필요하다.

Ⅱ. 판례

◆ 수인이 흉기를 휴대하여 타인의 건조물에 침입하기로 공모한 후 일부만이 건조물에 들어간 경우, 폭력행위등처벌에관한법률 제3조 제1항, 제2조 제1항, 형법 제319조 제1항 소정의 특수주거침입죄의 구성요건인 '흉기휴대' 여부를 직접 건조물에 들어간 범인을 기준으로 결정하는지 여부

폭력행위등처벌에관한법률 제3조 제1항, 제2조 제1항, 형법 제320조 소정의 특수주거침입죄는 흉기 기타 위험한 물건을 휴대하여 타인의 주거나 건조물 등에 침입함으로써 성립하는 범죄이므로, 수인이 흉기를 휴대하여 타인의 건조물에 침입하기로 공모한 후 그 중 일부만이 건조물 안으로 들어갔을 경우에 있어서 특수주거침입죄의 구성요건이 충족되었다고 볼 수 있는지의 여부는 직접 건조물에 들어간 범인을 기준으로 하여 그 범인이 흉기를 휴대하였다고 볼 수 있느냐의 여부에 따라 결정되어야 한다(대법원 1994. 10. 11. 선고 94도1991 판결).

◆ 평상출입이 허용된 처소와 주거침입의 관계

타인의 주거에 평상출입이 허용된 것이라 하더라도 당해 주거침입의 소위가 관리자의 의사에 반하거나 관리자의 허용치 아니할 의사가 명백히 추측됨에 불구하고 감행된 것인 경우에는 주거침입죄가 성립된다 할 것이다(대법원 1955.12.23, 4288형상25).

Ⅲ. 수사실무

1. 수사포인트

특수주거침입죄는 폭력행위등처벌에관한법률에 특별히 규정하여 동법 제3조에 의해 가중처벌하고 있으므로 실무상 이 죄의 적용은 없다. 이러한 행위에 대해서는 특별법에 의하여 처벌하고 있음에 주의한다.

2. 범죄사실 기재례

【범죄사실 기재례】

(1) 피의자 甲은 20○○. ○. ○. 11 : 00경 ○○시 ○○동에 있는 ○○중학교 강당에서 연극의 공연을 연습하기 위하여, 그 학교의 관리기관인 같은 시 교육청 교육장의 승인도 받지 않고 그 강당의 옆 창문을 열고 들어가서 그 학교의 건조물에 침입하였다.

(2) 피의자는 20○○. ○. ○. 11 : 50경 ○○시 ○○동 ○○번지에 있는 ○○주점에서 술을 마시다가, 그 집 종업원 이○○가 폐점시간임을 알리며 나가달라고 요구하자 소지하고 있던 길이 약 14센티의 주머니칼을 꺼내 보였다. 그리고 "나는 내가 가고 싶은 때 간다. 다시 귀찮게 하면 혼날줄 알아라"라고 말하고 약 3시간 동안 더 그곳에 머물러, 퇴거요구를 받았음에도 위험한 물건을 휴대하고 그 요구에 응하지 않았다.

4. 주거, 신체수색죄

제321조【주거·신체 수색】
사람의 신체, 주거, 관리하는 건조물, 자동차, 선박이나 항공기 또는 점유하는 방실을 수색한 자는 3년 이하의 징역에 처한다. 〈개정 1995. 12. 29.〉
[제목개정 1995. 2. 29.]

[신체의자유] 헌12, [주거의자유] 헌16, [법원에의한수색] 형소109, [공소시효] : 5년

○ 이 죄는 주거의 평온이 침입이나 퇴거불응에 의해서뿐 아니라 수색에 의해서 침해되는 것을 보호하기 위하여 규정한 것이다.

I. 이론

1. 구성요건

(1) 객관적 구성요건

1) 객체

사람의 신체, 주거, 관리하는 건조물, 자동차, 선박이나 항공기 또는 점유하는 방실이다.

2) 행위

수색하는 것이다. 수색이란 사람이나 물건을 찾아내기 위해 사람의 신체 또는 일정한 장소를 수사하는 것이다.

① 형사소송법상 적법한 영장에 의한 수색인 때에는 위법성이 조각된다.

② 주거권자의 동의에 의하여 수색한 때에는 구성요건해당성이 조각된다.

③ 주거에 침입하여 수색하는 경우에는 "주거침입죄"와 "주거수색죄"의 경합범이 된다.

(2) 주관적 구성요건

고의가 필요하다.

Ⅱ. 판례

◆ 주주총회에 참석한 주주가 회사측의 의사에 반하여 회사 사무실을 뒤져 회계장부를 강제로 찾아 열람한 경우, 형법 제20조 소정의 정당행위에 해당하는지 여부(소극)

회사의 정기주주총회에 적법하게 참석한 주주라고 할지라도 주주총회장에서의 질문, 의사진행 발언, 의결권의 행사 등의 주주총회에서의 통상적인 권리행사 범위를 넘어서서 회사의 구체적인 회계장부나 서류철 등을 열람하기 위하여는 별도로 상법 제466조 등에 정해진 바에 따라 회사에 대하여 그 열람을 청구하여야 하고, 만일 회사에서 정당한 이유 없이 이를 거부하는 경우에는 법원에 그 이행을 청구하여 그 결과에 따라 회계장부 등을 열람할 수 있을 뿐 주주총회 장소라고 하여 회사측의 의사에 반하여 회사의 회계장부를 강제로 찾아 열람할 수는 없다고 할 것이며, 설사 회사측이 회사 운영을 부실하게 하여 소수주주들에게 손해를 입게 하였다고 하더라도 위와 같은 사정만으로 주주총회에 참석한 주주가 강제로 사무실을 뒤져 회계장부를 찾아내는 것이 사회통념상 용인되는 정당행위로 되는 것은 아니다(대법원 2001. 9. 7. 선고 2001도2917 판결).

Ⅲ. 수사실무

1. 범죄사실 기재례

【범죄사실 기재례】

(1) 피의자는 ○○산업의 대표이다.

피의자는 자신에게 금 ○○만원의 채무를 진 ○○건설 대표 손○○에게 수차례 전화접촉을 시도하다 이에 실패하자 채무를 받아내기 위해 20○○. ○. ○. 21 : 00경 ○○시 ○○동 ○○번지에 있는 위 손○○의 집으로 찾아갔다. 그러나 그의 처 강○○가 손○○는 지금 집에 없다고 하자 “손○○를 어디에 숨긴 거냐, 오늘은 꼭 만나고 말겠다”는 등이 말을 하면서 그녀의 저지를 물리치고 그 집 안으로 들어가 약 10분동안 그 집안의 방과 다락 등의 문을 열고 뒤지며 그의 주거를 수색하였다.

(2) 피의자는 ○○학교의 기숙사 ○○호에 주거하고 있다.

피의자는 20○○. ○. ○. 08 : 30경 위 방의 책상위에 두었던 닌텐도게임기를 도난 당한 것을 발견하고, 이것을 같은 기숙사 강○○의 소행으로 속단하고 위 도난품을 찾기 위하여 같은 날 18 : 30경 위 강○○의 ○○호 방에 들어가 함부로 방실을 수색하였다.

(3) 피의자는 사채업자이다.

피의자는 20○○. ○.중순경 자신에게 1,000만원을 빌려간 김○○에게 수차례에 걸쳐 변제를 독촉하였으나 이를 피하면서 만나주지 않아 빌려준 돈을 받기 위해,

20○○. ○. ○. 16:00경 ○○시 ○○구 ○○동 123번지에 살고 있는 위 김○○의 집에 찾아갔다. 그곳에서 김○○의 아들 김△△(만9세)가 혼자 집에 있으면서 아버지가 집에 없다고 하는데도 방안에 숨어있으면서 나오지 않는다면서 그 집 안으로 들어가 약 10분 동안 그 집안의 방과 다락 등의 문을 열고 뒤지며 그의 주거를 수색하였다.

5. 미수범

제322조【미수범】 본장의 미수범은 처벌한다.

[미수범] 25-29

주거침입죄(제319조 1항), 퇴거불응죄(제319조 2항), 특수주거침입죄(제320조), 주거, 신체수색죄(제321조)의 경우 미수범을 처벌한다.

특히 퇴거불응죄(제319조 2항)의 경우 미수범 처벌규정이 있으나 본 죄를 거동범으로 보느냐, 아니면 침해범으로 보느냐에 따라서 미수범을 인정할 것인지에 대하여 견해가 나뉜다. 다수설은 퇴거불응죄는 거동범이므로 미수가 성립할 여지가 없다는 부정설의 입장이나, 퇴거불응죄는 침해범이므로 주거의 사실상의 평온이 침해되기 이전에 축출당한 때에는 미수범이 성립할 수 있다는 긍정설도 주장된다.

제 37 장 권리행사를 방해하는 죄 (제323조 ~ 제328조)

제37장 권리행사를 방해하는 죄(제323조 ~ 제328조)

1. 권리행사방해죄

제323조【권리행사방해】

타인의 점유 또는 권리의 목적이 된 자기의 물건 또는 전자기록등 특수매체기록을 취거, 은닉 또는 손괴하여 타인의 권리행사를 방해한 자는 5년 이하의 징역 또는 700만원 이하의 벌금에 처한다. 〈개정 1995. 12. 29.〉

[타인점유] 민192 · 194 · 320 · 328, [은닉 · 손괴] 366, [친족간의범행] 328, [공소시효] : 7년

○ 이 죄의 보호법익은 제한물권(용익·담보물권) 또는 채권(임차권 등)이다. 제한물권이나 채권도 재산권이기 때문에 넓은 의미로는 재산죄의 일종이지만 소유권을 보호하는 일반 재산죄와 구별된다.

Ⅰ. 이론

1. 구성요건

(1) 객관적 구성요건

1) 주체

자기의 물건을 타인의 점유 또는 권리의 목적으로 제공한 소유자이다.

2) 객체

타인의 점유 또는 권리의 목적이 된 자기의 물건, 또는 전자기록 등 특수매체 기록이다.

① 자기물건이란 자기소유의 물건을 말한다. 자기와 타인의 공유에 속하는 물건은 타인의 물건이므로 여기에 해당하지 않는다. 전자기록 등 특수매체 기록이란 사람의 지각으로 인식할 수 없는 방식에 의하여 만들어진 기록을 의미한다.

② 타인이란 자기 이외의 자로서 자연인은 물론 법인이나 법인격 없는 단체를 포함한다. 자기와 타인이 공동점유하는 자기소유물도 타인이 점유하는 재물에 해당한다.

③ 점유는 적법한 권원에 의한 형법상의 점유로 제한된다.

④ 타인의 권리의 목적이란 타인의 제한물권 또는 채권의 목적이 된 물건을 말한다.

3) 행위

취거 · 은닉 · 손괴하여 타인의 권리행사를 방해하는 것이다.

① 취거란 점유자의 의사에 반하여 그 점유물에 대한 점유자의 사실상의 지배를 제거하고 자기 또는 제3자의 사실상의 지배로 옮기는 것을 말한다. 절도죄의 절취에 상응하는 개념이다.

② 은닉이란 물건의 소재 발견을 불가능하게 하거나 현저히 곤란한 상태에 두는 것을 말한다.

③ 손괴란 물건의 전부 또는 일부에 대하여 그 용익적 또는 가치적 효용을 해하는 것을 말한다.

④ 권리행사방해는 타인의 권리행사가 방해될 우려있는 상태에 이르면 되고 현실적으로 방해되었을 것을 요하지 않는다(위험범).

⑤ 이 죄의 미수는 벌하지 않는다.

(2) 주관적 구성요건

1) 이 죄는 영득죄가 아니기 때문에 불법영득의 의사가 있었는가 혹은 없었는가는 죄의 성립에 영향을 주지 않는다.

2) 타인의 점유 또는 권리의 목적이 된 자기의 물건이라는 것, 이를 취거·은닉·손괴함으로써 타인의 권리를 방해한다는 인식이 있으면 된다.

3) 미필적 고의로 족하다.

2. 친족상도례(제328조)

(1) 이 죄가 직계혈족, 배우자, 동거친족, 동거가족 또는 그 배우자 사이에서 이루어졌을 경우에는 그 형을 면제하며(제328조 1항), 그 외의 친족 사이

에서 이루어지면 고소가 있어야 논한다(제328조 2항). 이러한 신분관계가 없는 공범에 대하여는 이러한 특례를 인정하지 않는다(제328조 3항).

(2) 가족, 친족관계는 객관적으로 존재하는 것으로 충분하고 이러한 신분관계에 있음을 피의자가 인식할 것을 필요로 하지 않는다고 해석되므로 (인적처벌조각사유설) 설령 피의자에게 그 신분관계에 관하여 착오가 있을지라도 친족간 범행의 적용에는 영향이 없다.

Ⅱ. 판례

◆ 권리행사방해죄에서 말하는 '자기의 물건'의 의미와 그 소유권 귀속의 기준 및 명의신탁 받은 부동산이 명의수탁자의 '자기의 물건'인지 여부(원칙적 소극)

형법 제323조의 권리행사방해죄에서 말하는 '자기의 물건'이라 함은 범인이 소유하는 물건을 의미하고, 여기서 소유권의 귀속은 민법 기타 법령에 의하여 정하여진다 할 것인바, 부동산실권리자 명의등기에 관한 법률 제4조 제1항, 제2항 및 제8조에 의하면 종중 및 배우자에 대한 특례가 인정되는 경우나 부동산에 관한 물권을 취득하기 위한 계약에서 명의수탁자가 그 일방당사자가 되고 그 타방 당사자가 명의신탁약정이 있다는 사실을 알지 못하는 경우 이외에는 명의수탁자는 명의신탁 받은 부동산의 소유자가 될 수 없고, 이는 제3자에 대한 관계에 있어서도 마찬가지이므로, 명의수탁자로서는 명의신탁 받은 부동산이 '자기의 물건'이라고 할 수 없다(대법원 2007. 1. 11. 선고 2006도4215 판결).

◆ 권리행사방해죄의 보호대상인 '타인의 점유'의 의미

[1] 권리행사방해죄에서의 보호대상인 타인의 점유는 반드시 점유할 권원에 기한 점유만을 의미하는 것은 아니고, 일단 적법한 권원에 기하여 점유를 개시하였으나 사후에 점유 권원을 상실한 경우의 점유, 점유 권원의 존부가 외관상 명백하지 아니하여 법정절차를 통하여 권원의 존부가 밝혀질 때까지의 점유, 권원에 기하여 점유를 개시한 것은 아니나 동시이행항변권 등으로 대항할 수 있는 점유 등과 같이 법정절차를 통한 분쟁 해결시까지 잠정적으로 보호할 가치 있는 점유는 모두 포함된다고 볼 것이고, 다만 절도범인의 점유와 같이 점유할 권리 없는 자의 점유임이 외관상 명백한 경우는 포함되지 아니한다.

[2] 렌트카회사의 공동대표이사 중 1인이 회사 보유 차량을 자신의 개인적인 채무담보 명목으로 피해자에게 넘겨 주었는데 다른 공동대표이사인 피고인이 위 차량을 몰래 회수하도록 한 경우, 위 피해자의 점유는 권리행사방해죄의 보호대상인 점유에 해당한다고 한 사례(대법원 2006. 3. 23. 선고 2005도4455 판결).

◆ 배우자에게 명의신탁한 부동산이 권리행사방해죄에서 말하는 '자기의 물건'에 해당하는지 여부(소극)

(1) 사실관계

> 피고인 A는 부산소재 ○○건물의 실소유자로서 실내건축 및 건물임대업체인 주식회사 ▲▲를 운영하는 자, 피고인 C는 위 ○○건물의 관리인으로서, 피고인 A가 2002. 9. 20.경 피해자 D에게 위 빌딩 1층 103호를 임대보증금 30,000,000원에 임대하면서 위 103호의 실내장식공사를 15,000,000원에 하여 주기로 약정하고 그 공사를 진행하던 중, 피고인 A, 피고인 C는 공모하여, 2002. 10. 24.경 위 ○○건물1층 103호에서 피고인 A는 피해자 D의 동생인 E와 위 실내장식공사 대금 문제로 다툰 일로 화가 나 피고인 C에게 위 103호의 문에 자물쇠를 채우라고 지시하고, 피고인 C는 위 103호에 자물쇠를 채워 피해자D로 하여금 위 점포에 출입을 못하게 하였다. 그러나 위 빌딩은 이를 피고인 A가 F로부터 매수하면서 그의 처인 B에게 등기명의를 신탁(중간생략등기형 명의신탁 또는 계약명의신탁)해 놓은 것이었다.

(2) 판결요지

[1] 부동산 실권리자명의 등기에 관한 법률 제8조는 배우자 명의로 부동산에 관한 물권을 등기한 경우에 조세포탈, 강제집행의 면탈 또는 법령상 제한의 회피를 목적으로 하지 아니한 때에는 제4조 내지 제7조 및 제12조 제1항, 제2항의 규정을 적용하지 아니한다고 규정하고 있는바, 만일 명의신탁자가 그러한 목적으로 명의신탁을 함으로써 명의신탁이 무효로 되는 경우에는 말할 것도 없고, 그러한 목적이 없어서 유효한 명의신탁이 되는 경우에도 제3자인 부동산의 임차인에 대한 관계에서는 명의신탁자는 소유자가 될 수 없으므로, 어느 모로 보나 신탁한 부동산이 권리행사방해죄에서 말하는 '자기의 물건'이라 할 수 없다.

[2] 피고인이 이른바 중간생략등기형 명의신탁 또는 계약명의신탁의 방식으로 자신의 처에게 등기명의를 신탁하여 놓은 점포에 자물쇠를 채워 점포의 임차인을 출입하지 못하게 한 경우, 그 점포가 권리행사방해죄의 객체인 자기의 물건에 해당하지 않는다고 한 사례(대법원 2005. 9. 9. 선고 2005도626 판결).

◆ 자기의 소유가 아닌 물건이 권리행사방해죄의 객체가 될 수 있는지 여부(소극) / 권리행사방해죄의 공범으로 기소된 물건의 소유자에게 고의가 없는 등으로 범죄가 성립하지 않는 경우, 물건의 소유자가 아닌 사람이 권리행사방해죄의 공동정범이 될 수 있는지 여부(소극)

형법 제323조의 권리행사방해죄는 타인의 점유 또는 권리의 목적이 된 자기의 물건을 취거, 은닉 또는 손괴하여 타인의 권리행사를 방해함으로써 성립하므로 그 취거, 은닉 또는 손괴한 물건이 자기의 물건이 아니라면 권리행사방해죄가 성립할 수 없다.

물건의 소유자가 아닌 사람은 형법 제33조 본문에 따라 소유자의 권리행사방해 범행에 가담한 경우에 한하여 그의 공범이 될 수 있을 뿐이다. 그러나 권리행사방해죄의 공범으로 기소된 물건의 소유자에게 고의가 없는 등으로 범죄가 성립하지 않는다면 공동정범이 성립할 여지가 없다(대법원 2017.5.30, 선고, 2017도4578, 판결).

◆ 권리행사방해죄의 구성요건 중 '은닉'의 의미 및 권리행사방해죄가 성립하기 위하여 현실로 권리행사가 방해되었을 것이 필요한지 여부(소극)

형법 제323조의 권리행사방해죄는 타인의 점유 또는 권리의 목적이 된 자기의 물건 또는 전자기록 등 특수매체기록을 취거, 은닉 또는 손괴하여 타인의 권리행사를 방해함으로써 성립한다. 여기서 '은닉'이란 타인의 점유 또는 권리의 목적이 된 자기 물건 등의 소재를 발견하기 불가능하게 하거나 또는 현저히 곤란한 상태에 두는 것을 말하고, 그로 인하여 권리행사가 방해될 우려가 있는 상태에 이르면 권리행사방해죄가 성립하고 현실로 권리행사가 방해되었을 것까지 필요로 하는 것은 아니다(대법원 2017.5.17, 선고, 2017도2230, 판결).

◆ 피고인들이 공모하여 렌트카 회사인 甲 주식회사를 설립한 다음 乙 주식회사 등의 명의로 저당권등록이 되어 있는 다수의 차량들을 사들여 甲 회사 소유의 영업용 차량으로 등록한 후 자동차대여사업자등록 취소처분을 받아 차량등록을 직권말소시켜 저당권 등이 소멸되게 함으로써 乙 회사 등의 저당권의 목적인 차량들을 은닉하는 방법으로 권리행사를 방해하였다는 내용으로 기소된 사안에서, 피고인들이 차량들을 은닉하였다고 단정할 수 없다는 이유로 무죄로 판단한 원심판결에 법리오해의 잘못이 있다고 한 사례

피고인들이 공모하여 렌트카 회사인 甲 주식회사를 설립한 다음 乙 주식회사 등의 명의로 저당권등록이 되어 있는 다수의 차량들을 사들여 甲 회사 소유의 영업용 차량으로 등록한 후 자동차대여사업자등록 취소처분을 받아 차량등록을 직권말소시켜 저당권 등이 소멸되게 함으로써 乙 회사 등의 저당권의 목적인 차량들을 은닉하는 방법으로 권리행사를 방해하였다는 내용으로 기소된 사안에서, 피고인들은 처음부터 자동차대여사업자에 대한 등록취소 및 자동차등록 직권말소절차의 허점을 이용하여 권리행사를 방해할 목적으로 범행을 모의한 다음 렌트카 사업자등록만 하였을 뿐 실제로는 영업을 하지 아니함에도 차량 구입자들 또는 지입차주들로 하여금 차량을 관리·처분하도록 함으로써 차량들의 소재를 파악할 수 없게 하였고, 나아가 자동차대여사업자등록이 취소되어 차량들에 대한 저당권등록마저 직권말소되도록 하였으므로, 이러한 행위는 그 자체로 저당권자인 乙 회사 등으로 하여금 자동차등록원부에 기초하여 저당권의 목적이 된 자동차의 소재를 파악하는 것을 현저하게 곤란하게 하거나 불가능하게 하는 행위에 해당함에도, 이와 달리 피고인들이 차량들을 은닉하였다고 단정할 수 없다는 이유로 무죄로 판단한 원심판결에 권리행사방해죄에 관한 법리오해의 잘못이 있다고 한 사례(대법원 2017.5.17, 선고, 2017도2230, 판결).

◆ 피고인이 지입제로 운행하던 택시를 지입회사의 요구로 회사 차고지에 입고하였다가 회사의 승낙을 받지 않고 가져간 행위가 권리행사방해죄에 해당하지 않는다고 한 사례

(1) 사실관계

피고인이 유한회사 낭주택시에 레간자택시를 지입하여 운행하면서 일일입금 및 공과금을 납부하지 아니하여 위 회사로부터 위 택시의 반환을 요구받던 중, 1999. 11. 14. 위 택시를 위 회사 차고지에 입고하여 위 회사가 위 택시를 점유하게 되었음에도 그 다음날 21:30경 위 회사 차고지에 주차되어 있던 피고인 소유의 위 택시를 점유권자인 위 회사의 승낙 없이 임의로 취거하였다.

(2) 판결요지

[1] 형법 제323조의 권리행사방해죄는 타인의 점유 또는 권리의 목적이 된 자기의 물건을 취거, 은닉 또는 손괴하여 타인의 권리행사를 방해함으로써 성립하는 것이므로 그 취거, 은닉 또는 손괴한 물건이 자기의 물건이 아니라면 권리행사방해죄가 성립할 여지가 없다.

[2] 피고인이 택시를 회사에 지입하여 운행하였다고 하더라도, 피고인이 회사와 사이에 위 택시의 소유권을 피고인이 보유하기로 약정하였다는 등의 특별한 사정이 없는 한, 위 택시는 그 등록명의자인 회사의 소유이고 피고인의 소유는 아니라고 할 것이므로 회사의 요구로 위 택시를 회사 차고지에 입고하였다가 회사의 승낙을 받지 않고 이를 가져간 피고인의 행위는 권리행사방해죄에 해당하지 않는다고 한 사례(대법원 2003. 5. 30. 선고 2000도5767 판결).

◆ 공장근저당권이 설정된 기계를 이중담보로 제공하기 위하여 타처로 옮긴 경우, 권리방해죄의 성립 여부

공장저당권이 설정된 선반기계 등을 이중담보로 제공하기 위하여 이를 다른 장소로 옮긴 경우, 이는 공장저당권의 행사가 방해될 우려가 있는 행위로서 권리행사방해죄에 해당한다(대법원 1994. 9. 27. 선고 94도1439 판결).

◆ 자기의 소유가 아닌 물건이 권리행사방해죄의 객체가 될 수 있는지 여부(소극)

(1) 사실관계

피고인A는 피해자에게 교부한 약속어음이 부도나 피해자로부터 원금에 대한 변제독촉을 받자 BMW 차량 및 열쇠와 자동차등록증 사본을 피해자에게 교부하

고, 금원을 변제할 때까지 피해자가 위 차량을 보관하게 함으로써 담보로 제공하였음에도 불구하고, 피해자의 승낙 없이 미리 소지하고 있던 위 차량의 보조키를 이용하여 이를 운전하여 갔다. 그러나 위 차량은 자동차등록원부에 비엠더블유파이낸셜서비스코리아 명의로 등록되어 있었던 차량이었다.

(2) 판결요지

[1] 형법 제323조의 권리행사방해죄는 타인의 점유 또는 권리의 목적이 된 자기의 물건을 취거, 은닉 또는 손괴하여 타인의 권리행사를 방해함으로써 성립하는 것이므로, 그 취거, 은닉 또는 손괴한 물건이 자기의 물건이 아니라면 권리행사방해죄가 성립할 여지가 없다.

[2] 피고인이 피해자에게 담보로 제공한 차량이 그 자동차등록원부에 타인 명의로 등록되어 있는 이상 그 차량은 피고인의 소유는 아니라는 이유로, 피고인이 피해자의 승낙 없이 미리 소지하고 있던 위 차량의 보조키를 이용하여 이를 운전하여 간 행위가 권리행사방해죄를 구성하지 않는다고 한 사례(대법원 2005. 11. 10. 선고 2005도6604 판결).

Ⅲ. 수사실무

1. 피의자 신문례

(1) 피의자는 ○○시 ○○구 ○○동 112번지의 건물을 알고 있나요

(2) 위 건물은 누구의 소유인가요

(3) 위 건물을 ○○○에게 임대하여 준 사실이 있나요

(4) 언제부터 임대하여 주었고, 계약내용은 어떠한가요

(5) 피의자는 위 건물의 출입문을 손괴한 적이 있나요

(6) 언제 그렇게 하였나요

(7) 누구와 함께 손괴하였나요

(8) 어떤 방법으로 손괴하였나요

(9) 위 손괴로 인하여 ○○○에게 어떤 피해를 입혔나요

(10) 친족관계는 있는가요

2. 범죄사실 기재례

【범죄사실 기재례】

피의자는 20○○. ○. ○. 피의자 소유의 서울 33바 ○○○○호 지게차를 차○○에게 임대료 월 ○○만원 ○개월 기한으로 임대차계약을 맺고 동시에 ○개월분의 임대료 ○○만원을 받았다. 그리고 그 지게차 운행권리 일체를 대여하고 위 차○○는 그 차를 다음날부터 서울 ○○동 ○○번지에 있는 자기집 차고에 보관하면서 ○○건설주식회사의 ○○공사장에서 운행하고 있었다. 그러던 중 피의자는 그 트럭의 임대료가 너무 싸다고 생각하여 위 차○○에게 그 임대료의 인상을 요구하였으나 그가 이를 거절하자 같은 해 ○. ○. 06 : 30경 위 차○○의 차고에서 ○○동 ○○번지에 있는 자신의 차고로 옮겨감으로써 차○○의 위 지게차운행의 권리행사를 방해하였다.

3. 적용실례

(1) 타인의 전세들어 사는 피의자 소유집에 침입하여 부엌문, 방문 등을 손괴한 경우

피의자는 자기집에 전세들어 사는 피해자가 계약기간이 끝났는데도 이사를 가지 않자 그 집에 침입하여 부엌문 및 방문짝을 때려 부수고 신을 신은 채로 그 방 안에 들어가 피해자의 가구인 문갑을 손괴하였다.

➡ 타인의 점유 또는 권리의 목적이 된 자기물건을 손괴한 행위는 권리행사방해죄에 해당하며, 부엌을 통하여 방안으로 신발을 신고 침입한 행위는 주거침입죄에 해당하므로, 이 경우 재물손괴죄와 권리행사방해, 주거침입죄를 의율해야 할 것이다.

(2) 담보물건을 몰래 가져온 경우

도○○는 임○○에게서 돈을 빌리면서 그 담보로 고가의 전문가용 카메라를 맡겼는데, 마음이 놓이지 않아 임○○ 몰래 그 카메라를 집으로 가져와 버렸다.

➡ 도○○의 행위는 타인의 권리의 목적이 된 자기의 물건을 취거한 것이므로 권리행사방해죄로 의율해야 한다. 절도죄가 아님에 유의.

(3) 자동차를 매수 인도받아 잔대금도 지불하지 않고 등록명의 이전도 않은 상태에서 피의자가 임의로 끌고 가 보관, 반환불응한 경우

피의자는 소유하고 있던 트럭을 김○○에게 매도인도했고 고소인은 다시 김○○로부터 위 차를 매수인도받아 등록명의는 피의자 앞으로 한 채 운행하고 있었다. 그런데 위 김○○가 트럭의 잔대금을 지불하지 않고 등록명의도 이전하지 않은 채 자취를 감추자 피의자가 이에 불안을 느끼고 있다가 ○○아파트 주차장에 세워놓은 위 차를 발견하고 김○○에 대한 채권담보로 하기 위해 위 차를 임의로 끌고가 보관하면서 고소인의 반환요구에도 불응하였다.

➡ 이에 대해 절도죄로 의율할 수도 있겠으나, 절도죄는 타인의 점유하에 있는 타인 소유의 재물을 불법영득의사로 가져올 때 성립하는 것이다. 그런데 이 경우의 트럭은 피의자 명의로 등록되어 있으나 피의자 소유의 물건이라 할 것이어서 절도죄의 객체가 아니고 불법영득의사도 인정하기 어렵다 할 것이다. 다만 피의자가 고소인의 적법한 위 트럭의 점유운행권을 침해한 것이므로 권리행사방해죄로 의율하는 것이 타당하다.

(4) 가스점포 상호명이 붙은 용기를 임의로 가져온 경우

권○○는 가스점포의 종업원으로서 배달을 나갔다가 이○○의 집 옆에 위 점포의 상호명이 쓰여있는 가스용기가 있는 것을 발견하고, 이를 임의로 가져갔다.

➡ 위 가스용기는 점포의 소유이긴 하지만 이○○가 점유하고 있던 것이어서, 위 권○○에게 불법영득의 의사가 없었다고 하더라도 권리행사방해죄를 의율해야 할 것이다.

(5) 타인에게 자동차를 매도·인도하다 손괴한 경우

정○○는 개인택시로 사용하던 자동차를 송○○에게 매도, 인도하였다. 그런데 그 차를 잘못하여 정○○가 손괴하고 말았다.

➡ 이 경우, 우선 위 차의 소유, 점유 문제를 알아보아야 할 것이다. 만일 위 차의 잔금지급 및 등록명의 이전이 완전히 끝났다면 위 정○○의 행위는 재물손괴죄로 의율하는 것이 상당하다. 그러나 등록명의가 아직 송

○○에게 이전되지 않았다면 위 차의 소유자는 정○○이고, 송○○는 단지 점유하고 있는 자일 뿐이므로 권리행사방해죄로 의율해야 될 것이다.

(6) 명도 요구에 불응하여 의사에 반하여 점포내에 고추를 쌓아 영업을 방해한 경우

방○○는 이○○로부터 그 소유점포를 빌려서 가방 등을 판매하던 중 그 임대기간이 종료하여 이○○가 방○○에게 명도를 요구했으나 그는 이를 거절하고 있었다. 이에 이○○는 위 점포를 김○○에게 매도하고 그 소유권이전등기를 경료하여 주었다. 그 후 김○○는 방○○에게 그 점포를 비워줄 것을 요구하다가 그가 불응하자 위 점포에 자신의 소유 고추 100여 가마를 쌓아 놓는 방법으로 여러차례 영업을 방해하였다.

➡ 이 경우, 위 점포의 소유가 어찌되었든 관계없이 그 행위에 있어서 권리행사방해죄의 취거, 은닉, 손괴 어느 행위에도 해당하지 않기 때문에 권리행사방해죄는 성립하지 않으며 업무방해죄가 성립될 뿐이다.

2. 강요죄

제324조【강요】

① 폭행 또는 협박으로 사람의 권리행사를 방해하거나 의무없는 일을 하게 한 자는 5년 이하의 징역 또는 3천만원 이하의 벌금에 처한다.
〈개정 1995. 12. 29., 2016. 1. 6.〉

② 단체 또는 다중의 위력을 보이거나 위험한 물건을 휴대하여 제1항의 죄를 범한 자는 10년 이하의 징역 또는 5천만원 이하의 벌금에 처한다. 〈신설 2016. 1. 6.〉

[중권리행사방해] 326, [상습범] 폭력행위2, [폭행죄] 260, [협박죄] 283, [공소시효] : 7년(1항), 10년(2항)

○ 이 죄는 폭행 또는 협박으로 사람의 권리행사를 방해하거나 의무 없는 일을 하게 함으로써 성립하는 범죄이다. 이에 대해 종전 형법에서는 폭행에 의한 권리행사방해죄라는 죄명으로 권리행사를 방해하거나 의무 없는 일을 하게 하는 죄의 장에서 규정하고 있었으나, 이 죄는 사람의 의사결정의 자유와 그 활동의 자유를 보호법익으로 하는 침해범이어서 죄명도 강요죄로 한 것이다.

Ⅰ. 이론

1. 구성요건

(1) 객관적 구성요건

1) 주체

피해자 이외의 모든 자연인이다.

2) 객체

이 죄의 객체는 사람이다.

3) 행위

폭행 또는 협박으로 사람의 권리행사를 방해하거나 의무 없는 일을 하게 하는 것이다.

① 폭행·협박의 정도는 반드시 상대방의 반항을 불가능하게 하거나 곤란하게 할 정도에 이를 필요는 없지만, 적어도 상대방에게 공포심을 주어 그 의사결정과 활동에 영향을 미칠 정도는 되어야 한다.

② 권리행사 방해는 행사할 수 있는 권리를 행사하지 못하게 하거나 의무 없는 일을 행하게 하는 것을 포함한다.

(2) 주관적 구성요건

고의가 있어야 한다. 고의는 미필적 고의로도 충분하다.

2. 위법성

폭행이나 협박이 외관상으로는 권리를 행사하는 것으로 보이더라도 목적과 수단 사이에 내적 관련이 없는 때에는 위법하다.

3. 타죄와의 관계

체포와 감금의 죄, 약취와 유인의 죄 또는 강간죄나 강제추행죄가 성립하는 때에는 이 죄는 성립하지 않는다(법조경합).

Ⅱ. 판례

◆ 강요죄에서 말하는 '협박'의 의미와 내용 / 행위자가 직업이나 지위에 기초하여 상대방에게 어떠한 이익 등의 제공을 요구한 경우, 그 요구 행위가 강요죄의 수단으로서 해악의 고지에 해당하는지 판단하는 기준 / 공무원인 행위자가 상대방에게 어떠한 이익 등의 제공을 요구하였으나 위와 같은 해악의 고지로 인정될 수 없는 경우, 강요죄가 성립하는지 여부(소극)

강요죄는 폭행 또는 협박으로 사람의 권리행사를 방해하거나 의무 없는 일을 하게 하는 범죄이다. 여기에서 협박은 객관적으로 사람의 의사결정의 자유를 제한하거나 의사실행의 자유를 방해할 정도로 겁을 먹게 할 만한 해악을 고지하는 것을 말한다. 이와 같은 협박이 인정되기 위해서는 발생 가능한 것으로 생각할 수 있는 정도의 구체적인 해악의 고지가 있어야 한다. 행위자가 직업이나 지위에 기초하여 상대방에게 어떠한 이익 등의 제공을 요구하였을 때 그 요구 행위가 강요죄의 수단으로서 해악의 고지에 해당하는지 여부는 행위자의 지위뿐만 아니라 그 언동의 내용과 경위, 요구 당시의 상황, 행위자와 상대방의 성행·경력·상호관계 등에 비추어 볼 때 상대방으로 하여금 그 요구에 불응하면 어떠한 해악에 이를 것이라는 인식을 갖게 하였다고 볼 수 있는지, 행위자와 상대방이 행위자의 지위에서 상대방에게 줄 수 있는 해악을 인식하거나 합리적으로 예상할 수 있었는지 등을 종합하여 판단해야 한다. 공무원인 행위자가 상대방에게 어떠한 이익 등의 제공을 요구한 경우 위와 같은 해악의 고지로 인정될 수 없다면 직권남용이나 뇌물 요구 등이 될 수는 있어도 협박을 요건으로 하는 강요죄가 성립하기는 어렵다(대법원 2020. 2. 13., 선고, 2019도5186, 판결).

◆ 강요죄에서 '의무 없는 일'의 의미 및 폭행 또는 협박으로 법률상 의무 있는 일을 하게 한 경우 강요죄가 성립하는지 여부(소극)

[1] 강요죄는 폭행 또는 협박으로 사람의 권리행사를 방해하거나 의무 없는 일을 하게 하는 것을 말하고, 여기에서 '의무 없는 일'이란 법령, 계약 등에 기하여 발생하는 법률상 의무 없는 일을 말하므로, 폭행 또는 협박으로 법률상 의무 있는 일을 하게 한 경우에는 폭행 또는 협박죄만 성립할 뿐 강요죄는 성립하지 아니한다.

[2] 폭력조직 전력이 있는 피고인이 특정 연예인에게 팬미팅 공연을 하도록 강요하면서 만날 것을 요구하고, 팬미팅 공연이 이행되지 않으면 안 좋은 일을 당할 것이라고 협박한 사안에서, 위 연예인에게 공연을 할 의무가 없다는 점에 대한 미필적 인식 즉, 강요죄의 고의가 피고인에게 있었다고 단정하기 어렵다고 판단한 원심을 수긍한 사례(대법원 2008. 5. 15. 선고 2008도1097 판결).

◆ 강요죄에 있어서 협박의 의미

강요죄라 함은 폭행 또는 협박으로 사람의 권리행사를 방해하거나 의무 없는 일을 하게 하는 것을 말하고, 여기에서의 협박은 객관적으로 사람의 의사결정의 자유를 제한하거나 의사실행의 자유를 방해할 정도로 겁을 먹게 할 만한 해악을 고지하는 것을 말한다(대법원 2003. 9. 26. 선고 2003도763 판결).

◆ 강요죄에서 '폭행'의 의미 및 사람에 대한 간접적인 유형력의 행사를 강요죄의 폭행으로 평가하기 위하여 고려해야 할 사항

강요죄는 폭행 또는 협박으로 사람의 권리행사를 방해하거나 의무 없는 일을 하게 하는 범죄이다(형법 제324조 제1항). 여기에서 폭행은 사람에 대한 직접적인 유형력의 행사뿐만 아니라 간접적인 유형력의 행사도 포함하며, 반드시 사람의 신체에 대한 것에 한정되지 않는다. 사람에 대한 간접적인 유형력의 행사를 강요죄의 폭행으로 평가하기 위해서는 피고인이 유형력을 행사한 의도와 방법, 피고인의 행위와 피해자의 근접성, 유형력이 행사된 객체와 피해자의 관계 등을 종합적으로 고려해야 한다.(대법원 2021. 11. 25., 선고, 2018도1346, 판결).

◆ 강요죄의 수단으로서 '협박'의 의미와 내용 및 협박이 정당한 권리의 실현 수단으로 사용된 경우 강요죄가 성립하는지 여부(한정 적극)와 판단 기준

강요죄는 폭행 또는 협박으로 사람의 권리행사를 방해하거나 의무 없는 일을 하게 하는 범죄이다(형법 제324조). 강요죄의 수단으로서 협박은 사람의 의사결정의 자유를 제한하거나 의사실행의 자유를 방해할 정도로 겁을 먹게 할 만한 해악을 고지하는 것을 말하고, 해악의 고지는 반드시 명시적인 방법이 아니더라도 말이나 행동을 통해서 상대방으로 하여금 어떠한 해악에 이르게 할 것이라는 인식을 갖게 하는 것이면 족하다. 이러한 해악의 고지가 비록 정당한 권리의 실현 수단으로 사용된 경우라고 하여도 권리실현의 수단 방법이 사회통념상 허용되는 정도나 범위를 넘는다면 강요죄가 성립하고, 여기서 어떠한 행위가 구체적으로 사회통념상 허용되는 정도나 범위를 넘는 것인지는 그 행위의 주관적인 측면과 객관적인 측면, 즉 추구된 목적과 선택된 수단을 전체적으로 종합하여 판단하여야 한다(대법원 2017.10.26, 선고, 2015도16696, 판결).

◆ 직장 상사가 범죄행위를 저지른 부하직원에게 사직을 단순히 권유한 것만으로는 강요죄의 협박에 해당하지 않는다고 한 사례

강요죄라 함은 폭행 또는 협박으로 사람의 권리행사를 방해하거나 의무 없는 일을 하게 하는 것을 말하고, 여기에서의 협박은 객관적으로 사람의 의사결정의 자유를 제한하거나 의사실행의 자유를 방해할 정도로 겁을 먹게 할 만한 해악을 고지하는 것을 말하는바(대법원 2003. 9. 26. 선고 2003도763 판결 참조), 직장에서 상사가 범죄행위를 저지른 부하직원에게 징계절차에 앞서 자진하여 사직할 것을 단순히 권유하였다고 하여 이를 강요죄에서의 협박에 해당한다고 볼 수는 없다(대법원 2008.11.27. 선고 2008도7018).

◆ 범죄단체 등에 소속된 조직원이 저지른 폭력행위 등 처벌에 관한 법률 위반(단체 등의 공동강요)죄 등의 개별적 범행과 같은 법 위반(단체 등의 활동)죄가 구성요건을 달리하는 별개의 범죄인지 여부(적극) / 같은 법 위반(단체 등의 구성·활동)죄와 위 개별적 범행의 죄수관계(=원칙적으로 실체적 경합)

범죄단체 등에 소속된 조직원이 저지른 폭력행위 등 처벌에 관한 법률(이하 '폭력행위처벌법' 이라 한다) 위반(단체 등의 공동강요)죄 등의 개별적 범행과 폭력행위처벌법 위반(단체 등의 활동)죄는 범행의 목적이나 행위 등 측면에서 일부 중첩되는 부분이 있더라도, 일반적으로 구성요건을 달리하는 별개의 범죄로서 범행의 상대방, 범행수단 내지 방법, 결과 등이 다를 뿐만 아니라 그 보호법익이 일치한다고 볼 수 없다. 또한 폭력행위처벌법 위반(단체 등의 구성·활동)죄와 위 개별적 범행은 특별한 사정이 없는 한 법률상 1개의 행위로 평가되는 경우로 보기 어려워 상상적 경합이 아닌 실체적 경합관계에 있다고 보아야 한다. [대법원 2022. 9. 7., 선고, 2022도6993, 판결]

◆ 강요죄의 수단인 '협박'의 의미 및 그 유무와 정도에 대한 판단 기준

강요죄의 수단인 협박은 일반적으로 사람으로 하여금 공포심을 일으키게 하는 정도의 해악을 고지하는 것으로 그 방법은 통상 언어에 의하는 것이나 경우에 따라서 한마디 말도 없이 거동에 의하여서도 할 수 있는데, 그 행위가 있었는지는 행위의 외형뿐 아니라 그 행위에 이르게 된 경위, 피해자와의 관계 등 주위상황을 종합적으로 고려하여 판단해야 하는 것이며, 강요죄에서 협박당하는 사람으로 하여금 공포심을 일으키게 하는 정도의 해악의 고지인지는 그 행위 당사자 쌍방의 직무, 사회적 지위, 강요된 권리, 의무에 관련된 상호관계 등 관련 사정을 고려하여 판단되어야 할 것이다(대법원 2004. 1. 15. 선고 2003도5394 판결 등 참조).

한편 공소사실의 기재는 범죄의 일시, 장소와 방법을 명시하여 사실을 특정할 수 있도록 하여야 하는바, 이와 같이 공소사실의 특정을 요구하는 법의 취지는 피고인의 방어권 행사를 쉽게 해 주기 위한 데에 있으므로, 공소사실의 특정은 공소의 원인이 된 사실을 다른 사실과 구별할 수 있을 정도로 그 일시, 장소, 방법 등을 적시하여 특정할 수 있으면 족하고, 그 일부가 다소 불명확하게 적시되어 있다 하더라도 그와 함께 적시된 다른 사항들과 공소사실의 일부로 첨부된 별지 등에 의하여 그 공소사실을 특정할 수 있다면 이를 위법하다고 볼 수 없다(대법원 2010. 4. 29., 선고, 2007도7064, 판결).

Ⅲ. 수사실무

1. 범죄사실 기재례

【범죄사실 기재례】

피의자는 20○○. ○. ○.경 서울 ○○동 ○○번지에 있는 ○○아파트 ○○호를 이○○로부터 양수하여 그곳에 같은 해 ○. ○. 전주인인 위 이○○와 1년의 전세계약을 맺고 거주하고 있던 박○○에 대하여 아파트를 명도해 줄 것을 요구하였다. 그러나 그가 아직 기한이 차지 않아 명도할 수 없다고 불응하자, 같은 해 ○. ○. 19:30경 위 아파트에 찾아가 "당장 나가지 않으면 좋지 않을 것이다"라고 하며 위 박○○의 집에 있던 소파와 전화 등 살림을 손괴하고 그의 얼굴 및 복부를 주먹으로 두차례 침으로써, 폭행과 협박으로 의무없는 일을 강요하였다.

2. 참고사항

(1) 수사참조사항

1) 권리행사방해의 특별법 규정

상습으로, 또는 2인 이상이 공동하여 형법 제324조(강요)에 해당하는 경우

⇒ 폭처법 제2조(형법 제324조)로 의율함

3. 인질강요죄

제324조의2【인질강요】
사람을 체포·감금·약취 또는 유인하여 이를 인질로 삼아 제3자에 대하여 권리행사를 방해하거나 의무없는 일을 하게 한 자는 3년 이상의 유기징역에 처한다.
[본조신설 1995. 12. 29.]

[공소시효] : 10년

○ 이 죄는 체포·감금죄 또는 약취·유인죄와 강요죄의 결합범이며, 보호법익은 인질의 자유 특히 장소선택의 자유와 의사결정의 자유이다.

○ 체포·감금 또는 약취·유인과 강요라는 두 개의 행위가 있어야 한다.

○ 강요란 체포·감금, 약취·유인된 자를 인질로 삼아 제3자에게 권리행사를 방해하거나 의무없는 일을 하게 하는 것을 말한다. 제3자는 인질을 제외하고는 자연인뿐만 아니라 법인, 법인격 없는 단체 또는 국가기관을 포함한다.

Ⅰ. 이론

1. 구성요건

(1) 객관적 구성요건

1) 주체

제한이 없다.

2) 인질의 객체

사람이다.

3) 행위

체포, 감금, 약취, 유인하여 인질로 삼아 강요하는 것이다.

① 체포, 감금, 약취, 유인은 사람을 인질로 삼는 수단이다. 처음부터 강요의 목적으로 체포, 감금, 약취, 유인하였음을 요하지 않는다.

② 인질로 삼는다는 것은 생명, 신체 등의 안전에 관한 우려를 이용하여 석방이나 안전보장의 대가로 제3자를 강요할 목적 하에 체포, 감금, 약취, 유인된 자의 자유를 구속하는 것을 의미한다.

③ 강요란 제3자에 대하여 권리행사를 방해하거나 의무 없는 일을 하게 하는 것으로서, 강요의 상대방은 제3자이다. 그러므로 인질에 대한 강요는 본 죄에 해당하지 않음을 주의해야 한다.

(2) 주관적 구성요건

체포, 감금, 약취, 유인에 대한 고의 뿐만이 아니라, 인질강요에 대한 고의도 있어야 한다.

2. 타죄와의 관계

체포, 감금, 약취, 유인의 죄는 본 죄에 대하여 보충관계에 있으므로 본 죄가 성립하는 경우에는 별도로 체포, 감금, 약취, 유인의 죄는 성립하지 않는다는 것이 통설이다.

3. 해방감경(제324조의6)

본 죄를 범한 자 및 그 미수범이 인질을 안전한 장소로 풀어준 때에는 그 형을 감경할 수 있다(임의적 감경). 이는 중지미수처럼 자의성을 요구하는 것이 아니며, 기수범에 대해서도 인정된다.

Ⅱ. 수사실무

1. 범죄사실 기재례

【범죄사실 기재례】

피의자는 ○○주식회사의 이사겸 주주이다.

피의자는 20○○. ○. ○. 위 회사의 지분 10%를 소유한 김○○(남, 56세)가 자신을 대표이사로 지지하지 않는 쪽에 지분을 행사하겠다고 얘기하는 것을 듣고, 20○○. ○. ○. 위 피해자의 딸 김△△(여, 24세)를 위 회사 소유의 ○○시 ○○동 123번지에 위치한 ○○리조트에 피해자 몰래 가족사은행사 명목으로 유인하여 감금하였다. 그리고 위 피해자에게 같은날 20:00경 전화를 하여 이번 주주총회에서 나를 지지하면 딸을 무사히 돌려보내주겠다는 전화를 하여 위 피해자 김○○이 20○○. ○. ○.경 위 회사의 주주총회에서 피해자의 의사와 상관없이 피의자를 지지하도록 해서 피해자의 권리행사를 방해하였다.

4. 인질상해, 치상죄

제324조의3【인질상해·치상】

제324조의2의 죄를 범한 자가 인질을 상해하거나 상해에 이르게 한 때에는 무기 또는 5년 이상의 징역에 처한다.

[본조신설 1995. 12. 29.]

[공소시효] : 15년

Ⅰ. 이론

1. 의의

인질상해죄는 인질강요죄(제324조의2)를 범한 자가 인질을 상해함으로써 성립하는 범죄로서 인질강요죄와 상해죄의 결합범이고, 인질치상죄는 인질강요죄를 범한 자가 인질을 상해에 이르게 함으로써 성립하는 범죄로서 인질강요죄의 결과적 가중범이다. 이 경우 인질강요죄의 기수, 미수는 불문한다.

2. 해방감경(제324조의6)

본 죄를 범한 자 및 그 미수범이 인질을 안전한 장소로 풀어준 때에는 그 형을 감경할 수 있다(임의적 감경). 이는 중지미수처럼 자의성을 요구하는 것이 아니며, 기수범에 대해서도 인정된다.

5. 인질살해, 치사죄

제324조의4【인질살해·치사】
제324조의2의 죄를 범한 자가 인질을 살해한 때에는 사형 또는 무기징역에 처한다. 사망에 이르게 한 때에는 무기 또는 10년 이상의 징역에 처한다.
[본조신설 1995. 12. 29.]

[공소시효] : 15년(살해관련 적용안됨)

Ⅰ. 이론

1. 의의

인질살해죄는 인질강요죄(제324조의2)를 범한 자가 인질을 살해함으로써 성립하는 범죄로서, 인질강요죄와 살인죄의 결합범이고, 인질치사죄는 인질강요죄를 범한 자가 인질을 사망에 이르게 함으로써 성립하는 범죄로서, 인질강요죄의 결과적 가중범이다.

2. 해방감경규정의 부적용

본 죄의 경우에는 인질상해, 치상죄(제324조의3)와 달리 해방감경규정(제324조의6)이 적용되지 않는다.

6. 미수범

제324조의5【미수범】

제324조 내지 제324조의4의 미수범은 처벌한다.

[본조신설 1995. 12. 29.]

인질강요죄(제324조의2), 인질상해, 치상죄(제324조의3), 인질살해, 치사죄(제324조의4)의 미수범을 처벌하는 규정이다.

인질상해죄와 인질살해죄의 경우에는 고의범이므로 미수범 처벌 규정에 의하여 처벌이 가능하지만, 인질치상죄나 인질치사죄의 경우에는 결과적 가중범이므로 미수범처벌규정에도 불구하고 미수를 인정할 수 있는가에 대하여 긍정설과 부정설의 대립이 있다.

7. 해방감경

제324조의6【형의 감경】

제324조의2 또는 제324조의3의 죄를 범한 자 및 그 죄의 미수범이 인질을 안전한 장소로 풀어준 때에는 그 형을 감경할 수 있다. [본조신설 1995. 12. 29.]

○ 기수에 달한 행위자에게 인질을 보호하기 위해 중지의 권유를 하는 것으로, 자의성을 요하지 않고 기수 이후 중지하는 경우도 임의적 감경사유인 점에서 중지미수와 구별된다.

인질강요죄(제324조의2) 또는 인질상해, 치상죄(제324조의3) 및 그 미수범의 경우 인질을 안전한 장소로 풀어준 때에는 그 형을 감경할 수 있다(임의적 감경). 이는 인질의 안전을 확보하기 위한 형사정책적 차원에서 인정하는 것이다.

8. 점유강취죄 · 준점유강취죄

제325조【점유강취, 준점유강취】

① 폭행 또는 협박으로 타인의 점유에 속하는 자기의 물건을 강취(强取)한 자는 7년 이하의 징역 또는 10년 이하의 자격정지에 처한다.

② 타인의 점유에 속하는 자기의 물건을 취거(取去)하는 과정에서 그 물건의 탈환에 항거하거나 체포를 면탈하거나 범죄의 흔적을 인멸할 목적으로 폭행 또는 협박한 때에도 제1항의 형에 처한다.

③ 제1항과 제2항의 미수범은 처벌한다.

[전문개정 2020. 12. 8.]

[중권리행사방해] 326, [미수범] 25-29, [공소시효] : 7년

Ⅰ. 이론

[점유강취죄(제325조 1항)]

1. 구성요건

(1) 객관적 구성요건

1) 객체

행위의 객체는 타인의 점유에 속하는 자기의 물건이다.

① 타인이란 자기 이외의 자를 말하는 것으로 자연인, 법인, 법인격 없는 단체를 포함한다.

② 자기와 타인이 공동으로 소유하는 물건은 타인의 물건이 되어 이 죄의 객체에서 제외된다.

③ 타인이 점유하고 있거나 타인의 권리의 목적이 되는 자기의 물건에 대하여 이 죄가 성립하고, 타인이 공무소의 명에 의하여 간수하는 경우에는 공무상보관물무효죄(형법 제142조)가 성립한다. 다만, 이 경우에도 폭행, 협박을 수단으로 한 경우에는 공무상보관물무효죄(형법 제142조)가 아니라 본 죄가 성립한다. 공무상보관물무효죄는 폭행, 협박을 수단으로 하지 않기 때문이다.

2) 행위

폭행·협박으로 강취(점유강취)하는 것이다.

① 강취란 폭행·협박을 사용해 점유자의 반항을 억압하고 점유를 탈취하는 것을 말한다.

② 강도죄와 다른 점을 타인의 점유에 속하는 자기의 물건을 대상으로 한다는 점이다.

③ 공무소의 명령으로 타인이 간수하는 자기의 물건을 폭행, 협박으로 강취한 경우도 이에 해당한다.

④ 폭행·협박은 상대방의 반항을 억압할 정도라야 하며, 占有被取者와 폭행·협박의 상대자가 반드시 같은 사람일 필요는 없다.

⑤ 취거 등의 목적으로 폭행·협박을 가하면 기수가 되며, 취거 완료 후에 한 폭행·협박은 별죄를 구성하게 된다.

(2) 주관적 구성요건

폭행, 협박으로 타인점유, 자기소유물을 강취한다는 사실에 대한 고의가 있어야 한다. 그러나 불법영득의사는 필요 없다.

[준점유강취죄(제325조 2항)]

1. 구성요건

(1) 객관적 구성요건

1) 주체

취거에 착수하여 실행 중이거나 실행 직후에 있는 자이다.

2) 객체

타인이 점유하는 자기의 물건이다.

3) 행위

폭행, 협박이다.

(2) 주관적 구성요건

고의 뿐만이 아니라 탈환항거, 체포면탈, 죄적인멸의 목적이 있어야 한다.

Ⅱ. 수사실무

1. 범죄사실 기재례

【범죄사실 기재례】

피의자는 20○○. ○. ○.경 집에서 고가의 카메라를 몰래 가지고 나와 민○○에게 돈 ○○만원을 빌리며 이를 담보로 제공하였는데, 이 사실이 집안 식구들에게 탄로나면서, 그의 아버지 정○○(당○○세)가 위 카메라를 찾아오라고 채근하였다. 그러자 같은 해 ○. ○. 18:00경 ○○시 ○○동 ○○번지에 있는 위 민○○의 집에 찾아가, 처음에는 카메라를 돌려 달라고 부탁하고 민○○가 이를 거절하자 "그러면 어쩔 수 없다"며 주먹으로 그의 얼굴을 몇차례 때려 넘어뜨린 후, 마침 문갑위에 놓여 있던 위 카메라를 강취하였다.

9. 중권리행사방해죄

제326조【중권리행사방해】

제324조 또는 제325조의 죄를 범하여 사람의 생명에 대한 위험을 발생하게 한 자는 10년 이하의 징역에 처한다. 〈개정 1995. 12. 29.〉

[폭력에의한권리행사방해] 324, [점유강취] 325, [공소시효] : 10년

본 죄는 강요죄와 점유강취죄를 범하여 사람의 생명에 위험을 발생하게 함으로써 형이 가중되는 결과적 가중범이다. 여기서 사람의 생명에 대한 위험이란 생명에 대한 구체적 위험을 의미한다. 한편 사상의 결과가 발생한 경우에 대해서는 규정하고 있지 않으므로 점유강취죄 등과 함께 폭행치사상죄가 성립할 뿐이다.

10. 강제집행면탈죄

> **제327조【강제집행면탈】**
> 강제집행을 면할 목적으로 재산을 은닉, 손괴, 허위양도 또는 허위의 채무를 부담하여 채권자를 해한 자는 3년 이하의 징역 또는 1천만원 이하의 벌금에 처한다. 〈개정 1995. 12. 29.〉

[강제집행] 민소469 · 696-723, 형소477, 국세징24, [재산의손괴, 은닉] 366, [채권자를해하는행위] 민406, 파366, [공소시효] : 5년

○ 이 죄는 국가의 강제집행권이 발동될 단계에 있는 채권자의 채권을 보호법익으로 한다.

Ⅰ. 이론

1. 구성요건

(1) 객관적 구성요건

1) 주체

채무자뿐만이 아니라 제3자도 본 죄의 주체가 될 수 있는지에 대하여 긍정설(다수설)과 부정설의 대립이 있다.

2) 객체

객체는 재산이다. 재산이란 재물뿐 아니라 권리도 포함하며, 재물은 동산·부동산을 불문한다. 다만, 재산은 민사소송법상 강제집행의 대상이 될 수 있는 것이어야 한다.

> ▣ 근거판례 ▣
> 강제집행면탈죄에 있어서 재산에는 동산 · 부동산뿐만 아니라 재산적 가치가 있어 민사소송법에 의한 강제집행 또는 보전처분이 가능한 특허 내지 실용신안 등을 받을 수 있는 권리도 포함된다(대법원 2001. 11. 27. 선고 2001도4759 판결).

3) 행위

재산을 은닉·손괴·허위 양도 또는 허위의 채무부담으로 채권자를 해하는 것이다.

① 은닉이란 강제집행을 실시하려는 자에 대하여 재산의 발견을 불가능하게

하거나 곤란하게 만드는 것을 말한다.

② 손괴는 재물의 물질적 훼손뿐 아니라 그 가치를 감소시키는 일체의 행위를 포함한다.

③ 허위양도란 재산의 양도가 없음에도 양도한 것처럼 가장하여 재산의 명의를 변경하는 것을 말한다.

④ 허위의 채무를 부담한다는 것은 채무가 없음에도 채무를 부담한 것처럼 가장하는 것을 말한다. 따라서 진실한 채무를 부담한 때에는 이 죄가 성립하지 않는다.

⑤ 위 열거한 행위들로 채권자가 현실적으로 해를 입을 필요는 없고 채권자를 해할 위험성이 있으면 된다(위험범).

4) 상황

강제집행을 받을 위험이 있는 객관적 상태가 존재해야 한다.

① 강제집행을 받을 위험이 있는 객관적 상태란 민사소송에 의한 강제집행 또는 가압류·가처분 등의 집행을 당할 구체적 염려가 있는 상태를 말한다. 이러한 상태가 존재하지 않는 경우에는 강제집행을 면할 목적으로 허위양도 등을 하였더라도 본 죄가 성립하지 않음을 주의해야 한다.

② 채권자가 강제집행 또는 가압류·가처분을 하거나 소의 제기 또는 지급명령의 신청을 한 사실이 없더라도 채권을 확보하기 위해 소송을 제기할 기세를 보인다면 강제집행을 받을 상태가 된다.

③ 이 죄에 있어서의 강제집행은 민사소송법에 의한 강제집행 또는 동법을 준용하는 가압류·가처분 등의 집행을 말한다. 따라서 벌금·과료·몰수 등의 재판의 집행은 물론 국세징수법에 의한 체납처분도 여기의 강제집행에는 해당하지 않는다.

(2) 주관적 구성요건

고의 의외에 강제집행을 면할 목적이 있어야 성립하는 목적범이다.

Ⅱ. 판례

◆ 강제집행면탈죄의 성립요건 및 반드시 채권자를 해치는 결과가 야기되거나 행위자가 어떤 이득을 얻어야 범죄가 성립하는지 여부(소극) / 허위의 채무를 부담하

는 내용의 채무변제계약 공정증서를 작성하고 이에 터 잡아 채권압류 및 추심명령을 받은 경우, 강제집행면탈죄가 성립하는지 여부(적극)

형 강제집행면탈죄는 현실적으로 민사집행법에 의한 강제집행 또는 가압류, 가처분의 집행을 받을 우려가 있는 객관적인 상태, 즉 채권자가 본안 또는 보전소송을 제기하거나 제기할 태세를 보이고 있는 상태에서 주관적으로 강제집행을 면탈하려는 목적으로 재산을 은닉, 손괴, 허위양도하거나 허위의 채무를 부담하여 채권자를 해칠 위험이 있으면 성립한다. 반드시 채권자를 해치는 결과가 야기되거나 행위자가 어떤 이득을 얻어야 범죄가 성립하는 것은 아니다(대법원 2008. 6. 26. 선고 2008도3184 판결 등 참조). 허위의 채무를 부담하는 내용의 채무변제계약 공정증서를 작성하고 이에 터 잡아 채권압류 및 추심명령을 받은 경우에는 강제집행면탈죄가 성립한다(대법원 2009. 5. 28. 선고 2009도875 판결 참조)(대법원 2018. 6. 15., 선고, 2016도847, 판결).

◆ 형법 제327조 강제집행면탈죄의 성립요건 및 채무자에게 약간의 다른 재산이 있더라도 강제집행면탈죄가 성립할 수 있는지 여부(적극)

형법 제327조의 강제집행면탈죄는 위태범으로 현실적으로 민사집행법에 의한 강제집행 또는 가압류, 가처분의 집행을 받을 우려가 있는 객관적인 상태 아래 즉, 채권자가 본안 또는 보전소송을 제기하거나 제기할 태세를 보이고 있는 상태에서 주관적으로 강제집행을 면탈하려는 목적으로 재산을 은닉, 손괴, 허위양도하거나 허위채무를 부담하여 채권자를 해할 위험이 있으면 성립하는 것이고, 반드시 채권자를 해하는 결과가 야기되거나 행위자가 어떤 이득을 취하여야 범죄가 성립하는 것은 아니며, 현실적으로 강제집행을 받을 우려가 있는 상태에서 강제집행을 면탈할 목적으로 허위채무를 부담하는 등의 행위를 하는 경우에는 달리 특별한 사정이 없는 한 채권자를 해할 위험이 있다고 보아야 할 것이고(대법원 1996. 1. 26. 선고 95도2526 판결 참조), 채무자에게 약간의 다른 재산이 있다 하여 채권자를 해할 우려가 없다고 할 수 없다(대법원 1990. 3. 23. 선고 89도2506 판결 참조)(대법원 2008. 4. 24. 선고 2007도4585 판결).

◆ 강제집행면탈죄에 있어서 재산의 '은닉'의 의미

형법 제327조에 규정된 강제집행면탈죄에 있어서의 재산의 은닉이라 함은 강제집행을 실시하는 자에 대하여 재산의 발견을 불능 또는 곤란케 하는 것을 말하는 것으로서, 재산의 소재를 불명케 하는 경우는 물론 그 소유관계를 불명하게 하는 경우도 포함한다(대법원 2003. 10. 9. 선고 2003도3387 판결 등 참조).(대법원 2005. 10. 13. 선고 2005도4522 판결).

◆ 압류금지채권의 목적물이 채무자의 예금계좌에 입금된 경우, 그 예금채권도 압류금지채권에 해당하는지 여부(소극) / 압류금지채권의 목적물을 수령하는 데 사용하던 기존 예금계좌가 채권자에 의해 압류된 채무자가 압류되지 않은 다른 예

금계좌를 통하여 그 목적물을 수령하는 경우, 강제집행면탈죄가 성립하는지 여부 (소극)

압류금지채권의 목적물이 채무자의 예금계좌에 입금된 경우에는 그 예금채권에 대하여 더 이상 압류금지의 효력이 미치지 아니하므로 그 예금은 압류금지채권에 해당하지 않지만, 압류금지채권의 목적물이 채무자의 예금계좌에 입금되기 전까지는 여전히 강제집행 또는 보전처분의 대상이 될 수 없으므로, 압류금지채권의 목적물을 수령하는 데 사용하던 기존 예금계좌가 채권자에 의해 압류된 채무자가 압류되지 않은 다른 예금계좌를 통하여 그 목적물을 수령하더라도 강제집행이 임박한 채권자의 권리를 침해할 위험이 있는 행위라고 볼 수 없어 강제집행면탈죄가 성립하지 않는다(대법원 2017.8.18, 선고, 2017도6229, 판결).

◆ 형법상 강제집행면탈죄의 객체 / 의료법에 의하여 적법하게 개설되지 아니한 의료기관에서 요양급여가 행하여진 경우, 국민건강보험법상 요양급여비용을 청구할 수 있는지 여부(소극) 및 위 요양급여비용 채권이 강제집행면탈죄의 객체가 되는지 여부(소극)

형법 제327조는 "강제집행을 면할 목적으로 재산을 은닉, 손괴, 허위양도 또는 허위의 채무를 부담하여 채권자를 해한 자"를 처벌한다고 규정하고 있다. 강제집행면탈죄는 강제집행이 임박한 채권자의 권리를 보호하기 위한 것이므로, 강제집행면탈죄의 객체는 채무자의 재산 중에서 채권자가 민사집행법상 강제집행 또는 보전처분의 대상으로 삼을 수 있는 것이어야 한다.

한편 의료법 제33조 제2항, 제87조 제1항 제2호는 의료기관 개설자의 자격을 의사 등으로 한정한 다음 의료기관의 개설자격이 없는 자가 의료기관을 개설하는 것을 엄격히 금지하고 있고, 이를 위반한 경우 형사처벌하도록 정함으로써 의료의 적정을 기하여 국민의 건강을 보호·증진하는 데 기여하도록 하고 있다. 또한 국민건강보험법 제42조 제1항은 요양급여는 '의료법에 따라 개설된 의료기관'에서 행하도록 정하고 있다. 따라서 의료법에 의하여 적법하게 개설되지 아니한 의료기관에서 요양급여가 행하여졌다면 해당 의료기관은 국민건강보험법상 요양급여비용을 청구할 수 있는 요양기관에 해당되지 아니하여 해당 요양급여비용 전부를 청구할 수 없고, 해당 의료기관의 채권자로서도 위 요양급여비용 채권을 대상으로 하여 강제집행 또는 보전처분의 방법으로 채권의 만족을 얻을 수 없는 것이므로, 결국 위와 같은 채권은 강제집행면탈죄의 객체가 되지 아니한다(대법원 2017.4.26, 선고, 2016도19982, 판결).

◆ 강제집행면탈죄에 있어서 재산의 '은닉'의 의미 및 판단기준

[1] 형법 제327조에 규정된 강제집행면탈죄에 있어서의 '재산의 은닉'이라 함은 강제집행을 실시하는 자에 대하여 재산의 발견을 불능 또는 곤란케 하는 것을 말하는 것으로서, 재산의 소재를 불명케 하는 경우는 물론 그 소유관계를 불명

하게 하는 경우도 포함하나, 재산의 소유관계를 불명하게 하는 데 반드시 공부사의 소유자 명의를 변경하거나 폐업 신고 후 다른 사람 명의로 새로 사업자 등록을 할 것까지 요하는 것은 아니고, 강제집행면탈죄의 성립에 있어서는 채권자가 현실적으로 실제로 손해를 입을 것을 요하는 것이 아니라 채권자가 손해를 입을 위험성만 있으면 족하다.

[2] 사업장의 유체동산에 대한 강제집행을 면탈할 목적으로 사업자 등록의 사업자 명의를 변경함이 없이 사업장에서 사용하는 금전등록기의 사업자 이름만을 변경한 경우, 강제집행면탈죄에 있어서 '재산의 은닉'에 해당한다(대법원 2003. 10. 9. 선고 2003도3387 판결).

◆ 강제집행면탈죄에 있어서 '허위양도' 또는 '은닉'의 의미 및 채권자를 해하는 결과발생이 필요한지 여부(소극), 강제집행면탈죄에 있어서 '재산'의 범위

[1] 강제집행면탈죄에 있어서 허위양도라 함은 실제로 양도의 진의가 없음에도 불구하고 표면상 양도의 형식을 취하여 재산의 소유명의를 변경시키는 것이고, 은닉이라 함은 강제집행을 실시하는 자로 하여금 채무자의 재산을 발견하는 것을 불능 또는 곤란하게 만드는 것을 말하는바, 그와 같은 행위로 인하여 채권자를 해할 위험이 있으면 강제집행면탈죄가 성립하고 반드시 현실적으로 채권자를 해하는 결과가 야기되어야만 강제집행면탈죄가 성립하는 것은 아니다.

[2] 강제집행면탈죄에 있어서 재산에는 동산부동산뿐만 아니라 재산적 가치가 있어 민사소송법에 의한 강제집행 또는 보전처분이 가능한 특허 내지 실용신안 등을 받을 수 있는 권리도 포함된다.

[3] 원심판결에 강제집행면탈죄에 있어서 은닉행위를 허위양도행위로, 강제집행면탈의 대상이 된 재산의 일부에 대하여 각 사실을 오인한 위법이 있으나, 그 위법이 경미하여 판결 결과에 영향이 없다는 이유로 피고인의 상고를 기각한 사례(대법원 2001. 11. 27. 선고 2001도4759 판결).

◆ 국세징수법에 의한 체납처분을 면탈할 목적으로 재산을 은닉하는 등의 행위가 강제집행면탈죄의 규율대상인지 여부(소극)

[1] 형법 제327조의 강제집행면탈죄가 적용되는 강제집행은 민사집행법의 적용대상인 강제집행 또는 가압류·가처분 등의 집행을 가리키는 것이므로, 국세징수법에 의한 체납처분을 면탈할 목적으로 재산을 은닉하는 등의 행위는 위 죄의 규율대상에 포함되지 않는다.

[2] '보조금의 예산 및 관리에 관한 법률'(이하 '보조금관리법'이라 한다) 제30조 제1항, 제31조 제1항에 의한 보조금 교부결정취소 및 보조금 반환명령은 행정처분이고 그 처분이 있어야 반환의무가 발생하므로, 반환받을 보조금에 대한

징수권은 공법상 권리로서 사법상 채권과는 성질을 달리한다. 따라서 보조금관리법 제33조에서 '반환하여야 할 보조금에 대하여는 국세징수의 예에 따라 이를 징수할 수 있다' 고 규정한 것은 보조금의 반환에 대하여는 국세체납처분의 예에 따라 강제징수할 수 있도록 한 것뿐이고, 이를 민사집행법에 의한 강제집행과 국세체납처분에 의한 강제징수 중에서 선택할 수 있도록 허용한 규정이라고 볼 것은 아니다(대법원 2012.04.26. 선고 2010도5693 판결).

◆ 형법 제327조 강제집행면탈죄의 성립 요건

형법 제327조의 강제집행면탈죄는 위태범으로서 현실적으로 민사소송법에 의한 강제집행 또는 가압류·가처분의 집행을 받을 우려가 있는 객관적인 상태 아래, 즉 채권자가 본안 또는 보전소송을 제기하거나 제기할 태세를 보이고 있는 상태에서 주관적으로 강제집행을 면탈하려는 목적으로 재산을 은닉, 손괴, 허위양도하거나 허위의 채무를 부담하여 채권자를 해할 위험이 있으면 성립하고, 반드시 채권자를 해하는 결과가 야기되거나 행위자가 어떤 이득을 취하여야 범죄가 성립하는 것은 아니다. (대법원 2012.6.28. 선고 2012도3999 판결)

◆ 강제집행면탈죄의 규율 대상에 '담보권 실행 등을 위한 경매' 를 면탈할 목적으로 재산을 은닉하는 등의 행위가 포함되는지 여부(소극)

형법 제327조의 강제집행면탈죄가 적용되는 강제집행은 민사집행법 제2편의 적용 대상인 '강제집행' 또는 가압류·가처분 등의 집행을 가리키는 것이고, 민사집행법 제3편의 적용 대상인 '담보권 실행 등을 위한 경매' 를 면탈할 목적으로 재산을 은닉하는 등의 행위는 위 죄의 규율 대상에 포함되지 않는다(대법원 2015.3.26, 선고, 2014도14909, 판결).

◆ 채무자인 피고인이 채권자 갑의 가압류집행을 면탈할 목적으로 제3채무자 을에 대한 채권을 병에게 허위양도하였다고 하여 강제집행면탈로 기소된 사안에서, 가압류결정 정본이 을에게 송달되기 전에 채권을 허위로 양도하였다면 강제집행면탈죄가 성립하는데도, 이에 대해 심리·판단하지 아니한 채 무죄를 선고한 원심판결에 법리오해 등 위법이 있다고 한 사례

채무자인 피고인이 채권자 갑의 가압류집행을 면탈할 목적으로 제3채무자 을에 대한 채권을 병에게 허위양도하였다고 하여 강제집행면탈로 기소된 사안에서, 가압류결정 정본이 제3채무자에게 송달된 날짜와 피고인이 채권을 양도한 날짜가 동일하므로 가압류결정 정본이 을에게 송달되기 전에 채권을 허위로 양도하였다면 강제집행면탈죄가 성립하는데도, 가압류결정 정본 송달과 채권양도 행위의 선후에 대해 심리·판단하지 아니한 채 무죄를 선고한 원심판결에 법리오해 등의 위법이 있다고 한 사례(대법원 2012.6.28. 선고 2012도3999 판결).

◆ 이른바 계약명의신탁 방식으로 명의수탁자가 당사자가 되어 소유자와 부동산에 관한 매매계약을 체결하고 그 명의로 소유권이전등기를 마친 경우, 당해 부동산이 채무자인 명의신탁자의 재산으로서 강제집행면탈죄의 객체가 되는지 여부(소극)

[1] 명의신탁 부동산의 실질적 소유자인 피고인이 강제집행을 면탈할 목적으로 부동산을 허위양도하여 채권자들을 해하였다고 하며 강제집행면탈죄로 기소된 사안에서, 위 부동산 중 대지는 피고인이 매입하여 갑 명의로 명의신탁해 두었다가 임의경매절차를 통하여 을에게 매각되자 다시 병 주식회사의 명의로 매수하여 병 회사 명의로 소유권이전등기를 마친 것인데, 이는 신탁자인 피고인과 명의수탁자인 병 회사의 계약명의신탁 약정에 의한 것이므로 소유자 을이 그러한 약정이 있다는 사실을 알았는지에 관계없이 명의신탁자인 피고인은 대지의 소유권을 취득할 수 없고, 이후로도 위 대지에 관하여 피고인 이름으로 소유권이전등기를 마친 적이 없다면 피고인에 대한 강제집행이나 보전처분의 대상이 될 수 없어 피고인에 대한 강제집행면탈죄의 객체가 될 수 없다고 한 사례.

[2] 채권자들에 의한 복수의 강제집행이 예상되는 경우 재산을 은닉 또는 허위양도함으로써 채권자들을 해하였다면 채권자별로 각각 강제집행면탈죄가 성립하고, 상호 상상적 경합범의 관계에 있다(대법원 2011.12.08. 선고 2010도4129 판결).

Ⅲ. 수사실무

1. 수사포인트

(1) 이 죄에서 강제집행은 민사소송법에 의한 강제집행과 동법을 준용하는 강제집행, 즉 가압류·가처분의 집행에 한한다.

(2) 행위에 대한 인식과 그 방법을 조사한다.

(3) 재산의 종류·수량·가액과 그 소재를 상세히 밝혀야 한다.

2. 피의자 신문례

(1) 피의자는 박○○로부터 돈을 차용한 사실이 있나요

(2) 언제, 어디에서, 어떠한 내용으로 돈을 차용하였나요

(3) 피의자는 피의자 소유의 ○○시 ○○구 ○○동 123번지의 콘크리트 건물 1동 면적 300 제곱미터에 관하여 그 소유명의를 김○○에게 이전한 사실이 있나요

(4) 언제, 어디에서 이전하였나요

(5) 소유권 이전을 하게 된 경위는 어떠한가요

(6) 매매의 조건은 무엇인가요

(7) 위 건물을 처분하고 받은 돈은 얼마인가요

(8) 그 돈은 어떻게 하였나요

(9) 받은 돈을 박○○에게 갚지 않은 이유는 무엇인가요

(10) 소유권 이전을 받은 김○○는 언제부터 아는 사이인가요

(11) 위 소유권 이전행위는 박○○의 돈을 변제하지 못하여 강제집행을 받을 우려가 있음을 생각하여 이것을 면할 목적으로 허위양도한 것이 아닌가요

(12) 김○○의 진술에 의하면 피의자와 절친한 친구사이이고 피의자가 강제집행을 피하기 위해 잠시 명의만 빌려달라고 하여 승낙하였다고 하는 데 사실인가요

(13) 왜 허위로 소유권을 양도하게 되었나요

(14) 김○○에게 부탁한 이유는 무엇인가요

(15) 허위의 매도증서를 어떠한 방법으로 언제, 어디에서 작성하였나요

(16) 소유권 이전등기는 언제, 어떠한 방법으로 하였나요

3. 범죄사실 기재례

【범죄사실 기재례】

피의자는 ○○산업의 영업상무직이다.

피의자는 양○○로부터 ○○만원을 차용한 사실이 있으나 그 변제기일에 채무를 변제하지 않아 그가 강제집행을 하려고 준비에 착수하자, 이것을 면하기 위해 등기명의이전에 의한 부동산의 허위양도를 하기로 마음먹었다.

그리하여 피의자는 ○. ○.경 사촌 유○○에게 부탁하여 강제집행을 당할 우려가 있는 피의자 소유명의의 서울 ○○동 ○○번지에 있는 콘크리트조 2층 주택 1채, 면적 ○○평방미터에 관하여 그의 소유명의를 위 유○○에게 이전할 것을 승낙받아 그에게 위 주택을 매도하는 내용의 허위매도증서를 작성하였다.

그리고 같은 해 ○. ○. 그 사실을 모르는 법무사 김○○로 하여금 위 부동산의 매매에 기인한 소유권이전등기신청의 관계서류를 작성, 같은 동 ○○번지에 있는 ○○지방법원 ○○등기소 담당직원에게 제출하게 하고 같은 날 위 등기소 담당공무원으로 하여금 그 내용의 권리를 등기하게 하여 위 부동산을 허위양도하였다.

4. 적용실례

(1) 돈을 갚지 않아 강제집행을 하려는데 상대방이 물건을 은닉한 경우

문○○는 서○○에게 돈을 빌려주었는데, 그가 이를 갚지 않아 그 집의 살림들에 대해 강제집행을 하려고 하다가 그가 위 살림들을 이○○의 집에 은닉하고 있다는 사실을 알게 되었다. 문○○는 서○○를 강제집행면탈죄로 고소했으나, 서○○는 이에 대해 이○○에게 진 채무를 물건으로라도 변제하기 위해 옮긴 것이라고 주장하고 있다.

➡ 서○○의 행위가 그의 말대로 대물변제를 위한 것이었다면 혐의없다고 할 것이며, 반대로 변제할 채무가 없는데도 옮긴 것이라면 강제집행면탈죄가 성립할 것이다. 이를 위해 위 관계자들을 통해 채무유무를 철저히 수사해야 할 것이다.

11. 친족상도례

제328조【친족간의 범행과 고소】

① 직계혈족, 배우자, 동거친족, 동거가족 또는 그 배우자간의 제323조의 죄는 그 형을 면제한다. 〈개정 2005. 3. 31.〉

② 제1항이외의 친족간에 제323조의 죄를 범한 때에는 고소가 있어야 공소를 제기할 수 있다. 〈개정 1995. 12. 29.〉

③ 전 2항의 신분관계가 없는 공범에 대하여는 전 이항을 적용하지 아니한다.

[직계혈족] 민768, [동거친족] 민777, [가족] 민779-796, [형의면제] 형소322, [친고죄] 형소223-226, [친족의범위] 민777, [고소의불가분] 형소233

○ 친족상도례란 재산죄에 있어서 친족간에 범해진 경우 친족관계라는 특수사정을 고려해 범인에게 유리하게 작용하는 특례규정을 의미한다. 이는 법정책으로 인한 것이다.

Ⅰ. 이론

권리행사방해죄(제323조)의 경우 직계혈족, 배우자, 동거친족, 동거가족 또는 그 배우자간의 권리행사방해죄는 그 형을 면제한다(형면제판결). 그 외의 친족간에 권리행사방해죄를 범한 때에는 고소가 있어야 공소를 제기할 수 있다(상대적 친고죄).

1. 친족의 범위

(1) 친족 또는 가족의 범위는 민법에 따라 정해진다(민법 제777조). 8촌 이내의 혈족, 4촌 이내의 인척, 배우자가 현행민법상의 친족이 된다. 과거에는 처남, 처제는 친족이 아니었으나 현행 민법에서는 친족에 해당한다.

(2) 친족관계는 행위시에 존재하여야 하며, 행위시에 친족관계가 있는 이상 나중에 친족관계가 없어지더라도 문제되지 않는다. 주의할 것은 혼인 외의 출생자에 대한 인지의 경우 범행 후에 인지가 행해지더라도 민법 제860조에 의한 인지의 소급효로 인하여 친족상도례가 적용된다는 것이다.

2. 적용범위

이는 정범뿐 아니라 공범에도 적용된다.

Ⅱ. 판례

◆ 법원을 기망하여 직계혈족 관계에 있는 제3자로부터 재물을 편취한 경우, 사기죄의 범인에 대하여는 친족상도례에 의하여 형을 면제하여야 하는지 여부(적극)

사기죄의 보호법익은 재산권이라고 할 것이므로 사기죄에 있어서는 재산상의 권리를 가지는 자가 아니면 피해자가 될 수 없다. 그러므로 법원을 기망하여 제3자로부터 재물을 편취한 경우에 피기망자인 법원은 피해자가 될 수 없고 재물을 편취당한 제3자가 피해자라고 할 것이므로 피해자인 제3자와 사기죄를 범한 자가 직계혈족의 관계에 있을 때에는 그 범인에 대하여는 형법 제354조에 의하여 준용되는 형법 제328조 제1항에 의하여 그 형을 면제하여야 할 것이다(대법원 2014. 9. 26. 선고 2014도8076 판결 등 참조).

기록에 의하면, 이 부분 공소사실의 피해자인 공소외 1과 피고인 1은 부자(父子) 사이로서 직계혈족 관계에 있음을 알 수 있으므로, 원심으로서는 이 부분 공소사실에 대하여 형법 제354조, 제328조 제1항의 규정을 적용하여 형을 면제하였어야 한다.

그럼에도 원심은 이와 달리 이 부분 공소사실에 대하여 형을 면제하지 아니하고 실체판단에 나아가 유죄로 인정한 후 나머지 범죄사실과 함께 형을 정하고 말았으니, 이러한 원심의 판단에는 사기미수죄에 있어서의 피해자 및 친족상도례의 적용범위에 관한 법리를 오해하여 판결에 영향을 미친 위법이 있다(대법원 2018. 1. 25., 선고, 2016도6757, 판결).

◆ 인지의 소급효가 친족상도례 규정에 미치는지 여부(적극)

형법 제344조, 제328조 제1항 소정의 친족간의 범행에 관한 규정이 적용되기 위한 친족관계는 원칙적으로 범행 당시에 존재하여야 하는 것이지만, 父가 혼인외의 출생자를 인지하는 경우에는 민법 제860조에 따라 그 子의 출생시에 소급하여 인지의 효력이 생기는 것이며, 이와 같은 인지의 소급효는 친족상도례에 관한 규정의 적용에도 미친다고 보아야 할 것이므로, 인지가 범행후에 이루어진 경우라고 하더라도 그 소급효에 따라 형성되는 친족관계를 기초로 하여 친족상도례의 규정이 적용된다(대법원 1997. 1. 24. 선고 96도1731 판결).

◆ 친족상도례에 관한 형법 규정은 특정경제범죄가중처벌등에관한법률 제3조 제1항 위반죄에도 적용되는지 여부

[1] 형법 제354조, 제328조의 규정을 종합하면, 직계혈족, 배우자, 동거친족, 호주, 가족 또는 그 배우자 간의 사기 및 사기미수의 각 죄는 그 형을 면제하여야 하고, 그 외의 친족 간에는 고소가 있어야 공소를 제기할 수 있으며, 또한 형법상 사기죄의 성질은 특정경제범죄가중처벌등에관한법률 제3조 제1항에 의해 가중처벌되는 경우에도 그대로 유지되고, 특별법인 특정경제범죄가중처벌등에관한법률에 친족상도례에 관한 형법 제354조, 제328조의 적용을 배제한다는 명시적인 규정이 없으므로, 형법 제354조는 특정경제범죄가중처벌등에관한법률 제3조 제1항 위반죄에도 그대로 적용된다.

[2] 구 민법(1990. 1. 13. 법률 제4199호로 개정되기 전의 것) 제789조 제1항은, '가족은 혼인하면 당연히 분가된다.'고 규정하고 있었으므로, 호주의 직계비속 장남자 아닌 가족인 남자가 혼인하면 법률의 규정에 의하여 당연히 분가되어야 함에도 호적상 법정분가의 절차를 거치지 아니하여 호주의 호적부에 가족으로 남아 있다고 하더라도, 그러한 호적 기재와는 관계없이 혼인신고를 한 이후에는 호주의 가족이라는 신분관계는 소멸되는 것이다(대법원 2000. 10. 13. 선고 99오1 판결).

◆ 피고인이 자신과 사돈지간인 피해자를 속여 돈을 편취하였다며 사기로 기소된 사안에서, 피고인과 피해자가 2촌의 인척인 친족이라는 이유로 위 범죄를 친족상도례가 적용되는 친고죄라고 판단한 후 피해자의 고소가 고소기간을 경과하여 부적법하다고 보아 공소를 기각한 원심판결 및 제1심판결을 모두 파기한 경우

피고인이 백화점 내 점포에 입점시켜 주겠다고 속여 피해자로부터 입점비 명목으로

돈을 편취하였다며 사기로 기소된 사안에서, 피고인의 딸과 피해자의 아들이 혼인하여 피고인과 피해자가 사돈지간이라고 하더라도 민법상 친족으로 볼 수 없는데도, 2촌의 인척인 친족이라는 이유로 위 범죄를 친족상도례가 적용되는 친고죄라고 판단한 후 피해자의 고소가 고소기간을 경과하여 부적법하다고 보아 공소를 기각한 원심판결 및 제1심판결에 친족의 범위에 관한 법리오해의 위법이 있다고 하여 모두 파기한 사례(대법원 2011.4.28, 선고, 2011도2170, 판결).

◆ 피고인 등이 공모하여, 피해자 甲, 乙 등을 기망하여 甲, 乙 및 丙과 부동산 매매계약을 체결하고 소유권을 이전받은 다음 잔금을 지급하지 않아 같은 금액 상당의 재산상 이익을 편취하였다는 내용으로 기소된 사안에서, 甲은 피고인의 8촌 혈족, 丙은 피고인의 부친이나, 피고인에게 형법상 친족상도례 규정이 적용되지 않는다고 한 사례

피고인 등이 공모하여, 피해자 甲, 乙 등을 기망하여 甲, 乙 및 丙과 부동산 매매계약을 체결하고 소유권을 이전받은 다음 잔금을 지급하지 않아 같은 금액 상당의 재산상 이익을 편취하였다는 내용으로 기소된 사안에서, 甲은 피고인의 8촌 혈족, 丙은 피고인의 부친이나, 위 부동산이 甲, 乙, 丙의 합유로 등기되어 있어 피고인에게 형법상 친족상도례 규정이 적용되지 않는다고 본 원심판단을 수긍한 사례(대법원 2015.6.11, 선고, 2015도3160, 판결).

◆ 피고인이, 자신의 동생 甲 사망 후 甲의 미성년 자녀 乙 및 그의 생모 친권자 丙에게 알리지 않고 甲 명의의 현금카드를 사용하여 甲의 계좌에서 예금을 인출하거나 예금을 자신의 계좌로 이체하여 절도 및 컴퓨터등사용사기죄로 기소된 사안에서, 위 각 범행의 피해자가 乙임을 전제로 친족상도례 규정이 적용되어야 한다는 피고인 주장을 배척한 사례

피고인이, 자신의 동생 甲 사망 후 甲의 미성년 자녀 乙 및 그의 생모 친권자 丙에게 알리지 않고 甲 명의의 현금카드를 사용하여 甲의 계좌에서 예금을 인출하거나 예금을 자신의 계좌로 이체하여 절도 및 컴퓨터등사용사기죄로 기소된 사안에서, 권한 없는 자가 타인의 현금카드를 이용하여 예금을 인출하거나 예금 잔고를 다른 금융기관에 개설된 자기 계좌로 이체한 경우 절도 범행의 피해자는 현금자동인출기 관리자이고, 컴퓨터등사용사기 범행의 피해자는 자금이체 거래의 직접적인 당사자이자 이중지급 위험의 원칙적 부담자인 거래 금융기관이므로, 이와 같은 경우 친족 간의 범행을 전제로 하는 친족상도례 규정이 적용되지 않는다는 이유로, 위 각 범행의 피해자가 乙임을 전제로 친족상도례 규정이 적용되어야 한다는 피고인 주장을 배척한 사례(서울중앙지법 2012.3.29, 선고, 2011노3337, 판결 : 확정).

제 38 장 절도와 강도의 죄 (제329조~제346조)

제38장 절도와 강도의 죄(제329조~제346조)

1. 절도죄

> **제329조【절도】**
> 타인의 재물을 절취한 자는 6년 이하의 징역 또는 1천만원 이하의 벌금에 처한다. 〈개정 1995. 12. 29.〉

[친족간의범행] 344, [동력] 346, [특별규정] 산림보호법54·55, 군형75, 군용물3, [미수범] 342, [상습범] 332, [공소시효] : 7년

○ 이 죄의 보호법익은 소유권이라는 점에서는 異論이 없고, 나아가 소유권과 함께 점유도 그 보호법익이 된다는 견해도 여럿 있으나 점유는 절도죄의 객체는 될 수 있어도 보호법익이 될 수 없다는 견해에 따른다.

Ⅰ. 이론

1. 구성요건

(1) 객관적 구성요건

1) 객체

이 죄의 객체는 타인이 점유하는 타인의 재물이다.

① 타인이란 자기 이외의 자를 말하며 자연인 뿐만 아니라 법인도 포함한다. 자연인은 의사능력이나 책임능력의 유무를 묻지 않는다.

② 자기의 재물은 권리행사방해죄(제323조) 또는 공무상보관물무효죄(제142조)의 객체가 될 수 있을 뿐 이 죄의 객체는 될 수 없다. 또 無主物도 이 죄의 객체가 되지 않지만, 공유물은 이 죄의 객체가 된다.

③ 점유란 물건에 대한 사실상의 지배를 말하지만 민법상의 점유에 비해 더 현실적인 것으로서 소지라고 하기도 한다. 따라서 간접점유나 상속에 의한 점유의 이전은 형법상 인정되지 않지만 점유보조자의 점유는 인정된다.

④ 공동점유도 타인의 점유에 속하는 것이기 때문에 공동보관자의 1인이 타 공동보관자의 동의없이 보관물을 자기의 단독점유로 옮기면 절도죄가 성립한다.

⑤ 재물이란 유체물과 관리가능한 동력을 말하며, 이에는 부동산도 포함된다. 다만 절취는 현실적인 점유취득을 의미하므로 부동산은 절도죄의 객체가 될 수 없다(반대설 있음).

▣ 이견있는 형사사건의 법원판단 ▣

[금제품의 재물성]

1. 문제점 : 금제품이란 법률에 의하여 소유 또는 소지가 금지되어 있는 물건을 말한다. 이러한 금제품의 재물성을 인정할 것인지에 대하여 견해가 대립한다.
2. 학설

(1) 소극설 : 금제품의 재물성을 인정하여 이에 대한 탈취죄를 긍정하면 타법이 금지하는 금제품의 소지를 오히려 형법이 보호하는 법체계상의 모순을 가져오게 되므로 금제품의 재물성은 인정할 수 없다는 견해

(2) 적극설 : 금제품의 소지를 범죄로 하는 것과 그 소지를 침해하는 것은 전혀 별개의 문제이고, 금제품이라 할지라도 절차에 따라 몰수되기까지는 그 소지를 보호하여야 하므로 그 재물성을 인정할 수 있다는 견해

(3) 절충설(다수설) : 절도죄의 보호법익은 소유권이므로, 소유권의 객체가 될 수 없는 절대적 금제품은 재물이 아니지만, 단순히 점유가 금지되어 있는 상대적 금제품은 재물이 된다는 견해

3. 판례 : 적극설의 태도

유가증권도 그것이 정상적으로 발행된 것은 물론 비록 작성권한 없는 자에 의하여 위조된 것이라고 하더라도 절차에 따라 몰수되기까지는 그 소지자의 점유를 보호하여야 한다는 점에서 형법상 재물로서 절도죄의 객체가 된다(대법원 1998. 11. 24. 선고 98도2967 판결).

2) 행위

행위는 절취하는 것이다.

① 절취란 타인이 점유하고 있는 재물을 점유자의 의사에 반하여 자기 또는 제3자의 점유로 옮기는 것을 말한다.

② 절도는 타인의 점유를 배제하는 행위가 시작된 때, 즉 사실상의 지배를 침해하기 위한 행위를 시작한 때, 그 착수가 있었다고 본다(판례 : 절취할 재물에 접근한 때, 목적물을 물색할 때).

③ 통상 재물을 자기의 지배하에 두는 때를 기수시기로 본다(취득설).

▣ 이견있는 형사사건의 법원판단 ▣

[절도죄의 기수시기]

1. 문제점 : 절도죄의 기수시기를 언제로 볼 것인지에 대하여 견해가 나뉜다.
2. 학설
(1) 접촉설 : 재물에 접촉한 때에 기수가 된다는 견해
(2) 취득설(통설) : 재물을 자기 또는 제3자의 지배하에 둔 때에 기수가 된다는견해
(3) 이전설 : 재물이 피해자의 지배범위로부터 장소적으로 이전되었을 때에 기수가 된다는 견해
(4) 은닉설 : 재물을 안전한 장소에 감추었을 때 기수가 된다는 견해
3. 판례 : 취득설의 태도
창고에서 동판과 전선을 밖으로 들고 나와 손수레에 싣고 운반해 가다가 방범대원들에게 발각되어 체포되었다면 절도의 기수에 해당한다(대판 1984. 2. 14, 83도3242).

(2) 주관적 구성요건

1) 고의

타인이 점유하는 타인의 재물을 절취한다는데 대한 고의가 있어야 한다. 재물의 타인성에 대한 인식도 고의의 내용이 되지만 이에 대해서는 문외한으로서의 소박한 인식이 있으면 족하다.

2) 불법영득의사

불법영득의사란 권리자를 배제하고 타인의 물건을 자기의 소유물과 같이 그 경제적 용법에 따라서 이용하고 처분할 의사를 말한다. 절도죄의 경우 불법영득의사가 있어야 한다.

▣ 이견있는 형사사건의 법원판단 ▣

[불법영득의사의 내용]

1. 문제점 : 절도죄의 성립에 소유권을 침해한다는 의사로서 불법영득의사가 있어야 한다는 견해가 통설과 판례의 태도이다. 이러한 불법영득의사의 내용이 무엇인지에 대하여 견해가 나뉜다.
2. 학설
(1) 소유자의사설(다수설) : 권리자를 계속적·지속적으로 배제한다는 소극적 요소와 타인의 재물에 대하여 소유권자와 유사한 지배를 행사하는 적극적 요소를 그 내용으로 한다는 견해
(2) 경제적 용법설 : 권리자를 계속적·지속적으로 배제한다는 소극적 요소와 타인의 재물에 대하여 소유권자와 유사한 지위를 취득한다는 적극적 요소 및 그 재물의 경제적 용법에 따라 이용·처분하는 경제적 요소를 그 내용으로 한다는 견해
(3) 향익설 : 타인의 재물로부터 무엇인가 경제적 이익을 취득할 의사 또는 경제적 가칠을 지배할 의사를 내용으로 한다는 견해
3. 판례 : 경제적 용법설의 태도

절도죄의 성립에 필요한 불법영득의 의사라 함은 권리자를 배제하고 타인의 물건을 자기의 소유물과 같이 그 경제적 용법에 따라 이용·처분하려는 의사를 말한다(대판 2000. 10. 13, 2000도3655).

▣ 이견있는 형사사건의 법원판단 ▣

[불법영득의사의 대상]

1. 문제점 : 절도죄의 경우 필요한 불법영득의사의 대상이 무엇인지에 대하여 견해가 나뉜다.
2. 학설
(1) 물체설 : 영득의사는 재물의 물체 그 자체를 대상으로 한다는 견해
(2) 가치설 : 영득의사는 재물의 경제적 가치를 대상으로 한다는 견해
(3) 절충설(통설) : 영득의사는 재물의 물체 또는 그 물체가 가지고 있는 경제적가치를 대상으로 한다는 견해
3. 판례 : 절충설의 태도

절도죄의 성립에 필요한 불법영득의 의사라 함은 권리자를 배제하고 타인의 물건을 자기의 소유물과 같이 그 경제적 용법에 따라 이용·처분할 의사를 말하는 것으로 영구적으로 그 물건의 경제적 이익을 보유할 의사가 필요한 것은 아니지만 단순한 점유의 침해만으로서는 절도죄를 구성할 수 없고 소유권 또는 이에 준하는 본권을 침해하는 의사 즉 목적물의 물질을 영득할 의사이거나 또는 그 물질의 가치만을 영득할 의사이든 적어도 그 재물에 대한영득의 의사가 있어야 한다(대법원 1992. 9. 8. 선고 91도3149 판결).

▣ 이견있는 형사사건의 법원판단 ▣

[불법영득의사의 불법의 의미]

1. 문제점 : 불법영득의사에서의 불법의 의미와 관련하여 견해가 나뉜다. 이는 행위자에게 반환청구권이 있는 경우에도 절도죄가 성립하는지의 문제이다.
2. 학설
(1) 영득의 불법설(통설) : 불법이란 영득이 실질적으로 소유권질서와 모순·충돌되는 상태를 의미한다는 것으로서 행위자에게 반환청구권이 있는 물건의 절취는 불법영득의사가 인정되지 않아 절도죄가 성립하지 않는다는 견해
(2) 절취의 불법설 : 수단이 불법하면 소유권질서에 부합하더라도 영득의 불법하다는 건으로서 행위자에게 반환청구권이 있는 경우에도 위법성조각사유가 없는 한 절도죄가 성립한다는 견해
3. 판례 : 절취의 불법설의 태도

형법상 절취란 타인이 점유하고 있는 자기 이외의 자의 소유물을 점유자의 의사에 반하여 그 점유를 배제하고 자기 또는 제3자의 점유로 옮기는 것을 말하는 것으로, 비록 약정에 기한 인도 등의 청구권이 인정된다고 하더라도,

취거 당시에 점유 이전에 관한 점유자의 명시적·묵시적인 동의가 있었던 것으로 인정되지 않는 한, 점유자의 의사에 반하여 점유를 배제하는 행위를 함으로써 절도죄는 성립하는 것이고, 그러한 경우에 특별한 사정이 없는 한 불법영득의 의사가 없었다고 할 수는 없다(대법원 2001. 10. 26. 선고 2001도4546 판결).

2. 죄수

(1) 절도죄의 죄수는 절취의 수에 따라 결정되어야 한다. 따라서 1개의 행위에 의하여 수인의 소유에 속하는 재물을 절취한 때에는 상상적 경합이 되지 않고 단순일죄가 된다.

(2) 절도죄는 상태범이므로 기수가 된 후에 장물을 손괴 또는 처분하는 행위는 불가벌적 사후행위로서 흡수된다. 그러나 불가벌적 사후행위가 되려면 사후행위가 절도행위와 보호법익을 같이하고 그 침해의 양을 초과하지 않아야 한다(예 : 절취한 재물을 손괴하거나 절취한 승차권 또는 자기앞수표를 환급하는 것은 불가벌적 사후행위가 되지만, 절취한 예금통장을 이용하여 예금을 인출하거나 절취한 전당표로 전당물을 편취하는 것은 새로운 법익을 침해한 것으로 별죄를 구성한다).

▣ 이견있는 형사사건의 법원판단 ▣

[살해 후 비로서 재물탈취의사가 생긴 경우 절도죄의 성부]

1. 문제점 : 강도살인죄는 강도범이 재물을 강취하는 기회에 사람을 살해하였을 것을 구성요건으로 하므로 이때에는 강도살인죄가 성립하지 않는다. 다만 사자의 점유의 문제와 관련하여 절도죄 혹은 점유이탈물횡령죄의 성부가 문제된다.

2. 학설

(1) 점유이탈물횡령죄설(통설) : 사자의 점유를 부정할 뿐 아니라 피해자의 사망에 의해 재물이 피해자의 지배를 떠나기 때문에 탈취죄는 성립할 수 없다는 견해로서 이 경우 살인죄와 점유이탈물횡령죄의 경합범이 된다는 견해

(2) 절도죄설 : 사자의 점유를 인정할 수 없고, 사자의 '생전의' 점유가 사망 직후에도 다소간 계속된다고 할 것이므로 살인죄와 절도죄의 경합범이 성립한다는 견해

3. 판례 : 절도죄설

피해자 살해한 방에서 사망한 피해자 곁에 4시간30분쯤 있다가 그곳 피해자의 자취방 벽에 걸려 있던 피해자가 소지하는 물건들을 영득의 의사로 가지고 나온 경우 피해자가 생전에 가진 점유는 사망 후에도 여전히 계속되는 것으로 보아야 한다(대판 1993. 9. 28, 93도2143).

3. 타죄와의 관계

절도죄는 절도죄를 포함하고 있는 결합범 또는 결과적 가중범과 특별관계가 된다. 따라서 강도죄(제333조), 강도상해·치상죄(제337조), 강도살인·치사죄(제338조), 강도강간죄(제339조)가 성립한 때에는 절도죄는 성립하지 않는다.

4. 친족상도례

(1) 형면제판결

직계혈족, 배우자, 동거친족, 동거가족 또는 그 배우자간의 절도죄 또는 그 미수범은 그 형을 면제한다(제328조 1항, 제344조).

(2) 상대적 친고죄

그 이외의 친족간에 절도죄 또는 그 미수범을 범한 때에는 고소가 있어야 공소를 제기할 수 있다(제328조 2항, 제344조).

5. 사용절도

(1) 사용절도란 타인의 재물을 일시적으로 사용한 후에 소유자에게 반환하는 것을 말한다.

(2) 사용절도는 반환의사를 그 요건으로 한다. 반환의사는 재물을 일시적으로 사용한 후에 방치하는 것만으로는 인정되지 않고, 재물을 소유자의 지배범위로 돌려 놓아서 권리자가 이를 확실하게 취득할 수 있도록 한 때에만 인정된다.

(3) 절도죄가 성립하려면 불법영득의 의사가 있어야 하므로 사용절도는 원칙적으로 처벌하지 않는다. 다만 신설된 자동차 등 불법사용죄(제331조의2)에 해당여부를 정밀검토하여야 한다.

Ⅱ. 판례

◆ 영업비밀이 담긴 타인의 재물을 절취하여 그 영업비밀을 부정사용한 행위가 절도의 불가벌적 사후행위에 해당하는지 여부

[1] 부정한 이익을 얻거나 기업에 손해를 가할 목적으로 그 기업에 유용한 영업비밀이 담겨 있는 타인의 재물을 절취한 후 그 영업비밀을 사용하는 경우, 영업비밀의 부정사용행위는 새로운 법익의 침해로 보아야 하므로 위와 같은 부정사용행위가 절도범행의 불가벌적 사후행위가 되는 것은 아니다.

[2] 부정한 이익을 얻을 목적으로 타인의 영업비밀이 담긴 CD를 절취하여 그 영업비밀을 부정사용한 사안에서, 절도죄와 별도로 부정경쟁방지 및 영업비밀보호에 관한 법률상 영업비밀부정사용죄가 성립한다고 한 사례(대법원 2008. 9. 11. 선고 2008도5364 판결).

◆ 절도죄의 객체인 '재물'의 의미

[1] 절도죄의 객체인 재물은 반드시 객관적인 금전적 교환가치를 가질 필요는 없고 소유자·점유자가 주관적인 가치를 가지고 있는 것으로 족하고, 이 경우 주관적·경제적 가치의 유무를 판별함에 있어서는 그것이 타인에 의하여 이용되지 않는다고 하는 소극적 관계에 있어서 그 가치가 성립하더라도 관계없다.

[2] 사실상 퇴사하면서 회사의 승낙 없이 가지고 간 부동산매매계약서 사본들이 절도죄의 객체인 재물에 해당한다고 한 사례(대법원 2007. 8. 23. 선고 2007도2595 판결).

◆ 주간에 절도의 목적으로 타인의 주거에 침입한 경우, 절도죄의 실행의 착수시기

(1) 사실관계

피고인은 범행 당일 피해자가 빨래를 걷으러 옥상으로 올라 간 사이에 피해자의 다세대주택에 절취할 재물을 찾으려고 신발을 신은 채 거실을 통하여 안방으로 들어가 여기저기를 둘러보고는 절취할 재물을 찾지 못하고 다시 거실로 나와서 두리번거리고 있다가 피해자가 현관문을 통하여 거실로 들어가다가 마주치게 되었다.

(2) 판결요지

[1] 야간이 아닌 주간에 절도의 목적으로 다른 사람의 주거에 침입하여 절취할 재물의 물색행위를 시작하는 등 그에 대한 사실상의 지배를 침해하는 데에 밀접한 행위를 개시하면 절도죄의 실행에 착수한 것으로 보아야 한다.

[2] 주간에 절도의 목적으로 방 안까지 들어갔다가 절취할 재물을 찾지 못하여 거실로 돌아나온 경우, 절도죄의 실행 착수가 인정된다고 한 사례(대법원 2003. 6. 24. 선고 2003도1985 판결).

◆ 타인의 재물을 점유자의 승낙 없이 무단 사용하는 경우, 불법영득의사 유무의 판단 기준

[1] 타인의 재물을 점유자의 승낙 없이 무단 사용하는 경우 그 사용으로 인하여 재물 자체가 가지는 경제적 가치가 상당한 정도로 소모되거나 또는 사용 후 그 재물을 본래의 장소가 아닌 다른 곳에 버리거나 곧 반환하지 아니하고 장시간 점유하고 있는 것과 같은 때에는 그 소유권 또는 본권을 침해할 의사가 있다고 보아 불법영득의 의사를 인정할 수 있으나, 그렇지 아니하고 그 사용으로 인한 가치의 소모가 무시할 수 있을 정도로 경미하고 또 사용 후 곧 반환한 것과 같은 때에는 그 소유권 또는 본권을 침해할 의사가 있다고 할 수 없어 불법영득의 의사를 인정할 수 없다.

[2] 피해자의 승낙 없이 혼인신고서를 작성하기 위하여 피해자의 도장을 몰래 꺼내어 사용한 후 곧바로 제자리에 갖다 놓은 경우, 도장에 대한 불법영득의 의사가 있었다고 볼 수 없다고 한 사례(대법원 2000. 3. 28. 선고 2000도493 판결).

◆ 승객이 놓고 내린 지하철의 전동차 바닥이나 선반 위에 있던 물건을 가지고 감으로써 성립하는 범죄(=점유이탈물횡령죄)

승객이 놓고 내린 지하철의 전동차 바닥이나 선반 위에 있던 물건을 가지고 간 경우, 지하철의 승무원은 유실물법상 전동차의 관수자로서 승객이 잊고 내린 유실물을 교부받을 권능을 가질 뿐 전동차 안에 있는 승객의 물건을 점유한다고 할 수 없고, 그 유실물을 현실적으로 발견하지 않는 한 이에 대한 점유를 개시하였다고 할 수도 없으므로, 그 사이에 위와 같은 유실물을 발견하고 가져간 행위는 점유이탈물횡령죄에 해당함은 별론으로 하고 절도죄에 해당하지는 않는다(대법원 1999. 11. 26. 선고 99도3963 판결).

◆ 백지의 자동차출고의뢰서 용지가 절도죄의 객체인 재물에 해당하는지 여부(적극)

재산죄의 객체인 재물은 반드시 객관적인 금전적 교환가치를 가질 필요는 없고 소유자, 점유자가 주관적인 가치를 가지고 있음으로써 족하다고 할 것이고, 이 경우 주관적, 경제적 가치의 유무를 판별함에 있어서는 그것이 타인에 의하여 이용되지 않는다고 하는 소극적 관계에 있어서 그 가치가 성립하더라도 관계없다 할 것이므로, 피고인이 절취한 백지의 자동차출고의뢰서 용지도 그것이 어떠한 권리도 표창하고 있지 않다 하더라도 경제적 가치가 없다고는 할 수 없어 이는 절도죄의 객체가 되는 재물에 해당한다(대법원 1996. 5. 10. 선고 95도3057 판결).

◆ 피고인이 현금카드의 소유자로부터 편취한 현금카드를 이용하여 현금자동지급기에서 예금을 인출한 행위의 죄책

(1) 사실관계

> 피고인이 2005. 2. 11. 충북 옥천읍 소재 농협중앙회 옥천군 지부에서, 소지하고 있던 A의 현금카드를 이용하여 위 지점에 설치되어 있던 현금인출기에서 피해자 농협중앙회(옥천군 지부) 소유의 현금 350만 원을, 같은 일시경 충북 영동군 용산면 소재 용산농협에서 같은 방법으로 피해자 용산면 농협 소유의 현금 140만 원을 인출하였다. 그러나 피고인이 소지하고 있는 위 현금카드는 피고인이 사실은 혼인의사가 전혀 없음에도 공소외인과 혼인의사가 있는 것처럼 가장하여 "앞으로 함께 살아야 되는데 자신에게 현금카드를 달라."는 취지로 거짓말을 하여 A로부터 현금카드를 넘겨받게 된 것이었다.

(2) 판결요지

예금주인 현금카드 소유자로부터 그 카드를 편취하여, 비록 하자 있는 의사표시이기는 하지만 현금카드 소유자의 승낙에 의하여 사용권한을 부여받은 이상, 그 소유자가 승낙의 의사표시를 취소하기까지는 현금카드를 적법, 유효하게 사용할 수 있으며, 은행 등 금융기관은 현금카드 소유자의 지급정지 신청이 없는 한 카드 소유자의 의사에 따라 그의 계산으로 적법하게 예금을 지급할 수밖에 없는 것이므로, 피고인이 현금카드의 소유자로부터 현금카드를 사용한 예금인출의 승낙을 받고 현금카드를 교부받은 행위와 이를 사용하여 현금자동지급기에서 예금을 여러 번 인출한 행위들은 모두 현금카드 소유자의 예금을 편취하고자 하는 피고인의 단일하고 계속된 범의 아래에서 이루어진 일련의 행위로서 포괄하여 하나의 사기죄를 구성한다고 볼 것이지, 현금자동지급기에서 카드 소유자의 예금을 인출, 취득한 행위를 현금자동지급기 관리자의 의사에 반하여 그가 점유하고 있는 현금을 절취한 것이라 하여 이를 현금카드 편취행위와 분리하여 따로 절도죄로 처단할 수는 없다(대법원 2005. 9. 30. 2005도5869 판결).

◆ 명의대여자가 명의대여 약정에 따라 발급된 영업허가증과 사업자등록증을 가지고 간 행위가 절도죄에 해당한다고 한 사례

명의대여 약정에 따른 신청에 의하여 발급된 영업허가증과 사업자등록증은 피해자가 인도받음으로써 피해자의 소유가 되었다고 할 것이므로, 이를 명의대여자가 가지고 간 행위가 절도죄에 해당한다고 한 사례(대법원 2004. 3. 12. 선고 2002도5090 판결).

◆ 2016. 1. 6. 법률 제13717호로 개정·시행된 특정범죄 가중처벌 등에 관한 법률 제5조의4 제5항 제1호가 형법 제35조(누범)와는 별개로 새로운 구성요건을 창설

한 것인지 여부(적극) 및 위 처벌 규정에 정한 형에 다시 형법 제35조의 누범가중한 형기범위 내에서 처단형을 정하여야 하는지 여부(적극)

2016. 1. 6. 법률 제13717호로 개정·시행된 특정범죄 가중처벌 등에 관한 법률 제5조의4 제5항은 "형법 제329조부터 제331조까지, 제333조부터 제336조까지 및 제340조·제362조의 죄 또는 그 미수죄로 세 번 이상 징역형을 받은 사람이 다시 이들 죄를 범하여 누범으로 처벌하는 경우에는 다음 각호의 구분에 따라 가중처벌한다."라고 규정하면서, 같은 항 제1호(이하 '처벌 규정'이라고 한다)는 '형법 제329조부터 제331조까지의 죄(미수범을 포함한다)를 범한 경우에는 2년 이상 20년 이하의 징역에 처한다'고 규정하고 있다. 처벌 규정은 입법 취지가 반복적으로 범행을 저지르는 절도 사범에 관한 법정형을 강화하기 위한 데 있고, 조문의 체계가 일정한 구성요건을 규정하는 형식으로 되어 있으며, 적용요건이나 효과도 형법 제35조와 달리 규정되어 있다. 이러한 처벌 규정의 입법 취지, 형식 및 형법 제35조와의 차이점 등에 비추어 보면, 처벌 규정은 형법 제35조(누범) 규정과는 별개로 '형법 제329조부터 제331조까지의 죄(미수범 포함)를 범하여 세 번 이상 징역형을 받은 사람이 그 누범 기간 중에 다시 해당 범죄를 저지른 경우에 형법보다 무거운 법정형으로 처벌한다'는 내용의 새로운 구성요건을 창설한 것으로 해석해야 한다. 따라서 처벌 규정에 정한 형에 다시 형법 제35조의 누범가중한 형기범위 내에서 처단형을 정하여야 한다(대법원 2020. 5. 14., 선고, 2019도18947, 판결).

◆ **반복적인 절도 범행에 대한 누범가중 처벌규정인 특정범죄 가중처벌 등에 관한 법률 제5조의4 제5항 제1호가 명확성의 원칙, 과잉금지원칙, 평등의 원칙에 위배되는지 여부(소극)**

특정범죄 가중처벌 등에 관한 법률 제5조의4 제5항 제1호(이하 '이 사건 법률조항'이라 한다)는 '형법 제329조부터 제331조까지의 죄 또는 그 미수죄로 세 번 이상 징역형을 받은 사람이 다시 이들 죄를 범하여 누범으로 처벌하는 경우에는 2년 이상 20년 이하의 징역에 처한다.'고 정하고 있다.

이 사건 법률조항 중 '이들 죄를 범하여 누범으로 처벌하는 경우' 부분에서 '이들 죄'라 함은, 앞의 범행과 동일한 범죄일 필요는 없으나, 특정범죄가중처벌법 제5조의4 제2항이 '형법 제329조 내지 제331조의 죄'를 구별하여 규정하고 있는 점에 비추어 볼 때, 특정범죄가중처벌법 제5조의4 제5항에 열거된 모든 죄가 아니라 앞의 범죄와 동종의 범죄, 즉 형법 제329조 내지 제331조의 죄 또는 그 미수죄를 의미한다고 할 것이다. 따라서 이 사건 법률조항은 죄형법정주의와 명확성원칙에 위반되지 않는다.

이 사건 법률조항은 앞의 범행과 뒤의 범행이 모두 동종의 절도 고의범일 것이라는 실질적 관련성을 요구하고 있고, 앞의 범행에 대하여 '3회 이상의 징역형'을 선고받아 형이 아직 실효되지 않아야 하며, 뒤의 범행을 저지른 시점이 전의 범죄에 대한 최종형의 집행이 종료되거나 면제된 때부터 3년 이내이어야 하는 등 엄격한 구성요건을 설정하고 있다. 이러한 구성요건을 충족시키는 범죄자의 행위는 비난가능성이 매우 높고, 이러한 범죄자로부터 사회를 방위하고 재범을 방지하여야 할 필요성도 충분하다. 따라서 이 사건 법률조항은 책임과 형벌 간의 비례원칙에 위반되지 않는다.

이 사건 법률조항에 해당하는 누범을 일반 범죄자에 비하여 가중 처벌하는 것은 누범 증가 추세를 감안한 범죄예방과 사회방위의 형사정책적 고려에 바탕을 둔 것으로 합리적인 근거가 있는 차별에 해당한다.

따라서 이 사건 법률조항은 명확성의 원칙, 과잉금지원칙, 평등의 원칙에 위배된다고 볼 수 없다(헌법재판소 2012. 5. 31. 선고 2011헌바15, 90 전원재판부 결정 참조). 따라서 이 사건 법률조항이 위헌이라는 상고이유 주장은 받아들이지 않는다(대법원 2018. 2. 13., 선고, 2017도19862, 판결).

◆ 피고인이 장물인 수표를 사용하고도 그 사실을 부인한다는 사정만으로 그 수표를 피고인이 절취한 것으로 인정할 수 없다고 한 사례

피고인이 장물인 수표를 소지하고 있었다는 점 등에 관하여 거짓말을 하고 있고 그 수표에 실제로 존재하지 아니하는 사람의 배서가 있다는 등의 정황 등만으로는 피고인이 그 수표를 다른 사람으로부터 건네받아 소지하고 있었을 가능성을 배제할 수 없어 피고인이 그 수표를 직접 절취한 것이라고 인정할 수 없다고 한 사례(대법원 2002. 12. 24. 선고 2002도5662 판결).

◆ 컴퓨터에 저장된 정보가 절도죄의 객체로서 재물에 해당하는지 여부(소극) 및 이를 복사하거나 출력해 간 경우 절도죄를 구성하는지 여부(소극), 컴퓨터 속의 정보를 빼내갈 목적으로 종이에 출력하여 가져간 경우 그 정보가 기재된 그 문서에 대한 절도죄가 성립하는지 여부(소극)

(1) 사실관계

2000. 10. 초순경 피고인 B가 피고인A에게 피해자 주식회사 하이켐텍(이하 '피해 회사'라고 한다)에 보관되어 있는 직물원단고무코팅시스템의 설계도면과 공정도를 빼내오도록 요구하고, 피고인A는 이를 승낙한 후, 피고인A가 2000. 10. 14. 15:00경 피해 회사 연구개발실에서 그 곳 노트북 컴퓨터에 저장되어 있는 위 시스템의 설계도면을 A2용지에 2장을 출력하여 가지고 나왔다.

(2) 판결요지

[1] 절도죄의 객체는 관리가능한 동력을 포함한 '재물'에 한한다 할 것이고, 또 절도죄가 성립하기 위해서는 그 재물의 소유자 기타 점유자의 점유 내지 이용가능성을 배제하고 이를 자신의 점유하에 배타적으로 이전하는 행위가 있어야만 할 것인바, 컴퓨

터에 저장되어 있는 '정보' 그 자체는 유체물이라고 볼 수도 없고, 물질성을 가진 동력도 아니므로 재물이 될 수 없다 할 것이며, 또 이를 복사하거나 출력하였다 할지라도 그 정보 자체가 감소하거나 피해자의 점유 및 이용가능성을 감소시키는 것이 아니므로 그 복사나 출력 행위를 가지고 절도죄를 구성한다고 볼 수도 없다.

[2] 피고인의 컴퓨터에 저장된 정보를 출력하여 생성한 문서는 피해 회사의 업무를 위하여 생성되어 피해 회사에 의하여 보관되고 있던 문서가 아니라, 피고인이 가지고 갈 목적으로 피해 회사의 업무와 관계없이 새로이 생성시킨 문서라 할 것이므로, 이는 피해회사 소유의 문서라고 볼 수 없다 할 것이어서, 이를 가지고 간 행위를 들어 피해회사 소유의 문서를 절취한 것으로 볼 수 없다(대법원 2002. 7. 12. 선고 2002도745 판결).

◆ 예식장 축의금 접수대에서 접수인인 것처럼 행세하여 축의금을 교부받아 가로챈 행위의 처단 죄명(절도)

피해자가 결혼예식장에서 신부측 축의금 접수인인 것처럼 행세하는 피고인에게 축의금을 내어 놓자 이를 교부받아 가로챈 사안에서, 피해자의 교부행위의 취지는 신부측에 전달하는 것일 뿐 피고인에게 그 처분권을 주는 것이 아니므로, 이를 피고인에게 교부한 것이라고 볼 수 없고 단지 신부측 접수대에 교부하는 취지에 불과하므로 피고인이 그 돈을 가져간 것은 신부측 접수처의 점유를 침탈하여 범한 절취행위라고 보는 것이 정당하다(대법원 1996.10.15, 선고, 96도2227, 판결).

◆ 절취 목적으로 내리막길에 주차되어 있는 자동차 안에 들어가 핸드브레이크를 풀자 자동차가 10미터 정도 굴러가다 멈춘 경우, 절도의 기수 여부와 도로교통법상 운전의 해당 여부

자동차를 절취할 생각으로 자동차의 조수석문을 열고 들어가 시동을 걸려고 시도하는 등 차안의 기기를 이것저것 만지다가 핸드브레이크를 풀게 되었는데 그 장소가 내리막길인 관계로 시동이 걸리지 않은 상태에서 약10미터 전진하다가 가로수를 들이받는 바람에 멈추게 되었다면 절도의 기수에 해당한다고 볼 수 없을 뿐 아니라 도로교통법 제2조 제19호 소정의 자동차의 운전에 해당하지 아니한다(대법원 1994. 9. 9. 선고 94도1522 판결).

◆ 절도죄의 성립에 필요한 '불법영득의 의사'의 의미

[1] 절도죄의 성립에 필요한 불법영득의 의사라 함은 권리자를 배제하고 타인의 물건을 자기의 소유물과 같이 그 경제적 용법에 따라 이용, 처분하려는 의사를 말한다.

[2] 피고인이 살해된 피해자의 주머니에서 꺼낸 지갑을 살해도구로 이용한 골프채와 옷 등 다른 증거품들과 함께 자신의 차량에 싣고 가다가 쓰레기 소각장에서 태

워버린 경우, 살인 범행의 증거를 인멸하기 위한 행위로서 불법영득의 의사가 있었다고 보기 어렵다(대법원 2000. 10. 13. 선고 2000도3655 판결).

◆ 구 특정범죄 가중처벌 등에 관한 법률 제5조의4 제1항이 적용되는 피고인의 '상습절도미수' 범죄에 대하여 형법 제25조 제2항에 의한 형의 미수감경을 한 다음 선고형을 정한 원심판결에 법리오해의 위법이 있다고 한 사례

구 특정범죄 가중처벌 등에 관한 법률(2010. 3. 31. 법률 제10210호로 개정되기 전의 것) 제5조의4 제1항이 적용되는 피고인의 상습절도미수 범죄에 대하여 형법 제25조 제2항에 의한 형의 미수감경을 한 다음 선고형을 정한 원심판결에 법리오해의 위법이 있다고 한 사례. (대법원 2010.11.25. 선고 2010도11620 판결)

◆ 불법영득의사를 부정한 사례

사촌형제인 피해자와의 분규로 재단법인 이사장직을 사임한 뒤 피해자의 집무실에 찾아가 잘못을 나무라는 과정에서 화가 나서 피해자를 혼내주려고 피해자의 가방을 들고 나온 경우 불법영득의 의사가 있다고 할 수 없다 한 사례(대법원 1993. 4. 13. 선고 93도328판결).

◆ 길가에 시동을 걸어놓은 채 세워둔 자동차를 함부로 운전하고 약 200미터 가량 간 경우 불법영득의 의사가 있었다고 본 사례

피고인이 길가에 시동을 걸어 놓은 채 세워둔 모르는 사람의 자동차를 함부로 운전하고 약 200미터 가량 갔다면 불법영득의 의사가 있었다 할 것이다(대법원 1992. 9. 22. 선고 92도1949 판결).

◆ 특정범죄 가중처벌 등에 관한 법률 제5조의4 제6항에 규정된 상습절도 등 죄를 범한 범인이 그 범행의 수단으로 주거침입을 한 경우, 주거침입행위가 별개로 주거침입죄를 구성하는지 여부(소극) / 위 상습절도 등 죄를 범한 범인이 그 범행 외에 상습적인 절도의 목적으로 주거침입을 하였다가 절도에 이르지 아니하고 주거침입에 그친 경우, 주거침입행위가 상습절도 등 죄와 별개로 주거침입죄를 구성하는지 여부(한정 소극)

특정범죄 가중처벌 등에 관한 법률 제5조의4 제6항에 규정된 상습절도 등 죄를 범한 범인이 그 범행의 수단으로 주거침입을 한 경우에 주거침입행위는 상습절도 등 죄에 흡수되어 위 조문에 규정된 상습절도 등 죄의 1죄만이 성립하고 별개로 주거침입죄를 구성하지 않으며, 또 위 상습절도 등 죄를 범한 범인이 그 범행 외에 상습적인 절도의 목적으로 주거침입을 하였다가 절도에 이르지 아니하고 주거침입에 그친 경우에도 그것이 절도상습성의 발현이라고 보이는 이상 주거침입행위는 다른 상습절도 등 죄에 흡수되어 위 조문에 규정된 상습절도 등 죄의 1죄만을 구성하고 상습절도 등 죄와 별개로 주거침입죄를 구성하지 않는다(대법원 2017.7.11, 선고, 2017도4044, 판결).

◆ 형법 제332조에 규정된 상습절도죄를 범한 범인이 범행의 수단으로 주간에 주거침입을 한 경우, 주간 주거침입행위가 별개로 주거침입죄를 구성하는지 여부(적극) / 형법 제332조에 규정된 상습절도죄를 범한 범인이 그 범행 외에 상습적인 절도의 목적으로 주간에 주거침입을 하였다가 절도에 이르지 아니하고 주거침입에 그친 경우, 주간 주거침입행위가 별개로 주거침입죄를 구성하는지 여부(적극)

형법 제330조에 규정된 야간주거침입절도죄 및 형법 제331조 제1항에 규정된 특수절도(야간손괴침입절도)죄를 제외하고 일반적으로 주거침입은 절도죄의 구성요건이 아니므로 절도범인이 범행수단으로 주거침입을 한 경우에 주거침입행위는 절도죄에 흡수되지 아니하고 별개로 주거침입죄를 구성하여 절도죄와는 실체적 경합의 관계에 서는 것이 원칙이다. 또 형법 제332조는 상습으로 단순절도(형법 제329조), 야간주거침입절도(형법 제330조)와 특수절도(형법 제331조) 및 자동차 등 불법사용(형법 제331조의2)의 죄를 범한 자는 그 죄에 정한 각 형의 2분의 1을 가중하여 처벌하도록 규정하고 있으므로, 위 규정은 주거침입을 구성요건으로 하지 않는 상습단순절도와 주거침입을 구성요건으로 하고 있는 상습야간주거침입절도 또는 상습특수절도(야간손괴침입절도)에 대한 취급을 달리하여, 주거침입을 구성요건으로 하고 있는 상습야간주거침입절도 또는 상습특수절도(야간손괴침입절도)를 더 무거운 법정형을 기준으로 가중처벌하고 있다. 따라서 상습으로 단순절도를 범한 범인이 상습적인 절도범행의 수단으로 주간(낮)에 주거침입을 한 경우에 주간 주거침입행위의 위법성에 대한 평가가 형법 제332조, 제329조의 구성요건적 평가에 포함되어 있다고 볼 수 없다. 그러므로 형법 제332조에 규정된 상습절도죄를 범한 범인이 범행의 수단으로 주간에 주거침입을 한 경우 주간 주거침입행위는 상습절도죄와 별개로 주거침입죄를 구성한다. 또 형법 제332조에 규정된 상습절도죄를 범한 범인이 그 범행 외에 상습적인 절도의 목적으로 주간에 주거침입을 하였다가 절도에 이르지 아니하고 주거침입에 그친 경우에도 주간 주거침입행위는 상습절도죄와 별개로 주거침입죄를 구성한다(대법원 2015.10.15, 선고, 2015도8169, 판결).

◆ 동산의 양도담보권자가 채무자의 점유 아래 있는 담보목적물을 매각하고 목적물반환청구권을 양도한 다음 매수인으로 하여금 목적물을 취거하게 한 경우, 절도죄의 성립 여부(소극)

[1] 금전채무를 담보하기 위하여 채무자가 그 소유의 동산을 채권자에게 양도하되 점유개정에 의하여 채무자가 이를 계속 점유하기로 한 경우, 특별한 사정이 없는 한 동산의 소유권은 신탁적으로 이전되고, 채권자와 채무자 사이의 대

내적 관계에서 채무자는 의연히 소유권을 보유하나 대외적인 관계에 있어서 채무자는 동산의 소유권을 이미 채권자에게 양도한 무권리자가 된다. 따라서 동산에 관하여 양도담보계약이 이루어지고 채권자가 점유개정의 방법으로 인도를 받았다면, 그 정산절차를 마치기 전이라도 양도담보권자인 채권자는 제3자에 대한 관계에 있어서는 담보목적물의 소유자로서 그 권리를 행사할 수 있다.

[2] 양도담보권자인 채권자가 제3자에게 담보목적물인 동산을 매각한 경우, 제3자는 채권자와 채무자 사이의 정산절차 종결 여부와 관계없이 양도담보 목적물을 인도받음으로써 소유권을 취득하게 되고, 양도담보의 설정자가 담보목적물을 점유하고 있는 경우에는 그 목적물의 인도는 채권자로부터 목적물반환청구권을 양도받는 방법으로도 가능하다. 채권자가 양도담보 목적물을 위와 같은 방법으로 제3자에게 처분하여 그 목적물의 소유권을 취득하게 한 다음 그 제3자로 하여금 그 목적물을 취거하게 한 경우, 그 제3자로서는 자기의 소유물을 취거한 것에 불과하므로, 채권자의 이 같은 행위는 절도죄를 구성하지 않는다(대법원 2008.11.27. 선고 2006도4263).

◆ 타인의 신용카드를 임의로 가지고 가 현금자동지급기에서 현금을 인출한 후 곧 바로 반환한 경우, 신용카드에 대한 절도죄의 성립 여부(소극)

신용카드업자가 발행한 신용카드는 이를 소지함으로써 신용구매가 가능하고 금융의 편의를 받을 수 있다는 점에서 경제적 가치가 있다 하더라도, 그 자체에 경제적 가치가 화체되어 있거나 특정의 재산권을 표창하는 유가증권이라고 볼 수 없고, 단지 신용카드회원이 그 제시를 통하여 신용카드회원이라는 사실을 증명하거나 현금자동지급기 등에 주입하는 등의 방법으로 신용카드업자로부터 서비스를 받을 수 있는 증표로서의 가치를 갖는 것이어서, 이를 사용하여 현금자동지급기에서 현금을 인출하였다 하더라도 신용카드 자체가 가지는 경제적 가치가 인출된 예금액만큼 소모되었다고 할 수 없으므로, 이를 일시 사용하고 곧 반환한 경우에는 불법영득의 의사가 없다(대법원 1999.07.09. 선고 99도857 판결).

◆ 타인의 예금통장을 무단사용하여 예금을 인출한 후 바로 예금통장을 반환한 경우, 예금통장에 대한 절도죄가 성립하는지 여부(한정 적극)

예금통장은 예금채권을 표창하는 유가증권이 아니고 그 자체에 예금액 상당의 경제적 가치가 화체되어 있는 것도 아니지만, 이를 소지함으로써 예금채권의 행사자격을 증명할 수 있는 자격증권으로서 예금계약사실 뿐 아니라 예금액에 대한 증명기능이 있고 이러한 증명기능은 예금통장 자체가 가지는 경제적 가치라고 보아야 하므로, 예금통장을 사용하여 예금을 인출하게 되면 그 인출된 예금액에 대하여는 예금통장 자체의 예금액 증명기능이 상실되고 이에 따라 그 상실된 기능에 상응한 경제적 가치도 소모된다. 그렇다면 타인의 예금통장을 무단사용하여 예금을 인출한 후 바로 예금통장을 반환하였다 하더라도 그 사용으로 인한 위와 같은 경제적 가치의 소모가 무시할 수 있을 정도로 경미한 경우가 아닌 이상, 예금통장 자체가 가지는 예금액 증명기능의 경제적 가치에 대한 불법영득의 의사를 인정할 수 있으므로 절도죄가 성립한다(대법원 2010.05.27. 선고 2009도9008 판결).

◆ 절도죄에서 '절취'와 '불법영득의사'의 의미 및 어떠한 물건을 점유자의 의사에 반하여 취거하는 행위가 결과적으로 소유자의 이익으로 된다는 사정 또는 소유자의 추정적 승낙이 있다고 볼 만한 사정이 있는 경우, 불법영득의사가 인정되는지 여부(원칙적 적극)

형법상 절취란 타인이 점유하고 있는 자기 이외의 자의 소유물을 점유자의 의사에 반하여 점유를 배제하고 자기 또는 제3자의 점유로 옮기는 것을 말한다. 그리고 절도죄의 성립에 필요한 불법영득의 의사란 타인의 물건을 그 권리자를 배제하고 자기의 소유물과 같이 그 경제적 용법에 따라 이용·처분하고자 하는 의사를 말하는 것으로서, 단순히 타인의 점유만을 침해하였다고 하여 그로써 곧 절도죄가 성립하는 것은 아니나, 재물의 소유권 또는 이에 준하는 본권을 침해하는 의사가 있으면 되고 반드시 영구적으로 보유할 의사가 필요한 것은 아니며, 그것이 물건 자체를 영득할 의사인지 물건의 가치만을 영득할 의사인지를 불문한다. 따라서 어떠한 물건을 점유자의 의사에 반하여 취거하는 행위가 결과적으로 소유자의 이익으로 된다는 사정 또는 소유자의 추정적 승낙이 있다고 볼 만한 사정이 있다고 하더라도, 다른 특별한 사정이 없는 한 그러한 사유만으로 불법영득의 의사가 없다고 할 수는 없다(대법원 2014.2.21, 선고, 2013도14139, 판결).

Ⅲ. 수사실무

1. 수사포인트

(1) 범행동기를 조사한다. 곤궁범인가 유흥을 위한 것인가의 여부 등.

(2) 범행 전에 범행 도구, 일정 등은 어떻게 준비했는지 조사한다(계획범, 우발범여부).

(3) 범행 당시 그 장소의 상황은 어땠는지, 어떤 방법으로 침입했는지 조사한다(야간, 주거침입방법 등).

(4) 절도한 물건이 어디에 있었는지, 범행소요시간은 어느 정도였는지 등을 자세히 조사한다.

(5) 범행 후 어떻게 어디로 도주했는지, 재물의 명칭, 수량, 품질, 가격 등 장물을 어떻게 운반했는지를 조사한다.

(6) 공범이 있었는지, 있었다면 역할분담은 어떠했는지 밝힌다.

(7) 범인과 공범자, 피해자와는 신분관계가 있는지, 장물취득자와의 관계 및 장물은 어떻게 처분하였고, 현재 그 장물은 어디에 있는가를 조사한다.

(8) 범인의 정신상태, 즉 심신장애는 없는지, 여성의 경우 생리기간은 아닌지 조사한다.

(9) 범인이 사용절도라고 변명하는 경우, 불법영득의사가 있었는지 또는 자동차 등 불법사용죄에 해당하는지를 조사한다.

(10) 발각, 검거된 원인이 무엇인지 조사한다(자수, 피해자의 신고, 불심검문 등).

(11) 범행수단, 방법

(12) 전과관계(특히 소매치기)

2. 피의자 신문례

(1) 피의자는 형벌을 받은 사실이 있는가요

(2) 피의자의 학력, 경력, 병역, 가족, 재산관계를 진술하세요

(3) 피의자는 황○○를 아는가요

(4) 피의자는 황○○와 함께 다른 사람의 물건을 소매치기한 사실이 있나요

(5) 피의자는 20○○. ○. ○. 오후 9시 30분경 황○○와 함께 당산행 2호선 지하철을 타고 가다가 강남역에서 내린 사실이 있나요

(6) 거기서 내릴 만한 이유가 있는가요

(7) 피의자가 지하철에서 내린 후 뒤에서 도둑 잡으라고 소리치는 것을 들었나요

(8) 그 소리를 듣고 피의자는 어떻게 하였나요

(9) 황○○는 왜 함께 도망을 갔는가요

(10) 피의자가 도망가던 지하도 쪽에 피해자의 지갑이 떨어져 있었는데 이에 대해 어떻게 생각하는가요

(11) 이 사람을 알겠나요(이 때 피해자의 사진을 보인다)

(12) 이 사람이 소매치기당한 것은 어떻게 알았나요

(13) 이것이 무엇인지 알고 있나요(피해자의 지갑을 보인다)

(14) 피의자는 어떻게 검거되었나요

(15) 검거 당시 피의자는 왜 도망을 했나요

(16) 피해자도 피의자가 지하철에서 뒤쪽으로 바짝 붙은 후 지갑이 없어진 걸 발견하였다고 하고, 경찰관도 피의자가 도망을 가면서 분명히 지하도에 지갑을 던져버렸다고 진술하는데 왜 계속 그런 사실이 없다고 하는가요

(17) 피해자와 친인척관계가 있나요

(18) 더 하고 싶은 말이나 피의자에게 유리한 증거가 있나요

3. 범죄사실 기재례

【범죄사실 기재례】

(1) 피의자는 20○○. ○. ○. 14:00경 ○○시 ○○구 ○○로 3가에 있는 ○○통합상가 5층 신발매장에서 물건을 사는 척하다가 점원 몰래 피해자 이○○ 소유의 시가 ○○만원 고가신발 약 ○켤레를 자기 가방 속에 넣어 이를 절취하였다.

(2) 피의자는 20○○. ○. ○. 01:00경 유○○가 ○○시 ○○구 ○○동에 있는 김○○의 집에 침입하여 안방 화장대 서랍 속에 있는 지갑에서 현금 ○○만원을 절취할 무렵, 그 정을 알면서도 위 유○○가 김○○의 집 2층에서 그 집에 침입할 수 있도록 사다리를 빌려주어 그의 범행을 쉽게 하도록 도와줌으로써 위 유○○의 절도를 방조하였다.

(3) 피의자는 20○○. ○. ○. 18:00경 직원들이 모두 퇴근하고 없는 틈을 이용하여 ○○시 ○○구 ○○동 ○○번지에 있는 ○○초등학교 안에 침입하여 그 학교 시청각실 안에 있는 이○○ 선생님이 관리하고 있는 시가 ○○만원 상당의 컴퓨터 ○대 외 비디오 ○대를 가지고 감으로써 이를 절취하였다.

(4) 피의자는 20○○. ○. ○. 11:20경 ○○시 ○○동 ○○역 앞에 있는 ○○은행 바로바로 코너 앞에서 오토바이를 타고 대기하고 있다고 마침 그곳에서 현금을 찾아 나오던 피해자

심○○의 뒤에서부터 오토바이를 타고 가면서 위 현금 ○○만원과 시가 ○○만원 상당화장품 등이 들어있는 가죽핸드백 1개를 나꿔채서 이를 절취하였다.

(5) 피의자는 20○○. ○. ○. 19 : 10경 ○○시 ○○동 ○○번지 앞길에서 피해자 함○○가 자기 집 대문 앞에 엔진 열쇠를 꽂아둔 채 차를 세워두고 잠깐 집안에 들어간 사이에 그 곳에서 위 피해자 소유의 시가 ○○만원 상당의 "서울 44라 ○○○○호" 마티즈 승용차 1대를 운전하고 가버려 이를 절취하였다.

(6) 들치기

피의자는 20○○. 10. 10. 15:30경 서울 성북구 ○○동 100번지 높은빌딩 지하 12호 상회에서 그 상회 주인인 피해자 홍여자(여, 00세) 소유인 현금 10만원, 주민등록증 및 은행카드 3매가 들어 있는 시가 5만원 상당의 밤색 핸드백 1개 등 도합 15만원 상당을 절취하였다.

(7) 낮털이 강도

피의자는 20○○. 10. 10. 13:00경 서울 성북구 ○○동 100번지 소재 피해자 홍길동(남, 00세)이 회사에 출근하여 집을 비운사이 그 집 담을 넘어 들어가 안방 화장대 서랍 속에서 현금 5만원, 국민은행발행 자기앞수표 액면가 10만원권 50매(500만원), 시가 25만원 상당의 남자용 금반지 5돈쭝 1개 등 도합 530만원 상당을 절취하였다.

(8) 소매치기(가방 따기)

피의자는 20○○. 10. 10. 13:00경 서울 성북구 ○○동 100번지 앞길 ○○대로를 주행중인 333번 시내버스 안에서 승객인 피해자 김여자(여, 00세)가 한눈을 팔 때 그녀가 소지하고 있는 핸드백을 열고 그 속에 들어있는 현금 3만원을 빼내어 이를 절취하였다.

(9) 소매치기(포켓치기)

피의자는 20○○. 10. 10. 13:00경 서울 성북구 ○○동 100번지 앞길 ○○대로를 운행 중인 60번 시내버스 안에서 혼잡함을 기회로 승객인 피해자 홍길동(남, 00세)에게 바싹 붙어 그가 입고 있는 잠바 안주머니를 면도날을 사용하여 절단한 후, 지갑을 꺼내 그 속에든 현금 10만원, 국민은행 자기앞수표 액면가 10만원권 2매(200,000원), 주택은행BC카드1매와 잡품 4점 등 도합 300,000원 상당을 절취하였다.

(10) 날치기

피의자는 행인을 상대로 날치기 하기로 마음먹고 그 대상을 물색하던 중, 20○○. 10. 10. 13:00경 서울 성북구 ○○동 100번지 골목길에 잠복해 있던 중 마침 그곳을 지나던 피해자 이여자(여, 00세)의 뒤에 달려들어 그녀 소유의 현금 5만원과 화장품 등 잡품 13종이 들어있는 핸드백을 잽싸게 낚아채는 방법으로 이를 절취하였다.

(11) 오토바이 절도

피의자 홍길동은 오토바이를 절취하기로 마음먹고 그 대상을 물색하던 중, 20○○. 10. 10. 13:00경 서울 성북구 ○○동 100번지 노상에서 피해자인 공돌쇠(남, 00세)가 자신의 소유 서울 성북 가0000호 90cc 오토바이 1대를 세워놓고 잠시 자리를 비운 사이, 위 오토바이를 밧데리에 직선 연결하여 시동을 건 후 타고 가는 방법으로 이를 절취하였다.

(12) 취객상대 절도(아리랑 치기)

피의자는 20○○. 10. 10. 13:00경 서울 성북구 ○○동 100번지 앞길에서 때마침 술에 취해 비틀거리며 지나가는 피해자 홍길동(남, 00세)를 발견하고 금품을 절취할 마음이 생겼다. 그래서 그에게 다가서며 "아저씨 약주가 과하셨네요. 댁까지 모셔다 드릴게요" 라고 하면서 그를 부축하는 척하며 잠바 안주머니에서 현금 10,000원과 농협 비씨카드 1개 등 잡품 7종이 들어있는 지갑을 꺼내 이를 절취하였다.

(13) 여관털이

피의자는 20○○. 10. 10. 13:00경 서울 성북구 ○○동 100번지에 있는 자자여관에 손님으로 가장하여 투숙하다가, 다음날 00:30경 그 여관 203호실의 출입문을 만능키(KEY)로 열고 들어가 그 방 투숙객인 피해자 홍길동(남, 00세)이 잠이든 틈을 이용하여 옷걸이에 있는 양복 주머니에서 현금 45,000원 시가 700,000원 상당의 로렉스 손목시계 1개 등 도합 74,5000원 상당을 절취하였다.

(14) 절도·사기(은행에서 인출한 돈의 일부를 사취하려다 들킴)

피의자는 서울 관악구 ○○동 100번지에 있는 땡땡기획 경리로 일하고 있다.

피의자는 20○○ 10. 10. 13:00경 그 회사 전무 홍길동으로부터 현금 500만원을 인출하여 올 것을 지시받고 그 날 13:30경 같은 동 200번지에 있는 우리은행 신림지점에서 현금 500만원을 인출하여 회사로 가던 중 그 돈의 일부를 가지려고 마음먹었다. 그리하여 일으켜 위 금액 중 2만원을 자신의 핸드백에 감추어 이를 절취하였다.

그리고 그 즉시 위 은행지불 창구로 돌아와 행원 민여자에게 방금 인출한 돈 봉투에서 현금을 꺼내어 놓고 정을 모르는 그녀에게 "방금 찾은 돈인데 2만원이 부족하다"고 기망하여 이에 속은 피해자로부터 그 돈을 사취하려 하였으나 전산처리에 의한 검산과 CCTV 등에 의하여 피의자의 거짓말이 드러나 그 뜻을 이루지 못하고 미수에 그쳤다.

(15) 업무상 장물취득

피의자는 서울 성북구 ○○동 100번지에 있는 장물 금은방을 운영하고 있다.

피의자는 20○○. 10. 10. 10시 경 금은방에서 이 금반지 3개를 무슨 용도로 팔려고 하는 것인지, 신분에 적합한 소지품인지 알아보는 등 업무상 주의의무가 있음에도 이를 게을리 하고 ○○○으로부터 시가 20만원 상당의 18K 금반지 3개를 1,200,000원에 매입하여 장물을 취득하였다.

4. 적용실례

(1) 융자한 돈을 갚지 못해 자동차를 견인해서 전매한 경우

정씨는 자동차금융업자 오씨로부터 융자금을 받고 그에게 자동차를 넘겼다. 계약내용은, 정씨가 환매기한까지 융자한 금액을 지불하고 환매권을 행사하지 않는 이상, 오씨가 임의로 자동차를 처분할 수 있다는 것이었다. 또 계약 후에 정씨가 차를 보관하고 이용하거나 파는 것도 당연한 전제로 되어있었다. 그런데 정씨가 변제기한까지 융자금을 변제하지 않자 오씨는 정씨가 보관하고 있던 자동차를 견인해 가져와서 전매했다.

➡ 위 경우, 오씨 소유가 된 자동차를 정씨가 소유권 자체에 기초하지 않고, "사실상 지배" 하고 있을 뿐이었던 물건이 "타인의 재물" 이 되는가가 문제된다. 이에 대해 판례는 자기의 물건이라도 타인의 점유에 속하는 경우에는 타인의 물건으로 본다고 하므로 오씨의 행위는 절도죄를 성립시킨다고 하겠다.

5. 참조사항

(1) 수사시 유의사항

1) 상습절도라는 죄명이 없으므로 절도의 상습성이 인정될 경우 특가법상 절도로 의율함

2) 차량절도범이 남의 번호판을 훔쳐 훔친차량에 달고 1개월간 운행한 경우

➡ 죄명 : 가. 절도, 나. 공기호 부정사용, 다. 공기호 부정사용행사로 의율함

3) 타인의 관심이 소홀한 틈을 이용하여 물건을 훔치는 수법(일명 네바다이)으로 피해자의 착오를 이용한 경우 피해자의 착오에 기한 처분행위가 없으므로 사기죄가 아닌 절도죄로 의율해야 함

4) 야간에 상점진열장을 깨고 그곳으로 손을 집어넣어 진열장에 있던 물건을 훔친 경우 특수절도죄가 아니고 주거(건조물)에 침입한 것도 아니므로 폭력등(재물손괴)가 절도죄로 의율함

5) 주점종업원이 술취한 손님이 놓아두고 간 금품을 습득하여 착복한 경우

이는 주점업무의 관리하에 있는 금품으로 간주되므로 절도죄에 해당함

6) 타인의 차량을 돌려줄 의사없이 빌려간 후 가버렸다면 이는 피해자를 기망했기 때문에 사기죄를 의율해야지 절도, 자동차 불법 사용죄로 의율하면 안됨

7) 학생수송목적으로 피해자에게 차량열쇠를 받은 후 차량운행중 마음이 변하여 차량을 가지고 가버린 경우에는 피해자에게서 차량의 관리권을 위임받았기 때문에 이는 절도죄가 아닌 횡령죄로 의율함

8) 성명불상자가 절취하여 노상에 방치하여 둔 오토바이를 가져간 경우는 피해자가 도난당한 물건이라도 그 점유를 이탈한 물건이므로 절도가 아니고 점유이탈물횡령죄가 됨

9) 절취할 목적으로 피해자 집 마당에 들어가 큰 방문을 열다가 발각된 경우에는 아직 절도의 실행의 착수가 없기 때문에 주거침입죄만 성립하며 약간의 경우에는 절도미수죄가 성립함

10) 방실침입은 투숙자가 있는 여관 또는 호텔의 1실에 침입하는 경우에 해당하고 사람의 주거에 사용하는 집의 안방에 침입하는 경우는 주거침입으로 의율함

(2) 절도의 종류

침입절도, 소매치기, 날치기, 들치기, 아리랑치기, 차량절도 및 차치기, 네바다이 절도 등이 있음

● 수사사례

- 하숙생이 그 집안에서 하숙집 주인 가족이 모두 외출하고 없는 사이에 주인방에 들어가 장롱속에 있던 돈을 훔친 경우 절도죄 성립
- 술취한 사람이 비틀거리며 걸어가는 것을 보고 부축하여 주는 척 하면서 그 사람의 지갑을 훔친 경우 절도죄 성립
- 버스나 열차내에서 승객의 주머니를 면도칼로 찢고 그 사람의 현금을 훔친 경우 절도죄 성립(소매치기)
- 서울역 대합실에서 주부가 졸고 있을 때 그 주부의 손가방을 들고 가 훔친 경우 절도죄 성립(들치기)
- 백화점 의류매장에 손님을 가장하여 들어가 물건을 고르는 척 하다가 옷가지를

홈친 경우 절도죄 성립(들치기)

- 귀금속상에 손님을 가장하여 침입, 종업원에게 비취반지를 보여달라고 하여 종업원이 반지를 진열 대위에 올려놓고 다른 손님과 상담하는 사이 가짜반지와 진짜반지를 바꿔치기 하여 훔친 경우 절도 죄 성립(네다바이)

2. 야간주거침입절도죄

제330조【야간주거침입절도】

야간에 사람의 주거, 관리하는 건조물, 선박, 항공기 또는 점유하는 방실(房室)에 침입하여 타인의 재물을 절취(竊取)한 자는 10년 이하의 징역에 처한다.

[전문개정 2020. 12. 8.]

[주거의자유] 헌16, [상습범] 332, [미수범] 342, [친족간의범행] 344, [동력] 346, [군법] 군형75, [군용물범죄] 군용물3, [공소시효] : 10년

○ 이 죄는 야간이라는 시간적 제약을 받는 주거침입죄와 절도죄의 경합범이다. 따라서 주거침입이 야간에 이루어진 때는 절도행위의 시간에 관계없이 이 죄가 성립한다.

Ⅰ. 이론

1. 구성요건

(1) 객관적 구성요건

1) 행위상황

야간이다. 야간이란 일몰 후 일출 전까지를 말한다(통설, 판례 : 대법원 1993.9.24. 선고 93도1744 판결).

▣ 이견있는 형사사건의 법원판단 ▣

[야간의 의미]

1. 문제점 : 야간주거치입절도죄에서 야간의 의미와 관련하여 견해가 나뉜다.

2. 학설
(1) 천문학적 해석설(통설) : 행위지의 일몰 후 일출 전까지를 의미한다는 견해
(2) 심리학적 해석설 : 사람의 안정된 심리상태와 평온을 깨뜨리는 불안정기간을 의미한다는 견해
3. 판례 : 천문학적 해석설의 태도
일몰 후 일출 전까지를 의미한다(대판 1967. 8. 29, 67도944).

2) **행위**

야간에 주거, 간수하는 저택, 건조물이나 선박 또는 점유하는 방실에 침입하여 타인의 재물을 절취하는 것이다.

① 절도의사로 야간에 사람의 주거 등에 침입한 때가 착수시기이다.

▣ 근거판례 ▣

야간에 타인의 재물을 절취할 목적으로 사람의 주거에 침입한 경우에는 주거에 침입한 단계에서 이미 형법 제330조에서 규정한 야간주거침입절도죄라는 범죄행위의 실행에 착수한 것이라고 보아야 한다(대법원 2006.9.14. 선고 2006도2824 판결).

② 재물의 취득시에 기수가 된다.

(2) **주관적 구성요건**

고의와 불법영득의사가 있어야 한다.

2. 친족상도례

(1) **형면제판결**

직계혈족, 배우자, 동거친족, 동거가족 또는 그 배우자간의 야간주거침입절도죄 또는 그 미수범은 그 형을 면제한다(제328조 1항, 제344조).

(2) **상대적 친고죄**

그 이외의 친족간에 야간주거침입절도죄 또는 그 미수범을 범한 때에는 고소가 있어야 공소를 제기할 수 있다(제328조 2항, 제344조).

Ⅱ. 판례

◆ 형법 제329조부터 제331조까지의 죄를 상습으로 범한 형법 제332조의 상습절도죄가 범죄수익은닉의 규제 및 처벌 등에 관한 법률 제2조 제1호 [별표]에서 정한 '중대범죄' 에 해당하는지 여부(적극)

범죄수익은닉의 규제 및 처벌 등에 관한 법률(이하 '범죄수익은닉규제법' 이라 한다)상 '범죄수익' 이란 '중대범죄에 해당하는 범죄행위에 의하여 생긴 재산[위 법 제2조 제2호 (가)목]' 등을 말하고, '중대범죄' 란 '재산상의 부정한 이익을 취득할 목적으로 범한 죄로서 [별표]에 규정된 죄(위 법 제2조 제1호)' 를 말하며, [별표]에는 형법 제329조부터 제331조까지의 죄가 중대범죄로 규정되어 있다. 형법 제332조는 절도의 습벽이 있는 자가 상습으로 형법 제329조 내지 제331조의2의 죄를 범한 때에 가중처벌한다는 규정에 불과하고, 상습성이 없는 단순 절도 범행으로 취득한 범죄수익에 대해서는 범죄수익은닉규제법이 적용됨에도 절도의 습벽이 있는 자가 상습으로 범한 절도 범행으로 취득한 범죄수익에 대해서는 범죄수익은닉규제법이 적용되지 않는다고 해석하는 것은 현저히 부당한 점에 비추어 보면, 설령 위 [별표]에 형법 제332조가 중대범죄로 규정되어 있지 아니하더라도 형법 제329조부터 제331조까지의 죄를 상습으로 범한 형법 제332조의 상습절도죄는 [별표]에서 정한 중대범죄에 해당한다(대법원 2017.7.18, 선고, 2017도5759, 판결).

◆ 야간주거침입절도죄에 있어서 침입행위의 객체인 건조물의 의미

야간주거침입절도죄에 있어서 침입 행위의 객체인 건조물은 주위벽 또는 기둥과 지붕 또는 천정으로 구성된 구조물로서 사람이 기거하거나 출입할 수 있는 장소를 말하며 반드시 영구적인 구조물일 것을 요하지 않는다(대법원 1989. 2. 28. 선고 88도2430 판결).

◆ 야간거주침입절도죄의 실행의 착수시기

야간에 타인의 재물을 절취할 목적으로 사람의 주거에 침입한 경우에는 주거에 침입한 단계에서 이미 야간주거침입절도라는 범죄의 실행에 착수한 것이다(대법원 1984. 12. 26. 선고 84도2433 판결).

◆ '주간에' 사람의 주거 등에 침입하여 '야간에' 타인의 재물을 절취한 행위를 형법 제330조의 야간주거침입절도죄로 처벌할 수 있는지 여부(소극)

형법은 제329조에서 절도죄를 규정하고 곧바로 제330조에서 야간주거침입절도죄를 규정하고 있을 뿐, 야간절도죄에 관하여는 처벌규정을 별도로 두고 있지 아니하다. 이러한 형법 제330조의 규정형식과 그 구성요건의 문언에 비추어 보면, 형법은 야간에 이루어지는 주거침입행위의 위험성에 주목하여 그러한 행위를 수반한 절도를 야간주거침입절도죄로 중하게 처벌하고 있는 것으로 보아야 하고, 따라서 주거침입이 주간에 이루어진 경우에는 야간주거침입절도죄가 성립하지 않는다고 해석하는 것이 타당하다. (대법원 2011.4.14. 선고 2011도300,2011감도5 판결)

◆ 주거침입죄의 실행의 착수시기 및 출입문이 열려 있으면 안으로 들어가겠다는 의사 아래 출입문을 당겨보는 행위를 주거침입의 실행에 착수한 것으로 볼 수 있는지 여부(적극)

(1) 사실관계

> 피고인은 야간에 출입문이 열려있는 집에 들어가 재물을 절취하기로 마음먹고 피해자들이 주거하는 이 사건 다세대주택에 들어가 그 건물 101호의 출입문을 손으로 당겨보았는데 문이 잠겨있자 그 옆의 102호, 2층의 201호, 202호, 3층의 301호, 302호, 옆 건물의 주택 1층에 이르러 똑같이 출입문을 당겨보았는데 모두 잠겨있어 범행에 실패하였다.

(2) 판결요지

[1] 야간에 타인의 재물을 절취할 목적으로 사람의 주거에 침입한 경우에는 주거에 침입한 단계에서 이미 형법 제330조에서 규정한 야간주거침입절도죄라는 범죄행위의 실행에 착수한 것이라고 보아야 한다.

[2] 주거침입죄의 실행의 착수는 주거자, 관리자, 점유자 등의 의사에 반하여 주거나 관리하는 건조물 등에 들어가는 행위, 즉 구성요건의 일부를 실현하는 행위까지 요구하는 것은 아니고 범죄구성요건의 실현에 이르는 현실적 위험성을 포함하는 행위를 개시하는 것으로 족하므로, 출입문이 열려 있으면 안으로 들어가겠다는 의사 아래 출입문을 당겨보는 행위는 바로 주거의 사실상의 평온을 침해할 객관적인 위험성을 포함하는 행위를 한 것으로 볼 수 있어 그것으로 주거침입의 실행에 착수한 것으로 보아야 한다(대법원 2006.9.14. 선고 2006도2824 판결).

◆ 반복적인 절도 범행 등에 대한 누범가중 처벌규정인 특정범죄 가중처벌 등에 관한 법률 제5조의4 제5항의 취지 / 같은 항 제1호 중 '이들 죄를 범하여 누범으로 처벌하는 경우' 부분에서 '이들 죄'의 의미(=형법 제329조 내지 제331조의 죄 또는 그 미수죄)

특정범죄 가중처벌 등에 관한 법률(이하 '특정범죄가중법'이라고 한다) 제5조의4 제5항의 규정 취지는 같은 항 각호에서 정한 죄 가운데 동일한 호에서 정한 죄를 3회 이상 반복 범행하고, 다시 그 반복 범행한 죄와 동일한 호에서 정한 죄를 범하여 누범에 해당하는 경우에는 동일한 호에서 정한 법정형으로 처벌한다는 뜻으로 보아야 한다. 그러므로 특정범죄가중법 제5조의4 제5항 제1호 중 '이들 죄를 범하여 누범으로 처벌하는 경우' 부분에서 '이들 죄'란, 앞의 범행과 동일한 범죄일 필요는 없으나, 특정범죄가중법 제5조의4 제5항 각호에 열거된 모든 죄가 아니라 앞의 범죄와 동종의 범죄, 즉 형법 제329조 내지 제331조의 죄 또는 그 미수죄를 의미한다. [대법원 2020. 2. 27., 선고, 2019도18891, 판결]

Ⅲ. 수사실무

1. 범죄사실 기재례

【범죄사실 기재례】

(1) 피의자는 20○○. ○. ○. 00 : 30경 ○○시 ○○동 ○○번지에 있는 피해자 우○○의 집에서 그 가족들이 자고 있는 틈을 이용하여 그 집 담을 넘어 침입한 다음 안방 문갑 속에 넣어둔 위 우○○ 소유의 현금 ○○만원과, 액면 ○○만원짜리 약속어음 ○장이 들어 있는 지갑 1개, 합계 ○○만원 상당을 들고 나와 이를 절취하였다.

(2) 피의자는 20○○. 10. 10. 23:00경 서울 성북구 ○○동 100번지에 있는 높은빌딩 2층 ○○건축사무실에 창문을 열고 침입하여 그 곳에 있는 홍길동(남, 00세)의 책상서랍 속에서 위 홍길동 소유의 현금 5,000원 일화 2만엔(한화 환산 200,000원), 농협 ○○지점 발행의 예금액 600만원이 들어있는 온라인 예금통장 1권과 홍길동이라고 새겨진 상아인장 1개(시가 50,000원) 등을 절취하였다.

또한 피의자는 같은 날 09:30경 같은 동 농협 ○○동 지점에서 그 예금액을 인출할 목적으로 그 은행 온라인 예금 청구서 금액란에 볼펜으로 "6,000,000원"을 쓰고 그 통장 뒷장에 적혀 있는 비밀번호 87900이라는 숫자를 보고, 그대로 쓰고 청구인 란에도 "홍길동"이라고 쓴 다음, 날인 란에는 위 홍길동의 인장을 제 마음대로 날인하였다. 그리하여 홍길동 명의의 온라인 예금 환불 청구서를 위조하고, 그곳에서 그 은행원 서여자(여, 00세)에게 이것이 마치 진실한 것처럼 제출하여 행사하였다.

이로써 피의자는 그녀를 기망하여 청구금 전액인 액면 6,000,000원 상당의 재물을 교부받았다.

2. 적용실례

(1) 휴가 떠난 집에 야간에 침입, 절도한 경우

이○○는 장○○가 여름휴가를 떠난 사이 그의 집에서 절도하기로 마음먹고 05 : 00에 담을 넘어 집에 들어가 오디오, TV 등을 절취하였다.

➡ 이 경우, 05 : 00도 야간이라고 할 수 있기 때문에 야간침입절도죄를 적용할 수 있겠다.

● 수사사례

- 야간에 가족이 잠자는 사이에 담을 넘어 들어가 안방 장롱 서랍 속에 있는 돈과 카메라를 훔친 경우 야간주거침입절도죄 성립
- 신축중인 빈집에 들어가 건축자재를 훔친 경우 야간주거침입절도죄 성립
- 여관에 투숙한 후 다른 사람이 투숙해있는 방에 들어가 양복주머니속에 있는 신용카드와 현금을 훔친 경우 야간주거침입절도죄 성립

3. 특수절도죄

제331조【특수절도】

① 야간에 문이나 담 그 밖의 건조물의 일부를 손괴하고 제330조의 장소에 침입하여 타인의 재물을 절취한 자는 1년 이상 10년 이하의 징역에 처한다.

② 흉기를 휴대하거나 2명 이상이 합동하여 타인의 재물을 절취한 자도 제1항의 형에 처한다.

[전문개정 2020. 12. 8.]

[상습범] 332, [미수범] 342, [동력] 346, [손괴] 366, [군용물범죄] 군용물3, [손괴] 366,
[공소시효] : 10년

ㅇ 특수절도는 야간주거침입절도와 절도가 행위의 방법에 의하여 불법이 가중되는 경우이다. 가중의 근거는 범행의 강폭성, 그 위험성 내지 집단성이다.

Ⅰ. 이론

[손괴후야간주거침입절도(제331조 1항)]

1. 구성요건

(1) 객관적 구성요건

1) 행위상황

야간이다.

① 야간의 의미는 야간주거침입절도죄와 동일한다.

② 야간에 손괴와 주거침입이 이루어져야 한다. 그러므로 주간에 문호 또는 장벽 기타 건조물의 일부를 손괴하고, 야간에 주거에 침입하여 재물을 절취한 경우에는 본 죄가 성립하지 않는다. 이 경우에는 손괴죄와 야간주거침입절도죄의 경합범이 성립한다고 본다.

2) 행위

문호 또는 장벽 기타 건조물의 일부를 손괴하고 타인의 주거 등에 침입하여 타인의 재물을 절취하는 것이다.

① 문호 등을 손괴하고 주거에 침입하여 재물을 절취한 때가 야간일 것을 요하므로, 주간에 위와 같은 행위를 했어도 이 죄는 성립하지 않는다.

② 문호 또는 장벽 기타 건조물의 일부란 권한없는 사람의 침입을 방지하기 위해 만든 시설물을 의미한다.

③ 손괴란 문호 등의 일부를 물질적으로 훼손하여 그 효용을 해하는 것을 말한다. 따라서 시정된 문의 자물쇠나 방문고리를 뜯고 침입한 때에는 이 죄에 해당하지만 문을 열쇠로 열고 침입한 때에는 손괴라고 할 수 없다.

▣ 근거판례 ▣

형법 제331조 제1항에 정한 '문호 또는 장벽 기타 건조물의 일부'라 함은 주거 등에 대한 침입을 방지하기 위하여 설치된 일체의 위장시설(圍障施設)을 말하고, '손괴'라 함은 물리적으로 위와 같은 위장시설을 훼손하여 그 효용을 상실시키는 것을 말한다 (대법원 2004. 10. 15. 선고 2004도4505 판결).

④ 착수시기 : 건조물의 일부를 손괴하기 시작한 때

⑤ 기수시기 : 재물 취득시

(2) 주관적 구성요건

고의와 불법영득의사가 필요하다.

2. 타죄와의 관계

이 죄와 손괴죄는 법조경합 관계에 있으므로 이 죄에 해당하는 때에는 손괴죄는 성립하지 않는다.

3. 친족상도례

(1) 형면제판결

직계혈족, 배우자, 동거친족, 동거가족 또는 그 배우자간의 손괴후야간주거침입절도죄 또는 그 미수범은 그 형을 면제한다(제328조 1항, 제344조).

(2) 상대적 친고죄

그 이외의 친족간에 손괴후야간주거침입절도죄 또는 그 미수범을 범한 때에는 고소가 있어야 공소를 제기할 수 있다(제328조 2항, 제344조).

[흉기휴대절도(제331조 2항 전단)]

1. 구성요건

(1) 객관적 구성요건

1) 흉기휴대

① 흉기란 "원래 사람의 살상이나 재물의 손괴를 목적으로 제작되고 또 그 목적을 달성하는 데 적합한 물건" 즉 권총이나 칼과 같은 전문적 의미의 물건이다. 그러나 여기의 흉기는 이에 제한되지 않고 널리 위험한 물건을 뜻한다고 본다.

② 휴대란 몸 가까이에 소지하는 것을 말한다. 항상 몸에 지니고 있을 필요는 없으나 그 옆에서 쉽게 잡을 수 있는 상태에 있어야 한다. 처음부터 소지하지 않고 범죄현장에서 집어든 경우도 휴대에 해당한다. 시간적으로는 실행의 착수시부터 범죄의 종료시까지 휴대해야 한다.

2) 행위

흉기를 휴대하고 타인의 재물을 절취하는 것이다.

(2) 주관적 구성요건

고의와 불법영득의사가 필요하다. 고의와 관련하여 행위자는 흉기를 휴대한다는 것을 인식해야 하지만 흉기를 사용할 의사까지 요하는 것은 아니다. 또한 스스로 휴대하지 않았더라도 다른 정범 또는 공범이 휴대하였음을 인식하면 된다.

2. 친족상도례

(1) 형면제판결

직계혈족, 배우자, 동거친족, 동거가족 또는 그 배우자간의 흉기휴대절도죄 또는 그 미수범은 그 형을 면제한다(제328조 1항, 제344조).

(2) 상대적 친고죄

그 이외의 친족간에 흉기휴대절도죄 또는 그 미수범을 범한 때에는 고소가 있어야 공소를 제기할 수 있다(제328조 2항, 제344조).

[합동절도(제331조 2항 후단)]

1. 구성요건

(1) 객관적 구성요건

1) 2인 이상의 합동

① 합동에 대하여는 i) 공모공동정범설, ii) 가중적공동정범설, iii) 현장설, iv) 현장적공동정범설 등의 견해가 대립하는데 통설과 판례(대법원 1989.3.14. 선고 88도837 판결)는 현장설을 취한다. 이 견해에 의하면 합동이란 시간적·장소적 협동을 의미한다. 즉 합동범은 모두 때와 장소를 같이하여 상호 협력할 것을 요건으로 하므로, 공모공동정범은 물론 현장에서 공동하지 않은 공동정범은 합동범이 될 수 없다.

▣ 근거판례 ▣

형법 제331조 제2항 후단의 2인 이상이 합동하여 타인의 재물을 절취한 경우의 특수절도죄가 성립하기 위하여는 주관적 요건으로서의 공모와 객관적 요건으로서의 실행행위의 분담이 있어야 하고 그 실행행위에 있어서는 시간적으로나 장소적으로 협동관계에 있음을 요한다(대법원 1996. 3. 22. 선고 96도313 판결).

② 합동범과 공범 : 현장설에 의하면 합동범은 공동정범에 대한 특별규정이므로 시간적·장소적으로 협동한 자만이 정범이 될 수 있어 합동범에는 공동정범의 규정이 적용되지 않는다. 다만 대법원은 합동범의 공동정범을 인정하지 않다가 전원합의체판결로 태도를 바꿔 이를 긍정하였다(대법원 1998. 5. 21. 선고 98도321 전원합의체판결). 그러나 합동범에 대하여도 교사 또는 방조는 가능하다.

▣ 근거판례 ▣

3인 이상의 범인이 합동절도의 범행을 공모한 후 적어도 2인 이상의 범인이 범행 현장에서 시간적, 장소적으로 협동관계를 이루어 절도의 실행행위를 분담하여 절도 범행을 한 경우에는 공동정범의 일반 이론에 비추어 그 공모에는 참여하였으나 현장에서 절도의 실행행위를 직접 분담하지 아니한 다른 범인에 대하여도 그가 현장에서 절도 범행을 실행한 위 2인 이상의 범인의 행위를 자기 의사의 수단으로 하여 합동절도의 범행을 하였다고 평가할 수 있는 정범성의 표지를 갖추고 있다고 보여지는 한 그 다른 범인에 대하여 합동절도의 공동정범의 성립을 부정할 이유가 없다고 할 것이다. 형법 제331조 제2항 후단의 규정이 위와 같이 3인 이상이 공모하고 적어도 2인 이상이 합동절도의 범행을 실행한 경우에 대하여 공동정범의 성립을 부정하는 취지라고 해석할 이유가 없을 뿐만 아니라, 만일 공동정범의 성립가능성을 제한한다면 직접 실행행위에 참여하지 아니하면서 배후에서 합동절도의 범행을 조종하는 수괴는 그 행위의 기여도가 강력함에도 불구하고 공동정범으로 처벌받지 아니하는 불합리한 현상이 나타날 수 있다. 그러므로 합동절도에서도 공동정범과 교사범 · 종범의 구별기준은 일반원칙에 따라야 하고, 그 결과 범행현장에 존재하지 아니한 범인도 공동정범이 될 수 있으며, 반대로 상황에 따라서는 장소적으로 협동한 범인도 방조만 한 경우에는 종범으로 처벌될 수도 있다(대법원 1998. 5. 21. 선고 98도321 전원합의체 판결).

2) 행위

2인 이상이 합동하여 타인의 재물을 절취하는 것이다.

(2) 주관적 구성요건

고의와 불법영득의사가 필요하다.

2. 친족상도례

(1) 형면제판결

직계혈족, 배우자, 동거친족, 동거가족 또는 그 배우자간의 합동절도죄 또는 그 미수범은 그 형을 면제한다(제328조 1항, 제344조).

(2) 상대적 친고죄

그 이외의 친족간에 합동절도죄 또는 그 미수범을 범한 때에는 고소가 있어야 공소를 제기할 수 있다(제328조 2항, 제344조).

Ⅱ. 판례

◆ 합동범의 성립요건

합동범이 성립하기 위하여는 주관적 요건으로서의 공모와 객관적 요건으로서의 실행행위의 분담이 있어야 하고 그 실행행위에 있어서는 시간적으로나 장소적으로 협동관계가 있음을 요한다(대법원 1994. 11. 25. 선고 94도1622 판결).

◆ 형법 제331조 제1항에 정한 '문호 또는 장벽 기타 건조물의 일부' 및 '손괴'의 의미

(1) 사실관계

> 피고인은 2004. 1. 8. 22:50경 남원시 광치동에있는 피해자경영의 편의점앞에 이르러 피고인은 상점의 불이 꺼져 있어 사람이 없는 것으로 생각하고 상점의 출입문을 손으로 열어보려고 하였으나 출입문은 그 하단에 부착되어 있던 잠금 고리에 의하여 잠겨져 있어 열리지 않았는데, 피고인이 출입문을 발로 걷어차자 잠금 고리의 아래쪽 부착 부분이 출입문에서 떨어져 출입문과의 사이가 뜨게 되면서 출입문이 열리게 되었고, 이에 피고인이 상점 안으로 침입하여 피해자의 재물을 절취하였다.

(2) 판결요지

[1] 형법 제331조 제1항에 정한 '문호 또는 장벽 기타 건조물의 일부'라 함은 주거 등에 대한 침입을 방지하기 위하여 설치된 일체의 위장시설(圍障施設)을 말하고, '손괴'라 함은 물리적으로 위와 같은 위장시설을 훼손하여 그 효용을 상실시키는 것을 말한다.

[2] 야간에 불이 꺼져 있는 상점의 출입문을 손으로 열어보려고 하였으나 출입문의

하단에 부착되어 있던 잠금 고리가 잠겨져 있어 열리지 않았는데, 출입문을 발로 걷어차자 잠금 고리의 아래쪽 부착 부분이 출입문에서 떨어져 출입문과의 사이가 뜨게 되면서 출입문이 열려 상점 안으로 침입하여 재물을 절취하였다면, 이는 물리적으로 위장시설을 훼손하여 그 효용을 상실시키는 행위에 해당한다고 한 사례(대법원 2004. 10. 15. 선고 2004도4505 판결).

◆ 형법 제329조부터 제331조까지의 죄를 상습으로 범한 형법 제332조의 상습절도죄가 범죄수익은닉의 규제 및 처벌 등에 관한 법률 제2조 제1호 [별표]에서 정한 '중대범죄' 에 해당하는지 여부(적극)

범죄수익은닉의 규제 및 처벌 등에 관한 법률(이하 '범죄수익은닉규제법' 이라 한다)상 '범죄수익' 이란 '중대범죄에 해당하는 범죄행위에 의하여 생긴 재산[위 법 제2조 제2호 (가)목]' 등을 말하고, '중대범죄' 란 '재산상의 부정한 이익을 취득할 목적으로 범한 죄로서 [별표]에 규정된 죄(위 법 제2조 제1호)' 를 말하며, [별표]에는 형법 제329조부터 제331조까지의 죄가 중대범죄로 규정되어 있다. 형법 제332조는 절도의 습벽이 있는 자가 상습으로 형법 제329조 내지 제331조의2의 죄를 범한 때에 가중처벌한다는 규정에 불과하고, 상습성이 없는 단순 절도 범행으로 취득한 범죄수익에 대해서는 범죄수익은닉규제법이 적용됨에도 절도의 습벽이 있는 자가 상습으로 범한 절도 범행으로 취득한 범죄수익에 대해서는 범죄수익은닉규제법이 적용되지 않는다고 해석하는 것은 현저히 부당한 점에 비추어 보면, 설령 위 [별표]에 형법 제332조가 중대범죄로 규정되어 있지 아니하더라도 형법 제329조부터 제331조까지의 죄를 상습으로 범한 형법 제332조의 상습절도죄는 [별표]에서 정한 중대범죄에 해당한다(대법원 2017. 7. 18., 선고, 2017도5759, 판결).

◆ 야간에 절도목적으로 출입문의 자물통고리를 절단하고 집안으로 침입하려다가 발견된 경우, 특수절도의 실행의 착수여부

야간에 절도의 목적으로 출입문에 장치된 자물통고리를 절단하고 출입문을 손괴한 뒤 집안으로 침입하려다가 발각된 것이라면 이는 특수절도죄의 실행에 착수한 것이다(대법원 1986. 9. 9. 선고 86도1273 판결).

◆ 타인의 물품을 절취하기로 모의한 "갑" 이 그후 그 범행을 포기하고 공모한 "을", "병" 만이 실행행위를 한 경우에 "갑" 에 대한 특수절도죄의(합동범)의 성부

갑, 을, 병이 타인의 물건을 절취하기로 모의 한 바에 따라 실행에 옮기려 하자 그중 병이 범행을 포기하고 동행하지 아니하였다면 병은 실행행위의 분담까지 모의하였다고 볼 수 없으므로 병에 대하여 특수절도죄가 성립할 수 없다(대법원 1975. 10. 7. 선고 75도2635 판결).

◆ 3인 이상이 합동절도를 모의한 후 2인 이상이 범행을 실행한 경우, 직접 실행행위에 가담하지 않은 자에 대한 공모공동정범의 인정 여부(적극)

(1) 사실관계

> 삐끼주점의 지배인인 피고인A가 피해자 오○○로부터 신용카드를 강취하고 신용카드의 비밀번호를 알아낸 후 현금자동지급기에서 인출한 돈을 삐끼주점의 분배관례에 따라 분배할 것을 전제로 하여 B(삐끼), C(삐끼주점 업주) 및 D(삐끼)와 피고인A는 삐끼주점 내에서 피해자를 계속 붙잡아 두면서 감시하는 동안 B, C및 D는 피해자의 위 신용카드를 이용하여 현금자동지급기에서 현금을 인출하기로 공모하였고, 그에 따라 B, C 및 D는 1997. 4. 18. 04:08경 서울 강남구 삼성동 소재 엘지마트 편의점에서 합동하여 현금자동지급기에서 현금 4,730,000원을 절취하였다.

(2) 판결요지

3인 이상의 범인이 합동절도의 범행을 공모한 후 적어도 2인 이상의 범인이 범행 현장에서 시간적·장소적으로 협동관계를 이루어 절도의 실행행위를 분담하여 절도범행을 한 경우에는 공동정범의 일반이론에 비추어 그 공모에는 참여하였으나 현장에서 절도의 실행행위를 직접 분담하지 아니한 다른 범인에 대하여도 그가 현장에서 절도범행을 실행한 위 2인 이상의 범인의 행위를 자기의 의사의 수단으로 하여 합동절도의 범행을 하였다고 평가할 수 있는 정범성의 표지를 갖추고 있다고 보여지는 한 그 다른 범인에 대하여 합동절도의 공동정범의 성립을 부정할 이유가 없다고 할 것이다. 형법 제331조 제2항 후단의 규정이 위와 같이 3인 이상이 공모하고 적어도 2인 이상이 합동절도의 범행을 실행한 경우에 대하여 공동정범의 성립을 부정하는 취지라고 해석할 이유가 없을 뿐만 아니라, 만일 공동정범의 성립가능성을 제한한다면 직접 실행행위에 참여하지 아니하면서 배후에서 합동절도의 범행을 조종하는 수괴는 그 행위의 기여도가 강력함에도 불구하고 공동정범으로 처벌받지 아니하는 불합리한 현상이 나타날 수 있다. 그러므로 합동절도에서도 공동정범과 교사범·종범의 구별기준은 일반원칙에 따라야 하고, 그 결과 범행현장에 존재하지 아니한 범인도 공동정범이 될 수 있으며, 반대로 상황에 따라서는 장소적으로 협동한 범인도 방조만 한 경우에는 종범으로 처벌될 수 있다(대법원 1998. 5. 21. 선고 98도321 전원합의체판결).

◆ 형법 제331조 제2항의 특수절도에서 절도범인이 그 범행수단으로 주거에 침입한 경우, 특수절도죄와 주거침입죄와의 죄수관계(=실체적 경합) 및 특수절도죄의 실행의 착수 시기(=물색행위시)

[1] 형법 제331조 제2항의 특수절도에 있어서 주거침입은 그 구성요건이 아니므로, 절도범인이 그 범행수단으로 주거침입을 한 경우에 그 주거침입행위는 절도죄에 흡수되지 아니하고 별개로 주거침입죄를 구성하여 절도죄와는 실체적 경합의 관

계에 있게 되고, 2인 이상이 합동하여 야간이 아닌 주간에 절도의 목적으로 타인의 주거에 침입하였다 하여도 아직 절취할 물건의 물색행위를 시작하기 전이라면 특수절도죄의 실행에는 착수한 것으로 볼 수 없는 것이어서 그 미수죄가 성립하지 않는다.

[2] '주간에' 아파트 출입문 시정장치를 손괴하다가 발각되어 도주한 피고인들이 특수절도미수죄로 기소된 사안에서, '실행의 착수'가 없었다는 이유로 형법 제331조 제2항의 특수절도죄의 점에 대해 무죄를 선고한 원심 판단을 수긍한 사례(대법원 2009.12.24, 선고, 2009도9667, 판결).

Ⅲ. 수사실무

1. 수사포인트

(1) 흉기의 출처와 은닉 또는 방기여부 등의 입증이 불확실하면 법정형이 가벼운 단순절도 또는 야간침입절도죄가 된다.

(2) 공범과 상습성의 유무를 조사한다.

(3) 각 범죄자의 구체적 행위를 조사한다.

2. 범죄사실 기재례

【범죄사실 기재례】

(1) 피의자 甲, 피의자 乙은 합동하여 20○○. ○. ○. 01 : 30경 ○○시 ○○동 ○○번지에 있는 이○○가 운영하는 "○○당"에 침입하여(갑과 을의 구체적 행위 설시) 시가 ○○만원 상당의 목걸이 ○점, 반지 ○점, 합계 ○○만원 상당의 금품을 절취하였다.

(2) 피의자는 20○○. 10. 10. 20:00경 서울 성북구 ○○동 100번지 피해자 홍길동(남, 00세)의 집에 비어 있음을 알고 미리 준비하여 가지고 간 길이 20cm 직경 1cm의 드라이버로 시정된 출입문 자물쇠를 강제로 뜯어 열고 들어가 내실 화장 서랍 속에서 현금 일만원권 22장(220,000)와 가계수표(백지) 12장 등을 절취하였다.

(3) 피의자들은 20○○. ○. ○. 04:00경 서울 ○○구 ○○동 123에 있는 피해자 이○○가 경영하는 ○○전자 대리점에 이르러, 피의자 박○○는 대리점 앞에서 망을 보고, 피의자 이○○은 절단기로 대리점 철문 자물쇠를 절단하고 들어갔다. 그리고 그 곳에 있는 피해자 소유의 TV 10대, 전자렌지 5대 등 시가 합계 20,000,000원 상당의 물품을 대기시켜 놓은 피의자 박○○ 소유인 서울12가3456호 트럭에 싣고 갔다.

(4) 피의자 허○○와 피의자 오○○는 20○○. ○. ○. 20:00경 지하철 3호선 열차를 타고 가다가 열차가 서울 ○○구 ○○동 있는 지하철 3호선 ○○역에 정차하였을 때 술이 취하여 좌석에서 졸고 있던 피해자 김○○에게 다가가 피의자 허○○은 전동차에서 신문을 펼쳐 보는 체하며 다른 승객의 시선을 가리고, 피의자 오○○은 피해자의 바지 주머니에서 피해자 소유인 현금 100,000원과 ○○카드 1장, 주민등록증이 들어 있는 시가 70,000원 상당의 지갑 1개를 꺼내어 가 합동하여 피해자의 재물을 절취하였다.

3. 참고사항

(1) 수사유의 사항

야간에 망치로 자동차 유리창을 깨고 차안에 들어가 배선 연결하여 시동을 걸어 차량을 절취하였더라도 특수절도죄(형법 제331조 제1항)가 성립하지 않는다. 차량은 장벽이나 건조물이 아니므로 절도죄로 의율한다.

● 수사사례

- 금품을 훔치기 위하여 야간에 커피숍 창문을 뜯어내고 침입하여 커피숍 내에 있는 TV와 녹음기를 훔쳐 도주한 경우 특수절도죄 성립
- 친구지간인 20대 남자 2명이 쌀 상회 창고 자물쇠를 펜치로 절단하고 들어가 그곳에 있던 쌀 10 가마를 화물트럭에 싣고 간 경우 특수절도죄 성립
- 공중전화기를 부수고 그 안에서 통화요금을 훔쳐간 경우 특수절도죄 성립

4. 자동차등불법사용죄

제331조의2【자동차등 불법사용】

권리자의 동의없이 타인의 자동차, 선박, 항공기 또는 원동기장치자전차를 일시 사용한 자는 3년 이하의 징역, 500만원 이하의 벌금, 구류 또는 과료에 처한다.

[본조신설 1995. 12. 29.]

- 자동차 등의 사용절도의 경우를 처벌하기 위해 신설하였다.
- 불법영득의사없이 소유권을 침해할 때 성립하는 범죄로 계속범이다.
- 사용이란 권리자의 동의없이 자동차 등을 통행수단으로 이용하는 것을 말한다.

Ⅰ. 이론

1. 구성요건

(1) 객관적 구성요건

1) 객체

자동차, 선박, 항공기 또는 원동기장치자전거이다.

① 자동차는 원동기에 의하여 움직이는 차를 의미한다.

② 선박은 물 위를 운행하는 교통수단을 의미한다.

③ 항공기는 공중을 운행하는 교통수단을 의미한다.

④ 동력 없는 자전거는 원동기장치자전거에 해당 되지 않음을 주의해야 한다.

2) 행위

권리자의 동의 없이 일시 사용하는 것이다.

일시사용이란 권리자의 점유를 일시적으로 배제하고 자동차 등을 그 본래의 용도인 교통수단으로 사용하는 것을 의미한다.

(2) 주관적 구성요건

타인의 자동차, 선박, 항공기 또는 원동기장치자전거를 일시 사용한다는 점에 대한 고의가 있어야 한다. 본 죄는 사용절도이므로 불법영득의사가 없어야 함을 주의해야 한다.

2. 친족상도례

(1) 형면제판결

직계혈족, 배우자, 동거친족, 동거가족 또는 그 배우자간의 자동차등불법사용죄죄 또는 그 미수범은 그 형을 면제한다(제328조 1항, 제344조).

(2) 상대적 친고죄

그 이외의 친족간에 자동차등불법사용죄 또는 그 미수범을 범한 때에는 고소가 있어야 공소를 제기할 수 있다(제328조 2항, 제344조).

Ⅱ. 판례

◆ 형법 제331조의2 소정의 자동차등불법사용죄의 적용 요건 및 절도죄에 있어서 불법영득의 의사

(1) 사실관계

> 피고인이 강도상해 등의 범행을 저지르고 도주하기 위하여 피고인이 근무하던 인천 중구 항동7가 소재 연안아파트 상가 중국집 앞에 세워져 있는 오토바이를 소유자의 승낙 없이 타고 가서 신흥동 소재 뉴스타호텔 부근에 버린 다음 버스를 타고 광주로 가버렸다.

(2) 판결요지

[1] 형법 제331조의2에서 규정하고 있는 자동차등불법사용죄는 타인의 자동차 등의 교통수단을 불법영득의 의사 없이 일시 사용하는 경우에 적용되는 것으로서 불법영득의사가 인정되는 경우에는 절도죄로 처벌할 수 있을 뿐 본죄로 처벌할 수 없다 할 것이며, 절도죄의 성립에 필요한 불법영득의 의사라 함은 권리자를 배제하고 타인의 물건을 자기의 소유물과 같이 이용, 처분할 의사를 말하고 영구적으로 그 물건의 경제적 이익을 보유할 의사임은 요치 않으며 일시사용의 목적으로 타인의 점유를 침탈한 경우에도 이를 반환할 의사 없이 상당한 장시간 점유하고 있거나 본래의 장소와 다른 곳에 유기하는 경우에는 이를 일시 사용하는 경우라고는 볼 수 없으므로 영득의 의사가 없다고 할 수 없다.

[2] 소유자의 승낙 없이 오토바이를 타고 가서 다른 장소에 버린 경우, 자동차등불법사용죄가 아닌 절도죄가 성립한다고 한 사례(대법원 2002. 9. 6. 선고 2002도3456 판결).

1

◆ 차량을 반환할 의사로 피해자의 동의 없이 일시 사용한 경우이므로 특수절도죄가 아닌 자동차등불법사용죄를 적용해야 한다고 본 사례

(1) 사실관계

> A는 삼촌인 B가 경영하는 카센터종업원으로 근무하고 있었고 피고인과는 동네 친구 사이인데 범행 당일 만나서 밤 늦도록 함께 놀다가 카센터에 가보니 삼촌은 보이지 않고 삼촌의 친구인 C가 그의 소유인 경기2토3399호 액센트승용차를 밖에 세워 놓고 카센터 안에 있는 방에서 잠을 자고 있어 피고인에게 삼촌친구가 잠을 자고 있는데 삼촌친구 차를 몰래 타 보자고 하자 피고인이 좋다고 하여 피해자C 잠바 주머니에서 열쇠를 가지고 나와 피고인으로 하여금

> 위 차량을 운전하게 하여 차량을 가지고 갔다. 피고인은 승용차를 운전하고 싶어 하루만 운전하고 돌아다니다가 돌려주려고 한 것이며 몰래 잠깐 타고 제자리에 갔다 놓으려고 훔치게 되었는데 마음이 변하여 계속 타고 다닌 것이다. 피고인과 A는 이 사건 차량을 운전하고 며칠간 그들이 거주하는 부천 인근만을 돌아다니다가 불심 검문에 붙들려 체포되었다.

(2) **판결요지**

피고인 등은 위 차량을 반환할 의사를 가지고 피해자의 동의 없이 일시 사용한 것이라고 볼 여지가 충분히 있고, 만일 사실이 그러하다면 피고인 등의 위와 같은 행위에 대하여 형법 제331조의2에서 규정하고 있는 자동차등불법사용죄의 죄책을 물을 수 있음은 별론으로 하고, 특수절도죄로 의율, 처벌할 수는 없다 (대법원 1998. 9. 4. 선고 98도2181 판결).

◆ 형법 제332조에 규정된 상습절도죄를 범한 범인이 범행의 수단으로 주간에 주거침입을 한 경우, 주간 주거침입행위가 별개로 주거침입죄를 구성하는지 여부(적극) / 형법 제332조에 규정된 상습절도죄를 범한 범인이 그 범행 외에 상습적인 절도의 목적으로 주간에 주거침입을 하였다가 절도에 이르지 아니하고 주거침입에 그친 경우, 주간 주거침입행위가 별개로 주거침입죄를 구성하는지 여부(적극)

형법 제330조에 규정된 야간주거침입절도죄 및 형법 제331조 제1항에 규정된 특수절도(야간손괴침입절도)죄를 제외하고 일반적으로 주거침입은 절도죄의 구성요건이 아니므로 절도범인이 범행수단으로 주거침입을 한 경우에 주거침입행위는 절도죄에 흡수되지 아니하고 별개로 주거침입죄를 구성하여 절도죄와는 실체적 경합의 관계에 서는 것이 원칙이다. 또 형법 제332조는 상습으로 단순절도(형법 제329조), 야간주거침입절도(형법 제330조)와 특수절도(형법 제331조) 및 자동차 등 불법사용(형법 제331조의2)의 죄를 범한 자는 그 죄에 정한 각 형의 2분의 1을 가중하여 처벌하도록 규정하고 있으므로, 위 규정은 주거침입을 구성요건으로 하지 않는 상습단순절도와 주거침입을 구성요건으로 하고 있는 상습야간주거침입절도 또는 상습특수절도(야간손괴침입절도)에 대한 취급을 달리하여, 주거침입을 구성요건으로 하고 있는 상습야간주거침입절도 또는 상습특수절도(야간손괴침입절도)를 더 무거운 법정형을 기준으로 가중처벌하고 있다. 따라서 상습으로 단순절도를 범한 범인이 상습적인 절도범행의 수단으로 주간(낮)에 주거침입을 한 경우에 주간 주거침입행위의 위법성에 대한 평가가 형법 제332조, 제329조의 구성요건적 평가에 포함되어 있다고 볼 수 없다. 그러므로 형법 제332조에 규정된 상습절도죄를 범한 범인이 범행의 수단으로 주간에 주거침입을 한 경우 주간 주거침입행위는 상습절도죄와 별개로 주거침입죄를 구성한다. 또 형법 제332조에 규정된 상습절도죄를 범한 범인이 그 범행 외에 상습적인 절도의 목적으로 주간에 주거침입을 하였다가 절도에 이르지 아니하고 주거침입에 그친 경우에도 주간 주거침입행위는 상습절도죄와 별개로 주거침입죄를 구성한다(대법원 2015.10.15, 선고, 2015도8169, 판결).

5. 상습범

제332조【상습범】
상습으로 제329조 내지 제331조의2의 죄를 범한 자는 그 죄에 정한 형의 2분의 1까지 가중한다. 〈개정 1995. 12. 29.〉

[본조의주장에대한판단] 형소323②, [친족간의범행] 344, [형의가중] 42·56, [미수범] 342

Ⅰ. 이론

1. 구성요건

(1) 상습성의 인정

1) 상습성을 인정하려면 절도전과가 수회 있어야 하고 그 수단, 방법, 성질 등이 같아야 한다.

2) 그 절도가 우발적이거나 급박한 상황에서 이루어진 것이어서 절도습성에 근거했다고 보기 어려운 경우는 절도의 상습성을 인정할 수 없다.

3) 전과가 있었다고 해도 그것이 오랜 시일이 지난 것이라면 범행의 전후관계를 살펴 그것이 습벽의 발로라고 인정할만한 특별한 사정을 찾아내야 한다.

(2) 재범의 위험성

1) 재범의 위험성은 피고인의 연령, 전과, 가족관계, 주변환경, 교육정도, 직업, 범행의 동기, 방법, 범행후의 정황 등 제반자료를 종합검토하여 판단해야 한다.

2) 사회보호법상 재범의 위험성이란 감호대상자가 장차 죄를 범하여 법적평온을 깨뜨릴 확실한 개연성을 의미한다. 전과사실은 재범의 위험성을 판단하는 자료가 되지만 그 최종전과로 인한 출소시기와 당해 범행간에 상당히 오랜 기간이 경과되고 그 간에 범죄행위가 없었다든가 그 기간이 오래되지 않은 경우라도 당해 범행이 일시적, 우발적인 것이고 그 수단, 방법, 피해에 있어 범정이 극히 경미한 경우에는 다른

사정이 없는 한 그 전과사실만으로는 곧 재범의 위험성이 있다고 할 수 없다.

2. 친족상도례

(1) 형면제판결

직계혈족, 배우자, 동거친족, 동거가족 또는 그 배우자간의 상습절도, 상습야간주거침입절도, 상습특수절도, 상습자동차등불법사용죄 또는 그 미수범은 그 형을 면제한다(제328조 1항, 제344조).

(2) 상대적 친고죄

그 이외의 친족간에 상습절도, 상습야간주거침입절도, 상습특수절도, 상습자동차등불법사용죄 또는 그 미수범을 범한 때에는 고소가 있어야 공소를 제기할 수 있다(제328조 2항, 제344조).

Ⅱ. 판례

◆ 절도에 있어서 상습성 유무의 판단 기준

절도에 있어서의 상습성은 절도범행을 반복 수행하는 습벽을 말하는 것으로서 동종 전과의 유무와 이 사건 범행의 횟수, 기간, 동기 및 수단과 방법 등을 종합적으로 고려하여 상습성 유무를 판단하여야 할 것이다(대법원 2007. 6. 28. 선고 2007도2956 판결).

◆ 절도습벽의 발현으로 자동차등불법사용의 범행도 함께 저지른 경우, 형법 제331조의2 소정의 자동차등불법사용죄가 특정범죄가중처벌등에관한법률 제5조의4 제1항 소정의 상습절도죄와 포괄일죄의 관계에 있는지 여부(적극)

형법 제331조의2, 제332조 및 특정범죄가중처벌등에관한법률(이하 '특가법'이라 한다) 제5조의4 제1항 등의 규정 취지나 자동차등불법사용죄의 성질에 비추어 보면, 상습으로 절도, 야간주거침입절도, 특수절도 또는 그 미수 등의 범행을 저지른 자가 마찬가지로 절도 습벽의 발현으로 자동차등불법사용의 범행도 함께 저지른 경우에 검사가 형법상의 상습절도죄로 기소하는 때는 물론이고, 자동차등불법사용의 점을 제외한 나머지 범행에 대하여 특가법상의 상습절도 등의 죄로 기소하는 때에도 자동차등불법사용의 위법성에 대한 평가는 특가법상의 상습절도 등 죄의 구성요건적 평가 내지 위법성 평가에 포함되어 있다고 보는 것이 타당하고, 따라서 상습절도 등의 범행을 한 자가 추가로 자동차등불법사용의 범행을 한 경우에 그것이 절도 습벽의 발현이라고 보이는 이상 자동차등불법사용의 범행은 상습절도 등의 죄에 흡수되어 1죄만이 성립하고 이와 별개로 자동차등불법사용죄는 성립하지 않는다고 보아야 하고, 검사가 상습절도 등의 범행을 형법 제332조 대신에 특가법 제5조의4 제1항으로 의율하여 기소하였다 하더라도 그 공소제기의 효력은 동일한 습벽의 발현에 의한 자동차등불법사용의 범행에 대하여도 미친다고 보아야 한다(대법원 2002. 4. 26. 선고 2002도429 판결).

◆ 3차례에 걸친 전과사실만으로 최종범행일로부터 6년이 훨씬 지나고 출소일로부터 3년이 지난 단 1회의 범행을 상습범으로 인정할 수 있는지 여부

상습범에 있어서의 상습성이라 함은 범행을 반복누행하는 습벽을 말하는 것이므로 상습성을 인정함에 있어서는 그 범행의 횟수와 태양, 종전의 전과사실 등이 그 중요한 근거가 되는 것이라 하더라도 이 사건에 있어서와 같이 3차례에 걸친 전과사실이 있으나 최종범행일로부터는 6년이 훨씬 지나고 출소일로부터는 3년이 지난 후에 이 사건 범행을 단 1회 범한 것이라면 상기 전과가 있고 그 범죄의 태양이 동종이었다 하여 이것만으로 이 사건 범행을 상습성의 발현이라고 인정하기에는 부족하다 할 것이고, 이 사건 범행이 위 최종전과로부터 장기간의 시일이 경과한 후에 범한 단 1회의 범행임에도 불구하고 이를 굳이 상습범으로 인정하기 위하여는 위 전과사실 등과 더불어 특히 이것이 범행습벽의 발현이라고 인정해도 무방한 합리적인 사정이 있어야 한다(대법원 1987. 9. 8. 선고 87도1371, 87감도126 판결).

◆ 형법 제332조에 규정된 상습절도죄를 범한 범인이 범행의 수단으로 주간에 주거침입을 한 경우, 주간 주거침입행위가 별개로 주거침입죄를 구성하는지 여부(적극) / 형법 제332조에 규정된 상습절도죄를 범한 범인이 그 범행 외에 상습적인 절도의 목적으로 주간에 주거침입을 하였다가 절도에 이르지 아니하고 주거침입에 그친 경우, 주간 주거침입행위가 별개로 주거침입죄를 구성하는지 여부(적극)

형법 제330조에 규정된 야간주거침입절도죄 및 형법 제331조 제1항에 규정된 특수절도(야간손괴침입절도)죄를 제외하고 일반적으로 주거침입은 절도죄의 구성요건이 아니므로 절도범인이 범행수단으로 주거침입을 한 경우에 주거침입행위는 절도죄에 흡수되지 아니하고 별개로 주거침입죄를 구성하여 절도죄와는 실체적 경합의 관계에 서는 것이 원칙이다. 또 형법 제332조는 상습으로 단순절도(형법 제329조), 야간주거침입절도(형법 제330조)와 특수절도(형법 제331조) 및 자동차 등 불법사용(형법 제331조의2)의 죄를 범한 자는 그 죄에 정한 각 형의 2분의 1을 가중하여 처벌하도록 규정하고 있으므로, 위 규정은 주거침입을 구성요건으로 하지 않는 상습단순절도와 주거침입을 구성요건으로 하고 있는 상습야간주거침입절도 또는 상습특수절도(야간손괴침입절도)에 대한 취급을 달리하여, 주거침입을 구성요건으로 하고 있는 상습야간주거침입절도 또는 상습특수절도(야간손괴침입절도)를 더 무거운 법정형을 기준으로 가중처벌하고 있다. 따라서 상습으로 단순절도를 범한 범인이 상습적인 절도범행의 수단으로 주간(낮)에 주거침입을 한 경우에 주간 주거침입행위의 위법성에 대한 평가가 형법 제332조, 제329조의 구성요건적 평가에 포함되어 있다고 볼 수 없다. 그러므로 형법 제332조에 규정된 상습절도죄를 범한 범인이 범행의 수단으로 주간에 주거침입을 한 경우 주간 주거침입행위는 상습절도죄와 별개로 주거침입죄를 구성한다. 또 형법 제332조에 규정된 상습절도죄를 범한 범인이 그 범행 외에 상습적인 절도의 목적으로 주간에 주거침입을 하였다가 절도에 이르지 아니하고 주거침입에 그친 경우에도 주간 주거침입행위는 상습절도죄와 별개로 주거침입죄를 구성한다(대법원 2015. 10. 15., 선고, 2015도8169, 판결).

◆ 소년법에 의한 보호처분을 받은 사실이 상습성 인정의 자료가 될 수 있는지 여부(적극)

상습성을 인정하는 자료에는 아무런 제한이 없으므로 과거에 소년법에 의한 보호처분을 받은 사실도 상습성인정의 자료로 삼을 수 있다(대법원 1990. 6. 26. 선고 90도887 판결).

◆ 절도와 강도가 상습성 인정의 기초가 되는 같은 유형의 범죄인지 여부(소극)

상습범은 같은 유형의 범행을 반복누행하는 습벽을 말하는 것인 바, 절도와 강도는 유형을 달리하는 범행이므로 각 별로 상습성의 유무를 가려야 하며, 사회보호법 제6조 제2항 제2호에서 절도와 강도를 형법 각칙의 같은 장에 규정된 죄로서 동종 또는 유사한 죄로 규정하고 있다고 하여 상습성인정의 기초가 되는 같은 유형의 범죄라고 말할 수 없다(대법원 1990. 4. 10. 선고 90감도8 판결).

◆ 형법 제329조부터 제331조까지의 죄를 상습으로 범한 형법 제332조의 상습절도죄가 범죄수익은닉의 규제 및 처벌 등에 관한 법률 제2조 제1호 [별표]에서 정한 '중대범죄' 에 해당하는지 여부(적극)

범죄수익은닉의 규제 및 처벌 등에 관한 법률(이하 '범죄수익은닉규제법' 이라 한다) 상 '범죄수익' 이란 '중대범죄에 해당하는 범죄행위에 의하여 생긴 재산[위 법 제2조 제2호 (가)목]' 등을 말하고, '중대범죄' 란 '재산상의 부정한 이익을 취득할 목적으로 범한 죄로서 [별표]에 규정된 죄(위 법 제2조 제1호)' 를 말하며, [별표]에는 형법 제329조부터 제331조까지의 죄가 중대범죄로 규정되어 있다. 형법 제332조는 절도의 습벽이 있는 자가 상습으로 형법 제329조 내지 제331조의2의 죄를 범한 때에 가중처벌한다는 규정에 불과하고, 상습성이 없는 단순 절도 범행으로 취득한 범죄수익에 대해서는 범죄수익은닉규제법이 적용됨에도 절도의 습벽이 있는 자가 상습으로 범한 절도 범행으로 취득한 범죄수익에 대해서는 범죄수익은닉규제법이 적용되지 않는다고 해석하는 것은 현저히 부당한 점에 비추어 보면, 설령 위 [별표]에 형법 제332조가 중대범죄로 규정되어 있지 아니하더라도 형법 제329조부터 제331조까지의 죄를 상습으로 범한 형법 제332조의 상습절도죄는 [별표]에서 정한 중대범죄에 해당한다(대법원 2017.7.18, 선고, 2017도5759, 판결).

Ⅲ. 수사실무

1. 수사포인트

상습범의 각종 절도행위(상습절도, 상습야간주거침입절도, 상습특수절도, 각 미수 등)에는 죄명이 가장 중한 것 1개만 표시하고 적용법조만 해당조문을 나열한다.

(예 : 죄명은 가. 상습야간주거침입절도, 나. 폭력행위 등 처벌에 관한 법률위반이 되며, 1980. 12. 18 이후 행위는 특가법 제5조의4 제1항만 적용함이 타당)

2. 범죄사실 기재례

【범죄사실 기재례】

피의자는, 20○○. ○. ○. ○○지방법원에서 절도죄로 징역 ○월에 집행유예 ○년, 20○○. ○. ○. ○○지방법원에서 절도죄로 징역 ○년, 20○○. ○. ○. ○○지방법원에서 상습절도죄로 징역 ○년의 선고를 받고 20○○. ○. ○. 그 형의 집행을 마쳤다.

피의자는 20○○. ○. ○. 서울 ○○동에 있는 ○○백화점에 손님을 가장하여 들어가 송○○가 경영하는 화장품판매점 점원 김○○가 다른 손님과 얘기하는 틈을 타서 위 송○○의 소유인 향수 ○병, 시가 ○○만원 상당을 훔쳐 달아나 이를 절취하였다.

3. 적용실례

(1) 상습특수절도 전과자가 3년 후 절도죄를 범한 경우

윤○○는 상습특수절도 등 전과 7범으로 최종전과사실은 3년 전에 있었다. 그런데 다시 절도죄를 범하였다.

➡ 비록 최종전과사실 후 3년이 지났지만, 절도범행의 전력을 보았을 때 그 상습성을 인정할 수 있을 것이다. 그러나 이 때도 범행동기, 수단 등을 고려해 판단해야 한다.

(2) 상습으로 침입 절도행위를 하는 경우

절도전과 4범으로 상습적으로 시정된 열쇠를 드라이버 등으로 비틀어 빼고 남의 집에 침입하여 절도행위를 해왔다.

➡ 시정된 열쇠를 사용해서 시정장치를 열고 들어가는 것은 형법 제331조 제1항의 특수절도라 할 수 없지만 드라이버 등을 사용하여 열쇠를 비틀어 빼고 침입하는 것은 특수절도라 해야 할 것이다. 또 이 특수절도에는 당연히 방실에 침입하는 것까지 포함되어 있으므로 주거침입은 이에 흡수되어 별죄를 구성하지 않는다. 따라서 위 오○○의 행위는 상습특수절도로만 의율해야 할 것이다.

(3) 상습절도 6년이 지난 후 택시운전을 하다 접촉사고 벌과금을 마련하기 위해 절도한 경우

박○○는 상습절도 등으로 몇차례 실형을 선고받은 일이 있다. 그러나 이것은 이미 6년 전의 일이고 지금은 택시를 운전하고 있다. 그런데 얼마 전 자동차 접촉사고가 발생하여 휴업을 하게 되었는데 벌과금을 마련하려고 다시 절도를 하고 말았다.

➡ 이와 같이 최종전과사실로부터 장시일이 경과된 후 위와 같은 동기에서 행한 범행은 박○○의 절도의 습성으로 인해 행한 것이라고는 보기 어렵다. 따라서 이 경우 절도의 상습성을 인정할 수는 없겠다.

6. 강도죄

제333조【강도】

폭행 또는 협박으로 타인의 재물을 강취하거나 기타 재산상의 이익을 취득하거나 제삼자로 하여금 이를 취득하게 한 자는 3년 이상의 유기징역에 처한다.

[예비·음모] 343, [동력] 346, [특별규정] 군형75, 군용물3·5, [강도강간] 339, [공소시효] : 10년

○ 강도죄는 타인이 점유하는 재물을 그 의사에 반하여 탈취하는 점에서 절도죄와 비슷하지만 재물뿐만 아니라 재산상의 이익을 취득하는 행위를 포함하고 있는 점과 친족상도례에 관한 규정이 적용되지 않는 점 등에서 절도죄와 다르다.

◈ 대법원 양형위원회의 양형기준 ◈

1. 제1유형(일반강도)
단순강도(형법 제333조), 준강도(형법 제335조)의 경우
(1) 기본 : 2년 - 4년 / (2) 감경 : 1년6월 - 3년 / (3) 가중 : 3년 - 6년
2. 제2유형(특수강도)
야간주거등침입강도 · 준강도(형법 제334조 1항, 제335조), 흉기휴대 또는 2인 이상 합동강도 · 준강도(형법 제334조 2항, 제335조)
(1) 기본 : 3년 - 6년 / (2) 감경 : 2년6월 - 4년 / (3) 가중 : 5년 - 8년

Ⅰ. 이론

1. 구성요건

(1) 객관적 구성요건

1) 객체

이 죄의 객체는 타인의 재물 또는 재산상의 이익이다.

▣ 근거판례 ▣

찢어진 어음이라 하더라도 그것이 아직 객관적인 경제적 가치 내지 금전적 교환가치를 가지고 있는 경우에는 피해자가 재사용가능하거나 적어도 피해자에게는 그 어음의 원인채권을 변제받기 위한 증거 내지 수단으로 쓸 수 있는 사정이 있다할 것이므로 그 어음조각은 여전히 강도죄의 객체인 재물에 해당한다 할 것이고, 가사 위 어음이 피해자가 이를 부당한 방법으로 소지하게 된 것이라 하여도 범행의 성립에 아무런 소장이 없다(대법원 1987.10.13. 선고 87도1240 판결).

① 자기의 소유물이라도 타인이 점유하는 재물이면 점유강취죄의 객체로 된다.

② 공무소의 명령에 의하여 타인이 간수하는 것이면 공무상 보관물무효죄의 객체로 된다.

2) 행위

이 죄의 행위는 폭행 또는 협박으로 타인의 재물을 강취하거나 재산상의 이익을 취득하거나 또는 제3자로 하여금 취득하게 하는 것이다.

▣ 근거판례 ▣

소위 '날치기'와 같이 강제력을 사용하여 재물을 절취하는 행위가 때로는 피해자를 넘어뜨리거나 상해를 입게 하는 경우가 있고, 그러한 결과가 피해자의 반항 억압을 목적으로 함이 없이 점유탈취의 과정에서 우연히 가해진 경우라면 이는 강도가 아니라 절도에 불과하지만, 그 강제력의 행사가 사회통념상 객관적으로 상대방의 반항을 억압하거나 항거 불능케 할 정도의 것이라면 이는 강도죄의 폭행에 해당한다. 그러므로 날치기 수법의 점유탈취 과정에서 이를 알아채고 재물을 뺏기지 않으려는 상대방의 반항에 부딪혔음에도 계속하여 피해자를 끌고 가면서 억지로 재물을 빼앗은 행위는 피해자의 반항을 억압한 후 재물을 강취한 것으로서 강도에 해당한다(대법원 2007.12.13. 선고 2007도7601 판결).

① **폭행·협박**

(가) 폭행이란 사람에 대한 유형력의 행사이고, 협박이란 해악을 고지하여 상대방에게 공포심을 일으키는 것이다.

(나) 폭행·협박의 정도

i) 상대방의 의사를 억압하여 반항을 불가능하게 할 정도여야 한다(최협의의 개념).

ii) 공갈죄에 있어서는 상대방의 하자있는 의사에 의하여 재물을 교부하거나 재산상의 이익을 제공하는 정도의 폭행·협박이 있으면 족하므로, 강도죄의 폭행·협박과 공갈죄의 폭행·협박은 정도에 차이가 있다.

(다) 피해자의 반항억압

i) 상대방의 반항의 억압이란 폭행·협박에 의하여 피해자가 정신적 또는 신체적 자유를 상실할 정도에 이른 것을 말한다.

ii) 그 기준은 ㉠ 피해자의 수·연령·성별, ㉡ 범행의 시간과 장소, ㉢ 폭행·협박의 태양과 행위자의 인상 등을 종합적으로 고려하여 객관적으로 판단해야 한다.

iii) 상대방의 반항이 현실적으로 있었을 것을 요하지 않고 사실상 반항을 억압할 정도에 이르면 족하다.

② 재물의 강취

(가) 강취란 폭행·협박에 의하여 피해자의 의사에 반해 타인의 재물을 자기 또는 제3자의 점유로 옮기는 것을 말한다.

(나) 폭행·협박과 재물의 강취 사이에는 일정한 관계가 있어야 한다. 즉 강도죄는 폭행·협박과 재물의 강취만 있으면 성립하는 것이 아니라 폭행·협박과 재물의 강취 사이에 수단과 목적의 관계가 있어야 하며, 그 사이에 인과관계가 있어야 한다.

③ 재산상 이익의 취득

(가) 취득의 일반적 유형

i) 피해자에게 일정한 처분을 시켜 이익을 취득하는 경우 : 채무를 면제받거나 그 이행연기를 받는 것이 여기에 해당한다.

ii) 노무제공을 대가없이 받는 경우 : 대가를 지급받을 수 없는 노무의 제공은 재산상의 이익이라고 할 수 없다. 따라서 택시기사를 폭행·협박하여 택시를 운행케 한 때에는 강도죄가 되지만 도망가는 절도범이 승용차를 정차시켜 운행케 한 때에는 강요죄(제324조)만 성립할 뿐이다.

iii) 일정한 의사표시를 하게 하여 이익을 취득하는 경우 : 소유권이전등기 또는 저당권설정등기의 말소의 의사표시를 하게 하는 것이 여기에 해당한다.

(나) 이득과 처분행위

강도죄에 있어서 재물의 강취나 재산상 이익의 취득은 폭행·협박에 의하여 상대방의 의사를 억압할 것을 요하므로 피해자의 처분행위를 요하지 않는다.

▣ 이견있는 형사사건의 법원판단 ▣

[강도죄의 성립을 위해서 피해자의 처분행위가 필요한지 여부]

1. 문제점 : 강도죄의 성립을 위해서 피해자의 처분행위가 필요한가에 대해서 견해가 나뉜다.
2. 학설

(1) 적극설 : 경제적 이익을 위하여 살인한 경우에 전부 강도살인죄를 인정하는 것은 부당하므로 재산상 이익의 취득은 피해자의 일정한 의사표시·처분행위에 의한 것이어야 한

다는 견해

(2) 소극설 : 재산상 이익의 취득은 상대방의 의사를 억압한 상태에서 이루어지는 것이므로 재산상 이익의 취득은 피해자의 일정한 의사표시·처분행위에 의한 것일 필요는 없다는 견해

3. 판례 : 소극설의 태도

채무면탈의 목적으로 채권자를 살해하고 동인의 반항능력이 완전히 상실된 것을 이용하여 즉석에서 동인이 소지하고 있던 재물까지 탈취하였다면 살인행위와 재물탈취행위는 서로 밀접하게 관련되어 있어 살인행위를 이용한 재물탈취행위라고 볼 것이므로 이는 강도살인죄에 해당한다(대법원 1985. 10. 22. 선고 85도1527 판결).

④ 착수와 기수시기

착수시기는 폭행·협박을 개시한 때이고, 기수시기는 재물 또는 재산상의 이익을 취득한 때이다. 강취와 시간적 연관이 없는 폭행 또는 협박만으로는 이 죄의 착수가 있다고 할 수 없고, 폭행·협박을 개시해야 착수가 되므로 필요하면 강도로 변하겠다고 마음먹고 재물을 물색하다가 잡히거나, 강도의사로 주거에 침입하여 재물을 물색하다가 도주한 때에는 강도의 착수를 인정할 수 없다.

(2) 주관적 구성요건

고의가 있어야 한다. 또한 절도죄와 같이 불법영득의 의사를 필요로 한다.

2. 위법성

재물을 인도받을 수 있는 권리자가 폭행, 협박으로 강취한 경우에 강도죄가 성립하는지에 대하여 긍정설과 부정설(다수설)의 대립이 있다. 대법원은 다수설과 달리 긍정설의 입장이다(95도2385).

▣ 이견있는 형사사건의 법원판단 ▣

[권리행사와 강취]

1. 문제점 : 재물을 인도받을 수 있는 권리자가 폭행·협박으로 강취한 경우에 강도죄가 성립하는지가 문제된다.

2. 학설
(1) 긍정설 : 권리의 실행을 위한 것이라도 자구행위·정당방위 등 위법성조각사유에 해당하지 않는 한 강도죄가 성립한다는 견해
(2) 부정설 : 정당한 권리행사의 경우에는 불법영득·이득의 의사가 없으므로 강도죄는 성립하지 않고 폭행죄·협박죄가 성립한다는 견해
3. 판례 : 긍정설의 태도
채권자로부터 채무자에 대한 외상물품 대금채권의 회수를 의뢰받았다 하더라도, 채무자의 반항을 억압할 정도의 폭행과 협박을 가하여 재물 및 재산상 이득을 취득한 이상 이는 정당한 권리행사라고 볼 수 없음이 명백하여 강도상해죄가 성립함에는 아무런 지장이 없다(대법원 1995. 12. 12. 선고 95도2385 판결).

3. 공범

(1) 이 죄의 공동정범은 스스로 폭행·협박과 재물의 강취를 모두 했을 필요는 없으며 공동의사에 의하여 실행행위를 분담했으면 된다.

(2) 절도를 결의하고 있는 자에게 강도를 교사하면 이 죄의 교사범이 될 수 있다.

4. 죄수

수인의 소유이지만 한 사람이 관리하는 재물을 강취한 때에는 단순일죄가 된다. 같은 기회에 재물 강취와 재산상 이익 취득을 함께 범한 경우 예컨대 택시강도에 있어서 요금지불면제와 수익금 강탈행위는 포괄하여 하나의 강도죄만 성립한다.

5. 타죄와의 관계

(1) 절도죄와의 관계

강도죄가 성립하면 별도로 절도죄는 성립하지 않는다(법조경합).

(2) 주거침입죄와의 관계

야간주거침입절도의 경우를 제외하고는 주거침입절도에 있어서 주거침입죄와 절도죄가 서로 피해법익과 범죄의 구성요건을 달리하고 있음에 비

추어 제334조 제1항의 경우를 제외하고는 주거침입죄는 강도죄에 흡수되지 않고 실체적 경합관계에 있다고 할 것이다.

(3) 강간죄와의 관계

부녀자를 강간한 후 강도의 범의가 생겨 피해자의 공포상태를 틈타 재물을 강취한 경우는 강간죄와 강도죄의 경합범이며 강도강간죄가 아니다. 강제추행의 경우도 마찬가지이다.

Ⅱ. 판례

◆ 피고인이 강도의 범의 없이 공범들과 함께 피해자의 반항을 억압함에 충분한 정도로 피해자를 폭행하던 중 공범들이 계속하여 폭행하는 사이에 피해자의 재물을 취거한 경우, 강도죄의 성립 여부(적극) 및 그 과정에서 피해자가 상해를 입은 경우, 강도상해죄의 성립 여부(적극)

형법 제333조의 강도죄는 사람의 반항을 억압함에 충분한 폭행 또는 협박을 사용하여 타인의 재물을 강취하거나 재산상의 이익을 취득함으로써 성립하는 범죄이므로, 피고인이 강도의 범의 없이 공범들과 함께 피해자의 반항을 억압함에 충분한 정도로 피해자를 폭행하던 중 공범들이 피해자를 계속하여 폭행하는 사이에 피해자의 재물을 취거한 경우에는 피고인 및 공범들의 위 폭행에 의한 반항억압의 상태와 재물의 탈취가 시간적으로 극히 밀접하여 전체적·실질적으로 재물 탈취의 범의를 실현한 행위로 평가할 수 있으므로 강도죄의 성립을 인정할 수 있고(대법원 2009. 1. 30. 선고 2008도10308 판결 참조), 그 과정에서 피해자가 상해를 입었다면 강도상해죄가 성립한다고 보아야 한다(대법원 2013. 12. 12., 선고, 2013도11899, 판결).

◆ 강도죄에서 '폭행, 협박' 과 '재물의 탈취' 와의 관계 및 강간범인이 폭행, 협박에 의한 반항억압 상태가 계속 중임을 이용하여 재물을 탈취하는 경우 새로운 폭행, 협박을 요하는지 여부(소극)

강도죄는 재물탈취의 방법으로 폭행, 협박을 사용하는 행위를 처벌하는 것이므로 폭행, 협박으로 타인의 재물을 탈취한 이상 피해자가 우연히 재물탈취 사실을 알지 못하였다고 하더라도 강도죄는 성립하고, 폭행, 협박당한 자가 탈취당한 재물의 소유자 또는 점유자일 것을 요하지도 아니하며, 강간범인이 부녀를 강간할 목적으로 폭행, 협박에 의하여 반항을 억업한 후 반항억압 상태가 계속 중임을 이용하여 재물을 탈취하는 경우에는 재물탈취를 위한 새로운 폭행, 협박이 없더라도 강도죄가 성립한다(대법원 2010. 12. 9., 선고, 2010도9630, 판결).

◆ 강도죄에 있어서 폭행 · 협박의 정도

강도죄에 있어서 폭행과 협박의 정도는 사회통념상 객관적으로 상대방의 반항을 억압하거나 항거불능케 할 정도의 것이라야 한다(대법원 2001. 3. 23. 선고 2001도359 판결).

◆ '날치기'의 수법의 점유탈취 과정에서 벌어진 강제력의 행사가 피해자의 반항을 억압하거나 항거 불능케 할 정도인 경우, 강도죄의 폭행에 해당하는지 여부(적극)

(1) 사실관계

> 피고인들은 빌린 승용차를 함께 타고 돌아다니다가 범행대상 여자가 나타나면 피고인A가 범행대상을 쫓아가 돈을 빼앗고 피고인 B는 승용차에서 대기하다가 범행을 끝낸 A를 차에 태워 도주하기로 공모한 다음, 2006. 12. 1. 11:00경 대구 수성구 황금동 소재 롯데캐슬아파트 부근으로 차량을 운전해 가 운전석 창문으로 농협 현금인출기가 잘 보이도록 차량을 주차해 놓고 1시간 동안 그곳에서 돈을 인출하는 사람을 지켜보고 있던 중, 피해자 C(여, 55세)가 위 현금인출기에서 돈을 인출하여 가방에 넣고 나오는 것을 발견하고 A가 차에서 내려 피해자를 뒤따라갔다. A는 그 곳에서 400m 가량 떨어진 대구은행 황금동 지점 입구까지 5~6m 정도의 거리를 두고 피해자를 따라가다가 피해자가 상가 건물 안의 위 은행으로 들어가려고 하는 것을 보고 피해자의 뒤쪽 왼편으로 접근하여 피해자의 왼팔에 끼고 있던 손가방의 끈을 오른손으로 잡아당겼으나 피해자는 가방을 놓지 않으려고 버티다가 몸이 돌려지면서 등을 바닥 쪽으로 하여 넘어졌다. A가 가방 끈을 잡고 계속하여 당기자 피해자는 바닥에 넘어진 상태로 가방 끈을 놓지 않은 채 "내 가방, 사람 살려!!!"라고 소리치면서 약 5m 가량 끌려가다가 힘이 빠져 가방을 놓쳤고, 그 사이에 위 피고인은 피해자의 가방을 들고 도망갔다.

(2) 판결요지

[1] 소위 '날치기'와 같이 강제력을 사용하여 재물을 절취하는 행위가 때로는 피해자를 넘어뜨리거나 상해를 입게 하는 경우가 있고, 그러한 결과가 피해자의 반항 억압을 목적으로 함이 없이 점유탈취의 과정에서 우연히 가해진 경우라면 이는 강도가 아니라 절도에 불과하지만, 그 강제력의 행사가 사회통념상 객관적으로 상대방의 반항을 억압하거나 항거 불능케 할 정도의 것이라면 이는 강도죄의 폭행에 해당한다. 그러므로 날치기 수법의 점유탈취 과정에서 이를 알아채고 재물을 뺏기지 않으려는 상대방의 반항에 부딪혔음에도 계속하여 피해자를 끌고 가면서 억지로 재물을 빼앗은 행위는 피해자의 반항을 억압한 후 재물을 강취한 것으로서 강도에 해당한다.

[2] 날치기 수법으로 피해자가 들고 있던 가방을 탈취하면서 가방을 놓지 않고 버티

는 피해자를 5m 가량 끌고 감으로써 피해자의 무릎 등에 상해를 입힌 경우, 반항을 억압하기 위한 목적으로 가해진 강제력으로서 그 반항을 억압할 정도에 해당한다고 보아 강도치상죄의 성립을 인정한 사례(대법원 2007. 12. 13. 선고 2007도7601 판결).

◆ 폭행 · 협박으로 피해자로 하여금 피해자의 신용카드 매출전표에 서명하게 하였으나 피해자가 허위 서명을 하여 교부한 경우, 강도죄의 성부(적극)

(1) 사실관계

피고인들은 공모하여, 1996. 2. 7. 10:00경 피고인 B의 동거녀인 C가 경영하는 주점에서 B는 피고인 A에게 그 곳 중간방에서 잠을 자고 있던 D를 데리고 오라고 말하고, 피고인 A는 피고인 B의 말에 따라 피해자 D을 깨워 방안으로 데리고 가 무릎을 꿇게 한 다음 피고인 B가 있는 가운데 피해자 D에게 "내가 강릉 조직폭력배 대부다. 잠을 잤으면 방세를 주고 가야지."라고 말하고 맥주를 강제로 마시게 한 후, 빈 맥주병으로 피해자 1의 머리를 3~4회 때리며 "이 자식아, 술을 먹었으면 돈을 주어야지."라고 말하고, 주먹으로 얼굴을 1회 때리고, 피고인 B는 옆에서 피해자 D가 말을 듣지 않으면 위해를 가할 듯할 태도를 보이는 등 한 다음, 피해자 D가이 소지하고 있던 삼성신용카드 1장과 강원은행 비자카드 1장을 받아서 그 곳에 있던 신용카드 매출전표발급기를 이용하여 삼성신용카드 매출전표 1장(금액 300,000원)과 강원은행 비자카드 매출전표 3장(각 금액 300,000원, 200,000원, 100,000원)을 만들어 피해자 1에게 들이대고, 피고인 A는 맥주병을 들고 때릴 듯이 위협하며 "너 죽을래"라고 말하고, 다시 가위를 피해자 D의 귓가에 바짝들이대면서 "서명하지 않으면 귀를 잘라버리겠다."고 말하여 피해자 D를 항거불능하게 한 다음 D로 하여금 위 각 매출전표에 서명하게 하였다.

(2) 판결요지

피고인들이 폭행·협박으로 피해자로 하여금 매출전표에 서명을 하게 한 다음 이를 교부받아 소지함으로써 이미 외관상 각 매출전표를 제출하여 신용카드 회사들로부터 그 금액을 지급받을 수 있는 상태가 되었는 바, 피해자가 각 매출전표에 허위 서명한 탓으로 피고인들이 신용카드회사들에게 각 매출전표를 제출하여도 신용카드회사들이 신용카드 가맹점 규약 또는 약관의 규정을 들어 그 금액의 지급을 거절할 가능성이 있다 하더라도, 그로 인하여 피고인들이 각 매출전표상의 금액을 지급받을 가능성이 완전히 없어져 버린 것이 아니고 외견상 여전히 그 금액을 지급받을 가능성이 있는 상태이므로, 결국 피고인들이 "재산상 이익"을 취득하였다고 볼 수 있다(대법원 1997. 2. 25. 선고 96도3411 판결).

◆ 강제이득죄의 요건인 재산상 이익의 의미

형법 제333조 후단의 강도죄, 이른바 강제이득죄의 요건인 재산상의 이익이란 재물 이외의 재산상의 이익을 말하는 것으로서 적극적 이익(적극적인 재산의 증가)이든 소극적 이익(소극적인 부채의 감소)이든 상관없는 것이고, 강제이득죄는 권리의무관계가 외형상으로라도 불법적으로 변동되는 것을 막고자 함에 있는 것으로서 항거불능이나 반항을 억압할 정도의 폭행협박을 그 요건으로 하는 강도죄의 성질상 그 권리의무관계의 외형상 변동의 사법상 효력의 유무는 그 범죄의 성립에 영향이 없고, 법률상 정당하게 그 이행을 청구할 수 있는 것이 아니라도 강도죄에 있어서의 재산상의 이익에 해당하는 것이며, 따라서 이와 같은 재산상의 이익은 반드시 사법상 유효한 재산상의 이득만을 의미하는 것이 아니고 외견상 재산상의 이득을 얻을 것이라고 인정할 수 있는 사실관계만 있으면 된다(대법원 1994. 2. 22. 선고 93도428 판결).

◆ 약물을 탄 오렌지를 먹고 기억을 잃었다는 것이 약물중독 상해를 인정할 자료가 될 수있는지 여부

약물을 탄 오렌지를 먹자 마자 정신이 혼미해지고 그 후 기억을 잃었다는 것은 강도죄에 있어서 항거불능 상태를 말하는 것은 될지언정 이것만으로는 약물중독 상해를 인정할 자료가 되지 못한다(대법원 1984.12.11. 선고 84도2324 판결).

◆ 강간피해자가 도피하면서 범죄현장에 놓고간 가방에서 피고인이 돈을 꺼낸 경우의 죄책

강간을 당한 피해자가 도피하면서 현장에 놓아두고 간 손가방은 점유이탈물이 아니라 사회통념상 피해자의 지배하에 있는 물건이라고 보아야 할 것이므로 피고인이 그 손가방안에 들어 있는 피해자 소유의 돈을 꺼낸 소위는 절도죄에 해당한다(대법원 1984.2.28. 선고 84도38 판결).

◆ 반항 불가능한 정도에 이른 폭행, 협박이 있은 후 그로부터 상당한 시간이 경과한 후 폭행, 협박이 있은 곳과는 다른 장소에서 금원을 교부받은 범죄사실을 특수강도죄의 기수로 처벌한 원심판결을 심리미진·법리오해의 위법을 이유로 파기한 사례

(1) 사실관계

피고인이 1994.4.2. 01:00경 광주 광산구 비아동소재 피해자 A의 집에 찾아와 위 피해자로부터 금원을 강취할 것을 마음먹고 그 곳 방안에 있던 길이 약

> 25cm 가량의 과도를 위 피해자의 좌측어깨부분에 들이대고 "돈이 얼마 있느냐, 통장에는 돈이 있느냐" 라고 말하고 위 피해자가 돈이 없다고 하자 위 피해자를 광주 북구 운암동 소재 청송각 여관 507호실로 강제로 끌고 가 문을 잠근 후 위 피해자에게 계속하여 돈을 요구하면서 주먹으로 얼굴을 5, 6회 가량 때리고, 오른발로 허벅지를 3회 가량 때려 위 피해자의 항거를 불능케 하였다. 그 후 피고인은 A를 풀어준 다음 다시 A에게 돈을 요구하는 무선호출연락을 하자, A는 피고인이 행패를 부릴 것을 두려워 하여 같은 날 19:00경 광주 북구 신암동 소재 꼬치마당에서 피고인에게 금 350,000원을 교부하였다.

(2) **판결요지**

강도죄는 피해자의 의사를 억압하여 반항을 불가능하게 할 정도의 폭행, 협박을 수단으로 하여 재물을 강취하거나 기타 재산상의 이익을 취득하거나 제3자로 하여금 취득하게 하는 범죄이므로, 강도죄에 있어서의 강취는 피해자의 의사가 억압되어 반항이 불가능한 상태에서 피해자의 의사에 반하여 재물을 자기 또는 제3자의 점유로 옮기는 것이라 할 것이다.

그런데 위 원심 인정 사실에 의하면 피고인이 1994.4.2. 01:00경 피해자 1의 집과 여관에서 위와 같은 폭행, 협박을 한 후 그로부터 상당한 시간이 경과한 후인 같은 날 19:00경 다른 장소에서 위 금원을 교부받았다는 것인바, 그렇다면 피고인의 위와 같은 폭행, 협박으로 인하여 위 피해자의 의사가 억압하여 반항이 불가능한 정도에 이르렀다고 하더라도 그 후 피고인의 폭행, 협박으로부터 벗어난 이후에는 그러한 의사억압상태가 계속된다고 보기는 어렵다 할 것이고, 기록을 살펴보아도 위 금원 교부 당시에 다시 피해자의 의사를 억압하여 반항을 불가능하게 할 정도의 폭행, 협박이 있었다거나, 이전의 폭행, 협박으로 인한 의사억압 상태가 위 금원교부시까지 계속되었다고 볼 특별한 사정이 있었다고 볼 증거는 없고, 오히려 기록상 위 피해자가 피고인과 헤어진 후 피고인으로부터 다시 돈을 요구하는 무선호출연락을 받고 피고인이 다시 행패를 부릴 것이 두려워 은행에서 예금을 인출하여 피고인에게 지급하였다는 사정이 엿보이므로, 위 금원교부는 위 피해자의 의사에 반하여 반항이 불가능한 상태에서 강취된 것이라기보다는 피해자의 하자 있는 의사에 의하여 교부된 즉 갈취당한 것으로 보인다.

따라서 위와 같은 사실관계라면 특수강도죄의 미수로 처벌할 수는 있을지언정 이를 특수강도죄의 기수로 처벌한 원심판결에는 위 재물의 교부가 피해자의 의사에 의한 것인지 아니면 피해자의 의사와 무관하게 강취당한 것인지에 관하여 심리를 제대로 하지 아니한 채 사실을 오인하였거나 특수강도죄 소정의 강취의 점에 관하여 법리를 오해한 위법이 있다 할 것이다(대법원 1995.3.28. 선고 95도91 판결).

Ⅲ. 수사실무

1. 수사포인트

(1) 범행의 동기를 조사한다.

(2) 범행시 사용한 흉기 등의 종류와 구입경위를 조사한다.

(3) 폭행, 협박의 방법과 정도를 자세히 조사한다.

(4) 재물을 피해자가 준 것인가, 강취한 것인가를 확실히 한다.

(5) 약품을 사용해서 피해자를 혼수상태에 빠지게 한 경우, 그 혼수의 목적이 재물을 강취하기 위한 것이어야 한다. 따라서 혼취 후에 절취의 범의가 생겼다면 단순절도죄가 될 뿐이다. 예를 들어 만취 후에 쓰러진 것을 보고 범의가 생겨서 피해자의 금품을 훔친 경우라면 단순절도죄가 되는 것이다.

(6) 폭행, 협박과 재물탈취, 불법이익취득과의 인과관계를 밝힌다.

(7) 상습성이 있는지 밝힌다.

2. 피의자 신문례

(1) 피의자는 피해자 이○○의 집에 들어가 현금을 빼앗은 일이 있나요

(2) 언제, 어디에서 그랬나요

(3) 왜 그 집을 선택하여 들어간 것인가요

(4) 무엇을 빼앗았나요

(5) 누구와 함께 하였나요

(6) 피해자를 폭행한 일이 있나요

(7) 피의자가 범행에 사용한 칼이 이것인가요

(8) 어디에서 구입하였나요

(9) 훔친 현금은 어떻게 하였나요

3. 범죄사실 기재례

【범죄사실 기재례】

(1) 피의자는 20○○. ○. ○. 22 : 00경 서울 중랑구 상봉2동 양지 카바레에서 피해자 마○○(33세, 여)와 춤을 추면서 어울리다가 위 마○○가 잠시 화장실에 간틈을 타서 그곳 피의자와 피해자의 탁자에 있는 맥주병에 미리 준비하여 가지고 있던 수면제인 아티반이 들어있는 맥주를 따라 그녀에게 전하여 그녀로 하여금 혼수 상태에 빠지게 하였다. 그리하여 같은 날 23 : 00경 위 카바레 근처 동방여관 100호실로 끌고 들어가 그곳에서 그녀가 의식을 잃고 쓰러지자 그녀 소유의 시가 40만원 상당 5돈짜리 금목걸이 1개와 핸드백에 들어있는 현금 35만원 등 합계 75만원 상당을 빼내어 가지고 가 이를 강취하였다.

(2) 피의자는 20○○. ○. ○. 23:00경 ○○시 ○○구 ○○동 123번지 ○○슈퍼 뒷길에서 혼자 지나가는 피해자 김○○을 불러 세워 갑자기 주먹과 발로 얼굴과 다리 등을 때리면서 돈을 내놓지 않으면 계속 때릴듯한 태도를 보이는 등 폭행과 협박을 가하였다. 이로서 피해자로 하여금 반항하지 못하게 한 후 피해자로부터 현금 30만원과 손목시계 1점을 빼앗아 감으로써 이를 강취하였다.

(3) 피의자는 20○○. ○. ○. 22:00경 서울 ○○구 ○○동에 있는 ○○백화점 앞에서 피해자 이○○(45세)가 운전하는 서울12가345호 택시에 승차하였다.

피의자는 같은 날 22:30경 ○○구 ○○동 123 앞 도로에 도착하여 택시 요금의 지급을 면할 목적으로 소지하고 있던 노끈으로 피해자의 목을 졸라 순간적으로 실신하게 하여 반항하지 못하게 한 다음 택시에서 내려 도주하여 택시요금 13,000원의 지급을 면함으로써 재산상 이익을 취득하였다.

4. 적용실례

(1) 채무면제를 위해 살인한 경우

A는 B에 대해 많은 채무를 지고 있는데 이것을 갚을 길이 너무나 막막해 그만 B를 살해하였다.

➡ 강도죄는 상대방의 반항을 억압하는데 충분한 정도의 폭행, 협박을 가함으로써 성립한다. 상대방으로 하여금 변제청구를 할 수 없는 상태에 빠지게 해서 채무를 면한 경우도 당연히 강도죄가 성립할 것이다. 따라서 강도살인죄로 의율한다.

(2) 피의자를 밀고 차를 강취한 경우

자동차의 문을 열고 있는 B를 A가 밀고 재빨리 차에 올라 그 차를 타고 갔다.

➡ 강도죄가 성립하려면 반항을 억압하기에 충분한 폭행이나 협박이 있어야 한다. 그런데, 이 경우 A의 미는 행동만으로는 반항을 억압할만한 폭행이 있었다고 볼 수 없다. 따라서 강도죄가 아닌 절도죄로 의율하는 것이 타당하다.

● **수사사례**

- 대낮에 주택에 침입하여 혼자있는 주부에게 상해를 입힐 듯이 말하여 반항할 수 없도록 한 후 금품을 강취하는 경우 강도죄 성립.
- 으슥한 곳에 숨어 있다가 지나가는 행인을 주먹으로 후려쳐 쓰러뜨린 후 가방을 빼앗아 도주한 경우 강도죄 성립
- 손님을 가장하여 택시에 승차한 후 목적지에 도착하여 택시운전사의 멱살을 잡고 반항을 못하게 하여 현금을 빼앗아 도주한 경우 강도죄 성립

7. 특수강도죄

제334조【특수강도】

① 야간에 사람의 주거, 관리하는 건조물, 선박이나 항공기 또는 점유하는 방실에 침입하여 제333조의 죄를 범한 자는 무기 또는 5년 이상의 징역에 처한다. 〈개정 1995. 12. 29.〉

② 흉기를 휴대하거나 2인 이상이 합동하여 전조의 죄를 범한 자도 전항의 형과 같다.

[주거의자유] 헌16, [상습범] 341, [미수범] 342, [예비・음모] 343, [동력] 346, [합동] 146・331 ②, [군용물범죄] 군용물3・5, [공소시효] : 15년

○ 단순강도죄에 대하여 행위방법 때문에 불법이 가중되는 가중적 구성요건이다.

◈ 대법원 양형위원회의 양형기준 ◈

1. 제1유형(일반강도)

단순강도(형법 제333조), 준강도(형법 제335조)의 경우

(1) 기본 : 2년 - 4년 / (2) 감경 : 1년6월 - 3년 / (3) 가중 : 3년 - 6년
2. 제2유형(특수강도)
야간주거등침입강도 · 준강도(형법 제334조 1항, 제335조), 흉기휴대 또는 2인 이상 합동강도 · 준강도(형법 제334조 2항, 제335조)
(1) 기본 : 3년 - 6년 / (2) 감경 : 2년6월 - 4년 / (3) 가중 : 5년 - 8년

Ⅰ. 이론

[야간주거침입강도(제334조 1항)]

1. 구성요건

(1) 객관적 구성요건

1) 행위상황

야간이다.

① 야간이란 일몰 후부터 일출 전까지의 기간을 말한다.

② 만일 주간에 주거침입, 강도를 했다면 특수강도가 아니라 주거침입과 강도의 경합죄가 된다.

2) 행위

사람의 주거, 관리하는 건조물, 선박, 항공기 또는 점유하는 방실에 침입하여 강도죄를 범하는 것이다.

① 착수시기와 관련하여 주거침입시설과 폭행, 협박시설(다수설)의 대립이 있다. 판례는 상반되는 판례가 모두 존재하여 명확한 태도를 알 수 없다.

▣ 이견있는 형사사건의 법원판단 ▣

[실행의 착수시기]

1. 문제점 : 야간주거침입강도죄의 경우에도 야간주거침입절도죄와 마찬가지로 주거침입이 있으면 실행의 착수가 있는지가 문제된다. 강도죄에서는 절도죄와는 달리 폭행·협박도 그 수단이 되기 때문에 발행하는 문제이다.
2. 학설
(1) 주거침입시설 : 주거침입죄와 강도죄의 결합범이므로 주거침입시에 실행의 착수가 인정된다는 견해
(2) 폭행·협박시설(통설) : 야간주거침입강도의 경우 실행의 착수시기는 폭행·협박을 개시한 때라는 견해
3. 판례 : 상반되 판례 모두 존재
(1) 주거침입시설을 취한 판례
형법 제334조 제1항 소정의 야간주거침입강도죄는 주거침입과 강도의 결합범으로서 시간적으로 주거침입행위가 선행되므로 주거침입을 한 때에 본죄의 실행에 착수한 것으로 볼 것(대법원 1992. 7. 28. 선고 92도917 판결).
(2) 폭행·협박시설을 취한 판례
강도의 범의로 야간에 칼을 휴대한 채 타인의 주거에 침입하여 집안의 동정을 살피다가 피해자를 발견하고 갑자기 욕정을 일으켜 칼로 협박하여 강간한 경우, 야간에 흉기를 휴대한 채 타인의 주거에 침입하여 집안의 동정을 살피는 것만으로는 특수강도의 실행에 착수한 것이라고 할 수 없으므로 위의 특수강도에 착수하기도 전에 저질러진 위와 같은 강간행위가 구 특정범죄가중처벌등에관한법률 제5조의6 제1항 소정의 특수강도강간죄에 해당한다고 할 수 없다(대법원 1991. 11. 22. 선고 91도2296 판결).

② 기수시기는 재물 또는 재산상 이익을 취득한 때이다.

(2) 주관적 구성요건

고의와 불법영득의사가 필요하다.

[흉기휴대강도(제334조 2항 전단)]

1. 구성요건

(1) 객관적 구성요건

1) 흉기휴대

흉기를 휴대하여 강도죄를 범하는 것이다.

① "흉기"란 사람의 신체, 생명에 해를 입히는 데 사용하는 기구를 말한다.

② 사람을 살상할 수 있는 물건일지라도 사람으로 하여금 위험을 느끼게 할 정도에 이르지 않으면 흉기가 되지 않는다.

(2) 주관적 구성요건

고의와 불법영득의사가 필요하다.

[합동강도(제334조 2항 후단)]

1. 구성요건

(1) 객관적 구성요건

1) 2인 이상의 합동

2인 이상이 합동하여 강도죄를 범하는 것이다.

① "합동범"이 되려면 2인 이상 피의자의 공모가 있어야 하고 또한 실행행위의 분담이 있어야 한다.

② 그 실행행위는 시간적으로나 장소적으로 합동관계가 있다고 볼 수 있어야 한다.

(예 : 여러명의 피의자가 함께 피해자에 대하여 폭행협박을 하여 피해자의 반항을 억압하고 그 중의 1인이 피해자의 몸을 뒤져서 금품을 빼앗은 경우, 피의자의 1인은 문 밖에서 망을 보고 다른 피의자가 집에 들어가서 강도한 경우 모두 특수강도죄의 공동정범이 된다.)

③ 합동범은 집단범죄의 대책으로서 형을 더 무겁게 하는 것으로 보는 견해가 지배적이다.

(2) 주관적 구성요건

고의와 불법영득의사가 필요하다.

Ⅱ. 판례

◆ 특수강도죄에 있어서의 실행의 착수시기

(1) 사실관계

피고인이 야간에 타인의 재물을 강취하기로 마음먹고 흉기인 칼을 휴대한 채 시정되어 있지 않은 피해자 A의 집 현관문을 열고 마루까지 침입하여 동정을 살피던 중 마침 혼자서 집을 보던 피해자 A의 손녀 피해자 B(14세)가 화장실에서 용변을 보고 나오는 것을 발견하고 갑자기 욕정을 일으켜 칼을 B의 목에 들이대고 방안으로 끌고 들어가 밀어 넘어뜨려 반항을 억압한 다음 강제로 1회 간음하여 동 피해자를 강간하였다.

(2) 판결요지

[1] 특수강도의 실행의 착수는 강도의 실행행위 즉 사람의 반항을 억압할 수 있는 정도의 폭행 또는 협박에 나아갈 때에 있다 할 것이다.

[2] 강도의 범의로 야간에 칼을 휴대한 채 타인의 주거에 침입하여 집안의 동정을 살피다가 피해자를 발견하고 갑자기 욕정을 일으켜 칼로 협박하여 강간한 경우, 야간에 흉기를 휴대한 채 타인의 주거에 침입하여 집안의 동정을 살피는 것만으로는 특수강도의 실행에 착수한 것이라고 할 수 없으므로 위의 특수강도에 착수하기도 전에 저질러진 위와 같은 강간행위가 구 특정범죄가중처벌등에관한 법률 제5조의6 제1항 소정의 특수강도강간죄에 해당한다고 할 수 없다(대법원 1991.11.22. 선고 91도2296 판결).

◆ 강도상해죄의 '강도'에 형법 제334조 제1항 특수강도가 포함되는지 여부(적극) 및 형법 제334조 제1항 특수강도에 의한 강도상해의 경우 별도로 '주거침입죄'가 성립하는지 여부(소극)

형법 제334조 제1항은 "야간에 사람의 주거, 관리하는 건조물, 선박이나 항공기 또는 점유하는 방실에 침입하여 제333조(강도)의 죄를 범한 자는 무기 또는 5년 이상의 징역에 처한다."고 규정하고 있고, 형법 제337조는 "강도가 사람을 상해하거나 상해에 이르게 한 때에는 무기 또는 7년 이상의 징역에 처한다."고 규정하고 있는데, 강도상해죄에 있어서의 강도는 형법 제334조 제1항 특수강도도 포함된다고 보아야 한다. 그런데 형법 제334조 제1항 특수강도죄는 '주거침입'이라는 요건을 포함하고 있으므로 형법 제334조 제1항 특수강도죄가 성립할 경우 '주거침입죄'는 별도로 처벌할 수 없고, 형법 제334조 제1항 특수강도에 의한 강도상해가 성립할 경우에도 별도로 '주거침입죄'를 처벌할 수 없다고 보아야 할 것이다.

그런데 원심은, 피고인이 야간에 피해자의 주거에 침입하여 재물을 물색하던 중 피해자가 잠에서 깨어나자 피해자를 폭행하여 간음하고 재물을 강취할 것을 마음먹고, 주먹으로 피해자의 얼굴 부위를 수회 때려 피해자의 반항을 억압한 후 피해자의 바지와 팬티를 벗겨 피해자를 간음하려 하였으나 피해자의 집 밖에서 차량 소리가 들리는 바람에 피해자를 간음하지 못하고, 현금 8,730원을 가지고 나온 범행을 강도상해, 강도강간미수에 해당하는 이외에 그와 별도로 주거침입죄도 성립한다고 보아 주거침입죄로도 피고인을 처단하였으니, 이러한 원심의 판결에는 주거침입죄 · 강도상해 및 강도강간미수 사이의 죄수에 관한 법리를 오해한 위법이 있고, 이 점을 지적하는 상고이유는 이유 있다(대법원 2012. 12. 27., 선고, 2012도12777, 판결).

◆ 강간범이 강간의 범행 후에 특수강도의 범의를 일으켜 부녀의 재물을 강취한 경우, 성폭력범죄의처벌및피해자보호등에관한법률 제5조 제2항 소정의 특수강도강간죄로 의율할 수 있는지 여부(한정 소극)

강간범이 강간행위 후에 강도의 범의를 일으켜 그 부녀의 재물을 강취하는 경우에는 형법상 강도강간죄가 아니라 강간죄와 강도죄의 경합범이 성립될 수 있을 뿐인바, 성폭력범죄의처벌및피해자보호등에관한법률 제5조 제2항은 형법 제334조(특수강도) 등의 죄를 범한 자가 형법 제297조(강간) 등의 죄를 범한 경우에 이를 특수강도강간 등의 죄로 가중하여 처벌하고 있으므로, 다른 특별한 사정이 없는 한 강간범이 강간의 범행 후에 특수강도의 범의를 일으켜 그 부녀의 재물을 강취한 경우에는 이를 성폭력범죄의처벌및피해자보호등에관한법률 제5조 제2항 소정의 특수강도강간죄로 의율할 수 없다(대법원 2002. 2. 8. 선고 2001도6425 판결).

◆ 특수강도의 공소사실은 인정할 수 없으나 공동 폭행·협박 또는 특수강도의 종범에 관한 범죄사실은 인정할 수 있다 하더라도 이를 유죄로 인정하지 아니한 원심의 조치가 위법하지는 않다고 한 사례

[1] 형법 제334조 제2항 소정의 합동범에 있어서의 공모나 모의는 반드시 사전에 이루어진 것만을 필요로 하는 것이 아니고, 범행현장에서 암묵리에 의사상통하는 것도 포함되나, 이와 같은 공모나 모의는 그 '범죄될 사실' 이라 할 것이므로 이를 인정하기 위하여는 엄격한 증명에 의하지 않으면 안된다.

[2] 피고인의 특수강도에 관한 공모의 의사를 부정한 원심의 조치를 수긍한 사례

[3] 법원은 공소사실의 동일성이 인정되는 범위 내에서 공소가 제기된 범죄사실에 포함된 보다 가벼운 범죄사실이 인정되는 경우에 심리의 경과에 비추어 피고인의 방어권행사에 실질적 불이익을 초래할 염려가 없다고 인정되는 때에는 공소장이 변경되지 않았더라도 직권으로 공소장에 기재된 공소사실과 다른 범죄사실을 인정할 수 있지만, 이와 같은 경우라고 하더라도 공소가 제기된 범죄사실과 대비하여 볼 때 실제로 인정되는 범죄사실의 사안이 중대하여 공소장이 변경되

지 않았다는 이유로 이를 처벌하지 않는다면 적정절차에 의한 신속한 실체적 진실의 발견이라는 형사소송의 목적에 비추어 현저히 정의와 형평에 반하는 것으로 인정되는 경우가 아닌 한 법원이 직권으로 그 범죄사실을 인정하지 아니하였다고 하여 위법한 것이라고까지 볼 수는 없다.

[4] 특수강도의 공소사실은 인정할 수 없으나 공동 폭행·협박 또는 특수강도의 종범에 관한 범죄사실은 인정할 수 있다 하더라도 이를 유죄로 인정하지 아니한 원심의 조치가 위법하지는 않다고 한 사례(대법원 2001. 12. 11. 선고 2001도4013 판결).

Ⅲ. 수사실무

1. 수사포인트

(1) 흉기를 소지한 경우라면 흉기종류를 구체적으로 명시하고 구입일시, 장소를 명기한다.

(2) 흉기 사용방법을 조사한다.

(3) 흉기가 총포·도검·화약류등단속법에 해당하는 경우에는 그 죄와 경합죄가 된다.

2. 피의자 신문례

(1) 피의자는 남의 집에 들어가 돈과 금반지를 빼앗은 일이 있나요

(2) 언제 어디서 그랬나요

(3) 무엇을 빼앗았나요

(4) 혼자서 그랬나요

(5) 어떻게 범행을 했나요

(6) 피해자를 때린 일은 없나요

(7) 그 당시 유○○은 어떻게 했나요

(8) 훔친 돈과 금반지는 어떻게 했나요

(9) 피의자 범행에 사용한 칼이 이것인가요

(10) 이 칼은 어디에서 난 것인가요

(11) 왜 이런 범행을 했나요

(12) 유○○의 거처나 주소를 아는가요

(13) 피해변상을 했나요

(14) 더 이상 할말이나 유리한 증거가 있으면 말하세요

3. 범죄사실 기재례

【범죄사실 기재례】

(1) 피의자 이○○, 피의자 김○○, 피의자 윤○○의 공동범행

가. 특수강도

피의자들은 금품을 강탈하기로 모의하고 20○○. ○. ○. 01 : 40경 서울 ○○동 ○○번지에 있는 ○○주식회사의 사무실에 들어가 그곳에서 철야근무 중이던 피해자 조○○(당○○세)에게 피의자 이○○은 미리 가지고 간 길이 20센티미터 가량의 단도를 들이대고 소리지르면 죽여버리겠다고 말하면서 협박하였다. 피의자 김○○는 주먹으로 그의 얼굴을 세게 때리는 등의 폭행을 하여 조○○가 반항을 전혀 하지 못하게 하고 그 사이 피의자 윤○○은 그의 팔목에서 시가 ○○만원 상당의 손목시계 1개를 빼앗고 다시 그 곳에 놓인 금고를 열어 그가 관리하고 있는 현금 ○○만원을 꺼내어 달아남으로써 이를 강취하였다.

(2) 피의자는 금품을 강취할 목적으로 20○○. ○. ○. 03 : 40경 ○○시 ○○동에 있는 오○○의 집 창문으로 그 집안에 들어가서 가지고 간 식칼을 거실에 나와 있던 오○○(당○○세)에게 들이대고 "소리치면 죽여버리겠어"라고 협박했으나 그가 소리치며 소란을 피우는 바람에 그 곳에서 그냥 도주하여 그 뜻을 이루지 못하고 미수에 그쳤다.

(3) 피의자들은 20○○. ○. ○. 23:00경 서울 ○○구 ○○동 123 앞 길에서 그 곳을 지나던 피해자 이○○(여, 37세)의 앞을 가로막고, 피의자 김○○는 "가진 것을 모두 내 놓아라. 만약 그렇지 않으면 오늘 저 세상으로 보내 버리겠다."라고 말하였다. 그리고 피의자 이○○는 그 옆에서 "이 형은 아주 흉악한 사람이다. 사람 죽이는 것은 일도 아니다. 순순히 말을 듣는 게 좋을 것이다."라고 말하는 등 협박하였다.

피의자들은 합동하여 위와 같이 피해자가 반항하지 못하게 한 후 피해자로부터 피해자 소유인 현금 500,000원을 강취하였다.

4. 적용실례

(1) 야간에 흉기들고 금품강취하려다가 미수로 그친 경우

피의자가 야간에 식칼을 피해자의 목에 들이대고 금품을 강취하려다가 미수에 그쳤다.

➡ 식칼을 들고 금품을 강취하려한 것은 흉기를 휴대한 것으로 특수강도 미수로 의율해야 한다.

(2) 피의자 2명이 흉기들고 협박, 금품을 강취한 경우

A와 B는 함께 타인의 금품을 빼앗기로 모의한 후 A는 망을 보고 B는 팔로 피해자의 목을 감아쥐고 한 손으로 입을 틀어 막고 소리치면 칼로 찔러 죽인다고 위협한 후 그녀의 발을 걸어 땅바닥에 넘어뜨리고 피해자의 현금 등이 들어있는 지갑 1개를 빼앗았다.

➡ 이 경우, 피의자들이 합동하여 피해자를 항거불능상태로 만들고 재물을 강취한 것이므로 특수강도죄로 의율하는 것이 타당하다.

● 수사사례

- 야간에 남의 집에 칼을 들고 침입하여 칼로 협박하여 돈을 빼앗는 경우 특수강도죄 성립
- 2인 이상이 합동하여 회사 경비실에 침입하여 경비원을 칼로 위협하고 사무실 서랍 등을 뒤져 금품을 빼앗은 경우 특수강도죄 성립
- 영업용택시에 손님을 가장하여 승차 후 운전사를 칼로 위협하여 현금을 빼앗고 택시를 빼앗 아도 주한 경우 특수강도죄 성립
- 택시운전사가 택시에 탄 승객을 칼로 위협하고 핸드백 등 금품을 빼앗는 경우 특수강도죄 성립

8. 준강도죄 · 준특수강도죄

제335조【준강도】

절도가 재물의 탈환에 항거하거나 체포를 면탈하거나 범죄의 흔적을 인멸할 목적으로 폭행 또는 협박한 때에는 제333조 및 제334조의 예에 따른다.

전문개정 2020. 12. 8.]

[절도] 329, [결과범] 337 · 338, [동력] 346, [공소시효] : 10년, 15년

○ 절도범이 재물의 탈환을 항거하거나 체포를 면탈하거나 죄적을 인멸할 목적으로 폭행 또는 협박한 때 성립하는 범죄로서, 사후강도죄라고도 한다.

◈ 대법원 양형위원회의 양형기준 ◈

1. 제1유형(일반강도)

단순강도(형법 제333조), 준강도(형법 제335조)의 경우

(1) 기본 : 2년 - 4년 / (2) 감경 : 1년6월 - 3년 / (3) 가중 : 3년 - 6년

2. 제2유형(특수강도)

야간주거등침입강도 · 준강도(형법 제334조 1항, 제335조), 흉기휴대 또는 2인 이상 합동강도 · 준강도(형법 제334조 2항, 제335조)

(1) 기본 : 3년 - 6년 / (2) 감경 : 2년6월 - 4년 / (3) 가중 : 5년 - 8년

Ⅰ. 이론

1. 구성요건

(1) 객관적 구성요건

1) 주체

이 죄의 주체는 절도범이다.

① 절도에는 야간주거침입절도와 특수절도가 포함되며, 절도의 기수뿐만 아니라 미수범도 포함된다.

② 강도범도 준강도죄의 주체가 될 수 있는가에 대해서 부정설과 긍정설(다수설)이 대립한다. 긍정설에 의할 때 단순강도가 처음에는 흉기를 휴대하지 않았으나 체포를 면탈할 목적으로 흉기를 들고 폭행·협박한 때에는

특수강도의 준강도가 된다.

③ 절도의사로 낮에 주거에 침입했다가 발각되자 주인에게 폭행을 한 때에는 주거침입죄와 폭행죄가 성립할 뿐이지만, 야간에 같은 행위를 하면 야주거침입절도죄의 실행의 착수가 있으므로 준강도가 된다.

④ 여기서 절도는 절도죄의 정범만을 의미하고 교사범과 종범은 포함하지 않는다.

2) **행위**

폭행 또는 협박하는 것이다.

① 폭행·협박의 정도는 강도죄와 같이 상대방의 반항을 억압할 정도여야 한다.

▣ 근거판례 ▣

형법 제335조의 준강도죄의 구성요건인 폭행은 같은법 제333조의 폭행의 정도와의 균형상 상대방의 반항(항쟁)을 억압할 정도 즉 반항을 억압하는 수단으로서 일반적, 객관적으로 가능하다고 인정하는 정도면 족하다 할 것이고 이는 체포되려는 구체적 상황에 비추어 체포의 공격력을 억압함에 족한 정도의 것인 여부에 따라 결정되어야 할 것이므로 피고인이 옷을 잡히자 체포를 면하려고 충동적으로 저항을 시도하여 잡은 손을 뿌리친 정도의 폭행을 준강도죄로 의율할 수는 없다(대법원 1985.5.14. 선고 85도619 판결).

② 폭행·협박과 절취는 강도죄와 같이 평가될 수 있을 정도로 시간적·장소적 접근성이 인정되어야 한다.

▣ 근거판례 ▣

준강도는 절도범인이 절도의 기회에 재물탈환、항거등의 목적으로 폭행 또는 협박을 가함으로써 성립되는 것이므로 그 폭행 또는 협박은 절도의 실행에 착수하여 그 실행중이거나 그 실행 직후 또는 실행의 범의를 포기한 직후로서 사회통념상 범죄행위가 완료되지 아니하였다고 인정될 만한 단계에서 행하여짐을 요한다(대법원 1984.9.11. 선고 84도1398).

③ 기수, 미수의 판단기준과 관련하여 폭행, 협박행위기준설, 절취행위기준설, 절충설이 대립한다. 대법원은 종래 폭행, 협박행위기준설을 취하다가 최근 전원합의체판결로 절취행위기준설로 변경하였다(2004도5074).

■ 이견있는 형사사건의 법원판단 ■

[기수·미수의 판단기준]

1. 문제점 : 준강도죄의 경우 기수·미수의 판단기준에 대하여 견해가 나뉜다.
2. 학설
(1) 폭행·협박행위기준설 : 준강도죄의 구성요건적 행위는 폭행·협박이므로 본죄의 기수·미수는 절도의 기수·미수를 불문하고 폭행·협박의 기수·미수에 따라 결정된다는 견해
(2) 절취행위기준설 : 준강도죄는 본질적으로 재산죄이므로 그 기수·미수는 절취의 기수·미수에 따라 결정된다는 견해
(3) 종합설 : 절도와 폭행·협박이 모두 기수에 도달한 경우에는 준강도의 기수가 되지만, 어느 일방이라도 미수에 그친 경우에는 준강도의 미수가 된다는 견해
3. 판례 : 절취행위기준설

형법 제335조에서 절도가 재물의 탈환을 항거하거나 체포를 면탈하거나 죄적을 인멸할 목적으로 폭행 또는 협박을 가한 때에 준강도로서 강도죄의 예에 따라 처벌하는 취지는, 강도죄와 준강도죄의 구성요건인 재물탈취와 폭행·협박 사이에 시간적 순서상 전후의 차이가 있을 뿐 실질적으로 위법성이 같다고 보기 때문인바, 이와 같은 준강도죄의 입법 취지, 강도죄와의 균형 등을 종합적으로 고려해 보면, 준강도죄의 기수 여부는 절도행위의 기수 여부를 기준으로 하여 판단하여야 한다(대법원 2004. 11. 18. 선고 2004도5074 전원합의체 판결).

(2) 주관적 구성요건

1) 고의와 불법영득의사

절도와 폭행, 협박에 대한 고의와 불법영득의사가 있어야 한다.

2) 목적

재물탈환항거, 체포면탈, 죄적인멸의 목적이 있어야 한다. 이 죄는 앞서의 세 가지 목적으로 폭행·협박한 경우에만 성립하므로 절도가 발각되자 재물을 강취하기 위해 폭행·협박한 때에는 강도죄가 될 뿐이다.

2. 공범

절도의 공동정범 가운데 한 사람이 이 죄를 범한 경우에는 다른 공범자에게도 이 죄가 성립하는지 문제된다. 통설은 공동정범 가운데 한 사람이 공동

▣ 근거판례 ▣

준강도가 성립하려면 절도가 절도행위의 실행중 또는 실행직후에 체포를 면탈할 목적으로 폭행, 협박을 한 때에 성립하고 이로써 상해를 가하였을 때에는 강도상해죄가 성립되는 것이고, 공모합동하여 절도를 한 경우 범인중의 하나가 체포를 면탈할 목적으로 폭행을 하여 상해를 가한 때에는 나머지 범인도 이를 예기하지 못한 것으로 볼 수 없다면 강도상해죄의 죄책을 면할 수 없다(대법원 1984.2.28. 선고 83도3321 판결).

의사의 범위를 초과한 경우에는 다른 공범자에게 본 죄의 성립을 인정할 수 없다는 부정설이다. 이에 반해 대법원은 다른 공범자가 폭행, 협박을 예견하였다면 본 죄의 공동정범이 성립한다는 긍정설을 취하고 있다(83도3321).

3. 처벌

강도죄 또는 특수강도죄와 같이 취급한다. 전2조의 이것은 처벌에 있어서 강도죄와 같을 뿐 아니라 강도상해·치상(제337조), 강도살인·치사(제338조) 및 강도강간(제339조)의 규정도 적용된다는 의미이다.

특수강도인가의 판단은 폭행, 협박의 태양에 따라 판단한다(73도1553).

▣ 근거판례 ▣

절도범인이 처음에는 흉기를 휴대하지 아니하였으나, 체포를 면탈할 목적으로 폭행 또는 협박을 가할 때에 비로소 흉기를 휴대 사용하게 된 경우에는 형법 제334조의 예에 의한 준강도 (특수강도의 준강도)가 된다(대법원 1973.11.13. 선고 73도1553 전원합의체 판결).

4. 타죄와의 관계

(1) 이 죄와 절도죄는 법조경합의 관계에 있다. 따라서 준강도죄가 성립하는 경우에 절도죄는 본 죄에 흡수된다.

(2) 강도 또는 특수강도가 이 죄를 범한 때에는 강도죄 또는 특수강도죄만 성립한다. 그러나 강도가 특수강도의 준강도를 범한 때에는 특수강도의 준강도로 처벌받는다.

Ⅱ. 판례

◆ 준강도죄의 주체(=절도범인)

[1] 형법 제335조는 '절도'가 재물의 탈환을 항거하거나 체포를 면탈하거나 죄적을 인멸한 목적으로 폭행 또는 협박을 가한 때에 준강도가 성립한다고 규정하고 있으므로, 준강도죄의 주체는 절도범인이고, 절도죄의 객체는 재물이다.

[2] 피고인이 술집 운영자 甲으로부터 술값의 지급을 요구받자 甲을 유인 · 폭행하고 도주함으로써 술값의 지급을 면하여 재산상 이익을 취득하고 상해를 가하였다고 하여 강도상해로 기소되었는데, 원심이 위 공소사실을 '피고인이 甲에게 지급해야 할 술값의 지급을 면하여 재산상 이익을 취득하고 甲을 폭행하였다'는 범죄사실로 인정하여 준강도죄를 적용한 사안에서, 원심이 인정한 범죄사실에는 그 자체로 절도의 실행에 착수하였다는 내용이 포함되어 있지 않음에도 준강도죄를 적용하여 유죄로 인정한 원심판결에 준강도죄의 주체에 관한 법리오해의 잘못이 있다고 한 사례(대법원 2014. 5. 16., 선고, 2014도2521, 판결).

◆ 강도를 할 목적에 이르지 않고 준강도할 목적이 있음에 그치는 경우에 강도예비·음모죄가 성립하는지 여부

강도예비·음모죄가 성립하기 위해서는 예비·음모 행위자에게 미필적으로라도 '강도'를 할 목적이 있음이 인정되어야 하고 그에 이르지 않고 단순히 '준강도' 할 목적이 있음에 그치는 경우에는 강도예비·음모죄로 처벌할 수 없다(대법원 2006. 9. 14. 선고 2004도6432 판결).

◆ 준강도죄의 미수 · 기수의 판단 기준

(1) 사실관계

피고인A는 B와 합동하여 양주를 절취할 목적으로 장소를 물색하던 중, 2003. 12. 9. 06:30경 부산 부산진구 부전2동 522-24 소재 5층 건물 중 2층 피해자 C가 운영하는 주점에 이르러, B는 1층과 2층 계단 사이에서 피고인A와 무전기로 연락을 취하면서 망을 보고, 피고인A는 위 주점의 잠금장치를 뜯고 침입하여 위 주점 내 진열장에 있던 양주 45병 시가 1,622,000원 상당을 미리 준비한 바구니 3개에 담고 있던 중, 계단에서 서성거리고 있던 B를 수상히 여기고 위 주점 종업원 피해자 D가 주점으로 돌아오려는 소리를 듣고서 양주를 그대로 둔 채 출입문을 열고 나오다가 피해자 D가 피고인A를 붙잡자, 체포를 면탈할 목적으로 피고인A의 목을 잡고 있던 피해자D의 오른손을 깨무는 등 폭행하였다.

(2) 판결요지

[1] 형법 제335조에서 절도가 재물의 탈환을 항거하거나 체포를 면탈하거나 죄적을 인멸할 목적으로 폭행 또는 협박을 가한 때에 준강도로서 강도죄의 예에 따라 처벌하는 취지는, 강도죄와 준강도죄의 구성요건인 재물탈취와 폭행·협박 사이에 시간적 순서상 전후의 차이가 있을 뿐 실질적으로 위법성이 같다고 보기 때문인바, 이와 같은 준강도죄의 입법 취지, 강도죄와의 균형 등을 종합적으로 고려해 보면, 준강도죄의 기수 여부는 절도행위의 기수 여부를 기준으로 하여 판단하여야 한다.

[2] 절도미수범이 체포를 면탈할 목적으로 폭행한 행위에 대하여 준강도미수죄로 의율한 원심판결을 수긍한 사례(대법원 2004. 11. 18. 선고 2004도5074 판결).

◆ 준강도죄에 있어서의 '재물의 탈환을 항거할 목적'의 의미

준강도죄에 있어서의 '재물의 탈환을 항거할 목적'이라 함은 일단 절도가 재물을 자기의 배타적 지배하에 옮긴 뒤 탈취한 재물을 피해자측으로부터 탈환당하지 않기 위하여 대항하는 것을 말한다(대법원 2003. 7. 25. 선고 2003도2316 판결).

◆ 준강도죄의 성립에 있어서 절도행위와 폭행 · 협박행위의 관련성

[1] 준강도는 절도범인이 절도의 기회에 재물탈환의 항거 등의 목적으로 폭행 또는 협박을 가함으로써 성립되는 것으로서, 여기서 절도의 기회라고 함은 절도시간·장소에 접착하여 피해자측이 범인을 체포할 수 있는 상황, 범인이 죄적인멸에 나올 가능성이 높은 상황에 있는 경우를 말하고, 그러한 의미에서 피해자측이 추적태세에 있는 경우나 범인이 일단 체포되어 아직 신병확보가 확실하다고 할 수 없는 경우에는 절도의 기회에 해당한다.

[2] 절도범인이 일단 체포되었으나 아직 신병확보가 확실하지 않은 단계에서 체포상태를 면하기 위해 폭행하여 상해를 가한 경우, 그 행위는 절도의 기회에 체포를 면탈할 목적으로 폭행하여 상해를 가한 것으로서 강도상해죄에 해당한다고 한 사례(대법원 2001. 10. 23. 선고 2001도4142 판결).

◆ 준강도죄의 성립요건으로서의 폭행 · 협박의 시한

(1) 사실관계

피고인이 피해자의 집에서 절도범행을 마친지 10분 가량 지나 피해자의 집에서 200m 가량 떨어진 버스정류장이 있는 곳에서 피고인을 절도범인이라고 의심하고 뒤쫓아 온 피해자에게 붙잡혀 피해자의 집으로 돌아왔을 때 비로소 피해자를 폭행하였다.

(2) 판결요지

[1] 준강도는 절도범인이 절도의 기회에 재물탈환, 항거 등의 목적으로 폭행 또는 협박을 가함으로써 성립되는 것이므로, 그 폭행 또는 협박은 절도의 실행에 착수하여 그 실행중이거나 그 실행 직후 또는 실행의 범의를 포기한 직후로서 사회통념상 범죄행위가 완료되지 아니하였다고 인정될 만한 단계에서 행하여짐을 요한다.

[2] 피해자의 집에서 절도범행을 마친지 10분 가량 지나 피해자의 집에서 200m 가량 떨어진 버스정류장이 있는 곳에서 피고인을 절도범인이라고 의심하고 뒤쫓아 온 피해자에게 붙잡혀 피해자의 집으로 돌아왔을 때 비로소 피해자를 폭행한 경우, 그 폭행은 사회통념상 절도범행이 이미 완료된 이후에 행하여졌다는 이유로 준강도죄가 성립하지 않는다고 한 사례(대법원 1999. 2. 26. 선고 98도3321 판결).

◆ **준강도의 범죄사실에 상습특수절도사실이 포함되어 있는지 여부(소극)**

준강도죄는 그 주체가 절도범인이기만 하면 족하고 반드시 상습을 요하는 것이 아니므로 준강도죄에 당연히 상습특수절도사실이 포함되어 있다고 할 수 없다(대법원 1996. 7. 26. 선고 96감도42 판결).

◆ **체포에 필요한 정도를 넘는 심한 폭력에 대항하기 위하여 절도범이 체포자에게 상해를 입힌 경우 준강도죄의 성부(소극)**

준강도죄의 구성요건인 폭행, 협박은 일반 강도죄와의 균형상 사람의 반항을 억압할 정도의 것임을 요하므로, 일반적·객관적으로 체포 또는 재물탈환을 하려는 자의 체포의사나 탈환의사를 제압할 정도라고 인정할 만한 폭행, 협박이 있어야만 준강도죄가 성립한다고 할 것인바, 피고인을 체포하려는 피해자가 체포에 필요한 정도를 넘어서서 발로 차며 늑골 9,10번 골절상, 좌폐기흉증, 좌흉막출혈 등 전치 3개월을 요하는 중상을 입힐 정도로 심한 폭력을 가해오자 피고인이 이를 피하기 위하여 엉겁결에 솥뚜껑을 들어 위 폭력을 막아 내려다가 그 솥뚜껑에 스치어 피해자가 상처를 입게 되었다면 피고인의 위 행위는 일반적, 객관적으로 피해자의 체포의사를 제압할 정도의 폭행에 해당하지 않는다고 할 것이므로 준강도상해죄는 성립되지 않는다(대법원 1990. 4. 24. 선고 90도193 판결).

◆ **절도공범 중 1인의 체포면탈을 위한 경찰관 상해행위와 다른 공범에 관한 준강도상해죄의 성립여부(적극)**

갑이 을과 공모하여 타인의 재물을 절취하려다 미수에 그친 이상 을이 체포를 면탈하려고 경찰관에게 상해를 가할 때 갑이 비록 거기에는 가담하지 아니하였다고 하더라도 을의 행위를 예견하지 못한 것으로 볼 수 없는 한 준강도상해의 죄책을 면할 수 없다(대법원 1989. 3. 28. 선고 88도2291 판결).

◆ 절도의 공모자중 1인이 체포를 일탈할 목적으로 폭행하여 상해를 가한 때 나머지 자의 죄책

(1) 사실관계

절도를 공모한 피고인이 다른 공모자 A의 폭행행위에 대하여 사전양해나 의사의 연락이 전혀 없었고, 범행장소가 빈 가게로 알고 있었고, 위 A가 담배창구를 통하여 가게에 들어가 물건을 절취하고 피고인은 밖에서 망을 보던중 예기치 않았던 인기척 소리가 나므로 도주해버린 이후에 위 A가 창구에 몸이 걸려 빠져 나오지 못하게 되어 피해자에게 붙들리자 체포를 면탈할 목적으로 피해자에게 폭행을 가하여 상해를 입혔다.

(2) 판결요지

[1] 준강도가 성립하려면 절도가 절도행위의 실행중 또는 실행직후에 체포를 면탈할 목적으로 폭행, 협박을 한 때에 성립하고 이로써 상해를 가하였을 때에는 강도상해죄가 성립되는 것이고, 공모합동하여 절도를 한 경우 범인중의 하나가 체포를 면탈할 목적으로 폭행을 하여 상해를 가한 때에는 나머지 범인도 이를 예기하지 못한 것으로 볼 수 없다면 강도상해죄의 죄책을 면할 수 없다.

[2] 절도를 공모한 피고인이 다른 공모자 (갑)의 폭행행위에 대하여 사전양해나 의사의 연락이 전혀 없었고, 범행장소가 빈 가게로 알고 있었고, 위 (갑)이 담배창구를 통하여 가게에 들어가 물건을 절취하고 피고인은 밖에서 망을 보던중 예기치 않았던 인기척 소리가 나므로 도주해버린 이후에 위 (갑)이 창구에 몸이 걸려 빠져 나오지 못하게 되어 피해자에게 붙들리자 체포를 면탈할 목적으로 피해자에게 폭행을 가하여 상해를 입힌 것이고, 피고인은 그동안 상당한 거리를 도주하였을 것으로 추정되는 상황하에서는 피고인이 위 (갑)의 폭행행위를 전연 예기할 수 없었다고 보여지므로 피고인에게 준강도상해죄의 공동책임을 지울 수 없다(대법원 1984.2.28. 선고 83도3321 판결).

Ⅲ. 수사실무

1. 범죄사실 기재례

【범죄사실 기재례】

(1) 피의자는 20○○. ○. ○. 23:00경 서울 중랑구 중화3동 302 뒷골목에서 혼자 걸어가는 피해자 이○○(55세, 남)을 발견하고 접근하여 피해자의 상의 우측 안주머니에 들어

있는 그 소유의 10만원짜리 자기앞수표 2장과 현금 250,000원 합계 450,000원 상당을 꺼내어 도주하려는 순간 피해자에게 발각되어 추격을 당하였다. 그러자 피의자는 체포를 면탈할 목적으로 피해자를 주먹과 발로 여러 차례 때려 그에게 폭행을 가하였다.

(2) 피의자는 20○○. ○. ○. 01:00경 서울 ○○구 ○○동 123에 있는 피해자 이○○(남, 40세)의 집에 들어가 장롱에서 현금 500,000원이 들어 있는 시가 70,000원 상당의 지갑 1개를 가지고 나오다가 잠에서 깬 피해자에게 마당에서 붙잡혔다. 그러자 피의자는 체포를 면탈할 목적으로 소지한 식칼을 피해자에게 겨누면서 "따라오면 죽여버린다."라고 협박하였다.

2. 적용실례

(1) 피의자들이 합동하여 날치기한 후 폭행한 경우

피의자들이 합동하여 노상에서 길을 가는 피해자의 손가방을 날치기한 후 체포를 면탈할 목적으로 피해자를 폭행하였다.

➡ 사후에 폭행한 것이므로 준강도로 의율해야 한다.

(2) 야간주거침입한 후 체포면탈목적으로 폭행한 경우

피의자가 야간에 주거에 침입하여 절도한 후 체포를 면탈할 목적으로 피해자에게 폭행상해를 입혔다.

➡ 자칫 야간주거침입절도 및 폭력행위등처벌에관한법률 위반으로 의율할 수도 있겠지만, 이는 강도상해로 의율하는 것이 상당하다.

(3) 강도목적으로 침입 후 도주하다가 인질을 잡고 경찰관과 대치한 경우

A는 주간에 강도하기 위해 칼을 소지하고 B의 집에 들어가 동정을 살피다가 인기척을 느낀 B가 순찰지구대에 신고하여 경찰관이 출동하자 옥상으로 올라가 숨었다. 그런데 경찰관이 A를 찾지 못하고 철수하는 것을 보고 옥상에서 내려오다가 B에게 들키고 도망하려고 A의 집을 나갔다가 경찰관이 다시 오자 행인인 C를 인질로 붙잡았다. C가 반항하자 A는 C의 손을 찔러 상해를 입히고 그를 끌고 인근 주택에 들어가 수시간 동안 대치하였다.

➡ 이 경우, 절도범인이 체포를 면탈할 목적으로 상해를 가한 것으로 해석하여 강도상해죄로 의율할 수도 있으나 그렇지 않다. 이것은 A가 강

도 목적으로 주간에 흉기를 휴대하고 담을 넘어 타인의 주거에 침입하여 동정을 살핀 것 뿐으로 아직은 절도의 실행에 착수했다고 볼 수 없다. 따라서 이 건을 준강도라고 볼 수 없어, 강도상해를 의율할 수 없다. 이 건은 주거침입 및 강도예비와 폭력행위등처벌에관한법률 위반(흉기소지, 흉기사용 폭력행사)으로 의율하는 것이 타당할 것이다.

(4) 소매치기 후 붙잡는 행인을 구타한 경우

소매치기를 하고 달아나던 A는 행인이 자기를 붙잡자 주먹으로 얼굴을 여러차례 때려 상해를 입혔다.

➡ 강도상해죄로 의율해야 할 것이다.

● **수사사례**

- 타인의 주택에 침입하여 장롱속을 뒤져 현금 등을 훔친 후 그 집에서 나오다가 집주인에게 발각되어 붙잡히자 체포를 면할 목적으로 집주인을 주먹으로 때리고 발로 차서 넘어뜨려 반항을 못하게 하고 도주한 경우 준강도죄 성립

9. 인질강도죄

제336조【인질강도】

사람을 체포·감금·약취 또는 유인하여 이를 인질로 삼아 재물 또는 재산상의 이익을 취득하거나 제3자로 하여금 이를 취득하게 한 자는 3년 이상의 유기징역에 처한다.

[전문개정 1995. 12. 29.]

[약취] 287-292, [상습범] 341, [미수범] 342, [예비 · 음모] 343, [동력] 346, [군용물범죄] 군용물3 · 5, [공소시효] : 10년

Ⅰ. 이론

1. 구성요건

(1) 객관적 구성요건

1) 객체

재물 또는 재산상의 이익이다.

2) 행위

사람을 체포, 감금, 약취 또는 유인하여 이를 인질로 삼아 재물 또는 재산상의 이익을 취득하거나 제3자로 하여금 이를 취득하게 하는 것이다.

① 인질의 대상은 반드시 미성년자에 한하지 않는다.

② 착수시기와 관련하여 체포, 감금, 약취, 유인시설과 재물, 이익요구시설(다수설)이 대립한다.

③ 석방의 대상으로 재물을 취득함으로써 기수가 되며 피약취자의 석방여부는 이 죄의 미수·기수와 관계없다

④ 미성년자를 약취·유인하고 재물 또는 재산상의 이익을 취득하거나 요구한 때에는 특정범죄가중처벌 등에 관한 법률에 의하여 가중 처벌한다.

(2) 주관적 구성요건

고의와 불법영득의사가 필요하다.

2. 타죄와의 관계

본 죄와 그 수단인 체포, 감금, 약취, 유인죄는 법조경합관계이다. 따라서 인질강도죄만 성립한다.

Ⅱ. 판례

◆ 강도가 피해자에게 상해를 입혔으나 재물의 강취에는 이르지 못하고 그 자리에서 항거불능 상태에 빠진 피해자를 간음한 경우의 죄명 및 그 실행행위의 일부인 강도미수 행위가 별개의 범죄를 구성하는지 여부(소극)

강도가 피해자에게 상해를 입혔으나 재물의 강취에는 이르지 못하고 그 자리에서 항거불능 상태에 빠진 피해자를 간음한 경우에는 강도상해죄와 강도강간죄만 성립하고(대법원 1988. 6. 28. 선고 88도820 판결), 그 실행행위의 일부인 강도미수 행위는 위 각 죄에 흡수되어 별개의 범죄를 구성하지 않는다. 또한, 특정범죄 가중처벌 등에 관한 법률은 제5조의4 제3항에서 강도, 특수강도, 인질강도, 해상강도의 각 죄에 관해서만 상습범 가중처벌을 규정하고 있는 이상 이에 해당하지 않는 강도상해죄와 강도강간죄가 유죄로 인정된다 하여 위 상습범으로 가중처벌할 수는 없고, 별개의

독립한 범죄로 처벌하는 위 각 죄의 일부로서 그에 흡수된 강도미수 행위만을 따로 떼어 강도 등의 상습범에 관한 위 가중처벌 규정을 적용할 수도 없다(대법원 2010. 4. 29. 선고 2010도1099, 판결).

Ⅲ. 수사실무

1. 범죄사실 기재례

【범죄사실 기재례】

(1) 피의자는 사람을 유인하여 금품을 빼앗기로 마음먹고 20○○. ○. ○. 19:30경 서울 ○○동 ○○번지에 있는 이○○(당○○세)의 집에 찾아가서 그에게 "당신 딸이 자동차사고를 일으켜 딸은 무사하나 부상자를 병원으로 옮기고 있으니 곧 돈을 가지고 ○○병원에 가야 한다"라는 거짓말로 연락하려고 온 것처럼 가장하였다.

그리하여 이○○를 같은 시 ○○동 ○○번지에 있는 ○○병원까지 유인하여 그 병원 안 응급실에 가까이 있는 병원물품 창고에 강제로 떠밀어 넣었다. 그리고 가지고 있던 길이 10센티미터의 칼을 들이대며 "가지고 있는 돈을 다 내놔라, 내놓지 않으면 돌려보내지 않겠다! 살아서 돌아가고 싶으면 있는 돈을 몽땅 내놓고 가라"는 등 협박하면서 그 날 23:30까지 3시간 동안 감금하여 그의 반항을 억압하고 그가 가지고 있던 현금 ○○만원을 빼앗아 가지고 갔다.

(2) 피의자는 아이를 이용해 그 부모들로부터 금품을 강취할 것을 계획하였다. 피의자는 20○○. ○. ○. 15:00경 대구시 ○○동 ○○번지에 있는 ○○주유소 사장 왕○○의 집 앞에서 놀고 있는 그의 외아들 왕○○(당○세)에 대하여 "○○초등학교에 축구하러 가자"라고 꾀어서 때마침 그곳을 지나는 성명을 알 수 없는 자가 운전하는 회색캐피탈택시(번호 알 수 없음)에 태웠다.

그리하여 같은 시 ○○동 ○○번지에 있는 피의자의 형 오○○(당○○세) 집에 직행하여 하차시켜서 끌고 들어가 뒷방에 감금한 다음 그 날 17:00경 ○○을 데리고 나와 공중전화를 통해 왕○○의 어머니 김○○(당○○세)에게 전화를 걸어 왕○○의 목소리를 들려준 다음 "내일 현금 ○○만원을 ○○은행 오○○ 앞으로 입금시켜라. 그것이 확인되면 30분 이내에 왕○○를 당신 집앞까지 데려다 줄 것이다. 만약에 이 사실을 경찰에 신고하여 내가 잡히면 왕○○의 생명은 책임질 수 없다"라는 협박전화를 걸었다. 그리고 그 다음날 11:00경 위 은행에 갔다가 위 왕○○의 모 김○○의 신고를 받고 미리 잠복하고 있던 경찰관에게 체포되어 그 목적을 이루지 못하고 미수에 그쳤다.

● **수사사례**

- 어린이를 유괴하여 어린이 부모에게 석방의 대가로 금품을 요구하거나 금품을 빼앗은 경우 인질강도죄 성립
- 아들이 택시운전사인 것을 알고 그 집에 찾아가 부모에게 아들이 교통사고를 일으켰다고 속여 돈을 준비하도록 한후 부모를 유인하여 창고에 가두어 놓고 가지고 온 돈을 빼앗는 경우 인질강도 죄 성립

10. 강도상해, 치상죄

제337조【강도상해, 치상】
강도가 사람을 상해하거나 상해에 이르게 한때에는 무기 또는 7년 이상의 징역에 처한다. 〈개정 1995. 12. 29.〉

[상해] 257 · 258, [강도] 333-336, [공소시효] : 15년

○ 강도상해죄는 강도죄와 상해죄, 강도치상죄는 강도죄와 과실치상죄의 결합범이다.

◈ 대법원 양형위원회의 양형기준 ◈

1. 제1유형(일반강도)
강도 · 준강도(미수범 포함)죄를 범한 자가 상해 또는 치상
(1) 기본 : 3년 - 7년 / (2) 감경 : 2년 - 4년 / (3) 가중 : 5년 - 8년
2. 제2유형(특수강도)
특수강도 · 준특수강도(미수범포함)죄를 범한 자가 상해 또는 치상
(1) 기본 : 4년 - 7년 / (2) 감경 : 3년 - 6년 / (3) 가중 : 6년 - 10년

Ⅰ. 이론

1. 구성요건

(1) 객관적 구성요건

1) 주체

이 죄의 주체는 강도범이며, 강도는 기수·미수를 불문한다. 다만, 강도죄의 실행에 착수한 자이어야 하므로 예비, 음모단계에 있는 경우는 제외된다.

2) 행위

사람을 상해하거나 상해에 이르게 하는 것이다.

① 상해 또는 상해에 이르게 된 결과는 반드시 강도의 수단인 폭행으로 인한 것임을 요하지 않고, 그 원인이 강도기회에 이루어진 것이면 족하다.

② 강도상해죄의 미수범은 처벌한다. 그러나 결과적 가중범인 강도치상죄의 미수는 있을 수 없다. 강도상해죄의 미수란 상해가 미수인 때를 말하는 것으로 강도의 기수·미수와는 관계가 없다.

(2) 주관적 구성요건

강도상해죄의 경우에는 강도 및 상해에 대한 고의와 불법영득의사가 요구되고, 강도치상죄의 경우에는 강도에 대한 고의와 치상에 대한 과실 및 불법영득의사가 요구된다.

2. 공범

강도의 공동정범은 다른 공범자가 강도기회에 한 상해행위에 대하여 책임을 면할 수 없고, 준강도의 공동정범도 이를 예견하지 못한 때를 제외하고는 강도상해의 책임을 진다.

▣ 근거판례 ▣

강도합동범 중 1인이 피고인과 공모한대로 과도를 들고 강도를 하기 위하여 피해자의 거소를 들어가 피해자를 향하여 칼을 휘두른 이상 이미 강도의 실행행위에 착수한 것임이 명백하고, 그가 피해자들을 과도로 찔러 상해를 가하였다면 대문 밖에서 망을 본 공범인 피고인이 구체적으로 상해를 가할 것까지 공모하지 않았다 하더라도 피고인은 상해의 결과에 대하여도 공범으로서의 책임을 면할 수 없다(대법원 1998. 4. 14. 선고 98도356 판결).

Ⅱ. 판례

◆ 강도상해죄에 있어서의 상해의 의미

강도상해죄에 있어서의 상해는 피해자의 신체의 건강상태가 불량하게 변경되고 생활기능에 장애가 초래되는 것을 말하는 것으로서, 피해자가 입은 상처가 극히 경미하여 굳이 치료할 필요가 없고 치료를 받지 않더라도 일상생활을 하는 데 아무런 지장이 없으며 시일이 경과함에 따라 자연적으로 치유될 수 있는 정도라면, 그로 인하여 피해자의 신체의 건강상태가 불량하게 변경되었다거나 생활기능에 장애가 초래된 것으로 보기 어려워 강도상해죄에 있어서의 상해에 해당한다고 할 수 없다(대법원 2004. 10. 28. 선고 2004도4437 판결).

◆ 강도상해죄의 성립요건 및 강도범행 이후 피해자의 심리적 저항불능 상태가 해소되지 않은 상태에서 강도범인의 상해행위가 행하여진 경우, 강도상해죄의 성립 여부(적극)

형법 제337조의 강도상해죄는 강도범인이 강도의 기회에 상해행위를 함으로써 성립하므로 강도범행의 실행 중이거나 실행 직후 또는 실행의 범의를 포기한 직후로서 사회통념상 범죄행위가 완료되지 아니하였다고 볼 수 있는 단계에서 상해가 행하여짐을 요건으로 한다. 그러나 반드시 강도범행의 수단으로 한 폭행에 의하여 상해를 입힐 것을 요하는 것은 아니고 상해행위가 강도가 기수에 이르기 전에 행하여져야만 하는 것은 아니므로, 강도범행 이후에도 피해자를 계속 끌고 다니거나 차량에 태우고 함께 이동하는 등으로 강도범행으로 인한 피해자의 심리적 저항불능 상태가 해소되지 않은 상태에서 강도범인의 상해행위가 있었다면 강취행위와 상해행위 사이에 다소의 시간적·공간적 간격이 있었다는 것만으로는 강도상해죄의 성립에 영향이 없다(대법원 2014. 9. 26., 선고, 2014도9567, 판결).

◆ 피고인이 강도의 범의 없이 공범들과 함께 피해자의 반항을 억압함에 충분한 정도로 피해자를 폭행하던 중 공범들이 계속하여 폭행하는 사이에 피해자의 재물을 취거한 경우, 강도죄의 성립 여부(적극) 및 그 과정에서 피해자가 상해를 입은 경우, 강도상해죄의 성립 여부(적극)

형법 제333조의 강도죄는 사람의 반항을 억압함에 충분한 폭행 또는 협박을 사용하여 타인의 재물을 강취하거나 재산상의 이익을 취득함으로써 성립하는 범죄이므로, 피고인이 강도의 범의 없이 공범들과 함께 피해자의 반항을 억압함에 충분한 정도로 피해자를 폭행하던 중 공범들이 피해자를 계속하여 폭행하는 사이에 피해자의 재물을 취거한 경우에는 피고인 및 공범들의 위 폭행에 의한 반항억압의 상태와 재물의 탈취가 시간적으로 극히 밀접하여 전체적·실질적으로 재물 탈취의 범의를 실현한 행위로 평가할 수 있으므로 강도죄의 성립을 인정할 수 있고(대법원 2009. 1. 30. 선고 2008도10308 판결 참조), 그 과정에서 피해자가 상해를 입었다면 강도상해죄가 성립한다고 보아야 한다(대법원 2013. 12. 12., 선고, 2013도11899, 판결).

◆ 강도상해죄에 있어서의 상해의 의미

강도상해죄에 있어서의 상해는 피해자의 신체의 건강상태가 불량하게 변경되고 생활기능에 장애가 초래되는 것을 말하는 것으로서, 피해자가 입은 상처가 극히 경미하여 굳이 치료할 필요가 없고 치료를 받지 않더라도 일상생활을 하는데 아무런 지장이 없으며 시일이 경과함에 따라 자연적으로 치유될 수 있는 정도라면, 그로 인하여 피해자의 신체의 건강상태가 불량하게 변경되었다거나 생활기능에 장애가 초래된 것으로 보기 어려워 강도상해죄에 있어서의 상해에 해당한다고 할 수 없다(대법원 2003. 7. 11. 선고 2003도2313 판결).

◆ 감금행위가 강도상해 범행의 수단에 그치지 아니하고 강도상해의 범행이 끝난 뒤에도 계속된 경우, 감금죄와 강도상해죄의 죄수

감금행위가 단순히 강도상해 범행의 수단이 되는데 그치지 아니하고 강도상해의 범행이 끝난 뒤에도 계속된 경우에는 1개의 행위가 감금죄와 강도상해죄에 해당하는 경우라고 볼 수 없고, 이 경우 감금죄와 강도상해죄는 형법 제37조의 경합범 관계에 있다고 보아야 한다(대법원 2003. 1. 10. 선고 2002도4380 판결).

◆ 강도상해죄에 있어서의 상해에 해당한다고 한 사례

피해자가 범행 당일 우측 두부 타박으로 인한 피하출혈, 부종 및 찰과상, 두정부와 우측 발목 타박으로 부종과 동통 소견이 있어 약 2주일간의 치료를 요한다는 내용의 상해진단서를 발급 받았고, 가해자가 범행 당시 주먹으로 머리를 1회 때리고 피해자의 발을 걸어 넘어뜨린 후 발로 가슴을 1회 걷어 차 피해자가 위와 같은 상처를 입었다면 이로 인하여 피해자의 신체의 건강상태가 불량하게 변경되고 생활기능에 장애가 초래된 것이라고 볼 수 있어 강도상해죄를 구성하는 상해에 해당한다고 한 사례(대법원 2002. 1. 11. 선고 2001도5925 판결).

◆ 강도범이 강도의 기회에 범행 현장에서 재물강취, 재물탈환 항거, 체포면탈, 죄적인멸 등 이외의 사유로 사람을 상해한 경우에도 강도상해죄가 성립하는지 여부(적극)

강도범인이 강도를 하는 기회에 범행의 현장에서 사람을 상해한 이상, 재물강취의 수단인 폭행으로 인하여 상해의 결과가 발생한 것이 아니고, 재물의 탈환을 항거하거나 죄적을 인멸할 목적으로 폭행을 가한 것이 아니라고 하더라도 강도상해죄가 성립한다(대법원 1992. 4. 14. 선고 92도408 판결).

◆ 피해자가 운전하는 자동차에 함께 타고 도주하던 강도가 강취 후 1시간 20분이 지나 피해자에게 상해를 가한 경우 강도상해죄를 구성하는지 여부(적극)

피고인이 피해자로부터 재물을 강취하고 피해자가 운전하는 자동차에 함께 타고 도주하다가 단속 경찰관이 뒤따라오자 피해자를 칼로 찔러 상해를 가하였다면 강도상해죄를 구성한다 할 것이고 강취와 상해 사이에 1시간 20분이라는 시간적 간격이 있었다는 것만으로는 그 범죄의 성립에 영향이 없다(대법원 1992. 1. 21. 선고 91도2727 판결).

◆ 공범자 중 1인이 강도의 기회에 상해를 입힌 경우 나머지 공범도 강도상해의 죄책을 지는지 여부(적극)

강도의 공범자중 1인이 강도의 기회에 피해자에게 폭행을 가하여 그의 신체를 상해한 경우에 다른 공범자에게도 재물갈취의 수단으로 폭행이 가하여질 것이라는 점에 관하여 상호 의사의 연락이 있었던 것으로 보아야 할 것이므로, 구체적으로 상해에 관하여까지는 공모하지 않았다고 하더라도 폭행으로 생긴 결과에 대하여 공범으로서의 책임을 져야 한다(대법원 1990. 10. 12. 선고 90도1887 판결).

◆ 절도공범자 중 1인의 상해행위와 타공범자의 죄책

피고인과 원심피고인들이 타인의 재물을 절취하기로 공모한 다음 피고인은 망을 보고 원심피고인들이 재물을 절취한 다음 달아나려다가 피해자에게 발각되자 체포를 면탈할 목적으로 피해자를 때려 상해를 입혔다면 피고인도 이를 전혀 예견하지 못했다고 볼 수 없어 강도상해죄의 죄책을 면할 수 없다(대법원 1989. 12. 12. 선고 89도1991 판결).

◆ 강도강간이 미수에 그쳤으나 반항을 억압하기 위한 폭행으로 상해를 입힌 경우의 그 죄명 및 죄수

강도가 재물강취의 뜻을 재물의 부재로 이루지 못한 채 미수에 그쳤으나 그 자리에서 항거불능의 상태에 빠진 피해자를 간음할 것을 결의하고 실행에 착수하였으나 역시 미수에 그친 경우 이는 반항을 억압하기 위한 폭행으로 피해자에게 상해를 입혔을 경우에는 강도강간미수죄와 강도치상죄가 성립되고 이는 1개의 행위가 2개의 죄명에 해당되어 상상적 경합관계가 성립된다(대법원 1988. 6. 28. 선고 88도820 판결).

◆ 택시요금의 지급을 면할 목적으로 과도로 협박만 하였는데 이에 놀란 운전수가 급회전하다가 과도에 찔린 경우에도 강도치상죄가 성립되는지 여부

강도치상죄에 있어서의 상해는 강도의 기회에 범인의 행위로 인하여 발생한 것이면 족한 것이므로, 피고인이 택시를 타고 가다가 요금지급을 면할 목적으로 소지한 과도로 운전수를 협박하자 이에 놀란 운전수가 택시를 급우회전하면서 그 충격으로 피고인이 겨누고 있던 과도에 어깨부분이 찔려 상처를 입었다면, 피고인의 위 행위를 강도치상죄에 의율함은 정당하다(대법원 1985.1.15. 선고 84도2397 판결).

Ⅲ. 수사실무

1. 범죄사실 기재례

【범죄사실 기재례】

(1) 피의자는 20○○. ○. ○. 23:00경 서울 중랑구 면목3동 444 피해자 박○○의 집에서 담을 넘어 들어가 잠겨있지 않은 현관문을 통하여 안방에 침입하여, 마침 잠을 자려던 피해자의 목에 미리 소지하고 있던 과도를 꺼내 들이대고 돈을 요구하였다. 그러나 그가 반항하므로 과도로 그의 우측 넓적다리를 힘껏 찔러서 그에게 약 3주간의 치료를 요하는 우측 넓적다리 벤상처를 가하고, 장농속에 있던 현금 500,000원을 꺼내 가지고 감으로써 이를 강취하였다.

(2) 피의자는 20○○. ○. ○. 02:00경 ○○시 ○○동 ○○교회 사택 1층의 작은방으로 들어가 자고 있던 피해자 김○○(남, 45세)의 우측옆구리를 걷어차면서 손으로 목을 조른 다음 다시 안방으로 들어가 목사인 피해자 최○○(남, 53세)의 복부와 오른쪽다리를 걷어차 반항을 억압하였다. 그리고 피해자 최○○소유의 현금 300만원과 피해자 김○○의 현금 100만원과 신용카드(○○카드) 1장을 빼앗고, 이로 인하여 피해자 김○○에게 2주간의 치료를 요하는 우측옆구리멍을 피해자 최○○에게 3주간의 치료를 요하는 오른다리골절상을 가하였다.

2. 적용실례

(1) 강도상해의 법리를 오해한 사례

피의자가 피해자의 가방을 강취하려다가 피해자가 가방을 놓지 않고 반항하면서 땅바닥에 뒹구는 바람에 미수에 그치고 그로 인하여 피해자에게 전치 약 1주의 상해를 입게 하였다.

➡ 강도상해죄는 강도가 상해의 고의를 가지고 피해자에게 상해를 가한

경우에, 강도치상죄는 강도가 상해의 고의는 없었으나 강도의 기회에 피해자에게 상해의 결과를 발생하게 한 경우에 성립한다. 이 경우 피해자의 상해는 피의자의 고의에 의한 것이 아니므로 강도치상죄로 의율하는 것이 상당하다.

(2) 강도상해와 강도치상의 차이

피의자가 피해자에게서 금품을 강취하려다 그가 반항하자 주먹으로 얼굴을 때려 넘어뜨렸다.

➡ 이 경우 피의자에게는 당연히 상해의 범의가 있었다고 보아야 할 것이므로 이 건은 강도상해로 의율하는 것이 타당하다.

(3) 강도상해에서 상해에 대한 고의를 인정할 수 없는 사례

피의자가 재물탈취를 위해 피해자의 집에 들어가 식칼로 피해자를 위협하는 과정에서 피해자가 겁에 질려 이를 피하다가 문에 몸을 부딪쳐 문유리가 깨지고 그 조각에 다리 등을 다쳤다.

➡ 피의자에게 상해의 결과에 대한 고의가 있었다고는 할 수 없지만 그의 위협과 상당한 인과관계가 있으므로 강도치상으로 의율해야 한다.

(4) 강도의 기회에 저지른 별개의 범행에 대하여 의율하지 아니한 사례

피의자가 행인을 칼로 찌르고 돈이 든 가방을 강취한 후 다음날 다른 행인을 칼로 협박하여 금품을 강취하고 욕정을 일으켜 피해자를 강간하려다 그녀가 반항하자 칼로 옆구리를 찔러 상해를 가하고 미수에 그쳤다.

➡ 이 경우는 위 모든 행위에 기초하여 강도상해, 강도강간 및 성폭력범죄의처벌등법률 위반으로 의율해야 한다.

(5) 강도 모의 후 그 중 2명만 실행한 경우

피의자 4명이 강도를 공모하고 그 중 2명만이 실행행위를 하여 재물을 강취하고 피해자에게 상해를 가하였다.

➡ 강도실행행위를 한 경우 강도예비는 별도의 죄를 구성하지 않으므로 실행피의자 2명에 대해서는 일단 강도상해죄가 성립한다. 또한 공모를 하고 실행행위에 나아가지 않은 나머지 2명의 피의자에 대해서도

판례상 공모공동정범이론에 의하여 강도상해로 의율해야 한다.

(6) **강도강간미수와 강도상해의 상상적 경합에 해당되는 사례**

피의자는 금품을 절취할 목적으로 피해자의 방에 침입했으나 절취할 금품을 찾다가 발각되었다. 이에 소지하고 있던 과도로 피해자를 협박하고, 갑자기 욕정을 일으켜 강간하려다 피해자가 반항하는 바람에 실패하고 그 과정에서 피해자에게 전치 2주의 상해를 입혔다.

➡ 이러한 행위는 강도(이 경우는 준강도에 해당됨)가 강간을 하려다 미수에 그치고 상해를 입힌 경우에 해당되므로 강도강간미수와 강도상해의 상상적 경합범에 해당되고, 준강도와 실체적 경합범으로 의율할 수 없다.

(7) **강도의 기회에 저지른 별개의 범행에 대하여 의율하지 아니한 사례**

피의자가 피해자의 집에 침입, 과도로 피해자를 협박하여 금품을 강취하고 피해자를 강간하려다가 그녀의 반항으로 뜻을 이루지 못하였으나 그 과정에서 전치 1주간의 상해를 입게 하였다.

➡ 우선 강도가 강간하려 했으므로 강도강간죄가 성립하고, 그 과정에서 상해를 입게 했으므로 강도치상죄가 성립한다. 따라서 강도치상, 강도강간미수의 상상적 경합범으로 의율해야 한다.

● **수사사례**

- 심야에 귀가중인 행인의 머리를 쇠파이프로 때려 상처를 입히고 현금, 수표가 들어있는 지갑을 빼앗은 경우 강도상해죄 성립
- 남의 집에 침입하여 장롱속에 있던 금목걸이를 훔친 후 집주인에게 발각되자 집주인을 칼로 찔러 상해를 입힌 경우 강도상해죄 성립
- 영업용택시에 손님을 가장하여 승차한 후 택시운전사를 칼로 위협하고 돈을 내놓으라고 위협했으나 거절한다고 칼로 운전사의 팔뚝을 찌르고 돈을 빼앗은 경우 강도상해죄 성립

11. 강도살인, 치사죄

제338조【강도살인·치사】

강도가 사람을 살해한 때에는 사형 또는 무기징역에 처한다. 사망에 이르게 한 때에는 무기 또는 10년 이상의 징역에 처한다.

[전문개정 1995. 12. 29.]

[예비음모] 343, [강도] 333-336, [살인] 250, [상해치사] 259, [미수범] 342,

[공소시효] : 15년(살인관련 적용안됨)

○ 이 죄는 강도죄의 가중유형이다. 강도살인은 고의범이지만 강도치사죄는 결과적 가중범이다. 따라서 강도치사죄는 미수범을 처벌하지 않는다. 이 죄는 재물 외에 피해자의 생명도 보호하는 강도죄와 살인죄의 결합범이다.

◈ 대법원 양형위원회의 양형기준 ◈

강도치사

강도 · 준강도 · 특수강도 · 준특수강도(미수범 포함)죄를 범한 자가 치사

(1) 기본 : 9년 - 13년 / (2) 감경 : 6년 - 11년 / (3) 가중 : 11년 이상, 무기

Ⅰ. 이론

1. 구성요건

(1) 객관적 구성요건

1) 주체

이 죄의 주체는 강도범이다. 즉 강도죄의 실행에 착수한 자로서 단순강도죄·준강도죄·약취강도죄의 범인이며 강도의 기수·미수는 묻지 않는다.

2) 행위

행위는 살해하거나 치사하는 것이다.

① 탈취의사로 살해한 후 재물을 탈취한 경우이다. 이 경우는 살해를 재물탈취의 수단으로 이용한 것이므로 탈취가 사망의 전후에 있는가를 묻지 않고 강도살인이 된다.

② 채무자가 채무면탈 목적으로 채권자를 살해한 경우 강도의 고의가 전혀

없는 경우는 살인죄가 성립하지만, 일반적으로는 강도의 고의를 인정할 수 있어 강도살인죄가 된다.

③ 死者의 점유 : 강도의 고의없이 사람을 살해하고 그의 재물을 취득하면 살인죄와 점유이탈물횡령죄의 경합범이 된다는 견해가 다수설이지만, 판례는 살인죄와 절도죄의 경합범이 된다고 한다(대법원 1993. 9. 28. 선고 93도2143 판결 : 피해자를 살해한 방에서 사망한 피해자 곁에 4시간 30분쯤 있다가 그 곳 피해자의 자취방 벽에 걸려 있던 피해자가 소지하는 물건들을 영득의 의사로 가지고 나온 경우 피해자가 생전에 가진 점유는 사망후에도 여전히 계속되는 것으로 보아야 한다). 이에 반하여 강도의 고의로 사람을 살해하고 재물을 강취한 때에는 강도살인죄가 성립함은 당연하다. 이 경우에 누구의 점유를 침해하였는가에 관해서는 여러 견해가 대립하나 피해자가 생전에 가졌던 점유를 침해한 것이라고 본다(다수설).

④ 미수 및 기수시기 : 이 죄의 기수, 미수는 강도행위에 의하지 않고 살인행위를 기준으로 하여 결정된다. 따라서 사람을 살해하려다가 살해행위가 미수에 그쳤다면 강도의 미수, 기수를 불문하고 강도살인미수죄가 성립한다.

(2) 주관적 구성요건

강도살인죄는 강도 및 살인에 대한 고의와 불법영득의사가 필요하고, 강도치사죄는 강도에 대한 고의와 사망에 대한 과실 및 불법영득의사가 필요하다.

2. 공범

(1) 수인이 합동하여 강도를 한 경우, 1인이 강취하는 과정에서 간수자를 강타, 사망케 한 때에는 나머지 범인이 이를 예견하지 못한 경우를 제외하고는 이들도 강도살인죄의 죄책을 진다.

(2) 수인이 합동하여 강도를 한 경우 그 중 1인이 사람을 살해했다면 그 범인은 당연히 강도살인죄의 기수 또는 미수의 죄책을 지며, 다른 공범자도 살해행위에 관한 고의의 공동이 있었으면 함께 강도살인죄의 기수 또는 미수의 죄책을 지는 것이 당연하다. 그러나 고의의 공동이 없었으면 피해자가 사망한 경우에는 강도치사의 죄책, 강도살인이 미수에 그

치고 피해자가 상해만 입은 경우에는 강도치상, 피해자가 아무런 상해를 입지 않은 경우에는 강도의 죄책만 진다.

Ⅱ. 판례

◆ 채무를 면탈할 의사로 채권자를 살해하였으나 일시적으로 채권자측의 추급을 면한 것에 불과한 경우, 강도살인죄의 성립 여부(소극)

[1] 강도살인죄가 성립하려면 먼저 강도죄의 성립이 인정되어야 하고, 강도죄가 성립하려면 불법영득(또는 불법이득)의 의사가 있어야 하며, 형법 제333조 후단 소정의 이른바 강제이득죄의 성립요건인 '재산상 이익의 취득'을 인정하기 위하여는 재산상 이익이 사실상 피해자에 대하여 불이익하게 범인 또는 제3자 앞으로 이전되었다고 볼 만한 상태가 이루어져야 하는데, 채무의 존재가 명백할 뿐만 아니라 채권자의 상속인이 존재하고 그 상속인에게 채권의 존재를 확인할 방법이 확보되어 있는 경우에는 비록 그 채무를 면탈할 의사로 채권자를 살해하더라도 일시적으로 채권자측의 추급을 면한 것에 불과하여 재산상 이익의 지배가 채권자측으로부터 범인 앞으로 이전되었다고 보기는 어려우므로, 이러한 경우에는 강도살인죄가 성립할 수 없다.

[2] 강도살인죄는 강도범인이 강도의 기회에 살인행위를 함으로써 성립하는 것이므로, 강도범행의 실행중이거나 그 실행 직후 또는 실행의 범의를 포기한 직후로서 사회통념상 범죄행위가 완료되지 아니하였다고 볼 수 있는 단계에서 살인이 행하여짐을 요건으로 한다.

[3] 피고인이 피해자 소유의 돈과 신용카드에 대하여 불법영득의 의사를 갖게 된 것이 살해 후 상당한 시간이 지난 후로서 살인의 범죄행위가 이미 완료된 후의 일이라면, 살해 후 상당한 시간이 지난 후에 별도의 범의에 터잡아 이루어진 재물 취거행위를 그보다 앞선 살인행위와 합쳐서 강도살인죄로 처단할 수 없다고 한 사례(대법원 2004. 6. 24. 선고 2004도1098 판결).

◆ 술값 채무를 면탈할 목적으로 술집 주인을 살해하고 곧바로 피해자가 소지하던 현금을 탈취한 경우, 강도살인죄의 성립 여부(적극)

(1) 사실관계

피고인이 피해자 경영의 소주방에서 금 35,000원 상당의 술과 안주를 시켜 먹은 후 피해자가 피고인에게 술값을 지급할 것을 요구하며 피고인의 허리를 잡고 피고인이 도망가지 못하게 하자 피고인은 그 술값을 면할 목적으로 피해자를 살해하고, 곧바로 피해자가 소지하고 있던 현금 75,000원을 꺼내어 갔다.

(2) 판결요지

술집에 피고인과 술집 주인 두 사람밖에 없는 상황에서 술값의 지급을 요구하는 술집 주인을 살해하고 곧바로 피해자가 소지하던 현금을 탈취한 경우 강도살인죄가 성립한다(대법원 1999. 3. 9. 선고 99도242 판결).

◆ 재물을 강취한 후 피해자를 살해할 목적으로 현주건조물에 방화하여 사망에 이르게 한 경우, 강도살인죄와 현주건조물방화치사죄의 관계(=상상적 경합)

피고인들이 피해자들의 재물을 강취한 후 그들을 살해할 목적으로 현주건조물에 방화하여 사망에 이르게 한 경우, 피고인들의 행위는 강도살인죄와 현주건조물방화치사죄에 모두 해당하고 그 두 죄는 상상적 경합범관계에 있다(대법원 1998. 12. 8. 선고 98도3416 판결).

◆ 강도범행 직후 경찰관에게 붙잡혀 파출소로 연행되던 자가 체포를 면하기 위하여 과도로써 경찰관을 찔러 사망케 한 경우 강도살인죄가 성립한다고 본 사례

(1) 사실관계

강도범행 직후 신고를 받고 출동한 경찰관 A, B는 범행 현장으로부터 약 150m 지점에서, 화물차를 타고 도주하는 피고인을 발견하고 순찰차로 추적하여 격투 끝에 피고인을 붙잡았으나, 피고인이 너무 힘이 세고 반항이 심하여 수갑도 채우지 못한 채 피고인을 순찰차에 억지로 밀어 넣고서 파출소로 연행하고자 하였는데, 그 순간 피고인이 체포를 면하기 위하여 소지하고 있던 과도로써 옆에 앉아 있던 위 A를 찔러 사망케 하였다.

(2) 판결요지

[1] 강도살인이라 함은 강도범인이 강도의 기회에 살인행위를 함으로써 성립하는 것이므로, 강도범행의 실행 중이거나 그 실행 직후 또는 실행의 범의를 포기한 직후로서 사회통념상 범죄행위가 완료되지 아니하였다고 볼 수 있는 단계에서 살인이 행하여짐을 요건으로 한다.

[2] 강도범행 직후 신고를 받고 출동한 경찰관이 위 범행 현장으로부터 약 150m 지점에서, 화물차를 타고 도주하는 피고인을 발견하고 순찰차로 추적하여 격투 끝에 피고인을 붙잡았으나, 피고인이 너무 힘이 세고 반항이 심하여 수갑도 채우지 못한 채 피고인을 순찰차에 억지로 밀어 넣고서 파출소로 연행하고자 하였는데, 그 순간 피고인이 체포를 면하기 위하여 소지하고 있던 과도로써 옆에 앉아 있던 경찰관을 찔러 사망케 하였다면 피고인의 위 살인행위는 강도행위와 시간상 및 거리상 극히 근접하여 사회통념상 범죄행위가 완료되지 아니한 상태에서 이루어진 것이라고 보여지므로(위 살인행위 당시에 피고인이 체포되어 신체가

완전히 구속된 상태이었다고 볼 수 없다) 원심이 피고인을 강도살인죄로 적용하여 처벌한 것은 옳다(대법원 1996. 7. 12. 선고 96도1108 판결).

◆ 채무를 면탈할 의사로 채권자를 살해하였으나 일시적으로 채권자측의 추급을 면한 것에 불과한 경우, 강도살인죄가 성립하는지 여부(소극)

[1] 강도살인죄가 성립하려면 먼저 강도죄의 성립이 인정되어야 하고, 강도죄가 성립하려면 불법영득(또는 불법이득)의 의사가 있어야 하며, 형법 제333조 후단 소정의 이른바 강제이득죄의 성립요건인 '재산상 이익의 취득'을 인정하기 위하여서는 재산상 이익이 사실상 피해자에 대하여 불이익하게 범인 또는 제3자 앞으로 이전되었다고 볼 만한 상태가 이루어져야 하는데, 채무의 존재가 명백할 뿐만 아니라 채권자의 상속인이 존재하고 그 상속인에게 채권의 존재를 확인할 방법이 확보되어 있는 경우에는 비록 그 채무를 면탈할 의사로 채권자를 살해하더라도 일시적으로 채권자측의 추급을 면한 것에 불과하여 재산상 이익의 지배가 채권자측으로부터 범인 앞으로 이전되었다고 보기는 어려우므로, 이러한 경우에는 강도살인죄가 성립할 수 없다.

[2] 피고인 갑, 을이 공모하여 채무를 면탈할 의사로 채권자 병을 살해한 사안에서, 갑의 병에 대한 채무의 존재가 명백할 뿐만 아니라 병의 상속인이 존재하고 그 상속인에게 채권의 존재를 확인할 방법이 확보되어 있으므로 일시적으로 채권자측의 추급을 면한 것에 불과하고 재산상 이익의 지배가 채권자측으로부터 갑 앞으로 이전되었다고 볼 수 없다는 이유로, 위 강도살인의 공소사실을 무죄로 인정한 원심판단을 수긍한 사례(대법원 2010.09.30. 선고 2010도7405 판결).

Ⅲ. 수사실무

1. 수사포인트

(1) 강도할 때에 사망의 결과가 발생했으면 강도살인이 되고, 강도의 요건인 폭행·협박의 수단으로 행해진 것에 한하지 않는다.

(2) 범행 도중이 아니라 범행장소를 찾다가 사람을 살해한 경우에는 강도살해가 아니라 단순살인죄 또는 과실치사죄가 성립한다.

(3) 강도할 의사없이 사람을 살해한 후에 영득할 의사가 생겨서 피해자의 소지품을 영득하면, 살인죄와 절도죄의 경합범이 된다. 이 경우 영득의사를 일으킨 시점에 따라서 죄가 가려지기 때문에 철저히 조사해야 한다.

2. 피의자 신문례

(1) 기억하고 있는대로 사건 개요와 일시, 장소를 진술하세요

(2) 피의자가 범행을 하게 된 동기와 경위 및 그 상황을 상세히 말하세요

(3) 맨 처음 그 집을 방문한 목적은 무엇인가요

(4) 무엇 때문에 그 목적을 달성하지 못했는가요

(5) 그 구역은 평소 잘 아는 구역인가요

(6) 그 구역을 범행할 장소로 택한 이유는 무엇인가요

(7) 피의자가 목적 달성을 위해 남○○의 집을 택한 이유는 무엇인가요

(8) 피의자는 잭나이프로 남○○의 어디를 몇차례나 찔렀나요

(9) 남○○와 이○○를 찌를 때의 상황을 구체적으로 말하세요

(10) 피의자는 남○○를 잭나이프로 찌를 때 죽일 의사가 있었나요

(11) 남○○가 사망한 사실을 알고 있나요

(12) 남○○를 죽인 이유는 무엇인가요

(13) 남○○이 어떻게 달려 들며 반항하였나요

(14) 이○○ 학생을 세 차례나 찌른 것은 죽일 의사가 있었던 것이 아니었나요

(15) 피의자는 그 집에서 무엇을 노렸던 것인가요

(16) 피해자 집에서 가지고 나온 돈이나 물건은 무엇이며 얼마인가요

(17) 그것을 가지고 나오게 된 경위를 말하세요

(18) 피의자는 범행에 사용하였던 잭나이프와 그 집에서 훔친 다이아반지를 어떻게 하였나요

(19) 이것이 피의자가 범행에 사용하고 쓰레기통 속에 버린 잭나이프가 맞는가요

(20) 피의자가 피해자 집에서 훔쳤던 반지는 이것이 틀림없나요

(21) 피해자의 집과 할머니댁과의 거리는 얼마나 되며, 어느 길로 도주했나요

(22) 본건에 대하여 유리한 증거나 참고가 될 말이 있으면 말하세요

(23) 이상 진술한 것이 사실인가요

3. 범죄사실 기재례

【범죄사실 기재례】

(1) 피의자는 20○○. ○. 말경부터 ○○시 ○○동 ○○번지에서 유○○(당○○세)이 경영하는 ○○식당에서 종업원으로 종사하고 있는 사람이다.

피의자는 어머니의 신병 치료비를 마련하려고 궁리하다가 20○○. ○. ○. 22 : 00경 위 유○○이 카운터에서 그 날의 매상고를 계산하고 있는 것을 보고, 그녀를 살해하고 금품을 강취하기로 결심하고 미리 준비한 청산칼륨 5㎎을 사이다에 타서 마시게 하여, 잠시 후 그녀를 사망에 이르게 하고 그녀 소유의 현금 ○○만원을 강취하였다.

(2) 피의자는 20○○. ○. ○. 04 : 30경 서울 ○○구 ○○동 ○○번지의 김○○의 집 뒷문을 열고 그 집에 침입하여, 그 집 거실에서 혼자 집을 보고 있는 위 김○○의 아내 정○○(당○○세)에게 길이 15cm의 잭나이프를 들이대고 "떠들면 죽인다. 돈 내놔"라는 등 말하며 그녀를 협박하였다. 그러다가 갑자기 욕정을 일으켜 그녀를 그 자리에 넘어뜨리고 배 위에 올라타서 주먹으로 얼굴을 수회 구타하여 그녀의 반항을 억압한 다음, 강제로 그녀를 간음하였다. 그리고 다시 테이프를 감아 그녀의 손발을 묶은 다음 안방 화장대 위의 핸드백에서 그녀 소유의 현금 ○○만원과 시계 등을 꺼내고 다시 옷장을 뒤지려다가 그녀가 소리를 지르며 도망가려는 것을 보고, 화가 나 거실에 있던 골프채로 그녀의 머리를 세게 쳐 그 자리에서 사망하게 하여 그녀를 살해하였다.

● 수사사례

- 강도가 복면을 하고 남의 집에 침입하여 혼자 있는 주부를 칼로 위협하고 돈을 내놓으라고 하였으나 주부가 사람살려하고 소리를 치자 잡힐 것이 두려워 그 집에 있던 넥타이로 주부를 목졸라 살해한 경우강도살인죄 성립
- 남의 집에 침입하여 집을 보던 노인을 칼로 위협하고 돈을 빼앗은 후 밖으로 나오려고 할 때 노인이 뒤따라 나오는 것을 주먹으로 때리고 도주했으나 노인이 뇌진탕을 일으켜 병원으로 옮겨 치료중 사망케 한 경우강도치사죄 성립

12. 강도강간죄

> **제339조【강도강간】**
> 강도가 사람을 강간한 때에는 무기 또는 10년 이상의 징역에 처한다.
> 〈개정 2012. 12. 18.〉

[강도] 333-336, [강간] 297, [미수범] 342, [군용물범죄] 군용물3·5, [공소시효] : 15년

○ 이 죄는 강도가 사람을 강간하는 행위를 일반의 강도나 강간의 경우보다 가중처벌하려는 것으로 강도죄와 강간죄의 결합범이다. 가중처벌하는 이유는, 강도가 항거불능의 상태에 있는 사람을 강간하는 것은 그 폭행·협박의 정도가 클 뿐만 아니라, 재물탈취와 신체적 자유침해 이외에 다시 성적 자유까지 침해하고 나아가 수치심으로 인해 수사기관에의 신고를 지연시킬 가능성도 크기 때문이다.

Ⅰ. 이론

1. 구성요건

(1) 객관적 구성요건

1) 주체

이 죄의 주체는 강도피의자로서 단순강도, 특수강도, 약취강도의 범행에 착수한 자이면 충분하고 그 죄의 미수·기수는 묻지 않는다.

강간범이 강도를 한 경우에는 강간죄와 강도죄의 경합범이 되는 것이지, 강도강간죄가 성립하는 것이 아님을 주의해야 한다.

> ▣ 근거판례 ▣
> 강간범이 강간행위 후에 강도의 범의를 일으켜 그 부녀의 재물을 강취하는 경우에는 형법상 강도강간죄가 아니라 강간죄와 강도죄의 경합범이 성립될 수 있을 뿐인바, 성폭력범죄의처벌및피해자보호등에관한법률 제5조 제2항은 형법 제334조(특수강도) 등의 죄를 범한 자가 형법 제297조(강간) 등의 죄를 범한 경우에 이를 특수강도강간 등의 죄로 가중하여 처벌하고 있으므로, 다른 특별한 사정이 없는 한 강간범이 강간의 범행 후에 특수강도의 범의를 일으켜 그 부녀의 재물을 강취한 경우에는 이

> 를 성폭력범죄의처벌및피해자보호등에관한법률 제5조 제2항 소정의 특수강도강간죄로 의율할 수 없다(대법원 2002. 2. 8. 선고 2001도6425 판결).

2) **행위**

강도피의자가 강도하는 기회에 강간을 하는 것이다.

① 강도와 강간의 결합범이지만 강도치사죄와는 달리 결과적가중범은 아니다.

② 기수, 미수 : 강도가 미수에 그쳤더라도 강간이 기수이면 이 죄는 기수가 된다. 반면 강도의 기수 또는 미수를 불문하고 강간이 미수에 그쳤을 때에는 이 죄는 미수가 된다.

(2) **주관적 구성요건**

강도, 강간에 대한 고의와 불법영득의사가 필요하다.

① 처음부터 강도와 강간의 범의를 함께 가졌거나, 강도행위 착수 후에 강간의 범의가 생긴 것이면 충분하다.

② 강간의 범의만 가지고 강간을 한 후에 금품을 강취하면 강간죄와 강도죄의 경합범이 된다.

③ 강도가 살의 없이 폭행을 가하여 부녀를 강간하여 사망에 이르게 하였다면 강도강간죄와 강도치사죄의 상상적 경합범이 된다.

④ 강도가 살의를 가지고 폭행을 가하여 부녀를 강간하여 사망케 했다면 강도강간죄와 강도살인죄의 상상적 경합범이 된다.

2. 죄수

강도강간범이 사람을 치사, 치상케 한 경우에 다수설은 사상의 결과가 강도로 인한 때에는 강도강간죄와 강도치사상죄의 상상적 경합범이 되고, 사상의 결과가 강간으로 인한 때에는 강도강간죄와 강간치사상죄의 상상적 경합이 된다고 본다. 그러나 판례는 강도강간죄와 강도치사상죄의 상상적 경합을 인정하고 있다(88도820).

▣ 이견있는 형사사건의 법원판단 ▣

[강도강간범이 사람을 치사·치상케 한 경우]

1. 문제점 : 강도강간범이 사람을 치사·치상케 한 경우 이를 어떻게 처리할 것인지와 관련하여 견해가 나뉜다.
2. 학설

(1) 제1설 : 강도강간죄와 강도치사상죄의 상상적 경합이 된다는 견해

(2) 제2설 : 사상의 결과가 강도로 인한 때에는 강도강간죄와 강도치사상죄의 상상적 경합이 되지만, 사상의 결과가 강간으로 인한 때에는 강도강간죄와 강간치사상죄의 상상적 경합이 된다는 견해

3. 판례 : 제1설의 태도

강도가 재물강취의 뜻을 재물의 부재로 이루지 못한 채 미수에 그쳤으나 그 자리에서 항거불능의 상태에 빠진 피해자를 간음할 것을 결의하고 실행에 착수했으나 역시 미수에 그쳤더라도 반항을 억압하기 위한 폭행으로 피해자에게 상해를 입힌 경우에는 강도강간미수죄와 강도치상죄가 성립되고 이는 1개의 행위가 2개의 죄명에 해당되어 상상적 경합관계가 성립된다(대법원 1988. 6. 28. 선고 88도820 판결).

3. 성폭력범죄의처벌및피해자보호등에관한법률

야간주거침입절도 또는 특수절도의 죄를 범한 자 및 특수강도의 죄를 범한 자가 강간을 한 경우에는 이 법에서 가중 처벌된다.

Ⅱ. 판례

◆ 특수강도죄와 그 후에 범한 강도강간죄 및 강도상해죄가 포괄일죄의 관계에 있는지 여부(소극)

형법 제341조나 특정범죄가중처벌등에관한법률에서 강도, 특수강도, 약취강도, 해상강도의 각 죄에 관해서는 상습범가중처벌규정을 두고 있으나 강도상해, 강도강간 등 각 죄에 관해서는 상습범가중처벌규정을 두고 있지 아니하므로 특수강도죄와 그 후에 범한 강도강간 및 강도상해 등 죄는 포괄일죄의 관계에 있지 아니하다(대법원 1992. 4. 14. 선고 92도297 판결).

◆ 강도의 범의하에 야간에 흉기를 휴대한 채 타인의 주거에 침입하여 집안의 동정을 살피다가 피해자를 발견하고 갑자기 욕정을 일으켜 칼로 협박하여 강간한 경우 특수강도강간죄의 성부(소극)

[1] 특수강도의 실행의 착수는 강도의 실행행위 즉 사람의 반항을 억압할 수 있는 정도의 폭행 또는 협박에 나아갈 때에 있다 할 것이다.

[2] 강도의 범의로 야간에 칼을 휴대한 채 타인의 주거에 침입하여 집안의 동정을 살피다가 피해자를 발견하고 갑자기 욕정을 일으켜 칼로 협박하여 강간한 경우, 야간에 흉기를 휴대한 채 타인의 주거에 침입하여 집안의 동정을 살피는 것만으로는 특수강도의 실행에 착수한 것이라고 할 수 없으므로 위의 특수강도에 착수하기도 전에 저질러진 위와 같은 강간행위가 구 특정범죄가중처벌등에관한법률 제5조의6 제1항 소정의 특수강도강간죄에 해당한다고 할 수 없다 (대법원 1991. 11. 22. 선고 91도2296 판결).

◆ 특수강도가 강간한 범행에 대하여 특정범죄가중처벌등에관한법률 제5조의6 제1항을 적용하여 공소제기한 경우 그 죄에 대한 형의 하한을 그보다 높은 형법의 특수강도죄의 하한에 맞추어야 하는지 여부(소극)

특정범죄가중처벌등에관한법률 제5조의6 제1항 중 강도강간죄에 관한 부분의입법취지는 강도강간죄 중 특수강도가 강간한 경우만을 떼내어 강도강간죄의법정형에는 없는 사형을 법정형에 포함시킴으로써 무겁게 처벌하고자 함에 있다고 할 것이므로 이는 형법상의 강도강간죄에 대한 특별법이라 하겠고, 검사가 피고인의 위와같은 범행에 대하여 특별법의 적용을 구한 이상 특별법의 유기징역형의 하한이 일반법인 형법의 특수강도죄의 그것보다 낮다고 하여 특별법의 유기징역형의 하한을 일반법의 그것과 맞추어야 할 합리적 근거는 없다(대법원 1990. 11. 23. 선고 90도2135 판결).

◆ 강간의 실행행위의 계속 중에 강도행위를 한 경우 강도강간죄를 구성하는지 여부

강도강간죄는 강도라는 신분을 가진 범인이 강간죄를 범하였을 때 성립하는 범죄이고 따라서 강간범이 강간행위후에 강도의 범의를 일으켜 그 부녀의 재물을 강취하는 경우에는 강도강간죄가 아니라 강도죄와 강간죄의 경합범이 성립될 수 있을 뿐이나, 강간범이 강간행위 종료전 즉 그 실행행위의 계속중에 강도의 행위를 할 경우에는 이때에 바로 강도의 신분을 취득하는 것이므로 이후에 그 자리에서 강간행위를 계속하는 때에는 강도가 부녀를 강간한 때에 해당하여 형법 제339조 소정의 강도강간죄를 구성한다(대법원 1988. 9. 9. 선고 88도1240 판결).

◆ 강도가 미수인 경우의 강도강간죄의 성부

강도강간죄는 형법 제333조, 제335조, 제336조의 강도죄와 같은 법 제297조, 제299조, 제305조의 강간죄와의 결합범으로서 강도가 부녀를 강간함으로써 성립하고 강도가 기수이거나, 미수이거나를 가리지 아니한다(대법원 1986. 1. 28. 선고 85도2416, 85감도352 판결).

◆ 강간의 실행행위 계속 중에 강도행위를 한 경우 '강도강간죄' 를 구성하는지 여부(적극) 및 특수강간범이 강간행위 종료 전에 특수강도의 행위를 한 경우 구 성폭력범죄의 처벌 및 피해자보호 등에 관한 법률 제5조 제2항에 정한 '특수강도강간죄' 로 의율할 수 있는지 여부(원칙적 적극)

강간범이 강간행위 후에 강도의 범의를 일으켜 그 부녀의 재물을 강취하는 경우에는 강도강간죄가 아니라 강간죄와 강도죄의 경합범이 성립될 수 있을 뿐이지만, 강간행위의 종료 전 즉 그 실행행위의 계속 중에 강도의 행위를 할 경우에는 이때에 바로 강도의 신분을 취득하는 것이므로 이후에 그 자리에서 강간행위를 계속하는 때에는 강도가 부녀를 강간한 때에 해당하여 형법 제339조에 정한 강도강간죄를 구성하고, 구 성폭력범죄의 처벌 및 피해자보호 등에 관한 법률(2010. 4. 15. 법률 제10258호 성폭력범죄의 피해자보호 등에 관한 법률로 개정되기 전의 것) 제5조 제2항은 형법 제334조(특수강도) 등의 죄를 범한 자가 형법 제297조(강간) 등의 죄를 범한 경우에 이를 특수강도강간 등의 죄로 가중하여 처벌하는 것이므로, 다른 특별한 사정이 없는 한 특수강간범이 강간행위 종료 전에 특수강도의 행위를 한 이후에 그 자리에서 강간행위를 계속하는 때에도 특수강도가 부녀를 강간한 때에 해당하여 구 성폭력범죄의 처벌 및 피해자보호 등에 관한 법률 제5조 제2항에 정한 특수강도강간죄로 의율할 수 있다. (대법원 2010.12.9. 선고 2010도9630 판결)

◆ 강도가 피해자에게 상해를 입혔으나 재물의 강취에는 이르지 못하고 그 자리에서 항거불능 상태에 빠진 피해자를 간음한 경우의 죄명 및 그 실행행위의 일부인 강도미수 행위가 별개의 범죄를 구성하는지 여부(소극)

강도가 피해자에게 상해를 입혔으나 재물의 강취에는 이르지 못하고 그 자리에서 항거불능 상태에 빠진 피해자를 간음한 경우에는 강도상해죄와 강도강간죄만 성립하고(대법원 1988. 6. 28. 선고 88도820 판결), 그 실행행위의 일부인 강도미수 행위는 위 각 죄에 흡수되어 별개의 범죄를 구성하지 않는다. 또한, 특정범죄 가중처벌 등에 관한 법률은 제5조의4 제3항에서 강도, 특수강도, 인질강도, 해상강도의 각 죄에 관해서만 상습범 가중처벌을 규정하고 있는 이상 이에 해당하지 않는 강도상해죄와 강도강간죄가 유죄로 인정된다 하여 위 상습범으로 가중처벌할 수는 없고, 별개의 독립한 범죄로 처벌하는 위 각 죄의 일부로서 그에 흡수된 강도미수 행위만을 따로 떼어 강도 등의 상습범에 관한 위 가중처벌 규정을 적용할 수도 없다.

원심이 같은 취지에서 이 사건 강도미수 행위는 강도상해죄에 흡수되어 별개의 범죄를 구성하지 않는다는 이유로 이 사건 공소사실 중 구 특정범죄 가중처벌 등에 관한 법률 위반(강도)의 점에 대하여 무죄라고 판단한 조치는 정당한 것으로 수긍이 가고, 거기에 상습강도와 강도상해의 관계에 대한 법리를 오해하여 판결에 영향을 미친 위법이 없다(대법원 2010. 4. 29., 선고, 2010도1099, 판결).

◆ 강도와 강간의 상대방이 다른 경우

피고인이 강도하기로 모의를 한 후 피해자 갑남으로부터 금품을 빼앗고 이어서 피해자 을녀를 강간하였다면 강도강간죄를 구성한다고 한 사례(대법원 1991.11.12. 선고 91도2241 판결).

◆ 강도강간이 미수에 그쳤으나 반항을 억압하기 위한 폭행으로 상해를 입힌 경우의 그 죄명 및 죄수

(1) 사실관계

피고인 A는 B녀의 재물을 강취하기 위해 폭행을 하였으나 B녀가 가지고 있는 것이 없어 실패하였다. A는 그 자리에서 항거불능상태인 B녀를 간음하기로 하고 실행에 착수하였다. 그러나 B녀의 격렬한 반항 때문에 실패하고 말았으나 반항을 억압하기 위한 폭행으로 인하여 B녀에게 상해를 입혔다.

(2) 판결요지

강도가 재물강취의 뜻을 재물의 부재로 이루지 못한 채 미수에 그쳤으나 그 자리에서 항거불능의 상태에 빠진 피해자를 간음할 것을 결의하고 실행에 착수했으나 역시 미수에 그쳤더라도 반항을 억압하기 위한 폭행으로 피해자에게 상해를 입힌 경우에는 강도강간미수죄와 강도치상죄가 성립되고 이는 1개의 행위가 2개의 죄명에 해당되어 상상적 경합관계가 성립된다(대법원 1988.6.28. 선고 88도820 판결).

Ⅲ. 수사실무

1. 범죄사실 기재례

【범죄사실 기재례】

(1) 피해자는 20○○. ○. ○. 12：00경 ○○시 ○○동 ○○번지 조○○의 집에 열려있는 대문을 통해 침입하여, 그 집 작은방에서 집을 보고 있던 가정부 박○○(당○○세)에게 길이

20cm의 식칼을 들이대고 "조용히 하고 시키는 대로 해라. 떠들면 죽인다. 돈을 내놔라"라는 등 말하며 그녀를 협박하였다. 그러다 갑자기 욕정을 일으켜 그녀를 그 자리에 넘어뜨리고 배위에 올라타서 주먹으로 안면을 수회 구타하여 반항을 제지한 다음, 강제로 그녀를 간음하고 홑이불을 찢어서 그녀의 수족을 묶은 다음 그 방 책상 서랍에 있던 그녀 소유의 현금 ○만원을 강취하고 다시 옆방을 뒤져 현금 ○○만원을 가지고 나가 강도강간을 하였다.

(2) 피의자들은 공모하여 20○○. ○. ○. 23 : 50경 ○○시 ○○동 ○○번지 앞길에서 강도할 것을 결의하였다. 피의자들은 다음날 00 : 20경 그곳을 지나가던 이 건 피해자 박○○(여, ○○세), 윤○○(여, ○○세)를 발견하고 피의자2는 위 박○○을, 피의자3은 위 윤○○을 붙잡아 팔로 목을 감아쥐고 피의자1,4는 피해자들이 도망가지 못하도록 감시하여 그 곳에서 약 500m 거리에 있는 ○○상가 신축공사장으로 끌고가 "돈을 내놓아라. 시키는 대로 하지 않으면 아무도 모르게 없애버리겠다"면서 항거불능케 하였다. 그리고 피의자1이 박○○와 윤○○의 핸드백을 빼앗고 1,2피의자가 같이 핸드백을 뒤져 그 속에 들어있던 현금 ○○만원을 강취하였다. 그 때 그곳에서 갑자기 욕정을 일으켜 피의자4는 주위에서 망을 보고 피의자1,3은 위 박○○을, 피의자2는 위 윤○○을 넘어뜨리고 주먹으로 수회 때리고 옷을 벗게 한 후 각 강간함으로서 공모하여 강도강간하였다.

2. 적용실례

(1) 납치후 석방의 대가로 돈을 받고도 강간한 경우

피의자가 19세의 피해자를 납치하여 그 석방의 대가로 1000만원을 받고도 강간을 하였다.

➡ 강도강간, 인질강도의 죄가 성립하지만 인질강도는 강도강간에 흡수되므로 별개의 죄가 성립하지 않는다.

(2) 금품강취 후 강간하여 상해한 경우

피의자가 금품을 강취한 후 피해자를 강간하여 상해를 가하였다.

➡ 강도강간과 강도상해의 상상적 경합관계에 있으므로 강도강간과 강도상해로 의율해야 한다.

● 수사사례

- 여자를 칼로 위협하여 돈과 목걸이를 빼앗은 다음 다시 그녀를 간음한 경우 강도강간죄 성립

13. 해상강도죄 · 해상강도상해, 치상죄 · 해상강도살인, 치사, 강간죄

제340조【해상강도】

① 다중의 위력으로 해상에서 선박을 강취하거나 선박내에 침입하여 타인의 재물을 강취한 자는 무기 또는 7년 이상의 징역에 처한다.

② 제1항의 죄를 범한 자가 사람을 상해하거나 상해에 이르게 한때에는 무기 또는 10년 이상의 징역에 처한다. 〈개정 1995. 12. 29.〉

③ 제1항의 죄를 범한 자가 사람을 살해 또는 사망에 이르게 하거나 강간한 때에는 사형 또는 무기징역에 처한다. 〈개정 1995. 12. 29., 2012. 12. 18.〉

[미수범] 342, [예비 · 음모] 343, [동력] 346, [공소시효] : 15년(1 · 2항), 25년(3항 ※살인관련 적용안됨)

Ⅰ. 이론

[해상강도죄(제340조 1항)]

1. 구성요건

(1) 객관적 구성요건

1) 객체

해상에 있는 선박 또는 선박 내에 있는 재물이다.

① 해적죄이다.

② 해상이란 영해와 공해를 포함하나 적어도 지상의 경찰권이 미치지 않는 바다 위여야 한다. 따라서 지상경찰권이 미치는 하천·호수·항만은 제외해야 한다.

③ 선박은 그 대소와 종류를 묻지 않지만, 성질상 해상을 항해할 수 있을 정도의 것이어야 한다.

2) 행위

다중의 위력으로 선박을 강취하거나 선박 내에 침입하여 타인의 재물을 강취하는 것이다.

① 다중이란 다수인의 집단을 의미한다.

② 위력이란 사람의 의사를 제압할 수 있는 세력이며, 유형적이건 무형적이건 불문한다.

(2) 주관적 구성요건

고의와 불법영득의사가 필요하다.

[해상강도상해, 치상죄(제340조 2항)]

1. 구성요건

(1) 객관적 구성요건

1) 주체

해상강도이다. 그 기수·미수는 불문한다.

2) 행위

사람을 상해하거나, 상해에 이르게 하는 것이다. 상해 또는 상해에 이르게 하는 것은 해상강도의 기회에 행해져야 한다.

(2) 주관적 구성요건

고의와 불법영득의사가 필요하다.

[해상강도살인, 치사, 강간죄(제340조 3항)]

1. 구성요건

(1) 객관적 구성요건

1) 주체

해상강도이다.

2) 행위

사람을 살해하거나, 사망에 이르게 하거나, 강간하는 것이다.

(2) 주관적 구성요건

고의와 불법영득의사가 필요하다.

Ⅱ. 판례

◆ 소말리아 해적인 피고인들 등이 공모하여 공해상에서 대한민국 해운회사가 운항 중인 선박을 납치하여 대한민국 국민인 선원 등에게 해상강도 등 범행을 저질렀다는 내용으로 국내법원에 기소된 사안

[1] 소말리아 해적인 피고인들 등이 아라비아해 인근 공해상에서 대한민국 해운회사가 운항 중인 선박을 납치하여 대한민국 국민인 선원 등에게 해상강도 등 범행을 저질렀다는 내용으로 국군 청해부대에 의해 체포·이송되어 국내 수사기관에 인도된 후 구속·기소된 사안에서, 청해부대 소속 군인들이 피고인들을 현행범인으로 체포한 것은 검사 등이 아닌 이에 의한 현행범인 체포에 해당하고, 피고인들 체포 이후 국내로 이송하는 데에 약 9일이 소요된 것은 공간적·물리적 제약상 불가피한 것으로 정당한 이유 없이 인도를 지연하거나 체포를 계속한 경우로 볼 수 없으며, 경찰관들이 피고인들의 신병을 인수한 때로부터 48시간 이내에 청구하여 발부된 구속영장에 의하여 피고인들이 구속되었으므로, 피고인들은 적법한 체포, 즉시 인도 및 적법한 구속에 의하여 공소제기 당시 국내에 구금되어 있다 할 것이어서 현재지인 국내법원에 토지관할이 있다고 본 원심판단을 수긍한 사례.

[2] 소말리아 해적인 피고인들 등이 공모하여 아라비아해 인근 공해상에서 대한민국 해운회사가 운항 중인 선박 '삼호주얼리호'를 납치하여 대한민국 국민인 선원 등에게 해상강도 등 범행을 저질렀다는 내용으로 국내법원에 기소된 사안에서, 피고인 甲이 선장 乙을 살해할 의도로 乙에게 총격을 가하여 미수에 그친 사실을 충분히 인정할 수 있다고 본 다음, 이 사건 해적들의 공모내용은 선박 납치, 소말리아로의 운항 강제, 석방대가 요구 등 본래 목적의 달성에 차질이 생기는 상황이 발생한 때에는 인질 등을 살상하여서라도 본래 목적을 달성하려는 것에 있을 뿐, 본래 목적 달성이 무산되고 자신들의 생존 여부도 장담할 수 없는 상황에서 보복하기 위하여 그 원인을 제공한 이를 살해하는 것까지 공모한 것으로는 볼 수 없고, 당시 피고인 甲을 제외한 나머지 해적들은 두목의 지시에 따라 무기를 조타실 밖으로 버리고 조타실 내에서 몸을 숙여 총알을 피하거나 선실로 내려가 피신함으로써 저항을 포기하였고, 이로써 해적행위에 관한 공모관계는 실질적으로 종료하였으므로, 그 이후 자신의 생존을 위하여 피신하여 있던 나머지 피고인들로서는 피고인 甲이 乙에게 총격을 가하여 살해하려고 할 것이라는 점까지 예상할 수는 없었다고 본 원심판단을 수긍한 사례(대법원 2011. 12. 22., 선고, 2011도12927, 판결).

◆ **페스카마 15호 선상 살인사건**

[1] 선장을 비롯한 일부 선원들을 살해하는 등의 방법으로 선박의 지배권을 장악하여 목적지까지 항해한 후 선박을 매도하거나 침몰시키려고 한 경우에 선박에 대한 불법영득의 의사가 있다고 보아 해상강도죄로 인정한 사례.

[2] 사람을 살해한 자가 그 사체를 다른 장소로 옮겨 유기하였을 때에는 별도로 사체유기죄가 성립하고, 이와 같은 사체유기를 불가벌적 사후행위로 볼 수는 없다 (대법원 1997. 7. 25. 선고 97도1142 판결).

Ⅲ. 수사실무

1. 범죄사실 기재례

【범죄사실 기재례】

(1) 피의자들은 20○○. ○. ○. 01 : 00경 모터보트를 이용하여 ○○항 부두에서 약 ○킬로미터 거리의 해상에 정박중인 ○○해운주식회사 소속 화물선 ○○6호에 접근하여 그 배에 올라탔다. 그리고 당직중인 일등항해사 박○○(당○○세)에게 잭나이프를 들이대고 "죽고 싶지 않으면 찍소리도 내지 마라"라는 등 그를 협박하고 반항을 하지 못하도록 난간에 묶은 후 그 배에 있던 위 박○○가 관리하는 주식회사 ○○카메라(대표 김○○)의 탁송품인 시가 합계○○만원 상당의 ○○카메라 ○○개들이 ○상자를 모터보트에 옮겨 싣고 운반하여서 이를 강취하였다.

(2) 피의자 김○○ 피의자 최○○ 는20○○. ○. ○. 18 : 30경, 인천시 ○○구 ○○동 연안부두에서 잠시 머물고 있는 구○○(당○○세) 소유의 거룻배(8톤급)에 뛰어들어, 그와 그의 장남 구○○(당○○세)에게 소지한 생선요리칼을 들이대며, "허튼짓 하면 죽여서 수장시켜 주겠다"라는 등 그들을 협박하여 그들의 반항을 억압하였다. 그리고 그 배에 실려 있던 ○○주식회사(대표 장○○)소유의 시가 합계 약 ○○만원 상당의 손목시계 ○○개입 상자 ○개를 강취하였다.

● **수사사례**

- 여러명이 보트를 타고 인천항에 정박중인 해상의 화물선에 올라가 당직중인 항해사를 칼로 위협하고 손과 발을 끈으로 묶어놓은 후 돈을 빼앗고 갑판 위에 있던 전자제품 박스를 모터보트에 옮겨 싣고 운반하여 이를 빼앗은 경우 해상강도죄 성립

14. 상습범

제341조【상습범】

상습으로 제333조, 제334조, 제336조 또는 전조제1항의 죄를 범한 자는 무기 또는 10년 이상의 징역에 처한다.

[공소시효] : 10년, 15년

◈ 대법원 양형위원회의 양형기준 ◈

1. 상습 · 누범강도

상습으로 강도, 특수강도의 죄를 범한 경우(형법 제341조), 상습으로 강도(미수범 포함), 특수강도(미수범 포함)의 죄를 범한 경우(특가법 제5조의4 3항), 형법 제333조 내지 제336조(미수범 포함), 제340조(미수범 포함)의 죄로 3회 이상 징역형을 받고 다시 강도, 특수강도 등을 누범으로 범한 경우(특가법 제5조의4 5항), 형법 제337조(미수범 포함)의 죄로 형을 받아 그 집행을 종료하거나 면제를 받은 후 3년 내에 재범한 경우(특가법 제5조의5)

(1) 기본 : 6년 - 10년 / (2) 감경 : 5년 - 8년 / (3) 가중 : 8년 - 12년

Ⅰ. 이론

상습으로 강도죄(제333조), 특수강도죄(제334조), 인질강도죄(제336조), 해상강도죄(제340조 1항)를 범한 자는 상습범으로 처벌한다.

Ⅱ. 판례

◆ 강도상습성의 발현으로 보여지는 강도예비죄가 특정범죄가중처벌등에관한법률 제5조의4 제3항 소정의 상습강도죄와 포괄일죄의 관계에 있는지 여부(적극)

특정범죄가중처벌등에관한법률 제5조의4 제3항에 규정된 상습강도죄를 범한 범인이 그 범행 외에 상습적인 강도의 목적으로 강도예비를 하였다가 강도에 이르지 아니하고 강도예비에 그친 경우에도 그것이 강도상습성의 발현이라고 보여지는 경우에는 강도예비행위는 상습강도죄에 흡수되어 위 법조에 규정된 상습강도죄의 1죄만을 구성하고 이 상습강도죄와 별개로 강도예비죄를 구성하지 않는다고 보아야 한다(대법원 2002. 11. 26. 선고 2002도5211 판결).

◆ 2회에 걸친 절도죄의 전과만으로 강도죄의 상습성을 인정할 수 있는지 여부(소극)

특정범죄가중처벌등에관한법률 제5조의4 제3항 상습강도범은 강도의 습벽이 있는 자가 그 습벽이 발현되어 강도죄를 범한 경우에 성립되는 것이므로 절도죄의 전과가 2회 있을 뿐 강도의 전력이 없다면 위와 같은 절도의 전과만으로 강도죄의 상습성을 인정하는 자료로 삼을 수 없다(대법원 1989. 12. 12. 선고 89도1995 판결).

◆ 전과는 없으나 단기간내의 반복된 범행인 점등을 이유로 상습성을 인정한 사례

비록 피고인에게 강도의 전과사실이 없다 하더라도 불과 3개월 남짓 사이에 16회에 걸쳐 특수강도행위를 반복하였고 여러 사람이 한밤 중에 칼을 협박의 도구로 사용하며 피해자들을 묶어 놓는 등 그 범행의 수단방법이 범행을 거듭함에 따라 전문화, 대형화해 가고 있다면 특수강도의 상습성을 인정할 수 있다(대법원 1986. 6. 10. 선고 86도778 판결).

◆ 확정판결이 있은 특수강도의 상습범에 대한 가중죄인 특정범죄가중처벌등에관한 법률 위반죄의 기판력이 동 판결확정 전의 강도상해죄에 미치는지 여부

형법은 제341조에서 강도, 특수강도, 약취강도, 해상강도의 각죄에 관해서는 상습범 가중규정을 두고 있으나, 강도상해, 강도살인, 강도강간 등의 각죄에 관해서는 상습범가중규정을 두고 있지 않으므로 강도상해죄가 상습강도죄의 확정판결전에 범한 것이라 하더라도 상습강도죄와 강도상해(강도살인, 강도강간) 죄는 포괄적 일죄의 관계에 있기 보다는 실체적 경합관계에 있다고 해석함이 마땅하다 할 것이므로 특수강도의 상습범에 대한 가중죄인 특정범죄가중처벌등에 관한 법률 위반죄의 기판력은 강도상해 죄에 미치지 않는다(대법원 1982.10.12. 선고 82도1764 판결).

15. 미수범

> **제342조【미수범】**
> 제329조 내지 제341조의 미수범은 처벌한다.
> [전문개정 1995. 12. 29.]

[동력] 346, [친족간의범행] 328 · 344, [미수범] 25-29

Ⅰ. 판례

◆ 절도죄의 실행의 착수가 있다고 본 사례

범인들이 함께 담을 넘어 마당에 들어가 그 중 1명이 그곳에 있는 구리를 찾기 위하여 담에 붙어 걸어가다가 잡혔다면 절취대상품에 대한 물색행위가 없었다고 할 수 없다(대법원 1989. 9. 12. 선고 89도1153 판결).

◆ 절취의 목적으로 재물을 물색한 경우 실행의 착수여부

금품을 훔칠 목적으로 피해자의 집에 담을 넘어 침입하여 그 집 부엌에서 금품을 물색하던 중에 발각되어 도주한 것이라면 이는 절취행위에 착수한 것이라고 보아야 한다(대법원 1987. 1. 20. 선고 86도2199 판결).

◆ 절도행위의 실행에 착수한 것으로 볼 수 없다고 판단한 예

절도의 목적으로 피해자의 집 현관을 통하여 그 집 마루 위에 올라서서 창고문 쪽으로 향하다가 피해자에게 발각, 체포되었다면 아직 절도행위의 실행에 착수했다고 볼 수 없다(대법원 1986. 10 .28. 선고 86도1753 판결).

◆ 절취의 목적으로 자동차내부를 손전등으로 비추어 본 것이 절도의 실행에 착수한 것인지 여부

노상에 세워놓은 자동차 안에 있는 물건을 훔칠 생각으로 자동차의 유리창을 통하여 그 내부를 손전등으로 비쳐 본 것에 불과하다면 비록 유리창을 따기 위해 면장갑을 끼고 있었고 칼을 소지하고 있었다 하더라도 <u>절취행위의 착수에 이른 것이라고 볼 수 없다</u>(대법원 1985. 4. 23. 선고 85도464 판결).

16. 예비, 음모

제343조【예비, 음모】
강도할 목적으로 예비 또는 음모한 자는 7년 이하의 징역에 처한다.

[강도] 333 · 334 · 336 · 340, [예비음모] 28, [군용물범죄] 군용물3 · 5, [공소시효] : 7년

Ⅰ. 이론

1. 구성요건

(1) 강도의 예비

1) 강도의 결의를 하고 실행의 착수에 이르지 않은 경우이다.

2) 결의의 존재가 객관적으로 인식할 정도에 이르러야 한다. 예컨대, 강도에 사용할 흉기를 사거나, 흉기를 휴대하고 대상을 물색하러 다닌 때, 강도의 목적으로 주거에 침입한 때 등으로 그 예비가 있었다는 것을 인식할 수 있어야 한다.

① 강도할 목적으로 흉기를 휴대하고 범행 대상자를 향하여 출발한 때에는 범행대상지에 도착하거나 도착하여 주거에 들어가지 않아도 이미 강도예비죄가 성립한다.

② 강도를 하기 위해 식칼과 만능열쇠를 가지고 노상에서 대상을 물색하다가 붙잡힌 경우에는 강도예비가 된다.

③ 택시강도의 목적으로 흉기를 휴대하고 택시에 승차했으나, 가면서 범행의 기회를 엿보다가 체포되었다면 강도예비가 된다.

3) 강도의 예비행위에서 착수행위로 나아가면 예비행위는 당연히 착수행위에 흡수된다.

(2) 강도의 음모

1) 강도를 실행할 목적으로 2인 이상이 음모하였으면 된다.

2) 음모란 2인 이상의 사이에서 성립한 범죄실행의 합의로서 아직 예비의 단계자로서 나아가지 않은 경우를 말한다.

Ⅱ. 판례

◆ 강도상습성의 발현으로 보여지는 강도예비죄가 특정범죄가중처벌등에관한법률 제5조의4 제3항 소정의 상습강도죄와 포괄일죄의 관계에 있는지 여부

특정범죄가중처벌등에관한법률 제5조의4 제3항에 규정된 상습강도죄를 범한 범인이 그 범행 외에 상습적인 강도의 목적으로 강도예비를 하였다가 강도에 이르지 아니하고 강도예비에 그친 경우에도 그것이 강도상습성의 발현이라고 보여지는 경우에는 강도예비행위는 상습강도죄에 흡수되어 위 법조에 규정된 상습강도죄의 1죄만을 구성하고 이 상습강도죄와 별개로 강도예비죄를 구성하지 아니한다(대법원 2003. 3. 28. 선고 2003도665 판결).

◆ 강도예비의 증명이 부족하다고 본 사례

피고인이 야간에 식칼 1개, 돼지저금통, 현금, 여자 블라우스, 남자 와이셔츠 등 의류와 양말들이 들어있는 가방을 들고 오토바이를 타고 가다가 방범대원의 질문에 응하지 아니한 사실밖에 인정되지 아니하는 제1심판결 적시의 증거만 가지고서는 피고인이 강도할 목적으로 예비하였다고 인정하는데 합리적인 의심이 없는 정도의 증명이 있었다고 보기는 어렵다(대법원 1989. 11. 28. 선고 89도1909 판결).

◆ 강도를 할 목적에 이르지 않고 준강도할 목적이 있음에 그치는 경우에 강도예비·음모죄가 성립하는지 여부

(1) 사실관계

피고인은 심야의 인적이 드문 주택가 주차장이나 길가에 주차된 자동차를 골라 그 문을 열고 동전 등 물건을 훔치는 범행을 계획하고 피고인이 주택가를 배회하며 범행 대상을 물색하던 중 체포되었다. 그 당시 피고인은 등산용 칼을 휴대하고 있었는데 이는 뜻하지 않게 절도 범행이 발각되었을 경우 체포를 면탈하는데 도움이 될 수 있을 것이라는 정도의 생각에서 휴대하고 있었던 것이다.

(2) 판결요지

강도예비·음모죄가 성립하기 위해서는 예비·음모 행위자에게 미필적으로라도 '강도'를 할 목적이 있음이 인정되어야 하고 그에 이르지 않고 단순히 '준강도' 할 목적이 있음에 그치는 경우에는 강도예비·음모죄로 처벌할 수 없다(대법원 2006. 9. 14. 선고 2004도6432 판결).

◆ 강도예비로 공소를 제기하면서 강도결의를 하였다는 부분을 적시하고 있는 경우 위 강도 결의부분만을 따로 강도음모죄의 공소로 볼 수 있는지의 여부(소극)

본조는 그 구성요건으로서 예비와 음모를 따로 규정하고 있으니 예비는 음모에 해당하는 행위를 제외하는 것으로 새겨야 할 것인바, 강도예비로 공소를 제기하면서 공소사실 첫머리에 강도결의를 하였다는 부분을 적시하고 있다 하더라도 그 결의의 일시·장소 등이 명시되어 있지 아니하고 그 공소사실 말미에 강도의 예비를 하였다는 문구 등이 있다면 이는 강도예비죄의 공범관계에 있음을 적시한 것일 뿐 그 결의 자체를 따로 강도음모죄로 공소한 것으로는 볼 수 없다(대법원 1984. 12. 11. 선고 82도3019 판결).

◆ 형법상 음모죄의 성립요건

형법상 음모죄가 성립하는 경우의 음모란 2인 이상의 자 사이에 성립한 범죄실행의 합의를 말하는 것으로, 범죄실행의 합의가 있다고 하기 위하여는 단순히 범죄결심을 외부에 표시 · 전달하는 것만으로는 부족하고, 객관적으로 보아 특정한 범죄의 실행을 위한 준비행위라는 것이 명백히 인식되고, 그 합의에 실질적인 위험성이 인정될 때에 비로소 음모죄가 성립한다고 할 것이다.

원심이 같은 취지에서 피고인 1와 피고인 3이 수회에 걸쳐 '총을 훔쳐 전역 후 은행이나 현금수송차량을 털어 한탕 하자'는 말을 나눈 정도만으로는 강도음모를 인정하기에 부족하다고 판단한 것은 정당하고, 거기에 강도음모죄의 법리를 오해하여 판결결과에 영향을 미친 위법이 있다고 할 수 없다(대법원 1999. 11. 12. 선고 99도3801 판결).

Ⅲ. 수사실무

1. 수사포인트

(1) 예비의 경우, 피의자의 자백에만 의존하는 경우가 많은데 자백을 번복하는 경우가 많으므로 증거물과 주변조사를 철저히 해야 한다.

(2) 음모는 보통 실행에 앞서 발각되거나 공모자 중 1인의 자복, 자수에 의해 밝혀지는 경우가 많다.

2. 범죄사실 기재례

【범죄사실 기재례】

(1) 피의자는 평소 지병인 간질병으로 취직이 안 되어 생활이 어렵게 되자 타인의 재물을 강취하려고 20○○. ○. ○. 23 : 00경 서울 중랑구 상봉2동 상봉장여관 앞 길에서 같은

해 ○. ○. 같은구 중화3동 태평시장 노점상으로부터 구입한 맥가이버칼(칼날이 약 7cm)을 잠바 왼쪽 속주머니에 넣고 술에 취하여 그곳을 지나가는 행인을 상대로 어슬렁거리면서 범행대상을 물색하여 강도의 예비를 하였다.

(2) 피의자는 20○○. ○. ○. 11:30경 ○○시 ○○구 ○○동 ○○시장에서 범행에 사용할 목적으로 일식조리용칼(칼날길이 20센티미터), 박스접착용테이프, 스키마스크를 구입하여 소지하고 같은 날 22:00경 △△시 △△구 △△동 123번지 최○○의 집에 이르러 그곳에서 침입하려고 집안 동정을 살피면서 강도를 예비하였다.

● **수사사례**

- 주택에 침입하여 주부의 어깨를 붙잡고 반항하지 못하게 한 후 금품을 요구하였으나 피해자가 "사람살려"라고 구원을 요청하자 옆집에 사는 주민이 달려와 체포된 경우 강도미수죄 성립
- 남의 집에 침입하여 금품을 빼앗을 목적으로 칼을 소지하고 그 집 뒷문 출입구에서 집안의 동정을 살피다가 경찰 순찰차 사이렌 소리에 놀라 도주한 경우 강도예비죄 성립

17. 친족상도례

제344조【친족간의 범행】

제328조의 규정은 제329조 내지 제332조의 죄 또는 미수범에 준용한다.

[친족] 민767-769 · 777, [고소] 형소223 · 225 · 230 · 232 · 233, [형면제선고] 형소322, [미수범] 25

Ⅰ. 이론

1. 친족상도례

(1) 의의

강도죄와 손괴죄를 제외한 재산죄에 있어서 친족간의 범죄는 형을 면제하거나 고소가 있어야 논할 수 있는 특례가 인정되는데 이를 친족상도례라고 한다.

(2) 법적성질

친족상도례에 의하여 형을 면제하는 경우 그 법적성질에 관하여 통설은 인적 처벌조각사유라고 한다.

(3) 친족의 범위

1) 친족관계의 존재범위

친족상도례가 적용되기 위하여는 친족관계가 행위자와 재물의 소유자 및 점유자 사이에 있어야 한다(통설, 판례). 친족이 친족아닌 자의 재물을 점유하고 있는 때에는 물론, 친족 아닌 자가 친족 소유의 재물을 점유하고 있는 때에도 친족상도례는 적용될 수 없다.

▣ 근거판례 ▣

친족상도례에 관한 규정은 범인과 피해물건의 소유자 및 점유자 모두 사이에 친족관계가 있는 경우에만 적용되는 것이고 절도범인이 피해물건의 소유자나 점유자의 어느 일방과 사이에서만 친족관계가 있는 경우에는 그 적용이 없다(대법원 1980.11.11. 선고 80도131 판결).

2) 친족의 범위

친족의 범위는 민법 제777조에 따라 정해진다.

(4) 친족관계의 착오

친족상도례가 적용되기 위해서는 친족관계가 객관적으로 존재하면 되고 행위자가 이를 인식할 필요는 없다. 따라서 친족관계에 대한 착오는 고의에 영향을 미치지 않아 범죄성립에 지장이 없다.

(5) 적용범위

친족상도례는 정범뿐만 아니라 공범에게도 적용된다.

Ⅱ. 판례

◆ 인지의 소급효가 친족상도례 규정에 미치는지 여부(적극)

형법 제344조, 제328조 제1항 소정의 친족간의 범행에 관한 규정이 적용되기 위한 친족관계는 원칙적으로 범행 당시에 존재하여야 하는 것이지만, 부가 혼인 외의 출생자를 인지하는 경우에 있어서는 민법 제860조에 의하여 그 자의 출생시에 소급하여 인지의 효력이 생기는 것이며, 이와 같은 인지의 소급효는 친족상도례에 관한 규정의 적용에도 미친다고 보아야 할 것이므로, 인지가 범행 후에 이루어진 경우라고 하더라도 그 소급효에 따라 형성되는 친족관계를 기초로 하여 친족상도례의 규정이 적용된다(대법원 1997. 1. 24. 선고 96도1731 판결).

◆ 절도범인이 피해물건의 소유자나 점유자의 어느 일방과의 사이에서만 친족관계가 있는 경우에 친족상도례에 관한 규정의 적용이 있는지 여부

친족상도례에 관한 규정은 범인과 피해물건의 소유자 및 점유자 모두 사이에 친족관계가 있는 경우에만 적용되는 것이고 절도범인이 피해물건의 소유자나 점유자의 어느 일방과 사이에서만 친족관계가 있는 경우에는 그 적용이 없다(대법원 1980. 1. 11. 선고 80도131 판결).

◆ 절도범인이 피해물건의 소유자와 점유자 중 어느 한쪽과만 친족관계가 있는 경우, 친족상도례에 관한 규정의 적용 여부(소극)

당사자 사이에 자동차의 소유권을 그 등록명의자 아닌 자가 보유하기로 약정한 경우, 그 약정 당사자 사이의 내부관계에서는 등록명의자 아닌 자가 소유권을 보유하게 된다고 하더라도 제3자에 대한 관계에서는 어디까지나 그 등록명의자가 자동차의 소유자라고 할 것이다(대법원 2007. 1. 11. 선고 2006도4498 판결, 대법원 2012. 4. 26. 선고 2010도11771 판결 등 참조). 한편 형법상 절취란 타인이 점유하고 있는 자기 이외의 자의 소유물을 점유자의 의사에 반하여 그 점유를 배제하고 자기 또는 제3자의 점유로 옮기는 것을 말하고(대법원 2010. 2. 25. 선고 2009도5064 판결 등 참조), 형법 제344조에 의하여 준용되는 형법 제328조 제1항에 정한 친족간의 범행에 관한 규정은 범인과 피해물건의 소유자 및 점유자 쌍방간에 같은 규정에 정한 친족관계가 있는 경우에만 적용되는 것이며, 단지 절도범인과 피해물건의 소유자간에만 친족관계가 있거나 절도범인과 피해물건의 점유자간에만 친족관계가 있는 경우에는 그 적용이 없다고 보아야 한다(대법원 1980. 11. 11. 선고 80도131 판결 참조).

원심이 유지한 제1심이 적법하게 채택한 증거들을 종합하면, 피고인과 피고인의 처 공소외 1은 그녀 명의로 등록된 (차량 번호 생략) 봉고 화물자동차(이하 '이 사건 자동차' 라 한다)를 피고인이 소유하기로 약정한 사실, 공소외 1은 자동차매매업자인 공소외 2를 통하여 피해자에게 이 사건 자동차를 매도한 사실, 피해자는 공소외 2에게 매매대금을 모두 지급하고 이 사건 자동차를 인도받아 이를 부산 수영구 망미동 소재 노상에 주차해 둔 사실, 피고인은 피해자가 주차해 둔 이 사건 자동차를 발견하고 임의로 운전하여 간 사실을 알 수 있다.

이러한 사실관계를 앞서 본 법리에 비추어 살펴보면, 제3자인 피해자에 대한 관계에서는 이 사건 자동차의 등록명의자인 공소외 1이 그 소유자이고, 피해자가 매수하여 점유하던 이 사건 자동차를 피고인이 임의로 가져간 이상 절도죄가 성립하며, 피고인은 이 사건 자동차의 소유자인 공소외 1과 친족관계가 있을 뿐 그 점유자인 피해자와는 친족관계가 없으므로 피고인의 절도죄에는 친족간의 범행에 관한 형법 제328조 제1항이 적용되지 아니한다고 할 것이다.

따라서 원심이 이 사건 공소사실을 유죄로 인정한 제1심판결을 그대로 유지한 것은 정당하고, 거기에 상고이유의 주장과 같이 친족간의 범행에 관한 법리를 오해하거나 논리와 경험의 법칙을 위반하고 자유심증주의의 한계를 벗어나 사실을 잘못 인정하는 등으로 판결 결과에 영향을 미친 위법이 없다.

피고인은 경찰이 피고인에게 이 사건 자동차를 반환할 것을 강요하는 등 불법적이고 편파적인 수사를 하였다고 주장하나, 기록을 살펴보아도 이러한 사정이 인정되지 아니한다. 이 부분 상고이유의 주장도 받아들일 수 없다(대법원 2014. 9. 25., 선고, 2014도8984, 판결).

◆ **결혼한 오빠가 부재중 그 집에서 그 소유의 민화를 절취한 경우 친족상도례의 적용여부**

이 건 피해품인 민화가 피고인의 오빠가 매수한 것이라면 이는 동인의 특유재산으로서 이에 대한 점유·관리권은 동인에게 있다 할 것이고 범행당시 비록 동인이 집에 없었다 하더라도 그것이 동인소유의 집 벽에 걸려 있었던 이상 동인의 지배력이 미치는 범위안에 있는 것이라 할 것이므로 동인의 소지에 속하고, 그 부부의 공동점유하에 있다고 볼 수는 없어 이를 절취한 행위에 대하여는 친족상도례가 적용된다(대법원 1985. 3. 26. 선고 84도365 판결).

Ⅲ. 수사실무

1. 범죄사실 기재례

【범죄사실 기재례】

피의자 도○○는 20○○. ○. ○. 23:30경 서울 ○○동 ○○번지에 있는 자신의 누이 도△△이 경영하는 ○○의상실에 찾아가 뒷곁에 연결된 창고의 자물쇠를 장도리로 떼어낸 다음 그 안에 들어가 그곳에 있는 피해자 소유의 시가 ○○만원 상당 남녀정장 ○○벌, 을 절취하였다.

2. 적용실례

(1) 동거 삼촌의 지갑을 절취한 경우

동거하는 삼촌의 지갑을 절취하였다.

➡ 피해자와 피의자는 숙질간이고 동거하는 동거친족이므로 형법 제344조, 제328조 제1항에 의하여 피해자의 처벌의사 유무에 상관없이 형

이 면제되어 공소권이 없다.

(2) 동거녀의 금품을 절취한 경우

사실상 동거중인 여자의 금품을 절취하였다.

➡ 내연관계에 있다는 이유로 공소권없음으로 할 수도 있으나, 이 경우는 법률상 혼인관계에 있지 않으므로 친족상도례가 적용되지 않는다. 따라서 공소권없음으로 할 수 없고, 기소의견으로 해야 한다.

18. 자격정지의 병과

제345조【자격정지의 병과】

본장의 죄를 범하여 유기징역에 처할 경우에는 10년 이하의 자격정지를 병과할 수 있다.

[자격정지] 44 [공소시효] 형소249① · 250

19. 동력

제346조【동력】

본장의 죄에 있어서 관리할 수 있는 동력은 재물로 간주한다.

[준용] 354 · 361 · 372, [재물] 민98

Ⅰ. 판례

◆ 임차인이 임대계약 종료 후 식당건물에서 퇴거하면서 종전부터 사용하던 냉장고의 전원을 켜 둔 채 그대로 두어 전기가 소비된 사안에서 절도죄의 성립을 부정한 경우

임차인이 임대계약 종료 후 식당건물에서 퇴거하면서 종전부터 사용하던 냉장고의 전원을 켜 둔 채 그대로 두었다가 약 1개월 후 철거해 가는 바람에 그 기간 동안 전기가 소비된 사안에서, 임차인이 퇴거 후에도 냉장고에 관한 점유·관리를 그대로 보유하고 있었다고 보아야 하므로, 냉장고를 통하여 전기를 계속 사용하였다고 하더라도 이는 당초부터 자기의 점유·관리하에 있던 전기를 사용한 것일 뿐 타인의 점유·관리하에 있던 전기가 아니어서 절도죄가 성립하지 않는다고 한 사례(대법원 2008.7.10, 선고, 2008도3252, 판결).

제39장 사기와 공갈의 죄 (제347조~제354조)

제39장 사기와 공갈의 죄(제347조~제354조)

1. 사기죄

> **제347조【사기】**
>
> ① 사람을 기망하여 재물의 교부를 받거나 재산상의 이익을 취득한 자는 10년 이하의 징역 또는 2천만원 이하의 벌금에 처한다. 〈개정 1995.12.29.〉
>
> ② 전항의 방법으로 제삼자로 하여금 재물의 교부를 받게 하거나 재산상의 이익을 취득하게 한 때에도 전항의 형과 같다.

[공소시효] : 10년

○ 이 죄는 사람을 기망하여 재물을 편취 또는 재산상의 불법한 이익을 취득하거나 제3자로 하여금 이를 얻게 하는 행위 및 이에 준하는 행위를 내용으로 하는 범죄이다. 따라서 이 죄는 재물죄인 동시에 이득죄에 해당한다.

Ⅰ. 이론

1. 구성요건

(1) 객관적 구성요건

1) 객체

사기죄의 객체는 '재물 또는 재산상의 이익'이다.

재물이란 타인소유, 타인점유의 재물을 말하며, 동산, 부동산을 불문한다. 재산상의 이익이란 노무제공이나 담보제공과 같은 적극적 이익이나, 채무면제와 같은 소극적 이익 그 밖에 일시적 이익이나 영속적 이익을 불문한다. 기망에 의할지라도 재산상 이익을 취득한 것이 아니라면 사기죄는 성립하지 않음을 주의해야 한다.

▣ 근거판례 ▣

약속어음공정증서에 증서를 무효로 하는 사유가 존재한다고 하더라도 그 증서 자체에 이를 무효로 하는 사유의 기재가 없고 외형상 권리의무를 증명함에 족한 체제를 구비하고 있는 한 그 증서는 형법상의 재물로서 사기죄의 객체가 됨에 아무런 지장이 없다(대법원 1995. 12. 22. 선고 94도3013 판결).

2) 기망행위

기망이란 널리 거래관계에서 지켜야 할 신의칙에 반하는 행위로서 사람으로 하여금 착오를 일으키게 하는 것을 말한다.

가. 기망행위의 대상

기망행위의 대상은 '사실' 이다. 즉, 구체적으로 증명할 수 있는 과거와 현재의 상태로서 상대방이 재산적 처분행위를 함에 있어서 판단의 기초가 되는 것을 의미한다.

'의견이나 가치판단' 이 대상이 될 수 있는지와 관련하여 포함된다고 보는 견해(오영근)도 있으나, 제외된다는 견해가 다수설이다.

나. 기망행위의 수단

수단·방법에는 제한이 없고 일반에게 착오를 일으킬 수 있는 모든 행위가 포함되므로 명시적이든 묵시적이든 부작위이든 묻지 않는다. 다만 부작위에 의한 기망행위가 사기죄를 구성하기 위해서는 행위자가 상대방의 착오를 제거해야 할 보증인 지위에 있어야 하며, 이러한 보증인 지위는 법령, 계약, 선행행위는 물론 신의성실의 원칙에 의해서도 발생할 수 있다.

① 작위에 의한 기망행위

작위에 의한 기망행위에는 언어 · 문서 등에 의하여 허위의 주장을 하는 것을 의미하는 명시적 기망행위와 행동에 의하여 허위의 주장을 하는 것을 의미하는 묵시적 기망행위가 있다. 묵시적 기망행위는 부작위에 의한 기망행위와 구별되는데, 묵시적 기망행위의 경우에는 보증인 지위가 필요 없다는 점에서 부작위에 의한 기망행위와 차이가 있다. 묵시적 기망행위의 예로는 무전취식 · 무전숙박의 문제(처음부터 지불의사나 지불능력이 없이 취식이나 숙박한 경우에 주문행위나 숙박행위는 지불의사와 능력이 있음을 묵시적으로 설명하는 것이므로 사기죄가 성립), 처분권 없는 자의 재물의 처분(이러한 처분행위는 자신이 소유자로서 처분권한

이 있음을 묵시적으로 표현한 것으로 볼 수 있으므로 묵시적 기망행위에 해당) 등을 들 수 있다.

② 부작위에 의한 기망행위

부작위에 의한 기망행위가 성립하려면 상대방은 스스로 착오에 빠져 있어야 하고, 행위자는 상대방의 착오를 제거하여 피해자의 재산침해를 방지해야 할 보증인 지위에 있어야 하며, 이에 근거하여 상대방에게 사실을 알려야 할 고지의무가 있어야 한다. 또 동가치성(부작위에 의한 기망이 작위에 의한 기망과 그 행위정형에 있어서 동가치성이 인정되어야 함)이 인정되어야 한다.

고지의무는 법령, 계약, 선행행위 뿐만 아니라 신의칙에 의해서도 발생할 수 있다. 다만, 계약관계 그 자체만으로 신의칙상의 고지의무가 인정되는 것은 아니고 특별한 신임관계가 요구된다.

▣ 근거판례 ▣

사기죄의 요건으로서의 기망은 널리 재산상의 거래관계에 있어 서로 지켜야 할 신의와 성실의 의무를 저버리는 모든 적극적 또는 소극적 행위를 말하는 것이고, 이러한 소극적 행위로서의 부작위에 의한 기망은 법률상 고지의무 있는 자가 일정한 사실에 관하여 상대방이 착오에 빠져 있음을 알면서도 이를 고지하지 아니함을 말하는 것으로서, 일반거래의 경험칙상 상대방이 그 사실을 알았더라면 당해 법률행위를 하지 않았을 것이 명백한 경우에는 신의칙에 비추어 그 사실을 고지할 법률상 의무가 인정되는 것이다(대법원 1998. 12. 8. 선고 98도3263 판결).

다. 기망행위의 정도

① 단순히 사람을 착오에 빠뜨리게 한 것만으로는 기망이 있었다고 할 수 없고, 적어도 그것이 거래관계에 있어서 신의칙에 반하는 정도에 이르러야 한다.

② 이중매매 또는 이중저당의 경우 : 이중매매 또는 이중저당이란 갑이 부동산을 을에게 매도하거나 저당권을 설정하는 계약을 체결하고 아직 등기를 경료하지 않은 것을 이용하여 병과 다시 계약을 체결하고 그에게 등기를 경료해 준 경우를 말한다. 갑이 을에게 이미 등기를 마친 사실을 숨기고 병과 계약을 맺은 때에는 사기죄가 성립한다는 데 의문이 없다. 이중매매 또는 이중저당의 경우에는 을에 대한 관계에서 배임죄가 성립하는 여부는 별문제로 하고 병에 대하여 사기죄가 성립할 여지가 없다.

3) 피기망자의 착오

착오란 관념과 현실이 일치하지 않는 것을 말한다.

가. 착오의 내용

통설은 착오가 반드시 법률행위의 내용의 중요부분에 대한 것임을 요하지 않고 동기의 착오로도 족하며, 사실에 대한 것이든 가치판단에 대한 것이든 묻지 않는다고 한다. 그러나 단순한 동기의 착오만으로는 착오라고 할 수 없고 착오의 대상도 사실에 제한된다고 보아야 한다.

나. 기망과 착오의 인과관계

기망과 상대방의 착오 사이에는 인과관계가 있어야 한다. 그러나 기망행위가 착오에 대한 유일한 원인이 될 필요는 없다.

다. 피기망자

① 피기망자는 반드시 피해자와 일치할 필요는 없다(삼각사기).

▣ 이견있는 형사사건의 법원판단 ▣

[삼각사기의 문제]

1. 문제점 : 처분행위자와 피기망자는 동일인이어야 하지만, 처분행위자와 피해자는 동일인일 필요는 없다. 처분행위자(피기망자)와 피해자가 일치하지 않는 경우를 삼각사기라고 한다. 삼각사기와 선의의 도구를 이용한 절도죄와의 구별을 위해서 처분행위자와 피해자가 어떠한 관계에 있어야 하는가가 문제된다.
2. 학설

(1) 계약관계설 : 재산처분권은 피해자의 의사에 의한 경우에만 인정하여야 하므로 처분행위자가 피해자의 재산을 처분할 수 있는 계약관계가 있어야 한다는 견해

(2) 법적 권한설 : 처분행위자에게 피해자의 재산을 처분할 수 있는 법적 권한이 있어야 한다는 견해

(3) 사실상의 지위설 : 처분행위자가 사실상 피해자의 재산을 처분할 수 있는 지위에 있으면 족하다는 견해

3. 판례 : 사실상의 지위설의 태도

피해자를 위하여 재산을 처분할 수 있는 권능이나 지위라 함은 반드시 사법상의 위임이나 대리권의 범위와 일치하여야 하는 것은 아니고 피해자의 의사에 기하여 재산을 처분할 수 있는 서류 등이 교부된 경우에는 피기망자의 처분행위가 설사 피해자의 진정한

의도와 어긋나는 경우라고 할지라도 위와 같은 권능을 갖거나 그 지위에 있는 것으로 보아야 한다(대법원 1994. 10. 11. 선고 94도1575 판결).

② 소송사기 : 소송사기란 법원에 허위사실을 주장하거나 허위의 증거를 제출하여 법원을 기망하고 승소판결을 받는 경우를 말한다. 피기망자는 법원이지만 피해자는 소송상대방이다. 소송사기는 불실한 청구를 목적으로 법원에 소장을 제출한 때에 실행의 착수가 있으며, 법원을 기망하여 승소판결이 확정되면 기수에 이른다.

③ 허위의 채권으로 지급명령을 신청하거나, 가처분·가압류 또는 재판상 화해를 신청하는 경우 가압류·가처분은 강제집행의 보전절차에 지나지 않아 청구의 의사를 표시한 것으로 볼 수 없고 법정화해는 그것으로 새로운 법률관계가 창설되는 것이므로 화해의 내용이 실제 법률관계와 일치하지 않는다고 해서 사기죄가 성립할 수는 없다. 지급명령은 독촉절차에 지나지 않지만 채무자가 이의신청을 하면 소를 제기한 것으로 간주되고 이의신청이 없거나 각하된 때에는 확정판결과 같은 효과를 가지게 되어 이로 인하여 채무자는 손해를 입게 되므로 사기죄가 성립한다고 볼 것이다.

4) 처분행위

사기죄는 피기망자의 의사에 따른 처분행위에 의하여 재물을 교부하는 등의 점에서 절도죄나 강도죄와 구별된다.

가. 처분행위의 의의

처분행위란 직접 재산상의 손해를 초래하는 행위·受忍 또는 부작위를 말한다. 처분행위는 민법상의 개념이 아니므로 민법상의 법률행위에 한하지 않고 순수한 사실행위도 포함한다. 판례는 처분행위라고 하기 위하여는 처분의사가 있어야 한다고 하지만(대법원 1987.10.26. 선고 87도1042 판결), 객관적으로 손해를 초래할 수 있는 행위이면 족하고 처분의사가 있을 것은 요하지 않는다고 해야 할 것이다.

■ 이견있는 형사사건의 법원판단 ■

[처분의사의 요부]

1. 문제점 : 처분의사란 자기의 행위로 인하여 재물의 점유 또는 재산상의 이익이 타인에게 이전되거나, 반대로 채무와 같은 재산상 부담이 넘어온다는 점에 대한 피기망자의 인식을 말한다. 이러한 처분의사가 처분행위의 내용으로 요구되는지에 대하여 견해가 나뉜다.

2. 학설

(1) 긍정설(다수설) : 처분의사가 없는 경우 절도죄와의 구별이 어려우므로 처분의사가 있어야 처분행위가 인정될 수 있다고 하는 견해

(2) 부정설 : 처분행위는 객관적으로 손해를 초래할 수 있는 행위이면 족하며 처분의사를 필요로 하지 않는다는 견해

(3) 절충설 : 이득사기죄의 경우에는 처분행위의 인식이 필요 없지만 재물사기죄의 경우에는 절도죄와의 구별을 위해 처분행위의 인식이 필요하다는 견해

3. 판례 : 긍정설의 태도

사기죄는 타인을 기망하여 착오에 빠뜨리고 그로 인한 처분행위로 재물의 교부를 받거나 재산상의 이익을 취득한 때에 성립하는 것이므로, 피고인이 피해자에게 부동산매도용인감증명 및 등기의무자본인확인서면의 진실한 용도를 속이고 그 서류들을 교부받아 피고인 등 명의로 위 부동산에 관한 소유권이전등기를 경료하였다 하여도 피해자의 위 부동산에 관한 처분행위가 있었다고 할 수 없을 것이고 따라서 사기죄를 구성하지 않는다(대법원 2001. 7. 13. 선고 2001도1289 판결).

나. 처분행위자

처분행위자는 피기망자와 일치해야 한다. 그러나 처분행위자와 피해자가 일치할 필요는 없다. 처분행위자와 피해자가 일치하지 않는 경우에 관하여는 ① 처분행위자에게 피해자의 재물을 처분할 수 있는 법적 권한이 있어야 한다는 권한설(판례), ② 사실상 타인의 재산을 처분할 수 있는 지위에 있으면 족하다는 지위설, ③ 아무 권한과 지위가 필요없이 사실상 처분행위가 있으면 된다는 불요설 등의 견해가 대립한다.

다. 처분행위와 착오 및 손해

기망행위와 착오의 경우와 같이 피기망자의 착오와 처분행위 사이에도 인과관계가 있어야 하며, 처분행위는 그것이 직접 재산상의 손해를 발생하는 것이어야 한다.

5) 재산상의 손해

재산상의 손해란 재산가치의 감소를 말하고, 재산상의 손해가 있었는가는 객관적, 개별적 방법에 의하여 평가해야 한다. 재산상의 손해는 현실적으로 발생하여 계산상으로 증명할 수 있는 재산감소에 제한되지 않고, 경제적 관점에서 재산상태가 악화되었다고 볼 수 있는 재산가치에 대한 구체적 위험만으로도 그 손해를 인정할 수 있다.

▣ 이견있는 형사사건의 법원판단 ▣

[손해발생의 요부]

1. 문제점 : 사기죄의 성립에 재산상의 손해가 발생하여야 하는가에 대하여 견해가 나뉜다.

2. 학설

(1) 불요설 : 사기죄의 본질이 기망에 의한 재물편취·부당이득에 있는 이상 피해자에게 재산상의 손해가 발생하였음을 요하지 않는다는 견해

(2) 필요설 : 사기죄는 재산권을 보호법익으로 하는 재산죄이므로 재산상 손해가 있어야 성립한다는 견해

3. 판례 : 불요설의 태도

기망으로 인한 재물의 교부가 있으면, 그 자체로써 곧 사기죄는 성립하고, 상당한 대가가 지급되었다거나 피해자의 전체 재산상에 손해가 없다고 하여도 사기죄의 성립에는 영향이 없다(대법원 1999. 7. 9. 선고 99도1040 판결).

6) 재산상 이익의 취득

피기망자의 처분행위로 인하여 자기 또는 제3자가 재산상 이익을 취득하여야 한다. 일반적으로 재산상 이익의 취득은 피해자의 재산상 손해발생으로 충족된다고 본다.

(2) 주관적 구성요건

고의와 함께 불법영득의 의사가 있어야 한다.

2. 위법성

여기서 불법이란 객관적으로 위법한 것을 의미한다. 그러므로 재물의 교부 또는 재산상의 이익을 받을 정당한 권리자가 기망수단으로 그것을 취했을

때에는 사기죄가 성립하지 않는다(견해대립있음). 즉 정당한 권리의 행사를 위하여 기망행위를 한 때에는 사기죄가 성립하지 않고, 다만 그 범위를 넘을 때에는 가분이면 초과부분에 대하여, 불가분이면 전체에 대하여 사기죄가 성립한다.

▣ 이견있는 형사사건의 법원판단 ▣

[권리실현의 수단으로 기망에 의하여 재물을 교부받은 경우 사기죄의 성부]

1. 문제점 : 권리자가 권리실현의 수단으로 기망에 의하여 재물을 교부받은 경우 사기죄가 성립하는지와 관련하여 견해가 나뉜다.
2. 학설
(1) 긍정설 : 권리행사라 할지라도 사회통념상 허용된 범위를 초월할 경우에는 권리남용으로서 위법하므로 사기죄가 성립한다는 견해
(2) 부정설 : 취득한 재물 또는 이익이 정당한 권리의 범위 내에 있는 한 그 수단을 위법하지만 불법영득·이득의사가 있다고 보기 어려우므로 사기죄의 구성요건해당성이 없다는 견해
3. 판례 : 긍정설의 태도

자기앞수표를 갈취당한 자가 이를 분실하였다고 허위로 공시최고신청을 하여 제권판결을 선고받은 경우, 그 수표를 갈취하여 소지하고 있는 자에 대한 사기죄가 성립된다(대법원 2003. 12. 26. 선고 2003도4914 판결).

3. 실행의 착수와 기수시기

이 죄의 착수시기는 편취의사로 기망행위를 개시한 때이고, 기수시기는 재산상의 손해가 발생한 때이며 반드시 행위자가 불법이득을 얻었을 것을 요하지 않는다.

4. 죄수

(1) 1개의 기망행위로 1인으로부터 수회 재물을 편취하거나 재물과 재산상 이익을 취득한 경우

사기죄의 포괄일죄가 성립한다는 것이 판례이다(95도2437).

(2) 수개의 기망행위로 1인으로부터 재물을 편취한 경우

범의가 단일하고 범행방법이 동일하다면 사기죄의 포괄일죄가 성립하지만, 다를 경우에는 실체적 경합이 된다는 것이 판례이다(97도508).

(3) 1개의 기망행위로 수인을 기망하여 재물을 편취한 경우

수개의 사기죄의 상상적 경합이 되는 것으로 본다(김일수).

(4) 수인에 대하여 수개의 기망행위를 하여 각 각 재물을 편취한 경우

범의가 단일하고 범행방법이 동일하다고 하더라도 수개의 사기죄의 실체적 경합이 된다는 것이 판례이다(97도508).

5. 타죄와의 관계

(1) 수뢰죄, 위조통화행사죄와의 관계

공무원이 직무에 관해 타인을 기망하여 재물을 교부받은 때에는 사기죄와 수뢰죄의 상상적 경합이 된다. 위조통화를 행사하여 타인의 재물을 편취한 때에 위조통화행사죄와 사기죄의 경합범(다수설은 상상적 경합, 판례는 실체적 경합으로 본다)이 된다.

(2) 횡령죄 및 배임죄와의 관계

자기가 점유하는 타인의 재물을 기망에 의하여 영득한 때에는 횡령죄만 성립한다.

(3) 사기도박의 경우

우연성이 없으므로 사기죄만 성립한다.

▣ 이견있는 형사사건의 법원판단 ▣

[불법원인급여와 사기죄의 성부]

1. 문제점 : 매음의사 없이 성교에 응할 것으로 가장하여 매음료를 받은 후 달아난 경우와 같이 불법원인급여물에 대해서도 사기죄가 성립할 것인지가 문제된다.
2. 학설

(1) 긍정설(다수설) : 기망행위에 의하여 피해자에게 재산상 손해를 입힌 이상 행위태양에서 위법한 것이므로 사기죄가 성립한다는 견해

(2) 부정설 : 민법상 피해자에게 반화청구권이 없으므로 사기죄가 성립하지 않는다는

견해
3. 판례 : 긍정설의 태도
용도를 속이고 돈을 빌린 경우에 만일 진정한 용도를 고지하였더라면 상대방이 빌려 주지 않았을 것이라는 관계에 있는 때에는 사기죄의 실행행위인 기망은 있는 것으로 보아야 한다(대법원 1995. 9. 15. 선고 95도707 판결).

6. 친족상도례

(1) 형면제판결

직계혈족, 배우자, 동거친족, 동거가족 또는 그 배우자간의 사기죄 또는 그 미수범은 그 형을 면제한다(제328조 1항, 제354조).

(2) 상대적 친고죄

그 이외의 친족간에 사기죄 또는 그 미수범을 범한 때에는 고소가 있어야 공소를 제기할 수 있다(제328조 2항, 제354조).

(3) 피해자와 피기망자가 다를 경우

피해자와 피기망자가 다를 경우에 피기망자에 대해서도 친족관계가 있어야 하는지에 대하여 긍정설과 부정설(다수설)이 대립하고 있다.

Ⅱ. 판례

1. 사기

◆ 사기죄의 요건으로서 '부작위에 의한 기망'의 의미 및 이때 법률상 고지의무가 인정되는 범위 / 법률상 고지의무의 근거가 되는 거래의 내용이나 거래관행 등 거래실정에 관한 사실을 주장·증명할 책임의 소재(=검사)

사기죄의 요건으로서의 기망은 널리 재산상의 거래관계에서 서로 지켜야 할 신의와 성실의 의무를 저버리는 모든 적극적 또는 소극적 행위를 말하고, 이러한 소극적 행위로서의 부작위에 의한 기망은 법률상 고지의무 있는 자가 일정한 사실에 관하여 상대방이 착오에 빠져 있음을 알면서도 이를 고지하지 않는 것을 말한다. 여기에서 법률상 고지의무는 법령, 계약, 관습, 조리 등에 의하여 인정되는 것으로서 문제가 되는 구체적인 사례에 즉응하여 거래실정과 신의성실의 원칙에 의하여 결정되어야 한다. 그리고 법률상 고지의무를 인정할 것인지는 법률문제로서 상고심의 심판대상이 되지만 그 근거가 되는 거래의 내용이나 거래관행 등 거래실정에 관한 사실을 주장·증명할 책임은 검사에게 있다(대법원 2020. 6. 25., 선고, 2018도13696,판결).

◆ 보험계약자가 고지의무를 위반하여 보험회사와 보험계약을 체결한 경우, 보험금 편취를 위한 고의의 기망행위를 인정하기 위한 요건 및 이때 사기죄의 기수시기(=보험금을 지급받았을 때)

보험계약자가 고지의무를 위반하여 보험회사와 보험계약을 체결한다 하더라도 그 보험금은 보험계약의 체결만으로 지급되는 것이 아니라 보험계약에서 정한 우연한 사고가 발생하여야만 지급되는 것이다. 상법상 고지의무를 위반하여 보험계약을 체결하였다는 사정만으로 보험계약자에게 미필적으로나마 보험금 편취를 위한 고의의 기망행위가 있었다고 단정하여서는 아니 되고, 더 나아가 보험사고가 이미 발생하였음에도 이를 묵비한 채 보험계약을 체결하거나 보험사고 발생의 개연성이 농후함을 인식하면서도 보험계약을 체결하는 경우 또는 보험사고를 임의로 조작하려는 의도를 갖고 보험계약을 체결하는 경우와 같이 그 행위가 '보험사고의 우연성'과 같은 보험의 본질을 해할 정도에 이르러야 비로소 보험금 편취를 위한 고의의 기망행위를 인정할 수 있다. 피고인이 위와 같은 고의의 기망행위로 보험계약을 체결하고 위 보험사고가 발생하였다는 이유로 보험회사에 보험금을 청구하여 보험금을 지급받았을 때 사기죄는 기수에 이른다(대법원 2019. 4. 3., 선고, 2014도2754, 판결).

◆ '소송사기'의 의미 및 소송사기죄를 인정할 때 유의할 사항 / 소송사기죄가 성립하기 위한 요건

소송사기는 법원을 기망하여 자기에게 유리한 판결을 얻음으로써 상대방의 재물 또는 재산상 이익을 취득하는 것을 내용으로 하는 범죄로서, 이를 처벌하는 것은 필연적으로 누구든지 자기에게 유리한 주장을 하고 소송을 통하여 권리구제를 받을 수 있다는 민사재판제도의 위축을 가져올 수밖에 없으므로, 피고인이 그 범행을 인정한 경우 외에는 그 소송상의 주장이 사실과 다름이 객관적으로 명백하거나 피고인이 그 소송상의 주장이 명백히 허위인 것을 인식하였거나 증거를 조작하려고 한 흔적이 있는 등의 경우 외에는 이를 쉽사리 유죄로 인정하여서는 안 된다. 그리고 소송사기가 성립하기 위하여는 제소 당시에 그 주장과 같은 채권이 존재하지 아니한다는 것만으로는 부족하고 그 주장의 채권이 존재하지 아니하는 사실을 잘 알면서도 허위의 주장과 증명으로써 법원을 기망한다는 인식을 하고 있어야만 하고, 단순히 사실을 잘못 인식하였다거나 법률적 평가를 잘못하여 존재하지 않는 권리를 존재한다고 믿고 제소한 행위는 사기죄를 구성하지 않는다(대법원 2018. 12. 28., 선고, 2018도13305 판결).

◆ 사기죄의 구성요건인 편취의 범의를 판단하는 기준 / 피고인이 피해자에게 불행을 고지하거나 길흉화복에 관한 어떠한 결과를 약속하고 기도비 등의 명목으로 대가를 교부받은 경우, 사기죄에 해당하는지 여부(한정 적극)

사기죄의 구성요건인 편취의 범의는 피고인이 자백하지 아니하는 이상 범행 전후의 피고인의 재력, 환경, 범행의 내용, 기망 대상 행위의 이행가능성 및 이행과정 등과 같은 객관적인 사정 등을 종합하여 판단할 수밖에 없다. 그리고 피고인이 피해자에게 불행을 고지하거나 길흉화복에 관한 어떠한 결과를 약속하고 기도비 등의 명목으로 대가를 교부받은 경우에 전통적인 관습 또는 종교행위로서 허용될 수 있는 한계를 벗어났다면 사기죄에 해당한다(대법원 2017.11.9, 선고, 2016도12460, 판결).

2. 기망행위 관련 판례

◆ 부작위에 의한 기망행위

1) 사실관계

피고인과 피해자가 이 사건 임대차계약 당시 임차할 여관건물에 관하여 법원의 경매개시결정에 따른 경매절차가 이미 진행 중이었다. 그러나 피고인은 이를 피해자에게 알려주지 않았고, 피해자 역시 스스로 그 건물에 관한 등기부를 확인 또는 열람하는 것이 가능하였음에도 확인하지 않음으로써 경매절차가 진행 중인 사실을 모르고 계약을 체결하였다.

2) 판결요지

[1] 사기죄의 요건으로서의 기망은 널리 재산상의 거래관계에 있어 서로 지켜야 할 신의와 성실의 의무를 저버리는 모든 적극적 또는 소극적 행위를 말하는 것이고, 이러한 소극적 행위로서의 부작위에 의한 기망은 법률상 고지의무 있는 자가 일정한 사실에 관하여 상대방이 착오에 빠져 있음을 알면서도 이를 고지하지 아니함을 말하는 것으로서, 일반거래의 경험칙상 상대방이 그 사실을 알았더라면 당해 법률행위를 하지 않았을 것이 명백한 경우에는 신의칙에 비추어 그 사실을 고지할 법률상 의무가 인정되는 것이다.

[2] 임대인이 임대차계약을 체결하면서 임차인에게 임대목적물이 경매진행중인 사실을 알리지 아니한 경우, 임차인이 등기부를 확인 또는 열람하는 것이 가능하더라도 사기죄가 성립한다(대법원 1998. 12. 8. 선고 98도3263 판결).

◆ 기망행위를 수단으로 한 권리행사가 사기죄를 구성하는 경우

기망행위를 수단으로 한 권리행사의 경우 그 권리행사에 속하는 행위와 그 수단에 속하는 기망행위를 전체적으로 관찰하여 그와 같은 기망행위가 사회통념상 권리행사의 수단으로서 용인할 수 없는 정도라면 그 권리행사에 속하는 행위는 사기죄를 구성한다(대법원 2007. 5. 10. 선고 2007도1780 판결).

◆ 사기죄의 요건으로서 '부작위에 의한 기망'의 의미 및 이때 법률상 고지의무가 인정되는 범위 / 법률상 고지의무의 근거가 되는 거래의 내용이나 거래관행 등 거래실정에 관한 사실을 주장·증명할 책임의 소재(=검사)

사기죄의 요건으로서의 기망은 널리 재산상의 거래관계에서 서로 지켜야 할 신의와 성실의 의무를 저버리는 모든 적극적 또는 소극적 행위를 말하고, 이러한 소극적 행위로서의 부작위에 의한 기망은 법률상 고지의무 있는 자가 일정한 사실에 관하여 상대방이 착오에 빠져 있음을 알면서도 이를 고지하지 않는 것을 말한다. 여기에서 법률상 고지의무는 법령, 계약, 관습, 조리 등에 의하여 인정되는 것으로서 문제가 되는 구체적인 사례에 즉응하여 거래실정과 신의성실의 원칙에 의하여 결정되어야 한다. 그리고 법률상 고지의무를 인정할 것인지는 법률문제로서 상고심의 심판대상이 되지만 그 근거가 되는 거래의 내용이나 거래관행 등 거래실정에 관한 사실을 주장·증명할 책임은 검사에게 있다(대법원 2020. 6. 25. 선고 2018도13696 판결).

◆ 사기죄의 요건으로서 부작위에 의한 기망의 의미 및 법률상 고지의무가 인정되는 경우

사기죄의 요건으로서의 기망은 널리 재산상의 거래관계에 있어 서로 지켜야 할 신의와 성실의 의무를 저버리는 모든 적극적 또는 소극적 행위를 말하는 것이고, 그 중 소극적 행위로서의 부작위에 의한 기망은 법률상 고지의무 있는 자가 일정한 사실에 관하여 상대방이 착오에 빠져 있음을 알면서도 그 사실을 고지하지 아니함을 말하는 것으로서, 일반거래의 경험칙상 상대방이 그 사실을 알았더라면 당해 법률행위를 하지 않았을 것이 명백한 경우에는 신의칙에 비추어 그 사실을 고지할 법률상 의무가 인정된다(대법원 2006. 2. 23. 선고 2005도8645 판결).

◆ 신용카드사용으로 인한 대출금채무를 변제할 의사나 능력이 없는 상황에 처하였음에도 불구하고 신용카드를 사용한 경우

1) 사실관계

> 피고인은 2000. 8. 초순경 신용카드를 발급받아 사용하더라도 그 대금을 변제할 의사나 능력이 없음에도 불구하고, 피해자 주식회사 삼성카드 직원인 공소외 성명불상자에게 마치 신용카드대금을 제대로 납부할 것처럼 가장하면서 삼성카드 발급 신청을 하여 이에 속은 위 회사로부터 같은 달 11.경 삼성카드 1매를 발급

> 받은 것을 기화로, 같은 해 11. 16.경 대전 동구 효동 소재 바다소리 식당에서 40,000원 상당의 음식을 주문하여 먹고 그 대금을 위 신용카드로 결제한 것을 비롯하여 그 무렵부터 2002. 12. 26.경까지 사이에 모두 109회에 걸쳐 합계 79,303,700원 상당의 물품을 구입하거나 현금서비스를 받는 데 위 신용카드를 사용하고도 위 금액 중 53,510,909원만을 변제하고 나머지 25,792,791원을 변제하지 아니하였다.

2) 판결요지

신용카드의 거래는 신용카드업자로부터 카드를 발급받은 사람(카드회원)이 신용카드를 사용하여 가맹점으로부터 물품을 구입하면 신용카드업자는 그 카드를 소지하여 사용한 사람이 신용카드업자로부터 신용카드를 발급받은 정당한 카드회원인 한 그 물품구입대금을 가맹점에 결제하는 한편, 카드회원에 대하여 물품구입대금을 대출해 준 금전채권을 가지는 것이고, 또 카드회원이 현금자동지급기를 통해서 현금서비스를 받아 가면 현금대출관계가 성립되어 신용카드업자는 카드회원에게 대출금채권을 가지는 것이므로, 궁극적으로는 카드회원이 신용카드업자에게 신용카드 거래에서 발생한 대출금채무를 변제할 의무를 부담하게 되고, 그렇다면 이와 같이 신용카드 사용으로 인한 신용카드업자의 금전채권을 발생케 하는 행위는 카드회원이 신용카드업자에 대하여 대금을 성실히 변제할 것을 전제로 하는 것이므로, 카드회원이 일시적인 자금궁색 등의 이유로 그 채무를 일시적으로 이행하지 못하게 되는 상황이 아니라 이미 과다한 부채의 누적 등으로 신용카드 사용으로 인한 대출금채무를 변제할 의사나 능력이 없는 상황에 처하였음에도 불구하고 신용카드를 사용하였다면 사기죄에 있어서 기망행위 내지 편취의 범의를 인정할 수 있다고 한 사례(대법원 2005. 8. 19. 선고 2004도6859 판결).

◆ 사기죄의 요건으로서의 기망의 의미

사기죄의 요건으로서의 기망은 널리 재산상의 거래관계에 있어서 서로 지켜야 할 신의와 성실의 의무를 져버리는 모든 적극적 또는 소극적 행위를 말하는 것으로서, 반드시 법률행위의 중요부분에 관한 허위표시임을 요하지 아니하고, 상대방을 착오에 빠지게 하여 행위자가 희망하는 재산적 처분행위를 하도록 하기 위한 판단의 기초가 되는 사실에 관한 것이면 충분하므로, 거래의 상대방이 일정한 사정에 관한 고지를 받았더라면 당해 거래에 임하지 아니하였을 것이라는 관계가 인정되는 경우에는 그 거래로 인하여 재물을 수취하는 자에게는 신의성실의 원칙상 사전에 상대방에게 그와 같은 사정을 고지할 의무가 있다 할 것이고, 그럼에도 불구하고 이를 고지하지 아니한 것은 고지할 사실을 묵비함으로서 상대방을 기망한 것이 되어 사기죄를 구성한다(대법원 2004. 4. 9. 선고 2003도7828 판결).

◆ 용도를 속이고 돈을 빌린 경우

사기죄의 실행행위로서의 기망은 반드시 법률행위의 중요 부분에 관한 허위표시임을 요하지 아니하고 상대방을 착오에 빠지게 하여 행위자가 희망하는 재산적 처분행위를 하도록 하기 위한 판단의 기초가 되는 사실에 관한 것이면 족한 것이므로 용도를 속이고 돈을 빌린 경우에 있어서 만일 진정한 용도를 고지하였더라면 상대방이 돈을 빌려 주지 않았을 것이라는 관계에 있는 때에는 사기죄의 실행행위인 기망은 있는 것으로 보아야 한다(대법원 1996. 2. 27. 선고 95도2828 판결).

◆ 백화점의 식품매장에서 당일 판매되지 못하고 남은 생식품들에 대하여 그 다음날 아침 포장지를 교체하면서 가공일자가 재포장일자로 기재된 바코드라벨을 부착하여 재판매하는 행위

백화점의 식품매장에서 당일 판매되지 못하고 남은 생식품들에 대하여 그 다음날 아침 포장지를 교체하면서 가공일자가 재포장일자로 기재된 바코드라벨을 부착하여 재판매하는 행위 내지 판매기법은 제품의 신선도에 대한 소비자들의 신뢰를 배신하고 그들의 생식품 구매동기에 있어서 중요한 요소인 가공일자에 관한 착오를 이용하여 재고상품을 종전 가격에 판매하고자 하는 것으로서 그 사술의 정도가 사회적으로 용인될 수 있는 상술의 정도를 넘은 기망행위이다(대법원 1995. 7. 28. 선고 95도1157 판결).

3. 처분행위자 관련 판례

◆ 피기망자와 피해자와의 관계

1) 사실관계

피고인은 1990.12.말경 자신이 경영하던 철망상점에서 그 거래처인 주식회사 평원산업에 대한 채무연체액이 금 25,486,000원에 이르러 더이상 철망을 공급받지 못하고 있음에도 불구하고, 공소외 임○○이 공소외 현○○을 통하여 피해자 정○○로부터 그녀 소유인 이 사건 토지를 타인에게 담보로 제공하여 4천만 원을 마련해 주기로 하는 부탁을 받고 그 처분권한과 함께 피해자의 인감증명서와 인감도장 등을 받아 가지고 있음을 알고 위 임○○ 자신의 위 소외 회사에 대한 부채가 200만 원밖에 안 되니 이 사건 토지를 회사에 담보로 제공하여 동업을 하면 1월 내에 4천만 원을 뽑을 수 있다는 등으로 기망하여 동인으로 하여금 1991.1.25. 이 사건 토지에 관하여 채권자를 소외 회사, 채무자를 피고인, 채권최고액을 금 4천만 원으로 하는 근저당설정계약을 체결하게 하고 같은 해 1.29. 그 근저당권설정등기를 경료하게 하였다.

2) 판결요지

사기죄가 성립되려면 피기망자가 착오에 빠져 어떠한 재산상의 처분행위를 하도록 유발하여 재산적 이득을 얻을 것을 요구하고, 피기망자와 재산상의 피해자가 같은 사람이 아닌 경우에는 피기망자가 피해자를 위하여 그 재산을 처분할 수 있는 권능을 갖거나 그 지위에 있어야 하지만, 여기에서 피해자를 위하여 재산을 처분할 수 있는 권능이나 지위라 함은 반드시 사법상의 위임이나 대리권의 범위와 일치하여야 하는 것은 아니고 피해자의 의사에 기하여 재산을 처분할 수 있는 서류 등이 교부된 경우에는 피기망자의 처분행위가 설사 피해자의 진정한 의도와 어긋나는 경우라고 할지라도 위와 같은 권능을 갖거나 그 지위에 있는 것으로 보아야 한다(대법원 1994. 10. 11. 선고 94도1575 판결).

◆ 피기망자가 처분행위의 의미나 내용을 인식하지 못하였으나 피기망자의 작위 또는 부작위가 직접 재산상 손해를 초래하는 재산적 처분행위로 평가되고, 이러한 작위 또는 부작위를 피기망자가 인식하고 한 경우, 사기죄의 처분행위에 상응하는 처분의사가 인정되는지 여부(적극)

[다수의견] 사기죄에서 처분행위는 행위자의 기망행위에 의한 피기망자의 착오와 행위자 등의 재물 또는 재산상 이익의 취득이라는 최종적 결과를 중간에서 매개·연결하는 한편, 착오에 빠진 피해자의 행위를 이용하여 재산을 취득하는 것을 본질적 특성으로 하는 사기죄와 피해자의 행위에 의하지 아니하고 행위자가 탈취의 방법으로 재물을 취득하는 절도죄를 구분하는 역할을 한다. 처분행위가 갖는 이러한 역할과 기능을 고려하면, 피기망자의 의사에 기초한 어떤 행위를 통해 행위자 등이 재물 또는 재산상의 이익을 취득하였다고 평가할 수 있는 경우라면 사기죄에서 말하는 처분행위가 인정된다.

사기죄에서 피기망자의 처분의사는 기망행위로 착오에 빠진 상태에서 형성된 하자 있는 의사이므로 불완전하거나 결함이 있을 수밖에 없다. 처분행위의 법적 의미나 경제적 효과 등에 대한 피기망자의 주관적 인식과 실제로 초래되는 결과가 일치하지 않는 것이 오히려 당연하고, 이 점이 사기죄의 본질적 속성이다. 따라서 처분의사는 착오에 빠진 피기망자가 어떤 행위를 한다는 인식이 있으면 충분하고, 그 행위가 가져오는 결과에 대한 인식까지 필요하다고 볼 것은 아니다.

사기죄의 성립요소로서 기망행위는 널리 거래관계에서 지켜야 할 신의칙에 반하는 행위로서 사람으로 하여금 착오를 일으키게 하는 것을 말하고, 착오는 사실과 일치하지 않는 인식을 의미하는 것으로, 사실에 관한 것이든, 법률관계에 관한 것이든, 법률효과에 관한 것이든 상관없다. 또한 사실과 일치하지 않는 하자 있는 피기망자의 인식은 처분행위의 동기, 의도, 목적에 관한 것이든, 처분행위 자체에 관한 것이든 제한이 없다. 따라서 피기망자가 기망당한 결과 자신의 작위 또는 부작위가 갖는 의미를 제대로 인식하지 못하여 그러한 행위가 초래하는 결과를 인식하지 못하였더라도 그와 같은 착오 상태에서 재산상 손해를 초래하는 행위를 하기에 이르렀다면 피기망자의 처분행위와 그에 상응하는 처분의사가 있다고 보아야 한다.

피해자의 처분행위에 처분의사가 필요하다고 보는 근거는 처분행위를 피해자가 인식하고 한 것이라는 점이 인정될 때 처분행위를 피해자가 한 행위라고 볼 수 있기 때문이다. 다시 말하여 사기죄에서 피해자의 처분의사가 갖는 기능은 피해자의 처분행위가 존재한다는 객관적 측면에 상응하여 이를 주관적 측면에서 확인하는 역할을 하는 것일 뿐이다. 따라서 처분행위라고 평가되는 어떤 행위를 피해자가 인식하고 한 것이라면 피해자의 처분의사가 있다고 할 수 있다. 결국 피해자가 처분행위로 인한 결과까지 인식할 필요가 있는 것은 아니다.

결론적으로 사기죄의 본질과 구조, 처분행위와 그 의사적 요소로서 처분의사의 기능과 역할, 기망행위와 착오의 의미 등에 비추어 보면, 비록 피기망자가 처분행위의 의미나 내용을 인식하지 못하였더라도, 피기망자의 작위 또는 부작위가 직접 재산상 손해를 초래하는 재산적 처분행위로 평가되고, 이러한 작위 또는 부작위를 피기망자가 인식하고 한 것이라면 처분행위에 상응하는 처분의사는 인정된다. 다시 말하면 피기망자가 자신의 작위 또는 부작위에 따른 결과까지 인식하여야 처분의사를 인정할 수 있는 것은 아니다.

[대법관 이상훈, 대법관 김용덕, 대법관 김소영, 대법관 조희대, 대법관 박상옥, 대법관 이기택의 반대의견] 절도는 범죄행위자의 탈취행위에 의하여 재물을 취득하는 것이고, 사기는 피해자의 처분행위에 의하여 재산을 취득하는 것으로, 양자는 처분행위를 기준으로 하여 구분된다. 이러한 의미에서 사기죄는 자기손상범죄, 절도죄는 타인손상범죄라고 설명된다. 사기죄에서 이러한 자기손상행위로서 처분행위의 본질이 충족되기 위해서는 피해자에게 자기 재산 처분에 대한 결정의사가 필수적이다. 다시 말하면 피해자의 행위가 자신의 재산권과 관련되어 있다는 인식에 기초하여 형성된 의사에 지배된 작위 또는 부작위만이 사기죄에서 말하는 처분행위에 해당한다고 규범적으로 평가할 수 있다. 처분결과에 대한 아무런 인식 또는 의사가 없는 처분행위는 그 자체로서 모순이라고 하지 않을 수 없다. 요컨대 피해자가 자신의 재산과 관련하여 무엇을 하였는지조차 전혀 인식하지 못하는 모습의 사기죄는 자기손상범죄로서의 본질에 반한다.

사기죄의 구성요건은 사기죄의 본질에 따라 해석되어야 하고, 이러한 본질에 반하는 구성요건 해석론은 정당성을 인정받기 어렵다. 자기손상범죄로서 사기죄를 특징짓고 절도죄와 구분 짓는 처분행위의 해석상 피기망자에게 처분결과에 대한 인식은 당연히 요청되는 것으로, 사기죄의 다른 구성요건인 착오와 기망행위를 해석함에 있어서도 이에 반하는 해석론을 전개할 수는 없다. 즉, 사기죄의 본질 및 이를 통해 도출되는 처분의사의 의미에 의하면, 착오에 빠진 피기망자가 자신의 행위의 의미와 결과에 대한 인식을 가진 채 처분행위를 한 경우에만 사기죄가 성립될 수 있으므로, 구성요건요소로서 피기망자의 착오 역시 처분행위의 동기, 의도, 목적에 관한 것에 한정되고, 처분결과에 대한 인식조차 없는 처분행위 자체에 관한 착오는 해석론상 사기죄에서 말하는 착오에 포섭될 수 없다. 구성요건으로서 기망행위에 대한 적정한 해석론 역시 이와 다르지 않다. 결국 사기죄의 본질과 특수성을 고려하지 않은 채 이루어진 착오 및 기망행위에 대한 부적절한 구성요건 해석을 들어 피기망자의 처분결과에 대한 인식이 반드시 필요한 것은 아니라는 다수의견의 논증은 선후가 바뀐 해석론에 불과하여 그대로 받아들이기 어렵다.

사기죄의 처분의사 판단에서 피기망자에게 처분결과에 대한 인식이 필요 없는 것으로 해석하는 다수의견에 의하면 사기죄 성립 여부가 불분명해지고, 그 결과 처벌 범위 역시 확대될 우려가 있다. 행위자의 기망적 행위가 개입한 다수의 범행에서 피기망자의 인식을 전혀 고려하지 않은 채 사기 범행과 사기 아닌 범행을 명확히 구분해낼 수 있을지 의문이다. 피기망자로 하여금 자신의 행위로 인한 결과를 미처 인식하지 못하도록 하는 위법한 기망행위를 통해 재산상의 이익을 취득한 행위자를 형사처벌하고자 한다면, 다수의견과 같이 사기죄에 관한 확립된 법리의 근간을 함부로 변경할 것이 아니라 별도의 입법을 하는 것이 올바른 해결책이다(대법원 2017. 2. 16. 선고 2016도13362 전원합의체 판결).

◆ 소송사기

소송사기가 성립하기 위하여는 제소 당시에 그 주장과 같은 채권이 존재하지 아니하다는 것만으로는 부족하고 그 주장의 채권이 존재하지 아니한 사실을 잘 알고 있으면서도 허위의 주장과 입증으로써 법원을 기망한다는 인식을 하고 있어야만 하고, 단순히 사실을 잘못 인식하거나 법률적인 평가를 그르침으로 인하여 존재하지 않는 채권을 존재한다고 믿고 제소하는 행위는 사기죄를 구성하지 않는다(대법원 2003. 5. 16. 선고 2003도373 판결).

◆ 소송사기미수죄에 있어서 범죄행위의 종료시기(=소송이 종료된 때)

공소시효는 범죄행위가 종료한 때로부터 진행하는 것으로서, 법원을 기망하여 유리한 판결을 얻어내고 이에 터잡아 상대방으로부터 재물이나 재산상 이익을 취득하려고 소송을 제기하였다가 법원으로부터 패소의 종국판결을 선고받고 그 판결이 확정되는 등 법원으로부터 유리한 판결을 받지 못하고 소송이 종료됨으로써 미수에 그친 경우에, 그러한 소송사기미수죄에 있어서 범죄행위의 종료시기는 위와 같이 소송이 종료된 때라고 할 것이다(대법원 2000. 2. 11. 선고 99도4459 판결).

4. 재산상의 손해관련 판례

◆ 사기죄에 있어서 그 대가가 일부 지급된 경우에도 그 편취액

재물편취를 내용으로 하는 사기죄에 있어서는 기망으로 인한 재물교부가 있으면 그 자체로써 피해자의 재산침해가 되어 이로써 곧 사기죄가 성립하는 것이고, 상당한 대가가 지급되었다거나 피해자의 전체 재산상에 손해가 없다 하여도 사기죄의 성립에는 그 영향이 없으므로 사기죄에 있어서 그 대가가 일부 지급된 경우에도 그 편취액은 피해자로부터 교부된 재물의 가치로부터 그 대가를 공제한 차액이 아니라 교부받은 재물 전부라 할 것이다(대법원 2000. 7. 7. 선고 2000도1899 판결).

◆ 재산상의 손해가 없어도 사기죄가 성립하는 경우

사기죄는 상대방을 기망하여 하자 있는 상대방의 의사에 의하여 재물을 교부받음으로써 성립하는 것이므로 분식회계에 의한 재무제표 등으로 금융기관을 기망하여 대출을 받았다면 사기죄는 성립하고, 변제의사와 변제능력의 유무 그리고 충분한 담보가 제공되었다거나 피해자의 전체 재산상에 손해가 없고, 사후에 대출금이 상환되었다고 하더라도 사기죄의 성립에는 영향이 없다(대법원 2005. 4. 29. 선고 2002도7262 판결).

◆ 부동산을 편취한 경우에 특정경제범죄 가중처벌 등에 관한 법률 제3조의 적용을 전제로 그 부동산의 가액을 산정함에 있어, 부동산의 시가 상당액에서 근저당권 등에 의한 부담에 상당하는 금액을 공제하여야 하는지 여부(적극)

(가) 형법 제347조의 사기죄는 사람을 기망하여 재물의 교부를 받거나 재산상의 이익을 취득하거나 제3자로 하여금 재물의 교부를 받게 하거나 재산상의 이익을 취득하게 함으로써 성립하고, 그 교부받은 재물이나 재산상 이익의 가액이 얼마인지는 문제되지 아니하는 데 비하여, 사기로 인한 특정경제범죄 가중처벌 등에 관한 법률 위반죄에 있어서는 편취한 재물이나 재산상 이익의 가액이 5억 원 이상 또는 50억 원 이상이라는 것이 범죄구성요건의 일부로 되어 있고 그 가액에 따라 그 죄에 대한 형벌도 가중되어 있으므로, 이를 적용함에 있어서는 편취한 재물이나 재산상 이익의 가액을 엄격하고 신중하게 산정함으로써, 범죄와 형벌 사이에 적정한 균형이 이루어져야 한다는 죄형균형 원칙이나 형벌은 책임에 기초하고 그 책임에 비례하여야 한다는 책임주의 원칙이 훼손되지 않도록 유의하여야 한다.

(나) 따라서 사람을 기망하여 부동산의 소유권을 이전받거나 제3자로 하여금 이전받게 함으로써 이를 편취한 경우에 특정경제범죄 가중처벌 등에 관한 법률 제3조의 적용을 전제로 하여 그 부동산의 가액을 산정함에 있어서는, 그 부동산에 아무런 부담이 없는 때에는 그 부동산의 시가 상당액이 곧 그 가액이라고 볼 것이지만, 그 부동산에 근저당권설정등기가 경료되어 있거나 압류 또는 가압류 등이 이루어져 있는 때에는 특별한 사정이 없는 한 아무런 부담이 없는 상태에서의 그 부동산의 시가 상당액에서 근저당권의 채권최고액 범위 내에서의 피담보채권액, 압류에 걸린 집행채권액, 가압류에 걸린 청구금액 범위 내에서의 피보전채권액 등을 뺀 실제의 교환가치를 그 부동산의 가액으로 보아야 한다(대법원 2007.04.19. 선고 2005도7288 전원합의체 판결).

5. 위법성 관련 판례

◆ 소송사기와 권리행사

(1) 사실관계

피고인은 사실은 피해자에게 광주은행 첨단지점 발행의 수표번호 바가 08535591호, 액면 800만 원인 자기앞수표를 의장권등록무효소송과 관련한 합의금 명목으로 교부하였음에도 불구하고, 2001. 4. 25. 광주지방법원에서 피해자가 소지하고 있던 그 자기앞수표에 대하여 허위사실인 분실을 원인으로 한 공시최고신청을 하여 같은 해 8. 13. 같은 법원에서 2001카공395호로 제권판결을 선고받아 그 시경 확정됨으로써 수표 액면금인 800만 원 상당의 재산상 이익을 취득하였다.

(2) 판결요지

[1] 기망행위를 수단으로 한 권리행사의 경우 그 권리행사에 속하는 행위와 그 수단에 속하는 기망행위를 전체적으로 관찰하여 그와 같은 기망행위가 사회통념상 권리행사의 수단으로서 용인할 수 없는 정도라면 그 권리행사에 속하는 행위는 사기죄를 구성한다.

[2] 자기앞수표를 갈취당한 자가 이를 분실하였다고 허위로 공시최고신청을 하여 제권판결을 선고받은 경우, 그 수표를 갈취하여 소지하고 있는 자에 대한 사기죄가 성립된다(대법원 2003. 12. 26. 선고 2003도4914 판결).

◆ 보험금을 과다지급받은 경우

피고인이 보험금을 편취할 의사로 고의적으로 사고를 유발한 경우 보험금에 관한 사기죄가 성립하고, 나아가 설령 피고인이 보험사고에 해당할 수 있는 사고로 인하여 경미한 상해를 입었다고 하더라도 이를 기화로 보험금을 편취할 의사로 그 상해를 과장하여 병원에 장기간 입원하고 이를 이유로 실제 피해에 비하여 과다한 보험금을 지급받는 경우에는 그 보험금 전체에 대해 사기죄가 성립한다고 할 것이다(대법원 2007.5.11. 선고 2007도2134 판결).

◆ 기망행위를 수단으로 한 권리행사가 사기죄를 구성하는 경우

부동산 소유권이전등기절차 이행을 구하는 소를 제기하여 동시이행 조건 없이 이행을 명하는 승소확정판결을 받은 피고인이, 부동산 소유권을 이전받더라도 매매잔금을 공탁할 의사나 능력이 없음에도 피해자에게 매매잔금을 공탁해 줄 것처럼 거짓말을 하여 그러한 내용으로 합의한 후 그에 따라 부동산 소유권을 임의로 이전받은 사안에서, 피고인의 행위는 사회통념상 권리행사의 수단으로서 용인할 수 있는 범위를 벗어난 것으로 사기죄의 기망행위에 해당한다고 한 사례(대법원 2011.03.10. 선고 2010도14856 판결).

6. 타죄와의 관계와 관련한 판례

◆ 사기죄와 횡령죄의 관계(사기와 횡령의 피해자가 동일한 경우)

자기가 점유하는 타인의 재물을 횡령하기 위하여 기망수단을 쓴 경우에는 피기망자에 의한 재산처분행위가 없으므로 일반적으로 횡령죄만 성립되고 사기죄는 성립되지 아니한다(대법원 1980.12.9. 선고 80도1177 판결).

◆ 사기죄와 횡령죄의 관계(사기와 횡령의 피해자가 다른 경우)

대표이사가 회사의 상가분양 사업을 수행하면서 수분양자들을 기망하여 편취한 분양대금은 회사의 소유로 귀속되는 것이므로, 대표이사가 그 분양대금을 횡령하는 것은 사기 범행이 침해한 것과는 다른 법익을 침해하는 것이어서 회사를 피해자로 하는 별도의 횡령죄가 성립된다(대법원 2005. 4. 29. 선고 2005도741 판결).

◆ 사기죄와 배임죄의 관계

[1] 상상적 경합은 1개의 행위가 실질적으로 수개의 구성요건을 충족하는 경우를 말하고 법조경합은 1개의 행위가 외관상 수개의 죄의 구성요건에 해당하는 것처럼 보이나 실질적으로 1죄만을 구성하는 경우를 말하며, 실질적으로 1죄인가 또는 수죄인가는 구성요건적 평가와 보호법익의 측면에서 고찰하여 판단하여야 한다.

[2] 업무상배임행위에 사기행위가 수반된 때의 죄수 관계에 관하여 보면, 사기죄는 사람을 기망하여 재물의 교부를 받거나 재산상의 이익을 취득하는 것을 구성요건으로 하는 범죄로서 임무위배를 그 구성요소로 하지 아니하고 사기죄의 관념에 임무위배 행위가 당연히 포함된다고 할 수도 없으며, 업무상배임죄는 업무상 타인의 사무를 처리하는 자가 그 업무상의 임무에 위배하는 행위로써 재산상의 이익을 취득하거나 제3자로 하여금 이를 취득하게 하여 본인에게 손해를 가하는 것을 구성요건으로 하는 범죄로서 기망적 요소를 구성요건의 일부로 하는 것이 아니어서 양 죄는 그 구성요건을 달리하는 별개의 범죄이고 형법상으로도 각각 별개의 장(章)에 규정되어 있어, 1개의 행위에 관하여 사기죄와 업무상배임죄의 각 구성요건이 모두 구비된 때에는 양 죄를 법조경합 관계로 볼 것이 아니라 상상적 경합관계로 봄이 상당하다 할 것이고, 나아가 업무상배임죄가 아닌 단순배임죄라고 하여 양 죄의 관계를 달리 보아야 할 이유도 없다(대법원 2002. 7. 18. 선고 2002도669 전원합의체 판결).

7. 그 외 사기죄 관련 판례

(1) 약속어음의 발행인이 그 어음을 타인이 교부받아 소지하고 있는 사실을 알면서

도 허위의 분실 사유를 들어 공소최고신청을 하고 이에 따라 법원으로 제권판결을 받았다면, 발행인이 어음 소지인에 대하여 처음부터 그 어음상 채무를 부담하지 않았다는 등의 특별한 사정이 없는 한 원인관계상의 채무가 존속하고 있더라도 사위의 방법으로 얻어낸 제권판결로 그 어음채무를 면하게 된 데 대하여 사기죄가 성립한다(대법원 1995. 9. 15. 선고 94도3213 판결).

(2) 단일한 범의의 발동에 의하여 상대방을 기망하고 그 결과 착오에 빠져 있는 동일인으로부터 일정 기간 동안 동일한 방법에 의하여 금원을 편취한 경우에는 이를 포괄적으로 관찰하여 일죄로 처단하는 것이 가능할 것이나, 범의의 단일성과 계속성이 인정되지 아니하거나 범행방법이 동일하지 않은 경우에는 각 범행은 실체적 경합범에 해당한다. 사기의 수단으로 발행한 수표가 지급거절된 경우 부정수표단속법위반죄와 사기죄는 그 행위의 태양과 보호법익을 달리하므로 실체적 경합범의 관계에 있다(대법원 2004. 6. 25. 선고 2004도1751 판결).

(3) 약속어음공정증서에 증서를 무효로 하는 사유가 존재한다고 하더라도 그 증서 자체에 이를 무효로 하는 사유의 기재가 없고 외형상 권리의무를 증명함에 족한 체제를 구비하고 있는 한 그 증서는 형법상의 재물로서 사기죄의 객체가 됨에 아무런 지장이 없다(대법원 1995. 12. 22. 선고 94도2148 판결).

(4) 피고인들이 상대방 운전자의 과실에 의하여 야기된 교통사고로 일부 경미한 상해를 입었다고 하더라도, 이를 기화로 그 상해를 과장하여 병원에 장기간 입원하고, 이를 이유로 다액의 보험금을 받았다면, 그 보험금 전체에 대해 사기죄가 성립한다고 한 사례(대법원 2005. 9. 9. 선고 2005도3518 판결)

(5) 사기죄의 주관적 구성요건인 편취의 범의는 피고인이 자백하지 않는 이상 범행 전후의 피고인의 재력, 환경, 범행의 내용, 거래의 이행과정 등과 같은 객관적 사정 등을 종합하여 판단할 수밖에 없다(대법원 2004. 12. 10. 선고 2004도3515 판결).

(6) 사기죄에 있어서 수인의 피해자에 대하여 각별로 기망행위를 하여 각 재물을 편취한 경우, 그 범의가 단일하고 범행 방법이 동일하다고 하더라도 포괄1죄가 되는 것이 아니라 피해자별로 1개씩의 죄가 성립하는 것으로 보아야 하고, 이러한 경우 그 공소사실은 각 피해자와 피해자별 피해액을 특정할 수 있도록 기재하여야 한다(대법원 1995. 8. 22. 선고 95도594 판결).

(7) 예금주인 피고인이 제3자에게 편취당한 송금의뢰인으로부터 자신의 은행계좌에 계좌송금된 돈을 출금한 사안에서, 피고인은 예금주로서 은행에 대하여 예금반

환을 청구할 수 있는 권한을 가진 자이므로, 위 은행을 피해자로 한 사기죄가 성립하지 않는다는 원심의 판단을 정당하다고 한 사례(대법원 2010.05.27. 선고 2010도3498 판결).

Ⅲ. 수사실무

1. 수사포인트

(1) 고의를 철저히 밝힌다. 고도의 지능범인 경우가 대부분이므로 직접적인 표현보다는 간접적, 우회적인 방법으로 辯疏內容의 모순성, 비합리성 등을 들춰내어 범의를 유도해 내도록 한다.

(2) 기망행위의 시기, 장소, 기망의 상대방을 특정한다.

(3) 구체적인 기망방법에 대하여 세밀하게 조사한다.

1) 허위표현의 내용이 무엇인가

2) 적극적인 허위사실의 고지인가

3) 부작위에 의한 경우 고지의무가 있는가 여부 등

(4) 피해자를 착오에 빠뜨린 상황에 대하여 조사한다.

1) 피기망자와 재물의 교부자가 동일인인가

2) 피의자와 재물을 교부받은 자가 동일인인가

3) 착오의 정도는 어떠한가 등

(5) 기망행위와 착오간에 인과관계가 있는가에 대하여 조사한다.

(6) 착오와 재물의 교부간에 인과관계가 있는가에 대하여 조사한다.

1) 착오에 의한 임의교부인가

2) 착오에 의하지 않은 교부인가 등

(7) 편취재물에 대하여 조사한다.

1) 교부일시, 장소, 회수

2) 재물의 종류, 수량, 가격

3) 재물의 소유자 및 점유상태 등

(8) 교부의 명목은 어떠한가

(9) 반대급부가 있었는가, 사기죄 성립에 消長이 없다.

(10) 권리행사를 빙자한 것이 아닌가, 권리남용의 경우 사기죄가 성립한다.

(11) 취득한 재물의 처분관계에 대하여 조사한다.

(12) 피해자와 신분관계가 있는지에 대하여 조사한다. 친족상도례가 준용되기 때문이다.

2. 피의자 신문례

(1) 피의자는 노○○을 아는가요

(2) 노○○으로부터 돈이나 물건을 받은 일이 있나요

(3) 언제, 어디서 받았나요

(4) 무슨 일과 관련해서 돈을 받았나요

(5) 피해자를 어떤 방법으로 속였는가요 (기망방법)

(6) 왜 피해자가 돈을 주던가요

(7) 그 돈은 어떻게 썼는가요

(8) 노○○과 친족관계가 되는가요

(9) 노○○과 합의를 했는가요

(10) 왜 이런 나쁜 짓을 했는가요

3. 범죄사실 기재례

【범죄사실 기재례】

(1) 피의자는 20○○. ○. ○. 15:00경 서울 강남구 역삼동에 있는 라마다르네상스 호텔커피숍에서 사실은 피해자 서○○을 대망건설 주식회사에 취직시켜줄 의사와 능력이 없었음에도 불구하고 그에게 "대망건설의 인사과장을 잘 알고 있는데 그 과장에게 부탁하여 위 회사사원으로 취직시켜주겠다"고 거짓말하였다. 그리고 이에 속은 그로부터 즉석에서 교

제비 명목으로 300만원, 다음날 10 : 00경 같은 장소에서 "일이 잘 되어간다"고 거짓말하여 사례비 명목으로 200만원 합계 500만원을 각 교부받아 이를 편취하였다.

(2) 피의자는 20○○. ○. ○. ○○시 ○○구 ○○동 123번지에 있는 ○○커피숍에서, 피해자 김○○으로부터 골재를 외상으로 구입하고 그 대금을 결제함에 있어 기일에 지급할 가망도 의사도 없으면서 피의자 명의 "자가○○○○○○호, 액면금 3,000만원, 지급기일 20○○. ○. ○. 지급지 △△은행 ○○지점" 약속어음 1매를 제시하면서 "은행어음이기 때문에 결제일에 결제되는 것은 걱정하지 말라"라고 하였다. 이로써 피의자는 피해자로 하여금 그 기일에 위 은행에 제시하여 받을 수 있는 것으로 믿게 한 후 지급기일 전인 20○○. ○. ○. 부도처리함에 따라 위 금 3,000만원 상당의 재산상 이득을 편취하였다.

(3) 피의자는 △△은행을 비롯 여러 은행과 사채가 많아 은행 대출을 받을 경우 이를 변제할 의사와 능력이 없으면서 ,20○○. ○. ○. ○○시 ○○구 ○○동에 있는 ○○은행 ○○지점에서 2,000만원의 대인보증대출을 받으면서 피해자 최○○에게 "○○은행에서 2,000만원 적립식신탁통장을 담보로 대출을 받으려고 하는데 통장잔액이 조금 모자라 보증인이 필요한데 보증을 서주면 다른데서 돈이 들어오는데로 바로 우선하여 이것부터 변제하겠다."라고 거짓말하여 이를 사실로 믿게 하였다. 그리고 위 ○○은행에서 상환기간 20○○. ○. ○.로 한 2,000만원을 대출을 받으면서 위 피해자를 보증인으로 하여 그 무렵 위 대출금을 교부받고 이를 편취하였다.

(4) 피의자는 20○○. ○. ○. 자신의 소유 ○○시 ○○구 ○○동 123번지 건물 지하1층 ○○PC방에서, 위 건물은 여러 건의 가압류와 근저당 설정이 되어 있어 위 PC방에 대해 임대차 계약을 할 경우 기간이 만료되어도 임대보증금을 돌려줄 의사와 능력이 없으면서 피해자 이○○에게 "임차기간이 만료하면 틀림없이 임대보증금을 돌려주겠다."고 하여 위 피해자를 기망하였다. 그리고 그렇게 믿은 피고인과 "임대보증금 5,000만원에 월 200만원, 권리금 2,000만원, 임대기간 20○○. ○. ○.부터 20○○. ○. ○.까지(24개월)"로 한 부동산 임대차계약을 체결하고 계약금 명목으로 현장에서 500만원, 20○○. ○. ○. 중도금으로 2,500만원, 20○○. ○. ○. 잔금으로 4,000만원등 총 7,000만원을 교부받아 이를 편취하였다.

(5) 피의자는 20○○. ○. ○. 서울 ○○구 ○○동 123번지에 있는 ○○은행 ○○지점에서 카드사용대금을 입금할 의사나 능력이 없으면서도 카드 사용대금을 매월 25일 지정된 은행계좌(○○은행, 계좌번호:123-45-6789)로 입금한다는 카드발급신청서를 제출하여 20○○.○.○.○○은행으로부터 ○○은행 ○○신용카드(카드번호:0987-1234-5678-0001)를 교부받아 소지하였다.

피의자는 이 카드로 20○○. ○. ○. 서울 ○○구 ○○동 △△백화점에서 물품구입비로 300,000만원을 사용한 것을 비롯하여 20○○. ○. ○.까지 사이에 현금인출 및 물품구입 등으로 별지 범죄일람표의 내용과 같이 각 가맹점등에서 총 45회에 걸쳐 23,150,400원 상당을 교부받아 이를 편취하였다.

(6) 피의자는 20○○. ○. ○. 20:00경 서울 ○○구 ○○동 123번지에 있는 피해자 홍○○가 운영하고 있는 ○○회관에서 술값 등을 지급할 의사나 능력이 없음에도 술과 식사대금을 지급할 것처럼 행세하여 맥주와 식사 등을 주문하여 이에 속은 피해자로부터 즉석에서 맥주3병, 식사 등 금 100,000원 상당을 제공받아 이를 편취하였다.

(7) 피의자는 20○○. ○. ○.경 ○○시 ○○구 ○○동 123번지에 있는 피해자 박○○이 운영하고 있는 △△유흥주점에서 위 주점 종업원으로 일할 의사가 없음에도 "먼저 일하던 업소에 선불금 1,000만원이 있는데 이 돈을 갚으려고 하니 선불금을 지급하여달라"고 말하여 다음날 위 유흥주점에서 위 금을 받아 이를 편취하였다.

(8) 피의자는 20○○. ○. ○.경 피해자 김○○에게 ○○시 ○○구 ○○동 123번지 모텔의 공사를 도급 주더라도 그 대금을 지급할 의사나 능력이 없음에도 불구하고 "공사를 완공하면 1개월 안에 모텔을 담보로 대출을 받거나 매도하여 공사대금 3억5,000만원을 주겠다."고 거짓말하였다. 그리하여 이에 속은 위 피해자로 하여금 20○○. ○. ○.경 공사를 완공하도록 한 뒤 공사대금을 지급하지 아니함으로써 위 금액 상당의 재산상 이익을 취득하였다.

(9) 피의자는 20○○. ○.경부터 같은 해 ○.경까지 사이에 피의자 및 피의자가 사용하던 부인 홍○○ 명의의 당좌계정이 부도가 났을 뿐 아니라, 부채로 외상대금 3억원 및 그 외 채무 1억5,000만원 정도가 있었고, 피의자의 재산이 전무하여 사실은 타인으로부터 건어물을 납품받더라도 그 대금을 변제할 의사나 능력이 없으면서도, 20○○. ○. ○.부터 20○○. ○. ○.까지 사이에 피해자 최○○등 35명에게, 건어물대금조로 약속어음을 발행하여 주고 "어음지급기일에 틀림없이 결제해줄테니 걱정하지 말고 건어물을 납품해 달라"고 거짓말하여 이에 속은 피해자들로부터 도합 4억4,500만원 상당의 건어물을 납품받아 이를 편취하였다.

(10) 피의자는 20○○. ○. ○.경 피해자 김○○으로부터 선이자 200만원을 제외한 1,500만원을 대여하면서 피해자 발행의 금 1,500만원으로 된 약속어음을 담보조로 받았다가 변제기일인 20○○. ○. ○. 피해자의 요구로 다시 선이자로 200만원을 받고 위 어음을 반환하는 대신 발행일 20○○. ○. ○. 금액 1,500만원으로 된 피해자 발행의 당좌수표를 선일자로 담보 명목으로 받았다. 그리고 이와는 별도로 위1,500만원의 채권에 대한 담보 명목으로 피해자의 부동산 등에 관하여 근저당권설정 및 가압류를 해 두었으나, 그 후 위 수표가 부도나므로 20○○. ○.경부터 위 부동산에 대하여 임의경매를 신청하여 그 배당금으로 변제를 받아오고 있었다. 피의자는 20○○. ○. ○. ○○시 ○○구 ○○동 123번지 ○○법원에서 위 1,500만원이 채권담보조로 피해자 소유의 ○○시 ○○구 ○○동 산45번지 임야 1,000평방미터 등에 이미 설정한 근저당권에 기하여 임의경매신청을 하여 20○○. ○. ○. 800만원을 배당받아 위 1,500만원의 채권일부를 변제받아 그 만큼 채권이 소멸되었음에도 이를 숨기고 피해자에게 대여한 1,500만원을 전혀 변제받지 못하였

으므로 위 1,500만원 및 이에 대한 이자의 지급을 청구한다는 취지의 수표금 청구의 소를 제기하였다. 그리하여 이에 기망된 법원으로 하여금 20○○. ○. ○. 피해자가 피의자에 대하여 1,500만원 및 20○○. ○. ○.부터 완제시까지 연 2할5푼의 비율에 의한 금원을 지급하라는 피의자 승소판결을 선고하도록 한 후 위 판결이 20○○. ○. ○. 확정되어, 같은 해 ○. ○. 위 확정판결을 근거로 하여 피해자 소유의 다른 부동산이 경매되어 피해자 명의로 배당된 금액 중 1,000만원을 피의자가 수령하여가 이를 편취하였다.

(11) 피의자는 20○○. 1. 1. 00:30경부터 같은 날 02:00경까지 서울 성북구 ○○동 100번지 퐁퐁단란주점에서 대금 지불 의사나 능력이 없으면서 업주인 피해자 박여자(여, 00세)에게 "이 집 분위기가 참 좋네. 양주와 과일안주 가져오고 여자를 들여보내 주쇼"라고 말하여 그녀에게 대금의 지급을 받을 수 있는 것처럼 믿게 하여 양주 1병 시가 120,000원과 과일 안주 3점 시가 150,000원 등 도합 270,000원 상당의 음식을 교부받아 먹고 그 대금 지불을 면하여 재산상 이익을 취득하였다.

(12) 피의자는 20○○. 1. 1. 23:00경부터 같은 날 02:00경까지 서울 성북구 ○○동 100번지 소재 퐁퐁식당에서 주인 홍길동에게 식대지급의 의사나 능력이 없으면서도 음식을 주문하여 피해자로 하여금 그 대금을 받을 수 있는 것처럼 믿게 하고 그곳에서 갈비2대 24,000원 밥1그릇 1,500원 소주2홉들이 1병 3,000원 등의 음식을 교부받아 먹음으로서 그 대금 도합 28,500원 상당을 면하여 재산상 이익을 취득하였다.

(13) 피의자는 20○○. 1. 11. 23:30경부터 같은 날 02:00경까지 서울 성북구 ○○동 100번지 높은 빌딩 앞에서 서울 30바 1234 공공택시에 승차하여 택시 운전사 홍길동(남, 55세)에게 택시요금의 지급 의사나 능력이 없음에도 "시흥까지 갑시다. 오늘 돈 많이 벌었소"라고 말하여 여유를 보임으로서 그로 하여금 택시요금을 줄 것 같은 믿음을 주고 같은 날 23:40경까지 주행시킨 후 목적지인 시흥에 도착하자 그대로 도주하여 택시요금 25,000원의 지급을 면하여 재산상 이익을 취득하였다.

(14) 피의자는 20○○. 1. 1. 23:00 서울 성북구 ○○동 100번지 꿈나라여관에서 그 여관 주인 홍길동(남, 44세)에게 여관비 지급의사나 능력이 없으면서 숙박할 방을 달라고 하여 그 여관 202호실로 정하고 위 홍길동에게 "오늘은 피곤하니 숙박비는 내일 아침에 줄게요"라고 속여 이튿날 숙박요금을 받을 수 있는 것처럼 믿게 하고 다음날 11:00경까지 숙박함으로서 그 대금 25,000원의 지급을 면하여 재산상 이익을 취득하였다.

(15) 피의자 ○○○는 중국 보이스피싱조직인 ○○의 한국내 현금인출책으로서 20○○. ○. ○. 대한민국에 ○○비자로 입국하여 같은 해 ○. ○.부터 ○. ○.까지 ○개월 동안 동 조직의 ○○○에게서 인출전화를 받으면 본인이 소지하고 있던 ○○은행 통장(111-111-11111) 외 ○○개의 계좌의 현금카드를 이용하여 총 ○○건에 걸쳐 ○○○○만원을 출금하여 ○○를 통하여 중국내 조직에게 ○차례 걸쳐 보내는 등의 범죄를 저질렀다.

4. 적용실례

(1) 소위 딱지수표를 담보로 제공하고 금원을 차용한 경우

피의자는 수표용지를 돈을 주고 사와, 이에 적당히 액면을 기재하여 이를 정상적인 수표인 양 거짓말하고 담보로 하여 돈을 차용(형식은 수표를 할인하는 것으로 하고)하였다.

➡ 이는 사기죄로 의율해야 한다.

(2) 수회에 걸쳐 금원을 편취한 후 발각된 경우

피의자는 취업을 시켜준다며 피해자 3명으로부터 돈을 받고, 네번째 범행에서 발각되어 이것은 미수에 그쳤다.

➡ 위 행위들은 모두 단일한 고의에서 비롯된 것이고 사기가 성립된 이상 네 번째의 미수부분은 포괄적인 관계에 있으므로 사기미수에 대해서는 의율할 수 없다.

(3) 자기채권을 확보하기 위해 현금교환해 주겠다고 속여 채권액보다 액면금액이 많은 약속어음을 교부받고 돌려주지 않은 경우

피의자가 자신의 채권확보를 위하여 채무자인 ○○산업 전무에게 사실은 약속어음을 현금으로 교환해 줄 의사가 전혀 없으면서 이를 현금교환해 주겠다는 취지로 속여 동인으로부터 채권액보다 더 많은 액수의 약속어음 1매를 교부받고 이를 돌려주지 않았다.

➡ 이는 상대방을 기망하여 약속어음 1매를 편취한 것으로 사기죄가 성립한다.

(4) 전세입주자라는 신분을 속이고 전전세를 내준 경우

전세입주자가 자신의 신분을 숨기고 마치 집주인인양 거짓말을 하여 전전세를 내주었다.

➡ 사기죄가 성립한다.

(5) 경찰 행세를 하며 금품을 교부받은 경우

피의자가 자신을 경찰이라고 속이고 경찰 행세를 하면서 수사비가 필요하다며 금품을 요구, 편취하였다.

➡ 이 경우 폭행이나 협박을 하지 않고 단지 수사경찰인 것처럼 행세하면서 수사비조의 돈을 요구하여 이에 속은 피해자로부터 돈을 받은 것이므로 공무원자격사칭, 공갈로는 의율할 수 없고 사기죄로 의율해야 한다.

(6) 가등기와 화해조서의 작성사실을 숨기고 대지를 매도한 경우

피의자가 아파트를 건축 매도함에 있어 대지상에 경료된 가등기와 화해조서 작성사실을 숨기고 매도계약을 체결하고 대금전액을 받았다.

➡ 아파트를 매도하여 가등기채권을 변제할 의사였다는 이유가 인정된다고 해도 변제의사 여부를 불문하고 매수자에게 그 사실을 숨기고 계약한 것이라면 사기죄가 성립한다.

(7) 목욕탕에서 주운 물품보관표로 자기 것이 아닌 보관물을 교부받은 경우

조○○는 목욕을 마치고 옷을 입다가 목걸이 1개, 반지 1개에 대한 보관표를 주웠다. 그리고 목욕탕을 나오는 길에 그 곳 계산대에서 위 보관표를 이용하여 자기 소유가 아닌 목걸이와 반지를 교부받았다.

➡ 이 경우는 피해자와 피기망자가 다른 경우이지만, 이것은 사기죄의 성립에 영향을 주지 않으므로 조○○의 위 행위는 당연히 사기죄로 의율해야 할 것이다.

(8) 점유이탈물을 습득한 자로부터 그것이 자신의 것인양 속여 점유이탈물을 교부받은 경우

길거리에서 강아지를 주워 그 주인을 찾고 있는 사람에게, 그것이 마치 자신의 소유인 양 속이고 강아지를 교부받았다.

➡ 점유이탈물횡령보다는 재물을 편취한 사기행위로 보는 것이 타당하다.

(9) 카드를 절취, 가명으로 사용한 경우

김○○는 회사 탈의실에서 옷을 갈아입다가 다른과 동료의 주머니에 신용카드가 꽂혀있는 것을 보고 이것을 절취하였다. 퇴근 후 김○○는 의상실에서 옷을 사고 이 카드를 제시하여 마치 자기가 정당한 소지인인 것처럼 실구매자 서명란에 가명으로 서명하였다.

➡ 이 경우, 우선은 물론 절도죄가 성립한다. 그리고 절취한 신용카드를 사용하여 물건을 교부받은 행위는 사기죄가 될 것이다. 신용카드를 자

신이 정당한 소지인인 것처럼 가장해 물건을 구입한 행위는 절도죄의 불가벌적 사후행위가 될 수 없기 때문이다. 따라서 절도죄와는 별도로 사기죄로도 의율해야 할 것이다.

(10) 동업자를 속여 사업자금보다 많은 돈을 받고 그 차액을 편취한 경우

안○○는 동업을 하기로 한 지○○에게 사업에 필요한 물품매매자금이라며 1,300만원을 받아냈다. 그런데 실제로 물품매매에 필요한 자금은 900만원이었다. 안○○는 위 금액 중 900만원은 사업을 위한 물품매매에 썼지만, 나머지 400만원은 개인의 잡비로 소비하였다.

➡ 안○○의 행위는 피해자인 지○○에게 사업자금을 허위로 과대조장하여 금원을 교부받았고, 실제 매매대금과의 차액을 편취한 것으로 요약할 수 있다. 이렇게 보았을 때 위 안○○의 행위는 사기죄로 의율하는 것이 타당하겠다(횡령죄가 아님).

(11) 채권자에게 공사를 맡았다고 속이고 공사 알선비를 받은 경우

고○○는 이○○가 보증을 한다고 하여 A, B에게 물건을 대주었지만 그 대금을 제대로 받지 못해 800만원을 손해보고 있었다. 고○○는 이 돈을 받기 위해서 이○○에게, 내가 이번에 큰 공사는 하나 맡았는데 공사금만 해도 5억원이 된다고 거짓말을 하며, 그 공사를 도급해 줄테니 알선비를 달라고 하여 알선비조로 500만원을 받았다.

➡ 고○○에게 채권이 있긴 하지만, 위 행위는 사회통념상 권리행사로서 인정할 수 없는 것이어서 사기죄가 성립한다고 할 수 있다.

(12) 배우자의 예금청구서를 위조하여 예금을 인출한 경우

배우자의 예금청구서를 위조하고 그것을 은행에 제시하여 배우자의 예금구좌에서 예금을 편취하였다.

➡ 피해자가 상대방 배우자라고 생각하기 쉽지만, 예금편취부분의 피기망자 및 피해자는 은행직원이 된다. 따라서 사기죄가 성립한다.

(13) 물건을 빌리는 척하고 가져 가 돌려주지 않은 경우

이○○는 송○○가 경영하는 중국음식점에서 종업원을 모집하는 것을 알고 그곳에 찾아가 일을 하겠다고 하면서, 집에 가서 옷을 가져올테니 오토바이를 빌려 달라고 하여 오토바이를 타고 간 다음 돌아오지 않았다.

➡ 옷을 사는 척하고 입은 다음 잠깐 화장실에 갔다 오겠다고 하면서 도주한 경우와는 달리 이 경우 오토바이의 점유는 송○○의 하자있는 의사에 의하여 이○○에게 완전히 이전된 것이므로 절도가 아니라 사기죄로 보아야 한다(이에 대해, 옷을 사는 척하고 옷을 입은 다음 화장실에 갔다 오겠다고 하면서 나가 도주한 경우는 절도가 된다).

(14) 보증각서를 위조하여 가압류결정을 받은 경우

피의자가 고소인 명의의 보증각서를 위조하여 이를 가압류신청하면서 행사하여 고소인 소유의 부동산에 관하여 가압류결정을 받았다.

➡ 사기죄에 있어서 가압류는 강제집행보전방법에 불과하고 그 기초가 되는 허위의 채권에 기하여 실제로 청구의 의사표시를 한 것으로 볼 수 없다. 그런데 이 경우는 본안 소송을 제기하지 않았으므로 사기죄의 실행에 착수했다고 볼 수 없어 사기미수로 의율할 수 없다.

(15) 병원비를 내지 않고 도주한 경우

사고로 병원에 입원해 치료받은 피의자가 병원비를 낼 수 없는 형편에 있어, 이를 추궁받지 않기 위해 몰래 도주하였다.

➡ 입원치료비의 지급채무의 이행을 면탈받은 것은 아니므로 사기죄가 되지 않는다.

(16) 이종사촌의 금원을 편취한 경우

이종사촌의 금원을 편취하였다.

➡ 이종사촌은 직계존속의 형제의 직계비속일 뿐 혈족이 되지 않으므로 민법 제777조에서 규정하는 친족의 범위에 포함되지 않는다. 따라서 친족상도례가 적용될 여지가 없어 공소권없음 의견으로 할 수 없다.

5. 수사시 유의사항

(1) 컴퓨터통신(인터넷)에 허위광고를 게재하여 이에 속은 피해자로부터 온라인을 통해 금원을 편취한 경우 입력된 허위정보나 부정명령에 따라 계산이나 데이터 처리, 즉 정보처리가 이루어진 것이 아니므로 컴퓨터등사용사기죄가 아닌 컴퓨터통신 이용자들에 대한 직접적인 기망행위(허위광고)와 사람의 착오에 의한 교부행위(온라인을 통한 입금)가 있으므로 사기죄로 의율함

(2) 피해자로부터 일정금액을 인출사용하라는 승낙을 받고 통장과 도장을 교부받아 피해자가 승낙한 액수를 넘어선 금전인출 행위는 사기죄가 성립할 뿐 절도죄가 아님. 5억원 이상 편취한 경우에는 사기죄가 아닌 특정경제범죄가중처벌등에관한법률(사기)로 의율함

(3) ㅇㅇ시청 직원이 토지불하를 이유로 200만원을 받으면 사기죄 아닌 변호사법위반으로 의율함

(4) 편취와 사취는 같은 뜻으로 편취는 법률 및 수사상 용어, 사취는 일상적인 용어임

(5) 피의자가 사실은 변호사선임을 할 의사가 없음에도 피해자에게 잘 아는 변호사를 선임하여 주겠다고 기망하여 금원을 편취한 사안은 변호사법위반이 아니라 사기죄임

(6) 약사법상의 의료용품이나 위생용품이 아니며 또한 보사부의 제조허가 대상이 아닌 건강기구(예:자석요)를 판매한 사안은 약사법위반이 아닌 사기죄로 의율

(7) 고소취소의 대가로 합의금을 주기로 약정한 후 각서까지 작성하고도 이를 이행하지 않은 경우 고소취소는 재산상의 처분행위가 아니므로 사기죄가 성립하지 않음

(8) 교통사고시 종합보험 미가입자가 보험처리하겠다고 기망하고 피해변제를 하지 않은 경우 구체적 기망과 손해발생이 없는 한 사기죄가 성립하지 않음

(9) 보이스 피싱(전화금융사기) 범죄

보이스피싱이란 음성(voice)과 개인정보(private data), 낚시(fishing)를 합성한 신조어로 전화를 통해 불법적으로 개인 정보를 빼내서 범죄에 사용하는 범죄를 뜻한다. 주로 다른 믿을 수 있는 기관을 사칭해서 주민등록번호, 신용카드번호, 은행계좌번호 등을 알아내고 현금을 인출하거나 다른 용도로 사용하는 금융 사기가 많다.

최신의 보이스피싱범죄수법에는 현금인출기까지 가지 않고도 텔레뱅킹을 이용하여 돈을 송금받는 신종보이스피싱사건이 보고되었으므로 수사시 현금인출기에서 하지 않았다고 피해자의 과실로 판단하지 말것(이 경우 일명 "쌍둥이폰" 을 이용함).

기본적으로 보이스피싱범죄의 경우 사기죄로 의율하지만 피해금액이 큰 경우에는 특가법상의 사기죄를 적용한다.

6. 유형별 사기죄의 사례

유 형	사 례
소송사기	법원을 기망하여 상대방으로부터 재물과 재산상의 이익을 편취하는 행위
매매, 할부관련	훔친물건인줄 알면서도 피해자에게 속이고 시가보다 싼값에 판매한 경우
	납품계약이 안될 것을 알면서도 계약금을 수령한 경우
	판매대금의 미지급
	기망에 의한 판매
	신분을 기망하고 할부매입(차량 및 휴대폰 등)
	타인명의로 차량구입후, 차량을 매매하여 피해자로 하여금 대위변제하게 하는 경우
신용카드 관련	절취한 신용카드의 사용
	변제의사나 능력없이 카드사용
	타인명의로 카드를 발급받아 사용
	타인 카드의 무단사용
	보관중인 카드의 사용
	부부중 일방의 카드를 승낙없이 발급받아 사용(친족상도례 적용 안됨)
수표, 어음, 보험, 금융관련	위조된 증권으로 대출
	위조된 서류로 대출
	외국화폐이용 사기(예:거래되지 않는 외국환을 거래되는 통화로 속여 현금과 교환)
	수표위조사기
	약속어음용지이용 사기
차용, 계 관련	어음담보 차용사기
	공이자로 현혹하여 차용사기
	허위의 계조직 사기
	계돈 미불입
	계주가 계가 깨어진 것을 알면서도 이런 사정을 숨긴채 계원들로부터 계금을 계속적으로 받은 경우(사기죄 성립)
부동산 관련	미등기상태에서의 2중매매
	등기이전후 2중매매
	세입자가 소유주 행세한 경우
	기망에 의한 재임대행위
	분양사기
	재건축·재개발사기
취업,알선,투자, 동업관련	취업사기, 취업알선사기, 취업조건선수금사기, 투자사기, 주식투자사기,대출알선사기, 입학빙자사기
기타	협박성사기, 가짜식품납품, 타인의 전화선사용, 컴퓨터통신망을 이용한사기(예:컴퓨터 통신판매사기), 가격사칭사기, 무임승차, 협박성무전취식, 잔돈사기 등

7. 사기죄 인정·불인정의 사례

사기죄 인정	사기죄 불인정
·채권이 소멸된 판결정본을 근거로 강제집행을 하는 경우 ·용도를 속여 국민주택건설자금대출을 받은 경우 ·상품의 허위과장 광고 ·부녀를 기망하여 성행위 대가의 지급을 면한 경우 ·매춘부가 매음의사 없이 매음에 응할 것처럼 가장하여 매음료를 받고 달아난 경우 ·절취한 장물을 담보로 제공하고 돈을 빌린 경우 ·매도담보로 제공된 사실을 숨기고 제3자에게 다시 매도담보 제공 ·자전거·자동차나 오토바이를 시운전을 빙자하여 그대로 몰래 도주 ·위조된 양곡배급통장으로 소정의 대금을 지급하고 양곡배급을 받은 경우 ·임차인이 부도산을 임의로 처분권한을 위장하여처분한 경우(횡령죄가 아닌 사기죄로 의율함) ·기망에 의해 재물을 포기하게 한 후 이를 가지는 행위 ·대리인을 기망하여 본인의 재물 편취 ·구체적으로 증명할 수 있는 사실을 들어 허위광고한 경우 ·융통어음을 진성어음으로 오인하게 한 후 할인명목으로 돈을 교부받은 경우 ·신용카드 가맹정주가 신용카드회사에 용역의 제공을 가장한 허위매출전표를 작성하여 대금청구수령한 경우 ·거짓으로 궁박한 사정을 가장하여 구걸행위 ·타인의 사무를 처리한 자가 본인에게 기망행위를 하여 재산상의 이득을 취한 경우(배임죄 ×) ·유효기간이 경과한 승차권으로 무임승차한 경우	·어음의 발행인들이 각자 자력이 부족한 상태에서 자금을 편법으로 확보하기 위하여 서로 동액의 융통어음을 발행하여 교환한 경우 ·입원환자가 치료를 면하기 위하여 몰래 도주한 경우 ·死者 상대 소송, 허무인에 대한 소송의 제기 ·빌라분양에 있어서 평수를 과장광고한 경우 ·채권변제 목적으로 잔고없는 가계수표를 잔고있는 것처럼 속여 교부한 경우 ·진품을 가지고 있는 사람에게 모조품이라고 속여 소유자가 이를 폐기한 경우 ·기한 미도래의 채권을 즉시 지급받기 위하여 지급명령을 신청한 경우 ·상거래에서 중등품을 상등품이라 하여 판매한 경우 ·병굿을 하고 대금을 받은 경우 ·물품대금의 변제를 위하여 위조약속어음을 교부한 경우 ·허위의 피해신고를 하여 그 피해복구 보조금을 받으려다 그 목적을 이루지 못한 경우 ·식육점이 딸린 식당을 매도하면서 그 식당이 업무상무허가라는 사실을 숨긴 경우 ·보험가입사실증명원을 위조 제출한 경우(사문서위조로 의율)

·미성년자가 성년이라 속여 자신의 부동산을 처분한 경우 ·금전차용인이 진실한 용도를 고지하지 않은 까닭에 대주가 착오로 금전을 대부한 경우 ·배급자격이 없는 자가 기망하여 배급받은 경우 ·세입자가 주인으로 행세하며 전전세를 놓은 경우 ·변제의사나 능력없이 카드를 사용한 경우	

● 수사사례

① 매매, 할부관련사기

<u>훔친 물건을 시가보다 싸게 판매</u>

- 훔친 물건인 줄 알면서도 피해자에게 속이고 시가보다 싼값에 판매하였다면 사기죄 성립.

<u>납품계약이 안될 것을 알면서도 계약금을 수령한 경우</u>

- 피해자에게 납품할 물건을 확보하지도 못한 상태이고 더욱이 납품할 의사도 없으면서도 피해자를 속이고 납품계약에 따른 계약금을 받는 경우는 사기죄 성립

<u>판매대금의 미지급</u>

- 피해자로부터 물건을 먼저 공급받고, 대금은 물건을 판매한 후 지불하기로 계약을 맺었으나 이를 이행하지 않고 판매한 물품대금을 편취하였다면 사기죄 성립

<u>기망(네다바이)에 의한 판매</u>

- 특정물건을 필요로 하는 것처럼 피해자를 속인 후, 다른 공범으로 하여금 시가 1만원에 불과한 물건을 개당 15만원씩 비싼가격에 판매한 경우 사기죄 성립

<u>신분을 기망하고 할부매입</u>

- 차량 할부금을 갚을 능력이 없으면서 자신을 업체 사장이라고 속인 후, 약간의 금액으로 계약체결 한 후, 차량을 인도 받아 사용하면서 차량대금을 지불하지 않은 경우 사기죄 성립

<u>타인명의로 차량구입</u>

- 피해자의 명의로 차량을 할부로 구입한 후, 차량을 마음대로 매매하고 피해자로 하여금 차량 할부금을 대위변제케 하는 경우사기죄성립

② 신용카드 관련사기

절취한 카드사용

- 피의자가 절취한 신용카드를 이용하여 술값을 결제하였다면 절도, 사기, 여신전문금융업법 위반의 경합범에 해당.

타인명의로 카드발급

- 지역광고지에 구인광고를 내어서 이를 보고 찾아 온 자에게 취업에 필요하다고 주민등록증을 맡아 놓은 후 맡겨논 주민등록증을 이용하여 본인 모르게 신용카드를 발급 받아 물품구입, 카드할인에 사용하였다면 사기죄 성립.

타인카드의 무단사용

- 피해자가 신용카드를 통해 지불능력 이상으로 소비하여 대금을 결재하기가 어렵게 되어 신문광고를 보고 찾아간 카드할인업자에게 대납을 요구하자 수수료 10%만 내면 대납해 줄 수 있다고 하여 카드와 이용명세서를 맡겼으나 이를 무단으로 사용하는 경우는 사기죄 성립

타인카드 무단사용

- 피해자가 소지한 신용카드의 재발급 기간이 도래한 것을 알고 신용카드를 자기에게 맡기면 이를 재발급 받아주겠다고 한 후, 그 카드를 임의로 사용하여 물품 등을 구입하면 사기죄 성립

보관중인 카드의 사용

- 신용카드회사 직원이 동료직원에게 전달해 달라고 맡긴 카드를 전달하지 않고 임의로 사용하였을 경우는 사기죄 성립

남편 승낙없이 카드발급받아 사용

- 남편의 승락없이 발급받은 크레디트카드를 사용하여 물품을 구입하였을 경우의 사기의 피해자는 남편이 아닌 물품의 소유자로 친족상도례는 적용의 여지가 없음 사기죄 성립

③ 수표, 어음, 보험, 금융관련사기

위조된 증권으로 대출

- 증권을 위조한 후이를 담보로 은행에서 대출받았다면 은행에 대한 기망행위가 있는 것으로 대출금을 정산할 의사와는 상관없이사기죄 성립.

위조된 서류로 대출

- 위조된 서류와 도장을 이용하여 피해자의 인감, 주민등록증을 동사무소로부터 발급받은 후, 은행 금전소비대차 약정계약서 보증인란에 피해자의 명의를 작성, 이를 은행에 제출하여 대출을 받는 경우 사기죄 성립.

외국화폐이용 사기

- 외국에서 이미 폐지된 화폐를 피해자에게 한화로 30만원의 가치가 있다고 속여 현금으로 교환하는 경우 사기죄 성립

수표위조

- 5백만 원으로 기재된 타인명의의 가계수표를 1천만 원으로 위조하여 현금으로 할인받는 경우는 (부정수표단속법 포함)는 사기죄성립. 약속어음용지 이용 사기 문방구 등에서 쉽게 구할 수 있는 개인용 약속어음용지에 타인명의 의 약속어음을 작성한 후 이를 피해자에게 교부하여 현금할인을 받아 사취하는 경우는 사기죄 성립

④ 차용, 계 관련 사기

어음담보 차용사기

- 자신 또는 타인이 발행한 어음을 담보로 맡기고 차용한 후 변제하지 않는 경우에 있어서 어음담보 가 기망의 수단으로 사용되었을 경우는 사기죄 성립.

고이자로 현혹하여 차용

- 비싼 이자를 지급하겠다고 피해자를 기망하여 차용한 후 이를 변제하지 않았을 경우에 고이자의 지급의사가 애초에 없었고 이를 단순히 기망의 수단으로 사용했다면 사기죄 성립

허위의 계조직

- 계주가 허위로 계를 조직하여 이에 가입한 피해자로부터 계금을 받은 후 계를 파기하는 경우에 있어서 계조직의 의사가 없이 기망의 수단으로 계를 이용했다면 사기죄 성립.

계가 깨진 것을 안 경우

- 계주가 이미 계가 깨어진 사실을 알면서도 이러한 사정을 속인 채 계원들로부터 계금을 계속적으로 사기죄 성립.

계돈 미불입

- 계금을 낼 능력이 없으면서도 계에 가입하여 우선순위를 배정받아 계돈만을 받아 편취하고 그 이후에 계금을 지불하지 않았다면 사기죄가 성립.

⑤ 부동산 관련 사기

미등기상태에서 2중 매매

- 주택조합에서 분양하는 아파트를 조합원이 분양받은 후 아파트의 소유권

이전등기가 아직 이루어지지 않은 상태에서 수인에게매매계약체결후 대금을 받으면 사기죄 성립

<u>등기이전후 2중매매</u>

- 피의자가 매수인에게 부동산을 매매하고 소유권이전등기를 완료해 주었음에도 불구하고 이러한 사실을 숨기고 다시 제3자에게매매하는 경우는 사기죄 성립

<u>전세권자가 소유주 행세하는 경우</u>

- 세입자가 자신이 가옥의 소유주인 것처럼 가장하여 제3자에게 전세권을 설정하여 전세금을 편취하였다면 사기죄 성립

<u>기망에 의한 재임대행위</u>

- 2백만원에 임대한 사무실을 천만원에 임대하였다고 속인 후, 7백만원을 받고 다시 전대하였다면 사기죄 성립.

<u>분양사기</u>

- 상가를 분양할 능력과 자력도 없으면서 상가분양공고를 낸 후 이를 믿고 찾아온 피해자에게 상가 분양금을 편취하는 경우 사기죄 성립

<u>재건축사기</u>

- 철거대상지역에서재건축할 아파트의 입주권이 나올 수 없는 무허가 건물임에도 불구하고 피의자가 마치 아파트 입주권이 나오는것처럼 피해자를 기망하여 무허가 건물의 매매대금을 편취하는 경우 사기죄 성립.

<u>재개발 사기</u>

- 피의자는 동사무소 직원과 공모하여 투기목적으로 무허가 판잣집 10여채를 구입한 후 자신이 운영 하는 공장의 종업원들의 명의를 빌려 사례금을 지급하고 그들 명의의 공문서인 소유권확인원을 부 정발급받아 그곳을 재개발하는 건축회사로부터 보상비,이주비, 대토권 (아파트입주권) 등을 받아냈다면 사기죄 성립

⑥ 취업, 알선, 투자, 동업관련 사기

<u>취업사기</u>

- 피의자는 피해자에게 취업을 시켜주겠다고 기망하여 교제비 명목으로 금원을 교부받았다면 사기죄 성립.

<u>취업알선사기</u>

- 용역경비업자가 구청 일용직 노점단속원으로 취업시켜 주겠으니 소개비를 달라고 하여 편취한 경우 사기죄 성립.

취업시 선수금 사기

- 다방, 술집 등에 종업원으로 일하겠다고 업주를 기망하여 미리 월급을 받은 후 취업하지 않는 경우 사기죄 성립.

투자사기

- 피해자에게 자신과 함께 시유지를 불하받아 비싼 값에 되팔 수 있다고기망하여 자금을 투자하게 하여 이를 편취하는 경우사기죄 성립.

주식투자사기

- 피해자에게 특정주식에 투자하면 큰 돈을 벌 수 있다고 기망하여 피해자로부터 투자금을 받은 후 이를 주식투자에 사용하지않고 임의로 처분하였다면 사기죄 성립

대출알선사기

- 자신이 아는 사람을 통해 은행에서 대출해 주겠다고 피해자를 기망하여 이에 따르는 경비와 교재 비 명목으로 금원을 편취하는경우 사기죄 성립

입학빙자사기

- 피의자는 피해자의 아들을 대학에 입학시킬 의사나 능력이 분명히 없음에도 불구하고 마치 가능한 것처럼 피해자를 기망하여금원을 편취하였다면 사기죄 성립.

2. 컴퓨터 등 사용사기죄

제347조의2【컴퓨터등 사용사기】

컴퓨터등 정보처리장치에 허위의 정보 또는 부정한 명령을 입력하거나 권한 없이 정보를 입력·변경하여 정보처리를 하게 함으로써 재산상의 이익을 취득하거나 제3자로 하여금 취득하게 한 자는 10년 이하의 징역 또는 2천만원 이하의 벌금에 처한다.

[전문개정 2001. 12. 29.]

[공소시효] : 10년

Ⅰ. 이론

1. 구성요건

(1) 객관적 구성요건

1) 주체

제한이 없다.

2) 객체

재산상의 이익이다.

① 재물을 제외한 재산상 이익을 객체로 하는 순수한 이득죄이다(다수설).

② 재물도 본 죄의 객체가 되는지에 관하여 긍정설과 부정설(다수설)이 대립된다. 대법원은 부정설의 태도이다(2002도2134).

▣ 이견있는 형사사건의 법원판단 ▣

[재물도 본죄의 객체에 포함되는지 여부]

1. 문제점 : 제347조의2에 의하면 본죄의 객체는 '재산상의 이익'이라고 표현되어 있다. 따라서 재물의 경우 본 죄의 객체에 포함되는지 문제된다.

2. 학설

(1) 적극설 : 재물은 재산상 이익에 대하여 특별관계에 있기 때문에 재물을 취득한 경우에는 당연히 재산상 이익도 취득한 것이므로 재물도 본죄의 객체에 포함된다는 견해

(2) 소극설(다수설) : 재물은 본죄의 객체가 아니라는 견해

3. 판례 : 소극설의 태도

형법 제347조의2에서 규정하는 컴퓨터등사용사기죄의 객체는 재물이 아닌 재산상의 이익에 한정되어 있으므로, 타인의 명의를 모용하여 발급받은 신용카드로 현금자동지급기에서 현금을 인출하는 행위를 이 법조항을 적용하여 처벌할 수는 없다(대법원 2002. 7. 12. 선고 2002도2134 판결).

3) 행위

컴퓨터 등 정보처리장치에 허위정보 또는 부정한 명령을 입력하거나 권한 없이 정보를 입력, 변경하여 정보처리를 하게 하는 것이다.

① 허위정보의 입력이란 진실에 반하는 내용의 정보를 입력하는 것을 의미한다.

② 부정한 명령의 입력이란 사무처리 목적에 비추어 지시해서는 안 될 부정한 명령을 입력하는 것이다.

③ 권한 없이 정보를 입력, 변경하는 것이란 권한 없는 자가 진정한 정보를 임의로 입력하거나 변경하는 것을 의미한다. 즉, 진실한 정보의 부정사용에 해당하는 것으로서 2001년 형법 개정시 추가된 구성요건이다.

4) 재산상 이익의 취득

정보처리를 통하여 행위자가 재산상 이익을 취득하거나 제3자로 하여금 취득하게 하여야 한다.

(2) 주관적 구성요건

고의와 불법이득의사가 필요하다.

2. 타죄와의 관계

(1) 사기죄와의 관계

은행 직원을 기망하여 컴퓨터에 허위정보를 입력시켜 재산상 이익을 취득한 경우에 사기죄만 성립한다고 본다. 컴퓨터등사용사기죄는 사기죄에 대하여 보충관계에 있기 때문이다.

(2) 전자기록위작, 변작죄와의 관계

컴퓨터등사용사기죄의 행위가 전자기록위작, 변작죄, 동행사죄에 해당하는 경우에는 본 죄와 상상적 경합이 된다고 본다.

Ⅱ. 판례

◆ 절취한 타인의 신용카드를 이용하여 현금지급기에서 자신의 예금계좌로 돈을 이체시킨 후 현금을 인출한 행위가 절도죄를 구성하는지 여부

절취한 신용카드를 이용하여 현금자동지급기에서 현금을 인출한 경우, 현금자동지급기 관리자의 의사에 반하여 그의 지배를 배제하고 그 현금을 자기의 지배하에 옮겨놓는 것이 되어 절도죄를 구성하나(대법원 1995. 7. 28. 선고 95도997 판결 등 참조), 위 공소사실 기재 행위 중 피고인이 공소외 2의 신용카드를 이용하여 현금지급기에서 계좌이체를 한 행위는 컴퓨터등사용사기죄에 있어서의 컴퓨터 등 정보처리장치에 권한 없이 정보를 입력하여 정보처리를 하게 한 행위에 해당함은 별론으로 하고 이를 절취행위라고 볼 수는 없고, 한편 피고인이 위 계좌이체 후 현금지급기에서 현금을 인출한 행위는 자신의 신용카드나 현금카드를 이용한 것이어서 이러한 현금인출이 현금지급기 관리자의 의사에 반한다고 볼 수 없으므로, 이 또한 절취행위에 해당하지 아니하는바, 결국 위 공소사실 기재 행위는 절도죄를 구성하지 않는다고 보아야 한다(대법원 2008. 6. 12. 선고 2008도2440 판결).

◆ 절취한 친족 소유의 예금통장을 현금자동지급기에 넣고 조작하여 예금 잔고를 다른 금융기관의 자기 계좌로 이체하는 방법으로 저지른 컴퓨터등사용사기죄에 있어서의 피해자

(1) 사실관계

> 피고인이 절취한 친할아버지 A소유 고흥 농업협동조합 예금통장을 현금자동지급기에 넣고 조작하는 방법으로 A명의 위 농업협동조합 계좌의 예금 잔고 중 57만 원을 피고인 명의 국민은행 계좌로 이체하였다.

(2) 판결요지

[1] 컴퓨터 등 정보처리장치를 통하여 이루어지는 금융기관 사이의 전자식 자금이체 거래는 금융기관 사이의 환거래관계를 매개로 하여 금융기관 사이나 금융기관을 이용하는 고객 사이에서 현실적인 자금의 수수 없이 지급·수령을 실현하는 거래 방식인바, 권한 없이 컴퓨터 등 정보처리장치를 이용하여 예금계좌 명의인이 거래하는 금융기관의 계좌 예금 잔고 중 일부를 자신이 거래하는 다른 금융기관에 개설된 그 명의 계좌로 이체한 경우, 예금계좌 명의인의 거래 금융기관에 대한 예금반환 채권은 이러한 행위로 인하여 영향을 받을 이유가 없는 것이므로, 거래 금융기관으로서는 예금계좌 명의인에 대한 예금반환 채무를 여전히 부담하면서도 환거래관계상 다른 금융기관에 대하여 자금이체로 인한 이체자금 상당액 결제채무를 추가 부담하게 됨으로써 이체된 예금 상당액의 채무를 이중으로 지급해야 할 위험에 처하게 된다. 따라서 친척 소유 예금통장을 절취한 자가 그 친척 거래 금융기관에 설치된 현금자동지급기에 예금통장을 넣고 조작하는 방법으로 친척 명의 계좌의 예금 잔고를 자신이 거래하는 다른 금융기관에 개설된 자기 계좌로 이체한 경우, 그 범행으로 인한 피해자는 이체된 예금 상당액의 채무를 이중으로 지급해야 할 위험에 처하게 되는 그 친척 거래 금융기관이라 할 것이고, 거래 약관의 면책 조항이나 채권의 준점유자에 대한 법리 적용 등에 의하여 위와 같은 범행으로 인한 피해가 최종적으로는 예금 명의인인 친척에게 전가될 수 있다고 하여, 자금이체 거래의 직접적인 당사자이자 이중지급 위험의 원칙적인 부담자인 거래 금융기관을 위와 같은 컴퓨터 등 사용사기 범행의 피해자에 해당하지 않는다고 볼 수는 없으므로, 위와 같은 경우에는 친족 사이의 범행을 전제로 하는 친족상도례를 적용할 수 없다.

[2] 손자가 할아버지 소유 농업협동조합 예금통장을 절취하여 이를 현금자동지급기에 넣고 조작하는 방법으로 예금 잔고를 자신의 거래 은행 계좌로 이체한 사안

에서, 위 농업협동조합이 컴퓨터 등 사용사기 범행 부분의 피해자라는 이유로 친족상도례를 적용할 수 없다고 한 사례(대법원 2007. 3. 15. 선고 2006도2704 판결).

◆ 예금주인 현금카드 소유자로부터 일정액의 현금을 인출해 오라는 부탁과 함께 현금카드를 건네받아 그 위임받은 금액을 초과한 현금을 인출한 행위가 컴퓨터 등 사용사기죄를 구성하는지 여부(적극)

(1) 사실관계

> 피고인은 2003. 2. 중순 일자불상 10:00경 충주시 목행동 598-2에 있는 충주농업협동조합 목행지점에서, 같은 동 676-53에 있는 '사이버 25시 피씨방'에 게임을 하러 온 피해자 A로부터 그 소유의 농협현금카드로 20,000원을 인출해 오라는 부탁과 함께 현금카드를 건네받게 되자 이를 기화로, 위 지점에 설치되어 있는 현금자동인출기에 위 현금카드를 넣고 권한 없이 인출금액을 50,000원으로 입력하여 그 금액을 인출한 후 그 중 20,000원만 피해자에게 건네주어 30,000원 상당을 취득하였다.

(2) 판결요지

예금주인 현금카드 소유자로부터 일정한 금액의 현금을 인출해 오라는 부탁을 받으면서 이와 함께 현금카드를 건네받은 것을 기화로 그 위임을 받은 금액을 초과하여 현금을 인출하는 방법으로 그 차액 상당을 위법하게 이득할 의사로 현금자동지급기에 그 초과된 금액이 인출되도록 입력하여 그 초과된 금액의 현금을 인출한 경우에는 그 인출된 현금에 대한 점유를 취득함으로써 이 때에 그 인출한 현금 총액 중 인출을 위임받은 금액을 넘는 부분의 비율에 상당하는 재산상 이익을 취득한 것으로 볼 수 있으므로 이러한 행위는 그 차액 상당액에 관하여 형법 제347조의2(컴퓨터등사용사기)에 규정된 '컴퓨터 등 정보처리장치에 권한 없이 정보를 입력하여 정보처리를 하게 함으로써 재산상의 이익을 취득'하는 행위로서 컴퓨터 등 사용사기죄에 해당된다(대법원 2006. 3. 24. 선고 2005도3516 판결).

◆ 컴퓨터등사용사기죄의 범행으로 예금채권을 취득한 다음 자기의 현금카드를 사용하여 현금자동지급기에서 현금을 인출한 경우, 그 인출된 현금은 장물이 될 수 없다고 한 사례

컴퓨터등사용사기죄의 범행으로 예금채권을 취득한 다음 자기의 현금카드를 사용하여 현금자동지급기에서 현금을 인출한 경우, 현금카드 사용권한 있는 자의 정당한 사용에 의한 것으로서 현금자동지급기 관리자의 의사에 반하거나 기망행위 및 그에 따른 처분행위도 없었으므로, 별도로 절도죄나 사기죄의 구성요건에 해당하지 않는다 할 것이고, 그 결과 그 인출된 현금은 재산범죄에 의하여 취득한 재물이 아니므로 장물이 될 수 없다고 한 사례(대법원 2004. 4. 16. 선고 2004도353 판결).

◆ 형법 제347조의2의 규정 취지 및 컴퓨터등사용사기죄에서 '정보처리', '재산상 이익 취득'의 의미

형법 제347조의2는 컴퓨터 등 정보처리장치에 허위의 정보 또는 부정한 명령을 입력하거나 권한 없이 정보를 입력·변경하여 정보처리를 하게 함으로써 재산상의 이익을 취득하거나 제3자로 하여금 취득하게 하는 행위를 처벌하고 있다. 이는 재산변동에 관한 사무가 사람의 개입 없이 컴퓨터 등에 의하여 기계적·자동적으로 처리되는 경우가 증가함에 따라 이를 악용하여 불법적인 이익을 취하는 행위도 증가하였으나 이들 새로운 유형의 행위는 사람에 대한 기망행위나 상대방의 처분행위 등을 수반하지 않아 기존 사기죄로는 처벌할 수 없다는 점 등을 고려하여 신설한 규정이다. 여기서 '정보처리'는 사기죄에서 피해자의 처분행위에 상응하므로 입력된 허위의 정보 등에 의하여 계산이나 데이터의 처리가 이루어짐으로써 직접적으로 재산처분의 결과를 초래하여야 하고, 행위자나 제3자의 '재산상 이익 취득'은 사람의 처분행위가 개재됨이 없이 컴퓨터 등에 의한 정보처리 과정에서 이루어져야 한다(대법원 2014.3.13, 선고, 2013도16099, 판결).

◆ 피고인이 甲 주식회사에서 운영하는 전자복권구매시스템에서 일정한 조건하에 복권 구매명령을 입력하면 가상계좌로 복권 구매요청금과 동일한 액수의 가상현금이 입금되는 프로그램 오류를 이용하여 복권 구매명령을 입력하는 행위를 반복함으로써 자신의 가상계좌로 구매요청금 상당의 금액이 입금되게 한 사안에서, 피고인의 행위가 컴퓨터 등 사용사기죄에서 정한 '부정한 명령의 입력'에 해당한다고 한 사례

피고인이 甲 주식회사에서 운영하는 전자복권구매시스템에서 은행환불명령을 입력하여 가상계좌 잔액이 1,000원 이하로 되었을 때 복권 구매명령을 입력하면 가상계좌로 복권 구매요청금과 동일한 액수의 가상현금이 입금되는 프로그램 오류를 이용하여 잔액을 1,000원 이하로 만들고 다시 복권 구매명령을 입력하는 행위를 반복함으로써 피고인의 가상계좌로 구매요청금 상당의 금액이 입금되게 한 사안에서, 피고인의 행위는 형법 제347조의2에서 정한 '허위의 정보 입력'에 해당하지는 않더라도, 프로그램 자체에서 발생하는 오류를 적극적으로 이용하여 사무처리의 목적에 비추어 정당하지 아니한 사무처리를 하게 한 행위로서 '부정한 명령의 입력'에 해당한다고 한 사례(대법원 2013.11.14, 선고, 2011도4440, 판결).

◆ 자본시장과 금융투자업에 관한 법률 위반 및 배임의 점에 대해 유죄를 선고하고, 컴퓨터 등 사용사기의 점은 무죄로 판단한 사례

甲 주식회사의 직원으로 우리사주 조합원인 피고인들이, 甲 회사에서 우리사주에 대한 배당금을 입금하는 과정에서 담당 직원의 과실로 우리사주 1주당 1,000원의 현금배당 대신 1주당 1,000주의 주식을 입고하는 내용의 전산처리가 이루어져 피고인들의 계좌에 甲 회사 주식이 전산상 입력되는 배당사고가 발생하자, 마치 자신들이 정

당하게 소유하여 매도할 권한이 있는 것처럼 MTS(모바일 주식매매시스템)를 이용하여 위 주식에 대한 매도주문을 제출하여 매매계약이 체결되게 함으로써 금융투자상품의 매매와 관련하여 부정한 수단 등을 사용하여 매도대금 상당의 재산상 이익을 취득하고 甲 회사에 손해를 가하였다고 하여 자본시장과 금융투자업에 관한 법률(이하 '자본시장법' 이라 한다) 위반 및 배임, 컴퓨터 등 사용사기의 공소사실로 기소된 사안이다.

피고인들이 본인들 명의의 주식거래계좌에서 한 매도주문은 금융투자상품인 '甲 회사 주식' 을 매도하겠다는 것으로서 자본시장법상 금융투자상품의 거래와 관련된 행위임이 분명하고, 허용된 무차입공매도를 제외한다면 실제로 확보하고 있지 않은 주식을 매도하는 것 자체가 법령상 허용되지 않는 행위인 점, 피고인들의 대량 주문 자체가 실제 시장의 수급에 현저한 영향을 미쳐 甲 회사 주가가 급락하도록 하였고, 이로 인한 잘못된 판단으로 주식을 추격 매도한 일반 투자자들도 있었던 점(물론 그 한편으로는 그 기회에 비정상적으로 형성된 낮은 금액에 주식을 매수한 자도 있었다), 이는 주식시장 참가자들 사이의 공정한 경쟁을 해한 것이고, 선의의 투자자들에게 손해가 전가된 것인 점 등을 감안하면 피고인들의 행위는 자본시장법이 금지하는 '부정한 수단' 에 해당하며, 피고인들에게는 고용계약뿐 아니라 신의성실의 원칙으로도, 자신들의 계좌에 주식이 오입력된 사실을 알게 된 즉시 부서장 등 상급자에게 즉시 그 사실을 보고하고, 회사 측 처리 지침을 적극적으로 알아본 뒤 그에 따름으로써 회사의 손해를 최소화하고 재산을 보호할 임무가 있었음에도 위와 같은 조치를 하지 않았을 뿐 아니라, 오히려 고용계약뿐 아니라 신의성실의 원칙으로도 당연히 하지 말아야 할 것으로 여겨지는 행위를 하였는데, 이는 회사와 맺은 고용계약상 신임관계뿐 아니라 신의칙상으로도 충분히 인정될 수 있는 사고 수습 업무 협조의무를 저버리는 행위로서 배임이라고 평가하기에 충분하고, 이때 피고인들이 하였어야 할 사고 수습 업무는 엄연히 오입력 사고를 발생시킨 甲 회사가 하여야 할 업무로서 타인의 사무에 해당하며, 피고인들에게 배임의 고의와 불법이득의사도 인정된다는 등의 이유로, 공소사실 중 자본시장법 위반 및 배임의 점에 대해 유죄를 선고하고, 컴퓨터 등 사용사기의 점은 무죄로 판단한 사례이다(서울남부지법 2019. 4. 10., 선고, 2018고단3255, 판결 : 항소).

Ⅲ. 수사실무

1. 범죄사실 기재례

【범죄사실 기재례】

(1) 피의자는 20○○. ○. ○. 22:00경 서울 이하 주소를 모르는 곳에서 컴퓨터 등 정보처리장치인 인터넷사이트 피해자 ○○쇼핑몰 주식회사에 김○○ 명의로 접속하여 그의 이름으로 상품을 구입하면서 피의자가 마치 김○○인 것처럼 자신이 부정발급 받은 김○○ 명의

의 ○○카드의 카드번호와 비밀번호 등을 입력하고 그 물품대금 200,000원을 지급하도록 부정한 명령을 입력하여 정보처리를 하게 함으로써 그 금액 상당의 재산상 이익을 취득하였다.

(2) 피의자들은 20○○. ○. ○. 11:00경 서울 ○○구 ○○동 123-45에 있는 피해자 주식회사 ○○은행 ○○지점에서 피의자 이○○는 망을 보고, 피의자 박○○는 현금자동지급기에서 위와 같이 훔친 오○○의 예금통장을 넣고 비밀번호를 누른 후 오○○의 예금계좌에서 피의자 박○○의 ○○은행 계좌로 350만원을 이체시켰다.

이로써 피의자들은 공모하여 컴퓨터 등 정보처리장치에 권한 없이 정보를 입력하여 정보처리를 하게 함으로써 350만원에 해당하는 재산상의 이익을 취득하였다.

2. 참고사항

(1) 조사시 유념사항

1) 컴퓨터 사용사기죄의 특징

① 본 죄는 컴퓨터에 대한 어느 정도의 전문적 지식이 있어야 가능하다. 따라서 빈곤을 원인으로 하는 경우도 있겠지만 단순한 지적 호기심이나 회사에 대한 불만, 보복의 목적을 갖는 경우도 예상하여야 한다.

② 전통적인 사기범죄에 비하여 연령층이 비교적 짧으며 고도의 지적인 유희의 일종으로 범죄를 게임화하는 경향이 있어 죄의식이 약한 면이 있다. 또한 연령층이 젊은 관계로 대체로 전과가 없거나 우발적인 경우가 많다.

③ 컴퓨터를 부정 조작하여 사기를 범하는 경우에는 다른 재산범죄에 비하여 반복성이 심하다. 일단 컴퓨터 시스템에 부정입력된 명령이 처리되기 시작하면 규칙적으로 지속된다.

④ 범죄피해자가 회사나 은행일 경우 공신력 등의 실추를 우려하여 범죄를 은폐할 우려가 있다는 점이다.

2) 고의입증상의 문제점

부정한 명령을 입력시킨 경우 프로그래머가 사용하는 언어와 작성기법이 다르기 때문에 이를 발견한다는 것은 전문가의 도움없이는 거의 불가능하다. 설사 이를 입증하여도 피의자가 객관적인 행위를 통해 범의를 표현하지 않는 이상 고의를 입증할 수 없다. 예를 들어, 부정한 명령을 입력하여 예금시켰지만 아직 금원을 인출하지 않는 이상 과실에 의한 프로그램상의 오류라는 주장에 대비하여야 한다. 또한 증거로 제출받은 전자적 기록들은 컴퓨터 특유의 언어로 되어 있으므로 이를 출력, 인쇄하여 출력한 자나 감독자의 서명 날인을 함께 받아 들 필요가 있다.

3) 수사상의 유의점

① 은행, 회사 등에서 발생한 사기 사건일 경우 컴퓨터 작동을 중지할 수 없으므로 범죄나 프로그램상의 오진이 발견될 가능성이 높은 부분에 대해서는 백업카피를 작성하여야 한다. 만일 압수, 수색의 필요성이 있다면 그 부분을 한정하기 위해 관련 전문가의 도움을 받을 수 밖에 없다.

② 용의자는 수사가 진행되면 부정입력한 테이프를 급히 소거하여 증거를 인멸할 우려가 있음에 유의하여 역으로 추적할 필요가 있다. 현금 카드나 은행통장의 경우도 특정번호가 입력된 단말기를 역추적하여야 한다.

③ 대형컴퓨터의 경우 버퍼저장공간에는 용의자가 컴퓨터를 부정으로 작업한 후 그 흔적이 남아있다. 따라서 사용된 테이프나 디스크를 완전히 삭제하기 위해서는 상당한 시간을 필요로 하기 때문에 남아있는 데이터를 추적하여야 한다.

④ 컴퓨터범죄도 결국 사람에 의한 범죄이므로 우선적으로 용의자의 범위를 축소시킬 필요가 있다. 즉, 컴퓨터 시설에 물리적으로 접근이 가능한 자, 프로그램이 가능한 자 등으로 단계별로 수사하여야 한다.

(2) 수사사례

1) 은행원의 온라인 이용

은행원인 피의자가 공범인 친구의 예금통장에 허위로 거액이 입금된 것처럼 컴퓨터 단말기를 조작한 후 이를 공범과 함께 인출하는 경우와 같이 대체로 온라인 이용 범죄는 예금계좌개설, 가공의 입금처리, 현금인출의 방식을 택하고 있다.

2) 소액을 전산처리하는 경우

전산프로그래머인 피의자가 은행컴퓨터에서의 소수점 이하로 떨어지는 금액을 특정계좌에 모아서 사취하는 경우(이러한 유형의 컴퓨터범죄를 살라미(salami)기법이라 한다. 살라미는 조금씩 베어먹는 소세지를 의미한다)가 있었던 바, 이는 형법 개정 전에는 업무상횡령죄에 해당되었지만 이제는 형법 제347조의2에 해당한다.

3) 프로그램 조작

은행본점에서 온라인 컴퓨터대체업무를 담당하던 전산부 대리인 피의자가 프로그램을 조작, 전산원장상의 본인의 계좌에 예금액수를 늘리고 타 지점에서 자신의 통장에 입금된 돈을 부풀리는 수법으로 사취하는 경우

4) 가명계좌 개설

은행대리인 피의자가 단말기 조작담당여직원이 잠시 자리를 비운 사이에 키를 맡았다가 2억이 입금되었다는 가명계좌를 개설한 후 이를 타 지점에서 인출하는 경우

5) 컴퓨터 조작

은행영업부 대리인 피의자가 자신의 수신실적을 올리기 위해 점심시간에 창구직원이 자리를 비운 사이 타인 명의의 예금통장에 1억원이 입금된 것처럼 조작하여 자신의 유치실적으로 보고한 후 다음날 다시 인출한 것으로 조작하여 무자원거래를 하는 경우

6) 허위의 입금표 이용

은행대리인 피의자가 단말기 조작담당직원의 창구 앞에 고객이 혼잡한 틈을 이용하여 단말기 위에 5천만원의 가짜 입금표를 써 놓은 뒤 여 행원이 무심코 이를 입력시키게 하여 다른 지점에서 입금된 돈을 인출하는 경우

7) 프로그램 조작

은행전산부 직원인 피의자가 특정인의 거래실적이 거래원장에 기록되지 않도록 프로그램을 조작하여 그 특정인이 장기적으로 예금을 인출하지 않는 기간 동안 조금씩 현금을 인출하는 경우

(3) 컴퓨터사용범죄의 유형 및 수사요령

1) 해 킹

① 개념

시스템의 관리자가 구축해 놓은 보안망을 어떤 목적에서건 무력화 시켰을 경우 이에 따른 모든 행동을 해킹이라고 한다.

② 수사기법

가. 첩보수집 및 신고

나. 로그화일 분석 및 백업

다. 파일 변조여부, 백도어 등 확인

라. 추적

마. 전화국 협조

바. 신원확인

③ 처벌법규

가. 형법 제314조 제2항(컴퓨터등장애업무방해)

나. 형법 제316조(비밀침해)

다. 정보통신망이용촉진및정보보호등에관한법률 제48조 제1항

2) 컴퓨터 바이러스 유포

① 컴퓨터 바이러스의 개념

컴퓨터에서 실행되는 프로그램의 일종으로 자기복제 기능을 가지고 컴퓨터에 저장된 자료의 파괴나 나아가 시스템 자체에 악영향을 미치는 프로그램이다.

② 수사기법

가. 첩보수집

나. 증거자료 확보

다. 추적 및 조사

③ 처벌법규

형법 제314조 제2항(컴퓨터등장애업무방해)

3) PC통신을 통한 불법행위

① 범죄유형

가. 음란물 및 프로그램불법복제판매

나. 통신사기

다. 통신 대화방을 이용한 성폭력행위

라. 타인의 ID 도용행위

마. 통신매춘 등

② 수사기법

가. 첩보수집 : 각 통신망의 공개게시판을 검색한다.

나. 증거자료 확보 : 용의자가 게시한 게시물이나 용의자가 보낸 판매물건

목록 메일 등을 갈무리하는 것도 증거확보의 방법이다.

다. 추적

i) 음란물, 복제물 판매자는 타인의 아이디를 도용하거나, 타인의 신상정보를 이용하여 아이디를 등록하며, 호출 또는 전자메일로만 연락을 교환한다.

ii) 구매자가 판매자에게 구입의사를 밝히면 판매목록을 보내주거나, 판매자가 아이디를 검색하여 일방적으로 판매목록을 메일로 보내주기도 하며, 각 통신사에서 제공하는 1개월 무료이용권 임시 아이디를 이용하여 물건을 판매하기도 한다.

iii) 통신협박 등의 경우 사용한 아이디에 대한 추적 및 메일 등을 면밀히 검토하고 피해자 등을 통하여 범인이 남긴 연락처 등을 조회한다.

iv) 물품구입 후에 발송우체국 소인을 확인하여 잠복근무한다.

v) 전화가입자의 인적사항(최초 가입당시의 전화번호 가입자와의 관계 등 확인), 타인의 아이디를 도용한 경우 통신요금 납부방법을 확인한다.

vi) 카드결재의 경우 카드가입자의 인적사항을 확인하고, 지로 납입의 경우 우편물 배달주소를 확인하여 주소지 거주자 및 컴퓨터 사용자를 확인한다.

③ 처벌법규

가. 컴퓨터프로그램보호법 제34조 제1항 제1호, 제36조

나. 형법 제347조 제1항

다. 정보통신망이용촉진및정보보호등에관한법률 제63조, 제48조 제1항

라. 폭력행위등처벌에관한법률 제2조 제1항(형법 제260조 제1항, 동법 제283조 제1항)

마. 형법 제347조 제1항(사기)

바. 형법 제314조 제1항(업무방해)

4) 인터넷까페(포탈사이트의)를 통한 음란정보 등 제공

수사기법 : 인터넷통신망의 사설 BBS 홍보란이나 포탈사이트의 까페 메뉴를 선택하면 각종 까페모임을 선택할 수 있는 메뉴가 나오는데 이런 곳들에 들어가 실제로 가입하고 그 내용을 점검하여 범법사실이 있는가 확인한다. 확인이 되면 까페

초기화면 등에 나오는 전화번호 등을 추적한다(스팸메일을 이용하는 경우가 많으므로 경찰이라는 신분이 드러나지 않는 메일주소를 확보하고 매일 체크한다).

(4) PC의 HDD에 대한 증거보전

1) 범증 멸실 방지의 중요성

PC의 HDD에는 범증이 들어있는 경우가 많다. 또한 PC의 최종 작동기록이 변경되면 결정적 범증이 멸실될 우려가 크다. 실수로 증거인멸을 하는 일이 없도록 최종 작동 기록 등을 잘 보전해야 한다.

2) 보전대상

① 범행에 사용된 PC

② 피해자, 가해자의 PC

③ 범행현장에 있던 PC

④ 컴퓨터 통신중 타인의 범증이 갈무리되어 보존되어 있는 PC

3) 최종작동기록 보전방법

① 보전대상 PC를 함부로 켜면 안된다(윈도95부터는 부팅시 내부기록이 많이 바뀐다).

② 보전대상 PC의 HDD(하드디스크)를 전문가에 의뢰하여 복사한다.

③ HDD 복사본의 예비점검을 실시하고 원본 HDD 점검시 유의사항 및 점검목록과 점검순서를 작성한다.

④ 보전대상인 HDD 원본으로 필요사항을 최종 출력한다.

(5) 컴퓨터관련 범죄와 형벌법규

● 형 법 (법률 제5057호)		
행 위	법 률 조 항	처 벌 형 량
데이터 부정조작변조	제227조의2(공전자기록등위작·변작)	10년 이하의 징역
	제228조(공전자기록등불실기재)	5년(1천만원) 이하
	제229조(위작공전자기록등행사)	10년 이하의 징역
	제232조의2(사전자기록위작·변작)	5년(1천만원) 이하
	제234조(위작사전자기록등행사)	
업무방해(바이러스제작등)	제314조 제2항(컴퓨터등장애업무방해)	5년(1,500만원) 이하
비밀침해	제140조 제3항(공부상비밀전자기록등	5년(700만원) 이하

	내용탐지)	
	제316조 제2항(전자기록등내용탐지)	3년(300만원) 이하
전자기록손괴및은닉	제366조(전자기록등손괴)	3년(700만원) 이하
	제141조 제1항(공용전자기록등손상)	7년(1천만원) 이하
컴퓨터사기	제347조의2(컴퓨터등사용사기)	10년(2천만원) 이하
● 정보통신망이용촉진및정보보호등에관한법률 (법률 제18759호)		
전산망보호조치침해·훼손	제63조(벌칙)	3년(3천만원) 이하
전자문서위작·변작·행사	제62조(벌칙)	5년(5천만원) 이하
타인의정보훼손·침해·도용	제62조(벌칙)	5년(5천만원) 이하
● 전기통신사업법 (법률 제7445호)		
통신비밀침해·누설	제70조 제4호(벌칙)	3년(3천만원) 이하
미신고 부가통신사업자	제71조 4호, 제21조	2년(2천만원) 이하
● 공공기관의개인정보보호에관한법률 (법률 제5715호)		
개인정보변경·말소	제23조 제1항(벌칙)	10년 이하의 징역
개인정보누설·처리·제공	제23조 제2항(벌칙)	3년(1천만원) 이하
부정한 방법으로 개인정보열람·제공	제23조 제3항(벌칙)	2년(700만원) 이하
● 신용정보의이용및보호에관한법률 (법률 제7428호)		
신용정보변경·검색·삭제	제32조 제11호(벌칙)	3년(3천만원) 이하
● 산업기술기반조성에관한법률 (법률 제7284호)		
산업정보위조·변조	제22조 제1항(벌칙)	10년(1억원) 이하
산업정보훼손·비밀침해	제22조 제2항 제1호(벌칙)	5년(5천만원) 이하
● 무역업무자동화촉진에관한법률 (법률 제5769호)		
무역정보위조·변조	제25조 제1항(벌칙)	1년 이상 10년 이하의 징역
무역정보훼손·비밀침해	제26조 제3호(벌칙)	5년(5천만원) 이하
● 화물유통촉진법 (법률 제7678호)		
물류정보위조·변조	제54조의2(벌칙)	10년(1억원) 이하
물류정보훼손·비밀침해	제54조의3(벌칙)	5년(5천만원) 이하
전산망보호조치의침해·훼손	제54조의4(벌칙)	3년(3천만원) 이하
● 기 타		
불법복제판매등(음화등)	형법 제243조	음화판매등 : 1년 (500만원) 이하
불법복제판매등(프로그램)	프로그램보호법 제34조 제1항 1호	3년(3천만원) 이하 (제36조 - 친고죄)

※ 중요 컴퓨터관련 범죄가 발생하면 경찰청 컴퓨터범죄수사대(경비8 - 2227)로 보고, 협조를 의뢰한다.

3. 준사기죄

제348조【준사기】

① 미성년자의 사리분별력 부족 또는 사람의 심신장애를 이용하여 재물을 교부받거나 재산상 이익을 취득한 자는 10년 이하의 징역 또는 2천만원 이하의 벌금에 처한다.

② 제1항의 방법으로 제3자로 하여금 재물을 교부받게 하거나 재산상 이익을 취득하게 한 경우에도 제1항의 형에 처한다.

[전문개정 2020. 12. 8.]

[불공정한법률행위] 민104, [심신장애] 10, [미수범] 352, [상습범] 351, [공소시효] : 10년

○ 미성년자의 지려천박이나 사람의 심신장애를 이용하여 재물을 교부받거나 재산상의 이익을 취득하는 행위는 기망을 수단으로 하지 않는 경우라도 사기죄에 준하여 취급한다. 그러나 피해자가 지려천박한 미성년자나 심신장애자라고 할지라도 적극적으로 기망수단을 쓴 때에는 이 죄는 성립하지 않으며, 사기죄가 성립한다. 이러한 의미에서 이 죄는 사기죄의 보충적 규정이라고 할 수 있지만 사기죄와는 엄연히 독립된 구성요건으로서, 사기죄가 침해범임에 대하여 이 죄는 위험범의 성격을 갖는다.

Ⅰ. 이론

1. 구성요건

(1) 객관적 구성요건

1) 객체

재물 또는 재산상의 이익이다.

2) 행위

미성년자의 지려천박 또는 사람의 심신장애를 이용하여 재물의 교부를 받거나 재산상의 이익을 취득하는 것이다.

① 지려천박한 미성년자 : 미성년자란 민법상의 미성년자, 즉 20세 미만의 자를 말하며 미성년자 가운데서 지려천박한 자만이 이 죄의 객체가 된다. 지려천박이란 독립하여 사실을 판단할 수 없는 정도, 즉 기망수단에 의하지 않아도 처분행위를 할 상태에 있는 정도를 말한다.

② 심신장애 : 심신장애란 정신기능의 장애를 의미하지만 여기에서 심신장애란 책임능력의 기초가 되는 것이 아닌 재산상의 거래능력에 관한 것을

말한다. 심신상실 정도가 심하여 의사능력까지 없다고 볼 때에는 이 죄가 아닌 절도죄를 구성할 뿐이다.

③ 이용한다는 것은 미성년자나 심신장애자를 유혹하거나 권유하여 그의 지려천박의 허점을 이용하는 것을 말한다.

④ 재물을 얻는 수단·방법이 사기죄·공갈죄에까지 미치지 않는 행위로서, 어린이나 바보스러운 사람을 유혹하거나 기타의 방법으로 재물을 교부하게 한 때에는 이 죄가 성립한다.

(2) 주관적 구성요건

지려천박 또는 심신장애를 이용하여 재물을 편취하려 한 인식(범의)이 있어야 한다. 이 범의가 없을 때에는 비록 객관적으로 지려천박자 또는 심신장애자에게서 재물을 취득했다 하더라도 이 죄는 성립하지 않는다. 또한 불법영득의사가 필요하다.

2. 친족상도례

(1) 형면제판결

직계혈족, 배우자, 동거친족, 동거가족 또는 그 배우자간의 준사기죄 또는 그 미수범은 그 형을 면제한다(제328조 1항, 제354조).

(2) 상대적 친고죄

그 이외의 친족간에 준사기죄 또는 그 미수범을 범한 때에는 고소가 있어야 공소를 제기할 수 있다(제328조 2항, 제354조).

Ⅱ. 판례

◆ 준사기(인정된 죄명:절도) · 강도 치사(인정된 죄명:절도및 유기 치사) · 식품 위생법 위반

형법 제348조의 준사기죄는 사람의 심신장애 상태 등을 이용한 유혹행위에 의하여 피해자가 재물의 교부 기타 재산상 처분행위를 하여 그 결과 재물 또는 재산상 이익을 취득함에 의하여 성립한다고 할 것인바, 피해자가 2011. 1. 1. 두 차례에 걸쳐 피고인에게 이 사건 체크카드를 교부하는 행위가 있었는지에 관하여 보면, 이에 부합하는 듯한 피고인의 수사기관 및 원심법정에서의 진술은 당시 피해자의 과도한 음주량과 피해

자가 소변도 제대로 가리지 못하던 상태에 비추어 믿기 어렵고, 달리 이를 인정할 증거가 없다. 따라서 이 부분 주위적 공소사실은 범죄의 증명이 없는 경우에 해당하므로 형사소송법 제325조 후단에 의하여 피고인에게 무죄를 선고하여야 할 것이나, 예비적 공소사실인 원심 판시 제1의 가., 원심 판시 제2의 각 절도죄를 유죄로 인정한 이상 따로 주문에서 무죄를 선고하지 아니한다(서울고등법원 2011.9.9, 선고, 2011노2024, 판결).

Ⅲ 수사실무

1. 범죄사실 기재례

【범죄사실 기재례】

(1) 피의자는 이웃에 살면서 친분이 있는 박○○(당○○세)가 20○○. ○. ○.경 그의 아버지(박○○)의 사망으로 인하여 망부의 재산을 상속하며, 그에게는 적당한 감독자나 후견인이 없으며 지능에 분별력이 없다는 것을 알고 그의 재산을 편취할 마음을 먹었다.

피의자는 같은 해 ○. ○. 서울 ○○구 ○○동 ○○번지에 있는 위 박○○의 집에서 그에게 사실은 육영재단에 알선할 의사나 능력이 전연 없으면서도 “이 재산을 네 앞으로 상속하면 상속세가 너무 많이 나오고 또 네가 미성년자여서 매각처분도 할 수 없는데 내가 아는 ○○재단에 기부하면 그 곳에서 네가 대학을 나올 때까지 일체의 학비와 생활비를 대주고 유학까지 보내준다”라고 그를 유혹하였다. 그리하여 그로부터 그의 아버지가 생전에 발급받아 놓은 박○○ 명의의 인감증명서 1통과 도장 1개 및 대지 ○○평방미터와 건물 ○○평방미터의 아파트에 대한 위 박○○ 명의의 등기권리증 2통을 건네받아 즉시 같은 번지에 있는 피의자 집에서 행사할 목적으로 망 박○○의 성명을 쓰고 그 이름 밑에 그의 도장을 직어 위 박○○ 명의의 위임장과 위 대지 및 건물의 매매계약서를 각 위조하였다. 그리고 ○. ○. 같은 구 ○○동에 있는 법무사 김○○의 사무소에서 그에게 의뢰하여 ○○등기소에 제출하게 하여서 피의자의 그 소유권이전등기를 마쳐서 위 박○○의 지려천박을 이용하여 재산상 이익을 취득하였다.

(2) 피의자는 서울 ○○구 ○○동 123번지에 있는 ○○부동산을 운영하고 있다.

피의자는 20○○. ○.경 사고와 판단능력이 극히 낮은 정신지체 장애자인 피해자 최○○을 식당종업원으로 취직시켜 급료를 편취하고자 하였다. 그리하여 사실은 피해자에게 급료를 교부하지 아니하고 피의자가 가로챌 생각이었음에도 불구하고, 피해자에게 “식당의 종업원으로 취직시켜 줄테니 급료를 나에게 맡기면 은행에 저금하여 목돈을 만들어 줄테니 나한테 맡겨라”고 거짓말을 하였다. 이에 속은 피해자를 20○○. ○. ○. 경부터 20○○. ○. ○. 경까지 사이에 서울 △△구 △△동 456번지에 있는 이○○ 운영의 △△식당에 종업원으로 취직시킨 후 위 피해자가 받을 급료 도합 1,200만원을 위 이○○으로부터 대신 교부받아 이를 편취하였다.

4. 편의시설부정이용죄

> **제348조의2【편의시설부정이용】**
> 부정한 방법으로 대가를 지급하지 아니하고 자동판매기, 공중전화 기타 유료자동설비를 이용하여 재물 또는 재산상의 이익을 취득한 자는 3년 이하의 징역, 500만원 이하의 벌금, 구류 또는 과료에 처한다.
> [본조신설 1995. 12. 29.]

[공소시효] : 5년

- 진정한 화폐가 아닌 모조동전을 眞貨인 것처럼 자동판매기에 사용한 경우, 종래에는 처벌규정이 없어 절도죄(다수설), 사기죄 등의 학설이 대립하였으나 이 조가 이를 해결하였다.
- 유료자동설비란 대가를 지불하면 기계나 전자장치가 작동하여 일정한 물건 또는 편익을 제공하는 일체의 기계를 말한다.

Ⅰ. 이론

1. 구성요건

(1) 객관적 구성요건

1) 객체

재물 또는 재산상의 이익이다.

2) 행위

부정한 방법으로 대가를 지급하지 아니하고 자동판매기, 공중전화 기타 유료자동설비를 이용하여 재물 또는 재산상의 이익을 취득하는 것이다.

(2) 주관적 구성요건

고의와 불법영득의사가 필요하다.

Ⅱ. 판례

◆ 타인의 전화카드(한국통신의 후불식 통신카드)를 절취하여 전화통화에 이용한 행위가 형법 제348조의2 소정의 편의시설부정이용의 죄에 해당하는지 여부(소극)

(1) 사실관계

> 피고인이 절취한 피해자 소유의 케이티전화카드(한국통신의 후불식 통신카드)를 이

용하여 전화통화를 함으로써 금 647,522원 상당의 재산상의 이득을 취득하였다.

(2) **판결요지**

형법 제348조의2에서 규정하는 편의시설부정이용의 죄는 부정한 방법으로 대가를 지급하지 아니하고 자동판매기, 공중전화 기타 유료자동설비를 이용하여 재물 또는 재산상의 이익을 취득하는 행위를 범죄구성요건으로 하고 있는데, 타인의 전화카드(한국통신의 후불식 통신카드)를 절취하여 전화통화에 이용한 경우에는 통신카드서비스 이용계약을 한 피해자가 그 통신요금을 납부할 책임을 부담하게 되므로, 이러한 경우에는 피고인이 '대가를 지급하지 아니하고' 공중전화를 이용한 경우에 해당한다고 볼 수 없어 편의시설부정이용의 죄를 구성하지 않는다(대법원 2001. 9. 25. 선고 2001도3625 판결).

◆ 타인의 일반전화를 무단 이용하여 전화통화를 한 경우, 사기죄의 성립 여부

사기죄가 성립하기 위하여는 기망행위와 이에 기한 피해자의 처분행위가 있어야 할 것인바, 타인의 일반전화를 무단으로 이용하여 전화통화를 하는 행위는 전기통신사업자인 한국전기통신공사가 일반전화 가입자인 타인에게 통신을 매개하여 주는 역무를 부당하게 이용하는 것에 불과하여 한국전기통신공사에 대한 기망행위에 해당한다고 볼 수 없을 뿐만 아니라, 이에 따라 제공되는 역무도 일반전화 가입자와 한국전기통신공사 사이에 체결된 서비스이용계약에 따라 제공되는 것으로서 한국전기통신공사가 착오에 빠져 처분행위를 한 것이라고 볼 수 없으므로, 결국 위와 같은 행위는 형법 제347조의 사기죄를 구성하지 아니한다 할 것이고, 이는 형법이 제348조의2를 신설하여 부정한 방법으로 대가를 지급하지 아니하고 공중전화를 이용하여 재산상 이익을 취득한 자를 처벌하는 규정을 별도로 둔 취지에 비추어 보아도 분명하다(대법원 1999. 6. 25. 선고 98도3891 판결).

5. 부당이득죄

제349조【부당이득】

① 사람의 곤궁하고 절박한 상태를 이용하여 현저하게 부당한 이익을 취득한 자는 3년 이하의 징역 또는 1천만원 이하의 벌금에 처한다.

② 제1항의 방법으로 제3자로 하여금 부당한 이익을 취득하게 한 경우에도 제1항의 형에 처한다.

[전문개정 2020. 12. 8.]

[불공정한법률행위] 민104, [부당이득] 민741, 물가안정26, [공소시효] : 5년

○ 이 죄의 본질은 사람의 궁박한 상태를 경제적으로 이용하여 현저하게 부당한 이득을 취득하는 것을 금하는데 있다. 이른바 폭리행위를 처벌하는 것으로 사기죄의 형태라고 볼 수 없으나 타인의 궁박한 상태를 이용했다는 점에서 사기죄의 하나로 처벌하는 것이다. 이 죄의 보호법익은 전체로서의 재산이며, 피해자에게 손해가 발생할 것을 요하지 않고 재산상의 위험이 있으면 족하다(위험범).

Ⅰ. 이론

1. 구성요건

(1) 객관적 구성요건

1) 객체

재산상의 이익이다.

2) 행위

사람의 궁박한 상태를 이용하여 현저하게 부당한 이익을 취득하는 것이다.

① 궁박한 상태

궁박한 상태란 반드시 경제적 곤궁상태에 한하지 않으며, 생명이나 명예에 대한 정신적·육체적 곤궁상태도 포함한다.

▣ 근거판례 ▣

부당이득죄에 있어서 궁박이라 함은 '급박한 곤궁'을 의미하는 것으로서, 피해자가 궁박한 상태에 있었는지 여부는 거래당사자의 신분과 상호간의 관계, 피해자가 처한 상황의 절박성의 정도 등 제반 상황을 종합하여 구체적으로 판단하여야 할 것이고, 특히 부동산의 매매와 관련하여 피고인이 취득한 이익이 현저하게 부당한지 여부는 우리 헌법이 규정하고 있는 자유시장경제질서와 여기에서 파생되는 계약자유의 원칙을 바탕으로 피고인이 당해 토지를 보유하게 된 경위 및 보유기간, 주변 부동산의 시가, 가격결정을 둘러싼 쌍방의 협상과정 및 거래를 통한 피해자의 이익 등을 종합하여 구체적으로 신중하게 판단하여야 한다(대법원 2005. 4. 15. 선고 2004도1246 판결).

② 이용행위

궁박한 상태를 이용하는 것이다. 상대방의 궁박상태를 이용하였다는 비동정성은 이 죄의 구성요건 요소가 된다.

③ 현저하게 부당한 이익

상당성이 없는 급부행위로 재산상태의 증가를 가져왔을 때 부당한 이익이 된다. 이익은 현저하게 부당해야 하며, 이는 추상적·일반적으로 정할 것이 아니라 구체적 사정에 따라 객관적으로 결정해야 한다.

(2) 주관적 구성요건

미필적 고의로도 충분하며, 상대방이 궁박한 상태에 있다는 것과 현저하게 부당한 이익을 취득한다는 인식이 있어야 한다. 또한 불법이득의사가 필요하다.

2. 친족상도례

(1) 형면제판결

직계혈족, 배우자, 동거친족, 동거가족 또는 그 배우자간의 부당이득죄는 그 형을 면제한다(제328조 1항, 제354조).

(2) 상대적 친고죄

그 이외의 친족간에 부당이득죄를 범한 때에는 고소가 있어야 공소를 제기할 수 있다(제328조 2항, 제354조).

Ⅱ. 판례

◆ 개발사업 등의 추진 전에 이를 알지 못하고 취득한 사업부지 일부를 사업자에게 매도하면서 시가보다 많은 대가를 약정 · 수령한 행위가 부당이득죄를 구성하는지 여부

개발사업 등의 추진 전에 이를 알지 못하고 부동산을 취득 · 소유하면서 그 위에 생활 또는 사업상의 기반을 쌓고 있어서 그 부동산을 타인에게 양도하는 것이 그의 생활 또는 사업 등에 상당한 변화를 초래하게 되는 경우에는, 일반적으로 애초 그 양도의 의무 및 의사가 없는 사람으로 하여금 그 양도를 결단하도록 하기 위하여 그러한 변화에 대한 주저를 극복할 상당한 경제적 유인(誘因) 등이 제공될 필요가 있고, 사업자로서도 그러한 사정을 통상 알 수 있다는 점에 비추어, 이를 매도하라는 사업자 등의 제안을 받고 그 매도의 조건을 협상한 결과 큰 이득을 얻었다는 것만으로는 다른 특별한 사정이 없는 한 피해자의 궁박을 이용하여 현저하게 부당한 이익을 얻었다고 쉽사리 말할 수 없다. 또한, 그 협상의 과정에서 개발사업의 시행으로 인근 부동산의 시가가 전반적으로 상승한 것을 들어 대가의 증액을 요구했다고 해서 이를 형사적으로 비난받을 행태라고 할 수 없다(대법원 2009. 1. 15., 선고, 2008도1246, 판결).

◆ 부당이득죄에 있어서 '궁박'의 의미 및 피해자가 궁박한 상태에 있었는지 여부의 판단 기준

부당이득죄에 있어서 궁박이라 함은 '급박한 곤궁'을 의미하는 것으로서, 피해자가 궁박한 상태에 있었는지 여부는 거래당사자의 신분과 상호간의 관계, 피해자가 처한 상황의 절박성의 정도 등 제반 상황을 종합하여 구체적으로 판단하여야 할 것이고, 특히 부동산의 매매와 관련하여 피고인이 취득한 이익이 현저하게 부당한지 여부는 우리 헌법이 규정하고 있는 자유시장경제질서와 여기에서 파생되는 계약자유의 원칙을 바탕으로 피고인이 당해 토지를 보유하게 된 경위 및 보유기간, 주변 부동산의 시가, 가격결정을 둘러싼 쌍방의 협상과정 및 거래를 통한 피해자의 이익 등을 종합하여 구체적으로 신중하게 판단하여야 한다(대법원 2005.4.15, 선고, 2004도1246, 판결).

◆ 형법상 부당이득죄의 성립을 인정한 사례

형법상 부당이득죄에 있어서 현저하게 부당한 이익인지 여부를 판단함에 있어서는 단순히 시가와 이익 사이의 배율로만 판단할 것은 아니고, 이익 자체의 절대적인 액수도 고려하여야 할 것인바, 피고인은 주택조합이 피고인 소유의 부동산에 아파트단지를 건축하려는 사정을 알고는 낙찰허가결정까지 이루어진 위 부동산을 공범들로부터 자금을 끌어들여 경매를 취소시킨 후 이를 조합에 되팔아 이익을 분배하기로 공모한 다음 조합에 거액을 요구하며 협상을 끌다가 결국 사업승인신청이 반려될 위기에 놓인 조합의 궁박한 상태를 이용하여 시가 14억 7,000만 원 상당의 부동산을 32억 6,000만 원에 매도함으로써 그 차액 상당의 현저하게 부당한 이익을 취득한 것이라고 보아 부당이득죄의 성립을 인정한 사례(서울중앙지법 2004.2.17, 선고, 2004노412, 판결: 확정).

◆ 부당이득죄에 있어서 '궁박' 및 '현저하게 부당한 이익의 취득' 의 의미와 그 판단 기준

토지매수인인 건설회사가 아파트 건설사업의 순조로운 진행과 막대한 은행융자금 이자의 부담을 피하기 위해 토지소유권을 시급히 확보해야 하는 처지여서 목적 토지에 관하여 명의자인 문중원들과 문중 사이의 소유권 분쟁에 관한 민사소송의 종료시까지 기다릴 여유가 없는 사정을 이용하여, 문중 대표자이자 목적 토지의 공유지분권자인 사람이 자기 지분에 대해 문중 명의 매매계약과 따로 별도의 매매계약을 체결하고 나머지 지분권자들의 3배 이상의 매매대금을 수령한 것은 건설회사의 궁박을 이용하여 현저하게 부당한 이득을 취한 것으로서 부당이득죄가 성립한다고 본 사례

(대법원 2007. 12. 28. 선고 2007도6441 판결).

◆ 부당이득죄에 있어서 '궁박' 및 '현저하게 부당한 이익의 취득'의 의미와 그 판단 기준

형법상 부당이득죄에 있어서 궁박이라 함은 '급박한 곤궁'을 의미하고, '현저하게 부당한 이익의 취득'이라 함은 단순히 시가와 이익과의 배율로만 판단할 것이 아니라 구체적·개별적 사안에 있어서 일반인의 사회통념에 따라 결정하여야 하는 것으로서, 피해자가 궁박한 상태에 있었는지 여부 및 급부와 반대급부 사이에 현저히 부당한 불균형이 존재하는지 여부는 거래당사자의 신분과 상호간의 관계, 피해자가 처한 상황의 절박성의 정도, 계약의 체결을 둘러싼 협상과정 및 거래를 통한 피해자의 이익, 피해자가 그 거래를 통해 추구하고자 한 목적을 달성하기 위한 다른 적절한 대안의 존재 여부 등 제반 상황을 종합하여 구체적으로 판단하되, 특히 우리 헌법이 규정하고 있는 자유시장경제질서와 여기에서 파생되는 사적 계약자유의 원칙을 고려하여 그 범죄의 성립을 인정함에 있어서는 신중을 요한다(대법원 2005. 4. 15. 선고 2004도1246 판결 참조).(대법원 2006. 9. 8. 선고 2006도3366 판결).

◆ 개발사업의 부지 일부의 매매와 관련된 이른바 '알박기' 사건에서 부당이득죄가 성립하기 위한 요건

[1] 형법상 부당이득죄에서 궁박이라 함은 '급박한 곤궁'을 의미하고, '현저하게 부당한 이익의 취득'이라 함은 단순히 시가와 이익과의 배율로만 판단해서는 안 되고 구체적 · 개별적 사안에 있어서 일반인의 사회통념에 따라 결정하여야 한다. 피해자가 궁박한 상태에 있었는지 여부 및 급부와 반대급부 사이에 현저히 부당한 불균형이 존재하는지 여부는 거래당사자의 신분과 상호 간의 관계, 피해자가 처한 상황의 절박성의 정도, 계약의 체결을 둘러싼 협상과정 및 거래를 통한 피해자의 이익, 피해자가 그 거래를 통해 추구하고자 한 목적을 달성하기 위한 다른 적절한 대안의 존재 여부, 피고인에게 피해자와 거래하여야 할 신의칙상 의무가 있는지 여부 등 여러 상황을 종합하여 구체적으로 판단하여야 한다. 특히, 우리 헌법이 규정하고 있는 자유시장경제질서와 여기에서 파생되는 사적 계약자유의 원칙을 고려하여 그 범죄의 성립을 인정함에 있어서는 신중을 요한다.

[2] 개발사업 등이 추진되는 사업부지 중 일부의 매매와 관련된 이른바 '알박기' 사건에서 부당이득죄의 성립 여부가 문제되는 경우, 그 범죄의 성립을 인정하기 위해서는 피고인이 피해자의 개발사업 등이 추진되는 상황을 미리 알고 그 사업부지 내의 부동산을 매수한 경우이거나 피해자에게 협조할 듯한 태도를 보여 사업을 추진하도록 한 후에 협조를 거부하는 경우 등과 같이, 피해자가 궁박한 상태에 빠지게 된 데에 피고인이 적극적으로 원인을 제공하였거나 상당한 책임

을 부담하는 정도에 이르러야 한다. 이러한 정도에 이르지 않은 상태에서 단지 개발사업 등이 추진되기 오래 전부터 사업부지 내의 부동산을 소유하여 온 피고인이 이를 매도하라는 피해자의 제안을 거부하다가 수용하는 과정에서 큰 이득을 취하였다는 사정만으로 함부로 부당이득죄의 성립을 인정해서는 안 된다.

[3] 아파트 건축사업이 추진되기 수년 전부터 사업부지 내 일부 부동산을 소유하여 온 피고인이 사업자의 매도 제안을 거부하다가 인근 토지 시가의 40배가 넘는 대금을 받고 매도한 사안에서, 부당이득죄의 성립을 부정한 사례(대법원 2009.1.15. 선고 2008도8577).

Ⅲ. 수사실무

1. 수사포인트

(1) 궁박한 상태의 이용과 재물취득사이에 인과관계가 있는지 조사한다.

(2) 피해자가 어느 정도의 궁박한 상태였는가와 그 이용수단을 분명히 해야 한다. 범인은 흔히 피해자의 승낙서·각서 등을 제시하여 정당화하려는 경우가 많다.

2. 범죄사실 기재례

【범죄사실 기재례】

피의자는 ○○운수 소속 택시운전자이다.

피의자는 20○○. ○. ○. 04:00경 서울 ○○동 ○○번지 앞길에서 노○○가 그의 딸 노○○를 업고 그와 처 이○○와 함께 위 택시를 정차시키고 "○○병원에 빨리 가주세요"라고 목적지를 말하자, 위 피해자들의 상황이 위급, 궁박한 상태임을 알고 이를 이용하여 요금을 많이 받으려고 새벽 첫 손님으로 환자를 받기는 싫다. 꼭 가려면 5만원을 내라고 요구하였다. 피해자들이 궁박한 상황에서 이를 수락하자 그 조건으로 승차시켜 ○○병원으로 차를 몰아 도착한 후, 미터기에는 5,000원의 요금이 표시되어 있었으나 5만원을 교부받아 정당한 요금보다 45,000원을 더 받아서 현저하게 재산상의 이득을 취득하였다.

6. 공갈죄

제350조【공갈】

① 사람을 공갈하여 재물의 교부를 받거나 재산상의 이익을 취득한 자는 10년 이하의 징역 또는 2천만원 이하의 벌금에 처한다. 〈개정 1995. 12. 29.〉

② 전항의 방법으로 제삼자로 하여금 재물의 교부를 받게 하거나 재산상의 이익을 취득하게 한 때에도 전항의 형과 같다.

제350조의2【특수공갈】

단체 또는 다중의 위력을 보이거나 위험한 물건을 휴대하여 제350조의 죄를 범한 자는 1년 이상 15년 이하의 징역에 처한다.

[본조신설 2016. 1. 6.]

[상습범] 351, 폭력행위2, [미수범] 352, [친족간의범행 · 동력] 328 · 346 · 354, [군법] 군형75, [공소시효] : 10년

Ⅰ. 이론

1. 구성요건

(1) 객관적 구성요건

1) 객체

타인이 점유하는 재물 또는 재산상의 이익이다. 그러나 부녀를 공갈하여 정교한 경우는 그것이 재산상의 이익이라 할 수 없으므로 강간죄나 강요죄가 성립할 수는 있어도 공갈죄는 성립하지 않는다(대법원 1983. 2. 8. 선고 82도2714 판결). 다만 대가를 지급하기로 하고 정교를 맺은 후 폭행 또는 협박에 의하여 그 대가를 지급하지 않은 경우는 재산상의 이익을 취득한 경우라고 할 수 있다.

2) 행위

공갈하는 것이다.

① 공갈이란 재물을 교부받거나 재산상의 이익을 취득하기 위하여 폭행 또는 협박으로 외포심을 일으키게 하는 것을 말한다. 여기의 폭행 또는 협박은 사람의 의사 내지 자유를 제한하는 정도로 족하고, 반드시 상대방의 반항을 억압할 정도에 이를 것은 요하지 않는다는 점에서 강도죄의 폭행·협박과 구별된다.

> **▣ 근거판례 ▣**
>
> 공갈죄의 수단으로써의 협박은 객관적으로 사람의 의사결정의 자유를 제한하거나 의사실행의 자유를 방해할 정도로 겁을 먹게 할 만한 해악을 고지하는 것을 말하고, 그 해악에는 인위적인 것뿐만 아니라 천재지변 또는 신력이나 길흉화복에 관한 것도 포함될 수 있으나, 다만 천재지변 또는 신력이나 길흉화복을 해악으로 고지하는 경우에는 상대방으로 하여금 행위자 자신이 그 천재지변 또는 신력이나 길흉화복을 사실상 지배하거나 그에 영향을 미칠 수 있는 것으로 믿게 하는 명시적 또는 묵시적 행위가 있어야 공갈죄가 성립한다(대법원 2002. 2. 8. 선고 2000도3245 판결).

② 실행의 착수 및 기수시기 : 갈취를 하기 위해 공갈을 개시한 때에 실행의 착수가 있으며, 상대방이 외포심을 가질 것을 요하지 않는다. 피공갈자의 처분행위로 피해자에게 손해가 발생한 때에 기수가 되며, 공갈자가 이득의 목적을 달성했는가는 묻지 않는다.

3) 처분행위

처분행위가 있어야 하지만 이것은 반드시 작위에 한하지 않고 부작위 또는 묵인으로도 족하다.

① 처분행위

처분행위란 직접 재산상의 손해를 초래하는 자위 또는 부작위를 의미한다.

② 공갈과의 관계

처분행위와 공갈 사이에는 인과관계가 있어야 한다. 따라서 공갈을 했지만 상대방이 외포심을 일으키지 않았거나 공갈아닌 다른 이유로 재물을 교부한 때에는 미수가 된다. 피공갈자와 피해자는 동일인이 아니어도 되지만 피공갈자와 처분행위자는 같은 사람이어야 한다. 또한 공갈자와 재산의 이득자, 재물을 교부받을 자는 반드시 일치하지 않아도 된다.

4) 재산상의 손해

재산상의 손해가 발생해야 한다는 것은 사기죄의 경우와 같다.

(2) 주관적 구성요건

고의와 불법영득의 의사가 있어야 한다.

2. 위법성

공갈행위가 정당행위로서 위법성이 조각되려면 그 수단·방법이 사회통념상 일반적으로 허용되는 것이어야 하며, 자구행위는 청구권의 보전을 위한 범위에서만 위법성이 조각된다.

▣ 이견있는 형사사건의 법원판단 ▣

[권리실현의 수단으로 공갈에 의하여 재물을 교부받은 경우 공갈죄의 성부]

1. 문제점 : 권리자가 권리실현의 수단으로 공갈에 의하여 재물을 교부받은 경우에 공갈죄의 성립여부가 문제된다.
2. 학설

(1) 긍정설 : 권리행사라 할지라도 사회통념상 허용되는 정도나 범위를 범을 경우에는 권리남용으로서 위법하므로 공갈죄가 성립한다는 견해

(2) 부정설(다수설) : 정당한 청구권이 있는 경우에는 불법한 이익이라 할 수 없으므로 권리행사의 범위를 초과하지 않는 한 공갈죄는 성립하지 않고 폭행죄·협박죄가 성립한다는 견해

3. 판례 : 긍정설의 태도

피해자의 기망에 의하여 부동산을 비싸게 매수한 피고인이라도 그 계약을 취소함이 없이 등기를 피고인 앞으로 둔 채 피해자의 전매 차익을 받아낼 셈으로 피해자를 협박하여 재산상 이득을 얻거나 돈을 받았다면 이는 정당한 권리행사의 범위를 넘은 것으로서 사회통념상 용인될 수 없으므로 공갈죄를 구성한다(대판 1991. 9. 24, 91도1824).

3. 죄수

(1) 1개의 공갈행위로 같은 피해자로부터 여러번 재물의 교부를 받거나 재산상의 이익을 취득한 때에는 포괄일죄가 된다.

(2) 1개의 공갈행위로 여러 사람을 외포시켜 각자로부터 재물의 교부를 받은 때에는 상상적 경합이 된다.

(3) 같은 사람에게 여러번 공갈행위를 한 때에는 수개의 공갈죄가 성립하며 경합범이 된다.

(4) 공갈죄도 상태범이므로 갈취한 재물의 처분행위는 불가벌적 사후행위가 된다. 그러나 새로운 법익을 침해한 때에는 별죄가 성립한다.

4. 다른 범죄와의 관계

(1) 사기죄와의 관계

기망과 공갈의 두가지 수단을 병용하여 재물 등을 교부받은 때는 사기죄와 공갈죄 중 어느 죄가 성립하느냐가 문제된다. 이에 대해서는 사실관계에 따라서 기망과 공갈의 어느 요소가 피해자의 의사형성에 영향을 미쳤는가에 따라 죄가 달라진다. 즉 ① 기망이 공갈을 강화하는데 사용되어 외포심으로 인하여 처분행위가 있었으면 공갈죄만 성립하고, ② 기망의 수단으로 공갈이 행해져서 피해자가 착오로 인해 처분행위를 한 때에는 사기죄가 성립하며, ③ 기망과 공갈이 독립된 요소로 함께 영향을 미친 때에는 사기죄와 공갈죄의 상상적 경합이 된다.

(2) 수뢰죄와 관계

공무원이 직무행위에 관하여 상대방을 공갈하여 재물을 교부받은 때에도 사실관계에 따라 죄가 달라진다. 즉 ① 공무원이 직무집행의 의사로 당해 직무와 관련하여 타인을 공갈하여 재물의 교부를 받은 때에는 수뢰죄와 공갈죄의 상상적 경합이 되지만, ② 직무집행의 의사없이 직무집행을 빙자하여 재물을 교부받은 때에는 공갈죄만 성립한다.

▣ 근거판례 ▣

공무원이 직무집행의 의사 없이 또는 직무처리와 대가적 관계없이 타인을 공갈하여 재물을 교부하게 한 경우에는 공갈죄만이 성립하고, 이러한 경우 재물의 교부자가 공무원의 해악의 고지로 인하여 외포의 결과 금품을 제공한 것이라면 그는 공갈죄의 피해자가 될 것이고 뇌물공여죄는 성립될 수 없다고 하여야 할 것이다(대법원 1994.12.22. 선고 94도2528 판결).

(3) 체포·감금죄 및 장물죄와의 관계

사람을 체포·감금하여 재물을 갈취한 때에는 체포감금죄와 공갈죄의 경합범이 되며, 장물을 갈취한 때에는 공갈죄만 성립한다.

5. 친족상도례

(1) 형면제판결

직계혈족, 배우자, 동거친족, 동거가족 또는 그 배우자간의 공갈죄 또는 그 미수범은 그 형을 면제한다(제328조 1항, 제354조).

(2) 상대적 친고죄

그 이외의 친족간에 공갈죄 또는 그 미수범을 범한 때에는 고소가 있어야 공소를 제기할 수 있다(제328조 2항, 제354조).

(3) 피해자와 피공갈자가 다를 경우

본 죄의 보호법익은 재산권 및 자유권이므로 피공갈자도 피해자가 된다. 그러므로 피공갈자와 소유자 쌍방과 친족관계가 있어야 친족상도례가 적용된다고 본다.

Ⅱ. 판례

◆ 권리실현의 수단으로 해악을 고지한 경우에도 공갈죄가 성립하는지 여부

공갈죄의 수단으로서의 협박은 사람의 의사결정의 자유를 제한하거나 의사실행의 자유를 방해할 정도로 겁을 먹게 할 만한 해악을 고지하는 것을 말하고 여기에서 고지된 해악의 실현은 반드시 그 자체가 위법한 것임을 요하지 아니하며 해악의 고지가 권리실현의 수단으로 사용된 경우라고 하여도 그것이 권리행사를 빙자하여 협박을 수단으로 상대방을 겁을 먹게 하였고 권리실행의 수단 방법이 사회통념상 허용되는 정도나 범위를 넘는다면 공갈죄가 성립한다(대법원 1993. 9. 14. 선고 93도915 판결, 대법원 2004. 9. 24. 선고 2003도6443 판결 등 참조)(대법원 2007. 10. 11. 선고 2007도6406 판결).

◆ 권리의 행사가 공갈죄를 구성하는 경우 및 그 판단 기준

아무리 자신에게 정당한 권리가 있다고 하더라도, 그 권리의 행사를 빙자하여, 사회통념상 허용되는 정도나 범위를 넘어서는 협박을 수단으로 상대방을 겁주어 재물을 교부받거나 재산상의 이익을 받으려고 하였다면, 이는 공갈죄의 실행에 착수한 것이라고 보아야 하고, 이 경우 구체적으로 어떠한 행위가 사회통념상 허용되는 정도나 범위를 넘는 것인지 여부는 그 행위의 주관적인 측면과 객관적인 측면, 즉 추구된 목적과 선택된 수단을 전체적으로 종합하여 판단하여야 한다(대법원 2006. 5. 12. 선고 2005도9595 판결).

◆ 공갈죄의 수단인 '협박'의 의미 / 협박이 정당한 권리의 실현 수단으로 사용된 경우, 공갈죄의 실행에 착수한 것인지 판단하는 기준

공갈죄의 수단인 협박은 사람의 의사결정의 자유를 제한하거나 의사실행의 자유를 방해할 정도로 겁을 먹게 할 만한 해악을 고지하는 것을 말한다. 고지하는 내용이 위법하지 않은 것인 때에도 해악이 될 수 있고, 해악의 고지는 반드시 명시의 방법에 의할 필요는 없으며 언어나 거동에 의하여 상대방으로 하여금 어떠한 해악에 이르게 할 것이라는 인식을 가지게 하는 것이면 된다. 또한 이러한 해악의 고지가 비록 정당한 권리의 실현 수단으로 사용된 경우라 하여도 그 권리실현의 수단·방법이 사회통념상 허용되는 정도나 범위를 넘는다면 공갈죄의 실행에 착수한 것으로 보아야 한다. 여기서 어떠한 행위가 구체적으로 사회통념상 허용되는 정도나 범위를 넘는지는 그 행위의 주관적인 측면과 객관적인 측면, 즉 추구한 목적과 선택한 수단을 전체적으로 종합하여 판단한다(대법원 1995. 3. 10. 선고 94도2422 판결, 대법원 2017. 7. 11. 선고 2015도18708 판결 등 참조)(대법원 2019. 2. 14., 선고, 2018도19493, 판결).

◆ 공갈죄에 있어서 공갈의 상대방의 요건

공갈죄에 있어서 공갈의 상대방은 재산상의 피해자와 동일함을 요하지는 아니하나, 공갈의 목적이 된 재물 기타 재산상의 이익을 처분할 수 있는 사실상 또는 법률상의 권한을 갖거나 그러한 지위에 있음을 요한다(대법원 2005. 9. 29. 선고 2005도4738 판결).

◆ 교통사고의 피해자가 사고차량 운전자의 사용자로부터 사회통념상 허용되는 범위를 넘어 금품을 교부받은 것이어서 공갈죄가 성립한다고 본 사례

피고인이 교통사고로 2주일간의 치료를 요하는 상해를 당하여 그로 인한 손해배상청구권이 있음을 기화로 사고차량의 운전사가 바뀐 것을 알고서 그 운전사의 사용자에게 과다한 금원을 요구하면서 이에 응하지 않으면 수사기관에 신고할 듯한 태도를 보여 이에 겁을 먹은 동인으로부터 금 3,500,000원을 교부받은 것이라면 이는 손해배상을 받기 위한 수단으로서 사회통념상 허용되는 범위를 넘어서 그 권리행사를 빙자하여 상대방을 외포하게 함으로써 재물을 교부받은 경우에 해당하므로 공갈죄가 성립한다고 할 것이다(대법원 1990. 3. 27. 선고 89도2036 판결).

◆ 폭력조직의 두목 또는 조직원이 제3자를 통해 피해자들에게 암묵적인 방법으로 재물의 교부를 요구하고 이에 응하지 아니할 때에는 부당한 불이익을 초래할 위험이 있을 수 있다는 위구심을 야기하게 하고, 나아가 피해자들이 곤경에 빠진 제3자를 위해 마지못해 돈을 준 경우, 공갈죄의 성립을 긍정한 사례

(1) 사실관계

폭력조직 '칠성파'의 두목인 피고인 A와 조직원인 피고인 B가 공모 공동하여, B가 '신20세기파' 조직원인 C를 살해한 사건을 소재로 제작된 영화 'ㅇㅇ(영화명 생략)'의 감독인 D에게 돈을 주지 않으면 위해를 가할 것이라고 협박하고, 이에 겁을 먹은 D를 통하여 위 영화의 제작사 대표인 E와 투자사 대표인 F를 협박하여 D로 하여금 피해자들로부터 합계 5억 2천만 원을 교부받게 한 다음 그 중 3억 원을 D로부터 교부받았다.

(2) 판결요지

[1] 공갈죄의 수단으로서 협박은 사람의 의사결정의 자유를 제한하거나 의사실행의 자유를 방해할 정도로 겁을 먹게 할 만한 해악을 고지하는 것을 말하고, 해악의 고지는 반드시 명시의 방법에 의할 것을 요하지 아니하며 언어나 거동 등에 의하여 상대방으로 하여금 어떠한 해악을 입을 수 있을 것이라는 인식을 갖게 하는 것이면 족하고, 또한 직접적이 아니더라도 피공갈자 이외의 제3자를 통해서 간접적으로 할 수도 있으며, 행위자가 그의 직업, 지위, 불량한 성행, 경력 등에 기하여 불법한 위세를 이용하여 재물의 교부나 재산상 이익을 요구하고 상대방으로 하여금 그 요구에 응하지 아니할 때에는 부당한 불이익을 초래할 위험이 있을 수 있다는 위구심을 야기하게 하는 경우에도 해악의 고지가 된다.

[2] 피해자들이 제작·투자한 영화의 소재로 삼은 폭력조직의 두목 또는 조직원이 피해자들에게 그 영화의 감독을 통해 조직폭력배의 불량한 성행, 경력 등을 이용하여 재물의 교부를 요구하고 피해자들로 하여금 그 요구에 응하지 아니할 때에는 부당한 불이익을 초래할 위험이 있을 수 있다는 위구심을 야기하게 하였고, 피해자들도 돈을 요구하는 상대방이 자신들이 영화의 소재로 삼았던 폭력조직의 두목 또는 조직원이므로 이에 응하지 않을 경우 자신들이 받을 불이익을 두려워하거나 또는 곤경에 빠진 위 영화감독을 위해서라도 돈을 지급하지 않을 수 없다고 판단하여 마지못해 돈을 준 경우, 공갈죄의 성립을 긍정한 사례(대법원 2005. 7. 15. 선고 2004도1565 판결).

◆ **폭력배와 잘 알고 있다는 지위를 이용하여 불법한 위세를 보임으로써 해악의 고지를 하였다고 본 사례**

(1) 사실관계

피고인은 폭력조직인 속칭 '향촌동파' 추종세력인 A등 스포츠 머리를 한 건장한 폭력배들과 함께 특별히 하는 일 없이 대구 수성구 두산동 소재 피해자 B 주식회사가 운영하는 아리아나호텔의 커피숍 등에 모여 앉아 시간을 보내는 등 어울려 다니면서 그들로 하여금 피고인에게 "형님"이라면서 90도로 인사를

하게 하는 등 피고인이 조직폭력배 두목인 것처럼 과시하여 이에 겁을 먹은 피해자C등 위 호텔 프론트 직원으로 하여금 호텔 객실을 내어주게 하고, 호텔 측에서 객실요금을 지불해 줄 것을 요구하면 어깨에 힘을 주면서 "나중에 주겠다."거나 "알았다."고 말하고 그냥 가버리는 등 호텔 직원들의 신체에 어떠한 위해를 가할 듯한 태도를 취하여 그 요금 청구를 단념하게 하는 등의 방법으로, 2001. 5. 28.부터 2002. 2. 11.까지 사이에 위 호텔에 투숙하면서 40회에 걸쳐 위 호텔을 이용한 후 그 이용료 합계 9,875,258원의 지급을 하지 않음으로써 그 금액 상당의 재산상 이득을 취득하였다.

(2) **판결요지**

[1] 공갈죄의 수단으로서 협박은 사람의 의사결정의 자유를 제한하거나 의사실행의 자유를 방해할 정도로 겁을 먹게 할 만한 해악을 고지하는 것을 말하고, 해악의 고지는 반드시 명시의 방법에 의할 것을 요하지 아니하며 언어나 거동에 의하여 상대방으로 하여금 어떠한 해악에 이르게 할 것이라는 인식을 갖게 하는 것이면 족한 것이고, 또한 직접적이 아니더라도 피공갈자 이외의 제3자를 통해서 간접적으로 할 수도 있으며, 행위자가 그의 직업, 지위 등에 기하여 불법한 위세를 이용하여 재물의 교부나 재산상 이익을 요구하고 상대방으로 하여금 그 요구에 응하지 아니한 때에는 부당한 불이익을 초래할 위험이 있다는 위구심을 야기하게 하는 경우에도 해악의 고지가 된다.

[2] 폭력배와 잘 알고 있다는 지위를 이용하여 불법한 위세를 보임으로써 해악의 고지를 하였다고 본 사례(대법원 2003. 5. 13. 선고 2003도709 판결).

◆ 공갈범행으로 인하여 취득한 이득액 산정의 기준시기

공갈범행으로 인하여 취득한 이득액은 공갈범행으로 인하여 취득하기로 약정된 즉, 불법영득의 대상이 된 재물이나 재산상의 이익의 가액의 기준이 되어야 하고, 범죄의 기수시기를 기준으로 하여 산정할 것이며 그 후의 사정변경을 고려할 것이 아니고 그와 같은 사정변경의 가능성이 공갈행위시 예견 가능한 것이라고 하여도 마찬가지이다(대법원 1990. 10. 16. 선고 90도1815 판결).

◆ 국가안전기획부 직원이 아들 담임선생의 부탁을 받고 그 담임선생의 채무자에게 채무변제를 독촉하는 과정에서 다소 위협적인 말을 사용한 경우

국가안전기획부 직원이 아들 담임선생의 부탁을 받고 그 담임선생의 채무자에게 채무변제를 독촉하는 과정에서 다소 위협적인 말을 하였다 하더라도 사회통념상 허용되는 범위를 넘어선 것이라고 할 수 없어 공갈죄가 성립되지 아니한다고 본 사례(대법원 1993. 12. 24. 선고 93도2339 판결).

◆ 공무원이 직무와 관계없이 타인을 공갈하여 재물을 교부하게 한 경우, 뇌물공여죄가 성립되는지 여부

공무원이 직무집행의 의사없이 또는 직무처리와 대가적 관계없이 타인을 공갈하여 재물을 교부하게 한 경우에는 공갈죄만이 성립하고, 이러한 경우 재물의 교부자가 공무원의 해악의 고지로 인하여 외포의 결과 금품을 제공한 것이라면 그는 공갈죄의 피해자가 될 것이고 뇌물공여죄는 성립될 수 없다고 하여야 할 것이다(대법원 1994. 12. 22. 선고 94도2528 판결).

◆ 조상천도제를 지내지 아니하면 좋지 않은 일이 생긴다는 취지의 해악의 고지가 공갈죄의 수단으로써의 협박으로 평가될 수 없다고 한 사례

[1] 공갈죄의 수단으로써의 협박은 객관적으로 사람의 의사결정의 자유를 제한하거나 의사실행의 자유를 방해할 정도로 겁을 먹게 할 만한 해악을 고지하는 것을 말하고, 그 해악에는 인위적인 것뿐만 아니라 천재지변 또는 신력이나 길흉화복에 관한 것도 포함될 수 있으나, 다만 천재지변 또는 신력이나 길흉화복을 해악으로 고지하는 경우에는 상대방으로 하여금 행위자 자신이 그 천재지변 또는 신력이나 길흉화복을 사실상 지배하거나 그에 영향을 미칠 수 있는 것으로 믿게 하는 명시적 또는 묵시적 행위가 있어야 공갈죄가 성립한다.

[2] 조상천도제를 지내지 아니하면 좋지 않은 일이 생긴다는 취지의 해악의 고지는 길흉화복이나 천재지변의 예고로서 행위자에 의하여 직접, 간접적으로 좌우될 수 없는 것이고 가해자가 현실적으로 특정되어 있지도 않으며 해악의 발생가능성이 합리적으로 예견될 수 있는 것이 아니므로 협박으로 평가될 수 없다고 한 사례(대법원 2002. 2. 8. 선고 2000도3245 판결).

◆ 공갈죄에 있어서의 폭행과 협박에 해당함은 별론으로 하더라도 사회통념상 객관적으로 상대방의 반항을 억압하거나 항거불능케 할 정도에 이르렀다고 볼 수 없다고 하여 강도죄의 성립을 인정한 원심판결을 파기한 사례

(1) 사실관계

B가 2000년 3월 초순경부터 4월 중순경까지 6회에 걸쳐 자신의 집에서 피해자A(남, 38세)에게 270만 원을 도박자금으로 빌려주었으나 이를 변제받지 못하자 평소 알고 지내던 C에게 부탁하여 피고인D, E, F등을 소개받아 문제해결의 대가로 돈을 지급하기로 공모 공동하여, 2000. 5. 23. 12:30경 인천 동구 화수동에 있는 피해자A의 동

생 집 앞에서 A를 발견하고 피고인D가 피해자의 허리를 잡고 미리 준비한 승합차에 강제로 태운 후 인천 부평동에 있는 부평공동묘지로 가면서 E는 피해자에게 '부평경찰서 형사인데 돈을 갚지 않았으니 같이 경찰서로 가자.'고 하고, B는 '오늘 돈을 주지 않으면 풀어줄 수 없다.'는 등으로 피해자를 협박하여 피해자가 휴대전화로 자신의 고모인 G로 하여금 B의 농협통장으로 300만 원을 입금하게 하고, 이어 위 부평공동묘지에서 B가 피해자에게 '당신을 찾는데 경비로 700만 원이 들어갔으니 700만 원을 더 주지 않으면 가만두지 않겠다'고 협박하여 피해자가 위 휴대전화로 고모 G로 하여금 위와 같은 방법으로 B의 통장에 입금을 하게 하는 등 피해자로부터 합계 금 1,000만 원을 받았다. 이 사건 범행이 일어난 시각은 대낮이며(12:30경에서 14:23경 사이), 피고인D 일행이 피해자를 데려 갔다는 공동묘지도 큰길에서 멀리 떨어져 있다거나 인적이 드물어 장소 자체에서 외포심을 불러일으킬 수 있을 정도의 곳은 아니었다. 또한 피고인 일행은 공동묘지로 가는 도중 슈퍼마켓에 들러 피해자의 요구에 의하여 캔 맥주를 사 주었고, 휴대전화로 통장입금하라는 말을 듣고 피해자를 직접 대면하기를 원하는 피해자 고모의 요구를 받아들여 고모가 있는 장소까지 차를 몰고 가서 피해자와 고모를 대면시켜 주고 고모로부터 추가입금을 받았을 뿐 아니라, 피고인은 피해자 측으로부터 돈을 받은 다음 그런 취지의 확인서까지 작성해 주었다.

(2) **판결요지**

[1] 강도죄에 있어서 폭행과 협박의 정도는 사회통념상 객관적으로 상대방의 반항을 억압하거나 항거불능케 할 정도의 것이라야 한다.

[2] 공갈죄에 있어서의 폭행과 협박에 해당함은 별론으로 하더라도 사회통념상 객관적으로 상대방의 반항을 억압하거나 항거불능케 할 정도에 이르렀다고 볼 수 없다고 하여 강도죄의 성립을 인정한 원심판결을 파기한 사례(대법원 2001. 3. 23. 선고 2001도359 판결).

◆ 공갈죄에 있어서 공갈의 상대방의 요건

[1] 공갈죄에 있어서 공갈의 상대방은 재산상의 피해자와 동일함을 요하지는 아니하나, 공갈의 목적이 된 재물 기타 재산상의 이익을 처분할 수 있는 사실상 또는 법률상의 권한을 갖거나 그러한 지위에 있음을 요한다.

[2] 주점의 종업원에게 신체에 위해를 가할 듯한 태도를 보여 이에 겁을 먹은 위 종업원으로부터 주류를 제공받은 경우에 있어 위 종업원은 주류에 대한 사실상의 처분권자이므로 공갈죄의 피해자에 해당된다고 보아 공갈죄가 성립한다고 한 원심의 판단을 수긍한 사례(대법원 2005. 9. 29. 선고 2005도4738 판결).

◆ 공갈죄의 대상인 '타인의 재물' 인지 판단하는 기준 및 절도범이 절취한 금전이 다른 금전 등과 명백하게 구분되는 예외적인 경우, 절도 피해자에 대한 관계에서 그 금전을 절도범인 타인의 재물이라고 할 수 있는지 여부(소극)

[1] 공갈죄의 대상이 되는 재물은 타인의 재물을 의미하므로, 사람을 공갈하여 자기의 재물을 교부받는 경우에는 공갈죄가 성립하지 아니한다. 그리고 타인의 재물인지는 민법, 상법, 기타의 실체법에 의하여 결정되는데, 금전을 도난당한 경우 절도범이 절취한 금전만 소지하고 있는 때 등과 같이 구체적으로 절취된 금전을 특정할 수 있어 객관적으로 다른 금전 등과 구분됨이 명백한 예외적인 경우에는 절도 피해자에 대한 관계에서 그 금전이 절도범인 타인의 재물이라고 할 수 없다.

[2] 갑이 을의 돈을 절취한 다음 다른 금전과 섞거나 교환하지 않고 쇼핑백 등에 넣어 자신의 집에 숨겨두었는데, 피고인이 을의 지시로 폭력조직원 병과 함께 갑에게 겁을 주어 쇼핑백 등에 들어 있던 절취된 돈을 교부받아 갈취하였다고 하여 폭력행위 등 처벌에 관한 법률 위반(공동공갈)으로 기소된 사안에서, 피고인 등이 갑에게서 되찾은 돈은 절취 대상인 당해 금전이라고 구체적으로 특정할 수 있어 객관적으로 갑의 다른 재산과 구분됨이 명백하므로 이를 타인인 갑의 재물이라고 볼 수 없고, 따라서 비록 피고인 등이 갑을 공갈하여 돈을 교부받았더라도 타인의 재물을 갈취한 행위로서 공갈죄가 성립된다고 볼 수 없는데도, 이와 달리 보아 유죄를 인정한 원심판결에 공갈죄의 대상인 타인의 재물 등에 관한 법리오해의 위법이 있다고 한 사례(대법원 2012.08.30. 선고 2012도6157 판결).

Ⅲ. 수사실무

1. 수사포인트

(1) 피해자를 특정한다.

(2) 폭행, 협박의 내용과 방법을 밝힌다.

(3) 묵시적 공갈의 경우, 일반인이라면 외포감을 느꼈으리라는 사정을 밝혀야 한다.

(4) 피해자가 어떤 점에 대해 외포심을 일으켰는지 밝힌다.

(5) 범인과 이익을 취득한 제3자가 공범이 되는 수가 많으므로 양자의 관계도 밝혀 공범 여부를 추궁한다.

2. 피의자 신문례

(1) 피의자는 ㅇㅇ카지노 사장 공ㅇㅇ를 아는가요

(2) 공○○에게 금품을 요구한 사실이 있나요

(3) 언제, 어디서 요구했나요

(4) 얼마를 요구했나요

(5) 어떤 방법으로 요구했나요

(6) 공○○의 사업상 비리를 알고 있나요

(7) 비리를 폭로하겠다고 하자 공○○가 겁먹은 태도를 보이던가요

(8) 요구한 돈을 받았는가요

(9) 받은 돈은 어디에 썼나요

(10) 왜 이런 일을 하였나요

(11) 이 외에 참고할 만한 사항을 말하세요

3. 범죄사실 기재례

【범죄사실 기재례】

(1) 피의자는 20○○. ○. ○. 17 : 00경 서울 서초구 서초동 222 앞 노상에서 수업을 마치고 귀가중인 피해자 서초중학교 2학년 김○○(당14세)을 불러 세워놓고 오른손바닥으로 그의 뺨을 한 대 때리면서 "가진 돈 다 내놓아라 만일 뒤져서 돈이 나오면 100원에 한 대씩 때리겠다"고 말하고 이에 불응하면 그에게 어떠한 위해를 가할 것 같은 태도를 보여 이에 겁이 난 그로부터 즉석에서 5,000원을 교부받아 이를 갈취하였다.

(2) 피의자는 홍○○으로부터 피해자 김○○(당40세)에 대한 채권 2,000만원을 대신 받아주면 그 사례비로 200만원을 주겠다는 제의를 받고 이를 승낙하였다. 그리고 20○○. ○. ○. 13 : 00경 서울 강남구 역삼동 55에 있는 위 김○○ 경영의 샛별부동산 중개사무실에서 그에게 "당신이 홍○○ 사장에게 갚아야 할 2,000만원을 지금 주지 않으면 신상에 해로울 것이다."고 말하고 이에 불응하면 그에게 어떠한 위해를 가할 것 같은 태도를 보여 이에 겁이 난 그로부터 즉석에서 1,000만원과 1,000만원짜리 지불각서 1매를 교부받아 이를 갈취하였다.

(3) 피의자는 20○○. ○. 중순경 ○○시 ○○동에 있는 ○○카바레에서 우연히 만나 정교한 유부녀 김○○(40세)로부터 정교사실을 미끼로 금품을 갈취하기로 마음먹었다.
피의자는 같은 해 ○. ○. 13:30경 △△시 △△동에 있는 △△호텔커피숍에서 위 김○○

에게 사업자금이 급히 필요해서 그러니 3,000만원만 달라 만일 이에 불응하면 위 정교사실을 사진과 함께 ○○공무원으로 근무하고 있는 그녀의 남편에게 알려버리겠다고 말하는 등 협박하여 이에 겁을 먹은 그녀로부터 다음날 15:00경 위 커피숍에서 3,000만원을 교부받아 이를 갈취하였다.

(4) 피의자는 타인의 금품을 갈취하기로 마음먹고 그 대상을 물색 중 20○○. 10. 10. 13:00경 서울 성북구 ○○동 100번지 국민은행 앞길에서 때마침 그곳을 지나던 피해자 최남자(남, 16세)가 자신을 째려 봤다고 트집을 잡아 같은 장소로부터 약 70여 미터 떨어진 늘봄공원으로 데리고 갔다.

피의자는 그곳에서 피해자를 벤치에 앉혀 놓고, 그를 둘러싸며 때릴 것 같이 위력을 과시하여 탈출을 못하게 하고, 피해자의 안면부를 3회 때리고 "야 차비좀 주라"하며 금원을 요구하여 만약 요구에 불응하면 그의 신체에 위해를 가할 것 같은 위세를 보여, 이에 겁을 먹은 피해자로부터 그 즉시 현금 5,000원을 교부받았다.

(5) 피의자는 서울 성북구 ○○동 100번지 놀자단란주점에서 접대부를 고용하고 있음을 기회로 금품을 갈취하기로 마음먹고 20○○. 10. 10. 14:00경 그곳에 고객으로 가장하여 들어가 양주 1병(시가 170,000원)과 안주(시가 150,000원) 등 도합 320,000원 상당의 음식을 시켜먹었다. 그리고 피해자 김여자(여, 00세)에게 "지금 돈 안 가져왔으니 외상으로 합시다."라고 말하여 피해자가 이를 거절하자 피의자와 작배 한 접대부를 지적하면서 "이 집에 접대부를 둘 수 있느냐 지금 당장 112에 신고하겠다"라고 전화기를 들자, 그녀가 수화기를 뺏으며, "그럼 내일 가져오세요" 라고 할 때 "이제 필요없어 그러면 신고 안 할테니 50만원만 주쇼" 라고 돈을 요구하여 만약 이에 불응하면 당국에 신고하여 처벌을 받게 할 것 같은 기세를 보여서, 이에 외포된 피해자가 그 즉시 금 500,000원을 교부하는 등 위 대금 370,000원을 면하여 도합 870,000원 상당을 갈취하였다.

(6) 피의자는 20○○.1. 1. 14:00경 서울 성북구 ○○동 100번지 동방놀이터 부근에서 학교를 마치고 귀가하는 피해자 김남자를 불러 세워놓고 가지고 있는 돈을 모두 내 놓으라고 이야기하였다. 피의자는 험악한 인상으로 막대기를 들고 피해자들을 향하여 겨누며 "말을 듣지 않으면 이 몽둥이가 가만히 있지 않는다"라고 말하는 등 피해자가 피의자의 요구에 응하지 않으면 신체에 어떤 위해를 가할 듯한 태도를 보여 겁을 주고, 이에 겁먹은 피해자로부터 현금 43,000원을 교부받아 이를 갈취하였다.

4. 적용실례

(1) 세금포탈을 미끼로 폭행하고 돈을 빼앗은 경우

한 회사가 세금을 포탈하고 있다는 사실을 안 신문기자 김○○는, 이 사실을 이용해서 그 회사사장 박○○로부터 돈을 갈취하기로 계획하고, 이 사실을 원고로 만들어 박○○에게 가지고 가서 5,000만원에 사라고 제의했지만 그는 이에 응하지 않았다. 김○○가 반항을 억압할 정도는 아니지만, 폭행을 가하고 다시 묻자 그의 태도에 겁을 먹은 박○○는 5,000만원을 그에게 주었다.

➡ 공갈죄에 있어서 협박도 상대방에게 공포심을 일으킬 정도의 해악의 고지이다. 원고를 사지 않으면 신문지상에 게재한다는 태도를 보인 것도 해악의 고지에 해당한다. 이 경우 폭행을 해서 상대방을 외포시키고는 있지만, 그 폭행은 협박의 내용에 한정되는 공갈죄의 수단으로서의 것이며 반항을 억압할 정도도 아니어서 그대로 공갈죄만이 성립한다고 할 것이다.

(2) 채무를 변제하지 않는 채무자를 협박해서 채무를 받은 경우

채권자 최○○는 변제기한이 도래한 후, 계속 독촉을 함에도 채무의 변제에 응하지 않는 채무자 구○○에 대하여, 협박을 가해 채무를 받아내었다.

➡ ① 권리의 범위 내에서 재물, 재산상의 이익을 취득한 경우는 공갈죄가 성립하지 않는다(협박죄의 성립은 별도로 한다).

② 권리의 범위를 넘어 재물·재산상의 이익을 취득한 경우는 그것이 가분하면 초과부분에 대해, 불가분하면 전체에 대해 공갈죄가 성립한다.

③ 정당한 권리를 가진 경우라도, 이것을 행사하는 의사가 없이 권리행사의 명목을 빌려 지나치게 한 경우는 전체에 대해 공갈죄가 성립한다. 이 때 그 정당성 여부는 사회통념상 용인할 수 있는가 여부에 따른다. 이렇게 볼 때 위의 경우에는 협박죄만의 성립을 인정할 수 있겠다.

(3) 범죄에서 폭행과 공갈의 정도

피해자를 때리고 그가 겁에 질려있는 사이에 가방에서 돈을 빼내어 갔다.

➡ 이 경우, 폭행은 반항을 억압할 정도로는 보이지 않아 그대로 공갈로 흡수되고 공갈죄만 성립한다.

(4) **정을 통한 후 위협하여 돈을 갈취한 경우**

피의자가 낮에 정을 통한 여자를 만나 여러 차례 때리고 위협을 가하여 돈을 갈취하였다.

➡ 피의자가 주간에 단순히 피해자에게 겁을 주어 돈을 갈취한 것으로 보이므로 공갈죄로 의율하는 것이 타당하다.

(5) **주인을 협박하여 누적된 외상값을 내지 않은 경우**

여러 차례에 걸쳐 술집에서 외상술을 마신 후 외상값이 누적되자 이를 요구하는 주인에게 협박하여 외상값의 지급을 면탈하였다.

➡ 피해자 지급포기에 대하여 특정하고 공갈의 1죄로 의율하는 것이 타당하다.

5. 참고사항

(1) 수사시 유의사항

공갈죄는 재물죄인 동시에 이득죄이므로 피해자는 협박하여 채무부담 의사를 표시하게 하고 약정서를 작성케하여 교부받으면 현실적으로 재물의 교부 행위는 없으나 이득으로서 채권을 취한 행위가 되므로 공갈미수가 아니고 공갈의 기수가 성립됨

7. 상습범

제351조【상습범】

상습으로 제347조 내지 전조의 죄를 범한 자는 그 죄에 정한 형의 2분의 1까지 가중한다.

[본조의주장에대한판단] 형소323②, [친족간의범행 · 동력] 328 · 346 · 354

Ⅰ. 이론

상습으로 사기죄(제347조), 컴퓨터등사용사기죄(제347조의2), 준사기죄(제

348조), 편의시설부정이용죄(제348조의2), 부당이득죄(349조), 공갈죄(제350조)를 범한 자는 상습범으로서 그 죄에 정한형의 2분의 1까지 가중한다.

Ⅱ. 판례

◆ 상습사기에 있어 상습성의 판단 기준 및 처음부터 장기간에 걸쳐 불특정 다수로부터 회원가입비 명목의 금원을 편취할 목적으로 상당한 자금을 투자하여 성인사이트를 개설하고 직원까지 고용하여 사기행위를 영업으로 한 경우 상습성의 인정 여부(적극)

상습사기에 있어서의 상습성은 반복하여 사기행위를 하는 습벽으로서 행위자의 속성을 말하고, 이러한 습벽의 유무를 판단함에 있어서는 사기의 전과가 중요한 판단자료가 되나 사기의 전과가 없다고 하더라도 범행의 횟수, 수단과 방법, 동기 등 제반 사정을 참작하여 사기의 습벽이 인정되는 경우에는 상습성을 인정하여야 하는 것이며, 특히 처음부터 장기간에 걸쳐 불특정 다수로부터 회원가입비 명목의 금원을 편취할 목적으로 상당한 자금을 투자하여 성인사이트를 개설하고 직원까지 고용하여 사기행위를 영업으로 한 경우에는 그 행위의 반복성이 영업이라는 면에서 행위 그 자체의 속성에서 나아가 행위자의 속성으로서 상습성을 내포하는 성질을 갖게 되고, 또한 이미 투자한 자금에 얽매여 그러한 사기행위를 쉽게 그만둘 수 없다는 자본적 또는 경제활동상의 의존성도 습벽의 내용이 될 수 있으므로 상습성을 인정할 수 있다(대법원 2006.9.8, 선고, 2006도2860, 판결).

◆ 상습사기에서 '상습성'의 의미와 판단 기준

사기죄의 요건인 기망은 널리 재산상의 거래관계에서 서로 지켜야 할 신의와 성실의 의무를 저버리는 모든 적극적 또는 소극적 행위를 말하는 것으로서, 반드시 법률행위의 중요부분에 관한 허위표시임을 요하지 아니하고, 상대방을 착오에 빠지게 하여 행위자가 희망하는 재산적 처분행위를 하도록 하기 위한 판단의 기초가 되는 사실에 관한 것이면 충분하다. 따라서 거래의 상대방이 일정한 사정에 관한 고지를 받았더라면 당해 거래를 하지 아니하였을 것이라는 관계가 인정되는 경우에는 그 거래로 인하여 재물을 수취하는 자는 신의성실의 원칙상 사전에 상대방에게 그와 같은 사정을 고지할 의무가 있다 할 것이고, 그럼에도 불구하고 이를 고지하지 아니한 것은 고지할 사실을 묵비함으로써 상대방을 기망한 것이 되어 사기죄를 구성한다(대법원 2005. 10. 28. 선고 2005도5774 판결 등 참조).

한편 사기죄에 있어 피고인이 편취의 범의를 부인하는 경우, 이러한 범죄의 주관적 요소로 되는 사실은 사물의 성질상 범의와 상당한 관련성이 있는 간접사실 또는 정황사실을 증명하는 방법에 의하여 입증할 수밖에 없고, 이 때 무엇이 상당한 관련성이 있는 간접사실 또는 정황사실에 해당하는가는 정상적인 경험칙에 바탕을 두고 치밀한 관찰력이나 분석력에 의하여 사실의 연결상태를 합리적으로 인식하는 방법에 의하여 판단하여야 한다(대법원 2006. 2. 23. 선고 2005도8645 판결 등 참조). 그리고 형사재판에서 관련된 민사사건의 판결에서 인정된 사실은 유력한 인정자료가 된다고 할지라도 반드시 그 판결의 확정사실에 구속을 받는 것은 아니어서 형사법원은 증거에 의하여 민사판결에서 확정한 사실과 다른 사실을 인정할 수 있다(대법원 1983. 6.28. 선고 81도3011 판결 등 참조)(대법원 2011. 11. 24., 선고, 2009도980, 판결).

◆ 판결확정 전에 범한 사기죄가 판결확정된 사기죄와 상습사기죄의 포괄일죄의 관계에 있는 경우 그 확정판결의 기판력이 후에 기소된 공소사실에 미치는지 여부(적극)

1988. 6. 29. 유죄판결을 선고받고 확정된 사기죄의 범죄사실과 그 판결선고전에 범한 것으로 후에 공소제기된 이 사건 공소범죄사실이 그 수법에 있어서 서로 동일 내지 유사하며 피고인은 4회에 사기죄의 전과가 있음에도 불구하고 또 다시 단기내에서 동종의 범죄를 반복한 것에 비추어 보면 확정판결의 사기죄 범죄사실과 그 판결선고 전에 있었던 이 사건 사기공소범죄사실은 상습사기죄의 포괄일죄의 관계에 있고 위 사기죄에 대한 확정판결은 이 사건 공소사실에도 미친다 할 것이므로 이 사건 공소사실에 대해서는 확정판결이 있는 때에 해당한다는 이유로 면소판결을 선고할 것이다(대법원 1990. 5. 22. 선고 89도1984 판결).

◆ 판결이 확정된 사기범행과 상습사기의 포괄일죄를 이루는 사기의 공소사실로서 그 확정판결의 기판력이 미치는 범위에 속한다고 본 사례

피고인에 대하여 판결이 확정된 사기범행과 이 사건으로 공소가 제기된 다른 피해자들에 대한 사기범행이 모두 동일한 공원조성공사와 관련하여 행하여진 것으로서 그 범행의 일시, 장소, 동기, 수단 및 방법 등이 동일하며, 단기간내에 8회에 걸친 사기범행을 반복한 것이라면 이는 피고인의 사기습벽의 발현에 의하여 저질러진 범행이라고 할 것이므로, 판결이 확정된 사기범행과 이 사건 사기범행은 실체법상 상습사기죄의 포괄일죄의 관계에 있어서 위 확정판결의 기판력은 이 사건 단순사기의 공소판결에 대하여도 미치는 것이다(대법원 1990. 2. 23. 선고 89도1193 판결).

◆ 상습으로 저질러진 수개의 범죄의 죄수관계(=포괄일죄)

[다수의견] 상습성을 갖춘 자가 여러 개의 죄를 반복하여 저지른 경우에는 각 죄를 별죄로 보아 경합범으로 처단할 것이 아니라 그 모두를 포괄하여 상습범이라고 하는 하나의 죄로 처단하는 것이 상습범의 본질 또는 상습범 가중처벌규정의 입법취지에 부합한다.

[별개의견] 원래 '상습성'이란 '행위자의 속성'이라는 점에는 학설 · 판례상 이론이 없

고 다수의견도 이를 받아들이고 있는바, 이는 곧 단 한번 저질러진 범행이라도 그것이 상습성의 발현에 의한 것이라면 상습범이 된다는 것이어서 상습범이 성립하기 위하여는 반드시 수개의 범행이 반복될 것을 그 구성요건요소로 하거나 예정하고 있는 것은 아니므로 상습성이 발현된 수개의 범행이 있는 경우에 각개의 범행 상호간에 보호법익이나 행위의 태양과 방법, 의사의 단일 또는 갱신 여부, 시간적·장소적 근접성 등 일반의 포괄일죄 인정의 기준이 되는 요소들을 전혀 고려함이 없이 오로지 '상습성'이라는 하나의 표지만으로 곧 모든 범행을 하나로 묶어 포괄하여 일죄라고 할 수는 없으므로 수개의 상습사기 범행은 원칙으로 수개의 죄로 보아야 한다(대법원 2004.9.16, 선고, 2001도3206, 전원합의체 판결).

8. 미수범

제352조【미수범】
제347조 내지 제348조의2, 제350조, 제350조의2와 제351조의 미수범은 처벌한다. 〈개정 2016.1.6.〉
[전문개정 1995.12.29.]

[미수범] 25-29

Ⅰ. 이론

사기죄(제347조), 컴퓨터등사용사기죄(제347조의2), 준사기죄(제348조), 편의시설부정이용죄(제348조의2), 공갈죄(제350조) 그리고 각 상습범(제351조)의 미수범은 처벌한다.

Ⅱ. 판례

◆ 피고인에게 사기미수죄를 인정한 원심판결에 소송사기의 법리를 오해한 잘못이 있다고 한 사례

甲 주식회사 대표이사인 피고인이, 2011. 11.경 甲 회사에 입사하여 기계정비공으로 근무하다가 2016. 3. 11. 퇴직한 근로자 乙을 상대로 2011. 12.부터 2015. 4.까지 포괄일급에 포함하여 이미 지급한 퇴직적립금에 대하여 부당이득반환청구 소송을 제기하면서 2015. 5. 1.자 근로계약서의 일급란 기재 금액을 변조하여 증거자료로 제출한 사안에서, 甲 회사는 乙에게 포괄일급에 일급의 8.3%에 해당하는 퇴직적립금을

포함하여 임금을 지급하였는데, 乙의 퇴사 후 위와 같이 乙에게 지급된 퇴직적립금이 퇴직금 지급으로서의 효력이 없다는 자문을 받고 별도로 퇴직금 전액을 지급하였으므로 피고인이 이미 지급한 퇴직적립금에 대하여 부당이득반환의 소를 제기한 것은 정당한 권리행사의 일환으로 이루어진 것으로서, 이러한 피고인의 주장이 허위의 주장이라거나 이로써 법원을 기망한 것이라고 볼 수 없고, 또한 피고인이 제기한 부당이득반환청구 소송은 2015. 5. 1.자 근로계약서가 작성되기 전까지 甲 회사가 乙에게 지급한 퇴직적립금의 반환을 구하는 것으로 2015. 5. 1. 이후에 지급한 임금과 관련된 청구를 하고 있지 않으므로 2015. 5. 1. 이후의 근로조건에 관한 내용을 규정한 위 근로계약서는 위 소송의 권리발생 사유에 관한 증거가 될 수 없어 소송의 내용이나 결과에 전혀 영향을 미칠 수 없으며, 비록 피고인이 위 소송을 제기하면서 위 근로계약서의 일급란 기재 금액을 변조하여 제출하였더라도 그것만으로 피고인이 증거조작을 통하여 법원을 기망한 것이라거나 피고인에게 허위사실을 증명함으로써 법원을 기망한다는 인식이 있었다고 볼 수 없다는 이유로, 이와 달리 보아 피고인에게 사기미수죄를 인정한 원심판결에 소송사기의 법리를 오해한 잘못이 있다고 한 사례(대법원 2018. 12. 28., 선고, 2018도13305, 판결).

◆ **사기미수 긍정례**

채권자가 채권배당절차에서 실제 배당받아야 할 금액을 초과하는 금액을 편취하려고 하였으나 미수에 그친 경우에 사기미수의 범죄사실을 인정할 수 있다고 한 원심의 판단을 수긍한 사례(대법원 2007. 3. 30 선고 2006도6350 판결).

◆ **검사가 고소 취소된 사건을 협박죄로 기소하였다가 공갈미수로 공소장변경을 신청하여 허가된 경우, 공소제기의 하자가 치유되는지 여부**

공갈죄의 수단으로서 한 협박은 공갈죄에 흡수될 뿐 별도로 협박죄를 구성하지 않으므로, 그 범죄사실에 대한 피해자의 고소는 결국 공갈죄에 대한 것이라 할 것이어서 그 후 고소가 취소되었다 하여 공갈죄로 처벌하는 데에 아무런 장애가 되지 아니하며, 검사가 공소를 제기할 당시에는 그 범죄사실을 협박죄로 구성하여 기소하였다 하더라도, 그 후 공판 중에 기본적 사실관계가 동일하여 공소사실을 공갈미수로 공소장 변경이 허용된 이상 그 공소제기의 하자는 치유된다(대법원 1996. 9. 24. 선고 96도2151 판결).

◆ **피담보채권인 공사대금 채권을 실제와 달리 허위로 부풀려 유치권에 의한 경매를 신청한 경우, 소송사기죄의 실행의 착수에 해당하는지 여부(적극)**

유치권에 의한 경매를 신청한 유치권자는 일반채권자와 마찬가지로 피담보채권액에 기초하여 배당을 받게 되는 결과 피담보채권인 공사대금 채권을 실제와 달리 허위로 크게 부풀려 유치권에 의한 경매를 신청할 경우 정당한 채권액에 의하여 경매를 신청한 경우보다 더 많은 배당금을 받을 수도 있으므로, 이는 법원을 기망하여 배당이라는 법원의 처분행위에 의하여 재산상 이익을 취득하려는 행위로서, 불능범에 해당한다고 볼 수 없고, 소송사기죄의 실행의 착수에 해당한다(대법원 2012.11.15, 선고, 2012도9603, 판결).

◆ 甲은 乙에 대한 손해배상채권에 기하여 피고인을 상대로 '피고인이 乙로부터 부동산을 매수한 것은 사해행위에 해당한다.' 는 이유로 사해행위취소소송을 제기하여 제1심에서 승소판결을 받고, 피고인은 이에 대해 추완항소를 제기하였는데, 피고인은 선행 사해행위취소소송을 제기한 채권자 丙과의 사이에 성립한 조정 결과에 따른 가액배상금의 변제를 완료하였으므로 이를 사해행위 대상 부동산의 담보가치에서 공제하여야 한다고 주장하며 해당 금융거래내역을 증거로 제출하였으나, 사실은 미리 丙으로부터 송금받은 금원을 거의 그대로 재송금한 거래내역에 불과하여 실제 채무변제가 완료되지는 않았고, 피고인의 항소는 기각된 사안에서, 피고인이 허위 주장 및 증거 제출의 고의로 사기죄의 실행에 착수하였다고 본 원심판단에 소송사기에 관한 법리오해의 잘못이 있다고 한 사례

甲은 乙에 대한 손해배상채권에 기하여 피고인을 상대로 '피고인이 乙로부터 부동산을 매수한 것은 사해행위에 해당한다.' 는 이유로 사해행위취소소송을 제기하여 제1심에서 승소판결을 받고, 피고인은 이에 대해 추완항소를 제기하였는데, 피고인은 선행 사해행위취소소송을 제기한 채권자 丙과의 사이에 성립한 조정 결과에 따른 가액배상금의 변제를 완료하였으므로 이를 사해행위 대상 부동산의 담보가치에서 공제하여야 한다고 주장하며 해당 금융거래내역을 증거로 제출하였으나, 사실은 미리 丙으로부터 송금받은 금원을 거의 그대로 재송금한 거래내역에 불과하여 실제 채무변제가 완료되지는 않았고, 피고인의 항소는 기각된 사안에서, 제반 사정을 종합하면 피고인이 丙과 조정조서상의 가액배상금이 지급된 것으로 하고 위 금원의 별개 채무를 이행하기로 새로운 약정을 한 것이라거나 또는 선행 사해행위취소소송 당사자였던 丙의 채권액이 사해행위 대상 부동산의 담보가치에서 제외되어야 한다는 판단으로 위 가액배상의 변제를 주장하고 해당 금융거래내역을 제출한 것이라고 볼 여지가 크고, 이러한 주장이 법원에서 받아들여지지 않았더라도 그것이 객관적으로 허위임이 명백하다거나 피고인이 허위의 주장과 증명으로써 법원을 기망한다는 인식을 하고 있었다고 단정하기 어렵다는 이유로, 이와 달리 피고인이 허위 주장 및 증거 제출의 고의로 사기죄의 실행에 착수하였다고 보아 사기미수죄를 인정한 원심판단에 소송사기에 관한 법리오해의 잘못이 있다고 한 사례. [대법원 2022. 5. 26., 선고, 2022도1227, 판결]

9. 자격정지의 병과

제353조【자격정지의 병과】

본장의 죄에는 10년 이하의 자격정지를 병과할 수 있다.

[자격정지] 44

10. 친족상도례 · 동력

제354조【친족간의 범행, 동력】

제328조와 제346조의 규정은 본장의 죄에 준용한다.

[친족] 민767-769·777, [재물] 민98, [동력] 346, [공소기각] 형소327

Ⅰ. 판례

◆ 법원을 기망하여 직계혈족 관계에 있는 제3자로부터 재물을 편취한 경우, 사기죄의 범인에 대하여는 친족상도례에 의하여 형을 면제하여야 하는지 여부(적극)

사기죄의 보호법익은 재산권이라고 할 것이므로 사기죄에 있어서는 재산상의 권리를 가지는 자가 아니면 피해자가 될 수 없다. 그러므로 법원을 기망하여 제3자로부터 재물을 편취한 경우에 피기망자인 법원은 피해자가 될 수 없고 재물을 편취당한 제3자가 피해자라고 할 것이므로 피해자인 제3자와 사기죄를 범한 자가 직계혈족의 관계에 있을 때에는 그 범인에 대하여는 형법 제354조에 의하여 준용되는 형법 제328조 제1항에 의하여 그 형을 면제하여야 할 것이다(대법원 2014. 9. 26. 선고 2014도8076 판결 등 참조).

기록에 의하면, 이 부분 공소사실의 피해자인 공소외 1과 피고인 1은 부자(父子) 사이로서 직계혈족 관계에 있음을 알 수 있으므로, 원심으로서는 이 부분 공소사실에 대하여 형법 제354조, 제328조 제1항의 규정을 적용하여 형을 면제하였어야 한다.

그럼에도 원심은 이와 달리 이 부분 공소사실에 대하여 형을 면제하지 아니하고 실체판단에 나아가 유죄로 인정한 후 나머지 범죄사실과 함께 형을 정하고 말았으니, 이러한 원심의 판단에는 사기미수죄에 있어서의 피해자 및 친족상도례의 적용범위에 관한 법리를 오해하여 판결에 영향을 미친 위법이 있다(대법원 2018. 1. 25., 선고, 2016도6757, 판결).

◆ 사기죄를 범하는 사람이 금원을 편취하기 위한 수단으로 피해자와 혼인신고를 한 것이어서 혼인이 무효인 경우, 피해자에 대한 사기죄에서 친족상도례를 적용할 수 있는지 여부(소극)

민법 제815조 제1호는 당사자 사이에 혼인의 합의가 없는 때에는 그 혼인을 무효로 한다고 규정하고 있고, 이 혼인무효 사유는 당사자 사이에 사회관념상 부부라고 인정되는 정신적·육체적 결합을 할 의사를 가지고 있지 않은 경우를 가리킨다. 그러므로 비록 당사자 사이에 혼인의 신고가 있었더라도, 그것이 단지 다른 목적을 달성하기 위한 방편에 불과한 것으로서 그들 사이에 참다운 부부관계의 설정을 바라는 효과의사가 없을 때에는 그 혼인은 무효라고 할 것이다(대법원 2004. 9. 24. 선고 2004도4426 판결 등 참조).

그리고 형법 제354조, 제328조 제1항에 의하면 배우자 사이의 사기죄는 이른바 친족상도례에 의하여 형을 면제하도록 되어 있으나, 사기죄를 범하는 자가 금원을 편취하기 위한 수단으로 피해자와 혼인신고를 한 것이어서 그 혼인이 무효인 경우라면, 그러한 피해자에 대한 사기죄에서는 친족상도례를 적용할 수 없다고 할 것이다(대법원 2015. 12. 10., 선고, 2014도11533, 판결).

◆ 법원을 기망하여 직계혈족 관계에 있는 제3자로부터 재물을 편취한 경우, 사기죄의 범인에 대하여는 친족상도례에 의하여 형을 면제하여야 하는지 여부(적극)

형법 제354조, 제328조의 규정에 의하면, 직계혈족, 배우자, 동거친족, 동거가족 또는 그 배우자 간의 사기미수죄는 그 형을 면제하여야 하고, 그 이외의 친족 간에는 고소가 있어야 공소를 제기할 수 있다. 그리고 고소기간은 형사소송법 제230조 제1항에 의하여 범인을 알게 된 날로부터 6개월로 정하여져 있다.

이 부분 각 공소사실의 기재에 의하더라도 피해자 공소외 2, 공소외 3은 피고인 1의 형제자매라는 것이므로 이 부분 각 공소사실은 위 피해자들의 적법한 고소가 있어야 공소를 제기할 수 있는 경우에 해당한다.

그런데 기록에 의하면, 피해자 공소외 2는 2012. 6. 7. 또는 늦어도 2012. 10.경에는 피고인 1이 범인임을 알게 되었다고 보임에도(수사기록 제3책 중 제1권 21면, 112면 내지 121면, 255면, 공판기록 433면), 그로부터 6월을 경과함으로써 고소권이 이미 소멸한 2013. 9. 4.에 피고인 1을 고소한 사실을 알 수 있고, 피해자 공소외 3은 피고인 1을 고소한 사실이 없음은 기록상 명백하므로, 이 부분 각 공소는 공소제기의 절차가 법률의 규정에 위반하여 무효인 때에 해당하므로 형사소송법 제327조 제2호에 의하여 공소를 모두 기각하여야 할 것이다.

그럼에도 원심은 이와 달리 이 부분 각 공소사실에 대한 고소가 적법하거나 고소권자의 고소가 존재한다고 보아 이 부분 각 공소사실을 모두 유죄로 판단하고 말았으니, 이러한 원심의 판단에는 친고죄의 고소기간이나 소추요건에 관한 법리를 오해하여 판결에 영향을 미친 위법이 있다. (대법원 2018. 1. 25., 선고, 2016도6757, 판결)

제 40 장 횡령과 배임의 죄 (제355조 ~ 제361조)

제40장 횡령과 배임의 죄(제355조 ~ 제361조)

1. 횡령죄

제355조【횡령, 배임】

① 타인의 재물을 보관하는 자가 그 재물을 횡령하거나 그 반환을 거부한 때에는 5년 이하의 징역 또는 1천500만원 이하의 벌금에 처한다. 〈개정 1995. 12. 29.〉

[타인의재물] 176, [신분범과공범] 33, [특별규정] 군형75, [친족간의범행] 328 · 361 [공소시효] : 7년

○ 횡령죄란 타인의 재물을 보관하는 자가 그 재물을 가로채거나 반환을 거부함으로써 성립하는 범죄이다. 재물만을 객체로 하는 점은 절도죄와 같으나 타인의 점유를 침해하지 않는 점에서 구별된다. 형법이 횡령죄를 절도죄보다 가볍게 처벌하는 이유는 자기가 점유하는 재물을 영득하는 것은 그 방법이 평화적일 뿐만 아니라 그 동기가 유혹적이라는 데 있다.

◈ 대법원 양형위원회의 양형기준 ◈

1. 제1유형(1억원미만)

횡령 · 배임 이득액이 1억원 미만인 경우를 의미한다.

(1) 기본 : 4월 - 1년4월 / (2) 감경 : ~10월 / (3) 가중 : 10월 - 2년6월

2. 제2유형(1억원이상~5억원미만)

횡령 · 배임 이득액이 1억원 이상, 5억원 미만인 경우를 의미한다.

(1) 기본 : 1년 - 3년 / (2) 감경 : 6월 - 2년 / (3) 가중 : 2년 - 5년

3. 제3유형(5억원이상~50억원미만)

횡령 · 배임 이득액이 5억원 이상, 50억원 미만인 경우를 의미한다.

(1) 기본 : 2년 - 5년 / (2) 감경 : 1년6월 - 3년 / (3) 가중 : 3년 - 6년

4. 제4유형(50억원이상~300억원미만)

횡령 · 배임 이득액이 50억원 이상, 300억원 미만인 경우를 의미한다.

(1) 기본 : 4년 - 7년 / (2) 감경 : 2년6월 - 5년 / (3) 가중 : 5년 - 8년
5. 제5유형(300억원이상)
횡령 · 배임 이득액이 300억원 이상인 경우를 의미한다.
(1) 기본 : 5년 - 8년 / (2) 감경 : 4년 - 7년 / (3) 가중 : 7년 - 11년

Ⅰ. 이론

1. 구성요건

(1) 객관적 구성요건

1) 주체

위탁관계에 의하여 타인의 재물을 보관하는 자이다.

① 보관

보관이란 점유 또는 소지와 같은 의미로, 사실상의 재물지배를 말한다. 따라서 민법상 점유를 하지 못하는 점유보조자도 보관자가 될 수 있다.

▣ 근거판례 ▣

횡령죄에 있어서 보관이라 함은 재물이 사실상 지배하에 있는 경우뿐만 아니라 법률상의 지배 · 처분이 가능한 상태를 모두 가리키는 것으로 타인의 금전을 위탁받아 보관하는 자는 보관방법으로 이를 은행 등의 금융기관에 예치한 경우에도 보관자의 지위를 갖는 것이다(대법원 2000. 8. 18. 선고 2000도1856 판결).

가. 부동산의 점유 : 부동산에 관하여 외견상 유효하게 처분할 수 있는 지위에 있는 자를 보관자라고 할 수 있다. 먼저 부동산을 사실상 지배하고 있는 자는 등기명의의 여하와 상관없이 그 부동산의 보관자가 된다. 부동산을 명의신탁받은 자도 그 부동산의 보관자가 되므로 이를 처분한 때에는 횡령죄가 성립한다.

▣ 근거판례 ▣

부동산에 관한 횡령죄에 있어서 타인의 재물을 보관하는 자의 지위는 동산의 경우와는 달리 부동산에 대한 점유의 여부가 아니라 부동산을 제3자에게 유효하게 처분할 수 있는 권능의 유무에 따라 결정하여야 하므로, 부동산을 공동으로 상속한 자들 중 1인이

부동산을 혼자 점유하던 중 다른 공동상속인의 상속지분을 임의로 처분하여도 그에게는 그 처분권능이 없어 횡령죄가 성립하지 아니한다(대법원 2000. 4. 11. 선고 2000도565 판결).

나. 은행예금 또는 유가증권의 소지에 의한 점유 : 창고증권 등 유가증권의 소지인은 재물에 대한 사실상의 지배가 없더라도 임치물을 처분할 수 있는 지위에 있으므로 재물에 대하여 법률적 지배를 갖는다. 또한 타인의 돈을 위탁받아 보관하는 자가 보관방법으로 그 돈을 은행에 예금한 경우에도 보관자의 지위에는 영향이 없다.

② 위탁관계

가. 위탁관계 : 위탁관계는 계약이나 법률의 규정뿐만 아니라 널리 거래의 신의성실에 비추어 재물의 보관에 대한 신임관계가 발생하였으면 족하다.

▣ 근거판례 ▣

횡령죄에 있어서의 재물의 보관이라 함은 재물에 대한 사실상 또는 법률상 지배력이 있는 상태를 의미하므로 그 보관이 위탁관계에 기인하여야 할 것임은 물론이나 그것이 반드시 사용대차, 임대차, 위임 등의 계약에 의하여 설정되는 것임을 요하지 아니하고 사무관리, 관습, 조리, 신의칙에 의해서도 성립된다(대법원 1987.10.13. 선고 87도1778 판결).

나. 불법원인급여와 횡령죄 : 위탁관계가 불법하여 위탁자가 보관자에게 반환청구를 할 수 없는 경우(불법원인급여), 예컨대 뇌물로 공여할 재물을 위탁하였는데 보관자가 이를 영득한 경우에 횡령죄가 성립하느냐가 문제된다. 이에 대해 판례(대법원 1988. 9. 20. 선고 86도628 판결)와 다수설은 안된다는 소극설을 취하고 있다.

▣ 이견있는 형사사건의 법원판단 ▣

[불법원인급여와 횡령죄]

1. 문제점 : 급여자가 반환청구할 수 없는 불법원인급여물(민법 제746조)을 수탁자가 횡령한 경우에 횡령죄가 성립하는지가 문제된다

2. 학설

(1) 소극설(다수설) : 불법원인급여물의 소유권은 수탁자에게 귀속되므로 타인의 재물이라고 할 수 없어 불법원인급여물에 대해서는 횡령죄가 성립하지 않는다는 견해

(2) 적극설 : 범죄의 성립여부는 형법의 독자적 기준에 따라 판단해야 하고, 이 경우에도 신임관계를 전제로 한 위탁관계가 인정되므로 불법원인급여물에 대해서도 횡령죄가 성립한다는 견해

3. 판례

소극설의 태도(대판 1999. 6. 11, 99도275), 그러나 불법원인급여물이라고 하더라도 불법원인이 오직 수익자에게만 있는 경우나, 불법원인이 급여자·수익자 모두에게 있지만 수익자의 불법이 상대적으로 훨씬 큰 경우에는 수익자에게 횡령죄가 성립할 수 있다는 것이 판례의 태도(대판 1999. 9. 17, 98도2036)

2) 객체

자기가 점유하는 타인의 재물이다.

① 재물

재물에 한한다. 재산상의 이익은 배임죄의 객체는 될 수 있으나 횡령죄의 객체는 될 수 없다. 또한 권리는 재물이 아니므로 횡령죄의 객체가 될 수 없다.

② 타인의 재물

타인의 재물이란 재물의 소유권이 타인에게 속한 경우를 말한다. 행위자와 타인의 공동소유에 속하는 재물도 타인의 재물에 해당하며 이것은 공유, 합유 또는 총유이든지를 불문한다.

가. 이중매매와 횡령죄 : 민법이 물권변동에 관하여 형식주의를 취하고 있어 부동산이전등기를 마칠 때까지는 그 부동산의 소유권이 매도인에게 있으므로 이중매매의 경우에는 배임죄가 성립할 수는 있어도 횡령죄가 성립할 여지는 없다.

나. 위탁받은 대체물과 횡령죄 : 봉함금 또는 공탁금과 같이 특정물로서 위탁된 때에나, 계약에 의하여 수치인이 임치물을 소비할 수 있는 경우(소비임치 등)에는 횡령죄가 성립하는데 의문이 없다. 문제는 일정한 용도에 사용하기 위하여 위탁한 금전을 수탁자가 임의로 사용한 때에 횡령죄로 볼 것인가이다. 여러 가지 견해가 대립하나 대법원은 일관하여 횡령죄의 성립을 인정하고 있다(대법원 1984. 11. 13. 선고 84도1199 판결).

▣ 근거판례 ▣

목적, 용도를 정하여 위탁한 금전은 정해진 목적, 용도에 사용할 때까지는 이에 대한

소유권이 위탁자에게 유보되어 있는 것으로서, 특히 그 금전의 특정성이 요구되지 않는 경우 수탁자가 위탁의 취지에 반하지 않고 필요한 시기에 다른 금전으로 대체시킬 수 있는 상태에 있는 한 이를 일시 사용하더라도 횡령죄를 구성한다고 할 수 없고, 수탁자가 그 위탁의 취지에 반하여 다른 용도에 소비할 때 비로소 횡령죄를 구성한다(대법원 1995.10.12. 선고 94도2076 판결).

③ 부동산의 양도담보와 매도담보의 경우

이 경우 담보물의 소유권이 누구에게 있는지와 관련하여 견해가 대립하나 가등기담보법 제4조 2항을 고려할 때 가등기담보법상의 청산기간이 경과 한 후 청산금을 채무자에게 지급하기 전에는 채무자에게 소유권이 있고, 청산금을 지급한 후에는 채권자에게 소유권이 이전된다고 본다.

가. 채무자가 담보물을 처분한 경우(채무자가 청산금을 지급받기 전)

채무자가 청산금을 지급받기 전에 처분한 경우 소유권이 아직 채무자에게 있으므로, 이 경우 타인의 재물을 처분한 것이 아니므로 횡령죄는 성립할 수 없다고 본다. 다만, 담보물의 보관의무를 위반한 것이므로 배임죄가 성립한다고 본다.

▣ 근거판례 ▣

배임죄에 있어서 손해란 현실적인 손해가 발생한 경우뿐만 아니라 재산상의 위험이 발생된 경우도 포함되므로, 자신의 채권자와 부동산양도담보설정계약을 체결한 피고인이 그 소유권이전등기 경료 전에 임의로 기존의 근저당권자인 제3자에게 지상권설정등기를 경료하여 준 경우, 그 지상권 설정이 새로운 채무부담행위에 기한 것이 아니라 기존의 저당권자가 가지는 채권을 저당권과 함께 담보하는 의미밖에 없다고 하더라도 이로써 양도담보권자의 채권에 대한 담보능력 감소의 위험이 발생한 이상 배임죄를 구성한다(대법원 1997. 6. 24. 선고 96도1218 판결).

나. 채권자가 담보물을 처분한 경우

i) 채권자가 변제기 이전에 처분한 경우

다수설은 아직 소유권이 채무자에게 있는 것이므로 이 경우 횡령죄가 성립한다고 본다. 그러나 대법원은 이 경우 배임죄를 인정한다(92도753).

▣ 근거판례 ▣

채권의 담보를 목적으로 부동산의 소유권이전등기를 마친 채권자는 채무자가 변제기일까지 그 채무를 변제하면 채무자에게 그 소유명의를 환원하여 주기 위하여 그 소유권이전등기를 이행할 의무가 있으므로, 그 변제기일 이전에 그 임무에 위배하여 제3자에게 근저당권을 경료하여 주었다면 변제기일까지 채무자의 채무변제가 없었다고 하더라도 배임죄는 성립되고, 그와 같은 법리는 채무자에게 환매권을 주는 형식을 취하였다고 하여 다를 바가 없다(대법원 1995.5.12. 선고 95도283 판결).

ii) 채권자가 변제기 이후에 처분한 경우

첫째, 채권자가 변제기 이후 청산목적으로 처분한 경우에는 불법영득의사가 없는 것이므로 횡령죄나 배임죄가 성립하지 않는다고 한다.

둘째, 변제기 이후 청산금을 채무자에게 지급하지 않을 경우 다수설은 청산금에 대하여 횡령죄의 성립을 긍정하지만, 대법원은 이 경우 타인의 사무가 아니므로 배임죄의 성립을 부정한다(85도1492).

▣ 근거판례 ▣

양도담보가 처분정산형의 경우이건 귀속정산형의 경우이건 간에 담보권자가 변제기 경과후에 담보권을 실행하여 그 환가대금 또는 평가액을 채권원리금과 담보권 실행비용 등의 변제에 충당하고 환가대금 또는 평가액의 나머지가 있어 이를 담보제공자에게 반환할 의무는 담보계약에 따라 부담하는 자신의 정산의무이므로 그 의무를 이행하는 사무는 곧 자기의 사무처리에 속하는 것이라 할 것이고 이를 부동산매매에 있어서의 매도인의 등기의무와 같이 타인인 채무자의 사무처리에 속하는 것이라고 볼 수는 없어 그 정산의무를 이행하지 아니한 소위는 배임죄를 구성하지 않는다(대법원 1985.11.26. 선고 85도1493 전원합의체판결).

셋째, 채권자가 변제기 이후에 담보물을 부당하게 염가로 처분하였기 때문에 청산금이 없게 된 경우 다수설은 배임죄의 성립을 긍정하지만, 대법원은 배임죄의 성립을 부정한다(87도126).

▣ 근거판례 ▣

양도담보권자가 변제기 경과후에 담보권을 실행하기 위하여 담보목적물을 처분하는 행위는 담보계약에 따라 양도담보권자에게 주어진 권능이어서 자기의 사무처리에 속하는 것이지 타인인 채무자, 설정자의 사무처리에 속하는 것이라고 볼 수 없으므로 양도담보권자가 담보권을 실행하기 위하여 담보목적물을 처분함에 있어 싯가에 따른 적절한 처분을 하여야 할 의무는 담보계약상의 민사책임의무이고 그와 같은 형법상의 의무가 있는 것이 아니므로 그에 위반한 경우 배임죄가 성립 된다고 볼 수 없다(대법원 1989.10.24. 선고 87도126 판결).

④ 동산의 양도담보와 매도담보의 경우

가. 양도담보의 경우

양도담보의 경우 채권자는 담보물권자이고 채무자가 소유자이다. 따라서 채무자가 처분한 경우 대법원은 배임죄를 인정한다(89도350). 채권자가 변제기 이전에 처분한 경우에 대법원은 부동산에서와 달리 횡령죄를 인정한다(88도906).

나. 매도담보의 경우

매도담보의 경우에는 채권자에게 소유권이 이전된다고 본다. 따라서 채무자가 처분한 경우에는 횡령죄가 성립한다는 것이 판례이다(4292형상470). 변제기 이전에 채권자가 처분한 경우에는 배임죄가 성립한다.

⑤ 부동산의 명의신탁

가. 2자간 명의신탁

i) 2자간 명의신탁이란 부동산 소유자가 등기명의를 타인에게 신탁하기로 하는 명의신탁약정을 맺고 그 등기명의를 수탁자에게 이전하는 형식의 명의신탁을 의미한다. 이러한 명의신탁약정과 소유권이전등기는 부동산 실권리자 명의등기에 관한 법률에 의하여 무효이다.

ii) 이 경우 신탁부동산을 수탁자가 처분하였을 때 대법원은 횡령죄가 성립한다고 본다(96도1755).

▣ 근거판례 ▣

명의신탁받아 보관 중이던 토지를 피해자의 승낙 없이 제3자에게 근저당권설정등기를 경료해 준 경우 횡령죄가 성립하고, 그 후 또 다시 다른 사람에게 근저당권설정등기를 경료해 주었다 하더라도 이는 횡령물의 처분행위로서 별개의 횡령죄를 구성하지 않는다(대법원 1996. 11. 29. 선고 96도1755 판결).

나. 3자간 명의신탁(중간생략형 명의신탁)

i) 3자간 명의신탁이란 신탁자와 수탁자가 명의신탁약정을 맺고 신탁자가 매매계약의 당사자가 되어 매도인과 매매계약을 체결하고, 등기는 수탁자 앞으로 직접 이전하는 형식의 명의신탁을 의미한다. 이 경우 명의신탁약정 및 소유권이전등기는 무효이지만, 매도인과 매수인 간의 매매계약의 유효하다고 본다.

ii) 이 경우 신탁부동산을 수탁자가 처분하였을 때 대법원은 신탁자에 대한 횡령죄를 인정하고 있다(2000도3463).

▣ 근거판례 ▣

부동산을 그 소유자로부터 매수한 자가 그의 명의로 소유권이전등기를 하지 아니하고 제3자와 맺은 명의신탁약정에 따라 매도인으로부터 바로 그 제3자에게 중간생략의 소유권이전등기를 경료한 경우, 그 제3자가 그와 같은 명의신탁 약정에 따라 그 명의로 신탁된 부동산을 임의로 처분하였다면 신탁자에 대한 횡령죄가 성립하고, 그 명의신탁이 부동산실권리자명의등기에관한법률 시행 전에 이루어졌고 같은 법이 정한 유예기간 이내에 실명등기를 하지 아니함으로써 그 명의신탁약정 및 이에 따라 행하여진 등기에 의한 물권변동이 무효로 된 후에 처분이 이루어졌다고 하여 달리 볼 것은 아니다(대법원 2001. 11. 27. 선고 2000도3463 판결).

다. 계약명의신탁

i) 계약명의신탁이란 신탁자와 수탁자가 명의신탁약정을 맺고 수탁자가 매매계약의 당사자가 되어 매도인과 매매계약을 체결한 후 수탁자 앞으로 이전등기하는 형식의 명의신탁을 의미한다. 3자간 명의신탁의 경우에는 신탁자가 매매계약의 당사자가 되는 것과 차이가 있다. 계약명의신탁의 경우 명의신탁약정은 무효이다. 다만, 수탁자에게 이전된 소유권이전등기는 부동산 실권리자 명의 등기에 관한 법률에 의하여 매도인이 명의신탁사실을 모르는 경우에는 유효이지만, 이에 대하여 매도인도 알고 있는 경우에는 무효이다.

ii) 계약명의신탁에서 수탁자가 신탁부동산을 처분한 경우

▣ 근거판례 ▣

횡령죄는 타인의 재물을 보관하는 자가 그 재물을 횡령하는 경우에 성립하는 범죄인바, 부동산실권리자명의등기에관한법률 제2조 제1호 및 제4조의 규정에

의하면, 신탁자와 수탁자가 명의신탁 약정을 맺고, 이에 따라 수탁자가 당사자가 되어 명의신탁 약정이 있다는 사실을 알지 못하는 소유자와 사이에서 부동산에 관한 매매계약을 체결한 후 그 매매계약에 기하여 당해 부동산의 소유권이전등기를 수탁자 명의로 경료한 경우에는, 그 소유권이전등기에 의한 당해 부동산에 관한 물권변동은 유효하고, 한편 신탁자와 수탁자 사이의 명의신탁 약정은 무효이므로, 결국 수탁자는 전소유자인 매도인뿐만 아니라 신탁자에 대한 관계에서도 유효하게 당해 부동산의 소유권을 취득한 것으로 보아야 할 것이고, 따라서 그 수탁자는 타인의 재물을 보관하는 자라고 볼 수 없다(대법원 2000. 3. 24. 선고 98도4347 판결).

첫째, 매도인이 명의신탁사실을 모르는 경우에는 대법원은 횡령죄 성립을 부정한다(98도4347).

둘째, 매도인이 명의신탁약정사실을 아는 경우에도 대법원은 횡령죄 성립을 부정한다(2011도7361).

▣ 근거판례 ▣

명의신탁자와 명의수탁자가 이른바 계약명의신탁 약정을 맺고 명의수탁자가 당사자가 되어 명의신탁 약정이 있다는 사실을 알고 있는 소유자와 부동산에 관한 매매계약을 체결한 후 매매계약에 따라 부동산의 소유권이전등기를 명의수탁자 명의로 마친 경우에는 부동산 실권리자명의 등기에 관한 법률(이하 '부동산실명법' 이라 한다) 제4조 제2항 본문에 의하여 수탁자 명의의 소유권이전등기는 무효이고 부동산의 소유권은 매도인이 그대로 보유하게 되므로, 명의수탁자는 부동산 취득을 위한 계약의 당사자도 아닌 명의신탁자에 대한 관계에서 횡령죄에서 '타인의 재물을 보관하는 자' 의 지위에 있다고 볼 수 없고, 또한 명의수탁자가 명의신탁자에 대하여 매매대금 등을 부당이득으로 반환할 의무를 부담한다고 하더라도 이를 두고 배임죄에서 '타인의 사무를 처리하는 자' 의 지위에 있다고 보기도 어렵다. 한편 위 경우 명의수탁자는 매도인에 대하여 소유권이전등기말소의무를 부담하게 되나, 위 소유권이전등기는 처음부터 원인무효여서 명의수탁자는 매도인이 소유권에 기한 방해배제청구로 말소를 구하는 것에 대하여 상대방으로서 응할 처지에 있음에 불과하고, 그가 제3자와 한 처분행위가 부동산실명법 제4조 제3항에 따라 유효하게 될 가능성이 있다고 하더라도 이는 거래 상대방인 제3자를 보호하기 위하여 명의신탁 약정의 무효에 대한 예외를 설정한 취지일 뿐 매도인과 명의수탁자 사이에 위 처분행위를 유효하게 만드는 어떠한 신임관계가 존재함을 전제한 것이라고는 볼 수 없으므로, 말소등기의무의 존재나 명의수탁자에 의한 유효한 처분가능성을 들어 명의수탁자가 매도인에 대한 관계에서 횡령죄에서 '타인의 재물을 보관하는 자' 또는 배임죄에서 '타인의 사무를 처리하는 자'의 지위에 있다고 볼 수도 없다(대법원 2012.11.29. 선고 2011도7361 판결).

3) 행위

이 죄의 행위는 횡령 또는 반환을 거부하는 것이다.

① 횡령행위란 남의 재물을 불법으로 가로채거나 반환을 거부하는 것으로서 불법영득의 의사를 표현하는 행위를 말한다.

② 사실행위, 법률행위를 불문하며 부작위로도 할 수 있다. 사법경찰리가 사건의 증거물로서 영치한 재물을 영득의사로 자기 책상서랍에 넣어 두고 검찰에 송부하지 않은 때에도 횡령죄가 성립한다.

③ 반환거부는 소유자의 권리를 배제하는 의사표시를 의미하므로 이 때에도 횡령죄가 성립한다. 다만 영득의사 없이 반환할 수 없는 사정이나 반환을 거부할 사유가 있는 때에는 반환거부만으로 횡령죄가 성립한다고 할 수 없다.

④ 횡령죄의 미수 : 횡령죄는 영득의사가 행위로 표현되면 기수가 되고, 반드시 그 처분행위가 종료될 것을 요하지 않는다. 따라서 그 미수가 문제되는데 형법 제359조는 미수범처벌규정을 두고 있다. 이에 대해 여러 견해가 있으나 중지미수 또는 불능미수 외에는 미수인정이 어렵다고 할 것이다.

(2) 주관적 구성요건

고의와 불법영득의사가 있어야 한다. 피해자의 승낙이 있거나 정당한 권리를 행사한 때에는 불법영득의 의사가 없기 때문에 횡령죄가 성립하지 않는다.

2. 공범

횡령죄는 위탁관계에 의하여 타인의 재물을 점유하는 자만이 정범이 될 수 있다(진정신분범). 따라서 신분없는 자는 단독정범이 될 수 없고 공동정범·교사범 또는 종범이 된다. 즉 신분자와 비신분자가 공동으로 이 죄를 범한 때에는 비신분자도 횡령죄의 공동정범이 된다.

3. 죄수

횡령죄의 죄수는 위탁관계의 수를 기준으로 판단한다. 따라서

(1) 1개의 행위로 수인으로부터 위탁받은 재산을 횡령한 때에는 죄수로써 상상적 경합이 되지만,

(2) 1인으로부터 위탁받은 수인 소유의 재물을 횡령한 때에는 1죄가 될 뿐이다.

(3) 1개의 위탁관계에 의하여 보관하는 재물을 수개의 행위에 의하여 횡령한 때에는 수죄의 경합범이 된다. 그러나 여러 횡령행위의 피해법익이 하나이고 범죄의 태양을 같이하고 하나의 범의에 의하여 실현된 연속된 행위라고 인정될 때에는 포괄일죄가 된다.

(4) 횡령죄도 상태범이므로 영득한 재물을 처분하는 행위는 새로운 법익을 침해하지 않는 한 불가벌적 사후행위로서 별죄를 구성하지 않는다(대법원 1993.3.9. 선고 92도2999 판결).

4. 다른 범죄와의 관계

(1) 사기죄와의 관계

자기가 점유하는 재물을 기망행위로 영득한 때에는 횡령죄만 성립한다. 사기죄의 객체는 타인점유의 타인소유물이기 때문이다.

(2) 장물죄와의 관계

장물의 보관을 위탁받은 자가 이를 영득할 때에는 장물보관죄만 성립하고 횡령행위는 불가벌적 사후행위가 된다. 횡령죄에 의해 영득된 장물을 취득한 자에 대하여는 횡령죄의 공범이 된다는 견해와 장물취득죄가 된다는 견해가 있다. 대법원은 장물취득죄가 성립한다는 입장이다(2004도5904).

▣ 근거판례 ▣

甲이 회사 자금으로 乙에게 주식매각 대금조로 금원을 지급한 경우, 그 금원은 단순

히 횡령행위에 제공된 물건이 아니라 횡령행위에 의하여 영득된 장물에 해당한다고 할 것이고, 나아가 설령 甲이 乙에게 금원을 교부한 행위 자체가 횡령행위라고 하더라도 이러한 경우 甲의 업무상횡령죄가 기수에 달하는 것과 동시에 그 금원은 장물이 된다고 한 사례(대법원 2004. 12. 9. 선고 2004도5904 판결).

5. 친족상도례

(1) 형면제판결

직계혈족, 배우자, 동거친족, 동거가족 또는 그 배우자간의 횡령죄 또는 그 미수범은 그 형을 면제한다(제328조 1항, 제361조).

(2) 상대적 친고죄

그 이외의 친족간에 횡령죄 또는 그 미수범을 범한 때에는 고소가 있어야 공소를 제기할 수 있다(제328조 2항, 제361조).

(3) 위탁자와도 친족관계가 있어야 하는지 여부

횡령죄는 신뢰관계에 대한 위배를 본질로 하는 범죄이다. 따라서 위탁자도 피해자이므로, 소유자, 위탁자 쌍방과 친족관계가 있어야 친족상도례가 적용된다고 할 수 있다.

▣ 근거판례 ▣

횡령범인이 위탁자가 소유자를 위해 보관하고 있는 물건을 위탁자로부터 보관받아 이를 횡령한 경우에 형법 제361조에 의하여 준용되는 제328조 제2항의 친족간의 범행에 관한 조문은 범인과 피해물건의 소유자 및 위탁자 쌍방 사이에 같은 조문에 정한 친족관계가 있는 경우에만 적용되고, 단지 횡령범인과 피해물건의 소유자간에만 친족관계가 있거나 횡령범인과 피해물건의 위탁자간에만 친족관계가 있는 경우에는 적용되지 않는다(대법원 2008. 7. 24. 선고 2008도3438 판결).

Ⅱ. 판례

◆ 횡령죄에서 말하는 '보관'의 의미 / 횡령죄의 성립에 필요한 위탁관계는 횡령죄로 보호할 만한 가치 있는 신임에 의한 것으로 한정되는지 여부(적극) 및 위탁관계가 있는지 판단하는 기준 / 재물의 위탁행위가 범죄의 실행행위나 준비행위

등과 같이 범죄 실현의 수단으로서 이루어진 경우, 그러한 행위를 통해 형성된 위탁관계가 횡령죄로 보호할 만한 가치 있는 신임에 의한 것인지 여부(소극)

형법 제355조 제1항이 정한 횡령죄에서 보관이란 위탁관계에 따라 재물을 점유하는 것을 뜻하므로, 횡령죄가 성립하려면 재물의 보관자와 재물의 소유자(또는 그 밖의 본권자) 사이에 위탁관계가 존재해야 한다. 이러한 위탁관계는 사용대차 · 임대차 · 위임 등의 계약뿐만 아니라 사무관리 · 관습 · 조리 · 신의칙 등에 의해서도 성립될 수 있으나, 횡령죄의 본질이 신임관계에 기초하여 위탁된 타인의 물건을 위법하게 영득하는 데 있음에 비추어 볼 때 위탁관계는 횡령죄로 보호할 만한 가치 있는 신임에 의한 것으로 한정함이 타당하다.

위탁관계가 있는지는 재물의 보관자와 소유자 사이의 관계, 재물을 보관하게 된 경위 등에 비추어 볼 때 보관자에게 재물의 보관 상태를 그대로 유지해야 할 의무를 부과하여 그 보관 상태를 형사법적으로 보호할 필요가 있는지 등을 고려하여 규범적으로 판단해야 한다. 재물의 위탁행위가 범죄의 실행행위나 준비행위 등과 같이 범죄 실현의 수단으로서 이루어진 경우 그 행위 자체가 처벌 대상인지와 상관없이 그러한 행위를 통해 형성된 위탁관계는 횡령죄로 보호할 만한 가치 있는 신임에 의한 것이 아니라고 봄이 타당하다.[대법원 2022. 6. 30., 선고, 2017도21286, 판결]

◆ 횡령범인이 피해물건의 소유자와 위탁자 중 한쪽과 친족관계가 있는 경우, 친족상도례의 적용 여부(소극)

횡령범인이 위탁자가 소유자를 위해 보관하고 있는 물건을 위탁자로부터 보관받아 이를 횡령한 경우에 형법 제361조에 의하여 준용되는 제328조 제2항의 친족간의 범행에 관한 조문은 범인과 피해물건의 소유자 및 위탁자 쌍방 사이에 같은 조문에 정한 친족관계가 있는 경우에만 적용되고, 단지 횡령범인과 피해물건의 소유자간에만 친족관계가 있거나 횡령범인과 피해물건의 위탁자간에만 친족관계가 있는 경우에는 적용되지 않는다(대법원 2008. 7. 24. 선고 2008도3438 판결).

◆ 부동산에 관한 횡령죄에 있어서 보관자의 지위에 대한 판단 기준 및 원인무효인 소유권이전등기의 명의자가 횡령죄의 주체인 타인의 재물을 보관하는 자에 해당하는지 여부(소극)

[1] 횡령죄의 주체는 타인의 재물을 보관하는 자이어야 하고, 여기서 보관이라 함은 위탁관계에 의하여 재물을 점유하는 것을 의미하므로, 결국 횡령죄가 성립하기 위하여는 그 재물의 보관자가 재물의 소유자(또는 기타의 본권자)와 사이에 법률상 또는 사실상의 위탁신임관계가 존재하여야 하고, 또한 부동산의 경우 보관자의 지위는 점유를 기준으로 할 것이 아니라 그 부동산을 제3자에게 유효하게 처분할 수 있는 권능의 유무를 기준으로 결정하여야 하므로, 원인무효인 소유권이전등기의 명의자는 횡령죄의 주체인 타인의 재물을 보관하는 자에 해당한다

고 할 수 없다.

[2] 임야의 진정한 소유자와는 전혀 무관하게 신탁자로부터 임야 지분을 명의신탁받아 지분이전등기를 경료한 수탁자가 신탁받은 지분을 임의로 처분한 사안에서, 소유자와 수탁자 사이에 위 임야 지분에 관한 법률상 또는 사실상의 위탁신임관계가 성립하였다고 할 수 없고, 또한 어차피 원인무효인 소유권이전등기의 명의자에 불과하여 위 임야 지분을 제3자에게 유효하게 처분할 수 있는 권능을 갖지 아니한 수탁자로서는 위 임야 지분을 보관하는 자의 지위에 있다고도 할 수 없으므로, 그 처분행위가 신탁자에 대해서나 또는 소유자에 대하여 위 임야 지분을 횡령한 것으로 된다고 할 수 없다고 한 사례(대법원 2007. 5. 31. 선고 2007도1082 판결).

◆ 횡령죄의 성립에 반드시 자기 스스로 영득할 것을 요하는지 여부

횡령죄에 있어서 불법영득의 의사라 함은 타인의 재물을 보관하는 자가 위탁의 취지에 반하여 자기 또는 제3자의 이익을 위하여 권한 없이 그 재물을 자기의 소유인 것처럼 처분하는 의사를 의미하는 것으로서, 반드시 자기 스스로 영득하여야만 횡령죄가 성립되는 것은 아니다(대법원 2006. 11. 10. 선고 2004도5167 판결).

◆ 금전수수를 수반하는 사무처리를 위임받은 자가 그 행위에 기하여 위임자를 위하여 제3자로부터 수령한 금전의 귀속관계(=위임자)

[1] 횡령죄는 타인의 재물을 보관하는 자가 그 재물을 횡령하는 것을 처벌하는 범죄이므로, 횡령죄가 성립되기 위해서는 횡령의 대상이 된 재물이 타인의 소유일 것을 요하는 것인바, 금전의 수수를 수반하는 사무처리를 위임받은 자가 그 행위에 기하여 위임자를 위하여 제3자로부터 수령한 금전은 목적이나 용도를 한정하여 위탁된 금전과 마찬가지로 달리 특별한 사정이 없는 한 그 수령과 동시에 위임자의 소유에 속하고, 위임을 받은 자는 이를 위임자를 위하여 보관하는 관계에 있다고 보아야 한다.

[2] 수령한 금전이 사무처리의 위임에 따라 위임자를 위하여 수령한 것인지 여부는 수령의 원인이 된 법률관계의 성질과 당사자의 의사에 의하여 판단되어야 하며, 만일 당사자 사이에 별도의 채권, 채무가 존재하여 수령한 금전에 관한 정산절차가 남아 있는 등 위임자에게 반환하여야 할 금액을 쉽게 확정할 수 없는 사정이 있다면, 이러한 경우에는 수령한 금전의 소유권을 바로 위임자의 소유로 귀속시키기로 하는 약정이 있었다고 쉽사리 단정하여서는 안 된다(대법원 2005. 11. 10. 선고 2005도3627 판결).

◆ 피고인이 종중의 회장으로부터 담보 대출을 받아달라는 부탁과 함께 종중 소유

의 임야를 이전받은 다음 임야를 담보로 금원을 대출받아 임의로 사용하고 자신의 개인적인 대출금 채무를 담보하기 위하여 임야에 근저당권을 설정한 행위가 종중에 대한 관계에서 횡령죄를 구성한다고 한 사례

[1] 횡령죄에서 재물의 보관이라 함은 재물에 대한 사실상 또는 법률상 지배력이 있는 상태를 의미하며, 그 보관은 소유자 등과의 위탁관계에 기인하여 이루어져야 하는 것이지만, 그 위탁관계는 사실상의 관계이면 족하고 위탁자에게 유효한 처분을 할 권한이 있는지 또는 수탁자가 법률상 그 재물을 수탁할 권리가 있는지 여부를 불문하는 것이고, 한편 부동산에 관한 횡령죄에 있어서 타인의 재물을 보관하는 자의 지위는 동산의 경우와는 달리 부동산에 대한 점유의 여부가 아니라 법률상 부동산을 제3자에게 처분할 수 있는 지위에 있는지 여부를 기준으로 판단하여야 한다.

[2] 피고인이 종중의 회장으로부터 담보 대출을 받아달라는 부탁과 함께 종중 소유의 임야를 이전받은 다음 임야를 담보로 금원을 대출받아 임의로 사용하고 자신의 개인적인 대출금 채무를 담보하기 위하여 임야에 근저당권을 설정하였다면 비록 피고인이 임야를 이전받는 과정에서 적법한 종중총회의 결의가 없었다고 하더라도 피고인은 임야나 위 대출금에 관하여 사실상 종중의 위탁에 따라 이를 보관하는 지위에 있다고 보아야 할 것이어서 피고인의 위 행위가 종중에 대한 관계에서 횡령죄를 구성한다고 한 사례(대법원 2005. 6. 24. 선고 2005도2413 판결).

◆ 횡령죄에 있어서 횡령행위의 의미

[1] 횡령죄는 타인의 재물을 보관하는 자가 그 재물을 횡령하는 경우에 성립하는 범죄이고, 횡령죄의 구성요건으로서의 횡령행위란 불법영득의사를 실현하는 일체의 행위를 말하는 것으로서 불법영득의사가 외부에 인식될 수 있는 객관적 행위가 있을 때 횡령죄가 성립한다.

[2] 장물이라 함은 재산죄인 범죄행위에 의하여 영득된 물건을 말하는 것으로서 절도, 강도, 사기, 공갈, 횡령 등 영득죄에 의하여 취득된 물건이어야 한다.

[3] 장물취득죄에 있어서 장물의 인식은 확정적 인식임을 요하지 않으며 장물일지도 모른다는 의심을 가지는 정도의 미필적 인식으로서도 충분하고, 또한 장물인 정을 알고 있었느냐의 여부는 장물 소지자의 신분, 재물의 성질, 거래의 대가 기타 상황을 참작하여 이를 인정할 수밖에 없다.

[4] 甲이 회사 자금으로 乙에게 주식매각 대금조로 금원을 지급한 경우, 그 금원은 단순히 횡령행위에 제공된 물건이 아니라 횡령행위에 의하여 영득된 장물에 해당한다고 할 것이고, 나아가 설령 甲이 乙에게 금원을 교부한 행위 자체가 횡령행위라고 하더라도 이러한 경우 甲의 업무상횡령죄가 기수에 달하는 것과 동시에 그 금원은 장물이 된다고 한 사례(대법원 2004. 12. 9. 선고 2004도5904 판결).

◆ 횡령죄에 있어서 불법영득의사의 의미

[1] 횡령죄에 있어서의 불법영득의 의사는 타인의 재물을 보관하는 자가 자기 또는 제3자의 이익을 위하여 위탁의 취지에 반하여 권한없이 그 재물을 자기의 소유인 것 같이 처분하는 의사를 말하는 것이므로, 비록 그 반환을 거부하였다고 하더라도 그 반환거부에 정당한 사유가 있을 때에는 불법영득의 의사가 있다고 할 수 없다.

[2] 피고인이 금전의 수수를 수반하는 부동산의 매도에 관한 사무의 위탁의 취지에 반하여 부동산의 매매계약금으로 수령한 돈을 자신의 피해자에 대한 채권의 변제에 충당한다는 명목으로 그 반환을 거부하면서 자기의 소유인 것 같이 이를 처분하였다면 피고인이 위 매매계약금의 반환을 거부한 데에는 정당한 사유가 있다고 할 수 없어 불법영득의 의사가 인정된다고 한 사례(대법원 2004. 3. 12. 선고 2004도134 판결).

◆ 업무상횡령죄에 있어서 불법영득의 의사의 의미

[1] 업무상횡령죄가 성립되기 위하여는 불법영득의 의사로써 업무상의 임무에 위배하여 타인의 재물을 보관하는 자가 그 재물을 횡령하거나 그 반환을 거부하여야 할 것이고(형법 제356조, 제355조 제1항), 여기서 불법영득의 의사라 함은 타인의 재물을 보관하는 자가 자기 또는 제3자의 이익을 꾀할 목적으로 업무상의 임무에 위배하여 보관하는 타인의 재물을 자기의 소유인 경우와 같이 사실상 또는 법률상 처분하는 의사를 의미한다.

[2] 사찰창건 이래 사찰재산에 대한 관리처분권한이 부여되어 사찰의 운영을 책임지고 있었던 자가 병원치료비와 장학금지급 등을 위하여 사찰재산을 사용하였다 하더라도 업무상횡령죄에 해당되지 아니한다고 본 사례(대법원 2001. 5. 8. 선고 99도4699 판결).

◆ 함께 복권을 나누어 당첨 여부를 확인한 자들 사이에 당첨금을 공유하기로 하는 묵시적 합의가 있었다고 봄이 상당하다는 이유로 그 복권의 당첨금 수령인이 그 당첨금 중 타인의 몫의 반환을 거부한 경우, 횡령죄가 성립될 수 있다고 한 사례

(1) 사실관계

피고인은 A가 운영하는 다방에서 돈 2,000원을 내어 그 다방종업원인 피해자 B에게 즉석에서 당첨 여부를 확인하는 500원짜리 체육복권 4장(이하 '첫 번째 복권 4장'이라 한다)을 사 오도록 하여 피고인, B, A 및 다방종업원인 C 등 4명이 다방 탁자에 둘러앉아 각자 한 장씩 나누어 그 복권 우측 상단을 긁어 당첨 여부를 확인한 결과 그 중에서 2장의 복권이 각 1,000원에 당첨되었고, 그 1,000원에 당첨된 복권 2장을 다시 복권 4장으로 교환하여 온 후 피고인 등 4명이 그 당첨 여부를 확인한 결과 피해자B와 A가 확인한 복권 2장이 각 2,000만 원에 당첨되었는데, A는 자신이 확인하여 당첨된 복권을 그 자리에서 피고인에게 교부하였고, 피해자B는 자신이 확인하여 당첨된 복권 한 장을 그 탁자 위에 놓아두고 다른 볼 일을 보러 그 자리를 잠시 비운 사이에 피고인이 당첨된 복권 2장을 가지고 가 현금으로 교환하고도 당첨금을 피해자에게 교부하지 않았다.

(2) 판결요지

피고인이 2천원을 내어 피해자를 통하여 구입한 복권 4장을 피고인과 피해자를 포함한 4명이 한 장씩 나누어 그 당첨 여부를 확인하는 결과 피해자 등 2명이 긁어 확인한 복권 2장이 1천 원씩에 당첨되자 이를 다시 복권 4장으로 교환하여 같은 4명이 각자 한 장씩 골라잡아 그 당첨 여부를 확인한 결과 피해자 등 2명이 긁어 확인한 복권 2장이 2천만원씩에 당첨되었으나 당첨금을 수령한 피고인이 피해자에게 그 당첨금의 반환을 거부한 경우, 피고인과 피해자를 포함한 4명 사이에는 어느 누구의 복권이 당첨되더라도 당첨금을 공평하게 나누거나 공동으로 사용하기로 하는 묵시적인 합의가 있었다고 보아야 하므로 그 당첨금 전액은 같은 4명의 공유라고 봄이 상당하여 피고인으로서는 피해자의 당첨금 반환요구에 따라 그의 몫을 반환할 의무가 있고 피고인이 이를 거부하고 있는 이상 불법영득의사가 있다는 이유로 횡령죄가 성립될 수 있다고 한 사례(대법원 2000. 11. 10. 선고 2000도4335 판결)

◆ 손익분배의 정산 없이 동업관계의 일방이 동업재산의 매각대금을 매수인으로부터 받아 보관 중 임의로 소비한 경우 횡령죄가 성립하는 범위

동업관계에 있는 피고인과 피해자 사이에 손익분배의 정산이 되지 아니하였다면 동업자의 한사람인 피고인은 피고인과 피해자의 합유에 속하는 동업재산이나 동업재산의 매각대금에 대한 지분을 처분할 권한이 없는 것이므로, 피고인이 동업재산인 교회건물의 매각대금을 매수인으로부터 받아 보관중 임의로 소비하였다면 지분비율에 관계없이 임의로 소비한 금액 전부에 대해 횡령죄의 죄책을 부담한다(대법원 1996. 5. 22. 선고 95도2824 판결).

◆ 실질적으로 전환사채 인수대금이 납입되지 않았음에도 전환사채를 발행한 경우, 전환사채 발행업무를 담당하는 사람이 업무상배임죄의 죄책을 지는지 여부(원칙적 적극) / 이때 전환사채 인수인이 전환사채를 처분하여 대금 중 일부를 회사에 입금하였거나 전환사채를 주식으로 전환하였다는 사후적인 사정이 이미 성립된 업무상배임죄에 영향을 주는지 여부(소극)

전환사채는 발행 당시에는 사채의 성질을 갖는 것으로서 사채권자가 전환권을 행사한 때에 비로소 주식으로 전환된다. 전환사채의 발행업무를 담당하는 사람과 전환사채 인수인이 사전 공모하여 제3자에게서 전환사채 인수대금에 해당하는 금액을 차용하여 전환사채 인수대금을 납입하고 전환사채 발행절차를 마친 직후 인출하여 차용금채무의 변제에 사용하는 등 실질적으로 전환사채 인수대금이 납입되지 않았음에도 전환사채를 발행한 경우에, 전환사채의 발행이 주식 발행의 목적을 달성하기 위한 수단으로 이루어졌고 실제로 목적대로 곧 전환권이 행사되어 주식이 발행됨에 따라 실질적으로 신주인수대금의 납입을 가장하는 편법에 불과하다고 평가될 수 있는 등의 특별한 사정이 없는 한, 전환사채의 발행업무를 담당하는 사람은 회사에 대하여 전환사채 인수대금이 모두 납입되어 실질적으로 회사에 귀속되도록 조치할 업무상의 임무를 위반하여, 전환사채 인수인이 인수대금을 납입하지 않고서도 전환사채를 취득하게 하여 인수대금 상당의 이득을 얻게 하고, 회사가 사채상환의무를 부담하면서도 그에 상응하여 취득하여야 할 인수대금 상당의 금전을 취득하지 못하게 하여 같은 금액 상당의 손해를 입게 하였으므로, 업무상배임죄의 죄책을 진다. 그리고 그 후 전환사채의 인수인이 전환사채를 처분하여 대금 중 일부를 회사에 입금하였거나 또는 사채로 보유하는 이익과 주식으로 전환할 경우의 이익을 비교하여 전환권을 행사함으로써 전환사채를 주식으로 전환하였더라도, 이러한 사후적인 사정은 이미 성립된 업무상배임죄에 영향을 주지 못한다(대법원 2015.12.10, 선고, 2012도235, 판결).

◆ 명의수탁자의 포괄승계인과 횡령죄에 있어 부동산에 대한 보관자의 지위

횡령죄에 있어 부동산에 대한 보관자의 지위는 그 부동산에 대한 점유를 기준으로 할 것이 아니라 그 부동산을 유효하게 처분할 수 있는 권능이 있는지의 여부를 기준으로 하여 결정하여야 할 것이고, 위 임야의 사정명의자로서 명의수탁자인 조부가 사망함에 따라 그의 자인 부가, 또 위부가 사망함에 따라 피고인이 각 그 상속인이 됨으로써 피고인은 위 임야의 수탁관리자로서의 지위를 포괄승계한 것이어서, 피고인은 위 임야를 유효하게 처분할 수 있는 보관자로서의 지위를 취득하였다고 할 것이다 (대법원 1996. 1. 23. 선고 95도784 판결).

◆ 부동산의 소유명의를 위탁받은 자가 소유명의를 자기로 하지 않고 자 명의로 하여 둔 채 사망한 경우, 그 자가 위탁자에 대한 관계에 있어 위 부동산의 보관자인지 여부

(1) 사실관계

고소인인 A는 이 사건에서 문제가 된 대지 및 그 지상의 무허가 건물을 전 소유자인 B로부터 매수하여 피고인의 모인 C에게 그 소유명의 및 관리를 위탁하였는데 C가 등기부상의 소유자명의를 수탁자인 자기명의로 하지 아니하고 아

> 들인 피고인 명의로 하여둔 채 사망한 후 피고인이 위 부동산을 A에게 반환하기를 거부하고 있다.

(2) **판결요지**

부동산의 소유명의 및 관리를 위탁받은 자가 자기명의로의 소유권이전등기를 생략한 채 그 자에게 소유권이전등기를 하여 주고 사망하였다면 비록 자(子)가 그러한 사정을 알고 있었다고 하더라도 그로써 곧 그 자(子)가 위탁자에 대한 관계에 있어 등기명의 및 관리의 수탁자로서의 지위를 취득하거나 승계하게 된다고는 할 수 없어 위탁자에게 그 부동산의 반환을 거부한다 하더라도 횡령죄를 구성하지는 않는다(대법원 1987.2.10. 선고 86도2349 판결).

◆ 범죄수익은닉의 규제 및 처벌 등에 관한 법률에 따라 직접 처벌되는 행위를 내용으로 하는 계약이 민법 제746조에서 말하는 '불법의 원인'에 해당하는지 여부(적극) 및 자금의 조성과정에 반사회적 요소가 있으나 그 자금을 위탁하거나 보관시키는 등의 행위가 범죄수익은닉의 규제 및 처벌 등에 관한 법률을 위반하지 않고 그 내용, 성격, 목적이나 연유 등에 비추어 선량한 풍속 그 밖의 사회질서에 반한다고 보기 어려운 경우, 불법원인이 있는지 여부(소극)

범죄수익은닉의 규제 및 처벌 등에 관한 법률(이하 '범죄수익은닉규제법'이라 한다)은 형법 등을 보충하여 중대범죄를 억제하기 위한 형사법 질서의 중요한 일부를 이루고 있다. 이 법에 따라 직접 처벌되는 행위를 내용으로 하는 계약은 그 자체로 반사회성이 현저하여 민법 제746조에서 말하는 불법의 원인에 해당하는 것으로 볼 수 있다. 그러나 자금의 조성과정에 반사회적 요소가 있더라도 그 자금을 위탁하거나 보관시키는 등의 행위가 범죄수익은닉규제법을 위반하지 않고 그 내용, 성격, 목적이나 연유 등에 비추어 선량한 풍속 그 밖의 사회질서에 반한다고 보기 어려운 경우라면 불법원인이 있다고 볼 수 없다(대법원 2017.10.31, 선고, 2017도11931, 판결).

◆ 피고인이 甲과, 甲이 해외투자처인 乙 회사에 투자하고자 하는 자들로부터 사기 및 유사수신행위의 규제에 관한 법률 위반 범행으로 모집한 투자금을 피고인에게 송금하면 피고인이 이를 甲이 지정하는 외국환거래 회사를 통하여 乙 회사에 전달하고, 변호사로서 그 전달과정에 부수되는 자문업무를 수행하는 것을 내용으로 하는 '에스크로(Escrow) 및 자문 계약'을 체결한 후 계약에 따라 甲으로부터 돈을 송금받아 보관하던 중 그 일부를 임의로 소비하여 횡령하였다고 하여 특정경제범죄 가중처벌 등에 관한 법률 위반으로 기소된 사안에서, 甲의 피고인에 대한 투자금의 교부가 불법원인급여에 해당하지 않는다고 보아 공소사실을 유죄로 인정한 원심판단이 정당하다고 한 사례

피고인이 甲과, 甲이 해외투자처인 乙 회사에 투자하고자 하는 자들로부터 사기 및 유사수신행위의 규제에 관한 법률 위반 범행으로 모집한 투자금을 피고인에게 송금하면 피고인이 이를 甲이 지정하는 외국환거래 회사를 통하여 乙 회사에 전달하고, 변호사로서 그 전달과정에 부수되는 자문업무를 수행하는 것을 내용으로 하는 '에스크로(Escrow) 및 자문 계약' 을 체결한 후 계약에 따라 甲으로부터 50억 원을 송금받아 보관하던 중 20억여 원을 임의로 소비하여 횡령하였다고 하여 특정경제범죄 가중처벌 등에 관한 법률 위반으로 기소된 사안에서, 甲이 피고인에게 투자금을 교부한 원인이 된 위 계약이 범죄수익은닉의 규제 및 처벌 등에 관한 법률(이하 '범죄수익은닉규제법' 이라 한다) 위반을 내용으로 한다고 보기 어렵고, 계약 당시 피고인이 투자금이 범죄수익금이라는 사실이나 불법적인 해외 송금 사실을 알았거나 이를 알면서도 협조하기로 하였다고 보기 어려우며, 피고인은 범죄수익은닉규제법 위반, 甲의 사기와 유사수신행위의 규제에 관한 법률 위반 범행에 대한 방조, 외환거래법 위반 등의 혐의로 기소되지도 않았다는 이유로, 甲의 피고인에 대한 투자금의 교부가 불법원인급여에 해당하지 않는다고 보아 공소사실을 유죄로 인정한 원심판단이 정당하다고 한 사례(대법원 2017.10.31, 선고, 2017도11931, 판결).

◆ 피고인이, 甲 등이 금융다단계 사기 범행을 통하여 취득한 범죄수익 등인 무기명 양도성예금증서를 乙로부터 건네받아 현금으로 교환한 후 임의로 소비하였다고 하여 특정경제범죄 가중처벌 등에 관한 법률 위반(횡령)으로 기소된 사안에서, 피고인이 乙로부터 범죄수익 등의 은닉을 위해 교부받은 무기명 양도성예금증서는 불법의 원인으로 급여한 물건에 해당하여 소유권이 피고인에게 귀속되므로, 피고인에 대하여 횡령죄가 성립하지 않는다고 본 원심판단이 정당하다고 한 사례

피고인이, 甲 등이 금융다단계 사기 범행을 통하여 취득한 범죄수익 등인 무기명 양도성예금증서 7장을 乙로부터 건네받아 현금으로 교환한 후 임의로 소비하였다고 하여 특정경제범죄 가중처벌 등에 관한 법률 위반(횡령)으로 기소된 사안에서, 피고인이 乙로부터 범죄수익 등의 은닉을 위해 교부받은 무기명 양도성예금증서는 불법의 원인으로 급여한 물건에 해당하여 소유권이 피고인에게 귀속되므로, 피고인이 무기명 양도성예금증서를 교환한 현금을 임의로 소비하였더라도 횡령죄가 성립하지 않는다고 본 원심판단이 정당하다고 한 사례(대법원 2017.10.26, 선고, 2017도9254, 판결).

◆ 업무상배임죄에서 '재산상의 손해를 가한 때' 의 의미 및 재산상 손해의 유무는 경제적 관점에서 실질적으로 판단하여야 하는지 여부(적극) / 피해가 회복되었다는 사정이 배임죄 성립에 영향을 주는지 여부(소극)

업무상배임죄에서 재산상의 손해를 가한 때란 총체적으로 보아 본인의 재산 상태에 손해를 가하는 경우를 말하고, 현실적인 손해를 가한 경우뿐만 아니라 재산상 손해 발생의 위험을 초래한 경우도 포함된다. 그리고 재산상 손해의 유무에 관한 판단은 법률적 판단에 의하지 아니하고 경제적 관점에서 실질적으로 판단되어야 하고, 일단 손해의 위험을 발생시킨 이상 나중에 피해가 회복되었다고 하여도 배임죄의 성립에 영향을 주는 것은 아니다(대법원 2015.11.26, 선고, 2014도17180, 판결).

◆ 배합사료 판매회사인 甲 회사의 영업사원인 피고인이 乙에게 배합사료를 공급하면서 甲 회사의 내부 결재를 거치지 않고 장려금 등 명목으로 임의로 단가를 조정하거나 대금을 할인해 줌으로써 乙에게 재산상 이익을 취득하게 하고 甲 회사에 손해를 가하였다고 하여 특정경제범죄 가중처벌 등에 관한 법률 위반(배임)으로 기소된 사안에서, 공소사실을 유죄로 판단한 원심판결에 배임죄의 재산상 손해 요건에 관한 법리를 오해하여 필요한 심리를 다하지 아니한 잘못이 있다고 한 사례

배합사료 판매회사인 甲 회사의 영업사원인 피고인이 乙에게 배합사료를 공급하면서 甲 회사의 내부 결재를 거치지 않고 장려금 등 명목으로 임의로 단가를 조정하거나 대금을 할인해 줌으로써 乙에게 재산상 이익을 취득하게 하고 甲 회사에 손해를 가하였다고 하여 특정경제범죄 가중처벌 등에 관한 법률 위반(배임)으로 기소된 사안에서, 甲 회사의 乙 측을 상대로 한 물품대금 소송의 제1심에서 甲 회사가 승소하였지만 상대방의 항소로 항소심에 계속 중인 이상 사용자책임 등을 부담할 가능성을 완전히 배제하기 어렵다는 등의 원심이 설시한 사정만으로는 甲 회사에 재산상 실해가 발생할 가능성이 생겼다고 말할 수는 있어도 나아가 그 실해 발생의 위험이 구체적·현실적인 정도에 이르렀다고 보기 어려운데도, 피고인의 행위가 甲 회사의 재산상태에 구체적으로 어떠한 영향을 미쳤는지, 위 물품대금 소송의 제1심판결에도 불구하고 甲 회사가 사용자책임을 부담한다고 볼 만한 사정이 있는지 등을 면밀히 심리하여 甲 회사에 현실적인 손해가 발생하거나 실해 발생의 위험이 생겼다고 볼 수 있는지를 판단하지 아니한 채 공소사실을 유죄로 판단한 원심판결에 배임죄의 재산상 손해 요건에 관한 법리를 오해하여 필요한 심리를 다하지 아니한 잘못이 있다고 한 사례(대법원 2017.10.12, 선고, 2017도6151, 판결).

◆ 회사에서 지급된 노트에 영업상의 주요사항이 기재되어 있더라도 그 노트가 피고인의 소유이어서 퇴직시 이를 회사에 반환하지 않은 행위가 횡령죄를 구성하지 않는다고 한 사례

노트에 피고인이 근무하던 회사의 영업상의 주요사항이 기재되어 있고 그 업무내용과 관련성이 있기는 하였으나, 이는 직무수행상의 일환으로 작성된 것은 아니고 개인적인 필요에 의하여 작성된 것으로서 그 노트에 기재된 내용이 회사의 기밀사항이라 하여도 이 노트는 피고인의 소유에 속한다고 볼 것이어서 퇴직시에 이를 회사에 반환하지 아니하고 가지고 나온 행위가 횡령죄를 구성한다고 할 수 없다(대법원 1994. 5. 24. 선고 94도763 판결).

◆ 용도를 특정하여 위탁받은 금원을 임의로 소비한 경우 횡령죄의 성부

위탁자로부터 특정용도에 사용하도록 위임받은 금원을 수탁자가 그 용도에 사용하지 아니하고 임의로 소비한 행위는 횡령죄를 구성한다(대법원 1994. 9. 9. 선고 94도462 판결).

◆ 학교법인 회계관리 중 교비회계에 속하는 수입금을 전용한 것이 곧바로 횡령행위가 되는지 여부

사립학교법 및 같은법시행령이 특히 교비회계에 속하는 수입금에 대하여 그 사용처를 엄격하게 제한하고 다른 회계에 전출하거나 대여할 수 없도록 규정하고 있고, 피고인이 교비회계에 속하는 입학금 등을 송금받은 것은 학교법인의 용도에 전용한 것으로 볼 여지도 있기는 하지만, 교비회계에 속하는 수입금을 다른 회계에 전용하는 것이 사립학교법 위반으로 처벌될 수 있음은 별론으로 하고 그 전용 자체만으로 곧바로 불법영득의사를 실현하는 횡령행위가 된다고 할 수 없다(대법원 1994. 9. 9. 선고 94도998 판결).

◆ 부동산의 횡령죄가 성립하기 위해선 명의신탁 등 위탁이라는 신임관계가 있어야 하는지 여부

횡령죄는 위탁이라는 신임관계에 반하여 타인의 재물을 보관하는 자가 이를 횡령하거나 또는 반환을 거부함으로써 성립하는 것이므로, 부동산의 등기명의자인 피고인이 그 중 일부 지분을 횡령하였다고 하려면 우선 그 피해자가 그 부동산 지분의 실제 소유권자로서 피고인에게 그 지분을 명의신탁함으로써 피고인과의 사이에 위탁이라는 신임관계가 있어야 할 것이다(대법원 1994. 11. 25. 선고 93도2404 판결).

◆ 채무자가 투자금반환채무의 변제를 위하여 담보로 제공한 임차권 등의 권리를 그대로 유지할 계약상 의무가 배임죄에서 말하는 '타인의 사무'에 해당하는지 여부(소극)

채무자가 투자금반환채무의 변제를 위하여 담보로 제공한 임차권 등의 권리를 그대로 유지할 계약상 의무가 있다고 하더라도, 이는 기본적으로 투자금반환채무의 변제의 방법에 관한 것이고, 성실한 이행에 의하여 채권자가 계약상 권리의 만족이라는 이익을 얻는다고 하여도 이를 가지고 통상의 계약에서의 이익대립관계를 넘어서 배임죄에서 말하는 신임관계에 기초하여 채권자의 재산을 보호 또는 관리하여야 하는 '타인의 사무'에 해당한다고 볼 수 없다(대법원 2015.3.26, 선고, 2015도1301, 판결).

Ⅲ. 수사실무

1. 수사포인트

(1) 범행의 동기를 밝힌다.

(2) 점유의 개시, 상태 등 점유의 형태를 조사한다.

(3) 물건의 소유자가 누구인지 조사한다.

(4) 물건이 공무소로부터 보관을 명받은 자기의 물건인 때는 그 구체적 사실을 확실히 한다.

(5) 물건의 위탁관계는 어떻게 되는가, 위탁자는 소유권자인가 등을 조사한다.

(6) 불법영득의사가 있었는가, 물건을 점유한 후 불법영득의사가 발생했는가 조사한다.

(7) 횡령의 방법·태양을 조사한다.

(8) 피해자와의 관계를 조사한다.

(9) 공범일 때는 교사자, 보조자의 유무, 공범자들의 분담임무, 이익의 분배 등에 대해 조사한다.

2. 피의자 신문례

(1) 피의자는 ○○주식회사에서 무슨 일을 하는가요

(2) 물품대금을 수금하여 제 때 회사에 납입하지 않은 일이 있나요

(3) 그 일시와 금액을 진술하세요

(4) 위 회사에는 언제부터 근무하고 있나요

(5) 물품대금 수금업무는 언제부터 언제까지 하였나요

(6) 회사에 납입하지 않은 물품대금은 언제부터 언제까지 수금한 돈인가요

(7) 위 돈을 제 때 납입하지 않은 이유는 무엇인가요

(8) 납입하지 않은 물품대금은 어떻게 하였는가요

(9) 물품대금 수금관계장부가 이것인가요

(10) 왜 이런 일을 했는가요

(11) 수금한 돈은 언제까지 납입해야 하나요

(12) 변제는 하였는가요

3. 범죄사실 기재례

【범죄사실 기재례】

(1) 피의자는 경주김씨 해동공파 종중의 종손이다.

피의자는 20○○. ○. ○. 서울 송파구 잠실동에 있는 강남등기소에서 피해자인 위 종중으로부터 그 소유의 서울 서초구 양재동 산33에 있는 임야 50,000평을 명의신탁받아 피의자 명의로 소유권이전등기하여 위 종중을 위하여 보관중이었다. 피의자는 20○○. ○. ○. 14:00경 서울 서초구 서초동에 있는 서초부동산에서 임의로 정○○에게 대금 10억원에 매도하여 다음날 위 강남등기소에서 위 부동산에 관한 소유권이전등기를 위 정○○ 명의로 경료하여 주어 이를 횡령하였다.

(2) 피의자는 20○○. ○. ○. 경 ○○시 ○○구 ○○동 123번지에 있는 피해자 김○○의 집에서 그로부터 액면 금 3,000만원 약속어음 1매에 대한 할인의뢰를 받고 이를 보관하고 있었다. 그러던 중 같은 달 ○. 경 △△시 △△구 △△동 456번지에서 이○○으로부터 선이자 150만원을 공제하고 2,850만원에 할인하여 피해자를 위해 보관 중 그 무렵 유흥비 등으로 임의 소비하여 이를 횡령하였다.

(3) 피의자는 서울 ○○동 123번지 141호에서 '금별은별'이라는 보석가게를 운영하고 있다.

피의자는 20○○. ○. ○. 13:00경 위 가게에 온 이름을 모르는 손님이 1캐럿짜리 황색다이아몬드를 찾았지만 없어서, 위 번지 143호에 있는 피해자 김○○ 운영의 '보석나라'에서 손님에게 보여준다며 피해자로부터 황색다이아몬드 1.05캐럿 짜리 1개 시가 1,500만원 상당을 잠시 빌려 손님에게 보여주고 피해자를 위하여 보관하던 중 같은 달 ○.경 위 피해자의 빌려간 다이아몬드를 돌려달라는 요청을 받고도 아무런 이유 없이 그 반환을 거부하여 이를 횡령하였다.

(4) 피의자 김○○은 처인 피의자 최○○와 공모하여, 20○○. ○. ○. ○○시 ○○동 111번지 속칭 ○○○골목 피의자 경영의 성매매업소에서, 피해자와 사이에 피해자가 손님을 상대로 성매매행위를 하고 그 대가로 받은 화대를 절반씩 분배하기로 약정하였다. 그리고 그때부터 20○○. ○. ○. 까지 피해자가 피의자의 업소에 찾아온 손님들을 상대로 성매매행위를

하고서 받은 화대 합계 4,650만원을 보관하던 중 그 중 절반인 2,350만원을 피해자에게 반환하지 아니하고 피의자들의 생활비 등으로 임의 소비함으로써 이를 횡령하였다.

4. 적용실례

(1) 부동산의 이중매매

A는 자기소유의 부동산을 B에게 팔았지만, 등기명의가 그대로 있는 것을 이용해서 이를 다시 C에게 팔았고, C가 먼저 이전등기를 하였다.

➡ 부동산의 점유자는 A이고, A는 B에 대하여 소유권이전협력의무를 지고 있을 뿐 아니라, 소유권취득을 제3자에 대해 대항할 수 있도록 할 의무를 지고 있기 때문에 A는 당해 부동산을 B의 위탁으로 점유하고 있다고 할 수 있다. 따라서 A가 이것을 C에게 매도하면 횡령죄가 성립되는 것이다. 이 때 제2의 양수인 C가 악의인 때(2중매매를 알고 있을 때)에는 C에 대해서도 횡령죄의 공범을 인정할 수 있다.

(2) 물건의 일부를 횡령한 경우

피의자가 고소인으로부터 컴퓨터를 판매해 달라는 부탁을 받고 보관하던 중, 그 부속품인 CPU를 빼내어 처분하였다.

➡ 부속품을 빼내어 처분한 사실만으로도 횡령죄가 성립한다.

(3) 월부 대금을 완불하지 않은 채 물건을 타인에게 매도한 경우

피의자가 피아노 1대를 월부로 구입했으나 그 대금의 지불을 완료하지 않은 상태에서 위 피아노를 타인에게 처분하였다.

➡ 일반적으로 월부를 갚을 때까지 소유권이전이 유보되어 있는 것이므로 이 경우, 자기가 보관하는 타인 소유의 재물을 그 소유자의 승낙없이 임의처분한 것으로 횡령죄가 성립한다.

(4) 명의신탁의 경우

명의신탁받은 부동산을 타에 매도하였다.

➡ 명의신탁의 경우 수탁자는 수탁받은 물건을 보관하는 위치에 있는 것이므로 특별한 사정이 없는 한 횡령죄로 의율하는 것이 타당하다.

(5) **외판원을 그만둔 후 보관하던 물건을 팔아 임의소비한 경우**

정○○는 ○○백과사전을 판매하던 때 책 2질을 집에 보관해 두었다. 그러다 서적 외판원을 그만두게 되었는데, 그 후 이것을 임의로 월부판매하고 그 대금을 수금하여 소비해 버렸다.

➡ 정○○가 범행을 할 때에는 외판원 신분이 아니었으므로 위 백과사전의 판매 및 수금업무에 종사하는 신분이 아니어서 단순횡령죄로 의율하는 것이 타당하겠다(업무상 횡령이 아님).

(6) **부동산의 매각가격을 속여 차액을 횡령한 경우**

부동산의 매각을 위임받은 피의자가 그 대금을 횡령하기 위해 평당 12만원에 매각하고도 평당 10만원에 매각했다고 속이고 그 차액을 횡령하였다.

➡ 이 경우는 전형적인 횡령죄에 해당한다.

(7) **보험금 지급금액을 속이고 차액을 착복한 경우**

사고를 당한 피해자에게 보험회사로부터 보험금이 2,000만원이 지급되는데도 피해자에게는 1,000만원만 지급된다고 속이고 피해자의 위임장 및 인감증명을 교부받은 후, 보험회사로부터 보험금 2,000만원을 교부받아 그 중 1,000만원만 피해자에게 지급하고 나머지 1,000만원은 착복하였다.

➡ 이 경우 사기죄로 의율할 확률도 많으나 그것은 착오이다. 피의자가 피해자로부터 위임장, 인감증명을 교부받음에 있어 기망행위를 했더라도 위 서류교부와 기망행위간에 인과관계가 있는 것이 아니므로(그 기망행위가 없었더라도 피해자는 수령권을 위임하였을 것이므로) 사기죄로 의율할 수 없으며, 횡령죄로 의율하는 것이 상당하다.

(8) **월부금을 연체하고 물건의 반환을 거부한 경우**

김○○는 컴퓨터를 월부구입했으나 월부금을 연체하였고, 그러자 매도인은 이를 이유로 컴퓨터의 반환을 요구하였다. 김○○가 이 요구에 응하지 않았다면 그 죄책은?

➡ 물건을 할부구입할 때 소유권유보약정이 있다면 그 약정에 따라 대금완납시까지 소유권은 매도인에게 귀속하는 것이므로 월부금 일부연체

를 이유로 매도인이 물건의 반환을 요구하면 이에 응해야 하며 그 반환을 거부하면 당연히 횡령죄가 성립한다.

(9) **보관을 부탁받은 돈을 임의로 소비한 경우**

이○○는 도○○로부터 예금을 찾아 관리비 등을 내달라는 부탁을 받고, 예금을 찾아 이를 임의소비해 버렸다.

➡ 이 경우, 일시적이나마 피의자가 이를 보관하는 지위에 있으므로 절도죄가 아니라 횡령으로 의율하는 것이 상당하다.

(10) **배달중 사용하던 오토바이를 임의로 매각한 경우**

피의자가 피자판매점에서 배달원으로 종사하면서 사용하던 피자배달 오토바이를 가지고 나가 임의로 매각하였다.

➡ 이 경우, 음식배달을 위해 피의자가 사용하던 오토바이는 피의자의 점유하에 있다 할 것이고 타인의 점유하에 있는 것이 아니어서 절도죄가 아닌 횡령죄로 의율하는 것이 상당할 것이다.

(11) **부동산 매매대금을 보관하던 중 소비한 경우**

부동산 중개인인 피의자가 피해자로부터 부동산의 매도를 위임받고 부동산을 매도한 후 그 대금을 보관하던 중 이를 횡령하였다.

➡ 피의자가 그 대금 등을 보관하는 지위는 피의자의 업무상의 지위로 인해 성립한 것이므로 업무상횡령죄로 의율해야 한다.

(12) **보관중인 타인의 통장과 인장으로 예금액을 인출한 경우**

피의자는 맹인인 피해자의 길안내를 하면서 그에게서 통장과 도장이 든 가방을 보관해달라는 부탁을 받고 이것을 보관하다가 그의 통장을 이용하여 임의로 예금액을 인출 편취하였다.

➡ 보관중인 통장과 도장을 마음대로 사용한 점이 인정되므로 횡령으로 의율해야 한다.

(13) **주점에서 손님이 분실한 지갑을 주워 임의소비한 경우**

모○○는 자신이 경영하는 주점에서 손님이 놓고 간 11만원쯤 들어있는 지갑을 습득했지만 이를 반환하지 않은 채 임의로 소비해 버렸다.

➡ 이 경우, 손○○는 주점 주인이므로 손님이 분실한 물품을 보관하는 지위에 있게 된다. 따라서 위 손○○의 행위는 절도가 아닌 횡령죄로 의율해야 한다.

(14) 대금을 완납하지 않은 월부구입 제품을 채무변제에 사용한 경우

김○○는 오디오를 월부로 구입하여 아직 대금 중 일부만 지급한 상태에서 그의 마음대로 채권자에게 넘겨줌으로써 채무를 변제하였다.

➡ 자신이 점유하는 남의 물건을 채무변제에 사용하는 것도 사적용도에 소비한 것으로 보아 횡령죄를 의율할 수 있을 것이다.

(15) 보증금 일부를 반환하지 않고 써버린 경우

A는 B의 집에 전세들어 살다가 계약기간이 끝나 집을 비웠으나 전세보증금 중 300만원을 아직 반환받지 못했다. B는 새 전세계약자에게서 보증금을 받으면 나머지 300만원을 주기로 했는데, 보증금을 받고도 A에게 잔금을 반환하지 않고 이를 임의 소비해 버렸다.

➡ 피의자가 위 방을 임대하고 받은 전세보증금은 B의 소유이고 A의 돈을 보관한 것이 아니므로 B가 이를 임의소비한 것은 횡령죄의 구성요건을 충족하지 않는다.

(16) 약속어음을 빌려서 할인하여 쓰고 변제하지 않은 경우

피의자가 고소인에게 약속어음을 빌려서 이를 할인하여 그 중 200만원은 고소인이 사용하고 나머지 400만원은 1개월 후에 변제하기로 약정한 후 피의자가 사용하다가 이를 변제하지 못하였다. 변제기일을 1개월로 약정했으나 고소인이 그 날짜에 이자를 지불하고 계속 사용해도 좋다고 허락했고 그 후 피의자는 이자만 지불하다가 추진하던 사업이 실패하여 원금과 이자를 지불하지 못한 것이다.

➡ 횡령죄란 타인의 재물을 보관하는 자가 그 재물을 불법으로 가로 챈 경우에 성립되는 범죄로, 이 경우 피의자는 단순히 고소인에게서 400만원을 빌려 이를 변제하지 못하는 것일 뿐 피의자가 타인의 재물을 보관하는 지위에 있다고 보기 어렵고 이는 단순히 고소인과 피의자

사이의 민사상의 채권채무에 지나지 않아 결국 횡령의 범죄혐의를 인정할 수 없을 것이다.

5. 참고사항

(1) 수사시 유의사항

1) 공용소유 부동산을 담보로 돈을 차용하여 임의사용하면 사기가 아니고 횡령죄로 의율

2) 공유물의 공유자가 다른 공유자와 협의없이 임의로 탈취한 경우에는 절도죄가 성립함

3) 계주가 계원들로부터 계불입금을 낙찰계원에게 지급하지 않고 소비한 경우에는 계주로서 업무를 위배하여 계원에게 재산상 손해를 끼친 것이므로 배임죄로 의율해야지 횡령죄는 잘못임

4) 승객으로부터 교부받아 보관하고 있다가 소지한 경우 업무상횡령으로 의율

(2) 횡령죄의 인정 · 불인정사례

횡령죄 인정	횡령죄 불인정
·법인의 구성원이 업무수행에 있어서 관계 법령을 위반함으로써 형사재판을 받게된 경우 그의 개인적인 변호사 비용을 법인 자금으로 지급한 경우 ·타인으로부터 용도가 엄격히 제한된 자금을 위탁받아 집행하면서 그 제한된 용도 이외의 목적으로 자금을 이용한 경우 ·포주가 윤락녀와 사이에 윤락녀가 받은 화대를 포주가 보관하였다가 분배하기로 약정하고도 보관중인 화대를 임의로 소비한 경우 ·명의신탁된 종중소유의 토지를 그 개인의	·특정성이 요구되지 아닌하는 금전에 관한 경우 ·예산을 본래의 취지대로 사용하지 아니하고 본인을 위하여 일시 유용한 경우 ·소비임차의 경우(금전의 소유권이 수취인에게 이전되므로) ·환매특약부 매매에서 매수인이 환매계약에 위반하여 처분한 경우 ·공무원의 업무상배임에 가공한 비공무원의 죄책(업무상배임) ·액면을 보충·할인하여 달라는 의뢰를 받고 액면 백지인 약속어음을 교부받은 자가

소유라고 거짓말하여 이를 타인에게 매도한 경우 ·금은방 주인에게 24금의 10돈짜리 목걸이를 맡기고 24금 10돈짜리 팔찌를 만들어 달라고 하였는데 18금 8돈짜리를 만들어 준 경우 ·채권을 양도하고 채무자에게 통지하지 않은채 채권을 추심하여 소비 ·위탁매매인이 수탁물의 판매대금을 소비한 경우 ·소포물 자체를 배달부가 영득 ·자기가 점유하는 타인의 재물을 횡령하기 위하여 기망수단을 쓴 경우 ·송금절차의 착오로 자기의 은행계좌에 입금된 금전을 소비한 경우 ·공동소유물을 공동소유자 중 1인이 단독보관중 영득한 경우 ·타인의 재물을 횡령하기 위하여 기망수단을 사용한 경우 ·오토바이를 타고 심부름 다녀오게한 종업원이 오토바이를 타고 도주한 경우 ·다른 명목으로 금원을 위탁받은 자가 임의로 자기의 채권과 상계처리한 경우 ·사장이 구속되자 경리담당자가 주주총회 의결을 거쳐 그동안 관리해온 비자금으로 사장을 위한 변호사 비용으로 사용한 경우(업무상횡령) ·피해자의 부동산을 담보로 제공하여 타인으로부터 대출 받아 주기로 하여 받은 대출금을 소비한 경우 ·미등기건물의 관리자가 임의로 자신의 명의로 보존등기를 한 경우	보충권의 한도를 넘어 보충하여 임의로 사용한 경우 ·절도, 강도, 사기, 공갈 등의 범죄에 의하여 점유하게 된 재물에 대한 경우 ·법률상 원인 없는 무효의 등기가 되어 있음을 기화로 등기 명의인이 등기된 토지를 제3자에게 처분한 경우 ·회사에 대해 개인적인 채권을 가지고 있는 대표이사가 회사를 위하여 보관하고 있는 회사소유 금전으로 자신의 채권변제에 충당한 경우 ·견질용으로 받은 수표를 임의로 제3자에게 빌려준 경우 ·국내인력공급업자가 국내업체로부터 받은 관리비 소비한 경우 ·물품납품의 선매대금을 매수인으로부터 받아 매도인이 임의 소비한 경우 ·지입차주들이 납부한 돈을 회사가 임의소비 ·학원운영권을 매도한 후 그 대가를 자기의 채무부담 변제에 소비한 경우 ·광업권을 대상으로 하는 경우 ·신문사 지사장이 재임중 영수한 광고료를 본사에 납부하지 아니하고 소비 ·익명조합원이 영업을 위하여 출자한 금전을 영업자가 자기 용도로 소비한 경우 ·아파트 관리위원장이 회칙에서 위배되지만 집행위원들의 동의를 얻어 관리기금을 대여받은 경우

● **수사사례**

보관물, 대여한 물건, 동업 관련 횡령

- 보관물을 증여한 경우 피해자의 물건을 보관하던 중 이를 제3자에게 무상으로 증여하였어도 횡령죄는 성립
- 동업자에게 분배할 금원의 보관 동업자중 1인이 공동소유인 건물의 월세금을 분배하지 않고 혼자 소비한 경우 횡령 죄 성립
- 공동소유 부동산에 근저당설정 다른 공동소유자의 승락없이 공동소유의 부동산을 담보물로 제공하여 근저당권을 설정하고 금원을 차용하였다면 횡령죄 성립
- 차량대여 피의자가 피해자의 차량을 빌려 쓴 후 반환하지 않았다면 횡령죄가 성립
- 위탁받은 금원 위탁자로부터 특정용도에 사용하라고 위탁받은 금원을 그 용도에 사용하지 않고 임의로 소비하였다면 횡령죄 성립

매매, 중개업 관련 횡령

- 부동산중개업 부동산중개업자가 고소인으로부터 부동산을 구입해 달라는 부탁을 받고 구입비를 받아서 보관 중 매매가 성립되지 않자, 고소인이 구입비를 돌려달라고 요구하였음에도 불구하고 이를 임의로 소비하였다면 횡령죄 성립.
- 매매중개 피해자로부터 물건을 구입해 달라는 부탁을 받고 계약금과 중도금을 받아 계약을 한 후 다시 계약을 파기 하여 돌려 받은 돈을 피해자에게 주지 않은 경우 횡령죄 성립.
- 할부물품횡령 무선전화기를 할부로 구입한 후 할부금이 완납되기 전까지는 그 소유권이 판매자에게 있음에도 불구 하고 이를 임의로 처분하여 소비하였다면 횡령죄 성립.

부동산, 신용카드, 수표 관련 횡령

- 부동산중개업 부동산중개업자가 고소인으로부터 부동산을 구입해 달라는 부탁을 받고 구입비를 받아서 보관 중 매매가 성립되지 않자, 고소인이 구입비를 돌려달라고 요구하였음에도 불구하고 이를 임의로 소비하였다면 횡령죄 성립.
- 매매중개 피해자로부터 물건을 구입해 달라는 부탁을 받고 계약금과 중도금을 받아 계약을 한 후 다시 계약을 파기하여 돌려 받은 돈을 피해자에게 주지 않은 경우 횡령죄 성립.
- 할부물품횡령 무선전화기를 할부로 구입한 후 할부금이 완납되기 전까지는 그 소유권이 판매자에게 있음에도 불구 하고 이를 임의로 처분하

여 소비하였다면 횡령죄 성립.

- 부동산 명의 수탁 부동산명의수탁자가 본인의 허락없이 타인에게 근저당설정을 해주었다면 횡령죄 성립
- 명의신탁된 토지의 보상금 부동산명의수탁자가 해당 토지가 국가에 수용되어 수용보상금이 나온 것을 기화로 이를 임의로 처분하였다면 횡령죄 성립.
- 부동산매각의 위임 피해자로부터 부동산을 매각하여 달라는 부탁을 받고 평당 가격을 원래 받은 가격보다 싸게 판 것 처럼 피해자를 속이고 그 차액을 가졌다면 횡령죄 성립
- 할인의뢰받은 수표횡령 피해자로부터 할인의뢰를 받아 보관하던 가계수표를 임의로 자신의 채무변제에 사용한 경우는 횡령죄 성립

금원관련 횡령(계약금, 보증금, 임대료)

- 보증금 반환 유흥업소 주인이 자신의 영업소에서 일하기를 원하는 악사에게 보증금을 받은 후, 악사가 업소를 그만 둘 때 보증금의 반환을 거절하였다면 횡령죄 성립

기타 횡령

- 목적과 달리 소비 주식회사를 설립하기로 약정하고 받은 돈을 회사에 투자하지 않고 자신의 용도에 따라 임의 소비하였다면 횡령죄 성립
- 현금인출하여 사용 피해자 승락없이 피해자의 은행통장에서 현금을 인출하여 자신의 채무변제를 위해 타인의 예금통장에 무통장입금시킨 경우는 횡령죄 성립
- 우연한 장물취득 자신의 트럭적재함에 우연히 성명불상의 절도범으로 추정되는 자가 두고 간 절도 피해품을 경찰에 신고하지 않은 채 자신이 차지할 의사로 가지고 간 경우에는 횡령죄 성립

2. 배임죄

제355조【횡령, 배임】

② 타인의 사무를 처리하는 자가 그 임무에 위배하는 행위로써 재산상의 이익을 취득하거나 제삼자로 하여금 이를 취득하게 하여 본인에게 손해를 가한 때에도 전항의 형과 같다.

○ 배임죄는 본인과의 신임관계 또는 신의성실에 위배하여 타인의 재산을 침해하는 범죄이다. 재산죄 가운데 재물 외에 재산상의 이익만을 객체로 하는 순수한 이득죄이다.

◈ 대법원 양형위원회의 양형기준 ◈

1. 제1유형(1억원미만)
횡령·배임 이득액이 1억원 미만인 경우를 의미한다.
(1) 기본 : 4월 - 1년4월 / (2) 감경 : ~ 10월 / (3) 가중 : 10월 - 2년6월
2. 제2유형(1억원이상~5억원미만)
횡령·배임 이득액이 1억원 이상, 5억원 미만인 경우를 의미한다.
(1) 기본 : 1년 - 3년 / (2) 감경 : 6월 - 2년 / (3) 가중 : 2년 - 5년
3. 제3유형(5억원이상~50억원미만)
횡령·배임 이득액이 5억원 이상, 50억원 미만인 경우를 의미한다.
(1) 기본 : 2년 - 5년 / (2) 감경 : 1년6월 - 3년 / (3) 가중 : 3년 - 6년
4. 제4유형(50억원이상~300억원미만)
횡령·배임 이득액이 50억원 이상, 300억원 미만인 경우를 의미한다.
(1) 기본 : 4년 - 7년 / (2) 감경 : 2년6월 - 5년 / (3) 가중 : 5년 - 8년
5. 제5유형(300억원이상)
횡령·배임 이득액이 300억원 이상인 경우를 의미한다.
(1) 기본 : 5년 - 8년 / (2) 감경 : 4년 - 7년 / (3) 가중 : 7년 - 11년

Ⅰ. 이론

1. 구성요건

(1) 객관적 구성요건

1) 주체

이 죄의 주체는 타인의 사무를 처리하는 자이다(진정신분범).

① 사무처리의 근거

사무처리는 법령, 계약 또는 법률행위(위임, 고용, 임치)에 한하지 않고, 관습이나 사무관리에 의한 것이라도 신의성실의 원칙에 의해 신임관계가 인정된 것으로 족하다. 사무처리의 근거가 된 법률행위가 무효라도 일반적으로 사실상의 신임관계가 존재한다고 보며, 다만 무효인 계약으로 신임관계가 처음부터 발생하지 않은 경우에는 배임이 성립할 여지가 없다.

■ 근거판례 ■

배임죄는 타인의 사무를 처리하는 자가 그 임무에 위배하는 행위로써 재산상 이익을 취득하거나 제3자로 하여금 이를 취득하게 하여 본인에게 손해를 가함으로써 성립하는바, 배임죄의 주체로서 타인의 사무를 처리하는 자라 함은 타인과의 대내관계에 있어서 신의성실의 원칙에 비추어 그 사무를 처리할 신임관계가 존재한다고 인정되는 자를 의미하고 반드시 제3자에 대한 대외관계에서 그 사무에 관한 권한이 존재할 것을 요하지 않으며, 또 그 사무가 포괄적 위탁사무일 것을 요하는 것도 아니고, 사무처리의 근거, 즉 신임관계의 발생근거는 법령의 규정, 법률행위, 관습 또는 사무관리에 의하여도 발생할 수 있으므로, 법적인 권한이 소멸된 후에 사무를 처리하거나 그 사무처리자가 그 직에서 해임된 후 사무인계 전에 사무를 처리한 경우도 배임죄에 있어서의 사무를 처리하는 경우에 해당한다(대법원 1999. 6. 22. 선고 99도1095 판결).

② 사무처리의 내용

사무처리는 공적 사무를 포함하며, 재산상의 사무에 국한한다.

■ 이견있는 형사사건의 법원판단 ■

[배임죄의 사무의 재산관련성]

1. 문제점 : 배임죄의 사무의 성질과 관련하여 재산관련성을 요하는지 견해가 나뉜다.
2. 학설
(1) 적극설(통설) : 본죄의 사무는 재산상의 사무에 제한된다고 보는 견해
(2) 소극설 : 본죄의 사무는 재산상의 사무임을 요하지 않는다는 견해
(3) 절충설 : 직접 재산상의 사무일 필요는 없으나 적어도 재산적 이해관계를 가진 사무임을 요한다는 견해
3. 판례 : 적극설의 태도

배임죄에 있어서 타인의 사무라 함은 신임관계에 기초를 둔 타인의 재산의 보호 내지 관리의무가 있을 것을 그 본질적 내용으로 하는 것으로 타인의 재산관리에 관한 사무를 대행하는 경우, 예컨대 위임, 고용 등의 계약상 타인의 재산의 관리 보전의 임무를 부담하는데 본인을 위하여 일정한 권한을 행사하는 경우, 등기협력의무와 같이 매매, 담보권설정등 자기의 거래를 완성하기 위한 자기의 사무인 동시에 상대방의 재산보전에 협력할 의무가 있는 경우 따위를 말한다고 할 것이지 본건과 같이 공소외인의 대지매도대금수령의 확보책으로 피고인들 소유의 본건 건물의 처분은 공소외인의 사전 승락 아래 하겠다는 특약상의 의무는 단순한 채무에

불과하고 공소외인의 재산관리 내지 보전의 사무라고 할 수 없다고 할 것이다(대법원 1983. 2. 8. 선고 81도3137 판결).

③ **사무처리의 독립성**

사무처리자에게 일정한 범위 내에서 판단의 자유 내지 활동의 자유와 독립성, 책임이 있어야 한다. 단순히 지시에 따라 기계적 사무에 종사하는 자는 이 죄의 주체에 해당하지 않는다.

▣ 근거판례 ▣

업무상배임죄에 있어서 타인의 사무를 처리하는 자란 고유의 권한으로서 그 처리를 하는 자에 한하지 않고 그 자의 보조기관으로서 직접 또는 간접으로 그 처리에 관한 사무를 담당하는 자도 포함한다(대법원 2004. 6. 24. 선고 2004도520 판결).

2) **객체**

재산상의 이익이다.

3) **행위**

배임행위에 의하여 재산상 이익을 취득하여 본인에게 손해를 가하는 것이다.

① **재산상의 손해**

본인의 전체재산의 감소, 즉 본인의 재산상태에 손실을 가하는 재산상의 손해가 있어야 한다.

② **이익의 취득**

배임죄는 본인에게 재산상의 손해를 가하는 것 외에 배임행위로 인하여 자기 또는 제3자가 재산상의 이익을 취득할 것을 요건으로 한다. 따라서 본인에게 손해를 가했다고 해도 이익을 취득한 사실이 없으면 배임죄는 성립하지 않는다.

▣ 근거판례 ▣

업무상 배임죄는 본인에게 재산상의 손해를 가하는 외에 배임행위로 인하여 행위자 스스로 재산상의 이익을 취득하거나 제3자로 하여금 재산상의 이익을 취득하게 할 것을 요건으로 하므로, 본인에게 손해를 가하였다고 할지라도 행위자 또는 제3자가 재산상 이익을 취득한 사실이 없다면 배임죄가 성립할 수 없다(대법원 2007.7.26. 선고 2005도6439 판결).

(2) 주관적 구성요건

고의와 불법이득의사가 필요하다.

2. 죄수

본 죄는 배신성을 본질로 하므로 배임행위로 인하여 깨진 신임관계의 수를 기준으로 죄수를 결정하게 된다.

3. 다른 범죄와의 관계

(1) 횡령죄와의 관계

횡령죄는 재물죄이고 배임죄는 이득죄이므로 배임죄는 횡령죄를 포함한다. 따라서 횡령죄가 성립하면 법조경합의 관계에 의해 배임죄는 별도로 성립하지 않는다.

(2) 사기죄와의 관계

타인의 사무를 처리하는 자가 그 임무에 위반, 본인을 기망하여 본인에게 손해를 가한 경우, 예컨대 보험회사의 외무사원이 피보험자로 하여금 회사를 기망하고 보험계약을 체결하게 하여 이익을 취득케 한 경우에 대하여 사기죄설, 배임죄설, 양자의 상상적 경합설이 있으나 상상적 경합설이 타당하다고 본다.

(3) 장물죄와의 관계

장물이란 재산범죄에 의하여 영득한 재물을 말하며, 재산범죄에 제공된 물건은 장물이 아니다. 배임죄에 의하여 취득한 것은 재산상의 이익이며 재물은 배임행위에 제공된 물건에 지나지 아니하므로 이를 취득하여도 장물죄가 성립하지 않는다. 따라서 이중매매된 부동산을 취득하거나 양도담보로 제공한 물건을 처분하는 것을 취득한 자는 배임죄의 공범은 될 수 있어도 장물취득죄는 성립하지 않는다.

4. 친족상도례

(1) 형면제판결

직계혈족, 배우자, 동거친족, 동거가족 또는 그 배우자간의 배임죄 또는 그 미수범은 그 형을 면제한다(제328조 1항, 제361조).

(2) 상대적 친고죄

그 이외의 친족간에 배임죄 또는 그 미수범을 범한 때에는 고소가 있어야 공소를 제기할 수 있다(제328조 2항, 제361조).

5. 유형적 고찰

(1) 불량대부

1) 대부행위 자체가 본인을 위한 사무처리로서 행위자의 권한에 속하여 임무위배라고 말할 수 없는 경우에도 회수불확실한 대부를 한 경우에는 배임죄가 성립한다. 즉 은행장, 지점장 기타 금융기관의 대부업무에 종사하는 자는 채권보장을 위하여 인적, 물적 담보를 제공하게 하는 등 상당한 조치를 취할 임무가 있는데 그 임무를 태만히 하여 자기 또는 제3자의 이익을 위하여 무담보 또는 불충분한 담보를 제공하게 하고 불량대부를 하면 배임죄를 구성한다.

2) 은행지점장이 대출규정에 위배된 불성실한 당좌대월을 한 경우 배임죄가 성립한다(대법원 1983. 3. 8. 선고 82도2873 판결).

(2) 부당대부·부당대출

1) 지방자치단체 또는 공공단체의 장이 그가 보관하는 해당 단체의 금전 기타 재산을 정식절차를 거치지 않고 대부, 대출하는 행위는 원칙적으로 해당 단체의 계산(명의)으로 하면 배임죄가 성립한다.

2) 정부양곡의 수매, 가공, 보관 및 방출 등의 업무를 보조하던 군청직원이 비축중인 정부양곡을 소정 목적 외의 용도로 마음대로 방출한 경우에는 정부양곡이 곡가조절, 천재지변 기타 급격한 경제변동에 대비하기 위한 목적으로 비축되고 있는 점에 비추어 볼 때 그 대금전액이 납입된 여부

에 불구하고 목적을 위한 사용이 저해되어 정부에 재산상 손해를 가한 것이므로 배임죄가 성립한다(대법원 1982. 9. 14. 선고 81도2024 판결).

(3) 채무부담

1) 권한의 범위를 넘어 또는 권한을 남용하여 본인에게 채무를 부담시키는 행위는 배임행위가 된다.

2) 회사직원이 이사회 결의나 담보없이 타회사를 위하여 지급보증을 하거나(대법원 1969. 7. 22. 선고 69도694 판결), 대표이사가 이사회의 사전승인 없이 마음대로 타인의 차금행위를 보증한 것(대법원 1983. 10. 25. 선고 83도2099 판결) 등은 배임행위가 된다.

3) 보험회사의 사무담당자가 회사가 정한 제한액 이상의 보험계약을 체결하여 회사에 그 지급위험을 부담시킨 경우에는 현실로 그 보험금액을 지급하지 않더라도 회사에 재산상 손해를 가한 것이다(일본 판례).

(4) 담보권의 훼멸

1) 채권에 관한 담보권 상실 자체가 재산상 손해이다.

2) 담보상실의 사실이 발생하면 배임죄는 기수가 되며 채권의 추심이 가능한가, 행위자가 그 손해배상을 할 수 있는가 하는 것은 배임죄 성립에 영향이 없다(일본 판례).

(5) 물품증권과 상환하지 아니한 화물의 인도

1) 물품증권(화물상환증, 선하증권, 창고증권)이 발행된 경우에는 운송품 등 화물의 인도청구는 증권과 맞바꾸지 않으면 할 수 없다.

2) 따라서 운송인이 증권과 상환하지 않고 화물을 인도하는 것은 운송인과 증권소지인 사이의 객관적 신임관계에 반하고 그와 같은 행위가 수하인이 이익을 도모할 목적으로 증권소지인의 이익을 해한다는 인식을 가지고 행하여진 때에는 배임죄를 구성한다(일본 판례).

(6) 위법배당

1) 회사의 이사가 배당가능성이 없는 데도 있는 것처럼 위장하여 주주에게 이익배당을 하는 소위 낙지배당은 그것이 주주의 이익을 가하고 본

인(회사)의 재산을 감소시켜 재산상의 손해를 입힌 것이 분명하므로 특별배임죄로서 상법 제625조 제3항에 의하여 엄격히 금지되어 있다.

2) 그러나 은행이사가 은행의 신용을 유지할 목적으로 임무에 위배하여 이익배당을 함으로써 은행에 손실을 준 경우와 같이 행위자가 본인(회사)의 이익을 도모할 목적으로 위법배당을 하면 배임죄가 되지 않는다. 다만 본인(회사)의 이익을 위한 행위가 동시에 자기 또는 주주의 이익을 위한 행위도 되는 경우에는 결국 어느 의사가 주된 경우인가에 따라 판단하여야 한다.

(7) 부당한 환가처분

1) 타인의 재산관리를 위탁받은 자가 그 재산을 부당히 염가로 매각하면 배임죄가 성립한다.

2) 교회재산 관리자가 시가 2억원의 교회소유 부동산을 8,000만원의 채무변제 대가로 타인에게 양도하는 것은 배임죄에 해당한다(대법원 1986. 6. 10. 선고 84도2015 판결).

(8) 이중저당

1) 甲이 乙로부터 돈을 빌리고 1번 저당권을 설정하기로 약정하였으나 아직 등기가 마쳐지지 않았음을 이용하여 丙에게 다시 돈을 빌리고 저당권설정등기를 마친 경우

2) 이에 대한 명확한 판례는 없고 학설은 갈리고 있으나 乙에 대한 경우에 배임죄로 처리하는 것이 옳다고 본다.

3) 乙에게 등기해 주고 丙에게 안한 경우는 사기죄만 성립(대법원 1977. 10. 11. 선고 77도1116 판결)

(9) 이중매매

1) 중도금을 지급하면 계약의 이행에 착수한 것이 되어 매도인은 계약을 일방적으로 해제할 수 없는 효과가 발생하므로 매수인의 소유권취득에 협력하여야 할 신의칙에 의한 신임관계가 발생하기 때문에 중도금을 수령한 후 매도인이 이중매매한 때에는 배임죄가 성립한다(대법원 1986. 7. 8. 선고 85도1873 판결).

▣ 근거판례 ▣

이중매매에 있어서 매도인이 매수인의 사무를 처리하는 자로서 배임죄의 주체가 되기 위하여는 매도인이 계약금을 받은 것만으로는 부족하고 적어도 중도금을 받는 등 매도인이 더 이상 임의로 계약을 해제할 수 없는 상태에 이르러야 한다(대법원 1986.7.8. 선고 85도1873 판결).

2) 착수, 기수시기 : 매도인이 제3자와 다시 이중매매계약을 체결한 후에 그로부터 중도금을 수령한 때 실행의 착수가 인정된다는 것이 다수설이다. 대법원도 이와 같다(83도2057).

▣ 근거판례 ▣

매도인이 부동산을 제1차 매수인에게 매도하고 계약금과 중도금까지 수령한 이상 특단의 약정이 없는 한 잔금수령과 동시에 매수인 명의로의 소유권이전등기에 협력할 임무가 있고 이 임무는 주로 위 매수인을 위하여 부담하는 임무라 할 것이므로, 위 매매계약이 적법하게 해제되지 않은 이상 매도인이 다시 제3자와 사이에 매매계약을 체결하고 계약금과 중도금까지 수령한 것은 제1차 매수인에 대한 소유권이전등기 협력임무의 위배와 밀접한 행위로서 배임죄의 실행착수라고 보아야 할 것이다(대법원 1983.10.11. 선고 83도2057 판결).

3) 악의의 매수인의 죄책 : 매도한 사실을 알면서 매도인과 공모하여 부동산을 매수한 때에는 배임죄의 공범으로 처벌한다(대법원 1983. 7. 12. 선고 82도180 판결).

Ⅱ. 판례

◆ 배임죄의 주체인 '타인의 사무를 처리하는 자'의 의미

배임죄는 타인의 사무를 처리하는 자가 그 임무에 위배하는 행위로써 재산상의 이익을 취득하거나 제3자로 하여금 이를 취득하게 하여 사무의 주체인 타인에게 손해를 가할 때 성립하므로 범죄의 주체는 타인의 사무를 처리하는 지위에 있어야 한다. 여기에서 '타인의 사무를 처리하는 자'라고 하려면, 타인의 재산관리에 관한 사무의 전부 또는 일부를 타인을 위하여 대행하는 경우와 같이 당사자 관계의 전형적·본질적 내용이 통상의 계약에서의 이익대립관계를 넘어서 그들 사이의 신임관계에 기초하여 타인의 재산을 보호 또는 관리하는 데에 있어야 한다. 이익대립관계에 있는 통상의 계약관계에서 채무자의 성실한 급부이행에 의해 상대방이 계약상 권리의 만족 내지 채권의 실현이라는 이익을 얻게 되는 관계에 있다거나, 계약을 이행함에 있어 상대방을 보호하거나 배려할 부수적인 의무가 있다는 것만으로는 채무자를 타인의 사무를 처리하는 자라고 할 수 없다(대법원 2020. 4. 29., 선고, 2014도9907, 판결).

◆ 채무자가 담보물을 제3자에게 처분하는 등으로 담보가치를 감소 또는 상실시켜 채권자의 담보권 실행이나 이를 통한 채권실현에 위험을 초래하는 경우, 배임죄가 성립하는지 여부(소극)

채무자가 금전채무를 담보하기 위하여 동산을 채권자에게 양도담보로 제공한 경우에 채무자가 부담하는 의무, 즉 담보물의 담보가치를 유지·보전하거나 담보물을 손상, 감소 또는 멸실시키지 않을 소극적 의무, 담보권 실행 시 채권자나 그가 지정하는 자에게 담보물을 현실로 인도할 의무와 같이 채권자의 담보권 실행에 협조할 의무 등은 모두 양도담보설정계약에 따라 부담하게 된 채무자 자신의 급부의무이다. 또한 양도담보설정계약에 따라 채무자가 부담하는 의무는 담보목적의 달성, 즉 채무불이행 시 담보권 실행을 통한 채권의 실현을 위한 것이므로 담보설정계약의 체결이나 담보권 설정 전후를 불문하고 당사자 관계의 전형적·본질적 내용은 여전히 금전채권의 실현 내지 피담보채무의 변제에 있다. 따라서 이러한 경우 채무자가 통상의 계약에서의 이익대립관계를 넘어서 채권자와의 신임관계에 기초하여 채권자의 사무를 맡아 처리하는 것으로 볼 수 없으므로 채무자는 채권자에 대한 관계에서 '타인의 사무를 처리하는 자'에 해당하지 아니하고, 그가 담보물을 제3자에게 처분하는 등으로 담보가치를 감소 또는 상실시켜 채권자의 담보권 실행이나 이를 통한 채권실현에 위험을 초래하더라도 배임죄가 성립한다고 할 수 없다(대법원 2020. 2. 20. 선고 2019도9756 전원합의체 판결 등 참조)(대법원 2020. 4. 9., 선고, 2019도13578, 판결).

◆ 낙찰계의 계주가 계원들로부터 월불입금을 모두 징수하였음에도 불구하고 이를 낙찰계원에게 지급하지 아니한 경우 배임죄의 성부

낙찰계의 계주는 계원들과의 약정에 따라 지정된 곗날에 계원들로부터 월불입금을 징수하여 이를 낙찰계원에게 지급할 의무가 있다 할 것이므로 피고인인 계주가 계원들로부터 월불입금을 모두 징수하였음에도 불구하고 그 임무에 위배하여 이를 낙찰계원에게 지급하지 아니하였다면 다른 특별한 사정이 없는 한 낙찰계원에 대한 관계에 있어서 배임죄를 구성한다(대법원 1987. 2. 24. 선고 86도1744 판결).

◆ 매도인이 매수인으로부터 중도금을 수령한 이후에 매매목적물인 '동산'을 제3자에게 양도하는 행위가 배임죄에 해당하는지 여부(소극)

[다수의견]

(가) 매매와 같이 당사자 일방이 재산권을 상대방에게 이전할 것을 약정하고 상대방이 그 대금을 지급할 것을 약정함으로써 그 효력이 생기는 계약의 경우(민법 제563조), 쌍방이 그 계약의 내용에 좇은 이행을 하여야 할 채무는 특별한 사정이 없는 한 '자기의 사무'에 해당하는 것이 원칙이다.

(나) 매매의 목적물이 동산일 경우, 매도인은 매수인에게 계약에 정한 바에 따라 그 목적물인 동산을 인도함으로써 계약의 이행을 완료하게 되고 그때 매수인은 매매목적물에 대한 권리를 취득하게 되는 것이므로, 매도인에게 자기의 사무인 동산인도채무 외에 별도로 매수인의 재산의 보호 내지 관리 행위에 협력할 의무가 있다고 할 수 없다. 동산매매계약에서의 매도인은 매수인에 대하여 그의 사무를 처리하는 지위에 있지 아니하므로, 매도인이 목적물을 매수인에게 인도하지 아니하고 이를 타에 처분하였다 하더라도 형법상 배임죄가 성립하는 것은 아니다.

[대법관 안대희, 대법관 차한성, 대법관 양창수, 대법관 신영철, 대법관 민일영의 반대의견]

(가) 매매계약의 당사자 사이에 중도금을 수수하는 등으로 계약의 이행이 진행되어 다른 특별한 사정이 없는 한 임의로 계약을 해제할 수 없는 단계에 이른 때에는 그 계약의 내용에 좇은 채무의 이행은 채무자로서의 자기 사무의 처리라는 측면과 아울러 상대방의 재산보전에 협력하는 타인 사무의 처리라는 성격을 동시에 가지게 되므로, 이러한 경우 그 채무자는 배임죄의 주체인 '타인의 사무를 처리하는 자'의 지위에 있고, 이러한 지위에 있는 자가 그 의무의 이행을 통하여 상대방으로 하여금 그 재산에 관한 완전한 권리를 취득하게 하기 전에 이를 다시 제3자에게 처분하는 등 상대방의 재산 취득 혹은 보전에 지장을 초래하는 행위는 상대방의 정당한 신뢰를 저버리는 것으로 비난가능성이 매우 높은 전형적인 임무위배행위에 해당한다.

(나) 동산매매의 경우에도 당사자 사이에 중도금이 수수되는 등으로 계약의 이행이 일정한 단계를 넘어선 때에는 매도인이 매매목적물을 타에 처분하는 행위는 배임죄로 처벌하는 것이 논리적으로 일관되고, 그와 달리 유독 동산을 다른 재산과 달리 취급할 아무런 이유를 찾아볼 수 없다. 다수의견은 본질적으로 유사한 사안을 합리적 근거 없이 달리 취급하는 것으로서 형평의 이념에 반하며, 재산권의 이중매매 또는 이중양도의 전반에 걸쳐 배임죄의 성립을 인정함으로써 거래상 신뢰관계의 보호에 기여하여 온 대법원판례의 의미를 크게 퇴색시키는 것이다.

[다수의견에 대한 대법관 김지형, 대법관 이홍훈, 대법관 김능환의 보충의견]

(가) 일반적으로 모든 계약에는 상대방의 재산상 이익의 보호를 배려할 신의칙상 의무가 포함되어 있다는 점을 감안하면, 계약의 당사자 일방이 배임죄에서 말하는 '타인의 사무를 처리하는 자'에 해당한다고 보기 위해서는, 계약의 당사자 일방이 상대방에게 위와 같은 신의칙상 의무를 부담하는 것에 그치지 않고 더 나아가 계약의 목적이 된 권리를 계약 상대방의 재산으로서 보호 내지 관리하여야

할 의무를 전형적·본질적인 내용으로 하는 신임관계가 형성되었음을 요구한다고 제한적으로 해석하여야 하고, 계약 당사자 일방의 사무 처리가 타인인 계약 상대방의 이익을 위한 것이라고 하더라도 위와 같은 의미의 타인의 사무가 아니라면 그 사무는 자기의 사무이고 그 일방 당사자는 배임죄의 주체인 '타인의 사무를 처리하는 자'에 해당하지 아니하므로 배임죄가 성립할 여지는 없다. 따라서 배임죄의 행위주체인 '타인의 사무를 처리하는 자'의 의미를 그 사무의 본질에 입각하여 제한해석하는 것에 합당한 의미를 부여하지 아니한 채, 채무의 이행이 타인의 이익을 위한다는 측면을 겸비하고 있으면 그 채무자의 배신적 행위는 배임죄를 구성할 수 있다고 확대해석하여 현행 형사법상 범죄로 되지 아니하는 채무불이행과의 구분을 모호하게 하는 것은 죄형법정주의의 관점에서도 엄격히 경계되어야 한다.

(나) 반대의견은 동산 이외에 부동산, 채권, 면허·허가권 등의 다른 유형의 재산에 대한 이중매매 혹은 양도담보로 제공된 동산의 처분행위를 배임죄로 처벌하는 기존 판례의 취지를 동산 이중매매 사안에서도 그대로 원용할 수 있다고 하나, 부동산 이외의 재산의 이중매매 등의 사안은 모두 계약의 목적이 된 권리가 계약의 상대방에게 이전·귀속된 이후의 문제를 다루고 있어 계약의 일방 당사자가 계약의 상대방에게 귀속된 재산권을 보호·관리할 의무를 타인의 사무로 상정하는 데 어려움이 없는 반면, 동산 이중매매의 경우는 아직 계약의 목적이 된 권리가 계약의 상대방에게 이전되기 전인 계약의 이행 과정에서 계약의 일방 당사자의 상대방에 대한 계약상의 권리이전의무의 이행에 관한 사항을 타인의 사무로 취급할 수 있는지의 문제를 다루는 것이어서, '타인의 사무를 처리하는 자'의 인정에 관하여 그 본질적인 구조를 달리하며, 판례가 애초 부동산 이중매매를 우리 형법상 배임죄로 의율하게 된 배경이나 이에 대한 비판적 고려의 여지가 있는 사정 등에 비추어 보면, 배임죄의 성립 여부와 관련하여 부동산과 동산의 이중매매를 단순히 평면적으로 대비하는 것은 법리적으로 적절하지 않다.

(다) 결국 매매거래 일반에 있어 매도인이 제1매수인으로부터 중도금을 수령한 이후에 매매목적물을 이중으로 매도하는 행위가 널리 배임죄를 구성한다는 것을 전제로 하여 동산 이중매매의 경우에도 배임죄가 성립한다고 인정하는 것은, 부동산 이중매매를 배임죄로 인정한 기존 판례가 안고 있는 내재적 한계를 외면하고 형법상 배임죄의 본질에 관한 법리적 오류를 동산의 경우에까지 그대로 답습하는 셈이 되므로 반대의견에는 찬성하기 어렵다.

[다수의견에 대한 대법관 전수안의 보충의견]

부동산과 동산의 거래 구조상 본질적 차이를 도외시한 채 부동산의 거래에 적용될 수 있는 논리를 동산의 거래에도 그대로 원용하려는 반대의견에는 동의할 수 없고, 오히려 부동산등기절차의 고유한 특성을 매개로 타인의 재산 보호 내지 관리를 위한 협력의무의 존재를 긍정한 기존 판례의 취지를 감안하면 그와 같은 내용의 협력의무를 상정하기 어려운 동산매매의 경우에 매도인은 매수인의 사무를 처리하는 자에 해당하지 않는다고 보는 것이 단순한 채무불이행은 배임죄를 구성하지 않는다는 기본 법리에 보다 충실한 법해석이다.

[반대의견에 대한 대법관 안대희, 대법관 양창수, 대법관 민일영의 보충의견]

(가) 다수의견에 대한 각 보충의견은 물권변동에 관한 민법상의 입법주의 전환에 지나친 의미를 부여하고 그에 따른 법구성적인 측면의 차이에 불필요하게 구애되어 행위의 실질적 불법성 내지 '비난가능성'의 측면에 충분히 주목하지 아니함으로써 종전 판례의 진정한 의미를 적절하게 이해하지 못하고 있다.

(나) 판례는 부동산매매에서 매도인의 다양한 채무불이행에 대하여 이를 일반적으로 배임죄로 의율한 바 없으며, 단지 부동산매매계약에서 중도금 지급 등으로 그 계약관계가 일정한 단계에 도달한 경우에 비로소, 그것도 매도인의 배신적 처분행위로 말미암아 매수인의 온전한 권리 취득이 아예 좌절되거나 그에 현저한 장애가 발생한 사안에 한정하여 배임죄를 긍정하여 왔을 뿐이다.

(다) 판례는 부동산을 제외한 다른 재산의 이중매매 등의 사안에서도 매도인의 배임죄를 긍정하여 왔고, 이 역시 수긍할 만한 이유에 기한다. 요컨대 채권자(양도담보의 경우) 또는 채권양수인(채권양도의 경우)이 양도의 목적물을 취득한다는 것만으로 담보권설정자 또는 채권양도인이 채권자(담보권자) 또는 채권양수인에 대하여 '거래관계상 보호되는 신임관계'에 있을 수 있고 따라서 그를 배임죄의 주체가 되는 '타인의 사무를 처리하는 자'에 해당한다고 하는 것도 긍정될 수 있지만, 단지 '계약이행을 완료하기 이전 단계에서의 동산 이중매매의 사안'에서는 이를 긍정할 여지가 없다고는 단연코 말할 수 없다. 판례가 위의 사안들에서 배임죄를 긍정하는 것은 양수인이 이미 권리를 '취득'하였다는 점에 착안한 것이 아니라 각각의 사안유형에 고유한 현저하고 중대한 위험에 대처하기 위한 것이라고 보아야 한다.

(라) 매매에 있어서 매도인의 의무의 구조는 그 목적물이 부동산이든 동산이든 전혀 다를 바 없고, 이중매매에 대하여 배임의 죄책을 인정하는 것이 그러한 의무의 위반행위 중 일정한 양태에 대한 형사법적 평가라고 한다면, 이에 관하여 부동산과 동산을 달리 취급할 이유는 없다. 동산매매에 있어서도 매도인의 의무는 부동산매매에 있어서와 그 구조를 완전히 같이하며, 다만 여기서 매도인의 인도의무는 한편으로 소유권 이전, 다른 한편으로 사용·수익 보장이라는 보다 근원적 의무의 구체적 모습으로 그와 같은 내용을 가지게 되는 것일 뿐이다. 즉, 동산매매에서 매도인의 목적물 인도는 한편으로 소유권이전의무를, 다른 한편으로 많은 경우에 용익보장의무를 이행하는 것으로서, 엄밀하게 말하면 이중의 기능을 수행하게 된다. 여기서 전자의 측면은 부동산매도인의 소유권이전등기의무에, 후자의 측면은 그의 용익보장의무의 한 내용으로서의 인도의무에 대응한다. 따라서 동산매도인도 일정한 단계에 이르면 부동산매도인과 마찬가지로 매수인의 소유권 취득을 위하여 '그의 사무를 처리하는 자'의 지위에 있게 된다고 충분히 볼 수 있고, 또 그렇게 보아야 한다.(대법원 2011.1.20. 선고 2008도10479 전원합의체 판결)

◆ 배임죄의 성립 요건인 '손해를 가한 때'의 의미

배임죄가 성립하려면, 경제적 관점에서 파악하여 배임행위로 인하여 본인에게 현실적인 손해를 가하였거나 적어도 재산상 실해 발생의 위험을 초래하였다고 인정되어야 한다(대법원 2004. 4. 9. 선고 2004도771 판결).

◆ 배임죄에 있어서 "손해"의 의의

배임죄에 있어서 손해란 현실적 손해뿐만 아니라 가치의 감소라고 볼 수 있는 재산상의 위험이 발생한 경우도 포함되고, 일단 손해의 위험성을 발생시킨 이상 사후에 피해가 회복되었거나 회복가능성이 생겼다고 하여도 배임죄가 성립한다(대법원 1995. 2. 17. 선고 94도3297 판결).

◆ 피고인이 '인쇄기'를 갑에게 양도하기로 하고 계약금 및 중도금을 수령하였음에도 이를 자신의 채권자 을에게 기존 채무 변제에 갈음하여 양도함으로써 재산상 이익을 취득하고 갑에게 동액 상당의 손해를 입혔다는 배임의 공소사실에 대하여, 이를 무죄로 선고한 원심판단을 수긍한 사례

[다수의견]

피고인이 '인쇄기'를 갑에게 양도하기로 하고 계약금 및 중도금을 수령하였음에도 이를 자신의 채권자 을에게 기존 채무 변제에 갈음하여 양도함으로써 재산상 이익을 취득하고 갑에게 동액 상당의 손해를 입혔다는 배임의 공소사실에 대하여, 피고인은 갑에 대하여 그의 사무를 처리하는 지위에 있지 않다는 이유로 무죄를 선고한 원심판단을 수긍한 사례.

[대법관 안대희, 대법관 차한성, 대법관 양창수, 대법관 신영철, 대법관 민일영의 반대의견]

위의 공소사실에 대하여, 갑에게 인쇄기를 매도하고 중도금까지 수령한 상태에서 을에게 이를 다시 매도하고 소유권까지 이전해 준 피고인의 행위가 민사상 채무의 불이행에 불과할 뿐 배임죄에 해당하지 않는다고 본 원심판단에 배임죄의 구성요건에 관한 법리오해의 위법이 있다고 한 사례.(대법원 2011.1.20. 선고 2008도10479 전원합의체 판결)

◆ 단순히 타인에 대한 채무를 부담하는 사람이 배임죄의 주체인 '타인의 사무를 처리하는 자'에 해당하는지 여부

배임죄의 주체는 타인의 사무를 처리하는 신분이 있어야 할 것이고, 여기에서 '타인의 사무를 처리하는 자'라 함은 양자 간의 신임관계에 기초를 둔 타인의 재산의 보호 내지 관리의무가 있음을 그 본질적 내용으로 하는 경우라 할 것이므로, 그 사무가 타인의 사무가 아니고 자기의 사무이거나 단순히 타인에 대하여 채무를 부담함에 불과한 경우라면 본인의 사무로 인정될지언정 타인의 사무를 처리하는 자에 해당

한다고 할 수는 없다(대법원 1984. 12. 26. 선고 84도2127 판결, 대법원 1987. 4. 28. 선고 86도2490 판결 등 참조)(대법원 2008. 6. 26. 선고 2007도7060 판결).

◆ 업무상배임죄에서 '임무에 위배하는 행위'의 의미와 그 주관적 요건 및 부수적으로 본인의 이익을 위한다는 의사가 있었더라도 배임죄의 고의를 인정할 수 있는지 여부

업무상배임죄에서 그 '임무에 위배하는 행위'란 사무의 내용, 성질 등 구체적 상황에 비추어 법률의 규정, 계약의 내용 혹은 신의칙상 당연히 할 것으로 기대되는 행위를 하지 않거나 당연히 하지 않아야 할 것으로 기대되는 행위를 함으로써 본인과의 신임관계를 저버리는 일체의 행위를 포함한다. 나아가 업무상배임죄가 성립하려면 주관적 요건으로서 임무위배의 인식과 그로 인하여 자기 또는 제3자가 이익을 취득하고 본인에게 손해를 가한다는 인식, 즉 배임의 고의가 있어야 한다. 이러한 인식은 미필적 인식으로도 충분하므로, 이익을 취득하는 제3자가 같은 계열회사이고, 계열그룹 전체의 회생을 위한다는 목적에서 이루어진 행위로서 그 행위의 결과가 일부 본인을 위한 측면이 있다 하더라도 본인의 이익을 위한다는 의사는 부수적일 뿐이고 이득 또는 가해의 의사가 주된 것임이 판명되면 배임죄의 고의를 부정할 수 없다(대법원 2008. 5. 29. 선고 2005도4640 판결).

◆ 업무상 배임죄에서 '재산상의 손해를 가한 때'의 의미

업무상 배임죄에 있어 '재산상의 손해를 가한 때'라 함은 현실적인 손해를 가한 경우뿐만 아니라 재산상 실해 발생의 위험을 초래한 경우도 포함되고 일단 손해의 위험성을 발생시킨 이상 사후에 담보를 취득하였거나 피해가 회복되었다 하여도 배임죄의 성립에 영향을 주는 것은 아니다(대법원 2007. 1. 12. 선고 2006도6464 판결).

◆ 배임죄의 고의와 그 증명 방법

일반적으로 배임죄의 고의는 타인의 사무를 처리하는 자가 본인에게 재산상의 손해를 가한다는 의사와 자기 또는 제3자의 재산상의 이득의 의사가 임무에 위배된다는 인식과 결합하여 성립되는 것이며, 이와 같은 배임죄의 주관적 요소로 되는 사실(고의, 동기 등의 내심적 사실)은 피고인이 본인의 이익을 위하여 문제가 된 행위를 하였다고 주장하면서 범의를 부인하고 있는 경우에는 사물의 성질상 고의와 상당한 관련성이 있는 간접사실을 증명하는 방법에 의하여 증명할 수밖에 없고, 무엇이 상당한 관련성이 있는 간접사실에 해당할 것인가는 정상적인 경험칙에 바탕을 두고 치밀한 관찰력이나 분석력에 의하여 사실의 연결상태를 합리적으로 판단하는 방법에 의하여야 한다(대법원 2006. 12. 21. 선고 2006도2684 판결).

◆ 점유개정의 방식으로 이중의 양도담보 설정계약을 체결한 후 양도담보 설정자가 목적물인 동산을 임의로 처분한 경우, 2차로 설정계약을 체결한 채권자에 대한 관계에서도 배임죄를 구성하는지 여부(소극)

(1) 사실관계

> 피고인은 2000. 10. 27.경 중소기업은행에 성형사출기 3대(이하 '이 사건 사출기'라고 한다)에 대한 양도담보를 설정한 후 다시 2001. 8. 10. 황○○과 사이에 이중으로 양도담보계약을 체결하였다. 그러나 피고인은 황○○에게 이 사건 사출기를 현실 인도함이 없이 그대로 점유 사용하던 중 2002. 3. 2. 장○○에게 이 사건 사출기를 매각하고 그 무렵 현실의 인도를 하였다.

(2) 판결요지

금전채무를 담보하기 위하여 채무자가 그 소유의 동산을 채권자에게 양도하되 점유개정에 의하여 채무자가 이를 계속 점유하기로 한 경우 특별한 사정이 없는 한 동산의 소유권은 신탁적으로 이전됨에 불과하여 채권자와 채무자 사이의 대내적 관계에서 채무자는 의연히 소유권을 보유하나 대외적인 관계에 있어서 채무자는 동산의 소유권을 이미 채권자에게 양도한 무권리자가 되는 것이어서 다시 다른 채권자와 사이에 양도담보 설정계약을 체결하고 점유개정의 방법으로 인도를 하더라도 선의취득이 인정되지 않는 한 나중에 설정계약을 체결한 채권자는 양도담보권을 취득할 수 없는데, 현실의 인도가 아닌 점유개정으로는 선의취득이 인정되지 아니하므로, 결국 뒤의 채권자는 양도담보권을 취득할 수 없고, 따라서 이와 같이 채무자가 그 소유의 동산에 대하여 점유개정의 방식으로 채권자들에게 이중의 양도담보 설정계약을 체결한 후 양도담보설정자가 목적물을 임의로 제3자에게 처분하였다면 양도담보권자라 할 수 없는 뒤의 채권자에 대한 관계에서는, 설정자인 채무자가 타인의 사무를 처리하는 자에 해당한다고 할 수 없어 배임죄가 성립하지 않는다고 할 것이다(대법원 2004. 6. 25. 선고 2004도1751 판결).

◆ 배임죄에 있어서 "손해"의 의의

배임죄에 있어서 손해란 현실적으로 손해가 발생한 경우뿐 아니라 가치의 감소라고 볼 수 있는 재산상의 위험이 발생한 경우도 포함되고, 일단 손해의 위험성을 발생시킨 이상 사후에 피해가 회복되었거나 회복가능성이 생겼다고 하여도 배임죄의 성립에 영향을 주는 것은 아니다(대법원 1995. 2. 17. 선고 94도3297 판결).

◆ 사기죄의 성립요건 / 사기죄의 피해자가 법인이나 단체인 경우, 기망행위로 인한 착오, 인과관계 등이 있었는지 판단하는 기준이 되는 자(=대표 등 최종 의사결정권자 또는 내부적인 권한 위임 등에 따라 실질적으로 법인의 의사를 결정하

고 처분을 할 권한을 가지고 있는 사람) / 피해자 법인이나 단체의 대표자 또는 실질적으로 의사결정을 하는 최종결재권자 등이 기망행위자와 동일인이거나 기망행위자와 공모하는 등 기망행위임을 알고 있었던 경우, 사기죄가 성립하는지 여부(소극) / 피해자 법인이나 단체의 업무를 처리하는 실무자인 일반 직원이나 구성원 등이 기망행위임을 알고 있었으나, 그 대표자 또는 실질적으로 의사결정을 하는 최종결재권자 등이 기망행위임을 알지 못한 채 착오에 빠져 처분행위에 이른 경우, 피해자 법인에 대한 사기죄가 성립하는지 여부(적극)

사기죄는 타인을 기망하여 착오에 빠뜨리고 그로 인하여 피기망자(기망행위의 상대방)가 처분행위를 하도록 유발하여 재물 또는 재산상의 이익을 얻음으로써 성립하는 범죄이다. 따라서 사기죄가 성립하려면 행위자의 기망행위, 피기망자의 착오와 그에 따른 처분행위, 그리고 행위자 등의 재물이나 재산상 이익의 취득이 있고, 그 사이에 순차적인 인과관계가 존재하여야 한다. 그리고 사기죄의 피해자가 법인이나 단체인 경우에 기망행위로 인한 착오, 인과관계 등이 있었는지는 법인이나 단체의 대표 등 최종 의사결정권자 또는 내부적인 권한 위임 등에 따라 실질적으로 법인의 의사를 결정하고 처분을 할 권한을 가지고 있는 사람을 기준으로 판단하여야 한다.

따라서 피해자 법인이나 단체의 대표자 또는 실질적으로 의사결정을 하는 최종결재권자 등이 기망행위자와 동일인이거나 기망행위자와 공모하는 등 기망행위임을 알고 있었던 경우에는 기망행위로 인한 착오가 있다고 볼 수 없고, 재물 교부 등의 처분행위가 있었더라도 기망행위와 인과관계가 있다고 보기 어렵다. 이러한 경우에는 사안에 따라 업무상횡령죄 또는 업무상배임죄 등이 성립하는 것은 별론으로 하고 사기죄가 성립한다고 볼 수 없다.

반면에 피해자 법인이나 단체의 업무를 처리하는 실무자인 일반 직원이나 구성원 등이 기망행위임을 알고 있었더라도, 피해자 법인이나 단체의 대표자 또는 실질적으로 의사결정을 하는 최종결재권자 등이 기망행위임을 알지 못한 채 착오에 빠져 처분행위에 이른 경우라면, 피해자 법인에 대한 사기죄의 성립에 영향이 없다(대법원 2017.9.26, 선고, 2017도8449, 판결).

◆ 국토이용관리법상의 허가구역 안에 있는 토지와 건물을 허가 없이 매매한경우 매도인이 배임죄의 주체가 될 수 있는지 여부

매매의 목적물인 토지와 건물이 국토이용관리법상의 허가구역안에 있는 경우 토지거래계약에 관하여 같은 법에 따른 허가를 받은 바 없다면 매도인이 토지에 관하여 배임죄의 주체인 타인의 사무를 처리하는 자에 해당한다고 할 수 없음은 물론이고, 토지에 관한 거래허가가 없으면 건물만이라도 매매하였을 것이라고 볼 수 있는 특별한 사정이 없는 한 토지와 그 지상의 건물은 법률적인 운명을 같이 한다고 볼 것이어서, 토지에 대한 거래허가가 있어 그 매매계약이 유효한 것으로 확정되지 아니한 상태에서 건물부분의 매매계약만 유효한 것으로 보아 매도인에게 건물만에 대한 이전등기의무가 있다고 할 수 없다(대법원 1994. 6. 28. 선고 94도1279 판결).

◆ 국토이용관리법 제21조의2 소정의 규제지역 내의 토지매매에 대하여 토지거래허가를 받은 바 없는 경우, 매도인이 배임죄의 주체인 타인의 사무를 처리하는 자에 해당하는지 여부

국토이용관리법 제21조의2 소정의 규제지역내 토지의 매매에 대하여 같은 법 소정의 토지거래허가를 받은 바 없다면 그 매매계약은 채권적 효력도 없는 것이어서 매도인에게 그 매수인에 대한 소유권이전등기에 협력할 의무가 생겼다고 볼 수 없고 따라서 그 매도인은 배임죄의 주체인 타인의 사무를 처리하는 자에 해당하지 아니하며, 매도인이 토지거래허가를 받도록 협력할 의무가 있다 하더라도 이는 아직 타인의 사무로 볼 수 없다(대법원 1995. 1. 20. 선고 94도697 판결).

◆ 채무자에게 환매권을 주는 형식을 취하여 담보 목적의 소유권이전등기를 마친 채권자가 제3자에게 근저당권을 경료하여 준 경우, 배임죄의 성립 여부

[1] 채권의 담보를 목적으로 부동산의 소유권이전등기를 마친 채권자는 채무자가 변제기일까지 그 채무를 변제하면 채무자에게 그 소유명의를 환원하여 주기 위하여 그 소유권이전등기를 이행할 의무가 있으므로, 그 변제기일 이전에 그 임무에 위배하여 제3자에게 근저당권을 경료하여 주었다면 변제기일까지 채무자의 채무변제가 없었다고 하더라도 배임죄는 성립되고, 그와 같은 법리는 채무자에게 환매권을 주는 형식을 취하였다고 하여 다를 바가 없다.

[2] 당사자들 사이에 정산절차가 이루어져 소유권이 채권자에게 확정적으로 귀속되었고 채무자는 채권자의 은혜적인 조처에 의하여 환매권만을 가지게 된 것으로 보아 채권자가 제3자에게 근저당권설정등기를 하여 준 행위에 대하여 무죄를 선고한 원심판결을 채증법칙 위배, 법리오해 등을 이유로 파기한 사례(대법원 1995. 5. 12. 선고 95도283 판결)

◆ 무허가건물을 이중으로 양도한 경우에 있어 배임죄의 실행의 착수시기와 기수 시기

(1) 사실관계

> 피고인은 자신의 처인 A가 피해자 B로부터 차용한 금 6,000,000원에 대한 채무변제 명목으로 피고인 소유의 부산 (상세 주소 생략)에 있는 미등기 건물 1동(이하 '이 사건 건물'이라 한다)을 B에게 양도한다는 내용의 대지권리증계약서(가옥증여증)를 작성하여 주었다. 그러나 피고인은 2003. 11. 5. 부산 서구 토성동 소재 상호 불상의 공인중개사 사무실에서 이 사건 건물을 C에게 매매 형식을 빌어 양도하여 줌으로써 B에게 금 6,000,000원 상당의 재산상 손해를 가하였다.

(2) 판결요지

[1] 무허가건물대장은 무허가건물의 정비에 관한 행정상의 사무처리의 편의를 위하여 작성 비치되는 것으로써 그 대장에의 기재에 의하여 무허가건물에 관한 권리의 변동이 초래되거나 공시되는 효과가 생기는 것이 아니므로 무허가건물대장에 소유자로 등재되었다는 사정만으로는 그 무허가건물에 대한 소유권 기타의 권리를 취득하거나 권리자로 추정되는 효력은 없다 할 것이나, 무허가건물의 양도인은 특별한 사정이 없는 한 대금수령과 동시에 양수인에게 그 건물을 인도할 의무가 있다 할 것이고, 무허가건물의 양수인은 양도인으로부터 무허가건물을 인도받아 점유함으로써 소유권에 준하는 사용·수익 처분의 포괄적인 권능을 가지게 되므로, 이와 같이 양수인에게 무허가건물을 인도할 의무를 부담하는 양도인이 중도금 또는 잔금까지 수령한 상태에서 양수인의 의사에 반하여 제3자에게 그 무허가건물을 이중으로 양도하고 중도금까지 수령하였다면 이는 양수인에 대한 관계에서 임무위배행위로서 배임죄의 실행의 착수가 있었다고 할 것이고, 더 나아가 제3자로부터 잔금을 수령하고 무허가건물을 인도하였다면 이는 배임죄의 기수에 해당한다.

[2] 피고인이 자신의 처가 甲에 대하여 부담하는 채무의 대물변제명목으로 피고인 소유의 무허가건물을 甲에게 양도하고, 재차 자신의 처가 乙에 대하여 부담하는 채무의 대물변제명목으로 위 무허가건물을 양도하고 무허가건물대장상의 소유자 명의를 乙로 변경하여 준 사안에서, 그 명의변경 행위만으로는 아직 배임죄의 실행에 착수하였다고 볼 수 없다고 하여 무죄를 선고한 원심판결을 파기한 사례(대법원 2005. 10. 28. 선고 2005도5713 판결).

◆ 저당권이 설정된 자동차를 저당권자의 동의 없이 매도한 경우 배임죄가 성립하는지 여부(원칙적 소극) 및 자동차를 담보로 제공하고 점유하는 채무자가 부당히 담보가치를 감소시킨 경우 배임죄가 성립하는지 여부(적극)

[1] 자동차에 대하여 저당권이 설정되는 경우 자동차의 교환가치는 저당권에 포섭되고, 저당권설정자가 자동차를 매도하여 소유자가 달라지더라도 저당권에는 영향이 없으므로, 특별한 사정이 없는 한 저당권설정자가 단순히 저당권의 목적인 자동차를 다른 사람에게 매도한 것만으로는 배임죄에 해당하지 아니하나, 자동차를 담보로 제공하고 점유하는 채무자가 부당히 담보가치를 감소시키는 행위를 한 경우 배임죄의 죄책을 면할 수 없다.

[2] 피고인이 자신의 모(모) 명의를 빌려 자동차를 매수하면서 피해자 갑 주식회사에서 필요한 자금을 대출받고 자동차에 저당권을 설정하였는데, 저당권자인 갑 회사의 동의 없이 이를 성명불상의 제3자에게 양도담보로 제공하였다고 하여 배임으로 기소된 사안에서, 피고인은 신원을 정확히 알 수 없는 제3자에게서 돈을 차용하고 담보로 자동차를 인도하면서 차량포기각서까지 작성해 주었고, 이후 차용금을 변제하지 아니하였을 뿐만 아니라 갑 회사에 대한 대출금 변제도 중단

하였던 점, 갑 회사가 자동차에 대한 저당권을 실행하기 위하여 자동차 인도명령을 받았으나 소재파악이 되지 않아 집행불능에 이르렀던 점, 정상적인 거래관계였다면 마땅히 수반되어야 할 양도인의 인감증명서 교부 등 자동차관리법 기타 관계 법령에 따른 이전등록에 필요한 조치도 전혀 이루어지지 않았던 사정 등을 종합할 때, 피고인의 행위는 적어도 미필적으로나마 갑 회사의 자동차에 대한 추급권 행사가 불가능하게 될 수 있음을 알면서도 그 담보가치를 실질적으로 상실시키는 것으로서 배임죄가 성립되는 특별한 사정이 있는 경우에 해당한다고 볼 여지가 있는데도, 이와 달리 보아 무죄를 인정한 원심판결에 법리오해 등 위법이 있다고 한 사례(대법원 2012.09.13. 선고 2010도11665 판결).

Ⅲ. 수사실무

1. 수사포인트

(1) 범행의 동기를 밝힌다.

(자기이익을 도모하기 위한 것인가, 제3자의 이익을 도모하기 위한 것인가, 본인에 재산상 손해를 가할 의사가 있었는가.)

(2) 사무처리의 근거를 조사한다.

(공무인가, 법령에 의한 것인가, 계약·고용·관습에 의한 것인가, 사무관리에 의한 것인가.)

(3) 임무에 위반한 구체적 사실, 수단·방법 등을 밝힌다.

(4) 취득한 이익의 종류, 수량, 가격, 처분방법 등을 조사한다.

(6) 본인에 가한 손해의 종류, 가격 등을 조사한다.

(7) 공범관계(모의과정, 이익분배과정 등)를 조사한다.

2. 피의자 신문례

(1) 피의자는 고소인 나○○을 아는가요

(2) 나○○에게 집을 매도한 사실이 있나요

(3) 언제 어떻게 매도했나요

(4) 피의자와 나○○간에 계약서를 작성했나요

(5) 그 계약서가 이것인가요(이 때 계약서 사본을 제시한다)

(6) 나○○으로부터 계약금과 중도금을 받았나요

(7) 잔금을 받았나요

(8) 소유권이전등기는 넘겨주었나요

(9) 피의자의 집을 김○○에게 이전등기한 사실이 있나요

(10) 나○○에게 매도계약을 한 후 중도금까지 받고 김○○에게 넘겨준 이유는 무엇인가요

(11) 김○○에게 넘겨주면서 나○○에게 중도금까지 받은 사실을 말했나요

(12) 고소인 나○○에게 사전에 승낙받은 사실이 있나요

(13) 집의 시가는 얼마나 되나요

(14) 합의는 했는가요

(15) 나○○, 김○○와는 각각 어떤 관계에 있나요

3. 범죄사실 기재례

【범죄사실 기재례】

(1) 피의자는 20○○. ○. ○. 서울 서초구 서초동 111에 있는 피의자의 집에서 조직한 계금 1,000만원, 구좌 24개인 번호계의 계주이다.

피의자는 20○○. ○. ○. 피의자의 집에서 그 계원들로부터 계불입금 1,000만원을 받았으면 그날 계금을 타기로 지정된 11번 계원 피해자 홍○○에게 계금 1,000만원을 지급할 임무가 있었다. 그러나 그 임무에 위배하여 그 계금을 위 홍○○에게 지급하지 아니한 채, 그 무렵 피의자의 주거지 등지에서 임의로 피의자의 생활비 등에 소비하여 계금 1,000만원 상당의 이익을 취득하고 위 홍○○에게 동액상당의 재산상 손해를 가하였다.

※ 주의할 점 : 낙찰계는 계주에 대해서는 횡령죄로 의율함

(2) 피의자는 20○○. ○. ○.경 서울 ○○구 ○○동 123번지에 있는 ○○부동산사무소에서 피의자 소유의 같은 동 345번지 소재 대지 80평·건평50편의 주택 1동을 피해자 김○○에게 금 2억5,000만원에 매도하기로 매매계약을 체결하고 즉석에서 계약금으로 금 1,000만원을, 같은 해 ○. ○. 같은 장소에서 중도금으로 5,000만원을 각 수령하였다. 따라서 잔금기일인 같은 해 ○. ○. 잔금수령과 동시에 피해자에게 위 주택의 대지 및 소유권이

전등기 절차를 이행하여 주어야 할 임무가 있음에도 불구하고 그 임무에 위배하여 같은 해 ○. ○.경 같은 동 678번지에 있는 △△부동산에서 최○○에게 금 2억7,000만원에 위 주택을 이중으로 매도하고 그 다음날 위 주택의 대지와 건물에 대한 소유권이전등기를 경료하여 줌으로써 위 부동산 시가 6,000만원 상당의 재산상 이익을 취득하고 피해자에게 동액 상당의 재산상 손해를 가하였다.

4. 적용실례

(1) 2중저당의 경우

A는 채권자 B를 위해 자기의 부동산에 저당권을 설정했는데, 아직 등기가 되어 있지 않은 것을 이용해, C에게 다시 새로운 저당권을 설정하고 이에 등기했다.

➡ A는 B를 위해 B의 사무를 처리해야 하는 관계에 있으면서도 그 임무에 위반하여 1번저당권을 2번저당권이 되게 함으로써 B에게 재산상의 손해를 입혔기 때문에 당연히 배임죄가 성립한다.

(2) 양도담보의 목적물을 승낙없이 매도한 경우

심○○는 이○○에 대한 채권을 확보하기 위해 이○○가 팔던 옷 20벌을 담보조로 양도받았는데, 그 뒤 이○○가 이 옷들을 심○○의 승낙없이 매도하였다.

➡ 채무자는 양도담보권이 침해되지 않도록 담보물건을 선량한 관리자의 주의의무를 가지고 관리할 의무가 있다. 그런데 이 경우는 이에 배임하여 양도담보의 목적이 된 동산을 임의로 처분한 경우이므로 배임죄로 의율할 수 있을 것이다.

(3) 채무담보가 된 부동산을 채무변제 전에 처분한 경우

채무담보조로 매도한 부동산을 채무변제 전에 처분하였다.

➡ 채무의 담보조로 부동산을 형식상 매매하였으면 채무를 변제하기까지는 위 부동산을 처분할 수 없음에도 불구하고 이를 처분한 것이므로 채무불이행시 채권자의 위 부동산에 대한 환가권을 침해한 것으로서 배임죄로 의율해야 한다.

(4) 담보권 침해의 경우

고소인에 대한 채무금을 350만원으로 정하여 변제하기로 약정하고 그 담보조로 피보험자 및 보험수익자가 피의자 명의인 ○○생명보험주식회사 발행 4구좌 보험증권 4매를 제공한 후, 위 채무금 중 일부를 변제하고 채무금 잔액 231만원이 남아있는 상태에서 위 회사가 이 보험증권 4매중 3매의 분실계를 내고 동 보험계약을 각 해약하고 해약환급 합계금 4,161,125원을 받아 임의소비하였다.

➡ 피의자는 고소인의 담보권을 침해한 것으로서 배임죄가 성립한다.

(5) 예금통장과 인장을 변제수단으로 채권자에게 교부했음에도 예금을 임의인출하여 소비한 경우

피의자는 피해자로부터 400만원을 차용하고 그 채무의 변제확보방법으로 피해자에게 피의자 명의의 예금통장(400만원 예치)과 도장을 교부하였다. 그런데 이 예금을 인출하여 피해자가 피의자에 대한 채권을 충족하도록 했으면서도 피의자는 이를 카드로 임의로 인출하여 소비해 버렸다.

➡ 이 경우, 은행에 예치된 예금은 피의자 명의로 예금된 것이니만큼 피해자가 인출하여 위 변제에 충당하기 전까지는 피의자의 소유이고, 피해자의 소유라고 볼 수 없다. 이는 피의자가 피해자에게 채무의 변제확보 방법으로 제공한 예금을 피해자를 위하여 피의자 명의로 계속 보존관리하는 지위에 있음에도(이 점에서 타인의 사무를 제공하는 자임), 피의자가 임의로 인출하여 담보권을 소멸케 한 것이므로 배임죄로 의율해야 한다.

(6) 담보물을 양도한 경우

A가 그 소유의 기계시설을 B에게 양도담보로 제공한 후 다시 같은 담보물을 C에게 양도담보로 제공하고, 이를 또 D에게 매도하였다.

➡ 양도담보로 제공한 물건을 다시 양도담보로 제공하는 2중의 양도담보 제공행위는 배임죄가 성립되지 않지만, 이를 다시 양도한 행위는 배임죄를 구성한다(대판 1987. 5. 12, 86도1117·1983. 3. 8. 82도1829 참조).

(7) **채무담보조로 매도공증한 부동산을 타에 매도 처분한 경우**

피의자는 고소인에 대한 채무가 있어 그 담보조로 자신의 소유 아파트를 매도공증해주었으나, 채무변제를 하지 않은 상태에서 위 아파트를 타인에게 임의로 매도해 버렸다. 그런데 위 매도대금은 피의자가 임의로 사용하지 않고 있었다.

➡ 이 경우, 매도대금을 피의자가 임의로 사용했는가 아닌가와 상관없이 승낙없이 아파트를 매도한 행위 자체로써 배임죄가 성립할 것이다.

(8) **강제집행을 면탈키 위해 허위채권자에 물건을 양도한 경우**

김○○는 ○○기계공업주식회사에서 20척짜리 선반기 10여대를 구입하면서 잔대금을 지불할 때까지 소유권은 그대로 위 ○○기계공업주식회사에 두기로 하고 사용은 김○○가 하기로 했다. 그런데 김○○가 거래하는 은행으로부터 당좌수표가 부도나자 강제집행할 것을 예상하여 이를 면탈할 목적으로 김○○은 아무런 채권·채무관계도 없고 또 위 기계를 매도한 사실도 없는 박○○에게 위 기계를 매도한 것처럼 하여 그에게 보관하게 하고 강제집행을 면탈하였다.

➡ 위 김○○에 대하여는 배임으로 의율할 수 있겠으나, 박○○에 대하여는 배임혐의를 인정하기 어려울 것으로 보인다.

(9) **임차한 오토바이를 제 때에 돌려주지 않아 재산상의 손해를 입힌 경우**

배○○는 이○○의 오토바이를 1개월간 사용하기로 하고 임차하여 사용하고 계약기간이 만료하였으나 이를 반환하지 않아 이○○가 재산상의 손해를 입게 되었다.

➡ 배○○의 오토바이 반환의무는 임대계약에 따른 배○○ 자신의 사무라 할 것이고 타인의 사무를 처리하는 자의 지위에서 부담하는 임무는 아니라 할 것이다. 따라서 이 건은 단순한 채무불이행에 불과하며 결국 범죄혐의 없음으로 해야 할 것이다.

(10) **아파트 시공업자가 공사대금으로 아파트를 주기로 했으나 이를 타에 분양한 경우**

서○○는 아파트를 시공하면서 고○○, 최○○에게 각각 창호 및 도배공사를 도급주고 그 공사대금으로 준공아파트를 각각 한 호씩 분양하기로 하였다. 그 후 아파트 준공되자 위 고○○, 최○○와 협의하여 그들에게 분양하기로 했던 위 아파트를 타인에게 분양하고 그 분양금으로 그들의 공사대금을 지불하기로 하고, 서○○가 위 아파트를 타인에게 분양하였다. 그런데 서○○는 그 분양대금을 모두 받았음에도 불구하고 위 공사대금의 일부를 지불하지 않았다.

➡ 이 경우, 서○○가 공사대금으로 고소인들에게 분양하기로 했던 아파트를 타인에게 분양하여 고소인들에게 위 공사대금을 지불할 의무를 부담하는 것은 서○○ 자신의 사무이지 고소인 등의 사무라고 볼 수 없다. 다시 말해 타인의 사무를 처리하는 자의 지위에 있지 않은 것이므로 배임죄를 의율할 수 없다.

(11) 임대차 계약이 종료했으나 보증금의 일부를 지급하지 않는 경우

이○○는 2년 전 임○○에게 점포를 임대해주었고, 이제 임대차기간이 만료되어 임대차계약이 종료했다. 그런데 이○○는 가게를 명도받았으면서도 임○○에게 지급해야 할 임대보증금 일부를 지급하지 않고 있었다.

➡ 이 경우, 임대보증금 반환채무는 이○○ 자신의 사무일 뿐 타인의 사무라 볼 수 없으므로 배임죄가 성립한다고 할 수 없다. 배임죄의 성립 여부를 조사할 때는 그것이 타인의 사무인지 여부에 관해 반드시 수사해야 한다.

● **수사사례**

① 계, 차량관련 배임

계에 있어서의 조건

- 계주가 계원으로부터 계금을 수령하고도 순번이 돌아온 계원에게 계금을 지불하지 않은 경우는 배임죄이다. 그러나 계원에게 일정한 조건이 부여되어 있는 경우, 예컨대 보증인을 세울 것을 합의하 였다면 이러한 조건이 충족되기 전 까지는 계금을 지급하지 않아도 배임죄는 성립하지 않음.

계주의 지급의무

- 일부 계원들이 계금지불능력을 상실하거나 도주하여 계금을 제대로 불입하지 않았기 때문에 계주가 계금지급을 하지 못하였다면 계주는 계금지급의 의무가 없다고 보아 배임죄는 성립하지 않는다. 그러나 이와같은 사실을 알고도 계속 다른 계원들로부터 계금을 수령하였 다면 사기죄가 성립.

차량의 대물변제 계약

- 피해자에게 금원을 차용하면서 자신의 승용차에 대한 매매계약서를 작성해 주고 기일내에 변제하지 못하면 차량을 인도하기로 하였으나 소유권이전임무에 위배하여 차량을 인도하지 않은 경우는 배임죄 성립.

담보차량을 임의로 매각

- 피의자가 피해자에게 금원을 차용하면서 담보로 제공한 차량을 타인에게 매도하였다면 배임 죄 성립.

② 차용등 기타배임

보험영업사원의 임무

- 보험영업사원이 새 보험회사로 직장을 옮기면서 보험가입자에게 통보하지 않고, 기존의 보험을 해 약시키고 자신의 새로운 직장인 보험회사로 보험에 가입하게 한 결과 가입자가 예기치 못한 손해를 감수하였다면 배임죄 성립.

영업권

- 동업하고 있는 다방의 권리금, 보증금, 허가권 등의 다방영업권 일체를 동업자 모르게 타인에게 양도하여 처분한 경우 배임죄 성립업.

5. 참고사항

(1) 배임죄의 인정·불인정사례

배임죄 인정	배임죄 불인정
·채권담보를 위해 물건을 양도담보로 제공한 채무자가 이를 타에 양도한 경우 ·가등기담보권자가 채무자로부터 채무변제를 위한 공탁사실을 통고받고도 자신에게 본 등기를 경료하고 제3자에게 가등기를 해준 경우 ·철도공무원이 고의로 승객의 도주를 방임함으로써 운임지불을 면하게 한 경우 ·저금통장에서 인출의뢰를 받은 금액보다 많은 금액을 의뢰인의 의사에 반하여 인출하여 소비한 경우 ·운송인이 화물상환증과 교환함이 없이 제3자에게 화물을 인도한 경우 ·대학교수가 교재를 채택하여 달라는 청탁을 받고 교재판매대금의 일정비율에 해당하는 금원을 받은 경우 ·A로부터 질권의 보관을 위탁받아 보관하고 있다가 소유자인 B에게 교부한 경우 ·재개발조합 조합장이 조합원들의 이주비 차용에 따른 약속어음공증신청을 법무사에게 일괄위임함에 있어 과다한 액수의 수수료 요구를 그대로 받아들여 용역계약을 체결한 경우 ·농협중앙회의 보증, 대출업무가 부회장의 전결로 처리되고 회장이 직접 결제를 한 바 없더라도 회장이 부회장에게 압력을 가한 경우 ·미성년자와 친생자관계가 없으나 가족관계등록부상 친모로 등재되어 있는 자가 미성년자의 상속재산 처분에 관여한 경우(배임죄의 타인의 사무를 처리하는 자가 된다) ·사실상 학교법인의 경영을 주도하고 업무를 총괄하며 학교자금을 보관관리하는 업무를 취급하고 있는 학교법인의 이사 겸 학교법인이 설립한 학교의 교장이 학교재산에 관한 임대차계약을 체결한 경우	·조합의 이사장이 중소기업협동조합법 제47조 제2호에 위반하여 조합 이사회의 의결을 거치지 아니한 채 임의로 어음 및 수표에 조합 명의의 배서를 하여 할인받은 경우 ·담보권자가 담보목적물을 부당하게 염가로 처분한 경우 ·타인의 사무를 처리한 자가 본인을 기망하여 재물을 교부 받은 경우(사기) ·재산관리인이 재산증식을 목적으로 실제로는 부실기업의 주식을 산 경우 ·조합이사장이 이사회의 의결을 거치지 아니한 채 임의로 약속어음 및 수표에 조합명의의 배서를 하여 이를 할인받기 위하여 사채업자에게 교부한 경우 ·양도담보에서 채권자가 보관중인 목적물을 채무자가 처분한 경우 ·양품점 임차권 양도계약을 체결한 양도인의 임차권 2중양도 행위 ·동산의 이중담보양도 제공행위 ·양도담보채권자가 채권변제와 관계없이 담보부동산 처분한 경우 ·의사가 환자에게 재산상의 손해를 가할 의사로 부적절한 치료를 한 경우 ·이중으로 담보제공을 하지 않기로 하는 특약을 하고 동산에 대하여 점유개정의 방법으로 이중의 양도담보를 설정한 경우 ·주택조합장이 총회의 승인없이 발행한 조합회원증을 담보로 금원을 차용하여 조합운영비로 사용하고 그 회원증을 매도하게 하여 채무변제에 충당한 경우

3. 업무상횡령죄 · 업무상배임죄

제356조【업무상의 횡령과 배임】

업무상의 임무에 위배하여 제355조의 죄를 범한 자는 10년 이하의 징역 또는 3천만원 이하의 벌금에 처한다. 〈개정 1995. 12. 29.〉

[신분범과공범] 33, [특수배임죄] 상622 · 624, 보험197 · 198, 농협171, [미수범] 359,

[공소시효] : 10년

○ 이 죄는 업무에 의하여 타인의 재물을 보관하는 때에는 횡령·배임의 가능성과 그 피해범위가 크고, 사회의 신뢰를 해할 우려가 있기 때문에 형을 가중하는 것이다. 부진정신분범(가감적 신분범)이므로 비신분자가 업무상보관자와 공동하거나 이에 가담하여 이 죄를 범한 때에는 비업무자는 형법 제33조 본문에 의하여 횡령·배임죄의 공동정범이나 공범이 되고 이 죄의 공범이 되지 않는다.

◈ 대법원 양형위원회의 양형기준 ◈

1. 제1유형(1억원미만)

횡령 · 배임 이득액이 1억원 미만인 경우를 의미한다.

(1) 기본 : 4월 - 1년4월 / (2) 감경 : ~ 10월 / (3) 가중 : 10월 - 2년6월

2. 제2유형(1억원이상~5억원미만)

횡령 · 배임 이득액이 1억원 이상, 5억원 미만인 경우를 의미한다.

(1) 기본 : 1년 - 3년 / (2) 감경 : 6월 - 2년 / (3) 가중 : 2년 - 5년

3. 제3유형(5억원이상~50억원미만)

횡령 · 배임 이득액이 5억원 이상, 50억원 미만인 경우를 의미한다.

(1) 기본 : 2년 - 5년 / (2) 감경 : 1년6월 - 3년 / (3) 가중 : 3년 - 6년

4. 제4유형(50억원이상~300억원미만)

횡령 · 배임 이득액이 50억원 이상, 300억원 미만인 경우를 의미한다.

(1) 기본 : 4년 - 7년 / (2) 감경 : 2년6월 - 5년 / (3) 가중 : 5년 - 8년

5. 제5유형(300억원이상)

횡령 · 배임 이득액이 300억원 이상인 경우를 의미한다.

(1) 기본 : 5년 - 8년 / (2) 감경 : 4년 - 7년 / (3) 가중 : 7년 - 11년

Ⅰ. 이론

[업무상횡령죄]

1. 구성요건

(1) 객관적 구성요건

1) 주체

타인의 재물을 업무상 보관하는 자이다.

2) 행위

재물을 횡령하거나 그 반환을 거부하는 것이다.

① 업무란 사회생활상의 지위에 기하여 계속 또는 반복하여 행하는 사무를 말한다. 업무는 법령이나 계약에 근거하는 경우뿐만 아니라 관례나 사실상의 것도 포함한다. 업무자로서의 지위에서 면직되거나 사임한 때에도 사무인계를 마치지 않았거나 사실상 업무를 수행하고 있는 때에는 이 죄가 성립한다(대법원 1982. 1. 12. 선고 80도1970 판결).

② 업무상 보관자는 신분을 요하는 이외에 횡령죄의 구성요건을 충족하여야 하며, 불법영득의 의사가 있어야 한다는 것도 당연하다.

③ 금전이 대체물이라 할지라도 회사 또는 단체의 소유에 속할 때에는 타인의 재물이므로 이를 유용하면 본죄가 성립한다(대법원 1982. 12. 14. 선고 81도2093 판결).

(2) 주관적 구성요건

고의와 불법영득의사가 필요하다.

[업무상배임죄]

1. 구성요건

(1) 객관적 구성요건

1) 주체

업무상 타인의 사무를 처리하는 자이다.

2) 행위

임무에 위배하는 행위로써 재산상의 이익을 취득하거나 제3자로 하여금 이를 취득하게 하여 본인에게 손해를 가하는 것이다. 업무상배임죄의 업무란 법령이나 계약에 의한 것뿐만 아니라 관례거나 사실상이거나를 묻지 않고 같은 행위를 반복할 지위에 따른 사무를 가리킨다(대법원 1988. 11. 22. 선고 85도1523 판결).

(2) 주관적 구성요건

고의와 불법이득의사가 필요하다. 업무상배임죄의 고의는 그 행위자가 본인의 이익을 위한다는 의사도 있는 경우에는 주된 의사가 어느 것인가를 판별하여 본인의 이익을 위한다는 의사는 부수적일 뿐이고 이득 또는 가해의 의사가 주된 것임이 판명되면 이 죄의 고의가 있었다고 보아야 한다(대법원 1988. 11. 22. 선고 85도1523 판결).

Ⅱ. 판례

◆ 업무상의 임무라는 신분관계가 없는 자가 신분관계 있는 자와 공모하여 업무상배임죄를 범한 경우

(1) 업무상배임죄는 업무상 타인의 사무를 처리하는 지위에 있는 사람이 그 임무를 위반하는 행위로써 재산상의 이익을 취득하거나 제3자로 하여금 이를 취득하게 하여 본인에게 손해를 입힌 때에 성립한다. 이는 타인의 사무를 처리하는 지위라는 점에서 보면 단순배임죄에 대한 가중규정으로서 신분관계로 형의 경중이 있는 경우라고 할 것이다. 따라서 그와 같은 업무상의 임무라는 신분관계가 없는 자가 그러한 신분관계 있는 자와 공모하여 업무상배임죄를 저질렀다면, 그러한 신분관계가 없는 공범에 대하여는 형법 제33조 단서에 따라 단순배임죄에서 정한 형으로 처단하여야 한다. 이 경우에는 신분관계 없는 공범에게도 같은 조 본문에 따라 일단 신분범인 업무상배임죄가 성립하고 다만 과형에서만 무거운 형이 아닌 단순배임죄의 법정형이 적용된다(대법원 1986. 10. 28. 선고 86도1517 판결, 대법원 2010. 9. 9. 선고 2010도6507 판결 등 참조).

(2) 이 부분 공소사실은 피고인이 피해자 공소외 2에 대하여 업무상 타인의 사무를 처리하는 자의 지위에 있는 공소외 1의 업무상 배임행위에 공모하였다는 것이므

로, 업무상의 임무라는 신분관계가 없는 피고인에 대하여는 형법 제33조 본문에 따라 일단 신분범인 업무상배임죄가 성립하지만, 과형에서는 형법 제33조 단서에 따라 단순배임죄의 법정형을 적용하여야 한다. 그런데도 원심은 이 사건 업무상 배임에 대하여 형법 제356조, 제355조 제2항, 제30조만을 적용하여 업무상배임죄에 해당하는 형법 제356조의 법정형 중 징역형을 선택하였으므로, 원심판결은 형법 제33조 단서를 적용하지 않아 법률을 잘못 적용하였다.

(3) 그러나 원심은 위 업무상배임죄와 경합범 관계에 있으면서 업무상배임죄보다 법정이 더 무거운 피해자 공소외 1에 대한 사기죄에 정한 형에 경합범 가중을 하여 처단형을 정하였으므로, 위 (2)에서 본 원심판결의 잘못은 판결 결과에는 영향이 없다. 이 점에 관한 상고이유 주장은 결국 이유 없다(대법원 2018. 8. 30., 선고, 2018도10047, 판결).

◆ 회사의 대표이사 등이 임무에 위배하여 회사로 하여금 다른 사업자와 용역계약을 체결하게 하면서 적정한 용역비의 수준을 벗어나 부당하게 과다한 용역비를 정하여 지급하게 한 경우, 재산상 손해를 회사에 가한 것인지 여부(원칙적 적극)

배임죄의 성립을 인정하려면 재산상 손해의 발생이 합리적인 의심이 없는 정도의 증명에 이르러야 하므로, 배임행위로 인한 재산상 손해의 발생 여부가 충분히 증명되지 않았음에도 가볍게 액수 미상의 손해가 발생하였다고 인정함으로써 배임죄의 성립을 인정하는 것은 허용될 수 없다.

회사의 대표이사 등이 임무에 위배하여 회사로 하여금 다른 사업자와 용역계약을 체결하게 하면서 적정한 용역비의 수준을 벗어나 부당하게 과다한 용역비를 정하여 지급하게 하였다면 다른 특별한 사정이 없는 한 통상 그와 같이 지급한 용역비와 적정한 수준의 용역비 사이의 차액 상당의 손해를 회사에 가하였다고 볼 수 있다. 이 경우 배임죄가 성립하기 위해서는 해당 용역비가 적정한 수준에 비하여 과다하다고 볼 수 있는지가 객관적이고 합리적인 평가 방법이나 기준을 통하여 충분히 증명되어야 하고, 손해의 발생이 그와 같이 증명된 이상 손해액이 구체적으로 명백하게 산정되지 아니하였더라도 배임죄의 성립에는 영향이 없다. 그러나 적정한 수준에 비하여 과다한지 여부를 판단할 객관적이고 합리적인 평가 방법이나 기준 없이 단지 임무위배행위가 없었다면 더 낮은 수준의 용역비로 정할 수도 있었다는 가능성만을 가지고 재산상 손해 발생이 있었다고 쉽사리 단정하여서는 안 된다(대법원 2018. 2. 13., 선고, 2017도17627, 판결).

◆ 직무발명에 대한 권리를 사용자 등에게 승계한다는 취지를 정한 약정 또는 근무규정의 적용을 받는 종업원 등이 직무발명의 완성 사실을 사용자 등에게 통지하지 아니한 채 그에 대한 특허를 받을 수 있는 권리를 제3자에게 이중으로 양도하여 제3자가 특허권 등록까지 마치도록 하는 등으로 발명의 내용이 공개되도록 한 경우, 배임죄를 구성하는지 여부(적극)

직무발명에 대한 특허를 받을 수 있는 권리 등을 사용자 등에게 승계한다는 취지를 정한 약정 또는 근무규정의 적용을 받는 종업원 등은 사용자 등이 이를 승계하지 아니하기로 확정되기 전까지는 임의로 위와 같은 승계 약정 또는 근무규정의 구속에서 벗어날 수 없는 상태에 있는 것이어서, 종업원 등이 그 발명의 내용에 관한 비밀을 유지한 채 사용자 등의 특허권 등 권리의 취득에 협력하여야 할 의무는 자기 사무의 처리라는 측면과 아울러 상대방의 재산보전에 협력하는 타인 사무의 처리라는 성격을 동시에 가지게 되므로, 이러한 경우 종업원 등은 배임죄의 주체인 '타인의 사무를 처리하는 자'의 지위에 있다고 할 것이다. 따라서 위와 같은 지위에 있는 종업원 등이 임무를 위반하여 직무발명을 완성하고도 그 사실을 사용자 등에게 알리지 않은 채 그 발명에 대한 특허를 받을 수 있는 권리를 제3자에게 이중으로 양도하여 제3자가 특허권 등록까지 마치도록 하는 등으로 그 발명의 내용이 공개되도록 하였다면, 이는 사용자 등에게 손해를 가하는 행위로서 배임죄를 구성한다.(대법원 2012.11.15. 선고 2012도6676 판결)

◆ **회사의 대표이사가 회사 명의로 체결한 계약이 관련 법령이나 정관에 위배되어 법률상 효력이 없는 경우, 그 계약의 체결행위만으로 배임의 범행이 기수에 이르렀거나 범행이 종료되었다고 볼 수 있는지 여부(원칙적 소극)**

형법 제355조 제2항의 배임죄 또는 형법 제356조의 업무상배임죄는 임무에 위배되는 행위로 재산상 이익을 취득하거나 제3자로 하여금 취득하게 하여 본인에게 손해를 가한 때에 성립하는 범죄인데, 이때 본인에게 재산상의 손해를 가한 것이란 본인의 전체적 재산가치가 감소됨을 가리키는 것으로서 본인에게 현실적인 손해를 입힌 경우뿐만 아니라 재산상 실해 발생의 위험을 초래한 경우도 포함한다. 그리고 위와 같은 재산상 손해의 유무는 법률적 판단에 의하지 아니하고 경제적 관점에서 파악하여야 하나, 회사의 대표이사가 회사 명의로 체결한 계약이 관련 법령이나 정관에 위배되어 법률상 효력이 없는 경우에는 그로 인하여 회사가 계약 상대방에게 민법상 불법행위책임을 부담하게 되는 등 특별한 사정이 없는 한 계약의 체결행위만으로 회사에 현실적인 손해가 발생하거나 재산상 실해 발생의 위험이 초래되었다고 할 수 없어서, 그것만으로 배임죄 구성요건이 모두 충족되어 범행이 기수에 이르렀거나 범행이 종료되었다고 볼 수 없다. (대법원 2011.11.24. 선고 2010도11394 판결)

◆ **갑 주식회사 대표이사인 피고인이 주주총회 의사록을 허위로 작성하고 이를 근거로 임직원들과 주식매수선택권부여계약을 체결함으로써 갑 회사에 재산상 손해를 가하였다고 하며 특정경제범죄 가중처벌 등에 관한 법률 위반(배임)으로 기소된 사안에서, 법률상 무효인 계약을 체결한 것만으로는 업무상배임죄 구성요건이 완성되거나 범행이 종료되었다고 볼 수 없는데도, 계약을 체결한 시점에 범행이 종료되었음을 전제로 공소시효가 완성되었다고 보아 면소를 선고한 원심판결에는 법리오해의 위법이 있다고 한 사례**

갑 주식회사 대표이사인 피고인이 주주총회 의사록을 허위로 작성하고 이를 근거로 피고인을 비롯한 임직원들과 주식매수선택권부여계약을 체결함으로써 갑 회사에 재산상 손해를 가하였다고 하며 특정경제범죄 가중처벌 등에 관한 법률 위반(배임)으로 기소된 사안에서, 상법과 정관에 위배되어 법률상 무효인 계약을 체결한 것만으로는 업무상배임죄 구성요건이 완성되거나 범행이 종료되었다고 볼 수 없고, 임직원들이 이후 계약에 기초하여 갑 회사에 주식매수선택권을 행사하고, 피고인이 이에 호응하여 주식의 실질가치에 미달하는 금액만을 받고 신주를 발행해 줌으로써 비로소 갑 회사에 현실적 손해가 발생하거나 그러한 실해 발생의 위험이 초래되었다고 볼 수 있으므로, 피고인에 대한 업무상배임죄는 피고인이 의도한 배임행위가 모두 실행된 때로서 최종적으로 주식매수선택권이 행사되고 그에 따라 신주가 발행된 시점에 종료되었다고 보아야 하는데도, 이와 달리 계약을 체결한 시점에 범행이 종료되었음을 전제로 공소시효가 완성되었다고 보아 면소를 선고한 원심판결에는 법리오해의 위법이 있다고 한 사례.(대법원 2011.11.24. 선고 2010도11394 판결)

◆ 수개의 업무상횡령 행위를 포괄하여 특정경제범죄 가중처벌 등에 관한 법률 위반(횡령)죄로 의율하기 위해서는 피해자 및 피해자별 피해액에 관한 공소사실의 특정이 필요한지 여부(적극)

수개의 업무상횡령 행위라 하더라도 피해법익이 단일하고, 범죄의 태양이 동일하며, 단일 범의의 발현에 기인하는 일련의 행위로 인정되는 경우는 포괄하여 1개의 범죄라고 할 것이지만, 피해자가 수인인 경우는 피해법익이 단일하다고 할 수 없으므로 포괄일죄의 성립을 인정하기 어렵고, 특정경제범죄 가중처벌 등에 관한 법률 제3조 제1항에서 정한 이득액은 단순일죄의 이득액이나 포괄일죄의 이득액 합산액을 의미하는 것이지 경합범으로 처벌될 수죄의 이득액을 합한 금액을 말한다고 볼 수는 없으므로, 횡령행위를 포괄하여 특정경제범죄 가중처벌 등에 관한 법률 위반(횡령)죄로 의율하려면 원칙적으로 피해자 및 피해자별 피해액에 관한 공소사실의 특정이 필요하다. (대법원 2011.2.24. 선고 2010도13801 판결)

◆ 업무상 배임죄에서 행위자나 제3자가 취득하는 재산상 이익의 의미

[1] 업무상 배임죄는 타인의 사무를 처리하는 자가 그 업무상의 임무에 위배하여 재산상의 이익을 취득하거나 제3자로 하여금 이를 취득하게 함으로써 본인에게 손해를 가한 때에 성립하는데, 여기서 본인에게 재산상의 손해를 가한다 함은 총체적으로 보아 본인의 재산 상태에 손해를 가하는 경우, 즉 본인의 전체적 재산가치의 감소를 가져오는 것을 말하고, 이와 같은 법리는 타인의 사무를 처리하는 자 내지 제3자가 취득하는 재산상의 이익에 대하여도 동일하게 적용된다.

[2] 업무상 배임죄는 본인에게 재산상의 손해를 가하는 외에 배임행위로 인하여 행위자 스스로 재산상의 이익을 취득하거나 제3자로 하여금 재산상의 이익을 취득

하게 할 것을 요건으로 하므로, 본인에게 손해를 가하였다고 할지라도 행위자 또는 제3자가 재산상 이익을 취득한 사실이 없다면 배임죄가 성립할 수 없다(대법원 2007. 7. 26. 선고 2005도6439 판결)

◆ 업무상배임죄에 있어 재산상 손해 유무에 대한 판단 기준(=경제적 관점)

업무상배임죄에 있어 본인에게 재산상의 손해를 가한다 함은 총체적으로 보아 본인의 재산상태에 손해를 가하는 경우, 즉 본인의 전체적 재산가치의 감소를 가져오는 것을 말하는 것으로, 현실적인 손해를 가한 경우뿐만 아니라 재산상 실해 발생의 위험을 초래한 경우도 포함되며, 재산상 손해의 유무에 대한 판단은 법률적 판단에 의하지 아니하고 경제적 관점에서 파악하여야 한다(대법원 2007. 3. 15. 선고 2004도5742 판결)

◆ 회사직원이 영업비밀 또는 영업상 주요한 자산을 경쟁업체에 유출하거나 스스로의 이익을 위하여 이용할 목적으로 무단으로 반출한 경우, 업무상배임죄의 기수시기(=유출 또는 반출 시) 및 영업비밀 등을 적법하게 반출하였으나 퇴사 시에 회사에 반환하거나 폐기할 의무가 있음에도 같은 목적으로 이를 반환하거나 폐기하지 아니한 경우, 업무상배임죄의 기수시기(=퇴사 시) / 퇴사한 회사직원이 위와 같이 반환하거나 폐기하지 아니한 영업비밀 등을 경쟁업체에 유출하거나 스스로의 이익을 위하여 이용한 행위가 따로 업무상배임죄를 구성하는지 여부(원칙적 소극) 및 제3자가 위와 같은 유출 내지 이용행위에 공모·가담한 경우, 업무상배임죄의 공범이 성립하는지 여부(원칙적 소극)

회사 직원이 경쟁업체 또는 스스로의 이익을 위하여 이용할 의사로 무단으로 자료를 반출한 행위가 업무상배임죄에 해당하기 위하여는, 그 자료가 반드시 영업비밀에 해당할 필요까지는 없다고 하겠지만 적어도 그 자료가 불특정 다수인에게 공개되어 있지 않아 보유자를 통하지 아니하고는 이를 통상 입수할 수 없고 그 보유자가 자료의 취득이나 개발을 위해 상당한 시간, 노력 및 비용을 들인 것으로서, 그 자료의 사용을 통해 경쟁상의 이익을 얻을 수 있는 정도의 영업상 주요한 자산에는 해당하여야 한다. 또한 비밀유지조치를 취하지 아니한 채 판매 등으로 공지된 제품의 경우, 역설계(reverse engineering)를 통한 정보의 획득이 가능하다는 사정만으로 그 정보가 불특정 다수인에게 공개된 것으로 단정할 수 없으나, 상당한 시간과 노력 및 비용을 들이지 않고도 통상적인 역설계 등의 방법으로 쉽게 입수 가능한 상태에 있는 정보라면 보유자를 통하지 아니하고서는 통상 입수할 수 없는 정보에 해당한다고 보기 어려우므로 영업상 주요한 자산에 해당하지 않는다. [대법원 2022. 6. 30., 선고, 2018도4794, 판결]

◆ 업무상배임죄로 이익을 얻는 수익자 또는 그와 밀접한 관련이 있는 제3자를 배임의 실행행위자와 공동정범으로 인정하기 위한 요건

업무상배임죄로 이익을 얻는 수익자 또는 그와 밀접한 관련이 있는 제3자를 배임의 실행행위자와 공동정범으로 인정하기 위해서는 실행행위자의 행위가 피해자 본인에 대한 배임행위에 해당한다는 것을 알면서도 소극적으로 배임행위에 편승하여 이익을 취득한 것만으로는 부족하고, 실행행위자의 배임행위를 교사하거나 또는 배임행위의 전 과정에 관여하는 등으로 배임행위에 적극 가담할 것이 필요하다.(대법원 2011.2.24. 선고 2010도13801 판결)

◆ 동일인 한도초과 대출로 인하여 '상호저축은행법 위반죄'와 '업무상배임죄'가 성립하는 경우 두 죄의 죄수 관계(=상상적 경합) 및 그 중 1죄에 대한 확정판결의 기판력이 다른 죄에 대하여도 미치는지 여부(적극)

동일인 한도초과 대출로 상호저축은행에 손해를 가하여 상호저축은행법 위반죄와 업무상배임죄가 모두 성립한 경우, 두 죄는 형법 제40조에서 정한 상상적 경합관계에 있고, 형법 제40조의 상상적 경합관계의 경우에는 그 중 1죄에 대한 확정판결의 기판력은 다른 죄에 대하여도 미친다. (대법원 2011.2.24. 선고 2010도13801 판결)

◆ 판결이 확정된 동일인 한도초과 대출로 인한 구 상호저축은행법 위반의 범죄사실과 특정경제범죄 가중처벌 등에 관한 법률 위반(배임)의 공소사실이 상상적 경합관계에 있다고 보아, 위 공소사실에 대하여 면소를 선고한 원심판결을 수긍한 사례

판결이 확정된 동일인 한도초과 대출로 인한 구 상호저축은행법(2010. 3. 22. 법률 제10175호로 개정되기 전의 것) 위반의 범죄사실과 특정경제범죄 가중처벌 등에 관한 법률 위반(배임)의 공소사실이 상상적 경합관계에 있다고 보아, 위 공소사실에 대하여 면소를 선고한 원심판결을 수긍한 사례.(대법원 2011.2.24. 선고 2010도13801 판결)

Ⅲ. 수사실무

1. 수사포인트

(1) 제355조의 제반 사항을 조사한다.

(2) 업무의 종류, 태양을 조사한다.

(3) 업무발생의 근거(공무, 법령, 관습, 계약, 고용 등)를 조사한다.

(4) 점유와 업무와는 어떤 관련이 있는가, 업무와 관련없이 점유한 것은 아닌가 조사한다.

2. 범죄사실 기재례

【범죄사실 기재례】

(1) 업무상 횡령(1)

피의자는 20○○. ○. ○.부터 서울 서초구 서초동 33에 있는 우수약품주식회사의 영업사원으로서 위 회사의 약품판매 및 수금업무에 종사하고 있다.

피의자는 20○○. ○. ○. 15:00경 서울 종로구 이화동 44에 있는 노○○ 경영의 이화약국에서 약품대금 230만원을 수금하여 위 회사를 위하여 업무상 보관중 그 무렵 서울 서초구 서초동에 있는 룸싸롱 등지에서 마음대로 유흥비 등 개인용도에 소비한 것을 비롯하여 별지 범죄일람표 기재와 같이 그 무렵부터 같은 해 ○. ○.까지 서울시내 등지에서 10회에 걸쳐 합계 3,000만원을 위와 같은 방법으로 전액 임의 소비하여 이를 횡령하였다.

횟수	보관일시·장소	피해자	횡령액	횡령일시·장소	횡령방법	비고
1	20○○. ○. ○. 서울 종로구 이화동 이화약국	우수약품 주식회사	230만원	그 무렵 서울 서초구 서초동 부근	유흥비에 소비	
10	20○○. ○. ○. 서울 서초구 서초동 서초약국	〃	300만원	같은날 서울 강남구 역삼동 황홀룸싸롱	유흥비에 소비	

(2) 업무상 배임

피의자는 20○○. ○. ○.경부터 서울 서초구 서초동에 있는 조흥은행 서초동지점 대리로 근무하면서 대부담당 업무에 종사하고 있다.

피의자는 20○○. ○. ○. 15:00경 위 은행지점에서 그 은행 내규상 2,000만원 이상은 무담보 대출이 금지되어 있으므로 2,000만원 이상의 대출을 함에 있어서는 채무자로부터 담보를 제공받아야 할 업무상 임무가 있다. 그럼에도 불구하고 그 임무에 위배하여 피의자의 친구인 김○○의 이익을 위하여 즉석에서 그에게 무담보로 2,000만원을 대출하고 그 회수를 어렵게 하여 그에게 대부금 2,000만원 상당의 재산상 이익을 취득하게 하고 위 은행에 동액 상당의 재산상 손해를 가하였다.

(3) 업무상 횡령(2)

피의자는 ○○시 ○○구 ○○동 123번지에 있는 ○○자동차운전전문학원 원장으로서 학원을 찾는 자동차운전자 보험료를 징수하여 이를 업무상 관리하는 등 학원의 제반업무를 담당하고 있다.

피의자는 20○○. ○. 중순경 위 장소에 학원을 개원하여 그때부터 20○○. ○.까지 수강생들의 운전연습중 발생할 수 있는 각종 사고에 대비하여 수강생 1인당 운전자보험비 명목으로 30,000원씩을 징수하여 이중 보험료 명목으로 24,000원만 ○○화재 ○○대리점에 불입하는 등 총 125,040,000원만 불입하고, 차액 31,260,000원은 이들 수강생들을 위해 업무상 보관 중 피의자의 개인적인 채무변제에 사용하여 이를 횡령하였다.

3. 적용실례

(1) 동업인이 운영수입금을 임의로 소비한 경우

○○냉면집을 동업으로 운영하던 중 그 운영수입금을 임의로 소비하였다.

➡ 이는 피의자의 업무에 관련한 것으로서 업무상 횡령으로 의율해야 할 것이다.

(2) 고용된 운전사가 가해차량 운전사로부터 받은 수리비를 임의처분한 경우

김○○는 정○○ 소유 차량의 운전사로서 이 차량을 운전하다가 교통사고를 당하고, 가해차량의 운전사로부터 자동차 수리비 등으로 금원을 받았다. 그런데 이것을 보관하다가 수리비가 적게 들 것 같고, 욕심이 생겨 이 중 일부를 마음대로 써 버렸다.

➡ 이것은 보관의 피의자 업무에 관련된 것으로 업무상 보관에 해당되어, 단순횡령죄가 아닌 업무상횡령죄로 의율해야 한다.

(3) 회사의 물품대금으로 보관중인 약속어음을 개인의 채무담보로 사용한 경우

피의자가 회사에서 물품대금으로 지급하라는 지시를 받고 교부받은 어음을 개인적으로 돈을 차용하면서 그 담보로 제공하였다.

➡ 업무상횡령죄가 성립한다.

(4) 보관 부속품을 임의로 반출 매각한 경우

피의자가 수리작업반장으로서 보관하던 부속품을 임의로 반출하여 매각하였다.

➡ 이 경우, 피의자의 행위가 업무에 관련되어 있고 그 목적물이 유체물이므로 업무상 횡령으로 의율하는 것이 타당하다.

(5) 이장이 마을사람들의 돈을 임의사용한 경우

이장이자 영농회장인 피의자가 마을사람들로부터 비료 및 농약 외상대금으로 수금한 ○○만원을 임의로 자기 딸의 결혼식비용 등으로 사용하였다.

➡ 피의자가 농약 및 비료대금의 수금업무를 처리하는 자로서 그 대금을 자신의 개인용도에 소비하여 농업협동조합에 손해를 입힌 것으로 하여 업무상 배임으로 의율할 수도 있겠으나, 이러한 경우에는 피의자는 위 대금을 보관하는 자의 지위에 있다고 할 것이어서 업무상 횡령으로 의율하는 것이 타당하다.

(6) 종업원이 수금한 돈을 가지고 배달 오토바이를 탄 채 달아난 경우

피자를 배달하는 아르바이트 학생이 피자를 배달하고 그에게서 받은 피자값을 주인에게 반납하지 않고, 주인 소유인 배달 오토바이를 탄 채로 나가 돌아오지 않았다.

➡ 이 경우 피의자는 종업원으로서 불법영득의 의사로 수금한 음식대금을 가지고 오토바이를 타고 달아난 것으로서 절도죄로 착오하여 의율할 수도 있겠지만, 피의자는 피해자 소유의 음식대금과 오토바이를 보관하는 지위에 있었으므로 업무상 횡령죄로 의율하는 것이 타당할 것이다.

(7) 동업의 이익금을 한 사람이 임의소비한 경우

김장철에 피의자는 피해자와 배추장사 동업을 하기로 하고 그와 같이 배추를 구입해 와 경매에 붙이고, 그 대금을 받아 보관하다가 이를 임의로 소비해 버렸다.

➡ 동업관계에 있어서 얻어지는 이익금은 그 동업자들의 합유에 속하는 것이라 할 것이어서 동업자 한 사람이 다른 동업자의 허락없이 이를 임의소비한 경우에는 이것은 다른 사람이 소유하는 물건을 횡령한 것이 되므로, 이 경우에는 횡령죄로 의율해야 할 것이다.

(8) 종업원이 고객의 술값을 받아 반납하지 않고 임의소비한 경우

주점의 종업원이 근무를 하다가 고객이 술을 마신 후 그에게 술값을 지불하고 가자 이것을 보관하다가 주점 주인에게 주지 않고 임의소비하였다.

➡ 업무상횡령죄에서 업무란 같은 행위를 반복하는 지위에 따른 사무를 가리킨다. 이 경우 피의자는 단순히 주점종업원으로서 술값을 수금하는 지위에 있지 않으므로 1회 술값을 받아 횡령한 것으로는 업무상횡령이라 할 수 없고 단순횡령죄로 의율해야 한다.

● **수사사례**

- 회사자료의 반환거부 피의자는 회사의 간부로 재직하면서 평소 관리하던 회사의 주요자료나 서적을 자신의 집으로 가져와 보관하다가 회사로부터 반환요구가 있음에도 이를 거절하였다면 업무상 횡령죄 성립.
- 주인 모르게 물건을 제작하여 판매 공장장이 공장주의 허락없이 공장의 자료를 이용하여 제품을 생산, 판매하여 임의로 처분하였다면 업무상 횡령죄 성립
- 수금업무 회사의 현장소장으로써 공사대금의 수금업무를 담당하던 중에 시공업체로부터 받은 공사 대금중 일부를 개인용도로 소비한 경우는 업무상 횡령죄 성립.
- 허위장부기재 동업자가 회계장부에 허위로 타인에게 금원을 지급한 것처럼 기재하고 이를 임의로 소비한 경우 업무상 횡령죄 성립
- 지입차주의 경우 화물차량의 관리를 하는 회사의 대표로써 지입차주로부터 세금납부에 쓰라고 송금받은 금원을 임의로 소비하였다면 업무상 횡령죄 성립
- 2중의 대금청구 회사의 대금정산업무에 종사하는 사람이 이중으로 회사에 대금을 청구하여 그 차액을 착복 하였다면 업무상 횡령죄 성립

<u>상가분양업</u>

- 상가분양업체의 대표로써 피해자에게 점포를 분양하고 대금을 전액 수령한 후에 위의 점포건물을 제3자에게 가등기를 해주었다면 업무상 배임죄 성립.

<u>중고차매매중개업</u>

- 피의자는 중고차량 중개인으로 피해자로부터 할부차량의 매매위임을 받고 이를 제3자에게 매도하면서 할부금 채무승계를 하지 않아 피해자에게 손해를 끼쳤다면 업무상 배임죄 성립.

<u>신용카드해지업무</u>

- 신용카드회사 직원이 신용카드해지를 의뢰하면서 맡긴 고객의 신용카드를 이용하여 현금할 인을 받아 사용하였다면 업무상 배임죄 성립.

부동산중개업

- 업부동산중개업자가 등기이전서류를 매수인에게 이를 전달하지 않고 제3자에게 매매하여 재산상의 이득을 취하는 경우는 업무상 배임죄 성립.

법인에 손해를 가한 경우

- 사회복지법인의 임원으로 국가로부터 받은 보조금을 법인의 목적 이외의 용도로 임의 사용하였다면 업무상배임죄 성립.

4. 배임수재죄 · 배임증재죄

제357조【배임수증재】

① 타인의 사무를 처리하는 자가 그 임무에 관하여 부정한 청탁을 받고 재물 또는 재산상의 이익을 취득하거나 제3자로 하여금 이를 취득하게 한 때에는 5년 이하의 징역 또는 1천만원 이하의 벌금에 처한다. 〈개정 2016.5.29.〉

② 제1항의 재물 또는 재산상 이익을 공여한 자는 2년 이하의 징역 또는 500만원 이하의 벌금에 처한다. 〈개정 2020. 12. 8.〉

③ 범인 또는 그 사정을 아는 제3자가 취득한 제1항의 재물은 몰수한다. 그 재물을 몰수하기 불가능하거나 재산상의 이익을 취득한 때에는 그 가액을 추징한다. 〈개정 2016. 5. 29., 2020. 12. 8.〉

[신분범과공범] 33, [친족간의범행] 328 · 361, [미수범] 359, [공소시효] : 7년(1항), 5년(2항)

○ 이 죄는 타인의 사무를 처리하는 데 있어서 공정과 성실의무를 지키는데 그 취지가 있으며, 보호법익은 거래의 청렴성이다. 이 죄는 배임죄와 함께 규정하고 있지만 타인의 사무를 처리하는 자에 대한 뇌물죄라고 할 수 있다. 즉 배임수재죄(제1항)는 형법 제129조의 수뢰죄에, 배임증재죄(제2항)는 형법 제133조의 증뢰죄(뇌물공여죄)에 상응하는 규정인 것이다.

Ⅰ. 이론

[배임수재죄(제357조 1항)]

1. 구성요건

(1) 객관적 구성요건

1) 주체

이 죄의 주체는 타인의 사무를 처리하는 자이다(진정신분범). 배임죄에서와 달리 본 죄의 사무는 재산상의 사무로 제한되지 않는다고 본다.

2) 객체

재물과 재산상의 이익이다.

3) 행위

임무에 관하여 부정한 청탁을 받고 재물 또는 재산상 이익을 취득하는 것이다.

① 임무에 관한이라 함은 타인의 사무를 처리하는 자가 위탁받은 본래의 사무뿐만 아니라 그와 밀접한 관련이 있는 범위내의 사무를 말한다.

② 부정한 청탁이란 사회상규 또는 신의성실의 원칙에 반하는 내용의 청탁이면 족하다.

③ 부정한 청탁은 반드시 명시적일 것을 요하지 않으나 그 청탁의 내용은 어느 정도 구체적이고 특정한 임무행위에 관한 것이어야 한다. 막연히 임무와 관련하여 재물 또는 재산상의 이익을 취득하는 것만으로는 배임수재죄를 구성한다고 할 수 없다.

④ 재물을 공여하는 자가 부정한 청탁을 했다고 해도 그 청탁을 받아들이지 않고 청탁과는 관계없이 금품을 받은 경우에는 배임수재죄는 성립하지 않는다.

⑤ 재물 또는 재산상의 이익은 현실적인 취득을 의미하며 단순한 요구 약속으로는 충분하지 않다(이 점에서 수뢰죄와 다르다).

⑥ 재물 또는 재산상의 이익의 취득이 있으면 이 죄는 기수에 이르며 반드시 배임행위에 나아갈 것을 요하지 않는다. 배임행위까지 한 때에는 배임죄와 상상적 경합이 된다.

⑦ 본인에게 손해가 발생했는지 여부는 이 죄의 성립에 영향을 미치지 않는다.

(2) 주관적 구성요건

고의와 불법영득의 의사가 필요하다.

2. 필요적 몰수 · 추징

범인이 취득한 재물은 몰수하며, 몰수할 수 없거나 재산상 이익을 취득한 때에는 그 가액을 추징한다(형법 제357조 3항).

[배임증재죄(357조 2항)]

1. 구성요건

(1) 객관적 구성요건

1) 부정한 청탁

① 부정한 청탁이란 사회상규 또는 신의성실의 원칙에 반하는 내용의 청탁이면 충분하다.

② 수재자에게는 부정한 청탁이 되어도 증재자에게는 부정한 청탁이 될 수 없는 경우에는 본 죄가 성립하지 않는다는 것이 판례이다(79도708).

2) 공여

① 공여의 의사표시 또는 약속만으로는 미수가 된다.

② 이 죄의 행위는 재물 또는 재산상 이익의 공여이지만 그것은 부정한 청탁과 관련성을 맺고 있어야 한다. 따라서 정당한 청탁을 받아들여 사무를 처리한데 대한 사례로서 금품을 제공하였을 경우는 제외된다.

(2) 주관적 구성요건

배임증재의 고의가 있어야 한다.

2. 필요적 공범여부 및 기수시기

배임수재죄와 이 죄는 수뢰죄와 증뢰죄(뇌물공여죄)의 관계처럼 필요적 공범의 관계에 있다. 그러나 그것은 증재자와 수재자가 같이 처벌받아야 한다는 것을 의미하지는 않는다. 따라서 수재자에 대하여는 부정한 청탁이 되어도 증재자에게 부정한 청탁이라고 볼 수 없다면 이 죄는 성립하지 않는다. 재물 등을 현실적으로 공여하여야 기수가 되며, 공여의 의사표시 또는 약속만으로는 미수에 불과하다.

3. 특별법의 적용

(1) 금융기관의 임직원이 그 직무에 관하여 이 죄를 범하거나 금품을 요구, 약속한 때 또는 금품 기타 이익을 제공한 때는 특정경제범죄 가중처벌 등에 관한 법률 제5조 및 제6조의 위반으로 처벌한다.

(2) 형법에서는 취득과 공여에 국한하여 처벌하지만 특별법규상에는 요구, 약속 또는 제3자에게 이러한 행위를 하게 하거나 공여할 의사표시까지 그 처벌한계를 넓히고 있음에 주의해야 한다.

(3) 공무원범죄에 관한 몰수 특례법은 특정범죄 가중처벌 등에 관한 법률 제5조에 해당하는 범죄자에 대한 不法收益 등의 몰수에 관하여 규정하고 있다.

Ⅱ. 판례

◆ **배임수증재죄에서 타인의 업무를 처리하는 자에게 공여한 금품에 부정한 청탁의 대가로서의 성질과 그 외의 행위에 대한 사례로서의 성질이 불가분적으로 결합되어 있는 경우, 그 전부가 부정한 청탁의 대가로서의 성질을 갖는지 여부(적극)**

배임수증재죄에 있어서 타인의 업무를 처리하는 자에게 공여한 금품에 부정한 청탁의 대가로서의 성질과 그 외의 행위에 대한 사례로서의 성질이 불가분적으로 결합되어 있는 경우에는 그 전부가 불가분적으로 부정한 청탁의 대가로서의 성질을 갖는 것으로 보아야 한다(대법원 2012. 5. 24. 선고 2012도535 판결 등 참조).

원심은 판시와 같은 이유를 들어, 피고인 1이 취득한 개인사무실 비용 상당의 재산상 이익이 부정한 청탁의 대가에 해당하는 이상 설령 그중에 피고인 1의 인맥을 활용하여 장래 진행될 사업에서 도움을 받기 위한 부탁의 대가가 일부 포함되어 있다고 하더라도 그 전부를 부정한 청탁의 대가로 보아야 하고, 피고인 1은 공소외 4로부터 개인사무실 자체를 대가로 제공받은 것이지 피고인 1 스스로 이를 마련하기 위한 인테리어 공사대금 등을 지급받은 것이 아니므로 그 개인사무실의 개설 및 유지를 위한 비용 상당액 전부가 수재액 및 추징액이 된다고 보아야 하고, 공소외 4 배후의 실질적인 비용부담 관계, 공사대금 지급과 관련된 부가가치세의 납부 여부 등은 수재액 및 추징액 산정에 영향을 미칠 사유가 아니라고 판단하였다.

원심판결 이유를 위 법리 및 적법하게 채택된 증거들에 비추어 살펴보면, 원심의 판단은 정당하고 거기에 상고이유 주장과 같이 배임수재죄에 있어 부정한 청탁과 수재액 사이의 인과관계 여부, 추징액 산정에 있어 부가가치세의 공제의 필요성 등에 관한 법리를 오해하거나 논리와 경험의 법칙에 위반하여 자유심증주의의 한계를 벗어나는 등의 잘못이 없다(대법원 2019. 6. 13., 선고, 2018도20655, 판결).

◆ 증재자에게는 '정당한 업무에 속하는 청탁' 이 수재자에게 '부정한 청탁' 이 될 수 있는지 여부(적극)

형법 제357조 제1항의 배임수재죄와 같은 조 제2항의 배임증재죄는 통상 필요적 공범의 관계에 있기는 하나, 이것은 반드시 수재자와 증재자가 같이 처벌받아야 하는 것을 의미하는 것은 아니고, 증재자에게는 정당한 업무에 속하는 청탁이라도 수재자에게는 부정한 청탁이 될 수도 있다. (대법원 2011.10.27. 선고 2010도7624 판결)

◆ 2016. 5. 29. 개정된 형법 제357조 제1항에서 배임수재죄의 구성요건에 '제3자로 하여금 재물이나 재산상 이익을 취득하게 하는 행위' 를 추가한 취지 / 개정 형법 제357조 제1항에서 정한 '제3자' 에 사무처리를 위임한 타인이 포함되는지 여부(소극) 및 부정한 청탁에 따른 재물이나 재산상 이익이 외형상 사무처리를 위임한 타인에게 지급된 것으로 보이더라도 배임수재죄가 성립할 수 있는 경우

구 형법(2016. 5. 29. 법률 제14178호로 개정되기 전의 것) 제357조 제1항은 "타인의 사무를 처리하는 자가 그 임무에 관하여 부정한 청탁을 받고 재물 또는 재산상의 이익을 취득한 자는 5년 이하의 징역 또는 1천만 원 이하의 벌금에 처한다."라고 규정하여, 문언상 부정한 청탁을 받은 사무처리자 본인이 재물 또는 재산상의 이익을 취득한 경우에만 처벌할 수 있었다.

따라서 제3자에게 재물이나 재산상 이익을 취득하게 한 경우에는 부정한 청탁을 받은 사무처리자가 직접 받은 것과 동일하게 평가할 수 있는 관계가 있는 경우가 아닌 한 배임수재죄의 성립은 부정되었다.

개정 형법(2016. 5. 29. 법률 제14178호로 개정된 것) 제357조 제1항은 구법과 달리 배임수재죄의 구성요건을 '타인의 사무를 처리하는 자가 그 임무에 관하여 부정한 청탁을 받고 재물 또는 재산상의 이익을 취득하거나 제3자로 하여금 이를 취득하게 한 때' 라고 규정함으로써 제3자로 하여금 재물이나 재산상 이익을 취득하게 하는 행위를 구성요건에 추가하였다. 그 입법 취지는 부패행위를 방지하고 'UN 부패방지협약' 등 국제적 기준에 부합하도록 하려는 것이다.

개정 형법 제357조의 보호법익 및 체계적 위치, 개정 경위, 법문의 문언 등을 종합하여 볼 때, 개정 형법이 적용되는 경우에도 '제3자' 에는 다른 특별한 사정이 없는 한 사무처리를 위임한 타인은 포함되지 않는다고 봄이 타당하다.

그러나 배임수재죄의 행위주체가 재물 또는 재산상 이익을 취득하였는지는 증거에 의하여 인정된 사실에 대한 규범적 평가의 문제이다. 부정한 청탁에 따른 재물이나 재산상 이익이 외형상 사무처리를 위임한 타인에게 지급된 것으로 보이더라도 사회통념상 그 타인이 재물 또는 재산상 이익을 받은 것을 부정한 청탁을 받은 사람이 직접 받은 것과 동일하게 평가할 수 있는 경우에는 배임수재죄가 성립될 수 있다.[대법원 2021. 9. 30., 선고, 2019도17102, 판결]

◆ 배임수증죄에서 부정한 청탁의 의미 및 그 판단 기준

배임수증죄에 있어서 부정한 청탁이라 함은 청탁이 사회상규와 신의성실의 원칙에 반하는 것을 말하고, 이를 판단함에 있어서는 청탁의 내용과 이와 관련되어 교부받거나 공여한 재물의 액수, 형식, 보호법익인 사무처리자의 청렴성 등을 종합적으로 고찰하여야 하며 그 청탁이 반드시 명시적임을 요하는 것은 아니다(대법원 2007. 2. 8. 선고 2006도4784 판결).

◆ 실질적으로 학교법인의 이사장 직무를 수행하면서 학교공사와 관련하여 공사대금 중 수급인이 학교법인 부담부분 상당액을 학교법인에 기부하는 것을 조건으로 공사계약을 체결한 후 공사를 완성하여 이 부분에 대한 공사대금 지급의무를 면제받거나 그 대금 상당액을 입금받은 다음 다시 수급인에게 공사대금으로 지급한 것으로 처리한 경우, 배임수재죄의 성립 여부(소극)

(1) 사실관계

> 피고인은 고등학교를 설립하여 학교법인이사장으로 근무하다가 형의 선고를 받고 이사장 자격을 상실하게 되자 처인 박○을 이사장으로 내세운 다음 실질적으로 학교경영 전반을 통할하던 자인바, (1) 1997. 4. 20. 위 고등학교행정실에서 그 임무에 관하여, ○○주식회사대표이사 A로부터 "위 고등학교이중창설치공사가 정부보조금 96,000,000원, 학교법인 자체부담금 24,675,700원 등 합계 120,675,700원으로 공사하도록 공사비가 책정되어 있는데, 자체부담금을 책임질 터이니 공개경쟁입찰이 아닌 수의계약을 통해 위 공사를 나에게 맡겨 달라"는 내용의 부정한 청탁을 받고, 그에게 수의계약으로 위 공사를 맡기는 대가로 재단자체부담금 24,675,700원의 지급을 면하여 같은 금액 상당의 재산상 이익을 취득하고, (2) 1998. 12. 22. 위 고등학교행정실에서 그 임무에 관하여, B로부터 "총공사금액 1,326,473,460원인 위 고등학교체육관신축공사계약을 공개경쟁입찰이 아닌 수의계약을 통해 778,823,000원에 나에게 맡겨 달라"는 내용의 부정한 청탁을 받고, 동인에게 수의계약을 통해 위 공사를 맡기는 대가로 2000. 1. 11. 피고인이 관리하던 행정실 직원인 C명의의 농협통장으로 323,582,660원을 교부받아 이를 취득하고, (3) 1997년 1월경 위 고등학교이사장실에서 그 임무에 관하여 대학교수 겸 도교육위원인 D로부터 "대가를 지급하겠으니 내 제자인 E를 위 고등학교사회과 교사로 채용하여 달라"는 내용의 부정한 청탁을 받고, E를사회과 교사로 채용하면서 같은 해 2월 위 고등학교행정실에서 F를 통하여 E로부터 8,000,000원을 교부받아 이를 취득하였다.

(2) 판결요지

실질적으로 학교법인의 이사장 직무를 수행하면서 학교공사와 관련하여 공사대금 중 수급인이 학교법인 부담부분 상당액을 학교법인에 기부하는 것을 조건으로 공사계약을 체결한 후 공사를 완성하여 이 부분에 대한 공사대금 지급의무를 면제받거나 그 대금 상당액을 입금받은 다음 다시 수급인에게 공사대금으로 지급한 것으로 처리한 경우, 이러한 행위는 학교공사에 관하여 관계 규정에 따른 공개입찰을 하지 아니하는 대신 특정 공사업자와 수의계약을 체결하면서 공사업자에게 공사대금 중 국고지원 부분만을 지급하기로 하고 학교법인 부담 부분은 면제받은 것으로 볼 것이고, 이러한 경우 공사대금 지급채무는 학교법인이 공사업자에 대하여 부담하는 것이므로 이를 면제받는 것은 학교법인의 이익으로 되는 것일 뿐 실질적으로 학교법인의 이사장 직무를 수행한 자가 면제받은 대금 상당의 이익을 취득하였다고 볼 수는 없고, 따라서 위와 같은 행위는, 공개입찰을 하지 아니하고 수의계약을 체결한 것에 대하여 행정상의 책임 등을 묻는 것은 별론으로 하고, 타인의 사무를 처리하는 자가 그 임무에 위배하여 부정한 청탁을 받고 재물 또는 재산상의 이익을 취득한 경우에 해당한다고 할 수는 없다(대법원 2001. 2. 9. 선고 2000도4700 판결).

◆ 구 형법 제357조 제1항 배임수재죄의 성립요건 / 타인의 사무를 처리하는 자가 그 임무에 관하여 부정한 청탁을 받고 자신이 아니라 다른 사람으로 하여금 재물 또는 재산상 이익을 취득하게 한 때에도 위 죄가 성립할 수 있는 경우

구 형법(2016. 5. 29. 법률 제14178호로 개정되기 전의 것) 제357조 제1항의 배임수재죄는 타인의 사무를 처리하는 자가 그 임무에 관하여 부정한 청탁을 받고 재물 또는 재산상 이익을 취득한 때에 성립한다. 배임수재죄의 행위주체가 재물 또는 재산상 이익을 취득하였는지는 증거에 의하여 인정된 사실에 대한 규범적 평가의 문제이다. 타인의 사무를 처리하는 자가 그 임무에 관하여 부정한 청탁을 받고 자신이 아니라 다른 사람으로 하여금 재물 또는 재산상 이익을 취득하게 한 경우에 특별한 사정이 있으면 사회통념상 자신이 받은 것과 같이 평가할 수 있다.

또한 다른 사람이 재물 또는 재산상 이익을 취득한 때에도 그 다른 사람이 부정한 청탁을 받은 자의 사자 또는 대리인으로서 재물 또는 재산상 이익을 취득한 경우나 그 밖에 평소 부정한 청탁을 받은 자가 그 다른 사람의 생활비 등을 부담하고 있었다거나 혹은 그 다른 사람에 대하여 채무를 부담하고 있었다는 등의 사정이 있어 그 다른 사람이 재물 또는 재산상 이익을 받음으로써 부정한 청탁을 받은 자가 그만큼 지출을 면하게 되는 경우 등 사회통념상 그 다른 사람이 재물 또는 재산상 이익을 받은 것을 부정한 청탁을 받은 자가 직접 받은 것과 같이 평가할 수 있는 관계가 있다면 위 죄가 성립할 수 있다(대법원 2017.12.7, 선고, 2017도12129, 판결).

◆ 백화점 및 면세점의 입점업체 선정 업무를 총괄하는 피고인이 입점업체들로부터

추가 입점이나 매장 이동 등 입점 관련 편의를 제공해 달라는 청탁을 받고 그 대가로 매장 수익금 등을 지급받는 방법으로 돈을 수수하였다고 하여 구 형법상 배임수재로 기소된 사안에서, 피고인의 지시에 따라 그 딸이 건네받은 수익금과 피고인이 지배하는 회사 계좌로 입금된 돈은 사회통념상 피고인이 직접 받은 것과 동일하게 보아야 하는데도, 이와 달리 본 원심판결에 법리오해의 잘못이 있다고 한 사례

백화점 및 면세점의 입점업체 선정 업무를 총괄하는 피고인이 입점업체들로부터 추가 입점이나 매장 이동 등 입점 관련 편의를 제공해 달라는 청탁을 받고 그 대가로 매장 수익금 등을 지급받는 방법으로 돈을 수수하였다고 하여 구 형법(2016. 5. 29. 법률 제14178호로 개정되기 전의 것)상 배임수재로 기소된 사안에서, 피고인이 입점업체 대표 甲으로부터 부정한 청탁을 받고 그 대가로 자신이 받아온 수익금을 딸에게 주도록 甲에게 지시하였다면 이는 피고인 자신이 수익금을 취득한 것과 같다고 평가하여야 하고, 피고인이 입점업체인 乙 주식회사 대표이사 丙으로부터 부정한 청탁을 받고 그 대가를 피고인이 아들 명의로 설립하여 자신이 지배하는 丁 주식회사 계좌로 돈을 입금하도록 한 이상 사회통념상 피고인이 직접 받은 것과 동일하게 보아야 하는데도, 이와 달리 보아 이 부분 공소사실을 무죄로 판단한 원심판결에 배임수재죄에서 '재물 또는 재산상 이익을 취득한 자'의 의미에 관한 법리오해의 잘못이 있다고 한 사례(대법원 2017.12.7, 선고, 2017도12129, 판결).

◆ 공동의 사기 범행으로 얻은 돈을 공범자끼리 수수한 행위가 공동정범들의 내부적인 분배행위에 지나지 않는 경우, 돈의 수수행위가 따로 배임수증재죄를 구성하는지 여부(소극)

공동의 사기 범행으로 인하여 얻은 돈을 공범자끼리 수수한 행위가 공동정범들 사이의 범행에 의하여 취득한 돈이나 재산상 이익의 내부적인 분배행위에 지나지 않는다면 돈의 수수행위가 따로 배임수증재죄를 구성한다고 볼 수는 없다(대법원 2016.5.24, 선고, 2015도18795, 판결).

◆ 공사 발주처의 입찰 업무를 처리하는 자가 공사업자와 공모하여 부정한 방법으로 낙찰하한가를 알아낸 다음 공사업자에게 알려주어 발주처가 공사업자를 낙찰자로 선정하도록 하여 공사계약의 체결에 이르게 하고 공사업자에게서 돈을 수수한 경우, 돈의 성격을 타인의 업무에 관한 부정한 청탁의 대가로 볼 것인지, 공동의 사기 범행에 따라 편취한 것으로 볼 것인지 판단하는 기준

공사 발주처의 입찰 업무를 처리하는 자가 공사업자와 공모하여 부정한 방법으로 낙찰하한가를 알아낸 다음 공사업자에게 알려주어 발주처가 공사업자를 낙찰자로 선정하도록 하여 공사계약의 체결에 이르게 하고 공사업자에게서 돈을 수수한 경우에, 돈의 성격을 타인의 업무에 관한 부정한 청탁의 대가로 볼 것인지, 아니면 공동의

사기 범행에 따라 편취한 것으로 볼 것인지는 돈을 공여하고 수수한 당사자들의 의사, 공사계약 자체의 내용 및 성격, 계약금액과 수수된 금액 사이의 비율, 수수된 돈 자체의 액수, 계약이행을 통해 공사업자가 취득할 수 있는 적정한 이익, 공사업자가 발주처에서 공사대금 등을 지급받은 시기와 공범인 입찰 업무를 처리하는 자에게 돈을 교부한 시간적 간격, 공사업자가 공범에게 교부한 돈이 발주처에서 지급받은 바로 그 돈인지 여부, 수수한 장소 및 방법 등을 종합적으로 고려하여 객관적으로 평가하여 판단해야 한다(대법원 2016.5.24, 선고, 2015도18795, 판결).

Ⅲ. 수사실무

1. 피의자 신문례

[배임수재죄]

(1) 피의자는 현재 어떠한 일을 하고 있나요

(2) 피의자가 맡고 있는 구체적인 업무는 무엇인가요

(3) 위 업무는 언제부터 어떻게 맡게 되었나요

(4) 피의자는 ○○○을 알고 있나요

(5) 피의자는 ○○○로부터 돈을 받은 사실이 있나요

(6) 언제, 어디서 받았나요

(7) 돈을 받은 명목은 무엇인가요

(8) 얼마를 받았는가요

(9) 돈을 받을 당시 누구와 함께 있었나요

(10) 현금으로 받았나요

(11) 대출을 할 때의 요건은 어떠하였나요

(12) ○○○은 대출의 자격요건을 갖추고 있었나요

(13) 피의자가 ○○○의 부탁을 받고 대출을 하여 준 것은 정당한 업무행위였나요

(14) 정당한 절차에 의하여 대출을 하려면 어떤 절차를 거쳐야 하는가요

(15) 이로 인하여 은행에 어떠한 재산상의 손해를 입혔나요

(16) 받은 돈은 어떻게 하였나요

[배임증재죄]

(1) 피의자는 현재 어떠한 일을 하고 있나요

(2) 피의자는 ○○○을 알고 있나요

(3) 피의자는 ○○○에게 돈을 준 사실이 있나요

(4) 언제, 어디에서 주었나요

(5) 돈을 주게 된 경위는 어떠한가요

(6) 청탁의 구체적 내용은 어떠한가요

(7) ○○○은 실제로 그러한 권한이 있는 것인가요

(8) ○○○이 그러한 권한이 있다는 것을 어떻게 알고 청탁하게 되었나요

(9) 돈을 줄 당시 누구와 함께 있었나요

(10) 돈은 어떻게 마련하였고 현금으로 주었나요

(11) ○○○은 돈을 받으면서 피의자의 청탁에 대해 승낙을 하였나요

(12) 피의자가 청탁한 내용대로 ○○○가 이행을 하였나요

(13) 피의자는 정당한 절차에 의하지 않고 ○○○에게 부정한 청탁을 하여야만 했던 이유는 무엇인가요

2. 범죄사실 기재례

【범죄사실 기재례】

피의자 손○○은 주식회사 ○○산업의 무역업무를 담당하는 부장직에 근무하는 사람이다.
피의자는 그 회사가 ○○철광의 의뢰를 받아 미국 ○○상사로부터 고철을 외상으로 수입하는

행위를 대행하고 위 ○○철광을 위하여 위 수입고철대금의 지불보증을 하는 이른바 D.A. 수입대행계약을 체결함에 있어서 먼저 그 회사 이사회의 결의를 거쳐 재정경제부장관의 승인을 얻어야 한다. 또한 위 ○○철광이 수입고철 판매대금의 회수불능 또는 유용 등으로 인하여 위 미국 ○○상사에게 고철수입 대금을 지급하지 못하는 경우에 그 회사가 위 지불보증으로 인하여 입은 손해를 미리 방지하기 위하여 위 ○○철광으로부터 이에 충분한 담보를 받아 공정성실하게 위 계약을 체결하여야 할 업무상 임무가 있었다. 그럼에도 불구하고 피의자는 20○○. ○. ○. 서울 ○○동 ○○번지에 있는 위 회사 사무실에서 위 ○○철광의 전무이사인 같은 피의자 장○○로부터 위와 같은 담보제공불능의 뜻을 듣고 그 간청을 받아들이면서 이와 같은 임무를 이행하지 아니하고 임의로 위 ○○상사와 고철수입대행계약을 체결하는 청탁을 받아들이는 조건으로 위 장○○로부터 각 ○○만원짜리 ○○은행 ○○지점 발행의 자기앞수표 2매를 교부받아 이를 취득하였다.

그리고 피의자 장○○는, 위 기재사실과 같이 위 피의자 손○○이 그의 업무상 임무위배의점과 부정한 청탁임을 알면서도 이를 묵인하는 조건으로 위 같은 피의자에 대하여 위 기재사실과 같은 금품을 공여하였다.

3. 적용실례

(1) 금품을 받고 절도를 묵인한 경우

회사에 출입하는 차량 검색작업을 맡고 있는 경비원이 근무도중 납품하던 업체직원으로부터 반출증없이 물건을 실어가는 것을 묵인하는 대가로 금품을 교부받았다.

➡ 이 경우는 주범이 이미 기수단계에 있는 경우이고, 공모단계에서도 그것이 절취해 가는 것인지, 단지 반출증없이 내가는 것인지 불명확하다. 하지만 부정한 청탁을 받는 것만은 확실하여 결국 배임수증죄로 의율할 수 있겠다.

(2) 업자로부터 부정한 청탁을 받고 사례금을 받은 경우

회사의 관리과장과 경리과장을 맡아 상품의 관리, 판매, 경리업무 등을 하는 김○○, 천○○는 회사의 자금사정이 극도로 악화되자 상품을 구입원가 이하로 덤핑판매하기로 회사대표와 상의하였다. 그 후 상품구입업자로부터 많은 상품을 더 저렴한 가격으로 구입할 수 있도록 해 달라는 부탁을 받고, 사례금 명목으로 금원을 교부받았다.

➡ 이 경우 상품의 가격은 구입업자와 피의자 등이 서로 수차례의 상의를 통해 결정한 것이고, 회사자금의 악화로 인해 수표부도를 막기 위해 상품의 덤핑판매는 불가피한 조치였고, 덤핑판매는 회사대표의 지시하에 이루어진 것이었다. 이와 같은 사정을 종합해 볼 때 사례금을 받았다는 사실만으로 김○○, 천○○가 업무에 위배하여 재산상 손해를 가했다고 보기는 어렵고, 다만 업무처리에 있어 신의성실의 원칙에 반하는 부정한 청탁에 의한 것으로 보여질 뿐이므로 결국 업무상 배임의 점은 혐의없다 할 것이고 배임수재가 성립될 것이다.

4. 참고사항

(1) 수사시 유의사항

1) 배임수재 → 타인의 사무를 보는 자가 그 임무에 관하여 부정한 청탁을 받고 재물 또는 재산상 이득을 취득한 때(예 : 금융기관 임직원 대출미끼 커미션)

2) 배임증재 → 배임수재의 행위를 하는 자에게 재물 또는 이익을 공여한 때(예 : 대출커미션 주는 자)

● 수사사례

<u>권한 없는 사무</u>

- 무사무실분양회사의 직원으로 사무실 임대차계약을 체결해 달라는 부탁과 함께 사례비를 받았다면 성립.

<u>손해가 없는 경우</u>

- 회사 간부로 자신의 회사가 발주하는 공사의 하청업자를 선정하는 과정에서 부정한 청탁을 받고 파산직전의 건설업자를 지명하였으나 공사가 아무 하자도 없이 준공된 경우에도 배임수재죄는 성립.

<u>재개발조합장의 경우</u>

- 재개발조합장이 건축회사로부터 조합에서 발주하는 아파트건축공사를 우선적으로 도급받을 수 있도록 도와달라는 청탁과 함께 금원을 제공받았다면 배임수증죄 성립.

5. 자격정지의 병과

제358조【자격정지의 병과】

전3조의 죄에는 10년 이하의 자격정지를 병과할 수 있다.

[자격정지] 44

횡령죄(제355조 1항), 배임죄(제355조 2항), 업무상횡령죄 · 업무상배임죄(제356조), 배임수재죄(제357조 1항), 배임증재죄(제357조 2항)의 경우에는 10년 이하의 자격정지를 병과할 수 있다.

6. 미수범

제359조【미수범】

제355조 내지 제357조의 미수범은 처벌한다.

[미수범] 25-29, [친족간의범행] 328 · 361

횡령죄(제355조 1항), 배임죄(제355조 2항), 업무상횡령죄 · 업무상배임죄(제356조), 배임수재죄(제357조 1항), 배임증재죄(제357조 2항)의 미수범은 처벌한다.

7. 점유이탈물횡령죄

제360조【점유이탈물횡령】

① 유실물, 표류물 또는 타인의 점유를 이탈한 재물을 횡령한 자는 1년 이하의 징역이나 300만원 이하의 벌금 또는 과료에 처한다. 〈개정 1995. 12. 29.〉

② 매장물을 횡령한 자도 전항의 형과 같다.

[유실물] 민250 · 251 · 253, [매장물] 유실13, [선의취득] 민249 · 250, [점유] 민192, [공소시효] : 5년

○ 이 죄는 위탁관계에 의하여 타인의 재물을 보관할 것을 요하지 않으며, 신임관

계의 배반을 내용으로 하지 않는 점에서 횡령죄나 업무횡령죄와 그 성질을 달리한다.

Ⅰ. 이론

1. 구성요건

(1) 객관적 구성요건

1) 객체

유실물, 표류물, 매장물 기타 점유이탈물이다.

① 점유이탈물

가. 점유이탈물이란 점유자의 의사에 의하지 않고 그 점유를 떠난 물건을 말한다. 따라서 누구의 점유에도 속하지 않는 재물뿐 아니라 점유자의 착오에 의하여 우연히 행위자의 점유에 들어온 재물도 이에 포함된다.

나. 아직 타인의 점유를 벗어났다고 볼 수 없는 재물(예컨대 폭행 또는 강간현장에 떨어져 있는 피해자의 물건, 길에 세워둔 자건거 등)은 점유이탈물이 아니다.

다. 무주물은 점유이탈물이 아니라 先占의 대상이 될 뿐이다.

② 유실물·표류물·매장물

가. 유실물이란 잃어버린 물건을 말하며, 점유자의 의사에 의하지 않고 그 점유를 벗어난 재물을 말한다. 착오로 점유한 물건, 타인이 놓고 간 물건 및 일실한 가축을 준유실물이라고도 한다(유실물법 제12조).

나. 표류물이란 점유를 이탈하여 바다 또는 하천에 떠 다니는 물건을 말하며, 침몰물과는 구별된다(수난구호법 제2조).

다. 매장물이란 토지·해저 또는 건조물 등에 포장된 물건으로서 점유이탈물에 준하는 것을 말한다. 고분안에 들어있는 보석, 칼 등이 그것이다.

2) 행위

이 죄의 행위는 횡령이며, 불법영득 의사가 있어야 한다. 또한 미수범은 벌하지 않는다. 그러므로 자전거를 습득하여 단순히 수일간 보관한 사실만으로는 이 죄가 성립하지 않는다.

(2) 주관적 구성요건

고의와 불법영득의사가 필요하다.

▣ 이견있는 형사사건의 법원판단 ▣

[대중교통 내부에서 물건을 취득한 경우]

1. 문제점 : 대중교통 내부에서 물건을 취득한 경우에 법적 취급이 문제된다.
2. 학설
(1) 점유이탈물횡령죄설 : 대중교통의 운전사가 수시로 바뀌기 때문에 운전사를 유실물의 관리자로 볼 수 없어 점유이탈물횡령죄에 해당한다는 견해
(2) 절도죄설 : 당해 대중교통 역시 운전사의 지배범위에 속하고 통상 그 공간에 존재하는 모든 물건에 대해 사실적으로 지배하려는 의사가 있으므로 운전사의 새로운 점유가 개시되어 절도죄가 성립한다는 견해
3. 판례 : 점유이탈물횡령죄설의 태도

승객이 놓고 내린 지하철의 전동차 바닥이나 선반 위에 있던 물건을 가지고 간 경우, 지하철의 승무원은 유실물법상 전동차의 관수자로서 승객이 잊고 내린 유실물을 교부받을 권능을 가질 뿐 전동차 안에 있는 승객의 물건을 점유한다고 할 수 없고, 그 유실물을 현실적으로 발견하지 않는 한 이에 대한 점유를 개시하였다고 할 수도 없으므로, 그 사이에 위와 같은 유실물을 발견하고 가져간 행위는 점유이탈물횡령죄에 해당함은 별론으로 하고 절도죄에 해당하지는 않는다(대법원 1999. 11. 26. 선고 99도3963 판결).

Ⅱ. 판례

◆ **종업원으로 종사하던 당구장에서 주운 금반지를 처분한 자의 죄책**

어떤 물건을 잃어버린 장소가 당구장과 같이 타인의 관리 아래 있을 때에는 그 물건을 일응 그 관리자의 점유에 속한다 할 것이고, 이를 그 관리자 아닌 제3자가 취거하는 것은 유실물 횡령이 아니라 절도죄에 해당한다(대법원 1988. 4. 25. 선고 88도409 판결).

◆ 강간피해자가 도피하면서 범죄현장에 놓고간 가방에서 피고인이 돈을 꺼낸 경우의 죄책

강간을 당한 피해자가 도피하면서 현장에 놓아두고 간 손가방은 점유이탈물이 아니라 사회통념상 피해자의 지배하에 있는 물건이라고 보아야 할 것이므로 피고인이 그 손가방 안에 들어있는 피해자소유의 돈을 꺼낸 소위는 절도죄에 해당한다(대법원 1984. 2. 28. 선고 84도38 판결).

◆ 승객이 놓고 내린 지하철의 전동차 바닥이나 선반 위에 있던 물건을 가지고 감으로써 성립하는 범죄(=점유이탈물횡령죄)

승객이 놓고 내린 지하철의 전동차 바닥이나 선반 위에 있던 물건을 가지고 간 경우, 지하철의 승무원은 유실물법상 전동차의 관수자로서 승객이 잊고 내린 유실물을 교부받을 권능을 가질 뿐 전동차 안에 있는 승객의 물건을 점유한다고 할 수 없고, 그 유실물을 현실적으로 발견하지 않는 한 이에 대한 점유를 개시하였다고 할 수도 없으므로, 그 사이에 위와 같은 유실물을 발견하고 가져간 행위는 점유이탈물횡령죄에 해당함은 별론으로 하고 절도죄에 해당하지는 않는다(대법원 1999. 11. 26. 선고 99도3963 판결).

Ⅲ. 수사실무

1. 범죄사실 기재례

【범죄사실 기재례】

(1) 피해자는 구월주공아파트의 경비원이다.

피의자는 20○○. ○. ○. 15 : 00경 인천 남동구 구월동에 있는 희망백화점 측문 앞길에서 피해자 이○○이 떨어뜨린 현금 10만원이 들어있는 지갑 1개 시가 50,000원 상당을 발견하고 소정의 절차를 취하지 아니한 채 영득의 의사로 가지고 가 이를 횡령하였다.

(2) 피의자는 20○○. ○. ○. 09:00경 ○○공원 벤치에서 피해자 김○○가 분실한 ○○은행 ○○발행 액면 금 10만원권 자기앞수표 15장을 발견하고 이를 가까운 경찰서 등에 신고하는 등의 필요한 절차를 취하지 아니한 채 영득의 의사로 위 수표를 가지고 감으로써 점유이탈물을 횡령하였다.

2. 적용실례

(1) 손님이 놓고 간 지갑을 반환하지 않은 경우

피의자가 그의 집에 왔던 손님이 흘리고 간 지갑을 발견하고 그 속에 든 돈을 써버렸다.

➡ 이 경우 피의자가 피해자의 점유를 배제한 것이 아니고, 이미 피해자의 점유를 떠난 물건을 습득한 것에 불과하므로 절도 아닌 점유이탈물횡령죄로 의율해야 할 것이다.

(2) 잊고 간 카메라를 전당포에 담보로 맡기고 돈을 대부받은 경우

형의 친구가 집에 놀러 왔다가 잊어버리고 놓고 간 카메라를 횡령하여 자기의 것인 것처럼 전당포 주인을 속여, 그 카메라를 담보로 돈을 대부받았다.

➡ 이 경우는 점유이탈물횡령 외에 전당포주에 대한 관계에서 새로운 법익을 침해하고 있으므로 사기죄도 함께 성립한다.

(3) 습득한 가계수표로 물건을 구입한 경우

피의자가 가계수표 10만원짜리 1매를 습득하여, 발행일과 발행인을 기재 위조한 후 그것으로 옷 등을 구입하였다.

➡ 점유이탈물횡령죄가 당연히 성립하며, 이 외에 부정수표단속법위반, 위조유가증권행사, 사기로도 의율해야 할 것이다.

(4) 장물을 절취한 경우

피의자가 제3의 절도범이 절취하여 보관중이던 피해자 소유의 장물을 다시 절취하였다.

➡ 피해자의 점유를 떠난 도난품이어서 점유이탈물로 착오할 수도 있겠지만, 이는 엄연히 절도죄에 해당한다.

(5) 예식장 종업원이 하객이 놓고 간 물건을 나누어 가진 경우

박○○, 송○○ 등은 호텔 청소원으로 근무하던 중 손님이 두고 간 핸드백을 발견하고, 그 안에 들어있던 돈과 시계 등을 나누어 가졌다.

➡ 호텔이나 여관 등에서 손님이 놓고 간 물건의 점유는 그 주인에게 귀속한다. 이 경우에도 위 피해품의 점유는 당연히 호텔 주인에게 있는 것으로 보아야 하므로 점유이탈물횡령이 아닌 특수절도로 의율해야 한다.

3. 참고사항

(1) 수사시 유의사항

1) 주민등록증, 자동차운전면허증도 재물로 본다.

2) 건축공사를 시킨 건축주가 인부 노임으로 10만원을 준다고 생각하고 자기앞수표 10만원권 1매를 지불했는데 인부가 받아보니 자기앞수표 100만원권 1매였고, 이 점을 알고도 피해자에게 고지하지 않고 차액 90만원을 착복한 것은 준사기나 부당이득이 아니고 점유이탈물횡령죄가 성립한다. 단, 그 사실을 미리 알지 못하고 건네주고 받는 행위를 끝마친 후에야 비로소 알게 되었을 경우이어야 한다. 만약, 교부받기 전 또는 교부받는 중에 그 사실을 알게 되었을 경우에는 그대로 수령한 경우 사기죄에 해당한다(2003도4531참조).

● 수사사례

- 택시승객의 유실물 택시를 운전하던 중에 손님이 두고내린 지갑을 피해자에게 반환하거나 경찰에 신고하지 않고 영득의 의사로 임의로 사용한 경우 점유이탈물횡령죄 성립.
- 고객이 두고 간 신용카드를 사용한 경우 고객이 물건을 구입하고 두고 간 신용카드를 점원이 보관하던 중에 이를 자신의 것처럼 사용하여 물건을 구입하였다면 점유이탈물횡령죄 성립.
- 잘못 지급된 금원 물건을 1백만원에 매매하면서 피해자의 착오로 더 지급된 10만원을 가졌다면 점유이탈물 횡령죄 성립

8. 친족상도례 · 동력

제361조【친족간의 범행, 동력】
제328조와 제346조의 규정은 본장의 죄에 준용한다.

[고소] 328, 형소223 · 225 · 230 · 232 · 233, [동력] 346, 민98

○ 횡령과 배임의 죄에는 친족간 범행의 특례와 동력에 관한 규정을 적용한다. 다만, 여기에 유의하여야 할 것으로서는 친족관계는 재물의 소유자 및 위탁자의 쌍방에 존재하여야 한다. 따라서 위탁자가 친족이라도 소유자가 친족이 아니면 본 특례는 적용되지 않고, 소유자가 친족이라도 위탁자가 친족이 아닌 경우에는 역시 적용이 없다고 보아야 한다.

Ⅰ. 판례

◆ 친족상도례에 관한 형법 규정이 특정경제범죄 가중처벌 등에 관한 법률 제3조 제1항 위반죄에도 적용되는지 여부(적극)

형법 제361조, 제328조의 규정에 의하면, 직계혈족, 배우자, 동거친족, 동거가족 또는 그 배우자 간의 횡령죄는 그 형을 면제하여야 하고 그 외의 친족 간에는 고소가 있어야 공소를 제기할 수 있는바, 형법상 횡령죄의 성질은 '특정경제범죄 가중처벌 등에 관한 법률' (이하 '특경법' 이라고 한다) 제3조 제1항에 의해 가중 처벌되는 경우에도 그대로 유지되고, 특경법에 친족상도례에 관한 형법 제361조, 제328조의 적용을 배제한다는 명시적인 규정이 없으므로, 형법 제361조는 특경법 제3조 제1항 위반죄에도 그대로 적용된다(대법원 2013. 9. 13., 선고, 2013도7754, 판결).

제 41 장 장물에 관한 죄 (제362조 ~ 제365조)

제41장 장물에 관한 죄(제362조 ~ 제365조)

1. 장물죄

제362조【장물의 취득, 알선 등】

① 장물을 취득, 양도, 운반 또는 보관한 자는 7년 이하의 징역 또는 1천500만원 이하의 벌금에 처한다. 〈개정 1995. 12. 29.〉

② 전항의 행위를 알선한 자도 전항의 형과 같다.

[즉시취득의특례] 민250 · 251, [상습범] 363, [과실범] 364, [공소시효] : 7년

○ 이 죄의 보호법익은 재산권이며, 보호의 정도는 위험범이다. 장물죄는 본범과 독립된 범죄이고 본범에 대한 공범이 될 수 없다.

Ⅰ. 이론

1. 구성요건

(1) 객관적 구성요건

1) 주체

본범의 정범, 즉 공동정범, 간접정범, 합동범을 제외한 모든 자이다. 그러므로 본범의 정범은 본 죄의 주체가 될 수 없다. 그러나 본 범의 교사범이나 종범은 본 죄의 주체가 될 수 있다.

2) 객체

장물이다. 장물이란 재산범죄에 의하여 불법하게 영득한 재물을 말한다.

① 재물

장물은 재물이어야 하므로 재산상의 이익이나 권리는 장물이 될 수 없다.

다만 권리가 화체된 문서는 재물이므로 장물이 될 수 있다. 재물인 이상 동산이거나 부동산이거나를 묻지 않으며 반드시 경제적 가치(교환가치)를 가질 필요도 없다. 또한 관리할 수 있는 동력도 재물에 해당하므로 장물이 될 수 있다.

② 본범의 성질

가. 재산범죄 : 본범은 재산범죄이어야 한다. 장물죄의 본범이 될 수 있는 형법상의 재산죄에는 절도·강도·사기·공갈·횡령이 있다. 장물죄도 재산죄이므로 장물죄의 본범이 될 수 있으며, 손괴죄는 재산죄이지만 재물의 취득이 없으므로 장물죄의 본범이 될 수 없다. 재산범인 이상 특별법상의 재산범죄(산림법위반 등)도 포함된다.

나. 재산범죄에 의하여 영득한 재물 : 장물은 재산범죄에 의하여 영득한 재물이어야 한다. 따라서 범죄에 의하여 작성된 물건은 물론 재산범죄의 수단으로 사용된 재물도 장물이 될 수 없다. 배임죄의 경우 영득한 것은 재산상의 이익이고 재물은 배임죄에 제공된 것에 불과하므로 이중매매된 부동산이나 양도담보로 제공된 부동산은 장물이 될 수 없다.

다. 장물성의 상실 : 다음과 같은 경우에 장물성은 상실된다.

i) 본범에 대하여 피해자의 승낙이 있거나 본범이 이를 상속받은 경우

ii) 본범이 대외관계에서 소유자로서 처분할 권한을 가지고 처분한 재물

iii) 민법 제249조에 의하여 제3자가 선의취득한 재물(다만 목적물이 도품이나 유실물일 때에는 도난 또는 유실한 날로부터 2년간 장물성이 상실되지 않는다)

iv) 가공에 의하여 소유권이 가공자에게 귀속된 경우(민법 제259조), 그러나 다소 가공한 사실이 있다고 해도 재물의 동일성이 유지되어 가공자의 소유로 귀속되지 아니한 때에는 장물성은 상실되지 않는다.

v) 사기 또는 공갈에 의하여 취득한 장물에 대하여 피해자가 소유권을 포기하거나 취소기간이 지나 취소할 수 없는 경우(민법 제110조 참조)

③ 본범의 실현 정도

가. 범죄의 성립 : 장물은 본범의 구성요건에 해당하고 위법한 행위에 의하여 영득한 것이어야 한다. 본범은 고의가 있어야 하고, 과실로 족한 때에는 과실이 있어야 한다. 본범의 행위가 유책할 필요는 없으므로 본범

이 책임무능력자이거나 회피할 수 없는 금지의 착오가 있었을 때에도 장물죄는 성립한다. 또한 본범에게 소송조건 또는 처벌조건이 없는 때에도 장물죄는 성립한다.

나. 시간적 관계 : 장물죄가 범해지기 전에 본범이 종결되어야 한다. 통설은 본범이 기수에 이를 것을 요한다고 한다. 장물은 본범에 의하여 불법하게 영득한 점유임을 전제로 하며 본범의 재물의 영득과 장물취득행위가 시간적으로 동시에 이루어진 때에는 장물죄는 성립할 여지가 없다.

④ 장물의 동일성

가. 장물은 재산범죄에 의하여 영득한 재물 그 자체이어야 한다. 즉 대체장물은 장물이 아니다. 따라서 장물을 매각한 대금으로 받은 돈이나 장물과 교환한 재물은 물론, 장물인 돈으로 매입한 재물은 모두 장물이 될 수 없다.

나. 문제는 금전과 같이 대체성을 갖는 재물에 대하여도 대체장물의 장물성을 부정해야 하는가이다. 금전도 재물이지만 금전의 영득에 있어서는 물체의 영득보다는 가치취득이라는 성질이 강하고, 행위자가 취득한 가치총액은 그 금전을 교환한 때에도 동일성이 유지되므로 장물성을 인정해야 한다고 한다. 통설도 금전을 다른 돈으로 바꾼 경우(만원짜리를 천원짜리로 바꾼 경우)에도 장물성을 인정한다. 나아가 현금과 같은 가치를 가지고 있는 자기앞수표를 현금으로 교환하거나, 절취한 돈을 은행에 예금했다가 찾은 경우에도 장물성이 유지된다.

■ 이견있는 형사사건의 법원판단 ■

[수표와 교환된 현금의 장물성]

1. 문제점 : 수표와 교환된 현금의 장물성을 인정할 수 있는지 문제된다.
2. 학설
(1) 긍정설 : 거래상 수표는 현금과 동일하고, 통화처럼 고도의 대체성이 있으므로 그 현금도 장물이 된다는 견해
(2) 부정설 : 수표와 교환된 현금간에는 동일성이 없고, 권리자의 추구권도 미치지 않으므로 그 현금은 장물이 아니라는 견해
3. 판례 : 긍정설의 태도

장물인 현금을 금융기관에 예금의 형태로 보관하였다가 이를 반환받기 위하여 동일한 액수의 현금을 인출한 경우에 예금계약의 성질상 인출된 현금은 당초의 현금과 물리적인 동일성은 상실되었지만 액수에 의하여 표시되는 금전적 가치에는 아무런 변동이 없으므로 장물로서의 성질은 그대로 유지된다고 봄이 상당하고, 자기앞수표도 그 액면금을 즉시 지급받을 수 있는 등 현금에 대신하는 기능을 가지고 거래상 현금과 동일하게 취급되고 있는 점에서 금전의 경우와 동일하게 보아야 한다(대판 2000. 3. 10, 98도2579).

3) 행위

장물을 취득·양도·운반·보관 또는 알선하는 것이다.

① 취득

가. 취득이란 점유를 이전함으로써 재물에 대한 사실상의 처분권을 얻는 것을 말한다.

나. 취득은 점유의 이전을 요하므로 단순한 약속이나 계약의 성립만으로는 이루어질 수 없다. 장물취득죄도 취득의 의사표시가 있는 때에 실행의 착수가 있다고 보지만, 이 죄는 미수범을 처벌하지 않기 때문에 계약만으로 성립하지 않는 것이다. 이전은 반드시 현실의 인도가 아니라도 간접적인 점유의 취득이 있으면 이 죄가 성립한다. 따라서 시정물의 열쇠를 취득하거나 위탁된 장물을 인출할 수 있는 증서를 인도받은 때에도 이 죄가 성립한다. 장물취득죄는 장물에 대한 사실상의 처분권이 취득자에게 이전된다는 점에서 운반 또는 보관과 구별된다.

다. 취득은 유상이든 무상이든 불문하며, 반드시 자기를 위하여 취득하는 경우에 한하지 않고 제3자를 위한 취득도 포함한다. 그리고 반드시 본범으로부터 직접 취득할 것을 요하는 것도 아니다.

라. 장물취득죄는 즉시범이다. 따라서 행위자가 장물을 취득할 때에는 장물에 대한 고의가 있어야 한다.

▣ 근거판례 ▣

장물취득죄에서 '취득'이라고 함은 점유를 이전받음으로써 그 장물에 대하여 사실상의 처분권을 획득하는 것을 의미하는 것이므로, 단순히 보수를 받고 본범을 위하여 장물을 일시 사용하거나 그와 같이 사용할 목적으로 장물을 건네받은 것만으로는 장물을 취득한 것으로 볼 수 없다(대법원 2003. 5. 13. 선고 2003도1366).

② 양도

가. 양도란 장물을 제3자에게 수여하는 것을 말한다. 유상, 무상을 불문하고 양수인이 장물임을 알았는가도 문제되지 않는다.

나. 장물임을 알고 취득하여 장물취득죄가 성립한 후에 이를 다른 사람에게 양도하는 것은 장물취득죄의 불가벌적 사후행위에 지나지 않는다. 따라서 장물양도죄는 장물인 정을 모르고 장물을 취득한 후에 그 내용을 알면서 이를 제3자에게 양도한 때에만 성립한다.

③ 운반

가. 운반이란 장물을 장소적으로 이전하는 것을 말한다. 유상, 무상을 불문하며 운반방법도 불문한다.

나. 본범이 스스로 장물을 운반하는 것은 불가벌적 사후행위이다. 그러나 본범과 공동하여 제3자가 장물을 운반한 때에 제3자에 대해서는 이 죄가 성립한다.

다. 장물을 취득한 자가 이를 운반하거나, 운반한 자가 이를 취득한 때에는 장물취득죄만 성립할 뿐이고, 장물인 정을 모르고 취득하거나 보관한 자가 그 정을 알면서 운반한 때에 이 죄가 성립한다.

④ 보관

가. 보관이란 위탁을 받아 장물을 자기의 점유 아래 두는 것을 말한다. 유상, 무상을 불문하고, 보관의 방법도 불문하나, 보관을 개시할 때 장물

인 정을 알았어야 한다.

▣ 근거판례 ▣

장물인 정을 모르고 보관하던 중 장물인 정을 알게 되었고, 위 장물을 반환하는 것이 불가능하지 않음에도 불구하고 계속 보관함으로써 피해자의 정당한 반환청구권 행사를 어렵게하여 위법한 재산상태를 유지시킨 경우에는 장물보관죄에 해당한다(대법원 1987.10.13. 선고 87도1633 판결).

나. 장물을 취득한 자가 이를 보관하는 때에나 장물을 보관한 자가 이를 취득한 때에는 장물취득죄만 성립한다. 그러나 장물임을 모르고 취득한 자가 그 정을 알면서 보관한 때에는 장물보관죄가 성립한다.

다. 장물을 보관하던 자가 이를 횡령한 때에는 장물죄에 의하여 이미 피해자의 소유권이 침해되었으므로 횡령죄는 불가벌적 사후행위가 된다(통설, 판례).

라. 장물을 점유할 권한이 있는 때에는 보관죄가 성립하지 않는다(85도2472).

⑤ 알선

가. 알선이란 장물의 취득·양도·운반 또는 보관을 매개하거나 주선하는 것을 말한다. 이를 통하여 이익을 얻는지 여부는 묻지 않는다.

나. 다수설은 사실상 알선행위만 있으면 이 죄는 기수가 되며, 알선에 의하여 매매계약 등이 성립할 것은 요하지 않는다고 하고, 반대설은 적어도 계약의 성립이 필요하다고 한다.

(2) 주관적 구성요건

1) 고의가 있어야 하며 특히 장물인 정을 인식해야 한다. 이러한 인식은 미필적인 것으로도 족하다. 장물에 대한 인식은 그 재물이 재산범죄에 의하여 영득된 것이라는 인식이 있으면 족하며 반드시 본범의 구체적 내용까지 알아야 하는 것은 아니다.

2) 불법영득의사가 필요한가에 대해서는 긍정설과 부정설(다수설)이 대립하고 있다.

2. 다른 범죄와의 관계

(1) 본범과 장물죄의 관계

1) 장물죄는 타인이 불법하게 영득한 재물에 대해서만 성립하므로 자기가 영득한 재물에 대해서는 성립할 여지가 없다. 따라서 본범의 정범 또는 공동정범에 대하여는 본범 이외에 별도로 장물죄가 성립하지 않아, 이들은 장물죄의 정범은 물론 공범도 될 수 없다.

2) 그러나 교사범과 종범은 타인의 범죄에 가공한 자에 지나지 않으므로 장물죄를 범할 수 있다. 예컨대 절도를 교사한 자가 장물을 취득한 때에는 절도죄의 교사범과 장물취득죄의 경합범이 된다. 처음부터 장물을 취득하기 위하여 절도를 교사한 때에도 같다.

(2) 장물에 대한 다른 재산범죄와 장물죄와의 관계

본범에 의하여 장물이 된 후에 그 장물에 대하여 장물죄 이외의 재산범죄가 행하여진 경우, 예컨대 장물에 대하여 절도죄·강도죄·사기죄·공갈죄 또는 횡령죄를 범한 때에 그 재산범죄와 함께 장물죄가 성립할 수 있는가가 문제된다.

1) 장물을 횡령한 때에는 장물죄만 성립한다. 횡령죄는 불가벌적 사후행위가 된다.

2) 장물을 절취·강취·편취 또는 갈취한 때에는 장물죄가 별도로 성립하는가에 대하여는, 유지설(다수설)은 장물죄의 본질을 본범과의 합의에 의하여 위법한 재산상태를 유지하는데 있다고 보므로 상대방과의 합의가 없는 때에는 장물죄의 성립을 부정한다. 반면에 추구권설에 의하면 소유자가 추구권을 가지는 이상 반드시 상대방과의 합의가 필요한 것은 아니므로 장물죄가 성립하고, 절도죄, 강도죄, 사기죄, 공갈죄와 상상적 경합이 된다고 본다.

3. 친족상도례

친족상도례에 관한 제328조의 규정은 장물범과 피해자 사이에 친족관계가 있을 때에만 적용되고(제365조 제1항), 장물죄를 범한 자와 본범사이에 제328조 제1항의 신분관계가 있을 때에는 그 형을 감경 또는 면제한다(제365조 제2항). 장물범과 본범 사이에 제328조 제1항의 친족관계가 있을 때에도 그 형을 감경 또는 면제하도록 한 것은, 범인은닉죄나 증거인멸죄에 있어서와 같이 본범의 친족이 본범으로부터 장물을 취득하거나 본범과 협력하여 장물을 운반 또는 알선하는 것은 친족간의 인정에 비추어 동정할 점이 있기 때문이다. 이러한 의미에서 장물죄는 재산범죄이지만 아직도 범인비호적 성격이 유지되고 있다고 할 수 있다.

Ⅱ. 판례

◆ 장물취득죄에 있어서 장물의 인식정도와 그 인정기준

[1] 장물취득죄에 있어서 장물의 인식은 확정적 인식임을 요하지 않으며 장물일지도 모른다는 의심을 가지는 정도의 미필적 인식으로서도 충분하고, 또한 장물인 정을 알고 있었느냐의 여부는 장물 소지자의 신분, 재물의 성질, 거래의 대가 기타 상황을 참작하여 이를 인정할 수밖에 없다.

[2] 甲이 회사 자금으로 乙에게 주식매각 대금조로 금원을 지급한 경우, 그 금원은 단순히 횡령행위에 제공된 물건이 아니라 횡령행위에 의하여 영득된 장물에 해당한다고 할 것이고, 나아가 설령 甲이 乙에게 금원을 교부한 행위 자체가 횡령행위라고 하더라도 이러한 경우 甲의 업무상횡령죄가 기수에 달하는 것과 동시에 그 금원은 장물이 된다고 한 사례(대법원 2004. 12. 9. 선고 2004도5904 판결).

◆ 컴퓨터등사용사기죄의 범행으로 예금채권을 취득한 다음 자기의 현금카드를 사용하여 현금자동지급기에서 현금을 인출한 경우, 그 인출된 현금은 장물이 될 수 없다고 한 사례

(1) 사실관계

A는 권한 없이 주식회사 신진기획의 아이디와 패스워드를 입력하여 인터넷뱅킹에 접속한 다음 위 회사의 예금계좌로부터 자신의 예금계좌로 합계 180,500,000원을 이체하는 내용의 정보를 입력하여 자신의 예금액을 증액시

킴으로서 컴퓨터등사용사기죄의 범행을 저지른 다음 자신의 현금카드를 사용하여 현금자동지급기에서 현금을 인출하였다. 그 후 그 중 6,000만원을 피고인 B에게 교부하였다.

(2) 판결요지

[1] 형법 제41장의 장물에 관한 죄에 있어서의 '장물'이라 함은 재산범죄로 인하여 취득한 물건 그 자체를 말하므로, 재산범죄를 저지른 이후에 별도의 재산범죄의 구성요건에 해당하는 사후행위가 있었다면 비록 그 행위가 불가벌적 사후행위로서 처벌의 대상이 되지 않는다 할지라도 그 사후행위로 인하여 취득한 물건은 재산범죄로 인하여 취득한 물건으로서 장물이 될 수 있다.

[2] 컴퓨터등사용사기죄의 범행으로 예금채권을 취득한 다음 자기의 현금카드를 사용하여 현금자동지급기에서 현금을 인출한 경우, 현금카드 사용권한 있는 자의 정당한 사용에 의한 것으로서 현금자동지급기 관리자의 의사에 반하거나 기망행위 및 그에 따른 처분행위도 없었으므로, 별도로 절도죄나 사기죄의 구성요건에 해당하지 않는다 할 것이고, 그 결과 그 인출된 현금은 재산범죄에 의하여 취득한 재물이 아니므로 장물이 될 수 없다고 한 사례(대법원 2004. 4. 16. 선고 2004도353 판결).

◆ 장물인 현금과 자기앞수표를 금융기관에 예치하였다가 현금으로 인출한 경우, 인출한 현금의 장물성 상실 여부

장물이라 함은 재산범죄로 인하여 취득한 물건 그 자체를 말하고, 그 장물의 처분대가는 장물성을 상실하는 것이지만, 금전은 고도의 대체성을 가지고 있어 다른 종류의 통화와 쉽게 교환할 수 있고, 그 금전 자체는 별다른 의미가 없고 금액에 의하여 표시되는 금전적 가치가 거래상 의미를 가지고 유통되고 있는 점에 비추어 볼 때, 장물인 현금을 금융기관에 예금의 형태로 보관하였다가 이를 반환받기 위하여 동일한 액수의 현금을 인출한 경우에 예금계약의 성질상 인출된 현금은 당초의 현금과 물리적인 동일성은 상실되었지만 액수에 의하여 표시되는 금전적 가치에는 아무런 변동이 없으므로 장물로서의 성질은 그대로 유지된다고 봄이 상당하고, 자기앞수표도 그 액면금을 즉시 지급받을 수 있는 등 현금에 대신하는 기능을 가지고 거래상 현금과 동일하게 취급되고 있는 점에서 금전의 경우와 동일하게 보아야 한다(대법원 2004. 3. 12. 선고 2004도134 판결).

◆ 장물취득죄에 있어서 '취득'의 의미

장물취득죄에서 '취득'이라고 함은 점유를 이전받음으로써 그 장물에 대하여 사실상의 처분권을 획득하는 것을 의미하는 것이므로, 단순히 보수를 받고 본범을 위하여 장물을 일시 사용하거나 그와 같이 사용할 목적으로 장물을 건네받은 것만으로는 장물을 취득한 것으로 볼 수 없다(대법원 2003. 5. 13. 선고 2003도1366 판결).

◆ 장물보관 의뢰를 받은 자가 그 정을 알면서 이를 보관하고 있다가 임의 처분한 경우, 장물보관죄 이외에 횡령죄가 성립하는지 여부(소극)

(1) 사실관계

피고인이 2002. 9. 초순경 A로부터 장물인 고려청자 원앙형 향로 1점을 2억 5,000만 원에 매각하여 달라는 의뢰를 받음에 있어 위 향로가 장물인지 여부를 확인하여야 할 업무상 주의의무가 있음에도 이를 게을리한 과실로 위 향로를 넘겨받아 장물을 보관하던 중, 2002. 11. 29. B로부터 금원을 차용하면서 위와 같이 보관 중이던 위 향로를 담보로 제공하였다.

(2) 판결요지

[1] 절도 범인으로부터 장물보관 의뢰를 받은 자가 그 정을 알면서 이를 인도받아 보관하고 있다가 임의 처분하였다 하여도 장물보관죄가 성립하는 때에는 이미 그 소유자의 소유물 추구권을 침해하였으므로 그 후의 횡령행위는 불가벌적 사후행위에 불과하여 별도로 횡령죄가 성립하지 않는다.

[2] 피고인이 업무상 과실로 장물을 보관하고 있다가 처분한 행위는 업무상과실장물보관죄의 가벌적 평가에 포함되고 별도로 횡령죄를 구성하지 않는다고 한 원심의 판단을 수긍한 사례(대법원 2004. 4. 9. 선고 2003도8219 판결).

◆ 장물죄에 있어서 장물의 의미 및 장물죄를 인정하기 위하여는 본범의 범죄행위를 구체적으로 명시하여야 하는지 여부(소극)

[1] 장물죄에 있어서의 장물이 되기 위하여는 본범이 절도, 강도, 사기, 공갈, 횡령 등 재산죄에 의하여 영득한 물건이면 족하고 그 중 어느 범죄에 의하여 영득한 것인지를 구체적으로 명시할 것을 요하지 않는다.

[2] 자기의 형사 사건에 관한 증거를 인멸하기 위하여 타인을 교사하여 죄를 범하게 한 자에 대하여는 증거인멸교사죄가 성립한다(대법원 2000. 3. 24. 선고 99도5275 판결).

◆ 횡령죄에서 재물의 타인성 등과 관련된 법률관계에 외국적 요소가 있는 경우, 소

유권 귀속관계 등의 판단 기준

횡령죄가 성립하기 위하여는 그 주체가 '타인의 재물을 보관하는 자' 이어야 하고, 타인의 재물인가 또는 그 재물을 보관하는가의 여부는 민법·상법 기타의 민사실체법에 의하여 결정되어야 한다. 따라서 타인의 재물인가 등과 관련된 법률관계에 당사자의 국적·주소, 물건 소재지, 행위지 등이 외국과 밀접하게 관련되어 있어서 국제사법 제1조 소정의 외국적 요소가 있는 경우에는 다른 특별한 사정이 없는 한 국제사법의 규정에 좇아 정하여지는 준거법을 1차적인 기준으로 하여 당해 재물의 소유권의 귀속관계 등을 결정하여야 한다(대법원 2011.4.28, 선고, 2010도15350, 판결).

◆ 대한민국 국민 또는 외국인이 미국 캘리포니아주에서 미국 리스회사와 미국 캘리포니아주의 법에 따라 차량 이용에 관한 리스계약을 체결하였는데, 이후 자동차수입업자인 피고인이 리스기간 중 위 리스이용자들이 임의로 처분한 위 차량들을 수입한 사안에서, 피고인에게 장물취득죄를 인정한 원심판단의 결론을 정당하다고 한 사례

대한민국 국민 또는 외국인이 미국 캘리포니아주에서 미국 리스회사와 미국 캘리포니아주의 법에 따라 차량 이용에 관한 리스계약을 체결하면서 준거법에 관하여는 별도로 약정하지 아니하였는데, 이후 자동차수입업자인 피고인이 리스기간 중 위 리스이용자들이 임의로 처분한 리스계약의 목적물인 차량들을 수입한 사안에서, 국제사법에 따라 위 리스계약에 적용될 준거법인 미국 캘리포니아주의 법에 의하면, 위 차량들의 소유권은 리스회사에 속하고, 리스이용자는 일정 기간 차량의 점유·사용의 권한을 이전받을 뿐이어서(미국 캘리포니아주 상법 제10103조 제a항 제10호도 참조), 리스이용자들은 리스회사에 대한 관계에서 위 차량들에 관한 보관자로서의 지위에 있으므로, 위 차량들을 임의로 처분한 행위는 형법상 횡령죄의 구성요건에 해당하는 위법한 행위로 평가되고 이에 의하여 영득된 위 차량들은 장물에 해당한다는 이유로, 피고인에게 장물취득죄를 인정한 원심판단의 결론을 정당하다고 한 사례(대법원 2011.4.28, 선고, 2010도15350, 판결).

Ⅲ. 수사실무

1. 수사포인트

(1) 범행의 동기를 밝힌다.

(2) 본범과 사전에 교섭이 있었는가 조사한다.

(3) 범행은 언제·어디서 행해졌는가, 특정할 수 있는 근거는 무엇인가 조사한다.

(4) 목적물이 장물인 정을 알았는지 밝힌다.

(5) 범행의 상황 등을 조사한다.

1) 취득 : 장물이라는 것을 무엇으로 언제 알았는가, 언제·어디서 얼마에 장물을 매수하였는가, 매수 후 그것을 어떻게 했는가 조사한다.

2) 양도 : 누구로부터 어떻게 받았는가, 장물인 것을 언제 확인했는가, 실상의 처분권을 취득한 것인지 확인한다.

3) 운반 : 언제·어디서·누구로부터 운반의뢰를 받았는가, 장물인 것을 언제 확인하였는가, 어디서 어디까지 운반하였는가, 운반의 대가는 무엇인가, 운반종료 후 그 물건을 누구에게, 어떻게 하였는가 조사한다.

4) 보관 : 언제·어디서·누구로부터 보관의뢰를 받았는가, 장물인 것을 언제 확인하였는가, 현재 그 장물을 어떻게 하고 있는가 조사한다.

(6) 본범자와 장물범인의 관계, 피해자와 본범자의 관계, 피해자와 장물범인의 관계를 조사한다.

(7) 장물을 처분하여 그 대가로 취득한 압수물은 몰수할 것이 아니라 피해자에게 교부하여야 한다.

2. 피의자 신문례

(1) 피의자는 현재 어떠한 일을 하고 있나요

(2) 전당포 영업허가는 있나요

(3) 피의자는 유ㅇㅇ을 아는가요

(4) 언제, 어디서, 어떻게 장물을 저당하게 되었는지 상세히 진술하세요

(5) 이 노트북은 유ㅇㅇ가 훔친 것인데 그 사실을 알고 저당잡았나요

(6) 이 노트북은 현 시가가 얼마나 되는가요

(7) 피의자는 저당물을 저당할 경우 전당물주의 주소, 성명, 직업과 연령을 확인한 후 기재하도록 되어 있는데 왜 확인하지 않았나요

(8) 피의자는 평소에도 저당물을 잡을 경우 주민등록증을 확인하고 장부에

기재하지 않는가요

(9) 피의자는 무엇을 잘못했다고 생각하나요

(10) 현재 위 노트북은 어떻게 하였나요

(11) 피의자는 유○○와 친족관계가 있나요

(12) 피의자에게 유리한 증거나 더 할 말이 있나요

3. 범죄사실 기재례

【범죄사실 기재례】

(1) 장물취득

피의자는 서울 중랑구 면목2동 123에서 황금당이라는 상호로 금은방을 경영하고 있다.

피의자는 20○○. ○. ○. 16:00경 위 황금당에서 김○○으로부터 그가 절취한 이○○ 소유의 금반지 1개 시가 50,000원 상당을 장물인 정을 알면서 대금 10,000원에 매수하여 장물을 취득하였다.

(2) 장물보관

피의자는 서울 중랑구 상봉2동 333에서 서울식당이라는 상호로 음식점을 경영하고 있다.

피의자는 20○○. ○. ○. 14:00경 위 서울식당에서 김○○으로부터 그가 절취한 이○○ 소유 시가 50,000원 상당의 금반지 1개를 장물인 정을 알면서 식사대금 15,000원의 담보로 받아두고 장물을 보관하였다.

(3) 장물운반

피의자는 20○○. ○. ○.경 ○○시 ○○구 ○○동 123번지에 있는 피의자의 집에서 최○○으로부터 그가 절취하여 온 △△전자 42인치 PDP TV 1대(시가 400만원 상당)를 강취한 장물이라는 정을 알면서도 △△시 △△구 △△동 345번지까지 피의자 소유의 ○○로○○○○호 1톤 화물트럭에 이를 싣고 가 장물을 운반하였다.

(4) 장물알선

피의자는 20○○. ○. ○.경 ○○시 ○○구 ○○동 123번지 피의자의 집에서 김○○로부터 그가 절취하여 온 테크노마린 손목시계 20개(시가 4,000만원 상당)을 매각하여 달라는 부탁을 받고 그 장물인 정을 알면서도 이를 승낙한 20○○. ○. ○.경 △△시 △△동 456번지 △△주얼리에 500만원에 매각하여 주어 장물을 알선하였다.

4. 적용실례

(1) 변제조로 가져온 노트북의 절취의심을 하면서도 교부받은 경우

돈을 빌려주고, 그 변제조로 가져온 노트북컴퓨터가 절취한 것이 아닌가 의심하면서도 교부받았다.

➡ 장물이라는 인식은 미필적이어도 충분하므로 이 경우, 장물취득죄의 성립을 피할 수 없다.

(2) 절취한 개라는 것을 알면서도 요리해 먹은 경우

상피의자가 가져온 개가 절취한 것이라는 것을 알면서도 요리하여 먹었다.

➡ 상피의자가 절취할 때 방조한 것이 아니므로 장물취득으로 의율해야 한다.

(3) 장물의 매각을 의뢰받아 매각과 보관을 한 경우

피의자가 타인으로부터 장물의 매각을 의뢰받고 그 매각대금 중 일부만을 그 타인에게 돌려주기로 하는 약정을 하고 장물을 인도받아 장물 중 일부를 매각하고 일부를 보관중이다.

➡ 이 경우 매각부분에 대해서는 장물알선, 보관부분에 대해서는 장물보관으로 의율할 수 있겠고 양자는 포괄1죄의 관계에 있어서 그 죄명은 장물알선으로 하는 것이 상당하다.

(4) 절도와 장물에 관한 범죄

A는 B에게 보석을 훔쳐오면 좋은 값으로 사주겠다고 하며 B를 부추기고, 이에 B는 범의가 일어 C에게서 보석을 훔쳐왔다. A는 B에게서 그 보석을 사고 애인 D에게 그것을 선물했다. D도 그것이 장물인 것을 알고 있었다.

➡ B는 절도죄, A는 절도교사죄와 장물취득죄가 되며, D도 장물인 정을 알고 있으므로 장물양도죄가 성립한다.

(5) 장물을 취득하기 위하여 운반한 경우

피의자가 절도본범인 형의 지시를 받아 집 마당에 숨겨진 장물을 분배하기 위하여 같은 집 이층방까지 약 20미터 정도 운반한 후 분배 취득하였다.

➡ 이 경우의 운반행위는 장물취득의 한 과정에 불과하여 이에 흡수되므로 장물취득죄로만 의율하는 것이 타당하다.

(6) 장물인 것을 알면서도 운반하여 보관한 경우

남자친구의 부탁을 받고, 그것이 장물인 것을 알면서도 피의자의 집까지 이것을 운반하여 보관하였다.

➡ 피의자는 장물운반과 장물보관의 행위를 모두 했지만, 장물을 운반한 후 계속해서 이를 보관하는 경우는 장물운반이 장물보관의 수단에 불과한 것이 되어 장물운반죄는 장물보관죄에 흡수된다.

(7) 장물의 일부를 알선한 경우

장물의 알선을 위하여 교부받아 보관하던 중 그 일부에 대하여만 알선하였다.

➡ 알선을 위하여 교부받은 장물의 일부에 대해서만 알선이 성립했을 때에는 알선과 알선이 성립되지 않은 장물의 보관은 포괄1죄를 구성하므로 장물알선죄로만 의율하는 것이 상당하다.

(8) 절취한 오토바이임을 알면서 타고 간 경우

배○○이 단독으로 오토바이를 절취하고 약 20미터 떨어진 곳에서 정○○가 기다리고 있었는데, 배○○가 절도 후 위 오토바이를 정○○가 있는 곳으로 끌고가 훔쳐온 정을 알리고 그에게 주어 정○○가 타고 갔다.

➡ 이 경우 정○○에 대한 특수절도혐의는 인정하기 어렵다 하더라도 장물취득 내지 장물운반혐의가 인정되는 것은 분명하다.

(9) 타인이 절취한 물건을 본인소유 차량으로 운반한 경우

타인이 절취한 고가의 가구를 피의자 소유 화물차량으로 운반하였다.

➡ 피의자가 화물차의 운전을 업으로 하고 있어 업무와 관련한 행위로 생각할 수도 있겠으나, 장물죄에 있어서의 업무란 고물상, 전당포, 수리상과 같이 주로 중고품을 취급하는 것을 업무로 하는 경우를 말하므로 이 경우는 단순히 장물운반죄로 의율해야 할 것이다.

(10) 타인이 강취한 수표를 교환해주고 사례금을 받은 경우

한○○와 이○○는 타인이 강취해온 100만원권 자기앞수표 1매를 교환해 달라는 부탁을 받고 은행에 가서 현금으로 교환해주고 그 타인으로부터 사례금으로 30만원씩 교부받았다.

➡ 사례금으로 30만원씩을 교부받은 행위는 장물알선의 대가이며, 장물이란 영득죄에 의해 취득한 물건 그 자체를 말하므로 장물을 처분하여 얻어진 돈을 받았다고 하더라도 장물취득죄는 성립하지 않는다. 또한, 자기앞수표는 융통성이 강해 현금과 동일시되는 것으로서 습득한 자기앞수표를 현금과 교환하더라도 사기죄가 성립하지 않으므로 사기죄도 물을 수 없다.

(11) 사정을 알지 못하고 장물을 취득한 경우

피의자의 후배인 상피의자 모○○이 전에 자기 친구에게 돈을 빌려주었으나 그 친구가 외국으로 이민을 가면서 피의자가 빌려준 돈 대신 25인치 칼라텔레비전과 소형 냉장고를 주어서 받은 것이라고 하면서 가져와 돈이 급하니 합쳐서 25만원에 사라고 하였다. 마침 자취를 하려고 준비중이던 피의자는 이것들이 장물이라는 의심은 하지 않았고, 다만 전자제품 대리점을 경영하는 김○○에게 위 텔레비전과 냉장고의 시가를 물어보고 가격이 적당한 것 같아 이를 매수하였다.

➡ 이 경우, 피의자의 주장과 상피의자 대리점 주인 김○○의 진술을 철저히 조사하고 종합하여 판단해야 할 것이다. 이 경우는 범죄혐의 없는 것으로 보인다.

5. 참고사항

(1) 수사시 유의사항

1) 선의취득한 동산이 도품이나 유실물인 때 피해자 또는 유실자는 2년이내 그 반환을 청구할 수 있다. 양수인이 도품 또는 유실물을 정당하게 선의취득한 때에는 양수인이 지급한 대가를 변상하고, 그 물건의 반환을 청구할 수 있다(민법 제249조 : 선의취득, 민법 제250~251조 : 도품, 유실물에 관한 특례 참조)

2) 금은방은 경찰서장 신고사항으로 영업정지 등 행정조치 없음

● **수사사례**

장물취득

- 득절도범이 훔쳐가지고 온 물건을 그것이 훔친 물건이라는 것을 알면서도 산 경우 장물취득죄 성립
- 매매계약 후에 훔친 물건이라는 정을 알고도 건네받은 경우 장물취득죄 성립
- 유실물을 주워서 횡령한 장물을 산 경우 장물취득죄 성립
- 타인에게서 편취(사기)하여 가지고 온 것을 알면서도 수표를 받아 가진 경우 장물취득죄 성립
- 물품대금 등을 수금하여 횡령한 돈이라는 것을 알면서도 현금을 빌려 받은 경우 장물취득죄 성립

장물운반

- 반절도범의 부탁을 받고 그가 다른 곳에서 훔쳐온 물건이라는 것을 알면서도 그 물건을 운반하여 준 경우 장물운반죄 성립
- 영업용 택시운전사가 주행중 골목길에서 박스에 넣은 전자제품인 듯한 물건을 어깨에 메고 뛰어나온 손님의 신호로 정차한 후 그가 이 물건을 택시 뒷좌석에 싣고 "빨리 가자, 쫓기고 있다 "고 말하므로 그것이 혹시 장물이 아닌가 하는 생각을 하면서 가볍게 넘기고 그의 지시에 따라 운전 주행하여 장물을 운반한 경우 장물운반죄 성립

장물보관

- 관횡령한 물건이라는 것을 알면서도 그의 부탁을 받아들여 이를 감춰주어 보관해준 경우 장물 보관죄 성립
- 가져온 물건이 장물일지도 모르겠다고 생각하면서도 가볍게 넘기고 이를 채권의 담보로 잡아둔 경우 장물보관죄 성립

장물알선

- 훔친 물건에 대하여 팔아달라는 부탁을 받고 이를 다른 사람에게 팔아준 경우 장물알선죄 성립

장물양도

- 도장물이라는 것을 모르고 물품을 매입한 후 언론보도 등을 통하여 그 물품이 훔친 것이라는 것을 알고 발각되면 처벌받을 것이라고 생각하고 두려운 나머지 그 사실을 모르는 다른 사람에게 다시 팔아 넘긴 경우 장물양도죄 성립

- 아는 사람으로부터 장물인 사실을 모르고 받은 선물이 그 후 길거리에서 주운 유실물 횡령품임을 알고 두려운 나머지 받은 물건을 다시 아는 사람에게 선물로 준 경우 장물양도죄 성립

2. 상습범

제363조【상습범】

① 상습으로 전조의 죄를 범한 자는 1년 이상 10년 이하의 징역에 처한다.

② 제1항의 경우에는 10년 이하의 자격정지 또는 1천500만원 이하의 벌금을 병과할 수 있다. 〈개정 1995. 12. 29.〉

[공소시효] : 10년

○ 장물죄의 본범조장적 성격을 고려하여 형을 가중하는 가중적 구성요건이다.

※ 수사시 유의사항

상습적으로 여러차례 장물을 취득한 경우에는 특가법(장물)으로 의율함

Ⅰ. 판례

◆ 상습 장물취득에 있어서 상습성의 의미 및 그 판단 기준

상습 장물취득에 있어서의 상습성이라 함은 반복하여 장물취득행위를 하는 습벽으로서 행위자의 속성을 말하고, 이러한 습벽의 유무를 판단함에 있어서는 장물취득의 전과가 중요한 판단자료가 되나 장물취득의 전과가 없다고 하더라도 범행의 회수, 수단과 방법, 동기 등 제반 사정을 참작하여 장물취득의 습벽이 인정되는 경우에는 상습성을 인정하여야 할 것이다(대법원 2007. 2. 8. 선고 2006도6955 판결).

◆ 동종의 전과가 있는 자가 단시일내에 동종의 범행을 19회나 저지른 경우 상습성 인정가부

동종의 전과가 있는 자가 약 6월간의 단시일내에 동종의 범행을 19회나 저질렀다면 그 범행의 상습성을 인정할 수 있다(대법원 1983. 10. 11. 선고 83도2324 판결).

◆ 상습범 사건에 있어서 공소의 효력과 판결의 확정력이 미치는 시간적 한계

상습범 사건에 있어서 공소의 효력과 판결의 확정력은 사실심리의 가능성이 있는 최후의 시점인 판결선고시를 기준으로 하여 가리게 되고 그때까지 행하여진 행위에 대하여서만 공소의 효력과 판결의 효력이 미친다(대법원 1979. 2. 27. 선고 79도82 판결).

◆ 상습장물알선죄

상습장물알선죄는 장물알선의 습벽있는 자가 장물알선의 범행을 여러차례 반복하여 저지른 경우이다(대법원 1972. 8. 31. 선고 72도1472 판결).

3. 업무상과실, 중과실장물죄

제364조【업무상과실, 중과실】

업무상과실 또는 중대한 과실로 인하여 제362조의 죄를 범한 자는 1년 이하의 금고 또는 500만원 이하의 벌금에 처한다. 〈개정 1995. 12. 29.〉

[업무상과실 · 중과실] 171 · 189② · 268, [공소시효] : 5년

○ 이 죄는 업무상과실 또는 중과실로 인하여 장물을 취득·운반·보관 또는 알선함으로써 성립하는 범죄이다. 형법은 양도의 경우까지를 포함하고 있으나, 양도란 장물인 정을 모르고 취득한 후에 이를 알면서 처분하는 것을 말하므로 과실에 의한 장물양도죄는 성립할 수 없다. 이 조는 형법상의 재산죄 가운데 과실범을 처벌하는 유일한 규정이다. 이 죄의 입법취지는 전당포와 같이 중고품을 취급하는 업무에 종사하는 자는 장물을 취급하기 쉽기 때문에 그 업무처리상의 주의의무를 요구하고, 나아가 고의의 입증이 곤란한 경우에 과실범으로 처벌할 길을 열어 단속의 효과를 거두려는 정책적 고려에 있다.

Ⅰ. 판례

◆ 금은방 운영자가 귀금속류를 매수함에 있어 장물인지 여부의 확인에 관하여 업무상 요구되는 주의의무의 정도

(1) 사실관계

피고인은 2001. 12. 5. 11:00경 대전 동구 중동소재 피고인 운영의 금은방에

서 A가 절취하여 온 18K 큐빅반지 2개(이하 '이 사건 반지'라 한다) 시가 합계 54만 원 상당을 매수함에 있어서 A의 신분, 매각 동기 등을 확인하여 장부에 기재하고 그 신분에 적합한 소지인지 및 거래시세에 따른 적정한 가격을 요구하는지 등을 살펴보지 않고, 이를 게을리 한 채 위 반지 2개를 금 156,000원에 매수하여 장물을 취득하였다. 피고인이 매수한 반지는 종류가 다른 18K 큐빅반지 2개(여자용 및 남녀공용 각 1개)로서, 그 큐빅과 가공비를 제외한 금값만의 시세는 17만 원 정도이나 신품의 판매가격은 54만 원 정도이고, A는 2001. 11. 말경에도 14K 커플링반지를 가지고 피고인 운영의 금은방에 와서 피고인이 이를 매수한 적이 있는데, A가 그로부터 불과 1주일여만에 다시 이 사건 반지를 팔러 온 것이고, A는 이 사건 반지를 팔러 왔을 때 그 중량이나 가격을 알지 못하고, 오히려 피고인에게 몇 돈이 나가느냐고 물었다. 피고인은 이 사건 반지를 매수함에 있어 A가 두 번째 찾아온 사실을 알았으면서도 주민등록증을 제시받아 신원을 확인하였을 뿐 이 사건 반지의 소유관계 등에 대하여는 물어보지 아니하였다.

(2) **판결요지**

[1] 금은방을 운영하는 자가 귀금속류를 매수함에 있어 매도자의 신원확인절차를 거쳤다고 하여도 장물인지의 여부를 의심할 만한 특별한 사정이 있거나, 매수물품의 성질과 종류 및 매도자의 신원 등에 좀 더 세심한 주의를 기울였다면 그 물건이 장물임을 알 수 있었음에도 불구하고 이를 게을리 하여 장물인 정을 모르고 매수하여 취득한 경우에는 업무상과실장물취득죄가 성립한다고 할 것이고, <u>물건이 장물인지의 여부를 의심할 만한 특별한 사정이 있는지 여부나 그 물건이 장물임을 알 수 있었는지의 여부는 매도자의 인적사항과 신분, 물건의 성질과 종류 및 가격, 매도자와 그 물건의 객관적 관련성, 매도자의 언동 등 일체의 사정을 참작하여 판단</u>하여야 한다.

[2] 금은방 운영자가 반지를 매수함에 있어 장물인 정을 알 수 있었거나 장물인지의 여부를 의심할 만한 특별한 사정이 있었다면 매도인의 신원확인 외에 반지의 출처 및 소지경위 등에 대하여도 확인할 업무상 주의의무가 있다고 할 것임에도 그러한 업무상 주의의무가 없다고 보아 무죄를 선고한 원심판결을 파기한 사례 (대법원 2003. 4. 25. 선고 2003도348 판결).

◆ 미싱취급고물영업자들이 봉제공장 경영자로부터 미싱 50대를 구입함에 있어서 그의 사업자등록증과 주민등록증을 확인하고 고물상 장부에 이를 모두 기재하는 등 하였다면 업무상 주의의무를 다하였다고 본 사례

미싱취급 고물영업을 하는 피고인들이, 새로운 설비를 하기 위하여 미싱을 처분한다는 봉제공장 경영자로부터 그 공장에 설치되어 있던 미싱 50대를 구입함에 있어서 다른 고물영업자 두 사람과 함께 만든 견적서에 의하여 그 대금을 결정하고 매매계약서를 작성할 때에도 그의 사업자등록증과 주민등록증을 확인하고 위 물품을 인수한 후에 피고인들의 고물상 장부에 이를 모두 기재하였다면 피고인들로서는 위 물품들이 장물인지의 여부의 확인에 관한 업무상 요구되는 주의의무를 다하였다고 할 것이다(대법원 1991. 11. 26. 선고 91도2332 판결).

◆ 전자대리점 경영자의 취급물품의 매수에 관한 업무상 주의의무

전자대리점을 경영하는 자가 그 취급물품의 판매회사 사원으로부터 그가 소개한 회사 보관창고의 물품반출업무담당자가 그 창고에서 내어 주는 회사소유 물품을 반출하여 판매후 그 대금을 달라는 부탁을 받고 이를 반출함에 있어서 그 대금도 확실히 정하지 않고 인수증의 발행등 정당한 출고절차를 거치지 아니하였다면 전자대리점경영자로서는 마땅히 그 회사관계자등에게 위 물품이 정당하게 출고되는 것인지 여부를 확인하여야 할 업무상의 주의의무가 있다(대법원 1987.6.9. 선고, 87도915 판결).

◆ 장물보관 의뢰를 받은 자가 그 정을 알면서 이를 보관하고 있다가 임의 처분한 경우, 장물보관죄 이외에 횡령죄가 성립하는지 여부(소극)

절도 범인으로부터 장물보관 의뢰를 받은 자가 그 정을 알면서 이를 인도받아 보관하고 있다가 임의 처분하였다 하여도 장물보관죄가 성립하는 때에는 이미 그 소유자의 소유물 추구권을 침해하였으므로 그 후의 횡령행위는 불가벌적 사후행위에 불과하여 별도로 횡령죄가 성립하지 않는다.(대법원 2004.4.9, 선고, 2003도8219, 판결).

◆ 피고인이 업무상 과실로 장물을 보관하고 있다가 처분한 행위는 업무상과실장물보관죄의 가벌적 평가에 포함되고 별도로 횡령죄를 구성하지 않는다고 한 원심의 판단을 수긍한 경우

피고인이 업무상 과실로 장물을 보관하고 있다가 처분한 행위는 업무상과실장물보관죄의 가벌적 평가에 포함되고 별도로 횡령죄를 구성하지 않는다고 한 원심의 판단을 수긍한 사례(대법원 2004.4.9, 선고, 2003도8219, 판결).

Ⅱ. 수사실무

1. 범죄사실 기재례

【범죄사실 기재례】

(1) 피의자는 서울 중랑구 묵1동 123에서 신호사라는 상호로 전파사를 경영하고 있다.

피의자는 20○○. ○. ○. 14 : 00경 위 신호사에서 김○○으로부터 그가 절취한 시가 100,000원 상당의 중고 쏘니카세트 1개를 매수함에 있어서 이러한 경우 고물매매업에 종사하는 자로서는 위 카세트가 혹시 장물일지도 모르므로 위 김○○의 신분, 매각의 동기 등을 확인하고 신분에 맞는 소지인지, 거래시세에 따른 적정가격을 요구하는지 등을 잘 살펴보아야 할 업무상주의의무가 있음에도 불구하고 이를 게을리 한 채 요구가격이 다소 싸다는 점에만 마음을 두어 위 카세트를 대금 20,000원에 매수하여 장물을 취득하였다.

(2) 피의자는 서울 ○○구 ○○동 123에서 A금은방이라는 상호로 귀금속 매매 업무에 종사하고 있다.

피의자는 20○○. ○. ○ 13:00경 위 금은방에서 장○○으로부터 그가 훔쳐 온 피해자 김○○ 소유인 시가 350,000원 상당의 5돈짜리 금목걸이 1개를 매수하였다. 이러한 경우 귀금속 매매 업무에 종사하는 피의자에게는 인적사항 등을 확인하여 기재하고, 금목걸이 취득 경위, 매도의 동기 및 거래시세에 적합한 가격을 요구하는지 등을 잘 살펴 장물 여부를 확인하여야 할 업무상 주의의무가 있었다. 그럼에도 피의자는 이러한 주의를 게을리 하여 장물에 대한 판단을 소홀히 한 과실로 위 금목걸이 1개를 대금 250,000원에 매수하여 업무상 과실로 장물을 취득하였다.

● **수사사례**

특정범죄가중처벌등에 관한 법률위반

- 전당포를 경영하고 있는 자가 1개여월 사이 고물상내에서 10여회에 걸쳐 절도범으로부터 그가 다른 곳에서 훔쳐온 물건이라는 점을 알면서도 매수한 경우 상습장물취득죄 성립

업무상과실 장물취득

- 텔레비전 등 전자제품 매매, 수리업에 종사하는 자가 절도범으로부터 중고 텔레비전 3대를 사들이면서 장물인가를 명확히 인식하기 위해 그 출처 등을 묻고 비치한 고물대장에 기장을 하고 구입하게 된 경위와 팔려고 하는 동기 또는 신분에 적합한 소지품인가, 거래시세에 맞는 가격을 요구하는가 등을 알아보는 등 업무상 마땅히 요구되는 주의의무가 있음에도 이를 게을리하여 판단을 소홀히 하고 사는 값이 다소 싸다는 점에만 마음을 두어 함부로 싼값에 위 텔레비전을 산 경우 업무 상과실 장물취득죄 성립

4. 친족상도례

제365조【친족간의 범행】

① 전3조의 죄를 범한 자와 피해자간에 제328조제1항, 제2항의 신분관계가 있는 때에는 동조의 규정을 준용한다.

② 전3조의 죄를 범한 자와 본범간에 제328조제1항의 신분관계가 있는 때에는 그 형을 감경 또는 면제한다. 단, 신분관계가 없는 공범에 대하여는 예외로 한다.

[형의감경] 54 · 55, [형의면제] 형소322, [공범] 30-34, [감면사유주장에대한판단] 형소323②, [공소기각] 형소327

Ⅰ. 이론

1. 장물죄의 특칙

(1) 장물범과 피해자간에 친족관계가 있는 경우

1) 장물죄(제362조), 상습범(제363조), 업무상과실장물죄, 중과실장물죄(제364조)를 범한 자와 피해자간에 제328조 1항의 신분관계(직계혈족, 배우자, 동거친족, 동거가족 또는 그 배우자간)가 있는 때에는 형을 면제한다.

2) 장물죄(제362조), 상습범(제363조), 업무상과실장물죄, 중과실장물죄(제364조)를 범한 자와 피해자간에 제328조 2항의 신분관계(제328조 1항 이외의 친족관계)가 있는 때에는 고소가 있어야 공소를 제기할 수 있다.

(2) 장물범과 본범간에 친족관계가 있는 경우

장물죄(제362조), 상습범(제363조), 업무상과실장물죄, 중과실장물죄(제364조)를 범한 자와 본범간에 제328조 1항의 신분관계(직계혈족, 배우자, 동거친족, 동거가족 또는 그 배우자간)가 있는 때에는 형을 경감 또는 면제한다(필요적 감면). 제328조 2항의 신분관계가 있는 경우에는 친족상도례가 적용되지 않음을 주의해야 한다.

제 42 장 손괴의 죄 (제366조 ~ 제372조)

제42장 손괴의 죄(제366조 ~ 제372조)

1. 재물손괴죄

제366조【재물손괴등】
타인의 재물, 문서 또는 전자기록등 특수매체기록을 손괴 또는 은닉 기타 방법으로 기 효용을 해한 자는 3년이하의 징역 또는 700만원 이하의 벌금에 처한다. 〈개정 1995. 12. 29.〉
[제목개정 1995. 2. 29.]

[미수범] 371, [동력] 346 · 372, [특수범] 369①, 폭력행위2, [상속인등의결격사유] 1004 · 1064, [문화재손괴] 문화재92 [군용물손괴] 군용물3, [특별규정] 국보4①, [공소시효] : 5년

Ⅰ. 이론

1. 구성요건

(1) 객관적 구성요건

1) 객체

이 죄의 객체는 타인의 재물, 문서 또는 전자기록 등 특수매체기록이다.

① 재물

가. 여기서의 재물은 유체물뿐만 아니라 관리할 수 있는 동력도 포함한다(제346조). 동산, 부동산을 불문하며 동물도 포함한다. 또한 재산권의 목적이 될 수 있는 한 반드시 교환가치(경제적 가치)를 가질 필요도 없다.

▣ 근거판례 ▣

재건축사업으로 철거예정이고 그 입주자들이 모두 이사하여 아무도 거주하지 않은 채 비어 있는 아파트라 하더라도, 그 객관적 성상이 본래 사용목적인 주거용으로 쓰일 수 없는 상태라거나 재물로서의 이용가치나 효용이 없는 물건이라고도 할 수 없어 재물손괴죄의 객체가 된다고 한 사례(대법원 2007.9.20. 선고 2007도5207 판결).

나. 사체는 이 죄의 객체인 재물에 해당하지 않는다(사체유기로 의율).

다. 공익건조물을 파괴한 때에는 공익건조물파괴죄(제367조)에 해당하지만 그 정도에 이르지 않은 때에는 이 죄의 객체가 된다.

라. 공용건조물은 파괴에 이르면 공용물파괴죄(제141조 제2항)가 성립하고, 손괴에 그친 때에는 공용물건손상죄(제141조 제1항)가 성립하므로 이 죄의 객체에는 포함되지 않는다.

② 문서

문서란 형법 제141조 제1항의 서류(공용서류 등)에 해당하지 않는 모든 서류를 말하며 사문서, 공문서를 불문한다. 특정인으로부터 특정인에게 의사를 전달하는 편지는 물론 도화나 유가증권도 여기에 포함된다.

▣ 근거판례 ▣

확인서가 소유자의 의사에 반하여 손괴된 것이라면 그 확인서가 피고인 명의로 작성된 것이고 또 그것이 진실에 반하는 허위내용을 기재한 것이라 하더라도 피고인은 문서손괴의 죄책을 면할 수 없다(대법원 1982.12.28. 선고 82도1807 판결).

③ 특수매체기록

전자기록 등 특수매체기록이란 사람의 지각에 의하여 인식될 수 없는 방식에 의하여 작성되어 정보처리에 의하여 제공된 기록을 말하며, 음반이나 마이크로 필름은 포함되지 않는다.

④ 타인의 재물, 문서 또는 전자기록 등 특수매체기록

가. 여기서 타인이란 개인뿐만 아니라 국가, 법인, 법인격없는 단체를 포함한다.

나. 무주물은 타인의 소유가 될 수 없고, 자기의 소유에 속하는 것은 공무상 보관물무효죄(제142조) 또는 권리행사방해죄(제323조)의 객체는 될 수 있어도 이 죄의 객체는 될 수 없다.

다. 자기소유의 부동산에 부합된 물건이라도 타인의 소유에 속할 때에는 이 죄의 객체가 된다. 따라서 자기소유의 토지에 타인이 권한없이 경작한 농작물을 뽑아버린 때에는 재물손괴죄가 된다.

라. 타인소유의 문서도 문서의 소유권이 타인에게 있으면 되고, 작성명의인이 누구인지는 불문한다. 따라서 타인에게 교부한 자기 명의의 영수증 또는 약속어음을 찢어버리거나, 명의인의 부탁을 받고 타인소유의 문서

의 내용을 고치는 경우에는 이 죄가 성립한다.

2) 행위

손괴 또는 은닉, 기타의 방법으로 효용을 해하는 것이다.

① 손괴

가. 손괴란 위 객체에 직접 유형력을 행사하여 그 이용가능성을 침해하는 것을 말한다. 재물 자체에 유형력을 행사해야 하므로 물체에 영향을 미치지 않고 재물의 기능을 훼손하는 것은 손괴가 아니다. 따라서 부두에 매어둔 배를 풀어서 떠내려가게 하거나, 텔레비전을 보지 못하게 전파를 방해하는 것만으로는 손괴가 되지 않는다.

나. 그러나 유형력을 행사하여 물체 자체가 반드시 소멸할 필요는 없으며 그 재물이 가지고 있는 원래 목적에 사용할 수 없게 되면 족하다. 따라서 기계나 시계 등을 분해하여 쉽게 결합할 수 없게 한 경우, 우물물을 오물로 더럽게 하는 경우 등은 손괴에 해당한다.

다. 특수매체기록의 손괴란 기억매체의 파손이나 정보의 消去를 의미하며, 기록자체를 소거 또는 변경하는 것뿐만 아니라 기록매체를 파손하는 경우도 포함한다.

라. 손괴는 반드시 그 중요한 부분을 훼손할 것을 요하지 않으므로 예컨대 자동차의 타이어에서 바람을 빼어버리는 것도 손괴가 된다.

② 은닉

가. 은닉이란 재물 등의 소재를 불분명하게 하여 그 발견을 곤란 또는 불가능하게 함으로써 효용을 해하는 것을 말한다. 이것은 물건 자체의 상태에 변화를 가져오는 것이 아니라는 점에서 손괴와 구별된다.

나. 재물, 문서 또는 전자기록 등 특수매체기록을 은닉한 때에는 이 죄 이외에 절도죄 또는 횡령죄가 성립하는데, 불법영득의사의 유무에 따라 이 죄와 구별된다.

③ 기타의 방법

손괴 또는 은닉 이외의 방법으로 재물 등의 효용을 해하는 일체의 행위를 말한다. 물질적 훼손뿐 아니라 사실상 또는 감정상 그 물건을 본래의 용도에 사용할 수 없게 하는 일체의 행위를 포함한다. 예컨대 그림에 낙서를 하거나, 음식그릇에 오물을 넣어 기분상 이를 쓸 수 없게 하거나, 새장안의 새를 풀어주거나, 보석을 바다에 던져버리는 경우, 잉어장의 잉어를 유출시킨 경우 또는 문서의 내용을 삭제하는 경우 등이 여기에 해당한다.

(2) 주관적 구성요건

타인의 재물, 문서 또는 전자기록등 특수매체기록의 이용가치의 전부 또는 일부를 침해한다는 인식이 있어야 한다. 이는 미필적 고의로도 충분하다. 그러나 불법영득의사는 필요 없다.

Ⅱ. 판례

◆ 건조물의 벽면에 낙서를 하거나 게시물을 부착 또는 오물을 투척하는 행위가 재물손괴죄에 해당하는지 여부의 판단 기준

(1) 사실관계

시내버스 운수회사로부터 해고당한 피고인이 민주노동조합총연맹 전국해고자투쟁특별위원회 회원들과 함께 위 회사에서 복직 등을 요구하는 집회를 개최하던 중 2006. 3. 10. 래커 스프레이를 이용하여 회사 건물 외벽과 1층 벽면, 식당 계단 천장 및 벽면에 '자본똥개, 원직복직, 결사투쟁' 등의 내용으로 낙서를 함으로써 이를 제거하는데 약 341만 원 상당이 들도록 하였다. 또한 같은 해 2. 16. 계란 30여 개, 같은 해 3. 2. 계란 10여 개를 위 회사 건물에 각 투척하였고, 이에 따라 50만 원 정도의 비용이 드는 청소가 필요하였다.

(2) 판결요지

[1] 형법 제366조 소정의 재물손괴죄는 타인의 재물을 손괴 또는 은닉하거나 기타의 방법으로 그 효용을 해하는 경우에 성립하는바, 여기에서 재물의 효용을 해한다고 함은 사실상으로나 감정상으로 그 재물을 본래의 사용목적에 제공할 수 없게 하는 상태로 만드는 것을 말하며, 일시적으로 그 재물을 이용할 수 없는 상태로 만드는 것도 여기에 포함된다. 특히, 건조물의 벽면에 낙서를 하거나 게시물을 부착하는 행위 또는 오물을 투척하는 행위 등이 그 건조물의 효용을 해하는 것에 해당하는지 여부는, 당해 건조물의 용도와 기능, 그 행위가 건조물의 채광·통풍·조망 등에 미치는 영향과 건조물의 미관을 해치는 정도, 건조물 이용자들이 느끼는 불쾌감이나 저항감, 원상회복의 난이도와 거기에 드는 비용, 그 행위의 목적과 시간적 계속성, 행위 당시의 상황 등 제반 사정을 종합하여 사회통념에 따라 판단하여야 한다.

[2] 해고노동자 등이 복직을 요구하는 집회를 개최하던 중 래커 스프레이를 이용하여 회사 건물 외벽과 1층 벽면 등에 낙서한 행위는 건물의 효용을 해한 것으로 볼 수 있으나, 이와 별도로 계란 30여 개를 건물에 투척한 행위는 건물의 효용을 해하는 정도의 것에 해당하지 않는다고 본 사례(대법원 2007. 6. 28. 선고 2007도2590 판결).

◆ 재물손괴죄에서 '재물의 효용을 해한다'는 것의 의미 / 도로 바닥에 낙서를 하는 행위 등이 재물손괴죄에 해당하는지 판단하는 기준

형법 제366조의 재물손괴죄는 타인의 재물을 손괴 또는 은닉하거나 기타의 방법으로 그 효용을 해하는 경우에 성립한다. 여기에서 재물의 효용을 해한다고 함은 사실상으로나 감정상으로 재물을 본래의 사용 목적에 제공할 수 없는 상태로 만드는 것을 말하고, 일시적으로 재물을 이용할 수 없는 상태로 만드는 것도 포함한다.

특히 도로 바닥에 낙서를 하는 행위 등이 도로의 효용을 해하는 것에 해당하는지 여부는, 당해 도로의 용도와 기능, 그 행위가 도로의 안전표지인 노면표시 기능 및 이용자들의 통행과 안전에 미치는 영향, 그 행위가 도로의 미관을 해치는 정도, 도로의 이용자들이 느끼는 불쾌감이나 저항감, 원상회복의 난이도와 거기에 드는 비용, 그 행위의 목적과 시간적 계속성, 행위 당시의 상황 등 제반 사정을 종합하여 사회통념에 따라 판단하여야 한다(대법원 2020. 3. 27., 선고, 2017도20455, 판결).

◆ 재물손괴죄 구성요건 중 '재물의 효용을 해한다'는 것의 의미 및 일시적으로 재물을 이용할 수 없는 상태로 만드는 것도 이에 포함되는지 여부(적극)

형법 제366조의 재물손괴죄는 타인의 재물을 손괴 또는 은닉하거나 기타의 방법으로 그 효용을 해하는 경우에 성립한다. 여기에서 재물의 효용을 해한다고 함은 사실상으로나 감정상으로 그 재물을 본래의 사용목적에 제공할 수 없는 상태로 만드는 것을 말하며, 일시적으로 그 재물을 이용할 수 없는 상태로 만드는 것도 포함된다. 건조물의 외부에 그림을 그리는 행위 등이 그 건조물의 효용을 해하는 것에 해당하는지 여부는, 건조물의 용도와 기능, 그 행위가 건조물에 미치는 영향과 미관을 해치는 정도, 건조물 이용자들이 느끼는 불쾌감이나 저항감, 원상회복의 난이도와 비용, 그 행위의 목적과 시간적 계속성, 행위 당시의 상황 등 제반 사정을 종합하여 사회통념에 따라 판단하여야 한다(대법원 2007. 6. 28. 선고 2007도2590 판결 참조)(대법원 2017. 12. 13., 선고, 2017도10474, 판결).

◆ 재물손괴죄에서 손괴의 의미

재물손괴죄에 있어서 손괴라 함은 물질적인 파괴행위로 인하여 물건을 본래의 목적에 공할 수 없는 상태로 만드는 경우뿐만 아니라 일시적으로 그 물건의 구체적 역할을 할 수 없는 상태로 만드는 것도 효용을 해하는 경우에 해당한다(대법원 2006. 12. 22. 선고 2006도7219 판결).

◆ 구 도시재개발법에 의한 관리처분계획의 인가고시 이후 분양처분의 고시 이전에 재개발구역 안의 무허가 건물을 제3자가 임의로 손괴하는 경우, 재물손괴죄의 성립 여부

구 도시재개발법(2002. 12. 30. 법률 제6852호로 폐지)에 의한 재개발구역 안의 무허가 건물에 대한 사실상 소유권은 관리처분계획의 인가·고시에 의하여 이에 해당하는 아파트 등을 분양받을 조합원의 지위로 잠정적으로 바뀌고, 분양처분의 고시가 있는 경우에는 같은 법 제39조 제1항 전문의 규정에 의하여 그에 대한 사실상 소유권이 소멸하고 분양받은 아파트에 대한 소유권만이 남게 되는 것이므로, 관리처분계획의 인가·고시 이후 분양처분의 고시 이전에 재개발구역 안의 무허가 건물을 제3자가 임의로 손괴할 경우 특별한 사정이 없는 한 재물손괴죄가 성립한다(대법원 2004. 5. 28. 선고 2004도434 판결).

◆ 타인 소유의 광고용 간판을 백색페인트로 도색하여 광고문안을 지워 버린 행위가 재물손괴죄를 구성하는지 여부(적극)

타인 소유의 광고용 간판을 백색페인트로 도색하여 광고문안을 지워 버린 행위는 재물손괴죄를 구성한다(대법원 1991. 10. 22. 선고 91도2090 판결).

◆ 재물손괴죄에 있어서 "효용을 해한다"고 함의 의미

재물손괴의 범의를 인정함에 있어서는 반드시 계획적인 손괴의 의도가 있거나 물건의 손괴를 적극적으로 희망하여야 하는 것은 아니고, 소유자의 의사에 반하여 재물의 효용을 상실케 하는데 대한 인식이 있으면 되고, 여기에서 재물의 효용을 해한다고 함은 그 물건의 본래의 사용목적에 공할 수 없게 하는 상태로 만드는 것은 물론 일시 그것을 이용할 수 없는 상태로 만드는 것도 역시 효용을 해하는 것에 해당한다(대법원 1993. 12. 7. 선고 93도2701 판결).

◆ 영업을 방해하기 위하여 타인이 설치하려는 철조망을 영업자가 당초 놓여있던 곳으로부터 200 내지 300미터 떨어진 곳으로 옮긴 행위에 있어 재물은닉의 범의가 없다고 한 사례

"갑" 소유였다가 약정에 따라 "을" 명의로 이전되었으나 권리관계에 다툼이 생긴 토지상에서 "갑"이 버스공용터미널을 운영하고 있는데 "을"이 "갑"의 영업을 방해하기 위하여 철조망을 설치하려 하자 "갑"이 위 철조망을 가까운 곳에 마땅한 장소가 없어 터미널로부터 약 200 내지 300미터 가량 떨어진 "갑" 소유의 다른 토지 위에 옮겨 놓았다면 "갑"의 행위에는 재물의 소재를 불명하게 함으로써 그 발견을 곤란 또는 불가능하게 하여 그 효능을 해하게 하는 재물은닉의 범의가 있다고 할 수 없다(대법원 1990. 9. 25. 선고 90도1591 판결).

◆ 재물손괴죄에서 '손괴 또는 은닉 기타 방법으로 그 효용을 해하는 경우'의 의미 / 자동문을 자동으로 작동하지 않고 수동으로만 개폐가 가능하게 하여 자동잠금장치로서 역할을 할 수 없도록 한 경우, 재물손괴죄가 성립하는지 여부(적극)

재물손괴죄는 타인의 재물, 문서 또는 전자기록 등 특수매체기록을 손괴 또는 은닉 기타 방법으로 그 효용을 해한 경우에 성립한다(형법 제366조). 여기에서 손괴 또는 은닉 기타 방법으로 그 효용을 해하는 경우에는 물질적인 파괴행위로 물건 등을 본래의 목적에 사용할 수 없는 상태로 만드는 경우뿐만 아니라 일시적으로 물건 등의 구체적 역할을 할 수 없는 상태로 만들어 효용을 떨어뜨리는 경우도 포함된다. 따라서 자동문을 자동으로 작동하지 않고 수동으로만 개폐가 가능하게 하여 자동잠금장치로서 역할을 할 수 없도록 한 경우에도 재물손괴죄가 성립한다(대법원 2016.11.25, 선고, 2016도9219, 판결).

◆ 문서손괴죄에서 '문서의 효용을 해한다'는 것의 의미 및 소유자의 의사에 따라 형성된 종래의 이용상태를 변경시켜 종래의 상태에 따른 이용을 일시적으로 불가능하게 하는 경우, 문서손괴죄가 성립하는지 여부(적극) / 어느 문서에 대한 종래의 사용상태가 문서 소유자의 의사에 반하여 또는 그와 무관하게 이루어진 경우, 문서손괴죄가 성립하는지 여부

문서손괴죄는 타인 소유의 문서를 손괴 또는 은닉 기타 방법으로 효용을 해함으로써 성립하고, 문서의 효용을 해한다는 것은 문서를 본래의 사용목적에 제공할 수 없게 하는 상태로 만드는 것은 물론 일시적으로 그것을 이용할 수 없는 상태로 만드는 것도 포함한다. 따라서 소유자의 의사에 따라 어느 장소에 게시 중인 문서를 소유자의 의사에 반하여 떼어내는 것과 같이 소유자의 의사에 따라 형성된 종래의 이용상태를 변경시켜 종래의 상태에 따른 이용을 일시적으로 불가능하게 하는 경우에도 문서손괴죄가 성립할 수 있다. 그러나 문서손괴죄는 문서의 소유자가 문서를 소유하면서 사용하는 것을 보호하려는 것이므로, 어느 문서에 대한 종래의 사용상태가 문서 소유자의 의사에 반하여 또는 문서 소유자의 의사와 무관하게 이루어진 경우에 단순히 종래의 사용상태를 제거하거나 변경시키는 것에 불과하고 손괴, 은닉하는 등으로 새로이 문서 소유자의 문서 사용에 지장을 초래하지 않는 경우에는 문서의 효용, 즉 문서 소유자의 문서에 대한 사용가치를 일시적으로도 해하였다고 할 수 없어서 문서손괴죄가 성립하지 아니한다(대법원 2015.11.27, 선고, 2014도13083, 판결).

Ⅲ. 수사실무

1. 수사포인트

(1) 행위의 동기를 밝힌다.

(2) 준비행위와 범행상황을 조사한다.

(3) 타인의 재물인 것을 인식했는가, 피해상황에 대해서 인식하고 있었는가 조사한다.

(4) 피해자에 대해 손해배상은 했는가 조사한다.

(5) 피해자와 범인의 신분관계를 조사한다.

2. 피의자 신문례

(1) 피의자는 남의 승용차를 발로 차고 백 미러를 부순 사실이 있나요

(2) 왜 남의 자동차를 발로 차게 되었나요

(3) 술을 마시면 언제 어디서나 그렇게 하나요

(4) 남의 차를 발로 차고 백 미러를 부순 상황을 상세히 진술하세요

(5) 자동차의 주인을 알고 있나요

(6) 피의자는 언제부터 그 자동차를 부수려고 마음 먹었나요

(7) 피의자는 자가용을 발로만 차고 다른 도구는 사용하지 않았나요

(8) 어떤 방법으로 승용차의 어느 부분을 훼손시켰는지 자세히 진술하세요

(9) 피의자가 남의 차를 발로 차서 어느 정도의 피해를 입혔다고 생각하나요

(10) 피의자는 남의 물건을 부수면 처벌받는다는 것을 알고 있나요

(11) 피의자는 전에도 남의 차를 발로 차고 부순 적이 있는가요

(12) 평소 주량은 얼마나 되는가요

(13) 더 할 말이 있으면 얘기하세요

3. 범죄사실 기재례

【범죄사실 기재례】

(1) 피의자는 부동산 임대업에 종사하고 있다.

피의자는 20○○. ○. ○. 10 : 00경 서울 서초구 서초동 333에 있는 피해자 박○○ 경영의 서초다방에서 그녀에게 밀린 다방 월세금을 달라고 요구하였는데 그녀가 장사가 제대로 되지 아니하여 연기하여 달라는 말을 듣고 이에 화가 난 나머지 그곳 계산대 위에 놓여있는 그녀 소유의 삼성무선전화기 1대 시가 20만원 상당을 바닥에 던져 깨뜨려 그 효용을 해하였다.

(2) 피의자는 20○○. 6. 25. 15:00경 서울 성북구 ○○동 100번지에 있는 피의자의 집에서 홍길동으로부터 이전에 피의자가 그에게서 차용한 금 100만원의 차용증서 1통(피의자 작성, 홍길동 앞의 것)을 내보이며 위 돈을 갚아 줄 것을 요구 당하자 갑자기 위 홍길동

이 가지고 있는 위 차용증서를 빼앗아 찢어버려서 권리 의무에 관한 홍길동 소유의 문서를 손괴하였다.

(3) 피의자는 서울 성북구 ○○동 100-100호에 있는 홍길동의 집 2층에 전세를 들어 살고 있다.

피의자는 예전부터 이 집 아래층 한칸에 같이 전세들어 사는 남돌쇠가 신흥종교에 열중하여 항상 피의자에게 입교할 것을 끈덕지게 권유함에 대하여 불쾌한 생각이 있었다. 그러던 차에 20○○. 6. 25. 12:00경 위 홍길동의 집 대문에 설치되어 있는 편지함 속에 발신인 ○○포교원 임돌쇠, 수신인 남돌쇠로 된 편지1통이 배달되어 있는 것을 보고 그로 하여금 이를 알지 못하게 하고 볼 수 없도록 하기 위하여 그 편지를 피의자 방의 옷장 서랍속에 감춰 두어서 위 남돌쇠의 문서(서신)를 은닉하였다.

4. 적용실례

(1) 공중전화박스 유리창을 훼손한 경우

공중전화박스의 유리창을 깨뜨린 피의자에 대하여 공익건조물파괴죄로 의율하였다.

➡ 파괴와 손괴의 개념은 범행목적물의 중요한 구성부분을 훼손하여 사용 불가능하게 만드느냐 아니면 그보다 가벼운 훼손에 그쳐 건물의 효용을 해하느냐 하는 점에서 구별된다. 이 경우 공중전화박스의 유리창이 파손된 것만으로는 파괴행위에 해당한다고 볼 수 없어 단순재물손괴로 의율하는 것이 상당하다.

(2) 보일러의 물순환을 방해한 경우

피의자가 보일러실의 쇠파이프와 플라스틱 파이프가 연결되는 부분의 볼트를 풀어 방바닥의 배관부분에 물이 순환되는 것을 방해하였다.

➡ 재물손괴죄의 손괴는 본래목적에 일시 사용할 수 없게 하는 행위도 포함하므로 이와 같은 경우도 재물손괴죄에 해당한다고 하겠다.

(3) 남편의 내연의 처의 재물을 손괴한 경우

손○○는 남편과 내연관계에 있는 정○○의 집에 찾아가 그 집의 가재도구 등을 던져서 손괴하고 그 효용을 해하였다. 손○○는 그 집의 물건들은 모두 남편이 준 돈으로 산 것이니 정○○의 것이 아니라고 한다.

➡ 이 경우, 위 물건들이 손○○의 주장대로 그녀의 남편의 수입으로 산 것이라고 해도 그에 대해 정○○는 정당한 권리를 가지고 있으므로 손○○의 위 행위는 정○○의 권리를 침해한 것이 되어 재물손괴죄로 의율할 수 있겠다.

(4) **차용증서를 태워버린 경우**

김○○는 임○○로부터 300만원을 빌리면서 차용증서를 작성해 주었는데, 그 후 돈을 갚겠다고 거짓말하며 그 차용증서를 회수받아 즉석에서 라이타로 태워버렸다.

➡ 이 경우 위 차용증서의 명의인은 김○○이지만 그 소유권은 임○○에게 있으므로 문서손괴죄로 의율해야 한다(권리행사방해가 아님).

(5) **습득한 타인의 편지를 전해 주지 않고 소지하고 있는 경우**

우연히 습득한 타인의 편지를 전해 주지 않고 자기 가방에 넣어두었다.

➡ 문서은닉이 된다.

(6) **피해자의 얼굴을 구타하면서 안경을 손괴한 경우**

피의자가 안경을 쓰고 있던 피해자의 얼굴을 주먹으로 때려 상처를 입게 하고 그로 인해 안경을 손괴하였다.

➡ 피의자가 전적인 고의로 안경을 손괴한 것은 아니지만 안경을 낀 것을 알고 주먹으로 얼굴을 때린 것은 재물손괴에 관한 미필적 고의가 있다고 할 수 있으므로 재물손괴죄가 성립된다 할 것이다.

(7) **담보목적물인 배추를 손괴한 경우**

피의자는 아버지 소유의 밭을 맡아서 배추 등을 경작하고 있었는데, 그 밭과 작물은 모두 고소인에게 담보되어 있는 담보목적물이었다. 그런데 그에 대한 채무를 변제하지 못해 그 밭이 곧 넘어갈 위기에 처하게 되었다. 피의자는 곧 김장철이 되므로 그 때까지만 기다려 달라고 했으나 고소인이 이 부탁을 거절하자 밭에 있던 배추 등을 모두 뽑고, 밭을 갈아엎어 버렸다.

➡ 위 작물은 밭과 함께 피고인에게 제공된 담보목적물이므로 담보권자를 위하여 선량한 관리자의 주의의무를 다할 임무가 있음에도 그 임무에 위배하여 한 행위이므로 단순히 손괴죄가 아닌 배임죄로 의율하는 것이 타당할 것이다.

(8) 교통법규를 위반하여 받은 범칙금납부고지서를 찢어버린 경우

교통법규를 위반한 피의자가 범칙금납부고지서를 교부받고 이를 찢어버렸다.

➡ 피의자가 찢은 범칙금 납부고지서는 피의자에게 교부된 이상 피의자의 소유라 할 것이어서 문서손괴죄는 성립하지 않는다.

(9) 승용차를 사용하지 못하게 한 경우

아파트 통로에 주차한 것에 앙심을 품고 자신의 승용차를 바짝붙여 4일만 승용차를 사용하지 못하게 하였다.

➡ 업무방해가 아니고 재물손괴죄로 의율한다. 구성요건상 효용을 해한 행위가 되는 것은 본래의 용법대로 사용하지 못하도록 만드는 행위는 물론 일시 그것을 이용할 수 없는 상태로 만드는 것도 포함된다.

5. 참고사항

(1) 수사시 유의사항

현행 헌법상 "과실(재물)손괴"는 처벌하지 못함.

● 수사사례

① 손괴

재물이나 문서, 차량

- 엘레베이터작동을 정지시킨 경우정당한 이유없이 엘레베이터의 문틈에 돌조각을 집어넣어 작동을 정지시킨 행위는 재물손괴죄.
- 무허가건물에 설치된 전기선의 절단무허가건축물에 설치된 전기선의 절단자신의 토지 위에 무단건축된무허가 주거용 비닐하우스 천막에 주거자들이 자신의 비용 으로 설치한 전선을 무단으로 잘랐다면 재물손괴죄 성립

- 임의로 타인의 물건을 옮긴 행위 원래 보관된 장소에 있는 무연탄 등을 피해자의 동의없이 임의로 옮겨 무연탄의 재산적가치 효용을 해쳤다면 재물손괴죄 성립.
- 합법적인 무허가 건물의 철거행위 법원으로부터 경락받은 경락인이 해당 부동산의 점유자에게 살림살이 등의 이전을 요구하였으나 이에 응하지 않아 법원 집달관에게 의뢰하여 피해자의 가족을 입회시킨 후에 강제처분 하고, 구청 철거반에 의뢰하여 무허가 건물을 철거하였다면 해당 부동산에 대한 손괴죄는 성립하지 않음
- 주차시비로 차를 발로 차는 행위 야간에 자신의 집 앞에 불법주차된 차량을 발로 차서 차를 찌그러트린 행위는 폭력행위등 처벌에관한 법률상의 손괴죄에 해당.
- 임대기간 만료후의 임대인의 집기손괴 임차인이 임대기간이 만료된 임대인의 사무실에 무단으로 들어가 사무실의 집기등을 꺼내놓아 방치하여 그 집기의 효용을 해쳤다면 재물손괴죄 성립.

② 상해가 수반된 손괴

<u>폭행당시의 안경</u>

- 폭행시 피해자의 안경이 벗겨져 손괴된 경우는 폭행죄와 함께 손괴죄 성립.

<u>싸우다 넘어져 손괴한 경우</u>

- 서로 싸우다가 넘어져 피해자의 재물을 손괴한 경우는 재물손괴에 고의가 없는 이상 재물손괴죄로 의율할 수 없는 민사문제.

③ 야간, 집단, 위험한 물건

<u>야간 재물손괴</u>

- 자신과 결혼을 해주지 않는다는 이유로 야간에 피해자의 집에 야간에 찾아가 술에 취한 채로 유리 창을 부수고 가구등을 손괴하는 경우는 폭처법상의 재물손괴죄에 해당.

<u>행패부리면서 손괴</u>

- 타인의 영업소에 들어가 시비 끝에 물품을 집어던져 손괴하면서 난동을 부린 경우는 재물손괴죄는 물론이고 업무방해죄까지 성립.

<u>경계침범</u>

- 철거한담장을 다시 쌓은 경우 확정판결에 기해 집달관이 피의자 소유 가옥의 담장을 철거하였음에도 불구하고 다시 피해자의 대지를 침범하여 담장을 쌓았다면 토지의 경계를 인식불능케 한 것이므로 경계침범죄 성립.

2. 공익건조물파괴죄

제367조【공익건조물파괴】
공익에 공하는 건조물을 파괴한 자는 10년 이하의 징역 또는 2천만원 이하의 벌금에 처한다. 〈개정 1995. 12. 29.〉

[특수범] 369②, [본조의준용] 문화재94, [공소시효] : 10년

○ 공익건조물은 일반인이 쉽게 접근할 수 있는 것이어서 파괴의 위험성이 크기 때문에 형을 가중한 것이다.

Ⅰ. 이론

1. 구성요건

(1) 객관적 구성요건

1) 객체

공익에 공하는 건조물이다.

① 공익건조물이란 그 건조물이 공공의 이익을 위한 것이라는 사용목적과 함께 일반인이 쉽게 접근할 수 있는 것이어야 한다. 그러므로 일정한 범위의 사람에게만 이용이 제한되어 있는 건조물, 예컨대 법원도서관은 공용건조물은 될 수 있어도 공익건조물은 될 수 없다.

② 건조물이 국가 또는 공공단체의 소유가 아니고 사인소유라도 상관없다. 또 그것이 타인의 소유일 필요도 없다. 다만 공무소에서 사용하는 건조물은 형법 제141조의 적용을 받으므로 여기서 제외된다.

2) 행위

파괴하는 것이다.

① 파괴란 건조물의 중요부분을 손괴하는 것, 즉 건조물의 전부 또는 일부를 용도에 따라 사용할 수 없게 하는 것을 말한다.

② 파괴와 손괴는 그 정도에 따라 구분하는 것이어서 공익건조물이라도 파괴의 정도에 이르지 않거나, 행위의 객체가 타인소유의 건조물일 때에는 재물손괴죄에 해당한다.

③ 파괴가 방화에 의한 것인 때에는 공익건조물방화죄(제165조), 일수에 의

한 것인 때에는 공익건조물일수죄(제178조)에 해당하므로 이 죄가 성립하지 않는다.

(2) **주관적 구성요건**

고의가 있어야 한다.

Ⅱ. 수사실무

1. 범죄사실 기재례

【범죄사실 기재례】

피의자는 화물자동차 운전사이다.

피의자는 20○○. ○. ○. 05:00경 자기가 운전하는 대형화물자동차에 배추를 가득 싣고 서울 ○○동 ○○번지에 있는 ○○종합시장 입구에 도착하여 그 시장 안으로 들어가려고 했으나 그 곳에 설치된 정문의 폭이 좁아 그대로 통과할 수 없자 즉시 자기 차안에서 빠루를 들고 나와 위 문의 기둥을 떠밀어서 이를 넘어뜨려 위 시장소유의 건조물을 파괴하였다.

2. 적용실례

(1) **학교 유리창을 손괴한 경우**

공용건조물인 초등학교 교실의 유리창을 손괴하였다.

➡ 건조물에 붙어있는 분리가능한 유리창을 손괴한 것이므로 이것만으로는 공익건조물파괴라고 할 수 없어 공용물건손상으로 의율하는 것이 타당하다.

(2) **경찰서 보호실의 공중전화기를 손괴한 경우**

경찰서 보호실에 설치된 공중전화기를 손괴하였다.

➡ 경찰서 보호실의 공중전화기는 즉결피의자 등 일반인이 사용하는 것으로 형법 제141조 제1항 소정의 공무소에서 사용하는 물건이라고 할 수 없어 재물손괴죄로 의율해야 할 것이고 공용물건손상죄로 의율할 수 없다.

● **수사사례**

순찰차를 손괴한 경우

- 경찰서 순찰차를 발로 차서 손괴한 사안은 재물손괴죄가 아닌 공용물건손상죄.

방법초소의 경우

- 방범초소의 유리창을 돌을 던져 깨어버렸다면 재물손괴죄가 아닌 공용물건손상죄.

역 대합실 유리창

- 철도청 소속의 기차역은 공무소에 해당하므로 야간에 기차역 대합실의 유리창을 손상한 경우는 폭력행위등 처벌에 관한 법률 대상이 아니라 공용물건손상죄에 해당.

3. 중손괴죄 · 손괴치사상죄

제368조【중손괴】

① 전2조의 죄를 범하여 사람의 생명 또는 신체에 대하여 위험을 발생하게 한 때에는 1년 이상 10년 이하의 징역에 처한다.

② 제366조 또는 제367조의 죄를 범하여 사람을 상해에 이르게 한 때에는 1년 이상의 유기징역에 처한다. 사망에 이르게 한 때에는 3년 이상의 유기징역에 처한다. 〈개정 1995. 12. 29.〉

[상해죄] 257-259, [형의경중] 41 · 50 · 부1 · 2, [동력] 346 · 372, [공소시효] : 10년

○ 손괴죄와 공익건조물파괴죄의 결과적 가중범으로서, 결과적 가중범의 일반원리에 따라 손괴행위와 발생한 결과 사이에 인과관계가 있어야 하고, 그 결과는 예견할 수 있어야 한다.

○ 생명신체에 대한 위험이란 구체적위험을 말한다.

Ⅰ. 이론

[중손괴죄(제368조 1항)]

본 죄는 재물손괴죄(제366조)와 공익건조물파괴죄(제367조)를 범하여 사람의 생명 또는 신체에 대하여 위험을 발생하게 함으로써 성립하는 범죄로서, 재물손괴죄와 공익건조물파괴죄의 부진정결과적 가중범이다.

[손괴치사상죄(제368조 2항)]

본 죄는 재물손괴죄(제366조)와 공익건조물파괴죄(제367조)를 범하여 사람을 상해 또는 사망에 이르게 함으로써 성립하는 범죄로서, 재물손괴죄와 공익건조물파괴죄의 진정결과적 가중범이다.

Ⅱ. 수사실무

1. 범죄사실 기재례

【범죄사실 기재례】

피의자는 20○○. ○.경부터 ○○시 ○○동 ○○번지에 있는 우○○ 소유의 주택 중 지하 방 2칸과 부엌 1칸을 임차하여 전세로 입주하고 있는 사람이다.

피의자는 전세계약기간이 만료되어 위 우○○가 여러차례 명도를 요구해 왔으나 이에 응하지 않고 있던 중 20○○. ○. ○. 18:00경 위 우○○가 찾아와서 "일주일 내에 방을 비우지 않으면 내가 살림을 들어 내겠다"고 말하여 언쟁이 벌어졌다. 그러던 중 피의자가 흥분한 나머지 그 곳에 있던 의자를 방 문짝에 던져 마침 그 자리에 앉아 있던 위 우○○에게 약 2주간의 치료를 요하는 머리뼈 파열상을 입히고 그 문짝 한 개(시가 20만원 상당)를 파괴하여 위 우○○ 소유의 재물을 손괴하였다.

2. 적용실례

(1) 물건을 부수고 사람을 다치게 한 경우

재떨이를 던져 수족관 등을 손괴하고 그 옆에 있던 사람에게 상해를 입혔다.

➡ 위와 같이 재물을 손괴하면서 그 행위로 인하여 피해자에게 상해를 입힌 경우에는 손괴와 상해행위 전부가 형법 제368조 제2항의 재물손괴치상죄에 해당하므로 이것으로 의율해야 하며, 재물손괴죄와 상해죄로 따로 떼어 의율할 수 없다.

(2) 공동하여 구타, 의치 탈구상을 가한 경우

공동으로 사람을 때려서 의치 탈구상을 가하였다.

➡ 이 경우, 의치가 물건이긴 하지만 신체의 일부분으로 볼 수 있으므로 의치에 대해서 재물손괴를 의율하기 보다는 폭력행위등처벌에관한법률위반으로 하는 것이 타당할 것이다.

4. 특수손괴죄

> **제369조【특수손괴】**
> ① 단체 또는 다중의 위력을 보이거나 위험한 물건을 휴대하여 제366조의 죄를 범한 때에는 5년 이하의 징역 또는 1천만원 이하의 벌금에 처한다. 〈개정 1995. 12. 29.〉
> ② 제1항의 방법으로 제367조의 죄를 범한 때에는 1년 이상의 유기징역 또는 2천만원 이하의 벌금에 처한다. 〈개정 1995. 12. 29.〉

[미수범] 371, [동력] 346 · 372, [군용물손괴] 군용물3, 폭력행위3, [공소시효] : 7년(1항), 10년(2항)

○ 이 죄는 집단적 범죄 또는 그 방법에 있어서 위험성이 많은 흉기범행에 대하여 그 형을 가중한 것이다.

Ⅰ. 이론

1. 단체나 다중의 위력, 위험한 물건의 휴대

(1) 단체란 법인이나 공동목적을 달성하기 위한 여러 사람의 계속되는 결합

체를 말하며, 단체로서의 위력을 가질 수 있는 것이면 충분하다. 단체 그 자체의 성립의 목적, 활동상황 등은 불문한다(집회, 데모 등은 계속적인 결합체가 아니므로 여기에 포함되지 않는다).

(2) 다중이란 단체를 이루지 못한 여러 사람의 모임, 즉 군중을 말한다. 다중은 실지로 그 인원이 몇 명 이상이어야 한다고 규정되어 있지 않으며, 이는 그 다중의 구체적인 성격에 따라 결정되어야 한다.

(3) 위력이란 사람의 의사를 제압하는 힘을 말한다. 폭력·협박 등의 유형적 위력이거나 지위·권세 등의 무형적 위력이거나를 불문한다.

(4) 위험한 물건이란 그 성질상 일반적으로 사람의 생명, 신체 또는 재물을 손괴할 수 있는 기구를 말한다.

Ⅱ. 판례

◆ 자동차를 이용하여 다른 사람의 자동차 2대를 손괴한 경우, 폭력행위등처벌에관한법률 제3조 제1항 위반죄가 성립한다고 한 사례

[1] 위험한 물건을 휴대하고 다른 사람의 재물을 손괴하면 상대방이 그 위험한 물건의 존재를 인식하지 못하였거나 그 위험한 물건의 사용으로 생명 또는 신체에 위해를 입지 아니하였다고 하더라도 폭력행위등처벌에관한법률 제3조 제1항 위반죄가 성립한다.

[2] 자동차를 이용하여 다른 사람의 자동차 2대를 손괴한 경우, 그 자동차의 소유자 등이 실제로 해를 입거나 해를 입을 만한 위치에 있지 아니하였다고 하더라도 폭력행위등처벌에관한법률 제3조 제1항 위반죄가 성립한다고 한 사례(대법원 2003. 1. 24. 선고 2002도5783 판결).

◆ 甲 주식회사의 직원인 피고인들이 유색 페인트와 래커 스프레이를 이용하여 甲 회사 소유의 도로 바닥에 직접 문구를 기재하거나 도로 위에 놓인 현수막 천에 문구를 기재하여 페인트가 바닥으로 배어 나와 도로에 배게 하는 방법으로 다중의 위력으로써 도로의 효용을 해하였다고 하여 특수재물손괴로 기소된 사안

甲 주식회사의 직원인 피고인들이 유색 페인트와 래커 스프레이를 이용하여 甲 회사 소유의 도로 바닥에 직접 문구를 기재하거나 도로 위에 놓인 현수막 천에 문구를 기재하여 페인트가 바닥으로 배어 나와 도로에 배게 하는 방법으로 다중의 위력으로써 도로의 효용을 해하였다고 하여 특수재물손괴로 기소된 사안에서, 위 도로는 甲 회사의 임원과 근로자들 및 거래처 관계자들이 이용하는 도로로 산업 현장에 위치한 위 도로의 주된 용도와 기능은 사람과 자동차 등이 통행하는 데 있고, 미관은 그다

지 중요한 작용을 하지 않는 곳으로 보이는 점, 피고인들이 도로 바닥에 기재한 여러 문구들 때문에 도로를 이용하는 사람들과 자동차 등이 통행하는 것 자체가 물리적으로 불가능하게 되지는 않은 점, 甲 회사의 정문 입구에 있는 과속방지턱 등을 포함하여 도로 위에 상당한 크기로 기재된 위 문구의 글자들이 차량운전자 등의 통행과 안전에 실질적인 지장을 초래하였다고 보기 어려운 점, 도로 바닥에 기재된 문구에 甲 회사 임원들의 실명과 그에 대한 모욕적인 내용 등이 여럿 포함되어 있지만, 도로의 이용자들이 이 부분 도로를 통행할 때 그 문구로 인하여 불쾌감, 저항감을 느껴 이를 본래의 사용 목적대로 사용할 수 없을 정도에 이르렀다고 보기 부족한 점, 도로 바닥에 페인트와 래커 스프레이로 쓰여 있는 여러 문구는 아스팔트 접착용 도료로 덧칠하는 등의 방법으로 원상회복되었는데, 그다지 많은 시간과 큰 비용이 들었다고 보이지 않는 점 등을 종합하면, 피고인들이 위와 같은 방법으로 도로 바닥에 여러 문구를 써놓은 행위가 위 도로의 효용을 해하는 정도에 이른 것이라고 보기 어렵다는 이유로, 이와 달리 보아 공소사실을 유죄로 판단한 원심판결에 재물손괴죄에 관한 법리를 오해하는 등의 잘못이 있다(대법원 2020. 3. 27., 선고, 2017도20455, 판결).

Ⅲ. 수사실무

1. 범죄사실 기재례

【범죄사실 기재례】

피의자는 ○○시 ○○동 ○○번지에서 10년 동안 슈퍼마켓을 경영하고 있다.

피의자는 20○○. ○. ○. 같은 동에 할인매장(대표 문○○)이 문을 열어 피의자 가게의 손님 등 많은 사람들로 그곳이 붐비고 피의자 가게에는 손님이 없자, 이에 화가 나 ○. ○. 11:00 경 같은 동에서 슈퍼마켓과 식료품 가게를 경영하는 이○○ 등 4명과 함께 위 할인매장에 찾아가 계산대를 방망이로 쳐 손괴하고 식품진열대 1개를 넘어뜨리는 등 단체로 재물을 손괴하였다.

5. 경계침범죄

제370조【경계침범】

경계표를 손괴, 이동 또는 제거하거나 기타 방법으로 토지의 경계를 인식 불능하게 한 자는 3년 이하의 징역 또는 500만원 이하의 벌금에 처한다. 〈개정 1995. 12. 29.〉

[미수범] 371, [동력] 346 · 372, [공소시효] : 5년

Ⅰ. 이론

1. 구성요건

(1) 객관적 구성요건

1) 객체

토지의 경계이다.

① 토지의 경계란 소유권 등 권리의 장소적 한계를 나타내는 지표를 말한다.

② 사법적 권리의 범위뿐만 아니라 공법적 권리의 범위(시·도 경계)를 표시하는 것도 포함하며, 자연적 경계이건 인위적 경계이건 불문한다.

▣ 근거판례 ▣

형법 제370조의 경계침범죄는 토지의 경계에 관한 권리관계의 안정을 확보하여 사권을 보호하고 사회질서를 유지하려는 데 그 목적이 있는바, 여기에서 말하는 경계는 반드시 법률상의 정당한 경계를 가리키는 것은 아니고, 비록 법률상의 정당한 경계에 부합되지 않는 경계라 하더라도 종래부터 일반적으로 승인되어 왔거나 이해관계인들의 명시적 또는 묵시적 합의에 의하여 정해진 것으로서 객관적으로 경계로 통용되어 왔다면 이는 본조에서 말하는 경계라 할 것이고, 그와 같이 종래 통용되어 오던 사실상의 경계가 법률상의 정당한 경계인지 여부에 대하여 다툼이 있다고 하더라도 사실상의 경계가 법률상 정당한 경계가 아니라는 점이 이미 판결로 확정되었다는 등 경계로서의 객관성을 상실하는 것으로 볼 만한 특단의 사정이 없는 한, 여전히 본조에서 말하는 경계에 해당되는 것이다(대법원 1992.12.8. 선고 92도1682 판결).

2) 행위

경계표를 손괴, 이동, 제거하거나 기타의 방법으로 경계를 인식할 수 없도록 하는 것이다.

① 경계표란 토지의 경계를 확정하기 위하여 그 토지에 만들어진 표지·공작물·입목 기타의 물건을 말한다. 반드시 타인 소유일 것을 요하지 않고, 자기 소유이든 무주물이든 묻지 않는다.

▣ 근거판례 ▣

형법 제370조에서 말하는 경계표는 그것이 어느 정도 객관적으로 통용되는 사실상의 경계를 표시하는 것이라면 영속적인 것이 아니고 일시적인 것이라도 이 죄의 객체에 해당한다(대법원 1999. 4. 9. 선고 99도480 판결).

② 손괴란 경계표를 물질적으로 훼손하는 것이고, 제거는 원래 설치된 장소에서 취거하는 것이다. 이에 반하여 이동이란 원래의 장소에서 다른 곳으로 옮기는 것이다. 즉 새로운 경계선을 만들어 기존의 경계선을 인식할 수 없게 하는 것을 말한다.

③ 기타의 방법에는 경계표의 매몰, 타인의 토지에 무단히 주택을 건설하는 것 등이 있다.

④ 이 죄는 미수범은 벌하지 않으므로 행위에 의하여 경계가 인식불능하게 될 정도에 이르지 않으면 성립하지 않는다.

(2) 주관적 구성요건

경계표를 손괴·이동·제거하거나 기타 방법으로 경계를 인식불능케 한다는 인식을 요하며 그것으로 충분하다.

1) 정당한 경계가 아니라고 믿은 것만으로는 고의가 조각되지 않는다.

2) 토지의 경계를 인식불능케 한다는 인식이 없고 손괴의 고의만 있을 때에는 이 죄가 아닌 재물손괴죄가 성립한다.

Ⅱ. 판례

◆ 형법 제370조 경계침범죄에서 '경계'의 의미 및 종래 통용되어 오던 사실상의 경계가 법률상 정당한 경계인지 다툼이 있을지라도 여전히 이에 해당하는지 여부(한정 적극)

형법 제370조의 경계침범죄에서 말하는 '경계'는 반드시 법률상의 정당한 경계를 가리키는 것은 아니고, 비록 법률상의 정당한 경계에 부합되지 않는 경계라 하더라도 그것이 종래부터 일반적으로 승인되어 왔거나 이해관계인들의 명시적 또는 묵시적 합의에 의하여 정해진 것으로서 객관적으로 경계로 통용되어 왔다면 이는 본조에서 말하는 경계라 할 것이고(대법원 1976. 5. 25. 선고 75도2564 판결, 대법원 1986. 12. 9. 선고

86도1492 판결 등 참조), 따라서 그와 같이 종래 통용되어 오던 사실상의 경계가 법률상의 정당한 경계인지 여부에 대하여 다툼이 있다고 하더라도, 그 사실상의 경계가 법률상 정당한 경계가 아니라는 점이 이미 판결로 확정되었다는 등 경계로서의 객관성을 상실하는 것으로 볼 만한 특단의 사정이 없는 한, 여전히 본조에서 말하는 경계에 해당되는 것이라고 보아야 할 것이다(대법원 1992. 12. 8. 선고 92도1682 판결 등 참조). 그리고 이러한 경계를 표시하는 경계표는 반드시 담장 등과 같이 인위적으로 설치된 구조물만을 의미하는 것으로 볼 것은 아니고, 수목이나 유수 등과 같이 종래부터 자연적으로 존재하던 것이라도 경계표지로 승인된 것이면 여기의 경계표에 해당한다고 할 것이다.

위 법리와 기록에 의하여 살펴보면, 원심이 그 채택 증거에 의하여 피고인이 그 판시와 같이 피고인 소유의 경기 가평군 청평면 상천리 362-1 토지와 피해자 소유의 같은 리 363-1 토지의 경계에 관하여 다툼이 있던 중에 그 경계선 부근에 심어져 있던 조형소나무 등을 뽑아내고 그 부근을 굴착함으로써 그 경계를 불분명하게 하였다는 이 사건 범죄사실을 유죄로 인정한 조치는 정당한 것으로 수긍이 가고, 거기에 상고이유의 주장과 같은 채증법칙 위반이나 법리오해 등의 위법이 있다고 할 수 없다(대법원 2007. 12. 28., 선고, 2007도9181, 판결).

◆ **일시적인 경계표도 경계침범죄의 객체에 해당하는지 여부(적극)**

[1] 형법 제370조에서 말하는 경계는 반드시 법률상의 정당한 경계를 말하는 것이 아니고 비록 법률상의 정당한 경계에 부합되지 아니하는 경계라고 하더라도 이해관계인들의 명시적 또는 묵시적 합의에 의하여 정하여진 것이면 이는 이 법조에서 말하는 경계라고 할 것이다.

[2] 형법 제370조에서 말하는 경계표는 그것이 어느 정도 객관적으로 통용되는 사실상의 경계를 표시하는 것이라면 영속적인 것이 아니고 일시적인 것이라도 이 죄의 객체에 해당한다(대법원 1999. 4. 9. 선고 99도480 판결).

◆ **경계침범죄에 관한 형법 제370조의 규정취지와 같은 조 소정의 "경계"의 의의 및 종래 통용되어 오던 사실상의 경계가 법률상의 정당한 경계인지여부에 대하여 다툼이 있을지라도 여전히 위 "경계"에 해당되는지 여부(한정적극)**

(1) 사실관계

피고인은 부산 서구 서대신동 3가 161의 188 지상 가옥에 거주하면서, 동 가옥이 바로 옆에 있는 피해자 A소유의 위 같은 곳 161의 189 대지중 약 27평방미터를 침범하여 건축되어 있어 그 대지경계에 문제가 있다는 것을 미리 알고 있었음에도 불구하고, 위 가옥의 담벽을 기준으로 위 피해자 소유의 대지 위에 길이 4미터 높이 1.5미터의 브록크담을 추가로 쌓았다.

(2) 판결요지

[1] 형법 제370조의 경계침범죄는 토지의 경계에 관한 권리관계의 안정을 확보하여 사권을 보호하고 사회질서를 유지하려는 데 그 목적이 있는 바, 여기에서 말하는 경계는 반드시 법률상의 정당한 경계를 가리키는 것은 아니고, 비록 법률상의 정당한 경계에 부합되지 않는 경계라 하더라도 종래부터 일반적으로 승인되어 왔거나 이해관계인들의 명시적 또는 묵시적 합의에 의하여 정해진 것으로서 객관적으로 경계로 통용되어 왔다면 이는 본조에서 말하는 경계라 할 것이고, 그와 같이 종래 통용되어 오던 사실상의 경계가 법률상의 정당한 경계인지 여부에 대하여 다툼이 있다고 하더라도 사실상의 경계가 법률상 정당한 경계가 아니라는 점이 이미 판결로 확정되었다는 등 경계로서의 객관성을 상실하는 것으로 볼 만한 특단의 사정이 없는 한, 여전히 본조에서 말하는 경계에 해당되는 것이다.

[2] 경계침범죄는 어떠한 행위에 의하여 토지의 경계가 인식불능하게 됨으로써 비로소 성립되는 것이어서, 경계를 침범하고자 하는 행위가 있었다 하더라도 그 행위로 인하여 토지경계 인식불능의 결과가 발생하지 않는 한 경계침범죄가 성립될 수 없다.

[3] 기왕에 건립되어 있던 담벽의 연장선상에 추가로 담벽을 설치한 행위가 자신이 주장하는 경계를 보다 확실히 하고자 한 행위에 지나지 아니할 뿐 토지경계에 대한 인식불능의 결과를 초래한다고는 볼 수 없다는 이유로 경계침범죄의 성립을 부정한 사례(대법원 1992. 12. 8. 선고 92도1682 판결).

◆ 경계침범죄에서 '경계'의 의미 및 법률상의 정당한 경계를 침범하는 행위가 있더라도 토지의 사실상의 경계에 대한 인식불능의 결과가 발생하지 않는 한 경계침범죄가 성립하지 아니하는지 여부(적극)

형법 제370조의 경계침범죄는 토지의 경계에 관한 권리관계의 안정을 확보하여 사권을 보호하고 사회질서를 유지하려는 데 그 목적이 있는 것으로서, 단순히 경계표를 손괴, 이동 또는 제거하는 것만으로는 부족하고 위와 같은 행위나 기타 방법으로 토지의 경계를 인식불능하게 함으로써 비로소 성립된다 할 것인데, 여기에서 말하는 경계는 법률상의 정당한 경계인지 여부와는 상관없이 종래부터 경계로서 일반적으로 승인되어 왔거나 이해관계인들의 명시적 또는 묵시적 합의가 존재하는 등 어느 정도 객관적으로 통용되어 오던 사실상의 경계를 의미한다 할 것이므로, 설령 법률상의 정당한 경계를 침범하는 행위가 있었다 하더라도 그로 말미암아 위와 같은 토지의 사실상의 경계에 대한 인식불능의 결과가 발생하지 않는 한 경계침범죄가 성립하지 아니한다 할 것이다(대법원 1991. 9. 10. 선고 91도856 판결, 대법원 1992. 12. 8. 선고 92도1682 판결 등 참조).

원심은, 그 채택 증거에 의하여 적법하게 확정한 사실관계를 토대로, 비록 피고인이 인접한 피해자 소유의 토지를 침범하여 나무를 심고 도랑을 파내는 등의 행위를 하였다 하더라도, 피고인과 피해자 소유의 토지는 이전부터 경계구분이 되어 있지 않았고 피고인의 행위로 인하여 새삼스럽게 토지경계에 대한 인식불능의 결과를 초래하였다고 볼 수 없는 이상, 그 판시 2007년 2월 중순경 경계침범의 점은 그 범죄의 증명이 없다는 이유로 무죄를 선고하였는바, 원심판결의 이유 설시에 다소 적절하지 아니한 부분이 있기는 하지만, 위 공소사실을 무죄로 본 원심의 결론 자체는 앞서 본 법리 및 기록에 비추어 정당하다.

원심판결에는 상고이유에서 주장하는 바와 같이 채증법칙 위반 및 경계침범죄에 관한 법리오해 등으로 판결에 영향을 미친 위법이 없다(대법원 2010. 9. 9., 선고, 2008도8973, 판결).

◆ 형법 제370조 소정 계표의 의의

형법 제370조의 경계침범죄는 토지의 경계에 관한 권리관계의 안정을 확보하여 사권을 보호하고 사회질서를 유지하려는 데 그 규정목적이 있으므로 비록 실체상의 경계선에 부합되지 않는 경계표라 할지라도 그것이 종전부터 일반적으로 승인되어 왔다거나 이해관계인들이 명시적 또는 묵시적 합의에 의하여 정하여진 것이라면 그와 같은 경계표는 위 법조 소정의 계표에 해당된다 할 것이고 반대로 기존경계가 진실한 권리상태와 맞지 않는다는 이유로 당사자의 어느 한쪽이 기존경계를 무시하고 일방적으로 경계측량을 하여 이를 실체권리관계에 맞는 경계라고 주장하면서 그 위에 계표를 설치하더라도 이와 같은 경계표는 위 법조에서 말하는 계표에 해당되지 않는다(대법원 1986. 12. 9. 선고 86도1492 판결).

◆ 경계를 침범하고자 하는 행위는 있었지만 그 행위로 인하여 토지경계인식불능의 결과가 발생하지 않은 경우 경계침범죄의 성부(소극)

[1] 경계침범죄는 어떠한 행위에 의하여 토지의 경계가 인식불능하게 됨으로써 비로소 성립되는 것이어서, 경계를 침범하고자 하는 행위가 있었다 하더라도 그 행위로 인하여 토지경계 인식불능의 결과가 발생하지 않는 한 경계침범죄가 성립될 수 없다.

[2] 기왕에 건립되어 있던 담벽의 연장선상에 추가로 담벽을 설치한 행위가 자신이 주장하는 경계를 보다 확실히 하고자 한 행위에 지나지 아니할 뿐 토지경계에 대한 인식불능의 결과를 초래한다고는 볼 수 없다는 이유로 경계침범죄의 성립을 부정한 사례(대법원 1992. 12. 8. 선고 92도1682 판결).

◆ 실제상의 경계선에 부합되지는 않으나 종전부터 일반적으로 승인되어 온 경계표가 형법 제370조 소정의 계표에 해당되는지 여부(적극)

[1] 비록 실제상의 경계선에 부합되지 않는 경계표라 할지라도 그것이 종전부터 일반적으로 승인되어 온 것이라면 그와 같은 경계표는 형법 제370조 소정의 계표에 해당된다 할 것이다.

[2] 형법 제370조의 경계침범죄는 단순히 계표를 손괴하는 것만으로는 부족하고 계표를 손괴, 이동 또는 제거하거나 방법으로 토지의 경계를 인식불능하게 함으로써 비로소 성립되며 계표의 손괴, 이동 또는 제거 등은 토지의 경계를 인식불능케 하는 방법의 예시에 불과하여 이와 같은 행위의 결과로서 토지의 경계가 인식불능케 됨을 필요로 하고 동 죄에 대하여는 미수죄에 관한 규정이 없으므로 계표의 손괴 등의 행위가 있더라도 토지경계의 인식불능의 결과가 발생하지 않은 한 이 죄가 성립될 수 없다(대법원 1991. 9. 10. 선고 91도856 판결).

Ⅲ. 수사실무

1. 범죄사실 기재례

【범죄사실 기재례】

피의자는 20○○. ○. ○. 08:00경 자신의 논 옆에 있는 도로경계 표지판 때문에 경운기가 지나갈 수 없자 이를 삽으로 파내어 도로변 약 50m지점으로 무단으로 이동하였다.

2. 적용실례

(1) 담장을 철거, 경계를 침범한 경우

피해자의 담장을 철거하여 경계를 침범하였다.

➡ 이 경우, 담장을 철거(손괴)한 것은 토지의 경계를 인식불능케 한 경계침범죄에 흡수되므로 경계침범죄만으로 의율해야 할 것이다.

(2) 높은 담의 절반을 빼어낸 경우

피의자는 자기 집 옆에 있는 경계를 위한 콘크리트 담이 너무 높아 답답함을 느껴 오다가, 콘크리트 6단 담 중 위 3단씩을 빼어내 버렸다.

➡ 이 경우, 경계표를 손괴했다고는 해도 남은 부분만에 의해서도 토지의 경계는 여전히 명확하여 경계가 인식불능케 되지 않았으므로 경계침범의 죄를 물을 수는 없다.

(3) 인접한 피해자의 논 한가운데로 배수로를 설치한 경우

인접한 피해자의 논 한가운데로 배수로를 설치하였다.

➡ 경계침범죄는 계표를 손괴, 이동, 제거하거나 기타의 방법으로 토지의 경계를 인식불능케 한 경우에 성립된다. 그런데 배수로를 설치한 행위

자체로는 토지의 경계를 인식불능케 했다고 볼 수 없으므로 경계침범으로 의율할 수 없다.

6. 미수범

> **제371조【미수범】**
> 제366조, 제367조와 제369조의 미수범은 처벌한다.

[미수범] 25-29, [동력] 346 · 372

재물손괴죄(제366조), 공익건조물파괴죄(제367조), 특수손괴죄(제369조)의 경우 미수범을 처벌한다. 그러나 경계침범죄(제370조)는 미수범 처벌 규정이 없음을 주의해야 한다.

7. 동력

> **제372조【동력】**
> 본장의 죄에는 제346조를 준용한다.

[동력] 346, [재물] 민98

■ 편 저　김창범 ■

ㅁ경희대 법정대학 법률학과 졸업
ㅁ서울동대문경찰서 수사과 과장
ㅁ용산경찰서 조사과 과장
ㅁ서울지방경찰청 근무

ㅁ저서 : 수사서류작성 실례집
진정서·탄원서·내용증명·고소장 사례실무
수사해법과 형벌사례 연구
바뀐형벌법
형사사건 처리 및 배상은 이렇게 해결하세요

■ 감 수　윤흥희 ■

ㅁ서경대학교 법학과 졸업
ㅁ한성대학교 대학원 졸업 (행정학 박사)
ㅁ경찰인재교육원, 경찰대학교 외래교수
ㅁ서경대학교 법학학과 강사
ㅁ호서대학교 경찰행정학과 강사
ㅁ고려대학교 평생교육원 전임강사
ㅁ대한민국 탐정협회 교수

ㅁ저서 : 마약학의 이해 (한성대출판부,2007)
형사특별법　(법률정보센터,2008)

(2025년판)

수사 조사 **형벌법 실무 형법편**

2025년 3월 20일(38판) 인쇄
2025년 3월 25일(38판) 발행

1986년 1월 05일 초판 발행

편　저 김창범
감　수 윤흥희
발행인 김현호
발행처 법률미디어
공급처 법문북스

주소 서울 구로구 경인로 54길4(구로동 636-62)
전화 02)2636-2911~2, 팩스 02)2636-3012
홈페이지 www.lawb.co.kr

등록일자 1979년 8월 27일
등록번호 제5-22호

ISBN 978-89-5755-285-8 (93360)

정가 180,000원

이 도서의 국립중앙도서관 출판예정도서목록(CIP)은 서지정보유통지원시스템 홈페이지(http://seoji.nl.go.kr)와 국가자료종합목록 구축시스템(http://kolis-net.nl.go.kr)에서 이용하실 수 있습니다. (CIP제어번호 : CIP2020014223)